The Old Testament in Greek according to the Septuagint

(Volume III)

Henry Barclay Swete

Alpha Editions

This edition published in 2020

ISBN : 9789354170225 (Hardback)
ISBN : 9789354171116 (Paperback)

Design and Setting By
Alpha Editions
www.alphaedis.com
email - alphaedis@gmail.com

As per information held with us this book is in Public Domain. This book is a reproduction of an important historical work. Alpha Editions uses the best technology to reproduce historical work in the same manner it was first published to preserve its original nature. Any marks or number seen are left intentionally to preserve its true form.

THE present volume completes the manual edition of the Cambridge Septuagint. The work was commenced in 1883; the first volume appeared in 1887, the second in 1891. Little is needed by way of preface to this last instalment of a long task. The general principles upon which the edition is based were stated in the preface to the first volume, and both the earlier volumes have been accompanied by some account of the MSS. used in the preparation of the text and notes. It remains only to add particulars relating to the volume which is now in the reader's hands.

In the Prophets it has been possible to employ, in addition to the great codices BℵA, the Codex Marchalianus (Q), the Codex rescriptus Cryptoferratensis (Γ), and the Dublin fragments of Isaiah (O), as well as those edited by Tischendorf (Z). It is well known that in Daniel the text of the LXX. is preserved in one MS. only, a cursive, and not earlier than the ninth century. Before the days of Jerome the Church had ceased to read the Septuagint of Daniel, its room having been filled by the version attributed to Theodotion[1]. This is not the place to attempt an explanation of the fact, or to discuss the relation of the two versions to one another and to the original. But since the present is an edition of 'the Old Testament in Greek according to the LXX.,' the LXX. version has been restored in Daniel to the place of honour, whilst we have placed opposite to it at each opening the version of Theodotion, which, as the Greek Daniel of the Church Bible, must always be indispensable to the student of ancient Christian literature as well as of the literary history and the criticism of the

---

[1] Hieron. *praef. in Daniel.*: "illud quoque lectorem admoneo, Danielem non iuxta LXX. interpretes sed iuxta Theodotionem ecclesias legere."— Cf. *Apol. ad Rufin.* ii.: "ecclesiae iuxta Theodotionem legunt Danielem. Ego quid peccavi, si ecclesiarum iudicium sequutus sum?"

Book. Daniel is unfortunately wanting in ℵ; but BAQ, together with Γ and a newly acquired Bodleian fragment (Δ) of a portion of *Bel and the Dragon*, supply a fair amount of uncial authority for the text of Theodotion. The Septuagint text has been derived from Cozza's transcript of the Chigi MS.; but it has been thought desirable to follow Tischendorf's example and to give at the foot of the page the readings of the Syro-hexaplaric version, our only other authority. For this purpose a collation of Ceriani's photolithograph of the Syriac MS.[1] has been made by Norman McLean, Esq., Fellow of Christ's College, who has kindly superintended the passage of its readings through the Press, and has supplied the editor with a description of the MS., which will be found in the proper place.

The great Vatican MS., whose text and order we have generally followed, ends with the Prophets. For the Books of the Maccabees we have been compelled to look elsewhere, and since the Codex Alexandrinus is the only early Uncial which contains them all, the text of that MS. has been adopted throughout[2]; in the notes to these Books use has been made of the Codex Sinaiticus so far as it is available, and of the important although relatively late Codex Venetus, which has been newly collated for this purpose.

The Books of the Maccabees are followed by three collections which, if they cannot in strictness be said to belong to the Greek Old Testament, have some peculiar claims to a place at the close of the Alexandrian Bible. The Psalms of Solomon, though not actually included in any uncial MS., at one time followed the New Testament in the Codex Alexandrinus, and are to be found in several cursive MSS. of the Sapiential Books. The Book of Enoch holds an important position in pre-Christian Jewish literature, and is cited in the New Testament; and the extant fragments of the Greek version of Enoch deserve for many reasons the serious attention of Biblical students. The 'Odes' are printed as they appear at the end of the Psalter of Codex Alexandrinus, with the various readings of the Verona and Zurich MSS., the former from Bianchini's transcript, verified by a personal examination of the MS., the latter from Tischendorf's facsimile[3]. Some interest will be found in comparing the text of the Old Testament Canticles as they appear in MS. Psalters with that which they present in the Books from which they

---

[1] A. Ceriani: *Codex Syro-hexaplaris Ambrosianus photo-lithographice editus* (Mediol. 1874).

[2] Apart from the convenience of this arrangement, the selection is perhaps justified on the whole by the character of the A text of the Maccabees. But the copy which the scribe of A follows was so carelessly written that it has been found necessary to admit a considerable number of corrections from the other MSS. Occasionally all the uncial MSS. are at fault, and here a conjecture has been allowed to take a provisional place in the text. In all such cases the rejected readings are recorded in the notes.

[3] See vol. ii. pp. ix.—xi.

are severally derived. The New Testament Canticles and the ὕμνος ἑωθινός have been allowed to retain the place which they hold in the Psalter of Codex A.

We proceed to give some account of MSS. not previously described and used in the *apparatus* of the present volume.

CODEX MARCHALIANUS, Vat. Gr. 2125.

Contains at present 416 leaves of thin vellum, measuring $11\frac{3}{8} \times 7$ inches, written in single columns of 29 lines, each line consisting of 24 to 30 letters. The first 12 leaves, which were not part of the original MS., are occupied by (1) an extract from the Synopsis printed among the works of St Athanasius, here attributed to Eusebius; (2) extracts from the 'Lives of the Prophets' which appear in the editions of Epiphanius. The Prophets follow in the first hand, and in the order of Cod. B (i.e. the order in which they are printed in the present edition).

In its original form the MS. was without interlinear or marginal additions, except a few corrections by the *diorthota*, and the Hexaplaric marks inserted in its text. Neither breathings nor accents seem to have been added by the first hand.

This MS. was written in Egypt, and, in the judgement of Ceriani, not later than the sixth century. The characters are simple, firm, and free, with the exception of ε, θ, o, c, which are narrow, after the manner of the next century; but this peculiarity does not, as Ceriani has shewn, in the case of an Egyptian MS. require us to assume a later date[1].

The history of the MS. is of much interest. It appears to have remained in Egypt until after the 9th century, and all the additions and corrections in uncial writing are by Egyptian hands. From Egypt it passed into South Italy, probably before the 12th century, and there the patristic scholia and a few readings in the text and margin, signalised by a preliminary γρ[άφεται], seem to have been added in cent. XIII. From South Italy it was carried, perhaps by some Norman or French hand, into France, where it found a home in the Abbey of St Denys, near Paris. While in Italy the codex had received various Latin notes, chiefly renderings from the Vulgate and other elucidations of the Greek text; and this process of annotation in Latin was carried on after its arrival in France. In the 16th century the book passed out of the possession of the monks of St Denys and became the property first of René Marchal (Renatus Marchalus Boismoraeus[2]), after whom it is still named; and subsequently of Cardinal François Rochefoucauld, to whom it belonged about A.D. 1636. The Cardinal presented it to the Jesuit College of

---

[1] Ceriani, *comm.* p. 36: "pro litteris ε, θ, o, c iam initia oblongarum formarum reperire est in antiquissimis papyris ut in Iliade Musei Britannici......etiam codex Coptus *Pistis Sophia*, quem Hyvernat fere saec. VI. dicit, licet crassiori typo scripturae utatur, in ε, θ, o, c, formis Marchalianis satis proxime accedit."

[2] Cf. I. Curterii *Procopius in Esaiam*, praef. β. Kamphausen in *Th. St. u. Kr.*, 1869, p. 743.

Clermont, near Paris; a century and a half later, when the treasures of the College were dispersed, this MS. was purchased (1785) by Pope Pius VI. for the Vatican Library, where it is still preserved.

The Codex Marchalianus has been used by a succession of scholars since the beginning of the seventeenth century, among whom were Morin and Montfaucon. It was collated for the great work of Holmes and Parsons, and portions of it were edited by Tischendorf in the *Monumenta Sacra*[1]. Dr Field used for his *Hexapla* (1875) all the materials for the presentation of its readings which were then available, and suggested and offered to defray a part of the cost of a photo-lithograph[2]. Ultimately a heliotype of the MS. was published in 1890 under the superintendence of Cozza, and a monograph upon the Codex by Dr Antonio Ceriani, which will take its place among the classical works of Biblical palaeography, was issued simultaneously by the Vatican Press[3].

To return to the MS. itself. A few corrections which are coaeval with the first hand may be recognised in the heliotype by the relative thickness of the letters as well as by their form; these are denoted in this volume by Q^1. Other corrections in minute uncial characters, written by various hands and at different periods, are placed under the common symbol Q^a; and the same symbol has been used to represent the copious marginal annotations transcribed from a Hexaplaric MS. by a hand not much later than the original scribe. This hand has also inserted before Isaiah and Ezekiel two important notes evidently copied from the MS. which supplied the Hexaplaric additions[4]; and to it is also due the writing

---

[1] Vol. ix. pp. 227 ff. (1870).
[2] Ceriani, p. 47: "de hoc uiro, Field... praedicandum quod circa annum 1875 pro codicis Marchaliani editione, eius pretii peritissimus iudex, ad me scripsit se daturum italicarum libellarum quatuor millia, ut tandem codex integre ederetur qua meliori ratione fieri posset, photo-lithographia nempe, si recte memini."
[3] The volume is entitled, Prophetarum | codex Graecus Vaticanus 2125 | uetustate uarietate lectionum notationibus | unicus aeque et insignis | heliotypice editus | auspice | Leone XIII. Pont. Max. | curante | Iosepho Cozza-Luzi Abate Basiliano | S. Rom. ecclesiae uicebibliothecario | accedit commentatio critica | Ant. Ceriani Ambrosianae biblioth. praefecti || Romae | e bibliotheca Vaticana | agente photographo Danasi | MDCCCLXXXX. The title of Ceriani's monograph runs: De codice Marcha-'liano | seu | Vaticano Graeco 2125 | Prophetarum | phototypica arte repraesentato | commentatio | Antonii Ceriani | bibliothecae Ambrosianae praefecti || Romae ex bibliotheca Vaticana | anno MDCCCXC.

[4] These notes, which throw much light on the history both of the MS. and of the LXX., deserve a place here. They are as follows: (1) μετελήφθη ο ησαίας απο αντιγραφου | του αββα απολιναριου του κοινοβιαρχου | εν ω καθύπετακτο ταυτα | μετελήφθη ο ησαίας εκ των κατα τας εκδο|σεις εξαπλων αντεβλήθη δε και προς | ετερον εξαπλουν εχον την παρασημει|ωσιν ταυτην διορθωνται ακριβως πα|σαι αι εκδοσεις αντεβλήθησαν γαρ προς τε|τραπλουν ησαίαν ετι δε και προς εξαπλουν | προς τουτοις και τα απο της αρχης εως του | οραματος τυρου ακριβεστερον διορθωται | ευπορησαντες γαρ των μεχρι τελους του | οραματος τυρου τομων εξηγητικων | εις τον ησαίαν ωριγενους και ακριβως | επιστησαντες τη εννοια καθ ην εξηγη|σατο εκαστην λεξιν καθως οιον τ[ε ην] | και παν αμφιβολον κατα την εκει[νου] | εννοιαν διορθωσαμεθα προς τουτοις συ|νεκριθη η των εβδομηκοντα εκδοσις | και προς τα υπο ευσεβειου εις τον ησαίαν | ειρημενα εν οις διεφωνουν της εξη|γησεως την εννοιαν ζητησαντες και | προς αυτην διορθωσαμενοι.
(2) μετελήφθη δε απο αντιγραφου του |

which covers the first 12 leaves of the Codex. Q^b has been used to represent the cursive Greek hand or hands of the thirteenth century.

It has been thought best on the whole to admit into the notes of this volume the whole of the uncial writing in Q, with the exception of the patristic matter at the beginning of the volume, and the memoranda on Isaiah and Ezekiel to which reference has just been made. In the Hexaplaric notes the symbols α', σ' (συ'), θ' (θε') represent the readings of Aquila, Symmachus, and Theodotion respectively; collectively the three versions are described as οἱ γ' or simply γ', πάντες (π'), or οἱ λοιποί; the last term is also used when two of the versions agree against the third. Οἱ ο' marks a true Septuagintal reading, where it differs from the text of Q;[1] ὤ stands for Origen, and the Hexapla is occasionally mentioned as τὸ ἐξασέλιδον. The Hexaplaric signs employed in the MS. are the asterisk (※), the obelus (÷), and the *metobelus*. The *metobelus* has not been represented in the notes of this edition, and the *obeli* in the photograph of the MS. are faint and difficult to detect[2]. The asterisks and *obeli* in the margins belong to Q^a; those in the text were added by the scribe or by a hand contemporary with him.

By an elaborate examination of a number of test passages, Ceriani has shewn that the original text of Q, which agrees largely with that of Cyril of Alexandria and of the Memphitic version, is on the whole Egyptian, and of the type which, as we learn from Jerome, was current in Egypt, the Hesychian recension of the LXX.[3]

Codex Rescriptus Cryptoferratensis.

This MS. is a palimpsest of the Prophets which has long been in the possession of the Basilian house of Grotta ferrata, near Frascati[4]. The codex when complete

αββα απολιναριον του κοινοβιαρχου εν ω | καθυπετακτο ταυτα μετεληφθη α|πο των κατα τας εκδοσεις εξαπλων και | διορθωθη απο των ωριγενους αυτου τε|τραπλων ατινα και αυτου χειρι διορθω|το και εσχολιογραφητο· οθεν ευσεβειος εγω | τα σχολια παρεθηκα· παμφιλος και ευσε|βειος διορθωσαντο.

[1] Thus ὁμοίως τοῖς ο' generally indicates the agreement of one or more of the versions with the Hexaplaric text of the LXX., as against the first hand of the codex. The interpretation of the marginal notes is often a matter of some delicacy, and the perplexity of the student is occasionally increased by errors in the attachment of the notes to the text; see Ceriani, pp. 13—15.

[2] Ceriani, p. 10: "attentos tamen obeli et acutos desiderant oculos, quia ualde interdum euanuerunt, uel in margine scriptura seriori fere obruuntur...primus fortasse Tischendorf obelos retulit in partibus quas edidit. Locos alios plures contuli, et passim quisque facile conferre poterit."

[3] Ceriani, p. 106. For the reference to Jerome see the preface to the first volume of this edition, p. x; and for a discussion of the Hesychian group of MSS., comp. Cornill, *Ezekiel*, p. 66 ff.

[4] The library of Grotta ferrata, which was founded in the eleventh century by Nilus of Rossano in Calabria, is rich in Greek MSS., of which the convent became a famous workshop (Montfaucon, *Palaeogr. Graec.* p. 113). Most of its Greek MSS. are palimpsests. Cf. Mai, *Spicil. Rom.* t. II. ii. p. 2 (cited by Rocchi, *Codices Cryp-*

seems to have formed 54 quires of 8 leaves each, measuring, to judge from a photographed specimen, 10¾×8½ inches; the writing was in double columns of 25 to 28 lines, each line consisting of 13 to 20 letters; the margins were of unusual breadth. The handwriting, as shewn in the specimen, exhibits the sloping uncials which are characteristic of the eighth and ninth centuries. Initial letters often fall outside the column, and are coloured; contractions and abbreviations, such as ϗ, ϳ, μ̄, appear at the end of the lines; the rough breathing occurs frequently, but accents *prima manu* are rare.

With the exception of a few fragments which have been discovered in other palimpsest MSS. belonging to the same monastery[1], the surviving leaves of this great codex form part of a single volume (E. β'. vii. formerly C. 4) entitled Κοντάκια καὶ οἶκοι[2], and containing liturgical and poetical compositions accompanied by musical notation (*neumes*). The hand which has written these pieces over the older writing is attributed to the 13th century. In some places the parchment is doubly palimpsest; a hand of the 10th century having written a work of St John of Damascus[3] over the uncials, itself to undergo the same treatment from the later scribe of the hymns. Other portions of the volume originally formed part of a collection of patristic homilies[4]. The palimpsest of the Prophets, however, supplied the thirteenth century scribe with the greater part of his parchment; of the 380 pages which make up the present codex, about 260 belonged to it. Cozza, to whom we owe our knowledge of this MS., has found it possible to transcribe more or less fully 191 pages; but in some contexts his transcript[5] shews large gaps, and there are pages where the consecutive words are very few. Hence it will be precarious for the reader of this edition to draw conclusions from the silence of Γ, which may be due to the impossibility of deciphering its testimony. To call attention in the notes to all the passages where Cozza has failed to read his MS. would have been inconvenient and scarcely practicable. But it may be well to mention here the contexts where the transcript is conspicuously defective: the fragments of Hosea, Amos, and Haggai, Zech. x. 10—end, Mal. i. 11—ii. 3, Isa. lii. 12—liii. 4, lv. 3—10, Jer. xx. 3 ff., li. 15 ff., Bar. i. 12—ii. 3, iii. 32—iv. 3 ff., Lam. i. 8—ii. 14, Ep. of Jer. 7—16, Ezek. xi.

---

tenses, mon. p. 2): "illud peculiare Cryptensium codicum est quod paene omnes in palimpsestis scripti fuerunt;" "etenim hoc in more apud illos monachos positum fuisse uidetur, ut nunquam fere nouus codex exararetur, quin alicuius prisci et obsoleti membranae huic usui accommodarentur." For further particulars as to the history of the Abbey and its MSS. see M. Batiffol's *La Vaticane de Paul III à Paul V* (Paris, 1891), p. 95 ff.

[1] A few fragments were found by Cozza in Codd. Cryptof. B β' vii and A α' vi.

[2] Two forms of the hymn used in the Greek offices; see Goar, *Euchol.* (Paris, 1647), *in laud. off.*, notes 31, 32. The fuller title of this volume is ψαλτικὸν σὺν θεῷ ἐνιαυτοῦ ὅλου· ποίημα Ῥωμανοῦ τοῦ μελῳδοῦ. There are tokens that it was written for use in the church of the monastery.

[3] A παρακλητικόν on the B.V.M.

[4] Amongst these were extracts from Hippolytus, Athanasius, Chrysostom, Proclus, Eulogius of Alexandria.

[5] Published in the *Sacrorum bibliorum vetustissima fragmenta graeca et latina*, vol. i. (Romae, 1867).

10—17, xvi. 15—31, xxii. 31—xxv. 9, xxx. 24—xxxi. 4; the fragments of Daniel. These are large deductions from the usefulness of the codex, but it may be hoped that further examination may in time to come fill up much that is wanting now.

Fragmenta rescripta Tischendorfiana Isaiae prophetae.

These fragments contain Isa. iii. 8—14, v. 2—14, xxix. 11—23, xliv. 26—xlv. 5, written in a bold and somewhat coarse uncial hand of the eighth or ninth century, so far as it is possible to form a judgement from the specimen which Tischendorf appends to his transcript. Tischendorf himself is disposed to place it earlier, and considers that it was written in Egypt or the neighbourhood in the seventh century. Each column of the MS. appears to have consisted of 19 lines, with 19 or 20 letters to the line. An obelus is prefixed to Isa. iii. 10 (εἰπόντες... δύσχρηστος ἡμῖν ἐστιν).

The fragments were found by Tischendorf during one of his journeys to Egypt and the East (probably in 1853), and published in the *Monumenta Sacra Inedita, nov. coll.* vol. i. (Lipsiae, 1857); the transcript will be found on pp. 185—198, and the facsimile (Isa. iii. 9—10) at the end of the volume (tab. iii. 5). The upper writing is Armenian, and the six leaves which contain the fragments of Isaiah were probably part of the Armenian Codex to which the palimpsest fragments of the New Testament and of 2, 3 Regg., also published in the first volume of the *Monumenta*, once belonged.

Fragmenta rescripta Dublinensia.

These fragments (Isa. xxx. 2—xxxi. 7, xxxvi. 17—xxxviii. 1) are bound up in the volume which contains the well-known palimpsest of St Matthew (Z), one of the treasures of the Library of Trinity College, Dublin. The volume consists of 110 leaves, and the later writing (? cent. xi.) presents extracts from various Greek fathers and ecclesiastical authors. Sixty-nine of the leaves are palimpsest; of these twenty-nine originally contained portions of the orations of Gregory of Nazianzus, thirty-two belonged to the Gospel of St Matthew, and eight to Isaiah. The eight leaves which yield fragments of Isaiah were but four in the original codex. Each of the original leaves measured at least 12×9 inches; the writing was in two columns of 36 lines, with 14—17 letters in each line. With two or three exceptions the characters resemble generally those of the fragments of St Matthew, and probably belong to the same age; the forms of the A and M point to an Egyptian scribe[1], and the general style of the writing is that of the early sixth century. There are no large initials, the abbreviations are few and simple; breathings and accents are entirely wanting, and the writing is continuous, except where a space denotes a break in the sense; the punctuation is limited to the use of a single point.

[1] E. Maunde Thompson, *Greek and Latin Palaeography*, p. 154.

The fragments of St Matthew were edited by Dr J. Barrett in 1801, when attention was briefly called to the fragments of Isaiah[1]. The latter have been published in facsimile by Dr T. K. Abbott, Professor of Hebrew, sometime Professor of Biblical Greek, in the University of Dublin[2], to whose account of the MS. the above description is chiefly due. The Isaiah fragment was collated for Holmes and Parsons, and in their edition is denominated VIII: Lagarde distinguishes it as O, and his symbol has been used in the present volume.

CODEX CHISIANUS, Biblioth. Chis. Rom. R. vii. 45.

This MS. contains Jeremiah, Baruch, Lamentations, Ep. of Jeremiah, Daniel κατὰ τοὺς ο', Hippolytus on Daniel, Daniel (Th.), Ezekiel, Isaiah. Since there are no signatures, and both Daniel and Ezekiel begin fresh quires, it is impossible to say whether the order of the books is that of the original codex. The present MS. is a large folio of 402 leaves, in gatherings of 8. The handwriting appears to belong to the Calabrian school of Greek calligraphy, and the date usually assigned to it is the ninth century[3].

The MS. once belonged to Pope Alexander VII., a member of the Chigi family, who recognised its importance and entrusted the publication of the text to Leo Allatius, at that time librarian of the Vatican. Leo proceeded with his work so far as to procure a complete copy of the codex, and this transcript is still preserved among the Chigi MSS. (=R. vii. 46). A century later Bianchini took up the work, and after his death the *editio princeps* appeared at Rome in 1772. Among later editions are those of Michaelis, Segaar, Bugati, and Hahn; and the text was published in succession by Holmes and Parsons, Mai, and Tischendorf. Meanwhile the MS. itself had received little attention, until at the suggestion of Vercellone a critical edition was undertaken by Cozza, whose labours, published in the third part of his *Vetustissima fragmenta*, have at length provided Biblical scholars with an adequate transcript of this unique MS.

The Oxford editors quote two Chigi MSS. on the Prophets, which they call 87 and 88. Field[4], however, has shewn that their 88 is Leo Allatius's

---

[1] *Evangelium sec. Matthaeum ex codice rescripto...opera et studio Joannis Barrett*, S.T.P. (Dublinii, 1801): see prolegg., p. 1.

[2] *Par Palimpsestorum Dublinensium: The Codex rescriptus Dublinensis of S. Matthew's Gospel; also the fragments of the Book of Isaiah...by T. K. Abbott, B.D.* (Dublin and London, 1880).

[3] The facsimile of Thren. v. 14—Ep. Jer. 2 which may be seen in Bianchini, *Vindiciae*, p. cclxxv, suggests a later date (? cent. xi).

[4] *Praef. ad Esa.:* "87, Codex Bibliothecae Chisianae in fol. scriptus charactere saeculi ix. Continet Prophetas omnes...incipit ab Osea Propheta." *Praef. ad Jer.* "87, Codex Biblioth. Chisianae, num. ii. (cf. Praef. ad Esaiam). 83 Codex Biblioth. Chisianae, num. iii. membranaceus, in folio. Videtur esse transcriptus an. 880. Continet 4 Prophetas majores, cum Baruch et Abacum; sed incipit ab Hieremia. Margini adscribuntur Collationes Aquilae, &c., &c." *Praef. ad Dan.* "87, saec. forte x, deficit a voce νηστειαις cap. ix, 3, ad την πολιν σου, cap. ix, 19. 88, saec. xi, continet textum Theodotionaeum et Septuagintauiralem." Field's remarks on 88 (Parsons) will be found in

copy, and abandons the task of identifying their 87, while he uses the latter number for the true Chisian text. In this we have followed him, citing Chis. R. vii. 45 as 87.

CODEX SYRO-HEXAPLARIS AMBROSIANUS, Biblioth. Ambros. Mediol. C. 313. Inf.

Contains Psalms, Job, Proverbs, Ecclesiastes, Canticles, Wisdom, Ecclesiasticus, and all the Prophets, from the literal Syriac version of the entire LXX. made from a hexaplar text in the years 616—617 by Paul, Bishop of Tella dhe-Mauzelath or Constantina. The MS. is of somewhat thick parchment, and almost everywhere well preserved. It contains 193 leaves of $14\frac{1}{2} \times 10\frac{3}{4}$ inches; there are two columns to the page, each containing about 55 lines. The character is a well-formed, somewhat thick Estrangelo, very easily read. The titles, most headings of chapters and lessons, ornaments, and sometimes the larger points, are in red; occasionally other colours are employed. The asterisks and obeli of Origen's LXX. are faithfully reproduced, and many extracts from the other Greek versions are given, in a Syriac translation, in the margin. The book of Daniel (including Susanna, and Bel and the Dragon) begins on the first page of f. 143, and ends with f. 151.

The first volume of this codex was in the possession of Andreas Masius, but seems to have disappeared at his death in 1573. It contained part of Deuteronomy, Joshua, Judges, the four books of Kings, Chronicles, Ezra and Nehemiah, Judith, and part of Tobit. The extant volume was brought to the Ambrosian Library early in the 17th century from the monastery of S. Maria Deipara in the desert of Scetis, as we learn from a note at the end, which Ceriani believes to be in the handwriting of Antonio Giggeo. It lay for a long time unused, and attention was next called to it by Branca in 1767. After he, Björnståhl, and De Rossi had published descriptions and specimens, it was examined by Norberg in 1778; and as a result he edited Jeremiah and Ezekiel. Bugati published Daniel in 1788; his Psalms appeared posthumously in 1820. Middeldorpf's edition of Isaiah, the Minor Prophets, Proverbs, Job, Canticles, Lamentations, and Ecclesiastes followed in 1835; and the series was continued by Ceriani's edition of Baruch, Lamentations, and the Epistle of Jeremiah in *Mon. Sacra et Profana*, t. i. (1861). Of even greater value than these editions is his photolithographic reproduction of the entire codex issued at Milan in 1874. Finally, the readings of the Syriac codex have been thoroughly examined and placed in comparison with those of Greek hexaplar MSS. by Field in his great work on the Hexapla.

Hexapla, vol. ii. pp. 567, 766—7; on 87 (Parsons) he writes (*ib.* p. 767): "superest Parsonsii Cod. 87 (sive Chisianus ii), de quo in praesenti hoc unum affirmare possumus eum *non* esse celebrem illum Chisianum... Hoc probatur, partim e lectionibus pro quibus Codicem suum 87 testem appellat Parsonsius......partim e paucis Symmachi et Theodotionis lectiunculis quas versus finem libri idem ex eodem codice (nobis 87*) excerpsit, cum Chisianum (nobis 87) talibus accessionibus omnino carere constat."

FRAGMENTA RESCRIPTA BODLEIANA. MS. Gr. bib. d. 2 (P).

Two vellum fragments making a quire of four leaves, each leaf measuring, when complete, about $5\frac{3}{4} \times 3\frac{1}{2}$ inches. The first four pages contain portions of *Bel and the Dragon* (vv. 20—41) according to Theodotion, in upright majuscules of the fifth if not the fourth century. Underneath these on pp. 1, 2 in slightly sloping letters of perhaps the fourth century is a fragment of a (?) homily containing a reference to Matt. ix. 37—8 or Luke x. 2. On pp. 3, 4 the original hand had written some Latin 'rustic' capitals, among which the words PROCVRATOR, PROCVRATORES, or part of them, frequently occur; p. 5 has the letters DOMIT..., possibly referring to L. Domitius Domitianus, an Egyptian pretender in the time of Diocletian[1].

The substance of this description is due to E. W. B. Nicholson, Esq., Librarian of the Bodleian, who has very kindly supplied a collation of the fragment of Bel, and subsequently compared the proof of the notes with the MS. The scantiness of our uncial authorities for this part of the text of Theodotion's Daniel seemed to justify the use of the Oxford fragment, which has been quoted as Δ. These interesting scraps were acquired by the Bodleian Library in 1888, and came from Egypt.

CODEX VENETUS GR. I.

A large folio vellum MS., the leaves of which measure $16\frac{1}{2} \times 11\frac{3}{8}$ inches; written in the sloping uncials of the eighth and ninth centuries, with the exception of certain portions of the text which are in the round but artificial characters of the same period. The writing is arranged in double columns of 60 lines, with an average of 30 letters to the line[2]. New sections begin with a letter (often an inch long) outside the column. The parchment varies in quality; it is usually thick but not coarse; some leaves however are too thin to take the ink readily[3]. The MS. is gathered in quires of 8 leaves, bearing signatures which range from κϛ' (Vᵃ) on f. 1 to με' (Vᵃ = μϛ' Vˢ) on f. 153. Thus the original Codex seems to have consisted of about 372 leaves, of which the first 208 have disappeared[4]. The present volume begins with Job xxx. 8 (καὶ κλέος) and contains the rest of Job, Proverbs, Ecclesiastes, Canticles, both Wisdoms, the Minor Prophets (in the order Hos., Am., Joel, Ob., Jon., Mic., Nah., Hab., Zeph., Hag., Zech., Mal.), Isaiah, Jeremiah, Baruch, Lamentations, Ezekiel, Daniel (with the apocryphal additions), Tobit, Judith, and the four Books of the Maccabees. After Daniel, and again after 4 Macc., the scribe has

---

[1] Mr Nicholson adds: "P. 5 contains upper writing consisting of fragments of (?) accounts in cursive Greek; on pp. 6—8 appear the beginnings or ends of lines in slightly sloping Greek majuscules (? 4th century)."

[2] A facsimile of Jeremiah xix.—xxi. may be seen in Wattenbach's *scripturae graecae specimina* (Berlin, 1883), tab. ix: cf. *ib.* pp. 4, 5.

[3] Morelli recognises three hands, distinguished by the colour of the ink as well as by the varying merits of their calligraphy; Job xxx. 8 to end of Ecclesiastes was written by one hand, Hosea to Isaiah xxvii. by a second, and Isaiah xxvii. to the end of the volume by a third.

[4] A leaf, once pasted inside the cover of an earlier binding, contains in a Greek hand of the fifteenth or sixteenth century a list of the contents at that time, from which it appears that the volume then began with Job: + ἡ βίβλος αὕτη περιέχει 'Ἰώβ, παροιμίας Σολομῶντος, κ.τ.λ. Klostermann (*Analecta*, p. 9 f.) has shewn that there is ground for believing that Cod. Vat. gr. 2106 (Holmes XI., Lag. N) was part of the original codex.

XV

copied from his archetype a chronological table reaching from Adam to Justinian I, which in the second and fuller form ends ὡς ὁμοῦ (cod. ωμ.) γίνεσθαι ἀπὸ χυ̅ παρουσίας ἕως ὧδε ἔτη φογ (ut vid): the margin adds εἰσὶν ἕως ὧδε ἔτη σπε. An ornamental cross below these dates bears the inscription: Κύριε, βοήθει (cod. -θη) Βασιλείῳ μοναχῷ ἡγουμένῳ (cod. ἰγ.) τῆς Κάρον (sic, ut vid) τῷ συνγραψαμένῳ τὴν βίβλον ταύτην (cod. τι βιβλίω ταυτη); and beneath the cross is added: Παρακαλῶ εὔχεσθαι ὑπὲρ Ὀνησίμον μοναχοῦ ἁμαρτωλοῦ καλλιγράφον. ἀμήν. On ff. 163b—164b a minute hand has written the Eusebian canons.

This precious MS. belonged to the library of Cardinal Bessarion, by whom it was given with the rest of his Greek codices to the library of Saint Mark's at Venice.

It was used for the great Roman edition of 1587, as the preface to that volume announces[1], and probably supplies in great part the text of the first three Books of the Maccabees, which are wanting in the Vatican codex. Specimens of its readings were liberally produced by Zanetti in his catalogue of the Greek MSS. of St Mark's (Venice, 1740[2]), and the importance of the MS. was recognised by Giac. Morelli, who described it at length in his account of the codices under his care. Stroth also gave some account of it in Eichhorn's *Repertorium* for 1781 (p. 181). A collation of the whole MS. was made for Holmes and Parsons in 1789 by Geo. Zoega and Nich. Schow; the correspondence which relates to this undertaking is still preserved in the Venice library. The Oxford editors, however, were not at first made aware that it was written in uncials, and it takes rank in their notes as a cursive under the number 23. The prologues to the Prophets were printed by Tischendorf in his *Anecdota sacra et profana*, pp. 103—9, Lips. 1855.

In the present edition Cod. V has been employed only for the four Books of Maccabees, where the paucity of uncial testimony rendered it necessary to depart from the rule which prescribed the sole use of such MSS. as are accessible in published facsimiles and photographs[3]. The four Books as given in V were collated afresh by the Editor of this work in the spring of 1895; but by the courtesy of Dr E. Klostermann he had been previously provided with a collation of the second Book, which that scholar had made in 1892—3, and Dr Klostermann also kindly compared the new collation of Books i.—iii. with his own. Where the two collations differed, an appeal was made to the notes of Holmes and Parsons.

[1] The words are: "Ex omnibus autem libris qui in manibus fuerunt, unus hic [Vat. Gr. 1209] prae aliis......mirum in modum institutam emendationem adiuuit; post eum uero alii duo qui ad eius uetustatem proximi quidem sed longo proximi interuallo accedunt, unus Uenetus ex bibliotheca Bessarionis Cardinalis, et is quoque grandioribus litteris scriptus," &c.
[2] See *Graeca D. Marci Bibliotheca codd. manuscriptorum*, pp. 1—13.
[3] *O. T. in Greek*, i. p. xii.

The MS. has been corrected by the scribe himself or his *diorthotes* (V¹), and by a late hand (Vᵃ), but the corrections with few exceptions affect only the spellings.

FRAGMENTA TISCHENDORFIANA LIBRI QUARTI MACCABAEORUM.

Four leaves used in the binding of the MS. of the Acts, Epistles and Apocalypse known as Codex Porfirianus Chiovensis (P), and published by Tischendorf with a facsimile of the writing in *Mon. Sacr.* vi. 339, 340 f. Tischendorf ascribes the hand to the seventh century; but the characters, which are large, coarsely formed, and sloping, are suggestive of the ninth. The fragments (viii. 5, 6, 11, 12, 15, 29; ix. 28—30, 31, 32), brief as they are, present some peculiar readings, which seemed to justify their employment in the present edition.

The following MSS. have been used for the PSALMS OF SOLOMON.

CODEX CASANATENSIS. A MS. on paper of cent. xii—xiv, consisting of 310 leaves, measuring 38·4 × 24·9 cm., and containing the Psalter with a catena, the Psalms of Solomon, and other Scriptural and liturgical collections. The Psalms of Solomon in this MS. were collated for Professor Gebhardt by Dr J. Tschiedel.

CODEX HAVNIENSIS. A folio MS. of the 11th century, written in double columns. The volume was purchased at Venice in 1699, and in 1732 passed into the Royal Library at Copenhagen, where it is still preserved (no. 6). It consists at present of quires 11—39 of the original MS., containing Job (with a catena), Proverbs, Ecclesiastes, Canticles (these three books with scholia), Wisdom of Solomon, Psalms of Solomon, Ecclesiasticus. A collation of the Psalms of Solomon was made by Professor Ryle in 1888 at Cambridge, where the MS. was deposited for the purpose by the courtesy of the Copenhagen authorities. Professor Gebhardt has used another which is due to Ch. Graux[1].

CODEX IBERITICUS. A MS.[2] on paper of the 14th century belonging to the Iveron monastery (ἡ μονὴ Ἰβήρων) on Mt Athos; it contains Job, Proverbs, Ecclesiastes, Canticles, Wisdom, Sirach, and the Psalms of Solomon, followed by scholia on some of the books, and other patristic matter. Written στιχηρῶς. Transcribed by Ph. Meyer in 1886.

CODEX LAURENSIS. A MS. of the 12th century belonging to the Lavra monastery (μονὴ μεγίστης λαύρας τοῦ ἁγίου Ἀθανασίου) on Mt Athos. Its 310 leaves contain an exposition of the Psalter, the Odes, the Psalms of Solomon, and a commentary on Canticles by Cyril of Alexandria. The Psalms of Solomon in this MS. were collated for Professor Gebhardt by Ἀλέξανδρος Λαυριώτης.

CODEX MOSQUENSIS. A thirteenth century MS., consisting of 225 leaves measuring 13¾ × 11 inches, written in two or sometimes in three columns. The book contains Job, Proverbs, Ecclesiastes, Canticles, Wisdom of Solomon, Psalms of Solomon, Ecclesiasticus; the first four Books are accompanied by catenae or

---

[1] See *die Psalmen Salomo's*...von Oscar von Gebhardt, Leipzig, 1895. Dr Gebhardt's Introduction contains a valuable investigation into the genealogy of the MSS. (p. 30 ff.).

[2] See *Catalogue of the Greek MSS. on Mt Athos* by Professor Lambros, vol. ii., p. 169 (Camb. Univ. Press).

scholia. This MS. was brought to Moscow in 1653 from the monastery of Iveron at Mt Athos. A transcript of the *Psalms* was furnished to Professor Ryle and Dr James by the Archimandrite Wladimir of Moscow, and a collation was made in 1874 by Professor Gebhardt.

CODEX PARISINUS. A quarto of 495 leaves written on paper in 1419, consisting of miscellaneous matter and containing *inter alia* (ff. 224ᵃ—248ᵃ) the Wisdom and Psalms of Solomon and Ecclesiasticus. The volume is preserved in the Bibliothèque Nationale at Paris, where it is numbered 2991 A. A collation was made for the Cambridge edition of the *Psalms* by the Abbé Batiffol, of Paris, and another by Professor Gebhardt in 1877.

CODEX ROMANUS (Vaticanus Gr. 336). This MS. which is cited by Parsons as 253, and used by him for Job, Proverbs, Canticles, and the two books of Wisdom, is a quarto vellum MS. of the 12th century, containing in 194 leaves Job, Proverbs, Ecclesiastes, Canticles, Wisdom, Psalms of Solomon, and Ecclesiasticus. The text of the Psalms of Solomon in the first edition of this volume was derived from a collation made by Dr E. Klostermann in 1893; in the present edition use has been made of the corrections and a few of the conjectural emendations supplied in Professor Gebhardt's book.

CODEX VINDOBONENSIS. A folio MS. of the 11th century, written in double columns of 26 lines, and in a semiuncial hand. The volume, which is numbered Cod. Gr. Theol. 7, and was purchased at Constantinople in the sixteenth century, consists of 166 leaves, and contains Job, Proverbs, Ecclesiastes, Canticles (with a catena so far), Wisdom of Solomon, Psalms of Solomon, Ecclesiasticus. The collation used by the Cambridge editors was communicated to them by Dr Rudolf Beer; for the present edition of this volume Professor Gebhardt's collation has also been available.

The text of ENOCH has been derived from the following sources:

CODEX PANOPOLITANUS. A MS. discovered in 1886 in a grave at Akhmim, the Panopolis of Strabo. The volume contains (1) fragments of the Pseudo-Petrine Gospel and Apocalypse, (2) a large fragment of the Greek version of the Book of Enoch; the latter, which is written in uncials of the 8th or 9th century, occupies 23 leaves and contains Enoch i.—xxxii.[1] Ch. xix. 3—xxi. 9 has been written twice, before ch. i. 1 as well as in its proper place; both texts are given in this edition, the detached fragment being placed at the foot of the page and distinguished by the symbol P_2. The text of P in this edition has been obtained from M. Bouriant's heliogravure in *Mémoires publiés par les membres de la Mission Archéologique Française au Caire*, t. neuvième (Paris, 1892).

CODEX VATICANUS Gr. 1809, a tachygraphical MS. described by Mai *scr. vet. nov. coll.* vi., *praef.* p. 37, contains an excerpt from Enoch (c. lxxxix) printed by Gildemeister (*ZDMG.*, ix., p. 621 ff.); a specimen of the tachygraphy may be seen in Mai *patr. nov. bibl.* ii., *ad init.*; cf. Gitlbauer, *Die Ueberreste griechischer Tachygraphie im cod. vat. gr.* 1809 (Wien, 1878—1884).

Fragments of the Greek Enoch are preserved also in the Chronography of

[1] The hand changes at xiv. 22, but the writing is consecutive and probably contemporary.

xviii

Georgius Syncellus[1] (Enoch *cc*. vi. 1—ix. 4, viii. 4—x. 14, xv. 8—xvi. 1, and a short extract to which the Ethiopic version of Enoch yields no parallel). These are printed in the present volume at the foot of the Akhmim text, in a smaller type. For Syncellus use has been made of the edition of W. Dindorf[2], who quotes two Paris MSS. (A, B), and the readings of Goar's text (Sync^g). The single fragment of Enoch preserved in the Epistle of St Jude is given as it stands in the text of Westcott and Hort, but the readings of אAC are added in the apparatus.

The Akhmim text as reproduced in M. Bouriant's heliogravure has been collated afresh for this edition. Reference has also been made to Professor Dillmann's paper *über den neufundenen griechischen Text des Henoch-Buches* (in *Sitzungsberichte d. k. pr. Akademie der Wissenschaften zu Berlin*, 1892); M. Lod's *Livre d'Hénoch* (Paris, 1892) and Mr Charles's *Book of Enoch*, Oxford, 1893.

The Greek Psalters which supply the text of the ecclesiastical Canticles and of the notes upon them have been described in the preface to the second volume of this work (pp. viii—xii).

The pleasant duty remains of acknowledging the help which has been liberally rendered on every side. Official duties prevented the editor from devoting to this volume so much of his time as he was able to give to the two volumes which preceded it. The greater part of the preparatory work was therefore entrusted to two colleagues, the Rev. Forbes Robinson, M.A., of Christ's College, and H. St John Thackeray, Esq., M.A., of King's College, whose assistance the Syndics of the Press kindly enabled him to secure. Mr Robinson collated the photographs of BAQ as far as Jeremiah xxxvi., where his work was taken up by Mr Thackeray, who completed the task, and also prepared the appendix of unsubstantial variants. Without the patient and accurate labour of these fellow-workers the appearance of the third volume would have been delayed perhaps for several years. Students who use this volume will also owe a debt of gratitude to Mr Redpath and to Dr Nestle, who continued their invaluable work of revision. Mr Redpath again read through the proofs, with excellent results, and Dr Nestle generously volunteered to recollate the whole of the sheets of the Prophets with the photograph of B. It may therefore be hoped that a near approach to perfect accuracy has been made so far as that MS. is concerned. A similar service has been rendered by Dr C. I. Beard, who has with scrupulous care compared the apparatus to Isaiah and Ezekiel with the facsimile of Q, and the result of his labours has been to enrich the notes of this second edition with a large

---

[1] Ἐκλογὴ χρονογραφίας συνταγεῖσα ὑπὸ Γεωργίου μοναχοῦ συγκέλλου γεγονότος Ταρασίου πατριάρχου Κωνσταντινουπόλεως.
[2] Georgius Syncellus...ex recensione Gul. Dindorfii, Bonnae, 1829 (in Niebuhr's *corpus scr. hist. Byzantinae*). The passages will be found in i. pp, 20 ff., 42 ff., 46 f., 47.

number of fresh particulars chiefly relating to the Hexaplaric signs, as well as to correct errors which had found their way into the edition of 1894. In dealing with the textual difficulties of the second Book of Maccabees the Editor was assisted by the Revised English Version and by a list of readings prepared for the use of the revisers, proofs of which were supplied to him by the kindness of the late Dr Moulton. The publication of the Syriac version of 4 Maccabees[1] has thrown fresh light upon the Greek text of that book, and Dr Barnes has generously compiled for the present edition a list of its most important readings, which will be found at the end of the Appendix.

The great scholar to whom this book owed its inception and its inspiration is, alas, no longer with us. But the recollection of Dr Hort's keen interest in the progress of the work—an interest sustained to the last days of his life—remains to give strength to those who have entered on the more arduous and responsible task of preparing the larger edition of the Cambridge Septuagint.

The death of Dr Hort on Nov. 30, 1892, was followed within six months by that of Professor Bensly, and the University has since been called to deplore the loss of Professor W. Robertson Smith. In each of these eminent Oriental scholars this undertaking found a warm friend. Professor Bensly was at the time of his death a member of the LXX. Committee, and he had hoped to take an active part in the collection of materials for the larger edition. Professor Robertson Smith's deep interest in all that concerns the study of the Old Testament secured for the Cambridge Septuagint his steady support and occasional but valuable assistance; within a few weeks of his death his counsel was sought upon some doubtful points connected with the present volume, and most kindly given.

In conclusion, the Editor desires to express his personal thanks to the Syndics of the University Press for the indulgence they have shewn to him during the course of a work which has necessarily been of slow and uncertain growth; to the Septuagint Committee for their consideration of the questions which have from time to time been submitted to their judgement; and to the officers and workmen, especially the readers, of the Press, whose unremitting attention has brought the printing of these volumes to a successful end.

---

[1] *The Fourth Book of Maccabees...edited by the late Prof. Bensly, with an Introduction by W. E. Barnes, D.D.* (Cambridge, 1896).

PROPHETAE ET MACCABAEORUM LIBRI.

א = Codex Sinaiticus (= S, Lagarde, Nestle).
A = Codex Alexandrinus (= III, Parsons).
B = Codex Vaticanus (= II, Parsons).
O = Fragmenta rescripta Dublinensia (= ′VIII, Parsons).
Q = Codex Marchalianus (= XII, Parsons).
V = Codex Venetus (= 23, Parsons).
Z = Fragmenta rescripta Tischendorfiana Isaiae prophetae (= Z^b, Lagarde).
Γ = Codex rescriptus Cryptoferratensis.
Δ = Fragmenta rescripta Bodleiana.
Π = Fragmenta Tischendorfiana libri IV. Maccabaeorum.
87 = Codex Chisianus LXXviralis libri Danielis.
Syr = Codex Syro-Hexaplaris Ambrosianus.

PSALMI SOLOMONIS.

c = Codex Casanatensis.
h = Codex Havniensis.
i = Codex Ibericus.
l = Codex Laurensis.
m = Codex Mosquensis.
p = Codex Parisinus.
r = Codex Romanus.
v = Codex Vindobonensis.

LIBRI ENOCH FRAGMENTA GRAECA.

P = Codex Panopolitanus.
V = Codex Vaticanus Gr. 1809.
Sync = Georgii Syncelli Chronographia.

CANTICA.

A = Psalterium Codicis Alexandrini (= III, Parsons).
R = Psalterium Graeco-Latinum Veronense.
T = Psalterium Turicense (= 262, Parsons).

ΩΣΗΕ

1 ¹ΛΟΓΟΣ Κυρίου ὃς ἐγενήθη πρὸς Ὡσῆε τὸν τοῦ Βεηρεὶ ἐν ἡμέραις B Ὀζείου καὶ Ἰωαθὰμ καὶ Ἀχὰς καὶ Ἐζεκίου βασιλέων Ἰούδα καὶ ἐν ἡμέραις Ἱεροβοὰμ υἱοῦ Ἰωὰς βασιλέως Ἰσραήλ.

² ²Ἀρχὴ λόγου Κυρίου ἐν Ὡσῆε. καὶ εἶπεν Κύριος πρὸς Ὡσηέ Βάδιζε λάβε σεαυτῷ γυναῖκα πορνείας καὶ τέκνα πορνείας, διότι 3 ἐκπορνεύουσα ἐκπορνεύσει ἡ γῆ ἀπὸ ὄπισθεν τῷ κυρίου. ³καὶ ἐπορεύθη καὶ ἔλαβεν τὴν Γόμερ θυγατέρα Δεβηλάιμ, καὶ συνέλαβεν 4 καὶ ἔτεκεν αὐτῷ υἱόν. ⁴καὶ εἶπεν Κύριος πρὸς αὐτόν Κάλεσον τὸ ὄνομα αὐτοῦ Ἰεζραέλ, διότι ἔτι μικρὸν καὶ ἐκδικήσω τὸ αἷμα τοῦ Ἰεζραὲλ ἐπὶ τὸν οἶκον Ἰούδα, καὶ καταπαύσω βασιλείαν οἴκου Ἰσραήλ· 5 ⁵καὶ ἔσται ἐν τῇ ἡμέρᾳ ἐκείνῃ συντρίψω τὸ τόξον τοῦ Ἰσραὴλ ἐν 6 κοιλάδι τοῦ Ἰεζραέλ. ⁶καὶ συνέλαβεν ἔτι καὶ ἔτεκεν θυγατέρα. καὶ εἶπεν αὐτῷ Κάλεσον τὸ ὄνομα αὐτῆς Οὐκ ἠλεημένη, διότι οὐ μὴ προσθήσω ἔτι ἐλεῆσαι τὸν οἶκον Ἰσραήλ, ἀλλ' ἢ ἀντιτασσόμενος 7 ἀντιτάξομαι αὐτοῖς. ⁷τοὺς δὲ υἱοὺς ἐλεήσω καὶ σώσω αὐτοὺς ἐν Κυρίῳ θεῷ αὐτῶν, καὶ οὐ σώσω αὐτοὺς ἐν τόξῳ οὐδὲ ἐν ῥομφαίᾳ 8 οὐδὲ ἐν πολέμῳ οὐδὲ ἐν ἵπποις οὐδὲ ἐν ἱππεῦσιν. ⁸καὶ ἀπεγαλάκτισεν τὴν Οὐκ ἠλεημένην, καὶ συνέλαβεν ἔτι καὶ ἔτεκεν υἱόν. 9 ⁹καὶ εἶπεν Κάλεσον τὸ ὄνομα αὐτοῦ Οὐ λαός μου, διότι ὑμεῖς οὐ λαός

Inscr Ωσηε B Ωσ. α AQ   I 1 Κυριου] ͞κς Q | Βεηρι Q | Οξιου B^bAQ | AQ Αχαζ AQ | om και 4⁰ Q* (hab Q^{mg}) | υιου] pr του A   2 εν] προς AQ^{mg} | om βαδιζε A   3 Δεβηλαειμ AQ   4 Ιουδα] Ιησυ Q^{mg} [καταπαυσω] αποστρεψω Q* (mg οι ο' καταπ.)   5 του Ισραηλ] om του Q* (superscr Q^a) | κοιλαδι] pr τη AQ   6 ελεησαι] pr του Q | Ισραηλ] pr του AQ   7 υιους]+Ιουδα AQ | ουδε quater] ουτε A | ουδε εν πολεμω]+ουτε εν αρμασιν A ουδε εν αρμ. Q* (ουδε εν πολ. Q^{1(mg)})

SEPT. III.   I   A

ΩΣΗΕ

Β μου καὶ ἐγὼ οὐκ εἰμὶ ὑμῶν. ¹⁰Καὶ ἦν ὁ ἀριθμὸς τῶν υἱῶν 10(1) (II)
Ἰσραὴλ ὡς ἡ ἄμμος τῆς θαλάσσης, ἣ οὐκ ἐκμετρηθήσεται οὐδὲ
ἐξαριθμηθήσεται· καὶ ἔσται ἐν τῷ τόπῳ οὗ ἐρρέθη αὐτοῖς Οὐ λαός
μου ὑμεῖς, κληθήσονται καὶ αὐτοὶ υἱοὶ θεοῦ ζῶντος. ¹¹καὶ συν- 11(2)
αχθήσονται οἱ υἱοὶ Ἰούδα καὶ οἱ υἱοὶ Ἰσραὴλ ἐπὶ τὸ αὐτό, καὶ
θήσονται ἑαυτοῖς ἀρχὴν μίαν, καὶ ἀναβήσονται ἐκ τῆς γῆς, ὅτι
μεγάλη ἡ ἡμέρα τοῦ Ἰεζραέλ. ¹εἴπατε τῷ ἀδελφῷ ὑμῶν Λαός μου, 1 (3) II
καὶ τῇ ἀδελφῇ ὑμῶν Ἐλεημένη. ²Κρίθητε πρὸς τὴν μητέρα 2 (4)
ὑμῶν, κρίθητε, ὅτι αὕτη οὐ γυνή μου καὶ ἐγὼ οὐκ ἀνὴρ αὐτῆς.
καὶ ἐξαρῶ τὴν πορνίαν αὐτῆς ἐκ προσώπου μου καὶ τὴν μοιχείαν
αὐτῆς ἐκ μέσου μαστῶν αὐτῆς, ³ὅπως ἂν ἐκδύσω αὐτὴν γυμνήν, 3 (5)
καὶ ἀποκαταστήσω αὐτὴν καθὼς ἡ ἡμέρα γενέσεως αὐτῆς· καὶ
θήσω αὐτὴν ἔρημον καὶ τάξω αὐτὴν ὡς γῆν ἄνυδρον, καὶ ἀπο-
κτενῶ αὐτὴν ἐν δίψει· ⁴καὶ τὰ τέκνα αὐτῆς οὐ μὴ ἐλεήσω, ὅτι 4 (6)
τέκνα πορνείας ἐστίν. ⁵ὅτι ἐξεπόρνευσεν ἡ μήτηρ αὐτῶν, κατή- 5 (7)
σχυνεν ἡ τεκοῦσα αὐτά, ὅτι εἶπεν Πορεύσομαι ὀπίσω τῶν ἐρα-
στῶν μου τῶν διδόντων μοι τοὺς ἄρτους μου καὶ τὸ ὕδωρ μου καὶ
τὰ ἱμάτιά μου καὶ τὰ ὀθόνιά μου, τὸ ἔλαιόν μου καὶ πάντα ὅσα μοι
καθήκει. ⁶διὰ τοῦτο ἰδοὺ ἐγὼ φράσσω τὴν ὁδὸν αὐτῆς ἐν σκό- 6 (8)
λοψιν, καὶ ἀνοικοδομήσω τὰς ὁδοὺς καὶ τὴν τρίβον αὐτῆς οὐ μὴ
εὕρῃ· ⁷καὶ καταδιώξεται τοὺς ἐραστὰς αὐτῆς καὶ οὐ μὴ καταλάβῃ 7 (9)
αὐτούς, καὶ ζητήσει αὐτοὺς καὶ οὐ μὴ εὕρῃ αὐτούς, καὶ ἐρεῖ Πορεύ-
σομαι καὶ ἐπιστρέψω πρὸς τὸν ἄνδρα μου τὸν πρότερον, ὅτι
καλῶς μοι ἦν τότε ἢ νῦν. ⁸καὶ αὕτη οὐκ ἔγνω ὅτι ἐγὼ ἔδωκα 8 (10)
αὐτῇ τὸν σῖτον καὶ τὸν οἶνον καὶ τὸ ἔλαιον, καὶ ἀργύριον ἐπλή-
θυνα αὐτῇ· αὐτὴ δὲ ἀργυρᾶ καὶ χρυσᾶ ἐποίησεν τῇ Βάαλ. ⁹διὰ 9 (11)
τοῦτο ἐπιστρέψω καὶ κομιοῦμαι τὸν σῖτόν μου καθ' ὥραν αὐτοῦ
καὶ τὸν οἶνόν μου ἐν καιρῷ αὐτοῦ, καὶ ἀφελοῦμαι τὰ ἱμάτιά μου
καὶ τὰ ὀθόνιά μου τοῦ μὴ καλύπτειν τὴν ἀσχημοσύνην αὐτῆς·
¹⁰καὶ νῦν ἀποκαλύψω τὴν ἀκαθαρσίαν αὐτῆς ἐνώπιον τῶν ἐρα- 10 (12)

AQ   10 τω τοπω ου sup ras B^{ab} | ερρηθη Q^a | κληθησονται] pr εκει A | om και
αυτοι A (μ̄ θ' το και Q^{mg})   11 εαυτοις] αυτοις A | Ιεζραελ] Ιεσραελ Q
II 1 λαος] pr ου Q* (om ου Q^?) | ηλεημενη A^bQ   1, 2 ηλεημενη...μοιχειαν
sup ras A^b   2 πορνειαν B^bAQ   3 εκδυσω] εκλυσω B^{b vid} | η ημερα] om η
A | θησω] θησομαι AQ | ερημον] pr ως AQ   5 οτι ειπεν] ειπεν γαρ
A | πορευσομαι] ακολουθησω A | τα οθονια (ια sup ras A^{? vid}) μου]+καὶ τον
οινον Q^{1 mg} | το ελαιον] pr και AQ* (om Q^?)   6 οδους]+αυτης AQ
7 αυτους 1° sup ras B^{a?b(vid)}   8 δεδωκα AQ | αργυριον]+και χρυσιον
Q^{1 mg}   9 ασχημοσυνην] αισχυνην Q   10 ενωπιον] εναντιον AQ

2

ΩΣΗΕ   II 23

(13) 11 στῶν αὐτῆς, καὶ οὐδεὶς οὐ μὴ ἐξέληται αὐτὴν ἐκ χειρός μου· ¹¹καὶ Β
ἀποστρέψω πάσας τὰς εὐφροσύνας αὐτῆς, ἑορτὰς αὐτῆς καὶ τὰς
νουμηνίας αὐτῆς καὶ τὰ σάββατα αὐτῆς καὶ πάσας τὰς πανηγύρεις
(14) 12 αὐτῆς· ¹²καὶ ἀφανιῶ ἄμπελον αὐτῆς καὶ τὰς συκᾶς αὐτῆς, ὅσα
εἶπεν Μισθώματά μου ταῦτά ἐστιν ἃ ἔδωκάν μοι οἱ ἐρασταί μου,
καὶ θήσομαι αὐτὰ εἰς μαρτύριον, καὶ καταφάγεται αὐτὰ τὰ θηρία
τοῦ ἀγροῦ καὶ τὰ πετεινὰ τοῦ οὐρανοῦ καὶ τὰ ἑρπετὰ τῆς γῆς·
(15) 13 ¹³καὶ ἐκδικήσω ἐπ' αὐτὴν τὰς ἡμέρας τῶν Βααλεὶμ ἐν αἷς ἐπέθυεν
αὐτοῖς, καὶ περιετίθετο τὰ ἐνώτια αὐτῆς καὶ τὰ καθόρμια αὐτῆς καὶ
ἐπορεύετο ὀπίσω τῶν ἐραστῶν αὐτῆς, ἐμοῦ δὲ ἐπελάθετο, λέγει
(16) 14 Κύριος. ¹⁴διὰ τοῦτο ἰδοὺ ἐγὼ πλανῶ αὐτὴν καὶ τάξω αὐτὴν ὡς
(17) 15 ἔρημον, καὶ λαλήσω ἐπὶ τὴν καρδίαν αὐτῆς, ¹⁵καὶ δώσω αὐτῇ τὰ
κτήματα αὐτῆς ἐκεῖθεν καὶ τὴν κοιλάδα Ἀχὼρ διανοῖξαι σύνεσιν
αὐτῆς· καὶ ταπεινωθήσεται ἐκεῖ κατὰ τὰς ἡμέρας νηπιότητος αὐτῆς
(18) 16 καὶ κατὰ τὰς ἡμέρας ἀναβάσεως αὐτῆς ἐκ γῆς Αἰγύπτου. ¹⁶καὶ
ἔσται ἐν τῇ ἡμέρᾳ ἐκείνῃ, λέγει Κύριος, καλέσει με Ὁ ἀνήρ μου,
(19) 17 καὶ οὐ καλέσει με ἔτι Βααλείμ· ¹⁷καὶ ἐξαρῶ τὰ ὀνόματα τῶν
Βααλεὶμ ἐκ στόματος αὐτῆς, καὶ οὐ μὴ μνησθῶσιν οὐκέτι τὰ ὀνό-
(20) 18 ματα αὐτῶν. ¹⁸καὶ διαθήσομαι αὐτοῖς διαθήκην ἐν τῇ ἡμέρᾳ ἐκείνῃ
μετὰ τῶν θηρίων τοῦ ἀγροῦ καὶ μετὰ τῶν πετεινῶν τοῦ οὐρανοῦ
καὶ τῶν ἑρπετῶν τῆς γῆς· καὶ τόξον καὶ ῥομφαίαν καὶ πόλεμον
(21) 19 συντρίψω ἀπὸ τῆς γῆς, καὶ κατοικιῶ σε ἐπ' ἐλπίδι. ¹⁹καὶ μνη-
στεύσομαί σε ἐμαυτῷ εἰς τὸν αἰῶνα, καὶ μνηστεύσομαί σε ἐμαυτῷ
(22) 20 ἐν δικαιοσύνῃ καὶ ἐν κρίματι καὶ ἐν ἐλέει καὶ ἐν οἰκτειρμοῖς, ²⁰καὶ
μνηστεύσομαί σε ἐμαυτῷ ἐν πίστει, καὶ ἐπιγνώσῃ τὸν κύριον.
(23) 21 ²¹καὶ ἔσται ἐν τῇ ἡμέρᾳ ἐκείνῃ, λέγει Κύριος, ἐπακούσομαι τῷ
(24) 22 οὐρανῷ, καὶ αὐτὸς ἐπακούσεται τῇ γῇ, ²²καὶ ἡ γῆ ἐπακούσεται τὸν
σῖτον καὶ τὸν οἶνον καὶ τὸ ἔλαιον, καὶ αὐτὰ ἐπακούσεται τῷ
(25) 23 Ἰεζραέλ. ²³καὶ σπερῶ αὐτὴν ἐμαυτῷ ἐπὶ τῆς γῆς, καὶ ἀγαπήσω
τὴν Οὐκ ἠγαπημένην, καὶ ἐρῶ τῷ Οὐ λαῷ μου Λαός μου εἶ σύ,
καὶ αὐτὸς ἐρεῖ Κύριος ὁ θεός μου εἶ σύ.

11 εορτας] pr τας A | πανηγυρις B* (-ρεις B^{ab}AQ)   14 ως] εις Q* AQ
(ως Q^a)   16 εν τη ημερα εκεινη] εν εκεινη τη ημ. A | om λεγει Κυριος A |
μου]+λεγει κ̅ς̅ A | ετι] ουκετι A   17 τα ονοματα 1°] τα ονομα Q* | ουκετι]
ετι A   18 διαθηκην εν τη ημερα εκεινη] εν εκ. τη ημ. διαθ. A διαθ. εν εκ.
τη ημ. Q | των ερπετων] pr μετα AQ | om και 6° B* | εφ B* (επ B^{ab})
21 εν τη ημερα εκεινη] εν εκ. τη ημ. AQ | αυτος] ο ουρανος AQ   23 αγα-
πησω] ελεησω AQ | ηγαπημενην] ηλεημενην AQ

ΩΣΗΕ

B ¹Καὶ εἶπεν Κύριος πρός μέ Ἔτι πορεύθητι καὶ ἀγάπησον γυναῖκα 1 III
ἀγαπῶσαν πονηρὰ καὶ μοιχαλίν, καθὼς ἀγαπᾷ ὁ θεὸς τοὺς υἱοὺς
Ἰσραήλ, καὶ αὐτοὶ ἐπιβλέπουσιν ἐπὶ θεοὺς ἀλλοτρίους καὶ φιλοῦσιν
πέμματα μετὰ σταφίδος. ²καὶ ἐμισθωσάμην ἐμαυτῷ πέντε καὶ δέκα 2
ἀργυρίου καὶ γόμορ κριθῶν καὶ νέβελ οἴνου, ³καὶ εἶπα πρὸς αὐτήν 3
Ἡμέρας πολλὰς καθήσῃ ἐπ' ἐμοί, καὶ οὐ μὴ πορνεύσῃς οὐδὲ μὴ
γένῃ ἀνδρί, καὶ ἐγὼ ἐπὶ σοί. ⁴διότι ἡμέρας πολλὰς καθήσονται οἱ 4
υἱοὶ Ἰσραὴλ οὐκ ὄντος βασιλέως οὐδὲ ὄντος ἄρχοντος οὐδὲ οὔσης
θυσίας οὐδὲ ὄντος θυσιαστηρίου οὐδὲ ἱερατίας οὐδὲ δήλων. ⁵καὶ 5
μετὰ ταῦτα ἐπιστρέψουσιν οἱ υἱοὶ Ἰσραὴλ καὶ ἐπιζητήσουσιν Κύριον
τὸν θεὸν αὐτῶν καὶ Δαυεὶδ τὸν βασιλέα αὐτῶν, καὶ ἐκστήσονται ἐπὶ
τῷ κυρίῳ καὶ ἐπὶ τοῖς ἀγαθοῖς αὐτοῦ ἐπ' ἐσχάτων τῶν ἡμερῶν.

¹Ἀκούσατε λόγον Κυρίου, υἱοὶ Ἰσραήλ, ὅτι κρίσις τῷ κυρίῳ πρὸς 1 IV
τοὺς κατοικοῦντας τὴν γῆν, διότι οὐκ ἔστιν ἀλήθεια οὐδὲ ἔλεος οὐδὲ
ἐπίγνωσις θεοῦ ἐπὶ τῆς γῆς· ²ἀρὰ καὶ ψεῦδος καὶ φόνος καὶ κλοπὴ καὶ 2
μοιχεία κέχυται ἐπὶ τῆς γῆς, καὶ αἵματα ἐφ' αἵμασιν μίσγουσιν. ³διὰ 3
τοῦτο πενθήσει ἡ γῆ, καὶ μικρυνθήσεται σὺν πᾶσιν τοῖς κατοικοῦσιν
αὐτήν, σὺν τοῖς θηρίοις τοῦ ἀγροῦ καὶ σὺν τοῖς ἑρπετοῖς τῆς γῆς καὶ
σὺν τοῖς πετεινοῖς τοῦ οὐρανοῦ, καὶ οἱ ἰχθύες τῆς θαλάσσης ἐκλεί-
ψουσιν, ⁴ὅπως μηδεὶς μήτε δικάζηται μήτε ἐλέγχῃ μηδείς. ὁ δὲ λαός 4
μου ὡς ἀντιλεγόμενος ἱερεύς, ⁵καὶ ἀσθενήσει ἡμέρας, καὶ ἀσθενήσει 5
προφήτης μετὰ σοῦ· νυκτὶ ὡμοίωσα τὴν μητέρα σου, ⁶ὡμοιώθη ὁ λαός 6
μου ὡς οὐκ ἔχων γνῶσιν· ὅτι σὺ ἐπίγνωσιν ἀπώσω, κἀγὼ ἀπώσομαι
σὲ τοῦ ἱερατεύειν μοι· καὶ ἐπελάθου νόμου θεοῦ σου, κἀγὼ ἐπιλήσομαι
τέκνων σου. ⁷κατὰ τὸ πλῆθος αὐτῶν οὕτως ἥμαρτόν μοι· τὴν δόξαν 7
αὐτῶν εἰς ἀτιμίαν θήσομαι, ⁸ἁμαρτίας λαοῦ μου φάγονται, καὶ ἐν ταῖς 8
ἀδικίαις αὐτῶν λήμψονται τὰς ψυχὰς αὐτῶν. ⁹καὶ ἔσται καθὼς ὁ λαὸς 9
οὕτως καὶ ὁ ἱερεύς, καὶ ἐκδικήσω ἐπ' αὐτὸν τὰς ὁδοὺς αὐτοῦ, καὶ τὰ
διαβούλια αὐτοῦ ἀνταποδώσω αὐτῷ. ¹⁰καὶ φάγονται καὶ οὐ μὴ ἐμπλη- 10

AQ III 1 επιβλεπουσιν] αποβλ. AQ | φιλουσι A | σταφιδων AQ* (-δος Qᵃ)
3 πορνευσηι (sic) Q*ᵛⁱᵈ | ανδρι] + ετερω AQ | και εγω] καγω A   4 ουδε 2°]
ουκ AQ* (ουδε Qᵃ) | ουδε 4°] ουτε A | ιερατειας Bᵃ AQᵃ | ουδε 5°] ουτε A
5 Κυριον τον θεον] τον κν θν A | εσχατου Q   IV 1 υιοι] pr οι Q | οτι]
διοτι AQ* | κρισεις A   3 σμικρυνθησεται AQ | πασι Q | κατοικουσι Q*
4 μηδεις 1°] μηθεις A | μητε 1°] μηδε Q* (μητε Qᵃ)   5 προφητης] pr και
AQ   6 ωμοιωθη] pr νυκτι A | καγω 1°] και εγω AQ | ιερατευειν] pr
μη A | νομου A   7 θησομαι] θησω A   8 ληψονται Q   9 δια-
βουλεια A

ΩΣΗΕ v 6

σθῶσιν, ἐπόρνευσαν καὶ οὐ μὴ κατευθύνωσιν, διότι τὸν κύριον ἐγκατέ- B
11 λιπον τοῦ φυλάξαι ¹¹πορνείαν. καὶ οἶνον καὶ μέθυσμα ἐδέξατο
12 καρδία λαοῦ μου· ¹²ἐν συμβόλοις ἐπηρώτων, καὶ ἐν ῥάβδοις αὐτοῦ
ἀπήγγελλον αὐτῷ· πνεύματι πορνείας ἐπλανήθησαν καὶ ἐξεπόρνευ-
13 σαν ἀπὸ τοῦ θεοῦ αὐτῶν. ¹³ἐπὶ τὰς κορυφὰς τῶν ὀρέων ἐθυσίαζον,
καὶ ἐπὶ τοὺς βουνοὺς ἔθυον ὑποκάτω δρυὸς καὶ λεύκης καὶ δένδρου
συσκιάζοντος, ὅτι καλὸν σκέπη. διὰ τοῦτο ἐκπορνεύσουσιν αἱ θυγα-
14 τέρες ὑμῶν, καὶ αἱ νύμφαι ὑμῶν μοιχεύσουσιν· ¹⁴καὶ οὐ μὴ ἐπισκέ-
ψωμαι ἐπὶ τὰς θυγατέρας ὑμῶν ὅταν πορνεύωσιν, καὶ ἐπὶ τὰς νύμφας
ὑμῶν ὅταν μοιχεύωσιν· ὅτι αὐτοὶ μετὰ τῶν πορνῶν συνεφύροντο, καὶ
μετὰ τῶν τετελεσμένων ἔθυον, καὶ ὁ λαὸς ὁ συνίων συνεπλέκετο μετὰ
15 πόρνης. ¹⁵σὺ δέ, Ἰσραήλ, μὴ ἀγνόει, καὶ Ἰούδα, μὴ εἰσπορεύεσθε εἰς
Γάλγαλα, καὶ μὴ ἀναβαίνετε εἰς τὸν οἶκον Ὤν, καὶ μὴ ὀμνύετε ζῶντα
16 Κύριον. ¹⁶διότι ὡς δάμαλις παροιστρῶσα παροίστρησεν Ἰσραήλ· νῦν
17 νεμήσει αὐτοὺς Κύριος ὡς ἀμνὸν ἐν εὐρυχώρῳ. ¹⁷μέτοχος εἰδώλων
18 Ἐφραίμ ἔθηκεν ἑαυτῷ σκάνδαλα, ¹⁸ᾑρέτισεν Χαναναίους· πορνεύοντες
19 ἐξεπόρνευσαν, ἠγάπησαν ἀτιμίαν ἐκ φρυάγματος αὐτῆς. ¹⁹συστροφὴ
πνεύματος σὺ εἶ ἐν ταῖς πτέρυξιν αὐτῆς, καὶ καταισχυνθήσονται
ἐκ τῶν θυσιαστηρίων αὐτῶν.
V 1 ¹Ἀκούσατε ταῦτα, οἱ ἱερεῖς, καὶ προσέχετε, οἶκος Ἰσραήλ, καὶ ὁ
οἶκος τοῦ βασιλέως, ἐνωτίζεσθε, διότι πρὸς ὑμᾶς ἐστιν τὸ κρίμα· ὅτι
παγὶς ἐγενήθητε τῇ σκοπιᾷ, καὶ ὡς δίκτυον ἐκτεταμένον ἐπὶ τὸ Ἰτα-
2 βύριον, ²ὃ οἱ ἀγρεύοντες τὴν θήραν κατέπηξαν. ἐγὼ δὲ παιδευτὴς
3 ὑμῶν· ³ἐγὼ ἔγνων τὸν Ἐφραίμ, καὶ Ἰσραὴλ οὐκ ἄπεστιν ἀπ' ἐμοῦ.
4 διότι νῦν ἐξεπόρνευσεν Ἐφραίμ, ἐμιάνθη Ἰσραήλ. ⁴οὐκ ἔδωκαν τὰ
διαβούλια αὐτῶν τοῦ ἐπιστρέψαι πρὸς τὸν θεὸν αὐτῶν, ὅτι πνεῦμα
5 πορνείας ἐν αὐτοῖς ἐστίν, τὸν δὲ κύριον οὐκ ἐπέγνωσαν. ⁵καὶ ταπει-
νωθήσεται ἡ ὕβρις τοῦ Ἰσραὴλ εἰς πρόσωπον αὐτοῦ, καὶ Ἰσραὴλ καὶ
Ἐφραὶμ ἀσθενήσουσιν ἐν ταῖς ἀδικίαις αὐτῶν, καὶ ἀσθενήσει καὶ
6 Ἰούδας μετ' αὐτῶν. ⁶μετὰ προβάτων καὶ μόσχων πορεύσονται τοῦ
ἐκζητῆσαι τὸν κύριον, καὶ οὐ μὴ εὕρωσιν αὐτόν, ὅτι ἐκκέκλικεν

10 κατευθυνουσιν Α | εγκατελιπον AQ 12 απηγγελον Α | αυτω] AQ
αυτου B* (-τω Bᵃᵇ) 14 πορνευωσιν Q | μοιχευσωσιν Qᵃ | οτι] διοτι και
AQ | συνανεφυροντο Qᵃ | ο συνιων] οι ο' ου σ. Qᵐᵍ 15 Ων Β*Qᵐᵍ] της
αδικιας Bᵃᵇ ᵐᵍ (non inst Ων Bᵇ) AQ 16 διοτι] οτι AQ | παροιστρησεν]
παροιστρωσεν Q* ᵛⁱᵈ 18 αυτης BQᵃ] αυτων AQ* 19 ταις πτερυξιν]
om ταις Q | αυτης] αυτων Α V 1 Ισραηλ] pr του Qᵐᵍ | ο οικος] om ο
AQ | πακις B* (παγις Bᵃᵇ) 2 κατεπηξαν] ηξ sup ras Bᵃᵇ 3 απεστην
B* (-τη Bᵇ) 4 διαβουλεια Α | πορνειας BᵃᵇAQ 5 και 5°]+γε Α
6 εκκεκλικεν BQᵐᵍ] εξεκλεινεν AQ*

ΩΣΗΕ

Β ἀπ' αὐτῶν· ⁷ὅτι τὸν κύριον ἐνκατέλιπον, ὅτι τέκνα ἀλλότρια ἐγεννή- 7
θησαν αὐτοῖς· νῦν καταφάγεται αὐτοὺς ἡ ἐρυσίβη καὶ τοὺς κλήρους
αὐτῶν. ⁸Σαλπίσατε σάλπιγγι ἐπὶ τοὺς βουνούς, ἠχήσατε ἐπὶ τῶν ὑψη- 8
λῶν, κηρύξατε ἐν τῷ οἴκῳ Ὤν, ἐξέστη Βενιαμείν, ⁹Ἐφράιμ εἰς 9
ἀφανισμὸν ἐγένετο ἐν ἡμέραις ἐλέγχου. ἐν ταῖς φυλαῖς τοῦ Ἰσραὴλ
ἔδειξα πιστά· ¹⁰ἐγένοντο οἱ ἄρχοντες Ἰούδα ὡς μετατιθέντες ὅρια, 10
ἐπ' αὐτοὺς ἐκχεῶ ὡς ὕδωρ τὸ ὅρμημά μου. ¹¹κατεδυνάστευσεν 11
Ἐφράιμ τὸν ἀντίδικον αὐτοῦ, κατεπάτησεν τὸ κρίμα, ὅτι ἤρξατο
πορεύεσθαι ὀπίσω τῶν ματαίων. ¹²καὶ ἐγὼ ὡς ταραχὴ τῷ Ἐφράιμ, 12
καὶ ὡς κέντρον τῷ οἴκῳ Ἰούδα. ¹³καὶ εἶδεν Ἐφράιμ τὴν νόσον αὐτοῦ, 13
καὶ Ἰούδας τὴν ὀδύνην αὐτοῦ· καὶ ἐπορεύθη Ἐφράιμ πρὸς Ἀσσυρίους
καὶ ἀπέστειλεν πρέσβεις πρὸς βασιλέα Ἰαρείμ· καὶ οὗτος οὐκ ἠδυ-
νάσθη ἰάσασθαι ὑμᾶς, καὶ οὐ μὴ διαπαύσῃ ἐξ ὑμῶν ὀδύνη. ¹⁴διότι ἐγώ 14
εἰμι ὡς πανθὴρ τῷ Ἐφράιμ, καὶ ὡς λέων τῷ οἴκῳ Ἰούδα· καὶ ἐγὼ
ἁρπῶμαι καὶ πορεύσομαι καὶ λήμψομαι, καὶ οὐκ ἔσται ὁ ἐξαιρούμενος.
¹⁵πορεύσομαι καὶ ἐπιστρέψω εἰς τὸν τόπον μου, ἕως οὗ ἀφανισθῶσιν 15
καὶ ζητήσουσιν τὸ πρόσωπόν μου.

¹Ἐν θλίψει αὐτῶν ὀρθριοῦσι πρὸς μὲ λέγοντες Πορευθῶμεν καὶ 1 VI
ἐπιστρέψωμεν πρὸς Κύριον τὸν θεὸν ἡμῶν, ὅτι αὐτὸς ἥρπακεν καὶ
ἰάσεται ἡμᾶς, πατάξει καὶ μοτώσει ἡμᾶς, ²ὑγιάσει ἡμᾶς μετὰ δύο 2
ἡμέρας· ἐν τῇ ἡμέρᾳ τῇ τρίτῃ καὶ ἀναστησόμεθα, καὶ ζησόμεθα ἐνώπιον
αὐτοῦ, ³καὶ γνωσόμεθα· διώξομεν τοῦ γνῶναι τὸν κύριον, ὡς ὄρθρον 3
ἕτοιμον εὑρήσομεν αὐτόν, καὶ ἥξει ὡς ὑετὸς ἡμῖν πρώμος καὶ ὄψιμος
γῇ. ⁴Τί σοι ποιήσω, Ἐφράιμ; τί σοι ποιήσω, Ἰούδα; τὸ δὲ 4
ἔλεος ὑμῶν ὡς νεφέλη πρωινὴ καὶ ὡς δρόσος ὀρθρινὴ πορευομένη.
⁵διὰ τοῦτο ἀπεθέρισα τοὺς προφήτας ὑμῶν, ἀπέκτεινα αὐτοὺς ἐν 5
ῥήματι στόματός μου, καὶ τὸ κρίμα μου ὡς φῶς ἐξελεύσεται. ⁶διότι 6
ἔλεος θέλω ἢ θυσίαν, καὶ ἐπίγνωσιν θεοῦ ἢ ὁλοκαυτώματα. ⁷αὐτοὶ 7
δέ εἰσιν ὡς ἄνθρωπος παραβαίνων διαθήκην· ἐκεῖ κατεφρόνησέν μου
⁸Γαλαάδ, πόλις ἐργαζομένη μάταια, ταράσσουσα ὕδωρ, ⁹καὶ ἡ ἰσχύς 8
                                                                    9

AQ   7 ενκατελιπον (εγκ. B^{ab})] εγκατελειπον AQ | οτι 2°] και A | εγεννησαν
Q* (α'θ' εγεννηθησαν Q^{mg})   8 σαλπιγγι] λ sup ras A^{a?}   9 εν 2° sup
ras B?   11 το κριμα] om το AQ*   13 Ιαρειμ] Ιαρειβ Q^a | ουτος] αυτος
AQ | ιασασθαι] οι ο' ρυσασθαι Q^{mg}   14 τω οικω] pr εν Q^a | λημψομαι Q
15 ζητησουσιν] επιζητησουσιν AQ (-σι)   VI 1 ορθριουσιν AQ | Κυριον] pr
τον Q^a | μοτωσει] μωτωσει B^{a?b} A^{*fort} (μοτ sup ras A^b)   2 om και 1° A |
ενωπιον] εναντιον Q   3 προιμος B*AQ*] πρωιμος B^{ab}Q^a | γη] pr τη AQ
5 ρηματι BQ^a] ρημασιν AQ* (οι ο' Q^{mg})   6 η 1°] και ου AQ* (η Q^a)

ΩΣΗΕ VII 12

σου ἀνδρὸς πειρατοῦ· ἔκρυψαν ἱερεῖς ὁδόν, ἐφόνευσαν Σίκιμα, ὅτι Β
10 ἀνομίαν ἐποίησαν ¹⁰ἐν τῷ οἴκῳ τοῦ Ἰσραὴλ· εἶδον φρικώδη ἐκεῖ,
πορνείαν τοῦ Ἐφράιμ· ἐμιάνθη Ἰσραὴλ ⁽¹¹⁾καὶ Ἰουδά.
11 ¹¹Ἄρχου τρυγᾶν σεαυτῷ ἐν τῷ ἐπιστρέφειν με τὴν αἰχμαλωσίαν τοῦ
VII 1 λαοῦ μου, ¹ἐν τῷ ἰάσασθαί με τὸν Ἰσραήλ. καὶ ἀποκαλυφθήσεται ἡ
ἀδικία Ἐφράιμ καὶ ἡ κακία Σαμαρείας, ὅτι ἠργάσαντο ψευδῆ· καὶ κλέπ-
της πρὸς αὐτὸν εἰσελεύσεται, ἐκδιδύσκων λῃστὴς ἐν τῇ ὁδῷ αὐτοῦ,
2 ²ὅπως συνᾴδωσιν ὡς ᾄδοντες τῇ καρδίᾳ αὐτῶν. πάσας τὰς κακίας
αὐτῶν ἐμνήσθην· νῦν ἐκύκλωσαν αὐτοὺς τὰ διαβούλια αὐτῶν, ἀπέ-
3 ναντι τοῦ προσώπου μου ἐγένοντο. ³ἐν ταῖς κακίαις αὐτῶν εὔφραναν
4 βασιλεῖς, καὶ ἐν τοῖς ψεύδεσιν αὐτῶν ἄρχοντας· ⁴πάντες μοιχεύοντες,
ὡς κλίβανος καιόμενος εἰς πέψιν κατακαύματος ἀπὸ τῆς φλογός, ἀπὸ
5 φυράσεως στέατος, ἕως τοῦ ζυμωθῆναι αὐτό. ⁵ἡμέραι τῶν βασιλέων
ὑμῶν, ἤρξαντο οἱ ἄρχοντες θυμοῦσθαι ἐξ οἴνου, ἐξέτεινεν τὴν χεῖρα
6 αὐτοῦ μετὰ λοιμῶν· ⁶διότι ἀνεκαύθησαν ὡς κλίβανος αἱ καρδίαι αὐτῶν,
ἐν τῷ καταράσσειν αὐτοὺς ὅλην τὴν νύκτα ὕπνου Ἐφράιμ ἐνεπλήσθη·
7 πρωὶ ἐνεγενήθη, ἀνεκαύθη ὡς πυρὸς φέγγος. ⁷πάντες ἐθερμάνθησαν
ὡς κλίβανος, καὶ κατέφαγον τοὺς κριτὰς αὐτῶν· πάντες οἱ βασιλεῖς
8 αὐτῶν ἔπεσαν, οὐκ ἦν ὁ ἐπικαλούμενος ἐν αὐτοῖς πρός μέ. ⁸Ἐφράιμ
ἐν τοῖς λαοῖς αὐτοῦ συνεμίγνυτο, Ἐφράιμ ἐγένετο ἐνκρυφίας οὐ
9 μεταστρεφόμενος· ⁹κατέφαγον ἀλλότριοι τὴν ἰσχὺν αὐτοῦ, αὐτὸς δὲ
10 οὐκ ἔγνω, καὶ πολιαὶ ἐξήνθησαν αὐτῷ, καὶ αὐτὸς οὐκ ἔγνω. ¹⁰καὶ
ταπεινωθήσεται ἡ ὕβρις Ἰσραὴλ εἰς πρόσωπον αὐτοῦ, καὶ οὐκ ἐπέ-
στρεψαν πρὸς Κύριον τὸν θεὸν αὐτῶν, καὶ οὐκ ἐξεζήτησαν αὐτὸν ἐν
11 πᾶσι τούτοις. ¹¹καὶ ἦν Ἐφράιμ ὡς περιστερὰ ἄνους, οὐκ ἔχουσα
καρδίαν· Αἴγυπτον ἐπεκαλεῖτο, καὶ εἰς Ἀσσυρίους ἐπορεύθησαν.
12 ¹²καθὼς ἂν πορεύωνται ἐπιβαλῶ ἐπ' αὐτοὺς τὸ δίκτυόν μου, καθὼς
τὰ πετεινὰ τοῦ οὐρανοῦ κατάξω αὐτούς, παιδεύσω αὐτοὺς ἐν τῇ ἀκοῇ

9 οδον]+κυ AQ 10 του Ισραηλ] om του ΑQ* (hab του Qᵃ) | Ιουδας A AQ
11 αιχμαλωσιαν] αιχμασιαν Q   VII 1 αδικια] κακια Qᵃ | ηργασαντο] ειργ.
BᵃᵇAQ   2 συναδουσιν A | αδοντες] συναδοντες AQ | εκυκλωσεν AQ | μου
εγενοντο sup ras Aᵇ | εγενοντο] εγενετο Q   3 βασιλεις] βασιλεας Q* (οι ο' -λεα
Qᵐᵍ) | ψευδεσιν sup ras Aᵇ   4 μοιχευοντες A (es sup ras Aᵇ)   5 ημεραι]
pr αι A | υμων] ημων A | οι αρχοντες] om οι Q* (hab Qᵐᵍ) | την χειρα] εν τη
χειρι Q   6 ενεγενηθη] γε sup ras Bᵗ εγενηθη AQ | ανεκαυθη] ανεκαυθησαν
Qᵃ | πυρος] πυρ AQ* (πυρος Qᵃ)   7 κλιβανος]+πυρος καιομενου αι καρδιαι
αυτων A+αι καρδιαι αυτων Q | κατεφαγον] κατεφαγεν πυρ A κατεφαγε Qᵃ |
επεσον AQ* (επεσαν Qᵃ)   8 συνανεμιγνυτο AQ | εγκρυφιας AQ   9 εγνω]
επεγνω A | αυτω] αυτων A   10 εξεξητησαν] εζητησαν Q | πασιν A
11 εχουσαν B* (-σα Bᵃᵇ) | επεκαλειτο] επεκαλεσατο Qᵃ

7

ΩΣΗΕ

Β τῆς θλίψεως αὐτῶν. ¹³οὐαὶ αὐτοῖς, ὅτι ἀπεπήδησαν ἀπ' ἐμοῦ· δείλαιοί 13
εἰσιν, ὅτι ἠσέβησαν εἰς ἐμέ· ἐγὼ δὲ ἐλυτρωσάμην αὐτούς, αὐτοὶ δὲ
κατελάλησαν κατ' ἐμοῦ ψευδῆ. ¹⁴καὶ οὐκ ἐβόησαν πρὸς μὲ αἱ καρ- 14
δίαι αὐτῶν, ἀλλ' ἢ ὠλόλυζον ἐν ταῖς κοίταις αὐτῶν· ἐπὶ σίτῳ καὶ οἴνῳ
κατετέμνοντο. ¹⁵ἐπαιδεύθησαν ἐν ἐμοί, κἀγὼ κατίσχυσα τοὺς βρα- 15
χίονας αὐτῶν, καὶ εἰς ἐμὲ ἐλογίσαντο πονηρά. ¹⁶ἀπεστράφησαν εἰς 16
οὐθέν, ἐγένοντο ὡς τόξον ἐντεταμένον· πεσοῦνται ἐν ῥομφαίᾳ οἱ
ἄρχοντες αὐτῶν δι' ἀπαιδευσίαν γλώσσης αὐτῶν· οὗτος ὁ φαυλισμὸς
αὐτῶν ἐν γῇ Αἰγύπτῳ.
¹Εἰς κόλπον αὐτῶν ὡς γῆ, ὡς ἀετὸς ἐπ' οἶκον Κυρίου, ἀνθ' ὧν 1 VIII
παρέβησαν τὴν διαθήκην μου καὶ κατὰ τοῦ νόμου μου. ²ἐμὲ κεκρά- 2
ξονται Ὁ θεός, ἐγνώκαμέν σε. ³ὅτι Ἰσραὴλ ἀπεστρέψατο ἀγαθά, 3
ἐχθρὸν κατεδίωξαν· ⁴ἑαυτοῖς ἐβασίλευσαν καὶ οὐ δι' ἐμοῦ, ἦρξαν καὶ 4
οὐκ ἐγνώρισάν μοι, τὸ ἀργύριον αὐτῶν καὶ τὸ χρυσίον αὐτῶν ἐποίησαν
ἑαυτοῖς εἴδωλα, ὅπως ἐξολοθρευθῶσιν. ⁵ἀπότριψαι τὸν μόσχον σου, 5
Σαμάρεια· παρωξύνθη ὁ θυμός μου ἐπ' αὐτούς· ἕως τίνος οὐ μὴ
δύνωνται καθαρισθῆναι ⁶ἐν τῷ Ἰσραήλ; καὶ αὐτὸ τέκτων ἐποίησεν 6
καὶ οὐ θεός ἐστιν· διότι πλανῶν ἦν ὁ μόσχος σου, Σαμάρεια. ⁷ὅτι 7
ἀνεμόφθορα ἔσπειραν, καὶ ἡ καταστροφὴ αὐτῶν ἐκδέξεται αὐτά·
δράγμα οὐκ ἔχον ἰσχὺν τοῦ ποιῆσαι ἄλευρον· ἐὰν δὲ καὶ ποιήσῃ,
ἀλλότριοι καταφάγονται αὐτά. ⁸κατεπόθη Ἰσραήλ, νῦν ἐγένετο ἐν 8
τοῖς ἔθνεσιν ὡς σκεῦος ἄχρηστον. ⁹ὅτι αὐτοὶ ἀνέβησαν εἰς Ἀσσυρίους· 9
ἀνέθαλεν καθ' ἑαυτὸν Ἐφράιμ, δῶρα ἠγάπησαν, ¹⁰διὰ τοῦτο παρα- 10
δοθήσονται ἐν τοῖς ἔθνεσιν. νῦν εἰσδέξομαι αὐτούς, καὶ κοπάσουσιν
μικρὸν τοῦ χρίειν βασιλέα καὶ ἄρχοντας. ¹¹ὅτι ἐπλήθυνεν Ἐφράιμ 11
θυσιαστήρια, εἰς ἁμαρτίας ἐγένοντο αὐτῷ θυσιαστήρια ἠγαπημένα. ¹²κα- 12
ταγράψω αὐτῷ πλῆθος, καὶ τὰ νόμιμά μου εἰς ἀλλότρια ἐλογίσθησαν·
θυσιαστήρια τὰ ἠγαπημένα. ¹³διότι ἐὰν θύσωσιν θυσίαν καὶ φάγωσιν 13
κρέα, Κύριος οὐ προσδέξεται αὐτά· νῦν μνησθήσεται τὰς ἀδικίας αὐτῶν

AQ   13 απεπε|πηδ. Β π 3° sup ras B^ab   14 εν] επι Q^a   15 καγω]
και εγω AQ | κατισχυσα] α 2° sup ras A^a? | om και A   16 εντετα-
μενον] ου τεταμενον Q^a | δι] δια AQ   VIII 1 μου 2°]+ησεβησαν B^abmg
AQ   2 ο θεος] pr λεγοντες Q^mg   4 εξολεθρευθωσιν Α   5 παρω-
ξυνθη B^abAQ   7 ανεμοφθορια A | αυτα] αυτο B^abAQ | om δε Q
8 εγενοντο Q* (εγενετο Q^a)   9 ανεβησαν] εγενοντο Q* (ανεβ. Q^mg) |
ηγαπησαν BQ*] ηγαπησεν AQ^a   10 παραδοθησονται] παρεδοθησαν
AQ^a | om εν Q* (superscr Q^a) | κοπιασουσιν A* | om μικρον A   11 αμαρ-
τιαν AQ* (-τιας Q^a) | ηγαπημενα] pr τα A   12 μου B*^vid] αυτου
B^aAQ | α ελογισθησαν sup ras B^ab | τα ηγαπημενα] om τα Q*
(superscr Q^a)

ΩΣΗΕ IX 12

14 καὶ ἐκδικήσει τὰς ἁμαρτίας αὐτῶν· αὐτοὶ εἰς Αἴγυπτον ἀπέστρεψαν, B καὶ ἐν Ἀσσυρίοις ἀκάθαρτα φάγονται. ¹⁴καὶ ἐπελάθετο Ἰσραὴλ τοῦ ποιήσαντος αὐτόν, καὶ ᾠκοδόμησαν τεμένη· καὶ Ἰούδας ἐπλήθυνεν πόλεις τετειχισμένας· καὶ ἐξαποστελῶ πῦρ εἰς τὰς πόλεις αὐτοῦ, καὶ καταφάγεται τὰ θεμέλια αὐτῶν.

IX 1 ¹Μὴ χαῖρε, Ἰσραήλ, μηδὲ εὐφραίνου καθὼς οἱ λαοί· διότι ἐπόρνευσας ἀπὸ τοῦ θεοῦ σου, ἠγάπησας δόματα ἐπὶ πάντα ἅλωνα σίτου.
2 ²ἅλων καὶ ληνὸς οὐκ ἔγνω αὐτούς, καὶ ὁ οἶνος ἐψεύσατο αὐτούς. ³οὐ
3 κατῴκησαν ἐν τῇ γῇ τοῦ κυρίου· κατῴκησεν Ἐφράιμ Αἴγυπτον, καὶ
4 ἐν Ἀσσυρίοις ἀκάθαρτα φάγονται. ⁴οὐκ ἔσπεισαν τῷ κυρίῳ οἶνον, καὶ οὐχ ἥδυναν αὐτῷ· αἱ θυσίαι αὐτῶν ὡς ἄρτος πένθους αὐτοῖς, πάντες οἱ ἔσθοντες αὐτὰ μιανθήσονται, διότι οἱ ἄρτοι αὐτῶν ταῖς
5 ψυχαῖς αὐτῶν οὐκ εἰσελεύσονται εἰς τὸν οἶκον Κυρίου. ⁵τί ποιήσετε ἐν
6 ἡμέραις πανηγύρεως καὶ ἐν ἡμέρᾳ ἑορτῆς τοῦ κυρίου; ⁶διὰ τοῦτο ἰδοὺ πορεύονται ἐκ ταλαιπωρίας Αἰγύπτου, καὶ ἐκδέξεται αὐτοὺς Μέμφις, καὶ θάψει αὐτοὺς Μαχμάς· τὸ ἀργύριον αὐτῶν ὄλεθρος κληρονομήσει
7 αὐτό, ἄκανθαι ἐν τοῖς σκηνώμασιν. ⁷ἥκασιν αἱ ἡμέραι τῆς ἐκδικήσεως, ἥκασιν αἱ ἡμέραι τῆς ἀνταποδόσεώς σου, καὶ κακωθήσεται Ἰσραὴλ ὥσπερ ὁ προφήτης ὁ παρεξεστηκώς, ἄνθρωπος ὁ πνευματοφόρος· ὑπὸ
8 τοῦ πλήθους τῶν ἀδικιῶν σου ἐπληθύνθη μανία σου. ⁸σκοπὸς Ἐφράιμ μετὰ θεοῦ· προφήτης, παγὶς σκολιὰ ἐπὶ πάσας τὰς ὁδοὺς
9 αὐτοῦ· μανίαν ἐν οἴκῳ θεοῦ κατέπηξαν. ⁹ἐφθάρησαν κατὰ τὰς ἡμέρας τοῦ βουνοῦ· μνησθήσεται ἀδικίας αὐτῶν, ἐκδικήσει ἁμαρτίας αὐτῶν.
10 ¹⁰ὡς σταφυλὴν ἐν ἐρήμῳ εὗρον τὸν Ἰσραήλ, καὶ ὡς σκοπὸν ἐν συκῇ πρόϊμον εἶδον πατέρας αὐτῶν· αὐτοὶ εἰσῆλθον πρὸς τὸν Βεελφεγώρ, καὶ ἀπηλλοτριώθησαν εἰς αἰσχύνην, καὶ ἐγένοντο οἱ ἐβδελυγμένοι ὡς
11 οἱ ἠγαπημένοι. ¹¹Ἐφράιμ ὡς ὄρνεον ἐξεπετάσθη, αἱ δόξαι αὐτῶν
12 ἐκ τόκων καὶ ὠδίνων καὶ συνλήμψεων· ¹²διότι καὶ ἐὰν ἐκθρέψωσιν τὰ τέκνα αὐτῶν, ἀτεκνωθήσονται ἐξ ἀνθρώπων· διότι καὶ οὐαὶ αὐτοῖς

13 αμαρτιας] ανομιας Q^mg | αυτοι]+δε A   14 του ποιησαντος] τον AQ
ποιησαντα Q | ωκοδομησεν Q | αυτων] αυτου A   IX 2 ο οινος] om ο
A* (superscr A¹)   3 του κυ sup ras B^ab | κατωκησεν] pr και Q | Αιγυπτον] pr εις AQ   4 ουχ BQ^a] ουκ A* (ras κ A¹) Q* | ηδυναν] ηδυναντο
A | εσθιοντες Q^a | τον οικον] om τον A   5 ποιησετε BAQ | ημεραις]
ημερα AQ | ημερα] ημεραις A   6 πορευσονται AQ | Μαχμας] οι ο Ταχαχμας Q^mg | om αυτο AQ | σκηνωμασιν]+αυτων B^ab AQ   7 εκδικησεως]
+σου A | ανταποδοσεως A | μανια] μνεια A   8 αυτων μανιαν εν οι| sup
ras A? | θεου 2°] κυ AQ   9 αυτων bis BQ^a] αυτου AQ*   10 σκοπον]
συκον Q^a | πρωιμον B^a?b A | εβδελυγμενοι] ηγαπημενοι AQ | ηγαπημενοι]
εβδελυγμενοι AQ   11 συνλημψεων] συλλημψ. B^bQ συλλημψ. A

B ἐστιν, σάρξ μου ἐξ αὐτῶν. ¹³Ἐφράιμ ὃν τρόπον εἰς θήραν παρέστη- 13
σαν τὰ τέκνα αὐτῶν, καὶ Ἐφράιμ τοῦ ἐξαγαγεῖν εἰς ἀποκέντησιν τὰ
τέκνα αὐτοῦ. ¹⁴δὸς αὐτοῖς, Κύριε· τί δώσεις αὐτοῖς; μήτραν ἀτεκνοῦ- 14
σαν καὶ μαστοὺς ξηρούς. ¹⁵πᾶσαι αἱ κακίαι αὐτῶν ἐν Γαλγάλ, ὅτι 15
ἐκεῖ αὐτοὺς ἐμίσησα διὰ τὰς κακίας τῶν ἐπιτηδευμάτων αὐτῶν· ἐκ τοῦ
οἴκου μου ἐκβαλῶ αὐτούς, οὐ μὴ προσθήσω τοῦ ἀγαπῆσαι αὐτούς·
πάντες οἱ ἄρχοντες αὐτῶν ἀπειθοῦντες. ¹⁶ἐπόνεσεν Ἐφράιμ· τὰς 16
ῥίζας αὐτοῦ ἐξηράνθη, καρπὸν οὐκέτι μὴ ἐνέγκῃ· διότι καὶ ἐὰν
γεννήσωσιν, ἀποκτενῶ τὰ ἐπιθυμήματα κοιλίας αὐτῶν. ¹⁷ἀπώσεται 17
αὐτοὺς ὁ θεός, ὅτι οὐκ εἰσήκουσαν αὐτοῦ, καὶ ἔσονται πλανῆται ἐν
τοῖς ἔθνεσιν.

¹"Ἄμπελος εὐκληματοῦσα Ἰσραήλ, ὁ καρπὸς εὐθηνῶν αὐτῆς· κατὰ 1 X
τὸ πλῆθος τῶν καρπῶν αὐτῆς ἐπλήθυνεν θυσιαστήρια, κατὰ τὰ
ἀγαθὰ τῆς γῆς αὐτοῦ ᾠκοδόμησεν στήλας. ²ἐμέρισαν καρδίας αὐτῶν, 2
§ Γ· νῦν ἀφανισθήσονται· αὐτὸς ⁵κατασκάψει τὰ θυσιαστήρια αὐτῶν, ταλαι-
πωρήσουσιν αἱ στῆλαι αὐτῶν. ³διότι νῦν ἐροῦσιν Οὐκ ἔστιν βασιλεὺς 3
ἡμῖν, ὅτι οὐκ ἐφοβήθημεν τὸν κύριον. ὁ δὲ βασιλεὺς τί ποιήσει
ἡμῖν, ⁴λαλῶν ῥήματα προφάσεις ψευδεῖς; διαθήσεται διαθήκην, 4
ἀνατελεῖ ὡς ἄγρωστις κρίμα ἐπὶ χέρσον ἀγροῦ. ⁵τῷ μόσχῳ τοῦ 5
οἴκου Ὢν παροικήσουσιν κατοικοῦντες Σαμάρειαν, ὅτι ἐπένθησεν λαὸς
αὐτοῦ ἐπ᾽ αὐτόν· καὶ καθὼς παρεπίκραναν αὐτόν, ἐπιχαροῦνται ἐπὶ
τὴν δόξαν αὐτοῦ, ὅτι μετῳκίσθη ἀπ᾽ αὐτοῦ. ⁶καὶ αὐτὸν εἰς Ἀσσυρίους 6
δήσαντες, ἀπήνεγκαν ξένια τῷ βασιλεῖ Ἰαρείμ· ἐν δόματι Ἐφράιμ
δέξεται, καὶ αἰσχυνθήσεται Ἰσραὴλ ἐν τῇ βουλῇ αὐτοῦ. ⁷ἀπέρριψεν 7
Σαμάρεια βασιλέα αὐτῆς ὡς φρύγανον ἐπὶ προσώπου ὕδατος· ⁸καὶ 8
ἐξαρθήσονται βωμοὶ Ὢν, ἁμαρτήματα τοῦ Ἰσραήλ· ἄκανθαι καὶ τρίβολοι
ἀναβήσονται ἐπὶ τὰ θυσιαστήρια αὐτῶν· καὶ ἐροῦσιν τοῖς ὄρεσιν
Καλύψατε ἡμᾶς, καὶ τοῖς βουνοῖς Πέσατε ἐφ᾽ ἡμᾶς. ⁹ἀφ᾽ οὗ οἱ 9
¶ Γ βουνοί, ἥμαρτεν Ἰσραήλ, ἐκεῖ ἔστησαν· οὐ μὴ καταλάβῃ αὐτοὺς⁹ ἐν

AQΓ 13 τροπον] + ειδον AQ | παρεστη Q^a 14 μητραν] pr δος αυτοις AQ
15 εν] εις A | προσθησω] θησω Q^a (προσθ. Q^mg) 17 πλανηται] pr ως A
X 1 αυτης ευθηνων AQ | αυτης 2°] αυτων A* vid αυτου A^a¹ Q^a | θυσιαστηρια]
pr τα AQ | κατα 2°] pr και A pr κατα τα θυσιαστηρια Q* | ωκοδομησαν Q*
(-σεν Q^a) 2 σιπ ταλαιπ. αι στηλαι αυτων Q* (hab Q^mg) 4 λαλων
ρηματα προφασεις] ν ρημ, ις sup ras A^a† | ανετελει A 5 κατοικουντες] pr οι
AQΓ | οτι] δια τουτο A διοτι Γ | λαος] pr σ AQΓ | απ] επ A 6 Ιαρειβ Q^a
7 απεριψεν Q* (απερρ. Q^a) | βασιλεα] pr τον A | φρυγανον επι προσωπου]
ον επι προ sup ras A^a (φρυγανεπιπροσ. A* vid) | προσωπον A 8 εξαρ-
θησονται] ται saltem B^b (mg) εξαρτησονται Γ | καλυψατε] πεσετε εφ A | πεσατε
(πεσετε Q^a) εφ] καλυψατε A

10 τῷ βουνῷ πόλεμος ἐπὶ τὰ τέκνα ἀδικίας ¹⁰παιδεῦσαι αὐτούς· καὶ Β συναχθήσονται ἐπ' αὐτοὺς λαοί, ἐν τῷ παιδεύεσθαι αὐτοὺς ἐν ταῖς 11 δυσὶν ἀδικίαις αὐτῶν. ¹¹Ἐφράιμ δάμαλις δεδιδαγμένη ἀγαπᾶν νεῖκος, ἐγὼ δὲ ἐπελεύσομαι ἐπὶ τὸ κάλλιστον τοῦ τραχήλου αὐτῆς· ἐπιβιβῶ 12 Ἐφράιμ, παρασιωπήσομαι Ἰούδαν, ἐνισχύσει αὐτῷ Ἰακώβ. ¹²σπείρατε ἑαυτοῖς εἰς δικαιοσύνην, τρυγήσατε εἰς καρπὸν ζωῆς, φωτίσατε ἑαυτοῖς φῶς γνώσεως, ἐκζητήσατε τὸν κύριον ἕως τοῦ ἐλθεῖν γενήματα 13 δικαιοσύνης ἡμῖν. ¹³ἵνα τί παρεσιωπήσατε ἀσέβειαν, καὶ τὰς ἀδικίας αὐτῆς ἐτρυγήσατε, ἐφάγετε καρπὸν ψευδῆ; ὅτι ἤλπισας ἐν τοῖς 14 ἁμαρτήμασίν σου, ἐν πλήθει δυνάμεώς σου, ¹⁴καὶ ἐξαναστήσεται ἀπώλεια ἐν τῷ λαῷ σου, καὶ πάντα τὰ περιτετειχισμένα σου οἰχήσεται. ὡς ἄρχων Σαλαμὰν ἐκ τοῦ οἴκου Ἰεροβοάμ, ἐν ἡμέραις πολέμου μητέρα 15 ἐπὶ τέκνοις ἠδάφισαν, ¹⁵οὕτως ποιήσω ὑμῖν, οἶκος τοῦ Ἰσραήλ, ἀπὸ ΧΙ 1 προσώπου ἀδικίας κακιῶν ὑμῶν. ¹ὄρθρου ἀπερίφησαν· ἀπερίφη βασιλεὺς Ἰσραήλ.

(1) Ὅτι νήπιος Ἰσραὴλ καὶ ἐγὼ ἠγάπησα αὐτόν, καὶ ἐξ Αἰγύπτου μετε- 2 κάλεσα τὰ τέκνα αὐτοῦ. ²καθὼς μετεκάλεσα αὐτούς, οὕτως ἀπῴχοντο ἐκ προσώπου μου· αὐτοὶ τοῖς Βααλεὶμ ἔθυον καὶ τοῖς γλυπτοῖς 3 ἐθυμίων. ³καὶ ἐγὼ συνεπόδισα τὸν Ἐφράιμ, ἀνέλαβον αὐτὸν ἐπὶ τὸν 4 βραχίονά μου· οὐκ ἔγνωσαν ὅτι ἴαμαι αὐτούς. ⁴ἐν διαφθορᾷ ἀνθρώπων, ἐξέτεινα αὐτοὺς ἐν δεσμοῖς ἀγαπήσεώς μου, καὶ ἔσομαι αὐτοῖς ὡς ῥαπίζων ἄνθρωπος ἐπὶ τὰς σιαγόνας αὐτοῦ· καὶ ἐπιβλέψομαι πρὸς 5 αὐτόν, δυνήσομαι αὐτῷ. ⁵κατῴκησεν Ἐφράιμ ἐν Αἰγύπτῳ, καὶ 6 Ἀσσοὺρ αὐτὸς βασιλεὺς αὐτοῦ, ὅτι οὐκ ἠθέλησεν ἐπιστρέψαι· ⁶καὶ ἠσθένησεν ῥομφαία ἐν ταῖς πόλεσιν αὐτοῦ, καὶ κατέπαυσεν ἐν ταῖς 7 χερσὶν αὐτοῦ· καὶ φάγονται ἐκ τῶν διαβουλίων αὐτῶν. ⁷καὶ ὁ λαὸς αὐτοῦ ἐπικρεμάμενος ἐκ τῆς κατοικίας αὐτοῦ· καὶ ὁ θεὸς ἐπὶ τὰ τίμια

9 τα τεκνα] om τα A | αδικιας] pr της Q + ηλθεν AQ 10 εν bis] επι AQ Q | παιδευεσθαι] παιδευσαι Qᵃ 11 νικος B*Q (νεικος Bᵃᵇ A) | επελευσομαι] επιβησομαι Q* (επελ. Qᵃ) | om αυτης Q* (hab Q¹ᵐᵍ) | επε|βιβω B*ᵛⁱᵈ | παρασιωπησομαι] pr και AQ* 12 τρυγησατε] + εαυτοις A | του ελθειν] ου ελθη Q* (τ. ελθειν Qᵃ) | ημιν] υμιν AQ 13 ινα τι] om τι Q* (superscr Qᵃ) | ασεβειας Q* (-αν Qᵃ) | τοις αμαρτημασιν] αρμασιν A τοις αρμ. Q 14 οικησεται A | αρχων] pr ο Qᵃ | Ιεροβοαμ] Ιεροβααλ A του Ιεροβοαμ Q* του Ιεροβααλ Qᵃ 15 om αδικιας AQ XI 1 ορθρου B* (ορθρ. Bᵃᵇ) | απερειφησαν B* απερριφ. Bᵃᵇ AQ | απεριφη Bᵃᵇ AQ | Ισραηλ 1°] pr του A οτι] διοτι AQ | ηγαπησα] ηγαπηκα A 2 μετεκαλεσα] μετεκαλεσατο A | αυτου B* (αυτους Bᵃᵇ) 3 ουκ] pr και Bᵃᵇ ᵛⁱᵈ Q 4 δεσμοις] δεσμω Q | εσομαι] pr εγω A | τας σιαγονας αυτου BAQᵐᵍ] σιαγονα Q* τας σιαγονας Qᵃ | δυνησομαι] pr και Qᵃ ⁽?⁾ 5 Αιγυπτω] pr γη Q 6 διαβουλειων A 7 κατοικιας] παροικιας Qᵃ | και ο θεος] ο δε θ̅ς̅ A | τιμια] ταμιεια Qᵐᵍ

XI 8   ΩΣΗΕ

B αὐτοῦ θυμωθήσεται, καὶ οὐ μὴ ὑψώσῃ αὐτόν. ⁸τί σε διαθῶμαι, 8
Ἐφράιμ; ὑπερασπιῶ σου, Ἰσραήλ; τί σε διαθῶ; ὡς Ἀδαμὰ θήσομαί
σε καὶ ὡς Σεβωείμ. μετεστράφη ἡ καρδία μου ἐν τῷ αὐτῷ, συνετα-
ράχθη ἡ μεταμελία μου· ⁹οὐ μὴ ποιήσω κατὰ τὴν ὀργὴν τοῦ θυμοῦ 9
μου, οὐ μὴ ἐγκαταλίπω τοῦ ἐξαλειφθῆναι τὸν Ἐφράιμ· διότι θεὸς ἐγώ
εἰμι καὶ οὐκ ἄνθρωπος· ἐν σοὶ ἅγιος, καὶ οὐκ εἰσελεύσομαι εἰς πόλιν.
¹⁰ὀπίσω Κυρίου πορεύσομαι· ὡς λέων ἐρεύξεται, ὅτι αὐτὸς ὠρύσεται, 10
καὶ ἐκστήσονται τέκνα ὑδάτων. ¹¹ἐκπτήσονται ὡς ὄρνεον ἐξ Αἰγύπ- 11
του, καὶ ὡς περιστερὰ ἐκ γῆς Ἀσσυρίων· καὶ ἀποκαταστήσω αὐτοὺς
εἰς τοὺς οἴκους αὐτῶν, λέγει Κύριος.
¹²Ἐκύκλωσέν με ἐν ψεύδει Ἐφράιμ, καὶ ἐν ἀσεβείᾳ οἶκος 12 (1) (XII)
Ἰσραὴλ καὶ Ἰούδα. νῦν ἔγνω αὐτοὺς ὁ θεός, καὶ λαὸς ἅγιος
κεκλήσεται θεοῦ. ¹ὁ δὲ Ἐφράιμ πονηρὸν πνεῦμα, ἐδίωξεν καύ- 1 (2) XII
σωνα ὅλην τὴν ἡμέραν· κενὰ καὶ μάταια ἐπλήθυνεν καὶ διαθήκην
μετὰ Ἀσσυρίων διέθετο, καὶ ἔλαιον εἰς Αἴγυπτον ἐνεπορεύετο.
²καὶ κρίσις τῷ κυρίῳ πρὸς Ἰούδαν τοῦ ἐκδικῆσαι τὸν Ἰακὼβ κατὰ 2 (3)
τὰς ὁδοὺς αὐτοῦ, καὶ κατὰ τὰ ἐπιτηδεύματα αὐτοῦ ἀποδώσει αὐτῷ.
³ἐν τῇ κοιλίᾳ ἐπτέρνισεν τὸν ἀδελφὸν αὐτοῦ, καὶ ἐν κόποις 3 (4)
αὐτοῦ ἐνίσχυσεν πρὸς θεόν, ⁴καὶ ἐνίσχυσεν μετὰ ἀγγέλου καὶ 4 (5)
ἠδυνάσθη· ἔκλαυσαν καὶ ἐδεήθησάν μου, ἐν τῷ οἴκῳ Ὢν εὕροσάν
με, καὶ ἐκεῖ ἐλαλήθη πρὸς αὐτούς. ⁵ὁ δὲ κύριος ὁ θεὸς ὁ παντο- 5 (6)
κράτωρ ἔσται μνημόσυνον αὐτοῦ. ⁶καὶ σὺ ἐν θεῷ σου ἐπι- 6 (7)
στρέψεις· ἔλεον καὶ κρίμα φυλάσσου, καὶ ἔγγιζε πρὸς τὸν θεόν
σου διὰ παντός.
⁷Χαναὰν ἐν χειρὶ αὐτοῦ ζυγὸς ἀδικίας, καταδυναστεύειν ἠγά- 7 (8)
πησε. ⁸καὶ εἶπεν Ἐφράιμ Πλὴν πεπλούτηκα, εὕρηκα ἀναψυ- 8 (9)
χὴν ἐμαυτῷ. πάντες οἱ πόνοι αὐτοῦ οὐχ εὑρεθήσονται αὐτῷ
δι' ἀδικίας ἃς ἥμαρτεν. ⁹ἐγὼ δὲ Κύριος ὁ θεός σου ἀνήγαγόν 9 (10)
σε ἐκ γῆς Αἰγύπτου, ἔτι κατοικιῶ σε ἐν σκηναῖς καθὼς ἡμέραι

AQ 7 ου] η Qᵃ | υψωσει Q   8 διαθωμαι] διαθω AQ | μεταμελια B*A] μεταμελεια BᵃᵇQ   9 οργην] ορμην Q* (οργ. Qᵃ) | εγκαταλειπω AQ | εγω ειμι] ειμι εγω Q   10 ορευξεται B*ᵛⁱᵈ | ωρυσσεται Bᵃᵇ | εκστησονται] εκστησεται Q* (·σονται Qᵃ)   11 εκπτησονται B*ᵛⁱᵈ AQᵐᵍ (εκστησονται B?Q*)] pr και AQ | περιστεραι Q   12 εκυκλωσαν Qᵃ | ασεβεια οικος] ασεβειας οικου A ασεβειαις οικους Q* | κεκλησεται] κληθησεται A
XII 1 κενα] καινα A   2 κρισεις A | Ιουδαν] pr τον A | αποδωσει] αντα- ποδωσει AQ   3 θεον] pr τον A   4 ενισχυσεν μετα αγγελου] ε|γελων Q*ᵛⁱᵈ ενισχυσε μ. αγγελου Q¹⁽ᵐᵍ⁾ et corr | εκλαυσαν] λαν| sup ras Bᵃᵇ | Ων] om Qᵃ (hab Q*ᵐᵍ) μου A | αυτους] αυτον A   6 τον θεον] pr κν̄ Q
7 ηγαπησεν AQ   8 ευρεθησονται] ρ sup ras B? | δι] δια AQ   9 ημερα AQ

ΩΣΗΕ XIII 12

(11) 10 ἑορτῆς. ¹⁰καὶ λαλήσω πρὸς προφήτας, καὶ ἐγὼ ὁράσεις ἐπλή- B
(12) 11 θυνα, καὶ ἐν χερσὶν προφητῶν ὡμοιώθην. ¹¹εἰ μὴ Γαλαὰδ ἔστιν,
ἄρα ψευδεῖς ἦσαν ἐν Γαλαὰδ ἄρχοντες θυσιάζοντες, καὶ τὰ
(13) 12 θυσιαστήρια αὐτῶν ὡς χελῶναι ἐπὶ χέρσον ἀγροῦ. ¹²καὶ ἀνε-
χώρησεν Ἰακὼβ εἰς πεδίον Συρίας, καὶ ἐδούλευσεν Ἰσραὴλ ἐν
(14) 13 γυναικί, καὶ ἐν γυναικὶ ἐφυλάξατο. ¹³καὶ ἐν προφήτῃ ἀνήγαγεν
Κύριος τὸν Ἰσραὴλ ἐκ γῆς Αἰγύπτου, καὶ ἐν προφήτῃ διεφυ-
(15) 14 λάχθη. ¹⁴ἐθύμωσεν Ἐφράιμ καὶ παρώργισεν· καὶ τὸ αἷμα αὐτοῦ
ἐπ᾽ αὐτὸν ἐκχυθήσεται, καὶ τὸν ὀνειδισμὸν αὐτοῦ ἀνταποδώσει
XIII 1 αὐτῷ Κύριος. ¹Κατὰ τὸν λόγον Ἐφράιμ δικαιώματα αὐτὸς ἔλαβεν
2 ἐν τῷ Ἰσραήλ, καὶ ἔθετο αὐτὰ τῇ Βάαλ καὶ ἀπέθανεν. ²καὶ προσέ-
θεντο τοῦ ἁμαρτάνειν, καὶ ἐποίησαν ἑαυτοῖς χώνευμα ἐκ τοῦ ἀργυρίου
αὐτῶν κατ᾽ εἰκόνα εἰδώλων, ἔργα τεκτόνων συντετελεσμένα αὐτοῖς·
3 αὐτοὶ λέγουσιν Θύσατε ἀνθρώπους, μόσχοι γὰρ ἐκλελοίπασιν. ³διὰ
τοῦτο ἔσονται ὡς νεφέλη πρωινὴ καὶ ὡς δρόσος ὀρθρινὴ πορευομένη,
ὡς χνοῦς ἀποφυσώμενος ἀφ᾽ ἅλωνος καὶ ὡς ἀτμὶς ἀπὸ δακρύων.
4 ⁴ἐγὼ δὲ Κύριος ὁ θεός σου, στερεῶν τὸν οὐρανὸν καὶ κτίζων γῆν, οὗ
αἱ χεῖρες ἔκτισαν πᾶσαν τὴν στρατείαν τοῦ οὐρανοῦ, καὶ οὐ παρέδειξά
σοι αὐτὰ τοῦ πορεύεσθαι ὀπίσω αὐτῶν· καὶ ἐγὼ ἀνήγαγόν σε ἐκ γῆς
Αἰγύπτου, καὶ θεὸν πλὴν ἐμοῦ οὐ γνώσῃ, καὶ σώζων οὐκ ἔστιν παρὲξ
5,6 ἐμοῦ. ⁵ἐγὼ ἐποίμαινόν σε ἐν τῇ ἐρήμῳ, ἐν γῇ ἀοικήτῳ ⁶κατὰ τὰς
νομὰς αὐτῶν· καὶ ἐνεπλήσθησαν εἰς πλησμονήν, καὶ ὑψώθησαν αἱ
7 καρδίαι αὐτῶν, ἕνεκα τούτου ἐπελάθοντό μου. ⁷καὶ ἔσομαι αὐτοῖς ὡς
8 πανθὴρ καὶ ὡς πάρδαλις κατὰ τὴν ὁδὸν Ἀσσυρίων· ⁸ἀπαντήσομαι
αὐτοῖς ὡς ἄρκος ἀπορουμένη, καὶ διαρρήξω συνκλεισμὸν καρδίας
αὐτῶν, καὶ καταφάγονται αὐτοὺς ἐκεῖ σκύμνοι δρυμοῦ, θηρία ἀγροῦ
9,10 διασπάσει αὐτούς. ⁹τῇ διαφθορᾷ σου, Ἰσραήλ, τίς βοηθήσει; ¹⁰ποῦ
ὁ βασιλεύς σου οὗτος; καὶ διασωσάτω σε ἐν πάσαις ταῖς πόλεσίν σου·
11 κρινάτω σε ὃν εἶπας Δός μοι βασιλέα καὶ ἄρχοντα. ¹¹καὶ ἔδωκά σοι
12 βασιλέα ἐν ὀργῇ μου, καὶ ἔσχον ἐν τῷ θυμῷ μου. ¹²συστροφὴν

10 προφητας] pr τους Q 11 Γαλααδ 2°] Γαλγαλοις Q? 12 γυναικι 1°] AQ
γυναιξι Q* (-κι Qᵃ) 13 Κυριος]+αυτου Qᵐᵍ | εκ γης] εξ AQ* (εκ γης Qᵃ)
XIII 2 και 1°]+νυν Qᵐᵍ | προσεθετο AQ* (-θεντο Qᵃ) | αμαρτανειν]+ετι A |
αυτων] εαυτων A 3 ως 3°] ωσπερ A η ωσπερ Q | χνους] χους A | απο
δακρυων] εκ καπνοδοχης AQ* (απο δ. Qᵐᵍ) 4 om σου Q* (superscr
Qᵃ) | στερεων] pr o A | τον ουρανον] om τον AQ | στρατιαν BᵇQ 6 om
και 1° A | πλησμονην] πλησμον sup ras Bᵃᵇ | ενεκεν Qᵃ | επελαθετο B*
(-θοντο Bᵃ⁾ᵇ) 8 σῦ|κλεισμον B* (συγκλ. BᵃQᵃ) συγκλισμον A | κατα-
φαγονται] φαγονται A 9 διαφθορα] θ sup ras Aᵇ 11 εσχον] ανεσχον
Qᵃ 12 συστρ. αδικιας c praeced coniung A

13

Β ἀδικίας Ἐφράιμ, ἐγκεκρυμμένη ἡ ἁμαρτία αὐτοῦ· ¹³ὠδῖνες ὡς τι- 13
κτούσης ἥξουσιν αὐτῷ. οὗτος ὁ υἱός σου ὁ φρόνιμος, διότι οὐ μὴ
ὑποστῇ ἐν συντριβῇ τέκνων. ¹⁴ἐκ χειρὸς ᾅδου ῥύσομαι καὶ ἐκ 14
θανάτου λυτρώσομαι αὐτούς· ποῦ ἡ δίκη σου, θάνατε; ποῦ τὸ κέντρον
σου, ᾅδη; παράκλησις κέκρυπται ἀπὸ ὀφθαλμῶν μου, ¹⁵διότι οὗτος 15
ἀνὰ μέσον ἀδελφῶν διαστελεῖ. ἐπάξει καύσωνα ἄνεμον Κύριος ἐκ
τῆς ἐρήμου ἐπ' αὐτόν, καὶ ἀναξηρανεῖ τὰς φλέβας αὐτοῦ, ἐξερημώσει
τὰς πηγὰς αὐτοῦ· αὐτὸς καταξηρανεῖ τὴν γῆν αὐτοῦ καὶ πάντα τὰ
σκεύη τὰ ἐπιθυμητὰ αὐτοῦ. ¹ἀφανισθήσεται Σαμάρεια, ὅτι ἀν- 1 XIV
τέστη πρὸς τὸν θεὸν αὐτῆς· ἐν ῥομφαίᾳ πεσοῦνται αὐτοί, καὶ τὰ
ὑποτίτθια αὐτῶν ἐδαφισθήσονται, καὶ αἱ ἐν γαστρὶ ἔχουσαι αὐ-
τῶν διαρραγήσονται.
²'Επιστράφηθι, Ἰσραήλ, πρὸς Κύριον τὸν θεόν σου, διότι ἠσθέ- 2
νησας ἐν ταῖς ἀδικίαις σου. ³λάβετε μεθ' ἑαυτῶν λόγους καὶ ἐπι- 3
στράφητε πρὸς Κύριον τὸν θεὸν ὑμῶν· εἴπατε αὐτῷ ὅπως μὴ λάβητε
ἀδικίαν καὶ λάβητε ἀγαθά, καὶ ἀνταποδώσομεν καρπὸν χειλέων
ἡμῶν. ⁴Ἀσσοὺρ οὐ μὴ σώσῃ ἡμᾶς, ἐφ' ἵππον οὐκ ἀναβησόμεθα· 4
οὐκέτι μὴ εἴπωμεν Θεοὶ ἡμῶν, τοῖς ἔργοις τῶν χειρῶν ἡμῶν· ὁ ἐν
σοὶ ἐλεήσει ὀρφανόν. ⁵ἰάσομαι τὰς κατοικίας αὐτῶν, ἀγαπήσω 5
αὐτοὺς ὁμολόγως, ὅτι ἀπέστρεψεν τὴν ὀργήν μου ἀπ' αὐτοῦ. ⁶ἔσομαι 6
ὡς δρόσος τῷ Ἰσραήλ, ἀνθήσει ὡς κρίνον, καὶ βαλεῖ τὰς ῥίζας
αὐτοῦ ὡς ὁ Λίβανος· ⁷πορεύσονται οἱ κλάδοι αὐτοῦ, καὶ ἔσται ὡς 7
ἐλαία κατάκαρπος, καὶ ἡ ὀσφρασία αὐτοῦ ὡς Λιβάνου· ⁸ἐπιστρέ- 8
ψουσιν καὶ καθιοῦνται ὑπὸ τὴν σκέπην αὐτοῦ, ζήσονται καὶ μεθυ-
σθήσονται σίτῳ· καὶ ἐξανθήσει ἄμπελος μνημόσυνον αὐτοῦ, ὡς οἶνος

AQ   12 ενκεκρυμμενη B* A (εγκ. B^{ab}Q^a)] κεκρυμμενη Q* | η αμαρτια] αδικεια
A   13 ηξουσιν αυτω ως τικτουσης A | ο φρονιμος] ου φρ. Q^a | ου] εξ νυν
Q^a θ' σ' ου σοφος Q^{mg}   14 ρυσομαι] + αυτους AQ | om και A | λυτρωσομαι]
ελυτρωσαμην Q^a (ϟ το εξασελιδον ελυτρ. ειχεν Q^{mk}) | απο] εξ A   15 δια-
στελλει A | ανεμον καυσωνα AQ | εκ της ερ. Κυριος A | αυτον] αυτους Q^a |
φλεβας] φλε sup ras A^b | αυτος] ουτος A | την γην] οm την Q | αυτου 3°]
του sup ras A^a | τα επιθυμητα] τα| επι sup ras B^{ab} | αυτου 4°] pr τα Q*^{vid}
XIV 1 om αυτοι Q^a | υποτιθθια B* (-τιτθ. B^{ab}AQ^a), υποτιθια Q*   2 επι-
στραφητι B* (-στραφηθι B^{ab})   3 λαβητε 1°] λασητε (sic) A | λαβητε
2°] λαβετε A | ημων] υμων Q* (ημων Q^a)   4 σωσει A | εφ| ιππον
B* (εφ ιπ|πον B^b)] εφ ιππων A | μη 2°] pr ου Q   5 οτι] διοτι A | απε-
στρεψεν BQ^a] αποστρεψω A αποστρεφω Q* | την οργην] εν τη οργη Q^a |
απ αυτου] απ αυτων A Q^a εξ αυτων Q*   6 εσομαι] pr και A | ο Λιβανος]
om ο A   7 οσφρησια Q* οσφρησις Q^a   8 την σκεπην] in την forte
ras aliq B' | μεθυσθησονται] στηριχθησονται Q^a | αμπελος] pr ως B^{ab}A |
μνημοσυνον] pr το AQ

ΩΣΗΕ XIV 10

9 Λιβάνου. ⁹τῷ Ἐφράιμ, τί αὐτῷ ἔτι καὶ εἰδώλοις; ἐγὼ ἐταπείνωσα B αὐτόν, καὶ κατισχύσω αὐτόν· ἐγὼ ὡς ἄρκευθος πυκάζουσα, ἐξ ἐμοῦ 10 ὁ καρπός σου εὕρηται. ¹⁰τίς σοφὸς καὶ συνήσει ταῦτα; ἢ συνετὸς καὶ ἐπιγνώσεται αὐτά; διότι εὐθεῖαι αἱ ὁδοὶ τοῦ κυρίου, καὶ δίκαιοι πορεύσονται ἐν αὐταῖς, οἱ δὲ ἀσεβεῖς ἀσθενήσουσιν ἐν αὐταῖς.

9 τω Εφραιμ· BA] τι ετι αυτω A | κατισχυσω] pr εγω AQ* et mg (om AQ εγω Qª) | om εγω 2° Q* (hab Qmg)   10 επιγνωσεται] γνωσεται Qª | του κυριου] om του Q* (superscr Qª)
Subscr Ωσηε a BAQ (+λυπουμενος και παρ Εβραιοις α΄ Qª)

ΑΜΩΣ

B ΛΟΓΟΙ Ἀμὼς οἳ ἐγένοντο ἐν Ἀκκαρεὶμ ἐν Θεκούε, οὓς εἶδεν ὑπὲρ 1 I
Ἰερουσαλὴμ ἐν ἡμέραις Ὀζείου βασιλέως Ἰούδα καὶ ἐν ἡμέραις Ἱερο-
βοὰμ τοῦ Ἰωὰς βασιλέως Ἰσραήλ, πρὸ δύο ἐτῶν τοῦ σεισμοῦ.

²Καὶ εἶπεν Κύριος ἐκ Σιὼν ἐφθέγξατο, καὶ ἐξ Ἰερουσαλὴμ ἔδωκεν 2
φωνὴν αὐτοῦ, καὶ ἐπένθησαν αἱ νομαὶ τῶν ποιμένων, καὶ ἐξηράνθη ἡ
κορυφὴ τοῦ Καρμήλου.

³Καὶ εἶπεν Κύριος Ἐπὶ ταῖς τρισὶν ἀσεβείαις Δαμασκοῦ καὶ ἐπὶ 3
ταῖς τέσσαρσιν οὐκ ἀποστραφήσομαι αὐτόν, ἀνθ' ὧν ἔπριζον πρίοσιν
§ Γ σιδηροῖς τὰς ἐν γαστρὶ ⁵ἐχούσας τῶν ἐν Γαλαάδ· ⁴καὶ ἐξαποστελῶ 4
πῦρ εἰς τὸν οἶκον Ἀζαήλ, καὶ καταφάγεται θεμέλια υἱοῦ Ἀδέρ· ⁵καὶ 5
συντρίψω μοχλοὺς Δαμασκοῦ, καὶ ἐξολεθρεύσω κατοικοῦντας ἐκ πεδίου
Ὢν, καὶ κατακόψω φυλὴν ἐξ ἀνδρῶν Χαρράν, καὶ αἰχμαλωτευθήσε-
ται λαὸς Συρίας ἐπίκλητος, λέγει Κύριος.

⁶Τάδε λέγει Κύριος Ἐπὶ ταῖς τρισὶν ἀσεβείαις Γάζης καὶ ἐπὶ 6
ταῖς τέσσαρσιν οὐκ ἀποστραφήσομαι αὐτούς, ἕνεκεν τοῦ αἰχμαλω-
τεῦσαι αὐτοὺς αἰχμαλωσίαν τοῦ Σαλωμών, τοῦ συγκλεῖσαι εἰς τὴν
Ἰδουμαίαν· ⁷καὶ ἐξαποστελῶ πῦρ ἐπὶ τὰ τείχη Γάζης, καὶ κατα- 7
φάγεται θεμέλια αὐτῆς. ⁸καὶ ἐξολεθρεύσω κατοικοῦντας ἐξ Ἀζώτου, 8
καὶ ἐξαρθήσεται φυλὴ ἐξ Ἀσκάλωνος, καὶ ἐπάξω τὴν χεῖρά μου
ἐπὶ Ἀκκαρών, καὶ ἀπολοῦνται οἱ κατάλοιποι τῶν ἀλλοφύλων, λέγει
Κύριος.

⁹Τάδε λέγει Κύριος Ἐπὶ ταῖς τρισὶν ἀσεβείαις Τύρου καὶ ἐπὶ 9

AQΓ   Inscr Αμως β BAQ   I 1 εν 2°] εκ AQ | Οζιου B^bA   2 ποιμενων]
ποιμνιων Q (-μενιων Q^a)   3 πριοσι Q^vid | om τας Q* (hab Q^mg) | om εν
2° A   4 εις] επι Γ | θεμελια] pr τα Q^a   5 αιχμαλωτευθησεται]
αιχμαλωτισθησεται AQ^a αιχμαλωτισθησονται Γ   6 αυτους 1°] αυτην Q^a |
συγκλεισαι] συνκλισαι A

16

ΑΜΩΣ II 4

ταῖς τέσσαρσιν οὐκ ἀποστραφήσομαι αὐτήν, ἀνθ' ὧν συνέκλεισαν B
αἰχμαλωσίαν τοῦ Σαλωμὼν εἰς τὴν Ἰδουμαίαν, καὶ οὐκ ἐμνήσθησαν
10 διαθήκης ἀδελφῶν· ¹⁰καὶ ἐξαποστελῶ πῦρ ἐπὶ τὰ τείχη Τύρου, καὶ ¶ Γ
καταφάγεται τὰ θεμέλια αὐτῆς.

11 ¹¹Τάδε λέγει Κύριος Ἐπὶ ταῖς τρισὶν ἀσεβείαις τῆς Ἰδουμαίας καὶ
ἐπὶ ταῖς τέσσαρσιν οὐκ ἀποστραφήσομαι αὐτούς, ἕνεκα τοῦ διῶξαι
αὐτοὺς ἐν ῥομφαίᾳ τὸν ἀδελφὸν αὐτοῦ, καὶ ἐλυμήνατο μητέρα ἐπὶ
γῆς, καὶ ἥρπασεν εἰς μαρτύριον φρίκην αὐτοῦ, καὶ τὸ ὅρμημα αὐτοῦ
12 ἐφύλαξεν εἰς νῖκος· ¹²καὶ ἐξαποστελῶ πῦρ εἰς Θαιμάν, καὶ κατα-
φάγεται θεμέλια τειχέων αὐτῆς.

13 ¹³Τάδε λέγει Κύριος Ἐπὶ ταῖς τρισὶν ἀσεβείαις υἱῶν Ἀμμὼν καὶ
ἐπὶ ταῖς τέσσαρσιν οὐκ ἀποστραφήσομαι αὐτόν, ἀνθ' ὧν ἀνέσχιζον
τὰς ἐν γαστρὶ ἐχούσας τῶν Γαλααδειτῶν, ὅπως ἐνπλατύνωσιν τὰ ὅρια
14 ἑαυτῶν· ¹⁴καὶ ἀνάψω πῦρ ἐπὶ τὰ τείχη Ῥαββά, καὶ καταφάγεται
θεμέλια αὐτῆς μετὰ κραυγῆς ἐν ἡμέρᾳ πολέμου, καὶ σεισθήσεται ἐν
15 ἡμέραις συντελείας αὐτῆς· ¹⁵καὶ πορεύσονται οἱ βασιλεῖς αὐτῆς ἐν
αἰχμαλωσίᾳ, οἱ ἱερεῖς αὐτῶν καὶ οἱ ἄρχοντες αὐτῶν ἐπὶ τὸ αὐτό, λέγει
Κύριος.

II 1 ¹Τάδε λέγει Κύριος Ἐπὶ ταῖς τρισὶν ἀσεβείαις Μωὰβ καὶ ἐπὶ ταῖς
τέσσαρσιν οὐκ ἀποστραφήσομαι αὐτόν, ἀνθ' ὧν κατέκαυσαν τὰ ὀστᾶ
2 βασιλέως τῆς Ἰδουμαίας εἰς κονίαν· ²καὶ ἐξαποστελῶ πῦρ ἐπὶ Μωάβ,
καὶ καταφάγεται τὰ θεμέλια τῶν πόλεων αὐτῆς, καὶ ἀποθανεῖται ἐν
3 ἀδυναμίᾳ Μωὰβ μετὰ κραυγῆς καὶ μετὰ φωνῆς σάλπιγγος· ³καὶ ἐξο-
λεθρεύσω κριτὴν ἐξ αὐτῆς, καὶ πάντας αὐτῆς ἀποκτενῶ μετ' αὐτοῦ,
λέγει Κύριος.

4 ⁴Τάδε λέγει Κύριος Ἐπὶ ταῖς τρισὶν ἀσεβείαις υἱῶν Ἰούδα καὶ
ἐπὶ ταῖς τέσσαρσιν οὐκ ἀποστραφήσομαι αὐτόν, ἕνεκα τοῦ ἀπώσασθαι

9 τερσαρσιν A* (τεσσ. A¹) | αυτην] αυτον Qᵃ (θ' -την α'σ' -τον Qᵐᵍ) | AQΓ
αιχμαλωσιαν] pr τη| Γ | Ιδουμαιαν] Ιουδαιαν B* (Ιδ. Bᵃᵇ) A   10 τα
θεμελια] om τα A   11 Ιδουμαιας] Ιουδαιας A* (Ιδ. A¹) | τερσαρσιν A |
ενεκεν A | τον αδελφον] pr εκαστος A | μητερα] μητραν AQ | νεικος Bᵃᵇ
13 αυτον] αυτους A | Γαλααδειτων] Γαλααδιτων A Γαλααδιτιτων Q* -διτι|λων
Qᵃᵛⁱᵈ | οπως ενπλατυνωσιν] οι ο' ωστε εμπλατυναι Qᵐᵍ εμπλατυνωσι Bᵇ⁽ᵛⁱᵈ⁾
(-σιν Qᵃ) εμπλατυνουσιν A | εαυτων] αυτων A   14 αναψω] οι ο' εξαψω
Qᵐᵍ | θεμελια] pr τα Q | ημερα AQᵃ | συντελει B* (-τελειας Bᵃᵇ)   15 αυτων
1°] αυτου Qᵃ | αυτων 2°] ομ(οιως) οι γ' αυτου Qᵐᵍ   II 1 ασεβειας B*
(-βειαις Bᵃᵇ) | τερσαρσιν A* (τεσσ. A¹)   2 επι] εις Qᵃ | τα θεμελια] om
τα AQ | των πολ. αυτης] της Καριωθ Qᵐᵍ | αυτης BA*Qᵃ] αυτων AᵇQ* |
αδυναμεια B* (-μια Bᵇ) A | φωνη A* (-νης A¹)   3 παντας]+τους αρχοντας
AQ* (om τους Qᵃ) | αυτου] αυτης AQ* σ' -της Qᵐᵍ (-του Qᵃ)   4 αυτον]
αυτους AQ* (-τον Qᵃ) | ενεκεν A

ΑΜΩΣ II 5

B αὐτοὺς τὸν νόμον τοῦ κυρίου, καὶ τὰ προστάγματα αὐτοῦ οὐκ ἐφυλάξαντο, καὶ ἐπλάνησεν αὐτοὺς τὰ μάταια αὐτῶν ἃ ἐποίησαν, οἷς ἐξηκολούθησαν οἱ πατέρες αὐτῶν ὀπίσω αὐτῶν· ⁵καὶ ἐξαποστελῶ πῦρ 5 ἐπὶ Ἰούδαν, καὶ καταφάγεται θεμέλια Ἰερουσαλήμ.

⁶Τάδε λέγει Κύριος Ἐπὶ ταῖς τρισὶν ἀσεβείαις Ἰσραὴλ καὶ ἐπὶ 6 ταῖς τέσσαρσιν οὐκ ἀποστραφήσομαι αὐτόν, ἀνθ' ὧν ἀπέδοντο ἀργυρίου δίκαιον, καὶ πένητα ἕνεκεν ὑποδημάτων, ⁷τὰ πατοῦντα ἐπὶ 7 τὸν χοῦν τῆς γῆς, καὶ ἐκονδύλιζον εἰς κεφαλὰς πτωχῶν, καὶ ὁδὸν ταπεινῶν ἐξέκλιναν, καὶ υἱὸς καὶ πατὴρ αὐτοῦ εἰσεπορεύοντο πρὸς τὴν αὐτὴν παιδίσκην, ὅπως βεβηλῶσιν τὸ ὄνομα τοῦ θεοῦ αὐτῶν· ⁸καὶ τὰ ἱμάτια αὐτῶν δεσμεύοντες σχοινίοις παραπετάσματα ἐποίουν 8 ἐχόμενα τοῦ θυσιαστηρίου, καὶ οἶνον ἐκ συκοφαντιῶν ἔπινον ἐν τῷ οἴκῳ τοῦ θεοῦ αὐτῶν. ⁹ἐγὼ δὲ ἐξῆρα τὸν Ἀμορραῖον ἐκ προσώπου 9 αὐτῶν, οὗ ἦν καθὼς ὕψος κέδρου τὸ ὕψος αὐτοῦ, καὶ ἰσχυρὸς ἦν ὡς δρῦς, καὶ ἐξήρανα τὸν καρπὸν αὐτοῦ ἐπάνωθεν καὶ τὰς ῥίζας αὐτοῦ ὑποκάτωθεν· ¹⁰καὶ ἐγὼ ἀνήγαγον ὑμᾶς ἐκ γῆς Αἰγύπτου, καὶ 10 περιήγαγον ὑμᾶς ἐν τῇ ἐρήμῳ μ' ἔτη τοῦ κατακληρονομῆσαι τὴν γῆν τῶν Ἀμορραίων· ¹¹καὶ ἔλαβον ἐκ τῶν υἱῶν ὑμῶν εἰς προφήτας, καὶ 11 ἐκ τῶν νεανίσκων ὑμῶν εἰς ἁγιασμόν· μὴ οὐκ ἔστιν ταῦτα, υἱοὶ Ἰσραήλ; λέγει Κύριος. ¹²καὶ ἐποτίζετε τοὺς ἡγιασμένους οἶνον, καὶ 12 τοῖς προφήταις ἐνετέλλεσθε λέγοντες Οὐ μὴ προφητεύσητε. ¹³διὰ 13 τοῦτο ἰδοὺ ἐγὼ κυλίω ὑποκάτω ὑμῶν ὃν τρόπον κυλίεται ἡ ἅμαξα ἡ γέμουσα καλάμης· ¹⁴καὶ ἀπολεῖται φυγὴ ἐκ δρομέως, καὶ ὁ κραταιὸς 14 οὐ μὴ κρατήσῃ τῆς ἰσχύος αὐτοῦ, καὶ ὁ μαχητὴς οὐ μὴ σώσει τὴν ψυχὴν αὐτοῦ, ¹⁵καὶ ὁ τοξότης οὐ μὴ ὑποστῇ, καὶ ὁ ὀξὺς τοῖς ποσὶν 15 αὐτοῦ οὐ μὴ διασωθῇ, οὐδὲ ὁ ἱππεὺς οὐ μὴ σώσει τὴν ψυχὴν αὐτοῦ, ¹⁶καὶ ὁ κραταιὸς οὐ μὴ εὑρήσει τὴν καρδίαν αὐτοῦ ἐν δυναστείαις, ὁ 16 γυμνὸς διώξεται ἐν ἐκείνῃ τῇ ἡμέρᾳ, λέγει Κύριος.

¹Ἀκούσατε τὸν λόγον τοῦτον ὃν ἐλάλησεν Κύριος ἐφ' ὑμᾶς, οἶκος 1 III

AQ   4 του κυριου] om του A | ματαια] αιματα A* (ματ. Aᵃ?)   7 βεβηλωσιν] βεβηλωσωσιν Aᵃ (σωσιν το ονομα του sup ras) βεβηλωσωσι Q   9 εξηρα] εξεγειρα A | εκ] προ Q* (εκ Qᵃ) | ου] ουν B | επανωθεν] απανωθεν A 10 μ'] τεσσερακοντα AQ   11 ελαβον] ανελαβον Qᵃ   13 κυλιω] κωλυω A   14—15 ταιος ου μη κρατηση...ιππευς sup ras Aᵃ   14 κρατησει Q | om ου μη σωσει την ψυχην αυτου Aᵃ | σωσει] σωση Qᵃ   15 διασωθη] pro δ incep σ B* | ουδε] και Qᵐᵍ | ιππευς Q*ᵛⁱᵈ | σωση AQᵃ   16 om ο κραταιος ου μη AQ om ου μη Bᵃᵇ | ευρησει την καρδιαν] ηυρεθη καρδια Qᵐᵍ | δυναστιαις A

ΑΜΩΣ III 15

Ἰσραὴλ, καὶ κατὰ πάσης φυλῆς ἧς ἀνήγαγον ἐκ γῆς Αἰγύπτου, B 2 λέγων ²Πλὴν ὑμᾶς ἔγνων ἐκ πασῶν φυλῶν γῆς· διὰ τοῦτο ἐκδικήσω 3 ἐφ' ὑμᾶς πάσας τὰς ἁμαρτίας ὑμῶν. ³εἰ πορεύσονται δύο ἐπὶ τὸ 4 αὐτὸ καθόλου ἐὰν μὴ γνωρίσωσιν ἑαυτούς; ⁴εἰ ἐρεύξεται λέων ἐκ τοῦ δρυμοῦ αὐτοῦ θήραν οὐκ ἔχων; εἰ δώσει σκύμνος φωνὴν αὐτοῦ ἐκ 5 τῆς μάνδρας αὐτοῦ καθόλου ἐὰν μὴ ἁρπάσῃ τι; ⁵εἰ πεσεῖται ὄρνεον ἐπὶ τὴν γῆν ἄνευ ἰξευτοῦ; εἰ σχασθήσεται παγὶς ἐπὶ τῆς γῆς ἄνευ 6 τοῦ συλλαβεῖν τι; ⁶εἰ φωνήσει σάλπιγξ ἐν πόλει καὶ λαὸς οὐ μὴ πτοηθήσεται; εἰ ἔσται κακία ἐν πόλει ἣν Κύριος οὐκ ἐποίησεν; 7 ⁷διότι οὐ μὴ ποιήσει Κύριος ὁ θεὸς πρᾶγμα ἐὰν μὴ ἀποκαλύψῃ παι-8 δείαν πρὸς τοὺς δούλους αὐτοῦ τοὺς προφήτας. ⁸λέων ἐρεύξεται, καὶ τίς οὐ φοβηθήσεται; Κύριος ὁ θεὸς ἐλάλησεν, καὶ τίς οὐ προφητεύσει; 9 ⁹Ἀπαγγείλατε χώραις ἐν Ἀσσυρίοις καὶ ἐπὶ τὰς χώρας τῆς Αἰγύπτου, καὶ εἴπατε Συνάχθητε ἐπὶ τὸ ὄρος Σαμαρείας, καὶ ἴδετε θαυμαστὰ πολλὰ ἐν μέσῳ αὐτῆς καὶ καταδυναστείαν τὴν ἐν αὐτῇ· 10 ¹⁰καὶ οὐκ ἔγνω ἃ ἔσται ἐναντίον αὐτῆς, λέγει Κύριος, οἱ θησαυρίζοντες 11 ἀδικίαν καὶ ταλαιπωρίαν ἐν ταῖς χώραις αὐτῶν. ¹¹διὰ τοῦτο τάδε λέγει Κύριος ὁ θεός Τύρος κυκλόθεν ἡ γῆ σου ἐρημωθήσεται, καὶ 12 κατάξει ἐκ σοῦ ἰσχύν σου, καὶ διαρπαγήσονται αἱ χῶραί σου. ¹²τάδε λέγει Κύριος ⁵Ὃν τρόπον ὅταν ἐκσπάσῃ ὁ ποιμὴν ἐκ στόματος τοῦ λέοντος δύο σκέλη ἢ λοβὸν ὠτίου, οὕτως ἐκσπασθήσονται οἱ υἱοὶ Ἰσραὴλ οἱ κατοικοῦντες ἐν Σαμαρείᾳ κατέναντι τῆς φυλῆς καὶ ἐν 13 Δαμασκῷ ἱερεῖς. ¹³ἀκούσατε καὶ ἐπιμαρτύρασθε τῷ οἴκῳ Ἰακώβ, 14 λέγει Κύριος ὁ θεὸς ὁ παντοκράτωρ, ¹⁴διότι ἐν τῇ ἡμέρᾳ ὅταν ἐκδικῶ ἀσεβείας τοῦ Ἰσραὴλ ἐπ' αὐτόν, καὶ ἐκδικήσω ἐπὶ τὰ θυσιαστήρια Βαιθήλ, καὶ κατασκαφήσεται τὰ κέρατα τοῦ θυσιαστηρίου καὶ πε-15 σοῦνται ἐπὶ τὴν γῆν· ¹⁵συνχεῶ καὶ πατάξω τὸν οἶκον τὸν περίπτερον

III 2 πασων] πασης Q* (-σων Qᵃ) | φυλων] pr των AQ | γης] pr της AQ | υμων] αυτων A*ᵛⁱᵈ (υμ. Aᵃ) 5 την γην] της γης A | χασθησεται A* (σχασθ. A¹) 6 om μη AQ 7 ποιηση A | παιδειαν]+αυτου AQ 9 απαγγειλατε] αναγγ. Qᵃ | τας χωρας] ταις χωραις Qᵃ (τας χωρας Q*ᵛⁱᵈ) | της Αιγ.] om της A εν γη Αιγυπτω Qᵃ | Σαμαρειας] Σαμα sup ras Bᵃᵇ | ιδετε Q | καταδυναστειαν] pr την AQ 10 εσται] εστιν Qᵐᵍ | εναντιον αυτης] εν αυτη A ενωπιον (εναντ. Qᵃ ᵛⁱᵈ ᵉᵗ ᵐᵍ) αυτης Q* 11 ο θεος] om ο Aᵇ 12 εκπαση B* (εκσπ. Bᵃᵇ) | η] ο B* (η Bᵃᵇ) | εκσπαθησονται B | om εν 1° Q* (hab Qᵃ) | Σαμαρειαν Q*|της φυλης] om της AQ | ιερεις] κλινη Qᵐᵍ 13 επιμαρτυρασθε] incep επι μαρτυρια Q*ᵛⁱᵈ 14 εκδικησω AQ | ασεβειαν AQ*ᵛⁱᵈ | Βεθηλ Q | κατασκαφθησεται Q* 15 συγχεω BᵃᵇA(Qᵃ) και συντριψω Qᵐᵍ

ΑΜΩΣ IV 1

Β ἐπὶ τὸν οἶκον τὸν θερινόν, καὶ ἀπολοῦνται οἶκοι ἐλεφάντινοι, καὶ προστεθήσονται ἕτεροι οἶκοι πολλοί, λέγει Κύριος.

¹Ἀκούσατε τὸν λόγον τοῦτον, δαμάλεις τῆς Βασανίτιδος αἱ ἐν τῷ 1 IV ὄρει τῆς Σαμαρείας, αἱ καταδυναστεύουσαι πτωχοὺς καὶ καταπατοῦσαι πένητας, αἱ λέγουσαι τοῖς κυρίοις αὐτῶν Ἐπίδοτε ἡμῖν ὅπως πίωμεν. ²ὀμνύει Κύριος κατὰ τῶν ἁγίων αὐτοῦ διότι Ἰδοὺ ἡμέραι ἔρχονται 2 ἐφ' ὑμᾶς καὶ λήμψονται ὑμᾶς ἐν ὅπλοις, καὶ τοὺς μεθ' ὑμῶν εἰς λέβητας ὑποκαιομένους ἐμβαλοῦσιν ἔμπυροι λοιμοί, ³καὶ ἐξενεχθή- 3 σεσθε γυμναὶ κατέναντι ἀλλήλων, καὶ ἀποριφήσεσθε εἰς τὸ ὄρος τὸ Ῥομμάν, λέγει Κύριος. ⁴Εἰσήλθατε εἰς Βαιθὴλ καὶ ἠσεβή- 4 σατε, καὶ εἰς Γάλγαλα ἐπληθύνατε τοῦ ἀσεβῆσαι, καὶ ἠνέγκατε εἰς τὸ πρωὶ θυσίας ὑμῶν, εἰς τὴν τριημερίαν τὰ ἐπιδέκατα ὑμῶν· ⁵καὶ 5 ἀνέγνωσαν ἔξω νόμον, καὶ ἐπεκαλέσαντο ὁμολογίας· ἀναγγείλατε ὅτι ταῦτα ἠγάπησαν οἱ υἱοὶ Ἰσραήλ, λέγει Κύριος ὁ θεός. ⁶καὶ ἐγὼ δώσω 6 ὑμῖν γομφιασμὸν ὀδόντων ἐν πάσαις ταῖς πόλεσιν ὑμῶν, καὶ ἔνδειαν ἄρτων ἐν πᾶσι τοῖς τόποις ὑμῶν, καὶ οὐκ ἐπεστρέψατε πρὸς μέ, λέγει Κύριος. ⁷καὶ ἐγὼ ἀνέσχον ἐξ ὑμῶν τὸν ὑετὸν πρὸ τριῶν μηνῶν 7 τοῦ τρυγητοῦ, καὶ βρέξω ἐπὶ πόλιν μίαν, ἐπὶ δὲ πόλιν μίαν οὐ βρέξω· μερὶς μία βραχήσεται, καὶ μερὶς ἐφ' ἣν οὐ βρέξω ξηρανθήσεται. ⁸καὶ 8 συναθροισθήσονται δύο καὶ τρεῖς πόλεις εἰς πόλιν μίαν τοῦ πιεῖν ὕδωρ καὶ οὐ μὴ ἐμπλησθῶσιν, καὶ οὐκ ἐπεστρύφητε πρὸς μέ, λέγει Κύριος. ⁹ἐπάταξα ὑμᾶς ἐν πυρώσει καὶ ἐν ἰκτέρῳ· ἐπληθύνατε κήπους 9 ὑμῶν, ἀμπελῶνας ὑμῶν καὶ συκῶνας ὑμῶν καὶ ἐλαιῶνας ὑμῶν κατέφαγεν ἡ κάμπη, καὶ οὐδ' ὡς ἐπεστρέψατε πρὸς μέ, λέγει Κύριος. ¹⁰ἐξαπέστειλα εἰς ὑμᾶς θάνατον ἐν ὁδῷ Αἰγύπτου, καὶ ἀπέκτεινα ἐν 10 ῥομφαίᾳ τοὺς νεανίσκους ὑμῶν μετὰ αἰχμαλωσίας ἵππων σου, καὶ ἀνήγαγον ἐν πυρὶ τὰς παρεμβολὰς ὑμῶν ἐν τῇ ὀργῇ ὑμῶν, καὶ οὐδ' ὡς ἐπεστρέψατε πρὸς μέ, λέγει Κύριος. ¹¹κατέστρεψα ὑμᾶς 11

AQ   15 ελεφαντινοι] pr οι Qᵃ | οικοι ετεροι AQ | om Κυριος Β   IV 1 δαμαλις A | πτωχους] πενητας AQ | πενητας] πτωχους AQ   2 διοτι] οτι A | λημψονται Q | υποκεομενους Β* (υποκαιομ. Βᵃᵇ) | om υποκ. εμβαλουσιν AQ* (hab Qᵐᵍ)   3 απορριφησεσθε Bᵃ ⁽ᵛⁱᵈ⁾ ᵇ Qᵃ | Ρεμμαν AQ* Ερμωνα Qᵐᵍ | Κυριος] + ο θ̅σ̅ AQ   4 εισηλθετε Q* ᵛⁱᵈ | ησεβησατε] ηνομησατε AQ 5 απαγγειλατε Q* (αναγγ. Qᵃ) | οτι] διοτι Q   6 πασι (-σιν Q*)τοις τοποις] πασαις ταις πολεσιν A   7 τιων A* (τριων A¹) | τρυγητου] θερισμου Qᵐᵍ | επι 1° sup ras B² ᵛⁱᵈ | βρεξω 3°] + επ αυτην AQ   8 δυο] + πολεις A | πολεις] πολις B* (-λεις Bᵃᵇ ⁽ᵛⁱᵈ⁾) | πολεις εις πολιν] s πο sup ras B² ᵛⁱᵈ πολεις εις sup ras Aᵃ | ουκ επεστραφητε] ουδ ως επεστρεψατε AQ* (ουκ επεστραφ. Qᵐᵍ) 9 υμας] υ sup ras B²   10 υμων 2°] μου AQ* (υμ. Q¹ᵐᵍ)

20

ΑΜΩΣ V 10

καθὼς κατέστρεψεν ὁ θεὸς Σόδομα καὶ Γόμορρα, καὶ ἐγένεσθε ὡς B
δαλὸς ἐξεσπασμένος ἐκ πυρός, καὶ οὐδ᾽ ὣς ἐπεστρέψατε πρὸς μέ,
12 λέγει Κύριος. ¹²διὰ τοῦτο οὕτως ποιήσω σοι, Ἰσραήλ· πλὴν ὅτι
οὕτως ποιήσω σοι, ἑτοιμάζου τοῦ ἐπικαλεῖσθαι τὸν θεόν σου, Ἰσραήλ.
13 ¹³διότι στερεῶν βροντὴν καὶ κτίζων πνεῦμα καὶ ἀπαγγέλλων εἰς
ἀνθρώπους τὸν χριστὸν αὐτοῦ, ὁ ποιῶν ὄρθρον καὶ ὁμίχλην, ἐπι-
βαίνων ἐπὶ τὰ ὕψη τῆς γῆς· Κύριος ὁ θεὸς ὁ παντοκράτωρ ὄνομα
αὐτῷ.

V 1 ¹Ἀκούσατε τὸν λόγον Κυρίου τοῦτον ὃν ἐγὼ λαμβάνω ἐφ᾽ ὑμᾶς
2 θρῆνον Οἶκος Ἰσραήλ ²ἔπεσεν, οὐκέτι μὴ προσθήσει τοῦ ἀναστῆναι·
παρθένος τοῦ Ἰσραήλ ἔσφαλεν ἐπὶ τῆς γῆς αὐτοῦ, οὐκ ἔστιν ὁ ἀνα-
3 στήσων αὐτήν. ³διὰ τοῦτο τάδε λέγει κύριος Κύριος Ἡ πόλις ἐξ ἧς
ἐξεπορεύοντο χίλιοι, ὑπολειφθήσονται ρʹ, καὶ ἐξ ἧς ἐξεπορεύοντο ρʹ,
4 ὑπολειφθήσονται δέκα τῷ οἴκῳ Ἰσραήλ. ⁴διότι τάδε λέγει Κύριος
5 πρὸς τὸν οἶκον Ἰσραήλ Ἐκζητήσατέ με, καὶ ζήσεσθε· ⁵καὶ μὴ ἐκζη-
τεῖτε Βαιθὴλ καὶ εἰς Γάλγαλα μὴ εἰσπορεύεσθε, καὶ ἐπὶ τὸ φρέαρ τοῦ
ὅρκου μὴ διαβαίνετε, ὅτι Γάλγαλα αἰχμαλωτευομένη αἰχμαλωτευθή-
6 σεται, καὶ Βαιθὴλ ἔσται ὡς οὐχ ὑπάρχουσα. ⁶ἐκζητήσατε τὸν κύριον,
καὶ ζῆτε, ὅπως μὴ ἀναλάμψῃ ὡς πῦρ ὁ οἶκος Ἰωσὴφ καὶ καταφάγῃ
7 αὐτόν, καὶ οὐκ ἔσται ὁ σβέσων τῷ οἴκῳ Ἰσραήλ. ⁷ὁ ποιῶν εἰς ὕψος
8 κρίμα, καὶ δικαιοσύνην εἰς γῆν ἔθηκεν· ⁸ὁ ποιῶν πάντα καὶ μετα-
σκευάζων, καὶ ἐκτρέπων εἰς τὸ πρωὶ σκιάν, καὶ ἡμέραν εἰς νύκτα
συσκοτάζων· ὁ προσκαλούμενος τὸ ὕδωρ τῆς θαλάσσης καὶ ἐκχέων
9 αὐτὸ ἐπὶ πρόσωπον τῆς γῆς, Κύριος ὄνομα αὐτῷ· ⁹ὁ διαιρῶν
συντριμμὸν ἐπ᾽ ἰσχύν, καὶ ταλαιπωρίαν ἐπὶ ὀχύρωμα ἐπάγων.
10 ¹⁰ἐμίσησαν ἐν πύλαις ἐλέγχοντα, καὶ λόγον ὅσιον ἐβδελύξαντο.

11 εξεσπασμενος] ε 2° sup ras (ubi a prius ut vid) B⟨?⟩ εξεσταλ|σμενον Q* AQ
(-νος Qᵃ) εξαπεσταλμενος Qᵐᵍ   12 τι ουτως ποι sup ras et in mg Aᵃ (om
οτι A*ᵛⁱᵈ)   13 διοτι] + ιδου εγω Bᵃᵇ ᵐᵍ AQ | απαγγελλων] αναγγελλων
Q* (απαγγ. Qᵃ) | χριστον] θ᾽ λογον Qᵐᵍ | ο ποιων] om ο AQ | επιβαινων] pr
και AQ | υψη] υψηλα Q* (υψη Qᵃ)   V 1 κυ τουτο| sup ras Aᵇ (om κυ
A*ᵛⁱᵈ) | Ισραηλ] pr του AQ   2 προσθησει] προσθη AQ (sed οσθ sup ras
Qᵃ ᵛⁱᵈ) | αυτου] om A αυτης Q | αναστησων] hab θ᾽ sup lin Qᵃ οι ο᾽ ανιστων
Qᵐᵍ   3 δια τουτο] διοτι AQ | Κυριος] ο θσ̅ Qᵃ | om εξ ης B* (hab Bᵃ⟨?⟩) |
εξεπορευοντο bis] επορευοντο A | ρʹ bis] εκατον AQ   4 Ισραηλ] Ισαηλ B*
(Ισρ. Bᵃᵇ)   5 Βαιθηλ 1°] Βεθηλ Q* (Βαιθ. Qᵃ) | διαβαινετε] αναβαινετε
AQᵃ (-ται Q*) | Βαιθηλ 2°] Βαθηλ Q*ᵛⁱᵈ (Βαιθ. Qᵃ)   6 ζητε] ζησατε BᵃᵇQ*
ζησετε AQᵃ | αναλημψη B | καταφαγη] καταφαγεται AQ   7 ο ποιων] pr
κς̅ ο θσ̅ A pr κς̅ Q   8 ο ποιων] om ο AQ* (hab Qᵃ) | σκιαν] + θανατου
Qᵐᵍ | συσκοταζη Qᵐᵍ | προσωπον AQ* (-πον Qᵃ) | Κυριος] + ο θσ̅ ο παντο-
κρατωρ AQ   9 ο διαιρων] om ο A ο διοριζων Q | επ] επι A

21

ΑΜΩΣ

Β ¹¹διὰ τοῦτο ἀνθ' ὧν κατεκονδύλιζον πτωχούς, καὶ δῶρα ἐκλεκτὰ 11
ἐδέξασθε παρ' αὐτῶν, οἴκους ξεστοὺς ᾠκοδομήσατε καὶ οὐ μὴ κατοι-
κήσητε ἐν αὐτοῖς, ἀμπελῶνας ἐπιθυμητοὺς ἐφυτεύσατε καὶ οὐ μὴ
πίητε τὸν οἶνον ἐξ αὐτῶν. ¹²ὅτι ἔγνων πολλὰς ἀσεβείας ὑμῶν, καὶ 12
ἰσχυραὶ αἱ ἁμαρτίαι ὑμῶν καταπατοῦσαι δίκαιον, λαμβάνοντες ἀνταλ-
λάγματα καὶ πένητας ἐν πύλαις ἐκκλίνοντες. ¹³διὰ τοῦτο ὁ συνίων ἐν 13
τῷ καιρῷ ἐκείνῳ σιωπήσεται, ὅτι καιρὸς πονηρῶν ἐστιν. ¹⁴ἐκζητήσατε 14
τὸ καλὸν καὶ μὴ πονηρόν, ὅπως ζήσητε, καὶ ἔσται οὕτως μεθ' ὑμῶν
Κύριος ὁ θεὸς ὁ παντοκράτωρ· ὃν τρόπον εἴπατε ¹⁵Μεμισήκαμεν τὰ 15
πονηρὰ καὶ ἠγαπήκαμεν τὰ καλά, καὶ ἀποκαταστήσατε ἐν πύλαις κρίμα,
ὅπως ἐλεήσῃ Κύριος ὁ θεὸς ὁ παντοκράτωρ τοὺς περιλοίπους τοῦ Ἰωσήφ.
¹⁶διὰ τοῦτο τάδε λέγει Κύριος ὁ θεὸς ὁ παντοκράτωρ Ἐν πάσαις ταῖς 16
πλατείαις κοπετός, καὶ ἐν πάσαις ταῖς ὁδοῖς ῥηθήσεται Οὐαὶ οὐαί·
κληθήσεται γεωργὸς εἰς πένθος καὶ κοπετόν, καὶ εἰς εἰδότας θρῆνον,
¹⁷καὶ ἐν πάσαις ὁδοῖς κοπετός, διότι ἐλεύσομαι διὰ μέσου σου, εἶπεν 17
Κύριος. ¹⁸οὐαὶ οἱ ἐπιθυμοῦντες τὴν ἡμέραν Κυρίου· ἵνα τί αὕτη ὑμῖν 18
ἡ ἡμέρα τοῦ κυρίου; καὶ αὕτη ἐστὶν σκότος καὶ οὐ φῶς, ¹⁹ὃν τρόπον 19
ἐὰν φύγῃ ἄνθρωπος ἐκ προσώπου τοῦ λέοντος, καὶ ἐμπέσῃ αὐτῷ ἡ
ἄρκος, καὶ εἰσπηδήσῃ εἰς τὸν οἶκον αὐτοῦ καὶ ἀπερείσηται τὰς χεῖρας
αὐτοῦ ἐπὶ τὸν τοῖχον, καὶ δάκῃ αὐτὸν ὄφις. ²⁰οὐχὶ σκότος ἡ ἡμέρα 20
τοῦ κυρίου καὶ οὐ φῶς; καὶ γνόφος οὐκ ἔχων φέγγος αὕτη; ²¹μεμί- 21
σηκα, ἀπῶσμαι ἑορτὰς ὑμῶν, καὶ οὐ μὴ ὀσφρανθῶ θυσίας ἐν ταῖς
πανηγύρεσιν ὑμῶν. ²²διότι ἐὰν ἐνέγκητέ μοι ὁλοκαυτώματα καὶ θυσίας 22
ὑμῶν, οὐ προσδέξομαι, καὶ σωτηρίους ἐπιφανείας ὑμῶν οὐκ ἐπιβλέ-

AQ 11 πτωχους] εις κεφαλας πτωχων AQ* (πτωχους Q^{mg}) | ξεστους] ξυστους
AQ* (ξεστ. Q^a) | ῳκοδομησατε BQ^a] οικοδομησετε A οικοδομηθησεται Q* |
κατοικησητε] κατοικησεται Q* (-κησετε Q^a) | αμπελωνας] pr και AQ | εφυτευ-
σατε] φυτευσετε AQ* (-ται) φυτευσατε Q^a | τον οινον] om τον Q* (hab
Q^a) | om εξ A   12 καταπατουσαι B] καταπατουντες AQ* (οι ο΄ -τουσαι
οι λ΄ -τες Q^{mg}) | ανταλλαγματα] αλλαγμ. AQ | πενητα Q* (-τας Q^a) | εκκλι-
νοντες] τες sup ras A^a   13 εκεινη Q^{mg} | σιωπησητε B* σιωπησεται
B^{ab}A^b ([σεται sup ras 7 forte litt] Q) σιωπηθησεται A*^{vid} | πονηρος AQ
14 πονηρον] pr το AQ   15 τα πονηρα] το πονηρον A | τα καλα] το
καλον A | ελεησει A   16 ταις πλατειαις (-τιαις A)] om ταις AQ | κοπετος]
ras 1 lit post τ A^? | ταις οδοις] om ταις AQ | ειδοτας] ιδοντας A   17 ελευ-
σομαι] επελευσομαι A διελευσομαι Q   18 ουαι οι επιθυμ in mg et sup
ras A^a   19 εαν] οταν A | φυγη] εκφυγη A | εμπεση αυτω η αρκος και
εισπηδηση (εισπηδησει A)] εμπεσει A*^{vid} (εμπεση αυτω η αρκος ϗ εισ|πηδη in
mg et sup ras A^a?) | απερεισηται] απεριση A απεριηται Q* (απερεισ. Q^a) |
επι] προς A εις Q   20 φεγγος] φθεγγος A*^{vid} | αυτη] αυτης Q   21 om
θυσιας Q   22 εαν] pr και AQ | ολοκαυτωματα] pr τα A | om ου προσ-
δεξομαι...υμων Q* (hab Q^{mg}) | προσδεξομαι]+αυτα AQ^{mg} | σωτηριον A

22

ΑΜΩΣ VI 11

23 ψομαι. ²³μετάστησον ἀπ' ἐμοῦ ἦχον ᾠδῶν σου, καὶ ψαλμὸν ὀργάνων Β 24 σου οὐκ ἀκούσομαι· ²⁴καὶ κυλισθήσεται ὡς ὕδωρ κρίμα, καὶ δικαιοσύνη 25 ὡς χειμάρρους ἄβατος. ²⁵μὴ σφάγια καὶ θυσίας προσηνέγκατέ μοι 26 ἐν τῇ ἐρήμῳ μ' ἔτη, οἶκος Ἰσραήλ; ²⁶καὶ ἀνελάβετε τὴν σκηνὴν τοῦ Μόλοχ καὶ τὸ ἄστρον τοῦ θεοῦ ὑμῶν Ῥαιφάν, τοὺς τύπους αὐτῶν οὓς 27 ἐποιήσατε ἑαυτοῖς· ²⁷καὶ μετοικιῶ ὑμᾶς ἐπέκεινα Δαμασκοῦ, λέγει Κύριος, ὁ θεὸς ὁ παντοκράτωρ ὄνομα αὐτῷ.

VI 1 ¹Οὐαὶ τοῖς ἐξουθενοῦσιν Σειὼν καὶ τοῖς πεποιθόσιν ἐπὶ τὸ ὄρος Σαμαρείας· ἀπετρύγησαν ἀρχὰς ἐθνῶν, καὶ εἰσῆλθον αὐτοί. οἶκος τοῦ 2 Ἰσραήλ, ²διάβητε πάντες καὶ ἴδετε, καὶ διέλθυτε ἐκεῖθεν εἰς Ἐμὰθ Ῥαββά, καὶ κατάβητε ἐκεῖθεν εἰς Γὲθ ἀλλοφύλων, τὰς κρατίστας ἐκ πασῶν τῶν βασιλειῶν τούτων, εἰ πλέονα τὰ ὅρια αὐτῶν ἐστὶν τῶν 3 ὑμετέρων ὁρίων. ³οἱ ἐρχόμενοι εἰς ἡμέραν κακήν, οἱ ἐγγίζοντες καὶ 4 ἐφαπτόμενοι σαββάτων ψευδῶν, ⁴οἱ καθεύδοντες ἐπὶ κλινῶν ἐλεφαντίνων καὶ κατασπαταλῶντες ἐπὶ ταῖς στρωμναῖς αὐτῶν, καὶ ἔσθοντες ἐρίφους ἐκ ποιμνίων καὶ μοσχάρια ἐκ μέσου βουκολίων 5 γαλαθηνά, ⁵οἱ ἐπικροτοῦντες πρὸς τὴν φωνὴν τῶν ὀργάνων, ὡς 6 ἑστηκότα ἐλογίσαντο καὶ οὐχ ὡς φεύγοντα· ⁶οἱ πίνοντες τὸν διυλισμένον οἶνον, καὶ τὰ πρῶτα μύρα χριόμενοι, καὶ οὐκ ἔπασχον 7 οὐδὲν ἐπὶ τῇ συντριβῇ Ἰωσήφ. ⁷διὰ τοῦτο νῦν αἰχμάλωτοι ἔσονται ἀπ' ἀρχῆς δυναστῶν, καὶ ἐξαρθήσεται χρεμετισμὸς ἵππων ἐξ Ἐφράιμ. 8 ⁸ὅτι ὤμοσεν Κύριος καθ' ἑαυτοῦ διότι Βδελύσσομαι ἐγὼ πᾶσαν τὴν ὕβριν Ἰακώβ, καὶ τὰς χώρας αὐτοῦ μεμίσηκα, καὶ ἐξαρῶ πόλιν σὺν 9 πᾶσιν τοῖς κατοικοῦσιν αὐτήν· ⁹καὶ ἔσται ἐὰν ὑπολειφθῶσιν δέκα ἐν οἰκίᾳ μιᾷ, καὶ ἀποθανοῦνται καὶ ὑπολειφθήσονται οἱ κατάλοιποι, 10 ¹⁰καὶ λήμψονται οἱ οἰκεῖοι οἱ αὐτῶν καὶ παραβιῶνται τοῦ ἐξενέγκαι τὰ ὀστᾶ αὐτῶν ἐκ τοῦ οἴκου· καὶ ἐρεῖ τοῖς προεστηκόσι τῆς οἰκίας Εἰ ἔτι ὑπάρχει παρὰ σοί; καὶ ἐρεῖ Οὐκ ἔτι· καὶ ἐρεῖ Σίγα, ἕνεκα τοῦ 11 μὴ ὀνομάσαι τὸ ὄνομα Κυρίου. ¹¹διότι ἰδοὺ Κύριος ἐντέλλεται, καὶ

25 προσηνεγκετε Qᵃ | μ' ετη οικος Ισραηλ] οικος Ισλ τεσσερακοντα ετη λεγει AQ κϛ A τεσσερακοντα ετη οικ. Ισλ λεγει κϛ Q 26 Ρεφαν Q | om αυτων AQ* (hab Q^{mg}) VI 1 εξουθενουσι Qᵃ | Σιων B^bAQᵃ | αυτοι] εαυτοις Qᵃ 2 ειδετε Q | om και διελθατε εκειθεν Q | Εμαθ] Αιμαθ A Μαθ Q | Ραββα] +και διελθατε (-θετε Qᵃ) εκειθεν Q | om εκειθεν 2° Q | βασιλεων A | πλεονα] πλιονα A 3 ερχομενοι BQᵃ] ευχομενοι AQ* 4 και 2°] αι Q* (και Qᵃ) | om μεσου A 5 εστηκοτα] εστωτα AQ 7 απ] εξ Q* επ Q^{mg} | χρεμετισμος] χ sup ras B^{ab} | om εξ Q 8 διοτι] οτι A | αυτου] αυτων A | συν πασιν] συμπασιν (? συμ π.) B 9 δεκα]+ανδρες AQ | om και 2° A 10 οικειοι] οικοι Q* (-κειοι Qᵃ) | om οι 2° AQ | παραβιωνται] οι παραβιωται A | προεστηκοσιν AQ* | om μη Q* (hab Qᵃ)

ΑΜΩΣ

B πατάξει τὸν οἶκον τὸν μέγαν θλάσμασιν καὶ τὸν οἶκον τὸν μικρὸν ῥάγμασιν. ¹²εἰ διώξονται ἐν πέτραις ἵπποι; εἰ παρασιωπήσονται 12 ἐν θηλείαις; ὅτι ἐξεστρέψατε εἰς θυμὸν κρίμα, καὶ καρπὸν δικαιοσύνης εἰς πικρίαν, ¹³οἱ εὐφραινόμενοι ἐπ' οὐδενὶ λόγῳ, οἱ λέγοντες 13 Οὐκ ἐν τῇ ἰσχύι ἡμῶν ἔσχομεν κέρατα; ¹⁴διότι ἰδοὺ ἐγὼ ἐπεγείρω 14 ἐφ' ὑμᾶς, οἶκος Ἰσραήλ, ἔθνος, λέγει Κύριος τῶν δυνάμεων, καὶ ἐκθλίψουσιν ὑμᾶς τοῦ μὴ εἰσελθεῖν εἰς Ἐμὰθ καὶ ὡς τοῦ χειμάρρου τῶν δυσμῶν.

¹Οὕτως ἔδειξέν μοι Κύριος ὁ θεός, καὶ ἰδοὺ ἐπιγονὴ ἀκρίδων 1 VII ἐρχομένη ἑωθινή, καὶ ἰδοὺ βροῦχος εἷς Γὼγ ὁ βασιλεύς. ²καὶ ἔσται 2 ἐὰν συντελέσῃ τοῦ καταφαγεῖν τὸν χόρτον τῆς γῆς, καὶ εἶπα Κύριε Κύριε, ἵλεως γενοῦ· τίς ἀναστήσει τὸν Ἰακώβ; ὅτι ὀλιγοστός ἐστιν· ³μετανόησον, Κύριε, ἐπὶ τούτῳ. Καὶ τοῦτο οὐκ ἔσται, λέγει 3 Κύριος. ⁴Οὕτως ἔδειξέν μοι Κύριος, καὶ ἰδοὺ ἐκάλεσεν τὴν δίκην 4 ἐν πυρὶ Κύριος, καὶ κατέφαγε τὴν ἄβυσσον τὴν πολλήν, καὶ κατέφαγεν τὴν μερίδα Κυρίου. ⁵καὶ εἶπα Κύριε, κόπασον δή· τίς 5 ἀναστήσει τὸν Ἰακώβ; ὅτι ὀλιγοστός ἐστιν· ⁶μετανόησον, Κύριε, 6 ἐπὶ τούτῳ. Καὶ τοῦτο οὐ μὴ γένηται, λέγει Κύριος. ⁷Οὕτως 7 ἔδειξέν μοι Κύριος, καὶ ἰδοὺ ἑστηκὼς ἐπὶ τείχους ἀδαμαντίνου, καὶ ἐν τῇ χειρὶ αὐτοῦ ἀδάμας. ⁸καὶ εἶπεν Κύριος πρὸς μέ Τί σὺ ὁρᾷς, 8 Ἀμώς; καὶ εἶπα Ἀδάμαντα. καὶ εἶπεν Κύριος πρὸς μέ Ἰδοὺ ἐγὼ ἐντάσσω ἀδάμαντα ἐν μέσῳ λαοῦ μου Ἰσραήλ, οὐκέτι μὴ προσθῶ τοῦ παρελθεῖν αὐτόν· ⁹καὶ ἀφανισθήσονται βωμοὶ τοῦ γέλωτος, καὶ 9 αἱ τελεταὶ τοῦ Ἰσραὴλ ἐρημωθήσονται, καὶ ἀναστήσομαι ἐπὶ τὸν οἶκον Ἰεροβοὰμ ἐν ῥομφαίᾳ.

¹⁰Καὶ ἐξαπέστειλεν Ἀμασίας ὁ ἱερεὺς Βαιθὴλ πρὸς Ἰεροβοὰμ 10 βασιλέα Ἰσραὴλ λέγων Συστροφὰς ποιεῖται κατὰ σοῦ Ἀμὼς ἐν μέσῳ οἴκου Ἰσραήλ· οὐ μὴ δύνηται ἡ γῆ ὑπενεγκεῖν πάντας τοὺς λόγους αὐτοῦ. ¹¹διότι τάδε λέγει Ἀμώς Ἐν ῥομφαίᾳ τελευτήσει Ἰεροβοάμ, 11 ὁ δὲ Ἰσραὴλ αἰχμάλωτος ἀχθήσεται ἀπὸ τῆς γῆς αὐτοῦ. ¹²καὶ εἶπεν 12

AQ 11 ρηγμασιν AQᵃ | 12 οτι]+υμεις AQ | 14 om ιδου εγω B* | Ισραηλ] pr του AQ | om λεγει Κυριος των δυν. AQ | om εισελθειν A | ως] εως AQ VII 1 Κυριος o θεος] om o θεος AQ pr k̄s Qᵃ | 2 συντελεση B* (-λεση Baᵗᵇ) 4 Κυριος 1°]+o θ̄s A pr k̄s Qᵃ | Κυριος 2°]+o θ̄s Qᵐᵍ | κατεφαγεν AQ | om Κυριου AQ | 5 Κυριε]+k̄ε AQ | 6 Κυριος]+k̄s Q | 7 ιδου]+ανηρ AQ¹ᵐᵍ | 8 ειπα] ειπον Qᵃ | εν μεσω] εις μεσον AQ* (εν μεσω Qᵃ) | λαου] pr του Q |, προσθω] προσθησω AQ* (-θω Qᵃ) | 9 ερημωθησονται] εξερημωθησονται A | 10 δυνηται] γενηται A | παντας] απαντας AQ*

ΑΜΩΣ VIII 8

Ἀμασίας πρὸς Ἀμώς Ὁ ὁρῶν, βάδιζε, ἐκχώρησον σὺ εἰς γῆν Ἰούδα, B
13 καὶ ἐκεῖ καταβίου, καὶ ἐκεῖ προφητεύσεις· ¹³εἰς δὲ Βαιθὴλ οὐκέτι
προσθήσεις τοῦ προφητεῦσαι, ὅτι ἁγίασμα βασιλέως ἐστίν, καὶ
14 οἶκος βασιλείας ἐστίν. ¹⁴καὶ ἀπεκρίθη Ἀμὼς καὶ εἶπεν πρὸς Ἀμα-
σίαν Οὐκ ἤμην προφήτης ἐγὼ οὐδὲ υἱὸς προφήτου, ἀλλ᾽ ἢ αἰπόλος
15 ἤμην καὶ κνίζων συκάμινα. ¹⁵καὶ ἀνέλαβέν με Κύριος ἐκ τῶν προ-
βάτων, καὶ εἶπεν Κύριος πρὸς μέ Βάδιζε, προφήτευσον ἐπὶ τὸν
16 λαόν μου Ἰσραήλ. ¹⁶καὶ νῦν ἄκουε λόγον Κυρίου Σὺ λέγεις Μὴ
προφήτευε ἐπὶ τὸν Ἰσραήλ, καὶ οὐ μὴ ὀχλαγωγήσεις ἐπὶ τὸν οἶκον
17 Ἰακώβ· ¹⁷διὰ τοῦτο τάδε λέγει Κύριος Ἡ γυνή σου ἐν τῇ πόλει
πορνεύσει, καὶ οἱ υἱοί σου καὶ αἱ θυγατέρες σου ἐν ῥομφαίᾳ πεσοῦνται,
καὶ ἡ γῆ σου ἐν σχοινίῳ καταμετρηθήσεται, καὶ σὺ ἐν γῇ ἀκα-
θάρτῳ τελευτήσεις, ὁ δὲ Ἰσραὴλ αἰχμάλωτος ἀχθήσεται ἀπὸ τῆς γῆς
αὐτοῦ.

VIII 1 (¹)Οὕτως ἔδειξέν μοι κύριος Κύριος, ¹καὶ ἰδοὺ ἄγγος ἰξευτοῦ·
2 καὶ εἶπεν Τί σὺ βλέπεις, Ἀμώς; καὶ εἶπα Ἄγγος ἰξευτοῦ. ²καὶ
εἶπεν Κύριος πρὸς μέ Ἥκει τὸ πέρας ἐπὶ τὸν λαόν μου Ἰσραήλ, οὐ
3 προσθήσω ἔτι τοῦ παρελθεῖν αὐτόν. ³καὶ ὀλολύξει τὰ φατνώματα
τοῦ ναοῦ ἐν ἐκείνῃ τῇ ἡμέρᾳ, λέγει κύριος Κύριος· πολὺς ὁ πεπτωκὼς
4 ἐν παντὶ τόπῳ, ἐπιρρίψω σιωπήν. ⁴ἀκούσατε δὴ ταῦτα οἱ ἐκτρίβοντες
εἰς τὸ πρωὶ πένητα, καὶ καταδυναστεύοντες πτωχοὺς ἀπὸ τῆς γῆς,
5 ⁵λέγοντες Πότε διελεύσεται ὁ μὴν καὶ ἐμπολήσομεν, καὶ τὰ σάββατα
καὶ ἀνοίξομεν θησαυρὸν τοῦ ποιῆσαι μικρὸν μέτρον, καὶ τοῦ μεγαλῦναι
6 στάθμιον καὶ ποιῆσαι ζυγὸν ἄδικον, ⁶τοῦ κτᾶσθαι ἐν ἀργυρίῳ καὶ
πτωχοὺς καὶ ταπεινὸν ἀντὶ ὑποδημάτων, καὶ ἀπὸ παντὸς γενήματος
7 ἐμπορευσόμεθα; ⁷ὀμνύει Κύριος κατὰ τῆς ὑπερηφανίας Ἰακώβ Εἰ
8 ἐπιλησθήσεται εἰς νῖκος πάντα τὰ ἔργα ὑμῶν, ⁸καὶ ἐπὶ τούτοις οὐ

12 om συ AQ   13 om δε A | Βεθηλ Q | ουκετι]+μη AQ* (om μη AQ
Qᵃ) | προσθης AQ*ᵛⁱᵈ (προσθησεις Q¹(ᵐᵍ))   14 om και 3° AQ   15 προ-
φητων B (προβατων AQ) | Ισραηλ] pr τον A   16, 17 γησεις επι τον
οικ. I. δια τουτο τα sup ras ut vid B¹ᵃ? | οχλαγωγησης AQ   17 om
εν τη πολει...η γη σου Q* (hab Qᵐᵍ) | om συ Q* (hab Qᵃ) | κυριος Κυριος]
κ̄σ̄ AQ   VIII 1 βλεπεις] ορας A   2 ου προσθησω ετι] ουκετι μη
προσθω AQ* (om μη Qᵃ)   3 τα φατνωματα (φατμ. B*)] om τα Q | εκεινη
τη ημερα] τη ημ. εκεινη AQ | κυριος Κυριος] κ̄σ̄ Q* (κ̄σ̄ κ̄σ̄ AQ) | επιριψω AQ*
4 om και A | καταδυναστευοντες] ντ sup ras Bᵃᵇ   5 λεγοντες] pr οι AQ |
ενπολησομεν A εμπλησομεν Q* (εμπολ. Qᵃ) | θησαυρους AQ* (-ρον Qᵐᵍ) |
του μεγαλυναι] in με ras aliq B? om του A | σταθμιον] σταθμια A σταθμεια
Q*ᵛⁱᵈ (-θμιον Qᵃ)   6 om και A | AQ | ταπεινον] πενητα Qᵖⁱᵏ | αντι] ανθ
Qᵃ | παντος γεν.] πασης πρασεως Qᵐᵍ   7 κατα της υπερηφανιας] κατ
(καθ Q) υπερηφανειας AQ | επιλησθησεται] επιλησεται A

VIII 9 ΑΜΩΣ

B ταραχθήσεται ἡ γῆ, καὶ πενθήσει πᾶς ὁ κατοικῶν ἐν αὐτῇ, καὶ ἀναβήσεται ὡς ποταμὸς συντέλεια, καὶ καταβήσεται ὡς ποταμὸς Αἰγύπτου. ⁹καὶ ἔσται ἐν ἐκείνῃ τῇ ἡμέρᾳ, λέγει κύριος Κύριος, καὶ δύσεται ὁ 9 ἥλιος μεσημβρίας, καὶ συσκοτάσει ἐπὶ τῆς γῆς ἐν ἡμέρᾳ τὸ φῶς· ¹⁰καὶ 10 μεταστρέψω τὰς ἑορτὰς ὑμῶν εἰς πένθος, καὶ πάσας τὰς ᾠδὰς ὑμῶν εἰς θρῆνον, καὶ ἀναβιβῶ ἐπὶ πᾶσαν ὀσφὺν σάκκον, καὶ ἐπὶ πᾶσαν κεφαλὴν φαλάκρωμα, καὶ θήσομαι αὐτὸν ὡς πένθος ἀγαπητοῦ, καὶ τοὺς μετ' αὐτοῦ ὡς ἡμέραν ὀδύνης. ¹¹ἰδοὺ ἡμέραι ἔρχονται, λέγει 11 Κύριος, καὶ ἐξαποστελῶ λιμὸν ἐπὶ τὴν γῆν, οὐ λιμὸν ἄρτων οὐδὲ δίψαν ὕδατος, ἀλλὰ λιμὸν τοῦ ἀκοῦσαι λόγον Κύριου· ¹²καὶ σαλευ- 12 θήσονται ὕδατα τῆς θαλάσσης, καὶ ἀπὸ βορρᾶ ἕως ἀνατολῶν περιδραμοῦνται ζητοῦντες τὸν λόγον Κυρίου καὶ οὐ μὴ εὕρωσιν. ¹³ἐν τῇ 13 ἡμέρᾳ ἐκείνῃ ἐκλείψουσιν αἱ παρθένοι αἱ καλαὶ καὶ οἱ νεανίσκοι ἐν δίψει, ¹⁴οἱ ὀμνύοντες κατὰ τοῦ ἱλασμοῦ Σαμαρείας, καὶ οἱ λέγοντες 14 Ζῇ ὁ θεός σου, Δάν, καὶ ζῇ ὁ θεός σου, Βηρσάβεε. καὶ πεσοῦνται καὶ οὐ μὴ ἀναστῶσιν ἔτι.

¹Εἶδον τὸν κύριον ἐφεστῶτα ἐπὶ τοῦ θυσιαστηρίου, καὶ εἶπεν 1 IX Πάταξον ἐπὶ τὸ ἱλαστήριον καὶ σεισθήσεται τὰ πρόπυλα, καὶ διάκοψον εἰς κεφαλὰς πάντων· καὶ τοὺς καταλοίπους αὐτῶν ἐν ῥομφαίᾳ ἀποκτενῶ, οὐ μὴ διαφύγῃ ἐξ αὐτῶν φεύγων, καὶ οὐ μὴ διασωθῇ ἐξ αὐτῶν ἀνασωζόμενος. ²ἐὰν κατακρυβῶσιν εἰς ᾅδου, 2 ἐκεῖθεν ἡ χείρ μου ἀνασπάσει αὐτούς· καὶ ἐὰν ἀναβῶσιν εἰς τὸν οὐρανόν, ἐκεῖθεν κατάξω αὐτούς· ³ἐὰν ἐγκατακρυβῶσιν εἰς τὴν κο- 3 ρυφὴν τοῦ Καρμήλου, ἐκεῖθεν ἐξερευνήσω καὶ λήμψομαι αὐτούς· καὶ ἐὰν καταδύσωσιν ἐξ ὀφθαλμῶν μου εἰς τὰ βάθη τῆς θαλάσσης, ἐκεῖ ἐντελοῦμαι τῷ δράκοντι καὶ δήξεται αὐτούς· ⁴καὶ ἐὰν πορευ- 4 θῶσιν ἐν αἰχμαλωσίᾳ πρὸ προσώπου τῶν ἐχθρῶν αὐτῶν, ἐκεῖ ἐντελοῦμαι τῇ ῥομφαίᾳ καὶ ἀποκτενεῖ αὐτούς· καὶ στηριῶ τοὺς ὀφθαλμούς μου ἐπ' αὐτοὺς εἰς κακὰ καὶ οὐκ εἰς ἀγαθά. ⁵καὶ κύριος 5

AQ   9 Κυριος] ο θ̄ς AQ   10 αυτον] αυτην Qᵃ   11 Κυριος]+κ̄ς Qᵃ |
αρτου AQ* (-των Qᵃ) | διψαν] οι ο' διψος Qᵐᵍ | αλλα] αλλ η Qᵃ   12 σαλευθησονται] σαλευθησεται A συναχθησονται Q* (σαλευθ. Qᵐᵍ) | της θαλασσης] εως θαλ. AQ* (απο θαλ. Qᵐᵍ) | Κυριου] pr του A   14 ο θεος (1°)] pr κ̄ς A   IX 1 ιλαστηριον] θυσιαστηριον AQ* (ιλαστ. Qᵐᵍ) | σεισθησεται BAQᵐᵍ] σισθησονται (σεισθ. Qᵃ) Q* | διαφυγη] διαφευξη A | και ου] ουδε A om και Q (superscr ϛ̄ Qᵃ)   2 κατακρυβωσιν] κατορυγωσιν AQ
3 εγκατακρυβωσιν] εγκρυβωσιν A ενκρυβ. Q* (εγκρυβ. Qᵃ) | εξερευνησω Q* (εξερευν. Qᵃ) | λημψομαι Q | καταδυσωσιν...εκει εντελουμαι] ras aliq B?ᵛⁱᵈ
4 τους οφθαλμους] το προσωπον A

ΑΜΩΣ IX 14

Κύριος ὁ θεὸς ὁ παντοκράτωρ, ὁ ἐφαπτόμενος τῆς γῆς καὶ σαλεύων B αὐτήν, καὶ πενθήσουσιν πάντες οἱ κατοικοῦντες αὐτήν, καὶ ἀναβήσεται ὡς ποταμὸς συντέλεια αὐτῆς, καὶ καταβήσεται ὡς ποταμὸς 6 Αἰγύπτου· ⁶ὁ οἰκοδομῶν εἰς τὸν οὐρανὸν ἀνάβασιν αὐτοῦ, καὶ τὴν ἐπαγγελίαν αὐτοῦ ἐπὶ τῆς γῆς θεμελιῶν, ὁ προσκαλούμενος τὸ ὕδωρ τῆς θαλάσσης καὶ ἐκχέων αὐτὸ ἐπὶ πρόσωπον τῆς γῆς· Κύριος Παντο- 7 κράτωρ ὄνομα αὐτῷ. ⁷οὐχ ὡς υἱοὶ Αἰθιόπων ὑμεῖς ἐστε ἐμοῦ, υἱοὶ Ἰσραήλ; λέγει Κύριος· οὐ τὸν Ἰσραὴλ ἀνήγαγον ἐκ γῆς Αἰγύπτου, καὶ τοὺς ἀλλοφύλους ἐκ Καππαδοκίας, καὶ τοὺς Σύρους ἐκ βόθρου; 8 ⁸ἰδοὺ οἱ ὀφθαλμοὶ Κυρίου τοῦ θεοῦ ἐπὶ τὴν βασιλείαν τῶν ἁμαρτωλῶν, καὶ ἐξαρῶ αὐτὴν ἀπὸ προσώπου τῆς γῆς· πλὴν ὅτι οὐκ εἰς 9 τέλος ἐξαρῶ τὸν οἶκον Ἰακώβ, λέγει Κύριος. ⁹διότι ἐγὼ ἐντέλλομαι, καὶ λικμήσω ἐν πᾶσι τοῖς ἔθνεσιν τὸν οἶκον Ἰσραὴλ ὃν τρόπον λικμᾶται ἐν τῷ λικμῷ, καὶ οὐ μὴ πέσῃ σύντριμμα ἐπὶ τὴν γῆν· 10 ¹⁰ἐν ῥομφαίᾳ τελευτήσουσι πάντες ἁμαρτωλοὶ λαοῦ μου, οἱ λέγοντες 11 Οὐ μὴ ἐγγίσῃ οὐδὲ μὴ γένηται ἐφ' ἡμᾶς τὰ κακά. ¹¹Ἐν τῇ ἡμέρᾳ ἐκείνῃ ἀναστήσω τὴν σκηνὴν Δαυεὶδ τὴν πεπτωκυῖαν, καὶ ἀνοικοδομήσω τὰ πεπτωκότα αὐτῆς, καὶ τὰ κατεσκαμμένα αὐτῆς ἀναστήσω, καὶ ἀνοικοδομήσω αὐτὴν καθὼς αἱ ἡμέραι τοῦ αἰῶνος, 12 ¹²ὅπως ἐκζητήσωσιν οἱ κατάλοιποι τῶν ἀνθρώπων, καὶ πάντα τὰ ἔθνη ἐφ' οὓς ἐπικέκληται τὸ ὄνομά μου ἐπ' αὐτούς, λέγει Κύριος 13 ὁ ποιῶν ταῦτα. ¹³ἰδοὺ ἡμέραι ἔρχονται, λέγει Κύριος, καὶ καταλήμψεται ὁ ἀμητὸς τὸν τρυγητόν, καὶ περκάσει ἡ σταφυλὴ ἐν τῷ σπόρῳ, καὶ ἀποσταλάξει τὰ ὄρη γλυκασμόν, καὶ πάντες. οἱ βουνοὶ 14 σύμφυτοι ἔσονται· ¹⁴καὶ ἐπιστρέψω τὴν αἰχμαλωσίαν λαοῦ μου Ἰσραήλ, καὶ οἰκοδομήσουσιν πόλεις τὰς ἠφανισμένας καὶ κατοικήσουσιν, καὶ καταφυτεύσουσιν ἀμπελῶνα καὶ πίονται τὸν οἶνον αὐ-

6 αναβασιν] pr την Qᵐᵍ | επαγγελειαν AQ* | της θαλασσης] om της A | AQ προσωπου AQ | Κυριος]+ο θ͞ς AQ | Παντοκρατωρ] pr ο AQ   7 εμου] εμοι AQ   8 Ιακωβ] Ι͞η͞λ A   9 εγω] pr ιδου AQ | λικμησω BQᵃ] λιμιω A* λιγμιω A¹ λικμιω Qᵛⁱᵈ | πασιν AQ | Ισραηλ] pr του A | λικμαται] λιγμαται A | λικμω Q] λικνω B λιγμω A   10 τελευτησουσιν AQ | ουδε] ουδ ου AQ | γενηται] ελθη Qᵐᵍ   11 πεπτωκυιαν] κατεπεπτ. Qᵛⁱᵈ | αυτης 1°] αυτων Qᵐᵍ | κατεσκαμμενα] κατεστραμμενα AᵇQ* (κατεσκ. Qᵃ) 12 οπως]+αν A | εκζητησουσιν Qᵃ | ανθρωπων]+τον κ͞ν A | Κυριος]+ο θ͞ς A 13 καταληψεται Q | αμητος] αλοητος AQᵃ   14 λαου] pr του A | καταφυτευσουσιν] φυτευσ. Qᵃ | αμπελωνας BᵃᵇAQ

IX 15 ΑΜΩΣ

Β τῶν, καὶ φυτεύσουσιν κήπους καὶ φάγονται τοὺς καρποὺς αὐτῶν· ¹⁵καὶ καταφυτεύσω αὐτοὺς ἐπὶ τῆς γῆς αὐτῶν, καὶ οὐ μὴ ἐκσπα- 15 σθῶσιν οὐκέτι ἀπὸ τῆς γῆς ἧς ἔδωκα αὐτοῖς, λέγει Κύριος ὁ θεὸς ὁ παντοκράτωρ.

AQ 14 φυτευσουσιν] καταφυτευσουσιν Α φυτευσουσι Q^a (ποιησουσι Q^{mg}) | τους καρπους] τον καρπον AQ   15 αυτους] αυτου Α | εκσπασθωσιν] εκπασθ. A | γης 2°] + αυτων AQ
Subscr Αμως β BAQ (+ εντελλομενος παρ Εβραιοις γ′ Q^a)

ΜΕΙΧΑΙΑΣ

I 1 ΚΑΙ ἐγένετο λόγος Κυρίου πρὸς Μειχαίαν τὸν τοῦ Μωρασθεὶ ἐν B ἡμέραις Ἰωαθὰμ καὶ Ἀχὰζ καὶ Ἐζεκίου βασιλέων Ἰούδα, ὑπὲρ ὧν εἶδεν περὶ Σαμαρείας καὶ περὶ Ἰερουσαλήμ.

2 ²Ἀκούσατε, λαοί, λόγους, καὶ προσεχέτω ἡ γῆ καὶ πάντες οἱ ἐν αὐτῇ, καὶ ἔσται κύριος Κύριος ἐν ὑμῖν εἰς μαρτύριον, Κύριος ἐξ 3 οἴκου ἁγίου αὐτοῦ. ³διότι ἰδοὺ Κύριος ἐκπορεύεται ἐκ τοῦ τόπου 4 αὐτοῦ, καὶ καταβήσεται ἐπὶ τὰ ὕψη τῆς γῆς, ⁴καὶ σαλευθήσεται τὰ ὄρη ὑποκάτωθεν αὐτοῦ, καὶ αἱ κοιλάδες τακήσονται ὡς κηρὸς ἀπὸ προσ- 5 ώπου πυρός, καὶ ὡς ὕδωρ καταφερόμενον ἐν καταβάσει. ⁵διὰ ἀσέβειαν Ἰακὼβ πάντα ταῦτα, καὶ διὰ ἁμαρτίαν οἴκου Ἰσραήλ. τίς ἡ ἀσέβεια τοῦ Ἰακώβ, οὐ Σαμάρεια; καὶ τίς ἡ ἁμαρτία οἴκου Ἰούδα, 6 οὐχὶ Ἰερουσαλήμ; ⁶καὶ θήσομαι Σαμάρειαν εἰς ὀπωροφυλάκιον ἀγροῦ καὶ εἰς φυτίαν ἀμπελῶνος, καὶ κατασπάσω εἰς χάος τοὺς λίθους 7 αὐτῆς, καὶ τὰ θεμέλια αὐτῆς ἀποκαλύψω· ⁷καὶ πάντα τὰ γλυπτὰ αὐτῆς κατακόψουσιν, καὶ πάντα τὰ μισθώματα αὐτῆς ἐμπρήσουσιν ἐν πυρί, καὶ πάντα τὰ εἴδωλα αὐτῆς θήσομαι εἰς ἀφανισμόν· διότι ἐκ μισθωμάτων πορνείας συνήγαγεν, καὶ ἐκ μισθωμάτων πορνείας

Inscr Μειχαιας γ B* | Μιχαιας γ B^bAQ   I 1 Μιχαιαν B^bAQ | Μωραθει AQ A Μωραθι Q* Μωρασθιν Q^mg | Αχας Q^a | βασιλεως A | υπερ] περι Q | ειδεν] ιδε A | περι Ιερουσαλημ] περιλημ (sic) A   2 λογους] παντες Q^mg | εσται] οι ο' εστω Q^mg | κυριος Κυριος] $\overline{κs}$ AQ* $\overline{κs}$ ο θ̄ς Q^mg   3 τοπου] τοπ sup ras A^a | καταβησεται] επιβησεται A+και επιβησεται B^abQ*et mg (καταβ. Q^a) | υψη] υψηλα Q* (υψη Q^a)   5 δια bis] δι Q^a | παντα ταυτα] ταυτα παντα Q* | του Ιακωβ] om του A | ου] ουχι A   6 εις 1°] ως A | οπωροφυλακιον] ο 1° sup ras A^a -κειον Q* | φυτειαν B^a†bAQ^a   7 κατακοψουσιν] κοψουσιν Q* (κατακοψ. Q^mg) | ενπρησουσιν Q

29

ΜΕΙΧΑΙΑΣ

B συνέστρεψεν. ⁸ ἕνεκεν τούτου κόψεται καὶ θρηνήσει, πορεύσεται 8
ἀνυπόδετος καὶ γυμνή, ποιήσεται κοπετὸν ὡς δρακόντων καὶ πένθος
ὡς θυγατέρων σειρήνων· ⁹ ὅτι κατεκράτησεν ἡ πληγὴ αὐτῆς, διότι 9
ἦλθεν ἕως Ἰούδα καὶ ἥψατο ἕως πύλης λαοῦ μου, ἕως Ἰερουσαλήμ. ¹⁰ Οἱ ἐν Γέθ, μὴ μεγαλύνεσθε, οἱ ἐν Ἀκείμ, μὴ ἀνοι- 10
κοδομεῖτε ἐξ οἴκου καταγέλωτα· γῆν καταπάσασθε καταγέλωτα
ὑμῶν· ¹¹ κατοικοῦσα καλῶς τὰς πόλεις αὐτῆς, οὐκ ἐξῆλθεν κατοι- 11
κοῦσα Σενναάρ, κόψασθαι οἶκον ἐχόμενον αὐτῆς· λήμψεται ἐξ ὑμῶν
πληγὴν ὀδύνης. ¹² τίς ἤρξατο εἰς ἀγαθὰ κατοικούσῃ ὀδύνας; ὅτι 12
κατέβη κακὰ παρὰ Κυρίου ἐπὶ πύλας Ἰερουσαλήμ, ¹³ ψόφος ἁρμάτων 13
καὶ ἱππευόντων. κατοικοῦσα Λαχεὶς ἀρχηγὸς ἁμαρτίας αὕτη ἐστὶν τῇ
θυγατρὶ Σειών, ὅτι ἐν σοὶ εὑρέθησαν ἀσέβειαι τοῦ Ἰσραήλ. ¹⁴ διὰ 14
τοῦτο δώσει ἐξαποστελλομένους ἕως κληρονομίας Γέθ, οἴκους ματαίους, εἰς κενὸν ἐγένοντο τοῖς βασιλεῦσιν τοῦ Ἰσραήλ· ¹⁵ ἕως τοὺς 15
κληρονόμους ἀγάγωσιν, κατοικοῦσα Λαχείς· κληρονομία ἕως Ὀδολλὰμ
ἥξει, ἡ δόξα τῆς θυγατρὸς Ἰσραήλ. ¹⁶ ξύρησαι καὶ κεῖραι ἐπὶ τὰ τέκνα 16
τὰ τρυφερά σου, ἐνπλάτυνον τὴν χηρίαν σου ὡς ἀετός, ὅτι ᾐχμαλωτεύθησαν ἀπὸ σοῦ.

¹ Ἐγένοντο λογιζόμενοι κόπους καὶ ἐργαζόμενοι κακὰ ἐν ταῖς κοί- 1 II
ταις αὐτῶν, καὶ ἅμα τῇ ἡμέρᾳ συνετέλουν αὐτά, διότι οὐκ ἦραν πρὸς
τὸν θεὸν τὰς χεῖρας αὐτῶν· ² καὶ ἐπεθύμουν ἀγρούς, καὶ διήρπαζον 2
ὀρφανούς, καὶ οἴκους κατεδυνάστευον, καὶ διήρπαζον ἄνδρα καὶ τὸν
οἶκον αὐτοῦ, καὶ ἄνδρα καὶ τὴν κληρονομίαν αὐτοῦ. ³ διὰ τοῦτο τάδε 3
λέγει Κύριος Ἰδοὺ ἐγὼ λογίζομαι ἐπὶ τὴν φυλὴν ταύτην κακά, ἐξ
ὧν οὐ μὴ ἄρητε τοὺς τραχήλους ὑμῶν, καὶ οὐ μὴ πορευθῆτε ὀρθοὶ
ἐξαίφνης, ὅτι καιρὸς πονηρός ἐστιν. ⁴ Ἐν τῇ ἡμέρᾳ ἐκείνῃ 4
λημφθήσεται ἐφ᾽ ὑμᾶς παραβολή, καὶ θρηνηθήσεται θρῆνος ἐν μέλει
λέγων Ταλαιπωρίᾳ ἐταλαιπωρήσαμεν· μερὶς λαοῦ μου κατεμετρήθη ἐν
σχοινίῳ, καὶ οὐκ ἦν ὁ κωλύσων αὐτὸν τοῦ ἀποστρέψαι· οἱ ἀγροὶ

AQ 7 συνεστρεψεν] επεστρεψεν Q^mg 8 θρηνησει] πενθησει Q^mg | ποιησεται] pr και A | δρακοντων] ντω] sup ras B^ab | σιρηνων Q* 10 εν Ακειμ] [εν] Βαχειμ Q^mg | γην] υμων A | καταγελωτα 2°] pr εις Q^a | υμων sup ras A^a 11 Σεννααρ...οικον sup ras B^ab | Σεννααρ] Σεννααν Q^a | ληψεται Q 13 ψοφος] pro φ coep π (?γ) B*^vid | αυτη] αυτης A (θ' [αυτη] Q^mg) | εστι Q^a | Σιων B^bAQ | ασεβειαι] pr αι A 14 δωσεις A | κενον εγενοντο EQ^mg] κενα εγενετο AQ* (-νοντο Q^a) | του Ισραηλ] om του A 15 αγαγωσιν] αγαγω σοι Q^mg | Οδολλαμ] λ 1° ras B^a vid 16 εμπλατυνον B^abQ | χηρειαν B^bQ^a (ξυρησ.ν Q^mg) II 1 αυτων 1° sup ras pl litt A^b 2 οικοις] vs sup ras A^a | om και 6° AQ* (hab Q^mg) 3 ορθροι A 4 ληφθησεται Q

ΜΕΙΧΑΙΑΣ   III 4

5 ἡμῶν διεμερίσθησαν. ⁵διὰ τοῦτο οὐκ ἔσται σοι βάλλων σχοινίον ἐν B
6 κλήρῳ ἐν ἐκκλησίᾳ Κυρίου. ⁶μὴ κλαίετε δάκρυσιν, μηδὲ δακρυέτωσαν
7 ἐπὶ τούτοις· οὐ γὰρ ἀπώσεται ὀνείδη ⁷ὁ λέγων Οἶκος Ἰακὼβ παρώρ-
γισεν πνεῦμα Κυρίου. εἰ ταῦτα τὰ ἐπιτηδεύματα αὐτοῦ ἐστίν; οὐχ οἱ
8 λόγοι αὐτοῦ εἰσὶν καλοὶ μετ' αὐτοῦ, καὶ ὀρθοὶ πεπόρευνται; ⁸καὶ
ἔμπροσθεν ὁ λαός μου εἰς ἔχθραν ἀντέστη· κατέναντι τῆς εἰρήνης
αὐτοῦ τὴν δορὰν αὐτοῦ ἐξέδειραν, τοῦ ἀφελέσθαι ἐλπίδα συντριμμὸν
9 πολέμου. ⁹ἡγούμενοι λαοῦ μου ἀποριφήσονται ἐκ τῶν οἰκιῶν τρυφῆς
αὐτῶν, διὰ τὰ πονηρὰ ἐπιτηδεύματα αὐτῶν ἐξώσθησαν. ἐγγίσατε
10 ὄρεσιν αἰωνίοις· ¹⁰ἀνάστηθι καὶ πορεύου, ὅτι οὐκ ἔστιν σοι αὕτη
11 ἀνάπαυσις ἕνεκεν ἀκαθαρσίας. διεφθάρητε φθορᾷ, ¹¹κατεδιώχθητε
οὐδενὸς διώκοντος· πνεῦμα ἔστησεν ψεῦδος, ἐστάλαξέν σοι εἰς οἶνον
12 καὶ μέθυσμα. καὶ ἔσται ἐκ τῆς σταγόνος τοῦ λαοῦ τούτου ¹²συνα-
γόμενος συναχθήσεται Ἰακὼβ σὺν πᾶσιν· ἐκδεχόμενος ἐκδέξομαι τοὺς
καταλοίπους τοῦ Ἰσραήλ, ἐπὶ τὸ αὐτὸ θήσομαι τὴν ἀποστροφὴν αὐ-
τοῦ· ὡς πρόβατα ἐν θλίψει, ὡς ποίμνιον ἐν μέσῳ κοίτης αὐτῶν ἐξα-
13 λοῦνται ἐξ ἀνθρώπων· ¹³διὰ τῆς διακοπῆς πρὸ προσώπου αὐτῶν
διέκοψαν, καὶ διῆλθον πύλην καὶ ἐξῆλθον δι' αὐτῆς, καὶ ἐξῆλθεν
ὁ βασιλεὺς αὐτῶν πρὸ προσώπου αὐτῶν, ὁ δὲ κύριος ἡγήσεται
αὐτῶν.

III 1 ¹Καὶ ἐρεῖ Ἀκούσατε δὴ ταῦτα, αἱ ἀρχαὶ οἴκου Ἰακὼβ καὶ οἱ
κατάλοιποι οἴκου Ἰσραήλ. οὐχ ὑμῖν ἐστιν τοῦ γνῶναι τὸ κρίμα;
2 ²μισοῦντες τὰ καλὰ καὶ ζητοῦντες τὰ πονηρά, ἁρπάζοντες τὰ δέρ-
ματα αὐτῶν ἀπ' αὐτῶν καὶ τὰς σάρκας αὐτῶν ἀπὸ τῶν ὀστέων
3 αὐτῶν. ³ὃν τρόπον κατέφαγον τὰς σάρκας τοῦ λαοῦ μου, καὶ τὰ
δέρματα αὐτῶν ἀπ' αὐτῶν ἐξέδειραν, καὶ τὰ ὀστέα αὐτῶν συνέθλα-
σαν καὶ ἐμέλισαν ὡς σάρκας εἰς λέβητα καὶ ὡς κρέα εἰς χύτραν,
4 ⁴οὕτως κεκράξονται πρὸς Κύριον καὶ οὐκ εἰσακούσεται αὐτῶν· καὶ
ἀποστρέψει τὸ πρόσωπον αὐτοῦ ἀπ' αὐτῶν ἐν τῷ καιρῷ ἐκείνῳ,
ἀνθ' ὧν ἐπονηρεύσαντο ἐν τοῖς ἐπιτηδεύμασιν αὐτῶν ἐπ' αὐτούς.

4 διεμερισθησαν] διεμετρηθησαν AQ   6 τουτοις] τουτω AQ* (-τοις AQ
Qᵃ)   7 ει] ου Q* (ει Qᵐᵍ) | καλοι εισιν Q   8 εχραν A* (εχθρ.
Aᵇ?) | αντεστη] αντικατεστη A   9 ηγουμενοι] pr δια τουτο AQ | απορ-
ιφησονται AQ | τα πονηρα] om τα Q* (hab Qᵐᵍ)   10 οι λ' αναστητε Qᵐᵍ |
αναπαυσις] pr η A   11 ουθενος AQ | ψευδες Qᵃ   12 εκδεχομενος in mg
et sup ras Aᵃ | Ισραηλ] του λαου τουτου A | αυτου] αυτων AQ   13 om
και 1° A   III 2 μισουντες] pr οι AQ   3 απ] απο των οστεων AQ |
οστεα] οστα AQ | συνεθλασαν] συνεκλεισαν A | κρεας Qᵃ | χυτρα Aᶠᵒʳᵗ
4 αυτου sup ras Aᵃ

ΜΕΙΧΑΙΑΣ

B ⁵τάδε λέγει Κύριος ἐπὶ τοὺς προφήτας τοὺς πλανῶντας τὸν λαόν 5 μου, τοὺς δάκνοντας ἐν ταῖς ὀδοῦσιν αὐτῶν καὶ κηρύσσοντας ἐπ' αὐτὸν εἰρήνην, καὶ οὐκ ἐδόθη εἰς τὸ στόμα αὐτῶν, ἤγειραν ἐπ' αὐτὸν πόλεμον· ⁶διὰ τοῦτο νὺξ ὑμῖν ἔσται ἐξ ὁράσεως, καὶ σκοτία ὑμῖν 6 ἔσται ἐκ μαντείας, καὶ δύσεται ὁ ἥλιος ἐπὶ τοὺς προφήτας, καὶ συσκοτάσει ἐπ' αὐτοὺς ἡ ἡμέρα· ⁷καὶ καταισχυνθήσονται οἱ ὁρῶντες 7 τὰ ἐνύπνια, καὶ καταγελασθήσονται οἱ μάντεις, καὶ καταλαλήσουσιν κατ' αὐτῶν πάντες αὐτοί, διότι οὐκ ἔσται ὁ εἰσακούων αὐτῶν. ⁸ἐὰν 8 μὴ ἐγὼ ἐμπλήσω ἰσχὺν ἐν πνεύματι Κυρίου καὶ κρίματος καὶ δυναστείας τοῦ ἀπαγγεῖλαι τῷ Ἰακώβ ἀσεβείας αὐτοῦ καὶ τῷ Ἰσραὴλ ἁμαρτίας αὐτοῦ. ⁹ἀκούσατε δὴ ταῦτα, οἱ ἡγούμενοι οἴκου Ἰακώβ καὶ 9 οἱ κατάλοιποι οἴκου Ἰσραήλ, οἱ βδελυσσόμενοι κρίμα καὶ πάντα τὰ ὀρθὰ διαστρέφοντες, ¹⁰οἱ οἰκοδομοῦντες Σειὼν ἐν αἵμασιν καὶ Ἱερου- 10 σαλὴμ ἐν ἀδικίαις· ¹¹οἱ ἡγούμενοι αὐτῆς μετὰ δώρων ἔκρινον, καὶ οἱ 11 ἱερεῖς αὐτῆς μετὰ μισθοῦ ἀπεκρίνοντο, καὶ οἱ προφῆται αὐτῆς μετὰ ἀργυρίου ἐμαντεύοντο, καὶ ἐπὶ τὸν κύριον ἐπανεπαύοντο λέγοντες Οὐχὶ Κύριος ἐν ἡμῖν ἐστιν; οὐ μὴ ἐπέλθῃ ἐφ' ἡμᾶς κακά. ¹²διὰ 12 τοῦτο δι' ὑμᾶς Σειὼν ὡς ἀγρὸς ἀροτριαθήσεται, καὶ Ἰερουσαλὴμ ὡς ὀπωροφυλάκιον ἔσται, καὶ τὸ ὄρος τοῦ οἴκου εἰς ἄλσος δρυμοῦ.

¹Καὶ ἔσται ἐπ' ἐσχάτων τῶν ἡμερῶν ἐμφανὲς τὸ ὄρος τοῦ κυρίου, 1 IV ἕτοιμον ἐπὶ τὰς κορυφὰς τῶν ὀρέων, καὶ μετεωρισθήσεται ὑπεράνω τῶν βουνῶν· καὶ σπεύσουσιν πρὸς αὐτὸ λαοί, ²καὶ πορεύσονται ἔθνη 2 πολλὰ καὶ ἐροῦσιν Δεῦτε ἀναβῶμεν εἰς τὸ ὄρος Κυρίου καὶ εἰς τὸν οἶκον τοῦ θεοῦ Ἰακώβ· καὶ δείξουσιν ἡμῖν τὴν ὁδὸν αὐτοῦ, καὶ πορευσόμεθα ἐν ταῖς τρίβοις αὐτοῦ. ὅτι ἐκ Σειὼν ἐξελεύσεται νόμος, καὶ λόγος Κυρίου ἐξ Ἰερουσαλήμ, ³καὶ κρινεῖ ἀνὰ μέσον λαῶν πολλῶν, 3 καὶ ἐξελέγξει ἔθνη ἰσχυρὰ ἕως εἰς μακράν· καὶ κατακόψουσιν τὰς ῥομφαίας αὐτῶν εἰς ἄροτρα καὶ τὰ δόρατα αὐτῶν εἰς δρέπανα, καὶ οὐκέτι μὴ ἀντάρῃ ἔθνος ἐπ' ἔθνος ῥομφαίαν, καὶ οὐκέτι μὴ μάθωσιν

AQ 5 ηγειραν] ηγιασαν Q^mg   7 εσται] εστιν Q^mg | εισακουων] επακουσων AQ   8 εμπλησω εγω A | δυναστιας B* (-τειας B^ab)   9 Ιακωβ] Ιηλ A | Ισραηλ] Ιακωβ A   10 om Σειων A Σιων B^b Q^a | αδικειαις B* (-κιαις B^b)   11 ημιν] υμιν Q* (ημ. Q^a) | κακα] pr τα A   12 Σιων B^b A | ως 2°] εις A | οπωροφυλακειον Q^a | εις] ως AQ* (εις Q^a)   IV 1 εσχατον Q^a | του κυριου] om του Q* (hab Q^mg) | προς] επ Q^mg | αυτου B^b Q   2 πορευσονται] +προς αυτο A+επ αυτον Q | Κυριου 1°] pr του AQ | Σιων AQ   3 εξελεγξει] ελεγξει AQ | μακραν] pr γην A | ρομφαιας] μαχαιρας Q^mg | τα δορατα] τας ξιβυνας AQ* (τα δορ. Q^mg) | μη 1°] pr ου AQ* (om ου Q^a) | ανταρη] αρη AQ | επ] οι ο' προς Q^mg | ουκετι 2°] ου AQ | μαθωσιν]+ετι AQ

32

ΜΕΙΧΑΙΑΣ V 2

4 πολεμεῖν· ⁴καὶ ἀναπαύσεται ἕκαστος ὑποκάτω ἀμπέλου αὐτοῦ, καὶ B ἕκαστος ὑποκάτω συκῆς αὐτοῦ, καὶ οὐκ ἔσται ὁ ἐκφοβῶν, διότι τὸ 5 στόμα Κυρίου Παντοκράτορος ἐλάλησεν ταῦτα· ⁵ὅτι πάντες οἱ λαοὶ πορεύσονται ἕκαστος τὴν ὁδὸν αὐτοῦ, ἡμεῖς δὲ πορευσόμεθα ἐν ὀνό- 6 ματι Κυρίου θεοῦ ἡμῶν εἰς τὸν αἰῶνα καὶ ἐπέκεινα. ⁶ἐν τῇ ἡμέρᾳ ἐκείνῃ, λέγει Κύριος, συνάξω τὴν συντετριμμένην, καὶ τὴν ἐξωσμένην 7 εἰσδέξομαι, καὶ οὓς ἀπωσάμην· ⁷καὶ θήσομαι τὴν συντετριμμένην εἰς ὑπόλιμμα, καὶ τὴν ἀπωσμένην εἰς ἔθνος δυνατόν, καὶ βασιλεύσει Κύριος ἐπ᾽ αὐτοὺς ἐν ὄρει Σειὼν ἀπὸ τοῦ νῦν ἕως εἰς τὸν αἰῶνα. 8 ⁸καὶ σύ, πύργος ποιμνίου αὐχμώδης, θυγάτηρ Σειών, ἐπὶ σὲ ἥξει, καὶ εἰσελεύσεται ἡ ἀρχὴ ἡ πρώτη, βασιλεία ἐκ Βαβυλῶνος τῇ θυγατρὶ 9 Ἰερουσαλήμ. ⁹Καὶ νῦν ἵνα τί ἔγνως κακά; μὴ βασιλεὺς οὐκ ἦν σοι; ἢ ἡ βουλή σου ἀπώλετο ὅτι κατεκράτησάν σου ὠδῖνες ὡς τικτού- 10 σης; ¹⁰ὤδινε καὶ ἀνδρίζου καὶ ἔγγιζε, θυγάτηρ Σειών, ὡς τίκτουσα· διότι νῦν ἐξελεύσῃ ἐκ πόλεως, καὶ κατασκηνώσεις ἐν πεδίῳ, καὶ ἥξεις ἕως Βαβυλῶνος· ἐκεῖθεν ῥύσεταί σε Κύριος ὁ θεός σου ἐκ χειρὸς 11 ἐχθρῶν σου. ¹¹καὶ νῦν ἐπισυνήχθη ἐπὶ σὲ ἔθνη πολλὰ λέγοντες 12 Ἐπιχαρούμεθα, καὶ ἐπόψονται ἐπὶ Σειὼν οἱ ὀφθαλμοὶ ἡμῶν. ¹²αὐτοὶ δὲ οὐκ ἔγνωσαν τὸν λογισμὸν Κυρίου, καὶ οὐ συνῆκαν τὴν βουλὴν 13 αὐτοῦ, ὅτι συνήγαγεν αὐτοὺς ὡς δράγματα ἅλωνος. ¹³ἀνάστηθι καὶ ἀλόα αὐτούς, θυγάτηρ Σειών, ὅτι τὰ κέρατά σου θήσομαι σιδηρᾶ, καὶ τὰς ὁπλάς σου θήσομαι χαλκᾶς· καὶ κατατήξεις λαοὺς πολλούς, καὶ ἀναθήσεις τῷ κυρίῳ τὸ πλῆθος αὐτῶν, καὶ τὴν ἰσχὺν αὐτῶν τῷ κυρίῳ V (14) 1 πάσης τῆς γῆς. ¹νῦν ἐμφραχθήσεται θυγάτηρ ἐμφραγμῷ, συνοχὴν ἔταξεν ἐφ᾽ ὑμᾶς, ἐν ῥάβδῳ πατάξουσιν ἐπὶ σιαγόνα τὰς πύλας τοῦ Ἰσραήλ.
(1) 2 ²Καὶ σύ, Βηθλέεμ οἶκος Ἐφράθα, ὀλιγοστὸς εἶ τοῦ εἶναι ἐν χιλιάσιν Ἰούδα· ἐξ οὗ μοι ἐξελεύσεται τοῦ εἶναι εἰς ἄρχοντα τοῦ

4 om αυτου 1° Q* vid (hab Qa (mg)) 5 εκαστος] pr σε Q* | om Κυριου AQ
A 6 συναξω την συντετρ. λεγει κ̅ς̅ A | εξωσμενην] απωσμενην A
7 υπολειμμα Bab Qa + διαμενον Qmg | εθνον B* (εθνος B1 b) | δυνατον] ισχυρον AQ | Σιων AQ: item 8, 10, 11, 13 | εως] pr και AQ 8 αυχμωδους Q | θυγατερ AQ: item 10, 13 9 σου 2°] σε A 10 om και εγγιζε A | ρυσεται σε] + και εκειθεν λυτρωσεται σε Bab (mgg) AQ 11 λεγοντες] pr οι AQ 12 αυτοι δε] και αυτοι AQ | Κυριου] κ̅ν̅ B | δραγματα] δραγμα αφ Q* (-ματα Qa) 13 αναστα Q* (αναστηθι Qa) | κατατηξεις] λεπτυνεις AQ V 1 θυγατηρ] + Εφραιμ AQ | εμφραγμω] ενφραγμω (? εν φρ.) AQ | υμας] ημας Qa | σιαγονας A | πυλας] φυλας AQ 2 Εφραθα] pr του AQ | εξ ου] εκ σου Bb†c AQ | εξελευσεται] + ηγουμενος A | του Ισραηλ] εν τω Ισρ. AQ

ΜΕΙΧΑΙΑΣ

B Ἰσραήλ, καὶ ἔξοδοι αὐτοῦ ἀπ' ἀρχῆς ἐξ ἡμερῶν αἰῶνος. ³διὰ 3 (2) τοῦτο δώσει αὐτοὺς ἕως καιροῦ τικτούσης τέξεται, καὶ οἱ ἐπίλοιποι τῶν ἀδελφῶν αὐτῶν ἐπιστρέψουσιν ἐπὶ τοὺς υἱοὺς Ἰσραήλ. ⁴καὶ 4 (3) στήσεται καὶ ὄψεται, καὶ ποιμανεῖ τὸ ποίμνιον αὐτοῦ ἐν ἰσχύι Κύριος, καὶ ἐν τῇ δόξῃ ὀνόματος Κυρίου θεοῦ αὐτῶν ὑπάρξουσιν· διότι νῦν μεγαλυνθήσεται ἕως ἄκρων τῆς γῆς. ⁵καὶ ἔσται αὕτη 5 (4) εἰρήνη· Ἀσσοὺρ ὅταν ἐπέλθῃ ἐπὶ τὴν γῆν ὑμῶν καὶ ὅταν ἐπιβῇ ἐπὶ τὴν χώραν ὑμῶν, καὶ ἐπεγερθήσονται ἐπ' αὐτὸν ἑπτὰ ποιμένες καὶ ὀκτὼ δήγματα ἀνθρώπων· ⁶καὶ ποιμανοῦσιν τὸν Ἀσσοὺρ ἐν 6 (5) ῥομφαίᾳ καὶ τὴν γῆν τοῦ Νεβρὼδ ἐν τῇ τάφρῳ αὐτῆς· καὶ ῥύσεται ἐκ τοῦ Ἀσσούρ, ὅταν ἐπέλθῃ ἐπὶ τὴν γῆν ὑμῶν καὶ ὅταν ἐπιβῇ ἐπὶ τὰ ὅρια ὑμῶν. ⁷καὶ ἔσται τὸ ὑπόλιμμα τοῦ Ἰακὼβ ἐν τοῖς 7 (6) ἔθνεσιν ἐν μέσῳ λαῶν πολλῶν ὡς δρόσος παρὰ Κυρίου πίπτουσα καὶ ὡς ἄρνες ἐπὶ ἄγρωστιν, ὅπως μὴ συναχθῇ μηδεὶς μηδὲ ὑποστῇ ἐν υἱοῖς ἀνθρώπων. ⁸καὶ ἔσται τὸ ὑπόλιμμα Ἰακὼβ ἐν τοῖς 8 (7) ἔθνεσιν ἐν μέσῳ πολλῶν λαῶν ὡς λέων ἐν κτήνεσιν ἐν τῷ δρυμῷ καὶ ὡς σκύμνος ἐν ποιμνίοις προβάτων, ὃν τρόπον ὅταν διέλθῃ καὶ διαστείλας ἁρπάσῃ, καὶ μὴ ᾖ ὁ ἐξαιρούμενος. ⁹ὑψωθήσεται 9 (8) ἡ χείρ σου ἐπὶ τοὺς θλίβοντάς σε, καὶ πάντες οἱ ἐχθροί σου ἐξολεθρευθήσονται. ¹⁰Καὶ ἔσται ἐν τῇ ἡμέρᾳ, λέγει Κύριος, 10 (9) ἐξολεθρεύσω τοὺς ἵππους ἐκ μέσου σου καὶ ἀπολῶ τὰ ἅρματά σου, ¹¹καὶ ἐξολεθρεύσω τὰς πόλεις τῆς γῆς σου καὶ ἐξαρῶ πάντα τὰ 11 (10) ὀχυρώματά σου, ¹²καὶ ἐξολεθρεύσω τὰ φάρμακά σου ἐκ τῶν χειρῶν 12 (11) σου, καὶ ἀποφθεγγόμενοι οὐκ ἔσονται ἐν σοί· ¹³καὶ ἐξολεθρεύσω 13 (12) τὰ γλυπτά σου καὶ τὰς στήλας σου ἐκ μέσου σου, καὶ οὐκέτι μὴ προσκυνήσῃς τοῖς ἔργοις τῶν χειρῶν σου, ¹⁴καὶ ἐκκόψω τὰ ἄλση 14 (13) ἐκ μέσου σου, καὶ ἀφανιῶ τὰς πόλεις σου, ¹⁵καὶ ποιήσω ἐν ὀργῇ 15 (14) καὶ ἐν θυμῷ ἐκδίκησιν ἐν τοῖς ἔθνεσιν, ἀνθ' ὧν οὐκ εἰσήκουσαν.

¹Ἀκούσατε δὴ λόγον. κύριος Κύριος εἶπεν Ἀνάστηθι κρίθητι 1 VI

AQ   2 εξοδοι] pr αι A   4 στησεται, ποιμανει] adnot τα ωβελισμε[να] εις τους δυο τοπους ου κεινται ε τω εξασελ[ιδω] Q^mg | ονοματος] pr του AQ | θεου] pr του AQ | μεγαλυνθησεται B*^vid] μεγαλυνθησονται B^a†b AQ   5 ειρηνη] pr η A | Ασσουρ οταν] οταν Ασσυριος AQ   7 υπολειμμα B^b(vid) AQ^a [επι επ A   8 υπολειμμα B^b(vid) Q^a | Ιακωβ] pr του AQ | λαων πολλων A | ποιμνιοις] ν rescr A¹ | εξαιρουμενος] ρυομενος Q* (εξαιρ. Q^mg)   10 τη ημερα]+εκεινη A pr εκεινη Q | ιππους]+σου AQ | μεσω B* (-σου B^a†b)   11 εξολοθρευσω B¹   12 εξολεθρευσω] εξαρω AQ | τα φαρμακα] pr παντα A   13 προσκυνησεις AQ* (-σης Q^a)   14 αλση]+σου AQ | μεσω B* (-σου B^a†b) | αφανισω Q   15 οργη] θυμω A | θυμω] οργη A | εκδικησιν] pr και Q | εισηκουσαν]+μου A   VI 1 λογον κυριος Κυριος] λογον κ̄ῡ α ο κ̄ς̄ A α ο κ̄ς̄ Q | κριθητι] pr και AQ

ΜΕΙΧΑΙΑΣ VI 15

2 πρὸς τὰ ὄρη, καὶ ἀκουσάτωσαν οἱ βουνοὶ φωνήν σου. ²ἀκούσατε, B λαοί, τὴν κρίσιν τοῦ κυρίου, καὶ αἱ φάραγγες θεμέλια τῆς γῆς, ὅτι κρίσις τῷ κυρίῳ πρὸς τὸν λαὸν αὐτοῦ, καὶ μετὰ τοῦ Ἰσραὴλ διε- 3 λεγχθήσεται. ³λαός μου, τί ἐποίησά σοι, ἢ τί ἐλύπησά σε, ἢ τί 4 παρηνώχλησά σοι; ἀποκρίθητί μοι. ⁴διότι ἀνήγαγόν σε ἐκ γῆς Αἰγύπτου, καὶ ἐξ οἴκου δουλίας ἐλυτρωσάμην σε, καὶ ἐξαπέστειλα 5 πρὸ προσώπου σου τὸν Μωσῆν καὶ Ἀαρὼν καὶ Μαριάμ. ⁵λαός μου, μνήσθητι δὴ τί ἐβουλεύσατο κατὰ σοῦ Βαλὰκ βασιλεὺς Μωάβ, καὶ τί ἀπεκρίθη αὐτῷ Βαλαὰμ υἱὸς τοῦ Βεὼρ ἀπὸ τῶν σχοίνων ἕως 6 τοῦ Γαλγάλ, ὅπως γνωσθῇ ἡ δικαιοσύνη τοῦ κυρίου. ⁶ἐν τίνι καταλάβω τὸν κύριον, ἀντιλήμψομαι θεοῦ μου Ὑψίστου; εἰ καταλήμψομαι 7 αὐτὸν ἐν ὁλοκαυτώμασιν ἐν μόσχοις ἐνιαυσίοις; ⁷εἰ προσδέξεται Κύριος ἐν χιλιάσιν κριῶν ἢ ἐν μυριάσιν χειμάρρων πιόνων; εἰ δῶ πρωτότοκά μου ἀσεβείας, καρπὸν κοιλίας μου ὑπὲρ ἁμαρτίας ψυχῆς 8 μου; ⁸εἰ ἀνηγγέλη σοι, ἄνθρωπε, τί καλόν; ἢ τί Κύριος ἐκζητεῖ παρὰ σοῦ ἀλλ' ἢ τοῦ ποιεῖν κρίμα καὶ ἀγαπᾶν ἔλεον καὶ ἕτοιμον 9 εἶναι τοῦ πορεύεσθαι μετὰ Κυρίου θεοῦ σου; ⁹Φωνὴ Κυρίου τῇ πόλει ἐπικληθήσεται, καὶ σώσει φοβουμένους τὸ ὄνομα αὐτοῦ. 10 ἄκουε, φυλή, καὶ τίς κοσμήσει πόλιν; ¹⁰μὴ πῦρ καὶ οἶκος ἀνόμου 11 θησαυρίζων θησαυροὺς ἀνόμους, καὶ μετὰ ὕβρεως ἀδικία; ¹¹εἰ δι- 12 καιωθήσεται ἐν ζυγῷ ἄνομος, καὶ ἐν μαρσίππῳ στάθμια δόλου; ¹²ἐξ ὧν τὸν πλοῦτον αὐτῶν ἀσεβείας ἔπλησαν, καὶ οἱ κατοικοῦντες αὐτὴν ἐλάλουν ψευδῆ, καὶ ἡ γλῶσσα αὐτῶν, ὑψώθητι ἐν τῷ στόματι 13 αὐτῶν. ¹³καὶ ἐγὼ ἄρξομαι τοῦ πατάξαι σε, ἀφανιῶ σε ἐν ταῖς 14 ἁμαρτίαις σου. ¹⁴σὺ φάγεσαι καὶ οὐ μὴ ἐμπλησθῇς, καὶ σκοτάσει ἐν σοὶ καὶ ἐκνεύσει, καὶ σὺ οὐ μὴ διασωθῇς, καὶ ὅσοι ἐὰν διασω- 15 θῶσιν εἰς ῥομφαίαν παραδοθήσονται· ¹⁵σὺ σπερεῖς καὶ οὐ μὴ ἀμήσῃς, σὺ πιέσεις ἐλαίαν καὶ οὐ μὴ ἀλείψῃ ἔλαιον, καὶ οἶνον καὶ οὐ μὴ

2 λαοι] βουνοι AQ* (ορη Qᵐᵍ) 4 δουλειας BᵃᵇAQ | Μωυσην Q 5 τι AQ δη Q* (δη τι Qᵃ) | αυτω απεκριθη Q 6 αντιλημψομαι Q | om θεου μου Υψ. ει καταλημψ. Q* (hab Qᵐᵍ) 7 Κυριος] pr ο A | χιλιασι Qᵃ | χειμαρρων] αρνων A 8 ανηγγελη] απηγγελη Qᵃ | εκζητει κ̄σ̄ Q | ελεος AQ | θεου] pr του A 9 φοβουμενους] pr τους A | τις] τι A 10 ανομου] ανομων AQ | ανομους] ανομιας AQ* (-μους Qᵃ) | om και 2° A 11 ει] pr και AQ 12 επλησαν] ενεπλησαν AQ* (επλ. Qᵃ) | ελαλουν] ελαλησαν Qᵃ | ψευδη] οι λ' αδικα Qᵐᵍ | υψωθη AQ 13 και]+ γε Qᵃ | αρξομαι] εβασανισα επι σε δια Qᵐᵍ | αφανιω] pr και A | εν] επι A 14 εμπλησθης]+ και εξωσω σε εν σοι Q in mg et sup ras | σκοτασει εν σοι και εκνευσει] σκ. εν σοι και εννευσει Q*ᵛⁱᵈ καταληψη (sup ras et improb και ενν.) Q¹¹ θε' σκ. εν σοι και εκν. Qᵐᵍ | om συ 2° AQ | εαν] αν Q 15 σπειρεις Q*ᵛⁱᵈ | αμησεις Q | συ πιεσεις] εκπιεσεις Qᵃᵛⁱᵈ | ελαιαν] ελαιον Qᵃ

ΜΕΙΧΑΙΑΣ

B πίητε, καὶ ἀφανισθήσεται νόμιμα λαοῦ μου. ¹⁶καὶ ἐφύλαξας τὰ 16
δικαιώματα Ζαμβρεὶ καὶ πάντα τὰ ἔργα οἴκου Ἀχαάβ, καὶ ἐπορεύθητε ἐν ταῖς ὁδοῖς αὐτῶν, ὅπως παραδῶ σε εἰς ἀφανισμὸν καὶ τοὺς κατοικοῦντας αὐτὴν εἰς συρισμόν, καὶ ὀνείδη λαῶν λήψεσθε.

¹Οἴμοι ὅτι ἐγενήθην ὡς συνάγων καλάμην ἐν ἀμήτῳ καὶ ὡς ἐπι- 1 VII
φυλλίδα ἐν τρυγήτῳ, οὐχ ὑπάρχοντος βότρυος τοῦ φαγεῖν τὰ πρωτόγονα. οἴμοι ψυχή, ²ὅτι ἀπόλωλεν εὐσεβὴς ἀπὸ τῆς γῆς, καὶ 2
κατορθῶν ἐν ἀνθρώποις οὐχ ὑπάρχει· πάντες εἰς αἵματα δικάζονται, ἕκαστος τὸν πλησίον αὐτοῦ ἐκθλίβουσιν ἐκθλιβῇ, ³ἐπὶ τὸ κακὸν τὰς 3
χεῖρας αὐτῶν ἑτοιμάζουσιν· ὁ ἄρχων αἰτεῖ, καὶ ὁ κριτὴς εἰρηνικοὺς λόγους ἐλάλησεν, καταθύμιον ψυχῆς αὐτοῦ ἐστιν. καὶ ἐξελοῦμαι τὰ ἀγαθὰ αὐτῶν ⁴ὡς σὴς ἐκτρώγων καὶ βαδίζων ἐπὶ κανόνος ἐν ἡμέρᾳ 4
σκοπιᾶς. οὐαὶ οὐαί, αἱ ἐκδικήσεις σου ἥκασιν, νῦν ἔσονται κλαυθμοὶ αὐτῶν. ⁵μὴ καταπιστεύετε ἐν φίλοις, καὶ μὴ ἐλπίζετε ἐπὶ ἡγου- 5
μένοις, ἀπὸ τῆς συνκοίτου σου φύλαξαι τοῦ ἀναθέσθαι τι αὐτῇ·
⁶διότι υἱὸς ἀτιμάζει πατέρα, θυγάτηρ ἐπαναστήσεται ἐπὶ τὴν μη- 6
τέρα αὐτῆς, νύμφη ἐπὶ τὴν πενθερὰν αὐτῆς, ἐχθροὶ πάντες ἀνδρὸς οἱ ἐν τῷ οἴκῳ αὐτοῦ. ⁷Ἐγὼ δὲ ἐπὶ τὸν κύριον ἐπιβλέψομαι, 7
ὑπομενῶ ἐπὶ τῷ θεῷ τῷ σωτῆρί μου, εἰσακούσεταί μου ὁ θεός μου.
⁸μὴ ἐπίχαιρέ μοι ἡ ἐχθρά μου ὅτι πέπτωκα, καὶ ἀναστήσομαι· διότι 8
ἐὰν καθίσω ἐν τῷ σκότει, Κύριος φωτιεῖ μοι. ⁹ὀργὴν Κυρίου ὑποίσω 9
ὅτι ἥμαρτον αὐτῷ, ἕως τοῦ δικαιῶσαι αὐτὸν τὴν δίκην μου· καὶ ποιήσει τὸ κρίμα μου καὶ ἐξάξεις με εἰς τὸ φῶς, ὄψομαι τὴν δικαιοσύνην αὐτοῦ· ¹⁰καὶ ὄψεται ἡ ἐχθρά μου καὶ περιβαλεῖται αἰσχύνην, 10
ἡ λέγουσα πρὸς μέ Ποῦ Κύριος ὁ θεός σου; οἱ ὀφθαλμοί μου ἐπόψονται αὐτήν, νῦν ἔσται εἰς καταπάτημα ὡς πηλὸς ἐν ταῖς ὁδοῖς.
¹¹ἡμέρας ἀλοιφῆς πλίνθου, ἐξάλειψίς σου ἡ ἡμέρα ἐκείνη, καὶ ἀπο- 11
τρίψεται νόμιμά σου ἡ ἡμέρα ἐκείνη· ¹²καὶ αἱ πόλεις σου εἴξουσιν 12

AQ 15 πιητε] πιης οινον Q^{mg} | νομημα Q 16 Ζαμβρι Α Ζαμβρη Q | οδοις] βουλαις AQ | παραδωσω AQ | κατοικουντας] ενοικ. Q^{mg} | συριγμον Q^a | λημψεσθε Α VII 1 εγενηθην BQ^a] εγενομην AQ* 2 ευσεβης] ευλαβης B^{b nisi potius c}AQ 3 ο κριτης] om o Q^a κρ. sup ras Q^{1?a?} | εστιν] pr ως Q^a 4 αδιξων Β* (βαδ. Β^{1?ab}) | σκοπιας]+σου Q^{mg} | αι εκδικησεις] om αι Q* (hab Q^a) 5 καταπιστευε Q* (-ετε Q^a) | και μη] μηδε Q^{mg} | ελπιζε Q* (-ετε Q^a) | συγκοιτου B^{ab}Q^a | τι αυτη] αυτη τι Α 6 υιος] pr o Q* (om o Q^a) | θυγατηρ] pr και Α | επαναστησεται] ου ο' αναστησ. Q^{mg} | νυμφη] pr και Α | om παντες Q^a | ανδρος] οι ανδρες AQ* + οι ανδρες Q^{a vid} 7 επι τον κυριον] εν τω κῶ Q^a | επιβλεψομαι] αποσκοπεσω Q^{mg} 8 καθισω] πορευθω Q^{mg} | Κυριος] pr o AQ | φωτιει] οι ο' φως Q^{mg} 9 εως του] εως ου Α | ποιησει] αποισει Α | εξαξει B^bAQ 11 αποτριψεται] απωσεται AQ | νομιμη Q* | om σου 2° AQ | η ημερα 2°] om η Q 12 ειξουσιν] ηξουσιν B^bAQ

ΜΕΙΧΑΙΑΣ VII 20

εἰς ὁμαλισμὸν καὶ εἰς διαμερισμὸν Ἀσσυρίων, καὶ αἱ πόλεις σου αἱ B ὀχυραὶ εἰς διαμερισμὸν ἀπὸ Τύρου ἕως τοῦ ποταμοῦ, καὶ ἀπὸ θα-
13 λάσσης ἕως θαλάσσης, καὶ ἀπὸ ὄρους ἕως τοῦ ὄρους· ¹³καὶ ἔσται ἡ γῆ εἰς ἀφανισμὸν σὺν τοῖς κατοικοῦσιν αὐτήν, ἀπὸ καρπῶν ἐπιτηδευμάτων αὐτῶν.
14 ¹⁴Ποίμαινε λαόν σου ἐν ῥάβδῳ σου, πρόβατα κληρονομίας σου, κατασκηνοῦντας καθ᾿ ἑαυτοὺς δρυμὸν ἐν μέσῳ τοῦ Καρμήλου· νεμήσονται τὴν Βασανεῖτιν καὶ τὴν Γαλααδεῖτιν καθὼς αἱ ἡμέραι τοῦ αἰῶνος.
15 ¹⁵καὶ κατὰ τὰς ἡμέρας ἐξοδίας σου ἐξ Αἰγύπτου ὄψεσθε θαυμαστά·
16 ¹⁶ὄψονται ἔθνη καὶ καταισχυνθήσονται καὶ ἐκ πάσης τῆς ἰσχύος αὐτῶν, ἐπιθήσουσιν χεῖρας ἐπὶ τὸ στόμα αὐτῶν, τὰ ὦτα αὐτῶν ἀπο-
17 κωφωθήσονται, ¹⁷λίξουσιν χοῦν ὡς ὄφις σύροντες γῆν, συγχυθήσονται ἐν συνκλεισμῷ αὐτῶν· ἐπὶ τῷ κυρίῳ θεῷ ἡμῶν ἐκστήσονται,
18 καὶ φοβηθήσονται ἀπὸ σοῦ. ¹⁸Τίς θεὸς ὥσπερ σύ; ἐξαίρων ἀνομίας καὶ ὑπερβαίνων ἀσεβείας τοῖς καταλοίποις τῆς κληρονομίας αὐτοῦ· καὶ οὐ συνέσχεν εἰς μαρτύριον ὀργὴν αὐτοῦ, ὅτι θελητὴς
19 ἐλέους ἐστίν. ¹⁹ἐπιστρέψει καὶ οἰκτειρήσει ἡμᾶς, καταδύσει τὰς ἀδικίας ἡμῶν καὶ ἀπορριφήσονται εἰς τὰ βάθη τῆς θαλάσσης, πάσας
20 τὰς ἁμαρτίας ἡμῶν. ²⁰δώσει εἰς ἀλήθειαν τῷ Ἰακώβ, ἔλεον τῷ Ἀβραάμ, καθότι ὤμοσας τοῖς πατράσιν ἡμῶν κατὰ τὰς ἡμέρας τὰς ἔμπροσθεν.

12 ομαλισμον] συγκλεισμō Q^mg | του ποταμου (om του Q* hab Q^mg)] AQ +Συριας A+Συριας ημερα υδατος και θορυβου Q | om και απο θαλασσης... ορους 2° Q* (hab Q^mg) | ορους 1°] pr του AQ^mg | του ορους] om του B^ab +ημερα υδατος και θορυβου A   13 συν τοις κατοικουσιν] μετα των κατοικουντων AQ | αυτην] αυτων A | απο] εκ AQ* (απο Q^mg)   14 σου 2°] pr φυλην AQ | καθ εαυτους] κατα μονας Q^mk | δρυμον] δρυμη Q^a vid | Βασανιτιν A (lit B rescr A¹) Q | Γαλααδιτιν AQ | καθως αι] κατα τας Q^mg   15 εξ] εκ γης Q^mg | οψεσθε] δειξω αυτοις Q^mg   16 om και 2° A | επιθησουσιν χειρας] επιθ. χειρα A τας χ. επιθησουσιν Q | το στομα] om το AQ | τα ωτα] pr και A   17 λειξουσιν Q^a | οφις BAQ | συνχυθησονται Q* ταραχθησ. Q^mg | συγκλεισμω B^ab AQ^a συγκλισμ. Q*   18 ανομιας] αδικιας A | ασεβειας] αδικιας Q pr επι Q^mg | ου συνεσχεν] ουκ εκρατησεν Q^mg | οργην a sup ras B^ab | εστιν] στ, ν sup ras B^?   19 επιστρεψει] pr αυτος AQ | οικτειρησει (οικτιρ. A)] οικτειρησει Q* (-σει Q^a) | καταδυσει] pr και A | απο-ριφησονται] απορριψει AQ^a (απορίψ. Q*)   20 ελεος AQ* (ελεον Q^a) | Αβρααμ καθ sup ras B^ab | εμπροσθεν] οι ο' αρχηθεν Q^mg

Subscr Μειχαιας γ B* Μιχ. γ B^bAQ (pr Μιχ. τις ουτος παρ Εβραιοις s' Q^a)

ΙΩΗΛ

Β ΛΟΓΟΣ Κυρίου ὃς ἐγενήθη πρὸς Ἰωὴλ τὸν τοῦ Βαθουήλ. 1 Ι

² Ἀκούσατε ταῦτα, οἱ πρεσβύτεροι, καὶ ἐνωτίσασθε, πάντες οἱ 2 κατοικοῦντες τὴν γῆν. εἰ γέγονεν τοιαῦτα ἐν ταῖς ἡμέραις ἡμῶν, ἢ ἐν ταῖς ἡμέραις τῶν πατέρων ὑμῶν; ³ὑπὲρ αὐτῶν τοῖς τέκνοις ὑμῶν 3 διηγήσασθε, καὶ τὰ τέκνα ὑμῶν τοῖς τέκνοις αὐτῶν, καὶ τὰ τέκνα αὐτῶν εἰς γενεὰν ἑτέραν. ⁴τὰ κατάλοιπα τῆς κάμπης κατέφαγεν ἡ 4 ἀκρίς, καὶ τὰ κατάλοιπα τῆς ἀκρίδος κατέφαγεν ὁ βροῦχος, καὶ τὰ κατάλοιπα τοῦ βρούχου κατέφαγεν ἡ ἐρυσίβη. ⁵Ἐκνήψατε, οἱ 5 μεθύοντες, ἐξ οἴνου αὐτῶν καὶ κλαύσατε· θρηνήσατε, πάντες οἱ πίνοντες οἶνον, εἰς μέθην, ὅτι ἐξήρθη ἐκ στόματος ὑμῶν εὐφροσύνη καὶ χαρά. ⁶ὅτι ἔθνος ἀνέβη ἐπὶ τὴν γῆν μου ἰσχυρὸν καὶ ἀνα- 6 ρίθμητον, οἱ ὀδόντες αὐτοῦ ὀδόντες λέοντος, καὶ αἱ μύλαι αὐτοῦ σκύμνου· ⁷ἔθετο τὴν ἄμπελόν μου εἰς ἀφανισμόν, καὶ τὰς συκᾶς 7 μου εἰς συνκλασμόν· ἐρευνῶν ἐξηρεύνησεν αὐτὴν καὶ ἔριψεν, ἐλεύκανεν τὰ κλήματα αὐτῆς. ⁸θρήνησον πρὸς μὲ ὑπὲρ νύμφην περιε- 8 ζωσμένην σάκκον ἐπὶ τὸν ἄνδρα αὐτῆς τὸν παρθενικόν. ⁹ἐξῆρται 9 θυσία καὶ σπονδὴ ἐξ οἴκου Κυρίου· πενθεῖτε, ἱερεῖς οἱ λειτουργοῦντες θυσιαστηρίῳ. ¹⁰ὅτι τεταλαιπώρηκεν τὰ πεδία, πενθείτω ἡ γῆ· ὅτι 10 τεταλαιπώρηκεν σῖτος, ἐξηράνθη οἶνος, ὠλιγώθη ἔλαιον, ¹¹ἐξηράν- 11

אAQ Inscr Ιωηλ δ BאAQ | 2 ακουσατε]+δη AQ | τοιαυτας א* (-τα א¹) | ημων] υμων BᵃᵇאאᴬQ* (ημ. Qᵐᵍ) | η] και Q* (η Qᵐᵍ) | υμων] ημων א* (υμ. אᶜ·ᵃ) Qᵃ 4 βουχος א* (βρουχος א¹ ᶠᵒʳᵗ ᶜ·ᵇ) βροχος Q* | ερισυβη A 5 αυτων] των sup ras Bᵃᵇ | εξηρθη Bאᶜ·ᵃ ᵛⁱᵈ] εξηχθη (? εξηκθη) א* εξηρται אᶜ·ᵇAQ | στοματος] pr του A 6 σκυμνου αυτου א* (αυτ. σκυμν. א¹ sign transl postea ras) 7 συγκλασμον BᵃᵇAQᵃ | ερευνον א* (-νων אᶜ·ᵃ· ᶜ·ᵇ) | om αυτην AQ* (hab Qˡ ᵐᵍ) | ερριψεν BᵃᵇAQ | τα κληματα] om τα אA 8 θρηνησον] θρηνησει אᶜ·ᵇ ᵛⁱᵈ (postea ras) 9 εξηρται] εξηλθε א* (εξηρτ. אᶜ·ᵃ(ᵛⁱᵈ) ᶜ·ᵇ) | ιερεις] pr οι AQ | θυσιαστηριω] pr πιπι Qᵐᵍ 10 ωλιγωθη א* ᶜ·ᵇ (ολ. אᶜ·ᶜ): item 12 11 εξηρανθησαν BAQאᶜ·ᵇ] κατησχυνθησαν אᶜ·ᵃ

38

ΙΩΗΛ ΙΙ 3

θησαν γεωργοί· θρηνεῖτε, κτήματα, ὑπὲρ πυροῦ καὶ κριθῆς, ὅτι ἀπό- B
12 λωλεν τρυγητὸς ἐξ ἀγροῦ· ¹²ἡ ἄμπελος ἐξηράνθη, καὶ αἱ συκαῖ
ὠλιγώθησαν· ῥόα καὶ φοίνιξ καὶ μῆλον καὶ πάντα τὰ ξύλου
ἀγροῦ ἐξηράνθησαν, ὅτι ᾔσχυναν χαρὰν οἱ υἱοὶ τῶν ἀνθρώπων.
13 ¹³περιζώσασθε καὶ κόπτεσθε οἱ ἱερεῖς, θρηνεῖτε οἱ λειτουργοῦντες
θυσιαστηρίῳ· εἰσέλθατε, ὑπνώσατε ἐν σάκκοις, λειτουργοῦντες θεῷ,
14 ὅτι ἀπέσχηκεν ἐξ οἴκου θεοῦ ὑμῶν θυσία καὶ σπονδή. ¹⁴ἁγιάσατε
νηστείαν, κηρύξατε θεραπείαν, συναγάγετε πρεσβυτέρους, πάντας
κατοικοῦντας γῆν εἰς οἶκον θεοῦ ὑμῶν, καὶ κεκράξατε πρὸς Κύριον
15 ἐκτενῶς ¹⁵Οἴμοι οἴμοι οἴμοι εἰς ἡμέραν, ὅτι ἐγγὺς ἡμέρα Κυρίου, καὶ
16 ὡς ταλαιπωρία ἐκ ταλαιπωρίας ἥξει. ¹⁶κατέναντι τῶν ὀφθαλμῶν
ὑμῶν βρώματα ἐξωλεθρεύθη, ἐξ οἴκου θεοῦ ὑμῶν εὐφροσύνη καὶ
17 χαρά. ¹⁷ἐσκίρτησαν δαμάλεις ἐπὶ ταῖς φάτναις αὐτῶν, ἠφανίσθη-
18 σαν θησαυροί, κατεσκάφησαν ληνοί, ὅτι ἐξηράνθη σῖτος. ¹⁸τί ἀπο-
θήσομεν ἑαυτοῖς; ἔκλαυσαν βουκόλια βοῶν, ὅτι οὐχ ὑπῆρχεν νομὴ
19 αὐτοῖς, καὶ τὰ ποίμνια τῶν προβάτων ἠφανίσθησαν. ¹⁹πρὸς σέ,
Κύριε, βοήσομαι, ὅτι πῦρ ἀνήλωσεν τὰ ὡραῖα τῆς ἐρήμου, καὶ φλὸξ
20 ἀνῆψεν πάντα τὰ ξύλα τοῦ ἀγροῦ· ²⁰καὶ τὰ κτήνη τοῦ πεδίου ἀνέ-
βλεψαν πρὸς σέ· ὅτι ἐξηράνθησαν ἀφέσεις ὑδάτων, καὶ πῦρ κατέ-
φαγεν τὰ ὡραῖα τῆς ἐρήμου.

II 1 ¹Σαλπίσατε σάλπιγγι ἐν Σειών, κηρύξατε ἐν ὄρει ἁγίῳ μου, καὶ
συγχυθήτωσαν πάντες οἱ κατοικοῦντες τὴν γῆν, διότι πάρεστιν ἡμέρα
2 Κυρίου, ὅτι ἐγγύς· ²ἡμέρα σκότους καὶ γνόφου, ἡμέρα νεφέλης καὶ
ὁμίχλης. ὡς ὄρθρος χυθήσεται ἐπὶ τὰ ὄρη λαὸς πολὺς καὶ ἰσχυρός·
ὅμοιος αὐτῷ οὐ γέγονεν ἀπὸ τοῦ αἰῶνος, καὶ μετ' αὐτὸν οὐ προστε-
3 θήσεται ἕως ἐτῶν εἰς γενεὰς γενεῶν. ³τὰ ἔμπροσθεν αὐτοῦ πῦρ
ἀναλίσκον, καὶ τὰ ὀπίσω αὐτοῦ ἀναπτομένη φλόξ· ὡς παράδεισος
τρυφῆς ἡ γῆ πρὸ προσώπου αὐτοῦ, καὶ τὰ ὄπισθεν αὐτοῦ πεδίον

11 γεωργοι] pr οι AQ | θρηνειτε] θνηνιτε ℵ* (θρην. ℵ^{c.a, c.b}) | απελωλεν ℵ ℵAQ
12 ξυλου] ξυλα του B^{ab}ℵAQ | εξηρανθησαν] εξηρανθη ℵ? 13 εισελθετε Q |
επεσχηκεν ℵ* (απεσχ. ℵ^{c.a}) | θυσια και σπονδη εξ οικου θῦ υμων ℵ? (sign transl
postea ras) | θεου] κυ θῦ Q | υμων] ημων Q* (υμ. Q^a) 14 νηστιαν ℵ | θε-
ραπιαν ℵ | θεου] κυ ℵ^{c.a} κυ θῦ ℵ^{c.b} A | εκτενως] adnot θ' μονος.τον οβελισκον]
ειπεν ομ[οιως] τ[οι]s ο' Q^{mg} 15 ημερα] pr η ℵAQ 16 εξωλεθρευθη] εξηρθη
(? εξηρανθη) ℵ^c (postea ras) 17 δαμαλις ℵ* (-λεις ℵ^{c.b}) A | φατναις] παθναις
ℵ* (φατν. ℵ^{c.a, c.b}) 18 ηφανισθη AQ* (-θησαν Q^{mg}) 20 ανεβλεψεν A |
om οτι A II 1 Σιων B^bℵQ^a | συγχυθητωσαν (συνχ. Q^a)] συναχθητωσαν
A | διοτι] οτι ℵ^{c.b} | ημερα] pr η ℵA | Κυριου] pr του A | εγγυς]+η ημερα
του κῦ A 2 ημερα 1°] pr η ℵ | ορθρος] pr ο ℵ | αυτω] αυτοι ℵ | αυτον]
οι ο' αυτου Q^{mg} 3 τα εμπροσθεν] τα δε εμπρ. ℵ^{c.a} (postea ras δε) | οπισω]
οπισθεν A | τρυφης] θυπης ℵ* (τρυφ. ℵ^{c.a (vid) c.b}) | οπισθεν] οπισω ℵ^{c.a}Q

39

ΙΩΗΛ

B ἀφανισμοῦ, καὶ ἀνασωζόμενος οὐκ ἔσται αὐτῷ. ⁴ὡς ὅρασις ἵππων ἡ ὅρασις αὐτῶν, καὶ ὡς ἱππεῖς οὕτως καταδιώξονται· ⁵ὡς φωνὴ ἁρμάτων ἐπὶ τὰς κορυφὰς τῶν ὀρέων ἐξαλοῦνται, καὶ ὡς φωνὴ φλογὸς πυρὸς κατεσθιούσης καλάμην, καὶ ὡς λαὸς πολὺς καὶ ἰσχυρὸς παρατασσόμενος εἰς πόλεμον. ⁶ἀπὸ προσώπου αὐτοῦ συντριβή- σονται λαοί, πᾶν πρόσωπον ὡς πρόσκαυμα χύτρας. ⁷ὡς μαχηταὶ δραμοῦνται, καὶ ὡς ἄνδρες πολεμισταὶ ἀναβήσονται ἐπὶ τὰ τείχη, καὶ ἕκαστος ἐν τῇ ὁδῷ αὐτοῦ πορεύσεται, καὶ οὐ μὴ ἐκκλίνωσιν τὰς τρίβους αὐτῶν, ⁸καὶ ἕκαστος ἀπὸ τοῦ ἀδελφοῦ αὐτοῦ οὐκ ἀφέξεται· καταβαρυνόμενοι ἐν τοῖς ὅπλοις αὐτῶν πορεύσονται, καὶ ἐν τοῖς βέλεσιν αὐτῶν πεσοῦνται, καὶ οὐ μὴ συντελεσθῶσιν. ⁹τῆς πόλεως ἐπιλήμψονται, καὶ ἐπὶ τῶν τειχέων δραμοῦνται, καὶ ἐπὶ ταῖς οἰκίαις ἀναβήσονται, καὶ διὰ θυρίδων εἰσελεύσονται ὡς κλέπται. ¹⁰πρὸ προσώπου αὐτοῦ συγχυθήσεται ἡ γῆ καὶ σεισθήσεται ὁ οὐρανός, ὁ ἥλιος καὶ ἡ σελήνη συσκοτάσουσιν, καὶ τὰ ἄστρα δύσουσιν τὸ φέγγος αὐτῶν. ¹¹καὶ Κύριος δώσει φωνὴν αὐτοῦ πρὸ προσώπου δυνάμεως αὐτοῦ, ὅτι πολλή ἐστιν σφόδρα ἡ παρεμβολὴ αὐτοῦ, ὅτι ἰσχυρὰ ἔργα λόγων αὐτοῦ· διότι μεγάλη ἡμέρα τοῦ κυρίου, μεγάλη καὶ ἐπιφανὴς σφόδρα, καὶ τίς ἔσται ἱκανὸς αὐτῇ; ¹²καὶ νῦν λέγει Κύριος ὁ θεὸς ὑμῶν Ἐπιστράφητε πρός μὲ ἐξ ὅλης τῆς καρδίας ὑμῶν καὶ ἐν νηστείᾳ καὶ ἐν κλαυθμῷ καὶ ἐν κοπετῷ, ¹³καὶ διαρήξατε τὰς καρδίας ὑμῶν καὶ μὴ τὰ ἱμάτια ὑμῶν, καὶ ἐπιστράφητε πρὸς Κύριον τὸν θεὸν ὑμῶν, ὅτι ἐλεήμων καὶ οἰκτίρμων ἐστίν, μακρόθυμος καὶ πολυέλεος καὶ μετανοῶν ἐπὶ ταῖς κακίαις. ¹⁴τίς οἶδεν εἰ ἐπιστρέψει καὶ μετανοήσει, καὶ ὑπολείψεται ὀπίσω αὐτοῦ εὐλογίαν, θυσίαν καὶ σπονδὴν Κυρίῳ τῷ θεῷ ἡμῶν;

¹⁵Σαλπίσατε σάλπιγγι ἐν Σειών, ἁγιάσατε νηστίαν, κηρύξατε

ℵAQ 3 εσται] εστιν A | om αυτω A 4 ορασις 2°] οψις A (-ψεις) Q* (op. Q^mg) | ατων ℵ* (αυτ. ℵ^{1c.b}) | ως 2°] οι A | ουτω ℵ* (-τως ℵ^{c.a}) 5 om και 3° ℵ 7 εκκλεινουσιν A εκκλινουσι Q^a | τας τριβ.] τους τριβ. A 8 αδελφου] πλησιον Q^mg | αυτου] αυτων Q^a | συντελεσθωσιν] συντελεσωσιν ℵ^{c.b} συντελεσουσιν A συντελεσουσιν Q*^{vid} συντελεσωσι Q^a 9 επιληψονται Q | τας οικιας AQ 10 αυτου] αυτων ℵ* (-του ℵ^{c.b}) AQ | συσχυθησεται ℵ | συσκοτασουσιν] συσκοτασθωσιν Q* (-σι Q^a) | δυσουσιν] ου δωσουσιν και τα αστρα ου δωσουσιν Q* ου δωσουσι Q^a | φεγγος] φθεγγος A 11 διοτι] οτι ℵ* (διοτι ℵ^{c.a}) | ημερα] pr η ℵ | του κυριου] om του Q* (hab Q^a) | om μεγαλη 2° A | εσται ικανος BQℵ^{c.b}] εστιν ικανος ℵ* ικανος εστιν A 12 της καρδιας] om της Q* (hab Q^{1mg}) | om και 2° A | νηστια ℵ 13 διαρρηξατε ℵ^{c.a, c.b}AQ | οικτειρμων ℵ^{c.b}A | ταις κακιαις] om ταις Q* (hab Q^mg) 15 Σιων B^bQ^a | νηστειαν B^{ab}AQ

ΙΩΗΛ II 26

16 θεραπείαν, ¹⁶συναγάγετε λαόν, ἁγιάσατε ἐκκλησίαν, ἐκλέξασθε πρε- B
σβυτέρους, συναγάγετε νήπια θηλάζοντα μαστούς, ἐξελθάτω νυμφίος
17 ἐκ τοῦ κοιτῶνος αὐτοῦ καὶ νύμφη ἐκ τοῦ παστοῦ αὐτῆς. ¹⁷ἀνὰ μέσον
τῆς κρηπῖδος τοῦ θυσιαστηρίου κλαύσονται οἱ ἱερεῖς οἱ λειτουργοῦντες
Κυρίῳ καὶ ἐροῦσιν Φεῖσαι, Κύριε, τοῦ λαοῦ σου, καὶ μὴ δῷς τὴν κληρο-
νομίαν σου εἰς ὄνειδος τοῦ κατάρξαι αὐτῶν ἔθνη, ὅπως μὴ εἴπωσιν ἐν
τοῖς ἔθνεσιν Ποῦ ἐστιν ὁ θεὸς αὐτῶν;
18 ¹⁸Καὶ ἐζήλωσεν Κύριος τὴν γῆν αὐτοῦ, καὶ ἐφείσατο τοῦ λαοῦ
19 αὐτοῦ. ¹⁹καὶ ἀπεκρίθη Κύριος καὶ εἶπεν τῷ λαῷ αὐτοῦ Ἰδοὺ ἐγὼ
ἐξαποστέλλω ὑμῖν τὸν σῖτον καὶ τὸν οἶνον καὶ τὸ ἔλαιον, καὶ ἐμπλη-
σθήσεσθε αὐτῶν, καὶ οὐ δώσω ὑμᾶς οὐκέτι εἰς ὀνειδισμὸν ἐν τοῖς
20 ἔθνεσι· ²⁰καὶ τὸν ἀπὸ βορρᾶ ἐκδιώξω ἀφ᾽ ὑμῶν καὶ ἐξώσω αὐτὸν
εἰς γῆν ἄνυδρον, καὶ ἀφανιῶ τὸ πρόσωπον αὐτοῦ εἰς τὴν θάλασσαν
τὴν πρώτην, καὶ τὰ ὀπίσω αὐτοῦ εἰς τὴν θάλασσαν τὴν ἐσχάτην·
καὶ ἀναβήσεται σαπρία αὐτοῦ, καὶ ἀναβήσεται ὁ βρόμος αὐτοῦ, ὅτι
21 ἐμεγάλυνεν τὰ ἔργα αὐτοῦ. ²¹θάρσει, γῆ, χαῖρε καὶ εὐφραίνου, ὅτι
22 ἐμεγάλυνεν Κύριος τοῦ ποιῆσαι. ²²θαρσεῖτε, κτήνη τοῦ πεδίου, ὅτι
βεβλάστηκεν πεδία τῆς ἐρήμου, ὅτι ξύλον ἤνεγκεν τὸν καρπὸν αὐτοῦ,
23 συκῆ καὶ ἄμπελος ἔδωκαν τὴν ἰσχὺν αὐτῶν. ²³καὶ τὰ τέκνα Σειών,
χαίρετε καὶ εὐφραίνεσθε ἐπὶ τῷ κυρίῳ θεῷ ὑμῶν, διότι ἔδωκεν ὑμῖν
τὰ βρώματα εἰς δικαιοσύνην, καὶ βρέξει ὑμῖν ὑετὸν πρόιμον καὶ
24 ὄψιμον καθὼς ἔμπροσθεν, ²⁴καὶ πλησθήσονται αἱ ἅλωνες σίτου, καὶ
25 ὑπερχυθήσονται αἱ ληνοὶ οἴνου καὶ ἐλαίου. ²⁵καὶ ἀνταποδώσει ὑμῖν
ἀντὶ τῶν ἐτῶν ὧν κατέφαγεν ἡ ἀκρὶς καὶ ὁ βροῦχος καὶ ἡ ἐρυσίβη καὶ
26 ἡ κάμπη, ἡ δύναμίς μου ἡ μεγάλη ἣν ἐξαπέστειλα εἰς ὑμᾶς· ²⁶καὶ
φάγεσθε ἐσθίοντες καὶ ἐμπλησθήσεσθε, καὶ αἰνέσετε τὸ ὄνομα Κυρίου
τοῦ θεοῦ ὑμῶν, ἃ ἐποίησεν μεθ᾽ ὑμῶν εἰς θαυμάσια, καὶ οὐ μὴ

15 θεραπιαν ℵ   16 λαον] pr τον A | εξελθετω ℵ* (-θατω ℵ^{c.a}) postea ℵAQ
-θετω) Q^a | κοιτωνος] νυμφωνος Q* (κοιτ. Q^{mg}) | om αυτου Q* (hab Q^{mg}) |
αυτης Q^a (de Q* non liq)   17 καταρξαι αυτων] καταξε αυτους ℵ* (καταρξε
(-ξαι ℵ^{c.b}) αυτων ℵ^{c.a, c.b}) | ο θεος] pr κς A   18 post 18 dist B   19 εθνεσιν
ℵAQ   20 εξωσω] εξοισω Q* (εξωσ. Q^a) | γην] την ℵ* (γ. ℵ[?]) | αφανισω ℵ*
(postea -νιω) | και τα οπισω...εργα αυτου in mgg et sup ras A^a | σαπρια
(rescr σαπρ. ℵ¹)] pr η ℵA^aQ | εμεγαλυνεν] εμεγαλινθη AQ   22 πεδια] pr τα
ℵ^{c.b}AQ* (om τα Q^a) | αμπελος και συκη AQ   23 Σιων B^bℵAQ^a | επι] εν
Q^a | τω κυριω] κω θω Q* κω τω θω Q^{mg vid} | διοτι] οτι ℵ^{c.b} | βραματα ℵ* (βρωμ.
ℵ^{c.b}) | προιμον B^bQ^a   24 πλησθησονται] εμπλησθ. A | αλωνεσιτου ℵ* (αλ.
σιτου ℵ^{c.a}) | υπερεκχυθησονται AQ* (-χυθησεται Q^{mg})   25 ανταποδωσω ℵA |
η ακρις...η καμπη] adnot Αιγυπτιοι Βαβυλωνιοι Ασσυριοι Ελληνες Ρωμαιοι Q^{mg} |
η δυναμις] pr και ℵ* (improb και ℵ^{c.a}) | εις] εφ AQ* (εις Q^a)   26 εσθοντες
Q | εμπλησθ.] ου μη εμπλησεσθαι Q* (-σθε Q^a) | ενεσατε ℵ | του θεου] om του A

41

ΙΩΗΛ

B καταισχυνθῇ ὁ λαός μου εἰς τὸν αἰῶνα· ²⁷καὶ ἐπιγνώσεσθε ὅτι ἐν 27
μέσῳ τοῦ Ἰσραὴλ ἐγώ εἰμι, καὶ ἐγὼ Κύριος ὁ θεὸς ὑμῶν, καὶ
οὐκ ἔστιν ἔτι πλὴν ἐμοῦ, καὶ οὐ μὴ καταισχυνθῶσιν ἔτι ὁ λαός μου
εἰς τὸν αἰῶνα.

²⁸Καὶ ἔσται μετὰ ταῦτα καὶ ἐκχεῶ ἀπὸ τοῦ πνεύματός μου ἐπὶ 28 (1) (III)
πᾶσαν σάρκα, καὶ προφητεύσουσιν οἱ υἱοὶ ὑμῶν καὶ αἱ θυγατέρες
ὑμῶν, καὶ οἱ πρεσβύτεροι ὑμῶν ἐνύπνια ἐνυπνιασθήσονται, καὶ
οἱ νεανίσκοι ὑμῶν ὁράσεις ὄψονται· ²⁹καὶ ἐπὶ τοὺς δούλους μου 29 (2)
καὶ ἐπὶ τὰς δούλας ἐν ταῖς ἡμέραις ἐκείναις ἐκχεῶ ἀπὸ τοῦ πνεύ-
ματός μου· ³⁰καὶ δώσω τέρατα ἐν τῷ οὐρανῷ, καὶ ἐπὶ τῆς γῆς αἷμα 30 (3)
καὶ πῦρ καὶ ἀτμίδα καπνοῦ· ³¹ὁ ἥλιος μεταστραφήσεται εἰς σκότος 31 (4)
καὶ ἡ σελήνη εἰς αἷμα πρὶν ἐλθεῖν ἡμέραν Κυρίου τὴν μεγάλην καὶ
ἐπιφανῆ· ³²καὶ ἔσται πᾶς ὃς ἂν ἐπικαλέσηται τὸ ὄνομα Κυρίου 32 (5)
σωθήσεται· ὅτι ἐν τῷ ὄρει Σειὼν καὶ ἐν Ἰερουσαλὴμ ἔσται ἀνα-
σωζόμενος, καθότι εἶπεν Κύριος, καὶ εὐαγγελιζόμενοι οὓς Κύριος
προσκέκληται.   ¹Διότι ἰδοὺ ἐγὼ ἐν ταῖς ἡμέραις ἐκείναις καὶ 1 III (IV)
ἐν τῷ καιρῷ ἐκείνῳ ὅταν ἐπιστρέφω τὴν αἰχμαλωσίαν Ἰούδα καὶ
Ἰερουσαλήμ, ²καὶ συνάξω πάντα τὰ ἔθνη καὶ κατάξω αὐτὰ εἰς τὴν 2
κοιλάδα Ἰωσαφάτ, καὶ διακριθήσομαι πρὸς αὐτοὺς ἐκεῖ ὑπὲρ τοῦ
λαοῦ μου καὶ τῆς κληρονομίας μου Ἰσραήλ, οἳ διεσπάρησαν ἐν
τοῖς ἔθνεσιν· καὶ τὴν γῆν μου καταδιείλαντο, ³καὶ ἐπὶ τὸν λαόν μου 3
ἔβαλον κλήρους, καὶ ἔδωκαν τὰ παιδάρια πόρναις, καὶ τὰ κοράσια
ἐπώλουν ἀντὶ οἴνου καὶ ἔπινον. ⁴καὶ τί ὑμεῖς ἐμοί, Τύρος καὶ 4
Σειδών, καὶ πᾶσα Γαλειλαία ἀλλοφύλων; μὴ ἀνταπόδομα ὑμεῖς
ἀνταποδίδοτέ μοι; ἢ μνησικακεῖτε ὑμεῖς ἐπ᾿ ἐμοὶ ὀξέως; καὶ ταχέως
ἀνταποδώσω τὸ ἀνταπόδομα ὑμῶν εἰς κεφαλὰς ὑμῶν, ⁵ἀνθ᾿ ὧν τὸ 5
ἀργύριόν μου καὶ τὸ χρυσίον μου ἐλάβετε, καὶ τὰ ἐπίλεκτά μου
καὶ τὰ καλὰ εἰσηνέγκατε εἰς τοὺς ναοὺς ὑμῶν· ⁶καὶ τοὺς υἱοὺς 6

ℵAQ   27 ετι] οτι ℵ* (ετι ℵc.a, c.b (vid)) ουκετι AQ | ο λαος] pr πας AQ   28 om
και 2° ℵc.b AQ* (hab Qa) | σαρκαν ℵ | ενυπνια Bℵc.a (-πνα ℵ*)] ενυπνιοις
ℵc.b AQ | ορασις ℵ* (-σεις ℵc.b)   29 και 1°]+γε ℵc.a, c.b A | om μοι
1° ℵ* (hab ℵc.a, c.b) | δουλας]+μου ℵc.a AQ   30 και 2°] ανω και σημια
ℵc.b   31 εισκοτος ℵ | ημεραν] pr την A | μεγαλη A | επιφανην ℵ*
32 αν] εαν ℵ | επικαληται ℵ* (-λεσηται ℵc.a -λησηται ℵc.b) | Σιων BbℵAQa
om εν 2° A | ευαγγελιζομενος ℵQa (-νοι Q* vid)   III 1 om διοτι Qa
επιστρεψω ℵA   2 καταξω] οι ο' καταδιωξω Qmg | κοιλαδαν ℵ* : item
12 | κατεδιειλαντο ℵc.a et postea κατεδειλαντο Qa   3 επινον] επιον ℵ* vid
(επιν. ℵI)   4 τι]+και AQa | Σιδων BbℵQ | Γαλιλαια BbℵAQ | αντα-
ποδιδετε Bb (vid)   5 om μου 2° Qa | om και 3° Qa | καλα]+μου A |
εισενεγκατε ℵc.a (mox repos εισην.) | τους ναους] τους θησαυρους A | om τους
Q* (hab Qmg)

ΙΩΗΛ III 18

Ἰούδα καὶ τοὺς υἱοὺς Ἰερουσαλὴμ ἀπέδοσθε τοῖς υἱοῖς τῶν Ἑλλή- B
7 νων, ὅπως ἐξώσητε αὐτοὺς ἐκ τῶν ὁρίων αὐτῶν. ⁷ἰδοὺ ἐγὼ ἐξεγείρω
αὐτοὺς ἐκ τοῦ τόπου οὗ ἀπέδοσθε αὐτοὺς ἐκεῖ, καὶ ἀνταποδώσω τὸ
8 ἀνταπόδομα ὑμῶν εἰς κεφαλὰς ὑμῶν, ⁸καὶ ἀποδώσομαι τοὺς υἱοὺς
ὑμῶν καὶ τὰς θυγατέρας ὑμῶν εἰς χεῖρας τῶν υἱῶν Ἰούδα, καὶ ἀπο-
δώσονται αὐτοὺς εἰς αἰχμαλωσίαν εἰς ἔθνος μακρὰν ἀπέχον, ὅτι
9 Κύριος ἐλάλησεν. ⁹Κηρύξατε ταῦτα ἐν τοῖς ἔθνεσιν, ἁγιά-
σατε πόλεμον, ἐξεγείρατε τοὺς μαχητάς, καὶ προσαγάγετε καὶ ἀνα-
10 βαίνετε πάντες ἄνδρες πολεμισταί, ¹⁰συγκόψατε τὰ ἄροτρα ὑμῶν εἰς
ῥομφαίας καὶ τὰ δρέπανα ὑμῶν εἰς σειρομάστας· ὁ ἀδύνατος λεγέτω
11 ὅτι Ἰσχύω ἐγώ. ¹¹συναθροίζεσθε καὶ εἰσπορεύεσθε πάντα τὰ ἔθνη
12 κυκλόθεν καὶ συνάχθητε ἐκεῖ· ὁ πραῢς ἔστω μαχητής. ¹²ἐξεγει-
ρέσθωσαν, ἀναβαινέτωσαν πάντα τὰ ἔθνη εἰς τὴν κοιλάδα Ἰωσαφάτ,
13 διότι ἐκεῖ καθιῶ τοῦ διακρῖναι πάντα τὰ ἔθνη κυκλόθεν. ¹³ἐξαπο-
στείλατε δρέπανα, ὅτι παρέστηκεν τρυγητός· εἰσπορεύεσθε, πατεῖτε,
διότι πλήρης ἡ ληνός· ὑπερεκχεῖτε τὰ ὑπολήνια, ὅτι πεπλήθυνται
14 τὰ κακὰ αὐτῶν. ¹⁴ἦχοι ἐξήχησαν ἐν τῇ κοιλάδι τῆς δίκης, ὅτι ἐγγὺς
15 ἡμέρα Κυρίου ἐν τῇ κοιλάδι τῆς δίκης. ¹⁵ὁ ἥλιος καὶ ἡ σελήνη συσκο-
16 τάσουσιν, καὶ οἱ ἀστέρες δύσουσιν φέγγος αὐτῶν. ¹⁶ὁ δὲ κύριος ἐκ
Σειὼν ἀνακεκράξεται, καὶ ἐξ Ἰερουσαλὴμ δώσει φωνὴν αὐτοῦ, καὶ
σεισθήσεται ὁ οὐρανὸς καὶ ἡ γῆ· ὁ δὲ κύριος φείσεται τοῦ λαοῦ
17 αὐτοῦ καὶ ἐνισχύσει τοὺς υἱοὺς Ἰσραήλ. ¹⁷καὶ ἐπιγνώσεσθε διότι
ἐγὼ Κύριος ὁ θεὸς ὑμῶν ὁ κατασκηνῶν ἐν Σειών, ἐν ὄρει ἁγίῳ μου· καὶ
ἔσται Ἰερουσαλὴμ ἁγία, καὶ ἀλλογενεῖς οὐ διελεύσονται δι' αὐτῆς
18 οὐκέτι. ¹⁸Καὶ ἔσται ἐν τῇ ἡμέρᾳ ἐκείνῃ ἀποσταλάξει τὰ ὄρη
γλυκασμόν, καὶ οἱ βουνοὶ ῥυήσονται γάλα, καὶ πᾶσαι αἱ ἀφέσεις
Ἰούδα ῥυήσονται ὕδατα, καὶ πηγὴ ἐξ οἴκου Κυρίου ἐξελεύσεται καὶ

6 αυτων] pr της κληρονομιας ℵc.b(vid) (mox improb)   7 om και ℵ? (rurs ℵAQ
repos) | κεφαλας] οι ο' κεφαλην Qmg   8 om υμων 2° A | των νιων] om
των AQ   9 om και 1° ℵ? (mox revoc) A   10 υμων 1°] ημων ℵ*
(υμ. ℵc.a, c.b) | σειρομαστρας B* (-τας Bab) | αδυνατος] δυνατος ℵ*Qa (adnot α
αδιν. Qmg) | ισχυωγω ℵ* (ισχυω εγω ℵ¹(vid)c)] ισχυεγω A   11 συναχθησετε
ℵ* (-χθητε ℵc.a, c.b)   12 εξεγειρεσθωσαν] εγειρεσθωσαν A | αναβαινετω-
σαν] pr και ℵA | καθισω Qa | διακριναι] διακριθηναι Q   13 τρυγητος] pr
ο A | υπερχιτε ℵ* -χειται ℵc.b υπερχειτε A   14 κοιλαδι 1°] κοιλη ℵ*
(-λαδι ℵc.a) | οτι] διοτι A | ευγυς B* (εγγ. Bab) | ημερα] pr η ℵA   15 φεγ-
γος] pr το ℵc.aAQ   16 om ο δε κυριος...φωνην αυτου ℵ* (hab ℵc.b) | Σιων
Bbℵc.bAQ | ανακραξεται ℵc.aAQ | om και σεισθησεται...η γη ℵc.b (postea
revoc) | ενισχυσει (ν sup ras Bb επ. B*forte)]+κ̄ς̄ Q   17 επιγνωσεσθε]
γνωσεσθε ℵc.b | διοτι] οτι ℵc.b | Σιων BbℵAQ | om εν 2° A | αγια] pr πολις
ℵc.a?c.b? (rurs ras)   18 αφεσις ℵ* (-σεις ℵc.b)

43

ΙΩΗΛ

B ποτιεῖ τὸν χειμάρρουν τῶν σχοίνων. ¹⁹Αἴγυπτος εἰς ἀφανισμὸν 19 ἔσται, καὶ ἡ Ἰδουμαία εἰς πεδίον ἀφανισμοῦ ἔσται ἐξ ἀδικιῶν υἱῶν Ἰούδα, ἀνθ' ὧν ἐξέχεαν αἷμα δίκαιον ἐν τῇ γῇ αὐτῶν. ²⁰ἡ δὲ Ἰουδαία 20 εἰς τὸν αἰῶνα κατοικηθήσεται, καὶ Ἰερουσαλὴμ εἰς γενεὰς γενεῶν· ²¹καὶ ἐκζητήσω τὸ αἷμα αὐτῶν καὶ οὐ μὴ ἀθῳώσω, καὶ Κύριος κατα- 21 σκηνώσει ἐν Σειών.

ℵAQ 18 χειμαρροιν] οι ο' χειμαρρον Q^mg 19 Ιδουμαια] Ιουδεα ℵ* (Ιδουμεα ℵ^c.a -μαια ℵ^c.b) 20 Ιουδεα ℵ | αιωναν ℵ* 21 εκζητησω] εκδικησω AQ^a | αθοωσω B*ℵAQ* (αθωωσω B^b Q^a) | Σιων B^b AQ^a
Subscr Ιωηλ δ BℵAQ (+ ισχυς κυ παρ Εβραιοις β' Q^a)

44

ΟΒΔΕΙΟΥ

1 ΟΡΑΣΙΣ Ὀβδειού.   B

Τάδε λέγει Κύριος ὁ θεὸς τῇ Ἰδουμαίᾳ Ἀκοὴν ἤκουσα παρὰ Κυρίου, καὶ περιοχὴν εἰς τὰ ἔθνη ἐξαπέστειλεν Ἀνάστητε καὶ ἐξανα-
2 στῶμεν ἐπ' αὐτὴν εἰς πόλεμον. ²ἰδοὺ ὀλιγοστὸν δέδωκά σε ἐν τοῖς
3 ἔθνεσιν, ἠτιμωμένος σὺ εἶ σφόδρα· ³ὑπερηφανία τῆς καρδίας σου ἐπῆρέν σε κατασκηνοῦντα ἐν ταῖς ὀπαῖς τῶν πετρῶν· ὑψῶν κατοικίαν
4 αὐτοῦ, λέγων ἐν καρδίᾳ αὐτοῦ Τίς με κατάξει ἐπὶ τὴν γῆν; ⁴ἐὰν μετεωρισθῇς ὡς ἀετός, καὶ ἐὰν ἀνὰ μέσον τῶν ἄστρων θῇς νοσσιάν
5 σου, ἐκεῖθεν κατάξω σε, λέγει Κύριος. ⁵εἰ κλέπται εἰσῆλθον πρὸς σὲ ἢ λῃσταὶ νυκτός, ποῦ ἂν ἀπερρίφης; οὐκ ἂν ἔκλεψαν τὰ ἱκανὰ ἑαυτοῖς; καὶ εἰ τρυγηταὶ εἰσῆλθον πρὸς σέ, οὐκ ἂν ὑπελίποντο ἐπι-
6 φυλλίδας; ⁶πῶς ἐξηρευνήθη Ἠσαὺ καὶ κατελήμφθη αὐτοῦ τὰ κεκρυμ-
7 μένα. ⁷ἕως τῶν ὁρίων ἐξαπέστειλάν σε· πάντες οἱ ἄνδρες τῆς διαθήκης σου ἀντέστησάν σοι, ἠδυνάσθησαν πρὸς σὲ ἄνδρες εἰρηνικοί σου,
8 ἔθηκαν ἔνεδρα ὑποκάτω σου, οὐκ ἔστιν σύνεσις αὐτοῖς. ⁸ἐν ἐκείνῃ τῇ ἡμέρᾳ, λέγει Κύριος, ἀπολῶ σοφοὺς ἐκ τῆς Ἰδουμαίας καὶ σύνεσιν ἐξ
9 ὄρους Ἠσαύ· ⁹καὶ πτοηθήσονται οἱ μαχηταί σου οἱ ἐκ Θαιμάν, ὅπως

Inscr Οβδειου ε B* Οβδιου ε Bᶜ Αβδιου ε ℵQ Αβδειου ε A   1 Οβδιου ℵAQ Bᵇ Αβδιου ℵAQ | εξαναστησωμαιν ℵ*   3 υπερηφανια] pr η ℵᶜ·ᵃ (om η ℵᶜ·ᵇ) | κατασκηνουντος (nisi potius -ντες) ℵ* -ντα ℵᶜ·ᵃ -ντας ℵᶜ·ᵇ | των πετρων] in ω 1° fort ras aliq B' | καρδια] pr τη A   4 μετεωρισθη Q* (-θης Qᵃ) | om εαν 2° ℵAQ* (hab Qᵃ om ανα ut vid) | αστερων ℵ* (αστρων ℵᶜ·ᵇ)   5 η] incep ε ℵ* ει A | απεριφης ℵ | εαυτοις] αυτοις (ε improb postea ras) ℵ? | υπελιποντο] υπολιποντο ℵ* (υπελ. ℵᶜ·ᵃ, ᶜ·ᵇ) υπελειποντο AQᵃ (υπελειπον Q*) | επιφυλλιδας] υποφυλλιδας ℵ*ᶜ·ᵇ υποφυλλιδα ℵᶜ·ᵃA   6 εξηραιυνηθη A | κατελημφθη] κατελιφθη ℵ κατεληφθη Q | κεκρυμενα ℵ   7 οριων]+σου AQ* | εστιν]+σοι A | αυτοις) pr εν AQ αυτω Qᵃ   8 λεγει] φησιν Qᵐᵍ | απολω] οι ο' απολεσω Qᵐᵍ   9 πτοηθησονται] οι ο' ηττηθησονται Qᵐᵍ | σου] σοι A* (σου A¹) | Θαιμαν] Θεμαν ℵQ

45

ΟΒΔΕΙΟΥ

B ἐξαρθῇ ἄνθρωπος ἐξ ὅρους Ἠσαύ· ¹⁰διὰ τὴν σφαγὴν καὶ τὴν ἀσέβειαν 10
ἀδελφοῦ σου Ἰακὼβ καλύψει σε αἰσχύνη, καὶ ἐξαρθήσῃ εἰς τὸν
αἰῶνα. ¹¹Ἀφ᾽ ἧς ἡμέρας ἀντέστης ἐξ ἐναντίας ἐν ἡμέραις αἰχμα- 11
λωτευόντων ἀλλογενῶν δύναμιν αὐτοῦ, καὶ ἀλλότριοι εἰσῆλθον εἰς
πύλας αὐτοῦ καὶ ἐπὶ Ἰερουσαλὴμ ἔβαλον κλήρους, καὶ σὺ ἦς ὡς εἰς
ἐξ αὐτῶν. ¹²καὶ μὴ ἐπίδῃς ἡμέραν ἀδελφοῦ σου ἐν ἡμέρᾳ ἀλλοτρίων, 12
καὶ μὴ ἐπιχαρῇς ἐπὶ τοὺς υἱοὺς Ἰούδα ἐν ἡμέρᾳ ἀπωλίας αὐτῶν, καὶ
μὴ μεγαλορημονῇς ἐν ἡμέρᾳ θλίψεως· ¹³μηδὲ εἰσέλθῃς εἰς πύλας 13
λαῶν ἐν ἡμέρᾳ πόνων αὐτῶν, μηδὲ ἐπίδῃς καὶ σὺ τὴν συναγωγὴν
αὐτῶν ἐν ἡμέρᾳ ὀλέθρου αὐτῶν, μηδὲ συνεπιθῇ ἐπὶ τὴν δύναμιν
αὐτῶν ἐν ἡμέρᾳ ἀπωλίας αὐτῶν· ¹⁴μηδὲ ἐπιστῇς ἐπὶ τὰς διεκβολὰς 14
αὐτοῦ ἐξολεθρεῦσαι τοὺς ἀνασῳζομένους αὐτοῦ, μηδὲ συγκλείσῃς τοὺς
φεύγοντας αὐτοῦ ἐν ἡμέρᾳ θλίψεως. ¹⁵διότι ἐγγὺς ἡμέρα Κυρίου 15
ἐπὶ πάντα τὰ ἔθνη· ὃν τρόπον ἐποίησας, οὕτως ἔσται σοι· τὸ ἀντα-
πόδομά σου ἀνταποδοθήσεται εἰς κεφαλήν σου· ¹⁶διότι ὃν τρόπον 16
ἔπιες ἐπὶ τὸ ὄρος τὸ ἅγιόν μου, πίονται καὶ καταβήσονται, καὶ ἔσονται
καθὼς οὐχ ὑπάρχοντες. ¹⁷Ἐν δὲ τῷ ὄρει Σειὼν ἔσται σωτηρία, 17
καὶ ἔσται ἅγιον· καὶ κατακληρονομήσουσιν ὁ οἶκος Ἰακὼβ τοὺς κατα-
κληρονομήσαντας αὐτούς. ¹⁸καὶ ἔσται ὁ οἶκος Ἰακὼβ πῦρ, ὁ δὲ 18
οἶκος Ἰωσὴφ φλόξ, ὁ δὲ οἶκος Ἠσαῦ εἰς καλάμην, καὶ ἐκκαυθήσονται
εἰς αὐτοὺς καὶ καταφάγονται αὐτούς, καὶ οὐκ ἔσται πυροφόρος τῷ
οἴκῳ Ἠσαύ, διότι Κύριος ἐλάλησεν. ¹⁹καὶ κατακληρονομήσουσιν οἱ 19

ℵAQ 9 εξαρθη] οι ο᾽ αρθη Q^mg 10 την ασεβειαν (-βιαν ℵ)] pr δια Q | αδελφου] την εις τον αδελφον ℵ^c.a (mox αδελφου revoc) AQ* (αδελφου Q^mg) | καλυψει] pr και ℵ^c.a (mox improb) AQ* | αιωναν ℵ* 11 αντεστη Q* | ημεραις] ημερα AQ | αυτου 1°] αυτων ℵ* (-του ℵ^c.a, c.b) | πυλας] pr τας A | εβαλον] επβαλλον ℵ* (π improb ℵ^1 vid λ 1° improb ℵ^c) | συ ης] υμεις εστε Q^mg 12 επιδης (εφ. Q^mg vid)] επιδοις A | απωλειας B^ab AQ | μεγαλορημονης] μεγα-λορημονησης ℵ^1 (μεγαρηονησης ℵ* vid) AQ* μεγαλορρ. Q^a 13 λαων] λαου μου ℵ^c.b α´ λαου μου Q^mg λαου σου A λαου Q* (λαων Q^a) | πονων] πονηρων ℵ* (ηρ ras et iam antea improb ℵ^1) πονου AQ | αυτων 1°, 2°, 3°, 4°] αυτου ℵ^c.b | μηδε 2°] μητε Q* μη Q^a vid | om μηδε συνεπιθη...αυτων (5°) B^ab ℵ* (hab μηδε συν. επι την δ. αυτ. εν ημ. απολιας αυτων ε ℵ^c.a, c.b) | απωλειας AQ | αυτων 5°] οι γ᾽ αυτου Q^mg 14 επιστης] στης A συνεπιστης Q | αυτου 1°] αυτων ℵ^c.a (postea rurs -του) AQ* | εξολεθρευσαι] pr του AQ* | αυτου 2°] εξ αυτων ℵ^c.a (mox αυτου revoc) αυτων AQ | συνκλιση ℵ (συνκ. etiam Q* vid) | φυγοντας Q | αυτου 3°] αυτων ℵ^c.a (mox αυτου revoc) εξ αυτων AQ 15 ημερα] pr η ℵA | Κυριου] pr του A | εσται] εσται A | αντα-ποδωμα, ανταποδωθ. A 16 διοτι] δια τουτο A | πιονται]+παντα τα εθνη οινον πιονται ℵ^c.a A+πιονται παντα τα εθνη οινον Q 17 Σιων B^b AQ | σωτηρια] pr η ℵ^c.b A 18 ο δε οικος 1°] και ο οικ. Q^mg | om εις 1° ℵ | εκκαυθησεται AQ | om και 3° ℵ* (hab ɤ ℵ^c.a) | καταφαγεται Q | πυρ-φορος ℵ^1 | τω οικω] pr εν AQ | Ησαυ 2°] υ rescr ℵ^1 | διοτι] οτι ℵ^c.b Q^a

46

ΟΒΔΕΙΟΥ 21

ἐν Νάγεβ τὸ ὄρος τὸ Ἠσαύ, καὶ οἱ ἐν τῇ Σεφηλὰ τοὺς ἀλλοφύλους· Β
καὶ κατακληρονομήσουσιν τὸ ὄρος Ἐφράιμ καὶ τὸ πεδίον Σαμαρείας
20 καὶ Βενιαμεὶν καὶ τὴν Γαλααδεῖτιν. ²⁰ καὶ τῆς μετοικεσίας ἡ ἀρχὴ
αὕτη· τοῖς υἱοῖς Ἰσραήλ, γῇ τῶν Χαναναίων ἕως Σαρέπτων, καὶ ἡ
μετοικεσία Ἰερουσαλὴμ ἕως Ἐφράθα· κληρονομήσουσιν τὰς πόλεις
21 τοῦ Νάγεβ. ²¹ καὶ ἀναβήσονται ἀνασῳζόμενοι ἐξ ὄρους Σειὼν τοῦ
ἐκδικῆσαι τὸ ὄρος Ἠσαύ, καὶ ἔσται τῷ κυρίῳ ἡ βασιλεία.

19 εναγεβ ℵ* (εν Ν. ℵ^{c.a, c.b}) | Σαφηλα Q^{mg} | Σαμαριας ℵ | Γαλααδιτιν ℵAQ
AQ^a   **20** μετοικησιας, -κησια Q^a | Χανανεων ℵ | εως 1°] pr και Q* | Σαρεφ-
θων Q^a | Εφραθα] Σφραθα Q*^{nisi fort} ı Σαφαραδ Q^a | κληρονομησουσιν] pr και
ℵ^{c.a} (improb ϗ ℵ^{c.b}) AQ | πολις ℵ* (-λεις ℵ^{c.b})   **21** ανασῳζομενοι] ανδρες
σεσωσμενοι A ανδρες εσωομενοι (sic) Q* (ανασως. Q^a) | Σιων B^bℵAQ | βασι-
λια ℵ* (-λεια ℵ^{c.b})

Subscr Οβδειου ε B* (Οβδιου B^{bc}) Αβδειου ε ℵ Αβδιον ε A Αβδαιου ε Q
(+δουλευων κω παρ Εβραιοις δ' Q^a)

ΙΩΝΑΣ

B   ΚΑΙ ἐγένετο λόγος Κυρίου πρὸς Ἰωνᾶν τὸν τοῦ Ἀμαθεὶ λέγων, 1   I
² Ἀνάστηθι καὶ πορεύθητι εἰς Νινευὴ τὴν πόλιν τὴν μεγάλην καὶ 2
κήρυξον ἐν αὐτῇ, ὅτι ἀνέβη ἡ κραυγὴ τῆς κακίας αὐτῆς πρὸς μέ. ³ καὶ 3
ἀνέστη Ἰωνᾶς τοῦ φυγεῖν εἰς Θαρσεὶς ἐκ προσώπου Κυρίου, καὶ
κατέβη εἰς Ἰόππην· καὶ εὗρεν πλοῖον βαδίζον εἰς Θαρσεὶς, καὶ ἔδωκεν
τὸ ναῦλον αὐτοῦ καὶ ἐνέβη εἰς αὐτὸ τοῦ πλεῦσαι μετ' αὐτῶν εἰς Θαρσεὶς
ἐκ προσώπου Κυρίου.   ⁴ Καὶ Κύριος ἐξήγειρεν πνεῦμα ἐπὶ τὴν 4
θάλασσαν, καὶ ἐγένετο κλύδων μέγας ἐν τῇ θαλάσσῃ, καὶ τὸ πλοῖον
ἐκινδύνευεν συντριβῆναι. ⁵ καὶ ἐφοβήθησαν οἱ ναυτικοὶ καὶ ἀνεβόησαν 5
ἕκαστος πρὸς τὸν θεὸν αὐτοῦ, καὶ ἐκβολὴν ἐποιήσαντο τῶν σκευῶν
τῶν ἐν τῷ πλοίῳ εἰς τὴν θάλασσαν, τοῦ κουφισθῆναι ἀπ' αὐτῶν·
Ἰωνᾶς δὲ κατέβη εἰς τὴν κοίλην τοῦ πλοίου, καὶ ἐκάθευδεν καὶ ἔρεγχεν.
⁶ καὶ προσῆλθεν πρὸς αὐτὸν ὁ πρωρεὺς καὶ εἶπεν αὐτῷ Τί σὺ ῥέγχεις; 6
ἀνάστα καὶ ἐπικαλοῦ τὸν θεόν σου, ὅπως διασώσῃ ὁ θεὸς ἡμᾶς καὶ
μὴ ἀπολώμεθα. ⁷ καὶ εἶπεν ἕκαστος πρὸς τὸν πλησίον αὐτοῦ Δεῦτε 7
βάλωμεν κλήρους καὶ ἐπιγνῶμεν τίνος ἕνεκεν ἡ κακία αὕτη ἐστὶν ἐν
ἡμῖν. καὶ ἔβαλον κλήρους, καὶ ἔπεσεν ὁ κλῆρος ἐπὶ Ἰωνᾶν.   ⁸ καὶ 8

ℵAQ   Inscr Ιωνας ς Bℵ AQ   I 1 Αμαθι AQ   2 πορευθητι B^ab
(-ρευθντητι B*)] πορευου A | Νινευη] pr την A | κραυη ℵ* (-γη ℵ^c.a)
3 φυγειν] υγ rescr ℵ¹ (φοιιν ℵ* vid) | εκ 1°] απο ℵA | Ιοππην] Ιππην ℵ*
(Ιοππ. ℵ^c.a) | om και εδωκεν...εις Θαρσεις (3°) ℵ* (hab ℵ^c.a) | μετ αυτων εις
Θαρσεις] εις Θ. μετ αυτων A | Θαρσις (3°) ℵ^c.a   4 επι] εις ℵ^c.a, c.b AQ |
εκινδυνευεν] εκινδυνευε Q^a | συντριβηναι] του διαλυθηναι ℵ^c.b (postea συντρ.)
A   5 ανεβοησαν] εβοων A ανεβοων ℵ^c.b Q | αυτου] αυτων AQ* (-των
Q^a) | ερεγκε Q^a   6 πρωρευς] οι γ' κυβερνηυητης Q^mg | αυτω] προς αυτον
A | ρεγχεις (ρεγκ. Q^a)] ρεγχει ℵ* (-γχεις ℵ^c.a, c.b) | αναστα] αναστηθι
ℵ^c.b Q^a | om και 3° Q | οπως] ειπως AQ^a (επως Q*) | διασωσει Q* vid | ημας]
pr η ℵ | μη] pr ου ℵ^c.a AQ^a   7 ειπεν] ειπαν Q | επιγνωμεν] επιγνωσο-
μεν ℵ* (-γνωμεν ℵ^c.a, c.b) | αυτη εστιν] η ε rescr ℵ¹ | εν ημιν] εφ ημας Q

ΙΩΝΑΣ   II 3

εἶπον πρὸς αὐτόν Ἀπάγγειλον ἡμῖν τίς σου ἡ ἐργασία ἐστίν, καὶ B
9 πόθεν ἔρχῃ, καὶ ἐκ ποίας χώρας καὶ ἐκ ποίου λαοῦ εἶ σύ; ⁹καὶ εἶπεν
πρὸς αὐτούς Δοῦλος Κυρίου ἐγώ εἰμι, καὶ τὸν κύριον θεὸν τοῦ οὐρανοῦ
10 ἐγὼ σέβομαι, ὃς ἐποίησεν τὴν θάλασσαν καὶ τὴν ξηράν. ¹⁰καὶ ἐφο-
βήθησαν οἱ ἄνδρες φόβον μέγαν καὶ εἶπαν πρὸς αὐτόν Τί τοῦτο ἐποί-
ησας; διότι ἔγνωσαν οἱ ἄνδρες ὅτι ἐκ προσώπου Κυρίου ἦν φεύγων,
11 ὅτι ἀπήγγειλεν αὐτοῖς. ¹¹καὶ εἶπαν πρὸς αὐτόν Τί σοι ποιήσομεν, καὶ
κοπάσει ἡ θάλασσα ἀφ᾽ ἡμῶν; ὅτι ἡ θάλασσα ἐπορεύετο καὶ ἐξήγειρεν
12 μᾶλλον κλύδωνα. ¹²καὶ εἶπεν Ἰωνᾶς πρὸς αὐτούς Ἄρατέ με καὶ
ἐμβάλετέ με εἰς τὴν θάλασσαν, καὶ κοπάσει ἡ θάλασσα ἀφ᾽ ὑμῶν·
διότι ἔγνωκα ἐγὼ ὅτι δι᾽ ἐμὲ ὁ κλύδων ὁ μέγας οὗτος ἐφ᾽ ὑμᾶς ἐστίν.
13 ¹³καὶ παρεβιάζοντο οἱ ἄνδρες τοῦ ἐπιστρέψαι πρὸς τὴν γῆν, καὶ οὐκ ἠ-
δύναντο, ὅτι ἡ θάλασσα ἐπορεύετο καὶ ἐξηγείρετο μᾶλλον ἐπ᾽ αὐτούς.
14 ¹⁴καὶ ἀνεβόησαν πρὸς Κύριον καὶ εἶπαν Μηδαμῶς, Κύριε· μὴ ἀπολώ-
μεθα ἕνεκεν τῆς ψυχῆς τοῦ ἀνθρώπου τούτου, καὶ μὴ δῷς ἐφ᾽ ἡμᾶς
15 αἷμα δίκαιον, διότι σύ, Κύριε, ὃν τρόπον ἐβούλου πεποίηκας. ¹⁵καὶ
ἔλαβον τὸν Ἰωνᾶν καὶ ἐξέβαλον αὐτὸν εἰς τὴν θάλασσαν, καὶ ἔστη ἡ
16 θάλασσα ἐκ τοῦ σάλου αὐτῆς. ¹⁶καὶ ἐφοβήθησαν οἱ ἄνδρες φόβῳ
μεγάλῳ τὸν κύριον, καὶ ἔθυσαν θυσίας τῷ κυρίῳ καὶ εὔξαντο εὐχάς.

II 1   ¹Καὶ προσέταξεν Κύριος κήτει μεγάλῳ καταπιεῖν τὸν Ἰωνᾶν· καὶ
ἦν Ἰωνᾶς ἐν τῇ κοιλίᾳ τοῦ κήτους τρεῖς ἡμέρας καὶ τρεῖς νύκτας.
2 ²καὶ προσηύξατο Ἰωνᾶς πρὸς Κύριον τὸν θεὸν αὐτοῦ ἐκ τῆς κοιλίας
3 τοῦ κήτους, ³καὶ εἶπεν

8 ειπον] ειπαν ℵAQ | απαγγειλον]+δη Q^mg | ημιν]+τινος ενεκεν η κακια ℵAQ
αυτη εστιν εν ημιν AQ | ερχη]+ϛ που πορευει ℵ^c.b+και που πορευη Q^mg |
ει συ] συ ει Q   9 ειμι εγω ℵ* (εγω ειμι ℵ^c mox ειμι εγω revoc) |
τον κυριον θεον] κν̅ τον θν̅ Q | σεβομαι] φοβουμαι ℵ^c.b   10 φοβω
μεγαλω ℵ^c.b(vid) (mox φοβον μεγαν revoc) | φευων ℵ* (φευγων ℵ^c.a)
11 ποιησωμεν ℵA | επορυετο ℵ^c.b επωρνετο AQ*: item 13   12 αυτους]
αυτο Q^avid | εμβαλετε] ευβαλατε ℵ | om με 2° AQ^a | οτι] διοτι ℵ* (οτι
ℵ^c.b) | κλυδων] γ pro κ incep ℵ* (κλ. ℵ¹)   13 καιπερ εβιαζοντο B*vid (και
παρεβιαζ. B^ab) | προς] θ᾽σ᾽ εις Q^mg | εδυναντο A | εηγειρετο ℵ* (εξηγ. ℵ^1 c.a)
14 προς Κυριον και ειπαν μηδαμως sup ras et in mg A^a | Κυριον] pr τον ℵ*
(om τον ℵ^c.b) | om μη απολωμεθα...συ Κυριε ℵ* (hab ℵ^c.a) | απολοιμεθα ℵ^c.a
(απολωμ. ℵ^c.b) Q | διοτι] οτι AQ* (διοτι Q^mg) | συ] σου ℵ^c.a | βεβουλον ℵ*
(εβ. ℵ¹)   15 εξεβαλον] εβαλον ℵ^c.b ενεβαλον ℵ^c.a A | σαλους AQ* (-λου Q^a)
16 εφοβηθησαν] incep ερ ℵ* | θυσιαν AQ* (-ας Q^a) | om κυρω ℵ* (superscr
κω̅ ℵ¹) | ηυξαντο ℵ¹ (ηξ. ℵ*) AQ   II 1 κητει] τητει ℵ* (κητει^c.a, c.b) |
καταπιειν] και κατεπιεν ℵ* (καταπ. ℵ^c.a, c.b) | τον Ιωναν] om τον ℵ?   2 τον
θεον] om τον ℵ^c.a (rurs ras) Q   2—3 om αυτου εκ της κοιλιας...Κυριον τον
θεον (2°) ℵ* (hab ℵ^1 c.a (vid), c.b)   2 τον θεον] om τον Q   3 ειπεν]+ως Q^mg

SEPT. III.   49   D

ΙΩΝΑΣ

Ἐβόησα ἐν θλίψει μου πρὸς Κύριον τὸν θεόν μου, καὶ εἰσήκουσέν μου.

ἐκ κοιλίας ᾅδου κραυγῆς μου ἤκουσας φωνῆς μου·
⁴ἀπέρριψάς με εἰς βάθη καρδίας θαλάσσης,
καὶ ποταμοί με ἐκύκλωσαν,
πάντες οἱ μετεωρισμοί σου καὶ τὰ κύματά σου ἐπ' ἐμὲ διῆλθον.
⁵καὶ ἐγὼ εἶπα Ἀπῶσμαι ἐξ ὀφθαλμῶν σου·
ἆρα προσθήσω τοῦ ἐπιβλέψαι πρὸς τὸν ναὸν τὸν ἅγιόν σου·
⁶περιεχύθη ὕδωρ μοι ἕως ψυχῆς,
ἄβυσσος ἐκύκλωσέν με ἐσχάτη,
ἔδυ ἡ κεφαλή μου εἰς σχισμὰς ὀρέων,
⁷κατέβην εἰς γῆν ἧς οἱ μοχλοὶ αὐτῆς κάτοχοι αἰώνιοι·
καὶ ἀναβήτω φθορὰ ζωῆς μου, Κύριε ὁ θεός μου,
⁸ἐν τῷ ἐκλιπεῖν ἀπ' ἐμοῦ τὴν ψυχήν μου τοῦ κυρίου ἐμνήσθην,
καὶ ἔλθοι πρὸς σὲ ἡ εὐχή μου εἰς ναὸν ἅγιόν σου.
⁹φυλασσόμενοι μάταια καὶ ψευδῆ
ἔλεος αὐτῶν ἐγκατέλιπον.
¹⁰ἐγὼ δὲ μετὰ φωνῆς αἰνέσεως καὶ ἐξομολογήσεως θύσω σοι,
ὅσα ηὐξάμην ἀποδώσω σοι σωτηρίου τῷ κυρίῳ.
¹¹Καὶ προσετάγη τῷ κήτει, καὶ ἐξέβαλεν τὸν Ἰωνᾶν ἐπὶ τὴν ξηράν.

¹Καὶ ἐγένετο λόγος Κυρίου πρὸς Ἰωνᾶν ἐκ δευτέρου λέγων ₁ III
²Ἀνάστηθι πορεύθητι εἰς Νινευὴ τὴν πόλιν τὴν μεγάλην, καὶ κήρυξον
ἐν αὐτῇ κατὰ τὸ κήρυγμα τὸ ἔμπροσθεν ὃ ἐγὼ ἐλάλησα πρὸς σέ.
³καὶ ἀνέστη Ἰωνᾶς καὶ ἐπορεύθη εἰς Νινευή, καθὰ ἐλάλησεν Κύριος·
ἡ δὲ Νινευὴ ἦν πόλις μεγάλη τῷ θεῷ, ὡσεὶ πορείας ὁδοῦ ἡμερῶν τριῶν.

ℵAQ 3 εβοησα] pr ωδη A | κραυης ℵ* (-γης ℵᶜ·ᵃ)   4 απεριψας ℵQ* | με 1°] μες (sic) ℵ | om σου 2° Q* (hab Q¹ᵐᵍ)   5 και εγω] καγω A | επιβλεψαι] επιστρεψε ℵ* (επιβλεψε ℵ¹ -ψαι ℵᶜ·ᵃ, ᶜ·ᵇ) | τον ναον Bᵃᵇℵ ναον AQ] τον λαον B*ᵇ   6 υδωρ μοι (μου ℵ* μοι ℵ¹)] μοι υδωρ AQ | ψυχης]+μου Qᵃ⁽ᵐᵍ⁾ ᵛⁱᵈ | εισχισμας ℵ* (εις σχ. ℵᶜ·ᵇ)   7 φθορα ζωης] εκ φθορας ζωης ℵᶜ·ᶜ⁽ᵛⁱᵈ⁾ εκ φθορας η ζωη AQ | Κυριε] pr προς σε ℵᶜ·ᶜ⁽ᵛⁱᵈ⁾   8 εκλειπειν AQ | απ εμου την ψυχην μου] την ψ. μου απ εμου AQ | ευχη] προσευχη ℵᶜ·ᵇAQ   9 ελεον ℵᶜ·ᵃ (mox ελεος revoc) Q | εγκατελειπον AQ* (-λιπον Qᵃ)   10 αινεσως B* (-σεως Bᵃᵇ) | και] ε pro κ incep B* | σοι σωτηριου] εις σωτηριον μου ℵᶜ·ᵃ ⁿᵒⁿ ᶜ·ᵇAQ | τω κυριω] pr ω ℵ* (om ω ℵ¹ᶜ·ᵃ) pr τω ℵᶜ·ᵇ (per incur)
11 προσεταγη]+απο κυ ℵᶜ·ᵇ (postea ras)   III 2 πορευθητι] pr και ℵᶜ·ᵃ (postea ras) AQ | Νινευην ℵ   3 καθως AQ* (καθα Qᵃ) | ποριας ℵA

ΙΩΝΑΣ IV 5

4 ⁴καὶ ἤρξατο Ἰωνᾶς τοῦ εἰσελθεῖν εἰς τὴν πόλιν ὡσεὶ πορείαν ἡμέρας B
μιᾶς, καὶ ἐκήρυξεν καὶ εἶπεν Ἔτι τρεῖς ἡμέραι καὶ Νινευὴ καταστρα-
5 φήσεται. ⁵καὶ ἐνεπίστευσαν οἱ ἄνδρες Νινευὴ τῷ θεῷ, καὶ ἐκήρυξαν
νηστίαν, καὶ ἐνεδύσαντο σάκκους ἀπὸ μεγάλου αὐτῶν ἕως μικροῦ
6 αὐτῶν. ⁶καὶ ἤγγισεν ὁ λόγος πρὸς τὸν βασιλέα τῆς Νινευή· καὶ
ἐξανέστη ἀπὸ τοῦ θρόνου αὐτοῦ, καὶ περιείλατο τὴν στολὴν αὐτοῦ
7 ἀφ᾿ ἑαυτοῦ καὶ περιεβάλετο σάκκον, καὶ ἐκάθισεν ἐπὶ σποδοῦ. ⁷καὶ
ἐκηρύχθη καὶ ἐρρέθη ἐν τῇ Νινευὴ παρὰ τοῦ βασιλέως καὶ παρὰ τῶν
μεγιστάνων αὐτοῦ λέγων Οἱ ἄνθρωποι καὶ τὰ κτήνη καὶ οἱ βόες καὶ
τὰ πρόβατα μὴ γευσάσθωσαν μηδὲν μηδὲ νεμέσθωσαν μηδὲ ὕδωρ
8 πιέτωσαν. ⁸καὶ περιεβάλοντο σάκκους οἱ ἄνθρωποι καὶ τὰ κτήνη,
καὶ ἀνεβόησαν πρὸς τὸν θεὸν ἐκτενῶς· καὶ ἀπέστρεψαν ἕκαστος ἀπὸ
τῆς ὁδοῦ αὐτοῦ τῆς πονηρᾶς καὶ ἀπὸ τῆς ἀδικίας τῆς ἐν χερσὶν αὐτῶν,
9 λέγοντες ⁹Τίς οἶδεν εἰ μετανοήσει ὁ θεὸς καὶ ἀποστρέψει ἐξ ὀργῆς
10 θυμοῦ αὐτοῦ, καὶ οὐ μὴ ἀπολώμεθα; ¹⁰καὶ εἶδεν ὁ θεὸς τὰ ἔργα
αὐτῶν, ὅτι ἀπέστρεψαν ἀπὸ τῶν ὁδῶν αὐτῶν τῶν πονηρῶν· καὶ
μετενόησεν ὁ θεὸς ἐπὶ τῇ κακίᾳ ᾗ ἐλάλησεν τοῦ ποιῆσαι αὐτοῖς, καὶ
IV 1 οὐκ ἐποίησεν. ¹Καὶ ἐλυπήθη Ἰωνᾶς λύπην μεγάλην, καὶ συνε-
2 χύθη· ²καὶ προσεύξατο πρὸς Κύριον καὶ εἶπεν Ὦ Κύριε, οὐχ οὗτοι
οἱ λόγοι μου, ἔτι ὄντος μου ἐν τῇ γῇ μου; διὰ τοῦτο προέφθασα
τοῦ φυγεῖν εἰς Θαρσείς, διότι ἔγνων ὅτι σὺ ἐλεήμων καὶ οἰκτίρμων,
3 μακρόθυμος καὶ πολυέλεος καὶ μετανοῶν ἐπὶ ταῖς κακίαις. ³καὶ νῦν,
δέσποτα Κύριε, λάβε τὴν ψυχήν μου ἀπ᾿ ἐμοῦ, ὅτι καλὸν τὸ ἀποθανεῖν
4 με ἢ ζῆν με. ⁴καὶ εἶπεν Κύριος πρὸς Ἰωνᾶν Εἰ σφόδρα λελύπησαι
5 σύ; ⁵καὶ ἐξῆλθεν Ἰωνᾶς ἐκ τῆς πόλεως, καὶ ἐκάθισεν ἀπέναντι τῆς

4 εισελθειν] εισπορευεσθαι ℵᶜ·ᵇAQ | πορειαν (-ριαν ℵ)] πορίας AQ* (πορειαν ℵAQ
Qᵃ) + οδου AQ | ημερας] μερας ℵ* (ημ. ℵ¹?ᶜ·ᵃ) | εκηρυξω ℵ* (-ξεν. ℵ¹) | τρεις] οι
λ' τεσσερακοντα Qᵐᵍ 5 ενεπιστευσαν] επιστευσαν ℵᶜ·ᵃ | νηστειαν BᵃᵇAQ |
και 3°] αι ℵ* (και ℵᶜ·ᵃ) | μικρου αυτων (om αυτ. AQ* hab Qᵐᵍ) εως μεγαλου
αυτων ℵᶜ·ᵇ (postea μεγ. αυτ. εως μικρ. αυτ. revoc) AQ 6 λογος] λαος
ℵᶜ·ᵇ (mox λογος revoc) | βασια ℵ* (βασιλεα ℵᶜ·ᵃ) | Νινευης ℵ* (s improb
ℵᶜ·ᵃ postea ras) | περιειλετο Qᵃ⁽ᵛⁱᵈ⁾ 7 ερρεθη (εριθη ℵ*)] ερρηθη BᵃᵇQᵃ |
παρα των μεγιστανων αυτου] παντων μεγ. αυτῶ ℵᶜ·ᵃ,ᶜ·ᵇ | γενεσθωσαν ℵ*
(γευσασθ. ℵᶜ·ᵃ,ᶜ·ᵇ) A | μηθεν A | νεμεσθωσαν] + μηδεν ℵ* (om μηδεν ℵᶜ·ᵇ) |
πινετωσαν ℵ 8 ανεστρεψαν ℵᶜ·ᵇQ* απεστρεψεν A α'θ' επεστρεψαν Qᵐᵍ |
πονηρας] πο sup ras seq ras pl litt Aᵃ 10 οιδε ℵ¹?ᶜ·ᵃ (οιδες ℵ*ᵛⁱᵈ) | μετα-
νοιησει Q* (-νοησ. Qᵃ) | τη κακια η] τα κακα α A | αυτοις] αυτοι ℵ* (-τοις
ℵᶜ·ᵃ) IV 2 προσηυξατο Bᵇ ᵉᵗ ᶠᵒʳᵗ ᶜ ℵAQ | ω] + ω Bℵ ᶜ·ᵇ ᵛⁱᵈ Qᵃ | μου 1°]
+ ους ελαλησα A | εγνων] + εγω ℵᶜ·ᵃ (mox improb) | συ] + θς Q | οικτειρμων
ℵᶜ·ᵇAQ* (-κτιρμ. Qᵃ) 3 η] ει Bℵ* (η ℵᶜ·ᵇ) pr μαλλον ℵᶜ·ᵃ (μ. postea ras) |
om με 2° ℵᶜ·ᵇAQ*ᵛⁱᵈ (hab Qᵐᵍ) 4 σφοδρα] + συ ℵ* (improb ℵᶜ·ᵃ
postea ras)

IV 6 ΙΩΝΑΣ

B πόλεως· καὶ ἐποίησεν ἑαυτῷ ἐκεῖ σκηνὴν καὶ ἐκάθητο ὑποκάτω αὐτῆς ἐν σκιᾷ, ἕως οὗ ἀπίδῃ τί ἔσται τῇ πόλει. ⁶καὶ προσέταξεν Κύριος 6 ὁ θεὸς κολοκύνθῃ, καὶ ἀνέβη ὑπὲρ κεφαλῆς τοῦ Ἰωνᾶ τοῦ εἶναι σκιὰν ὑπεράνω τῆς κεφαλῆς αὐτοῦ, τοῦ σκιάζειν αὐτῷ ἀπὸ τῶν κακῶν αὐτοῦ· καὶ ἐχάρη Ἰωνᾶς ἐπὶ τῇ κολοκύνθῃ χαρὰν μεγάλην. ⁷καὶ 7 προσέταξεν ὁ θεὸς σκώληκι ἑωθινῇ τῇ ἐπαύριον, καὶ ἐπάταξεν τὴν κολόκυνθαν, καὶ ἀπεξηράνθη. ⁸καὶ ἐγένετο ἅμα τῷ ἀνατεῖλαι τὸν 8 ἥλιον καὶ προσέταξεν ὁ θεὸς πνεύματι καύσωνος συνκαίοντι, καὶ ἐπάταξεν ὁ ἥλιος ἐπὶ τὴν κεφαλὴν Ἰωνᾶ· καὶ ὠλιγοψύχησεν καὶ ἀπελέγετο τὴν ψυχὴν αὐτοῦ, καὶ εἶπεν Καλόν μοι ἀποθανεῖν με ἢ ζῆν. ⁹καὶ εἶπεν ὁ θεὸς πρὸς Ἰωνᾶν Εἰ σφόδρα λελύπησαι σὺ ἐπὶ 9 τῇ κολοκύνθῃ; καὶ εἶπεν Σφόδρα λελύπημαι ἐγὼ ἕως θανάτου. ¹⁰καὶ 10 εἶπεν Κύριος Σὺ ἐφείσω ὑπὲρ τῆς κολοκύνθης, ὑπὲρ ἧς οὐκ ἐκακοπάθησας ἐπ' αὐτήν, καὶ οὐκ ἐξέθρεψας αὐτήν, ἣ ἐγενήθη ὑπὸ νύκτα καὶ ὑπὸ νύκτα ἀπώλετο. ¹¹ἐγὼ δὲ οὐ φείσομαι ὑπὲρ Νινευὴ τῆς 11 πόλεως τῆς μεγάλης, ἐν ᾗ κατοικοῦσιν πλείους δώδεκα μυριάδες ἀνθρώπων, οἵτινες οὐκ ἔγνωσαν δεξιὰν αὐτῶν ἢ ἀριστερὰν αὐτῶν, καὶ κτήνη πολλά;

ℵAQ 5 εκει σκηνην εαυτω A | om ου Q | αφειδη A | τη πολει] pr εν ℵ 6 κολοκυνθη bis] κολοκυντη AQ* (-νθη Qᵃ) | του ειναι] om του AQ | σκιαν] pr εις ℵᶜ·ᵃ (mox ras) | αυτου 2°] αυτων ℵ* (-του ℵᶜ·ᵃ,ᶜ·ᵇ) 7 ο θεος] ων ℵ* pr κ̅ς̅ AQ | σκωληκι] pr σ ℵ* (improb ℵ¹) | κολοκυνταν A 8 ο θεος] pr κ̅ς̅ AQ | συγκαιοντι Bᵇ | ολιγοψυχησεν ℵ | om μοι Q* (hab Qᵐᵍ) | αποθανειν] pr το ℵᶜ·ᵇAQ | om με ℵ | ζην]+με ℵᶜ·ᵃQ 9 ο θεος] pr κ̅ς̅ ℵᶜ·ᵇA | κολοκυντη AQᵃ 10 κολοκυντης AQᵃ | επ αυτην] επ αυτης ℵ* (επ αυτην ℵᶜ·ᵃ(ᵛⁱᵈ)) A εις αυτην ℵᶜ·ᵇQᵃ | και ουκ] ουδε ℵᶜ·ᵇ | υπο νυκτα εγενηθη AQ 11 om της μεγαλης A | κατοικουσιν]+ εν αυτη Qⁱⁿᵍ | πλειους] πλιου ℵ* (πλιους ℵᶜ·ᵃ)+η ℵᶜ·ᵃQ | η 2°] ουδε A
Subscr Ιωνας ϛ Bℵ Q Ιωνας προφητης ϛ A

ΝΑΟΥΜ

1 1 ΛΗΜΜΑ Νινευή. βιβλίον οράσεως Ναούμ τού Έλκεσαίου.

2 ²Θεὸς ζηλωτὴς καὶ ἐκδικῶν Κύριος μετὰ θυμοῦ, ἐκδικῶν Κύριος τοὺς ὑπεναντίους αὐτοῦ, καὶ ἐξαίρων αὐτὸς τοὺς ἐχθροὺς αὐτοῦ. 3 ³Κύριος μακρόθυμος, καὶ μεγάλη ἡ ἰσχὺς αὐτοῦ, καὶ ἀθῷον οὐκ ἀθῳώσει Κύριος· ἐν συντελείᾳ καὶ ἐν συσσεισμῷ ἡ ὁδὸς αὐτοῦ, καὶ 4 νεφέλαι κονιορτὸς ποδῶν αὐτοῦ· ⁴ἀπειλῶν θαλάσσῃ καὶ ξηραίνων αὐτήν, καὶ πάντας τοὺς ποταμοὺς ἐξερημῶν. ὀλιγώθη ἡ Βασανῖτις 5 καὶ ὁ Κάρμηλος, καὶ τὰ ἐξανθοῦντα τοῦ Λιβάνου ἐξέλιπεν· ⁵τὰ ὄρη ἐσείσθησαν ἀπ' αὐτοῦ, καὶ οἱ βουνοὶ ἐσαλεύθησαν· καὶ ἀνεστάλη ἡ γῆ ἀπὸ προσώπου αὐτοῦ, ἡ σύμπασα, καὶ πάντες οἱ κατοικοῦντες 6 ἐν αὐτῇ. ⁶ἀπὸ προσώπου ὀργῆς αὐτοῦ τίς ὑποστήσεται; καὶ τίς ἀντιστήσεται ἐν ὀργῇ θυμοῦ αὐτοῦ; ὁ θυμὸς αὐτοῦ τήκει ἀρχάς, καὶ 7 αἱ πέτραι διεθρύβησαν ἀπ' αὐτοῦ. ⁷χρηστὸς Κύριος τοῖς ὑπομένουσιν αὐτὸν ἐν ἡμέρᾳ θλίψεως, καὶ γινώσκων τοὺς εὐλαβουμένους αὐτόν. 8 ⁸καὶ ἐν κατακλυσμῷ πορείας συντέλειαν ποιήσεται, τοὺς ἐπεγειρο-9 μένους καὶ τοὺς ἐχθροὺς αὐτοῦ διώξεται σκότος. ⁹τί λογίζεσθε ἐπὶ τὸν κύριον; συντέλειαν αὐτὸς ποιήσεται, οὐκ ἐκδικήσει δὶς ἐπὶ τὸ 10 αὐτὸ ἐν θλίψει· ¹⁰ὅτι ἕως θεμελίου αὐτοῦ χερσωθήσεται, καὶ ὡς σμῖλαξ 11 περιπλεκομένη βρωθήσεται, καὶ ὡς καλάμη ξηρασίας μεστή. ¹¹ἐκ

Inscr Ναουμ ϛ' BℵAQ | I 1 Ελκαισεου ℵ* Ελκεσεου ℵc.b | 2 Κυ- ℵAQ ριος 1°] + εκδικων Bab | εκδικων 2°] pr και ℵc.a | om Κυριος 2° Q | 3 αθωον] αθοων ℵc.a, c.bAQa αθοον Q* | αθωσει B*ℵAQ* (αθωωσ. BbQa) | συντελια ℵ* (-λεια ℵc.b) | συσσεισμω BabℵQa 4 ωλιγωθη Bbℵ* (ολιγ. ℵc.a, c.b) A | τα εξανθουντα] pr παντα ℵc.b | εξελειπεν AQ 5 απ] υπ Q* | om και οι βουνοι εσαλευθησαν και α ℵ* (hab ℵ¹¹a? partim rescr partim inst ℵc.c) | ανεσταλη] ανεστη ℵc.b (ανεσταλ. revoc ℵc.c) | συνπασα ℵA 6 om οργης Q*vid (hab Qa(ing)) 8 πορίας ℵ | συντελιαν ℵ* (-λειαν ℵc.b): item 9 9 om τι Q* (superscr Qa) | ποιησεται] ποιησει ℵc.b 9—10 om ουκ εκδικησει...χερσωθησεται ℵ* (hab ℵc.a, c.b) 10 αυτου] αυτης ℵc.a, c.b αυτων A | χερσωθησονται A | ωσμιλας ℵ* (ως σμιλαξ ℵc.b) ωσμιλαξ A 11 εκ σου] εξ ου ℵ

53

B σοῦ ἐξελεύσεται λογισμὸς κατὰ τοῦ κυρίου, πονηρὰ βουλευόμενος ἐναντία. ¹²τάδε λέγει Κύριος κατάρχων ὑδάτων πολλῶν Καὶ οὕτως 12 διασταλήσονται, καὶ ἡ ἀκοή σου οὐκ ἐνακουσθήσεται ἔτι. ¹³καὶ νῦν 13 συντρίψω τὴν ῥάβδον αὐτοῦ ἀπὸ σοῦ, καὶ τοὺς δεσμοὺς διαρήξω· ¹⁴καὶ ἐντελεῖται ὑπὲρ σοῦ Κύριος, οὐ σπαρήσεται ἐκ τοῦ ὀνόματός 14 σου ἔτι· ἐξ οἴκου θεοῦ σου ἐξολεθρεύσω τὰ γλυπτά, καὶ χωνευτὰ θήσομαι ταφήν σου. ὅτι ταχεῖς ¹⁵ἰδοὺ ἐπὶ τὰ ὄρη οἱ πόδες εὐαγ- 15 (1) (II) γελιζομένου καὶ ἀπαγγέλλοντος εἰρήνην· ἑόρταζε, Ἰούδα, τὰς ἑορτάς σου, ἀπόδος τὰς εὐχάς σου, διότι οὐ μὴ προσθήσωσιν ἔτι τοῦ διελθεῖν διὰ σοῦ εἰς παλαίωσιν.

¹Συντετέλεσται, ἐξῆρται· ²ἀνέβη ἐμφυσῶν εἰς πρόσωπόν σου, $\frac{1}{2}$ II ἐξαιρούμενος ἐκ θλίψεως. σκόπευσον ὁδόν, κράτησον ὀσφύος, ἄνδρισαι τῇ ἰσχύι σφόδρα· ³διότι ἀπέστρεψεν Κύριος τὴν ὕβριν 3 Ἰακὼβ καθὼς ὕβριν τοῦ Ἰσραήλ, διότι ἐκτινάσσοντες ἐξετίναξαν αὐτοὺς καὶ τὰ κλήματα αὐτῶν· διέφθειραν ⁴ὅπλα δυναστείας αὐτῶν 4 ἐξ ἀνθρώπων, ἄνδρας δυνατοὺς ἐμπαίζοντας ἐν πυρί· αἱ ἡνίαι τῶν ἁρμάτων αὐτῶν ἐν ἡμέρᾳ ἑτοιμασίας αὐτοῦ, καὶ οἱ ἱππεῖς θορυβηθήσονται ⁵ἐν ταῖς ὁδοῖς, καὶ συγχυθήσονται τὰ ἅρματα καὶ συνπλακή- 5 σονται ἐν ταῖς πλατείαις· ἡ ὅρασις αὐτῶν ὡς λαμπάδες πυρὸς καὶ ὡς ἀστραπαὶ διατρέχουσαι. ⁶καὶ μνησθήσονται οἱ μεγιστᾶνες αὐτῶν, 6 καὶ φεύξονται ἡμέρας καὶ ἀσθενήσουσιν ἐν τῇ πορίᾳ αὐτῶν, καὶ σπεύσουσιν ἐπὶ τὰ τείχη αὐτῆς καὶ ἑτοιμάσουσιν τὰς προφυλακὰς αὐτῶν. ⁷πύλαι τῶν πόλεων διηνοίχθησαν, καὶ τὰ βασίλεια διέπεσεν, 7 ⁸καὶ ἡ ὑπόστασις ἀπεκαλύφθη· καὶ αὕτη ἀνέβαινεν καὶ αἱ δοῦλαι 8 αὐτῆς ἤγοντο καθὼς περιστεραὶ φθεγγόμεναι ἐν καρδίαις αὐτῶν. ⁹καὶ 9

ℵAQ   11 του κυριου] om του Q | πονηρα] α' κακιαν Q^mg | βουλευομενος] λογιζομενος AQ^a α' βουλ. αποστασια Q^mg | εναντια] pr ποιησεται Α* (ras τα Α?) 13 δεσμους]+σου ℵ^c.a A | διαρρηξω B^b ℵ^c.b AQ   14 υπερ] περι ℵ | εκ του ονοματος] εξ ονομ. ℵ^c.b | εξ οικου] pr τα A | τα γλυπτα] improb τα ℵ^c.b +σου A   15 σου αποδος τας ευ sup ras ℵ^1 | προσθησωσιν] προσθωσιν ℵAQ | om δια σου AQ   II 1 εξηρται] εξητε ℵ* (εξηρτε ℵ^c.a -ρται ℵ^c.b etiam ανηλωται ℵ^c.b mg)   2 ενφυσων ℵ | προσωπον] pr το Q* (inprob το Q^a) | εξαιρουμενος]+σε A | τη ισχυι] της ισχ. (nisi forte τη εισχ.) ℵ*+σου A 3 υβριν 1° ℵ* (υβρ. ℵ^c.a)   4 δυναστιας ℵ | om εξ ανθρωπων Q* (hab Q^mg) | αυτων 2°] αυτου Q^a | αυτου] αυτων ℵ^c.b (postea rurs -του)   5 improb και 1° ℵ^1 (mox revoc) | συγχυθησονται] συσχυθ. ℵ* συνχυθ. ℵ^c.a, c.b συγχυθ. A* | συμπλακησονται B^b ℵAQ* (συμπλεκ. Q^a) | πλατιαις ℵA   6 τη πορια (-ρεια B^ab Q^a)] ταις πορειαις A | om αυτης AQ | ετοιμασουσι Q^a   7 πολεων] signa v l adscr B? (ras aliq in mg) ποταμων ℵ* (πολεων ℵ^c.a,c.b) | βασιλεα ℵ* (-λεια ℵ^c.a) | διεπεσαν AQ   8 ανεβεννεν ℵ αναιβεννέ| A | καρδιαις] pr ταις A

ΝΑΟΥΜ III 5

Νινευή, ὡς κολυμβήθρα ὕδατος τὰ ὕδατα αὐτῆς, καὶ αὐτοὶ φεύγοντες B
10 οὐκ ἔστησαν, καὶ οὐκ ἦν ὁ ἐπιβλέπων. ¹⁰διήρπασαν τὸ ἀργύριον,
διήρπαζον τὸ χρυσίον, καὶ οὐκ ἦν πέρας τοῦ κόσμου αὐτῆς· βεβά-
11 ρυνται ἐπὶ πάντα σκεύη τὰ ἐπιθυμητὰ αὐτῆς. ¹¹ἐκτιναγμὸς καὶ
ἀνατιναγμὸς καὶ ἐκβρασμὸς καὶ καρδίας θραυσμός, καὶ ὑπόλυσις
γονάτων καὶ ὠδῖνες ἐπὶ πᾶσαν ὀσφύν, καὶ τὸ πρόσωπον πάντων
12 ὡς πρόσκαυμα χύτρας. ¹²ποῦ ἐστιν τὸ κατοικητήριον τῶν λεόντων,
καὶ ἡ νομὴ ἡ οὖσα τοῖς σκύμνοις; ποῦ ἐπορεύθη λέων τοῦ εἰσελθεῖν
13 ἐκεῖ σκύμνον λέοντος, καὶ οὐκ ἦν ὁ ἐκφοβῶν; ¹³λέων ἥρπασεν τὰ
ἱκανὰ τοῖς σκύμνοις αὐτοῦ καὶ ἀπέπνιξεν τοῖς λέουσιν αὐτοῦ, καὶ
ἔπλησεν θήρας νοσσιὰν αὐτοῦ καὶ τὸ κατοικητήριον αὐτοῦ ἁρπαγῆς.
14 ¹⁴ἰδοὺ ἐγὼ ἐπὶ σέ, λέγει Κύριος Παντοκράτωρ, καὶ ἐκκαύσω ἐν καπνῷ
πλῆθός σου, καὶ τοὺς λέοντάς σου καταφάγεται ῥομφαία, καὶ ἐξολε-
θρεύσω ἐκ τῆς γῆς τὴν θήραν σου, καὶ οὐ μὴ ἀκουσθῇ οὐκέτι τὰ
ἔργα σου.

III 1 ¹ Ὦ πόλις αἱμάτων, ὅλη ψευδής, ἀδικίας πλήρης, οὐ ψηλαφηθή-
2 σεται θήρα. ²φωνὴ μαστίγων καὶ φωνὴ σεισμοῦ τροχῶν, καὶ ἵππου
3 διώκοντος καὶ ἅρματος ἀναβράσσοντος, ³καὶ ἱππέως ἀναβαίνοντος καὶ
στιλβούσης ῥομφαίας καὶ ἐξαστραπτόντων ὅπλων, καὶ πλήθους τραυ-
ματιῶν καὶ βαρείας πτώσεως, καὶ οὐκ ἦν πέρας τοῖς ἔθνεσιν αὐτῆς·
καὶ ἀσθενήσουσιν ἐν τοῖς σώμασιν αὐτῶν ἀπὸ πλήθους πορνείας.
4 ⁴πόρνη καλὴ καὶ ἐπιχαρής, ἡγουμένη φαρμάκων, ἡ πωλοῦσα ἔθνη
5 ἐν τῇ πορνείᾳ αὐτῆς καὶ λαοὺς ἐν τοῖς φαρμάκοις αὐτῆς. ⁵ἰδοὺ ἐγὼ
ἐπὶ σέ, λέγει Κύριος ὁ θεὸς ὁ παντοκράτωρ, καὶ ἀποκαλύψω τὰ
ὀπίσω σου ἐπὶ τὸ πρόσωπόν σου, καὶ δείξω ἔθνεσιν τὴν αἰσχύνην

9 ως] ην A | τα] τειχη A | φευγοντες] φθυο̅|τες ℵ* (φευγ. ℵc.a, c.b (vid)) | ℵAQ
επιβλεπων] βλεπων A   10 διηρπασαν] διηρπαζον ℵAQ | διηρπαζον το sup
ras Bab | επι] υπερ ℵAQ | σκευη] pr τα AQ | επιθυμηματα Q* (-θυμητα Qa)
11 εντιναγμος Q* | εκβραγμος B*?A | om και 3° Q | θραυμος ℵ* (θραυσμ.
ℵc.a) | χυθρας ℵ* (χυτρ. ℵc.a, c.b)   12 η νομη] om η ℵ* (hab ℵc.a) |
τοις σκυμνοις (-μνοι ℵ* -μνοις ℵc.a)] pr εν A | που 2°] ου A | σκυμνον] σκυμνος
ℵc.aAQ | λεοντος] incep λο ℵ* (λεοντ. ℵc.a (vid)) | εκφορων ℵ* (εκφοβ. ℵc.a)
13 ηρπασε Qa | απεπνιξε Qa+τα ικανα Q | επλησεν] ενεπλησεν Q* (-σε Qa) |
θηραν ℵ* (θηρας ℵc.a, c.b)   14 εγω]+ειμι ℵc.a (rurs ras) | σε] αι ℵ* (σε
ℵc.a, c.b) | παντοκρατωρ] pr ο AQ | om και 3° Q* | της γης] om της Q* (hab
Qmg) | ου μη ακ. ουκετι] ου μη ακ. ετι ℵ? ουκετι ου μη ακ. A | τα εργα] om τα
Q* (superscr Qa)   III 1 πληρης αδικιας AQ   2 ιππων ℵ* (-που ℵc.a, c.b) |
om αναβρασσοντος Q* (hab Qa (mg))   3 improb και 1° ℵc.b | τραυματιων |
incep κ ℵ* (τρ. ℵ1? c.a) | πορνιας ℵ   4 επιχαρις BabQ | εθνη] θνη ℵ* (εθν.
ℵ1? c.a) | πορνια ℵ | λαους] φυλας ℵc.a, c.bAQ   5 ο παντοκρατωρ] improb ο ℵ?
(mox revoc) | το προσωπον] om το AQ | εθνεσι Qa | αισχυνην] ασχημοσυνην A

55

B σου καὶ βασιλείαις τὴν ἀτιμίαν σου· ⁶καὶ ἐπιρίψω ἐπὶ σὲ βδελυγμὸν 6
κατὰ τὰς ἀκαθαρσίας σου, καὶ θήσομαί σε εἰς παράδειγμα· ⁷καὶ 7
ἔσται πᾶς ὁ ὁρῶν σε καταβήσεται ἀπὸ σοῦ καὶ ἐρεῖ Δειλαία Νινευή·
τίς στενάξει αὐτήν; πόθεν ζητήσω παράκλησιν αὐτῇ; ⁸ἑτοίμασαι 8
μερίδα, ἅρμοσαι χορδήν, ἑτοίμασαι μερίδα, Ἀμμών, ἡ κατοικοῦσα ἐν
ποταμοῖς· ὕδωρ κύκλῳ αὐτῆς, ἧς ἡ ἀρχὴ θάλασσα καὶ ὕδωρ τὰ τείχη
αὐτῆς. ⁹καὶ Αἰθιοπία ἰσχὺς αὐτῆς καὶ Αἴγυπτος, καὶ οὐκ ἔστιν πέρας 9
τῆς φυγῆς, καὶ Λίβυες ἐγένοντο βοηθοὶ αὐτῆς. ¹⁰καὶ αὐτὴ εἰς μετοι- 10
κεσίαν πορεύσεται αἰχμάλωτος, καὶ τὰ νήπια αὐτῆς ἐδαφιοῦσιν
ἐπ᾽ ἀρχὰς πασῶν τῶν ὁδῶν αὐτῆς, καὶ ἐπὶ πάντα τὰ ἔνδοξα
αὐτῆς βαλοῦσιν κλήρους, καὶ πάντες οἱ μεγιστᾶνες αὐτῆς δεθή-
σονται χειροπέδαις. ¹¹καὶ σὺ μεθυσθήσῃ καὶ ἔσῃ ὑπερεωραμένη, 11
καὶ σὺ ζητήσεις σεαυτῇ στάσιν ἐξ ἐχθρῶν. ¹²πάντα τὰ ὀχυρώματά 12
σου συκαῖ σκοποὺς ἔχουσαι· ἐὰν σαλευθῶσιν, πεσοῦνται εἰς στόμα
ἔσθοντος. ¹³ἰδοὺ ὁ λαός σου ὡς γυναῖκες ἐν σοί· τοῖς ἐχθροῖς σου 13
ἀνοιγόμεναι ἀνοιχθήσονται πύλαι τῆς γῆς σου, καταφάγεται πῦρ
τοὺς μοχλούς σου. ¹⁴ὕδωρ περιοχῆς ἐπίσπασαι σεαυτῇ, καὶ κατα- 14
κράτησον τῶν ὀχυρωμάτων σου· ἔμβηθι εἰς πηλὸν καὶ συμπατήθητι
ἐν ἀχύροις, κατακράτησον ὑπὲρ πλίνθον· ¹⁵ἐκεῖ καταφάγεταί σε 15
πῦρ, ἐξολεθρεύσει σε ῥομφαία, καταφάγεταί σε ὡς ἀκρίς, καὶ
βαρυνθήσει ὡς βροῦχος. ¹⁶ἐπλήθυνας τὰς ἐμπορίας σου ὑπὲρ τὰ 16
ἄστρα τοῦ οὐρανοῦ· βροῦχος ὥρμησεν καὶ ἐξεπετάσθη. ¹⁷ἐξήλατο 17
ὡς ἀττέλεβος ὁ σύμμικτός σου, ὡς ἀκρὶς ἐπιβεβηκυῖα ἐπὶ φραγμὸν
ἐν ἡμέρᾳ πάγους· ὁ ἥλιος ἀνέτειλεν, καὶ ἀφήλατο, καὶ οὐκ ἔγνω

ΝΑQ 5 ατιμιαν] ιμιαν rescr ℵ¹ 6 επιρριψω Bᵃ (fort) ᵇ Qᵃ | ακαθαρσιας] αμαρτιας
ℵ* (ακαθ. ℵᶜ·ᵇ postea rurs αμ.) | παραδισγμα ℵ* (-δειγμα ℵᶜ·ᵇ et iam antea) πα-
ραδιγμα A 7 αυτην] απο σου A pr επ Qᵐᵍ | παρακλησις A 8 om
ετοιμασαι μεριδα (1º) ℵᶜ·ᵇ om ετοιμασαι 2º ℵᶜ·ᵇ | μεριδα 2º] μερις ℵᶜ·ᵃ·ᶜ·ᵇ |
Αρμων ℵ* (Αμμων ℵᶜ·ᵃ·ᶜ·ᵇ) | ης] ως ℵ* (ης ℵᶜ·ᵃ) | αρχη]+αυτης A 9 om
και 1º ℵᶜ·ᵇ | Εθιοπια ℵ* (Αιθ. ℵᶜ·ᵃ·ᶜ·ᵇ) | ισχυς] pr η ℵᶜ·ᵃᵗᶜ·ᵇ? (postea ras)
AQ | εστιν] εσται A εστι Qᵃ | φυγης]+σου ℵᶜ·ᵃAQ | εγενοντο] εγενετο Qᵛⁱᵈ
10 μετοικησιαν B* (-κεσιαν Bᵇ⁽ᵛⁱᵈ⁾) | πορευεται Q | και 2º]+πανηγυρια ℵ*
(improb ℵᶜ·ᵃ·ᶜ·ᵇ) | αρχης ℵᶜ·ᵇ | οδων] ορεων ℵ* (οδ. ℵᶜ·ᵇ) | βαλουσι Qᵃ | μεγι-
στανες]+αυτης ℵᶜ·ᵃ 11 και 1º]+γε AQ | υπερεωραμενη (υπερεορ. Qᵃ)]
παρεωραμενη ℵᶜ·ᵇ | om εξ ℵ* (hab εξ ℵᶜ·ᵇ) 12 σκοπους] καρπους Bᵃᵇ |
πεσουνται] pr και AQ | εισ τομα ℵ* (εις στ. ℵᶜ·ᵃ) A | εσθιοντος ℵᶜ·ᵃ⁽ᵛⁱᵈ⁾
(postea εσθοντ. revoc) 13 καταφαγεται] καταφαγετε A 14 om
επισπασαι σεαυτη ℵ* (hab ℵᶜ·ᵃ) | om και 1º ℵᶜ·ᵃ·ᶜ·ᵇAQ | πηλον] πολεμον ℵ*
(πηλ. ℵ¹⁽ᵛⁱᵈ⁾) | συμπατηθητι (συνπ. Q*)] συνπατει A 15 καταφαγεται 2º]
pr και ℵᶜ·ᵃA | βαρυνθηση ℵAQ | βουχος ℵ* (βρ. ℵᶜ·ᵃ) 16 om επλη-
θυνας...βρουχος ℵ* (hab ℵᶜ·ᵃ) | υπερ] ως ℵᶜ·ᵃ ωσπερ ℵᶜ·ᵇ | ωρμησεν Qᵃ
17 αττελαβος AQ* (-λεβος Qᵃ) | ημεραις AQ | παγου A | γνω ℵ* (εγν. ℵ¹ᶜ)

ΝΑΟΥΜ III 19

18 τὸν τόπον αὐτῆς. οὐαὶ αὐτοῖς. ¹⁸ἐνύσταξαν οἱ ποιμένες σου, Β βασιλεὺς Ἀσσύριος, ἐκοίμισεν τοὺς δυνάστας σου· ἀπῆρεν ὁ λαός 19 σου ἐπὶ τὰ ὄρη, καὶ οὐκ ἦν ὁ ἐκδεχόμενος. ¹⁹οὐκ ἔστιν ἴασις τῇ συντριβῇ σου, ἐφλέγμανεν ἡ πληγή σου· πάντες οἱ ἀκούοντες τὴν ἀγγελίαν σου κροτήσουσιν χεῖρας ἐπὶ σέ· διότι ἐπὶ τίνα οὐκ ἐπῆλθεν ἡ κακία σου διὰ παντός;

17 ουαι] + ουαι A   18 Ασσυριων Q | εκοιμισε Qᵃ | δυναστας] δυνα- ℵAQ
τους Q | απηραν Qᵛⁱᵈ   19 ακουσαντες ℵᶜ·ᵇAQ | κροτησουσι Qᵃ | χειρα
A | τιναν ℵ*
Subscr Ναουμ ʔ Bℵאق

ΑΜΒΑΚΟΥΜ

B   ΤΟ λῆμμα ὃ εἶδεν ᾿Αμβακοὺμ ὁ προφήτης. 1

²Ἕως τίνος, Κύριε, κράξομαι, καὶ οὐ μὴ εἰσακούσῃς; βοήσομαι 2 πρὸς σὲ ἀδικούμενος, καὶ οὐ σώσεις; ³ἵνα τί ἔδειξάς μοι κόπους 3 καὶ πόνους ἐπιβλέπειν, ταλαιπωρίαν καὶ ἀσέβειαν; ἐξ ἐναντίας μου γέγονεν κρίσις, καὶ ὁ κριτὴς λαμβάνει· ⁴διὰ τοῦτο διεσκέδασται νόμος, 4 καὶ οὐ διεξάγεται εἰς τέλος κρίμα, ὅτι ἀσεβὴς καταδυναστεύει τὸν δίκαιον· ἕνεκεν τούτου ἐξελεύσεται τὸ κρίμα διεστραμμένον. ⁵ἴδετε, 5 οἱ καταφρονηταί, καὶ ἐπιβλέψατε, καὶ θαυμάσατε θαυμάσια καὶ ἀφανίσθητε· διότι ἔργον ἐγὼ ἐργάζομαι ἐν ταῖς ἡμέραις ὑμῶν ὃ οὐ μὴ πιστεύσητε ἐάν τις ἐκδιηγῆται. ⁶διότι ἰδοὺ ἐγὼ ἐξεγείρω τοὺς Χαλ- 6 δαίους, τὸ ἔθνος τὸ πικρὸν καὶ τὸ ταχινόν, τὸ πορευόμενον ἐπὶ τὰ πλάτη τῆς γῆς τοῦ κατακληρονομῆσαι σκηνώματα οὐκ αὐτοῦ· ⁷φοβερὸς καὶ 7 ἐπιφανής ἐστιν, ἐξ αὐτοῦ τὸ κρίμα αὐτοῦ ἔσται, καὶ τὸ λῆμμα αὐτοῦ ἐξ αὐτοῦ ἐξελεύσεται· ⁸καὶ ἐξαλοῦνται ὑπὲρ παρδάλεις οἱ ἵπποι αὐτοῦ, 8 καὶ ὀξύτεροι ὑπὲρ τοὺς λύκους τῆς ᾿Αραβίας· καὶ ἐξιππάσονται οἱ ἱππεῖς αὐτοῦ καὶ ὁρμήσουσιν μακρόθεν, καὶ πετασθήσονται ὡς ἀετὸς πρόθυμος εἰς τὸ φαγεῖν. ⁹συντέλεια εἰς ἀσεβεῖς ἥξει, ἀνθεστηκότας 9 προσώποις αὐτῶν ἐξ ἐναντίας, καὶ συνάξει ὡς ἄμμον αἰχμαλωσίαν.

ℵAQ   Inscr Αμβακουμ η BℵAQ   I 1 προφης A   2 κραξομαι] κεκρ. Bᵃ ⁽ᶠᵒʳᵗ⁾ ᵇ ℵ* (κραξ. ℵ? postea κεκρ. revoc) AQ   3 μοι εδειξας A | ταλαιπωριαν] pr επι A   4 διεξαγεται] εξαγε sup ras Aᵇ | ασεβης] pr ο AQ 5 θαυμασετε Q* (-σατε Qᵃ) | om εργον εγω Q* (hab Qᵐᵍ) | υμων] ημων ℵ* (υμ. ℵᶜ·ᵇ) | εκδιηγησηται ℵ* (εκδιηγηται ℵᶜ·ᵃ·ᶜ·ᵇ) εκδιηγησεται Q* (-σηται Qᵃ) +υμιν ℵᶜ·ᵃ ⁽ⁿᵒⁿ ᶜ·ᵇ⁾AQᵐᵍ   6 διοτι] οτι A | εξεγειρω]+εφ υμας ℵᶜ·ᵃ (postea ras) A | Χαλδαιους (-δεους ℵ)+τους μαχητας AQ | πικρον] ταχινον AQᵃ (ταχειν. Q*) | ταχινον] ταπινον ℵ* (ταχ. ℵᶜ) πικρον AQ | τα πλατη] το πλατος A   7 αυτου 4°] ουτου ℵ* (αυτ. ℵᶜ·ᵃ·ᶜ·ᵇ)   8 παρδαλις Bℵ* (-λεις ℵᶜ·ᵇ) A | λοικους ℵ* (λυκ. ℵᶜ·ᵃ·ᶜ·ᵇ) | Αραβειας A | ιππις ℵ* (-πεις ℵᶜ·ᵇ) | ορμησουσι Qᵃ | προθυμος] προιμος ℵ* (προθ. ℵ¹)   9 συντελια ℵ* (-λειαν ℵᶜ·ᵇ) | εις] επι ℵᶜ·ᵇ ⁽ᵛⁱᵈ⁾ (postea εις) επ AQ | συ|ναξι ℵ* σῦ|αξι ℵᶜ·ᵃ

ΑΜΒΑΚΟΥΜ ΙΙ 5

10 ¹⁰καὶ αὐτὸς ἐν βασιλεῦσιν ἐντρυφήσει καὶ τύραννοι παίγνια αὐτοῦ, B καὶ αὐτὸς εἰς πᾶν ὀχύρωμα ἐμπαίξεται, καὶ βαλεῖ χῶμα καὶ κρατήσει 11 αὐτοῦ. ¹¹τότε μεταβαλεῖ τὸ πνεῦμα, καὶ διελεύσεται καὶ ἐξιλάσεται· 12 αὕτη ἡ ἰσχὺς τῷ θεῷ μου. ¹²Οὐχὶ σὺ ἀπ' ἀρχῆς, Κύριε ὁ θεός, ὁ ἅγιός μου; καὶ οὐ μὴ ἀποθάνωμεν. Κύριε, εἰς κρίμα τέταχας αὐτό· 13 καὶ ἔπλασέν με τοῦ ἐλέγχειν παιδείαν αὐτοῦ. ¹³καθαρὸς ὀφθαλμὸς τοῦ μὴ ὁρᾶν πονηρὰ καὶ ἐπιβλέπειν ἐπὶ πόνους ὀδύνης· ἵνα τί ἐπιβλέπεις ἐπὶ καταφρονοῦντας; παρασιωπήσῃ ἐν τῷ καταπίνειν ἀσεβῆ 14 τὸν δίκαιον; ¹⁴καὶ ποιήσεις τοὺς ἀνθρώπους ὡς τοὺς ἰχθύας τῆς 15 θαλάσσης, καὶ ὡς τὰ ἑρπετὰ τὰ οὐκ ἔχοντα ἡγούμενον; ¹⁵συντέλειαν ἐν ἀγκίστρῳ ἀνέσπασεν, καὶ εἵλκυσεν αὐτὸν ἐν ἀμφιβλήστρῳ, καὶ 16 συνήγαγεν αὐτὸν ἐν ταῖς σαγήναις αὐτοῦ. ¹⁶ἕνεκεν τούτου εὐφρανθήσεται καὶ χαρήσεται ἡ καρδία αὐτοῦ· ἕνεκεν τούτου θύσει τῇ σαγήνῃ αὐτοῦ καὶ θυμιάσει τῷ ἀμφιβλήστρῳ αὐτοῦ, ὅτι ἐν αὐτοῖς ἐλίπανεν 17 μερίδα αὐτοῦ καὶ τὰ βρώματα αὐτοῦ ἐκλεκτά· ¹⁷διὰ τοῦτο ἀμφιβαλεῖ τὸ ἀμφίβληστρον αὐτοῦ, καὶ διὰ παντὸς ἀποκτέννειν ἔθνη οὐ φείσεται.

II 1 ¹Ἐπὶ τῆς φυλακῆς μου στήσομαι καὶ ἐπιβήσομαι ἐπὶ πέτραν, καὶ ἀποσκοπεύσω τοῦ ἰδεῖν τί λαλήσει ἐν ἐμοί, καὶ τί ἀποκριθῶ ἐπὶ 2 τὸν ἔλεγχόν μου. ²καὶ ἀπεκρίθη πρὸς μὲ Κύριος καὶ εἶπεν Γράψον ὅρασιν καὶ σαφῶς εἰς πυξίον, ὅπως διώκῃ ὁ ἀναγινώσκων αὐτά. 3 ³διότι ἔτι ὅρασις εἰς καιρόν, καὶ ἀνατελεῖ εἰς πέρας καὶ οὐκ εἰς κενόν· ἐὰν ὑστερήσῃ, ὑπόμεινον αὐτόν, ὅτι ἐρχόμενος ἥξει καὶ οὐ 4 μὴ χρονίσῃ. ⁴ἐὰν ὑποστείληται, οὐκ εὐδοκεῖ ἡ ψυχή μου ἐν αὐτῷ· 5 ὁ δὲ δίκαιος ἐκ πίστεώς μου ζήσεται. ⁵ὁ δὲ κατοιόμενος καταφρονητής· οὐδὲν μὴ περάνῃ· ὃς ἐπλάτυνεν καθὼς ᾅδης τὴν ψυχὴν

10 om τυραννοι Q* (hab Q^{mg}) | βαλλι ℵ* (βαλει ℵ^{c.b}) 11 μεταβαλλι ℵAQ ℵ* (μεταβαλει ℵ^{c.b}) 12 αρχης]+μου Q | θεος]+μου A | αυτο] αυτον AQ | παιδιαν ℵ 13 οφθαλμος]+σου ℵ^{c.a}+μου A pr o A | οδυνης] ου δυνηση ℵ^{c.b}AQ* (οδ. Q^{mg}) | ινα] εις A | επιβλεπης Q^a | καταπινειν (καπιν. B*)] καταπιειν ℵ^{c.b} (rursus -πινιν) Q* (-πινειν Q^{mg}) 14 ποιησης ℵ | ηχθυς ℵ* (ιχθυας ℵ^{c.a}) | om τα 2° ℵ* c.b (vid) (hab ℵ^{c.a}) 15 συντελιαν ℵ* (-λειαν ℵ^{c.b}) 16 om η καρδια αυτου ℵ¹ (postea restit) | θυσει] θυμιασει Q | τη σαγηνη] τω αμφιβληστρω AQ | τω αμφιβλ.] τη σαγηνη AQ | om και τα βρωματα αυτου Q* (hab Q^{mg}) 17 αμφιβαλλει ℵ* (αμφιβαλει ℵ^{c.b?}) ε[πιβαλει) Q^{a vid} | αποκτεινειν ℵ* c.bA αποκτενει ℵ^{c.a (vid)} II 1 om και επιβησομαι Q* (hab Q^{mg}) | ελεγχον μου] ελεγμου ℵ* (-γχον μου ℵ^{c.a}) 2 προς με Κυριος] ϛ̄ προς με AQ | om και 3° ℵ^{c.a} (postea revoc) | εις] επι AQ | ιωκη ℵ* (διωκη ℵ^{c.a}) 3 διοτι] οτι A | ορασεις AQ* | ανατελει] απαγγελει ℵ^{c.a (vid) mg inf} (postea ras) | εις 2°] ες A | κενον] καινον A | υστερησει ℵA 4 ευδοκει ευδοκις ℵ* (σ improb et ras ℵ?) | δικαιος]+μου A 5 καταφρονητης] pr και B^{ab}ℵA pr o Q+ανηρ αλαζων B^{ab mg}ℵAQ | ουδεν] ουθεν ℵ^{c.b}AQ | αδης] pr o ℵA

ΑΜΒΑΚΟΥΜ

B αὐτοῦ, καὶ οὗτος ὡς θάνατος οὐκ ἐμπιπλάμενος, καὶ ἐπισυνάξει ἐπ' αὐτὸν πάντα τὰ ἔθνη, καὶ εἰσδέξεται πρὸς αὐτὸν πάντας τοὺς λαούς. ⁶οὐχὶ ταῦτα πάντα παραβολὴν κατ' αὐτοῦ λήμψονται καὶ 6 πρόβλημα εἰς διήγησιν αὐτοῦ; καὶ ἐροῦσιν Οὐαὶ ὁ πληθύνων ἑαυτῷ τὰ οὐκ ὄντα αὐτοῦ· ἕως τίνος; καὶ βαρύνων τὸν κλοιὸν αὐτοῦ στιβαρῶς. ⁷ὅτι ἐξαίφνης ἀναστήσονται δάκνοντες αὐτόν, καὶ ἐκνήψουσιν 7 οἱ ἐπίβουλοί σου, καὶ ἔσῃ εἰς διαρπαγὴν αὐτοῖς. ⁸διότι ἐσκύλευσας 8 ἔθνη πολλά, σκυλεύσουσιν πάντες οἱ ὑπολελιμμένοι λαοί, δι' αἵματα ἀνθρώπων καὶ ἀσεβείας γῆς καὶ πόλεως καὶ πάντων τῶν κατοικούντων αὐτήν. ⁹*Ὦ ὁ πλεονεκτῶν πλεονεξίαν κακὴν τῷ οἴκῳ 9 αὐτοῦ, τοῦ τάξαι εἰς ὕψος νοσσιὰν αὐτοῦ, τοῦ ἐκσπασθῆναι ἐκ χειρὸς κακῶν· ¹⁰ἐβουλεύσω αἰσχύνην τῷ οἴκῳ σου, συνεπέρανας λαοὺς 10 πολλούς, καὶ ἐξήμαρτεν ἡ ψυχή σου· ¹¹διότι λίθος ἐκ τοίχου βοή- 11 σεται, καὶ κάνθαρος ἐκ ξύλου φθέγξεται αὐτά. ¹²Οὐαὶ ὁ 12 οἰκοδομῶν πόλιν ἐν αἵμασιν, καὶ ἑτοιμάζων πόλιν ἐν ἀδικίαις. ¹³οὐ 13 ταῦτά ἐστιν παρὰ Κυρίου Παντοκράτορος; καὶ ἐξέλιπον λαοὶ ἱκανοὶ ἐν πυρί, καὶ ἔθνη πολλὰ ὠλιγοψύχησαν. ¹⁴ὅτι ἐμπλησθήσεται ἡ γῆ 14 τοῦ γνῶναι τὴν δόξαν Κυρίου, ὡς ὕδωρ κατακαλύψει αὐτούς. ¹⁵*Ὦ 15 ὁ ποτίζων τὸν πλησίον αὐτοῦ ἀνατροπῇ θολερᾷ, καὶ μεθύσκων, ὅπως ἐπιβλέπῃ ἐπὶ τὰ σπήλαια αὐτῶν. ¹⁶πλησμονὴν ἀτιμίας ἐκ δόξης πίε 16 καὶ σύ· καρδία σαλεύθητι καὶ σείσθητι· ἐκύκλωσεν ἐπὶ σὲ ποτήριον δεξιᾶς Κυρίου, καὶ συνήχθη ἀτιμία ἐπὶ τὴν δόξαν σου. ¹⁷διότι 17 ἀσέβεια τοῦ Λιβάνου καλύψει σε, καὶ ταλαιπωρία θηρίων πτοήσει σε, διὰ αἵματα ἀνθρώπων καὶ ἀσεβείας γῆς καὶ πόλεως καὶ πάντων τῶν κατοικούντων αὐτήν. ¹⁸Τί ὠφελεῖ γλυπτόν, ὅτι ἔγλυψαν αὐτό; 18 ἔπλασεν αὐτὸ χώνευμα, φαντασίαν ψευδῆ, ὅτι πέποιθεν ὁ πλάσας

ℵAQ   5 ουτως ℵ* (ουτος ℵc.a, c.b) | ενπιπλαμενος ℵ εμπιμπλ. Qa (εμπιπλ. Q*) | επ] προς AQ   6 παντα ταυτα ℵ | λημψεται ℵ* (-ψονται ℵc.b) ληψονται Qa | διηγημασιν Q* (διηγησιν Qa) | εαυτω] αυτω AQ   7 δαγνοντες A   8 διοτι]+συ ℵc.a (postea ras) AQ | σκυλευσουσιν] σκυλευσῖ ℵ* (-σουσιν ℵc.a)+ σε ℵAQ | υπολελειμμενοι Bab Qa | ασεβειας (-βιας ℵ)] ασεβειαν A   9 υψος] οικο ℵ* (υψος ℵc.a, c.b) | εκσπαθ. B εκπασθ. ℵ* (εκσπ. ℵc.b) A   10 σου 2°] νου ℵ* vid (σ sup ras ℵ¹)   11 κ ξυλου sup ras Bab υ 1° improb ℵ¹ (οι rescr)   12 ο οικοδομων] οποικ. ℵ* (π improb ℵ¹ fort)   13 εξελειπον AQ (εξελιπ. Qa) | ολιγοψυχησαν ℵ   14 οτι] και A | εμπλησθησεται] ενπλησετε ℵ* πλησθησετε ℵc.a (-ται ℵc.c) ενεπλησθη AQ | γη] pr συμπασα AQ | υδωρ]+ πολυ AQ   15 αυτων] αυτου Q   16 ατιμια ℵ* (-μιας ℵ¹(vid) c.a) | καρδια σαλευθητι] και διασαλ. ℵc.b(vid) (postea καρδ. σαλ. revoc) om A | εκυκλωσαν ℵ* (-σεν ℵc.a, c.b)   16—17 om συνηχθη...διοτι ℵ* (hab ℵc.a)   17 ασεβεια] ασεβιαν ℵ* (-βια ℵ?) | δια] δι ℵc.a, c.b | ασεβειας (-βιας ℵ)] ασεβειαν A | om και 3° Q* (hab Qa) | αυτην] αυτων A   18 επλασαν ℵc.b Q | αυτο 2°] το ℵc.b (postea αυτο)

ΑΜΒΑΚΟΥΜ

19 ἐπὶ τὸ πλάσμα αὐτοῦ τοῦ ποιῆσαι εἴδωλα κωφά. 19οὐαὶ ὁ λέγων B τῷ ξύλῳ Ἔκνηψον ἐξεγέρθητι, καὶ τῷ λίθῳ Ὑψώθητι· καὶ αὐτό ἐστιν φαντασία, τοῦτο δέ ἐστιν ἔλασμα χρυσίου καὶ ἀργυρίου, καὶ πᾶν 20 πνεῦμα οὐκ ἔστιν ἐν αὐτῷ. 20ὁ δὲ κύριος ἐν ναῷ ἁγίῳ αὐτοῦ· εὐλαβείσθω ἀπὸ προσώπου πᾶσα ἡ γῆ.

III   Προσευχὴ Ἀμβακοὺμ τοῦ προφήτου μετὰ ᾠδῆς.

2   ²Κύριε, εἰσακήκοα τὴν ἀκοήν σου, καὶ ἐφοβήθην·
κατενόησα τὰ ἔργα σου, καὶ ἐξέστην.
ἐν μέσῳ δύο ζῴων γνωσθήσῃ,
ἐν τῷ ἐγγίζειν τὰ ἔτη ἐπιγνωσθήσῃ·
ἐν τῷ παρεῖναι τὸν καιρὸν ἀναδειχθήσῃ·
ἐν τῷ ταραχθῆναι τὴν ψυχήν μου ἐν ὀργῇ ἐλέους μνησθήσῃ.

3   ³ὁ θεὸς ἐκ Θαιμὰν ἥξει,
καὶ ὁ ἅγιος ἐξ ὄρους Φαρὰν κατασκίου δασέος.   διάψαλμα.
ἐκάλυψεν οὐρανοὺς ἡ ἀρετὴ αὐτοῦ,
καὶ αἰνέσεως αὐτοῦ πλήρης ἡ γῆ.

4   ⁴καὶ φέγγος αὐτοῦ ὡς φῶς ἔσται·
κέρατα ἐν χερσὶν αὐτοῦ,
καὶ ἔθετο ἀγάπησιν κραταιὰν ἰσχύος αὐτοῦ.

5   ⁵πρὸ προσώπου αὐτοῦ πορεύσεται λόγος,
καὶ ἐξελεύσεται εἰς πεδία κατὰ πόδας αὐτοῦ.

6   ⁶ἔστη, καὶ ἐσαλεύθη ἡ γῆ·
ἐπέβλεψεν, καὶ διετάκη ἔθνη·
διεθρύβη τὰ ὄρη βίᾳ,
ἐτάκησαν βουνοὶ αἰώνιοι πορείας αἰωνίας αὐτοῦ.

7   ⁷ἀντὶ κόπων εἶδον σκηνώματα Αἰθιόπων·
πτοηθήσονται καὶ αἱ σκηναὶ γῆς Μαδιάμ.

8   ⁸μὴ ἐν ποταμοῖς ὠργίσθης, Κύριε;
ἢ ἐν ποταμοῖς ὁ θυμός σου;

---

19 οι λεγοντες ℵ* (ο λεγων ℵc.b) | τω ξυλω] om τω Q* vid (hab Qa) | om ℵAQ και 1° ℵc.b | φαντασια] φαντασμα Q* (-σια Qmg) | om παν Q* (hab Qmg) 20 προσωπου]+αυτου ℵAQ   III tit μετα] μετ A   2 κατενοησα] pr κε ℵ   3 εκ] απο ℵc.a, c.b | Θεμαν ℵ | om Φαραν ℵc.a, c.b | δασεως ℵAQ* (-σεος Qa) | διαψαλμα non inst Bb: item infra   5 εξελευσονται Qa | εις πεδια] εις πεδιαν ℵc.a εν πεδιλοις AQ (εν πεδειλ.) | κατα ποδας] οι ποδες AQ 6 η γη] om η ℵ* (hab ℵ1 (vid) c.a) | διετακη ετακη ℵ* (διετ. ℵc.b) | διεθρυβη] pr και Aa? Q | βιαν ℵ* | πορμας ℵc.a Q* (-ρειας Qa) | αιωνιους A   7 αντι] +δε ℵc.a (vid) (postea ras) | ειδον] ιδο Q | Εθιοπων ℵ* (Αιθ. ℵc.a, c.b) | αι σκηναι] om αι ℵ | Μαδιαν ℵ* (-αμ ℵc.a)   8 οργισθης AQ

ΑΜΒΑΚΟΥΜ

B ἢ ἐν θαλάσσῃ τὸ ὅρμημά σου;
ὅτι ἐπιβήσῃ ἐπὶ τοὺς ἵππους σου,
καὶ ἡ ἱππασία σου σωτηρία.
⁹ἐντείνων ἐνέτεινας τόξον σου ἐπὶ σκῆπτρα, λέγει Κύριος. 9
   ποταμῶν ῥαγήσεται γῆ,   διάψαλμα.
¹⁰ὄψονταί σε καὶ ὠδινήσουσιν λαοί.   10
σκορπίζων ὕδατα πορείας·
ἔδωκεν ἡ ἄβυσσος φωνὴν αὐτῆς,
ὕψος φαντασίας αὐτῆς.
¹¹ἐπήρθη ⁽¹¹⁾ὁ ἥλιος, καὶ ἡ σελήνη ἔστη ἐν τῇ τάξει αὐτῆς· 11
εἰς φῶς βολίδες σου πορεύσονται,
εἰς φέγγος ἀστραπῆς ὅπλων σου.
¹²ἐν ἀπειλῇ ὀλιγώσεις γῆν,   12
καὶ ἐν θυμῷ κατάξεις ἔθνη.
¹³ἐξῆλθες εἰς σωτηρίαν λαοῦ σου,   13
τοῦ σῶσαι τὸν χριστόν σου·
βαλεῖς εἰς κεφαλὰς ἀνόμων θάνατον,
ἐξήγειρας δεσμοὺς ἕως τραχήλου.   διάψαλμα.
¹⁴διέκοψας ἐν ἐκστάσει κεφαλὰς δυναστῶν,   14
σεισθήσονται ἐν αὐτῇ·
διανοίξουσιν χαλινοὺς αὐτῶν ὡς ἔσθων πτωχὸς λάθρα.
¹⁵καὶ ἐπιβιβᾷς εἰς θάλασσαν τοὺς ἵππους σου   15
ταράσσοντας ὕδωρ πολύ.
¹⁶ἐφυλαξάμην, καὶ ἐπτοήθη ἡ κοιλία μου   16
ἀπὸ φωνῆς προσευχῆς χειλέων μου,
καὶ εἰσῆλθεν τρόμος εἰς τὰ ὀστᾶ μου,
καὶ ὑποκάτωθέν μου ἐταράχθη ἡ ἕξις μου.

ℵAQ 8 om η εν θαλ. το ορμ. σου ℵ* (hab ℵ^{c.a}) | επι] επ ℵ | ιππουσον ℵ | η ιππασια] ιππασιας ℵ* pr η ℵ^{c.a} 9 ενετεινας] εντενεις ℵ^{c.a, c.b}AQ | τοξον] pr το ℵ^{c.a}AQ | σκηπτρα] σκηπτα ℵ* (-τρα ℵ^{c.b}) pr τα AQ | λεγει] ειπεν Q | ποταμω ℵ^{c.a} (postea -μων) 10 ωδινησουσι Q^a | πορειας (-ριας ℵ)]+αυτου AQ 11 τη ταξει] om τη ℵ* (hab ℵ^{c.a, c.b}) | εις 1°] ες ℵ* (εις ℵ^{c.a, c.b}) | οπλον ℵ* (οπλων ℵ^{c.a, c.b}) 12 απειλη]+σου AQ^{mg} | ολιγωσεις ℵ* (-σεις ℵ^{c.a}) ωλιγωσεις A | θυμω]+σου AQ^{mg} | καταρξεις Q* (καταξ. Q^{mg}) 13 τον χριστον] τους χριστους ℵ^{c.c (vid)}AQ | βαλεις] εβαλας ℵ^{c.a, c.b}A εβαλες Q | δεσμους]+σου Q | διαψαλμα] om Q pr εις τελος ℵ^{c.a} 14 διεκοψας] διεκοπας ℵ* (-ψας ℵ^{c.a}) διεκοψεν Q* (-ψας Q^a) | εσθιων ℵ^{c.a} (postea εσθων) 15 επιβιβας] επεβιβασας ℵ^{c.a}AQ | υδωρ πολυ] υδατα πολλα ℵ^{c.b} 16 κοιλια] καρδια ℵ^{c.a, c.b} | απο] pr ϛ ℵ^{c.a, c.b} | εις 1°] ις sup ras B? | om και 3° ℵ^{c.a, c.b} | τρομος]+με ℵ^{c.a, c.c} (ras ℵ^{c.b}) | εξις] ισχυς ℵ^{c.b}

ΑΜΒΑΚΟΥΜ III 19

B

ἀναπαύσομαι ἐν ἡμέρᾳ θλίψεως
τοῦ ἀναβῆναι εἰς λαὸν παροικίας μου.
17 ¹⁷διότι συκῆ οὐ καρποφορήσει,
καὶ οὐκ ἔσται γενήματα ἐν ταῖς ἀμπέλοις·
ψεύσεται ἔργον ἐλαίας,
καὶ τὰ πεδία οὐ ποιήσει βρῶσιν·
ἐξέλιπεν ἀπὸ βρώσεως πρόβατα,
καὶ οὐχ ὑπάρχουσιν βόες ἐπὶ φάτναις.
18 ¹⁸ἐγὼ δὲ ἐν τῷ κυρίῳ ἀγαλλιάσομαι,
χαρήσομαι ἐπὶ τῷ θεῷ τῷ σωτῆρί μου.
19 ¹⁹Κύριος ὁ θεὸς δύναμίς μου,
καὶ τάξει τοὺς πόδας μου εἰς συντέλειαν·
ἐπὶ τὰ ὑψηλὰ ἐπιβιβᾷ με
τοῦ νικῆσαι ἐν τῇ ᾠδῇ αὐτοῦ.

16 εις 2°] ει ℵ* (εις ℵ¹ᶜ·ᵃ)   **17** ταις αμπ.] τοις αμπ. ℵ* (ταις αμπ. ℵAQ ℵᶜ·ᵇ) | εξελιπεν] εξελιπον ℵᶜ·ᵃ (-πεν ℵᶜ·ᵇ) εξελειπον AQ* ᵛⁱᵈ (-λιπ. Qᵃ) | om και 3° ℵ¹ (postea revoc) | βοες επι φατναις] επι φατνης βοες Q | φατναις]+εξιλασεως αυτων A+εξ ιασεως αυτων Q* εξ ιλ. αυτ. Qᵃ   **18** εν] επι AQ | αγαλιασομαι ℵ* (αγαλλ. ℵᶜ·ᵇ)   **19** θεος]+μου ℵᶜ·ᵃ (postea ras) | συντελιαν ℵ* (-λειαν ℵᶜ·ᵇ) | επι] pr ϗ ℵᶜ·ᵃ (postea ras) | νικησαι]+με ℵᶜ·ᵃ (improb ℵᶜ·ᵇ) A | ωδη] οδω ℵ* (ωδ. ℵᶜ·ᵇ)
Subscr Αμβακουμ η BℵAQ

ΣΟΦΟΝΙΑΣ

B ΛΟΓΟΣ Κυρίου ὃς ἐγενήθη πρὸς Σοφονίαν τὸν τοῦ Χουσεὶ υἱὸν 1
Γοδολίου τοῦ Ἀμορίου τοῦ Ἑζεκίου ἐν ἡμέραις Ἰωσείου υἱοῦ Ἀμὼν
βασιλέως Ἰούδα.

² Ἐκλείψει ἐκλιπέτω ἀπὸ προσώπου τῆς γῆς, λέγει Κύριος· 2
³ἐκλιπέτω ἄνθρωπος καὶ κτήνη, ἐκλιπέτω τὰ πετεινὰ τοῦ οὐρανοῦ 3
καὶ οἱ ἰχθύες τῆς θαλάσσης· καὶ ἀσθενήσουσιν οἱ ἀσεβεῖς, καὶ ἐξαρῶ
τοὺς ἀνόμους ἀπὸ προσώπου τῆς γῆς, λέγει Κύριος. ⁴καὶ ἐκτενῶ 4
τὴν χεῖρά μου ἐπὶ Ἰούδαν καὶ ἐπὶ πάντας τοὺς κατοικοῦντας Ἰερουσαλήμ· καὶ ἐξαρῶ ἐκ τοῦ τόπου τούτου τὰ ὀνόματα τῆς Βάαλ καὶ τὰ
ὀνόματα τῶν ἱερέων, ⁵καὶ τοὺς προσκυνοῦντας ἐπὶ τὰ δώματα τῇ 5
στρατιᾷ τοῦ οὐρανοῦ, καὶ τοὺς προσκυνοῦντας καὶ τοὺς ὀμνύοντας
κατὰ τοῦ κυρίου, καὶ τοὺς ὀμνύοντας κατὰ τοῦ βασιλέως αὐτῶν, ⁶καὶ 6
τοὺς ἐκκλίνοντας ἀπὸ τοῦ κυρίου, καὶ τοὺς μὴ ζητοῦντας τὸν κύριον,
καὶ τοὺς μὴ ἀντεχομένους τοῦ κυρίου.

⁷Εὐλαβεῖσθε ἀπὸ προσώπου Κυρίου τοῦ θεοῦ, διότι ἐγγὺς ἡμέρα 7
τοῦ κυρίου, ὅτι ἡτοίμακεν Κύριος τὴν θυσίαν αὐτοῦ, ἡγίακεν τοὺς

ℵAQ Inscr Σοφονιας θ Bℵ AQ I 1 Χουσι ℵ* (-σει ℵ^c.b) Q | Αμοριου] Αμμορεου ℵ* (-ριου ℵ^c.b(vid)) Αμαριου ℵ^c.c(vid) Q Αμορειου A | Ιωσιου B^b ℵ^c.a, c.b AQ Ιουσιου ℵ* | Αμων] Αμως B^a?b AQ Αμμω ℵ 2 εκλιπετω] εκλιψετω ℵ* (εκλιπετω παντα ℵ^c.a) εκλιπετωσαν ℵ^c.b εκλειπετω AQ 3 εκλιπετω 1°] εκλιψετω ℵ* (εκλιπ. ℵ^c.a, c.b) εκλειπετω AQ | εκλιπετω 2°] εκλιψετω ℵ* (εκλιπ. ℵ^c.a, c.b) Q εκλειπετωσαν A | ασεβεις] βασιλεις ℵ* (ασ. sup ras ℵ¹) | ανομους] ο 1° sup ras A^a 4 χειραν B* | om μου ℵ^c.a (hab ℵ^c.b) | Ιουδα A 5 δωματα] ιδωλα ℵ | τη στρατια] της στρατια ℵ τη στρατεια AQ | om και τους προσκυνουντας (2°)...του κυριου A | om και τους προσκ. (2°) Q | om και 3° ℵ | κατα 1°] κατα τα ℵ* (improb τα 2° ℵ^1 c.b) | om κυριου (hab Q^1(mg)) και τους ομν. κατα του Q* | βασιλεως] pr κ̅υ̅ ℵ^c.a (postea ras) Q^a(mg) Μολοχ Q^mg | αιτων] αυτου ℵ^1(vid) 6 του κυριου (1°)] om του Q | ζητησαντας AQ | om μη 2° Q 7 Κυριου] pr του ℵ* (om του ℵ^c.a postea revoc) | ημερα] pr η ℵAQ | του κυριου] om του Q* (hab Q^mg) | ητοιμασεν ℵAQ | ηγιασεν A

ΣΟΦΟΝΙΑΣ I 18

8 κλητοὺς αὐτοῦ. ⁸καὶ ἔσται ἐν ἡμέρᾳ θυσίας Κυρίου καὶ ἐκδικήσω B
ἐπὶ τοὺς ἄρχοντας καὶ ἐπὶ τὸν οἶκον τοῦ βασιλέως καὶ ἐπὶ πάντας
9 τοὺς ἐνδεδυμένους ἐνδύματα ἀλλότρια· ⁹καὶ ἐκδικήσω ἐμφανῶς ἐπὶ
τὰ πρόπυλα ἐν ἐκείνῃ τῇ ἡμέρᾳ, τοὺς πληροῦντας τὸν οἶκον Κυρίου
10 θεοῦ αὐτῶν ἀσεβείας καὶ δόλου. ¹⁰καὶ ἔσται ἐν τῇ ἡμέρᾳ ἐκείνῃ,
λέγει Κύριος, φωνὴ κραυγῆς ἀπὸ πύλης ἀποκεντούντων, καὶ ὀλο-
λυγμὸς ἀπὸ τῆς δευτέρας, καὶ συντριμμὸς μέγας ἀπὸ τῶν βουνῶν.
11 ¹¹θρηνήσατε, οἱ κατοικοῦντες τὴν κατακεκομμένην, ὅτι ὡμοιώθη πᾶς
12 ὁ λαὸς Χανάαν, ἐξωλεθρεύθησαν πάντες οἱ ἐπηρμένοι ἀργυρίῳ. ¹²καὶ
ἔσται ἐν τῇ ἡμέρᾳ ἐκείνῃ ἐξερευνήσω τὴν Ἰερουσαλὴμ μετὰ λύχνου,
καὶ ἐκδικήσω ἐπὶ τοὺς ἄνδρας τοὺς καταφρονοῦντας ἐπὶ τὰ φυ-
λάγματα αὐτῶν· οἱ δὲ λέγοντες ἐν ταῖς καρδίαις αὐτῶν Οὐ μὴ ἀγα-
13 θοποιήσῃ Κύριος οὐδὲ μὴ κακώσῃ, ¹³καὶ ἔσται ἡ δύναμις αὐτῶν εἰς
διαρπαγήν, καὶ οἱ οἶκοι αὐτῶν εἰς ἀφανισμόν· καὶ οἰκοδομήσουσιν
οἰκίας καὶ οὐ μὴ κατοικήσουσιν ἐν αὐταῖς, καὶ καταφυτεύσουσιν
14 ἀμπελῶνας καὶ οὐ μὴ πίωσιν τὸν οἶνον αὐτῶν. ¹⁴Ὅτι ἐγγὺς
ἡμέρα Κυρίου ἡ μεγάλη, ἐγγὺς καὶ ταχεῖα σφόδρα· φωνὴ ἡμέρας
15 Κυρίου πικρὰ καὶ σκληρὰ τέτακται, δυνατή. ¹⁵ἡμέρα ὀργῆς, ἡ ἡμέρα
ἐκείνη, ἡμέρα θλίψεως καὶ ἀνάγκης, ἡμέρα ἀωρίας καὶ ἀφανισμοῦ,
16 ἡμέρα σκότους καὶ γνόφου, ἡμέρα νεφέλης καὶ ὁμίχλης, ¹⁶ἡμέρα
σάλπιγγος καὶ κραυγῆς ἐπὶ τὰς πόλεις τὰς ὀχυρὰς καὶ ἐπὶ τὰς
17 γωνίας τὰς ὑψηλάς. ¹⁷καὶ ἐκθλίψω τοὺς ἀνθρώπους, καὶ πορεύ-
σονται ὡς τυφλοί, ὅτι τῷ κυρίῳ ἐξήμαρτον· καὶ ἐκχεεῖ τὸ αἷμα αὐ-
18 τῶν ὡς χοῦν, καὶ τὰς σάρκας αὐτῶν ὡς βόλβιτα· ¹⁸καὶ τὸ ἀργύριον
αὐτῶν καὶ τὸ χρυσίον αὐτῶν οὐ μὴ δύνηται ἐξελέσθαι αὐτοὺς ἐν
ἡμέρᾳ ὀργῆς Κυρίου. καὶ ἐν πυρὶ ζήλους αὐτοῦ καταναλωθήσεται
πᾶσα ἡ γῆ, διότι συντέλειαν καὶ σπουδὴν ποιήσει ἐπὶ πάντας τοὺς
κατοικοῦντας τὴν γῆν.

9 εκδικησω]+επι παντας ℵAQ | προπυλα ℵ* c.b] προπυλαια ℵc.a | om ℵAQ
θεου ℵc.b pr του AQ | ασεβειας (-βιας ℵ)] ανομιας A | δολους ℵ* (δολου ℵ¹(vid))
10 εκεινη τη ημερα ℵc.a (mox τη ημ. εκ. restit) AQ | κραυης ℵ* (-γης ℵc.a) :
item 16 | om και 2° A   11 θνηνησατε ℵ* (θρην. ℵc.a, c.b) | ομοιωθη ℵ
12 εκεινη τη ημερα AQ | om δε ℵAQ | om εν ταις καρδιαις αυτων A | αγα-
θοποιησει ℵ (-σι) Q* (-ση Qª) | ουδε] ουδ ου AQ | κακωσει ℵQ* (-ση Qª)
13 οι] ο Q* (οι Qª) | καταφιτευσωσιν AQª (-σουσιν Qª) | πιωσι Qª   14 η-
μερα] pr η ℵAQª | μεγαλα A*vid | σκηρα ℵ* (σκλ. ℵc.a) | δινατη ℵ* (δυν. ℵc.a)
15 om ημερα θλιψεως και αναγκης A | αωριας] ταλαιπωριας ℵc.b   16 τας
πολεις] τας πολις ℵ* (-λεις ℵc.b) om τας Q*vid (hab Qª) | οχυρας] ισχυρας A |
om και 2° A   18 δυνηται] δυννται ℵ* (-νηται ℵc.b) | εξελεσθαι] pro σ
incep vid ξ A* | και 3°] οτι Q | ζηλου Q | αυτου] αυτους A* (-του Aª?) |
συντελιαν ℵ* (-λειαν ℵc.b) | τους κατοικ.] του κατοικ. ℵ* (τους ℵc.b nisi iam antea)

SEPT. III.   65   E

ΣΟΦΟΝΙΑΣ

Β ¹Συνάχθητε καὶ συνδέθητε, τὸ ἔθνος τὸ ἀπαίδευτον, ²πρὸ τοῦ γε- 1 II
νέσθαι ὑμᾶς ὡς ἄνθος παραπορευόμενον, πρὸ τοῦ ἐπελθεῖν ἐφ' ὑμᾶς 2
ὀργὴν Κυρίου, πρὸ τοῦ ἐπελθεῖν ἐφ' ὑμᾶς ἡμέραν θυμοῦ Κυρίου.
³ζητήσατε τὸν κύριον, πάντες ταπεινοὶ γῆς· κρίμα ἐργάζεσθε καὶ 3
δικαιοσύνην ζητήσατε, καὶ ἀποκρίνεσθε αὐτά, ὅπως σκεπασθῆτε ἐν
ἡμέρᾳ ὀργῆς Κυρίου. ⁴Διότι Γάζα διηρπασμένη ἔσται, καὶ 4
Ἀσκάλων εἰς ἀφανισμόν, καὶ Ἄζωτος μεσημβρίας ἐκριφήσεται, καὶ
Ἀκκαρὼν ἐκριζωθήσεται. ⁵οὐαὶ οἱ κατοικοῦντες τὸ σχοίνισμα τῆς 5
θαλάσσης, πάροικοι Κρητῶν· λόγος Κυρίου ἐφ' ὑμᾶς Χανάαν, γῆ
ἀλλοφύλων, καὶ ἀπολῶ ὑμᾶς ἐκ κατοικίας· ⁶καὶ ἔσται Κρήτη νομὴ 6
ποιμνίων καὶ μάνδρα προβάτων, ⁷καὶ ἔσται τὸ σχοίνισμα τῆς θα- 7
λάσσης τοῖς καταλοίποις οἴκου Ἰούδα· ἐπ' αὐτοὺς νεμήσονται ἐν τοῖς
οἴκοις Ἀσκάλωνος, δείλης καταλύσουσιν ἀπὸ προσώπου υἱῶν Ἰούδα,
ὅτι ἐπέσκεπται αὐτοὺς Κύριος ὁ θεὸς αὐτῶν, καὶ ἀπέστρεψε τὴν
αἰχμαλωσίαν αὐτῶν. ⁸Ἤκουσα ὀνειδισμοὺς Μωὰβ καὶ κονδυ- 8
λισμοὺς υἱῶν Ἀμμών, ἐν οἷς ὠνείδιζον τὸν λαόν μου καὶ ἐμεγα-
λύνοντο ἐπὶ τὰ ὅριά μου. ⁹διὰ τοῦτο ζῶ ἐγώ, λέγει Κύριος τῶν 9
δυνάμεων ὁ θεὸς Ἰσραήλ, διότι Μωὰβ ὡς Σόδομα ἔσται, καὶ υἱοὶ
Ἀμμὼν ὡς Γόμορρα, καὶ Δαμασκὸς ἐκλελιμμένη ὡς θιμωνιὰ ἅλωνος
καὶ ἠφανισμένη εἰς τὸν αἰῶνα· καὶ οἱ κατάλοιποι λαοῦ μου διαρ-
πῶνται αὐτούς, καὶ οἱ κατάλοιποι ἔθνους μου κληρονομήσουσιν αὐ-
τούς. ¹⁰αὕτη αὐτοῖς ἀντὶ τῆς ὕβρεως αὐτῶν, διότι ὠνείδισαν καὶ 10
ἐμεγαλύνθησαν ἐπὶ τὸν κύριον τὸν παντοκράτορα. ¹¹ἐπιφανήσεται 11
§ Γ Κύριος ἐπ' αὐτούς, καὶ ἐξολεθρεύσει πάντας τοὺς §θεοὺς τῶν ἐθνῶν
τῆς γῆς, καὶ προσκυνήσουσιν αὐτῷ ἕκαστος ἐκ τοῦ τόπου αὐτοῦ,
πᾶσαι αἱ νῆσοι τῶν ἐθνῶν. ¹²Καὶ ὑμεῖς, Αἰθίοπες, τραυματίαι 12
ῥομφαίας μού ἐστε· ¹³καὶ ἐκτενεῖ τὴν χεῖρα αὐτοῦ ἐπὶ βορρᾶν καὶ 13

ℵAQΓ II 1 συνδεηθητε ℵ^c.a (rursus συνδεθ.) 2 om προ του επ. εφ υμ. οργην
Κυριου ℵ^c.b 3 σκεπασθητε] εκσπασθητε Q 4 εις αφαν.] pr εσται
AQ | εκριφησεται] εκριζωθησεται A | εκριζωθησεται] εκριφησεται A 5 εφ]
προς A 7 επ] εξ ℵ* (επ ℵ^c.a, c.b) | αυτους 1°] αυτου ℵ¹ (-τους ℵ* c.a (vid))
AQ* (-τους Q^mg) | νομησουται ℵ* (νεμ. ℵ¹) | Ιουδα 2°] pr υ ℵ* (improb
ℵ¹ postea ras) | απεστρεψε (-ψεν ℵ^c.b AQ*)] επεστρεψεν ℵ* (-ψεν ℵ^c.a)
8 Αμμως ℵ* (Αμμων ℵ^c.a, c.b) | ονιδειξον Q* (ονειδ. Q^a) 9 διοτι] οτι
ℵ* (διοτι ℵ^c.a postea οτι) | υιοι (incep υια ℵ* υιοι ℵ¹)] pr οι ℵAQ | εκλελειμ-
μενη B^a?b Q^a | αιωναν ℵ* | καταλοιπον (1°) A | λαου] pr του A 10 παντο-
κρατοραν ℵ* (-ρα ℵ^c.a) 11 επιφανησεται] επιφανης εσται ℵ* (-στε) A
(-στε ℵ^c.a -σεται ℵ^c.b postea εσται revoc) | αυτω] αυτου ℵ* (-τω ℵ¹c.a, c.b) |
αυτου] αυτων A 13 εκτενει] εκτενω ℵ^c.b (postea -νι) AQΓ | αυτου] μου
ℵ^c.b (postea αυτου) AQΓ

ΣΟΦΟΝΙΑΣ III 7

ἀπολεῖ τὸν Ἀσσύριον, καὶ θήσει τὴν Νινευὴ εἰς ἀφανισμὸν ἄνυδρον B
14 ὡς ἔρημον· ¹⁴καὶ νεμήσονται ἐν μέσῳ αὐτῆς ποίμνια καὶ πάντα τὰ
θηρία τῆς γῆς, καὶ χαμαιλέοντες καὶ ἐχῖνοι ἐν τοῖς φατνώμασιν αὐτῆς
κοιτασθήσονται, καὶ θηρία φωνήσει ἐν τοῖς διορύγμασιν αὐτῆς, κόρακες
ἐν τοῖς πυλῶσιν αὐτῆς, διότι κέδρος τὸ ἀνάστημα αὐτῆς.
III 1 (15) ¹Αὕτη ἡ πόλις ἡ φαυλίστρια, ἡ κατοικοῦσα ἐπ' ἐλπίδι, ἡ
λέγουσα ἐν καρδίᾳ αὐτῆς Ἐγώ εἰμι, καὶ οὐκ ἔστιν μετ' ἐμὲ ἔτι.
πῶς ἐγενήθη εἰς ἀφανισμόν, νομὴ θηρίων· πᾶς ὁ διαπορευόμενος
2 (1) δι' αὐτῆς συριεῖ καὶ κινήσει τὰς χεῖρας αὐτοῦ. ²ὢ ἡ ἐπιφανὴς
(2) καὶ ἀπολελυτρωμένη πόλις, ἡ περιστερά· ⁽²⁾οὐκ εἰσήκουσεν φωνῆς,
οὐκ ἐδέξατο παιδίαν, ἐπὶ τῷ κυρίῳ οὐκ ἐπεποίθει, καὶ πρὸς τὸν
3 θεὸν αὐτῆς οὐκ ἤγγισεν. ³οἱ ἄρχοντες αὐτῆς ἐν αὐτῇ ὡς λέοντες
ὠρυόμενοι· οἱ κριταὶ αὐτῆς ὡς λύκοι τῆς Ἀραβίας, οὐχ ὑπελίποντο
4 εἰς τὸ πρωί· ⁴οἱ προφῆται αὐτῆς πνευματοφόροι, ἄνδρες καταφρο-
5 νηταί· οἱ ἱερεῖς αὐτῆς βεβηλοῦσιν τὰ ἅγια καὶ ἀσεβοῦσιν νόμον. ⁵ὁ
δὲ κύριος δίκαιος ἐν μέσῳ αὐτῆς καὶ οὐ μὴ ποιήσῃ ἄδικον· πρωὶ
πρωὶ δώσει κρίμα αὐτοῦ εἰς φῶς, καὶ οὐκ ἀπεκρύβη καὶ οὐκ ἔγνω
6 ἀδικίαν ἐν ἀπαιτήσει, καὶ οὐκ εἰς νῖκος ἀδικίαν. ⁶ἐν διαφθορᾷ
κατέσπασα ὑπερηφάνους, ἠφανίσθησαν γωνίαι αὐτῶν· ἐξερημώσω
τὰς ὁδοὺς αὐτῶν τὸ παράπαν τοῦ μὴ διοδεύειν· ἐξέλιπον αἱ πόλεις
7 αὐτῶν παρὰ τὸ μηδένα ὑπάρχειν μηδὲ κατοικεῖν. ⁷εἶπα Πλὴν φο-
βεῖσθέ με καὶ δέξασθε παιδείαν, καὶ οὐ μὴ ἐξολοθρευθῆτε ἐξ ὀφθαλ-
μῶν αὐτῆς, πάντα ὅσα ἐξεδίκησα ἐπ' αὐτήν· ἑτοιμάζου ὄρθρισον,
ἔφθαρται πᾶσα ἡ ἐπιφυλλὶς αὐτῶν.

13 απολει] απολω ℵc·b (postea -λι) QΓ | θησει] θησω ℵc·b (postea -σι) Γ | ℵAQΓ
Νινευην ℵ* | αφανσμō ℵ 14 νεμησονται] νεμηθησονται Γ | χαμαλεοντες
ℵ* (χαμαιλ. ℵc·a χαμελ. ℵc·b(vid)) | εχιδνοι Q* (εχινοι Qa) | φατμωμασιν Β*
(φατν. Bb) | κοιτασσθησονται ℵ* | διωρυγμασιν ℵ | om κορακες εν τοις
πυλ. αυτης ℵ* (hab ℵc·a) | αναστημα -στεμα AQaΓ*)] ανταλλαγμα Q*
III 1 επ] εν Q* (superscr π Qa vid) | εστι Qa | διαπορευομενος] παραπορ. ΑΓ
πορ. Q | δι] δια ℵ | κινησει] seq ras pl litt in A 2 απολελυτρωμενη]
λελυτρ. ℵ¹ (postea απολ.) | εισηκουσε Qa | παιδιαν -δειαν Ba?bQΓ)] παιδιας
ℵ* (-διαν ℵc·a, c·b) | επεποιθει επεποθει ℵ* (-ποιθ. ℵc·b) | επεποιθησεν AQΓ |
ηγγικεν Q 3 λεοντες] incep λο ℵ* (λε. ℵ¹c·b) | Αραβειας A | υπελιποντο
(-λειπ. AQΓ)] υπελιφθησαν (sic) ℵ* (υπελιπ. ℵc·a(vid), c·b) 4 αυτης 2°]
αυτων Γ | βεβηλουσι Qa | om τα αγια και ασεβ. ℵ* (hab ℵc·a) | ασεβουσι Qa
5 ποιησει Γ* (-ση Γa) | κριμα] pr το AQΓ | om εις φως…εν απαιτησει AQ |
ενω ℵ* (εγν. ℵ¹(vid) c·a, c·b) | νεικος Bab 6 διαφθορα] καταφθορα ℵ*
(διαφθ. ℵc·b postea καταφθ.) | αυτων 2°] αυτου Q* (-των Qa) | εξελειπον
AQ* (-λιπον QaΓa) Γ* | πολις B*ℵ¹ (-λεις BabQΓ)] παρα] δια ℵc·bAΓ
7 πειδιαν ℵ* πεδ. ℵ¹ παιδ. ℵc·a A | εξολεθρευθηται ℵ* εξολεθρευθη ℵc·b εξολε-
θρευθητε AQΓ | παντα] pr δια Qb¹ | εξεδικησα] εκδικησα A | ετοιμαζου] ετοι-
μαζωνου ℵ* (-ξου ℵ¹c·a, c·b) | εφθαρται] διεφθαρται ℵc·aAQ | επιφυλις Γ*

III 8   ΣΟΦΟΝΙΑΣ

B   ⁸Διὰ τοῦτο ὑπόμεινόν με, λέγει Κύριος, εἰς ἡμέραν ἀναστάσεώς 8
μου εἰς μαρτύριον· διότι τὸ κρίμα μου εἰς συναγωγὰς ἐθνῶν, τοῦ
εἰσδέξασθαι βασιλεῖς, τοῦ ἐκχέαι ἐπ' αὐτοὺς πᾶσαν ὀργὴν θυμοῦ
μου· διότι ἐν πυρὶ ζήλους μου καταναλωθήσεται πᾶσα ἡ γῆ. ⁹ὅτι 9
τότε μεταστρέψω ἐπὶ λαοὺς γλῶσσαν εἰς γενεὰν αὐτῆς, τοῦ ἐπικα-
¶ 1· λεῖσθαι πάντας · τὸ ὄνομα Κυρίου, τοῦ δουλεύειν αὐτῷ ὑπὸ ζυγὸν
ἕνα. ¹⁰ἐκ περάτων ποταμῶν Αἰθιοπίας προσδέξομαι ἐν διεσπαρ- 10
μένοις μου, οἴσουσιν θυσίας μοι. ¹¹ἐν τῇ ἡμέρᾳ ἐκείνῃ οὐ μὴ καται- 11
σχυνθῇς ἐκ πάντων τῶν ἐπιτηδευμάτων σου ὧν ἠσέβησας εἰς ἐμέ·
ὅτι τότε περιελῶ ἀπὸ σοῦ τὰ φαυλίσματα τῆς ὕβρεώς σου, καὶ
οὐκέτι μὴ προσθῇς τοῦ μεγαλαυχῆσαι ἐπὶ τὸ ὄρος τὸ ἅγιόν μου.
¹²καὶ ὑπολείψομαι ἐν σοὶ λαὸν πραΰν καὶ ταπεινόν, καὶ εὐλαβηθή- 12
σονται ἀπὸ τοῦ ὀνόματος Κυρίου ¹³οἱ κατάλοιποι τοῦ Ἰσραήλ, καὶ 13
οὐ ποιήσουσιν ἀδικίαν καὶ οὐ λαλήσουσιν μάταια, καὶ οὐ μὴ εὑρεθῇ
ἐν τῷ στόματι αὐτῶν γλῶσσα δολία· διότι αὐτοὶ νεμήσονται καὶ κοι-
τασθήσονται, καὶ οὐκ ἔσται ὁ ἐκφοβῶν αὐτούς. ¹⁴Χαῖρε, θύ- 14
γατερ Σειών, κήρυσσε, θύγατερ Ἰερουσαλήμ· εὐφραίνου καὶ κατα-
τέρπου ἐξ ὅλης τῆς καρδίας σου, θύγατερ Ἰερουσαλήμ. ¹⁵περιεῖλεν 15
Κύριος τὰ ἀδικήματά σου, λελύτρωταί σε ἐκ χειρὸς ἐχθρῶν σου·
βασιλεὺς Ἰσραὴλ Κύριος ἐν μέσῳ σου, οὐκ ὄψῃ κακὰ οὐκέτι. ¹⁶ἐν 16
τῷ καιρῷ ἐκείνῳ ἐρεῖ Κύριος τῇ Ἰερουσαλήμ Θάρσει, Σειών, μὴ πα-
ρείσθωσαν αἱ χεῖρές σου. ¹⁷Κύριος ὁ θεός σου ἐν σοί, ὁ δυνατὸς 17
σώσει σε, ἐπάξει ἐπὶ σὲ εὐφροσύνην καὶ καινιεῖ σε ἐν τῇ ἀγαπήσει
αὐτοῦ, καὶ εὐφρανθήσεται ἐπὶ σὲ ἐν τέρψει ὡς ἐν ἡμέρᾳ ἑορτῆς.
¹⁸καὶ συνάξω τοὺς συντετριμμένους· οὐαί, τίς ἔλαβεν ἐπ' αὐτὴν ὀνει- 18

ℵAQΓ   8 πασαν] pr vid την οργην μου ℵ^{c.b (vid)} (postea ras) | διοτι 2°] οτι A |
ζηλους] του ζηλου B^{ab}A ζηλου ℵΓ   9 μεταστρψω (sic) ℵ (ω rescr ℵ¹) |
γλωσαν ℵ* (-σσαν ℵ^{c.a}) | γενεαν αυτης] γενεας αυτων A | παν|... Γ | ζυγιον
Q* (-γον Q^a)   10 Εθιοπιας ℵ* (Αιθ. ℵ^{c.a, c.b}) | προσδεξομαι]+τους
ικετευοντας με των εσπαρμενων ℵ^{c.a (vid)} (postea ras) | om προσδεξομαι εν
διεσπ. μου AQ | διεσπασμενοις ℵ* (διεσπαρσμ. [sic] ℵ^{c.a}) | οισουσι Q^a | μοι]
μου incep ℵ* (μοι ℵ¹ et postea)   11 επιτηδευματων] βδελυγματων Q
12 υπολειψομαι] υπολιψωμαι ℵ* (-ψομαι ℵ^{c.b}) | πραυν] πολυν A | Κυριου] pr
του A   13 και ου (2°)] ουδε μη AQ | λαλησουσι AQ^a | τω στοματι] om
τω A | ααυτων (sic) A | νεμησονται] νομ. incep ℵ* (νεμ. ℵ¹)   14 θυγατερ]
θυγατηρ ℵ* (-τερ ℵ^{c.b}) ter: item Q (1° et 2°) | Σιων B^bℵAQ^a: item 16 |
κατερτερπου] τερπου ℵ* (κατατ. ℵ^{c.a, c.b})   15 περιειλε Q^a | λελυτρωται σε]
λελυτρωσε ℵ* (-ται σε ℵ^{c.a}) | βασιλευς Ισραηλ] βασιλευσει ℵ^{c.a (vid)}, c.bA | Κυ-
ριος 2°] pr o AQ | ουκ] pr και A   16 παρησθωσαν ℵ* (παρισθ. ℵ¹)
17 o δυνατος] om o ℵ^{c.b}AQ | αγαπησει] ευφροσυνη ℵ* (αγαπησι ℵ^{c.a, c.b}) |
ευφρανθησεται] ευφρανι σε ℵ* (-νθησεται ℵ^{c.a}) | σε 4°] σοι A   18 συν-
τετριμμενους]+σου AQ | ον. επ αυτην ℵ^c (postea επ αυτ. ον.) AQ

68

ΣΟΦΟΝΙΑΣ III 20

19 δισμόν; ¹⁹ἰδοὺ ἐγὼ ποιῶ ἐν σοὶ ἕνεκεν σοῦ ἐν τῷ καιρῷ ἐκείνῳ, B λέγει Κύριος, καὶ σώσω τὴν ἐκπεπιεσμένην καὶ τὴν ἀπωσμένην· 20 εἰσδέξομαι αὐτοὺς εἰς καύχημα καὶ ὀνομαστοὺς ἐν πάσῃ τῇ γῇ. ²⁰καὶ καταισχυνθήσονται ἐν τῷ καιρῷ ἐκείνῳ ὅταν καλῶς ὑμῖν ποιήσω, καὶ ἐν τῷ καιρῷ ὅταν εἰσδέξομαι ὑμᾶς· διότι δώσω ὑμᾶς ὀνομαστοὺς καὶ εἰς καύχημα ἐν πᾶσιν τοῖς λαοῖς τῆς γῆς, ἐν τῷ στρέφειν με τὴν αἰχμαλωσίαν ὑμῶν ἐνώπιον ὑμῶν, λέγει Κύριος.

19 ποιω· B | ενεκα AQ | εκπεπιεσμενην] εκπερ incep ℵ* (εκπεπ. ℵ¹) | ℵAQ αυτους] pr και θησομαι ℵ^{c.a} AQ   **20** εισδεξομαι] εισδεξωμαι B^{a?b} εισδεχωμαι AQ | πασι AQ | στρεφειν] επιστρεφειν B^{a vid} ℵAQ
Subscr Σοφονιας θ Bℵ AQ

ΑΓΓΑΙΟΣ

B ΕΝ τῷ δευτέρῳ ἔτει ἐπὶ Δαρίου τοῦ βασιλέως ἐν τῷ μηνὶ τῷ 1 I
ἕκτῳ μιᾷ τοῦ μηνὸς ἐγένετο λόγος Κυρίου ἐν χειρὶ Ἀγγαίου τοῦ
προφήτου λέγων Εἰπὸν πρὸς Ζοροβαβὲλ τὸν τοῦ Σαλαθιὴλ ἐκ φυλῆς
Ἰούδα καὶ πρὸς Ἰησοῦν τὸν τοῦ Ἰωσεδὲκ τὸν ἱερέα τὸν μέγαν λέγων
²Τάδε λέγει Κύριος Παντοκράτωρ λέγων Ὁ λαὸς οὗτος λέγουσιν 2
Οὐχ ἥκει ὁ καιρὸς τοῦ οἰκοδομῆσαι τὸν οἶκον Κυρίου. ³καὶ ἐγένετο 3
λόγος Κυρίου ἐν χειρὶ Ἀγγαίου τοῦ προφήτου λέγων ⁴Εἰ καιρὸς 4
μὲν ὑμῖν ἐστιν τοῦ οἰκεῖν ἐν οἴκοις ὑμῶν κοιλοστάθμοις, ὁ δὲ οἶκος
ὑμῶν ἐξηρήμωται; ⁵καὶ νῦν τάδε λέγει Κύριος Παντοκράτωρ Τάξατε 5
δὴ τὰς καρδίας ὑμῶν εἰς τὰς ὁδοὺς ὑμῶν· ⁶ἐσπείρατε πολλὰ καὶ 6
εἰσηνέγκατε ὀλίγα, ἐφάγετε καὶ οὐκ εἰς πλησμονήν, ἐπίετε καὶ
οὐκ εἰς μέθην, περιεβάλεσθε καὶ οὐκ ἐθερμάνθητε ἐν αὐτοῖς, καὶ ὁ
τοὺς μισθοὺς συνάγων συνήγαγεν εἰς δεσμὸν τετρυπημένον. ⁷τάδε 7
λέγει Κύριος Παντοκράτωρ Θέσθε τὰς καρδίας ὑμῶν εἰς τὰς ὁδοὺς
ὑμῶν· ⁸ἀνάβητε εἰς τὸ ὄρος καὶ κόψατε ξύλα καὶ οἰκοδομήσατε τὸν 8
οἶκον, καὶ εὐδοκήσω ἐν αὐτῷ καὶ ἐνδοξασθήσομαι, εἶπεν Κύριος.
⁹ἐπεβλέψατε εἰς πολλὰ καὶ ἐγένετο ὀλίγα, καὶ εἰσηνέχθη εἰς τὸν 9
οἶκον καὶ ἐξεφύσησα αὐτά. διὰ τοῦτο τάδε λέγει Κύριος Παντο-
κράτωρ Ἀνθ᾿ ὧν ὁ οἶκός μού ἐστιν ἔρημος, ὑμεῖς δὲ διώκετε ἕκαστος

ℵAQ   Inscr Αγγαιος ι Bℵ AQ   I 1 Δαρειου Bᵃ Q | Αγγεου B* (-γαιου Bᵃᵇ)
ℵ | ειπον]+δη AQ | εκ φυλης] pr τον A   2 om λεγων ℵ⁷ (postea
revoc) | ο καιρος] om ο Q* (hab Qᵃ)   3 Αγγεου ℵ   4 μεν υμιν]
υμιν μεν ℵAQᵐᵍ om μεν Q* | εστι Qᵃ | om υμων 1° ℵᶜ·ᵃ (postea revoc)
AQ | υμων 2°] ουτος ℵAQ | εξερημωται AQ* (εξηρ. Qᵃ)   5 om δη
ℵᶜ·ᵇ   6 εσπειρατε] pr διοτι ταδε λεγει κ̅ς̅ παντοκρατωρ (seq ras 1 lit)
A | εισηνεγκετε Qᵃ | om και 2° ℵ¹ᶜ·ᵃ,ᶜ·ᵇ | επιετε] τ sup ras Aᵃ | εις 2°] ες
A* (εις A¹) | εθερμαρθητε ℵ* (εθερμανθ. ℵᶜ) | συναγων] συναγαγων ℵ
τετρεπημενον ℵ* (τετρυπ. ℵᶜ·ᵃ,ᶜ·ᵇ)   7 τας καρδιας sup ras Aᵃ | τας
οδους] om τας ℵ* (hab ℵᶜ·ᵃ,ᶜ·ᵇ) οδους sup ras pl litt Aᵃ   8 εις] επι
ℵᶜ·ᵇAQ | το ορος] om το ℵ* (hab ℵ¹⁽ᵛⁱᵈ⁾) | κοψετε ℵ* (-ψατε ℵᶜ·ᵃ,ᶜ·ᵇ)
9 εγενετο] εγενοντο A | εστιν] pr ος ℵᶜ·⁽ᵇ?⁾ ᵛⁱᵈ (rurs del)

70

ΑΓΓΑΙΟΣ II 5

10 εἰς τὸν οἶκον αὐτοῦ, ¹⁰διὰ τοῦτο ἀνέξει ὁ οὐρανὸς ἀπὸ δρόσου, καὶ B
11 ἡ γῆ ὑποστελεῖται τὰ ἐκφόρια αὐτῆς· ¹¹καὶ ἐπάξω ῥομφαίαν ἐπὶ τὴν γῆν καὶ ἐπὶ τὰ ὄρη, καὶ ἐπὶ τὸν σῖτον καὶ ἐπὶ τὸν οἶνον καὶ ἐπὶ τὸ ἔλαιον καὶ ὅσα ἐκφέρει ἡ γῆ, καὶ ἐπὶ τοὺς ἀνθρώπους καὶ ἐπὶ
12 τὰ κτήνη, καὶ ἐπὶ πάντας τοὺς πόνους τῶν χειρῶν αὐτῶν. ¹²Καὶ ἤκουσεν Ζοροβαβὲλ ὁ τοῦ Σαλαθιὴλ ἐκ φυλῆς Ἰούδα καὶ Ἰησοῦς ὁ τοῦ Ἰωσεδὲκ ὁ ἱερεὺς ὁ μέγας καὶ πάντες οἱ κατάλοιποι τοῦ λαοῦ τῆς φωνῆς Κυρίου τοῦ θεοῦ αὐτῶν καὶ τῶν λόγων Ἀγγαίου τοῦ προφήτου, καθότι ἐξαπέστειλεν αὐτὸν Κύριος ὁ θεὸς αὐτῶν πρὸς
13 αὐτούς, καὶ ἐφοβήθη ὁ λαὸς ἀπὸ προσώπου Κυρίου. ¹³καὶ εἶπεν Ἀγγαῖος ἄγγελος Κυρίου ἐν ἀγγέλοις Κυρίου τῷ λαῷ Ἐγώ εἰμι
14 μεθ᾽ ὑμῶν, λέγει Κύριος. ¹⁴καὶ ἐξήγειρεν Κύριος τὸ πνεῦμα Ζοροβαβὲλ τοῦ Σαλαθιὴλ ἐκ φυλῆς Ἰούδα καὶ τὸ πνεῦμα Ἰησοῦ τοῦ Ἰωσεδὲκ τοῦ ἱερέως τοῦ μεγάλου καὶ τὸ πνεῦμα τῶν καταλοίπων παντὸς τοῦ λαοῦ, καὶ εἰσῆλθον καὶ ἐποίουν ἔργα ἐν τῷ οἴκῳ Κυρίου
II (15) 1 Παντοκράτορος θεοῦ αὐτῶν, ¹τῇ τετράδι καὶ εἰκάδι τοῦ μηνὸς τοῦ ἕκτου τῷ δευτέρῳ ἔτει ἐπὶ Δαρίου τοῦ βασιλέως.

(1) ⁽¹⁾Τῷ μηνὶ τῷ ἑβδόμῳ μιᾷ καὶ εἰράδι τοῦ μηνὸς ἐλάλησεν Κύριος ἐν
2 χειρὶ Ἀγγαίου τοῦ προφήτου λέγων ²Εἰπὸν δὴ πρὸς Ζοροβαβὲλ τὸν Σαλαθιὴλ ἐκ φυλῆς Ἰούδα καὶ πρὸς Ἰησοῦν τὸν τοῦ Ἰωσεδὲκ τὸν ἱερέα τὸν μέγαν καὶ πρὸς πάντας τοὺς καταλοίπους τοῦ λαοῦ λέγων
3 ³Τίς ἐξ ὑμῶν ὃς εἶδεν τὸν οἶκον τοῦτον ἐν τῇ δόξῃ αὐτοῦ τῇ ἔμπροσθεν; καὶ πῶς ὑμεῖς βλέπετε αὐτὸν νῦν; καθὼς οὐχ ὑπάρχοντα
4 ἐνώπιον ὑμῶν. ⁴καὶ νῦν κατίσχυε, Ζοροβαβέλ, λέγει Κύριος, καὶ §Γ κατίσχυε, Ἰησοῦ ὁ τοῦ Ἰωσεδὲκ ὁ ἱερεὺς ὁ μέγας, καὶ κατισχυέτω πᾶς ὁ λαὸς τῆς γῆς, λέγει Κύριος, καὶ ποιεῖτε· διότι μεθ᾽ ὑμῶν ἐγώ εἰμι,
5 λέγει Κύριος ὁ παντοκράτωρ, ⁵καὶ τὸ πνεῦμά μου ἐφέστηκεν ἐν μέσῳ

11 σιον ℵ* (σιτον ℵc.a, c.b)   12 εκ φυλης] pr o A   12—14 om ℵAQΓ και Ιησους...Σαλαθιηλ εκ φυλης Ιουδα Q* (hab Qmg sinistr : item hab και Ιησους...εξαπεστειλεν αυτον κ̅ς̅ o θ̅σ̅ αυτον προς Q⁽ʔ⁾mg sup) | αυτων 1°] αυτου Qmg (postea -των) | Αγγεου ℵ   13 Αγγεος ℵ | αγγελος Κυριου] Αγγεος ℵ* (om ℵc.a, c.b) | εν αγγελοις Κυριου] ο αγγελος κυριου ℵc.a αγγελος κ. ℵc.b om AQmg   14 το π̅ν̅α̅ Ιησου sup ras (seq ras) Ab | om παντος Q* (hab Qmg) | εισηλθεν ℵ* (-λθον ℵc.a) | εργα] pr τα AQ   II 1 τετραδι] τεταρτη Q* (τετραδι Qa) | om ετει Q* (hab Qa) | Δαρειου Bab | τω μηνι τω εβδομω] τω εβδομω μηνι A (-νει) Q | ελαλησεν] ελαβεν ℵ* (ελαλ. ℵc.a) | Αγγεου ℵ   2 Σαλαθιηλ] pr του Bab vid ℵAQ | φηλης ℵ* (φυλ. ℵc.a)   3 τις εξ υμων] + περιλειφθεις ℵc.a (postea ras) | ειδεν] οιδεν A   4 Ζοροβαβελ ℵ* (Ζορ. ℵc.a) | Ιησου ο] Ιησους Avid | εγω μεθ υμων AΓ | ο παντοκρατωρ] om o ℵc.b AQΓ   5 το πνευμα] om το Γ

Π 6   ΑΓΓΑΙΟΣ

B ὑμῶν· θαρσεῖτε. ⁶διότι λέγει Κύριος Παντοκράτωρ Ἔτι ἅπαξ ἐγὼ 6 σείσω τὸν οὐρανὸν καὶ τὴν γῆν καὶ τὴν θάλασσαν καὶ τὴν ξηράν, ⁷καὶ 7 συνσείσω πάντα τὰ ἔθνη, καὶ ἥξει τὰ ἐκλεκτὰ πάντων τῶν ἐθνῶν· καὶ πλήσω τὸν οἶκον τοῦτον δόξης, λέγει Κύριος Παντοκράτωρ. ⁸ἐμὸν 8 τὸ ἀργύριον καὶ ἐμὸν τὸ χρυσίον, λέγει Κύριος Παντοκράτωρ. ⁹διότι 9 μεγάλη ἔσται ἡ δόξα τοῦ οἴκου τούτου ἡ ἐσχάτη ὑπὲρ τὴν πρώτην, λέγει Κύριος Παντοκράτωρ· καὶ ἐν τῷ τόπῳ τούτῳ δώσω εἰρήνην, λέγει Κύριος Παντοκράτωρ, καὶ εἰρήνην ψυχῆς εἰς περιποίησιν παντὶ τῷ κτίζοντι τοῦ ἀναστῆσαι τὸν ναὸν ταῦτον.

¹⁰Τετράδι καὶ εἰκάδι τοῦ ἐνάτου μηνὸς ἔτους δευτέρου ἐπὶ Δαρίου 10 ἐγένετο λόγος Κυρίου πρὸς Ἀγγαῖον τὸν προφήτην λέγων ¹¹Τάδε 11 λέγει Κύριος Παντοκράτωρ Ἐπερώτησον τοὺς ἱερεῖς νόμον λέγων ¹²Ἐὰν λάβῃ ἄνθρωπος κρέας ἅγιον ἐν τῷ ἄκρῳ τοῦ ἱματίου αὐτοῦ, 12 καὶ ἅψηται τὸ ἄκρον τοῦ ἱματίου αὐτοῦ ἄρτου ἢ ἑψέματος ἢ οἴνου ἢ ἐλαίου ἢ παντὸς βρώματος, εἰ ἁγιασθήσεται; καὶ ἀπεκρίθησαν οἱ ἱερεῖς καὶ εἶπαν Οὔ. ¹³καὶ εἶπεν Ἀγγαῖος Ἐὰν ἅψηται μεμιαμμένος 13 ἀκάθαρτος ἐπὶ ψυχῇ ἐπὶ παντὸς τούτων, εἰ μιανθήσεται; καὶ ἀπεκρίθησαν οἱ ἱερεῖς καὶ εἶπαν Μιανθήσεται. ¹⁴καὶ ἀπεκρίθη Ἀγγαῖος καὶ 14 εἶπεν Οὕτως ὁ λαὸς οὗτος, καὶ οὕτως τὸ ἔθνος τοῦτο ἐνώπιον ἐμοῦ, λέγει Κύριος, καὶ οὕτως πάντα τὰ ἔργα τῶν χειρῶν αὐτῶν, καὶ ὃς ἐὰν ἐγγίσῃ ἐκεῖ, μιανθήσεται ἕνεκεν τῶν λημμάτων αὐτῶν τῶν ὀρθρινῶν, ὀδυνηθήσονται ἀπὸ προσώπου πόνων αὐτῶν· καὶ ἐμισεῖτε ἐν πύλαις ἐλέγχοντας. ¹⁵καὶ νῦν θέσθε δὴ εἰς τὰς καρδίας ὑμῶν ἀπὸ 15 τῆς ἡμέρας ταύτης καὶ ὑπεράνω, πρὸ τοῦ θεῖναι λίθον ἐπὶ λίθον ἐν τῷ ναῷ Κυρίου, ¹⁶τίνες ἦτε, ὅτε ἐνεβάλλετε εἰς κυψέλην κριθῆς εἴ- 16 κοσι σάτα, καὶ ἐγένετο κριθῆς δέκα σάτα, καὶ εἰσεπορεύεσθε εἰς

ℵAQΓ   6 διοτι]+ταδε AQ | Παντοκρατωρ] pr ο ℵ* (improb ο ℵ^{c.a, c.b}) | om και 2° ℵ* (hab ℵ^{c.a})   7 συσσεισω B^{ab}Q^a | εκλεκτα] επιλεκτα Γ | πλησω] πληρωσω AΓ   9 ειρηνην 2°] ειρηνης A | κτιζοντι] κτισαντι Γ   10 του ενατου μηνος] μηνι τω ενατω AΓ τω μηνι τω εν. Q | Δαρειου B^{ab}Q^aΓ | Αγγεον ℵ   11 επερωτησον]+δη ℵ^{c.b}   12 αγιον] αγριον ℵ*^{vid} | η εψεματος η οινου] η οινου η εψ. ℵ^{c.b (vid)} η εψ. τ[ου] οιν. Γ^{vid} | εψηματος ℵ^{c.b} | om ει ℵ? (postea revoc)   13 Αγγεος ℵ | μεμιασμενος ℵΓ | ακαθαρτος om ℵ^{c.b} pr η AQ | επι ψυχη] ψυχη επι ψυχη A ψυχη επι ψυχην Q | επι 2°] απο AQ   14 Αγγεος ℵ | εμου] μου Q | εαν] αν Q | εγγιση ℵ | εκει] αυτων Q | om αυτων 2° Γ | πονων] πονηριων ℵ^{c.a}   15 εις] επι ℵ^{c.b}AQΓ | υπερανω] επανω A | om προ A   16 κριθης 1°] post ι 2 fort litt ras A? | εγενετο] εγινετο Q | κριθης δεκα σατα] δεκα σατα κρ. ℵ^{c.b}

72

ΑΓΓΑΙΟΣ II 23

τὸ ὑπολήνιον ἐξαντλῆσαι πεντήκοντα μετρητάς, καὶ ἐγένοντο εἴκοσι. Β
17 ¹⁷ἐπάταξα ὑμᾶς ἐν ἀφορίᾳ καὶ ἐν ἀνεμοφθορίᾳ καὶ ἐν χαλάζῃ, πάντα
τὰ ἔργα τῶν χειρῶν ὑμῶν, καὶ οὐκ ἐπεστρέψατε πρός μέ, λέγει
18 Κύριος. ¹⁸ὑποτάξατε δὴ τὰς καρδίας⁋ ὑμῶν ἀπὸ τῆς ἡμέρας ταύτης ¶ Γ
καὶ ἐπέκεινα, ἀπὸ τῆς τετράδος καὶ εἰκάδος τοῦ ἐνάτου μηνός, καὶ
ἀπὸ τῆς ἡμέρας ἧς τεθεμελίωται ὁ ναὸς Κυρίου· θέσθε ἐν ταῖς καρ-
19 δίαις ὑμῶν, ¹⁹εἰ ἐπιγνωσθήσεται ἐπὶ τῆς ἅλω, καὶ εἰ ἔτι ἡ ἄμπελος
καὶ ἡ συκῆ καὶ ἡ ῥόα καὶ τὰ ξύλα τῆς ἐλαίας τὰ οὐ φέροντα καρπόν·
ἀπὸ τῆς ἡμέρας ταύτης εὐλογήσω.
20 ²⁰Καὶ ἐγένετο λόγος Κυρίου ἐκ δευτέρου πρὸς Ἀγγαῖον τὸν προ-
21 φήτην τετράδι καὶ εἰκάδι τοῦ μηνὸς λέγων ²¹Εἰπὸν πρὸς Ζοροβαβὲλ
τὸν τοῦ Σαλαθιὴλ ἐκ φυλῆς Ἰούδα λέγων Ἐγὼ σείω τὸν οὐρανὸν
22 καὶ τὴν γῆν καὶ τὴν θάλασσαν καὶ τὴν ξηράν, ²²καὶ καταστρέψω
θρόνους βασιλέων, καὶ ὀλεθρεύσω δύναμιν βασιλέων τῶν ἐθνῶν, καὶ
καταστρέψω ἅρματα καὶ ἀναβάτας, καὶ καταβήσονται ἵπποι καὶ ἀνα-
23 βάται αὐτῶν ἕκαστος ἐν ῥομφαίᾳ πρὸς τὸν ἀδελφὸν αὐτοῦ. ²³ἐν τῇ
ἡμέρᾳ ἐκείνῃ, λέγει Κύριος Παντοκράτωρ, λήμψομαί σε Ζοροβαβὲλ τὸν
τοῦ Σαλαθιὴλ τὸν δοῦλόν μου, λέγει Κύριος, καὶ θήσομαί σε ὡς σφρα-
γῖδα, διότι σὲ ᾑρέτισα, λέγει Κύριος Παντοκράτωρ.

16 πεντηκοντα] ν' ℵ | εγενοντο] εγινοντο Q | εικοσι 2°] pr εις ℵ   17 επα- ℵAQΓ
ταξα] pr και Q | αφορια] απορια ℵ* (αφ. ℵ^c.b) αφθορια A   18 υπο-
ταξατε] ταξατε ℵ^c.a, c.b AQΓ | τεθεμελιωται] εθεμελιωθη AQ   19 ει
1°]+ετι ℵ^c.a AQ | επιγνωσθησεται (επεγν. B* επιγν. B^ab)] επιγνωσθσθε ℵ*
(επιγνωσθ. ℵ^c.b) | om ει 2° AQ | om ετι A | ξυλα] φυλλα ℵ* (ξυλα ℵ^c.b) | ευ-
λογησω] και επανω ευλ. αυτα A   20 Αγγεον ℵ   21 σειω] σισω
ℵ^c.(?a)   22 om και ολεθρευσω δυν. βασ. ℵ* hab ҟ εξολεθρευσω δυν.
βασ. ℵ^a, c.a (vid) (postea ras) | εξολεθρευσω AQ | αναβατας]+αυτῷ ℵ^c.b (postea
ras)+· και κατα|στρεψω πασαν την δυναμιν αυτῳ| και καταβαλω τα ορια
αυτων· και| ενισχυω τους εκλεκτους μου· A | καταβησονται] αναβησονται A
Q^a (λ' καβησ. [sic] Q^mg)   23 λημψομαι (ληψ. Q)]+σε ℵ^c.a, c.b | ως σφρα-
γιδα (ωσφρ. ℵ)] εις σφρ. A | διοτι] οτι A | ηρετισαμην ℵ^c (postea ηρετισα)
Subscr Αγγαιος (-γεος ℵ) ι BℵAQ

ΖΑΧΑΡΙΑΣ

Β ΕΝ τῷ ὀγδόῳ μηνὶ ἔτους δευτέρου ἐπὶ Δαρείου ἐγένετο λόγος ι Ι
Κυρίου πρὸς Ζαχαρίαν τὸν τοῦ Βαραχίου υἱὸν Ἀδδὼ τὸν προφήτην
λέγων ²'Ωργίσθη Κύριος ἐπὶ τοὺς πατέρας ὑμῶν ὀργὴν μεγάλην. 2
³καὶ ἐρεῖς πρὸς αὐτούς Τάδε λέγει Κύριος Παντοκράτωρ Ἐπι- 3
στρέψατε πρὸς μέ, λέγει Κύριος τῶν δυνάμεων, καὶ ἐπιστραφήσομαι
πρὸς ὑμᾶς, λέγει Κύριος τῶν δυνάμεων. ⁴καὶ μὴ γίνεσθε καθὼς οἱ 4
πατέρες ὑμῶν, οἷς ἐνεκάλεσαν αὐτοῖς οἱ προφῆται ἔμπροσθεν λέ-
γοντες Τάδε λέγει Κύριος Παντοκράτωρ Ἀποστρέψατε ἀπὸ τῶν
ὁδῶν ὑμῶν τῶν πονηρῶν καὶ ἀπὸ τῶν ἐπιτηδευμάτων ὑμῶν τῶν
πονηρῶν· καὶ οὐκ εἰσήκουσαν, καὶ οὐ προσέσχον τοῦ εἰσακοῦσαί μου,
λέγει Κύριος. ⁵οἱ πατέρες ὑμῶν, ποῦ εἰσιν; καὶ οἱ προφῆται, μὴ τὸν 5
αἰῶνα ζήσονται; ⁶πλὴν τοὺς λόγους μου καὶ τὰ νόμιμά μου δέχεσθε, 6
ὅσα ἐγὼ ἐντέλλομαι ἐν πνεύματί μου τοῖς δούλοις μου τοῖς προ-
φήταις, οἳ κατελάβοσαν τοὺς πατέρας ὑμῶν. καὶ ἀπεκρίθησαν καὶ
εἶπαν Καθὼς παρατέτακται Κύριος Παντοκράτωρ τοῦ ποιῆσαι ἡμῖν
κατὰ τὰς ὁδοὺς ἡμῶν καὶ κατὰ τὰ ἐπιτηδεύματα ἡμῶν, οὕτως ἐποίησεν
ἡμῖν.

⁷Τῇ τετράδι καὶ εἰκάδι τῷ ἑνδεκάτῳ μηνί, οὗτός ἐστιν ὁ μὴν 7
Σαβάτ, ἐν τῷ δευτέρῳ ἔτει ἐπὶ Δαρείου ἐγένετο λόγος Κυρίου πρὸς
Ζαχαρίαν τὸν τοῦ Βαραχίου υἱὸν Ἀδδὼ τὸν προφήτην λέγων ⁸Ἑό- 8

ℵAQ Inscr Ζαχαριας ια BAQ om ℵ* Ζαχαριας ℵ^c.b Ι 1 δευτερου] β′ ℵ |
Δαρειου (BQ^a)] Δαριου ℵAQ* 2 υμων] ημων A 3 λεγει Κυριος
των δυναμεων (1°)] λ. κ̅ς παντοκρατωρ ℵ* om ℵ^c.a (om παντοκρ. etiam ℵ^c.b)
Q | και επιστραφησομαι προς υμας] επιστρεψατε προς με ℵ* (κ̅ επιστραφ. προς
υμ. ℵ^c.a, c.b) | των δυναμεων (2°)] παντοκρατωρ AQ 4 υμων 1°] υπων ℵ*
(υμ. ℵ^c.a) | εμπροσθεν] pr οι ℵ^c.a AQ | και απο...πονηρων (2°) sup ras A¹ |
om και ουκ εισηκουσαν AQ 5 εισι Q^a 6 παρατετακτο Q^a | om ημιν
1° AQ υμιν ℵ* (ημ. ℵ^c.a, c.b) | ημων 1°] ρων ℵ* (ημ. ℵ^c.a, c.b) υμων AQ |
ημων 2°] υμων AQ 7 τη τετραδι] om τη Q | Δαρειου (inst ε B^b)]
Δαριου ℵ 8 εωρακα B^a ℵQ^a vid

ΖΑΧΑΡΙΑΣ I 19

ρακα τὴν νύκτα, καὶ ἰδοὺ ἀνὴρ ἐπιβεβηκὼς ἐπὶ ἵππον πυρρόν, καὶ B
οὗτος ἱστήκει ἀνὰ μέσον τῶν ὀρέων τῶν κατασκίων, καὶ ὀπίσω αὐτοῦ
9 ἵπποι πυρροὶ καὶ ψαροὶ καὶ ποικίλοι καὶ λευκοί. ⁹καὶ εἶπα Τί οὗτοι,
κύριε; καὶ εἶπεν πρός με ὁ ἄγγελος ὁ λαλῶν ἐν ἐμοί Ἐγὼ δείξω σοι
10 τί ἐστιν ταῦτα. ¹⁰καὶ ἀπεκρίθη ὁ ἀνὴρ ὁ ἐφεστηκὼς ἀνὰ μέσον τῶν
ὀρέων καὶ εἶπεν πρός μέ Οὗτοί εἰσιν οὓς ἐξαπέστειλεν Κύριος περιο-
11 δεῦσαι τὴν γῆν. ¹¹καὶ ἀπεκρίθησαν τῷ ἀγγέλῳ Κυρίου τῷ ἐφεστῶτι
ἀνὰ μέσον τῶν ὀρέων καὶ εἶπον Περιωδεύσαμεν πᾶσαν τὴν γῆν, καὶ
12 ἰδοὺ πᾶσα ἡ γῆ κατοικεῖται καὶ ἡσυχάζει. ¹²καὶ ἀπεκρίθη ὁ ἄγγελος
Κυρίου καὶ εἶπεν Κύριε Παντοκράτωρ, ἕως τίνος οὐ μὴ ἐλεήσῃς τὴν
Ἰερουσαλήμ καὶ τὰς πόλεις Ἰούδα, ἃς ὑπερεῖδες τοῦτο ἑβδομηκοστὸν
13 ἔτος; ¹³καὶ ἀπεκρίθη Κύριος Παντοκράτωρ τῷ ἀγγέλῳ τῷ λαλοῦντι
14 ἐν ἐμοὶ ῥήματα καλὰ καὶ λόγους παρακλητικούς. ¹⁴καὶ εἶπεν πρός με
ὁ ἄγγελος ὁ λαλῶν ἐν ἐμοί Ἀνάκραγε λέγων Τάδε λέγει Κύριος
Παντοκράτωρ Ἐξήλωκα τὴν Ἰερουσαλὴμ καὶ τὴν Σειὼν ζῆλον μέγαν,
15 ¹⁵καὶ ὀργὴν μεγάλην ἐγὼ ὀργίζομαι ἐπὶ τὰ ἔθνη τὰ συνεπιτιθέμενα,
ἀνθ' ὧν μὲν ἐγὼ ὠργίσθην ὀλίγα, αὐτοὶ δὲ συνεπέθεντο εἰς κακά.
16 ¹⁶διὰ τοῦτο τάδε λέγει Κύριος Ἐπιβλέψω ἐπὶ Ἰερουσαλὴμ ἐν οἰ-
κτιρμῷ, καὶ ὁ οἶκός μου ἀνοικοδομηθήσεται ἐν αὐτῇ, λέγει Κύριος
17 Παντοκράτωρ, καὶ μέτρον ἐκταθήσεται ἐπὶ Ἰερουσαλὴμ ἔτι. ¹⁷καὶ
εἶπεν πρός με ὁ ἄγγελος ὁ λαλῶν ἐν ἐμοί Ἀνάκραγε λέγων Τάδε
λέγει Κύριος Παντοκράτωρ Ἔτι διαχυθήσονται πόλεις ἐν ἀγαθοῖς,
καὶ ἐλεήσει Κύριος ἔτι τὴν Σειὼν καὶ αἱρετιεῖ τὴν Ἰερουσαλήμ.
(II) (1) 18 ¹⁸Καὶ ἦρα τοὺς ὀφθαλμούς μου καὶ εἶδον, καὶ ἰδοὺ τέσσαρα
(2) 19 κέρατα. ¹⁹καὶ εἶπα πρὸς τὸν ἄγγελον τὸν λαλοῦντα ἐν ἐμοί Τί

8 επι ιππον] ειπ^πον ℵ* (επι ιππ. ℵ^{c.a, c.b}) εφ ιππον A | πυρον ℵ* (πυρρον ℵAQ
ℵ^{c.a, c.b}) | ειστηκει B^{ab}Q^a εστηκι ℵ* ειστηκι ℵ^{c.a} (ιστηκει ℵ^{c.b}) | ορεων] pr δυο
AQ | αυτου] τουτον Q | πυροι ℵ* (πυρρ. ℵ^{c.b}) | om και ψαροι ℵ^{c.b}   9 εστιν]
ετιν ℵ* (εστ. ℵ^{c.b}) εστι Q^a   10 επεστηκως ℵ* (εφεστ. ℵ^{c.a, c.b}) | εξαπεσταλκεν
ℵ^{c.b} (postea εξαπεστειλεν) AQ | περιοδευσαι] pr του AQ* (περιωδ. Q^{1(vid) mg})
11 ειπαν AQ | περιοδευκαμεν A   12 ελεησεις A | πολις ℵ* (-λεις ℵ^{c.b}) |
υπερδες ℵ* υπεριδες ℵ^{c.a, c.b}A   13 και απεκριθη...καλα] 4 lineas obelis
notavit et in mg adscr ου κ′ π′ Εβρ′ B^{ab}   14 και ειπεν] hastulam
adpinx B^a | εξηλωσα ℵ | Σιων B^bℵAQ^a: item 17   15 οργισομαι
ℵ^{c.b(vid)} (postea οργιζομαι) | εγω μεν ℵAQ | οργισθην Q* (ωργ. Q^a)   16 Κυ-
ριος]+παντοκρατωρ A | επιβλεψω] επιστρεψω B^{ab}ℵAQ (εν 1°] επ B* fort
(ras aliq in ν B[?]) | οικτιρμω AQ* (οικτιρμ. Q^a) | εκτεθησεται A   17 προς
με...εν εμοι obelo notavit et in mg ου κ′ π′ Εβρ′ adscr B^a | Παντο-
κρατωρ] pro π incep κ et ν scr inter ω et ρ ℵ* (παντοκρατωρ ℵ¹) | πολεις
(-λις ℵ* -λεις ℵ^{c.b})] pr αι Q | ελεησει Κυριος] ει et s sup ras ℵ¹ | αιρετιει]
+ετι ℵQ*^{vid et 1 (vid) mg}+κ̄ς̄ A | Ιερουσαλημ]+ετι A   18 ιδον ℵ^cA |
τεσσερα ℵAQ   19 λαλοντα ℵ* (-λουντα ℵ^{c.a})

ΖΑΧΑΡΙΑΣ

B ἔστιν ταῦτα, κύριε; καὶ εἶπεν πρός μέ Ταῦτα τὰ κέρατα τὰ διασκορπίσαντα τὸν Ἰούδαν καὶ τὸν Ἰσραὴλ καὶ Ἱερουσαλήμ. ²⁰καὶ ἔδειξέν μοι Κύριος τέσσαρας τέκτονας. ²¹καὶ εἶπα Τί οὗτοι ἔρχονται ποιῆσαι; καὶ εἶπεν Ταῦτα τὰ κέρατα τὰ διασκορπίσαντα τὸν Ἰούδαν καὶ τὸν Ἰσραὴλ κατέαξαν, καὶ οὐδεὶς αὐτῶν ᾖρεν κεφαλήν· καὶ ἐξήλθοσαν οὗτοι τοῦ ὀξῦναι αὐτὰ εἰς χεῖρας αὐτῶν τὰ τέσ- § Γ σαρα κέρατα, τὰ ἔθνη τὰ ¹ἐπαιρόμενα κέρας ἐπὶ τὴν γῆν Κυρίου τοῦ διασκορπίσαι αὐτήν.

¹Καὶ ᾖρα τοὺς ὀφθαλμούς μου καὶ εἶδον, καὶ ἰδοὺ ἀνὴρ καὶ ἐν II τῇ χειρὶ αὐτοῦ σχοινίον γεωμετρικόν. ²καὶ εἶπα πρὸς αὐτόν Ποῦ σὺ πορεύῃ; καὶ εἶπεν πρός μέ Διαμετρῆσαι τὴν Ἰερουσαλήμ, τοῦ ἰδεῖν πηλίκον τὸ πλάτος αὐτῆς ἐστιν καὶ πηλίκον τὸ μῆκος. ³καὶ ἰδοὺ ὁ ἄγγελος ὁ λαλῶν ἐν ἐμοὶ ἱστήκει, καὶ ἄγγελος ἕτερος ἐξεπορεύετο εἰς συνάντησιν αὐτῷ, ⁴καὶ εἶπεν πρὸς αὐτὸν λέγων Δράμε καὶ λάλησον πρὸς τὸν νεανίαν ἐκεῖνον λέγων Κατακάρπως κατοικηθήσεται Ἰερουσαλὴμ ἀπὸ πλήθους ἀνθρώπων καὶ κτηνῶν ἐν μέσῳ αὐτῆς· ⁵καὶ ἐγὼ ἔσομαι αὐτῇ, λέγει Κύριος, τεῖχος πυρὸς κυκλόθεν, καὶ εἰς δόξαν ἔσομαι ἐν μέσῳ αὐτῆς. ⁶ὦ ὦ φεύγετε ἀπὸ γῆς βορρᾶ, λέγει Κύριος, διότι ἐκ τῶν τεσσάρων ἀνέμων τοῦ οὐρανοῦ συνάξω ὑμᾶς, λέγει Κύριος· ⁷εἰς Σειὼν ἀνασώζεσθε, οἱ κατοικοῦντες θυγατέρα Βαβυλῶνος. ⁸διότι τάδε λέγει Κύριος Παντοκράτωρ Ὀπίσω δόξης ἀπέσταλκέν με ἐπὶ τὰ ἔθνη τὰ σκυλεύσαντα ὑμᾶς, διότι ὁ ἁπτόμενος ὑμῶν ὡς ἁπτόμενος τῆς κόρης τοῦ ὀφθαλμοῦ αὐτοῦ· ⁹διότι ἰδοὺ ἐγὼ ἐπιφέρω τὴν χεῖρά μου ἐπ' αὐτούς, καὶ ἔσονται σκῦλα τοῖς δουλεύουσιν αὐτοῖς, καὶ γνώσεσθε ὅτι Κύριος Παντοκράτωρ ἀπέσταλκέν με. ¹⁰τέρπου καὶ εὐφραίνου, θύγατερ Σειών, διότι ἰδοὺ ἐγὼ

ℵAQΓ 19 εστι Q^a | και ειπεν...Ιερουσαλημ] obelis notavit et in mg adscr ου κ' π' Εβρ' B^a(?) | om και Ιερουσαλημ AQ 20 τεσσαρες ℵQ* (-ρας Q^a) | τεκτονες ℵ* (-νας ℵ^c.a, c.b) 21 ειπεν (-πε Q^a)] + προς με AQ | δεις Q* (ουδ. Q^a) | εξηλθοσαν] εισηλθον AQ | τεσσερα ℵ¹AQ* | om τα εθνη A* (hab A^a?) | διασκορπησαι Γ' II 1 ιδον ℵAΓ | σχοινιον ℵ 2 συ] σοι ℵ* (συ ℵ^c.a, c.b) | ιδειν] ενδειν ℵ* ειδ. ℵ? 3 εισθηκει B^ab | συναντησιν αυτω] απαντησιν αυτου ℵAQ 4 ειπε Q^a | om λεγων 1° ℵ* (hab ℵ^c.a) | νεανιαν] νεανισκον ℵ | κατακαρπος Q^a | κατοικησεται ℵ* (-κηθησεται ℵ^c.a) | εν μεσω] pr των AQ^mg Γ 5 λεγει] φησιν AQ* (φησι Q^a vid) Γ | εσομαι 2°] εσω και Γ | αυτης] αυτων AΓ 6 απο] εκ Q 7 Σιων B^bℵAQ^a Γ': item 10 8 λεγει] λει ℵ* λεγι ℵ^c.a | απτομενος 2°] pr ο ℵAΓ 9 om ιδου Q* (hab Q^mg) | δουλευσασιν AQ | αυτοις] αυτης Γ | γνωσονται ℵ* (-σεσθε ℵ^c.b) | οτι] διοτι AQΓ | Κυριος] pr εγω ειμι ℵ* (improb ℵ¹(vid) c.a, c.b) | απεσταλκε Q^a 10 θυγατηρ ℵ* (-τερ ℵ^c.b) | διοτι] οτι ℵ | om εγω A

ΖΑΧΑΡΙΑΣ III 8

(15) 11 ἔρχομαι καὶ κατασκηνώσω ἐν μέσῳ σου, λέγει Κύριος. ¹¹καὶ B καταφεύξονται ἔθνη πολλὰ ἐπὶ τὸν κύριον ἐν τῇ ἡμέρᾳ ἐκείνῃ, καὶ ἔσονται αὐτῷ εἰς λαόν, καὶ κατασκηνώσουσιν ἐν μέσῳ σου, καὶ ἐπιγνώσῃ ὅτι Κύριος Παντοκράτωρ ἐξαπέσταλκέν με πρὸς (16) 12 σέ. ¹²καὶ κατακληρονομήσει Κύριος τὸν Ἰούδαν, τῇ μερίδι αὐτοῦ ἐπὶ τὴν γῆν τὴν ἁγίαν, καὶ αἱρετιεῖ ἔτι τὴν Ἰερουσαλήμ. (17) 13 ¹³εὐλαβείσθω πᾶσα σὰρξ ἀπὸ προσώπου Κυρίου, ὅτι ἐξεγήγερται ἐκ νεφελῶν ἁγίων αὐτοῦ.

III 1 ¹Καὶ ἔδειξέν μοι Κύριος τὸν Ἰησοῦν τὸν ἱερέα τὸν μέγαν, ἑστῶτα πρὸ προσώπου ἀγγέλου Κυρίου, καὶ ὁ διάβολος ἱστήκει ἐκ δεξιῶν 2 αὐτοῦ τοῦ ἀντικεῖσθαι αὐτῷ. ²καὶ εἶπεν Κύριος πρὸς τὸν διάβολον Ἐπιτιμήσαι Κύριος ἐν σοί, διάβολε, καὶ ἐπιτιμήσαι Κύριος ἐν σοὶ ὁ ἐκλεξάμενος τὴν Ἰερουσαλήμ· οὐκ ἰδοὺ τοῦτο ὡς δαλὸς ἐξεσπα-3 σμένος ἐκ πυρός; ³καὶ Ἰησοῦς ἦν ἐνδεδυμένος ἱμάτια ῥυπαρά, καὶ 4 ἱστήκει πρὸ προσώπου τοῦ ἀγγέλου. ⁴καὶ ἀπεκρίθη καὶ εἶπεν πρὸς τοὺς ἑστηκότας πρὸ προσώπου αὐτοῦ λέγων¶ Ἀφέλετε τὰ ἱμάτια τὰ ¶ Γ ῥυπαρὰ ἀπ' αὐτοῦ. καὶ εἶπεν πρὸς αὐτόν Ἰδοὺ ἀφῄρηκα τὰς ἀνο-5 μίας σου, καὶ ἐνδύσατε αὐτὸν ποδήρη, ⁵καὶ ἐπίθετε κίδαριν καθαρὰν ἐπὶ τὴν κεφαλὴν αὐτοῦ. καὶ ἐπέθηκαν κίδαριν καθαρὰν ἐπὶ τὴν κεφαλὴν αὐτοῦ, καὶ περιέβαλον αὐτὸν ἱμάτια. καὶ ὁ ἄγγελος Κυρίου 6 ἱστήκει· ⁶καὶ διεμαρτύρατο ὁ ἄγγελος Κυρίου πρὸς Ἰησοῦν λέγων 7 ⁷Τάδε λέγει Κύριος Παντοκράτωρ Ἐν ταῖς ὁδοῖς μου πορεύῃ καὶ ἐν τοῖς προστάγμασίν μου φυλάξῃ, καὶ σὺ διακρινεῖς τὸν οἶκόν μου· καὶ ἐὰν διαφυλάσσῃς τὴν αὐλήν μου, καὶ δώσω σοι ἀναστρεφομένους ἐν 8 μέσῳ τῶν ἑστηκότων τούτων. ⁸ἄκουε δή, Ἰησοῦς ὁ ἱερεὺς ὁ μέγας, σὺ καὶ οἱ πλησίον σου οἱ καθήμενοι πρὸ προσώπου, διότι ἄνδρες

11 επιγνωση] γνωση ℵ? (postea rurs επιγν.) | εξαπεσταλκεν] απεσταλ- ℵAQΓ κεν A   12 τη μεριδι] την μεριδα ℵ*QΓ' και την μ. ℵc.a (postea ras ƒ) A 13 σαραξ ℵ* | απο] πο ℵ* (απ. ℵc.a) | οτι] διοτι AQΓ   III 1 εδειξε Qa | τον Ιησουν] om τον AQΓ | εστηκει BabQaΓb(vid) (item 3, 5) | του αντικεισθαι] om του A   2 τουτο] το B* (του|το Ba?b) | εξεσπαμενος B* (εξεσπασμ. Bb(vid))   3 του αγγελου] om του Q* (hab Qmg)+κυ Q 4 ειπεν 1°] ειπα A ειπε Qa | τους εστηκοτας] τ. εστωτας ℵ* (τ. εστηκοτας ℵc.b) τον εστηκοτα Q | αφελε Q* (-λετε Qa) | ρυπαρα] ρυ sup ras Aa? | ποδηρη] πορηδη (sic) ℵ   5 om και επεθηκαν...αυτου (2°) ℵ* (hab ℵc.b) και περιεβαλον αυτον ιματια και επεθ. κιδ. καθ. επι την κεφ. αυτου AQ   6 λεγων προς Ιησουν A   7 εν 1°] εαν BabA pr εαν Q | εν 2° improb Bab | προσταγμασι Qa | φυλασση ℵc.b(vid) (postea φυλαξη revoc) AQ | διαφυλασσης] φυλαξης και γε A διαφυλαξης και γε Q | τουτων] pr α ℵ* (improb ℵ¹) 8 Ιησου ℵAQ | οι καθημενοι] pr και AQ | προσωπου]+σου ℵAQ

ΖΑΧΑΡΙΑΣ

B τερατοσκόποι εἰσί· διότι ἰδοὺ ἐγὼ ἄγω τὸν δοῦλόν μου Ἀνατολήν· 9διότι ὁ λίθος ὃν ἔδωκα πρὸ προσώπου Ἰησοῦ, ἐπὶ τὸν λίθον τὸν 9 ἕνα ἑπτὰ ὀφθαλμοί εἰσιν· ἰδοὺ ἐγὼ ὀρύσσω βόθρον, λέγει Κύριος Παντοκράτωρ, καὶ ψηλαφήσω πᾶσαν τὴν ἀδικίαν τῆς γῆς ἐκείνης ἐν ἡμέρᾳ μιᾷ. 10ἐν τῇ ἡμέρᾳ ἐκείνῃ, λέγει Κύριος Παντοκράτωρ, συν- 10 καλέσετε ἕκαστος τὸν πλησίον αὐτοῦ ὑποκάτω ἀμπέλου καὶ ὑποκάτω συκῆς.

1Καὶ ἐπέστρεψεν ὁ ἄγγελος ὁ λαλῶν ἐν ἐμοί, καὶ ἐξῆρέν με ὃν 1 IV τρόπον ὅταν ἐξεγερθῇ ἄνθρωπος ἐξ ὕπνου αὐτοῦ· 2καὶ εἶπεν πρός 2 με Τί σὺ βλέπεις; καὶ εἶπα Ἑόρακα, καὶ ἰδοὺ λυχνία χρυσῆ ὅλη, καὶ τὸ λαμπάδιον ἐπάνω αὐτῆς, καὶ ἑπτὰ λύχνοι ἐπάνω αὐτῆς, καὶ ἑπτὰ ἐπαρυστρίδες τοῖς λύχνοις τοῖς ἐπάνω αὐτῆς, 3καὶ δύο ἐλαῖαι 3 ἐπάνω αὐτῆς, μία ἐκ δεξιῶν τοῦ λαμπαδίου αὐτῆς καὶ μία ἐξ εὐωνύμων. 4καὶ ἐπηρώτησα καὶ εἶπον πρὸς τὸν ἄγγελον τὸν λαλοῦντα 4 ἐν ἐμοὶ λέγων Τί ἐστιν ταῦτα, κύριε; 5καὶ ἀπεκρίθη ὁ ἄγγελος 5 ὁ λαλῶν ἐν ἐμοὶ καὶ εἶπεν πρός με λέγων Οὐ γινώσκεις τί ἐστιν ταῦτα; καὶ εἶπα Οὐχί, κύριε. 6καὶ ἀπεκρίθη καὶ εἶπεν πρός με 6 λέγων Οὗτος ὁ λόγος Κυρίου πρὸς Ζοροβαβὲλ λέγων Οὐκ ἐν δυνάμει μεγάλῃ οὐδὲ ἐν ἰσχύι ἀλλ᾽ ἢ ἐν πνεύματί μου, λέγει Κύριος Παντοκράτωρ. 7τίς εἶ σύ, τὸ ὄρος τὸ μέγα τὸ πρὸ προσώπου Ζο- 7 ροβαβέλ, τοῦ κατορθῶσαι; καὶ ἐξοίσω τὸν λίθον τῆς κληρονομίας ἰσότητα χάριτος χάριτα αὐτῆς. 8καὶ ἐγένετο λόγος Κυρίου πρός με 8 λέγων 9Αἱ χεῖρες Ζοροβαβέλ, ἐθεμελίωσεν τὸν οἶκον τοῦτον, καὶ αἱ 9 § Γ χεῖρες αὐτοῦ §ἐπιτελέσουσιν αὐτόν, καὶ ἐπιγνώσῃ διότι Κύριος Παντοκράτωρ ἐξαπέσταλκέν με πρός σέ. 10διότι τίς ἐξουδένωσεν εἰς ἡμέ- 10 ρας μικράς; καὶ χαροῦνται καὶ ὄψονται τὸν λίθον τὸν κασσιτέρινον ἐν χειρὶ Ζοροβαβέλ· ἑπτὰ οὗτοι ὀφθαλμοί εἰσιν οἱ ἐπιβλέποντες ἐπὶ πᾶσαν τὴν γῆν. 11καὶ ἀπεκρίθην καὶ εἶπα πρὸς αὐτόν Τί αἱ δύο 11

ℵAQΓ   8 εισι] ει|σει ℵ* (ει 1° sup ras ℵ¹) εισιν ℵc.a, c.b AQ* (-σι Qᵃ) | αγω] επαγω ℵc.b   9 δεδωκα Q | επτα] ϛʹ ℵ   10 συγκαλεσετε BᵃᵇAQ*ᵛⁱᵈ (-σατε Qᵃ ˢᵃˡᵗᵉᵐ)   IV 1 εξηρεν] εξηγειρεν ℵAQ* (-ρε Qᵃ) | εξεγερθη] εξερθη Aᵛⁱᵈ   2 ειπα] ειπεν AQ* (ειπε Qᵃ) | εωρακα BᵇℵQᵃ ᵛⁱᵈ | λυχνοι] λυχνι ℵ* (-χνοι ℵ¹) | επαρυστιδες ℵ¹ (παρ. ℵ* -στριδας ℵc.b) A   4 ειπον] ειπα AQ | om λεγων A | εστι Qᵃ: item 5, 13   5 om προς με λεγων A   5—6 om ου γινωσκεις …προς με .λεγων (2°) ℵ* (hab ℵc.a mg inf rescr ℵc.b mg sinistr)   6 ειπε Qᵃ: item 13 | Ζοβαβελ ℵ* (Ζοροβ. ℵc.b vel etiam antea) | εν 1°] ν sup ras Bʔ   9—10 om εθεμελιωσεν…εν χειρι Ζοροβ. Q* (hab Qᵐᵍ)   9 εθεμελιωσαν ℵAQᵐᵍ | επιτελουσιν A | εξαπεστειλεν A   10 χαρησονται ℵc.bAQᵐᵍ Γ| κασσιδεριον ℵ* (κασσιτερινον ℵc.a, c.b) | επτα] ϛʹ ℵ | οφθαλμοι]+κυ ℵQΓᵃʔ (sup ras) | εισιν]+κῡ A ει sup ras Γᵃʔ   11 ειπα] ειπον ℵ

ΖΑΧΑΡΙΑΣ V 9

12 ἐλαῖαι αὗται αἱ ἐκ δεξιῶν τῆς λυχνίας καὶ ἐξ εὐωνύμων; ¹²καὶ ἐπη- B ρώτησα ἐκ δευτέρου καὶ εἶπα πρὸς αὐτόν Τί οἱ δύο κλάδοι τῶν ἐλαιῶν οἱ ἐν ταῖς χερσὶν τῶν δύο μυξωτήρων τῶν χρυσῶν τῶν 13 ἐπιχεόντων καὶ ἐπαναγόντων τὰς ἐπαρυστρίδας τὰς χρυσᾶς; ¹³καὶ εἶπεν πρός μέ Οὐκ οἶδας τί ἐστιν ταῦτα; καὶ εἶπα Οὐχί, κύριε. 14 ¹⁴καὶ εἶπεν Οὗτοι οἱ δύο υἱοὶ τῆς πιότητος παρεστήκασιν κυρίῳ πάσης τῆς γῆς.

V 1 ¹Καὶ ἐπέστρεψα καὶ ἦρα τοὺς ὀφθαλμούς μου καὶ εἶδον, καὶ ἰδοὺ 2 δρέπανον πετόμενον. ²καὶ εἶπεν πρός μέ Τί σὺ βλέπεις; καὶ εἶπα Ἐγὼ ὁρῶ δρέπανον πετόμενον μήκους πήχεων εἴκοσι καὶ πλάτους 3 πήχεων δέκα. ³καὶ εἶπεν πρός μέ Αὕτη ἡ ἀρὰ ἡ ἐκπορευομένη ἐπὶ πρόσωπον πάσης τῆς γῆς· διότι πᾶς ὁ κλέπτης ἐκ τούτου ἕως θανάτου ἐκδικηθήσεται, καὶ πᾶς ὁ ἐπίορκος ἐκ τούτου ἐκδικηθήσεται. 4 ⁴καὶ ἐξοίσω αὐτό, λέγει Κύριος Παντοκράτωρ, καὶ εἰσελεύσεται εἰς τὸν οἶκον τοῦ κλέπτου καὶ εἰς τὸν οἶκον τοῦ ὀμνύοντος τῷ ὀνόματί μου ἐπὶ ψεύδει, καὶ καταλύσει ἐν μέσῳ τοῦ οἴκου αὐτοῦ, καὶ συντε-5 λέσει αὐτὸν καὶ τὰ ξύλα αὐτοῦ καὶ τοὺς λίθους αὐτοῦ. ⁵Καὶ ἐξῆλθεν ὁ ἄγγελος ὁ λαλῶν ἐν ἐμοὶ καὶ εἶπεν πρός μέ Ἀνάβλεψον 6 τοῖς ὀφθαλμοῖς σου καὶ ἴδε τὸ ἐκπορευόμενον τοῦτο. ⁶καὶ εἶπα Τί ἐστιν; καὶ εἶπεν Τοῦτο τὸ μέτρον τὸ ἐκπορευόμενον. καὶ εἶπεν 7 Αὕτη ἡ ἀδικία αὐτῶν ἐν πάσῃ τῇ γῇ. ⁷καὶ ἰδοὺ τάλαντον μολίβου 8 ἐξαιρόμενον· καὶ ἰδοὺ μία γυνὴ ἐκάθητο ἐν μέσῳ τοῦ μέτρου. ⁸καὶ εἶπεν Αὕτη ἐστὶν ἡ ἀνομία· καὶ ἔριψεν αὐτὴν ἐν μέσῳ τοῦ μέτρου, 9 καὶ ἔριψεν τὸν λίθον τοῦ μολίβου εἰς τὸ στόμα αὐτῆς. ⁹καὶ ἦρα τοὺς ὀφθαλμούς μου καὶ εἶδον, καὶ ἰδοὺ δύο γυναῖκες ἐκπορευόμεναι,

11 αι εκ δ.] om αι Γ* | της λυχνιας και εξ εωνυμων] υμων ℵ* (της λ. κ. εξ ℵAQΓ ευων. ℵc.a, c.b) | ευωνυμων]+(pr asterisc non inst Bᵇ) αυτης Bᵃ   12 ταις χερσιν] om ταις Γ | επαρυστιδας ℵ* (-στριδας ℵᶜ (nondum c.a))   13 με]+λεγω ℵc.b +o αγγελος Γ | ειπα ουχι] a o rescr ℵ¹ (ειπεν ℵ* fort)   14 ουτοι] +εισιν Γ' | δυοι ℵ | παρεστηκασιν (σι Q)] pr οι ℵc.a οι (o sup ras) παραστηκουσιν Γ' | κυριω] pr τω AQΓ   V 1 ιδον AΓ' | πετομενον] ε 2° sup ras η ut vid Aᵃ πετωμ. Γ*   2 ειπεν (-πε Qᵃ)]+ᴋ̅ς̅ ℵ | ορω εγω A | μηκος AQΓ' | πλατος AQΓ   3 προσωπου AQ | ο κλεπτης] om o Γ' | εκδικηθησεται 2°] pr εως θανατου ℵAQΓ   4 εκξοισω (sic) ℵ | αυτο] αυτα Aᵇ | εισελευσομαι A | κλεπτου] πλεπου ℵ* πλεπτ. ℵ¹ (vid) (κλεπτ. ℵᶜ) | το ονοματι Γ* | καταλυση ℵ | αυτου] αυ sup ras Γ¹ (incep τα ξ Γ*)   5 τοις οφθ.] pro τ incep π B* (τοις B¹) | ιδε]+τι ℵc.a | εκπορευομενον] ρευ sup ras Γ¹ ?   6 εστι Qᵃ | ειπε (1°) Qᵃ: item 11 | αυτων] αυτου ℵ* (·των ℵc.a, c.b)   7 μολυβου ℵ | γυνη μια AQΓ | μετρου] ταλαντου A (λαντ sup ras Aᵇ)   8 και 2°] αι ℵ* (κ. ℵiam antea c.a) | ερριψεν 1° BᵇAQΓ: 2°, AQ* (-ψε Qᵃ) Γ | το] ο B* (το Bᵃᶜ)   9 ειδον] ιδον ℵAΓ | εκπορευομενοι ℵ* vid (-ναι ℵ¹)

79

ΖΑΧΑΡΙΑΣ

Β καὶ πνεῦμα ἐν ταῖς πτέρυξιν αὐτῶν, καὶ αὗται εἶχον πτέρυγας ἔποπος· καὶ ἀνέλαβον τὸ μέτρον ἀνὰ μέσον τῆς γῆς καὶ ἀνὰ μέσον τοῦ οὐρανοῦ. ¹⁰καὶ εἶπα πρὸς τὸν ἄγγελον τὸν λαλοῦντα ἐν ἐμοί Ποῦ αὗται ἀπο- 10 φέρουσιν τὸ μέτρον; ¹¹καὶ εἶπεν πρός μέ Οἰκοδομῆσαι αὐτῷ οἰκίαν 11 ἐν γῇ Βαβυλῶνος καὶ ἑτοιμάσαι, καὶ θήσουσιν αὐτὸ ἐκεῖ ἐπὶ τὴν ἑτοιμασίαν αὐτοῦ.

¹Καὶ ἐπέστρεψα καὶ ἦρα τοὺς ὀφθαλμούς μου καὶ εἶδον, καὶ ἰδοὺ 1 VI τέσσαρα ἅρματα ἐκπορευόμενα ἐκ μέσου δύο ὀρέων, καὶ τὰ ὄρη ἦν ὄρη χαλκᾶ. ²ἐν τῷ ἅρματι τῷ πρώτῳ ἵπποι πυρροί, καὶ ἐν τῷ 2 ἅρματι τῷ δευτέρῳ ἵπποι μέλανες, ³καὶ ἐν τῷ ἅρματι τῷ τρίτῳ ἵπποι 3 λευκοί, καὶ ἐν τῷ ἅρματι τῷ τετάρτῳ ἵπποι ποικίλοι ψαροί. ⁴καὶ 4 ἀπεκρίθην καὶ εἶπα πρὸς τὸν ἄγγελον τὸν λαλοῦντα ἐν ἐμοί Τί ἐστιν ταῦτα, κύριε; ⁵καὶ ἀπεκρίθη ὁ ἄγγελος ὁ λαλῶν ἐν ἐμοὶ καὶ εἶπεν 5 Ταῦτά ἐστιν οἱ τέσσαρες ἄνεμοι τοῦ οὐρανοῦ, ἐκπορεύονται παραστῆναι τῷ κυρίῳ πάσης τῆς γῆς. ⁶ἐν ᾧ ἦσαν οἱ ἵπποι οἱ μέλανες, 6 ἐξεπορεύοντο ἐπὶ γῆν βορρᾶ, καὶ οἱ λευκοὶ ἐξεπορεύοντο κατόπισθεν αὐτῶν, καὶ οἱ ποικίλοι ἐξεπορεύοντο ἐπὶ γῆν νότου, ⁷καὶ οἱ ψαροὶ 7 ἐξεπορεύοντο καὶ ἐπέβλεπον τοῦ πορεύεσθαι τοῦ περιοδεῦσαι τὴν γῆν. καὶ εἶπεν Πορεύεσθε καὶ περιοδεύσατε τὴν γῆν· καὶ περιώδευσαν τὴν γῆν. ⁸καὶ ἀνεβόησαν, καὶ ἐλάλησεν πρὸς μὲ λέγων 8 Ἰδοὺ οἱ ἐκπορευόμενοι ἐπὶ γῆν βορρᾶ, καὶ ἀνέπαυσαν τὸν θυμόν μου ἐν γῇ βορρᾶ.

⁹Καὶ ἐγένετο λόγος Κυρίου πρὸς μὲ λέγων ¹⁰Λάβε τὰ ἐκ τῆς 9/10 αἰχμαλωσίας παρὰ τῶν ἀρχόντων καὶ παρὰ τῶν χρησίμων αὐτῆς καὶ παρὰ τῶν ἐπεγνωκότων αὐτήν, καὶ εἰσελεύσῃ σὺ ἐν τῇ ἡμέρᾳ ἐκείνῃ εἰς τὸν οἶκον Ἰωσίου τοῦ Σοφονίου τοῦ ἥκοντος ἐκ Βαβυλῶνος, ¹¹καὶ 11 λήψῃ ἀργύριον καὶ χρυσίον καὶ ποιήσεις στεφάνους, καὶ ἐπιθήσεις

ℵAQΓ 9 ταις πτ.] τοις πτ. ℵ* (ταις ℵ¹) | ειχον] ειπον ℵ* ᵛⁱᵈ (ειχ. ℵ¹) | πτερυγας (-γες ℵ* ᵛⁱᵈ -γας ℵ¹)]+ως πτερυγας ℵAQᵐᵍ   10 που] του ℵ* ᵛⁱᵈ (που ℵ¹) | αποφερουσι Qᵃ   11 αυτο] αυτω Γ*   VI 1 επεστρεψα] incep επι ℵ* (επεστρ. ℵ¹ ⁽ᵛⁱᵈ⁾ ᵉᵗ ᵖᵒˢᵗᵉᵃ) | ειδον] ιδον AΓ | τεσσερα ℵAΓ   2 εν 1°] pr και Γ | πυροι ℵA   4 εστι Qᵃ   5 ειπεν (-πε Qᵃ)]+προς με ℵᶜ·ᵃ (postea del) | ταυτα εστιν] ουτοι εισιν A ταυτα εισιν Q | εκπορευονται] pr οι ℵᶜ·ᵃ (postea del) QΓ | τω κυριω] εν κω Γ* ᵛⁱᵈ   6 οι ιπποι] om οι ℵ | επι γην] εγγης ℵ* (επι γην ℵᶜ·ᵃ, ᶜ·ᵇ) | βορραν ℵ* (hab ℵ?) αυτον Γ 7 εξεπορευοντο]+ϗ εζητουν ℵᶜ·ᵃ (ras et superscr επι γην νοτου ℵᶜ·ᵇ ras omnia ℵᶜ·ᶜ) | om πορευεσθαι...και ειπεν ℵ* (hab περιοδευσαι την γην ϗ ειπεν ℵᶜ·ᵃ, ᶜ·ᵇ) | του περιοδευσαι] και περιοδ. AQΓ   8 ανεβοησεν Bᵃᵇ ℵAQ* (-σε Qᵃ) Γ | γην] την ℵ* γης QΓ | om και 3° ℵᶜ·ᵃ, ᶜ·ᵇ AQΓ   9 με] εμε ℵ*   10 και παρα (1°) bis scr ℵ* (improb 1° ℵ¹) | αυτην] αυτων A   11 λημψη ℵAQ λημψω Γ* ληψω Γᵃ | στεφανους] ον rescr ℵ¹ (prius ην ut vid)

ΖΑΧΑΡΙΑΣ VII 7

12 ἐπὶ τὴν κεφαλὴν Ἰησοῦ τοῦ Ἰωσεδὲκ τοῦ ἱερέως τοῦ μεγάλου, ¹²καὶ Β
ἐρεῖς πρὸς αὐτόν Τάδε λέγει Κύριος Παντοκράτωρ Ἰδοὺ ἀνήρ, Ἀνατολὴ
ὄνομα αὐτῷ, καὶ ὑποκάτωθεν αὐτοῦ ἀνατελεῖ, καὶ οἰκοδομήσει τὸν
13 οἶκον Κυρίου· ¹³καὶ αὐτὸς λήμψεται ἀρετήν, καὶ καθιεῖται καὶ κατάρξει
ἐπὶ τοῦ θρόνου αὐτοῦ, καὶ ἔσται ὁ ἱερεὺς ἐκ δεξιῶν αὐτοῦ, καὶ βουλὴ
14 εἰρηνικὴ ἔσται ἀνὰ μέσον ἀμφοτέρων. ¹⁴ὁ δὲ στέφανος ἔσται τοῖς
ὑπομένουσιν καὶ τοῖς χρησίμοις αὐτῆς καὶ τοῖς ἐπεγνωκόσιν αὐτήν,
15 καὶ εἰς χάριτα υἱοῦ Σοφονίου, καὶ εἰς ψαλμὸν ἐν οἴκῳ Κυρίου. ¹⁵καὶ
οἱ μακρὰν ἀπ᾽ αὐτῶν ἥξουσιν καὶ οἰκοδομήσουσιν ἐν τῷ οἴκῳ Κυρίου,
καὶ γνώσεσθε διότι Κύριος Παντοκράτωρ ἀπέσταλκέν με πρὸς ὑμᾶς·
καὶ ἔσται ἐὰν εἰσακούοντες εἰσακούσητε τῆς φωνῆς Κυρίου τοῦ θεοῦ
ὑμῶν.

VII 1 ¹Καὶ ἐγένετο ἐν τῷ τετάρτῳ ἔτει ἐπὶ Δαρείου τοῦ βασιλέως ἐγένετο
λόγος Κυρίου πρὸς Ζαχαρίαν, τετράδι τοῦ μηνὸς τοῦ ἐνάτου ὅς ἐστιν
2 Χασελεύ· ²καὶ ἐξαπέστειλεν εἰς Βαιθὴλ Σαράσαρ καὶ Ἀρβεσεὲρ ὁ βασι-
3 λεὺς καὶ οἱ ἄνδρες αὐτοῦ ἐξιλάσασθαι τὸν κύριον, ³λέγων πρὸς τοὺς
ἱερεῖς τοὺς ἐν τῷ οἴκῳ Κυρίου Παντοκράτορος καὶ πρὸς τοὺς προφή-
τας, λέγων Εἰσελήλυθεν ὧδε ἐν τῷ μηνὶ τῷ πέμπτῳ τὸ ἁγίασμα,
4 καθότι ἐποίησεν ἤδη ἱκανὰ ἔτη. ⁴καὶ ἐγένετο λόγος Κυρίου τῶν
5 δυνάμεων πρός με λέγων ⁵Εἰπὸν πρὸς ἅπαντα τὸν λαὸν τῆς γῆς καὶ
πρὸς τοὺς ἱερεῖς λέγων Ἐὰν νηστεύσητε ἢ κόψησθε ἐν ταῖς πέμπταις
ἢ ἐν ταῖς ἑβδόμαις, καὶ ἰδοὺ ἑβδομήκοντα ἔτη μὴ νηστίαν νενηστεύ-
6 κατέ μοι; ⁶καὶ ἐὰν φάγητε ἢ πίητε, οὐχ ὑμεῖς ἔσθετε καὶ πίνετε;
7 ⁷οὐχ οὗτοι οἱ λόγοι εἰσὶν οὓς ἐλάλησεν Κύριος ἐν χερσὶν τῶν προ-
φητῶν τῶν ἔμπροσθεν, ὅτε ἦν Ἰερουσαλὴμ κατοικουμένη καὶ εὐθη-

12 ανατελλι ℵ* (-τελει ℵ^{c.b}) ατελει Q* (ανατ. Q^a)   13 ληψεται QΓ^a | ℵAQΓ
καθιεται B*ℵ* (καθιειται B^{ab}ℵ^{c.a, c.b} A [-τε] QΓ) | καταξει ℵ* (καταρξει
ℵ^{c.a, c.b}) | του θρονου] om του Q* (hab Q^a)   14 υπομενουσιν] πομενουσιν
sup ras B^{ab} (-σι B^{b vid} Q^a) + αυτων A | επεγνωκοσι B* (-σιν B^{ab}) | υιου] τοις
υιοις AQΓ   15 ηξουσι Q^a | τω οικω] om τω Γ | γνωσεσθε] επιγνωσεσθε A
(εσθαι sup ras A^a) QΓ | διοτι κς sup ras A^a | εισακουσαντες ℵ^{c.a} (postea
revoc εισακουοντες) | υμων] ημων ℵ* (υμ. ℵ^{c.b})   VII 1 Δαριου ℵAQ*Γ*
(-ρειου Q^aΓ^a) | τετραδι] τη τετρ. και εικαδι A | Χασιλευ ℵ^{11 c.a, c.b} (Ρασ. vel
potius Γασ. ℵ*) Χασλευ Γ* (Χασελ. Γ^a)   2 εξαπεστειλεν] improb εξ ℵ?
(mox revoc) εξαπεστειλαν Q | Βεθηλ ℵ | Αρβεσεερ] Αρβεσερ ℵ^{c.a} (-σεερ revoc
ℵ^{c.b}) Αρβεσεσερ A Αρβεσεε Q | εξιλασασθαι] pr του ℵ^{c.a vid} (rurs ras) AQ
3 λεγων 1°] λεγοντες Q | εισεληλυθεν] pr ει AΓ pr η Q | το αγιασμα εν τω μηνι
τω πεμπτω A | εποιησαν AQ | ετη] τ rescr ℵ¹ (επη ℵ^{* vid})   5 ειπον] ειπε
A ειπον δη Q | απαντα] παντα ℵAQ om Γ | ιερεις]+της γης Q | νηστειαν
B^{ab}AQ   6 η] και A και εαν Q | εσθετε] εσθιετε ℵ^{c.a} (rurs εσθετε) A
(-τς) Q | πινετε] pr υμεις AQ   7 οτε] οτι ℵ* (-τε ℵ^{c.a})

SEPT. III.   81   F

B νοῦσα, καὶ αἱ πόλεις αὐτῆς κυκλόθεν, καὶ ἡ ὀρεινὴ καὶ ἡ πεδινὴ κατῳκεῖτο;

⁸Καὶ ἐγένετο λόγος Κυρίου πρὸς Ζαχαρίαν λέγων ⁹Τάδε λέγει ⁸₉ Κύριος Παντοκράτωρ Κρίμα δίκαιον κρίνατε, καὶ ἔλεος καὶ οἰκτειρμὸν ποιεῖτε ἕκαστος πρὸς τὸν ἀδελφὸν αὐτοῦ, ¹⁰καὶ χήραν καὶ ὀρφανὸν 10 καὶ προσήλυτον καὶ πένητα μὴ καταδυναστεύετε, καὶ κακίαν ἕκαστος τοῦ ἀδελφοῦ αὐτοῦ μὴ μνησικακείτω ἐν ταῖς καρδίαις ὑμῶν. ¹¹καὶ 11 ἠπείθησαν τοῦ προσέχειν, καὶ ἔδωκαν νῶτον παραφρονοῦντα, καὶ τὰ ὦτα αὐτῶν ἐβάρυναν τοῦ μὴ εἰσακούειν, ¹²καὶ τὴν καρδίαν αὐτῶν 12 ἔταξαν ἀπειθῆ τοῦ μὴ εἰσακούειν τοῦ νόμου μου καὶ τοὺς λόγους οὓς ἐξαπέστειλεν Κύριος Παντοκράτωρ ἐν πνεύματι αὐτοῦ ἐν χερσὶν τῶν προφητῶν τῶν ἔμπροσθεν· καὶ ἐγένετο ὀργὴ μεγάλη παρὰ Κυρίου Παντοκράτορος. ¹³καὶ ἔσται ὃν τρόπον εἶπεν καὶ οὐκ εἰσήκουσαν, 13 οὕτως κεκράξονται καὶ οὐ μὴ εἰσακούσω, λέγει Κύριος Παντοκράτωρ. ¹⁴καὶ ἐκβαλῶ αὐτοὺς εἰς πάντα τὰ ἔθνη ἃ οὐκ ἔγνωσαν, καὶ ἡ γῆ 14 ἀφανισθήσεται κατόπισθεν αὐτῶν ἐκ διοδεύοντος καὶ ἐξ ἀναστρέφοντος· καὶ ἔταξαν γῆν ἐκλεκτὴν εἰς ἀφανισμόν.

¹Καὶ ἐγένετο λόγος Κυρίου Παντοκράτορος λέγων ²Τάδε λέγει ¹₂ VIII Κύριος Παντοκράτωρ Ἐζήλωκα τὴν Ἰερουσαλὴμ καὶ τὴν Σειὼν ζῆλον μέγαν, καὶ θυμῷ μεγάλῳ ἐζήλωκα αὐτήν. ³τάδε λέγει Κύριος 3 Ἐπιστρέψω ἐπὶ Σειών, καὶ κατασκηνώσω ἐν μέσῳ Ἰερουσαλήμ, καὶ κληθήσεται ἡ Ἰερουσαλὴμ πόλις ἡ ἀληθινή, καὶ τὸ ὄρος Κυρίου Παντοκράτορος ὄρος ἅγιον. ⁴τάδε λέγει Κύριος Παντοκράτωρ Ἔτι 4 καθήσονται πρεσβύτεροι καὶ πρεσβύτεραι ἐν ταῖς πλατείαις Ἱερου-

ℵAQΓ   7 πολις ℵ* (-λεις ℵ^c.b) | αυτης] αυτων A | ορινη AQ*Γ* (-ρειν. Q^aΓ^a) | η πεδινη (πεδειν. Γ^a)] om η Γ   9 Παντοκρατωρ]+λεγων QΓ | κρινεται ℵ* (κριναται ℵ^c.a, c.b) | ελεον ℵ^c.b | οικτιρμον B^b ℵΓ^a   10 καταδυναστευσητε Q | μη μνησικακειτω του αδελφου αυτου Q   11 ηπειθησαν] επιθ. ℵ* (ηπιθ. ℵ^1) | προεχειν Q*^vid (προσ. Q^1) | παραφρονουντα ℵ* (-νουντα ℵ^c.a) του παραφρονειν Γ   12 τας καρδιας ℵ* (την καρδιαν ℵ^c.a, c.b) | απιθη Γ* απειθη Γ^a mox απειθειν | εισακουσαι A | εξαπεσταλκεν QΓ | οργη] ορμη A (notavit et in mg διπλην adscr A^a? | παντοκρατος (sic) ℵ   13 εισηκουσαν]+αυτου ℵAQΓ | ουτω Q^a | εισακουσω]+αυτων AQΓ   14 αναστρεψοντος ℵ* (-στρεφοντος ℵ^c.a)   VIII 1 λεγων] pr προς με ℵ^c.b (postea ras)   2 παντοκρατων ℵ*: item 6 (1°) | εζηλωκα 1°] εζηλησα (sic) ℵ εζηλωσα AΓ | Ιερουσαλημ] pr obelum et in mg adscr ου κ' π' Εβρ' B^a | Σιων B^b ℵAQ^aΓ: item 3 | εζηλωσα ℵAQΓ   3 Κυριος]+παντοκρατωρ ℵ^c.b | επιστρεψω] pr και AQΓ | om επι Q* (hab Q^mg) | η Ιερουσαλημ (Ειερ. ℵ* Ιερ. ℵ^c)] om η ℵA | η αληθινη] om η ℵAQΓ | και 3°]+ρ ℵ* (improb ℵ^1 vid et postea ras) | om ορος 2° ℵ*   4 πρεσβυτερου ℵ* (-ροι ℵ^1 c.b) | πρεσβυτεραι] πρεσβυτε ℵ* (-τεραι ℵ^c.a)

82

ΖΑΧΑΡΙΑΣ VIII 15

σαλήμ, ἕκαστος τὴν ῥάβδον αὐτοῦ ἔχων ἐν τῇ χειρὶ αὐτοῦ ἀπὸ B 5 πλήθους ἡμερῶν· ⁵καὶ αἱ πλατεῖαι τῆς πόλεως πλησθήσονται παιδα- 6 ρίων καὶ κορασίων παιζόντων ἐν ταῖς πλατείαις αὐτῆς. ⁶τάδε λέγει Κύριος Παντοκράτωρ Εἰ ἀδυνατήσει ἐνώπιον τῶν καταλοίπων τοῦ λαοῦ τούτου ἐν ταῖς ἡμέραις ἐκείναις, μὴ καὶ ἐνώπιον ἐμοῦ ἀδυνατήσει; 7 λέγει Κύριος Παντοκράτωρ. ⁷τάδε λέγει Κύριος Παντοκράτωρ Ἰδοὺ ἐγὼ σώζω τὸν λαόν μου ἀπὸ γῆς ἀνατολῶν καὶ ἀπὸ γῆς δυσμῶν, 8 ⁸καὶ εἰσάξω αὐτοὺς καὶ κατασκηνώσω ἐν μέσῳ Ἰερουσαλήμ, καὶ ἔσονταί μοι εἰς λαὸν κἀγὼ ἔσομαι αὐτοῖς εἰς θεὸν ἐν ἀληθείᾳ καὶ ἐν 9 δικαιοσύνῃ. ⁹τάδε λέγει Κύριος Παντοκράτωρ Κατισχυέτωσαν αἱ χεῖρες ὑμῶν τῶν ἀκουόντων ἐν ταῖς ἡμέραις ταύταις τοὺς λόγους τούτους ἐκ στόματος τῶν προφητῶν, ἀφ' ἧς ἡμέρας τεθεμελίωται ὁ 10 οἶκος Κυρίου Παντοκράτορος, καὶ ὁ ναὸς ἀφ' οὗ ᾠκοδόμηται. ¹⁰διότι πρὸ τῶν ἡμερῶν ἐκείνων ὁ μισθὸς τῶν ἀνθρώπων οὐκ ἔσται εἰς ὄνησιν, καὶ ὁ μισθὸς τῶν κτηνῶν οὐχ ὑπάρξει, καὶ τῷ ἐκπορευομένῳ καὶ τῷ εἰσπορευομένῳ οὐκ ἔσται εἰρήνη ἀπὸ τῆς θλίψεως· καὶ ἐξαποστελῶ πάντας τοὺς ἀνθρώπους ἕκαστον ἐπὶ τὸν πλησίον 11 αὐτοῦ. ¹¹καὶ νῦν οὐ κατὰ τὰς ἡμέρας τὰς ἔμπροσθεν ἐγὼ ποιῶ τοῖς 12 καταλοίποις τοῦ λαοῦ τούτου, λέγει Κύριος Παντοκράτωρ, ¹²ἀλλ' ἢ δείξω εἰρήνην· ἡ ἄμπελος δώσει τὸν καρπὸν αὐτῆς, καὶ ἡ γῆ δώσει τὰ γενήματα αὐτῆς, καὶ ὁ οὐρανὸς δώσει τὴν δρόσον αὐτοῦ, καὶ κατακληρονομήσω τοῖς καταλοίποις τοῦ λαοῦ μου τούτου ταῦτα 13 πάντα. ¹³καὶ ἔσται ὃν τρόπον ἦτε ἐν κατάρᾳ ἐν τοῖς ἔθνεσιν οἶκος Ἰούδα καὶ οἶκος Ἰσραήλ, οὕτως διασώσω ὑμᾶς καὶ ἔσεσθε ἐν 14 εὐλογίᾳ· θαρσεῖτε καὶ κατισχύετε ἐν ταῖς χερσὶν ὑμῶν. ¹⁴διότι τάδε λέγει Κύριος Παντοκράτωρ ⁸Ὃν τρόπον διενοήθην τοῦ κακῶσαι ὑμᾶς ἐν τῷ παροργίσαι με τοὺς πατέρας ὑμῶν, λέγει Κύριος Παντοκράτωρ, 15 καὶ οὐ μετενόησα· ¹⁵οὕτως παρατέταγμαι καὶ διανενόημαι ἐν ταῖς ἡμέραις ταύταις τοῦ καλῶς ποιῆσαι τὴν Ἰερουσαλὴμ καὶ τὸν οἶκον

4 ραβδον] ραβον ℵ* (δ superscr ℵ¹) | τη χειρι] om τη A   5 αυτης] ℵAQΓ αυτων ℵ* (-της ℵc.a, c.b)   6 ει] pr διοτι A | αδυνατωσει (1°) ℵ* (-τησει ℵ¹ᶜ·ᵃ) 7 σωζω] ανασωζω AQΓ   8 καγω] και εγω ℵAQΓ | αληθια ℵ* (-θεια ℵᶜ) 9 τους λογους τουτους εν ταις ημεραις ταυταις ℵᶜ (ord priorem postea revoc) | παντοπρατορος (sic) ℵ [ῳκοδομηθη ℵ* (-μηται ℵᶜ·ᵇ)   10 προ] πρω ℵ* (προ ℵ¹) | ονησιν] incep ονο ℵ* (improb o 2° ℵ¹ postea ras) | υπαρχει AQΓ | και τω εκπορευομενω] και·τω εκ sup ras ℵ¹   12 η αμπ.] μη αμπ. ℵ* (η ℵc.b) | om και η γη δωσει τα γενηματα αυτης και ο ℵ* (hab ℵc.b) | om τουτου ℵc.bAQΓ | παντα ταυτα AQΓ   13 οικος 2°] pr o AQ | διασω ℵ* (διασωσω ℵc.a)   14 om με Q* (superscr Qᵃ)   15 την Ιερ.] της Ιερ. ℵ¹, c.a (vid)

83

ΖΑΧΑΡΙΑΣ

B Ἰούδα· θαρσεῖτε. ¹⁶οὗτοι οἱ λόγοι οὓς ποιήσετε· λαλεῖτε ἀλήθειαν 16
¶ Γ ἕκαστος πρὸς τὸν ⁋ πλησίον αὐτοῦ, ἀλήθειαν καὶ κρίμα εἰρηνικὸν κρίνατε ἐν ταῖς πύλαις ὑμῶν, ¹⁷καὶ ἕκαστος τὴν κακίαν τοῦ πλησίον 17 αὐτοῦ μὴ λογίζεσθε ἐν ταῖς καρδίαις ὑμῶν, καὶ ὅρκον ψευδῆ μὴ ἀγαπᾶτε· διότι ταῦτα πάντα ἐμίσησα, λέγει Κύριος Παντοκράτωρ.

¹⁸Καὶ ἐγένετο λόγος Κυρίου Παντοκράτορος πρὸς μέ ¹⁹Λέγει $^{18}_{19}$ Κύριος Παντοκράτωρ Νηστεία ἡ τετρὰς καὶ νηστεία ἡ πέμπτη καὶ νηστεία ἡ ἑβδόμη καὶ νηστεία ἡ δεκάτη ἔσονται τῷ οἴκῳ Ἰούδα εἰς χαρὰν καὶ εὐφροσύνην καὶ εἰς ἑορτὰς ἀγαθάς, καὶ εὐφρανθήσεσθε, καὶ τὴν ἀλήθειαν καὶ τὴν εἰρήνην ἀγαπήσατε. ²⁰τάδε λέγει Κύριος 20 Παντοκράτωρ Ἔτι ἥξουσιν λαοὶ πολλοὶ καὶ κατοικοῦντες πόλεις πολλάς, ²¹καὶ συνελεύσονται κατοικοῦντες πέντε πόλεις εἰς μίαν 21 πόλιν, λέγοντες Πορευθῶμεν δεηθῆναι τοῦ προσώπου Κυρίου καὶ ἐκζητῆσαι τὸ πρόσωπον Κυρίου Παντοκράτορος· πορεύσομαι κἀγώ· ²²καὶ ἥξουσιν λαοὶ πολλοὶ καὶ ἔθνη πολλὰ ἐκζητῆσαι τὸ πρόσωπον 22 Κυρίου Παντοκράτορος ἐν Ἱερουσαλὴμ καὶ ἐξιλάσασθαι τὸ πρόσωπον Κυρίου. ²³τάδε λέγει Κύριος Παντοκράτωρ Ἐν ταῖς ἡμέραις ἐκείναις, 23 ἐὰν ἐπιλάβωνται δέκα ἄνδρες ἐκ πασῶν τῶν γλωσσῶν τῶν ἐθνῶν, καὶ ἐπιλάβωνται τοῦ κρασπέδου ἀνδρὸς Ἰουδαίου, λέγοντες Πορευσόμεθα μετὰ σοῦ, διότι ἀκηκόαμεν ὅτι θεὸς μεθ' ὑμῶν ἐστιν.

¹Λῆμμα λόγου Κυρίου ἐν γῇ Σεδράχ, καὶ Δαμασκοῦ θυσία αὐτοῦ, 1 IX διότι Κύριος ἐφορᾷ ἀνθρώπους καὶ πάσας φυλὰς τοῦ Ἰσραήλ, ²καὶ ἐν 2 Ἐμὰθ ἐν τοῖς ὁρίοις αὐτῆς· Τύρος καὶ Σειδών, διότι ἐφρόνησαν σφόδρα· ³καὶ ᾠκοδόμησεν Τύρος ὀχυρώματα αὑτῇ, καὶ ἐθησαύρισεν ἀργύριον 3

ℵAQ 15 Ιουδα] οικον υ|δα ℵ* (Ιουδα ℵ¹ (vid)) 16 αληθιαν bis ℵ: item 19 |
εκαστο ℵ* (-στος ℵ¹) | om αληθιαν 2° AQ | ειρηνικον] δικαιον A | κρινετε AQ
17 ψυδην ℵ* (ψευδη ℵ¹·ᶜ) | παντα ταυτα A 18 προς με] +λεγων
ℵᶜ·ᵃAQ   19 λεγει] pr ταδε ℵᶜ·ᵃAQ | νηστεια quater ℵ | ευφροσυ-
νην] pr εις AQ | εις 2°] ει·ℵ* (εις ℵ¹(vid)ᶜ) | ευφρανθησεσθε] εστε ℵ* και
ευφρ. ℵᶜ·ᵃ   20 ετι] τι ℵ* (ετι ℵᶜ·ᵃ) | κατοικουντες] pr οι Q | πολεις] πολιν
ℵ* πολις ℵ¹ (λεις ℵᶜ·ᵇ)   21 συνελευσονται] συνοδευσοντε ℵ* (συνελ.
ℵᶜ·ᵇ) | πεντε πολεις] πολις πολλας και| συνελευσοντε και|τοικουντοις πεν|τε
πολεις ℵ* unc incl omnia ℵᶜ·ᵃ et (exc πεντε π.) ℵᶜ·ᵇ | πολιν μιαν A | πορευ-
θωμεν]+πορευσει ℵᶜ· (a ut vid) (rurs ras)   22 om παντοκρ. εν Ιερουσαλημ
ℵ* (hab ℵᶜ·ᵇ) | εξιλασασθαι] pr του ℵᶜ·ᵃ (rurs ras) του εξιλασκεσθαι A
(-σθε) Q   23 επιλαβωνται 2°] επιβαλωντε ℵ* (-νται ℵᶜ·ᵇ) | ακηκοαμεν
(-κοκαμεν ℵ*)] ηκουσαμεν Q | θεος] pr ο ℵQ | μεθ υμων] μετα σου A   IX
1 γη] τη ℵ* | Σεδρακ AQ | Δαμασκος ℵᶜ·ᵃ (-σκου ℵᶜ·ᵇ) | διοτι] οτι Q 2 om
εν 1° AQ | Εμαθ] Εματ ℵᶜ· (a et ut vid b) (Εμαθ revoc ℵᶜ·ᶜ(?)) Ημαθ AQ |
αυτης]+ς ℵᶜ·ᵇ | Σιδων BᵇℵAQ | εφρονησαν] εφρορησαν ℵ* ηφρονησαν Q
3 αυτη] αυτης ℵ ἑαυτῃ AQ

ΖΑΧΑΡΙΑΣ IX 12

4 ὡς χοῦν, καὶ χρυσίον ὡς πηλὸν ὁδῶν. ⁴καὶ διὰ τοῦτο Κύριος κληρονο- B μήσει αὐτούς, καὶ πατάξει εἰς θάλασσαν δύναμιν αὐτῆς, καὶ αὕτη ἐν 5 πυρὶ καταναλωθήσεται. ⁵ὄψεται Ἀσκάλων καὶ φοβηθήσεται, καὶ Γάζα καὶ ὀδυνηθήσεται σφόδρα, καὶ Ἀκκαρών, ὅτι ᾐσχύνθη ἐπὶ τῷ παραπτώματι αὐτῆς· καὶ ἀπολεῖται βασιλεὺς ἐκ Γάζης, καὶ 6 Ἀσκάλων οὐ μὴ κατοικηθῇ. ⁶καὶ κατοικήσουσιν ἀλλογενεῖς ἐν 7 Ἀζώτῳ, καὶ καθελῶ ὕβριν ἀλλοφύλων, ⁷καὶ ἐξαρῶ τὸ αἷμα αὐτῶν ἐκ στόματος αὐτῶν, καὶ τὰ βδελύγματα αὐτῶν ἐκ μέσου ὀδόντων αὐτῶν· καὶ ὑπολειφθήσονται καὶ οὗτοι τῷ θεῷ ἡμῶν, καὶ ἔσονται ⁸ὡς § Γ 8 χιλίαρχος ἐν Ἰούδᾳ, καὶ Ἀκκαρὼν ὡς ὁ Ἰεβουσαῖος· ⁸καὶ ὑποστήσομαι τῷ οἴκῳ μου ἀνάστημα τοῦ μὴ διαπορεύεσθαι μηδὲ ἀνακάμπτειν, καὶ οὐ μὴ ἐπέλθῃ ἐπ' αὐτοὺς οὐκέτι ἐξελαύνων, διότι νῦν ἑόρακα ἐν τοῖς ὀφθαλμοῖς μου.
9 ⁹Χαῖρε σφόδρα, θύγατερ Σειών· κήρυσσε, θύγατερ Ἰερουσαλήμ· ἰδοὺ ὁ βασιλεύς σου ἔρχεταί σοι δίκαιος καὶ σώζων αὐτός, πραῢς καὶ 10 ἐπιβεβηκὼς ἐπὶ ὑποζύγιον καὶ πῶλον νέον. ¹⁰καὶ ἐξολεθρεύσει ἅρματα ἐξ Ἐφραίμ καὶ ἵππον ἐξ Ἰερουσαλήμ, καὶ ἐξολεθρεύσεται τόξον πολεμικόν, καὶ πλῆθος καὶ εἰρήνη ἐξ ἐθνῶν· καὶ κατάρξει 11 ὑδάτων ἕως θαλάσσης καὶ ποταμῶν διεκβολὰς γῆς. ¹¹καὶ σὺ ἐν αἵματι διαθήκης σου ἐξαπέστειλας δεσμίους σου ἐκ λάκκου οὐκ ἔχοντος 12 ὕδωρ. ¹²καθήσεσθε ἐν ὀχυρώμασιν δέσμιοι τῆς συναγωγῆς, καὶ ἀντὶ

3 χουν] χοιν ℵ* fort | και 3°]+συνηγαγεν ℵc. (a ut vid) (postea del) AQ χρυ- ℵAQΓ σιον] αργυριον Q 4 om και 1° ℵAQ | αυτους] αυτην ℵc.a (postea -τους) AQ | παταξει] καταξει ℵ* (πατ. ℵc.a, c.b) AQa | εις] ως ℵ* | δυναμιν] pr την AQ 5 οδυνηθησεται] οδυνηθησονται ℵ* vid (-θησεται ℵ¹) | επι τω παραπτωματι] επι π. ℵ* (επι τω π. ℵc.a) απο της ελπιδος AQ | βασιλεως] βασιλεια A | εκ] απο AQ 6 κατοικησουσιν] κατοικηθησουσιν ℵ* (-κησ. ℵc.a, c.b) | Αζωτω] ζ, ω 2° rescr ℵ¹ 7 αυτων 3°] αυτου A | οδοντων] οδων ℵ* (οδοντ. ℵc.a) | υπολιφθησονται Β*ℵAΓ (-λειφθ. BabQ) | ημων] υμω ℵ* (ημ. ℵc.a, c.b) | ως 1°] pr και Q* (om Qa) | Ακκαρων] incep Αρ ℵ* (ρ improb ℵ¹ postea ras) 8 αναστεμα AQ* (-στημα Qa) Γ | εωρακα BbℵQ*Γa | om εν A | om μου 2° Q* (hab Qa) 9 σφοδα ℵ* (-δρα ℵc) | θυγατηρ bis ℵ* (-τερ ℵc.a, c.b) | Σιων BbℵAQaΓ 10 εξολεθρευσει] εξολεθρευθησετε ℵ* (-θρευσει ℵc.a, c.b) -σεται Γ | αρματα] τοξον ℵ* (αρμ. ℵc.a, c.b) | Εφρεμ ℵ: item 13 | εξολεθρευσεται] εξολεθρευθησεται ℵ* (correcturus erat -θρευσει ℵc.a sed restit -θρευθησετε) AQ | τοξον] ξον ℵ* τοξ. ℵc.a nisi iam antea 1 | εθνων] ευρων ℵ* εκθρ. vel εχθρ. ℵ¹ (εθν. ℵc.a, c.b) | καταρξει] καταξει ℵ* (-αρξ. ℵc.a) | υδατων] υδατων] +απο θαλασσης ℵc.a | ποταμων] pr απο ℵc.a | διεκβολας] εως διεκβολων ℵc.a (postea rurs διεκβολας) 11 διαθης ℵ* (-θηκης ℵc.a, c.b) | om σου 1° AQ | δεσμιους] τους δεσμους AQ* (-μιους Qa) Γ | σου 2°] signa v l adpinx sed rurs ras ℵ¹ 12 καθησεσθε] καθησεται ℵ* (-θησεσθε ℵc.a, c.b) Γ και θησονται A και θησεσθε Q* (καθησεσθε Qa) | οχυρωματι AQΓ

85

IX 13   ΖΑΧΑΡΙΑΣ

B μιᾶς ἡμέρας παροικεσίας σου διπλᾶ ἀνταποδώσω σοι· ¹³διότι ἐνέτεινά 13
σε, Ἰούδα, ἐμαυτῷ τόξον, ἔπλησα τὸν Ἐφράιμ, καὶ ἐξεγερῶ τὰ τέκνα
σου, Σειών, ἐπὶ τὰ τέκνα τῶν Ἑλλήνων, καὶ ψηλαφήσω σε ὡς ῥομφαίαν
μαχητοῦ· ¹⁴καὶ Κύριος ἔσται ἐπ' αὐτούς, καὶ ἐξελεύσεται ὡς ἀστραπὴ 14
βολίς, καὶ Κύριος Παντοκράτωρ ἐν σάλπιγγι σαλπιεῖ καὶ πορεύσεται
ἐν σάλῳ ἀπειλῆς αὐτοῦ. ¹⁵Κύριος Παντοκράτωρ ὑπερασπιεῖ αὐτούς· 15
καὶ καταναλώσουσιν αὐτούς, καὶ καταχώσουσιν αὐτοὺς ἐν λίθοις
σφενδόνης, καὶ ἐκπίονται αὐτοὺς ὡς οἶνον, καὶ πλήσουσιν τὰς φιάλας
ὡς θυσιαστήριον. ¹⁶καὶ σώσει αὐτοὺς Κύριος ὁ θεὸς αὐτῶν ἐν τῇ 16
ἡμέρᾳ ἐκείνῃ, ὡς πρόβατα λαὸν αὐτοῦ, διότι λίθοι ἅγιοι κυλίονται ἐπὶ
τῆς γῆς αὐτοῦ. ¹⁷ὅτι εἴ τι ἀγαθὸν αὐτοῦ, καὶ εἴ τι καλὸν αὐτοῦ, σῖτος 17
νεανίσκοις, καὶ οἶνος εὐωδιάζων εἰς παρθένους.

¹Αἰτεῖσθε παρὰ Κυρίου ὑετὸν καθ' ὥραν, πρόιμον καὶ ὄψιμον· 1 X
Κύριος ἐποίησεν φαντασίας, καὶ ὑετὸν χειμερινὸν δώσει αὐτοῖς, ἑκάστῳ
βοτάνην ἐν ἀγρῷ. ²διότι οἱ ἀποφθεγγόμενοι ἐλάλησαν κόπους, καὶ 2
οἱ μάντεις ὁράσεις ψευδεῖς, καὶ τὰ ἐνύπνια ψευδῆ ἐλάλουν, μάταια
παρεκάλουν· διὰ τοῦτο ἐξηράνθησαν ὡς πρόβατα καὶ ἐκακώθησαν,
διότι οὐκ ἦν ἴασις. ³ἐπὶ τοὺς ποιμένας παροξύνθη ὁ θυμός μου, καὶ 3
ἐπὶ τοὺς ἀμνοὺς ἐπισκέψομαι· καὶ ἐπισκέψεται Κύριος ὁ θεὸς ὁ
παντοκράτωρ τὸ ποίμνιον αὐτοῦ τὸν οἶκον Ἰούδα, καὶ τάξει αὐτοὺς ὡς
ἵππον εὐπρεπῆ αὐτοῦ ἐν πολέμῳ. ⁴καὶ ἀπ' αὐτοῦ ἐπέβλεψεν, καὶ 4
ἀπ' αὐτοῦ ἔταξεν, καὶ ἀπ' αὐτοῦ τόξον ἐν θυμῷ· ἀπ' αὐτοῦ ἐξελεύσεται
πᾶς ὁ ἐξελαύνων ἐν τῷ αὐτῷ. ⁵καὶ ἔσονται ὡς μαχηταὶ πατοῦντες 5
πηλὸν ἐν ταῖς ὁδοῖς ἐν πολέμῳ, καὶ παρατάξονται, διότι Κύριος
μετ' αὐτῶν· καὶ καταισχυνθήσονται ἀναβάται ἵππων. ⁶καὶ κατι- 6
σχύσω τὸν οἶκον Ἰούδα, καὶ τὸν οἶκον Ἰωσὴφ σώσω, καὶ κατοικιῶ

ℵAQΓ 13 τοξον] pr εις AΓ | εξεγειρω] επεγειρω AQΓ | Σιων BᵇAQΓ 14 Κυριος εσται] εσται κ̅ς̅ AΓ | σαλπιει] σαλπιγει ℵ* (·πιει ℵ¹ postea ras) | πορευσονται A 15 αυτους 1°] αυτοις ℵᶜ·ᵃ·ᶜ·ᵇAQΓ | καταναλωσωσιν A | om και καταχωσουσιν αυτους ℵᶜ·ᵃ (hab ℵ*ᶜ·ᵇ) | αυτους 4°] το αιμα αυτων ℵᶜ·ᵃ,ᶜ·ᵇAQΓ | τας φιαλας] ως φ. AQΓ | om ως 2° AQ 16 om o θεος αυτων AQΓ | κυλιονται Γᵃ(ᵛⁱᵈ) (? Γ*) 17 om και ει τι καλον αυτου Γ | αυτου 2°] αυτων ℵ* (-του ℵᶜ·ᵃ,ᶜ·ᵇ) pr παρ AQ X 1 παρα Κυριου υετον] υετον παρα κ̅υ̅ AQΓ | πρωιμον BᵇQΓᵃ | υετον 2°] υτον ℵ* (νετ. ℵᶜ·ᵃ,ᶜ·ᵇ) 2 μαντις ℵ* (-τεις ℵᶜ·ᵇ) | εξηρανθησαν] εξηρθησαν ℵᶜ·ᵇ | διοτι 2°] οτι ℵᶜ·ᵇA 3 παρωξυνθη Bᵃᵇ | om και 1° ℵ* (hab ℵᶜ·ᵇ) | επισκεπτεται A | om και 3° ℵᶜ·ᵇ (postea restit) 4 απ quater] εξ ℵᶜ·ᵇ (1°, etiam ℵᶜ·ᵃ) AQΓ | απ αυτου (1°)] απ| αυτ. B* α|π αυτ. Bᵇ | τοξου] pr το AQ* (om Qᵃ)+εξ αυτου Q* (om Qᵃ) | απ αυτου (4°)] pr και Q. | εξελαυνων] ελαυνων A 5 διοτι] οτι ℵᶜ·ᵇ | Κυριος]+παντοκρατωρ A | μετ| αυτων B* με|τ αυτ. Bᵇ | αναβαται] αναβοται ℵ¹

ΖΑΧΑΡΙΑΣ XI 6

αὐτούς, ὅτι ἠγάπησα αὐτούς, καὶ ἔσονται ὃν τρόπον οὐκ ἀπεστρεψάμην B
αὐτούς· διότι ἐγὼ Κύριος ὁ θεὸς αὐτῶν, καὶ ἐπακούσομαι αὐτοῖς.
7 ⁷καὶ ἔσονται ὡς μαχηταὶ τοῦ Ἐφράιμ, καὶ χαρήσεται ἡ καρδία αὐτῶν
ὡς ἐν οἴνῳ· καὶ τὰ τέκνα αὐτῶν ὄψονται καὶ εὐφρανθήσονται, καὶ
8 χαρεῖται ἡ καρδία αὐτῶν ἐπὶ τῷ κυρίῳ. ⁸σημανῶ αὐτοῖς καὶ εἰσδέξο-
μαι αὐτούς, διότι λυτρώσομαι αὐτούς, καὶ πληθυνθήσονται καθότι
9 ἦσαν πολλοί· ⁹καὶ σπερῶ αὐτοὺς ἐν λαοῖς, καὶ οἱ μακρὰν μνησθή-
10 σονταί μου, ἐκθρέψουσιν τὰ τέκνα αὐτῶν καὶ ἐπιστρέψουσιν. ¹⁰καὶ
ἐπιστρέψω αὐτοὺς ἐκ γῆς Αἰγύπτου, καὶ ἐξ Ἀσσυρίων εἰσδέξομαι
αὐτούς, καὶ εἰς τὴν Γαλααδῖτιν καὶ εἰς τὸν Λίβανον εἰσάξω αὐτούς, καὶ
11 οὐ μὴ ὑπολειφθῇ ἐξ αὐτῶν οὐδὲ εἷς· ¹¹καὶ διελεύσονται ἐν θαλάσσῃ
στενῇ, καὶ πατάξουσιν ἐν θαλάσσῃ κύματα, καὶ ξηρανθήσεται πάντα
τὰ βάθη ποταμῶν, καὶ ἀφαιρεθήσεται πᾶσα ὕβρις Ἀσσυρίων, καὶ
12 σκῆπτρον Αἰγύπτου περιαιρεθήσεται. ¹²καὶ κατισχύσω αὐτοὺς ἐν
Κυρίῳ θεῷ αὐτῶν, καὶ ἐν τῷ ὀνόματι αὐτοῦ κατακαυχήσονται, λέγει
Κύριος.
XI 1 ¹Διάνοιξον ὁ Λίβανος τὰς θύρας σου, καὶ καταφαγέτω πῦρ τὰς
2 κέδρους σου· ²ὀλολυξάτω πίτυς, διότι πέπτωκεν κέδρος, ὅτι με-
γάλως μεγιστᾶνες ἐταλαιπώρησαν· ὀλολύξατε, δρύες τῆς Βασανείτι-
3 δος, ὅτι κατεσπάσθη ὁ δρυμὸς ὁ σύμφυτος. ³φωνὴ θρηνούντων
ποιμένων, ὅτι τεταλαιπώρηκεν ἡ μεγαλοσύνη αὐτῶν· φωνὴ ὠρυο-
4 μένων λεόντων, ὅτι τεταλαιπώρηκεν τὸ φρύαγμα τοῦ Ἰορδάνου. ⁴τάδε
5 λέγει Κύριος Παντοκράτωρ Ποιμαίνετε τὰ πρόβατα τῆς σφαγῆς, ⁵ἃ οἱ
κτησάμενοι κατέσφαζον καὶ οὐ μετεμέλοντο, καὶ οἱ πωλοῦντες αὐτὰ
ἔλεγον Εὐλογητὸς Κύριος, καὶ πεπλουτήκαμεν· καὶ οἱ ποιμένες αὐ-
6 τῶν οὐκ ἔπασχον οὐδὲν ἐπ᾽ αὐτοῖς. ⁶διὰ τοῦτο οὐ φείσομαι οὐκέτι
ἐπὶ τοὺς κατοικοῦντας τὴν γῆν, λέγει Κύριος· καὶ ἰδοὺ ἐγὼ παρα- ¶ Γ
δίδωμι τοὺς ἀνθρώπους, ἕκαστον εἰς χεῖρας τοῦ πλησίον αὐτοῦ καὶ

6 ηγαπηκα AQΓ | εσονται] εσται AQΓ | απεστρεψαμην] απεστρεψα ℵ^{c.a, c.b} | ℵAQΓ
αυτοις] αυτους ℵ¹   7 Εφρεμ ℵ | και 2°] αι ℵ* (και ℵ^{c.a, c.b}) | οψονται] οψεται
AQΓ | ευφρανθησεται AQΓ^{vid} | χαρειται] χαρησεται ℵ^{c.b} χαρισεται Γ | η
καρδια αυτων] αυτω η καρδια A αυτων η κ. A¹Γ   8 αυτοις] αυτους
διοτι λυτρωσομαι αυτους A | εισδεξομαι] εις δοξαν ℵ*^{vid} | om. διοτι λυτρ.
αυτους A   9 λαοις] αλληλοις A | εκθρεψουσιν (-σι Q^a)] pr και A | επι-
στρεψουσι Q^a   11 ξηρανθησονται A | υβρις] pr η Q | σκηπτρον ℵ*
(-τρον ℵ^{c.a})   12 κατεσχυσω ℵ* (κατεισχ. ℵ^{c.a} κατ᾽ισχ. ℵ^{c.b})   XI 2 πιτους
ℵ* | πεπτωκε Q^a | Βασανιτιδος ℵAQ   3 μεγαλωσυνη B^bℵ^{c.a}AQΓ |
ορυομενων ℵ | τεταλαιπωρηκε (2°) Q^a   5 μετεμελλοντο Γ^{1vid} | πολουντες
Γ¹* (πωλ. Γ¹) | αυτα ελεγον] α ε rescr ℵ¹ | εσπασχον B* (επ. B^{ab})   6 Κυ-
ριος] + παντοκρατωρ A | χειρας] χειρα A

87

ΖΑΧΑΡΙΑΣ

B εἰς χεῖρας βασιλέως αὐτοῦ, καὶ κατακόψουσιν τὴν γῆν, καὶ οὐ μὴ ἐξέλωμαι ἐκ χειρὸς αὐτῶν. ⁷καὶ ποιμανῶ τὰ πρόβατα τῆς σφαγῆς 7 εἰς τὴν Χαναανῖτιν· καὶ λήμψομαι ἐμαυτῷ δύο ῥάβδους, τὴν μὲν μίαν ἐκάλεσα Κάλλος, καὶ τὴν ἑτέραν ἐκάλεσα Σχοίνισμα, καὶ ποιμανῶ τὰ πρόβατα. ⁸καὶ ἐξαρῶ τοὺς τρεῖς ποιμένας ἐν μηνὶ ἑνί, καὶ βαρυν- 8 θήσεται ἡ ψυχή μου ἐπ' αὐτούς, καὶ γὰρ αἱ ψυχαὶ αὐτῶν ἐπωρύοντο ἐπ' ἐμέ. ⁹καὶ εἶπα Οὐ ποιμανῶ ὑμᾶς· τὸ ἀποθνῆσκον ἀποθνησκέτω, 9 καὶ τὸ ἐκλιπὸν ἐκλιπέτω, καὶ τὰ λοιπὰ κατεσθιέτωσαν ἕκαστος τὰς σάρκας τοῦ πλησίον αὐτοῦ. ¹⁰καὶ λήμψονται τὴν ῥάβδον μου τὴν 10 καλήν, καὶ ἀπορρίψω τοῦ διασκεδάσαι τὴν διαθήκην μου ἣν διεθέμην πρὸς πάντας τοὺς λαούς· ¹¹καὶ διασκεδασθήσεται ἐν τῇ ἡμέρᾳ ἐκείνῃ, 11 καὶ γνώσονται οἱ Χαναναῖοι τὰ πρόβατα τὰ φυλασσόμενά μοι· διότι λόγος Κυρίου ἐστίν. ¹²καὶ ἐρῶ πρὸς αὐτούς Εἰ καλὸν ἐνώπιον ὑμῶν 12 ἐστιν, δότε τὸν μισθόν μου ἢ ἀπείπασθε· καὶ ἔστησαν τὸν μισθόν μου τριάκοντα ἀργυροῦς. ¹³καὶ εἶπεν Κύριος πρός μέ Κάθες αὐτοὺς 13 εἰς τὸ χωνευτήριον, καὶ σκέψομαι εἰ δόκιμόν ἐστιν, ὃν τρόπον ἐδοκιμάσθη ὑπὲρ αὐτῶν. καὶ ἔλαβον τοὺς τριάκοντα ἀργυροῦς καὶ ἐνέβαλον αὐτοὺς εἰς τὸν οἶκον Κυρίου εἰς τὸ χωνευτήριον. ¹⁴καὶ ἀπέρ- 14 ριψα τὴν ῥάβδον τὴν δευτέραν, τὸ σχοίνισμα, τοῦ διασκεδάσαι τὴν κατάσχεσιν ἀνὰ μέσον Ἰούδα καὶ ἀνὰ μέσον Ἰσραήλ. ¹⁵Καὶ 15 εἶπεν Κύριος πρός μέ Ἔτι λάβε σεαυτῷ σκεύη ποιμενικὰ ποιμένος ἀπείρου. ¹⁶διότι ἰδοὺ ἐξεγείρω ποιμένα ἐπὶ τὴν γῆν· τὸ ἐκλιμπάνον 16

ℵAQ 6 χειρας] χειρα A | εξελουμαι A   7 τα προβατα της σφαγης] τα πρ. ης σφ. ℵ* το προβατον της σφ. ℵ¹ᵛⁱᵈ (τα προβατα της σφ. ℵᶜ·ᵇ) | την 1°] γην ℵ*ᶜ·ᶜ⁽ᵛⁱᵈ⁾ (την ℵᶜ·ᵃ⁽ᵛⁱᵈ⁾) | Χαναανιτιν] Χαναανειτιν ℵ Χαναανιτιν A | ληψομαι ℵ*Q | om μεν ℵAQ | μιαν] μαν Q* | προβατα 2°]+μου ℵᶜ·ᵇ   8 ψυχαι] χιρες ℵ* (χειρ. ℵᶜ·ᵇ sed vult etiam ψυχαι) | αυτων] αυτω A* (-των A¹) | επωρυοντο] επορυοντο ℵ   9 ειπα] ειπο Q | ποιμαινω Q* (-μανω Qᵃ) | αποθνησκον A | εκλειπον BᵃAQ | εκλειπετω BᵃᵇAQᵃ εκλιμπανετω Q* | λοιπα] καταλοιπα AQ   10 λημψονται] λημψομαι ℵAQ* (ληψ. Qᵃ) | απορριψω (αποριψω ℵQ)]+αυτην BᵃᵇℵAQ   11 διασκεδασθησονται A | Χαναανεοι ℵ | τα φυλασσ.] om τα ℵ* (hab ℵᶜ·ᵃ) | om μοι AQ | om Κυριου A* (superscr A¹) | εστι Qᵃ: item 12   12 δοτε]+στησαντες AQ | η απειπασθαι sup ras (seq ras 3 vel 4 litt) Aᵃ   13 καθες] καταθες ℵ* (τα ras et iam antea improb ℵ⁷) | σκεψομαι] σκεψαι ℵᶜ·ᵇAQᵛⁱᵈ+αυτο A | δοκιμιον ℵᶜ·ᵃ ᵛⁱᵈ (postea -μον) Q* (-μειον Qᵃ) | εδοκιμασθην B*ᶠᵒʳᵗℵAQ του οικου] om τα A   14 απεριψα ℵQ*ᵛⁱᵈ | του διασκ.] ωστε διασκ. ℵᶜ·ᵇ (mox revoc του) | κατασχεσιν] διαθηκην ℵᶜ·ᵇAQ+μον A | Ισραηλ] pr του AQ   15 σκευη ποιμενικα (ποιμαν. Q*ᵛⁱᵈ) ποιμενος απειρου] σκευος ποιμαινος απειρου ποιμαινικα A   16 ιδου]+εγω ℵᶜ·ᵇ (postea ras) Q | ποιμενα]+απιρον ℵᶜ·ᵃ (rurs ras) | εκλιμπανον (?εκλιπτ. ℵ*)] εκλιπον ℵᶜ·ᵃ ᵛⁱᵈ εκλειπον ℵᶜ·ᵇ

ΖΑΧΑΡΙΑΣ

οὐ μὴ ἐπισκέψηται, καὶ τὸ ἐσκορπισμένον οὐ μὴ ζητήσῃ, καὶ τὸ Β συντετριμμένον οὐ μὴ ἰάσηται, καὶ τὸ ὁλόκληρον οὐ μὴ κατευθύνῃ, καὶ τὰ κρέα τῶν ἐκλεκτῶν καταφάγεται, καὶ τοὺς ἀστραγάλους αὐ- 17 τῶν ἐκστρέψει. ¹⁷ὢ οἱ ποιμαίνοντες τὰ μάταια καὶ καταλελοιπότες τὰ πρόβατα· μάχαιρα ἐπὶ τοὺς βραχίονας αὐτοῦ καὶ ἐπὶ τὸν ὀφθαλμὸν §τὸν δεξιὸν αὐτοῦ· ὁ βραχίων αὐτοῦ ξηραινόμενος ξηρανθήσεται, § Γ καὶ ὀφθαλμὸς ὁ δεξιὸς αὐτοῦ ἐκτυφλούμενος ἐκτυφλωθήσεται.

XII 1 ¹Λῆμμα λόγου Κυρίου ἐπὶ τὸν Ἰσραήλ.

Λέγει Κύριος, ἐκτείνων οὐρανόν, καὶ θεμελιῶν γῆν, καὶ πλάσσων 2 πνεῦμα ἀνθρώπου ἐν αὐτῷ ²᾽Ιδοὺ ἐγὼ τίθημι τὴν Ἰερουσαλὴμ ὡς πρόθυρα σαλευόμενα πᾶσι τοῖς λαοῖς κύκλῳ, καὶ ἐν τῇ Ἰουδαίᾳ 3 ἔσται περιοχὴ ἐπὶ Ἰερουσαλήμ. ³καὶ ἔσται ἐν τῇ ἡμέρᾳ ἐκείνῃ θήσομαι τὴν Ἰερουσαλὴμ λίθον καταπατούμενον πᾶσιν τοῖς ἔθνεσιν· πᾶς ὁ καταπατῶν αὐτὴν ἐμπαίζων ἐμπαίξεται, καὶ ἐπισυναχθήσεται 4 ἐπ' αὐτὴν πάντα τὰ ἔθνη τῆς γῆς. ⁴ἐν τῇ ἡμέρᾳ ἐκείνῃ, λέγει Κύριος Παντοκράτωρ, πατάξω πάντα ἵππον ἐν ἐκστάσει καὶ τὸν ἀναβάτην αὐτοῦ ἐν παραφρονήσει, ἐπὶ δὲ τὸν οἶκον Ἰούδα διανοίξω τοὺς ὀφθαλμούς μου, καὶ πάντας τοὺς ἵππους τῶν λαῶν πα- 5 τάξω ἐν ἀποτυφλώσει. ⁵καὶ ἐροῦσιν οἱ χιλίαρχοι Ἰούδα ἐν ταῖς καρδίαις αὐτῶν Εὑρήσομεν ἑαυτοῖς τοὺς κατοικοῦντας Ἰερουσαλὴμ ἐν 6 Κυρίῳ Παντοκράτορι θεῷ αὐτῶν. ⁶ἐν τῇ ἡμέρᾳ ἐκείνῃ θήσομαι τοὺς χιλιάρχους Ἰούδα ὡς δαλὸν πυρὸς ἐν ξύλοις, καὶ ὡς λαμπάδα πυρὸς ἐν καλάμῃ, καὶ καταφάγονται ἐκ δεξιῶν καὶ ἐξ εὐωνύμων πάντας τοὺς λαοὺς κυκλόθεν, καὶ κατοικήσει Ἰερουσαλὴμ ἔτι καθ' ἑαυτὴν ἐν 7 Ἰερουσαλήμ. ⁷καὶ σώσει Κύριος τὰ σκηνώματα Ἰούδα καθὼς ἀπ' ἀρχῆς, ὅπως μὴ μεγαλύνηται καύχημα οἴκου Δαυεὶδ καὶ ἐπάρσεις τῶν 8 κατοικούντων Ἰερουσαλὴμ ἐπὶ τὸν Ἰούδαν. ⁸καὶ ἔσται ἐν τῇ ἡμέρᾳ

16 εσκορπισμενον] διεσκορπ. AQ | ζητηση] επισκεψηται ℵ*ᵛⁱᵈ (ζητ. ℵ¹) | ℵAQΓ εκστρεψει] εκτριψει A   17 καταλελοιποτες] pr οι AQ | τους βραχιονας] του βραχιονος Q | ο βραχιων] pr και Γ | οφθαλμος ο δεξιος αυτου] ο οφθ. αυτ. ο δεξιος AQΓᵛⁱᵈ   XII 1 ανθρωπου] αυτου A   2 Ιουδεα ℵ | εσται] pr και AQ   3 πασι ℵAQ | εθνεσι Qᵃ | εμπαιζων] ενπ. ℵ | επισυναχθησονται AQΓ   4 ημερα...ᴋs] pr obel B? | ημερα] ηρεμα ℵ* (ημ. ℵᶜ·ᵃ ᵉᵗ ⁱᵃᵐ ᵃⁿᵗᵉᵃ) | του λαου ℵ* (των λαων ℵᶜ·ᵃ,ᶜ·ᵇ) | παταξω 2°] καταξω ℵ* (πατ. ℵᶜ·ᵃ,ᶜ·ᵇ) | αναβατην] επι(β)ατην Γ   6 om εν ξυλοις...πυρος 2° ℵ* (hab ℵᶜ·ᵃ) | ξυλοις B* (-λοις Bᵃᵇ) | Ιερουσαλημ 1°] pr την ℵ* (om ℵᶜ·ᵃ, ᶜ·ᵇ) | εν Ιερουσαλημ] asterisc superscr Bᵃ om ℵᶜ·ᵇAQ   7 σωσει] δωσει A | μεγαλυνεται Γ | επαρσεις (-σις ℵQ)] επαρξεις A | Ιουδαν] οικον Ιουδα Q Ιουδα Γᵛⁱᵈ

ΖΑΧΑΡΙΑΣ

B ἐκείνῃ ὑπερασπιεῖ Κύριος ὑπὲρ τῶν κατοικούντων Ἰερουσαλήμ· καὶ ἔσται ὁ ἀσθενῶν ἐν αὐτοῖς ἐν ἐκείνῃ τῇ ἡμέρᾳ ὡς Δαυείδ, ὁ δὲ οἶκος Δαυεὶδ ὡς οἶκος θεοῦ, ὡς ἄγγελος Κυρίου ἐνώπιον αὐτῶν. ⁹καὶ ἔσται 9 ἐν τῇ ἡμέρᾳ ἐκείνῃ ζητήσω ἐξᾶραι πάντα τὰ ἔθνη τὰ ἐρχόμενα ἐπὶ Ἰερουσαλήμ, ¹⁰καὶ ἐκχεῶ ἐπὶ τὸν οἶκον Δαυεὶδ καὶ ἐπὶ τοὺς κατοι- 10 κοῦντας Ἰερουσαλὴμ πνεῦμα χάριτος καὶ οἰκτιρμοῦ· καὶ ἐπιβλέψονται πρὸς μὲ ἀνθ' ὧν κατωρχήσαντο, καὶ κόψονται ἐπ' αὐτὸν κοπετὸν ὡς ἐπ' ἀγαπητῷ, καὶ ὀδυνηθήσονται ὀδύνην ὡς ἐπὶ τῷ πρωτοτόκῳ. ¹¹ἐν 11 τῇ ἡμέρᾳ ἐκείνῃ μεγαλυνθήσεται ὁ κοπετὸς ἐν Ἰερουσαλὴμ ὡς κοπετὸς ῥοῶνος ἐν πεδίῳ ἐκκοπτομένου, ¹²καὶ κόψεται ἡ γῆ κατὰ φυλὰς φυ- 12 λάς· φυλὴ οἴκου Δαυεὶδ καθ' ἑαυτήν, καὶ αἱ γυναῖκες αὐτῶν καθ' ἑαυτάς· φυλὴ οἴκου Ναθὰν καθ' ἑαυτήν, καὶ αἱ γυναῖκες αὐτῶν καθ' ἑαυτάς· ¹³φυλὴ οἴκου Λευεὶ καθ' ἑαυτήν, καὶ αἱ γυναῖκες αὐτῶν καθ' ἑαυτάς· 13 φυλὴ τοῦ Συμεὼν καθ' ἑαυτήν, καὶ αἱ γυναῖκες αὐτῶν καθ' ἑαυτάς. ¹⁴πᾶσαι αἱ ὑπολελιμμέναι φυλαί, φυλὴ καθ' ἑαυτήν, καὶ αἱ γυναῖκες 14 αὐτῶν καθ' ἑαυτάς.

¹Ἐν τῇ ἡμέρᾳ ἐκείνῃ ἔσται πᾶς τόπος διανοιγόμενος τῷ οἴκῳ 1 XIII Δαυεὶδ καὶ τοῖς κατοικοῦσιν Ἰερουσαλὴμ εἰς τὴν μετακίνησιν καὶ εἰς τὸν χωρισμόν. ²καὶ ἔσται ἐν τῇ ἡμέρᾳ ἐκείνῃ, λέγει Κύριος σαβαώθ, 2 ἐξολεθρεύσω τὰ ὀνόματα τῶν εἰδώλων ἀπὸ τῆς γῆς, καὶ οὐκέτι ἔσται αὐτῶν μνεία· καὶ τοὺς ψευδοπροφήτας καὶ τὸ πνεῦμα τὸ ἀκάθαρτον ἐξαρῶ ἀπὸ τῆς γῆς. ³καὶ ἔσται ἐὰν προφητεύσῃ ἄνθρωπος 3 ἔτι, καὶ ἐρεῖ πρὸς αὐτὸν ὁ πατὴρ αὐτοῦ καὶ ἡ μήτηρ αὐτοῦ, οἱ γεννήσαντες αὐτόν Οὐ ζήσῃ, ὅτι ψευδῆ ἐλάλησας ἐπ' ὀνόματι Κυρίου· καὶ συμποδιοῦσιν αὐτὸν ὁ πατὴρ αὐτοῦ καὶ ἡ μήτηρ αὐτοῦ, οἱ γεν-

ℵAQΓ 8 Ἰερουσαλῆ ℵ* (-λημ ℵᶜ·ᵃ, ᶜ·ᵇ) | Δαυειδ 1°] οικος Δαδ AQΓ | om ο δε οικος Δαυειδ AΓ 9 εξαραι] pr του AQ | ερχομενα] επερχομενα AQ 10 Δαυειδ] Ιημ ℵ* Δαδ ℵ¹ | οικτιρμου ℵ οικτειρμου AQ* | προς με]+(?) εις ον ε[ξ]ε[κεντησαν] Γ' | κοψονται] οψονται ℵ* (κοψ. ℵᶜ·ᵃ) | αυτον] αυτους A αυτοις Q | αγαπητον AQ | οδυνη ℵQᵛⁱᵈ | τω πρωτοτοκω] om τω AQ 12 φυλας 2°] om ℵ+φυλη φυλη (om φυλη 2° Q) καθ εαυτην και αι γυναικες αυτων καθ εαυτας AQΓ' | Δαυειδ] Ναθαν A*ᵛⁱᵈ Δαδ A¹ 13 Λευει sup ras ℵ¹ (Ιουδα ℵ*ᶠᵒʳᵗ) Λευι Qᵃ | γυναικες 1°] γυναι κ̄ς A 14 αι υπολελιμμεναι (-λελειμμ. Bᵃᵇ Γᵃ) φυλαι] φυλαι αι υπολελειμμεναι AQᵃ φ. αι υπολελιμμ. Q* | φυλη]+φυλη ℵᶜ·ᵇ XIII 1 τω οικω Δαυειδ...χωρισμον] asteriscos adpinx Bᵃ⁽ᵛⁱᵈ⁾ (partim sup ras) ℵ¹ | τω οικω] pr εν AQ | om και τοις κατοικουσιν...χωρισμον Q | τον (το¦ B) χωρισμον] τον ραντισμον ℵᶜ·ᵇ A de Γ non liq 2 om σαβαωθ AQ | εξελεθρευσαι ℵ* (εξολεθρ. ℵᶜ·ᵃ) | ονοματα των] in a των ras aliq B¹ | ψευδοφροφητας ℵ* (ψευδοπροφ. ℵᶜ·ᵃ, ᶜ·ᵇ) 3 αυτον 1°]+εν τω προφητευειν αυτον AΓᵛⁱᵈ | ζησει Qᵃ | επ] εν AQ | συμποδιουσιν ℵ* (-διουσιν ℵᶜ·ᵇ: postea rursus -διουσιν)

4 νήσαντες αὐτόν, ἐν τῷ προφητεύειν αὐτόν. ⁴καὶ ἔσται ἐν τῇ ἡμέρᾳ B ἐκείνῃ καταισχυνθήσονται οἱ προφῆται, ἕκαστος ἐκ τῆς ὁράσεως αὐτοῦ ἐν τῷ προφητεύειν αὐτόν, καὶ ἐνδύσονται δέρριν τριχίνην ἀνθ᾽ ὧν 5 ἐψεύσαντο. ⁵καὶ ἐρεῖ Οὐκ εἰμὶ προφήτης ἐγώ, διότι ἄνθρωπος ἐργαζόμενος τὴν γῆν ἐγώ εἰμι, ὅτι ἄνθρωπος ἐγέννησέν με ἐκ νεό- 6 τητός μου. ⁶καὶ ἐρεῖ πρὸς αὐτόν Τί αἱ πληγαὶ αὗται ἀνὰ μέσον τῶν χειρῶν σου; καὶ ἐρεῖ Ἃς ἐπλήγην ἐν τῷ οἴκῳ τῷ ἀγαπητῷ 7 μου. ⁷Ῥομφαία, ἐξεγέρθητι ἐπὶ τοὺς ποιμένας μου καὶ ἐπ᾽ ἄνδρα πολίτην μου, λέγει Κύριος Παντοκράτωρ· πατάξατε τοὺς ποιμένας καὶ ἐκσπάσατε τὰ πρόβατα, καὶ ἐπάξω τὴν χεῖρά μου ἐπὶ 8 τοὺς μικρούς. ⁸καὶ ἔσται ἐν πάσῃ τῇ γῇ, λέγει Κύριος, τὰ δύο μέρη αὐτῆς ἐξολεθρευθήσεται καὶ ἐκλείψει, τὸ δὲ τρίτον ὑπολει- 9 φθήσεται ἐν αὐτῇ· ⁹καὶ διάξω τὸ τρίτον διὰ πυρός, καὶ πυρώσω αὐτοὺς ὡς πυροῦται τὸ ἀργύριον, καὶ δοκιμῶ αὐτοὺς ὡς δοκιμάζεται τὸ χρυσίον· αὐτὸς ἐπικαλέσεται τὸ ὄνομά μου, κἀγὼ ἐπακούσομαι αὐτῷ, καὶ ἐρῶ Λαός μου οὗτός ἐστιν, καὶ αὐτὸς ἐρεῖ Κύριος ὁ θεός μου.

XIV 1 ¹Ἰδοὺ ἡμέραι ἔρχονται τοῦ κυρίου, καὶ διαμερισθήσεται τὰ σκῦλά 2 σου ἐν σοί· ²καὶ ἐπισυνάξω πάντα ἔθνη ἐπὶ Ἰερουσαλὴμ εἰς πόλεμον, καὶ ἁλώσεται ἡ πόλις καὶ διαρπαγήσονται αἱ οἰκίαι, καὶ αἱ γυναῖκες μολυνθήσονται, καὶ ἐξελεύσεται τὸ ἥμισυ τῆς πόλεως ἐν αἰχμαλωσίᾳ, οἱ δὲ κατάλοιποι τοῦ λαοῦ μου οὐ μὴ ἐξολοθρευθῶσιν 3 ἐκ τῆς πόλεως. ³καὶ ἐξελεύσεται Κύριος καὶ παρατάξεται ἐν τοῖς ἔθνεσιν ἐκείνοις, καθὼς ἡμέρα παρατάξεως αὐτοῦ ἐν ἡμέρᾳ πολέμου.

4 προφηται] π, η sup ras ℵ¹ 5 διοτι] οτι Qᵃ | om ανθρωπος ℵAQΓ εργαζομενος την γην εγω ειμι οτι AQΓ 6 ερει 1°] ερω AQ | om αυται ℵ* (hab ℵᶜ·ᵃ) | χειρων] adnot ωμων ℵᶜ ᵐᵍ postea ras | επληγη Γᵛⁱᵈ | του αγαπητου A 7 τους ποιμενας (1°)] τον ποιμεναν ℵᶜ·ᵇ τον ποιμαινα AQ* τον ποιμενα QᵃΓ | επ] επι Γ | πολιτην] πολεμιστην ℵ* (πολιτην repos ℵᶜ) | μου 2°] αυτου ℵᶜ·⁽ᵃ ᵛⁱᵈ⁾ (postea μου) AQΓ | παταξατε] παταξον ℵᶜ·⁽ᵛⁱᵈ⁾AQ | τους ποιμενας 2°] τον ποιμενα ℵᶜ·ᵃ, ᶜ·ᵇAQΓ | και 2°]+διασκορπισθησονται (-θητωσαν Qᵃ) τα προβατα Q | εκσπασατε] εκπασατε ℵ* (εκσπ. correcturus erat ℵᶜ sed rurs del σ) διασκορπισθητω ℵᶜ·ᵃ διασκορπισθητωσαν ℵᶜ·ᵇΓ διασκορπισθησο|ται A | προβατα]+της ποιμνης A | επαξω] επιστρεψω ℵᶜ·ᵇ | μικρους] pr ποιμενας τους ℵᶜ·ᵃ (improb postea revoc ℵ?) ποιμενας AQΓ 8 παση τη γη] τη ημερα εκεινη ℵᶜ·ᵇAΓ | αυτης] asterisc adpinx Bᵃ (non inst Bᵇ) om Q 9 το τριτον] το το τρ. ℵᶜ·ᵃ, ᶜ·ᵇ | (το τρ. ℵᶜ·ᵃ, ᶜ·ᵇ) | το χρυσιον sup ras A¹ᵛⁱᵈ | ονομα] τ incep ℵ* (improb τ ℵ¹) | καγω] και εγω AΓ | εστι Qᵃ XIV 1 ερχον (sic) Γᵛⁱᵈ | διαμερισθησονται ℵ* (-σεται ℵᶜ·ᵇ) A | σου] σοι incep ℵ* (σου ℵ¹) sup ras Qᵛⁱᵈ 2 εθνη] pr τα ℵAΓ | κααλοιποι ℵ* (καταλ. ℵ¹ᵉᵗ ᵖᵒˢᵗᵉᵃ) | λαου sup ras A¹ | εξολεθρευθωσιν ℵAQ 3 ημερα 1°] ημεραι A αι ημεραι Γ

ΖΑΧΑΡΙΑΣ

B ⁴καὶ στήσονται οἱ πόδες αὐτοῦ ἐν τῇ ἡμέρᾳ ἐκείνῃ ἐπὶ τὸ ὄρος τῶν 4
ἐλαιῶν τὸ κατέναντι Ἰερουσαλὴμ ἐξ ἀνατολῶν· καὶ σχισθήσεται τὸ
ὄρος τῶν ἐλαιῶν, τὸ ἥμισυ αὐτοῦ πρὸς ἀνατολὰς καὶ θάλασσαν, χάος
μέγα σφόδρα· καὶ κλινεῖ τὸ ἥμισυ τοῦ ὄρους πρὸς βορρᾶν, καὶ τὸ
ἥμισυ αὐτοῦ πρὸς νότον· ⁵καὶ φραχθήσεται ἡ φάραγξ ὀρέων μου, καὶ 5
ἐνκολληθήσεται φάραγξ ὀρέων ἕως Ἰασόδ, καὶ ἐνφραχθήσεται καθὼς
ἐνεφράγη ἐν ταῖς ἡμέραις τοῦ σεισμοῦ, ἐν ἡμέραις Ὀζείου βασιλέως
Ἰούδα· καὶ ἥξει Κύριος ὁ θεός μου, καὶ πάντες οἱ ἅγιοι μετ' αὐτοῦ.
⁶καὶ ἔσται ἐν ἐκείνῃ τῇ ἡμέρᾳ οὐκ ἔσται φῶς καὶ ψύχη καὶ πάγος· 6
⁷ἔσται μίαν ἡμέραν, καὶ ἡ ἡμέρα ἐκείνη γνωστὴ τῷ κυρίῳ, καὶ 7
οὐχ ἡμέρα καὶ οὐ νύξ, καὶ πρὸς ἑσπέραν ἔσται φῶς. ⁸καὶ ἐν τῇ 8
ἡμέρᾳ ἐκείνῃ ἐξελεύσεται ὕδωρ ζῶν ἐξ Ἰερουσαλήμ, τὸ ἥμισυ αὐτοῦ
εἰς τὴν θάλασσαν τὴν πρώτην, καὶ τὸ ἥμισυ αὐτοῦ εἰς τὴν θά-
λασσαν τὴν ἐσχάτην, καὶ ἐν θέρει καὶ ἐν ἔαρι ἔσται οὕτως. ⁹καὶ 9
ἔσται Κύριος εἰς βασιλέα ἐπὶ πᾶσαν τὴν γῆν· ἐν τῇ ἡμέρᾳ ἐκείνῃ
ἔσται Κύριος εἷς, καὶ τὸ ὄνομα αὐτοῦ ἕν, ¹⁰κυκλῶν πᾶσαν τὴν γῆν 10
καὶ τὴν ἔρημον ἀπὸ Γάβε ἕως Ῥεμμὼν κατὰ νότον Ἰερουσαλήμ.
Ῥαμὰ δὲ ἐπὶ τόπου μενεῖ, ἀπὸ τῆς πύλης Βενιαμεὶν ἕως τοῦ τόπου
τῆς πύλης τῆς πρώτης, ἕως τῆς πύλης τῶν γωνιῶν καὶ ἕως τοῦ
πύργου Ἀναμεήλ, ἕως τῶν ὑποληνίων τοῦ βασιλέως· ¹¹κατοικήσουσιν 11
ἐν αὐτῇ, καὶ ἀνάθεμα οὐκ ἔσται ἔτι, καὶ κατοικήσει Ἰερουσαλὴμ
πεποιθότως. ¹²Καὶ αὕτη ἔσται ἡ πτῶσις ἣν κόψει Κύριος 12
πάντας τοὺς λαοὺς ὅσοι ἐπεστράτευσαν ἐπὶ Ἰερουσαλήμ· τακήσονται
αἱ σάρκες αὐτῶν ἑστηκότων ἐπὶ τοὺς πόδας αὐτῶν, καὶ οἱ ὀφθαλμοὶ

ℵAQΓ   4 om το κατεναντι...των ελαιων A | θαλασσαν] pr το ημισυ αυτου προς
AQΓ | χαος μεγα sup ras A?vid | κλινει sup ras A?vid | αυτου 3°] αυτων ℵ*
(-του ℵc.a, c.b)   5 φραχθησεται] εμφραχθ. AQ | η φαραγξ] η παραξ ℵ*
(η φαραξ ℵc.a, c.b vid) om η Q | ορεων 1°] pr των ℵc.a, c.b Γvid | εγκολληθησεται
Ba?bQa ενκολληθηθησεται ℵ* | φαραγξ 2°] φαραξ ℵ* -ραγξ ℵc | Ιασοδ]
Ασαηλ AQ | om και ενφραχθησεται AQΓvid | εμφραχθησεται Bafortb | καθως]
ον τροπον ℵc.b | εν ταις ημεραις] απο προσωπου ℵc.b | Οζιου Bb   6 om και
εσται AQΓ | και 2°] αλλα ℵc.a (mox revoc και) | ψυχη] ψυχος ℵc.a, c.bAQvid
Γ¹(vid)   7 μιαν ημεραν] μια ημερα A | ου sup ras B? | om και 4° A
8 και εν θερει] notulam arabicam adpinx ℵ? | εαρι] εαρ B* εαρι Bab αερει
A | εσται] αις ℵ* (εσται ℵc.a, c.b)   10 κυκλουν ℵc.aAQ | Γαβεε ℵc.aA
Γαβελ Q | εως 1°] ως ℵ* (εως ℵc.a) [τοπου 1°] pr του Γ | Βενιαμειν] Βνιαμειν ℵ*
(Βεν. ℵ¹fort, c.a) | om του τοπου AQΓ | των γωνιων] om των A | εως 5°] pr
και A   11 κατοικησουσιν] pr και ℵc.a κατοικουσιν A | ουκ εσται αναθεμα
AQΓ   11—12 om πεποιθοτως...επι Ιερουσαλημ ℵ* (hab πεποιθοτος [-τως
ipse ut vid corr])...επι Ιλημ ℵc.b)   12 αι σαρκες] om αι ℵ* (hab ℵc.a) |
εστηκοτων] εστηκοτες ℵ* (-των ℵc.b) + αυτων AQ | τους ποδας] των ποδων Γvid

ΖΑΧΑΡΙΑΣ XIV 21

αὐτῶν ῥυήσονται ἐκ τῶν ὀπῶν αὐτῶν, καὶ ἡ γλῶσσα αὐτῶν τακή- Β
13 σεται ἐν τῷ στόματι αὐτῶν. ¹³καὶ ἔσται ἐν τῇ ἡμέρᾳ ἐκείνῃ ἔκστασις Κυρίου μεγάλη ἐπ' αὐτούς· καὶ ἐπιλήμψονται ἕκαστος τῆς χειρὸς τοῦ πλησίον αὐτοῦ, καὶ συμπλακήσεται ἡ χεὶρ αὐτοῦ πρὸς
14 τὴν χεῖρα τοῦ πλησίον αὐτοῦ. ¹⁴καὶ Ἰούδας παρατάξεται ἐν Ἰερουσαλήμ, καὶ συνάξει τὴν ἰσχὺν πάντων τῶν λαῶν κυκλόθεν, χρυσίον
15 καὶ ἀργύριον καὶ ἱματισμὸν εἰς πλῆθος σφόδρα. ¹⁵καὶ αὕτη ἔσται ἡ πτῶσις τῶν ἵππων καὶ τῶν ἡμιόνων καὶ τῶν καμήλων καὶ τῶν ὄνων καὶ πάντων τῶν κτηνῶν τῶν ὄντων ἐν ταῖς παρεμβολαῖς ἐκεί-
16 ναις, κατὰ τὴν πτῶσιν ταύτην. ¹⁶καὶ ἔσται ὅσοι ἐὰν καταλιφθῶσιν ἐκ πάντων τῶν ἐθνῶν τῶν ἐλθόντων ἐπὶ Ἰερουσαλήμ, καὶ ἀναβήσονται κατ' ἐνιαυτὸν τοῦ προσκυνῆσαι τῷ βασιλεῖ Κυρίῳ
17 Παντοκράτορι καὶ τοῦ ἑορτάζειν τὴν ἑορτὴν τῆς σκηνοπηγίας. ¹⁷καὶ ἔσται, ὅσοι ἐὰν μὴ ἀναβῶσιν ἐκ πασῶν φυλῶν τῆς γῆς εἰς Ἰερουσαλὴμ τοῦ προσκυνῆσαι τῷ βασιλεῖ Κυρίῳ Παντοκράτορι, καὶ οὗτοι
18 ἐκείνοις προστεθήσονται. ¹⁸ἐὰν δὲ φυλὴ Αἰγύπτου μὴ ἀναβῇ μηδὲ ἔλθῃ, καὶ ἐπὶ τούτους ἔσται ἡ πτῶσις ἣν πατάξει Κύριος πάντα τὰ ἔθνη ὅσα ἐὰν μὴ ἀναβῇ τοῦ ἑορτάσαι τὴν ἑορτὴν τῆς σκηνοπηγίας.
19 ¹⁹αὕτη ἔσται ἡ ἁμαρτία Αἰγύπτου καὶ ἡ ἁμαρτία πάντων τῶν ἐθνῶν,
20 ὅσα ἂν μὴ ἀναβῇ ἑορτάσαι τὴν ἑορτὴν τῆς σκηνοπηγίας. ²⁰ἐν τῇ ἡμέρᾳ ἐκείνῃ ἔσται τὸ ἐπὶ τὸν χαλινὸν τοῦ ἵππου ἅγιον τῷ κυρίῳ Παντοκράτορι· καὶ ἔσονται οἱ λέβητες ἐν τῷ οἴκῳ Κυρίου ὡς φιάλαι
21 πρὸ προσώπου τοῦ θυσιαστηρίου· ²¹καὶ ἔσται πᾶς λέβης ἐν Ἰερουσαλὴμ καὶ ἐν τῷ Ἰούδᾳ ἅγιος τῷ κυρίῳ Παντοκράτορι· καὶ ἥξουσιν πάντες οἱ θυσιάζοντες καὶ λήμψονται ἐξ αὐτῶν καὶ ἑψήσουσιν ἐν αὐτοῖς, καὶ οὐκ ἔσται Χαναναῖος ἔτι ἐν τῷ οἴκῳ Κυρίου Παντοκράτορος ἐν τῇ ἡμέρᾳ ἐκείνῃ.

12 εκ] απο A   13 εστασις ℵ* (εκστ. ℵc.a) | επ αυτους μεγαλη AQΓ | ℵAQΓ επιλημψεται AΓ επιληψεται Q | συνπλακησ. ℵA συμπλοκησ. Qvid | την χειρα] om την AQΓ   14 Ιουδας] pr ο AQ | παρατασ incep ℵ* παραταξ. ℵ¹ et postea | ιχυν ℵ* (ισχ. ℵ¹,c)   15 om και 1° A | εκειναις] εκιναιν ℵ* εκειναις ℵc.b (s pro ν iam antea repos)   16 εαν] αν A | καταλιφθωσιν (-λειφθ. Bab)] καταλημφθωσιν A | παντοκρατι B* (-τορι Bab)   17 αναβωσιν]+εκει A | φυλων] pr των ℵAQΓ | Κυριω] κυ ℵ* (κω ℵc)   18 ελθη]+εκει AQΓ | om και A | τουτους] τουτοις AQ | ην]+κς A   19 εσται] εστιν A | οσα] οσ ℵc.aQ | αν] εαν ℵAΓ | εορτασαι] pr του ℵc.bAQ   20 τω ιππω ℵ* (του ιππου ℵc.a) | παντοκρατορ ℵ* (-τορι ℵc.a) om ℵc.b | om και ℵ* (hab ℵc.a) | εν 2°] pr οι AQΓ   21 αγιος] αγιον AQΓ | ηξουσι Qa | ληψονται QΓavid | Χαναneος ℵ | ετι] ουκετι AQΓ | εκεινη ενινη ℵ*

Subscr Ζαχαριας ια BℵA Ζαχαριας] μνημη θυ Q de Γ non liq

ΜΑΛΑΧΙΑΣ

B ΛΗΜΜΑ λόγου Κυρίου ἐπὶ τὸν Ἰσραὴλ ἐν χειρὶ ἀγγέλου αὐτοῦ· 1
θέσθε δὴ ἐπὶ τὰς καρδίας ὑμῶν.

²Ἠγάπησα ὑμᾶς, λέγει Κύριος· καὶ εἴπατε Ἐν τίνι ἠγάπησας 2
ἡμᾶς; οὐκ ἀδελφὸς ἦν Ἡσαῦ τοῦ Ἰακώβ; λέγει Κύριος· καὶ ἠγάπησα τὸν Ἰακώβ, ³τὸν δὲ Ἡσαῦ ἐμίσησα, καὶ ἔταξα τὰ ὅρια αὐ- 3
τοῦ εἰς ἀφανισμὸν καὶ τὴν κληρονομίαν αὐτοῦ εἰς δόματα ἐρήμου.
⁴διότι ἐρεῖ Ἡ Ἰδουμαία κατέστραπται, καὶ ἐπιστρέψωμεν καὶ ἀνοι- 4
κοδομήσωμεν τὰς ἐρήμους. τάδε λέγει Κύριος Παντοκράτωρ Αὐτοὶ
οἰκοδομήσουσιν καὶ ἐγὼ καταστρέψω· καὶ ἐπικληθήσεται αὐτοῖς ὅρια
ἀνομίας, καὶ λαὸς ἐφ᾽ ὃν παρατέτακται Κύριος ἕως αἰῶνος. ⁵καὶ 5
ὀφθαλμοὶ ὑμῶν ὄψονται, καὶ ὑμεῖς ἐρεῖτε Ἐμεγαλύνθη Κύριος ὑπεράνω τῶν ὁρίων τοῦ Ἰσραήλ.
⁶Υἱὸς δοξάζει πατέρα, καὶ δοῦλος τὸν κύριον αὐτοῦ. καὶ εἰ 6
πατήρ εἰμι ἐγώ, ποῦ ἐστιν ἡ δόξα μου; καὶ εἰ κύριός εἰμι ἐγώ, ποῦ
ἐστιν ὁ φόβος μου; λέγει Κύριος Παντοκράτωρ. ὑμεῖς οἱ ἱερεῖς οἱ
φαυλίζοντες τὸ ὄνομά μου, καὶ εἴπατε Ἐν τίνι ἐφαυλίσαμεν τὸ ὄνομά
σου; ⁷προσάγοντες πρὸς τὸ θυσιαστήριόν μου ἄρτους ἠλισγημένους. 7
καὶ εἴπατε Ἐν τίνι ἠλισγήσαμεν αὐτούς· ἐν τῷ λέγειν ὑμᾶς Τράπεζα
Κυρίου ἠλισγημένη ἐστίν, καὶ τὰ ἐπιτιθέμενα ἐξουδενώσατε. ⁸διότι 8

ℵAQ   Inscr Μαλαχιας ιβ Bℵ AQ   I 1—2 εν χειρι...υμας] obelos adpinx et in
mg ου κ′ π′ εβρ′ Bᵃ ⁽ⁿᵒⁿ ᵇ⁾   2 ημας] υμας ℵ* (ημ. ℵᶜ·ᵃ,ᶜ·ᵇ) | Ιακωβ 2°]+
λεγει κς ℵ   4 Ιδουμεα ℵ | τας] τα ℵ* τας ℵ¹ | ερημους] ερημωμενας αυτης
ℵᶜ·ᵃ ερημωμενας ℵᶜ·ᵇ ᵉᵗ ᵖᵒˢᵗᵉᵃ ηρημωμεναs AQ | οικοδομησουσι Qᵃ | και εγω]
καγω Q   5 οφθαλμοι] pr οι ℵA | των] τεν ℵ* (των ℵᶜ·ᵃ,ᶜ·ᵇ)   6 αυτου]+φοβηθησεται ℵᶜ·ᵃ (postea ras)   7 και ειπατε] in mg ras asterisc
B? | ηλισγημενη (-νην B*)] εξουδενωμενη ℵᶜ·ᵃ,ᶜ·ᵇ Q | εστι Qᵃ: item 10, 12,
13 | και τα επιτ.] in mg ras asterisc B? | επιθενα ℵ* επιθεμενα ℵ¹,ᶜ·ᵃ | εξουδενωσατε] βρωματα εξουδενωνται ℵᶜ·ᵇ (postea revoc εξουδενωσατε) βρωματα
εξουδενωμενα AQ

ΜΑΛΑΧΙΑΣ II 2

ἐὰν προσαγάγητε τυφλὸν εἰς θυσίαν, οὐ κακόν; καὶ ἐὰν προσαγά- B γητε χωλὸν ἢ ἄρρωστον, οὐ κακόν; προσάγαγε δὴ αὐτὸ τῷ ἡγουμένῳ σου, εἰ προσδέξεταί σε, εἰ λήμψεται πρόσωπόν σου, λέγει
9 Κύριος Παντοκράτωρ. ⁹καὶ νῦν ἐξιλάσκεσθε τὸ πρόσωπον τοῦ θεοῦ ὑμῶν καὶ δεήθητε αὐτοῦ· ἐν χερσὶν ὑμῶν γέγονεν ταῦτα· εἰ λήμψο-
10 μαι ἐξ ὑμῶν πρόσωπα ὑμῶν; λέγει Κύριος Παντοκράτωρ. ¹⁰διότι καὶ ἐν ὑμῖν συνκλεισθήσονται θύραι, καὶ οὐκ ἀνάψεται τὸ θυσιαστήριόν μου δωρεάν· οὐκ ἔστιν μου θέλημα ἐν ὑμῖν, λέγει Κύριος Παντο-
11 κράτωρ, καὶ θυσίαν οὐ προσδέξομαι ἐκ τῶν χειρῶν ὑμῶν. ¹¹διότι ἀπ᾽ ἀνατολῶν ἡλίου καὶ ἕως δυσμῶν τὸ ὄνομά μου δεδόξασται ἐν τοῖς ἔθνεσιν, καὶ ἐν παντὶ τόπῳ θυμίαμα προσάγεται τῷ ὀνόματί μου καὶ θυσία καθαρά· διότι μέγα τὸ ὄνομά μου ἐν τοῖς ἔθνεσιν,
12 ⁵λέγει Κύριος Παντοκράτωρ. ¹²ὑμεῖς δὲ βεβηλοῦτε αὐτὸ ἐν τῷ λέ- § Γ γειν ὑμᾶς Τράπεζα Κυρίου ἠλισγημένη ἐστίν, καὶ τὰ ἐπιτιθέμενα
13 ἐξουδένωνται βρώματα αὐτοῦ. ¹³καὶ εἴπατε Ταῦτα ἐκ κακοπαθίας ἐστίν. καὶ ἐξεφύσησα αὐτά, λέγει Κύριος Παντοκράτωρ. καὶ εἰσεφέρετε ἁρπάγματα καὶ τὰ χωλὰ καὶ τὰ ἐνοχλούμενα· καὶ ἐὰν φέρητε τὴν θυσίαν, εἰ προσδέξομαι αὐτὰ ἐκ τῶν χειρῶν ὑμῶν; λέγει Κύριος
14 Παντοκράτωρ. ¹⁴καὶ ἐπικατάρατος ὃς ἦν δυνατός, καὶ ὑπῆρχεν ἐν τῷ ποιμνίῳ αὐτοῦ ἄρσεν, καὶ εὐχὴ αὐτοῦ ἐπ᾽ αὐτῷ, καὶ θύει διεφθαρμένον τῷ κυρίῳ· διότι βασιλεὺς μέγας ἐγώ εἰμι, λέγει Κύριος Παντοκράτωρ, καὶ τὸ ὄνομά μου ἐπιφανὲς ἐν τοῖς ἔθνεσιν.

II ½ ¹Καὶ νῦν ἡ ἐντολὴ αὕτη πρὸς ὑμᾶς, οἱ ἱερεῖς. ²ἐὰν μὴ ἀκούσητε, καὶ ἐὰν μὴ θῆσθε εἰς τὴν καρδίαν ὑμῶν τοῦ δοῦναι δόξαν τῷ ὀνόματί μου, λέγει Κύριος Παντοκράτωρ, καὶ ἐξαποστελῶ ἐφ᾽ ὑμᾶς τὴν κατάραν, καὶ ἐπικαταράσομαι τὴν εὐλογίαν ὑμῶν, καὶ καταράσομαι αὐτήν· καὶ διασκεδάσω τὴν εὐλογίαν ὑμῶν, καὶ οὐκ ἔσται ἐν ὑμῖν,

8 κακον 1ᶜ] ακ sup ras Aᵃ | προσαγαγε] προσαγαγετε ℵ* (-γαγε ℵᶜ·ᵇ) | ℵAQΓ σε] αυτο ℵᶜ·ᵃ (σε ℵᶜ·ᵇ) AQ | ληψεται Q   9 εξειλακεσθε B* (εξειλασκ. Bᵃ εξιλασκ. Bᵇ) | αυτου]+ινα ελεησον υμας ℵᶜ·ᵃ (ras ℵᶜ·ᵇ) | λημψομαι] λημψονται ℵ* (-μαι ℵᶜ·ᵃ, ᶜ·ᵇ)   10 συγκλ. Bᵃ ᶠᵒʳᵗ ᵇ AQ | αναιψεται ℵ* (αναψ. ℵ¹ et postea) 11 απ] απο AΓ | om και 1° AQ | δυσ|μων B* δυ|σμων Bᵃᵇ | εθνεσι bis Qᵃ | προσαγεται] προσαγαγετε επι A προσαγαγετε Q* ᵛⁱᵈ (-αγεται Qᵃ)   12 εξουδενωται ℵᶜ·ᵃ (postea -νωνται)   13 κακοπαθειας BᵃᵇAQᵃ ᵛⁱᵈ | εξεφυσησατε ℵ | εισφερετε A* (εισεφ. A¹) | αρπαγματα] pr τα ℵᵇA | εαν φερητε] προσφερετε ℵᶜ·ᵃ ᶜ·ᵇ εαν θυσητε Γ | την θυσιαν] om την AQΓ   14 υπηρχεν]+αυτω A | τω ποιμνιω] om τω Q* (hab Qᵃ) | om αυτου 1° A | θυει] θυσι ℵ | μεγας βασιλευς A   II 1 οι ιερεις] τους ιερ. Γ   2 ακουσητε] υπακουσ. AΓ | om εαν μη (2°) ℵᶜ·ᵇ (postea ras) | θησθε] θεσθε ℵᶜ·ᵃ, ᶜ·ᵇ | εις την καρδιαν (1°)] εν ταις καρδιαις ℵᶜ·ᵇ (postea repos εις την καρδιαν) | εξαποστελλω ℵ* (-στελω ℵᶜ·ᵃ, ᶜ·ᵇ) | και διασκεδασω...υμιν] obelos adpinx et in mg ου κ' παρ εβρ. Bʔ ᵐᵍ

95

ΜΑΛΑΧΙΑΣ

B ὅτι ὑμεῖς οὐ τίθεσθε εἰς τὴν καρδίαν ὑμῶν. ³ἰδοὺ ἐγὼ ἀφορίζω ὑμῖν 3 τὸν ὦμον, καὶ σκορπιῶ ἔνυστρον ἐπὶ τὰ πρόσωπα ὑμῶν, ἔνυστρον ἑορτῶν, καὶ λήμψομαι ὑμᾶς εἰς τὸ αὐτό· ⁴καὶ ἐπιγνώσεσθε διότι 4 ἐγὼ ἐξαπέσταλκα πρὸς ὑμᾶς τὴν ἐντολὴν ταύτην, τοῦ εἶναι τὴν διαθήκην μου πρὸς τοὺς Λευείτας, λέγει Κύριος Παντοκράτωρ. ⁵ἡ 5 διαθήκη μου ἦν μετ' αὐτοῦ τῆς ζωῆς καὶ τῆς εἰρήνης, καὶ ἔδωκα αὐτῷ ἐν φόβῳ φοβεῖσθαι καὶ ἀπὸ προσώπου ὀνόματός μου στέλλεσθαι αὐτόν. ⁶νόμος ἀληθείας ἦν ἐν τῷ στόματι αὐτοῦ, καὶ ἀδι- 6 κία οὐχ εὑρέθη ἐν χείλεσιν αὐτοῦ· ἐν εἰρήνῃ κατευθύνων ἐπορεύθη μετ' ἐμοῦ, καὶ πολλοὺς ἐπέστρεψεν ἀπὸ ἀδικίας. ⁷ὅτι χείλη ἱερέως 7 φυλάξεται γνῶσιν, καὶ νόμον ἐκζητήσουσιν ἐκ στόματος αὐτοῦ, διότι ἄγγελος Κυρίου Παντοκράτορός ἐστιν. ⁸ὑμεῖς δὲ ἐξεκλίνατε ἐκ τῆς 8 ὁδοῦ καὶ ἠσθενήσατε πολλοὺς ἐν νόμῳ, διεφθείρατε τὴν διαθήκην τοῦ Λευί, λέγει Κύριος Παντοκράτωρ. ⁹κἀγὼ δέδωκα ὑμᾶς ἐξου- 9 δενωμένους καὶ ἀπερριμμένους εἰς πάντα τὰ ἔθνη, ἀνθ' ὧν ὑμεῖς οὐ φυλάσσεσθε τὰς ὁδούς μου ἀλλὰ ἐλαμβάνετε πρόσωπα ἐν νόμῳ.

¹⁰Οὐχὶ θεὸς εἷς ἔκτισεν ὑμᾶς; οὐχὶ πατὴρ εἷς πάντων ὑμῶν; τί 10 ὅτι ἐνκατελίπετε ἕκαστος τὸν ἀδελφὸν αὐτοῦ, τοῦ βεβηλῶσαι τὴν διαθήκην τῶν πατέρων ὑμῶν; ¹¹ἐνκατελίφθη Ἰούδας, καὶ βδέλυγμα 11 ἐγένετο ἐν τῷ Ἰσραὴλ καὶ ἐν Ἰερουσαλήμ, διότι ἐβεβήλωσεν Ἰούδας τὰ ἅγια Κυρίου, ἐν οἷς ἠγάπησεν καὶ ἐπετήδευσεν εἰς θεοὺς ἀλλοτρίους. ¹²ἐξολεθρεύσει Κύριος τὸν ἄνθρωπον τὸν ποιοῦντα ταῦτα, 12 ἕως καὶ ταπεινωθῇ ἐκ σκηνωμάτων Ἰακὼβ καὶ ἐκ προσαγόντων θυσίαν τῷ κυρίῳ Παντοκράτορι. ¹³καὶ ταῦτα ἃ ἐμίσουν, ἐποιεῖτε· 13

&AQΓ   2 εις 2°] επι ℵ^{c. (b vid)} (postea ras)   3 om επι τα προσ. υμ. ενυστρον ℵ* (hab ℵ^{c.a}) | εορτων και λημψομαι υμ. sup ras Bᵃ | εορτων]+υμων ℵ εορτης υμων AQ | λημψομαι (ληψ. Q)] λημψονται ℵ^{c.b} (postea revoc -μαι) | εις] επι A   4 επιγνωσεσθε] γνωσεσθε ℵ1^{vid} | εγω]+ κ̄ς̄ AQΓ | την διαθηκην] om την ℵ? | Λευιτας AQᵃΓ   5 om εν ℵ^{c.b} | φοβεισθαι]+με Bᵃᵇ^(vid) ℵAQ | ονοματος] pr του A   6 αληθιας ℵ* (-θειας ℵ^{c.b}) | χειλεσιν] pr τοις Q | κατευθυνων] κατευθυμ incep ℵ* (κατευθυν. ℵ¹)   8 πολλους ησθενησατε AQΓ | διεφθειρατε] και διεφθειρα A (sign sup a 2° adpinx Aᵃ?) | Λευι BQᵃ] Λευει ℵAQ*Γ   9 καγω] και εγω AQΓ | εξουδενωμενους] εξουν incep ℵ* (εξουδ. ℵ¹^{vid}) | απερριμμενους Bᵃᵇ AΓ] απερριμενους B* ℵ* παριμενους ℵ^{c.b} fort (πα superscr) παρειμενους Q | ου φυλασσεσθε] ουκ εφυλαξασθε A (-σθαι) QΓ | αλλα] αλλ A   10 ουχι π̄ῡρ̄ εις παντων υμων ουχι θ̄ς̄ εις εκτισεν υμ. ℵ^{c.b} (prior ord mox restit) | τι οτι] διοτι Γ | εγκατελιπετε Bᵇ εγκατελειπετε AQΓ   11 εγκατελειφθη Bᵃᵇ AQ εγκατελιφθη Γ | διοτι] οτι ℵ^{c.c} | om εις ℵ^{c.b}   12 ποιουνταυτα A | εως]+αν ℵ^{c.a} | εκ 1°] εξ ℵ* (εκ ℵ^{c.b}) | προσαγοντων] προσαγαγοντων A | τω κυριω] om τω A   13 om a Q* (superscr Q¹^{vid}) | εμισων ℵ* (-σουν ℵ^{c.a, c.b})

ΜΑΛΑΧΙΑΣ III 3

ἐκαλύπτετε δάκρυσιν τὸ θυσιαστήριον Κυρίου καὶ κλαυθμῷ καὶ B στεναγμῷ ἐκ κόπων. ἔτι ἄξιον ἐπιβλέψαι εἰς θυσίαν ἢ λαβεῖν 14 δεκτὸν ἐκ τῶν χειρῶν ὑμῶν; ¹⁴καὶ εἴπατε Ἕνεκεν τίνος; ὅτι Κύριος διεμαρτύρατο ἀνὰ μέσον σοῦ καὶ ἀνὰ μέσον γυναικὸς νεότητός σου, ἣν ἐνκατέλιπες· καὶ αὕτη κοινωνός σου καὶ γυνὴ διαθήκης σου. 15 ¹⁵καὶ οὐ καλὸν ἐποίησεν καὶ ὑπόλιμμα πνεύματος αὐτοῦ; καὶ εἴπατε Τί ἄλλο ἢ σπέρμα ζητεῖ ὁ θεός; καὶ φυλάξασθε ἐν τῷ 16 πνεύματι ὑμῶν, καὶ γυναῖκα νεότητός σου μὴ ἐνκαταλίπῃς· ¹⁶ἀλλὰ ἐὰν μισήσας ἐξαποστείλῃς, λέγει Κύριος ὁ θεὸς τοῦ Ἰσραήλ, καὶ καλύψει ἀσέβεια ἐπὶ τὰ ἐνθυμήματά σου, λέγει Κύριος Παντοκράτωρ. καὶ φυλάξασθε ἐν τῷ πνεύματι ὑμῶν καὶ οὐ μὴ ἐνκατα- 17 λίπητε, ¹⁷οἱ παροξύνοντες τὸν θεὸν ἐν τοῖς λόγοις ὑμῶν· καὶ εἴπατε Ἐν τίνι παρωξύναμεν αὐτόν; ἐν τῷ λέγειν ὑμᾶς Πᾶς ποιῶν πονηρόν, καλὸν ἐνώπιον Κυρίου, καὶ ἐν αὐτοῖς αὐτὸς εὐδόκησεν· καί Ποῦ ἐστιν ὁ θεὸς τῆς δικαιοσύνης;

III 1 ¹Ἰδοὺ ἐξαποστέλλω τὸν ἄγγελόν μου, καὶ ἐπιβλέψεται ὁδὸν πρὸ προσώπου μου, καὶ ἐξέφνης ἥξει εἰς τὸν ναὸν ἑαυτοῦ κύριος ὃν ὑμεῖς ζητεῖτε, καὶ ὁ ἄγγελος τῆς διαθήκης ὃν ὑμεῖς θέλετε· ἰδοὺ 2 ἔρχεται, λέγει Κύριος Παντοκράτωρ. ²καὶ τίς ὑπομενεῖ ἡμέραν εἰσόδου αὐτοῦ; ἢ τίς ὑποστήσεται ἐν τῇ ὀπτασίᾳ αὐτοῦ; διότι αὐτὸς εἰσπορεύεται ὡς πῦρ χωνευτηρίου καὶ ὡς ποία πλυνόντων. 3 ³καθιεῖται χωνεύων καὶ καθαρίζων ὡς τὸ ἀργύριον καὶ ὡς τὸ χρυσίον, καὶ καθαρίσει τοὺς υἱοὺς Λευεὶ καὶ χεεὶ αὐτοὺς ὥσπερ τὸ χρυσίον καὶ ὡς τὸ ἀργύριον· καὶ ἔσονται τῷ κυρίῳ προσάγοντες

13 δρακυσιν B* (δακρ. B^{ab}) | κοπτων ℵ* 14 ενεκα AQΓ | οτι] ο AΓ | ℵAQΓ εγκατελιπες B^{ab} εγκατελειπες AQ^a (ενκ. Q*) εγκατελειπας Γ 15 ου καλον] ου καλος ℵ^{c.b} ουκ αλλος nisi potius ου καλλος AQΓ (ουκ α. Γ^{vid}) | υπολειμμα B^{ab}Q | ειπατε] ειπα ℵ* (ειπαται ℵ^{c.a}) | η] pr αλλ Q | φυλαξεσθε ℵ* (-ξασθε ℵ^{c.b}) | γυνεκα ℵ* (γυναικα ℵ^{c.a, c.b}) | εγκαταλιπης B^{ab} εγκαταλειπης AQ^a (ενκ. Q* vid) Γ 16 αλλα] αλλ ℵAΓ | μισησης Q^b? εξαποστειλ|ον Q^{b?} | ο θεος]+ο παντοκρατωρ θs A | του Ισραηλ] om του AΓ | ασεβια ℵ | τω πνευματι] om τω Γ | εγκαταλιπητε B^{ab}Γ εγκαταλειπητε A (-ται) Q 17 παρωξυναμεν] παροξ. ℵA | om αυτον AΓ | ευδοκησεν] ε 2° sup ras A' ηυδοκησεν Q* (-σε Q^a) III 1 ιδου 1°]+ενεκα ℵ^{c.(b vid)} (mox ras) AQΓ | om και 1° ℵ* (superscr κ ℵ^{1, c.a}) | εξαιφνης B^{ab}ℵ^{c.b}Q | εαυτου] αυτου AQ^{mg}Γ om Q* 2 η] και A | ποια] πλοια ℵ* ποα Q 3 καθιειται] pr και ℵAQΓ | καθαριζων] καθαριειτε ℵ* (-ριζων ℵ^{c.a, c.b}) | και ως το χρυσιον] obel adpinx B^a (non b) mg | om ως 2° ℵQ* | καθαρισει] καθαριει ℵ* (-ρισι ℵ^?) QΓ | Λευει] Λειει ℵ* (Λευει ℵ^{c.a}) Λευι AQ^a | χεει] εκχεει ℵ^{c.a} (mox ras εκ) χει A | ωσπερ] ως ℵ^{c.b} AQ | χρυσιον 2°] αργυριον (a rescr A^1) A | ως 3°] om ℵ* (hab ℵ^{c.b}) Γ' ωσπερ A | αργυριον 2°] χρυσιον A | κυριω] θῶ Γ | προσ|αγοντες Q* προ|σαγ. Q^a

ΜΑΛΑΧΙΑΣ

B θυσίαν ἐν δικαιοσύνῃ, ⁴καὶ ἀρέσει τῷ κυρίῳ θυσία Ἰούδα καὶ Ἱε- 4
ρουσαλήμ καθὼς αἱ ἡμέραι τοῦ αἰῶνος καὶ καθὼς τὰ ἔτη τὰ ἔμ-
προσθεν. ⁵καὶ προσάξω πρὸς ὑμᾶς ἐν κρίσει, καὶ ἔσομαι μάρτυς 5
ταχὺς ἐπὶ τὰς φαρμακοὺς καὶ ἐπὶ τὰς μοιχαλίδας καὶ ἐπὶ τοὺς
ὀμνύοντας τῷ ὀνόματί μου ἐπὶ ψεύδει, καὶ ἐπὶ τοὺς ἀποστεροῦντας
μισθὸν μισθωτοῦ καὶ τοὺς καταδυναστεύοντας χήραν καὶ τοὺς κονδυ-
λίζοντας ὀρφανοὺς καὶ τοὺς ἐκκλίνοντας κρίσιν προσηλύτου καὶ τοὺς
μὴ φοβουμένους με, λέγει Κύριος Παντοκράτωρ. ⁶διότι ἐγὼ Κύριος ὁ 6
θεὸς ὑμῶν, καὶ οὐκ ἠλλοίωμαι.
⁷Καὶ ὑμεῖς, υἱοὶ Ἰακώβ, οὐκ ἀπέχεσθε ⁽⁷⁾ἀπὸ τῶν ἀδικιῶν τῶν 7
πατέρων ὑμῶν, ἐξεκλίνατε νόμιμά μου καὶ οὐκ ἐφυλάξασθε. ἐπι-
στρέψατε πρὸς μέ, καὶ ἐπιστραφήσομαι πρὸς ὑμᾶς, λέγει Κύριος ὁ
Παντοκράτωρ. καὶ εἴπατε Ἐν τίνι ἐπιστρέψωμεν; ⁸μήτι πτερνιεῖ 8
ἄνθρωπος θεόν; διότι ὑμεῖς πτερνίζετέ με. καὶ ἐρεῖτε Ἐν τίνι
ἐπτερνίσαμέν σε; ὅτι τὰ ἐπιδέκατα καὶ αἱ ἀπαρχαὶ μεθ' ὑμῶν εἰσιν·
⁹καὶ ἀποβλέποντες ὑμεῖς ἀποβλέπετε, καὶ ἐμὲ ὑμεῖς πτερνίζετε. τὸ 9
ἔτος συνετελέσθη, ¹⁰καὶ εἰσηνέγκατε πάντα ἐκφόρια εἰς τοὺς θη- 10
σαυρούς, καὶ ἔσται ἡ διαρπαγὴ αὐτοῦ ἐν τῷ οἴκῳ αὐτοῦ. ἐπισκέ-
ψασθε δὴ ἐν τούτῳ, λέγει Κύριος Παντοκράτωρ· ἐὰν μὴ ἀνοίξω ὑμῖν
τοὺς καταράκτας τοῦ οὐρανοῦ, καὶ ἐκχεῶ ὑμῖν τὴν εὐλογίαν μου ἕως
τοῦ ἱκανωθῆναι· ¹¹καὶ διαστελῶ ὑμῖν εἰς βρῶσιν, καὶ οὐ μὴ δια- 11
φθείρω ὑμῶν τὸν καρπὸν τῆς γῆς, καὶ οὐ μὴ ἀσθενήσει ὑμῶν ἡ
ἄμπελος ἡ ἐν τῷ ἀγρῷ, λέγει Κύριος Παντοκράτωρ. ¹²καὶ μακα- 12
ριοῦσιν ὑμᾶς πάντα τὰ ἔθνη, διότι ἔσεσθε ὑμεῖς γῆ θελητή, λέγει

ℵAQΓ 3 θυσιας ℵQ 4 θυσια] pr η ℵ | ετη] τ sup ras Aᵃ 5 om προς A | εσομαι μαρτυς in mg et sup ras A¹ (om μαρτυς A*ᵛⁱᵈ) | χηραν] χη] ℵ*ᵛⁱᵈ χηρας ℵᶜ·ᵃ·ᶜ·ᵇ τας χηραν Q* τας χηρας Qᵃ | κρισιν] κριμα Q | προσηλυτου] προσηλυτους (superscr s) Qᵃ οι γ' προσηλυτου Qᵐᵍ 6 υμων] ημων AΓ | om και A 7 απεεσθε B* (απεχ. Bᵃᵇ) απεσχεσθε A | επιστρεψατε] επιστραφητε AΓ | ο παντοκρατωρ] om ο BᵃᵇℵAQΓᵛⁱᵈ | επιστρεψωμεν] επιστρεψωμαι ℵ* (-ψωμεν ℵᶜ·ᵃ·ᶜ·ᵇ) επιστρεψομεν Qᵃ 8 μητι] ει ℵᶜ·ᵇAQΓ | πτερνιζετε] επτερνιζετε Q* (πτερν. Qᵃ) | ερειτε] ειπατε ℵᶜ·ᵇAQᵃΓ | επτερνισαμεν (επερν. ℵ)] επτερνικαμεν A πτερνικαμεν (sic) Γ | απαρχαι] αρχαι ℵ* (απαρχαι ℵᶜ·ᵃ·ᶜ·ᵇ) | εισι Qᵃ 9 αποβλεπετα ℵ* (-ται ℵᶜ·ᵃ·ᶜ·ᵇ) | ετος] εθνος ℵ* (ετ. ℵᶜ·ᵃ·ᶜ·ᵇ) | συντελεσθη Q* (συνετελ. Qᵃ) 10 εκφορια (-ρεια AQᵃ)] pr τα ℵAQΓ | τον θησαυρον ℵᶜ·ᵃ (postea τους θησαυρους) | εν τω οικω αυτ. εσται ℵ'(postea restit) | αυτου 1°] αυτων ℵᶜ·ᵃ (postea ras) | τω οικω αυτου] τοις οικοις υμων ℵᶜ·ᵃ·ᶜ·ᵇ | επισκεψασθε] επιστρεψατε ℵᶜ·ᵇAΓ 11 εις βρωσιν] την βρ. A | om ου μη (1°) Γ | διαφθειρω] διαφθερω A | ασθενηση ℵQ | η αμπελος υμων AΓ | τω αγρω] om τω A 12 om και A* (hab Aᵃ⁽ᵐᵍ⁾)

ΜΑΛΑΧΙΑΣ IV 5

13 Κύριος Παντοκράτωρ. ¹³Ἐβαρύνατε ἐπ᾽ ἐμὲ τοὺς λόγους ὑμῶν, B
14 λέγει Κύριος, καὶ εἴπατε Ἐν τίνι κατελαλήσαμεν κατὰ σοῦ; ¹⁴εἴ-
πατε Μάταιος ὁ δουλεύων θεῷ, καὶ τί πλέον ὅτι ἐφυλάξαμεν τὰ φυ-
λάγματα αὐτοῦ, καὶ διότι ἐπορεύθημεν ἱκέται πρὸ προσώπου Κυρίου
15 Παντοκράτορος; ¹⁵καὶ νῦν ἡμεῖς μακαρίζομεν ἀλλοτρίους, καὶ ἀνοι-
κοδομοῦνται πάντες ποιοῦντες ἄνομα, καὶ ἀντέστησαν θεῷ καὶ ἐσώ-
16 θησαν. ¹⁶Ταῦτα κατελάλησαν οἱ φοβούμενοι τὸν κύριον, ἕκαστος
πρὸς τὸν πλησίον αὐτοῦ· καὶ προσέσχεν Κύριος καὶ εἰσήκουσεν, καὶ
ἔγραψεν βιβλίον μνημοσύνου ἐνώπιον αὐτοῦ τοῖς φοβουμένοις τὸν
17 κύριον καὶ εὐλαβουμένοις τὸ ὄνομα αὐτοῦ. ¹⁷Καὶ ἔσονταί μοι, λέγει
Κύριος Παντοκράτωρ, εἰς ἡμέραν ἣν ἐγὼ ποιῶ εἰς περιποίησιν, καὶ
αἱρετιῶ αὐτοὺς ὃν τρόπον αἱρετίζει ἄνθρωπος τὸν υἱὸν αὐτοῦ τὸν
18 δουλεύοντα αὐτῷ. ¹⁸καὶ ἐπιστραφήσεσθε καὶ ὄψεσθε ἀνὰ μέσον
δικαίου καὶ ἀνὰ μέσον ἀνόμου, καὶ ἀνὰ μέσον τοῦ δουλεύοντος θεῷ
V (III 19) 1 καὶ τοῦ μὴ δουλεύοντος. ¹διότι ἰδοὺ ἡμέρα ἔρχεται καιομένη
ὡς κλίβανος, καὶ φλέξει αὐτούς, καὶ ἔσονται πάντες οἱ ἀλλο-
γενεῖς καὶ πάντες οἱ ποιοῦντες ἄνομα καλάμη, καὶ ἀνάψει αὐ-
τοὺς ἡ ἡμέρα ἐρχομένη, λέγει Κύριος Παντοκράτωρ, καὶ οὐ μὴ
(20) 2 ὑπολειφθῇ ἐξ αὐτῶν ῥίζα οὐδὲ κλῆμα. ²καὶ ἀνατελεῖ ὑμῖν τοῖς
φοβουμένοις τὸ ὄνομά μου ἥλιος δικαιοσύνης, καὶ ἴασις ἐν ταῖς
πτέρυξιν αὐτοῦ· καὶ ἐξελεύσεσθε καὶ σκιρτήσετε ὡς μοσχάρια
(21) 3 ἐκ δεσμῶν ἀνειμένα. ³καὶ καταπατήσετε ἀνόμους, διότι ἔσονται
σποδὸς ὑποκάτω τῶν ποδῶν ὑμῶν ἐν τῇ ἡμέρᾳ ᾗ ἐγὼ ποιῶ,
(23) 4 λέγει Κύριος Παντοκράτωρ. ⁴Καὶ ἰδοὺ ἐγὼ ἀποστέλλω ὑμῖν
Ἠλίαν τὸν Θεσβίτην πρὶν ἐλθεῖν ἡμέραν Κυρίου τὴν μεγάλην
(24) 5 καὶ ἐπιφανῆ, ⁵ὃς ἀποκαταστήσει καρδίαν πατρὸς πρὸς υἱὸν καὶ

---

14 μετεος ℵ* (ματεος ℵ^{c.a, c.b}) | πλεον] πλιον ℵ* πλειον ℵ^{c.a, c.b}Q | om ℵAQΓ
και 2° AΓ **15** om παντες ℵ^{c.b vid}AQΓ | bis scr ποιουντες B | om
και 3° AQΓ **16** κατελαλησαν] ελαλησαν A | φοβουμενοι]+τοι ℵ* (im-
prob ℵ^{1, c.a, c.b}) | τον κυριον 1°] om του QΓ om κν ℵ*vid (hab ℵ¹) | προσεσχεν
(-σχε Q^a)] ιδεν Γ | εισηκουσε Q^a | εγραψε Q^a **17** μοι] μου ℵ*vid
(μοι ℵ¹) | αιρετιω] ερετι A* (ω superscr A¹) | αιρετιζει] αιρετιει Q* **18** om
και 1° ℵ* (hab ℵ^{c.a}) | ανομου] αδικου AΓ | θεω] pr τω A | του μη] τω μη
B*^b (του μη B^a) | δουλευοντος 2°]+αυτω Γ **IV 1** διοτι] οτι ℵ^{c.b} | om
ιδου A* (διοτι ιδου in mg et sup ras A^{a?}) | ημερα 1°]+ κυ AQΓ | καομενη
Q* | ανομα] pr τα Γ | ερχομενη] pr η ℵAQΓ | υπολιφθη B*ℵΓ (·λειφθ-
B^{ab}AQ) | om εξ ℵ^{c.b} **2** αυτου] αυτων A | εξελευσεσθε και σκιρτησετε]
λευσεσθε και σκιρ] sup ras A^a (σκιρ|σατε A) **3** καταπατησατε A
4—6 vers 6 ante 4 poni vult ut vid ℵ^{c.b} **4** om και 1° Γ | ημεραν] pr
την Γ

iv 6 ΜΑΛΑΧΙΑΣ

B καρδίαν ἀνθρώπου πρὸς τὸν πλησίον αὐτοῦ, μὴ ἔλθω καὶ πατάξω τὴν γῆν ἄρδην. ⁶Μνήσθητε νόμου Μωσῆ τοῦ δούλου μου, 6 (22) καθότι ἐνετειλάμην αὐτῷ ἐν Χωρὴβ πρὸς πάντα τὸν Ἰσραήλ, προστάγματα καὶ δικαιώματα.

ℵAQΓ   5 ελθω και] ελθων ℵc.b   6 Μωυση AQΓ
 Subscr Μαλαχιας ιβ′ B προφητης αγγελος Μαλαχιας ιβ′ ℵA Μαλ. ιβ′| προφηται ιβ′ Q deest ut vid in Γ

ΗΣΑΙΑΣ

I 1 ΟΡΑΣΙΣ ἣν εἶδεν Ἡσαίας υἱὸς Ἀμώς, ἣν εἶδεν κατὰ τῆς Ἰουδαίας B καὶ κατὰ Ἰερουσαλήμ, ἐν βασιλείᾳ Ὀζείου καὶ Ἰωαθὰμ καὶ Ἀχὰς καὶ Ἐζεκίου οἳ ἐβασίλευσαν τῆς Ἰουδαίας.

2 ²᾽Ἄκουε, οὐρανέ, καὶ ἐνωτίζου, γῆ, ὅτι Κύριος ἐλάλησεν. υἱοὺς 3 ἐγέννησα καὶ ὕψωσα, αὐτοὶ δέ με ἠθέτησαν. ³ἔγνω βοῦς τὸν κτησάμενον καὶ ὄνος τὴν φάτνην τοῦ κυρίου αὐτοῦ· Ἰσραὴλ δέ με οὐκ ἔγνω, 4 καὶ ὁ λαός με οὐ συνῆκεν. ⁴οὐαὶ ἔθνος ἁμαρτωλόν, λαὸς πλήρης ἁμαρτιῶν, σπέρμα πονηρόν, υἱοὶ ἄνομοι. ἐγκατελίπατε τὸν κύριον 5 καὶ παρωργίσατε τὸν ἅγιον τοῦ Ἰσραήλ. ⁵τί ἔτι πληγῆτε προστιθέντες 6 ἀνομίαν; πᾶσα κεφαλὴ εἰς πόνον καὶ πᾶσα καρδία εἰς λύπην. ⁶ἀπὸ ποδῶν ἕως κεφαλῆς οὔτε τραῦμα οὔτε μώλωψ οὔτε πληγὴ φλεγμαίνουσα, οὐκ ἔστιν μάλαγμα ἐπιθεῖναι οὔτε ἔλαιον οὔτε καταδέ7 σμους. ⁷ἡ γῆ ὑμῶν ἔρημος, αἱ πόλεις ὑμῶν πυρίκαυστοι· τὴν χώραν ὑμῶν ἐνώπιον ὑμῶν ἀλλότριοι κατεσθίουσιν αὐτήν, καὶ ἠρήμωται 8 κατεστραμμένη ὑπὸ λαῶν ἀλλοτρίων. ⁸ἐγκαταλειφθήσεται ἡ θυγάτηρ Σειὼν ὡς σκηνὴ ἐν ἀμπελῶνι, καὶ ὡς ὀπωροφυλάκιον ἐν σικυηράτῳ,

Inscr Ησαιας Bℵ* (ras dein inst addito αρχη ℵ¹) Q+οραματισμος Q^mg ℵAQΓ Ησ. προφητης ιγ´ A Ησ. ιγ´ Γ´ I 1 ιδεν bis Q | Αμως ην] Αμοσειν ℵ^d.a | βασιλεια] α´σ´θ´ ημεραις Q^mg | Οζιου B^bAQΓ | Αχαξ ℵQΓ   2 Κυριος] πιπι Q^mg (item 4, 9, et identidem) | εγεννησα] θ´σ´ εξεθρεψα Q^mg   3 με 1°] α´θ´ μου Q^mg   4 αμαρτωλον] απολωλο (sic) Γ´ | πληρης] οι λ´ βεβαρημενό Q^mg | πονηρον] οι γ´ πονηρευομενων Q^mg | εγκατελιπατε (ενκ. ℵ* εγκ. ℵ^c.b)] εγκατελειπετε AQ εγκατελειπατε Γ´ | παρωργησατε Γ´ | του Ισραηλ] om του ℵ* (hab ℵ^c)+α´ ※ απηλλοτριωθησαν εις τα οπισω Q^mg   5 ανομιας ℵ | πονον] α´ αρρωστημα σ´ νοσον Q^mg   6 ποδων] pr (vid) σ´θ´ ιχνους Q^mg | κεφαλης]+α´ ※ ουκ εστι εν αυτω ολοκληρια Q^mg | επιθηναι inst ℵ^d.a 7 πυρικαυτοι ℵ* (-καυστ. ℵ¹(vid) | αυτη A* (-την A¹) | ερημωτ, Γ | om λαων Γ 8 ενκαταλ. ℵ | Σιων B^bAQΓ | αμπελωσιν ℵ | σικυηρατω] σικυηλατω B^ab συκυηρ. ℵ*d.a (σικ. ℵ^c) A

101

19 ΗΣΑΙΑΣ

B ὡς πόλις πολιορκουμένη· ⁹καὶ εἰ μὴ Κύριος σαβαὼθ ἐγκατέλιπεν 9 ἡμῖν σπέρμα, ὡς Σόδομα ἂν ἐγενήθημεν, καὶ ὡς Γόμορρα ἂν ὡμοιώθημεν. ¹⁰'Ακούσατε λόγον Κυρίου, ἄρχοντες Σοδόμων· προσέχετε 10 νόμον θεοῦ, λαὸς Γομόρρας. ¹¹τί μοι πλῆθος τῶν θυσιῶν ὑμῶν; 11 λέγει Κύριος· πλήρης εἰμὶ ὁλοκαυτωμάτων κριῶν, καὶ στέαρ ἀρνῶν καὶ αἷμα ταύρων καὶ τράγων οὐ βούλομαι, ¹²οὐδ' ἂν ἔρχησθε ὀφθῆναί 12 μοι. τίς γὰρ ἐξεζήτησεν ταῦτα ἐκ τῶν χειρῶν ὑμῶν; πατεῖν τὴν αὐλήν μου ¹³οὐ προσθήσεσθε· ἐὰν φέρητε σεμίδαλιν, μάταιον· θυμίαμα, 13 βδέλυγμά μοί ἐστιν· τὰς νουμηνίας ὑμῶν καὶ τὰ σάββατα καὶ ἡμέραν μεγάλην οὐκ ἀνέχομαι· νηστείαν καὶ ἀργίαν ¹⁴καὶ τὰς νουμηνίας ὑμῶν 14 καὶ τὰς ἑορτὰς ὑμῶν μισεῖ ἡ ψυχή μου· ἐγενήθητέ μοι εἰς πλησμονήν, οὐκέτι ἀνήσω τὰς ἁμαρτίας ὑμῶν. ¹⁵ὅταν ἐκτείνητε τὰς χεῖρας 15 ἀποστρέψω τοὺς ὀφθαλμούς μου ἀφ' ὑμῶν· καὶ ἐὰν πληθύνητε τὴν δέησιν, οὐκ εἰσακούσομαι ὑμῶν, αἱ γὰρ χεῖρες ὑμῶν αἵματος πλήρεις. ¹⁶λούσασθε, καθαροὶ γένεσθε, ἀφέλετε τὰς πονηρίας ἀπὸ τῶν ψυχῶν 16 ὑμῶν ἀπέναντι τῶν ὀφθαλμῶν μου· παύσασθε ἀπὸ τῶν πονηριῶν ὑμῶν, ¹⁷μάθετε καλὸν ποιεῖν, ἐκζητήσατε κρίσιν, ῥύσασθε ἀδικού- 17 μενον, κρίνατε ὀρφανῷ καὶ δικαιώσατε χήρᾳ. ¹⁸καὶ δεῦτε διελεγχθῶ- 18 μεν, λέγει Κύριος· καὶ ἐὰν ὦσιν αἱ ἁμαρτίαι ὑμῶν ὡς φοινικοῦν, ὡς χιόνα λευκανῶ, ἐὰν δὲ ὦσιν ὡς κόκκινον, ὡς ἔριον λευκανῶ. ¹⁹καὶ 19 ἐὰν θέλητε καὶ εἰσακούσητέ μου, τὰ ἀγαθὰ τῆς γῆς φάγεσθε· ²⁰ἐὰν δὲ 20 μὴ θέλητε μηδὲ εἰσακούσητέ μου, μάχαιρα ὑμᾶς κατέδεται· τὸ γὰρ στόμα Κυρίου ἐλάλησεν ταῦτα. ²¹Πῶς ἐγένετο πόρνη πόλις πιστὴ 21 Σειών, πλήρης κρίσεως; ἐν ᾗ δικαιοσύνη ἐκοιμήθη ἐν αὐτῇ, νῦν δὲ φονευταί. ²²τὸ ἀργύριον ὑμῶν ἀδόκιμον· οἱ κάπηλοί σου μίσγουσι 22

ℵAQΓ 8 πολεις πολις B* (om πολις B^ab) 9 σαβαωθ] σ'θ' των δυναμεων α' στρατειων Q^mg | εγκατελιπεν (ενκ. ℵ)] ενκατελειπεν ℵ^c.b εγκατελειπεν AQΓ | εγεννηθημεν A | ομοιωθημεν AQ* (ωμ. Q^a) Γ 10 νομον] λογον ℵ* (νομ. ℵ^c.a, c.b) | θεου)] + οι γ' ημων Q^mg | λαος] λαον ℵ* (λαος ℵ^c.d.a) 11 μοι] εμοι A | πληρης] α'σ' εμπεπλησμαι Q^mg | ολοκαυτωμα, των B | αρνων] ανων Q*fort (αρν. Q^a) 12 ουδ εαν (? ουδε αν) ℵ* 13 φερητε] +μοι A | σιμιδαλιν B* (σεμ. B^ab) | μεγαλην] α' κλητην θ' επικλητον Q^mg | νηστιαν ℵQ* (-τειαν Q^a) | αργειαν AΓ 14 om και τας νουμηνιας υμων ℵ | μοι] μου ℵ* (μοι ℵ^1(vid)) | πλησμονην] α'σ'θ' ενοχλησιν Q^mg | ουκετι ανησω] σ' εκοπωθη ιλασκομενος Q^mg 15 εκτεινητε τας χειρας] τας χ. εκτ. προς με ℵAQΓ | πληρης Γ 16 γινεσθε Γ 16—20 υμων απεναντι...ελαλησεν ταυτα] pr obelos B^a (non inst B^b) 16 των πονηριων] om των Γ σ' πονηρευομενοι Q^mg 17 χηραν B^ab ℵAΓ 18 δευτε] +και ℵAQΓ+ (οι γ' ※) δη Q^mg | διελεγχωμεν Q* διελεγχθ. Q^1(vid) | ωσιν 2°] pr σ' πυραι Q^mg | ως 4°] ωσι ℵ* 19 θελετε A 21 Σιων B^bQ (sub ∸) Γ | κρισεως]+και αληθιας ℵ* (improb ℵ^c.b) | εκοιμηθη] σ' ηυλιζετο Q^mg 22 αδοκιμον]+αι πολεις υμων πυρικαυστοι A | μισγουσιν ℵAΓ

ΗΣΑΙΑΣ ΙΙ 2

23 τὸν οἶνον ὕδατι· 23οἱ ἄρχοντές σου ἀπειθοῦσιν κοινωνοὶ κλεπτῶν, Β
ἀγαπῶντες δῶρα, διώκοντες ἀνταπόδομα, ὀρφανοῖς οὐ κρίνοντες καὶ
24 κρίσιν χηρῶν οὐ προσέχοντες. 24διὰ τοῦτο τάδε λέγει Κύριος ὁ
δεσπότης σαβαὼθ Οὐαὶ οἱ ἰσχύοντες Ἰσραήλ· οὐ παύσεται γάρ μου
ὁ θυμὸς ἐν τοῖς ὑπεναντίοις, καὶ κρίσιν ἐκ τῶν ἐχθρῶν μου ποιήσω.
25 25 καὶ ἐπάξω τὴν χεῖρά μου ἐπὶ σὲ καὶ πυρώσω εἰς καθαρόν, τοὺς δὲ
26 ἀπειθοῦντας ἀπολέσω, καὶ ἀφελῶ πάντας ἀνόμους ἀπὸ σοῦ· 26καὶ
ἐπιστήσω τοὺς κριτάς σου ὡς τὸ πρότερον, καὶ τοὺς συμβούλους σου
ὡς τὸ ἀπ' ἀρχῆς· καὶ μετὰ ταῦτα κληθήσῃ Πόλις δικαιοσύνης, μητρό-
27 πολις πιστὴ (27)Σειών. 27μετὰ γὰρ κρίματος σωθήσεται ἡ αἰχμαλωσία
28 αὐτῆς καὶ μετὰ ἐλεημοσύνης· 28καὶ συντριβήσονται οἱ ἄνομοι καὶ οἱ
ἁμαρτωλοὶ ἅμα, καὶ οἱ ἐγκαταλιπόντες τὸν κύριον συντελεσθήσονται·
29 29διότι αἰσχυνθήσονται ἀπὸ τῶν εἰδώλων αὐτῶν ἃ αὐτοὶ ἠβούλοντο,
30 καὶ ᾐσχύνθησαν ἐπὶ τοῖς κήποις, ἃ ἐπεθύμησαν. 30ἔσονται γὰρ ὡς
τερέβινθος ἀποβεβληκυῖα τὰ φύλλα, καὶ ὡς παράδεισος ὕδωρ μὴ
31 ἔχων· 31καὶ ἔσται ἡ ἰσχὺς αὐτῶν ὡς καλάμη στιππύου, καὶ αἱ ἐρ-
γασίαι αὐτῶν ὡς σπινθῆρες, καὶ κατακαυθήσονται οἱ ἄνομοι καὶ οἱ
ἁμαρτωλοὶ ἅμα, καὶ οὐκ ἔσται ὁ σβέσων.

II 1   1 Ὁ λόγος ὁ γενόμενος πρὸς Ἡσαίαν υἱὸν Ἀμὼς περὶ τῆς Ἰουδαίας
καὶ περὶ Ἱερουσαλήμ.
2   2 Ὅτι ἔσται ἐν ταῖς ἐσχάταις ἡμέραις ἐμφανὲς τὸ ὄρος Κυρίου, καὶ
ὁ οἶκος τοῦ θεοῦ ἐπ' ἄκρου τῶν ὀρέων, καὶ ὑψωθήσεται ὑπεράνω τῶν

23 απειθουσιν] θ' εκκλεινοντες σ' απειθεις Qmg | αγαπωντες] α' πας αυτος ℵAQΓ αγαπων σ' απας αγαπα Qmg | πας τις αγαπα Qmg | χηρων] χηρας ℵAQ (et ita α'σ'θ' Qmg) Γ   24 ο δεσποτης κς ℵAQΓ | Ισραηλ] Ιλημ Α   25 πυρωσω] +σε ℵAQΓ | εις καθαρον...απολεσω] σ' εις κ. την σκωριαν σου θ' εις κ. το γιγαρτωδες σου α' ως εκλεκτον στεμφυλα σου Qmg | σου]+και παντας υπερηφανους ταπεινωσω ℵ (om ταπ. ℵ* hab ℵc) AQΓ   26 επιστησω] σ'θ' αποκαταστησω Qmg | δικαιωσυνης Α | Σιων ΒbℵAQΓ   27 και]+η αποστροφη αυτης ℵ* (improb ℵc.a, c.b)   28 ενκαταλιποντες ℵ εγκαταλειπ. AQaΓ   29 αισχυνθησονται] καταισχ. AQ (θ' καταισχ. α'σ' ομοιως τοις ο' Qmg) | απο] επι ℵ* c.b(vid) (απο ℵc.a) AΓ εν Q (οι γ' απο Qmg) | των ειδωλων] τοις ειδωλοις ℵ*A (ιδ.) Q (-λων Qmg) Γ | ησχυνθησαν] επεσχυνθησαν ℵ* (επαισχ. ℵc.b) εσχυνθησονται ℵc.a επαισχυνθησονται Α επησχυνθησαν Q | επι τοις κηποις] α'σ'θ' απο των κηπων Qmg | κηποις]+αυτων Α | κηποις α επεθ.] γλυπτοις αυτων εφ οις αυτοι εποιησαν Qmg | α 2ο]+ αυτων α ℵ* αυτων α ℵc.a (α ℵc.b)   31 στιππυου] στιππειου Qa | ως σπινθηρες (ωσπινθ. ℵA)]+πυρος ℵAΓ α'σ' εις σπινθηρα Qmg | κατακαυθησονται] α'σ' αναφθησ[ονται] Qmg | οι ανομοι κ. οι αμαρτωλοι] α' δυο αυτοι σ' αμφοτερα θ' αμφοτεροι Qmg   II 1 ο λογος] om ο Γ | γενομενος]+παρα κυ ℵA (hiat Γ)   2 εμφανες] θ'σ' ετοιμον εσται Qmg | το ορος] α' ορος Qmg | Κυριου] pr του Α pr θ'σ' του οικου et α' οικου Qmg | ακρων ℵAQΓ

II 3   ΗΣΑΙΑΣ

B βουνῶν, καὶ ἥξουσιν ἐπ' αὐτὸ πάντα τὰ ἔθνη. ³καὶ πορεύσονται 3
ἔθνη πολλὰ καὶ ἐροῦσιν Δεῦτε καὶ ἀναβῶμεν εἰς τὸ ὄρος Κυρίου καὶ
εἰς τὸν οἶκον τοῦ θεοῦ Ἰακώβ, καὶ ἀναγγελεῖ ἡμῖν τὴν ὁδὸν αὐτοῦ, καὶ
πορευσόμεθα ἐν αὐτῇ. ἐκ γὰρ Σειὼν ἐξελεύσεται νόμος, καὶ λόγος
Κυρίου ἐξ Ἰερουσαλήμ· ⁴καὶ κρινεῖ ἀνὰ μέσον τῶν ἐθνῶν, καὶ ἐξελέγξει 4
λαὸν πολύν· καὶ συγκόψουσιν τὰς μαχαίρας αὐτῶν εἰς ἄροτρα καὶ τὰς
ζιβύνας αὐτῶν εἰς δρέπανα, καὶ οὐ λήμψεται ἔθνος ἐπ' ἔθνος μάχαιραν,
καὶ οὐ μὴ μάθωσιν ἔτι πολεμεῖν.   ⁵Καὶ νῦν, ὁ οἶκος Ἰακώβ, 5
δεῦτε πορευθῶμεν τῷ φωτὶ Κυρίου. ⁶ἀνῆκεν γὰρ τὸν λαὸν αὐτοῦ 6
τὸν οἶκον τοῦ Ἰσραήλ· ὅτι ἐνεπλήσθη ὡς τὸ ἀπ' ἀρχῆς ἡ χώρα αὐτῶν
κληδονισμῶν, ὡς ἡ τῶν ἀλλοφύλων, καὶ τέκνα πολλὰ ἀλλόφυλα
ἐγενήθη αὐτοῖς. ⁷ἐνεπλήσθη γὰρ ἡ χώρα αὐτῶν ἀργυρίου καὶ χρυσίου, 7
καὶ οὐκ ἦν ἀριθμὸς τῶν θησαυρῶν αὐτῶν· καὶ ἐνεπλήσθη ἡ γῆ ἵππων,
καὶ οὐκ ἦν ἀριθμὸς τῶν ἁρμάτων αὐτῶν· ⁸καὶ ἐνεπλήσθη ἡ γῆ βδελυ- 8
γμάτων τῶν ἔργων τῶν χειρῶν αὐτῶν, καὶ προσεκύνησαν ἃ ἐποίησαν
οἱ δάκτυλοι αὐτῶν· ⁹καὶ ἔκυψεν ἄνθρωπος καὶ ἐταπεινώθη ἀνήρ, καὶ οὐ 9
μὴ ἀνήσω αὐτούς. ¹⁰καὶ νῦν εἰσέλθετε εἰς τὰς πέτρας καὶ κρύπτεσθε 10
εἰς τὴν γῆν ἀπὸ προσώπου τοῦ φόβου Κυρίου καὶ ἀπὸ τῆς δόξης τῆς
ἰσχύος αὐτοῦ, ὅταν ἀναστῇ θραῦσαι τὴν γῆν. ¹¹οἱ γὰρ ὀφθαλμοὶ 11
Κυρίου ὑψηλοί, ὁ δὲ ἄνθρωπος ταπεινός· καὶ ταπεινωθήσεται τὸ ὕψος
τῶν ἀνθρώπων, καὶ ὑψωθήσεται Κύριος μόνος ἐν τῇ ἡμέρᾳ ἐκείνῃ.
¹²ἡμέρα γὰρ Κυρίου σαβαὼθ ἐπὶ πάντα ὑβριστὴν καὶ ὑπερήφανον 12
καὶ ἐπὶ πάντα ὑψηλὸν καὶ μετέωρον, καὶ ταπεινωθήσονται, ¹³καὶ ἐπὶ 13
πᾶσαν κέδρον τοῦ Λιβάνου τῶν ὑψηλῶν καὶ μετεώρων, καὶ ἐπὶ πᾶν
δένδρον βαλάνου Βασάν, ¹⁴καὶ ἐπὶ πᾶν ὄρος, καὶ ἐπὶ πάντα βουνὸν 14
ὑψηλόν, ¹⁵καὶ ἐπὶ πάντα πύργον ὑψηλόν, καὶ ἐπὶ πᾶν τεῖχος ὑψηλόν, 15

ℵAQΓ 2 αυτο] αυτον ℵ* (-το ℵc.b) Q*fort αυτω Γ | 3 εθνη πολλα] α'θ'σ'
λαοι πολλοι Qmg | om και 3° AQ* (hab Qmg) Γ' | εις το ορος] α'σ'θ' ομοι[ως]
Qmg | Κυριου 1°] pr του A | πορευσομεθα ℵ | Σιων ℵAQΓ | Ιιλημ ℵ* Ιλμ
ℵc.b(vid)   4 των εθνων] εθν. πολλων ℵ | εξελεγξει] ελεγξει ℵ (ελεξι ℵ*
-γξει ℵc.b) AQΓ | συνκοψουσιν ℵQ*vid | ου 1°]+μη ℵ* (improb ℵc.b) θ' ου μη
Qmg | λημψεται (ληψ. B*vid [λημψ. Bmg] Q)]+ετι ℵc.a(vid) (improb ℵc.b) AQ
θ' αρη Qmg | και 6°] σ' ουδε Qmg   5 νυν]+συ Qmg | ο οικος] om ο ℵQ |
Ιακωβ] pr του ℵAQ | δευτε]+και ℵQmg   6 ανηκε Qa   7 αριθμος
bis] pr o ℵ* (improb ℵc.b) | η γη]+αυτων A   8 om α εποιησαν B οις επ.
ℵc.bAQΓ   9 αυτους] αυτοις ℵ*c.b (-τους ℵc.a) Q (α'θ'σ' -τους Qmg)
10 και νυν sub ⸓ Q | εισελθατε ℵAΓ | οταν αναστη (οταναστη Γ)...την γην]
pr obelos ℵAQ | sub ⸓ Q | θραυσαι] θαυσε ℵ (item 19)   12 υψη-
λον] in o ras aliq B¹ | ταπεινωθησονται] α'σ' -θησεται θ' ομοιως τοις ο' Qmg
13 μεωρων B* (μετ. Bab)   14 ορος]+υψηλον ℵ οι γ' ※ υψ. Qmg   15 παν]
παντα ℵ* (παν ℵc.a,c.b)

104

ΗΣΑΙΑΣ III 9

16 ¹⁶καὶ ἐπὶ πᾶν πλοῖον θαλάσσης, καὶ ἐπὶ πᾶσαν θέαν πλοίων κάλλους· Β
17 ¹⁷καὶ ταπεινωθήσεται πᾶς ἄνθρωπος, καὶ πεσεῖται ὕβρις ἀνθρώπων,
18 καὶ ὑψωθήσεται Κύριος μόνος ἐν τῇ ἡμέρᾳ ἐκείνῃ. ¹⁸καὶ τὰ χειρο-
19 ποίητα πάντα κατακρύψουσιν, ¹⁹εἰσενέγκαντες εἰς τὰ σπήλαια καὶ εἰς τὰς σχισμὰς τῶν πετρῶν καὶ εἰς τὰς τρώγλας τῆς γῆς, ἀπὸ προσώπου τοῦ φόβου Κυρίου καὶ ἀπὸ τῆς δόξης τῆς ἰσχύος αὐτοῦ, ὅταν ἀναστῇ
20 θραῦσαι τὴν γῆν. ²⁰τῇ γὰρ ἡμέρᾳ ἐκείνῃ ἐκβαλεῖ ἄνθρωπος τὰ βδελύγματα αὐτοῦ τὰ ἀργυρᾶ καὶ τὰ χρυσᾶ, ἃ ἐποίησαν προσκυνεῖν,
21 τοῖς ματαίοις καὶ ταῖς νυκτερίσιν,²¹τοῦ εἰσελθεῖν εἰς τὰς τρώγλας τῆς στερεᾶς πέτρας καὶ εἰς τὰς σχισμὰς τῶν πετρῶν, ἀπὸ προσώπου τοῦ φόβου Κυρίου καὶ ἀπὸ τῆς δόξης τῆς ἰσχύος αὐτοῦ, ὅταν ἀναστῇ θραῦσαι τὴν γῆν.

III 1 ¹Ἰδοὺ δὴ ὁ δεσπότης Κύριος σαβαὼθ ἀφελεῖ ἀπὸ Ἰερουσαλὴμ καὶ ἀπὸ τῆς Ἰουδαίας ἰσχύοντα καὶ ἰσχύουσαν, ἰσχὺν ἄρτου καὶ ἰσχὺν
2 ὕδατος, ²γίγαντα καὶ ἰσχύοντα καὶ ἄνθρωπον πολεμιστὴν καὶ δικαστὴν
3 καὶ προφήτην καὶ στοχαστὴν καὶ πρεσβύτερον ³καὶ πεντηκόνταρχον καὶ θαυμαστὸν σύμβουλον καὶ σοφὸν ἀρχιτέκτονα καὶ συνετὸν
4 ἀκροατήν· ⁴καὶ ἐπιστήσω νεανίσκους ἄρχοντας αὐτῶν, καὶ ἐμπαῖκται
5 κυριεύσουσιν αὐτῶν. ⁵καὶ συμπεσεῖται ὁ λαός, ἄνθρωπος πρὸς ἄνθρωπον, καὶ ἄνθρωπος πρὸς τὸν πλησίον αὐτοῦ· προσκόψει τὸ
6 παιδίον πρὸς τὸν πρεσβύτην, ὁ ἄτιμος πρὸς τὸν ἔντιμον. ⁶ὅτι ἐπιλήμψεται ἄνθρωπος τοῦ ἀδελφοῦ αὐτοῦ ἢ τοῦ οἰκείου τοῦ πατρὸς αὐτοῦ λέγων Ἱμάτιον ἔχεις, ἀρχηγὸς ἡμῶν γενοῦ, καὶ τὸ βρῶμα τὸ
7 ἐμὸν ὑπὸ σὲ ἔστω. ⁷καὶ ἀποκριθεὶς ἐρεῖ ἐν τῇ ἡμέρᾳ ἐκείνῃ Οὐκ ἔσομαί σου ἀρχηγός· οὐ γὰρ ἔστιν ἐν τῷ οἴκῳ μου ἄρτος οὐδὲ ἱμάτιον·
8 οὐκ ἔσομαι ἀρχηγὸς τοῦ λαοῦ τούτου. ⁸ὅτι ἀνεῖται Ἰερουσαλὴμ καὶ ἡ Ἰουδαία συμπέπτωκεν, καὶ αἱ γλῶσσαι αὐτῶν μετὰ ἀνομίας, τὰ πρὸς
9 Κύριον ἀπειθοῦντες· ⁹διότι νῦν ἐταπεινώθη ἡ δόξα αὐτῶν, ⁹καὶ ἡ § Ζ

17 υβρις] υψος ℵAQΓ | Κυριος] in s ras aliq B' 18 κατακρυψουσιν] ℵAQZΓ κρυ sup ras Aᵃ 19 εισενηγκανταις ℵ* (εισενεγκαντες ℵc.a,c.b) εισενεγκοντες Q' | om φοβου Γfort 20 τη γαρ ημερα] om γαρ AQ* (hab Qmg) α'σ'θ' εν τη ημερα Qmg | εποιησαν] εποιησεν Α ομοιως οι γ' -σαν Qmg 21 εισ|ελθειν B* εισελθ. B' | γην]+α' ⁂ παυσασθε υμι απο του ανου ω αναπνοη εν μυκτηρι αυτου οτι εν τινι ελογισθη αυτος Qmg III 1 Ιερουσαλημ] της Ιουδεας ℵ τ. Ιουδαιας AQΓ | της Ιουδαιας] Ιλμ ℵ Ιλημ AQΓ | καισχυν ℵ* (και ισχυν ℵc.b) 2 γιγαντα] θ' δυναστην α' δυνατο σ' ανδριο Qmg | om και ισχυοντα ℵ* (hab ℵc.a,c.b) hab sub ÷ Q 3 αρχιτεκτοναν ℵ* | ακροατην] α' ψιθυρισμω σ' ομιλια μυστικη θ' επωδη Qmg 6 επιληψεται Qᵃ 6—7 και το βρωμα...αποκριθεις rescr A¹ | υπο σε..εν τη ημε[ρα]] pr obelos Bᵃ (non inst Bᵇ) 8 η Ιουδαια] om η ℵ | διοτι] διο Z

105

ΗΣΑΙΑΣ

Β αἰσχύνη τοῦ προσώπου αὐτῶν ἀντέστη αὐτοῖς· τὴν δὲ ἁμαρτίαν αὐτῶν ὡς Σοδόμων ἀνήγγειλαν καὶ ἐνεφάνισαν. οὐαὶ τῇ ψυχῇ αὐτῶν, διότι βεβούλευνται βουλὴν πονηρὰν καθ' ἑαυτῶν, ¹⁰εἰπόντες Δήσωμεν τὸν 10 δίκαιον, ὅτι δύσχρηστος ἡμῖν ἐστιν· τοίνυν τὰ γενήματα τῶν ἔργων αὐτῶν φάγονται. ¹¹οὐαὶ τῷ ἀνόμῳ· πονηρὰ κατὰ τὰ ἔργα τῶν χειρῶν 11 αὐτοῦ συμβήσεται αὐτῷ. ¹²λαός μου, οἱ πράκτορες ὑμῶν καλαμῶνται 12 ὑμᾶς, καὶ οἱ ἀπαιτοῦντες κυριεύουσιν ὑμῶν. λαός μου, οἱ μακαρίζοντες ὑμᾶς πλανῶσιν ὑμᾶς καὶ τὸν τρίβον τῶν ποδῶν ὑμῶν ταράσσουσιν. ¹³ἀλλὰ νῦν καταστήσεται εἰς κρίσιν Κύριος, καὶ στήσει εἰς 13 κρίσιν τὸν λαὸν αὐτοῦ· ¹⁴αὐτὸς Κύριος εἰς κρίσιν ἥξει μετὰ τῶν 14 πρεσβυτέρων τοῦ λαοῦ καὶ μετὰ τῶν ἀρχόντων αὐτοῦ. ὑμεῖς δὲ τί
¶ Ζ ἐνεπυρίσατε τὸν ἀμπελῶνά μου, καὶ ἡ ἁρπαγὴ τοῦ πτωχοῦ⸓ ἐν τοῖς οἴκοις ὑμῶν; ¹⁵τί ὑμεῖς ἀδικεῖτε τὸν λαόν μου, καὶ τὸ πρόσωπον τῶν 15 πτωχῶν καταισχύνετε; ¹⁶Τάδε λέγει Κύριος Ἀνθ' ὧν ὑψώθη- 16 σαν αἱ θυγατέρες Σειών, καὶ ἐπορεύθησαν ὑψηλῷ τραχήλῳ καὶ ἐν νεύμασιν ὀφθαλμῶν, καὶ τῇ πορείᾳ τῶν ποδῶν ἅμα σύρουσαι τοὺς χιτῶνας καὶ τοῖς ποσὶν ἅμα παίζουσαι, ¹⁷καὶ ταπεινώσει ὁ θεὸς 17 ἀρχούσας θυγατέρας Σειών. καὶ Κύριος ἀνακαλύψει τὸ σχῆμα αὐτῶν ¹⁸ἐν τῇ ἡμέρᾳ ἐκείνῃ· καὶ ἀφελεῖ Κύριος τὴν δόξαν τοῦ ἱματισμοῦ 18 αὐτῶν, τὰ ἐμπλόκια καὶ τοὺς κοσύμβους καὶ τοὺς μηνίσκους, ¹⁹καὶ 19 τὸ κάθεμα καὶ τὸν κόσμον τοῦ προσώπου αὐτῶν, ²⁰καὶ τὴν σύνθεσιν 20 τοῦ κόσμου τῆς δόξης, καὶ τοὺς χλιδῶνας καὶ τὰ ψέλια καὶ τὸ ἐμπλόκιον καὶ τοὺς δακτυλίους καὶ τὰ περιδέξια καὶ τὰ ἐνώτια, ²¹καὶ τὰ περι- 21

ℵAQZΓ   9 ανηγγειλαν] α'θ' ομοιως τοις ο' σ' απηγγ. Qᵐᵍ | ενεφανησαν Γ | διοτι] οτι ΑΓ | βεβουλονται Γ   9—10 [βε]βουλευνται...ημιν εστιν] pr obelos Bᵃ (non inst Bᵇ)   10 ειποντες...εστιν] pr obelos Z⁽ⁿ⁾ | ειπαντες Α | δησωμεν sub ⸓ Q δησομεν Z | οτι δυσχ. ημ. ε. sub ⸓ Q χρηστος ημιν sup ras Aᵃ   11 κατα...αυτω] συμβησεται αυτω| κατα τα εργα των χει| (cet evan) Z | συνβησεται Β*ᶠᵒʳᵗ   12 κυριευσουσιν ℵ*ᶜ·ᵇ (κυριενουσιν ℵᶜ·ᵃ) Γ | υμων 2°] ημων Γ | τον τριβον] την τρ. ℵAZ | υμων 3°] αυτων Z   14 Κυριος] pr ο Z | ομ και μετα των αρχοντων αυτου ℵ* (hab και των αρχ. αυτ. ℵᶜ·ᵃ·ᶜ·ᵇ) | αυτου] αυτων Q | om η Q* (superscr Q¹⁽ⁿ⁾)   15 των πτωχων] τω πτ. ℵ* (των πτ. ℵ¹) | καταισχυνετε] + ✶ φησι κϛ κϛ [πιπι πιπι] στρατειω + σ' λεγει κϛ των δυναμεω Qᵐᵍ   16 λεγε ℵ | Σειων B*ᶜ ℵ] Σιων BᵇAQΓ : item 17 | om εν ℵAQ* (hab Qᵐᵍ) Γ | πορια ℵAQ*   17 om Κυριος Γ | ανακαλυψει] αποκαλυψει ΑΓQ (θ' απο κ.) οι ο' ανακ. Qᵐᵍ   18 του ιματ.] αυτου ιματ. Q* (του ιμ. Qᵃ) | αυτων] + και τους κοσμους αυτων και ℵAQ* (sub ⸓) + και τον κοσμον αυτ. QᵐᵍΓ | τα εμπλοκια] + αυτων ℵ (sub ⸓ Q) | κοσυμβους] + αυτων ℵ α' τελαμωνας Qᵐᵍ | μηνισκους] σ' μανιακας Qᵐᵍ   19 το καθεμα] θ' τα καθεματα α' κροκυφαντους σ' χαλαστα Qᵐᵍ   20 συνθεσιν] συνεσιν Α | δοξης] + αυτων ℵ* (improb ℵᶜ·ᵇ) Α | χλιδωνας] σ' βραχιαρια τα εγκομβωματα Qᵐᵍ | om και τα ψελια...τα περιδεξια ℵ* και τα ψελια και το εμπλοκιον (τα εμπλοκια ℵᶜ·ᵇ) και τα περιδεξια και τους δακτ. ℵᶜ·ᵃ·ᶜ·ᵇAQ

ΗΣΑΙΑΣ VI

22 πόρφυρα καὶ τὰ μεσοπόρφυρα, ²²καὶ τὰ ἐπιβλήματα τὰ κατὰ τὴν B
23 οἰκίαν καὶ τὰ διαφανῆ Λακωνικά, ²³καὶ τὰ βύσσινα καὶ τὰ ὑακίνθινα
καὶ κόκκινα, καὶ τὴν βύσσον, σὺν χρυσῷ καὶ ὑακίνθῳ συνκαθυφασμένα,
24 καὶ θέριστρα κατάκλιτα. ²⁴καὶ ἔσται ἀντὶ ὀσμῆς ἡδείας κονιορτός, καὶ
ἀντὶ ζώνης σχοινίῳ ζώσῃ, καὶ ἀντὶ τοῦ κόσμου τῆς κεφαλῆς τοῦ
χρυσίου φαλάκρωμα ἕξεις διὰ τὰ ἔργα σου, καὶ ἀντὶ τοῦ χιτῶνος τοῦ
25 μεσοπορφύρου περιζώσῃ σάκκον. ²⁵καὶ ὁ υἱός σου ὁ κάλλιστος ὃν
ἀγαπᾷς μαχαίρᾳ πεσεῖται, καὶ οἱ ἰσχύοντες ὑμῶν μαχαίρᾳ πεσοῦνται
26 καὶ ταπεινωθήσονται· ²⁶καὶ πενθήσουσιν αἱ θῆκαι τοῦ κόσμου ὑμῶν,
IV 1 καὶ καταλειφθήσῃ μόνη καὶ εἰς τὴν γῆν ἐδαφισθήσῃ. ¹καὶ ἐπιλήμ-
ψονται ἑπτὰ γυναῖκες ἀνθρώπου ἑνὸς λέγουσαι Τὸν ἄρτον ἡμῶν
φαγόμεθα, καὶ τὰ ἱμάτια ἡμῶν περιβαλούμεθα· πλὴν τὸ ὄνομα τὸ σὸν
2 κεκλήσθω ἐφ' ἡμᾶς, ἄφελε τὸν ὀνειδισμὸν ἡμῶν. ²Τῇ δὲ ἡμέρᾳ
ἐκείνῃ ἐπιλάμψει ὁ θεὸς ἐν βουλῇ μετὰ δόξης ἐπὶ τῆς γῆς, τοῦ ὑψῶσαι
3 καὶ δοξάσαι τὸ καταλειφθὲν τοῦ Ἰσραήλ· ³καὶ ἔσται τὸ ὑπολειφθὲν ἐν
Σειὼν καὶ τὸ καταλειφθὲν ἐν Ἰερουσαλήμ, ἅγιοι κληθήσονται πάντες
4 οἱ γραφέντες εἰς ζωὴν ἐν Ἰερουσαλήμ. ⁴ὅτι ἐκπλυνεῖ Κύριος τὸν
ῥύπον τῶν υἱῶν καὶ τῶν θυγατέρων Σειών, καὶ τὸ αἷμα ἐκκαθαριεῖ ἐκ
5 μέσου αὐτῶν ἐν πνεύματι κρίσεως καὶ πνεύματι καύσεως. ⁵καὶ ἥξει,
καὶ ἔσται πᾶς τόπος τοῦ ὄρους Σειὼν καὶ πάντα τὰ περικύκλῳ αὐτῆς
σκιάσει νεφέλη ἡμέρας, καὶ ὡς καπνοῦ καὶ φωτὸς πυρὸς καιομένου
6 νυκτός, καὶ πάσῃ τῇ δόξῃ σκεπασθήσεται· ⁶καὶ ἔσται εἰς σκιὰν ἀπὸ
καύματος, καὶ ἐν σκέπῃ καὶ ἐν ἀποκρύφῳ ἀπὸ σκληρότητος καὶ ὑετοῦ.

V 1 ¹Ἄσω δὴ τῷ ἠγαπημένῳ ᾆσμα τοῦ ἀγαπητοῦ μου τῷ ἀμπελῶνί

22 τα κατα την οικιαν sub ⸓ Q om τα Γ   23 κοκκινα] pr τα ℵAQΓ | ℵAQΓ
χρυσιω ℵAQΓ | συγκαθυφ. B^{1b} (συνκατυφ. B*ℵ) Q (συν|κ. Q*^{vid} συ|γκ. Q^a) |
θεριστρα] σ´ σπαθαρικα Q^{mg} | κατακλιτα (sub ⸓ Q)] και τα κατακλιστρα ℵ*
κατακλιστα ℵ^{c.a, c.b} κατακλειστα Γ   24 ηδειας] ιδιας AQ*^{vid} ευωδε.. Γ
+ και A*^{vid} (ras A¹) | κονιορτος] pr ην A* | σχοινιω ℵ | του χρυσιου sub ⸓ Q |
εξεις...σου sub ⸓ Q | σακκοι ℵ* σακκον ℵ^{c.a, c.b} + ταυτα σοι αντι καλλωπισμου
σου Q^{mg} (adnot οι γ´ στιχοι οι υποκειμενοι ουκ εκειντο εν τω πεντασελιδω
ουδε Ωρ. εξηγουμενος τουτω εμνησθη Q^{mg})   25 κ. ο υιος...ον αγαπας]
α´ οτι αντι καλλους ανδρες σου Q^{mg} | μαχ. πεσειται] α´ εν μαχ. πεσουνται Q^{mg} |
και ταπειν. c seqq coniung ℵ   IV 1 επιληψ. Q | om ενος 1°*^{vid} (superscr
Γ^?) | περιβαλομεθα Γ   2 επιλαμψει] λαμψει A   3 Σιων B^bℵAQΓ
(item 4, 5) | Ιελμ (1°) ℵ (sic)   4 το ρ. Γ | τ. υιων και sub ⸓ Q | υ|ιων B*
|υιων B? | αιμα] + Ιλμ ℵ* (improb ℵ^{c.b}) + ※ οι γ´ Ιλημ Q^{mg} | om και πνευματι
καυσεως A | πνευματι 2°] pr εν ℵ   5 s σκιασει sub ⸓ Q | ως καπνου και
φωτος] α'θ'σ' κ καπνον κ φεγγος Q^{mg} | φωτος] pr ως ℵAQΓ | ομ και 6° ℵAQΓ |
σκεπασθησεται] κῡ πασθησεται A (? A?)   6 om απο 2° A   V 1 ασω]
pr ωδη ℵ^{c.a} | om μου 1° ℵAQ* (hab Q^{mg}) Γ | τω αμπελωνι μου] σ´ εις τον
αμπελωνα αυτου θ´ τω αμπελωνι αυτου Q^{mg}

ΗΣΑΙΑΣ

B μου. ἀμπελὼν ἐγενήθη τῷ ἠγαπημένῳ ἐν κέρατι ἐν τόπῳ πίονι. ²καὶ 2
§ Ζ φραγμὸν περιέθηκα καὶ ἐχαράκωσα, καὶ ἐφύτευσα ¹ἄμπελον σωρήκ,
καὶ ᾠκοδόμησα πύργον ἐν μέσῳ αὐτοῦ, καὶ προλήνιον ὤρυξα ἐν
αὐτῷ· καὶ ἔμεινα τοῦ ποιῆσαι σταφυλήν, καὶ ἐποίησεν ἀκάνθας. ³καὶ 3
νῦν, οἱ ἐνοικοῦντες ἐν Ἰερουσαλὴμ καὶ ἄνθρωπος τοῦ Ἰούδα, κρίνατε
ἐν ἐμοὶ καὶ ἀνὰ μέσον τοῦ ἀμπελῶνός μου. ⁴τί ποιήσω ἔτι τῷ 4
ἀμπελῶνί μου, καὶ οὐκ ἐποίησα αὐτῷ; διότι ἔμεινα τοῦ ποιῆσαι
σταφυλήν, ἐποίησεν δὲ ἀκάνθας. ⁵νῦν δὲ ἀναγγελῶ ὑμῖν τί ποιήσω 5
τῷ ἀμπελῶνί μου. ἀφελῶ τὸν φραγμὸν αὐτοῦ καὶ ἔσται εἰς διαρπαγήν,
καὶ καθελῶ τὸν τοῖχον αὐτοῦ καὶ ἔσται εἰς καταπάτημα. ⁶καὶ ἀνήσω 6
τὸν ἀμπελῶνά μου, καὶ οὐ μὴ τμηθῇ οὐδὲ μὴ σκαφῇ, καὶ ἀναβήσονται
εἰς αὐτὸν ὡς εἰς χέρσον ἄκανθαι. καὶ ταῖς νεφέλαις ἐντελοῦμαι τοῦ
μὴ βρέξαι εἰς αὐτὸν ὑετόν. ⁷ὁ γὰρ ἀμπελὼν Κυρίου σαβαὼθ οἶκος 7
τοῦ Ἰσραήλ, καὶ ἄνθρωπος τοῦ Ἰούδα νεόφυτον ἠγαπημένον· ἔμεινα
τοῦ ποιῆσαι κρίσιν, ἐποίησεν δὲ ἀνομίαν καὶ οὐ δικαιοσύνην ἀλλὰ
κραυγήν. ⁸Οὐαὶ οἱ συνάπτοντες οἰκίαν πρὸς οἰκίαν, καὶ ἀγρὸν 8
πρὸς ἀγρὸν ἐγγίζοντες, ἵνα τοῦ πλησίον ἀφέλωνταί τι· μὴ οἰκήσετε
μόνοι ἐπὶ τῆς γῆς; ⁹ἠκούσθη γὰρ εἰς τὰ ὦτα Κυρίου σαβαὼθ ταῦτα· 9
ἐὰν γὰρ γένωνται οἰκίαι πολλαί, εἰς ἔρημον ἔσονται· μεγάλαι καὶ
καλαί, καὶ οὐκ ἔσονται οἱ ἐνοικοῦντες ἐν αὐταῖς. ¹⁰οὗ γὰρ ἐργῶνται 10
δέκα ζεύγη βοῶν, ποιήσει κεράμιον ἕν, καὶ ὁ σπείρων ἀρτάβας ἓξ
ποιήσει μέτρα τρία. ¹¹Οὐαὶ οἱ ἐγειρόμενοι τὸ πρωὶ καὶ τὸ σί- 11
κερα διώκοντες, οἱ μένοντες τὸ ὀψέ· ὁ γὰρ οἶνος αὐτοὺς συνκαύσει.

ℵAQZΓ   1 εν κερατι] ομοιως οι γ′ Q^{mg}   2 .. |πελον inc Z | σωρηχ ℵ* (χ improb
ut vid ℵ^c) AZΓ σ′ εκλεκτῇ α′θ′ ομοιως τοις ο′ Q^{mg} | και εποιησεν] εποιησεν δε
ℵAQ (σ′θ′ επ. δε α′ ϛ οι ο′ ϛ επ. Q^{mg}) Γ   3 ανθρωπος του Ιουδα και οι
ενοικουντες (-ταις ℵ*) εν Ιερουσαλημ ℵAQZΓ | κρινατε] pr νυν Q^{mg}+οι γ′ ※
δη Q^{mg} | και ανα] καινα Χ* (a 2° superscr)   4 τω αμπ. μου ετι ℵ | διοτι]
θ′ σ′ τι οτι α′ τι ουν Q^{mg} | του ποιησαι] ινα ποιηση Z   5 δε] ουν Q^{mg}Z |
αναγγελω]+δη Z οι γ′ ※ δη Q^{mg} | ποιησω] pr εγω Q^{mg} (c ※) Z | εσται 1°]
incep ερ ℵ* (εστε ℵ^1 εσται ℵ^{c.b}) | τοιχον] οιχο͂ A* (τοιχ. A^1) | καταπατημα]
διαρπαγην A   6 ουδε] ουδ ου ℵ | σκαφη]+ετει ℵ* (postea ετι) improb ετ.
ℵ^{c.b} | αναβησονται] αβαβησεται ℵ* (αναβησονται ℵ^{c.a}) αναβησεται ℵ^{c.b}AQZΓ |
εις 1°] επ Γ | ακανθαι (ακαθ. B* ακανθ. B^{ab})] ακανθα ℵ^{c.a}AQ (ακαθα Q*) ZΓ |
εις 3°] επ Γ   7 σαβιωθ] θ′ των δυναμεων α′ στρατειῶ Q^{mg} | Ισραηλ]+εστιν
ℵAQ (sub ÷) Z | του Ιουδα] του Γ | ποιησαι] ινα ποιηση Z | κραυ|ην ℵ*
(-γην ℵ^{c.b})   8 om προς οικιαν Z | ινα του πλ. αφελωνται τι] α′ εως περατος
τοπου θ′ εως του μη υπαρχειν τοπον σ′ του μη ειναι τοπον Q^{mg} | αφελονται B*
(-λωνται B^{ab}) ℵ | τι sub ÷ Q | οικησηται ℵ οικησατε Γ   9 om εν αυταις
ℵ^{c.b} (postea revoc) AQ* (hab Q^{mg})   10 ζευη ℵ* (-γη ℵ^{c.a}) | ποιησε ℵ*
(-σει ℵ^{c.a})   11 το πρωι] θ′ ομοιως Q^{mg} | συγκαυσει B^{ab}AQ^{a(vid)}

ΗΣΑΙΑΣ V 24

12 ¹²μετὰ γὰρ κιθάρας καὶ ψαλτηρίου καὶ τυμπάνων καὶ αὐλῶν τὸν B
οἶνον πίνουσιν, τὰ δὲ ἔργα Κυρίου οὐκ ἐμβλέπουσιν, καὶ τὰ ἔργα
13 τῶν χειρῶν αὐτοῦ οὐ κατανοοῦσιν. ¹³τοίνυν αἰχμάλωτος ὁ λαός μου
ἐγενήθη διὰ τὸ μὴ εἰδέναι αὐτοὺς τὸν κύριον, καὶ πλῆθος ἐγενήθη
14 νεκρῶν διὰ λιμὸν καὶ δίψος ὕδατος. ¹⁴καὶ ἐπλάτυνεν ὁ ᾅδης τὴν
ψυχὴν⁋ αὐτοῦ καὶ διήνοιξεν τὸ στόμα αὐτοῦ τοῦ μὴ διαλιπεῖν, καὶ ¶ Z
καταβήσονται οἱ ἔνδοξοι καὶ οἱ μεγάλοι καὶ οἱ πλούσιοι καὶ οἱ λοιμοὶ
15 αὐτῆς. ¹⁵καὶ ταπεινωθήσεται ἄνθρωπος, καὶ ἀτιμασθήσεται ἀνήρ,
16 καὶ οἱ ὀφθαλμοὶ οἱ μετέωροι ταπεινωθήσονται· ¹⁶καὶ ὑψωθήσεται
Κύριος σαβαὼθ ἐν κρίματι, καὶ ὁ θεὸς ὁ ἅγιος δοξασθήσεται ἐν δι-
17 καιοσύνῃ· ¹⁷καὶ βοσκηθήσονται οἱ διηρπασμένοι ὡς ταῦροι, καὶ τὰς
18 ἐρήμους τῶν ἀπειλημμένων ἄρνες φάγονται. ¹⁸Οὐαὶ οἱ ἐπι-
σπώμενοι τὰς ἁμαρτίας ὡς σχοινίῳ μακρῷ, καὶ ὡς ζυγοῦ ἱμάντι
19 δαμάλεως τὰς ἀνομίας, ¹⁹οἱ λέγοντες Τὸ τάχος ἐγγισάτω ἃ ποι-
ήσει, ἵνα εἰδῶμεν, καὶ ἐλθάτω ἡ βουλὴ τοῦ ἁγίου Ἰσραήλ, ἵνα γνῶ-
20 μεν. ²⁰Οὐαὶ οἱ λέγοντες τὸ πονηρὸν καλὸν καὶ τὸ καλὸν
πονηρόν, οἱ τιθέντες τὸ σκότος φῶς καὶ τὸ φῶς σκότος, οἱ τιθέντες
21 τὸ πικρὸν γλυκὺ καὶ τὸ γλυκὺ πικρόν. ²¹Οὐαὶ οἱ συνετοὶ ἐν
22 ἑαυτοῖς καὶ ἐνώπιον αὐτῶν ἐπιστήμονες. ²²Οὐαὶ οἱ ἰσχύοντες
ὑμῶν οἱ πίνοντες τὸν οἶνον, καὶ οἱ δυνάσται οἱ κεραννύντες τὸ σί-
23 κερα, ²³οἱ δικαιοῦντες τὸν ἀσεβῆ ἕνεκεν δώρων καὶ τὸ δίκαιον τοῦ
24 δικαίου αἴροντες. ²⁴διὰ τοῦτο ὃν τρόπον καυθήσεται καλάμη ὑπὸ
ἄνθρακος πυρός, καὶ συνκαυθήσεται ὑπὸ φλογὸς ἀνειμένης, ἡ ῥίζα
αὐτῶν ὡς χνοῦς ἔσται, καὶ τὸ ἄνθος αὐτῶν ὡς κονιορτὸς ἀναβήσεται·
οὐ γὰρ ἠθέλησαν τὸν νόμον Κυρίου σαβαώθ, ἀλλὰ τὸ λόγιον τοῦ

12 μετα γαρ...πινουσιν] α' ϛ εγενετο κιθαρα ϛ ναβλα ϛ τυμπανον ϛ αυλος ℵAQZΓ
και οινος ποτοι αυτων Qᵐᵍ | om γαρ Γ' | και τυμπανων]+και χορων ℵ | Κυριου]
του θῦ ℵ* του κυ ℵᶜ·ᵇQ* (πιπι Qⁱⁿᵍ) Z | εμβλεψουσιν ℵ* (εμβλεπ. ℵᶜ·ᵃ,ᶜ·ᵇ) |
κατανοουσιν] pro ο 2° incep υ B* (ο B¹) κατανοησουσιν ℵ* (-νοουσιν ℵᶜ·ᵃ,ᶜ·ᵇ)
13 εγενηθη ο λαος μου Z εγεν. sub ÷ Q | τον κ. sub ÷ Q | διψος] διψαν ℵA
(δειψ.) Q* (-ψος Qᵐᵍ) ZΓ 14 το στομα αυτου] οι γ' το στ. αυτου οι ο' το
στ. του Qᵐᵍ | διαλειπειν AΓ | αυτης]+σ'θ' ※ ϛ ο αγαλλιωμενος εν αυτη Qᵐᵍ
16 εν κριματι] θ'σ' εν κρ. α' ϛ οι ο' εν κρισει Qᵐᵍ 17 φαγωνται ℵ*
(-γονται ℵᶜ) 18 επισπωμενοι] incep επιστρ. Ἄ*ᵛⁱᵈ | αμαρτιας] σ' ανομιας
α'θ' την ανομιαν Qᵐᵍ | ωσχοινιω ℵ* (ως σχ. ℵᶜ·ᵇ) 19 ποιησει] ποιη ο θ̄ϛ
ℵᵈ·ᵃ(ᵛⁱᵈ) | ειδωμεν] ιδωμεν ℵAQΓ | ελθατω] ελθοι A ελθετω ℵQ | om Ισραηλ
A 20 καλον (2°)] καὶ sup ras ℵ¹⁽ᵛⁱᵈ⁾ | το φως σκοτος και το σκοτος φως ℵ
21 εαυτοις] αυτοις Γ' | αυτων (αὐτ. Bᵃ)] εαυτων AQΓ 22 οισχυοντες B*
(οι ισχ. Bᵇ) | τον οινον πινοντες ℵAQ | κεραννοντες B*ℵ* (-νυντες Bᵃᵇℵᶜ·ᵇ)
κεραννυντες A 23 ασεβην ℵ* 24 κανθησεται bis scr A*ᵛⁱᵈ (ras 1°
A¹) | συγκαυθησεται BᵃᵇAQᵃ | ανειμενης] η sup ras A¹ | χνους] χους Q* χν.
Qᵃ ⁿⁱˢⁱ ᵖᵒᵗ¹ | αλλα] και Γ'

109

Β ἁγίου Ἰσραὴλ παρώξυναν. ²⁵καὶ ἐθυμώθη ὀργῇ Κύριος σαβαὼθ 25 ἐπὶ τὸν λαὸν αὐτοῦ, καὶ ἐπέβαλεν τὴν χεῖρα ἐπ' αὐτοὺς καὶ ἐπάταξεν αὐτούς· καὶ παρωξύνθη τὰ ὄρη, καὶ ἐγενήθη τὰ θνησιμαῖα αὐτῶν ὡς κοπρία ἐν μέσῳ ὁδοῦ. καὶ ἐν πᾶσι τούτοις οὐκ ἀπεστράφη ὁ θυμὸς αὐτοῦ, ἀλλὰ ἔτι ἡ χεὶρ ὑψηλή. ²⁶τοιγαροῦν ἀρεῖ 26 σύσσημον ἐν τοῖς ἔθνεσιν τοῖς μακρὰν καὶ συριεῖ αὐτοὺς ἀπ' ἄκρου τῆς γῆς, καὶ ἰδοὺ ταχὺ κούφως ἔρχονται. ²⁷οὐ πεινάσουσιν οὐδὲ 27 κοπιάσουσιν οὐδὲ νυστάξουσιν οὐδὲ κοιμηθήσονται, οὐδὲ λύσουσιν τὰς ζώνας αὐτῶν ἀπὸ τῆς ὀσφύος αὐτῶν, οὐδὲ μὴ ῥαγῶσιν οἱ ἱμάντες τῶν ὑποδημάτων αὐτῶν· ²⁸ὧν τὰ βέλη ὀξεῖά ἐστιν καὶ τὰ τόξα αὐ- 28 τῶν ἐντεταμένα. οἱ πόδες τῶν ἵππων αὐτῶν ὡς στερεὰ πέτρα· ἐλογίσθησαν οἱ τροχοὶ τῶν ἁρμάτων αὐτῶν ὡς καταιγίς. ²⁹ὀργιῶσιν 29 ὡς λέοντες, παρέστηκαν ὡς σκύμνοι λέοντος· καὶ ἐπιλήμψεται, καὶ βοήσει ὡς θηρίον, καὶ ἐκβαλεῖ, καὶ οὐκ ἔσται ὁ ῥυόμενος αὐτούς, ³⁰καὶ βοήσει δι' αὐτοὺς τῇ ἡμέρᾳ ἐκείνῃ ὡς φωνὴ θαλάσσης κυμαι- 30 νούσης· καὶ ἐμβλέψονται εἰς τὴν γῆν, καὶ ἰδοὺ σκότος σκληρὸν ἐν τῇ ἀπορίᾳ αὐτῶν.

¹Καὶ ἐγένετο τοῦ ἐνιαυτοῦ οὗ ἀπέθανεν Ὀζείας ὁ βασιλεὺς εἶδον 1 VI τὸν κύριον καθήμενον ἐπὶ θρόνου ὑψηλοῦ καὶ ἐπηρμένου, καὶ πλήρης ὁ οἶκος τῆς δόξης αὐτοῦ. ²καὶ σεραφεὶμ εἱστήκεισαν κύκλῳ αὐτοῦ, 2 ἓξ πτέρυγες τῷ ἑνί, καὶ ἓξ πτέρυγες τῷ ἑνί· καὶ ταῖς μὲν δυσὶν

אAQΓ   24 om αγιου A | παροξυναν א* | 25 και 1°] θ'σ' δια τουτο Q^mg | εθυμωθη] ωργισθη א | οργη] θυμω א | επι] εις A | χειρα]+αυτον אAQΓ (αυ...) | παρωξυνθη (παροξ. א)] α' εκλονηθησαν Q^mg | τα ορη] τα ορ sup ras א^l(vid) | εν μεσω] μεσον Γ | om και 6° AQ* (hab Q^mg) Γ | πασιν AΓ | om αυτου 2° אAQ* (hab Q^mg+οι γ' ομοιως) Γ | αλλα] αλλ אAQ   26 post αρει ins comma B^a (non inst B^b) | συσσημον א* (συσσ. א^c.c(vid)) | εθνεσι Q | συριει] α'σ' συρισει θ' ομοιως τοις ο' Q^mg | αυτους] αυτους אAQ* (οι γ' αυτω Q^mg)   27 om πεινασουσιν ουδε A | ουδε 4°]+μη א^c.a vid (postea ras) Q ουδ ου μη A | ραγωσιν] παραγωσιν א* (improb πα postea ras א^r) | υποδηματων] α'σ' υποδηματος θ' του υποδ. αυτου Q^mg   28 εστιν אAΓQ | οι ποδες] οι λ' αι οπλαι Q^mg | ωστερεα א* (ως στ. א^c.b) | καταιγις] α' συσεισμος (sic) Q^mg   29 οργιωσιν] ορμωσιν א* (ορμωσαν א^d.a) AQ (α' βρυχημα αυτω θ'σ' ωρυγμα αυτου Q^mg) | ως 1°, 2°] ωσει א | παρεστηκαν] παρεστηκασιν א^c.bA παρεστησαν Γ pr και אAQΓ | σκυμνος אAQ | επιλήψεται Q | βοησεται AQΓ (item 30) | om αυτους AQ* (hab sub ÷ Q^mg)   30 βοησει δι αυτους] σ' ηχησει επ αυτον θ' ϛ βοησεται επ αυτον Q^mg | τη ημ. εκ.] pr εν אAQ | κυμαιν. sub ÷ Q | εμβλεψονται]+εις τον ουρανον ανω και אΓ | γην]+κατω εμβλεψονται א^c.a κατ. εμβλ. ϛ א^d.a   VI 1 pr ορασις γ' Q^mg | Οζιας B^bאAQ | ιδον אA | πληρης] θ' ϛ τα προς ποδων αυτου επληρού τον ναό Q^mg   2 σεραφειν אA σεραφιμ Γ | ιστηκεισαν AΓ

ΗΣΑΙΑΣ VII 1

κατεκάλυπτον τὸ πρόσωπον, ταῖς δὲ δυσὶν κατεκάλυπτον τοὺς πό- B
3 δας, καὶ ταῖς δυσὶν ἐπέταντο. ³καὶ ἐκέκραγεν ἕτερος πρὸς τὸν ἕτερον
καὶ ἔλεγον Ἅγιος ἅγιος ἅγιος Κύριος σαβαώθ, πλήρης πᾶσα ἡ γῆ
4 τῆς δόξης αὐτοῦ. ⁴καὶ ἐπήρθη τὸ ὑπέρθυρον ἀπὸ τῆς φωνῆς ἧς
5 ἐκέκραγον, καὶ ὁ οἶκος ἐνεπλήσθη καπνοῦ. ⁵καὶ εἶπον ˙Ω τάλας
ἐγώ, ὅτι κατανένυγμαι, ὅτι ἄνθρωπος ὢν καὶ ἀκάθαρτα χείλη ἔχων
ἐν μέσῳ λαοῦ ἀκάθαρτα χείλη ἔχοντος ἐγὼ οἰκῶ, καὶ τὸν βασιλέα
6 Κύριον σαβαὼθ εἶδον τοῖς ὀφθαλμοῖς μου. ⁶καὶ ἀπεστάλη πρὸς μὲ
ἓν τῶν σεραφείν, καὶ ἐν τῇ χειρὶ εἶχεν ἄνθρακα ὃν τῇ λαβίδι ἔλαβεν
7 ἀπὸ τοῦ θυσιαστηρίου, ⁷καὶ ἥψατο τοῦ στόματός μου καὶ εἶπεν Ἰδοὺ
ἥψατο τοῦτο τῶν χειλέων σου, καὶ ἀφελεῖ τὰς ἀνομίας σου, καὶ τὰς
8 ἁμαρτίας σου περικαθαριεῖ. ⁸καὶ ἤκουσα τῆς φωνῆς Κυρίου λέγοντος
Τίνα ἀποστείλω, καὶ τίς πορεύσεται πρὸς τὸν λαὸν τοῦτον; καὶ εἶπα
9 Ἰδοὺ εἰμι ἐγώ· ἀπόστειλόν με. ⁹καὶ εἶπεν Πορεύθητι καὶ εἰπὸν τῷ
λαῷ τούτῳ Ἀκοῇ ἀκούσετε καὶ οὐ μὴ συνῆτε, καὶ βλέποντες βλέψετε
10 καὶ οὐ μὴ ἴδητε. ¹⁰ἐπαχύνθη γὰρ ἡ καρδία τοῦ λαοῦ τούτου, καὶ
τοῖς ὠσὶν αὐτῶν βαρέως ἤκουσαν καὶ τοὺς ὀφθαλμοὺς ἐκάμμυσαν,
μή ποτε ἴδωσιν τοῖς ὀφθαλμοῖς καὶ τοῖς ὠσὶν ἀκούσωσιν, καὶ τῇ καρ-
11 δίᾳ συνῶσιν καὶ ἐπιστρέψωσιν, καὶ ἰάσομαι αὐτούς. ¹¹καὶ εἶπα Ἕως
πότε, Κύριε; καὶ εἶπεν Ἕως ἂν ἐρημωθῶσιν πόλεις παρὰ τὸ μὴ
κατοικεῖσθαι, καὶ οἶκοι παρὰ τὸ μὴ εἶναι ἀνθρώπους, καὶ ἡ γῆ κατα-
12 λειφθήσεται ἔρημος. ¹²καὶ μετὰ ταῦτα μακρυνεῖ ὁ θεὸς τοὺς ἀνθρώ-
13 πους, καὶ οἱ καταλειφθέντες πληθυνθήσονται ἐπὶ τῆς γῆς, ¹³καὶ ἔτι
ἐπ' αὐτῆς ἐστιν τὸ ἐπιδέκατον, καὶ πάλιν ἔσται εἰς προνομήν, ὡς τερέ-
βινθος καὶ ὡς βάλανος ὅταν ἐκπέσῃ ἐκ τῆς θήκης αὐτῆς.

VII 1 ¹Καὶ ἐγένετο ἐν ταῖς ἡμέραις Ἀχὰζ τοῦ Ἰωαθὰμ τοῦ υἱοῦ Ὀζείου

2 ταις δε] και ταις (τες ℵ* ταις ℵc.a, c.b) AQΓ | δυσι 1°, 2° Bb?vid | επε- ℵAQΓ
ταντο] επετοντο ℵ (επετ sup ras ℵᴵ)   3 εκεκραγον ℵAQΓ   4 ενεπλησθη]
επλησθη ℵAQ* (ενεπλ. Qᵃ)   5 ειπον] ειπα ℵAQΓ | κατανενυμαι ℵ*
(-γμαι ℵd.a) οι λ' εσιωπησα Qmg | ανθωπος ℵ* (ανθρ. ℵc)   6 απεσταλην
ℵ* | εν τω σερ. B* (εν των σερ. Bab) | σαραφεῖ ℵ* (σεραφ. ℵc.b) σεραφειμ AQ
σεραφιμ BabΓ | χειρι]+οι γ' αυτου Qmg | ειχεν] εχον Γ | ανθρακα]+πυρος A
οι γ' ομοιως Qmg   7 σου 1°] μου ℵ* (σου ℵc.a, c.b)   8 τινα] pr a' ✱
τον Qmg | αποστ. και τις] αποστις ℵ* αποστειλω ᚴ ℵc.a (vid), c.b | εγω ειμι ℵΓ
9 πορευθητι] πορευου ℵ+προς τον λαον τουτον Γ | ακουσητε Γ | ειδητε ℵ
10 om αυτων ℵ* (hab ℵc.b) | οφθαλμους]+αυτων ℵAQ | εκαμβυσαν B*
(εκαμμ. Bbℵ*AQΓ) εκαμνυσαν ℵd.a | ακουσωσι, συνωσι, επιστρεψωσι Bb?vid
(huiusmodi identidem) | ωσιν 2°]+αυτων Γ | επιστρεψουσιν ℵ   13 εσται]
εστιν Γ | εκπεση] εκσπασθη A | εκ] απο ℵAQ | αυτης 2°]+θ' ✱ σπερμα αγιο
το στηλωμα αυτης Qmg   VII 1 pr ορασις δ' Qmg | Ὀζίου BbAQΓ

ΗΣΑΙΑΣ

Β βασιλέως Ἰούδα ἀνέβη Ῥασεὶν βασιλεὺς Ἀρὰμ καὶ Φάκεε υἱὸς Ῥομελιὰ βασιλεὺς Ἰσραὴλ ἐπὶ Ἰερουσαλὴμ πολεμῆσαι αὐτήν, καὶ οὐκ ἠδυνήθησαν πολιορκῆσαι αὐτήν. ²καὶ ἀνηγγέλη εἰς τὸν οἶκον Δαυεὶδ λέγων 2 Συνεφώνησεν Ἀρὰμ πρὸς τὸν Ἐφράιμ· καὶ ἐξέστη ἡ ψυχὴ αὐτοῦ καὶ ἡ ψυχὴ τοῦ λαοῦ αὐτοῦ, ὃν τρόπον ἐν δρυμῷ ξύλον ὑπὸ πνεύματος σαλευθῇ. ³Καὶ εἶπεν Κύριος πρὸς Ἡσαίαν Ἔξελθε εἰς 3 συνάντησιν Ἀχὰζ σὺ καὶ ὁ καταλειφθεὶς Ἰασοὺβ ὁ υἱός σου πρὸς τὴν κολυμβήθραν τῆς ἄνω ὁδοῦ ἀγροῦ τοῦ γναφέως. ⁴καὶ ἐρεῖς αὐτῷ 4 Φύλαξαι τοῦ ἡσυχάσαι καὶ μὴ φοβοῦ, μηδὲ ἡ ψυχή σου ἀσθενείτω ἀπὸ τῶν δύο ξύλων τῶν δαλῶν τῶν καπνιζομένων τούτων· ὅταν γὰρ ὀργὴ τοῦ θυμοῦ μου γένηται, πάλιν ἰάσομαι. ⁵καὶ ὁ υἱὸς τοῦ 5 Ἀρὰμ καὶ ὁ υἱὸς τοῦ Ῥομελίου, ὅτι ἐβουλεύσαντο βουλὴν πονηράν ⁶Ἀναβησόμεθα εἰς τὴν Ἰουδαίαν, καὶ συνλαλήσαντες αὐτοῖς ἀπο- 6 στρέψομεν αὐτοὺς πρὸς ἡμᾶς, καὶ βασιλεύσομεν αὐτῆς τὸν υἱὸν Ταβεήλ· ⁷τάδε λέγει Κύριος σαβαὼθ Οὐ μὴ μείνῃ ἡ βουλὴ αὕτη 7 οὐδὲ ἔσται. ⁸ἀλλ' ἡ κεφαλὴ Ἀρὰμ Δαμασκός, καὶ ἡ κεφαλὴ Δα- 8 μασκοῦ Ῥασείμ· ἀλλ' ἔτι ἑξήκοντα καὶ πέντε ἐτῶν ἐκλείψει ἡ βασιλεία Ἐφράιμ ἀπὸ λαοῦ. ⁹καὶ ἡ κεφαλὴ Ἐφράιμ Σομορών, καὶ ἡ 9 κεφαλὴ Σομορὼν υἱὸς τοῦ Ῥομελίου· καὶ ἐὰν μὴ πιστεύσητε, οὐδὲ μὴ συνῆτε. ¹⁰Καὶ προσέθετο Κύριος λαλῆσαι τῷ Ἀχὰζ λέγων 10 ¹¹Αἴτησαι σεαυτῷ σημεῖον παρὰ Κυρίου θεοῦ σου εἰς βάθος ἢ εἰς 11 ὕψος. ¹²καὶ εἶπεν Ἀχάζ Οὐ μὴ αἰτήσω, οὐδὲ μὴ πειράσω Κύριον. 12 ¹³καὶ εἶπεν Ἀκούσατε δή, οἶκος Δαυείδ· μὴ μικρὸν ὑμῖν ἀγῶνα 13

ℵAQΓ 1 Ρασειν] Ρααϲϲων ℵAQΓ | Αραμ] σ'α' Συριας Q^mg | Φακεε] Φακες Γ | Ρομελιου ℵ^c.bAQΓ 2 λεγων] λεγοντες AQΓ | ον τροπον] pr οταν A a' ως Q^mg | εν δρυμω...σαλευθη] pr οταν Q a' σαλευεται ξυλα δρυμου εκ προσωπου ανεμου Q^mg | σαλευθη] adnot αντι του εθορυβηθη κατα δε τον Συμμαχον εκλονηθη Γ^tmg 3 ειπεν ℵAQΓ | Ιασουβ ℵ | υιος] αδελφος A | αγρου] pr του AQ pr το Γ | γναφεως] οι γ' ομοιως Q^mg 4 η ψυχη] om η Γ | των δαλων bis scr B* (non inst 2° B^a) 5 του Αραμ] om του Γ | εβουλευσαντο]+περι σου ℵ | πονηραν]+θ' ※ Εφραιμ ϛ ο υιος του Ρομελιου Q^mg+ λεγονταις ℵ* (-τες ℵ^c.b)+περι σου λεγοντες AQΓ 6 Ιουδαιαν (-δεαν ℵ)] Ιδουμαιαν A | συλλαλησαντες B^bAQΓ | αποστρεψωμεν AQ*Γ (de ℵ non liq) α' αποσχισωμεν αυτην Q^mg | αυτης] αυτοις AΓ 7 μεινη] εμμινη ℵ* εμμεινη ℵ^c.bAQΓ | αυτη η βουλη ℵ 8 Αραμ] α'σ' Συριας θ' Αρ. Q^mg | om και η κεφ. Δαμ. Ρασειμ ℵ* (hab ϛ η κεφ. Δαμ. Ρασει ℵ^c.b) Γ | Διαμασκου Q* | Ρασειν AQ (και η κ. Δ. P. sub ※ Q^r) | η βασ. sub ÷ Q^r | Εφρεμ ℵ 9 Εφεμ ℵ* (Εφρεμ ℵ^c.a, c.b) | Σομορων 1°] α'σ' Σαμαρεια Q^mg | υιος] pr ο ℵ | ουδε] ουδ ου Q 10 Αχααζ A 11 θεου] pr του ℵ 12 om Αχαζ Q | ουδε] ουδ ου ℵAQΓ | Κυριον] pr ÷ τον Q^mg 13 μη μικρον ...αγωνα (2°)] α' μητι ολιγό απομοχθουν ανδρας οτι μοχθουται ϛ γε τον θν μου σ' μη ουκ αυταρκες υμιν κοπουν ανοῦς οτι κοπουτε ετι ϛ τον θν̄ μου Q^mg

ΗΣΑΙΑΣ VII 25

14 παρέχειν ἀνθρώποις, καὶ πῶς Κυρίῳ παρέχετε ἀγῶνα; ¹⁴διὰ τοῦτο B δώσει Κύριος αὐτὸς ὑμῖν σημεῖον· ἰδοὺ ἡ παρθένος ἐν γαστρὶ λήμψεται 15 καὶ τέξεται υἱόν, καὶ καλέσεις τὸ ὄνομα αὐτοῦ Ἐμμανουήλ· ¹⁵βούτυρον καὶ μέλι φάγεται πρὶν ἢ γνῶναι αὐτὸν ἢ προελέσθαι πονηρά, ἐκ- 16 λέξασθαι τὸ ἀγαθόν· ¹⁶διότι πρὶν ἢ γνῶναι τὸ παιδίον ἀγαθὸν ἢ κακόν, ἀπειθεῖ πονηρίᾳ ἐκλέξασθαι τὸ ἀγαθόν, καὶ καταλειφθήσεται 17 ἡ γῆ ἣν σὺ φοβῇ ἀπὸ προσώπου τῶν δύο βασιλέων. ¹⁷ἀλλὰ ἐπάξει ὁ θεὸς ἐπὶ σὲ καὶ ἐπὶ τὸν λαόν σου καὶ ἐπὶ τὸν οἶκον τοῦ πατρός σου ἡμέρας αἳ οὔπω ἥκασιν ἀφ᾽ ἧς ἡμέρας ἀφεῖλεν Ἐφράιμ ἀπὸ 18 Ἰούδα, τὸν βασιλέα τῶν Ἀσσυρίων. ¹⁸Καὶ ἔσται ἐν τῇ ἡμέρᾳ ἐκείνῃ συριεῖ Κύριος μυίαις, ὃ κυριεύσει μέρος ποταμοῦ Αἰγύπτου, 19 καὶ τῇ μελίσσῃ ἥ ἐστιν ἐν χώρᾳ Ἀσσυρίων· ¹⁹καὶ ἐλεύσονται πάντες ἐν ταῖς φάραγξι τῆς χώρας καὶ ἐν ταῖς τρώγλαις τῶν πετρῶν καὶ 20 εἰς τὰ σπήλαια καὶ εἰς πᾶσαν ῥαγάδα. ²⁰ἐν τῇ ἡμέρᾳ ἐκείνῃ ξυρήσει Κύριος ἐν τῷ ξυρῷ τῷ μεμισθωμένῳ πέραν τοῦ ποταμοῦ βασιλέως Ἀσσυρίων τὴν κεφαλήν, καὶ τὰς τρίχας τῶν ποδῶν καὶ 21 τὸν πώγωνα ἀφελεῖ. ²¹καὶ ἔσται ἐν τῇ ἡμέρᾳ ἐκείνῃ θρέψει 22 ἄνθρωπος δάμαλιν βοῶν καὶ δύο πρόβατα· ²²καὶ ἔσται ἀπὸ τοῦ πλεῖστον ποιεῖν γάλα, βούτυρον καὶ μέλι φάγεται πᾶς ὁ καταλει- 23 φθεὶς ἐπὶ τῆς γῆς. ²³καὶ ἔσται ἐν τῇ ἡμέρᾳ ἐκείνῃ πᾶς τόπος οὗ ἐὰν ὦσιν χίλιαι ἄμπελοι χιλίων σίκλων, εἰς χέρσον ἔσονται καὶ 24 εἰς ἄκανθαν· ²⁴μετὰ βέλους καὶ τοξεύματος εἰσελεύσονται ἐκεῖ, ὅτι 25 χέρσος καὶ ἄκανθα ἔσται πᾶσα ἡ γῆ· ²⁵καὶ πᾶν ὄρος ἀροτριώμενον

13 παρεχετε] προσεχεται Γ   14 δια...σημειον sup ras pl litt Aᵃ | ⳤ ℵAQΓ αυτος δωσει Γ | αυτος] αυτοις A* | γατρι ℵ | λημψεται (ληψ. Bᵇ ᵛⁱᵈ)] εξει ℵAQ | καλεσεις] καλεσει ℵ καλεσετε Q* -σεις οι γ´ καλεσεις ομοιως Qᵐᵍ καλε- σ[ουσι]ν Γ   15 om η 2° A | πονηρα] πονηρον Γᶠᵒʳᵗ | εκλεξασθαι] εκλε- ξεται ℵᶜ·ᵃ, ᶜ·ᵇAQΓ   16 πριν η γνωναι...το αγαθον] α´ του γνωναι αυτον απορριψαι εν κακω ⳤ εκλεξασθαι εν αγαθω σ´ εις το γνωναι αυτον αποδοκιμασαι το κακον ⳤ επιλεξασθαι το αγαθον Qᵐᵍ | om απειθει...το αγαθον ℵ* (hab ℵᶜ·ᵃ ⁽ᵛⁱᵈ⁾, ᶜ·ᵇ⁾) | εκλεξασθαι] pr του ℵᶜ·ᵃ (improb ℵᶜ·ᵇ) AQΓ | φοβη] α´ σιγχανεις (sic) θ´ βδελυσση Qᵐᵍ | των δυο βασιλεων] αυτων A   17 αλλα] αλλ ℵΓ | om σου 2° ℵ* (hab ℵᶜ·ᵃ)   18 συριει] α´σ´ συρισει Qᵐᵍ | μυιαις Γ | κυριευει ℵAQΓ | μερους ℵᶜAQ | μελιση ℵ   19 ελευσονται] εξελευσε. ℵ* Γ α´θ´ ομοιως [ελ.] σ´ ηξουσιν Qᵐᵍ | παντες]+και αναπαυσονται ℵAQΓ | φαραγξιν ℵAΓ | χωρας]+σου ℵ | εις 2°] επι A | ραγαδα (-δαν A)]+και εν παντι ξυλω ℵAQΓ 20 om εν 2° ℵAQΓ | μεμισθωμενω] μεγαλω και μεμεθυσμενω ℵA μεγ. τω μεμεθυσμενω Q μεμεθυσμενω Γ* (μεμισθ. Γ?) α´ ομοιως [τοις ο´?] θ´ μεμισθω- μενω σ´ τους μεμισθωμενους Qᵐᵍ | περαν] pr ο εστιν ℵᶜ·ᵇAQ* εν αλλοις ουκ εχει το ο εστι σ´ pr τους εν τω Qᵐᵍ   22 βουτυρον] pr π´ ⁕ φαγεται Qᵐᵍ 23 πας] pr π´ ⁕ εσται Qᵐᵍ | om εις 2° A | ακανθας ℵ* (-θαν ℵᶜ)   24 με- τα...τοξ.] α´ εν βελεσι ⳤ εν τοξω Qᵐᵍ | χερος A* (-ρσος Aᵃ ʳ) | ακανθε ℵ* (-θα ℵᶜ·ᵃ, ᶜ·ᵇ)

VIII 1   ΗΣΑΙΑΣ

B ἀροτριαθήσεται· οὐ μὴ ἐπέλθῃ ἐκεῖ φόβος, ἔσται γὰρ ἀπὸ τῆς χέρσου καὶ ἀκάνθης εἰς βόσκημα προβάτου καὶ καταπάτημα βοός.

¹Καὶ εἶπεν Κύριος πρὸς μέ Λάβε σεαυτῷ τόμον καινοῦ μεγάλου, 1 VIII καὶ γράψον εἰς αὐτὸν γραφίδι ἀνθρώπου τοῦ ὀξέως προνομὴν ποιῆσαι σκύλων· πάρεστιν γάρ· ²καὶ μάρτυράς μοι ποίησον πιστοὺς 2 ἀνθρώπους, τὸν Οὐρείαν καὶ Ζαχαρίαν υἱὸν Βαραχίου. ³καὶ προσ- 3 ῆλθον πρὸς τὴν προφῆτιν, καὶ ἐν γαστρὶ ἔλαβεν καὶ ἔτεκεν υἱόν. καὶ εἶπεν Κύριός μοι Κάλεσον τὸ ὄνομα αὐτοῦ Ταχέως σκύλευσον, ὀξέως προνόμευσον· ⁴διότι πρὶν ἢ γνῶναι τὸ παιδίον καλεῖν πα- 4 τέρα ἢ μητέρα, λήμψεται δύναμιν Δαμασκοῦ καὶ τὰ σκῦλα Σαμαρείας ἔναντι βασιλέως Ἀσσυρίων. ⁵Καὶ προσέθετο Κύριος 5 λαλῆσαί μοι ἔτι ⁶Διὰ τὸ μὴ βούλεσθαι τὸν λαὸν τοῦτον τὸ ὕδωρ τοῦ 6 Σειλωὰμ τὸ πορευόμενον ἡσυχῇ, ἀλλὰ βούλεσθαι ἔχειν Ῥασσὼν καὶ τὸν υἱὸν Ῥομελίου βασιλέα ἐφ᾽ ὑμῶν, ⁷διὰ τοῦτο ἰδοὺ Κύριος 7 ἀνάγει ἐφ᾽ ὑμᾶς τὸ ὕδωρ τοῦ ποταμοῦ τὸ ἰσχυρὸν καὶ τὸ πολύ, τὸν βασιλέα τῶν Ἀσσυρίων καὶ τὴν δόξαν αὐτοῦ· καὶ ἀναβήσεται ἐπὶ πᾶσαν φάραγγα ὑμῶν, καὶ περιπατήσει ἐπὶ πᾶν τεῖχος ὑμῶν, ⁸καὶ ἀφελεῖ ἀπὸ τῆς Ἰουδαίας ἄνθρωπον ὃς δυνήσεται 8 κεφαλὴν ἆραι ἢ δυνατὸν συντελέσασθαί τι· καὶ ἔσται ἡ παρεμβολὴ αὐτοῦ ὥστε πληρῶσαι τὸ πλάτος τῆς χώρας σου. μεθ᾽ ἡμῶν ὁ θεός. ⁹γνῶτε ἔθνη καὶ ἡττᾶσθε, ἐπακούσατε ἕως ἐπ᾽ ἐσχάτου τῆς 9 γῆς, ἰσχυκότες ἡττᾶσθε· ἐὰν γὰρ πάλιν ἰσχύσητε, πάλιν ἡττηθήσεσθε. ¹⁰καὶ ἣν ἂν βουλεύσησθε βουλὴν διασκεδάσει Κύριος, καὶ 10

ℵAQΓ 25 ου μη] pr και AQ | επελθη ℵᵛⁱᵈ | καταπατημα] pr εις ℵᶜ·ᵇAQ
VIII 1 σαυτω ℵ* σεαυτω ℵᶜ·ᵃ | τομον]+χαρτου A | τ. καιν. μεγ.] α´ κεφαλιδα μεγαλην σ´ τευχος μεγα Qᵐᵍ | καινου sub ÷ Q | εις αυτον] εκει ℵ* (εις αυτ. ℵᶜ·ᵇ)   2 ανθρ. sub ÷ Q | Ουριαν BᵇℵAQΓ+ ※ οι γ´ τον ιερεα Qᵐᵍ | Ζαχαριαν] pr τον ℵAQΓ   3 προσηλθεν ℵAQ (de Γ non liq) | γατρι ℵ* (γαστρι ℵ¹·ᶜ·ᵇ)) | rescr σκυλευσο A¹   4 ληψεται Q | δυναμιν] pr ※ την Qᵐᵍ | Σαμαρειας] as scr ut vid Bᵃ Σαμαριας ℵQ* (-ρειας Qᵃ) 5 ετι]+ ※ λεγω Qᵐᵍ οτι Γ   6 Σιλωαμ AQΓ οι γ´ ομοιως Σιλωα Qᵐᵍ | Ρασσων] τον Ρααοσων ℵAQΓᵛⁱᵈ οι γ´ Ρασιν Qᵐᵍ | Ρομελιου] pr (※ θ´ superscr) του QΓ | βασ. εφ υμ. sub ; Q   7 αναγει κϛ ℵAQΓ | βασιλεαν· ℵ | Ασσυριων] Ασσ sup ras 4 fort litt A¹ | την δοξαν] τ. δυναμιν ℵ pr πασα[ν] Γ 8 Ιουδεας ℵ | η ι°] ει ℵᶜ·ᵇA | συντελεσαι A | om ωστε πληρωσαι A | το πλατος] τα πλατη A οι γ´ ομοιως Qᵐᵍ | om σου Γ | μεθ ημων ο θεος] c seqq coniung ℵᶜ·ᵃ adnot η εβραικη λεξις αντι του μεθ ημ. ο θϛ Εμμανουηλ περιεχει ϛ αυθις εν τω τελει...οτι μεθ ημ. ο θϛ Εμμανουηλ ειρηται Qᵐᵍ   9 [επακου]σατε...παλιν 1°] pr obelos Bᵃ (non inst Bᵇ) | επακουσετε AQ (-σεται Q* ᵛⁱᵈ -σετε Qᵃ) | om επ BᵗᵛⁱᵈℵAQΓ | ισχυκ. ηττασθε sub ÷ Q | om γαρ παλιν Q* (hab Qᵐᵍ) | om ισχυσητε παλιν ℵ* (hab ισχυσηται π. ℵᵃ·ᶜ·ᵇ))   10 ην] ης ℵ* (ην ℵᶜ·ᵃ,ᶜ·ᵇ)

ΗΣΑΙΑΣ VIII 21

λόγον ὃν λαλήσητε οὐ μὴ ἐμμείνῃ ὑμῖν, ὅτι μεθ' ἡμῶν ὁ θεός. Β
11 ¹¹οὕτως λέγει Κύριος Τῇ ἰσχυρᾷ χειρὶ ἀπειθοῦσιν τῇ πορείᾳ τῆς
12 ὁδοῦ τοῦ λαοῦ τούτου, λέγοντες ¹²Μή ποτε εἴπωσιν σκληρόν· πᾶν
γὰρ ὃ ἂν εἴπῃ ὁ λαὸς οὗτος σκληρόν ἐστιν· τὸν δὲ φόβον αὐτοῦ οὐ
13 μὴ φοβηθῆτε οὐδὲ μὴ ταραχθῆτε· ¹³Κύριον αὐτὸν ἁγιάσατε, καὶ αὐ-
14 τὸς ἔσται σου φόβος. ¹⁴κἂν ἐπ' αὐτῷ πεποιθὼς ᾖς, ἔσται σοι εἰς
ἁγίασμα, καὶ οὐχ ὡς λίθου προσκόμματι συναντήσεσθε οὐδὲ ὡς
πέτρας πτώματι. οἱ δὲ οἶκοι Ἰακὼβ ἐν παγίδι, καὶ ἐν κοιλάσματι
15 ἐγκαθήμενοι ἐν Ἰερουσαλήμ· ¹⁵διὰ τοῦτο ἀδυνατήσουσιν ἐν αὐτοῖς
πολλοί, καὶ πεσοῦνται καὶ συντριβήσονται, καὶ ἐγγιοῦσιν καὶ ἁλώ-
16 σονται ἄνθρωποι ἐν ἀσφαλείᾳ. ¹⁶Τότε φανεροὶ ἔσονται οἱ
17 σφραγιζόμενοι τὸν νόμον τοῦ μὴ μαθεῖν. ¹⁷καὶ ἐρεῖ Μενῶ τὸν θεὸν
τὸν ἀποστρέψαντα τὸ πρόσωπον αὐτοῦ ἀπὸ τοῦ οἴκου Ἰακώβ, καὶ
18 πεποιθὼς ἔσομαι ἐπ' αὐτῷ. ¹⁸ἰδοὺ ἐγὼ καὶ τὰ παιδία ἅ μοι ἔδωκεν
ὁ θεός. καὶ ἔσται σημεῖα καὶ τέρατα ἐν τῷ οἴκῳ Ἰσραὴλ παρὰ
19 Κυρίου σαβαώθ, ὃς κατοικεῖ ἐν τῷ ὄρει Σειών. ¹⁹καὶ ἐὰν εἴπω-
σιν πρὸς ὑμᾶς Ζητήσατε τοὺς ἐγγαστριμύθους καὶ τοὺς ἀπὸ τῆς
γῆς φωνοῦντας, τοὺς κενολογοῦντας οἳ ἐκ τῆς κοιλίας φωνοῦσιν,
οὐκ ἔθνος πρὸς θεὸν αὐτοῦ ἐκζητήσουσιν; τί ἐκζητοῦσιν περὶ τῶν
20 ζώντων τοὺς νεκρούς; ²⁰νόμον γὰρ εἰς βοήθειαν ἔδωκεν, ἵνα εἴπωσιν
οὐχ ὡς τὸ ῥῆμα τοῦτο, περὶ οὗ οὐκ ἔστιν δῶρα δοῦναι περὶ αὐτοῦ.
21 ²¹καὶ ἥξει ἐφ' ὑμᾶς σκληρὰ λιμός, καὶ ἔσται ὡς ἂν πεινάσητε, λυ-

10 λογον] pr τον A | ον]+εαν ℵAQΓ | λαλησε incep ℵ* (λαλησητε ℵ¹) | ℵAQΓ
ενμινη ℵ* ενμειν. ℵc.b | om υμιν ℵQΓ | ο θεος] pr κ̅ς̅ ℵAQΓ α'θ' ισχυρος Qmg
11 Κυριος]+ο θ̅ς̅ A   12 om ποτε ℵΓ | ειπωσιν] ειπητε ℵ (-ται) AQΓ |
αν] εαν ℵQΓ | ουδε] ουδ ου A   13 Κυριον] pr ※ α'θ' τον Qmg + ※ σ'θ'
των δυναμεων Qmg | φοβος] βοηθος ℵ   14 καν] και εαν ℵAQΓ | σοι] σου
ℵ* (σοι ℵc.b(vid)) Q | και 1°... προσκομματι] α'θ' κ εις λιθον προσκομματος
Qmg | συναντησεσθε]+αυτω ℵAQ | ουδε] ουδ ℵ | ουδε ως πετρ. πτωματι]
α' κ εις στερεὸ σκανδαλον θ' κ εις πετρα πτωματος Qmg | οι δε οικοι] ο δε οικος
ℵAQ* (οι δε οικοι Qa et mg) Γ α'σ'θ' τοις δυσιν οικοις Qmg | εν κοιλασματι] α'
εις σκωλον Qmg | ευκαθημενοι ℵΓ   15 εγγιουσι Q | [αλωσον]ται.. ασφα-
[λεια]] pr obel Ba (non inst Bb) | ασφαλεια (-λια ℵ)]+οντες ℵc (rurs exstinx)
AQ (εν αλλοις ου κειτ, οντες Qmg) ανθρ. εν ασφ. sub ÷ Q   16 τοτε.. μαθειν]
α' ενδησον μαρτυριον σφραγισαι νομον εν διδακτοις μου Qmg | σφραγιζομενοι]
εσφραγισμενοι ℵQ*vid (σφραγις. Qa) | om μη A   17 μενω] θ' κ υπομενω
Qmg   18 α μοι εδωκεν] θ' α εδ. μοι σ'α' ομ[οιω]ς τ[οι]ς ο' Qmg | σημεια] pr
εις ℵAQΓ | om οικω AQ* (hab Qmg) Γ | Σιων BbℵcAQΓ   19 εγγαστρι-
μυθους (εγγ. Bab)] απο της γης φωνουντας ℵAQΓ | απο της γης φωνουντας]
ενγαστριμυθους ℵQ*Γ εγγ. AQa | εκ] απο A | εκζητησουσιν... ζων[των]] pr
obelos Ba (non inst Bb) | om εκζητησουσιν ℵAQ* (hab Qmg) Γ α'θ' εκζητησει
Qmg | εκζητουσιν] εκζητωσιν A   20 βοηθιαν ℵQ* (-θειαν Qa)   21 εφ
υμας] εφ υ sup ras ℵ¹

115   H 2

VIII 22 ΗΣΑΙΑΣ

B πτηθήσεσθε καὶ κακῶς ἐρεῖτε τὸν ἄρχοντα καὶ τὰ πάτρια, καὶ ἀναβλέψονται εἰς τὸν οὐρανὸν ἄνω, ²²καὶ εἰς τὴν γῆν κάτω ἐμβλέ- 22 ψονται· καὶ ἰδοὺ ἀπορία στενὴ καὶ σκότος, θλίψις καὶ στενοχωρία καὶ σκότος ὥστε μὴ βλέπειν, καὶ οὐκ ἀπορηθήσεται ὁ ἐν στενοχωρίᾳ ὢν ἕως καιροῦ.

¹Τοῦτο πρῶτον πίε, ταχὺ ποίει, χώρα Ζαβουλών, ἡ γῆ 1 (23) IX Νεφθαλείμ, καὶ οἱ λοιποὶ οἱ τὴν παραλίαν καὶ πέραν τοῦ Ἰορδάνου, Γαλειλαία τῶν ἐθνῶν. ²ὁ λαὸς ὁ πορευόμενος 2 (1) ἐν σκότει, ἴδετε φῶς μέγα· οἱ κατοικοῦντες ἐν χώρᾳ σκιᾷ θανάτου, φῶς λάμψει ἐφ' ὑμᾶς. ³τὸ πλεῖστον τοῦ λαοῦ ὃ κατή- 3 (2) γαγες ἐν εὐφροσύνῃ σου, καὶ εὐφρανθήσονται ἐνώπιόν σου ὡς οἱ εὐφραινόμενοι ἐν ἀμήτῳ, καὶ ὃν τρόπον οἱ διαιρούμενοι σκῦλα. ⁴διότι ἀφῄρηται ὁ ζυγὸς ὁ ἐπ' αὐτῶν κείμενος, καὶ ἡ ῥάβδος ἡ 4 (3) ἐπὶ τοῦ τραχήλου αὐτῶν· τὴν γὰρ ῥάβδον τῶν ἀπαιτούντων διεσκέδασεν ὡς τῇ ἡμέρᾳ τῇ ἐπὶ Μαδιάμ. ⁵ὅτι πᾶσαν στολὴν 5 (4) ἐπισυνηγμένην δόλῳ καὶ ἱμάτιον μετὰ καταλλαγῆς ἀποτίσουσιν, καὶ θελήσουσιν εἰ ἐγένοντο πυρίκαυστοι. ⁶ὅτι παιδίον ἐγεν- 6 (5) νήθη ἡμῖν, υἱὸς ἐδόθη ἡμῖν, οὗ ἡ ἀρχὴ ἐγενήθη ἐπὶ τοῦ ὤμου αὐτοῦ, καὶ καλεῖται τὸ ὄνομα αὐτοῦ Μεγάλης βουλῆς ἄγγελος·

ℵAQΓ   21 κακως ερειτε τον αρχοντα και τα πατρια] α'θ' καταρα εστ, εν τω βασιλει αυτου ⳨ εν τοις θεοις αυτου Q^mg | τα πατρια] σ' πατριαρχα ειδωλα Q^mg | εις τ. ουρ. sub ⁒ Q   22 κατω sub ⁒ Q | απορια...στενοχωρια (1°)] απορια στενη θλιψις και στενοχ. ℵ θλιψις και στενοχ. και σκοτος απορια στενη (στενη sub ⁒ Q) AQΓ | ο εν] ος ε ℵ* ο εν τη ℵ^c.a | om ων A   IX 1 πιε] ποιει Q^mg (postea ras) om Γ* (hab πιε pro ποιει Γ^t mg) | Νεφθαλιμ ℵ Νεφθαλι Q+οδον θαλασσης ℵ^c.a AQ (adnot τινες ουκ εχουσιν οδὸ θαλ. Q^mg)+α'θ' οδ. της θαλ. Q^mg | οι λοιποι] οι καταλοιποι ℵ^c.a (κατα rurs ras) om οι Γ | παραλιαν (-λιον ℵA)] + κατοικουντες ℵ^c.a AQ | Γαλιλαια B^{b ℵ} (-λεα) AQΓ | εθνων] + τα μερη της Ιουδαιας B^{?ℵ} (-δεας) AQ (adnot εν αλλοις ουκ εστι τα μερη της Ιουδ. Q^mg)
2 πορευομενος] καθημενος A | ιδετε] ειδετε ℵ* (-ται ℵ^c.b) Γ' ειδεν ℵ^c | σκια] pr και ℵ^c.a AQΓ   3 πλειστον] θ' πληθος Q^mg | κατηγαγες] οι λοιποι ουκ εμεγαλυνας Q^mg | ον τροπον]+ευφραινονται ℵA   4 αφηρηται] αφαιρεθησεται AQ* (αφηρ. Q^mg) | αυτων 1°] αυτω Q | απαιτουντων] απετ. ℵ* απειθ. ℵ^c.a (απαιτ. ℵ^c.b) | διεσκεδασεν]+ⳤ ℵAQ | τη ημερα] pr εν Γ   5 εγενοντο] εγενηθησαν ℵAQ* (εγενοντο Q^mg) Γ   6 οτι...υγειαν αυτω] α' οτι παιδιον εγεννηθη ημιν υϛ εδοθη ημι ⳨ εγενετο το μετρον επ ωμου αυτου ⳨ εκαλεσεν ονομα αυτου θαυμαστος συμβουλος ισχυρος δυνατος πηρ ετι αρχων ειρηνης σ' νεανιας γαρ εγεννηθη ημιν υιος εδοθη ημιν ⳨ εσται ε παιδεια επι του ωμου αυτου ⳨ κληθησεται ονομα αυτου παραδοξασμος βουλευτικος ισχ. δυν. πηρ αιωνος αρχων ειρηνης θ'...θαυμαστως βουλευων ισχ. δυν. πηρ αρχ. ειρηνης Q^mg | εγεννηθη] εγενηθη AQ* (εγενν. Q^{a nisi pot 1}) | ημιν 1°] υμιν Q* (ημ. Q^{a(vid)}) | υιος]+και ℵAQΓ | ημιν 2°] υμιν ℵ* (ημ. ℵ^{c.a, c.b}) A | om εγενηθη Γ | καλειται (-τε B*ℵ*)] καλεσει A | μεγαλη ℵ* (-λης ℵ^{1 et postea}) | αγγελος]+θαυμαστος συμβουλος· θς

ΗΣΑΙΑΣ   IX 17

(6) 7 ἄξω γὰρ εἰρήνην ἐπὶ τοὺς ἄρχοντας καὶ ὑγείαν αὐτῷ. ⁷μεγάλη B
ἡ ἀρχὴ αὐτοῦ, καὶ τῆς εἰρήνης αὐτοῦ οὐκ ἔστιν ὅριον, ἐπὶ τὸν
θρόνον Δαυεὶδ καὶ τὴν βασιλείαν αὐτοῦ, κατορθῶσαι αὐτὴν καὶ
ἀντιλαβέσθαι ἐν κρίματι καὶ ἐν δικαιοσύνῃ, ἀπὸ τοῦ νῦν καὶ εἰς
τὸν αἰῶνα· ὁ ζῆλος Κυρίου σαβαὼθ ποιήσει ταῦτα.
(7) 8 ⁸Θάνατον ἀπέστειλεν Κύριος ἐπὶ Ἰακώβ, καὶ ἦλθεν ἐπὶ Ἰσραήλ.
(8) 9 ⁹καὶ γνώσονται πᾶς ὁ λαὸς τοῦ Ἐφράιμ καὶ οἱ καθήμενοι ἐν Σαμα-
(9) 10 ρείᾳ, ἐφ᾽ ὕβρει καὶ ὑψηλῇ καρδίᾳ λέγοντες ¹⁰Πλίνθοι πεπτώ-
κασιν, ἀλλὰ δεῦτε λαξεύσωμεν λίθους, καὶ κόψωμεν συκαμίνους
(10) 11 καὶ κέδρους, καὶ οἰκοδομήσωμεν ἑαυτοῖς πύργον. ¹¹καὶ ῥάξει ὁ
θεὸς τοὺς ἐπανισταμένους ἐπὶ ὄρος Σειὼν ἐπ᾽ αὐτόν, καὶ τοὺς
(11) 12 ἐχθροὺς διασκεδάσει, ¹²Συρίαν ἀφ᾽ ἡλίου ἀνατολῶν καὶ τοὺς
Ἕλληνας ἀφ᾽ ἡλίου δυσμῶν, τοὺς κατεσθίοντας τὸν Ἰσραὴλ ὅλῳ
τῷ στόματι. ἐπὶ τούτοις πᾶσιν οὐκ ἀπεστράφη ὁ θυμός, ἀλλ᾽ ἔτι
(12) 13 ἡ χεὶρ ὑψηλή. ¹³καὶ ὁ λαὸς οὐκ ἐπεστράφη ἕως ἐπλήγη, καὶ
(13) 14 τὸν κύριον οὐκ ἐζήτησαν. ¹⁴Καὶ ἀφεῖλεν Κύριος ἀπὸ Ἰσραὴλ
κεφαλὴν καὶ οὐράν, μέγαν καὶ μικρὸν ἐν μιᾷ ἡμέρᾳ, πρεσβύ-
(14) 15 την καὶ τοὺς τὰ πρόσωπα θαυμάζοντας, αὕτη ἡ ἀρχή, ¹⁵καὶ
(15) 16 προφήτην διδάσκοντα ἄνομα, οὗτος ἡ οὐρά. ¹⁶καὶ ἔσονται οἱ
μακαρίζοντες τὸν λαὸν τοῦτον πλανῶντες, καὶ πλανῶσιν ὅπως
(16) 17 καταπίνωσιν αὐτούς. ¹⁷διὰ τοῦτο ἐπὶ τοὺς νεανίσκους αὐτῶν·

ισχυρος εξουσιαστης αρχων ιρηνης π̅η̅ρ̅ του μελλοντος αιωνος ℵ^{c.a} + θαυμ. ℵAQΓ
συμβ. ισχ. εξουσ. αρχων ειρ. π̅η̅ρ̅ τ. μ. αιωνος A | αξω γαρ] εγω γαρ αξω
ℵAQΓ | αρχοντας]+ειρηνην ℵ^{c.b} AQ | υγειαν B*Q^a] υγιαν B^a ℵ* AQ*Γ
υγιειαν B^b ℵ^{c.b} (υγιειαν Q^a)   7 μεγαλη η αρχη αυτου] θ' τω πληθυνειν την
παιδειαν [σ'] επληθυνθη παιδεια α' πολλης τω μετρω Q^{mg} | η αρχη] om η ℵ*
(hab ℵ^{c.a}) | οριον] θ' σ' περας α' τελος Q^{mg} | την βασ.] pr επι Γ' | αντιλαβε-
σθαι]+αυτης ℵ^{c.(?a)} (rurs ras) AQ (θ' αντιλ. αυτης Q^{mg}) | εν δικαιοσυνη κ. εν
κριματι ℵAQΓ | εις τον αιωνα] εως του αιωνος ℵΓ α' εως αιωνος Q^{mg} | αιωνα]
+ χρονον AQ   8 θανατον] λογον ℵ* (θαν. ℵ^{c.a, c.b}) Γ' οι λοιποι λογο̄ α'
ρημα Q^{mg}   9 Εφρεμ ℵ | καθημενοι] ενκαθ. ℵ^{c.a}Γ' εγκαθ. AQ | Σαμαρια
ℵQ* | εφ] εν ℵΓ | υψηλη (υψη Q*)] pr εν Γ'   10 κοψωμεν] εκκοψομεν ℵ
εκκοψωμεν A ,(-με A* μεν A¹) Γ' | om κεδρους και ℵ* (hab ℵ^{c.a}) | κεδρον
Γ | ωκοδομ. A   11 επανισταμενους ℵ* (επανισταμ. ℵ^c) A + επι Ιλμ
ℵ* (postea ras) | επι] επ ℵAQΓ | ορους A | Σιων B^b ℵAQΓ | αυτον] αυτους
ℵ* (-τον ℵ^c postea revoc -τους) A | εχθρους]+αυτων ℵA+✠α'θ'σ' αυτου
Q^{mg}   12 στοματι]+αυτων ℵ | πασι τουτοις Γ'   13 επεστραφη] απε-
στραφη ℵAQΓ | τον κυριον]+✠ θ'σ' των δυναμεων Q^{mg} | εζητησαν] εξεζη-
τησαν ℵ^{c.b}AQ   14 αφειλεν] θ' αφελει Q^{mg} | μεγαν] με rescr ℵ¹ (fort
pro ουραν scr ουρανον ℵ*) | αυτη η αρχη] οι λοιποι αυτος κεφαλη Q^{mg}
16 πλανωσιν] πλα|νευσειν ℵ* (-νωσιν ℵ^{c.a, c.b}) | καταπιωσιν ℵ¹AQΓ   17 νεανι-
κους ℵ* (νεανισκ. ℵ¹) | om αυτων 1° A

117

IX 18 ΗΣΑΙΑΣ

Β οὐκ εὐφρανθήσεται ὁ κύριος, καὶ τοὺς ὀρφανοὺς αὐτῶν καὶ τὰς χήρας αὐτῶν οὐκ ἐλεήσει· ὅτι πάντες ἄνομοι καὶ πονηροί, καὶ πᾶν στόμα λαλεῖ ἄδικα. ἐπὶ πᾶσιν τούτοις οὐκ ἀπεστράφη ὁ θυμός, ἀλλ' ἔτι ἡ χεὶρ ὑψηλή. ¹⁸Καὶ καυθήσεται ὡς πῦρ 18 (17) ἡ ἀνομία, καὶ ὡς ἄγρωστις ξηρὰ βρωθήσεται ὑπὸ πυρός· καὶ καυθήσεται ἐν τοῖς δάσεσι τοῦ δρυμοῦ, καὶ συνκαταφάγεται τὰ κύκλῳ τῶν βουνῶν πάντα· ¹⁹διὰ θυμὸν ὀργῆς Κυρίου συγκέ- 19 (18) καυται ἡ γῆ ὅλη, καὶ ἔσται ὁ λαὸς ὡς ὑπὸ πυρὸς κατακεκαυ-
¶ Γ μένος.¶ ἄνθρωπος τὸν ἀδελφὸν αὐτοῦ οὐκ ἐλεήσει, ²⁰ἀλλὰ ἐκκλινεῖ 20 (19) εἰς τὰ δεξιά, ὅτι πεινάσει, καὶ φάγεται ἐκ τῶν ἀριστερῶν, καὶ οὐ μὴ ἐμπλησθῇ ἄνθρωπος ἔσθων.τὰς σάρκας τοῦ βραχίονος αὐτοῦ. ²¹φάγεται γὰρ Μανασσὴ τοῦ 'Εφράιμ, καὶ 'Εφράιμ τοῦ 21 (20) Μανασσή, ὅτι ἅμα πολιορκήσουσιν τὸν 'Ιούδαν. ἐπὶ τούτοις πᾶσιν οὐκ ἀπεστράφη ὁ θυμός, ἀλλ' ἔτι ἡ χεὶρ ὑψηλή. ¹Οὐαὶ ι Χ τοῖς γράφουσιν πονηρίαν· γράφοντες γὰρ πονηρίαν γράφουσιν, ²ἐκ- 2 κλίνοντες κρίσιν πτωχῶν, ἀρπάζοντες κρίμα πενήτων τοῦ λαοῦ μου, ὥστε εἶναι αὐτοῖς χήραν εἰς ἁρπαγὴν καὶ ὀρφανὸν εἰς προνομήν. ³καὶ τί ποιήσουσιν τῇ ἡμέρᾳ τῆς ἐπισκοπῆς; ἡ γὰρ θλίψις ὑμῖν 3 πόρρωθεν ἥξει· καὶ πρὸς τίνα καταφεύξεσθε τοῦ βοηθηθῆναι; καὶ ποῦ καταλείψετε τὴν δόξαν ὑμῶν ⁴τοῦ μὴ ἐμπεσεῖν εἰς ἀπαγωγήν; 4 ἐπὶ πᾶσι τούτοις οὐκ ἀπεστράφη ἡ ὀργή, ἀλλ' ἔτι ἡ χεὶρ ὑψηλή.

⁵Οὐαὶ 'Ασσυρίοις, ἡ ῥάβδος τοῦ θυμοῦ μου καὶ ἡ ὀργή ἐστιν ἐν ταῖς 5 χερσὶν αὐτῶν. ⁶τὴν ὀργήν μου εἰς ἔθνος ἄνομον ἀποστελῶ, καὶ τῷ 6

ℵAQΓ 17 ουκ] B* ου|κ B^{b(vid)} | κυριος] θς ℵAQ* (κυριος [πιπι] Q^{mg}) Γ | αυτων 2⁰, 3⁰] οι γ' αυτου Q^{mg} | πασι ℵAQΓ   18 δασεσι (-σιν A)] δαδεσιν Γ | συγκαταφαγεται B^{ab}AQ^a   19 συνκεκαυτ. ℵQ*^{fort} Γ συγκαυθησεται A | κατακεκαυμενος] κατα... Γ   20 οτι] οτι ν ℵ* | ευπλησθη ℵ* (εμπλ. ℵ^{c.b vid}) | εσθων] εσθιων ℵ^{c.a(vid)} (rurs εσθων) εσθω A* (εσθων A¹) | βραχιονος]+του αδελφου A   21 Μαννασση (bis) A Μανασσης 1⁰ Q | Εφρεμ B (bis) | πολιορκησουσι B? | τον] τοι ℵ* (τον ℵ^{c.a}) | πασιν τουτοις ℵ πασι τουτοις Q | απεστρα ut vid B* (φη in mg B^{ab}) | θυμος]+ ⁕ οι γ' αυτου Q^{mg}   X 1 ουαι] ο sup ras ℵ¹ | γραφουσι (1⁰) B? | 2 α|πα{οντες] pr και ℵAQ (pr ⁕ και [οι γ' superscr] Q?) | κριμα] κριματα ℵQ (οι γ' κρισι Q^{mg}) | αυτοις] αυτους ℵ   3 ποιησουσι B? | τη ημερα] pr εν ℵ^{c.b}AQ | της επισκοπης] om της A | υμιν] υμων ℵ* (υμιν ℵ^{c.b(vid)}) Q^a | πορωθεν ℵ* (πορρ. ℵ^{c.b}) | bis scr (in fin pag) και προς τινα καταφευξε ℵ* (om 1⁰ ℵ¹) | βοηθηθηναι] βο, θ 1⁰ sup ras ℵ¹   4 του μη...απαγωγην] θ' του μη καμψαι υπο δεσμο Q^{mg} | επαγωγην ℵA | επι] pr και υποκατω ανηρημενων πεσουνται ℵA et (pr ⁕) Q^{mg} | τουτοις πασιν AQ | η οργη] ο θυμος ℵAQ θ' ο θυμος αυτου (οι ο' οργη) Q^{mg}   5 Ασσυριοις] οις sup ras ℵ¹ | η οργη] οργης ℵAQ | om εστιν A   6 αποστελω] αποστρεψω ℵ* (-στελω ℵ^{c.b}) αποστελλω A

118

ΗΣΑΙΑΣ X 18

ἐμῷ λαῷ συντάξω ποιῆσαι σκῦλα καὶ προνομήν, καὶ καταπατεῖν τὰς 7 πόλεις καὶ θεῖναι αὐτὰς εἰς κονιορτόν. ⁷αὐτὸς δὲ οὐχ οὕτως ἐνεθυμήθη, καὶ τῇ ψυχῇ οὐχ οὕτως λελόγισται· ἀλλὰ ἀπαλλάξει ὁ νοῦς αὐτοῦ, καὶ 8 τοῦ ἔθνη ἐξολοθρεῦσαι οὐκ ὀλίγα. ⁸καὶ ἐὰν εἴπωσιν αὐτῷ Σὺ μόνος 9 εἶ ἄρχων, ⁹καὶ ἐρεῖ Οὐκ ἔλαβον τὴν χώραν τὴν ἐπάνω Βαβυλῶνος καὶ Χαλαννή, οὗ ὁ πύργος ᾠκοδομήθη; καὶ ἔλαβον Ἀραβίαν καὶ 10 Δαμασκὸν καὶ Σαμάρειαν· ¹⁰ὃν τρόπον ταύτας ἔλαβον, καὶ πάσας τὰς ἀρχὰς λήμψομαι. ὀλολύξατε, τὰ γλυπτὰ ἐν Ἰερουσαλὴμ καὶ 11 ἐν Σαμαρείᾳ· ¹¹ὃν τρόπον γὰρ ἐποίησα Σαμαρείᾳ καὶ τοῖς χειροποιήτοις αὐτῆς, οὕτως ποιήσω καὶ Ἰερουσαλὴμ καὶ τοῖς εἰδώλοις 12 αὐτῆς. ¹²Καὶ ἔσται ὅταν συντελέσῃ Κύριος πάντα ποιῶν ἐν τῷ ὄρει Σειὼν καὶ Ἰερουσαλήμ, ἐπάξει ἐπὶ τὸν νοῦν †τὸν μέγαν, ἐπὶ τὸν ἄρχοντα § Γ 13 τῶν Ἀσσυρίων, καὶ ἐπὶ τὸ ὕψος τῆς δόξης τῶν ὀφθαλμῶν αὐτοῦ. ¹³εἶπεν γάρ Ἐν τῇ ἰσχύι ποιήσω, καὶ ἐν τῇ σοφίᾳ τῆς συνέσεως ἀφελῶ ὅρια 14 ἐθνῶν, καὶ τὴν ἰσχὺν αὐτῶν προνομεύσω· ¹⁴καὶ σείσω πόλεις κατοικουμένας, καὶ τὴν οἰκουμένην ὅλην καταλήμψομαι τῇ χειρὶ ὡς νοσσιάν, καὶ ὡς καταλελιμμένα ὠὰ ἀρῶ· καὶ οὐκ ἔστιν ὃς διαφεύξεταί με ἢ 15 ἀντείπῃ μοι. ¹⁵μὴ δοξασθήσεται ἀξίνη ἄνευ τοῦ κόπτοντος ἐν αὐτῇ; ἢ ὑψωθήσεται πρίων ἄνευ τοῦ ἕλκοντος αὐτόν; ὡς ἄν τις ἄρῃ ῥάβδον 16 ἢ ξύλον, καὶ οὐχ οὕτως; ¹⁶ἀλλὰ ἀποστελεῖ Κύριος σαβαὼθ εἰς τὴν σὴν τιμὴν ἀτιμίαν, καὶ εἰς τὴν σὴν δόξαν πῦρ καιόμενον καυθήσεται· 17 ¹⁷καὶ ἔσται τὸ φῶς τοῦ Ἰσραὴλ εἰς πῦρ, καὶ ἁγιάσει αὐτὸν ἐν πυρὶ 18 καιομένῳ, καὶ φάγεται ὡσεὶ χόρτον τὴν ὕλην. ¹⁸τῇ ἡμέρᾳ ἐκείνῃ

6 ποιησαι] pr του ℵAQ* (pr ※ α′θ′ Qᵃ ᵛⁱᵈ) | τας πολεις] τας, s 2° sup ras ℵAQΓ ℵ¹ | πολις ℵ*Q* (-λεις ℵᶜ·ᵇQᵃ) 7 λελογισται] λελογεισθαι ℵ* (-γεισται ℵᶜ·ᵃ·ᶜ·ᵇ) | om και του ℵ | εξολεθρ. εθνη AQ | ουκ ολιγα] α′ ουκ ολιγως θ′σ′ ομοιως τοις ο′ Qᵐᵍ 9 ερει] pr ουκ Qᵐᵍ | ωκο|μηθη (sic) ℵ | Αραβειαν A | Σαμαριαν ℵQ* (·ρειαν Qᵃ) 10 ον τροπον...λημψομαι] θ′ καθαπερ ευρεν η χειρ μου εις τας βασιλειας του ειδωλου Qᵐᵍ | ελαβον]+εν τη χειρι (χιρι ℵ* χειρι ℵᶜ·ᵇ) μου ℵA | αρχας] χωρας ℵAQ* (αρχ. Qᵐᵍ) | ληψομαι BᵇQ | Σαμαρια ℵQ* (-ρεια Qᵃ): item 11 11 αυτης 1°] αυτοις A | και 2°]+εν ℵ εν Q | om και τοις ειδωλοις αυτης Q (hab Qᵐᵍ) 12 παν ℵ* (παντα ℵᶜ) | Σιων BᵇℵAQ | Ιερουσαλημ] pr εν AQ | επαξει]+κς ℵQ | om επι 2° ℵAQΓ | αυτου] αυτων ℵ* (-του ℵᶜ·ᵃ·ᶜ·ᵇ) 13 ειπε Bʔ | om εν 1°, 2° ℵAQΓ | τη σοφια της συν.] τησυνεσεως της σοφιας A 14 πολις Q* (-λεις Qᵃ) | κιταληψ. Q | χειρι]+μου A+※ π′ μου Qᵐᵍ | νοσσειαν Qᵃ | καταλελειμμ. BᵃᵇQᵃ | αρων ℵ* | με] μοι A | μοι]+※ θ′ κ ανοιγω στομα κ στρουθιζων Qᵐᵍ 15 αυτον][αυ]την Γ | ως αν] ωσαυτως εαν ℵAQΓ 16 αποστελει] αποστιλη ℵ* (-στειλη ℵᶜ·ᵇ) | κεομενον B*ℵ* (καιομ. Bᵃᵇℵᶜ·ᵇ) 17 εις] ως A | αυτον] αυτο A | κεομενω B* (καιομ. Bᵃᵇ) καιομενη ℵ* (-νω ℵʔ) | χορτος ℵ

X 19   ΗΣΑΙΑΣ

B ἀποσβεσθήσεται τὰ ὄρη καὶ οἱ βουνοὶ καὶ οἱ δρυμοί, καὶ καταφάγεται ἀπὸ ψυχῆς ἕως σαρκῶν· καὶ ἔσται ὁ φεύγων ὡς ὁ φεύγων ἀπὸ φλογὸς καιομένης· ¹⁹καὶ οἱ καταλειφθέντες ἀπ᾽ αὐτῶν ἔσονται 19 ἀριθμός, καὶ παιδίον γράψει αὐτούς. ²⁰Καὶ ἔσται ἐν τῇ ἡμέρᾳ 20 ἐκείνῃ οὐκέτι προστεθήσεται τὸ καταλειφθὲν Ἰσραήλ, καὶ οἱ σωθέντες τοῦ Ἰακὼβ οὐκέτι μὴ πεποιθότες ὦσιν ἐπὶ τοὺς ἀδικήσαντας αὐτούς, ἀλλὰ ἔσονται πεποιθότες ἐπὶ τὸν θεὸν τὸν ἅγιον τοῦ Ἰσραὴλ τῇ ἀληθείᾳ. ²¹καὶ ἔσται τὸ καταλειφθὲν τοῦ Ἰακὼβ ἐπὶ θεὸν ἰσχύοντα. 21 ²²καὶ ἐὰν γένηται ὁ λαὸς Ἰσραὴλ ὡς ἡ ἄμμος τῆς θαλάσσης, τὸ 22 κατάλιμμα αὐτῶν σωθήσεται· λόγον συντελῶν καὶ συντέμνων ἐν δικαιοσύνῃ, ²³ὅτι λόγον συντετμημένον ποιήσει Κύριος ἐν τῇ οἰκουμένῃ 23 ὅλῃ.   ²⁴Διὰ τοῦτο τάδε λέγει Κύριος σαβαὼθ Μὴ φοβοῦ, ὁ λαός 24
¶ Γ μου, οἱ κατοικοῦντες ¶ ἐν Σειών, ἀπὸ Ἀσσυρίων, ὅτι ἐν ῥάβδῳ πατάξει σε· πληγὴν γὰρ ἐπάγω ἐπὶ σέ, τοῦ ἰδεῖν ὁδὸν Αἰγύπτου. ²⁵ἔτι γὰρ 25 μικρὸν καὶ παύσεται ἡ ὀργή, ὁ δὲ θυμός μου ἐπὶ τὴν βουλὴν αὐτῶν· ²⁶καὶ ἐγερεῖ ὁ θεὸς ἐπ᾽ αὐτοὺς κατὰ τὴν πληγὴν Μαδιὰμ ἐν τόπῳ 26 θλίψεως, καὶ ὁ θυμὸς αὐτοῦ τῇ ὁδῷ τῇ κατὰ θάλασσαν, εἰς τὴν ὁδὸν τὴν κατ᾽ Αἴγυπτον. ²⁷καὶ ἔσται ἐν τῇ ἡμέρᾳ ἐκείνῃ ἀφαιρεθήσεται 27 ὁ ζυγὸς αὐτοῦ ἀπὸ τοῦ ὤμου σου, καὶ ὁ φόβος αὐτοῦ ἀπὸ σοῦ, καὶ καταφθαρήσεται ὁ ζυγὸς ἀπὸ τῶν ὤμων ὑμῶν. ²⁸ἥξει γὰρ εἰς τὴν 28 πόλιν Ἀγγαί, ²⁹καὶ παρελεύσεται εἰς Μαγεδώ, καὶ ἐν Μαχμὰς 29 θήσει τὰ σκεύη αὐτοῦ· ⁽²⁹⁾καὶ παρελεύσεται φάραγγα καὶ ἥξει εἰς

ℵAQΓ   18 αποσβεθ. ℵ | οι βουνοι] οι δρυμοι A αι β. Γ | δρυμοι] δροιμοι ℵ* (δρυμ. ℵ^{c.a, c.b}) βουνοι A | φευγων 2°] φυων ut vid ℵ* mox φευων (φευγων ℵ^c) 19 αριθμω Q^a | και 2°] sup κα ras aliq (sign ut vid) ℵ? | παιδιον] σ' παιδιο θ' παιδαριον α' παις Q^{mg}   20 εσται bis scr B | om εν Γ | Ισραηλ 1°] pr του ℵ^{c.a}Γ | αλλ ℵAQ | πεποιθοτες 2°], πεποιτες ℵ* -θοτες ℵ^{c.a} | αληθια ℵ 21 θεον] λαον Γ   22 ο λαος]+(θ') σου Q^{mg} | καταλειμμα B^{ab}AQ^a | om αυτων AQ* (hab Q^{mg}) | λογον]+γαρ ℵAQΓ   23 συντετετμημενον A | Κυριος] ο θ̅ς̅ ℵAQΓ oι γ' ※ κ̅ς̅ τω δυναμεω α' στρατειω θ'σ' ομοιως τοις ο' Q^{mg} 24 Κυριος]+ο θ̅ς̅ ℵ* (κ̅ς̅ sine ο θ̅ς̅ ut vid ℵ^{c.b} κ̅ς̅ κ̅ς̅ ℵ^{c.c}) ΑΓ οι γ' ※ κ̅ς̅ Q^{mg} | Σιων B^bℵAQΓ | om εν 2° Q* (hab εν Q^{mg}) | πλην ℵ* (πληγην ℵ^{c.b}) | επαγω] pr εγω ℵQ επαξω Q* (α' αρει θ'σ' επαρει Q^{mg})   25 η οργη] om η ℵ* (superscr ℵ^{1(vid)})   26 εγερει] επεγερει ℵAQ^a επεγειρει Q* | ο θεος επ αυτους] αυτους ο θ̅ς̅ ℵ* επ αυτ. ο θ̅ς̅ ℵ^{c.a}Q | ο θεος] πιπι+θ' ※ των δυναμεω Q^{mg} | Μαδιαμ] pr την ℵA | Εγυπτον ℵ* (Αιγ. ℵ^{c.a, c.b})   27 ζυγος 1°] φοβος ℵAQ | om του ωμου ℵAQ | φοβος] ζυγος ℵAQ | σου 2°] pr του ωμου ℵAQ | καταφθαρησεται] καταρ incep ℵ* καταφθ. ℵ^{1?c?} | καταφθ. ο ζυγος] θ' διαφθαρησεται κλοιος Q^{mg} | ζυγος 2°]+αυτω (ω sup ras ℵ^1) ℵ | των ωμων νμων] ων ωμων υ sup ras ℵ^1   29 Μαγεδω] Μακεδω ℵ* (Μαγ. ℵ^{c.a, c.b}) Μαγεδδω A θ' Μαγεδδων α'σ' ϛ το εβραικον Μαγρῶ Q^{mg} | Μαχμα ℵ* (-μας ℵ^c) | αυτου] αυτων ℵ* (-του ℵ^{c.a, c.b})

120

ΗΣΑΙΑΣ XI 8

30 Ἀγγαί, φόβος λήμψεται Ῥαμὰ πόλιν Σαούλ. φεύξεται ³⁰ἡ θυγάτηρ B
31 Γαλείμ, ἐπακούσεται ἐν Σά, ἐπακούσεται ἐν Ἀναθώθ· ³¹καὶ ἐξέστη
32 Μαδεβηνὰ καὶ οἱ κατοικοῦντες Γιββείρ. ³²παρακαλεῖτε σήμερον ἐν
ὁδῷ τοῦ μεῖναι, τῇ χειρὶ παρακαλεῖτε τὸ ὄρος τὴν θυγατέρα Σειών,
33 καὶ οἱ βουνοὶ οἱ ἐν Ἰερουσαλήμ. ³³ἰδοὺ ὁ δεσπότης Κύριος σαβαὼθ
συνταράσσει τοὺς ἐνδόξους μετὰ ἰσχύος, καὶ οἱ ὑψηλοὶ τῇ ὕβρει
34 συντριβήσονται, καὶ οἱ ὑψηλοὶ ταπεινωθήσονται, ³⁴καὶ πεσοῦνται
ὑψηλοὶ μαχαίρᾳ, ὁ δὲ Λίβανος σὺν τοῖς ὑψηλοῖς πεσεῖται.
XI 1 ¹Καὶ ἐξελεύσεται ῥάβδος ἐκ τῆς ῥίζης Ἰεσσαί, καὶ ἄνθος ἐκ τῆς
2 ῥίζης ἀναβήσεται. ²καὶ ἀναπαύσεται ἐπ᾽ αὐτὸν πνεῦμα τοῦ θεοῦ,
πνεῦμα σοφίας καὶ συνέσεως, πνεῦμα βουλῆς καὶ ἰσχύος, πνεῦμα
3 γνώσεως καὶ εὐσεβείας· ³ἐμπλήσει αὐτὸν πνεῦμα φόβου θεοῦ. οὐ
4 κατὰ τὴν δόξαν κρινεῖ, οὐδὲ κατὰ τὴν λαλιὰν ἐλέγξει, ⁴ἀλλὰ κρινεῖ
ταπεινῷ κρίσιν, καὶ ἐλέγξει τοὺς ταπεινοὺς τῆς γῆς, καὶ πατάξει
γῆν τῷ λόγῳ τοῦ στόματος αὐτοῦ, καὶ ἐν πνεύματι διὰ χειλέων
5 ἀνελεῖ ἀσεβῆ· ⁵καὶ ἔσται δικαιοσύνη ἐζωσμένος τὴν ὀσφὺν αὐτοῦ,
6 καὶ ἀληθείᾳ εἰλημένος τὰς πλευράς. ⁶καὶ συνβοσκηθήσεται λύ-
κος μετὰ ἀρνός, καὶ πάρδαλις συναναπαύσεται ἐρίφῳ, καὶ μοσχά-
ριον καὶ ταῦρος καὶ λέων ἅμα βοσκηθήσονται, καὶ παιδίον μικρὸν
7 ἄξει αὐτούς· ⁷καὶ βοῦς καὶ ἄρκος ἅμα βοσκηθήσονται, καὶ ἅμα
8 τὰ παιδία αὐτῶν ἔσονται, καὶ λέων ὡς βοῦς φάγονται ἄχυρα· ⁸καὶ
παιδίον νήπιον ἐπὶ τρωγλῶν ἀσπίδων, καὶ ἐπὶ κοίτην ἐκγόνων

29 Αγγαι (·γε ℵ*-γαι ℵ^(c.a, c.b))] α' αυλιστηριον σ' αυλισμος θ' καταλυμα ℵAQ
ομοιως οι γ' Q^(mg) | ληψεται ℵ* fort Q   30 η θυγατηρ] pr ※ χρεμετισον
φωνην σου Q^(mg) | Γαλειμ] Ταλειμ ℵ* (Γαλ. ℵ^c) Γαλλειμ AQ | om επακουσεται
εν Σα ℵ | εν Σα] Λαισα: θ' Λεις σ' Λαις α' ϗ το εβραικον ομοιως τοις ο'
Q^(mg)   31 om και ο ℵAQ | και 2°] κα sup ras B^(1 fort)   32 πακαλειται
(1°) ℵ* (παρακ. ℵ¹) | οδω] pr τη Α | Σιων B^b AQ   33 ιδου]+δη ℵ+γαρ
AQ | συνταραξει ℵ συντασσει Q* (συνταρ. Q^a) | οι υψηλοι...συντριβησονται]
α'σ' οι μετεωροι ταπεινωθησονται θ' ομοιως τοις ο' Q^(mg) | οι υψηλοι ταπει-
νωθησονται] om οι υψ. AQ ταπειν. οι υψηλοι Α   34 om και πεσ. υψ. A |
υψηλοι] pr οι ℵQ   XI 1 Ιεσαι ℵ   2 αναπαυσεται] επαναπαυσ. ℵ | του
θεου] om του Q* (hab Q^(mg)) | ευσεβειας (-βιας ℵ)   3 εμπλησει] pr κς Q^(mg)
και ενπλησι ℵ | θεου] πιπι Q^(mg)   4 ελεγξει] α'θ'σ'+εν ευθυτητι Q^(mg) | τους
ταπεινους της γης] τους ενδοξους τ. γ. ℵQ^(11 a†) τους πραεσι της γης σ' πτωχους
γης θ' ομοιως τοις ο' Q^(mg) | πνευματι] pr τω ℵ | ασεβην ℵ^(c.a) (-βη) repos ℵ^(c.b))
5 om αυτου Q* (hab αυτου Q^(a(mg))) | αληθια ℵ | ειλημενος ℵA   6 συμ-
βοσκηθησεται B^b Q | περδαλις B* (παρδ. B^a)   7 βους (1°)...εσονται] α'
δαμαλις ϗ αρκος νεμεθησονται ομου κατακλιθησοται (corr -κλειθ.) παιδια αυτων
θ' βους ϗ αρκος βοσκηθησονται ομοθυμαδον κατακλιθησονται (corr -κλειθ.) τα
παιδια αυτω Q^(mg) | βοσκ. sub ÷ Q | εσονται] βοσκηθησονται Α | ως βους] και
β. ℵAQ α' ως βουκολιο θ' ομοιως τοις ο' Q^(mg) | φαγονται] pr αμα AQ
8 τρωγλην ℵAQ

ΗΣΑΙΑΣ

B ἀσπίδων τὴν χεῖρα ἐπιβαλεῖ. ⁹καὶ οὐ μὴ κακοποιήσουσιν οὐδὲ μὴ 9 δύνωνται ἀπολέσαι οὐδένα ἐπὶ τὸ ὄρος τὸ ἅγιόν μου, ὅτι ἐνεπλήσθη ἡ σύμπασα τοῦ γνῶναι τὸν κύριον, ὡς ὕδωρ πολὺ κατακαλύψαι θαλάσσας. ¹⁰καὶ ἔσται ἐν τῇ ἡμέρᾳ ἐκείνῃ ἡ ῥίζα τοῦ Ἰεσσαὶ 10 καὶ ὁ ἀνιστάμενος ἄρχειν ἐθνῶν, ἐπ' αὐτῷ ἔθνη ἐλπιοῦσιν. καὶ ἔσται ἡ ἀνάπαυσις αὐτοῦ τιμή. ¹¹Καὶ ἔσται τῇ ἡμέρᾳ ἐκείνῃ 11 προσθήσει ὁ κύριος τοῦ δεῖξαι τὴν χεῖρα αὐτοῦ τοῦ ζηλῶσαι τὸ καταλειφθὲν ὑπόλοιπον τοῦ λαοῦ, ὃ ἂν καταλειφθῇ ὑπὸ τῶν Ἀσσυρίων καὶ ἀπὸ Αἰγύπτου καὶ ἀπὸ Βαβυλωνίας καὶ Αἰθιοπίας καὶ ἀπὸ Αἰλαμειτῶν καὶ ἀπὸ ἡλίου ἀνατολῶν καὶ ἐξ Ἀραβίας. ¹²καὶ ἀρεῖ σημεῖον εἰς 12 τὰ ἔθνη, καὶ συνάξει τοὺς ἀπολομένους Ἰσραήλ, καὶ τοὺς διεσπαρμένους Ἰούδα συνάξει ἐκ τῶν τεσσάρων πτερύγων τῆς γῆς. ¹³καὶ 13 ἀφαιρεθήσεται ὁ ζῆλος Ἐφράιμ, καὶ οἱ ἐχθροὶ Ἰούδα ἀπολοῦνται· Ἐφράιμ οὐ ζηλώσει Ἰούδαν, καὶ Ἰούδας οὐ θλίψει Ἐφράιμ. ¹⁴καὶ 14 πετασθήσονται ἐν πλοίοις ἀλλοφύλων· θάλασσαν ἅμα προνομεύσουσιν καὶ τοὺς ἀφ' ἡλίου ἀνατολῶν καὶ Ἰδουμαίαν, καὶ ἐπὶ Μωὰβ πρῶτον τὰς χεῖρας ἐπιβαλοῦσιν, οἱ δὲ υἱοὶ Ἀμμὼν πρῶτοι ὑπακούσονται. ¹⁵καὶ ἐρημώσει Κύριος τὴν θάλασσαν Αἰγύπτου, καὶ ἐπιβαλεῖ 15 τὴν χεῖρα αὐτοῦ ἐπὶ τὸν ποταμὸν πνεύματι βιαίῳ, καὶ πατάξει ἑπτὰ § Γ φάραγγας ὥστε διαπορεύεσθαι αὐτὸν ἐν ὑποδήμασιν· §¹⁶καὶ ἔσται 16 δίοδος τῷ καταλειφθέντι μου λαῷ ἐν Αἰγύπτῳ, καὶ ἔσται τῷ Ἰσραὴλ ὡς ἡ ἡμέρα ὅτε ἐξῆλθεν ἐκ γῆς Αἰγύπτου. ¹Καὶ ἐρεῖς ἐν τῇ 1 XII ἡμέρᾳ ἐκείνῃ Εὐλογῶ σε, Κύριε, διότι ὠργίσθης μοι, καὶ ἀπέστρεψας τὸν θυμόν σου καὶ ἠλέησάς με. ²ἰδοὺ ὁ θεός μου σωτήρ μου, πεποιθὼς 2 ἔσομαι ἐπ' αὐτῷ, καὶ οὐ φοβηθήσομαι· διότι ἡ δόξα μου καὶ ἡ αἴνεσίς μου Κύριος, καὶ ἐγένετό μοι εἰς σωτηρίαν. ³καὶ ἀντλήσετε ὕδωρ 3

ℵAQΓ 9 κακοποιησωσιν AQᵃ | ουδε] ουδ ου A 10 εθνω (sic) A 11 τη ημ. εκεινη] pr εν AQ | ο κυριος] om o ℵAQ | υπολοιπον] υπολιπαν ℵ* (-λοιπ. ℵᶜ·ᵃ) | υπο] om ℵ* (hab ℵ¹⁽ᵛⁱᵈ⁾) απο ℵᶜ·ᵇ ᵛⁱᵈ AQ | om απο 2° AQ | Αιθιοπιας (Εθ. ℵ)| pr απο ℵQ | Ελαμιτων ℵQ Αιλαμιτ. A | Αραβειας ℵA 12 Ιουδα] pr του ℵQ 13 ζηλος] ζυγος A | Εφρεμ ℵ ter | Ιουδαν] pr τον Qᵐᵍ 14 προνομευουσιν ℵ* (-σουσιν ℵᶜ) | Ιδουμαιαν (-μεαν ℵ)...επιβαλουσιν] αʹ Ιδουμαια ϗ Μωαβ αποστολη χειρος αυτων θʹ Ιδουμαια ϗ Μ. εκστασις χ. αυτ. σʹ Εδωμ ϗ Μ. εκστ. χ. αυτ. Qᵐᵍ | επιβαλουσιν τας χειρας ℵ 15 χειραν ℵ* 16 διοδος] οδος A | εξηλθον ℵ* (-θεν ℵᶜ·ᵃ postea revoc -θον) XII 1 ευλογω σε] ευλογησω σε ℵᶜ·ᵇ AQΓ aʹ σʹ θʹ εξομολογησομαι σοι Qᵐᵍ | διοτι] οτι Γ | μοι]+εις σωτηριαν ℵ* (improb ℵᶜ·ᵃ,ᶜ·ᵇ) 2 μου (1°)...αυτω] pr obelos Bᵃ (non inst Bᵇ) | μου σηρ μου sup ras Aᵃ (om μου 1° A*ᵛⁱᵈ) | μου 2°]+κϛ ℵQ | πεποιθως εσομαι] θʹ ελπιω Qᵐᵍ | επ αυτω sub ÷ Q | επ] εν A | αυτω] +σωθησομαι εν αυτω Bᵃᵇ⁽ᵐᵍ⁾+και σωθησομαι (-με ℵ* -μαι ℵᶜ·ᵇ) εν αυτω ℵ*Q | Κυριος] πʹ ※ Ια πιπι Qᵐᵍ 3 αντλησεται ΒℵAQ* (-τε Qᵃ) αντλισατε Γ

122

ΗΣΑΙΑΣ XIII 8

4 μετ' εὐφροσύνης ἐκ τῶν πηγῶν τοῦ σωτηρίου. ⁴καὶ ἐρεῖς ἐν τῇ B
ἡμέρᾳ ἐκείνῃ Ὑμνεῖτε Κύριον, βοᾶτε τὸ ὄνομα αὐτοῦ, ἀναγγείλατε ἐν
τοῖς ἔθνεσιν τὰ ἔνδοξα αὐτοῦ· μιμνῄσκεσθε ὅτι ὑψώθη τὸ ὄνομα
5 αὐτοῦ. ⁵ὑμνήσατε τὸ ὄνομα Κυρίου, ὅτι ὑψηλὰ ἐποίησεν· ἀναγγείλατε
6 ταῦτα ἐν πάσῃ τῇ γῇ. ⁶ἀγαλλιᾶσθε καὶ εὐφραίνεσθε, οἱ κατοικοῦντες
Σειών, ὅτι ὑψώθη ὁ ἅγιος τοῦ Ἰσραὴλ ἐν μέσῳ αὐτῆς.

XIII 1 ¹Ὅρασις ἣν εἶδεν Ἡσαίας υἱὸς Ἀμὼς κατὰ Βαβυλῶνος.
2 ²Ἐπ' ὄρους πεδινοῦ ἄρατε σημεῖον, ὑψώσατε τὴν φωνὴν αὐτοῖς,
3 παρακαλεῖτε τῇ χειρί· ἀνοίξατε, οἱ ἄρχοντες. ³ἐγὼ συντάσσω, καὶ
ἐγώ, αὐτούς· γίγαντες ἔρχονται πληρῶσαι τὸν θυμόν μου χαίροντες
4 ἅμα καὶ ὑβρίζοντες. ⁴φωνὴ ἐθνῶν πολλῶν ἐπὶ τῶν ὀρέων, ὁμοία
ἐθνῶν πολλῶν, φωνὴ βασιλέων καὶ ἐθνῶν συνηγμένων. Κύριος
5 σαβαὼθ ἐντέταλται ἔθνει ὁπλομάχῳ ⁵ἔρχεσθαι ἐκ γῆς πόρρωθεν
ἀπ' ἄκρου θεμελίου τοῦ οὐρανοῦ, Κύριος καὶ οἱ ὁπλομάχοι αὐτοῦ,
6 καταφθεῖραι πᾶσαν τὴν οἰκουμένην. ⁶ὀλολύζετε· ἐγγὺς γὰρ ἡμέρα
7 Κυρίου, καὶ συντριβὴ παρὰ τοῦ θεοῦ ἥξει. ⁷διὰ τοῦτο πᾶσα χεὶρ
8 ἐκλυθήσεται, καὶ πᾶσα ψυχὴ ἀνθρώπου δειλιάσει· ⁸ταραχθήσονται
οἱ πρέσβεις, καὶ ὠδῖνες αὐτοὺς ἕξουσιν ὡς γυναικὸς τικτούσης· καὶ
συμφοράσουσιν ἕτερος πρὸς τὸν ἕτερον⟦ καὶ ἐκστήσονται, καὶ τὸ ¶ Γ

3 πληγων Q* (πηγ. Q¹ᵗᵃ?)   4 αυτου 3°] κυ Γ   5 εποιησε ℵ* (εποιησεν ℵᶜ·ᵃ) ℵAQΓ
6 αγαλλιασασθαι ℵ* αγαλλιασθαι ℵᶜ·ᵃ⁽ᵛⁱᵈ⁾ | Σειων (Σιων BᵇAQΓ)] pr εν ℵAΓ |
αυτης] σου ℵAQ* (αυτης Qᵐᵍ) Γ   XIII 1 pr ορασις ε' Q | ειδεν] ιδεν Q
2 αυτοις] εαυτοις ℵᶜ·ᵃ⁽ᵛⁱᵈ⁾ (postea rurs αυτ.) A εαυτῶ QΓ (nisi potius [αυ]των
Γ') οι γ' αυτοις Qᵐᵍ + μη φοβεισθε ℵ (-σθαι) AQΓᵛⁱᵈ (μη ......θε) | παρακα-
λειτε] παρακαλισθαι ℵ* (-λειται ℵᶜ·ᵇ) θ' αφορισατε [α'] εξαρατε Qᵐᵍ | τη
χειρι] τη ψυχη A θ' χειρι [α'] χειρα Qᵐᵍ | ανοιξατε οι αρχοντες] [α'] ϗ εισελ-
θετωσαν ανοιγματα εκουσιαζομενῶ Qᵐᵍ   3 εγω συντασσω...υβριζοντες]
[α'] εγω ενετειλαμην τοις ηγιασμενοις μου ϗ γε εκαλεσα δυνατους μου τω θυμω
μου αγαυριωμενους υπερφανειας μου (σ'...εν τω δοξασμω μου) Qᵐᵍ | συντασω
ℵ* (-τασσω ℵᶜ·ᵃ) | και εγω αυτους] και εγω αγω αυτους· ηγιασμενοι (ηγειασμ.
ℵ) εισι (-σιν ℵQ) και εγω αγω αυτους· B¹ᵐᵍℵQ και εγω αυτους ηγ. εισιν και
ε. α. αυτους (-του A* -τους A¹) A εγω αγω αυτ. ηγ. εισιν και ε. α. αυτους Γ |
χαιροντες...υβριζοντες] σ' χαιροντες τη υβρει μου Qᵐᵍ | υβριζοντες] pr οι Γᶠᵒʳᵗ
(οι|βριζ.)   4 om επι των ορεων...πολλων ℵ* (hab επι των ορεων ℵᵃ hab
επι...πολλων ℵᶜ·ᵃ,ᶜ·ᵇ) | βασιλεων (βασι|ων ℵ)] οι γ' βασιλειων Qᵐᵍ | συνη-
γμωνων ℵ* (-μενων ℵᶜ·ᵇ)   5 ερχεσθαι] ερχεσθε και Q* (improb και Q?) |
θεμελιου του sup ras et in mg Aᵃ¹ (om θεμ. A*ᵛⁱᵈ hab sub ÷ Q) | Κυριος] σ'
κ̄ς̄ κ̄ς̄ Qᵐᵍ | οι οπλομαχοι (οι|πλομαχοι ℵ* οι οπλομ. ℵᶜ·ᵃ)] σ' σκευη οργης Qᵐᵍ |
καταφθειραι] pr του ℵᶜ·ᵃ (improb ℵᶜ·ᵇ⁽ᵛⁱᵈ⁾) AQ | πασαν την οικουμενην] την
οικ. οληνℵAQΓ   6 ημερα] pr η ℵAQΓ   7 πασα χειρ] πασαι
χειρες A   8 ταραχθησονται] pr και ℵAQΓ | συμφορασουσιν (συνφ. ℵ)] οι
γ' ωδινησουσιν Qᵐᵍ

ΗΣΑΙΑΣ

Β πρόσωπον αὐτῶν ὡς φλὸξ μεταβαλοῦσιν. 9ἰδοὺ γὰρ ἡμέρα Κυρίου 9 ἔρχεται ἀνίατος θυμοῦ καὶ ὀργῆς, θεῖναι τὴν οἰκουμένην ἔρημον καὶ τοὺς ἁμαρτωλοὺς ἀπολέσαι ἐξ αὐτῆς. 10οἱ γὰρ ἀστέρες τοῦ οὐρανοῦ 10 καὶ ὁ Ὠρείων καὶ πᾶς ὁ κόσμος τοῦ οὐρανοῦ τὸ φῶς οὐ δώσουσιν, καὶ σκοτισθήσεται τοῦ ἡλίου ἀνατέλλοντος, καὶ ἡ σελήνη οὐ δώσει τὸ φῶς αὐτῆς. 11καὶ ἐντελοῦμαι τῇ οἰκουμένῃ ὅλῃ κακά, καὶ τοῖς ἀσεβέσιν 11 τὰς ἁμαρτίας αὐτῶν· καὶ ἀπολῶ ὕβριν ἀνόμων, καὶ ὕβριν ὑπερηφάνων ταπεινώσω. 12καὶ ἔσονται οἱ καταλελιμμένοι ἔντιμοι μᾶλλον 12 ἢ τὸ χρυσίον τὸ ἄπυρον, καὶ ἄνθρωπος μᾶλλον ἔντιμος ἔσται ἢ ὁ λίθος ὁ ἐν Σουφείρ. 13ὁ γὰρ οὐρανὸς θυμωθήσεται, καὶ ἡ γῆ σει- 13 σθήσεται ἐκ τῶν θεμελίων αὐτῆς, διὰ θυμὸν ὀργῆς Κυρίου σαβαώθ, τῇ ἡμέρᾳ ᾗ ἂν ἐπέλθῃ ὁ θυμὸς αὐτοῦ. 14καὶ ἔσονται οἱ καταλε- 14 λιμμένοι ὡς δορκάδιον φεῦγον καὶ ὡς πρόβατον πλανώμενον, καὶ οὐκ ἔσται ὁ συνάγων, ὥστε ἄνθρωπον εἰς τὸν λαὸν αὐτοῦ ἀποστραφῆναι· καὶ ἄνθρωπος εἰς τὴν χώραν ἑαυτοῦ διώξεται. 15ὃς γὰρ ἂν ἁλῷ 15 ἡττηθήσεται, καὶ οἵτινες συνηγμένοι εἰσὶν μαχαίρᾳ πεσοῦνται. 16καὶ 16 τὰ τέκνα αὐτῶν ῥάξουσιν ἐνώπιον αὐτῶν, καὶ τὰς οἰκίας αὐτῶν προνομεύσουσιν, καὶ τὰς γυναῖκας αὐτῶν ἕξουσιν. 17ἰδοὺ ἐπεγείρω ὑμῖν 17 τοὺς Μήδους, οἳ οὐ λογίζονται ἀργύριον οὐδὲ χρυσίου χρείαν ἔχουσιν. 18τοξεύματα νεανίσκων συντρίψουσιν, καὶ τὰ τέκνα ὑμῶν οὐ μὴ ἐλεή- 18 σωσιν, οὐδὲ ἐπὶ τοῖς τέκνοις σου φείσονται οἱ ὀφθαλμοὶ αὐτῶν. 19καὶ 19 § Γ ἔσται Βαβυλών, ἣ καλεῖται ἔνδοξος ἀπὸ βασιλέως Χαλδαίων, §ὃν τρόπον κατέστρεψεν ὁ θεὸς Σόδομα καὶ Γόμορρα· 20οὐ κατοικηθήσεται 20 εἰς τὸν αἰῶνα χρόνον, οὐδὲ μὴ εἰσέλθωσιν εἰς αὐτὴν διὰ πολλῶν

ℵAQΓ 9 ημερα] pr η ℵA | ανιατος ερχεται ℵAQ | θυμου και οργης] θ' μηνιδος ҁ οργης ҁ θυμου Q^mg | οικουμενην]+ολην ℵQ 10 ο Ωρειων] ο Ωριων B^b ℵ^{c.a} AQ Ωριον ℵ* | και πας..ουρανου sub ⸓ Q | κοσμος] οικος ℵ* (κοσμ. ℵ^{c.a}) | φως 1°] + ※ αυτω Q^mg | του ηλιου ανατελλοντος] σ'θ' ο ηλιος εν τη εξοδω αυτου Q^mg 11 ασεβεσι AQ 12 καταλελειμμ. B^{ab} Q^{a†} | ανθρωπος] pr ο ℵAQ | ο λιθος] om ο ℵ* (hab ℵ^{c.a}) | εν] εκ ℵAQ 13 ουρανος θυμωθησεται] α' ουρανους κλονησω σ' τον ουρανο͂ ταραξω θ' ουρανον θυμωσω Q^mg | om οργης Q* (hab Q^mg) | αν] εαν ℵ 14 οι καταλ. sub ⸓ Q | καταλελειμμ. B^{b(vid)} Q^{a†} | φευγον] φευοντα ℵ* (φευγον ℵ^{c.a, c.b}) | πλαν. sub ⸓ Q | και ουκ εσται...διωξεται] a' ҁ ουκ εστιν αθροιζων ανηρ προς λαον αυτου νευσουσι ҁ ανηρ προς γην αυτου φευξονται Q^mg | ανθρωπος] ανθρωπον ℵ^{c.a} AQ* (-πος Q^mg) | εαυτου] αυτου ℵAQ | διωξεται] διωξαι ℵ^{c.a, c.b} A Q* (-ξεται Q^a) 15 ος] ως ℵ* (ος ℵ^{c.a, c.b}) | αν] εαν AQ | ηττηθησεται] οι γ' εκκε|τηθη|σεται Q^mg | οιτινες] οσοι A 16 ραξουσιν ενωπιον αυτων] om αυτων B om ραξουσιν ℵ* ενωπιον αυτων ραξ. ℵ^{c.a} AQ | om και τας οικιας αυτων ℵ* (hab και τ. οικειας αυτ. ℵ^{c.a}) 17 οι ...εχουσιν] a' οι αργυριον ου λογιζοντ҃ ҁ χρυσιον ουκ ευδοκησουσῖ Q^mg | χρυσιου] χρυσιον ℵ* (-ου ℵ^{1(vid)}) A 18 ελεησουσιν AQ* (-σωσιν Q^a) 19 Βαβυλων] pr η Q* | απο] υπο ℵAQ 20 χρονον] τ pro χ rescr ut vid ℵ^1 | om ουδε ...γενεων Γ | ουδε 1°] ουδ ου ℵQ

ΗΣΑΙΑΣ XIV 9

γενεῶν, οὐδὲ μὴ διέλθωσιν αὐτὴν Ἄραβες, οὐδὲ ποιμένες οὐ μὴ ἀνα- B
21 παύσονται ἐν αὐτῇ. ²¹καὶ ἀναπαύσονται ἐκεῖ θηρία, καὶ ἐμπλησθή-
σονται αἱ οἰκίαι ἤχου· καὶ ἀναπαύσονται ἐκεῖ σειρῆνες, καὶ δαιμόνια
22 ἐκεῖ ὀρχήσονται, ²²καὶ ὀνακένταυροι ἐκεῖ κατοικήσουσιν, καὶ νοσσο-
ποιήσουσιν ἐχῖνοι ἐν τοῖς οἴκοις αὐτῶν. ταχὺ ἔρχεται καὶ οὐ χρα-
XIV 1 νιεῖ. ¹Καὶ ἐλεήσει Κύριος τὸν Ἰακώβ, καὶ ἐκλέξεται ἔτι τὸν Ἰσ-
ραήλ, καὶ ἀναπαύσονται ἐπὶ τῆς γῆς αὐτῶν, καὶ ὁ γιώρας προστεθή-
2 σεται πρὸς αὐτούς, καὶ προστεθήσεται πρὸς τὸν οἶκον Ἰακώβ, ²καὶ
λήμψονται αὐτοὺς ἔθνη καὶ εἰσάξουσιν εἰς τὸν τόπον αὐτῶν, καὶ κατα-
κληρονομήσουσιν, καὶ πληθυνθήσονται ἐπὶ τῆς γῆς εἰς δούλους καὶ
δούλας· καὶ ἔσονται αἰχμάλωτοι οἱ αἰχμαλωτεύσαντες αὐτούς, καὶ
κυριευθήσονται οἱ κυριεύσαντες αὐτῶν.
3 ³Καὶ ἔσται τῇ ἡμέρᾳ ἐκείνῃ ἀναπαύσει σε Κύριος ἀπὸ τῆς ὀδύνης
καὶ τοῦ θυμοῦ σου τῆς δουλείας σου τῆς σκληρᾶς ἧς ἐδούλευσας αὐ-
4 τοῖς. ⁴καὶ λήμψῃ τὸν θρῆνον τοῦτον ἐπὶ τὸν βασιλέα Βαβυλῶνος,
καὶ ἐρεῖς Πῶς ἀναπέπαυται ὁ ἀπαιτῶν, καὶ ἀναπέπαυται ὁ ἐπι-
5 σπουδαστής; ⁵συνέτριψεν Κύριος τὸν ζυγὸν τῶν ἁμαρτωλῶν, τὸν
6 ζυγὸν τῶν ἀρχόντων· ⁶πατάξας ἔθνος θυμῷ πληγῇ ἀνιάτῳ, παίων
7 ἔθνος πληγὴν θυμοῦ ᾗ οὐκ ἐφείσατο, ἀνεπαύσατο πεποιθώς. ⁷πᾶσι
8 ἡ γῆ βοᾷ μετ' εὐφροσύνης, ⁸καὶ τὰ ξύλα τοῦ Λιβάνου εὐφράνθησαν
ἐπὶ σοὶ καὶ ἡ κέδρος τοῦ Λιβάνου Ἀφ' οὗ σὺ κεκοίμησαι, οὐκ ἀνέβη
9 ὁ κόπτων ἡμᾶς. ⁹ὁ ᾅδης κάτωθεν ἐπικράνθη συναντήσας σοι· συνη-
γέρθησάν σοι πάντες οἱ γίγαντες οἱ ἄρξαντες τῆς γῆς, οἱ ἐγείραντες

20 ουδε 2°] ουδ ου ℵ | διελθωσιν] εισ|ελθωσιν ℵΓ | αυτην 2°] pr εις ℵΓ | ℵAQΓ
αναπαυσωνται A   21 εμπλησθησονται] πλησθ. A | αι οικιαι] om αι A |
ηχου] α' φωνω Qᵐᵍ | σιρηνες Q*Γ a'σ' στρουθοκαμηλοι Qᵐᵍ | δαιμονια] α'
τριχιωται θ' ορθοτριχουντες Qᵐᵍ | ορχησονται] ορχηθησονται A   22 νοσ-
σοποιυσωσιν Iᵛⁱᵈ | εχινοι] π' σιρηνες Qᵐᵍ | χρονιει] +(θ') ✱ ϟ αι ημεραι
αυτης ου μη εφελκυσθωσιν Qᵐᵍ   XIV 1 γιωρας (γειωρ. BᵃᵇℵAQΓ)]
adnot ο την γην φυλασσων Bᶜ? οι λ' προσηλυτος Qᵐᵍ | προσπροστεθησεται
(1°) Q* | προς 2°] επι A   2 ληψονται BᵇQΓ | πληθυνθησονται]+οικος
Ιηλ ℵ | γης]+του θυ αυτων ℵ+του θυ AQΓ | κυριευθησοται Q* (-σονται
Qᵃ)   3 τη ημ. εκ.] pr εν ℵ* (improb ℵᶜ·ᵇ⁽ᵛⁱᵈ⁾ postea restit) AQ | Κυριος]
οι θϛ ℵ* (improb ι ℵ¹ postea ras) ο θϛ AQ*Γ κϛ et πιπι Qᵐᵍ | απο] εκ
ℵᶜ·ᵃAQ om Γ | οδυνης]+σου ℵᶜ·ᵃ (postea ras) | om και 2° Q | της δουλειας
(-λιας ℵAQ*)] pr και ℵAQ pr εκ Γ | om σου 2° AQΓ   4 ληψη QΓ |
τον βασιλεα] om τον ℵ* (hab ℵᶜ·ᵇ) | ερεις]+εν τη ημερα εκεινη (εκιν. ℵ)
ℵAQΓ   5 Κυριος] ο θϛ ℵAQ*Γ ο κϛ et πιπι Qᵐᵍ   6 παταξας] Ωρ.
επαταξεν Qᵐᵍ | παιον Γ   8 του Λιβ. (1°) sub ÷ Q | Λιβανου 1°] δρυμου
ℵ* (Λιβ. ℵᶜ·ᵇ⁽ᵛⁱᵈ⁾ ras ℵᶜ·ᶜ⁽ᵛⁱᵈ⁾) | ηυφρανθησαν ℵAQ | Λιβανου 2°]+ερουσιν Qᵐᵍ
9 επικρανθη] α' εκλονηθη σ' εσαλευθη Qᵐᵍ | συ]αντ. B* συ|ναντ. B? συναντισας
Γ | συνγερθησαν...γιγαντες] α'θ' εξηγειρεν σοι ραφαειμ Qᵐᵍ | αρξαντες]
αρχοντες ℵ* (αρξ. ℵᶜ·ᵃ·ᶜ·ᵇ).

XIV 10   ΗΣΑΙΑΣ

B ἐκ τῶν θρόνων αὐτῶν πάντας βασιλεῖς ἐθνῶν. ¹⁰πάντες ἀποκρι- 10
θήσονται καὶ ἐροῦσίν σοι Καὶ σὺ ἑάλως ὥσπερ καὶ ἡμεῖς, ἐν ἡμῖν δὲ
κατελογίσθης. ¹¹κατέβη εἰς ᾅδου ἡ δόξα σου, ἡ πολλὴ εὐφροσύνη 11
σου· ὑποκάτω σου στρώσουσιν σῆψιν, καὶ τὸ κατακάλυμμά σου
σκώληξ. ¹²πῶς ἐξέπεσεν ἐκ τοῦ οὐρανοῦ ὁ ἑωσφόρος ὁ πρωὶ ἀνα- 12
τέλλων; συνετρίβη εἰς τὴν γῆν ὁ ἀποστέλλων πρὸς πάντα τὰ ἔθνη.
¹³σὺ δὲ εἶπας τῇ διανοίᾳ σου Εἰς τὸν οὐρανὸν ἀναβήσομαι, ἐπάνω 13
τῶν ἀστέρων τοῦ οὐρανοῦ θήσω τὸν θρόνον μου, καθιῶ ἐν ὄρει ὑψηλῷ
ἐπὶ τὰ ὄρη τὰ ὑψηλὰ τὰ πρὸς βορρᾶν, ¹⁴ἀναβήσομαι ἐπάνω τῶν 14
νεφῶν, ἔσομαι ὅμοιος τῷ ὑψίστῳ. ¹⁵νῦν δὲ εἰς ᾅδην καταβήσῃ καὶ 15
εἰς τὰ θεμέλια τῆς γῆς. ¹⁶οἱ ἰδόντες σε θαυμάσονται ἐπὶ σοὶ καὶ 16
ἐροῦσιν Οὗτος ὁ ἄνθρωπος ὁ παροξύνων τὴν γῆν, σείων βασιλεῖς,
¹⁷ὁ θεὶς τὴν οἰκουμένην ὅλην ἔρημον, καὶ τὰς πόλεις αὐτοῦ καθεῖλεν, 17
τοὺς ἐν ἐπαγωγῇ οὐκ ἔλυσεν. ¹⁸πάντες οἱ βασιλεῖς τῶν ἐθνῶν ἐκοι- 18
μήθησαν ἐν τιμῇ, ἄνθρωπος ἐν τῷ οἴκῳ αὐτοῦ· ¹⁹σὺ δὲ ῥιφήσῃ ἐν 19
τοῖς ὄρεσιν, ὡς νεκρὸς ἐβδελυγμένος, μετὰ πολλῶν τεθνηκότων ἐκ-
κεκεντημένων μαχαίραις καταβαινόντων εἰς ᾅδου. ὃν τρόπον ἱμάτιον
ἐν αἵματι πεφυρμένον οὐκ ἔσται καθαρόν, ²⁰οὕτως οὐδὲ σὺ ἔσῃ καθα- 20
ρός, διότι τὴν γῆν μου ἀπώλεσας καὶ τὸν λαόν μου ἀπέκτεινας· οὐ
μὴ μείνῃς εἰς τὸν αἰῶνα χρόνον, σπέρμα πονηρόν. ²¹ἑτοίμασον τὰ 21
τέκνα σου σφαγῆναι ταῖς ἁμαρτίαις τοῦ πατρὸς αὐτῶν, ἵνα μὴ ἀνα-
στῶσιν καὶ τὴν γῆν κληρονομήσωσιν καὶ ἐμπλήσωσι τὴν γῆν πο-
λέμων. ²²καὶ ἐπαναστήσομαι αὐτοῖς, λέγει Κύριος σαβαώθ, καὶ ἀπολῶ 22

ℵAQΓ   9 παντες ℵQ | βασιλις ℵ* (-λεις ℵc.b)   11 κατεβη]+δε ℵA |
σου ευφροσυνη Q | σου 4°] οι π' κατα Ωρ. σου Qmg   12 εις] επι
Γ | ο αποστελλων] om ο ℵ | προς] εις ℵ* (προς ℵc.a, c.b) | εθη ℵ* (εθν.
ℵvix 1)   13 τη διανοια] τη καρδια ℵ pr εν ℵAQ | αστρων ℵAQΓ |
μου] μ rescr Aa | τα προς βορραν] om τα ℵ* (hab ℵc)   14 νεφων]
νεφελων ℵAQΓ   15 αδην] αδου ℵA | τα θεμελια της γης] α'θ' μηρους
λακκου Qmg   16 θαυμασονται] θαυμασουσιν ℵAQΓ | ο παροξυνων] α'
[?ο] κλονων σ' ο ταραξας θ' ο παροργιζων Qmg   17 om και τας π. αυτ.
καθειλεν A | πολις ℵ* (-λεις ℵc.b) Q* | om αυτου ℵQ | εν επαγωγη] εν απ.
Qmg οι γ' ✕ +αυτου οι λ' δεσμιους Qmg   18 ανθρωπος] εκαστος A σ'
εκαστος α'θ' ανηρ Qmg   19 ορεσιν] εθνεσιν Γ | αδου] αδην Γ | τροπον]
+γαρ ℵc.a (postea ras) | εν αιματι ιματιον A   20 om και μη μεινης ε:s
τ. αιωνα χρ. Q* (hab Qmg) | αιωναν ℵ* | σπ. πον. c seqq coniung A
21 σφαγηναι τα τεκνα σου A | πατρος] α'σ' πατερων θ' πατρος Qmg | αυτων]
σου ℵAQ* (αυτ. Qmg) Γ α'σ'θ' αυτων Qmg | κληρονομησουσιν ℵΓ | εμπλησωσι
την γην πολεμων] α' πληρωσωσι προσωπο οικουμενης πολεων θ' πληρ. το προσ.
της οικ. πολεων σ' πληρωσουσι το προσ. της οικ. πολεων Qmg   22 επανα-
στησομαι] a 2° sup ras ℵ¹

126

ΗΣΑΙΑΣ XIV 32

23 αὐτῶν ὄνομα καὶ κατάλιμμα καὶ σπέρμα· τάδε λέγει Κύριος. 23καὶ B θήσω τὴν Βαβυλωνίαν ἔρημον ὥστε κατοικεῖν ἐχίνους, καὶ ἔσται εἰς οὐδέν· καὶ θήσω αὐτὴν πηλοῦ βάραθρον εἰς ἀπώλειαν.

24 24Τάδε λέγει Κύριος σαβαὼθ Ὃν τρόπον εἴρηκα οὕτως ἔσται, καὶ 25 ὃν τρόπον βεβούλευμαι οὕτως μενεῖ, 25τοῦ ἀπολέσαι τοὺς Ἀσσυρίους ἐπὶ τῆς γῆς τῆς ἐμῆς καὶ ἐπὶ τῶν ὀρέων μου· καὶ ἔσονται εἰς καταπάτημα, καὶ ἀφαιρεθήσεται ἀπ' αὐτῶν ὁ ζυγὸς αὐτῶν, καὶ τὸ κῦδος 26 αὐτῶν ἀπὸ τῶν ὤμων ἀφαιρεθήσεται. 26αὕτη ἡ βουλὴ ἣν βεβούλευται Κύριος ἐπὶ τὴν οἰκουμένην ὅλην, καὶ αὕτη ἡ χεὶρ ἡ ὑψηλὴ 27 ἐπὶ πάντα τὰ ἔθνη. 27ἃ γὰρ ὁ θεὸς ὁ ἅγιος βεβούλευται, τίς διασκεδάσει; καὶ τὴν χεῖρα αὐτοῦ τὴν ὑψηλὴν τίς ἀποστρέψει;

28 28Τοῦ ἔτους οὗ ἀπέθανεν ὁ βασιλεὺς Ἀχὰζ ἐγενήθη τὸ ῥῆμα τοῦτο.
29 29Μὴ εὐφρανθείητε, πάντες οἱ ἀλλόφυλοι, συνετρίβη γὰρ ὁ ζυγὸς τοῦ παίοντος ὑμᾶς· ἐκ γὰρ σπέρματος ὄφεως ἐξελεύσεται ἔκγονα ἀσπίδων, καὶ τὰ ἔκγονα αὐτῶν ἐξελεύσονται ὄφεις πετάμενοι. 30 30καὶ βοσκηθήσονται πτωχοὶ δι' αὐτοῦ· πτωχοὶ δὲ ἄνθρωποι ἐπὶ εἰρήνης ἀναπαύσονται· ἀνελεῖ δὲ λιμῷ τὸ σπέρμα σου, καὶ τὸ κατά- 31 λειμμά σου ἀνελεῖ. 31ὀλολύξατε, πύλαι πόλεων, κεκραγέτωσαν πόλεις τεταραγμέναι, οἱ ἀλλόφυλοι πάντες, ὅτι ἀπὸ βορρᾶ καπνὸς 32 ἔρχεται, καὶ οὐκ ἔστιν τοῦ εἶναι. 32καὶ τί ἀποκριθήσονται βασιλεῖς ἐθνῶν; ὅτι Κύριος ἐθεμελίωσεν Σειών, καὶ δι' αὐτοῦ σωθήσονται οἱ ταπεινοὶ τοῦ λαοῦ.

22 αυτων] α'σ' της Βαβυλωνος Q^mg | καταλειμμα B^abAQ?Γ | Κυριος 2°] ℵAQΓ +σαβαωθ ℵ (c seqq coniung)   23 Βαβυλωνα ℵ^c.a(vid) (-νιαν ℵ*^c.b) | ουδεν] ουθεν ℵQΓ | βαραθρον] βαθρον A | απωλιαν ℵQ*   25 απωλεσαι Γ | επι 1°] εκ ℵ* απο ℵ^c.bAQ* (ε[πι] Q^ing vid) Γ | επι της γης της εμ.] α' εν γη μου θ'σ' εν τη γη μου Q^mg | επι 2°] απο ℵAQΓ | οριων ℵ^c.a, c.b (vid) | om απ αιτων ℵ* | αυτων 2°]+απ αυτων ℵ^c.a (postea ras) | αφαιρεθησεται 2°] incep απ ℵ* (αφερ. ℵ^1 αφαιρ. ℵ^c.b)   26 ην] η ℵ* (ην ℵ^c.a) | Κυριος sub ÷ Q | οικουμενη ℵ* (οικουμ. ℵ^post c.a (vid)) | υψηληι υψωθη ℵ* (υψηλη ℵ^c.a, c.b) υψυ|λη (sic) Q | εθνη]+της οικουμενης ℵAQΓ   27 om αυτου ℵAQΓ | αστρεψει ℵ* (αποστρ. ℵ^c.a)   28 evan in Γ | ου] του ℵ* (ομ ℵ^1 fort) | Αχαζ ο βασιλευς ℵAQ (?Γ) | ο βασιλευς] οι γ' ομοιως Q^mg   29 pr ορασις ς'' Q^mg | αλλοφυλοι] υλ rescr ℵ^1 | οφεων ℵ^c.a, c.bAQ (οι γ' ομοιως Q^mg) | εκγονα 1°] εγγονα ΑΓ | εκγονα 2°] εγγονα Γ | εξελευσονται] εξελευσεται ℵ* (-σονται ℵ^a) | οφεις] οφις Q* | πετομενοι ℵAQΓ   30 αυτου] αυτων ℵ^c.a (postea restit -του) | ανθρωποι] ανδρες ℵAQ* (αυοι Q^mg) Γ | επι] επ ℵAQΓ | καταλιμμα ℵAQ*Γ 31 ολολυξατε] ολολυξετε ℵ*^fort ℵ^1AQΓ (-ται) | πολεων] πολεως Q^mg | κεκραγετωσαν] καικραγ. ℵ* και κεκραγ. ℵ^c.a | οτι] διοτι ℵ^c.a (δι postea ras) | απο βορρα καπνος] καπνος (και incep ℵ*) απο β. ℵAQΓ | απο β.] οι γ' ομοιως Q^mg   32 οτι] διοτι ℵ^c.a (postea restit οτι) | Σειων] Σιων B^bℵAQΓ pr την ℵ

127

ΗΣΑΙΑΣ

Τὸ ῥῆμα τὸ κατὰ τῆς Μωαβείτιδος.

XV

¹Νυκτὸς ἀπολεῖται ἡ Μωαβεῖτις, νυκτὸς γὰρ ἀπολεῖται τὸ τεῖχος τῆς Μωαβείτιδος. ²λυπεῖσθε ἐφ' ἑαυτούς, ἀπολεῖται γὰρ καὶ Δηβών, οὗ ὁ βωμὸς ὑμῶν· ἐκεῖ ἀναβήσεσθε κλαίειν, ἐπὶ Ναβαῦ τῆς Μωαβείτιδος. ὀλολύξατε, ἐπὶ πάσης κεφαλῆς φαλάκρωμα, πάντες βραχίονες κατατετμημένοι, ³ἐν ταῖς πλατείαις αὐτῆς περιζώσασθε σάκκους, καὶ κόπτεσθε ἐπὶ τῶν δωμάτων αὐτῆς καὶ ἐν ταῖς ῥύμαις αὐτῆς, πάντες ὀλολύζετε μετὰ κλαυθμοῦ. ⁴ὅτι κέκραγεν Ἐσεβὼν καὶ Ἐλεαλή, ἕως Ἰάσσα ἠκούσθη ἡ φωνὴ αὐτῶν· διὰ τοῦτο ἡ ὀσφὺς τῆς Μωαβείτιδος βοᾷ, ἡ ψυχὴ αὐτῆς γνώσεται. ⁵ἡ καρδία τῆς Μωαβείτιδος βοᾷ ἐν αὐτῇ ἕως Σήγωρ· δάμαλις γάρ ἐστιν τριετής, ἐπὶ δὲ τῆς ἀναβάσεως Λουεὶθ πρὸς σὲ κλαίοντες ἀναβήσονται τῇ ὁδῷ Ἀρωνιείμ· βοᾷ σύντριμμα καὶ σεισμός, ⁶τὸ ὕδωρ τῆς Νεμηρεὶμ ἔρημος ἔσται, καὶ ὁ χόρτος αὐτῆς ἐκλείψει· χόρτος γὰρ χλωρὸς οὐκ ἔσται. ⁷μὴ καὶ οὕτως μέλλει σωθῆναι; ἐπάξω γὰρ ἐπὶ τὴν φάραγγα Ἄραβας καὶ λήμψονται αὐτήν. ⁸συνῆψεν γὰρ ἡ βοὴ τὸ ὅριον τῆς Μωαβείτιδος τῆς Ἀγαλείμ, καὶ ὀλολυγμὸς αὐτῆς ἕως τοῦ φρέατος τοῦ Αἰλείμ. ⁹τὸ δὲ ὕδωρ τὸ Δειμὼν πλησθήσεται αἵματος·

ℵAQΓ   XV tit evan in Γ' pr ορασις ζ' Q^mg | ρημα] οραμα A | Μωαβιτιδος ℵAQ
1 Μωαβιτις, Μωαβιτιδος AQΓ   2 εφ εαυτους] εφ εαυτοις ℵAQ εν εαυτοις Γ | και Δηβων] Δαιβηδων ℵ* (και Δηβ. ℵ^{corr pl}) Λιβειδων A Λεβηδων QΓ | Μωαβιτιδος ℵAQΓ | ολολυξατε] ολολυζετε ℵAQΓ (-ται) | κατατετμημενοι (κατατετετμ. A)] + εισιν ℵ* (improb ℵ^{c.a, c.b})   3 πλατιαις AQ* | σακκους ...δωματων] pr obelos B^a (non inst B^b) κ. κοπτεσθε sub ÷ Q | εν ταις ρυμαις αυτης] pr εν ταις πλατειαις (-τιαις A) αυτης και B'A θ'σ'α' εν ταις πλατειαις αυτης Q^mg | αυτης 3°] 6 fere litt adscr (prima lit vid fuisse o) ℵ^{c.a, mg} | κανθμου ℵ*   4 Ελεαλη] ελαλησεν B^{ab}AQ* (Ελεαλη οι γ' ομοιως Q^{mg}) Γ pr ελαλησεν ℵ* (improb Ελεαλη ℵ^{c.a, c.b(vid)} repos ℵ^{c.c(fort)}) | om Ιασσα ℵ^{c.a, c.b} (repos ℵ^{c.c(fort)}) AQ* (hab Ιασα Q^{mg}) | αυτων] αυτης ℵAQ | Μωαβιτιδος AQΓ (item 5) | ψυχυχη ℵ   5 αυτη] εαυτη ℵAΓ | εως] ως ℵ* (εως ℵ^{c.a}) | γαρ εστιν sub ÷ Q | επι δε...σεισμος] οτι αναβασει της Λουειθ εν κλαυθμω αναβησεται εν αυτω οτι οδω Ωρωναειμ κραυγην συντριμμον εξανεγερουσιν Q^{mg} | Λουειθ] pr της ℵ της AQ* (Λουειθ Q^{mg}) της Λουδαειμ Γ | αναβησεσθε Q* (-σονται Q^{mg}) | Αρωνιειμ] Αδωνιειμ A | συντριμμα] σι incep ℵ*^{vid} (συντρ. ℵ^1) σεισμος] συ|σισμος Γ   6 Νεμηρειμ] Νεβριμ ℵ Νεμρειμ AQ* (Νεμηρειμ Q^{mg}) Νεβηρειμ Γ | om ερημος εσται ℵ* hab ερημον εσται ℵ^{c.a} (sed paene evan) AQΓ   7 φαραγγα ℵ*^{c.b(vid)} | ληψονται B' Q^{corr} Γ   8 συνηψε B' | βοη] οι γ' κραυγη Q^{mg} | οριον] ορος A (οι γ' το οριον Q^{mg}) | Μωαβιτ. ℵAQΓ | Αγαλλιμ ℵ Αγαλλειμ AQ | ※ ολολυγμος αυτης Q^{mg} | Αιλιμ ℵ   9 Δειμων 1°] Δειμμων (μ 1° sup ras) ℵ' Δερμων ℵ*^{fort} Ρεμμων ℵ^{c.a, c.b}AQ* (Διμων ομ[οιω]ς οι γ' ϗ το εβραικ[ον] Q^{mg}) Γ

ΗΣΑΙΑΣ XVI 8

ἐπάξω γὰρ ἐπὶ Δειμὼν ᾿Άραβας, καὶ ἀρῶ τὸ σπέρμα Μωὰβ καὶ ᾿Αριὴλ B
καὶ τὸ κατάλοιπον ᾿Αδαμά.

XVI 1 ¹᾿Αποστελῶ ὡς ἑρπετὰ ἐπὶ τὴν γῆν· μὴ πέτρα ἔρημός ἐστιν τὸ
2 ὄρος θυγατρὸς Σειών; ²ἔσῃ γὰρ ὡς πετεινοῦ ἀνιπταμένου νοσσὸς
3 ἀφῃρημένος, ἔσῃ, θυγάτηρ Μωάβ· ἐπὶ τάδε, ᾿Αρνών, πλείονα βου-
λεύου, ποιεῖτε σκέπην πένθους αὐτῇ διὰ παντός· ἐν μεσημβρινῇ
4 σκοτίᾳ φεύγουσιν, ἐξέστησαν· μὴ ἀχθῇς. ⁴παροικήσουσίν σοι οἱ
φυγάδες Μωάβ· ἔσονται σκέπη ὑμῖν ἀπὸ προσώπου διώκοντος, ὅτι
ἤρθη ἡ συμμαχία σου, καὶ ὁ ἄρχων ἀπώλετο ὁ καταπατῶν ἀπὸ τῆς
5 γῆς. ⁵καὶ διορθωθήσεται μετ᾿ ἐλέους θρόνος, καὶ καθιεῖται ἐπ᾿ αὐ-
τοῦ μετὰ ἀληθείας ἐν σκηνῇ Δαυείδ, κρίνων καὶ ἐκζητῶν κρίμα
6 καὶ σπεύδων δικαιοσύνην. ⁶῾Ηκούσαμεν τὴν ὕβριν Μωάβ,
ὑβριστὴς σφόδρα, τὴν ὑπερηφανίαν ἐξῆρα. οὐχ οὕτως ἡ μαντία
7 σου, οὐχ οὕτως. ⁷ὀλολύξει Μωάβ, ἐν γὰρ τῇ Μωαβείτιδι πάντες
ὀλολύξουσιν· τοῖς κατοικοῦσιν Δεσεθ μελετήσεις, καὶ οὐκ ἐντρα-
8 πήσῃ. ⁸τὰ πεδία ῾Εσεβὼν πενθήσει, ἄμπελος Σεβαμά· καταπίνοντες
τὰ ἔθνη, καταπατήσετε τὰς ἀμπέλους αὐτῆς ἕως ᾿Ιαζήρ· οὐ μὴ συνά-

9 Δειμων 2°] Νεμμω! ℵ* Ρεμμων ℵc.a, c.bAQΓ | Αραβας] pr [αβ' και ℵAQΓ
Αριη' ℵ* (improb ℵ¹ fort, c.a, c.b) | Αδαμα] μ sup ras ℵ¹   XVI 1 απο-
στελω...γην c antecedd coniung ℵ | αποστελω]+γαρ ℵc.a (postea ras) | ως]
+α ℵ* (improb ℵ¹ fort postea ras) | επι την γην] απο της γης ℵ* επι της γης
ℵc.a, c.b | om θυγατρος AQ* (θυγ. ομοιως οι γ' Qmg) Γ | Σιων BbℵAQΓ
2 εση 1°...Μωαβ] α' ς εσται ως πετεινον μεταναστευον εξαπεσταλμενη εσονται
θυγατερες Μωαβ Qmg | νεοσσος ℵAQ (hiat Γ) | om εση 2° ℵAQ | θυγατηρ]
θυγατερ ℵc.b pr η Γ | Μωαβ] β rescr (?sup ras φ) ℵ¹   2—3 επι ταδε
(επειτα δε Bb) Αρνων πλειονα βουλευου] διαβασεις των Αρνω φερετε βουλη θ'
αι διαβ. Αρνω φ. βουλη Qmg   3 αυτη] σαυτη Qa αυτης Γ | φευουσιν ℵ*
(φευγ. ℵc) | μη αχθης B*bQmg] μη απ αρχης BaℵAQ*Γ θ'α' μη αποκα-
λυψης σ' μη αποδιωξης Qmg   4 om σοι A | εσονται (+γαρ A) σκ. υμιν]
α'σ' γινου αποκρυβη αυτοις Qmg | σου]+συνετελεσθη ταλαιπωρια A | απω-
λετω Γ | απο 2°] επι ℵAQ* (απο Qmg) Γ θ'σ' εκ α' ομοιως τοις ο' Qmg
5 μετ] μετα ℵAΓ | καθιεται B* ℵ* (καθιειτ. BabAQΓ) | αληθιας ℵQ* | εκζη-
των] ζητω Q   6 υβριστης...εξηρα] σ' υπερηφανος σφοδρα κατα το επαρμα
αυτου ς κατα την υπερηφανιαν αυτου ς την οργη αυτου Qmg | υπερηφανιαν
(-νειαν Γ)]+αυτου ℵc.a (ras ℵc.b (vid)) Γ | εξηρα] εξηρας Babℵc.b (ρα sup
ras ℵ¹) AQ*+ ※ ς η υβρις αυτου ς η μηνις αυτου Qmg | μαντεια BabAQaΓ
7 Μωαβιτιδι AQΓ | παντες] απαντες ℵ | ολολυζουσιν Q | τοις κατοικουσιν
Δεσεθ (?δε Σεθ) μελετησεις] σ' τοις ευφραωμενοις εν τω τειχει τω οστρακινω
φθεγξασθε α' τοις πολυχρονιοις μου τοιχω οστρακι μελετησατε θ' τοις αυχμω-
δεσιν...Qmg | τοις κατοικ.] pr ς ℵc.a (postea ras) | Δεσεθ] δε σε ℵc.a (repos
θ ℵc.b) | εντραπησης ℵ? fort εντραπησηται Γ   8 πεδια] α' αρουραι σ' κλη-
ματα θ' αγροι θανατου Qmg | αμπελοσεβ. ℵ* (αμπελος Σεβ. ℵc.a) | κατα-
πατησατε Aa (ατε sup ras 5 vel 6 litt) Q καταπατησονται A*fortΓ

Β ψῆτε, πλανήθητε τὴν ἔρημον· οἱ ἀπεσταλμένοι ἐνκατελείφθησαν, διέβησαν γὰρ τὴν θάλασσαν. ⁹διὰ τοῦτο κλαύσομαι ὡς τὸν κλαυθμὸν 9 Ἰαζὴρ ἄμπελον Σεβαμά· τὰ δένδρα σου κατέβαλεν Ἐσεβὼν καὶ Ἐλεαλή, ὅτι ἐπὶ τῷ θερισμῷ καὶ ἐπὶ τῷ τρυγητῷ σου καταπατήσω, καὶ πάντα πεσοῦνται. ¹⁰καὶ ἀρθήσεται εὐφροσύνη καὶ ἀγαλ- 10 λίαμα ἐκ τῶν ἀμπελώνων, καὶ ἐν τοῖς ἀμπελῶσίν σου οὐ μὴ εὐφρανθήσονται, καὶ οὐ μὴ πατήσουσιν οἶνον εἰς τὰ ὑπολήνια, πέπαυται γάρ. ¹¹διὰ τοῦτο ἡ κοιλία μου ἐπὶ Μωὰβ ὡς κιθάρα ἠχήσει, καὶ 11 τὰ ἐντός μου ὡς τεῖχος ἐνεκαίνισας. ¹²καὶ ἔσται εἰς τὸ ἐντραπῆναί 12 σε, ὅτι ἐκοπίασεν Μωὰβ ἐπὶ τοῖς βωμοῖς, καὶ εἰσελεύσεται εἰς τὰ χειροποίητα αὐτῆς ὥστε προσεύξασθαι, καὶ οὐ μὴ δύνηται ἐξελέσθαι αὐτόν. ¹³τοῦτο ῥῆμα ὃ ἐλάλησεν Κύριος ἐπὶ Μωάβ, ὁπότε ἐλάλησεν. 13 ¹⁴καὶ νῦν λέγω Ἐν τρισὶν ἔτεσιν ἐτῶν μισθωτοῦ ἀτιμασθήσεται ἡ 14 δόξα Μωάβ παντὶ τῷ πλούτῳ τῷ πολλῷ, καὶ καταλειφθήσεται ὀλιγοστὸς καὶ οὐκ ἔντιμος.

Τὸ ῥῆμα τὸ κατὰ Δαμασκοῦ.   XVII

¹Ἰδοὺ Δαμασκὸς ἀρθήσεται ἀπὸ πόλεων, καὶ ἔσται εἰς πτῶσιν, 1 ²καταλελιμμένη εἰς τὸν αἰῶνα, εἰς κοίτην ποιμνίων καὶ ἀνάπαυσιν, 2 καὶ οὐκ ἔσται ὁ διώκων· ³καὶ οὐκέτι ἔσται ὀχυρὰ τοῦ καταφυγεῖν 3 Ἐφράιμ· καὶ οὐκέτι βασιλεία ἐν Δαμασκῷ καὶ τὸ λοιπὸν τῶν Σύρων· οὐ γὰρ σὺ βελτίων εἶ τῶν υἱῶν Ἰσραὴλ καὶ τῆς δόξης αὐτῶν. ⁴Τά- 4 δε λέγει Κύριος σαβαώθ Ἔσται ἐν τῇ ἡμέρᾳ ἐκείνῃ ἔκλειψις

ℵAQΓ 8 επλανηθητε ℵ | απεσταλμενοι] + ✱ α′ μο[ινος] απ αυτης Qᵐᵍ | ενκατελειφθησαν] εγκ. BᵃAQ | θαλασσαν] ερημον ℵ* (θαλ. ℵᶜ·ᵃ postea repos ερ.) AQ* (θαλ. Qᵐᵍ οι γ′ ϛ το Εβρ. ομ[οιω]ς θαλ. Qᵐᵍ)   9 κλανθμον] a sup ras ℵ¹ | αμελον ℵ* (αμπ. ℵᶜ·ᵃ) αμπελος Γ | Σαβαμα Q | κατεβαλεν] κατελαβεν ℵ | σ′ Εσβω Qᵐᵍ | Ελεαλη] ελαλησεν BᵃᵇℵAQ* (Ελεαλη ομοιως οι γ′ Qᵐᵍ) Γ + αλη ℵ* (improb ℵ¹ ᵛⁱᵈ postea ras) | οτι] ετι ℵQΓ om Α   10 αγαλιαμα ℵ | εκ των αμπελωνων] + σου ℵAQΓ α′ απο του Καρμηλου σ′θ′ εκ του Κ. Qᵐᵍ | εν τ. αμπ. σου ου μη ευφρανθ.] α′ ε αμπελωσιν ουκ αινεσει Qᵐᵍ | πατησωσιν Γ   11 ως 2°] ωσει ℵAQΓ | τειχος ενεκαινισας (σα rescr Α¹ -νησας Γ)] τ. ο ενεκαιν. ℵAQΓ σ′ [τειχει] τω οστρακινω Qᵐᵍ   12 εις 1°] ως Α | om οτι Α   12—13 εξελεσθαι αυτον του] pr obel Bᵃ (non inst Bᵇ)   13 τουτο ρημα] τοτοτο ρ. ℵ* τοτο ρ. ℵᶜ·ᵃ τουτο το ρ. ℵᶜ·ᵇAQΓ | ελαλησεν 2°] pr και ℵAQΓ   14 λεγων Γ | παντι τω πλουτω] pr εν ℵAQΓ | om τω πολλω Γ | πλολω ℵ* (πολλ. ℵᶜ·ᵃ)   XVII tit periit in Γ pr ορασις η′ Qᵐᵍ   2 καταλελιμμ. (καταλελειμμ. BᵃᵇQᵃΓ) εις τον αι.] οι γ′ καταλελιμμεναι πολεις Qᵐᵍ | και αναπαυσιν] + βουκολιων ℵᶜ·ᵃΑ om και αναπ. ℵ* (hab ℵᶜ·ᵃ) | ουκ] ουκαιτι ℵ* ουκετι ℵᶜ·ᵃ,ᶜ·ᵇ 3 καταφυγειν] υ sup ras Αᵃ¹ | Εφρεμ ℵ | ουκετι 2°] + εσται ℵ (-τε) AQΓ | Συρων] Ασσυρων (sic) Α¹ + απολειται ℵ (-λιτ. ℵ* -λειτ. ℵᶜ·ᵇ) Α | βερτιων ℵ* (βελτ. ℵᶜ·ᵃ,ᶜ·ᵇ) | om και της δοξης αυτων Γ

130

ΗΣΑΙΑΣ XVII 14

5 δόξης Ἰακώβ, καὶ τὰ πίονα τῆς δόξης αὐτοῦ σεισθήσεται. ⁵καὶ Β ἔσται ὃν τρόπον ἐάν τις συναγάγῃ ἀμητὸν ἑστηκότα καὶ σπέρμα σταχύων ἀμήσῃ, καὶ ἔσται ὃν τρόπον ἐάν τις συναγάγῃ στάχυν 6 ἐν φάραγγι στερεᾷ, ⁶καὶ καταλειφθῇ ἐν αὐτῇ καλάμη, ἢ ὡς ῥῶγες ἐλαίας δύο ἢ τρεῖς ἐπ' ἄκρου μετεώρου, ἢ τέσσαρες ἢ πέντε ἐπὶ τῶν κλάδων αὐτῶν καταλειφθῇ. τάδε λέγει Κύριος ὁ θεὸς Ἰσραήλ.

7 ⁷τῇ ἡμέρᾳ ἐκείνῃ πεποιθὼς ἔσται ὁ ἄνθρωπος ἐπὶ τῷ ποιήσαντι αὐτόν, οἱ δὲ ὀφθαλμοὶ αὐτοῦ εἰς τὸν ἅγιον τοῦ Ἰσραὴλ ἐμβλέ-8 ψονται, ⁸καὶ οὐ μὴ πεποιθότες ὦσιν ἐπὶ τοῖς βωμοῖς οὐδὲ ἐπὶ τοῖς ἔργοις τῶν χειρῶν αὐτῶν ἃ ἐποίησαν οἱ δάκτυλοι αὐτῶν, καὶ 9 οὐκ ὄψονται τὰ δένδρα οὐδὲ τὰ βδελύγματα αὐτῶν. ⁹τῇ ἡμέρᾳ ἐκείνῃ ἔσονται αἱ πόλεις σου ἐγκαταλελιμμέναι ὃν τρόπον κατέλιπον οἱ Ἀμορραῖοι καὶ οἱ Εὐαῖοι ἀπὸ προσώπου τῶν υἱῶν Ἰσραήλ, 10 καὶ ἔσονται ἔρημοι· ¹⁰διότι κατέλιπες τὸν θεὸν τὸν σωτῆρά σου, καὶ Κυρίου τοῦ βοηθοῦ σου οὐκ ἐμνήσθης. διὰ τοῦτο φυτεύσεις φύ-11 τευμα ἄπιστον καὶ σπέρμα ἄπιστον· ¹¹τῇ δὲ ἡμέρᾳ ᾗ ἂν φυτεύσῃς, πλανηθήσῃ· τὸ δὲ πρωὶ ἐὰν σπείρῃς, ἀνθήσει εἰς ἀμητὸν ᾗ ἂν ἡμέρᾳ κληρώσῃ, καὶ ὡς πατὴρ ἀνθρώπου κληρώσῃ τοῖς υἱοῖς 12 σου. ¹²Οὐαὶ πλῆθος ἐθνῶν πολλῶν· ὡς θάλασσα κυμαίνουσα, οὕτως ταραχθήσεσθε, καὶ νῶτος ἐθνῶν πολλῶν ὡς ὕδωρ ἠχήσει· 13 ¹³ὡς ὕδωρ πολὺ ἔθνη πολλά, ὡς ὕδατος πολλοῦ βίᾳ φερομένου. καὶ ἀποσκορακιεῖ αὐτόν, καὶ πόρρω αὐτὸν διώξεται ὡς χνοῦν ἀχύρου λικμώντων ἀπέναντι ἀνέμου, καὶ ὡς κονιορτὸν τροχοῦ καται-14 γὶς φέρουσα. ¹⁴πρὸς ἑσπέραν, καὶ ἔσται πένθος· πρὶν ἢ πρωί, καὶ

4 δοξης 1°] pr της ℵAQΓ | πιονα (πει. B* πι. Bᵇ A*)] πλειονα (πλι. ℵA¹Q*) ℵAQΓ Qᵃ Γ | σεισθησεται (σισθ. A)] ισ sup ras Aᵃʔ 5 σταχυων (ταχ. ℵ* σταχ. ℵ¹⁽ᵛⁱᵈ, ᶜ·ᵇ⁾)]+εν τω βραχιονι αυτου ℵ* (improb ℵᶜ·ᵃ,ᶜ·ᵇ) A | αμησει ℵ* ᶠᵒʳᵗ (η 2° sup ras ℵ¹) 6 αυτων] αυτου AQ* (-των Qᵐᵍ) 7 ο ανθρωπος] om ο ℵ* (hab ℵᶜ·ᵃ,ᶜ·ᵇ) A 8 ωσιν]+επι τοις αδικησασιν αυτους ουδε ℵ | εργοις] ερτ incep ℵ* | αυτων 2°]+αλλ εσονται (-τε ℵ) πεποιθοτες (πο incep ℵ* πεπ. ℵ¹⁽ᵛⁱᵈ⁾) επι τον αγιον του Ἰηλ ℵQ | δενδρα]+επι τα αρση αυτων ℵ* (improb ℵᶜ·ᵃ et [exc αυτων] ℵᶜ·ᵇ) αλση αυτων A + αυτων Q 9 πολις ℵ* Q* (-λεις ℵᶜ·ᵇ Qᵃ) | om σου ℵ* (hab ℵᶜ·ᵃ) | ευκαταλελιμμ. ℵ εγκαταλελειμμ. Bᵃᵇ Qᵃ Γ | κατελιπον] ἐ|κατελιπον ℵ εγκατελειπον A κατελειπον Qᵃ (postea ras ε 2°) Γ | Αμ|μορραιοι ℵ (-ρρεοι) Q 10 κατελειπες Qᵃ (postea ras ε 2° εγκατελειπες AΓ | βοηθου] θυ Γ 11 αν 1°] εαν ℵ | φυτευσεις Γ | σπειρης] φυτευσης A | ως] ωσπερ ℵ | κληρωσει (2°) ℵ (-σι) Γ | om σου A 13 φερομενου] καταφερ. AQ | χνουν] χνους ℵ* (χνουν ℵᶜ·ᵃ,ᶜ·ᵇ) χουν AΓ | αχυρων QΓ | λικμωντων] θ'σ' ορεων Qᵐᵍ 14 προς] pr σ'θ' το Qᵐᵍ | om και 1° ℵAQΓ | προι ℵ* (πρωι ℵᶜ·ᵃ,ᶜ·ᵇ)

B οὐκ ἔσται. αὕτη ἡ μερὶς τῶν ὑμᾶς προνομευσάντων, καὶ κληρονομία τοῖς ὑμᾶς κληρονομήσασιν.

¹Οὐαὶ γῆς πλοίων πτέρυγες ἐπέκεινα ποταμῶν Αἰθιοπίας, ²ὁ XVIII ἀποστέλλων ἐν θαλάσσῃ ὅμηρα καὶ ἐπιστολὰς βυβλίνας ἐπάνω τοῦ ὕδατος. πορεύσονται γὰρ ἄγγελοι κοῦφοι πρὸς ἔθνος μετέωρον, καὶ ξένον λαὸν καὶ χαλεπόν· τίς αὐτοῦ ἐπέκεινα; ἔθνος ἀνέλπιστον καὶ καταπεπατημένον. νῦν οἱ ποταμοὶ τῆς γῆς ³πάντες ὡς χώρα κατοι- 3 κουμένη κατοικηθήσεται· ἡ χώρα αὐτῶν ὡς εἰς σημεῖον ἀπὸ ὄρους ἀρθῇ, ὡς σάλπιγγος φωνὴ ἀκουστὸν ἔσται. ⁴διότι οὕτως μοι εἶπεν 4 Κύριος Ἀσφάλεια ἔσται ἐν τῇ ἐμῇ πόλει ὡς φῶς καύματος μεσημβρίας, καὶ ὡς νεφέλη δρόσου ἡμέρας ἀμήτου ἔσται. ⁵πρὸ τοῦ 5 θερισμοῦ, ὅταν συντελεσθῇ ἄνθος, καὶ ὄμφαξ ἀνθήσει ἄνθος ὀμφακίζουσα· καὶ ἀφελεῖ τὰ βοτρύδια τὰ μικρὰ τοῖς δρεπάνοις, καὶ τὰς κληματίδας ἀφελεῖ καὶ ἀποκόψει, ⁶καὶ καταλείψει ἅμα τοῖς πετεινοῖς 6 τοῦ οὐρανοῦ καὶ τοῖς θηρίοις τῆς γῆς· καὶ συναχθήσεται ἐπ' αὐτοὺς τὰ πετεινὰ τοῦ οὐρανοῦ, καὶ πάντα τὰ θηρία τῆς γῆς ἐπ' αὐτὸν ἥξει. ⁷ἐν τῷ καιρῷ ἐκείνῳ ἀνενεχθήσεται δῶρα Κυρίῳ σαβαὼθ ἐκ λαοῦ 7 τεθλιμμένου καὶ τετιλμένου, καὶ ἀπὸ λαοῦ μεγάλου ἀπὸ τοῦ νῦν καὶ εἰς τὸν αἰῶνα χρόνον· ἔθνος ἐλπίζον καὶ καταπεπατημένον, ὅ ἐστιν ἐν μέρει ποταμοῦ τῆς χώρας αὐτοῦ, εἰς τὸν τόπον οὗ τὸ ὄνομα Κυρίου σαβαώθ, ὄρος Σειών.

Ὅρασις Αἰγύπτου. XIX

¹Ἰδοὺ Κύριος κάθηται ἐπὶ νεφέλης κούφης καὶ ἥξει εἰς Αἴγυπτον, 1 καὶ σεισθήσεται τὰ χειροποίητα Αἰγύπτου ἀπὸ προσώπου αὐτοῦ, καὶ

ℵAQΓ 14 τοις υμας κληρονομησασιν (-σουσιν ℵ* -σασιν ℵc.a, c.b)] των υμας κληρονομησαντων AΓ τοις ημας (υμ. Qmg) κληρονομησασιν (sup ras) Qa XVIII 1 ουαι] o sup ras Qa 2 ομηρα...βυβλιναs] a' πρεσβυταs κ εν σκευεσι βιβλιου σ' αποστολουs κ δια σκευων παπυρινῷ θ' ομηρα κ εν σκευεσι παπυρου Qmg | βιβλιναs ℵAQΓ | om αγγελοι Q | προs] επ Γ' | τιs] τι A | κατεπατη. A | νυν bis scr A 3 ωs εις] ωσει BabℵAQΓ | αρθη] αρθησεται ℵΓ+θ'α'σ' οψεσθε Qmg 4 διοτι] οτι ℵAQ | ειπεν μοι ℵAQΓ | ασφαλια ℵQ* | κυματος A* vid (καυμ. A') 5 ανθοs 1°] pr το ℵc.a (rurs ras) | ανθηση A | αφελει 1°] αφαιρει Γ | κλιματιδαs Q* (κλημ. Qa) | αποκοψει[κατακοψει ℵ (-ψι ℵ* -ψει ℵc.b) AQ* (αποκ. Qmg) Γ 6 του ουρ. (2°) sub ÷ Q 7 τετιλμενου]+και ταπινου ℵ* (-πειν. ℵc.b) | μεγαλου] οι λοιποι φοβερου Qmg | εθνοs ελπιζον (ανελπιστον ℵ) και καταπεπατημενον] a' υπομενοντοs κ συνπεπατημενου Qmg | ποταμου] pr του A | σαβαωθ]+επεκληθη ℵ | οροs] pr εις Qmg | Σιων BbAQ XIX tit periit in Γ 1 καθηται επι νεφ. κουφηs] a' επιβαινει επι παχους ελαφρου Qmg | Αιγυπου (sic) ℵ

ΗΣΑΙΑΣ XIX 12

2 ἡ καρδία αὐτῶν ἡττηθήσεται ἐν αὐτοῖς. ²καὶ ἐπεγερθήσονται Αἰ- B γύπτιοι ἐπ' Αἰγυπτίους, καὶ πολεμήσει ἄνθρωπος τὸν ἀδελφὸν αὐτοῦ καὶ ἄνθρωπος τὸν πλησίον αὐτοῦ, πόλις ἐπὶ πόλιν καὶ νομὸς 3 ἐπὶ νομόν. ³καὶ ταραχθήσεται τὸ πνεῦμα τῶν Αἰγυπτίων ἐν αὐτοῖς, καὶ τὴν βουλὴν αὐτῶν διασκεδάσω, καὶ ἐπερωτήσουσιν τοὺς θεοὺς αὐτῶν καὶ τὰ ἀγάλματα αὐτῶν καὶ τοὺς ἐκ τῆς γῆς φωνοῦντας 4 καὶ τοὺς ἐγγαστριμύθους. ⁴καὶ παραδώσω Αἴγυπτον εἰς χεῖρας ἀνθρώπων κυρίων σκληρῶν, καὶ βασιλεῖς σκληροὶ κυριεύσουσιν αὐ-
5 τῶν. τάδε λέγει Κύριος σαβαώθ. ⁵καὶ πίονται οἱ Αἰγύπτιοι ὕδωρ
6 τὸ παρὰ θάλασσαν, ὁ δὲ ποταμὸς ἐκλείψει καὶ ξηρανθήσεται· ⁶καὶ ἐκλείψουσιν οἱ ποταμοὶ καὶ αἱ διώρυχες τοῦ ποταμοῦ, καὶ ξηρανθήσεται πᾶσα συναγωγὴ ὕδατος καὶ ἐν παντὶ ἕλει καλάμου καὶ 7 παπύρου, ⁷καὶ τὸ ἄχι τὸ χλωρὸν πᾶν τὸ κύκλῳ τοῦ ποταμοῦ καὶ 8 τὸ σπειρόμενον διὰ τοῦ ποταμοῦ ξηρανθήσεται ἀνεμόφθορον. ⁸καὶ στενάξουσιν οἱ ἁλεεῖς, καὶ στενάξουσιν πάντες οἱ βάλλοντες ἄγκιστρα εἰς τὸν ποταμόν, καὶ οἱ βάλλοντες σαγήνας καὶ οἱ ἀμφιβολεῖς πενθή-
9 σουσιν. ⁹καὶ αἰσχύνη λήμψεται τοὺς ἐργαζομένους τὸ λίνον τὸ 10 σχιστὸν καὶ τοὺς ἐργαζομένους τὴν βύσσον, ¹⁰καὶ ἔσονται οἱ ἐργαζόμενοι αὐτὰ ἐν ὀδύνῃ, καὶ πάντες οἱ ποιοῦντες τὸν ζῦθον λυπηθή-
11 σονται καὶ τὰς ψυχὰς πονέσουσιν. ¹¹καὶ μωροὶ ἔσονται οἱ ἄρχοντες Τάνεως· οἱ σοφοὶ σύμβουλοι τοῦ βασιλέως, ἡ βουλὴ αὐτῶν μωρανθήσεται. πῶς ἐρεῖτε τῷ βασιλεῖ Υἱοὶ συνετῶν ἡμεῖς, υἱοὶ βασιλέων 12 τῶν ἐξ ἀρχῆς; ¹²ποῦ εἰσιν νῦν οἱ σοφοί σου; καὶ ἀναγγειλάτωσάν σοι καὶ εἰπάτωσαν τί βεβούλευται Κύριος σαβαὼθ ἐπ' Αἴγυπτον.

1 η καρδια] αι καρδιαι A ομοιως οι γ´ [η καρδια] Q^mg | ηττηθησονται A ℵAQΓ
2 επεγερθησεται ℵ* (-σονται ℵ¹) | ανθρωπος 2°] οι γ´ ανηρ Q^mg | πολις (-λεις B* -λις B^a)] pr και επεργηθησονται B^(b(vid) mg) pr και επεργηθησεται ℵ^c.a pr επεργ. A pr πολεμησι και ℵ* pr πολεμησι επεργηθησεται και ℵ^c.b   3 θεους] υ rescr Q^tvid | του εγγαστριμυθου B* τους ενγαστριμυθους B^aℵAQ*Γ (τους εγγ. B^bQ^a)+και τους γνωσταs ℵA   4 Αιγυπτον] pr τῇ ομοιως οι γ´ Q^mg | ανθρ. sub ÷ Q   5 οι Αιγ. sub ÷ Q   6 διωρυγες ℵAQ* (-χες Q^a) de Γ non liq | κ. εν π. ελει sub ÷ Q   7 [α]χει Γ | το σπειρομενον] pr παν B^abℵAQΓ   8 αλιεις B^a?bℵ^c.bQ? (-λειεις) Γ | στεναξουσι 2° Q | οι βαλλοντες 1°] οι (sup ras ℵ¹) βαλ. ℵ* (οι βαλλ. ℵ^c.a) | αγκιστρα (αγγ. B* αγκ. B^ab)] αγκιστρον ℵ (αγγ. ℵ* αγκ. ℵ^c.b) AQ σαγηνην Γ | σαγηνας] αγκιστρον Γ
9 λημψεται] ληψ. QΓ ται sup ras ℵ¹ | το λινον το σχι sup ras ℵ¹ | σχιστον (σχι|τον ℵ*^fort σχισ|τ. ℵ^c.a, c.b)] σ´ κτενιστον Q^mg   10 οι εργαζομενοι αυτα εν οδυνη] α´ αι αποθηκαι αυτης τεταπεινωμεναι θ´ τα πειονα αυτης τεταπεινωμενα Q^mg | εργαζομενοι Bℵ*Γ^vid] διαζομενοι ℵ^c.b(vid) (postea ras) διαλογιζομενοι AQ* (εργ. Q^mg) | ποιουντες τον ζυθον] τον ζυθον (ζυγον ℵ* ζυθ. ℵ^c.a et postea) ποιουντ. ℵAQ ποιουντ. το ζυθον Γ   11 αρχων ℵ* (αρχοντες ℵ^c) | συνβουλοι ℵ συμβολοι Γ | η βουλη] pr και ℵ^c.a (postea ras)

XIX 13 ΗΣΑΙΑΣ

B ¹³ἐξέλιπον οἱ ἄρχοντες Τάνεως, καὶ ὑψώθησαν οἱ ἄρχοντες Μέμφεως, 13
καὶ πλανήσουσιν Αἴγυπτον κατὰ φυλάς. ¹⁴Κύριος γὰρ ἐκέρασεν 14
αὐτοῖς πνεῦμα πλανήσεως, καὶ ἐπλάνησαν Αἴγυπτον ἐν πᾶσι τοῖς
ἔργοις αὐτῶν, ὡς πλανᾶται ὁ μεθύων καὶ ὁ ἐμῶν ἅμα. ¹⁵καὶ 15
οὐκ ἔσται τοῖς Αἰγυπτίοις ἔργον ὃ ποιήσει κεφαλὴν καὶ οὐρὰν καὶ
ἀρχὴν καὶ τέλος. ¹⁶Τῇ δὲ ἡμέρᾳ ἐκείνῃ ἔσονται οἱ Αἰγύπτιοι 16
ὡς γυναῖκες ἐν φόβῳ καὶ ἐν τρόμῳ ἀπὸ προσώπου τῆς χειρὸς
Κυρίου σαβαώθ ἣν αὐτὸς ἐπιβαλεῖ αὐτοῖς. ¹⁷καὶ ἔσται ἡ χώρα 17
τῶν Ἰουδαίων τοῖς Αἰγυπτίοις εἰς φόβηθρον· πᾶς ὃς ἐὰν ὀνομάσῃ
αὐτὴν αὐτοῖς, φοβηθήσονται διὰ τὴν βουλὴν ἣν βεβούλευται Κύριος
ἐπ' αὐτήν. ¹⁸Τῇ ἡμέρᾳ ἐκείνῃ ἔσονται πέντε πόλεις ἐν Αἰ- 18
γύπτῳ λαλοῦσαι τῇ γλώσσῃ τῇ Χαναανείτιδι καὶ ὀμνύντες τῷ ὀνό-
ματι Κυρίον· πόλις ἀσεδὲκ κληθήσεται ἡ μία πόλις. ¹⁹Τῇ 19
ἡμέρᾳ ἐκείνῃ ἔσται θυσιαστήριον τῷ κυρίῳ ἐν χώρᾳ Αἰγυπτίων, καὶ
στήλη πρὸς τὸ ὅριον αὐτῆς τῷ κυρίῳ, ²⁰καὶ ἔσται εἰς σημεῖον εἰς 20
τὸν αἰῶνα Κυρίῳ ἐν χώρᾳ Αἰγύπτου· ὅτι κεκράξονται πρὸς Κύριον
διὰ τοὺς θλίβοντας αὐτούς, καὶ ἀποστελεῖ αὐτοῖς ἄνθρωπον ὃς σώσει
αὐτούς, κρίνων σώσει αὐτούς. ²¹καὶ γνωστὸς ἔσται Κύριος τοῖς 21
Αἰγυπτίοις· καὶ γνώσονται οἱ Αἰγύπτιοι τὸν κύριον ἐν τῇ ἡμέρᾳ
ἐκείνῃ, καὶ ποιήσουσιν θυσίας, καὶ εὔξονται εὐχὰς τῷ κυρίῳ καὶ
ἀποδώσουσιν. ²²καὶ πατάξει Κύριος τοὺς Αἰγυπτίους πληγῇ, καὶ 22
ἰάσεται αὐτοὺς ἰάσει, καὶ ἐπιστραφήσονται πρὸς Κύριον, καὶ εἰσα-

ℵAQΓ 13 εξελειπον AQ* (-λιπον Qᵃ) Γ | πλανησουσιν] οι γ' επλανησᾶ Qᵐᵍ |
Αιγυπτον] pr τη (sic) Qᵐᵍ ᵛⁱᵈ 14 επλανησεν ℵ | Αιγυπτον) pr α'σ'θ'
※ την Qᵐᵍ | πασιν ΑΓ | αυτων] οι γ' αυτης Qᵐᵍ 15 Εγυπτιοις (sic)
ℵ* Αιγ. ℵᶜ·ᵃ·ᶜ·ᵇ | om και 3° ℵAQΓ 16 τη δε ημερα εκ.] om δε Q |
Εγυπτ. ℵ* (Αιγ. ℵᶜ·ᵃ·ᶜ·ᵇ : item 18, 21) | om εν 2° Q 17 χωραν Α*
(χωρα Αᵃ¹) | φοβηθρον] φο sup ras Bᵃᵇ φοβητρον ℵAQΓ | εαν] αν ℵAQΓ |
ομοση ℵ* (ονομ. ℵᶜ·ᵇ⁽ᵛⁱᵈ⁾) ονομασει Γ | αυτοις αυτην ℵ* (αυτην αυτοις ℵᶜ·ᵃ)
την β.] την rescr vid B? + κυ σαβαωθ Α | Κυριος] + ※ σαβαωθ Qᵐᵍ |
αυτην 2°] αυτους ℵ* (-την ℵᶜ·ᵃ·ᶜ·ᵇ) Q 18 τη ημερα] pr εν ℵ | πολεις]
πολις Q* | Αιγυπτω] pr οι γ' ※ γη Qᵐᵍ | τη γλωσση] om τη Q | Χανανιτιδι
ℵAQΓ | ομνυντες] ομνυοντες ℵ* οι ομνυοντ. Γ ομνυουσαι ℵᶜ·ᵇAQ (superscr
οι γ' Q¹) οι ο' ομνυοντες Qᵐᵍ | Κυριου]+ ∴ σαβαωθ Qᵐᵍ | ασεδεκ] ασεδ
ηλιου ℵ* (improb δ ηλιου ℵᶜ·ᵃ ασεδεκ ℵᶜ·ᵇ) σ' ηλιου α'θ' αρες (α' θαρες sic)
Qᵐᵍ | κληθησεται] pr και ℵ* (mox improb) 19 θυσιαστηριον] pr το A |
Αιγυπτιων] Αιγυπτου Q 20 εισημιον ℵ* (εις σημ. ℵ¹ᵛⁱᵈ) | αιωνα ℵ* (-να
ℵᶜ·ᵇ) | Κυριω] κς ℵ* (κω ℵᶜ·ᵃ·ᶜ·ᵇ) | om προς Κυριον ℵ* (hab ℵᶜ·ᵃ) | αυτοις]
+κς ℵAQΓ | ανθρωπον ος σωσει αυτους] α'σ'θ' ὅρα–οπερ ερμηνευεται Ις (sic)
Qᵐᵍ 21 και γνωστος] αι γνω sup ras Bᵃᵇ | θυσιας] σ' θυσια α' θυσια
+ ※ α' και δωρα Qᵐᵍ | αποδωσωσειν ℵ* (-σιν ℵᶜ·ᵇ) 22 πληγη]+μεγαλη
ℵAQ | και ιασεται αυτους ιασει] θ' θραυσει κ ιασι Qᵐᵍ | εισακουσεται] εισακου-
σονται ℵ* (-σεται ℵᶜ επακουσεται AQ)

ΗΣΑΙΑΣ XX 6

23 κούσεται αὐτῶν καὶ ἰάσεται αὐτούς. ²³Τῇ ἡμέρᾳ ἐκείνῃ ἔσται Β ἡ ὁδὸς Αἰγύπτου πρὸς Ἀσσυρίους, καὶ εἰσελεύσονται Ἀσσύριοι εἰς Αἴγυπτον· καὶ Αἰγύπτιοι πορεύσονται πρὸς Ἀσσυρίους, καὶ δουλεύ-
24 σουσιν Αἰγύπτιοι τοῖς Ἀσσυρίοις. ²⁴Τῇ ἡμέρᾳ ἐκείνῃ ἔσται Ἰσραὴλ τρίτος ἐν τοῖς Αἰγυπτίοις καὶ ἐν τοῖς Ἀσσυρίοις, εὐλογημένος
25 ἐν τῇ γῇ ²⁵ἣν εὐλόγησεν Κύριος σαβαὼθ λέγων Εὐλογημένος ὁ λαός μου ὁ ἐν Αἰγύπτῳ καὶ ὁ ἐν Ἀσσυρίοις, καὶ ἡ γῆ κληρονομία μου, Ἰσραήλ.

XX 1 ¹Τοῦ ἔτους ὅτε εἰσῆλθεν Ταναθὰν εἰς Ἄζωτον, ἡνίκα ἀπεστάλη ὑπὸ Ἀρνὰ βασιλέως Ἀσσυρίων καὶ ἐπολέμησεν τὴν Ἄζωτον καὶ
2 ἔλαβεν αὐτήν, ²τότε ἐλάλησεν Κύριος πρὸς Ἡσαίαν υἱὸν Ἀμὼς λέγων Πορεύου καὶ ἄφελε τὸν σάκκον ἀπὸ τῆς ὀσφύος σου, καὶ τὰ σανδάλιά σου ὑπόλυσαι ἀπὸ τῶν ποδῶν σου, καὶ ποίησον οὕτως,
3 πορευόμενος γυμνὸς καὶ ἀνυπόδετος. ³καὶ εἶπεν Κύριος ⁴Ὃν τρόπον πεπόρευται ὁ παῖς μου Ἡσαίας γυμνὸς καὶ ἀνυπόδετος τρία ἔτη, τρία ἔτη ἔσται εἰς σημεῖα καὶ τέρατα τοῖς Αἰγυπτίοις καὶ
4 Αἰθίοψιν· ⁴ὅτι οὕτως ἄξει βασιλεὺς Ἀσσυρίων τὴν αἰχμαλωσίαν Αἰγύπτου καὶ Αἰθιόπων, νεανίσκους καὶ πρεσβύτας, γυμνοὺς καὶ
5 ἀνυποδέτους ἅμα, κεκαλυμμένους τὴν αἰσχύνην Αἰγύπτου. ⁵καὶ αἰσχυνθήσονται ἡττηθέντες ἐπὶ τοῖς Αἰθίοψιν, ἐφ᾽ οἷς ἦσαν πεποι-
6 θότες οἱ Αἰγύπτιοι, οἳ ἦσαν αὐτοῖς δόξα. ⁶καὶ ἐροῦσιν οἱ κατοικοῦντες ἐν τῇ νήσῳ ταύτῃ ἐν τῇ ἡμέρᾳ ἐκείνῃ Ἰδοὺ ἡμεῖς ἦμεν

23 η οδος] ο οδ. ℵ om η AQΓ | Ασσυριοι εις Αιγ.] ι εις sup ras B^ab | πορευσ. ℵAQΓ sub ⸓ Q | Αιγυπτιοι 2°] pr οι AQΓ   24 τριτος Ιηλ Q | εν τοις Ασσ. (Ασσυριος ℵ* -ριοις ℵ^vix ante c.a) και εν τοις Αιγ. ℵAΓ   25 ην] η A | ευλογημένος ο] ευλ. εσται Ις ℵ*^vid ευλ. εσται ο ℵ? | ο εν Ασσ.] om ο Q | om γη B^ab ℵAQ   XX 1—2 pr ορασις ι' Q^mg | του ετους...λεγων evan in Γ 1 οτε] ου ℵAQ | εισηλθεν Ταναθαν] Τα non inst B^b εισηλθεν Ναθαν ℵ*A εισηλθεν Θαρθα Q^mg hiat Γ | Αρνα] α'θ' Σαραγω σ' Σαργω Q^mg | τον Αζωτον ℵ* (την Αζ. ℵ^c.a) | ελαβεν] κατελαβετο ℵAQ   2 om υιον Αμως ℵAQ hiat Γ | σανδαλια] θ'σ' υποδηματα Q^mg | πδων ℵ* (ποδ. ℵ^1(vid)) | ποιησον] ποιησατε (sic) ℵ* (-σον ℵ^c) εποιησεν α' ομοιως [sc ut vid ποιησον] Q^mgΓ | ανυποδητος A 3 Ησαιας ο παις μου AQΓ | τρια ετη (1°)] τριαετης ℵ | om τρια ετη (2°) ℵAQΓ | oni εις ℵAQΓ | Εγυπτιοις ℵ | Εθιοψιν ℵ* (Αιθ. ℵ^c.b)   4 οτι] pr και νοησουσιν ℵΓ | βασιλευς] pr ο ℵΓ | Ασσυριων] pr των Γ | Αιγυπτου 1°] Αιγυπτιου Q* (-του Q^1 fort) + ⨳ σ' κ την αιχμαλωσια Q^mg | Αιθιοπων] Εθιοπων ℵ (Αιθ. ℵ^c.b) Αιθιοπιας Γ | αμα κεκαλυμμενους] ανεκεκαλ. ℵAQΓ   5 αισχυνθησονται...Αιθ.] θ' καταισχυ̅θησονται απο Αιθιοπιας ελπιδος αυτω Q^mg | ηττηθεντες (π pro η 1° inst ℵ^d.a postea corr)] + οι Αιγυπτιοι ℵAQΓ | οι ησαν] ησαν γαρ AQ   6 ερουσιν] + εν τη ημερα εκεινη ℵ | om εν τη ημ. εκεινη ℵAQ (hal ⨳ οι γ' Q^mg) Γ

XXI 1   ΗΣΑΙΑΣ

Β πεποιθότες τοῦ φυγεῖν εἰς αὐτοὺς εἰς βοήθειαν, οἳ οὐκ ἐδύναντο σωθῆναι ἀπὸ βασιλέως Ἀσσυρίων· καὶ πῶς ἡμεῖς σωθησόμεθα;

Τὸ ὅραμα τῆς ἐρήμου.   XXI

¹ Ὡς καταιγὶς δι' ἐρήμου διέλθοι, ἐξ ἐρήμου ἐρχομένη ἐκ γῆς· 1 φοβερὸν ²τὸ ὅραμα καὶ σκληρὸν ἀνηγγέλη μοι. ὁ ἀθετῶν ἀθετεῖ, 2 ὁ ἀνομῶν ἀνομεῖ. ἐπ' ἐμοὶ οἱ Ἐλαμεῖται, καὶ οἱ πρέσβεις τῶν Περσῶν ἐπ' ἐμὲ ἔρχονται. νῦν στενάξω καὶ παρακαλέσω ἐμαυτόν. ³διὰ τοῦτο ἐνεπλήσθη ἡ ὀσφύς μου ἐκλύσεως, καὶ ὠδῖνες ἔλαβόν 3 με ὡς τὴν τίκτουσαν· ἠδίκησα τὸ μὴ ἀκοῦσαι, ἐσπούδασα τοῦ μὴ βλέπειν. ⁴ἡ καρδία μου πλανᾶται καὶ ἡ ἀνομία με βαπτίζει, ἡ 4 ψυχή μου ἐφέστηκεν εἰς φόβον. ⁵ἑτοίμασον τὴν τράπεζαν, φά- 5 γετε, πίετε· ἀναστάντες οἱ ἄρχοντες ἑτοιμάσατε θυρεούς, ⁶ὅτι οὕτως 6 εἶπεν πρὸς μὲ Κύριος Βαδίσας σεαυτῷ στῆσον σκοπόν, καὶ ὃ ἂν ἴδῃς ἀνάγγειλον. ⁷καὶ εἶδον ἀναβάτας ἱππεῖς δύο, καὶ ἀναβάτην 7 ὄνου καὶ ἀναβάτην καμήλου. ἀκρόασαι ἀκρόασιν πολλήν, ⁸καὶ κά- 8 λεσον Οὐρείαν εἰς τὴν σκοπιάν. Κύριος εἶπεν Ἕστην διὰ παντὸς ἡμέρας, καὶ ἐπὶ τῆς παρεμβολῆς ἐγὼ ἔστην ὅλην τὴν νύκτα, ⁹καὶ ἰδοὺ 9 αὐτὸς ἔρχεται ἀναβάτης συνωρίδος. καὶ ἀποκριθεὶς εἶπεν Πέπτωκεν πέπτωκεν Βαβυλών, καὶ πάντα τὰ ἀγάλματα αὐτῆς καὶ τὰ χειροποίητα αὐτῆς συνετρίβη εἰς τὴν γῆν. ¹⁰ἀκούσατε οἱ καταλελιμ- 10

ℵAQΓ   6 εαυτους B* (εις αιτους Bᵃᵇ) | βοηθιαν ℵQ* | οι] και αυτοι ℵΓ | ηδυναντο ℵAQΓ | απο] υπο Γ   XXI tit οραμα] ρημα Q hiat Γ | ερημου] ※ θαλασσης Qᵐᵍ | pr ορασις ια' Qᵐᵍ   1 θοι Q* (διελ[θοι Qᵐᵍ) | εξ] επ ℵ* (εξ ℵᶜ·ᵃ)   2 Ελαμιται ℵ (-τε ℵ* -ται ℵᶜ·ᵇ) Q   3 ηδικησα] ηδικησαν ως ℵ* (ν ως ras ℵ?) | εσπουδασαν ℵ* (ν ras ℵ?) | του μη βλ.] το μη βλ. ℵAQΓ   4 και η ανομια με] ανομια με και η αμαρτια με ℵ* om και η αμ. με ℵᶜ·ᵃ·ᶜ·ᵇ (ϟ η ανομια με ℵᶜ·ᵇ) | ψη|χη ℵ* (ψυ. ℵ?) | βον ℵ* (φοβον ℵⁱᵃᵐ ᵃⁿᵗᵉ ᶜ·ᵃ)   5 ετοιμασον] ετοιμασατε ℵ | τραπεξαν]+※ σκοπευσον την σκοπιαν Qᵐᵍ | πιετε φαγετε ℵAQ | θερεους B* (θυρ. Bᵃᵇ)   6 οτι] διοτι ℵΓ | προς με Κυριος] προς με κ̄ς̄ σαβαωθ ℵᵈ·ᵃ κ̄ς̄ προς με AQ μοι κ̄ς̄ Γ | σεαυτω] εαυτω ℵ | και ο αν ιδης αναγγειλον] α' ϟ οσα οψεται αναγγελει θ' ο εαν ιδη αναγγελει σ' ο αν αν αναγγειλατω Qᵐᵍ | ο] ου B*ᵛⁱᵈℵ* (ο ℵᶜ·ᵃ·ᶜ·ᵇ) Γ | αν] εαν ℵᶜ·ᵃ·ᶜ·ᵇAQ   7 και ειδον (ιδον ℵAΓ)] α'θ' ϟ οψεται σ' ϟ ιδεν Qᵐᵍ | om και 2° ℵAQΓ | ακροασιν] pr ※ σ'θ' Qᵐᵍ   8 Ουριαν Bᵇℵ AQΓ θ' αριηλ α' λεοντα σ' λεαιναν Qᵐᵍ | σκοπιαν]+κ̄ῡ ℵAQΓ+κ̄ς̄ Qᵐᵍ | Κυριος] και ℵAQΓ | παρεμολης ℵ* (παρεμβ. ℵᶜ)   9 σινωριδος ℵ* ξυν. ℵᶜ (postea συν.) | om εγω AQ   9 σινωριδος ℵ* ξυν. ℵᶜ (postea συν.) | om πεπτωκεν 2° ℵAQ (ομοιως οι γ' Qᵐᵍ) Γ | παντα] ειποντα ℵ* (παντα ℵᶜ·ᵃ (ᵛⁱᵈ) ᵉᵗ ᵖᵒˢᵗᵉᵃ) | συνετριβη (συ|ετρ. B* συ|νετρ. Bᵇ)] συνετριβησαν ℵAQΓ   10 καταλελιμμ. (καταλιμμ. B* καταλελιμμ. Bᵃᵇ)] καταλελειμμ. Qᵃ

ΗΣΑΙΑΣ XXII 3

μένοι καὶ οἱ ὀδυνώμενοι, ἀκούσατε ἃ ἤκουσα παρὰ Κυρίου σαβαώθ· ὁ Β
θεὸς τοῦ Ἰσραὴλ ἀνήγγειλεν ἡμῖν.

Τὸ ὅραμα τῆς Ἰδουμαίας.

11,12 ¹¹Πρὸς ἐμὲ καλεῖ παρὰ τοῦ Σηείρ Φυλάσσετε ἐπάλξεις. ¹²φυ-
λάσσω τὸ πρωὶ καὶ τὴν νύκτα· ἐὰν ζητῆς ζήτει, καὶ παρ' ἐμοὶ
13,14 οἴκει, ¹³ἐν τῷ δρυμῷ ἑσπέρας κοιμηθήσῃ, ἐν τῇ ὁδῷ Δαιδάν. ¹⁴εἰς
συνάντησιν διψῶντι ὕδωρ φέρετε, οἱ ἐνοικοῦντες ἐν χώρᾳ Θαιμάν,
15 ἄρτοις συναντᾶτε τοῖς φεύγουσιν ¹⁵διὰ τὸ πλῆθος τῶν πεφονευ-
μένων καὶ διὰ τὸ πλῆθος τῶν πλανωμένων καὶ διὰ τὸ πλῆθος τῆς
μαχαίρας καὶ διὰ τὸ πλῆθος τῶν τοξευμάτων τῶν διατεταμένων καὶ
16 διὰ τὸ πλῆθος τῶν πεπτωκότων ἐν τῷ πολέμῳ. ¹⁶διότι οὕτως
εἶπέν μοι Κύριος Ἔτι ἐνιαυτὸς ὡς ἐνιαυτὸς μισθωτοῦ, ἐκλείψει ἡ
17 δόξα τῶν υἱῶν Κηδάρ, ¹⁷καὶ τὸ κατάλοιπον τῶν τοξευμάτων τῶν
ἰσχυρῶν υἱῶν Κηδὰρ ἔσται ὀλίγον, ὅτι Κύριος ὁ θεὸς Ἰσραὴλ ἐλά-
λησεν.

XXII
                Τὸ ῥῆμα τῆς φάραγγος Σειών.
1 ¹Τί ἐγένετό σοι ὅτι νῦν ἀνέβητε πάντες εἰς δώματα μάταια;
2 ²ἐνεπλήσθη ἡ πόλις βοώντων, οἱ τραυματίαι σου οὐ τραυματίαι ἐν
3 μαχαίραις, οὐδὲ οἱ νεκροί σου νεκροὶ πολέμῳ. ³πάντες οἱ ἄρ-
χοντές σου πεφεύγασιν, καὶ ἁλόντες σκληρῶς δεδεμένοι εἰσίν, καὶ

10 οι οδυν.] om οι A | ο θεος] pr a Γ | ημιν] μοι Γ   11 (tit) το אAQΓ
οραμα της Ιδ. deest ut vid in Γ pr ορασις ιβ' Q^mg   1 καλει] καλειτε A εκα-
λεσεν Γ | φυλασσεται א^c.bΓ φυλαξεται A | επαλξις א* (-ξεις א^c.b)   12 φυ-
λασσω] φυλασσου א^c.a (postea repos -σω) | εαν ζητης...οικει] α' εαν επιζητητε
επιζητειτε επιστραφητε ηκατε Q^mg | ζητης] ζητεις Γ | ωκει א   13 εν 1°] pr
※ θ' λημμα εν τη Αραβια σ' λημμα Αραβιας α' αρμα εν Αραβεια Q^mg | εσπελ
incep א* (εσπερας א^1 fort) | κοιμηθηση] κοιμηθησεσθαι Γ | Δαιδαν] α'σ' Δωδανιμ
θ' Ωρ. Δαιδ. Q^mg Δαν Γ   14 διψωντι (διψοντ. Γ') υδωρ] υδ. διψ. A
15 πεφονευμενων] φευγοντων אAQ (οι ο' πεφον. οι γ' μαχαιρῶ Ωρ. κατα τους
ο' Q^mg) Γ | των (A^a(mg)) διατεταμενων...πολεμω] sup ras A^a | πολεμω] παιδιω
A^a   16 διοτι] οτι AQ* (διοτι Q^mg) Γ | εκλειψει] pr και א | om των
υιων Q   17 καταλοιπον] λοιπον א | om ισχ. Q | των υιων sub ÷ Q |
ολιγον] λι rescr A^1 | οτι] διοτι אAQ (οι γ' οτι Q^mg) | ελαλησεν ο θ͞ς Ι͞ηλ אAQ
(οι γ' ο θ͞ς Ι͞ηλ ελαλ. Q^mg) Γ   XXII tit το ρημα της φαρ. Σειων (Σιων
B^bAQ)] το οραμα της φαρ. Σ. A θ'σ' λημμα φαρ. ορασεως α' οραματισπιριου
(sic) Q^mg hiat Γ   1 νυν οτι AQΓ   2 βοωντων]+ ※ η πολις αγαυριωσα
Q^mg | αι τραυμ. א* (οι τραυμ. א^c.a et postea) | εν μαχαιραις] μαχαιρας א
(μαχερας) AQΓ | πολεμου אAQ (α'θ' πολεμοι οι ο' πολεμω σ' ομοιως τοις ο'
Q^mg) Γ   3 και αλ.] κλαυοντ. B* vid | αλοντες] οι αλ. B^abAQ οι αλ. σου
Γ οι λαλωνταις (sic) א* αλονταις א^1 fort (-τες א^c.b) | δεδεμενοι] δεδεγμενοι A

137

ΧΧΙΙ 4   ΗΣΑΙΑΣ

Β οἱ ἰσχύοντες ἐν σοὶ πόρρω πεφεύγασιν. ⁴διὰ τοῦτο εἶπα Ἄφετέ με, 4 πικρῶς κλαύσομαι· μὴ κατισχύσητε παρακαλεῖν με ἐπὶ τὸ σύντριμμα τῆς θυγατρὸς τοῦ γένους μου. ⁵ὅτι ἡμέρα ταραχῆς καὶ ἀπωλείας, καὶ 5 καταπάτημα καὶ πλάνησις παρὰ Κυρίου σαβαώθ· ἐν φάραγγι Σειὼν πλανῶνται, ἀπὸ μικροῦ ἕως μεγάλου πλανῶνται ἐπὶ τὰ ὄρη. ⁶οἱ 6 δὲ Ἐλαμεῖται ἔλαβον φαρέτρας, ἀναβάται ἄνθρωποι ἐφ᾽ ἵππους, καὶ συναγωγὴ παρατάξεως. ⁷καὶ ἔσονται αἱ ἐκλεκταὶ φάραγγές σου, 7 πλησθήσονται ἁρμάτων, οἱ δὲ ἱππεῖς ἐμφράξουσι τὰς πύλας σου, ⁸καὶ ἀνακαλύψουσιν τὰς πύλας Ἰούδα· καὶ ἐμβλέψονται τῇ ἡμέρᾳ 8 ἐκείνῃ εἰς τοὺς ἐκλεκτοὺς οἴκους τῆς πόλεως, ⁹καὶ ἀνακαλύψουσιν τὰ 9 κρυπτὰ τῶν οἴκων τῆς ἄκρας Δαυείδ. καὶ εἴδοσαν ὅτι πλείους εἰσίν, καὶ ὅτι ἀπέστρεψεν τὸ ὕδωρ τῆς ἀρχαίας κολυμβήθρας εἰς τὴν πόλιν, ¹⁰καὶ ὅτι καθείλοσαν τοὺς οἴκους Ἰερουσαλὴμ εἰς ὀχυρώματα τείχους 10 τῇ πόλει. ¹¹καὶ ἐποιήσατε ἑαυτοῖς ὕδωρ ἀνὰ μέσον τῶν δύο τειχῶν 11 ἐσώτερον τῆς κολυμβήθρας τῆς ἀρχαίας, καὶ οὐκ ἐνεβλέψατε εἰς τὸν ἀπ᾽ ἀρχῆς ποιήσαντα αὐτήν, καὶ τὸν κτίσαντα αὐτὴν οὐκ εἴδετε. ¹²καὶ 12 ἐκάλεσεν κύριος Κύριος σαβαὼθ ἐν τῇ ἡμέρᾳ ἐκείνῃ κλαυθμὸν καὶ κοπετὸν καὶ ξύρησιν καὶ ζῶσιν σάκκων, ¹³αὐτοὶ δὲ ἐποιήσαντο εὐφρο- 13 σύνην καὶ ἀγαλλίαμα, σφάζοντες μόσχους καὶ θύοντες πρόβατα, ὥστε φαγεῖν κρέα καὶ πιεῖν οἶνον Φάγωμεν καὶ πίωμεν, αὔριον γὰρ ἀποθνήσκομεν. ¹⁴καὶ ἀνακεκαλυμμένα ταῦτά ἐστιν ἐν τοῖς ὠσὶν Κυρίου 14 σαβαώθ, ὅτι οὐκ ἀφεθήσεται ὑμῖν αὕτη ἡ ἁμαρτία ἕως ἂν ἀποθάνητε.

ℵAQΓ 3 εν σοι]+θ′ ※ εδεθησαν ομοθυμαδον Q^mg σου Γ´ | πορω ℵ* (-ρρω ℵc.a) | πεφευασιν ℵ* (-γασιν ℵc.a, d.a) 4 μη] pr και ℵ | κατισχυσω incep ℵ* (-σητε ℵ¹) | παραλειν ℵ* (παρακαλ. ℵc.b) | συντρυμμα Γ´ | γενους] λαου Q 5 ταραχους ℵ* (-χης ℵc.a, c.b) ταραχη Q* (-χης Qᵃ) | απολειας Β απωλιας ℵQ* | καταπατηματος ℵAQΓ´ | om και πλανησις ℵ* (hab ß πλανησεως ℵc.a ß πλανησις ℵd.a) Q* (hab ß πλανησις Qmg) Γ´ | φαραγγι Σειων (Σιων BᵇAQΓ´)] φαραγγει Ων ℵ* φαραγγει Σιων ℵc.a et antea | μικου ℵ* (-ρου ℵc.a) 6 Ελαμιται ℵQᵃ | αναβαται ανθρ. εφ ιππους] α′ εν αρματι ανων ιππεων θ′ συν επιβαταις ανων ιππευσιν Q^mg | ιππους] ιπποις ℵc.bAQ* 7 αι εκλεκται (εκλεται Α) φαρ. σου] om αι ℵ θ′σ′ αι εκλεκται κοιλαδες σου α′ εκλογαι κοιλαδων σου Q^mg | πλησθησονται]ενπλ. ℵc.a εμπλ. ℵd.a | ενφραξωσιν ℵ εμφραξουσιν QΓ´ 9 ιδοσαν ℵ | απεστρεψαν ℵAQΓ´ 10 καθιλοσαν ℵ καθηλ. Γ´ | Ιερουσαλημ] Ιελμ ℵ* Ιλημ ℵd.a sait Ιηλ A*vid Ιημ A¹ | οχυρωμα ℵAQΓ´ | τειχους] pr του ℵAQΓ´ 11 και εποιησατε...ανα μεσον] θ′σ′ ß εποιησατε ανα μεσον Q^mg | εαυτοις] αυτοις Γ´ | των δυο] om των ℵ* (hab ℵc.a) | τειχεων ℵ (τιχ.) AQΓ´ | απ αρχης] απαρχη ℵ* (-χης ℵc.a, c.b) | αυτην 2°]+ ※ πορρωθε Q^mg | ιδετε Bᵇℵ 12 εκαλεσν ℵ*vid (-σεν ℵ¹) | om κυριος 1° AQ* (hab Q^mg) Γ´ 13 σφαζωνταις ℵ* (-ζονταις ℵc.a -τες ℵc.b) | πιν ℵ* (πιειν ℵc.b) | φαγωμεν] pr λεγοντες ℵAQ (sub ⁒) Γ´ | αποθ(νησ)κωμε! Γ´ 14 ταυτα sub ⁒ Q | om εν τοις ℵ*vid (hab ℵ¹fort, c.a) | Κυριου] κυ ℵ? | εως] incep υ ℵ* (improb ℵ¹(vid)) | αποθανητε] αποθανειτε Γ´+ειπεν κς ℵc.a + θ′σ′ ειπεν κς κς των δυναμεων Q^mg

138

ΗΣΑΙΑΣ XXII 23

15 ¹⁵Τάδε λέγει Κύριος σαβαώθ Πορεύου εἰς τὸ παστοφόριον πρὸς Ϝ
16 Σόμναν τὸν ταμίαν καὶ εἰπὸν αὐτῷ ¹⁶Τί σὺ ὧδε, καὶ τί σοί ἐστιν
ὧδε ὅτι ἐλατόμησας σεαυτῷ ὧδε μνημεῖον, καὶ ἐποίησας σεαυτῷ ἐν
17 ὑψηλῷ μνημεῖον, καὶ ἔγραψας σεαυτῷ ἐν πέτρᾳ σκηνήν· ¹⁷ἰδοὺ δὴ
Κύριος σαβαὼθ ἐκβάλλει καὶ ἐκτρίψει ἄνδρα, καὶ ἀφελεῖ τὴν στο-
18 λήν σου καὶ τὸν στέφανόν σου τὸν ἔνδοξον, ¹⁸καὶ ῥίψει σε εἰς
χώραν μεγάλην καὶ ἀμέτρητον, καὶ ἐκεῖ ἀποθανῇ· καὶ θήσει τὸ ἅρμα
19 σου τὸ καλὸν εἰς ἀτιμίαν, καὶ τὸν οἶκον τοῦ ἄρχοντός σου, ¹⁹καὶ
20 ἀφαιρεθήσει ἐκ τῆς οἰκονομίας σου καὶ ἐκ τῆς στάσεώς σου. ²⁰καὶ
ἔσται ἐν τῇ ἡμέρᾳ ἐκείνῃ καὶ καλέσω τὸν παῖδά μου Ἐλιακεὶμ τὸν
21 τοῦ Χελκίου, ²¹καὶ ἐνδύσω αὐτὸν τὴν στολήν σου, καὶ τὸν στέφα-
νόν σου δώσω αὐτῷ κατὰ κράτος, καὶ τὴν οἰκονομίαν σου δώσω εἰς
τὰς χεῖρας αὐτοῦ· καὶ ἔσται ὡς πατὴρ τοῖς ἐνοικοῦσιν ἐν Ἰερουσαλὴμ
22 καὶ τοῖς ἐνοικοῦσιν ἐν Ἰούδᾳ. ²²καὶ δώσω τὴν δόξαν Δαυεὶδ αὐτῷ,
καὶ ἄρξει, καὶ οὐκ ἔσται ὁ ἀντιλέγων, καὶ κλείσει καὶ οὐκ ἔστιν ὁ ἀνοί-
23 γων. ²³καὶ στηλῶ αὐτὸν ἄρχοντα ἐν τόπῳ πιστῷ, καὶ ἔσται εἰς

15 λε|λεγει Β | Κυριος] pr κς Qᵐᵍ | σαβαωθ (-ων Α* -ωθ Α¹ ⁽ᵛⁱᵈ⁾)]+προς ℵAQΓ
με ℵᶜ·ᵃ (rurs ras) | πορευου]+⁎ οι γ´ εισελθε Qᵐᵍ | πανστοφοριον ℵ* (παστ.
ℵ?) παστοφορειον Qᵃ | Σομναν] ομοιως οι γ´ Qᵐᵍ | ταμιαν] γραμματαια Α
15—16 κ. ειπον...εστιν sub ⸓ Qᵛⁱᵈ   16 τι συ ωδε] τι ωδε συ ℵ* τις ωδε
συ ℵᵈ·ᵃ τι σοι ωδε QΓ | om σεαυτω εν υψηλω μνημειον ℵ* (hab ℵᶜ·ᵃ) Q* (hab
Qᵐᵍ) | om και εγραψας ℵᶜ·ᵃ (postea repos) Q* (hab Qᵐᵍ)   17 σαβαωθ
sub ⸓ Q | εκβαλει ℵ¹AQᵃ   18 εις 2° sub ⸓ Q | αρχοντος σου] om σου ℵ
+εις καταπατημα ℵAQ (sub ⸓) Γ   19 αφαιρεθηση Βᵃᵇℵᶜ·ᵃ⁽ᵛⁱᵈ⁾·ᶜ·ᵇ (αφρεθ.
ℵ* αφερεθ. ℵ¹) AQΓ (αφερεθ.) | στασεως] τ[α]ξεως Γᵛⁱᵈ   20 om και 2°
ℵAQ* (hab Qᵐᵍ) Γ | Ελιακιμ ℵQᵃ   21 την στολην] τον στ. ℵ*ᵛⁱᵈ την
στ. ℵ¹ | om σου 1° Γ | σου 2°] ⁎ οι γ´ Qᵃ | κατα κρατος] και το κρ. ℵAQ θ´
κραταιωσω αυτο Qᵐᵍ | εν 1°] εις Γ | om και τοις ενοικουσιν εν Ιουδα Α* (hab
Αᵃ⁽ⁱᵐᵍ⁾) | om τοις ενοικουσιν (2°) QΓ   22 και δωσω...ο ανοιγων] και δωσω
και αυτω την κλιδαν οικου Δ. επι τω ωμω αυτου και ανοιξει και ουκ εστε ο
αποκλιων και κλεισει και ουκ εστιν ο ανοιγων ℵ* και δωσω την δοξαν Δ. αυτω
και αρξει την κλιδαν οικ. Δ. επι τω ωμ. αυτ. και ανοιξει και ουκ εστ. ο αποκλ.
και κλισει και ουκ εσται ο αντιλεγων ℵᶜ·ᵃ και δωσω την δοξαν Δ. αυτω και αρξ.
και ουκ εσται ο αντιλεγων ⁎ και δωσω αυτω την κλιδαν οικ. Δ. επι τω
ωμ. αυτ. και ανοιξ. και ουκ εστ. ο αποκλ. και κλεισει ⁎ και ουκ εσται ο
ανοιγων ℵᶜ·ᵇ και δωσω την δοξαν Δ. αυτω και αρξ. και ουκ εσται ο αντι-
λεγων ⁎ την κλιδαν οικ. Δ. επι τω ωμ. αυτ. και ανοιξ. και ουκ εστ. ο
αποκλ. και κλισει και ουκ εστιν ο ανοιγων ℵᵈ·ᵃ και δωσω την δοξαν Δ. αυτω
και αρξ. και ουκ εστ. ο αντιλεγων και δωσω την κλιδα οικ. Δαδ επι του ωμου
αυτου και ανοιξει και ουκ εσται ο αποκλειων και κλεισει και ουκ εσται
ο ανοιγων Α om και κλεισει...ανοιγων QΓ | αντιλεγων]+α´θ´σ´ ⁎ κ δωσω
(σ´ επιθησω) τῇ κλειδα οικου Δαδ επι του ωμου αυτου κ ανοιξει κ ουκ εσται
ο αποκλειων κ κλεισει κ ουκ εσται ο ανοιγων Qᵐᵍ   23 και στηλω αυτον]
και στησω αυτον ΒᵃAQ* (στηλω Qᵐᵍ) Γ και στησω αυτοις ℵ pr ⁎ ℵᵈ·ᵃ | και
2°] κα sup ras ℵ¹

ΗΣΑΙΑΣ

B θρόνον δόξης τοῦ οἴκου τοῦ πατρὸς αὐτοῦ. ²⁴καὶ ἔσται πεποιθὼς 24 ἐπ' αὐτὸν πᾶς ἔνδοξος ἐν τῷ οἴκῳ τοῦ πατρὸς αὐτοῦ ἀπὸ μικροῦ ἕως μεγάλου, καὶ ἔσονται ἐπικρεμάμενοι αὐτῷ ²⁵τῇ ἡμέρᾳ ἐκείνῃ, 25 τάδε λέγει Κύριος σαβαώθ· κινηθήσεται ὁ ἄνθρωπος ὁ ἐστηριγμένος ἐν τόπῳ πιστῷ, καὶ ἀφαιρεθήσεται καὶ πεσεῖται, καὶ ἐξολεθρευθήσεται ἡ δόξα ἡ ἐπ' αὐτόν, ὅτι Κύριος ἐλάλησεν.

Τὸ ῥῆμα Τύρου.   XXIII

¹'Ολολύξατε, πλοῖα Καρχηδόνος, ὅτι ἀπώλετο, καὶ οὐκέτι ἔρχονται 1 ἐκ γῆς Κιτιαίων· ἦκται αἰχμάλωτος. ²τίνι ὅμοιοι γεγόνασιν οἱ ἐνοι- 2 κοῦντες ἐν τῇ νήσῳ, μεταβόλοι Φοινίκης, διαπερῶντες τὴν θάλασσαν ³ἐν ὕδατι πολλῷ, σπέρμα μεταβόλων; ὡς ἀμητοῦ εἰσφερομένου οἱ 3 μεταβόλοι τῶν ἐθνῶν. ⁴αἰσχύνθητι, Σειδών, εἶπεν ἡ θάλασσα· ἡ δὲ 4 ἰσχὺς τῆς θαλάσσης εἶπεν Οὐκ ὤδινον οὐδ' ἔτεκον, οὐδὲ ἐξέθρεψα νεανίσκους οὐδὲ ὕψωσα παρθένους. ⁵ὅταν δὲ ἀκουστὸν γένηται 5 Αἰγύπτῳ, λήμψεται αὐτοὺς ὀδύνη περὶ Τύρου. ⁶ἀπέλθατε εἰς Καρ- 6 χηδόνα, ὀλολύξατε, οἱ κατοικοῦντες ἐν τῇ νήσῳ ταύτῃ. ⁷οὐχ αὕτη 7 ἦν ὑμῶν ἡ ὕβρις ἀπ' ἀρχῆς πρὶν ἢ παραδοθῆναι αὐτήν; ⁸τίς ταῦτα 8 ἐβούλευσεν ἐπὶ Τύρον; μὴ ἥσσων ἐστίν, ἢ οὐκ ἰσχύει; οἱ ἔμποροι αὐτῆς ἔνδοξοι, ἄρχοντες τῆς γῆς. ⁹Κύριος σαβαὼθ ἐβουλεύσατο 9 παραλῦσαι πᾶσαν τὴν ὕβριν τῶν ἐνδόξων καὶ ἀτιμάσαι πᾶν ἔνδοξον ἐπὶ τῆς γῆς. ¹⁰ἐργάζου τὴν γῆν σου, καὶ γὰρ πλοῖα οὐκέτι 10

אAQΓ 23 του οικου] τω οικω Q | πατρος] ρς (in πρς) sup ras א¹ πρς A^vid 24 και εσται...πατρος αυτου bis scr א* (unc et punct improb 2° א^c.a, c.b) | πεποιως א* | om εν Q* (hab Q^mg) | μεγαλου]+θ' ※ παντος (sic) σκευος το μικρον απο σκευους των αγανωθ Q^mg | αυτω] pr εν A   25 τη ημερα εκ.] pr εν אAQΓ c antecedd coniung BאA | Κυριος] pr κς Q^mg | κινηθησεται] στηριχθησεται Q | τοπω] τω א | και πεσειται και αφαιρεθησεται א (αφερ.) AQΓ | om και εξολεθρευθησεται אAQ (θ' ※ ϟ εξολεθρ. Q^mg) και πεσειται και αφ. και πεσ. Γ   XXIII tit pr ορασις ιδ' Q^mg | ρημα] οραμα אAQ^mg (hiat Γ) a' αρμα θ'σ' λημμα Q^mg   1 ολολυξατε] ολολυξετε אAQ de Γ non liq | Χαρκηδονος B*א* (Καρχ. B^abא^d.a, c.b) οι γ' Θαρσεις Q^mg | Κιτιαιων] Κητιαιων A Κιτιεων B   2 Φινικης A Φοινηκης Γ   3 σπερματαβολων א* (σπερμα μεταβ. א^lam ante c.a) | μεταβολοι] μετα B*^vid + βολοι B^ab(mg)   4 Σειδων] Σιδων B^aAQΓ Σειων א* (Σειδ. א¹) | θαλασσα]+η δε θαλασσα Q* (improb Q¹ fort) | ουδ] ουδε אAQΓ | εξεθρεψα] εθρεψα Q* (εξεθρ. Q^mg)   5 Αιγυπτω] pr εν א^c.aA | ληψεται Q   6 απελθετε Q^a | Καρχηδονα] οι γ' Θαρσεις Q^mg | ολολυξατε] ολολυξετε AQ | κατοικουντες] ενοικ. אAQ   7 υμων ην A | απ αρχης] pr η אAQ | παδοθ. א* (παραδ. א^c.a) αυτην]+θ' ※ απαξουσιν αυτην οι ποδες αυτης πορρωθεν εις παροικιαν Q^mg 8 εβουλευσεν] εβουλευσατο א | ησσον Γ | ισχυουσιν אΓ | ενδοξοι] pr οι אΓ | αρχοντες] pr οι א+※ Χανααν Q^mg   9 om πασαν A | παν] παντα Q

ΗΣΑΙΑΣ XXIV 1

11 ἔρχεται ἐκ Καρχηδόνος. "ἡ δὲ χείρ σου οὐκέτι ἰσχύει κατὰ θά- B
λασσαν, ἡ παροξύνουσα βασιλεῖς· Κύριος σαβαὼθ ἐνετείλατο περὶ
12 Χανάαν ἀπολέσαι αὐτῆς τὴν ἰσχύν. 12καὶ ἐροῦσιν Οὐκέτι μὴ προσ-
τεθῆτε τοῦ ὑβρίζειν καὶ ἀδικεῖν τὴν θυγατέρα Σειδῶνος· καὶ ἐὰν
13 ἀπέλθῃς εἰς Κιτιεῖς, οὐδὲ ἐκεῖ ἀνάπαυσις ἔσται σοι· 13καὶ εἰς γῆν
Χαλδαίων, καὶ αὕτη ἠρήμωται ἀπὸ τῶν Ἀσσυρίων, ὁ τοῖχος αὐτῆς
14 πέπτωκεν. 14ὀλολύξατε, πλοῖα Καρχηδόνος, ὅτι ἀπώλωλε τὸ ὀχύ-
15 ρωμα ὑμῶν. 15καὶ ἔσται ἐν τῇ ἡμέρᾳ ἐκείνῃ καταλειφθήσεται Τύρος
ἑβδομήκοντα ἔτη, ὡς χρόνος βασιλέως, ὡς χρόνος ἀνθρώπου· καὶ
16 ἔσται μετὰ ἑβδομήκοντα ἔτη ἔσται Τύρος ὡς ᾆσμα πόρνης. 16λάβε
κιθάραν, ῥέμβευσον πόλεις πόρνη ἐπιλελησμένη, καλῶς κιθάρισον,
πολλὰ ᾆσον, ἵνα σου μνεία γένηται. καὶ ἔσται μετὰ τὰ ἑβδομήκοντα
ἔτη ἐπισκοπὴν ποιήσει ὁ θεὸς Τύρου, καὶ πάλιν ἀποκαταστήσεται
17 εἰς τὸ ἀρχαῖον, 17καὶ ἔσται ἐμπόριον πάσαις ταῖς βασιλείαις τῆς
18 οἰκουμένης ἐπὶ πρόσωπον τῆς γῆς. 13καὶ ἔσται ἡ ἐμπορία αὐτῆς
καὶ ὁ μισθὸς ἅγιον Κυρίῳ, οὐκ αὐτοῖς συναχθήσεται ἀλλὰ τοῖς κατοι-
κοῦσιν ἔναντι Κυρίου, πᾶσα ἡ ἐμπορία αὐτῆς, φαγεῖν καὶ πιεῖν καὶ
ἐμπλησθῆναι, καὶ εἰς συμβολὴν μνημόσυνον ἔναντι Κυρίου.

XXIV 1   1Ἰδοὺ Κύριος καταφθείρει τὴν οἰκουμένην, καὶ ἐρημώσει αὐτὴν
καὶ ἀνακαλύψει τὸ πρόσωπον αὐτῆς καὶ διασπερεῖ τοὺς ἐνοικοῦντας·

10 ερχονται A   11 βασιλις א* (-λεις אc(?b))   12 προστεθητε] προσ- אAQΓ
θητε אAQ | την θυγατερα] α'θ'σ' ※ παρθενον θυγ. Qmg | Σειδωνος] Σειων
Bamg א Σιων BaAQΓvid οι γ' Σιδωνος Qmg | απελθης] λθη rescr א1 -λθεις Γ |
Κητιειμ A | εκει σοι αναπ. εσται AQ   13 και αυτη] pr η A* (ras A?) |
Ασσυριων]+ουδε εκει σοι αναπαυσις (-σεις A) εσται οτι אA+οτι Γ+※ εθεμε-
λιωσε αυτην εις σηειμ εστησαν επαλξεις αυτου εξηγειρα βαρεις αυτης (adnot
τουτων τῶ ηστερισαμεν Ωρ. ως των ο' μεμνηται εν τω κε' τομω των εις τον
Ησαιαν) Qmg   14 ολολυξατε] ολολυξετε א* (-ξαται אc.b postea -ξετε) AQ |
Χαρκηδονος א* (Καρχ. אc.a) | απολωλε] απωλετο אAQΓ | υμων] ημων א1
15 ετη εβδομηκοντα (1°) אAQΓ | βασιλεως]+οι γ' ενος Qmg | ως χρ. ανθρ. sub
⁒ Q | και 2°] sign adpinx אcmg (postea ras) | εβδ. 2°] ο' א | om ετη 2° A*(-
Amg) | Τυρος 2°] οι γ' Τυρω Qmg   16 κιθαριον א* -ρισον אiam ante c.a -ρησον
Γ | πολις B*א* (-λεις Babאc.b) | μνεια] pr η A | τα εβδ. ετη] om ετη B*vid
(hab Babmg) om τα אAQΓ | αποκαταστησεται] αποκατασταθησεται אQmgΓ
κατασταθησεται Q*   17 ταις βασ.] om ταις א* (hab אc.b) | της οικ.] om
της (in fin lin) B*vid (hab Bab(vid)) | om επι προσωπον της γης אAQ (※ θ'
επι...γης Qmg) Γ   18 η εμπορια αυτης] αυτης η εμπορια אAQ αυτης|| η
εμπ. αυτ..Γ | Κυριω] pr τω א* (improb אc.b(vid) postea repos) AQΓvid |
κατοκ. א* (κατοικ. אiam ante c.a) | Κυριου 1°]+εν Ιλμ א | πιν א* (πιειν אc.b) |
om και 5° אAQΓ | om εναντι κυ (2°) A*vid (hab Aa?)   XXIV 1 το
προσωπον] τα ορια Q* (το προσ. Qmg) | ενοικουντας] pr παντας א* (improb
אc.a, c.b)

141

XXIV 2   ΗΣΑΙΑΣ

Β ἐν αὐτῇ. ²καὶ ἔσται ὁ λαὸς ὡς ὁ ἱερεύς, καὶ ὁ παῖς ὡς ὁ κύριος, καὶ 2
ἡ θεράπαινα ὡς ἡ κυρία· ἔσται ὁ ἀγοράζων ὡς ὁ πωλῶν, ὁ δανίζων
ὡς ὁ δανιζόμενος, καὶ ὁ ὀφίλων ὡς ᾧ ὀφίλει. ³φθορᾷ φθαρήσεται 3
ἡ γῆ, καὶ προνομῇ προνομευθήσεται ἡ γῆ· τὸ γὰρ στόμα Κυρίου
ἐλάλησεν ταῦτα. ⁴ἐπένθησεν ἡ γῆ, καὶ ἐφθάρη ἡ οἰκουμένη, ἐπέν- 4
θησαν οἱ ὑψηλοὶ τῆς γῆς. ⁵ἡ δὲ γῆ ἠνόμησεν διὰ τοὺς κατοικοῦντας 5
αὐτήν, διότι παρῆλθοσαν τὸν νόμον καὶ ἤλλαξαν τὰ προστάγματα,
διαθήκην αἰώνιον. ⁶διὰ τοῦτο ἀρὰ ἔδεται τὴν γῆν, ὅτι ἡμάρτοσαν οἱ 6
κατοικοῦντες αὐτήν· διὰ τοῦτο πτωχοὶ ἔσονται οἱ ἐνοικοῦντες ἐν τῇ
γῇ, καὶ καταλειφθήσονται ἄνθρωποι ὀλίγοι. ⁷πενθήσει οἶνος, πεν- 7
θήσει ἄμπελος, στενάξουσιν πάντες οἱ εὐφραινόμενοι τὴν ψυχήν.
⁸πέπαυται εὐφροσύνη τυμπάνων, πέπαυται αὐθαδία καὶ πλοῦτος 8
ἀσεβῶν, πέπαυται φωνὴ κιθάρας. ⁹ᾐσχύνθησαν, οὐκ ἔπιον οἶνον, 9
πικρὸν ἐγένετο τὸ σίκερα τοῖς πίνουσιν. ¹⁰ἠρημώθη πᾶσα πόλις, 10
κλείσει οἰκίαν τοῦ μὴ εἰσελθεῖν. ¹¹ὀλολύζετε περὶ τοῦ οἴνου 11
πανταχῇ· πέπαυται πᾶσα εὐφροσύνη. ¹²καταλειφθήσονται πό- 12
λεις ἔρημοι, καὶ οἶκοι ἐγκαταλελιμμένοι ἀπολοῦνται. ¹³ταῦτα πάντα 13
ἔσονται ἐν τῇ γῇ ἐν μέσῳ τῶν ἐθνῶν· ὃν τρόπον ἐάν τις καλα-
μήσηται ἐλαίαν, οὕτως καλαμήσονται αὐτούς· καὶ ἐὰν παύσηται ὁ
τρυγητός. ¹⁴οὗτοι βοῇ φωνήσουσιν, οἱ δὲ καταλειφθέντες ἐπὶ τῆς 14
γῆς εὐφρανθήσονται ἅμα τῇ δόξῃ Κυρίου, ταραχθήσεται τὸ ὕδωρ τῆς
θαλάσσης. ¹⁵διὰ τοῦτο ἡ δόξα Κυρίου ἐν ταῖς νήσοις ἔσται τῆς 15
θαλάσσης, τὸ ὄνομα Κυρίου ἔνδοξον ἔσται. ¹⁶Κύριε ὁ θεὸς 16

ℵAQΓ   2 ο παις] om o Γ | ο παις ως ο κυριος] a´ ως ο δυλος ως ο κυριος αυτου Qᵐᵍ | εσται 2°] pr και ℵΓ | ο δανιζων] pr και ℵAQΓ | δανειζων, δανειζομενος BᵃᵇQᵃ | και οφιλων...οφιλει] σ´ ως ο απαιτω ουτως ο απαιτουμενος Qᵐᵍ | οφειλων BᵃᵇAQᵃΓ | om ως 6° ℵ* | οφειλει BᵃᵇQᵃ (?Γ)   3 φθο[ρ]ησεται Γ | προνομῃ Q* (-μη Qᵃ ⁿⁱˢⁱ ᵖᵒᵗ 1) | ταυτα] θ´ το ρημα τουτο Qᵐᵍ   4 επενθησεν]+θ´σ´ ※ κατερριφη Qᵐᵍ | εφθαρη]+θ´σ´ ※ κατερριφη Qᵐᵍ | επενθησαν] pr και A επενθησεν Γ   5 η δε γη] και η γη ℵΓ | παρηλθοσαν] παρεβησαν AQ* (παρηλθό Qᵐᵍ) | προσταγματα]+κυ A | διαθηκην] pr διεσκεδασαν ℵ pr οι ο´ ※ διεσκεδασα a´ ηκυρωσαν θ´σ´ ομοιως τοις ο´ Qᵐᵍ   6 ενοικουντες (εν|οικ. B* ε|νοικ. Bᵇ)] κατοικουντες Γ | καταλειφθ. ανθρ. ολιγ(ει] a´ υπολειφθησεται αυος ελαχιστος (σ´ αυος ολιγος θ´ ανοι ολιγοι) Qᵐᵍ | ανθρωποι] pr οι Qᵐᵍ   7 στεναξουσι Q   8 αυθαδεια BᵃᵇQᵃ   10 ηρημωθη] ηρωμωθη A ηρημωται Γ+ολη η γη ℵ | κλεισει] κλισθησονται ℵ.ᵃ | οικιαν (οι bis scr ℵ* οικ. ℵ¹⁽ᵛⁱᵈ⁾ᶜ·ᵇ)] οικιαι ℵᶜ·ᵃ οικιας Q   11 ολολυξετε Γ | πεπαυται...ευφροσυνη]+θ´ ※ απεσχισθη χαρα Qᵐᵍ | ευφροσυνη]+της γης ℵAQΓ   12 καταλειφθ.] pr και ℵAQΓ | πολις ℵ* (-λεις ℵᶜ·ᵇ) Q* | εγκαταλελειμμ. BᵃᵇQᵃ ενκαταλελιμμ. ℵ   13 παντα ταυτα Γ | εσονται] εσται ℵᶜ·ᵇ (εστε ℵ*) AQΓ | καλαμησονται] καλαμαται ℵΓ καλαμησονται Q | ο τρυγητος] om ο Γ   14 βοη φωνησουσιν] φωνη βοησονται ℵAQΓ | οι δε...γης sub ÷ Q   16 Κυριε ο θεος] οι γ´ κυ θυ Qᵐᵍ

ΗΣΑΙΑΣ XXV 2

Ἰσραήλ, ⁽¹⁶⁾ἀπὸ τῶν πτερύγων τῆς γῆς τέρατα ἠκούσαμεν Ἐλπὶς τῷ B εὐσεβεῖ. καὶ ἐροῦσιν Οὐαὶ τοῖς ἀθετοῦσιν· οἱ ἀθετοῦντες τὸν νό- 17 μον, ¹⁷φόβος καὶ βόθυνος καὶ παγὶς ἐφ' ὑμᾶς τοὺς ἐνοικοῦντας ἐπὶ 18 τῆς γῆς. ¹⁸καὶ ἔσται ὁ φεύγων τὸν φόβον ἐμπεσεῖται εἰς τὸν βό- θυνον· καὶ ὁ ἐκβαίνων ἐκ τοῦ βοθύνου ἁλώσεται ὑπὸ τῆς παγίδος· ὅτι θυρίδες ἐκ τοῦ οὐρανοῦ ἀνεῴχθησαν, καὶ σεισθήσεται τὰ θεμέλια 19 τῆς γῆς. ¹⁹ταραχῇ ταραχθήσεται ἡ γῆ, καὶ ἀπορίᾳ ἀπορηθήσεται 20 ἡ γῆ. ²⁰ἔκλινεν ὡς ὁ μεθύων καὶ κραιπαλῶν, καὶ σεισθήσεται ὡς ὀπωροφυλάκιον ἡ γῆ, κατίσχυσεν γὰρ ἐπ' αὐτῆς ἡ ἀνομία, καὶ πε- 21 σεῖται καὶ οὐ μὴ δύνηται ἀναστῆναι. ²¹Καὶ ἐπάξει ὁ θεὸς ἐπὶ τὸν κόσμον τοῦ οὐρανοῦ τὴν χεῖρα καὶ ἐπὶ τοὺς βασιλεῖς τῆς γῆς. 22 ²²καὶ συνάξουσιν συναγωγὴν αὐτῆς εἰς δεσμωτήριον καὶ ἀποκλεί- σουσιν εἰς ὀχύρωμα, διὰ πολλῶν γενεῶν ἐπισκοπὴ ἔσται αὐτῶν. 23 ²³καὶ τακήσεται ἡ πλίνθος, καὶ πεσεῖται τὸ τεῖχος· ὅτι βασιλεύσει Κύριος ἐκ Σειὼν καὶ εἰς Ἰερουσαλήμ, καὶ ἐνώπιον τῶν πρεσβυτέρων δοξασθήσεται.

XXV 1 ¹Κύριε ὁ θεός, δοξάσω σε, ὑμνήσω τὸ ὄνομά σου, ὅτι ἐποίησας 2 θαυμαστὰ πράγματα, βουλὴν ἀρχαίαν ἀληθινήν· γένοιτο. ²ὅτι ἔθηκας πόλεις εἰς χῶμα, πόλεις ὀχυρὰς τοῦ μὴ πεσεῖν αὐτῶν τὰ θεμέλια·

16 a. τ. πτ. τ. γης] οι γ' ομοιως τοις ο' Q^{mg} | ερουσιν] α'θ' ερει Q^{mg} | ουαι] ℵAQΓ pr ※ το μυστηριο μου εμοι το μυστηριον μου εμοι Q^{mg} | οι αθετουντες (αθουντες ℵ) τον νομον] ※ θ' ϛ αθεσιαν αθετου|των Q^{mg} 17 υμας] ημας ℵ* (υμ. ℵ^c) | ενοικουντας] κατοικ. ℵ* (ενοικ. ℵ^{c.b}) Γ | επι της γης] εν τη γη ℵΓ 18 και ο εκβ.] ο δε εκβ. ℵAQ | εκβαινον Γ | ηνεωχθησαν ℵAQΓ 19—20 ταραχη …αναστηναι] θ' θραυσει θραυσθησεται η γη ϛ διασκεδασει διασκεδασθησεται η γη κλινομενη κλειθησεται η γη σαλω σαλευθησετ, η γη ως ο μεθυων ϛ σεισθη- σεται ως οπωροφυλακιον ϛ καταβαρυνθησετ, επ αυτης η ανομια αυτης ϛ πεσειται ϛ ου προσθησει αναστην, Q^{mg} 19 ταραχθη ℵ* (-χη ℵ^a) 20 om ως ο μεθυων και κραιπαλων (κραπ. B) ℵ (εκλινεν κ. σισθ. bis scr ℵ* improb 1° ℵ^{c.a, c.b}) AQΓ | σεισθησεται] σαλω σαλευθησεται Q^{mg}+η γη Q^{mg}Γ | η γη] + ως ο μεθυῶ και ο κραιπαλων ℵAQΓ (κρεπ. ℵAΓ) | om κατισχυσεν…η ανομια ℵAQΓ | αναστηναι]+κατισχυσεν γαρ επ αυτης η ανομια ℵAQΓ post ανομια add και πεσιται και ου μη δυνηται στηναι ℵ* (improb et unc incl ℵ^{c.a, c.b}) 21 και 1°]+※ α'σ'θ' ※ εστ, εν τη ημερα εκεινη Q^{mg} | γης]+※ θ'σ' επι της γης Q^{mg} 22 om συναγωγην αυτης εις δεσμωτηριον ℵAQΓ ※ θ' συναγωγη αυτης Q^{mg} | οχυρωμα]+και εις δεσμωτηριον ℵAQΓ | γενεων] ετῶ Q^{mg} | αυτων] pr επ Γ 23 και 1°…τειχος] ※ ℵ^{c.a, c.b}) και επαπατησεται η σεληνη και αισχυνθησεται (εσχ. ℵ) ο ηλιος ℵQ^{mg} | βασιλευσει ℵ* -|σει ℵ^{c.a,c.b} | εκ] εν ℵAQ | Σιων B^bℵAQΓ (pr ※ τω ορει Q^{mg}) | εις] εν ℵAQ εκ Γ (sic) | πρε- σβυτερων]+αυτου ℵ XXV 1 Κυριε] pr ωδη A | θεος]+μου ℵAQ | γενοιτο] α' πεπιστωμενως σ' πιστει θ' ομοιως τοις ο' Q^{mg}+κε ℵAQΓ 2 πο- λεις 1°] πολιν ℵ* (-λεις ℵ^{c.b}) πολις Q* | πολεις 2°] πολις ℵ* (-λεις ℵ^{c.b}) | om μη 1° ℵAQ

ΗΣΑΙΑΣ XXV 3

B τῶν ἀσεβῶν πόλις τὸν αἰῶνα οὐ μὴ οἰκοδομηθῇ. ³διὰ τοῦτο εὐλο- 3
γήσει σε ὁ λαὸς ὁ πτωχός, καὶ πόλεις ἀνθρώπων ἀδικουμένων εὐ-
λογήσουσίν σε. ⁴ἐγένου γὰρ πάσῃ πόλει ταπεινῇ βοηθός, καὶ τοῖς 4
ἀθυμήσασιν διὰ ἔνδειαν σκέπη, ἀπὸ ἀνθρώπων πονηρῶν ῥύσῃ αὐ-
τούς· σκέπη διψώντων, καὶ πνεῦμα ἀνθρώπων ἀδικουμένων, ⁵ὡς 5
ἄνθρωποι ὀλιγόψυχοι διψῶντες ἐν Σειὼν ἀπὸ ἀνθρώπων ἀσεβῶν,
οἷς ἡμᾶς παρέδωκας. ⁶καὶ ποιήσει Κύριος σαβαὼθ πᾶσι τοῖς 6
ἔθνεσιν· ἐπὶ τὸ ὄρος τοῦτο πίονται εὐφροσύνην, πίονται οἶνον·
⁷χρίσονται μύρον ἐν τῷ ὄρει τούτῳ. παράδος πάντα ταῦτα τοῖς 7
ἔθνεσιν· ἡ γὰρ βουλὴ αὕτη ἐπὶ πάντα τὰ ἔθνη. ⁸κατέπιεν ὁ θά- 8
νατος ἰσχύσας, καὶ πάλιν ἀφεῖλεν Κύριος ὁ θεὸς πᾶν δάκρυον ἀπὸ
παντὸς προσώπου· τὸ ὄνειδος τοῦ λαοῦ ἀφεῖλεν ἀπὸ πάσης τῆς
γῆς, τὸ γὰρ στόμα Κυρίου ἐλάλησεν. ⁹καὶ ἐροῦσιν τῇ ἡμέρᾳ ἐκείνῃ 9
Ἰδοὺ ὁ θεὸς ἡμῶν ἐφ' ᾧ ἠλπίζομεν, καὶ σώσει ἡμᾶς· οὗτος Κύριος,
ὑπεμείναμεν αὐτῷ καὶ ἠγαλλιώμεθα, καὶ εὐφρανθησόμεθα ἐπὶ τῇ
σωτηρίᾳ ἡμῶν. ¹⁰ἀνάπαυσιν δώσει ὁ θεὸς ἐπὶ τὸ ὄρος τοῦτο, καὶ 10
καταπατηθήσεται ἡ Μωαβεῖτις ὃν τρόπον πατοῦσιν ἅλωνα ἐν ἁμάξαις·
¹¹καὶ ἀνήσει τὰς χεῖρας αὐτοῦ, ὃν τρόπον καὶ αὐτὸς ἐταπείνωσεν τοῦ 11
ἀπολέσαι, καὶ ταπεινώσει τὴν ὕβριν αὐτοῦ ἐφ' ἃ τὰς χεῖρας ἐπέ-
βαλεν· ¹²καὶ τὸ ὕψος τῆς καταφυγῆς τοῦ τοίχου σου ταπεινώσει, καὶ 12
καταβήσονται ἕως τοῦ ἐδάφους.

ℵAQΓ 2 πολις] πολεις ℵ^{c.b}A | λεις τον αιωνα ου μη sup ras A^a | τον αιωνα] pr εις ℵ^{c.a} | οικοδομηθη] κοδομηθη A (sic) 3 πολεις] πολις ℵ* (-λεις ℵ^{c.b}) Q*Γ 4 ταπεινω ℵ* (-νη ℵ^{c.a,c.b}) | δια] δι AQ | απο] α sup ras ℵ¹ | ρυσαι Γ | αδικουμενων (αδικουμ sup ras ℵ¹)] + ευλογησουσιν (-σι Q^{mg}) σε ℵAQ^{mg} 5 Σιων B^bℵAQΓ + οτι ρυση αυτους ℵ* (improb ℵ^{c.a,c.b}) | απο ανθρωπων... παρεδωκας] θ' ※ ηχον αλγογενων (corr αλλογ.) κατεισχυνεις καυσωνα εν σκεπη νεφους κληματιδα ισχυρων Q^{mg} | παρεδωκας] + ※ ταπεινωσεις Q^{mg} 6 πασιν ℵ | ορος] ορους ℵ*^{vid} (ορος ℵ¹) | οινον] + θ' ※ τρυγιων διυλισμενων Q^{mg} 7 χρισονται μυρον] Q^{mg} ҕ καταπιεται...Q^{mg} | εν τω ορει τουτω παραδος] ҕ παραδοσει παραδοθησεται εν τω ορει Q^{mg} | ταυτα παντα AQΓ | βουλη] incep σου ℵ* (β. ℵ¹) 8 κατεπιεν...ισχυσας] θ' κατεποθη ο θ. εις νικος α' καταποντισει τον θανατον εις νικος Q^{mg} | om Κυριος AQΓ | δακριον ℵ* (δακρυον ℵ^c) | ελαλησεν] + ταυτα Q^{mg} 9 τη ημερα εκ.] pr εν AΓ | ο θεος] pr κ̅ς̅ ℵΓ | om και σωσει...υπεμ. αυτω ℵAQ* (hab θ'σ' ※ ҕ σωσει ημας ουτ. κ̅ς̅ υπεμειναμεν [+ αυτω mg dextr] Q^{mg}) Γ | και ευφρ. επι τη σωτηρια ημων] om Q^{txt} (hab sub ※ Q^{mg}) επι τω σωτηρι (τη σωτηρια ℵ^{c.a}Γ) ημων και ευφρανθ. (ευφανθ. ℵ* ευφρ. ℵ^c) ℵΓ | ευφρανθημεν A^a (-θησομεθα A*^{vid}) 10 αναπαυσιν (-σει A*-σειν A^a)] pr οτι ℵAQΓ | Μωαβιτις ℵAQΓ | πατωσιν A πατουσι Q | αλωνος Γ | αμαξοις ℵ*^{vid} (-ξαις ℵ¹) αμαξ.. Γ 11 ανησει...απολεσαι] σ' εξαπλωσει τας χειρας αυτου εν μεσω αυτου καθως αναπλωσαι ο λουομενος εις το κολυμβησι, Q^{mg} | απωλεσαι Γ | α] ην ℵ 12 καταβησεται ℵAQΓ | του εδαφους] om του Q

144

ΗΣΑΙΑΣ XXVI 14

XXVI 1 ¹Τῇ ἡμέρᾳ ἐκείνῃ ᾄσονται τὸ ᾆσμα τοῦτο ἐπὶ γῆς τῆς Ἰουδαίας B
Ἰδοὺ πόλις ἰσχυρά, καὶ σωτήριον θήσει τὸ τεῖχος καὶ περίτειχος.
2 ²ἀνοίξατε πύλας, εἰσελθέτω λαὸς φυλάσσων δικαιοσύνην καὶ φυ-
3 λάσσων ἀλήθειαν, ³ἀντιλαμβανόμενος ἀληθείας καὶ φυλάσσων εἰ-
4 ρήνην. ὅτι ἐπὶ σοὶ ἐλπίδι ⁴ἤλπισαν, Κύριε, ἕως τοῦ αἰῶνος, ὁ
5 θεὸς ὁ μέγας ὁ αἰώνιος, ⁵ὃς ταπεινώσας κατήγαγες τοὺς ἐνοικοῦντας
ἐν ὑψηλοῖς· πόλεις ὀχυρὰς καταβαλεῖς καὶ κατάξεις ἕως ἐδάφους,
6 ⁶καὶ πατήσουσιν αὐτοὺς πόδες πραέων καὶ ταπεινῶν. ⁷ὁδὸς εὐ-
7 σεβῶν εὐθεῖα ἐγένετο, ἡ ὁδὸς τῶν εὐσεβῶν καὶ παρεσκευασμένη.
8 ⁸ἡ γὰρ ὁδὸς Κυρίου κρίσις· ἠλπίσαμεν ἐπὶ τῷ ὀνόματί σου καὶ ἐπὶ
9 τῇ μνείᾳ ⁹ᾗ ἐπιθυμεῖ ἡ ψυχὴ ἡμῶν. ἐκ νυκτὸς ὀρθρίζει τὸ πνεῦμά
μου πρὸς σέ, ὁ θεός, διότι φῶς τὰ προστάγματά σου ἐπὶ τῆς γῆς.
10 δικαιοσύνην μάθετε, οἱ ἐνοικοῦντες ἐπὶ τῆς γῆς. ¹⁰πέπαυται γὰρ ὁ
ἀσεβής· πᾶς ὃς οὐ μὴ μάθῃ δικαιοσύνην ἐπὶ τῆς γῆς, ἀλήθειαν οὐ
11 μὴ ποιήσει· ἀρθήτω ὁ ἀσεβής, ἵνα μὴ ἴδῃ τὴν δόξαν Κυρίου. ¹¹Κύριε,
ὑψηλός σου ὁ βραχίων καὶ οὐκ ᾔδεισαν, γνόντες δὲ αἰσχυνθήσονται·
ζῆλος λήμψεται λαὸν ἀπαίδευτον, καὶ νῦν πῦρ τοὺς ὑπεναντίους ἔδε-
12 ται. ¹²Κύριε ὁ θεὸς ἡμῶν, εἰρήνην δὸς ἡμῖν, πάντα γὰρ ἀπέδωκας
13 ἡμῖν. ¹³κτῆσαι ἡμᾶς, Κύριε· ἐκτὸς σοῦ ἄλλον οὐκ οἴδαμεν, τὸ ὄνομά
14 σου ὀνομάζομεν. ¹⁴οἱ δὲ νεκροὶ ζωὴν οὐ μὴ ἴδωσιν, οὐδὲ ἰατροὶ οὐ

XXVI 1 τη ημερα] pr ωδη A | ασονται...ισχυρα] α΄ ασθησεται το ασμα ℵAQΓ τουτο εν γη Ιουδα πολιν κρατους αυτου Q^{mg} | της Ιουδ.] Ιουδα ℵAQΓ^{vid} (Ιουδ..) | ιδου] pr λεγοντες ℵ^{c.b}AQ | ισχυρα] οχυρα ℵAQΓ | σωτηριον]+ημιν ℵ*A (ημι(sic) Γ+ημων ℵ^{c.b} et sub ⁒ Q | το τειχος] om το ℵAQΓ   2 εισελθατω ℵAΓ (-το) | αληθιαν Q*   3 αληθιας ℵQ*   3—4 ⸖[φυλασ]σων...ο μεγας] pr ⸖ B^a (non inst B^b)   3 ειρηνην] α΄θ΄ ⸖ ειρηνην Q^{mg} | om ελπιδι ℵAQ (hab θ΄ ⸖ ελπιδι Q^{mg}) Γ   4 ηλπισα A? (-σαν A*^{vid}) ηλπισαμεν Q | εως] ως ℵ   5 του ενοικ. Γ* (τους ενοικ. Γ¹) | πολις ℵ* (-λεις ℵ^c) Q* | καταξεις]+αυτας A | εως εδαφους] εως του εδ. A εως χωματος Q^{mg}   6 αυτους] αυτας ℵ^{c.b(vid)}A^aQ (-τους Q^{mg}) | πραδεων ℵ* (πραεων ℵ?) | ταπεινων]+βηματα θ΄ πενητων Q^{mg}   7 και παρεσκευασμενη (παραοκ. ℵ*Γ) η οδος των ευσεβων (ασ. ℵ*) ℵ^{1(vid)}AQΓ   8 Κυριου] πιπι ουτ, ⸙ Q^{mg} | το ονοματι Γ | om ου A?   9 επεθυμει ℵ (-μι ℵ*-μει ℵ^{c.b}) | εκ νυκτος] pr ευχ(η] B? pr ωδη A pr προσευχη Q^{mg} | μαθετε]+ποιειν Γ   10 om πας ος ℵ^{c et postea}AQ | ου μη μαθη] θ΄σ΄ ουκ εμαθε α΄ ου μη μαθη: ου μην εμαθε Q^{mg} | αληθιαν B* (-θειαν B^{ab}) ℵQ* | μη 2°] mo incep ℵ* (μη ℵ¹) | ποιηση ℵAQ | αρθ. ο ασ. sub ⁒ Q | ειδη B* (ιδ. B^b) ℵQΓ   11 ηδεισαν] ειδησαν Γ | γνωντες Γ | αισχυνθησονται] αισχυν-θητωσαν (εσχ.) ℵ* (εσχυνθησ. ℵ^{c.a} αισχυνθησ. ℵ^{c.b}) Γ σ΄θ΄ αισχυ(θητωσαν α΄ αισχυ(θειησα Q^{mg} | ληψεται Q^aΓ | λαον] λαος A* (improb s A?)   12 ο θεος ημων. sub ⁒ Q | ειρηνην δος] θ΄ θησεις ειρηνην Q^{mg} | γαρ]+⸖ τα εργα ημω Q^{mg} | απεδοκας Γ   13 κτησαι] pr κε ο θς ημων B^{ab mg}ℵAQΓ   14 οι δε...αναστησουσιν] α΄ αποθνησκοντες ου μη ζησωσιν ραφαϊ| θ΄ ου μη αναστωσι| (sic: fort leg ου μη αναστ. θ΄) οι νεκροι ου μη ζωοποιησωσι| οι λοιποι ομοιως τοις ο΄ Q^{mg} | ειδωσιν ℵ* (-σιν ℵ^{c.b}) | ιατροι] pr οι Q

ΗΣΑΙΑΣ

Β μὴ ἀναστήσουσιν· διὰ τοῦτο ἐπήγαγες καὶ ἀπώλεσας καὶ ἦρες πᾶν ἄρσεν αὐτῶν. ¹⁵πρόσθες αὐτοῖς κακά, Κύριε, πρόσθες κακὰ τοῖς 15 ἐνδόξοις τῆς γῆς. ¹⁶Κύριε, ἐν θλίψει ἐμνήσθην σου, ἐν θλίψει 16 μικρᾷ ἡ παιδία σου ἡμῖν. ¹⁷καὶ ὡς ἡ ὠδίνουσα ἐγγίζει τεκεῖν, ἐπὶ 17 τῇ ὠδῖνι αὐτῆς ἐκέκραξεν, οὕτως ἐγενήθημεν τῷ ἀγαπητῷ σου. ¹⁸διὰ 18 τὸν φόβον σου, Κύριε, ἐν γαστρὶ ἐλάβομεν καὶ ὠδινήσαμεν καὶ ἐτέκομεν· πνεῦμα σωτηρίας σου ἐποιήσαμεν ἐπὶ τῆς γῆς, ἀλλὰ πεσοῦνται πάντες οἱ ἐνοικοῦντες ἐπὶ τῆς γῆς. ¹⁹ἀναστήσονται οἱ νεκροί, 19 καὶ ἐγερθήσονται οἱ ἐν τοῖς μνημείοις, καὶ εὐφρανθήσονται οἱ ἐν τῇ γῇ· ἡ γὰρ δρόσος ἡ παρὰ σοῦ ἴαμα αὐτοῖς ἐστιν, ἡ δὲ γῆ τῶν ἀσεβῶν πεσεῖται. ²⁰Βάδιζε, λαός μου, εἴσελθε εἰς τὰ ταμεῖά 20 σου, ἀπόκλεισον τὴν θύραν σου, ἀποκρύβηθι μικρὸν ὅσον ὅσον, ἕως ἂν παρέλθῃ ἡ ὀργὴ Κυρίου. ²¹ἰδοὺ γὰρ Κύριος ἀπὸ τοῦ ἁγίου 21 ἐπάγει τὴν ὀργὴν ἐπὶ τοὺς ἐνοικοῦντας ἐπὶ τῆς γῆς· καὶ ἀνακαλύψει ἡ γῆ τὸ αἷμα αὐτῆς, καὶ οὐ κατακαλύψει τοὺς ἀνῃρημένους.

¹Τῇ ἡμέρᾳ ἐκείνῃ ἐπάξει ὁ θεὸς τὴν μάχαιραν τὴν ἁγίαν καὶ τὴν 1 XXVI μεγάλην καὶ τὴν ἰσχυρὰν ἐπὶ τὸν δράκοντα ὄφιν φεύγοντα, ἐπὶ τὸν δράκοντα ὄφιν σκολιόν, ἀνελεῖ τὸν δράκοντα. ²Τῇ ἡμέρᾳ 2 ἐκείνῃ ἀμπελὼν καλός· ἐπιθύμημα ἐξάρχειν κατ' αὐτῆς. ³ἐγὼ πόλις 3 ὀχυρά, πόλις πολιορκουμένη, μάτην ποτιῶ αὐτήν· ἁλώσεται γὰρ

ℵAQΓ 14 αναστησουσιν] αναστησονται ℵ*ᵛⁱᵈ αναστησωσιν ℵ¹ (ωσιν sup ras) Q | ηρας Bᵃᵇℵᶜ·ᵃ,ᶜ·ᵇAQΓ | παν αρσεν] σ' πασαν την μνημην Qᵐᵍ   15 Κυριε] ks ℵ*ᶠᵒʳᵗ | προσθες 2°] προσθησει ℵ* (προσθες ℵᶜ·ᵃ,ᶜ·ᵇ) | τοις ενδοξοις] pr πασιν ℵAQΓ (-σι) + ✶ εμακρυνας παντα τα περατα Qᵐᵍ   16 παιδια] παι|α ℵ* (παιδια ℵᶜ·ᵇ) παιδεια QᵃΓ | ημιν] pr εγενηθη ℵ* (improb ℵᶜ·ᵃ,ᶜ·ᵇ)   17 τεκειν] pr του ℵᶜ·ᵃAQ (ins ✶ et superscr a' Q†) Γ | επι] pr και ℵAQΓ   18 δια] δα ℵ* (δια ℵ¹⁽ᵛⁱᵈ⁾) | γατρι ℵ* (γαστρι ℵᶜ·ᵃ) | om σου 2° Q | αλλα] pr ου πεσουμεθα ℵᶜ·ᵃ (rurs ras) Qᵐᵍ pr ου πεσ. ημεις Γ | πεσουται ℵ* (-νται ℵᶜ·ᵃ) | om παντες ℵAQΓ   19 αναστησονται]+γαρ Α | νεκροι]+✶ σου Qᵐᵍ | οι εν τη γη] om οι 1'* (superscr Γ¹⁽ᵛⁱᵈ⁾)   20 λαος] pr ο Α | ταμεια (-μια ℵ*)] ταμεια ℵᶜAQ | θυρα Α* (-ραν Α¹)   21 απο] οι γ' ομοιως Qᵐᵍ | επαγει …γης] σ' επισκεψασθαι την ανομιαν των κατοικουντων την γην Qᵐᵍ | οργην] +αυτου ℵΓ | ενοικουντας] κατοικουντας ℵ | αιμα] στομα Α | κατακαλυψει]+η γη Α | τους (του ℵ* τους ℵ¹⁽ᵛⁱᵈ⁾) ανῃρημ.]+επ αυτης ℵ* (improb ℵᶜ·ᵃ,ᶜ·ᵇ) XXVII 1 ο θεος] ks ℵ* (ο θς [sic] ℵᶜ·ᵇ) | την μεγ.] om την Q* (hab Qᵐᵍ) | επι τον δρακοντα (1°)…τον δρακοντα (3°)] α' επι λευιαθαν οφιν μοχλον επι λευιαθαν οφιν ενεσκιρωμενον ჟ αποκτενει συν το κρητος εν θαλασση σ' κατα λευιαθα του οφεως του συγκλειοντος ჟ κατα [λευιαθαν mg] του οφεως του σκολιου ჟ αποκτενει τὸ δρακοντα τὸ εν τη θαλασση Qᵐᵍ | ανελει] pr και ℵAQΓ | δρακοντα 3°]+τον εν τη θαλασση ℵ et (pr ✶) Qᵐᵍ   2 τη ημερα εκ. c antecedd coniung Γ | κατ αυτης c seqq coniung ℵ | αυτης] αυτους ℵᶜ·ᵃ (revoc -της ℵᶜ·ᵇ⁽ᶠᵒʳᵗ⁾) αυτου Q†   3 οχυρα] ισχυρα ℵAQ* (οχ. Qᵐᵍ) | αυτην] αυτους A*ᵛⁱᵈ (-την Aᵃ†)

146

ΗΣΑΙΑΣ XXVII 13

4 νυκτός, ημέρας δὲ πεσεῖται τεῖχος. ⁴οὐκ ἔστιν ἣ οὐκ ἐπελάβετο Β αὐτῆς· τίς με θήσει φυλάσσειν καλάμην ἐν ἀγρῷ; διὰ τὴν πολεμίαν ταύτην ἠθέτηκα αὐτήν. τοίνυν διὰ τοῦτο ἐποίησεν Κύριος 5 πάντα ὅσα συνέταξεν. κατακέκαυμαι, ⁵βοήσονται οἱ ἐνοικοῦντες ἐν 6 αὐτῇ, ποιήσωμεν εἰρήνην. ⁶οἱ ἐρχόμενοι, τέκνα Ἰακώβ, βλαστήσει καὶ ἐξανθήσει Ἰσραήλ, καὶ πλησθήσεται ἡ οἰκουμένη τοῦ καρποῦ 7 αὐτοῦ. ⁷μὴ ὡς αὐτὸς ἐπάταξεν, καὶ αὐτὸς οὕτως πληγήσεται; καὶ 8 ὡς αὐτὸς ἀνεῖλεν, οὕτως ἀναιρεθήσεται; ⁸μαχόμενος καὶ ὀνειδίζων ἐξαποστελεῖ αὐτούς· οὐ σὺ ἦσθα μελετῶν τῷ πνεύματι τῷ σκληρῷ, 9 ἀνελεῖν αὐτοὺς πνεύματι θυμοῦ; ⁹διὰ τοῦτο ἀφαιρεθήσεται ἀνομία Ἰακώβ, καὶ τοῦτό ἐστιν ἡ εὐλογία αὐτοῦ, ὅταν ἀφέλωμαι αὐτοῦ τὴν ἁμαρτίαν, ὅταν θῶσιν πάντας τοὺς λίθους τῶν βωμῶν κατακεκομμένους ὡς κονίαν λεπτήν· καὶ οὐ μὴ μείνῃ τὰ δένδρα αὐτῶν, καὶ 10 τὰ εἴδωλα αὐτῶν ἐκκεκομμένα ὥσπερ δρυμὸς μακράν. ¹⁰τὸ κατοικούμενον ποίμνιον ἀνειμένον ἔσται, ὡς ποίμνιον καταλελιμμένον· 11 καὶ ἔσται πολὺν χρόνον εἰς βόσκημα, καὶ ἐκεῖ ἀναπαύσονται. ¹¹καὶ μετὰ χρόνον οὐκ ἔσται ἐν αὐτῇ πᾶν χλωρὸν διὰ τὸ ξηρανθῆναι. γυναῖκες ἐρχόμεναι ἀπὸ θέας, δεῦτε· οὐ γὰρ λαός ἐστιν ἔχων σύνεσιν, διὰ τοῦτο οὐ μὴ οἰκτειρήσῃ ὁ ποιήσας αὐτούς, οὐδὲ ὁ πλά-12 σας αὐτοὺς οὐ μὴ ἐλεήσῃ. ¹²Καὶ ἔσται ἐν τῇ ἡμέρᾳ ἐκείνῃ συμφράξει ὁ θεὸς ἀπὸ τῆς διώρυχος τοῦ ποταμοῦ ἕως Ῥινοκορούρων· 13 ὑμεῖς δὲ συναγάγετε κατὰ ἕνα τοὺς υἱοὺς Ἰσραήλ. ¹³Καὶ ἔσται ἐν τῇ ἡμέρᾳ ἐκείνῃ σαλπιοῦσιν τῇ σάλπιγγι τῇ μεγάλῃ, καὶ ἥξουσιν οἱ ἀπολόμενοι ἐν τῇ χώρᾳ τῶν Ἀσσυρίων καὶ οἱ ἀπολόμενοι ἐν Αἰγύπτῳ, καὶ προσκυνήσουσιν τῷ κυρίῳ ἐπὶ τὸ ὄρος τὸ ἅγιον Ἰερουσαλήμ.

3 τειχος] pr το ℵAQ   4 ουκ 1°] pr και A | καλαμην φυλασσ. ℵ | ℵAQΓ Κυριος]+ο θ͞ς ℵc.bAQΓ | συνεταξεν]+κ͞ς ℵ* (improb ℵc.b)   5 ειρηνην | +αυτω ποιησωμεν ειρηνην (+αυτω Qmg) ℵAQΓ   6 αρχομενοι B | πλησθησεται] εμπλησθ. ℵAQΓ   7 ουτως 2° (-τος ℵ* -τως ℵc.a, c.b)]+και Γ 8 μαχομενι incep ℵ* (-νος ℵ1(vid)) | εξαποστελλει ℵ* (-στελει ℵ¹) | συ] σοι ℵ | μελετων] pr ο ℵAQΓ | τω πνευματι]+σου ℵc.a (mox ras) | πνευματι 2°] π͞να ℵ* (+τι ℵc.a postea ras)   9 ανομια] pr η ℵAQΓ | ειτιν ℵ* (εστιν ℵc.b) | θωσιν] θω A | εκκομμενα ℵ* (εκκεκ. ℵc.a) | μακραν c seqq coniung Γ 10 ποιμνιον 2°] ποιμοι incep ℵ* (ποιμν. ℵ¹(vid), c.b) | καταλελειμμ. Bab | και εκει] κακει Q* (και εκ. Qa)   11 om και ℵA | χρονον] pr πολυν ℵ | χλορον Γ | συν|εσιν B* συ|νεσιν Bab | ελεησει A   12 συμπραξει] συνταραξει ℵΓ οι γ' ραβδισει Qmg | ο θεος] κ͞ς ℵAQΓ | διωρυγος ℵAQΓ | Ρεινοκορουρων B* (Ριν. BbℵAQΓ) | κατα ενα τους υιους Ισρ.] τους υιους Ιηλ κατα (κατ A) ενα ενα ℵAQΓ   13 σαλπιουσι Q | τη μεγαλη] pr εν A | απολομενοι 1°] απο ανατολων A | Αιγυπτω] επ incep ℵ*vid Εγ. ℵ¹ (Αιγ. ℵc.a, c.b) | προσκυνησωσιν A | Ιερουσαλημ] pr εν ℵAQΓ

147   K 2

XXVIII 1   ΗΣΑΙΑΣ

B ¹Οὐαὶ τῷ στεφάνῳ τῆς ὕβρεως, οἱ μισθωτοὶ Ἐφράιμ, τὸ ἄνθος τὸ   XXVII
ἐκπεσὸν ἐκ τῆς δόξης ἐπὶ τῆς κορυφῆς τοῦ ὄρους τοῦ παχέος, οἱ μεθύ-
οντες ἄνευ οἴνου. ²ἰδοὺ ἰσχυρὸν καὶ σκληρὸν ὁ θυμὸς Κυρίου, ὡς χά- 2
λαζα καταφερομένη οὐκ ἔχουσα σκέπην, βίᾳ καταφερομένη· ὡς ὕδατος
πολὺ πλῆθος σῦρον χώραν, τῇ γῇ ποιήσει ἀνάπαυμα· ταῖς χερσὶν
³καὶ τοῖς ποσὶν καταπατηθήσεται ὁ στέφανος τῆς ὕβρεως, οἱ μισθω- 3
τοὶ Ἐφράιμ. ⁴καὶ ἔσται τὸ ἄνθος τὸ ἐκπεσὸν τῆς ἐλπίδος τῆς ζωῆς 4
ἐπ᾽ ἄκρου τοῦ ὄρους τοῦ ὑψηλοῦ ὡς πρόδρομος σύκου· ὁ ἰδὼν
αὐτό, πρὶν εἰς τὴν χεῖρα αὐτοῦ λαβεῖν αὐτό, θελήσει αὐτὸ κατα-
πιεῖν. ⁵τῇ ἡμέρᾳ ἐκείνῃ ἔσται Κύριος σαβαὼθ ὁ στέφανος τῆς 5
ἐλπίδος ὁ πλεκεὶς τῆς δόξης τῷ καταλειφθέντι τοῦ λαοῦ· ⁶κατα- 6
λειφθήσονται ἐπὶ πνεύματι κρίσεως ἐπὶ κρίσιν καὶ ἰσχὺν κωλύων
ἀνελεῖν. ⁷οὗτοι γὰρ οἴνῳ πεπλημμελημένοι εἰσίν· ἐπλανήθησαν διὰ 7
τὸ σίκερα, ἱερεὺς καὶ προφήτης ἐξέστησαν διὰ τὸ σίκερα, κατεπό-
θησαν διὰ τὸν οἶνον, ἐσείσθησαν ἀπὸ τῆς μέθης, ἐπλανήθησαν·
τοῦτ᾽ ἔστι φάσμα. ⁸ἀρὰ ἔδεται ταύτην τὴν βουλήν· αὕτη γὰρ ἡ 8
βουλὴ ἕνεκεν πλεονεξίας. ⁹τίνι ἀνηγγείλαμεν κακά, καὶ τίνι ἀνηγ- 9
γείλαμεν ἀγγελίαν; οἱ ἀπογεγαλακτισμένοι ἀπὸ γάλακτος, οἱ ἀπο-
σπασμένοι ἀπὸ μαστοῦ. ¹⁰θλίψιν ἐπὶ θλίψιν προσδέχου, ἐλπίδα 10
ἐπ᾽ ἐλπίδι, ἔτι μικρὸν ἔτι μικρόν, ¹¹διὰ φαυλισμὸν χειλέων, διὰ 11
γλώσσης ἑτέρας· ὅτι λαλήσουσιν τῷ λαῷ τούτῳ ¹²λέγοντες αὐτοῖς 12
Τοῦτο τὸ ἀνάπαυμα τῷ πεινῶντι καὶ τοῦτο τὸ σύντριμμα, καὶ

ℵAQΓ   XXVIII 1 Εφρεμ ℵ | ανθος]+το ωρεον ℵ* (ωραιον ℵ^c.b) | εκ της δοξης]
✣ δυναμις δοξης αυτου Q^mg | επι] pr ο εστι Q^mg | κορυφης] κεφαλης Γ | πα-
χεως A   2 σκληρον (σκηρ. ℵ* σκλ. ℵ¹))+παρα κῡ ℵ* (improb ℵ^c.a,c.b) |
om ουκ εχουσα σκεπην βια καταφ. ℵ (hab ℵ^c.a mg sup) | αναπαυμα] αναπαυσιν
ℵAQ ανα|αναπαυσιν Γ | ταις χερσιν] pr και ℵ* (improb ℵ^c.b) Γ'   3 κατα-
πατηθησεται] ομοιως α'θ' Q^mg pr και ℵQΓ | υβρεως] υπερηφανιας Q^mg |
Εφραιμ (Εφρεμ ℵ)] pr του AQΓ   4 ελπιδος της ζωης] ελπ. τ. δοξης ℵAΓ
δοξης τ. ελπιδος Q | ακου ℵ* (ακρ. ℵ^1 fort) | του ορους] bis scr του ℵ* (improb
1° ℵ¹) | αυτο 1°] αυτω Γ* (-το Γ¹) | πριν]+η ℵAQΓ | χειραν ℵ* | bis scr
λαβειν ℵ* (improb 2° ℵ^c.a, c.b) | om αυτο 2° ℵ^c.b AQ | θελησῃ Γ | καταπιειν
ℵ* (-πιειν ℵ^c (b vid))   5 bis scr εσται κ̄ς σαβαωθ A | πλεκεις] πλακεις ℵ^c.b
(πλακις ℵ^c.a) AQΓ | του λαου] μου λαω εν Αιγυπτω και B^b μ. λ. A+μου Q
6 καταλειφθ...κρισεως] οι γ'·κ εις π̄ν̄α κρισεως Q^mg | καταλιφθησεται ℵ pr
και A | επι 1°] pr γαρ Q | επι 2°] pr ✣ τω καθημενω Q^mg   7 πεπλημμελη-
μενοι] πεπλανημενοι B^bℵ (οι rescr ℵ¹) AQΓ | προφητης] φ incep ℵ* (προφ.
ℵ¹) | om δια το σικερα κατεποθησαν B^bℵ | μεθης]+του σικερα ℵAQΓ |
τουτ εστι (-τιν Q)] τουτο εστιν ℵAΓ | φασμα] φαντασμα A   8 om αυτη γαρ
η βουλη ℵ* (hab ℵ^1, a (vel a.b), c.b)   9 ανηγγειλαμεν 2°] ανηγγελιλαμεν ℵ*
(λ 1° ras ℵ^?) | οι απογεγαλακτ.] pr και ℵ* (improb ℵ^c.b) | απεσπασμενοι
ℵpost c.a (vid) AQΓ   10 om ελπιδα επ B*^vid (hab B^ab) | ελπιδι] δ sup ras
B^a (vid) b   12 αυτοις] αυτω ℵ^c.a AQ* (-τοις Q^mg) | πεινωντι] πινοντι ℵ πινωντι
Q*Γ

148

ΗΣΑΙΑΣ XXVIII 22

13 οὐκ ἠθέλησαν ἀκούειν. ¹³καὶ ἔσται αὐτοῖς τὸ λόγιον Κυρίου B
θλίψις ἐπὶ θλίψιν, ἐλπὶς ἐπὶ ἐλπίδι, ἔτι μικρὸν ἔτι μικρόν, ἵνα
πορεύσωσιν καὶ πέσωσιν ὀπίσω, καὶ συντριβήσονται καὶ κινδυνεύ-
14 σουσιν καὶ ἁλώσονται. ¹⁴Διὰ τοῦτο ἀκούσατε λόγον Κυρίου,
ἄνδρες τεθλιμμένοι καὶ ἄρχοντες τοῦ λαοῦ τούτου τοῦ ἐν Ἰερου-
15 σαλήμ, ¹⁵ὅτι εἴπατε Ἐποιήσαμεν διαθήκην μετὰ τοῦ ᾅδου, καὶ μετὰ
τοῦ θανάτου συνθήκας· καταιγὶς φερομένη ἐὰν παρέλθῃ, οὐ μὴ ἔλθῃ
ἐφ' ἡμᾶς· ἐθήκαμεν ψεῦδος τὴν ἐλπίδα ἡμῶν, καὶ τῷ ψεύδει σκε-
16 πασθησόμεθα. ¹⁶διὰ τοῦτο οὕτως λέγει κύριος Κύριος Ἰδοὺ ἐγὼ
ἐμβάλλω εἰς τὰ θεμέλια Σειὼν λίθον πολυτελῆ ἐκλεκτὸν ἀκρογω-
νιαῖον ἔντιμον, εἰς τὰ θεμέλια αὐτῆς, καὶ ὁ πιστεύων οὐ μὴ καται-
17 σχυνθῇ. ¹⁷καὶ θήσω κρίσιν εἰς ἐλπίδα, ἡ δὲ ἐλεημοσύνη μου εἰς
σταθμούς, καὶ οἱ πεποιθότες μάτην ψεύδει· ὅτι μὴ παρέλθῃ ὑμᾶς
18 καταιγίς, ¹⁸μὴ καὶ ἀφέλῃ ὑμῶν τὴν διαθήκην τοῦ θανάτου, καὶ ἡ
ἐλπὶς ὑμῶν ἡ πρὸς τὸν ᾅδην οὐ μὴ ἐμμείνῃ· καταιγὶς φερομένη ἐὰν
19 ἐπέλθῃ, ἔσεσθε αὐτῇ εἰς καταπάτημα. ¹⁹ὅταν παρέλθῃ, λήμψεται
ὑμᾶς· πρωὶ πρωὶ παρελεύσεται ἡμέρας, καὶ ἐν νυκτὶ ἔσται ἐλπὶς
20 πονηρά. μάθετε ἀκούειν ²⁰στενοχωρούμενοι· οὐ δυνάμεθα μάχεσθαι,
21 αὐτοὶ δὲ ἀσθενοῦμεν τοῦ ἡμᾶς συναχθῆναι. ²¹ὥσπερ ὄρος ἀσεβῶν
ἀναστήσεται Κύριος, καὶ ἔσται ἐν τῇ φάραγγι Γαβαών, μετὰ θυμοῦ
ποιήσει τὰ ἔργα αὐτοῦ, πικρίας ἔργον· ὁ δὲ θυμὸς αὐτοῦ ἀλλοτρίως
22 χρήσεται, καὶ ἡ σαπρία αὐτοῦ ἀλλοτρία. ²²καὶ ὑμεῖς μὴ εὐφραν-
θείητε, μηδὲ ἰσχυσάτωσαν ὑμῶν οἱ δεσμοί· διότι συντετελεσμένα καὶ
συντετμημένα πράγματα ἤκουσα παρὰ Κυρίου σαβαὼθ ἃ ποιήσει

12 ηθελησαν] ηθελα| א̄ 13 Κυριου]+του θῡ אAQ+θῡ Γ' | θλιψιν] אAQΓ
+ ※ προσδεχου προσδεχου Q^mg | επι 2°] επ א* (επι א^c.a sed ipse statim revoc
επ) AQΓ | ελπιδι] ελπιδα א* (·δι א^c.a, c.b) | πορευθωσιν אAQΓ | οπισω] pr
εις τα אAQΓ | συντριβησονται και κινδυνευσουσιν] κινδυνευσωσειν (corr -σιν)
συντρ. א κινδυνευσουσι (-σωσιν Γ') και συντρ. AQΓ 14 om τουτου אΓ' |
του εν Ιερ.] om του AQ | Ιελμ א̄ 15 καταιγις] pr κ̄ Γ | παρελθη] επελθη
Q^mg | εφ ημας] ημιν א^c.b A 16 om κ̄σ̄ 2° אAQ* (hab Q^mg) Γ' | εμβαλω
אAQ | Σιων B^b אAQΓ | αυτης]+ ※ τεθεμελιωμενον Q^mg | ο πιστευων]+επ
αυτω אAQ | ου μη καταισχυνθη (θη sup ras A†vid)] οι γ' ου σπευσει Q^mg
17 εισταθμους B*א* (εις στ. B^ab א^c.a) A [μη] pr ου אAQΓ 18 αφεληται
Q αφελει Γ' | ενμινη א* (εμμειν. א^c.b) 19 ληψεται Q | πρωι 1°] pr σ' ※
οτι κατα Q^mg | εν νυκτι] α'θ' ομοιως σ' νυκτος Q^mg 20 στενοχουρ. א*
(στενοχωρ. א^c.b (nisi c.c)) | δυνομεθα B | μαχεσθαι] α 1° sup ras א¹ | ημας]
υμας Γ' 21 ωσπερ ορος ασεβων] α' ως ορει διακοπτων...θ'σ' εν τω ορει των
διακοπων κ̄σ̄ Q^mg | om Κυριος AQ* (hab Q^mg) Γ' | εργον] εργα א* (·γον א^c.a) |
ο δε θυμος] ο δε sup ras א^†vid | σαπρια] πικρια אAQL 22 ισχυετωσαν Γ' |
οι δεσμοι]+οι οφθαλμοι א* (improb א^c.a) οι οφθ. Γ' | διοτι συντετελ. rescr vid
B? | συντετμημενα] συντετελμημενα A συντετμε|να Γ' | Κυριου] pr του א*
(improb א^c.b) pr οι γ' ※ κῡ Q^mg | ποιησει] ποιησεις B*^vid ποιει א

149

XXVIII 23   ΗΣΑΙΑΣ

B ἐπὶ πᾶσαν τὴν γῆν. ²³Ἐνωτίζεσθε καὶ ἀκούετε τῆς φωνῆς μου, 23 προσέχετε καὶ ἀκούετε τοὺς λόγους μου. ²⁴μὴ ὅλην τὴν ἡμέραν 24 ἀροτριάσει ὁ ἀροτριῶν; ἢ σπόρον προετοιμάσει πρὶν ἐργάσασθαι τὴν γῆν; ²⁵οὐχ ὅταν ὁμαλίσῃ τὸ πρόσωπον αὐτῆς, τότε σπείρει 25 μικρὸν μελάνθιον καὶ κύμινον, καὶ πάλιν σπείρει πυρόν, κριθὴν καὶ κέγχρον καὶ ζέαν ἐν τοῖς ὁρίοις σου; ²⁶καὶ παιδευθήσει κρίματι 26 θεοῦ, καὶ εὐφρανθήσῃ. ²⁷οὐ γὰρ μετὰ σκληρότητος καθαίρεται τὸ 27 μελάνθιον, οὐδὲ τροχὸς ἁμάξης περιάξει ἐπὶ τὸ κύμινον· ἀλλὰ ῥάβδῳ τινάσσεται τὸ μελάνθιον, τὸ δὲ κύμινον ²⁸μετὰ ἄρτου βρω- 28 θήσεται. οὐ γὰρ εἰς τὸν αἰῶνα ἐγὼ ὑμῖν ὀργισθήσομαι, οὐδὲ φωνὴ τῆς πικρίας μου καταπατήσει ὑμᾶς. ²⁹καὶ ταῦτα παρὰ Κυρίου 29 σαβαὼθ ἐξῆλθεν τὰ τέρατα· βουλεύσασθε, ὑψώσατε ματαίαν παράκλησιν.

¹Οὐαὶ Ἀριὴλ πόλις, ἣν ἐπολέμησεν Δαυείδ. συναγάγετε γενήματα 1 XXIX ἐνιαυτὸν ἐπὶ ἐνιαυτόν· φάγεσθε, φάγεσθε γὰρ σὺν Μωάβ. ²ἐκθλίψω 2 γὰρ Ἀριήλ, καὶ ἔσται αὐτῆς ἡ ἰσχὺς καὶ ὁ πλοῦτος ἐμοί. ³καὶ 3 κυκλώσω ὡς Δαυεὶδ ἐπὶ σέ, καὶ βαλῶ περὶ σὲ χάρακα, καὶ θήσω περὶ σὲ πύργους, ⁴καὶ ταπεινωθήσονται εἰς τὴν γῆν οἱ λόγοι σου, καὶ εἰς 4 τὴν γῆν οἱ λόγοι σου δύσονται· καὶ ἔσονται ὡς οἱ φωνοῦντες ἐκ τῆς γῆς ἡ φωνή σου, καὶ πρὸς τὸ ἔδαφος ἡ φωνή σου ἀσθενήσει. ⁵καὶ 5 ἔσται ὡς κονιορτὸς ἀπὸ τοίχου ὁ πλοῦτος τῶν ἀσεβῶν, καὶ ὡς χνοῦς φερόμενος τὸ πλῆθος τῶν καταδυναστευόντων σε, καὶ ἔσται ὡς στιγμὴ παραχρῆμα ⁶παρὰ Κυρίου σαβαώθ· ἐπισκοπὴ γὰρ ἔσται μετὰ βροντῆς 6

ℵAQΓ   22 πασαν B* vid (επι π. Bab)   23 ακουετε 1°] ακουσατε A   24 αροτριασει ο αροτριων] μελλει (-λλι ℵ) ο αροτριων αροτριαν ℵAΓQ α΄σ΄θ΄ ※ αροτριασει ο αροτριω Qmg | η σπορον] α΄ του σπειραι Qmg | προετοιμασει] ετοιμασει ℵ* (προετ. ℵc.b) | πριν]+η Q | εργαςεσθαι ℵ   25 ουχ] και A | αυτης το προσωπον ℵAQΓ | τοτε...μελανθιον] α΄ ϗ διασκορπισει μελανθ. Qmg | τοτε] πρωτον A | om σπειρει 2° A | κριθην] pr και ℵAQΓ | om και κεγχρον ℵAQ* (ϗ κεγχρ. α΄θ΄ ομοιως Qmg) Γ   26 παιδευθηση BabℵAQΓ | om (in fin col) κριματι...ευφρανθ. ℵ* (hab ℵc.a) | κριματι] α΄ τω κρ. σ΄θ΄ εις κριμα Qmg | θεου]+σου Ba (vid) ℵc.a AQ   27 καθαιρειται Γ | τινασσεται] εκτινασσεται ℵAQΓ (εκτειν.)   XXIX 1 πολις Αριηλ ℵAQ (+Αριηλ sub οι γ΄ ※ Qmg) Γ | Δαδ επολεμησεν ℵAQΓ | επι] επ ℵAQΓ | om φαγεσθε 1° AQ* (hab φαγεσθαι Qmg) Γ | συ ℵ* (συν ℵc.a et iam antea)   2 εκθλιψω] εκλιψω ℵ* (εκθλ. ℵc.a, c.b) | ο πλουτος] το πλ. ℵAΓ   3 περι 2°] επι A   4 και ταπ. εις την γην οι λ. σου] και ταπ. οι λογοι σου εις την γην (1°) ℵAQ (sub ÷) Γ ※ ϗ ταπεινωθηση εκ γης λαλησεις Qmg | εσονται] εσται ℵc.b (εστε ℵ*) AQΓ 5 τοιχου] τροχου ℵAQΓ | [φερομε]νος...ως στιγμη] pr asteriscos Ba (non inst Bb) | om το πληθος των καταδυν. σε ℵAQΓ (hab σ΄θ΄ sub ※ Qmg) | ωστιγμη Q   6 βροτης B* (βροντ. Bab) κραυγης A

150

ΗΣΑΙΑΣ XXIX 14

καὶ σεισμοῦ καὶ φωνὴ μεγάλη, καταιγὶς φερομένη καὶ φλὸξ πυρὸς B
7 κατεσθίουσα. ⁷καὶ ἔσται ὡς ἐνυπνιαζόμενος καθ' ὕπνους νυκτὸς ὁ
πλοῦτος ἁπάντων τῶν ἐθνῶν ὅσοι ἐπεστράτευσαν ἐπὶ Ἱερουσαλήμ,
καὶ πάντες οἱ στρατευόμενοι ἐπὶ Ἱερουσαλήμ, καὶ πάντες οἱ συνη-
8 γμένοι ἐπ' αὐτὴν καὶ οἱ θλίβοντες αὐτήν. ⁸καὶ ὡς οἱ ἐν τῷ ὕπνῳ
πίνοντες καὶ ἔσθοντες, καὶ ἐξαναστάντων μάταιον τὸ ἐνύπνιον· καὶ
ὃν τρόπον ἐνυπνιάζεται ὁ διψῶν ὡς πίνων, καὶ ἐξαναστὰς ἔτι διψᾷ,
ἡ δὲ ψυχὴ αὐτοῦ εἰς κενὸν ἤλπισεν, οὕτως ἔσται ὁ πλοῦτος πάντων
9 τῶν ἐθνῶν ὅσοι ἐπεστράτευσαν ἐπὶ τὸ ὄρος Σειών.   ⁹Ἐκλύθητε
10 καὶ ἔκστητε, κραιπαλήσατε οὐκ ἀπὸ σίκερα οὐδὲ ἀπὸ οἴνου· ¹⁰ὅτι
πεπότικεν ὑμᾶς Κύριος πνεύματι κατανύξεως, καὶ καμμύσει τοὺς
ὀφθαλμοὺς αὐτῶν καὶ τῶν προφητῶν αὐτῶν καὶ τῶν ἀρχόντων αὐτῶν,
11 οἱ ὁρῶντες τὰ κρυπτά. ¹¹καὶ ἔσται ὑμῖν τὰ ῥήματα πάντα ταῦτα ὡς
οἱ λόγοι τοῦ βιβλίου τοῦ ἐσφραγισμένου, ὃ ἂν δῶσιν αὐτὸ ἀνθρώπῳ
ἐπισταμένῳ γράμματα λέγοντες Ἀνάγνωθι ταῦτα, καὶ ἐρεῖ Οὐ δύναμαι
12 ˢἀναγνῶναι, ἐσφράγισται γάρ.   ¹²καὶ δοθήσεται τὸ βιβλίον τοῦτο εἰς § Z
χεῖρας ἀνθρώπου μὴ ἐπισταμένου γράμματα, καὶ ἐρεῖ αὐτῷ Ἀνάγνωθι
13 τοῦτο· καὶ ἐρεῖ Οὐκ ἐπίσταμαι γράμματα. ¹³καὶ εἶπεν Κύριος Ἐγγίζει
μοι ὁ λαὸς οὗτος ἐν τῷ στόματι αὐτοῦ, καὶ ἐν τοῖς χείλεσιν αὐτῶν
τιμῶσίν με, ἡ δὲ καρδία αὐτῶν πόρρω ἀπέχει ἀπ' ἐμοῦ· μάτην δὲ
14 σέβονταί με διδάσκοντες ἐντάλματα ἀνθρώπων καὶ διδασκαλίας. ¹⁴διὰ

6 φωνης μεγαλης ℵAQ (οι γ' ομοιως Q^mg) Γ   7 ενυπνιαζομενος] pr ο ℵAQZΓ
ℵ^c.bAQΓ | καθ υπνους] εν υπνω ℵQ* (καθ υπνους Q^mg) Γ ενυπνιον A |
om νυκτος ℵAQ (hab a' ※ Q^mg) Γ | πλουτος A* (improb ω A¹) | απαν-
των των εθνων] om εθνων B* (hab B^ab) των εθνων| απαντων ℵ (sed ε sup
ras ℵ¹) των εθν. παντων AΓ των ασεβων παντων Q | Ιερουσαλημ 1° (plene scr
B)] Iηλ ℵAQ* (Ιλημ: οι γ' αριηλ Q^mg) Γ | στρατευσαμενοι ℵ^c.aAQΓ | Ιερου-
σαλημ 2°] Ιελμ ℵ | οι θλιβοντες] om οι ℵAQΓ   8 και 1°] + εσονται
ℵAQΓ | τω υπνω] om τω ℵ^c.bAQ | εσθοντες κ. πινοντες Γ | ματαιον] ματεων
ℵ* -τεον ℵ^c.a,c.b | το ενυπνιον] pr αιτων ℵAQΓ | ενυπνιαζεται] ν 2° rescr
vid Q¹ | πινων] pr ο ℵ^c.bAΓ | γαρ] + Iλημ ℵ^c.a (postea ras) pr επι Ιλημ και
A | Σιων B^bℵAQΓ   9 εκστητε (εστ. ℵ* εκστ. ℵ^c.b)] + σ' ※ εξαπατηθητε κ
απατασθε Q^mg | κραιπαλησατε] pr και ℵAQΓ | απο σικ. ουδ απο sub ⸓ Q |
ουδε] ουδ AQ | οινου] + θ' ※ κινουμενοι και ου σικερα Q^mg   10 πνευματι]
πνα ℵ   11 εσται] εσονται ℵ^c.bAQ | παντα τα ρηματα AQ | οι λογοι] om
οι Q | βιβλιου] + τουτου ℵ | [εσφραγισμενου...επισταμε[νω]] pr obelos B^a
(non inst B^b) | εσφραγισμενου (-μεου ℵ* -μενου ℵ^c.b)] σ 2° sup ras ℵ¹ + τουτου
AQ ομοιως οι γ Q^mg | αν] εαν ℵAQΓ | ανθρ. sub ⸓ Q | αναγνωθι] + οι γ' ※
δη Q^mg | ταυτα 2°] ταυτουτο ℵ* ταυτα ℵ^c.a τουτο ℵ^c.b | ανωγνωναι (sub ⸓ Q)]...
γνωναι inc Z   12 ερει 1°] ερουσιν Z | τουτο 2°] ταυτα ℵ* (τουτο ℵ^c.b) Z
13 μοι] μου ℵ* (μοι ℵ^c.a,c.b) | om εν τω στοματι αυτου και εν ℵAQ (hab οι γ'
※ εν τω στ. αυτ. Q^mg) | om εν bis Γ | το στοματι Γ | αυτου] αυτων Z | οις
χειλεσιν sup ras B^ab | τιμουσιν ℵ* (-μωσιν ℵ^c.a,c.b) | πορω ℵ* (πορρ.
ℵ^c.a (vid), c.b) | διδασκοντε A* (-τες A¹)

151

Β τοῦτο ἰδοὺ προσθήσω τοῦ μεταθεῖναι τὸν λαὸν τοῦτον· καὶ μεταθήσω αὐτούς, καὶ ἀπολῶ τὴν σοφίαν τῶν σοφῶν, καὶ τὴν σύνεσιν τῶν συνετῶν κρύψω. ¹⁵Οὐαὶ οἱ βαθέως βουλὴν ποιοῦντες καὶ ἔσται 15 ἐν σκότει τὰ ἔργα αὐτῶν, καὶ ἐροῦσιν Τίς ἑόρακεν ἡμᾶς; καὶ τίς ἡμᾶς γνώσεται ἢ ἃ ἡμεῖς ποιοῦμεν; ¹⁶οὐχ ὡς ὁ πηλὸς τοῦ κεραμέως 16 λογισθήσεσθε; μὴ ἐρεῖ τὸ πλάσμα τῷ πλάσαντι αὐτό Οὐ σύ με ἔπλασας; ἢ τὸ ποίημα τῷ ποιήσαντι Οὐ συνετῶς με ἐποίησας; ¹⁷οὐκέτι 17 μικρὸν καὶ μετατεθήσεται ὁ Λίβανος ὡς τὸ ὄρος τὸ Χερμέλ, καὶ τὸ Χερμέλ εἰς δρυμὸν λογισθήσεται. ¹⁸καὶ ἀκούσονται ἐν τῇ ἡμέρᾳ 18 ἐκείνῃ κωφοὶ λόγους βιβλίου, καὶ οἱ ἐν τῷ σκότει καὶ οἱ ἐν τῇ ὁμίχλῃ ὀφθαλμοὶ τυφλῶν ὄψονται, ¹⁹καὶ ἀγαλλιάσονται πτωχοὶ διὰ Κύριον ἐν 19 εὐφροσύνῃ, καὶ οἱ ἀπηλπισμένοι τῶν ἀνθρώπων ἐμπλησθήσονται εὐφροσύνης. ²⁰ἐξέλιπεν ἄνομος, καὶ ἀπώλετο ὑπερήφανος, καὶ ἐξω- 20 λεθρεύθησαν οἱ ἀνομοῦντες ἐπὶ κακίᾳ, ²¹καὶ οἱ ποιοῦντες ἁμαρτεῖν 21 ἀνθρώπους ἐν λόγῳ· πάντας δὲ τοὺς ἐλέγχοντας ἐν πύλαις πρόσκομμα θήσουσιν, ὅτι ἐπλαγίασαν ἐν ἀδίκοις δίκαιον. ²²διὰ τοῦτο τάδε 22 λέγει Κύριος ἐπὶ τὸν οἶκον Ἰακώβ, ὃν ἀφώρισεν ἐξ Ἀβραάμ Οὐ νῦν αἰσχυνθήσεται Ἰακώβ, οὐδὲ νῦν τὸ πρόσωπον μεταβαλεῖ· ²³ἀλλ' ὅταν 23
¶ Ζ ἴδωσιν τὰ τέκνα αὐτῶν τὰ ἔργα μου, δι' ἐμὲ ἁγιάσωσιν τὸ ὄνομά¶ μου, καὶ ἁγιάσωσιν τὸν ἅγιον Ἰακώβ, καὶ τὸν θεὸν τοῦ Ἰσραὴλ φοβηθήσονται. ²⁴καὶ γνώσονται πλανώμενοι τῷ πνεύματι σύνεσιν, οἱ δὲ 24

ΝΑQΓ   14 ιδου]+εγω ℵ* (improb ℵ^c.b) A | αυτους]+μεταθεσει Ζ | σοφων]+αυτου Ζ | συνετων]+αυτου Ζ   15 οι βαθεως βουλην ποιουντες] τοις βαθ. ποιουσιν βουλην Ζ | βουλην ποιουντες sub ÷ Q | ποιουντες]+και ου δια κυ̅ ουαι οι εν κρυφη (εγκρ. A) βουλην ποιουντες Β^ab mg inf ℵ (ποιουνταις ℵ* -τες ℵ^c.b) ΑQΖΓ | εορακεν (εωρ. Β^b) ημας] ημας εωρακεν ℵΑQΓ¹ ημ. εορ. Q* ^vid Ζ | om η ℵΓ   16 λογισθησεται ℵ* (-θησεσθαι ℵ^c.a) | om αυτο ℵΑQΓ | συ] σοι ℵ* (συ ℵ^c.a, c.b)   17 ουκετι] ουχι ετι Ζ | μικρον]+σ'θ' ※ βραχυ Q^mg | om το ορος Q | το Χερμελ 1°] ο Χερμελ Q ο (? το) Χελμελ Γ | το Χερμελ 2°] το Χελμελ ℵ* (Χερμ. ℵ^c.b) ο Χερμελ Ζ (de Γ non liq) pr το ορος ℵ^c.b ΑQ   18 βιβλιου] α' βιβλιου ου ο' βιβλου θ' ομοιως τοις ο' Q^mg | οι εν τη ομ.] om οι Q | οψονται]βλεψονται ℵ^c.b ΑQ* (οψ. Q^mg)   19 αγαλιασ. ℵ* (αγαλλιασ. ℵ^c) | πτωχοις] pr οι ℵΓ | εμπλησθησονται] ευφρα̅|θησοντ̅ Q^mg | ευφροσυνης]+ ※ ϛ Ιηλ (Ωρ.) Q^mg   20 εξελειπεν ΑQ*Γ | εξωλοθρ. Β^b εξολεθρ. ℵ | οι ανομουντες] pr οι γ' ※ παντες Q^mg   21 οι ποιουντες] om οι Γ^vid | ελεγ|τας ℵ* (ελεγχ. ℵ^c.b) | οτι] και ℵΑQΖΓ | δικαιον] οι γ' ομοιως Q^mg   22 ουδε...μεταβαλει] θ' ουδε νυν το προσωπον αυτου εντραπησεται Q^mg | προσωπον]+αυτου Ζ | μεταβαλει]+Ιηλ ℵΑQ+Ισλ Γ   23 αλλ οταν ιδωσιν] θ' οτι εν τω ιδειν Q^ing | αλλ] αλλα ℵΑQ | οταν] τα νυν ℵ* (οταν ℵ^c.a, c.b) | ιδωσιν] δωσι ℵ* (ιδ. ℵ^c.a, c.b) | αυτων] αυτου Γ* (-των Γ¹) | μου sup ras ℵ¹ | αγιασουσιν bis ℵ (sed ιασο 1° sup ras ℵ¹) ΑQΓ: 1°, Ζ | του Ισραηλ] om του ℵ* (hab ℵ^c.a) | φοβ. c seqq coni. Β   24 πλανωμενοι τω πνευματι] οι τω πν. πλαν. ℵΑQΓ

ΗΣΑΙΑΣ XXX 11

γογγύζοντες μαθήσονται ὑπακούειν, καὶ αἱ γλῶσσαι αἱ ψελλίζουσαι B
μαθήσονται λαλεῖν εἰρήνην.

XXX 1 ¹Οὐαὶ τέκνα ἀποστάται, λέγει Κύριος· ἐποιήσατε βουλὴν οὐ
δι' ἐμοῦ, καὶ συνθήκας οὐ διὰ τοῦ πνεύματός μου, προσθεῖναι ἁμαρ-
2 τίας ἐφ' ἁμαρτίας· ²οἱ πορευόμενοι καταβῆναι εἰς Αἴγυπτον, ²ἐμὲ δὲ ¶ Γ
οὐκ ἐπερώτησαν, τοῦ βοηθηθῆναι ὑπὸ Φαραὼ καὶ σκεπασθῆναι ὑπὸ § Ο
3 Αἰγυπτίων. ³ἔσται γὰρ ὑμῖν σκέπη Φαραὼ εἰς αἰσχύνην, καὶ τοῖς
4 πεποιθόσιν ἐπ' Αἴγυπτον ὄνειδος. ⁴ὅτι εἰσὶν ἐν Τάνει ἀρχηγοὶ
5 ἄγγελοι πονηροί· ⁵μάτην κοπιάσουσιν πρὸς λαὸν ὃς οὐκ ὠφελήσει
αὐτοὺς εἰς βοήθειαν ἀλλὰ εἰς αἰσχύνην καὶ ὄνειδος.

Ἡ ὅρασις τῶν τετραπόδων τῶν ἐν τῇ ἐρήμῳ.

6 ⁶Ἐν τῇ θλίψει καὶ τῇ στενοχωρίᾳ λέων καὶ σκύμνος λέοντος,
ἐκεῖθεν καὶ ἀσπίδες καὶ ἔκγονα ἀσπίδων, οἳ ἔφερον ἐπ' ὄνων καὶ
καμήλων τὸν πλοῦτον αὐτῶν πρὸς ἔθνος ὃ οὐκ ὠφελήσει αὐτούς.
7 ⁷Αἰγύπτιοι μάταια καὶ κενὰ ὠφελήσουσιν ὑμᾶς· ἀπάγγειλον αὐτοῖς
8 ὅτι ματαία ἡ παράκλησις ὑμῶν αὕτη. ⁸νῦν οὖν καθίσας γράψον ἐπὶ
πυξίου ταῦτα καὶ εἰς βιβλίον, ὅτι ἔσται εἰς ἡμέρας ταῦτα καιρῷ καὶ ἕως
9 εἰς τὸν αἰῶνα. ⁹ὅτι λαὸς ἀπειθής ἐστιν, υἱοὶ ψευδεῖς οἳ οὐκ ἠβούλοντο
10 ἀκούειν τὸν νόμον τοῦ θεοῦ, ¹⁰οἱ λέγοντες τοῖς προφήταις Μὴ ἀναγ-
γέλλετε ἡμῖν, καὶ τοῖς τὰ ὁράματα ὁρῶσιν Μὴ λαλεῖτε ἡμῖν, ἀλλὰ ἡμῖν
11 λαλεῖτε καὶ ἀναγγέλλετε ἡμῖν ἑτέραν πλάνησιν, ¹¹καὶ ἀποστρέψατε

24 υπακουειν]+κω ℵ | και 2°...ειρηνην] pr obelos Bᵃ (non inst Bᵇ) Q? ℵAOQΓ
XXX 1 ουαι...Κυριος] α' ω υιοι αφισταμενοι φησι κ̅ς̅ Qᵐᵍ | αποσταε ℵ* (-τατε
ℵᶜ·ᵃ·ᶜ·ᵇ) | λεγει] pr ταδε ℵAQΓ ου] pr και A | προσθηναι B προσθιναι ℵ (θι sup
ras ℵ¹) αμαρτιας 1°] αμαρτιαις A* | αμαρτιας 2°] αμαρτιαις ℵAQΓ   2 Εγυ-
πτον ℵ* (Αιγ. ℵᶜ·ᵃ·ᶜ·ᵇ) | om δε ℵ* (hab ℵᶜ·ᵃ·ᶜ·ᵇ) | επερωτησαν] επηρωτησαν
Bᵃᵇ ℵA ηρωτησαν O | βοηθηναι ℵ* (βοηθηθ. ℵᶜ·ᵃ)   3 σκεπη] pr η ℵAOQ |
ονειδος (οα incep ℵ* a improb ℵ¹ᵛⁱᵈ postea ras)] pr εις O   4 Τανι ℵ | αρ-
χηγοι]+οι γ' ※ αυτου Qᵐᵍ | αγγελοι]+οι γ' ※ αυτου Qᵐᵍ   4—5 πονη-
ροι...ονειδος sup ras ℵ¹ (propter membranae vitium ut vid)   5 ματην]
+οι γ' ※ παντες Qᵐᵍ | εις 1°] pr ουτε ℵᶜ·ᵇ AQ | βοηθειαν (-θιαν ℵQ*)]+ουτε
εις ωφελειαν (-λιαν ℵᶜ·ᵇ Q*) ℵᶜ·ᵇ AQ | αλλα] αλλ Q | αισαισχ. ℵ*   6 (tit)
η ορασις] om η ℵO | τη στενοχ.] pr εν ℵA (de O non liq) | om και
3° ℵ* (hab ℵᶜ·ᵃ) | εκγονα] εγγονα ℵ | ασπιδων]+πετομενων Bᵃᵇ ᵐᵍ ℵAOQ |
επ ονων] pr ※ Q+※ θησαυρους αυτω Qᵐᵍ | επ] εφ ℵ* (επ ℵᶜ·ᵃ·ᶜ·ᵇ) | καμη-
λων] pr θ' επι ωμων Qᵐᵍ | προς...αυτους] θ' επι λαον μη ωφελοιντας Qᵐᵍ | om
ο ℵ* (hab o ℵᶜ·ᵃ os ℵᶜ·ᵇ) | αυτους]+εις βοηθειαν (-θιαν ℵQ*) αλλ (αλλα AQ)
εις (ει sup ras ℵ¹) αισχυνην και ονειδος (ονιδ. ℵ) ℵAOQ   7 Αιγυπτιοι...
ωφελησουσιν] θ' κ̅ς̅ Αιγυπτος ματαια κ̅ς̅ κενα βοηθησουσιν Qᵐᵍ   8 ημεραν ℵ*
(-ρας ℵᶜ·ᵃ·ᶜ·ᵇ) | ταυτα καιρω] καιρων ταυτα ℵAOQ | om εως A | αιωναν ℵ*
9 λαος] pr ο Bᵃᵗᵇ | του θεου] pr κ̅υ̅ Qᵐᵍ

XXX 12 ΗΣΑΙΑΣ

B ἡμᾶς ἀπὸ τῆς ὁδοῦ ταύτης· ἀφέλετε ἀφ' ἡμῶν τὸν τρίβον τοῦτον, καὶ ἀφέλετε ἀφ' ἡμῶν τὸ λόγιον τοῦ Ἰσραήλ. ¹²διὰ τοῦτο τάδε λέγει ὁ 12 ἅγιος τοῦ Ἰσραήλ Ὅτι ἠπειθήσατε τοῖς λόγοις τούτοις καὶ ἠλπίσατε ἐπὶ ψεύδει, καὶ ὅτι ἐγόγγυσας καὶ πεποιθὼς ἐγένου ἐπὶ τῷ λόγῳ τούτῳ, ¹³διὰ τοῦτο ἔσται ὑμῖν ἡ ἁμαρτία αὕτη ὡς τεῖχος πίπτον παρα- 13 χρῆμα πόλεως ὀχυρᾶς ἑαλωκυίας, ἧς παραχρῆμα πάρεστιν τὸ πτῶμα· ¹⁴καὶ τὸ πτῶμα αὐτῆς ἔσται ὡς σύντριμμα ἀγγίου ὀστρακίνου, ἐκ 14 κεραμίου λεπτὰ ὥστε μὴ εὑρεῖν ἐν αὐτοῖς ὄστρακον ἐν ᾧ πῦρ ἀρεῖς, καὶ ἐν ᾧ ἀποσυριεῖς ὕδωρ μικρόν. ¹⁵οὕτω λέγει κύριος Κύριος ὁ 15 ἅγιος τοῦ Ἰσραήλ Ὅταν ἀποστραφεὶς στενάξῃς, τότε σωθήσῃ καὶ γνώσῃ ποῦ ἦσθα· ὅτε ἐπεποίθεις ἐπὶ τοῖς ματαίοις, ματαία ἡ ἰσχὺς ὑμῶν ἐγενήθη. καὶ οὐκ ἠβούλεσθε ἀκούειν, ¹⁶ἀλλ' εἴπατε Ἐφ' ἵππων 16 φευξόμεθα· διὰ τοῦτο φεύξεσθε· καὶ ἐπὶ κούφοις ἀναβάταις ἐσόμεθα· διὰ τοῦτο κοῦφοι ἔσονται οἱ διώκοντες ὑμᾶς. ¹⁷χίλιοι διὰ φωνὴν ἑνὸς 17
§ Γ φεύξονται, καὶ διὰ φωνὴν πέντε φεύξονται ⸆πολλοί, ἕως ἂν καταλειφθῆτε ὡς ἱστὸς ἐπ' ὄρους, καὶ ὡς σημαίαν φέρων ἐπὶ βουνοῦ. ¹⁸καὶ 18 πάλιν μενεῖ ὁ θεὸς τοῦ οἰκτειρῆσαι ὑμᾶς, καὶ διὰ τοῦτο ὑψωθήσεται τοῦ ἐλεῆσαι ὑμᾶς, διότι κριτὴς Κύριος ὁ θεὸς ὑμῶν· μακάριοι οἱ ἐμμένοντες ἐπ' αὐτῷ. ¹⁹Διότι λαὸς ἅγιος ἐν Σειὼν οἰκήσει· καὶ 19 Ἰερουσαλήμ, κλαυθμῷ ἔκλαυσεν Ἐλέησόν με· ἐλεήσει σε, τὴν φωνὴν

ℵAOQΓ 11 ημας] ημιν ℵ* (ημας ℵ¹ et postea) | αφελετε 1°] pr και ℵ^{c.a} (improb ℵ^{c.b}) | τον τρίβον] την τρ. ℵ* (τον τρ. ℵ^{c.a, c.b}) | τουτον (ν sup ras B^{ab})] ταυτην ℵ* (τουτον ℵ^{c.a, c.b})   12 δια...Ισραηλ] οι γ' ※ δια τουτο ταδε λεγει ο αγιος του Ιηλ Q^{mg} | τουτο] το ℵ* (τουτο ℵ^{c.a, c.b}) | ταδε] ουτως ℵ^{c.b}AQ | ο αγιος] pr κς ℵAOQ   13 om οχυρας A | εαλωκυιας B* -κυιας B^b εαλωκυιης ℵ εαλωκοτος O | πτωμα]+αυτης O   14 αυτης] αυτω incep ℵ* (ω improb ℵ^{1(vid)} postea ras dein revoc) | αγγειου B^bQ^{b†} | λεπτον AO | om εν 1° O | om αρεις...υδωρ ℵ* (hab ℵ^{c.a}) | και εν ω...μικρον] α' του αποσυραι υδωρ απο βοθυνου Q^{mg}   15 ουτω (-τως AOQ)] pr οτι O pr οι γ' ※ οτι Q^{mg} | κυριος Κυριος] om κς 2° ℵA | του Ισραηλ] om του AO | στεναξη A | και 1° bis scr ℵ* (1° improb ℵ^{c.a, c.b}) | [o]τε επεποιθεις επι τοις] pr obel B^a (non inst B^b) | η ισχυς] om η ℵ* (hab ℵ^{c.a}) | ηβουλεσθε] εβουλ. B^cℵ (αιβουλεσθαι ℵ* εβ. ℵ^{c.a, c.b}) AQ   16 αλλ] αλλα ℵA | ειπατε Q^a | ιπποις A | και]+ειπατε ℵA | επι] εκ incep ℵ* | αναβαται ℵ* (-ταις ℵ^c) AO   17 δια φ. ενος φευξ. χιλιοι ℵOQ και δια φ. ενος φευξ. χιλιοι A οι γ' χιλιας μια απο προσωπου επιτιμησεως (vid) ενος Q^{mg} | om ως 1° ℵ* (hab ℵ^{c.a})   18 οικτιρησαι ℵ | υμας 2°] ημας ℵ* (υμ. ℵ^{c.b}) | διοτι] οτι O | Κυριος]+κς Q^{mg} | υμων] ημων B^{a ?c ?}ℵ^{c.b}AOQΓ +εστιν (om QΓ) και που καταλειψετε (-λιψεται ℵΓ -λιψετε O) την δοξαν υμων ℵAOQΓ | μακαριοι]+παντες A | ενμενοντες ℵ | επ αυτω] εν αυτοις ℵ* εν αυτω ℵ^{c.a, c.b} AOQΓ   19 αγιος sub ÷ Q | Σιων B^bAQ | Ιελμ ℵ* Ιελημ ℵ^{d.a} | κλαυθμω (καυθμ. ℵ* vid)] pr εν O | εκλαυσεν] pr ※ ουκ α'σ' ου κλαυσεις θ' ου κλαυσετε Q^{mg} | ελεησει] pr και AO | om σε ℵA | την φωνην της κραυγης (κραυης B*ℵ* -γης B^{ab}ℵ^c)] την κραυγην της φωνης O της φωνης της κραυγης Q*

ΗΣΑΙΑΣ XXX 29

20 τῆς κραυγῆς σου ἡνίκα εἶδεν, ἐπήκουσέν σου. ²⁰καὶ δώσει Κύριος B ὑμῖν ἄρτον θλίψεως καὶ ὕδωρ στενόν, καὶ οὐκέτι μὴ ἐγγίσωσίν σοι οἱ πλανῶντές σε· ὅτι οἱ ὀφθαλμοί σου ὄψονται τοὺς πλανῶντάς σε,
21 ²¹καὶ τὰ ὦτά σου ἀκούσονται τοὺς λόγους τῶν ὀπίσω σε πλανησάντων, οἱ λέγοντες Αὕτη ἡ ὁδός, πορευθῶμεν ἐν αὐτῇ εἴτε δεξιὰ εἴτε ἀριστερά.
22 ²²καὶ μιανεῖς τὰ εἴδωλα τὰ περιηργυρωμένα καὶ περικεχρυσωμένα, λεπτὰ ποιήσεις καὶ λικμήσεις ὡς ὕδωρ ἀποκαθημένης, καὶ ὡς κόπρον
23 ὤσεις αὐτά. ²³τότε ἔσται ὁ ὑετὸς τῷ σπέρματι τῆς γῆς σου, καὶ ὁ ἄρτος τοῦ γενήματος τῆς γῆς σου ἔσται πλησμονὴ καὶ λιπαρός· καὶ βοσκηθήσεταί σου τὰ κτήνη τῇ ἡμέρᾳ ἐκείνῃ τόπον πίονα καὶ εὐρύ-
24 χωρον, ²⁴οἱ ταῦροι ὑμῶν καὶ οἱ βόες οἱ ἐργαζόμενοι τὴν γῆν ἄχυρα
25 ἀναπεποιημένα φάγονται ἐν κριθῇ λελικμημένῃ. ²⁵καὶ ἔσται ἐπὶ παντὸς ὄρους ὑψηλοῦ καὶ ἐπὶ παντὸς βουνοῦ μετεώρου ὕδωρ διαπορευόμενον ἐν τῇ ἡμέρᾳ ἐκείνῃ, ὅταν ἀπόλωνται πολλοί, ὅταν πέσωσιν
26 πύργοι. ²⁶καὶ ἔσται τὸ φῶς τῆς σελήνης ὡς τὸ φῶς τοῦ ἡλίου, καὶ τὸ φῶς τοῦ ἡλίου ἔσται ἑπταπλάσιον, ἐν τῇ ἡμέρᾳ ὅταν ἰάσηται Κύριος τὸ σύντριμμα τοῦ λαοῦ αὐτοῦ, καὶ τὴν ὀδύνην τῆς πληγῆς σου
27 ἰάσεται. ²⁷Ἰδοὺ τὸ ὄνομα Κυρίου ἔρχεται διὰ χρόνου, καιόμενος θυμός· μετὰ δόξης τὸ λόγιον τῶν χειλέων αὐτοῦ, τὸ λόγιον ὀργῆς
28 πλῆρες, καὶ ἡ ὀργὴ τοῦ θυμοῦ ὡς πῦρ ἔδεται· ²⁸καὶ τὸ πνεῦμα αὐτοῦ ὡς ὕδωρ ἐν φάραγγι σῦρον ἥξει ἕως τοῦ τραχήλου, καὶ διαιρεθήσεται τοῦ ταράξαι ἔθνη ἐπὶ πλανήσει ματαίᾳ, καὶ διώξεται αὐτοὺς πλάνησις
29 καὶ λήμψεται αὐτοὺς κατὰ πρόσωπον αὐτῶν. ²⁹μὴ διὰ παντὸς δεῖ ὑμᾶς εὐφραίνεσθαι, καὶ εἰσπορεύεσθαι εἰς τὰ ἅγιά μου διὰ παντὸς ὡσεὶ ἑορτάζοντας, καὶ ὡσεὶ εὐφραινομένους εἰσελθεῖν μετὰ αὐλοῦ εἰς

19 ιδεν Γ | επηκαυσεν] και ηκουσεν O   20 υμιν κ̅ς̅ Q | μη] pr ου A | σοι] ℵAOQΓ σε ℵ* (σοι ℵᶜ) om Γ periit in O   21 λεγονται ℵ* (-τες ℵᶜ·ᵃ·ᶜ·ᵇ) | δεξια] δια B* (δεξ. Bᵃ ᵐᵍ ᵇ)   22 μιανεις] εξαρεις ℵᶜ·ᵇ AQ* (μιαν. Qᵐᵍ) | περικεχρυσωμενα] pr τα ℵAQΓ | om και 3° B | om και λικμησεις Q* (hab Qᵐᵍ) | υδως ℵ* (υδωρ ℵᶜ)   23 om και ο αρτος του γενηματος της γης σου ℵ* (hab ℵᶜ·ᵇ) | πλησμονη] εις πλησμονην OΓ | βοσκηθησονται O | τα κτηνη σου O 24 ε βοες ℵ* οι β. ℵᶜ·ᵃ·ᶜ·ᵇ | αχυρα αναπεπ. φαγονται] φαγονται αχυρα αναπεπ. ℵAQΓ αχυρα φαγονται αναπεπ. O | om εν O | λελικμημενα ℵAQΓ (de O non liq)   25 διαπορευομενον] ιαπ sup ras ℵ¹ -μενου Γ | οταν 2°] pr και ℵAOQΓ | πεσωσι Q   26 om και το φως του ηλιου Γ | επταπλασιον] + ✶ ως το φως των επτα ημερων Q   27 ερχεται δια χρονου] δια χρονου ερχ. πολλου ℵAOQΓ οι γ´ ερχεται μακροθε Qᵐᵍ | καιομενος θυμος] σ´ φλεγομενος ο θ. αυτου Qᵐᵍ | θυμος] pr ο ℵAQΓ | πληρης ℵ | η οργη] om η O | του θυμου]+μου Γ   28 του τραχ.] ου τραχ. Q* (τ superscr Q¹ ᶠᵒʳᵗ) | εθνη ταραξαι ℵAQΓ | πλανησις]+ματαια ℵᶜ A | ληψεται Q   29 δει] δι Bℵ* (δει ℵᶜ·ᵈ) | και εισπ. et δια παντος sub ⸀ Q | om ωσει 2° ℵ* (hab ℵᶜ·ᵈ·ᵃ)

155

XXX 30   ΗΣΑΙΑΣ

B τὸ ὄρος Κυρίου πρὸς τὸν θεὸν τοῦ Ἰσραήλ; ³⁰καὶ ἀκουστὴν ποιήσει 30
Κύριος τὴν δόξαν τῆς φωνῆς αὐτοῦ καὶ τὸν θυμὸν τοῦ βραχίονος
αὐτοῦ δείξαι μετὰ θυμοῦ καὶ ὀργῆς καὶ φλογὸς κατεσθιούσης, κεραυ-
νώσει βιαίῳ, καὶ ὡς ὕδωρ καὶ χάλαζα συνκαταφερομένη βίᾳ. ³¹διὰ 31
γὰρ τῆς φωνῆς Κυρίου ἡττηθήσονται Ἀσσύριοι, τῇ πληγῇ ᾗ ἂν πατάξῃ
αὐτούς. ³²καὶ ἔσται αὐτῷ κυκλόθεν, ὅθεν ἦν αὐτῶν ἡ ἐλπὶς τῆς 32
βοηθείας, ἐφ' ᾗ αὐτὸς πεποίθει· αὐτοὶ μετὰ τυμπάνων καὶ κιθάρας
πολεμήσουσιν αὐτὸν ἐκ μεταβολῆς. ³³σὺ γὰρ πρὸ ἡμερῶν ἀπαιτη- 33
θήσῃ· μὴ καὶ σοὶ βασιλεύειν ἡτοιμάσθη, φάραγγα βαθεῖαν, ξύλα
κείμενα, πῦρ καὶ ξύλα πολλά; ὁ θυμὸς Κυρίου ὡς φάραγξ ὑπὸ
θείου καιομένη.

¹Οὐαὶ οἱ καταβαίνοντες εἰς Αἴγυπτον ἐπὶ βοήθειαν, οἱ ἐφ' ἵπποις 1 XXXI
πεποιθότες καὶ ἐφ' ἅρμασιν· ἔστιν γὰρ πολλά, καὶ ἐφ' ἵπποις πλῆθος
σφόδρα· καὶ οὐκ ἦσαν πεποιθότες ἐπὶ τὸν ἅγιον τοῦ Ἰσραήλ, καὶ τὸν
κύριον οὐκ ἐξήτησαν. ²καὶ αὐτὸς σοφὸς ἦγεν ἐπ' αὐτοὺς κακά, καὶ ὁ 2
λόγος αὐτοῦ οὐ μὴ ἀθετηθῇ, καὶ ἐπαναστήσεται ἐπ' οἴκους ἀνθρώπων
πονηρῶν καὶ ἐπὶ τὴν ἐλπίδα αὐτῶν τὴν ματαίαν, ³Αἰγύπτιον ἄνθρω- 3
πον καὶ οὐ θεόν, ἵππων σάρκας καὶ οὐκ ἔστιν βοήθεια· ὁ δὲ κύριος
ἐπάξει τὴν χεῖρα αὐτοῦ ἐπ' αὐτούς, καὶ κοπιάσουσιν οἱ βοηθοῦντες,
καὶ ἅμα πάντες ἀπολοῦνται. ⁴ὅτι οὕτως εἶπέν μοι Κύριος ῝Ον τρόπον 4

ℵAOQΓ   29 το ορος] om το ℵ* (hab ℵᶜ·ᵃ) τον οικον A | Κυριου] pr του ℵAQᵐᵍ
του θῦ OQ*Γ | του Ισρ.] om του Γ   30 ακου|την ℵ* (ακουστ. ℵᶜ·ᵃ) |
Κυριος] ο θς ℵAQ (κς Qᵐᵍ) Γ ο κς O | του βραχ.] om του O | om και 3° OΓ |
φλογος]+πυρος (Qᵐᵍ | βιαιω] βιαιως ℵ (βιεως ℵ* βιαι. ℵᶜ·ᵇ) AOQ (de Γ
non liq) | συγκαταφ. Bᵃᵇ Qᵃ   31 δια γαρ της φωνης] α'θ' οτι απο φωνης
σ' απο γαρ φ. Qᵐᵍ | της φωνης BQᵐᵍ] om της ℵOΓ την φωνην A φωνην
Q* | Ασσυριοι] pr οι A | πληγη...αυτους] om |γη η αν πατ. αυ| ℵ | παταξει
AΓ   32 αυτων] αυτω ℵAOQΓ | βοηθιας ℵQ*Γ | η 2°] ης ℵ* (s postea ras) |
πεποιθει] επεποιθει (-θι ℵ* -θει ℵᶜ·ᵇ) AOQΓ | τυμπανων] αυλων ℵAOQ*
(τυμπ. Qᵐᵍ) Γ | κιθαρας (s sup ras Aᵃ)]+θ' ※ ҟ εν πολεμοις αφορισμου Qᵐᵍ
33 συ] σοι Bᵃᵇ ου ℵAOQ* (συ Qᵐᵍ) Γ | γαρ]+συ A | απαιτηθησει ℵ (απετ.
ℵ* απαιτ. ℵᶜ·ᵇ) | σοι] συ B* (σοι Bᵃᵇ) ℵA | ητοιμασθη (εθοιμ. Γ) βασιλευειν
ℵAOQΓ | φαραγγαν ℵᶜ·ᵇ | βαθαιαν ℵ* βαθιαν ℵ? (-θειαν ℵᵈ·ᵃ) βαθεαν O |
κειμενα] καιομενα O | πυρ] πυρ' α κε θειον ℵ* (improb α κε θ. ℵᶜ·ᵃ, ᶜ·ᵇ) πυρ
και θειον Γ   XXXI 1 βοηθιαν ℵQ* | εφ ιπποις 1°] επιφπποις (sic) B*
(εφ ιππ. Bᵇ) | εφ ιπποις 2°] εφ| ιππ. B* εφ ιππ. Bᵇ | κυριον] θν̄ ℵAOQΓ |
εξητησαν] εξεζητησαν ℵ (-σαι ℵ* ᵛⁱᵈ) AOQΓ   2 σοφως Γ | αυτους] αυτος
ℵ* (-τους ℵᶜ·ᵃ)   3 Εγυπτιον ℵ* (Αιγ. ℵᶜ·ᵃ, ᶜ·ᵇ) | ανθρωπων ℵ* (-πον ℵᶜᵒʳʳ) |
βοηθεια (-θια ℵ)] pr ν ℵ* (postea ras) | αυτου επ] ου ε sup ras Aᵃ | βοη-
θουντες]+και πεσειται ο βοηθουμενος O et (pr ※) Qᵐᵍ | απολόυνται παντες
ℵOΓ   4 μοι]+παντες ℵ* (improb ℵ¹ᶠᵒʳᵗ,ᶜ) | ον τροπον]+εαν ℵᶜ·ᵇA+οταν
OQ¹? (οαν Q*) σ'θ' ομοιως Qᵐᵍ

156

ΗΣΑΙΑΣ XXXII 5

βοήσῃ ὁ λέων ἢ ὁ σκύμνος ἐπὶ τῇ θήρᾳ ᾗ ἔλαβεν, καὶ κεκράξῃ ἐπ' αὐτῇ Β
ἕως ἐμπλησθῇ τὰ ὄρη τῆς φωνῆς αὐτοῦ, καὶ ἡττήθησαν καὶ τὸ πλῆθος
τοῦ θυμοῦ ἐπτοήθησαν, οὕτως καταβήσεται Κύριος σαβαὼθ ἐπιστρα-
5 τεῦσαι ἐπὶ τὸ ὄρος τὸ Σειών, ἐπὶ τὰ ὄρη αὐτῆς. ⁵ὡς ὄρνεα πετόμενα,
οὕτως ὑπερασπιεῖ Κύριος σαβαώθ, ὑπὲρ Ἰερουσαλὴμ ὑπερασπιεῖ καὶ
6 ἐξελεῖται, καὶ περιποιήσεται καὶ σώσει. ⁶ἐπιστράφητε, οἱ τὴν βα-
7 θεῖαν βουλὴν βουλευόμενοι καὶ ἄνομον υἱοὶ Ἰσραήλ. ⁷ὅτι τῇ ἡμέρᾳ
ἐκείνῃ ἀπαρνήσονται οἱ ἄνθρωποι τὰ χειροποίητα αὐτῶν τὰ ἀργυρᾶ
8 καὶ τὰ χειροποίητα τὰ χρυσᾶ ἃ ἐποίησαν⸉ αἱ χεῖρες αὐτῶν. ⁸καὶ ¶ Ο
πεσεῖται Ἀσσούρ· οὐ μάχαιρα ἀνδρὸς οὐδὲ μάχαιρα ἀνθρώπου κατα-
φάγεται αὐτόν, καὶ φεύξεται οὐκ ἀπὸ προσώπου μαχαίρας· οἱ δὲ
9 νεανίσκοι ἔσονται εἰς ἥττημα, ⁹πέτρᾳ γὰρ περιλημφθήσονται ὡς χά-
ρακι καὶ ἡττηθήσονται, ὁ δὲ φεύγων ἁλώσεται.

Τάδε λέγει Κύριος Μακάριος ὃς ἔχει ἐν Σειὼν σπέρμα καὶ οἰκείους ἐν
XXXII ₁ Ἰερουσαλήμ. ¹ἰδοὺ γὰρ βασιλεὺς δίκαιος βασιλεύσει, καὶ ἄρχοντες μετὰ
2 κρίσεως ἄρξουσιν. ²καὶ ἔσται ὁ ἄνθρωπος κρύπτων τοὺς λόγους αὐτοῦ,
καὶ κρυβήσεται ὡς ἀφ' ὕδατος φερομένου·⸉ καὶ φανήσεται ἐν Σειὼν ¶ Γ
3 ὡς ποταμὸς φερόμενος ἔνδοξος ἐν γῇ διψώσῃ. ³καὶ οὐκέτι ἔσονται
4 πεποιθότες ἐπ' ἀνθρώποις, ἀλλὰ τὰ ὦτα ἀκούειν δώσουσιν· ⁴καὶ ἡ
καρδία τῶν ἀσθενούντων προσήξει τοῦ ἀκούειν, καὶ αἱ γλῶσσαι
5 αἱ ψελλίζουσαι ταχὺ μαθήσονται λαλεῖν εἰρήνην· ⁵καὶ οὐκέτι μὴ

4 βοησει ℵ (-σι ℵ* -σει ℵᶜ·ᵇ) | ο λεων] om ο Α | η 1°] και ΟQ | η 2°] ℵΑΟQΓ
ην Ο | κεκραξει Ο | αυτη] αυτην ℵ αυτης Ο | εως…επτοηθησαν] θ' πληρη
ποιμενων ϗ απο της φωνης αυτων ου μη ηττηθη· ϗ απο του πληθους αυτων ου
μη υποταγη Qᵐᵍ | εως]+αν ℵΑQΓ | εμπλησῃ ℵ* (εμπλησθη ℵᵖˡ ᵖᵒˢᵗ ¹)
ενεπλησθη Ο ενπλησθη Γ | το Σειων (Σιων Bᵇ ΑΟQΓ)] om το ℵΟΓ |
επι 3°] pr και Α pr οι γ' και Qᵐᵍ   5 om σαβαωθ ΑΟQ* (hab
Qᵐᵍ) | Ιελμ̄ ℵ* Ιελημ ℵᵈ·ᵃ | om υπερασπιει 2° ℵᶜ·ᵇ ΑΟQ* (hab Qᵐᵍ) Γ σ'θ'
υπερασπιζῶ α' θυρεων Qᵐᵍ | εξελειται]+σε ℵ* | περιποιησεται] περιποιηθησονται
ℵ* (περιποιησ. ℵᶜ·ᵃ·ᶜ·ᵇ)   6 βουλευσαμενοι Α | om υιοι Ισραηλ ℵΑΟᵛⁱᵈQ*
(οι γ' ✠ υιοι Ιηλ Qᵐᵍ) Γ   7 απαρνησονται] απαρνηθησονται ΑΟ αρνησονται Q*
(απ superscr Qᵃ) απαιρουντ̄ : α' αποκρυψουσι σ' αποβαλουντ̄ θ' απωσονται Qᵐᵍ |
οι ανθρωποι…τα χρυσα] θ' ανηρ τα ειδωλα αυτου αργυριου αυτου ϗ τα ειδωλα
του χρυσιου αυτου Qᵐᵍ | om τα χειροποιητα (2°) ℵΑΟQ (hab pr ✠ Qᵐᵍ) Γ |
αι χειρες] οι δακτυλοι ℵ* (αι χ. ℵᶜ·ᵇ) Γ | αυτων 2°]+α' ✠ αμαρτημα Qᵐᵍ
8 φευξονται Γ | ουκ απο sup ras Bᵃ·ᵇ | απο] α ℵ* (απο ℵᶜ·ᵃ) | μαχαιρας]
διωκοντος Α | νεανισκοι]+αυτου ℵᶜ (ᶠ ᵃ) ᵛⁱᵈ (rurs ras)   9 περιληφθ. Q |
φευων ℵ* (φευγ. ℵᶜ·ᵈ·ᵃ) | Σιων BᵇQΓ Σιω Α | Ιλμ̄ ℵ* Ιλημ ℵᵈ·ᵃ   XXXII
1 αρξουσιν] αρχουσιν ℵ* (αρξ. ℵᶜ·ᵃ ᵉᵗ ᵖᵒˢᵗᵉᵃ)   2 αυτου] τουτους Α | φερο…Γ |
Σιων ℵΑQ   3 ακουειν δωσουσιν (ω sup ras ℵˡ ᵛⁱᵈ)] δωσουσιν ακουειν ℵΑQ
4 ασθενουντων] ασθενων Α | προσηξει] προσεξει ℵΑQ | ψελλιζουσαι ταχυ]
σαι τα in mg χυ sup ras Αᵃ (om ταχυ Α*)   5 μη 1°, 2°] pr ου Α

157

ΧΧΧΙΙ 6   ΗΣΑΙΑΣ

Β εἴπωσιν τῷ μωρῷ ἄρχειν, καὶ οὐκέτι μὴ εἴπωσιν οἱ ὑπηρέται σου Σίγα. ⁶ὁ γὰρ μωρὸς μωρὰ λαλήσει, καὶ ἡ καρδία αὐτοῦ 6 μάταια νοήσει, τοῦ συντελεῖν ἄνομα καὶ λαλεῖν πρὸς Κύριον πλάνησιν, τοῦ διασπεῖραι ψυχὰς πεινώσας, καὶ τὰς ψυχὰς τὰς διψώσας κενὰς ποιήσει. ⁷ἡ γὰρ βουλὴ τῶν πονηρῶν ἄνομα βουλεύ- 7 σεται, καταφθεῖραι ταπεινοὺς ἐν λόγοις ἀδίκοις καὶ διασκεδάσαι λόγους ταπεινῶν ἐν κρίσει. ⁸οἱ δὲ εὐσεβεῖς συνετὰ ἐβουλεύσαντο, 8 καὶ αὕτη ἡ βουλὴ μενεῖ. ⁹Γυναῖκες πλούσιαι, ἀνάστητε καὶ 9 ἀκούσατε τῆς φωνῆς μου· θυγατέρες ἐν ἐλπίδι, εἰσακούσατε λόγους μου. ¹⁰ἡμέρας ἐνιαυτοῦ μνείαν ποιήσασθε ἐν ὀδύνῃ μετ' ἐλπίδος· 10 ἀνήλωται ὁ τρυγητός, πέπαυται, οὐκέτι μὴ ἔλθῃ. ¹¹ἔκστητε, λυπήθητε 11 αἱ πεποιθυῖαι, ἐκδύσασθε, γυμναὶ γένεσθε, περιζώσασθε τὰς ὀσφῦς ¹²καὶ ἐπὶ τῶν μαστῶν κόπτεσθε, ἀπὸ ἀγροῦ ἐπιθυμήματος καὶ 12 ἀμπέλου γενήματος. ¹³ἡ γῆ τοῦ λαοῦ μου, ἄκανθα καὶ χόρτος ἀναβή- 13 σεται, καὶ ἐκ πάσης οἰκίας εὐφροσύνη ἀρθήσεται· πόλις πλουσία, ¹⁴οἶκοι ἐγκαταλελιμμένοι πλοῦτον πόλεως ἀφήσουσιν, οἴκους ἐπι- 14 θυμήματος· καὶ ἔσονται αἱ κῶμαι σπήλαια ἕως τοῦ αἰῶνος, εὐφροσύνη ὄνων ἀγρίων, βοσκήματα ποιμένων, ¹⁵ἕως ἂν ἔλθῃ ἐφ' ὑμᾶς πνεῦμα 15 ἀφ' ὑψηλοῦ. καὶ ἔσται ἔρημος ὁ Χερμέλ, καὶ ὁ Χερμὲλ εἰς δρυμὸν λογισθήσεται. ¹⁶καὶ ἀναπαύσεται ἐν τῇ ἐρήμῳ κρίμα, καὶ δικαιοσύνη 16 ἐν τῷ Καρμήλῳ κατοικήσει· ¹⁷καὶ ἔσται τὰ ἔργα τῆς δικαιοσύνης 17 εἰρήνη, καὶ κρατήσει ἡ δικαιοσύνη ἀνάπαυσιν, καὶ πεποιθότες ἕως τοῦ αἰῶνος· ¹⁸καὶ οἰκήσει ὁ λαὸς αὐτοῦ ἐν πόλει εἰρήνης καὶ ἐνοικήσει 18

ℵAQ   6 μωρα λαλησει] ρα λαλησ sup ras Aᵃ | αυτου] αυτων A | πλανησεν ℵ* (-σειν ℵᶜ·ᵃ -σιν ℵᶜ·ᵇ) | διασπειραι] διαφθειραι A | διψωσας] πινωσας ℵ* (διψ. ℵᶜ·ᵃ·ᶜ·ᵇ) | κενας] καινας ℵ* ᵉᵗ ⁱⁿˢᵗ (κεν. ℵ?) | ποιησαι ℵAQ   7 βουλευσεται] βουλευεται ℵ* (-σεται ℵᶜ·ᵃ) A οι γ' εβουλευσατο Qᵐᵍ | λογους] λογισμους A   9 αναστητε]+οι γ' ⁕ δη Qᵐᵍ | εισακουσατε] ακουσατε ℵ* (εισακ. ℵᵈ·ᵃ) AQ | λογους] pr τους ℵᶜ·ᵇ AQ a' λογιον σ' τας ρησεις θ' τα ρηματα Qᵐᵍ   10 μετ] μετα ℵ* A | πεπαυται...ελθη] a' συλλογη ου μη ελθη σ' εκωλυθη ινα μη ελθη Qᵐᵍ | πεπαυται]+ο σπορος και ℵAQ   11 εκστητε] pr ⁕ ευθηνους Qᵐᵍ | περιζωσασθε (π sup ras Bᵃ ᵛⁱᵈ)]+σακκους ℵA a' ⸖ ζωσασθαι Qᵐᵍ | οσφυς (-φυας Bᵇ ⁽ᵛⁱᵈ⁾ ℵAQ)]+υμων ℵ a' επι οσφυας Qᵐᵍ   12 μασθων A | απο] περι ℵᶜ·ᵇA a' επι θ'σ' περι Qᵐᵍ   13 αρθησεται sub ⨪ Q   14 εγκαταλελειμμενοι Bᵃᵇ εγκαταλεμ|μ. ℵ* (εγκαταλειμμ. ℵᶜ·⁽ᵇ ᵛⁱᵈ⁾) | πολεων Q* (-ως Qᵐᵍ) | αφησουσιν (in σι ras aliq B?) οικ. επιθυμηματος] και οικους επιθυμητους αφησουσιν ℵᶜ·ᵇAQ | σπηλαια] in π ras aliq ˙B?   15 ελθη] επελθη ℵAQ | υμας ημας ℵ* (υμ. ℵᶜ·ᵇ) | εσται ερημος] inter ι et ε ras aliq B?   15—16 λογισθησεται και] in ται κ ras aliq B?   16 τω Καρμ.] in τω ras aliq B?   17 δικαιοσυνης (δικαιοσ. A)] δικαιοσυνην ℵ* (ℵᶜ·ᵃ, ᶜ·ᵇ) | πεποιθοτες...αιωνος] a'σ' πεποιθησεις (ˢ superscr) εως αιωνος θ' ελπις εως [τ. αιων.] Qᵐᵍ | πεποιθοτες pr οι ℵ*+εσονται ℵᶜ·ᵇA   18 οικησει] κατοικησει ℵ (-σι) AQ | in ο λαος emend aliq ℵᵛⁱᵈ

158

ΗΣΑΙΑΣ XXXIII 9

19 πεποιθώς, καὶ ἀναπαύσονται μετὰ πλούτου. ¹⁹ἡ δὲ χάλαζα ἐὰν B καταβῇ, οὐκ ἐφ' ὑμᾶς ἥξει. καὶ ἔσονται οἱ ἐνοικοῦντες ἐν τοῖς δρυμοῖς 20 πεποιθότες ὡς ἐν τῇ πεδινῇ. ²⁰μακάριοι οἱ σπείροντες ἐπὶ πᾶν ὕδωρ, οὗ βοῦς καὶ ὄνος πατεῖ.

XXXIII 1 ¹Οὐαὶ τοῖς ταλαιπωροῦσιν ὑμᾶς, ὑμᾶς δὲ οὐδεὶς ποιεῖ ταλαιπώρους, καὶ ὁ ἀθετῶν ὑμᾶς οὐκ ἀθετεῖ· ἁλώσονται οἱ ἀθετοῦντες καὶ παραδοθήσονται, καὶ ὡς σὴς ἐφ' ἱματίου οὕτως ἡττήσονται. 2 ²Κύριε, ἐλέησον ἡμᾶς, ἐπὶ σοὶ γὰρ πεποίθαμεν· ἐγενήθη τὸ σπέρμα τῶν ἀπειθούντων εἰς ἀπώλειαν, ἡ δὲ σωτηρία ἡμῶν ἐν καιρῷ θλί-3 ψεως. ³διὰ φωνὴν τοῦ φόβου ἐξέστησαν λαοὶ ἀπὸ τοῦ φόβου σου 4 καὶ διεσπάρησαν τὰ ἔθνη. ⁴νῦν δὲ συναχθήσεται τὰ σκῦλα ὑμῶν μικροῦ καὶ μεγάλου· ὃν τρόπον ἐάν τις συναγάγῃ ἀκρίδα, οὕτως 5 ἐμπαίξουσιν ὑμῖν. ⁵ἅγιος ὁ θεὸς ὁ κατοικῶν ἐν ὑψηλῷ, ἐνεπλήσθη 6 Σειὼν κρίσεως· καὶ δικαιοσύνῃ ⁶ἐν νόμῳ παραδοθήσονται, ἐν θησαυροῖς ἡ σωτηρία ἡμῶν, ἥκει σοφία καὶ ἐπιστήμη καὶ εὐσέβεια 7 πρὸς τὸν κύριον· οὗτοί εἰσιν θησαυροὶ δικαιοσύνης. ⁷'Ιδοὺ δὴ ἐν τῷ φόβῳ ὑμῶν οὗτοι φοβηθήσονται· οὓς ἐφοβεῖσθε, βοήσονται ἀφ' ὑμῶν· ἄγγελοι ἀποσταλήσονται πικρῶς κλαίοντες, παρακα-8 λοῦντες εἰρήνην. ⁸ἐρημωθήσονται γὰρ αἱ τούτων ὁδοί· πέπαυται ὁ φόβος τῶν ἐθνῶν, καὶ ἡ πρὸς τούτους διαθήκη αἴρεται, καὶ οὐ μὴ 9 λογισθήσεσθε αὐτοὺς ἀνθρώπους. ⁹ἐπένθησεν ἡ γῆ, ᾐσχύνθη ὁ Λίβανος, ἕλη ἐγένετο ὁ Σαρών· φανερὰ ἔσται ἡ Γαλειλαία καὶ ὁ

18 πλουτου] λ superscr A¹ 19 εαν bis scr A | ως] om ℵ +οι A ℵAQ +οι ενοικουντες Q 20 υδω] ℵ* (υδωρ ℵc.ª) XXXIII 1 ταλαιπωροισιν Q* (-ρουσιν Qª) | δε]+γαρ ℵ* (improb ℵc.ª, c.b) | υμας 3°] υμιν A | εφ] επι AQ | ιματιου] τ sup ras B* ιματιω ℵ [ηττησονται] ηττηθησονται ℵAQ 2 απειθουντων B* (-ντων Bªb) | απωλειαν (-λιαν ℵQ*)] in π ras aliq B? 3 φοβου 1°]+σου ℵAQ σ' κατα το εβρ. αμῶ α' οχλου θ' πληθυς (sic) Qmg 4 υμων] ημων ℵ | μικρου και μεγαλου] pr obel Bª (non inst Bb) Q | μικρου] pr απο A | ακριδας ℵAQ+θ' ※ ως απο τω βοθυνων Qmg | εμπαιξουσιν] εμπαιξονται ℵc.b (vid) (postea revoc -ξουσιν) A (εμπεξ.) 5 ο θεος] pr κς Qmg | υψηλοις ℵAQ | ενεπλησθη] in π ras aliq B? | Σιων BbℵAQ | item 14 | δικαιοσυνης ℵAQ 6 ηκει BQmg] εκει ℵ (-κι ℵ* -κει ℵc.b) AQtxt | ευσεβια ℵQ* | κυριον] θῦ ℵ* (κῦ ℵc.b) 7 [υ]μων ουτοι...υμων αγ[γελοι]] pr obelos Bª (non inst Bb) ου κ' π' εβρ' Bmg | ουτοι] αυτοι ℵA | ους sub ⸓ Q | βοησονται] φοβηθησονται ℵc.bAQ* (βοησ. Qmg) | αγγελοι...ειρηνην] α' αγγελοι ειρηνης πικρως κλαυσονται Qmg | αγγελοι]+γαρ ℵA | αποσταλησονται]+αξιουντες ειρηνην (ιρ. ℵc.ª) ℵc.ªAQ 8 πεπαυται (ras aliq in π 1° B?)]+γαρ A | λογισθησεσθε BQ*] λογισθσθε ℵ (λογεις.) A λογισεσθε Qª 9 επενθησεν] ομοιως οι γ' Qmg | ο Σαρων] Ασαρων ℵ* (ο Σ. ℵc.b) ο Σααρων Q* (ο Σαρ. Qª) | Γαλιλαια BbℵAQ

159

ΗΣΑΙΑΣ XXXIII 10

Β Χερμέλ. ¹⁰νῦν ἀναστήσομαι, λέγει Κύριος, νῦν δοξασθήσομαι, νῦν 10
ὑψωθήσομαι· ¹¹νῦν ὄψεσθε, νῦν αἰσθηθήσεσθε· ματαία ἔσται ἡ 11
ἰσχὺς τοῦ πνεύματος ὑμῶν, πῦρ κατέδεται ὑμᾶς, ¹²καὶ ἔσονται 12
ἔθνη κατακεκαυμένα ὡς ἄκανθα ἐν ἀγρῷ ἐρριμμένη καὶ κατακεκαυ-
μένη. ¹³Ἀκούσονται οἱ πόρρωθεν ἃ ἐποίησα, γνώσονται οἱ 13
ἐγγίζοντες τὴν ἰσχύν μου. ¹⁴ἀπέστησαν οἱ ἐν Σειὼν ἄνομοι, λήμ- 14
ψεται τρόμος τοὺς ἀσεβεῖς· τίς ἀναγγελεῖ ὑμῖν ὅτι πῦρ καίεται; τίς
ἀναγγελεῖ ὑμῖν τὸν τόπον τὸν αἰώνιον; ¹⁵πορευόμενος ἐν δικαιοσύνῃ, 15
λαλῶν εὐθεῖαν ὁδόν, μισῶν ἀνομίαν καὶ ἀδικίαν, καὶ τὰς χεῖρας ἀπο-
σειόμενος ἀπὸ δώρων, βαρύνων τὰ ὦτα ἵνα μὴ ἀκούσῃ κρίσιν αἵ-
ματος, καμμύων τοὺς ὀφθαλμοὺς ἵνα μὴ ἴδῃ ἀδικίαν, ¹⁶οὗτος οἰκήσει 16
ἐν ὑψηλῷ σπηλαίῳ πέτρας ἰσχυρᾶς· ἄρτος αὐτῷ δοθήσεται, καὶ τὸ
ὕδωρ αὐτοῦ πιστόν. ¹⁷βασιλέα μετὰ δόξης ὄψεσθε, οἱ ὀφθαλμοὶ 17
ὑμῶν ὄψονται γῆν πόρρωθεν· ¹⁸ἡ ψυχὴ ἡμῶν μελετήσει φόβον· ποῦ 18
§ Γ εἰσὶν οἱ γραμματικοί; ⁱποῦ εἰσιν οἱ συμβουλεύοντες; ποῦ ἐστιν ὁ
ἀριθμῶν τοὺς τρεφομένους ¹⁹μικρὸν καὶ μέγαν λαόν; ᾧ οὐ συνε- 19
βουλεύσατο οὐδὲ ᾔδει βαθύφωνον, ὥστε μὴ ἀκοῦσαι λαὸς πεφαυ-
λισμένος, καὶ οὐκ ἔστιν τῷ ἀκούοντι σύνεσις. ²⁰ἰδοὺ Σειὼν ἡ πόλις, 20
τὸ σωτήριον ἡμῶν, οἱ ὀφθαλμοί σου ὄψονται Ἰερουσαλήμ, πόλις
πλουσία, σκηναὶ αἳ οὐ μὴ σεισθῶσιν, οὐδὲ μὴ κινηθῶσιν οἱ πάσ-
σαλοι τῆς σκηνῆς αὐτῆς εἰς τὸν αἰῶνα χρόνον, οὐδὲ τὰ σχοινία
αὐτῆς οὐ μὴ διαρραγῶσιν· ²¹ὅτι τὸ ὄνομα Κυρίου μέγα ὑμῖν. τόπος 21
ὑμῖν ἔσται, ποταμοὶ καὶ διώρυχες πλατεῖς καὶ εὐρύχωροι· οὐ πο-
ρεύσῃ ταύτην τὴν ὁδόν, οὐδὲ πορεύσεται πλοῖον ἐλαῦνον. ²²ὁ γὰρ 22

ℵAQΓ 9 ο Χερμελ] ο Καρμηλος ℵA pr ο Καρμηλος και Q   11 αισθηθησεσθε] αισχυνθησεσθε ℵ^{c.a} (-σθαι: revoc αισθ. ℵ^{c.b}) A αισθηθησεσθαι Q* ^{fort} αισθησεσθε Q^a | ματαια]+δε ℵ | υμας κατεδεται ℵAQ   12 ερισμενη ℵ* εριμμ. ℵ^{c.a, c.b} | και κατακεκαυμενη] ϛ κ] ℵ* ϛ κατακεκαλυμενη ℵ^{a.b. c.a}   13 εποιησα ℵ* c.b   14 λημψονται ℵ* (-ψεται ℵ^{c.a, c.b}) ληψεται Q | καιεται] και εστε ℵ* (καιεται ℵ^c) 15 πορευομενος]+αμωμος ℵ | λαλων] οι γ' λαλει Q^{mg} | απο] pr και ℵ* (improb ℵ^{c.b}) | αιματος] +αδικου Q^{1 mg dextr} ομοιως οι γ': αιματων Q^{mg} | ειδη Q* (ιδ. Q^a) | ιδικιαν B* (ιδη αδικ. B^{ab})   16 οικηση ℵ | ισχυρας] οχυρας A   17 οι οφθ.] pr και ℵ^{c.a}AQ | πορωθεν ℵ   18 ημων] υμων AQ | φοβον]+κυ A | τρεφομενους] συστρεφ. ℵAQΓ δ'θ' μεμεγαλυμμενους σ' εκτεθραμμενους Q^{mg}   19 μεγα A | συνεβουλευσαντο ℵQΓ συνεβουλευσα̃] A | ουδε ηδει βαθυφωνον] σ' ουκ οψη λαον βαρυν ε| χειλεσιν Q^{mg} | λαος (λος ℵ* a superscr ℵ^1) | πεφαυλισμενος] pr ο ℵ^{c.a} (postea ras)   20 Σιων B^bℵAQΓ | η πολις] om η Γ* (hab Γ^1) | Ιερουσαλημ] pr πολις B* (improb B^{ab}) Ιηλ Γ* (Ιλημ Γ^1) | σεισθωσιν (ω rescr ℵ^1)] σεισ rescr A^1 (σαλευθ. A* ^{fort}) εισθωσιν Γ | ουδε 1°] ουδ ου A και ου Γ | κινηθωσιν] η rescr A^1 | αιωναν ℵ* | διαραγωσιν ℵ* (διαρρ. ℵ^{c.b})   21 το ονομα A* (το ον. A^1) | υμιν 1°] εστιν A | διωρυγες ℵAQ* (-χες Q^a) Γ

160

ΗΣΑΙΑΣ XXXIV 8

θεός μου μέγας ἐστίν· οὐ παρελεύσεταί με· Κύριος κριτὴς ἡμῶν, B
Κύριος ἄρχων ἡμῶν, Κύριος βασιλεὺς ἡμῶν, Κύριος οὗτος ἡμᾶς σώ-
23 σει. ²³ἐρράγησαν τὰ σχοινία σου, ὅτι οὐκ ἐνίσχυσαν· ὁ ἱστός σου
ἔκλινεν, οὐ χαλάσει τὰ ἱστία, οὐκ ἀρεῖ σημεῖον, ἕως οὗ παραδοθῇ
24 εἰς προνομήν· τοίνυν πολλοὶ χωλοὶ προνομὴν ποιήσουσιν. ²⁴καὶ
οὐ μὴ εἴπωσιν Κοπιῶ ὁ λαὸς ἐνοικῶν ἐν αὐτοῖς· ἀφέθη γὰρ αὐτοῖς
ἡ ἁμαρτία.

XXIV 1 ¹Προσαγάγετε, ἔθνη, καὶ ἀκούσατε, ἄρχοντες· ἀκουσάτω ἡ γῆ
2 καὶ οἱ ἐν αὐτῇ, ἡ οἰκουμένη καὶ ὁ λαὸς ὁ ἐν αὐτῇ. ²διότι θυμὸς
Κυρίου ἐπὶ πάντα τὰ ἔθνη καὶ ὀργὴ ἐπὶ τὸν ἀριθμὸν αὐτῶν, τοῦ
3 ἀπολέσαι αὐτοὺς καὶ παραδοῦναι αὐτοὺς εἰς σφαγήν. ³οἱ δὲ τραυ-
ματίαι αὐτῶν ῥιφήσονται καὶ οἱ νεκροί, καὶ ἀναβήσεται αὐτῶν ἡ
4 ὀσμή, καὶ βραχήσεται τὰ ὄρη ἀπὸ τοῦ αἵματος αὐτῶν. ⁴καὶ τακή-
σονται πᾶσαι αἱ δυνάμεις τῶν οὐρανῶν, καὶ ἑλιγήσεται ὡς βιβλίον
ὁ οὐρανός, καὶ πάντα τὰ ἄστρα πεσεῖται ὡς φύλλα ἐξ ἀμπέλου,
5 καὶ ὡς πίπτει φύλλα ἀπὸ συκῆς. ⁵ἐμεθύσθη ἐν τῷ οὐρανῷ ἡ μά-
χαιρά μου· ἰδοὺ ἐπὶ τὴν Ἰδουμαίαν καταβήσεται καὶ ἐπὶ τὸν λαὸν
6 τῆς ἀπωλείας μετὰ κρίσεως. ⁶ἡ μάχαιρα τοῦ κυρίου ἐνεπλήσθη
αἵματος, ἐπαχύνθη ἀπὸ στέατος, ἀπὸ αἵματος τράγων καὶ ἀμνῶν
καὶ ἀπὸ στέατος τράγων καὶ κριῶν. ὅτι θυσία τῷ κυρίῳ ἐν Βοσόρ,
7 καὶ σφαγὴ μεγάλη ἐν τῇ Ἰδουμαίᾳ, ⁷καὶ συμπεσοῦνται οἱ ἁδροὶ
μετ' αὐτῶν καὶ οἱ κριοὶ καὶ οἱ ταῦροι, καὶ μεθυσθήσεται ἡ γῆ ἀπὸ
8 τοῦ αἵματος, καὶ ἀπὸ τοῦ στέατος αὐτῶν ἐμπλησθήσεται. ⁸ἡμέρα
γὰρ κρίσεως Κυρίου, καὶ ἐνιαυτὸς ἀνταποδόσεως κρίσεως Σειών.

22 μεγαρ ℵ* (μεγας ℵ^{c.a, c.b}) | Κυριος 1°]+πηρ κ̄ς A^a | ουτος] αυτος Γ' ℵAQΓ
23 ενισχυσεν ℵAQ* (-σαν οι γ' ※ ουτως Q^{mg}) | αρη Γ' | ποιησωσιν AΓ' 24 ει-
πωσιν] ειπη ℵAQ* (ειπωσι Q^{mg}) Γ' | om κοπιω ℵΓ | ενοικων] pr ο ℵAQΓ
κατοικων Q* (ενοικ. Qⁿ) | αυτοις 1°]+κοπιω ℵΓ   XXXIV 1 αρ-
χοντες]+ ※προσεχετε Q^{mg} | οι εν αυτη] οι ενοικουντες εν αυτ. A | η οικουμενη]
οι οικουνταις ℵ* οικουμενη ℵ^{c.a} (η οικ. ℵ^{c.b})   2 παντα] οι γ' ※ παντα Q^{mg} |
εθν B* (η superscr B^{ab})   3 και αναβησεται αυτων] adnot ου κ' π' εβρ' B^{a mg}
4 om και τακησονται...ουρανων ℵAQΓ οι γ' ※ κ̄ τακ. ... ουρανων Q^{mg} | ειλι-
γησεται B^{bc (vid)} | ο ουρανος ως βιβλιον ℵAQ | ως 2°]+πιπτει Q   5 εμεθυ-
σθη] pr οι γ' ※ οτι Q^{mg} | η μαχαιρα μου εν τω ουρανω ℵAQΓ | απωλειας (-λιας
ℵ^{c.a, c.b}Q*)] γης ℵ* | μετα κρισεως c seqq coniung Γ'   6 η μαχ. του κ̄υ
ενεπλη[σθη]] adnot ου κ' π' εβρ' B^{a mg} | του κυριου] om του ℵAQ* (hab Q^{mg})
Γ' | στεατος 1°]+αρνων ℵAQΓ | om απο αιματος τραγων και αμνων ℵAQΓ
hab σ' ※ απο αιματος αρνων και τραγων Q^{mg} | τω κυριω] om τω ℵAQ^{mg}
Βοσορ] pr γη A   7 συνπεσουνται ℵAQΓ | οι αδροι] om οι ℵ* (hab ℵ^{c.b}) |
ταυροι] αυρο sup ras ℵ¹ | μεθυσθησονται Q*^{vid} | απο 2°] pr θ' ※ το χωμα
αυτων Q^{mg} | ενπλησθησεται ℵ   8 ανταποδοσεως AΓ | Σιων B^bℵAQΓ

XXXIV 9   ΗΣΑΙΑΣ

B ⁹καὶ στραφήσονται αὐτῆς αἱ φάραγγες εἰς πίσσαν, καὶ ἡ γῆ αὐτῆς 9
εἰς θεῖον· καὶ ἔσται ἡ γῆ αὐτῆς ὡς πίσσα καιομένη ¹⁰νυκτὸς καὶ 10
ἡμέρας, καὶ οὐ σβεσθήσεται εἰς τὸν αἰῶνα χρόνον, καὶ ἀναβήσεται
ὁ καπνὸς αὐτῆς ἄνω, εἰς γενεὰς αὐτῆς ἐρημωθήσεται, καὶ εἰς χρό-
νον πολύν. ¹¹ὄρνεα καὶ ἐχῖνοι καὶ εἴβεις καὶ κόρακες κατοικήσουσιν 11
ἐν αὐτῇ· καὶ ἐπιβληθήσεται ἐπ' αὐτὴν σπαρτίον γεωμετρίας ἐρή-
μου, καὶ ὀνοκένταυροι οἰκήσουσιν ἐν αὐτῇ. ¹²οἱ ἄρχοντες αὐτῆς 12
οὐκ ἔσονται· οἱ γὰρ βασιλεῖς καὶ οἱ μεγιστᾶνες αὐτῆς ἔσονται εἰς
ἀπώλειαν. ¹³καὶ ἀναφύσει εἰς τὰς πόλεις αὐτῶν ἀκάνθινα ξύλα 13
καὶ εἰς τὰ ὀχυρώματα αὐτῆς, καὶ ἔσται ἐπαύλεις σειρήνων καὶ αὐλὴ
στρουθῶν· ¹⁴καὶ συναντήσουσιν δαιμόνια ὀνοκενταύροις καὶ βοή- 14
σονται ἕτερος πρὸς τὸν ἕτερον, ἐκεῖ ἀναπαύσονται ὀνοκένταυροι
εὑρόντες αὐτοῖς ἀνάπαυσιν· ¹⁵ἐκεῖ ἐνόσσευσεν ἐχῖνος, καὶ ἔσωσεν 15
ἡ γῆ τὰ παιδία αὐτῆς μετὰ ἀσφαλείας· ἐκεῖ συνήντησαν ἔλαφοι καὶ
εἶδον τὰ πρόσωπα ἀλλήλων· ¹⁶ἀριθμῷ παρῆλθον, καὶ μία αὐτῶν 16
οὐκ ἀπώλετο, ἑτέρα τὴν ἑτέραν οὐκ ἐζήτησαν, ὅτι Κύριος αὐτοῖς
ἐνετείλατο, καὶ τὸ πνεῦμα αὐτοῦ συνήγαγεν αὐτά. ¹⁷καὶ αὐτὸς 17
ἐπιβαλεῖ αὐτοῖς κλήρους, καὶ ἡ χεὶρ αὐτοῦ διεμέρισεν βόσκεσθαι·

ℵAQΓ   9 στραφησεται Q* (ον superscr Qᵃ) | θειον] ον rescr sup ras pl litt ℵᵇ|
η γη αυτης (2°)] αυτης η γη ℵAQ | καιομενη (κεομ. Γ¹) ως πισσα ℵAQΓ
10 om και 2° Q | και ου σβ in mg et sup ras Aᵃ | σβεθησεται B* (σβεσθ.
Bᵃᵇ) σβεσθησονται Γ¹* (-θησεται Γ¹) | αιωναν ℵ* | αυτης 1°] ης sup
ras Aᵃ (αυτου A*) | εις γενεας ... ερημωθησεται] οι γ' εις γενεαν ερημ.
Qᵐᵍ | om αυτης 2° ℵAQ* (hab Qᵐᵍ) | και εις χρονον πολυν] om ℵᶜ·ᵇAQ*
(hab Qᵐᵍ) a'θ' εις νικος νικαιω σ' εις εσχατα εσχατων Qᵐᵍ | πολυν]+ερημω-
θησεται ℵ* (improb ℵᶜ·ᵇ) Γ+ερημ. και ουκ εσται ο διαπορευομενος δι
αυτης ℵᶜ·ᵃ (improb ℵᶜ·ᵇ)+θ' ※ ουκ εστιν ο παραπορευομενος εν αυτη Qᵐᵍ
11 ορνεα] pr και κατοικησουσιν εν αυτη ℵQ pr και κατοικησονται εν αυτη A
+και οικησουσιν εν αυτη Γ | ειβις B* ιβεις Bᵃ (-βις Bᵇ) AΓ | om κατοικη-
σουσιν εν αυτη ℵAQΓ (θ' ※ κατ. εν αυτη Qᵐᵍ) | αυτη] αυτη ℵA | γεωμετριας
B* (γεωμ. Bᵇ)   12 βασιλεις (γασ. ℵ* βασ. ℵᶜ·ᵃ)]+αυτης ℵᶜ·ᵃAQ+θ'α'
※ καλεσουσι Qᵐᵍ | οι μεγιστανες] οι αρχοντες BᵃᵇᵐᵍℵAQΓ (pr οι γ' ※
παντες Qᵐᵍ) | αυτης 2°] pr και οι μεγιστανες ℵᶜ·ᵃQ+και οι μεγ. αυτης A |
απωλιαν ℵQΓ   13 αναφυησει Bᶜ?ℵᶜ·ᵃ (-σι) | αυτων] αυτης Q | ακανθινα]
ακανθα A | om ξυλα A | επαυλις ℵ* (-λεις ℵᶜ·ᵇ) QΓ   14 βοησονται
(βοησουσιν ℵ* -σονται ℵᶜ·ᵇ)..προς τον ετερον] α'σ' τριχιων [α'] προς ετερον
αυτου θ' ορθοτριχῶ επι τον πλησιον αυτου Qᵐᵍ | αναπαυσονται ονοκενταυροι]
α' ανεψυξεν λιλιθ σ' ηρεμησαν λαμια Qᵐᵍ | ευροντες αυτοις] ευρον γαρ αυτ.
ℵAQΓ a' ϛ ευρεν εαυτη (sic) Qᵐᵍ   15 ασφαλιας ℵ* (-λειας ℵᶜ·ᵇQ* vid) |
ελαφοι συνηντησαν ℵAQ | ειδον] ιδον AΓ ειδοσαν Q | το προσωπον Γ
16 παρηλθοσαν ℵΓ | εζητησαν] εξ{η}τ. AΓ | ενετειλατο αυτοις AQ | om και
το ℵ | αυτα] αυτας ℵᶜ·ᵇAQ* (superscr οι γ') οι σ' αυτα Qᵐᵍ   17 αυτοις] ι
sup ras Aᵃ (-τους A*)

ΗΣΑΙΑΣ XXXV 10

εἰς τὸν αἰῶνα χρόνον κληρονομήσετε, γενεὰς γενεῶν ἀναπαύσονται B
ἐπ᾽ αὐτῆς.

XXV 1 ¹Εὐφράνθητι, ἔρημος διψῶσα, ἀγαλλιάσθω ἔρημος καὶ ἀνθείτω ² ὡς κρίνον, ²καὶ ἐξανθήσει καὶ ἀγαλλιάσεται τὰ ἔρημα τοῦ Ἰορδάνου· ἡ δόξα τοῦ Λιβάνου ἐδόθη αὐτῇ καὶ ἡ τιμὴ τοῦ Καρμήλου, καὶ ὁ 3 λαός μου ὄψεται τὴν δόξαν Κυρίου καὶ τὸ ὕψος τοῦ θεοῦ. ³ἰσχύ- 4 σατε, χεῖρες ἀνειμέναι καὶ γόνατα παραλελυμένα· ⁴παρακαλέσατε, οἱ ὀλιγόψυχοι τῇ διανοίᾳ· ἰσχύσατε, μὴ φοβεῖσθε· ἰδοὺ ὁ θεὸς ἡμῶν κρίσιν ἀνταποδίδωσιν καὶ ἀνταποδώσει, αὐτὸς ἥξει καὶ σώσει ἡμᾶς. 5 ⁵τότε ἀνοιχθήσονται ὀφθαλμοὶ τυφλῶν, καὶ ὦτα κωφῶν ἀκούσονται. 6 ⁶τότε ἁλεῖται ὡς ἔλαφος χωλός, τρανὴ δὲ ἔσται γλῶσσα μογιλάλων, 7 ὅτι ἐρράγη ἐν τῇ ἐρήμῳ ὕδωρ καὶ φάραγξ ἐν γῇ διψώσῃ, ⁷καὶ ἔσται ἡ ἄνυδρος εἰς ἕλη, καὶ εἰς τὴν διψῶσαν γῆν πηγὴ ὕδατος 8 ἔσται· ἐκεῖ εὐφροσύνη ὀρνέων, ἐπαύλεις καλάμου καὶ ἕλη. ⁸ἔσται ἐκεῖ ὁδὸς καθαρά, καὶ ὁδὸς ἁγία κληθήσεται, καὶ οὐ μὴ παρέλθῃ ἐκεῖ ἀκάθαρτος, οὐδὲ ἔσται ἐκεῖ ὁδὸς ἀκάθαρτος· οἱ δὲ διεσπαρ- 9 μένοι πορεύσονται ἐπ᾽ αὐτῆς, οὐ μὴ πλανηθῶσιν. ⁹καὶ οὐκ ἔσται ἐκεῖ λέων, οὐδὲ τῶν πονηρῶν θηρίων οὐ μὴ ἀναβῇ εἰς αὐτὴν οὐδὲ 10 μὴ εὑρεθῇ ἐκεῖ, ἀλλὰ πορεύσονται ἐν αὐτῇ λελυτρωμένοι ¹⁰καὶ συν- ηγμένοι διὰ Κύριον· καὶ ἀποστραφήσονται καὶ ἥξουσιν εἰς Σειὼν μετ᾽ εὐφροσύνης, καὶ εὐφροσύνη αἰώνιος ὑπὲρ κεφαλῆς αὐτῶν, αἴ-

17 κληρονομησα.. A κληρονομησαιτε Q^{vid} (?-σατε Q*) | γενεας] pr εις ℵAQΓ ℵ$^{c.b}$AQ | αναπαυσονται] pr και ℵΓ   XXXV 1 διψωσα] pr η (superscr) A^1
2 η δοξα] pr και ℵAQΓ | η τιμη του Καρμηλου (Κα|μηλου ℵ* Καρμ. ℵ$^{c.a(vid), c.b}$)] [θ΄] ωραιοτης του Καρμηλου κ του Σαρων ουτοι οψονται την δοξαν κ̄ῡ (pr [ex Eus. d. e. 301] Καρμηλος κ Σαρων τοποι των αλλοφυλων) Q^{mg}
3 χειρες] χιρα incep ℵ* (χιρες ℵ^1 χειρ. ℵ$^{c.b}$) | γω|νατα ℵ*vid   4 ισχυσατε] υψωσατε Q | ανταποδιδωσιν] ανταποδωσει A   6 χωλος] pr ο ℵ^{c}AQ (ομοιως οι γ΄ Q^{mg}) Γ | τρανη δε] και τρ. ℵAQΓ | εσται] σεται ℵ* (εσται ℵ$^{vix 1}$) | μογγιλαλων B^{ab}QΓ -λαλου Q^{mg} | υδωρ] υ rescr ℵ^1 7 η ανυδρος εσται.(-τε ℵ* -ται ℵ$^{c.b}$) ℵAQΓ | ras εσται 2° A^{†vid} | επαυλις ℵ* (-λεις ℵ$^{c.b}$) QΓ + ποιμνιων Γ | καλαμου] ποιμνιω̄ | ℵ οι γ΄ καλαμον Q^{mg} | ελη 2°] pr ποιμνιων Q$^{mg vid}$
8 εσται εκει (1°)] εκει εσται AQ | αγια] a 2° rescr ℵ^1 (prius ut vid os) | εσται εκει (2°)] εκει εσται A | ου μη (2°)] pr και ℵAQΓ | [α]καθαρτος (2°) ...πλανη[θωσιν]] pr obelos B^a (non inst B^b)   9 των πον. θηριων] των θηριων των πον. ℵAQΓ | εις] επ ℵAQ (de Γ non liq) | εκει αλλα] ει αλλα sup ras B$^{1 fort}$ | [πορευ]σονται εν αυτη λελυ[τρωμενοι]] adnot ου κ΄ π΄ εβρ΄ B$^{a mg}$ 10 Κυριον] κ̄ῡ Q^{mg} | om και 2° ℵ$^{c.b}$AQΓ | Σιων B^{b}ℵAQΓ | κεφαλης]+αυτων επι γαρ της κεφαλης B$^{ab mg}$+αυτων· επι γαρ κεφαλης ℵ (καιφ. ℵ* κεφ. ℵ$^{c.b}$) AQΓ

163   L 2

ΗΣΑΙΑΣ XXXVI 1

Β νεσις καὶ ἀγαλλίαμα, καὶ εὐφροσύνη καταλήμψεται αὐτούς· ἀπέδρα ὀδύνη καὶ λύπη καὶ στεναγμός.

¹ Καὶ ἐγένετο τοῦ τεσσαρεσκαιδεκάτου ἔτους βασιλεύοντος Ἐζεκίου 1 XXXV ἀνέβη Σενναχηρεὶμ βασιλεὺς Ἀσσυρίων ἐπὶ τὰς πόλεις τῆς Ἰουδαίας τὰς ὀχυρὰς καὶ ἔλαβεν αὐτάς. ² καὶ ἀπέστειλεν βασιλεὺς Ἀσσυρίων 2 Ῥαβσάκην ἐκ Λαχεὶς εἰς Ἰερουσαλὴμ πρὸς τὸν βασιλέα Ἐζεκίαν μετὰ δυνάμεως πολλῆς, καὶ ἔστη ἐν τῷ ὑδραγωγῷ τῆς κολυμβήθρας τῆς ἄνω, ἐν τῇ ὁδῷ τοῦ ἀγροῦ τοῦ γναφέως. ³ καὶ ἐξῆλθεν πρὸς αὐ- 3 τὸν Ἐλιακεὶμ ὁ τοῦ Χελκείου ὁ οἰκονόμος καὶ Σόβνας ὁ γραμματεὺς καὶ Ἰωὰχ ὁ τοῦ Ἀσὰφ ὁ ὑπομνηματογράφος. ⁴ καὶ εἶπεν αὐτοῖς 4 Ῥαβσάκης Εἴπατε Ἐζεκίᾳ Τάδε λέγει ὁ βασιλεὺς ὁ μέγας βασιλεὺς Ἀσσυρίων Τί πεποιθὼς εἶ; ⁵ μὴ ἐν βουλῇ καὶ λόγοις χειλέων παρά- 5 ταξις γίνεται; καὶ νῦν ἐπὶ τίνα πέποιθας ὅτι ἀπειθεῖς μοι; ⁶ ἰδοὺ 6 πεποιθὼς εἶ ἐπὶ τὴν ῥάβδον τὴν καλαμίνην τὴν τεθλασμένην ταύτην, ἐπ' Αἴγυπτον· ὃς ἂν ἐπιστηρισθῇ ἐπ' αὐτήν, εἰσελεύσεται εἰς τὴν χεῖρα αὐτοῦ· οὗτος ἐστὶν Φαραὼ βασιλεὺς Αἰγύπτου καὶ πάντες οἱ πεποιθότες ἐπ' αὐτῷ. ⁷ εἰ δὲ λέγετε Ἐπὶ Κύριον τὸν θεὸν ἡμῶν 7 πεποίθαμεν, ⁸ νῦν μίχθητε τῷ κυρίῳ μου τῷ βασιλεῖ Ἀσσυρίων, 8 καὶ δώσω ὑμῖν δισχιλίαν ἵππον, εἰ δυνήσεσθε δοῦναι ἀναβάτας ἐπ' αὐτούς. ⁹ καὶ πῶς δύνασθε ἀποστρέψαι εἰς πρόσωπον τῶν 9 τοπαρχῶν; οἰκέται εἰσὶν οἱ πεποιθότες ἐπ' Αἴγυπτον, εἰς ἵππον

ℵAQΓ   10 ευφροσυνη 2°] σωτηρια Q* (ευφρ. Q^mg) | καταλημσ incep ℵ* -λημψετε ℵ¹(vid) (-ται ℵ^c.b) -ληψεται Q | κ. λυπη sub ⸀ Q   XXXVI 1 πολις ℵ*Q* (-λεις ℵ^c.b Q^a) | Ιουδαιας] Ιδουμεας ℵ* (Ιουδαιας ℵ^c.b) | ελαβεν] συνελαβεν A 2 Ραψακην ℵAQΓ pr οι γ ※ τον Q^mg | Λαιχης Γ | βασιλεαν B* (-λεα B^ab) | Εζεκιαν] ⸂ rescr ℵ¹ | δυναμεως] ν ins ℵ^vix¹ | υδραγωγω] γ 1° ex π sec ℵ?vid | κολυμβηθρας] υ rescr ℵ¹ vid   3 εξηλθε Γ | Χελκιου B^b ℵAQΓ | Σοβνας] Σομνας ℵAQΓ | γραμματευς] incep γραμματεο ℵ* + της διναμεως ℵ^c.b | Ιωαχ (Ιωχ ℵ* Ιωαχ ℵ^c.b)] Ιωαβ Γ | τον Ασαφ] pr υιος Q^mg | ο υπομνηματογρ.] ο αναμιμνησκων Q^mg   4 Ραψακης ℵAQ* (Ραβσ. Q^mg) Γ | ειπατε]+α'σ'θ' ※ δη προς Q^mg | τι] τινι ℵ^c.b Γ   5 και 1°] η ℵAQΓ | λογοις] pr εν A | τινα] τωι ℵAQΓ   6 ταυτην την τεθλασμενην Q | Εγυπτ. ℵ* (Αιγ. ℵ^c.b) bis | επιστηρισθη επ αυτην] επιστηριχθη επ αυτην A επ αυτην επιστηριχθη ℵQ (-ρισθη) Γ+ ※ ανηρ Q^mg | ουτως] pr θ' ※ ⸀ τρησει αυτην Q^mg | αυτω] αυτον Q 7 δε] δ sup ras ℵ¹ (δε ℵ^vix ante c) | λεγετε] ελθεται ℵ* λεγεται ℵ^vix ante c+α'σ'θ' ※ προς με Q^mg | πεποιθαμεν]+※ ουκ αυτος εστιν ος αφειλεν Εζεκιας τα υψηλα αυτου ⸀ τα θυσιαστηρια αυτου ⸀ ειπε τω Ιουδα ⸀ τη Ιλημ κατα προσωπον του θυσιαστηριου τουτου προσκυνησετε Q^mg   8 μιχθητε]+α'σ'θ' ※ δη Q^mg | τω βασιλει] om τω A | υμιν] ημιν ℵ* (υμ. ℵ^c.a, c.b) | δυνησεσθε] δυνησθε Q   9 εις προσωπον] το πρ. A | των τοπαρχων] τοπαρχου ενος ℵ^c.b (locum attig vid et ℵ^c.a) AQΓ | Αιγυπτον (Εγ. ℵ* Αιγ. ℵ^c.b)] Αιγυπτιοις AQΓ

ΗΣΑΙΑΣ XXXVI 18

10 καὶ ἀναβάτην. ¹⁰καὶ νῦν μὴ ἄνευ Κυρίου ἀνέβημεν ἐπὶ τὴν χώραν Β
ταύτην πολεμῆσαι αὐτήν; Κύριος εἶπεν πρὸς μέ ᾿Ανάβηθι ἐπὶ τὴν
11 γῆν ταύτην καὶ διάφθειρον αὐτήν. ¹¹καὶ εἶπεν πρὸς αὐτὸν ᾿Ελιακεὶμ
καὶ Σόμνας καὶ Ἰώας Λάλησον πρὸς τοὺς παῖδάς σου Συριστί, ἀκού-
ομεν γὰρ ἡμεῖς, καὶ μὴ λάλει πρὸς ἡμᾶς ᾿Ιουδαιστί· καὶ ἵνα τί
12 λαλεῖς εἰς τὰ ὦτα τῶν ἀνθρώπων ἐπὶ τῷ τείχει; ¹²καὶ εἶπεν
῾Ραβσάκης πρὸς αὐτούς Μὴ πρὸς τὸν κύριον ὑμῶν ἢ πρὸς ὑμᾶς
ἀπέσταλκέν με ὁ κύριός μου λαλῆσαι τοὺς λόγους τούτους; οὐχὶ
πρὸς τοὺς ἀνθρώπους τοὺς καθημένους ἐπὶ τῷ τείχει, ἵνα φάγωσιν
13 κόπρον καὶ πίωσιν οὖρον μεθ᾿ ὑμῶν ἅμα; ¹³καὶ ἔστη ῾Ραψάκης
καὶ ἀνεβόησεν φωνῇ μεγάλῃ ᾿Ιουδαιστὶ καὶ εἶπεν ᾿Ακούσατε τοὺς
14 λόγους τοῦ βασιλέως τοῦ μεγάλου βασιλέως ᾿Ασσυρίων ¹⁴Τάδε λέγει
ὁ βασιλεύς Μὴ ἀπατάτω ὑμᾶς ῾Εζεκίας λόγοις, οὐ μὴ δύνηται ῥύ-
15 σασθαι ὑμᾶς· ¹⁵καὶ μὴ λεγέτω ὑμῖν ῾Εζεκίας ὅτι ῾Ρύσεται ὑμᾶς ὁ
θεός, καὶ οὐ μὴ παραδοθῇ ἡ πόλις αὕτη ἐν χειρὶ βασιλέως ᾿Ασσυ-
16 ρίων· ¹⁶μὴ ἀκούετε ῾Εζεκίου. τάδε λέγει ὁ βασιλεὺς ᾿Ασσυρίων Εἰ
βούλεσθε εὐλογηθῆναι, ἐκπορεύεσθε πρὸς μέ, καὶ φάγεσθε ἕκαστος
τὴν ἄμπελον αὐτοῦ καὶ τὰς συκᾶς, καὶ πίεσθε ὕδωρ τοῦ χαλκοῦ
17 ὑμῶν, ¹⁷ἕως ἂν ἔλθω καὶ λάβω ὑμᾶς εἰς γῆν ὡς ἡ γῆ ὑμῶν, γῆ
18 σίτου καὶ οἴνου καὶ ἄρτων ⸆καὶ ἀμπελώνων. ¹⁸μὴ ἀπατάτω ὑμᾶς § Ο

10 πολεμησαι] πολεμησει (-σε ℵ* txt -σι ℵ* comm) ℵc.b | om Κυριος ειπεν ℵAOQΓ
...αυτην A (in fin col) Q totum loc asteriscis adfec ℵc.b οι γ´ ⧸ κ̅ε̅ ειπε
...αυτην Qmg | επι την γην...αυτην] και καταφθιρον (-φθειρ. Qc.b) την γην
ταυτην ℵ και καταφθιρον αυτην Γ¹   11 Ελιακειμ] + ο του Χελκιου
ℵmg [ο ℵ¹, τ. Χ. ℵ¹?a.b?] (improb ℵc.b) Γ¹ | και 2°] pr ο οικονομος ℵ* (im-
prob ℵc.b) Γ | Σομνας (Σοβν. Qmg)] + ο γραμματευς ℵAΓ | om και Ιωας
ℵ*Γ και Ιωαχ ℵc.bAQ | λαλησον] + α´θ´σ´ ⧸ δη Qmg | τους παιδας] pr ημας
Γ | Συριστει A | om γαρ Q* (hab Q¹mg) | λαλει] λαλη Γ | Ιουδαιστει Q* |
τ. ανθρωπων] τ. ανδρων A sub ⸓ Q | επι τω τειχει] pr των ℵQ*Γ pr των
καθημενων A pr [των] εστηκοτων (εστ. sub ⸓) Qmg   12 Ραβσακης προς
αυτους] Ραψ. προς αυτ. ℵQ* (Ραβσ. Qmg) Γ προς αυτους Ραψ. A | ημας B*
(υμ. Bab) | om λαλησαι τους λογους τουτους ℵc.b(vid) (idem fort postea ras
uncos) Q* (hab Qmg) Γ | ανθρωπους] ανδρας A | τειχει] incep τιχη ℵ* (im-
prob η ℵ¹vid) | κοπρον] α´σ´θ´ ⧸ την (κ.] αυτων Qmg | ουρον (-ραν ℵ* -ρον ℵc)]
+ α´σ´θ´ ⧸ αυτω Qmg | μεθ υμων] μεθυων ℵ*vid   13 Ραβσακης Qmg |
ανεβοησεν] εβοησεν ℵAQΓ | Ιουδαιστι] pr η Γ¹ | om και ειπεν ℵΓvid | ακουσατε]
+ ⧸ δη Qmg | του βασ.] bis scr B* (non inst 2° Bb) τους β. ℵ* + Ασσυριων
ℵ* (om ℵc) | om βασιλεως Ασσυριων ℵ* (hab ℵc)   14 ταδε λεγει ο
βασιλευς unc incl ℵc.b om ο βασ. Γ | υμας απατατω A | ου μη δυνηται] οι ου
δυνησονται ℵQ (λ. οι sub ⸓) Γ οι ου μη δυνησονται A   15 κ μη λεγετω
sup ras ℵ¹ | ρυσεται] pr ⧸ κ̅ς̅ Qmg   16 ταδε] pr οτι ℵ | υδωρ] v sup ras
Aᵃ | του χαλκου] του λακκου ℵAQ εκ του λ. Γ¹   17 αν] εαν Q* (αν Qᵃ) |
οινου]+ ⧸ γην Qmg   18 μη] η Ovid | υμας απατατω ℵAOQΓ

B Ἐζεκίας λέγων Ὁ θεὸς ῥύσεται ὑμᾶς. μὴ ἐρρύσαντο οἱ θεοὶ τῶν ἐθνῶν ἕκαστος τὴν ἑαυτοῦ χώραν ἐκ χειρὸς βασιλέως Ἀσσυρίων; 19ποῦ ἐστιν ὁ θεὸς Ἐμὰθ καὶ Ἀρφάθ; καὶ ποῦ ὁ θεὸς τῆς πόλεως 19 Ἐπφαρουαίμ; μὴ ἐδύναντο ῥύσασθαι Σαμάρειαν ἐκ χειρός μου; 20τίς 20 τῶν θεῶν πάντων τῶν ἐθνῶν τούτων ὅστις ἐρρύσατο τὴν γῆν αὐτοῦ ἐκ χειρός μου, ὅτι ῥύσεται ὁ θεὸς τὴν Ἰερουσαλὴμ ἐκ χειρός μου; 21καὶ ἐσιώπησαν, καὶ οὐδεὶς ἀπεκρίθη αὐτῷ λόγον, διὰ τὸ προστάξαι 21 τὸν βασιλέα μηδένα ἀποκριθῆναι. 22καὶ εἰσῆλθεν Ἐλιακεὶμ ὁ τοῦ 22 Χελκίου ὁ οἰκονόμος καὶ Σόμνας ὁ γραμματεὺς τῆς δυνάμεως καὶ Ἰωὰχ ὁ τοῦ Ἀσὰφ ὁ ὑπομνηματογράφος πρὸς Ἐζεκίαν ἐσχισμένοι τοὺς χιτῶνας, καὶ ἀνήγγειλαν αὐτῷ τοὺς λόγους Ῥαβσάκου. 1Καὶ 1 XXXVI ἐγένετο ἐν τῷ ἀκοῦσαι τὸν βασιλέα Ἐζεκίαν, ἔσχισεν τὰ ἱμάτια καὶ περιεβάλετο σάκκον, καὶ ἀνέβη εἰς τὸν οἶκον Κυρίου. 2καὶ 2 ἀπέστειλεν Ἐλιακεὶμ τὸν οἰκονόμον καὶ Σόμναν τὸν γραμματέα καὶ τοὺς πρεσβυτέρους τῶν ἱερέων περιβεβλημένους σάκκους πρὸς Ἠσαίαν υἱὸν Ἀμὼς τὸν προφήτην· 3καὶ εἶπαν αὐτῷ Τάδε λέγει 3 Ἐζεκίας Ἡμέρα θλίψεως καὶ ὀνειδισμοῦ καὶ ἐλεγμοῦ καὶ ὀργῆς ἡ σήμερον ἡμέρα, ὅτι ἥκει ἡ ὠδὶν τῇ τικτούσῃ, ἰσχὺν δὲ οὐκ ἔχει τοῦ τεκεῖν. 4εἰσακοῦσαι Κύριος ὁ θεός σου τοὺς λόγους Ῥαβσάκου, οὓς 4 ἀπέστειλεν βασιλεὺς Ἀσσυρίων ὀνειδίζειν θεὸν ζῶντα καὶ ὀνει-

ℵAOQΓ 18 ο θεος]+υμων ℵc.bAQ | ρυσεται υμας] υμας ρυσεται ℵ* (ρ. υμ. ℵc.b) OΙ' | ερυσαντο ℵOQΓ | Ασσυριων] σσυρι sup ras Aa 19 Εμαθ] A|μαρ ℵ* Αιμαθ ℵd.a Ο Αιμαρ AΓ Σεμαρ Q | Αρφαδ Γ' | om και 2o ℵ* (hab Qc.b) OΙ' | που 2o] που |του εστιν ℵ* (που 1o, εστιν improb ℵc.a (vid)) om AQ* (hab Qmg) που εστιν OΙ' | Επφαρουαιμ (Επιφ. B*)] Σεπφαριν ℵ Σεπφαρειμ A Σεπ... O Επφαρενι Q* (-ρουαιμ Qmg) Σεπφαρουαιμ Γ' | μη] η superscr ℵc.b (vid) | Σαμα-ριαν ℵQ* | χειρος] pr της ℵ* Γ' 20 τις]+[ε]οστ[ιν] Ovid | om παντων ℵ | om οστις ℵAQ | ερυσατο ℵOQ* (?Γ') | χειρος 1o] pr της ℵAΓ' | οτι]+σε ℵ* (improb ℵc) Γ' | ο θεος] οι γ' κϛ Qmg om Γ' | την Ιερουσαλημ] om την ℵQtxt (hab sub οι γ' Qmg) Γ' 21 μηδεν ℵ* (μηδενα ℵc) | αποκριθηναι]+αυτω O 22 εισηλθεν (εισ|ηλθ. B* ει|σηλθ. Bʔ)] εισελθεν ℵ* (εισηλθ. ℵc) | και Σομνας ο γραμματευς] adnot ου κ' π' Εβρ' Ba mg | της δυναμεως και Ιω[αχ] sub ÷ Ba (non inst Bb) της δυν. sub ÷ Q | Ιωαχ] οι γ' ομοιως Qmg Ιωαβ Γ' | εσχισμενοι] περιεσχισμε[νοι] O | ανηγγειλαν] απηγγ. AQΓ' (de O non liq) | Ραψακου ℵAQ* (Ραβσ. Qmg) Γ' periit in O XXXVII 1 βασι-λεαν B* (-λεα Bb) om Γ' | ιματια]+αυτου Γ' | σακκον περιεβαλετο ℵAQΓ' | τον οικον] om τον Ovid 2 Ελιακειμ (-κιμ ℵ)] pr ου γ' ※ τον Qmg | Σομναν] pr α'θ' ※ τον Qmg | και 3o] προς A | Αμως] Αμμως A* 3 ειπαν] ειπον ℵ* (-παν ℵ1) Baʔ | ημερα θλ. και ο[νειδισμου]] sub ÷ Ba (non inst Bb) Q | η ωδιν] om η ℵ+η Γ | τικουση ℵ* (τικτ. ℵd.a (vid)) 4 εισ|ακουσ. B* ει|σακ. Btvid | om σου 1o A | Ραψακου ℵAOQ* (Ραβσ. Qmg) Γ' | απεστειλεν]+αυτον A | Ασσυριων]+ο κυριος αυτου Qmg | ονειδιζειν 1o] ονιδιζει ℵ* (-ζειν ℵc)

166

ΗΣΑΙΑΣ XXXVII 14

δίξειν λόγους οὓς ἤκουσεν Κύριος ὁ θεός σου· καὶ δεηθήσῃ πρὸς κύ- Β
ριόν σου περὶ τῶν καταλελιμμένων τούτων. ⁵καὶ ἦλθον οἱ παῖδες
τοῦ βασιλέως Ἐζεκίου⸓ πρὸς Ἡσαίαν, ⁶καὶ εἶπεν αὐτοῖς Ἡσαίας ¶ Γ
Οὕτως ἐρεῖτε πρὸς τὸν κύριον ὑμῶν Τάδε λέγει Κύριος Μὴ φοβηθῇς
ἀπὸ τῶν λόγων ὧν ἤκουσας, οὓς ὠνείδισάν με οἱ πρέσβεις βασι-
λέως Ἀσσυρίων. ⁷ἰδοὺ ἐγὼ ἐμβάλλω εἰς αὐτὸν πνεῦμα, καὶ ἀκού-
σας ἀγγελίαν ἀποστραφήσεται εἰς τὴν χώραν αὐτοῦ, καὶ πεσεῖται
μαχαίρᾳ ἐν τῇ γῇ αὐτοῦ.
⁸Καὶ ἀπέστρεψεν Ῥαβσάκης, καὶ κατέλαβεν τὸν βασιλέα Ἀσσυ-
ρίων πολιορκοῦντα Λόβναν, καὶ ἤκουσεν ὅτι ἀπῆρεν ἀπὸ Λαχείς.
⁹καὶ ἐξῆλθεν Θαράκα βασιλεὺς Αἰθιόπων πολιορκῆσαι αὐτόν· καὶ
ἀκούσας ἀπέστρεψεν καὶ ἀπέστειλεν ἀγγέλους πρὸς Ἐζεκίαν λέγων
¹⁰Οὕτως ἐρεῖτε Ἐζεκίᾳ βασιλεῖ τῆς Ἰουδαίας Μή σε ἀπατάτω ὁ
θεός σου, ἐφ' ᾧ πέποιθας ἐπ' αὐτῷ λέγων Οὐ μὴ παραδοθῇ Ἰε-
ρουσαλὴμ ἐν χειρὶ βασιλέως Ἀσσυρίων. ¹¹σὺ οὐκ ἤκουσας ἃ ἐποί-
ησαν βασιλεῖς Ἀσσυρίων πᾶσαν τὴν γῆν, ὡς ἀπώλεσαν, καὶ σὺ
ῥυσθήσῃ; ¹²μὴ ἐρρύσαντο αὐτοὺς οἱ θεοὶ τῶν ἐθνῶν οὓς ἀπώλεσαν
οἱ πατέρες μου, τήν τε Γωζὰν καὶ Χαρρὰν καὶ Ῥάφεθ, αἵ εἰσιν ἐν
χώρᾳ Θεεμάθ; ¹³ποῦ εἰσιν βασιλεῖς Ἐμὰθ καὶ ποῦ Ἀρφάθ; καὶ ποῦ
πόλεως Ἐπφαρουαίμ, Ἀνάγ, Οὐγανά; ¹⁴καὶ ἔλαβεν Ἐζεκίας τὸ

4 λογους ους] λογοις οις Q εν λογοις οις O | om και 2°...σου ℵ^{c.b vid} (postea ℵAOQΓ
revoc) A | κυριον]+τον θεον ℵOQΓ¹ | καταλελειμμενων B^{ab} OΓ 5 ηλθον]
ηλθοσαν ℵΓ | bis scr του βασ. Q* | om Ἐζεκιου AQ 6 Ησαιας]+υιος Αμως
ℵ* (unc incl ℵ^{c.b} postea revoc) | ους] ων ℵ* (ους ℵ^{c.b}) | βασιλεοις ℵ* (-ως ℵ^c)
7 ενβαλω ℵ εμβαλω AOQ | μαχαιρα] pr εν O 8 Ραψακης B*^{vid} ℵAOQ*
(Ραβσ. B⁺ [sup ras] Q^{mg}) | κατελαβε ℵ | τον βασιλεα Ασσ. πολιορκουντα]
πολιορκ. τον βασ. ℵAQ (+α'θ' ※ Ασσυριων Q^{mg}) | Λοβναν] Λομναν ℵ
Λοβνα A Λομνα OQ οι γ' Λαβανα Q^{mg} | ηκουσεν]+βασιλευς Ασσυριων
ℵAOQ | om απηρεν απο Λαχεις ℵAOQ α'σ'θ' ※ απηρ. α. Λ. Q^{mg} 9 om
και 1° ℵAOQ | Θαρακα] Θαραθα ℵAQ* (-κα Q^{mg}) | Αιθιοπων] Εθειοπ. ℵ*^{txt}
[Εθιοπ. ℵ*^{comm}] (Αιθ. ℵ^{c.a,c.b}) Αθοπ. A* (Αιθιοπ. A¹) | κ. απεστειλεν] κ.
απεστρεψέ A pr ÷ Q   10 Ιουδεας ℵ | εφ] εν O | πεποιδας] πεποιθως
ης ℵ* πεποιθως ει ℵ^{c.b}OQ (pr ※ συ Q^{mg}) συ πεποιθως ει A | πραδοθη ℵ*
(παραδ. ℵ¹^{(vid)}) | εν χειρι] εις χειρας (χιρ. ℵ* χειρ. ℵ^{c.b}) AQ | om Ασσυριων
ℵ* (hab Ασυριων [sic] ℵ^{c.b})   11 συ 1°] η ℵAOQ α'σ'θ' ※ ιδου συ Q^{mg} |
α] pr α' συν Q^{mg} | om συ ρυσθηση ℵ om και συ ρυσθ. AQ α'σ'θ' κ συ ρυσθ.
Q^{mg}   12 ερυσαντο ℵ^{c.a} (postea ερρ.) Q* | αυτους] αυτα B⁺^{vid} | οι πατερες
μου απωλεσαν ℵAQ | Χαραν ℵ* (Χαρρ. ℵ^{c.b}) | Ραφεθ] Ραφες ℵQ* (-φεθ Q^{mg})
Ραφεις A | Θεεμαθ] Θεεμα ℵ* (sup ras ε 2° fort ο) Θεμαν ℵ^c Θαιμαδ A Θαι-
[μα]θ O^{vid} Θαιμαν Q   13 βασιλεις] pr οι ℵAOQ | Εμαθ] Αμαρ ℵAQ*
(Αιμαρ Q^a -μαθ Q^{mg})..μαθ O^{vid} | om που 2° ℵAOQ | Αρφαδ Q | om και 2°
O^{vid} | om που 3° ℵAO^{fort} Q | Επφαρουαιμ] Εμφαριν ℵ Σεπφαρειμ A Σεπφ[α]-
ρουεμ O Σεπφαρειν Q* (-ρουαιμ Q^{mg}) | Αναγ] Αναβ ℵ^c Ανα A Ανας Q* Αναε
Q^{mg} | Ουγανα] Εγγουγανα A Ουτε Q^{vid} (Ουγανα Q^{mg})

XXXVII 15　　　　　ΗΣΑΙΑΣ

Β βιβλίον παρὰ τῶν ἀγγέλων καὶ ἀνέγνω αὐτό, καὶ ἀνέβη εἰς οἶκον Κυρίου καὶ ἤνοιξεν αὐτὸ ἐναντίον Κυρίου. ¹⁵καὶ προσεύξατο Ἐζε- 15 κίας πρὸς Κύριον λέγων ¹⁶Κύριος σαβαὼθ ὁ θεὸς Ἰσραὴλ ὁ καθή- 16 μενος ἐπὶ τῶν χερουβείν, σὺ εἶ ὁ θεὸς μόνος πάσης βασιλείας τῆς οἰκουμένης, σὺ ἐποίησας τὸν οὐρανὸν καὶ τὴν γῆν. ¹⁷κλῖνον, Κύριε, 17 τὸ οὖς σου, εἰσάκουσον, Κύριε· ἄνοιξον, Κύριε, τοὺς ὀφθαλμούς σου, εἴσβλεψον, Κύριε, καὶ ἴδε τοὺς λόγους Σενναχηρεὶμ οὓς ἀπέστειλεν ὀνειδίζειν θεὸν ζῶντα. ¹⁸ἐπ' ἀληθείας γὰρ ἠρήμωσαν βασιλεῖς 18 Ἀσσυρίων τὴν οἰκουμένην ὅλην καὶ τὴν χώραν αὐτῶν, ¹⁹καὶ ἐνέ- 19 βαλον τὰ εἴδωλα αὐτῶν εἰς τὸ πῦρ, οὐ γὰρ θεοὶ ἦσαν ἀλλὰ ἔργα χειρῶν ἀνθρώπων, ξύλα καὶ λίθοι, καὶ ἀπώσαντο αὐτούς. ²⁰νῦν δέ, 20 Κύριε ὁ θεὸς ἡμῶν, σῶσον ἡμᾶς ἐκ χειρὸς αὐτοῦ, ἵνα γνῷ πᾶσα βασιλεία τῆς γῆς ὅτι σὺ εἶ ὁ θεὸς μόνος. ²¹Καὶ ἀπεστάλη 21 Ἡσαίας υἱὸς Ἀμὼς πρὸς Ἐζεκίαν καὶ εἶπεν αὐτῷ Τάδε λέγει Κύριος ὁ θεὸς Ἰσραήλ Ἤκουσα ἃ προσηύξω πρὸς μὲ περὶ Σενναχηρεὶμ βασιλέως Ἀσσυρίων. ²²οὗτος ὁ λόγος ὃν ἐλάλησεν περὶ αὐτοῦ ὁ 22 θεός Ἐφαύλισέν σε καὶ ἐμυκτήρισέν σε παρθένος θυγάτηρ Σειών, ἐπὶ σοὶ κεφαλὴν ἐκίνησεν θυγάτηρ Ἱερουσαλήμ. ²³τίνα ὠνείδισας 23 καὶ παρώξυνας; ἢ πρὸς τίνα ὕψωσας τὴν φωνήν σου; καὶ οὐκ ἦρας εἰς ὕψος τοὺς ὀφθαλμούς σου πρὸς τὸν ἅγιον τοῦ Ἰσραήλ; ²⁴ὅτι 24 δι' ἀγγέλων ὠνείδισας Κύριον· σὺ γὰρ εἶπας Τῷ πλήθει τῶν

ℵAOQ　14 om και ανεγνω...Κυριου (1°) ℵ^{c.b} (postea revoc) AQ θ'σ' ✶ ϗ ανεγνω ...κυ Q^{mg} | ανεγνοι ℵ* (-γνω ℵ^{c.a}) | αυτο 2°] + α'θ'σ' ✶ Εζεκιας Q^{mg} | Κυριου 2°] pr του ℵ* (improb ℵ^{c.b})　15 και 1°] pr προσευχη] Εζ[εκιου] βασιλεως τη[ς Ιου]δαιας Ο | προσηυξατο Β^{ab}ℵAO | Κυριον] pr τον ℵ　16 Κυριος] κε ℵAOQ | ο θεος (1°)] om o ℵ* (superscr o ℵ^{1?}) | Ισραηλ] Ιηλ (prius ut vid Ισλ) ℵ | ο καθημενος] om o O^{vid} | χερουβιμ Β^{b} -βειμ AOQ | ει ο θεος μονος] θς μονος ει ℵAQ θ[ς (?) ει μο]νος O^{vid} | βασι[λειας] της βασιλιας Q* (-λειας Q^{a})　17 om κλινον Κ. το ους σου ℵAQ* (✶ κλινον...σου και Q^{mg}) | κλινον] [ανοι]ξον O^{vid} | Κυριε 2°] κς Β^{vid} | om ανοιξον Κ. τ. οφθ. σου ℵAQ* (✶ ανοιξον...σου Q^{mg}) | ιδε] + ϗ ακουσον συν παντας (?συνπ.) Q^{mg} | ους απεστ. Σενναχηρειμ (-χηρ]ειμ ℵ* -χη]ρειμ ℵ^{c.b}) ℵAOQ | ονιξειν ℵ　18 αληθιας ℵ | γαρ] + κε Q^{mg} | ηρημωσαν] ηρημων (η 1° superscr) ℵ^{1(vid)} (-μωσαν ℵ^{c}) + ℵ O^{(?mg)} | την χωραν αυτων] το πληρωμα αυτης Q* (την χ. αυτων Q^{mg})　19 απωσαντο] απωλεσαν ℵAOQ　20 νυν] συ ℵAQ* (νυν Q^{mg}) | Κυρι•] κς Α | ο θεος 1°] ras aliq in s Β? (θε Β*^{fort}) | αυτου] αυτων ℵ^{c.b}AQ (hiat O) | βασιλια ℵ* (-λεια ℵ^{c.b}) | της γης] την γην ℵ* (της γης ℵ^{c.a, c.b}) | συ ει] σοι ℵ* (συ ει ℵ^{c.a, c.b}) | ο θεος 2°] om o ℵ* (hab ℵ^{c.a, c.b}) A　21 ηκουσα sub ÷ Q | προσηυξω (-ξου ℵ* -ξω ℵ^{c.b})] προσευξω O | Σενναχηρειμ (ομοιως οι γ' Q^{mg})] Σενναχηριμ ℵ Σενναχηρειβ Q^{mg}　22 ελαλσεν Β* (ελαλησεν Β^{ab}) | Σιων Β^{b}AOQ　23 τινα] pr α' ✶ τον Q^{mg} | ante και 2° ras aliq ℵ? | ουκ| ηρ. Β* ου|κ ηρ. Β? | προς 2°] εις ℵAQ | Ισραηλ] Ιηλ ℵ^{l vel certe a.b}　24 Κυριον] pr τo| O | τω πληθει] pr εν O

ΗΣΑΙΑΣ XXXVII 36

ἁρμάτων ἐγὼ ἀνέβην εἰς ὕψος ὀρέων καὶ εἰς τὰ ἔσχατα τοῦ Λιβάνου, ⟨Β⟩ καὶ ἔκοψα τὸ ὕψος τῆς κέδρου αὐτοῦ καὶ τὸ κάλλος τῆς κυπαρίσσου, 25 καὶ εἰσῆλθον εἰς ὕψος μέρους τοῦ δρυμοῦ, ²⁵καὶ ἔθηκα γέφυραν, 26 καὶ ἠρήμωσα ὕδατα καὶ πᾶσαν συναγωγὴν ὕδατος. ²⁶οὐ ταῦτα ἤκουσα πάλαι ἃ ἐγὼ ἐποίησα; ἐξ ἡμερῶν ἀρχαίων συνέταξα, νῦν δὲ ἐπέδειξα ἐξερημῶσαι ἔθνη ἐν ὀχυροῖς καὶ οἰκοῦντας ἐν πόλεσιν 27 ὀχυραῖς· ²⁷ἀνῆκα τὰς χεῖρας, καὶ ἐξηράνθησαν, καὶ ἐγένοντο ὡς 28 χόρτος ξηρὸς ἐπὶ δωμάτων καὶ ὡς ἄγρωστις. ²⁸νῦν δὲ τὴν ἀνά- παυσίν σου καὶ τὴν ἔξοδόν σου καὶ τὴν εἴσοδόν σου ἐγὼ ἐπί- 29 σταμαι· ²⁹ὁ δὲ θυμός σου ὃν ἐθυμώθης καὶ ἡ πικρία σου ἀνέβη πρὸς μέ, καὶ ἐμβαλῶ φιμὸν εἰς τὴν ῥῖνά σου καὶ χαλινὸν εἰς τὰ 30 χείλη σου, καὶ ἀποστρέψω σε τῇ ὁδῷ ᾗ ἦλθες ἐν αὐτῇ. ³⁰τοῦτο δέ σοι τὸ σημεῖον· φάγε τοῦτον τὸν ἐνιαυτὸν ἃ ἔσπαρκας, τῷ δὲ ἐνιαυτῷ τῷ δευτέρῳ τὸ κατάλιμμα, τῷ δὲ τρίτῳ σπείραντες ἀμή- σατε καὶ φυτεύσατε ἀμπελῶνας καὶ φάγεσθε τὸν καρπὸν αὐτῶν. 31 ³¹καὶ ἔσονται οἱ καταλελιμμένοι ἐν τῇ Ἰουδαίᾳ, φυήσουσιν ῥίζαν 32 κάτω καὶ ποιήσουσιν σπέρμα ἄνω. ³²ὅτι ἐξ Ἰερουσαλὴμ ἔσονται οἱ καταλελιμμένοι, καὶ οἱ σωζόμενοι ἐξ ὄρους Σειών· ὁ ζῆλος Κυρίου 33 σαβαὼθ ποιήσει ταῦτα. ³³διὰ τοῦτο οὕτως λέγει Κύριος ἐπὶ βασι- λέα Ἀσσυρίων Οὐ μὴ εἰσέλθῃ εἰς τὴν πόλιν ταύτην, οὐδὲ μὴ βάλῃ ἐπ' αὐτὴν βέλος, οὐδὲ μὴ ἐπιβάλῃ ἐπ' αὐτὴν θυρεόν, οὐδὲ μὴ κυ- 34 κλώσῃ ἐπ' αὐτὴν χάρακα· ³⁴ἀλλὰ τῇ ὁδῷ ᾗ ἦλθεν, ἐν αὐτῇ ἀπο- στραφήσεται, καὶ εἰς τὴν πόλιν ταύτην οὐ μὴ εἰσέλθῃ. τάδε λέγει 35 Κύριος ³⁵Ὑπερασπιῶ ὑπὲρ τῆς πόλεως ταύτης τοῦ σῶσαι αὐτὴν 36 δι' ἐμὲ καὶ διὰ Δαυεὶδ τὸν παῖδά μου. ³⁶Καὶ ἐξῆλθεν ἄγγε-

24 αρματων]+μου OQ | ορεων] pr των ℵ* (improb ℵ^{c.b} dein revoc) | τα ℵAOQ εσχατα] om τα O^{vid} | κεδου ℵ* (κεδρ. ℵ^1 vel a.b) 25—28, 30—33 valde mutila in O 26 ηκουσας ℵ^{c.a, c.b}AQ | αρχαιων ημερων ℵAO^{vid}Q | συνε- ταξα]+γαρ ℵ* (improb ℵ^{c.a, c.b}) | εξερημωσαι] εξερημωσα ℵ* (-σαι ℵ^{c.b}) ερη- μωσαι Q* (εξερ. Q^a) | οχυροις] εχυροις Q^a | οικουντας] ενοικοιωντας ℵAOQ | οχυραις] εχυραις Q^a 27 χορτος] pr α' χλοη χωρας θ'σ' χορτος αγρου Q^{mg} ξηρος] χλωρος A | αγρωτις ℵ* (-στις ℵ^c) 29 εθυμωθης] ενεθυμηθης ℵOQ | ενβαλω ℵ | ρειναν B* (ρινα B^b) ριναν ℵ | εις 2°] επι Q | τη οδω] pr εν O 30 συ ℵ* (σοι ℵ^{c.b}) | σημειον]+παρα κυ ℵ* (improb ℵ^? postea restit) | φαγη Q | εσπρακας ℵ* (εσπαρκ. ℵ^1 vel a.b) | τω δε (1°)] και τω A | καταλειμμα B^{ab} AO | αμησητε A 31 καταλελειμμ. B^{ab}ℵAOQ^a | Ιουδεα ℵ 32 εσον- ται] εξελευσονται A | καταλελειμμ. B^{ab}A (? O) Q^a | εξ 2°] επ A | ορου ℵ* (ορους ℵ^1 vel a.b) | Σιων ℵAOQ 33 βασιλεασσυριων A | ουδε 2°] ουδ ου O | επιβαλη] βαλη AQ | θυρειον O | ουδε 3°] ουδ ου A | κυκλωσει A | χαρακαλλα B pr ι ℵ* (improb ℵ^{iam 1}) 34 om και εις την πολιν τ. ου μη εισελθη ℵAOQ (θ' ※ κ εις...εισελθη Q^{mg}) | εισ|ελθη B* εισελθ.B^1 35 εμεν ℵ*

169

XXXVII 37   ΗΣΑΙΑΣ

B λος Κυρίου καὶ ἀνεῖλεν ἐκ τῆς παρεμβολῆς τῶν Ἀσσυρίων ἑκατὸν
ὀγδοήκοντα πέντε χιλιάδας· καὶ ἀναστάντες τὸ πρωὶ εὗρον πάντα τὰ
σώματα νεκρά. ³⁷καὶ ἀπῆλθεν ἀποστραφεὶς Σενναχηρεὶμ βασιλεὺς 37
Ἀσσυρίων, καὶ ᾤκησεν ἐν Νινευή. ³⁸καὶ ἐν τῷ αὐτὸν προσκυνεῖν ἐν 38
τῷ οἴκῳ Νασαρὰχ τὸν πάτραρχον αὐτοῦ, Ἀδραμέλεχ καὶ Σαράσαρ
οἱ υἱοὶ αὐτοῦ ἐπάταξαν αὐτὸν μαχαίραις· αὐτοὶ δὲ διεσώθησαν εἰς
Ἀρμενίαν· καὶ ἐβασίλευσεν Ἀσορδὰν ὁ υἱὸς αὐτοῦ ἀντ᾽ αὐτοῦ.

¶ O   ¹Ἐγένετο δὲ ἐν τῷ καιρῷ ἐκείνῳ ἐμαλακίσθη Ἐζεκίας ἕως θανάτου·¶ 1 XXXVIII
καὶ ἦλθεν πρὸς αὐτὸν Ἡσαίας υἱὸς Ἀμὼς ὁ προφήτης καὶ εἶπεν πρὸς
§ Γ ⁱαὐτόν Τάδε λέγει Κύριος Τάξαι περὶ τοῦ οἴκου σου, ἀποθνήσκεις γὰρ
σὺ καὶ οὐ ζήσῃ. ²καὶ ἀπέστρεψεν Ἐζεκίας τὸ πρόσωπον αὐτοῦ 2
πρὸς τὸν τοῖχον, καὶ προσεύξατο πρὸς Κύριον ³λέγων Μνήσθητι, 3
Κύριε, ὡς ἐπορεύθην ἐνώπιόν σου μετὰ ἀληθείας ἐν καρδίᾳ ἀληθινῇ,
καὶ τὰ ἀρεστὰ ἐνώπιόν σου ἐποίησα· καὶ ἔκλαυσεν Ἐζεκίας κλαυθμῷ
μεγάλῳ. ⁴καὶ ἐγένετο λόγος Κυρίου πρὸς Ἡσαίαν λέγων ⁵Πορεύθητι ⁴⁄₅
καὶ εἰπὸν Ἐζεκίᾳ Τάδε λέγει Κύριος ὁ θεὸς Δαυεὶδ τοῦ πατρός σου
Ἤκουσα τῆς προσευχῆς σου καὶ εἶδον τὰ δάκρυά σου· ἰδοὺ προστίθημι
πρὸς τὸν χρόνον σου ἔτη δέκα πέντε· ⁶καὶ ἐκ χειρὸς βασιλέως Ἀσσυ- 6
ρίων ῥύσομαί σε καὶ τὴν πόλιν ταύτην, καὶ ὑπερασπιῶ ὑπὲρ τῆς
πόλεως ταύτης. ⁷τοῦτο δέ σοι τὸ σημεῖον παρὰ Κυρίου ὅτι ποιήσει 7
ὁ θεὸς τὸ ῥῆμα τοῦτο· ⁸ἰδοὺ ἐγὼ στρέφω τὴν σκιὰν τῶν ἀναβαθμῶν 8

ℵAOQΓ 36 ογδοηκοντα] pr και ℵ^cA | χιλιαδες ℵ* (-δας ℵ?) | αναστάντες]
εξαναστάντες ℵAQ | το πρωι] om το ℵO   37 αποστραφεις απηλθεν
ℵAO^{vid}Q + ※ και απεστρεψε Q^{mg} | Σενναχηρειμ (Ενν. ℵ* Σενν. ℵ^{1 vel certe a.b})]
om AQ^{txt} (hab sub ※ Q^{mg})   38 προσκυνειν αυτον O | τω οικω (-κωκω
ℵ*)] om τω A | Νασαραχ] Ασαρακ ℵ Ασαραχ AOQ | τ. πατρ. αυτου sub ÷ Q |
παταρχον B* (πατρ. B^{ab}) πατριαρχον Q* (πατρ. Q^a)] | Ανδραμ. ℵ* | Σαρασα
ℵAQ | οι υιοι] om οι A | μαχερας ℵ* (-ραις ℵ^c) | διεσωθησαν] εσωθησαν
O | Αρμενειαν A | Ασορδαν] Ναχορδαν ℵ*Q^{mg} (Ασ. ℵ^{c.b}Q*) Αχορδαν O
XXXVIII 1 εγενετο δε] και εγ. O | in εως θαν desinit O | υιος] pr ο ℵ |
αποθνησκεις (-θνκις ℵ*) γαρ] οτι αποθν. A   2 προς 1°] εις ℵ* (πρ. ℵ^{c.b}) |
προσευξατο (προσ|ευξ. B* προ|σ. B?)] προσηυξατο B^{ab}ℵAQΓ   3 λεγων]+οι
γ' ※ ω δη κε Q^{mg} | μνησθητι]+δη Q^{mg} | om Κυριε Q^{a vid} | αληθιας ℵ | εν
καρδια] pr και ℵ | εποιησα sup ras pl litt A^a (bis scr ενωπιον σου A*) |
κλαθμω Γ   4 Ησαιαν]+υιον Αμως Γ   5 πορευθητι] πορευου
A | Εζεκια] προς Εζεκιαν A | της προσευχης] pr της φωνης ℵAQΓ | ιδον
ℵAΓ | δεκα πεντε] ιε' ℵ   6 βασιλεων ℵ | ρυσομαι σε] σωσω σε ℵAQ
(superscr θ' Q?) Γ οι ο' ρ. σε σ' εξελουμαι σε α' ομοιως τοις ο' Q^{mg} | om και
την πολιν ταυτην ℵAQ (※ ϗ τ. πολιν ταυτην Q^{mg}) Γ | υπερ της πολεως
ταυτης υπερασπιω ℵAQΓ   7 τουτουτο B* (τουτο B^b) | ο θς ποιησει ℵ
(-σι) AQΓ | τουτο 2°]+ο ελαλησε Q^{mg}   8 ιδου...σκιαν] pr ※ θ' Q? | om
εγω AQΓ | στρεφω B*^b] στρεψω B^a

170

ΗΣΑΙΑΣ XXXVIII 18

οὓς κατέβη τοὺς δέκα ἀναβαθμοὺς τοῦ οἴκου τοῦ πατρός σου ὁ ἥλιος, Β ἀποστρέψω τὸν ἥλιον τοὺς δέκα ἀναβαθμούς. καὶ ἀνέβη ὁ ἥλιος τοὺς δέκα ἀναβαθμοὺς οὓς κατέβη ἡ σκιά.

9 9Προσευχὴ Ἐζεκίου βασιλέως Ἰουδαίας ἡνίκα ἐμαλακίσθη καὶ ἀνέστη ἐκ τῆς μαλακίας αὐτοῦ.
10 10Ἐγὼ εἶπα Ἐν τῷ ὕψει τῶν ἡμερῶν μου ἐν πύλαις ᾅδου καταλείψω
11 τὰ ἔτη τὰ ἐπίλοιπα. 11εἶπα Οὐκέτι μὴ ἴδω τὸ σωτήριον τοῦ θεοῦ ἐπὶ γῆς ζώντων, οὐκέτι μὴ ἴδω τὸ σωτήριον τοῦ Ἰσραὴλ ἐπὶ γῆς, οὐκέτι μὴ
12 ἴδω ἄνθρωπον. 12ἐξέλιπεν ἐκ τῆς συγγενίας μου, κατέλιπον τὸ ἐπίλοιπον τῆς ζωῆς μου, ἐξῆλθεν καὶ ἀπῆλθεν ἀπ᾽ ἐμοῦ ὥσπερ ὁ σκηνὴν καταλύων πήξας· ὡς ἱστὸς τὸ πνεῦμά μου παρ᾽ ἐμοὶ ἐγένετο ἐρίθου
13 ἐγγιζούσης ἐκτεμεῖν. 13ἐν τῇ ἡμέρᾳ ἐκείνῃ παρεδόθην ἕως πρωὶ ὡς λέοντι. συνέτριψεν πάντα τὰ ὀστᾶ μου· ἀπὸ γὰρ τῆς ἡμέρας ἕως
14 νυκτὸς παρεδόθην. 14ὡς χελιδών, οὕτως φωνήσω, καὶ ὡς περιστερά, οὕτως μελετῶ· ἐξέλιπον γάρ μου οἱ ὀφθαλμοὶ τοῦ βλέπειν εἰς τὸ ὕψος τοῦ οὐρανοῦ πρὸς τὸν κύριον, ὃς ἐξείλατό με καὶ ἀφείλατό μου τὴν
16 ὀδύνην τῆς ψυχῆς. 16Κύριε, περὶ αὐτῆς γὰρ ἀνηγγέλη σοι, καὶ ἐξή-
17 γειράς μου τὴν πνοήν, καὶ παρακληθεὶς ἔζησα. 17εἵλου γάρ μου τὴν ψυχὴν ἵνα μὴ ἀπόληται, καὶ ἀπέριψας ὀπίσω μου πάσας τὰς ἁμαρτίας.
18 18οὐ γὰρ οἱ ἐν ᾅδου αἰνέσουσίν σε, οὐδὲ οἱ ἀποθανόντες εὐλογή-

8 κατεβη 1°]+ο ηλιος ℵAQΓ | τους δεκα (1°) ι (sic) ℵ* (τ. δεκα ℵc.a) | ℵAQΓ om ο ηλιος (1°) ℵAQΓ | δεκα 2°, 3°] ι' ℵ | η σκια sub ÷ Q   9 προσευχη] pr ωδη A | Ιουδαιας) Ιουδα ℵ* οι γ' Ιουδα Qmg της Ιουδαιας ℵc.a (postea rurs Ιουδα) AQΓ   10 εν 2°] pr πορευσομαι ℵc.a (improb ℵc.b postea revoc) Qmg (sub ※) Γ | αδου]+ καταβησομαι Q | επιλοιπα]+μου ℵ   11 μη 1°, 3°] pr ου ℵc.aA | ιδω] ειδω Q (1°, 3°) Γ (1°) | γης 1°] pr της ℵc.bAQ | om ζωντων...επι γης (2°) ℵAQ* (hab α' ※ ζωντων Qmg) | ανθρωπον]+θ' ※ ετι μετα κατοικουντω Qmg   11—12 [ανθρω]πον...εξηλθεν] pr obelos Ba (non inst Bb)   12 om εξελιπεν ℵAQtxtΓ (hab εξελειπον Qmgdextr εξελειπεν α' κατεπαυσατο θ' εξελειπεν Qmgsinistr) | εκ της συγγενιας (-νειας BabAQaΓ) μου] c antecedd coniung ℵAQ α' γενεα μ. θ' η γενεα μ. Qmg om εκ Γ | κατελιπον] κατελειπον AQa (postea rurs -λιπ.) Γ | επιλοιπον] λοιπον AQΓ | καταλυων σκηνην ℵAQΓ | το πνα μου παρ εμοι εγ. ως ιστος ℵAQΓ | ερειθου B* (εριθ. Bb) εριζου A   13 συνετριψεν (συτρ. B* συνετρ. Bab)] pr ουτως Babmg pr ουτως τα οστα μου ℵAQ* pr ουτως παντα τα ο. μ. Qmg et (sine ουτως) Γvid | om παντα τα οστα μου ℵAQΓ | νυκτος] pr της ℵAQΓ   14 περιστερα] pr η Γ | μελετω] μελετησω B*fort (ω εξ sup ras Bab) ℵAQΓ | εξελιπον] εξελειπον AQa (postea revoc -λιπ.) Γ | om μου ℵPostc.b | οφθαλμοι]+μου ℵ* (improb ℵc.a, c.b postea revoc) Γ | εξειλετο Qa | αφειλετο Qa | om μου 2° Q* (hab Q1vidmg) | ψυχης] ψυχ sup ras Q?   16 Κυριε] pr θ' ※ αυτω ϟ αυτος εποιησεν καθοδηγησιν παντας ενιαυτους μου επι πικριᾷ ψυχης μου Qmg   17 ειλου (ιδ. ℵ* ιλ. ℵc.a)] pr ιδου γαρ εις ερηνην πικριας μου ℵc.a (rurs ras) pr θ' ※ ιδου εις ειρηνην πικρια μοι Qmg | απερριψας B?Qa | αμαρτιας]+μου ℵAa?QΓ
18 ου γαρ...σε (2°) των αλλων εκδοσεων· ουδε γαρ ο αδης αινεσει σε ουδε ο θανατος ευλογησει σε Qmg

XXXVIII 19   ΗΣΑΙΑΣ

B σουσίν σε, οὐδὲ ἐλπιοῦσιν οἱ ἐν ᾅδου τὴν ἐλεημοσύνην σου. ¹⁹οἱ 19
ζῶντες εὐλογήσουσίν σε ὃν τρόπον κἀγώ· ἀπὸ γὰρ τῆς σήμερον
παιδία ποιήσω, ἃ ἀναγγελοῦσιν τὴν δικαιοσύνην σου, ²⁰θεὲ τῆς 20
σωτηρίας μου· καὶ οὐ παύσομαι εὐλογῶν σε μετὰ ψαλτηρίου πάσας
τὰς ἡμέρας τῆς ζωῆς μου κατέναντι τοῦ οἴκου τοῦ θεοῦ.
²¹Καὶ εἶπεν Ἡσαίας πρὸς Ἐζεκίαν Λάβε παλάθην ἐκ σύκων καὶ 21
τρίψον καὶ κατάπλασαι, καὶ ὑγιὴς ἔσῃ. ²²καὶ εἶπεν Ἐζεκίας Τοῦτο 22
σημεῖον πρὸς Ἐζεκίαν ὅτι ἀναβήσομαι εἰς τὸν οἶκον τοῦ θεοῦ.

¹Ἐν τῷ καιρῷ ἐκείνῳ ἀπέστειλεν Μαρωδὰχ Βαλαδὰν ὁ υἱὸς τοῦ 1 XXXIX
Βαλαδὰν ὁ βασιλεὺς τῆς Βαβυλωνίας ἐπιστολὰς καὶ πρέσβεις καὶ δῶρα·
ἤκουσεν γὰρ ὅτι ἐμαλακίσθη ἕως θανάτου καὶ ἀνέστη. ²καὶ ἐχάρη ἐπ' 2
αὐτοῖς Ἐζεκίας, καὶ ἔδειξεν αὐτοῖς τὸν οἶκον τοῦ νεχωθὰ καὶ τοῦ
ἀργυρίου καὶ τοῦ χρυσίου καὶ τῆς στακτῆς καὶ τῶν θυμιαμάτων καὶ τοῦ
μύρου, καὶ πάντας τοὺς οἴκους τῶν σκευῶν τῆς γάζης, καὶ πάντα ὅσα
ἦν ἐν τοῖς θησαυροῖς αὐτοῦ· καὶ οὐκ ἦν οὐθὲν ὃ οὐκ ἔδειξεν Ἐζεκίας
ἐν τῷ οἴκῳ αὐτοῦ. ³καὶ ἦλθεν Ἡσαίας ὁ προφήτης πρὸς τὸν βασιλέα 3
Ἐζεκίαν καὶ εἶπεν πρὸς αὐτόν Τί λέγουσιν οἱ ἄνθρωποι οὗτοι, καὶ
πόθεν ἥκασιν πρὸς σέ; καὶ εἶπεν Ἐζεκίας Ἐκ γῆς πόρρωθεν ἥκασιν
πρὸς μέ, ἐκ Βαβυλῶνος. ⁴καὶ εἶπεν Ἡσαίας Τί εἴδοσαν ἐν τῷ οἴκῳ σου; 4
καὶ εἶπεν Ἐζεκίας Πάντα τὰ ἐν τῷ οἴκῳ μου εἴδοσαν, καὶ οὐκ ἔστιν ἐν
τῷ οἴκῳ μου ὃ οὐκ εἴδοσαν, ἀλλὰ καὶ τὰ ἐν τοῖς θησαυροῖς μου. ⁵καὶ 5
εἶπεν Ἡσαίας αὐτῷ Ἄκουσον τὸν λόγον Κυρίου σαβαὼθ ⁶·Ἰδοὺ ἡμέραι 6
ἔρχονται καὶ λήμψονται πάντα τὰ ἐν τῷ οἴκῳ σου, καὶ ὅσα συνήγαγον οἱ
πατέρες σου ἕως τῆς ἡμέρας ταύτης εἰς Βαβυλῶνα ἥξει, καὶ οὐδὲν οὐ

ℵAQΓ   18 οι εν αδου] om οι ℵ* (hab ℵc.a) | οι εν αδου...σου] σ′ οι καταβαινοντες
εις λακκὸ την αληθειαν σου Qmg   19 a αναγγελουσιν] ϛ τουτο αναγγειλαι
Qmg | om a ut vid ℵ* (hab ℵ?(mg)) | post αναγγ. ἰncep η ℵ* vid   20 θεε]
κε ℵAQΓ | του θεου] or κυ̅ Γ   21 Ησαιας]+ο προφητης ℵ* (improb
ℵc.b postea restit) | προς Εζεκιαν] adnot ου κ′ π′ εβρ′ Ba mg | om εκ ℵ |
καταπλασαι]+ ※ επι το ελκος Qmg   22 σημειον] pr το ℵAQΓ | om προς
Εζεκιαν ℵAQΓ | του θεου] pr κυ̅ ℵc.b AQ   XXXIX 1 Μαρωδαχ] Μαιωδαχ
ℵQ* (Μερ. Qmg) | om Βαλαδαν 1° ℵAQ* (hab sub ※ Qmg) Γ | ο υιος] om
ο Q | Βαλαδαν 2°] Λααδαν ℵAQ | κ. πρεσβεις sub ÷ Q | δωρα]+Εζεκια
Bab(mg)ℵAQΓ   2 Εζεκιας 1°]+χαραν μεγαλην ℵAQΓ | νεχωτα ℵ* (-θα
ℵc.a, c.b) α′σ′ των αρωματων Qmg | om και του αργ. και του χρυσιου ℵAQΓ |
τηστακτης ℵ* (της σт. ℵc.b) | μυρου]+και του αργ. και του χρυσιου ℵAQΓ |
σκευων] pr θησαυρων· ℵ* (improb ℵc.a, c.b) | εδειξεν 2°]+αυτοις ℵc.a (rurs ras)
A | αυτου 2°]+ ※ ϛ εν παση τη εξουσια αυτου Qmg   3—4 [Βαβυ]λωνος
και ειπεν Ησα[ιας]] pr obel Ba (non inst Bb)   4 ειδοσαν 1°] ιδοσαν ℵ
ιδον A | ειδοσαν 2°] ιδοσαν A | οικω μου ο sup ras Bab nisi pot 1 | ειδοσαν 3°]
ιδοσαν ℵΓ   5 αυτω Ησαιας ℵAQ om αυτω Γ   6 ερχονται]+λεγει
κϛ̅ A | ληψονται Q (item 7) | om ουδεν A

ΗΣΑΙΑΣ XL 12

7 μὴ καταλίπωσιν· εἶπεν δὲ ὁ θεὸς ⁷ὅτι Καὶ ἀπὸ τῶν τέκνων σου ὧν B
γεννήσεις λήμψονται, καὶ ποιήσουσιν σπάδοντας ἐν τῷ οἴκῳ τοῦ
8 βασιλέως τῶν Βαβυλωνίων. ⁸καὶ εἶπεν Ἐζεκίας Ἠσαίᾳ Ἀγαθὸς λόγος
Κυρίου ὃν ἐλάλησεν· γενέσθω δὴ εἰρήνη καὶ δικαιοσύνη ἐν ταῖς ἡμέραις
μου.

XL ¹/₂ ¹Παρακαλεῖτε παρακαλεῖτε τὸν λαόν μου, λέγει ὁ θεός. ²ἱερεῖς,
λαλήσατε εἰς τὴν καρδίαν Ἰερουσαλήμ, παρακαλέσατε αὐτήν, ὅτι
ἐπλήσθη ἡ ταπείνωσις αὐτῆς· λέλυται αὐτῆς ἡ ἁμαρτία, ὅτι ἐδέξατο ἐκ
χειρὸς Κυρίου διπλᾶ τὰ ἁμαρτήματα αὐτῆς.
3 ³Φωνὴ βοῶντος ἐν τῇ ἐρήμῳ Ἑτοιμάσατε τὴν ὁδὸν Κυρίου, εὐθείας
4 ποιεῖτε τὰς τρίβους τοῦ θεοῦ ἡμῶν. ⁴πᾶσα φάραγξ πληρωθήσεται,
καὶ πᾶν ὄρος καὶ βουνὸς ταπεινωθήσεται· καὶ ἔσται πάντα τὰ σκολιὰ
5 εἰς εὐθεῖαν, καὶ ἡ τραχεῖα εἰς πεδία, ⁵καὶ ὀφθήσεται ἡ δόξα Κυρίου,
καὶ ὄψεται πᾶσα σὰρξ τὸ σωτήριον τοῦ θεοῦ, ὅτι Κύριος ἐλάλησεν.
6 ⁶φωνὴ λέγοντος Βόησον. καὶ εἶπα Τί βοήσω; Πᾶσα σὰρξ χόρτος,
7 καὶ πᾶσα δόξα ἀνθρώπου ὡς ἄνθος χόρτου· ⁷ἐξηράνθη ὁ χόρτος
8 καὶ τὸ ἄνθος ἐξέπεσεν, ⁸τὸ δὲ ῥῆμα τοῦ θεοῦ ἡμῶν μένει εἰς τὸν
9 αἰῶνα. ⁹Ἐπ' ὄρος ὑψηλὸν ἀνάβηθι, ὁ εὐαγγελιζόμενος Σειών·
ὕψωσον τῇ ἰσχύι τὴν φωνήν σου, ὁ εὐαγγελιζόμενος Ἰερουσαλήμ·
ὑψώσατε, μὴ φοβεῖσθε· εἰπὸν ταῖς πόλεσιν Ἰούδα Ἰδοὺ ὁ θεὸς
10 ὑμῶν. ¹⁰ἰδοὺ κύριος Κύριος μετὰ ἰσχύος ἔρχεται, καὶ ὁ βραχίων μετὰ
κυρίας· ἰδοὺ ὁ μισθὸς αὐτοῦ μετ' αὐτοῦ, καὶ τὸ ἔργον ἐναντίον αὐτοῦ.
11 ¹¹ὡς ποιμὴν ποιμανεῖ τὸ ποίμνιον αὐτοῦ, καὶ τῷ βραχίονι αὐτοῦ συν-
12 άξει ἄρνας, καὶ ἐν γαστρὶ ἐχούσας παρακαλέσει. ¹²Τίς ἐμέτρη-

6 καταλειπωσιν AQᵃΓ+ ουδεν A | θεος] ο κ̅ς̅ א* (o θ̅ς̅ אⁱᵃᵐ ᵃⁿᵗᵉ ᶜ·ᵇ) אAQΓ
7 σου]+θ' ※ οιτινες εξελευσονται εκ σου Qᵐᵍ | ως B* (ων Bᵃᵇ) | γεννησεις]
εγεννησας אAQ | ποιησωσιν Γ   8 Ησαια] προς Ησαιαν אᶜ·ᵇAQΓ | λογος]
pr ο אAQΓ | γενεσθω] γενηθητω א | om μου א* (hab אᶜ·ᵇ)   XL 1 λαος
א* (τον λαον אᶜ·ᵃ, ᶜ·ᵇ) | ο θεος] κ̅ς̅ A   2 ιερεις sub ⁒ Q | Ιερουσαλημ א*
(-σαλημ אᶜ·ᵃ, ᶜ·ᵇ) | λελυται]+γαρ אΓ   3 ποιειτε]+δια της αβατου Qᵐᵍ
4 πασα] παρα א* (πασα אᶜ·ᵃ, ᶜ·ᵇ) | βουνοι incep א* (βουνοις אⁱ) | om παντα
A sub ⁒ Q | πεδια (-αν א*)] οδους λιας אᶜ·ᵃ, ᶜ·ᵇ A (ο. λειας) Q* πεδια: α'σ' εις
πεδιον θ' ομ. ταις ο' Qᵐᵍ   7 εξεπεσεν]+σ'θ' ※ οτι πνευμα κ̅υ̅ επνευσεν
εις αυτο αληθως χορτος ο λαος εξηρανθη χορτος εξεπεσε το ανθος Qᵐᵍ   8 om
ημων Q   9 Σιων BᵇAQΓ | τη ισχυι]+σου א ως ισχυι Q | υμων] ημων
אᶜ·ᵃ, ᶜ·ᵇQ   10 om ιδου ιο א* (hab אᶜ·ᵇ) | om κ̅ς̅ 2ᵒ א* (hab אᶜ·ᵇ) AQΓ |
βραχιων]+αυτου אᶜ·ᵃ (rurs ras) A+οι γ' ※ αυτου Qᵐᵍ   11 ποιμανει]
ποιμανη Γ | και 2ᵒ]+θ'σ' ※ εν τω κολπω αυτου βαστασει Qᵐᵍ | εν] pr τας
אᶜ·ᵃ (postea ras) | γαστι א* (-τρι א¹ᵃ·ᵇ?) | παρακαλεσει] λεσι sup ras א¹ (ᵛⁱᵈ)
(-σει אᶜ·ᵇ)   12 τις 1ᵒ] τι א* (τις א¹ᵃ·ᵇ?)

173

ΗΣΑΙΑΣ XL 13

B σεν τῇ χειρὶ τὸ ὕδωρ, καὶ τὸν οὐρανὸν σπιθαμῇ, καὶ πᾶσαν τὴν γῆν δρακί; τίς ἔστησεν τὰ ὄρη σταθμῷ καὶ τὰς νάπας ζυγῷ; ¹³τίς ἔγνω 13 νοῦν Κυρίου, καὶ τίς αὐτοῦ σύμβουλος ἐγένετο, ὃς συμβιβᾷ αὐτόν; ¹⁴ἢ πρὸς τίνα συνεβουλεύσατο καὶ συνεβίβασεν αὐτόν; ἢ τίς ἔδειξεν 14 αὐτῷ κρίσιν; ἢ ὁδὸν συνέσεως τίς ἔδειξεν αὐτῷ; ¹⁵εἰ πάντα τὰ ἔθνη 15 ὡς σταγὼν ἀπὸ κάδου καὶ ὡς ῥοπὴ ζυγοῦ ἐλογίσθησαν, ὡς σίελος λογισθήσονται· ¹⁶ὁ δὲ Λίβανος οὐχ ἱκανὸς εἰς καῦσιν, καὶ πάντα τὰ 16 τετράποδα οὐχ ἱκανὰ εἰς ὁλοκάρπωσιν, ¹⁷καὶ πάντα τὰ ἔθνη ὡς οὐδέν 17 εἰσι καὶ εἰς οὐθὲν ἐλογίσθησαν. ¹⁸τίνι ὡμοιώσατε Κύριον, καὶ τίνι 18 ὁμοιώματι ὡμοιώσατε αὐτόν; ¹⁹μὴ εἰκόνα ἐποίησεν τέκτων, ἢ χρυσο- 19 χόος χωνεύσας χρυσίον περιεχρύσωσεν αὐτόν; ὁμοίωμα κατεσκεύασεν αὐτόν; ²⁰ξύλον γὰρ ἄσηπτον ἐκλέγεται τέκτων, καὶ σοφῶς ζητήσει 20 πῶς στήσει αὐτοῦ εἰκόνα καὶ ἵνα μὴ σαλεύηται. ²¹οὐ γνώσεσθε; οὐκ 21 ἀκούσεσθε; οὐκ ἀνηγγέλη ἐξ ἀρχῆς ὑμῖν; οὐκ ἔγνωτε τὰ θεμέλια τῆς γῆς; ²²ὁ κατέχων τὸν γῦρον τῆς γῆς, καὶ οἱ ἐνοικοῦντες ἐν αὐτῇ ὡς 22 ἀκρίδες, ὁ στήσας ὡς καμάραν τὸν οὐρανὸν καὶ διατείνας ὡς σκηνὴν κατοικεῖν, ²³ὁ διδοὺς ἄρχοντας ὡς οὐδὲν ἄρχειν, τὴν δὲ γῆν ὡς οὐδὲν 23 ἐποίησεν. ²⁴οὐ γὰρ μὴ φυτεύσωσιν οὐδὲ μὴ σπείρωσιν, οὐδὲ μὴ 24 ῥιζωθῇ εἰς τὴν γῆν ἡ ῥίζα αὐτῶν· ἔπνευσεν ἐπ' αὐτοὺς καὶ ἐξηράνθησαν, καὶ καταιγὶς ὡς φρύγανα λήμψεται αὐτούς. ²⁵νῦν οὖν τίνι 25 με ὡμοιώσατε, καὶ ὑψωθήσομαι; εἶπεν ὁ ἅγιος. ²⁶ἀναβλέψατε εἰς 26 ὕψος τοὺς ὀφθαλμοὺς ὑμῶν καὶ ἴδετε· τίς κατέδειξεν πάντα ταῦτα; ὁ ἐκφέρων κατ' ἀριθμὸν τὸν κόσμον αὐτοῦ, πάντας ἐπ' ὀνό-

ℵAQΓ 12 χειρι]+οι γ΄※ αυτου Q^{mg} | om δρακι ut vid Γ | εστηκεν Γ 13 συμβουλος αυτου AQΓ | συμβιβα] συμβιβασει ℵ^{c.a} (-βασι sed rurs ras σι) AQ^{mg}Γ 14 συνησεως Γ | αυτω 2°]+η τις προεδωκεν αυτω και ανταποδοθησεται (-δωθ. A) αυτω ℵ* (improb ℵ^{c.b et postea}) A   15 ωσταγων B* (ως στ. B^{ab}) | καδου] αδ sup ras A^a | ως 3°] pr και ℵAQΓ | ως σιελος] ως σιελον A* ωσι ελαιον (ι ελαι sup ras) A^{a vid}   16 εις 2°] s sup ras A^a | ολοκαρπωσιν] ολοκαυτωσιν Q (ολοκαρπ. Q^b)   17 εισιν ℵAQΓ | ουθεν] ουδεν ℵQ | ελογισθησαν]+οι γ΄ ※ αυτω Q^{mg}   18 ωμοιωσατε 1°] ομοιωσατε ℵ^{c.a} (ωμ. postea restit) | ωμοιωματι ℵ^{* d.a} (ομ. ℵ^{c.a, c.b}) A | ωμοιωσατε 2°] ομοιωσατε ℵ^{c.a, et c.b (vid)} (ωμ. revoc ℵ^{d.a})   19 ομοιωμα] pr η ℵ^{c.a} (postea ras)   20 ζητησει] ζητει ℵ^{c.b} (postea restit -τησει) AQ* (-τησει Q^b) Γ | στησῃ Q | αυτου] αυτο ℵ 21 in εγνωτε fort ras aliq B^{ab}   22 ωσκηνην A (sic)   23 ως 1°] εις ℵAQ   24 φυτευσωσιν] σπειρωσιν ℵ (σπιρ.) QΓ σπειρουσιν A | σπειρωσιν] φυτευσωσιν ℵQΓ φυτευσουσιν A | επνευσεν] νευ sup ras Q^{† vid} | φριγανον ℵ* (-να ℵ^{c.b}) | λημψεται (-ταις ℵ*)] αναλημψεται ℵ^{c.b} AQ (αναληψ.) Γ a′ α[ν]ε... (sic ut vid) θ'σ' ομ. τοις ο' Q^{mg}   25 ομοιωσατε ℵ | υψωθησομαι] θ'σ' ισωθησομαι α' εξισωθησομαι Q^{mg}   26 υψος] pr το A | κατεδειξεν] κατεδιωξεν Q* (δειξ. Q^a) | ταυτα παντα ℵ | κατ] κατα ℵAQΓ | αυτου] αυτων ℵ* (-του ℵ^{c.a, c.b}) | παντας] παντα A

ΗΣΑΙΑΣ XLI 7

ματι καλέσει ἀπὸ πολλῆς δόξης, καὶ ἐν κράτει ἰσχύος οὐδέν σε B
27 ἔλαθεν. 27Μὴ γὰρ εἴπῃς, Ἰακώβ, καὶ τί ἐλάλησας, Ἰσραήλ
Ἀπεκρύβη ἡ ὁδός μου ἀπὸ τοῦ θεοῦ, καὶ ὁ θεός μου τὴν κρίσιν
28 ἀφεῖλεν καὶ ἀπέστη; 28καὶ νῦν οὐκ ἔγνως; εἰ μὴ ἤκουσας; θεὸς
αἰώνιος, ὁ θεὸς ὁ κατασκευάσας τὰ ἄκρα τῆς γῆς, οὐ πεινάσει οὐδὲ
29 κοπιάσει, οὐδὲ ἔστιν ἐξεύρεσις τῆς φρονήσεως αὐτοῦ, 29διδοὺς τοῖς
30 πεινῶσιν ἰσχὺν καὶ τοῖς μὴ ὀδυνωμένοις λύπην. 30πεινάσουσιν γὰρ
νεώτεροι, καὶ κοπιάσουσιν νεανίσκοι, καὶ ἐκλεκτοὶ ἀνίσχυες ἔσονται·
31 31οἱ δὲ ὑπομένοντες τὸν θεὸν ἀλλάξουσιν ἰσχύν, πτεροφυήσουσιν ὡς
ἀετοί, δραμοῦνται καὶ οὐ κοπιάσουσιν, βαδιοῦνται καὶ οὐ πεινάσουσιν.
XLI 1 1Ἐγκαινίζεσθε πρὸς μέ, νῆσοι, οἱ γὰρ ἄρχοντες ἀλλάξουσιν ἰσχύν·
ἐγγισάτωσαν καὶ λαλησάτωσαν ἅμα, τότε κρίσιν ἀναγγειλάτωσαν.
2 2τίς ἐξήγειρεν ἀπὸ ἀνατολῶν δικαιοσύνην, ἐκάλεσεν αὐτὴν κατὰ πόδας
αὐτοῦ, καὶ πορεύσεται; δώσει ἐναντίον ἐθνῶν, καὶ βασιλεῖς ἐκστήσει·
καὶ δώσει εἰς γῆν τὰς μαχαίρας αὐτῶν, καὶ ὡς φρύγανα ἐξωσμένα τὰ
3 τόξα αὐτῶν· 3καὶ διώξεται αὐτούς, διελεύσεται ἐν εἰρήνῃ ἡ ὁδὸς τῶν
4 ποδῶν αὐτοῦ. 4τίς ἐνήργησεν καὶ ἐποίησεν ταῦτα; ἐκάλεσεν αὐτὴν.ὁ
καλῶν αὐτὴν ἀπὸ γενεῶν ἀρχῆς· ἐγὼ θεὸς πρῶτος, καὶ εἰς τὰ ἐπερ-
5 χόμενα ἐγώ εἰμι. 5εἴδοσαν ἔθνη καὶ ἐφοβήθησαν, τὰ ἄκρα τῆς γῆς
6 ἤγγισαν καὶ ἦλθον ἅμα, 6κρίνων ἕκαστος τῷ πλησίον βοηθῆσαι καὶ
7 τῷ ἀδελφῷ, καὶ ἐρεῖ 7Ἴσχυσεν ἀνὴρ τέκτων, καὶ χαλκεὺς τύπτων
σφύρῃ, ἅμα ἐλαύνων· ποτὲ μὲν ἐρεῖ Σύμβλημα καλόν ἐστιν, ἰσχύρωσεν

26 πολλης] πασης ℵ* (πολλ. ℵc.b) pr της A   27 μη γαρ ειπης] ℵAQΓ
σ´ διατι λεγεις Qmg | απεστην ℵ   28 ουκ] ουκετι ℵ* c.a (vid) (ουκ
ℵc.b) | εγνως ει] γνωσει ℵ* γνωσει ει ℵc.a vid εγνως ει ℵc.b (postea revoc
γνωσει) | ο θεος] om ο A θέ Q | πεινασει] πινασῃ ℵ* txt (-σι* comm -σει ℵc.b)
+ουδε διψησι ℵ* (-σει ℵc.b) postea improb ℵc.a (vid)   29 πινουσιν (sic) Q*
(πειν. Qa)   30 ανισχυες εσονται] α´ ανασδαλισθησονται θ´σ´ ασθενησουσιν
Qmg   XLI 1 ενκαινίζεσθε ℵ | με] α sup ras A¹ | αλλαξουσιν] αλαλαξουσιν
ℵ | κρισιν] κρισεις A (σ 1° sup ras A¹) | αναγγειλατωσαν]+αμα τοτε κρισιν
αναγγειλατωσαν Q* (improb Qcorr)   2 απο] απ Γ | om και 1° A | και πορ.
sub ⸓ Q | εναντιον] θ´ κατα προσωπον αυτου σ´ εμπροσθεν αυτου Qmg | εις
γην] οἱ γ´ ως χουν Qmg | εξωσμενα] θ´ εξωθουμενα Qmg   3 διελευσεται] pr
καὶ ℵAQ | αυτου]+θ´ ⁂ ουχ ηξει Qmg   4 εκαλεσεν αυτην sub ⸓ Q | αυτην
απο γενεων] θ´ τας γενεας εξ Qmg | αρχης] αρχεων ℵ* (-χαιων ℵc.b)   5 ιδο-
σαν Γ | γης]+ θ´ ⁂ εξεστησαν Qmg | ηλθον (-θοσαν ℵAQΓ)] α´ ηκασιν Qmg
6 κρινων...ερει] α´ ανηρ συν ετερου αυτου βοηθησουσιν κ τω αδελφω αυτου
ειπεν Qmg | το πλησιον Γ* | και τω αδελφω βοηθησαι ℵAQΓ   7 ισχυσεν
ℵ* (-σεν ℵa.c, c) | ανηρ] ρ sup ras ℵ¹ | incep χαλκεο ℵ* | σφυρη (-ρα ℵ*Qa -ρη
ℵc.bQ*) | αμα om A*vid (σφυρη] αμα ελαινων in mg et sup ras Aa) | ποτε]
τοτε A | συμβλημα καλον εστιν] α´θ´ τῃ κολλῃ αγαθον εστι σ´ εις κολλησιν
εστιν (sic) Qmg | ισχυρωσαν ℵAQ

175

B αὐτὰ ἐν ἥλοις· θήσουσιν αὐτὰ καὶ οὐ κινηθήσονται. ⁸Σὺ δέ, 8
Ἰσραήλ, παῖς μου Ἰακώβ ὃν ἐξελεξάμην, σπέρμα Ἀβραὰμ ὃν ἠγά-
πησα· ⁹οὗ ἀντελαβόμην ἀπ' ἄκρων τῆς γῆς, καὶ ἐκ τῶν σκοπιῶν 9
αὐτῆς ἐκάλεσά σε καὶ εἶπά σοι Παῖς μου εἶ, ἐξελεξάμην σε καὶ οὐκ
ἐγκατέλιπόν σε· ¹⁰μὴ φοβοῦ, μετὰ σοῦ γάρ εἰμι· μὴ πλανῶ, ἐγὼ γάρ 10
εἰμι ὁ θεός σου ὁ ἐνισχύσας σε, καὶ ἐβοήθησά σοι καὶ ἠσφαλισάμην σε
τῇ δεξιᾷ τῇ δικαίᾳ μου. ¹¹ἰδοὺ αἰσχυνθήσονται καὶ ἐντραπήσονται 11
πάντες οἱ ἀντικείμενοί σοι, ἔσονται γὰρ ὡς οὐκ ὄντες, καὶ ἀπολοῦνται
πάντες οἱ ἀντίδικοί σου. ¹²ζητήσεις αὐτούς, καὶ οὐ μὴ εὕρῃς τοὺς 12
ἀνθρώπους οἳ παροινήσουσιν εἰς σέ· ἔσονται γὰρ ὡς οὐκ ὄντες, καὶ
οὐκ ἔσονται οἱ ἀντιπολεμοῦντές σε. ¹³ὅτι ἐγὼ ὁ θεός σου ὁ κρατῶν 13
τῆς δεξιᾶς σου, ὁ λέγων σοι Μὴ φοβοῦ, ¹⁴Ἰακώβ, ὀλιγοστὸς Ἰσραήλ· 14
ἐγὼ ἐβοήθησά σοι, λέγει ὁ θεὸς ὁ λυτρούμενος Ἰσραήλ. ¹⁵ἰδοὺ 15
ἐποίησά σε ὡς τροχοὺς ἁμάξης ἀλοῶντας καινοὺς πριστηροειδεῖς, καὶ
ἀλοήσεις ὄρη καὶ λεπτυνεῖς βουνούς, καὶ ὡς χνοῦν θήσεις, ¹⁶καὶ 16
λικμήσεις· καὶ ἄνεμος λήμψεται αὐτούς, καὶ καταιγὶς διασπερεῖ αὐτούς.
σὺ δὲ εὐφρανθήσῃ ἐν τοῖς ἁγίοις Ἰσραήλ, ¹⁷καὶ ἀγαλλιάσονται οἱ 17
πτωχοὶ καὶ οἱ ἐνδεεῖς. ζητήσουσιν γὰρ ὕδωρ καὶ οὐκ ἔσται, ἡ γλῶσσα
αὐτῶν ἀπὸ τῆς δίψης ἐξηράνθη· ἐγὼ Κύριος ὁ θεός, ἐπακούσομαι ὁ
θεὸς Ἰσραὴλ καὶ οὐκ ἐγκαταλείψω αὐτούς, ¹⁸ἀλλὰ ἀνοίξω ἐπὶ τῶν 18
ὀρέων ποταμοὺς καὶ ἐν μέσῳ πεδίων πηγάς, ποιήσω τὴν ἔρημον εἰς

ℵAQΓ 7 [κα]λον εστιν...θησ.] pr obelos B* (non inst B^b) | θησουσιν αυτα sub ⸓ Q   9 ακρων] ακρω ℵ* (-ρων ℵ^c.a) ακρου Q | ει]+συ Γ | ενκατελιπον
ℵQ*^vid εγκατελειπον AQ^a Γ   10 om ειμι 2° ℵ ει| μη 1' | om σου 2° ℵ | ο
ενισχυσας] εις ματαια| μη πλανω εγω γαρ| ειμι [ο] θεος σου Γ   11 εσχυν-
θησομαι ℵ* (αισχυνθησονται ℵ^c.b -σονται fort iam ℵ^c.a)   12 ζητησης Q*
(-σεις Q^a)   13 ο θεος] pr οι γ' ※ κς Q^mg | om σου 1° ℵ* (hab ℵ^c.b) AΓ |
om σοι 1° Γ | φοβου]+οι γ' ※ εγω εβοηθησα σοι μη φοβου σκωληξ Q^mg
14 ολιγοστος (ολιοστ. B* ολιγ. B^ab)]+ει Γ | Ισραηλ 1°] pr ι ℵ* (ει ℵ^c.a) postea
ras | λυτρουμενος] λυτρωσαμενος Q+σε ℵAQΓ | Ισραηλ 2°] pr οι γ' ※ αγιος Q^mg
15 σε] σοι Γ | om αλοωντας ℵ* (hab ℵ^c.b) | πριστηροειδεις (πριστηροιδεις [η sup
ras] ℵ* -δεις ℵ^c.b) | πριστοειδεις A | χνοιν] χουν AΓ   16 λικμησεις (λιχμ.
ℵ* λικμ. ℵ^c.a (vid))...αυτους (1°)] θ'σ' ομοιως τοις ο' λικμησεις αυτους κ ανεμος
ληψεται αυτους α' λ. αυτους κ ανεμος αρει αυτους Q^mg | ληψεται Q | καταιγις]
α' λαιλαψ Q^mg | om αυτους 2° Q | ευφρανθηση...Ισραηλ] θ'σ' αγαλλιαση εν
κω (οι γ' ※ α' εν πιπι) κ εν τω αγιω Ιηλ Q^mg   17 και αγαλλιασονται (αγα-
λιασ. ℵ)] α'θ' καυχηση σ' επαινεσθηση Q^mg | οι πτωχοι...ουκ εσται] θ' οι πτ.
κ οι ενδ. ζητουντες υδωρ και ουκ εστι α'σ' οι πενητες κ οι πτωχοι ζητουσιν υδωρ
κ ουκ εστιν Q^mg | η γλωσσα] pr και ℵ* (improb ℵ^c.b) | εξηρανθη] εξηραν-
θησεται ℵ* (ε improb ℵ^1 fort et postea) | επακουσομαι] pr εγω ℵAQΓ | θεος 2°]
αγιος Q | ενκαταλιψω ℵ

ΗΣΑΙΑΣ XLII 1

19 ἕλη ὑδάτων καὶ τὴν διψῶσαν γῆν ἐν ὑδραγωγοῖς, ¹⁹θήσω εἰς τὴν ἄνυ- B
20 δρον γῆν κέδρον καὶ πύξον, μυρσίνην καὶ κυπάρισσον καὶ λεύκην· ²⁰ἵνα
ἴδωσιν καὶ γνῶσιν καὶ ἐννοηθῶσιν καὶ ἐπιστῶνται ἅμα ὅτι χεὶρ Κυρίου
21 ἐποίησεν ταῦτα, καὶ ὁ ἅγιος τοῦ Ἰσραὴλ κατέδειξεν. ²¹Ἐγγίζει
ἡ κρίσις ὑμῶν, λέγει Κύριος ὁ θεός· ἤγγισαν αἱ βουλαὶ ὑμῶν, λέγει ὁ
22 βασιλεὺς Ἰακώβ. ²²ἐγγισάτωσαν καὶ ἀναγγειλάτωσαν ὑμῖν ἃ συμ-
βήσεται, ἢ τὰ πρότερον τίνα ἦν εἴπατε, καὶ ἐπιστήσομεν τὸν νοῦν,
23 καὶ γνωσόμεθα τί τὰ ἔσχατα, καὶ τὰ ἐπερχόμενα εἴπατε ἡμῖν· ²³ἀναγ-
γείλατε ἡμῖν τὰ ἐπερχόμενα ἐπ' ἐσχάτου, καὶ γνωσόμεθα ὅτι θεοί
ἐστε. εὖ ποιήσατε καὶ κακώσατε, καὶ θαυμασόμεθα, καὶ ὀψόμεθα ἅμα·
24 ²⁴ὅτι πόθεν ἐστὲ ὑμεῖς καὶ πόθεν ἡ ἐργασία ὑμῶν· ἐκ γῆς· βδέλυγμα
25 ἐξελέξαντο ὑμᾶς. ²⁵ἐγὼ δὲ ἤγειρα τὸν ἀπὸ βορρᾶ καὶ τὸν ἀφ' ἡλίου
ἀνατολῶν, κληθήσονται τῷ ὀνόματί μου· ἐρχέσθωσαν ἄρχοντες, καὶ
ὡς πηλὸς κεραμέως καὶ ὡς κεραμεὺς καταπατῶν τὸν πηλόν, οὕτως
26 καταπατηθήσεσθε. ²⁶τίς γὰρ ἀναγγελεῖ τὰ ἐξ ἀρχῆς, ἵνα γνῶμεν,
καὶ τὰ ἔμπροσθεν, καὶ ἐροῦμεν ὅτι ἀληθῆ ἐστιν; οὐκ ἔστιν ὁ προλέγων,
27 οὐδὲ ὁ ἀκούων ὑμῶν τοὺς λόγους. ²⁷ἀρχὴν Σειὼν δώσω, καὶ Ἱερου-
28 σαλὴμ παρακαλέσω. ²⁸ἀπὸ γὰρ τῶν ἐθνῶν ἰδοὺ οὐδείς, καὶ ἀπὸ τῶν
εἰδώλων αὐτῶν οὐκ ἦν ὁ ἀναγγέλλων· καὶ ἐὰν ἐρωτήσω αὐτοὺς πόθεν
29 ἐστέ, οὐ μὴ ἀποκριθῶσίν μοι. ²⁹εἰσὶν γὰρ οἱ ποιοῦντες ὑμᾶς, καὶ
μάτην οἱ πλανῶντες ὑμᾶς.

XLII 1 ¹Ἰακὼβ ὁ παῖς μου, ἀντιλήμψομαι αὐτοῦ· Ἰσραὴλ ὁ ἐκλεκτός μου,

18 om υδατων ℵc.b (postea restit) AQ (hab οι γ' ※ υδ. Qmg) | γην] την ℵ ℵAQΓ
19 εις την ανυδρον...λευκην] α΄..ελατην.. θ΄ ※ εν τη αραβα βραθυ θαδδαρ ϟ
θαασσουρ αμα σ' [εν τη] αβατω κυπαρισσο πτελαιαν και πυξον Qmg vid | κεδρων
ℵ* (κεδρου ℵc.a, c.b) | μυρσινην] pr και ℵd.aAQ 20 ιδωσιν] ειδοσιν Γ |
επιστωνται] επισπωνται A | ταυτα] pr παντα ℵc.b + παντα AQ | του Ισραηλ
(στρα|ης (sic) ℵ* Ισρ. ℵc.b)] om του Γ | κατεδειξεν] κατεδιωξεν Q* (κατεδειξ. Qa)
22 om και αναγγειλατωσαν ℵ* (hab ℵa.b(vid), c) | υμιν] οι γ' ημιν Qmg | τα
προτερα ℵAQΓ σ' τα πρωτα θ' τα αρχαια Qmg | επιστησατε ℵ* (-σομεν
ℵc.b) | γνωσωμεθα Γ* 23 om ημιν ℵc.bAQ* (hab Qmg) | om
επερχομενα Γ | κακωσετε Q | οιη και οψομεθα αμα A | αιμα Q* (αμα Qa)
25 om δε A | αφ] απ AQ | κληθησονται] κλησονται A + γαρ Γ | κεραμεους
ℵ* (-μευς ℵc.b (vid)) | καταπατηθησεται ℵ* (-θησεσθαι ℵc.a, c.b) 26 εστιν
1° sub ⸓ Q | ουδε] ουδ AQ | ο ακουων] om ο A | τους λογους υμων ℵc.bAQ
27 Σιων BbAQΓ | Ιελημ ℵ | παρακαλεσω] + εις οδον BabℵQΓ + εν οδω A
28 ουδεις] ουθεις ℵAQ | ατων ℵ* (αυτ. ℵvix antec) | ερωτησω] επερωτησω Qmg
29 εισιν γαρ...υμας (2°)] θ' ιδου παντες ουτοι αδικοι ουδεν τα εργα αυτων
ανεμος ϟ κενον το χωνευμα αυτων [σ'?]...αοικοι (sic) και ματαιοτης οι πλασ-
σό|τες υμας Qmg XLII 1 Ιακωβ sub ⸓ Qvid | Ιακωβ...μου (3°)] θ' ιδου ο
παις μου αντιληψεται αυτου ο εκλεκτος μου ον ευδοκησεν η ψυχη μου Qmg |
αντιληψομαι Qa | Ισραηλ] pr ⸓ et adnot εν τω εβραικω ουτε το Ιακωβ ονομα
ουτε το Ιηλ φερεται Qmg

XLII 2 ΗΣΑΙΑΣ

B προσεδέξατο αὐτὸν ἡ ψυχή μου· ἔδωκα τὸ πνεῦμά μου ἐπ' αὐτόν, κρίσιν τοῖς ἔθνεσιν ἐξοίσει· ²οὐ κεκράξεται οὐδὲ ἀνήσει, οὐδὲ ἀκουσθήσεται ἔξω ἡ φωνὴ αὐτοῦ. ³κάλαμον τεθλασμένον οὐ συντρίψει, καὶ λίνον καπνιζόμενον οὐ σβέσει, ἀλλὰ εἰς ἀλήθειαν ἐξοίσει κρίσιν· ⁴ἀναλάμψει καὶ οὐ θραυσθήσεται, ἕως ἂν θῇ ἐπὶ τῆς γῆς κρίσιν· καὶ ἐπὶ τῷ ὀνόματι αὐτοῦ ἔθνη ἐλπιοῦσιν. ⁵οὕτως λέγει Κύριος ὁ θεὸς ὁ ποιήσας τὸν οὐρανὸν καὶ πήξας αὐτόν, ὁ στερεώσας τὴν γῆν καὶ τὰ ἐν αὐτῇ, καὶ διδοὺς πνοὴν τῷ λαῷ τῷ ἐπ' αὐτῆς καὶ πνεῦμα τοῖς πατοῦσιν αὐτήν. ⁶ἐγὼ Κύριος ὁ θεὸς ἐκάλεσά σε ἐν δικαιοσύνῃ, καὶ κρατήσω τῆς χειρός σου καὶ ἐνισχύσω σε, καὶ ἔδωκά σε εἰς διαθήκην γένους, ⁷ἀνοῖξαι ὀφθαλμοὺς τυφλῶν, ἐξαγαγεῖν ἐκ δεσμῶν δεδεμένους καὶ ἐξ οἴκου φυλακῆς καθημένους ἐν σκότει. ⁸ἐγὼ Κύριος ὁ θεός, τοῦτό μού ἐστιν τὸ ὄνομα, τὴν δόξαν μου ἑτέρῳ οὐ δώσω, οὐδὲ τὰς ἀρετάς μου τοῖς γλυπτοῖς. ⁹τὰ ἀπ' ἀρχῆς ἰδοὺ ἥκασιν, καὶ καινὰ ἃ ἐγὼ ἀναγγέλλω, καὶ πρὸ τοῦ ἀναγγεῖλαι ἐδηλώθη ὑμῖν. ¹⁰Ὑμνήσατε τῷ κυρίῳ ὕμνον καινόν· ἡ ἀρχὴ αὐτοῦ, δοξάζετε τὸ ὄνομα αὐτοῦ ἀπ' ἄκρου τῆς γῆς, οἱ καταβαίνοντες εἰς τὴν θάλασσαν καὶ πλέοντες αὐτήν, αἱ νῆσοι καὶ οἱ κατοικοῦντες αὐτάς. ¹¹εὐφράνθητι, ἔρημος καὶ αἱ κῶμαι αὐτῆς, ἐπαύλεις καὶ οἱ κατοικοῦντες Κηδάρ. εὐφρανθήσονται οἱ κατοικοῦντες πέτραν, ἀπ' ἄκρου τῶν ὀρέων βοήσουσιν· ¹²δώσουσιν τῷ θεῷ δόξαν, τὰς ἀρετὰς αὐτοῦ ἐν ταῖς νήσοις ἀναγγελοῦσιν. ¹³Κύριος ὁ θεὸς τῶν δυνάμεων ἐξελεύσεται καὶ συντρίψει πόλεμον, ἐπεγερεῖ

ℵAQΓ   2 κεκραξεται] κραξεται A   3 τεθλασμενον] συντεθλ. A | καπνιζομενον] α'σ'θ' αμαυρον Q^mg | αλλα] αλλ Γ | κριν ℵ* (κρισ. ℵ?)   4 αναλαμψει] pr και Γ | και ου] καγου (sic) ℵ* | θραυσθησεται (θραυθ. B* θραυσθ. B^ab)] σβεσθησεται ℵ* (θραυσθ. ℵ^c.a) | om της B* (hab B^ab) | om επι 2° Q   5 πηξας αυτον sup ras pl litt A^a? (scr την γην και τα εν αυτη A*^fort) | διδους] δους A | πατουσιν ℵ* (-σιν ℵ^c)   6 εκαλεσα σε] α 2°, σ 2° sup ras Q?^vid ο καλεσας σε Γ | om και 3° ℵQΓ | εις] pr εις δικαιοσυνην ℵ* (improb ℵ^c.a, c.b) | γενους]+εις φως αβαβ^mg ℵ^c.bAQΓ+μου εις φ. εθν. ℵ*   7 τυφλων] τυφλ sup ras 6 vel 7 litt ℵ^a.b   8 ο θεος sub ÷ Q | το ονομα] om το ℵQ* (hab Q^mg)   9 και καινα...αναγγελλω] α' ϛ καινας εγω αναγγ. σ' καινα δε απαγγ. θ' ϛ καινα ιδου εγω απαγγ. Q^mg | om α A | εγω]+ποιω ℵ* (improb ut vid ℵ^c.b sed postea revoc) | αναγγελω ℵAQ | αναγγειλαι] ανατειλαι AQ (σ' superscr) οι σ' αναγγειλαι Θ' βλαστησε α' αναφυηναι Q^mg | υμιν] ημιν Q   10—11 mutila in Γ   10 υμνησατε...το ονομα αυ[του]] pr obelos B^a (non inst B^b) | κυριω] θω̄ ℵ* (κω̄ ℵ^c.b) | om δοξαζετε το ονομα αυτου ℵ* (hab δοξαζεται το ο. αυτ. ℵ^c.a) | απ] επ A | a|ρου ℵ* (ακρου ℵ^c.a) | θαλασσαν] ν sup ras Q?^vid | ras a sup ras Q?^vid | κατοικουντες] κα sup ras Q?^vid   11 ευφρανθητι] α' αρατωσαν θ'σ' επαρατωσαν Q^mg | επαυλεις ℵ* (-λεις ℵ^c.b) Q | απ ακρου] επ ακρων ℵAΓ απ ακρων Q | βοησουσιν] om A βοησονται Q   13 επεγερει Q* (-γερει Q^a)

178

ΗΣΑΙΑΣ XLII 25

14 ζῆλον καὶ βοήσεται ἐπὶ τοὺς ἐχθροὺς αὐτοῦ μετὰ ἰσχύος. [14]ἐσιώπησα, Ε μὴ καὶ ἀεὶ σιωπήσομαι καὶ ἀνέξομαι; ὡς ἡ τίκτουσα ἐκαρτέρησα, 15 ἐκστήσω καὶ ξηρανῶ ἅμα. [15]ἐρημώσω ὄρη καὶ βουνούς, καὶ πάντα χόρτον αὐτῶν ξηρανῶ καὶ θήσω ποταμοὺς εἰς νήσους, καὶ ἕλη ξηρανῶ. 16 [16]καὶ ἄξω τυφλοὺς ἐν ὁδῷ ᾗ οὐκ ἔγνωσαν, καὶ τρίβους ἃς οὐκ ᾔδεισαν πατῆσαι ποιήσω αὐτούς· ποιήσω αὐτοῖς τὸ σκότος εἰς φῶς, καὶ τὰ σκολιὰ εὐθεῖαν. ταῦτα τὰ ῥήματα ποιήσω καὶ οὐκ ἐγκαταλείψω 17 αὐτούς· [17]αὐτοὶ δὲ ἀπεστράφησαν εἰς τὰ ὀπίσω. αἰσχύνθητε αἰσχύνην, οἱ πεποιθότες ἐπὶ τοῖς γλυπτοῖς, οἱ λέγοντες τοῖς χωνευτοῖς Ὑμεῖς ἐστε θεοὶ ἡμῶν. 18 [18]Οἱ κωφοί, ἀκούσατε, καὶ οἱ τυφλοί, ἀναβλέψατε ἰδεῖν. [19]καὶ τίς 19 τυφλὸς ἀλλ' ἢ οἱ παῖδές μου, καὶ κωφοὶ ἀλλ' ἢ οἱ κυριεύοντες αὐτῶν; 20 καὶ ἐτυφλώθησαν οἱ δοῦλοι τοῦ θεοῦ. [20]εἴδετε πλεονάκις, καὶ οὐκ 21 ἐφυλάξασθε· ἠνοιγμένα τὰ ὦτα, καὶ οὐκ ἠκούσατε. [21]Κύριος ὁ θεὸς 22 ἐβουλεύσατο ἵνα δικαιωθῇ καὶ μεγαλύνῃ αἴνεσιν. [22]καὶ εἶδον, καὶ ἐγένετο ὁ λαὸς πεπρονομευμένος καὶ διηρπασμένος· ἡ γὰρ παγὶς ἐν τοῖς ταμείοις πανταχοῦ, καὶ ἐν οἴκοις ἅμα, ὅπου ἔκρυψαν αὐτούς, ἐγένοντο εἰς προνομήν· καὶ οὐκ ἦν ἐξαιρούμενος ἅρπαγμα, καὶ οὐκ 23 ἦν ὁ λέγων Ἀπόδος. [23]τίς ἐν ὑμῖν ὃς ἐνωτιεῖται ταῦτα; εἰσακούσατε 24 εἰς τὰ ἐπερχόμενα [24]οἷς ἔδωκεν εἰς διαρπαγὴν Ἰακὼβ καὶ Ἰσραήλ, τοῖς προνομεύουσιν αὐτόν. οὐχὶ ὁ θεὸς ᾧ ἡμάρτοσαν αὐτῷ, καὶ οὐκ ἐβούλοντο ἐν ταῖς ὁδοῖς αὐτοῦ πορεύεσθαι οὐδὲ ἀκούειν τοῦ νόμου 25 αὐτοῦ; [25]καὶ ἐπήγαγεν ἐπ' αὐτοὺς ὀργὴν θυμοῦ αὐτοῦ, καὶ κατίσχυσεν

13 βοησεται] βο[η]σ sup ras pl litt Q^a 14 εσιωπησα]+απ αιωνος ℵAQΓ Q^{mg} (sub ※) Γ a' εσιγησα απ αιωνος θ'σ' ομοιως τοις ο' Q^{mg} | μη sub ÷ Q^{vid} | σιωπησωμαι ℵ | εκαρτερησα ως η τικτουσα (τικουσα ℵ) ℵAQΓ | εκστησω] εκτησω ℵ* (εκστ. ℵ^c) 7 sup ras $Q^{1?vid}$ 15 om ερημωσω...ξηρανω 1° ℵAQ (θ'σ' ※ ερημωσω ο. κ. β. κ παντα τον χορτον αυτων ξ. Q^{mg}) Γ   16 as] ους ℵAQ^{txt} (as Q^{mg}) Γ | ηδεισαν] εγνωσαν Γ | om αυτους ποιησω ℵ | σκοιλια ℵ* | ευθειαν] pr εις B^{ab}ℵAQΓ | ρηματα]+τα ℵ+α A | ποιησω 3°]+※ αυτοις Q^{mg} | ουκ] B* ου|κ B? | εγκαταλειψω] ε 1° sup ras B? ε̃|καταλ.ℵ   17 απε-στραφησαν] απεστρα sup ras ℵ$^{1(vid)}$ (pr ουκ ut vid ℵ*) | γλυπτοις] γλυπτ sup ras 6 litt A^a | ημων] υμων ℵ* (ημ. ℵ$^{c.a, c.b}$)   19 αλλ η bis] om η ℵ | κωφοι] pr οι ℵ | και 3°] pr [θ'] ※ τις τυφλοις ως ο απεσχηκως $Q^{mg vid}$ | του θεου] υ 1° rescr ℵ^1 20 ειδετε] ειδε ℵ* (-δεται ℵ$^{c.a}$) ιδετε B^{b}A | ηνοιγμενα] ηνεωγμενα Γ | om ουκ 2° ℵ* (hab ℵ$^{c.a}$)   21 εβουλευσατο] εβουλετο Q | μεγαλυνι ℵ* (-νη ℵ$^{c.a}$)   22 ιδον AΓ | ταμιοις B*ℵ*Q*Γ (-μειοις B^{ab}) ταμειοις ℵ$^{c.b}$ AQ^a | οικοις] pr τοις ℵ* (improb ℵ$^{c.b}$) Γ | εξαιρουμενος] pr ο ℵAQΓ   23 ως Γ* (ος Γ$^{1(vid)}$) | εισακουσεται ℵA(Q)Γ+της φωνης του πεδος (παιδ. ℵ$^{c.b}$) αυτου ℵ* (improb ℵ$^{c.b(fort)}$) postea revoc)   24 οις] τις ℵAQ | ημαρτωσαν Γ* (-τοσαν Γ$^{1(vid)}$) | του νομου] pr της φωνης ℵ* το ονομα ℵ^c (postea τ. φ. του νομου revoc)   25 κατισχυσεν (-σιν ℵ* -σεν ℵ$^{c.b}$) αυτους πολεμος] α' κ κραταιωσιν πολεμου θ'σ' κ κρατος πολεμου Q^{mg}

ΗΣΑΙΑΣ

B αὐτοὺς πόλεμος, καὶ οἱ συμφλέγοντες αὐτοὺς κύκλῳ, καὶ οὐκ ἔγνωσαν ἕκαστος αὐτῶν οὐδὲ ἔθεντο ἐπὶ ψυχήν.

¹Καὶ νῦν οὕτως λέγει Κύριος ὁ θεός, ὁ ποιήσας σε Ἰακώβ, καὶ ὁ πλάσας σε Ἰσραήλ Μὴ φοβοῦ, ὅτι ἐλυτρωσάμην σε· ἐκάλεσά σε τὸ ὄνομά σου, ἐμὸς εἶ σύ. ²καὶ ἐὰν διαβαίνῃς δι' ὕδατος, μετὰ σοῦ εἰμι, καὶ ποταμοὶ οὐ συνκλύσουσίν σε· καὶ ἐὰν διέλθῃς διὰ πυρός, οὐ μὴ κατακαυθῇς, φλὸξ οὐ κατακαύσει σε. ³ὅτι ἐγὼ Κύριος ὁ θεός σου, ὁ ἅγιος Ἰσραήλ, ὁ σώζων σε· ἐποίησά σου ἄλλαγμα Αἴγυπτον καὶ Αἰθιοπίαν, καὶ Σοήνην ὑπὲρ σοῦ. ⁴ἀφ' οὗ ἔντιμος ἐγένου ἐναντίον ἐμοῦ, ἐδοξάσθης καὶ ἐγώ σε ἠγάπησα, καὶ δώσω ἀνθρώπους ὑπὲρ σοῦ καὶ ἄρχοντας ὑπὲρ τῆς κεφαλῆς σου. ⁵μὴ φοβοῦ, ὅτι μετὰ σοῦ εἰμι· ἀπὸ ἀνατολῶν ἄξω τὸ σπέρμα σου, καὶ ἀπὸ δυσμῶν συνάξω σε. ⁶ἐρῶ τῷ βορρᾷ Ἄγε, καὶ τῷ λιβί Μὴ κώλυε· ἄγε τοὺς υἱούς μου ἀπὸ γῆς πόρρωθεν, καὶ τὰς θυγατέρας μου ἀπ' ἄκρων τῆς γῆς, ⁷πάντας ὅσοι ἐπικέκληνται τῷ ὀνόματί μου. ἐν γὰρ τῇ δόξῃ μου κατεσκεύασα αὐτὸν καὶ ἔπλασα αὐτὸν καὶ ἐποίησα αὐτόν, ⁸καὶ ἐξήγαγον λαὸν τυφλόν, καὶ ὀφθαλμοί εἰσιν ὡσαύτως τυφλοί, καὶ κωφοὶ τὰ ὦτα ἔχοντες. ⁹πάντα τὰ ἔθνη συνήχθησαν ἅμα, καὶ συναχθήσονται ἄρχοντες ἐξ αὐτῶν· τίς ἀναγγελεῖ ταῦτα; ἢ τὰ ἐξ ἀρχῆς τίς ἀναγγελεῖ ὑμῖν; ἀγαγέτωσαν τοὺς μάρτυρας αὐτῶν καὶ δικαιωθήτωσαν, καὶ ἀκουσάτωσαν, καὶ εἰπάτωσαν ἀληθῆ. ¹⁰γένεσθέ μοι μάρτυρες, καὶ ἐγὼ μάρτυς, λέγει Κύριος ὁ θεός, καὶ ὁ παῖς ὃν ἐξελεξάμην, ἵνα γνῶτε καὶ πιστεύσητε καὶ συνῆτε ὅτι ἐγώ εἰμι· ἔμπροσθέν μου οὐκ ἐγένετο ἄλλος θεός, καὶ μετ' ἐμὲ οὐκ ἔσται. ¹¹ἐγὼ ὁ θεός, καὶ

ℵAQΓ 25 αυτους 2°] pr επ ℵ* (improb ℵ^{c.a} (vid) postea restit) A | και οι συμφλεγοντες (συνφλ. Γ)] θ' ϟ συνεφλογισεν αυτον Q^{mg}   XLIII 1 om και 2° ℵAQ* (superscr ϟ Q^a)   2 διαβαινης] αναβαινης Γ | μετα σου ειμι] εγω ειμι· μετα σου ℵ | συνκλυσουσιν (συνκλουσιν B* συνκλυσ. ℵ* συνκλ. ℵ^{c.b}) συγκλυσουσιν B^{ah}AQ^aΓ | ου μη κατακαυθης] α' ου καυσουσι σε σ' ου κατακαύσουσι σε] θ' ομοιως τοις ο' Q^{mg} | φλοξ] pr ϟ ℵ^{c.a} | σε 2°] ε Q* (σ superscr Q^a)   3 σου 1°] incep σοι ℵ* (σου ℵ¹) | αλλαγμα] α' εξιλασμου Q^{mg} | Εθιοπιαν ℵ* (Αιθ. ℵ^{c.b}) | Σοηνην (ν 2° sup ras A^a)] Σινηνην Γ   4 εμου] μου ℵAQ | και εγω] καγω AQ | ανθρωπους] + πολλους ℵAQΓ   5 δυσμων] δυσμ sup ras A^a (bis scr ανατολων A* fort)   6 ακρου ℵΓ   7 παντες ℵΓ | om αυτον 2° ℵ^{c.b vid} (postea restit) AQΓ   8 κωφα Q* (κωφοι Q^{mg}) | τα ωτα] om τα A   9 συ|ηχθ., σιν|αχθ. B* συ|νηχθ., συνα|χθ. B¹ | ταυτα] + αυτοις ϟ τουτο Q^{mg} | τις αναγγελει υμιν] θ'σ' ακουτισατωσα ημας Q^{mg} | om και ακουσατωσαν ℵAQ | ειπατωσαν] ω sup ras B¹ vid | αληθη] + ϟ ακουσατωσαν ℵ^{c.b}A   10 γενεσθε] γινεσθε Q | και εγω] καγω AQ | om και 2° Γ | πιστευσητε] + μοι A | improb και συνητε ℵ* (postea revoc) | ουκ| εστ. B* ου|κ ε. B¹ (item 11)

ΗΣΑΙΑΣ XLIII 25

12 οὐκ ἔστιν παρὲξ ἐμοῦ σώζων. ¹²ἀνήγγειλα καὶ ἔσωσα, ὠνείδισα καὶ Β οὐκ ἦν ἐν ἡμῖν ἀλλότριος· ὑμεῖς ἐμοὶ μάρτυρες, καὶ ἐγὼ Κύριος ὁ θεὸς 13 ¹³ἔτι ἀπ' ἀρχῆς, καὶ οὐκ ἔστιν ὁ ἐκ τῶν χειρῶν μου ἐξαιρούμενος· ποιήσω, καὶ τίς ἀποστρέψει αὐτό; 14 ¹⁴Οὕτως λέγει Κύριος ὁ θεὸς ὁ λυτρούμενος ὑμᾶς, ὁ ἅγιος Ἰσραήλ Ἕνεκεν ὑμῶν ἀποστελῶ εἰς Βαβυλῶνα καὶ ἐπεγερῶ φεύγοντας πάντας, 15 καὶ Χαλδαῖοι ἐν πλοίοις δεθήσονται. ¹⁵ἐγὼ Κύριος ὁ θεὸς ὁ ἅγιος 16 ὑμῶν, ὁ καταδείξας Ἰσραὴλ βασιλέα ὑμῶν. ¹⁶οὕτως λέγει Κύριος ὁ 17 διδοὺς ἐν θαλάσσῃ ὁδὸν καὶ ἐν ὕδατι ἰσχυρῷ τρίβον, ¹⁷ὁ ἐξαγαγὼν ἅρματα καὶ ἵππον καὶ ὄχλον ἰσχυρόν· ἀλλὰ κοιμηθήσονται καὶ 18 οὐκ ἀναστήσονται, ἐσβέσθησαν ὡς λίνον ἐσβεσμένον ¹⁸Μὴ μνημο- 19 νεύετε τὰ πρῶτα, καὶ τὰ ἀρχαῖα μὴ συλλογίζεσθε· ¹⁹ἰδοὺ ἐγὼ ποιῶ καινὰ ἃ νῦν ἀνατελεῖ, καὶ γνώσεσθε αὐτά. καὶ ποιήσω ἐν τῇ ἐρήμῳ 20 ὁδὸν καὶ ἐν τῇ ἀνύδρῳ ποταμούς· ²⁰εὐλογήσουσί με τὰ θηρία τοῦ ἀγροῦ, σειρῆνες καὶ θυγατέρες στρουθῶν, ὅτι ἔδωκα ἐν τῇ ἐρήμῳ ὕδωρ 21 καὶ ποταμοὺς ἐν τῇ ἀνύδρῳ, ποτίσαι τὸ γένος μου τὸ ἐκλεκτόν, ²¹λαόν 22 μου ὃν περιεποιησάμην τὰς ἀρετάς μου διηγεῖσθαι. ²²οὐ νῦν ἐκάλεσά 23 σε, Ἰακώβ, οὐδὲ κοπιᾶσαί σε ἐποίησα, Ἰσραήλ· ²³οὐκ ἐμοὶ πρόβατά σου τῆς ὁλοκαρπώσεώς σου, οὐδὲ ἐν ταῖς θυσίαις σου ἐδόξασάς με, 24 οὐδὲ ἔγκοπον ἐποίησά σε ἐν λιβάνῳ, ²⁴οὐδὲ ἐκτήσω μοι ἀργυρίου θυσίασμα, οὐδὲ τὸ στέαρ τῶν θυσιῶν σου ἐπεθύμησα, ἀλλὰ ἐν ταῖς 25 ἁμαρτίαις σου προέστης μου καὶ ἐν ταῖς ἀδικίαις σου. ²⁵ἐγώ εἰμι ἐγώ

11 εσιν ℵ* (εστιν ℵ^c.a: item 13) 12 ανηγγειλα] απηγγειλα pr οι γ' ℵAQΓ ※ εγω Q^mg | om ωνειδισα Γ | ημιν] υμιν ℵAQΓ | και εγω] καγω μαρτυς λεγει AQ 13 ο εκ] om ο ℵ* (hab ℵ^c.a) 14 οm ο θεος Γ | παντας φευγοντας (φευοντ. ℵ* φευγονταις ℵ^c.a) ℵA (γ in φειγ. sup ras A^a) QΓ | Χαλδεοι ℵ | πλοιοις (πλιοις ℵ*)] κλοιοις ℵ^c.a A εν ναυσιν Q^mg 16 ουτως] pr οι γ' ※ οτι Q^mg | οδον εν θαλασση ℵAQΓ 17 εξαγαγων] εξεμενων A | αλλα] αλλ B^ab ℵ | κοιμηθησονται] εκοιμηθησαν B^ab ℵAQΓ | εσβεσμενων ℵ¹ 18 om μη 1° A | τα αρχαια και τα πρωτα Γ 19 ιδου] pr οι γ' ※ οτι Q^mg | εγω ποιω] om εγω ℵ^c.b (postea revoc) AΓ ποιω εγω Q | ανατελει] ανατελω ℵ* (-τελει ℵ^c.a, c.b) | om αυτα ℵ^c.b (postea revoc) | τη ανυδρω] γη αν. Q 20 ευλογησουσι (-σει B* -σιν Γ)] ευλογησι ℵ* -σει ℵ^c.b AQ pr και Q | τα θηρια] pr παντα Γ | σειρηνες (σιρ. Q* σειρ. Q^a)] θ' θεννϊ Q^mg | θυγ. στρουθων] α' στρουθοκαμηλοι Q^mg | εν 2°] pr εν γη διψωσση (σ 2° postea ras) ℵ* (improb rurs restit ℵ?) | ποτισαι] ποτιω A 21 λαον] pr τον Q 22 ου νυν εκαλεσα σε] α'θ' ϛ ουκ εμε εκαλεσας Q^mg | ουδε] ου A 23 ουκ]+οι γ' ※ ηνεγκας Q^mg | om σου 1° ℵAQΓ [με]+ουδε εδουλευσας μοι (om μοι AΓ) εν ταις θυσιαις σου ℵ^c.a AΓ + ουκ εδουλωσα σε εν θυσιαις: θ'σ' ου κατεδουλωσαμην σε α' ομοιως τοις ο' Q^mg | εγκοπον B^ab ℵAQΓ | σε] ε A* (σ superscr A¹) 24 εκτησε Γ?vid | θυσιασμα] θυμαμα ℵAQ | το στεαρ] om το ℵ* (hab ℵ^c.b) AΓ | επιθυμησα Γ | εν ταις αμ. σου] ita α'σ'θ' Q^mg | om προεστης μου ℵAQΓ σ'α' εκοπωσας με θ' εγκοπον εποιησας με Q^mg | σου 3°]+προεστην σου ℵAQ^a (?Γ¹)+προεστης μου Q* (?Γ)

B εἰμὶ ὁ ἐξαλείφων τὰς ἀνομίας σου ἕνεκεν ἐμοῦ, καὶ τὰς ἁμαρτίας σου, καὶ οὐ μνησθήσομαι. ²⁶σὺ δὲ μνήσθητι καὶ κριθῶμεν· λέγε σὺ τὰς 26 ἀνομίας σου πρῶτος, ἵνα δικαιωθῇς. ²⁷οἱ πατέρες ὑμῶν πρῶτοι καὶ 27 οἱ ἄρχοντες ὑμῶν ἠνόμησαν εἰς ἐμέ, ²⁸καὶ ἐμίαναν οἱ ἄρχοντες τὰ 28 ἅγιά μου· καὶ ἔδωκα ἀπολέσαι Ἰακώβ, καὶ Ἰσραὴλ εἰς ὀνειδισμόν.

¹νῦν δὲ ἄκουσον, Ἰακὼβ ὁ παῖς μου, καὶ Ἰσραὴλ ὃν ἐξελεξάμην, 1 XLIV ²οὕτως λέγει Κύριος ὁ θεὸς ὁ ποιήσας σε, καὶ ὁ πλάσας σε ἐκ κοιλίας 2 Ἔτι βοηθηθήσῃ· μὴ φοβοῦ, παῖς μου Ἰακώβ, καὶ ὁ ἠγαπημένος Ἰσραὴλ ὃν ἐξελεξάμην. ³ὅτι ἐγὼ δώσω ὕδωρ ἐν δίψει τοῖς πορευομένοις ἐν 3 ἀνύδρῳ, ἐπιθήσω τὸ πνεῦμά μου ἐπὶ τὸ σπέρμα σου, καὶ τὰς εὐλογίας μου ἐπὶ τὰ τέκνα σου, ⁴καὶ ἀνατελοῦσιν ὡς ἀνὰ μέσον ὕδατος χόρτος, 4 καὶ ὡς ἰτέα ἐπὶ παραρρέον ὕδωρ. ⁵οὗτος ἐρεῖ Τοῦ θεοῦ εἰμι, καὶ οὗτος 5 βοήσεται ἐπὶ τῷ ὀνόματι Ἰακώβ, καὶ ἕτερος ἐπιγράψει χειρὶ αὐτοῦ Τοῦ θεοῦ εἰμι· ἐπὶ τῷ ὀνόματι Ἰσραὴλ καὶ βοήσεται.

⁶Οὕτως λέγει ὁ βασιλεὺς Ἰσραὴλ καὶ ῥυσάμενος αὐτόν, θεὸς 6 σαβαὼθ Ἐγὼ πρῶτος καὶ ἐγὼ μετὰ ταῦτα, πλὴν ἐμοῦ οὐκ ἔστιν θεός. ⁷τίς ὥσπερ ἐγώ; στήτω καὶ καλεσάτω καὶ ἀναγγειλάτω, καὶ ἑτοιμα- 7 σάτω μοι ἀφ' οὗ ἐποίησα ἄνθρωπον εἰς τὸν αἰῶνα, καὶ τὰ ἐπερχόμενα πρὸ τοῦ ἐλθεῖν ἀναγγειλάτωσαν ὑμῖν. ⁸μὴ παρακαλύπτεσθε μηδὲ 8 πλανᾶσθε· οὐκ ἀπ' ἀρχῆς ἠνωτίσασθε, καὶ ἀπήγγειλα ὑμῖν; μάρτυρες ὑμεῖς ἐστε· εἰ ἔστιν θεὸς πλὴν ἐμοῦ; καὶ οὐκ ἤκουσαν τότε. ⁹οἱ 9

ℵAQΓ   25 ειμι 2°] + οι γ' ※ αυτος Qᵐᵍ om Γᵛⁱᵈ | εξαλιφων B*ℵQ* (εξαλειφ. Bᵃᵇ AQᵃΓ) | om ενεκεν εμου και τας αμ. σου ℵAQΓ θ' ※ ενεκεν...σου Qᵐᵍ | ου] +μη BᵃᵇℵAQΓ | μνησθησομαι]+τας αδικιας σου A   26 κριθωμεν]+α'θ' ※ αμα Qᵐᵍ | πρωτος] πρωτον ℵΓ pr ⸓ Q¹   27 υμων 1°] ημων A | πρωτοι] πρωτον Q* + ※ ημαρτο͞| οι γ' ημαρτεν Qⁱⁿᵏ | υμων 2°] αυτων ℵAQΓ   28 αρ-χοντες]+σου Q | Ισραηλ] Ιλημ A   XLIV 1 Ιακωβ ο παις μου] παις μου I. ℵAQΓ   2 om σε 2° ℵ* (hab ℵᶜ·ᵃ) | βοηθηθησει ℵ* (-ση ℵ¹)   2—3 ον εξελεξαμην οτι ε sup ras ut vid B?   3 οτι] ετι (α'θ' οτι) Qᵐᵍ | εν διψει υδωρ Q | επι 1°] incep επι σ ℵ* | το 2°] incep τος ℵ* | και τας ευλογιας μου] θ'σ' ϗ την ευλογιαν μου α' [και] ευλογιαν μου Qᵐᵍ | om σου 2° Qᵛⁱᵈ   4 ως 1°] ωσει AQ | χορτος ανα μεσον υδ. ℵᶜ·ᵇAQ | improb και 2° ℵᶜ·ᵇ | παραρεον ℵ (παρεον ℵ* παραρ. ℵᶜ·ᵃ) AQΓ   5 βοησεται 1°] ερει A | επιγραψει] επι-γραψη ℵ επιγραφει A | om χειρι αυτου ℵAQΓ α'θ' ※ χειρα αυτου Qᵐᵍ | om και βοησεται ℵᶜAQ (hab βοησ. Qᵐᵍ)   6 λεγει]+ο θ͞σ Bᵃᵇℵ AQ+κ͞σ ο θ͞σ Γ | om ο βασιλευς ℵ* (hab ℵᶜ·ᵃ) | Ισραηλ] pr του ℵA | και ρισαμενος] ο ρυσ. ℵAQΓ | σαβαωθ] Ι͞σλ Γ   7 ωσπερ] περ rescr ℵ¹ | om και 1° AQ | στητω (sub ⸓ Q)]+ϗ καλεσατω ℵᶜ·ᵃ | καλεσατω] λαλησατω ℵ+ϗ καλεσατω ℵᶜ·ᵃ | om και αναγγειλατω ℵAQ* (hab sub ※ Qᵐᵍ) Γ | εποιησα] εταξα Qᵐᵍ | αιωναν ℵ* (-να ℵᶜ·ᵃ, ᶜ·ᵇ)   8 μη παρακαλυπτεσθε] θ' μη θαμβεισθε Qᵐᵍ | om μηδε πλανασθε ℵAQ* (hab θ' ※ μηδε πλανασθε Qᵐᵍ) Γ | ηκουσαν] ησαν ℵA

ΗΣΑΙΑΣ XLIV 17

πλάσσοντες καὶ οἱ γλύφοντες, πάντες μάταια, ποιοῦντες τὰ καταθύμια Β
10 αὐτῶν ἃ οὐκ ὠφελήσει αὐτούς· ἀλλὰ αἰσχυνθήσονται. ¹⁰οἱ πλάσσοντες
11 θεὸν καὶ γλύφοντες, πάντες ἀνωφελῆ, ¹¹καὶ πάντες ὅθεν ἐγένοντο
ἐξηράνθησαν, καὶ κωφοὶ ἀπὸ ἀνθρώπων· συναχθήτωσαν πάντες καὶ
12 στήτωσαν ἅμα, καὶ ἐντραπήτωσαν καὶ αἰσχυνθήτωσαν ἅμα. ¹²ὅτι
ὤξυνεν τέκτων σίδηρον, σκεπάρνῳ εἰργάσατο αὐτὸ καὶ ἐν τερέτρῳ
ἔστησεν αὐτό, καὶ εἰργάσατο αὐτὸ ἐν τῷ βραχίονι τῆς ἰσχύος αὐτοῦ·
13 καὶ πεινάσει καὶ ἀσθενήσει καὶ οὐ μὴ πίῃ ὕδωρ. ¹³ἐκλεξάμενος
τέκτων ξύλον ἔστησεν αὐτὸ ἐν μέτρῳ, καὶ ἐν κόλλῃ ἐρύθμισεν αὐτό,
καὶ ἐποίησεν αὐτὸ ὡς μορφὴν ἀνδρὸς καὶ ὡς ὡραιότητα ἀνθρώπου,
14 στῆσαι αὐτὸ ἐν οἴκῳ. ¹⁴ἔκοψεν ξύλον ἐκ τοῦ δρυμοῦ ὃ ἐφύτευσεν ὁ
15 κύριος, καὶ ὑετὸς ἐμήκυνεν, ¹⁵ἵνα ᾖ ἀνθρώποις εἰς καῦσιν· καὶ λαβὼν
ἀπ' αὐτοῦ ἐθερμάνθη, καὶ καύσαντες ἔπεψαν ἄρτους ἐπ' αὐτῶν· τὸ δὲ
16 λοιπὸν εἰργάσαντο θεούς, καὶ προσκυνοῦσιν αὐτούς. ¹⁶οὗ τὸ ἥμισυ
αὐτοῦ κατέκαυσεν ἐν πυρί, καὶ ἐπὶ τοῦ ἡμίσους αὐτοῦ ἔπεψεν ἐν τοῖς
ἄνθραξιν ἄρτους, καὶ ἐπ' αὐτοῦ κρέας ὀπτήσας ἔφαγεν καὶ ἐνεπλήσθη,
17 καὶ θερμανθεὶς εἶπεν Ἡδύ μοι ὅτι ἐθερμάνθην καὶ εἶδον πῦρ· ¹⁷τὸ δὲ

9 πλασσοντες]+με ℵ*c.a vid* (postea ras) | οι γλυφοντες] om οι AQΓ+με ℵAQΓ
ℵ*c.a vid* (postea ras) | ματαιοι ℵ*c.a* (·τεοι) AQΓ | ποιουντες] pr οι ℵAQΓ | αυτων]
εαυτων ℵ*c.b* 9—10 αλλα...ανωφελη] θ' ※ ϛ μαρτυρες αυτων εισι̅ ουκ οψονται
ϛ ου γνωσονται ινα αισχυ̅|θωσι̅ τις πλασσει ισχυρον ϛ γλυπτον χωνευσει εις
ανωφελη ιδου πα̅|τες οι κωνωνουντες αυτω̅| Q*mg* 9 αλλα] αλλ ℵ*c.b*Γ 10 οι
πλασσοντες] pr παντες ℵ* (improb ℵ*c.b* postea revoc) AQΓ 10—11 και
1°...απο ανθρ.] pr ÷ Q¹ 10 οι πλ. θεον και γλυφ sup ras B¹?ab | om παντες
ℵAQ* (hab Q*mg*) Γ 11 στητωσαν] στησονται A | om και 4° ℵAQΓ |
εντραπητωσαν...αμα] improb vid ℵ*c.b* (postea restit) 12 οτι] pr ÷ Q |
σκεπαρνω] σ sup ras A² | ειργασατο 1°] ηργ. Q* vid (ειργ. Qª) | αυτο 1°]+οι
γ' ※ εν ανθραξι Q*mg* | και εν τερετρω εστησεν αυτο] α' ϛ εν σφυραις επλασεν
αυτο σ' ϛ εν τερετρω ερυθμωσεν αυτο θ'...ρυθμιει αυτο Q*mg* | εστησεν] ετρησεν
ℵ*c.b*AQΓ | om και 2° ℵAΓ | και 4°] incep κασ ℵ* 13 εν μετρω]+α' ※ ϛ
εμορφωσεν αυτο εν παραγραφιδι εποιησεν αυτο εν περιγωνιοις Q*mg* | ερρυθμισεν
B*ab* | om και 2° ℵAQΓ | om εν οικω ℵ* (hab ℵ*c.b*) 14 εκοψεν] pr ο
ℵAQΓ+θ'α' ※ αυτω κεδρους ϛ ελαβεν αγριοβαλανον ϛ δρῦ| ϛ εκαρτερωσεν
αυτο Q*mg* | ο κυριος] κυριος ℵAQ (sub ÷) οι γ' ο κυριος+·※ πιτῦ| Q*mg*
15 η] ην ℵ* | ανθρωποις] ανος ℵ* (·νοῖς ℵ*c.a, c.b*) | αυτων] αυτου A | ειργα-
σαντο (ηργ. Q* vid)] ειργασατο A | θεους] pr εις ℵAQΓ | αυτους] αυτοις Q* |
αυτους+θ' ※ εποιησεν αυτο γλυπτον ϛ καμπτει αυτοις Q*mg* 16 ημισου B*
(·συ B*ab*) | om αυτου 1° ℵ* (hab ℵ*c.b*) | κατεκαυσαν ℵQ | και 1°...αρτους] και
καυσαντες επεψαν αρτους επ αυτων ℵ* (uncis incl και...αυτων ℵ*c.a* restit ℵ*c.b*)
και καυσ. επεψαν (επεψ. A) αρτους επ αυτων AQ και επεψαν αρτους επ
αυτων Γ ϛ επεψέ| επι τοις ανθραξι̅ αυτους ϛ επ αυτου Q*mg* | αρτους] ρ sup ras
B*ab* (αυτ. B* *fort*) | και επ αυτου] ※ ϛ επι του ημισους αυτου Q*mg* | κριας ℵ*
(κρεας ℵ*c.a, c.b*) | οπτησας] pr ÷ Q¹ | εφαγεν]+οι γ' ※ ωπτησεν οπτον Q*mg* |
ιδον A

XLIV 18 ΗΣΑΙΑΣ

B λοιπὸν ἐποίησεν εἰς θεὸν γλυπτόν, καὶ προσκυνεῖ καὶ προσεύχεται πρὸς αὐτὸ λέγων Ἐξελοῦ με, ὅτι θεός μου εἶ σύ. ¹⁸οὐκ ἔγνωσαν 18 φρονῆσαι, ὅτι ἀπημαυρώθησαν τοῦ βλέπειν τοῖς ὀφθαλμοῖς αὐτῶν καὶ τοῦ νοῆσαι τῇ καρδίᾳ αὐτῶν. ¹⁹καὶ οὐκ ἐλογίσατο τῇ ψυχῇ αὐτοῦ 19 οὐδὲ ἔγνω τῇ φρονήσει ὅτι τὸ ἥμισυ αὐτοῦ κατέκαυσεν ἐν πυρί, καὶ ἔπεψεν ἐπὶ τῶν ἀνθράκων αὐτοῦ ἄρτους, καὶ ὀπτήσας κρέα ἔφαγεν, καὶ τὸ λοιπὸν αὐτοῦ εἰς βδέλυγμα ἐποίησεν καὶ προσκυνοῦσιν αὐτῷ. ²⁰γνῶθι ὅτι σποδὸς ἡ καρδία αὐτῶν, καὶ πλανῶνται, καὶ οὐδεὶς 20 δύναται ἐξελέσθαι τὴν ψυχὴν αὐτοῦ· ἴδετε, οὐκ ἐρεῖτε ὅτι Ψεῦδος ἐν τῇ δεξιᾷ μου. ²¹Μνήσθητι ταῦτα, Ἰακὼβ καὶ Ἰσραήλ, ὅτι παῖς μου 21 εἶ σύ· ἔπλασά σε παῖδά μου, καὶ σύ, Ἰσραήλ, μὴ ἐπιλανθάνου μου. ²²ἰδοὺ γὰρ ἀπήλειψα ὡς νεφέλην τὰς ἀνομίας σου, καὶ ὡς γνόφον τὰς 22 ἁμαρτίας σου· ἐπιστράφητι πρὸς μέ, καὶ λυτρώσομαί σε. ²³εὐφράν- 23 θητε, οὐρανοί, ὅτι ἠλέησεν ὁ θεὸς τὸν Ἰσραήλ· σαλπίσατε τὰ θεμέλια τῆς γῆς, βοήσατε ὄρη εὐφροσύνην, οἱ βουνοὶ καὶ πάντα τὰ ξύλα τὰ ἐν αὐτοῖς, ὅτι ἐλυτρώσατο ὁ θεὸς τὸν Ἰακώβ, καὶ Ἰσραὴλ δοξασθήσεται. ²⁴Οὕτως λέγει Κύριος ὁ λυτρούμενός σε καὶ πλάσσων σε 24 ἐκ κοιλίας Ἐγὼ Κύριος ὁ συντελῶν πάντα, ἐξέτεινα τὸν οὐρανὸν μόνος, καὶ ἐστερέωσα τὴν γῆν. ²⁵τίς ἕτερος διασκεδάσει σημεῖα 25 ἐνγαστριμύθων καὶ μαντείας ἀπὸ καρδίας, ἀποστρέφων φρονίμους εἰς τὰ ὀπίσω καὶ τὴν βουλὴν αὐτῶν μωρεύων, ²⁶καὶ ἱστῶν ῥήματα παιδὸς 26 αὐτοῦ, καὶ τὴν βουλὴν τῶν ἀγγέλων αὐτοῦ ἀληθεύων; ὁ λέγων Ἰερουσαλὴμ Κατοικηθήσῃ, καὶ ταῖς πόλεσιν τῆς Ἰδουμαίας Οἰκοδομη-
§ Z θήσεσθε, §καὶ τὰ ἔρημα αὐτῆς ἀνατελεῖ· ²⁷ὁ λέγων τῇ ἀβύσσῳ Ἐρημω- 27 θήσῃ, καὶ τοὺς ποταμούς σου ξηρανῶ· ²⁸ὁ λέγων Κύρῳ φρονεῖν, καὶ 28 Πάντα τὰ θελήματά μου ποιήσει· ὁ λέγων Ἰερουσαλὴμ Οἰκοδομηθήσῃ,
¶ Z καὶ τὸν οἶκον τὸν ἅγιόν μου θεμελιώσω¶.

ℵAQΓZ 17 εποιησεν] ηργασαντο Q* vid ειργ. Qa (εποιησεν Qmg) | om εις A | προσκυνει]+αυτω ℵAQΓ | προσ|ευχ. Q* προ|σευχ. Qa | προς αυτο] προς αυτον ℵ om AQ | εξελουμαι B* ℵAQ* Γ (εξελου με BabQa) 18 φρονησαι] incep φρω ℵ* vid (φρον. ℵ¹) | απημαρωθησαν ℵ* (απημαυρ. ℵc) 19 τη ψυχη] pr η καρδια (τη κ. ℵc vel iam antea AQΓ) ουδε (ουδ ℵ* Γ ουδε ℵc.a, c.b) ανελογισατο (+εν ℵc.bA) ℵAQΓ | ουδε] ουδ ℵ* (ουδε ℵc.a) Γ | θρακων B* (ανθρ. Bab) | κρεας ℵAQΓ | προσκυνησουσιν ℵ 20 γνωθι] γνωτε ℵA 21 οτι] ο ℵ* (οτι ℵc.a, c.b) | om συ 2° Q 22 αφηλιψα ℵ* (απηλ. ℵc.a, c.b) | om ως 2° Q* (hab Q¹mg) | επιστραφηθι Bab 23 τα θεμελια] om τα AQ* (hab Qmg) Γ | ελιτρωσατο ηλεησεν A 24 λυτρωμενος A | πλασσων] ο πλασας ℵ ο πλασσων Q | παντα] ταυτα A 25 διεσκεδασεν A | εγγαστριμυθων BabAQ | μαντιας ℵAQ* (-τειας Qa) Γ 26 παιδων A | πολεσι Q | Ιδουμαιας] Ιουδαιας ℵ (-δεας) AQΓ | ανατελει] αναστησω Z

ΗΣΑΙΑΣ XLV 11

XLV 1 ¹Οὕτως λέγει Κύριος ὁ θεὸς τῷ ˢχριστῷ μου Κύρῳ, οὗ ἐκράτησα B ⸔ Z
τῆς δεξιᾶς ἐπακοῦσαι ἔμπροσθεν αὐτοῦ ἔθνη, καὶ ἰσχὺν βασιλέων
διαρρήξω, ἀνοίξω ἔμπροσθεν αὐτοῦ θύρας, καὶ πόλεις οὐ⸔ συνκλεισθή- ¶Z
2 σονται ²Ἐγὼ ἔμπροσθέν σου πορεύσομαι καὶ ὄρη ὁμαλιῶ, θύρας
3 χαλκᾶς συντρίψω καὶ μοχλοὺς σιδηροῦς συνκλάσω, ³καὶ δώσω σοι
θησαυροὺς σκοτινοὺς ἀποκρύφους, ἀοράτους ἀνοίξω σοι, ἵνα γνῷς ὅτι
4 ἐγὼ Κύριος ὁ θεὸς ὁ καλῶν τὸ ὄνομά σου, θεὸς Ἰσραήλ. ⁴ἕνεκεν τοῦ
παιδός μου Ἰακὼβ καὶ Ἰσραὴλ τοῦ ἐκλεκτοῦ μου ἐγὼ καλέσω σε τῷ
5 ὀνόματί μου καὶ προσδέξομαί σε· σὺ δὲ οὐκ ἔγνως με. ⁵ὅτι ἐγὼ
Κύριος ὁ θεός, καὶ οὐκ ἔστιν ἔτι πλὴν ἐμοῦ· ἐνίσχυσά σε, καὶ
6 οὐκ ᾔδεις με, ⁶ἵνα γνῶσιν οἱ ἀπ' ἀνατολῶν ἡλίου καὶ οἱ ἀπὸ δυσμῶν
7 ὅτι οὐκ ἔστιν πλὴν ἐμοῦ. ἐγὼ Κύριος ὁ θεός, καὶ οὐκ ἔστιν ἔτι, ⁷ἐγὼ
ὁ κατασκευάσας φῶς καὶ ποιήσας σκότος, ὁ ποιῶν εἰρήνην καὶ κτίζων
8 κακά· ἐγὼ Κύριος ὁ θεὸς ὁ ποιῶν πάντα ταῦτα. ⁸εὐφρανθήτω ὁ
οὐρανὸς ἄνωθεν, καὶ αἱ νεφέλαι ῥανάτωσαν δικαιοσύνην· ἀνατειλάτω
ἡ γῆ καὶ βλαστησάτω ἔλεος, καὶ δικαιοσύνην ἀναγγειλάτω ἅμα· ἐγώ
9 εἰμι Κύριος ὁ κτίσας σε. ⁹Ποῖον βέλτιον κατεσκεύασα ὡς πηλὸν
κεραμέως; μὴ ὁ ἀροτριῶν ἀροτριάσει τὴν γῆν ὅλην τὴν ἡμέραν; μὴ
ἐρεῖ ὁ πηλὸς τῷ κεραμεῖ Τί ποιεῖς, ὅτι οὐκ ἐργάζῃ οὐδὲ ἔχεις χεῖρας;
10 ¹⁰μὴ ἀποκριθήσεται τὸ πλάσμα πρὸς τὸν πλάσαντα αὐτό; ὁ λέγων
11 τῷ πατρί Τί γεννήσεις; καὶ τῇ μητρί Τί ὠδίνεις⁋ ¹¹ὅτι οὕτως λέγει ¶Γ
Κύριος ὁ θεὸς ὁ ἅγιος Ἰσραὴλ ὁ ποιήσας τὰ ἐπερχόμενα Ἐρωτήσατέ

XLV 1 ο θεος] pr ⸓ Q (item 3, 5, 6, 7, 11) | ου] ουκ ℵ* (ras κ ℵsaltem c) | ℵAQΓ
εκρατησας A | δεξιας]+αυτου ℵd.aΓ | επακουσαι] επακουσεται Γ | διαρηξω
ℵc.b | ανοιξω] ανυξαι Γ | θυρας] πυλας Γ | πολις B*ℵ*Q* (-λεις Bab ℵc.b Qa)
συγκλεισθησονται BbAQaΓ   2 σου] αυτου A | πορευσομαι (-σωμαι ℵ)]
προπορευσομαι QΓ | συγκλασω BbvidAQaΓ   3 σκοτεινους BabQa | om
αορατους A* (hab Aat(mg)) | γνωση AΓ | ο καλων sup ras Qt   4 Ιακωβ του
παιδος μου ℵAQΓ | μου 3°] σου ℵ* (μ. ℵc.b) οι γ' σου Qmg | om με ℵ* (hab
ℵc.b)   5 οτι] pr ⸓ Q | εμου]+θs B¹mgAQΓ+⁂ ουκ εστιν [θs] Qmg | om
ενισχυσα σε ℵAQ (θ' ⁂ ενισχυσας Qmg) | ηδεις] ηδεισαν A   6 απ] απο
ℵAQΓ | δυσμων]+θ'σ' ⁂ αυτου Qmg | εστιν (εισιν ℵ*)]+ετι ℵcQΓ | εγω] pr
και οτι A   7 ο 2° sub ⸓ Q | ταυτα παντα AΓ   8 αι νεφελαι] om αι ℵ*
(hab ℵc.a) | ρανατωσαν BabQ] ρενατωσαν B* ραινετωσαν AΓ (ρενετ.) | om και
βλαστησατω ℵQ | δικαιοσυνη (2°) A | αναγγειλατω] ανατειλατω ℵ (-τιλ.)
AQΓ | ειμι Κυριος] om Κυριος Q* κs ειμι Qmg+o θs ℵ* (improb ℵt
postea revoc) Γ   9 ποιον...κεραμεως] θ' ουαι ο κρινομενος μετα του
πλασσοντος αυτον α' ωι (sic) δικαζομενος συμπλασσοντι αυτο Qmg | βελτιων
Q* (superscr ο Qa) | ο αροτριων] om ο Q* (hab Qa) | αροτριασει] αροτρια
εις ℵ* (-ασει ℵc.b) | γην ολην την ημεραν] pr obel Ba (non inst Bb) ολην τ.
ημ. uncis incl postea revoc ℵt om AQ* (hab Q¹mg)   10 om μη...αυτο
ℵc.a (revoc ℵc.b) AQΓ | προς τον πλασαντα αυτο] τω προσπλασαντι αυτον
ℵ*c.b | ο λεγων] pr ⁂ ουαι Qmg | ωδινεις] ωδινησεις ℵAQ

185

ΗΣΑΙΑΣ

XLV 12

Β με περὶ τῶν υἱῶν μου, καὶ περὶ τῶν ἔργων τῶν χειρῶν μου ἐντείλασθέ μοι. ¹²ἐγὼ ἐποίησα γῆν καὶ ἄνθρωπον ἐπ' αὐτῆς, ἐγὼ τῇ χειρί μου 12 ἐστερέωσα τὸν οὐρανόν, ἐγὼ πᾶσι τοῖς ἄστροις ἐνετειλάμην. ¹³ἐγὼ 13 ἤγειρα αὐτὸν μετὰ δικαιοσύνης βασιλέα, καὶ πᾶσαι αἱ ὁδοὶ αὐτοῦ εὐθεῖαι· οὗτος οἰκοδομήσει τὴν πόλιν μου, καὶ τὴν αἰχμαλωσίαν τοῦ λαοῦ μου ἐπιστρέψει, οὐ μετὰ λύτρων οὐδὲ μετὰ δώρων, εἶπεν Κύριος σαβαώθ.

¹⁴Οὕτως λέγει Κύριος σαβαὼθ Ἐκοπίασεν Αἴγυπτος, καὶ ἐμπορία 14 Αἰθιόπων, καὶ οἱ Σαβαεὶμ ἄνδρες ὑψηλοὶ ἐπὶ σὲ διαβήσονται, καὶ σοὶ ἔσονται δοῦλοι καὶ ὀπίσω σου ἀκολουθήσουσιν δεδεμένοι χειροπέδαις, καὶ διαβήσονται πρὸς σὲ καὶ προσκυνήσουσίν σοι, καὶ ἐν σοὶ προσεύξονται· ὅτι ἐν σοὶ ὁ θεός ἐστιν καὶ οὐκ ἔστιν θεὸς πλὴν σοῦ. ¹⁵σὺ 15 γὰρ εἶ θεός, καὶ οὐκ ᾔδειμεν, ὁ θεὸς τοῦ Ἰσραήλ. ¹⁶αἰσχυνθήσονται 16 καὶ ἐντραπήσονται πάντες οἱ ἀντικείμενοι αὐτῷ, καὶ πορεύσονται ἐν αἰσχύνῃ. ἐγκαινίζεσθε πρός μέ, νῆσοι. ¹⁷Ἰσραὴλ σώζεται ὑπὸ 17 Κυρίου σωτηρίαν αἰώνιον· οὐκ αἰσχυνθήσονται οὐδὲ μὴ ἐντραπῶσιν ἕως τοῦ αἰῶνος. ¹⁸Οὕτως λέγει Κύριος ὁ ποιήσας τὸν οὐρανόν, 18 οὗτος ὁ θεὸς ὁ καταδείξας τὴν γῆν καὶ ποιήσας αὐτήν, αὐτὸς διώρισεν αὐτήν, οὐκ εἰς κενὸν ἐποίησεν, ἀλλὰ κατοικεῖσθαι ἔπλασεν αὐτήν, Ἐγώ εἰμι, καὶ οὐκ ἔστιν ἔτι. ¹⁹οὐκ ἐν κρυφῇ λελάληκα οὐδὲ ἐν τόπῳ 19 γῆς σκοτεινῷ· οὐκ εἶπα τῷ σπέρματι Ἰακὼβ Μάταιον ζητήσατε· ἐγώ εἰμι ἐγώ εἰμι Κύριος ὁ λαλῶν δικαιοσύνην καὶ ἀναγγέλλων ἀλήθειαν. ²⁰συνάχθητε καὶ ἥκετε, βουλεύσασθε ἅμα, οἱ σωζόμενοι ἀπὸ τῶν 20

ℵAQ 11 των υιων...εργων] θ' των υιων μου ϗ περι της εργασιας Q^mg | μου 1°] +και περι των θυγατερων μου ℵAQ | om και περι των εργων των χ. μου Q 12 πασιν ℵ | αστρος ℵ* (-τροις ℵ^c) 13 om βασιλεα ℵ^c.b AQ (hab sub ⸓ Q^mg) | om και 1° ℵ* (hab ℵ^c.a, c.b) | ουτος] αυτος A 14 Εγυπτος ℵ* (Αιγ. ℵ^c.a, c.b) | Εθιοπων ℵ* (Αιθ. ℵ^c.a, c.b) | και οι Σαβ. ανδρες υ[ψη]λοι adnot ου κ' π' εβρ' B^a (non inst B^b) | Σαβαειμ (-ειν ℵ*)] Σεβωειμ (-ειν ℵ^c.a, c.b Q*) A Σαβωειν: οι γ' Σαβαειμ Q^mg | ακολουθησωσιν ℵ | om και διαβησονται προς σε ℵAQ (θ' ⸓ ϗ διαβησονται προς σε Q^amg | om και 8° ℵ^? (postea revoc) +ερουσιν AQ | θεος 2°] pr ο A 15 ουκ ηδειμεν] θ' σ' κρυφαιος α' αποκρυπτομενος Q^mg | ο θεος] improb ο ℵ^c.b | Ισραηλ]+σωτηρ ℵAQ 16 αισχυνθησονται] pr ιδου Q pr και (ιδου] Q^mg | παντες] pr ⸓ Q | ενκενιζεσθε ℵ* (ενκαιν. ℵ^c.b) εγκαι. A* (εγκαιν. A^a?) 18 om ο θεος ℵ^? (postea revoc) | εποιησεν]+αυτην B^ab ℵAQ | om επλασεν αυτην ℵAQ* (hab sub ⸓ Q^mg) | ειμι]+κς Q^mg 19 γης] ex γ fec τ ℵ^? | σκοτινω ℵA* Q* (-τειν. A^a? Q^a) | ειπα] ειπον Q | ζητησατε] ζησατε B | εγω ειμι...Κυριος ο] adnot ου κ' π' εβρ' B^a | om εγω ειμι (2°) ℵ^? (postea revoc) | om Κυριος A | ο λαλων] om ο AQ | αληθιαν ℵ 20 ηκετε] ε 1° sup ras (fort propt vit membr) B^? | των εθνων] ω 1° sup ras B^a

ΗΣΑΙΑΣ XLVI 4

ἐθνῶν. οὐκ ἔγνωσαν οἱ αἴροντες τὸ ξύλον γλύμμα αὐτῶν, καὶ προσ- B
21 ευχόμενοι πρὸς θεοὺς οἳ οὐ σώζουσιν. ²¹εἰ ἀναγγελοῦσιν, ἐγγισάτωσαν, ἵνα γνῶσιν ἅμα τίς ἀκουστὰ ἐποίησεν ταῦτα ἀπ' ἀρχῆς· τότε ἀνηγγέλη ὑμῖν Ἐγὼ ὁ θεός, καὶ οὐκ ἔστιν ἄλλος πλὴν ἐμοῦ, δίκαιος
22 καὶ σωτήρ, οὐκ ἔστιν παρὲξ ἐμοῦ. ²²ἐπιστράφητε ἐπ' ἐμὲ καὶ σωθήσεσθε, οἱ ἀπ' ἐσχάτου τῆς γῆς· ἐγώ εἰμι ὁ θεός, καὶ οὐκ ἔστιν
23 ἄλλος. ²³κατ' ἐμαυτοῦ ὀμνύω, εἰ μὴ ἐξελεύσεται ἐκ τοῦ στόματός μου δικαιοσύνη, οἱ λόγοι μου οὐκ ἀποστραφήσονται, ὅτι ἐμοὶ κάμψει πᾶν
24 γόνυ, καὶ ὁμεῖται πᾶσα γλῶσσα τὸν θεόν, ²⁴λέγων Δικαιοσύνη καὶ δόξα πρὸς αὐτὸν ἥξει, καὶ αἰσχυνθήσονται πάντες οἱ διορίζοντες
25 αὐτούς· ²⁵ἀπὸ Κυρίου δικαιωθήσονται, καὶ ἐν τῷ θεῷ ἐνδοξασθήσεται πᾶν τὸ σπέρμα τῶν υἱῶν Ἰσραήλ.

XLVI 1 ¹Ἔπεσε Βήλ, συνετρίβη Ναβώ, ἐγένετο τὰ γλυπτὰ αὐτῶν εἰς θηρία καὶ τὰ κτήνη· αἴρετε αὐτὰ καταδεδεμένα ὡς φορτίον κοπιῶντι,
2 ²ἐκλελυμένῳ καὶ πεινῶντι, οὐκ ἰσχύοντι ἅμα, οἳ οὐ δυνήσονται σω-
3 θῆναι ἀπὸ πολέμου, αὐτοὶ δὲ αἰχμάλωτοι ἤχθησαν. ³Ἀκούετέ μου, οἶκος τοῦ Ἰακὼβ καὶ πᾶν τὸ κατάλοιπον τοῦ Ἰσραήλ, οἱ αἰ-
4 ρόμενοι ἐκ κοιλίας καὶ παιδευόμενοι ἐκ παιδίου· ⁴ἕως γήρως ἐγώ εἰμι, καὶ ἕως ἂν καταγηράσητε ἐγώ εἰμι, ἐγὼ ἀνέχομαι ὑμῶν, ἐγὼ ἐποίησα καὶ ἐγὼ ἀνήσω, ἐγὼ ἀναλήμψομαι καὶ σώσω ὑμᾶς.

20 οι αιροντες] incep ο αιρ. B* (οι αιρ. B^ab) | το ξυλον (ξυλα ℵ*)] om ℵAQ το ℵ* (hab ℵ^c.b) | γλυμματα ℵ | προσ|ευχ. B* προ|σευχ. B¹ | προς] pr ως ℵAQ | σωζωσιν ℵA   21 αναγγελλουσιν A | γνωσιν] γνωμεν A* (improb vid A?) | τις] τοις ℵ* | τοτε] ποτε ℵ [ο θεος sub ⸓ Q   21—23 ανηγγελη...ομνυω] γελη usque ομνυω sup ras A¹   21 εγω] pr ουχι Q^mg | ο θεος] pr κς Q^mg | post εμου 1° ras aliq in fin lin B¹ | πλην] πρην ℵ* (πλ. ℵ^c.a, c.b) | εστιν 2°]+αλλος A¹   22 επ εμε (sup ras B^ab εφ ημας B*^vid)] προς με ℵA¹Q | αλλος]+πληρν εμου| δικαιος και σηρ ουκ εστιν παρεξ εμου A¹   23 ομνυων ℵ* (ν 2° postea ras) | ει μη] ει μην ℵ^c.bAQ* (η μην Q^a) | εξελευσεται] α' θ' ομοιως Q^mg | οι λογοι] pr και ℵ* (improb ℵ^c.b) | καμψει] καυψι ℵ* καμψ. ℵ^c.a, c.b (-ψει ℵ^c.b) | ομειται] ομνιται ℵ* (ομιτ. ℵ^c.a ομειτ. ℵ^c.b) εξομολογησεται ℵ^c.bmgAQ | τον θεον] τον κν ℵ* τω θεω ℵ^c.bAQ   24 δοξα] ιρηνη ℵ* (ειρ. ℵ^c.b) δοξα ℵ^c.a, c.b | ηξει] ηξουσιν ℵ^c.bmgAQ | διοριζοντες Bℵ* (-ταις) Q^mg] αφοριζοντες ℵ^c.b (-ταις ℵ^c.a) AQ | αυτους] εαυτους ℵQ   25 δικαιωθησεται ℵ* (-σονται ℵ^c.b postea repos -σεται) | εν τω θεω] om ℵ* (hab ℵ^c.b sed ε 1° sup ras) sub ⸓ Q | ενδοξασθησονται AQ | παν] pr και A
XLVI 1 επεσε] επι σε ℵ* (επεσε ℵ^c.b et postea) | Ναβω] Δαγων ℵAQ σ' Νεβους θ' α' Ναβω Q^mg | τα κτηνη] om τα ℵAQ | αιρετε] εδεται A | καταδεδεμενα] δεδεμενα Q   1—2 [φορ]τιον κοπιωντι εκλε[λυμενω]] adnot ου κ' π' εβρ' B^a (non inst B^b)   1 φοντιον ℵ* (φορτ. ℵ^c.a, c.b) | κοπιωντι] pr ⸓ Q^mg
2 πεινωντι (πιν. AQ*) κ. εκλ. AQ | εκλελυμενω] om ℵ | αμα] pr εκκλελυμενω ℵ* (εκλ. ante ουκ ισχ. transpos ℵ^c.b) | ου]+μη A | δυνησονται] δυνω|ται A
3 ακουετε] ακουσατε ℵ^c(vid) (-ται) AQ | om μου ℵ* (hab ℵ^c.b) | οικος] pr ο ℵ | εκ 2°]απο A   4 γηρους ℵ* (-ρως ℵ^c.b) A | εγω ειμι (2°), υμων sub ⸓ Q | αναληψομαι Q | σωσω υμας] οι γ' ομοιως Q^mg

187

XLVI 5 ΗΣΑΙΑΣ

B ⁵τίνι με ὡμοιώσατε; ἴδετε, τεχνάσασθε, οἱ πλανώμενοι, ⁶οἱ συμβαλ- ⁵⁄₆ λόμενοι χρυσίον ἐκ μαρσιππίου καὶ ἀργύριον ἐν ζυγῷ· στήσουσιν ἐν σταθμῷ καὶ μισθωσάμενοι χρυσοχόον ἐποίησαν χειροποίητα, καὶ κύψαντες προσκυνοῦσιν αὐτοῖς. ⁷αἴρουσιν αὐτὸ ἐπὶ τοῦ ὤμου καὶ 7 πορεύονται· ἐὰν δὲ θῶσιν αὐτό, ἐπὶ τοῦ τόπου αὐτοῦ μένει, οὐ μὴ κινηθῇ· καὶ ὃς ἐὰν βοήσῃ πρὸς αὐτόν, οὐ μὴ εἰσακούσῃ, ἀπὸ κακῶν οὐ μὴ σώσῃ αὐτόν. ⁸Μνήσθητε ταῦτα καὶ στενάξατε, μετανο- 8 ήσατε, οἱ πεπλανημένοι, ἐπιστρέψατε τῇ καρδίᾳ, ⁹καὶ μνήσθητε τὰ 9 πρότερα ἀπὸ τοῦ αἰῶνος, ὅτι ἐγώ εἰμι ὁ θεὸς καὶ οὐκ ἔστιν ἔτι πλὴν ἐμοῦ, ¹⁰ἀναγγέλλων πρότερον τὰ ἔσχατα πρὶν γενέσθαι, καὶ 10 ἅμα συνετελέσθη· καὶ εἶπα Πᾶσά μου ἡ βουλὴ στήσεται, καὶ πάντα ὅσα βεβούλευμαι ποιήσω· ¹¹καλῶν ἀπ' ἀνατολῶν πετεινὸν καὶ ἀπὸ 11 γῆς πόρρωθεν περὶ ὧν βεβούλευμαι, ἐλάλησα καὶ ἤγαγον, ἔκτισα καὶ ἐποίησα, ἤγαγον αὐτὸν καὶ εὐόδωσα τὴν ὁδὸν αὐτοῦ. ¹²ἀκού- 12 σατέ μου, οἱ ἀπολωλεκότες τὴν καρδίαν, οἱ μακρὰν ἀπὸ τῆς δικαιοσύνης. ¹³ἤγγισα τὴν δικαιοσύνην μου, καὶ τὴν σωτηρίαν τὴν 13 παρ' ἐμοῦ οὐ βραδυνῶ· δέδωκα ἐν Σειὼν σωτηρίαν τῷ 'Ισραὴλ εἰς δόξασμα.

¹Κατάβηθι, κάθισον ἐπὶ γῆν, παρθένος θυγάτηρ Βαβυλῶνος· 1 XLVII κάθισον εἰς τὴν γῆν, θυγάτηρ Χαλδαίων, ὅτι οὐκέτι προστεθήσῃ κληθῆναι ἁπαλὴ καὶ τρυφερά. ²λάβε μύλον, ἄλεσον ἄλευρον, ἀπο- 2

ℵAQ 5 τινι] ν sup ras ℵ¹ | ομοιωσατε ℵ | ιδετε] bis scr ιδεται ℵ* improb 2° ℵ^c.b 6 μαρσιππιου A* (-ππιου A?) | χειροποιητα] ιροποιητα (in χιρ.) sup ras ℵ¹ α'θ' ισχυρο σ' θεον Q^mg | κυψας ℵ* (-ψαντες ℵ^c.b) | προσκυνι ℵ* (-νουσιν ℵ^c.b) | αυτοις] αυτω ℵ αυτο A   7 αυτο 1°] αυτον Q* (-το Q^a) | του ωμου] των ωμων ℵAQ | πορευσονται ℵ* (πορευονται ℵ^c.b) | ου 1°] pr και ℵ* (improb ℵ^c.b) | om os ℵ* (hab ℵ^c.a, c.b) | εαν 2°] αν ℵ^c.a, c.b AQ | βοησι ℵ* (-σει ℵ^c.b) | αυτον 1°] αυτο Q^a | εισακουση] ακουση ℵ* (εισακ. ℵ^c.a) A | σωσει A 8 επιστρεψατε] ρε sup ras ℵ¹ fort   9 μνησθητε] pr μετανοησατε ℵ* (improb ℵ^c.b postea repos) | προτερα] a sup ras ℵ¹   10 αναγγελων ℵ* txt [αναγγελων ℵ* commi] (αναγγελλων ℵ^c.a) | [προ]τερον τα εσχατα πριν] pr obel B^a (non inst B^b) | πριν]+αντα ℵAQ | και αμα sub ⸓ Q | ειπα] ειπατε ℵ 11 πορωθεν ℵ* (πορρ. ℵ^c.a fort, c.b) | ελαλησα] pr ※ σ' και γε Q^mg | και 2°] ※ σ' [και] γε Q^mg | ηγαγον 1°] εποιησα ℵ* (ηγ. ℵ^c.b postea ras) | εκτισα...οδον αυτου] pr obelos B^a (non inst B^b) | και εποιησα] σ' θ' κ ποιησω αυτην Q^mg | ευοδωσα B*^b] ευωδ. B^a   12 ακουσατε] θ' ομοιως Q^mg   13 μου]+και την αληθιαν ℵ* (improb ℵ¹ postea repos)+θ' ※ ου μη μακρυ[θη Q^mg | και την σωτηριαν] α' κ σωτηρια μου σ' κ η σωτ. μου θ' το σωτηριον Q^mg | Σιων B^b ℵAQ | δοξασμα sup ras B^ab   δοξαν ℵ* (δοξασμα ℵ^c.b postea rurs δοξαν) XLVII 1 γην 1°] pr την ℵAQ | καθισον 2°] εισελθε ℵAQ (sub ⸓) ※ καθισον εις την γην ουκ εστι θρηνος (sic) Q^mg | εις την γην] εις το σκοτος ℵAQ (sub ⸓) | θυγατηρ 2°] pr παρθενος ℵ* (improb ℵ¹ postea revoc) | Χαλδεων ℵ (item 5)

188

κάλυψαι τὸ κατακάλυμμά σου, ἀνακάλυψαι τὰς πολιάς, ἀνάσυραι B
3 τὰς κνήμας, διάβηθι ποταμούς· ³ἀνακαλυφθήσεται ἡ αἰσχύνη σου,
φανήσονται οἱ ὀνειδισμοί σου· τὸ δίκαιον ἐκ σοῦ λήμψομαι, οὐκέτι
4 μὴ παραδῶ ἀνθρώποις. ⁴ὁ ῥυσάμενός σε Κύριος σαβαωθ, ὄνομα
5 αὐτῷ ἅγιος Ἰσραήλ. ⁵κάθισον κατανενυγμένη, εἴσελθε εἰς τὸ σκό-
6 τος, θυγάτηρ Χαλδαίων, οὐκέτι μὴ κληθήσῃ ἰσχὺς βασιλείας. ⁶παρω-
ξύνθην ἐπὶ τῷ λαῷ μου, ἐμίανας τὴν κληρονομίαν μου· ἐγὼ ἔδωκα
αὐτοὺς εἰς τὴν χεῖρά σου, σὺ δὲ οὐκ ἔδωκας αὐτοῖς ἔλεος, τοῦ
7 πρεσβυτέρου ἐβάρυνας τὸν ζυγὸν σφόδρα, ⁷καὶ εἶπας Εἰς τὸν αἰῶνα
ἔσομαι ἄρχουσα. οὐκ ἐνόησας ταῦτα ἐν τῇ καρδίᾳ σου, οὐδὲ ἐ-
8 μνήσθης τὰ ἔσχατα. ⁸Νῦν δὲ ἄκουε ταῦτα, τρυφερά, ἡ καθη-
μένη, ἡ πεποιθυῖα, ἡ λέγουσα ἐν καρδίᾳ αὐτῆς Ἐγώ εἰμι, καὶ
9 οὐκ ἔστιν ἑτέρα, οὐ καθιῶ χήρα οὐδὲ γνώσομαι ὀρφανείαν. ⁹νῦν
δὲ ἥξει ἐξέφνης ἐπὶ σὲ ἐν τῇ φαρμακίᾳ σου, ἐν τῇ ἰσχύι τῶν
10 ἐπαοιδῶν σου σφόδρα, ¹⁰τῇ ἐλπίδι τῆς πονηρίας σου. σὺ γὰρ
εἶπας Ἐγώ εἰμι, καὶ οὐκ ἔστιν ἑτέρα· γνῶθι, ἡ σύνεσις τούτων
ἔσται καὶ ἡ πορνία σου σοὶ αἰσχύνη· καὶ εἶπας τῇ καρδίᾳ σου
11 Ἐγώ εἰμι, καὶ οὐκ ἔστιν ἑτέρα. ¹¹καὶ ἥξει ἐπὶ σὲ ἀπώλεια καὶ οὐ
μὴ γνῷς, βόθυνος, καὶ ἐμπεσῇ εἰς αὐτόν· καὶ ἥξει ἐπὶ σὲ ταλαι-
πωρία, καὶ οὐ μὴ δυνήσῃ καθαρὰ γενέσθαι· καὶ ἥξει ἐπὶ σὲ ἐξα-
12 πίνης ἀπωλία καὶ οὐ γνώσῃ. ¹²στῆθι νῦν ἐν ταῖς ἐπαοιδαῖς
σου καὶ τῇ πολλῇ φαρμακίᾳ σου, ἃ ἐμάνθανες ἐκ νεότητός σου, εἰ

2 om σου ℵ* (hab ℵc.a, c.b) | ανασυρε ℵ   3 ληψομαι Qa | ουκετι...ανθρω- ℵAQ
ποις] α΄ ϟ ουκ απαντησω αἴω σ΄ ϟ ουκ αντιστησεται μοι αν̇ος Qmg | παραδω]+σε
ℵ | ανθρωποι ℵ* (-ποις ℵc.a, c.b)   4 ο ρυσαμενος] pr ειπεν ℵc.a, c.b AQ* pr
λεγει Qmg   5 κληθης ℵQ | βασιλιας ℵ* Q* (-λειας ℵc.b Qa)   6 παροξυνθης
ℵ* -θην ℵc.b (postea rurs -θης) | εμιανας] εμιανα Qa α΄σ΄ εβεβηλωσα θ΄ εβεβη-
λωσαν Qmg | εδωκα] δεδωκα Q | om αυτους AQ | χιραν ℵ* χειραν ℵc.b | ου
δε sub ∻ Q | ελεος]+ουδεν ℵ* (improb ℵc.a, c.b)   8 ακουε] ακουσον ℵc.bAQ |
τρυφερα] pr η ℵAQ | λεγουσα] λ sup litur B? | καρδια] pr τη ℵc.bAQ | καθιω
χηρα] θιω χ. sup ras Aa (om χηρα A*) | ορφανιαν Bb   9 εξεφνης (εξαιφν.
BbℵC.bQ)] om ℵ* | om επι σε ℵ¹AQ* (hab Qmg) | εν τη φαρμακια (-κεια
BabA)] pr τα δυο ταυτα εν ημερα μια ατεκνια και χηρια (-ρεια Bbvid) ηξει
εξαιφνης επι σε Bab pr τα δ. τ. εν μια ημ. χηρια (-ρεια Qa) κ. ατ. ηξει (-ξι ℵ*
-ξει ℵc.b) εξεφν. (εξαιφν. ℵc.bQ) επι σε ℵAQ   10 πονηριας] πορνιας ℵ
πονηρας Q* (πονηριας Qa) | γνωθι]+οτι ℵc.a (rurs ras) AQ | γνωθι] adnot
επει εως ου συνιεις ουκ αισχυνη δια τουτο εα| συνης αισχυ|θησοη Qmg | η συνεσις
(-σεις ℵ*)] η συνεις A* (συνεσις Aa?) om η Q* (superscr Qa) | εσται] pr ϟ
ℵc.a om ℵc.bAQ* (hab Qmg) | om και 2° ℵ | πορνεια BabAQa | σου 2°]
+εσται A   11 ηξει 1°] ξ sup ras ℵ¹ | απωλεια] απωλια ℵQ* (-λεια Qa) |
βοθυνον ℵ* (-νος ℵc.a, c.b) | εξαπινης] εξαιφνης ℵc.bQ εξεφνης A | απωλια]
απωλεια BabAQa απολιας ℵ* (-λια ℵ¹¹) απωλια ℵc.a | ου]+μη ℵAQ | γνως
ℵA εγνως Q*vid (γνωση Qa)   12 τη πολλη] pr εν A | φαρμακεια BabA | ει]
εν ℵ*

ΗΣΑΙΑΣ XLVII 13

B δυνήσει ὠφεληθῆναι. ¹³κεκοπίακας ἐν ταῖς βουλαῖς σου· στήτωσαν 13
καὶ σωσάτωσάν σε οἱ ἀστρολόγοι τοῦ οὐρανοῦ, οἱ ὁρῶντες τοὺς
ἀστέρας ἀναγγειλάτωσάν σοι τί μέλλει ἐπὶ σὲ ἔρχεσθαι. ¹⁴ἰδοὺ 14
πάντες ὡς φρύγανα ἐπὶ πυρὶ κατακαυθήσονται, καὶ οὐ μὴ ἐξέ-
λωνται τὴν ψυχὴν αὐτῶν ἐκ φλογός· ὅτι ἔχεις ἄνθρακας πυρός,
κάθισαι ἐπ' αὐτούς. ¹⁵οὗτοι ἔσονταί σοι βοήθεια· ἐκοπίασας ἐν τῇ 15
μεταβολῇ ἐκ νεότητος, ἄνθρωπος. καθ' ἑαυτὸν ἐπλανήθη· σοὶ δὲ
οὐκ ἔσται σωτηρία.

¹Ἀκούσατε ταῦτα, οἶκος Ἰακώβ, οἱ κεκλημένοι ἐπὶ τῷ ὀνόματι 1 XLVIII
Ἰσραὴλ καὶ ἐξ Ἰούδα ἐξελθόντες, οἱ ὀμνύοντες τῷ ὀνόματι Κυρίου
θεοῦ Ἰσραήλ, μιμνησκόμενοι οὐ μετὰ ἀληθείας οὐδὲ μετὰ δικαι-
οσύνης, ²καὶ ἀντεχόμενοι τῷ ὀνόματι τῆς πόλεως τῆς ἁγίας, καὶ 2
ἐπὶ τῷ θεῷ Ἰσραὴλ ἀντιστηριζόμενοι, Κύριος σαβαὼθ ὄνομα αὐτῷ.
³τὰ πρότερα ἔτι ἀνήγγειλα, καὶ ἐκ τοῦ στόματός μου ἐξῆλθεν 3
καὶ ἀκουστὸν ἐγένετο· ἐξάπινα ἐποίησα, καὶ ἐπῆλθεν. ⁴γινώσκω 4
ὅτι σκληρὸς εἶ, καὶ νεῦρον σιδηροῦν ὁ τράχηλός σου, καὶ τὸ
μέτωπόν σου χαλκοῦν. ⁵καὶ ἀνήγγειλά σοι παλαιὰ πρὶν ἐλθεῖν 5
ἐπὶ σέ· ἀκουστόν σοι ἐποίησα, μή ποτε εἴπῃς ὅτι Τὰ εἴδωλά μοι
ἐποίησεν, καὶ εἴπῃς ὅτι Τὰ γλυπτὰ καὶ τὰ χωνευτὰ ἐνετείλατό μοι.
⁶ἠκούσατε πάντα, καὶ ὑμεῖς οὐκ ἔγνωτε· ἀλλὰ ἀκουστά σοι ἐποίησα 6
τὰ καινὰ ἀπὸ τοῦ νῦν ἃ μέλλει γίνεσθαι· καὶ οὐκ εἶπας ⁷Νῦν γί- 7
νεται καὶ οὐ πάλαι, καὶ οὐ προτέραις ἡμέραις ἤκουσας αὐτά· μὴ
εἴπῃς Ναί, γινώσκω αὐτά. ⁸οὔτε ἔγνως οὔτε ἠπίστω, οὔτε ἀπ' ἀρ- 8
χῆς ἤνοιξά σου τὰ ὦτα· ἔγνων γὰρ ὅτι ἀθετῶν ἀθετήσεις, καὶ ἀνο-

ℵAQ 12 δυνηση Bᵃᵇ ℵQ | ωφεληθηναι]+θ' ※ ειπως δυνηση ισχυσαι Qᵐᵍ 13 κε-
κοπιακας] pr και ℵ | μελλεις Q* 14 κατακαυθησονται] κατακαησονται AQ*
(κατακαυθ. Qᵃ) | ου μ (sic) ℵ* (ου μη ℵᶜ·ᵃ) | εχεις] εσχις ℵ* (εχις ℵ¹ᶠᵒʳᵗ εχεις
ℵᶜ·ᵇ) | πιρος ℵ* (πυρ. ℵᵃ) 15 om σοι 1° Q* (hab Qᵐᵍ) | βοηθια ℵ* (-θεια
ℵᶜ·ᵇ) Q* ᵛⁱᵈ (βο, ια sup ras: -θεια Qᵃ) | μεταβολη]+σου ℵA | νεοτητος]+σου
Q | σοι 2°] συ B* (σοι Bᵃᵇ) XLVIII 1 om επι ℵ? (postea revoc) AQ |
εξ] pr οι ℵAQ | Ιουδα] pr σ'θ' ※ υδατος Qᵐᵍ | αληθιας ℵQ* 2 Ισραηλ]
pr του ℵAQ | αντιστηριζομενος ℵ* (-νοι ℵᶜ) 3 εξηλθον ℵ* (-θεν ℵᶜ·ᵇ) |
ακουστα A | εποιησεν Q* ᵛⁱᵈ (-σα Qᵃ) 4 γινωσκω (γιγν. Bᵃᵇ)]+εγω
ℵAQ θ'σ' δια το γνωναι με Qᵐᵍ | οστισκλ. B* (οτι σκλ. B?) 5 παλαια]
παλαι ℵAQ pr τα ℵᶜ·ᵇAQ | om ποτε ℵAQ* (hab Qᵐᵍ) | εποιησαν ℵAQ
(-σεν Qᵐᵍ) | ειπῃς 2°] om A* pr μη ℵAᵃQ | om οτι 2° A | και μη ειπ. οτι
sub ⸓ Q | ενετιλαντο ℵᶜ·ᵃ (ενετειλατο ℵᶜ·ᵇ) 6 εγνωτε] εγνωκατε ℵ* (εγ-
νωτε ℵᶜ·ᵇ postea revoc) | αλλα]+και ℵAQ | ακουστα...τα (ται ℵ*)
καινα] α'θ' ηκουτισα σε καινα Qᵐᵍ | γινεσθαι] γενεσθαι Q 7 ηκουσας] pr
οι γ' ※ ϟ ουκ Qᵐᵍ | αυτα 1°] ταυτα ℵQᵐᵍ (om Q*) | ειπης]+οτι ℵᶜ·ᵇAQ*
8 εγνοις ℵ* (εγνως ℵᶜ·ᵃ,ᶜ·ᵇ) | επιστω ℵ | τα ωτα σου A

ΗΣΑΙΑΣ XLVIII 20

9 μος ἔτι ἐκ κοιλίας κληθήσῃ. ⁹ἕνεκεν τοῦ ἐμοῦ ὀνόματος δείξω σοι Β
τὸν θυμόν μου, καὶ τὰ ἔνδοξά μου ἐπάξω ἐπὶ σέ, ἵνα μὴ ἐξολε-
10 θρεύσω σε. ¹⁰ἰδοὺ πέπρακά σε οὐχ ἕνεκεν ἀργυρίου· ἐξειλάμην δέ
11 σε ἐκ καμίνου πτωχείας· ¹¹ἕνεκεν ἐμοῦ ποιήσω σοι, ὅτι τὸ ἐμὸν
12 ὄνομα βεβηλοῦται, καὶ τὴν δόξαν μου ἑτέρῳ οὐ δώσω. ¹²″Ἀκουέ
μου, Ἰακώβ, καὶ Ἰσραὴλ ὃν ἐγὼ καλῶ· ἐγώ εἰμι πρῶτος, καὶ ἐγώ
13 εἰμι εἰς τὸν αἰῶνα, ¹³καὶ ἡ χείρ μου ἐθεμελίωσε τὴν γῆν, καὶ ἡ
δεξιά μου ἐστερέωσεν τὸν οὐρανόν· καλέσω αὐτούς, καὶ στήσονται
14 ἅμα, ¹⁴καὶ συναχθήσονται πάντες καὶ ἀκούσονται. τίς αὐτοῖς ἀνήγ-
γειλεν ταῦτα; ἀγαπῶν σε ἐποίησα τὸ θέλημά σου ἐπὶ Βαβυλῶνα
15 τοῦ ἆραι σπέρμα Χαλδαίων· ¹⁵ἐγὼ ἐλάλησα, ἐγὼ ἐκάλεσα, ἤγαγον
16 αὐτὸν καὶ εὐόδωσα τὴν ὁδὸν αὐτοῦ. ¹⁶προσαγάγετε πρὸς μὲ καὶ
ἀκούσατε ταῦτα, οὐκ ἀπ᾽ ἀρχῆς ἐν ⁵κρυφῇ λελάληκα· ἡνίκα ἐγένετο, § Γ
ἐκεῖ ἤμην, καὶ νῦν κύριος Κύριος ἀπέστειλέν με καὶ τὸ πνεῦμα
17 αὐτοῦ. ¹⁷οὕτως λέγει Κύριος ὁ ῥυσάμενός σε ἅγιος Ἰσραὴλ Ἐγώ εἰμι
ὁ θεός σου, δέδειχά σοι τοῦ εὑρεῖν⁵ σε τὴν ὁδὸν ἐν ᾗ πορεύσῃ ἐν ⁋Γ
18 αὐτῇ. ¹⁸καὶ εἰ ἤκουσας τῶν ἐντολῶν μου, ἐγένετο ἂν ὡσεὶ ποτα-
19 μὸς ἡ εἰρήνη σου, καὶ ἡ δικαιοσύνη σου ὡς κῦμα θαλάσσης· ¹⁹καὶ
ἐγένετο ἂν ὡς ἡ ἄμμος τὸ σπέρμα σου, καὶ τὰ ἔκγονα τῆς κοιλίας
σου ὡς ὁ χοῦς τῆς γῆς· οὐδὲ νῦν οὐ μὴ ἐξολοθρευθῇς, οὐδὲ ἀπο-
20 λεῖται τὸ ὄνομά σου ἐνώπιον ἐμοῦ. §²⁰Ἔξελθε ἐκ Βαβυλῶνος § Γ
φεύγων ἀπὸ τῶν Χαλδαίων· φωνὴν εὐφροσύνης ἀναγγείλατε, καὶ

9 επαξω] pr εγω Q | om επι ℵ* (hab ℵc.a) | σε 1°] σοι ℵAQ | σε 2°] σοι ℵAQΓ
Q* (σε Qa) 10 εινεκεν ℵc.a vid (εν. ℵc.b) | εξειλομην Qa | πτωχιας ℵ*Q*
(-χειας ℵc.b Qa) 11 βεβδυληται B*vid (βεβηλ .. ται Bab) | ου δωσω ετερω ℵ
12 ειμι 1°] + ※ οι γ' εγω Qmg 13 εθεμελιωσεν AQ | καλεσω+α'θ' ※
εγω Qmg 14 συ]αχθ. B* συ|ναχθ. B? | ανηγγειλεν αυτοις ℵ | αγαπων] pr
οι γ' ※ πιπι Qmg | το θελημα σου] ταυτα A | Βαβυλωνα]+το θελημα σου Aʹ
Χαλδεων ℵ (item 20) 15 εγω 2°] pr ϗ Qmg | ευοδωσα Bab ευοδωκα ℵ
16 κρυφη] .... η Γ' | λελαληκα] ελαλησα ℵAQ+ουδε εν τοπω γης σκοτινω
ℵ* (unc incl ℵc.a,c.b) A | εγενετο] εγινετο ℵ* (εγιν. ℵc.b) | om Κυριος ℵAQ*
(hab Qmg) | απεστειλεν] απεσταλκεν ℵAQΓ 17 ουτως λεγει...σου του ευ
sup ras circ 70 litt Aa? | ρυσαμενος]+σε Bab ℵAa?QΓ | αγιος] pr ο ℵAaQ |
om εγω ειμι ο θ̅ς̅ σου Aa? | ειμι sub ⸓ Q | ο θεος] pr κ̅ς̅ Qmg | δεδειχα] pr ου
ℵ* | σοι]+την οδον σου Q | om σε την οδον Q 18 om ει ℵ* (hab ℵc.a) |
μου των εντολων ℵ | κυμα] οι γ' ομοιως Qmg 19 ως η] ωσει AQ | αμμος]+
της θαλασσης ℵ | εκγονα] εγγονα ℵ | ως...της γης] οι γ' ως αι κεγχροι αυτης
Qmg | χους] χνους ℵ | ουδε νυν sub ⸓ Q | εξωλεθρευθης ℵ εξολεθρ. AQ | ουδε
2°]+μη ℵ* (improb ℵ? postea revoc) | ενώπιον] εναντιον ℵ* (ενωπιον
ℵc.(b vid) postea repos εναντ.) | εμου] μου ℵA 20 incep φευγη ℵ* (φευγων
ℵiam 1 (vid)) | απο] εκ ℵ* (απο ℵc.b(vid) sed εκ revoc) | των] γης ℵ* (των
ℵc.b(vid) sed γης revoc)

191

B ἀκουστὸν γενέσθω τοῦτο, ἀναγγείλατε ἕως ἐσχάτου τῆς γῆς, λέγετε
¶ Γ Ἐρρύσατο⸆ Κύριος τὸν δοῦλον αὐτοῦ Ἰακώβ· ²¹καὶ ἐὰν διψήσωσιν, 21
δι' ἐρήμου ἄξει αὐτοῖς ὕδωρ, ἐκ πέτρας ἐξάξει αὐτοῖς, σχισθήσεται
πέτρα καὶ ῥυήσεται ὕδωρ, καὶ πίεται ὁ λαός μου. ²²οὐκ ἔστιν χαίρειν, 22
λέγει Κύριος, τοῖς ἀσεβέσιν.

¹Ἀκούσατέ μου, νῆσοι, καὶ προσέχετε, ἔθνη· διὰ χρόνου πολλοῦ 1 XLIX
στήσεται, λέγει Κύριος. ἐκ κοιλίας μητρός μου ἐκάλεσε τὸ ὄνομά
μου, ²καὶ ἔθηκεν τὸ στόμα μου ὡς μάχαιραν ὀξεῖαν, καὶ ὑπὸ τὴν 2
σκέπην τῆς χειρὸς αὐτοῦ ἔκρυψέν με· ἔθηκέν με ὡς βέλος ἐκλεκτόν,
καὶ ἐν τῇ φαρέτρᾳ αὐτοῦ ἔκρυψέν με, ³καὶ εἶπέν μοι Δοῦλός μου 3
εἶ σύ, Ἰσραήλ, καὶ ἐν σοὶ ἐνδοξασθήσομαι. ⁴καὶ ἐγὼ εἶπα Κενῶς 4
ἐκοπίασα, εἰς μάταιον καὶ εἰς οὐδὲν ἔδωκα τὴν ἰσχύν μου· διὰ τοῦτο
ἡ κρίσις μου παρὰ Κυρίῳ, καὶ ὁ πόνος μου ἐναντίον τοῦ θεοῦ μου.
⁵καὶ νῦν οὕτως λέγει Κύριος ὁ πλάσας με ἐκ κοιλίας δοῦλον ἑαυτῷ 5
τοῦ συναγαγεῖν τὸν Ἰακὼβ πρὸς αὐτὸν καὶ Ἰσραήλ Συναχθήσομαι
καὶ δοξασθήσομαι ἐναντίον Κυρίου, καὶ ὁ θεὸς ἔσται μοι ἰσχύς.
⁶καὶ εἶπέν μοι Μέγα σοί ἐστιν τοῦ κληθῆναί σε παῖδά μου, τοῦ 6
στῆσαι τὰς φυλὰς Ἰακὼβ καὶ τὴν διασπορὰν τοῦ Ἰσραὴλ ἐπι-
στρέψαι· ἰδοὺ δέδωκά σε εἰς διαθήκην γένους, εἰς φῶς ἐθνῶν, τοῦ
εἶναί σε εἰς σωτηρίαν ἕως ἐσχάτου τῆς γῆς. ⁷οὕτως λέγει Κύριος ὁ 7
ῥυσάμενός σε θεὸς Ἰσραήλ Ἁγιάσατε τὸν φαυλίζοντα τὴν ψυχὴν
αὐτοῦ, τὸν βδελυσσόμενον ὑπὸ τῶν ἐθνῶν τῶν δούλων τῶν ἀρ-

ΗΣΑΙΑΣ XLIX 17

χόντων· βασιλεῖς ὄψονται αὐτόν, καὶ ἀναστήσονται ἄρχοντες καὶ B
προσκυνήσουσιν αὐτῷ ἕνεκεν Κυρίου· ὅτι πιστός ἐστιν ὁ ἅγιος
8 Ἰσραήλ, καὶ ἐξελεξάμην σε. ⁸οὕτως λέγει Κύριος Καιρῷ δεκτῷ
ἐπήκουσά σου, καὶ ἐν ἡμέρᾳ σωτηρίας ἐβοήθησά σοι, καὶ ἔπλασά
σε καὶ ἔδωκά σε εἰς διαθήκην ἐθνῶν, τοῦ καταστῆσαι τὴν γῆν
9 καὶ κληρονομῆσαι κληρονομίας ἐρήμους, ⁹λέγοντα τοῖς ἐν δεσμοῖς
Ἐξέλθατε, καὶ τοῖς ἐν τῷ σκότει ἀνακαλυφθῆναι. ἐν πάσαις ταῖς
10 ὁδοῖς βοσκηθήσονται, καὶ ἐν πᾶσιν τρίβοις ἡ νομὴ αὐτῶν· ¹⁰οὐ πει-
νάσουσιν, οὐδὲ διψάσουσιν, οὐδὲ πατάξει αὐτοὺς καύσων οὐδὲ ὁ ἥλιος,
ἀλλ' ὁ ἐλεῶν αὐτοὺς παρακαλέσει, καὶ διὰ πηγῶν ὑδάτων ἄξει αὐ-
11 τούς· ¹¹καὶ θήσω πᾶν ὄρος εἰς ὁδὸν καὶ πᾶσαν τρίβον εἰς βόσκημα
12 αὐτοῖς. ¹²ἰδοὺ οὗτοι πόρρωθεν ἥξουσιν, οὗτοι ἀπὸ βορρᾶ καὶ θα-
13 λάσσης, ἄλλοι δὲ ἐκ γῆς Περσῶν. ¹³εὐφραίνεσθε, οὐρανοί, καὶ
ἀγαλλιάσθω ἡ γῆ, ῥηξάτωσαν τὰ ὄρη εὐφροσύνην, ὅτι ἠλέησεν ὁ
θεὸς τὸν λαὸν αὐτοῦ, καὶ τοὺς ταπεινοὺς τοῦ λαοῦ αὐτοῦ παρεκά-
λεσεν.
14 ¹⁴Εἶπεν δὲ Σειών Ἐγκατέλειπέν με Κύριος· καὶ ὅτι Κύριος ἐπε-
15 λάθετό μου. ¹⁵μὴ ἐπιλήσεται γυνὴ τοῦ παιδίου αὐτῆς, ἢ τοῦ μὴ
ἐλεῆσαι τὰ ἔκγονα τῆς κοιλίας αὐτῆς; εἰ δὲ καὶ ταῦτα ἐπιλάθοιτο
16 γυνή, ἀλλ' ἐγὼ οὐκ ἐπιλήσομαι σου, εἶπεν Κύριος. ¹⁶ἰδοὺ ἐπὶ τῶν
χειρῶν μου ἐζωγράφηκά σου τὰ τείχη, καὶ ἐνώπιόν μου εἶ διὰ
17 παντός, ¹⁷καὶ ταχὺ οἰκοδομηθήσῃ ὑφ' ὧν καθῃρέθης, καὶ οἱ ἐρη-

7 αυτον] αυτο ℵ* αυτω ℵc.b(t) sub ⸐ Q | προσκυνησωσῖ ℵ | αυτω) αυτον ℵAQ Q* (αυτω Qmg) | Ισραηλ] pr του Q   8 σου] σοι ℵ* (σου ℵc.a et postea) | om και επλασα σε ℵAQ* (hab sub ※ Qmg) | διαθηκην]+γενους εις φως ℵ* (improb ℵc.a,c.b) | κληρονομιαν ℵAQ* (-μιας Qmg)+οι γ´ ※ ηφανισμενας Qmg | ερημου ℵAQ   9 εξελθετε Qa | εν 3°] pr και ℵAQ | οδοις]+αυτων ℵAQ | βοσκηθησονται] βοσκη sup ras 7 vel 8 litt Aᵃ | πασιν τριβοις] πασιν τοις (ταις Baᵇbᵇ) τρ. Bᵃ πασαις ταις τρ. ℵAQ   10 διψησουσιν ℵc.c(vid)AQᵃ (διψασ. Q*vid mg θ'σ' διψησ. α' ομοιως τοις ο' διψασ. Qmg) | ουδε 2°]+μη A | αλλ] αλλα ℵAQ   11 πασαν] παντα ℵ* (πασ. ℵc.b)   12 ηξουσιν] ερχονται ℵAQ | ουτοι 2°] ο 1° sup ras Baᵇbᵇ και ουτοι δε ℵ* (ουτοι ℵ?) | βοραν ℵ* (βορρα ℵc.b) | και]+ουτοι απο ℵc.b vid (postea ras) A+απο Q   13 ευφραι-νεσθε] ευφρανθητε ℵ* (ευφραν. ℵc.b postea revoc ευφρανθ.) Q | και αγ. η γη] α' ϛ αγαλλιω γη θ'σ' ϛ ευφραινου γη Qmg | ευφροσυνην]+και οι βουνοι δικαι-|οσυνην ℵ* (improb ℵc.b postea repos] | om αυτου 2° Q* (hab Qmg)   14 Σιων BᵇℵAQ | εγκατελιπεν Bᵇ ενκατελιπεν ℵ κατελειπεν Q*vid κατελιπ. Qa | οτι] ο ℵAQ | Κυριος 2°] θϛ (sup ras) Aa   15 γυνη 1°] μηρ A | om η ℵc.b (postea revoc) AQ* (hab Qmg) | του μη ελεησαι] θ' του μη οικτειρ, σ' ωστε μη οικτει-ρησαι Qmg | εκγονα] εγγονα ℵ | ταυτα επιλαθοιτο] επελαθετο ταυτα ℵ* επι-λαθοιτο ταυτα ℵc.(b vid)AQ | αλλ εγω] α λεγων ℵ* α λεγω ℵ¹? (αλλ ε. ℵc) | om ειπεν Κυριος ℵ* (hab ℵc.(a vid))   16 εζωγραφησα AQ | σου] σοι Q*vid (σου Qa) | τα τειχη (τιχ.) σου ℵ   17 ων] υμων ℵ*

SEPT. III.   193   N

Β μώσαντές σε ἐκ σοῦ ἐξελεύσονται. ¹⁸ἆρον κύκλῳ τοὺς ὀφθαλμούς 18 σου καὶ ἴδε πάντας, ἰδοὺ συνήχθησαν καὶ ἤλθοσαν πρὸς σέ· ζῶ ἐγώ, λέγει Κύριος, ὅτι πάντας αὐτοὺς ὡς κόσμον ἐνδύσῃ, καὶ περιθήσεις αὐτοὺς ὡς κόσμον, ὡς νύμφη. ¹⁹ὅτι τὰ ἔρημά σου καὶ τὰ κατεφθαρ- 19 μένα καὶ τὰ πεπτωκότα, νῦν στενοχωρήσει ἀπὸ τῶν κατοικούντων, καὶ μακρυνθήσονται ἀπὸ σοῦ οἱ καταπίνοντές σε. ²⁰ἐροῦσιν γὰρ 20 εἰς τὰ ὦτά σου οἱ υἱοί σου οὓς ἀπολώλεκας Στενός μοι ὁ τόπος, ποίησόν μοι τόπον ἵνα κατοικήσω. ²¹καὶ ἐρεῖς ἐν τῇ καρδίᾳ σου 21 Τίς ἐγέννησέν μοι τούτους; ἐγὼ δὲ ἄτεκνος καὶ χήρα, τούτους δὲ τίς ἐξέθρεψέν μοι; ἐγὼ δὲ κατελείφθην μόνη, οὗτοι δέ μοι ποῦ ἦσαν; ²²Οὕτως λέγει Κύριος Ἰδοὺ αἴρω εἰς τὰ ἔθνη τὴν χεῖρά 22 μου, καὶ εἰς τὰς νήσους ἀρῶ σύσσημόν μου, καὶ ἄξουσιν τοὺς υἱούς σου ἐν κόλπῳ, τὰς δὲ θυγατέρας σου ἐπ᾽ ὤμων ἀροῦσιν, ²³καὶ 23 ἔσονται βασιλεῖς τιθηνοί σου, αἱ δὲ ἄρχουσαι αὐτῶν τροφοί σου· ἐπὶ πρόσωπον τῆς γῆς προσκυνήσουσίν σοι, καὶ τὸν χοῦν τῶν ποδῶν σου λίξουσιν· καὶ γνώσῃ ὅτι ἐγὼ Κύριος, καὶ οὐκ αἰσχυνθήσονται οἱ ὑπομένοντές με. ²⁴μὴ λήμψεταί τις παρὰ γίγαντος 24 σκῦλα; καὶ ἐὰν αἰχμαλωτεύσῃ τις ἀδίκως, σωθήσεται; ²⁵οὕτως λέγει 25 Κύριος Ἐάν τις αἰχμαλωτεύσῃ γίγαντα, λήμψεται σκῦλα· λαμβάνων δὲ παρὰ ἰσχύοντος σωθήσεται· ἐγὼ δὲ τὴν κρίσιν σου κρινῶ, καὶ ἐγὼ τοὺς υἱούς σου ῥύσομαι· ²⁶καὶ φάγονται οἱ θλίψαντές σε τὰς 26 σάρκας αὐτῶν, καὶ πίονται ὡς οἶνον νέον τὸ αἷμα αὐτῶν καὶ μεθυσθήσονται, καὶ αἰσθανθήσεται πᾶσα σὰρξ ὅτι ἐγὼ Κύριος ὁ ῥυ-

ℵAQ 17 εξ ου B* (εκ σου B^ab) | 18 συνηχθησαν ℵ* (συνηχθ. ℵ^c) | om ως κοσμον (1°) ℵAQ* (hab sub ※ Q^mg) | περιθησει B^ab περιθησει ℵAQ | κοσμον 2°] κοσμος ℵ* (-μον ℵ^1(vid)) | om ως 3° ℵAQ | νυμφης ℵAQ   19 κατεφθαρμενα] διεφθ. ℵ^c.b AQ + σου Q^mg | πεπτωκοτα] κατε|πτωκοτα ℵ* (πεπτ. ℵ^c.b) | νυν] pr ※ οτι Q^mg | στενοχωρηση ℵ* | κατοικουντων (καιτ. ℵ* κατ. ℵ^c.b)] ενοικ. A + σε ℵ* (improb σε ℵ^c.a,c.b) | απο σου sub ÷ Q   20 απολωλεκας] απωλεκας A απωλεσας Q^mg   21 τουτους 1°] pr α'θ' ※ συν Q^mg | χηρα]+θ' ※ παροικος 𝔊 εκκεκλεισμενη Q^mg   22 Κυριος] pr κ̄ς̄ B^ab Q^mg | αιρω] αρω Q* vid (αιρ. Q^a) | συσημον B*. (συσσ. B^ab ℵ^post c.a) συνσημον ℵ*A | κολπω] +σου ℵ | επ ωμων] επι των ωμ. Q   23 om αυτων ℵ^1 AQ | χουν] incep χω ℵ* (χουν ℵ^1) | λειξουσι B^ab Q^a (-σιν) | και ουκ...υπομεν. με] σ' ς ουκ αισχυνθησονται οι προσδοκωντες με α'θ' ομοιως τοις ο' Q^mg | αισχυνθησονται] αισχυνθηση (εσχ. ℵ* αισχ. ℵ^c.b) ℵAQ* (-σονται Q^mg) | om οι υπομενοντες με ℵAQ* (hab sub ※ Q^mg)   24 μη λημψεται...σωθησεται] σ' μη ληφθησεται παρα δυνατου ληψις η αιχμαλωσια δικαιου διασωθησετε α'θ'... ς ει αιχμαλωτιζων δικαιον περισωθησεται Q^mg | ληψεται B^b Q^a (item Q^a 25)   25 ουτως (-τω ℵ* -τως ℵ^c.b)] pr οι γ' ※ οτι Q^mg | σου 2°] μου B^ab   26 θλιψαντες] θλιβοντες A | om και 2° ℵ* (hab ℵ^c.a,c.b) | μεθυσθησον B* (+ται B^ab mg) | αισθανθησεται] θησεται sup ras B^ab εσθανθησονται ℵ* (-θησεται ℵ^c) | σαξ ℵ* (σαρξ ℵ^c) | om Κυριος AQ* vid

194

ΗΣΑΙΑΣ L 9

1 ¹σάμενός σε καὶ ἀντιλαμβανόμενος ἰσχύος Ἰακώβ. ¹Οὕτως B λέγει Κύριος Ποῖον τὸ βιβλίον τοῦ ἀποστασίου τῆς μητρὸς ὑμῶν, ᾧ ἐξαπέστειλα αὐτήν; ἢ τίνι ὑπόχρεῳ πέπρακα ὑμᾶς; ἰδοὺ ταῖς ἁμαρτίαις ὑμῶν ἐπράθητε, καὶ ταῖς ἀνομίαις ὑμῶν ἐξαπέστειλα τὴν 2 μητέρα ὑμῶν. ²τί ὅτι ἦλθον, καὶ οὐκ ἦν ἄνθρωπος; ἐκάλεσα, καὶ οὐκ ἦν ὁ ὑπακούων; μὴ οὐκ ἰσχύει ἡ χείρ μου τοῦ ῥύσασθαι; ἢ οὐκ ἰσχύω τοῦ ἐξελέσθαι; ἰδοὺ τῷ ἐλεγμῷ μου ἐξερημώσω τὴν θάλασσαν, καὶ θήσω ποταμοὺς ἐρήμους, καὶ ξηρανθήσονται οἱ ἰχθύες 3 αὐτῶν ἀπὸ τοῦ μὴ εἶναι ὕδωρ, καὶ ἀποθανοῦνται ἐν δίψει. ³ἐνδύσω τὸν οὐρανὸν σκότος, καὶ ὡς σάκκον θήσω τὸ περιβόλαιον αὐτοῦ.

4 ⁴Κύριος δίδωσίν μοι γλῶσσαν παιδίας τοῦ γνῶναι ἡνίκα δεῖ 5 εἰπεῖν λόγον· ἔθηκέν μοι πρωΐ, προσέθηκέν μοι ὠτίον ἀκούειν, ⁵καὶ ἡ παιδία κυρίου Κυρίου ἀνοίγει μου τὰ ὦτα, ἐγὼ δὲ οὐκ ἀπειθῶ 6 οὐδὲ ἀντιλέγω. ⁶τὸν νῶτόν μου ἔδωκα εἰς μάστιγας, τὰς δὲ σιαγόνας μου εἰς ῥαπίσματα, τὸ δὲ πρόσωπόν μου οὐκ ἀπέστρεψα 7 ἀπὸ αἰσχύνης ἐμπτυσμάτων, ⁷καὶ κύριος Κύριος βοηθός μοι ἐγενήθη· διὰ τοῦτο οὐκ ἐνετράπην, ἀλλὰ ἔθηκα τὸ πρόσωπόν μου ὡς 8 στερεὰν πέτραν, καὶ ἔγνων ὅτι οὐ μὴ αἰσχυνθῶ. ⁸ὅτι ἐγγίζει ὁ δικαιώσας με· τίς ὁ κρινόμενός μοι; ἀντιστήτω μοι ἅμα· καὶ τίς ὁ 9 κρινόμενός μοι; ἐγγισάτω μοι. ⁹ἰδοὺ Κύριος βοηθήσει μοι· τίς κακώσει με; ἰδοὺ πάντες ὑμεῖς ὡς ἱμάτιον παλαιωθήσεσθε, καὶ σὴς

L 1 ουτω ℵ | ποιον το βιβλιον] [ποιον το]υτο [β.]: σ′ ποιον το β. α′θ′ ℵAQ ομοιως τοις ο′ ποιον τουτο β. Q^mg | ω] η ℵ* (ω ℵ^c.b) ως ℵ^d.a | τινι] ι 2° sup ras 2 vel 3 litt A^?vid (τινων A*^fort) | υποχρεω sub ÷ Q | πεπρακα] pr θ′ ⁕ των πρασσο[ντων με ω Q^mg | υμας]+θ′ ⁕ αυτω Q^mg   2 τι οτι ηλθον] διοτι ηλθ. ℵ οι ο′ διοτι ηλθον α′σ′ ομοιως τοις ο′ : θ′ τι οτι ηλθω] Q^mg | ουκ ην ο υπακουων (επ. ℵ* υπ. ℵ^c.(d.a))] ουχ υπηκουσε| A | ουκ 3° (ουκ| B* ου|κ B?)] om Q* (hab Q^mg) | om η ουκ ισχυω του εξελεσθαι ℵ? (postea revoc) | τω ελεγμω μου]+και τη απιλη μου ℵ* (improb τω ελ. μ. και ℵ? postea revoc) τη απειλη μου AQ* (τω ελ. μου Q^mg)   3 ενδυσω] pr και ℵ^c.bAQ | ως σακκον θησω] ως σακκον ℵ* θησω σακκον ℵ^c.b) θησω ως σακκον ℵ^post c.a A 4 Κυριος]+Κυριος B^a? Q^mg | μοι διδωσιν ℵ | παιδιας (-ειας B^ab Q^a)] σοφιας A | του γνωναι...λογον] α′ του γν. του υποστηρισαι σ′ του γν. ομιλιαν Q^mg | γνωναι]+εν καιρω A | πρωι] pr τω A+πρωι ℵ^c.(b. vid) (postea ras) | προσ|εθ. Q* προ|σεθ. Q^a   5 παιδεια B^ab Q^a | om Κυριου ℵ*AQ* (hab ℵ^c.b fort [postea ras] Q^mg) | ανοιει ℵ* (-γει ℵ^c.b) | τα ωτα μου A | ουδε] ουδ ℵ 6 εδωκα] δεδωκα AQ | ενπτυσματων ℵ   7 om Κυριος ℵ^c.b AQ* (hab Q^mg) | μοι] μου ℵAQ | αλλα] αλλ ℵQ | στερεαν] εαν sup ras A^a | αισχυνθω] κατεσχυνθη ℵ* -θω ℵ^1 (vid) (αισχυνθω ℵ^c.b) 8 Κυριος + κς B^ab Q^mg | βοηθησει] βοηθει ℵ^c.a, c.b (vid) (postea revoc -θησει) AQ (βοηθι Q* -θει Q^a) οι ο′ βοηθησει μοι σ′ βοηθει μοι α′θ′ ομοιως τοις ο′ Q^mg | σης καταφ.] pr ως ℵ^c.b (vid) AQ σ′ ευρως καταφ. θ′ ομοιως τοις ο′ Q^mg

ΗΣΑΙΑΣ

Β καταφάγεται ὑμᾶς. ¹⁰Τίς ἐν ὑμῖν ὁ φοβούμενος τὸν κύριον; ὑπακουσάτω τῆς φωνῆς τοῦ παιδὸς αὐτοῦ· οἱ πορευόμενοι ἐν σκότει, καὶ οὐκ ἔστιν αὐτοῖς φῶς, πεποίθατε ἐπὶ τῷ ὀνόματι Κυρίου καὶ ἀντιστηρίσασθε ἐπὶ τῷ θεῷ. ¹¹ἰδοὺ πάντες ὑμεῖς πῦρ καίετε καὶ κατισχύετε φλόγα· πορεύεσθε τῷ φωτὶ τοῦ πυρὸς ὑμῶν καὶ τῇ φλογὶ ᾗ ἐξεκαύσατε· δι' ἐμὲ ἐγένετο ταῦτα ὑμῖν, ἐν λύπῃ κοιμηθήσεσθε.

LI ¹'Ακούσατέ μου, οἱ διώκοντες τὸ δίκαιον καὶ ζητοῦντες τὸν κύριον, ἐμβλέψατε εἰς τὴν στερεὰν πέτραν ἣν ἐλατομήσατε, καὶ εἰς τὸν βόθυνον τοῦ λάκκου ὃν ὠρύξατε. ²ἐμβλέψατε εἰς Ἀβραὰμ τὸν πατέρα ὑμῶν, καὶ εἰς Σάρραν τὴν ὠδίνουσαν ὑμᾶς· ὅτι εἷς ἦν καὶ ἐκάλεσα αὐτόν, καὶ εὐλόγησα αὐτὸν καὶ ἠγάπησα αὐτόν. ³καὶ σὲ νῦν παρακαλέσω, Σειών, καὶ παρεκάλεσα πάντα τὰ ἔρημα αὐτῆς, καὶ θήσω τὰ ἔρημα αὐτῆς ὡς παράδεισον, καὶ τὰ πρὸς δυσμὰς ὡς παράδεισον Κυρίου· εὐφροσύνην καὶ ἀγαλλίαμα εὑρήσουσιν ἐν αὐτῇ, ἐξομολόγησιν καὶ φωνὴν αἰνέσεως. ⁴'Ακούσατέ μου, ἀκούσατέ μου, λαός μου, καὶ οἱ βασιλεῖς πρός με ἐνωτίσασθε, ὅτι νόμος παρ' ἐμοῦ ἐξελεύσεται, καὶ ἡ κρίσις μου εἰς φῶς ἐθνῶν. ⁵ἐγγίζει ταχὺ ἡ δικαιοσύνη μου, καὶ ἐξελεύσεται ὡς φῶς καὶ τὸ σωτήριόν μου, καὶ εἰς τὸν βραχίονά μου ἔθνη ἐλπιοῦσιν· ἐμὲ νῆσοι ὑπομενοῦσιν καὶ εἰς τὸν βραχίονά μου ἐλπιοῦσιν. ⁶ἄρατε εἰς τὸν οὐρανὸν τοὺς ὀφθαλμοὺς ὑμῶν, καὶ ἐμβλέψατε εἰς τὴν γῆν κάτω, ὅτι ὁ οὐρανὸς ὡς καπνὸς ἐστερεώθη, ἡ δὲ γῆ ὡς ἱμάτιον παλαιωθήσεται, οἱ δὲ κατοικοῦντες ὥσπερ ταῦτα ἀποθανοῦνται, τὸ δὲ σωτήριόν μου εἰς τὸν αἰῶνα ἔσται, ἡ δὲ δικαιοσύνη μου οὐ μὴ ἐκλίπῃ. ⁷'Ακούσατέ μου, οἱ εἰδότες κρίσιν, λαὸς οὗ ὁ

ΗΣΑΙΑΣ LI 17

νόμος μου ἐν τῇ καρδίᾳ ὑμῶν, μὴ φοβεῖσθε ὀνειδισμὸν ἀνθρώπων, καὶ B 8 τῷ φαυλισμῷ αὐτῶν μὴ ἡττᾶσθε. ⁸ὡς γὰρ ἱμάτιον βρωθήσεται ὑπὸ χρόνου, καὶ ὡς ἔρια βρωθήσεται ὑπὸ σητός, ἡ δὲ δικαιοσύνη μου εἰς τὸν αἰῶνα ἔσται, τὸ δὲ σωτήριόν μου εἰς γενεὰς γενεῶν.
9 ⁹Ἐξεγείρου ἐξεγείρου, Ἰερουσαλήμ, καὶ ἔνδυσαι τὴν ἰσχὺν τοῦ βραχίονός σου· ἐξεγείρου ὡς ἐν ἀρχῇ ἡμέρας, ὡς γενεὰ αἰῶνος. οὐ σὺ 10 εἶ ¹⁰ἡ ἐρημοῦσα θάλασσαν, ὕδωρ ἀβύσσου πλῆθος; ἡ θεῖσα τὰ βάθη 11 τῆς θαλάσσης ὁδὸν διαβάσεως ῥυομένοις ¹¹καὶ λελυτρωμένοις; ὑπὸ γὰρ Κυρίου ἀποστραφήσονται, καὶ ἥξουσιν εἰς Σειὼν μετ' εὐφροσύνης καὶ ἀγαλλιάματος αἰωνίου· ἐπὶ κεφαλῆς γὰρ αὐτῶν αἴνεσις, καὶ εὐφροσύνη καταλήμψεται αὐτούς, ἀπέδρα ὀδύνη καὶ λύπη καὶ 12 στεναγμός. ¹²ἐγώ εἰμι ἐγώ εἰμι ὁ παρακαλῶν σε· γνῶθι τίς οὖσα ἐφοβήθης ἀπὸ ἀνθρώπου θνητοῦ καὶ ἀπὸ υἱοῦ ἀνθρώπου, οἳ ὡσεὶ 13 χόρτος ἐξηράνθησαν. ¹³καὶ ἐπελάθου θεὸν τὸν ποιήσαντά σε, τὸν ποιήσαντα τὸν οὐρανὸν καὶ θεμελιώσαντα τὴν γῆν· καὶ ἐφόβου ἀεὶ πάσας τὰς ἡμέρας τὸ §πρόσωπον τοῦ θυμοῦ τοῦ θλίβοντός σε, ὃν § Γ τρόπον γὰρ ἐβουλεύσατο τοῦ ἆραί σε· καὶ νῦν ποῦ ὁ θυμὸς τοῦ 14 θλίβοντός σε; ¹⁴ἐν γὰρ τῷ σώζεσθαί σε οὐ στήσεται οὐδὲ χρονιεῖ·
15 ¹⁵ὅτι ἐγὼ ὁ θεός σου ὁ ταράσσων τὴν θάλασσαν καὶ ἠχῶν τὰ κύματα 16 αὐτῆς, Κύριος σαβαὼθ ὄνομά μοι. ¹⁶θήσω τοὺς λόγους μου εἰς τὸ στόμα σου, καὶ ὑπὸ τὴν σκιὰν τῆς χειρός μου σκεπάσω σε, ἐν ᾗ ἔστησα τὸν οὐρανὸν καὶ ἐθεμελίωσα τὴν γῆν· καὶ ἐρεῖ Σειὼν Λαός μου 17 εἶ σύ. ¹⁷Ἐξεγείρου ἐξεγείρου, ἀνάστηθι, Ἰερουσαλήμ, ἡ πιοῦσα

7 μη] και ℵ* (μη ℵc.a, c.b) | φαυλισμῳ Qᵃ (de Q* φ tantum superest) ℵAQΓ 8 ως 1°] ωσπερ ℵc.aAQ | om γαρ Q* (hab Qmg) | ως 2°] ωσπερ A | αιωναν ℵ* (improb ν ℵiam c.a) | γενεαν ℵ* (-νας ℵc.a, c.b) 9 Ιερουσαλημ] pr ⸓ Q¹ | ε]ν Q* ἐ| Qᵃ 10 η ερημουσα] pr θ' ※ η λατομησασα πλατος διαλισασα δρακοντα ου συ ει Qmg | θαλασσα A¹ | τα βαθη] το βαθος ℵ* (-θος sup ras ℵ¹) 11 ελυτρωμενους ℵ* (λελυτρωμενοις ℵc.a, c.b) | Σιων Bᵇ (in ω ras aliq ut vid) AQ | επι κεφαλης γαρ] επι της κεφ. ℵ επι γαρ της κεφ. AQ | αινεσις] pr αγαλλιασις καιℵQpr αγαλλιαμα και A | καταληψεται Qᵃ | [απε]δρα οδυνη και λυπη και] obel pr Bᵃ (non inst Bᵇ) | και λυπη] pr ⸓ Q¹ 12 γνωθι] pr ⸓ Q¹+συ ℵ*Qᵃ | τις ουσα] τινα ℵAQ α' τις συ σ' τις ει οι ο' τις ουσα θ' ομοιως τοις ο' Qmg | εφοβηθης (εφαβ. ℵc.a, c.b)] pr ευλαβηθεισα ℵ (-θισα ℵ* -θεισα ℵc.a, c.b) AQ 13 θεον] θῦ A* (θῦ Aᵃ) | την γην θεμελιωσαντα Q | του προσωπου ℵ | θυμου]+μου ℵc.a | του θλιβ.] αυτου θλιβ. ℵ* | αραι σε] αρεσαι σε A αρε]σαι (?αρε σαι) Γ 14 χρονιει]+θ' ※ ϟ ου θανατωσεις (sic) διαφθορᾱ̄| ϟ ου μη υστερηση ο αρτος αυτου Qmg 16 σκιαν της χειρος] σκεπην (postea rurs σκιαν) της χ. ℵc.a δεξιαν A | και ερει Σ. λαος μου ει συ] α' ϟ του ειπειν τη Σιων λ. μ. συ σ' ϟ εις το ειπει]̂ τη Σ. λ. μ. ει Qmg | ερει] ερω τη ℵc.a | Σιων Bᵇ (in ω ras aliq ut vid) ℵAQΓ 17 om εξεγειρου 2° ℵ¹ (postea restit) Q* (hab Qmg)

197

ΗΣΑΙΑΣ

Β ἐκ χειρὸς Κυρίου τὸ ποτήριον τοῦ θυμοῦ αὐτοῦ· τὸ ποτήριον γὰρ τῆς πτώσεως, τὸ κόνδυ τοῦ θυμοῦ ἐξέπιες καὶ ἐξεκένωσας, ¹⁸καὶ οὐκ ἦν ὁ 18 παρακαλῶν σε ἀπὸ πάντων τῶν τέκνων σου ὧν ἔτεκες, καὶ οὐκ ἦν ὁ ἀντιλαμβανόμενος τῆς χειρός σου οὐδὲ ἀπὸ πάντων τῶν υἱῶν σου ὧν ὕψωσας. ¹⁹δύο ταῦτα ἀντικείμενά σοι· τίς σοι συνλυπηθήσεται; 19 πτῶμα καὶ σύντριμμα, λιμὸς καὶ μάχαιρα· τίς παρακαλέσει σε; ²⁰οἱ 20 υἱοί σου οἱ ἀπορούμενοι, οἱ καθεύδοντες ἐπ᾽ ἄκρου πάσης ἐξόδου ὡς σευτλίον ἡμίεφθον, οἱ πλήρεις θυμοῦ Κυρίου, ἐκλελυμένοι διὰ Κυρίου τοῦ θεοῦ. ²¹διὰ τοῦτο ἄκουε, τεταπεινωμένη καὶ μεθύουσα οὐκ ἀπὸ 21 οἴνου. ²²οὕτως λέγει Κύριος ὁ θεὸς ὁ κρίνων τὸν λαὸν αὐτοῦ Ἰδοὺ 22 εἴληφα ἐκ τῆς χειρός σου τὸ ποτήριον τῆς πτώσεως, τὸ κόνδυ τοῦ θυμοῦ μου, καὶ οὐ προσθήσῃ ἔτι πιεῖν αὐτό· ²³καὶ δώσω αὐτὸ εἰς τὰς 23 χεῖρας τῶν ἀδικησάντων σε τῶν ταπεινωσάντων σε, οἳ εἶπαν τῇ ψυχῇ σου Κύψον, ἵνα παρέλθωμεν· καὶ ἔθηκας ἴσα τῇ γῇ τὰ μέσα σου ἔξω τοῖς παραπορευομένοις. ¹Ἐξεγείρου ἐξεγείρου, Σειών· ἔνδυσαι 1 LII τὴν ἰσχύν σου, Σειών, καὶ σὺ ἔνδυσαι τὴν δόξαν σου, Ἰερουσαλήμ, πόλις ἡ ἁγία· οὐκέτι προστεθήσεται διελθεῖν διὰ σοῦ ἀπερίτμητος καὶ ἀκάθαρτος. ²ἐκτίναξαι τὸν χοῦν καὶ ἀνάστηθι, κάθισον, Ἰερουσαλήμ· 2 ἔκλυσαι τὸν δεσμὸν τοῦ τραχήλου σου, ἡ αἰχμάλωτος θυγάτηρ Σειών. ³ὅτι τάδε λέγει Κύριος Δωρεὰν ἐπράθητε, καὶ οὐ μετὰ ἀργυρίου λυτρω- 3 θήσεσθε. ⁴Οὕτως λέγει κύριος Κύριος Εἰς Αἴγυπτον κατέβη ὁ λαός 4 μου τὸ πρότερον παροικῆσαι ἐκεῖ, καὶ εἰς Ἀσσυρίους βίᾳ ἤχθησαν· ⁵καὶ 5

ℵAQΓ   17 εκ χειρος Κ. το ποτ. του θυμου αυτου] το ποτ. του θυμου εκ χειρος κυ ℵAQ [το] ποτ. εκ χειρος κυ Γ | της πτωσεως...θυμου (2°) sup ras Aᵃ (post θυ| spat est 2 fort litt) | θυμου 2°]+μου ℵ | εξεπιες] επιες A εξεπιε Γ¹ 18 σε] ε A | υ|ιων B* υι|ων B¹ | υψωσας Qᵃ ᵛⁱᵈ (υψωσς Q*)   19 om σοι 2° ℵ* (hab ℵᶜ·ᵃ,ᶜ·ᵇ) | συνλυπηθησεται B*Γ] συλλυπ. BᵇℵAQ | σε παρακαλεσει AQ   20 σου] σοι A | ως σευτλιον (σειτλ. ℵ* σευτλ. [prius fort σευται.] ℵᶜ·ᵃ,ᶜ·ᵇ)] α´θ´σ´ ως ορυξ Qᵐᵍ | ημιεφθον (-φθο|ν ℵ* -φθο| ℵᶜ)] α´ ημφιβλη-στρευμενος σ´ εν αμφιβληστρω θ´ συνειλημμενος Qᵐᵍ | πληρης B | θεου]+σου ℵᶜ·ᵃ (rurs ras)   21 ακουε]+θ´σ´ ⁂ τουτο Qᵐᵍ   22 ουτω ℵ* (-τως ℵᶜ·ᵃ : s rurs ras) | ο θεος]+οι γ´ ⁂ σου | om μου ℵAQ | προσθησει ℵ 23 δωσω...σε 1°] pr obelos adnot οι ωβ´ ου κ´ π´ εβρ´ B* (non inst Bᵇ) | δωσω] εμβαλω AQ | των ταπεινωσαντων] pr και Bᵇ ᵛᵉˡ ᶜAQΓ | τα μεσα σου] τα ασαφρενα σου ℵAQ τα μεσα.. ε|να [σ]ο[υ] Γ α´ σωμα σου σ´ τον νωτον σου θ´ ομοιως τοις ο´ τα μεσα σου Qᵐᵍ   LII 1 Σιων BᵇℵAQΓ (bis [1° ℵ]: item 2, 7, 8) | om Σειων 2° ℵ | om συ ℵ¹ (postea revoc) AQΓ | η αγια] om η AΓ   2 εκλυσαι] εκδυσαι ℵ (-σε ℵ* -σαι ℵᶜ·ᵇ) AΓ ενδυσαι Q* (εκλυσαι Qᵐᵍ) α´ περιλυσαι σ´ απολυσαι θ´ διαλυσον Qᵐᵍ | τραχηλου] χ sup ras B¹ | improb σου ℵ¹ (postea revoc)   4 ουτως (-τω ℵ* -τως ℵᶜ·ᵃ s rurs ras)] pr οι γ´ ⁂ οτι Qᵐᵍ | om κυριος ℵAQ* (hab Qᵐᵍ) Γ   5 και νιν...Κυριος] α´ κ νυν τι μοι ωδε φησι πιπι θ´σ´ κ νυν τι εστι| μοι ωδε λεγει κς Qᵐᵍ

198

ΗΣΑΙΑΣ LII 15

νῦν τί ὧδέ ἐστε; τάδε λέγει Κύριος "Ότι ἐλήμφθη ὁ λαός μου δωρεάν, B
θαυμάζετε καὶ ὀλολύζετε. τάδε λέγει Κύριος Δι' ὑμᾶς διὰ παντὸς
6 τὸ ὄνομά μου βλασφημεῖται ἐν τοῖς ἔθνεσιν. ⁶διὰ τοῦτο γνώσεται ὁ
λαός μου τὸ ὄνομά μου ἐν τῇ ἡμέρᾳ ἐκείνῃ, ὅτι ἐγώ εἰμι αὐτὸς ὁ
7 λαλῶν· πάρειμι ⁷ὡς ὥρα ἐπὶ τῶν ὀρέων, ὡς πόδες εὐαγγελιζομένου
ἀκοὴν εἰρήνης, ὡς εὐαγγελιζόμενος ἀγαθά, ὅτι ἀκουστὴν ποιήσω τὴν
8 σωτηρίαν σου λέγων Σειὼν Βασιλεύσει σου ὁ θεός· ⁸ὅτι φωνὴ τῶν
φυλασσόντων σε ὑψώθη, καὶ τῇ φωνῇ ἅμα εὐφρανθήσονται· ὅτι
ὀφθαλμοὶ πρὸς ὀφθαλμοὺς ὄψονται, ἡνίκα ἂν ἐλεήσῃ Κύριος τὴν
9 Σειών. ⁹ῥηξάτω εὐφροσύνην ἅμα τὰ ἔρημα Ἰερουσαλήμ, ὅτι
10 ἠλέησεν Κύριος αὐτὴν καὶ ἐρύσατο Ἰερουσαλήμ. ¹⁰καὶ ἀποκαλύψει
Κύριος τὸν βραχίονα τὸν ἅγιον αὐτοῦ ἐνώπιον πάντων τῶν ἐθνῶν, καὶ
ὄψονται πάντα ἄκρα τῆς γῆς τὴν σωτηρίαν τὴν παρὰ τοῦ θεοῦ ἡμῶν.
11 ¹¹ἀπόστητε ἀπόστητε, ἐξέλθατε ἐκεῖθεν καὶ ἀκαθάρτου μὴ ἅψησθε,
ἐξέλθατε ἐκ μέσου αὐτῆς, ἀφορίσθητε, οἱ φέροντες τὰ σκεύη Κυρίου·
12 ¹²ὅτι οὐ μετὰ ταραχῆς ἐξελεύσεσθε οὐδὲ φυγῇ πορεύσεσθε, προ-
πορεύσεται γὰρ πρότερος ὑμῶν Κύριος καὶ ὁ ἐπισυνάγων ὑμᾶς θεὸς
Ἰσραήλ.
13 ¹³Ἰδοὺ συνήσει ὁ παῖς μου, καὶ ὑψωθήσεται καὶ δοξασθήσεται
14 σφόδρα. ¹⁴ὃν τρόπον ἐκστήσονται ἐπὶ σὲ πολλοί, οὕτως ἀδοξήσει ἀπὸ
15 ἀνθρώπων τὸ εἶδός σου, καὶ ἡ δόξα σου ἀπὸ τῶν ἀνθρώπων. ¹⁵οὕτω
θαυμάσονται ἔθνη πολλὰ ἐπ' αὐτῷ, καὶ συνέξουσιν βασιλεῖς τὸ στόμα

5 τι ωδε..εστε Γ´ | εσται A | ελημφη ℵ ελήφθη Q | υμας]+τους ℵAQΓ´
ανοῦς Γ 5—6 βλασφημειται...τουτο γνω[σεται]] pr obelos Bᵃ (non inst Bᵇ)
5 εν τοις εθν. sub ⏉ Q 6 γνωσεται] γνωσεσθε Γ´ | το ονομα μου] τον κ̄ν̄ Q*
(το ον. μου Qᵐᵍ) | εν] om Γ pr οι γ´ ※ δια τουτο Qᵐᵍ | αυτος ο λαλων c seqq
coniung ℵ 7 ως ωρα...σωτηριαν] α´ τι ωραιωθησα| (σ´ τι ευτρεπιςεις θ´
ως ευτρεπεις) επι τα ορη ποδες ευαγγελιζομενου ακουτιζοντος ειρηνην ευαγγε-
λιζομενου αγαθον ακουτιζοντος σωτηρια| Qᵐᵍ | ωρα] ωραιοι Qᵇᵐᵍ 8 om
οτι Γᵛⁱᵈ | των φυλασσοντων] α´ σκοπευτων σου θ´σ´ των σκοπων σου Qᵐᵍ | προς
bis scr ℵ* | αν] εαν QΓ | ελεησει ℵ (-σι ℵ* -σει ℵᶜ·ᵇ) A 9 ευφροσυνη
ℵ | om Κυριος ℵ* (hab ℵᶜ·ᵃ) Γ (nisi αυτην [κ̄ς̄]) | ερρυσατο BᵃᵇAQᵇ⁽ᵛⁱᵈ⁾Γ´ |
om Ιερουσαλημ 2° ℵ* (hab Ἰλμ ℵᶜ·ᵇ) 10 αποκαλυψει (-λειψ. Γ´)] θ´σ´
απεκαλυψε| Qᵐᵍ | αυτου τον αγιον AQ | ακρα] pr τα εθνη τα ℵ* (improb τα
εθνη ℵᶜ·ᵇ postea repos) Γ pr τα AQ | om ημων AQ*ᵛⁱᵈ (hab Qᵐᵍ) 11 εξελ-
θετε bis Qᵃᵛⁱᵈ | αψησθε] απτεσθε ℵ (-θαι) A (-θαι) Q απτησθε Γ´ | μεσου] pr
του ℵ | αφορισθητε] pr και QΓ | σκευη]+[του οι]κον Γᵛⁱᵈ 12—LIII 4 mutila
in Γ 12 πορευσεσθε] πορευεσθε Qᵃ σ´ απελευσεσθαι α´θ´ ομοιως τοις ο´
Qᵐᵍ | προπορευσεται] πορευσεται AQ* (προπορ. Qᵐᵍ) | προτερος] προ προσω-
που ℵ | επισυναγων] συναγων ℵ* (επισ. ℵᶜ·ᵃ,ᶜ·ᵇ ⁽ᵛⁱᵈ⁾) Q | θεος] pr κ̄ς̄ ο ℵAQ
13 σύ|ησει B*ᵛⁱᵈ (συ|νησει Bᵗ) | σφοδρα] pr οι γ´ ※ κ̄ς̄ μετεωρισθησεται Qᵐᵍ
15 ουτως ℵAQ | συναξουσιν A

199

LIII 1   ΗΣΑΙΑΣ

Β αὐτῶν· ὅτι οἷς οὐκ ἀνηγγέλη περὶ αὐτοῦ ὄψονται, καὶ οἱ οὐκ ἀκηκόασιν συνήσουσιν.

¹Κύριε, τίς ἐπίστευσεν τῇ ἀκοῇ ἡμῶν; καὶ ὁ βραχίων Κυρίου τίνι 1 LIII ἀπεκαλύφθη; ²ἀνηγγείλαμεν ὡς παιδίον ἐναντίον αὐτοῦ, ὡς ῥίζα ἐν 2 γῇ διψώσῃ· οὐκ ἔστιν εἶδος αὐτῷ οὐδὲ δόξα. καὶ εἴδομεν αὐτόν, καὶ οὐκ εἶχεν εἶδος οὐδὲ κάλλος, ³ἀλλὰ τὸ εἶδος αὐτοῦ ἄτιμον καὶ ἐκλιπὸν 3 παρὰ τοὺς υἱοὺς τῶν ἀνθρώπων· ἄνθρωπος ἐν πληγῇ ὢν καὶ εἰδὼς
¶ Γ φέρειν μαλακίαν, ὅτι ἀπέστραπται τὸ πρόσωπον αὐτοῦ,⁂ ἠτιμάσθη καὶ οὐκ ἐλογίσθη. ⁴οὗτος τὰς ἁμαρτίας ἡμῶν φέρει καὶ περὶ ἡμῶν 4 ὀδυνᾶται, καὶ ἡμεῖς ἐλογισάμεθα αὐτὸν εἶναι ἐν πόνῳ καὶ ἐν πληγῇ καὶ ἐν κακώσει. ⁵αὐτὸς δὲ ἐτραυματίσθη διὰ τὰς ἁμαρτίας ἡμῶν, καὶ 5 μεμαλάκισται διὰ τὰς ἀνομίας ἡμῶν· παιδία εἰρήνης ἡμῶν ἐπ᾽ αὐτόν, τῷ μώλωπι αὐτοῦ ἡμεῖς ἰάθημεν. ⁶πάντες ὡς πρόβατα ἐπλανήθημεν, 6 ἄνθρωπος τῇ ὁδῷ αὐτοῦ ἐπλανήθη· καὶ Κύριος παρέδωκεν αὐτὸν ταῖς ἁμαρτίαις ἡμῶν. ⁷καὶ αὐτὸς διὰ τὸ κεκακῶσθαι οὐκ ἀνοίγει τὸ 7 στόμα· ὡς πρόβατον ἐπὶ σφαγὴν ἤχθη, καὶ ὡς ἀμνὸς ἐναντίον τοῦ κείροντος ἄφωνος, οὕτως οὐκ ἀνοίγει τὸ στόμα αὐτοῦ. ⁸ἐν τῇ 8 ταπεινώσει ἡ κρίσις αὐτοῦ ἤρθη· τὴν γενεὰν αὐτοῦ τίς διηγήσεται; ὅτι αἴρεται ἀπὸ τῆς γῆς ἡ ζωὴ αὐτοῦ, ἀπὸ τῶν ἀνομιῶν τοῦ λαοῦ μου ἤχθη εἰς θάνατον. ⁹καὶ δώσω τοὺς πονηροὺς ἀντὶ τῆς ταφῆς αὐτοῦ, 9 καὶ τοὺς πλουσίους ἀντὶ τοῦ θανάτου· ὅτι ἀνομίαν οὐκ ἐποίησεν, οὐδὲ δόλον ἐν τῷ στόματι αὐτοῦ. ¹⁰καὶ Κύριος βούλεται καθαρίσαι 10 αὐτὸν τῆς πληγῆς· ἐὰν δῶτε περὶ ἁμαρτίας, ἡ ψυχὴ ἡμῶν ὄψεται σπέρμα μακρόβιον· καὶ βούλεται Κύριος ἀφελεῖν ἀπὸ τοῦ πόνου τῆς ψυχῆς αὐτοῦ, ¹¹δεῖξαι αὐτῷ φῶς καὶ πλάσαι τῇ συνέσει, δικαιῶσαι 11

ℵAQΓ   15 πιρι ℵ* (περι ℵ¹)   LIII 1 τινι] pr a´θ´ ※ επι Q^mg | απεκαλυφη ℵ* (-φθη ℵ^c)   2 εναντιον αυτου ως παιδιον ℵ (πεδ. ℵ* παιδ. ℵ^c.b)   AQ | ως παιδιον] a´ ως τιτθιζομενο | θ´ ως θηλαζον Q^mg | αυτω ειδος Q | ιδομεν AΓ | ουδε] ουτε ℵ   3 αλλα το ειδος] αλλ ειδος Γ | om και 1° AQ | εκλιπον] εκλιποντα ℵ* (-λειπ. ℵ^c.b) εκλειπον AQ^a | τους υιους των ανθρωπων] pr παντας ℵ (πᾱ| ℵ* παντας ℵ^c.a, c.b) παντας ανοῦς AQ* (τους υιους τῶ ανων Q^mg)   4 om ειναι ℵ* (hab ℵ^c.b) | πονοις ℵ* (-νω ℵ^c.b) | πληγη]+a´θ´ ※ υπο θν (sic ut vid) Q^mg   5 αμαρτιας] ανομιας ℵAQ | μεμαλακισται] εμαλακισθη A | ανομιας] αμαρτιας ℵAQ | παιδεια Q^a 7 κεκραγωσθαι ℵ*^vid (κεκακ. ℵ?) | κειροντος] κειραντος ℵ^c.a (κιρ.) A+αυτον ℵ^c.a (ras ℵ^c.b) AQ   8 ταπεινωσει] σει non inst B^b | ηρθη] ηχθη ℵ* (ηρθ. ℵ^c.a, c.b) | ηχθη] η 1° sup ras A^a ηκει Q^mg   9 θανατου]+αυτου B^abℵAQ | δολον] ευρεθη δολος ℵ^c.a (δολος etiam ℵ^c.b) AQ   10 της πληγης (λη sup ras A^a)] pr απο A | υμων ℵAQΓ | βουλεται Κυριος] κϛ βουλετε ℵ* (-ται ℵ^c.b) +οι γ´ ※ εν χειρι αυτου Q^mg | του πονου sup ras A^a?   11 και πλασαι τη συνεσει] a´θ´ εμπλησθησεται εν τη γνωσει αυτου σ´ χορτασθησεται... Q^mg | σύ|εσει B* συ|νεσει B?

ΗΣΑΙΑΣ LIV 10

δίκαιον εὖ δουλεύοντα πολλοῖς, καὶ τὰς ἁμαρτίας αὐτῶν αὐτὸς ἀνοίσει. Β 12 ¹²διὰ τοῦτο αὐτὸς κληρονομήσει πολλούς, καὶ τῶν ἰσχυρῶν μεριεῖ σκῦλα· ἀνθ' ὧν παρεδόθη εἰς θάνατον ἡ ψυχὴ αὐτοῦ, καὶ ἐν τοῖς ἀνόμοις ἐλογίσθη, καὶ αὐτὸς ἁμαρτίας πολλῶν ἀνήνεγκεν, καὶ διὰ τὰς ἀνομίας αὐτῶν παρεδόθη.

LIV 1 ¹Εὐφράνθητι, στεῖρα ἡ οὐ τίκτουσα, ῥῆξον καὶ βόησον, ἡ οὐκ ὠδίνουσα, ὅτι πολλὰ τὰ τέκνα τῆς ἐρήμου μᾶλλον ἢ τῆς ἐχούσης τὸν 2 ἄνδρα· εἶπεν γὰρ Κύριος. ²πλάτυνον τὸν τόπον τῆς σκηνῆς σου καὶ τῶν αὐλαιῶν σου, πῆξον, μὴ φείσῃ, μάκρυνον τὰ σχοινίσματά σου, 3 καὶ τοὺς πασσάλους σου κατίσχυσον, ³ἔτι εἰς τὰ δεξιὰ καὶ τὰ ἀριστερὰ ἐκπέτασον· καὶ τὸ σπέρμα σου ἔθνη κληρονομήσει, καὶ πόλεις 4 ἠρημωμένας κατοικιεῖς. ⁴μὴ φοβοῦ ὅτι κατῃσχύνθης, μηδὲ ἐντραπῇς ὅτι ὠνειδίσθης, ὅτι αἰσχύνην αἰώνιον ἐπιλήσῃ, καὶ ὄνειδος τῆς χηρείας 5 σου οὐ μὴ μνησθήσῃ. ⁵ὅτι Κύριος ὁ ποιῶν σε, Κύριος σαβαὼθ ὄνομα αὐτῷ· καὶ ὁ ῥυσάμενός σε, αὐτὸς θεὸς Ἰσραήλ, πάσῃ τῇ γῇ κληθή-6 σεται. ⁶οὐχ ὡς γυναῖκα καταλελιμμένην καὶ ὀλιγόψυχον κέκληκέν σε ὁ κύριος, οὐδ' ὡς γυναῖκα ἐκ νεότητος μεμισημένην· εἶπεν ὁ θεός 7 σου. ⁷χρόνον μικρὸν ἐνκατέλιπόν σε, καὶ μετ' ἐλέους μεγάλου 8 ἐλεήσω σε· ⁸ἐν θυμῷ μικρῷ ἀπέστρεψα τὸ πρόσωπόν μου ἀπὸ σοῦ, 9 καὶ ἐν ἐλέει αἰωνίῳ ἐλεήσω σε· εἶπεν ὁ ῥυσάμενός σε Κύριος. ⁹ἀπὸ τοῦ ὕδατος τοῦ ἐπὶ Νῶε τοῦτό μοί ἐστιν, καθότι ὤμοσα αὐτῷ ἐν τῷ χρόνῳ ἐκείνῳ, τῇ γῇ μὴ θυμωθήσεσθαι ἐπὶ σοὶ ἔτι, μηδὲ ἐν ἀπειλῇ 10 σου ¹⁰τὰ ὄρη μεταστήσεσθαι, οὐδ' οἱ βουνοί σου μετακινηθήσονται· οὕτως οὐδὲ τὸ παρ' ἐμοῦ σοι ἔλεος ἐκλείψει, οὐδὲ ἡ διαθήκη τῆς εἰρήνης

12 μεριειται Q* (-ριει Qᵃ) [-ριει Qᵃ) | αμαρτιας] α 3° sup ras B¹ fort | ανομιας] αμαρτιας ℵAQ AQ* (-ες fort B*) (ανομ. Qᵐᵍ)   LIV 1 ρηξον και βοησον]+ ⁕ και τερπου Qᵐᵍ ᵈᵉˣᵗʳ α' κελαδι αινεσι] ꝓ χρεμετισον θ' ρηξον ευφροσυνην Qᵐᵍ ˢⁱⁿⁱˢᵗʳ   3 τα αριστερα] pr εις ℵAQ | πολις ℵ* (-λεις ℵᶜ·ᵇ) Q* | κατοικιεις] κατοικησις A 4 κατῃσχυνθης] η 1° ex ι fort fec ℵ? | χηριας ℵAQ | om μη 2° ℵ | μνη-σθηση]+οι γ' ⁕ ετι Qᵐᵍ   5 Κυριος 1°] pr εγω ℵ* (improb ℵ? postea revoc) | om και ℵ* (hab ℵᶜ·ᵇ) | θ͞ς αυτος A   6 ως 1°] ω ℵ* (ως ℵᶜ·ᵃ) | κατα-λελειμμενην BᵃᵇAQᵃ καταλελιμμενην ℵ | om και ολιγοψυχον A* (hab Aᵃ?⁽ᵐᵍ⁾) | κεκληκε ℵ* (-κεν ℵᶜ·ᵈ·ᵃ) | ο κυριος] om ο ℵAQ | ουδ ως] ου|τω ℵ* (ουδ ως ℵᶜ·ᶜ·ᵈ·ᵃ)   7 εγκατελιπον (ε 2° sup ras) Bᵃᵇ κατελιπον ℵQ κατελειπον A | μετ] μετα ℵAQ   8 ελεει] ελεω Qᵐᵍ | ελεησω] ελεησα ℵᶜ·ᵇ ηλεησα AQ*ᵛⁱᵈ   9—10 απο του υδατος...εκλειψει] θ' κατα τας ημερας Νωε τουτο μοι οτι ωμοσα μη επαγαγειν υδωρ Νωε ετι επι την γη͞| ουτως ωμοσα του μη οργι-σθηναι επι σε ꝓ του μη επιτιμησαι εν σοι τα γαρ ορη σαλευθησονται ꝓ οι βουνοι κλιθησονται το δε ελεος μου απο σου ου σαλευθησεται Qᵐᵍ   9 εστιν ℵAQ+ονομα ℵ* (improb ℵ? postea revoc) | χρονω] κρω (sic) ℵᶜ (rurs ras) | θυμωθησεσθαι] incep θαμ ℵ* (θυμ. ℵ¹ ⁽ᵛⁱᵈ⁾)   10 ορη] ορια ℵ | μεταστη-σασθαι ℵ (-σθε ℵ* -σθαι ℵᶜ·ᵇ) AQ*ᵛⁱᵈ (-σεσθαι Qᵃ) | ουδ] ουδε ℵAQ

Β σου οὐ μὴ μεταστῇ· εἶπεν γάρ Ἵλεώς σοι, Κύριε. ¹¹Ταπεινὴ καὶ 11 ἀκατάστατος οὐ παρεκλήθης· ἰδοὺ ἐγὼ ἑτοιμάζω σοὶ ἄνθρακα τὸν λίθον σου, καὶ τὰ θεμέλιά σου σάπφειρον, ¹²καὶ θήσω τὰς ἐπάλξεις σου 12 ἴασπιν, καὶ τὰς πύλας σου λίθους κρυστάλλου, καὶ τὸν περίβολόν σου λίθους ἐκλεκτούς, ¹³καὶ πάντας τοὺς υἱούς σου διδακτοὺς θεοῦ, καὶ ἐν 13 πολλῇ εἰρήνῃ τὰ τέκνα σου. ¹⁴καὶ ἐν δικαιοσύνῃ οἰκοδομηθήσῃ· 14 ἀπέχου ἀπὸ ἀδίκου, καὶ οὐ φοβηθήσῃ, καὶ τρόμος οὐκ ἐγγιεῖ σοι. ¹⁵ἰδοὺ προσήλυτοι προσελεύσονταί σοι δι' ἐμοῦ, καὶ παροικήσουσίν 15 σοι καὶ ἐπὶ σὲ καταφεύξονται. ¹⁶ἰδοὺ ἐγὼ ἔκτισά σε, οὐχ ὡς χαλκεὺς 16 φυσῶν ἄνθρακας καὶ ἐκφέρων σκεῦος εἰς ἔργον· ἐγὼ δὲ ἔκτισά σε οὐκ εἰς ἀπώλειαν φθεῖραι. ¹⁷πᾶν σκεῦος σκευαστὸν ἐπὶ σὲ οὐκ 17 εὐοδώσω· καὶ πᾶσα φωνὴ ἀναστήσεται ἐπὶ σὲ εἰς κρίσιν, πάντας αὐτοὺς ἡττήσεις, οἱ δὲ ἔνοχοί σου ἔσονται ἐν αὐτῇ. ἔστιν κληρονομία τοῖς θεραπεύουσιν Κύριον, καὶ ὑμεῖς ἔσεσθέ μοι δίκαιοι, λέγει Κύριος.

¹Οἱ διψῶντες, πορεύεσθε ἐφ' ὕδωρ, καὶ ὅσοι μὴ ἔχετε ἀργύριον, 1 LV βαδίσαντες ἀγοράσατε, καὶ φάγετε ἄνευ ἀργυρίου καὶ τιμῆς οἴνου καὶ στέαρ. ²ἵνα τί τιμᾶσθε ἀργυρίου, καὶ τὸν μόχθον ὑμῶν οὐκ εἰς 2 πλησμονήν; καὶ φάγεσθε ἀγαθά, καὶ ἐντρυφήσει ἐν ἀγαθοῖς ἡ ψυχὴ ὑμῶν. ³προσέχετε τοῖς ὠσὶν ὑμῶν καὶ ἐπακολουθήσατε ταῖς ὁδοῖς μου· 3
§ Γ εἰσακούσατέ μου, ⁵καὶ ζήσεται ἐν ἀγαθοῖς ἡ ψυχὴ ὑμῶν, καὶ διαθήσομαι

ℵAQ   10 σου 2°] om ℵ* (hab ℵc.b) μου Qmg | ειπεν...Κυριε] οι γ' ειπεν οικτειρας σε κ̄ς Qmg | ιλεως σοι Κυριε] κ̄ς ιλεως σοι ℵAQ   11 ταπεινη] pr η ℵ | ου παρεκληθης] εστε (-ται ℵc.b) παρακεκλημενη ℵ* ου παρεκλ. ℵc.a (vid) c.b | om σοι ℵ* (hab ℵc.h)   12 επαλξεις ℵ* (-ξεις ℵc.b) | ιαπιν ℵ* (ιασπ. ℵ¹) | κρυστασ|λου ℵ*vid (-ταλλ. ℵc.a)   14 τρομος] μ sup ras Aa (incep τροψ A*) 15 om σοι 1° Q* (hab σοι Qmg) | om και παροικ. σοι ℵAQ* (hab Qmg) 16 εκτισα 1°] κτιζω ℵAQ | ουχ ως] pr ⸓ Qʳ | χαλκους ℵ* (-κευς ℵc.b) | φυσων]+οι γ' ※ εν πυρι Qmg | εκτισα] εκτικα ℵ . απωλιαν ℵ   17 σκευαστον] τον ℵ* φθαρτον ℵc.aⁱ c.bAQ* σκευαστον: α' πλασσομενον σ' πεπλασμενον θ' κεραμεως Qmg | επι 1°]+δε A | ευοδωσω] ευδοκησω A ευοδωθησετ̄ Qmg | και πασα...κρισιν] θ' κ πασα γλωσσα αναστ. μετα σου εις κρ. Qmg | φωνη]+η ℵcAQ | παντας] pr και ℵ* (improb ℵc.b) | οι δε ενοχοι...αυτη] pr obelos adnot οι ωβ' ου κ' π' εβρ' Ba (non inst Bb) | ηττησετε ℵ | εν αυτη] pr ⸓ Qʳ | Κυριον] κ̄ω A | μοι] μου ℵ* (μοι ℵc.(aetbvid)) | δικαιοι] αγιοι ℵ* (δικοι ℵ¹)   LV 1 οι διψ.] pr σ'θ' ※ ουαι Qmg | βασδισατες ℵ* βαδ. ℵ¹ (βαδισαντες ℵc.a) | φαγετε] πιετε ℵAQ* (φαγετε Qmg) | ανευ] pr θ' ※ κ πορευεσθε κ αγορασατε Qmg | οινου] οι γ' οινον Qmg   2 αργυριω ℵ* (-ριου ℵc.a, c.b)+θ' ※ εν ουκ αρτοις Qmg | μοχθον] κθ sup ras Aa (μοσχ. A*vid) | ουκ| B* ου|κ Bʳ | και 2°] pr ακουσασθε μοι ℵ* pr ακουσατε μοι ℵc.a et postea A pr ακουσατε Q pr θ' [ακουσατε] ※ ακοην προς με Qmg   3—10 mutila in Γ 3 ωσιν] ωτιοις AQ | μου 1°] μ sup ras Qavid | εισακουσατε] επακ. ℵc.b (postea rurs εις) AQavid (επ sup ras: εισ[ακ]. Qmg) | και ζησεται εν αγαθοις] pr obel Ba (non inst Bb) | αγαθοις] pr ⸓ Qʳ | υμων 2°] ημων A

ΗΣΑΙΑΣ LVI 2

4 ὑμῖν διαθήκην αἰώνιον, τὰ ὅσια Δαυεὶδ τὰ πιστά. ⁴ἰδοὺ μαρτύριον ἐν Β
5 ἔθνεσιν ἔδωκα αὐτόν, ἄρχοντα καὶ προστάσσοντα ἔθνεσιν. ⁵ἔθνη ἃ
οὐκ οἴδασίν σε ἐπικαλέσονταί σε, καὶ λαοὶ οἳ οὐκ ἐπίστανταί σε ἐπὶ
σὲ καταφεύξονται, ἕνεκεν Κυρίου τοῦ θεοῦ σου τοῦ ἁγίου Ἰσραήλ, ὅτι
6 ἐδόξασέν σε. ⁶Ζητήσατε τὸν κύριον, καὶ ἐν τῷ εὑρίσκειν αὐτὸν
7 ἐπικαλέσασθε· ἡνίκα δ᾽ ἂν ἐγγίζῃ ὑμῖν, ⁷ἀπολιπέτω ὁ ἀσεβὴς τὰς
ὁδοὺς αὐτοῦ καὶ ἀνὴρ ἄνομος τὰς βουλὰς αὐτοῦ καὶ ἐπιστραφήτω ἐπὶ
Κύριον, καὶ ἐλεηθήσεται, ὅτι ἐπὶ πολὺ ἀφήσει τὰς ἁμαρτίας ὑμῶν.
8 ⁸οὐ γάρ εἰσιν αἱ βουλαί μου ὥσπερ αἱ βουλαὶ ὑμῶν, οὐδ᾽ ὥσπερ αἱ
9 ὁδοὶ ὑμῶν αἱ ὁδοί μου, λέγει Κύριος· ⁹ἀλλ᾽ ὡς ἀπέχει ὁ οὐρανὸς ἀπὸ
τῆς γῆς, οὕτως ἀπέχει ἡ ὁδός μου ἀπὸ τῶν ὁδῶν ὑμῶν καὶ τὰ διανοή-
10 ματα ὑμῶν ἀπὸ τῆς διανοίας μου. ¹⁰ὡς γὰρ ἂν καταβῇ ὁ ὑετὸς ἢ χιὼν
ἐκ τοῦ οὐρανοῦ, καὶ οὐ μὴ ἀποστραφῇ ἕως ἂν μεθύσῃ τὴν γῆν, καὶ
ἐκτέκῃ καὶ ἐκβλαστήσῃ, καὶ δῷ σπέρμα τῷ σπείροντι καὶ ἄρτον εἰς
11 βρῶσιν· ¹¹οὕτως ἔσται τὸ ῥῆμά μου ὃ ἐὰν ἐξέλθῃ ἐκ τοῦ στόματός μου,
οὐ μὴ ἀποστραφῇ ἕως ἂν τελεσθῇ ὅσα ἠθέλησα, καὶ εὐοδώσω τὰς
12 ὁδούς σου καὶ τὰ ἐντάλματά μου. ¹²ἐν γὰρ εὐφροσύνῃ ἐξελεύσεσθε
καὶ ἐν χαρᾷ διδαχθήσεσθε· τὰ γὰρ ὄρη καὶ οἱ βουνοὶ ἐξαλοῦνται
προσδεχόμενοι ὑμᾶς ἐν χαρᾷ, καὶ πάντα τὰ ξύλα τοῦ ἀγροῦ ἐπικρο-
13 τήσει τοῖς κλάδοις, ¹³καὶ ἀντὶ τῆς στοιβῆς ἀναβήσεται κυπάρισσος,
ἀντὶ δὲ τῆς κονύζης ἀναβήσεται μυρσίνη· καὶ ἔσται Κύριος εἰς ὄνομα
καὶ εἰς σημεῖον αἰώνιον, καὶ οὐκ ἐκλείψει.

LVI 1 ¹Τάδε λέγει Κύριος Φυλάσσεσθε κρίσιν καὶ ποιήσατε δικαιοσύνην·
ἤγγικεν γὰρ τὸ σωτήριόν μου παραγίνεσθαι, καὶ τὸ ἔλεός μου ἀπο-
2 καλυφθῆναι. ²μακάριος ἀνὴρ ὁ ποιῶν ταῦτα, καὶ ἄνθρωπος ὁ ἀντε-

4 εν εθνεσιν εδωκα αυτον] αυτον εν εθν. δεδωκα א εν εθν. δεδωκα αυτον אAQΓ
A εθν. δεδ. αυτον Q εν εθν. αυτον δεδ. Γᵛⁱᵈ 5 εθνη...οιδασιν σε] θ'σ'
εθνος ο ου γνωση Qᵐᵍ | εθνη] pr οι γ' ※ ιδου Qᵐᵍ | οιδασιν] ηδεισαν AQ |
επικαλεσονται] incep επικαι א* (επικαλ. א¹) επικαλεσωνται A | om Κυριου
אᶜ·ᵇAQᵐᵍ | οτι εδοξασεν σε c seqq coniung א 6 κυριον] θϋ אᶜ·ᵇAQ*
(κν Qᵐᵍ) | om δ A | εγγιζει A 7 απολειπετω AQᵃ | επι 1°] προς Qᵐᵍ |
οτι] pr ※ ϟ προς τον θν ὑμων Qᵐᵍ 8 ου] οι Q* (ου Qᵃ) | βουλαι] βουλ
B* (superscr αι Bᵃᵇ) | ουδ] ουδε אAQ | om λεγει Κυριος Q*.(hab Qᵐᵍ)
9 των οδων] incep τη א* (των א¹ της אᵈ·ᵃ) 10 αν 1°] εαν AQ | ο υετος]
om ο אA | εκ] απο A | ου μη αποστραφη] ουκ αποστραφησεται א* (ου μη
αποστραφη אᶜ·ᵇ) | εκβλαστηση] βλαστησει A | δω] δωσει A 11 om μου
1° Q | αποστραφη]+θ'σ' ※ προς με καινο] Qᵐᵍ | τελεσθη] συντελεσθη
אAQΓ | οσα] pr παντα Q | ευωδωσω B* (ευοδ. Bᵃ νω non inst Bᵇ) | om
σου א* (hab א¹) | μου 3°] σου Q+φυλαξεις אᶜ·ᵃ ᵛⁱᵈ (rurs ras) 12 του αγρου]
τρου αγρ. A | επικρατησι א* ᵛⁱᵈ (επικροτ. אᶜ·ᵃ) LVI 1 om και 1°
אAQΓ | ηγγικεν] ηγγισεν AQ

203

B χόμενος αὐτῶν, καὶ φυλάσσων τὰ σάββατα μὴ βεβηλοῦν, καὶ διατηρῶν τὰς χεῖρας αὐτοῦ μὴ ποιεῖν ἄδικα. ³μὴ λεγέτω ὁ ἀλλογενὴς 3 ὁ προσκείμενος πρὸς Κύριον Ἀφοριεῖ με ἄρα Κύριος ἀπὸ τοῦ λαοῦ αὐτοῦ· καὶ μὴ λεγέτω ὁ εὐνοῦχος ὅτι Ἐγώ εἰμι ξύλον ξηρόν. ⁴τάδε 4 λέγει Κύριος τοῖς εὐνούχοις ὅσοι ἐὰν φυλάξωνται τὰ σάββατά μου καὶ ἐκλέξωνται ἃ ἐγὼ θέλω καὶ ἀντέχωνται τῆς διαθήκης μου, ⁵δώσω 5 αὐτοῖς ἐν τῷ οἴκῳ μου καὶ ἐν τῷ τείχει μου τόπον ὀνομαστόν, κρείττω υἱῶν καὶ θυγατέρων, ὄνομα αἰώνιον δώσω αὐτοῖς καὶ οὐκ ἐκλείψει. ⁶καὶ τοῖς ἀλλογενέσι τοῖς προσκειμένοις Κυρίῳ δουλεύειν αὐτῷ, καὶ 6 ἀγαπᾶν τὸ ὄνομα Κυρίου τῷ εἶναι αὐτῷ εἰς δούλους καὶ δούλας, καὶ πάντας τοὺς φυλασσομένους τὰ σάββατά μου μὴ βεβηλοῦν καὶ ἀντεχομένους τῆς διαθήκης μου, ⁷εἰσάξω αὐτοὺς εἰς τὸ ὄρος τὸ ἅγιόν 7 μου, καὶ εὐφρανῶ αὐτοὺς ἐν τῷ οἴκῳ τῆς προσευχῆς μου· τὰ ὁλοκαυτώματα αὐτῶν καὶ αἱ θυσίαι αὐτῶν ἔσονται δεκταὶ ἐπὶ τὸ θυσιαστήριόν μου. ὁ γὰρ οἶκός μου οἶκος προσευχῆς κληθήσεται πᾶσιν τοῖς ἔθνεσιν, ⁸εἶπεν Κύριος ὁ συνάγων τοὺς διεσπαρμένους 8 Ἰσραήλ, ὅτι συνάξω ἐπ' αὐτὸν συναγωγήν. ⁹Πάντα τὰ θηρία 9 τὰ ἄγρια, δεῦτε φάγετε, πάντα τὰ θηρία τοῦ δρυμοῦ. ¹⁰ἴδετε ὅτι 10 ἐκτετύφλωνται πάντες, οὐκ ἔγνωσαν, κύνες ἐνεοί, οὐ δυνήσονται ὑλακτεῖν, ἐνυπνιαζόμενοι κοίτην, φιλοῦντες νυστάξαι. ¹¹καὶ οἱ 11 κύνες ἀναιδεῖς τῇ ψυχῇ, οὐκ εἰδότες πλησμονήν· καί εἰσιν πονηροὶ οὐκ εἰδότες σύνεσιν, πάντες ταῖς ὁδοῖς αὐτῶν ἐξηκολούθησαν, ἕκαστος κατὰ τὸ ἑαυτοῦ.

ℵAQΓ   2 σαββατα (σαββα ℵ* -τα ℵc.a)]+μου ℵc.a | om χειρας ℵ* (hab ℵc.b) | ποιειν] ποιησαι Q* (-ειν Qmg) | αδικα] αδικημα ℵAQ* (-κα Qa)   3 μη 1°] pr και Γ | προς Κυριον] κῶ ℵ | αφοριει] pr θ' ✳ λεγων αφορισμω Qmg   4 ταδε] pr οι γ' ✳ οτι Qmg | τοιευνουχοις ℵ* (τοις ευν. ℵc.a et antea) | εαν] αν AQ | σαββατα] προσταγματα ℵ* (σαββ. ℵc.b) | διαθηκη ℵ   5 δωσω] pr και ℵ* (om ℵc.b) | κρειττω] κρισσων ℵ* (-σον ℵc.a,c,b) κρεισσων A κρισσον Q* (κρεισσ. Qa) κρειττων Γ | δωσω αυτοις και ουκ εκλειψει sup ras Aa   6 αλλογενεσιν ℵ (-σειν ℵ* -σιν ℵc.b) AΓ | Κυριω] προς κν A | δουλευεις ℵ* (-ειν ℵ¹) | τω ειναι] του ειναι ℵAQΓ' | [αυ]τω εις δουλους κ. δου[λας]] pr obel Bᵃ (non inst Bᵇ) | αντεχομενοις ℵ* (-νους ℵᶜ)   7 του θυσιαστηριου ℵAQΓ | πασι ℵQ   8 Κυριος]+κς Qmg | ο συναγων (συν|αγ. Bᵃ συ|ναγ. B¹)] οτι συναγω Γ | διεπαρμενους ℵ* (διεσπ. ℵᶜ) διεσπαρσμ. A | οτι συναξω] και επαξω Γ | αυτον] αυτους ℵ* (-τον ℵc.b) Γ   9 τα θηρια τα αγρια] τα αγρια θηρια Γ   10 παντες εκτετυφλωνται ℵAQΓ | ουκ εγνωσαν] οι γ' ομοιως Qmg | [εγνω]σαν κυνες...δυ(νησονται]] adnot ου κ' π' εβρ' Bᵃ ᵐᵍ | εγνωσαν] φρονησαι (-σε ℵ* -σαι ℵc.b) ℵAQΓ | κυνες] pr παντες Bᵃᵇ ᵐᵍ ℵAQΓ | ου] pr οι ℵ   11 ιδοτες ℵ (bis) | ταις οδοις] pr εν ℵc.bAQ | εκαστος...εαυτου] α' ανηρ εις πλεονεξιαν αυτου θ' σ' εκαστος εις την πλ. αυτου Qmg | εαυτου] αυτου ℵAQ* (αυτου Qa+ ειδος Qmg) Γ + θ' ✳ απ ακρου αυτου (12) δευτε λαβωμε[οινον κ οινοφλυγισωμεν μεθη κ εσται τοιαυτη ημερα αυριον μεγαλη περισσως σφοδρα Qmg

ΗΣΑΙΑΣ LVII 12

LVII 1 ¹Ἴδετε ὡς ὁ δίκαιος ἀπώλετο, καὶ οὐδεὶς ἐκδέχεται τῇ καρδίᾳ, Β καὶ ἄνδρες δίκαιοι αἴρονται, καὶ οὐδεὶς κατανοεῖ. ἀπὸ γὰρ προσ- 2 ώπου ἀδικίας ἦρται ὁ δίκαιος· ²ἔσται ἐν εἰρήνῃ ἡ ταφὴ αὐτοῦ, ἦρται 3 ἐκ τοῦ μέσου. ³ὑμεῖς δὲ προσαγάγετε ὧδε, υἱοὶ ἄνομοι, σπέρμα 4 μοιχῶν καὶ πόρνης· ⁴ἐν τίνι ἐνετρυφήσατε; καὶ ἐπὶ τίνα ἠνοίξατε τὸ στόμα ὑμῶν; καὶ ἐπὶ τίνα ἐχαλάσατε τὴν γλῶσσαν ὑμῶν; 5 οὐχ ὑμεῖς ἐστε τέκνα ἀπωλείας, σπέρμα ἄνομον; ⁵οἱ παρακαλοῦντες τὰ εἴδωλα ὑπὸ δένδρα δασέα, σφάζοντες τὰ τέκνα αὐτῶν 6 ἐν ταῖς φάραγξιν ἀνὰ μέσον τῶν πετρῶν. ⁶ἐκείνη σου ἡ μερίς, οὗτός σου ὁ κλῆρος, κἀκείνοις ἐξέχεας σπονδὰς καὶ τούτοις ἀνή- 7 νεγκας θυσίας·⁷ ἐπὶ τούτοις οὖν οὐκ ὀργισθήσομαι; ⁷ἐπ' ὄρος ὑψη- ¶ Γ λὸν καὶ μετέωρον, ἐκεῖ σου ἡ κοίτη, καὶ ἐκεῖ ἀνεβίβασας θυσίας· 8 ⁸καὶ ὀπίσω τῶν σταθμῶν τῆς θύρας σου ἔθηκας μνημόσυνά σου· ᾤου ὅτι ἐὰν ἀπ' ἐμοῦ ἀποστῇς, πλεῖόν τι ἕξεις· ἠγάπησας 9 τοὺς κοιμωμένους μετὰ σοῦ, ⁹καὶ ἐπλήθυνας τὴν πορνείαν σου μετ' αὐτῶν, καὶ πολλοὺς ἐποίησας τοὺς μακρὰν ἀπὸ σοῦ, καὶ ἀπέστειλας πρέσβεις ὑπὲρ τὰ ὅριά σου, καὶ ἐταπεινώθης ἕως ᾅδου. 10 ¹⁰ταῖς πολυοδίαις σου ἐκοπίασας, καὶ οὐκ εἶπας Παύσομαι, ἐνισχύ- 11 ουσα ὅτι ἔπραξας ταῦτα, διὰ τοῦτο οὐ κατεδεήθης μου σύ. ¹¹τίνα εὐλαβηθεῖσα ἐφοβήθης, καὶ ἐψεύσω με καὶ οὐκ ἐμνήσθης, οὐδὲ ἔλαβές με εἰς τὴν διάνοιαν οὐδὲ εἰς τὴν καρδίαν σου; καὶ ἐγώ σε 12 ἰδὼν παρορῶ, καὶ ἐμὲ οὐκ ἐφοβήθης. ¹²καὶ ἐγὼ ἀπαγγελῶ τὴν

LVII 1 ιδετε ως sub ÷ Q | ουδεις]+οι γ´ ※ ανηρ Qᵐᵍ | εκδεχεται τη ℵAQΓ καρδια] κατανομει ℵ* (-νοει ℵᶜ) | εκανοει] εκδεχεται τη καρδια ℵ 3 προσαγαγετε] α´σ´ εγγισατε θ´ προσαγαγητε Qᵐᵍ 4 τινα 1°] τινι ℵ | απωλιας ℵQ* (-λειας Qᵃ) 5 τα ειδωλα] pr επι ℵQ | δασεω (sic) ℵ* (-σεα ℵᶜ·ᵃ·ᶜ·ᵇ) | φαραξ. ℵ* (φαραγξ. ℵᶜ·ᵃ·ᶜ·ᵇ) | πετρων] pr α´ ※ ακρῶ + ※ ϛ ταις μερισι φαραγγος· Qᵐᵍ 6 κακεινοις] εκινης ℵ* (-νοις ℵᶜ·ᵃ ℵᶜ·ᵇ) και εκεινοις Γ | σπονδας] ποδας ℵ* (σπονδ. ℵᶜ·ᵃ,ᶜ·ᵇ) | και τουτοις] εκινοις ℵ* ϛ εκ. ℵᶜ·ᵃ(vid) κακεινοις ℵᶜ·ᵇAQ* (sub ÷: ϛ τουτ. Qᵐᵍ) εκεινοις Γ | οργισθησομαι]+λεγει κ̄ς̄ ℵ 7 και εκει] κακει ℵQ | αναβιβασας ℵ* (ανεβ. ℵᶜ·ᵃ,ᶜ·ᵇ) | θυσιας] pr οι γ´ ※ θυσιασαι Qᵐᵍ 8 σταθμων] ω rescr ℵ¹ | μνημοσυνο (sic) ℵ* (-νον ℵᶜ·ᵃ -να ℵᶜ·ᵇ) | ωου] ως ℵ | εξεις]+θ´ ※ επλατυνας τη κοιτην σου ϛ διεθου σαυτη παρ αυτων Qᵐᵍ | κοιμενους Β* (κοιμωμ. Βᵃᵇ) 9 πορνιαν ℵQ* (-νειαν Qᵃ) | και πολλους εποιησας] α´ θ´ σ´ ϛ επληθυνας Qᵐᵍ | τους μακραν απο σου] α´ συνθεσεις σου θ´ μυρεψους σου σ´ τα μυρεψια σου Qᵐᵍ | υπερ τα ορια σου] α´σ´θ´ εως εις μακραν Qᵐᵍ | και 4°] pr και απεστρεψας ℵᶜ·ᵇAQ (om α´σ´θ´ Qᵐᵍ) | εταπινωθη ℵ* εταπεινωθης ℵᶜ·ᵇ 10 επραξας] επραξα ℵ¹ (postea revoc -ξας) | ου] ο ℵ* (ου ℵᶜ) 11 με και ουκ εμνησθης…εις την [καρδιαν]] pr obelos Βᵃ (non inst Βᵇ) | εμνησθης]+μου ℵAQ | ουδε bis] ο δε ℵ (ουδε ℵᶜ) | εις τ. διαν. ουδε sub ÷ Q | διανοιαν]+σου ℵ* +μου ℵᶜ·ᵃ,ᶜ·ᵇ | και εγω] καγω AQ 12 και εγω] καγω AQ | απαγγελ|λω A

205

LVII 13 ΗΣΑΙΑΣ

Β δικαιοσύνην σου καὶ τὰ κακά σου, ἃ οὐκ ὠφελήσει σε· ¹³ὅταν ἀνα- 13
βοήσῃς, ἐξελέσθωσάν σε ἐν τῇ θλίψει σου· τούτους γὰρ πάντας
λήμψεται ἄνεμος καὶ ἀποίσει καταιγίς. οἱ δὲ ἀντεχόμενοί μου κτή-
σονται γῆν, καὶ κληρονομήσουσιν τὸ ὄρος τὸ ἅγιόν μου, ¹⁴καὶ ἐροῦ- 14
σιν Καθαρίσατε ἀπὸ προσώπου αὐτοῦ ὁδούς, καὶ ἄρατε σκῶλα ἀπὸ
τῆς ὁδοῦ τοῦ λαοῦ μου. ¹⁵Τάδε λέγει ὁ ὕψιστος ἐν ὑψηλοῖς, 15
κατοικῶν τὸν αἰῶνα, Ἅγιος ἐν ἁγίοις ὄνομα αὐτῷ, Ὕψιστος ἐν
ἁγίοις ἀναπαυόμενος, καὶ ὀλιγοψύχοις διδοὺς μακροθυμίαν, καὶ δι-
δοὺς ζωὴν τοῖς τὴν καρδίαν συντετριμμένοις ¹⁶Οὐκ εἰς τὸν αἰῶνα 16
ἐκδικήσω ὑμᾶς, οὐδὲ διὰ παντὸς ὀργισθήσομαι ὑμῖν· πνεῦμα γὰρ
παρ' ἐμοῦ ἐξελεύσεται, καὶ πνοὴν πᾶσαν ἐγὼ ἐποίησα. ¹⁷δι' ἁμαρ- 17
τίαν βραχύ τι ἐλύπησα αὐτόν, καὶ ἐπάταξα αὐτὸν καὶ ἀπέστρεψα
τὸ πρόσωπόν μου ἀπ' αὐτοῦ· καὶ ἐλυπήθη, καὶ ἐπορεύθη στυγνὸς
ἐν ταῖς ὁδοῖς αὐτοῦ. ¹⁸τὰς ὁδοὺς αὐτοῦ ἑόρακα, καὶ ἰασάμην αὐτὸν 18
καὶ παρεκάλεσα αὐτόν, καὶ ἔδωκα αὐτῷ παράκλησιν ἀληθινήν, ¹⁹εἰ- 19
ρήνην ἐπ' εἰρήνην τοῖς μακρὰν καὶ τοῖς ἐγγὺς οὖσιν. καὶ εἶπεν
Κύριος Ἰάσομαι αὐτούς· ²⁰οἱ δὲ ἄδικοι κλυδωνισθήσονται καὶ ἀνα- 20
παύσασθαι οὐ δυνήσονται. ²¹οὐκ ἔστιν χαίρειν, εἶπεν ὁ θεός, τοῖς 21
ἀσεβέσιν.

¹Ἀναβόησον ἐν ἰσχύι καὶ μὴ φείσῃ, ὡς σάλπιγγι ὕψωσον τὴν 1 LVIII
φωνήν σου, καὶ ἀνάγγειλον τῷ λαῷ μου τὰ ἁμαρτήματα αὐτῶν καὶ
τῷ οἴκῳ Ἰακὼβ τὰς ἀνομίας αὐτῶν. ²ἐμὲ ἡμέραν ἐξ ἡμέρας ζη- 2

ℵAQ 12 σου 1°] μου ℵ^{c.a, c.b}AQ* (σου Q^a) οι γ' ομοιως Q^{mg} | ωφελησει] ωφελη-
σουσιν ℵ^{c.b} (-σι iam ℵ^{c.a vid}) AQ οι ο' ουκ ωφελησει σε οι γ' ουκ ωφελησουσιν
σε Q^{mg} 13 αναβοησεις ℵ | εξελεσθωσθωσαν B* (-εσθωσαν B^{ab}) [ανεμος
λημψεται ℵAQ (ληψ.) | αποισει] αποισεται αυτους ℵ* (om αυτους ℵ' dein
revoc) 15 ταδε] pr οι γ' ※ οτι Q^{mg} | ο υψιστος] pr κ̅ς̅ ℵ^{c.b}AQ | εν 1°]
pr ο ℵ^{iam c.a (vid)}AQ | [κα]τοικων...ονομα αυ[τω]] pr obelos B^a (non inst B^b) |
εν αγιοις sub ÷ Q | αυτω]+κ̅ς̅ ℵ* (improb ℵ^{c.b} postea revoc) AQ | Τψιστος
(υψ. sup ras B^{ab})] ο υψ. εις τον αιωναν (sic) ο ℵ* (improb εις..ο ℵ^{c.b} postea
revoc) | τοις συντετρ. την καρδιαν ℵAQ + ※ ϗ ζωωσαι καρδιας τεθλασμενας
Q^{mg} 16 ουκ (ουκ| B* οὐ|κ B?)] pr και A | υμιν, πασαν sub ÷ Q 17 δι]
δια A | [αμαρτι]αν...επαταξα αυτον] pr obelos B^a (non inst B^b) | το προσ.
μου απ αυτ. sub ÷ Q^{vid} | εν ταις οδοις αυτου] εν τη καρδια αυτου ℵ^{c.a vid} (postea
ras) | οδοις]+ ※ της καρδιας Q^{mg} 18 εωρακα B^bℵAQ | improb και παρε-
καλεσα αυτον ℵ^{c.b} (postea revoc) | αληθινην]+ θ' ※ ϗ τοις παθεινοις αυτου Q^{mg}
19 ειρηνην 1°] pr α'σ' ※ κτιζων καρπὸ Q^{mg} 20 κλυδωνισθ.] pr ουτως ℵAQ |
αναπαυσον|σθε (sic) ℵ* improb ον ℵ¹ -σασ|σθε ℵ^{c.a} (-θαι ℵ^{c.b}) | ου]+μη ℵ^{c.a} |
δυνησονται]+ θ' ※ ϗ αποβαλλεται το υδωρ αυτης καταπατημα ϗ πηλος Q^{mg}
21 τοις ασεβεσιν ειπεν κ̅ς̅ ο θ̅ς̅ ℵAQ LVIII 1 ως σαλπιγγι] ως
σαλπιγγος ℵ ως σαλπιγγα AQ α' ως κερατινη θ'σ' ως κερατινης Q^{mg} | τας
ανομιας] τα ανομηματα ℵ 2 ζητουσιν] ζητησουσιν A

206

ΗΣΑΙΑΣ LVIII 11

τοῦσιν, καὶ γνῶναί μου τὰς ὁδοὺς ἐπιθυμοῦσιν, ὡς λαὸς δικαιοσύνην Β
πεποιηκὼς καὶ κρίσιν θεοῦ αὐτοῦ μὴ ἐγκαταλελοιπώς· αἰτοῦσίν με
3 νῦν κρίσιν δικαίαν, καὶ ἐγγίζειν θεῷ ἐπιθυμοῦσιν ³λέγοντες Τί ὅτι
ἐνηστεύσαμεν καὶ οὐκ εἶδες; ἐταπεινώσαμεν τὰς ψυχὰς ἡμῶν καὶ
οὐκ ἔγνως; ἐν γὰρ ταῖς ἡμέραις τῶν νηστειῶν ὑμῶν εὑρίσκετε τὰ
θελήματα ὑμῶν, καὶ πάντας τοὺς ὑποχειρίους ὑμῶν ὑπονύσσετε.
4 ⁴εἰ εἰς κρίσεις καὶ μάχας νηστεύετε καὶ τύπτετε πυγμαῖς ταπεινόν,
ἵνα τί μοι νηστεύετε ὡς σήμερον, ἀκουσθῆναι ἐν κραυγῇ τὴν φωνὴν
5 ὑμῶν; ⁵οὐ ταύτην τὴν νηστείαν ἐξελεξάμην, καὶ ἡμέραν ταπεινοῦν
ἄνθρωπον τὴν ψυχὴν αὐτοῦ· οὐδ' ἂν κάμψῃς ὡς κρίκον τὸν τρά-
χηλόν σου, καὶ σάκκον καὶ σποδὸν ὑποστρώσῃ, οὐδ' οὕτως κα-
6 λέσετε νηστείαν δεκτήν. ⁶οὐχὶ τοιαύτην νηστείαν ἐγὼ ἐξελεξάμην,
λέγει Κύριος, ἀλλὰ λῦε πάντα σύνδεσμον ἀδικίας, διάλυε στραγγα-
λιὰς βιαίων συναλλαγμάτων, ἀπόστελλε τεθραυσμένους ἐν ἀφέσει,
7 καὶ πᾶσαν συνγραφὴν ἄδικον διάσπα. ⁷διάθρυπτε πεινῶντι τὸν
ἄρτον σου, καὶ πτωχοὺς ἀστέγους εἴσαγε εἰς τὸν οἶκόν σου· ἐὰν
ἴδῃς γυμνόν, περίβαλε, καὶ ἀπὸ τῶν οἰκείων τοῦ σπέρματός σου
8 οὐχ ὑπερόψῃ. ⁸τότε ῥαγήσεται πρόιμον τὸ φῶς σου, καὶ τὰ ἰά-
ματά σου ταχὺ ἀνατελεῖ, καὶ προπορεύσεται ἔμπροσθέν σου ἡ δι-
9 καιοσύνη σου, καὶ ἡ δόξα τοῦ θεοῦ περιστελεῖ σε· ⁹τότε βοήσῃ,
καὶ ὁ θεὸς εἰσακούσεταί σου, ἔτι λαλοῦντός σου ἐρεῖ Ἰδοὺ πάρειμι.
ἐὰν ἀφέλῃς ἀπὸ σοῦ σύνδεσμον καὶ χειροτονίαν καὶ ῥῆμα γογγυ-
10 σμοῦ, ¹⁰καὶ δῷς πεινῶντι τὸν ἄρτον ἐκ ψυχῆς σου, καὶ ψυχὴν τετα-
πεινωμένην ἐμπλήσῃς, τότε ἀνατελεῖ ἐν τῷ σκότει τὸ φῶς σου, καὶ
11 τὸ σκότος σου ὡς μεσημβρία, ¹¹καὶ ἔσται ὁ θεός σου μετὰ σοῦ διὰ

2 τας οδους μου ℵ | επιθυμουσιν 1°] επιθυμησουσιν ℵ* (-μουσιν ℵ^{c.a, c.b})] ℵAQ
λαον ℵ* (λαος ℵ^{c.a, c.b})] δικαιοσυνην] pr ⁂ ο Q^{mg} + θυ A | ευκαταλελοι-
πως ℵ | νυν sub ÷ Q   3 λεγοντες sub ÷ Q | ιδες ℵ (ουκ εγνως] ου προσ-
εσχες A | νηστιων ℵQ* (-τειων Q^a)   4 om ει ℵAQ | εις] pr οι γ' ⁂ ιδου
Q^{mg} | κρισεις periit in B* (hab B^{a?b?mg}) κρισις ℵAQ* (-σεις ℵ^{c.b}Q^a) | ινα] α
Q* (ιν superscr) | κραυη ℵ* (-γη ℵ^{c.a, c.b})   5 νηστιαν ℵQ* bis | εξελεξαμην]
+ λεγει κ̄ς παντοκρατωρ Q | και 1°] ουδε ℵ^{c.a} (revoc και ℵ^{c.b(vid)}) | υποστρωση
(τ sup ras B^{†vid})] υποστρωσης ℵ^{c.a} | ουτως] ως ℵ | δεκτην] pr θ'σ' ⁂ και
ημεραν + οι γ' ⁂ τω πιπι Q^{mg}   6 om ουχι...Κυριος Q* (hab ουχι τοιαυτην
νηστειαν εξελ. λεγει κ̄ς Q^{mg}) | νηστιαν ℵ | εξελελεξαμην ℵ | στραγαλιας ℵ |
τεθραυσμενους] τεθραμμενους ℵ | συγγραφην B^{ab}AQ   7 εισαγαγε ℵ | οικιων
ℵQ* (-κειων Q^a)   8 πρωιμον B^b | ιαματα] ιματια ℵ^{c.a} (postea revoc ιαμ.)
9 εαν αφελης...χειροτονιαν] θ'σ' εαν αφ. εκ μεσου σου κλοιον εκτεινοντα δακ-
τυλον Q^{mg}   10 αρτον] + σου A | τεταπινωμεν ℵ* (-μενην ℵ^{saltem c.c}) | εμπλησις
ℵ | ανατελλι ℵ* (-τελι ℵ^b -τελει ℵ^{c.b}) | το φως] om το Q* (hab Q^{b?mg}) |
μεσημβρια] + εστε ℵ* (improb ℵ? postea repos)   11 om μετα σου A

207

ΗΣΑΙΑΣ

Β παντός· καὶ ἐμπλησθήσῃ καθάπερ ἐπιθυμεῖ ἡ ψυχή σου, καὶ τὰ ὀστᾶ σου πιανθήσεται, καὶ ἔσται ὡς κῆπος μεθύων καὶ ὡς πηγὴ ἣν μὴ ἐξέλιπεν ὕδωρ· ¹²καὶ οἰκοδομηθήσονταί σου αἱ ἔρημοι αἰώνιοι, 12 καὶ ἔσται τὰ θεμέλιά σου αἰώνια γενεῶν γενεαῖς· καὶ κληθήσῃ Οἰκοδόμος φραγμῶν, καὶ τοὺς τρίβους σου ἀνὰ μέσον παύσεις. ¹³ἐὰν 13 ἀποστρέψῃς ἀπὸ τῶν σαββάτων τὸν πόδα σου τοῦ μὴ ποιεῖν τὰ θελήματά σου ἐν τῇ ἡμέρᾳ τῇ ἁγίᾳ, καὶ καλέσεις τὰ σάββατα τρυφερά, ἅγια τῷ θεῷ, οὐκ ἀρεῖς τὸν πόδα σου ἐπ' ἔργῳ, οὐδὲ λαλήσεις λόγον ἐν ὀργῇ ἐκ τοῦ στόματός σου, ¹⁴καὶ ἔσῃ πεποιθὼς ἐπὶ Κύριον, 14 καὶ ἀναβιβάσει σε ἐπὶ τὰ ἀγαθὰ τῆς γῆς, καὶ ψωμιεῖ σε τὴν κληρονομίαν Ἰακὼβ τοῦ πατρός σου· τὸ γὰρ στόμα Κυρίου ἐλάλησεν ταῦτα.

¹Μὴ οὐκ ἰσχύει ἡ χεὶρ Κυρίου τοῦ σῶσαι; ἢ ἐβάρυνεν τὸ οὖς 1 LIX αὐτοῦ τοῦ μὴ εἰσακοῦσαι; ²ἀλλὰ τὰ ἁμαρτήματα ὑμῶν διιστῶσιν 2 ἀνὰ μέσον ὑμῶν καὶ ἀνὰ μέσον τοῦ θεοῦ, καὶ διὰ τὰς ἁμαρτίας ὑμῶν ἀπέστρεψεν τὸ πρόσωπον ἀφ' ὑμῶν τοῦ μὴ ἐλεῆσαι. ³αἱ 3 γὰρ χεῖρες ὑμῶν μεμολυσμέναι αἵματι, καὶ οἱ δάκτυλοι ὑμῶν ἐν ἁμαρτίαις, τὰ δὲ χείλη ὑμῶν ἐλάλησεν ἀνομίαν, καὶ ἡ γλῶσσα ὑμῶν ἀδικίαν μελετᾷ. ⁴οὐθεὶς λαλεῖ δίκαια, οὐδὲ ἔστιν κρίσις ἀλη- 4 θινή· πεποίθασιν ἐπὶ ματαίοις καὶ λαλοῦσιν κενά, ὅτι κύουσιν πόνον καὶ τίκτουσιν ἀνομίαν. ⁵ᾠὰ ἀσπίδων ἔρρηξαν, καὶ ἱστὸν ἀράχνης 5 ὑφαίνουσιν, καὶ ὁ μέλλων τῶν ὠῶν αὐτῶν φαγεῖν, συντρίψας οὔριον εὗρεν, καὶ ἐν αὐτῷ βασιλίσκος. ⁶ὁ ἱστὸς αὐτῶν οὐκ ἔσται εἰς ἱμάτιον, 6 οὐδὲ μὴ περιβάλωνται ἀπὸ τῶν ἔργων αὐτῶν· τὰ γὰρ ἔργα αὐτῶν

ℵAQ 11 καθαπερ] καθα ℵ | πηγη]+※ υδατος Q^mg | ην] οι γ' ης Q^mg | εξελειπεν ℵ^c.bAQ^a | υδωρ]+και τα οστα σου ως βοτανη ανατελει και πιανθησεται καὶ κληρονομησουσι γενεας γενεων (γενεαις γενεαιων) ℵ^c.aAQ 12 οικοδομηθησονται] ανοικοδ. ℵ^c.a | εσται] ες B* (ται superscr B^a) | σου τα θεμελια ℵAQ | [θεμελι]α σου αιωνια γενεων γε[νεαις]] pr obel B^a (non inst B^b) | γενεαις (-as ℵ* -αις ℵ^c (a et b vid))]+a'σ' ※ αναστησεις Q^mg | τους τριβους] B*^b τας τρ. B^ab | om σου 3° ℵAQ | ανα μεσον] pr τους ℵAQ | ανα μεσον παυσεις] a' του καθησθαι σ' εις το οικειοθαι θ' του οικειοθαι Q^mg 13 τον ποδα σου απο των σαββατων ℵAQ | ποιεις ℵ* (-ειν ℵ^1) | αγια] και in mg et sup ras A^a (om και A*) | το σαββατον ℵ* (τα σαββατα ℵ^c.b) | τρυφερα] α'θ'σ' δεδοξασμενα Q^mg | θεω]+σου ℵ^c.aAQ | ποδα 2°] πος ℵ* (ποδα ℵ^1) | εν οργη sub ⨪ Q 14 αναβιβαση ℵ | ταυτα] pr ⨪ Q^1 LIX 1 Κυριου] μου Q* (κυ Q^bmg) | σωσαι]+σε ℵ^c.a (improb ℵ^c.b) | om αυτου ℵ | εισ]ακουσαι B* ει]σακ. B^1 2 διαστωσιν A | υμων και sup ras 10 vel 11 litt A^a | om ανα μεσον του θεου και A om ανα μεσον 2° ℵ^1 (postea repos) Q | προσωπον]+αυτου ℵ^c.aAQ 3 μεμολυμμεναι ℵAQ* (μεμολυσμ. Q^a) | αιμα ℵ* (αιματι ℵ^c.a,c.b) | και] α sup ras A^a 4 ουθεις] ουδεις ℵ (-δις ℵ* -δεις ℵ^c.b) A (-δις) Q 5 ερηξαν ℵ | μελων ℵ* (μελλ. ℵ^c.a) | βασιλισκον ℵQ 6 μη] μην ℵ* (μη ℵ^lam c.a (vid)) | περιβαλονται ℵ (-τε ℵ* -ται ℵ^c.b)

ΗΣΑΙΑΣ LIX 16

7 ἔργα ἀνομίας. ⁷οἱ δὲ πόδες αὐτῶν ἐπὶ πονηρίαν τρέχουσιν, ταχι- B
νοὶ ἐκχέαι αἷμα, καὶ οἱ διαλογισμοὶ αὐτῶν ἀπὸ φόνων· σύντριμμα
8 καὶ ταλαιπωρία ἐν ταῖς ὁδοῖς αὐτῶν, ⁸καὶ ὁδὸν εἰρήνης οὐκ οἴ-
δασιν, καὶ οὐκ ἔστιν κρίσις ἐν ταῖς ὁδοῖς αὐτῶν· αἱ γὰρ τρίβοι
9 αὐτῶν διεστραμμέναι ἃς διοδεύουσιν, καὶ οὐκ οἴδασιν εἰρήνην. ⁹διὰ
τοῦτο ἀπέστη ἡ κρίσις ἀπ᾽ αὐτῶν, καὶ οὐ μὴ καταλάβῃ αὐτοὺς δι-
καιοσύνη· ὑπομεινάντων φῶς ἐγένετο αὐτοῖς σκότος, μείναντες αὐ-
10 γὴν ἐν ἀωρίᾳ περιεπάτησαν. ¹⁰ψηλαφήσουσιν ὡς τυφλοὶ τοῖχον,
καὶ ὡς οὐχ ὑπαρχόντων ὀφθαλμῶν ψηλαφήσουσιν· πεσοῦνται ἐν
11 μεσημβρίᾳ ὡς ἐν μεσονυκτίῳ, ὡς ἀποθνήσκοντες στενάξουσιν, ¹¹ὡς
ἄρκος καὶ ὡς περιστερὰ ἅμα πορεύσονται· ἀνεμείναμεν κρίσιν καὶ
12 οὐκ ἔστιν· σωτηρία μακρὰν ἀφέστηκεν ἀφ᾽ ἡμῶν. ¹²πολλὴ γὰρ ἡμῶν
ἡ ἀνομία ἐναντίον σου, καὶ αἱ ἁμαρτίαι ἡμῶν ἀντέστησαν ἡμῖν· αἱ
13 γὰρ ἀνομίαι ἡμῶν ἐν ἡμῖν, καὶ τὰ ἀδικήματα ἡμῶν ἔγνωμεν· ¹³ἠσε-
βήσαμεν καὶ ἐψευσάμεθα, καὶ ἀπέστημεν ὄπισθεν τοῦ θεοῦ ἡμῶν·
ἐλαλήσαμεν ἄδικα καὶ ἠπειθήσαμεν, ἐκύομεν καὶ ἐμελετήσαμεν ἀπὸ
14 καρδίας ἡμῶν λόγους ἀδίκους, ¹⁴καὶ ἀπεστήσαμεν ὀπίσω τὴν κρίσιν,
καὶ ἡ δικαιοσύνη μακρὰν ἀφέστηκεν· ὅτι καταναλώθη ἐν ταῖς ὁδοῖς
15 αὐτῶν ἡ ἀλήθεια, καὶ δι᾽ εὐθείας οὐκ ἐδύναντο διελθεῖν. ¹⁵καὶ ἡ
ἀλήθεια ἦρται, καὶ μετέστησαν τὴν διάνοιαν τοῦ συνιέναι· καὶ εἶδεν
16 Κύριος, καὶ οὐκ ἤρεσεν αὐτῷ, ὅτι οὐκ ἦν κρίσις. ¹⁶καὶ εἶδεν καὶ
οὐκ ἦν ἀνήρ, καὶ κατενόησεν καὶ οὐκ ἦν ὁ ἀντιλημψόμενος, καὶ

6 ανομιας]+θ´ ※ ϟ εργον αδικιας εν χερσι αυτων Q^mg   7 εκ- NAQ
χεαιμα א* (εκχεαι αιμα א^c.a) | αιμα]+ ※ αναιτιον Q^mg | αυτων 2°]+διαλο-
γισμοι B^ab mg NAQ | απο φονων (ο 2° sup ras 3 circ litt Q^1vid)] αφρονων
א* (απο φον. א^c.b) A αφρονων: σ´ ανομιας θ´ αδικιας α´ ανωφελους Q^mg
8 οιδασιν 1°] εγνωσαν AQ^mg | κρισις] κρισιν θυ א* (κρισις א^c.a,c.b) | ειρηνην]
+ην א* (improb א^c.a revoc ut vid א^c.c)   9 improb και ου μη καταλαβη αυτ.
δικαιοσυνη א^c.b (postea repos) | υπομειναντων]+αυτων B^ab א A^a Q | περιεπατη-
σαν] οι γ´ περιπατησομε| Q^mg   10 ψηλαφησουσιν 1°] σ´ διαψηλαφησομεν
θ´σ´ (sic) ομοιως τοις ο´ Q^mg | τυφλοι] τυφλος א^c.b (postea rurs -φλοι) Q |
ως ουχ] ουχ ως א om ουχ Q* (hab Q^mg) | ψηλαφησουσιν 2°] ψηλαφησομεν
Q^mg | πεσουνται] pr και NAQ   11 om ως 2° Q* (hab Q^mg) | αναμε-
νουμεν א^c.a (ανεμμαμεν א* ανεμειν. א^c.b)   12 πολλαι γαρ ημ. αι ανομιαι
א* (mox priora revoc)   13 εψευσαμεθα]+α´ θ´ ※ εν πιπι Q^mg | οπισθεν]
pr απο NAQ οι ο´ οπισθεν α´ απο οπ. σ´ θ´ ομοιως τοις ο´ Q^mg | ελαλησαμεν]
ελαα incep א* | ηκυομεν א*vid (εκ. א¹)   14 αφεστηκεν]+αφ ημων A |
κατηναλωθη B^ab | αυτων] αυτω Q* | αληθεια א* (-θεια א^c.b) | ευθιας א | ηδυ-
ναντο א¹ (-νοντο א*vid) AQ | διελθεις א* (-θειν א^c.a,c.b)   15 αληθια א |
διανοιαν (-α א* -αν א^c.a)]+αυτων א* (improb א^c.a,c.b) A^a | του συνιεναι
(-νιναι א*A -νιεναι א^c.a,c.b)] om του A* (hab A^a)   16 ιδεν A | ο αντιλημ-
ψομενος (-ληψ. B¹ Q¹)] o a| sup ras A^a

SEPT. III.   209   O

LIX 17   ΗΣΑΙΑΣ

B ἠμύνατο αὐτοὺς τῷ βραχίονι αὐτοῦ καὶ τῇ ἐλεημοσύνῃ ἐστηρίσατο.
¹⁷καὶ ἐνεδύσατο δικαιοσύνην ὡς θώρακα, καὶ περιέθετο περικεφα- 17
λαίαν σωτηρίου ἐπὶ τῆς κεφαλῆς, καὶ περιεβάλετο ἱμάτιον ἐκδι-
κήσεως, καὶ τὸ περιβόλαιον αὐτοῦ ¹⁸ὡς ἀνταποδώσων ἀνταπόδοσιν 18
ὄνειδος τοῖς ὑπεναντίοις. ¹⁹καὶ φοβηθήσονται οἱ ἀπὸ δυσμῶν τὸ 19
ὄνομα Κυρίου, καὶ οἱ ἀπ' ἀνατολῶν ἡλίου τὸ ὄνομα τὸ ἔνδοξον·
ἥξει γὰρ ὡς ποταμὸς βίαιος ἡ ὀργὴ παρὰ Κυρίου, ἥξει μετὰ θυμοῦ.
²⁰καὶ ἥξει ἕνεκεν Σειὼν ὁ ῥυόμενος καὶ ἀποστρέψει ἀσεβείας ἀπὸ 20
Ἰακώβ. ²¹καὶ αὕτη αὐτοῖς ἡ παρ' ἐμοῦ διαθήκη, εἶπεν Κύριος· τὸ 21
πνεῦμα τὸ ἐμὸν ὅ ἐστιν ἐπὶ σοί, καὶ τὰ ῥήματα ἃ ἔδωκα εἰς τὸ
στόμα σου, οὐ μὴ ἐκλίπῃ ἐκ τοῦ στόματός σου καὶ ἐκ τοῦ στόμα-
τος τοῦ σπέρματός σου· εἶπεν γὰρ Κύριος ἀπὸ τοῦ νῦν καὶ εἰς τὸν
αἰῶνα.

¹Φωτίζου φωτίζου, Ἰερουσαλήμ, ἥκει γάρ σου τὸ φῶς, καὶ ἡ 1 LX
δόξα Κυρίου ἐπὶ σὲ ἀνατέταλκεν. ²ἰδοὺ σκότος καλύψει γῆν, καὶ 2
γνόφος ἐπ' ἔθνη· ἐπὶ δὲ σὲ φανήσεται Κύριος, καὶ ἡ δόξα αὐτοῦ
ἐπὶ σὲ ὀφθήσεται· ³καὶ πορεύσονται βασιλεῖς τῷ φωτί σου, καὶ 3
ἔθνη τῇ λαμπρότητί σου. ⁴ἆρον κύκλῳ τοὺς ὀφθαλμούς σου καὶ 4
ἴδε συνηγμένα τὰ τέκνα σου· ἥκασιν πάντες οἱ υἱοί σου μακρόθεν,
καὶ αἱ θυγατέρες σου ἐπ' ὤμων ἀρθήσονται. ⁵τότε ὄψῃ, καὶ φο- 5
βηθήσῃ καὶ ἐκστήσῃ τῇ καρδίᾳ, ὅτι μεταβαλεῖ εἰς σὲ πλοῦτος θα-
λάσσης καὶ ἐθνῶν καὶ λαῶν. καὶ ἥξουσίν σοι ⁶ἀγέλαι καμήλων, 6
καὶ καλύψουσίν σε κάμηλοι Μαδιὰμ καὶ Γαιφά· πάντες ἐκ Σαβὰ
ἥξουσιν φέροντες χρυσίον, καὶ λίβανον οἴσουσιν, καὶ τὸ σωτήριον

ℵAQ   17 και περιεθετο sub ÷ Q | σωτηριου] pr ως ℵ | om αυτου ℵAQ
18 υπεναντιοις]+θ'σ' ※ ταις νησοις ανταποδομα ανταποδωσει Qᵐᵍ   19 οι απο
δ.] om οι ℵ* (hab ℵᶜ·ᵃ) | απ] απο A | ηξι (2°) ℵ   20 Σιων BᵇAQ | ο ρυο-
μενος] om ο ℵ* (hab ℵᶜ·ᵃ) | ασεβιας ℵ | Ιακωβ]+σ' ※ ειπε κ̅ς̅ Qᵐᵍ   21 επι]
εν Q* (επι Qᵐᵍ) | το στομα] την καρδιαν ℵ* (στομα pro καρδ. ℵᶜ·(ᵃ ᵛⁱᵈ) postea
ras) | om ου μη εκλιπη εκ του στοματος σου Bᵃ (hab Bᵃᵇᵐᵍ : in fine ras aliq) |
εκλειπη AQ | στοματος 2°] σπερματος B*ᵛⁱᵈ (στο sup ras Bᵃᵇ) | σου 3°]+οι γ'
※ και απο του στοματος του σπερματος του σπερματος σου Qᵐᵍ | om γαρ A
LX 1 om φωτιζου 2° Q | Κυριου] οι γ' πιπι Qᵐᵍ | ανατεταλκεν] ras 1 lit ante
τ 1° Q¹   2 ιδου] pr ※ οτι Qᵐᵍ+γαρ ℵᶜ·ᵃ⁽ᵛⁱᵈ⁾ (rurs ras) | σκοτος και γνοφος
καλυψει (-ψι ℵ* -ψει ℵᶜ·ᵇ καλυπτει A) γην επ εθνη ℵAQ | om δε A   3 σου
2°]+οι γ' ※ της ανατολης Qᵐᵍ   4 ιδε]+οι γ' ※ παντα Qᵐᵍ | ηκασιν (-σι
ℵ)] pr ιδου AQ   5 οψη]+θ' ※ 5̅ χαρηση Qᵐᵍ | εκτηση B | καρδια]+σου ℵ*
(improb ℵ¹ postea repos) | εις] επι ℵ | πλουτος] πληθος ℵ* (πλουτ. ℵᶜ·ᵇ) |
ηξουσιν] εξουσιν ℵ* (ηξ. ℵᶜ·ᵇ) | σοι] επι σε Q   6 καμηλοι Μαδιαμ] λοι Μα
sup ras Bᵃᵇ | Γαιφαρ ℵAQ οι γ' Γαιφα Qᵐᵍ | εκ Σαβα] εξαβα B* (εκ Σ.
Bᵃᵇ) | φεροντες sub ÷ Q | οισουσιν (οι|σουκισιν [οισ]. ℵᶜ·ᵃ postea repos οι|σ.] ℵ*
improb κι ℵ¹ κει (sic) revoc ℵᶜ·ᵇ)]+και λιθον τιμιον ℵ* (improb mox
restit ℵ¹) A

210

ΗΣΑΙΑΣ LX 16

7 Κυρίου εὐαγγελιοῦνται· ⁷καὶ πάντα τὰ πρόβατα Κηδὰρ συναχθή- Β σονται, καὶ κριοὶ Ναβαιὼθ ἥξουσιν, καὶ ἀνενεχθήσεται δεκτὰ ἐπὶ τὸ θυσιαστήριόν μου, καὶ ὁ οἶκος τῆς προσευχῆς μου δοξασθήσεται. 8 ⁸τίνες οἵδε ὡς νεφέλαι πέτονται, καὶ ὡς περιστεραὶ σὺν νοσσοῖς 9 ἐπ' ἐμέ; ⁹ἐμὲ αἱ νῆσοι ὑπέμειναν καὶ πλοῖα Θαρσεὶς ἐν πρώτοις, ἀγαγεῖν τὰ τέκνα σου μακρόθεν καὶ τὸν ἄργυρον καὶ τὸν χρυσὸν αὐτῶν μετ' αὐτῶν, καὶ τὸ ὄνομα Κυρίου τὸ ἅγιον, καὶ διὰ τὸ τὸν 10 ἅγιον τοῦ Ἰσραὴλ ἔνδοξον εἶναι. ¹⁰καὶ οἰκοδομήσουσιν ἀλλογενεῖς τὰ τείχη σου, καὶ οἱ βασιλεῖς αὐτῶν παραστήσονταί σοι· διὰ γὰρ 11 ὀργήν μου ἐπάταξά σε, καὶ διὰ ἔλεον ἠγάπησά σε. ¹¹καὶ ἀνοιχθή- σονται αἱ πύλαι σου διὰ παντός, ἡμέρας καὶ νυκτὸς οὐ κλεισθή- σονται, εἰσαγαγεῖν πρὸς σὲ δύναμιν ἐθνῶν καὶ βασιλεῖς αὐτῶν ἀγο- 12 μένους. ¹²τὰ γὰρ ἔθνη καὶ οἱ βασιλεῖς οἵτινες οὐ δουλεύσουσίν σοι 13 ἀπολοῦνται, καὶ τὰ ἔθνη ἐρημίᾳ ἐρημωθήσεται. ¹³καὶ ἡ δόξα τοῦ Λιβάνου πρὸς σὲ ἥξει ἐν κυπαρίσσῳ καὶ πεύκῃ καὶ κέδρῳ ἅμα, 14 δοξάσαι τὸν τόπον τὸν ἅγιόν μου. ¹⁴καὶ πορεύσονται πρὸς σὲ δεδοικότες υἱοὶ ταπεινωσάντων σε καὶ παροξυνάντων σε, καὶ κλη- 15 θήσῃ Πόλις Κυρίου, Σειὼν Ἁγίου Ἰσραήλ. ¹⁵διὰ τὸ γεγενῆσθαί σε ἐνκαταλελιμμένην καὶ μεμισημένην, καὶ οὐκ ἦν ὁ βοηθῶν· καὶ θήσω 16 σε ἀγαλλίαμα αἰώνιον, εὐφροσύνην γενεῶν γενεαῖς. ¹⁶καὶ θηλάσεις γάλα ἐθνῶν, καὶ πλοῦτον βασιλέων φάγεσαι, καὶ γνώσῃ ὅτι ἐγὼ

6 ευαγγελιουνται] ευαγγελιουνταις (-ται ℵ?) σοι ℵ* (σοι improb mox revoc ℵ?) ℵAQ
7 συναχθησονται]+σοι ℵQ | κριοι] pr οι A | ηξουσιν]+σοι ℵAQ | δεκτα] pr
δωρα ℵ* (improb postea revoc ℵ?) | δοξασθησεται] ϵ sup ras ℵ? ᵛⁱᵈ adnot aliq
mox penitus ras ℵᶜ·ᵃ   8 πετανται AQ | νοσσοις] νεοσσοις AQ¹ ⁽ᵛⁱᵈ⁾ (νοσσοις
Q*) | om επ εμε ℵ* (hab ℵᶜ·ᵃ ⁽ᵛⁱᵈ⁾) AQ   9 om εμε ℵᶜ·ᵃ | αι νησοι] om αι
ℵᵖᵒˢᵗ ᶜ·ᵃ AQ | Θαρσις ℵ* (-σεις ℵᶜ·ᵇ) | αργυρον]+αυτω| Q^mg | om αυτων 1°
AQ* (hab Q^mg) | και 4°] δια ℵAQ | και το ονομα...του Ισραηλ] οι γ' τω
ονοματι κῡ θῡ σου 𝔨 τω αγιω Ἰηλ Q^mg | δια το τον] δια τῠ| τον B* non inst
τον B^b om το ℵQ* (hab AQ^a) | του Ισραηλ] improb του ℵ? (postea revoc)
10 βασιλις ℵ* (-λεις ℵᶜ·ᵇ) | om μου Q* (hab Q^mg) | ελεος A   11 εισαγαγειν]
pr του ℵᶜ·ᵃ (improb ℵᶜ·ᵇ) | om και βασιλεις αιτων ℵ* (hab 𝔨 βασιλις
ℵᵃⁿᵗᵉ ᶜ·ᵃ+αυτων ℵᶜ·ᵃ 𝔨 βασιλεις [sine αυτ.] ℵᶜ·ᵇ) | om αυτων AQ* (hab Q^mg)
12 βασιλεις (-λις ℵ* -λεις ℵᶜ·ᵇ)]+αυτων ℵᶜ·ᵃ (improb ℵᶜ·ᵇ) A | οτινες ℵ*
(οιτ. ℵᶜ) | δουλευσιν Q* (-σουσιν Qᵃ) | απολουνται] αποθανοῦῖται A | ερημωθη-
σεται] ερημωθησονται ℵ (-τε ℵ* -ται ℵᶜ·ᵇ) AQ   13 Λιβανου] in νου ras
aliq B? | μου]+οι γ' ✻ 𝔨 το τοπον των ποδῶ| μου δοξασω Q^mg   14 σε
και παροξυναντων] pr obel et adnot οι ωβ' ου κ' π' εβρ' Bᵃ (non inst
B^b) | σε 2°]+οι γ' ✻ 𝔨 προσκυνησουσιν επι τα ιχνη των ποδων σου παντες
οι παροξυναντες Q^mg | και παροξ. σε sub ∸ Q | Σιων B^bℵAQ   15 ενκατα-
λελιμμενην B*ᵛⁱᵈ) εγκαταλελειμμ. B^ab ενκαταλελειμμ ℵ* -λελειμμ. ℵᶜ·ᵃ
εγκαταλελιμμενην AQ | ευφροσυνη B   16 βασεων ℵ* (-σιλεων ℵᶜ)

211   O 2

ΗΣΑΙΑΣ

Β Κύριος ὁ σώζων σε, καὶ ἐξαιρούμενός σε θεὸς Ἰσραήλ. ¹⁷ἀντὶ χαλ- 17
κοῦ οἴσω σοι χρυσίον, ἀντὶ δὲ σιδήρου οἴσω σοι ἀργύριον, ἀντὶ δὲ
ξύλων οἴσω σοι χαλκόν, ἀντὶ δὲ λίθων σίδηρον. καὶ δώσω τοὺς
ἄρχοντάς σου ἐν εἰρήνῃ, καὶ τοὺς ἐπισκόπους σου ἐν δικαιοσύνῃ·
¹⁸καὶ οὐκ ἀκουσθήσεται ἔτι ἀδικία ἐν τῇ γῇ σου, οὐδὲ σύντριμμα 18
οὐδὲ ταλαιπωρία ἐν τοῖς ὁρίοις σου, ἀλλὰ κληθήσεται Σωτήριον τὰ
τείχη σου, καὶ αἱ πύλαι σου Γλύμμα. ¹⁹καὶ οὐκ ἔσται σοι ἔτι ὁ 19
ἥλιος εἰς φῶς ἡμέρας, οὐδὲ ἀνατολὴ σελήνης φωτιεῖ σοι τὴν νύκτα,
ἀλλ' ἔσται σοι Κύριος φῶς αἰώνιον, καὶ ὁ θεὸς δόξα σου. ²⁰οὐ γὰρ 20
δύσεται ὁ ἥλιός σοι, καὶ ἡ σελήνη σοι οὐκ ἐκλείψει· ἔσται γὰρ Κύριός
σοι φῶς αἰώνιον, καὶ ἀναπληρωθήσονται αἱ ἡμέραι τοῦ πένθους σου.
²¹καὶ ὁ λαός σου πᾶς δίκαιος, δι' αἰῶνος κληρονομήσουσιν τὴν γῆν, 21
φυλάσσων τὸ φύτευμα, ἔργα χειρῶν αὐτοῦ εἰς δόξαν. ²²ὁ ὀλιγοστὸς 22
ἔσται εἰς χιλιάδας, καὶ ὁ ἐλάχιστος εἰς ἔθνος μέγα· ἐγὼ Κύριος κατὰ
καιρὸν συνάξω αὐτούς.

¹Πνεῦμα Κυρίου ἐπ' ἐμέ, οὗ εἵνεκεν ἔχρισέν με· εὐαγγελίσασθαι 1 LXI
πτωχοῖς ἀπέσταλκέν με, ἰάσασθαι τοὺς συντετριμμένους τὴν καρδίαν,
κηρῦξαι αἰχμαλώτοις ἄφεσιν καὶ τυφλοῖς ἀνάβλεψιν, ²καλέσαι ἐνιαυτὸν 2
Κυρίου δεκτὸν καὶ ἡμέραν ἀνταποδόσεως, παρακαλέσαι πάντας τοὺς
πενθοῦντας, ³δοθῆναι τοῖς πενθοῦσιν Σειὼν αὐτοῖς δόξαν ἀντὶ σποδοῦ, 3
ἄλιμμα εὐφροσύνης τοῖς πενθοῦσι, καταστολὴν δόξης ἀντὶ πνεύματος
ἀκηδίας· καὶ κληθήσονται γενεαὶ δικαιοσύνης, φύτευμα Κυρίου εἰς
δόξαν. ⁴καὶ οἰκοδομήσουσιν ἐρήμους αἰωνίας, ἐξηρημωμένας πρότερον 4

ΗΣΑΙΑΣ LXII 4

ἐξαναστήσουσιν· καὶ καινιοῦσιν πόλεις ἐρήμους, ἐξηρημωμένας εἰς B 5 γενεάς. ⁵καὶ ἥξουσιν ἀλλογενεῖς ποιμαίνοντες τὰ πρόβατά σου, καὶ 6 ἀλλόφυλοι ἀροτῆρες καὶ ἀμπελουργοί· ⁶ὑμεῖς δὲ ἱερεῖς Κυρίου κληθήσεσθε, λειτουργοὶ θεοῦ· ἰσχὺν ἐθνῶν κατέδεσθε καὶ ἐν τῷ πλούτῳ 7 αὐτῶν θαυμασθήσεσθε. ⁷οὕτως τὴν γῆν ἐκ δευτέρας κληρονομήσουσι, 8 καὶ εὐφροσύνη αἰώνιος ὑπὲρ κεφαλῆς αὐτῶν. ⁸ἐγὼ γάρ εἰμι Κύριος ὁ ἀγαπῶν δικαιοσύνην καὶ μισῶν ἁρπάγματα ἐξ ἀδικίας· καὶ δώσω τὸν 9 μόχθον αὐτῶν δικαίοις, καὶ διαθήκην αἰώνιον διαθήσομαι αὐτοῖς. ⁹καὶ γνωσθήσεται ἐν τοῖς ἔθνεσιν τὸ σπέρμα αὐτῶν, καὶ τὰ ἔκγονα αὐτῶν ἐν μέσῳ τῶν λαῶν· πᾶς ὁ ὁρῶν αὐτοὺς ἐπιγνώσεται αὐτούς, ὅτι οὗτοί 10 εἰσιν σπέρμα ηὐλογημένον ὑπὸ θεοῦ, ¹⁰καὶ εὐφροσύνῃ εὐφρανθήσονται ἐπὶ Κύριον. Ἀγαλλιάσθω ἡ ψυχή μου ἐπὶ τῷ κυρίῳ· ἐνέδυσεν γάρ με ἱμάτιον σωτηρίου καὶ χιτῶνα εὐφροσύνης, περιέθηκέν μοι ὡς 11 νυμφίῳ μίτραν, καὶ ὡς νύμφην κατεκόσμησέν με κόσμῳ. ¹¹καὶ ὡς γῆν αὔξουσαν τὸ ἄνθος αὐτῆς, καὶ ὡς κῆπος τὰ σπέρματα αὐτοῦ, οὕτως ἀνατελεῖ κύριος Κύριος δικαιοσύνην καὶ ἀγαλλίαμα ἐναντίον πάντων τῶν ἐθνῶν.

LXII 1 ¹Διὰ Σειὼν οὐ σιωπήσομαι, καὶ διὰ Ἰερουσαλὴμ οὐκ ἀνήσω, ἕως ἂν ἐξέλθῃ ὡς φῶς ἡ δικαιοσύνη αὐτῆς, τὸ δὲ σωτήριόν μου ὡς λαμπὰς 2 καυθήσεται. ²καὶ ὄψονται ἔθνη τὴν δικαιοσύνην σου καὶ βασιλεῖς τὴν δόξαν σου, καὶ καλέσει σε τὸ ὄνομα τὸ καινὸν ὃ ὁ κύριος ὀνομάσει 3 αὐτό. ³καὶ ἔσῃ στέφανος κάλλους ἐν χειρὶ Κυρίου, καὶ διάδημα 4 βασιλείας ἐν χειρὶ θεοῦ σου. ⁴καὶ οὐκέτι κληθήσῃ Καταλελιμμένη, καὶ

4 πολις ℵ*Q* (-λεις ℵc.a Q¹ (vid)) | ερημους 2°] αιωνιους ℵ (εων. ℵ* αιων. ℵAQ ℵc.a) ερημους και αιων. ℵc.a | εξηρημωμενας 2°] εξερημωμενας BA εξερη|μενας ℵ 5 σου τα προβατα και ℵ (a, βατα κ sup ras ℵ¹ το προσωπον ℵ* vid) 6 ιερις ℵ* (-ρεις ℵc.b) | λειτουργοι] pr και A | θεου]+υμων ℵ* (improb mox revoc ℵ¹)+οι γ ※ υμων ρηθησεται υμιν Qmg | ισχυς A | και] καν ℵ* | εν] επι A 7 ουτως] pr θ' ※ αντι της αι|σχυνης υμω| διπλας ϛ εν| τροπης αγαλ|λιασονται με|ρις αυτων Qmg | εκ δευτερας κληρονόμησουσι (-μησου ℵ* -μησουσιν ℵc.aA) την γην ℵAQ | αιωνιας ℵ* (-νιος ℵ¹) 8 om και 3° ℵ (hab ℵc.a) 9 γνωσθησεται (γνωθ. B* γνωσθ. Bab)] γνωσθησεσθαι ℵ* (-θησεται ℵc.b) | σπερμα] σπερ improb postea restit ℵ¹ | εκγονα] εγγονα ℵ | om εν μεσω των λαων ℵ* (postea repos) AQ* (hab ※ εμμεσω τ. λαων Qmg | ηυλογημενον B*ᵇAQ] ευλογ. BℵQᵃ 10 και ευφροσυνη...επι τω κυριω] α' χαιρων χαρησομαι εν κω αγαλλιασεται η ψυχη μου εν θω μου θ'σ' αγαλλιασει αγαλλιασομαι εν θω ευφρα|θησεται η ψυχη μου εν τω θω μου Qmg | ευφροσυνη] ευφροσυνην ℵ pr εν A | ως νυμφιω περιεθηκεν μοι ℵAQ 11 το ανθος] om το ℵ* (hab ℵc.b) | κηπον AQ | αυτου]+σ' ※ ανατελει Qmg | om κυριος ℵAQ* (hab Qmg) LXII 1 Σιων BᵇℵAQ (item 11) | σιωπησομαι ℵ*c.b (-σομαι ℵc.a) | Ιελημ ℵ | εως] sup Q* (εως Q¹ (vid)) | αυτης] μου ℵAQ* (οι γ αυτης Qmg) | μου] αυτης Qmg 2 βασιλεις] pr α'σ' ※ παντες Qmg | ονομα]+σου ℵAQ | αυτον ℵ 3 βασιλιας Q* | θεου] κυ ℵ* (θυ ℵ¹) 4 κληθηση] κληρονομηθηση ℵ* (κληθ. [κληρθ. Tisch] ℵⁱᵃᵐ ¹) | καταλελειμμ. Bab

ΗΣΑΙΑΣ

B ἡ γῆ σου οὐ κληθήσεται ἔτι Ἔρημος· σοὶ γὰρ κληθήσεται Θέλημα ἐμόν, καὶ τῇ γῇ σου Οἰκουμένη, ὅτι εὐδόκησεν Κύριος ἐν σοί, καὶ ἡ γῆ σου συνοικισθήσεται. ⁵καὶ ὡς συνοικῶν νεανίσκος παρθένῳ, οὕτως 5 κατοικήσουσιν οἱ υἱοί σου· καὶ ἔσται ὃν τρόπον εὐφρανθήσεται νυμφίος ἐπὶ νύμφῃ, οὕτως εὐφρανθήσεται Κύριος ἐπὶ σοί. ⁶Καὶ 6 ἐπὶ τῶν τειχῶν σου, Ἰερουσαλήμ, κατέστησα φύλακας ὅλην τὴν ἡμέραν καὶ ὅλην τὴν νύκτα, οἳ διὰ τέλους οὐ σιωπήσονται μιμνησκόμενοι Κυρίου. ⁷οὐκ ἔστιν γὰρ ὑμῖν ὅμοιος· ἐὰν διορθώσῃ, καὶ ποιήσῃ 7 Ἰερουσαλὴμ ἀγαυρίαμα ἐπὶ τῆς γῆς. ⁸ὤμοσεν Κύριος κατὰ τῆς δόξης 8 αὐτοῦ καὶ κατὰ τῆς ἰσχύος τοῦ βραχίονος αὐτοῦ Εἰ ἔτι δώσω τὸν σῖτόν σου καὶ τὰ βρώματα τοῖς ἐχθροῖς σου, καὶ εἰ ἔτι πίονται υἱοὶ ἀλλότριοι τὸν οἶνόν σου ἐφ᾽ ᾧ ἐμόχθησας· ⁹ἀλλ᾽ οἱ συναγαγόντες φάγονται αὐτὰ 9 καὶ αἰνέσουσιν Κύριον, καὶ οἱ συναγαγόντες πίονται αὐτὰ ἐν ταῖς ἐπαύλεσιν ταῖς ἁγίαις μου. ¹⁰πορεύεσθε διὰ τῶν πυλῶν μου καὶ 10 ὁδοποιήσατε τῷ λαῷ μου καὶ τοὺς λίθους ἐκ τῆς ὁδοῦ διαρρίψατε, ἐξάρατε σύσσημον εἰς τὰ ἔθνη. ¹¹ἰδοὺ γὰρ Κύριος ἐποίησεν ἀκουστὸν 11 ἕως ἐσχάτου τῆς γῆς· εἴπατε τῇ θυγατρὶ Σειών Ἰδοὺ ὁ σωτήρ σοι παραγέγονεν ἔχων τὸν ἑαυτοῦ μισθόν, καὶ τὸ ἔργον αὐτοῦ πρὸ προσώπου αὐτοῦ. ¹²καὶ καλέσει αὐτὸν Λαὸν ἅγιον, λελυτρωμένον ὑπὸ 12 Κυρίου, σὺ δὲ κληθήσῃ Ἐπιζητουμένη πόλις, καὶ Οὐκ ἐγκαταλελιμμένη.

ℵAQ 4 om ετι ℵAQ | κληθησεται 2°] κληθηση ℵc.a (-σεται ℵc.b) | τη γη] η γη ℵc.a (τη γ. ℵc.b) | om οτι ευδοκησεν...συνοικισθησεται ℵAQ* (hab θ′σ′ ※ οτι ευδοκησει κς εν σοι ϗ η γη σου συνοικισθ. Qmg) | ευδοκησεν] ευδοκησει Bab mg 5 σοι|νοικων ℵ* (συνοικ. ℵc.a) | σου]+μετα σου ℵA | και εσται sub ⸓ Q | νυμφην ℵ   6 τειχων] τειχεων ℵ (τιχ.) AQ | κατεστησα]+σοι ℵc.a (ras ℵc.b) | τελος Q* | μνησκομενοι B* (μιμν. Bab) | Κυριου] α γ′ ※ τον κν Qmg 7 ουκ εστιν γαρ] ου γαρ εστιν ℵ | ομοιος] ο οικος ℵ* (om. ℵc.a, c.b) | εαν...επι της γης] θ′ ϗ μη δωτε σιγην αυτω εως ητοιμαση ϗ εως θη την Ιλημ καυχημα εν τη γη Qmg | Ιερουσαλημ] pr θ′ ※ την Qmg | αγαυριαμα...γης] θ′ ※ καυχημα εν τη γη Qmg | αγαυριαμα (γαυρ. Bbℵc.a [αγ. ℵc.b])] αγαλλιαμα Qmg 8 κατα τ. δοξης] α′ εν δεξια Qmg | δοξης] δεξιας Ba (non inst Bb) ου ο′ ισχυος θ′ δεξιας Qmg | ισχυος] δοξης ℵ℘Q | om σου και τα βρωματα ℵ* (hab ℵc.a) | βρωματα]+σου AQ | τοις εχθρ.] in τοις ras aliq Bab | om ει 2° A   9 αλλ] +η ℵc.a AQ | συναγαγοντες 1°] συναγοντες ℵAQ | om αινεσουσιν...συναγαγοντες 2° ℵ* (hab ℵc.a) | συναγαγοντες 2° (συ|ναγ. B* συ|ναγ. Bʳ)] συναγοντες ℵc.a AQ | om αυτα 2° ℵ* (hab ℵc.a) | επαυλεσι Q | μου] σου A   10 πορευεσθε]+ ※ πορευεσθε Qmg | οδοποιησατε] θ′ σκευασατε τῇ| οδον+ ※ οδοποιησατε Qmg | εκ της οδου] pr τους ℵ* (improb ℵc.b) A | διαριψατε ℵ   11 ακουστον εποιησεν ℵ | ακουσον A* (τ superscr Aaʳ) | σοι ο σωτηρ ℵAQ | παραγεγονεν] παραγεωετε ℵ* (-γεγονεν ℵc.b) -ται A | μισθον]+ θ′σ′ ※ μετ αυτου Qmg | om αυτου 1° AQ* (hab Qmg)   12 υπο] απο ℵ* (υπο ℵc.a, c.b) | συ δε κληθηση] συνεκληθη ℵ* (συ δε κλ. ℵc.a) | ουκ εγκαταλελιμμενη (εγκαταλελειμμ. Bab ενκαταλελιμμ. Q* εγκ. Qa)] ου καταλελιμμενη ℵ

ΗΣΑΙΑΣ

1 ¹Τίς οὗτος ὁ παραγινόμενος ἐξ Ἐδώμ, ἐρύθημα ἱματίων ἐκ Βοσόρ; B
οὕτως ὡραῖος ἐν στολῇ, βίᾳ μετὰ ἰσχύος; ἐγὼ διαλέγομαι δικαιοσύνην
2 καὶ κρίσιν σωτηρίου. ²διὰ τί σου ἐρυθρὰ τὰ ἱμάτια, καὶ τὰ ἐνδύματά
3 σου ὡς ἀπὸ πατητοῦ ληνοῦ; ³πλήρης καταπεπατημένης, καὶ τῶν
ἐθνῶν οὐκ ἔστιν ἀνὴρ μετ' ἐμοῦ, καὶ κατεπάτησα αὐτοὺς ἐν θυμῷ μου,
4 καὶ κατέθλασα αὐτοὺς ὡς γῆν, καὶ κατήγαγον τὸ αἷμα αὐτῶν. ⁴ἡμέρα
γὰρ ἀνταποδόσεως ἦλθεν αὐτοῖς, καὶ ἐνιαυτὸς λυτρώσεως πάρεστιν.
5 ⁵καὶ ἐπέβλεψα, καὶ οὐκ ἦν βοηθός· καὶ προσενόησα, καὶ οὐθεὶς
ἀντελαμβάνετο· καὶ ἐρρύσατο αὐτοὺς ὁ βραχίων μου, καὶ ὁ θυμός μου
6 ἐπέστη. ⁶καὶ κατεπάτησα αὐτοὺς τῇ ὀργῇ μου, καὶ κατήγαγον τὸ
αἷμα αὐτῶν εἰς γῆν.
7 ⁷Τὸν ἔλεον Κυρίου ἐμνήσθην, τὰς ἀρετὰς Κυρίου ἐν πᾶσιν οἷς
ἡμῖν ἀνταποδίδωσιν. Κύριος κριτὴς ἀγαθὸς τῷ οἴκῳ Ἰσραήλ, ἐπάγει
ἡμῖν κατὰ τὸ ἔλεος αὐτοῦ καὶ κατὰ τὸ πλῆθος τῆς δικαιοσύνης αὐτοῦ.
8 ⁸καὶ εἶπεν Οὐχ ὁ λαός μου; τέκνα, οὐ μὴ ἀθετήσωσιν· καὶ ἐγένετο
9 αὐτοῖς εἰς σωτηρίαν ⁹ἐκ πάσης θλίψεως αὐτῶν. οὐ πρέσβυς οὐδὲ
ἄγγελος, ἀλλ' αὐτὸς ἔσωσεν αὐτούς, διὰ τὸ ἀγαπᾶν αὐτοὺς καὶ
φείδεσθαι αὐτῶν· αὐτὸς ἐλυτρώσατο αὐτοὺς καὶ ἀνέλαβεν αὐτούς, καὶ
10 ὕψωσεν αὐτοὺς πάσας τὰς ἡμέρας τοῦ αἰῶνος· ¹⁰αὐτοὶ δὲ ἠπείθησαν
καὶ παρώξυναν τὸ πνεῦμα τὸ ἅγιον αὐτοῦ· καὶ ἐστράφη αὐτοῖς εἰς
11 ἔχθραν, αὐτὸς ἐπολέμησεν αὐτούς. ¹¹καὶ ἐμνήσθη ἡμερῶν αἰωνίων·
ποῦ ὁ ἀναβιβάσας ἐκ τῆς θαλάσσης τὸν ποιμένα τῶν προβάτων;

LXIII 1 Εδωμ] Εδεμ A | εριθημα ℵ* (ερυθρμα ℵc·a) ερυθηματα A | ℵAQ
Βοσορ] Βοσρα Qmg | στολη]+ ※ αυτου Qmg | σωτηριας ℵ* (-ριου ℵc·a, c·b)
2 ερυθα Q* (ρ 2° superscr) | πατητου] πατηματος Q* (-του Qmg)   3 πληρης]
πληρους ℵ Qmg | πληρης...μετ εμου] σ' ληνον επατησα μονωτατος ϗ απο
τῶ| λαων ουκ εστι| ουδεις συν εμοι Qmg | om μου ℵAQ | το αιμα] τα ιματια
ℵ* (το αιμ. ℵc) | αυτων]+εις γην BabℵAQ+θ'σ' ※ ϗ παντα τα ενδυματα
μου εμολυνα Qmg   4 ημερα] ρα sup ras Aa | γαρ]+κυ ℵc·a (postea ras) |
ανταποδωσεως A | ηλθεν] επηλθεν ℵA   5 ουκ ην] ουδεις ℵAQ (-δις Q*) |
ουθεις] ουδεις ℵQ (-δις ℵ*Q* -δεις ℵc·bQ1 vid) | αντελαμβανετο] αντελαβετο
ℵ | ερυσατο ℵQ | μου 2°]+οι γ' ※ αυτος Qmg | επεστη] εστη A   6 μου]+
θ'σ' ※ ϗ εμεθυσα αυτους εν τω θυμω μου Qmg | γην] pr την ℵc(a?) (postea
improb)   7 τον ελεον] το ελεος ℵc·a (postea revoc τον ελεον) | εμνησθην...
Κυριου 2°] ※ αναμνησω την αινεσιν κυ Qmg | αρετας]+αρετας B* + αυτου κϛ
Babvid (superscr) | οις] bis scr ℵ* (improb οις 2° ℵiam 1)+ο κϛ A+κϛ Q |
αυτου ελεος ℵ | om και ℵ   8 ειπεν] inter ι et π ras aliq ℵ? | τεκνα]+μου
ℵ+και A | αθετησουσιν ℵ αθετηθωσιν Q   9 om αυτων 1° AQ | πρεσβυς]
πρεσβεις A | αυτος 1°]+κϛ ℵ* (improb postea revoc ℵ?) A | αυτος 2°] pr ϗ
Aa?   10 om αυτου A οι γ' ομοιως [αυτου] Qmg | αυτος] pr και ℵ* (improb
postea repos ℵ?) Aa? οι γ' ομοιως [αυτος] Qmg   11 αιωνιων]+οι γ' ※
Μωση λαον αυτου Qmg | om που 1° ℵAQ* (hab Qmg) | της θαλασσης] της
γης Bamg (γης superscr Bbtxt) Q γης ℵA

215

B ποῦ ἐστιν ὁ θεὶς ἐν αὐτοῖς τὸ πνεῦμα τὸ ἅγιον; ¹²ὁ ἀγαγὼν τῇ δεξιᾷ 12 Μωσῆν, ὁ βραχίων τῆς δόξης αὐτοῦ; κατίσχυσεν ὕδωρ ἀπὸ προσώπου αὐτοῦ, ποιῆσαι ἑαυτῷ ὄνομα αἰώνιον. ¹³ἤγαγεν αὐτοὺς δι' ἀβύσσου 13 ὡς ἵππον δι' ἐρήμου, καὶ οὐκ ἐκοπίασαν, ¹⁴καὶ ὡς κτήνη διὰ πεδίου· 14 κατέβη πνεῦμα παρὰ Κυρίου καὶ ὡδήγησεν αὐτούς· οὕτως ἤγαγες τὸν λαόν σου, ποιῆσαι σεαυτῷ ὄνομα δόξης. ¹⁵Ἐπίστρεψον ἐκ τοῦ 15 οὐρανοῦ καὶ ἴδε ἐκ τοῦ οἴκου τοῦ ἁγίου σου καὶ δόξης σου· ποῦ ἐστιν ὁ ζῆλός σου καὶ ἡ ἰσχύς σου; ποῦ ἐστιν τὸ πλῆθος τοῦ ἐλέους σου καὶ οἰκτειρμῶν σου, ὅτι ἀνέσχου ἡμῶν; ¹⁶σὺ γὰρ εἶ 16 πατὴρ ἡμῶν, ὅτι Ἀβραὰμ οὐκ ἔγνω ἡμᾶς, καὶ Ἰσραὴλ οὐκ ἐπέγνω ἡμᾶς· ἀλλὰ σύ, Κύριε, πατὴρ ἡμῶν· ῥῦσαι ἡμᾶς, ἀπ' ἀρχῆς τὸ ὄνομά σου ἐφ' ἡμᾶς ἐστιν. ¹⁷τί ἐπλάνησας ἡμᾶς, Κύριε, ἀπὸ τῆς 17 ὁδοῦ σου; ἐσκλήρυνας τὰς καρδίας ἡμῶν τοῦ μὴ φοβεῖσθαί σε; ἐπίστρεψον διὰ τοὺς δούλους σου, διὰ τὰς φυλὰς τῆς κληρονομίας σου, ¹⁸ἵνα μικρὸν κληρονομήσωμεν τοῦ ὄρους τοῦ ἁγίου σου. 18 ¹⁹ἐγενόμεθα ὡς τὸ ἀπ' ἀρχῆς, ὅτε οὐκ ἦρξας ἡμῶν οὐδὲ ἐκλήθη 19 τὸ ὄνομά σου ἐφ' ἡμᾶς. ¹ἐὰν ἀνοίξῃς τὸν οὐρανόν, τρόμος 1 LXIV λήμψεται ἀπὸ σοῦ ὄρη, καὶ τακήσονται ²ὡς κηρὸς ἀπὸ πυρὸς 2 (1) τήκεται, καὶ κατακαύσει πῦρ τοὺς ὑπεναντίους, καὶ φανερὸν ἔσται τὸ ὄνομά σου ἐν τοῖς ὑπεναντίοις· ἀπὸ προσώπου σου ἔθνη ταραχθήσονται, ³ὅταν ποιῇς τὰ ἔνδοξα· τρόμος λήμψεται 3 (2) ἀπὸ σοῦ ὄρη. ⁴ἀπὸ τοῦ αἰῶνος οὐκ ἠκούσαμεν οὐδὲ οἱ ὀφθαλ- 4 (3) μοὶ ἡμῶν εἶδον θεὸν πλὴν σοῦ, καὶ τὰ ἔργα σου ἃ ποιήσεις τοῖς ὑπομένουσιν ἔλεον. ⁵συναντήσεται τοῖς ποιοῦσιν τὸ δί- 5 (4) καιον, καὶ τῶν ὁδῶν σου μνησθήσονται. ἰδοὺ σὺ ὠργίσθης, καὶ

ℵAQ   12 τη δεξια] τη δε|δια ℵ* (τη δεξ. ℵc.a, c.b) | Μωυσην ℵQ Μωση A | απο] προ Q | προσωπου] ras aliq in π 2° B? | εαυτω] αυτω ℵAQ   13 ηγαγεν] pr και A | δι αβυσσου] δια της αβ. ℵAQ   14 κατεβη] pr και A   15 επιστρεψον] α' σ' επιβλεψον θ' καθιδε Qmg | om 2° ℵAQ | οικτειρμων (-τιρμ. B?)] οικτειρμοι ℵ* οι οικτειρμοι ℵc.a των οικτειρμων ℵc.bAQ (των θ' ※ Qa) | ημων]+κε ℵc.a (mox extinx)   16 om γαρ A | ει ημων πατηρ ℵ ημων ει πατηρ AQ | πατηρ 2°] pr ο ℵ | ρυσαι...εστιν] pr obelos Ba (non inst Bb) | εφ ημας εστιν (sub ⸓ Q)] εστιν εν ημιν A   17 om απο ℵ* (hab ℵc.a) Q | εσκηρυνας ℵ | ημων τας καρδιας ℵc.bAQ   18 μικρον]+τι ℵ* (improb mox repos ℵ?) | σου]+οι υπεναντιοι ημων κατεπατησαν το αγιασμα σου AQ   19 εγεναμεθα ℵ | εκληθη] ενεκληθη A επεκληθη Q   LXIV 1 ληψεται B? | τακησονται] τακη sup ras Aa   2 απο 1°] υπο ℵ* (απο ℵc.a, c.b) | πυρος] pr προσωπου A (σωπου sup ras Aa) | πυρος τηκεται sup ras Aa | om εσται ℵ? (postea revoc) | σου 1° BQmg] κυ ℵAQ* οι γ' ομοιως Qmg | απο 2°] προ Q   3 ποιης] ποιησης ℵ? postea rurs ποιησης)   4 οι οφθ. ημ. ειδον] οι γ' οφθαλμος ουκ ιδεν Qmg | ιδον A | om θεον πλην σου A* (hab A1 vel salt a (mg))   5 συναντησεται]+γαρ ℵAQ | ποιουσιν] υπομενουσιν ℵ

216

ΗΣΑΙΑΣ LXV 4

(5) 6 ἡμεῖς ἡμάρτομεν· διὰ τοῦτο ἐπλανήθημεν, ⁶καὶ ἐγενήθημεν ὡς Β
ἀκάθαρτοι πάντες ἡμεῖς, ὡς ῥάκος ἀποκαθημένης πᾶσα ἡ δικαιο-
σύνη ἡμῶν· καὶ ἐξερύημεν ὡς φύλλα διὰ τὰς ἀνομίας ἡμῶν·
(6) 7 οὕτως ἄνεμος οἴσει ἡμᾶς. ⁷καὶ οὐκ ἔστιν ὁ ἐπικαλούμενος τὸ
ὄνομά σου καὶ ὁ μνησθεὶς ἀντιλαβέσθαι σου· ὅτι ἀπέστρεψας
τὸ πρόσωπόν σου ἀφ' ἡμῶν, καὶ παρέδωκας ἡμᾶς διὰ τὰς
(7) 8 ἁμαρτίας ἡμῶν. ⁸Καὶ νῦν, Κύριε, πατὴρ ἡμῶν σύ, ἡμεῖς
(8) 9 δὲ πηλός, ἔργα τῶν χειρῶν σου πάντες ἡμεῖς. ⁹μὴ ὀργίζου ἡμῖν
σφόδρα, καὶ μὴ ἐν καιρῷ μνησθῇς ἁμαρτιῶν ἡμῶν· καὶ νῦν
(9) 10 ἐπίβλεψον, ὅτι λαός σου πάντες ἡμεῖς. ¹⁰πόλις τοῦ ἁγίου σου
ἐγενήθη ἔρημος Σειών· ὡς ἔρημος ἐγενήθη Ἰερουσαλήμ· εἰς κατά-
(10) 11 ραν ¹¹ὁ οἶκος τὸ ἅγιον ἡμῶν, καὶ ἡ δόξα ἣν εὐλόγησαν οἱ
πατέρες ἡμῶν ἐγενήθη πυρίκαυστος, καὶ πάντα ἔνδοξα ἡμῶν
(11) 12 συνέπεσε. ¹²καὶ ἐπὶ πᾶσι τούτοις ἀνέσχου, Κύριε, καὶ ἐσιώ-
πησας, καὶ ἐταπείνωσας ἡμᾶς σφόδρα.

LXV 1 ¹Ἐμφανὴς ἐγενήθην τοῖς ἐμὲ μὴ ἐπερωτῶσιν, εὑρέθην τοῖς ἐμὲ
μὴ ζητοῦσιν· εἶπα Ἰδού εἰμι, τῷ ἔθνει οἳ οὐκ ἐκάλεσάν μου τὸ
2 ὄνομα. ²ἐξεπέτασα τὰς χεῖράς μου ὅλην τὴν ἡμέραν πρὸς λαὸν
ἀπειθοῦντα καὶ ἀντιλέγοντα, τοῖς πορευομένοις ὁδῷ οὐ καλῇ ἀλλ' ὀ-
3 πίσω τῶν ἁμαρτιῶν αὐτῶν. ³ὁ λαὸς οὗτος ὁ παροξύνων με ἐναν-
τίον ἐμοῦ διὰ παντός· αὐτοὶ θυσιάζουσιν ἐν τοῖς κήποις καὶ θυμι-
4 ῶσιν ἐπὶ ταῖς πλίνθοις τοῖς δαιμονίοις ἃ οὐκ ἔστιν, ⁴ἐν τοῖς
μνήμασιν καὶ ἐν τοῖς σπηλαίοις κοιμῶνται διὰ ἐνύπνια, οἱ ἔσθοντες
κρέας ὕειον καὶ ζωμὸν θυσιῶν, μεμολυμμένα πάντα τὰ σκεύη αὐ-

6 ρακκος ℵ^c | εξερρυημεν B^{a?b} | φυλλα] + α'θ' ✴ παντες ημεις Q^{mg} ℵAQ
7 σου 1°] σ sup ras A^a | αντιλαβεσθαι] αντελαβετο ℵ* (αντιλαβεσθαι ℵ^{c.a, c.b}) |
α τας αμαρτιας sup ras B?^{vid} 8 πηλος]+α' θ' ✴ ϗ συ πλαστης ημων Q^{mg} |
εργον AQ | των χειρων] om των ℵ* (hab ℵ^{c.b}) | om ημεις 2° ℵAQ 9 ημιν]
+οι γ' ✴ πιπι εως Q^{mg} | μνησθης B*^{vid} (μν. B^{ab}) 10 Σιων B^bAQ 11 ημων
1°] μων B* (ημ. B^{ab}) | ηυλογησαν AQ* (ευλ. Q^{1(vid)}) | ενδοξα] pr τα ℵAQ |
om ημων 3° AQ | συνεπεσεν ℵAQ 12 Κυριε] πιπι Q^{mg} | σφοδρα] pr θ'
✴ εως Q^{mg} LXV 1 εγενηθην] εγενομην ℵ* (εγενηθ. ℵ^{c.a} postea rurs
εγενομ.) A | επερωτωσιν] ζητουσιν ℵAQ | ζητουσιν] επερωτωσιν ℵAQ | ειπα
ιδου] ειπον ιδ. (ν ι sup ras ℵ¹) ℵ | ειμι]+θ' ✴ ιδου ειμι Q^{mg} | οι] οιτινες A |
το ονομα μου AQ 2 [η]μεραν...πορευομενοις] pr obel B^a (non inst B^b) |
και αντιλ. sub ÷ Q | τοις πορευομενοις] οι ουκ επορευθησαν ℵ^{c.a, c.b}AQ* (τοις
πορ. Q^{mg}) | οδω ου καλη] οδω ουκ αληθη ℵ* εν οδω καλη ℵ^{c.a} οδω ουκ αληθεινη
ℵ^{c.b} οδω αληθινη AQ* (-θεινη Q^a) οι γ' ✴ οδω ουκ αγαθη Q^{mg} 3 λααος
ℵ* (λαος ℵ^{iam i (vid)}) | εμου] μου ℵ* (εμου ℵ^{c.b}) | om δια παντος ℵ* (hab
ℵ^{ante c.b}) | θυσιαζουσιν] θυμιαζουσιν A | τοις κηποις] om τοις ℵ* (hab ℵ^{c.b}) |
θυμιουσιν ℵ | επι] εν ℵ | εστιν] εσται A 4 εν 1°] pr και ℵAQ | δια] δι
AQ | οι εσθοντες] pr και ℵ^{c.a} | κρεας υειον] κρεα υεια ℵ κρεα υια A κρεα
υιο] Q* (κρεας υειο] Q^{1(vid)}) | θυσιων sub ÷ Q

LXV 5 ΗΣΑΙΑΣ

Β τῶν, ⁵οἱ λέγοντες Πόρρω ἀπ' ἐμοῦ, μὴ ἐγγίσῃς μοι, ὅτι καθαρός 5 εἰμι· οὗτος καπνὸς τοῦ θυμοῦ μου, πῦρ καίεται ἐν αὐτῷ πάσας τὰς ἡμέρας. ⁶ἰδοὺ γέγραπται ἐνώπιόν μου Οὐ σιωπήσω ἕως ἂν ἀπο- 6 δώσω εἰς τὸν κόλπον αὐτῶν ⁷τὰς ἁμαρτίας αὐτῶν καὶ τῶν πατέ- 7 ρων αὐτῶν, λέγει Κύριος· οἳ ἐθυμίασαν ἐπὶ τῶν ὀρέων καὶ ἐπὶ τῶν βουνῶν ὠνείδισάν με, ἀποδώσω τὰ ἔργα αὐτῶν εἰς τὸν κόλπον αὐτῶν. ⁸Οὕτως λέγει Κύριος ⁸Ὃν τρόπον εὑρεθήσεται ὁ ῥὼξ 8 ἐν τῷ βότρυι, καὶ ἐροῦσιν Μὴ λυμήνῃ αὐτόν, ὅτι εὐλογία ἐστὶν ἐν αὐτῷ· οὕτως ποιήσω ἕνεκεν τοῦ δουλεύοντός μοι, τούτου ἕνεκεν οὐ μὴ ἀπολέσω πάντας. ⁹καὶ ἐξάξω τὸ ἐξ Ἰακὼβ σπέρμα καὶ ἐξ 9 Ἰούδα, καὶ κληρονομήσει τὸ ὄρος τὸ ἅγιόν μου, καὶ κληρονομήσουσιν οἱ ἐκλεκτοί μου καὶ οἱ δοῦλοί μου, καὶ κατοικήσουσιν ἐκεῖ. ¹⁰καὶ ἔσονται ἐν τῷ δρυμῷ ἐπαύλεις ποιμνίων, καὶ φάραγξ Ἀχὼρ 10 εἰς ἀνάπαυσιν βουκολίων τῷ λαῷ μου οἳ ἐζήτησάν με. ¹¹ὑμεῖς δὲ 11 οἱ ἐγκαταλιπόντες με καὶ ἐπιλανθανόμενοι τὸ ὄρος τὸ ἅγιόν μου, καὶ ἑτοιμάζοντες τῷ δαιμονίῳ τράπεζαν καὶ πληροῦντες τῇ τύχῃ κέρασμα, ¹²ἐγὼ παραδώσω ὑμᾶς εἰς μάχαιραν, πάντες ἐν σφαγῇ 12 πεσεῖσθε· ὅτι ἐκάλεσα ὑμᾶς καὶ οὐχ ὑπηκούσατε, ἐλάλησα καὶ παρηκούσατε, καὶ ἐποιήσατε τὸ πονηρὸν ἐναντίον ἐμοῦ καὶ ἃ οὐκ ἐβουλόμην ἐξελέξασθε. ¹³Διὰ τοῦτο τάδε λέγει Κύριος Ἰδοὺ οἱ 13 δουλεύοντές μοι φάγονται, ὑμεῖς δὲ πεινάσετε· ἰδοὺ οἱ δουλεύοντές μοι πίονται, ὑμεῖς δὲ διψήσετε· ἰδοὺ οἱ δουλεύοντές μοι εὐφρανθήσονται, ὑμεῖς δὲ αἰσχυνθήσεσθε· ¹⁴ἰδοὺ οἱ δουλεύοντές μοι ἀγαλ- 14 λιάσονται ἐν εὐφροσύνῃ, ὑμεῖς δὲ κεκράξεσθε διὰ τὸν πόνον τῆς καρδίας, καὶ ἀπὸ συντριβῆς πνεύματος ὑμῶν ὀλολύξετε. ¹⁵κατα- 15 λείψετε γὰρ τὸ ὄνομα ὑμῶν εἰς πλησμονὴν τοῖς ἐκλεκτοῖς μου,

ℵAQ 5 μοι] μου AQ* | καιετε Bℵ* (-ται ℵc.b) | εν] ε ℵ* (εν ℵc.a) | εν αυτω sub ⸓ Q 6 ενωπιον] εναντιον ℵ* (ενωπ. ℵc mox rurs εναντ.) | μου] εμου Q | ου]+μη ℵ* (improb postea revoc ℵ?) | σιωπησω (-πισω ℵ* -πησω ℵc.a, c.b)] σιωπησομαι A | αποδωσω] αποδω (αποδωσω Qmg) και ανταποδωσω ℵQ (α'σ' ※ και ανταποδωσω Qmg) αποδω A 7 αυτων 2°]+θ' ※ επι το αυτο Qmg | αποδω B* (-δωσω Bab) | εις] επι ℵ 8 ουτως (-τω ℵ)] pr ※ οτι Qmg | λυμηνητε ℵ* (ται ℵc.b) | ευλογια]+κυ ℵc.a(vid) (rurs extinx) A | εστιν sub ⸓ Q | εν αυτω εστιν Q 9 |Ιακωβ B* Ι|ακωβ B? | εξ 2°] pr το ℵAQ | και 3°] os ℵ (και ℵc.a, c, b) | κληρονομησουσει ℵc.a (-μησει repos ℵc.b) | om και 6° A 10 επαυλις ℵ*Q* (-λεις ℵc.b Q1vid) 11 ενκαταλιποντες ℵ εγκαταλειποντες A | αγιον] o rescr vid B? | om και 2° ℵ* (hab ℵc.b) | δαιμονιω] δαιμονι ℵ (δεμ. ℵ* δαιμ. ℵc.a, c.b) Q 12 παντες] pr και ℵ* (improb postea revoc ℵ?) | om εν ℵ | πεισεσθε Q* (πεσεισθε Qa) | ποιησατε ℵ* (επ. ℵc.a) | εμου] μου ℵ* (εμ. ℵiam 1) | ηβουλομην ℵ 13 Κυριος]+σ'θ' ※ κς Qmg | διψησετε] διψησεσθαι ℵ* (-σεται ℵc.b) A 14 ευφροσυνη]+οι γ' ※ καρδιας Qmg | καρδιας]+υμων ℵAQ | om υμων ℵAQ | ολολυξετε ℵ* (-ξετε ℵc.a, c.b) 15 κατελιψετε (sic) ℵc.a, c.b κατελειψατε Q | υμων] pr του κυ ℵc.a (ras ℵc.b)

ΗΣΑΙΑΣ LXV 24

ὑμᾶς δὲ ἀνελεῖ Κύριος. τοῖς δὲ δουλεύουσί μοι κληθήσεται ὄνομα Β 16 καινόν, ¹⁶ὃ εὐλογηθήσεται ἐπὶ τῆς γῆς· εὐλογήσουσιν γὰρ τὸν θεὸν τὸν ἀληθινόν, καὶ οἱ ὀμνύοντες ἐπὶ τῆς γῆς ὀμοῦνται τὸν θεὸν τὸν ἀληθινόν. ἐπιλήσονται γὰρ τὴν θλίψιν τὴν πρώτην, καὶ οὐκ ἀνα- 17 βήσεται αὐτῶν ἐπὶ τὴν καρδίαν. ¹⁷Ἔσται γὰρ ὁ οὐρανὸς καινὸς καὶ ἡ γῆ καινή, καὶ οὐ μὴ μνησθῶσιν τῶν προτέρων οὐδ' οὐ μὴ 18 ἐπέλθῃ αὐτῶν ἐπὶ τὴν καρδίαν, ¹⁸ἀλλ' εὐφροσύνην καὶ ἀγαλλίαμα εὑρήσουσιν ἐν αὐτῇ· ὅτι ἰδοὺ ἐγὼ ποιῶ Ἰερουσαλὴμ ἀγαλλίαμα καὶ 19 τὸν λαόν μου εὐφροσύνην. ¹⁹καὶ ἀγαλλιάσομαι ἐπὶ Ἰερουσαλήμ, καὶ εὐφρανθήσομαι ἐπὶ τῷ λαῷ μου· καὶ οὐκέτι μὴ ἀκουσθῇ ἐν 20 αὐτῇ φωνὴ κλαυθμοῦ καὶ φωνὴ κραυγῆς, ²⁰οὐδ' οὐ μὴ γένηται ἔτι ἐκεῖ ἄωρος καὶ πρεσβύτης ὃς οὐκ ἐμπλήσει τὸν χρόνον αὐτοῦ· ἔσται γὰρ ὁ νέος ἑκατὸν ἐτῶν, ὁ δὲ ἀποθνήσκων ἁμαρτωλὸς ἑκα- 21 τὸν ἐτῶν, καὶ ἐπικατάρατος ἔσται. ²¹καὶ οἰκοδομήσουσιν οἰκίας καὶ αὐτοὶ ἐνοικήσουσιν, καὶ καταφυτεύσουσιν ἀμπελῶνας καὶ αὐτοὶ φά- 22 γονται τὰ γενήματα αὐτῶν· ²²οὐ μὴ οἰκοδομήσουσιν καὶ ἄλλοι ἐνοι- κήσουσιν, καὶ οὐ μὴ φυτεύσουσιν καὶ ἄλλοι φάγονται. κατὰ γὰρ τὰς ἡμέρας τοῦ ξύλου τῆς ζωῆς αἱ ἡμέραι τοῦ λαοῦ μου· τὰ γὰρ 23 ἔργα τῶν πόνων αὐτῶν παλαιώσουσιν. ²³οἱ ἐκλεκτοί μου οὐ κο- πιάσουσιν εἰς κενόν, οὐδὲ τεκνοποιήσουσιν εἰς κατάραν, ὅτι σπέρμα 24 εὐλογημένον ὑπὸ θεοῦ ἐστιν, καὶ τὰ ἔκγονα αὐτῶν μετ' αὐτῶν. ²⁴καὶ ἔσται πρὶν κεκράξαι αὐτοὺς ἐγὼ ὑπακούσομαι αὐτῶν, ἔτι λαλούν-

15 δουλευουσιν ℵAQ | μοι] αυτω AQ* (μοι sup ras Q¹ (vid)) | καινον] ℵAQ εωνιον ℵ* (καιν. ℵc.a, c.b) 16 της γης] om γης Q* (superscr Qa) | ευλογησουσιν] ελλογησουσιν ℵ* (ευλ. ℵc.a, c.b) | ομνυοντες] ομοιντες ℵc.b (postea rurs om.) | επιλησονται] σ sup ras 2 litt Q¹ vid | θλιψιν]+αυτων ℵAQ (οι γ' ομοιως Qmg) | αυτων] in ω ras aliq B? 17 καινος] καπνος ℵ* (καιν. ℵc.a, c.b) | ουδ ου] ουδε ℵ 18 αλλ] αλλα Q | αγαλλιαμα 1°] ααλλ. ℵ* (γ superscr ℵc nisi iam 1) | αυτη]+θ' ※ οσα εγω κτιζω Qmg | om οτι ℵ* (hab ℵc.b) Α | Ιλημ ποιω Q | Ιερουσαλημ] pr οι γ' ※ την Qmg | αγαλιαμα (2°) ℵ* (αγαλλ. ℵc.b) 19 επι 1°] εν ℵ* (επι ℵc.b) | αυτη] αυτω ℵ | και 4°] ουδε ℵc (a vid) (rurs ras) AQ* (και Qmg) | κραυης ℵ* (-γης ℵc (a et b vid)) 20 ουδ] και ℵAQ | ου] ουκετι ℵ* improb ετι postea revoc ℵ? | om ετι ℵAQ | αωρος]+θ' ※ ημεραις Qmg | εμπλησει] ενπλ. A* (μ sup ras Aa) | νεος]+α'θ' ※ υιος Qmg | εκατον 2° (ρ' ℵ)] pr α'θ' ※ υιος Qmg | εσται 2°] εσται ℵ 21 κατα- φυτευσωσιν ℵ | και αυτοι sub ÷ Q | φαγωνται ℵ | τα γενηματα] τον καρπον B* fort (τα γεν. sup ras Bab) Q* (τα γεν. Qmg) 22 ου 1°] pr και AQ | φυτευσωσιν ℵ | κατα γαρ] α, γ sup ras Aa | της ζωης sub ÷ Q | αι ημεραι] pr εσονται ℵAQ | om γαρ 2° ℵAQ (ομοιως οι γ' Qmg?) 23 οι εκλεκτοι] οι δε εκλ. ℵAQ | ουδε] ου ℵc.a ουδε μη ℵc.b | τεκνοποιησουσιν] τεκνα ποιησουσιν A | ηυλογημενον AQ* | θεου] pr του A | και τα εκγονα...αυτων 2°] pr θ'σ' ※ Qtxt et mg | εκγονα] εγγονα ℵ | αυτων 2°]+εσται ℵ (-τε ℵ* -ται ℵc.b)+εσονται AQ 24 πριν]+η A | κεκραξαι] κεκραξεται Q* (-ξεσθαι Qa) | υπακου- σομαι] επακουσομαι ℵ (-με ℵ* -μαι ℵc.b) AQ

219

LXV 25　　　　　　　　ΗΣΑΙΑΣ

B τῶν αὐτῶν ἐρῶ Τί ἐστιν; ²⁵τότε λύκοι καὶ ἄρνες βοσκηθήσονται 25
ἅμα, καὶ λέων ὡς βοῦς φάγεται ἄχυρα, ὄφις δὲ γῆν ὡς ἄρτον·
οὐκ ἀδικήσουσιν οὐδὲ λυμανοῦνται ἐπὶ τῷ ὄρει τῷ ἁγίῳ μου, λέγει
Κύριος.　¹Οὕτως λέγει Κύριος 'Ο οὐρανός μου θρόνος, καὶ ἡ γῆ ὑπο- 1 LXVI
πόδιον τῶν ποδῶν μου· ποῖον οἶκον οἰκοδομήσετέ μοι; καὶ ποῖος
τόπος τῆς καταπαύσεώς μου; ²πάντα γὰρ ταῦτα ἐποίησεν ἡ χείρ 2
μου, καί ἐστιν ἐμὰ πάντα ταῦτα, λέγει Κύριος· καὶ ἐπὶ τίνα ἐπι-
βλέψω ἀλλ' ἢ ἐπὶ τὸν ταπεινὸν καὶ ἡσύχιον καὶ τρέμοντα τοὺς
λόγους μου; ³ὁ δὲ ἄνομος ὁ θύων μοι μόσχον ὡς ἀποκτέννων 3
κύνα, ὁ δὲ ἀναφέρων σεμίδαλιν ὡς αἷμα ὕειον, ὁ διδοὺς λίβανον
εἰς μνημόσυνον ὡς βλάσφημος. καὶ αὐτοὶ ἐξελέξαντο τὰς ὁδοὺς
αὐτῶν, καὶ τὰ βδελύγματα αὐτῶν ἡ ψυχὴ αὐτῶν ἠθέλησεν, ⁴καὶ 4
ἐγὼ ἐκδέξομαι τὰ ἐμπαίγματα αὐτῶν, καὶ τὰς ἁμαρτίας ἀνταπο-
δώσω αὐτοῖς· ὅτι ἐκάλεσα αὐτοὺς καὶ οὐχ ὑπήκουσάν μου, ἐλάλησα
καὶ οὐκ ἤκουσαν, καὶ ἐποίησαν τὸ πονηρὸν ἐναντίον ἐμοῦ καὶ ἃ
οὐκ ἐβουλόμην ἐξελέξαντο.　⁵'Ακούσατε ῥήματα Κυρίου, οἱ τρέμοντες τὸν λόγον αὐτοῦ· εἴπατε, 5
ἀδελφοὶ ἡμῶν, τοῖς μισοῦσιν ὑμᾶς καὶ βδελυσσομένοις, ἵνα τὸ ὄνομα
Κυρίου δοξασθῇ καὶ ὀφθῇ ἐν τῇ εὐφροσύνῃ αὐτῶν, καὶ ἐκεῖνοι
αἰσχυνθήσονται.　⁶φωνὴ κραυγῆς ἐκ πόλεως, φωνὴ ἐκ ναοῦ, φωνὴ 6
Κυρίου ἀνταποδιδόντος ἀνταπόδοσιν τοῖς ἀντικειμένοις.　⁷πρὶν τὴν 7
ὠδίνουσαν τεκεῖν, πρὶν ἐλθεῖν τὸν πόνον τῶν ὠδίνων, ἐξέφυγεν καὶ

ℵAQ　25 τοτε sub ÷ Q | τοτε...λεγει κ̅ς̅] adnot ταυτα ηδη δευτερον λεγει Qᵐᵍ
[cf xi 6—9] | οφεις ℵ | αρτον]+φαγεται και ℵᶜ·ᵃ (postea improb) | ουδε]+μη
ℵAQ | λεγει] ειπεν Q　LXVI 1 om ουτως λεγει Κυριος ℵ* (hab ουτω λ.
κ̅ς̅ ℵᵃᵐᵍ) | μου 1°] μοι ℵA | και η γη] η δε γη ℵAQ | οικον] om A* (hab
A¹ ᵐᵍ (vid)) pr θ' ※ τουτον+θ' ※ ον Qᵐᵍ | και 2°] η ℵA | ποιος]+ ※ ουτος
Qᵐᵍ　2 ταυτα]+λεγει κ̅ς̅ και επι τινα επιβλεψω ℵ* (improb ℵ¹ ᵉᵗ ᵖᵒˢᵗᵉᵃ) |
εμα] αμα ℵ* (εμ. ℵᶜ·ᵃ·ᶜ·ᵇ) | αλλ η sub ÷ Q　2—3 λογους...ανομος] pr obel
Bᵃ (non inst Bᵇ)　3 μοχον ℵ* (superscr σ ℵ¹ ᵛᵉˡ ˢᵃˡᵗ ᵃ·ᶜ·ᵇ) | ως 1°]+θ'σ' ※
τυπτων ανδρα θυσιαζ῀ω το εκ ποιμνιου Qᵐᵍ | αποκτεννων (αποκτειν. Q¹ ⁽ᵛⁱᵈ⁾)]
pr o ℵᶜ·ᵇAQ | κυναν ℵ* | σιμιδαλιν ℵ* (σεμ. ℵᶜ·ᵃ·ᶜ·ᵇ) | υειον] υιον ℵ*AQ*
(υἱον ℵᶜ·ᵃ·ᶜ·ᵇ υειον Qᵃ) | αυτοι] ουτοι ℵAQ | η ψυχη] pr a ℵAQ (ομοιως οι γ'
Qᵐᵍ)　4 και εγω] καγω AQ (οι γ' ※ [κα]ι ε[γω] Qᵐᵍ) | εκδεξομαι] εκλεξω-
μαι ℵ εκλεξομαι AQ | ενπαιγματα ℵA | αμαρτιας]+ αυτων ℵ | ανταποδωσω]
αποδωσω ℵ | αυτους] αυτοις ℵ* (-τους ℵᶜ·ᵃ·ᶜ·ᵇ) | μου] μοι ℵ* (μου ℵᶜ·ᵃ·ᶜ·ᵇ) |
εμου] μου AQ | ηβουλομην ℵQ | εξελεξατο ℵ* (-ξαντο ℵᶜ·ᵃ)　5 ρηματα] το
ρημα ℵAQ | υμας] ημας ℵAQ | και εκεινοι κακεινοι AQ　6 om φωνη
κραυγης εκ πολεως ℵ* (hab ℵᶜ·ᵇ) | κραυγη A* (s superscr A¹)　7 πριν
1°...αρσεν] σ' πριν η ωδινησαι ετεκε πριν ελθεῖ[ωδινα αυτης διεσωσε͞] αρσεν
Qᵐᵍ | πριν 1°]+η ℵAQ | πριν 2°] pr και ℵ* (improb mox restit ℵ¹)+η
ℵA | και ετεκεν sub ÷ Q

220

ΗΣΑΙΑΣ LXVI 18

8 ἔτεκεν ἄρσεν. ⁸τίς ἤκουσεν τοιοῦτο, καὶ τίς ἑόρακεν οὕτως; εἰ Β ὤδινεν γῆ ἐν ἡμέρᾳ μιᾷ, ἢ καὶ ἐτέχθη ἔθνος εἰς ἅπαξ; ὅτι ὤδινεν 9 καὶ ἔτεκεν Σειὼν τὰ παιδία αὐτῆς. ⁹ἐγὼ δὲ ἔδωκα τὴν προσδοκίαν ταύτην, καὶ οὐκ ἐμνήσθης μου, εἶπεν Κύριος. οὐκ ἰδοὺ ἐγὼ γεν-10 νῶσαν καὶ στεῖραν ἐποίησα; εἶπεν ὁ θεός σου. ¹⁰Εὐφράν-θητι, Ἰερουσαλήμ, καὶ πανηγυρίσατε ἐν αὐτῇ πάντες οἱ ἀγαπῶντες 11 αὐτήν, χάρητε ἅμα αὐτῇ χαρᾷ πάντες ὅσοι πενθεῖτε ἐπ' αὐτῇ, ¹¹ἵνα θηλάσητε καὶ ἐμπλησθῆτε ἀπὸ μαστοῦ παρακλήσεως αὐτῆς, ἵνα ἐκ-12 θηλάσαντες τρυφήσητε ἀπὸ εἰσόδου δόξης αὐτῆς. ¹²ὅτι τάδε λέγει Κύριος Ἰδοὺ ἐγὼ ἐκκλίνω εἰς αὐτοὺς ὡς ποταμὸς εἰρήνης, καὶ ὡς χειμάρρους ἐπικλύζων δόξαν ἐθνῶν· τὰ παιδία αὐτῶν ἐπ' ὤμων 13 ἀρθήσονται καὶ ἐπὶ γονάτων παρακληθήσονται. ¹³ὡς εἴ τινα μήτηρ παρακαλέσει, οὕτως κἀγὼ παρακαλέσω ὑμᾶς, καὶ ἐν Ἰερουσαλὴμ 14 παρακληθήσεσθε. ¹⁴καὶ ὄψεσθε, καὶ χαρήσεται ἡ καρδία ὑμῶν, καὶ τὰ ὀστᾶ ὑμῶν ὡς βοτάνη ἀνατελεῖ· καὶ γνωσθήσεται ἡ χεὶρ Κυρίου 15 τοῖς φοβουμένοις αὐτόν, καὶ ἀπειλήσει τοῖς ἀπειθοῦσιν. ¹⁵ἰδοὺ γὰρ Κύριος ὡς πῦρ ἥξει, καὶ ὡς καταιγὶς τὰ ἅρματα αὐτοῦ, ἀποδοῦναι ἐν θυμῷ ἐκδίκησιν αὐτοῦ καὶ ἀποσκορακισμὸν αὐτοῦ ἐν φλογὶ πυρός. 16 ¹⁶ἐν γὰρ τῷ πυρὶ Κυρίου κριθήσεται πᾶσα ἡ γῆ, καὶ ἐν τῇ ῥομφαίᾳ 17 αὐτοῦ πᾶσα σάρξ· πολλοὶ τραυματίαι ἔσονται ὑπὸ Κυρίου. ¹⁷οἱ ἁγνιζόμενοι καὶ καθαριζόμενοι εἰς τοὺς κήπους, καὶ ἐν τοῖς προ-θύροις ἔσθοντες κρέας ὕειον καὶ τὰ βδελύγματα καὶ τὸν μῦν, ἐπὶ 18 τὸ αὐτὸ ἀναλωθήσονται, εἶπεν Κύριος. ¹⁸Κἀγὼ τὰ ἔργα αὐτῶν καὶ τὸν λογισμὸν αὐτῶν· ἔρχομαι συναγαγεῖν πάντα τὰ ἔθνη καὶ

8 τοιουτο] τοιαντα ℵ | εωρακεν BᵃℵA | ει] η ℵ | γη] γυνη ℵᶜ·ᵃ | μια ημερα ℵAQ AQ | η] ει ℵAQ* (οι ο' η σ' ομ[οιως] α'θ' ει (vid) Qᵐᵍ | om και 2° A | εθος B* (εθν. Bᵃᵇ) | Σιων BᵇℵAQ 9 δε εδωκα] δεδωκα ℵ | στιραν (sic) και γε|νωσαν ℵ | ο θεος] κ̅σ̅ Q | om σου ℵAQ 10 ευφρανθητι] α'σ' ευφρανθητε θ' -τι Qᵐᵍ | Ιερουσαλημ] pr α' συν pr θ' αμα (⁎ αμα) Qᵐᵍ | πανυγυρισατε A | om εν αυτη A | οι αγαπωντες αυτην (οι αγ. εν αυτην ℵ* improb εν ℵⁱᵃᵐ¹ ⁽ᵛⁱᵈ⁾,ᶜ·ᵇ⁾] οι κατοικουντες εν αυτη ℵᶜ·ᵃ οι ενοικ. εν αυτη A | om αμα αυτη ℵAQ (θ' ⁎ αμα αυτη Qᵐᵍ) | χαραν A | αυτη 3°] αυτην ℵQᵃ αυτης AQ 11 α'θ' μαστου σ' μαστῶ Qᵐᵍ | εκθηλασαντες]+πα ℵ* (improb ℵⁱᵃᵐ¹) | εισοδου] α' παντοδαπιας σ' λιπους θ' πληθους | δοξης] δοξε|ως ℵ (-ξης ℵᶜ·ᵇ) 13 μητηρ] ηρ sup ras ℵ¹ | παρακλεση Q | ουτως] pr οτι A | καγω] και εγω AQ | υμας παρακαλεσω ℵ 14 οψεσθε] οψεται AQ | χαρησεται] χαρι|σθε ℵ* (-ρησεται ℵᶜ) | υμων η καρδια ℵAQ | υμων 2°] incep η ℵ* (improb η ℵ¹) | φοβουμενοις] σεβομενοις ℵAQ | απιληση ℵ 15 om αυτου 2° ℵA: 3°, ℵAQ | αποκορακισμων ℵ* (αποσκορακισμον ℵᶜ) 16 Κυριον...γη] pr obel Bᵃ (non inst Bᵇ) | κριθησεται] καταναλωθησεται A 17 κρεας] κρεα ℵᶜ·ᵃ (κρια ℵ* κρεας ℵᶜ·ᵇ) AQ* (κρεας Qᵃ) | υειον] υεια ℵ* (υειων ℵᶜ·ᵇ mox υειον) υιον AQ* (υειον Qᵃ) | αναλωθησονται] καταναλ. A 18 αυτων 2°]+ επισταμαι ℵ

221

LXVI 19   ΗΣΑΙΑΣ

B τὰς γλώσσας, καὶ ἥξουσιν καὶ ὄψονται τὴν δόξαν μου. ¹⁹καὶ κατα- 19
λείψω ἐπ' αὐτῶν σημεῖον, καὶ ἐξαποστελῶ ἐξ αὐτῶν σεσωσμένους
εἰς τὰ ἔθνη, εἰς Θαρσεὶς καὶ Φουδ καὶ Λουδ καὶ Μόσοχ, καὶ εἰς
Θοβελ καὶ εἰς τὴν Ἑλλάδα καὶ τὰς νήσους τὰς πόρρω, οἱ οὐκ ἀκη-
κόασίν μου τὸ ὄνομα οὔτε ἑοράκασίν μου τὴν δόξαν, καὶ ἀναγγε-
λοῦσιν τὴν δόξαν μου ἐν τοῖς ἔθνεσιν. ²⁰καὶ ἄξουσιν τοὺς ἀδελ- 20
φοὺς ὑμῶν ἐκ πάντων τῶν ἐθνῶν δῶρον Κυρίῳ, μεθ' ἵππων καὶ
ἁρμάτων ἐν λαμπήναις ἡμιόνων μετὰ σκιαδίων, εἰς τὴν ἁγίαν πόλιν
Ἰερουσαλήμ, εἶπεν Κύριος, ὡς ἂν ἐνέγκαισαν οἱ υἱοὶ Ἰσραὴλ τὰς
θυσίας αὐτῶν ἐμοὶ μετὰ ψαλμῶν εἰς τὸν οἶκον Κυρίου. ²¹καὶ 21
ἀπ' αὐτῶν λήμψομαι ἱερεῖς καὶ Λευείτας, εἶπεν Κύριος. ²²ὃν τρό- 22
πον γὰρ ὁ οὐρανὸς καινὸς καὶ ἡ γῆ καινὴ ἃ ἐγὼ ποιῶ μένει ἐνώ-
πιον ἐμοῦ, λέγει Κύριος, οὕτως στήσεται τὸ σπέρμα ὑμῶν καὶ τὸ
ὄνομα ὑμῶν. ²³καὶ ἔσται μῆνα ἐκ μηνὸς καὶ σάββατον ἐκ σαβ- 23
βάτου ἥξει πᾶσα σὰρξ τοῦ προσκυνῆσαι ἐνώπιον ἐμοῦ ἐν Ἱερου-
σαλήμ, εἶπεν Κύριος. ²⁴καὶ ἐξελεύσονται καὶ ὄψονται τὰ κῶλα τῶν 24
ἀνθρώπων τῶν παραβεβηκότων ἐν ἐμοί· ὁ γὰρ σκώληξ αὐτῶν οὐ
τελευτήσει, καὶ τὸ πῦρ αὐτῶν οὐ σβεσθήσεται, καὶ ἔσονται εἰς ὅρασιν
πάσῃ σαρκί.

ℵAQ   18 γλωσσας]+αυτων ℵ   19 σημειον] σημεια (-μια) ℵc.bA (sup ras pl litt [σεσωσμ. A* fort]) Q (-μια Q* -μιον Qmg) | εξ] επ ℵ* (εξ ℵc.a,c.b) | Φουθ ℵQ* (Φουδ Qmg) | Λουθ ℵ σ' Λυδους Qmg | om εις 3° ℵAQ | τας νησους] pr εις ℵAQ | ουτε] ουδε ℵAQ | εωρακασιν BbA | μου την δοξαν] μου τα εργα και τ. δ. ℵ* (improb τα εργα κ. postea revoc ℵʳ) την δοξαν μου AQ | την δοξαν μου] μου την δ. ℵAQ   20 σκιαζιων ℵ* (σκιαδ. ℵc.a,c.b) | εμοι τας θυσιας αυτων AQ   21 λημψομαι]+εμοι ℵ+εμαντω A | Λευιτας ℵAQ   22 εμου] μου ℵAQ | λεγει] ειπεν ℵ* (λεγ. ℵc (vid) mox penitus ras) 23 ηξει] pr και ℵ | του προσκυνησαι…εν Ιερουσαλημ] ενωπιον εμου προσκ. εν Ιλημ ℵ εν. μου προσκ. εν Ιλημ A εν. μου εν Ιλημ προσκ. Q | Κυριος]+ο θϛ ℵ* (improb postea revoc ℵʳ) om A* (hab κϛ Ab?c?)   24 τελευτησει] τελευτα A Subscr Ησαιας Bℵ Ησ. προφητης AQ

ΙΕΡΕΜΙΑΣ

I 1 ΤΟ ῥῆμα τοῦ θεοῦ ὃ ἐγένετο ἐπὶ Ἰερεμίαν τὸν τοῦ Χελκίου 2 ἐκ τῶν ἱερέων, ὃς κατῴκει ἐν Ἀναθὼθ ἐν γῇ Βενιαμείν· ²ὃς ἐγενήθη λόγος τοῦ θεοῦ πρὸς αὐτὸν ἐν ταῖς ἡμέραις Ἰωσεία υἱοῦ Ἀμὼς βασι-3 λέως Ἰούδα, ἔτους τρισκαιδεκάτου ἐν τῇ βασιλείᾳ αὐτοῦ. ³καὶ ἐγένετο ἐν ταῖς ἡμέραις Ἰωακεὶμ υἱοῦ Ἰωσεία βασιλέως Ἰούδα ἕως ἑνδεκάτου ἔτους τοῦ Σεδεκία υἱοῦ Ἰωσεία βασιλέως Ἰούδα, ἕως τῆς αἰχμαλωσίας Ἰερουσαλὴμ ἐν τῷ πέμπτῳ μηνί.

4 ⁴Καὶ ἐγένετο λόγος Κυρίου πρὸς αὐτόν ⁵Πρὸ τοῦ με πλάσαι σε
5 ἐν κοιλίᾳ ἐπίσταμαί σε, καὶ πρὸ τοῦ σε ἐξελθεῖν ἡγίακά σε, προ-
6 φήτην εἰς ἔθνη τέθεικά σε. ⁶καὶ εἶπα Ὁ ὢν δέσποτα Κύριε, ἰδοὺ
7 οὐκ ἐπίσταμαι λαλεῖν, ὅτι νεώτερος ἐγώ εἰμι. ⁷καὶ εἶπεν Κύριος πρὸς μέ Μὴ λέγε ὅτι Νεώτερος ἐγώ εἰμι, ὅτι πρὸς πάντας οὓς ἐὰν ἐξαποστείλω σε πορεύσῃ, καὶ κατὰ πάντα ὅσα ἐὰν ἐντείλωμαί σοι
8 λαλήσεις. ⁸μὴ φοβηθῇς ἀπὸ προσώπου αὐτῶν, ὅτι μετὰ σοῦ ἐγώ
9 εἰμι τοῦ ἐξαιρεῖσθαί σε, λέγει Κύριος. ⁹καὶ ἐξέτεινεν Κύριος τὴν χεῖρα αὐτοῦ πρὸς μὲ καὶ ἥψατο τοῦ στόματός μου, καὶ εἶπεν Κύριος
10 πρὸς μέ Ἰδοὺ δέδωκα τοὺς λόγους μου εἰς τὸ στόμα σου. ¹⁰ἰδοὺ καθέστακά σε σήμερον ἐπὶ ἔθνη καὶ βασιλείας, ἐκριζοῦν καὶ κατασκάπτειν καὶ ἀπολλύειν καὶ ἀνοικοδομεῖν καὶ καταφυτεύειν.

Inscr Ιερεμιας BℵA Ιερ. προφητης Q   I 1 επι Ιερ.] ετ Ιηρεμιαν ℵAQ A | κατωκει] κατοικησει ℵ* (-κει ℵ?) | Αναθωθ] ναθ sup ras ℵ¹   2 του θεου] θῡ A κῡ Q | Ιωσια BᵇA Ιωσιου Q | βασιλια ℵ* (-λεια ℵᶜ·ᵇ)   3 Ιωσεια 1°] Ιωσια Bᵇ Ιωσιον Q | εως 1°] pr ϛ ℵᶜ·ᵃ (ras ℵᶜ·ᵇ) | ενδεκατου] pr συντελιας ℵ* (-λειας ℵᶜ·ᵇ) | του Σεδ.] om του ℵQ | Σεδεκιου Q | Ιωσεια 2°] Ιωσια BᵇℵIωσειου A Ιωσιου Q   4 αυτον] με λεγων AQ   5 εν κοιλια] εκ κοιλιας A | σε εξελθειν] εξελθειν σε A + εκ μητρας Bᵃᵇ ᵐᵍ ℵAQ   7 εαν 1°] αν AQ | οσα] οσ ℵ* (οσα ℵᶜ·ᵃ) | εαν 2°] αν AQ   8 φοβης A | om εγω ℵQ | εξειρεισθαι B* (εξαιρ. Bᵃᵇ)   9 λογοις ℵ* (λογους ℵᶜ·ᵇ) | σου] μου ℵ*ᵛⁱᵈ (σ sup ras ℵ¹)   10 om ιδου A | κατεστακα BℵA | βασιλειας (-λιας ℵ* -λειας ℵᶜ·ᵇ)] επι βασιλεις AQ*ᵛⁱᵈ (επι βασιλειας Q¹) | απολλυειν]+αʹθʹ ※ και κατασπαν Qᵐᵍ | om και ανοικοδ. και καταφυτευειν A

ΙΕΡΕΜΙΑΣ

B ¹¹Καὶ ἐγένετο λόγος Κυρίου πρὸς μὲ λέγων Τί σὺ ὁρᾷς; καὶ εἶπα 11
Βακτηρίαν καρυίνην. ¹²καὶ εἶπεν Κύριος πρὸς μέ Καλῶς ἑώρακας, 12
διότι ἐγρήγορα ἐγὼ ἐπὶ τοὺς λόγους μου τοῦ ποιῆσαι αὐτούς. ¹³καὶ 13
ἐγένετο λόγος Κυρίου πρὸς μὲ ἐκ δευτέρου λέγων Τί σὺ ὁρᾷς; καὶ
εἶπα Λέβητα ὑποκαιόμενον, καὶ τὸ πρόσωπον αὐτοῦ ἀπὸ προσώπου
βορρᾶ. ¹⁴καὶ εἶπεν Κύριος πρὸς μέ Ἀπὸ προσώπου βορρᾶ ἐκκαυ- 14
θήσεται τὰ κακὰ ἐπὶ πάντας τοὺς κατοικοῦντας τὴν γῆν. ¹⁵διότι 15
ἰδοὺ ἐγὼ συνκαλῶ πάσας τὰς βασιλείας ἀπὸ βορρᾶ τῆς γῆς, λέγει
Κύριος, καὶ ἥξουσιν καὶ θήσουσιν ἕκαστος τὸν θρόνον αὐτοῦ ἐπὶ τὰ
πρόθυρα τῶν πυλῶν Ἰερουσαλὴμ καὶ ἐπὶ πάντα τὰ τείχη τὰ κύκλῳ
αὐτῆς καὶ ἐπὶ πάσας τὰς πόλεις Ἰούδα. ¹⁶καὶ λαλήσω πρὸς αὐτοὺς 16
μετὰ κρίσεως περὶ πάσης τῆς κακίας αὐτῶν, ὡς ἐνκατέλιπόν με καὶ
ἔθυσαν θεοῖς ἀλλοτρίοις καὶ προσεκύνησαν τοῖς ἔργοις τῶν χειρῶν
αὐτῶν. ¹⁷καὶ σὺ περίζωσαι τὴν ὀσφύν σου καὶ ἀνάστηθι καὶ εἰπὸν 17
πάντα ὅσα ἂν ἐντείλωμαί σοι· μὴ φοβηθῇς ἀπὸ προσώπου αὐτῶν
μηδὲ πτοηθῇς ἐναντίον αὐτῶν, ὅτι μετὰ σοῦ εἰμὶ τοῦ ἐξαιρεῖσθαί σε,
λέγει Κύριος. ¹⁸ἰδοὺ τέθεικά σε ἐν τῇ σήμερον ἡμέρᾳ ὡς πόλιν 18
ὀχυρὰν καὶ ὡς τεῖχος χαλκοῦν, ὀχυροῦν πᾶσιν τοῖς βασιλεῦσιν Ἰούδα
καὶ τοῖς ἄρχουσιν αὐτοῦ καὶ τῷ λαῷ τῆς γῆς· ¹⁹καὶ πολεμήσουσίν σε 19
καὶ οὐ μὴ δύνωνται πρὸς σέ, διότι μετὰ σοῦ ἐγώ εἰμι τοῦ ἐξαιρεῖσθαί
σε, εἶπεν Κύριος.

²Καὶ εἶπεν Τάδε λέγει Κύριος Ἐμνήσθην ἐλέους νεότητός σου 2 II
καὶ ἀγάπης τελειώσεως αὐτοῦ, ἐξακολουθῆσαί σε τῷ ἁγίῳ Ἰσραήλ,

ℵAQ   11 συ] σοι ℵ | ορας]+Ιερεμια ℵAQ | καρινην ℵ* (καρυιν. ℵᶜ·ᵃ) καρυην. A
+a′σ′θ′ ※ εγω ορω Qᵐᵍ   12, 13 om ℵ* (hab ℵᶜ·ᵃ ᵐᵍ ⁱⁿᶠ)   12 εορακας Q
13 εκ δευτερου προς με ℵᶜ·ᵃ | υποκαιομενον (-κεομ. ℵᶜ·ᵃ)]+a′θ′ ※ εγω ορω
Qᵐᵍ   14 βορρα] πορρα ℵ | κακα] επι π. τ. κατοικ. την in mg et sup ras Aᵃ
15 συγκαλω BᵃᵇQ | βασιλειας]+a′θ′ ※ βασιλειων Qᵐᵍ | βορρα] pr προσωπου
A | πασας τας] πασας τ sup ras B¹ᶠᵒʳᵗ   16 περι πασης της κακ. αυτων
(ων sup ras Aᵃ) μετα κρισεως A | εγκατελιπον Bᵃᵇ εγκατελειπον AQ | μεν
ℵ* (με ℵ⁷)   17 ειπον]+προς αυτους ℵAQ | αν] εαν ℵ | incep προσωπα
ℵ* (-που ℵᶜ·ᵇ) | αυτων 1°] ων sup ras Aᵃ | ειμι] pr εγω ℵAQ | εξαιρεσθαι A*
(-ρεισθ. A¹)   18 ιδου] pr σ′ ※ εγω δε Qᵐᵍ | οχυραν]+a′θ′ ※ ϗ εις
στυλον σιδηρουν Qᵐᵍ | τειχος] τιχον A* (τιχος Aᵃ⁷) | χαλκου A | οχυρουν]
οχυρον BᵇAQ ισχυρον ℵ | πασιν] απασιν ℵAQ | αυτου] αυτω A* αυτων
A¹+θ′ ※ ϗ τοις ιερευσιν αυτων Qᵐᵍ   19 πολεμησωσιν ℵ | διοτι] οτι
ℵ | εγω μετα σου ειμι ℵA μετα σου ειμι εγω Q | εξαιρεισθαι] εξερεσθαι ℵ*
(εξαιρεσθαι ℵᶜ·ᵇ) | ειπεν] λεγει AQ   II 2 και 1°] pr θ′ ※ (ι) ϗ εγενετο
λογος κῡ προς με λεγῶ| πορευθητι και αναγνωθι ε| τοις ωσι| νιων Ιερουσαλημ
Qᵐᵍ | εμνησθην]+ ※ σοι Qᵐᵍ | τελειωσεως] τελιοτητος ℵ | αυτου] σου τω ℵ*
σου του ℵᶜ·ᵃ, ᶜ·ᵇ AQ

224

ΙΕΡΕΜΙΑΣ II 15

3 λέγει Κύριος. ³ἅγιος Ἰσραὴλ τῷ κυρίῳ, ἀρχὴ γενημάτων αὐτοῦ· B
πάντες οἱ ἔσθοντες αὐτὸν πλημμελήσουσιν, κακὰ ἥξει ἐπ' αὐτούς,
φησὶν Κύριος.
4 ⁴Ἀκούσατε λόγον Κυρίου, οἶκος Ἰακὼβ καὶ πᾶσα πατριὰ οἴκου
5 Ἰσραήλ. ⁵τάδε λέγει Κύριος Τί εὕροσαν οἱ πατέρες ὑμῶν ἐν ἐμοὶ
πλημμέλημα, ὅτι ἀπέστησαν μακρὰν ἀπ' ἐμοῦ, καὶ ἐπορεύθησαν
6 ὀπίσω τῶν ματαίων καὶ ἐματαιώθησαν; ⁶καὶ οὐκ εἶπαν Ποῦ ἐστιν
Κύριος ὁ ἀναγαγὼν ἡμᾶς ἐκ γῆς Αἰγύπτου, ὁ καθοδηγήσας ἡμᾶς ἐν
τῇ ἐρήμῳ ἐν γῇ ἀπείρῳ καὶ ἀβάτῳ, ἐν γῇ ἀνύδρῳ καὶ ἀκάρπῳ, ἐν
γῇ ἐν ᾗ οὐ διώδευσεν ἐν αὐτῇ οὐθὲν καὶ οὐ κατῴκησεν ἄνθρωπος
7 ἐκεῖ; ⁷καὶ ἤγαγον ὑμᾶς εἰς τὸν Κάρμηλον, τοῦ φαγεῖν ὑμᾶς τοὺς
καρποὺς αὐτοῦ καὶ τὰ ἀγαθὰ αὐτοῦ· καὶ εἰσήλθατε καὶ ἐμιάνατε τὴν
8 γῆν μου, καὶ τὴν κληρονομίαν μου ἔθεσθε εἰς βδέλυγμα. ⁸οἱ ἱερεῖς
οὐκ εἶπαν Ποῦ ἐστιν Κύριος; καὶ οἱ ἀντεχόμενοι τοῦ νόμου οὐκ ἠπί-
σταντό με, καὶ οἱ ποιμένες ἠσέβουν εἰς ἐμέ, καὶ οἱ προφῆται ἐπρο-
9 φήτευον τῇ Βάαλ καὶ ὀπίσω ἀνωφελοῦς ἐπορεύθησαν. ⁹διὰ τοῦτο
ἔτι κριθήσομαι πρὸς ὑμᾶς, καὶ πρὸς τοὺς υἱοὺς τῶν υἱῶν ὑμῶν κρι-
10 θήσομαι. ¹⁰διότι ἔλθετε εἰς νήσους Χεττιεὶμ καὶ ἴδετε, καὶ εἰς Κηδὰρ
11 ἀποστείλατε καὶ νοήσατε σφόδρα, καὶ ἴδετε εἰ γέγονεν τοιαῦτα, ¹¹εἰ
ἀλλάξονται ἔθνη θεοὺς αὐτῶν, καὶ οὗτοι οὐκ εἰσὶν θεοί· ὁ δὲ λαός
12 μου ἠλλάξατο τὴν δόξαν αὐτοῦ, ἐξ ἧς οὐκ ὠφεληθήσονται. ¹²ἐξέστη
ὁ οὐρανὸς ἐπὶ τούτῳ καὶ ἔφριξεν ἐπὶ πλεῖον σφόδρα, λέγει Κύριος.
13 ¹³ὅτι δύο καὶ πονηρὰ ἐποίησεν ὁ λαός μου· ἐμὲ ἐνκατέλιπον, πηγὴν
ὕδατος ζωῆς, καὶ ὤρυξαν ἑαυτοῖς λάκκους συντετριμμένους οἳ οὐ δυνή-
14 σονται ὕδωρ συνέχειν. ¹⁴μὴ δοῦλός ἐστιν Ἰσραήλ, ἢ οἰκογενής ἐστιν;
15 διὰ τί εἰς προνομὴν ἐγένετο; ¹⁵ἐπ' αὐτὸν ὠρύοντο λέοντες καὶ ἔδωκαν

2 Κυριος 2°]+a'θ' ※ εν τη ερημω εν γη μη σπειρομενη Q^mg   5 ευ- ℵAQ
ροισαν A | υμων] ημων A   6 αβατω και απειρω A | εν 3°] pr και Q |
ακαρπω]+a'σ'θ' ※ και σκια θανατου Q^mg | ουθεν] ανηρ B^ab mg Q αυος ℵ |
ανθρωπος εκει] εκει υιος ανθρωπου ℵQ   7 ηγαγον] εισηγαγον ℵQ | om
υμας 2° Q | εισηλθετε Q^a | om μου 2° A | εθεσθε] και εθεσθαι (sup ras) A^a
θεσθαι Q*^vid (εθεσθε Q^a)   8 ιερις ℵ* comm (-ρεις ℵc.b) | νομου]+μου ℵAQ |
επιστaντο A | επροφητευοντο A | Βααλ ℵ* Βαα'αλ' ℵc.b   9 om προς
υμας...κριθησομαι ℵ* (hab ℵc.a et antea) | υμας]+λεγει κς B^ab ℵc.a AQ | om
υμων ℵante c.a (hab ℵc.a)   10 διοτι] οτι Q | ελθετε] διελθατεν ℵ* (-τε
ℵiam 1 (vid)) ηλθετε A διηλθατε Q* vid διελθετε Q^a | Χεττιειν ℵ | ειδετε 1°, ℵA:
2°, ℵ | σφοδα ℵ* (-δρα ℵ^1 (vid)) | ιδετε ει sup ras B^ab | ει] η ℵ* (ει ℵc.a)
11 εθνη] pr τα A | λαος] λ'αος ℵ (λ ex a fec) | ηλλαξαντο ℵc.a (postea rurs
-ξατο)   12 πλειον] πλιω ℵ   13 om και 1° ℵ* (hab ϗ ℵc.c) | εγκατελιπον
B^ab Q^a εγκατελειπον AQ* | ζωης] ζωντος ℵc.a AQ   14 δια τι] διοτι ℵc.a
(postea revoc δια τι)   15 λεοντες] λεγοντες ℵ* (γ ras ℵc.a, c.b)

SEPT. III.   225   P

Β τὴν φωνὴν αὐτῶν, οἱ ἔταξαν τὴν γῆν αὐτοῦ εἰς ἔρημον, καὶ αἱ πόλεις αὐτοῦ κατεσκάφησαν παρὰ τὸ μὴ κατοικεῖσθαι. ¹⁶καὶ υἱοὶ Μέμφεως 16 καὶ Ταφνὰς ἔγνωσάν σε καὶ κατέπαιζόν σου· οὐχὶ ταῦτα ἐποίησέν σοι τὸ καταλιπεῖν σε ἐμέ; ¹⁷λέγει Κύριος ὁ θεός σου. ¹⁸καὶ νῦν τί $^{17}_{18}$ σοι καὶ τῇ ὁδῷ Αἰγύπτου τοῦ πιεῖν ὕδωρ Γηών; καὶ τί σοι καὶ τῇ ὁδῷ Ἀσσυρίων τοῦ πιεῖν ὕδωρ ποταμῶν; ¹⁹παιδεύσει σε ἡ ἀπο- 19 στασία σου, καὶ ἡ κακία σου ἐλέγξει σε· καὶ γνῶθι καὶ ἴδε ὅτι πικρόν σοι τὸ καταλιπεῖν σε ἐμέ, λέγει Κύριος ὁ θεός σου· καὶ οὐκ εὐδόκησα ἐπὶ σοί, λέγει Κύριος ὁ θεός σου. ²⁰ὅτι ἀπ᾽ αἰῶνος συνέτριψας τὸν 20 ζυγόν σου· διέσπασας τοὺς δεσμούς σου, καὶ εἶπας Οὐ δουλεύσω σοι, ἀλλὰ πορεύσομαι ἐπὶ πᾶν βουνὸν ὑψηλὸν καὶ ὑποκάτω παντὸς ξύλου κατασκίου, ἐκεῖ διαχυθήσομαι ἐν τῇ πορνείᾳ μου. ²¹ἐγὼ δὲ ἐφύ- 21 τευσά σε ἄμπελον καρποφόρον πᾶσαν ἀληθινήν· πῶς ἐστράφης εἰς πικρίαν, ἡ ἄμπελος ἡ ἀλλοτρία; ²²ἐὰν ἀποπλύνῃς ἐν νίτρῳ καὶ πλη- 22 θύνῃς σεαυτῇ ποίαν, κεκηλίδωσαι ἐν ταῖς ἀδικίαις σου ἐναντίον ἐμοῦ, λέγει Κύριος. ²³πῶς ἐρεῖς Οὐκ ἐμιάνθην καὶ ὀπίσω τῆς Βάαλ οὐκ ἐπο- 23 ρεύθην; ἴδε τὰς ὁδούς σου ἐν τῷ πολυανδρίῳ, καὶ γνῶθι τί ἐποίησας. ὀψὲ φωνὴ αὐτῆς ὠλόλυξεν, ²⁴τὰς ὁδοὺς αὐτῆς ἐπλάτυνεν ἐφ᾽ ὕδατα 24 ἐρήμου, ἐν ἐπιθυμίαις ψυχῆς αὐτῆς ἐπνευματοφορεῖτο, παρεδόθη· τίς ἐπιστρέψει αὐτήν; πάντες οἱ ζητοῦντες αὐτὴν οὐ κοπιάσουσιν, ἐν τῇ ταπεινώσει αὐτῆς εὑρήσουσιν αὐτήν. ²⁵ἀπόστρεψον τὸν πόδα σου 25 ἀπὸ ὁδοῦ τραχείας, καὶ τὸν φάρυγγά σου ἀπὸ δίψους. ἡ δὲ εἶπεν Ἀνδριοῦμαι· ὅτι ἠγαπήκει ἀλλοτρίους καὶ ὀπίσω αὐτῶν ἐπορεύετο. ²⁶ὡς αἰσχύνη κλέπτου ὅταν ἁλῷ, οὕτως αἰσχυνθήσονται οἱ υἱοὶ 26 Ἰσραήλ, αὐτοὶ καὶ οἱ βασιλεῖς αὐτῶν καὶ οἱ ἄρχοντες αὐτῶν καὶ οἱ ἱερεῖς αὐτῶν καὶ οἱ προφῆται αὐτῶν. ²⁷τῷ ξύλῳ εἶπαν ὅτι Πατήρ 27

אAQ 15 ερημον sup ras Qᵃ αφανισμον Qᵐᵍ | πολις א* (-λεις אᶜ·ᵇ) 16 υιοι] pr οι Q | κατεπαιζον] κατεπεξαν A | om ουχι Q (hab Qᵐᵍ) | εποιησεν] ε sup ras Aʔ (-σαν Α*) | καταλιπειν] λ ex α fec אᶜ·ᵇ ᶠᵒʳᵗ 17 σου] + ※ εν τω καιρω αγοντος σε εν τη οδω Qᵐᵍ 18 τη οδω (1°)] γη Α | Γηων] Σιωρ Qᵐᵍ | οδω 2°] γη Α 19 om και γνωθι א* (hab אᶜ·ᵃ·ᶜ·ᵇ) γνωσι Qᵃ | καταλειπειν Q* (-λιπειν Qᵃ) | γει κ̅ς̅ ο θς (1°) sup ras Aᵃʔ | ηυδοκησα AQ* (ευδ. Qᵃ) | επι] εν Α 20 διεσπασας] pr και אᶜ·ᵃAᵇQᵇ και διερρηξας Q* | δουλει̇σω א* (-λευσ. אᶜ·ᵃ) | om σοι אAQᵃ | παν] παν παντα א | πορνια א 21 δε] δ Q* | αληθ. πασαν Α | εστραφη Α + α'σ' ※ μοι Q 22 αποπλυνη Bᵃᵇאᶜ·ᵃΑ (αποπρ.) Q | ποαν אAQᵃ | εναντιον εμου (μου א) εν ταις αδικιαις σου אA | Κυριος] + ο θς σου Α 23 ωλολυζεν א* (-ξεν אᶜ·ᵃ) ωλωλυξεν Q 24 ψυχης] pr της Q* | επιστεψει א* (-στρ. אᶜ·ᵇ) | παντες] pr πλην א* (om אᶜ·ᵃ) 25 αποστρεψον] + τον φαρυγγα σου απο διψους και א | om και...διψους א 26 οι 2°] ο א* (οι אᶜ·ᶜ) | βασιλευς א* (-λεις אᶜ·ᵃ) | om αυτων 2° Α

ΙΕΡΕΜΙΑΣ III 2

μου εἶ σύ, καὶ τῷ λίθῳ Σὺ ἐγέννησάς με· καὶ ἔστρεψαν ἐπ᾽ ἐμὲ B
νῶτα καὶ οὐ πρόσωπα αὐτῶν, καὶ ἐν τῷ καιρῷ τῶν κακῶν αὐτῶν
28 ἐροῦσιν Ἀνάστα καὶ σῶσον ἡμᾶς. ²⁸καὶ ποῦ εἰσιν οἱ θεοί σου οὓς
ἐποίησας σεαυτῷ; εἰ ἀναστήσονται καὶ σώσουσιν ἐν καιρῷ τῆς κακώ-
σεώς σου; ὅτι κατ᾽ ἀριθμὸν τῶν πόλεών σου ἦσαν θεοί σου, Ἰούδα,
29 καὶ κατ᾽ ἀριθμὸν διόδων τῆς Ἰερουσαλὴμ ἔθυον τῇ Βάαλ. ²⁹"Ινα
τί λαλεῖτε πρὸς μέ; πάντες ὑμεῖς ἠσεβήσατε, καὶ πάντες ὑμεῖς ἠνο-
30 μήσατε εἰς ἐμέ, λέγει Κύριος. ³⁰μάτην ἐπάταξα τὰ τέκνα ὑμῶν, παι-
δείαν οὐκ ἐδέξασθε· μάχαιρα κατέφαγεν τοὺς προφήτας ὑμῶν ὡς λέων
31 ὀλεθρεύων, καὶ οὐκ ἐφοβήθητε. ³¹ἀκούσατε λόγον Κυρίου Τάδε λέγει
Κύριος Μὴ ἔρημος ἐγενόμην τῷ Ἰσραὴλ ἢ γῆ κεχερσωμένη; διὰ τί
εἶπεν ὁ λαός μου Οὐ κυριευθησόμεθα, καὶ οὐχ ἥξομεν πρὸς σὲ ἔτι;
32 ³²μὴ ἐπιλήσεται νύμφη τὸν κόσμον αὐτῆς, καὶ παρθένος τὴν στηθο-
δεσμίδα αὐτῆς; ὁ δὲ λαός μου ἐπελάθετό μου ἡμέρας ὧν οὐκ ἔστιν
33 ἀριθμός. ³³τί ἔτι καλὸν ἐπιτηδεύσεις ἐν ταῖς ὁδοῖς σου τοῦ ζητῆσαι
ἀγάπησιν; οὐχ οὕτως· ἀλλὰ καὶ σὺ ἐπονηρεύσω τοῦ μιᾶναι τὰς ὁδούς
34 σου, ³⁴καὶ ἐν ταῖς χερσίν σου εὑρέθησαν αἵματα ψυχῶν ἀθῴων·
35 οὐκ ἐν διορύγμασιν εὗρον αὐτοὺς ἀλλ᾽ ἐπὶ πάσῃ δρυί. ³⁵καὶ εἶπας
Ἀθῷός εἰμι, ἀλλὰ ἀποστραφήτω ὁ θυμὸς αὐτοῦ ἀπ᾽ ἐμοῦ. ἰδοὺ ἐγὼ
36 κρίνομαι πρός σέ, ἐν τῷ λέγειν σε Οὐχ ἥμαρτον· ³⁶ὅτι κατεφρόνησας
σφόδρα τοῦ δευτερῶσαι τὰς ὁδούς σου; καὶ ἀπὸ Αἰγύπτου καταισχυν-
θήσῃ καθὼς κατῃσχύνθης ἀπὸ Ἀσσούρ, ὅτι καὶ ἐντεῦθεν ἐξελεύσῃ,
καὶ αἱ χεῖρές σου ἐπὶ τῆς κεφαλῆς σου· ὅτι ἀπώσατο Κύριος τὴν
III 1 ἐλπίδα σου, καὶ οὐκ εὐοδωθήσῃ ἐν αὐτῇ. ¹ Ἐὰν ἐξαποστείλῃ
ἀνὴρ τὴν γυναῖκα αὐτοῦ, καὶ ἀπέλθῃ ἀπ᾽ αὐτοῦ καὶ γένηται ἀνδρὶ
ἑτέρῳ, μὴ ἀνακάμπτουσα ἀνακάμψει πρὸς αὐτὸν ἔτι; οὐ μιαινομένη
μιανθήσεται ἡ γυνὴ ἐκείνη; καὶ σὺ ἐξεπόρνευσας ἐν ποιμέσιν πολ-
2 λοῖς, καὶ ἀνέκαμπτες πρός μέ; λέγει Κύριος. ²ἆρον εἰς εὐθεῖαν τοὺς

27 εστρεψαν] επεστρεψαν ℵ   28 που] ποι ℵ | ει]+και nisi potius γαρ ℵAQ
ℵc.a postea ras | σωσουσιν (σουσιν B* σω superscr Bab)]+σε ℵAQ | σου 2°
sup ras circ 5 litt A¹ | κατ bis] κατα Q | Ιρουσαλημ ℵ* (Ιερ. ℵc.a)   29 om
ησεβησατε...υμεις A   30 παιδιαν ℵ (πεδ. ℵ* παιδ. ℵc.b) | ως λει θρευων
B*vid ως λεω ολ. Bab | ολοθρευων BbN ωλεθρευων A   31 λογον] pr τον
A | εγεναμην A εγενηθην Q | δια τι] διοτι Q | κυριευθησομεθα] δουλευθησομεθα
A   32 επελαθετο μου bis scr Q*   33 αγαπησιν] παρακλησιν Q
34 ευρεθη αιματα A et (αιμ. sup ras 8 vel 9 litt) Qa | ψυχων]+α'θ'σ' ※ πενητων
Qmg | επι] εν A   35 ειπας]+α'σ'θ' ※ οτι Qmg   36 Εγυπτου ℵ*
(Αιγ. ℵc.a, c.b) | κατησχυνθης BabQ | ενοδωθηση] ευδοκηση ℵ* (ευοδοθ. [sic]
ℵc.a, c.b)   III 1 εαν] pr α' ※ λεγων Q | ποιμεσι Qa   2 τους οφθ.
σου εις ευθειαν Q

ΙΕΡΕΜΙΑΣ

B ὀφθαλμούς σου καὶ ἴδε· ποῦ οὐχὶ ἐξεφύρθης; ἐπὶ ταῖς ὁδοῖς ἐκάθισας αὐτοῖς ὡσεὶ κορώνη ἐρημουμένη, καὶ ἐμίανας τὴν γῆν ἐν ταῖς πορνίαις σου καὶ ἐν ταῖς κακίαις σου, ³καὶ ἔσχες ποιμένας πολλοὺς 3 εἰς πρόσκομμα σεαυτῇ· ὄψις πόρνης ἐγένετό σοι, ἀπηναισχύντησας πρὸς πάντας. ⁴οὐχ ὡς οἶκόν με ἐκάλεσας καὶ πατέρα καὶ ἀρχηγὸν 4 τῆς παρθενίας σου; ⁵μὴ διαμενεῖ εἰς τὸν αἰῶνα, ἢ φυλαχθήσεται εἰς 5 νῖκος; ἰδοὺ ἐλάλησας καὶ ἐποίησας τὰ πονηρὰ ταῦτα καὶ ἠδυνάσθης.

⁶Καὶ εἶπεν Κύριος πρὸς μὲ ἐν ταῖς ἡμέραις Ἰωσείου τοῦ βασιλέως 6 Εἶδες ἃ ἐποίησέν μοι ἡ κατοικία τοῦ Ἰσραήλ; ἐπορεύθησαν ἐπὶ πᾶν ὄρος ὑψηλὸν καὶ ὑποκάτω παντὸς ξύλου ἀλσώδους καὶ ἐπόρνευσαν ἐκεῖ. ⁷καὶ εἶπα μετὰ τὸ πορνεῦσαι αὐτὴν ταῦτα πάντα Πρὸς μὲ ἀνάστρεψον· 7 καὶ οὐκ ἀνέστρεψεν, καὶ εἶδεν τὴν ἀσυνθεσίαν αὐτῆς ἡ ἀσύνθετος Ἰουδά. ⁸καὶ εἶδον διότι περὶ πάντων ὧν καὶ εἶδον, περὶ πάντων ὧν κατελήμφθη 8 ἐν οἷς ἐμοιχᾶτο ἡ κατοικία τοῦ Ἰσραήλ, καὶ ἐξαπέστειλα αὐτὴν καὶ ἔδωκα αὐτῇ βιβλίον ἀποστασίου εἰς τὰς χεῖρας αὐτῆς· καὶ οὐκ ἐφοβήθη ἡ ἀσύνθετος Ἰουδά, καὶ ἐπορεύθη καὶ ἐπόρνευσεν καὶ αὐτή, ⁹καὶ ἐγένετο 9 εἰς οὐθὲν ἡ πορνεία αὐτῆς, καὶ ἐμοίχευσεν τὸ ξύλον καὶ τὸν λίθον. ¹⁰καὶ ἐν πᾶσιν τούτοις οὐκ ἐπεστράφη πρὸς μὲ ἡ ἀσύνθετος Ἰουδὰ 10 ἐξ ὅλης τῆς καρδίας αὐτῆς ἀλλ' ἐπὶ ψεύδει. ¹¹καὶ εἶπεν Κύριος πρὸς 11 μέ Ἐδικαίωσεν τὴν ψυχὴν αὐτοῦ Ἰσραὴλ ἀπὸ τῆς ἀσυνθέτου Ἰουδά. ¹²πορεύου καὶ ἀνάγνωθι τοὺς λόγους τούτους πρὸς βορρᾶν, καὶ ἐρεῖς 12 Ἐπιστράφητι πρός μέ, ἡ κατοικία τοῦ Ἰσραήλ, λέγει Κύριος, καὶ οὐ στηριῶ τὸ πρόσωπόν μου ἐφ' ὑμᾶς· ὅτι ἐλεήμων ἐγώ εἰμι, λέγει

אAQ   2 σου 1°]+λεγει κς A | οδοις]+αις A | om αυτοις Q* (hab Q^mg) | κορωνη] α' Αραψ Q^mg | ηρημωμενη AQ | πορνειαις B^abQ | om και εν ταις κακιαις σου A   3 om και εσχες ποιμενας א* (hab א^iam ante c.a) | οψις (-ψεις Q*)]+α'σ'θ' ※ γυναικος Q^mg   4 παρθενειας AQ   5 αιωναν א* | διαφυλαχθησεται אAQ | om και εποιησας א   6 ταις] ται א | Ιωσιου B^bQ Ιωσια אA | om του βασιλεως A | βασιλεως] incep ν א*^vid (β sup ras א¹) | ιδες אAQ | κατοικεια AQ*: item 8 | επορευθη Q^a+a' ※ εαυτη Q^mg | επορνευσαν] επορνευσεν A*^vid (a sup ras A^a) Q   7 παντα ταυτα A | om και ουκ ανεστρεψεν Q* (hab Q^mg) | ανεστρεψεν (-στρψ. א sic)] ε 3° sup ras A^a | ιδεν AQ | ασυνθεσιαν] a|θεσιαν א   8 ιδον (1°) AQ* ιδεν Q^a adnot Ωρ. (? aor.) Q^mg | om διοτι א* (hab א^c.a) | om ων 1°...παντων (2°) B^ab (adnot ου κ' π' εβρ' B^a non inst B^b) אAQ | κατελημφθ א* (-φθη א^c.c) κατελειφθη Q^a | μοιχατο א* (εμοιχ. א^c.a) | αυτην] αυτη א | Ιουδα]+α'σ' ※ η αδελφη αυτης Q^mg   9 πορνια א | αυτης]+α'θ' ※ א εφονοκτονει την γη̄ Q^mg | τον λιθον και το ξυλον A   10 πασι אQ | επεστραφη (-στρφ. א* -στραφ. א^c.b (vid))] απεστραφη A | ασυνθετος]+α'θ' ※ η αδελφη αυτης Q | αυτης] ης sup ras A^a | ψευδει]+α'σ'θ' ※ φησι κς Q^mg   11 αυτου] αυτης אQ   12 πορευου] πορευθητι A | αναγνωθι] αναγνω|σον A | βορρα A | επιστραφηθι B^ab | κατοικεια A | ου 1°]+μη Q | στηριω (στερ. א* στηρ. א^c.a, c.b)] στηρισω Q | ελεημων] ελεων A

ΙΕΡΕΜΙΑΣ III 22

13 Κύριος, καὶ οὐ μηνιῶ ὑμῖν εἰς τὸν αἰῶνα. ¹³πλὴν γνῶθι τὴν ἀδικίαν Β σου, ὅτι εἰς Κύριον τὸν θεόν σου ἠσέβησας, καὶ διέχεας τὰς ὁδούς σου εἰς ἀλλοτρίους ὑποκάτω παντὸς ξύλου ἀλσώδους, τῆς δὲ φωνῆς 14 μου οὐχ ὑπήκουσας, λέγει Κύριος. ¹⁴ἐπιστράφητε, υἱοὶ ἀφεστηκότες, λέγει Κύριος, διότι ἐγὼ κατακυριεύσω ὑμῶν, καὶ λήμψομαι ὑμᾶς ἕνα 15 ἐκ πόλεως καὶ δύο ἐκ πατριᾶς καὶ εἰσάξω ὑμᾶς εἰς Σειών, ¹⁵καὶ δώσω ὑμῖν ποιμένας κατὰ τὴν καρδίαν μου, καὶ ποιμανοῦσιν ὑμᾶς 16 ποιμαίνοντες μετ' ἐπιστήμης. ¹⁶καὶ ἔσται ἐὰν πληθυνθῆτε καὶ αὐξηθῆτε ἐπὶ τῆς γῆς ἐν ταῖς ἡμέραις ἐκείναις, λέγει Κύριος, οὐκ ἐροῦσιν ἔτι Κιβωτὸς διαθήκης Ἁγίου Ἰσραήλ, οὐκ ἀναβήσεται ἐπὶ καρδίαν, οὐκ ὀνομασθήσεται οὐδὲ ἐπισκεφθήσεται καὶ οὐ ποιηθήσεται ἔτι. 17 ¹⁷ἐν ταῖς ἡμέραις ἐκείναις καὶ ἐν τῷ καιρῷ ἐκείνῳ καλέσουσιν τὴν Ἰερουσαλὴμ Θρόνος Κυρίου, καὶ συναχθήσονται πάντα τὰ ἔθνη εἰς αὐτήν, καὶ οὐ πορεύσονται ἔτι ὀπίσω τῶν ἐνθυμημάτων τῆς καρδίας 18 αὐτῶν τῆς πονηρᾶς. ¹⁸ἐν ταῖς ἡμέραις ἐκείναις συνελεύσονται οἶκος Ἰούδα ἐπὶ τὸν οἶκον τοῦ Ἰσραήλ, καὶ ἥξουσιν ἐπὶ τὸ αὐτὸ ἀπὸ γῆς βορρᾶ καὶ ἀπὸ πασῶν τῶν χωρῶν ἐπὶ τὴν γῆν ἣν κατεκληρονόμησα 19 τοὺς πατέρας αὐτῶν. ¹⁹καὶ ἐγὼ εἶπα Γένοιτο, Κύριε· ὅτι τάξω σε εἰς ἔθνη, καὶ δώσω σοι γῆν ἐκλεκτὴν κληρονομίαν θεοῦ Παντοκράτορος ἐθνῶν· καὶ εἶπα Πατέρα καλέσετέ με, καὶ ἀπ' ἐμοῦ οὐκ ἀποστρα-20 φήσεσθε. ²⁰πλὴν ὡς ἀθετεῖ γυνὴ εἰς τὸν συνόντα αὐτῇ, οὕτως ἠθέ-21 τησεν εἰς ἐμὲ οἶκος Ἰσραήλ, λέγει Κύριος. ²¹φωνὴ ἐκ χειλέων ἠκούσθη κλαυθμοῦ καὶ δεήσεως υἱῶν Ἰσραήλ, ὅτι ἠδίκησαν ἐν ταῖς 22 ὁδοῖς αὐτῶν, ἐπελάθοντο θεοῦ Ἁγίου αὐτῶν. ²²ἐπιστράφητε, υἱοὶ ἐπι-

12 μηνιω] + ετι ℵ | αιωναν ℵ* (-να ℵ¹(vid))   13 υπηκουσας] ηκουσας A ℵAQ
14 επιστραφητες ℵ* (-ται ℵc.a, c.b) | εγω] pr ιδου A | ληψομαι Qᵃ | εισ]αξω B*
ει]σαξ. Bᵗ | υμας 2°] pr εις Q* | Σιων Bᵇ ℵAQ   15 ποιμαινοντες] ποι-
μαινες A   16 γης] +φησι κ̅ς̅ ℵ Q+λεγει (κ̅ς̅) Qᵐᵍ | αγιου] κυ Qᵐᵍ | α]βη-
σεται ℵ* (αναβ. ℵc.a) | καρδιαν]+αυτων Q | ουκ 3°] και ουκ A ουδε Q | επι-
σκεφησεται ℵ* (-σκεφθ. ℵⁱᵃᵐ ᵃⁿᵗᵉ c.a)   17 εις αυτην παντα τα εθνη AQ |
εθνη]+ a'θ' ※ τω ονοματι κυ̅ εις Ιερουσαλημ Qᵐᵍ | om ετι ℵ* (hab ℵc.c) |
ενθυμηματων] επιθυμ. A   18 εν] pr και A | συνελευσεται A | Ιουδα]
Ιηλ A | του Ισραηλ] om του AQ Ιουδα A | βορραν ℵ* | om και 2° A | χρων
A* (χωρ. A¹) | κατεκληρονομησε] ℵ* (-σα ℵc.c) -σαν A | τους πατερας] οι
πατερες A   19 και εγω] καγω Q | εθνη] τεκνα ℵAQ | γην] την ℵ*
(γ. ℵc.c (vid)) | κληρονομιαν]+ a'θ' ※ ονομαστην Qᵐᵍ | om εθνων Q | ειπα 2°]
ειπατε ℵ* c.a ει ℵc.b AQ (a'θ'σ' ※ [ει]πα Qᵐᵍ) | πατερα καλεσετε] παρακαλε-
σατε ℵ* πατερα καλεσατε ℵc.a, c.b πατ. επικαλεισθε Q | αποστραφηση ℵQ
20 ηθετησαν ℵ | εις εμε] ει με A* (εις εμ. Aᵃᵗ) | λεγει κς οικος Ιηλ A | οικος]
pr o Q   21 φωναι A | επελαθεντο B* ℵ (-θοντο Bᵇ AQ) | θεον] pr a' ※ του
Qᵐᵍ

229

Β στρέφοντες, καὶ ἰάσομαι τὰ συντρίμματα ὑμῶν. ἰδοὺ δοῦλοι ἡμεῖς ἐσόμεθά σοι, ὅτι σὺ Κύριος ὁ θεὸς ἡμῶν εἶ. ²³ὄντως εἰς ψεῦδος 23 ἦσαν οἱ βουνοὶ καὶ ἡ δύναμις τῶν ὀρέων, πλὴν διὰ Κυρίου θεοῦ ἡμῶν ἡ σωτηρία τοῦ Ἰσραήλ. ²⁴ἡ δὲ αἰσχύνη κατανάλωσεν τοὺς 24 μόχθους τῶν πατέρων ἡμῶν ἀπὸ νεότητος ἡμῶν, τὰ πρόβατα αὐτῶν καὶ τοὺς μόσχους αὐτῶν, καὶ τοὺς υἱοὺς αὐτῶν καὶ τὰς θυγατέρας αὐτῶν. ²⁵ἐκοιμήθημεν ἐν τῇ αἰσχύνῃ ἡμῶν, καὶ ἐπεκάλυψεν ἡμᾶς ἡ 25 ἀτιμία ἡμῶν, διότι ἔναντι τοῦ θεοῦ ἡμῶν ἡμάρτομεν ἡμεῖς καὶ οἱ πατέρες ἡμῶν ἀπὸ νεότητος ἡμῶν ἕως τῆς ἡμέρας ταύτης, καὶ οὐχ ὑπηκούσαμεν τῆς φωνῆς Κυρίου τοῦ θεοῦ ἡμῶν.

¹Ἐὰν ἐπιστραφῇ Ἰσραήλ, λέγει Κύριος, πρὸς μέ, ἐπιστραφήσεται· 1 IV ἐὰν περιέλῃ τὰ βδελύγματα αὐτοῦ ἐκ στόματος αὐτοῦ, καὶ ἀπὸ τοῦ προσώπου εὐλαβηθῇ, ²καὶ ὀμόσῃ Ζῇ Κύριος μετὰ ἀληθείας ἐν κρίσει 2 καὶ ἐν δικαιοσύνῃ, καὶ εὐλογήσουσιν ἐν αὐτῷ ἔθνη, καὶ ἐν αὐτῷ αἰνέσουσιν τῷ θεῷ ἐν Ἰερουσαλήμ. ³ὅτι τάδε λέγει Κύριος τοῖς 3 ἀνδράσιν Ἰούδα καὶ τοῖς κατοικοῦσιν Ἰερουσαλήμ Νεώσατε ἑαυτοῖς νεώματα, καὶ μὴ σπείρητε ἐπ' ἀκάνθαις. ⁴περιτμήθητε τῷ θεῷ ὑμῶν, 4 καὶ περιτέμεσθε τὴν σκληροκαρδίαν ὑμῶν, ἄνδρες Ἰούδα καὶ οἱ κατοικοῦντες Ἰερουσαλήμ, μὴ ἐξέλθῃ ὡς πῦρ ὁ θυμὸς αὐτοῦ καὶ ἐκκαυθήσεται, καὶ οὐκ ἔσται ὁ σβέσων ἀπὸ προσώπου πονηρίας ἐπιτηδευμάτων ὑμῶν. ⁵ἀναγγείλατε ἐν τῷ Ἰούδᾳ, καὶ ἀκουσθήτω ἐν Ἰερουσαλήμ· 5 εἴπατε, σημάνατε ἐπὶ τῆς γῆς σάλπιγγι, κεκράξετε μέγα· εἴπατε

ℵAQ   22 τα συντριμματα υμων] αυτους A | δουλοι] οιδε Q | ημεις] υμεις A | om συ A 22—23 distinx ημων· ει οντως Aᵛⁱᵈ   23 om εις Q* (hab Qᵐᵍ) | του Ισραηλ] τω Ισρ. A [του] οικου (sub ⸗) [Ισρ.] Qᵐᵍ   24 κατηναλωσεν ℵ* (καταν. ℵᶜ·ᵃ) | μοχθους] ο 2° suppl ℵ¹ | ημων 1°] ηων ℵ* (ημ. ℵˢᵃˡᵗ ᶜ·ᵃ) | ημων 2°] αυτων ℵAQ | μοσχους] σ suppl ℵˡᵃᵐ ᵃⁿᵗᵉ ᶜ·ᵃ μοχθους A   25 εναντι] εναντιο[Q | om ημων 3° A | om ημεις A | οι πατερες] ο| πατερες B οι πατερ ℵ* ᶜ·ᵇ | υπηκουσαμεν] ηκουσ. A   IV 1 Ισηλ ℵ | προς με λεγει κ̅ς̅ A | επιστραφησεται] pr και Q | εαν 2°] pr και Q | περιελη] λ sup ras Aᵃ | om εκ στοματος αυτου A απο του στ. αυτου Q* (superscr ⸗ εκ Qᵃ) | αυτου 2°] αυτος ut vid ℵ¹ ⁽ᵛⁱᵈ⁾ | του προσωπου] om του ℵ* (hab ℵᶜ·ᵇ) A + μου Bᵃᵇ ᵐᵍ ℵQ + αυτου A | ευλαβηθη] pr σ'θ' ※ και Qᵐᵍ   2 αληθιας ℵ | εν 1°] pr και ℵAQ | αυτω 1°] αυτη ℵ* (-τω ℵᶜ ᵉᵗ ᵖᵒˢᵗᵉᵃ) | αινεσουσι Q? | τω θεω] τω sub ⸗ Q?   3 om οτι ταδε... Ιερουσαλημ A | οτι ταδε] ουτως ℵ* (οτι τ. ℵᶜ·ᵃ) | σπειρητε] σπιρετε ℵ* -ται ℵᶜ·ᵇ σπειρεται Q* (-τε Qᵃ) | ακανθας ℵ* (-θαις ℵᶜ·ᵇ)   4 περιτμηθητε] περιτμηθησεσθαι A | υμων 1°] ημων A | περιτεμεσθε Bℵᶜ·ᵃ (-θαι ℵᶜ·ᵇ Q*)] περιτεμεισθαι ℵᶜ·ᶜ Qᵃ περιελεσθε ℵ*A (-θαι) | σκηροκαρδιαν ℵ* (κληροκ. [sic] ℵᶜ·ᵇ ᶜᵒᵐᵐ) | Ιερουσαλημ] pr εν AQ | αυτου] μου AQ   5 σημανεται ℵ | σαλπιγγι επι της γης Q | κεκραξετε] κεκραξατε AQ pr και ℵQ | ειπατε 2°] pr και ℵA

ΙΕΡΕΜΙΑΣ IV 18

6 Συνάχθητε καὶ εἰσέλθωμεν εἰς τὰς πόλεις τὰς τειχήρεις, ⁶ἀναλαβόντες B
φεύγετε εἰς Σειών· σπεύσατε, μὴ στῆτε, ὅτι κακὰ ἐγὼ ἐπάγω ἀπὸ
7 βορρᾶ καὶ συντριβὴν μεγάλην. ⁷ἀνέβη λέων ἐκ μάνδρας αὐτοῦ, ἐξο-
λεθρεύων ἔθνη ἐξῆρεν καὶ ἐξῆλθεν ἐκ τοῦ τόπου αὐτοῦ τοῦ θεῖναι
τὴν γῆν εἰς ἐρήμωσιν, καὶ πόλεις καθαιρεθήσονται παρὰ τὸ μὴ κατοι-
8 κεῖσθαι αὐτάς. ⁸ἐπὶ τούτοις περιζώσασθε σάκκους καὶ κόπτεσθε καὶ
9 ἀλαλάξατε, διότι οὐκ ἀπεστράφη ὁ θυμὸς Κυρίου ἀφ᾽ ὑμῶν. ⁹καὶ
ἔσται ἐν ἐκείνῃ τῇ ἡμέρᾳ, λέγει Κύριος, ἀπολεῖται ἡ καρδία τοῦ βασι-
λέως καὶ ἡ καρδία τῶν ἀρχόντων, καὶ οἱ ἱερεῖς ἐκστήσονται καὶ οἱ
10 προφῆται θαυμάσονται. ¹⁰καὶ εἶπα Ὦ δέσποτα Κύριε, ἆρά γε ἀπα-
τῶν ἠπάτησας τὸν λαὸν τοῦτον καὶ τὴν Ἰερουσαλήμ, λέγων Εἰρήνη
11 ἔσται, καὶ ἰδοὺ ἥψατο ἡ μάχαιρα ἕως τῆς ψυχῆς αὐτῶν; ¹¹ἐν τῷ καιρῷ
ἐκείνῳ ἐροῦσιν τῷ λαῷ τούτῳ καὶ τῇ Ἰερουσαλὴμ Πνεῦμα πλανήσεως
ἐν τῇ ἐρήμῳ, ὁδὸς τῆς θυγατρὸς τοῦ λαοῦ μου οὐκ εἰς καθαρὸν οὐδ᾽ εἰς
12 ἅγιον. ¹²πνεῦμα πληρώσεως ἥξει μοι· νῦν δὲ ἐγὼ λαλῶ κρίματα πρὸς
13 αὐτούς. ¹³ἰδοὺ ὡς νεφέλη ἀναβήσεται, καὶ ὡς καταιγὶς τὰ ἅρματα αὐ-
τοῦ, κουφότεροι ἀετῶν οἱ ἵπποι αὐτοῦ· οὐαὶ ἡμῖν, ὅτι ταλαιπωροῦμεν.
14 ¹⁴ἀπόπλυνε ἀπὸ κακίας τὴν καρδίαν σου, Ἰερουσαλήμ, ἵνα σωθῇς·
15 ἕως πότε ὑπάρχουσιν ἐν σοὶ διαλογισμοὶ πόνων σου; ¹⁵διότι φωνὴ
ἀγγέλλοντος ἐκ Δὰν ἥξει, καὶ ἀκουσθήσεται πόνος ἐξ ὄρους Ἐφράιμ.
16 ¹⁶ἀναμνήσατε ἔθνη, ἰδοὺ ἥκασιν· ἀναγγείλατε ἐν Ἰερουσαλὴμ Συστρο-
φαὶ ἔρχονται ἐκ γῆς μακρόθεν καὶ ἔδωκαν ἐπὶ τὰς πόλεις Ἰούδα φω-
17 νὴν αὐτῶν. ¹⁷ὡς φυλάσσοντες ἀγρὸν ἐγένοντο ἐπ᾽ αὐτὴν κύκλῳ, ὅτι
18 ἐμοῦ ἠμέλησας, λέγει Κύριος. ¹⁸αἱ ὁδοί σου καὶ τὰ ἐπιτηδεύματά

5 συ|αχθητε B* συ|ναχθ. B¹ | εισελθωμεν] εισελθατε A | πολις ℵ* (-λεις ℵAQ
ℵc.b): item 7 | τειχηρεις (pr σ ℵ*)] οχυρας A   6 Σιων B^b ℵAQ | εγω κακα A
7 ανεβη ℵc.a (repos -βη) | μανδρας] pr της ℵAQ | εξολοθρευων B^b εξω|λεθρευων
ℵ pr και Q | γην]+σου Q | πολεις] αι π. σου Q | αυτας] την γην εις ερημωσιν
πολις κατερεθησονται (uncis incl εις ερημωσιν .. καθερ. [sic] et pro την γην corr
αυτας ℵc.a) ℵ*   8 αλαλαξετε] αλλαξατε A | ουκ] ου πεστραφη ℵ* (ουκ επ.
ℵc.a) | ο θυμος]+οργης Q | υμων] ημων ℵ* (υμ. ℵc.a)   9 λεγει] λ superscr
B^ab | καρδια 1°] καρ|α ℵ* (-δια ℵc.b) | om και οι προφ. θαυμασονται A | om
θαυμασονται ℵ* (hab ℵiam ante c.c)   10 ειπαν A | εσται]+υμιν AQ | om ιδου
ℵ* (hab ℵc.a) AQ | ηψατο] αψεται Q | εως] ως ℵ* (εως ℵc.a)   11 εκεινω]
ω sup ras ℵ¹ τουτω A | καθαρον] ο sup ras ℵ¹ (prius a ut vid) | ουδ] ουδε Q
12 πληρωσεως]+α'σ'θ' ※ απο τουτων Q^mg | δε]+α'σ'θ' ※ και Q^mg | λαλω]
λαλησω Q | κριματα]+μου Q | αυτους] ου sup ras B¹ fort   13 αυτου 1°]
αυτω ℵ* (-του ℵiam¹) αυτων A | αυτου 2°] αυτων ℵA | ημιν] υμιν A
14 αποπλυναι ℵc.b AQ | υπαρξουσιν AQ | διαλογισμοι] λογισμοι B^ab ℵ (-γεισμ.
ℵ*) Q   15 αγγελλοντος] αναγγελλ. ℵAQ | ηξει]+μοι Q | Εφρεμ ℵ
16 συστροφαι] pr ιδου ℵc.a (postea improb) | om και ℵ* (hab ℥ ℵc.a) | πολις
ℵ* (-λεις ℵc.b) | φωνας Q   17 εγενοντο] εγενετο ℵ

231

Β σου ἐποίησαν ταῦτά σοι· αὕτη ἡ κακία σου, ὅτι πικρά, ὅτι ἥψατο ἕως τῆς καρδίας σου. ¹⁹Τὴν κοιλίαν μου ἀλγῶ, καὶ τὰ αἰσθητήρια 19 τῆς καρδίας μου· μαιμάσσει ἡ ψυχή μου, σπαράσσεται ἡ καρδία μου· οὐ σιωπήσομαι, ὅτι φωνὴν σάλπιγγος ἤκουσεν ἡ ψυχή μου, κραυγὴν πολέμου. ²⁰καὶ ταλαιπωρίαν συντριμμὸν ἐπικαλεῖται, ὅτι τεταλαιπώ- 20 ρηκεν πᾶσα ἡ γῆ, ἄφνω τεταλαιπώρηκεν ἡ σκηνή, διεσπάσθησαν αἱ δέρρεις μου. ²¹ἕως πότε ὄψομαι φεύγοντας, ἀκούων φωνὴν σαλ- 21 πίγγων; ²²διότι οἱ ἡγούμενοι τοῦ λαοῦ μου ἐμὲ οὐκ ᾔδεισαν· υἱοὶ 22 ἄφρονές εἰσιν καὶ οὐ συνετοί, σοφοί εἰσιν τοῦ κακοποιῆσαι, τὸ δὲ καλῶς ποιῆσαι οὐκ ἐπέγνωσαν. ²³Ἐπέβλεψα ἐπὶ τὴν γῆν, καὶ 23 ἰδοὺ οὐθέν, καὶ εἰς τὸν οὐρανόν, καὶ οὐκ ἦν τὰ φῶτα αὐτοῦ. ²⁴εἶδον 24 τὰ ὄρη καὶ ἦν τρέμοντα, καὶ πάντας τοὺς βουνοὺς ταρασσομένους. ²⁵ἐπέβλεψα, καὶ ἰδοὺ οὐκ ἦν ἄνθρωπος, καὶ πάντα τὰ πετεινὰ τοῦ 25 οὐρανοῦ ἐπτοεῖτο. ²⁶εἶδον, καὶ ἰδοὺ ὁ Κάρμηλος ἔρημος, καὶ πᾶσαι 26 αἱ πόλεις ἐμπεπυρισμέναι ἀπὸ προσώπου Κυρίου, καὶ ἀπὸ προσώπου ὀργῆς θυμοῦ αὐτοῦ ἠφανίσθησαν. ²⁷τάδε λέγει Κύριος Ἔρημος ἔσται 27 πᾶσα ἡ γῆ, συντέλειαν δὲ οὐ μὴ ποιήσω. ²⁸ἐπὶ τούτοις πενθείτω ἡ 28 γῆ, καὶ συνσκοτασάτω ὁ οὐρανὸς ἄνωθεν· διότι ἐλάλησα καὶ οὐ μετανοήσω, ὥρμησα καὶ οὐκ ἀποστρέψω ἀπ᾽ αὐτῆς. ²⁹ἀπὸ φωνῆς ἱπ- 29 πέως καὶ ἐντεταμένου τόξου ἀνεχώρησεν πᾶσα χώρα· εἰσέδυσαν εἰς τὰ σπήλαια, καὶ εἰς τὰ ἄλση ἐκρύβησαν, καὶ ἐπὶ τὰς πέτρας ἀνέβησαν· πᾶσα πόλις ἐνκατελείφθη, οὐ κατῴκει ἐν αὐταῖς ἄνθρωπος. ³⁰καὶ σὺ 30 τί ποιήσεις ἐὰν περιβάλῃ κόκκινον καὶ κοσμήσῃ κόσμῳ χρυσῷ, ἐὰν ἐνχρίσῃ στίβι τοὺς ὀφθαλμούς σου; εἰς μάταιον ὁ ὡραισμός σου·

ℵAQ 19 μου 1°]+την κοιλιαν μου ℵc.aAQ | om μαιμασσει (? με μασσει)...καρδια μου ℵ* (hab ℵc.a) | ψυχη 1°] pr ⸗ Qʳ | η καρδια] pr και ℵc.aQ | σιωπησεται Q* (-σομαι Qᵃ) | κραυγην ℵ* (κραυγ. ℵc.a, c.b) 20 και] pr ⸗ Qʳ | ταλαιπωριας Q | συντριμμον] pr και A+ ※ επι συντριμμῷ] Qᵐᵍ | η σκηνη] σκηναι A | δερρεις] δερις ℵ -ρρις ℵc.a (-ρρεις ℵc.b) δερεις Q* 21 φευγοντες (a ras) ℵ¹ | ακουων] ακουω Q* ακουσω (σ superscr) Qᵃ 22 συνετοι]+αʹ ※ εισί] Qᵐᵍ | καλως] καλον ℵA | ποιησαι] ποιουντες A | επεγνωσαν] εγνωσαν A 23 om γην ℵ* (hab ℵc.a) | ουθεν] pr αʹσʹθʹ ※ κενη και Qᵐᵍ 24 ιδον ℵAQ 25 ην] υπηρχεν Q | επτοειτο] επτοηντο ℵc.aQ 26 ειδον] ιδον A | πολις ℵ* (-λεις ℵc.b) | εμπεπυρισμεναι (ενπυρισμενε ℵ* ενπεπυρ. ℵc.a -ναι ℵc.b)]+πυρι AQ | ηφανισθησαν] pr ⸗ Q? , 27 συντελιαν ℵ* (-λειαν ℵc.b) 28 συσκοτασατω BᵇℵC.a, c.b συσκοτασετω ℵ*AQ 29 ανεχωρησαν ℵ* (-σεν ℵc.a) | πασα 1°]+ η Q | σπηλαια] a 2° rescr A¹ | om και επι τας πετρας ανεβησαν ℵ* (hab) και επι τας π. ανεβ. ℵc.a) | επι] εις A | εγκατελειφθη BᵃᵇAQ | κατωκει] κατοικησει A κατοικει Q 30 συ]+αʹθʹ ※ ταλαιπωρος Qᵐᵍ | κοκκινα ℵ κοκκινα ℵc.a | εαν 2°] pr και ℵAQ | εγχριση Bᵇ (εγχρεις. Bᵃ) Q* εκχρισης ℵc.a χριση Qᵃ | στιβι] στιμη A στειμι Q | ματαιον] ματην AQ

232

ΙΕΡΕΜΙΑΣ V 10

31 ἀπώσαντό σε οἱ ἐρασταί σου, τὴν ψυχήν σου ζητοῦσιν. ³¹ὅτι φωνὴν B ὡς ὠδινούσης ἤκουσα τοῦ στεναγμοῦ σου, ὡς πρωτοτοκούσης· φωνὴ θυγατρὸς Σειών· ἐκλυθήσεται, καὶ παρήσει τὰς χεῖρας αὐτῆς Οἴμοι ἐγώ, ὅτι ἐκλείπει ἡ ψυχή μου ἐπὶ τοῖς ἀνῃρημένοις.

V 1 ¹Περιδράμετε ἐν ταῖς ὁδοῖς Ἰερουσαλήμ, καὶ ἴδετε καὶ γνῶτε καὶ ζητήσατε ἐν ταῖς πλατείαις αὐτῆς, ἐὰν εὕρητε, εἰ ἔστιν ποιῶν κρίμα καὶ 2 ζητῶν πίστιν, καὶ ἵλεως ἔσομαι αὐτοῖς, λέγει Κύριος. ²Ζῇ Κύριος, 3 λέγουσιν· διὰ τοῦτο οὐκ ἐν ψεύδεσιν ὀμνύουσιν; ³Κύριε, οἱ ὀφθαλμοί σου εἰς πίστιν· ἐμαστίγωσας αὐτοὺς καὶ οὐκ ἐπόνεσαν, συνετέλεσας αὐτοὺς καὶ οὐκ ἠθέλησαν δέξασθαι παιδείαν, ἐστερέωσαν τὰ πρόσωπα 4 αὐτῶν ὑπὲρ πέτραν καὶ οὐκ ἠθέλησαν ἐπιστραφῆναι. ⁴καὶ ἐγὼ εἶπα Ἴσως πτωχοί εἰσιν, διότι οὐκ ἐδυνάσθησαν, ὅτι οὐκ ἔγνωσαν ὁδὸν 5 Κυρίου καὶ κρίσιν θεοῦ· ⁵πορεύσομαι πρὸς τοὺς ἁδροὺς καὶ λαλήσω αὐτοῖς, ὅτι αὐτοὶ ἐπέγνωσαν ὁδὸν Κυρίου καὶ κρίσιν θεοῦ· καὶ ἰδοὺ 6 ὁμοθυμαδὸν συνέτριψαν ζυγόν, διέρρηξαν δεσμούς. ⁶διὰ τοῦτο ἔπαισεν αὐτοὺς λέων ἐκ τοῦ δρυμοῦ, καὶ λύκος ἕως τῶν οἰκιῶν ὠλόθρευσεν αὐτούς, καὶ πάρδαλις ἐγρηγόρησεν ἐπὶ τὰς πόλεις αὐτῶν· πάντες οἱ ἐκπορευόμενοι ἀπ' αὐτῶν θηρευθήσονται, ὅτι ἐπλήθυναν ἀσεβείας αὐ- 7 τῶν, ἴσχυσαν ἐν ταῖς ἀποστροφαῖς αὐτῶν. ⁷ποία τούτων ἵλεως γένωμαί σοι; οἱ υἱοί σου ἐνκατέλιπόν με καὶ ὤμνυον ἐν τοῖς οὐκ οὖσιν θεοῖς· καὶ ἐχόρτασα αὐτούς, καὶ ἐμοιχῶντο καὶ ἐν οἴκοις πορνῶν κατέ- 8 λυον. ⁸ἵπποι θηλυμανεῖς ἐγενήθησαν, ἕκαστος ἐπὶ τὴν γυναῖκα τοῦ 9 πλησίον αὐτοῦ ἐχρεμέτιζεν. ⁹μὴ ἐπὶ τούτοις οὐκ ἐπισκέψομαι; λέγει 10 Κύριος· ἢ ἐν ἔθνει τοιούτῳ οὐκ ἐκδικήσει ἡ ψυχή μου; ¹⁰Ἀνάβητε ἐπὶ τοὺς προμαχῶνας αὐτῆς καὶ κατασκάψατε, συντέλειαν δὲ μὴ ποιήσητε· ὑπολίπεσθε τὰ ὑποστηρίγματα αὐτῆς, ὅτι τοῦ κυρίου

30 ζητουσιν] ζητησουσιν ℵAQ   31 φωνη] φωνης ℵᶜ·ᵃ | Σιων BᵇℵAQ ℵAQ
V 1 ιδετε]+α' ※ δη Qᵐᵍ | ευρητε]+ανδρα ℵᶜ·ᶜQ | αυτοις]αυτη Q* (-τοις Qᵐᵍ)
2 improb ουκ Qꜞ | εν] επι ℵAQ   3 Κυριε] και A | om και ουκ επονεσαν συνετελεσας αυτους ℵ* (hab ℵᶜ·ᵃ) | συν|ετελεσας B* συ|νετ. Bꜞ | παιδιαν ℵ (πεδ. ℵ* παιδ. ℵᶜ·ᵇ) A | εστερεωσαν] εστερεωθησαν A   4 διοτι] δια τουτο A | εδυνασθησαν] ηδυνασθησαν ℵ ηδυνηθησαν AQ   5 λαλησω] λαλη ℵ*+σω ℵᶜ·ᵃ | αυτοις] προς αυτους A | ιδου] +α'θ' ※ αυτοι Qᵐᵍ | διερηξαν ℵ* (διερρ. ℵᶜ·ᵃ,ᶜ·ᵇ)   6 επαισεν] επεσεν Bℵ A | του δρυμου] om του A | ωλεθρευσεν ℵ (-θρεσ. ℵ* -θρευσ. ℵᶜ·ᵃ) AQ | παρδαλε B*ᵛⁱᵈ (-λις Bᵃᵇ) | πολις ℵ* (-λεις ℵᶜ·ᵇ) | θηρευθησονται]θηρευσθ|ται A | ισχυσαν] pr και A   7 γενωμαι] εσομε ℵ* (-μαι ℵᶜ·ᵇ) | εγκατελιπον BᵇQᵃ εγκατελειπον AQ* | ουκ ουσιν (-σι ℵAQ)] οικουσιν Bᵛⁱᵈ | εμοιχοντο A κατελυον] κατελυοντο A κατελυοσαν Q   8 θηλυμανεις]+σ' ※ ελκομενοι Qᵐᵍ | εχρεμετιζον A   9 επισκεψομαι A | εκδικηση ℵ   10 αναβησεται ℵ* (αναβηται ℵᶜ·ᵃ) | κατασκαψετε ℵ | συντελιαν ℵ* (-λειαν ℵᶜ·ᵇ) | μη] pr ου ℵA | ποιησητε] incep ποιησε ℵ* (-σηται ℵⁱᵃᵐ ¹) ποιησετε A | υπολειπεσθε AQ

233

Β εἰσίν. ¹¹ὅτι ἀθετῶν ἠθέτησεν εἰς ἐμέ, λέγει Κύριος, οἶκος Ἰσραὴλ, 11 καὶ οἶκος Ἰούδα ¹²ἐψεύσατο τῷ κυρίῳ ἑαυτῶν, καὶ εἶπαν Οὐκ ἔστιν 12 ταῦτα· οὐχ ἥξει ἐφ' ἡμᾶς κακά, καὶ μάχαιραν καὶ λιμὸν οὐκ ὀψόμεθα· ¹³οἱ προφῆται ἡμῶν ἦσαν εἰς ἄνεμον, καὶ λόγος Κυρίου οὐχ ὑπῆρ- 13 χεν ἐν αὐτοῖς· οὕτως ἔσται αὐτοῖς. ¹⁴διὰ τοῦτο τάδε λέγει Κύριος 14 Παντοκράτωρ Ἀνθ' ὧν ἐλαλήσατε τὸ ῥῆμα τοῦτο, ἰδοὺ ἐγὼ δέδωκα τοὺς λόγους μου εἰς τὸ στόμα σου πῦρ, καὶ τὸν λαὸν τοῦτον ξύλα, καὶ καταφάγεται αὐτούς. ¹⁵ἰδοὺ ἐγὼ ἐπάγω ἐφ' ὑμᾶς ἔθνος πόρ- 15 ρωθεν, οἶκος Ἰσραήλ, λέγει Κύριος, ἔθνος οὗ οὐκ ἀκούσει τῆς φωνῆς τῆς γλώσσης αὐτοῦ· ¹⁶πάντες ἰσχυροί, καὶ κατέδονται τὸν θερισμὸν 16 ὑμῶν ¹⁷καὶ τοὺς ἄρτους ὑμῶν, καὶ κατέδονται τοὺς υἱοὺς ὑμῶν καὶ 17 τὰς θυγατέρας ὑμῶν, καὶ κατέδονται τὰ πρόβατα ὑμῶν καὶ τοὺς μόσχους ὑμῶν, καὶ κατέδονται τοὺς ἀμπελῶνας ὑμῶν καὶ τοὺς συκῶνας ὑμῶν καὶ τοὺς ἐλαιῶνας ὑμῶν· καὶ ἀλοήσουσιν τὰς πόλεις, τὰς πόλεις τὰς ὀχυρὰς ὑμῶν, ἐφ' αἷς ὑμεῖς πεποίθατε ἐπ' αὐταῖς, ἐν ῥομφαίᾳ. ¹⁸καὶ ἔσται ἐν ταῖς ἡμέραις ἐκείναις, λέγει Κύριος ὁ θεός 18 σου, οὐ μὴ ποιήσω ὑμᾶς εἰς συντέλειαν. ¹⁹καὶ ἔσται ὅταν εἴπητε 19 Τίνος ἕνεκεν ἐποίησεν Κύριος ὁ θεὸς ἡμῶν ἡμῖν πάντα ταῦτα; καὶ ἐρεῖς αὐτοῖς Ἀνθ' ὧν ἐδουλεύσατε θεοῖς ἀλλοτρίοις ἐν τῇ γῇ ὑμῶν, οὕτως δουλεύσετε ἀλλοτρίοις ἐν γῇ οὐχ ὑμῶν. ²⁰Ἀναγγείλατε 20 ταῦτα εἰς τὸν οἶκον Ἰακώβ, καὶ ἀκουσθήτω ἐν τῷ Ἰούδᾳ. ²¹ἀκού- 21 σατε δὴ ταῦτα, λαὸς μωρὸς καὶ ἀκάρδιος· ὀφθαλμοὶ αὐτοῖς καὶ οὐ βλέπουσιν, ὦτα αὐτοῖς καὶ οὐκ ἀκούουσιν. ²²μὴ ἐμὲ οὐ φοβηθή- 22 σεσθε; λέγει Κύριος, ἢ ἀπὸ προσώπου μου οὐκ εὐλαβηθήσεσθε; τὸν

ℵAQ 11 αθετων] pr ο Q* | om λεγει κς ℵAQ | οικος bis) pr ο ℵQ | Ισραηλ] + α΄σ΄θ΄ ※ φησι κς Q^mg 12 εψευσαντο ℵQ | εαυτων] αυτων ℵAQ | om και 2° ℵ 13 ημων] υμων Q^a vid | om και ℵ* (hab ℵ^c.a) | λογον ℵ* (-γος ℵ^c.a) | om ουτως εσται αυτοις A 15 πορωθεν ℵ* (πορρ. ℵ^iam ante c.a) | Κυριος]+θ΄ ※ εθνος αρχαιον εστιν εθνος απ αιωνος εστι| Q^mg | ουκ ακουσει| ουκ ακουση ℵAQ^a (ουκ ουση Q*) | φωνης] α΄ (ut vid) σ΄θ΄ γλωσσης Q^mg | om της γλωσσης AQ 15 αυτου]+α΄θ΄ ※ ουδε μη ακουσης α λαλει (16) η φαρετρα αυτου ως ταφος ανεωγμενος Q^mg 16—17 om και κατεδονται... τους αρτους υμων ℵ* (hab ℵ^c.a) 16 υμων] αυτων A 17 αρτους] αγρους ℵ^c.a | τα προβατα] τους μοσχους Q | τους μοσχους] τα προβατα Q | om υμων 5° A | om και τους ελαιωνας υμων ℵ* (hab ℵ^c.a) | αλωησουσιν Q | πολεις 1°]+υμων Q | om τας πολεις (2°) B^bℵAQ | om υμων 9° Q | αυταις ℵ* (-ταις ℵ^c.a) 18 om εσται ℵ | om σου ℵ | συντελιαν ℵ* (-λειαν ℵ^c.b) 19 ενεκεν τινος Q | παντα] απαντα ℵAQ | εδουλευσατε (-σαν ℵ* -σαται ℵ^c.a)] pr εγκατε|λειπετε με και Q | αλλοτριοις 1°] ετεροις A | om τη γη...εν 2° A | ουτω ℵ | γη 2°] pr τη Q* (om Q^a) 20 Ιουδα] pr οικω Q^mg+θ΄ ※ λεγω| Q^mg 21 om δη ℵ | ακαρδιος]+θ΄ ※ οις Q^mg 22 μη A | προσωπου] pr του Q

ΙΕΡΕΜΙΑΣ VI 4

τάξαντα ἄμμον ὅριον τῇ θαλάσσῃ, πρόσταγμα αἰώνιον, καὶ οὐχ ὑπερ- B
βήσεται αὐτό, καὶ ταραχθήσεται, καὶ οὐ δυνήσεται, καὶ ἠχήσουσιν τὰ
23 κύματα αὐτῆς καὶ οὐχ ὑπερβήσεται αὐτό. ²³ τῷ δὲ λαῷ τούτῳ ἐγενήθη
24 καρδία ἀνήκοος καὶ ἀπειθής, καὶ ἐξέκλιναν καὶ ἀπήλθοσαν. ²⁴ καὶ
οὐκ εἶπον ἐν τῇ καρδίᾳ αὐτῶν Φοβηθῶμεν δὴ Κύριον τὸν θεὸν ἡμῶν,
τὸν διδόντα ἡμῖν ὑετὸν πρόϊμον καὶ ὄψιμον κατὰ καιρὸν πληρώσεως
25 προστάγματος θερισμοῦ, καὶ ἐφύλαξεν ἡμῖν. ²⁵ αἱ ἀνομίαι ὑμῶν ἐξέ-
κλιναν ταῦτα, καὶ αἱ ἁμαρτίαι ὑμῶν ἀπέστησαν τὰ ἀγαθὰ ἀφ' ὑμῶν.
26 ²⁶ ὅτι εὑρέθησαν ἐν τῷ λαῷ μου ἀσεβεῖς, καὶ παγίδας ἔστησαν τοῦ
27 διαφθεῖραι ἄνδρας, καὶ συνελαμβάνοσαν. ²⁷ ὡς παγὶς ἐφεσταμένη
πλήρης πετεινῶν, οὕτως οἱ οἶκοι αὐτῶν πλήρεις δόλου· διὰ τοῦτο
28 ἐμεγαλύνθησαν καὶ ἐπλούτησαν, ²⁸ καὶ παρέβησαν κρίσιν, οὐκ ἔκρι-
29 ναν κρίσιν ὀρφανοῦ, καὶ κρίσιν χήρας οὐκ ἐκρίνοσαν. ²⁹ μὴ ἐπὶ
τούτοις οὐκ ἐπισκέψομαι; λέγει Κύριος, ἢ ἐν ἔθνει τῷ τοιούτῳ οὐκ ἐκ-
30 δικήσει ἡ ψυχή μου; ³⁰ Ἔκστασις καὶ φρικτὰ ἐγενήθη ἐπὶ τῆς
31 γῆς. ³¹ οἱ προφῆται προφητεύουσιν ἄδικα, καὶ οἱ ἱερεῖς ἐπεκρότησαν
ταῖς χερσὶν αὐτῶν, καὶ ὁ λαός μου ἠγάπησεν οὕτως· καὶ τί ποιήσητε
εἰς τὰ μετὰ ταῦτα;
VI 1 ¹ Ἐνισχύσατε, υἱοὶ Βενιαμείν, ἐκ μέσου τῆς Ἱερουσαλήμ, καὶ ἐν
Θεκουε σημάνατε σάλπιγγι, καὶ ὑπὲρ Βαιθθαχαρμα ἄρατε σημεῖον·
2 ὅτι κακὰ ἐκκέκυφεν ἀπὸ βορρᾶ, καὶ συντριβὴ μεγάλη γίνεται, ² καὶ
3 ἀφαιρεθήσεται τὸ ὕψος σου, θυγάτηρ Σειών. ³ εἰς αὐτὴν ἥξουσιν
ποιμένες καὶ τὰ ποίμνια αὐτῶν, καὶ πήξουσιν ἐπ' αὐτὴν σκηνὰς
4 κύκλῳ, καὶ ποιμανοῦσιν ἕκαστος τῇ χειρὶ αὐτοῦ. ⁴ παρασκευάσασθε

22 αμον ℵ* (αμμ. ℵ¹ (vid), c.b) | οριον] εριον A | δυνησεται] δυνηθησεται A | ℵAQ
ηχησουσιν] ισχυσουσιν ℵ | υπερβησεται] υπερησετε ℵ* (υπερβ. ℵc.a -ται ℵc.b)
23 om και 2° B* vid (hab Bb) Q   24 ειπαν ℵ (ιπ. ℵ* ειπ. ℵc.b) AQ | αυτων]
αυτης A | Κυριον τον] τον κν ℵ | ημιν 1°] υμιν ℵAQ | πρωιμον BbQ   25 υμων
1°] ημων ℵ* (υμ. ℵc.a) | απεστησαν] εξεστ. A   26 ασεβεις] ασεβεισαι A |
om και 1° A | παγιδας (γιδας sup ras ℵ¹)]+σ'θ' ⁕ ως δικτυο| εξευτου Qmg | του
διαφθειραι] om του ℵAQ   27 εφεσταμενη (επ. A)] συνεσταμενη ℵ | πληρεις] πληρης ℵQ   28 και 1°] pr α'σ'θ' ⁕ ελιπανθησαν εστεατωθησαν
Qmg | παρεβησαν]+σ'θ' ⁕ τους λογους μου εις πονηρον Qmg | ορφανου]+α'σ'θ'
⁕ κατευθυνα| Qmg   29 om εν ℵ* (hab ℵc.a) A | τω τοιουτω] om τω
ℵAQ | εκδικι ℵ* (-κησι ℵc.a)   30 εκτασις A   31 επεκρωτησαν ℵ*
(επεκροτ. ℵ¹ (vid), c.a) | μου (ου ℵ* μ. ℵ¹ (vid))] om A | ηγαπησαν A | ποιησητε]
ποιησετε BabQ ποιησεται ℵA | μετα ταυτα] μετ αυτα ℵ   VI 1 Βενιαμιν
ℵQa | εν] εκ A | σημανατε] incep σο ℵ* (σημ. ℵ¹ (vid)) | Βαιθθαχαρμα] Βεθθα-
χαρμα ℵ Βηθθαχαρ A Βηθαχαρμα Q | βαρρα ℵ* (βορρ. ℵc.a)   2 om και
Q* (hab Qmg) | το υψος σου] α'θ' ⁕ την ωραιαν κ την τρυφεραν Qmg | θυγατερ
Q | Σιων BbℵAQ   3 τη χειρι] την χειρα ℵ (χιρ. ℵ* χειρ. ℵc.b) | αυτου]
αυτων A ⁕ το ποιμνιο| αυτου Qmg

ΙΕΡΕΜΙΑΣ

Β ἐπ᾽ αὐτὴν εἰς πόλεμον, ἀνάστητε καὶ ἀναβῶμεν ἐπ᾽ αὐτὴν μεσημ-
βρίας· οὐαὶ ἡμῖν, ὅτι κέκλικεν ἡ ἡμέρα, ὅτι ἐκλείπουσιν αἱ σκιαὶ τῆς
ἡμέρας. ⁵ἀνάστητε καὶ ἀναβῶμεν ἐπ᾽ αὐτὴν νυκτί, καὶ διαφθείρωμεν 5
τὰ θεμέλια αὐτῆς. ⁶ὅτι τάδε λέγει Κύριος *Ἐκκοψον τὰ ξύλα αὐτῆς, 6
ἔκχεον ἐπὶ Ἰερουσαλὴμ δύναμιν· ὦ πόλις ψευδής, ὅλη καταδυναστεία
ἐν αὐτῇ. ⁷ὡς ψύχει λάκκος ὕδωρ, οὕτως ψύχει κακία αὐτῆς· ἀσέβεια 7
καὶ ταλαιπωρία ἀκουσθήσεται ἐν αὐτῇ ἐπὶ πρόσωπον αὐτῆς διὰ παντός.
πόνῳ καὶ μάστιγι ⁸παιδευθήσῃ, Ἰερουσαλήμ· μὴ ἀποστῇ ἡ ψυχή μου 8
ἀπὸ σοῦ, μὴ ποιήσω σε ἄβατον γῆν ἥτις οὐ κατοικισθῇ. ⁹″Οτι 9
τάδε λέγει Κύριος Καλαμᾶσθε καλαμᾶσθε ὡς ἄμπελον τὰ κατάλοιπα
τοῦ Ἰσραήλ, ἐπιστρέψατε ὡς ὁ τρυγῶν ἐπὶ τὸν κάρταλλον αὐτοῦ.
¹⁰πρὸς τίνα λαλήσω καὶ διαμαρτύρωμαι, καὶ ἀκούσεται; ἰδοὺ ἀπερί- 10
τμητα τὰ ὦτα αὐτῶν, καὶ οὐ δυνήσονται ἀκούειν· ἰδοὺ τὸ ῥῆμα Κυρίου
ἐγένετο αὐτοῖς εἰς ὀνειδισμόν, οὐ μὴ βουληθῶσιν αὐτό. ¹¹καὶ τὸν 11
θυμόν μου ἔπλησα καὶ ἐπέσχον, καὶ οὐ συνετέλεσα αὐτούς· ἐκχεῶ
ἐπὶ νήπια ἔξωθεν, ἐπὶ συναγωγὴν νεανίσκων ἅμα, ὅτι ἀνὴρ καὶ γυνὴ
συλλημφθήσονται, πρεσβύτερος μετὰ πλήρους ἡμερῶν· ¹²καὶ μετα- 12
στραφήσονται αἱ οἰκίαι αὐτῶν εἰς ἑτέρους, ἀγροὶ καὶ αἱ γυναῖκες
αὐτῶν ἐπὶ τὸ αὐτό, ὅτι ἐκτενῶ τὴν χεῖρά μου ἐπὶ τοὺς κατοικοῦντας
τὴν γῆν ταύτην, λέγει Κύριος. ¹³ὅτι ἀπὸ μικροῦ αὐτῶν καὶ ἕως 13
μεγάλου πάντες συνετελέσαντο ἄνομα, ἀπὸ ἱερέως ἕως ψευδοπροφήτου
πάντες ἐποίησαν ψευδῆ. ¹⁴καὶ ἰῶντο τὸ σύντριμμα τοῦ λαοῦ μου, 14
ἐξουθενοῦντες καὶ λέγοντες Εἰρήνη εἰρήνη· καὶ ποῦ ἐστιν εἰρήνη;
¹⁵κατῃσχύνθησαν ὅτι ἐξελίποσαν· καὶ οὐδ᾽ ὡς καταισχυνόμενοι 15
κατῃσχύνθησαν, καὶ τὴν ἀτιμίαν αὐτῶν οὐκ ἔγνωσαν· διὰ τοῦτο

ℵAQ   4 μεσημβιας ℵ* (-βρ. ℵ^{c.a, c.b}) | ημερας] εσπερας AQ   5 αναβωμεν] διαβωμεν A | επ αυτην] om ℵAQ | νυκτι] pr εν τη ℵAQ   6 Κυριος] +των δυναμεων Q | εκκοψατε Q | ξυλα] θεμελια Q | ψευδη ℵ (-δης ℵ^{c.c}) | καταδυναστια ℵ   7 υδωρ]+αυτου Q | κακεια AQ | ασεβια ℵ   8 ησεις ℵ | κατοικισθη] κατοικηθησεται ℵAQ* κατωκισθη Q^{mg}   9 Κυριος]+των δυναμεῶ] Q | επιστρεψατε] επιστραφητε Q^{mg} | καρταλον ℵ   10 δια-μαρτυρομαι AQ | αυτων] υμων ℵA | δυνησονται] δυνᾶ|τε ℵ* (-ται ℵ^{c.b}) δυνα-σθαι A δυνωνται Q | ου 2°] pr και A | βουληθωσιν] βουλωντε ℵ* (-ληθωσιν ℵ^{c.a}) | αυτο]+ακουσαι ℵ^{c.a} AQ   11 επλησαν ℵQ* (a signo improb Q^{?vid}) | επι 2°] pr και B^{ab mg}ℵAQ | συ|αγωγην B* συ|αγ. B^† | συλλημφθησονται B^bAQ | πρεσβυτερος] πρεσ (sup ras) et βυ rescr B^{ab} πρεσβυτης Q^{mg} | μετα] pr και A   12 και μεταστραφησονται] α´ ※ ϛ συλληφθησονται Q^{mg} | αι γυναικες] om αι ℵ | om τους κατοικουντας ℵ* (hab ℵ^{c.a})   13 om και ℵ | εως 1°] ως ℵ* (εως ℵ^{c.a}) om A | συνετελεσαντο] συνετελεσαν AQ | ανομα] pr τα Q | εως 2°] pr και AQ   14 του λαου] pr σ´ ※ της θυγατρος Q^{mg}   15 κατῃσχυνθησαν 1°] καταισχ. ℵ (-εσχ. ℵ* -αισχ. ℵ^{c.b}) | εξελειποσαν ℵ^{c.b}AQ^a α´σ´θ´ ※ εποιησαν Q^{mg} | κατησχυνθησαν 2°] ησχυνθησαν ℵAQ | εγνωσαν] επεγνωσαν ℵ

236

ΙΕΡΕΜΙΑΣ VI 26

πεσοῦνται ἐν τῇ πτώσει αὐτῶν, καὶ ἐν καιρῷ ἐπισκοπῆς ἀπολοῦνται, Β
16 εἶπεν Κύριος. ¹⁶Τάδε λέγει Κύριος Στῆτε ἐπὶ ταῖς ὁδοῖς καὶ
ἴδετε καὶ ἐρωτήσατε τρίβους Κυρίου αἰωνίους, καὶ ἴδετε ποία ἐστὶν
ἡ ὁδὸς ἡ ἀγαθή, καὶ βαδίζετε ἐν αὐτῇ, καὶ εὑρήσετε ἁγνισμὸν ταῖς
17 ψυχαῖς ὑμῶν· καὶ εἶπαν Οὐ πορευσόμεθα. ¹⁷καθέστακα ἐφ' ὑμᾶς
σκοπούς, ἀκούσατε τῆς φωνῆς τῆς σάλπιγγος· καὶ εἶπαν Οὐκ ἀκου-
18 σόμεθα. ¹⁸διὰ τοῦτο ἤκουσαν τὰ ἔθνη, καὶ οἱ ποιμαίνοντες τὰ ποίμνια
19 αὐτῶν. ¹⁹ἄκουε, γῆ· ἰδοὺ ἐγὼ ἐπάγω ἐπὶ τὸν λαὸν τοῦτον κακά, τὸν
καρπὸν ἀποστροφῆς αὐτῶν· ὅτι τῶν λόγων μου οὐ προσέσχον, καὶ
20 τὸν νόμον μου ἀπώσαντο. ²⁰ἵνα τί μοι λίβανον ἐκ Σαβὰ φέρετε
καὶ κιννάμωμον ἐκ γῆς μακρόθεν; τὰ ὁλοκαυτώματα ὑμῶν οὐκ εἰ-
21 σὶν δεκτά, καὶ αἱ θυσίαι ὑμῶν οὐχ ἥδυνάν μοι. ²¹διὰ τοῦτο τάδε
λέγει Κύριος Ἰδοὺ ἐγὼ δίδωμι ἐπὶ τὸν λαὸν τοῦτον ἀσθενίαν, καὶ
ἀσθενήσουσιν πατέρες καὶ υἱοὶ ἅμα, γείτων καὶ ὁ πλησίον αὐτοῦ
22 ἀπολοῦνται. ²²Τάδε λέγει Κύριος Ἰδοὺ λαὸς ἔρχεται ἀπὸ βορρᾶ,
23 καὶ ἔθνη ἐγερθήσεται ἀπ' ἐσχάτου τῆς γῆς, ²³τόξον καὶ ζιβύνην
κρατήσουσιν· ἰταμός ἐστιν, καὶ οὐκ ἐλεήσει· φωνὴ αὐτοῦ ὡς θάλασσα
κυμαίνουσα, ἐφ' ἵπποις καὶ ἅρμασιν παρατάξεται ὡς πῦρ εἰς πόλεμον
24 πρὸς σέ, θύγατερ Σειών. ²⁴ἠκούσαμεν τὴν ἀκοὴν αὐτῶν, παρελύ-
θησαν αἱ χεῖρες ἡμῶν, θλίψις κατέσχεν ἡμᾶς, ὠδῖνες ὡς τικτούσης.
25 ²⁵μὴ ἐκπορεύεσθε εἰς ἀγρὸν καὶ ἐν ταῖς ὁδοῖς μὴ βαδίζετε, ὅτι ῥομφαία
26 τῶν ἐχθρῶν παροικεῖ κυκλόθεν. ²⁶θυγάτηρ λαοῦ μου, περίζωσαι
σάκκον, κατάπασαι ἐν σποδῷ, πένθος ἀγαπητοῦ ποίησαι σεαυτῇ

15 πεσουτε ℵ* (-ντε ℵc.a -νται ℵc.b) | επισκοπης] + αυτων AQ 16 αιωνιους ℵAQ
κυ ℵ | βαδιζετε] βαδισατε (δ sup ras Aa) A | αγνισμον] αγιασμον A 17 κατε-
στακα Bℵ* (καθ. ℵc.a) A | σαπτιγγος ℵ* (σαλπ. ℵc.b) | ακουσομε ℵ* (-σομεθα
ℵc.a)   19 pl rescr ut vid Q? | ιδου] Ιοδα ℵ* Ιουδα ℵc.aA | κακα] κατα ℵ |
καρπον] κερον ℵ* (καιρ. ℵc.b) | των λογων] τω λογω ℵQ τοις λογοις A
19—20 απω|σαντο ινα τ sup ras B¹ fort, ab   20 ινα τι] + α'θ'σ' ※ τουτο
Qmg | εξ Σαβα B* (εκ Σ. Bb) εκ Σαβα rescr Qb? | κινναμομον ℵ* (-μωμον
ℵc.a, c.b) | γη ℵ* (γης ℵc.a, c.b): in γης rescr s Qb? | υμων] μ sup ras Aa
21 ασθενειαν BabQ | ασθενησουσιν] + εν αυτη ℵc.aAQ | υιοι B* υι|οι B?
22 εθνη] εθνος μεγα ℵc.a (postea rursus εθνη) A εθνος Qa + ※ μεγα ͼ βασιλεις
πολλοι Qmg | εγερθησεται] εξεγερθηται ℵ* εξεγερθησεται ℵc.a (et, nisi potius
-σονται, ℵ¹) A εξεγερθησονται Q   23 κρατησουσιν] + αυτης Q* (improb
Q?) | ιππους (ιπ ℵ* + ποις ℵc.a)] ιππης Q* vid | παραταξε ℵ* (-ται A) |
θυγατηρ ℵ | Σιων BbℵC.a, c.b (Σιον ℵ*) AQ   24—26 pl rescr ut vid Q?
24 υμων ℵ* (ημ. ℵc.a, c.b) | κατεσχον Q   25 ρομφαια] pr η ℵ | κυκλωθεν ℵ*
(-κλοθεν ℵc.a, c.b)   26 θυγατηρ] θυγατερες ℵ* (-τηρ ℵc.a rurs -τερες)
θυγατερ A (τ rescr A¹) Q | περιζωσαι] περιζωσασθε ℵ* (-σεται ℵc.a postea
restit -σασθε) | καταπασαι] pr και AQ | εν σποδω] σποδον AQ | πενθος] pr ως
ℵc.a | ποιησον Q

VI 27 ΙΕΡΕΜΙΑΣ

B κοπετὸν οἰκτρόν, ὅτι ἐξέφνης ἥξει ταλαιπωρία ἐφ᾽ ὑμᾶς. ²⁷δοκι- 27 μαστὴν δέδωκά σε ἐν λαοῖς δεδοκιμασμένοις καὶ γνώσῃ με ἐν τῷ δοκιμάσαι με τὴν ὁδὸν αὐτῶν· ²⁸ πάντες ἀνήκοοι, πορευόμενοι σκολιῶς· 28 χαλκὸς καὶ σίδηρος, πάντες διεφθαρμένοι εἰσίν. ²⁹ἐξέλιπεν φυσητὴρ 29 ἀπὸ πυρός, ἐξέλιπεν μόλιβος· εἰς κενὸν ἀργυροκόπος ἀργυροκοπεῖ, πονηρία αὐτῶν οὐκ ἐτάκη. ³⁰ἀργύριον ἀποδεδοκιμασμένον καλέσατε 30 αὐτούς, ὅτι ἀπεδοκίμασεν αὐτοὺς Κύριος.

²᾽Ακούσατε λόγον Κυρίου, πᾶσα ἡ Ἰουδαία. ³τάδε λέγει Κύριος $\frac{2}{3}$ VII ὁ θεὸς Ἰσραὴλ Διορθώσατε τὰς ὁδοὺς ὑμῶν καὶ τὰ ἐπιτηδεύματα ὑμῶν, καὶ κατοικιῶ ὑμᾶς ἐν τῷ τόπῳ τούτῳ. ⁴μὴ πεποίθατε ἐφ᾽ ἑαυτοῖς 4 ἐπὶ λόγοις ψευδέσιν, ὅτι τὸ παράπαν οὐκ ὠφελήσουσιν ὑμᾶς λέγοντες Ναὸς Κυρίου, ναὸς Κυρίου ἐστίν. ⁵ὅτι ἐὰν διορθοῦντες διορθώσητε 5 τὰς ὁδοὺς ὑμῶν καὶ τὰ ἐπιτηδεύματα ὑμῶν, καὶ ποιοῦντες ποιήσητε κρίσιν ἀνὰ μέσον ἀνδρὸς καὶ ἀνὰ μέσον τοῦ πλησίον αὐτοῦ, ⁶καὶ 6 προσήλυτον καὶ ὀρφανὸν καὶ χήραν μὴ καταδυναστεύσητε, καὶ αἷμα ἀθῷον μὴ ἐκχέητε ἐν τῷ τόπῳ τούτῳ, καὶ ὀπίσω θεῶν ἀλλοτρίων μὴ πορεύησθε εἰς κακὸν ὑμῖν· ⁷καὶ κατοικιῶ ὑμᾶς ἐν τῷ τόπῳ τούτῳ ἐν 7 γῇ ᾗ ἔδωκα τοῖς πατράσιν ὑμῶν ἐξ αἰῶνος καὶ ἕως αἰῶνος. ⁸εἰ δὲ 8 ὑμεῖς πεποίθατε ἐπὶ λόγοις ψευδέσιν ὅθεν οὐκ ὠφεληθήσεσθε, ⁹καὶ 9 φονεύετε καὶ μοιχᾶσθε καὶ κλέπτετε καὶ ὀμνύετε ἐπ᾽ ἀδίκῳ, καὶ ἐθυμιᾶτε τῇ Βάαλ καὶ ἐπορεύεσθε ὀπίσω θεῶν ἀλλοτρίων ὧν οὐκ οἴδατε ¹⁰τοῦ κακῶς εἶναι ὑμῖν, καὶ ἤλθετε καὶ ἔστητε ἐνώπιον ἐμοῦ ἐν τῷ 10 οἴκῳ οὗ ἐπικέκληται τὸ ὄνομά μου ἐπ᾽ αὐτῷ, καὶ εἴπατε Ἀπεσχήμεθα τοῦ μὴ ποιεῖν πάντα τὰ βδελύγματα ταῦτα. ¹¹μὴ σπήλαιον λῃστῶν 11

ℵAQ 26 εξεφνης (εφνης ℵ* εξ. ℵ¹·ᶜ·ᵃ)] εξαιφνης Bᵃᵇ Q? (εξαι sup ras vid) 27 δεδωκα σε] δεδωκατε ℵ* (δεδ. σε ℵᶜ) 28 χαλκος] pr ως ℵᶜ·ᵃ | παντες 2°] pr και A 29 εξελειπεν (1°) A | πυρος] της γης A | εξελειπεν (2°) ℵᶜ·ᵇA | μολιμος B* (-βος Bᵃᵇ) | μολ. εις καινον ℵ | πονηρια Q | ετακησαν Q 30 αποδοκιμενον ℵ VII 2 ακουσατε...Ιουδαια] θ´ ※ (1) ο λογος ο γενομενος προς Ιερεμιαν παρα κυ λεγων (2) στηθι εν πυλη οικου κυ ϗ αναγνωθι εκει τον λογον τουτον ϗ ερεις ακουσατε τὸ| λογον κυ πασα η Ιουδαια οι εισπορευομενοι δια των πυλῶ| τουτων προσκυνειν τω κω Qᵐᵍ | Ιουδεα ℵ 3 τα λεγει ℵ* (ταδε λ. ℵᶜ·ᵇ) | Κυριος]+των δυναμεων Q | κατοικιω] pr ου A 4 λογοις] ο 1° rescr Qᵇ? | υμας λεγοντες] as λεγ rescr Qᵇ? 5 om και τα επιτηδευματα υμων A επιτηδ. paene rescr Qᵇ? | και 2°]+α´σ´θ´ ※ εαν Qᵐᵍ | κρισιν] κριμα AQ 6 πορευσησθε A | υμιν] υμων ℵ* (-μιν ℵᶜ·ᵃ,ᶜ·ᵇ) 7 τουτω] υμων ℵQ | γη] pr τη Q 8 δε]+και Q* | ωφεληθ. ℵ* ωφεληθ. ℵᶜ·ᵃ 9 om και κλεπτετε ℵ* (hab ℵᶜ·ᵃ) | θυμιατε A | om επορευεσθε A | αλλοτριων] +πορευεσθε A 10 κακω ℵ* (-κως ℵᶜ·ᵃ,ᶜ·ᵇ) | οινε ℵ* (ειναι ℵᶜ·ᵇ) | ηλθατε ℵA | εστητε]+εν τω οικω A | εμου] μου ℵAQ | om εν τω οικω A | om μη Q | om τα βδελυγματα ℵ* om τα ℵᶜ·ᶜ | ταυτα]+τα βδελυγματα ℵᶜ·ᵃ παντα A* (improb Aᵃ?) 11 λῃστων]+σ´ ※ εγενετο Qᵐᵍ

ΙΕΡΕΜΙΑΣ VII 22

ὁ οἶκός μου οὗ ἐπικέκληται τὸ ὄνομά μου ἐπ᾽ αὐτῷ ἐκεῖ ἐνώπιον B
12 ὑμῶν; καὶ ἐγὼ ἰδοὺ ἑόρακα, λέγει Κύριος. [12]ὅτι ἐπορεύθητε εἰς τὸν
τόπον μου τὸν ἐν Σηλώ, οὗ κατεσκήνωσα τὸ ὄνομά μου ἐκεῖ ἔμπροσθεν,
καὶ ἴδετε ἃ ἐποίησα αὐτῷ ἀπὸ προσώπου κακίας λαοῦ μου Ἰσραήλ.
13 [13]καὶ νῦν ἀνθ᾽ ὧν ἐποιήσατε πάντα τὰ ἔργα ταῦτα, καὶ ἐλάλησα πρὸς
ὑμᾶς καὶ οὐκ ἠκούσατέ μου, καὶ ἐκάλεσα ὑμᾶς καὶ οὐκ ἀπεκρίθητε·
14 [14]καὶ ποιήσω τῷ οἴκῳ ᾧ ἐπικέκληται τὸ ὄνομά μου ἐπ᾽ αὐτῷ, ἐφ᾽ ᾧ
ὑμεῖς πεποίθατε ἐπ᾽ αὐτῷ, καὶ τῷ τόπῳ ᾧ ἔδωκα ὑμῖν καὶ τοῖς
15 πατράσιν ὑμῶν, καθὼς ἐποίησα τῇ Σηλώ. [15]καὶ ἀπορρίψω ὑμᾶς
ἀπὸ προσώπου μου, καθὼς ἀπέριψα τοὺς ἀδελφοὺς ὑμῶν, πᾶν τὸ
16 σπέρμα Ἐφράιμ. [16]Καὶ σὺ μὴ προσεύχου περὶ τοῦ λαοῦ τούτου,
καὶ μὴ ἀξίου τοῦ ἐλεηθῆναι αὐτούς, καὶ μὴ εὔχου καὶ μὴ προσέλθῃς
17 μοι περὶ αὐτῶν, ὅτι οὐκ εἰσακούσομαι. [17]ἦ οὐχ ὁρᾷς τί αὐτοὶ ποιοῦσιν
18 ἐν ταῖς πόλεσιν Ἰούδα καὶ ἐν ταῖς ὁδοῖς Ἰερουσαλήμ; [18]οἱ υἱοὶ αὐτῶν
συλλέγουσιν ξύλα, καὶ οἱ πατέρες αὐτῶν καίουσι πῦρ, καὶ αἱ γυναῖκες
αὐτῶν τρίβουσιν σταῖς, τοῦ ποιῆσαι χαυῶνας τῇ στρατιᾷ τοῦ οὐρανοῦ,
19 καὶ ἔσπεισαν σπονδὰς θεοῖς ἀλλοτρίοις ἵνα παροργίσωσίν με. [19]μὴ
ἐμὲ αὐτοὶ παροργίζουσιν; λέγει Κύριος, οὐχὶ ἑαυτούς, ὅπως καται-
20 σχυνθῇ τὰ πρόσωπα αὐτῶν; [20]διὰ τοῦτο τάδε λέγει Κύριος Ἰδοὺ
ὀργὴ καὶ θυμός μου χεῖται ἐπὶ τὸν τόπον τοῦτον καὶ ἐπὶ τοὺς
ἀνθρώπους καὶ ἐπὶ τὰ κτήνη καὶ ἐπὶ πᾶν ξύλον τοῦ ἀγροῦ αὐτῶν
καὶ ἐπὶ τὰ γενήματα τῆς γῆς, καὶ καυθήσεται καὶ οὐ σβεσθή-
21 σεται. [21]Τάδε λέγει Κύριος Τὰ ὁλοκαυτώματα ὑμῶν συναγάγετε
22 μετὰ τῶν θυσιῶν ὑμῶν καὶ φάγετε κρέα. [22]ὅτι οὐκ ἐλάλησα πρὸς

11 αυτων ℵ* (-τω ℵ?) | ιδου (ειδ. ℵ* ιδ. ℵc.b) εγω ℵAQ | εωρακα Bb ℵA ℵAQ
12 om οτι A | πορευθητε ℵ?AQ | Σηλωμ ℵc.cAQ | εκει] pr επ αυτω Q | ει-
δετε ℵc.b   13 ταυτα]+α΄σ΄θ΄ ※ φησὶ κ̄σ̄ Qmg | ημας 1°]+※ ορθρίζω, ϛ
λαλῶ] Qmg | ηκουσατε] εισηκουσατε ℵ   14 και 1°] τοινυν καγω AQ | οικω
ω] οικω ου ℵ τοπω τουτω ω A οικω τουτω ου Q | εδωκα] ελαλησα A | Σηλωμ
ℵc.b Q   15 απορίψω ℵA | απερρίψα Bb(vid)AQ | υμων] ημων A | παν]
απαν ℵc.a (repos παν ℵc.b) | Εφραμ ℵ   16 περι 1°] υπερ A | om και μη
ευχου...περι αυτων A | αυτων] των ℵ* (αυτ. ℵc.a) |οι χ B* ουκ Bsaltem b | εισα-
κουσ.]+σου ℵc.a (improb ℵc.b)   17 om εν ταις πολεσιν Ιουδα και A |
Ιερουσαλημ] Ἰηλ ℵ* (Ἰηλμ ℵc.a)   18 συλλεξουσὶ ℵ* (συλλεγ. ℵc.c) | πυρ]
pr ※ το Qmg | τριβουσι ℵAaQ | σι σταις του ποιη sup ras Aa | σταις] στεας
ℵc.a | στρατεια AQ* | εσπεισαν] σπισαι A | παροργισωσι Q   19 αυ-
τοι]+σπαίτοι ℵ* (σ ras ℵ? πατοι improb ℵc.a) | παροργιουσιν ℵ* (-γίζουσιν
ℵc.a) | ουχι] ουχ A | καταισχυνθη τα προσωπα] θη τα π sup ras Bl nisi potius ab
20 χειται] εκχειται A | bis scr και επι παν ξυλον του αγρου Q* | om αυτων
Q | om επι 5° ℵ* (superscr ℵ1(vid),c.a) | τα γενηματα] pr παντα AQ | της
γης] αυτης A | καυθησεται] εκκαυθησεται ℵQ | om ου B* (hab Bab) | σβεσθη-
σεται (σβεθ. B* σβεσθ. Bab)]+και ουκ εσται ο σβεσων A   22 οτι] και A

Β τοὺς πατέρας ὑμῶν καὶ οὐκ ἐνετειλάμην αὐτοῖς ἐν ἡμέρᾳ ᾗ ἀνήγαγον
αὐτοὺς ἐκ γῆς Αἰγύπτου περὶ ὁλοκαυτωμάτων καὶ θυσίας· ²³ἀλλ' ἢ τὸ 23
ῥῆμα τοῦτο ἐνετειλάμην αὐτοῖς λέγων Ἀκούσατε τῆς φωνῆς μου, καὶ
ἔσομαι ὑμῖν εἰς θεὸν καὶ ὑμεῖς ἔσεσθέ μοι εἰς λαόν, καὶ πορεύεσθε
ἐν πάσαις ταῖς ὁδοῖς μου αἷς ἂν ἐντείλωμαι ὑμῖν, ὅπως ἂν εὖ ᾖ ὑμῖν.
²⁴καὶ οὐκ ἤκουσάν μου καὶ οὐ προσέσχεν τὸ οὖς αὐτῶν, ἀλλ' ἐπορεύ- 24
θησαν τοῖς ἐνθυμήμασιν τῆς καρδίας αὐτῶν τῆς κακῆς, καὶ ἐγενή-
θησαν εἰς τὰ ὄπισθεν καὶ οὐκ εἰς τὰ ἔμπροσθεν, ²⁵ἀφ' ἧς ἡμέρας 25
ἐξήλθοσαν οἱ πατέρες αὐτῶν ἐκ γῆς Αἰγύπτου καὶ ἕως τῆς ἡμέρας
ταύτης. καὶ ἐξαπέστειλα πρὸς ὑμᾶς πάντας τοὺς δούλους μου τοὺς
προφήτας, ἡμέρας καὶ ὄρθρου· καὶ ἀπέστειλα, ²⁶καὶ οὐκ ἤκουσάν μου 26
καὶ οὐ προσέσχεν τὸ οὖς αὐτῶν, καὶ ἐσκλήρυναν τὸν τράχηλον αὐτῶν
ὑπὲρ τοὺς πατέρας αὐτῶν. ²⁸καὶ ἐρεῖς αὐτοῖς τὸν λόγον τοῦτον 28
Τοῦτο τὸ ἔθνος ὃ οὐκ ἤκουσεν τῆς φωνῆς Κυρίου οὐδὲ ἐδέξατο παι-
δείαν· ἐξέλιπεν ἡ πίστις ἐκ στόματος αὐτῶν. ²⁹Κείρε τὴν 29
κεφαλήν σου καὶ ἀπόριπτε, καὶ ἀνάλαβε ἐπὶ χειλέων θρῆνον, ὅτι
ἀπεδοκίμασεν Κύριος καὶ ἀπώσατο τὴν γενεὰν τὴν ποιοῦσαν ταῦτα.
³⁰ὅτι ἐποίησαν οἱ υἱοὶ Ἰούδα τὸ πονηρὸν ἐναντίον ἐμοῦ, λέγει Κύριος· 30
ἔταξαν τὰ βδελύγματα αὐτῶν ἐν τῷ οἴκῳ οὗ ἐπικέκληται τὸ ὄνομά μου
ἐπ' αὐτόν, τοῦ μιᾶναι αὐτόν· ³¹καὶ ᾠκοδόμησαν τὸν βωμὸν τοῦ 31
Τάφεθ, ὅς ἐστιν ἐν φάραγγι υἱοῦ Ἐννόμ, τοῦ κατακαίειν τοὺς υἱοὺς
αὐτῶν καὶ τὰς θυγατέρας αὐτῶν ἐν πυρί, ὃ οὐκ ἐνετειλάμην αὐτοῖς
καὶ οὐ διενοήθην ἐν τῇ καρδίᾳ μου. ³²διὰ τοῦτο ἰδοὺ ἡμέραι ἔρχονται, 32
λέγει Κύριος, καὶ οὐκ ἐροῦσιν ἔτι Βωμὸς τοῦ Τάφεθ καὶ φάραγξ υἱοῦ
Ἐννόμ, ἀλλ' Ἡ φάραγξ τῶν ἀνῃρημένων· καὶ θάψουσιν ἐν τῷ Τάφεθ

אAQ 22 ανετιλαμην א* (ενετ. א^{c.b}) | ημερα η] η ημερα Q | Εγυπτου א* (Αιγ.
א^{c.b}) | ολοκαυτωματων] pr α'σ' ※ λογου Q^{mg} | θυσιων AQ 23 μου] κυ א |
υμιν 1°] υμων A | om πασαις א | om οπως αν εν η υμιν א* (hab א^{c.a}) | η υμιν]
ημιν A   24 ηκουσαν] εισηκουσαν AQ | και ου] ουδε Q | προσεσχεν (προσ|εσχ.
B* προ|σεσχ. B[†] προσε|χεν [sic] א* προσε|σχ. א¹ προσεσ|χ. א^{c.a})] προσεσχον
A | αλλ] αλλα Q | τοις ενθυμημασιν] εν τ. ενθ. א εν τοις επιθ. A | των καρδιων
א* (της καρδιας א^{c.a})   25 Εγυπτου (sic) א* (Αιγυπτ. א^{c.a vel fort antea}) | om
και 4° A   26 ηκουσαν] εισηκουσαν A et (sub ※) Q^{mg} | και ου] ουδε Q^{mg} |
προσεσχον א | το ους] τα ωτα Q^{mg} | εσκληρυνα א* (-ναν א¹(vid), c.a)   28 του-
τον] + ※ α' ϛ ου μη ακουσωσι σου ϛ καλεσεις αυτους ϛ ου μη αποκριθωσι σοι ϛ
ερεις προς αυτους Q^{mg} | Κυριου] + του θυ αυτων Q | εξελειπεν א^{c.b}A (ν sup
ras A^a) | πιστις] + ※ α'θ' ϛ εξηρται Q^{mg} | στοματος] pr του (superscr) Q^a
29 κειραι א^{c.b}AQ | απορριπτε B^{b(vid)}A (-πται) Q^a | απεδοκιμασεν] + αυτους א |
om Κυριος A | απωσατο] + κς A | ποιουσαν] ποιησασαν Q   30 τα πονηρα אA |
εναντιον] ενωπιον AQ | εμου] μου Q   31 ος] ο Q* | και ου] ουδε A   32 Ταφετ
א (bis) | om υιου Εννομ αλλ η φαραγξ א* (hab א^{c.a}) | Ταφεθ 2°] pr ταφω A

ΙΕΡΕΜΙΑΣ VIII 7

33 διὰ τὸ μὴ ὑπάρχειν τόπον, ³³καὶ ἔσονται οἱ νεκροὶ τοῦ λαοῦ τούτου B
εἰς βρῶσιν τοῖς πετεινοῖς τοῦ οὐρανοῦ καὶ τοῖς θηρίοις τῆς γῆς, καὶ
34 οὐκ ἔσται ὁ ἀποσοβῶν. ³⁴καὶ καταλύσω ἐκ πόλεως Ἰούδα καὶ ἐκ
διόδων Ἰερουσαλὴμ φωνὴν εὐφραινομένων καὶ φωνὴν χαιρόντων,
φωνὴν νυμφίου καὶ φωνὴν νύμφης, ὅτι εἰς ἐρήμωσιν ἔσται πᾶσα
ἡ γῆ.

VIII 1 ¹Ἐν τῷ καιρῷ ἐκείνῳ, λέγει Κύριος, ἐξοίσουσιν τὸ ὀστᾶ τῶν
βασιλέων Ἰούδα καὶ τὰ ὀστᾶ τῶν ἀρχόντων αὐτοῦ καὶ τὰ ὀστᾶ τῶν
ἱερέων καὶ τὰ ὀστᾶ προφητῶν καὶ τὰ ὀστᾶ τῶν κατοικούντων ἐν
2 Ἰερουσαλὴμ ἐκ τῶν τάφων αὐτῶν, ²καὶ ψύξουσιν αὐτὰ πρὸς τὸν
ἥλιον καὶ τὴν σελήνην καὶ πρὸς πάντας τοὺς ἀστέρας καὶ πρὸς πᾶσαν
τὴν στρατιὰν τοῦ οὐρανοῦ, ἃ ἠγάπησαν καὶ οἷς ἐδούλευσαν καὶ ὧν
ἐπορεύθησαν ὀπίσω αὐτῶν καὶ ὧν ἀντείχοντο καὶ οἷς προσεκύνησαν
αὐτοῖς· οὐ κοπήσονται καὶ οὐ ταφήσονται, καὶ ἔσονται εἰς παράδειγμα
3 ἐπὶ προσώπου τῆς γῆς, ³ὅτι εἴλοντο τὸν θάνατον ἢ τὴν ζωήν, καὶ
πᾶσιν τοῖς καταλοίποις τοῖς καταλειφθεῖσιν ἀπὸ τῆς γενεᾶς ἐκείνης, ἐν
4 παντὶ τόπῳ οὗ ἐὰν ἐξώσω αὐτοὺς ἐκεῖ.   ⁴Ὅτι τάδε λέγει Κύριος
5 Μὴ ὁ πίπτων οὐκ ἀνίσταται; ἢ ὁ ἀποστρέφων οὐκ ἀναστρέφει; ⁵διὰ
τί ἀπέστρεψεν ὁ λαός μου οὗτος ἀποστροφὴν ἀναιδῆ, καὶ κατεκρατή-
θησαν ἐν τῇ προαιρέσει αὐτῶν καὶ οὐκ ἠθέλησαν τοῦ ἐπιστρέψαι;
6 ⁶ἐνωτίσασθε δὴ καὶ ἀκούσατε· οὐχ οὕτως λαλήσουσιν Οὐκ ἔστιν
ἄνθρωπος μετανοῶν ἀπὸ τῆς κακίας αὐτοῦ, λέγων Τί ἐποίησα;
διέλιπεν ὁ τρέχων ἀπὸ τοῦ δρόμου αὐτοῦ ὡς ἵππος κάθιδρος ἐν
7 χρεμετισμῷ αὐτοῦ. ⁷καὶ ἡ ἀσιδὰ ἐν τῷ οὐρανῷ ἔγνω τὸν καιρὸν
αὐτῆς· τρυγὼν καὶ χελιδὼν ἀγροῦ, στρουθία ἐφύλαξαν καιροὺς

VIII 8   ΙΕΡΕΜΙΑΣ

Β εἰσόδων ἑαυτῶν· ὁ δὲ λαός μου οὐκ ἔγνω τὰ κρίματα Κυρίου. ⁸πῶς 8
ἐρεῖτε ὅτι Σοφοί ἐσμεν ἡμεῖς, καὶ νόμος Κυρίου ἐστὶν μεθ' ἡμῶν;
εἰς μάτην ἐγενήθη σχοῖνος ψευδὴς γραμματεῦσιν. ⁹ᾐσχύνθησαν 9
σοφοὶ καὶ ἐπτοήθησαν καὶ ἑάλωσαν, ὅτι τὸν νόμον Κυρίου ἀπεδοκί-
μασαν· σοφία τίς ἐστιν ἐν αὐτοῖς; ¹⁰διὰ τοῦτο δώσω τὰς γυναῖκας 10
αὐτῶν ἑτέροις, καὶ τοὺς ἀγροὺς αὐτῶν τοῖς κληρονόμοις, ¹³καὶ συνά- 13
ξουσιν τὰ γενήματα αὐτῶν, λέγει Κύριος· οὐκ ἔστιν σταφυλὴ ἐν
ταῖς ἀμπέλοις, καὶ οὐκ ἔστιν σῦκα ἐν ταῖς συκαῖς, καὶ τὰ φύλλα
κατερρύηκεν. ¹⁴ἐπὶ τί ἡμεῖς καθήμεθα; συνάχθητε καὶ εἰσέλθωμεν 14
εἰς τὰς πόλεις τὰς ὀχυρὰς καὶ ἀποριφῶμεν, ὅτι ὁ θεὸς ἀπέριψεν
ἡμᾶς καὶ ἐπότισεν ἡμᾶς ὕδωρ χολῆς, ὅτι ἡμάρτομεν ἐναντίον αὐτοῦ.
¹⁵συνήχθημεν εἰς εἰρήνην, καὶ οὐκ ἦν ἀγαθά· εἰς καιρὸν ἰάσεως, καὶ 15
ἰδοὺ σπουδή. ¹⁶ἐκ Δὰν ἀκουσόμεθα φωνὴν ὀξύτητος ἵππων αὐτοῦ, 16
ἀπὸ φωνῆς χρεμετισμοῦ ἱππασίας ἵππων αὐτοῦ ἐσείσθη πᾶσα ἡ
γῆ· καὶ ἥξει καὶ καταφάγεται τὴν γῆν καὶ τὸ πλήρωμα αὐτῆς, πόλιν
καὶ τοὺς κατοικοῦντας ἐν αὐτῇ. ¹⁷διότι ἰδοὺ ἐγὼ ἐξαποστέλλω 17
εἰς ὑμᾶς ὄφεις θανατοῦντας, οἷς οὐκ ἔστιν ἐπᾶσαι, καὶ δήξονται
ὑμᾶς ¹⁸ἀνίατα μετ' ὀδύνης, καρδίας ὑμῶν ἀπορουμένης. ¹⁹ἰδοὺ φωνὴ ¹⁸/₁₉
κραυγῆς θυγατρὸς λαοῦ μου ἀπὸ γῆς μακρόθεν· μὴ Κύριος οὐκ
ἔστιν ἐν Σειών; ἢ βασιλεὺς οὐκ ἔστιν ἐκεῖ; διὰ τί παρώργισάν
με ἐν τοῖς γλυπτοῖς αὐτῶν καὶ ἐν ματαίοις ἀλλοτρίοις; ²⁰διῆλθεν 20
θέρος, παρῆλθεν ἄμητος, καὶ ἡμεῖς οὐ διεσώθημεν. ²¹ἐπὶ συντρίμματι 21
θυγατρὸς λαοῦ μου ἐσκοτώθην· ἀπορίᾳ κατίσχυσάν με ὠδῖνες ὡς

ΙΕΡΕΜΙΑΣ IX 12

a2 τικτούσης. ²²μὴ ῥητίνη οὐκ ἔστιν ἐν Γαλαάδ, ἢ ἰατρὸς οὐκ ἔστιν B
ἐκεῖ; διὰ τί οὐκ ἀνέβη ἴασις θυγατρὸς λαοῦ μου;
(23) IX 1 ¹Τίς δώσει κεφαλῇ μου ὕδωρ καὶ ὀφθαλμοῖς μου πηγὴν δακρύων,
καὶ κλαύσομαι τὸν λαόν μου τοῦτον ἡμέρας καὶ νυκτός, τοὺς τετραυ-
(1) 2 ματισμένους θυγατρὸς λαοῦ μου; ²τίς δῴη μοι ἐν τῇ ἐρήμῳ σταθμὸν
ἔσχατον, καὶ καταλείψω τὸν λαόν μου καὶ ἀπελεύσομαι ἀπ' αὐτῶν;
(2) 3 ὅτι πάντες μοιχῶνται, σύνοδος ἀθετούντων, ³καὶ ἐνέτειναν τὴν
γλῶσσαν αὐτῶν ὡς τόξον· ψεῦδος καὶ οὐ πίστις ἐνίσχυσεν ἐπὶ
τῆς γῆς, ὅτι ἐκ κακῶν εἰς κακὰ ἐξήλθοσαν, καὶ ἐμὲ οὐκ ἔγνωσαν.
(3) 4 ⁴ἕκαστος ἀπὸ τοῦ πλησίον αὐτοῦ φυλάξασθε, καὶ ἐπ' ἀδελφοῖς αὐτῶν
μὴ πεποίθατε, ὅτι πᾶς ἀδελφὸς πτέρνῃ πτερνιεῖ, καὶ πᾶς φίλος
(4) 5 δολίως πορεύσεται. ⁵ἕκαστος κατὰ τοῦ φίλου αὐτοῦ καταπαίξεται,
ἀλήθειαν οὐ μὴ λαλήσωσιν· μεμάθηκεν ἡ γλῶσσα αὐτῶν λαλεῖν ψευδῆ,
(5) 6 ἠδίκησαν καὶ οὐ διέλιπον τοῦ ἐπιστρέψαι. ⁶τόκος ἐπὶ τόκῳ, καὶ
(6) 7 δόλος ἐπὶ δόλῳ· οὐκ ἤθελον εἰδέναι με. ⁷Διὰ τοῦτο τάδε λέγει
Κύριος Ἰδοὺ ἐγὼ πυρώσω αὐτοὺς καὶ δοκιμῶ αὐτούς, ὅτι ποιήσω ἀπὸ
(7) 8 προσώπου πονηρίας θυγατρὸς λαοῦ μου. ⁸βολὶς τιτρώσκουσα ἡ
γλῶσσα αὐτῶν, δόλια τὰ ῥήματα τοῦ στόματος αὐτῶν· τῷ πλησίον
(8) 9 αὐτοῦ λαλεῖ εἰρηνικὰ καὶ ἐν ἑαυτῷ ἔχει τὴν ἔχθραν. ⁹μὴ ἐπὶ τούτοις
οὐκ ἐπισκέψομαι, λέγει Κύριος, ἢ ἐν λαῷ τῷ τοιούτῳ οὐκ ἐκδικήσει
(9) 10 ἡ ψυχή μου; ¹⁰Ἐπὶ τὰ ὄρη λάβετε κοπετόν, καὶ ἐπὶ τὰς
τρίβους τῆς ἐρήμου θρῆνον, ὅτι ἐξέλιπον παρὰ τὸ μὴ εἶναι ἀνθρώπους·
οὐκ ἤκουσαν φωνὴν ὑπάρξεως· ἀπὸ πετεινῶν τοῦ οὐρανοῦ καὶ ἕως
(10) 11 κτηνῶν ἐξέστησαν, ᾤχοντο. ¹¹καὶ δώσω τὴν Ἱερουσαλὴμ εἰς
μετοικίαν καὶ εἰς κατοικητήριον δρακόντων, καὶ τὰς πόλεις Ἰούδα
(11) 12 εἰς ἀφανισμὸν θήσομαι παρὰ τὸ μὴ κατοικεῖσθαι. ¹²τίς ὁ ἄνθρωπος
ὁ συνετός, καὶ συνέτω τοῦτο· καὶ ᾧ λόγος στόματος Κυρίου πρὸς

22 ριτινη A   IX 1 κεφαλην Q* | τον λαον μου sub ⸗ Q? | τους τετραυμ.] ℵAQ
και τετραυμ. A   2 δωη] δωσει Q | σταθμον] a' καταλυμα σ' αυλισμον Qᵐᵍ |
τον λαον μου]+τουτον ℵ   3 τοξος A | εγνωσαν]+φησιν κ̄ς̄ Q   4 αυτου]
+εξηλθοσαν A | φυλαξεσθαι ℵ | αυτων] εαυτων A   5 om κατα ℵ | αυτου]
εαυτου A | καταπαιξεται] καταπεξετε ℵ* -παιξεται ℵᶜ·ᵇ -παιξεται ℵᶜ·ᶜ κατα-
φευξεται A* (καταπεξ. A?) | αληθιαν ℵ | λαλησουσιν ℵA | διελειπον ℵᶜ·ᵇA
6 om και ℵQ | δολος] λ ex δ fec vid ℵ* | ηθελον] ηθελησαν Q | με]+φησιν
κ̄ς̄ Q   7 Κυριος]+των δυναμεων Q | πυρω|ρ incep ℵ* (πυρω|σω ℵ¹⁽ᵛⁱᵈ⁾) |
δοκιμασω ℵᶜ·ᵃ | πονηριας] της ℵ   8 γλωσσα] καρδια A | εαυτω] αυτω ℵ*
(εαυτ. ℵᶜ·ᶜ)   9 om μη ℵ* (hab ℵᶜ·ᵃ) | τω τοιουτω] om τω AQ   10 εξε-
λειπον ℵᶜ·ᵇAQᵃᵛⁱᵈ | ανθρωπους]+α'θ' ⋇ παραπορευομενους Qᵐᵍ | κτηνων] pr
των A   11 κατοικητηρια A | πολις ℵ* (-λεις ℵᶜ·ᵇ)   12 om ο bis A |
συνετος (-τως A*)] σοφος Q | συνετω] συνετιω ℵᶜ·ᵃ (postea rurs -τω) συνιειτε
A | om ω ℵ* (hab ℵᶜ·ᶜ) A | λογος] pr ο ℵ*AQᵃ

243   Q 2

IX 13   ΙΕΡΕΜΙΑΣ

Β αὐτόν, ἀναγγειλάτω ὑμῖν ἕνεκεν τίνος ἀπώλετο ἡ γῆ· ἀνήφθη ὡς ἔρημος παρὰ τὸ μὴ διοδεύεσθαι αὐτήν. ¹³Καὶ εἶπεν Κύριος 13 (12) πρὸς μέ Διὰ τὸ ἐνκαταλιπεῖν αὐτοὺς τὸν νόμον μου ὃν ἔδωκα πρὸ προσώπου αὐτῶν, καὶ οὐκ ἤκουσαν τῆς φωνῆς μου, ¹⁴ἀλλ' ἐπορεύ- 14 (13) θησαν ὀπίσω τῶν ἀρεστῶν τῆς καρδίας αὐτῶν τῆς κακῆς καὶ ὀπίσω τῶν εἰδώλων ἃ ἐδίδαξαν αὐτοὺς οἱ πατέρες αὐτῶν. ¹⁵διὰ τοῦτο τάδε 15 (14) λέγει Κύριος ὁ θεὸς Ἰσραήλ Ἰδοὺ ἐγὼ ψωμιῶ αὐτοὺς ἀνάγκας, καὶ ποτιῶ αὐτοὺς ὕδωρ χολῆς, ¹⁶καὶ διασκορπιῶ αὐτοὺς ἐν τοῖς ἔθνεσιν 16 (15) εἰς οὓς οὐκ ἐγίνωσκον αὐτοὶ καὶ οἱ πατέρες αὐτῶν, καὶ ἐπαποστελῶ ἐπ' αὐτοὺς τὴν μάχαιραν ἕως τοῦ ἐξαναλῶσαι αὐτοὺς ἐν αὐτῇ. ¹⁷Τάδε λέγει Κύριος Καλέσατε τὰς θρηνούσας καὶ 17 (16) ἐλθέτωσαν, καὶ πρὸς τὰς σοφὰς ἀποστείλατε καὶ φθεγξάσθωσαν ¹⁸καὶ λαβέτωσαν ἐφ' ὑμᾶς θρῆνον, καὶ καταγαγέτωσαν οἱ ὀφθαλμοὶ 18 (17) ὑμῶν δάκρυα, καὶ τὰ βλέφαρα ὑμῶν ῥείτω ὕδωρ, ¹⁹ὅτι φωνὴ οἰκτροῦ 19 (18) ἠκούσθη ἐν Σειών Πῶς ἐταλαιπωρήσαμεν, κατῃσχύνθημεν σφόδρα, ὅτι ἐνκατελίπομεν τὴν γῆν καὶ ἀπερίψαμεν τὰ σκηνώματα ἡμῶν. ²⁰ἀκούσατε δή, γυναῖκες, λόγον θεοῦ, καὶ δεξάσθω τὰ ὦτα ὑμῶν 20 (19) λόγους στόματος αὐτοῦ, καὶ διδάξατε τὰς θυγατέρας ὑμῶν οἶκτον, καὶ γυνὴ τὴν πλησίον αὐτῆς θρῆνον. ²¹ὅτι ἀνέβη θάνατος διὰ τῶν 21 (20) θυρίδων ὑμῶν, εἰσῆλθεν εἰς τὴν γῆν ὑμῶν τοῦ ἐκτρίψαι νήπια ἔξωθεν καὶ νεανίσκους ἀπὸ τῶν πλατειῶν. ²²καὶ ἔσονται οἱ νεκροὶ τῶν 22 (21) ἀνθρώπων εἰς παράδειγμα ἐπὶ προσώπου τοῦ πεδίου τῆς γῆς ὑμῶν, ὡς χόρτος ὀπίσω θερίζοντος, καὶ οὐκ ἔσται ὁ συνάγων. ²³Τάδε 23 (22) λέγει Κύριος Μὴ καυχάσθω ὁ σοφὸς ἐν τῇ σοφίᾳ αὐτοῦ, καὶ μὴ καυχάσθω ὁ ἰσχυρὸς ἐν τῇ ἰσχύι αὐτοῦ, καὶ μὴ καυχάσθω ὁ πλούσιος

ℵAQ   12 υμιν] ημιν AQ | τινος ενεκεν AQ | om αυτην A'   13 bis scr και ειπεν A* vid (ras 2° A¹) | εγκαταλιπειν B^{ab}AQ ενκαταλειπειν ℵ^{c.b} | μου 2°] + ※ ϛ επορευθησαν εν αυτω Q^{mg}   14 αλλ] ※ και (superscr) Q^{b?} | αρεστων] εραστων A   15 Κυριος]+των δυναμεων Q | ψωμιζω AQ | αυτους 1°] pr υμας A+a'σ'θ' ※ τον λαον τουτον Q^{mg} | ποτιζω Q   16 διασκοπιω ℵ* (-σκορπ. ℵ^{c.a, c.b}) | επαποστελω] αποστειλω ℵ* (επαποστελω ℵ^{c.a}) αποστελω ℵ^{c.c} | του εξαναλωσαι] ου εξαναλωσω ℵQ   17 Κυριος]+ ※ των δυναμεων Q^{mg} | καλεσατε] pr ※ συνετε Q^{mg} | ελθατωσαν ℵA | φθεγξασθωσαν (φθεξ. ℵ* φθεγξ. ℵ^{c.a})] φθεγξασθω sup ras B¹^{(fort)ab}   18 και 1°] pr a'θ' ※ και ταχυνατωσα[ι Q^{mg} | τα βλεφαρα] om τα Q   19 οικτου ℵ^{c.a et antea} Q | Σιων B^{b}ℵAQ | εγκατελιπομεν B^{ab}Q^{*b} ενκατελειπομεν ℵ^{c.b} εγκατελειπ. AQ^{a} | απερριψαμεν B^{a?b}ℵAQ   20 θεου] κυ A | οικτρον ℵ* (-τον ℵ^{c.a}) A | αυτης] εαυτης A   21 om δια τ. θυρ. υμων εισηλθεν A | εισηλθεν]pr και Q | υμων 2°]+και ηλθεν δια των θυριδων υμων A   22 και 1°] pr θ' ※ θανατω ταδε λεγει κ̅ς̅ Q^{mg} | om εις ℵQ* (hab Q¹^{(mg)}) | ως χορτος] και ℵ* (+ως χορτος ℵ^{c.a}) pr και AQ | θεριζοντων ℵ

244

ΙΕΡΕΜΙΑΣ XII

(23) 24 ἐν τῷ πλούτῳ αὐτοῦ, ²⁴ἀλλ' ἢ ἐν τούτῳ καυχάσθω ὁ καυχώμενος, Β συνίειν καὶ γινώσκειν ὅτι ἐγώ εἰμι Κύριος ὁ ποιῶν ἔλεος καὶ κρίμα καὶ δικαιοσύνην ἐπὶ τῆς γῆς, ὅτι ἐν τούτοις τὸ θέλημά μου, λέγει (24) 25 Κύριος. ²⁵ἰδοὺ ἡμέραι ἔρχονται, λέγει Κύριος, καὶ ἐπισκέψομαι (25) 26 ἐπὶ πάντας περιτετμημένους ἀκροβυστίας αὐτῶν, ²⁶ἐπ' Αἴγυπτον καὶ ἐπὶ Ἰδουμαίαν καὶ ἐπὶ Ἐδώμ, καὶ ἐπὶ υἱοὺς Ἀμμὼν καὶ ἐπὶ υἱοὺς Μωάβ, καὶ ἐπὶ πάντα περικειρόμενον τὰ κατὰ πρόσωπον αὐτοῦ, τοὺς κατοικοῦντας ἐν τῇ ἐρήμῳ· ὅτι πάντα τὰ ἔθνη ἀπερίτμητα σαρκί, καὶ πᾶς οἶκος Ἰσραὴλ ἀπερίτμητοι καρδίας αὐτῶν.
X 1 ¹Ἀκούσατε τὸν λόγον Κυρίου ὃν ἐλάλησεν ἐφ' ὑμᾶς, οἶκος Ἰσραήλ. 2 ²τάδε λέγει Κύριος Κατὰ τὰς ὁδοὺς τῶν ἐθνῶν μὴ μανθάνετε, καὶ ἀπὸ τῶν σημείων τοῦ οὐρανοῦ μὴ φοβεῖσθε, ὅτι φοβοῦνται αὐτὰ τοῖς 3 προσώποις αὐτῶν. ³ὅτι τὰ νόμιμα τῶν ἐθνῶν μάταια· ξύλον ἐστὶν 4 ἐκ τοῦ δρυμοῦ ἐκκεκομμένον, ἔργον τέκτονος καὶ χώνευμα, ⁴ἀργυρίῳ καὶ χρυσίῳ κεκαλλωπισμένα· ἐν σφύραις καὶ ἥλοις ἐστερέωσαν αὐτά· 5ᵃθήσουσιν αὐτὰ καὶ οὐ κινηθήσονται· ⁵ᵃἀργύριον τορευτόν ἐστιν, οὐ 9 πορεύσονται,⁹ἀργύριον προσβλητὸν ἀπὸ Θαρσεὶς ἥξει,χρυσίον Μωφάζ, καὶ χεὶρ χρυσοχόων, ἔργα τεχνιτῶν πάντα· ὑάκινθον καὶ πορφύραν 5ᵇἐνδύσουσιν αὐτά· ⁵ᵇαἰρόμενα ἀρθήσονται, ὅτι οὐκ ἐπιβήσονται. μὴ φοβηθῆτε αὐτά, ὅτι οὐ μὴ κακοποιήσωσιν, καὶ ἀγαθὸν οὐκ ἔστιν 11 ἐν αὐτοῖς. ¹¹Οὕτως ἐρεῖτε αὐτοῖς Θεοὶ οἳ τὸν οὐρανὸν καὶ τὴν

24 om η Q | συνιειν ⳽ γι|νωσκειν...ελεος και κρι in mg et sup ras Aᵃ | ℵAQ γινωσκειν]+με ℵᶜ·ᵃ (postea ras) Q | ο ποιων] om ο ℵQ   25 om ιδου... Κυριος ℵ* (hab ℵᶜ·ᵃ) | περιτετμηνευους ℵ* (·τμημ. ℵᶜ·ᵃ) περιτετετμ. A 26 Εγυπτον ℵ* (Αιγ. ℵᶜ·ᵇ) | Ιδουμαιαν (-μεαν ℵ)] pr την ℵAQ | υιους 1°] pr παντας τους A | υιους 2°] pr τους A | παντα 1°] παν ℵ*AQ (παντα ℵᶜ·ᵃQ¹ ᵐᵍ) | περικειρομενον] περικειμενον Q (περικειρ. Qᵐᵍ) | τα κατα προσ.] om τα ℵ | απεριτετμητα A | οικος] pr ο ℵ | απεριτμητοι] απεριτμητος ℵA X 1 τον λογον] om τον ℵA το ρημα Q | ον] ο Q | ελαλησεν] +κ̅ς̅ AQ | εφ υμας] εοφμας ℵ* (εφμας ℵ¹ ᶠᵒʳᵗ εφ υμ. ℵᶜ·ᵃ)   2 των εθνων] om των A | μανθανετε (-νατε B)] πορευεσθαι A | σημειων] θηριων ℵ* (σημιων ℵᶜ·ᵃ) | προσ- ωποις] σωπο sup ras ℵ¹   3 τεκτονος] pr α'ο' ⁒ χειρῷ] Qᵐᵍ   4 κεκαλ- λωπισμενα] κεκολαμμενα ℵ* (κεκαλλοπ. [sic] ℵᶜ·ᵃ)+εστιν ℵAQ   5ᵃ om θη- σουσιν αυτα ℵAQ | [κεινηθη]σονται...αρθησον[ται] pr obelos Bᵃ (non inst Bᵇ) | ου πορευσονται sub ⸓ Qˀ   9 προσβλητον] προβλητον εστιν ℵ | Θαρσις ℵ | Μω- φας ℵ | χειρ (χερ ℵ*)] χειρες ℵᶜ·ᵃA   5ᵇ om μη 2° A | κακοποιησουσιν ℵAQ | και] pr αυτα ερομενα ℵ* (uncis incl ℵ¹ ερ. improb ℵᶜ·ᵃ item αυτα ℵᶜ·ᶜ) | αυ- τοις]+θ' ⁒ (6) ουτως ωσπερ συ κ̅ε̅ μεγας ει συ και μεγα το ονομα σου εν δυναμει (7) τις ου μη φοβηθησεται βασιλευς των εθνων οτι σοι ανηκεν οτι εν πασιν τοις σοφοις των εθνων και εν πασι τοις βασιλευσιν αυτων ποθεν ωσπερ συ κ̅ε̅ (8) και εισαπαξ εκκαησονται ⳽ ασθενησουσι καρδια ματαιων [ασυνετεις νοητισθησοντ̅, ⳽ παιδεια ματαιοτητων εν αυτοις] ξυλον εστιν (9) αργυριον ελατον εκ Θαρσεις φερομενον ⳽ χρυσιον εις Σουφειρ εργα τεκτονος ⳽ χειρων

ΙΕΡΕΜΙΑΣ

B γῆν οὐκ ἐποίησαν ἀπολέσθωσαν ἀπὸ τῆς γῆς καὶ ὑποκάτωθεν τοῦ οὐρανοῦ τούτου. ¹²Κύριος ὁ ποιήσας τὴν γῆν ἐν τῇ ἰσχύι αὐτοῦ, ὁ 12 ἀνορθώσας τὴν οἰκουμένην ἐν τῇ σοφίᾳ αὐτοῦ, καὶ τῇ φρονήσει αὐτοῦ ἐξέτεινεν τὸν οὐρανὸν ¹³καὶ πλῆθος ὕδατος ἐν οὐρανῷ, καὶ ἀνήγαγεν 13 νεφέλας ἐξ ἐσχάτου τῆς γῆς· ἀστραπὰς εἰς ὑετὸν ἐποίησεν, καὶ ἐξήγαγεν φῶς ἐκ θησαυρῶν αὐτοῦ. ¹⁴ἐμωράνθη πᾶς ἄνθρωπος ἀπὸ 14 γνώσεως, κατῃσχύνθη πᾶς χρυσοχόος ἐπὶ τοῖς γλυπτοῖς αὐτοῦ, ὅτι ψευδῆ ἐχώνευσεν, οὐκ ἔστιν πνεῦμα ἐν αὐτοῖς. ¹⁵μάταιά ἐστιν ἔργα 15 ἐνπεπαιγμένα, ἐν καιρῷ ἐπισκοπῆς αὐτῶν ἀπολοῦνται. ¹⁶οὐκ ἔστιν 16 τοιαύτη μερὶς τῷ Ἰακώβ, ὅτι ὁ πλάσας τὰ πάντα αὐτὸς κληρονομία αὐτοῦ, Κύριος ὄνομα αὐτῷ. ¹⁷Συνήγαγεν ἔξωθεν τὴν ὑπόστασίν 17 σου, κατοικοῦσα ἐν ἐκλεκτοῖς. ¹⁸ὅτι τάδε λέγει Κύριος Ἰδοὺ ἐγὼ 18 σκελίζω τοὺς κατοικοῦντας τὴν γῆν ταύτην ἐν θλίψει ὅπως εὑρεθῇ ἡ πληγή σου. ¹⁹οὐαὶ ἐπὶ συντρίμματί σου, ἀλγηρὰ ἡ πληγή σου. 19 κἀγὼ εἶπα Ὄντως τοῦτο τὸ τραῦμά σου, καὶ κατέλαβέν σε. ²⁰ἡ σκηνή 20 σου ἐταλαιπώρησεν, ὤλετο, καὶ πᾶσαι αἱ δέρρεις σου διεσπάσθησαν· οἱ υἱοί μου καὶ τὰ πρόβατά μου οὐκ εἰσίν, οὐκ ἔστιν ἔτι τόπος τῆς σκηνῆς μου, τύπος τῶν δέρρεών μου. ²¹ὅτι οἱ ποιμένες ἠφρονεύσαντο, 21 καὶ τὸν κύριον οὐκ ἐζήτησαν· διὰ τοῦτο οὐκ ἐνόησεν πᾶσα ἡ νομή, καὶ διεσκορπίσθησαν. ²²φωνὴ ἀκοῆς ἰδοὺ ἔρχεται καὶ σεισμὸς μέγας 22 ἐκ γῆς βορρᾶ τοῦ τάξαι τὰς πόλεις Ἰούδα εἰς ἀφανισμὸν καὶ κοίτην στρουθῶν. ²³οἶδα, Κύριε, ὅτι οὐχὶ τοῦ ἀνθρώπου ἡ ὁδὸς αὐτοῦ, οὐδὲ 23 ἀνὴρ πορεύσεται καὶ κατορθώσει πορείαν αὐτοῦ. ²⁴παίδευσον ἡμᾶς, 24 Κύριε, πλὴν ἐν κρίσει καὶ μὴ ἐν θυμῷ, ἵνα μὴ ὀλίγους ἡμᾶς ποιήσῃς.

ℵAQ χρυσοχοου υακινθος ϛ πορφυρα το ενδυμα αυτω] εργα σοφων παντα (10) ο δε κ̅ς̅ θ̅ς̅ αληθινος εστι θ̅ς̅ ζων ϛ βασιλευς αιωνιος απο του θυμου αυτου σαλευθησεται η γη και ουχ υποισουσιν εθνη την οργην αυτου Q^mg 11 υποκατω|εν ℵ* (-τωθεν ℵ¹) 12 ο ανορθωσας (ανοθ. ℵ* ανορθ. ℵ¹ (vid))] om o Q* vid | τη φρονησει] pr εν Q | ουρανου]+θ' ※ εις φωνῇ δοντος αυτου Q^mg 13 γης] ης ℵ* (γης ℵ^c) | φως] ανεμους Q | αυτου] αυτων ℵ* (-του ℵ¹) 14 κατεσχυνθη ℵ* καταισχ. ℵ^c.b | εχωνευσαν ℵQ 15 εμπεπαιγμενα Bab ℵc.b (εμπαιπ.) AQ 16 μερις] pr η Q | αυτος]+α'θ' ※ εστι ϛ Ιηλ ραβδος Q^mg | αυτω] αυτου A 17 κατοικουσα] pr η A 18 θλιψει]+και εκθλιψω αυτους Q^mg 19 αργηρα ℵ* (αλγ. ℵc.a, c.b) | καγω] και εγω AQ | σου 3°] om A μου Q | και] ουκ A | εκατελαβεν A | σε] με AQ 20 σου bis] μου Q | ωλετο] ωχετο ℵ* (ωλ. ℵc.a) | δερρις ℵ* (-ρεις ℵc.b) | μου 1°] μοι A* vid 21 ποιμενες]+μου A | ηυφρονευσαντο A | ουκ 1°] κ ℵ* (ουκ ℵc.a) | εξητησαν] εξεζητ. ℵAQ | ενοησεν] ηνομησεν ℵ* (ενοησ. ℵ¹, c.a) 22 πολις ℵ* (-λεις ℵc.b) | Ουδα A* (Ιουδ. A¹) 23 Κυριε] κν ℵ* vid (κ̅ε̅ ℵ¹) | ουχι] pr τ ℵ* (postea ras) | πορειαν (-ριαν A)] πονηριαν ℵ* (ποριαν ℵc.c (vid)) 24 ποιησεις (-σις ℵ* -σεις ℵc.b) ℵA

246

ΙΕΡΕΜΙΑΣ XI 11

25 ²⁵ἔκχεον τὸν θυμόν σου ἐπὶ ἔθνη τὰ μὴ εἰδότα σε καὶ ἐπὶ γενεὰς αἳ τὸ B ὄνομά σου οὐκ ἐπεκαλέσαντο. ὅτι κατέφαγον τὸν Ἰακὼβ καὶ ἐξανήλωσαν αὐτόν, καὶ τὴν νομὴν αὐτοῦ ἠρήμωσαν.

XI   Ὁ λόγος ὁ γενόμενος παρὰ Κυρίου πρὸς Ἰερεμίαν λέγων
2 ²¹Ἀκούσατε τοὺς λόγους τῆς διαθήκης ταύτης, καὶ λαλήσεις πρὸς
3 ἄνδρας Ἰούδα καὶ πρὸς τοὺς κατοικοῦντας ἐν Ἱερουσαλήμ· ³καὶ ἐρεῖς πρὸς αὐτούς Τάδε λέγει Κύριος ὁ θεὸς Ἰσραήλ Ἐπικατάρατος ὁ
4 ἄνθρωπος ὃς οὐκ ἀκούσεται τῶν λόγων τῆς διαθήκης ταύτης, ⁴ἧς ἐνετειλάμην τοῖς πατράσιν ὑμῶν ἐν ἡμέρᾳ ᾗ ἀνήγαγον αὐτοὺς ἐκ γῆς Αἰγύπτου, ἐκ καμίνου τῆς σιδηρᾶς, λέγων Ἀκούσατε τῆς φωνῆς μου καὶ ποιήσατε πάντα ὅσα ἐὰν ἐντείλωμαι ὑμῖν, καὶ ἔσεσθέ μοι εἰς
5 λαὸν καὶ ἐγὼ ἔσομαι ὑμῖν εἰς θεόν, ⁵ὅπως στήσω τὸν ὅρκον μου ὃν ὤμοσα τοῖς πατράσιν ὑμῶν, τοῦ δοῦναι αὐτοῖς γῆν ῥέουσαν γάλα καὶ μέλι καθὼς ἡ ἡμέρα αὕτη. καὶ ἀπεκρίθην καὶ εἶπα Γένοιτο, Κύριε.
6 ⁶καὶ εἶπεν Κύριος πρὸς μέ Ἀνάγνωθι τοὺς λόγους τούτους ἐν πόλεσιν Ἰούδα καὶ ἔξωθεν Ἱερουσαλὴμ λέγων Ἀκούσατε τοὺς λόγους τῆς
8 διαθήκης ταύτης καὶ ποιήσατε αὐτούς. ⁸καὶ οὐκ ἐποίησαν.   ⁹Καὶ
9 εἶπεν Κύριος πρός μέ Εὑρέθη σύνδεσμος ἐν ἀνδράσιν Ἰούδα καὶ ἐν
10 τοῖς κατοικοῦσιν ἐν Ἱερουσαλήμ· ¹⁰ἐπεστράφησαν ἐπὶ τὰς ἀδικίας τῶν πατέρων αὐτῶν τῶν πρότερον, οἳ οὐκ ἠθέλησαν εἰσακοῦσαι τῶν λόγων μου, καὶ ἰδοὺ αὐτοὶ πορεύονται ὀπίσω θεῶν ἀλλοτρίων τοῦ δουλεύειν αὐτοῖς, καὶ διεσκέδασαν οἶκος Ἰσραὴλ καὶ οἶκος Ἰούδα τὴν
11 διαθήκην μου ἣν διεθέμην πρὸς τοὺς πατέρας αὐτῶν.   ¹¹διὰ τοῦτο

25 τον θυμον] την οργην Α | ειδοτα] ιδοντα Α | γενεας] βασιλειας Q | κα- ℵAQ τεφαγεσαν ℵ*Q | αυτον] τον Ἰηλ AQ + ⸓ και συνετελεσαν αυτον Qᵐᵍ | τον νομον ℵ* (την νομην ℵᶜ ᵃ⁽ᵛⁱᵈ⁾)   XI tit προς Ιερεμιαν παρα κυ Q   2 om προς 2° AQ | om εν AQ   3 ο ανθρωπος] om ο ℵ | ακουσεται] ακουσει ℵ | των λογων] της φωνης ℵ   4 ης] ην Α | υμων] ημων Α | εν η ημερα Q | Εγυπτου ℵ* (Αιγ. ℵᶜ·ᵇ⁽ᵛⁱᵈ⁾) | καμινου] pr της ℵᶜ·ᵃ ᵐᵍ Q | της σιδ.] τ sup ras Bᵃ | εαν] om Α αν εγω Q | εντειλωμαι] εντελλομαι Q   5 υμων] ημων Α | om και 1° B* (superscr Bᵃᵇ) | καθως] ως Α   6 τους λογους] pr α' ⸓ συμπαντας Qᵐᵍ   8 εποιησαν] Ωρ. θ' ⸓ οτι επιμαρτυρια επεμαρτυραμην τοις πατρασιν υμων εν ημερα αναγαγοντος μου αυτους εκ γης Αιγυπτου και εως της ημερας ταυτης ορθριζων και επιμαρτυρομενος λεγων ακουσατε της φωνης μου και ουκ ηκουσαν κ̅ εξεκλιναν το ους αυτων κ̅ επορευθησαν ανηρ εν τη ευθυτητι της καρδιας αυτου της πονηρας κ̅ επηγαγον επ αυτους παντας τους λογους της διαθηκης ταυτης ης ενετειλαμην ποιειν αυτοις και ουκ εποιησαν Qᵐᵍ   9 ανδρασιν] πολεσι̅ Α | om εν 3° ℵAQ   10 προτερων ℵ | ηθελησαν] ηθελον ℵAQ | εισακουσαι] υπακουσε ℵ* (-σαι ℵᶜ·ᵇ⁽ᵛⁱᵈ⁾) ακουσαι Α | πορευονται] βαδιζουσιν ℵAQ | διεσκεδασεν Α | οικος bis] pr ο Q | τους πατ.] αυτους πατ. Q*

247

Β τάδε λέγει Κύριος Ἰδοὺ ἐγὼ ἐπάγω ἐπὶ τὸν λαὸν τοῦτον κακὰ ἐξ ὧν οὐ δυνήσονται ἐξελθεῖν ἐξ αὐτῶν, καὶ κεκράξονται πρὸς μὲ καὶ οὐκ εἰσακούσομαι αὐτῶν. ¹²καὶ πορεύσονται πόλεις Ἰούδα καὶ οἱ 12 κατοικοῦντες Ἰερουσαλὴμ καὶ κεκράξονται πρὸς τοὺς θεοὺς οἷς αὐτοὶ θυμιῶσιν αὐτοῖς, μὴ σώσουσιν αὐτοὺς ἐν τῷ καιρῷ τῶν κακῶν αὐτῶν. ¹³ὅτι κατ' ἀριθμὸν τῶν πόλεών σου ἦσαν θεοί σου, Ἰούδα, καὶ 13 κατ' ἀριθμὸν ἐξόδων τῆς Ἰερουσαλὴμ ἐτάξατε βωμοὺς θυμιᾶν τῇ Βάαλ. ¹⁴καὶ σὺ μὴ προσεύχου περὶ τοῦ λαοῦ τούτου, καὶ μὴ ἀξίου περὶ 14 αὐτῶν ἐν δεήσει καὶ προσευχῇ, ὅτι οὐκ εἰσακούσομαι ἐν τῷ καιρῷ ἐν ᾧ ἐπικαλοῦνταί με, ἐν καιρῷ κακώσεως αὐτῶν. ¹⁵τί ἡ ἠγαπημένη 15 ἐν τῷ οἴκῳ μου ἐποίησεν βδέλυγμα; μὴ εὐχαὶ καὶ κρέα ἅγια ἀφελοῦσιν ἀπὸ σοῦ τὰς κακίας σου, ἢ τούτοις διαφεύξῃ; ¹⁶ἐλαίαν ὡραίαν 16 εὔσκιον τῷ εἴδει ἐκάλεσεν Κύριος τὸ ὄνομά σου· εἰς φωνὴν περιτομῆς αὐτῆς ἀνήφθη πῦρ ἐπ' αὐτήν, μεγάλη ἡ θλίψις ἐπὶ σέ, ἠχρεώθησαν οἱ κλάδοι αὐτῆς, ¹⁷καὶ Κύριος ὁ καταφυτεύσας σε ἐλάλησεν ἐπὶ σὲ κακὰ 17 ἀντὶ τῆς κακίας οἴκου Ἰσραὴλ καὶ οἴκου Ἰούδα, ὅτι ἐποίησαν ἑαυτοῖς τοῦ παροργίσαι με ἐν τῷ θυμιᾶν αὐτοὺς τῇ Βάαλ. ¹⁸Κύριε, γνώ- 18 ρισόν μοι, καὶ γνώσομαι· τότε εἶδον τὰ ἐπιτηδεύματα αὐτῶν, ¹⁹ἐγὼ δὲ 19 ὡς ἀρνίον ἄκακον ἀγόμενον τοῦ θύεσθαι οὐκ ἔγνων. ἐπ' ἐμὲ ἐλογίσαντο λογισμὸν πονηρόν, λέγοντες Δεῦτε καὶ ἐμβάλωμεν ξύλον εἰς τὸν ἄρτον αὐτοῦ, καὶ ἐκτρίψωμεν αὐτὸν ἀπὸ γῆς ζώντων, καὶ τὸ ὄνομα αὐτοῦ οὐ μὴ μνησθῇ οὐκέτι. ²⁰Κύριε κρίνων δίκαια, δοκι- 20 μάζων νεφροὺς καὶ καρδίας, ἴδοιμι τὴν παρὰ σοῦ ἐκδίκησιν ἐξ αὐτῶν, ὅτι πρὸς σὲ ἀπεκάλυψα τὸ δικαίωμά μου. ²¹διὰ τοῦτο τάδε λέγει 21

ℵAQ   11 επι τον λαον τουτον] επ αυτους Q | εξ αυτων εξελθειν ℵ   12 πολις ℵ* (-λεις ℵ^{c.b(?)}) | κεκραξονται] ras 1 lit post κ 2° A¹ | θεους]+αυτων AQ | θυμιωσιν] εθυμιωσαν ℵ | αυτοις]+α'θ' ⁕ ⳤ σωτηρια Q^{mg} | om μη σωσουσιν αυτους ℵ* (hab ου μη σωσουσιν αυτους ℵ^{c.a mg} hab ⳤ ου μη σ. αυτ. ℵ^{c.b mg}) | μη] pr ου Q | σωσουσιν] σουσουσιν A | τω καιρω] om τω AQ   13 κατ bis] κατα AQ | των πολεων] om των ℵQ | om σου 1° ℵ | εξοδων] pr των ℵ διοδων Q (sed δι rescr vid) a'σ' εξοδων θ' αμφοδω̅| Q^{mg} | εταξατε] εταξαν ℵA | βωμους] pr α'θ' ⁕ τη αισχυνη θυσιαστηρια Q^{mg} | θυμιαν] pr των AQ   14 περι 1°] υπερ A | προευχη ℵ* (σ superscr ℵ^?) | ισακουσω ℵ* εισακουσομαι ℵ^{c.a(?)} | om εν 3° AQ   15 η ηγαπημενη] om η 1° ℵ* (superscr ℵ^{c.a (?)})   16 εκαλεσεν] +σε ℵ* (postea improb) | επ αυτην] εν αυτη A | η θλιψις] om η ℵ* (superscr ℵ^{c.a(?)}) | ηχρειωθησαν B^{ab} Q^a | αυτης 2°] αυτοις B^{b vid}   17 Κυριος]+των δυναμεων Q | σε 1°] ε ℵ* (σε ℵ^{c.a(?)}) | οικου 1°] σουι|κου ℵ*^{vid} | εποιησαν] in o ras aliq B⁺ | εαυτοις] αυτοις A   18 ιδον A   19 om δε ℵAQ | αγομενος ℵ* (-νο| ℵ^{c.a(?)}) | εγνων]+α'σ'θ' ⁕ οτι Q* | πονηρον] om Q+κατα σου A | ενβαλωμεν ℵ εμβαλωμεν A | αρτον] τραχηλον A* (pr αρτον A^a) | εκτριψω ℵ* (-μεν ℵ^{c.a(?)}) | το ονομα] om το A | ουκετι] ετι AQ   20 δοκιμαζων] pr και ℵ | εξ αυτων] εν αυτοις Q | δικαιωμα] δικαιω sup ras ℵ⁺

248

ΙΕΡΕΜΙΑΣ XII 9

Κύριος ἐπὶ τοὺς ἄνδρας Ἀναθὼθ τοὺς ζητοῦντας τὴν ψυχήν μου, τοὺς B
λέγοντας Οὐ μὴ προφητεύσεις ἐπὶ τῷ ὀνόματι Κυρίου, εἰ δὲ μή,
22 ἀποθανῇ ἐν ταῖς χερσὶν ἡμῶν. ²²ἰδοὺ ἐγὼ ἐπισκέψομαι ἐπ᾽ αὐτούς·
οἱ νεανίσκοι αὐτῶν ἐν μαχαίρᾳ ἀποθανοῦνται, καὶ οἱ υἱοὶ αὐτῶν καὶ αἱ
23 θυγατέρες αὐτῶν τελευτήσουσιν ἐν λιμῷ, ²³καὶ ἐνκατάλιμμα οὐκ ἔσται
αὐτῶν, ὅτι ἐπάξω κακὰ ἐπὶ τοὺς κατοικοῦντας ἐν Ἀναθὼθ ἐν ἐνιαυτῷ
ἐπισκέψεως αὐτῶν.

XII 1   ¹Δίκαιος εἶ, Κύριε, ὅτι ἀπολογήσομαι πρὸς σέ· πλὴν κρίματα
λαλήσω πρὸς σέ. τί ὅτι ὁδὸς ἀσεβῶν εὐοδοῦται; εὐθήνησαν πάντες
2 οἱ ἀθετοῦντες ἀθετήματα; ²ἐφύτευσας αὐτοὺς καὶ ἐριζώθησαν, ἐτεκνο-
ποιήσαντο καὶ ἐποίησαν καρπόν· ἐγγὺς εἶ σὺ τοῦ στόματος αὐτῶν,
3 καὶ πόρρω ἀπὸ τῶν νεφρῶν αὐτῶν· ³καὶ σύ, Κύριε, γινώσκεις με,
δεδοκίμακας τὴν καρδίαν μου ἐναντίον σου· ἅγνισον αὐτοὺς εἰς ἡμέραν
4 σφαγῆς αὐτῶν. ⁴ἕως πότε πενθήσει ἡ γῆ καὶ πᾶς ὁ χόρτος τοῦ
ἀγροῦ ξηρανθήσεται ἀπὸ κακίας τῶν κατοικούντων ἐν αὐτῇ; ἠφανί-
σθησαν κτήνη καὶ πετεινά, ὅτι εἶπαν Οὐκ ὄψεται ὁ θεὸς ὁδοὺς ἡμῶν.
5 ⁵σοῦ οἱ πόδες τρέχουσιν καὶ ἐκλύουσίν σε· πῶς παρασκευάσῃ
ἐφ᾽ ἵπποις; καὶ ἐν γῇ εἰρήνης οὐ πέποιθας· πῶς ποιήσεις ἐν
6 φρυάγματι τοῦ Ἰορδάνου; ⁶ὅτι καὶ οἱ ἀδελφοί σου καὶ ὁ οἶκος τοῦ
πατρός σου, καὶ οὗτοι ἠθέτησάν σε, καὶ αὐτοὶ ἐβόησαν, ἐκ τῶν ὀπίσω
σου ἐπισυνήχθησαν· μὴ πιστεύσῃς ἐν αὐτοῖς, ὅτι λαλοῦσιν πρὸς σὲ
7 καλά. ⁷Ἐνκαταλέλοιπα τὸν οἶκόν μου, ἀφῆκα τὴν κληρονομίαν
μου, ἔδωκα τὴν ἠγαπημένην ψυχήν μου εἰς χεῖρας ἐχθρῶν αὐτῆς.
8 ⁸ἐγενήθη ἡ κληρονομία μου ἐμοὶ ὡς λέων ἐν δρυμῷ· ἔδωκεν ἐπ᾽ ἐμὲ
9 τὴν φωνὴν αὐτῆς, διὰ τοῦτο ἐμίσησα αὐτήν. ⁹μὴ σπήλαιον ὑαίνης ἡ
κληρονομία μου ἐμοί, ἢ σπήλαιον κύκλῳ αὐτῆς; βαδίσατε συνάγετε

21 Κυριος]+ ο θ͞ς A | προφητευσης A   22 ιδου] pr σ'θ' ✻ δια τουτο ταδε ℵAQ
λεγει κ͞ς των δυναμεω| Qᵐᵍ | αποθανουνται] πεσουνται A απολουνται Q* (απο-
θαν. Qᵐᵍ)   23 εγκαταλειμμα Bᵃᵇ Q* ενκαταλειμμα A εγκαταλιμμα Qᵃ | οτι]
και ℵ | om εν 1° Q | ενιαυτων ℵ* (-τω ℵ?) | επισκεψεως] επισκοπης Bᵃᵇ⁽ᵛⁱᵈ⁾ᵐᵍ
XII 1 αθετηματα] αθετημα ℵ αθετησει A   2 εριζωθησαν (ερρ. Q)]
εριζωσαν ℵA | ετεκνοποιησαν ℵAQ | om και εποιησαν ℵ   3 με] in μ
ras aliq B? ε A (μ superscr A¹) + ✻ ιδες με και Qᵐᵍ | δεδοκιμακας] εδοκιμασας
A | σου] μου ℵ* (σου ℵ?)+ θ' ✻ αθροισον αυτους ως προβατα εις σφαγην
Qᵐᵍ   4 ο χορτος] om ο A | om του αγρου A | εξηρανθησ. ℵ* | εν αυτη]
αυτων A | ηφανισθησαν] ηφανισας A | οτι] και A   5 εκλυουσιν (-λυοσ. ℵ*)]
εκλυσουσιν A | παρασκευαζῃ ℵ | ειφ ℵ* (εφ ℵ?) | ου] σου ℵ? (σ superscr) A
συ Q | ποιησω ℵ* (-σις ℵᶜ·ᵃ⁽?⁾) | φυαγματι ℵ*   6 om και 1° A | om και
ουτοι A | λαλουσιν] λαλησουσιν BᵃᵇℵAQ | προς] επι A   7 εγκαταλελοιπα
BᵇQ   8 εδωκαν ℵ*   9 υαινης] ληστων (-τωη A* -των Aᵃ¹) A | om
η σπηλαιον κυκλω αυτης A | σπηλαιον 2°]+ληστων (✻ αδικιας) Qᵐᵍ | βαδι-
σατε] pr επ αυτην Q | συναγετε] συναγαγετε Bᵃᵇℵ (-ται) AQ pr και A

249

ΙΕΡΕΜΙΑΣ

B πάντα τὰ θηρία τοῦ ἀγροῦ, καὶ ἐλθέτωσαν τοῦ φαγεῖν αὐτήν. ¹⁰ ποι- 10
μένες πολλοὶ διέφθειραν τὸν ἀμπελῶνά μου, ἐμόλυναν τὴν μερίδα
μου, ἔδωκαν τὴν μερίδα τὴν ἐπιθυμητήν μου εἰς ἔρημον ἄβατον,
¹¹ ἐτέθη εἰς ἀφανισμὸν ἀπωλείας· δι' ἐμὲ ἀφανισμῷ ἠφανίσθη πᾶσα ἡ 11
γῆ, ὅτι οὐκ ἔστιν ἀνὴρ τιθέμενος ἐν καρδίᾳ. ¹² ἐπὶ πᾶσαν διεκβολὴν 12
ἐν τῇ ἐρήμῳ ἦλθον ταλαιπωροῦντες, ὅτι μάχαιρα τοῦ κυρίου κατα-
φάγεται ἀπ' ἄκρου τῆς γῆς, οὐκ ἔστιν εἰρήνη πάσῃ σαρκί. ¹³ σπεί- 13
ρατε πυροὺς καὶ ἄκανθαν θερίζετε· οἱ κλῆροι αὐτῶν οὐκ ὠφελήσουσιν
αὐτούς· αἰσχύνθητε ἀπὸ καυχήσεως ὑμῶν, ἀπὸ ὀνειδισμοῦ ἔναντι
Κυρίου. ¹⁴ Ὅτι τάδε λέγει Κύριος περὶ πάντων τῶν γειτόνων 14
τῶν πονηρῶν, τῶν ἁπτομένων τῆς κληρονομίας μου ἧς ἐμέρισα τῷ
λαῷ μου Ἰσραήλ Ἰδοὺ ἐγὼ ἀποσπῶ αὐτοὺς ἀπὸ τῆς γῆς αὐτῶν, καὶ
τὸν Ἰούδαν ἐκβαλῶ ἐκ μέσου αὐτῶν. ¹⁵ καὶ ἔσται μετὰ τὸ ἐκβαλεῖν 15
με αὐτοὺς ἐπιστρέψω καὶ ἐλεήσω αὐτούς, καὶ κατοικιῶ αὐτοὺς ἕκαστον
εἰς τὴν κληρονομίαν αὐτοῦ καὶ ἕκαστον εἰς τὴν γῆν αὐτοῦ. ¹⁶ καὶ 16
ἔσται ἐὰν μαθόντες μάθωσιν τὴν ὁδὸν τοῦ λαοῦ μου τοῦ ὀμνύειν τῷ
ὀνόματί μου Ζῇ Κύριος, καθὼς ἐδίδαξαν τὸν λαόν μου ὀμνύειν τῇ
Βάαλ, καὶ οἰκοδομηθήσεται ἐν μέσῳ τοῦ λαοῦ μου· ¹⁷ ἐὰν δὲ μὴ ἐπι- 17
στρέψωσιν, καὶ ἐξαρῶ τὸ ἔθνος ἐκεῖνο ἐξάρσει καὶ ἀπωλείᾳ.

¹ Τάδε λέγει Κύριος Βάδισον καὶ κτῆσαι σεαυτῷ περίζωμα λινοῦν 1 XIII
καὶ περίθου περὶ τὴν ὀσφύν σου, καὶ ἐν ὕδατι οὐ διελεύσεται. ² καὶ 2
ἐκτησάμην τὸ περίζωμα κατὰ τὸν λόγον Κυρίου καὶ περιέθηκα περὶ
τὴν ὀσφύν μου. ³ καὶ ἐγενήθη λόγος Κυρίου πρὸς μὲ λέγων ⁴ Λάβε τὸ 3/4

ℵAQ 9 ελθατωσαν ℵA | φαγειν] καταφαγειν A 10 om εμολυναν την με-
ριδα μου ℵ | την μεριδα (-δαν ℵ*) την επιθ.] μεριδα επιθ. ℵQ μεριδα μου
επιθ. A | om μου 3° A | αβατον ερημον ℵ 11 ετεθη] εγενηθη AQ | απω-
λιας ℵ | ηφανισθη αφανισμω ℵ | ασα ℵ* (πασα ℵ?) | τιθενος ℵ* (τιθεμ. ℵ?)
12 ηλθον] ηλθοσαν A | οτι] incep εις ℵ* | καταφαγεται] κατεφαγεν A | γης] pr
γης (+ και A) εως ακρου της Bᵃᵇ ᵐᵍ ℵAQ 13 εσπειρατε A | ακανθας ℵAQ |
θεριζετε] θερισεται ℵ θερισατε AQ (Ωρ.: εν τισιν αντιγραφοις κειται εσπειρατε
ק εθερισατε Qᵐᵍ [εαυτους A | αισχυνθ.] + αισχυνην A | ονιδισμων ℵ | εναντιον Q
14 πονηρων] σκληρον A | εμερισα (ημ.. A* εμ. A¹)] εμερικα ℵ | Ισραηλ] pr
σ' ※ τω Qᵐᵍ | αποσπω] ανασπω Q | Ιουδα ℵ* (ν superscr) 15 om
με A | κληρονομιαν] γην Q | om και εκαστον εις την γην αυτου ℵ* (hab
ℵᶜ·ᵃ(?) ᵐᵍ) | γην] κληρονομιαν Q 16 μαθοντες] μανθανοντες A | μαθωσιν
ℵAQ | om του λαου (1°) A | του ομνυειν] τω ομν. ℵ* | τω ονοματι] pr εν
Q | τον bis scr ℵ | τη Βααλ] pr εν Q | οικοδομηθησεται] οικοδομηθησονται A
(ωκοδ.) Q 17 επιστρεψωσιν] στρεψ sup ras Qᵃ | om και 1° A | εξαρσει]
εξαρξει A | απωλεια (-λια ℵ)] + a'σ'θ' ※ φησι ις Qᵐᵍ XIII 1 Κυριος]
+ ※ προς με Qᵐᵍ | διελεσεται B (ελε sup ras) 2 περιεθηκα bis scr
B* (non inst 1° Bᵇ: περιεθ. 2°, ras aliq in ε 2° B?) 3 εγενηθη] εγενετο
A | με] + a'σ'θ' ※ δευτερον Qᵐᵍ

250

ΙΕΡΕΜΙΑΣ XIII 14

περίζωμα τὸ περὶ τὴν ὀσφύν σου, καὶ ἀνάστηθι καὶ βάδισον ἐπὶ τὸν B
Εὐφράτην, καὶ κατάκρυψον αὐτὸ ἐκεῖ ἐν τῇ τρυμαλιᾷ τῆς πέτρας.
5 ⁵καὶ ἐπορεύθην καὶ ἔκρυψα αὐτὸ ἐν τῷ Εὐφράτῃ, καθὼς ἐνετείλατό
6 μοι Κύριος. ⁶καὶ ἐγένετο μεθ' ἡμέρας πολλὰς καὶ εἶπεν Κύριος πρὸς
μέ Ἀνάστηθι βάδισον ἐπὶ τὸν Εὐφράτην, καὶ λάβε ἐκεῖθεν τὸ περί-
7 ζωμα ὃ ἐνετειλάμην σοι τοῦ κατακρύψαι ἐκεῖ. ⁷καὶ ἐπορεύθην ἐπὶ
τὸν Εὐφράτην ποταμὸν καὶ ὤρυξα, καὶ ἔλαβον τὸ περίζωμα ἐκ τοῦ
τόπου οὗ κατώρυξα αὐτὸ ἐκεῖ, καὶ ἰδοὺ διεφθαρμένον ἦν, ὃ οὐ μὴ
8 χρησθῇ εἰς οὐθέν. ⁸καὶ ἐγενήθη λόγος Κυρίου πρός με λέγων Τάδε
9 λέγει Κύριος ⁹Οὕτω φθερῶ τὴν ὕβριν Ἰούδα καὶ τὴν ὕβριν Ἱερου-
10 σαλήμ, ¹⁰τὴν πολλὴν ταύτην ὕβριν, τοὺς μὴ βουλομένους ὑπακούειν
τῶν λόγων μου, καὶ πορευθέντας ὀπίσω θεῶν ἀλλοτρίων τοῦ δουλεύειν
αὐτοῖς καὶ τοῦ προσκυνεῖν αὐτοῖς· καὶ ἔσονται ὥσπερ τὸ περίζωμα
11 τοῦτο, ὃ οὐ χρησθήσεται εἰς οὐθέν. ¹¹ὅτι καθάπερ κολλᾶται τὸ
περίζωμα περὶ τὴν ὀσφὺν τοῦ ἀνθρώπου, οὕτως ἐκόλλησα πρὸς
ἐμαυτὸν τὸν οἶκον τοῦ Ἰσραὴλ καὶ πᾶν οἶκον Ἰούδα, τοῦ γενέσθαι μοι
εἰς λαὸν ὀνομαστὸν καὶ εἰς καύχημα καὶ εἰς δόξαν· καὶ οὐκ εἰσήκουσάν
12 μου. ¹²καὶ ἐρεῖς πρὸς τὸν λαὸν τοῦτον Πᾶς ἀσκὸς πληρωθήσεται
οἴνου· καὶ ἔσται ἐὰν εἴπωσιν πρὸς σέ Μὴ γνόντες οὐ γνωσόμεθα ὅτι
13 πᾶς ἀσκὸς πληρωθήσεται οἴνου; ¹³καὶ ἐρεῖς πρὸς αὐτούς Τάδε λέγει
Κύριος Ἰδοὺ ἐγὼ πληρῶ τοὺς κατοικοῦντας τὴν γῆν ταύτην καὶ τοὺς
βασιλεῖς αὐτῶν τοὺς καθημένους υἱοὺς τοῦ Δαυεὶδ ἐπὶ τοῦ θρόνου
αὐτῶν καὶ τοὺς ἱερεῖς καὶ τοὺς προφήτας καὶ τὸν Ἰούδαν καὶ πάντας
14 τοὺς κατοικοῦντας ἐν Ἱερουσαλὴμ μεθύσματι, ¹⁴καὶ διασκορπιῶ αὐτοὺς

---

4 περιζωμα] + α'σ'θ' ※ ο εκτησω Q^mg | κατακυψον ℵ* (κατακρ. ℵʸ) ℵAQ
5 om και επορευθην ℵ* (hab ℵ^c.a (?mg)) pr α'θ' ※ Q^mg | αυτο εν] αυτον
Q* (αυτο εν Qᵃ)   6 μεθ] μετα Q | βαδισον] pr και ℵA   7 om
ποταμον Q | κατωρυξαν ℵ* (-ξα ℵʸ) | om ιδου Q* (hab Q^mg) | ην]+α'σ'θ'
※ το περιζωμα Q^mg | ουθεν] ουδεν Q   8 εγενηθη] εγενετο Q   9 ου-
τως ℵAQ   10 υβριν] α'σ'θ' ※ τον λαον τουτον τό| πονηρον Q^mg | υπα-
κουειν] υπακουσαι Q | μου]+ ※ οι πορευοντ, εν σκολιστητι καρδιας αυτων της
πονηρας +α'θ' ※ οι πορευομενοι εν τη ευθυτητι της καρδιας αυτων της πονηρας
Q^mg | πορευθεντας] πορευομενους B^ab mg ℵ* (πορευθ. ℵ^c.a(?)) πορευονται Qᵃ | ου]
+μη ℵA | χρησθησεται] χρησθη ℵ +ετι Q | ουθεν] ουδεν Q   11 οτι καθαπερ]
καθαπερ γαρ Q | κολλαται το] αι τα rescr Qᵃ | τον οικον] pr α'σ' ※ παντα
Q^mg | παν] παντα ℵ^?mg παντα τον AQ | Ιουδα] pr του ℵ+α'σ'θ' φησιν κ̅ς̅
Q^mg | εισηκουσαν] ηκουσαν ℵ* (εισηκ. ℵ^c.a(?)) A   12 ερεις] incep επ ℵ* vid |
τουτον] pr τον λογον Q+α'σ'θ' ※ ταδε λεγει κ̅ς̅ θ̅ς̅ Ἰη̅λ̅ Q^mg | 1° πα]s ℵ* πας|
ℵ^c.b(?)   13 τους κατοικ. (1°)] pr παντας Q | υιον ℵ* | του Δαυειδ] om του
ℵAQ | του θρονου] om του ℵ θρονους AQ | αυτων 2°] αυτου ℵ* | Ιουδα
ℵ* | κατοικουντας 2°] καθημενους A | om εν ℵQ | μεθυσματι] μεθ υμας τι Bℵ

Β ἄνδρα καὶ τὸν ἀδελφὸν αὐτοῦ, καὶ τοὺς πατέρας αὐτῶν καὶ τοὺς υἱοὺς αὐτῶν ἐν τῷ αὐτῷ· οὐκ ἐπιποθήσω, λέγει Κύριος, καὶ οὐ φείσομαι καὶ οὐκ οἰκτειρήσω ἀπὸ διαφθορᾶς αὐτῶν. ¹⁵Ἀκούσατε καὶ ἐνω- 15 τίσασθε, καὶ μὴ ἐπαίρεσθε, ὅτι Κύριος ἐλάλησεν· ¹⁶δότε τῷ κυρίῳ θεῷ 16 ὑμῶν δόξαν πρὸ τοῦ συσκοτάσαι καὶ πρὸ τοῦ προσκόψαι πόδας ὑμῶν ἐπ᾽ ὄρη σκοτινά· καὶ ἀναμενεῖτε εἰς φῶς, καὶ ἐκεῖ σκιὰ θανάτου, καὶ τεθήσονται εἰς σκότος. ¹⁷ἐὰν δὲ μὴ ἀκούσητε, κεκρυμμένως κλαύσεται 17 ἡ ψυχὴ ὑμῶν ἀπὸ προσώπου ὕβρεως, καὶ κατάξουσιν οἱ ὀφθαλμοὶ ὑμῶν δάκρυα, ὅτι συνετρίβη τὸ ποίμνιον Κυρίου. ¹⁸εἴπατε τῷ βασιλεῖ 18 καὶ τοῖς δυναστεύουσιν Ταπεινώθητε καὶ καθίσατε, ὅτι καθῃρέθη ἀπὸ κεφαλῆς ὑμῶν στέφανος δόξης ὑμῶν. ¹⁹πόλεις αἱ πρὸς νότον συνε- 19 κλείσθησαν, καὶ οὐκ ἦν ὁ ἀνοίγων· ἀποικίσθη Ἰούδας, συνετέλεσαν ἀποικίαν τελείαν. ²⁰Ἀνάλαβε ὀφθαλμούς σου, Ἰερουσαλήμ, καὶ 20 ἴδε τοὺς ἐρχομένους ἀπὸ βορρᾶ· ποῦ ἐστιν τὸ ποίμνιον ὃ ἐδόθη σοι, πρόβατα δόξης σου; ²¹τί ἐρεῖς ὅταν ἐπισκέπτωνταί σε; καὶ σὺ 21 ἐδίδαξας αὐτοὺς ἐπὶ σὲ μαθήματα εἰς ἀρχήν· οὐκ ὠδῖνες καθέξουσίν σε καθὼς γυναῖκα τίκτουσαν; ²²καὶ ἐὰν εἴπῃς ἐν τῇ καρδίᾳ σου Διὰ 22 τί ἀπήντησέν μοι ταῦτα; διὰ τὸ πλῆθος τῆς ἀδικίας σου ἀνεκαλύφθη τὰ ὀπίσθιά σου, παραδειγματισθῆναι τὰς πτέρνας σου. ²³εἰ ἀλ- 23 λάξεται Αἰθίοψ τὸ δέρμα αὐτοῦ καὶ πάρδαλις τὰ ποικίλματα αὐτῆς; καὶ ὑμεῖς δυνήσεσθε εὖ ποιῆσαι μεμαθηκότες τὰ κακά. ²⁴καὶ διέ- 24 σπειρα αὐτοὺς ὡς φρύγανα φερόμενα ἀπὸ ἀνέμου εἰς ἔρημον. ²⁵οὗτος 25 ὁ κλῆρός σου καὶ μερὶς τοῦ ἀπειθεῖν ὑμᾶς ἐμοί, λέγει Κύριος· ὡς ἐπελάθου μου καὶ ἤλπισας ἐπὶ ψεύδεσιν, ²⁶κἀγὼ ἀποκαλύψω τὰ 26 ὀπίσω σου ἐπὶ τὸ πρόσωπόν σου, καὶ ὀφθήσεται ἡ ἀτιμία σου ²⁷καὶ 27

ℵAQ 14 εν τω αυτω] επι το αυτο Q | οικτειρησω] incep τ ℵ* postea οικτιρησω | διαφθορας] διασπορας ℵ* (διαφθ. ℵ^c.a(?)) 15 ακουσατε] ακουσασθε ℵ* (-σαται ℵ^c.a(?)) 16 υμων 1°] ημων A | σκοτεινα B^ab AQ 17 om δε ℵAQ | ακουσητε]+α'θ' ⁜ αυτου Q^mg | κεκρυσμενως ℵ* | υβρεως]+α'θ' ⁜ κ̅ δακρυουσα δακρυσει Q^mg 18 om και καθισατε A | κεφαλης] pr της AQ | om υμων 2° A 19 πολις ℵ* (-λεις ℵ^c.b(?)) | απωκεισθη A | συνετελεσεν ℵAQ 20 ανελαβε A* (αναλ. A^a) | οφθαλμους] pr τους AQ^mg | Ιερουσαλημ] Ιηλ A^a | βορραν ℵ* | εἰστιν ℵ* εσ|τιν ℵ' 21 μαθηματα] μαθητας A | καθως] ουχ ως A 22 om δια 1° A | αδικιας] κακιας A | ανεκαλυφθη] pr και ℵ απεκαλυφθη Q 23 Εθιοψ ℵ* (Αιθ. ℵ^c.b(?)) | om αυτου A | δυνησεσθε] δυνησεται A | εποιησε ℵ* (εν ποιησε ℵ^c.a(?) -σαι ℵ^c.b(?)) 24 om και ℵ* (hab ℵ^c.a(?) mg) | διεσπειρα] διεφθειρα A | απο] υπο ℵAQ | ερημον]+τοπον A 25 κληρος] κληρονομος ℵ | om και 1° ℵQ | απειθειν υμας] ιθειν υμας sup ras pl fort litt A^a | μου (μοι ℵ*)] pr νομου A | και 2°] η A* (και A^a) 26 οπισω] οπισθια A | επι] κατα A | το προσωπον] om το AQ 27 om και 1° Q

ΙΕΡΕΜΙΑΣ XIV 11

ἡ μοιχεία σου καὶ χρεμετισμός σου καὶ ἡ ἀπαλλοτρίωσις τῆς πορνείας B σου· ἐπὶ τῶν βουνῶν καὶ ἐν τοῖς ἀγροῖς ἑώρακα τὰ βδελύγματά σου. οὐαί σοι, Ἰερουσαλήμ, ὅτι οὐκ ἐκαθαρίσθης ὀπίσω μου, ἕως τίνος ἔτι;

XIV   Καὶ ἐγένετο λόγος Κυρίου πρὸς Ἰερεμίαν περὶ τῆς ἀβροχίας.
2 ²Ἐπένθησεν ἡ Ἰουδαία, καὶ αἱ πύλαι αὐτῆς ἐκενώθησαν, καὶ 3 ἐσκοτώθησαν ἐπὶ τῆς γῆς, καὶ ἡ κραυγὴ τῆς Ἰερουσαλὴμ ἀνέβη, ³καὶ οἱ μεγιστᾶνες αὐτῆς ἀπέστειλαν τοὺς νεωτέρους αὐτῶν ἐφ' ὕδωρ· ἤλθοσαν ἐπὶ τὰ φρέατα, καὶ οὐχ εὕροσαν ὕδωρ, καὶ ἀπέστρεψαν τὰ 4 ἄγγια αὐτῶν κενά. ⁴καὶ τὰ ἔργα τῆς γῆς ἐξέλιπεν, ὅτι οὐκ ἦν ὑετός· 5 ᾐσχύνθησαν οἱ γεωργοί, ἐπεκάλυψαν τὰς κεφαλὰς αὐτῶν. ⁵καὶ 6 ἔλαφοι ἐν ἀγρῷ ἔτεκον καὶ ἐνκατέλιπον, ὅτι οὐκ ἦν βοτάνη. ⁶ὄνοι ἄγριοι ἔστησαν ἐπὶ νάπας· εἵλκυσαν ἄνεμον, ἐξέλιπον οἱ ὀφθαλμοὶ 7 αὐτῶν, ὅτι οὐκ ἦν χόρτος.   ⁷Αἱ ἁμαρτίαι ἡμῶν ἀντέστησαν ἡμῖν· Κύριε, ποίησον ἡμῖν ἕνεκεν σοῦ, ὅτι πολλαὶ αἱ ἁμαρτίαι ἡμῶν ἐναντίον 8 σοῦ, ὅτι σοὶ ἡμάρτομεν. ⁸ὑπομονὴ Ἰσραήλ, Κύριε, καὶ σώζεις ἐν καιρῷ κακῶν· ἵνα τί ἐγενήθης ὡσεὶ πάροικος ἐπὶ τῆς γῆς καὶ ὡς 9 αὐτόχθων ἐκκλίνων εἰς κατάλυμα; ⁹μὴ ἔσῃ ὥσπερ ἄνθρωπος ὑπνῶν ἢ ὡς ἀνὴρ οὐ δυνάμενος σώζειν; καὶ σὺ ἐν ἡμῖν εἶ, Κύριε, καὶ τὸ ὄνομά 10 σου ἐπικέκληται ἐφ' ἡμᾶς· μὴ ἐπιλάθῃ ἡμῶν.   ¹⁰Οὕτως λέγει Κύριος τῷ λαῷ τούτῳ Ἠγάπησαν κινεῖν πόδας αὐτῶν καὶ οὐκ ἐφείσαντο, καὶ ὁ θεὸς οὐκ εὐόδωσεν ἐν αὐτοῖς· νῦν μνησθήσεται τῆς 11 ἀδικίας αὐτῶν. ¹¹καὶ εἶπεν Κύριος πρὸς μέ Μὴ προσεύχου περὶ τοῦ

27 η μοιχεια (-χια ℵ)] αι μοιχιαι A om η Q | χρεμετισμος] pr ο ℵAQ | ℵAQ πορνειας (-νιας A)] πονηριας ℵ | εκαθερισθης A   XIV tit και εγενετο λογος Κυριου] ο λογος ο γεναμενος A | Ιερεμιαν]+παρα κυ A | αβροχειας B* (-χιας B^b) 2 Ιουδεα ℵ | κραυη ℵ* (-γη ℵ^{c.b(?)})   3 απεστειλαν] απεστησαν ℵ* (απεστειλ. ℵ^{c.a(?)}) | αυτων 1°] αυτης A | ηλθοσαν] ηλθον Q | ευροσαν] ευρον A | om και 3° AQ | αγγεια B^{ab}ℵQ^a | κενα]+θ' ※ ησχυνθησαν ϟ ενετραπησα̅| και απεκαλυψαν τῇ| κεφαλῇ| αυτων Q^{mg}   4 εξελειπεν A | υετος]+θ' ※ επι της γης Q^{mg}   4–5 ησχυνθησαν...βοτανη] adpinx θ' ※ Q^{mg}   4 οι γεωργοι] om οι AQ | επεκαλυψεν ℵ* (-ψαν ℵ^{c.a(?)}) | τας κεφαλας] την κεφαλην (καιφ. ℵ*) ℵAQ   5 ετεκον] ετεκοσαν A | εγκατελιπον B^bQ εγκατελειπον A   6 ονοι αγριοι] οναγροι ℵ | ναπας] ναπιναπας ℵ* | ειλκυσαν] pr και A | ανεμον]+α'θ' ※ ως δρακων Q^{mg} | εξελειπον A | οφθαλμοι αυτων] οφθαλμοι μου των ℵ* (οφθ. αυτ. ℵ^{1 fort et postea}) | χορτος]+απο λαου αδικιας AQ   7 αι αμαρτιαι] pr ει Q | σου 1°] pr του ονοματος Q | om οτι 2° Q 8 σωσεις ℵ | εν] pr και Q | ως] ωσει ℵ | αυτοχων ℵ* (-χθων ℵ^{c.a(?)})   9 μη 1°] η ℵ | τονομα ℵ   10 λεγει] ειπεν ℵ | ηγαπησαν] pr α'σ' ※ ουτως Q^{mg} | ευδωσεν (ευωδ. B^{ab})] ευδοκησεν ℵA (ηυδ.) Q | της αδικιας] των αδικιων ℵAQ | αυτων 2°]+α'θ' ※ ϟ επισκεψεται αμαρτιας αυτων Q^{mg}   11 προσευχου] ου sup ras A^a

253

ΙΕΡΕΜΙΑΣ

Β λαοῦ τούτου εἰς ἀγαθά, ¹⁰ὅτι ἐὰν νηστεύσωσιν, οὐκ εἰσακούσομαι τῆς 12 δεήσεως αὐτῶν, καὶ ἐὰν προσενέγκωσιν ὁλοκαυτώματα καὶ θυσίας, οὐκ εὐδοκήσω ἐν αὐτοῖς, ὅτι ἐν μαχαίρᾳ καὶ ἐν λιμῷ καὶ ἐν θανάτῳ ἐγὼ συντελέσω αὐτούς. ¹²καὶ εἶπα Ὁ ὤν, Κύριε, ἰδοὺ οἱ προφῆται 13 αὐτῶν προφητεύουσιν καὶ λέγουσιν Οὐκ ὄψεσθε μάχαιραν, οὐδὲ λιμὸς ἔσται ἐν ὑμῖν, ὅτι ἀλήθειαν καὶ εἰρήνην δώσω ἐπὶ τῆς γῆς καὶ ἐν τῷ τόπῳ τούτῳ. ¹⁴καὶ εἶπεν Κύριος πρὸς μέ Ψευδῆ οἱ προφῆται προ- 14 φητεύουσιν ἐπὶ τῷ ὀνόματί μου, οὐκ ἀπέστειλα αὐτοὺς καὶ οὐκ ἐνετειλάμην αὐτοῖς καὶ οὐκ ἐλάλησα πρὸς αὐτούς· ὅτι ὁράσεις ψευδεῖς καὶ μαντείας καὶ οἰωνίσματα καὶ προαιρέσεις καρδίας αὐτῶν αὐτοὶ προφητεύουσιν ὑμῖν. ¹⁵διὰ τοῦτο τάδε λέγει Κύριος περὶ τῶν προ- 15 φητῶν, τῶν προφητῶν τῶν προφητευόντων ἐπὶ τῷ ὀνόματί μου ψευδῆ, καὶ ἐγὼ οὐκ ἀπέστειλα αὐτούς, οἳ λέγουσιν Μάχαιρα καὶ λιμὸς οὐκ ἔσται ἐπὶ τῆς γῆς ταύτης Ἐν θανάτῳ νοσερῷ ἀποθανοῦνται, καὶ ἐν λιμῷ συντελεσθήσονται οἱ προφῆται ¹⁶καὶ ὁ λαὸς οἷς αὐτοὶ προ- 16 φητεύουσιν αὐτοῖς, καὶ ἔσονται ἐριμμένοι ἐν ταῖς ὁδοῖς Ἰερουσαλὴμ ἀπὸ προσώπου μαχαίρας καὶ τοῦ λιμοῦ, καὶ οὐκ ἔσται ὁ θάπτων αὐτούς, καὶ αἱ γυναῖκες αὐτῶν καὶ οἱ υἱοὶ αὐτῶν καὶ αἱ θυγατέρες αὐτῶν, καὶ ἐκχεῶ ἐπ' αὐτοὺς τὰ κακὰ αὐτῶν. ¹⁷καὶ ἐρεῖς πρὸς 17 αὐτοὺς τὸν λόγον τοῦτον Καταγάγετε ἐπ' ὀφθαλμοὺς ὑμῶν δάκρυα ἡμέρας καὶ νυκτὸς καὶ μὴ διαλιπέτωσαν, ὅτι συντρίμματι συνετρίβη θυγάτηρ λαοῦ μου, καὶ πληγῇ ὀδυνηρᾷ σφόδρα. ¹⁸ἐὰν ἐξέλθω εἰς τὸ 18 πεδίον, καὶ ἰδοὺ τραυματίαι μαχαίρας, καὶ ἐὰν εἰσέλθω εἰς τὴν πόλιν, καὶ ἰδοὺ πόνος λιμοῦ, ὅτι ἱερεὺς καὶ προφήτης ἐπορεύθησαν εἰς γῆν ἣν οὐκ ᾔδεισαν. ¹⁹Μὴ ἀποδοκιμάζων ἀπεδοκίμασας τὸν Ἰούδαν, 19 καὶ ἀπὸ Σειὼν ἀπέστη ἡ ψυχή σου; ἵνα τί ἔπαισας ἡμᾶς καὶ

ℵAQ 11 αγαθον Q   12 νηστευσουσιν A | ουκ| εισ. B* ου|κ εισ. Bᵇ | προσενεγκωσιν] προσενηγκωσιν ℵ* προσ|εν. B*Q* προ|σεν. Bᵇ προσείν. Qᵃ | ευδοκησω] ευδοκω ℵQ | μαχαιρη A | συντελεσω] συντελω ℵ   13 Κυριε] pr δεσποτα A | om αυτων Q | οψομεθα ℵ* (οψεσθαι ℵᶜ·ᵃ⁽ᵗ⁾) | ουδε] και Q | εσται] pr ουκ ℵQ | υμιν] ημιν A | αληθιαν ℵ | om και 4° ℵ* (superscr ℵᶜ·ᵃ⁽ᵗ⁾)   14 προφητευουσιν ℵ* (-τευουσιν ℵᶜ·ᵃ ᵛⁱᵈ ᵉᵗ ᵃⁿᵗᵉᵃ) | ορασις ℵ* | μαντιας ℵA | προερεσις ℵ* (-αιρεσεις ℵ?)   15 δια τουτο] δια του ℵ* | om των προφητων 2° Bᵇ ᵛⁱᵈℵAQ | om επι 1° A | om ψευδη Q | και εγω] καγω ℵA | λεγουσιν] λεγοντες AQ | εν θανατω...συντελεσθησονται] α'θ' ※ εν ρομφαια ϟ λιμω τελευτησουσῖ Qᵐᵍ | προφηται]+α'σ'θ' ※ εκεινοι Qᵐᵍ   16 εριμμενοι BᵃᵇℵA | οδοις] διοδοις AQ | μαχαιρας (-ρης A)] pr της Q | του λιμου] om του ℵ | εσται] αιτιν ℵ* εστιν ℵ¹ | om και αι θυγατερες αυτων ℵ   17 επ] εφ ℵ εις Q | οφθαλμους] pr τους Q | διαλειπετωσαν AQ | συντριμματι]+α'σ' ※ μεγαλω Qᵐᵍ | συ|νετριβη ℵ* συν|ετρ. ℵ¹ | θυγατηρ] pr η A pr α'σ' ※ παρθενος Qᵐᵍ   18 μαχαιρας] ρομφαιας A | om εις 3° A | γην] οδον A   19 Σιων Bᵇℵ AQ

ΙΕΡΕΜΙΑΣ XV 8

οὐκ ἔστιν ἡμῖν ἴασις; ὑπεμείναμεν εἰς εἰρήνην, καὶ οὐκ ἦν ἀγαθά· B 20 εἰς καιρὸν ἰάσεως, καὶ ἰδοὺ ταραχή. ²⁰ἔγνωμεν, Κύριε, ἁμαρτήματα 21 ἡμῶν, ἀδικίας πατέρων ἡμῶν, ὅτι ἡμάρτομεν ἐναντίον σου. ²¹κόπασον διὰ τὸ ὄνομά σου, μὴ ἀπολέσῃς θρόνον δόξης σου· μνήσθητι, 22 μὴ διασκεδάσῃς τὴν διαθήκην σου τὴν μεθ᾽ ἡμῶν· ²²μὴ ἔστιν ἐν εἰδώλοις τῶν ἐθνῶν ὑετίζων; καὶ εἰ ὁ οὐρανὸς δώσει πλησμονὴν αὐτοῦ; οὐχὶ σὺ εἶ αὐτός; καὶ ὑπομενοῦμέν σε, Κύριε, ὅτι σὺ ἐποίησας πάντα ταῦτα.

XV 1 ¹Καὶ εἶπεν Κύριος πρός μέ Ἐὰν στῇ Μωσῆς καὶ Σαμουὴλ πρὸ προσώπου μου, οὐκ ἔστιν ἡ ψυχή μου πρὸς αὐτούς· ἐξαπόστειλον τὸν 2 λαὸν τοῦτον, καὶ ἐξελθέτωσαν. ²καὶ ἔσται ἐὰν εἴπωσιν πρὸς σέ Ποῦ ἐξελευσόμεθα; καὶ ἐρεῖς πρὸς αὐτούς Τάδε λέγει Κύριος ″Οσοι εἰς θάνατον, εἰς θάνατον· καὶ ὅσοι εἰς μάχαιραν, εἰς μάχαιραν· καὶ ὅσοι εἰς λιμόν, εἰς λιμόν· καὶ ὅσοι εἰς αἰχμαλωσίαν, εἰς αἰχμαλωσίαν. 3 ³καὶ ἐκδικήσω ἐπ᾽ αὐτοὺς τέσσαρα εἴδη, λέγει Κύριος· τὴν μάχαιραν εἰς σφαγήν, καὶ τοὺς κύνας εἰς διασπασμόν, καὶ τὰ θηρία τῆς γῆς καὶ 4 τὰ πετεινὰ τοῦ οὐρανοῦ εἰς βρῶσιν καὶ διαφθοράν. ⁴καὶ παραδώσω αὐτοὺς εἰς ἀνάγκας πάσαις ταῖς βασιλείαις τῆς γῆς διὰ Μανασσὴ υἱὸν Ἐζεκίου βασιλέα Ἰούδα, περὶ πάντων ὧν ἐποίησεν ἐν Ἱερου-5 σαλήμ. ⁵τίς φείσεται ἐπὶ σοί, Ἱερουσαλήμ; καὶ τίς δειλιάσει ἐπὶ 6 σοί; ἢ τίς ἀνακάμψει εἰς εἰρήνην σοι; ⁶σὺ ἀπεστράφης με, λέγει Κύριος, ὀπίσω πορεύσῃ, καὶ ἐκτενῶ τὴν χεῖρά μου καὶ διαφθερῶ σε, 7 καὶ οὐκέτι ἀνήσω αὐτούς. ⁷καὶ διασπερῶ αὐτοὺς ἐν διασπορᾷ· ἐν πύλαις λαοῦ μου ἠτεκνώθησαν, ἀπώλεσαν τὸν λαόν μου διὰ τὰς 8 κακίας αὐτῶν, ⁸ἐπληθύνθησαν χῆραι αὐτῶν ὑπὲρ τὴν ἄμμον τῆς θαλάσσης· ἐπήγαγον ἐπὶ μητέρα νεανίσκους, ταλαιπωρίαν ἐν μεσημ-

20 αμαρτηματα] αμαρτιας Q | αδικειας B* (-κιας Bᵇ) | εναντιον ℵ* (εναντ. ℵAQ ℵ?) 21 κοπασον]+δη ℵ | om την 2° A 22 πλησ|μονην B* πλη|σμ. Bᵇ | αυτος]+α′σ′ ⸓ ⳨ ο θϲ ημων Qᵐᵍ | υπομενουμεν σε] μεν σε sup ras Aᵃ | om Κυριε ℵAQ | παντα ταυτα] ταυτα παντα ℵ pr a′ ⸓ συν Qᵐᵍ XV 1 Μωυσης ℵQ | Σαμουηλ] Ααρων A | τουτον]+ ⸓ απο προσωπου μου Q | εξελθατωσαν ℵAQ* 2 Κυριος]+ο θϲ A | μαχαιραν bis] χαραν ℵ* 3 τεσσερα ℵAQ | διαφθοραν] pr εις ℵA 4 βασιλιαις ℵ | Μαννασση A | Εξεκια A | βασιλεως Q | ων] των Q* 4—6 εποιησεν]...απεστραφης in mg et sup ras Aᵃ 5 και] η ℵ | ανακαμψει]+σ′θ′ ⸓ ερωτησαι Qᵐᵍ | εις] επ ℵ 6 οπισω]+μου A | λεγει Κυριος Q* | μου]+επι σε A 7 om και διασπερω αυτους ℵ* (hab ℵᶜ·ᵃ⁽?⁾ ᵐᵍ) | διασπερω] διαφθερω A | om αυτους A | διασπορα] διαφθορα A | om μου 1° ℵ* (hab ℵ?ᵛⁱᵈ) | ητεκνωθην ℵ* (-θησαν ℵᶜ·ᵃ⁽?⁾) | om απωλεσαν τον λαον μου ℵ | αυτων] + σ′ ⸓ ϗ ουκ απεστραφησαν Qᵐᵍ 8 επληθυνθησαν]+σ′ ⸓ επ εμε Qᵐᵍ | αυτων] αυτω η ℵ*ᵛⁱᵈ | την αμμον] om την ℵ | θαλασσεης ℵ | επηγαγον]+ α′σ′ ⸓ αυτοις Qᵐᵍ | νεανισκους] νεανισκου ℵ (-νικου ℵ*) Q

255

βρίᾳ, ἐπέριψαν ἐπ' αὐτὴν ἐξέφνης τρόμον καὶ σπουδήν. ⁹ἐκενώθη ἡ 9 τίκτουσα ἑπτά, ἀπεκάκησεν ἡ ψυχὴ αὐτῆς, ἐπέδυ ὁ ἥλιος αὐτῇ ἔτι μεσούσης τῆς ἡμέρας, κατῃσχύνθη καὶ ὠνειδίσθη· τοὺς καταλοίπους αὐτῶν εἰς μάχαιραν δώσω ἐναντίον τῶν ἐχθρῶν αὐτῶν. ¹⁰Οἴμοι 10 ἐγώ, μῆτερ, ὡς τίνα με ἔτεκες; ἄνδρα δικαζόμενον καὶ διακρινόμενον ἐν πάσῃ τῇ γῇ· οὔτε ὠφέλησα, οὔτε ὠφέλησέν με οὐδείς· ἡ ἰσχύς μου ἐξέλιπεν ἐν τοῖς καταρωμένοις με. ¹¹γένοιτο, δέσποτα, κατευθυνόντων 11 αὐτῶν· εἰ μὴ παρέστην σοι ἐν καιρῷ τῶν κακῶν αὐτῶν καὶ ἐν καιρῷ θλίψεως αὐτῶν, εἰς ἀγαθὰ πρὸς τὸν ἐχθρόν. ¹²Εἰ γνωσθήσεται 12 σίδηρος; καὶ περιβόλαιον χαλκοῦν ἡ ἰσχύς σου. ¹³καὶ τοὺς θησαυ- 13 ρούς σου εἰς προνομὴν δώσω, ἀντάλλαγμα διὰ πάσας τὰς ἁμαρτίας σου καὶ ἐν πᾶσι τοῖς ὁρίοις σου. ¹⁴καὶ καταδουλώσω σε κύκλῳ τοῖς 14 ἐχθροῖς σου ἐν τῇ γῇ ᾗ οὐκ ᾔδεις· ὅτι πῦρ ἐκκέκαυται ἐκ τοῦ θυμοῦ μου, ἐφ' ὑμᾶς καυθήσεται. ¹⁵Κύριε, μνήσθητί μου καὶ ἐπί- 15 σκεψαί με, καὶ ἀθώωσον ἀπὸ τῶν καταδιωκόντων με, μὴ εἰς μακρο-θυμίαν· γνῶθι ὡς ἔλαβον περὶ σοῦ ὀνειδισμὸν ¹⁶ὑπὸ τῶν ἀθετούντων 16 τοὺς λόγους σου· συντέλεσον αὐτούς, καὶ ἔσται ὁ λόγος σου ἐμοὶ εἰς εὐφροσύνην καὶ χαρὰν καρδίας μου, ὅτι ἐπικέκληται τὸ ὄνομά σου ἐπ' ἐμοί, Κύριε Παντοκράτωρ. ¹⁷οὐκ ἐκάθισα ἐν συνεδρίῳ αὐτῶν 17 παιζόντων, ἀλλὰ εὐλαβούμην ἀπὸ προσώπου χειρός σου· κατὰ μόνας ἐκαθήμην, ὅτι πικρίας ἐνεπλήσθην. ¹⁸ἵνα τί οἱ λυποῦντές με κατι- 18 σχύουσίν μου; ἡ πληγή μου στερεά, πόθεν ἰαθήσομαι; γινομένη ἐγενήθη μοι ὡς ὕδωρ ψευδές, οὐκ ἔχον πίστιν. ¹⁹διὰ τοῦτο τάδε 19 λέγει Κύριος Ἐὰν ἐπιστρέψῃς, καὶ ἀποκαταστήσω σε καὶ πρὸ προσ-ώπου μου στήσῃ· καὶ ἐὰν ἐξαγάγῃς τίμιον ἀπὸ ἀξίου, ὡς στόμα μου ἔσῃ· καὶ ἀναστρέψουσιν αὐτοὶ πρὸς σέ, καὶ σὺ οὐκ ἀναστρέψεις πρὸς αὐτούς. ²⁰καὶ δώσω σε τῷ λαῷ τούτῳ ὡς τεῖχος ὀχυρὸν χαλκοῦν· 20 καὶ πολεμήσουσιν πρὸς σέ, καὶ οὐ μὴ δύνωνται πρὸς σέ, διότι μετὰ

ℵAQ   8 επεριψαν (επερρ.Bᵃᵇ)] επεριψα ℵ επερριψα AQ | εξαιφνης Bᵇℵᶜ·ᵇ⁽ᵗ⁾Q 9 εκενωθη] εγενηθη ℵ* | αυτη] pr επ Q | ετι] επι ℵ | κατῃσχυνθην ℵ* | εναν-τιον] εναντι ℵ | αυτων 2°]+φησιν κ̄ς Qᵐᵍ   10 μητηρ ℵ | ω ℵ* (ως ℵ?) | και] +α'θ' ※ ανδρα Qᵐᵍ | om εν πασῃ A | ουτε 1°] ουκ Q | ουτε 2°] ουδε ℵQ | ουδεις] ουδε εις ℵ* | εξελειπεν A   11 αυτων 1°]+α'σ' ※ εις αγαθον Qᵐᵍ 12 γνωσεται ℵ*ᵛⁱᵈ   13 δωσω] δωσως ℵ | ανταλγμα ℵ | αμαρτιας] κακιας A | πασιν A   14 καταδουλωσουσιν A | om κυκλω Q | εκκαυται B* (εκκεκ. Bᵃᵇ) 15 Κυριε] pr α'σ'θ' ※ ου εγνως Qᵐᵍ | αθωωσον]+με ℵQ | απο] εκ ℵ | μακρο-θυμιαν] +θ' ※ σου μη λαβης με Qᵐᵍ   16 αθετουτων B* (-των Bᵃᵇ) | εμοι 2°] εμε Q | Κυριε]+σ' ※ ο θ̄ς Qᵐᵍ   17 αλλα] αλλ Q | οτι] ο B* (οτι Bᵃᵇ) 18 ιαθησομαι] ιασομαι A | μοι εγενηθη A | ψευδος ℵA | εχον] εσχον ℵᶜ·ᵃ εχων A   19 σε 1°] ε ℵ*ᵛⁱᵈ | om και 2° Q | αξιου] αναξιου ℵᶜ·ᵃ⁽ᵗ⁾Q | αναστρεψωσιν Q   20 τω λαω] pr εν ℵ | πολεμησωσι ℵ | om προς 1° A

ΙΕΡΕΜΙΑΣ XVI 10

21 σοῦ εἰμὶ τοῦ σώζειν σε ²¹καὶ ἐξαιρεῖσθαί σε ἐκ χειρὸς πονηρῶν, καὶ Β
λυτρώσομαί σε ἐκ χειρὸς λοιμῶν.

XVI ¹₂ ¹Καὶ σὺ μὴ λάβῃς γυναῖκα, λέγει Κύριος ὁ θεὸς Ἰσραήλ, ²καὶ οὐ
3 γεννηθήσεταί σοι υἱὸς οὐδὲ θυγάτηρ ἐν τῷ τόπῳ τούτῳ. ³ὅτι τάδε
λέγει Κύριος περὶ τῶν υἱῶν καὶ περὶ τῶν θυγατέρων τῶν γεννωμένων
ἐν τῷ τόπῳ τούτῳ, καὶ περὶ τῶν μητέρων αὐτῶν τῶν τετοκυιῶν
αὐτούς, καὶ περὶ τῶν πατέρων αὐτῶν τῶν γεγεννηκότων αὐτοὺς ἐν τῇ
4 γῇ ταύτῃ ⁴Ἐν θανάτῳ νοσερῷ ἀποθανοῦνται, οὐ κοπήσονται καὶ οὐ
ταφήσονται· εἰς παράδειγμα ἐπὶ προσώπου τῆς γῆς ἔσονται, καὶ
τοῖς θηρίοις τῆς γῆς ἔσονται καὶ τοῖς πετεινοῖς τοῦ οὐρανοῦ· ἐν
5 μαχαίρᾳ πεσοῦνται καὶ ἐν λιμῷ συντελεσθήσονται. ⁵τάδε λέγει
Κύριος Μὴ εἰσέλθῃς εἰς θίασον αὐτῶν, καὶ μὴ πορευθῇς τοῦ κόψασθαι,
καὶ μὴ πενθήσῃς αὐτούς, ὅτι ἀφέστακα τὴν εἰρήνην μου ἀπὸ τοῦ
6 λαοῦ τούτου. ⁶οὐ μὴ κόψονται αὐτοὺς οὐδὲ ἐντομίδας οὐ μὴ ποιή-
7 σουσιν καὶ οὐ ξυρηθήσονται, ⁷καὶ οὐ μὴ κλασθῇ ἄρτος ἐν πένθει αὐτῶν
εἰς παράκλησιν ἐπὶ τεθνηκότι· οὐ ποτιοῦσιν αὐτὸν ποτήριον εἰς παρά-
8 κλησιν ἐπὶ πατρὶ καὶ μητρὶ αὐτοῦ. ⁸εἰς οἰκίαν πότου οὐκ εἰσελεύσῃ
9 συνκαθίσαι μετ' αὐτῶν τοῦ φαγεῖν καὶ πιεῖν. ⁹διότι τάδε λέγει
Κύριος ὁ θεὸς Ἰσραήλ Ἰδοὺ ἐγὼ καταλύω ἐκ τοῦ τόπου τούτου
ἐνώπιον τῶν ὀφθαλμῶν ὑμῶν καὶ ἐν ταῖς ἡμέραις ὑμῶν φωνὴν χαρᾶς
10 καὶ φωνὴν εὐφροσύνης, φωνὴν νυμφίου καὶ φωνὴν νύμφης. ¹⁰καὶ
ἔσται ὅταν ἀναγγείλῃς τῷ λαῷ τούτῳ ἅπαντα τὰ ῥήματα ταῦτα, καὶ
εἴπωσιν πρὸς σέ Διὰ τί ἐλάλησεν Κύριος ἐφ' ἡμᾶς πάντα τὰ κακὰ
ταῦτα; τίς ἡ ἀδικία ἡμῶν; καὶ τίς ἡ ἁμαρτία ἡμῶν ἣν ἡμάρτομεν

21 σε 1°] + α'σ'θ' ※ φησι κ̅ς̅ κ̅ ρυσομαι σε Qᵐᵍ | λυτρωσομαι σε] om ℵ ℵAQ
pr ※ α'σ'θ' Qᵃ ᵉᵗ ᵐᵍ   XVI 1 λαβῃς]+α'σ' ※ σεαυτω Q | Ισραηλ] Ιηλ ℵ
2 τουτω] εκινω ℵ* (superscr τουτ ℵᶜ·ᵃ ⁽ᵗ⁾)   3 om περι 2° ℵAQ | γεννωμενων]
γεγεννημενων ℵ | αυτων 1°] τουτων ℵ* ᵛⁱᵈ   4 ου 1°] pr και ℵ | και ου] ουδε A
| om και 2° Q | om εσονται 2° ℵAQ | μαχαιρη A   5 εισ|ελθης B* ει'σελθ. Bᵇ
αυτων] αυτου ℵ* (αυτου ℵ¹ ᵛⁱᵈ) | om μη 3° A | πενθησεις ℵ | αφεστηκα ℵ*A
τουτου]+φησιν κ̅ς̅ Q + (post κ̅ς̅) θ' ※ τον ελεον κ̅ τους οικτιρμους (6) κ̅ αποθα-
νουνται μεγαλοι κ̅ μικροι εν τη γη ταυτη Qᵐᵍ   6 ου μη (1°)] om μη ℵQ*
(※ ουδ ου μη Qᵐᵍ) | κοψωνται A | ουδε] ουδ ℵ* (ουδε ℵᶜ·ᵃ) | om ου 2° ℵQ |
om μη 2° ℵ | και ου] και ου μη ℵ ουδε μη A | ξυρηθησονται] ξυρησονται AQ + ※
ουδ ου μη κλαυσωσιν αυτους ου κατορυγησοντ̅ Qᵐᵍ   7 παρακλησιν 1°] παρα-
κλησεις ℵ* (-σειν ℵᵗ) | πατρι]+αυτου AQ | και 2°] η επι AQ   8 συνκαθισαι
(συγκ. BᵃᵇQ)] συ του καθεισαι A | πειν B* (πιειν Bᵃᵇ)   9 ενωπιον] εναντιον
Q | om και 1° ℵAQ | om και 2° A* (hab κ̅ Aᵃ¹ ⁽ᵐᵍ¹⁾)   10 αναγγειλης] απαγ-
γειλης ℵA | λαως ℵ* | om τουτω A | απαντα] παντα ℵAQ pr α' ※ συν
Qᵐᵍ | ειπωσι A | om Κυριος (hab ℵᶜ·ᵃ ⁽ᵗ⁾ ⁽ᵐᵍ⁾) | κακα]+α'σ'θ' ※ τα μεγαλα Q

SEPT. III.   257   R

ΙΕΡΕΜΙΑΣ XVI 11

B ἔναντι Κυρίου τοῦ θεοῦ ἡμῶν; ¹¹καὶ ἐρεῖς αὐτοῖς Ἀνθ' ὧν ἐνκατέλιπόν 11 με οἱ πατέρες ὑμῶν, λέγει Κύριος, καὶ ᾤχοντο ὀπίσω θεῶν ἀλλοτρίων καὶ ἐδούλευσαν αὐτοῖς καὶ προσεκύνησαν αὐτοῖς, καὶ ἐμὲ ἐγκατέλιπον καὶ τὸν νόμον μου οὐκ ἐφυλάξαντο, ¹²καὶ ὑμεῖς ἐπονηρεύσασθε ὑπὲρ 12 τοὺς πατέρας ὑμῶν· καὶ ἰδοὺ ὑμεῖς πορεύεσθε ἕκαστος ὀπίσω τῶν ἀρεστῶν τῆς καρδίας ὑμῶν τῆς πονηρᾶς τοῦ μὴ ὑπακούειν μου. ¹³καὶ 13 ἀπορίψω ὑμᾶς ἀπὸ τῆς γῆς ταύτης εἰς τὴν γῆν ἣν οὐκ ᾔδειτε ὑμεῖς καὶ οἱ πατέρες ὑμῶν, καὶ δουλεύσετε ἐκεῖ θεοῖς ἑτέροις οἳ οὐ δώσουσιν ὑμῖν ἔλεος. ¹⁴Διὰ τοῦτο ἰδοὺ ἡμέραι ἔρχονται, λέγει Κύριος, καὶ 14 οὐκ ἐροῦσιν ἔτι Ζῇ Κύριος ὁ ἀναγαγὼν τοὺς υἱοὺς Ἰσραὴλ ἐκ γῆς Αἰγύπτου, ¹⁵ἀλλὰ Ζῇ Κύριος ὃς ἀνήγαγεν τὸν οἶκον Ἰσραὴλ ἀπὸ γῆς 15 βορρᾶ καὶ ἀπὸ πασῶν τῶν χωρῶν οὗ ἐξώσθησαν ἐκεῖ· καὶ ἀποκαταστήσω αὐτοὺς εἰς τὴν γῆν αὐτῶν ἣν ἔδωκα τοῖς πατράσιν αὐτῶν. ¹⁶ἰδοὺ ἐγὼ ἀποστέλλω τοὺς ἁλεεῖς τοὺς πολλούς, λέγει 16 Κύριος, καὶ ἁλιεύσουσιν αὐτούς· καὶ μετὰ ταῦτα ἀποστελῶ τοὺς πολλοὺς θηρευτάς, καὶ θηρεύσουσιν αὐτοὺς ἐπάνω παντὸς ὄρους καὶ ἐπάνω παντὸς βουνοῦ καὶ ἐκ τῶν τρυμαλιῶν τῶν πετρῶν. ¹⁷ὅτι οἱ 17 ὀφθαλμοί μου ἐπὶ πάσας τὰς ὁδοὺς αὐτῶν, καὶ οὐκ ἐκρύβη τὰ ἀδικήματα αὐτῶν ἀπέναντι τῶν ὀφθαλμῶν μου. ¹⁸καὶ ἀνταποδώσω διὰ 18 πάσας τὰς κακίας αὐτῶν καὶ τὰς ἁμαρτίας αὐτῶν, ἐφ' αἷς ἐβεβήλωσαν τὴν γῆν μου ἐν τοῖς θνησιμαίοις τῶν βδελυγμάτων αὐτῶν καὶ ἐν ταῖς ἀνομίαις αὐτῶν, ἐν αἷς ἐπλημμέλησαν τὴν κληρονομίαν μου. ¹⁹Κύριε, 19 σὺ ἰσχύς μου καὶ βοηθία μου καὶ καταφυγή μου ἐν ἡμέραις κακῶν· πρὸς σὲ ἔθνη ἥξουσιν ἀπ' ἐσχάτου τῆς γῆς καὶ ἐροῦσιν Ὡς ψευδῆ ἐκτήσαντο οἱ πατέρες ἡμῶν εἴδωλα, καὶ οὐκ ἔστιν ἐν αὐτοῖς ὠφέ-

ℵAQ 10 εναντιον AQ 11 αυτοις 1°] προς αυτους A | ενκατελιπον] εγκατελιπον Bᵃᵗᵇ Q* εγκατελειπον AQᵃ | υμων] αυτων A | om και προσεκυνησαν αυτοις A | εγκατελιπον] εγκατελειπον AQᵃ (postea εγκατελιπον) | εφυλαξαν Q 12 επονηρευσασθε] ουκ επορευεσθαι ℵ* (επονηρευεσθαι ℵᶜ·ᵃ⁽ᵗ⁾) + ※ του ποιησαι Qᵐᵍ | πορευε|εσθε B | εκατος ℵ* | αρεστων] εραστων A | υπακουεις ℵ* ᵛⁱᵈ 13 απορριψω BᵃᵗKℵ*⁽ᵛⁱᵈ⁾ᵃQ | om απο της γης ταυτης A* (hab απορριψω... ταυτης in mg et sup ras Aᵃ) | την γην] om την ℵQ | ηδειτε] ιδητε ℵ* (ηδιται ℵᵗ) | om εκει A | ετεροις] αλλοτριοις Q* (ετ. Qᵐᵍ)+a'σ'θ' ※ ημερας ϛ νυκτος Qᵐᵍ 15 απο γης βορραν (-ρρα ℵᵗ) τον οικον Ἰσλ ℵ | ου] ουκ ℵ* ου ℵᶜ·ᵃ⁽ᵗ⁾ | αυτων] ταυτην ℵ* (αυτ. ℵᶜ·ᵃ⁽ᵗ⁾). 16 τους αλεεις (αλειεις ℵᵗ αλιεις BᵃᵗᵇQ)] om τους ℵQ | τους πολλους] om τους ℵQ | αποστελω] αποστελλω ℵ* (-στελω ℵᶜ·ᵃ) | τους πολλους 2°] om τους Q τους σοφους A | επανω 1°] pr και ℵ | ορους] ορου A | βουνου]+υψηλου A 17 μου 1°] αυτων ℵ* (μου ℵᶜ·ᵃ⁽ᵗ⁾ superscr) | αυτων 1°]+ουκ εκρυβησαν απο προσωπου μου ℵ* (uncis incl et εκρυβη pro -βησαν ℵᶜ·ᵃ⁽ᵗ⁾) a'θ' ※ Qᵐᵍ 18 δια πασας] διπλας BᵃᵇℵAQ | κακιας] αδικιας ℵAQ 19 om συ AQ | βοηθεια BᵃᵇQ | ημερα ℵQ

258

ΙΕΡΕΜΙΑΣ XVII 13

20 λῆμα. ²⁰εἰ ποιήσει ἑαυτῷ ἄνθρωπος θεούς, καὶ οὗτοι οὐκ εἰσὶν θεοί; Β
21 ²¹διὰ τοῦτο ἰδοὺ ἐγὼ δηλώσω αὐτοῖς ἐν τῷ καιρῷ τούτῳ τὴν χεῖρά
μου, καὶ γνωριῶ αὐτοῖς τὴν δύναμίν μου, καὶ γνώσονται ὅτι ὄνομά
μοι Κύριος.

XVII 5 ⁵Ἐπικατάρατος ὁ ἄνθρωπος ὃς τὴν ἐλπίδα ἔχει ἐπ' ἄνθρωπον,
καὶ στηρίσει σάρκα βραχίονος αὐτοῦ ἐπ' αὐτόν, καὶ ἀπὸ Κυρίου
6 ἀποστῇ ἡ καρδία αὐτοῦ· ⁶καὶ ἔσται ὡς ἡ ἀγριομυρίκη ἡ ἐν τῇ ἐρήμῳ,
οὐκ ὄψεται ὅταν ἔλθῃ τὰ ἀγαθά, καὶ κατασκηνώσει ἐν ἁλίμοις καὶ ἐν
7 ἐρήμῳ, ἐν γῇ ἁλμυρᾷ ἥτις οὐ κατοικεῖται. ⁷καὶ εὐλογημένος ὁ ἄν-
θρωπος ὃς πέποιθεν ἐπὶ τῷ κυρίῳ, καὶ ἔσται Κύριος ἐλπὶς αὐτοῦ·
8 ⁸καὶ ἔσται ὡς ξύλον εὐθηνοῦν παρ' ὕδατα, καὶ ἐπὶ ἰκμάδα βαλεῖ
ῥίζαν αὐτοῦ· οὐ φοβηθήσεται ὅταν ἔλθῃ καῦμα, καὶ ἔσται ἐπ' αὐτῷ
στελέχη ἀλσώδη, ἐν ἐνιαυτῷ ἀβροχίας οὐ φοβηθήσεται, καὶ οὐ
9 διαλείψει ποιῶν καρπόν. ⁹βαθεῖα ἡ καρδία παρὰ πάντα, καὶ ἄνθρω-
10 πός ἐστιν· καὶ τίς γνώσεται αὐτόν; ¹⁰ἐγὼ Κύριος ἐτάζων καρδίας καὶ
δοκιμάζων νεφρούς, τοῦ δοῦναι ἑκάστῳ κατὰ τὰς ὁδοὺς αὐτοῦ καὶ κατὰ
11 τοὺς καρποὺς τῶν ἐπιτηδευμάτων αὐτοῦ. ¹¹ἐφώνησεν πέρδιξ, συνή-
γαγεν ἃ οὐκ ἔτεκεν· ποιῶν πλοῦτον αὐτοῦ οὐ μετὰ κρίσεως, ἐν ἡμίσει
ἡμερῶν αὐτοῦ ἐγκαταλείψουσιν αὐτόν, καὶ ἐπ' ἐσχάτων αὐτοῦ ἔσται
¹²₁₃ ἄφρων. ¹²Θρόνος δόξης ὑψωμένος ἁγίασμα ἡμῶν· ¹³ὑπομονὴ
Ἰσραήλ, Κύριε, πάντες οἱ καταλιπόντες σε καταισχυνθήτωσαν,

21 om την χειρα μου Q | την δυναμιν] pr τῇ| χειραν (-ρα Q²) μου και Q | ℵAQ
ονομα μοι Κυριος BQ^mg] pr εγω k̄s ℵ* εγω k̄s ℵ^c.a Q   XVII 5 επικαταρατος]
pr Ωρ. θ' ※ (1) αμαρτια Ιουδα γεγραπτ, εν γραφιω σιδηρω εν ονυχι αδαμα|τινω
εκκεκολαμμενη επι του στηθους της καρδιας αυτω| 𝕜 τοις κερασι των θυσιαστη-
ριων υμω| (2) ηνικα αν μνησθωσι|| οι υιοι αυτων τα θυσιαστηρια αυτων 𝕜 τα
αλση αυτων επι ξυλου δασεος 𝕜 επι βουνων μετεωρων (3) ορεων εν αγρω
ισχυν σου και παντας (superscr ※ σ') θησαυρους σου εις προνομην δωσω τα
υψηλα σου εν αμαρτια εν πασι τοις οριοις σου (4) αφεθησεται (corr αφεθηση
μονη) και τα|πεινωθηση απο της κληρονομιας σου ης εδωκα σοι 𝕜 αναβι-
βασω σε (corr καταδουλωσω σε) εν τοις εχθροις σου εν τη γη η ουκ εγνως
οτι πυρ εκκεκαυται εν τω θυμω μου εως αιωνος καυθησεται (5) ταδε λεγει k̄s
Q^mg | ο ανθρωπος] om ο ℵQ | στηρισιν Q | σαρκας ℵ^c.a | om επ αυτον ℵQ |
απεστη ℵ* (αποστη ℵ^c.a?)   6 η αγριομυρικη (αγρομ. A* αγριομ. A¹) η]
om η bis ℵ* | ουκ] pr η ℵAQ¹^(vid) | om και 3° Q | ερημω 2°] ερημοις ℵ*
(ω superscr ℵ^c.a(?)) pr τη A pr γη Q | om εν 4° Q | κατοικειται] κατοικη-
θησεται ℵ* (-κειται ℵ^c.a (?))   7 ηυλογημενος Q*^vid   8 υδατι Q | ριζας
ℵAQ | ου 1°] pr και ℵ^c.a AQ | επ] εν A | αβροχειας B* (-χιας B^b)] ποιουν
ℵ^c.aQ   9 βοηθια ℵ   10 om και 1° ℵQ | αυτου 2°] αυτῶ B* (-του B^a†b)
11 ημερων] ημων ℵ* (ημερων ℵ^c.a (?)) | ενκαταλειψουσιν A   12 υψω-
μενος] υψουμενος A+a'σ' ※ εξ αρχης τοπος Q^mg   13 υπομονης ℵ* | κατα-
λειποντες A | καταισχυνθητωσαν] εσχυ|θητωσαν ℵ* (καταισχ. ℵ^c.a) pr πτοη-
θησαν ουτοι και μη πτοηθιην εγνω (corr εγω) ℵ* (uncis incl ℵ^c.a(?))

259   K 2

ΙΕΡΕΜΙΑΣ

B ἀφεστηκότες ἐπὶ τῆς γῆς γραφήτωσαν, ὅτι ἐγκατέλιπον πηγὴν ζωῆς τὸν κύριον. ¹⁴ἴασαί με, Κύριε, καὶ ἰαθήσομαι· σῶσόν με, καὶ σω- 14 θήσομαι, ὅτι καύχημά μου σὺ εἶ. ¹⁵ἰδοὺ αὐτοὶ λέγουσι πρὸς μέ Ποῦ 15 ἐστιν ὁ λόγος Κυρίου; ἐλθάτω. ¹⁶ἐγὼ δὲ οὐκ ἐκοπίασα κατα- 16 κολουθῶν ὀπίσω σου, καὶ ἡμέραν ἀνθρώπου οὐκ ἐπεθύμησα, σὺ ἐπίστῃ· τὰ ἐκπορευόμενα διὰ τῶν χειλέων μου πρὸ προσώπου σού ἐστιν. ¹⁷μὴ γενηθῇς μοι εἰς ἀλλοτρίωσιν, φειδόμενός μου 17 ἐν ἡμέρᾳ πονηρᾷ. ¹⁸καταισχυνθήτωσαν οἱ διώκοντές με, καὶ μὴ 18 καταισχυνθείην ἐγώ· πτοηθείησαν αὐτοί, καὶ μὴ πτοηθείην ἐγώ· ἐπάγαγε ἐπ' αὐτοὺς ἡμέραν πονηράν, δισσὸν σύντριμμα σύντριψον αὐτούς. ¹⁹Τάδε λέγει Κύριος Βάδισον καὶ στῆθι ἐν ταῖς πύλαις 19 υἱῶν λαοῦ σου, ἐν αἷς εἰσπορεύονται ἐν αὐταῖς βασιλεῖς Ἰούδα καὶ ἐν αἷς ἐκπορεύονται ἐν αὐταῖς, καὶ ἐν πάσαις ταῖς πύλαις Ἰερουσαλήμ, ²⁰καὶ ἐρεῖς αὐτοῖς τὸν λόγον Κυρίου Βασιλεῖς Ἰούδα καὶ πᾶσα 20 Ἰουδαία καὶ πᾶσα Ἰερουσαλήμ, οἱ εἰσπορευόμενοι ἐν ταῖς πύλαις ταύταις, ²¹τάδε λέγει Κύριος Φυλάσσεσθε τὰς ψυχὰς ὑμῶν, καὶ μὴ 21 αἴρετε βαστάγματα ἐν τῇ ἡμέρᾳ τῶν σαββάτων καὶ μὴ ἐκπορεύεσθε ταῖς πύλαις Ἰερουσαλήμ, ²²καὶ μὴ ἐκφέρετε βαστάγματα ἐξ οἰκιῶν 22 ὑμῶν ἐν τῇ ἡμέρᾳ τῶν σαββάτων, καὶ πᾶν ἔργον οὐ ποιήσετε· ἁγιάσατε τὴν ἡμέραν τῶν σαββάτων καθὼς ἐνετειλάμην τοῖς πατράσιν ὑμῶν. καὶ οὐκ ἤκουσαν καὶ οὐκ ἔκλιναν τὸ οὖς αὐτῶν, ²³καὶ 23 ἐσκλήρυναν τὸν τράχηλον αὐτῶν ὑπὲρ τοὺς πατέρας αὐτῶν τοῦ μὴ ἀκοῦσαί μου καὶ τοῦ μὴ δέξασθαι παιδείαν. ²⁴καὶ ἔσται ἐὰν εἰσα- 24

ℵAQ 13 επι] απο ℵ^c.a | γραφητωσαν] εγγραφ. ℵ^c.a | ενκατελιπον ℵ εγκατελειπον A   14 με 1°...σωθησομαι in mg et sup ras A^a (om σωσον...σωθησομαι A* vid) | om οτι A | καυχημα] pr το ℵ^c.a | om συ A   15 λεγουσιν ℵAQ | ελθετω Q^b (vid) + ※ α'θ' δη Q^mg   16 επιστη] επιστασαι AQ | χειλεων] χιλιων ℵ* (χιλεων ℵ?) | προσωπου] π 1° sup ras B? | σου 2°] μου A   17 (γενηθης] εγενηθης A* vid (ras ε A?) | μου]+α'θ' ※ συ Q^mg | om εν ημερα πονηρα ℵ* (hab ℵ^c.a(?)mg sup)   18 καταισχυνθητωσαν] καταισχυνθεισαν Q | καταισχυνθειην] πτοηθειην A | πτοηθειην A | ημεραν] λιμον A | συντριμα ℵ   19 Κυριος]+ ※ προς με Q^mg | ταις πυλαις] om ταις AQ | om εν αυταις (1°) Q* (hab ※ εν αυταις αυτοι ϛ οι Q^mg) | bis scr βασιλεις Ιουδα και εν αις εκπορευονται εν αυταις B* (uncis incl 1° B^ab) eadem prorsus om ℵ* (hab ℵ^c.a mg inf ante εν αυταις | εν αυταις in mg postea ras)   20 αυτοις] προς αυτους AQ | τον λογον] pr ακουσατε B^ab (mg) ℵ (om τον) A (om τον) Q | κῡ βασιλεις sup ras B^ab | και πασα Ιουδαια] κ. πασα η Ιουδ. ℵQ om A   21 φυλασσεσθε] pr μη A* (ras μη A?) | ψυχας] φυλακας A   21—22 om και μη εκπορευεσθε...σαββατων (1°) ℵ* (hab και μη εκπορευεσθαι ταις πυλαις Ιλημ| και μη φερεται [corr εκφερεται] βασταγματα εξ οικειων| υμων εν τη ημερα των σαββατων ℵ^c.a mg)   22 οικιων] οικων A | υμων 2°] ημων A   23 ακουσαι] εισακουσαι A | om και του μη δεξ. παιδειαν A | πεδιαν ℵ* παιδιαν ℵ^c.b (?)

ΙΕΡΕΜΙΑΣ XVIII 7

κούσητέ μου, λέγει Κύριος, τοῦ μὴ εἰσφέρειν βαστάγματα διὰ τῶν B
πυλῶν τῆς πόλεως ταύτης ἐν τῇ ἡμέρᾳ τῶν σαββάτων, καὶ ἁγιάζειν
25 τὴν ἡμέραν τῶν σαββάτων τοῦ μὴ ποιεῖν πᾶν ἔργον, ²⁵καὶ εἰσε-
λεύσονται διὰ τῶν πυλῶν τῆς πόλεως ταύτης βασιλεῖς καὶ ἄρχοντες
καθήμενοι ἐπὶ θρόνου Δαυεὶδ καὶ ἐπιβεβηκότες ἐφ' ἅρμασιν καὶ
ἵπποις αὐτῶν, αὐτοὶ καὶ οἱ ἄρχοντες αὐτῶν, ἄνδρες Ἰούδα καὶ οἱ
κατοικοῦντες ἐν Ἰερουσαλήμ· καὶ κατοικισθήσεται ἡ πόλις αὕτη εἰς
26 τὸν αἰῶνα, ²⁶καὶ ἥξουσιν ἐκ τῶν πόλεων Ἰούδα, καὶ κυκλόθεν
Ἰερουσαλὴμ καὶ ἐκ γῆς Βενιαμεὶν καὶ ἐκ γῆς πεδινῆς καὶ ἐκ τοῦ
ὄρους καὶ ἐκ τῆς πρὸς νότον φέροντες ὁλοκαυτώματα καὶ θυσίαν καὶ
θυμιάματα καὶ μάννα καὶ λίβανον, φέροντες αἴνεσιν εἰς οἶκον Κυρίου.
27 ²⁷καὶ ἔσται ἐὰν μὴ εἰσακούσητέ μου τοῦ ἁγιάζειν τὴν ἡμέραν τῶν
σαββάτων, τοῦ μὴ αἴρειν βαστάγματα καὶ μὴ εἰσπορεύεσθαι ταῖς
πύλαις Ἰερουσαλὴμ ἐν τῇ ἡμέρᾳ τῶν σαββάτων, καὶ ἀνάψω πῦρ
ἐν ταῖς πύλαις αὐτῆς καὶ καταφάγεται ἄμφοδα Ἰερουσαλήμ, καὶ οὐ
σβεσθήσεται.

XVIII   Ὁ λόγος ὁ γενόμενος παρὰ Κυρίου πρὸς Ἰερεμίαν λέγων
2   ²Ἀνάστηθι καὶ κατάβηθι εἰς οἶκον τοῦ κεραμέως, καὶ ἐκεῖ ἀκούσῃ
3 τοὺς λόγους μου. ³καὶ κατέβην εἰς οἶκον τοῦ κεραμέως, καὶ ἰδοὺ
4 αὐτὸς ἐποίει ἔργον ἐπὶ τῶν λίθων, ⁴καὶ ἔπεσεν τὸ ἄγγιον ὃ αὐτὸς
ἐποίει ἐν ταῖς χερσὶν αὐτοῦ· καὶ πάλιν αὐτὸς ἐποίησεν αὐτὸ ἄγγιον
5 ἕτερον καθὼς ἤρεσεν ἐνώπιον αὐτοῦ ποιῆσαι. ⁵καὶ ἐγένετο λόγος
6 Κυρίου πρὸς μὲ λέγων ⁶Εἰ καθὼς ὁ κεραμεὺς οὗτος οὐ δυνήσομαι τοῦ
ποιῆσαι ὑμᾶς, οἶκος Ἰσραήλ; ἰδοὺ ὡς ὁ πηλὸς τοῦ κεραμέως ὑμεῖς
7 ἐστὲ ἐν χερσίν μου. ⁷πέρας λαλήσω ἐπὶ ἔθνος ἢ ἐπὶ βασιλείαν τοῦ

24 εισακουσητε] ακουσητε A ακοη ακουσητε Q | om και αγιαζειν τ. η. των ℵAQ
σαββατων ℵ* hab και ασιαζιν τ. η. των σαββ. ℵ¹ᵐᵍ | ποιειν]+εν αυτη Q
25 εισ|ελευσονται B* ει|σελ. B¹ | om αυτων 1° ℵ | ανδρες] pr και οι ℵ* | om
εν A | κατοικισθησεται] κατοικηθ. AQ   26 Βενιαμιν ℵ | γης 2°] της
ℵAQ | om και 8° ℵ* (superscr ℵᶜ·ᵃ) | θυμιαμα A | μαννα̅ ℵ   27 εισ|α-
κουσητε B* εισα|κουσ. B¹ | om μη 3° ℵᶜ·ᵃ AQ | ταις πυλαις] τας π. ℵ*
XVIII tit προς Ιερ. παρα Κυριου Q | λεγων sup ras Bᵃᵇ   2 λογοις ℵ*
3 οικον] pr τον AQ   4 επεσεν] διεπεσεν ℵQ | αγγειον (1°) Bᵃ¹ᵇQᵃ | om
o ℵ* (hab ℵᶜ·ᵃ) | αυτος 1°] αυτου ℵ | εποιει]+α'θ' ※ εν τω πηλω Qᵐᵍ | αυτος
2°] αυτο A om Q | om αυτο A | αγγειον (2°) BQᵃ | ενωπιον] εναντιον Q |
ποιησαι] pr του ℵAQ   5 λεγων]+ ※ ειπε αυτοις Qᵐᵍ   6 κεραμεους ℵ* |
Ισραηλ]+α'σ'θ' ※ φησιν κ̅ς̅ Qᵐᵍ | πηλος]+α' ※ εν χειρι (? χερσιν) Qᵐᵍ |
υμεις] pr α'σ'θ' ※ ουτως Qᵐᵍ | χερσιν] pr ταις AQ | μου]+ ※ οικος Ιηλ Qᵐᵍ
7 εθνη ℵ* (εθνος ℵᶜ·ᵃ⁽?⁾) | η] και ℵ | βασιλειαν (-λιαν ℵ*)] βασιλειας A

261

B ἐξᾶραι αὐτοὺς καὶ τοῦ ἀπολλύειν, ⁸καὶ ἐπιστραφῇ τὸ ἔθνος ἐκεῖνο ἀπὸ 8
πάντων τῶν κακῶν αὐτῶν, καὶ μετανοήσω περὶ τῶν κακῶν ὧν
ἐλογισάμην τοῦ ποιῆσαι αὐτοῖς. ⁹καὶ πέρας λαλήσω ἐπὶ ἔθνος καὶ 9
βασιλείαν τοῦ ἀνοικοδομεῖσθαι καὶ τοῦ καταφυτεύεσθαι, ¹⁰καὶ ποιή- 10
σωσιν τὰ πονηρὰ ἐναντίον μου τοῦ μὴ ἀκούειν τῆς φωνῆς μου, καὶ
μετανοήσω περὶ τῶν ἀγαθῶν ὧν ἐλάλησα τοῦ ποιῆσαι αὐτοῖς. ¹¹καὶ 11
νῦν εἰπὸν πρὸς ἄνδρας Ἰούδα καὶ πρὸς τοὺς κατοικοῦντας Ἱερουσαλήμ· Ἰδοὺ ἐγὼ πλάσσω ἐφ᾽ ὑμᾶς κακά, καὶ λογίζομαι ἐφ᾽ ὑμᾶς
λογισμόν· ἀποστραφήτω δὴ ἕκαστος ἀπὸ ὁδοῦ αὐτοῦ τῆς πονηρᾶς,
καὶ καλλίονα ποιήσετε τὰ ἐπιτηδεύματα ὑμῶν. ¹²καὶ εἶπαν Ἀνδριού- 12
μεθα, ὅτι ὀπίσω τῶν ἀποστροφῶν ἡμῶν πορευσόμεθα, καὶ ἕκαστος
τὰ ἀρεστὰ τῆς καρδίας αὐτοῦ τῆς πονηρᾶς ποιήσομεν. ¹³Διὰ 13
τοῦτο τάδε λέγει Κύριος Ἐρωτήσατε δὴ ἐν ἔθνεσιν Τίς ἤκουσεν τοιαῦτα
φρικτὰ ἃ ἐποίησεν σφόδρα παρθένος Ἰσραήλ; ¹⁴μὴ ἐκλείψουσιν 14
ἀπὸ πέτρας μαστοί, ἢ χιὼν ἀπὸ τοῦ Λιβάνου; μὴ ἐκκλινεῖ ὕδωρ
βιαίως ἀνέμῳ φερόμενον; ¹⁵ὅτι ἐπελάθοντό μου λαός μου, εἰς κενὸν 15
ἐθυμίασαν, καὶ ἀσθενήσουσιν ἐν ταῖς ὁδοῖς αὐτῶν σχοίνους αἰωνίους
τοῦ ἐπιβῆναι τρίβους οὐκ ἔχοντας ὁδὸν εἰς πορείαν, ¹⁶τοῦ τάξαι τὴν 16
γῆν αὐτῶν εἰς ἀφανισμὸν καὶ σύριγμα αἰώνιον· πάντες οἱ διαπορευόμενοι αὐτῆς ἐκστήσονται καὶ κινήσουσιν τὴν κεφαλὴν αὐτῶν.
¹⁷ὡς ἄνεμον καύσωνα διασπερῶ αὐτοὺς κατὰ πρόσωπον ἐχθρῶν αὐ- 17
τῶν, δείξω αὐτοῖς ἡμέραν ἀπωλείας αὐτῶν. ¹⁸Καὶ εἶπαν Δεῦτε 18
λογισώμεθα ἐπὶ Ἱερεμίαν λογισμόν, ὅτι οὐκ ἀπολεῖται νόμος ἀπὸ
ἱερέως καὶ βουλὴ ἀπὸ συνετοῦ καὶ λόγος ἀπὸ προφήτου· δεῦτε καὶ
πατάξωμεν αὐτὸν ἐν γλώσσῃ, καὶ ἀκουσόμεθα πάντας τοὺς λόγους

ℵAQ 7 αυτους] + σ´ ※ ϟ καθελειν Q^mg 8 επιστραφη] ras aliq in η B? επιστρεψη AQ | om παντων Q | om αυτων A | των κακων (2°)] pr παντω| ℵA | ελογισαμην] ελαλησα A 9 εθνη A | βασιλειαν (-λιαν ℵ*)] pr επι ℵQ επι βασιλειας A 10 ποιησουσι ℵA (-σιν) | την φωνην A 11 ειπον] ενιπον ℵ* ειπεν A*vid (o sup ras A¹) | ανδρα ℵ* | Ιερουσαλημ] pr εν ℵ | ιδου] pr ※ λεγων ουτως λεγει κ̅ς̅ Q^mg | λογειμον ℵ* (sup μ punctum superscr ℵ¹) | οδου] pr της A | ποιησατε AQ | τα επιτηδευματα] om τα ℵ* (hab ℵc.a) | υμων] + ※ ϟ τας οδους υμων Q^mg 12 πορευσωμεθα ℵ* 13 δη] in η ras aliq B?vid | εποιησεν] + μοι A | Ισραηλ] Ιημ̅ ℵ Ιλημ̅ A 14 om μη 1° ℵ* (hab ℵc.a (?)mg) | εκκλινει] εκκλινη ℵ εκλεινη A 15 επελαθεντο B*ℵA (επελαθοντο B^b salt Q) | λαος] pr ο ℵAQ | εθυμιασεν ℵ* | om εις 2° Q | ποῥειαν (-ριαν ℵ)] ποριας A 16 συριγμα (συρρηγμα A)] pr εις A | διαπορευομενοι] παραπορ. A | αυτης] pr δι B^ab ℵAQ | την κεφαλην Bℵc.a (?) Q^a] om την ℵ* τας κεφαλας AQ* 17 εχθρων] pr των A | αυτων 1°] + ※ αυχενα ϟ ου προσωπον Q^mg | απωλιας ℵ 18 ιερεων ℵ* | συνετων ℵ* | om εν A | ακουσομεθα] pr ※ ουκ Q^mg

ΙΕΡΕΜΙΑΣ XIX 3

19 αὐτοῦ. ¹⁹Εἰσάκουσόν μου, Κύριε, καὶ εἰσάκουσον τῆς φωνῆς τοῦ Β
20 δικαιώματός μου. ²⁰εἰ ἀνταποδίδοται ἀντὶ ἀγαθῶν κακά; ὅτι συνε-
λάλησαν ῥήματα κατὰ τῆς ψυχῆς μου, καὶ τὴν κόλασιν αὐτῶν ἔκρυ-
ψάν μοι· μνήσθητι ἑστηκότος μου κατὰ πρόσωπόν σου τοῦ λαλῆσαι
ὑπὲρ αὐτῶν ἀγαθά, τοῦ ἀποστρέψαι τὸν θυμόν σου ἀπ' αὐτῶν.
21 ²¹διὰ τοῦτο δὸς τοὺς υἱοὺς αὐτῶν εἰς λιμόν, καὶ ἄθροισον αὐτοὺς εἰς
χεῖρας μαχαίρας· γενέσθωσαν αἱ γυναῖκες αὐτῶν ἄτεκνοι καὶ χῆραι,
καὶ οἱ ἄνδρες αὐτῶν γενέσθωσαν ἀνῃρημένοι θανάτῳ, καὶ οἱ νεανί-
22 σκοι αὐτῶν πεπτωκότες μαχαίρᾳ ἐν πολέμῳ. ²²γενηθήτω κραυγὴ ἐν
ταῖς οἰκίαις αὐτῶν, ἐπάξεις ἐπ' αὐτοὺς λῃστὰς ἄφνω, ὅτι ἐνεχείρησαν
23 λόγον εἰς σύνλημψίν μου καὶ παγίδας ἔκρυψαν ἐπ' ἐμέ. ²³καὶ σύ,
Κύριε, ἔγνως ἅπασαν τὴν βουλὴν αὐτῶν ἐπ' ἐμὲ εἰς θάνατον· μὴ
ἀθῳώσῃς τὰς ἀδικίας αὐτῶν, καὶ τὰς ἁμαρτίας αὐτῶν ἀπὸ προσώπου
σου μὴ ἐξαλείψῃς· γενέσθω ἡ ἀσθένεια αὐτῶν ἐναντίον σου, ἐν καιρῷ
θυμοῦ σου ποίησον ἐν αὐτοῖς.
XIX 1 ¹Τότε εἶπεν Κύριος πρὸς μέ Βάδισον καὶ κτῆσαι βικὸν πεπλασ-
μένον ὀστράκινον, καὶ ἄξεις ἀπὸ τῶν πρεσβυτέρων τοῦ λαοῦ καὶ ἀπὸ
2 τῶν ἱερέων, ²καὶ ἐξελεύσῃ εἰς τὸ πολυάνδριον υἱῶν τῶν τέκνων
αὐτῶν, ὅ ἐστιν ἐπὶ τῶν προθύρων πύλης τῆς Θαρσείς, καὶ ἀνάγνωθι
3 ἐκεῖ πάντας τοὺς λόγους τούτους οὓς ἂν λαλήσω πρὸς σέ, ³καὶ ἐρεῖς
αὐτοῖς Ἀκούσατε τὸν λόγον Κυρίου, βασιλεῖς Ἰούδα καὶ ἄνδρες Ἰούδα
καὶ οἱ κατοικοῦντες Ἱερουσαλὴμ καὶ οἱ εἰσπορευόμενοι ἐν ταῖς πύλαις
ταύταις Τάδε λέγει Κύριος ὁ θεὸς Ἰσραήλ Ἰδοὺ ἐγὼ ἐπάγω ἐπὶ τὸν
τόπον τοῦτον κακὰ ὥστε παντὸς ἀκούοντος αὐτὰ ἠχήσει τὰ ὦτα

18 αυτου] αυτων ℵ* (αυτου ℵc.a(?)) 19 εισακουσον 2°] επακουσον A ℵAQ
20 om μοι ℵAQ* (hab Qmg) | λαλησαι]+a B* (improb Bab) | αποστεψε ℵ*
(αποστρεψαι ℵc.a(?)) | τον θυμον] την θυραν ℵ*vid (τον θυμ. ℵc.a(?)) 21 μα-
χαιρας] om ℵ* (hab ℵc.a†mg) μαχαιρης A | om και 2° A | γενεσθωσαν 2°]
εστωτες A | θανατω] pr εν A | μαχαιρα] εν μαχαιρη A 22 om αυτων
Q* (hab sub ⁕ Qmg)+α'σ'θ' ⁕ οτι Qmg | επαξεις] επαγαγε A | αφνων ℵ* |
ενεχιρωσαν ℵ* | συλλημψ. AQ (συλληψ. Bb) 23 Κυριε]+κε A | απασαν] πα-
σαν ℵ | αυτων 1°]+ην εβουλευσαντο A | εμε] εμοι ℵ* (εμε ℵc.a(?)) | αμαρτιας]
+των πατερων ℵAQ | om σου 1° ℵ* (superscr ℵc.a(?)) | μη 2°] pr και A |
ασθενια ℵ | θυμω ℵ | om εν 2° A XIX 1 om οστρακινον ℵ* (hab
ℵc.a(?)mg) | λαου (λου ℵ*)]+ σου A | των ιερεων] pr των πρεσβυτερων AQ
2 πολυανδρειον B*Q (-δριον BbℵA) | πυλης] πυλων ℵ pr της A | Θαρσεις]
πρθαρσινς ℵ* Θαρσις ℵ¹ Χαρσιθ ℵc.a Χαρσειθ AQ | om τουτους ℵAQ | αν]
εαν A 3 τον λογον] τους λογους ℵ λογους A | βασιλεως ℵ* (-λεις
ℵc.a(?)) | om και ανδρες Ιουδα A | Ιερουσαλημ] pr εν Babℵ | om και οι εισπ.
εν τ. π. ταυταις ℵ | Κυριος]+α'σ' ⁕ των δυναμεω] Qmg | om αυτα A | τα
ωτα] pr αμφοτερα ℵc.amgQ

XIX 4 ΙΕΡΕΜΙΑΣ

B αὐτοῦ, ⁴ἀνθ' ὧν ἐγκατέλιπόν με καὶ ἀπηλλοτρίωσαν τὸν τόπον 4
τοῦτον, καὶ ἐθυμίασαν ἐν αὐτῷ θεοῖς ἀλλοτρίοις οἷς οὐκ ᾔδεισαν αὐτοὶ
καὶ οἱ πατέρες αὐτῶν· καὶ οἱ βασιλεῖς Ἰούδα ἔπλησαν τὸν τόπον
τοῦτον αἱμάτων ἀθῴων, ⁵καὶ ᾠκοδόμησαν ὑψηλὰ τῇ Βάαλ τοῦ κατα- 5
καίειν τοὺς υἱοὺς αὐτῶν ἐν πυρί· οὐκ ἐνετειλάμην οὐδὲ διενοήθην ἐν
τῇ καρδίᾳ μου. ⁶διὰ τοῦτο ἰδοὺ ἡμέραι ἔρχονται, λέγει Κύριος, καὶ 6
οὐ κληθήσεται τῷ τόπῳ τούτῳ Διάπτωσις καὶ Πολυάνδριον υἱοῦ
Ἐννόμ, ἀλλ' ἢ Πολυάνδριον τῆς σφαγῆς. ⁷καὶ σφάξω τὴν βουλὴν 7
Ἰούδα καὶ τὴν βουλὴν Ἰερουσαλὴμ ἐν τῷ τόπῳ τούτῳ, καὶ καταβαλῶ
αὐτοὺς ἐν μαχαίρᾳ ἐναντίον τῶν ἐχθρῶν αὐτῶν καὶ ἐν χερσὶν τῶν
ζητούντων τὰς ψυχὰς αὐτῶν, καὶ δώσω τοὺς νεκροὺς αὐτῶν εἰς
βρῶσιν τοῖς πετεινοῖς τοῦ οὐρανοῦ καὶ τοῖς θηρίοις τῆς γῆς, ⁸καὶ 8
κατάξω τὴν πόλιν ταύτην εἰς ἀφανισμὸν καὶ εἰς συριγμόν· πᾶς ὁ
παραπορευόμενος ἐπ' αὐτῆς σκυθρωπάσει καὶ συριεῖ ὑπὲρ πάσης τῆς
πληγῆς αὐτῆς. ⁹καὶ ἔδονται τὰς σάρκας τῶν υἱῶν αὐτῶν καὶ τὰς 9
σάρκας τῶν θυγατέρων αὐτῶν, καὶ ἕκαστος τὰς σάρκας τοῦ πλησίον
αὐτοῦ ἔδονται ἐν τῇ περιοχῇ καὶ πολιορκίᾳ ᾗ πολιορκήσουσιν αὐτοὺς
οἱ ἐχθροὶ αὐτῶν. ¹⁰καὶ συντρίψεις τὸν βικὸν κατ' ὀφθαλμοὺς τῶν 10
ἀνδρῶν τῶν ἐκπορευομένων μετὰ σοῦ, ¹¹καὶ ἐρεῖς Τάδε λέγει Κύριος 11
Οὕτως συντρίψω τὸν λαὸν τοῦτον καὶ τὴν πόλιν ταύτην καθὼς
συντρίβεται ἄγγος ὀστράκινον, ὃ οὐ δυνήσεται ἰαθῆναι. ¹²ὅτι οὕτως 12
ποιήσω, λέγει Κύριος, τῷ τόπῳ τούτῳ καὶ τοῖς κατοικοῦσιν ἐν αὐτῷ,
τοῦ δοθῆναι τὴν πόλιν ταύτην ὡς τὴν διαπίπτουσαν. ¹³καὶ οἶκοι 13

ℵAQ   4 ων]+α' ※ οσα Q^{mg} | εγκατελιπον] ευκατελιπομεν ℵ εγκατελειπον AQ |
om με ℵ* (hab ℵ^{c.a(?) mg}) | τον τοπον bis] pr α' ※ συν Q^{mg}   5 υψη-
λα] pr τα Q* vid (postea ras: hab sub ※ Q^{mg}) | πυρι (πυρ ℵ*)]+σ' ※ ολο-
καυτωματα τω Βααλ Q^{mg} | ουκ] pr α ℵAQ | ενετειλαμην] +ουδε ελαλησα
AQ   6 τω τοπω] pr επι A | τουτω]+ετι B^{ab}ℵQ | διαπτωσις] θαφεθ
ϛ φαραγξ Q^{mg} | πολυανδρειον (1°) B* (-δριον B^b ℵAQ) | πολυανδρειον (2°) B*
(-δριον ℵAQ)] φαραγξ Q^{mg}   7 σφαξω] κατασφαξω Q | μαχαιρη A |
εναντι ℵQ | των ζητουντων] om των ℵ* (superscr ℵ^{c.a(?)}) | ουρανου]+και τοις
πετ.| του ουρ. Q* (improb Q^{1 fort})   8 καταξω] ταξω AQ | την πολιν] pr
α' ※ συν Q^{mg} | om εις 2° A | συρισμον ℵ* (γ sup ras ℵ?) Q | πορευομενος ℵ*
(παρα superscr ℵ^{c.a(?)}) | επ αυτης] επ αυτη Q | πασης] ταυτης ℵ* (πασ. ℵ^{c.a(?)})
9 om αυτων 2° ℵ | πολιορκια] pr εν ℵA pr εν τη Q | πολιορκησωσιν Q |
αυτων 3°]+α'σ'θ' ※ ϛ οι ζητουντες τῇ| ψυχῇ| αυτῷ| Q^{mg}   10 βικον]
+τουτον A   11 ερεις]+προς αυτους Q | τον λαον] pr α' ※ συν Q^{mg} |
ιαθηναι]+ετι AQ+(post ετι) α'θ' ※ ϛ εν τω Θαφεθ θαψουσι| παρα το μη
υπαρχειν τοπον του θαψαι Q^{mg}   12 om οτι AQ | om ποιησω ℵ*
(superscr ℵ^{c.a(?)}) | λεγει Κυριος] ειπεν κ̄ς̄ ℵ om A | τουτω]+λεγει κς A | om
και A | την πολιν] pr α' ※ συν Q^{mg} | ταυτην (αυτην ℵ*)] om A | δια-
πιπτουσαν]+γην ℵ* (improb ℵ?)   13 οικοι 1°] pr οι ℵ pr εσονται οι Q

264

ΙΕΡΕΜΙΑΣ XX 5

Ἰερουσαλὴμ καὶ οἶκοι βασιλέων Ἰούδα ἔσονται καθὼς ὁ τόπος ὁ Β διαπίπτων, ἀπὸ τῶν ἀκαθαρσιῶν αὐτῶν ἐν πάσαις ταῖς οἰκίαις ἐν αἷς ἐθυμίασαν ἐπὶ τῶν δωμάτων αὐτῶν πάσῃ τῇ στρατιᾷ τοῦ οὐρανοῦ 14 καὶ ἔσπεισαν σπονδὰς θεοῖς ἀλλοτρίοις. ¹⁴Καὶ ἦλθεν Ἰερεμίας ἀπὸ τῆς διαπτώσεως, οὗ ἀπέστειλεν αὐτὸν Κύριος ἐκεῖ τοῦ προφητεῦσαι, καὶ ἔστη ἐν τῇ αὐλῇ οἴκου Κυρίου καὶ εἶπε πρὸς πάντα τὸν 15 λαόν ¹⁵Τάδε λέγει Κύριος Ἰδοὺ ἐγὼ ἐπάγω ἐπὶ τὴν πόλιν ταύτην καὶ ἐπὶ πάσας τὰς πόλεις αὐτῆς καὶ ἐπὶ τὰς κώμας αὐτῆς ἅπαντα τὰ κακὰ ἃ ἐλάλησα ἐπ' αὐτήν, ὅτι ἐσκλήρυναν τὸν τράχηλον αὐτῶν τοῦ μὴ εἰσακούειν τῶν ἐντολῶν μου.

XX 1 ¹Καὶ ἤκουσεν Πασχὼρ υἱὸς Ἐμμὴρ ὁ ἱερεύς, καὶ οὗτος ἦν καθεσταμένος ἡγούμενος οἴκου Κυρίου, τοῦ Ἰερεμίου προφητεύοντος τοὺς 2 λόγους τούτους. ²καὶ ἐπάταξεν αὐτόν, καὶ ἐνέβαλεν αὐτὸν εἰς τὸν καταράκτην ὃς ἦν ἐν πύλῃ οἴκου ἀποτεταγμένου τοῦ ὑπερῴου, ὃς ἦν ἐν 3 οἴκῳ Κυρίου. ³καὶ ἐξήγαγεν Πασχὼρ τὸν Ἰερεμίαν ἐκ τοῦ καταράκτου, καὶ εἶπεν αὐτῷ Ἰερεμίας Οὐχὶ Πασχὼρ ἐκάλεσεν Κύριος τὸ 4 ὄνομά σου ἀλλ' ἢ Μέτοικον. ⁴διότι τάδε λέγει Κύριος Ἰδοὺ ἐγὼ δίδωμί σε εἰς μετοικίαν σὺν πᾶσι τοῖς φίλοις σου· καὶ πεσοῦνται ἐν μαχαίρᾳ ἐχθρῶν αὐτῶν, καὶ οἱ ὀφθαλμοί σου ὄψονται· καὶ σὲ καὶ πάντα Ἰουδὰ δώσω εἰς χεῖρας βασιλέως Βαβυλῶνος, καὶ μετοικιοῦσιν 5 αὐτοὺς καὶ κατακόψουσιν ἐν μαχαίραις. ⁵καὶ δώσω τὴν πᾶσαν ἰσχὺν τῆς πόλεως ταύτης καὶ πάντας τοὺς πόνους αὐτῆς καὶ πάντας τοὺς

---

13 οικοι 2°] pr οι ℵ*c.a Q | βασιλεως Qᵃ | Ιδα ℵ* (Ιουδα ℵc.a(?)) | om εσονται ℵAQ Q | διαπιπτων]+ₜ παντες οικοι βασιλεω| Ιουδα ως τοπος του Ταφεθ Qᵐᵍ | om απο ℵQ | om αυτων 1° AQ | εθυμιωσαν A | αυτων 2°] om AQ* (hab Qᵐᵍ) | στρατεια AQ* (-τια Qᵃ) 14 Ιηρεμιας A | διαπτωσεως]+του τοπου Ταφεθ A adnot Ταφεθ ερμηνευεται διαπτωσις Qᵐᵍ | om εκει A | τη αυλη] om τη ℵ* (superscr ℵc.a) A | οικου] pr του Q | ειπεν ℵAQ | παντα sup ras 7 ut vid litt Qᵃ? 15 Κυριος]+α'θ' των δυναμεων ο θ͞ς Ι͞η͞λ Qᵐᵍ | την πολιν ταυτην] Ιλημ Q | και 1°] pr κακα A | om πασας ℵA | πολις B*ℵ*A (-λεις Bᵃᵇℵc.b(?)Q) | αυτης 1°] om ℵQ πασας A | om επι 3° ℵ | αυτην]+και επι τας πολεις (-λις ℵ* -λεις ℵc.b(?)) αυτης ℵAQ | τραχηλον] αυχενα ℵQ | εισακουσαι Q | εντολων] λογων AQ XX 1 υιος] pr ο Q | κατεσταμενος A 2 αυτον 1°] Πασχωρ τo| Ιερεμιαν τo| προφητη| Qᵐᵍ | ενεβαλεν] εδωκε| Qᵐᵍ | αποτεταγμενη ℵ* (-νου ℵ¹) 3 και 1°] pr ※ α'θ' ϛ εγενετο τη επαυριδι| Qᵐᵍ | μετοικαν (-χον A* -κον Aᵇ)] +α'σ'θ' ※ κυκλοθεν Qᵐᵍ 4 διοτι] δια τουτο A | μετοικεσιαν Q* (-κιαν Qʔ) | πασιν A | μαχαιρη A | Ιουδαν ℵc.a(?) AQ | αυτους]+※ εις Βαβυλωνα Qᵐᵍ | κατακοψουσιν]+αυτους AQ | μαχαιραις] μαχαιρα A 5 την πασαν ισχυν] πασαν την ισχ. A | παντας 1°] pr α' ※ συν Qᵐᵍ | αυτης]+※ ϛ πασα| την τιμην αυτης Qᵐᵍ

XX 6   ΙΕΡΕΜΙΑΣ

B θησαυροὺς τοῦ βασιλέως Ἰούδα εἰς χεῖρας ἐχθρῶν αὐτοῦ, καὶ ἄξουσιν αὐτοὺς εἰς Βαβυλῶνα. ⁶καὶ σὺ καὶ πάντες οἱ κατοικοῦντες ἐν τῷ 6 οἴκῳ σου πορεύσεσθε ἐν αἰχμαλωσίᾳ, καὶ ἐν Βαβυλῶνι ἀποθανῇ, καὶ ἐκεῖ ταφήσῃ σὺ καὶ πάντες οἱ φίλοι σου οἷς ἐπροφήτευσας αὐτοῖς ψευδῆ. ⁷Ἠπάτησάς με, Κύριε, καὶ ἠπατήθην, ἐκράτησας καὶ ἠδυνάσθης· 7 ἐγενόμην εἰς γέλωτα, πᾶσαν ἡμέραν διετέλεσα μυκτηριζόμενος· ⁸ὅτι 8 πικρῷ λόγῳ μου γελάσομαι, ἀθεσίαν καὶ ταλαιπωρίαν ἐπικαλέσομαι, ὅτι ἐγενήθη λόγος Κυρίου εἰς ὀνειδισμὸν ἐμοὶ καὶ χλευασμὸν πᾶσαν ἡμέραν μου. ⁹καὶ εἶπα Οὐ μὴ ὀνομάσω τὸ ὄνομα Κυρίου, καὶ οὐ 9 μὴ λαλήσω ἔτι ἐπὶ τῷ ὀνόματι αὐτοῦ. καὶ ἐγένετο ὡς πῦρ καιόμενον φλέγον ἐν τοῖς ὀστοῖς μου, καὶ παρεῖμαι πάντοθεν καὶ οὐ δύναμαι φέρειν, ¹⁰ὅτι ἤκουσα ψόγον πολλῶν συναθροιζομένων κυκλόθεν 10 κυκλόθεν Ἐπισύστητε, καὶ ἐπισυστῶμεν ἐπ᾽ αὐτῷ πάντες ἄνδρες φίλοι αὐτοῦ· τηρήσατε τὴν ἐπίνοιαν αὐτοῦ εἰ ἀπατηθήσεται, καὶ δυνησόμεθα αὐτῷ καὶ λημψόμεθα τὴν ἐκδίκησιν ἡμῶν ἐξ αὐτοῦ. ¹¹ὁ 11 δὲ κύριος μετ᾽ ἐμοῦ καθὼς μαχητὴς ἰσχύων· διὰ τοῦτο ἐδίωξαν καὶ νοῆσαι οὐκ ἠδύναντο· ᾐσχύνθησαν σφόδρα, ὅτι οὐκ ἐνόησαν ἀτιμίας αὐτῶν, αἱ δι᾽ αἰῶνος οὐκ ἐπιλησθήσονται. ¹²Κύριε, δοκιμάζων 12 δίκαια, συνίων νεφροὺς καὶ καρδίας, ἴδοιμι τὴν παρὰ σοῦ ἐκδίκησιν ἐν αὐτοῖς, ὅτι πρὸς σὲ ἀπεκάλυψα τὰ ἀπολογήματά μου. ¹³ᾄσατε 13 τῷ κυρίῳ, αἰνέσατε αὐτῷ, ὅτι ἐξείλατο ψυχὴν πένητος ἐκ χειρὸς πονηρευομένων. ¹⁴Ἐπικατάρατος ἡ ἡμέρα ἐν ᾗ ἐτέχθην ἐν αὐτῇ. 14 ἡ ἡμέρα ἐν ᾗ ἔτεκέν με ἡ μήτηρ μου μὴ ἔστω ἐπευκτή· ¹⁵ἐπι- 15 κατάρατος ὁ ἄνθρωπος ὁ εὐαγγελισάμενος τῷ πατρί μου λέγων

ℵAQ 5 Ιουδα]+δωσω Qᵐᵍ | εχθων ℵ* (εχθρ. ℵᶜ·ᵃ⁽ᵗ⁾) | αυτου] αυτων AQᵃ+a′θ′ ※ ϟ διαρπωνται αυτους ϟ ληψονται αυτους Qᵐᵍ   6 συ 1°]+Πασχωρ Qᵐᵍ | κατοικουντες ℵ* (-τες ℵˀ) | πορευεσθε ℵ* πορευσεσθαι ℵᶜ·ᵃ⁽ᵗ⁾   7 εκρατησας]+με ℵ | ηδυνασθην ℵ | εγενομην] pr και ℵ   8 λογος] pr ο Q | χλευασμον] εις χλευασμα ℵ εις χλευασμον AQ   9 ονομασω]+ετι Q | om ετι A | αυτου] τουτω A | εγενετο]+a′σ′θ′ ※ εν τη καρδια μου Qᵐᵍ | οστεοις ℵAQ | παρειμι Q* (-μαι Qᵃ)   10 οτι] επι ℵ* (οτι ℵᶜ·ᵃ) | συναθριζομενων ℵ* (-θροιϛ· ℵᶜ·ᵃ⁽ᵗ⁾) | om κυκλοθεν 1° BᵃᵇAQ | επιστηται ℵ* (επισυστ. ℵᶜ·ᵃ⁽ᵗ⁾) | om επ Qᵛⁱᵈ | αυτω 1°] αυτον A | ληψομεθα Qᵃ   11 ο δε] και AQ | μαχητης] μαθητης A | ισχυων] ισχυρος A | αιωνος] incep αιε ℵ*ᵛⁱᵈ   12 Κυριε]+θ′ ※ των δυναμεων Qᵐᵍ | εν αυτοις] εξ αυτων Q | τα απολογ.] om τα ℵ* (superscr ℵᶜ·ᵃ ⁽ᵛⁱᵈ⁾)   13 εξειλετο Q | ψυχην] pr a′σ′ ※ την Qᵐᵍ | πονηρευομενων] pr στερεωτερο] ϟ ℵᶜ·ᵃ στερεωτερων αυτου AQ* (πονηρ. Qᵐᵍ)   14 om εν 1° A | ετεχθην] εγενηθην A | εν 3°] om ℵ pr ※ (superscr) Qˀ   15 ευαγγελισαμενος] σ sup ras Aᵃ

266

ΙΕΡΕΜΙΑΣ XXI 7

16 Ἐτέχθη σοι ἄρσεν, εὐφραινόμενος. ¹⁶ἔστω ὁ ἄνθρωπος ἐκεῖνος ὡς B αἱ πόλεις ἃς κατέστρεψεν Κύριος ἐν θυμῷ καὶ οὐ μετεμελήθη, 17 ἀκουσάτω κραυγῆς τὸ πρωὶ καὶ ἀλαλαγμοῦ μεσημβρίας· ¹⁷ὅτι οὐκ ἀπέκτεινέν με ἐν μήτρᾳ καὶ ἐγένετό μοι ἡ μήτηρ μου τάφος μου καὶ ἡ 18 μήτρα συλλήμψεως αἰωνίας. ¹⁸ἵνα τί τοῦτο ἐξῆλθον ἐκ μήτρας τοῦ βλέπειν κόπους καὶ πόνους, καὶ διετέλεσαν ἐν αἰσχύνῃ αἱ ἡμέραι μου;

XXI Ὁ λόγος ὁ γενόμενος παρὰ Κυρίου πρὸς Ἰερεμίαν, ὅτε ἀπέστειλεν πρὸς αὐτὸν ὁ βασιλεὺς Σεδεκίας τὸν Πασχὼρ υἱὸν Μελχίου καὶ Σοφονίαν υἱὸν Μανασσαίου τὸν ἱερέα λέγων

2 ²Ἐπερώτησον περὶ ἡμῶν τὸν κύριον, ὅτι βασιλεὺς Βαβυλῶνος ἐφέστηκεν ἐφ᾽ ἡμᾶς, εἰ ποιήσει Κύριος κατὰ πάντα τὰ θαυμάσια 3 αὐτοῦ, καὶ ἀπελεύσεται ἀφ᾽ ἡμῶν. ³Καὶ εἶπεν πρὸς αὐτοὺς 4 Ἰερεμίας Οὕτως ἐρεῖτε πρὸς Σεδεκίαν βασιλέα Ἰούδα ⁴Τάδε λέγει Κύριος Ἰδοὺ ἐγὼ μεταστρέφω τὰ ὅπλα τὰ πολεμικὰ ἐν οἷς ὑμεῖς πολεμεῖτε ἐν αὐτοῖς πρὸς τοὺς Χαλδαίους τοὺς συνκεκλεικότας ὑμᾶς 5 ἔξωθεν τοῦ τείχους εἰς τὸ μέσον τῆς πόλεως ταύτης, ⁵καὶ πολεμήσω ἐγὼ ὑμᾶς ἐν χειρὶ ἐκτεταμένῃ καὶ ἐν βραχίονι κραταιῷ μετὰ θυμοῦ 6 καὶ ὀργῆς μεγάλης· ⁶καὶ πατάξω πάντας τοὺς κατοικοῦντας ἐν τῇ πόλει ταύτῃ, τοὺς ἀνθρώπους καὶ τὰ κτήνη, ἐν θανάτῳ μεγάλῳ, καὶ 7 ἀποθανοῦνται. ⁷καὶ μετὰ ταῦτα οὕτως λέγει Κύριος Δώσω τὸν Σεδεκίαν βασιλέα Ἰούδα καὶ τοὺς παῖδας αὐτοῦ καὶ τὸν λαὸν τὸν καταλειφθέντα ἐν τῇ πόλει ταύτῃ ἀπὸ τοῦ θανάτου καὶ ἀπὸ τοῦ λιμοῦ

15 σοι] incep σον ℵ* | αρσην AQᵃ pr α'σ'θ' ⸓ υιος Qᵐᵍ | ευφραινομενος] ℵAQ + ⸓ θ' ευφρανεν αυτον Qᵐᵍ 16 εστω] εσται A | πολις ℵ* (-λεις ℵᶜ·ᵇ) | κατεστεψεν ℵ* | ακουσατε ℵ* (-τω ℵᶜ·ᵃ⁽ᵛⁱᵈ⁾) | μεσημβριας] pr ⸓ εν καιρω Qᵐᵍ 17 μητρα 1°]+μητρος AQ | η μητρα] om η Q | συλληψεως Qᵃ 18 μητρος ℵ* | πονους] μοχθους ℵ* (πον. ℵᶜ·ᵃ ⁱⁿᵍ) | om και 2° ℵ* | διετελεσαν] pr o ℵᶜ·ᵃ ᵐᵍ ᵛⁱᵈ XXI tit om παρα Κυριου Q | Ιερεμιαν (Ιηρ. A)] +παρα κυ Q | οτι A | om προς αυτον ℵ* (hab ℵᶜ·ᵃ ᵐᵍ) | Σοφονιαν] pr τον Q | Μανασσαιου] Μναασσαιου Bᵃᵇ Μασεον ℵ Μασσαιον A Μαασαιον Q | ιερεαν ℵ* ερεα A* (ιερεα A¹) 2 βασιλευς] pr o A pr α'σ'θ' ⸓ Ναβουχοδονοσορ Qᵐᵍ | ει] ειπως Qᵃ | Κυριος]+α'θ' ⸓ μεθ ημω| Qᵐᵍ | om αφ ημων ℵ* (hab ℵ¹) 3 om βασιλεα Ιουδα Q 4 Κυριος]+α'σ' ⸓ ο θς Ἰηλ Qᵐᵍ | μεταστεφω ℵ* | πολεμικα]+σ' ⸓ τα εν χερσί| υμῶ| Qᵐᵍ | πολεμειτε]+α'σ'θ' ⸓ τον βασιλεα Βαβυλωνος Qᵐᵍ | Χαλδεους ℵ | συνκεκλεικοτας (συγκεκλ. BᵇQ)] συγκλειοντας A | υμας] ημας A | εις το μ.] pr θ' ⸓ ϗ συναξω αυτους Qᵐᵍ 5 εγω υμας] υμας εγω ℵ om εγω Q* (hab Qᵃ) | εν 1°] ε ℵ* (ν superscr ℵᶜ·ᵃ²) | εντεταμενη A | κραταιω] pr υψηλω ℵ* pr υψ. ϗ (ϗ superscr) ℵᶜ·ᵃ υψηλω Qᵐᵍ | μεγαλης] και παροργισμου μεγαλου AQ 6 om εν 2° ℵ* 7 ουτω ℵ* | δωσω] παραδωσω Q | βασιλεαν ℵ* | αυτου] αυτων ℵ*

XXI 8 ΙΕΡΕΜΙΑΣ

B καὶ ἀπὸ τῆς μαχαίρας εἰς χεῖρας ἐχθρῶν αὐτῶν τῶν ζητούντων τὰς ψυχὰς αὐτῶν, καὶ κατακόψουσιν αὐτοὺς ἐν στόματι μαχαίρας· οὐ φείσομαι ἐπ᾽ αὐτοῖς, καὶ οὐ μὴ οἰκτειρήσω αὐτούς. ⁸καὶ πρὸς τὸν 8 λαὸν τοῦτον ἐρεῖς Τάδε λέγει Κύριος Ἰδοὺ ἐγὼ δέδωκα πρὸ προσώπου ὑμῶν τὴν ὁδὸν τῆς ζωῆς καὶ τὴν ὁδὸν τοῦ θανάτου· ⁹ὁ καθήμενος ἐν 9 τῇ πόλει ταύτῃ ἀποθανεῖται ἐν μαχαίρᾳ καὶ ἐν λιμῷ, καὶ ὁ ἐκπορευόμενος προσχωρῆσαι πρὸς τοὺς Χαλδαίους τοὺς συνκεκλεικότας ὑμᾶς ζήσεται, καὶ ἔσται ἡ ψυχὴ αὐτοῦ εἰς σκῦλα καὶ ζήσεται. ¹⁰διότι 10 ἐστήρικα τὸ πρόσωπόν μου ἐπὶ τὴν πόλιν ταύτην εἰς κακὰ καὶ οὐκ εἰς ἀγαθά· εἰς χεῖρας βασιλέως Βαβυλῶνος παραδοθήσεται, καὶ κατακαύσει αὐτὴν ἐν πυρί. ¹¹Ὁ οἶκος βασιλέως Ἰούδα, ἀκούσατε 11 λόγον Κυρίου· ¹²οἶκος Δαυείδ, τάδε λέγει Κύριος Κρίνατε πρωὶ κρίμα καὶ 12 κατευθύνατε, καὶ ἐξέλεσθε διηρπασμένον ἐκ χειρὸς ἀδικοῦντος αὐτόν, ὅπως μὴ ἀναφθῇ ὡς πῦρ ἡ ὀργή μου καὶ καυθήσεται, καὶ οὐκ ἔσται ὁ σβέσων. ¹³ἰδοὺ ἐγὼ πρὸς σὲ τὸν κατοικοῦντα τὴν κοιλάδα Σὸρ τὴν 13 πεδινήν, τοὺς λέγοντας Τίς πτοήσει ἡμᾶς; ἢ τίς εἰσελεύσεται πρὸς τὸ κατοικητήριον; ¹⁴καὶ ἀνάψω πῦρ ἐν τῷ δρυμῷ αὐτῆς, καὶ ἔδεται 14 πάντα τὰ κύκλῳ αὐτῆς.

¹Τάδε λέγει Κύριος Πορεύου καὶ κατάβηθι εἰς τὸν οἶκον τοῦ 1 XXII βασιλέως Ἰούδα, καὶ λαλήσεις ἐκεῖ τὸν λόγον τοῦτον, ²καὶ ἐρεῖς 2 Ἄκουε λόγον Κυρίου, βασιλεῦ Ἰούδα ὁ καθήμενος ἐπὶ θρόνου Δαυείδ, σὺ καὶ ὁ οἶκός σου καὶ ὁ λαός σου καὶ οἱ εἰσπορευόμενοι ταῖς πύλαις ταύταις ³Τάδε λέγει Κύριος Ποιεῖτε κρίσιν καὶ δικαιοσύνην, καὶ 3 ἐξαιρεῖσθε διηρπασμένον ἐκ χειρὸς ἀδικοῦντος αὐτόν, καὶ προσήλυτον

ℵAQ 7 μαχαιρας 1°] + α′σ′θ′ ※ εν χειρι Ναβουχοδονοσορ βασιλεως Βαβυλωνος και Q^mg | των ζητουντων] pr ※ ϗ εις χειρα Q^mg | αυτοις] αυτους A + ※ ϗ ουκ ελεησω αυτους Q^mg   8 om εγω A | post οδον ras 7 vel 8 litt B¹ fort   9 μαχαιρα] λιμω Q | λιμω] μαχαιρα Q + ※ ϗ εν θανατω Q^mg | συγκεκλεικοτας B^bAQ | εσται] + α′σ′θ′ ※ αυτω Q | εισκυλα ℵ* (εις σκ. ℵ?)   10 διοτι] οτι ℵ* (δι superscr ℵ?) | εστηριξα ℵ^c.aQ εστηρισα A | ουκ] εις B* ου|κ εις B¹ | αγαθα] + ※ α′σ′θ′ φησιι ϗ͞ς Q^mg   12 πρωι] pr το ℵQ | κατευνεται ℵ* (κατευθυν. ℵ?) | εδιηρπασμενον ℵ* vid (improb ε ℵ?) | bis scr και ουκ εσται A | σβεσων] + θ′ ※ απο προσωπου αδικιας επιτηδευματων υμῶ] Q^mg   13 προς 1°] επι Q | ante Σορ ras 1 lit (a vid) B^abvid | πεδινην B^b (-δεινην B*) ℵ + α′σ′θ′ ※ φησιι ϗ͞ς Q^mg | προς 2°] εις Q | κατοικητηριον] + ημων ℵAQ   14 και 1°] pr α′θ′ ※ ϗ επισκεψομαι εφ υμας κατα τα πονηρα επιτηδευματα υμῶ] φησιν ϗ͞ς Q^mg | δρυμω] θυμω A | εδεται] κατεδεται A   XXII 1 εις] επ ℵ* (εις ℵ^c.a) | τον οικον] om τον ℵQ | τον λογον] pr α′ ※ συν Q^mg   2 βασιλευ] βασιλεως ℵ* | συ] + και οι παιδες ℵ^c.a vid (ras ℵ^c.b) | ο οικος] οι παιδες Q | ταις πυλαις ταυταις] τας πυλας ταυτας ℵ pr εν A   3 κρισιν] κριμα Q | προσ|-ηλυτον Q* προ|σηλ. Q^a

268

ΙΕΡΕΜΙΑΣ XXII 14

καὶ ὀρφανὸν καὶ χήραν μὴ καταδυναστεύετε, καὶ μὴ ἀσεβεῖτε, καὶ B
4 αἷμα ἀθῷον μὴ ἐκχέητε ἐν τῷ τόπῳ τούτῳ. ⁴διότι ἐὰν ποιοῦντες
ποιήσητε τὸν λόγον τοῦτον, καὶ εἰσελεύσονται ἐν ταῖς πύλαις τοῦ
οἴκου τούτου βασιλεῖς καθήμενοι ἐπὶ θρόνου Δαυεὶδ καὶ ἐπιβεβηκότες
ἐφ᾽ ἁρμάτων καὶ ἵππων, αὐτοὶ καὶ οἱ παῖδες αὐτῶν καὶ ὁ λαὸς αὐτῶν.
5 ⁵ἐὰν δὲ μὴ ποιήσητε τοὺς λόγους τούτους, κατ᾽ ἐμαυτοῦ ὤμοσα, λέγει
6 Κύριος, ὅτι εἰς ἐρήμωσιν ἔσται ὁ οἶκος οὗτος. ⁶ὅτι τάδε λέγει Κύριος
κατὰ τοῦ οἴκου βασιλέως Ἰούδα Γαλαὰδ σύ μοι, ἀρχὴ τοῦ Λιβάνου,
7 ἐὰν μὴ θῶ σε εἰς ἔρημον, πόλεις μὴ κατοικηθησομένας· ⁷καὶ ἐπάξω
ἐπὶ σὲ ἄνδρα ὀλεθρεύοντα καὶ τὸν πέλεκυν αὐτοῦ, καὶ ἐκκόψουσιν
8 τὰς ἐκλεκτὰς κέδρους σου καὶ ἐμβαλοῦσιν εἰς τὸ πῦρ. ⁸καὶ διε-
λεύσονται ἔθνη διὰ τῆς πόλεως ταύτης, καὶ ἐρεῖ ἕκαστος πρὸς τὸν
πλησίον αὐτοῦ Διὰ τί ἐποίησεν Κύριος οὕτως τῇ πόλει ταύτῃ τῇ
9 μεγάλῃ; ⁹καὶ ἐροῦσιν Ἀνθ᾽ ὧν ἐγκατέλιπον τὴν διαθήκην Κυρίου
θεοῦ αὐτῶν, καὶ προσεκύνησαν θεοῖς ἀλλοτρίοις καὶ ἐδούλευσαν
10 αὐτοῖς. ¹⁰Μὴ κλαίετε τὸν τεθνηκότα μηδὲ θρηνεῖτε αὐτόν·
κλαύσατε κλαυθμῷ τὸν ἐκπορευόμενον, ὅτι οὐκ ἐπιστρέφει ἔτι οὐδὲ
11 ὄψεται τὴν γῆν πατρίδος αὐτοῦ. ¹¹διότι τάδε λέγει Κύριος ἐπὶ
Σελλὴμ υἱὸν Ἰωσεία τὸν βασιλεύοντα ἀντὶ Ἰωσεία τοῦ πατρὸς αὐτοῦ,
12 ὃς ἐξῆλθεν ἐκ τοῦ τόπου τούτου Οὐκ ἀναστρέψει ἐκεῖ ἔτι, ¹²ἀλλ᾽ ἢ
ἐν τῷ τόπῳ οὗ μετῴκισα αὐτὸν ἐκεῖ ἀποθανεῖται, καὶ τὴν γῆν ταύτην
13 οὐκ ὄψεται ἔτι. ¹³Ὁ οἰκοδομῶν οἰκίαν αὐτοῦ οὐ μετὰ δικαιο-
σύνης καὶ τὰ ὑπερῷα αὐτοῦ οὐκ ἐν κρίματι, παρὰ τῷ πλησίον αὐτοῦ
14 ἐργᾶται δωρεάν, καὶ τὸν μισθὸν αὐτοῦ οὐ μὴ ἀποδώσει αὐτῷ. ¹⁴ᾠκο-
δόμησας σεαυτῷ οἶκον σύμμετρον, ὑπερῷα ῥιπτὰ διεσταλμένα

3 καταδυναστευσητε ℵ* (-ται ℵc.b) 4 τον λογον] pr a' ※ συν Qmg | εισε- ℵAQ
λευσεται ℵ | βασιλεις (-λεως ℵc.a -λεις rurs ℵc.b)]+και αρχοντες A | Δαυιδ
Qa | αυτοι] αυτου ℵ* 5 τους λογους] pr a' ※ συν Qmg 6 βασιλεως]
pr του ℵ | συ] σοι ℵ | om εις Q ! πολις ℵ* (-λεις ℵc.b) 7 επαξω] εισαξω
A | σε] σοι ℵ | ολοθρευοντα BbℵQa fort | σου] ου ℵ* | ενβαλουσιν ℵ 8 διε-
λευσονται] ελευσοντε ℵ* (διελ. ℵc.a ! -νται ℵc.b) | εθνη]+πολλα Q | ερει]
ερουσιν ℵAQ | τη πολει] της π. ℵ* | τη μεγαλη ταυτη ℵA 9 εγκατε-
λιπον B*Qa] ενκατελειπον ℵ* εγκατελειπ. ℵc.a AQ* | θεου] pr του A | αυ-
των] pr των πρων Qmg 10 κλαυσατε]+δη Q | οτι...αναστρε sup ras Aa |
επιστρεφει] επιστρεψει ℵ (αιπ. ℵ* επ. ℵc.b) Q αναστρεψει A (αναστρε sup
ras Aa) | ουδε] και ου μη ℵQ | οψεται] ιδη Q 11 διοτι] οτι ℵ | Ιωσεια 1°]
Ιωσια BbℵQ Ιωσιου A | τω βασιλευοντι ℵAQ* (τον βασιλευοντα Qmg) | Ιω-
σεια 2°] Ιωσια BbℵAQ | αναστρεψει] ανακαμψι ℵ* (-ψει ℵc.b) | ετι] ουκετι
ℵA 12 αλλ] pr οτι Q | μετωκισαν Q 13 ο οικοδομων] pr ω AQ |
οικιαν] pr την A | ου μετα δικαιοσυνης] ουκ εν δικαιοσυνη A | πλησιον ℵ*
14 ωκοδομησας] pr α'σ'θ' ※ ο λεγω] Qmg | συνμετρον ℵ | ριπιστα] ευρυχωρα
Q* (σ'θ' ριπιστα Q¹ (vid) mg)

269

ΙΕΡΕΜΙΑΣ

B θυρίσιν καὶ ἐξυλωμένα ἐν κέδρῳ καὶ κεχρισμένα ἐν μίλτῳ. [15]μὴ 15
βασιλεύσεις, ὅτι σὺ παροξύνῃ ἐν Ἀχὰζ τῷ πατρί σου; οὐ φάγονται
καὶ οὐ πίονται· βέλτιόν σε ποιεῖν κρίμα καὶ δικαιοσύνην. [16]οὐκ ἔ- 16
γνωσαν, οὐκ ἔκριναν κρίσιν ταπεινῷ οὐδὲ κρίσιν πένητος· οὐ τοῦτό
ἐστιν τὸ μὴ γνῶναί σε ἐμέ, λέγει Κύριος; [17]ἰδοὺ οὐκ εἰσὶν οἱ ὀφθαλμοί 17
σου οὐδὲ ἡ καρδία σου καλή, ἀλλ᾽ εἰς τὴν πλεονεξίαν σου καὶ εἰς τὸ
αἷμα τὸ ἀθῷον τοῦ ἐκχέειν αὐτό, καὶ εἰς ἀδίκημα καὶ εἰς φόνον τοῦ
ποιεῖν. [18]διὰ τοῦτο τάδε λέγει Κύριος ἐπὶ Ἰωακεὶμ υἱὸν Ἰωσεία 18
βασιλέα Ἰούδα Καὶ ἐπὶ τὸν ἄνδρα τοῦτον οὐ μὴ κόψωνται αὐτόν *Ω
ἀδελφέ, οὐδὲ μὴ κλαύσονται αὐτόν Οἴμοι κύριε. [19]ταφὴν ὄνου 19
ταφήσεται, συμψησθεὶς ῥιφήσεται ἐπέκεινα τῆς πύλης Ἰερου-
σαλήμ. [20]Ἀνάβηθι εἰς τὸν Λίβανον καὶ κράξον, καὶ εἰς τὴν 20
Βασὰν δὸς τὴν φωνήν σου, καὶ βόησον εἰς τὸ πέραν τῆς θαλάσσης,
ὅτι συνετρίβησαν πάντες οἱ ἐρασταί σου. [21]ἐλάλησα πρὸς σὲ ἐν τῇ 21
παραπτώσει σου, καὶ εἶπας Οὐκ ἀκούσομαι· αὕτη ἡ ὁδός σου ἐκ
νεότητός σου, οὐκ ἤκουσας τῆς φωνῆς μου. [22]πάντας τοὺς ποιμένας 22
σου ποιμανεῖ ἄνεμος, καὶ οἱ ἐρασταί σου ἐν αἰχμαλωσίᾳ ἐξελεύσονται,
ὅτι τότε αἰσχυνθήσῃ καὶ ἀτιμωθήσῃ ἀπὸ πάντων τῶν φιλούντων σε.
[23]κατοικοῦσα ἐν τῷ Λιβάνῳ, ἐννοσσεύουσα ἐν ταῖς κέδροις, κατα- 23
στενάξεις ἐν τῷ ἐλθεῖν σοι ὀδύνας ὡς τικτούσης. [24]ζῶ ἐγώ, λέγει Κύριος, 24
ἐὰν γενόμενος γένηται Ἰεχονίας υἱὸς Ἰωακεὶμ βασιλεὺς Ἰούδα ἀπο-
σφράγισμα ἐπὶ τῆς χειρὸς τῆς δεξιᾶς μου, ἐκεῖθεν ἐκσπάσω σε, [25]καὶ 25
παραδώσω σε εἰς χεῖρας τῶν ζητούντων τὴν ψυχήν σου, ὧν σὺ
εὐλαβῇ ἀπὸ προσώπου αὐτῶν, εἰς χεῖρας τῶν Χαλδαίων. [26]καὶ 26

ℵAQ   14 θυρισι Q | 15 παροξυνη] παρωξυνθης Q | Αχαζ] Αχααβ A
κεδρω Q^mg | βελτιον]+ην ℵAQ | δικαιοσυνην]+καλην AQ+a´σ´ ※ τοτε
Q^mg   16 ταπεινων A | πενητος]+a´θ´ ※ τοτε αγαθο| αυτω Q^mg | τουτο]
+σοι A   17 αλλ] αλλα ℵA | και 2° sup ras ut vid B¹ | αδικημα
AQ | ποιειν] πιειν ℵ* (o superscr ℵ?)+ταυτα A   18 om επι Ιωακειμ...
Ιουδα και ℵ | επι 1°] pr επι τον ανδρα τουτον Q^mg | Ιωακιμ Q^a | Ιωσια B^bA
Ιωσιου Q | και] οναι AQ | κοψονται AQ | αυτον ω] ν ω sup ras B^ab | ω] οναι
ℵ^c.aAQ | om ουδε...κυριε A | κυριε]+και οιμμοι (corr οιμοι) αδελφε Q (※
αγαπητε Q^mg)   19 ονου] ου ℵ | συμψησθεις] συνψηθεις ℵA+ως κοπρια
Q^mg   20 κραξον] κεκραξον ℵAQ   21 ελαλησα] ελαλησαν (εαλησαν
ℵ*) ℵAQ* | om και ειπας...νεοτητος σου A | ουκ 1°] ου μη ℵ | ου συν 3°] incep
τ ℵ* | ουκ 2°] pr ※ οτι Q^mg | φωνην ℵ*   22 om οι ερασται σου A |
αισχυνθησει ℵ* | ατιμωθηση] ατιμασθηση A   23 ενοισευουσα A | κατα-
στεναξεις] pr σ´ ※ οτι Q^mg | οδινας] ωδινας AQ   24 Ιεχονιας] Ιωακειμ
A | Ιωακειμ (-κιμ Q^a)] Ιεχονια A | Ιουδα sup ras A^a (seq spat 2 litt) | εκει-
θεν] pr a´σ´ ※ οτι Q^mg | εκπασω ℵ* (σ superscr ℵ?)   25 om και παρα-
δωσω σε ℵ | των ζητουντων] om των Q | ων] pr ※ ϟ εις χειρα Q^mg | αυτων]
+a´θ´ ※ ϟ εν χειρι Ναβουχοδονοσορ βασιλεως Βαβυλωνος Q^mg

ΙΕΡΕΜΙΑΣ XXIII 9

ἀπορίψω σὲ καὶ τὴν μητέρα σου τὴν τεκοῦσάν σε εἰς γῆν οὗ οὐκ ἐτέχθης Β 27 ἐκεῖ, καὶ ἐκεῖ ἀποθανεῖσθε· ²⁷εἰς δὲ τὴν γῆν ἣν αὐτοὶ εὔχονται ταῖς 28 ψυχαῖς αὐτῶν οὐ μὴ ἀποστρέψωσιν. ²⁸ἠτιμώθη Ἰεχονίας ὡς σκεῦος οὗ οὐκ ἔστιν χρεία αὐτοῦ, ὅτι ἐξερίφη καὶ ἐξεβλήθη εἰς γῆν ἣν οὐκ ᾔδει. ²⁹₃₀ ²⁹γῆ γῆ, ἄκουε λόγον Κυρίου· ³⁰γράψον τὸν ἄνδρα τοῦτον ἐκκήρυκτον ἄνθρωπον, ὅτι οὐ μὴ αὐξηθῇ ἐκ τοῦ σπέρματος αὐτοῦ καθήμενος ἐπὶ θρόνου Δαυείδ, ἄρχων ἔτι ἐν τῷ Ἰούδᾳ.

XXIII 1 ¹*Ὦ ποιμένες οἱ ἀπολλύοντες καὶ διασκορπίζοντες τὰ πρόβατα τῆς 2 νομῆς αὐτῶν. ²διὰ τοῦτο τάδε λέγει Κύριος ἐπὶ τοὺς ποιμαίνοντας τὸν λαόν μου Ὑμεῖς διεσκορπίσατε τὰ πρόβατά μου, καὶ ἐξώσατε αὐτὰ καὶ οὐκ ἐπεσκέψασθε αὐτά, ἰδοὺ ἐγὼ ἐκδικῶ ἐφ' ὑμᾶς κατὰ τὰ πονηρὰ ἐπι- 3 τηδεύματα ὑμῶν. ³καὶ ἐγὼ εἰσδέξομαι τοὺς καταλοίπους τοῦ λαοῦ μου ἐπὶ πάσης τῆς γῆς οὗ ἐξῶσα αὐτοὺς ἐκεῖ, καὶ καταστήσω αὐτοὺς εἰς τὴν 4 νομὴν αὐτῶν, καὶ αὐξηθήσονται καὶ πληθυνθήσονται. ⁴καὶ ἀναστήσω αὐτοῖς ποιμένας οἳ ποιμανοῦσιν αὐτούς, καὶ οὐ φοβηθήσονται ἔτι οὐδὲ 5 πτοηθήσονται, λέγει Κύριος. ⁵Ἰδοὺ ἡμέραι ἔρχονται, λέγει Κύριος, καὶ ἀναστήσω τῷ Δαυεὶδ ἀνατολὴν δικαίαν, καὶ βασιλεύσει βασιλεὺς 6 καὶ συνήσει καὶ ποιήσει κρίμα καὶ δικαιοσύνην ἐπὶ τῆς γῆς. ⁶ἐν ταῖς ἡμέραις αὐτοῦ καὶ σωθήσεται Ἰούδας, καὶ Ἰσραὴλ κατασκηνώσει πεποιθώς, καὶ τοῦτο τὸ ὄνομα αὐτοῦ ὃ καλέσει αὐτὸν Κύριος Ἰωσέδεκ.

Ἐν τοῖς προφήταις.

9 ⁹Συνετρίβη ἡ καρδία μου ἐν ἐμοί, ἐσαλεύθη πάντα τὰ ὀστᾶ μου, ἐγενήθην ὡς ἀνὴρ συντετριμμένος καὶ ὡς ἄνθρωπος συνεχόμενος ἀπὸ

26 απoριψω (απoρρ. B^b ℵQ)] παραδωσω A | την τεκουσαν] pr και ℵ* (im- ℵAQ prob ℵ^{c.a†}) | γην]+α′θ′ ※ ετεραν Q^{mg} | ου] ην ℵ^{c.a (mg sinistr)} 27 αυτων]+α′θ′ ※ του επιστρεψαι Q^{mg} | ου] pr εκει Q | επιστρεψουσιν AQ 28 ητιμωθη] α′ ※ το στομα εξουδενωμενον εκτετιναγμενον Q^{mg} | εξεριφη (εξερρ. B^b)]+※ αυτος ϗ το σπερμα αυτου Q^{mg} 30 γραψον] α′σ′θ′ ※ ταδε λεγει κς Q^{mg} | του σπερματος] om του ℵ | αυτου]+※ εν ταις ημεραις αυτου οτι ου μη αυξηθη Q^{mg} | καθημενος] pr ανηρ AQ | εν τω Ιουδα] του Ιουδα· ℵ εν τω οικω Ιουδα A XXIII 1 ποιμενες] οι ποιμε|νεοντες (sic ut vid) ℵ οι ποιμενες A (ποιμαιν.) | Q | οι απολλυοντες] pr και ℵ οι διασκορπιζοντες ℵAQ | διασκορπιζοντες] απολλυοντες A απολλυντες ℵQ | αυτων] μου AQ+φησι] κ̄ς Q^{mg} 2 Κυριος]+α′σ′θ′ ※ ο θς Ιηλ Q^{mg} | επι]+α′σ′ ※ τους ποιμαινας Q^{mg} | δεεσκορπ. ℵ* (διεσκορπ. ℵ^{c.b}) | εξωσατε] απωσατε A | επεσκεψατε A | εκδικησω AQ | υμων]+α′σ′θ′ ※ φησι] κ̄ς Q^{mg} 3 και εγω] καγω A | τους καταλοιπους] το καταλοιπον A | μου]+ου διεσπειρα αυτους ℵ | επι] απο ℵAQ | ου] ουκ ℵ* 4 οι] οις ℵ* και A | ουδε] ras aliq in o B† και ου ℵA | πτοηθησονται]+ετι A+α′ ※ ουδε μη επισκεπωσιν Q^{mg} 5 συν|ησει B* συ|νησ. B† 6 αυτου 1°] εκειναις A | om και 1° Q | Ισραηλ] Ιερουσαλημ ℵ | om αυτου 2° ℵA | Ιωσεδεκ] Ιωσεικειμ ℵ* (-σεδεκ ℵ^{c.a(?)}) 9 συν|ετριβη B* συνε|τρ. B† | εν] συν A | ως ανηρ] ως ανθρωπος sup ras A^a | ως 2°] ωσει Q | ανθρωπος] in a˜os rescr s A^{a†} | συν|εχομενος B* συνε|χ. B†

271

XXIII 10   ΙΕΡΕΜΙΑΣ

B οἴνου, ἀπὸ προσώπου Κυρίου καὶ ἀπὸ προσώπου εὐπρεπείας δόξης
αὐτοῦ. ¹⁰ὅτι ἀπὸ προσώπου τούτων ἐπένθησεν ἡ γῆ, ἐξηράνθησαν 10
αἱ νομαὶ τῆς ἐρήμου· καὶ ἐγένετο ὁ δρυμὸς αὐτῶν πονηρός, καὶ ἡ ἰσχὺς
αὐτῶν οὕτως. ¹¹ὅτι ἱερεὺς καὶ προφήτης ἐμολύνθησαν, καὶ ἐν τῷ 11
οἴκῳ μου εἶδον πονηρίας αὐτῶν. ¹²διὰ τοῦτο γενέσθω ἡ ὁδὸς αὐτῶν 12
αὐτοῖς εἰς ὀλίσθημα ἐν γνόφῳ, καὶ ὑποσκελισθήσονται καὶ πεσοῦνται
ἐν αὐτῇ· διότι ἐπάξω ἐπ' αὐτοὺς κακὰ ἐν ἐνιαυτῷ ἐπισκέψεως αὐτῶν.
¹³καὶ ἐν τοῖς προφήταις Σαμαρείας εἶδον ἀνομήματα· ἐπροφήτευσαν 13
διὰ τῆς Βάαλ, καὶ ἐπλάνησαν τὸν λαόν μου Ἰσραήλ. ¹⁴καὶ ἐν τοῖς 14
προφήταις Ἰερουσαλὴμ ἑώρακα φρικτά, μοιχωμένους καὶ πορευο-
μένους ἐν ψεύδεσι καὶ ἀντιλαμβανομένους χειρῶν πολλῶν· τοῦ
μὴ ἀποστραφῆναι ἕκαστον ἀπὸ τῆς ὁδοῦ αὐτοῦ τῆς πονηρᾶς· ἐγενή-
θησάν μοι πάντες ὡς Σόδομα, καὶ οἱ κατοικοῦντες αὐτὴν ὥσπερ
Γόμορρα. ¹⁵Διὰ τοῦτο τάδε λέγει Κύριος Ἰδοὺ ἐγὼ ψωμιῶ 15
αὐτοὺς ὀδύνην καὶ ποτιῶ αὐτοὺς ὕδωρ πικρόν, ὅτι ἀπὸ τῶν προφητῶν
Ἰερουσαλὴμ ἐξῆλθεν μολυσμὸς πάσῃ τῇ γῇ. ¹⁶οὕτως λέγει Κύριος 16
Παντοκράτωρ Μὴ ἀκούετε τοὺς λόγους τῶν προφητῶν, ὅτι ματαιοῦσιν
ἑαυτοῖς ὅρασιν, ἀπὸ καρδίας αὐτῶν λαλοῦσιν καὶ οὐκ ἀπὸ στόματος
Κυρίου. ¹⁷λέγουσιν τοῖς ἀπωθουμένοις τὸν λόγον Κυρίου Εἰρήνη 17
ἔσται ὑμῖν, καὶ πᾶσιν τοῖς πορευομένοις τοῖς θελήμασιν αὐτῶν, παντὶ
τῷ πορευομένῳ πλάνῃ καρδίας αὐτοῦ εἶπαν Οὐχ ἥξει ἐπὶ σὲ κακά.
¹⁸ὅτι τίς ἔστη ἐν ὑποστήματι Κυρίου καὶ εἶδεν τὸν λόγον αὐτοῦ; τίς 18
ἐνωτίσατο καὶ ἤκουσεν; ¹⁹ἰδοὺ σεισμὸς παρὰ Κυρίου καὶ ὀργὴ ἐκ- 19

ℵAQ 9 προσωπου 1°] πρωπου ℵ* | ευπρεπιας ℵ* 10 οτι] pr α′θ′ ※ οτι
μοιχων ενεπλησθη η γη Q^mg | αι νομαι] α νομ. ℵ*^vid | δρυμος] δρομος ℵAQ |
ουτως] pr ουχ AQ 11 εμολυνθησαν] ras aliq in λ B† | ιδον A | αυτων]
+α′σ′θ′ ※ φραη ks Q^mg 12 om αυτοις Q* (hab Q^mg) | πεσουνται ℵ* |
αυτων 2°] αυτου ℵ* (-των ℵ^1 vid) + φησιν ks AQ 13 Σαμαρ. ιδο| sup ras
A^a | Σαμαριας ℵA^a | επροφητευσαν] pr α ℵ+επ ονοματι μου A+επι τω
ον. μου Q | επλανησαν] επλανηθησαν Q* (-νησαν Q^a) | Ισραηλ] pr τον Q
14 εορακα Q | φρικτα] pr τα ℵ | ψευδεσιν ℵ (-σειν ℵ*) AQ | αντιλαμβανο-
μενος ℵ* (υ superscr ℵ^c.a†) | πολλων] πονηρων AQ | εγενηθησαν] γενεσθωσαν
ℵ | ωσπερ] pr και ℵ* (improb ℵ^c.a(?)) ως A | Γομορρα] λαος Γομορα ℵ
15 Κυριος]+των δυναμεων Q* (sub ※ Q^a)+α′θ′ ※ επι τους προφητας Q^mg |
ψωμιζω AQ | οδυνας AQ | των προφητων] των προφ. ℵ* (improb πων
ℵ†) | παση] pr εν ℵ 16 om ουτως λεγει Κ. παντοκρατωρ ℵ | παντο-
κρατωρ] των δυναμεω| ο θs Ἰηλ Q^mg | τους λογους] των λογων ℵQ^a | προφη-
των]+ ※ των προφητευοντων υμιν Q^mg | εαυτοις] αυτοις A αυτοι Q+σ′ ※
υμας Q^mg | ορασις A | απο 1°] pr και ℵA | αυτων] εαυτων A 17 λεγουσι
Q^a+α′σ′ ※ λεγοντες Q^mg | πασι ℵA | τω πορευομενω] om τω Q | πλανω
Q^a | αυτου] αυτων ℵ* (-του ℵ^1 (vid)) | om ειπαν ℵAQ 18 om τις 1° A |
εστης Q*^vid | ειδεν (ιδ. A)]+α′σ′θ′ ※ ϗ ηκουσεν Q^mg | ενωτισατο (ην. B^ab)]
+ ※ των λογων μου Q^mg 19 εκπορευεται] εκπορευομενη (πορ. sup ras) A^a

272

ΙΕΡΕΜΙΑΣ XXIII 32

20 πορεύεται εἰς συνσεισμόν, συστρεφομένη ἐπὶ τοὺς ἀσεβεῖς ἥξει Β
²⁰καὶ οὐκέτι ἀποστρέψει ὁ θυμὸς Κυρίου, ἕως ποιήσῃ αὐτὸ ἀπὸ
ἐγχειρήματος καρδίας αὐτοῦ· ἐπ' ἐσχάτου τῶν ἡμερῶν νοήσουσιν
21 αὐτό. ²¹οὐκ ἀπέστελλον τοὺς προφήτας, καὶ αὐτοὶ ἔτρεχον· οὐδὲ
22 ἐλάλησα πρὸς αὐτούς, καὶ αὐτοὶ ἐπροφήτευον. ²²καὶ εἰ ἔστησαν ἐν
τῇ ὑποστάσει μου καὶ εἰ ἤκουσαν τῶν λόγων μου, καὶ τὸν λαόν μου
ἂν ἀπέστρεφον αὐτοὺς ἀπὸ τῶν πονηρῶν ἐπιτηδευμάτων αὐτῶν.
23 ²³θεὸς ἐγγίζων ἐγώ εἰμι, καὶ οὐχὶ θεὸς πόρρωθεν. ²⁴εἰ κρυβήσεταί τις
24
ἐν κρυφαίοις, καὶ ἐγὼ οὐκ ὄψομαι αὐτόν; μὴ οὐχὶ τὸν οὐρανὸν καὶ τὴν
25 γῆν ἐγὼ πληρῶ, λέγει Κύριος; ²⁵ἤκουσα ἃ λαλοῦσιν οἱ προφῆται·
προφητεύουσιν ἐπὶ τῷ ὀνόματί μου ψευδῆ λέγοντες Ἠνυπνιασάμην
26 ἐνύπνιον. ²⁶ἕως πότε ἔσται ἐν καρδίᾳ τῶν προφητῶν τῶν προφη-
τευόντων ψευδῆ, ἐν τῷ προφητεύειν αὐτοὺς τὰ θελήματα καρδίας
27 αὐτῶν, ²⁷τῶν λογιζομένων τοῦ ἐπιλαθέσθαι τοῦ νόμου μου ἐν τοῖς
28 ἐνυπνίοις αὐτῶν, ἃ διηγοῦντο ἕκαστος τῷ πλησίον αὐτοῦ, καθάπερ
ἐπελάθοντο οἱ πατέρες αὐτῶν τοῦ ὀνόματός μου ἐν τῇ Βάαλ; ²⁸ὁ
προφήτης ἐν ᾧ τὸ ἐνύπνιόν ἐστιν, διηγησάσθω τὸ ἐνύπνιον αὐτοῦ· καὶ
ἐν ᾧ ὁ λόγος μου πρὸς αὐτόν, διηγησάσθω τὸν λόγον μου ἐπ' ἀληθείας.
29 τί τὸ ἄχυρον πρὸς τὸν σῖτον; ²⁹οὕτως οἱ λόγοι μου, λέγει Κύριος·
οὐκ ἰδοὺ οἱ λόγοι μου ὥσπερ πῦρ, καὶ ὡς πέλυξ κόπτων πέτραν;
32 ³²διὰ τοῦτο ἰδοὺ ἐγὼ πρὸς τοὺς προφήτας τοὺς προφητεύοντας ἐνύπνια

19 συσσεισμον B⁵Q | ηξει επι τ. ασ. A   20 ουκετι] ουκ Q | εως] ℵAQ
+αν ℵAQ | ποιησει ℵ | απο] pr ϗ εως αν στηση αυτο B^{ab}A pr ϗ εως
αν αναστηση αυτο ℵ^{c.a}Q | ευχειρηματος A | εσχατων AQ* | νοησουσιν] pr
θ' ⁕ νοησει Q^{mg} | αυτο 2°] αυτα AQ   21 τους προφ.] pr a' ⁕ συν Q^{mg} |
ουδε] ουκ AQ | προς αυτους] αυτοις ℵ | επροφητευσαν ℵ   22 τη
υποστασει] om τη Q | om ει 2° ℵQ | εισηκουσαν ℵ | om αν A | απεστρεφον]
αποστρεφειν A+ ⁕ αυτους εκ της οδου αυτων της πονηρας ϗ Q^{mg} | om αυτους
ℵQ | των επιτηδευματων αυτ. των πονηρων A   23 εγω ειμι] om ειμι
ℵ+λεγει κ̅ς̅ B^{ab mg}ℵAQ | ουχι] ου A   24 τις] ανθρωπος AQ | αυτον]
+α'σ'θ' ⁕ φησιν κ̅ς̅ Q^{mg} | τον ουρ.] pr α' ⁕ συν Q^{mg} | την γην] pr α' ⁕
συν Q^{mg}   25 α] pr α' ⁕ συν Q^{mg} | om λαλουσιν ℵ | προφητευουσιν]
pr α AQ | ενυπνιασαμην AQ   26 εν 2°] pr και ℵAQ   27 επιλαθεσθαι]
+α'σ'θ' ⁕ τον λαον μου Q^{mg} | διηγουνται A | τω πλησιον] προς τον πλ. Q |
επελαθεντο B* (·θοντο B^{ab}AQ)   28 ενυπνιον 1°] ενεπνιον ℵ* | αληθιας
ℵ] σιτον]+ ⁕ φησιν κ̅ς̅ Q^{mg}   29 ουτως] pr ⁕ ουχ Q | ουκ ιδου] ουχι ℵ
ουχ AQ | πυρ] pr φλεγον A+φλεγο| Q | και] pr λεγει κ̅ς̅ AQ | ως] ωσπερ
ℵ | πελυξ] πελυκυς A | πετραν]+(30) δια τουτο ιδου εγω προς τους προφητας
λεγει κ̅ς̅ ο θ̅ς̅ τους κλεπτοντας τους λογους μου εκαστος παρα του πλησιον αυτου
(31) ιδου εγω προς τους προφητας τους εκβαλλοντας (incep εκπ ℵ εβαλλ. Q*)
προφητειας (-τειαν A) γλωσσης (-σση A) και νυσταζοντας νυσταγμον εαυτων
(αυτων Q) ℵAQ   32 om δια τουτο ℵAQ | ενυπνια ψευδη] ψευδη ενυπν.
A+α'σ' ⁕ φησιν κ̅ς̅ Q^{mg}

SEPT. III.   273   S

XXIII 33 ΙΕΡΕΜΙΑΣ

B ψευδῆ, καὶ οὐ διηγοῦντο αὐτά, καὶ ἐπλάνησαν τὸν λαόν μου ἐν τοῖς ψεύδεσιν αὐτῶν καὶ ἐν τοῖς πλάνοις αὐτῶν, καὶ ἐγὼ οὐκ ἀπέστειλα αὐτοὺς καὶ οὐκ ἐνετειλάμην αὐτοῖς, καὶ ὠφέλειαν οὐκ ὠφελήσουσιν τὸν λαὸν τοῦτον. ³³καὶ ἐὰν ἐρωτήσωσί σε ὁ λαὸς οὗτος ἢ ἱερεὺς ἢ 33 προφήτης Τί τὸ λῆμμα Κυρίου; καὶ ἐρεῖς αὐτοῖς Ὑμεῖς ἐστε τὸ λῆμμα καὶ ῥάξω ὑμᾶς, λέγει Κύριος. ³⁴ὁ προφήτης καὶ οἱ ἱερεῖς καὶ ὁ λαὸς 34 οἳ ἂν εἴπωσιν Λῆμμα Κυρίου, καὶ ἐκδικήσω τὸν ἄνθρωπον ἐκεῖνον καὶ τὸν οἶκον αὐτοῦ. ³⁵οὕτως ἐρεῖτε ἕκαστος πρὸς τὸν πλησίον αὐτοῦ καὶ 35 ἕκαστος πρὸς τὸν ἀδελφὸν αὐτοῦ Τί ἀπεκρίθη Κύριος, καὶ τί ἐλάλησεν Κύριος; ³⁶καὶ Λῆμμα Κυρίου μὴ ὀνομάζετε ἔτι, ὅτι τὸ λῆμμα 36 τῷ ἀνθρώπῳ ἔσται ὁ λόγος αὐτοῦ. ³⁷καὶ διὰ τί ἐλάλησεν Κύριος ὁ 37 θεὸς ἡμῶν; ³⁸διὰ τοῦτο τάδε λέγει Κύριος ὁ θεὸς ἡμῶν Ἀνθ' ὧν εἴπατε 38 τὸν λόγον τοῦτον Λῆμμα Κυρίου, καὶ ἀπέστειλα πρὸς ὑμᾶς λέγων Οὐκ ἐρεῖτε Λῆμμα Κυρίου· ³⁹διὰ τοῦτο ἰδοὺ ἐγὼ λαμβάνω καὶ ῥάσσω 39 ὑμᾶς καὶ τὴν πόλιν ἣν ἔδωκα ὑμῖν καὶ τοῖς πατράσιν ὑμῶν, ⁴⁰καὶ 40 δώσω εἰς ὑμᾶς ὀνειδισμὸν αἰώνιον καὶ ἀτιμίαν αἰώνιον, ἥτις οὐκ ἐπιλησθήσεται. ⁷διὰ τοῦτο ἰδοὺ ἡμέραι ἔρχονται, λέγει Κύριος, καὶ 7 οὐκ ἐροῦσιν ἔτι Ζῇ Κύριος ὃς ἀνήγαγεν τὸν οἶκον Ἰσραηλ ἐκ γῆς Αἰγύπτου, ⁸ἀλλὰ Ζῇ Κύριος ὃς συνήγαγεν ἅπαν τὸ σπέρμα Ἰσραηλ 8 ἀπὸ γῆς βορρᾶ καὶ ἀπὸ πασῶν τῶν χωρῶν οὗ ἐξῶσεν αὐτοὺς ἐκεῖ, καὶ ἀπεκατέστησεν αὐτοὺς εἰς τὴν γῆν αὐτῶν.

¹Ἔδειξέν μοι Κύριος δύο καλάθους σύκων, κειμένους κατὰ πρόσ- 1 XXIV

ℵAQ 32 om ου ℵAQ | και εγω] καγω ℵ | αυτους] αυτοις ℵ* | ωφελειαν] ωφελια ℵ ωφελιαν A | τουτον]+α'σ'θ' ※ φησιν κ̄ς Q^mg 33 ερωτησωσι (-σιν A)] επερωτησουσιν ℵ ερωτηση Q | om η 2° ℵ* (superscr ℵ^{c.a?}) | προφητης] pr ο ℵ | τι] pr λεγων ℵ^{c.a mg} Q | λημμα] ρημα ℵ* (λημμ. ℵ^{c.a?}) 34 ο προφητης] pr και Q | οι ιερεις] ο (οι ℵ*) ιερευς ℵAQ | τον ανθρ.] α'σ'θ' ※ επι Q^mg | τον οικον] pr α'σ'θ' ※ επι Q^mg 35 ουτως] pr οτι AQ | om και τι ελαλησεν κ̄ς A 36 μη] pr ου Q | ονομασητε Q | om ετι ℵA | το λημμα] om το A+κ̄υ εσται AQ | om εσται AQ | αυτου] om ℵ* (superscr κ̄υ ℵ^{c.a})+(sub θ' ※) και εξετρεψατε (corr εξεστρ.) τους| λογους θ̄υ ζωντος (+ ※ κ̄υ των δυναμεων θ̄υ ημων Q^mg) Q 37 και] pr (sub θ' ※) ουτως ερειτε προς τὸ| προφητην (+ ※ τι απεκριθη σοι κ̄ς Q^mg) Q | δια τι] τι οτι ℵ* (δια τι ℵ^{c.a(vid)}) | και.. ημων sub θ' ※ Q 38 δια τουτο] pr ※ ϗ λημμα κ̄υ μη λεγετε Q^mg | om ο θεος ημων Q | om ημων ℵA | λημμα 1°] pr το Q* (postea improb) 39 λαμβανω]+α'σ' ※ υμας λημμα τι Q^mg | εδωκα] δεδωκα Q | υμων]+α'σ'θ' ※ απο προσωπου μου Q 40 εις] εφ B^a ℵAQ | ητις] η ℵ ειτις A 7 et 8 sub ※ Q 7 ανηγαγεν] συνηγαγεν ℵ* (ανηγ. ℵ^{c.a(?)}) | οικον] λαον ℵ 8 συνηγαγεν] pr ανηγαγεν και Q | βορραν ℵ* | om απο πασων των χωρων ℵ* (hab ℵ^{c.a(?) mg}) | ου] ουκ ℵ* | εξωσεν αυτους] εξωσθησαν Q | αποκατεστησεν B^{a†b} | εις την γην αυτων (sup ras B^{ab})] εις τον τοπον αυτ. Q* (εις την γην αυτων εκει Q^mg) XXIV 1 εδειξεν] pr και ℵ^{c.a} (improb ℵ^{c.b}) A

274

ΙΕΡΕΜΙΑΣ XXIV 10

ωπον ναοῦ Κυρίου, μετὰ τὸ ἀποικίσαι Ναβουχοδονόσορ βασιλέα B
Βαβυλῶνος τὸν Ἰεχονίαν υἱὸν Ἰωακεὶμ βασιλέα Ἰούδα καὶ τοὺς ἄρ-
χοντας καὶ τοὺς τεχνίτας καὶ τοὺς δεσμώτας καὶ τοὺς πλησίους ἐξ
2 Ἰερουσαλήμ, καὶ ἤγαγεν αὐτοὺς εἰς Βαβυλῶνα. ²ὁ κάλαθος ὁ εἷς
σύκων χρηστῶν σφόδρα ὡς τὰ σῦκα τὰ πρόιμα, καὶ ὁ κάλαθος ὁ
ἕτερος σύκων πονηρῶν σφόδρα, ἃ οὐ βρωθήσεται ἀπὸ πονηρίας
3 αὐτῶν. ³καὶ εἶπεν Κύριος πρός μέ Τί σὺ ὁρᾷς, Ἰερεμία; καὶ εἶπα
Σῦκα· τὰ χρηστά, χρηστὰ λίαν, καὶ τὰ πονηρά, πονηρὰ λίαν, ἃ οὐ
4 βρωθήσεται ἀπὸ πονηρίας αὐτῶν. ⁴καὶ ἐγένετο λόγος Κυρίου πρὸς
5 μὲ λέγων ⁵Τάδε λέγει Κύριος ὁ θεὸς Ἰσραήλ Ὡς τὰ σῦκα τὰ χρηστὰ
ταῦτα, οὕτως ἐπιγνώσομαι τοὺς ἀποικισθέντας Ἰουδαίους, οὓς ἐξαπέ-
6 σταλκα ἐκ τοῦ τόπου τούτου εἰς γῆν Χαλδαίων εἰς ἀγαθά. ⁶καὶ
στηριῶ τοὺς ὀφθαλμούς μου ἐπ᾽ αὐτοὺς εἰς ἀγαθά, καὶ ἀποκαταστήσω
αὐτοὺς εἰς τὴν γῆν ταύτην εἰς ἀγαθά· καὶ ἀνοικοδομήσω αὐτοὺς καὶ οὐ
7 μὴ καθελῶ αὐτούς, καὶ καταφυτεύσω αὐτοὺς καὶ οὐ μὴ ἐκτίλω. ⁷καὶ
δώσω αὐτοῖς καρδίαν τοῦ εἰδέναι αὐτοὺς ἐμέ, ὅτι ἐγώ εἰμι Κύριος, καὶ
ἔσονταί μοι εἰς λαὸν καὶ ἐγὼ ἔσομαι αὐτοῖς εἰς θεόν, ὅτι ἐπιστραφή-
8 σονται ἐπ᾽ ἐμὲ ἐξ ὅλης τῆς καρδίας αὐτῶν· ³καὶ ὡς τὰ σῦκα τὰ
πονηρὰ ἃ οὐ βρωθήσεται ἀπὸ πονηρίας αὐτῶν, τάδε λέγει Κύριος,
οὕτως παραδώσω τὸν Σεδεκίαν βασιλέα Ἰούδα καὶ τοὺς μεγιστᾶνας
αὐτοῦ καὶ τὸ κατάλοιπον Ἰερουσαλὴμ τοὺς ὑπολελιμμένους ἐν τῇ γῇ
9 ταύτῃ καὶ τοὺς κατοικοῦντας ἐν Αἰγύπτῳ. ⁹καὶ δώσω αὐτοὺς εἰς
διασκορπισμὸν εἰς πάσας τὰς βασιλείας τῆς γῆς καὶ εἰς ὀνειδισμὸν
καὶ εἰς παραβολὴν καὶ εἰς μῖσος καὶ εἰς κατάραν ἐν παντὶ τόπῳ οὗ
10 ἐξῶσα αὐτοὺς ἐκεῖ· ¹⁰καὶ ἀποστελῶ εἰς αὐτοὺς τὸν λιμὸν καὶ τὸν
θάνατον καὶ τὴν μάχαιραν, ἕως ἂν ἐκλίπωσιν ἀπὸ τῆς γῆς ἧς ἔδωκα
αὐτοῖς.

1 βασιλεα 1°] βασιλεας ℵ* | υ|ιον B* υι ον B? | αρχοντας] + Ιουδα B^{ab} et ℵAQ
(sub α'σ'θ' ※·) Q^{mg} + βασιλεως Ιουδα A | om και τους δεσμωτας ℵ* (hab
ℵ^{c.a(?)} | πλησιους] πλουσιους B^{ab}ℵAQ | Ιερουσαλημ]+και ηγαγεν αυτους εις
Ιερου|σαλημ B   2 πρωιμα B^{b}AQ   3 συκα] pr τα ℵ^{c.a} et (sub α'σ'θ' ※)
Q | τα χρηστα (χρητα ℵ*)] pr συκα B^b pr και τα συκα A pr (sub σ' ※)
τα συκα Q   5 αποικι|σθεντα ℵ* (αποικισ|θεντας ℵ?) | Ιουδαιους] Ιουδα
ℵAQ | εξαπεσταλκας A | Χαλδεων ℵ   6 om εις αγαθα 2° Q | om αυτους
4° ℵQ   7 ιδεναι ℵ | της καρδιας] om της Q   8 βρωθησονται B^{ab} | Σε-
δεκιαν B*^b (-κια B^a) | Ιερουσαλημ] pr της ℵ | υπολελειμμ. B^{a?b}ℵQ* | γη]
πολει A   9 om εις 2° Q | πασαις ταις βασιλειαις Q | εις 3°] pr εσονται
AQ | εξωσω Q   10 τον λιμον] την λ. A | τον θαν.] pr α' ※ συν Q^{mg} |
εκλιπωσιν (ελιπ. ℵ*)] εκλειπωσιν AQ^a | ης] ως ℵ* (ης ℵ^{c.a, c.b (vid)}) | αυτοις]
+ ※ ξ τοις πατρασιν αυτων Q^{mg}

ΙΕΡΕΜΙΑΣ

Β ¹Ὁ λόγος ὁ γενόμενος πρὸς Ἰερεμίαν ἐπὶ πάντα τὸν λαὸν Ἰούδα ἐν τῷ ₁ XXV
ἔτει τῷ τετάρτῳ τοῦ Ἰωακεὶμ υἱοῦ Ἰωσεία βασιλέως Ἰούδα, ²ὃν ₂
ἐλάλησεν πρὸς πάντα τὸν λαὸν Ἰούδα καὶ πρὸς τοὺς κατοικοῦντας
Ἰερουσαλὴμ λέγων

³Ἐν τρισκαιδεκάτῳ ἔτει Ἰωσία υἱοῦ Ἀμὼς βασιλέως Ἰούδα καὶ ₃
§ Γ ἕως τῆς ἡμέρας ταύτης εἴκοσι καὶ τρία ⁵ἔτη, καὶ ἐλάλησα πρὸς ὑμᾶς
ὀρθρίζων καὶ λέγων. ⁴καὶ ἀπέστελλον πρὸς ὑμᾶς τοὺς δούλους μου ₄
τοὺς προφήτας ὄρθρου ἀποστέλλων, καὶ οὐκ εἰσηκούσατε καὶ οὐ
προσέσχετε τοῖς ὠσὶν ὑμῶν, ⁵λέγων Ἀποστράφητε ἕκαστος ἀπὸ τῆς ₅
ὁδοῦ αὐτοῦ τῆς πονηρᾶς καὶ ἀπὸ τῶν πονηρῶν ἐπιτηδευμάτων ὑμῶν,
καὶ κατοικήσετε ἐπὶ τῆς γῆς ἧς ἔδωκα ὑμῖν καὶ τοῖς πατράσιν ὑμῶν
ἀπ' αἰῶνος καὶ ἕως αἰῶνος. ⁶μὴ πορεύεσθε ὀπίσω θεῶν ἀλλοτρίων ₆
τοῦ δουλεύειν αὐτοῖς καὶ τοῦ προσκυνεῖν αὐτοῖς, ὅπως μὴ παροργί-
ζητέ με ἐν τοῖς ἔργοις τῶν χειρῶν ὑμῶν τοῦ κακῶσαι ὑμᾶς. ⁷καὶ ₇
οὐκ ἠκούσατέ μου. ⁸διὰ τοῦτο τάδε λέγει Κύριος Ἐπειδὴ οὐκ ἐπι- ₈
στεύσατε τοῖς λόγοις μου, ⁹ἰδοὺ ἐγὼ ἀποστέλλω καὶ λήμψομαι πα- ₉
τριὰν ἀπὸ βορρᾶ, καὶ ἄξω αὐτοὺς ἐπὶ τὴν γῆν ταύτην καὶ ἐπὶ τοὺς
κατοικοῦντας αὐτὴν καὶ ἐπὶ πάντα τὰ ἔθνη τὰ κύκλῳ αὐτῆς, καὶ
ἐξερημώσω αὐτοὺς καὶ δώσω αὐτοὺς εἰς ἀφανισμὸν καὶ εἰς συριγμὸν
καὶ εἰς ὀνειδισμὸν αἰώνιον. ¹⁰καὶ ἀπολῶ ἀπ' αὐτῶν φωνὴν χαρᾶς ₁₀
καὶ φωνὴν εὐφροσύνης, φωνὴν νυμφίου καὶ φωνὴν νύμφης, ὀσμὴν
μύρου καὶ φῶς λύχνου. ¹¹καὶ ἔσται πᾶσα ἡ γῆ εἰς ἀφανισμόν, καὶ ₁₁
¶ Γ δουλεύσουσιν ἐν τοῖς ἔθνεσιν ἑβδομήκοντα ἔτη,¶ ¹²καὶ ἐν τῷ πληρω- ₁₂

ℵAQΓ   XXV 1 γεναμενος Α   1—2 om εν τω ετει...τον λαον Ιουδα ℵ* (hab
ℵ^c.a mg)   1 Ιωακιμ ℵ^c.a | Ιωσια Β^b ℵ^c.a AQ^a Ιωσιου Q* | Ιουδα 2°]+(sub a'
※) αυτος ενιαυτος| πρωτος τω Ναβουχοδονοσορ βασιλει Βαβυλωνος Q   2 ον]
pr α'σ'θ' ※ λογος Q^mg | ελαλεν ℵ^c.a (postea ελαλησεν)+ ※ Ιερεμιας ο προφη-
της Q^mg   3 Ιωσια] pr του βασιλεως Α | εικοσι] pr ※ ταυτα Q^mg | ετη]+ ※
α'θ' εγενηθη λογος κυ προς με Q^mg | om και 3° Γ | ορθιζων ℵ* | λεγων]+α'σ'θ'
※ κ ουκ ηκουσατε Q^mg   4 ορθου ℵ* | αποστελλων] απεστελλον ℵ | εισηκου-
σατε]+[μου] Γ^vid | προσ|εσχετε Β* προ|σεσχ. Β? προσεσχατε ℵ | υμων]+α'θ'
※ ακουσαι Q^mg   5 αποστραφητε]+δη Q | om και 1° ℵ* (hab ℵ^c.a (vid) mg) |
κατοικησατε Q* (-σετε Q^a) | αιωνος 2°] pr του Α   6 μη 1°] pr και ℵ^c.a
(improb ℵ^c.b) | θων ℵ* | παροργισητε Α   7 ηκουσατε ΒQ* | εισηκουσατε
ℵQ^mg εισηκουσαν Α | μου]+α'θ' ※ φησιν κς οπως παροργισητε με ε| τοις
εργοις των χειρω| υμων του κακωσαι υμας Q^mg   8 Κυριος]+α'σ'θ' ※ των
δυναμεων Q^mg   9 λημψομαι Q^a | πατριαν] pr την ℵAQΓ pr θ' ※ πασαν
(π. την) Q^mg | απο] εκ του ℵ* του Q | βορραν ℵ*+α'σ'θ' ※ φησιν κς κ προς
Ναβουχοδονοσορ βασιλεα Βαβυλωνος το| δουλο| μου Q^mg | και εξερ. αυτους]
om και Α pr ※ Q? | αφανισ|μον Β* αφανι'σμον Β? | συριγμον ℵ* (συριγμ.
ℵ^c.a) Γ   10 χαρας] ευφροσυνης ΑΓ | ευφροσυνης] χαρας ΑΓ | φωνην 3°] pr
και ℵ   11 γη]+α'σ'θ' ※ αυτη εις ερημωσιν και Q^mg | εθνεσιν]+※ του-
τοις τω βασιλει Βαβυλωνος Q^mg   12 πληρωθηναι] συμπληρ. AQ

276

ΙΕΡΕΜΙΑΣ (XLVI 5) XXVI 5

θῆναι ἑβδομήκοντα ἔτη ἐκδικήσω τὸ ἔθνος ἐκεῖνο καὶ θήσομαι αὐτοὺς B
13 εἰς ἀφανισμὸν αἰώνιον, ¹³καὶ ἐπάξω ἐπὶ τὴν γῆν ἐκείνην πάντας τοὺς
§λόγους μου οὓς ἐλάλησα κατ' αὐτῆς, πάντα τὰ γεγραμμένα ἐν τῷ § Γ
βιβλίῳ τούτῳ.

(XLIX) (34) 14   ¹⁴Ἃ ἐπροφήτευσεν Ἰερεμίας ἐπὶ τὰ ἔθνη τὰ Αἰλάμ. ¶ ¶ Γ
(35) 15   ¹⁵Τάδε λέγει Κύριος Συνετρίβη τὸ τόξον Αἰλάμ, ἀρχὴ δυνα-
(36) 16 στείας αὐτῶν. ¹⁶καὶ ἐπάξω ἐπὶ Αἰλὰμ τέσσαρας ἀνέμους ἐκ τῶν
τεσσάρων ἄκρων τοῦ οὐρανοῦ καὶ διασπερῶ αὐτοὺς ἐν πᾶσιν τοῖς
ἀνέμοις τούτοις, καὶ οὐκ ἔσται ἔθνος ὃ οὐχ ἥξει ἐκεῖ, οἱ ἐξωσμένοι
(37) 17 Αἰλάμ. ¹⁷καὶ πτοήσω αὐτοὺς ἐναντίον τῶν ἐχθρῶν αὐτῶν τῶν
ζητούντων τὴν ψυχὴν αὐτῶν, καὶ ἐπάξω ἐπ' αὐτοὺς κατὰ τὴν
ὀργὴν τοῦ θυμοῦ μου, καὶ ἐπαποστελῶ ὀπίσω αὐτῶν τὴν μά-
(38) 18 χαιράν μου ἕως τοῦ ἐξαναλῶσαι αὐτούς. ¹⁸καὶ θήσω τὸν θρόνον
μου ἐν Αἰλάμ, καὶ ἐξαποστελῶ ἐκεῖθεν βασιλέα καὶ μεγιστᾶνας,
(39) 19 ¹⁹καὶ ἔσται ἐπ' ἐσχάτου τῶν ἡμερῶν καὶ ἀποστρέψω τὴν αἰχμα-
XXVI (34) 1 λωσίαν Αἰλάμ, λέγει Κύριος. ¹ἐν ἀρχῇ βασιλεύοντος Σεδεκίου
βασιλέως ἐγένετο ὁ λόγος οὗτος περὶ Αἰλάμ.

(XLVI) 2 ²Τῇ Αἰγύπτῳ ἐπὶ δύναμιν Φαραὼ Νεχαὼ βασιλέως Αἰγύπτου, ὃς ἦν ἐπὶ
τῷ ποταμῷ Εὐφράτῃ ἐν Χαρμείς, ὃν ἐπάταξε Ναβουχοδονόσορ βασι-
λεὺς Βαβυλῶνος ἐν τῷ ἔτει τῷ τετάρτῳ Ἰωακεὶμ βασιλέως Ἰούδα.
3 ³Ἀναλάβετε ὅπλα καὶ ἀσπίδας, καὶ προσαγάγετε εἰς πόλεμον,
4 ⁴καὶ ἐπισάξατε τοὺς ἵππους· ἐπίβητε, οἱ ἱππεῖς, καὶ καταστητε ἐν
ταῖς περικεφαλαίαις ὑμῶν, προσβάλετε τὰ δόρατα καὶ ἐνδύσασθε τοὺς
5 θώρακας ὑμῶν. ⁵τί ὅτι αὐτοὶ πτοοῦνται καὶ ἀποχωροῦσιν εἰς τὸ ὀ-

12 εβδομηκοντα] pr τα B^{ab}ℵAQ | εκδικησω]+α'θ' ⸋ επι τῠ|βασιλεα Βαβυ- ℵAQΓ
χωνος ἐ επι Q^{mg} | εκεινο]+φησιν κ̄ς AQ | αυτους] αυτο ℵ   13 επαξω] πα-
ταξω A | om γην B* (superscr B^{ab}) | παντας] απαντας A | παντα] pr a' ⸋ συν
Q^{mg}   14 Ιηρεμιας A | τα εθνη] om τα ℵ* | Αιλαμ]+εν αρχη βασιλεως Σεδε-
κιου βασιλεως Ιουδα λεγων Q   15 συνετριβη] συντριβητω ℵAQ | το τοξον]
om το ℵ | αρχη] pr και Q | δυναστιας ℵ   16 Ελαμ ℵ* (Αιλ. ℵ^{c.a, c.b (vid)}):
item 18, 19 | τασσαρας ℵ* (τεσσ. ℵ^{c.a, c.b (vid)}) | ανεμους ℵ* (-μους| ℵ⁷) | εκ]
απο ℵ | διασπιρω ℵ* | πασι ℵA | om ουκ B* (superscr B^{ab})   17 επ αυ-
τους]+κακα ℵ | επαποστιλω ℵ* -στειλω ℵ^{c.a (?)} -στελω ℵ^{c.b} εξαποστελω A |
εξαπηλωσε ℵ*   18 βασιλεα] pr και ℵ* (postea improb)   19 εσχατων
AQ | om και 2° AQ   XXVI 1 βασιλεως] pr του ℵQ om A | περι] επι A
2 Εγυπτω ℵ* (Αιγ. ℵ^{c.b)}) | βασιλεως 1°] βασιλεα A | ο|ς ℵ* |ος ℵ⁷ | τω ποταμω
Ευφρατη] του ποταμου Ευφρατου A | Χαρμεις] Καρχαμεις Q | βασιλεως] βασι-
λεως ℵ | Ιωακειμ] pr του Q   3 αναλαβατε A* (a 4° ras A⁷) | om και 2° ℵAQ
4 om και 1° ℵAQ | om και 2° Q^a | προσβαλετε] προβαλεται ℵ προβαλατε A |
δορατα (δορμ. ℵ*)]+υμων A | ενδυσεσθαι ℵ   5 πτοωνται B* (πτοουνται
B^{a†b} [ras aliq ut vid in π 1° B⁷]) ℵA | εις το οπισω] om εις το ℵAQ

277

XXVI 6 (XLVI 6) ΙΕΡΕΜΙΑΣ

B πίσω; διότι οἱ ἰσχυροὶ αὐτῶν κοπήσονται, φυγῇ ἔφυγον καὶ οὐκ ἀνέστρεψαν περιεχόμενοι κυκλόθεν, λέγει Κύριος. ⁶μὴ φευγέτω ὁ κοῦ- 6 φος, καὶ μὴ ἀνασωζέσθω ὁ ἰσχυρὸς ἐπὶ βορρᾶν· τὰ παρὰ τὸν Εὐφράτην ἠσθένησεν, καὶ πεπτώκασιν. ⁷τίς οὗτος ὡς ποταμὸς ἀνα- 7 βήσεται, καὶ ὡς ποταμοὶ κυμαίνουσιν ὕδωρ; ⁸ὕδατα Αἰγύπτου ὡσεὶ 8 ποταμὸς ἀναβήσεται, καὶ εἶπεν Ἀναβήσομαι καὶ κατακαλύψω τὴν γῆν καὶ ἀπολῶ τοὺς κατοικοῦντας ἐν αὐτῇ. ⁹ἐπίβητε ἐπὶ τοὺς ἵπ- 9 πους, παρασκευάσατε τὰ ἅρματα· ἐξέλθατε, οἱ μαχηταὶ Αἰθιόπων καὶ Λίβυες καθωπλισμένοι ὅπλοις καὶ Λυδοί, ἀνάβητε, ἐντείνατε τόξον, ¹⁰καὶ ἡ ἡμέρα ἐκείνη Κυρίῳ τῷ θεῷ ἡμῶν ἡμέρα ἐκδικήσεως τοῦ ἐκ- 10 δικῆσαι τοὺς ἐχθροὺς αὐτοῦ· καὶ καταφάγεται ἡ μάχαιρα Κυρίου, καὶ πλησθήσεται καὶ μεθυσθήσεται ἀπὸ τοῦ αἵματος αὐτῶν· ὅτι θυσία τῷ κυρίῳ ἀπὸ γῆς βορρᾶ ἐπὶ ποταμῷ Εὐφράτῃ. ¹¹ἀνάβηθι, Γαλαάδ, 11 καὶ λάβε ῥητίνην τῇ παρθένῳ θυγατρὶ Αἰγύπτου· εἰς τὸ κενὸν ἐπλήθυνας ἰάματά σου, ὠφέλεια οὐκ ἔστιν σοί. ¹²ἤκουσαν ἔθνη φωνήν 12 σου, καὶ τῆς κραυγῆς σου ἐπλήσθη ἡ γῆ, ὅτι μαχητὴς πρὸς μαχητὴν ἠσθένησεν, ἐπὶ τὸ αὐτὸ ἔπεσαν ἀμφότεροι.

¹³*Ἃ ἐλάλησεν Κύριος ἐν χειρὶ Ἰερεμίου, τοῦ ἐλθεῖν τὸν βασιλέα Βαβυλῶνος 13 τοῦ κόψαι γῆν Αἰγύπτου.

¹⁴Ἀναγγείλατε εἰς Μάγδωλον, καὶ παραγγείλατε εἰς Μέμφιν· εἴ- 14 πατε Ἐπίστηθι καὶ ἑτοίμασον, ὅτι κατέφαγεν μάχαιρα τὴν σμίλακά σου. ¹⁵διὰ τί ἔφυγεν ἀπὸ σοῦ ὁ Ἆπις; ὁ μόσχος ὁ ἐκλεκτός σου 15

ℵAQ 5 φυγην Q* (φυγη Qᵃ postea ut vid repos ν) | κυκλοθε ℵ* 6 ανασωζετω A | βορρα Q | ησθενηκεν ℵ ησθενησαν A | om και 2° ℵ'AQ 7 ως 2°] ωσει Q | κυμανουσιν A | om υδωρ ℵ* (hab ℵᶜ·ᵃ⁽?⁾) 8 ωσει] pr και ℵᵃ (postea improb) ως AQ | αναβησεται]+ ⸓ ᛃ ως ποταμων εκταρασσετ, κυματα αυτης Qᵐᵍ | ειπεν] ειπας ℵ | την γην] om την ℵ | τους κατοικ.] om τους ℵA pr πολιν και Q 9 παρασκευασατε] κατασκευασατε A pr και AQ* | εξελθετε Qᵃ | μαχηται] μαθηται A* (θ improb A¹) | καθοπλισμενοι Q* 10 η ημερα] om η ℵ* | Κυριω] pr τω Q | τω θεω] om τω ℵ | ημων] Ἰηλ Q | η μαχαιρα] om η ℵ | om Κυριου Q | πλησθησεται] εμπλησθ. AQ | θυσια] θυμα ℵ* | τω κυριω] om τω Q*+σαβαωθ AQ 11 τη παρθενω] om τη Q | το κενον] om το AQ | επληθυνας] επληθυνεν Q* (-νας Qᵃ) | ωφελια ℵ 12 κραυης ℵ* | επεσον ℵQ 13 a] a' ⸓ ο λογος ὁ| Qᵐᵍ | ελθειν] +Ναβουχοδονοσορ AQ | τον βασιλεα] om τον Q | του κοψαι] και εκκοψαι A | γην] pr την A | Αιγυπτου] αυτου A 14 αναγγειλατε]+θ' ⸓ εν Αιγυπτω Qᵐᵍ | ει B* (εις Bᵃᵇ) | ειπατε] pr και εν Ταφνας Q | ετοιμασον] +σοι Qᵐᵍ | κατεφαγον ℵ*ᵛⁱᵈ | μαχαιρα] pr ε Q* | την σμιλακα (-καν ℵ) σου] οι λοιπ. τα κυκλω σου Qᵐᵍ 15 δια τι] διοτι Q | om απο σου ℵAQ | ο Απις] οπις Q* (superscr a Q¹ᶠᵒʳᵗ) | ο μοσχος] pr ω Q*

ΙΕΡΕΜΙΑΣ (XLVI 28) XXVI 28

16 οὐκ ἔμεινεν, ὅτι Κύριος παρέλυσεν αὐτόν. ¹⁶καὶ τὸ πλῆθός σου B
ἠσθένησεν καὶ ἔπεσαν, καὶ ἕκαστος πρὸς τὸν πλησίον αὐτοῦ ἐλάλει
Ἀναστῶμεν καὶ ἀναστρέψωμεν πρὸς τὸν λαὸν ἡμῶν εἰς τὴν πατρίδα
17 ἡμῶν ἀπὸ προσώπου μαχαίρας Ἑλληνικῆς. ¹⁷καλέσατε τὸ ὄνομα
18 Φαραὼ Νεχαὼ βασιλέως Αἰγύπτου Σαὼν Ἐσβεὶ Ἐμωήδ. ¹⁸ζῶ ἐγώ,
λέγει Κύριος ὁ θεός, ὅτι ὡς τὸ Ἰταβύριον ἐν τοῖς ὄρεσιν καὶ ὡς
19 ὁ Κάρμηλος ὁ ἐν τῇ θαλάσσῃ, ἥξει. ¹⁹σκεύη ἀποικισμοῦ ποίησον
σεαυτῇ, κατοικοῦσα θύγατερ Αἰγύπτου· ὅτι Μέμφις εἰς ἀφανισμὸν
ἔσται, καὶ κληθήσεται Οὐαί, διὰ τὸ μὴ ὑπάρχειν κατοικοῦντας ἐν
20 αὐτῇ. ²⁰δάμαλις κεκαλλωπισμένη Αἴγυπτος· ἀπόσπασμα ἀπὸ βορρᾶ
21 ἦλθεν ἐπ' αὐτήν, ²¹καὶ οἱ μισθωτοὶ αὐτῆς ἐν αὐτῇ ὥσπερ μόσχοι
σιτευτοὶ τρεφόμενοι ἐν αὐτῇ· διότι καὶ αὐτοὶ ἀπεστράφησαν καὶ ἔφυ-
γον ὁμοθυμαδόν· οὐκ ἔστησαν, ὅτι ἡμέρα ἀπωλείας ἦλθεν ἐπ' αὐτοὺς
22 καὶ καιρὸς ἐκδικήσεως αὐτῶν. ²²φωνὴ ὡς ὄφεως συρίζοντος,
23 ὅτι ἐν ἄμμῳ πορεύονται, ἐν ἀξίναις ἥξουσιν ἐπ' αὐτήν· ²³ὡς κό-
πτοντες ξύλα ἐκκόψουσιν τὸν δρυμὸν αὐτῆς, λέγει Κύριος, ὅτι οὐ μὴ
εἰκασθῇ, ὅτι πληθύνει ὑπὲρ ἀκρίδα καὶ οὐκ ἔστιν αὐτοῖς ἀριθμός.
24 ²⁴κατῃσχύνθη ἡ θυγάτηρ Αἰγύπτου, παρεδόθη εἰς χεῖρας λαοῦ ἀπὸ
25 βορρᾶ. ²⁵ἰδοὺ ἐγὼ ἐκδικῶ τὸν Ἀμμὼν τὸν υἱὸν αὐτῆς ἐπὶ Φαραὼ
27 καὶ ἐπὶ τοὺς πεποιθότας ἐπ' αὐτῷ. ²⁷σὺ δὲ μὴ φοβηθῇς, δοῦλός μου
Ἰακώβ, μηδὲ πτοηθῇς, Ἰσραήλ· διότι ἰδοὺ ἐγὼ σώζων σε μακρόθεν
καὶ τὸ σπέρμα σου ἐκ τῆς αἰχμαλωσίας αὐτῶν· καὶ ἀναστρέψει Ἰακὼβ
28 καὶ ἡσυχάσει καὶ ὑπνώσει, καὶ οὐκ ἔσται ὁ παρενοχλῶν αὐτόν. ²⁸μὴ

15 Κυριος] pr o A 16 om και 1° Q? | επεσεν ℵQ επεσον A | προς τον ℵAQ πλησιον] τω πλησιον Q | ελαλουν AQ | αναστρεψωμεν (αναστρψ. ℵ*)] αποστρεψωμεν A | προς 2°] εις A | τον λαον] om τον Q | ημων 1°] ημων A* (ημ. ℵ¹ (vid)) | om εις την πατρ. ημων A | εις] pr και ℵc.a Q 17 Αιγυπτου ℵ* | Εσβι AQ 18 om ο θεος Q | ορεσι Bᵇ Q | ο εν τη θαλ.] om ο ℵAQ 19 αποικισμον (-κισ|μου B*-κι|σμ. B?)] αποικιασμου ℵ | σεαυτω ℵ* | κατοοικουσα ℵ* | θυγατηρ ℵ | δια] παρα Q 21 ωσπερ] ως Q | αυτη 2°] η sup ras Aᵃ | αυτοι] ουτοι (ο sup ras) Aᵃ | απωλιας ℵ | αυτους] αυτοις A 22 φωνη]+αυτης Q (sub ※ Q?) | συριζοντος] ο 2° sup ras Aᵃ (-τες Λ*ᵛⁱᵈ) | αμμῶ] ℵᵛⁱᵈ | πορευσονται ℵAQ 23 εκκοψουσιν/εκκοψατε Q | Κυριος] ο θ̅ς̅ ℵ+o θ̅ς̅ AQ | πληθυνει] επληθυνεν A | ακριδας A | αυτοις] αυτω ℵ 24 κατεσχυνθη ℵ* (καταισχ. ℵc.a) | η θυγατηρ] om η ℵQ 25 ιδου] pr α'θ' ※ ειπε κ̅ς̅ των δυναμεων ο θ̅ς̅ Ἰηλ Qᵐᵍ | τον υιον] om τον Q | Φαραω]+ ※ ξ επ Αιγυπτω] ξ επι τους θεους αυτης ξ επι τους βασιλεις αυτης και επι Φαραω Qᵐᵍ | αυτω]+θ' ※ (26) ξ παραδωσω αυτους εν χειρι ζητουντων ψυχην αυτω ξ εν χειρι Ναβουχοδονοσορ βασιλεως Βαβυλωνος ξ εν χειρι τω] δουλων αυτου ξ μετα ταυτα κατασκηνωσει καθως εμπροσθεν λεγει κ̅ς̅ Qᵐᵍ 27 δουλους ℵ* | om διοτι ιδου εγω A* | διοτι] οτι Q | om ιδου ℵ* (superscr ℵc.a) Aᵃ | σωζω ℵAQ | της αιχμ.] γης αιχμ. Q | om υπνωσει και ℵ* (hab υπνωσι ξ ℵc.a (vid)) | αυτον] αυτω ℵ 28 μη 1°] pr και συ AQ

279

ΙΕΡΕΜΙΑΣ

Β φοβοῦ, παῖς μου Ἰακώβ, λέγει Κύριος, ὅτι μετὰ σοῦ ἐγώ εἰμι· ἡ ἀπτόητος καὶ τρυφερὰ παρεδόθη· ὅτι ποιήσω συντέλειαν ἐν παντὶ εἰς οὓς ἐξῶσά σε ἐκεῖ, σὲ δὲ οὐ μὴ ποιήσω ἐκλιπεῖν· καὶ παιδεύσω σε εἰς κρίμα, καὶ ἀθῷον οὐκ ἀθῳώσω σε.

¹Λόγος Κυρίου ὃν ἐλάλησεν ἐπὶ Βαβυλῶνα.   1   XXVII
                                                  (L)
²Ἀναγγείλατε ἐν τοῖς ἔθνεσιν καὶ ἀκουστὰ ποιήσατε καὶ μὴ κρύ- 2
ψητε· εἴπατε Ἑάλωκεν Βαβυλών, κατῃσχύνθη Βῆλος ἡ ἀπτόητος, ἡ
τρυφερὰ παρεδόθη Μαιωδάκ. ³ὅτι ἀνέβη ἐπ' αὐτὴν ἔθνος ἀπὸ βορρᾶ· 3
οὗτος θήσει τὴν γῆν αὐτῆς εἰς ἀφανισμόν, καὶ οὐκ ἔσται ὁ κατοικῶν
ἐν αὐτῇ ἀπὸ ἀνθρώπου καὶ ἕως κτήνους. ⁴ἐν ταῖς ἡμέραις ἐκείναις 4
καὶ ἐν τῷ καιρῷ ἐκείνῳ ἥξουσιν οἱ υἱοὶ Ἰσραήλ, αὐτοὶ καὶ οἱ υἱοὶ
Ἰούδα ἐπὶ τὸ αὐτὸ βαδίζοντες καὶ κλαίοντες πορεύσονται, τὸν κύριον
θεὸν αὐτῶν ζητοῦντες. ⁵ἕως Σειὼν ἐρωτήσουσιν τὴν ὁδόν, ὧδε γὰρ 5
τὸ πρόσωπον αὐτῶν δώσουσιν, καὶ ἥξουσιν καὶ καταφεύξονται πρὸς
Κύριον τὸν θεόν· διαθήκη γὰρ αἰώνιος οὐκ ἐπιλησθήσεται.   ⁶Πρό- 6
βατα ἀπολωλότα ἐγενήθη ὁ λαός μου, οἱ ποιμένες αὐτῶν ἐξῶσαν αὐ-
τούς, ἐπὶ τὰ ὄρη ἀπεπλάνησαν αὐτούς, ἐξ ὄρους ἐπὶ βουνὸν ᾤχοντο,
ἐπελάθοντο κοίτης αὐτῶν. ⁷πάντες οἱ εὑρίσκοντες αὐτοὺς κατανά- 7
λισκον αὐτούς· οἱ ἐχθροὶ αὐτῶν εἶπαν Μὴ ἀνῶμεν αὐτούς, ἀνθ' ὧν
ἥμαρτον τῷ κυρίῳ· νομὴ δικαιοσύνης τῷ συναγαγόντι τοὺς πατέρας
αὐτῶν. ⁸ἀπαλλοτριώθητε ἐκ μέσου Βαβυλῶνος καὶ ἀπὸ γῆς Χαλ- 8
δαίων καὶ ἐξέλθατε, καὶ γένεσθε ὥσπερ δράκοντες κατὰ πρόσωπον
προβάτων. ⁹ὅτι ἰδοὺ ἐγὼ ἐγείρω ἐπὶ Βαβυλῶνα συναγωγὰς ἐθνῶν 9
ἐκ γῆς βορρᾶ, καὶ παρατάξονται αὐτῇ· ἐκεῖθεν ἁλώσεται, ὡς βολὶς

ℵAQ   28 φοβου] φοβηθης Q | ειμι εγω Q | συντελιαν ℵ | παντι]+εθνει BᵃᵇℵAQ |
εις ους] ου ℵ | σε 2° sup ras Bᵃ ᵉᵗ ᵇ⁽ᵛⁱᵈ⁾ | εκλειπειν ℵᶜ·ᵃA | κριμα] κρισιν A |
αθωον] αθων ℵQ*   XXVII 1 λογος] pr ο ℵAQ | om Κυριου AQ |
ελαλησεν]+κς AQ | Βαβυλωνα]+α' ※ προς γην Χαλδαιω| εν χειρι Ιερεμιου
του προφητου Qᵐᵍ   2 εθεσιν ℵ* (εθν. ℵ²) | και 1°] επαρατε σημειο|
ακουστον ποιησατε Qᵐᵍ | Βηλος] Βηλ ℵAQ | παρδοθη B* (παρεδ. Bᵃᵇ) |
Μαιωδακ (Μεωδαχ ℵAQ adnot τυχη της πολεως Qᵐᵍ)]+θ' ※ ῃσχυνθησα| τα
ειδωλα αυτης ησχύ|θησαν τα βδελιγματα αυτης Qᵐᵍ   3 αυτην] αυτη A*
(superscr ν A¹ ᶠᵒʳᵗ) | αυτης] η sup ras Bᵃ | om και 2° AQ | κτηνους]+α' ※
εσαλευθησα| απηλθον Qᵐᵍ   4 εν 1°] pr και ℵ | ημερας ℵ* | Ισραηλ]
Ιακωβ A | om αυτοι A | τον κυριον] κν τον ℵQ   5 Σιων BᵇℵAQ pr
εις ℵA | καταφευξονται] ξ sup ras Aᵃ | τον θεον] om Q om τον ℵA | διαθηκη
ℵ*   6 επελαθεντο ℵA   7 om καταναλισκον αυτους ℵ* (hab ℵᶜ·ᵃ ⁽ᵐᵍ⁾) |
κατηπλισκον BᵃᵇℵᶜᵃQᵃ | ειπον ℵ | ημαρτοσαν Q   8 απηλλοτριωθητε
A | Χαλδεων ℵ | εξελθετε Qᵃ | κατα προσ. προβατων] σ' εμπροσθεν ποιμνιων
Qᵐᵍ   9 βορραν ℵ* | αλωσονται A | ως...συνετου] α' τα βελη αυτου ως
γιγας ατεκνω| σ' τα β. αυτ. ως δυνατου συνετου Qᵐᵍ

ΙΕΡΕΜΙΑΣ (I, 20) XXVII 20

10 μαχητοῦ συνετοῦ οὐκ ἐπιστρέψει κενή. ¹⁰καὶ ἔσται ἡ Χαλδαία εἰς Β
11 προνομήν, πάντες οἱ προνομεύοντες αὐτὴν ἐνπλησθήσονται. ¹¹ὅτι
ηὐφραίνεσθε καὶ κατεκαυχᾶσθε διαρπάζοντες τὴν κληρονομίαν μου,
διότι ἐσκιρτᾶτε ὡς βοίδια ἐν βοτάνῃ, καὶ ἐκερατίζετε ὡς ταῦροι.
12 ¹²ᾐσχύνθη ἡ μήτηρ ὑμῶν σφόδρα, μήτηρ ἐπ᾽ ἀγαθά, ἐσχάτη ἐθνῶν,
13 ἔρημος, ¹³ἀπὸ ὀργῆς Κυρίου οὐ κατοικηθήσεται· καὶ ἔσται εἰς ἀφα
νισμὸν πᾶσα, καὶ πᾶς ὁ διοδεύων διὰ Βαβυλῶνος σκυθρωπάσει, καὶ
14 συριοῦσιν ἐπὶ πᾶσαν τὴν πληγὴν αὐτῆς. ¹⁴παρατάξασθε ἐπὶ Βαβυ
λῶνα κύκλῳ πάντες τείνοντες τόξον, τοξεύσατε ἐπ᾽ αὐτήν, μὴ φεί
15 σησθε ἐπὶ τοῖς τοξεύμασιν ὑμῶν, ¹⁵καὶ κατακρατήσατε αὐτήν· παρε
λύθησαν αἱ χεῖρες αὐτῆς, ἔπεσαν αἱ ἐπάλξεις αὐτῆς, καὶ κατεσκάφη
τὸ τεῖχος αὐτῆς· ὅτι ἐκδίκησις παρὰ θεοῦ ἐστίν, ἐκδικεῖτε ἐπ᾽ αὐτήν,
16 καθὼς ἐποίησεν ποιήσατε αὐτῇ. ¹⁶ἐξολεθρεύσατε σπέρμα ἐκ Βαβυ
λῶνος, κατέχοντα δρέπανον ἐν καιρῷ θερισμοῦ, ἀπὸ προσώπου
μαχαίρας Ἑλληνικῆς ἕκαστος εἰς τὸν λαὸν αὐτοῦ ἀποστρέψουσιν,
17 καὶ ἕκαστος εἰς τὴν γῆν αὐτοῦ φεύξεται. ¹⁷Πρόβατον πλανώ
μενον Ἰσραήλ, λέοντες ἐξῶσαν αὐτόν· ὁ πρῶτος ἔφαγεν αὐτὸν βασι
λεὺς Ἀσσούρ, καὶ οὗτος ὕστερον τὰ ὀστᾶ αὐτοῦ βασιλεὺς Βαβυλῶνος.
18 ¹⁸διὰ τοῦτο τάδε λέγει Κύριος Ἰδοὺ ἐγὼ ἐκδικῶ ἐπὶ τὸν Βαβυλῶνος καὶ
19 ἐπὶ τὴν γῆν αὐτοῦ καθὼς ἐξεδίκησα ἐπὶ τὸν βασιλέα Ἀσσούρ. ¹⁹καὶ
ἀποκαταστήσω τὸν Ἰσραὴλ εἰς τὴν νομὴν αὐτοῦ, καὶ νεμήσεται ἐν
τῷ Καρμήλῳ καὶ ἐν ὄρει Ἐφράιμ καὶ ἐν τῷ Γαλαάδ, καὶ πλησθή
20 σεται ἡ ψυχὴ αὐτοῦ. ²⁰ἐν ταῖς ἡμέραις ἐκείναις καὶ ἐν τῷ καιρῷ

9 επιστρεψει] αποστρεψει Q   10 παντες] pr και Q | προνομευσαντες ℵAQ
A | εμπλησθησονται BᵃᵗᵇℵAQ   11 ευφραιν. BᵃᵇQᵃ | κατεκαυχασθε ℵ
12 η μητηρ υμων σφοδρα sub ※ οι γ´ Q⁽ᵐᵍ⁾ | υμων] ημων A | σφοδρα]+ενε
τραπη η τεκουσα ημας A+(sub ※) ενετρ. η τ. υμας Q | επ] εις Q | εσχατη]
pr ※ ιδου Qᵐᵍ   13 οργης ℵ* (οργ. ℵ?) | κατοικηθησεται] κατοικισθησεται
Q+εις τον αιωνα Λ | πασα]+η γη A | σκνθρωπασει] κυ|κλωπασει ℵ* (σκυθρ.
ℵᶜ·ᵃ⁽?⁾) | συριουσιν (ριουσιν ℵ* συρ. ℵᶜ·ᵃ⁽?⁾)] συριει Q   14 κυκλω] κυκλοθεν
Q | μη] pr και ℵ | φισσθαι ℵ* (φισησθαι ℵᶜ·ᵃ⁽?⁾) | υμων]+παντες ※ οτι τω
κω ημαρτεν Qᵐᵍ   15 αυτην 1°] pr επ AQ | επεσον ℵQᵃ | επαλξις ℵ*
(-ξεις ℵᶜ·ᵃ⁽?⁾) | αυτης 2°] incep ε ℵ* | om και 2° AQ | θεου] pr του ℵQ | εκδι
κειτε] εκδικηται ℵ* εκδικησατε ℵᶜ·ᵃ⁽?⁾ (postea -κηται revoc ut vid) εκδικησατε
Q   16 εξολεθρευσατε (εξολοθρ. Bᵇ)] εξωλεθρευσατε ℵ | λαον] τοπον A | την
γην] τον οικον A   17 λεοντες] λεγοντες ℵ* | εφαγεν] κατεφαγεν Q | οστερος
ℵ* ο υστερος postea ουτος ο υστερον ℵ?   18 Κυριος]+αʹθʹ ※ των δυναμεων
ο θς Ἰηλ Qᵐᵍ | Βαβυλωνος] pr βασιλεα Bᵃᵇ⁽ᵐᵍ⁾ℵAQ | om επι 2° Q | εξεδικηκα
ℵ* (-σα ℵᶜ·ᵃ⁽?⁾)   19 νεμησονται Q | Εφρεμ ℵ | τω Γαλααδ] γη Γ. A |
πλησθησεται (πλησθ. ℵ* πλησ|θ. ℵ?)] εμπλησθησεται AQ* εμπλησθησονται
Qᵃ | η ψυχη] αι ψυχαι Qᵃ | αυτου 2°] αυτων Qᵃ

XXVII 21 (L 21)   ΙΕΡΕΜΙΑΣ

Β ἐκείνῳ ζητήσουσιν τὴν ἀδικίαν Ἰσραήλ, καὶ οὐχ ὑπάρξει, καὶ τὰς ἁμαρτίας Ἰούδα, καὶ οὐ μὴ εὑρεθῶσιν, ὅτι ἵλεως ἔσομαι τοῖς ὑπολελιμμένοις ἐπὶ τῆς γῆς, λέγει Κύριος. ²¹Πικρῶς ἐπίβηθι ἐπ' αὐ- 21 τὴν καὶ ἐπὶ τοὺς κατοικοῦντας ἐπ' αὐτήν· ἐκδίκησον μάχαιρα καὶ ἀφάνισον, λέγει Κύριος, καὶ ποίει κατὰ πάντα ὅσα ἐντέλλομαί σοι. ²²φωνὴ πολέμου καὶ συντριβὴ μεγάλη ἐν γῇ Χαλδαίων. ²³πῶς ἐ- ²²₂₃ κλάσθη καὶ συνετρίβη ἡ σφῦρα πάσης τῆς γῆς; πῶς ἐγενήθη εἰς ἀφανισμὸν Βαβυλὼν ἐν ἔθνεσιν; ²⁴ἐπιβήσονταί σοι, καὶ οὐ γνώσῃ 24 ὡς Βαβυλὼν καὶ ἁλώσῃ· εὑρέθης καὶ ἐλήμφθης, ὅτι τῷ κυρίῳ ἀντέστης. ²⁵ἤνοιξεν Κύριος τὸν θησαυρὸν αὐτοῦ καὶ ἐξήνεγκεν τὰ σκεύη ὀργῆς 25 αὐτοῦ, ὅτι ἔργον τῷ κυρίῳ θεῷ ἐν γῇ Χαλδαίων, ²⁶ὅτι ἐληλύθασιν 26 οἱ καιροὶ αὐτῆς. ἀνοίξατε τὰς ἀποθήκας αὐτῆς, ἐραυνήσατε αὐτὴν ὡς σπήλαιον καὶ ἐξολεθρεύσατε αὐτήν, μὴ γενέσθω αὐτῆς κατάλιμμα· ²⁷ἀναξηράνατε αὐτῆς πάντας τοὺς καρπούς, καὶ καταβήτωσαν εἰς 27 σφαγήν. οὐαὶ αὐτοῖς, ὅτι ἥκει ἡ ἡμέρα αὐτῶν καὶ καιρὸς ἐκδικήσεως αὐτῶν. ²⁸φωνὴ φευγόντων καὶ ἀνασῳζομένων ἐκ γῆς Βαβυλῶνος, 28 τοῦ ἀναγγεῖλαι εἰς Σειὼν τὴν ἐκδίκησιν παρὰ Κυρίου θεοῦ ἡμῶν. ²⁹παραγγείλατε ἐπὶ Βαβυλῶνα πολλοῖς, παντὶ ἐντείνοντι τόξον, 29 παρεμβάλετε ἐπ' αὐτὴν κυκλόθεν· μὴ ἔστω αὐτῆς ἀνασῳζόμενος, ἀνταπόδοτε αὐτῇ κατὰ τὰ ἔργα αὐτῆς· κατὰ πάντα ὅσα ἐποίησεν ποιήσατε αὐτῇ, ὅτι πρὸς Κύριον ἀντέστη θεὸν ἅγιον τοῦ Ἰσραήλ. ³⁰διὰ τοῦτο πεσοῦνται οἱ νεανίσκοι αὐτῆς ἐν ταῖς πλατείαις αὐτῆς, 30 καὶ πάντες οἱ ἄνδρες οἱ πολεμισταὶ αὐτῆς ῥιφήσονται, εἶπεν Κύριος.

ℵAQ   20 εκεινω] + φησιν κ̄σ̄ AQ | αδικειαν B* (-κιαν B^b) | υπολελειμμενοις B^{ab}Q* (λιμμ. Q^a)   21 πικρως .. αυτην (1°)] α' παραπικραινοντων αναβηθι επ αυτην Q^{mg} | om και επι τους κατ. επ αυτην ℵ* (hab ℵ^{c.a fort mg}) | και 1°] + εν τη γη ταυτη Q^{mg} | επ αυτην (2°)] om επ A εν αυτη Q | μαχαιρα] μαχεραν ℵ | αφανισον] + θ' ※ οπισω αυτων κακα Q^{mg}   23 εκλασθη] συνεκλασθη ℵAQ | εθνεσιν] pr ※ τοις Q^{mg}   24 επιβησονται] επιθησονται B^{ab}ℵ (-τε ℵ* -ται ℵ^{c.b}) Q | σοι] + και αλωση A + και αλωση Βαβυλων· Q | ου γνωση] φυγη ℵ | om ως Βαβυλων και αλωση Q | αλωση] om A + ϗ ου γνωση ℵ^{c.a mg} | ελημφθης] λημφθ. ℵ* ελημφθη A* (-φθης A¹) εληφθης Q^a   25 εξενεκεν ℵ* | οργης] pr της Q | εργον] + ※ εστι Q^{mg} | τω κυριω] om τω ℵ* (superscr ℵ^{c.a(?)}) om κυριω Q | om θεω AQ* (hab Q^{mg}) | Χαλδεων ℵ   26 εληλυθασιν] + ※ αυτη Q^{mg} | ερευνησατε B^{ab}ℵ?Q pr και A | om ως σπηλαιον και εξολεθρ. αυτην Q | καταλειμμα B^{a?b} AQ*   27 om αυτης Q | καρπους] + αυτης Q   28 φωνη]νη ℵ* (improb νη 2° ℵ?) | φευοντων ℵ* | εις] εν Q | Σιων B^bℵAQ | την εκδικησιν] om την A | ημων] υμων ℵ αυτων A + παντες ※ εκδικησ[ι] ναου αυτου Q^{mg}   29 παρεμβαλατε A | Κυριον] pr τον ℵAQ | του Ισραηλ] om του Q   30 πλατιαις ℵA | ριφησονται] + παντες ※ εν τη ημερα εκεινη Q^{mg}

282

ΙΕΡΕΜΙΑΣ (L 42) XXVII 42

31 ³¹ἰδοὺ ἐγὼ ἐπὶ σὲ τὴν ὑβρίστριαν, λέγει Κύριος, ὅτι ἥκει ἡ ἡμέρα B
32 σου καὶ ὁ καιρὸς ἐκδικήσεώς σου, ³²καὶ ἀσθενήσει ἡ ὕβρις σου καὶ
πεσεῖται, καὶ οὐκ ἔσται ὁ ἀνιστῶν αὐτήν· καὶ ἀνάψω πῦρ ἐν τῷ
33 δρυμῷ αὐτῆς, καὶ καταφάγεται πάντα τὰ κύκλῳ αὐτῆς. ³³Τάδε
λέγει Κύριος Καταδεδυνάστευνται οἱ υἱοὶ Ἰσραὴλ καὶ οἱ υἱοὶ Ἰούδα,
ἅμα πάντες οἱ αἰχμαλωτεύσαντες αὐτοὺς κατεδυνάστευσαν αὐτούς,
34 ὅτι οὐκ ἠθέλησαν ἐξαποστεῖλαι αὐτούς. ³⁴καὶ ὁ λυτρούμενος αὐτοὺς ἰσχυρός, Κύριος Παντοκράτωρ ὄνομα αὐτῷ· κρίσιν κρινεῖ πρὸς
τοὺς ἀντιδίκους αὐτοῦ, ὅπως ἐξάρῃ τὴν γῆν καὶ παροξυνεῖ τοῖς κατοι-
35 κοῦσι Βαβυλῶνα. ³⁵μάχαιραν ἐπὶ τοὺς Χαλδαίους καὶ ἐπὶ τοὺς
κατοικοῦντας Βαβυλῶνα καὶ ἐπὶ τοὺς μεγιστᾶνας αὐτῆς καὶ ἐπὶ τοὺς
36 συνετοὺς αὐτῆς· ³⁶μάχαιραν ἐπὶ τοὺς μαχητὰς αὐτῆς, καὶ παραλυθήσονται· μάχαιραν ἐπὶ τοὺς ἵππους αὐτῶν καὶ ἐπὶ τὰ ἅρματα αὐτῶν·
37 ³⁷μάχαιραν ἐπὶ τοὺς μαχητὰς αὐτῶν καὶ ἐπὶ τὸν σύμμικτον τὸν ἐν
μέσῳ αὐτῆς, καὶ ἔσονται ὡσεὶ γυναῖκες· μάχαιραν ἐπὶ τοὺς θησαυ-
38 ροὺς αὐτῆς, καὶ διασκορπισθήσονται ³⁸ἐπὶ τῷ ὕδατι αὐτῆς, καὶ
καταισχυνθήσονται, ὅτι γῆ τῶν γλυπτῶν ἐστιν, καὶ ἐν ταῖς νήσοις
39 οὗ κατεκαυχῶντο. ³⁹διὰ τοῦτο κατοικήσουσιν ἰνδάλματα ἐν ταῖς νήσοις, καὶ κατοικήσουσιν ἐν αὐτῇ θυγατέρες σειρήνων· οὐ μὴ κατοι-
40 κηθῇ οὐκέτι εἰς τὸν αἰῶνα. ⁴⁰καθὼς κατέστρεψεν ὁ θεὸς Σόδομα καὶ
Γόμορρα καὶ τὰς ὁμορούσας αὐταῖς, εἶπεν Κύριος, οὐ μὴ κατοικήσῃ
41 ἐκεῖ ἄνθρωπος, καὶ οὐ μὴ παροικήσει ἐκεῖ υἱὸς ἀνθρώπου. ⁴¹ἰδοὺ
λαὸς ἔρχεται ἀπὸ βορρᾶ, καὶ ἔθνος μέγα καὶ βασιλεῖς πολλοὶ ἐξε-
42 γερθήσονται ἀπ' ἐσχάτου τῆς γῆς, ⁴²τόξον καὶ ἐγχειρίδιον ἔχοντες·

31 επι] προς A | υβριστρειαν B* υβρινστιαν ℵ* υβριστιαν A (υβριστριαν ℵAQ
BbℵᵗQ) | καιρος]+σου Q* (om Qᵗ) | εκδικησεως] pr της ℵA | om σου 2°
Q* (superscr Qᵃ) 33 καταδυναστευνται Q* | οι υιοι (bis)] om οι ℵ |
αιχμαλωτευσαντες (αιχμαλευσ. B* αιχμαλωτευσ. Bᵃᵇ)] αιχμαλωτευοντες Q |
om κατεδυναστευσαν αυτους ℵ* (hab ℵᶜ·ᵃ⁽ᵗ⁾ᵐᵍ) 34 τοις κατοικουσι (-σιν ℵ)]
τοις παροικουσιν ℵ τους κατοικουντας Qᵐᵍ 35 Χαλδεους ℵ | κατοικουντα ℵ*
(s superscr ℵᵗ) 36 μαχαιραν 1°] pr α' ✶ μαχαιραν επι τα μαντεια αυτης
꞉ εξαρθησονται Qᵐᵍ 37 om επι 2° A | τον συμμικτον (συ|μ. ℵ)] pr ✶
παντα Qᵐᵍ | τον εν μεσω] om τον ℵ* (superscr ℵᵗ) | αυτης] αυτων Qᵃ | ωσει]
ως AQ* (ωσει Qᵐᵍ) | διασκορπισθησονται] διαρπαγησονται Q 38 επι]
εν ℵ pr μαχαιρα| Qᵐᵍ | αυτης]+επεποιθει AQ*+ω επεποιθ. Qᵃ (ω superscr) |
και 1°] pr ✶ ꞉ ξηρανθησετε Qᵐᵍ | ου] σου ℵ om AQ 39 ινδαλμαται
ℵ* | ταις νησοις] τοις ν. ℵ*ᵛⁱᵈ | και]+δια τουτο ℵ* (improb ℵᵗ) | αυτη]
αυταις Q | σιρηνην ℵ* (-νων ℵᶜ·ᵃ⁽ᵗ⁾)+✶ ꞉ ουκ οιδομηθησετε (sic) ετι εις .το
νικος Qᵐᵍ | αιωναν ℵ* 40 Σοδομα] pr θ' ✶ την Qᵐᵍ | ομορουσας Bℵᵗ Qᵃ]
ομορρουσας ℵ* ομορροουσας A ομορροουσας Q* | κατοικησει (-σι ℵ* -σει ℵᶜ·ᵇ)
ℵA | παροικησει] κατοικησει A παροικηση Q 41 βορρα (-ρραν ℵ*)] pr
γης A 42 εγχειριδιον BbQ

283

XXVII 43 (L 43) ΙΕΡΕΜΙΑΣ

B ἰταμός ἐστιν, καὶ οὐ μὴ ἐλεήσῃ· φωνὴ αὐτῶν ὡς θάλασσα ἠχήσει, ἐφ' ἵπποις ἱππάσονται παρασκευασμένοι ὥσπερ πῦρ εἰς πόλεμον, πρὸς σέ, θύγατερ Βαβυλῶνος. ⁴³ἤκουσεν βασιλεὺς Βαβυλῶνος τὴν 43 ἀκοὴν αὐτῶν, καὶ παρελύθησαν αἱ χεῖρες αὐτοῦ· θλίψις κατεκράτησεν αὐτοῦ, ὠδῖνες ὡς τικτούσης. ⁴⁴ἰδοὺ ὥσπερ λέων ἀναβήσεται ἀπὸ 44 τοῦ Ἰορδάνου εἰς Γαιθάν, ὅτι ταχέως ἐκδιώξω αὐτοὺς ἀπ' αὐτῆς, καὶ πάντα νεανίσκον ἐπ' αὐτὴν ἐπιστήσω. ὅτι τίς ὥσπερ ἐγώ; καὶ τίς ἀντιστήσεταί μοι; καὶ τίς οὗτος ποιμὴν ὃς στήσεται κατὰ πρόσωπόν μου; ⁴⁵διὰ τοῦτο ἀκούσατε τὴν βουλὴν Κυρίου ἣν βεβούλευται ἐπὶ 45 Βαβυλῶνα, καὶ λογισμοὺς αὐτοῦ οὓς ἐλογίσατο ἐπὶ τοὺς κατοικοῦντας Χαλδαίους· ἐὰν μὴ διαφθαρῇ τὰ ἀρνία τῶν προβάτων αὐτῶν, ἐὰν μὴ ἀφανισθῇ νομὴ ἀπ' αὐτῶν. ⁴⁶ὅτι ἀπὸ φωνῆς ἁλώσεως Βαβυλῶνος 46 σεισθήσεται ἡ γῆ, καὶ κραυγὴ ἐν ἔθνεσιν ἀκουσθήσεται.

¹Τάδε λέγει Κύριος Ἰδοὺ ἐγὼ ἐξεγείρω ἐπὶ Βαβυλῶνα καὶ ἐπὶ 1 XXVIII (LI)
τοὺς κατοικοῦντας Χαλδαίους ἄνεμον καύσωνα διαφθείροντα. ²καὶ 2 ἐξαποστελῶ εἰς Βαβυλῶνα ὑβριστάς, καὶ καθυβρίσουσιν αὐτὴν καὶ λυμανοῦνται τὴν γῆν αὐτῆς· οὐαὶ ἐπὶ Βαβυλῶνα κυκλόθεν ἐν ἡμέρᾳ κακώσεως αὐτῆς. ³τεινέτω ὁ τείνων τὸ τόξον αὐτοῦ, καὶ περιθέσθω 3 ᾧ ἐστὶν ὅπλα αὐτοῦ, καὶ μὴ φείσησθε ἐπὶ νεανίσκους αὐτῆς καὶ ἀφανίσατε πᾶσαν τὴν δύναμιν αὐτῆς. ⁴καὶ πεσοῦνται τραυματίαι ἐν 4 γῇ Χαλδαίων καὶ κατακεκεντημένοι ἔξωθεν αὐτῆς. ⁵διότι οὐκ ἐχή- 5 ρευσεν Ἰσραὴλ καὶ Ἰούδας ἀπὸ θεοῦ αὐτῶν, ἀπὸ Κυρίου Παντοκράτορος· ὅτι ἡ γῆ αὐτῶν ἐπλήσθη ἀδικίας ἀπὸ τῶν ἁγίων Ἰσραήλ. ⁶φεύγετε ἐκ μέσου Βαβυλῶνος καὶ ἀνασώζετε ἕκαστος τὴν ψυχὴν 6 αὐτοῦ, καὶ μὴ ἀπορριφῆτε ἐν τῇ ἀδικίᾳ αὐτῆς, ὅτι καιρὸς ἐκδικήσεως

ℵAQ 42 ελεησει ℵQ | αυτων] αυτου A | ιππον ℵ* (ιπποις ℵ^{c.a(?)}) | ιππασονται παρεσκευασμενοι (παρασκ. B* παρεσκ. B^{a?b})] παρεσκ. ιππασ. ℵ | προσε ℵ* (προς σε ℵ?) | θυγατηρ ℵAQ 43 om και A* (hab ϛ A^{a?}) | αυτου 1°] αυτων ℵ* | κατεκρατησαν Q | αυτου 2°] αυτους ℵ*A 44 του Ιορδ.] pr α'θ' ※ φρυαγματος Q^{mg} | Γαιθαν] Θαιθαμ ℵ* Χαιθαμ postea Γαιθαμ ℵ? τοπον Αιθαμ AQ | ποιμην] pr ο Q | οστησεται A (sic) 45 ακουσατε] pr α ℵ* | λογισμοις] διαλογισμους A | om αυτου A | ελογισατο] διελογισατο A | Χαλδεους ℵ | διαφθαρη] διαφθιρω A* (improb A^{a?}) | αφανσεισθη ℵ* (αφανεισθη ℵ?) | νομη απ αυτων] νομη αυτ. ℵ* (ν. απ αυτ. ℵ?^{mg}) απ αυτων νομη Q 46 οτι] διοτι Q | κραυη ℵ* + αυτης Q XXVIII 1 Χαλδαιους (-δεους ℵ)] α' καρδιαν επεγειρο|των σ' Λεβκαβη Q^{mg} 2 εις] επι Q | καθυβριουσιν A καθυβρισωσιν Q | αυτης 1°] εκεινην ℵ* (αυτης ℵ^{c.a(?)mg}) | ουαι] pr α'σ' ※ οτι Q^{mg} 3 τεινετω] pr επ αυτην ℵ^{c.a mg} pr επ αυτη Q | om και 1° Q | περιθεσθω] pr επ αυτη| Q^{mg} | ω] ως ℵ | improb και 2° ℵ^{c.a} Q | νεανισκους] pr τους Q | αυαυτης (1°) ℵ* 4 τραματιαι ℵ | Χαλδεων ℵ 5 διοτι] δια τι A [θεου] pr κυ A | om απο 2° A 6 εκατος ℵ* | om και 2° Q | απορριφητε B^{a?b} | καιρος] pr ο ℵ

284

ΙΕΡΕΜΙΑΣ (LI 19) XXVIII 19

αὐτῆς ἐστιν παρὰ Κυρίου, ἀνταπόδομα αὐτὸς ἀνταποδίδωσιν αὐτῇ. Β 7 ⁷ποτήριον χρυσοῦν Βαβυλὼν ἐν χειρὶ Κυρίου, μεθύσκον πᾶσαν τὴν 8 γῆν· ἀπὸ τοῦ οἴνου αὐτῆς ἐπίοσαν ἔθνη, διὰ τοῦτο ἐσαλεύθησαν· ⁸καὶ ἄφνω ἔπεσεν Βαβυλὼν καὶ συνετρίβη. θρηνεῖτε αὐτήν, λάβετε 9 ῥητίνην τῇ διαφθορᾷ αὐτῆς, εἴ πως ἰαθήσεται. ⁹ἰατρεύσαμεν τὴν Βαβυλῶνα, καὶ οὐκ ἰάθη· ἐνκαταλίπωμεν αὐτὴν καὶ ἀπέλθωμεν ἕκαστος εἰς τὴν γῆν αὐτοῦ, ὅτι ἤγγικεν εἰς οὐρανὸν τὸ κρίμα αὐτῆς, 10 ἐξῆρεν ἕως τῶν ἄστρων. ¹⁰ἐξήνεγκεν Κύριος τὸ κρίμα αὐτοῦ· δεῦτε 11 καὶ ἀναγγείλωμεν ἐν Σειὼν τὰ ἔργα Κυρίου τοῦ θεοῦ ἡμῶν. ¹¹παρασκευάζετε τὰ τοξεύματα, πληροῦτε τὰς φαρέτρας· ἤγειρεν Κύριος τὸ πνεῦμα βασιλέως Μήδων, ὅτι εἰς Βαβυλῶνα ἡ ὀργὴ αὐτοῦ τοῦ ἐξολεθρεῦσαι αὐτήν, ὅτι ἐκδίκησις Κυρίου ἐστίν, ἐκδίκησις λαοῦ αὐτοῦ 12 ἐστιν. ¹²ἐπὶ τειχέων Βαβυλῶνος ἄρατε σημεῖον, ἐπιστήσατε φαρέτρας, ἐγείρατε φυλακάς, ἑτοιμάσατε ὅπλα, ὅτι ἐνεχείρησεν· καὶ ποιήσει 13 Κύριος ἃ ἐλάλησεν ἐπὶ τοὺς κατοικοῦντας Βαβυλῶνα, ¹³κατασκηνοῦντας ἐφ᾽ ὕδασι πολλοῖς καὶ ἐπὶ πλήθει θησαυρῶν αὐτῆς· ἥκει τὸ 14 πέρας σου ἀληθῶς εἰς τὰ σπλάγχα σου. ¹⁴ὅτι ὤμοσεν Κύριος κατὰ τοῦ βραχίονος αὐτοῦ διότι Πληρώσω σε ἀνθρώπων ὡσεὶ ἀκρίδων, καὶ 15 φθέγξονται ἐπὶ σὲ οἱ καταβαίνοντες. ¹⁵Ποιῶν γῆν ἐν τῇ ἰσχύι αὐτοῦ, ἑτοιμάζων οἰκουμένην ἐν τῇ σοφίᾳ αὐτοῦ, ἐν τῇ συνέσει αὐτοῦ 16 ἐξέτεινεν τὸν οὐρανόν, ¹⁶εἰς φωνὴν ἔθετο ἦχος ὕδατος ἐν τῷ οὐρανῷ, καὶ ἀνήγαγεν νεφέλας ἀπ᾽ ἐσχάτου τῆς γῆς, ἀστραπὰς εἰς ὑετὸν 17 ἐποίησεν καὶ ἐξήγαγεν φῶς ἐκ τῶν θησαυρῶν αὐτοῦ. ¹⁷ἐματαιώθη πᾶς ἄνθρωπος ἀπὸ γνώσεως, κατῃσχύνθη πᾶς χρυσοχόος ἀπὸ τῶν γλυπτῶν αὐτοῦ, ὅτι ψευδῆ ἐχώνευσαν, οὐκ ἔστιν πνεῦμα ἐν αὐτοῖς. 18 ¹⁸μάταιά ἐστιν, ἔργα μεμωκημένα, ἐν καιρῷ ἐπισκέψεως αὐτῶν ἀπο- 19 λοῦνται. ¹⁹οὐ τοιαύτη μερὶς τῷ Ἰακώβ, ὅτι ὁ πλάσας τὰ πάντα αὐτός

7 Κυριου] θῦ ℵ   8 αφνων ℵ* | om θρηνειτε αυτην ℵ* (hab ℵ^{c.a (?) mg}) | ℵAQ ρητεινην B* (-τινην B^b) ριτινην A   9 Βαβυλωναν ℵ* | εγκαταλιπωμεν B^b ενκαταλειπωμεν ℵ* εγκαταλειπωμεν ℵ^{c.a}A εγκαταλειπομεν Q | ηγγικεν] ηγγεισεν ℵA | αστων ℵ* (αστρ. ℵ?)   10 εν] εις AQ | Σιων ℵAQ | του θεου] om του ℵAQ   11 παρασκευασατε A | φαλετρας B* (φαρ. B^{a?b}) | βασιλεων ℵ* (-λεως ℵ?) | του εξολεθρευσαι (εξολοθρ. B^b εξωλεθρ. ℵ)] om του Q | Κυριου] pr παρα Q | om εστιν 2° Q   12 τειχεων] pr ※ των Q^{mg} | om επιστησατε φαρετρας Q* (hab Q^{mg}) | φαρετραν ℵ* (-τρας ℵ?) | εγειρατε] εγειρετε A επιστησατε Q | om και ποιησει Κυριος α ελαλησεν ℵ* (hab ℵ^{c.a (?) mg}) | α] οσα Q   13 κατασκηνουσα Q | υδατι ℵ* (υδασι ℵ^{c.a (?)}) | εις (ει|ς B* εις| B^f)] επι ℵA   14 καταβεννοντες A   15 ποιων] pr o ℵQ | συν|εσει B* συνε|σ. B^a   16 ηχος] πληθος ηχους Q | των θησαυρων] om των ℵQ   17 εματαιωθη] εμωρανθη AQ | αιτου] αυτων ℵ* (superscr ου ℵ?) | εχωνευσεν A   19 ου τοιαυτη] ουτοι· αυτη A | μερις] pr η Q (η sub ※ Q?)

XXVIII 20 (LI 20) ΙΕΡΕΜΙΑΣ

B ἔστιν κληρονομία αὐτοῦ, Κύριος ὄνομα αὐτῷ. ²⁰διασκορπίζεις σύ μοι 20 σκεύη πολέμου, καὶ διασκορπιῶ ἐν σοὶ ἔθνη καὶ ἐξαρῶ ἐκ σοῦ βασιλεῖς. ²¹καὶ διασκορπιῶ ἐν σοὶ ἵππον καὶ ἐπιβάτην αὐτοῦ, 21 ²²καὶ διασκορπιῶ ἐν σοὶ ἅρματα καὶ ἀναβάτας αὐτῶν· καὶ διασκορπιῶ 22 ἐν σοὶ νεανίσκον καὶ παρθένον, καὶ διασκορπιῶ ἐν σοὶ ἄνδρα καὶ γυναῖκα. ²³καὶ διασκορπιῶ ἐν σοὶ ποιμένα καὶ τὸ ποίμνιον αὐτοῦ, 23 καὶ διασκορπιῶ ἐν σοὶ γεωργὸν καὶ τὸ γεώργιον αὐτοῦ, καὶ διασκορπιῶ ἐν σοὶ ἡγεμόνας καὶ στρατηγούς σου. ²⁴καὶ ἀνταποδώ- 24 σω τῇ Βαβυλῶνι καὶ πᾶσι τοῖς κατοικοῦσι Χαλδαίοις πάσας τὰς κακίας αὐτῶν ἃς ἐποίησαν ἐπὶ Σειὼν κατ᾽ ὀφθαλμοὺς ὑμῶν, λέγει Κύριος. ²⁵Ἰδοὺ ἐγὼ πρὸς σέ, τὸ ὄρος τὸ διεφθαρμένον τὸ 25 διαφθεῖρον πᾶσαν τὴν γῆν, καὶ ἐκτενῶ τὴν χεῖρά μου ἐπὶ σὲ καὶ κατακυλιῶ σε ἐπὶ τῶν πετρῶν, καὶ δώσω σε ὡς ὄρος ἐμπεπυρισμένον, ²⁶καὶ οὐ μὴ λάβωσιν ἀπὸ σοῦ λίθον εἰς γωνίαν καὶ λίθον εἰς θεμέλιον, 26 ὅτι εἰς ἀφανισμὸν εἰς τὸν αἰῶνα ἔσῃ, λέγει Κύριος. ²⁷ἄρατε σημεῖον 27 ἐπὶ τῆς γῆς, σαλπίσατε ἐν ἔθνεσιν σάλπιγγι, ἁγιάσατε ἐπ᾽ αὐτὴν ἔθνη, παραγγείλατε ἐπ᾽ αὐτήν, βασιλεῖς ἄρατε παρ᾽ ἐμοῦ, καὶ τοῖς Ἀσχαναζέοις· ἐπιστήσατε ἐπ᾽ αὐτὴν βελοστάσεις, ἀναβιβάσατε ἐπ᾽ αὐτὴν ἵππον ὡς ἀκρίδων πλῆθος. ²⁸ἀναβιβάσατε ἐπ᾽ αὐτὴν 28 ἔθνη, τὸν βασιλέα τῶν Μήδων καὶ πάσης τῆς γῆς, τοὺς ἡγουμένους αὐτοῦ καὶ πάντας τοὺς στρατηγοὺς αὐτοῦ. ²⁹ἐσείσθη ἡ γῆ καὶ 29 ἐπόνεσεν, διότι ἐξανέστη ἐπὶ Βαβυλῶνα λογισμὸς Κυρίου τοῦ θεῖναι τὴν γῆν Βαβυλῶνος εἰς ἀφανισμὸν καὶ μὴ κατοικεῖσθαι αὐτήν. ³⁰ἐξέλιπεν μαχητὴς Βαβυλῶνος τοῦ πολεμεῖν, καθήσονται ἐκεῖ ἐν 30 περιοχῇ, ἐθραύσθη ἡ δυναστεία αὐτῶν, ἐγενήθησαν ὡσεὶ γυναῖκες·

NAQ 19 κληρονομια] σ' μερις αυτου ραβδος Q^mg | Κυριος]+ ※ των δυναμεων Q^mg 20 πολεμοι incep ℵ* | και 1°] καγω A | εκ σου] εν σοι Q 21 δισκορπιω A (διασκ. A¹) | επιβατην] αναβατην AQ 22 νεανισκον] ανδρα AQ | παρθενον] γυναικα A γυν. αυτου Q | ανδρα] νεανισκον AQ | γυναικα] παρθενον A παρθ. αυτου Q 23 ηγεμονα A | om σου ℵ 24 Βαβυλωνια A | om πασι Q | κατοικουσιν ℵA | Χαλδεους ℵ | κακιας] αδικιας A | om αυτων ℵ | Σιων B^bℵAQ 25 κατακυλισω A | επι 2°] απο ℵAQ | ενπεπυρισμενον ℵ εμπεπυριμμ. Q*^vid 26 εις τον αιωνα εση] εση εις τον αιωνα A αιωνιον εση Q 27 γης]+λεγει κ̅ς̅ ℵ* (improb ℵ^c.a)+σαλπισαται εν εθνεσιν ℵ^c.a mg | εθνεσι B^bQ^a | αυτην 1°] αυτην A* (-την A¹) | βασιλεις αρατε] βασιλειαις Αραρεθ A βασιλειαις Αραρετ Q | Ασχαναζαιοις A Ασκ. Q | βελοστασις ℵ (-σεις ℵ^c.b) A 27—28 om ιππον...επ αυτην ℵ* (hab ℵ^c.a (?) mg) 27 ιππων ℵ^c.a (?) mg (corr ιππον) 28 εθνη τον] η τ sup ras B^ab | τους ηγουμενους] ηγουμενους ℵ τους ηγεμονας A | τους στρατηγους] om τους ℵ | αυτου 2°]+και πασης της γης εξουσιας αυτου A + ※ κ̅υ̅ π. τ. γ. της εξουσιας αυτ. Q^mg 29 ανεστη ℵ* (εξανεστη ℵ^c.a (?)) 30 εξελειπεν ℵ^c.aA | καθησονται] pr και A | δυναστια ℵA | εγενηθησαν] pr και ℵ

ΙΕΡΕΜΙΑΣ (LI 43) XXVIII 43

ἐνεπυρίσθη τὰ σκηνώματα αὐτῆς, συνετρίβησαν οἱ μοχλοὶ αὐτῆς. Β
31 ³¹διώκων εἰς ἀπάντησιν διώκοντος διώξεται, καὶ ἀναγγέλλων εἰς ἀπάντησιν ἀναγγέλλοντος τοῦ ἀναγγεῖλαι τῷ βασιλεῖ Βαβυλῶνος
32 ὅτι ἑάλωκεν ἡ πόλις αὐτοῦ, ³²ἀπ' ἐσχάτου τῶν διαβάσεων αὐτοῦ ἐλήμφθησαν, καὶ τὰ συστέματα αὐτῶν ἐνέπρησαν ἐν πυρί, καὶ οἱ
33 ἄνδρες αὐτοῦ οἱ πολεμισταὶ ἐξέρχονται. ³³διότι τάδε λέγει Κύριος Οἶκοι βασιλέως Βαβυλῶνος ὡς ἅλων ὥριμος ἀλοηθήσονται· ἔτι μικρὸν
34 καὶ ἥξει ὁ ἀμητὸς αὐτῆς. ³⁴κατέφαγέν με, ἐμερίσατό με, κατέλαβέν με σκότος λεπτόν, Ναβουχοδονόσορ βασιλεὺς Βαβυλῶνος κατέπιέν με, ὡς δράκων ἔπλησεν τὴν κοιλίαν αὐτοῦ ἀπὸ τῆς τρυφῆς μου·
35 ³⁵ἐξῶσάν με οἱ μόχθοι μου καὶ αἱ ταλαιπωρίαι μου εἰς Βαβυλῶνα, ἐρεῖ κατοικοῦσα Σειών, καὶ τὸ αἷμά μου ἐπὶ τοὺς κατοικοῦντας Χαλδαίους,
36 ἐρεῖ Ἰερουσαλήμ· ³⁶διὰ τοῦτο τάδε λέγει Κύριος Ἰδοὺ ἐγὼ κρινῶ τὴν ἀντίδικόν σου καὶ ἐκδικήσω τὴν ἐκδίκησίν σου, καὶ ἐρημώσω τὴν
37 θάλασσαν αὐτῆς καὶ ξηρανῶ τὴν πηγὴν αὐτῆς· ³⁷καὶ ἔσται Βαβυλὼν
38 εἰς ἀφανισμόν, καὶ οὐ κατοικηθήσεται. ³⁸ὅτι ἅμα ὡς λέοντες ἐξηγέρ-
39 θησαν καὶ ὡς σκύμνοι λεόντων. ³⁹ἐν τῇ θερμασίᾳ αὐτῶν δώσω πότημα αὐτοῖς, καὶ μεθύσω αὐτοὺς ὅπως καρωθῶσιν καὶ ὑπνώσωσιν
40 ὕπνον αἰώνιον καὶ οὐ μὴ ἐγερθῶσι, λέγει Κύριος. ⁴⁰καὶ καταβίβασον
41 αὐτοὺς ὡς ἄρνας εἰς σφαγὴν καὶ ὡς κριοὺς μετ' ἐρίφων. ⁴¹πῶς ἑάλω καὶ ἐθηρεύθη τὸ καύχημα πάσης τῆς γῆς; πῶς ἐγένετο Βαβυλὼν
42 εἰς ἀφανισμὸν ἐν τοῖς ἔθνεσιν; ⁴²ἀνέβη ἐπὶ Βαβυλῶνα ἡ θάλασσα
43 ἐν ἤχῳ κυμάτων αὐτῆς, καὶ κατεκαλύφθη. ⁴³ἐγενήθησαν αἱ πόλεις

31 απαντησιν 1°] απαντην A | αναγγελλων] απαγγελλων ℵ* (αναγγ. ℵAQ ℵc.a(?))   32 της διαβασεως ℵ* (των διαβασεων ℵc.a(?)) | ελήφθησαν Qᵃ | συστηματα BᵃᵇQ | αυτων] αυτου AQ | ενεπρησαν] ενεπρησθησαν A ενεπυρισθησαν Q | οι ανδρες] om οι BᵃᵇℵAQ | αυτου 2°] αυτοι ℵ*
33 Κυριος]+ ※ των δυναμεων θϲ Ιηλ Qᵐᵍ | οικοι] οικος Q | βασιλεων ℵ* | αλοηθησεται ℵAQ   35 μοχθοι] εχθροι ℵ | κατοικουσα] pr και ℵ* | Σιων BᵇAQ | κατοικουνταις ℵ* | Χαλδεους ℵ | ερει Ιερουσαλημ] επι Ιημ ℵc.a επι Ιλημ (sup ras et in mg) Aᵃ   36 om και εκδικησω τ. εκδ. σου A | εδικησω ℵ* (εκδ. ℵ?) | ερημωι Q* (superscr σω Qᵃ) | θαλασσαν ℵ | ξηρανω] εξαρω ℵ | πηγην] γην ℵA   38 om οτι ℵAQ | om αμα AQ | εξηγερθησαν (εξεγ. Q*)]+αμα AQ | σκοιμοι ℵ* (σκυμν. ℵ?) ·   39 καρωθωσιν (-σι Qᵃ)] καθαρωσι] ℵ* | om και 2°...εγερθωσι ℵ* (hab ℵc.a(?) ᵐᵍ) | υπνωσουσιν A | εγερθωσι (-σιν Q*)] εξεγερθωσι Bᵃᵇ εξεγερθωσιν ℵc.a(?) ᵐᵍ A   40 om και 1° AQ | καταβιβασω ℵ* (-σον ℵc.a) | εισφαγην ℵ*¹ εαλω] ελαληκεν ℵ* (εαλω ℵc.a(?))+παντες ※ ο Εισακ Qᵐᵍ | τοις εθνεσιν (τ. εθνσιν ℵ*)] pr πασι Q   42 ανεβη] pr ανεβη ειπι Βαβυλωνα εις (?+ηθ)| αφανισμου εν| τοις εθνεσιν ℵ* (punct et unc improb ℵ¹ᶠᵒʳᵗ)   43 πολις ℵ* (-λεις ℵc.b)

287

XXVIII 44 (LI 44)   ΙΕΡΕΜΙΑΣ

Β αὐτῆς ὡς γῆ ἄνυδρος καὶ ἄβατος, οὐ κατοικήσει ἐν αὐτῇ οὐδὲ εἷς, οὐδὲ μὴ καταλύσει ἐν αὐτῇ υἱὸς ἀνθρώπου. ⁴⁴καὶ ἐκδικήσω ἐπὶ Βαβυλῶνα, 44 καὶ ἐξοίσω ἃ κατέπιεν ἐκ τοῦ στόματος αὐτῆς, καὶ οὐ μὴ συναχθῶσιν πρὸς αὐτὴν ἔτι τὰ ἔθνη, ⁴⁹καὶ ἐν Βαβυλῶνι πεσοῦνται τραυματίαι 49 πάσης τῆς γῆς. ⁵⁰ἀνασῳζόμενοι ἐκ γῆς, πορεύεσθε καὶ μὴ ἵστασθε· 50 οἱ μακρόθεν, μνήσθητε τοῦ κυρίου, καὶ Ἰερουσαλὴμ ἀναβήτω ἐπὶ τὴν καρδίαν ὑμῶν. ⁵¹ᾐσχύνθημεν, ὅτι ἠκούσαμεν ὀνειδισμὸν ἡμῶν, 51 κατεκάλυψεν ἀτιμία τὸ πρόσωπον ἡμῶν, εἰσῆλθον ἀλλογενεῖς εἰς τὰ ἅγια ἡμῶν, εἰς οἶκον Κυρίου. ⁵²διὰ τοῦτο ἰδοὺ ἡμέραι, λέγει 52 Κύριος, καὶ ἐκδικήσω ἐπὶ τὰ γλυπτὰ αὐτῆς, καὶ ἐν πάσῃ τῇ γῇ αὐτῆς πεσοῦνται τραυματίαι. ⁵³ὅτι ἐὰν ἀναβῇ Βαβυλὼν ὡς ὁ οὐρανός, 53 καὶ ὅτι ἐὰν ὀχυρώσῃ τὰ τείχη ἰσχύι αὐτῆς, παρ᾽ ἐμοῦ ἥξουσιν ἐξολεθρεύοντες αὐτήν, λέγει Κύριος. ⁵⁴φωνὴ κραυγῆς ἐν Βαβυλῶνι, καὶ 54 συντριβὴ μεγάλη ἐν γῇ Χαλδαίων, ⁵⁵ὅτι ἐξωλέθρευσεν Κύριος τὴν 55 Βαβυλῶνα, καὶ ἀπώλεσεν ἀπ᾽ αὐτῆς φωνὴν μεγάλην ἠχοῦσαν ὡς ὕδατα πολλά, ἔδωκεν εἰς ὄλεθρον φωνὴν αὐτῆς. ⁵⁶ὅτι ἦλθεν ἐπὶ 56 Βαβυλῶνα ταλαιπωρία, ἑάλωσαν οἱ μαχηταὶ αὐτῆς, ἐπτόηται τὸ τόξον

ℵAQ   43 om ως ℵAQ | γη]+παντες ※ εις αφανισμον Q^mg | ου] pr ※ θ' γη Q^mg | ουδε εις] ουδεις ℵQ+※ αυος Q^mg | καταλυση ℵQ   44 προς αυτην ετι (επι ℵ*^vid)] ετι προς αυτην AQ | εθνη]+𐅵 γε το τειχος Βαβυλωνος επεσεν (45) εξελθετε εκ μεσου αυτης λαος μου 𐅵 σωζετε εκαστος την ψυχην αυτου απο θυμου οργης κυ (46) μηποτε διλιασει η καρδια υμων 𐅵 φοβηθητε εν τη ακοη τη ακουσθησομενη ε| τη γη 𐅵 εισελευσεται εν τω ενιαυτω η ακοη 𐅵 μετ αυτο| εν τω ενιαυτω η ακοη 𐅵 η αδικια εν τη γη (+σ' ※ 𐅵 εξουσιαστης επ εξουσιαστην) παραβολη επι παραβολην (47) δια τουτο ιδου ημεραι ερχονται φησιν κς 𐅵 επισκεψομαι επι τα γλυπτα Βαβυλωνος 𐅵 πασα η γη αυτης καταισχυνθησεται και παντες τραυματιαι αυτης πεσουνται εν μεσω αυτης (48) 𐅵 αγαλλιασονται επι Βαβυλωνα οι ουρανοι και η γη και παντα τα εν αυτοις οτι απο βορρα ηξουσι ταλαιπωρουντες αυτην λεγει κς (49) και μεντοι εν Βαβυλωνι του πεσειν τραυματιας Ιηλ εν αυτη [adnot δε ειδεναι ως εν τισιν αντιγραφοις ταυτα μετα αστερισκων κεινται ου καλως] Q^mg   49 τραυματιαι πασης της γης] και παντα τα εθνη ℵ   50 γης] της B* (γης B^ab) | om και 1° A | ιστασθε]+εις γην ℵ* (postea improb) | μνησθητε οι μακροθεν Q | οι μακροθεν] om οι ℵ* (superscr ℵ^c.a(?)) | και Ιερουσαλημ] εισημ ℵ* 𐅵 Ισημ ℵ^c.a(?) | αναβατω ℵ | την καρδιαν] om την Q | υμων] ημων A   51 ησυ|θημεν ℵ* (ησχυ|θ. ℵ?) | ημων 1°] υμων ℵ* (η superscr ℵ^c.a(?)) | εισ|ηλθον B* εισηλθ. B? pr οτι Q   52 δια τουτο]+ταδε λεγει κς ℵ | ημεραι]+ερχονται Β^ab mg ℵ (-ντε ℵ* -νται ℵ^c.b) AQ | om λεγει Κυριος ℵ | om επι ℵ | πεσουτε ℵ* (ν superscr ℵ?) | τραματιαι ℵ* (υ superscr ℵ?)   53 εαν 2°] αν Q* (ε superscr Q^a) | οχυρωση] υψωση Q | τα τειχη] τα υψη B^ab υψη ℵ* υψος ℵ^c.a AQ | ισχυι] ισχυος ℵ^c.a AQ (pr ※ της Q^mg) | εξολοθρευοντες B^b   54 κραυης ℵ* (γ superscr ℵ?) | εν γη] εκ γης A | Χαδεων ℵ* (λ superscr ℵ?)   55 εξωλοθρευσεν B^b | om ως Q   56 εαλωκαν ℵ* (σ superscr ℵ?)

ΙΕΡΕΜΙΑΣ (LI 64) XXVIII 64

57 αὐτῶν, ὅτι ὁ θεὸς ἀνταποδίδωσιν αὐτοῖς. ⁵⁷Κύριος ἀνταποδίδωσιν B καὶ μεθύσει μέθῃ τοὺς ἡγεμόνας αὐτῆς καὶ τοὺς σοφοὺς αὐτῆς καὶ τοὺς στρατηγοὺς αὐτῆς, λέγει ὁ βασιλεύς, Κύριος Παντοκράτωρ ὄνομα αὐτῷ.
58 ⁵⁸Τάδε λέγει Κύριος Τεῖχος Βαβυλῶνος ἐπλατύνθη, κατασκαπτόμενον κατασκαφήσεται, καὶ αἱ πύλαι αὐτῆς αἱ ὑψηλαὶ ἐνπυρισθήσονται, καὶ οὐ κοπιάσουσιν λαοὶ εἰς κενόν, καὶ ἔθνη ἐν ἀρχῇ ἐκλείψουσιν.

59 ⁵⁹Ὁ λόγος ὃν ἐνετείλατο Κύριος Ἰερεμίᾳ τῷ προφήτῃ εἰπεῖν τῷ Σαραίᾳ υἱῷ Νηρείου υἱῷ Μαασαίου, ὅτε ἐπορεύετο παρὰ Σεδεκίου βασιλέως Ἰούδα εἰς Βαβυλῶνα, ἐν τῷ ἔτει τῷ τετάρτῳ τῆς βασιλείας αὐτοῦ·
60 καὶ Σαραίας ἄρχων δώρων. ⁶⁰καὶ ἔγραψεν Ἰερεμίας πάντα τὰ κακὰ ἃ ἥξει ἐπὶ Βαβυλῶνα ἐν βιβλίῳ, πάντας τοὺς λόγους τούτους τοὺς γεγραμμένους ἐπὶ Βαβυλῶνα.

61 ⁶¹Καὶ εἶπεν Ἰερεμίας πρὸς Σαραίαν Ὅταν ἔλθῃς εἰς Βαβυλῶνα,
62 καὶ ὄψῃ καὶ ἀναγνώσῃ πάντας τοὺς λόγους τούτους, ⁶²καὶ ἐρεῖς Κύριε Κύριε, σὺ ἐλάλησας ἐπὶ τὸν τόπον τοῦτον τοῦ ἐξολεθρεῦσαι αὐτὸν καὶ τοῦ μὴ εἶναι ἐν αὐτῷ κατοικοῦντας ἀπὸ ἀνθρώπου ἕως κτήνους,
63 ὅτι ἀφανισμὸς εἰς τὸν αἰῶνα ἔσται. ⁶³καὶ ἔσται ὅταν παύσῃ τοῦ ἀναγινώσκειν τὸ βιβλίον τοῦτο, καὶ ἐπιδήσεις ἐπ' αὐτὸ λίθον καὶ
64 ῥίψεις αὐτὸ εἰς μέσον τοῦ Εὐφράτου, ⁶⁴καὶ ἐρεῖς Οὕτως καταδύσεται Βαβυλών, καὶ οὐ μὴ ἀναστῇ ἀπὸ προσώπου τῶν Χαλδαίων ὧν ἐγὼ ἐπάγω ἐπ' αὐτήν.

56 ο θεος] om o ℵ* (superscr ℵ?) | ανταποδιδωσιν] ανταποδιδων ℵc.a mg inf | ℵAQ om αυτοις ℵ* (hab ℵc.a) Qa   57 Κυριος ανταποδιδωσιν] om ℵ* (hab ℵc.a) pr αυτος Qa | ανταποδιδωσιν]+αυτη την ανταποδοσι| AQ | μεθυσει] μεθυι ℵ* (-θυσι ℵ?) | ηγεμονας] ηγουμενους Q | αυτης 2°]+θ' ※ ϛ τους ηγουμενους αυτης (pro ηγ. γ' αρχοντας) Qmg | om και τους στρατηγους αυτης A | αυτης 3°]+α'θ' ※ ϛ δυνατους αυτης ϛ υπνωσουσι| υπνον αιωνιον ϛ ου μη εξεγερθωσι| Qmg   58 Κυριος]+※ των δυναμεω| Qmg | κατακαπτομενον ℵ* (κατασκ. ℵ?) | ενπυρισθησονται (εμπ. Ba?bAQ)] pr εν πυρι Q (sub ※ Qmg) | κοπιασουσι Qa   59 Κυριος] pr o ℵ* (postea ras) | προφητω ℵ* | Σαραια A*fort (ras 1 lit post α 1° Aa) | om υιω Νηρειου ℵ* | υιω 1°] υιου A | Νηριου ℵc.aAQ | υιω 2°] υιου AQ | Μαασαιου] Μαχαιου ℵ* (Μαασ. ℵc.a(?)) Μαασσαιου A | οτε] οτι A*vid (ε sup ras Aa) | ετει τω τεταρτω] τεταρτω ετει A | Σαρεας ℵ   60 Ιηρεμιας A | παντα] απαντα Q pr ※ συν Qmg | om α ℵ* (superscr ℵc.a(?)) | βιβλιω (βιβιω ℵ*)]+ενι ℵAQ | παντας] pr ※ συν Qmg | om τουτους A | γεγραμμενους] ενγεγραμμ. A   61 om και 1°...εις Βαβυλωνα ℵ* (hab ℵc.a mg inf) | Ιηρεμιας ℵc.a | αναγωση ℵ* (αναγν. ℵ?) | παντας] pr ※ συν Qmg   62 om Κυριε 2° ℵQ | του εξολεθρευσαι (εξολοθρ. Bb εξωλεθρ. ℵ)] om του ℵ* (superscr ℵc.a(?)) | αυτω] αυτοις ℵ* (-τω ℵc.a(?)) | κατοικουντα Q   63 οτε] οτε ℵ?vid (postea rurs οταν) | του αναγινωσκειν] αναγινωσκων ℵA | βιβιον ℵ* | επιδησει A* (-σεις Aa?) | επ αυτο] αυτω A | ριψεις] επιρηψεις ℵ* (ριψ. ℵc.a(?)) | μεσον] pr το ℵ   64 om και 2° A | των Χαλδαιων] των κακων ℵA κακων Q* των κ. Qa (et sub ※ Qmg) | αυτην]+α' ※ ϛ εσταθησα| εως ενταυθα οι λογοι Ιερεμιου Qmg

XXIX 1 (XLVII 1) ΙΕΡΕΜΙΑΣ   XXIX (XLVII)

¹ Ἐπὶ τοὺς ἀλλοφύλους.

⁽²⁾Τάδε λέγει Κύριος ²Ἰδοὺ ὕδατα ἀναβαίνει ἀπὸ βορρᾶ, καὶ ἔσται 2
εἰς χειμάρρουν κατακλύζοντα, καὶ κατακλύσει γῆν καὶ τὸ πλήρωμα
αὐτῆς, πόλιν καὶ τοὺς κατοικοῦντας ἐν αὐτῇ· καὶ κεκράξονται οἱ
ἄνθρωποι, καὶ ἀλαλάξουσιν ἅπαντες οἱ κατοικοῦντες τὴν γῆν ³ἀπὸ 3
φωνῆς ὁρμῆς αὐτοῦ, ἀπὸ τῶν ὁπλῶν τῶν ποδῶν αὐτοῦ καὶ ἀπὸ
σεισμοῦ τῶν ἁρμάτων αὐτοῦ, ἤχου τροχῶν αὐτοῦ. οὐκ ἐπέστρεψαν
πατέρες ἐφ᾽ υἱοὺς αὐτῶν ἀπὸ ἐκλύσεως χειρῶν αὐτῶν, ⁴ἐν τῇ ἡμέρᾳ τῇ 4
ἐπερχομένῃ τοῦ ἀπολέσαι πάντας τοὺς ἀλλοφύλους. καὶ ἀφανιῶ τὴν
Τύρον καὶ τὴν Σειδῶνα καὶ πάντας τοὺς καταλοίπους τῆς βοηθείας
αὐτῶν, ὅτι ἐξολεθρεύσει Κύριος τοὺς καταλοίπους τῶν νήσων. ⁵ἥκει 5
φαλάκρωμα ἐπὶ Γάζαν, ἀπερίφη Ἀσκάλων καὶ οἱ κατάλοιποι
Ἐνακείμ. ⁶ἕως τίνος κόψεις, ⁽⁶⁾ἡ μάχαιρα τοῦ κυρίου; ἕως τίνος οὐχ 6
ἡσυχάσεις; ἀποκατάστηθι εἰς τὸν κολεόν σου, ἀνάπαυσαι καὶ ἐπάρ-
θητι. ⁷πῶς ἡσυχάσει; καὶ Κύριος ἐνετείλατο αὐτῇ ἐπὶ τὴν Ἀσκάλωνα 7
καὶ ἐπὶ τὰς παραθαλασσίους, ἐπὶ τὰς καταλοίπους, ἐπεγερθῆναι.

⁸Τῇ Ἰδουμαίᾳ.   8 (7) (XLIX)

Τάδε λέγει Κύριος Οὐκ ἔστιν ἔτι σοφία ἐν Θαιμάν, ἀπώλετο
βουλὴ ἐκ συνετῶν, ᾤχετο σοφία αὐτῶν, ⁹ἠπατήθη ὁ τόπος αὐτῶν. 9 (8)
βαθύνατε εἰς κάθισιν οἱ κατοικοῦντες ἐν Δαιδάμ, ὅτι δύσκολα
ἐποίησεν· ἤγαγον ἐπ᾽ αὐτὸν ἐν χρόνῳ ᾧ ἐπεσκεψάμην ἐπ᾽ αὐ-

ℵAQ   XXIX 1 επι] pr α´σ´ ※ ος εγενηθη λογος κυ προς Ιερεμιαν τον προφητην Qᵐᵍ | αλλοφυλους] + ※ προ του παταξαι Φαραω την Γαζαν Qᵐᵍ   2 ανα-βεννει ℵ* (-βαινει ℵ?) A (-ννι) | βορραι ℵ* | χιμαρρον ℵ* (-ρρουν ℵ?) | πολιν] πολις ℵ* | κατοικουντας] ενοικουντας A | κραζοντε ℵ* (κεκρ. ℵ?) | αλαλαξον-ται A | απαντες] παντες A   3 φωνης ορμης αυτου] σ´ προσωπου οργης θυμου Qᵐᵍ | οπλων των ποδων αυτου] θ´ οπλω| αυτου των δυνατω (sic) Qᵐᵍ | των ποδων] pr και ℵ* (improb ℵ?) | σεισ|μου ℵ* σει|σμ. Β? | ηχου] pr και A | τροχων] τροχου ℵ* (superscr ων ℵ?) pr των A | εστρεψαν ℵ* (επεστρ. ℵᶜ·ᵃ?) | εφ] επι AQ | χειαω| ℵ* ᵛⁱᵈ (χειρ. ℵᶜ·ᵃ⁽?⁾)   4 επερχομενη] ερχομενη ℵAQ | Σειδωνα Β* Σιδωνα BᵇℵAQ | βοηθιας ℵ | εξολοθρευσει Bᵇ εξωλεθρ. ℵ | Κυριος]+α´θ´ ※ τους αλλοφυλους Qᵐᵍ | τους καταλοιπους] τας καταλ. A | νη-σων]+α´θ´ ※ και Καππαδοκιας Qᵐᵍ   5 απεριφη Bᵇ | οι καταλοιποι] τα καταλοιπα A   6 του κυριου] om του A | ουχ ησυχασεις] ου μησυχασις ℵ* ου μη ησυχ. ℵᶜ·ᵃ? (-σεις ℵᶜ·ᵇ)   7 ησυχασεις A | Κυριος] pr ο τ ℵ* (τ postea ras) 8 Ιουμεα ℵ* Ιδουμεα ℵᶜ·ᵃ⁽?⁾ (-μαια ℵᶜ·ᵇ⁽?⁾) | Κυριος] om Q* (hab Q¹⁽ᵛⁱᵈ⁾ᵐᵍ)+ ※ των δυναμεων Qᵐᵍ | Θεμαν ℵ | επωλετο A* (ε 1° improb Aᵃ?) | συν|ετων Β* συνε|τ. Β?   9 ο τοπος] το προς ℵ* τοπος ℵ? | αυτων] αυτον ℵ* | βαθυνατε]+εαυτοις AQ | καθησιν A | κατοικουνται ℵ* (-τες ℵᶜ·ᵃ) | om εν Q | Δαιδαν ℵA | επ 1°] επι Β* ε|π Β? | επ 2°] εν ℵ*ᶠᵒʳᵗ om AQ | αυτον 2°] αυτην ℵ

290

ΙΕΡΕΜΙΑΣ (XLIX 19) XXIX 20

(9) 10 τόν. ¹⁰ὅτι τρυγηταὶ ἦλθον οἳ οὐ καταλείψουσίν σοι κατάλιμμα· B
(10) 11 ὡς κλέπται ἐν νυκτὶ ἐπιθήσουσιν χεῖρα αὐτῶν. ¹¹ὅτι ἐγὼ κατέ-
συρα τὸν Ἠσαύ, ἀνεκάλυψα τὰ κρυπτὰ αὐτῶν, κρυβῆναι οὐ μὴ
δύνωνται· ὤλοντο διὰ χεῖρα ἀδελφοῦ αὐτοῦ γείτονός μου, καὶ
(11) 12 οὐκ ἔστιν ¹²ὑπολιπέσθαι ὀρφανόν σου ἵνα ζήσεται· καὶ ἐγὼ
(12) 13 ζήσομαι, καὶ χῆραι ἐπ' ἐμὲ πεποίθασιν. ¹³ὅτι τάδε εἶπεν Κύριος
Οἷς οὐκ ἦν νόμος πιεῖν τὸ ποτήριον, ἔπιον· καὶ σὺ ἀθῳωμένη οὐ
(13) 14 μὴ ἀθῳωθῇς, ¹⁴ὅτι κατ' ἐμαυτοῦ ὤμοσα, λέγει Κύριος, ὅτι εἰς
ἄβατον καὶ εἰς ὀνειδισμὸν καὶ εἰς κατάρασιν ἔσῃ ἐν μέσῳ αὐτῆς,
(14) 15 καὶ πᾶσαι αἱ πόλεις αὐτῆς ἔσονται ἔρημοι εἰς αἰῶνα. ¹⁵ἀκοὴν
ἤκουσα παρὰ Κυρίου, καὶ ἀγγέλους εἰς ἔθνη ἀπέστειλεν Συνά-
(15) 16 χθητε καὶ παραγένεσθε εἰς αὐτήν, ἀνάστητε εἰς πόλεμον. ¹⁶μικρὸν
(16) 17 ἔδωκά σε ἐν ἔθνεσιν, εὐκαταφρόνητον ἐν ἀνθρώποις. ¹⁷ἡ παιγνία
σου ἐνεχείρησέν σοι, ἰταμία καρδίας σου κατέλυσεν τρυμαλιὰς
πετρῶν, συνέλαβεν ἰσχὺν βουνοῦ ὑψηλοῦ· ὅτι ὕψωσεν ὥσπερ
(17) 18 ἀετὸς νοσσιὰν αὐτοῦ, ἐκεῖθεν καθελῶ σε. ¹⁸καὶ ἔσται ἡ Ἰδουμαία
(18) 19 εἰς ἄβατον, πᾶς ὁ παραπορευόμενος ἐπ' αὐτὴν συριεῖ. ¹⁹ὥσπερ
κατεστράφη Σόδομα καὶ Γόμορρα καὶ αἱ πάροικοι αὐτῆς, εἶπεν
Κύριος Παντοκράτωρ, οὐ μὴ καθίσῃ ἐκεῖ ἄνθρωπος, καὶ οὐ μὴ
(19) 20 ἐνοικήσει ἐκεῖ υἱὸς ἀνθρώπου. ²⁰ἰδοὺ ὥσπερ λέων ἀναβήσεται
ἐκ μέσου τοῦ Ἰορδάνου εἰς τόπον Λιθάμ, ὅτι ταχὺ ἐκδιώξω αὐτοὺς
ἀπ' αὐτῆς· καὶ τοὺς νεανίσκους ἐπ' αὐτὴν ἐπιστήσατε. ὅτι τίς
ὥσπερ ἐγώ; καὶ τίς ἀντιστήσεται μοι; καὶ τίς οὗτος ποιμὴν ὃς

10 οι] σοι AQ* (σ postea improb) | om ου ℵ* (superscr ℵ^{c.a(?)}) | κατα- ℵAQ
λειμμα B^{a?b} καταλιμματα AQ^a καταλειμματα AQ* | ως] ωσπερ A ωσει Q |
κεπται ℵ* (κλ. ℵ^{c.a(?)}) | επιθησουσιν]+σοι Q^{mg} | χειρας ℵ (χιρ. ℵ* ℵ.ερ.
ℵ^{c.b}) AQ   11 κατεσυρα] κατηραυνησα A | ανακαλυψα ℵ* (ανεκ. ℵ^{c.a(?)}) |
τα κρυπτα] τε κρ. ℵ* (τα κρ. ℵ^{c.a(?)}) | ωλοντο] ωλετο Q¹+ ※ το σπερμα αυτου
Q^{mg} | αυτου] σου ℵ* (αυτ. ℵ^{c.a(?)}) | γειτονος] pr και AQ | μου] αυτου AQ
12 υπολειπεσθαι B^{a?b}ℵ^{c.b}Q | ζησηται B^{ab} | om και εγω ζησομαι Q | χηραι]
pr αι A   13 ειπεν] λεγει AQ | οις] pr ιδου Q | πιν ℵ* (πιειν ℵ^?) | επιον]
pr α'θ' ※ πιοντες Q^{mg} | αθοουμενη A | αθωωθης] αθοωθηση Q + οτι πιων πιεσαι
AQ   14 om οτι 1° A | καταρασιν] καταραν ℵA | πολις ℵ* (-λεις ℵ^?) | αιωνα]
pr των AQ   15 συναχθηναι ℵ*^{vid} -ται ℵ^{c.a(?)}   16 μικρον] pr ιδου AQ |
εδωκα] δεδωκα A | ευκαταφρονητον] pr και A   17 ιταμιαν Q | τρυμα-
λειας A | συ|ελαβεν B* συ|νελ. B^? | υψωσεν] εαν υψωσεις A ε. υψωσης Q |
νοσσειαν B* (-σσιαν B^b) | αυτου] εαυτου ℵ ου A   18 Ιουμαια ℵ* (Ιδ.
ℵ^{c.a(?)}) | βατον ℵ* (αβατον ℵ^{c.a(?)}) | πας] pr και Q | συριει] εκστησεται και
συριει επι πασαν την πληγην αυτης Q   19 καθιση] κατοικησει A | ενοικησει
(-ση Q)] καθειση A   20 μεσου του Ιορδ.] του υδατος ℵ* (μ. τ. Ιορδ. ℵ^{c.a(?)}) |
τοπον] pr τω| A | Αιθαμ] Ηθαμ A | om επ ℵ*(superscr ℵ^{c.a(?)}) | αυτην] αυτης
ℵQ* (-την Q^{mg}) | επιστησατε] επιστησεται A | ποιμην] pr ο ℵ | ος στησεται
(ετα sup ras B^{salt ab})] οστησεται A

291 T 2

XXIX 21 (XLIX 20)   ΙΕΡΕΜΙΑΣ

B στήσεται κατὰ πρόσωπόν μου; ²¹διὰ τοῦτο ἀκούσατε βουλὴν 21 (20)
Κυρίου ἣν ἐβουλεύσατο ἐπὶ τὴν Ἰδουμαίαν, καὶ λογισμὸν αὐτοῦ
ὃν ἐλογίσατο ἐπὶ τοὺς κατοικοῦντας Θαιμάν· Ἐὰν μὴ συνψηθῶσιν
τὰ ἐλάχιστα τῶν προβάτων, ἐὰν μὴ ἀβατωθῇ ἐπ' αὐτὴν κατάλυσις
αὐτῶν· ²²ὅτι ἀπὸ φωνῆς πτώσεως αὐτῶν ἐφοβήθη ἡ γῆ, καὶ 22 (21)
κραυγὴ θαλάσσης οὐκ ἠκούσθη. ²³ἰδοὺ ὥσπερ ἀετὸς ὄψεται καὶ 23 (22)
ἐκτείνει τὰς πτέρυγας ἐπ' ὀχυρώματα αὐτῆς· καὶ ἔσται ἡ καρδία
τῶν ἰσχυρῶν τῆς Ἰδουμαίας ἐν τῇ ἡμέρᾳ ἐκείνῃ ὡς καρδία
γυναικὸς ὠδινούσης.

¹Τοῖς υἱοῖς Ἀμμών.   XXX
(XLIX)

Οὕτως εἶπεν Κύριος Μὴ υἱοὶ οὐκ εἰσὶν ἐν Ἰσραήλ, ἢ παραλημψό-
μενος οὐκ ἔστιν αὐτοῖς; διὰ τί παρέλαβεν Μελχὸλ τὴν Γαλαάδ, καὶ
ὁ λαὸς αὐτῶν ἐν πόλεσιν αὐτῶν ἐνοικήσει; ²διὰ τοῦτο ἰδοὺ ἡμέραι 2
ἔρχονται, φησὶν Κύριος, καὶ ἀκουτιῶ ἐπὶ Ῥαββὰθ θόρυβον πολέμων,
καὶ ἔσονται εἰς ἄβατον καὶ εἰς ἀπώλειαν, καὶ βωμοὶ αὐτῆς ἐν πυρὶ
κατακαυθήσονται, καὶ παραλήμψεται Ἰσραὴλ τὴν ἀρχὴν αὐτοῦ. ³ἀλά- 3
λαξον, Ἐσεβών, ὅτι ὤλετο· κεκράξατε θυγατέρες Ῥαββάθ, περιζώ-
σασθε σάκκους καὶ κύψασθε, ὅτι Μελχὸλ ἐν ἀποικίᾳ βαδιεῖται, οἱ
ἱερεῖς αὐτοῦ καί οἱ ἄρχοντες αὐτοῦ ἅμα. ⁴τί ἀγαλλιᾶσθε ἐν τοῖς 4
πεδίοις Ἐνακείμ; θύγατερ ἰταμίας, ἡ πεποιθυῖα ἐπὶ θησαυροῖς αὐτῆς,
ἡ λέγουσα Τίς εἰσελεύσεται ἐπ' ἐμέ; ⁵ἰδοὺ ἐγὼ φέρω φόβον ἐπὶ σέ, 5

RAQ 21 Ιδουμεα] א* (-μαιᾱ] אc.b(?)) | συνψηθωσιν (συμψ. Bᵇ)] συνωσι] א συνψη-
φισθωσιν AQ+αυτω Qᵐᵍ | αυτην] αυτης אc.ᵃ αυτη A αυτους Q   22 om
οτι Q | εφοβηθη] εσεισθη A (εσισθ.) Q | om και Q | κραυγη (κραυη א*)]
+σου AQ | θαλασσης] εν θαλασση AQ | om ουκ AQ   23 εκτει-
νει] εκτενει A εκτενει Bᵃᵇא (-νι א* -νει אc.ᵇ) | om ισχυρων Q* (hab Qᵐᵍ)
XXX 1 παραληψομενος BᵇQᵃ | αυτοις] pr εν A αυτων Q | δια τι] διοτι א |
Μελχολ] Μολχομ Q | την Γαλαάδ] τον Γαδ Q | ενοικει AQ   2 φησιν]
λεγει Q* (φησ. Qᵐᵍ) | επι] incep ερ א* | Ραβαθ א* | πολεμου AQ | om εις
2° א | απωλιαν א | βωμοι] pr οι אAQ | κατακαυθησεται א* (-σονται אc.ᵃ(?)) |
παραληψεται Bᵇ | Ισραηλ] Ιερουσαλημ א* (ιηλ אc.ᵃ(ᵐᵍ)) | αυτου]+ ⁎ φησι
κς Qᵐᵍ   3 αλαλαξον] αλλαξον B | Εσεβων] Νεσεβων א* | ωλετο]+Γαι Q |
κεκραξατε] καικραξαται א* και κεκραξ. אc.ᵃ(?) A | Ρεββαθ א Ραβμωθ Q* ᵛⁱᵈ |
και 1°] pr και επιλημπτευσασθαι אQ (-σθε) pr και επιλημπτευεσθαι A |
κοψασθε]+ ⁎ ƙ διαδραμετε εν τοις φραγμοις οτι Q | οτι 2°] pr επ AQ | Μελχομ
A Μολχομ Q | εν] pr οτι AQ | βαδιει א* (-ειται אc.ᵃ(?)) | οι ιερεις] pr και א |
αυτου 1°] αυτης א* (-του א¹)   4 τι] αι א* οτι אc.ᵃAQ | αγαλλιασθε] αγαλ-
λιασι א* (-σει אc.ᵃ) αγαλλιαση AQ | εν τοις π. Ενακειμ (εν Ακ. Bᵇ)] om Εν.
א* superscr σου אc.ᵃ rurs extinx אc.ᵇ ⁎ διερευσε τα παιδια σου πεδινοις Ζηφ
παιδιοις σου Qᵐᵍ | θυγατηρ אAQ | ιταμιας] pr της Q | πεποιθυεια א | θησαυ-
ροις] θησαυρους א τοις θησαυροις A | τις] ουδεις א* (τις אc.ᵃ(?)) | εισ|ελευσεται
B* ει|σελ. Bᵇ | επ] εις Q   4—5 επ εμε ι sup ras Bˢᵃˡᵗ ᵃᵇ   5 επι σε
φοβον Q

292

ΙΕΡΕΜΙΑΣ (XLIX 23) XXX 12

εἶπεν Κύριος, ἀπὸ πάσης τῆς περιοίκου σου, καὶ διασπαρήσεσθε B ἕκαστος εἰς πρόσωπον αὐτοῦ· οὐκ ἔστιν ὁ συνάγων.

(28) 6 ⁶Τῇ Κηδὰρ βασιλίσσῃ τῆς αὐλῆς, ἣν ἐπάταξεν Ναβουχοδονοσὸρ βασιλεὺς Βαβυλῶνος.

Οὕτως εἶπεν Κύριος Ἀνάστητε καὶ ἀνάβητε ἐπὶ Κηδάρ, καὶ
(29) 7 πλήσατε τοὺς υἱοὺς Κέδεμ. ⁷σκηνὰς αὐτῶν καὶ πρόβατα αὐτῶν λήμψονται· ἱμάτια αὐτῶν καὶ πάντα τὰ σκεύη αὐτῶν καὶ καμήλους αὐτῶν λήμψονται ἑαυτοῖς· καὶ καλέσατε ἐπ' αὐτοὺς ἀπώλειαν
(30) 8 κυκλόθεν. ⁸φεύγετε, λίαν ἐβαθύνατε εἰς κάθισιν, καθήμενοι ἐν τῇ αὐλῇ, ὅτι ἐβουλεύσατο ἐφ' ὑμᾶς βασιλεὺς Βαβυλῶνος
(31) 9 βουλὴν καὶ ἐλογίσατο λογισμόν. ⁹ἀνάστηθι καὶ ἀνάβηθι ἐπ' ἔθνος εὐσταθοῦν καθήμενον εἰς ἀναψυχήν, οἷς οὐκ εἰσὶν θύραι, οὐ
(32) 10 βάλανοι, οὐ μοχλοί· μόνοι καταλύουσιν. ¹⁰καὶ ἔσονται κάμηλοι αὐτῶν εἰς προνομὴν καὶ πλῆθος κτηνῶν αὐτῶν εἰς ἀπώλειαν, καὶ λικμήσω αὐτοὺς παντὶ πνεύματι κεκαρμένους πρὸ προσώπου αὐτῶν, ἐκ παντὸς πέραν αὐτῶν οἴσω τὴν τροπὴν αὐτῶν, εἶπεν
(33) 11 Κύριος. ¹¹καὶ ἔσται ἡ αὐλὴ διατριβὴ στρουθῶν καὶ ἄβατος ἕως αἰῶνος, οὐ μὴ καθίσῃ ἐκεῖ ἄνθρωπος, καὶ οὐ μὴ κατοικήσει ἐκεῖ υἱὸς ἀνθρώπου.

(23) 12 ¹²Τῇ Δαμασκῷ.

Κατῃσχύνθη Θημὰρ καὶ Ἀρφάδ, ὅτι ἤκουσαν ἀκοὴν πονηράν· ἐξέστησαν, ἐθυμώθησαν, ἀναπαύσασθαι οὐ μὴ δύνωνται.

5 απο πασης] απασης ℵ* (απο π. ℵc.a (?)) | περιοικου] παροικου A | om και 1° ℵAQ ℵ* (superscr ҄ ℵc.a (?)) | ουκ] pr και ℵAQ | εστιν] εσται AQ | συναγων]+α'θ' ✱ μεταναστῇ| (6) ҄ μετα ταυτα επιστρεψω την αιχμαλωσιαν υιῶ| Αμμων φησιν κ̅ς̅ Qᵐᵍ 6 βασιλισσῃ] pr τη AQ | βασιλευς] pr o A | και αναβητε] om ℵ* (hab ℵc.a (?) mg) | om και Q | πλησατε] πληξατε Q (πλησ. Qᵐᵍ) 7 προβατα] pr τα A | ληψονται bis BᵇQᵃ | αυτων 5°] εαυτων A | εαυτοις] αυτοις A | om επ A | απωλιαν ℵ 8 λιαν]+✱ αναστατωθητε Qᵐᵍ | εβαθυνας ℵ | καθισιν] καθησιν A | οτι]+εν τη αυλη ℵ* | ελογισατο]+εφ υμας AQ 9 om και Q | επ] επι AQ | εθνους Q* (εθνος Qᵃ) | ευσταθουν] ησυχαζον Qᵐᵍ | αναψυχην] +φησὶ κ̅ς̅ Qᵐᵍ | εισι Qᵃ | ου 1°] ουδε A | ου 2°] ουδε Qᵃ | μοχλοι] θ' βαλανοι Qᵐᵍ+αυτοις Qᵐᵍ | καταλυουσι Qᵃ 10 καμηλοι] pr οι AQ | απωπωλιαν ℵ* (απωλιαν ℵ?) | κεκραμενους] κεκαρμενους BᵃᵇℵQ | εκ παντος περαν αυτων] εκ παντος μερους αυτ. A α' ε (sic) παντος μερους αυτῶ| θ' εκ πά|των των μερῶ| αυτου Qᵐᵍ 11 στουθων ℵ* | κατοικηση Q | ανθρωπου] γηγενους Qᵐᵍ 12 Θημαρ] Ημαρ ℵ Ημαθ AQ | Αρφαδ (Αφ. ℵ* Αρφ. ℵc.a)] Αρφαθ A | ηκουσαν ακοην (a sup ras Aᵃ) πονηραν] πονηραν ακοην ηκουσαν ℵ ακοην πονηραν ηκ. Q | εξεστησαν]+παντες ✱ εν θαλασσῃ Qᵐᵍ | εθυμωθησαν] ηθυμωθησαν ℵ* εκοιμηθησαν A

293

XXX 13 (XLIX 24)   ΙΕΡΕΜΙΑΣ

B ¹³ἐξελύθη Δαμασκός, ἀπεστράφη εἰς φυγήν, τρόμος ἐπελάβετο 13 (24) αὐτῆς. ¹⁴πῶς οὐχὶ ἐνκατέλιπεν πόλιν ἐμήν; κώμην ἠγάπησαν. 14 (25) ¹⁵διὰ τοῦτο πεσοῦνται νεανίσκοι ἐν πλατείαις σου, καὶ πάντες οἱ 15 (26) ἄνδρες οἱ πολεμισταί σου πεσοῦνται, φησὶν Κύριος, ¹⁶καὶ καύσω 16 (27) πῦρ ἐν τείχει Δαμισκοῦ καὶ καταφάγεται ἄμφοδα υἱοῦ Ἀδέρ.

¹Τῇ Μωάβ.   XXXI
                                                            ¹ (XLVIII)

Οὕτως εἶπεν Κύριος Οὐαὶ ἐπὶ Ναβαύ, ὅτι ὤλετο· ἐλήμφθη Καριαθέμ, ᾐσχύνθη Ἀμὰθ καὶ Ἀγάθ. ²οὐκ ἔστιν ἔτι ἰατρεία Μωάβ, ἀγαυρίαμα 2 ἐν Ἐσεβών· ἐλογίσατο ἐπ' αὐτὴν κακά· ἐκόψαμεν αὐτὴν ἀπὸ ἔθνους, καὶ παῦσιν παύσεται. ὄπισθέν σου βαδιεῖται μάχαιρα, ³ὅτι φωνὴν 3 κεκραγότων ἐξ Ὡρωναίμ, ὄλεθρον καὶ σύντριμμα μέγα· ⁴συνετρίβη 4 Μωάβ. ἀναγγείλατε εἰς Ζόγορα, ⁵ὅτι ἐπλήσθη Ἁλὼθ ἐν κλαυθμῷ. 5 ἀναβήσεται κλαίων ἐν ὁδῷ Ὡρωναίμ, κραυγὴν συντρίμματος ἠκούσατε· ⁶φεύγετε καὶ σώσατε τὰς ψυχὰς ὑμῶν, καὶ θέσθε ὥσπερ ὄνος ἄγριος 6 ἐν ἐρήμῳ. ⁷ἐπειδὴ ἐπεποίθεις ἐν ὀχυρώμασίν σου, καὶ σὺ συλλη- 7 φθήσῃ· καὶ ἐξελεύσεται Χαμὼς ἐν ἀποικίᾳ, καὶ οἱ ἱερεῖς αὐτοῦ καὶ οἱ ἄρχοντες αὐτοῦ ἅμα. ⁸καὶ ἥξει ὄλεθρος ἐπὶ πᾶσαν πόλιν, οὐ μὴ 8 σωθῇ, καὶ ἀπολεῖται ὁ αὐλών, καὶ ἐξολοθρευθήσεται ἡ πεδινή, καθὼς εἶπεν Κύριος. ⁹ὅτε σημεῖα τῇ Μωάβ, ὅτι ἁφῇ ἀφθήσεται, καὶ 9 πᾶσαι αἱ πόλεις αὐτῆς εἰς ἄβατον ἔσονται· πόθεν ἔνοικος αὐτῇ; ¹⁰ἐπι- 10

אAQ   13 φυγην]+ ҁ εξεριφη Qᵐᵍ | αυτης]+ α'θ' ※ ҁ ὠδῖνες κατεσχον αυτης ως τικτουσης Qᵐᵍ   14 εγκατελιπεν Bᵃᵇ Q εγκατελειπον A | ηγαπησεν Q* (-σαν Qᵐᵍ)   15 τουτο] incep τουν א* | νεανικοι א* (νεανισκ. אᶜ·ᵃ⁽ʔ⁾) | πλατιαις א (-τιες א* -τιαις אᶜ·ᵇ) A | πολεμισται] in o ras aliq B? | πεσουνται 2°] om A + παντες ※ εν τη ημερα εκεινη Qᵐᵍ XXXI 1 Κυριος]+※ των δυναμεῶ| Qᵐᵍ | ελημφθη] ελήφθη Q α'θ' ※ εαλω ησχυ|θη Qᵐᵍ | Καραθαιμ א* Καριαθαιμ אᶜ·ᵃ⁽ʔ⁾ AQ | ησχυνθη] κατησχινθη Qᵐᵍ | Αμαθ] το κραταιωμα א (-τεωμ.) et sub α'σ' Q* Μωαβ α'θ' ※ Μασογα Qᵐᵍ + τὸ κραταιωμα A | και Αγαθ] και ηττηθη אAQ   2 ουκ] pr και γαρ A | ιατρεια (-τρια אA)] αγαυριαμα Q | Μωαβ] pr εν A | om αγαυριαμα Q | om εν Εσεβων ελογισατο א* (hab εν Εσ. ελογισαντο אᶜ·ᵃ ᵐᵍ) | ελογισαντο Q | εκοψαμεν] δευτε και εκκοψωμεν Q | ὀπισθεν] οπισω אQ | βαδιεται B* (-ειται Bᵃᵇ)   3 φωνη א?AQ | κεκραγοντῶ| א | Ορωναιμ א | ολεθρος AQᵃ   5 Αλωθ] Αλεθ א* (-λωθ אᶜ·ᵃ⁽ʔ⁾) Αλαωθ AQ | Αλωαιμ (ρ sup ras Aᵃ)] Αρωναιμ א* Ορ. אᶜ·ᵃ | κραυγην (κραιην א*)] pr θ' ※ κινδυνοι Qᵐᵍ | ηκουσα אQ   6 υμων] αυτω B*ᵛⁱᵈ (υμ. B¹?aʔ) A | και θεσθε] αιθεσθε B*ᵛⁱᵈ και εσεσθε אᶜ·ᵃ⁽ʔ⁾ A (-σθαι) Q (-σθαι Q* -σθε Qᵃ)   7 σου]+※ ηξουσι σοι θλιβο|τες Qᵐᵍ | και 1°]+※ γε (superscr) Q? | om συ AQ | συλληφθηση B*ᵇ] συλληνφθ. Bᵃאאאאאאא? | om και 3° Q   8 ου] pr και πολις AQ   9 σημειον A | τη Μωαβ] τω Μ. A | οτι] incep οτν א* | αφθησεται] αναφθησεται AQ | πολις א* (-λεις אᶜ·ᵇ) | ποθεν ενοικος αυτη] ποθεν εν. αυτης אQ απο ενοικουντων αυτας A

ΙΕΡΕΜΙΑΣ (XLVIII 23) XXXI 23

κατάρατος ὁ ποιῶν τὰ ἔργα Κυρίου ἀμελῶς, ἐξαίρων μάχαιραν αὐτοῦ B
11 ἀφ᾿ αἵματος. ¹¹ἀνεπαύσατο Μωὰβ ἐκ παιδαρίου, καὶ πεποιθὼς ἦν
ἐπὶ τῇ δόξῃ αὐτοῦ· οὐκ ἐνέχεεν ἐξ ἀγγείου εἰς ἀγγεῖον, καὶ εἰς
ἀποικισμὸν οὐκ ᾤχετο· διὰ τοῦτο ἔστη γεῦμα αὐτοῦ ἐν αὐτῷ, καὶ ὀσμὴ
12 αὐτοῦ οὐκ ἐξέλιπεν. ¹²διὰ τοῦτο ἰδοὺ ἡμέραι αὐτοῦ ἔρχονται, φησὶν
Κύριος, καὶ ἀποστελῶ αὐτῷ κλίνοντας, καὶ κλινοῦσιν αὐτὸν καὶ τὰ
13 σκεύη αὐτοῦ λεπτυνοῦσιν καὶ τὰ κέρατα αὐτοῦ συγκόψουσιν, ¹³καὶ
καταισχυνθήσεται Μωὰβ ἀπὸ Χαμὼς ὥσπερ καταισχύνθη οἶκος
14 Ἰσραὴλ ἀπὸ Βαιθὴλ ἐλπίδος αὐτῶν, πεποιθότες ἐπ᾿ αὐτοῖς. ¹⁴πῶς
ἐρεῖτε Ἰσχυροί ἐσμεν, καὶ ἄνθρωπος ἰσχύων εἰς τὰ πολεμικά;
15 ¹⁵ὤλετο Μωὰβ πόλις αὐτοῦ, καὶ ἐκλεκτοὶ νεανίσκοι αὐτοῦ κατέβησαν
16 εἰς σφαγήν· ¹⁶ἐγγὺς ἡμέρα Μωὰβ ἐλθεῖν, καὶ πονηρία αὐτοῦ ταχεῖα
17 σφόδρα. ¹⁷κινήσατε αὐτῷ πάντες κυκλόθεν αὐτοῦ, πάντες ἔκδοτε
ὄνομα αὐτοῦ· εἴπατε Πῶς συνετρίβη βακτηρία εὐκλεής, ῥάβδος μεγα-
18 λώματος; ¹⁸κατάβηθι ἀπὸ δόξης καὶ κάθισον ἐν ὑγρασίᾳ καθημένη.
Δαιβὼν ἐκτρίβεται, ὅτι ὤλετο Μωάβ· ἀνέβη εἰς σὲ λυμαινόμενος
19 ὀχύρωμά σου. ¹⁹ἐφ᾿ ὁδοῦ στῆθι καὶ ἔπιδε, καθημένη ἐν Ἀροήρ, καὶ
20 ἐρώτησον φεύγοντα καὶ σωζόμενον καὶ εἰπόν Τί ἐγένετο; ²⁰κατῃ-
σχύνθη Μωάβ, ὅτι συνετρίβη· ὀλόλυξον καὶ κέκραξον, ἀνάγγειλον ἐν
21 Ἀρνῶν ὅτι ὤλετο Μωάβ, ²¹καὶ κρίσις ἔρχεται εἰς γῆν τοῦ Μεισὼρ ἐπὶ
22 Χαιλὼν καὶ Ῥεφὰς καὶ Μωφάς, ²²καὶ ἐπὶ Δαιβὼν καὶ ἐπὶ Ναβαὺ καὶ
23 ἐπ᾿ οἶκον Δαιβλαθάιμ, ²³καὶ ἐπὶ Καριαθάιμ καὶ ἐπ᾿ οἶκον Γαιμὼλ

10 εξαιρων] pr παντες ※ ἑ επικαταρατος ο Qᵐᵍ | αυτου] αυ|ουτου א* אAQ
11 ανεπαυσατο] επαυσατο א* (ανεπ. אᶜ·ᵃ⁽ᵗ⁾) | αγγιου, αγγιον אAQ* | om
εις 2° א* (hab אᶜ·ᵃ⁽ᵗ⁾) | αποικισμον B*ᶠᵒʳᵗא* | ωχετο] οιχετο B*ᶠᵒʳᵗ (ω sup
ras) ωχοντο Q | εξελιπεν] εξελειπεν אᶜ·ᵃQ εκλιπει A 12 om αυτου 1°
אAQ | αυτον] αυτο א* (superscr ν אᶜ·ᵃ⁽ᵗ⁾) | κερατα] α´ κερατα σ´ κερασματα
Qᵐᵍ | συγκοψουσιν (συκ. א* συνκ. א⁽ᵗ⁾)] συντριψουσιν Q 13 καταισχυνθη]
κατησχυνθην א* κατησχυνθη א⁽ᵗ⁾Q | οικος] pr ο A | Βεθηλ א | επ αυτοις]
εφ αυτοις Q* εφ εαυτ. Qᵃ 14 τα πολεμικα] πολεμιον Q 15 Μωα
א* (superscr β א⁽ᵗ⁾) | εκλεκτοι] pr ※ οι Q | νεανι|σκτοι א* 17 αυτω] om
א* (hab אᶜ·ᵃ⁽ᵗ⁾ᵐᵍ) αυτον AQ | εκδοτε] ειδοτες Q | ραβδος] ρ ex λ fec vid
א | μεγαλωματος] μεγαλωτος B* (-λωματος Bᵃᵇ) 18 om καταβηθι απο
δοξης και א* (hab אᶜ·ᵃ⁽ᵗ⁾ᵐᵍ) | Δαιβων] Δεβων א Αδαιβων Qᵃ ᵛⁱᵈ pr θυγατηρ
AQ (※ θυγατερα superscr Q⁽ᵗ⁾) | εκτριβεται] εκτριβηται א A (τε) om Q | οχυ-
ρωματα A 19 om και 1° א* (hab אᶜ·ᵃ⁽ᵗ⁾) | επιδε...Αροηρ] α´ σκοπευσο|
κατοικουσα A. θ´ εφιδε κατοικουσα A. σ´ εμβλεψον κατ. Αρωηρ Qᵐᵍ | εφιδε
א⁽ᵗ⁾ (επ. א*ᶠᵒʳᵗ) | σωζομενον] ανασωζ. Q 20 ολολυξον] ολολυξε Q | κε-
κραξον] κραξον א*ᵛⁱᵈ | Αερνων A | om οτι 2° Q* (superscr Qᵃ) 21 γην]
pr την A | Μισωρ אAQ | Χελων אA | Ρεφας] Ραφαθ א* Ρασας אᶜ·ᵃ Ιασσα
Q pr επι אAQ | om και Μωφας א* | Μωφας] Νωφαθ אᶜ·ᵃ Μωφαθ AQ pr επι
אᶜ·ᵃQ 22 Δεβων א | Δεβλαθαιμ אA 23 Καριαθεν א | om και επ οικον
Γαιμωλ א* hab και επ οικ. Γαμωαβ אᶜ·ᵃ | επ 1°] επι A | Γαμωλα A Γαμωλ Q

XXXI 24 (XLVIII 24) ΙΕΡΕΜΙΑΣ

B καὶ ἐπ' οἶκον Μαών, ²⁴καὶ ἐπὶ Καριὼθ καὶ ἐπὶ Βοσὸρ καὶ ἐπὶ πάσας 24 τὰς πόλεις Μωὰβ τὰς πόρρω καὶ τὰς ἐγγύς. ²⁵κατεάχθη κέρας Μωάβ, 25 καὶ τὸ ἐπίχειρον αὐτοῦ συνετρίβη. ²⁶μεθύσατε αὐτόν, ὅτι ἐπὶ Κύριον 26 ἐμεγαλύνθη· καὶ ἐπικρούσει Μωὰβ ἐν χειρὶ αὐτοῦ, καὶ ἔσται εἰς γέλωτα καὶ αὐτός. ²⁷καὶ εἰ μὴ εἰς γελοιασμὸν ἦν σοι, Ἰσραήλ, καὶ ἐν 27 κλοπαῖς σου εὑρέθη, ὅτι ἐπολέμεις αὐτόν. ²⁸κατέλιπον τὰς πόλεις 28 καὶ ᾤκησαν ἐν πέτραις οἱ κατοικοῦντες Μωάβ· ἐγενήθησαν ὥσπερ περιστεραὶ νοσσεύουσαι ἐν πέτραις στόματι βοθύνου. ²⁹καὶ ἤκουσα 29 ὕβριν Μωάβ, ὕβρισεν λίαν, ὕβριν αὐτοῦ καὶ ὑπερηφανίαν αὐτοῦ, καὶ ὑψώθη ἡ καρδία αὐτοῦ, ³⁰ἐγὼ δὲ ἔγνων ἔργα αὐτοῦ· οὐχὶ τὸ ἱκανὸν 30 αὐτῷ οὐχ οὕτως ἐποίησεν; ³¹διὰ τοῦτο ἐπὶ Μωὰβ ὀλολύζετε πάντοθεν· 31 βοήσατε ἐπ' ἄνδρας Κεὶρ Ἄδας αὐχμοῦ. ³²ὡς κλαυθμὸν Ἰαζὴρ ἀπο- 32 κλαύσομαί σοι, ἄμπελος Ὠσερημά· κλήματά σου διῆλθεν θάλασσαν, πόλεις Ἰαζὴρ ἥψαντο ἐπὶ ὀπώραν σου, ἐπὶ τρυγηταῖς σου ὄλεθρος ἐπέπεσεν· ³³συνεψήσθη χαρμοσύνη καὶ εὐφροσύνη ἐκ τῆς Μωαβείτι- 33 δος, καὶ οἶνος ἦν ἐπὶ ληνοῖς σου· πρωὶ οὐκ ἐπάτησαν, οὐδὲ δείλης οὐκ ἐποίησαν αἴδε. ³⁴ἀπὸ κραυγῆς Ἐσεβὼν ἕως Αἰτὰμ αἱ πόλεις αὐτῶν 34 ἔδωκαν φωνὴν αὐτῶν ἀπὸ Ζόγορ ἕως Ὡρωνάιμ καὶ ἀγγελίαν Σαλασειά, ὅτι καὶ τὸ ὕδωρ Νεβρεὶν εἰς κατάκαυμα ἔσται. ³⁵καὶ ἀπολῶ 35 τὸν Μωάβ, φησὶν Κύριος, ἀναβαίνοντα ἐπὶ τὸν βωμὸν καὶ θυμιῶντα

ℵAQ   23 Μαων] Μαωθ ℵ* Γαμων ℵc.ᵃ   24 om πασας ℵ* (superscr ℵc.ᵃ⁽?⁾) | πολις ℵ*ᵛⁱᵈ   25 κερα ℵ* (superscr ς ℵc.ᵃ⁽?⁾)   27 om ει A | μην Qᵃ | om ην A | και 2°] ει ℵAQ | κολοπαις A | ευρεθησαν Q | οτε Q αυτον (incep αυτα ℵ*)]+α'θ' ※ εν αυτω μεταναστευεις Qᵐᵍ   28 κατελειπον ℵc.ᵃA | πολις ℵ* (-λεις ℵc.ᵇ) | οι κατοικουντες] οικουντες A | ωσπερ] ως A ωσει Q | νοσσευουσαι] pr ε A | βοθινου στομαστι A   29 om και 1° ℵc.ᵃAQ | λιαν] σφοδρα A+παντες ※ το υψος αυτου Qᵐᵍ | υβριν 2°] pr και ℵc.ᵃAQ | αυτου 2°]+☼ την αλαζονιαν αυτου ιδον Qᵐᵍ   30 εργα] pr τα A | αυτου] +※ φησιν ͞κ͞ς Qᵐᵍ | αυτω] αυτον ℵAQ | ουτως]+※ οι βραχιονες αυτου ουχ ουτως Qᵐᵍ   31 ολολυζετε]+επι Μωαβ Qᵐᵍ | κειραδας αυχμου] κιδαρας αυχμ. A α'σ' τοιχου οστρακινου Qᵐᵍ | αυχμου]+α'θ' ※ κ͞ μελετησει Qᵐᵍ   32 om σοι A | Ωσερημα] ως ερημος ℵ* (superscr α ℵc.ᵃ) Ασερημα A Σαβαμα Q | πολεις] πολις Bℵ* (-λεις ℵc.ᵃ) | οπωραν] o sup ras π superscr Aᵃ | επι 2°] pr και AQ | τρυγηταις] τρυπηταις ℵ* | επεπεσεν] επεπεσεν ℵ επεσεν AQ   33 συνεψησθη] συνεψηθη AQ* (-ψησθ. Qᵃ) | χαρμοσυνη] χαρμονη ℵc.ᵃQ | Μωαβιτιδος AQ | επατησαν] επατησας ℵ* (superscr ν ℵc.ᵃ⁽?⁾) επατηθησαν A   34 απο 1°] επι ℵ* (απο ℵc.ᵃ) | κραυης ℵ* | εως 1°] ως ℵ* (εως ℵc.ᵃ) | Αιταμ] Εγαβ ℵ Ελεαλη| και εως Ιασσα A Ελ. και εως Ιασσαι] εως Αιταθ Q | αι πολεις] πολις ℵ* (αι πολεις ℵc.ᵃ) | Ζογορ] Σηγωρ Q | om και αγγελιαν Σαλασεια οτι ℵ* hab και αγγελιαν εις Σαλισα οτι ℵc.ᵃ | αγγελιαν (-λειαν B* -λιαν Bᵇ)] αγγελια AQ | Σαλασεια] Σαλισια A Σαλασια Q | Νεβρειν] Νεβρειμ ℵ Εβριμ A Νεμρειμ Q | εις] pr ερημος αιστε ℵ* (postea improb)   35 αναβεννοντα A | τον βωμον] Μωαβ A βωμον Q | θυμιωντα (εθυμ. ℵ*)] θυσιαζοντα Q

296

ΙΕΡΕΜΙΑΣ (XXV 15) XXXII 1

36 θεοῖς αὐτοῦ. ³⁶διὰ τοῦτο καρδία τοῦ Μωὰβ ὥσπερ αὐλοὶ βομβή- B
σουσιν, καρδία μου ἐπ' ἀνθρώπους κειράδας ὥσπερ αὐλὸς βομβήσει·
37 διὰ τοῦτο ἃ περιεποιήσατο ἀπώλετο ἀπὸ ἀνθρώπου. ³⁷πᾶσαν κεφα-
λὴν ἐν παντὶ τόπῳ ξυρηθήσονται, καὶ πᾶς πώγων ξυρηθήσεται, καὶ
38 πᾶσαι χεῖρες κόψονται, καὶ ἐπὶ πάσης ὀσφύος σάκκος. ³⁸καὶ ἐπὶ
πάντων τῶν δωμάτων Μωὰβ καὶ ἐπὶ πλατείαις αὐτῆς, ὅτι συνέτριψα,
39 φησὶν Κύριος, ὡς ἀγγεῖον οὗ οὐκ ἔστιν χρεία αὐτοῦ. ³⁹πῶς κατήλ-
λαξεν; πῶς ἔστρεψεν νῶτον Μωάβ; ᾐσχύνθη, καὶ ἐγένετο Μωὰβ εἰς
40 γέλωτα καὶ ἐγκότημα πᾶσιν τοῖς κύκλῳ αὐτῆς. ⁴⁰ᵃᵇὅτι οὕτως εἶπεν
⁴¹₄₂ Κύριος ⁴¹Ἐλήμφθη Ἀκκαρών, καὶ τὰ ὀχυρώματα συνελήμφθη, ⁴²καὶ
43 ἀπολεῖται Μωὰβ ἀπὸ ὄχλου, ὅτι ἐπὶ τὸν κύριον ἐμεγαλύνθη. ⁴³παγὶς
44 καὶ φόβος καὶ βόθυνος ἐπὶ σοί, καθήμενος Μωάβ. ⁴⁴ὁ φεύγων ἀπὸ
προσώπου τοῦ φόβου ἐνπεσεῖται εἰς τὸν βόθυνον· καὶ ὁ ἀναβαίνων
ἐκ τοῦ βοθύνου, συλλημφθήσεται ἐν τῇ παγίδι· ὅτι ἐπάξω ταῦτα ἐπὶ
Μωὰβ ἐν ἐνιαυτῷ ἐπισκέψεως αὐτῶν.

XXXII
(XXV) (15) 1 ¹Οὕτως εἶπεν Κύριος ὁ θεὸς Ἰσραὴλ Λάβε τὸ ποτήριον τοῦ

36 του Μωαβ] της M. א* (του אc.a(?)) | βομβησουσοι incep א* (postea אAQ
-σιν) -σι Qa | καρδια 2°] incep δ א* pr και AQ | κειραδας] κιδαρ (sic) א*
κιδαρας אc.a κειδαρεις A | βομβησει] β 1° sup ras Aa | om a B* (hab Bab) |
απολετο א* 37 πασαν] pr ⁕ οτι Qmg | ξυρηθησονται] ξυρησονται
אAQ | τας] παν א* | πωγω א† | ψονται (sic) א* (superscr κο אc.a(?))
38 πλατειαις (-τιαις אA)] pr ταις Q | συνετριψα] συνεστρεψα א* συνετριψα
τον Μωαβ Qc.a Q | Κυριος]+τον Μωαβ A | αγγιον AQ* 39 κατηλ-
λαξεν]+σ'θ' ⁕ ολολυξατε Qmg | om ησχυνθη και εγενετο Μωαβ א* (hab
אc.a (vid) mg) | ενκοτημα (τημα sup ras B¹vid)] εγκοτημα BabQ | πασιν] π sup
ras (seq spat 1 lit) B¹vid πασι אQ | κυκλω] pr περι Q* postea improb) |
αυτης] αυτου (ο sup ras Aa) A 40 Κυριος]+θ' ⁕ ιδου ως αετος ορμη-
σει ᴋ εκπετασει χειρας αυτου επι Μωαβ Qmg 41 Ακκαρων] Ακκα-
ριωθ A Καριωθ Q | συνελημφθη] συνεληφθη Q+α'θ' ⁕ ᴋ εσται η καρδια
δυνατων Μωαβ εν τη ημερα εκεινη ως καρδια γυναικος ωδινουσης Qmg
42 του κυριον] om του א 43 επι σοι] επ εμε אc.a επι σε Q | καθη-
μενον Q | Μωαβ] pr επι A 44 φευων א* | προσωπου του] προσω א*
(-που του אc.a(?) mg) | εμπεσειται BbAQ | τον βοθυνον] om τον א* (superscr
אc.a(?)) | συλλημφθησεται] συνλημφθησετε א* συλληφθ. Qa | οτι] διοτι A | αυ-
των] αυτης אAQ+θ' ⁕ ω επεσκεψαμην αυτους λεγει κ͞ς͞ (45) εν σκεπη
ασεβων εστησαν απο παγιδος φευγοντες οτι πυρ εξηλθεν εξ Εσεβων φλοξ
εκ πολεως Σηων ᴋ κατεφαγεν αρχηγους Μωαβ ᴋ εξηρευνησαν υιους Σαων
(46) ουαι σοι Μωαβ απωλου λαος Χαμως οτι ελημφθησαν υιοι αυτου εν αιχμα-
λωσια ᴋ θυγατερες αυτου αιχμαλωτοι (47) ᴋ επιστρεψω την αιχμαλωσιαν
Μωαβ επ εσχατων των ημερων φησιν κ͞ς͞ εως ενταυθα το κριμα Μωαβ Qmg
XXXII 1 ουτως] pr (tit) οσα επροφητευσεν Ιερεμιας επι παντα τα εθνη
[xxv 13 (Heb)] AQ et posthaec α'θ' ⁕ [xxv 14 (Heb)] οτι εδουλευσαν εν
αυτοις ᴋ γε αυτοις εθνη πολλα ᴋ βασιλεις μεγαλοι ᴋ ανταποδωσω αυτοις κατα
την εργασιαν αυτω| ᴋ κατα τα εργα των χειρων αυτων οτι Qmg

297

XXXII 2 (XXV 16) ΙΕΡΕΜΙΑΣ

B οἴνου τοῦ ἀκράτου τούτου ἐκ χειρός μου, καὶ ποτιεῖς πάντα τὰ
ἔθνη πρὸς ἃ ἐγὼ ἀποστέλλω σε πρὸς αὐτούς, ²καὶ ἐξεμοῦνται, καὶ 2 (16)
μανήσονται ἀπὸ προσώπου τῆς μαχαίρας ἧς ἐγὼ ἀποστέλλω ἀνὰ
μέσον αὐτῶν. ³καὶ ἔλαβον τὸ ποτήριον ἐκ χειρὸς Κυρίου, καὶ 3 (17)
ἐπότισα τὰ ἔθνη πρὸς ἃ ἀπέστειλέν με Κύριος πρὸς αὐτά, ⁴τὴν 4 (18)
Ἰερουσαλὴμ καὶ τὰς πόλεις Ἰούδα καὶ βασιλεῖς Ἰούδα καὶ ἄρχοντας
αὐτοῦ, τοῦ θεῖναι αὐτὰς εἰς ἐρήμωσιν καὶ εἰς ἄβατον καὶ εἰς
συριγμόν, ⁵καὶ τὸν Φαραὼ βασιλέα Αἰγύπτου καὶ τοὺς παῖδας 5 (19)
αὐτοῦ καὶ τοὺς μεγιστᾶνας αὐτοῦ ⁶καὶ πάντα τὸν λαὸν αὐτοῦ καὶ 6 (20)
πάντας τοὺς συμμίκτους, καὶ πάντας τοὺς βασιλεῖς ἀλλοφύλων,
τὴν Ἀσκάλωνα καὶ τὴν Γάζαν καὶ τὴν Ἀκκαρών, καὶ τὸ ἐπίλοιπον
Ἀζώτου, ⁷καὶ τὴν Ἰδουμαίαν καὶ τὴν Μωαβεῖτιν καὶ τοὺς 7 (21)
υἱοὺς Ἀμμών, ⁸καὶ βασιλεῖς Τύρου καὶ βασιλεῖς Σειδῶνος καὶ 8 (22)
βασιλεῖς τοὺς ἐν τῷ πέραν τῆς θαλάσσης, ⁹καὶ τὴν Δαιδὰν καὶ 9 (23)
τὴν Θαιμὰν καὶ τὴν Ῥὼς καὶ πᾶν περικεκαρμένον κατὰ πρόσωπον
αὐτοῦ, ¹⁰καὶ πάντας τοὺς συμμίκτους τοὺς καταλύοντας ἐν τῇ 10 (24)
ἐρήμῳ, ¹¹καὶ πάντας βασιλεῖς Αἰλὰμ καὶ πάντας βασιλεῖς Περσῶν, 11 (25)
¹²καὶ πάντας βασιλεῖς ἀπὸ ἀπηλιώτου τοὺς πόρρω καὶ τοὺς ἐγγύς, 12 (26)
ἕκαστον πρὸς τὸν ἀδελφὸν αὐτοῦ, καὶ πάσας βασιλείας τὰς ἐπὶ

ℵAQ 1 om εκ χειρος μου ℵ* (hab ℵ^{c.a(?)mg}) | ποτιεις] + ※ αυτους συν Q^{mg} | om εγω Q | αποστελλω] εξαποστελω Q 2 και 1°] pr και πιονται AQ^a pr και ποτιουνται Q* | μανησονται] εκμανησονται Q | μαχαιρης A 3 το ποτηριον] om ℵ pr a' ※ συν Q^{mg} | Κυριου] + το ποτηριον ℵ | τα εθνη] pr παντα Q pr a' συν [παντα] Q^{mg} | προς 2°] επ ℵAQ (※ superscr et a'θ' in marg) 4 πολις ℵ* (-λεις ℵ^{c.b}) | Ιουδα 2°] αυτου Q^a | ερημωσιν] + και εις αφανισμον Q* (uncis incl Q?) | συριγμον] συρισμον ℵ* (-γμον ℵ^{c.a(?)}) + a'θ'θ' ※ ϛ εις καταρα|, κατα την ημεραν ταυτην Q^{mg} 5 Εγυπτου ℵ* (Αιγ. ℵ^{c.b}) 6 συμμικτους (συμικτ. ℵ*)] + αυτου ℵAQ | παντας 2°] pr a' ※ συν Q^{mg} | βασιλεις] + a'θ' ※ της νησου ϛ συν παντας βασιλεις της Q^{mg} | αλλοφυλων] pr παντων των A | την Ασκαλωνα (-ναν ℵ*)] pr και A | Ακκαρω ℵ* | επιλιπον ℵ* (επιλοιπ. ℵ^{c.a(?)}) 7 Ιδουμεα] ℵ | Μωαβιτιν AQ 8 βασιλεις 1°] pr παντας A pr παντας τους Q pr a' ※ συν [π. τ.] Q^{mg} | βασιλεις 2° (-λις ℵ* -λεις ℵ^{c.b})] pr a' ※ συν παντας Q^{mg} | Σιδωνος B^bℵAQ | βασιλεις 3°] + a'θ' ※ της νησου Q^{mg} 9 Δεδαν ℵ | Θωμεαν ℵ* Θεμαν ℵ^{c.a} | την Ρως] pr a' ※ συν Q^{mg} | Ρως] Ρωθ ℵ* Βωϛ Q^{mg} | παν] παντα ℵQ | περικεκαρμενον] περικιρομενο ℵQ^{mg} κεκαρμενον Q* | κατα] pr τα Q 10 και] pr a'θ' ※ ϛ συν παντας βασιλεις της Αραβειας Q^{mg} | συμμικτους (συμικους ℵ* συμικτ. ℵ?)] + αυτου A | παντας] + ※ βασιλεις Q^{mg} 11 om και παντας βασιλεις Αιλαμ ℵ*A* (hab ℵ^{c.a(?)}A^a) | και 1°] pr a' ※ ϛ συν παντας βασιλεις Ζαμβρι Q^{mg} | παντας bis] pr ※ συν Q^{mg} | Αιλαμ] Δαιδαν A^aQ* (Αιλ. Q^{mg}) | Περσων] Μηδω| Q^{mg} 12 παντας] pr ※ συν Q^{mg} | βασιλεις] + τους ℵ | απηλιωτου (πηλ. Q*)] pr του A του βορρα Q^{mg} | πασας] pr a' ※ συν Q^{mg} | βασιλειας] βασιλεας αυτου ℵ* βασιλειας αιτου ℵ^{c.a(?)} pr τας AQ

ΙΕΡΕΜΙΑΣ (XXV 35) XXXII 21

(27) 13 προσώπου τῆς γῆς. ¹³καὶ ἐρεῖς αὐτοῖς Οὕτως εἶπεν Κύριος Παν- B
τοκράτωρ Πίετε, μεθύσθητε, καὶ ἐξεμέσετε καὶ πεσεῖσθε, καὶ οὐ
μὴ ἀναστῆτε ἀπὸ προσώπου τῆς μαχαίρας ἧς ἐγὼ ἀποστέλλω
(28) 14 ἀνὰ μέσον ὑμῶν. ¹⁴καὶ ἔσται ὅταν μὴ βούλωνται δέξασθαι τὸ
ποτήριον ἐκ τῆς χειρός σου ὥστε πιεῖν, καὶ ἐρεῖς Οὕτως εἶπεν
(29) 15 Κύριος Πιόντες πίεσθε, ¹⁵ὅτι ἐν πόλει ἐν ᾗ ὠνομάσθη τὸ ὄνομά μου
ἐπ᾽ αὐτὴν ἐγὼ ἄρχομαι κακῶσαι, καὶ ὑμεῖς καθάρσει οὐ μὴ καθα-
ρισθῆτε, ὅτι μάχαιραν ἐγὼ καλῶ ἐπὶ τοὺς καθημένους ἐπὶ τῆς
(30) 16 γῆς. ¹⁶καὶ σὺ προφητεύσεις ἐπ᾽ αὐτοὺς τοὺς λόγους τούτους, καὶ
ἐρεῖς Κύριος ἀφ᾽ ὑψηλοῦ χρηματιεῖ, ἀπὸ τοῦ ἁγίου αὐτοῦ δώσει
φωνὴν αὐτοῦ, λόγον χρηματιεῖ ἐπὶ τοῦ τόπου αὐτοῦ, καὶ οἵδε
ὥσπερ τρυγῶντες ἀποκριθήσονται. καὶ ἐπὶ καθημένους τὴν γῆν
(31) 17 ἥκει ὄλεθρος, ¹⁷ἐπὶ μέρος τῆς γῆς, ὅτι κρίσις τῷ κυρίῳ ἐν τοῖς
ἔθνεσιν· κρίνεται αὐτὸς πρὸς πᾶσαν σάρκα, οἱ δὲ ἀσεβεῖς ἐδόθη-
(32) 18 σαν εἰς μάχαιραν, λέγει Κύριος. ¹⁸Οὕτως εἶπεν Κύριος Ἰδοὺ
κακὰ ἔρχεται ἀπὸ ἔθνους ἐπὶ ἔθνος, καὶ λαῖλαψ μεγάλη ἐκπορεύ-
(33) 19 εται ἀπ᾽ ἐσχάτου τῆς γῆς, ¹⁹καὶ ἔσονται τραυματίαι ὑπὸ Κυρίου
ἐν ἡμέρᾳ Κυρίου ἐκ μέρους τῆς γῆς καὶ ἕως εἰς μέρος τῆς γῆς· οὐ
μὴ κατορυγῶσιν, εἰς κόπρια ἐπὶ προσώπου τῆς γῆς ἔσονται.
(34) 20 ²⁰ἀλαλάξατε, ποιμένες, καὶ κεκράξατε καὶ κόπτεσθε, οἱ κριοὶ τῶν
προβάτων, ὅτι ἐπληρώθησαν αἱ ἡμέραι ὑμῶν εἰς σφαγήν, καὶ
(35) 21 πεσεῖσθε ὥσπερ οἱ κριοὶ οἱ ἐκλεκτοί· ²¹καὶ ἀπολεῖται φυγὴ ἀπὸ

12 προσωπον Q | της γης] pr πασης ℵ + ※ ҕ βασιλευς Σησαχ πιεται ℵAQ
εσχατος αυτω] Q^mg   13 παντοκρατωρ]+ο θϛ Ιηλ Q | μεθυσθητε] pr και
ℵAQ | εξεμεσατε ℵAQ (εξαιμ. Q^a) | ανα μεσον] απο προσωπου ℵ* (ανα μ.
ℵ^c.a(?mg))   14 om σου A*^vid (ρος σου sup ras A^a) | Κυριος]+ ※ των
δυναμεω, ο θϛ Ιηλ Q^mg   15 οτι 1°]+ ※ ιδου Q^mg | εν 2°] εφ AQ | ωνο-
μασθην ℵ* | αυτην] αυτης A | αρχομαι] ερχομαι A | καθαρσει] καθαρισμω
Q + α'σ'θ' ※ καθαρισθησεσθαι Q^mg | καλω] καλεσω A | τους καθημενους] pr
παντας Q   16 om επ αυτους A | τους λογους] pr παντας Q | τουτους]
+επ αυτους A^a†(mg) | ερεις]+αυτοις A | αφ] εφ ℵ | επι 1°] απο A | του
τοπου] ras 1 lit head post του et om sup ras A^a | αυτου 3°] τουτου A | ωσπερ]
ως Q* superscr περ Q^b(vid) | τρυγωντες] τρυγωτες A τρυγοντες Q^mg vid adnot
οι ληνοβατουντες Q^mg | καθημενους] pr παντας τους A pr τους Q | την γην]
pr επι AQ | ηκει] εκει A   17 μερους ℵ* (μερος ℵ?) | αυτους ℵ | σαρκαν ℵ*
18 Κυριος]+α'σ'θ' ※ των δυναμεων Q^mg | επι] εις ℵAQ | εθνος] εθνονς ℵ*A*
19 μερους] μερος A* (-ρους A^a†) | om και εως εις μερος της γης ℵ* (hab
ℵ^c.a(?) mg) | γης 2°]+α'θ' ※ ҕ ου μη κοπτωσιν ουδ ου μη συναχθωσιν Q^mg |
κατορυγωσιν] κατορυξωσιν A   20 ποιμενες] pr ※ οι Q^mg | κεκραξετε (-ξεται
ℵ* -ξασαι ℵ^c.a(?)) ℵ*A | κοψασθε Q | υμων] ημων A | εισφαγην ℵ*A |
σφαγην]+α'σ'θ' ※ ҕ οι σκορπισμοι υμων Q^mg | πεσεισθαι (εσεισθαι sup
ras) A^a   21 απολειται] απολισθαι ℵ* (-λεισθαι ℵ?)

299

XXXII 22 (XXV 36)　　　ΙΕΡΕΜΙΑΣ

B τῶν ποιμένων, καὶ σωτηρία ἀπὸ τῶν κριῶν τῶν προβάτων. ²²φωνὴ κραυγῆς τῶν ποιμένων, καὶ ἀλαλαγμὸς τῶν προβάτων 22 (36) καὶ τῶν κριῶν, ὅτι ὠλέθρευσεν Κύριος τὰ βοσκήματα αὐτῶν, ²³καὶ παύσεται τὰ κατάλοιπα τῆς εἰρήνης ἀπὸ προσώπου ὀργῆς 23 (37) θυμοῦ μου. ²⁴ἐνκατέλιπεν ὥσπερ λέων κατάλυμα αὐτοῦ, ὅτι 24 (38) ἐγενήθη ἡ γῆ αὐτῶν εἰς ἄβατον ἀπὸ προσώπου τῆς μαχαίρας τῆς μεγάλης.

¹Ἐν ἀρχῇ βασιλέως Ἰωακεὶμ υἱοῦ Ἰωσεία ἐγενήθη ὁ λόγος οὗτος παρὰ 1　XXXIII
Κυρίου.　　　　　　　　　　　　　　　　　　　　　　　　　　　　　　　　　　　　　　(XXVI)

²Οὕτως εἶπεν Κύριος Στῆθι ἐν αὐλῇ οἴκου Κυρίου, καὶ χρηματιεῖς 2 ἅπασι τοῖς Ἰουδαίοις καὶ πᾶσι τοῖς ἐρχομένοις προσκυνεῖν ἐν οἴκῳ Κυρίου ἅπαντας τοὺς λόγους οὓς συνέταξά σοι αὐτοῖς χρηματίσαι, μὴ ἀφέλῃς ῥῆμα. ³ἴσως ἀκούσονται καὶ ἀποστραφήσονται ἕκαστος ἀπὸ 3 τῆς ὁδοῦ αὐτοῦ τῆς πονηρᾶς, καὶ παύσομαι ἀπὸ τῶν κακῶν ὧν ἐγὼ λογίζομαι τοῦ ποιῆσαι αὐτοῖς ἕνεκεν τῶν πονηρῶν ἐπιτηδευμάτων αὐτῶν. ⁴καὶ ἐρεῖς Οὕτως εἶπεν Κύριος Ἐὰν μὴ ἀκούσητέ μου τοῦ 4 πορεύεσθαι ἐν τοῖς νομίμοις μου οἷς ἔδωκα κατὰ πρόσωπον ὑμῶν, ⁵εἰσακούειν τῶν λόγων τῶν παίδων μου τῶν προφητῶν οὓς ἐγὼ 5 ἀποστέλλω πρὸς ὑμᾶς ὄρθρου, καὶ ἀπέστειλα καὶ οὐκ ἠκούσατέ μου· ⁶καὶ δώσω τὸν οἶκον τοῦτον ὥσπερ Σηλώ, καὶ τὴν πόλιν δώσω εἰς 6 κατάραν πᾶσιν τοῖς ἔθνεσιν πάσης τῆς γῆς. ⁷καὶ ἤκουσαν οἱ ἱερεῖς 7 καὶ οἱ ψευδοπροφῆται καὶ πᾶς ὁ λαὸς τοῦ Ἰερεμίου λαλοῦντος τοὺς λόγους τούτους ἐν οἴκῳ Κυρίου. ⁸καὶ ἐγένετο Ἰερεμίου παυσαμένου 8 λαλοῦντος πάντα ἃ συνέταξεν αὐτῷ Κύριος λαλῆσαι παντὶ τῷ λαῷ, καὶ συνελάβοσαν αὐτὸν οἱ ἱερεῖς καὶ οἱ ψευδοπροφῆται καὶ πᾶς ὁ

ℵAQ　22 καυης ℵ* (ρ et γ superscr ℵ?) | προβατων] κριων ℵ | κριων] προβατων ℵ | ωλοθρευσεν Bᵇ | τα βοσκηματα] το βοσκημα ℵ　　　23 μου] κυ Q 24 ενκατελιπεν (-λειπεν ℵ?)] κατελειπεν με A εγκατελειπεν Q* (εγκατελιπ. Qᵃ) | ωσπερ λεων και sup ras Aᵃ | καταλυμα (καλυμα A)] καταλειμμα Q (καταλυμα Qᵐᵍ) | προσωπου] + α´σ´θ´ ※ οργης Qᵐᵍ | της μαχαιρας] om της AQ | μεγαλης] + α´σ´θ´ ※ κ απο προσωπου οργης θυμου αυτου Qᵐᵍ XXXIII 1 om βασιλεως Q* (hab Qᵐᵍ) | Ιωσια BᵇℵA Ιωσιου Q + βασιλεως Ιουδα Q | εγενη A | Κυριου]+α´σ´θ´ ※ λεγω] Qᵐᵍ　　2 απασι τοις Ιουδαιοις] παντι Ιουδα Qᵐᵍ | απασι (-σιν ℵ)] πασιν A πασι Q | om και πασι ℵQ | πασιν A | χρηματισαι αυτοις Q　　　3 της οδου] om της A | αυτου] αυτων A 4 ερεις]+α´σ´θ´ ※ προς αυτους Qᵐᵍ | νομιμοις] νομοις A | κατα προσωπον] προ προσωπου Q　　5 των λογων]+μου και A | om των παιδων μου ℵ* (hab ℵᶜ·ᵃ ᵐᵍ (rurs improb ℵᶜ·ᵇ) | παιδων] δουλων Q* (παιδ. Qᵐᵍ) | ορθου ℵ* | ηκουσατε] εισηκουσατε (-σαται ℵᶜ·ᵇA) ℵAQ　　6 Σηλωμ ℵᵃ⁽ᵛⁱᵈ⁾AQ | την πολιν]+ταυτην AQ pr α´ ※ συν Qᵐᵍ | πασι Q　　7 ειν ℵ* (εν ℵ?) 8 α] οσα AQ | om λαλησαι ℵ | συνελαβον ℵᶜ·ᵃQ

ΙΕΡΕΜΙΑΣ (XXVI 18) XXXIII 18

9 λαὸς λέγων Θανάτῳ ἀποθανῇ, ⁹ὅτι ἐπροφήτευσας τῷ ὀνόματι Κυρίου B λέγων Ὥσπερ Σηλὼ ἔσται ὁ οἶκος οὗτος, καὶ ἡ πόλις αὕτη ἐρημωθήσεται ἀπὸ κατοικούντων· καὶ ἐξεκκλησιάσθη πᾶς ὁ λαὸς ἐπὶ Ἰερεμίαν 10 ἐν οἴκῳ Κυρίου. ¹⁰Καὶ ἤκουσαν οἱ ἄρχοντες Ἰούδα τὸν λόγον τοῦτον, καὶ ἀνέβησαν ἐξ οἴκου τοῦ βασιλέως εἰς οἶκον Κυρίου, καὶ 11 ἐκάθισαν ἐν προθύροις πύλης τῆς καινῆς. ¹¹καὶ εἶπαν οἱ ἱερεῖς καὶ οἱ ψευδοπροφῆται πρὸς τοὺς ἄρχοντας καὶ παντὶ τῷ λαῷ Κρίσις θανάτου τῷ ἀνθρώπῳ τούτῳ, ὅτι ἐπροφήτευσεν κατὰ τῆς πόλεως 12 ταύτης καθὼς ἠκούσατε ἐν τοῖς ὠσὶν ὑμῶν. ¹²καὶ εἶπεν Ἰερεμίας πρὸς τοὺς ἄρχοντας καὶ παντὶ τῷ λαῷ λέγων Κύριος ἀπέστειλέν με προφητεῦσαι ἐπὶ τὸν οἶκον τοῦτον καὶ ἐπὶ τὴν πόλιν ταύτην πάντας 13 τοὺς λόγους οὓς ἠκούσατε. ¹³καὶ νῦν βελτίους ποιήσατε τὰς ὁδοὺς ὑμῶν καὶ τὰ ἔργα ὑμῶν, καὶ ἀκούσατε τῆς φωνῆς Κυρίου, καὶ παύσεται 14 Κύριος ἀπὸ τῶν κακῶν ὧν ἐλάλησεν ἐφ' ὑμᾶς. ¹⁴καὶ ἰδοὺ ἐγὼ ἐν 15 χερσὶν ὑμῶν, ποιήσατέ μοι ὡς συμφέρει καὶ ὡς βέλτιον ὑμῖν. ¹⁵ἀλλ' ἢ γνόντες γνώσεσθε ὅτι εἰ ἀναιρεῖτέ με, αἷμα ἀθῷον δίδοτε ἐφ' ὑμᾶς καὶ ἐπὶ τὴν πόλιν ταύτην καὶ ἐπὶ τοὺς κατοικοῦντας ἐν αὐτῇ· ὅτι ἐν ἀληθείᾳ ἀπέσταλκέν με Κύριος πρὸς ὑμᾶς λαλῆσαι εἰς τὰ ὦτα ὑμῶν 16 πάντας τοὺς λόγους τούτους. ¹⁶καὶ εἶπαν οἱ ἄρχοντες καὶ πᾶς ὁ λαὸς πρὸς τοὺς ἱερεῖς καὶ πρὸς τοὺς ψευδοπροφήτας Οὐκ ἔστιν τῷ ἀνθρώπῳ τούτῳ κρίσις θανάτου, ὅτι ἐπὶ τῷ ὀνόματι Κυρίου τοῦ θεοῦ 17 ἡμῶν ἐλάλησεν πρὸς ἡμᾶς. ¹⁷καὶ ἀνέστησαν ἄνδρες τῶν πρεσβυτέ-18 ρων τῆς γῆς καὶ εἶπαν πάσῃ τῇ συναγωγῇ τοῦ λαοῦ ¹⁸Μειχαίας ὁ Μωραθείτης ἦν ἐν ταῖς ἡμέραις Ἐζεκίου βασιλέως Ἰούδα καὶ εἶπεν παντὶ τῷ λαῷ Ἰούδα Οὕτως εἶπεν Κύριος Σειὼν ὡς ἀγρὸς ἀροτριαθήσεται, καὶ Ἰερουσαλὴμ εἰς ἄβατον ἔσται, καὶ τὸ ὄρος τοῦ οἴκου εἰς

9 τω ονοματι] pr επι ℵ | ελεγον ℵ* (λεγων ℵ?) | Σηλωμ ℵAQ | αυτης B* ℵAQ (αυτη Bᵃᵇ) | κατοικουντων] ενοικ. A   10 οι αρχοντες] om οι ℵ* (superscr ℵᶜ·ᵃ⁽ᵗ⁾) | τον λογον τουτον] των λογων τουτων AQ | εις] pr εις οικον| του βασιλεως ℵ* (improb ℵ?) | πυλης]+κυ A+οικου κυ Q   11 om και 3° ℵ* (superscr ℵᶜ·ᵃ⁽ᵗ⁾) | λαω]+※ λεγοντες Qᵐᵍ   12 απεστειλεν] απεσταλκεν ℵ | λογους]+τουτους ℵA | om ους ηκουσατε ℵ   13 om και τα εργα υμων ℵ* (hab ℵᶜ·ᵃ⁽ᵗ⁾ ᵐᵏ) | ακουσατε] ακουσετε (ακου sup ras Aᵃ) A | Κυριου] ημων ℵ* ᵛⁱᵈ κυ του θυ ημων ℵᶜ·ᶜ ⁽ᵛⁱᵈ⁾ κυ του θυ υμων Q | παυσεται ℵ* | εφ] προς ℵ* (superscr εφ ℵᶜ·ᵃ ⁽ᵗ⁾)   15 αιμαθων A | αιμα] pr οτι ℵᶜ·ᵃ Q | αθωον sup ras (ωα B¹ ᶠᵒʳᵗ) B? | διδοτε] pr υμεις Q | om πολιν Q* (hab Qᵀ ⁽ᵛⁱᵈ⁾ ᵐᵍ) | αληθια ℵ | απεσταλκεν] απεστειλεν A | om ωτα B* (hab Bᵇ)   16 om προς 2° ℵA | ημας] υμας A   17 συ|αγωγη B* συ|ναγ. B? | λαου]+λεγοντες Q 18 Μιχεας ℵ Μιχαιας AQ | βασιλεως] pr του Q | Ιουδα 2°]+λεγων AQ | Σιων BᵇQ | αροτιαθ. ℵ* | εις bis] ως A | αβατον (-τος ℵ*)] οπωροφυλακιον (-κειον Qᵃ) AQ | οικου]+εστ, Qᵃ

XXXIII 19 (XXVI 19) ΙΕΡΕΜΙΑΣ

B ἄλσος δρυμοῦ. ¹⁹μὴ ἀνελὼν ἀνεῖλεν αὐτὸν Ἐζεκίας καὶ πᾶς Ἰουδά; 19 οὐχ ὅτι ἐφοβήθησαν τὸν κύριον, καὶ ὅτι ἐδεήθησαν τοῦ προσώπου Κυρίου, καὶ ἐπαύσατο Κύριος ἀπὸ τῶν κακῶν ὧν ἐλάλησεν ἐπ' αὐτούς; καὶ ἡμεῖς ἐποιήσαμεν κακὰ μεγάλα ἐπὶ ψυχὰς ἡμῶν. ²⁰καὶ ἄνθρωπος 20 ἦν προφητεύων τῷ ὀνόματι Κυρίου, Οὐρείας υἱὸς Σαμαίου ἐκ Καριαθιαρείμ, καὶ ἐπροφήτευσεν περὶ τῆς γῆς ταύτης κατὰ πάντας τοὺς λόγους Ἱερεμίου. ²¹καὶ ἤκουσεν ὁ βασιλεὺς Ἰωακεὶμ καὶ πάντες οἱ 21 ἄρχοντες πάντας τοὺς λόγους αὐτοῦ, καὶ ἐζήτουν ἀποκτεῖναι αὐτόν· καὶ ἤκουσεν Οὐρείας, καὶ εἰσῆλθεν εἰς Αἴγυπτον. ²²καὶ ἐξαπέστειλεν 22 ὁ βασιλεὺς ἄνδρας εἰς Αἴγυπτον, ²³καὶ ἐξηγάγοσαν αὐτὸν ἐκεῖθεν καὶ 23 εἰσηγάγοσαν αὐτὸν πρὸς τὸν βασιλέα· καὶ ἐπάταξεν αὐτὸν ἐν μαχαίρᾳ, καὶ ἔριψεν αὐτὸν εἰς τὸ μνῆμα υἱῶν λαοῦ αὐτοῦ. ²⁴πλὴν χεὶρ Ἀχεικὰμ 24 υἱοῦ Σαφὰν ἦν μετὰ Ἱερεμίου τοῦ μὴ παραδοῦναι αὐτὸν εἰς χεῖρας τοῦ λαοῦ, μὴ ἀνελεῖν αὐτόν.

¹Οὕτως εἶπεν Κύριος Ποίησον δεσμοὺς καὶ κλοιούς, καὶ περί- 1 (2) XXXIV θου περὶ τὸν τράχηλόν σου, ²καὶ ἀποστελεῖς αὐτοὺς πρὸς βασιλέα 2 (3) (XXVII) Ἰδουμαίας καὶ πρὸς βασιλέα Μωὰβ καὶ πρὸς βασιλέα υἱῶν Ἀμμὼν καὶ πρὸς βασιλέα Τύρου καὶ πρὸς βασιλέα Σειδῶνος ἐν χερσὶν ἀγγέλων αὐτῶν τῶν ἐρχομένων εἰς ἀπάντησιν αὐτῶν εἰς Ἱερουσαλὴμ πρὸς Σεδεκίαν βασιλέα Ἰούδα. ³καὶ συντάξεις αὐτοῖς πρὸς 3 (4) τοὺς κυρίους αὐτῶν εἰπεῖν Οὕτως εἶπεν Κύριος ὁ θεὸς Ἰσραήλ

ℵAQ   19 ανελων] αναιρων (ανερ. A) AQ | Εζεκιας]+βασιλευς Ιουδα Q | ουχ] ουχι ℵAQ | om οτι 1° ℵ | om και 2° ℵ | Κυριου] αυτου A | ψυχαις A | ημων] υμων ℵ* 20 τω ονοματι] pr επι A | Ουριας BᵇAQ | Σαμαιου] Μασεου ℵ | Καριαθειαρειμ ℵ | επροφητευσεν]+α′θ′ ※ επι τῇ| πολιν ταυτῇ| και Qᵐᵍ | κατα] pr και ℵ | Ιηρεμιου A   21 βασιλει incep ℵ* | Ιωακειμ (-κιμ Qᵃ)]+ ※ ҃ παντες οι δυνατοι αυτου Qᵐᵍ | αρχοντας ℵ*ᵛⁱᵈ | εζητουν] εζητησαν Q | ηκουσαν ℵ* | Ουριας BᵇℵA (Ουρ sup ras Aˢ seq spat 2 litt Ιερεμιας A*ᶠᵒʳᵗ) Qᵃ+α′θ′ ※ ҃ εφοβηθη ҃ εφυγεν Qᵐᵍ   22 pr θ′ ※ Qᵐᵍ | βασιλευς]+Ιωακειμ Qᵐᵍ | Αιγυπτον] Εγυπτω incep ℵ* (Εγυπτον postea Αιγ. ℵ¹)+θ′ ※ Ελναθαν υιον Αχοβωρ ҃ ανδρας μετ αυτου εις Αιγυπτον Qᵐᵍ   23 και 1°] pr και συνελαβοσαν] αυτον A | εξηγαγον AQ | εκειθεν] pr ※ et superscr θ′ Q¹ | εισηγαγοσαν] εισηγαγον ℵAQ (superscr ※ Q¹) | βασιλεα]+θ′ ※ Ιωακειμ Qᵐᵍ | μαχαιρη A | ερριψεν BᵇAQ | μνημα] μνημειον A   24 Αχικαμ AQ | Ιερεμιου] Ιερεου ℵ* (μι superscr) Ιηρεμιου A | μη ανελειν] pr του ℵAQᵃ   XXXIV 1 ουτως] pr α′ ※ εν αρχη βασιλεως Ιωακειμ υιου Ιωσιου βασιλεως Ιουδα εγενηθη ο λογος ουτος προς Ιερεμιαν παρα κ̄ῡ λεγων Qᵐᵍ | Κυριος] +παντες ※ προς με Qᵐᵍ | ποιησον]+σεαυτω Q   2 αποστελλις ℵ* (αποστελεις ℵ¹) | βασιλεα 1°] pr τον ℵᶜ·ᵃAQ | Ιουμαιας ℵ* | βασιλεα 3°, 5°] pr τον Q | Σιδωνος BᵇAQ | αγγελων] pr των A | αυτων 1°] ων sup ras B¹ (αυτου B*ᶠᵒʳᵗ) | ερχομενων] +εις Ἰλήμ Q | αυτων 2°] αυτω ℵ | om εις Ιερουσαλημ Q   3 συνταξεις] προσταξεις ℵ | Κυριος]+α′θ′ ※ των δυναμεω| Qᵐᵍ

302

ΙΕΡΕΜΙΑΣ (XXVII 14) XXXIV 11

(5) 4 Οὕτως ἐρεῖτε πρὸς τοὺς κυρίους ὑμῶν ⁴ὅτι ἐγὼ ἐποίησα τὴν γῆν ἐν B
τῇ ἰσχύι μου τῇ μεγάλῃ καὶ ἐν τῷ ἐπιχείρῳ μου τῷ ὑψηλῷ, καὶ
(6) 5 δώσω αὐτὴν ᾧ ἐὰν δόξῃ ἐν ὀφθαλμοῖς μου. ⁵ἔδωκα τὴν γῆν τῷ
Ναβουχοδονοσὸρ βασιλεῖ Βαβυλῶνος δουλεύειν αὐτῷ, καὶ τὰ θηρία
(8) 6 τοῦ ἀγροῦ ἐργάζεσθαι αὐτῷ. ⁶καὶ τὸ ἔθνος καὶ ἡ βασιλεία ὅσοι
ἐὰν μὴ ἐμβάλωσιν τὸν τράχηλον αὐτῶν ὑπὸ τὸν ζυγὸν βασιλέως
Βαβυλῶνος, ἐν μαχαίρᾳ καὶ ἐν λιμῷ ἐπισκέψομαι αὐτούς, εἶπεν
(9) 7 Κύριος, ἕως ἐκλίπωσιν ἐν χειρὶ αὐτοῦ. ⁷καὶ ὑμεῖς μὴ ἀκούετε
τῶν ψευδοπροφητῶν ὑμῶν καὶ τῶν μαντευομένων ὑμῖν καὶ τῶν
ἐνυπνιαζομένων ὑμῖν καὶ τῶν οἰωνισμάτων ὑμῶν καὶ τῶν φαρμα-
κῶν ὑμῶν τῶν λεγόντων Οὐ μὴ ἐργάσησθε τῷ βασιλεῖ Βαβυλῶνος,
(10) 8 ⁸ὅτι ψευδῆ αὐτοὶ προφητεύουσιν ὑμῖν πρὸς τὸ μακρῦναι ὑμᾶς ἀπὸ
(11) 9 τῆς γῆς ὑμῶν. ⁹καὶ τὸ ἔθνος ὃ ἐὰν εἰσαγάγῃ τὸν τράχηλον αὐτοῦ
ὑπὸ τὸν ζυγὸν βασιλέως Βαβυλῶνος καὶ ἐργάσηται αὐτῷ, καὶ
καταλείψω αὐτὸν ἐπὶ τῆς γῆς αὐτοῦ· καὶ ἐργᾶται αὐτῷ καὶ ἐνοική-
(12) 10 σει ἐν αὐτῇ. ¹⁰Καὶ πρὸς Σεδεκίαν βασιλέα Ἰούδα ἐλάλησα
κατὰ πάντας τοὺς λόγους τούτους λέγων Εἰσαγάγετε τὸν τρά-
(14) 11 χηλον ὑμῶν καὶ ἐργάσασθε τῷ βασιλεῖ Βαβυλῶνος. ¹¹ὅτι ἄδικα

3 προς τους κυριους (2°)] τοις κυριοις A   4 om οτι Q | γην]+α′θ′ ※ ΝΑQ
τους αυ͞ο͞υς ⳤ τα κτηνη οσα επι προσωπου της γης Q^{mg} | τη ισχυι] om τη ℵ |
επιχειρω] βραχιονι Q | εαν] αν ℵ ε sup ras (pr spat 1 litt) A^a   5 εδωκα]
+πασιν Q pr α′θ′ ※ ⳤ νυν εγω ειμι Q^{mg} | την γην]+πασαν A pr πασαν Q |
τω Ν. β. Βαβυλωνος] pr εν (superscr) Q^a pr α′θ′ ※ Q^{mg} | om Ναβουχοδονοσορ
ℵ | Βαβυλωνος]+θ′ ※ τω δουλω μου Q^{mg} | om δουλευειν αυτω ℵ | αυτω 2°]
+ ※ δεδωκα δουλευειν αυτω ⳤ δουλευσουσιν αυτω πα̅|τα τα εθνη ⳤ τω υιω αυτου
ⳤ τω υιω του υιου αυτου εως ελθη ο καιρος της οργης αυτου ⳤ δουλευσουσιν αυτω
εθνη ⳤ βασιλεις μεγαλοι Q^{mg}   6 και 1°] pr α′θ′ ※ ⳤ εσται Q^{mg} | βασιλια
ℵ* | οσοι] σοι A* (οσ. Α¹) | εαν] αν A+ ※ μη δουλευσουσι τω Ναβουχοδονοσορ
βασιλει Βαβυλωνος ⳤ οσοι εαν Q^{mg} | ενβαλωσι ℵ εμβαλωσι Q^{a vid} | τον ζυγον]
om τον A | Βαβυλωνος]+και δουλευ|σουσιν αυτω A | μαχαιρα]+πεσουνται ※
(postea improb) A | λιμω]+παντες ※ ⳤ εν θανατω Q^{mg} | εως]+αν AQ |
εκλειπωσιν ℵ^{c.a} A εκλιπουσιν Q* (εκλιπωσιν Q^a)   7 ante ακουετε ras 1 lit
ut vid Q? | υμιν 2°]+α′θ′ ※ ⳤ των κληδονων υμων Q^{mg} | των λεγοντων] pr
και ℵ* (postea improb) om των Q* (hab Q^{mg}) | λεγοντων]+ ※ προς υμας εν
τω λεγειν Q^{mg} | εργασεσθε Q* (-σησθε Q^a)   8 αυτοι ψευδη ℵ | υμων]
+α′θ′ ※ ⳤ διασπερω υμας ⳤ απολεισθαι (-σθε Q?) Q^{mg}   9 ο εαν] οσοι αν
A ο αν Q | εισαγαγωσιν A | αυτου 1°] αυτων A | βασιεως ℵ* (βασιλ. ℵ?) |
αυτου 2°]+α′θ′ ※ φησι̅| κ̅ς Q^{mg} | αυτω 2°] pr εν ℵ* (postea improb) εν αυτη
Q^{mg}   10 ελαληκας ℵ* (ελαλησα ℵ^{c.a(?)}) | ατα ℵ* (κατα ℵ^{c.a(?)}) | υμων]
+υπο τον ζυγο̅| βασιλεως Βαβυλωνος ⳤ δουλευσατε αυτω ⳤ τω λαω αυτου ⳤ ζητε
ⳤ ινατι αποθνησκετε συ ⳤ ο λαος σου εν ρομφαια ⳤ εν λιμω ⳤ εν θανατω καθα
ελαλησε κ̅ς προς το εθνος ο εαν μη δουλευση τω βασιλει Βαβυλωνος ⳤ μη
ακουσητε των λογω̅| των προφητω̅| προς υμας Q^{mg} | και 2°] ουκ Q^{mg} | εργα-
σασθε] εργασεσθαι ℵ εργαζεσθαι A

303

XXXIV 12 (XXVII 15)   ΙΕΡΕΜΙΑΣ

B αὐτοὶ προφητεύουσιν ὑμῖν, ¹²ὅτι οὐκ ἀπέστειλα αὐτούς, φησὶν 12 (15) Κύριος, καὶ προφητεύουσιν τῷ ὀνόματί μου ἐπ' ἀδίκῳ πρὸς τὸ ἀπολέσαι ὑμᾶς· καὶ ἀπολεῖσθε ὑμεῖς καὶ οἱ προφῆται ὑμῶν οἱ προφητεύοντες ὑμῖν ἐπ' ἀδίκῳ ψευδῆ. ¹³ὑμῖν καὶ παντὶ τῷ λαῷ 13 (16) τούτῳ καὶ τοῖς ἱερεῦσιν ἐλάλησα λέγων Οὕτως εἶπεν Κύριος Μὴ ἀκούετε τῶν λόγων τῶν προφητῶν τῶν προφητευόντων ὑμῖν λεγόντων Ἰδοὺ σκεύη οἴκου Κυρίου ἐπιστρέψει ἐκ Βαβυλῶνος, ὅτι ἄδικα αὐτοὶ προφητεύουσιν ὑμῖν· ¹⁴οὐκ ἀπέστειλα αὐτούς. 14 (17) ¹⁵εἰ προφῆταί εἰσιν, καὶ εἰ ἔστιν λόγος Κυρίου ἐν αὐτοῖς, ἀπαν- 15 (18) τησάτωσάν μοι· ¹⁶ὅτι οὕτως εἶπεν Κύριος Καὶ τῶν ἐπιλοίπων 16 (19) σκευῶν, ¹⁷ὧν οὐκ ἔλαβεν βασιλεὺς Βαβυλῶνος, ὅτε ἀπῴκισεν 17 (20) τὸν Ἰεχονίαν ἐξ Ἰερουσαλήμ, ¹⁸εἰς Βαβυλῶνα εἰσελεύσεται, λέγει 18 (22) Κύριος.

¹Καὶ ἐγένετο ἐν τῷ τετάρτῳ ἔτει Σεδεκία βασιλέως Ἰούδα ἐν 1   XXXV
μηνὶ τῷ πέμπτῳ εἶπέν μοι Ἀνανίας υἱὸς Ἀζὼρ ὁ ψευδοπροφήτης   (XXVIII)
ἀπὸ Γαβαὼν ἐν οἴκῳ Κυρίου κατ' ὀφθαλμοὺς τῶν ἱερέων καὶ παντὸς τοῦ λαοῦ λέγων ²Οὕτως εἶπεν Κύριος Συνέτριψα τὸν ζυγὸν τοῦ βασι- 2 λέως Βαβυλῶνος. ³ἔτι δύο ἔτη ἡμερῶν καὶ ἐγὼ ἀποστρέψω εἰς τὸν 3

ℵAQ   12 om οτι Q* (superscr Qᵃ) | προφητευουσιν] προφητευσουσιν ℵ | τω ονοματι] pr επι A | απολεσαι] απολε|σθαι A | απολεισθε] απολεσθε ℵ* 13 om και 1° ℵ | των προφητευοντων] om των Q* (superscr Qᵃ) | υμιν 2°] +ψευδη A | λεγοντων] pr και A | επιστρεφει AQ | Βαβυλωνος]+παντες ※ νυν ταχυ Qᵐᵍ | αδικα] αδικια ℵ* (-κα ℵ?)   14 ουκ] pr ∸ Q? | αυτους]+ ※ μη ακουετε αυτων δουλευσατε τω βασιλει Βαβυλωνος ⳤ ζητε ⳤ ινατι γινετ̅ η πολις αυτη ερημος Qᵐᵍ   15 ει 1°] pr και A | om ει 2° A | λογος] νομος ℵ* (λογ. ℵᶜ·ᵃ⁽?⁾) | απαντησατωσαν]+θ' δη κω̅ των δυναμεω̅| προς το μη πορευθηναι τα σκευη τα υπολελειμμενα εν οικω κυ̅ ⳤ εν οικω βασιλεως Ιουδα ⳤ εν Ιλημ̅ εις Βαβυλωνα οτι ταδε λεγει κ̅ς των δυναμεων περι των στυλων και περι της θαλασσης ⳤ περι των μεχωνωθ ⳤ επι το λιμμα των σκενων των υπολελιμμενω̅| εν τη πολει ταυτη α ουκ ελαβεν αυτα Ναβουχοδονοσορ βασιλευς Βαβυλωνος αποικιζοντος αυτου τον Ιεχονιαν υιον Ιωακειμ βασιλεα Ιουδα εξ Ιλημ̅ εις Βαβυλωνα ⳤ παντας τους ελευθερους Ιουδα ⳤ Ιλημ̅ οτι ταδε λεγει κ̅ς των δυναμεων θ̅ς Ιηλ̅ επι τα σκευη τα καταλειφθεντα εν οικω κυ̅ ⳤ εν οικω βασιλεως Ιουδα ⳤ εν Ιλημ̅ εις Βαβυλωνα αχθησονται ⳤ εκει εσονται εως ημερας ης επισκεψομαι αυτα ταδε λεγει κ̅ς ⳤ αναβιβω αυτα ⳤ επιστρεψω αυτα εις τον τοπον τουτο| Qᵐᵍ   16 επιλοιπων] υπολοιπων ℵ   17 βασιλεως ℵ | οτι B*A* (οτε BᵃᵇℵA?Q) | Ιεχονιαν ℵ | Ιερουσαλημ] Ιειημ̅ (postea Ιημ̅) ℵ   18 εγει A* (λεγει A¹) | Κυριος]+ο θ̅ς ℵ   XXXV   1 ετει]+ ※ εκεινω Qᵐᵍ | Σεδεκια (-κιου AQ)] pr βασιλευοντος AQ pr ※ εν αρχη [βασ.] Qᵐᵍ | μηνι τω πεμπτω] τω πεμπτω μηνι A+ ※ εν τω ετει τω τεταρτω Qᵐᵍ | απο] pr ο ℵA 2 Κυριος]+α'θ' ※ των δυναμεων θ̅ς Ιηλ̅ λεγω̅| Qᵐᵍ | του βασιλεως] om του ℵQ 3 δυο ετη] ετη δυο A | om και ℵAQ

304

ΙΕΡΕΜΙΑΣ (XXVIII 14) XXXV 14

4 τόπον τοῦτον τὰ σκεύη οἴκου Κυρίου ⁴καὶ Ἰεχονίαν καὶ τὴν ἀποι- B
5 κίαν Ἰούδα, ὅτι συντρίψω τὸν ζυγὸν βασιλέως Βαβυλῶνος. ⁵καὶ
εἶπεν Ἰερεμίας πρὸς Ἀνανίαν κατ' ὀφθαλμοὺς παντὸς τοῦ λαοῦ καὶ
6 κατ' ὀφθαλμοὺς τῶν ἱερέων τῶν ἑστηκότων ἐν οἴκῳ Κυρίου, ⁶καὶ
εἶπεν Ἰερεμίας Ἀληθῶς οὕτω ποιήσαι Κύριος· στῆσαι τὸν λόγον
σου ὃν σὺ προφητεύεις, τοῦ ἐπιστρέψαι τὰ σκεύη οἴκου Κυρίου καὶ
7 πᾶσαν τὴν ἀποικίαν ἐκ Βαβυλῶνος εἰς τὸν τόπον τοῦτον. ⁷πλὴν
ἀκούσατε τὸν λόγον Κυρίου ὃν ἐγὼ λέγω εἰς τὰ ὦτα ὑμῶν καὶ εἰς
8 τὰ ὦτα παντὸς τοῦ λαοῦ ⁸Οἱ προφῆται οἱ γεγονότες πρότεροί μου
καὶ πρότεροι ὑμῶν ἀπὸ τοῦ αἰῶνος, καὶ ἐπροφήτευσαν ἐπὶ γῆς πολ-
9 λῆς καὶ ἐπὶ βασιλείας μεγάλας εἰς πόλεμον· ⁹ὁ προφήτης ὁ προφη-
τεύσας εἰς εἰρήνην, ἐλθόντος τοῦ λόγου γνώσονται τὸν προφήτην ὃν
10 ἀπέστειλεν αὐτοῖς Κύριος ἐν πίστει. ¹⁰καὶ ἔλαβεν Ἀνανίας ἐν ὀ-
φθαλμοῖς παντὸς τοῦ λαοῦ τοὺς κλοιοὺς ἀπὸ τοῦ τραχήλου Ἰερεμίου
11 καὶ συνέτριψεν αὐτούς. ¹¹καὶ εἶπεν Ἀνανίας κατ' ὀφθαλμοὺς παντὸς
τοῦ λαοῦ λέγων Οὕτως εἶπεν Κύριος Οὕτως συντρίψω τὸν ζυγὸν βα-
σιλέως Βαβυλῶνος ἀπὸ τραχήλων πάντων τῶν ἐθνῶν. καὶ ᾤχετο
12 Ἰερεμίας εἰς τὴν ὁδὸν αὐτοῦ. ¹²καὶ ἐγένετο λόγος Κυρίου πρὸς
Ἰερεμίαν μετὰ τὸ συντρίψαι Ἀνανίαν τοὺς κλοιοὺς ἀπὸ τοῦ τρα-
13 χήλου αὐτοῦ λέγων ¹³Βάδιζε καὶ εἰπὸν πρὸς Ἀνανίαν λέγων Οὕτως
εἶπεν Κύριος Κλοιοὺς ξυλίνους συνέτριψας, καὶ ποιήσω ἀντ' αὐτῶν
14 κλοιοὺς σιδηροῦς. ¹⁴ὅτι οὕτως εἶπεν Κύριος Ζυγὸν σιδηροῦν ἔθηκα

---

3 τα σκευη] pr παντα Q | Κυριου] ※ οσα ελαβεν Ναβουχοδονοσορ βασιλευς ℵAQ Βαβυλωνος εκ του τοπου τουτου ϗ εισηγαγεν αυτα εις Βαβυλωνα (4) ϗ τον Ιεχονιαν υιον Ιωακειμ βασιλεα Ιουδα ϗ πασαν αποικιαν Ιουδα τους εισελθό|τας εις Βαβυλωνα εγω επιστρεψω επι τὸ| τοπον τουτὸ| φησιν κ̅ς̅ Qᵐᵍ 4 Ιεχονιαν] pr τον AQ | συντριψω] συνετριψα A | βασιλεως] pr του A 5 Ιερεμιας] +παντες ※ ο προφητης Qᵐᵍ | Ανανιαν]+ θ' ※ τον ψευδοπροφητῃ| Qᵐᵍ | παντος του λαου] τος του λαου sup ras B² 6 Ιερεμιας]+παντες ※ ο προφητης Qᵐᵍ | ουτος ℵ*ᵛⁱᵈ (ουτως ℵᶜ·ᵃ⁽ᵗ⁾AQ) | ποιησει ℵᶜ·ᵃ (-σι ℵ*) | στησαι]+κ̅ς̅ AQ | σου] τουτου ℵ*ᵛⁱᵈ (σου ℵᶜ·ᵃ⁽ᵗ⁾) | επιστρεψαι] αποστρ. Q 7 ακουσατε] ακουσαν + ※ δη Qᵐᵍ | Κυριου] τουτου Q 8 βασιλιας ℵ* (-λειας ℵᶜ) | μεγαλης ℵ | πολεμον] +α'θ' ※ ϗ εις κακα ϗ εις θανατον Qᵐᵍ 9 om εις ℵ | λογου]+παντες ※ του προφητου Qᵐᵍ | Κυριος εν πιστει] κ̅ς̅ εν πι sup ras Aᵃ (om κ̅ς̅ A*ᶠᵒʳᵗ) 10 Ανανιας]+παντες ※ ο ψευδοπροφητης Qᵐᵍ | Ιερεμιου]+παντες ※ του προ- φητου Qᵐᵍ 11 παντος] om ℵ adpinx ※ et superscr α'σ'θ' Qᵇ | ζυγον] +παντες ※ Ναβουχοδονοσορ Qᵐᵍ | Βαβυλωνος]+α'θ' ※ εν δυσιν ετεσιν ημερων Qᵐᵍ | τραχηλου ℵQ | Ιερεμιας]+παντες ※ ο προφητης Qᵐᵍ 12 Ανανιαν] +σ' ※ τον προφητῃ| Qᵐᵍ | κλοιους (-ου ℵ*)]+θ' ※ αυτου Qᵐᵍ | αυτου] Ιερεμιου A 13 βαδιζε] βαδισο| A | αντ αυτων] αντι τουτων Q 14 Κυριος] +α'θ' ※ των δυναμεων θ̅ς̅ Ιηλ Qᵐᵍ | εθηκα] τεθεικα Q

XXXV 15 (XXVIII 15)   ΙΕΡΕΜΙΑΣ

Β ἐπὶ τὸν τράχηλον πάντων τῶν ἐθνῶν ἐργάζεσθαι τῷ βασιλεῖ Βαβυλῶνος. ¹⁵καὶ εἶπεν Ἰερεμίας τῷ Ἀνανίᾳ Οὐκ ἀπέσταλκέν σε Κύριος, 15 καὶ πεποιθέναι ἐποίησας τὸν λαὸν τοῦτον ἐπ' ἀδίκῳ. ¹⁶διὰ τοῦτο 16 οὕτως εἶπεν Κύριος Ἰδοὺ ἐγὼ ἐξαποστέλλω σε ἀπὸ προσώπου τῆς γῆς· τούτῳ τῷ ἐνιαυτῷ ἀποθανῇ. ¹⁷καὶ ἀπέθανεν ἐν τῷ μηνὶ τῷ 17 ἑβδόμῳ.

¹Καὶ οὗτοι οἱ λόγοι τῆς βίβλου οὓς ἀπέστειλεν Ἰερεμίας ἐξ Ἰε- 1   XXXVI
ρουσαλὴμ πρὸς τοὺς πρεσβυτέρους τῆς ἀποικίας καὶ πρὸς τοὺς ἱερεῖς   (XXIX)
καὶ πρὸς τοὺς ψευδοπροφήτας, ἐπιστολὴν εἰς Βαβυλῶνα τῇ ἀποικίᾳ,
καὶ πρὸς ἅπαντα τὸν λαόν, ²ὕστερον ἐξελθόντος Ἰεχονίου τοῦ βασι- 2
λέως καὶ τῆς βασιλίσσης καὶ τῶν εὐνούχων καὶ παντὸς ἐλευθέρου
καὶ δεσμώτου καὶ τεχνίτου ἐξ Ἱερουσαλήμ, ³ἐν χειρὶ Ἐλεασὰν υἱοῦ 3
Σαφὰν καὶ Γαμαρίου υἱοῦ Χελκίου, ὃν ἀπέστειλεν Σεδεκίας βασιλεὺς
Ἰούδα πρὸς βασιλέα Βαβυλῶνος εἰς Βαβυλῶνα, λέγων ⁴Οὕτως εἶπεν 4
Κύριος ὁ θεὸς Ἰσραὴλ ἐπὶ τὴν ἀποικίαν ἣν ἀπῴκισα ἀπὸ Ἱερουσαλήμ ⁵Οἰκοδομήσατε οἴκους καὶ κατοικήσατε, καὶ φυτεύσατε παρα- 5
δείσους καὶ φάγετε τοὺς καρποὺς αὐτῶν, ⁶καὶ λάβετε γυναῖκας καὶ 6
τεκνοποιήσατε υἱοὺς καὶ θυγατέρας, καὶ λάβετε τοῖς υἱοῖς ὑμῶν γυναῖκας, καὶ τὰς θυγατέρας ὑμῶν ἀνδράσιν δότε, καὶ πληθύνεσθε καὶ
μὴ σμικρυνθῆτε, ⁷καὶ ζητήσατε εἰς εἰρήνην τῆς γῆς εἰς ἣν ἀπῴκισα 7
ὑμᾶς ἐκεῖ, καὶ προσεύξασθε περὶ αὐτῶν πρὸς Κύριον, ὅτι ἐν εἰρήνῃ

ℵAQ   14 εθνων]+α'θ' ※ τουτω| Q^mg | εργαζεσθαι] εργασασθε ℵ* (-σθαι ℵ^c.b) pr α'θ' ※ του Q^mg | βασιλει] pr α'θ' ※ Ναβουχοδονοσορ Q^mg | Βαβυλωνος] +παντες ※ ϟ δουλευσουσι| αυτω και υε τα θηρια του αγρου δεδωκα αυτω Q^mg 15 Ιερεμιας]+παντες ※ ο προφητης Q^mg | Ανανια] + ※ τω προφητη ακουσο| δη Ανανια Q^mg | ουκ| απεστ. Β* ου|κ απεστ. Β^? | απεσταλκεν] απεστειλεν Q | πεποιθεναι] pr συ AQ   16 εξαποστελω ℵ^c.a | om τουτω τω Q* (hab Q^1 (vid) mg) | αποθανη] αποθανιτε ℵ* (-νειται ℵ^?) + α'θ' ※ οτι εκκλισι|σιν ελαλησας προς κῡ Q^mg   17 απεθανεν]+παντες ※ Ανανιας ο προφητης εν τω ενιαυτω εκεινω Q^mg | om εν ℵ | μηνι τω εβδομω] εβδομω μηνι Α XXXVI 1 Ιερεμιας]+ ※ ο προφητης Q^mg | Ιιημ̅ ℵ | αποικειας Q* | απαντα] παντα ℵAQ | λαον]+α'θ' ※ ους απωκισε| Ναβουχοδονοσορ εις Βαβυλωνα Q^mg   2 ευνουχων]+θ' ※ ϟ αρχο|των Ιουδα εξ Ιλημ̅ Q^mg | δεσμωτου] τεχνιτου Q | τεχνιτου] δεσμωτου Q | Ιιημ̅ ℵ* (Ιημ̅ ℵ^?)   3 Ελεασαν B*^b] Ελεαζαρ Β^a mg ℵ Ελεασαρ Α Ελεασα Q | βασιλευς] βασιλεως ℵ* -λεις ℵ^c.a(?) | βασιλεα] pr ※ Ναβουχοδονοσορ Q^mg   4 Κυριος]+α'θ' ※ των δυναμεων Q^mg | αποικειαν Α | απωκισα] απωκισεν ℵA (-κεισεν) Q | απο] εξ Α | Ιερουσαλημ]+παντες ※ εις Βαβυλωνα Q^mg   5 οικους] οικιαν ℵ* οικιας ℵ^c.a(?) AQ | φυτευσατε] καταφυτευσατε ℵ | φαγετε] φαγεσθε Α (·θαι) Q* (-γετε Q^mg) | αυτων] αυτου Α   6 τεκνοποιησασθε ℵ | λαβετε...θυγατερας (2°) ℵ* (hab και λαβεται τ. υιοις υμ. γυν. και ταις (corr ταις) θυγατερας ℵ^c.a mg sup) | δοτε ανδρασιν AQ (-σι Q^a) | πληθυνεσθε] +παντες ※ Q^mg   7 προσευξασθε] προσευχεσθε Α | ειρηνη 1°] pr τη AQ

ΙΕΡΕΜΙΑΣ (XXIX 21) XXXVI 21

8 αὐτῆς εἰρήνη ὑμῶν. ⁸ὅτι οὕτως εἶπεν Κύριος Μὴ ἀναπειθέτωσαν B
ὑμᾶς οἱ ψευδοπροφῆται οἱ ἐν ὑμῖν, καὶ μὴ ἀναπειθέτωσαν ὑμᾶς οἱ
μάντεις ὑμῶν, καὶ μὴ ἀκούετε εἰς τὰ ἐνύπνια ὑμῶν ἃ ὑμεῖς ἐνυπνιά-
9 ζεσθε· ⁹ὅτι ἄδικα αὐτοὶ προφητεύουσιν ὑμῖν ἐπὶ τῷ ὀνόματί μου καὶ
10 οὐκ ἀπέστειλα αὐτούς. ¹⁰ὅτι οὕτως εἶπεν Κύριος Ὅταν μέλλῃ πλη-
ροῦσθαι Βαβυλῶνι ἑβδομήκοντα ἔτη, ἐπισκέψομαι ὑμᾶς καὶ ἐπιστήσω
τοὺς λόγους μου ἐφ᾽ ὑμᾶς τοῦ τὸν λαὸν ὑμῶν ἀποστρέψαι εἰς τὸν
11 τόπον τοῦτον, ¹¹καὶ λογιοῦμαι ἐφ᾽ ὑμᾶς λογισμὸν εἰρήνης καὶ οὐ
12 κακά, τοῦ δοῦναι ὑμῖν ταῦτα. ¹²καὶ προσεύξασθε πρὸς μέ, καὶ εἰσ-
13 ακούσομαι ὑμῶν· ¹³καὶ ἐκζητήσατέ με, καὶ εὑρήσετέ με· ὅτι ζητή-
14/15 σετέ με ἐν ὅλῃ καρδίᾳ ὑμῶν, ¹⁴καὶ ἐπιφανοῦμαι ὑμῖν. ¹⁵Ὅτι εἴ-
21 πατε Κατέστησεν ἡμῖν Κύριος προφήτας ἐν Βαβυλῶνι· ²¹οὕτως εἶπεν
Κύριος ἐπὶ Ἀχιὰβ καὶ ἐπὶ Σεδεκίαν Ἰδοὺ ἐγὼ δίδωμι αὐτοὺς εἰς
χεῖρας βασιλέως Βαβυλῶνος, καὶ πατάξει αὐτοὺς κατ᾽ ὀφθαλμοὺς

7 αυτης ειρηνη] om ℵ* αυτων εσται ιρηνη ℵ^{c.a mg} Q αυτων εσται η ℵAQ
ειρηνη A | υμων] υμιν B^{ab}ℵ (-μεῖ) Q   8 om οτι AQ | Κυριος]+α´θ´ ※
των δυναμεων θ͞ς Ιημ Q^{mg} | αναπειθετωσαν 1°] αναπειθετω A | ψευδοφηται
ℵ* (superscr προ ℵ^{c.a(?)}) | αναπειθετωσαν 2°] πειθετωσαν ℵ | ανυπνιαζεσθαι ℵ*
(εν. ℵ?)   10 οταν] pr οτι ℵ* (improb ℵ?) | Βαβυλων Q*^{vid} (-νι Q?) | τους
λογους μου]+ ※ τους αγαθους Q^{mg} | τον λαον υμων αποστρεψαι] επιστρεψαι τον
λαον μου Q | τουτον]+και λογιουμαι εφ υμας του τον λαον υμω| αποστρεψε
εις τον τοπον τουτον ℵ* (uncis incl ℵ^{c.a(?)})   11 και 1°]+α´θ´ ※ οτι
εγω οιδα τον λογισμον ον εγω ειμι Q^{mg} | εφ υμας]+παντες ※ φησι Κυριος
Q^{mg} | ταυτα] +α´θ´ ※ και ελπιδα και επικαλεσασθε με και πορευεσθε Q^{mg}
12 προσευξεσθε Q   13 om εκζητησατε με κ. ευρησετε με οτι ℵ |
εκζητησετε AQ^{a} | οτι] οταν A οτι οταν Q | om ζητησετε με A | om
υμων A   14 om και Q | υμιν]+θ´ ※ φησι κ͞ς κ͞ς επιστρεψω τῇ αιχμα-
λωσια| υμων κ̅ αθροισω υμας εκ παντω̅| των εθνω̅| κ̅ εκ πα|των τοπω̅| ου διε-
σπειρα υμας εκει φησι κ͞ς κ̅ επιστρεψω υμας εις τον τοπον οθεν απωκισα υμας
εκει Q^{mg}   15 ημιν Κυριος] κ̅ς εφ ημας Q | προφητην A | Βαβυλωνι]+θ´ ※
(16) οτι ταδε λεγει κ̅ς προς τον βασιλεα τον καθημενον επι θρονου Δα̅δ κ̅
επι παντας τους λαους τους κατοικουντας εν τη πολει ταυτη αδελφους υμων
μη εξελθο|τας μεθ υμων εν τη αποικια (17) ταδε λεγει κ͞ς των δυναμεων ιδου
εγω εξαποστελω εις αυτους την μαχαιραν τον λιμον κ̅ τον θανατον κ̅ δωσω
αυτους ωσπερ τα συκα τα σουαρεει̅ α ου βρωθωσι̅| απο πονηριας (18) κ̅ διωξω
οπισω αυτων εν ρομφαια κ̅ εν λιμω κ̅ εν θανατω κ̅ δωσω αυτους εις σαλον
πασαις βασιλειαις της γης εις ορκον κ̅ εις αφανισμον κ̅ εις συρισμον κ̅ εις
ονειδος εν πασι τοις εθνεσιν ου διεσπειρα αυτους εκει (19) ανθ ων οτι ουκ
ηκουσαν των λογων μου φησι κ̅ς οτι απεστειλα προς αυτους τους δουλους μου
τους προφητας ορθριζω̅ κ̅ αποστελλων κ̅ ουκ ηκουσατε φησι κ̅ς (20) κ̅ υμεις
ακουσατε λογον κ͞υ πασα αποικια ην απεστειλα εξ Ιλημ εις Βαβυλωνα Q^{mg}
21 Κυριος]+α´θ´ ※ των δυναμεων θ͞ς Ιη͞λ Q^{mg} | Αχιαβ]+α´θ´ ※ υιον Κουλιου
Q^{mg} | Σεδεκιαν]+θ´ ※ υιον Μασσιου τους προφητευοντας υμ̅ι| τω ονοματι
μου επ αδικω Q^{mg} | παταξεις A | αυτου ℵ* (-τους ℵ^{c.a(?)})

307   U 2

XXXVI 22 (XXIX 22) ΙΕΡΕΜΙΑΣ

B ὑμῶν. ²²καὶ λήμψονται ἀπ' αὐτῶν κατάραν ἐν πάσῃ τῇ ἀποικίᾳ 22 Ἰούδα ἐν Βαβυλῶνι λέγοντες Ποιήσαι σε Κύριος ὡς Σεδεκίαν ἐποίησεν καὶ ὡς Ἀχιάβ, οὓς ἀπετηγάνισεν βασιλεὺς Βαβυλῶνος ἐν πυρί, ²³δι' ἣν ἐποίησαν ἀνομίαν ἐν Ἰσραήλ, καὶ ἐμοιχῶντο τὰς γυναῖκας 23 τῶν πολιτῶν αὐτῶν, καὶ λόγον ἐχρημάτισαν ἐν τῷ ὀνόματί μου ὃν οὐ συνέταξα αὐτοῖς, καὶ ἐγὼ μάρτυς, φησὶν Κύριος. ²⁴Καὶ 24 πρὸς Σαμαίαν τὸν Αἰλαμείτην ἐρεῖς ²⁵Οὐκ ἀπέστειλά σε τῷ ὀνόματί 25 μου. καὶ πρὸς Σοφονίαν υἱὸν Μαασαίου τὸν ἱερέα εἰπέ ²⁶Κύριος 26 ἔδωκέν σε εἰς ἱερέα ἀντὶ Ἰωδάε τοῦ ἱερέως, γενέσθαι ἐπιστάτην ἐν τῷ οἴκῳ Κυρίου παντὶ ἀνθρώπῳ προφητεύοντι καὶ παντὶ ἀνθρώπῳ μαινομένῳ, καὶ δώσεις αὐτὸν εἰς τὸ ἀπόκλεισμα καὶ εἰς τὸν καταράκτην. ²⁷καὶ νῦν διὰ τί συνελοιδορήσατε Ἰερεμίαν τὸν ἐξ Ἀναθὼθ 27 τὸν προφητεύσαντα ὑμῖν; ²⁸οὗ διὰ τοῦτο ἀπέστειλεν πρὸς ὑμᾶς εἰς 28 Βαβυλῶνα λέγων Μακράν ἐστιν, οἰκοδομήσατε οἰκίας καὶ κατοικήσατε, καὶ φυτεύσατε κήπους καὶ φάγεσθε τὸν καρπὸν αὐτῶν; ²⁹καὶ 29 ἀνέγνω Σοφονίας τὸ βιβλίον εἰς τὰ ὦτα Ἰερεμίου. ³⁰καὶ ἐγένετο 30 λόγος Κυρίου πρὸς Ἰερεμίαν λέγων ³¹Ἀπόστειλον πρὸς τὴν ἀποι- 31 κίαν λέγων Οὕτως εἶπεν Κύριος ἐπὶ Σαμαίαν τὸν Αἰλαμείτην Ἐπειδὴ ἐπροφήτευσεν ὑμῖν Σαμαίας καὶ ἐγὼ οὐκ ἀπέστειλα αὐτόν, καὶ πεποιθέναι ἐποίησεν ὑμᾶς ἐπ' ἀδίκοις, ³²διὰ τοῦτο οὕτως εἶπεν Κύριος 32 Ἰδοὺ ἐγὼ ἐπισκέψομαι ἐπὶ Σαμαίαν καὶ ἐπὶ τὸ γένος αὐτοῦ, καὶ οὐκ ἔσται αὐτῶν ἄνθρωπος ἐν μέσῳ ὑμῶν τοῦ ἰδεῖν τὰ ἀγαθὰ ἃ ἐγὼ ποιήσω ὑμῖν· οὐκ ὄψονται.

ℵAQ 22 απ] επ AQ | αποικια] αποκρισει ℵ* (αποικ. ℵ^{c.a(?)}) | Ιοδα ℵ* (υ superscr ℵ^{c.a(?)}) | απετηγανισεν] απεστησαν εις εν ℵ* vid (απετηγανεισεν ℵ^{c.a(?)}) 23 Ισραηλ] Ιλημ ℵ^{c.a mg} Q | εν 2°] επι Q | μου] + α'θ' ※ αδικον Q^{mg} | και εγω] καγω A + α'θ' ※ ειμι ο γνωστης και Q^{mg} 24 Σαμεαν ℵ | Ελαμιτην ℵAQ | ερεις] + ※ λεγων (25) ταδε λεγει κ̅ς̅ των δυναμεων ο θ̅ς̅ Ιηλ ανθ ω̅| οτι συ απεστειλας εν τω ονοματι μου τα βιβλια προς παντα τον λαον τον εν Ιλημ Q^{mg} 25 Μαασαιου] Μνασαιον B^{a?b} Μασεου ℵ Μαασαιου A | ιερεα]+θ' ※ και προς παντας ιερεις Q^{mg} | ειπε| είπεν Bℵ c κυρ. coni ειπειν AQ 26 om εις 1° ℵAQ | επιτατην ℵ* (superscr σ ℵ^{c.a(?)}) | τω οικω] om τω Q* (superscr Q^a) | το αποκλεισμα] om τω Q* (superscr Q^a) 27 συνελοιδορησατε] ελοιδορησατε ℵ ουκ επετιμησατε Q | Ιερεμιαν τον εξ A. τον προφητευσαντα] Ιερεμια τω εξ A. τω προφητευσαντι Q 28 ου] om ℵ* (superscr ℵ^{c.a(?)}) οτι AQ | υμας] ημας Q^a | εις Βαβυλωνα] εν Βαβυλωνι Q | εστι A | αυτων bis scr ℵ* (improb 2° ℵ^?) 29 Σοφονιας]+ ※ ο ιερευς Q^{mg} | βιβλιον]+παντες ※ τουτο Q^{mg} | Ιερεμιου]+παντες ※ του προφητου Q^{mg} 31 την αποικιαν] pr α'θ' ※ πασα| Q^{mg} | Σαμεαν ℵ: item 32 | Ελαμιτην ℵA Αιλαμιτην Q | Σαμεας ℵ | και εγω] καγω A | αδικω ℵAQ 32 ανθρωπος]+α'θ' ※ καθημενος Q^{mg} | του ιδειν] τω ειδιν ℵ* του ειδειν ℵ^{c.a(?)} | οψονται] +θ' ※ λεγει κ̅ς̅ οτι εκκλισιν ελαησε κατα κ̅υ̅ Q^{mg}

303

ΙΕΡΕΜΙΑΣ (XXX 14) XXXVII 14

XXXVII 1 ¹Ὁ λόγος ὁ γενόμενος πρὸς Ἰερεμίαν παρὰ Κυρίου εἰπεῖν B
(XXX)
2 ²Οὕτως εἶπεν Κύριος ὁ θεὸς Ἰσραὴλ λέγων Γράψον πάντας τοὺς
3 λόγους οὓς ἐχρημάτισα πρὸς σὲ ἐπὶ βιβλίου. ³ὅτι ἰδοὺ ἡμέραι ἔρχονται, φησὶν Κύριος, καὶ ἀποστρέψω τὴν ἀποικίαν λαοῦ μου Ἰσραὴλ καὶ Ἰουδά, εἶπεν Κύριος, καὶ ἀποστρέψω αὐτοὺς εἰς τὴν γῆν ἣν ἔδωκα τοῖς πατράσιν αὐτῶν, καὶ κυριεύσουσιν αὐτῆς.

4 ⁴Καὶ οὗτοι οἱ λόγοι οὓς ἐλάλησεν Κύριος ἐπὶ Ἰσραὴλ καὶ Ἰουδά.

5 ⁵Οὕτως εἶπεν Κύριος Φωνὴν φόβου ἀκούσεσθε· φόβος, καὶ
6 οὐκ ἔστιν εἰρήνη. ⁶ἐρωτήσατε καὶ ἴδετε εἰ ἔτεκεν ἄρσεν, καὶ περὶ φόβου ἐν ᾧ καθέξουσιν ὀσφὺν καὶ σωτηρίαν· διότι ἑώρακα πάντα ἄνθρωπον καὶ αἱ χεῖρες αὐτοῦ ἐπὶ τῆς ὀσφύος αὐτοῦ, ἐστράφησαν
7 πρόσωπα, εἰς ἴκτερον ἐγενήθη. ⁷ὅτι μεγάλη ἡ ἡμέρα ἐκείνη καὶ
8 οὐκ ἔστιν τοιαύτη, καὶ χρόνος στενός ἐστιν τῷ Ἰακώβ, ⁸καὶ ἀπὸ τούτου σωθήσεται. ἐν τῇ ἡμέρᾳ ἐκείνῃ, εἶπεν Κύριος, συντρίψω τὸν ζυγὸν ἀπὸ τοῦ τραχήλου αὐτῶν καὶ τοὺς δεσμοὺς αὐτῶν διαρρήξω,
9 καὶ οὐκ ἐργῶνται αὐτοὶ ἀλλοτρίοις, ⁹καὶ ἐργῶνται τῷ κυρίῳ θεῷ αὐ-
12 τῶν, καὶ τὸν Δαυεὶδ βασιλέα αὐτῶν ἀναστήσω αὐτοῖς. ¹²Οὕτως
13 εἶπεν Κύριος Ἀνέστησα σύντριμμα, ἀλγηρὰ ἡ πληγή σου, ¹³οὐκ ἔστιν κρίνων κρίσιν σου, εἰς ἀλγηρὸν ἰατρεύθης, ὠφελία σοι οὐκ ἔστιν.
14 ¹⁴πάντες οἱ φίλοι σου ἐπελάθοντό σου, οὐ μὴ ἐπερωτήσουσιν· ὅτι πληγὴν ἐχθροῦ ἔπαισά σε, παιδείαν στερεάν, ἐπὶ πᾶσαν ἀδικίαν

XXXVII 1 γεναμενος A | 2 γραψον]+παντες ※ σεαυτω Q^mg | ℵAQ
εχρηματισα (-σαν Q*)] pr εγω A+εγω Q^mg 3 αποστρψω (1°) ℵ* vid |
Κυριος 2°]+παντοκρατωρ ℵA | κυριευσωσιν Q* 5 φοβου]+αυτου ℵ |
ακουσασθαι A 6 ετεκε Q | αρσεν] σ' αρσης Q^mg | καθεξουσιν] καταξουσι ℵ* (θε superscr ℵ^c.a(?)) | εορακα Q* vid | οσφυος αυτου]+παντες ※ ως
γυναικος τικτουσης Q^mg 7 χρονος] pr ο ℵ | στενος] στερος ℵ* vid |
εστιν 2°] εστι B^bℵ om Q 8 Κυριος]+παντες ※ των δυναμεω| Q^mg |
τον ζυγον] om τον ℵAQ | του τραχηλου] om του ℵAQ | διαρηξω ℵ* (διαρρ.
ℵ?) | αυτοι] + ετι B^abℵAQ | αλλοτριοις] pr εν A 9 βασιλεα] pr
τον A | αναστητω ℵ* (-σω ℵ^c.a(?)) | αυτοις]+ θ' ※ (10) συ δε μη φοβου παις
μου Ιακωβ λεγει κ̅ς̅ μηδε δειλιασης Ιηλ οτι ιδου εγω σωζω σε μακροθεν κ̅ το
σπερμα σου απο της αιχμαλωσιας αυτων κ̅, επιστρεψει Ιακωβ κ̅ ησυχασει κ̅
ευπαθησει κ̅ ουκ εσται ο εκφοβων (11) οτι μετα σου ειμι φησι κ̅ς̅ του σωζειν
σε οτι ποιησω εις λειψιν εν πασι τοις εθνεσιν εις ους διεσκορπισα εκει κ̅
παιδευσω σε εις κρισιν κ̅ αθοων ουκ αθοωσω σε Q^mg 12 ειπεν] λεγει
A | ανεστησαν ℵ* | συντριμμα]+σου A 13 ωφελεια B^abQ | ουκ εστιν σοι
ℵAQ 14 επελαθε|το ℵ | επερωτησουσιν (-σι B* -σιν B^ab)]+ ※ τα εις
ειρηνην σου Q^mg | παιδιαν ℵ (πεδ. ℵ*) A

XXXVII 16 (XXX 16) ΙΕΡΕΜΙΑΣ

B σου ἐπλήθυναν αἱ ἁμαρτίαι σου. ¹⁶διὰ τοῦτο πάντες οἱ ἔσθοντές σε 16 βρωθήσονται, καὶ πάντες οἱ ἐχθροί σου κρέας αὐτῶν πᾶν ἔδονται· ἐπὶ πλῆθος ἀδικιῶν σου ἐπληθύνθησαν αἱ ἁμαρτίαι σου, ἐποίησαν ταῦτά σοι· καὶ ἔσονται οἱ διαφοροῦντές σε εἰς διαφόρημα, καὶ πάντας τοὺς προνομεύοντάς σε δώσω εἰς προνομήν. ¹⁷ὅτι ἀνάξω τὸ ἴαμά 17 σου, ἀπὸ πληγῆς ὀδυνηρᾶς ἰατρεύσω σε, φησὶν Κύριος· ὅτι ἐσπαρμένη ἐκλήθης· θήρευμα ὑμῶν ἐστίν, ὅτι ζητῶν οὐκ ἔστιν αὐτήν. ¹⁸οὕτως εἶπεν Κύριος Ἰδοὺ ἐγὼ ἀποστρέψω τὴν ἀποικίαν Ἰακώβ, 18 καὶ αἰχμαλωσίαν αὐτοῦ ἐλεήσω· καὶ οἰκοδομηθήσεται πόλις ἐπὶ τὸ ὕψος αὐτῆς, καὶ ὁ λαὸς κατὰ τὸ κρίμα αὐτοῦ καθεδεῖται. ¹⁹καὶ ἐξε- 19 λεύσονται ἀπ' αὐτῶν ᾄδοντες, φωνὴ παιζόντων· καὶ πλεονάσω αὐτούς, καὶ οὐ μὴ ἐλαττωθῶσιν. ²⁰καὶ εἰσελεύσονται οἱ υἱοὶ αὐτῶν 20 ὡς τὸ πρότερον, καὶ τὰ μαρτύρια αὐτῶν κατὰ πρόσωπόν μου ὀρθωθήσεται· καὶ ἐπισκέψομαι τοὺς θλίβοντας αὐτούς, ²¹καὶ ἔσονται 21 ἰσχυρότεροι αὐτοῦ ἐπ' αὐτούς, καὶ ὁ ἄρχων αὐτοῦ ἐξ αὐτοῦ ἐξελεύσεται· καὶ συνάξω αὐτοὺς καὶ ἀποστρέψουσιν πρὸς μέ, ὅτι τίς ἐστιν οὗτος ὃς ἔδωκεν τὴν καρδίαν αὐτοῦ ἀποστρέψαι πρὸς μέ, φησὶν Κύριος; ²³ὅτι ὀργὴ Κυρίου ἐξῆλθεν θυμώδης, ἐξῆλθεν ὀργὴ 23 στρεφομένη, ἐπ' ἀσεβεῖς ἥξει. ²⁴οὐ μὴ ἀποστραφῇ ὀργὴ θυμοῦ 24 Κυρίου ἕως ποιήσῃ, καὶ ἕως καταστήσῃ ἐγχείρημα καρδίας αὐτοῦ· ἐπ' ἐσχάτων τῶν ἡμερῶν γνώσεσθε αὐτά.

¹⁽²⁴⁾Ἐν τῷ χρόνῳ ἐκείνῳ, εἶπεν Κύριος, ἔσομαι εἰς θεὸν τῷ γένει 1 XXXVIII

ℵAQ 14 επληθυναν] επληθυνθησαν Q | αμαρτιαι σου]+α'θ' ※ (15) τι βοας επι το συντριμμα σου βιαιον το αλγος σου δια πληθος ανομιας σου ισχυσα| αι αμαρτιαι σου Q^mg 16 εσθοντες σε] εχθροι σου ℵ | αδικιων (-κειων B*)] δικαιων ℵ αδικιας A | διαφορουντες] βια φοβουντες ℵ* (διαφορ. ℵ^c.a(?)) | βια φορημα ℵ* (διαφ. ℵ^c.a(?)) | παντας τους προνομευοντας (-τες B)] παντες οι προνομευοντες ℵ | δωσω] δοθησονται ℵ 17 ιαμα] ιματιον A | εσπαρμενη ℵ* | εκληθης]+παντες ※ Σιων Q^mg | αυτην) αυτη ℵ^vid 18 αποστρεψω] αποστρεφω ℵ (αποτρ. ℵ*) Q | την αποικιαν) om την ℵ τ. αιχμαλωσιαν A+α'θ' ※ σκηνωματων Q^mg | αιχμαλωσιαν] την αποικιαν A την αιχμ. Q | το υψος] τειχος A | λαος] ναος Q^mg 19 αδοντες] εδοντες ℵ*vid (αδ. ℵ^c.a(?)) | φωνη (-νην ℵ*)] pr και ℵAQ | ελαττωθωσιν] ελαττονωθωσιν ℵ+θ' ※ ϛ χεω αυτους ϛ ου μη σμικρυ|θωσιν Q^mg 20 αυτων 1°] αυτου AQ | το προτερον] om το A* (superscr A^a?) | αυτων 2°]+ως το απ αρχης A | επισκεψομαι]+※ επι παντας Q^mg 21 αυτου 1°] αυτων AQ | αποστρεψουσιν (-σι A)] επιστρεψουσιν Q | αποστρεψαι] επιστρεψαι AQ | προς με (2°)]+σ'θ' ※ φησιν κ̅ς̅ (22) ϛ εσεσθε μοι εις λαον ϛ εγω εσομαι υμιν εις θ̅ν̅ Q^mg | φησιν] λεγει Q 23 εξηλθεν 2°] επηλθεν ℵ | επ] επι Q 24 προιηση ℵ* (ποιησ. ℵ?) | om και εως καταστηση ℵ* (hab ℵ^c.a(?) mg sup) | ενχειρημα ℵΛ | εσχατων] εσχατω ℵ^vid εσχατου AQ | γνωσεσθε] επιγνωσεσθε ℵ XXXVIII 1 χρονω] καιρω Q | εσομαι] pr και A

(XXXI) (1) 2 Ἰσραήλ, καὶ αὐτοὶ ἔσονταί μοι εἰς λαόν. ²οὕτως εἶπεν Κύριος B
Εὗρον θερμὸν ἐν ἐρήμῳ μετὰ ὀλωλότων ἐν μαχαίρᾳ· βαδίσατε καὶ
(2) 3 μὴ ὀλέσητε τὸν Ἰσραήλ. ³Κύριος πόρρωθεν ὤφθη αὐτῷ. Ἀγά-
πησιν αἰώνιον ἠγάπησά σε, διὰ τοῦτο εἵλκυσά σε εἰς οἰκτείρημα.
(3) 4 ⁴ὅτι οἰκοδομήσω σε, καὶ οἰκοδομηθήσῃ παρθένος Ἰσραήλ· ἐπι-
λήμψει τύμπανόν σου καὶ ἐξελεύσῃ μετὰ συναγωγῆς παιζόντων.
(4) 5 ⁵ὅτι ἐφυτεύσατε ἀμπελῶνας ἐν ὄρεσιν Σαμαρείας, φυτεύσατε καὶ
(5) 6 αἰνέσατε, ⁶ὅτι ἔστιν ἡμέρα κλήσεως ἀπολογουμένων ἐν ὄρεσιν
Ἐφράιμ Ἀνάστητε καὶ ἀνάβητε εἰς Σειὼν πρὸς Κύριον τὸν θεὸν
(6) 7 ἡμῶν. ⁷ὅτι οὕτως εἶπεν Κύριος τῷ Ἰακώβ Εὐφράνθητε καὶ
χρεμετίσατε ἐπὶ κεφαλὴν ἐθνῶν, ἀκουστὰ ποιήσατε καὶ αἰνέ-
σατε· εἴπατε Ἔσωσεν Κύριος τὸν λαὸν αὐτοῦ, τὸ κατάλοιπον
(7) 8 τοῦ Ἰσραήλ. ⁸ἰδοὺ ἐγὼ ἄγω αὐτοὺς ἀπὸ βορρᾶ, καὶ συνάξω
αὐτοὺς ἀπ' ἐσχάτου τῆς γῆς ἐν ἑορτῇ φάσεκ· καὶ τεκνοποιήσῃ
(8) 9 ὄχλον πολύν, καὶ ἀποστρέψουσιν ὧδε. ⁹ἐν κλαυθμῷ ἐξῆλθον,
καὶ ἐν παρακλήσει ἀνάξω αὐτούς, αὐλίζων ἐπὶ διώρυγας ὑδάτων
ἐν ὁδῷ ὀρθῇ, καὶ οὐ μὴ πλανηθῶσιν ἐν αὐτῇ· ὅτι ἐγενόμην
τῷ Ἰσραὴλ εἰς πατέρα, καὶ Ἐφράιμ πρωτότοκός μού ἐστιν.
(9) 10 ¹⁰Ἀκούσατε λόγους Κυρίου, ἔθνη, καὶ ἀναγγείλατε εἰς νήσους τὰς
μακρότερον· εἴπατε Ὁ λικμήσας τὸν Ἰσραὴλ συνάξει αὐτόν, καὶ
(10) 11 φυλάξει αὐτὸν ὡς ὁ βόσκων ποίμνιον αὐτοῦ. ¹¹ὅτι ἐλυτρώσατο
Κύριος τὸν Ἰακώβ, ἐξείλατο αὐτὸν ἐκ χειρὸς στερεωτέρων αὐτοῦ.
(11) 12 ¹²καὶ ἥξουσιν καὶ εὐφρανθήσονται ἐν τῷ ὄρει Σειών, καὶ ἥξουσιν
ἐπ' ἀγαθὰ Κυρίου, ἐπὶ γῆν σίτου καὶ οἴνου καὶ καρπῶν καὶ κτηνῶν
καὶ προβάτων· καὶ ἔσται ἡ ψυχὴ αὐτῶν ὥσπερ ξύλον ἔγκαρπον,

1 om αυτοι A   2 μαχαιρη A   3 πορωθεν ℵ* (πορρ. ℵ?) | ωφθη] ℵAQ
οφθησεται ℵAQ | αγαπησιν] αγαπην Q | αιωνιαν A | οικτειρμα ℵ* (-ρημα ℵ?)
4 οτι] ετι ℵAQ | Ισραηλ] Ιλημ Q^mg | επιλημψει (-ψη ℵ)] ετι λημψη AQ |
εξελευση] incep εξο ℵ*   5 οτι] οτι ετι ℵ* (improb οτι ℵ?) ετι AQ | εφυ-
τευσατε] φυτευσατε ℵ?A φυτευσετε Q | ορεσι B^bℵ | φυτευσατε] pr φυτευ-
σαντες ℵ^c.a Q^a pr φυσαντες AQ*   6 απολογουμενου ℵ | Εφρεμ ℵ |
Σιων B^bℵAQ | προς Κυριον τον θεον] προς κν θν ℵQ εν ορεσι| κυ θυ A
7 χρεμετισατε] χρηματισατε Q | κεφαλης A | ακουστα] ακουσατε και ℵ | αυτου
το] τουτον ℵ* (αυτου το ℵ^c.a vel antea) | το καταλοιπον] τον καταλ. ℵ* | του
Ισραηλ] om του Q   8 απ] επ A | τεκνοποιησι ℵ* (-σει ℵ?) | πολυν]+ ※ εν
αυτοις τυφλος ҂ χωλος εγκυος ҂ τικτουσα ομοθυμαδον εκκλησια μεγαλη Q^mg |
αποστρεψωσιν ℵ   9 κλαυθμων ℵ* | παρακληση ℵ*^vid | αναξω] αξω Q | διορυ-
γας AQ* (διωρ. Q^a) | υδατων] ν sup ras B^at | ορθη] η sup ras A^a (ορθω
A* vid) | εστιν] εγενηθη ℵ   10 λογον ℵQ | om και 1° ℵ* (superscr ℵ^c.a (?)) |
μακροτερον] μακραν AQ | om και φυλαξει αυτον ως ℵ* (hab κ. φυλαξι αυτ. ως
ℵ^c.a (?) mg inf) | ποιμνιον] pr το ℵAQ   11 εξειλατο (-λετο Q^a)] pr και Q |
στερωτερον ℵ* (στερεωτ. ℵ?)   12 ευφρανθησονται]+παντες ҂ αγαλλιασο]ται
Q^mg | Σιων B^bℵAQ | η ψυχη αγτων] τη ψυχη αυτου ℵ | εγκαρπον Q

311

XXXVIII 13 (XXXI 12)   ΙΕΡΕΜΙΑΣ

B καὶ οὐ πεινάσουσιν ἔτι. ¹³τότε χαρήσονται παρθένοι ἐν συνα- 13 (12)
γωγῇ νεανίσκων, καὶ πρεσβῦται χαρήσονται, καὶ στρέψω τὸ
πένθος αὐτῶν εἰς χαρμονήν, καὶ ποιήσω αὐτοὺς εὐφραινομένους.
¹⁴μεγαλυνῶ καὶ μεθύσω τὴν ψυχὴν τῶν ἱερέων υἱῶν Λευεί, καὶ 14 (13)
ὁ λαός μου τῶν ἀγαθῶν μου ἐμπλησθήσεται.   ¹⁵Οὕτως εἶπεν 15 (14)
Κύριος Φωνὴ ἐν Ῥαμὰ ἠκούσθη θρήνου καὶ κλαυθμοῦ καὶ ὀδυρμοῦ·
Ῥαχὴλ ἀποκλαιομένη οὐκ ἤθελεν παύσασθαι ἐπὶ τοῖς υἱοῖς αὐτῆς,
ὅτι οὐκ εἰσίν.   ¹⁶οὕτως εἶπεν Κύριος Διαλιπέτω ἡ φωνή σου ἀπὸ 16 (15)
κλαυθμοῦ, καὶ οἱ ὀφθαλμοί σου ἀπὸ δακρύων σου, ὅτι ἔστιν μισθὸς
τοῖς σοῖς ἔργοις, καὶ ἐπιστρέψουσιν ἐκ γῆς ἐχθρῶν, ¹⁷μόνιμον 17 (16)
τοῖς σοῖς τέκνοις.   ¹⁸ἀκοὴν ἤκουσα Ἐφράιμ ὀδυρομένου Ἐπαί- 18 (17)
δευσάς με καὶ ἐπαιδεύθην· ἐγὼ ὥσπερ μόσχος οὐκ ἐδιδάχθην·
ἐπίστρεψόν με καὶ ἐπιστρέψω, ὅτι σὺ Κύριος ὁ θεός μου.   ¹⁹ὅτι 19 (18)
ὕστερον αἰχμαλωσίας μου μετενόησα, καὶ ὕστερον τοῦ γνῶναί
με ἐστέναξα ἐφ᾽ ἡμέρας αἰσχύνης, καὶ ὑπέδειξά σοι ὅτι ἔλαβον
ὀνειδισμὸν ἐκ νεότητός μου.   ²⁰υἱὸς ἀγαπητὸς Ἐφράιμ ἐμοί, 20 (19)
παιδίον ἐντρυφῶν, ὅτι ἀνθ᾽ ὧν οἱ λόγοι μου ἐν αὐτῷ, μνείᾳ μνησθή-
σομαι αὐτοῦ· διὰ τοῦτο ἔσπευσα ἐπ᾽ αὐτῷ, ἐλεῶν ἐλεήσω αὐτόν,
φησὶν Κύριος.   ²¹Στῆσον σεαυτήν, Σειών, ποίησον τιμωρίαν, 21 (20)
δὸς καρδίαν σου εἰς τοὺς ὤμους· ὁδὸν ᾗ ἐπορεύθης ἀποστράφητι,
παρθένος Ἰσραήλ, ἀποστράφητι εἰς τὰς πόλεις σου πενθοῦσα.
²²ἕως πότε ἀποστρέψεις, θυγάτηρ ἠτιμωμένη; ὅτι ἔκτισεν Κύριος 22 (21)
σωτηρίαν εἰς καταφύτευσιν καινήν, ἐν σωτηρίᾳ περιελεύσονται ἄν-

ℵAQ   13 στρεψω] επιστρεψω ℵ* (improb επι ℵ?) | χαρμονην] ευφροσυνην A
χαρμοσυνην Q | ευφραινομενους]+a'θ' ※ απο της λυπης αυτων Q^mg   14 om
ιερεων ℵ | Λευει (Λευι AQ)]+των ιερεω] ℵ | εμπλησθησονται ℵ   15 Ραμα]
τη υψηλη ℵ* (Ραμα ℵ^c.a mg) A | θρηνος και κλαυθμος και οδυρμος Q | απο-
κλαιομενης ℵ (-κλεομ. ℵ*) AQ+επι των νιων αυτης και AQ | ουκ 1°] pr και
ℵAQ | ηθελεν] ηθ rescr A¹ | παυσασθαι] παρακληθηναι B^ab mg A | om επι
τοις υιοις αυτης AQ   16 διαλειπετω AQ | η φωνη] incep ο ℵ* | om σου
3° AQ | εργοις]+παντες ※ φησι κς Q^mg | om εχθρων Q* (hab sub ※
Q^mg)   17 μονιμον] pr παντες ※ ͷ εσται ελπις τη εσχατη σου φησις κς Q^mg
18 ακοην] ακουων Q | Εφρεμ ℵ | επαιδευσας]+συ Q | μοσχον incep ℵ* (μο-
σχος ℵ?) | συ] εγω ℵ* (συ superscr ℵ^c.a(?)) | μου] σου ℵ* (μ superscr ℵ^c.a)
19 με εστεναξα] μετεστεναξα ℵ* (improb τ ℵ?) | ημερας] ημερες ℵ* -ραις
ℵ^c.b(?) | σοι] σε ℵ^c.a   20 αγαπητος]+εμοι Q | Εφρεμ ℵ | om εμοι Q |
παιδιον] pr ※ ει Q^mg | εντρυφων] incep εντρυφη ℵ* | μνεια] μνιαν ℵ* (μυια
ℵ^c.a(?)) | αυτου]+σ' ※ παλι] Q^mg | ελεων] ελεον ℵ*   21 Σιων ℵAQ |
ποιησον] εμποιησον+a' ※ σεαυτη Q^mg | ωμους]+σου ℵ^c.a A et (sub ※) Q^mg
η] ην ℵAQ | επορευθης] πεπορευσαι Q | αποστραφηθι bis B^ab | αποστρα-
φητι 1°] επιστραφηθι Q* | om παρθενος Ισρ. αποστραφητι ℵ* (hab ℵ^c.a mg) |
παρθενος]+θυγατηρ A | Ισραηλ] Ιερουσαλημ A | πολις ℵ* (-λεις ℵ^c.b(?))
22 αποστρφις ℵ* (αποστρεψεις ℵ?) | εν] εις ℵ | σωτηρια] pr η AQ σωτηριαν ℵ

ΙΕΡΕΜΙΑΣ (XXXI 33) XXXVIII 34

(22) 23 θρωποι. ²³ὅτι οὕτως εἶπεν Κύριος Ἔτι ἐροῦσιν τὸν λόγον τοῦτον B
ἐν γῇ Ἰούδα καὶ ἐν πόλεσιν αὐτοῦ, ὅταν ἀποστρέψω τὴν αἰχμα-
λωσίαν αὐτοῦ Εὐλογημένος Κύριος ἐπὶ δίκαιον ὄρος τὸ ἅγιον
(23) 24 αὐτοῦ· ²⁴καὶ ἐνοικοῦντες ἐν ταῖς πόλεσιν Ἰούδα καὶ ἐν πάσῃ τῇ
(24) 25 γῇ αὐτοῦ ἅμα γεωργῷ, καὶ ἀρθήσεται ἐν ποιμνίῳ. ²⁵ὅτι ἐμέθυσα
πᾶσαν ψυχὴν διψῶσαν, καὶ πᾶσαν ψυχὴν πεινῶσαν ἐνέπλησα.
(25) 26 ²⁶διὰ τοῦτο ἐξηγέρθην καὶ ἴδον, καὶ ὁ ὕπνος μου ἡδύς μοι ἐγενήθη.
(26) 27 ²⁷διὰ τοῦτο ἰδοὺ ἡμέραι ἔρχονται, φησὶν Κύριος, καὶ σπερῶ τὸν
Ἰσραὴλ καὶ τὸν Ἰουδά, σπέρμα ἀνθρώπου καὶ σπέρμα κτήνους.
(27) 28 ²⁸καὶ ἔσται ὥσπερ ἐγρηγόρουν ἐπ᾽ αὐτοὺς καθαιρεῖν καὶ κακοῦν,
οὕτως γρηγορήσω ἐπ᾽ αὐτοὺς τοῦ οἰκοδομεῖν καὶ καταφυτεύειν,
(28) 29 φησὶν Κύριος. ²⁹ἐν ταῖς ἡμέραις ἐκείναις οὐ μὴ εἴπωσιν Οἱ
πατέρες ἔφαγον ὄμφακα, καὶ οἱ ὀδόντες τῶν τέκνων ἡμωδίασαν·
(29) 30 ³⁰ἀλλ᾽ ἢ ἕκαστος ἐν τῇ ἑαυτοῦ ἁμαρτίᾳ ἀποθανεῖται, καὶ τοῦ
(30) 31 φαγόντος τὸν ὄμφακα αἱμωδιάσουσιν οἱ ὀδόντες αὐτοῦ. ³¹Ἰδοὺ
ἡμέραι ἔρχονται, φησὶν Κύριος, καὶ διαθήσομαι τῷ οἴκῳ Ἰσραὴλ
(31) 32 καὶ τῷ οἴκῳ Ἰούδα διαθήκην καινήν, ³²οὐ κατὰ τὴν διαθήκην
ἣν διεθέμην τοῖς πατράσιν αὐτῶν, ἐν ἡμέρᾳ ἐπιλαβομένου μου
τῆς χειρὸς αὐτῶν ἐξαγαγεῖν αὐτοὺς ἐκ γῆς Αἰγύπτου, ὅτι αὐτοὶ
οὐκ ἐνέμειναν ἐν τῇ διαθήκῃ μου, καὶ ἐγὼ ἠμέλησα αὐτῶν, φησὶν
(32) 33 Κύριος. ³³ὅτι αὕτη ἡ διαθήκη μου ἣν διαθήσομαι τῷ οἴκῳ Ἰσραὴλ
Μετὰ τὰς ἡμέρας ἐκείνας, φησὶν Κύριος, διδοὺς δώσω νόμους
μου εἰς τὴν διάνοιαν αὐτῶν, καὶ ἐπὶ καρδίας αὐτῶν γράψω αὐτούς,
(33) 34 καὶ ἔσομαι αὐτοῖς εἰς θεὸν καὶ αὐτοὶ ἔσονταί μοι εἰς λαόν. ³⁴καὶ οὐ
διδάξουσιν ἕκαστος τὸν πολίτην αὐτοῦ καὶ ἕκαστος τὸν ἀδελφὸν

23 om οτι ℵAQ | Κυριος]+ ※ των δυναμεω| θς Ἰηλ Q^mg | Ιουδεα ℵ* | ℵAQ αιχμαλωσιαν] αποικιαν Q   24 ενοικουντες] pr οι ℵ^c.a AQ | ταις πολεσιν Ιουδα] πολ. Ιουδα A τη Ιουδαια ℵQ | παση τη γη] παση πολει ℵ (-λι) Q πασαις ταις πολεσιν A | ποιμνιω] ποιμνια ℵ*   26 ιδον] ειδον ℵQ | μου] μοι B | εγενηθη] εγενετο A   27 om δια τουτο ℵ^c.a Q | φησιν] λεγει Q* (φ. Q^mg) | σπερω] σπιρω ℵ | Ισραηλ] pr α'σ' ※ οικον Q^mg | Ιουδαν B^ab AQ pr ※ οικον Q^mg 28 επ] incep a ℵ* | καθαιρειν] pr ※ εκτειλλειν κ καταοπαν κ Q^mg +※ κ απολλυει] Q^mg | γρηγορησω] εγρηγορησω ℵ* (improb ε ℵ¹)   29 ομφα-κακα ℵ* | ημωδιασαν] εμμωνδιασαν ℵ* (ωμωδ. ℵ^c.a) εμωδιασαν A αιμωδ. Q 30 om εν Q | εαυτου αμαρτια] αμ. αυτου A | αποθανειται]+α'θ' ※ πας ο αὖος Q^mg | εμωδιασουσιν ℵ* ωμωδ. Q* (superscr ω ℵ^c.a)   31 φησιν] λεγει ℵ (·γι ℵ*) AQ   32 διαθην ℵ* (-θηκην ℵ^c.a(?)) | διεθεμην] εποιησα Q* (διεθ. Q^mg) | αυτων 1°] υμων ℵ | και εγω] καγω A   33 om μου 1° ℵAQ | om δωσω AQ | νομον AQ | νομους ℵ^c.a¹) | διανοιαν] καρδιαν ℵ* (διανοιαν ℵ^c.a(?)) επι καρδιας (-αν ℵ) αυτων γραψω αυτους| επιγραψω αυτους επι τας καρδιας αυτων A επι καρδιας (θ' ※ του στηθους Q^mg) αυτων επιγραψω αυτους Q | και 2°] pr και οψομαι (-με ℵ*) αυτους ℵ*A | μοι] μου ℵ*   34 ου διδαξουσιν] ου μη διδαξωσιν ℵAQ | πολιτην] αδελφον A πλησιον Q | αδελφον] πλησιον A

313

XXXVIII 35 (XXXI 36)   ΙΕΡΕΜΙΑΣ

B αὐτοῦ λέγων Γνῶθι τὸν κύριον· ὅτι πάντες εἰδήσουσίν με ἀπὸ μικροῦ αὐτῶν ἕως μεγάλου αὐτῶν, ὅτι ἵλεως ἔσομαι ταῖς ἀδικίαις αὐτῶν καὶ τῶν ἁμαρτιῶν αὐτῶν οὐ μὴ μνησθῶ ἔτι. ³⁵ἐὰν ὑψωθῇ 35 (36) ὁ οὐρανὸς εἰς τὸ μετέωρον, φησὶν Κύριος, καὶ ἐὰν ταπεινωθῇ τὸ ἔδαφος τῆς γῆς κάτω, καὶ ἐγὼ οὐκ ἀποδοκιμῶ τὸ γένος Ἰσραήλ, φησὶν Κύριος, περὶ πάντων ὧν ἐποίησαν. ³⁶οὕτως εἶπεν Κύριος, 36 (34) ὁ δοὺς τὸν ἥλιον εἰς φῶς τῆς ἡμέρας, σελήνην καὶ ἀστέρας εἰς φῶς τῆς νυκτός, καὶ κραυγὴν ἐν θαλάσσῃ, καὶ ἐβύμβησεν τὰ κύματα αὐτῆς, Κύριος Παντοκράτωρ ὄνομα αὐτῷ ³⁷Ἐὰν παύσωνται οἱ 37 (35) νόμοι οὗτοι ἀπὸ προσώπου μου, φησὶν Κύριος, καὶ τὸ γένος Ἰσραὴλ παύσεται γενέσθαι ἔθνος κατὰ πρόσωπόν μου πάσας τὰς ἡμέρας. ³⁸ἰδοὺ ἡμέραι ἔρχονται, φησὶν Κύριος, καὶ οἰκοδομη- 38 (37) θήσεται πόλις τῷ κυρίῳ ἀπὸ πύργου Ἀναμεὴλ ἕως πύλης τῆς γωνίας, ³⁹καὶ ἐξελεύσεται ἡ διαμέτρησις αὐτῆς ἀπέναντι αὐτῶν 39 (38) ἕως βουνῶν Γαρήβ, καὶ περικυκλωθήσεται κύκλῳ ἐξ ἐκλεκτῶν λίθων, ⁴⁰καὶ πάντες ἀσαρημὼθ ἕως νάχαλ Κεδρών, ἕως γωνίας 40 (39) πύλης ἵππων ἀνατολῆς, ἁγίασμα τῷ κυρίῳ, καὶ οὐκέτι οὐ μὴ ἐκλίπῃ καὶ οὐ μὴ καθαιρεθῇ ἕως τοῦ αἰῶνος.

¹Ὁ λόγος ὁ γενόμενος παρὰ Κυρίου πρὸς Ἰερεμίαν ἐν τῷ ἐνιαυτῷ τῷ δεκάτῳ 1   XXXIX
βασιλεῖ Σεδεκίᾳ, οὗτος ἐνιαυτὸς ὀκτωκαιδέκατος τῷ βασιλεῖ Ναβουχο-   (XXXII)
δονοσὸρ βασιλεῖ Βαβυλῶνος.

²Καὶ δύναμις βασιλέως Βαβυλῶνος ἐχαράκωσεν ἐπὶ Ἰερουσαλήμ, 2
καὶ Ἰερεμίας ἐφυλάσσετο ἐν αὐλῇ τῆς φυλακῆς ἥ ἐστιν ἐν οἴκῳ βασι-

ℵAQ   34 ειδησουσιν] οιδησουσιν B ιδ. A | om αυτων 1° A | εως] pr και ℵ | αυτων 2°] + γ´ ✶ φησι κ͞ε Qᵐᵍ | εσονται Q*ᵛⁱᵈ (εσομαι Qᵃ)   35 το μετεωρον (το μετερον A)] om το Q | και εγω] καγω ℵ | om φησιν Κυριος (2°) Q | ων] των Q* | εποιησαν (ε sup ras Bᵇ)] + μοι A   36 om της ημερας...εις φως ℵ* (hab ℵᶜ·ᵃ⁽ᵗ⁾ ᵐᵍ ˢᵘᵖ) | αστερας] τα αστρα A αστρα Q | κραυην ℵ* | εν sup ras Bᵇ | θαλασση] pr τη A | εβοββησεν ℵ | Κυριος 2°] κ͞υ ℵ*   37 φησιν] λεγει Q | παυσηται A | γενεσθαι] pr του ℵᶜ·ᵃ | ημερας] + φησιν κ͞ε A   38 οικοδομηθησεται Bℵᶜ·ᵃ⁽ᵗ⁾ Q] οικοδομησεται ℵ* (-τε) A | κυριω] incep λαω ℵ* (κ͞ω ℵᶜ·ᵃ⁽ᵗ⁾ | πυλης] pr της A | γνιας A* (γων. A¹)   39 εξελευσεται] + ✶ ετι ελπις Qᵐᵍ | περικυκλωσεται ℵ* (-κλωθησεται ℵᶜ·ᵃ⁽ᵗ⁾) | λιθων] κυκλω A + θ' ✶ την κοιλαδα τω φαγαλσειμ κ͞ την σποδειαν Qᵐᵍ   40 παντες] πασαν Q | ασαρημωθ] σαρημωθ ℵ* ασσαρημωθ ℵᶜ·ᵃ Q | ναχαλ] pr χειμαρρου AQ | om πυλης Q* (hab Qᵐᵍ) | τω κυριω] om τω ℵ | om ου 1° Q | εκλειπη ℵᶜ·ᵃ εκτιλη Q   XXXIX 1 γεναμενος A* (a postea improb) | om παρα Κυριου Q* (hab Qᵐᵍ) | ενιαυτω sup ras Bᵃᵇ | τω δεκατω] om τω B* τω δωδεκατω Bᵃᵇ | βασιλει 1°] pr τω ℵA om βασιλει Q | Σεδεκια] + βασιλει Ιουδα AQ | ενιαυτος] pr ο A | om τω βασιλει Q | om βασιλει 3° A   2–4 om και δυναμις...εις χειρας βασιλεως Βαβυλωνος ℵ* (hab ℵᶜ·ᵃ ᵐᵍ ⁱⁿᶠ) 2 και 1°] + ✶ τοτε Qᵐᵍ | επι] εν A | Ιερεμιας (Ιηρ. ℵᶜ·ᵃ)] + παντες ✶ ο προφητης Qᵐᵍ | αυλη] pr τη ℵᶜ·ᵃAQ | βασιλεως 2°] pr του ℵᶜ·ᵃAQ + ✶ Ιουδα Qᵐᵍ

ΙΕΡΕΜΙΑΣ (XXXII 12) XXXIX 12

3 λέως, ³ἐν ᾗ κατέκλεισεν αὐτὸν ὁ βασιλεὺς Σεδεκίας λέγων Διὰ τί B
σὺ προφητεύεις λέγων Οὕτως εἶπεν Κύριος Ἰδοὺ ἐγὼ δίδωμι τὴν
πόλιν ταύτην ἐν χερσὶν βασιλέως Βαβυλῶνος καὶ λήμψεται αὐτήν,
4 ⁴καὶ Σεδεκίας οὐ μὴ σωθῇ ἐκ χειρὸς τῶν Χαλδαίων, ὅτι παραδόσει
παραδοθήσεται εἰς χεῖρας βασιλέως Βαβυλῶνος, καὶ λαλήσει στόμα
αὐτοῦ πρὸς στόμα αὐτοῦ, καὶ οἱ ὀφθαλμοὶ αὐτοῦ τοὺς ὀφθαλμοὺς
5 αὐτοῦ ὄψονται, ⁵καὶ εἰσελεύσεται Σεδεκίας εἰς Βαβυλῶνα καὶ ἐκεῖ
καθιεῖται.

6 ⁶Καὶ λόγος Κυρίου ἐγενήθη πρὸς Ἰερεμίαν λέγων
7 ⁷Ἰδοὺ Ἁναμεὴλ υἱὸς Σαλὼμ ἀδελφοῦ πατρός σου ἔρχεται πρὸς σὲ
λέγων Κτῆσαι σεαυτῷ τὸν ἀγρόν μου τὸν ἐν Ἀναθώθ, ὅτι σοὶ κρίσις
8 παραλαβεῖν εἰς κτῆσιν. ⁸καὶ ἦλθεν πρὸς μὲ Ἁναμεὴλ υἱὸς Σαμὼλ
ἀδελφοῦ πατρός μου εἰς τὴν αὐλὴν τῆς φυλακῆς καὶ εἶπεν Κτῆσαι τὸν
ἀγρόν μου τὸν ἐν γῇ Βενιαμεὶν τὸν ἐν Ἀναθώθ, ὅτι σοὶ κρίμα
κτήσασθαι αὐτὸν καὶ σὺ πρεσβύτερος. καὶ ἔγνων ὅτι λόγος Κυρίου
9 ἐστίν, ⁹καὶ ἐκτησάμην τὸν ἀγρὸν Ἁναμεὴλ υἱοῦ ἀδελφοῦ πατρός μου,
10 καὶ ἔστησα αὐτῷ ἑπτὰ σίκλους καὶ δέκα ἀργυρίου, ¹⁰καὶ ἔγραψα εἰς
βιβλίον καὶ ἐσφραγισάμην, καὶ διεμαρτυράμην μάρτυρας, καὶ ἔστησα
11 τὸ ἀργύριον ἐν ζυγῷ. ¹¹καὶ ἔλαβον τὸ βιβλίον τῆς κτήσεως τὸ
12 ἐσφραγισμένον ¹²καὶ ἔδωκα αὐτὸ τῷ Βαροὺχ υἱῷ Νηρίου υἱῷ Μαασαίου

3 Σεδεκιας] + ※ Ιουδα Qᵐᵍ | προφητευει B*Q | om εγω A | χερσιν] ℵAQ
χειρι Q   4 Σεδεκιας]+ ※ βασιλευς Ιουδα Qᵐᵍ | των Χαλδαιων]
βασιλεως Χαλδ. A | παραδοθησονται A | τους οφθαλμους] προς οφθ. ℵ
5 εισελευσεται Σ. εις Βαβυλωνα] εισελ. εις Βαβ. Σ. A εις Βαβ. εισελ. Σ.
Q | καθιειται (-θιεται B)] αποθανειται A + θ' ※ εως ου επισκεψομαι αυτον
φησι κ̄ς̄ οτι πολεμει τους Χαλδαιους οις ου μη κατευθυνητε Qᵐᵍ   6 και...
Ιερεμιαν] παντες ※ ειπεν Ιερεμιας Qᵐᵍ | λογος Κυριου εγενηθη] εγενετο λογος
κ̄ῡ̄ AQ | προς]+με Qᵐᵍ   7 Αναμεηλ] adnot χαρις θῡ Qᵐᵍ | Σαλωμ]
Σαλμων ℵ* adnot ειρηνη Qᵐᵍ | λεγων]+σοι A | κτησαι] κτησον Bᵃ ᵛⁱᵈ |
Ανα|ναθωθ A* | σοι] συ Q* (σοι Qᵃ) | κρισις] κριμα ℵAQ + παντες ※ της
αγχιστειας Qᵐᵍ   8 προς] incep θ ℵ* | Σαμωλ] Σαλωμ Bᵇ ℵᶜ·ᵃ⁽ᵛⁱᵈ⁾ AQ
Σαλμων ℵ* | πατρος μου] + ※ κατα τον λογον κ̄ῡ̄ Qᵐᵍ | φυλα|λακης Q | ειπεν]
+μοι ℵAQ | κτησαι]+σεαυτω ℵAQ+α' ※ δη Qᵐᵍ | τον εν γη...Αναθωθ]
τον εν Αναθωθ εν γη Βενιαμειν Q | Βενιαμιν ℵQᵃ | σοι κριμα] συγκρισις
Q* ᵛⁱᵈ σοι κρισις Qᵃ | κτησασθαι αυτον] om αυτον ℵQ παραλαβειν εις κτησιν A
[κτ.] ※ την κληρονομιαν Qᵐᵍ   9 Αναμεηλ] pr παντες ※ παρα Qᵐᵍ | μου]
+παντες ※ τον εν Αναθωθ Qᵐᵍ | αυτω]+ ※ το αργυριον| Qᵐᵍ | επτα και
δεκα σικλους ℵ   10 εσφραγισαμην] διεσφραγ. ℵA   11 εσφραγισμενον]
+και το ανεγνωσμενον ℵA pr ανεγνωσμενον και Q+παντες ※ την εντολην
και τα δικαιωματα ϛ το αποκεκαλυμμενον Qᵐᵍ   12 ιιω 2°] υιου AQ |
Μαασαιου] Μνασαιου Bᵇ Μασεου ℵ Μασσαιου A

315

XXXIX 13 (XXXII 13)   ΙΕΡΕΜΙΑΣ

B κατ' ὀφθαλμοὺς Ἀναμεὴλ υἱοῦ ἀδελφοῦ πατρός μου καὶ κατ' ὀφθαλμοὺς τῶν ἀνδρῶν τῶν παρεστηκότων καὶ γραφόντων ἐν τῷ βιβλίῳ τῆς κτήσεως καὶ κατ' ὀφθαλμοὺς τῶν Ἰουδαίων τῶν ἐν τῇ αὐλῇ τῆς φυλακῆς. ¹³καὶ συνέταξα τῷ Βαρούχ κατ' ὀφθαλμοὺς αὐτῶν λέγων 13 ¹⁴Οὕτως εἶπεν Κύριος Παντοκράτωρ Λάβε τὸ βιβλίον τῆς κτήσεως 14 τοῦτο καὶ τὸ βιβλίον τὸ ἀνεγνωσμένον καὶ θήσεις αὐτὸ εἰς ἀγγεῖον ὀστράκινον, ἵνα διαμένῃ ἡμέρας πλείους. ¹⁵ὅτι οὕτως εἶπεν Κύριος 15 Ἔτι κτισθήσονται ἀγροὶ καὶ οἰκίαι καὶ ἀμπελῶνες ἐν τῇ γῇ ταύτῃ.

¹⁶καὶ προσευξάμην πρὸς Κύριον μετὰ τὸ δοῦναί με τὸ βιβλίον τῆς 16 κτήσεως πρὸς Βαρούχ υἱὸν Νηρίου λέγων ¹⁷Ὁ ὢν Κύριε, σὺ ἐποίησας 17 τὸν οὐρανὸν καὶ τὴν γῆν τῇ ἰσχύϊ σου τῇ μεγάλῃ καὶ τῷ βραχίονί σου τῷ ὑψηλῷ καὶ τῷ μετεώρῳ, οὐ μὴ ἀποκρυβῇ ἀπὸ σοῦ οὐθέν, ¹⁸ποιῶν ἔλεος εἰς χιλιάδας καὶ ἀποδιδοὺς ἁμαρτίας πατέρων εἰς 18 κόλπους τέκνων αὐτῶν μετ' αὐτούς, ὁ θεὸς ὁ μέγας ὁ ἰσχυρός, ¹⁹Κύριος μεγάλης βουλῆς καὶ δυνατὸς τοῖς ἔργοις, ὁ θεὸς ὁ μέγας ὁ 19 παντοκράτωρ καὶ μεγαλώνυμος Κύριος· οἱ ὀφθαλμοί σου εἰς τὰς ὁδοὺς τῶν υἱῶν τῶν ἀνθρώπων δοῦναι ἑκάστῳ κατὰ τὴν ὁδὸν αὐτοῦ· ²⁰ὃς ἐποίησας σημεῖα καὶ τέρατα ἐν γῇ Αἰγύπτῳ ἕως τῆς ἡμέρας 20 ταύτης, καὶ ἐν Ἰσραὴλ καὶ ἐν τοῖς γηγενέσιν, καὶ ἐποίησας σεαυτῷ ὄνομα ὡς ἡ ἡμέρα αὕτη, ²¹καὶ ἐξήγαγες τὸν λαόν σου Ἰσραὴλ ἐκ γῆς 21 Αἰγύπτου ἐν σημείοις καὶ ἐν τέρασιν, ἐν χειρὶ κραταιᾷ καὶ ἐν βραχίονι ὑψηλῷ ²²καὶ ἐν ὁράμασιν μεγάλοις, καὶ ἔδωκας αὐτοῖς τὴν γῆν ταύτην 22 ἣν ὤμοσας τοῖς πατράσιν αὐτῶν, γῆν ῥέουσαν γάλα καὶ μέλι. ²³καὶ 23 εἰσήλθοσαν καὶ ἔλαβον αὐτήν, καὶ οὐκ ἤκουσαν τῆς φωνῆς σου, καὶ ἐν

ℵAQ   12 om και 2° ℵ* (hab ℵc.a(?)) | ανδρων των παρεστηκοτων] ανδρ. των εστηκοτων ℵ των εστ. Α εστ. μαρτυρων Q | γραφοντων] γραψαντων Q | των Ιουδαιων] +παντων A pr παντων Q | εν] pr καθημενων AQ   14 Παντοκρατωρ] +παντες ※ ο θς σαβαωθ Qsuperscr | το βιβλιον] pr θ' ※ συν Qmg | ανεγνωσμενον]+παντες ※ τουτο Qmg | θησεις] καθησεις ℵ* καταθησεις ℵc.a(?) | om αυτο ℵAQ | αγγιον AQ* (αγγειον Qa) | διαμεινη ℵ (-μιν. ℵ*) AQ   15 Κυριος]+θ' ※ παντοκρατωρ θς Ιηλ | κτισθησονται] κτηθησονται Bа ℵc.a AQ κτησ̅ο̅||τε ℵ* | οικιαι και αγροι Q   16 προσηυξαμην AQ | om με ℵ | προς Βαρουχ υιον] Βαρ. υιω Q   17 Κυριε]+κε AQ | συ] pr ※ ιδου Qmg | τη ισχυι] pr εν A | om και τω μετεωρω ℵ om τω Q | ουθεν] ουδε| Q   18 κολπου ℵ | ο ισχυρος] και ισχ. ℵA και ο ισχ. Q   19 Κυριος 1°]+θ' ※ των δυναμεων ονομα αυτω Qmg | δυνατος] pr ο A | ο θεος ο μεγας] κς ℵ | ο παντοκρατωρ] om ο ℵ | και μεγαλωνυμος] ο μεγ. ℵQ | Κυριος 2°] om ℵ* κε ℵc.a(mg) | σου]+α'θ' ※ ανεωγμενων Qmg | τας οδους] om τας Q | om των υιων ℵA | δουναι] αποδουναι A | την οδον] τας οδους ℵ | αυτου] αυτων ℵ+θ' ※ κ κατα τους καρπους τω̅] επιτηδευματων αυτου Qmg   20 ος] οσα A | Αιγυπτου ℵ (Εγ. ℵ*) | γηγενεσιν (-σι Qa)] οι λοιποι ανοις Qmg   21 εν τερασιν (-σι Qa)] om εν A | εν 3°] pr και AQ   22 οραμασιν (-σι Qa)] ορασιν ℵ* (-μασιν ℵc.a(?))   23 εισηλθον Q | ελαβοσαν ℵA

316

ΙΕΡΕΜΙΑΣ (XXXII 32) XXXIX 32

τοῖς προστάγμασίν σου οὐκ ἐπορεύθησαν· ἅπαντα ἃ ἐνετειλω αὐ- B
24 τοῖς οὐκ ἐποίησαν, συμβῆναι αὐτοῖς πάντα τὰ κακὰ ταῦτα. ²⁴ἰδοὺ
ὄχλος ἥκει εἰς τὴν πόλιν συλλαβεῖν αὐτήν, καὶ ἡ πόλις ἐδόθη εἰς
χεῖρας Χαλδαίων τῶν πολεμούντων αὐτὴν ἀπὸ προσώπου μαχαίρας
25 καὶ τοῦ λιμοῦ· ὡς ἐλάλησας, οὕτως ἐγένετο. ²⁵καὶ σὺ λέγεις πρὸς μέ
Κτῆσαι σεαυτῷ τὸν ἀγρὸν ἀργυρίου· καὶ ἔγραψα βιβλίον καὶ ἐσφρα-
γισάμην, καὶ ἐπεμαρτυράμην μάρτυρας, καὶ ἡ πόλις ἐδόθη εἰς χεῖρας
²⁶/₂₇ Χαλδαίων. ²⁶Καὶ ἐγένετο λόγος Κυρίου πρὸς μὲ λέγων ²⁷Ἐγὼ
28 Κύριος ὁ θεὸς πάσης σαρκός, μὴ ἀπ᾽ ἐμοῦ κρυβήσεταί τι; ²⁸διὰ τοῦτο
οὕτως εἶπεν Κύριος ὁ θεὸς Ἰσραήλ Δοθεῖσα παραδοθήσεται ἡ πόλις
29 αὕτη εἰς χεῖρας βασιλέως Βαβυλῶνος, καὶ λήμψεται αὐτήν, ²⁹καὶ ἥξου-
σιν οἱ Χαλδαῖοι πολεμοῦντες ἐπὶ τὴν πόλιν ταύτην, καὶ καύσουσιν
τὴν πόλιν ταύτην ἐν πυρί, καὶ κατακαύσουσιν τὰς οἰκίας ἐν αἷς ἐθυμιῶ-
σαν ἐπὶ τῶν δωμάτων αὐτῶν τῇ Βάαλ, καὶ ἔσπενδον σπονδὰς θεοῖς
30 ἑτέροις πρὸς τὸ παραπικρᾶναί με. ³⁰ὅτι ἦσαν οἱ υἱοὶ Ἰσραὴλ καὶ οἱ
υἱοὶ Ἰούδα μόνοι ποιοῦντες τὸ πονηρὸν κατ᾽ ὀφθαλμούς μου ἐκ νεότη-
31 τος αὐτῶν· ³¹ὅτι ἐπὶ τὴν ὀργήν μου καὶ ἐπὶ τὸν θυμόν μου ἦν ἡ
πόλις αὕτη, ἀφ᾽ ἧς ἡμέρας ᾠκοδόμησαν αὐτὴν καὶ ἕως τῆς ἡμέρας
32 ταύτης, ἀπαλλάξαι αὐτὴν ἀπὸ προσώπου μου, ³²διὰ πάσας τὰς
πονηρίας τῶν υἱῶν Ἰσραὴλ καὶ Ἰούδα ὧν ἐποίησαν πικρᾶναί με,
αὐτοὶ καὶ οἱ βασιλεῖς αὐτῶν καὶ οἱ ἄρχοντες αὐτῶν καὶ οἱ ἱερεῖς
αὐτῶν καὶ οἱ προφῆται αὐτῶν, ἄνδρες Ἰούδα καὶ οἱ κατοικοῦντες

23 προσταγμασι Qᵃ | απαντα] παντα Q* (απ. Qᵃ) | ενετειλου B* (-λω ℵAQ
Bᵃᵇ) | αυτοις 1°]+παντες ※ ποιειν Qᵐᵍ | συμβηναι] pr και εποιησαν Bᵃᵇ
ℵᶜ·ᵃ⁽ᵗ⁾AQ | παντα] απαντα AQ   24 ιδου] pr και A | εις 1°] επι Q | πολιν]
+ταυτην AQ | χειρας] pr τας ℵ | λιμου]+παντες Qᵐᵍ | εγε-
νετο]+παντες ※ ιδου συ ορας Qᵐᵍ   25 με]+ ※ κε Qᵐᵍ | τον αγρον] om τον
ℵAQ | βιβλιον] pr εις A | Χαλδεων ℵ   27 μη] ϗ Qᵐᵍ | om απ εμου Q*
(hab Qᵐᵍ) | κρυβησεται] κρυβεται ℵ* αποκρυβησεται Q | τι] ετι AQ* (τι Qᵃ)
σ᾽ ※ πας λογος Qᵐᵍ   28 om ο θεος Ισραηλ ℵ | αυτη]+θ᾽ ※ εις χειρας
Χαλδαιων ϗ Qᵐᵍ | χειρας]+θ᾽ ※ Ναβουχοδονοσορ Qᵐᵍ | βασιλεως] βασιλεων
ℵ* | λημψεται (λημψ. Qᵃ)] λημψουσιν ℵ* (λημψεται ℵᶜ·ᵃ)   29 Χαλδεοι
ℵ | την πολιν ταυτην (1°)] την γην ταυτην A αυτῇ| Q | την π. ταυτην (2°)]
αυτην Q | κατακαυσουσιν] κανσωσιν A | την οικιαν ℵ* (τας οικιας ℵᶜ·ᵃ⁽ᵗ⁾)
εθυμιωσαν (-ασαν Q)]+εν αυταις A | τη Βααλ] pr οτι B* (om Bᵃᵇ)   30 οι
υιοι (bis)] om οι ℵ | εκ νεοτητος αυτων κατ οφθαλμους μου (μους μου sup ras
Aᵃ?) A | αυτων]+α᾽σ᾽ ※ πλην υιοι Ἰηλ παρωργισα| με εν τοις εργοις των
χειρων αυτων φησι κ̄ς Qᵐᵍ   31 οτι ε sup ras Aᵃ? | την οργην] om την Q |
θυμον] incep ι ℵ* | ην]+ ※ μοι Qᵐᵍ | αφ] αφο ℵ* (αφ ℵ?) | αυτην 2°]
αυτους A   32 πονηριας ℵ* | των νιων] om των ℵA om των νιων Q*
(hab sub ※ νιων Qᵐᵍ) | Ιουδα] pr ※ νιων Qᵐᵍ | ων] οτι Q | πικραναι] παρα-
πικραναι ℵ (-νε ℵ*) A | αυτοι]+και οι π̄ρ̄ε̄ς αυτων A | αρχοντες] μεγιστανες Q

XXXIX 33 (XXXII 33) ΙΕΡΕΜΙΑΣ

B ἐν Ἰερουσαλήμ, ³³καὶ ἀπέστρεψαν πρὸς μὲ νῶτον καὶ οὐ πρόσωπον, 33
καὶ ἐδίδαξα αὐτοὺς ὄρθρου καὶ ἐδίδαξα καὶ οὐκ ἤκουσαν ἔτι λαβεῖν
παιδείαν. ³⁴καὶ ἔθηκαν τὰ μιάσματα αὐτῶν ἐν τῷ οἴκῳ οὗ ἐπεκλήθη 34
τὸ ὄνομά μου ἐπ᾿ αὐτῷ ἐν ἀκαθαρσίαις αὐτῶν. ³⁵καὶ ᾠκοδόμησαν 35
τοὺς βωμοὺς τῇ Βάαλ τοὺς ἐν φάραγγι υἱοῦ Ἐννὸμ τοῦ ἀναφέρειν
τοὺς υἱοὺς αὐτῶν καὶ τὰς θυγατέρας αὐτῶν τῷ Μόλοχ βασιλεῖ, ἃ οὐ
συνέταξα αὐτοῖς καὶ οὐκ ἀνέβη ἐπὶ καρδίαν μου, τοῦ ποιῆσαι τὸ
βδέλυγμα τοῦτο πρὸς τὸ ἐφαμαρτεῖν τὸν Ἰουδά. ³⁶Καὶ νῦν οὕτως 36
εἶπεν Κύριος ὁ θεὸς Ἰσραὴλ ἐπὶ τὴν πόλιν ἣν σὺ λέγεις Παραδοθή-
σεται εἰς χεῖρας βασιλέως Βαβυλῶνος ἐν μαχαίρᾳ καὶ ἐν λιμῷ καὶ
ἐν ἀποστολῇ ³⁷Ἰδοὺ ἐγὼ συνάγω αὐτοὺς ἐκ πάσης τῆς γῆς οὗ διέ- 37
σπειρα αὐτοὺς ἐκεῖ ἐν ὀργῇ μου καὶ τῷ θυμῷ μου καὶ παροξυσμῷ
μεγάλῳ, καὶ ἐπιστρέψω αὐτοὺς εἰς τὸν τόπον τοῦτον, καὶ καθιῶ
αὐτοὺς πεποιθότας, ³⁸καὶ ἔσονταί μοι εἰς λαὸν καὶ ἐγὼ ἔσομαι αὐτοῖς 38
εἰς θεόν. ³⁹καὶ δώσω αὐτοῖς ὁδὸν ἑτέραν καὶ καρδίαν ἑτέραν, φοβη- 39
θῆναί με πάσας τὰς ἡμέρας, καὶ εἰς ἀγαθὸν αὐτοῖς καὶ τοῖς τέκνοις
αὐτῶν μετ᾿ αὐτούς. ⁴⁰καὶ διαθήσομαι αὐτοῖς διαθήκην αἰωνίαν, ἣν οὐ 40
μὴ ἀποστρέψω ὄπισθεν αὐτῶν· καὶ τὸν φόβον μου δώσω εἰς τὴν
καρδίαν αὐτῶν πρὸς τὸ μὴ ἀποστῆναι αὐτοὺς ἀπ᾿ ἐμοῦ. ⁴¹καὶ ἐπι- 41
σκέψομαι τοῦ ἀγαθῶσαι αὐτούς, καὶ φυτεύσω αὐτοὺς ἐν τῇ γῇ ταύτῃ
ἐν πίστει καὶ ἐν πάσῃ καρδίᾳ καὶ ἐν πάσῃ ψυχῇ. ⁴²ὅτι οὕτως εἶπεν 42
Κύριος Καθὰ ἐπήγαγον ἐπὶ τὸν λαὸν τοῦτον πάντα τὰ κακὰ τὰ
μεγάλα ταῦτα, οὕτως ἐγὼ ἐπάξω ἐπ᾿ αὐτοὺς πάντα τὰ ἀγαθὰ ἃ
ἐλάλησα ἐπ᾿ αὐτούς. ⁴³καὶ κτηθήσονται ἔτι ἀγροὶ ἐν τῇ γῇ ᾗ σὺ 43
λέγεις Ἄβατος ἔσται ἀπὸ ἀνθρώπων καὶ κτήνους, καὶ παρεδόθησαν
εἰς χεῖρας Χαλδαίων· ⁴⁴καὶ κτήσονται ἀγροὺς ἐν ἀργυρίῳ, καὶ γράψεις 44
βιβλίον καὶ σφραγιῇ, καὶ διαμαρτυρῇ μάρτυρας, ἐν γῇ Βενιαμεὶν καὶ

ℵAQ 32 om εν ℵQ 33 απεστρεψαν] επεστρεψαν ℵ εστρεψαν Q | bis scr προς
ℵ* (improb 1º ℵ?) | νωτα Q* (νωτον Q^mg) | προσωπα Q* (·πον Q^mg) | ορθρου
ℵ* (ορθρ. ℵ^c.a) | om εδιδαξα (2º) και B^bA | ηκουσαν] ηθελησαν A | ετι λαβειν]
εκλαβειν Q | παιδιαν (πεδ. ℵ*) ℵA 34 μιασματα] incep μιαν ℵ* | ου] ω A
35 βωμους]+αυτων A | τη Βααλ] της B. Q | om βασιλει Q | καρδιαν] pr
την AQ | Ιουδαν B^bℵ 36 πολιν]+α᾿σ᾿ ※ ταυτῃ] Q^mg | μαχαιρη A
37 om εγω ℵ*c.b (superscr ℵ^c.a) | τω θυμω] pr εν Q | καθιω] κατοικειω
A | πεποιθοτας Q 39 ετεραν 1º] μιαν Q^mg | ετεραν 2º sub ※ Q^superscr |
φοβηθηναι] pr ※ ωστε Q^mg 40 αιωνιον ℵAQ | αυτων 1º]+※ ωστε
αγαθοποιεῖ με αυτους Q^mg 41 επισκεψομαι]+αυτους ℵQ | του αγα-
θωσαι] om του ℵQ | καρδια] pr αληθια ℵ* (mox improb)+μου Q | ψυχη]
+μου AQ 42 Κυριος] incep pr ℵ* | επαξω] επαγω AQ^a | ελαλησα] pr
εγω Q 43 η] ην A | εσται] εστιν ℵQ | ανθρωπων] ανθρωπου ℵ αυοῦ AQ |
Χαλδεω] ℵ 44 βιβλιον] pr εις Q | Βενιαμιν ℵ

ΙΕΡΕΜΙΑΣ (XXXIII 8) XL 8

κύκλῳ τῆς Ἰερουσαλὴμ καὶ ἐν πόλεσιν Ἰούδα καὶ ἐν πόλεσιν τοῦ B ὄρους τῆς σεφηλὰ καὶ ἐν πόλεσιν τῆς νάγεβ, ὅτι ἀποστρέψω τὰς ἀποικίας αὐτῶν.

XL
XXXIII) 1 ¹Καὶ ἐγένετο λόγος Κυρίου πρὸς Ἰερεμίαν δεύτερον, καὶ αὐτὸς ἦν ἔτι δεδεμένος ἐν τῇ αὐλῇ τῆς φυλακῆς, λέγων

2 ²Οὕτως εἶπεν Κύριος, ποιῶν γῆν καὶ πλάσσων αὐτὴν τοῦ ἀνορ-
3 θῶσαι αὐτήν, Κύριος ὄνομα αὐτῷ ³Κέκραξον πρὸς μὲ καὶ ἀποκριθήσομαί σοι, καὶ ἀπαγγελῶ σοι μεγάλα καὶ ἰσχυρὰ ἃ οὐκ ἔγνως αὐτά.

4 ⁴ὅτι οὕτως εἶπεν Κύριος περὶ οἴκων τῆς πόλεως ταύτης καὶ περὶ οἴκων βασιλέως Ἰούδα τῶν καθῃρημένων εἰς χάρακας καὶ προμα-
5 χῶνας, ⁵τοῦ μάχεσθαι πρὸς τοὺς Χαλδαίους καὶ πληρῶσαι αὐτὴν τῶν νεκρῶν τῶν ἀνθρώπων οὓς ἐπάταξα ἐν ὀργῇ μου καὶ ἐν θυμῷ μου, καὶ ἀπέστρεψα τὸ πρόσωπόν μου ἀπ᾿ αὐτῶν περὶ πασῶν τῶν
6 πονηριῶν αὐτῶν ⁶᾿Ιδοὺ ἐγὼ ἀνάγω αὐτῇ συνούλωσιν καὶ ἴαμα, καὶ φανερώσω αὐτοῖς καὶ ἰατρεύσω αὐτήν, καὶ εἰρήνην καὶ πίστιν·
7 ⁷καὶ ἐπιστρέψω τὴν ἀποικίαν Ἰούδα καὶ τὴν ἀποικίαν Ἰσραήλ,
8 καὶ οἰκοδομήσω αὐτοὺς καθὼς καὶ τὸ πρότερον, ⁸καὶ καθαριῶ αὐτοὺς ἀπὸ πασῶν τῶν ἀδικιῶν αὐτῶν ὧν ἡμάρτοσάν μοι, καὶ οὐ μὴ μνησθήσομαι ἁμαρτιῶν αὐτῶν ὧν ἥμαρτόν μοι καὶ ἀπέστησαν

44 κυκλω] κρυψω ℵ* (κυκλω ℵc.a) κυκλοθεν A | της Ιερουσαλημ] om της ℵAQ ℵAQ | πολεσι bis Qᵃ | σεφηλα] pr και εν πολεσιν (-σι Qᵃ) ℵAQ XL 1 δευτερον] εκ δευτερου AQ | ην ετι] ετι ην A 2 ποιων]+σ´ εις το επιτελεσαι αυτο Qᵐᵍ | αυτην 1°] η sup ras Aᵃ? (αυτων A* ᵛⁱᵈ) 3 απαγγελω] αναγγελω A | αυτα] αυται ℵ 4 Κυριος]+ο θ̅ς̅ Ι̅σ̅λ̅ (Ι̅η̅λ̅ AQ) ℵAQ | οικων 1°] οικιας ℵc.ᵃA οικιων Q pr ※ των Qᵐᵍ | om της πολεως ταυτης και περι οικων ℵ*c.b ᵛⁱᵈ (hab ℵc.ᵃ ᵐᵍ ⁱⁿᶠ) | οικων 2°] οικιας Q ※ των οικιων Qᵐᵍ | καθηρημενων] καθειρημενων ℵ καθημενων A | χαρακα Q | προμαχωνας] +σ´ ※ των ερχομενων Qᵐᵍ 5 Χαλδεους ℵ | πληρωσαι] pr ※ του Qᵐᵍ | των νεκρων] om των AQ* (hab των sub ※ Qᵐᵍ) | επαταξε| A | om εν 1° A | οργη] pr ※ τη Qᵐᵍ | θυμω] pr τω ℵ et (sub ※) Qᵐᵍ | πονηρων Q* (πονηριων Qᵃ) 6 αναγω] επαγω A | αυτη] επ αυτους A | συνωλουσιν A | ιαμα]+και ιατρευσω αυτην (αυτους ℵc.ᵃ) κεν ιρηνη (improb κεν ιρ. ℵ?) ℵ | φανερωσω αυτοις κ. ιατρευσω αυτην] ιατρευσω αυτην (αυτους ℵc.ᵃ) κεν ιρηνη (improb κεν ιρ. ℵ?) και φανερωσω αυτοις εισακουειν κ. ιατρευσω αυτην (αυτους ℵc.ᵃ) ℵ ιατρευσω αυτους και φανερωσω (φανεροι A) αυτοις εισακουειν και ιατρευσω αυτους AQ | ειρηνην (-νη ℵ*)] pr και ποιησω αυτοις ℵc.ᵃAQ 7 επιστρεψω] αποστρεψω ℵ* (ε pro α ℵc.ᵃ) A | om την αποικιαν Ιουδα και Q* (hab Qᵐᵍ) | Ισραηλ] Ι̅λ̅η̅μ̅ ℵc.ᵃQ | καθως και] ως A ως και Q* (καθως και Qᵐᵍ) 8 ημαρτοσαν] ημαρτον AQ | μνησθησομαι] μνησθω ℵ | αμαρτιων] pr ※ των Qᵐᵍ | ημαρτον] ημαρτοσαν ℵ | μοι 2°] μου A

319

XL 9 (XXXIII 9)   ΙΕΡΕΜΙΑΣ

B ἀπ᾽ ἐμοῦ. ⁹καὶ ἔσται εἰς εὐφροσύνην καὶ αἴνεσιν καὶ εἰς μεγαλειό- 9
τητα παντὶ τῷ λαῷ τῆς γῆς οἵτινες ἀκούσονται πάντα τὰ ἀγαθὰ ἃ
ἐγὼ ποιήσω, καὶ φοβηθήσονται καὶ πικρανθήσονται περὶ πάντων
τῶν ἀγαθῶν καὶ περὶ πάσης τῆς εἰρήνης ἧς ἐγὼ ποιήσω αὐτοῖς.
¹⁰οὕτως εἶπεν Κύριος Ἔτι ἀκουσθήσεται ἐν τῷ τόπῳ τούτῳ ᾧ ὑμεῖς 10
λέγετε Ἐρημός ἐστιν ἀπὸ ἀνθρώπων καὶ κτηνῶν, ἐν πόλεσιν Ἰούδα
καὶ ἔξωθεν Ἰερουσαλὴμ ταῖς ἠρημωμέναις παρὰ τὸ μὴ εἶναι ἄνθρω-
πον καὶ κτήνη, ¹¹φωνὴ εὐφροσύνης καὶ φωνὴ χαρμοσύνης, φωνὴ 11
νυμφίου καὶ φωνὴ νύμφης, φωνὴ λεγόντων Ἐξομολογεῖσθε Κυρίῳ
Παντοκράτορι, ὅτι χρηστὸς Κύριος, ὅτι εἰς τὸν αἰῶνα τὸ ἔλεος αὐτοῦ·
καὶ εἰσοίσουσιν δῶρα εἰς οἶκον Κυρίου, ὅτι ἀποστρέψω πᾶσαν τὴν
ἀποικίαν τῆς γῆς ἐκείνης κατὰ τὸ πρότερον, εἶπεν Κύριος. ¹²οὕτως 12
εἶπεν Κύριος τῶν δυνάμεων ὅτι Ἔσται ἐν τῷ τόπῳ τούτῳ τῷ ἐρήμῳ
παρὰ τὸ μὴ εἶναι ἄνθρωπον καὶ κτῆνος, ἐν πάσαις ταῖς πόλεσιν
αὐτοῦ καταλύματα ποιμένων κοιταζόντων πρόβατα, ¹³ἐν πόλεσιν τῆς 13
ὀρινῆς καὶ ἐν πόλεσιν τῆς σεφηλὰ καὶ ἐν πόλεσιν τῆς νάγεβ καὶ ἐν
γῇ Βενιαμεὶν καὶ ἐν ταῖς κύκλῳ Ἰερουσαλὴμ καὶ ἐν πόλεσιν Ἰούδα,
ἔτι παρελεύσεται πρόβατα ἐπὶ χεῖρα ἀριθμοῦντος, εἶπεν Κύριος.

ℵAQ   8 απ εμου] μου ℵ* (απ εμ. ℵ^{c.a(?)})   9 εσται]+ ※ μοι Q^{mg} | αινεσιν]pr εις
ℵAQ | μεγαλειοτητα]μεγαλωσυνην ℵ | εγω 1°]+ ※ ειμι Q^{mg} | ποιησω 1°]ποιω
AQ+α´σ´ ※ αυτοις Q^{mg} | om και πικρανθησονται A | ποιησω 2°] ποιω AQ
10 ακουσθησεται] ακουσετε ℵ* (-σθησεται ℵ^{c.a?}) | ταις (τας ℵ*) ερημωμε-
ναις ℵA | παρα] pr και A | ανθρωπον] α^ν^ους ℵ | κτηνη] κτηνος Q* (κτηνη
Q^{mg}) pr ※ παρα το μη ειναι Q^{mg}   11 om και 1° ℵ | χαρμονης A | φωνη
3°, 4°] φωνην BA| φωνη 5°] incep φι ℵ* | λεγοντος A | Κυριω] pr τω ℵ et
(sub ※) Q^{mg} | χρηστος ℵ* | εισοισουσιν ℵ^{c.a(?)}A] εισουσιν B*ℵ*Q (-σι Q^a) οι-
σουσι B^{b(vid)} Q^{mg} | δωρα]+αινεσεως AQ | αποστρεψω] επιστρεψω ℵ | την
αποικιαν πασης A | κατα το] καθα A   12 ειπεν] λεγει Q | om των δυνα-
μεων A* (hab τ. δυναμεων A^{a†mg}) | οτι] ετι ℵAQ | εσται] pr ακουσθης ℵ*
(improb ℵ^?) | τουτω τω ερημω] τω ηρημωμενω τουτω A τω ερημω τουτω Q |
παρα το μη ειναι ανθρ. και κτ. sub ※ παντες Q^{mg} | κτηνη AQ | εν 2°] pr και
ℵAQ | προβατα] προβατων A ποιμνια Q   13 πολεσι (1° et 3°) Q^a | ορεινης
B^{ab} | om και εν πολεσιν της σεφηλα A | πολεσιν 4°]pr ταις ℵ | ετι παρελευ-
σεται] επιπαρελευσεται A | χιραν ℵ* (χειρα ℵ?) | Κυριος]+ θ´ ※ (14) ιδου
ημεραι ερχονται φησι κ̄ς̄ κ̄ αναστησω τον λογον μου τον αγαθον ον ελαλησα
επι τον οικον Ιηλ κ̄ επι τον οικον Ιουδα (15) εν ταις ημεραις εκειναις κ̄ εν τω
καιρω εκεινω (+ανατελω τω Δαδ Q^{mg exter}) ανατολην δικαιαν ποιων κριμα κ̄
δικαιοσυνην εν τη γη (16) εν ταις ημεραις εκειναις σωθησεται η Ιουδαια κ̄ Ιλη̄μ̄
κατασκηνωσει πεποιθυια κ̄ τουτο το ονομα ο καλεσει αυτην κ̄ς̄ δικαιοσυνη
ημων (17) οτι ταδε λεγει κ̄ς̄ ουκ εξολοθρευθησεται τω Δαδ ανηρ καθημενος
επι θρονον οικου Ιηλ (18) κ̄ τοις ιερευσι τοις Λευιταις ουκ εξολοθρευθησεται
ανηρ εκ προσωπου μου αναφερων ολοκαυτωματα κ̄ θυων θυσιαν κ̄ ποιων θυ-
μιαμα πασας τας ημερας (19) κ̄ εγενετο λογος κ̄ῡ προς Ιερεμιαν λεγων

320

ΙΕΡΕΜΙΑΣ (XXXIV 6) XLI 6

XLI 1 ¹Ὁ λόγος ὁ γενόμενος πρὸς Ἰερεμίαν παρὰ Κυρίου· καὶ Ναβουχοδονοσὸρ Β
(XXIV) βασιλεὺς Βαβυλῶνος καὶ πᾶν τὸ στρατόπεδον αὐτοῦ καὶ πᾶσα ἡ γῆ
ἀρχῆς αὐτοῦ ἐπολέμουν αὐτὸν ἐπὶ Ἱερουσαλὴμ καὶ ἐπὶ πάσας τὰς
πόλεις Ἰούδα, λέγων
2 ²Οὕτως εἶπεν Κύριος Βάδισον πρὸς Σεδεκίαν βασιλέα Ἰούδα καὶ ἐρεῖς
αὐτῷ Οὕτως εἶπεν Κύριος Παραδόσει παραδοθήσεται ἡ πόλις αὕτη εἰς
χεῖρας βασιλέως Βαβυλῶνος, καὶ συλλήμψεται αὐτὴν καὶ καύσει αὐτὴν
3 ἐν πυρί, ³καὶ σὺ οὐ μὴ σωθῇς ἐκ χειρὸς αὐτοῦ, καὶ συλλήμψει συλλημ-
φθήσει καὶ εἰς χεῖρας αὐτοῦ δοθήσει, καὶ ὀφθαλμοί σου τοὺς ὀφθαλμοὺς
4 αὐτοῦ ὄψονται, καὶ εἰς Βαβυλῶνα εἰσελεύσει. ⁴ἀλλὰ ἄκουσον τὸν
5 λόγον Κυρίου, Σεδεκία βασιλεῦ Ἰούδα Οὕτως λέγει Κύριος ⁵Ἐν εἰρήνῃ
ἀποθανῇ· καὶ ὡς ἔκλαυσαν τοὺς πατέρας σου τοὺς βασιλεύσαντας
πρότερόν σου, κλαύσονται καὶ σέ, καὶ ἕως ᾅδου κόψονταί σε· ὅτι
6 λόγον ἐγὼ ἐλάλησα, εἶπεν Κύριος. ⁶καὶ ἐλάλησεν Ἰερεμίας πρὸς
τὸν βασιλέα Σεδεκίαν πάντας τοὺς λόγους τούτους ἐν Ἱερουσαλήμ.

(20) ταδε λεγει κͺ ει διασκεδασετε (σ′ εαν διασκεδασετε) την διαθηκην μου ℵAQ
την ημεραν ϗ την διαθηκην μου την νυκτα του μη ειναι ημερα| ϗ νυκτα εν
καιρω αυτῶ·| (21) ϗ γε η διαθηκη μου διασκεδασθησεται μετα Δαδ του δουλου
μου του μη ειναι αυτω υιον βασιλευοντα επι τον θρονο| αυτου ϗ η προς τους
Λευιτας τους ιερεις τους λειτουργουντας μοι (22) ως ουκ εξαριθμηθησεται η
δυναμις του ουνου ουδε εκμετρηθησεται η αμμος της θαλασσης ουτως πληθυνω
το σπερμα Δαδ του δουλου μου ϗ τους Λευιτας τους λειτουργοῦ|τας μοι (23) ϗ
εγενετο λογος κυ προς Ιερεμιαν λεγῶ| (24) αρα γε ουκ ιδες τι ο λαος ουτος
ελαλησαν λεγοντες αι δυο πατριαι ας εξελεξατο κͺ εν αυταις ϗ ιδου απωσατο
αυτους ϗ τον λαον μου παρωξυναν του μη ειναι ετι εθνος ενωπιον μου (25) ταδε
λεγει κͺ ει μη τῇ| διαθηκην μου ημερας ϗ νυκτος ακριβασματα ουνου ϗ γης
ουκ εταξα (26) ϗ γε το σπερμα Ιακωβ ϗ Δαδ του δουλου μου αποδοκιμω του
μη λαβειν εκ του σπερματος αυτου αρχοντα προς το σπερμα Αβρααμ ϗ
Ισαακ ϗ Ιακωβ οτι επιστρεψω την επιστροφην αυτων ϗ οικτειρησω αυτους
Q^mg   XLI 1 γεναμενος A | προς Ιερεμιαν (Ιερεαν B* Ιερεμ. B^ab) παρα
Κυριου] παρα κυ προς Ιερεμιαν ℵ | om και πασα η γη αρχης αυτου Q*
(hab ϗ πασαι αι βασιλειαι της γης αρχης αυτου ϗ πᾶ|τες οι λαοι Q^mg) | om
αυτον ℵAQ | πολις ℵ*   2 παραδοσει] παραδοθει A | συλημψεται ℵ*
συλληψ. B^bQ^a | om και καυσει αυτην Q* (hab Q^mg)   3 om συ ℵ | χι-
ρους ℵ* χειρους ℵ¹ | αυτου 1°] αυτων A | συλληψει B^bQ^a | συλληφθηση
ℵA συλληφθησει Q^a -ση B^b | om και εις χ. αυτου δοθησει A | δοθηση
B^bℵQ | οφθαλμοι] pr οι ℵAQ | αυτου 3°] αυτων ℵ | οψονται]+και [+το Q]
στομα αυτου μετα του στοματος σου λαλησει AQ | εισελευση B^bℵAQ
4 Κυριος]+ουκ αποθανη εν ρομφαια Q   5 πατερας] prs A* pras A^a¹ |
βασιλευσντας (sic) ℵ* | σε 1°]+ω κυριε AQ* (ουαι pro ω Q^mg) | αδου]+ω κε
κοψονται B^amg (non inst κοψονται B^b) | κοψονται] κλαυσονται A | λογον]
μεγαλα Q^mg | om εγω AQ* (hab post ελαλ. sub ⁎ Q^mg)   6 Ιηρεμιας B*
(Ιερ. B^ab) Ιερεμειας ℵ+⁎ ο προφητης Q^mg | τον βασιλεα] om τον ℵAQ |
τουτου ℵ* (τουτους ℵ^c.a(?))

XLI 7 (XXXIV 7) ΙΕΡΕΜΙΑΣ

B ⁷καὶ ἡ δύναμις βασιλέως Βαβυλῶνος ἐπολέμει ἐπὶ Ἰερουσαλὴμ καὶ 7 ἐπὶ τὰς πόλεις Ἰούδα καὶ ἐπὶ Λαχεὶς καὶ ἐπὶ Ἀζηκά, ὅτι αὗται κατελείφθησαν ἐν πόλεσιν Ἰούδα πόλεις ὀχυραί.

⁸Ὁ λόγος ὁ γενόμενος πρὸς Ἰερεμίαν παρὰ Κυρίου μετὰ τὸ συν- 8 τελέσαι τὸν βασιλέα Σεδεκίαν διαθήκην πρὸς τὸν λαὸν τοῦ καλέσαι ἄφεσιν, ⁹τοῦ ἐξαποστεῖλαι ἕκαστον τὸν παῖδα αὐτοῦ καὶ ἕκαστον 9 τὴν παιδίσκην αὐτοῦ, τὸν Ἑβραῖον καὶ τὴν Ἑβραίαν, ἐλευθέρους, πρὸς τὸ μὴ δουλεύειν ἄνδρα ἐξ Ἰούδα. ¹⁰καὶ ἐπεστράφησαν πάντες 10 οἱ μεγιστᾶνες καὶ πᾶς ὁ λαὸς οἱ εἰσελθόντες ἐν τῇ διαθήκῃ τοῦ ἀποστεῖλαι ἕκαστον τὸν παῖδα αὐτοῦ καὶ τὴν παιδίσκην αὐτοῦ, καὶ ἐώσαν ¹¹αὐτοὺς εἰς παῖδας καὶ παιδίσκας. ¹²καὶ ἐγενήθη λόγος Κυρίου πρὸς 11 Ἰερεμίαν λέγων ¹³Οὕτως εἶπεν Κύριος Ἐγὼ ἐθέμην διαθήκην πρὸς 13 τοὺς πατέρας ὑμῶν ἐν τῇ ἡμέρᾳ ᾗ ἐξειλάμην αὐτοὺς ἐκ γῆς Αἰγύπτου, ἐξ οἴκου δουλείας, λέγων ¹⁴Ὅταν πληρωθῇ ἓξ ἔτη, ἀποστελεῖς 14 τὸν ἀδελφόν σου τὸν Ἑβραῖον ὅς πραθήσεταί σοι καὶ ἐργᾶταί σοι ἓξ ἔτη, καὶ ἐξαποστελεῖς αὐτὸν ἐλεύθερον· καὶ οὐκ ἤκουσάν μου καὶ οὐκ ἔκλιναν τὸ οὖς αὐτῶν. ¹⁵καὶ ἐπέστρεψαν σήμερον ποιῆσαι τὸ 15 εὐθὲς πρὸ ὀφθαλμῶν μου τοῦ καλέσαι ἄφεσιν ἕκαστον τοῦ πλησίον αὐτοῦ, καὶ συνετέλεσαν διαθήκην κατὰ πρόσωπόν μου ἐν τῷ οἴκῳ οὗ ἐπεκλήθη τὸ ὄνομά μου ἐπ' αὐτῷ. ¹⁶καὶ ἐπεστρέψατε καὶ ἐβεβη- 16 λώσατε τὸ ὄνομά μου τοῦ ἐπιστρέψαι ἕκαστον τὸν παῖδα αὐτοῦ καὶ ἕκαστον τὴν παιδίσκην αὐτοῦ, οὓς ἐξαπεστείλατε ἐλευθέρους τῇ ψυχῇ αὐτῶν, ὑμῖν εἰς παῖδας καὶ παιδίσκας. ¹⁷διὰ τοῦτο οὕτως εἶπεν 17

ℵAQ 7 τας πολεις (πολις ℵ*)] om τας ℵ*Q | Ιουδα 1°] + τας καταλελιμμενας AQᵃ (-λελειμμ. Qᵃ) | om και 3° ℵAQ | πολεις 2°] πολις ℵ* 8 γενεμενος ℵ γεναμενος A | τον βασιλεα] om τον ℵ | τον λαον] + τον εν Ιλη͞μ AQ pr ※ παντα Qᵐᵍ | καλεσαι] + ※ αυτοις Qᵐᵍ 9 om εκαστον 2° ℵ* (hab ℵᶜ·ᵃ⁽ᵗ⁾ ᵐᵍ) | δουλευειν] + ※ αυτοις Qᵐᵍ | ανδρας ℵ | Ιουδα] Ιη͞λ AQᵐᵍ + ※ αδελφον αυτου μηδενα Qᵐᵍ 10 om και 1° ℵ* (hab ℵᶜ·ᵃ⁽ᵗ⁾) | εισελθοντες] ελθοντες A | εν τη διαθηκη] εις την διαθηκην AQ | αποστειλαι] εξαποστιλαι ℵ* (-στειλαι ℵᶜ·ᵇ⁽ᵗ⁾) | om και την παιδισκην αυτου A | την παιδ.] pr εκαστον ℵQ | αυτου 2°] + ελευθερους προς το μη δουλευσαι αυτους ετι Qᵐᵍ 10—11 και εωσαν...παιδισκας] ⸔ επηκουσαν ⸔ εξαπεστειλαν ⸔ επεστραφησαν μετα ταυτα (a') ⸔ επεστρεψαν τους παιδας ⸔ τας παιδισκας ους εξαπεστειλαν ελευθερους Qᵐᵍ 10 εωσαν] εσωσαν ℵ εασαν Q* 12 εγενηθη] εγενετο A | om Κυριου ℵ* (hab ℵᶜ·ᵃ⁽ᵗ⁾) 13 Κυριος] + ο θ͞ς Ιη͞λ AQ | εθεμην] διεθεμην AQ | ημερα] incep ημα ℵ* | εξειλομην Qᵃ 14 αποστελλις ℵ* (αποστελεις ℵ⁽ᵗ⁾) | Εβρεον ℵ | εξαποστελεις (εξαπαστελλις [sic] ℵ*)] αποστελεις A | om ουκ 1° A*ᵛⁱᵈ (hab A?) 15 επεστρεψαν] εστρεψαν A | προ οφθαλμων] εν οφθαλμοις A | εκαστος A | του πλησιον] τω πλ. A | om κατα προσωπον μου ℵ* (hab ℵᶜ·ᵃ ᵐᵍ ˢᵘᵖ) | επεκηθη ℵ* (superscr λ ℵ⁽ᵗ⁾) 16 το ονομα] την διαθηκην AQ | εξαπεστειλατε Bᵃᵇ ℵᶜ·ᵃ⁽ᵗ⁾ AQ | υμιν] pr του ειναι AQ

322

ΙΕΡΕΜΙΑΣ (XXXV 3) XLII 3

Κύριος Ὑμεῖς οὐκ ἠκούσατέ μου τοῦ καλέσαι ἄφεσιν ἕκαστος πρὸς B
τὸν πλησίον αὐτοῦ· ἰδοὺ ἐγὼ καλῶ ἄφεσιν ὑμῖν εἰς μάχαιραν καὶ
εἰς τὸν θάνατον καὶ εἰς τὸν λιμόν, καὶ δώσω ὑμᾶς εἰς διασπορὰν
18 πάσαις ταῖς βασιλείαις τῆς γῆς. ¹⁸καὶ δώσω τοὺς ἄνδρας τοὺς παρε-
ληλυθότας τὴν διαθήκην μου, τοὺς μὴ στήσαντας τὴν διαθήκην μου
ἣν ἐποίησαν κατὰ πρόσωπόν μου, τὸν μόσχον ὃν ἐποίησαν ἐργά-
19 ζεσθαι αὐτῷ, ¹⁹τοὺς ἄρχοντας Ἰούδα καὶ τοὺς δυνάστας καὶ τοὺς
20 ἱερεῖς καὶ τὸν λαόν, ²⁰καὶ δώσω αὐτοὺς τοῖς ἐχθροῖς αὐτῶν, καὶ ἔσται
τὰ θνησιμαῖα αὐτῶν βρῶσις τοῖς πετεινοῖς τοῦ οὐρανοῦ καὶ τοῖς θη-
21 ρίοις τῆς γῆς. ²¹καὶ τὸν Σεδεκίαν βασιλέα τῆς Ἰουδαίας καὶ τοὺς
ἄρχοντας αὐτῶν δώσω εἰς χεῖρας ἐχθρῶν αὐτῶν, καὶ δύναμις βασι-
22 λέως Βαβυλῶνος τοῖς ἀποτρέχουσιν ἀπ' αὐτῶν. ²²ἰδοὺ ἐγὼ συν-
τάσσω, φησὶν Κύριος, καὶ ἐπιστρέψω αὐτοὺς εἰς τὴν γῆν ταύτην,
καὶ πολεμήσουσιν ἐπ' αὐτὴν καὶ λήμψονται αὐτὴν καὶ κατακαύσουσιν
αὐτὴν ἐν πυρὶ καὶ τὰς πόλεις Ἰούδα, καὶ δώσω αὐτὰς ἐρήμους ἀπὸ
κατοικούντων.

XLII 1 ¹Ὁ λόγος ὁ γενόμενος πρὸς Ἰερεμίαν παρὰ Κυρίου ἐν ἡμέραις Ἰωακεὶμ
(XXXV) βασιλέως Ἰούδα λέγων
2 ²Βάδισον εἰς οἶκον Ἀρχαβεὶν καὶ ἄξεις αὐτοὺς εἰς οἶκον Κυρίου
3 εἰς μίαν τῶν αὐλῶν, καὶ ποτιεῖς αὐτοὺς οἶνον. ³καὶ ἐξήγαγον τὸν
Ἰεχονίαν υἱὸν Ἱερεμὶν υἱοῦ Χαβασεὶν καὶ τοὺς ἀδελφοὺς αὐτοῦ καὶ

17 υμεις] incep μ ℵ* | του καλεσαι] om του ℵAQ | αφεσιν 1°] pr εκαστο͞ ℵAQ
ℵ* (improb ℵ?) | εκαστος A | εκαστος] εκαστο͞ ℵQ om A + προς τον αδελφον
αυτου και εκαστον ℵc.a mg | πλησιον] αδελφον AQ | αυτου] + και εκαστον προς
τον πλησιον αυτου AQ | ιδου] pr και ℵ* (postea improb ℵ?) | υμιν] + φησι͞ |
κ̅ς̅ Qmg 18 om τους μη στησαντας την διαθηκην μου ℵ* (hab ℵc.a?mg) A |
την διαθηκην (2°)] ※ τους λόγους της διαθηκης μου Qmg | om μου 2° ℵ* (hab
ℵ?(mg)) | εποιησαν] + ※ εις δυο Qmg | om ον ℵ   19 Ιουδα] + ꝗ αρχοντων
Ιλη̅μ̅ Qmg | δυναστας] ευνουχους Qmg | ιερις ℵ* | τον λαον] pr παντα Qmg + της
γης τους διελθοντας ανα μεσον τω̅ διχοτομηματων του μοσχου Qmg   20 θνη-
σιμαια] incep εθνη ℵ* | βρωσις] βρωματα AQ   21 της Ιουδαιας] Ιουδα A |
εχθρων] pr των ℵ | αυτων 2°] + ※ ꝗ εις χειρας ζητουντω̅ την ψυχην αυτου
Qmg | δυναμεις A | τοις αποτρεχουσιν] οι αποτρεχοντες A   22 αυτην 1°]
αυτους A | λημψονται Qa | om αυτην 3° Q | πολις ℵ* | om και 6° AQ | δωσω]
δ sup ras Aa | αυτας] αυτους ℵ | ερημους] εις αβατον ℵ   XLII 1 γενα-
μενος A | παρα κ̅υ̅ προς Ιερεμιαν A | Ιωακειμ (-κιμ Qa)] seq ras in B + υιου
Ιωσιου AQ   2 βαδισον] πορευθητι AQmg | οικον 1°] οικιαν ℵQ* (-κον Qa)
※ τον οικον Qmg | Αρχαβειν] Αλχαβειν A Ραχαβειν Q* (-βιν Qa) | και 1°]
pr και καλεσον αυτους AQ | αξεις] εξεις ℵ*vid (αξ. ℵ?) εξαξεις A   3 εξη-
γαγον] ηγαγον AQ | Ιεχονιαν] Ιεζονιαν Q | Ιερεμιν] Ιερεμιου A | υιον] υιον Q |
Χαβασιν AQ

ΙΕΡΕΜΙΑΣ XLII 4 (XXXV 4)

B τοὺς υἱοὺς αὐτοῦ καὶ πᾶσαν τὴν οἰκίαν Ἀρχαβείν, ⁴καὶ εἰσήγαγον 4 αὐτοὺς εἰς οἶκον Κυρίου εἰς τὸ παστοφόριον υἱῶν Ἰωνὰν υἱοῦ Ἀνανίου υἱοῦ Γοδολίου ἀνθρώπου τοῦ θεοῦ, ὅς ἐστιν ἐγγὺς τοῦ οἴκου τῶν ἀρχόντων τῶν ἐπάνω τοῦ οἴκου Μαασαίου υἱοῦ Σελὼμ τοῦ φυλάσσοντος τὴν αὐλήν. ⁵καὶ ἔδωκα κατὰ πρόσωπον αὐτῶν κεράμιον οἴνου καὶ 5 ποτήρια, καὶ εἶπα Πίετε οἶνον. ⁶καὶ εἶπαν Οὐ μὴ πίωμεν οἶνον, ὅτι 6 Ἰωναδὰβ υἱὸς Ῥηχὰβ ὁ πατὴρ ἡμῶν ἐνετείλατο ἡμῖν λέγων Οὐ μὴ πίητε οἶνον, ὑμεῖς καὶ οἱ υἱοὶ ὑμῶν ἕως αἰῶνος, ⁷καὶ οἰκίαν οὐ μὴ 7 οἰκοδομήσητε, καὶ σπέρμα οὐ μὴ σπείρητε, καὶ ἀμπελὼν οὐκ ἔσται ὑμῖν, ὅτι ἐν σκηναῖς οἰκήσετε πάσας τὰς ἡμέρας ὑμῶν, ὅπως ἂν ζήσητε ἡμέρας πολλὰς ἐπὶ τῆς γῆς ἐφ᾽ ἧς διατρίβετε ὑμεῖς ἐπ᾽ αὐτῆς. ⁸καὶ ἠκούσαμεν τῆς φωνῆς Ἰωναδὰβ τοῦ πατρὸς ἡμῶν πρὸς τὸ 8 μὴ πιεῖν οἶνον πάσας τὰς ἡμέρας ἡμῶν, ἡμεῖς καὶ αἱ γυναῖκες ἡμῶν καὶ οἱ υἱοὶ ἡμῶν καὶ αἱ θυγατέρες ἡμῶν, ⁹καὶ πρὸς τὸ μὴ οἰκοδομεῖν 9 οἰκίας τοῦ κατοικεῖν ἐκεῖ· ἀμπελὼν καὶ ἀγρὸς καὶ σπέρμα οὐκ ἐγένετο ἡμῖν· ¹⁰καὶ ᾠκήσαμεν ἐν σκηναῖς, καὶ ἠκούσαμεν καὶ ἐποιή- 10 σαμεν κατὰ πάντα ἃ ἐνετείλατο ἡμῖν Ἰωναδὰβ ὁ πατὴρ ἡμῶν. ¹¹καὶ 11 ἐγενήθη ὅτε ἀνέβη Ναβουχοδονοσὸρ ἐπὶ τὴν γῆν, καὶ εἴπαμεν εἰσελθεῖν, καὶ εἰσήλθομεν εἰς Ἱερουσαλὴμ ἀπὸ προσώπου τῆς δυνάμεως τῶν Χαλδαίων καὶ ἀπὸ προσώπου τῆς δυνάμεως τῶν Ἀσσυρίων, καὶ ᾠκοῦμεν ἐκεῖ.

¹²Καὶ ἐγένετο λόγος Κυρίου πρὸς μὲ λέγων ¹³Οὕτως λέγει Κύριος ¹²/₁₃

ℵAQ   3 πασαν] σ' παντα α'θ' ολον Q^mg | οικιαν] σ' οικον Q^mg | Αρχαβειν] Χαραβειν A Ραχαβειν Q   4 παστοφορειον Q^a | om υιων A | om Ιωναν υιου AQ | Ιωναν] Ανναν ℵ | Αννανιου ℵ* (Αναν. ℵ^c.a) | om υιον Γοδολιου ℵ | ος] ο Q* (ος Q^mg) | του οικου των] οικουντων A οικου των Q | των επανω] om των ℵ*AQ | Μαασαιου] Μασεου ℵ* Μαασεου ℵ^c.a Μασαιου A | Σελωμ] Αιλωμ ℵ* Σαιλωμ ℵ^c.a | την αυλην] την οδον ℵ^c.a(?) Q οι γ' τον σταθμον Q^mg   5 εδωκα] εστησα AQ | αυτων]+των υιων οικου τω (sic) Ραχαβειν Q^mg | ειπα]+⁂ προς αυτους Q^mg   6 ου μη πιωμεν] ου μη πιομεν ℵ ου πιομεν A | om υιος Ρηχαβ ℵ* (hab ℵ^c.a(?) mg) | λεγων] ειπας A | αιωνος] pr του Q   7 οικιαν] οικιας A | οικησετε] κατοικησεται AQ* (-τε Q^a) | τας ημερας]+της ζωης A | αν] εαν Q* (αν Q^a) | ζησητε] ζησεται ℵ ζητε AQ | γη ℵ* (γης ℵ^c.a?) | ης] ων ℵ*   8 ηκουσαμεν] εισηκουσαμεν AQ | Ιωναδαβ] Ιωναδαν ℵ+⁂ υιον Ρηχαβ Q^mg | πιειν] πινειν ℵ* (πιειν ℵ?) | τας ημερας]+της ζωης AQ | om ημεις και αι γυναικες ημων A | ημων 4°, 5°] υμων ℵ*   9 om και 1° AQ | οικοδομειν] οικειν A* (οικοδομ. A^a?) | κατοικειν] pr μη Q^mg | αμπελων] αμπελωνας ℵ pr και AQ | αγρους ℵ   10 ωκησαμεν] οικησαμεν A | om και εποιησαμεν A | α] οσα AQ   11 ειπαμεν (-πομεν Q^a)] ειπαν ℵ* (ειπαμεν ℵ^c.a(?)) | εισελθειν και εισηλθομεν] εισελθετε και εισελθωμεν ℵ αναβαντες εισελευσομεθα AQ | om απο προσωπου της δυναμεως των Χαλδαιων και ℵ* (hab ℵ^c.a(?) mg) A | ωκουμεν] οικουμεν ℵ ωκησομεν A οικησωμεν Q* ωκησαμε| Q^mg

ΙΕΡΕΜΙΑΣ (XXXVI 2) XLIII 2

Πορεύου καὶ εἰπὸν ἀνθρώπῳ Ἰούδα καὶ τοῖς κατοικοῦσιν Ἰερουσαλήμ Β
14 Οὐ μὴ λάβητε παιδίαν τοῦ ἀκούειν τοὺς λόγους μου; ¹⁴ἔστησαν ῥῆμα
υἱοὶ Ἰωναδὰβ υἱοῦ Ῥηχάβ, ὃ ἐνετείλατο τοῖς τέκνοις αὐτοῦ πρὸς τὸ
μὴ πιεῖν οἶνον, καὶ οὐκ ἐπίοσαν· καὶ ἐγὼ ἐλάλησα πρὸς ὑμᾶς
15 ὄρθρου, καὶ ἐλάλησα καὶ οὐκ ἠκούσατε. ¹⁵καὶ ἀπέστειλα πρὸς ὑμᾶς
τοὺς παῖδάς μου τοὺς προφήτας λέγων Ἀποστράφητε ἕκαστος ἀπὸ
τῆς ὁδοῦ αὐτοῦ τῆς πονηρᾶς καὶ βελτίω ποιήσατε τὰ ἐπιτηδεύματα
ὑμῶν, καὶ οὐ πορεύεσθε ὀπίσω θεῶν ἑτέρων τοῦ δουλεύειν αὐτοῖς,
καὶ οἰκήσετε ἐπὶ τῆς γῆς ἧς ἔδωκα ὑμῖν καὶ τοῖς πατράσιν ὑμῶν·
16 καὶ οὐκ ἐκλίνατε τὰ ὦτα ὑμῶν καὶ οὐκ ἠκούσατε. ¹⁶καὶ ἔστησαν
υἱοὶ Ἰωναδὰβ υἱοῦ Ῥηχὰβ τὴν ἐντολὴν τοῦ πατρὸς αὐτῶν, ὁ δὲ λαὸς
17 οὗτος οὐκ ἤκουσέν μου. ¹⁷διὰ τοῦτο οὕτως εἶπεν Κύριος Ἰδοὺ ἐγὼ
φέρω ἐπὶ Ἰούδαν καὶ ἐπὶ τοὺς κατοικοῦντας Ἰερουσαλὴμ πάντα τὰ
18 κακὰ ἃ ἐλάλησα ἐπ' αὐτούς. ¹⁸διὰ τοῦτο οὕτως εἶπεν Κύριος Ἐπειδὴ ἤκουσαν υἱοὶ Ἰωναδὰβ υἱοῦ Ῥηχὰβ τὴν ἐντολὴν τοῦ πατρὸς αὐτῶν
19 ποιεῖν καθότι ἐνετείλατο αὐτοῖς ὁ πατὴρ αὐτῶν, ¹⁹οὐ μὴ ἐκλίπῃ
ἀνὴρ τῶν υἱῶν Ἰωναδὰβ υἱοῦ Ῥηχὰβ παρεστηκὼς κατὰ πρόσωπόν
μου πάσας τὰς ἡμέρας τῆς γῆς.

XLIII 1 ¹Ἐν τῷ ἐνιαυτῷ τῷ τετάρτῳ Ἰωακεὶμ υἱοῦ Ἰωσεία βασιλέως Ἰούδα ἐγενήθη
XXXVI) λόγος Κυρίου πρὸς μὲ λέγων

2 ²Λάβε σεαυτῷ χαρτίον βιβλίον, καὶ γράψον ἐπ' αὐτοῦ πάντας

13 κατοικουσι B* (-σιν B^ab) | Ιερουσαλημ] pr εν A | παιδειαν B^abAQ | του ℵAQ
ακουειν] om του ℵAQ   14 υιου] υιοι ℵ | Ρηχοβ ℵ* | τεκνοις] υιοις Q^mg | επιοσαν] επιον. AQ + α'θ' ℵ · εως της ημερας ταυτης οτι ηκουσαν της εντολης του
πατρος αυτω̄| Q^mg | και εγω] καγω A | ορθου ℵ* (ορθρ. ℵ¹) | om και ελαλησα A |
ηκουσατε] εισηκουσατε A   15 απεστειλα] απεστειλατε Q* (-λα Q^a) | τους
παιδας] το ο πεδα ℵ*^vid (τους παιδ. ℵ¹) τους δουλους AQ | προφητας]+ορθριζων
ϛ αποστελλων και Q^mg | της οδου] om της ℵ | βελτιων B* (-τιω B^ab) βελτιον A
βελτιονα Q | πιησατε ℵ*^vid (ποιησ. ℵ¹) | τα επιτηδ.] om τα A | πορευεσθε]
πορευσεσθαι Q* (-σεσθε Q^a) | θων ℵ* (θεων ℵ¹) | ετερων] αλλοτριων ℵA | ης]
ως ℵ* (ης ℵ¹) | ηκουσατε] εισηκουσατε μου ℵ   16 υιοι] pr οι ℵAQ | Ιωναδαβ]
Ιωναδ Q* (-ναδαβ Q¹) | υιου] οι υιοι ℵ   16—18 om ο δε λαος ουτος...εντολην του πατρος αυτων Q* (hab Q^mg inf)   16 ο δε λαος] και ο λ. ℵ | ουτος]
μου A | ηκουσεν] ηκουσαν B*^fort ℵAQ   17 om A | αυτους]+θ' ※ ανθ ων
ελαλησα επ αυτους ϛ ουκ ηκουσᾱ] ϛ εκαλεσα αυτους ϛ ουκ απεκριθησᾱ (18) ϛ τω
οικω Ρηχαβ ειπε̄| Ιερεμιας Q^mg   18 Κυριος]+ ※ των δυναμεων ο θς̄ Ἰηλ
Q^mg | υιοι] pr οι ℵA | om υιου Ρηχαβ ℵ | την εντολην] om ℵ + Ιωναδαβ Q^mg |
αυτων 1°]+σ' ※ ϛ εφυλαξαν συν πασας τας εντολας αυτου Q^mg | καθοτι] οσα
A κατα παντα οσα Q^mg   19 ου] pr δια τουτο ταδε λεγει κς̄ των δυναμεων
θς̄ Ἰηλ Q^mg | εκλειπη ℵ^c.aAQ^a   XLIII 1 εν] pr και ℵ^c.aAQ pr α'θ' ※
[και] εγενηθη Q^mg | Ιωακιμ Q^a | υιω Q* (υιου Q^a) | Ιωσια B^bℵ Ιωσιου AQ
2 χαρτιον] χαρτην AQ α' κεφαλιδα σ' τομο̄| Q^mg | αυτου] αυτω A

XLIII 3 (XXXVI 3) ΙΕΡΕΜΙΑΣ

B τοὺς λόγους οὓς ἐλάλησα πρὸς σὲ ἐπὶ Ἰερουσαλὴμ καὶ ἐπὶ Ἰουδὰ καὶ ἐπὶ πάντα τὰ ἔθνη ἀφ' ἧς ἡμέρας λαλήσαντός μου πρὸς σέ, ἀφ' ἡμερῶν Ἰωσεία βασιλέως Ἰούδα καὶ ἕως τῆς ἡμέρας ταύτης. ³ἴσως ἀκούσεται ὁ οἶκος Ἰούδα πάντα τὰ κακὰ ἃ ἐγὼ λογίζομαι 3 ποιῆσαι αὐτοῖς, ἵνα ἀποστρέψωσιν ἀπὸ ὁδοῦ αὐτῶν τῆς πονηρᾶς, καὶ ἵλεως ἔσομαι ταῖς ἀδικίαις αὐτῶν καὶ ταῖς ἁμαρτίαις αὐτῶν. ⁴καὶ 4 ἐκάλεσεν Ἰερεμίας τὸν Βαροὺχ υἱὸν Νηρίου, καὶ ἔγραψεν ἀπὸ στόματος Ἰερεμίου πάντας τοὺς λόγους Κυρίου, οὓς ἐλάλησεν πρὸς αὐτόν, εἰς χαρτίον βιβλίου. ⁵καὶ ἐνετείλατο Ἰερεμίας τῷ Βαροὺχ 5 λέγων Ἐγὼ φυλάσσομαι, οὐ μὴ δύνωμαι εἰσελθεῖν εἰς οἶκον Κυρίου. ⁶καὶ ἀναγνώσῃ ἐν τῷ χαρτίῳ τούτῳ εἰς τὰ ὦτα τοῦ λαοῦ ἐν οἴκῳ 6 Κυρίου ἐν ἡμέρᾳ νηστείας, καὶ ἐν ὠσὶ παντὸς Ἰούδα τῶν ἐρχομένων ἐκ πόλεως αὐτῶν ἀναγνώσῃ αὐτοῖς. ⁷ἴσως πεσεῖται ἔλεος 7 αὐτῶν κατὰ πρόσωπον Κυρίου, καὶ ἀποστρέψουσιν ἐκ τῆς ὁδοῦ αὐτῶν τῆς πονηρᾶς, ὅτι μέγας ὁ θυμὸς καὶ ἡ ὀργὴ Κυρίου ἣν ἐλάλησεν ἐπὶ τὸν λαὸν τοῦτον. ⁸καὶ ἐποίησεν Βαροὺχ κατὰ πάντα ἃ 8 ἐνετείλατο αὐτῷ Ἰερεμίας, τοῦ ἀναγνῶναι ἐν τῷ βιβλίῳ λόγους Κυρίου ἐν οἴκῳ Κυρίου. ⁹καὶ ἐγενήθη ἐν τῷ ἔτει τῷ ὀγδόῳ βασιλεῖ 9 Ἰωακεὶμ τῷ μηνὶ τῷ ἐνάτῳ ἐξεκκλησίασαν νηστείαν κατὰ πρόσωπον Κυρίου πᾶς ὁ λαὸς ἐν Ἰερουσαλὴμ καὶ οἶκος Ἰούδα. ¹⁰καὶ 10 ἀνεγίνωσκε Βαροὺχ ἐν τῷ βιβλίῳ τοὺς λόγους Ἰερεμίου ἐν οἴκῳ Κυρίου, ἐν οἴκῳ Γαμαρείου υἱοῦ Σαφὰν τοῦ γραμματέως, ἐν τῇ αὐλῇ τῇ ἐπάνω ἐν προθύροις πύλης τοῦ οἴκου Κυρίου τῆς καινῆς καὶ

ℵAQ   2 ελαλησα] εχρηματισα AQ^mg | Ιερουσαλημ] Ιηλ AQ* (Ιλ͞η͞μ Q^mg) | Ιουδα 1°] Ιουδαν B^abℵ^c.a Q | Ιωσεια] Ιωσια B^b ℵA Ιωσιου Q   3 ακουσονται AQ | ο οικος] om ο AQ | παντα] pr ⁂ συν Q^mg | τα κακα] σα κ. A*^vid | εγω λογιζομαι ποιησαι αυτοις] ελαλησα επ αυτους A | ποιησαι] pr του Q | αποστρεψωσιν] αποστραφωσιν AQ+θ' ⁂ εκαστος Q^mg | αυτων 1°] αυτου A | ταις (ται ℵ*) αδικιαις] ταις αδικιας A* (-κιαις A^1 fort)   4 του] την ℵ* (τον ℵ¹) | εγραψεν]+Βαρουχ AQ | ελαλησεν] εχρηματισεν AQ   5 ου (ουλ (?ουδ) ℵ*) μη δυνωμαι] και ου δυναμαι Q   6 χαρτιω] χαρτη ℵAQ | εν ημερα νηστιας και εν ωσιν sup ras A^a? | νηστιας ℵA^a?Q* (-τειας Q^a) | εν ωσι] εν ωσιν ℵA^a? εις τα ωτα Q | Ιουδα] του λαου A | πολεων Q | αναγνωση] pr και Q   7 αποστρεψουσιν] +θ' ⁂ εκαστος Q^mg | εκ] απο AQ | οδο ℵ* (υ superscr ℵ¹) | ο θυμος]+κ͞υ A | om Κυριου A | ην] η A* (ν superscr A¹) | ελαληαεν]+κ͞ς AQ | λαον] τοπον A   8 Βαρουχ]+α'σ' ⁂ υιος Νηριου Q^mg | α] οσα Q^mg | λογους] pr τους AQ   9 ογδοω] πεμπτω AQ | βασιλει Ιωακειμ] pr τω B^ab ℵQ Ιωακειμ βασιλει A | τω μηνι] pr εν AQ | εξεκλησιασεν ℵ* (-σαν ℵ^c.a(?)) | νηστια] ℵ | εν Ιερουσαλημ] εις Ιλ͞η͞μ AQ | om εν Q+ϟ πας ο λαος οι ερχομενοι εκ πολεων Ιουδα εις Ιερουσαλημ Q^mg | οικος] pr ο A   10 ανεγινωσκεν ℵAQ | τους λογους] om τους A α'σ' ⁂ [τους] Q^superscr | Γαμαριου B^ab ℵAQ: item 11 | om πυλης A | του οικου] om του AQ | om και 2° AQ

226

ΙΕΡΕΜΙΑΣ (XXXVI 21) XLIII 21

11 ἐν ὠσὶ παντὸς τοῦ λαοῦ. ¹¹καὶ ἤκουσέν Μειχαίας υἱὸς Γαμαρείου υἱοῦ Β
12 Σαφὰν ἅπαντας τοὺς λόγους Κυρίου ἐκ τοῦ βιβλίου. ¹²καὶ κατέβη
εἰς οἰκίαν τοῦ βασιλέως, εἰς τὸν οἶκον τοῦ γραμματέως, καὶ ἰδοὺ
ἐκεῖ πάντες οἱ ἄρχοντες ἐκάθηντο, Ἐλεισαμὰ ὁ γραμματεὺς καὶ
Δαλαίας υἱὸς Σελεμίου καὶ Ἰωναθὰν υἱὸς Ἀκχοβὼρ καὶ Γαμαρίας
υἱὸς Σαφὰν καὶ Σεδεκίας υἱὸς Ἀνανίου καὶ πάντες οἱ ἄρχοντες,
13 ¹³καὶ ἀνήγγειλεν αὐτοῖς Μειχαίας πάντας τοὺς λόγους οὓς ἤκουσεν
14 ἀναγινώσκοντος Βαρούχ εἰς τὰ ὦτα τοῦ λαοῦ. ¹⁴καὶ ἀπέστειλαν
πάντες οἱ ἄρχοντες πρὸς Βαρούχ υἱὸν Νηρίου υἱὸν Ναθανίου υἱοῦ
Σελεμίου υἱοῦ Χουσεὶ λέγοντες Τὸ χαρτίον ἐν ᾧ σὺ ἀναγινώσκεις
ἐν αὐτῷ ἐν ὠσὶ τοῦ λαοῦ, λάβε αὐτὸ εἰς τὴν χεῖρά σου καὶ ἧκε.
15 καὶ ἔλαβεν Βαρούχ τὸ χαρτίον καὶ κατέβη πρὸς αὐτούς. ¹⁵καὶ εἶπαν
16 αὐτῷ Πάλιν ἀνάγνωθι εἰς τὰ ὦτα ἡμῶν· καὶ ἀνέγνω Βαρούχ. ¹⁶καὶ
ἐγενήθη ὡς ἤκουσαν πάντας τοὺς λόγους, συνεβουλεύσαντο ἔκαστος
πρὸς τὸν πλησίον αὐτοῦ καὶ εἶπαν Ἀναγγέλλοντες ἀναγγείλωμεν
17 τῷ βασιλεῖ ἅπαντας τοὺς λόγους τούτους. ¹⁷καὶ τὸν Βαρούχ ἠρώ-
18 τησαν λέγοντες Ποῦ ἔγραψας πάντας τοὺς λόγους τούτους; ¹⁸καὶ
εἶπεν Βαρούχ Ἀπὸ στόματος αὐτοῦ ἀνήγγειλέν μοι Ἱερεμίας πάντας
19 τοὺς λόγους τούτους, καὶ ἔγραφον ἐν βιβλίῳ. ¹⁹καὶ εἶπαν τῷ Βαρούχ
Βάδισον κατακρύβηθι, σὺ καὶ Ἱερεμίας· ἄνθρωπος μὴ γνώτω ποῦ
20 ὑμεῖς. ²⁰καὶ εἰσῆλθον πρὸς τὸν βασιλέα εἰς τὴν αὐλήν, καὶ τὸ
χαρτίον ἔδωκαν φυλάσσειν ἐν οἴκῳ Ἐλεισά, καὶ ἀνήγγειλαν τῷ
21 βασιλεῖ πάντας τοὺς λόγους. ²¹καὶ ἀπέστειλεν ὁ βασιλεὺς τὸν

10 εν ωσι] εν ωσιν ℵQ* εις τα ωτα AQ^mg 11 Μιχαιας B^bAQ ℵAQ Μιχεας ℵ: item 13 | απαντας] παντας AQ 12 οικιαν] οικον ℵAQ | Ελισαμα ℵAQ | Δαλιας ℵ Δαλεας A | Σελεμιου] Σεδεκιου ℵ | Ιωναθαν] Ναθαν AQ* Ελναθαν Q^mg | Ακχοβωρ] incep Ακχοβη ℵ* (Ακχοβωρ ℵ^?) Αχοβωρ A Ακοβωρ Q | αρχοντες 2°] αρχοντας ℵ* (-ντες ℵ^?) 13 αναγιγνωσκοντος A | Βαρουχ] pr τον AQ | του λαου] κυ του ου (sic) ℵ* (improb κυ superscr λα ℵ^?) 14 Νηριου]+τον Ιουδει Α+τ. Ιουδειν Q | υιον 2°] υιου ℵ | Σαλαμιου A | Χουσι ℵAQ | om λεγοντες το χαρτιον ℵ* (hab ℵ^c.a(?)mg) | χαρτιον 1°] βιβλιον AQ | συ (σου ℵ*)] om AQ* (hab sub ※ Q^mg) | εν αυτω sub ※ Q^a | εν ωσι (-σιν ℵA)] εις τα ωτα Q | om εις την χειρα σου ℵ* (hab ℵ^c.a(?)mg) | Βαρουχ 2°]+υιος Νηριου AQ | χαρτιον 2°]+εν χειρι αυτου A βιβλιον εν τη χειρι αυτου Q 16 εγενηθη] εγενετο ℵ | παντας] παν bis scr ℵ* | αναγγελοντες A | αναγγελωμεν ℵ* (αναγγειλ. ℵ^?) AQ^a αναγγελλωμεν Q* | απαντας] παντας ℵAQ 17 που] ποθεν ℵ (incep που ℵ*) AQ | om παντας ℵ 18 αυτου] om A Ιερεμιου Q | ανηγγελλεν Q | om Ιερεμιας Q | και 2°] καγω AQ | εν βιβλιω] επι βιβλιου Q 19 ειπαν]+οι αρχοντες AQ | τω Βαρουχ] προς Β. A | βαδισας Q | κατακρυβηθι] και κρυβηθι A | ανθρωπος] pr και ℵA | γνω A | υμεις] υπαγεις ℵ* (υμ. ℵ^?) 20 εισηθον ℵ* (εισηλθ. ℵ^?) | χαρτιον] βιβλιον AQ | Ελεισα] Ελισαμα AQ: item 21 | λογους]+τουτους A et (sub ※) Q^mg

327

XLIII 22 (XXXVI 22)   ΙΕΡΕΜΙΑΣ

B Ἰουδεὶν λαβεῖν τὸ χαρτίον. καὶ ἔλαβεν αὐτὸ ἐξ οἴκου Ἐλεισά, καὶ ἀνέγνω Ἰουδεὶν εἰς τὰ ὦτα τοῦ βασιλέως καὶ εἰς τὰ ὦτα πάντων τῶν ἀρχόντων τῶν ἑστηκότων περὶ τὸν βασιλέα. ²²καὶ ὁ βασιλεὺς 22 ἐκάθητο ἐν οἴκῳ χειμερινῷ, καὶ ἐσχάρα πυρὸς κατὰ πρόσωπον αὐτοῦ. ²³καὶ ἐγενήθη ἀναγινώσκοντος Ἰουδεὶν τρεῖς σελίδας καὶ τέσ- 23 σαρας, ἀπέτεμνεν αὐτὰς τῷ ξυρῷ τοῦ γραμματέως καὶ ἔριπτεν εἰς τὸ πῦρ τὸ ἐπὶ τῆς ἐσχάρας, ἕως ἐξέλιπεν πᾶς ὁ χάρτης εἰς τὸ πῦρ τὸ ἐπὶ τῆς ἐσχάρας. ²⁴καὶ οὐκ ἐζήτησαν, καὶ οὐ διέρρηξαν τὰ 24 ἱμάτια αὐτῶν ὁ βασιλεὺς καὶ οἱ παῖδες αὐτοῦ οἱ ἀκούοντες πάντας τοὺς λόγους τούτους. ²⁵καὶ Ἐλναθὰν καὶ Γοδολίας ὑπέθεντο τῷ 25 βασιλεῖ πρὸς τὸ κατακαῦσαι τὸ χαρτίον. ²⁶καὶ ἐνετείλατο ὁ βασι- 26 λεὺς τῷ Ἰερεμεὴλ υἱῷ τοῦ βασιλέως καὶ τῷ Σαρεὰ υἱῷ Ἐσριὴλ συλλαβεῖν τὸν Βαροὺχ καὶ τὸν Ἰερεμίαν· καὶ κατεκρύβησαν. ²⁷Καὶ 27 ἐγένετο λόγος Κυρίου πρὸς Ἰερεμίαν, μετὰ τὸ κατακαῦσαι τὸν βασιλέα τὸ χαρτίον, πάντας τοὺς λόγους οὓς ἔγραψεν Βαροὺχ ἀπὸ στόματος Ἰερεμίου, λέγων ²⁸Πάλιν λάβε σὺ χαρτίον ἕτερον καὶ γράψον 28 πάντας τοὺς λόγους τοὺς ὄντας ἐπὶ τοῦ χαρτίου οὓς κατέκαυσεν ὁ βασιλεὺς Ἰωακείμ, ²⁹καὶ ἐρεῖς Οὕτως εἶπεν Κύριος Σὺ κατέκαυσας 29 τὸ χαρτίον τοῦτο, λέγων Διὰ τί ἔγραψας ἐπ' αὐτῷ λέγων Εἰσπορευόμενος εἰσπορεύσεται ὁ βασιλεὺς Βαβυλῶνος καὶ ἐξολεθρεύσει τὴν γῆν ταύτην, καὶ ἐκλείψει ἀπ' αὐτῆς ἄνθρωπος καὶ κτήνη; ³⁰διὰ 30 τοῦτο οὕτως εἶπεν Κύριος ἐπὶ Ἰωακεὶμ βασιλέα Ἰούδα Οὐκ ἔσται

ℵAQ   21 Ιουδιν (1°) ℵ | χαρτιον] βιβλιον Q | ελαβον ℵ | εξ οικου] εκ του οικου Q | om παντων AQ | περι] προς A   23 Ιωδειν A | και 2°] η ℵ^{c.a vid} | απετεμεν A | αυτας] αυτα ℵA | ξυρω] σ' σμιλη Q^{mg} | ερειπτε B* ερριπτεν B^{b(vid)} Q | εως...της εσχαρας (2°)] bis scr B* (unc incl 2° B^a non inst B^b) om Q* (hab sub ※ Q^{mg}) | εως] + ου AQ^{mg} | εξελειπεν ℵ^{c.a}AQ^{mg} | om επι 2° Q^{mg}   24 εζητησαν] εξεςητ. AQ + τον κν Q^{mg} | om ου ℵ* (hab ℵ^{?(mg)}) | διερηξαν ℵ* (διερρ. ℵ^?) | οι παιδες] pr παντες Q | οι ακουοντες] ακουσαντες A οι ακους. Q | παντες A   25 Ελναθαν] Ναθαν A | Γοδολιας] Δαλαισα κ Γολιας κ Γαμαριας ℵ^{c.c mg sup} Γοδολιας και Γαμαριας A Δαλαιας και Γαμαριας και Γοδολιας Q | κατακαυσαι] pr μη ℵ^{c.a} AQ | χαρτιον] βιβλιον A + και ουκ ηκουσεν αυτων Q   26 Ιερεμιαηλ ℵ Ιερεμιηλ A | Σαραια AQ | Εσριηλ (Εσρ. A Εσδρ. Q)] pr ※ του Q^{mg} | τον 2°] αυτον ℵ* | Ιερεμηαν ℵ^{vid} | οm και κατεκρυβησαν ℵ* (hab ℵ^{c.a mg sup}) | κατεκρυβησαν]+υπο κυ Q^c   27 tit in A | om και εγενετο... Ιερεμιαν ℵ* (hab ℵ^{c.a mg sup}) | Ιηρ. ℵ^{c.a} | κατακαυσαι] καυσαι (-σε ℵ*) ℵA | χαρτιον] incep χο ℵ*   28 συ] σεαυτω A | παντας] απαντας AQ | ους] ου Q*^{vid}   29 ερεις] pr προς Ιωακειμ Q | χαρτιον] βιβλιον AQ | δια τι] δια το ℵ* | αυτω] αυτο ℵQ | εισπορευσεται] εισπορευετε ℵ* (-σεται ℵ?) εισελευσεται Q | εξολοθρευσει B^b εξωλεθρευσει ℵ* (-σει ℵ?) ολεθρευσει Q | εκλειψει] εκτριψει AQ | ανθρωπος] αν̅ο̅ν̅ AQ | κτηνη] incep κι ℵ*^{vid}   30 α Ιουδα ουκ sup ras B^{ab} | Ιοδα ℵ

328

ΙΕΡΕΜΙΑΣ (XXXVII 9) XLIV 9

αὐτῷ καθήμενος ἐπὶ θρόνου Δαυείδ, καὶ τὸ θνησιμαῖον αὐτοῦ ἔσται B ἐριμμένον ἐν τῷ καύματι τῆς ἡμέρας καὶ ἐν τῷ παγετῷ τῆς νυκτός. 31 ³¹καὶ ἐπισκέψομαι ἐπ᾽ αὐτὸν καὶ ἐπὶ τὸ γένος αὐτοῦ καὶ ἐπὶ τοὺς παῖδας αὐτοῦ, καὶ ἐπάξω ἐπ᾽ αὐτὸν καὶ ἐπὶ τοὺς κατοικοῦντας Ἰερουσαλὴμ καὶ ἐπὶ γῆν Ἰούδα πάντα τὰ κακὰ ἃ ἐλάλησα πρὸς 32 αὐτούς, καὶ οὐκ ἤκουσαν. ³²καὶ ἔλαβεν Βαροὺχ χαρτίον ἕτερον καὶ ἔγραψεν ἐπ᾽ αὐτῷ ἀπὸ στόματος Ἰερεμίου ἅπαντας τοὺς λόγους τοῦ βιβλίου οὓς κατέκαυσεν Ἰωακείμ· καὶ ἔτι προσετέθησαν αὐτῷ λόγοι πλείονες ὡς οὗτοι.

XLIV
XXXVII) 1 ¹Καὶ ἐβασίλευσεν Σεδεκίας υἱὸς Ἰωσεία ἀντὶ Ἰωακείμ, ὃν ἐβασί-2 λευσεν Ναβουχοδονοσὸρ βασιλεύειν τοῦ Ἰούδα. ²καὶ οὐκ ἤκουσαν αὐτὸς καὶ οἱ παῖδες αὐτοῦ καὶ ὁ λαὸς τῆς γῆς τοὺς λόγους Κυρίου οὓς 3 ἐλάλησεν ἐν χειρὶ Ἰερεμίου. ³καὶ ἀπέστειλεν ὁ βασιλεὺς Σεδεκίας τὸν Ἰωαχὰλ υἱὸν Σελεμίου καὶ τὸν Σοφονίαν υἱὸν Μαασαίου τὸν ἱερέα 4 πρὸς Ἰερεμίαν λέγων Πρόσευξαι δὴ περὶ ἡμῶν πρὸς Κύριον. ⁴καὶ Ἰερεμίας ἦλθεν καὶ διῆλθεν διὰ μέσου τῆς πόλεως, καὶ οὐκ ἔδωκαν 5 αὐτὸν εἰς οἶκον τῆς φυλακῆς. ⁵καὶ δύναμις Φαραὼ ἐξῆλθεν ἐξ Αἰγύπτου, καὶ ἤκουσαν οἱ Χαλδαῖοι τὴν ἀκοὴν αὐτῶν, καὶ ἀνέβησαν 6 ἐπὶ Ἰερουσαλήμ. ⁶καὶ ἐγένετο λόγος Κυρίου πρὸς Ἰερεμίαν λέγων 7 ⁷Οὕτως εἶπεν Κύριος Οὕτως ἐρεῖς πρὸς βασιλέα Ἰούδα τὸν ἀποστεί-λαντα πρὸς σὲ τοῦ ἐκζητῆσαί με Ἰδοὺ δύναμις Φαραὼ ἡ ἐξελθοῦσα 8 ὑμῖν εἰς βοήθειαν ἀποστρέψουσιν εἰς γῆν Αἰγύπτου, ⁸καὶ ἀναστρέ-ψουσιν αὐτοὶ οἱ Χαλδαῖοι καὶ πολεμήσουσιν ἐπὶ τὴν πόλιν ταύτην, καὶ 9 συλλήμψονται αὐτὴν καὶ καύσουσιν αὐτὴν πυρί. ⁹ὅτι οὕτως εἶπεν

30 θρονον A | εσται το θν. αυτου Q | ερριμμενον Bᵃ⁽ᶠᵒʳᵗ⁾ ᵇ ρεριμμενον A ℵAQ
31 επι 1°] incep εο ℵ* | αυτον 2°] αυτους ℵAQ* (-τον Qᵐᵍ) | γην Ιουδα] την Ιδουμαιαν ℵ* την Ιουδαιαν ℵᶜ·ᵃ την γην Ιουδα Q | προς] επ AQ   32 αυτω 1°] αυτου Q | απαντας] παντας ℵ | ους] ου ℵ | ετι] επι τι ℵ*   XLIV 1 Ιωσια Bᵇℵᴬ Ιωσιου Q | Ιωακειμ] pr Ιεχονιου υιου AQ | Ναβουχοδονοσορ (Ναβουχορδ. B)] + βασιλεως Βαβυλωνος AQ   2 ηκουσεν ℵQ   3 Ιωαχαλ] Ιωαχαχ ℵ* Ιωαχας ℵᶜ·ᵃAQ | Σελεμιου] Σεδεκιου ℵ | Μαασαιου] Μνασαιον Bᵃᵇ Μασαιου A | ιερεα sup ras Aᵃ (Ιερεμιαν A*) | Ιερεμιαν] + παντες ※ τον προφητην| Qᵐᵍ | om δη Q   4 διηλθεν και ηλθεν Q | δια μεσου] ανα μεσον AQ | εδωκαν (εδ sup ras Bᵇ ⁽ᶠᵒʳᵗ⁾)] απηγαγον Q | οικον της φυλακης] οικιαν της φ. ℵ φυλακην Q   5 δυναμιν ℵ* | επι] απο ℵᶜ·ᵃAQ   6 tit in A   7 βασι-λεα] pr τον Q | τον αποστειλαντα] τον αποστελλοντα ℵ | του εκζητ.] om τον A | με] σε ℵ* (με ℵᶜ·ᵃ⁽ᵗ⁾) | υμιν] υμιν A | βοηθιαν ℵ | αποστρεψωσιν Q* (-ψουσιν Qᵃ) | om εις γην Αιγυπτου ℵ* (hab ℵᶜ·ᵃ⁽ᵗ⁾ ᵐᵍ ⁱⁿᶠ)   8 om και αναστρεψουσιν ℵ* (hab ℵᶜ·ᵃ⁽ᵗ⁾ ᵐᵍ ⁱⁿᶠ) | αυτοι] om A sub ※ Qᵃ | Χαλδεοι ℵ | και πολημησουσιν επι την πολιν] οι πολεμουντες την γην A | συλημψ. ℵ συλληψ. Qᵃ | καυσουσιν] κατακαυσουσιν Q | πυρι] pr εν AQ   9 om οτι 1° ℵ

329

XLIV 10 (XXXVII 10) ΙΕΡΕΜΙΑΣ

B Κύριος Μὴ ὑπολάβητε ταῖς ψυχαῖς ὑμῶν λέγοντες Ἀποτρέχοντες ἀπελεύσονται ἀφ᾽ ἡμῶν οἱ Χαλδαῖοι, ὅτι οὐ μὴ ἀπέλθωσιν, ¹⁰καὶ ἐὰν 10 πατάξητε πᾶσαν δύναμιν τῶν Χαλδαίων τοὺς πολεμοῦντας ὑμᾶς, καὶ καταλειφθῶσίν τινες ἐκκεκεντημένοι, ἕκαστος ἐν τῷ τόπῳ αὐτοῦ οὗτοι ἀναστήσονται καὶ καύσουσιν τὴν πόλιν ταύτην ἐν πυρί. ¹¹Καὶ 11 ἐγένετο ὅτε ἀνέβη ἡ δύναμις τῶν Χαλδαίων ἀπὸ Ἰερουσαλὴμ ἀπὸ προσώπου τῆς δυνάμεως Φαραώ, ¹²ἐξῆλθεν Ἰερεμίας ἀπὸ Ἰερουσαλὴμ 12 τοῦ πορευθῆναι εἰς γῆν Βενιαμεὶν τοῦ ἀγοράσαι ἐκεῖθεν ἐν μέσῳ τοῦ λαοῦ. ¹³καὶ ἐγένετο αὐτὸς ἐν πύλῃ Βενιαμείν, καὶ ἐκεῖ ἄνθρωπος 13 παρ᾽ ᾧ κατέλυεν· Σαρουιὰ υἱὸς Σελεμίου υἱοῦ Ἀνανίου, καὶ συνέλαβεν τὸν Ἰερεμίαν λέγων Πρὸς τοὺς Χαλδαίους σὺ φεύγεις; ¹⁴καὶ εἶπεν 14 Ψεῦδος· οὐκ εἰς τοὺς Χαλδαίους ἐγὼ φεύγω. καὶ οὐκ εἰσήκουσεν αὐτοῦ, καὶ συνέλαβεν Σαρουιὰ τὸν Ἰερεμίαν καὶ εἰσήγαγεν αὐτὸν πρὸς τοὺς ἄρχοντας. ¹⁵καὶ ἐπικράνθησαν οἱ ἄρχοντες ἐπὶ Ἰερεμίαν καὶ ἐπά- 15 ταξαν αὐτόν, καὶ ἀπέστειλαν αὐτὸν εἰς τὴν οἰκίαν Ἰωναθὰμ τοῦ γραμματέως, ὅτι ταύτην ἐποίησαν εἰς οἰκίαν φυλακῆς. ¹⁶καὶ ἦλθεν 16 Ἰερεμίας εἰς οἰκίαν τοῦ λάκκου καὶ εἰς τὴν χερέθ, καὶ ἐκάθισεν ἐκεῖ ἡμέρας πολλάς. ¹⁷καὶ ἀπέστειλεν Σεδεκίας καὶ ἐκάλεσεν αὐτόν, καὶ 17 ἠρώτα αὐτὸν ὁ βασιλεὺς κρυφαίως εἰπεῖν Εἰ ἔστιν ὁ λόγος παρὰ Κυρίου; καὶ εἶπεν Ἔστιν· εἰς χεῖρας βασιλέως Βαβυλῶνος παραδοθήσῃ. ¹⁸καὶ εἶπεν Ἰερεμίας τῷ βασιλεῖ Τί ἠδίκησά σε καὶ τοὺς 18 παῖδάς σου καὶ τὸν λαὸν τοῦτον, ὅτι σὺ δίδως με εἰς οἰκίαν φυλακῆς; ¹⁹καὶ ποῦ εἰσιν οἱ προφῆται ὑμῶν οἱ προφητεύσαντες ὑμῖν λέγοντες 19

ℵAQ 9 απελευσονται] α'σ' πορευσονται Q^mg | Χαλδεοι ℵ 10 δυναμιν] pr την Q | Χαλδεων ℵ: item 11 | καταλειφθωσι Q* | τω τοπω] om τω A | ουτοι] οτι αυτοι A | αναστησουσιν ℵ* (-σονται ℵ?) | καυσουσιν] incep καυσι ℵ* 11 οτε] ως Q | απο 1°] επι AQ^mg 12 Ιηρεμιας A | του πορευθηναι] του πορευεσθαι (-σθε ℵ*-σθαι ℵ^c.b) ℵ om του Q | εκειθεν]+αρτον ℵ^c.a mg Q^mg 13 κατελυσεν AQ | Σαρουιας ℵA Αρουιας Q | υιου] υιος ℵ | Χαλδεους ℵ: item 14 14 ουκ εις] ουχι προς ℵAQ | εισηκουσεν] ηκουσεν ℵAQ | Σαρουιας ℵA Ιαρουιας Q* Αρ. Q^a 15 αυτον 2°]+α'θ' ※ εις οικο| φυλακης Q^mg | οικειαν bis B* (-κιαν B^b) | Ιωναθαν ℵAQ | οικιαν 2°] οικον A | φυλακης] pr της ℵ* (improb ℵ^c.a(?)) 16 και 1°] οτι ℵ* (και ℵ^c.a(?)) | ηλθεν...χερεθ] ※ εισηλθεν Ιερεμιας εις τον οικον του λακκου ϗ εις τον συγκλεισμον Q^mg | οικιαν] τον οικον Q | χερεθ] χαρεθ ℵ 17 Σεδεεκιας ℵ | και εκαλεσεν αυτον] sub ※ Q^a | αυτον 1°] incep αυτα ℵ* | ηρωτα] ηρωτησεν ℵ επηρωτησεν A | ο βασιλευς (-λες ℵ*)] om A οι βασιλεις Q* (ο βασιλευς Q^a)+ ※ εν τη οικια αυτου Q^mg | om ειπειν ℵAQ | ο λογος παρα Κυριου] λογος θῡ ℵ* λ. παρα θῡ ℵ^c.a λογος κῡ A λογος παρα κῡ Q | ειπεν]+αυτω AQ +Ιερεμιας Q^mg | εστιν 2°]+α'σ' ※ ϗ ειπε Q^mg 18 Ιηρεμιας A | βασιλει] +α' ※ Σεδεκια Q^mg | συ] σοι ℵ | φυλακης] pr της A 19 προφητευοντες A

ΙΕΡΕΜΙΑΣ (XXXVIII 7) XLV 7

20 ὅτι Οὐ μὴ ἔλθῃ βασιλεὺς Βαβυλῶνος ἐπὶ τὴν γῆν ταύτην; ²⁰καὶ νῦν, Β
κύριε βασιλεῦ, πεσέτω τὸ ἔλεός μου κατὰ πρόσωπόν σου· καὶ τί ἀπο-
στρέφεις με εἰς οἰκίαν Ἰωναθὰμ τοῦ γραμματέως, καὶ οὐ μὴ ἀποθάνω
21 ἐκεῖ; ²¹καὶ συνέταξεν ὁ βασιλεύς, καὶ ἐνεβάλοσαν αὐτὸν εἰς οἰκίαν τῆς
φυλακῆς, καὶ ἐδίδοσαν αὐτῷ ἄρτον ἕνα τῆς ἡμέρας ἔξωθεν οὗ πέσ-
σουσιν, ἕως ἐξέλιπον οἱ ἄρτοι ἐκ τῆς πόλεως· καὶ ἐκάθισεν Ἰερεμίας
ἐν τῇ αὐλῇ τῆς φυλακῆς.

XLV
XXXVIII) 1 ¹Καὶ ἤκουσεν Σαφανίας υἱὸς Ναθὰν καὶ Γοδολίας υἱὸς Πασχὼρ καὶ
Ἰωαχὰλ υἱὸς Σελεμίου τοὺς λόγους οὓς Ἰερεμίας ἐλάλει ἐπὶ τὸν λαὸν
2 λέγων ²Οὕτως εἶπεν Κύριος Ὁ κατοικῶν ἐν τῇ πόλει ταύτῃ ἀπο-
θανεῖται ἐν ῥομφαίᾳ καὶ ἐν λιμῷ, καὶ ὁ ἐκπορευόμενος πρὸς τοὺς
Χαλδαίους ζήσεται, καὶ ἔσται ἡ ψυχὴ αὐτοῦ εἰς εὕρεμα καὶ ζήσεται.
3 ³ὅτι οὕτως εἶπεν Κύριος Παραδιδομένη παραδοθήσεται ἡ πόλις αὕτη
εἰς χεῖρας δυνάμεως βασιλέως Βαβυλῶνος, καὶ συλλήμψεται αὐτήν.
4 ⁴καὶ εἶπαν τῷ βασιλεῖ Ἀναιρεθήτω δὴ ὁ ἄνθρωπος ἐκεῖνος, ὅτι αὐτὸς
ἐκλύει τὰς χεῖρας τῶν ἀνθρώπων τῶν πολεμούντων τῶν καταλει-
πομένων ἐν τῇ πόλει καὶ τὰς χεῖρας παντὸς τοῦ λαοῦ, λαλῶν πρὸς
αὐτοὺς κατὰ τοὺς λόγους τούτους, ὅτι ὁ ἄνθρωπος οὗτος οὐ χρησιμο-
5 λογεῖ εἰρήνην τῷ λαῷ τούτῳ ἀλλ' ἢ πονηρά. ⁵καὶ εἶπεν ὁ βασιλεύς
Ἰδοὺ αὐτὸς ἐν χερσὶν ὑμῶν· ὅτι οὐκ ἠδύνατο ὁ βασιλεὺς πρὸς αὐτούς.
6 ⁶καὶ ἔριψαν αὐτὸν εἰς λάκκον Μελχίου υἱοῦ τοῦ βασιλέως, ὃς ἦν ἐν
τῇ αὐλῇ τῆς φυλακῆς, καὶ ἐχάλασαν αὐτὸν εἰς τὸν λάκκον, καὶ ἐν τῷ
7 λάκκῳ οὐκ ἦν ὕδωρ ἀλλ' ἢ βόρβορος, καὶ ἦν ἐν τῷ βορβόρῳ. ⁷καὶ

19 om οτι Q | Βαβυλωνος] + ⁕ εφ υμας Q^mg | γην] πολιν Q^mg 20 νυν] ℵAQ
+ σ' ⁕ αξιω + ακουσον Q^mg | κυριε] + μου A | πεσετω] πεσατω ℵA πεσαιτο
Q* πεσετω Q^a + δη A et (sub ⁕) Q^mg | Ιωναθαν ℵAQ 21 της φυλακης]
om της Q | εξελειπον ℵ^c.a XLV 1 Σαφανιας] Σαφατ Q* Σαφατιας
Q^mg | Ναθαν] Μαθθα] Q^mg | Γολιας ℵ* (Γοδολ. ℵ?) | Ωαχαλ Β* (Ιωαχ. Β^ab)
Ιωαχας ℵ | Σελεμιου] + α'θ' ⁕ κ Πασχωρ υιος Μελχιου Q^mg | ους] ος ℵ* |
Ιερεμιας (as sup ras Β?) ελαλει] ελαλει (-λι ℵ*) Ιερ. ℵ ελαλησεν Ιηρ. A |
λαον] αχλο] ℵ* (λαο] ℵ^c.a(?)) 2 κατοικων] καθημενος Q | λιμω] + α'θ' ⁕ κ
εν θανατω Q^mg | Χαλδεους ℵ | ευρημα Q | om και ζησεται A 3 παρα-
διδομενη bis scr ℵ* (improb 2° ℵ?) | improb παραδοθησεται ℵ? | om βασι-
λεως ℵ | συλλημψεται] λημψετε ℵ* (superscr σιν ℵ^c.a(?)) συλλημψονται A
4 ειπαν] ειπεν ℵ* + παντες ⁕ ου αρχοντες Q^mg | om δη A | om αυτος A |
εκλυει] εκλει A* (υ superscr A¹) | πολεμουντων] πολεμιστων A | καταλει-
πομενων (-λιπ. ℵQ* -λειπ. Q^a)] καταλελιμμενων A | εν] επι A | χρησμο-
λογει Β^abℵAQ | om τουτω A 5 ιδου] incep Ιουδ ℵ* | αναυτος
ℵ | χερσιν] pr ταις A | εδυνατο ℵ | α'θ' ⁕ κ ελαβον τό]
Ιερεμιαν Q^mg | ερριψαν Β^a⁺bAQ | λακκον 1°] pr τον ℵAQ | Μελχειου A | αυ-
τον 2°] + (sub παντες ⁕) εν σχοινιοις Q | om ην 3° Q* (hab Q^mg) | βορρω
Β* (βορβορω Β^b(vid))

331

XLV 8 (XXXVIII 8)   ΙΕΡΕΜΙΑΣ

B ἤκουσεν Ἀβδεμέλεχ ὁ Αἰθίοψ, καὶ αὐτὸς ἐν οἰκίᾳ τοῦ βασιλέως, ὅτι ἔδωκαν Ἰερεμίαν εἰς τὸν λάκκον· καὶ ὁ βασιλεὺς ἦν ἐν τῇ πύλῃ Βενιαμείν· ⁸καὶ ἐξῆλθεν πρὸς αὐτόν, καὶ ἐλάλησεν πρὸς τὸν βασιλέα 8 καὶ εἶπεν ⁹Ἐπονηρεύσω ἃ ἐποίησας τοῦ ἀποκτεῖναι τὸν ἄνθρωπον 9 τοῦτον ἀπὸ προσώπου τοῦ λιμοῦ, ὅτι οὐκ εἰσὶν ἔτι ἄρτοι ἐν τῇ πόλει. ¹⁰καὶ ἐνετείλατο ὁ βασιλεὺς τῷ Ἀβδεμέλεχ λέγων Λάβε εἰς τὰς χεῖράς 10 σου ἐντεῦθεν τριάκοντα ἀνθρώπους καὶ ἀνάγαγε αὐτὸν ἐκ τοῦ λάκκου, ἵνα μὴ ἀποθάνῃ. ¹¹καὶ ἔλαβεν Ἀβδεμέλεχ τοὺς ἀνθρώπους καὶ εἰσῆλ- 11 θεν εἰς τὴν οἰκίαν τοῦ βασιλέως τὴν ὑπόγειον, καὶ ἔλαβεν ἐκεῖθεν παλαιὰ ῥάκη καὶ παλαιὰ σχοινία, καὶ ἔριψεν αὐτὰ πρὸς Ἰερεμίαν εἰς τὸν λάκκον, ¹²καὶ εἶπεν Ταῦτα θὲς ὑποκάτω τῶν σχοινίων. καὶ 12 ἐποίησεν Ἰερεμίας οὕτως. ¹³καὶ εἵλκυσαν αὐτὸν τοῖς σχοινίοις καὶ 13 ἀνήγαγον αὐτὸν ἐκ τοῦ λάκκου· καὶ ἐκάθισεν Ἰερεμίας ἐν τῇ αὐλῇ τῆς φυλακῆς. ¹⁴Καὶ ἀπέστειλεν ὁ βασιλεὺς καὶ ἐκάλεσεν αὐτὸν 14 πρὸς ἑαυτὸν εἰς οἰκίαν ἀσελεισὴλ τὴν ἐν οἴκῳ Κυρίου. καὶ εἶπεν αὐτῷ ὁ βασιλεύς Ἐρωτήσω σε λόγον, καὶ μὴ δὴ κρύψῃς ἀπ' ἐμοῦ ῥῆμα. ¹⁵καὶ εἶπεν Ἰερεμίας τῷ βασιλεῖ Ἐὰν ἀναγγείλω σοι, οὐχὶ 15 θανάτῳ με θανατώσεις; καὶ ἐὰν συμβουλεύσω σοι, οὐ μὴ ἀκούσῃς μου. ¹⁶καὶ ὤμοσεν αὐτῷ ὁ βασιλεὺς λέγων Ζῇ Κύριος, ὃς ἐποίησεν 16 ἡμῖν τὴν ψυχὴν ταύτην, εἰ ἀποκτενῶ σε καὶ εἰ δώσω σε εἰς χεῖρας τῶν ἀνθρώπων τούτων. ¹⁷καὶ εἶπεν αὐτῷ Ἰερεμίας Οὕτως εἶπεν 17

ℵAQ   7 ηκουσεν] ησεν ℵ* (κου superscr ℵ?) | Εθιοψ ℵ* + παντες ※ ανηρ ευνουχος Qᵐᵍ | αυτος] pr ην Q | οικια] τη αυλη Q | εδωκαν] ενεβαλον Q | Ιερεμιαν] pr τον Q | ην] om Q παντες ※ εκαθητο Qᵐᵍ | πυλη] αυλη A | Βενιαμιν ℵ
9 επονηρευσω (-σου ℵ)...τουτον] ※ κυριε βασιλευ επονηρευσαντο οι ανδρες ουτοι απαντα οσα εποιησαν Ιερεμια τω προφητη οτι ενεβαλον αυτον εις τον λακκον ϗ αποθανειται υποκατω αυτου Qᵐᵍ | τουτον] του θυ̅ Qᵐᵍ | εν τη πολει] εις την πολιν ℵ   10 βασιλεις ℵ* | Αβδεμελεχ] + παντες ※ τω Αιθιοπι Qᵐᵍ | λεγων] ειπας Qᵐᵍ | εις τας χειρας σου] εις τῇ| χειρα σ. A μετα στιχον Qᵃ (-τω Q*) | εντευθεν] απ εντευθεν A | τριακοντα] λ' ℵ | ανθρωπους] ανδρας Q | αναγαγε] αναγαβε ℵ* (-γαγε ℵᶜ·ᵃ⁽?⁾)   11 ανθρωπους] + ※ μεθ εαυτου Qᵐᵍ | υπογεον ℵ υπογαιον AQ* (-γειον Qᵃ) + ※ του θησαυρου Qᵐᵍ | ρακκη ℵᶜ·ᵃ | σχονια ℵ* | ερριψεν Bᵃʳᵇ ℵAQ | Ιερεμιαν] pr τον A | λακκον (-ων ℵ*)] + θ' ※ εν τοις σχοινιοις Qᵐᵍ   12 ειπεν] + προς αυτον Q + θ' ※ Αβδεμελεχ ὁ Αἰθιοψ προς Ιερεμιαν Qᵐᵍ | ταυτα θες] θες ταυτα Q θ' ※ θες τα παλαια ρακη κατα μαλεειν υπο τους αγκωνας των χειρω| σου Qᵐᵍ   13 τοις σχοινιοις] pr εν AQ | Ιηρεμιας A: item 17 | τη αυλη] om τη ℵA   14 ασελεισηλ] ασαληλ ℵ σαλαθιηλ A ασιλισιηλ Q* ασαλισιηλ οι λοιποι την τριτη| Qᵐᵍ | μη δη] δη μη ℵ* om δη ℵ?AQ   15 Ειερεμιας A | θανατω με θανατωσεις] θανατωσεις με A | εαν 2°] αν ℵ | μου ακουσης A   16 δωσω] παραδωσω AQ | χειρας] pr τας Qᵐᵍ | τουτων] + α'σ' ※ των ζητουντω| την ψυχην σου Qᵐᵍ

ΙΕΡΕΜΙΑΣ (XXXVIII 26) XLV 26

Κύριος Ἐὰν ἐξελθὼν ἐξέλθῃς πρὸς ἡγεμόνας βασιλέως Βαβυλῶνος, B ζήσεται ἡ ψυχή σου, καὶ ἡ πόλις αὕτη οὐ μὴ κατακαυθῇ ἐν πυρί, καὶ 18 ζήσῃ σὺ καὶ ἡ οἰκία σου. ¹⁸καὶ ἐὰν μὴ ἐξέλθῃς, δοθήσεται ἡ πόλις αὕτη εἰς χεῖρας τῶν Χαλδαίων, καὶ καύσουσιν αὐτὴν ἐν πυρί, καὶ σὺ οὐ 19 μὴ σωθῇς. ¹⁹καὶ εἶπεν ὁ βασιλεὺς τῷ Ἰερεμίᾳ Ἐγὼ λόγον ἔχω τῶν Ἰουδαίων τῶν πεφευγότων πρὸς τοὺς Χαλδαίους, μὴ δώσειν με εἰς 20 χεῖρας αὐτῶν, καὶ καταμωκήσονταί μου. ²⁰καὶ εἶπεν Ἰερεμίας Οὐ μὴ παραδῶσίν σε· ἄκουσον τὸν λόγον Κυρίου ὃν ἐγὼ λέγω πρὸς σέ, καὶ 21 βέλτιον ἔσται σοι καὶ ζήσεται ἡ ψυχή σου. ²¹καὶ εἰ μὴ θέλεις σὺ 22 ἐξελθεῖν, οὗτος ὁ λόγος ὃν ἔδειξέν μοι Κύριος ²²Καὶ ἰδοὺ πᾶσαι αἱ γυναῖκες αἱ καταλειφθεῖσαι ἐν οἰκίᾳ βασιλέως Ἰούδα ἐξήγοντο πρὸς ἄρχοντας βασιλέως Βαβυλῶνος, καὶ αὗται ἔλεγον Ἠπάτησάν σε, καὶ δυνήσονταί σοι ἄνδρες εἰρηνικοί σου, καὶ καταλύσουσιν ἐν ὀλισθή- 23 μασιν πόδας σου, ἀπέστρεψαν ἀπὸ σοῦ. ²³καὶ τὰς γυναῖκάς σου καὶ τὰ τέκνα σου ἐξάξουσιν πρὸς τοὺς Χαλδαίους, καὶ σὺ οὐ μὴ σωθῇς, ὅτι ἐν χειρὶ βασιλέως Βαβυλῶνος συλλημφθήσῃ, καὶ ἡ πόλις αὕτη 24 κατακαυθήσεται. ²⁴καὶ εἶπεν αὐτῷ ὁ βασιλεύς Ἄνθρωπος μὴ γνώτω 25 ἐκ τῶν λόγων τούτων, καὶ σὺ οὐ μὴ ἀποθάνῃς. ²⁵καὶ ἐὰν ἀκούσωσιν οἱ ἄρχοντες ὅτι ἐλάλησά σοι, καὶ ἔλθωσιν πρὸς σὲ καὶ εἴπωσίν σοι Ἀνάγγειλον ἡμῖν τί ἐλάλησέν σοι ὁ βασιλεύς; μὴ κρύψῃς ἀφ᾽ ἡμῶν, 26 καὶ οὐ μὴ ἀνέλωμέν σε· καὶ τί ἐλάλησεν πρὸς σὲ ὁ βασιλεύς; ²⁶καὶ ἐρεῖς αὐτοῖς Ῥίπτω ἐγὼ τὸν ἔλεόν μου κατ᾽ ὀφθαλμοὺς τοῦ βασιλέως

17 βασιλεω ℵ* vid (s superscr ℵ?) | ζησεται] pr και ℵA 18 και εαν] εαν ℵAQ δε Qmg | εξελθης] ελθης ℵ* (εξελθ. ℵ?) + α′ ※ συ προς τους αρχοντας βασιλεως Βαβυλωνος Qmg | δοθησεται] παραδοθησεται A | των Χαλδαιων (-δεων ℵ)] βασιλεως Βαβυλωνος A | καυσουσιν] κατακαυσουσιν Qmg | σωθης] + α′ ※ εκ χειρος αυτων Qmg 19 βασιλευς] + Σεδεκιας ℵ | τω Ιερεμια] om τω ℵ | Ιουδεων ℵ | πεφευοτων ℵ* (γ superscr ℵ?) | Χαλδεους ℵ: item 23 20 παραδωσιν (-σειν Bab)] παραδωσωσιν ℵAQ | ακουσον] pr και ℵ + ※ δη Qmg | τον λογον] om τον A 21 θελεις] βουλη A | μοι] σοι ℵ* (μοι ℵc.a (?)) 22 οικεια Q* | βασιλεως 1°] pr του ℵ | βασιλεως Ιουδα sup ras et in mg Aa (om βασ. A* vid) | εξαγοντο Qbtc? | αρχοντας βασιλεως] βασιλεα Q* (τους αρχ. βασιλεως Qmg) | ελεγον] λεξουσι Qb? | ηπατησεν A | δυνησονται] ηδυνασθησαν Q | καταλυσουσιν] κατισχυσουσιν Q | ποδα ℵ* (ποδας ℵc.a) ποδος Qa | απεστρεψαν] απεστρεψεν ℵ* και απεστρεψα ℵc.a και απεστρεψαν A 23 τα τεκνα σου και τας γυναικας σου A | τας γυναικας] pr ※ πασας Qmg | εξαξουσι Qa | σωθης] σωθηση + θ′ ※ εκ της χειρος αυτου Qmg | εν χειρι] εις χειρας A | συλλημφθηση (συλληφθ. Qa)] παραδοθηση A | κατακαυθησεται] + εν πυρι Qmg 24 σν] σοι A 25 ελαλη Q* (σα superscr Qmg) | ελθωσι, ειπωσι Qa | ελαλησεν σοι ο βασιλευς] ελαλησας προς τον βασιλεα Q* (ελαλησεν σοι ο β. Qmg) | om σοι ℵ* (superscr ℵc.a(?)) | κρυψης] pr δη A 26 τον ελεον] το ελεος ℵAQ

XLV 27 (XXXVIII 27)   ΙΕΡΕΜΙΑΣ

B πρὸς τὸ μὴ ἀποστρέψαι με εἰς οἰκίαν Ἰωναθὰμ ἀποθανεῖν ἐκεῖ. ²⁷καὶ 27
ἤλθοσαν πάντες οἱ ἄρχοντες πρὸς Ἰερεμίαν καὶ ἠρώτησαν αὐτόν· καὶ
ἀνήγγειλεν αὐτοῖς κατὰ πάντας τοὺς λόγους τούτους οὓς ἐνετείλατο
αὐτῷ ὁ βασιλεύς· καὶ ἀπεσιώπησαν, ὅτι οὐκ ἠκούσθη λόγος Κυρίου.
²⁸καὶ ἐκάθισεν Ἰερεμίας ἐν τῇ αὐλῇ τῆς φυλακῆς ἕως χρόνου οὗ 28
συνελήμφθη Ἰερουσαλήμ.

¹Καὶ ἐγένετο τῷ μηνὶ τῷ ἐνάτῳ τοῦ Σεδεκία βασιλέως Ἰούδα 1   XLVI
παρεγένετο Ναβουχοδονοσὸρ βασιλεὺς Βαβυλῶνος καὶ πᾶσα ἡ   (XXXIX)
δύναμις αὐτοῦ ἐπὶ Ἰερουσαλήμ, καὶ ἐπολιόρκουν αὐτήν. ²καὶ ἐν 2
τῷ ἐνδεκάτῳ ἔτει τοῦ Σεδεκία ἐν τῷ μηνὶ τῷ τετάρτῳ ἐνάτῃ τοῦ
μηνὸς ἐρράγη ἡ πόλις, ³καὶ εἰσῆλθον πάντες οἱ ἡγούμενοι βασιλέως 3
Βαβυλῶνος, καὶ ἐκάθισαν ἐν πύλῃ τῇ μέσῃ, Μαργανασὰρ καὶ Σαμαγὼθ
καὶ Ναβουσαχὰρ καὶ Ναβουσαρείς, Ναγαργασνασέρ, Ῥαβαμάθ, καὶ
οἱ κατάλοιποι ἡγεμόνες βασιλέως Βαβυλῶνος. ¹⁴καὶ ἀπέστειλαν καὶ 14

ℵAQ   26 αποστρεψαι] επιστρεψαι (-ψε ℵ*) ℵA | om με ℵ* (superscr ℵᶜ·ᵃ⁽ᵗ⁾) A |
οικειαν B* (-κιαν Bᵇ) | Ιωναθαν ℵAQ | αποθανειν] pr και Q   27 ηλθοσαν]
ηλθαν ℵA ηλθον Q | αρχοντες ℵᵛⁱᵈ | απεσιωπησαν]εσιωπησαν A   28 συνε-
ληφθη Qᵃ | Ιερουσαλημ]+η πολεις A   XLVI 1 εγενετο]+θ′ ※ ηνικα
κατεληφθη Ιερουσαλημ Qᵐᵍ | τω μηνι] εν τω μηνι ℵ εν τω ετει AQ | Σεδεκια
B*ᵇ] Σεδεκιου BᵃᵇℵAQ | Ιουδα]+εν τω μηνι τω δεκατω AQ | παρεγενοντο ℵ |
βασιλευς] βασιλεως ℵA | επολιορκει A   2 Σεδεκια B*ℵ] Σεδεκιου BᵃᵇAQ
3 ηγουμενοι] ηγεμονες ℵAQ | πυλη] pr τη A | Μαργανασαρ και Σαμαγωθ]
Μαργαννασαρ Σαμαγωθ ℵ Νηργελ' Σασασαρ' Εισσαμαγαθ' A Νηργες Σαρασαρ
Σαμαγαδ Q Νηργελ Σαρασαρ Σαμαγαρ Qᵐᵍ | Ναβουσαχαρ] Ναβουσαραχ Q
Σαρσαχειμ Qᵐᵍ | om και 5° ℵ | Ναβουσαρεις] Ναβουσεεις ℵ* Ναβουσαρις
ℵᶜQ Ραβσαρις Qᵐᵍ | Ναγαργασνασερ (Ναγαργας Νασερραβ. dist B)] pr
και AQ Νασερ ℵ*AQ Νηρεα Σαρσαρ Qᵐᵍ | Ραβαμαθ] Ρα'ματ ℵ* Βαματ
ℵᶜ·ᵃ⁽ᵗ⁾ Ραβαμακ A Ραβαμαγ Q | και οι καταλοιποι...Βαβυλωνος] θ′ ϟ παντες οι
επιλοιποι αρχοντες βασιλεως Βαβ. Qᵐᵍ | οι καταλοιποι] pr παντες Qᵐᵍ | ηγε-
μονες] μεγιστανες Qᵐᵍ | Βαβυλωνος]+θ′ ※ (4) εγενετο δε ηνικα ιδεν αυτους
Σεδεκιας βασιλευς Ιουδα ϟ παντες οι ανδρες του πολεμου ϟ εφυγο] ϟ εξηλθον
νυκτος εκ της πολεως οδον κηπου του βασιλεως της πυλης ανα μεσον των τει-
χεων ϟ εξηλθον οδον την αραβα (5) ϟ κατεδιωξεν δυναμις Χαλδαιων κατοπισθε]
αυτων ϟ κατελαβον το] Σεδεκιαν εν αραβωθ Ιεριχω ϟ ελαβον αυτον ϟ ανηγαγον
αυτο] προς Ναβουχοδονοσορ προς βασιλεα Βαβυλωνος εν Ρεβλαθα εν γη Αιμαθ
ϟ ελαλησεν μετ αυτου κριματα (6) ϟ εσφαξεν βασιλευς Βαβυλωνος τους υιους
Σεδεκιου εν Δεβλαθα κατ οφθαλμους αυτου ϟ παντας τους ελευθερους Ιουδα
εσφαξεν (7) ϟ τους οφθαλμους Σεδεκιου εξετυφλωσεν ϟ εδησεν αυτον εν παιδες
χαλκαις του αγαγειν αυτον εις Βαβυλωνα ϟ δουναι αυτον εις οικο] του μυλωνος
(8) ϟ τον οικον του βασιλεως ϟ το] οικον του λαου ενεπρησαν οι Χαλδαιοι εν πυρι
ϟ το τειχος του λαου καθειλον (9) ϟ το λοιπον του λαου τους υπολειφθεντας
εν τη πολει ϟ τους εμπεσοντας οι ενεπεσαν αυτω ϟ το λοιπον του λαου των
καταλελιμμενων απωκισεν Ναβουζαρδαν ο αρχιμαγιρος εις Βαβυλωνα (10) απο
δε του λαου των πενητων οις ουκ υπηρχεν ουδεν κατελειπεν Ναβουζαρδαν ο
αρχιμαγιρος εν γη Ιουδα ϟ εδωκεν αυτοις αμπελωνας ϟ υδρευματα εν τη

334

ΙΕΡΕΜΙΑΣ (XL 5) XLVII 5

ἔλαβον τὸν Ἰερεμίαν ἐξ αὐλῆς τῆς φυλακῆς, καὶ ἔδωκαν αὐτὸν πρὸς Β τὸν Γοδολίαν υἱὸν Ἀχεικὰμ υἱοῦ Σαφάν, καὶ ἐξήγαγον αὐτόν, καὶ 15 ἐκάθισεν ἐν μέσῳ τοῦ λαοῦ. 15καὶ πρὸς Ἰερεμίαν ἐγένετο λόγος 16 Κυρίου ἐν τῇ αὐλῇ τῆς φυλακῆς λέγων 16Πορεύου καὶ εἰπὸν πρὸς Ἀβδεμέλεχ τὸν Αἰθίοπα Οὕτως εἶπεν Κύριος ὁ θεὸς Ἰσραήλ Ἰδοὺ ἐγὼ φέρω τοὺς λόγους μου ἐπὶ τὴν πόλιν ταύτην εἰς κακὰ καὶ οὐκ εἰς 17 ἀγαθά, 17καὶ σώσω σε ἐν τῇ ἡμέρᾳ ἐκείνῃ, καὶ οὐ μὴ δώσω σε εἰς 18 χεῖρας τῶν ἀνθρώπων ὧν σὺ φοβῇ ἀπὸ προσώπου αὐτῶν. 18ὅτι σῴζων σώσω σε, καὶ ἐν ῥομφαίᾳ οὐ μὴ πέσῃς· καὶ ἔσται ἡ ψυχή σου εἰς εὕρεμα, ὅτι ἐπεποίθεις ἐπ' ἐμοί, φησὶν Κύριος.

XLVII 1 ¹Ὁ λόγος ὁ γενόμενος παρὰ Κυρίου πρὸς Ἰερεμίαν μετὰ τὸ ἀποστεῖλαι (XL) αὐτὸν Ναβουζαρδὰν τὸν ἀρχιμάγειρον τὸν ἐκ Δαμάν, ἐν τῷ λαβεῖν αὐτὸν ἐν χειροπέδαις ἐν μέσῳ ἀποικίας Ἰούδα τῶν ἡγμένων εἰς Βαβυλῶνα.

2 ²Καὶ ἔλαβεν αὐτὸν ὁ ἀρχιμάγειρος καὶ εἶπεν αὐτῷ Κύριος ὁ θεός 3 σου ἐλάλησεν τὰ κακὰ ταῦτα ἐπὶ τὸν τόπον τοῦτον, ³καὶ ἐποίησεν 4 Κύριος, ὅτι ἡμάρτετε αὐτῷ καὶ οὐκ ἠκούσατε αὐτοῦ τῆς φωνῆς. ⁴ἰδοὺ ἔλυσά σε ἀπὸ τῶν χειροπέδων τῶν ἐπὶ τὰς χεῖράς σου· εἰ καλὸν ἐναντίον σου ἐλθεῖν μετ' ἐμοῦ εἰς Βαβυλῶνα, καὶ θήσω τοὺς ὀφθαλ-5 μούς μου ἐπὶ σέ· ⁵εἰ δὲ μή, ἀπότρεχε, ἀνάστρεψον πρὸς τὸν Γοδολίαν

ημερα εκεινη (11) ᛣ ενετειλατο Ναβουχοδονοσορ βασιλευς Βαβυλωνος προς ℵAQ Ιερεμιαν εν χειρι Ναβουζαρδαν του αρχιμαγιρου λεγων (12) λαβε αυτο| και τους οφθαλμους σου θες επ αυτον ᛣ μη ποιησης αυτω μηδεν κακον οτι αλλ η καθοτι εαν λαληση προς σε ουτως ποιησον μετ αυτου (13) ᛣ απεστειλεν Ναβουζαρδαν ο αρχιμαγιρος ᛣ Ναβουσαζαβαν Ραβσαρις και Νηργελ Σαρασαρ Ροβομογ Q^mg 14 αυλης] αυτης ℵ* | τον Γοδολιαν] om τον AQ | Αχικαμ ℵAQ | υιου] υιον A | εκαθισεν] εκαθισαν A (-θεισ.) Q 15 εν τη αυλη] pr α'θ' ※ οντος αυτου συνεχομενου Q^mg 16 Εθιοπα ℵ* | επι την πολιν] εις την γην A | αγαθα]+ ※ ᛣ εσονται κατα προσπώ| σου εν τη ημερα εκεινη Q^mg 17 om μη ℵQ | δωσω] παραδωσω A | χειρας] pr τας ℵ | των ανθρωπων] om των A 18 επεποιθεις] πεποιθεις ℵ XLVII 1 γενα-μενος A | προς Ιερεμιαν παρα κυ Q | μετα] pr υστερον AQ | τον εκ Δαμαν] εκ Ραμα A εκ Δραμα Q εκ Ρεμαθ Q^mg | εν τω λαβειν] οτι ελαβο| Q^mg | αυτον 2°]+α'σ' ※ δεδεμενον Q^mg | αποικιας (-κειας ℵ)] pr πασης Q^mg | Ιουδα] Ιλημ Q^mg | ηγμενων] απαγομενω| A αγομενων Q 2 αυτον] αυτο A | om σου A | ελαλησεν] εχρηματισεν Q^mg 3 ημαρτετε] ημαρτητε B* vid (ε 1° sup ras B?) A | ηκουσατε] εισηκουσατε A | της φωνης αυτου AQ+α'θ' ※ και εγενηθη υμιν το ρημα τουτο (4) και νῦ| Q^mg 4 επι 1°] υπο A | και θησω] pr ηκε ℵQ ηκε θησω A | σε 2°] σοι ℵQ+ᛣ εις το πονηρον εν οφθαλμοις σου ελθειν μετ εμου εις Βαβυλωνα (※) πανυαι ιδου πασα η γη εναντιο| σου εις αγαθον ᛣ εις το ευθες πορευθηναι εκει πορευου Q^mg 5 ει δε μη απο-τρεχε αναστρεψον] ει δε μη αποτρεχε (αποστρεψον ℵ*) και αναστρεψον (-στρεφε Q^mg) ℵQ ει δε μη αποστρεψον και αποτρεχε A ※ ᛣ πριν η απαλλαγω εγω ετι εμου ουκ επιστρεψεις αποτρεχε συ Q^mg | τον Γοδολιαν] om τον ℵAQ

335

XLVII 6 (XI. 6) ΙΕΡΕΜΙΑΣ

B υἱὸν Ἀχεικὰμ υἱοῦ Σαφάν, ὃν κατέστησεν βασιλεὺς Βαβυλῶνος ἐν γῇ Ἰούδα, καὶ οἴκησον μετ' αὐτοῦ ἐν μέσῳ τοῦ λαοῦ ἐν γῇ Ἰούδα· εἰς ἅπαντα τὰ ἀγαθὰ ἐν ὀφθαλμοῖς σου τοῦ πορευθῆναι, πορεύου. καὶ ἔδωκεν αὐτῷ ὁ ἀρχιμάγειρος δῶρα καὶ ἀπέστειλεν αὐτόν. ⁶καὶ 6 ἦλθεν πρὸς Γοδολίαν εἰς Μασσηφά, καὶ ἐκάθισεν ἐν μέσῳ τοῦ λαοῦ τοῦ καταλειφθέντος ἐν τῇ γῇ. ⁷Καὶ ἤκουσαν πάντες οἱ ἡγεμόνες 7 τῆς δυνάμεως τῆς ἐν ἀγρῷ, αὐτοὶ καὶ οἱ ἄνδρες αὐτῶν, ὅτι κατέστησεν βασιλεὺς Βαβυλῶνος τὸν Γοδολίαν ἐν τῇ γῇ, καὶ παρεκατέθεντο αὐτῷ ἄνδρας καὶ γυναῖκας αὐτῶν οὓς οὐκ ἀπῴκισεν εἰς Βαβυλῶνα. ⁸καὶ 8 ἦλθεν πρὸς Γοδολίαν εἰς Μασσηφὰ Ἰσμαὴλ υἱὸς Ναθανίου καὶ Ἰωνὰν υἱὸς Καρῆε καὶ Σαραιὰ υἱὸς Θαναέμαιθ καὶ υἱοὶ Ἰωφὲ τοῦ Νετωφατεὶ καὶ Ἰεζονίας υἱὸς τοῦ Μοχατεί, αὐτοὶ καὶ οἱ ἄνδρες αὐτῶν. ⁹καὶ 9 ὤμοσεν αὐτοῖς Γοδολίας καὶ τοῖς ἀνδράσιν αὐτῶν λέγων Μὴ φοβηθῆτε ἀπὸ προσώπου παίδων τῶν Χαλδαίων· κατοικήσατε ἐν τῇ γῇ καὶ ἐργάσασθε τῷ βασιλεῖ Βαβυλῶνος, καὶ βέλτιον ἔσται ὑμῖν. ¹⁰καὶ 10 ἰδοὺ ἐγὼ κάθημαι ἐναντίον ὑμῶν εἰς Μασσηφὰ στῆναι κατὰ πρόσωπον τῶν Χαλδαίων οἳ ἂν ἔλθωσιν ἐφ' ὑμᾶς· καὶ ὑμεῖς συναγάγετε οἶνον καὶ ὀπώραν καὶ ἔλαιον, καὶ βάλετε εἰς τὰ ἀγγεῖα ὑμῶν, καὶ οἰκήσατε ἐν ταῖς πόλεσιν αἷς κατεκρατήσατε. ¹¹καὶ πάντες οἱ Ἰουδαῖοι οἱ 11 ἐν Μωὰβ καὶ ἐν υἱοῖς Ἀμμὼν καὶ οἱ ἐν τῇ Ἰδουμαίᾳ καὶ οἱ ἐν πάσῃ τῇ γῇ ἤκουσαν ὅτι ἔδωκεν βασιλεὺς Βαβυλῶνος κατάλιμμα τῷ Ἰούδα, καὶ ὅτι κατέστησεν ἐπ' αὐτοὺς τὸν Γοδολίαν υἱὸν Ἀχεικάμ. ¹²καὶ ἦλθον 12 πρὸς Γοδολίαν εἰς γῆν Ἰούδα εἰς Μασσηφά, καὶ συνήγαγον οἶνον καὶ ὀπώραν πολλὴν σφόδρα καὶ ἔλαιον. ¹³Καὶ Ἰωανὰν υἱὸς Καρῆε 13

ℵAQ 5 Αχικαμ ℵAQ | υιου] υιον ℵ*A | εν γη Ιουδα εις απαντα τα αγαθα εν] εις παντα τα αγαθα εν γη ℵ* (om γη ℵ?) εις παντα τα αγαθα εν Q* εν γη I. εις π. τα αγ. Q^mg | πορευου] pr και A | δωρα] pr εστιατοριαν και Q 6 Μασσηφαθ Q | γη] η ℵ* (γ superscr ℵ?) 7 αυτοι]+και η δυναμεις αυτων A | οι ανδρες] η δυναμις Q | τον Γ.] incep τω ℵ* (τον Γ. ℵ?) | παρεκατεθεντο] παρεκατεθετο ℵ* (παρακατ. ℵ?) οτι παρεκατεθετο Q | ουκ απωκισεν] κατωκισεν ℵ ου κατωκεισεν A | Βαβυλονα ℵ 8 ηλθον Q | Γοδολιαν] Γαλαδιαν Q^mg | Μασσηφα] Μασηφαθ Q | Ιωαναν ℵ Ιωανναν AQ | Σαραιας ℵAQ | Θαναεμαιθ] Ναθαναεμεθ ℵ Θαναεμεθ AQ | om και 4° Q | Ιωφε] Ωφε ℵ Ωφετ A Ιωφεθ (sub θ' ut vid) Q^mg | Νετωφατει] Νεωφατι ℵ Νετωφατι Q | Μοχατει] Μωχατει A Μααχαθι Q 9 παιδων] pr των ℵAQ^mg om Q* | Χαλδεων ℵ: item 10 | εργιασασθε] εργαζεσθε A (-θαι) Q 10 εγω] καγω Q* (εγω Q^mg) | om εναντιον υμων Q | εις 1°] εν ℵQ | Μασηφα ℵQ | οι] ος ℵ* | αν] εαν ℵA | συναγετε Q* (συναγαγ. Q^a) | ελαιον] pr συναγαγετε AQ | βαλετε] εμβαλετε Q^mg | αγγια ℵAQ* | οικησεται A 11 Ιουδεοι ℵ | om οι 2° ℵ | Μωαβ (Μωα ℵ*)] pr γη ℵAQ | εν υιοις] pr οι ℵAQ | Ιδουμαια] Ιουδαια ℵ* (Ιδ. ℵ^{c.a(?)}) | καταλιμμα (-λειμμα B^a?Q)] τα καταλιμματα A | Αχικαμ ℵAQ 13 Ιωαναν B^ab (superscr ι et ανᾱ sup ras) ℵ] Ιωανναν AQ

ΙΕΡΕΜΙΑΣ (XLI 6) XLVIII 6

καὶ πάντες οἱ ἡγεμόνες τῆς δυνάμεως οἱ ἐν τοῖς ἀγροῖς ἦλθον πρὸς Β
14 τὸν Γοδολίαν εἰς Μασσηφά ¹⁴καὶ εἶπαν αὐτῷ Εἰ γνώσει γινώσκεις ὅτι
Βελεισὰ βασιλεὺς υἱῶν Ἀμμὼν ἀπέστειλεν πρὸς σὲ τὸν Ἰσμαὴλ
15 πατάξαι σου ψυχήν; καὶ οὐκ ἐπίστευσεν αὐτοῖς Γοδολίας. ¹⁵καὶ
Ἰωανὰν εἶπεν τῷ Γοδολίᾳ κρυφαίως ἐν Μασσηφά Πορεύσομαι δὴ καὶ
πατάξω τὸν Ἰσμαήλ, καὶ μηθεὶς γνώτω, μὴ πατάξῃ σου ψυχὴν καὶ
διασπαρῇ πᾶς Ἰουδὰ οἱ συνηγμένοι πρὸς σὲ καὶ ἀπολοῦνται οἱ κατά-
16 λοιποι Ἰούδα. ¹⁶καὶ εἶπεν Γοδολίας πρὸς Ἰωανάν Μὴ ποιήσῃς τὸ
πρᾶγμα τοῦτο, ὅτι ψευδῆ σὺ λέγεις ὑπὲρ Ἰσμαήλ.

XLVIII
(XLI) 1 ¹Καὶ ἐγένετο τῷ μηνὶ τῷ ἑβδόμῳ ἦλθεν Ἰσμαὴλ υἱὸς Ναθανίου
υἱοῦ Ἐλασὰ ἀπὸ γένους τοῦ βασιλέως, καὶ δέκα ἄνδρες μετ' αὐτοῦ,
2 πρὸς Γοδολίαν εἰς Μασσηφά, καὶ ἔφαγον ἐκεῖ ἄρτον ἅμα. ²καὶ
ἀνέστη Ἰσμαὴλ καὶ οἱ δέκα ἄνδρες οἳ ἦσαν μετ' αὐτοῦ, καὶ ἐπάταξαν
3 τὸν Γοδολίαν, ὃν κατέστησεν βασιλεὺς Βαβυλῶνος ἐπὶ τῆς γῆς, ³καὶ
πάντας τοὺς Ἰουδαίους τοὺς ὄντας μετ' αὐτοῦ ἐν Μασσηφὰ καὶ
4 πάντας τοὺς Χαλδαίους τοὺς εὑρεθέντας ἐκεῖ. ⁴καὶ ἐγένετο τῇ
ἡμέρᾳ τῇ δευτέρᾳ πατάξαντος αὐτοῦ τὸν Γοδολίαν, καὶ ἄνθρωπος
5 οὐκ ἔγνω, ⁵καὶ ἦλθοσαν ἄνδρες ἀπὸ Συχὲμ καὶ ἀπὸ Σαλὴμ καὶ ἀπὸ
Σαμαρίας, ὀγδοήκοντα ἄνδρες, ἐξυρημένοι πώγωνας καὶ διερρηγμένοι
τὰ ἱμάτια καὶ κοπτόμενοι, καὶ μάννα καὶ λίβανος ἐν χερσὶν αὐτῶν
6 τοῦ εἰσενεγκεῖν εἰς οἶκον Κυρίου. ⁶καὶ ἐξῆλθεν εἰς ἀπάντησιν

13 ηλθαν A | τον Γοδολιαν] om τον ℵᴬ·ᵃQ 14 γινωσκει Q (-σκεις Qᵃ) | ℵAQ
Βελεισα (Βενεσα ℵ* -λεισα ℵᶜ·ᵃ Βελισα Q Βααλις Qᵐᵍ) βασιλευς υιων Αμμων]
βασιλευς υιων Αμμων Βελισα A | Ισμαηλ]+υιον Ναθανιου Qᵐᵍ | ψυχην
σου Q | αυτοις] αυτω ℵ 15 Ιωαναν (Αυναν ℵ* Ιωαναν ℵᶜ·ᵃ Ιωανναν
A) ειπεν] ειπεν Ιωαννας Q | κρυφαιως] incep εκρ ℵ* | εν] εις A | πορευομαι
ℵ | παξω Q* (πατ. Qᵃ) | μηδεις A | μη]+ποτε AQ | διασπαρη πας Ιουδα
(Ιουδας Bᵇ⁽ᶠᵒʳᵗ⁾ℵᶜ·ᵃQ)] διασπαρησονται παντες οι Ιουδαιοι A | οι συνηγμ.]
om οι ℵ* (superscr ℵᶜ·ᵃ) | συν|ηγμενοι B* συ|νηγμ. Bᵇ | καταλοιποι (-πα
B*-ποι Bᵃᵇ)] επιλοιποι Q 16 Ιωανναν ℵ*AQ | πραγμα] ρημα Q | υπερ]
περι ℵQᵃ κατα A | Ισμαηλ] pr του A XLVIII 1 Ναθανιου] incep
Ναθαλ ℵ* | υιου] υιος ℵ* | Ελασα] Ελεσα ℵ Ελεασα Q | δεκα] δωδεκα ℵ |
Γοδολιαν (Γολιαν ℵ*)]+υιον Αχικαμ Qᵐᵍ | Μασσηφαθ Qᵐᵍ | αρτον εκει ℵ |
αμα]+εις Μασσηφαθ Qᵐᵍ 2 Ισμαηλ]+υιος Ναθανιου Qᵐᵍ | δεκα]
δωδεκα ℵ | ανδες ℵ* | μετ] incep μεμ ℵ* | επαταξεν Q | Γοδολιαν (Γολιαν
ℵ*)]+υιον Αχικαμ υιου Σαφαν εν ρομφαια ϛ απεκτειναν αυτο] Qᵐᵍ | βασι-
λευς] pr ο AQ 3 Ιουδεους ℵ | εν] εις B*ᶠᵒʳᵗ (in ν ras aliq Bʔ) A |
Χαλδεους ℵ | εκει]+ϛ τους ανδρας του πολεμου επαταξεν Ισμαηλ Qᵐᵍ
4 παταξαντος] παισαντος Qᵐᵍ | αυτου] εκει του Ισμαηλ Qᵐᵍ 5 ηλθοσαν]
ηλθον Q* (-θοσαν Qᵐᵍ) | om και 2° Q | Σαλωμ A | Σαμαρειας BᵇAQ | ογδοη-
κοντα] π' ℵ | διερρηγμενοι] διερρηχοτες AQ | om τα ιματια και κοπτομενοι
ℵ* (hab ℵᶜ·ᵃᵐᵍ) | μανναα Q α' δωρα σ' ουσια Qᵐᵍ | χερσιν] χειρι ℵ pr
ταις AQ | εισενεγκαι AQ | εις οικον] εν τω οικω ℵ

XLVIII 7 (XLI 7)

B αὐτοῖς Ἰσμαήλ, αὐτοὶ ἐπορεύοντο καὶ ἔκλαιον, καὶ εἶπεν αὐτοῖς Εἰσέλθετε πρὸς Γοδολίαν. ⁷καὶ ἐγένετο εἰσελθόντων αὐτῶν εἰς τὸ 7 μέσον τῆς πόλεως ἔσφαξεν αὐτοὺς εἰς τὸ φρέαρ. ⁸καὶ δέκα ἄνδρες 8 εὑρέθησαν ἐκεῖ καὶ εἶπαν τῷ Ἰσμαὴλ Μὴ ἀνέλῃς ἡμᾶς, ὅτι εἰσὶν ἡμῖν θησαυροὶ ἐν ἀγρῷ, πυροὶ καὶ κριθαί, μέλι καὶ ἔλαιον· καὶ παρῆλθεν καὶ οὐκ ἀνεῖλεν αὐτοὺς ἐν μέσῳ τῶν ἀδελφῶν αὐτῶν. ⁹καὶ τὸ 9 φρέαρ εἰς ὃ ἔριψεν ἐκεῖ Ἰσμαὴλ πάντας οὓς ἐπάταξεν, φρέαρ μέγα τοῦτό ἐστιν ὃ ἐποίησεν ὁ βασιλεὺς Ἀσὰ ἀπὸ προσώπου Βαασὰ βασιλέως Ἰσραήλ· τοῦτο ἐνέπλησεν Ἰσμαὴλ τραυματιῶν. ¹⁰καὶ 10 ἀπέστρεψεν Ἰσμαὴλ πάντα τὸν λαὸν τὸν καταλειφθέντα εἰς Μασσηφὰ καὶ τὰς θυγατέρας τοῦ βασιλέως, ἃς παρεκατέθετο ὁ ἀρχιμάγειρος τῷ Γοδολίᾳ υἱῷ Ἀχεικάμ, καὶ ᾤχετο εἰς τὸ πέραν υἱῶν Ἀμμών. ¹¹καὶ ἤκουσεν Ἰωανὰν υἱὸς Καρηε καὶ πάντες οἱ ἡγεμόνες τῆς δυνά- 11 μεως οἱ μετ' αὐτοῦ πάντα τὰ κακὰ ἃ ἐποίησεν Ἰσμαήλ, ¹²καὶ ἤγαγον 12 ἅπαν τὸ στρατόπεδον αὐτῶν καὶ ᾤχοντο πολεμεῖν αὐτόν, καὶ εὗρον αὐτὸν ἐπὶ ὕδατος πολλοῦ ἐν Γαβαών, ¹³καὶ ἐγένετο ὅτε εἶδεν πᾶς ὁ 13 λαὸς ὁ μετὰ Ἰσμαὴλ τὸν Ἰωανὰν καὶ τοὺς ἡγεμόνας τῆς δυνάμεως τῆς μετ' αὐτοῦ, ¹⁴καὶ ἀνέστρεψαν πρὸς Ἰωανάν. ¹⁵καὶ Ἰσμαὴλ ἐσώθη σὺν ¹⁴ ὀκτὼ ἀνθρώποις, καὶ ᾤχετο πρὸς τοὺς υἱοὺς Ἀμμών. ¹⁶καὶ ἔλαβεν 16 Ἰωανὰν καὶ πάντες οἱ ἡγεμόνες τῆς δυνάμεως οἱ μετ' αὐτοῦ πάντας τοὺς καταλοίπους τοῦ λαοῦ οὓς ἀπέστρεψεν ἀπὸ Ἰσμαήλ, δυνατοὺς ἄν-

ℵAQ 6 om Ισμαηλ ℵ* (hab ℵc.a(?)mg) | αυτοι] pr και A | om αυτοις 2° ℵQ | εισελθατε A   7 το μεσον] om το ℵ | αυτους]+Ισμαηλ υιος Ναθανιου ꝗ ερριψεν αυτους Qmg | φρεαρ]+αυτος ꝗ οι ανδρες οι μετ αυτου Qmg   8 δεκα] ι' ℵ | μελι] pr και Q | παρηλθον Q* | ανειλον Q   9 φρεαρ 1°] φρεα ℵ* | ερριψεν Bbℵc.b(?) AQ | om εκει Q | Εισμαηλ (1°) ℵ | ους] τους ℵ* | επαταξεν] απεκτεινεν Q | ο βασιλευς Ασα] βασιλευς Βαβυλωνος ℵ βασ. Ασα Qa | om Βαασα ℵ | Ισραηλ] Ἰησλ ℵ | ενεπλησεν] επλησεν Q | Ισμαηλ 2°] μ sup ras B1(fort) (Ισρ. B*vid) | τραυματιωον ℵ*   10 Εισμαηλ A | εις 1°] εν Q | ο αρχιμαγειρος] om ο ℵ* (superscr ℵc.a(?)) pr Ναβουζαρδα| Qmg | Αχεικαμ] Χεικαμ ℵ* (a superscr ℵc.a(?)) Αχικαμ AQ | και 3°] επ ꝗ ωρθησεν Ισμαηλ υιος Ναθανιου Qmg | υ|ων B* υι|ων B¹   11 Ιωανναν Q   12 απαν] παν ℵ | και 2°] pr η ℵ* (improb ℵ?) | ωχοντο (ωχοντος A) πολεμειν αυτον] επορευθησαν πολεμησαι προς Ιηλ Qmg | Γαβαω (in fin lin) B   13 ειδεν] ειδον ℵA ιδον Q+αυτον A | ο μετα] om ο A | Ισμαηλ ℵ: item 15 | των (ο rescr ℵ?vid) Ιωαναν] τον Ιωαναν AQ+υιον Καρηε Qmg | τους ηγεμονας] pr παντας AQ | της μετ αυτ.] τους μετ αυτ. ℵQ   14 και...Ιωαναν (Ιωανναν ℵ*AQ)] ꝗ εχαρησαν ꝗ απεστρεψαν πας ο λαος ον ηχμαλωτευσεν Ισμαηλ εκ της Μασσηφα ꝗ ανεστρεψαντες ηλθο| προς Ιωαναν υιον Καρηε Qmg   15 και Ισμ.] ο δε Ισμ. Q+υιος Ναθανιου Qmg | συν] εν ℵ | ανθρωποις]+απο προσωπου Ιωανα| Qmg   16 Ιαωνα| ℵ* Ιαωανα| ℵ? Ιωανναν AQ | απεστρεψεν 1°] απεστρεψαν A | Ισμαηλ]+θ' ※ υιον Ναθανιου εκ της Μασσηφα μετα το παταξαι Γοδολιαν υιον Αχικαμ Qmg

ΙΕΡΕΜΙΑΣ (XLII 8) XLIX 8

δρας ἐν πολέμῳ, καὶ τὰς γυναῖκας καὶ τὰ λοιπὰ καὶ τοὺς εὐνούχους οὓς B
17 ἀπέστρεψεν ἀπὸ Γαβαών, ¹⁷καὶ ᾤχοντο καὶ ἐκάθισαν ἐν Γαβηρωχαμάα
18 τὴν πρὸς Βηθλέεμ, τοῦ πορευθῆναι εἰς Αἴγυπτον ¹⁸ἀπὸ προσώπου
τῶν Χαλδαίων, ὅτι ἐφοβήθησαν ἀπὸ προσώπου αὐτῶν· ὅτι ἐπάταξεν
Ἰσμαὴλ τὸν Γοδολίαν, ὃν κατέστησεν βασιλεὺς Βαβυλῶνος ἐν τῇ γῇ.

XLIX 1 ¹Καὶ προσῆλθον πάντες οἱ ἡγεμόνες τῆς δυνάμεως καὶ Ἰωανὰν καὶ
(XLII)   Ἀζαρίας υἱὸς Μαασαίου καὶ πᾶς ὁ λαὸς ἀπὸ μικροῦ καὶ ἕως μεγάλου
2 ²πρὸς Ἰερεμίαν τὸν προφήτην καὶ εἶπαν αὐτῷ Πεσέτω δὴ τὸ ἔλεος
ἡμῶν κατὰ πρόσωπόν σου, καὶ πρόσευξαι πρὸς Κύριον τὸν θεόν σου
περὶ τῶν καταλοίπων τούτων· ὅτι κατελείφθημεν ὀλίγοι ἀπὸ πολλῶν,
3 καθὼς οἱ ὀφθαλμοί σου βλέπουσιν. ³καὶ ἀναγγειλάτω ἡμῖν Κύριος ὁ
θεός σου τὴν ὁδὸν ᾗ πορευσόμεθα ἐν αὐτῇ καὶ λόγον ὃν ποιήσομεν.
4 ⁴καὶ εἶπεν αὐτοῖς Ἰερεμίας Ἤκουσα· ἰδοὺ προσεύξομαι πρὸς Κύριον
τὸν θεὸν ἡμῶν κατὰ τοὺς λόγους ὑμῶν. καὶ ἔσται, ὁ λόγος ὃν ἂν
ἀποκριθήσεται Κύριος, ἀναγγελῶ ὑμῖν, οὐ μὴ κρύψω ἀφ' ὑμῶν
5 ῥῆμα. ⁵καὶ αὐτοὶ εἶπαν τῷ Ἰερεμίᾳ Ἔστω Κύριος ἐν ἡμῖν εἰς μάρτυρα
δίκαιον καὶ πιστόν, εἰ μὴ κατὰ πάντα τὸν λόγον ὃν ἂν ἀποστείλῃ
6 Κύριος πρὸς ἡμᾶς, οὕτως ποιήσομεν. ⁶καὶ ἐὰν ἀγαθὸν καὶ ἐὰν κακόν,
τὴν φωνὴν Κυρίου τοῦ θεοῦ ἡμῶν, οὗ ἡμεῖς ἀποστέλλομέν σε πρὸς
αὐτόν, ἀκουσόμεθα, ἵνα βέλτιον ἡμῖν γένηται, ὅτι ἀκουσόμεθα τῆς
7 φωνῆς Κυρίου τοῦ θεοῦ ἡμῶν. ⁷καὶ ἐγενήθη μετὰ δέκα ἡμέρας
8 ἐγενήθη λόγος Κυρίου πρὸς Ἰερεμίαν. ⁸καὶ ἐκάλεσεν Ἰωανὰν καὶ
τοὺς ἡγεμόνας τῆς δυνάμεως καὶ πάντα τὸν λαὸν ἀπὸ μικροῦ καὶ ἕως

16 εν πολεμω] πολεμου ℵ* πολεμω ℵc.a | τα λοιπα] τας λοιπας ℵ* (τα ℵAQ λοιπα ℵˀ) τα καταλοιπα Q | om ους 2° B*ℵ* (superscr Babℵc.a(?)) | απεστρεψεν 2°] απεστραψαν ℵ* (-ψεν ℵc.a) απεστρεψαν A | Γαβαων] 1' sup ras Bˀ (prius Ψ)   17 εκαθισεν ℵ | Γαβηρωχαμαα (χ sup ras Bˀ)] γη Βαηρωχαμα ℵ γη Βηρωθχαμααμ A γη Βαρωθχαμααμ Q* (γη Βηρωθχ- Qmg) | Βαιθλεεμ ℵ*vid | πορευθηναι]+εισελθειν AQ   18 Χαλδεων ℵ | Γοδολιαν]+παντες ※ υιον Αχικαμ Qmg | βασιλευς] pr ο Q   XLIX 1 Ιωαναν AQ | Αζαριας] Ιεζονιας Qmg | Μαασαιου] Αννανιου ℵ* Ανανιου ℵ¹(fort) Ωσαιου ℵc.a Q Μασαιου A | μικρου]+αυτων ℵ | om και 5° ℵAQ   2 προς 1°] επι A | πεσατω ℵAQ | om σου 2° ℵ | καθως] καθοτι ℵQ | οι οφθαλμοι] om οι Q* (superscr Qa) | βλεπουσι Qa   3 ημιν] υμιν ℵ* | om σου A | η] ην ℵ εν η AQ   4 Ιερεμιας]+ο προφητης Qmg | ιδου (δ sup ras Bˀ)]+εγω BabℵAQ | τον θεον ημων κατα τους] λογους υ in mg et sup ras Aa (om προς K. τον θ. η. A*vid) | τον θεον] om τον ℵQ | αν] εαν ℵ om AQ | υμων 2°] ημων ℵ*   5 om εν A | αν αποστειλη] απεστειλεν A+σε ℵ (σαι ℵ*) Q | ουτως] ου A   6 εαν 2°] εν ℵ* | της φωνης Q   7 μετα δεκα (ι' ℵ) ημερας] μεθ ημερας δεκα A | εγενηθη 2°] om ℵ* εγενετο ℵc.amg Q   8 Ιωαναν (Ιωανναν Q)] pr τον ℵAQ | και 2° sup ras Bab | τους ηγεμονας] pr παντας A | μικου ℵ* (superscr ρ ℵˀ) | om και 4° ℵAQ

339

Β μεγάλου, 9καὶ εἶπεν αὐτοῖς Οὕτως εἶπεν Κύριος 10'Ἐὰν καθίσαντες 9 καθίσητε ἐν τῇ γῇ ταύτῃ, οἰκοδομήσω ὑμᾶς καὶ οὐ μὴ καθελῶ, καὶ φυτεύσω ὑμᾶς καὶ οὐ μὴ ἐκτίλω· ὅτι ἀναπέπαυμαι ἐπὶ τοῖς κακοῖς οἷς ἐποίησα ὑμῖν. 11μὴ φοβηθῆτε ἀπὸ προσώπου βασιλέως Βαβυλῶνος, 11 οὗ ὑμεῖς φοβεῖσθε ἀπὸ προσώπου αὐτοῦ· μὴ φοβηθῆτε, φησὶν Κύριος, ὅτι μεθ' ὑμῶν ἐγὼ ἐξαιρεῖσθαι ὑμᾶς καὶ σώζειν ὑμᾶς ἐκ χειρὸς αὐτῶν. 12καὶ δώσω ὑμῖν ἔλεος, καὶ ἐλεήσω ὑμᾶς καὶ ἐπιστρέψω ὑμᾶς εἰς τὴν 12 γῆν ὑμῶν. 13καὶ εἰ λέγετε ὑμεῖς Οὐ μὴ καθίσωμεν ἐν τῇ γῇ ταύτῃ 13 πρὸς τὸ μὴ ἀκοῦσαι φωνῆς Κυρίου, 14ὅτι εἰς γῆν Αἰγύπτου εἰσελευσό- 14 μεθα, καὶ οὐ μὴ ἴδωμεν πόλεμον, καὶ φωνὴν σάλπιγγος οὐ μὴ ἀκού-σωμεν, καὶ ἐν ἄρτοις οὐ μὴ πεινάσωμεν, καὶ ἐκεῖ οἰκήσομεν· 15διὰ 15 τοῦτο ἀκούσατε λόγον Κυρίου Οὕτως εἶπεν Κύριος Ἐὰν ὑμεῖς δῶτε τὸ πρόσωπον ὑμῶν εἰς Αἴγυπτον καὶ εἰσέλθητε ἐκεῖ κατοικεῖν, 16καὶ 16 ἔσται, ἡ ῥομφαία ἣν ὑμεῖς φοβεῖσθε ἀπὸ προσώπου αὐτῆς εὑρήσει ὑμᾶς ἐν γῇ Αἰγύπτου, καὶ ὁ λιμὸς οὗ ὑμεῖς λόγον ἔχετε ἀπὸ προσώ-που αὐτοῦ καταλήμψεται ὑμᾶς ὀπίσω ὑμῶν ἐν Αἰγύπτῳ, καὶ ἐκεῖ ἀποθανεῖσθε. 17καὶ ἔσονται πάντες οἱ ἄνθρωποι καὶ πάντες οἱ 17 ἀλλογενεῖς, οἱ θέντες τὸ πρόσωπον αὐτῶν εἰς γῆν Αἰγύπτου ἐνοικεῖν ἐκεῖ, ἐκλείψουσιν ἐν τῇ ῥομφαίᾳ καὶ ἐν τῷ λιμῷ, καὶ οὐκ ἔσται αὐτῶν οὐδεὶς σωζόμενος ἀπὸ τῶν κακῶν ὧν ἐγὼ ἐπάγω ἐπ' αὐτούς. 18ὅτι 18 οὕτως εἶπεν Κύριος Καθὼς ἔσταξεν ὁ θυμός μου ἐπὶ τοὺς κατοικοῦντας Ἰερουσαλήμ, οὕτως στάξει ὁ θυμός μου ἐφ' ὑμᾶς, εἰσελθόντων ὑμῶν εἰς Αἴγυπτον· καὶ ἔσεσθε εἰς ἄβατον καὶ ὑποχείριοι καὶ εἰς ἀρὰν καὶ εἰς ὀνειδισμόν, καὶ οὐ μὴ ἴδητε οὐκέτι τὸν τόπον τοῦτον. 19ἃ ἐλά- 19

ℵAQ 9 Κυριος]+θ' ⁕ θς Ιηλ προς ὁ! απεστειλατε με ριψαι ελεος υμων ενα|τιον αυτου Q^mg 10 οικοδομησω] pr και Q | om μη 1° ℵ* (superscr ℵ^c.a) | ανεπαυμε ℵ* (αναπεπαυμαι ℵ?) | επι τοις κακοις] απο των κακων ℵA | οις] ων ℵ | εποιησα] ειπα ποιησαι Q 11 βασιλεως] pr του Q | μη 2°] pr ου Q | υμων] ημων ℵ* | εγω] ειμι ℵ* (εγω ℵ^c.a mg)+ειμι AQ | εξαιρεισθαι] pr του ℵ^c.a(?)mg AQ | αυτων] αυτου ℵQ 12 ελεον ℵ* (ελεος ℵ?) | bis scr εις ℵ* (improb 1° ℵ?) 13 φωνης] pr της Q 14 γην] pr την ℵ | Αιγυπου ℵ | εισελευσομεθα] επελευσομεθα Q^? | ακουσομεν A | om και εν αρτοις ου μη πεινα-σωμεν ℵ* (hab ℵ^c.a(?) mg) | οικησωμεν ℵ 15 λογον] λογους ℵQ^a | Κυριου] +αθ' ⁕ οι καταλοιποι της Ιουδαιας Q^mg | om ουτως ειπεν Κυριος ℵ* (hab ℵ^c.a(?) mg) 16 υμει B* (υμεις B^ab) | εφοβεισθε ℵ* | γη Αιγυπτου] γη Αιγυ-πτω A Αιγυπτω Q | ο λιμος] om ο ℵ | εχετε] εχειτε A | καταλημψεται (-ληψ. Q^a)] και καταλιψεται ℵ* και καταλημψ. ℵ^a 17 ανθρωποι] ανδρες Q | τη ρομφαια] της ρ. ℵ* om τη Q | τω λιμω] om τω Q+θ' ⁕ ϗ εν θανατω Q^mg | ουθεις] ουδεις Q 18 Κυριος]+τῳ| δυναμεσθε θς Ιηλ Q^mg | καθως] pr οτι A | μου 1°]+παντες ⁕ ϗ η οργη μου Q^mg | αβατον] Αιγυπτον ℵ* (αβατον ℵ^c.a(?)) | om και 2° ℵ* (superscr ℵ^c.a(?)) | om εις 4° A | ιδητε] ειδητε ℵ 19 α] ουτως Q^mg

ΙΕΡΕΜΙΑΣ (XLIII 6) L 6

λησεν Κύριος ἐφ' ὑμᾶς τοὺς καταλοίπους Ἰούδα Μὴ εἰσέλθητε B
20 εἰς Αἴγυπτον. καὶ νῦν γνόντες γνώσεσθε ²⁰ ὅτι ἐπονηρεύσασθε ἐν
ψυχαῖς ὑμῶν ἀποστείλαντές με λέγοντες Πρόσευξαι περὶ ἡμῶν πρὸς
21 Κύριον, καί Κατὰ πάντα ἃ ἐὰν λαλήσῃ σοι Κύριος ποιήσομεν. ²¹ καὶ
22 οὐκ ἠκούσατε τῆς φωνῆς Κυρίου ἧς ἀπέστειλέν με πρὸς ὑμᾶς. ²² καὶ
νῦν ἐν ῥομφαίᾳ καὶ ἐν λιμῷ ἐκλείψετε ἐν τῷ τόπῳ οὗ ὑμεῖς βούλεσθε
L
(XLIII) 1 εἰσελθεῖν κατοικεῖν ἐκεῖ. ¹ Καὶ ἐγενήθη ὡς ἐπαύσατο Ἰερεμίας
λέγων πρὸς τὸν λαὸν τοὺς πάντας λόγους Κυρίου οὓς ἀπέστειλεν
2 αὐτὸν Κύριος πρὸς αὐτούς, πάντας τοὺς λόγους τούτους, ² καὶ εἶπεν
Ἀζαρίας υἱὸς Μαασσαίου καὶ Ἰωανὰν υἱὸς Καρῆε καὶ πάντες οἱ ἄνδρες
οἱ εἴπαντες τῷ Ἰερεμίᾳ λέγοντες Ψεύδη, οὐκ ἀπέστειλέν σε Κύριος
3 πρὸς ἡμᾶς λέγων Μὴ εἰσέλθητε εἰς Αἴγυπτον οἰκεῖν ἐκεῖ, ³ ἀλλ' ἢ
Βαροὺχ υἱὸς Νηρείου συμβάλλει σε πρὸς ἡμᾶς, ἵνα δῷς ἡμᾶς εἰς χεῖρας
τῶν Χαλδαίων τοῦ θανατῶσαι ἡμᾶς καὶ ἀποικισθῆναι ἡμᾶς εἰς Βαβυ-
4 λῶνα. ⁴ καὶ οὐκ ἤκουσεν Ἰωανὰν καὶ πάντες οἱ ἡγεμόνες τῆς δυνά-
μεως καὶ πᾶς ὁ λαὸς τῆς φωνῆς Κυρίου, κατοικῆσαι ἐν γῇ Ἰούδα.
5 ⁵ καὶ ἔλαβεν Ἰωανὰν καὶ πάντες οἱ ἡγεμόνες τῆς δυνάμεως πάντας
τοὺς καταλοίπους Ἰούδα τοὺς ἀποστρέψαντας κατοικεῖν ἐν τῇ γῇ,
6 ⁶ τοὺς δυνατοὺς ἄνδρας καὶ τὰς γυναῖκας καὶ τὰ λοιπὰ καὶ τὰς θυγατέ-

19 Κυριος εφ υμας] superscr κ̅ς̅ ε ℵ^{c.a(?)} (φ υμας ℵ*) 20 οτι]+α' ※ ℵAQ
διεμαρτυραμην υμιν σημερον οτι Q^{mg} | ψυχαις] pr ταις A | αποστειλαντες] pr
παντες ※ υμεις Q^{mg} | προσευξαι]+δη ℵ | α] οσα ℵ | εαν] αν AQ | λαλησει
(-σι ℵ*) ℵ | Κυριος]+ο θς ημων ουτως απαγγειλον ημιν ϛ Q^{mg} | ποιησωμεν Q
21 και] pr ϛ απηγγειλα υμιν σημερον Q^{mg} | ηκουσατε] εισηκουσατε AQ |
Κυριου]+ ※ κατα παντα Q^{mg} | ης] ην Q^{mg} | με] μοι A om Q | ην Q^{mg} | προς] pr
sup ras B^{ab} 22 νυν]+σ' ※ ιστε γινωσκο̅ντες οτι Q^{mg} | λιμω]+α'θ' ※
ϛ εν θανατω Q^{mg} | ου] ω ℵQ | βουλεσθε] βουλευεσθαι A | κατοικεις ℵ* vid
(-κειν ℵ?) L 1 εγενηθη] εγενετο Q | λεγων] λαλων Q (λεγ. Q^{mg}) | τον
λαον] pr α'σ' ※ παντα Q^{mg} | τους παντας λογους] παντας τους λ. AQ |
Κυριου]+θ̅υ̅ αυτων A | om αυτον Q | Κυριος]+ο θ̅ς̅ αυτων AQ^{mg} | αυτους]
+ειπιν (superscr) ℵ^{c.a} | παντας 2°] pr ※ συν Q^{mg} 2 Αζαχαριας ℵ*
(Αζαρ. ℵ?) | Μαασσαιου] Μνασσαιου B^{ab} Μασεου ℵ* Μαασεου ℵ^{c.a} Μασαιου
A Ωσαιου Q | Ιωαναν Q | οι ανδρες]+οι υπερηφανοι Q | ειπαντες] ειπουντες
ℵ? AQ^{mg} ειπαν Q* | λεγων] ειπειν AQ^a ειπεν Q* | οικειν] κατοικειν A
3 αλλ η] αλλα Q* (αλλ η Q^{mg}) | Νηριου B^b ℵAQ | συμβαλει Q* (λ 2°
superscr Q^a) | δως] δωσω ℵ* | χειρα Q^{a vid} | Χαλδεων ℵ | αποικισθηναι] pr
του A αποικισαι Q 4 om ουκ ηκουσεν Q | ηκουσαν A | Ιωναν ℵ* (Ιωαναν
ℵ?) Ιωανναν Q | λαος]+ουκ ηκουσαν Q | Κυριου] pr του ℵ 5 Ιωανναν
Q+υιος Καρηε Q^{mg} | παντας] απαντας ℵAQ | καταλοιπους] λοιπους A | απο-
στρεψαντας] απεστρεψαν ℵ* (-ψαντας ℵ?) αποστραφεντας Q + α'θ' ※ εκ
πα|των τω̅| εθνων ου διεσκορπισθησα̅| εκει Q^{mg} | κατοικειν] εις μετοικεσιαν
ℵ | γη]+Ιουδα A 6 τας γυναικας] pr ※ συν Q^{mg}+και τα νηπια A |
τα λοιπα] νηπια λοιπα Q pr ※ συν τα Q^{mg}

341

I. 7 (XLIII 7)   ΙΕΡΕΜΙΑΣ

B ρας τοῦ βασιλέως, καὶ τὰς ψυχὰς ἃς κατέλειπεν Ναβουζαρδὰν μετὰ
Γοδολίου υἱοῦ Ἀχεικάμ, καὶ Ἰερεμίαν τὸν προφήτην καὶ Βαροὺχ υἱὸν
Νηρίου, ⁷καὶ εἰσῆλθον εἰς Αἴγυπτον, ὅτι οὐκ ἤκουσαν τῆς φωνῆς 7
Κυρίου, καὶ εἰσῆλθαν εἰς Ταφνάς.

⁸Καὶ ἐγένετο λόγος Κυρίου πρὸς Ἰερεμίαν ἐν Ταφνὰς λέγων   8
⁹Λάβε σεαυτῷ λίθους μεγάλους καὶ κατάκρυψον αὐτοὺς ἐν προθύ- 9
ροις, ἐν πύλῃ τῆς οἰκίας Φαραὼ ἐν Ταφνάς, κατ' ὀφθαλμοὺς ἀνδρῶν
Ἰούδα, ¹⁰καὶ ἐρεῖς Οὕτως εἶπεν Κύριος Ἰδοὺ ἐγὼ ἀποστέλλω καὶ ἄξω 10
Ναβουχοδονοσὸρ βασιλέα Βαβυλῶνος, καὶ θήσει αὐτοῦ τὸν θρόνον
ἐπάνω τῶν λίθων τούτων ὧν κατέκρυψας, καὶ ἀρεῖ τὰ ὅπλα ἐπ' αὐτούς,
¹¹καὶ εἰσελεύσεται καὶ πατάξει γῆν Αἰγύπτου, οὓς εἰς θάνατον εἰς 11
θάνατον, καὶ οὓς εἰς ἀποικισμὸν εἰς ἀποικισμόν, καὶ οὓς εἰς ῥομφαίαν
εἰς ῥομφαίαν· ¹²καὶ καύσει πῦρ ἐν οἰκίαις τῶν θεῶν αὐτῶν, καὶ 12
ἐνπυριεῖ αὐτὰς καὶ ἀποικιεῖ αὐτούς, καὶ φθειριεῖ γῆν Αἰγύπτου ὥσπερ
φθειρίζει ποιμὴν τὸ ἱμάτιον αὐτοῦ. καὶ ἐξελεύσεται ἐν εἰρήνῃ, ¹³καὶ 13
συντρίψει τοὺς στύλους Ἡλίου πόλεως τοὺς ἐν *Ων, καὶ τὰς οἰκίας
αὐτῶν κατακαύσει ἐν πυρί.

¹Ὁ λόγος ὁ γενόμενος πρὸς Ἰερεμίαν ἅπασιν τοῖς Ἰουδαίοις τοῖς κατοι- 1   LI
κοῦσιν ἐν γῇ Αἰγύπτου καὶ τοῖς καθημένοις ἐν Μαγδώλῳ καὶ ἐν   (XLIV)
Ταφνὰς καὶ ἐν γῇ Παθούρης λέγων

²Οὕτως εἶπεν Κύριος ὁ θεὸς Ἰσραὴλ Ὑμεῖς ἑωράκατε πάντα τὰ 2
κακὰ ἃ ἐπήγαγον ἐπὶ Ἰερουσαλὴμ καὶ ἐπὶ τὰς πόλεις Ἰούδα· καὶ ἰδού

ℵAQ   6 τας ψυχας] pr πασας A pr ※ συν Qᵐᵍ | κατελιπεν Bʳᶜ? ℵQ | Αχικαμ
AQ | Βορουχ ℵ*   7 εισηλθον] εισηλθοσαν ℵ | εις 1°] εν A | εισηλθαν]
εισηλθοσαν ℵ εισηλθον A   8 om προς Ιερεμιαν ℵ* (hab πρ. Ιηρεμιαν
ℵᶜ·ᵃ ᵐᵍ)   9 αυτους]+ ※ εν τω κρυφιω εν τω πλινθιω Qᵐᵍ | εν 1°]
επι ℵ | om Φαραω A   10 ερεις]+ ※ προς αυτους Qᵐᵍ [Κυριος]+των
δυναμεω] θ̅ς I̅η̅λ Qᵐᵍ | Βαβυλωνος]+παντες ※ τον δουλον μου Qᵐᵍ | τον
θρονον αυτου Q | om ων Q* (superscr Qᵃ) | κατεκρινψα ℵ* [οπλα]+αυτου AQ
11 παταξει] incep παν Q* ᵛⁱᵈ | om εις θανατον 2° ℵ* (hab ℵᶜ·ᵃ⁽?⁾ ᵐᵍ) | om εις
αποικισμον 2° ℵ* (hab ℵᶜ·ᵃ⁽?⁾ ᵐᵍ) | om εις ρομφαιαν 1° Q* (hab Qᵐᵍ) | om εις
ρομφαιαν 2° ℵ* (hab ℵᶜ·ᵃ⁽?⁾ ᵐᵍ)   12 οικιαις] οικοις Qᵐᵍ | των θεων] om των
ℵAQ | εμπυριει BᵇQ | φθειριει] φθειριεις ℵ* (-ει ℵ?) φθειρει A | γην] pr την
ℵ et (sub ※) Qᵐᵍ | Αιγυπτου] αυτου A | ωσπερ] ως Q | φθειρίζει] φθεριζει A |
ποιμην] pr ο A   13 εν Ων] εν Ενων AQ* (εν Ων Qᵐᵍ)   LI 1 γενα-
μενος A | Ιερεμιαν]+παρα κ̅υ̅ Qᵐᵍ | απασιν τοις Ιουδαιοις τοις κατοικουσιν εν
γη Αιγυπτου] απασιν τοις κατοικ. Ιουδα τοις εν Αιγυπτω ℵ απασι (πασι Q)
τοις Ιουδαιοις τοις κατοικ. εν γη Αιγυπτω AQ a'σ' επι παντας τους Ιουδαιους
τους οικουντας.. θ' πασι τοις Ιουδαιοις.. Qᵐᵍ | καθημενοις] κατοικουσιν ℵ |
Μαγδωλω]+ϛ εν Μεμφι ℵᶜ·ᵃ ᵐᵍ | om εν 3° ℵ | om γη 2° A   2 Κυριος]
+των δυναμεων Qᵐᵍ | α επηγαγον] αγαγον ℵ* α ηγαγον ℵ? | Ιερουσαλημ]
Ι̅σ̅λ̅ ℵ* (Ι̅σ̅λ̅μ ℵ?) | τας πολεις (-λις ℵ*)] om τας ℵQ | om ιδου ℵ

342

ΙΕΡΕΜΙΑΣ (XLIV 12) LI 12

3 εἰσὶν ἔρημοι ἀπὸ ἐνοίκων ³ἀπὸ προσώπου πονηρίας αὐτῶν ἧς ἐποίησαν B παραπικρᾶναί με, πορευθέντες θυμιᾶν θεοῖς ἑτέροις οἷς οὐκ ἔγνωτε.
4 ⁴καὶ ἀπέστειλα πρὸς ὑμᾶς τοὺς παῖδάς μου τοὺς προφήτας ὄρθρου, καὶ ἀπέστειλα λέγων Μὴ ποιήσητε τὸ πρᾶγμα τῆς μολύνσεως ταύτης
5 ἧς ἐμίσησα. ⁵καὶ οὐκ ἤκουσαν καὶ οὐκ ἔκλιναν τὸ οὖς αὐτῶν ἀποστρέ-
6 ψαι ἀπὸ τῶν κακῶν αὐτῶν πρὸς τὸ μὴ θυμιᾶν θεοῖς ἑτέροις. ⁶καὶ ἔσταξεν ἡ ὀργή μου καὶ ὁ θυμός μου, καὶ ἐξεκαύθη ἐν πύλαις Ἰούδα καὶ ἔξωθεν Ἰερουσαλήμ, καὶ ἐγενήθησαν εἰς ἐρήμωσιν καὶ εἰς ἄβατον
7 ὡς ἡ ἡμέρα αὕτη. ⁷καὶ νῦν οὕτως εἶπεν Κύριος Παντοκράτωρ Ἵνα τί ὑμεῖς ποιεῖτε κακὰ μεγάλα ἐπὶ ψυχαῖς ὑμῶν ἐκκόψαι ὑμῶν ἄνθρωπον καὶ γυναῖκα, νήπιον καὶ θηλάζοντα ἐκ μέσου Ἰούδα, πρὸς τὸ μὴ
8 καταλειφθῆναι ὑμῶν μηδένα, ⁸παραπικρᾶναί με ἐν τοῖς ἔργοις τῶν χειρῶν ὑμῶν, θυμιᾶν θεοῖς ἑτέροις ἐν γῇ Αἰγύπτῳ εἰς ἣν ἤλθατε κατοικεῖν ἐκεῖ, ἵνα ἐκκοπῆτε καὶ ἵνα γένησθε εἰς κατάραν καὶ εἰς
9 ὀνειδισμὸν ἐν πᾶσιν τοῖς ἔθνεσιν τῆς γῆς; ⁹μὴ ἐπιλέλησθε ὑμεῖς τῶν κακῶν τῶν πατέρων ὑμῶν καὶ τῶν κακῶν τῶν βασιλέων Ἰούδα καὶ τῶν κακῶν τῶν ἀρχόντων ὑμῶν καὶ τῶν κακῶν τῶν γυναικῶν ὑμῶν,
10 ὧν ἐποίησαν ἐν γῇ Ἰούδα καὶ ἔξωθεν Ἰερουσαλήμ; ¹⁰καὶ οὐκ ἐπαύσαντο ἕως τῆς ἡμέρας ταύτης, καὶ οὐκ ἀντείχοντο τῶν προσταγμάτων
11 μου ὧν ἔδωκα κατὰ πρόσωπον τῶν πατέρων αὐτῶν. ¹¹διὰ τοῦτο οὕτως
12 εἶπεν Κύριος Ἰδοὺ ἐγὼ ἐφίστημι τὸ πρόσωπόν μου ¹²τοῦ ἀπολέσαι πάντας τοὺς καταλοίπους τοὺς ἐν Αἰγύπτῳ, καὶ πεσοῦνται ἐν ῥομφαίᾳ καὶ ἐν λιμῷ, καὶ ἐκλείψουσιν ἀπὸ μικροῦ ἕως μεγάλου καὶ ἔσονται εἰς

2 ερημοι]+α'θ' ※ τη ημερα ταυτη Qᵐᵍ | ενοικων] ενοικουντων AQ* κατοι- ℵAQ κουντων Qᵐᵍ 3 οις] ους ℵ | εγνωτε]+παντες ※ υμεις κ οι πατερες υμω| Qᵐᵍ 4 τους παιδας] τ. δουλους A pr ※ συν παντας Qᵐᵍ | ορθου ℵ* | απεστειλα 2°] +εγω προς υμας A | μη] pr ου ℵ | ης] s A* (η superscr A¹) 5 ηκουσαν] +μου AQ 6 ο θυμος μου και η οργη μου AQ | om και 3° Q* (superscr Qᵃ) | εξεκαυθη (in ε 2° ad fin lin ras aliq B²)] pr ο θυμος μου ℵ+πυρ Qᵐᵍ 7 ψυχας ℵ* (ψυχαις ℵᶜ) | εκκοψαι υμων] και εκκοψω αφ υμων A | ανθρωπον] ανδρα Q 8 εν γη Αιγυπτω] εις γη| Αιγυπτου ℵ εν γη Αιγυπτου Q* (-τω Qᵐᵍ) | ηλθατε] εισελθατε ℵ* εισηλθατε ℵ?AQ* εισηλθετε Qᵃ | κατοικειν] ενοικειν ℵ (-κιν ℵ*) A κατοικειν Q | ινα 1°] pr κ ℵᶜ·ᵃ | om και 1° ℵ | om εν A.| om πασιν Q | εθνεσι Q 9 κακων 1°] εργων A | και των κακων των αρχοντων υμων bis scr B* (uncis incl 1° Bᵃᵇ) | γη] πολεσιν A 10 ταυτης]+ ※ κ ουκ εφοβηθησαν Qᵐᵍ | των προσταγματων] pr των νομω| μου και Qᵐᵍ | προσωπον]+υμων κ κατα προσωπον Qᵐᵍ | αυτων] υμω| Qᵐᵍ 11 ουτως sup ras Bᵃᵇ | Κυριος]+των δυναμεω| θ̅σ̅ Ιη̅λ Qᵐᵍ | εφιστημι] επιστημει A | μου]+θ' ※ εφ υμιν εις κακα του εξολεθρευσαι το| παντα Ιουδα| κ ληψονται τοις καταλοιποις Ιουδα τους θεντας το προσωπο| εισελθειν εις γη| Αιγυπτου παροικειν εκει Qᵐᵍ 12 απολεσαι] πολεμησαι (-σε ℵ*) ℵ | τους εν Αιγ.] om τους ℵ | Εγυπτω ℵ* (Αιγ. ℵ?) | om και 3° ℵAQ | μικρου]+αυτων ℵ | εως μεγαλου] pr και A+a'θ' ※ εν ρομφαια κ ε| λιμω αποθανουντ, Qᵐᵍ

LI 13 (XLIV 13)   ΙΕΡΕΜΙΑΣ

B ὀνειδισμὸν καὶ εἰς ἀπώλειαν καὶ εἰς κατάραν. ¹³καὶ ἐπισκέψομαι ἐπὶ 13
τοὺς καθημένους ἐν γῇ Αἰγύπτῳ ὡς ἐπεσκεψάμην ἐπὶ Ἰερουσαλὴμ ἐν
ῥομφαίᾳ καὶ ἐν λιμῷ, ¹⁴καὶ οὐκ ἔσται σεσωσμένος οὐθεὶς τῶν ἐπι- 14
λοίπων Ἰούδα τῶν παροικούντων ἐν γῇ Αἰγύπτῳ τοῦ ἐπιστρέψαι εἰς
γῆν Ἰούδα, ἐφ᾽ ἣν αὐτοὶ ἐλπίζουσιν ταῖς ψυχαῖς αὐτῶν τοῦ ἐπιστρέ-
ψαι ἐκεῖ· οὐ μὴ ἐπιστρέψωσιν ἀλλ᾽ ἢ οἱ ἀνασεσωμένοι. ¹⁵καὶ 15
ἀπεκρίθησαν τῷ Ἰερεμίᾳ πάντες οἱ ἄνδρες οἱ γνόντες ὅτι θυμιῶσιν αἱ
γυναῖκες αὐτῶν καὶ πᾶσαι αἱ γυναῖκες, συναγωγὴ μεγάλη, καὶ πᾶς ὁ
λαὸς οἱ καθήμενοι ἐν γῇ Αἰγύπτῳ, ἐν Παθούρῃ, λέγοντες ¹⁶Ὁ λόγος ὃν 16
ἐλάλησας πρὸς ἡμᾶς τῷ ὀνόματι Κυρίου, οὐκ ἀκούσομέν σου· ¹⁷ὅτι 17
ποιοῦντες ποιήσομεν πάντα τὸν λόγον ὃς ἐξελεύσεται ἐκ τοῦ στόματος
ἡμῶν, θυμιᾶν τῇ βασιλίσσῃ τοῦ οὐρανοῦ καὶ σπένδειν αὐτῇ σπονδάς,
καθὰ ἐποιήσαμεν ἡμεῖς καὶ οἱ πατέρες ἡμῶν καὶ οἱ βασιλεῖς ἡμῶν καὶ
οἱ ἄρχοντες ἡμῶν ἐν πόλεσιν Ἰούδα καὶ ἔξωθεν Ἰερουσαλήμ· καὶ
ἐπλήσθημεν ἄρτων καὶ ἐγενόμεθα χρηστοί, καὶ κακὰ οὐκ εἴδομεν.
¹⁸καὶ ὡς διελίπομεν θυμιῶντες τῇ βασιλίσσῃ τοῦ οὐρανοῦ, ἠλαττώ- 18
θημεν πάντες, καὶ ἐν ῥομφαίᾳ καὶ ἐν λιμῷ ἐξελίπομεν. ¹⁹καὶ ὅτι 19
ἡμεῖς θυμιῶμεν τῇ βασιλίσσῃ τοῦ οὐρανοῦ καὶ ἐσπείσαμεν αὐτῇ
σπονδάς, μὴ ἄνευ τῶν ἀνδρῶν ἡμῶν ἐποιήσαμεν αὐτῇ χαυῶνας καὶ
ἐσπείσαμεν σπονδὰς αὐτῇ; ²⁰καὶ εἶπεν Ἰερεμίας παντὶ τῷ λαῷ τοῖς 20
δυνατοῖς καὶ ταῖς γυναιξὶν καὶ παντὶ τῷ λαῷ τοῖς ἀποκριθεῖσιν αὐτῷ
λόγους, λέγων ²¹Οὐχὶ τοῦ θυμιάματος οὗ ἐθυμιάσαμεν ἐν ταῖς πόλεσιν 21
Ἰούδα καὶ ἔξωθεν Ἰερουσαλήμ, ὑμεῖς καὶ οἱ πατέρες ὑμῶν καὶ οἱ
βασιλεῖς ὑμῶν καὶ οἱ ἄρχοντες ὑμῶν καὶ ὁ λαὸς τῆς γῆς, ἐμνήσθη

ℵAQ   12 απωλιαν ℵ   13 om γη A | Αιγυπτου (Εγ. ℵ*) ℵ | λιμω]+και εν θανατω
AQ   14 ουκ εσται σεσωσμενος] ου σωθησεται Q^mg | ουθεις] ουδεις AQ | Αιγυ-
πτου Q* (-τω Q^mg) | του επιστρεψαι (1°)] om του Q* (hab Q^mg) | ελπιζουσι Q^a |
επιστρεψουσιν ℵA | αλλ η] ει μη Q | οι ανασεσωσμενοι B^ab ℵ? (om οι ℵ*) AQ
15 παντες] απαντες AQ | γνοντας ℵ* (-τες ℵ?) | αυτων]+θεοις ετεροις AQ |
πασαι] παντες ℵ*^vid (πασαι ℵ?) | om γη A | Αιγυπτω (Εγ. ℵ*)] Αιγυπτου
Q* (-τω Q^mg) | Παθουρη (-θυρη ℵ*)] γη Παθουρης Q   16 ο λογος] τον
λογον Q | ελαλησα ℵ* | τω ονοματι] εν ονομ. ℵ | ακουσομεν] ακουσομεθα AQ
17 ποιουντες] ποιουσαι Q | ημων 4°] Ιουδα ℵ* (ημων ℵc.a(?)) | επλησθημεν]
ενεπλησθημεν Q | εγινομεσθα B*^vid (-μεθα B^ab) εγεναμεθα A | ιδομεν ℵ
18 διελειπομεν Q | θυμιωντας ℵ* (-ντες ℵ?) | ουρανου]+κα'θ' ⁂ ⳨ σπε|δειν
αυτη σπονδας Q^mg | ηλαττωθημεν] ηλαττονωθημεν A pr και Q | παντες] ημεις
A+ημεις Q | εξελειπομεν A   19 ημεις εθυμιωμεν ℵ θυμιωμεν ημεις
AQ | εσπεισαμεν 1°] pr ει A | χαυωνας] χαυβωνας ℵ* χαυανας Q* (χαυων.
ℵ? Q^mg)+σ' ⁂ ⳨ σοββα (al των γλυπτω| αυτης) Q^mg | σπονδας αυτη] αυτη
σπονδας ℵA   20 γυναιξι Q^a   21 εθυμιασαμεν] εθυμιασαν B^ab ℵ* εθυμια-
σατε ℵ? (-ται) Q εθυμιασατο A | om και οι αρχοντες υμων ℵ* (hab ℵc.a(?) mg sup) |
incep εμνησε ℵ*^vid (εμνησθη ℵ?)

ΙΕΡΕΜΙΑΣ (XLIV 28) LI 28

22 Κύριος καὶ ἀνέβη ἐπὶ τὴν καρδίαν αὐτοῦ; 22καὶ οὐκ ἠδύνατο Κύριος ἔτι Β φέρειν ἀπὸ προσώπου πονηρίας πραγμάτων ὑμῶν καὶ ἀπὸ τῶν βδελυγμάτων ὧν ἐποιήσατε· καὶ ἐγενήθη ἡ γῆ ὑμῶν εἰς ἐρήμωσιν καὶ 23 εἰς ἄβατον καὶ εἰς ἀρὰν ὡς ἐν τῇ ἡμέρᾳ ταύτῃ, 23ἀπὸ προσώπου ὧν ἐθυμιᾶτε καὶ ὧν ἡμάρτετε τῷ κυρίῳ· καὶ οὐκ ἠκούσατε τῆς φωνῆς Κυρίου, καὶ ἐν τοῖς προστάγμασιν αὐτοῦ καὶ ἐν τῷ νόμῳ καὶ ἐν τοῖς μαρτυρίοις αὐτοῦ οὐκ ἐπορεύθητε, καὶ ἐπελάβετο ὑμῶν τὰ κακὰ ταῦτα.
24 24καὶ εἶπεν Ἰερεμίας τῷ λαῷ καὶ ταῖς γυναιξὶν Ἀκούσατε τὸν λόγον 25 Κυρίου. 25οὕτως εἶπεν Κύριος ὁ θεὸς Ἰσραήλ Ὑμεῖς γυναῖκες τῷ στόματι ὑμῶν ἐλαλήσατε, καὶ ταῖς χερσὶν ὑμῶν ἐπληρώσατε, λέγουσαι Ποιοῦσαι ποιήσομεν τὰς ὁμολογίας ἡμῶν ἃς ὡμολογήκαμεν, θυμιᾶν τῇ βασιλίσσῃ τοῦ οὐρανοῦ καὶ σπένδειν αὐτῇ σπονδάς· ἐνμείνασαι ἐνε-
26 μείνατε ταῖς ὁμολογίαις ὑμῶν, καὶ ποιοῦσαι ἐποιήσατε. 26διὰ τοῦτο ἀκούσατε λόγον Κυρίου, πᾶς Ἰουδὰ οἱ καθήμενοι ἐν γῇ Αἰγύπτῳ Ἰδοὺ ὤμοσα τῷ ὀνόματί μου τῷ μεγάλῳ, εἶπεν Κύριος, ἐὰν γένηται ἔτι ὄνομά μου ἐν τῷ στόματι παντὸς Ἰουδὰ εἰπεῖν Ζῇ Κύριος, ἐπὶ πάσῃ 27 γῇ Αἰγύπτῳ. 27ὅτι ἐγὼ ἐγρήγορα ἐπ' αὐτοὺς τοῦ κακῶσαι αὐτοὺς καὶ οὐκ ἀγαθῶσαι, καὶ ἐκλείψουσιν πᾶς Ἰουδὰ οἱ κατοικοῦντες ἐν 28 γῇ Αἰγύπτῳ ἐν ῥομφαίᾳ καὶ ἐν λιμῷ, ἐὰν ἐκλίπωσιν. 28καὶ οἱ σεσωσμένοι ἀπὸ ῥομφαίας ἐπιστρέψουσιν εἰς γῆν Ἰούδα ὀλίγοι ἀριθμῷ, καὶ γνώσονται οἱ κατάλοιποι Ἰούδα οἱ καταστάντες ἐν γῇ

---

21 την καρδιαν] om την ℵ*c.aQ 22 εδυνατο Q | om και 2⁰ ℵA | εγε- ℵAQ νηθη] εγενετο A | αραν]+α'θ' ※ παρα το μη υπαρχειν ενοικοντα (corr -κοιντα) Q^mg | εν τη ημερα ταυτη] εν τη ημεραυτη Β* (εν τη ημ. ταυτη Β^ab) η ημερα αυτη Q 23 εθυμιατε] εθυμιασατε ℵ | ημαρτητε A | νομω]+αυτου ℵAQ | επορευθηταν ℵ* (-ται ℵ?) | ταυτα]+παντες ※ καθως η ημερα αυτη Q^ing 24 τω λαω] pr παντι Q^mg | τον λογον] om τον ℵA | Κυριου]+θ' ※ πασα η Ιουδαια οι εν γη Αιγυπτου Q^mg 25 Κυριος]+των δυναμεων Q^mg | γυναικες] pr αι ℵ και αι γυναικες υμων Q^mg | υμων 1⁰] incep υμι ℵ* | om ποιουσαι 1⁰ ℵ* (hab ℵc.a mg) | ποιησωμεν ℵAQ | ομολογειας Β^abℵA | ωμολογηκαμεν] ομολογησωμεν ℵ* ωμωλογησαμεν A ωμολογησαμεν Q | τη βασιλισση του ουρανου] τη Βααλ ℵ* (τη βασ. τ. ουνοῦ ℵc.a mg inf) | ενμειναται (ενμιν. ℵ* ενμειν. ℵ?)] εμμειν. Β^b A εμμεν. Q* (εμμειν. Q^a) | ενεμειναται εμειναται sup ras Β?vid | ομολογιας Β* (-γιαις Β^ab) | ποιουσεποιησατε ℵ* ποιουσαι ποιησ. ℵc.a | εποιησατε]+τας ευχας υμων Q^mg 26 ιδου]+※ εγω Q^mg | τω μεγαλω] τω μ sup ras Β?vid | ειπεν] λεγει A | Κυριος 1⁰]+※ ο θς Q^ing | εαν γενηται] αν γε sup ras Β?vid | εν 2⁰] pr παντες ※ καλουμενο Q^mg | τω στοματι] om τω Q | om Ιουδα ειπειν A* (hab A^a?(mg)) | ζη] incep κ ℵ* | Κυριος 2⁰] pr κς ℵAQ | επι] εν Q | γη Αιγυπτω] τη γη Αιγυπτου ℵ* (om τη ℵ?) 27 οτι]+ιδου AQ | αγαθωσαι] αγαθυναι A | Ιουδα] pr ※ ανηρ Q | Αιγυπτου ℵA | εαν] εως αν Β^abℵAQ | εκλειπωσιν A εκλειπωσι Q^a 28 α-ριθμοι A | οι καταστaντες] οι παροικουντες ℵQ και οι καταβαινοντες A

LI 29 (XLIV 29) ΙΕΡΕΜΙΑΣ

B Αἰγύπτῳ κατοικῆσαι ἐκεῖ, λόγος τίνος ἐνμενεῖ. ²⁹καὶ τοῦτο ὑμῖν τὸ 29 σημεῖον ὅτι ἐπισκέψομαι ἐγὼ ἐφ' ὑμᾶς εἰς πονηρά· ³⁰οὕτως εἶπεν 30 Κύριος Ἰδοὺ ἐγὼ δίδωμι τὸν Οὐαφρὴ βασιλέα Αἰγύπτου εἰς χεῖρας ἐχθροῦ αὐτοῦ καὶ εἰς χεῖρας ζητούντων τὴν ψυχὴν αὐτοῦ, καθὰ ἔδωκα τὸν Σεδεκίαν βασιλέα Ἰούδα εἰς χεῖρας Ναβουχοδονοσὸρ βασιλέως Βαβυλῶνος ἐχθροῦ αὐτοῦ καὶ ζητοῦντος τὴν ψυχὴν αὐτοῦ.

³¹Ὁ λόγος ὃν ἐλάλησεν Ἰερεμίας ὁ προφήτης πρὸς Βαρούχ υἱὸν Νηρίου, 31 (1) (XLV) ὅτε ἔγραφεν τοὺς λόγους τούτους ἐν τῷ βιβλίῳ ἀπὸ στόματος Ἰερεμίου, ἐν τῷ ἐνιαυτῷ τῷ τετάρτῳ Ἰωακεὶμ υἱῷ Ἰωσία βασιλέως Ἰούδα.

³²Οὕτως εἶπεν Κύριος ἐπὶ σοί, Βαρούχ, ³³ὅτι εἶπας Οἴμοι οἴμοι, $\frac{32}{33}\binom{2}{3}$ ὅτι προσέθηκεν Κύριος κόπον ἐπὶ πόνον μοι, ἐκοιμήθην ἐν στεναγμοῖς, ἀνάπαυσιν οὐχ εὗρον· ³⁴εἰπὸν αὐτῷ Οὕτως εἶπεν Κύριος 34 (4) Ἰδοὺ οὓς ἐγὼ ᾠκοδόμησα, ἐγὼ καθαιρῶ· καὶ οὓς ἐγὼ ἐφύτευσα, ἐγὼ ἐκτίλλω. ³⁵καὶ σὺ ζητήσεις σεαυτῷ μεγάλα; μὴ ζητήσῃς, ὅτι 35 (5) ἰδοὺ ἐγὼ ἐπάγω κακὰ ἐπὶ πᾶσαν σάρκα, λέγει Κύριος, καὶ δώσω τὴν ψυχήν σου εἰς εὕρεμα ἐν παντὶ τόπῳ οὗ ἐὰν βαδίσῃς ἐκεῖ.

¹Ὄντος εἰκοστοῦ καὶ ἑνὸς ἔτους Σεδεκίου ἐν τῷ βασιλεύειν αὐτόν, 1 LII καὶ ἕνδεκα ἔτη ἐβασίλευσεν ἐν Ἰερουσαλήμ· καὶ ὄνομα τῇ μητρὶ αὐτοῦ Ἀμειταὰλ θυγάτηρ Ἰερεμίου ἐκ Λοβενά. ⁴καὶ ἐγένετο τῷ ἔτει 4 τῷ ἐνάτῳ τῆς βασιλείας αὐτοῦ ἐν μηνὶ τῷ ἐνάτῳ δεκάτῃ τοῦ μηνὸς

ℵAQ 28 Αιγυπτου ℵA | κατοικησαι] παροικησαι (-σε ℵ*) ℵAQ | εμμενει BᵇA (-νι) Q + θ' ※ ο εμος η ο αυτω| Qᵐᵍ 29 υμιν] ημιν A | σημειον] + φησι κ̄ς̄ Qᵐᵍ | υμας] + α'θ' ※ εν τω τοπω τουτω εις κακα οπως γνωτε οτι στασει στησονται οι λογοι μου εφ υμας Qᵐᵍ | πονηρα] κακα Q . 30 Ουαφρη] Αφρη ℵ* (Ουαφρ. ℵ?) α'θ' Οφρην σ' εκδοτο| Qᵐᵍ | Αιγυπου ℵ* | ζητουντων] ζητουντος Q* (-των Qᵃ) | εδωκα] δεδωκα Q | ζητουντος] pr εις χειρας Q 31 προφητην ℵ* | νιον] νιων ℵ* | εγραφεν] εγραψεν AQ | τω βιβλιω] om τω ℵQ | Ιωακειμ] pr τω BᵃᵇℵAQ | Ιωσιου Q | Ιουδα] + ※ λεγω| Qᵐᵍ 33 προσεθηκεν] + μοι A | μοι] μου Q 34 ειπον] pr ουτως ℵ | om ουτως ειπεν Κυριος ιδου ℵ | ους] ου Q* (ους Qᵘ) | om εγω 3° ℵAQ | εκτιλλω] εκτιλω ℵᶜ·ᵃ εκτειλω Q + ※ κ̄ συνπασαν την γη| εκεινη| Qᵐᵍ 35 ζητησεις] ζητεις (-τις ℵ*) ℵ | ζητησεισεαυτω A | μη ζητησης] μη ζητη σεαυτω μεγαλα μη ζητι ℵ* (μη ζητησης ℵ?) om A | σαρκα] σαυρκαν ℵ* | om εις ℵ | εαν] αν ℵ LII 1 οντος...Σεδεκιου] σ' εικοσι κ̄ ενος ετους η| Σεδεκιας Qᵐᵍ εικοστου και ενος] δευτερου και εικοστου A | om Σεδεκιου B* (hab Bᵃᵇ ᵐᵍ) ενδεκα] ια' ℵ | om εν Ιερουσαλημ ℵ | ααυτου B | Αμιτααλ ℵA Αμιταλ Q | Λοβενα] + ※ (2) κ̄ εποιησε το πονηρον εν οφθαλμοις κυ ον τροπον εποιησεν Ιωακειμ (3) οτι επι τον θυμο| κυ ην Ιλημ και Ιουδα εως ανερριψεν αυτους εκ προσωπου αυτου κ̄ απεστη Σεδεκια του βασιλεως Βαβυλωνος Qᵐᵍ 4 τω ετει] pr εν AQ | μηνι] pr τω A | ενατω 2°] εβδομω A δεκατω Q

ΙΕΡΕΜΙΑΣ LII 16

ἦλθεν Ναβουχοδονοσὸρ βασιλεὺς Βαβυλῶνος καὶ πᾶσα ἡ δύναμις B αὐτοῦ ἐπὶ Ἰερουσαλήμ, καὶ περιεχαράκωσαν αὐτὴν καὶ περιῳκοδό- 5 μησαν αὐτὴν τετραπόδοις κύκλῳ. ⁵καὶ ἦλθεν ἡ πόλις εἰς συνοχὴν 6 ἕως ἑνδεκάτου ἔτους τῷ βασιλεῖ Σεδεκίᾳ ⁶ἐν τῇ ἐνάτῃ τοῦ μηνός, καὶ ἐστερεώθη ὁ λιμὸς ἐν τῇ πόλει, καὶ οὐκ ἦσαν ἄρτοι τῷ λαῷ τῆς γῆς. 7 ⁷καὶ διεκόπη ἡ πόλις, καὶ πάντες οἱ ἄνδρες οἱ πολεμισταὶ ἐξῆλθον νυκτὸς κατὰ τὴν ὁδὸν τῆς πύλης ἀνὰ μέσον τοῦ τείχους καὶ τοῦ προτειχίσματος, ὃ ἦν κατὰ τὸν κῆπον τοῦ βασιλέως, καὶ οἱ Χαλδαῖοι 8 ἐπὶ τῆς πόλεως κύκλῳ. καὶ ἐπορεύθησαν ὁδὸν τὴν εἰς ἀραβά, ⁸καὶ κατεδίωξεν ἡ δύναμις τῶν Χαλδαίων ὀπίσω τοῦ βασιλέως, καὶ κατέλα- βον αὐτὸν ἐν τῷ πέραν Ἰερειχώ, καὶ πάντες οἱ παῖδες αὐτοῦ διεσπά- 9 ρησαν ἀπ' αὐτοῦ. ⁹καὶ συνέλαβον τὸν βασιλέα, καὶ ἤγαγον αὐτὸν πρὸς τὸν βασιλέα Βαβυλῶνος εἰς Δεβλάθα· καὶ ⁶ἐλάλησεν αὐτῷ μετὰ § Γ 10 κρίσεως. ¹⁰καὶ ἔσφαξεν βασιλεὺς Βαβυλῶνος τοὺς υἱοὺς Σεδεκίου κατ' ὀφθαλμοὺς αὐτοῦ, καὶ πάντας τοὺς ἄρχοντας Ἰούδα ἔσφαξεν ἐν 11 Δεβλάθα. ¹¹καὶ τοὺς ὀφθαλμοὺς Σεδεκίου ἐξετύφλωσεν καὶ ἔδησεν αὐτὸν ἐν πέδαις· καὶ ἤγαγεν αὐτὸν βασιλεὺς Βαβυλῶνος εἰς Βαβυλῶνα, καὶ ἔδωκεν αὐτὸν εἰς οἰκίαν μύλωνος ἕως ἡμέρας ἧς ἀπέθανεν.
12 ¹²Καὶ ἐν μηνὶ πέμπτῳ δεκάτῃ τοῦ μηνὸς ἦλθεν Ναβουζαρδὰν ὁ ἀρχιμάγειρος ἑστηκὼς κατὰ πρόσωπον τοῦ βασιλέως Βαβυλῶνος εἰς 13 Ἰερουσαλήμ, ¹³καὶ ἐνέπρησεν τὸν οἶκον Κυρίου καὶ τὸν οἶκον τοῦ βασιλέως, καὶ πάσας τὰς οἰκίας τῆς πόλεως καὶ πᾶσαν οἰκίαν μεγάλην 14 ἐνέπρησεν ἐν πυρί. ¹⁴καὶ πᾶν τεῖχος Ἰερουσαλὴμ κύκλῳ καθεῖλεν ἡ 16 δύναμις τῶν Χαλδαίων ἡ μετὰ τοῦ ἀρχιμαγείρου. ¹⁶καὶ τοὺς κατα-

4 ηλθε א? Qᵃ (postea rurs -θεν) | Ναβουδονοσορ Q* (superscr χο (Qᵃ) | ℵAQΓ βασιλευς]+ως ℵ* | περιεχαρακωσεν ℵA | περιῳκοδομησεν A | τετραποδοις (-πεδοις Bᵃ⁺ᵇℵ)]+λιθοις Q   6 εν τη ενατη] pr (sub ✱·) εν μηνι τω τεταρτω Q om εν τη AQ* (hab Qᵐᵍ)   7 πυλης] πολεις ℵ*ᵛⁱᵈ | του πεχους] της πυλης A | Χαλδεοι ℵ | κυκλω] εκυκλωσαν A | επορευθησαν] ωχοντο A | την εις αραβα (ραβα ℵ)] om την ℵQ   8 η δυναμις] om η ℵ | Χαλδεων ℵ | κατελαβεν A | αυτον] τον βασιλεα Σεδεκιαν Qᵐᵍ | Ιεριχω BᵇℵA   9 βασιλεαν (1°) ℵ* | τον βασιλεα (2°)] om τον Q | Δεβαθα ℵ* (Δεβλ. ℵ?)   10 βασιλευς] pr ο ℵ | εν Δεβλαθα] εις Δεβ..θα Γ   11 Σεδεκια ℵ* (-κιου ℵ?) | βασιλευς] pr ο Q | om ημερας A | om ης ℵ*A   12 μηνι] pr ✱· τω Qᵐᵍ | πεμπτω] pr τω AQΓ | δεκατη] και δεκα ℵ* (δεκατη ℵ?) | μηνος]+αυτος (αυτος ℵᵈ) ενιαυτος εννεακαιδεκατος του Ναβουχοδονοσορ βασιλεως Βαβυλωνος (βασιλεος Βαβυλονος ℵᵈ) ℵᵈ ᵐᵍ ⁱⁿᶠ et (sub ✱·) Qᵐᵍ | Ναυβουζαρδαν ℵ? | εστηκως] pr ο ℵAΓ ο εστως Q | του βασιλεως] om του A   13 in ενεπρησεν 2° vid improb aliq ℵ?Q?   14 Ιερουσαλημ] pr εν AΓ | Χαλδεων ℵ | η μετα] om η ℵ | αρχιμαγειρου]+✱· (15) απο δε των πεντων του λαου ϗ το λειμμα του λαου ϗ τους καταλειφθεντας εν τη πολει ϗ τους εμπιπτοντας ϗ τους εμ- πεπτωκοτας προς βασιλεα Βαβυλωνος Qᵐᵍ   16 καταλοιπους] λοιπους ℵ

347

LII 17   ΙΕΡΕΜΙΑΣ

Β λοίπους τοῦ λαοῦ κατέλειπεν ὁ ἀρχιμάγειρος εἰς ἀμπελουργοὺς καὶ εἰς γεωργούς. ¹⁷καὶ τοὺς στύλους τοὺς χαλκοῦς τοὺς ἐν οἴκῳ 17 Κυρίου καὶ τὰς βάσεις καὶ τὴν θάλασσαν τὴν χαλκὴν τὴν ἐν οἴκῳ Κυρίου συνέτριψαν οἱ Χαλδαῖοι, καὶ ἔλαβον τὸν χαλκὸν αὐτῶν καὶ ἀπήνεγκαν εἰς Βαβυλῶνα. ¹⁸καὶ τὴν στεφάνην καὶ τὰς φιάλας 18 καὶ τὰς κρεάγρας καὶ πάντα τὰ σκεύη τὰ χαλκᾶ ἐν οἷς ἐλειτούργουν ἐν αὐτοῖς, ¹⁹καὶ τὰ σαφφὼθ καὶ τὰ μασμαρὼθ καὶ τοὺς ὑποχυτῆρας 19 καὶ τὰς λυχνίας καὶ τὰς θυίσκας καὶ τοὺς κυάθους, ἃ ἦν χρυσᾶ χρυσᾶ καὶ ἃ ἦν ἀργυρᾶ ἀργυρᾶ, ἔλαβεν ὁ ἀρχιμάγειρος. ²⁰καὶ οἱ στύλοι δύο, 20 καὶ ἡ θάλασσα μία, καὶ οἱ μόσχοι δώδεκα χαλκοῖ ὑποκάτω τῆς θαλάσσης, ἃ ἐποίησεν ὁ βασιλεὺς Σαλωμὼν εἰς οἶκον Κυρίου· οὐκ ἦν σταθμὸς τοῦ χαλκοῦ αὐτῶν. ²¹καὶ οἱ στύλοι τριάκοντα πέντε πηχῶν 21 ὕψος τοῦ στύλου τοῦ ἑνός, καὶ σπαρτίον δώδεκα πήχεων περιεκύκλου αὐτόν, καὶ τὸ πάχος αὐτοῦ δακτύλων τεσσάρων κύκλῳ, ²²καὶ γεῖσος 22 ἐπ' αὐτοῖς χαλκοῦν, καὶ πέντε πήχεων τὸ μῆκος, ὑπεροχὴ τοῦ γείσους
¶ Γ τοῦ ἑνός, καὶ δίκτυον καὶ ῥόαι ἐπὶ τοῦ γείσους κύκλῳ, τὰ πάντα χαλκᾶ· καὶ κατὰ ταῦτα τῷ στύλῳ τῷ δευτέρῳ, ὀκτὼ ῥόαι τῷ πήχει τοῖς δώδεκα πήχεσιν. ²³καὶ ἦσαν αἱ ῥόαι ἐνενήκοντα ἓξ ἐν μέρος, 23 καὶ ἦσαν αἱ πᾶσαι ῥόαι ἑκατὸν ἐπὶ τοῦ δικτύου κύκλῳ. ²⁴καὶ ἔλαβεν 24 ὁ ἀρχιμάγειρος τὸν ἱερέα τὸν πρῶτον καὶ τὸν ἱερέα τὸν δευτεροῦντα

ℵAQΓ   16 κατελιπεν B^b ℵQ^a | ο αρχιμ.] pr Ναβουζαρδαν +α'θ' ※ ϟ απο των πενητω| της γης κατελειπε Ναβουζαρδαν ο αρχιμαγιρος Q^mg | εις γεωργους και αμπελουργους ℵ εις αμπ. και γεωργους Γ   17 om και τας βασεις...οικω Κυριου (2°) A | βασις ℵ* (-σεις ℵ^?) | Χαλδεοι ℵ | τον χαλκον] pr παντα Q^mg | αυτων] αυτης ℵ αυτον Γ | om και απηνεγκαν QΓ | Βαβυλωνα]+α'θ' ※ ϟ τους ποδιστηρας ϟ τους αναλημπτηρας ϟ τα θυμιατηρια ϟ τα σπονδια [adnot εν τισι· ϟ τους ηλους] Q^mg   18 κρεαγρας] κρεαρας ℵ* κεαγρας A adnot αντι των κρεαγρω| θυισκας τινες ερμηνευσα| Q^mg | τα χαλκα] ταχα B* (superscr λκα B^ab) | ελειτουργουν (-γων A)] λειτουργουσιν Γ   19 τα σαφφωθ] τας σαφφωθ ℵ α' υδριας σ' φιαλας οι λοιποι θυμιατηρια Q^mg | τα μασμαρωθ] τας μασμ. ℵ* (τα μ. ℵ^?) AQ^a (τας μασμαωθ Q*) | om και τους υποχ. και τας λυχνιας ℵ | υποχυτηρας] αποχυτηρας α' λεβητας Q^mg | και τας λυχνιας sub ※ Q | και 6° bis scr Γ   20 ο βασιλευς] om ο ℵ | αυτων] αυτου ℵΓ ※ παντω| των σκευω| τουτω| Q^mg   21 τριακοντα πεντε] λε' ℵ τρ. και πεντε Q | πηχων] πηχεων AΓ | δωδεκα] ιβ' ℵ | δωδ. πηχεων] δωδεκαπηχυ Q | περιεκυκλου Bℵ^?Q^aΓ] περικυκλοι ℵ* περικυκλοιν A περιεκυκλουν Q* | παχος] πλατος ℵ | τεσσαρων δακτυλων AΓ | om κυκλω Γ   22 γεισος] κεφαλιδες Q^mg | χαλκουν] χαλκου Γ | γεισους 1°] γισου Q | ενο ℵ* (ενος ℵ^?) | του γεισους (2°)] om του A | γεισους 2°] γισου Q* (γισους Q^a) | om και ε̄ο ℵQ | ταυτα] αυτα A | δωδεκα] ιβ' ℵ | πηχεσι B^b   23 ενενηκοντα εξ] ϟς' ℵ | εξ] pr και Q | εν] pr το B^ab AQ | πασαι αι ροαι Q | επι του δικτ. κυκλω εκατον ℵQ   24 ιερεα bis] ιερεαν ℵ | ιερεα 1°] pr Σαραιαν Q | πρωτον] δευτερον ℵ* (superscr πρ. ℵ^c.a) | τον ιερεα (2°)] pr τον Σοφονιαν Q | δευτερουντα B^ab (-ροντα B*)] δευτερευοντα ℵQ

348

ΙΕΡΕΜΙΑΣ LII 34

25 καὶ τοὺς τρεῖς τοὺς φυλάττοντας τὴν ὁδόν, 25καὶ εὐνοῦχον ἕνα ὃς ἦν B ἐπιστάτης ἀνδρῶν τῶν πολεμιστῶν, καὶ ἑπτὰ ἄνδρας ὀνομαστοὺς τοὺς ἐν προσώπῳ τοῦ βασιλέως τοὺς εὑρεθέντας ἐν τῇ πόλει, καὶ τὸν γραμματέα τῶν δυνάμεων τὸν γραμματεύοντα τῷ λαῷ τῆς γῆς, καὶ ἑξήκοντα ἀνθρώπους ἐκ τοῦ λαοῦ τῆς γῆς τοὺς εὑρεθέντας ἐν μέσῳ 26 τῆς πόλεως. 26καὶ ἔλαβεν αὐτοὺς Ναβουζαρδὰν ὁ ἀρχιμάγειρος καὶ 27 ἤγαγεν αὐτοὺς πρὸς βασιλέα Βαβυλῶνος εἰς Δεβλάθα· 27καὶ ἐπάταξεν αὐτοὺς βασιλεὺς Βαβυλῶνος ἐν Δεβλάθα ἐν γῇ Αἱμάθ.

31 31Καὶ ἐγένετο ἐν τῷ τριακοστῷ καὶ ἑβδόμῳ ἔτει ἀποικισθέντος τοῦ Ἰωακεὶμ βασιλέως Ἰούδα, ἐν τῷ δωδεκάτῳ μηνὶ ἐν τῇ τετράδι καὶ εἰκάδι τοῦ μηνός, ἔλαβεν Οὐλαιμαδαχὰρ βασιλεὺς Βαβυλῶνος, ἐν τῷ ἐνιαυτῷ ᾧ ἐβασίλευσεν, τὴν κεφαλὴν Ἰωακεὶμ βασιλέως Ἰούδα καὶ 32 ἔκειρεν αὐτόν, καὶ ἐξήγαγεν αὐτὸν ἐξ οἰκίας ἧς ἐφυλάσσετο, 32καὶ ἐλάλησεν αὐτῷ χρηστά, καὶ ἔδωκεν αὐτοῦ τὸν θρόνον ἐπάνω τῶν 33 βασιλέων τῶν μετ' αὐτοῦ ἐν Βαβυλῶνι, 33καὶ ἤλλαξαν τὴν στολὴν τῆς φυλακῆς αὐτοῦ, καὶ ἤσθιεν ἄρτον διὰ παντὸς κατὰ πρόσωπον 34 αὐτοῦ πάσας τὰς ἡμέρας ἃς ἔζησεν. 34καὶ ἡ σύνταξις αὐτῷ ἐδίδετο διὰ παντὸς παρὰ τοῦ βασιλέως Βαβυλῶνος ἐξ ἡμέρας εἰς ἡμέραν ἕως ἡμέρας ἧς ἀπέθανεν.

24 φυλασσοντας אAQ 25 και 1°]+εκ της πολεως ελαβεν AQ | αν- אAQ δρων] pr των אAQ | τους εν] om τους א | προσωπου א*A | των δυναμεων] pr α' ※ αρχο̣]τα Q^{mg} 26 αυτους 2°] αυτον A | βασιλεα] pr τον A et (sub ※) Q^{mg} | Βαβυλωνος] +παντες ※ ϟ εθανατωσεν αυτους Q^{mg} 27 βασιλευς] pr ο א | εν 1°] εις א | Αιμαθ] Μααθ א Αιμααθ A Ημαθ Q+※ ϟ απωκισθη Ιουδας επανωθεν της γης αυτου (28) ϟ ουτος ο λαος ον απωκισε Ναβουχοδονοσορ εν τω ετει τω εβδομω Ιουδαιους τρισχιλιους ϟ εικοσι τρεις (29) εν τω ετει τω εκτω και δεκατω του Ναβουχοδονοσορ εξ Ιλημ̄ ψυχας οκτακοσιας τριακοντα δυο (30) εν τω ετει τω τριτω ϟ εικοστω του Ναβουχοδονοσορ απωκισε Ναβουζαρδα̅ ο αρχιμαγιρος Ιουδαιω̅ ψυχας επτακοσιας τεσσερακοντα πεντε πασαι αι ψυχαι τετρακισχιλιαι εξακοσιαι Q^{mg} 31 τω τριακοστω και εβδομω ετει] τριακοντα και επτα ετεσιν א τριακοστω κ. εβδ. ετει A | δωδεκατω] ιβ' א | incep εικαδα א* (εικαδει postea -δι א?) | Ουλαιμαδαχαρ] Ουλεδαμαχαρ א Ουλαιμαραδαχ A Ουλαιμαδαραχ Q | βασιλευς] βασιλεως א | την κεφαλην] pr και εκιρεν א^{c.amg} | om και εκειρεν αυτον אAQ | εφυλασσετο (-λαττ. A)] incep εφυλαξεν א* (εφυλασσ. א^{c.a(?)}) 32 τον θρονον αυτου A | επανω]+των θρονων AQ 33 ηλλαξεν AQ 34 η συνταξις] ισχῡ| ταξεις A | εδιδοτο B^aא^{c.avid}Q | εξ ημερας εις ημεραν] εξ ημερων εις ημερας A | απεθανεν]+ ※ πασας τας ημερας της ζωης αυτου Q^{mg}

Subscr Ιερεμιας Bא Ιερεμιας προφητης ιδ' A deest in Q

ΙΕΡΕΜΙΑΣ

COLLATIO CAPITUM IEREMIAE.

Text. Heb.	Text. Gr.	Huius Ed. Pagg.
I 1—XXV 13	I 1—XXV 13	223—277
XXV 15—38	XXXII 1—24	297—300
XXVI 1—24	XXXIII 1—24	300—302
XXVII 2—22	XXXIV 1—18	302—304
XXVIII 1—17	XXXV 1—17	304—306
XXIX 1—32	XXXVI 1—32	306—308
XXX 1—24	XXXVII 1—24	309—310
XXXI 1—40	XXXVIII 1—40	310—314
XXXII 1—44	XXXIX 1—44	314—319
XXXIII 1—13	XL 1—13	319—320
XXXIV 1—22	XLI 1—22	321—323
XXXV 1—19	XLII 1—19	323—325
XXXVI 1—32	XLIII 1—32	325—329
XXXVII 1—21	XLIV 1—21	329—331
XXXVIII 1—28	XLV 1—28	331—334
XXXIX 1—3	XLVI 1—3	334
„ 14—18	„ 14—18	334—335
XL 1—16	XLVII 1—16	335—337
XLI 1—18	XLVIII 1—18	337—339
XLII 1—22	XLIX 1—22	339—341
XLIII 1—13	L 1—13	341—342
XLIV 1—30	LI 1—30	342—346
XLV 1—5	LI 31—35	346
XLVI 2—28	XXVI 2—28	277—280
XLVII 1—7	XXIX 1—7	290
XLVIII 1—44	XXXI 1—44	294—297
XLIX 1—5	XXX 1—5	292—293
„ 7—22	XXIX 8—23	290—292
„ 23—27	XXX 12—16	293—294
„ 28—33	„ 6—11	293
„ 34—39	XXV 14—XXVI 1	277
L 1—46	XXVII 1—46	280—284
LI 1—64	XXVIII 1—64	284—289
LII 1—34	LII 1—34	346—349

ΒΑΡΟΥΧ

I 1 ΚΑΙ οὗτοι οἱ λόγοι τοῦ βιβλίου οὓς ἔγραψεν Βαροὺχ υἱὸς Νηρίου Β
υἱοῦ Μαασαίου υἱοῦ Σεδεκίου υἱοῦ Ἀσαδίου υἱοῦ Χελκίου ἐν Βαβυλῶνι,
2 ²ἐν τῷ ἔτει τῷ πέμπτῳ ἐν ἑβδόμῃ τοῦ μηνός, ἐν τῷ καιρῷ ᾧ ἔλαβον οἱ
3 Χαλδαῖοι τὴν Ἰερουσαλὴμ καὶ ἐνέπρησαν αὐτὴν ἐν πυρί. ³καὶ ἀνέγνω
Βαροὺχ τοὺς λόγους τοῦ βιβλίου τούτου ἐν ὠσὶν Ἰεχονίου υἱοῦ Ἰωακεὶμ
βασιλέως Ἰούδα, καὶ ἐν ὠσὶ παντὸς τοῦ λαοῦ τῶν ἐρχομένων πρὸς
4 τὴν βίβλον, ⁴καὶ ἐν ὠσὶν τῶν δυνατῶν καὶ υἱῶν τῶν βασιλέων, καὶ
ἐν ὠσὶ τῶν πρεσβυτέρων, καὶ ἐν ὠσὶ παντὸς τοῦ λαοῦ ἀπὸ μικροῦ
ἕως μεγάλου, πάντων τῶν κατοικούντων ἐν Βαβυλῶνι ἐπὶ ποταμοῦ
5 Σούδ. ⁵καὶ ἔκλαιον καὶ ἐνήστευον καὶ ηὔχοντο ἐναντίον Κυρίου,
6 ⁶καὶ συνήγαγον ἀργύριον καθὰ ἑκάστου ἠδύνατο ἡ χείρ. ⁷καὶ ἀπέ-
7
στειλαν εἰς Ἰερουσαλὴμ πρὸς Ἰωακεὶμ υἱὸν Χελκίου υἱοῦ Σαλὼμ τὸν
ἱερέα, καὶ πρὸς τοὺς ἱερεῖς καὶ πρὸς πάντα τὸν λαὸν τοὺς εὑρε-
8 θέντας μετ' αὐτοῦ ἐν Ἰερουσαλήμ, ⁸ἐν τῷ λαβεῖν αὐτὸν τὰ σκεύη
οἴκου Κυρίου τὰ ἐξενεχθέντα ἐκ τοῦ ναοῦ ἀποστρέψαι εἰς γῆν Ἰούδα,
τῇ δεκάτῃ τοῦ Σειουάν, σκεύη ἀργυρᾶ ἃ ἐποίησεν Σεδεκίας υἱὸς Ἰωσεία
9 βασιλεὺς Ἰούδα, ⁹μετὰ τὸ ἀποικίσαι Ναβουχοδονοσὸρ βασιλέα Βαβυ-
λῶνος τὸν Ἰεχονίαν καὶ τοὺς ἄρχοντας καὶ τοὺς δεσμώτας καὶ τοὺς
δυνατοὺς καὶ τὸν λαὸν τῆς γῆς ἀπὸ Ἰερουσαλήμ, καὶ ἤγαγεν αὐτὸν
10 εἰς Βαβυλῶνα. ¹⁰Καὶ εἶπαν Ἰδοὺ ἀπεστείλαμεν πρὸς ὑμᾶς ἀργύ-
ριον, καὶ ἀγοράσατε τοῦ ἀργυρίου ὁλοκαυτώματα καὶ περὶ ἁμαρτίας
καὶ λίβανον, καὶ ποιήσατε μάννα καὶ ἀνοίσατε ἐπὶ τὸ θυσιαστήριον.
11 Κυρίου θεοῦ ἡμῶν, ¹¹καὶ προσεύξασθε περὶ τῆς ζωῆς Ναβουχοδονοσὸρ

I 1 υιου 1°] υιος A | υιου 2°] υιος A | Ασαδιου] Σαδαιου A   2 om εν AQ
2° A   3 ωσιν AQ*   4 ωσιν] ωσι B^bQ^a | των βασιλεων] του βασι-
λεως A | ωσι 1°] ωσιν A | ωσι 2°] ωσιν AQ | μεγαλου]+αυτων AQ | ποτα-
μου] pr του AQ   5 ηυχοντο]+ευχας AQ | εναντι AQ   7 εν] εις A
8 Σειουαν] Ιουαν A* Σιουαν B^bA^a? Q | ωσια B^bAQ   9 ηγαγεν] εισ-
γαγεν AQ | αυτον] αυτους AQ   10 θεου] pr του AQ | ημων] υμων A

351

I 12   ΒΑΡΟΥΧ

B βασιλέως Βαβυλῶνος καὶ εἰς ζωὴν Βαλτασὰρ υἱοῦ αὐτοῦ, ἵνα ὦσιν αἱ ἡμέραι αὐτῶν ὡς αἱ ἡμέραι τοῦ οὐρανοῦ ἐπὶ τῆς γῆς. ¹²καὶ δώσει 12 Κύριος ἰσχὺν ἡμῖν καὶ φωτίσει τοὺς ὀφθαλμοὺς ἡμῶν, καὶ ζησόμεθα ὑπὸ τὴν σκιὰν Ναβουχοδονοσὸρ βασιλέως Βαβυλῶνος καὶ ὑπὸ τὴν σκιὰν Βαλτασὰρ υἱοῦ αὐτοῦ, καὶ δουλεύσομεν αὐτοῖς ἡμέρας πολλὰς καὶ εὑρήσομεν χάριν ἐναντίον αὐτῶν. ¹³καὶ προσεύξασθε περὶ ἡμῶν 13
§ Γ πρὸς Κύριον τὸν θεὸν ἡμῶν, ὅτι ⁱἡμάρτομεν τῷ κυρίῳ θεῷ ἡμῶν, καὶ οὐκ ἀπέστρεψεν ὁ θυμὸς Κυρίου καὶ ἡ ὀργὴ αὐτοῦ ἀφ' ἡμῶν ἕως τῆς ἡμέρας ταύτης.

¹⁴Καὶ ἀναγνώσεσθε τὸ βιβλίον τοῦτο ὃ ἀπεστείλαμεν πρὸς ὑμᾶς 14 ἐξαγορεῦσαι ἐν οἴκῳ Κυρίου ἐν ἡμέρᾳ ἑορτῆς καὶ ἐν ἡμέραις καιροῦ, ¹⁵καὶ ἐρεῖτε Τῷ κυρίῳ θεῷ ἡμῶν ἡ δικαιοσύνη, ἡμῖν δὲ αἰσχύνη τῶν 15 προσώπων ὡς ἡ ἡμέρα αὕτη, ἀνθρώπῳ Ἰούδα καὶ τοῖς κατοικοῦσιν Ἰερουσαλήμ, ¹⁶καὶ τοῖς βασιλεῦσιν ἡμῶν καὶ τοῖς ἄρχουσιν ἡμῶν 16 καὶ τοῖς ἱερεῦσιν ἡμῶν καὶ τοῖς προφήταις ἡμῶν καὶ τοῖς πατράσιν ἡμῶν, ¹⁷ὧν ἡμάρτομεν ἔναντι Κυρίου ¹⁸καὶ ἠπειθήσαμεν αὐτῷ, καὶ ¹⁷₁₈ οὐκ ἠκούσαμεν τῆς φωνῆς Κυρίου θεοῦ ἡμῶν πορεύεσθαι τοῖς προστάγμασιν Κυρίου οἷς ἔδωκεν κατὰ πρόσωπον ἡμῶν, ¹⁹ἀπὸ τῆς ἡμέρας 19 ἧς ἐξήγαγεν Κύριος τοὺς πατέρας ἡμῶν ἐκ γῆς Αἰγύπτου καὶ ἕως τῆς ἡμέρας ταύτης ἤμεθα ἀπειθοῦντες πρὸς Κύριον θεὸν ἡμῶν, καὶ ἐσχεδιάζομεν πρὸς τὸ μὴ ἀκούειν τῆς φωνῆς αὐτοῦ. ²⁰καὶ ἐκολλήθη 20 εἰς ἡμᾶς τὰ κακὰ καὶ ἡ ἀρὰ ἣν συνέταξεν Κύριος τῷ Μωυσῇ παιδὶ αὐτοῦ ἐν ἡμέρᾳ ᾗ ἐξήγαγεν τοὺς πατέρας ἡμῶν δοῦναι ἡμῖν γῆν ῥέουσαν γάλα καὶ μέλι, ὡς ἡ ἡμέρα αὕτη. ²¹καὶ οὐκ ἠκούσαμεν τῆς 21 φωνῆς Κυρίου τοῦ θεοῦ ἡμῶν κατὰ πάντας τοὺς λόγους τῶν προφητῶν ὧν ἀπέστειλεν πρὸς ἡμᾶς, ²²καὶ ᾠχόμεθα ἕκαστος ἐν διανοίᾳ 22 καρδίας αὐτοῦ τῆς πονηρᾶς ἐργάζεσθαι θεοῖς ἑτέροις, ποιῆσαι τὰ κακὰ κατ' ὀφθαλμοὺς Κυρίου θεοῦ ἡμῶν. ¹καὶ ἔστησεν Κύριος τὸν λόγον 1 II αὐτοῦ ὃν ἐλάλησεν ἐφ' ἡμᾶς καὶ ἐπὶ τοὺς δικαστὰς ἡμῶν τοὺς δικάσαντας τὸν Ἰσραὴλ καὶ ἐπὶ τοὺς βασιλεῖς ἡμῶν καὶ ἐπὶ τοὺς ἄρχοντας

AQΓ   11 αυτων] αυτου A   12 φωτιση A   13 προς] incep περ Q* (προς Q¹ (vid)) | τον θεον] om τον A | ημων 2°] υμων A | τω κυριω] om τω A   14 υμας] ημας A | ημερᾳ] ημεραις AQ   15 αισχυνη] pr η AQ   17 εναντιον AQ   18 θεου] pr του Q^{mg} Γ | τοις προσταγμασιν] pr εν A | Κυριου 2°] pr αυτου Q   19 εσχεδιασαμεν A   20 τω Μωυσῃ] om τω A | παιδια B* (παιδι B†) | εξηγαγεν] + k̄s Q | ημων] + εκ γης Αιγυπτου B^{ab mg}AQΓ | δουναι] pr του Γ | αυτη] ταυτη A   21 Κυριου του θεου] k̄v θ̄v A του k̄v θ̄v Q | κατα] και Γ | ων] ους A   22 ωχομεθα] ηυχομεθα Q* (ωχ. Qᵃ) | αυτου] ημω̄] A | θεου] pr του Q   II 1 τον Ισραηλ] τ[ο]ν [οικον] Ισλ Γ^{fort}

ΒΑΡΟΥΧ ΙΙ 17

2 ἡμῶν καὶ ἐπὶ ἄνθρωπον Ἰσραὴλ καὶ Ἰούδα. ²οὐκ ἐποιήθη ὑποκάτω B
παντὸς τοῦ οὐρανοῦ καθὰ ἐποίησεν ἐν Ἰερουσαλήμ, κατὰ τὰ γεγραμ-
3 μένα ἐν τῷ νόμῳ Μωυσῆ, ³τοῦ φαγεῖν ἡμᾶς ἄνθρωπον σάρκας υἱοῦ
4 αὐτοῦ καὶ ἄνθρωπον σάρκας θυγατρὸς αὐτοῦ. ⁴καὶ ἔδωκεν αὐτοὺς ¶ Γ
ὑποχειρίους πάσαις ταῖς βασιλείαις ταῖς κύκλῳ ἡμῶν, εἰς ὀνειδισμὸν
καὶ ἄβατον ἐν πᾶσι τοῖς λαοῖς τοῖς κύκλῳ οὗ διέσπειρεν αὐτοὺς
5 Κύριος ἐκεῖ. ⁵καὶ ἐγενήθησαν ὑποκάτω καὶ οὐκ ἐπάνω, ὅτι ἡμάρτο-
6 μεν Κυρίῳ θεῷ ἡμῶν πρὸς τὸ μὴ ἀκούειν τῆς φωνῆς αὐτοῦ. ⁶Τῷ
κυρίῳ θεῷ ἡμῶν ἡ δικαιοσύνη, ἡμῖν δὲ καὶ τοῖς πατράσιν ἡμῶν ἡ
7 αἰσχύνη τῶν προσώπων ὡς ἡ ἡμέρα αὕτη. ⁷ἃ ἐλάλησεν Κύριος
8 ἐφ' ἡμᾶς, πάντι τὰ κακὰ ταῦτα ἃ ἦλθεν ἐφ' ἡμᾶς. ⁸καὶ οὐκ ἐδε-
ήθημεν τοῦ προσώπου Κυρίου τοῦ ἀποστρέψαι ἕκαστον ἀπὸ τῶν
9 νοημάτων τῆς καρδίας αὐτῶν τῆς πονηρᾶς. ⁹καὶ ἐγρηγόρησεν Κύριος
ἐπὶ τοῖς κακοῖς, καὶ ἐπήγαγε Κύριος ἐφ' ἡμᾶς, ὅτι δίκαιος ὁ κύριος
10 ἐπὶ πάντα τὰ ἔργα αὐτοῦ ἃ ἐνετείλατο ἡμῖν. ¹⁰καὶ οὐκ ἠκούσαμεν
τῆς φωνῆς αὐτοῦ, πορεύεσθαι τοῖς προστάγμασιν Κυρίου οἷς ἔδωκεν
κατὰ πρόσωπον ἡμῶν.
11 ¹¹Καὶ νῦν, Κύριε ὁ θεὸς Ἰσραήλ, ὃς ἐξήγαγες τὸν λαόν σου ἐκ
γῆς Αἰγύπτου ἐν χειρὶ κραταιᾷ, ἐν σημείοις καὶ ἐν τέρασιν καὶ ἐν
δυνάμει μεγάλῃ καὶ ἐν βραχίονι ὑψηλῷ, καὶ ἐποίησας σεαυτῷ ὄνομα
12 ὡς ἡ ἡμέρα αὕτη, ¹²ἡμάρτομεν, ἠσεβήσαμεν, ἠδικήσαμεν, Κύριε ὁ
13 θεὸς ἡμῶν, ἐπὶ πᾶσιν τοῖς δικαιώμασίν σου. ¹³ἀποστραφήτω ὁ θυ-
μός σου ἀφ' ἡμῶν, ὅτι κατελείφθημεν ὀλίγοι ἐν τοῖς ἔθνεσιν οὗ
14 διέσπειρας ἡμᾶς ἐκεῖ. ¹⁴εἰσάκουσον, Κύριε, τῆς προσευχῆς ἡμῶν
καὶ τῆς δεήσεως ἡμῶν, καὶ ἐξελοῦ ἡμᾶς ἕνεκεν σοῦ καὶ δὸς ἡμῖν
15 χάριν κατὰ πρόσωπον τῶν ἀποικισάντων ἡμᾶς, ¹⁵ἵνα γνῷ πᾶσα ἡ
γῆ ὅτι σὺ Κύριος ὁ θεὸς ἡμῶν, ὅτι τὸ ὄνομά σου ἐπεκλήθη ἐπὶ
16 Ἰσραὴλ καὶ ἐπὶ τὸ γένος αὐτοῦ. ¹⁶Κύριε, κάτιδε ἐκ τοῦ οἴκου τοῦ
ἁγίου σου καὶ ἐννόησον εἰς ἡμᾶς· κλῖνον, Κύριε, τὸ οὖς σου καὶ
17 ἄκουσον. ¹⁷ἄνοιξον ὀφθαλμούς σου καὶ ἴδε ὅτι οὐχ οἱ τεθνηκότες

1 Ιουδα] +του αγαγειν (αναγαγειν Q*) εφ ημας κακα μεγαλα AQ (sub ※ AQΓ
θ' Qᵐᵍ) Γ   2 ουκ] pr a AQΓ | εποιηθη] [ε]ποιη[σε]ν Γᵛⁱᵈ | εποιησεν]
εποιηθη AQΓ | Μωυση] Μωσε[ω]s Γ   3 υιου] υιων A | σαρκος (2°) Γ
4 αβατον (αναβ. Q*)] pr εις AQ | πασιν A | κυκλω 2°]+ημων AQ   5 Κυ-
ριω θεω] τω κω θω A κω τω θω Q   7 om α 2° Q   8 αυτων] αυτου A
9 και 2°] οις Qᵐᵍ | επηγαγεν AQ | ο κυριος] om o A   11 om και νυν A | εν
2°] pr και AQ | τερασι Qᵃ   12 πασι Qᵃ | δικαιωμασι Qᵃ   13 απο-
στραφητω]+δη AQ   14 σου] pr του ονοματος AQᵐᵍ   15 συ]+ει Q | επε-
κληθη] επικεκληται AQ   16 om εις A | Κυριε 2°] κ̄ς B | ακουσον] εισακουσον
A   17 ανοιξον] pr και A+κ̄ε AQ | οφθαλμους] pr τους A | τεθνεωτες A

ΒΑΡΟΥΧ

B ἐν τῷ ᾅδῃ, ὧν ἐλήμφθη τὸ πνεῦμα αὐτῶν ἀπὸ τῶν σπλάγχνων αὐτῶν, δώσουσιν δόξαν καὶ δικαίωμα τῷ κυρίῳ· ¹⁸ἀλλὰ ἡ ψυχὴ αὐτοῦ ἡ λυπουμένη ἐπὶ τὸ μέγεθος, ὃ βαδίζει κύπτον καὶ ἀσθενοῦν, καὶ οἱ ὀφθαλμοὶ οἱ ἐκλείποντες καὶ ἡ ψυχὴ ἡ πεινῶσα δώσουσίν σοι δόξαν καὶ δικαιοσύνην, Κύριε. ¹⁹ὅτι οὐκ ἐπὶ τὰ δικαιώματα τῶν πατέρων ἡμῶν καὶ τῶν βασιλέων ἡμῶν ἡμεῖς καταβάλλομεν τὸν ἔλεον κατὰ πρόσωπόν σου, Κύριε ὁ θεὸς ἡμῶν, ²⁰ὅτι ἐνῆκας τὸν θυμόν σου καὶ τὴν ὀργήν σου εἰς ἡμᾶς, καθάπερ ἐλάλησας ἐν χειρὶ τῶν παίδων σου τῶν προφητῶν ²¹Οὕτως εἶπεν Κύριος Κλίνατε τὸν ὦμον ὑμῶν καὶ ἐργάσασθε τῷ βασιλεῖ Βαβυλῶνος, καὶ καθίσατε ἐπὶ τὴν γῆν ἣν δέδωκα τοῖς πατράσιν ὑμῶν· ²²καὶ ἐὰν μὴ ἀκούσητε τῆς φωνῆς Κυρίου ἐργάσασθαι τῷ βασιλεῖ Βαβυλῶνος, ²³ἐκλείψειν ποιήσω ἐκ πόλεων Ἰούδα καὶ ἔξωθεν Ἰερουσαλὴμ φωνὴν εὐφροσύνης καὶ φωνὴν χαρμοσύνης, φωνὴν νυμφίου καὶ φωνὴν νύμφης, καὶ ἔσται πᾶσα ἡ γῆ εἰς ἄβατον ἀπὸ ἐνοικούντων. ²⁴καὶ οὐκ ἠκούσαμεν τῆς φωνῆς σου ἐργάσασθαι τῷ βασιλεῖ Βαβυλῶνος, καὶ ἔστησας τοὺς λόγους σου οὓς ἐλάλησας ἐν χερσὶν τῶν παίδων σου τῶν προφητῶν τοῦ ἐξενεχθῆναι τὰ ὀστᾶ βασιλέων ἡμῶν καὶ τὰ ὀστᾶ τῶν πατέρων ἡμῶν ἐκ τοῦ τόπου αὐτῶν. ²⁵καὶ ἰδού, ἔστιν ἐξεριμμένα τῷ καύματι τῆς ἡμέρας καὶ τῷ παγετῷ τῆς νυκτός· καὶ ἀπεθάνοσαν ἐν πόνοις πονηροῖς, ἐν λιμῷ καὶ ἐν ῥομφαίᾳ καὶ ἐν ἀποστολῇ. ²⁶καὶ ἔθηκας τὸν οἶκον οὗ ἐπεκλήθη τὸ ὄνομά σου ἐπ' αὐτῷ ὡς ἡ ἡμέρα αὕτη, διὰ πονηρίαν οἴκου Ἰσραὴλ καὶ οἴκου Ἰούδα. ²⁷Καὶ ἐποίησας εἰς ἡμᾶς, Κύριε ὁ θεὸς ἡμῶν, κατὰ πᾶσαν ἐπιεικίαν σου καὶ κατὰ πάντα οἰκτειρμόν σου τὸν μέγαν, ²⁸καθὰ ἐλάλησας ἐν χειρὶ παιδός σου Μωυσῇ, ἐν ἡμέρᾳ ἐντειλαμένου σου αὐτῷ γράψαι τὸν νόμον σου ἐναντίον υἱῶν Ἰσραὴλ λέγων ²⁹Ἐὰν μὴ ἀκούσητε τῆς φωνῆς μου, εἰ μὴν ἡ βόμβησις ἡ μεγάλη ἡ πολλὴ αὕτη ἀποστρέψει εἰς μικρὰν ἐν τοῖς ἔθνεσιν οὗ διασπερῶ αὐτοὺς ἐκεῖ. ³⁰ὅτι ἔγνων ὅτι οὐ μὴ ἀκού-

AQ 17 ελήφθη Qᵃ | δωσουσιν (-σι Qᵃ: item 18)]+σοι A   18 αλλα] αλλ AQ | om αυτου BᵃᵇAQ | εκλιπϲντες Q* (εκλειπ. Qᵃ) | δοξαν σοι A   19 βασιλεων] ν sup ras Bᵗᵛⁱᵈ | ελεον]+ημων AQ   20 εις] εφ A | προφητων]+λεγων AQ   21 εργασασθε] εργαζεσθαι A | την γην ην] της γης ης AQ | εδωκα A   22 εργασασθαι] εργαζεσθαι A: item 24   23 εκλειψι͡ B* (-ψειν BᵃᵇQᵃ) εκλιψιν AQ* (-ψειν) | πολεως AQ   24 χερσι Qᵃ | βασιλεων] pr των A | ημων 1°]+και τα οστα των αρχοντων ημω| A | αυτων] αυτου A   25 εστιν] εισιν AQ | εξερριμμενα Bᵇ | om εν 2° Q* (hab Qᵐᵍ) | ρομφαια] μ sup ras Bᵗ   26 οικον]+σου AQ | επεκληθη] επικεκληται Q   27 επιεικειαν Bᵃᵇ⁽ᵛⁱᵈ⁾Qᵃ | οικτιρμον BᵇAQᵃ   28 Μωση A | εναντιον] ενωπιον A   29 ει μην] η μην Qᵃ | η πολλη] pr και A | μικραν] μακραν AQ   30 ακουσωσιν (-σι Qᵃ)] εισακουσωσιν A

354

ΒΑΡΟΥΧ III 9

σωσίν μου, ὅτι λαὸς σκληροτράχηλός ἐστιν· καὶ ἐπιστρέψουσιν ἐπὶ B
31 καρδίαν αὐτῶν ἐν γῇ ἀποικισμοῦ αὐτῶν, ³¹καὶ γνώσονται ὅτι ἐγὼ
Κύριος ὁ θεὸς αὐτῶν. καὶ δώσω αὐτοῖς καρδίαν καὶ ὦτα ἀκούοντα,
32 ³²καὶ αἰνέσουσίν με ἐν γῇ ἀποικισμοῦ αὐτῶν, καὶ μνησθήσονται τοῦ
33 ὀνόματός μου· ³³καὶ ἀποστρέψουσιν ἀπὸ τοῦ νώτου αὐτῶν τοῦ σκληροῦ καὶ ἀπὸ πονηρῶν πραγμάτων αὐτῶν, ὅτι μνησθήσονται τῆς ὁδοῦ
34 πατέρων αὐτῶν τῶν ἁμαρτόντων ἔναντι Κυρίου. ³⁴καὶ ἀποστρέψω
αὐτοὺς εἰς τὴν γῆν ἣν ὤμοσα τοῖς πατράσιν αὐτῶν, τῷ Ἀβραὰμ
καὶ τῷ Ἰσαὰκ καὶ τῷ Ἰακώβ, καὶ κυριεύσουσιν αὐτῆς· καὶ πλη-
35 θυνῶ αὐτούς, καὶ οὐ μὴ σμικρυνθῶσιν· ³⁵καὶ στήσω αὐτοῖς διαθήκην
αἰώνιον τοῦ εἶναί με αὐτοῖς εἰς θεόν, καὶ αὐτοὶ ἔσονταί μοι εἰς
λαόν· καὶ οὐ κινήσω ἔτι τὸν λαόν μου Ἰσραὴλ ἀπὸ τῆς γῆς ἧς
ἔδωκα αὐτοῖς.

III 1 ¹Κύριε Παντοκράτωρ, ὁ θεὸς Ἰσραήλ, ψυχὴ ἐν στενοῖς καὶ πνεῦμα
2 ἀκηδιῶν κέκραγεν πρὸς σέ. ²ἄκουσον, Κύριε, καὶ ἐλέησον, ὅτι ἡμάρ-
3 τομεν ἐναντίον σου· ³ὅτι σὺ καθήμενος τὸν αἰῶνα, καὶ ἡμεῖς ἀπολ-
4 λύμενοι τὸν αἰῶνα. ⁴Κύριε Παντοκράτωρ, ὁ θεὸς Ἰσραήλ, ἄκουσον
δὴ τῆς προσευχῆς τῶν τεθνηκότων Ἰσραὴλ καὶ υἱῶν τῶν ἁμαρτανόντων ἐναντίον σου, οἳ οὐκ ἤκουσαν τῆς φωνῆς σου θεοῦ αὐτῶν, καὶ
5 ἐκολλήθη ἡμῖν τὰ κακά. ⁵μὴ μνησθῇς ἀδικιῶν πατέρων ἡμῶν, ἀλλὰ
6 μνήσθητι χειρός σου καὶ ὀνόματός σου ἐν τῷ καιρῷ τούτῳ· ⁶ὅτι σὺ
7 Κύριος ὁ θεὸς ἡμῶν, καὶ αἰνέσομέν σε, Κύριε. ⁷ὅτι διὰ τοῦτο
ἔδωκας τὸν φόβον σου ἐπὶ καρδίαν ἡμῶν καὶ ἐπικαλεῖσθαι τὸ ὄνομά
σου· καὶ αἰνέσομέν σε ἐν τῇ ἀποικίᾳ ἡμῶν, ὅτι ἀπεστρέψαμεν ἀπὸ
καρδίας ἡμῶν πᾶσαν ἀδικίαν πατέρων ἡμῶν τῶν ἡμαρτηκότων
8 ἐναντίον σου. ⁸ἰδοὺ ἡμεῖς σήμερον ἐν τῇ ἀποικίᾳ ἡμῶν, οὗ διέσπειρας
ἡμᾶς ἐκεῖ εἰς ὀνειδισμὸν καὶ εἰς ἀρὰν καὶ εἰς ὄφλησιν κατὰ πάσας
τὰς ἀδικίας πατέρων ἡμῶν, οἳ ἀπέστησαν ἀπὸ Κυρίου θεοῦ ἡμῶν.

9 ⁹Ἄκουε, Ἰσραήλ, ἐντολὰς ζωῆς, ἐνωτίσασθε γνῶναι φρόνησιν.

30 λαος] pr ο Q | εστι Qᵃ   32 αινεσουσι Qᵃ   33 αποστρεψουσιν] AQ
επιστρεψουσιν A | του νωτου] om του A | πονηρων] pr των A | μνησθησομαι
Q | πατερων] pr των Q | αμαρτανοντων A | εναντιον Q   34 σμικρυνθωσιν]
μικρυνθ. B*ᵛⁱᵈ -σι Qᵃ   III 1 κεκραγεν] εκεκραξε A   2 ελεησον]
+οτι θς ελεημων ει και ελεησον AQᵐᵍ   3 om συ A* (hab Aᵃ?)
4 αμαρτοντων Qᵃ | σου 2°] om A κυ Q | εκολληθη] προσεκολληθη A   7 om
και 1° AQ | επικαλεισθαι] pr του AQ | απο καρδιας] επι καρδιαν BᵃᵇAQ
8 τας αδικιας] om τας AQ | πατερων] pr των Q

355   Z 2

ΒΑΡΟΥΧ

Β ¹⁰τί ἐστιν Ἰσραήλ; τί ὅτι ἐν γῇ τῶν ἐχθρῶν εἶ; ἐπαλαιώθης ἐν γῇ ἀλλοτρίᾳ, συνεμιάνθης τοῖς νεκροῖς, ¹¹προσελογίσθης μετὰ τῶν εἰς § Γ ᾅδου, ¹²ἐνκατέλιπες ¹τὴν πηγὴν τῆς σοφίας. ¹³τῇ ὁδῷ τοῦ θεοῦ εἰ ἐπορεύθης, κατῴκεις ἂν ἐν εἰρήνῃ τὸν αἰῶνα. ¹⁴μάθε ποῦ ἐστιν φρόνησις, ποῦ ἐστιν ἰσχύς, ποῦ ἐστιν σύνεσις, τοῦ γνῶναι ἅμα ποῦ ἐστιν μακροβίωσις καὶ ζωή, ποῦ ἐστιν φῶς ὀφθαλμῶν καὶ εἰρήνη. ¹⁵τίς εὗρεν τὸν τόπον αὐτῆς, καὶ τίς εἰσῆλθεν εἰς τοὺς θησαυροὺς αὐτῆς; ¹⁶ποῦ εἰσιν οἱ ἄρχοντες τῶν ἐθνῶν καὶ οἱ κυριεύοντες τῶν θηρίων τῶν ἐπὶ τῆς γῆς, ¹⁷οἱ ἐν τοῖς ὀρνέοις τοῦ οὐρανοῦ ἐμπαίζοντες, καὶ τὸ ἀργύριον θησαυρίζοντες καὶ τὸ χρυσίον ᾧ ἐπεποίθεισαν ἄνθρωποι, καὶ οὐκ ἔστιν τέλος τῆς κτήσεως αὐτῶν; ¹⁸ὅτι οἱ τὸ ἀργύριον τεκταίνοντες καὶ μεριμνῶντες, καὶ οὐκ ἔστιν ἐξεύρεσις τῶν ἔργων αὐτῶν, ¹⁹ἠφανίσθησαν καὶ εἰς ᾅδου κατέβησαν, καὶ ἄλλοι ἀντανέστησαν ἀντ' αὐτῶν. ²⁰νεώτεροι ἴδον φῶς καὶ κατῴκησαν ἐπὶ τῆς γῆς, ὁδὸν δὲ ἐπιστήμης οὐκ ἔγνωσαν ²¹οὐδὲ συνῆκαν τρίβους αὐτῆς οὐδὲ ἀντελάβοντο αὐτῆς· οἱ υἱοὶ αὐτῶν ἀπὸ τῆς ὁδοῦ αὐτῶν πόρρω ἐγενήθησαν, ²²οὐδὲ ἠκούσθη ἐν Χανάαν οὐδὲ ὤφθη ἐν Θαιμάν. ²³οἵ τε υἱοὶ Ἀγὰρ οἱ ἐκζητοῦντες τὴν σύνεσιν οἱ ἐπὶ γῆς, οἱ ἔμποροι τῆς Μερρὰν καὶ Θαιμάν, καὶ οἱ μυθολόγοι καὶ οἱ ἐκζητηταὶ τῆς συνέσεως, ὁδὸν δὲ σοφίας οὐκ ἔγνωσαν οὐδὲ ἐμνήσθησαν τὰς τρίβους αὐτῆς. ²⁴Ὦ Ἰσραήλ, ὡς μέγας ὁ οἶκος τοῦ θεοῦ, καὶ ἐπιμήκης ὁ τόπος τῆς κτήσεως αὐτοῦ· ²⁵μέγας καὶ οὐκ ἔχει τελευτήν, ὑψηλὸς καὶ ἀμέτρητος. ²⁶ἐκεῖ ἐγεννήθησαν οἱ γίγαντες οἱ ὀνομαστοὶ ἀπ' ἀρχῆς γενόμενοι, εὐμεγέθεις, ἐπιστάμενοι πόλεμον. ²⁷οὐ τούτους ἐξελέξατο ὁ θεός, οὐδὲ ὁδὸν ἐπιστήμης ἔδωκεν αὐτοῖς· ²⁸καὶ ἀπώλοντο παρὰ τὸ μὴ ἔχειν φρόνησιν, ἀπώλοντο διὰ τὴν ἀβουλίαν αὐτῶν. ²⁹τίς ἀνέβη εἰς τὸν οὐρανὸν καὶ ἔλαβεν αὐτήν, καὶ κατεβίβασεν αὐτὴν ἐκ τῶν νεφελῶν; ³⁰τίς διέβη πέραν τῆς θαλάσσης καὶ εὗρεν αὐτήν, καὶ οἴσει αὐτὴν χρυσίου ἐκλεκτοῦ; ³¹οὐκ ἔστιν ὁ γινώσκων τὴν ὁδὸν αὐτῆς, οὐδὲ ὁ ἐνθυμούμενος τὴν τρίβον αὐτῆς. ³²ἀλλὰ ὁ εἰδὼς τὰ πάντα γινώσκει αὐτήν, ἐξεῦρεν αὐτὴν τῇ συνέσει αὐτοῦ· ὁ κατασκευάσας

AQΓ 10 om τι 2° AQ | γη 1°] pr τη A 12 εγκατελιπες B^b Q εγκατελειπες A 13 αιωνα] + χρονον AQΓ 14 εστιν 5°] εστι Q^a 15 ευρε Γ' 19 αιτανεστη sup ras A^a (seq ras 1 lit) 20 ειδον B^ab | κατοικησαν QΓ | om δε Γ' 21 αυτων 2°] αυτω A* (-των A^a?) 23 οι τε] ουτε A ουτε οι Q | γης] pr της AQ | om δε A | σοφιας] pr της AΓ 25 εχε Q* 26 εγενηθησαν AQ | απ αρχης] pr οι AQΓ 28 αβουλειαν Q* 31 γινωσκον Γ* (-σκων Γ'^1 (vid)) 32 αλλα] αλλ AQ^a | ο ιδως B* (ο ειδως B^ab)

ΒΑΡΟΥΧ IV 13

τὴν γῆν εἰς τὸν αἰῶνα χρόνον ἐνέπλησεν αὐτὴν κτηνῶν τετραπόδων· Β
33 ³³ὁ ἀποστέλλων τὸ φῶς καὶ πορεύεται, ἐκάλεσεν αὐτό, καὶ ὑπήκουσεν
34 αὐτῷ τρόμῳ· ³⁴οἱ δὲ ἀστέρες ἔλαμψαν ἐν ταῖς φυλακαῖς αὐτῶν καὶ
35 εὐφράνθησαν· ³⁵ἐκάλεσεν αὐτούς, καὶ εἶπον Πάρεσμεν· ἔλαμψαν
36 μετ' εὐφροσύνης τῷ ποιήσαντι αὐτούς. ³⁶οὗτος ὁ θεὸς ἡμῶν, οὐ
37 λογισθήσεται ἕτερος πρὸς αὐτόν. ³⁷ἐξεῦρεν πᾶσαν ὁδὸν ἐπιστήμης,
καὶ ἔδωκεν αὐτὴν Ἰακὼβ τῷ παιδὶ αὐτοῦ καὶ Ἰσραὴλ τῷ ἠγαπημένῳ
38 ὑπ' αὐτοῦ. ³⁸μετὰ τοῦτο ἐπὶ τῆς γῆς ὤφθη, καὶ ἐν τοῖς ἀνθρώποις
IV 1 συνανεστράφη. ¹Αὕτη ἡ βίβλος τῶν προσταγμάτων τοῦ θεοῦ,
καὶ ὁ νόμος ὁ ὑπάρχων εἰς τὸν αἰῶνα· πάντες οἱ κρατοῦντες αὐτήν,
2 εἰς ζωήν· οἱ δὲ καταλείποντες αὐτὴν ἀποθανοῦνται. ²ἐπιστρέφου,
Ἰακώβ, καὶ ἐπιλαβοῦ αὐτῆς, διόδευσον πρὸς τὴν λάμψιν κατέναντι
3 τοῦ φωτὸς αὐτῆς. ³μὴ δῷς ἑτέρῳ τὴν δόξαν σου, καὶ τὰ συμφέροντά
4 σοι ἔθνει ἀλλοτρίῳ. ⁴μακάριοί ἐσμεν, Ἰσραήλ, ὅτι τὰ ἀρεστὰ τοῦ
θεοῦ ἡμῖν γνωστά ἐστιν.

5
6 ⁵Θαρσεῖτε, λαός μου, μνημόσυνον Ἰσραήλ. ⁶ἐπράθητε τοῖς ἔθνεσιν
οὐκ εἰς ἀπώλειαν, διὰ δὲ τὸ παροργίσαι ὑμᾶς τὸν θεόν, παρεδόθητε
7 τοῖς ὑπεναντίοις. ⁷παροξύνατε γὰρ τὸν ποιήσαντα ὑμᾶς θύσαντες
8 δαιμονίοις καὶ οὐ θεῷ· ⁸ἐπελάθεσθε ⁹τὸν τροφεύσαντα ὑμᾶς θεὸν ¶ Γ
9 αἰώνιον, ἐλυπήσατε δὴ καὶ τὴν ἐκθρέψασαν ὑμᾶς Ἰερουσαλήμ. ⁹ἴδεν
γὰρ τὴν ἐπελθοῦσαν ὑμῖν ὀργὴν παρὰ τοῦ θεοῦ, καὶ εἶπεν Ἀκούσατε,
10 αἱ πάροικοι Σειών, ἐπήγαγέν μοι ὁ θεὸς πένθος μέγα. ¹⁰ἴδον γὰρ
τὴν αἰχμαλωσίαν τῶν υἱῶν μου καὶ τῶν θυγατέρων, ἣν ἐπήγαγεν
11 αὐτοῖς ὁ αἰώνιος. ¹¹ἔθρεψα γὰρ αὐτοὺς μετ' εὐφροσύνης, ἐξαπέστειλα
12 δὲ μετὰ κλαυθμοῦ καὶ πένθους. ¹²μηδεὶς ἐπιχαιρέτω μοι τῇ χήρᾳ
καὶ καταλειφθείσῃ ὑπὸ πολλῶν· ἠρημώθην διὰ τὰς ἁμαρτίας τῶν
13 τέκνων μου, διότι ἐξέκλιναν ἐκ νόμου θεοῦ ¹³καὶ δικαιώματα αὐτοῦ
οὐκ ἔγνωσαν, οὐδὲ ἐπορεύθησαν ὁδοῖς ἐντολῶν θεοῦ, οὐδὲ τρίβους

32 τον αιωνα] om τον Q   33 πορευσεται Q   34 ηυφρανθησαν AQ   AQΓ
35 ειπαν Q | ελαμψαν] pr και AΓ   37 om υπ AQ* (hab Qᵐᵍ)   38 επι]
pr και Q | της γης] om της A | om εν Γ   IV 1 αυτην 1°] αυτης A | κατα-
λιποντες Q* (καταλειπ. Qᵃ)   4 του θεου] τω θῶ AQ | ημιν] υμιν Γ | om
εστιν Γ   6 υμας] ημας A   7 παροξυνατε AQ | δαιμονιοις] pr τοις Γᵛⁱᵈ |
om και ου θεω Γᵛⁱᵈ   8 επελαθεσθε]+δε AQ | υμας 1°] ημας A | δη] δε
Bᵇ⁽ᵛⁱᵈ⁾AQ   9 ειδεν Bᵃᵇ | om γαρ A | Σιων Bᵇ AQ: item 14, 24 | επη-
γαγεν]+γαρ A   10 ειδον Bᵃᵇ | των υιων] pr του λαου A | των θυγατερων]
om των Q   11 δε]+αυτους Q   12 καταλειφθηση AQ* (·φθειση Qᵃ)
13 και δικαιωματα] δικ. δε AQ | εγνωσαν] εφυλαξαν A | τριβοις Q

357

Β παιδίας ἐν δικαιοσύνῃ αὐτοῦ ἐπέβησαν. [14]ἐλθάτωσαν αἱ πάροικοι 14
Σειών, καὶ μνήσθητε τὴν αἰχμαλωσίαν τῶν υἱῶν μου καὶ θυγατέρων,
ἣν ἐπήγαγεν αὐτοῖς ὁ αἰώνιος. [15]ἐπήγαγεν γὰρ ἐπ᾽ αὐτοὺς ἔθνος 15
μακρόθεν, ἔθνος ἀναιδὲς καὶ ἀλλόγλωσσον· ὅτι οὐκ ᾐσχύνθησαν
πρεσβύτην οὐδὲ παιδίον ἠλέησαν, [16]καὶ ἀπήγαγον τοὺς ἀγαπητούς· 16
τῆς χήρας, καὶ ἀπὸ τῶν θυγατέρων τὴν μόνην ἠρήμωσαν. [17]ἐγὼ δὲ 17
τί δυνατὴ βοηθῆσαι ὑμῖν; [18]ὁ γὰρ ἐπαγαγὼν τὰ κακὰ ἐξελεῖται ὑμᾶς 18
ἐκ χειρὸς ἐχθρῶν ὑμῶν. [19]βαδίζετε, τέκνα, βαδίζετε, ἐγὼ γὰρ κατε- 19
λείφθην ἔρημος. [20]ἐξεδυσάμην τὴν στολὴν τῆς εἰρήνης, ἐνεδυσάμην 20
δὲ σάκκον τῆς δεήσεώς μου· κεκράξομαι πρὸς τὸν αἰώνιον ἐν ταῖς
ἡμέραις μου. [21]Θαρρεῖτε, τέκνα, βοήσατε πρὸς τὸν θεόν, καὶ 21
ἐξελεῖται ὑμᾶς ἐκ δυναστείας, ἐκ χειρὸς ἐχθρῶν. [22]ἐγὼ γὰρ ἤλπισα 22
ἐπὶ τῷ αἰωνίῳ τὴν σωτηρίαν ὑμῶν, καὶ ἦλθέν μοι χαρὰ παρὰ τοῦ
ἁγίου ἐπὶ τῇ ἐλεημοσύνῃ, ἣ ἥξει ὑμῖν ἐν τάχει παρὰ τοῦ αἰωνίου
σωτῆρος ὑμῶν. [23]ἐξέπεμψα γὰρ ὑμᾶς μετὰ πένθους καὶ κλαυθμοῦ, 23
ἀποδώσει δέ μοι ὁ θεὸς ὑμᾶς μετὰ χαρμοσύνης καὶ εὐφροσύνης εἰς τὸν
αἰῶνα. [24]ὥσπερ γὰρ νῦν ἑωράκασιν αἱ πάροικοι Σειὼν τὴν ὑμετέραν 24
αἰχμαλωσίαν, οὕτως ὄψονται ἐν τάχει τὴν παρὰ τοῦ θεοῦ ὑμῶν
σωτηρίαν, ἣ ἐπελεύσεται ὑμῖν μετὰ δόξης μεγάλης καὶ λαμπρότητος
τοῦ αἰωνίου. [25]τέκνα, μακροθυμήσατε τὴν παρὰ τοῦ θεοῦ ἐπελ- 25
θοῦσαν ὑμῖν ὀργήν· κατεδίωξέν σε ὁ ἐχθρός, καὶ ὄψει αὐτοῦ τὴν
ἀπώλειαν ἐν τάχει, καὶ ἐπὶ τραχήλους αὐτῶν ἐπιβήσῃ. [26]οἱ τρυ- 26
φεροί μου ἐπορεύθησαν ὁδοὺς τραχείας, ἤρθησαν ὡς ποίμνιον ἡρπα-
σμένον ὑπὸ ἐχθρῶν. [27]Θαρρήσατε, τέκνα, καὶ βοήσατε πρὸς 27
τὸν θεόν, ἔσται γὰρ ὑμῶν ὑπὸ τοῦ ἐπάγοντος μνεία. [28]ὥσπερ γὰρ 28
ἐγένετο ἡ διάνοια ὑμῶν εἰς τὸ πλανηθῆναι ἀπὸ τοῦ θεοῦ, δεκα-
πλασιάσατε ἐπιστραφέντες ζητῆσαι αὐτόν. [29]ὁ γὰρ ἐπαγαγὼν ὑμῖν 29

AQ 13 παιδιας (-δειας B^{ab}Q)]+αληθειας Q* (improb αληθ. Q^a) 14 θυγα-
τερων] pr των AQ 15 αυτους]+ο ὅς A | οτι] οι A 16 απηγαγον]
ηγαγον A | μονην] μονογενην A 17 δυνατη] δυναμαι A 18 επ-
αγαγων]+υμιν Q | τα κακα]+υμιν A 20 ενεδυσαμην δε] και ενεδυσ. A
om δε Q* (hab Q^{mg}) | αιωνιον]+υψιστον A 21 θαρσειτε AQ | βοησατε]
pr και A | om εκ δυναστειας A | εχθρων]+υμων A 22 εγω γαρ]+ηδη
Q | επι τω αιωνιω ηλπισα A | om επι τη ελεημοσυνη A | ηξει υμιν] ει υ sup
ras B^? | του αιων.] το sup ras B^? | υμων 2°] ημων Q 23 χαρμοσυνης]
νης sup ras B^? 24 υμων] ημων A | υμιν] ημιν A 25 κατεδιωξεν]
+γαρ AQ | εχθρος]+σον AQ | οψη A | τραχηλους] pr τους A 26 επο-
ρευθησαν B* (-σαν B^a) | υπο εχθρων] απο εχθρ. A υπο των εχθρ. Q* (υπο
εχθρ. Q^a) 27 θαρσησατε AQ | θν εσται sup ras B^{a(salt)} | επαγαγοντος Q
28 πλανηθηναι]+υμας AQ | δεκαπλασιασατε] pr ουτω νυν A | επιστραφες
B* (-φεντες B^{ab})

ΒΑΡΟΥΧ

τὰ κακὰ ἐπάξει ὑμῖν τὴν αἰώνιον εὐφροσύνην μετὰ τῆς σωτηρίας B ὑμῶν. ³⁰Θάρσει, Ἱερουσαλήμ, παρακαλέσει σε ὁ ὀνομάσας σε. ³¹δείλαιοι οἱ σὲ κακώσαντες καὶ ἐπιχαρέντες τῇ σῇ πτώσει, ³²δείλαιαι αἱ πόλεις αἷς ἐδούλευσαν τὰ τέκνα σου, δειλαία ἡ δεξαμένη τοὺς υἱούς σου. ³³ὥσπερ γὰρ ἐχάρη ἐπὶ τῇ σῇ πτώσει καὶ εὐφράνθη ἐπὶ τῷ πτώματί σου, οὕτως λυπηθήσεται ἐπὶ τῇ ἑαυτῆς ἐρημίᾳ. ³⁴καὶ περιελῶ αὐτῆς τὸ ἀγαλλίαμα τῆς πολυοχλίας, καὶ τὸ ἀγαυρίαμα αὐτῆς εἰς πένθος. ³⁵πῦρ γὰρ ἐπελεύσεται αὐτῇ παρὰ τοῦ αἰωνίου εἰς ἡμέρας μακράς, καὶ κατοικηθήσεται ὑπὸ δαιμονίων τὸν πλείονα χρόνον. ³⁶περίβλεψαι πρὸς ἀνατολάς, Ἱερουσαλήμ, καὶ ἴδε τὴν εὐφροσύνην τὴν παρὰ τοῦ θεοῦ σοι ἐρχομένην. ³⁷ἰδοὺ ἔρχονται οἱ υἱοί σου οὓς ἐξαπέστειλας, ἔρχονται συνηγμένοι ἀπ᾽ ἀνατολῶν ἕως δυσμῶν τῷ ῥήματι τοῦ ἁγίου, χαίροντες τῇ τοῦ θεοῦ δόξῃ. ¹"Ἔκδυσαι, Ἱερουσαλήμ, τὴν στολὴν τοῦ πένθους καὶ τῆς κακώσεώς σου, καὶ ἔνδυσαι τὴν εὐπρέπειαν τῆς παρὰ τοῦ θεοῦ δόξης εἰς τὸν αἰῶνα. ²περιβαλοῦ τὴν διπλοΐδα τῆς παρὰ τοῦ θεοῦ δικαιοσύνης, ἐπίθου τὴν μίτραν ἐπὶ τὴν κεφαλήν σου τῆς δόξης τοῦ αἰωνίου. ³ὁ γὰρ θεὸς δείξει τῇ ὑπ᾽ οὐρανὸν πάσῃ τὴν σὴν λαμπρότητα. ⁴κληθήσεται γάρ σου τὸ ὄνομα παρὰ τοῦ θεοῦ εἰς τὸν αἰῶνα, εἰρήνη δικαιοσύνης καὶ δόξα θεοσεβίας. ⁵ἀνάστηθι, Ἱερουσαλήμ, καὶ στῆθι ἐπὶ τοῦ ὑψηλοῦ, καὶ περίβλεψαι πρὸς ἀνατολὰς καὶ ἴδε σου συνηγμένα τὰ τέκνα ἀπὸ ἡλίου δυσμῶν ἕως ἀνατολῶν τῷ ῥήματι τοῦ ἁγίου, χαίροντας τῇ τοῦ θεοῦ μνείᾳ. ⁶ἐξῆλθον γὰρ παρὰ σοῦ πεζοὶ ἀγόμενοι ὑπὸ ἐχθρῶν, εἰσάγει δὲ αὐτοὺς ὁ θεὸς πρὸς σὲ αἰρομένους μετὰ δόξης ὡς θρόνου βασιλείας. ⁷συνέταξεν γὰρ ὁ θεὸς ταπεινοῦσθαι πᾶν ὄρος ὑψηλόν, καὶ θῖνας ἀενάους καὶ φάραγγας πληροῦσθαι εἰς ὁμαλισμὸν τῆς γῆς· ⁸ἵνα βαδίσῃ Ἰσραὴλ ἀσφαλῶς τῇ τοῦ θεοῦ δόξῃ. ⁸ἐσκίασαν δὲ καὶ οἱ δρυμοὶ καὶ πᾶν ξύλον εὐωδίας τῷ Ἰσραὴλ προστάγματι τοῦ θεοῦ. ⁹ἡγήσεται γὰρ ὁ θεὸς Ἰσραὴλ μετ᾽ εὐφροσύνης τῷ φωτὶ τῆς δόξης αὐτοῦ σὺν ἐλεημοσύνῃ καὶ δικαιοσύνῃ τῇ παρ᾽ αὐτοῦ.

29 τα κακα] τα κα B* (τ. κακα B^b(vid)) 30 παρακαλει A 31 επιχα- AQ ραντες B* (-ρεντες B^ab) A 33 ευφρανθη] ευφραν sup ras B^{1tab†} ηυφρανθη AQ | τω πτωματι] om τω A 34 αυτης 1°] εαυτης Q | αγαλλιαμα] αγαλμα A | πολυοχλειας B* (-χλιας B^b) | εις πενθος] pr εσται AQ 36 ερχομενην] επερχομενην A 37 συνηγμενοι ερχονται A | απ] απο AQ | ανατοληs A V 1 om 1° A | της κακωσεως] om της A | ευπρεπιαν Q* (-πειαν Q^a) | θεου]+σοι A 2 αιωνιου] αγιον A 3 δειξη AQ 4 θεοσεβειας B^abAQ 5 εως] pr και A | χαιροντες AQ 6 om ως A | θρονον] υιους AQ | βασιλιας Q* (-λειας Q^a) 9 δικαιοσυνη τη παρ αυτου] τη παρα του θυ δικ. A
Subscr Βαρουχ BAQ

ΘΡΗΝΟΙ

B ΚΑΙ ἐγένετο μετὰ τὸ αἰχμαλωτισθῆναι τὸν Ἰσραὴλ καὶ Ἰερουσαλὴμ ἐρημωθῆναι ἐκάθισεν Ἰερεμίας κλαίων, καὶ ἐθρήνησεν τὸν θρῆνον τοῦτον ἐπὶ Ἰερουσαλὴμ καὶ εἶπεν

Ἄλεφ.

¹Πῶς ἐκάθισεν μόνη ἡ πόλις ἡ πεπληθυμμένη λαῶν;   1 I
ἐγενήθη ὡς χήρα πεπληθυμμένη ἐν ἔθνεσιν,
ἄρχουσα ἐν χώραις ἐγενήθη εἰς φόρον.

Βήθ.

²Κλαίουσα ἔκλαυσεν ἐν νυκτί, καὶ τὰ δάκρυα αὐτῆς ἐπὶ τῶν 2
σιαγόνων αὐτῆς,
καὶ οὐχ ὑπάρχει ὁ παρακαλῶν αὐτὴν ἀπὸ πάντων τῶν
ἀγαπώντων αὐτήν·
πάντες οἱ φιλοῦντες αὐτὴν ἠθέτησαν ἐν αὐτῇ,
ἐγένοντο αὐτῇ εἰς ἐχθρούς.

Γίμελ.

³Μετῳκίσθη Ἰουδαία ἀπὸ ταπεινώσεως αὐτῆς καὶ ἀπὸ πλήθους 3
δουλείας αὐτῆς·
ἐκάθισεν ἐν ἔθνεσιν, οὐχ εὗρεν ἀνάπαυσιν·
πάντες οἱ καταδιώκοντες αὐτὴν κατέλαβον αὐτὴν ἀνὰ μέσον
τῶν θλιβόντων.

ℵAQ Inscr θρηνοι B*A θρ. Ιερεμιου B^b ℵQΓ (ιερεμ..)] I tit Ισραηλ] ras aliq in σ B¹ 1 αλεφ] αλφ ℵA αλφα Q adnot ματαιωσις η τελειωσις Q^mg | om ως ℵ* (hab ℵ?(mg)) | πεπληθυμμενη] σ΄ πληθυνουσα Q^mg 2 βηθ] adnot οικουσα εν αυτη Q^mg | εκλαυσεν] εδακρυσεν A | και ουχ υπαρχει ο παρακαλων] και ουχ υπηρχεν ο παρακ. Q σ΄ ϟ ουκ υπηρξεν αυτη παρηγορων Q^mg | αγαπῶ] B* (-ντων B^ab) | αυτην 2°] η sup ras B^ab | φιλουντες] φιλου sup ras B^ab | εν αυτη] αυτην ℵ 3 γιμελ] γιμλ AQ adnot πληρωσις ανωτερον Q^mg | Ιουδαια] pr η AQ | δουλιας ℵ | ουχ] pr και ℵ | καταδιωκοντες] διωκοντες ℵ | ανα μεσον] σ΄ εντος Q^mg | θλιβοντων] + αυτηι AQ^mg

ΘΡΗΝΟΙ 18

Δάλεθ.

4 ⁴Ὁδοὶ Σειὼν πενθοῦσιν παρὰ τὸ μὴ εἶναι ἐρχομένους ἐν ἑορτῇ·
πᾶσαι αἱ πύλαι αὐτῆς ἠφανισμέναι, οἱ ἱερεῖς αὐτῆς ἀναστενάζουσιν,
αἱ παρθένοι αὐτῆς ἀγόμεναι, καὶ αὐτὴ πικραινομένη ἐν ἑαυτῇ.

Ἧ.

5 ⁵Ἐγένοντο οἱ θλίβοντες αὐτὴν εἰς κεφαλήν, καὶ οἱ ἐχθροὶ αὐτῆς
εὐθηνοῦσαν,
ὅτι Κύριος ἐταπείνωσεν ἐπὶ τὸ πλῆθος τῶν ἀσεβειῶν αὐτῆς·
τὰ νήπια αὐτῆς ἐπορεύθησαν ἐν αἰχμαλωσίᾳ κατὰ πρόσωπον
θλίβοντος.

Οὐαύ.

6 ⁶Καὶ ἐξήρθη ἐκ θυγατρὸς Σειὼν πᾶσα ἡ εὐπρέπεια αὐτῆς·
ἐγένοντο οἱ ἄρχοντες αὐτῆς ὡς κριοὶ οὐχ εὑρίσκοντες νομήν,
καὶ ἐπορεύοντο ἐν οὐκ ἰσχύι κατὰ πρόσωπον διώκοντος.

Ζάιν.

7 ⁷Ἐμνήσθη Ἰερουσαλὴμ ἡμερῶν ταπεινώσεως αὐτῆς καὶ ἀπωσμῶν
αὐτῆς,
πάντα τὰ ἐπιθυμητὰ αὐτῆς ὅσα ἦν ἐξ ἡμερῶν ἀρχαίων,
ἐν τῷ πεσεῖν τὸν λαὸν αὐτῆς εἰς χεῖρας θλίβοντος, καὶ οὐκ ἦν
ὁ βοηθῶν αὐτῇ·
ἰδόντες οἱ ἐχθροὶ αὐτῆς ἐγέλασαν ἐπὶ κατοικεσίᾳ αὐτῆς.

Ἧθ.

8 ⁸Ἁμαρτίαν ἥμαρτεν Ἰερουσαλήμ, διὰ τοῦτο εἰς σάλον ἐγένετο·

4 δαλεθ] δελεθ ℵ δελτ A δελϑ Q adnot δελτοι υψηλοτερος Qᵐᵍ | Σιων ℵAQ
ℵAQ: item 6 | πενθουσιν (-σι Qᵃ)] πενθησουσιν ℵ | παραπικραινομενη Q |
εαυτη] αυτη A   5 κεφαλην] αρχοντας Qᵐᵍ | ευθηνουσιν ℵQᶜ | οτι Κυριος
...αυτης 2°] οτι κ̅ς̅ επηγαγεν δια το πληθος των ασυνθεσιων αυτης Qᵐᵍ | εταπεινωσεν]+αυτην ℵAQ | επι το πληθος sup ras Bᵃᵇ | ασεβιων ℵ | κατα προσωπον] ενωπιον ℵ   6 ουαυ] adnot εν αυτω Qᵐᵍ | εξηρθη] εξηλθεν ℵ* (εξηρθ.
ℵᶜ·ᵃ) A | ευπρεπια ℵ | ως] incep ο ℵ* | ουχ] μη A | νομην]+εδωκαν τα επιθυμηματα αυτων εν βρωσι του αναπαυσε (-σαι ℵᶜ·ᵇ) ψυχην ℵ* (uncis incl ℵˀ) |
ουκ] incep ι ℵ* | κατα προσωπον] ενωπιον A   7 ζαιν] ζαι ℵAQ* ζη
Qᵐᵍ | απωσμων] ω 1° sup ras Bˀ | επιθυμητα] επιθυμηματα BᵃᵇℵAQ | εγελασαν..αυτης 6°] σ' κατεγελασαν της καταργησεως αυτης Qᵐᵍ | κατοικεσια]
μετοικεσια A* (-σιας A¹) Q   8 σαλον] σ' σιγχος αναστατον Qᵐᵍ

361

19 ΘΡΗΝΟΙ

§ Γ B πάντες ¹οἱ δοξάζοντες αὐτὴν ἐταπείνωσαν αὐτήν· ἴδον γὰρ
τὴν ἀσχημοσύνην αὐτῆς,
καί γε αὐτὴ στενάζουσα καὶ ἀπεστράφη ὀπίσω.

Τήθ.

⁹Ἀκαθαρσία αὐτῆς πρὸς ποδῶν αὐτῆς, οὐκ ἐμνήσθη ἔσχατα 9
αὐτῆς
καὶ κατεβίβασεν ὑπέρογκα· οὐκ ἔστιν ὁ παρακαλῶν αὐτήν.
ἴδε, Κύριε, τὴν ταπείνωσίν μου, ὅτι ἐμεγαλύνθη ἐχθρός.

Ἰώθ.

¹⁰Χεῖρα αὐτοῦ ἐξεπέτασεν θλίβων ἐπὶ πάντα τὰ ἐπιθυμήματα αὐτῆς, 10
εἶδεν γὰρ ἔθνη εἰσελθόντα εἰς τὸ ἁγίασμα αὐτῆς,
ἃ ἐνετείλω μὴ εἰσελθεῖν αὐτὰ εἰς ἐκκλησίαν σου.

Χάφ.

¹¹Πᾶς ὁ λαὸς αὐτῆς καταστενάζοντες, ζητοῦντες ἄρτον, 11
ἔδωκαν τὰ ἐπιθυμήματα αὐτῆς ἐν βρώσει τοῦ ἐπιστρέψαι
ψυχήν.
ἴδε, Κύριε, καὶ ἐπίβλεψον, ὅτι ἐγενήθη ἠτιμωμένη.

Λάμεδ.

¹²Οἱ πρὸς ὑμᾶς πάντες παραπορευόμενοι ὁδόν, 12
ἐπιστρέψατε καὶ ἴδετε εἰ ἔστιν ἄλγος κατὰ τὸ ἄλγος μου ὃ
ἐγενήθη·
φθεγξάμενος ἐν ἐμοὶ ἐταπείνωσέν με Κύριος ἐν ἡμέρᾳ ὀργῆς
θυμοῦ αὐτοῦ.

Μήμ.

¹³Ἐξ ὕψους αὐτοῦ ἀπέστειλεν πῦρ, ἐν τοῖς ὀστέοις μου κατήγα- 13
γεν αὐτό·

ℵAQΓ 8 om αυτην 1° Q* (hab Qᵐᵍ) | εταπεινωσαν] ητιμασαν Qᵐᵍ | ιδον] ειδον
ℵ ιδοντες A | οπισω] pr εις τα AQΓᵛⁱᵈ 9 τηθ] adnot καλον . Qᵐᵍ |
εσχατω| A | εχθρος] pr o A 10 ιωθ] ιωδ ℵ adnot αρχη Qᵐᵍ | θλιβων]
pr o Q | ειδεν] ιδον A ιδεν Γ | ενετειλω] incep εαν ℵ* | om αυτα A | σου]
+ κε Γ 11 χαφ] adnot ομως Qᵐᵍ | om αρτον ℵ | εδωκα B? ᵛⁱᵈ A* (εδωκαν
B*A¹QΓ) | αυτης εν βρωσει] σ' αυτων υπερ του φαγειν Qᵐᵍ | εν βρωσει] εις
βρωσιν ℵ | om Κυριε A | εγενηθην ℵ*A 12 λαμεδ] λαβδ ℵAQ* λαμδ
adnot μαθε Qᵐᵍ | οι] ου Qᵐᵍ | υμας] ημας ℵᶜ·ᵃ Γ | κατα] και A | το αλγος]
om το ℵ (superscr ℵᶜ·ᵃ⁽?⁾) | μου o sup ras Bᵃ? ᵛⁱᵈ | φθεγξαμενος...αυτου] σ'
ως εφαυλισθην ανεκαλεσε κς εν ημερα οργης θυμου αυτης Qᵐᵍ | θυμου οργης ℵ
13 μημ] adnot επ αυτου Qᵐᵍ | κατηγαγεν] pr και Q | αυτο] αυτον ℵ αυτους Q

362

ΘΡΗΝΟΙ I 18

διεπέτασεν δίκτυον τοῖς ποσίν μου, ἀπέστρεψέν με εἰς τὰ Β ὀπίσω,
ἔδωκέν με ἠφανισμένην, ὅλην τὴν ἡμέραν ὀδυνωμένην.

Νούν.

14 ¹⁴'Εγρηγορήθη ἐπὶ τὰ ἀσεβήματά μου,
ἐν χερσίν μου συνεπλάκησαν, ἀνέβησαν ἐπὶ τὸν τράχηλόν μου·
ἠσθένησεν ἡ ἰσχύς μου, ὅτι ἔδωκεν Κύριος ἐν χερσίν μου ὀδύνας, οὐ δυνήσομαι στῆναι.

Σάμχ.

15 ¹⁵'Εξῆρεν πώτας τοὺς ἰσχυρούς μου ὁ κύριος ἐκ μέσου μου,
ἐκάλεσεν ἐπ' ἐμὲ καιρὸν τοῦ συντρίψαι ἐκλεκτούς μου·
ληνὸν ἐπάτησεν Κύριος παρθένῳ θυγατρὶ Ἰούδα, ἐπὶ τούτοις ἐγὼ κλαίω.

Άιν.

16 ¹⁶ʽΟ ὀφθαλμός μου κατήγαγεν ὕδωρ,
ὅτι ἐμακρύνθη ἀπ' ἐμοῦ ὁ παρακαλῶν με, ὁ ἐπιστρέφων ψυχήν μου·
ἐγένοντο οἱ υἱοί μου ἠφανισμένοι, ὅτι ἐκραταιώθη ὁ ἐχθρός.

Φή.

17 ¹⁷Διεπέτασεν Σειὼν χεῖρας αὐτῆς, οὐκ ἔστιν ὁ παρακαλῶν αὐτήν.
ἐνετείλατο Κύριος τῷ Ἰακώβ· κύκλῳ αὐτοῦ οἱ θλίβοντες αὐτόν,
ἐγενήθη Ἰερουσαλὴμ εἰς ἀποκαθημένην ἀνὰ μέσον αὐτῶν.¶ ¶ Γ˙

Τιαδή.

18 ¹⁸Δίκαιός ἐστιν Κύριος, ὅτι στόμα αὐτοῦ παρεπίκρανα.

13 διεπετασε Q δια[πε]τασεν Ɪᵛⁱᵈ | με 2°]+κ̅ς̅ A | οδυνωμενην] οδυρωμενην ℵAQΓ A   14 νουν] νουμ ℵ adnot αιωνα Qᵐᵍ | εν χερσιν μου συνεπλακησαν (συνετλακ. A συνεπλεκ. Qᵃ)] σ' δια της χειρος αυτου κατετριβη| Qᵐᵍ | bis scr ανεβησαν ℵ* (improb 2° ℵˀ) | οτι] [δι]οτι Ɪᵛⁱᵈ | οδυνας] ου Qᵐᵍ ᵛⁱᵈ | στηναι] σ' υποστηναι Qᵐᵍ   15 σαμχ] adnot βοηθεια Qᵐᵍ | τους ισχυρους...μεσου μου] σ' τους μεγιστανας μου κ̅ς̅ τους εν μεσω μου Qᵐᵍ | ο κυριος] om ο ℵ | εκλεκτον Q   16 αιν] adnot πηγη η ορασις η οφθαλμος Qᵐᵍ | ο οφθαλμος] om ο Γ | ο επιστρεφων] om ο Q | ο εχθρος] om ο Q* (superscr Qᵃ) 17 φη] adnot στομα Qᵐᵍ | Σιων BᵇℵAQΓ | χειρας] pr τας A | ο παρακαλων] om ο ℵ* (superscr ℵˀ) | om αυτου A   18 τιαδη] σαδη BᵃℵAQ adnot δικαιοσυνη Qᵐᵍ | στομα] pr το ℵAQ | παρεπικραναν ℵ

363

I 19   ΘΡΗΝΟΙ

B   ἀκούσατε δή, πάντες οἱ λαοί, καὶ ἴδετε τὸ ἄλγος μου·
     παρθένοι μου καὶ νεανίσκοι μου ἐπορεύθησαν ἐν αἰχμαλωσίᾳ.

Κώφ.

19 Ἐκάλεσα τοὺς ἐραστάς μου, αὐτοὶ δὲ παρελογίσαντό με·   19
   οἱ ἱερεῖς μου καὶ οἱ πρεσβύτεροί μου ἐν τῇ πόλει ἐξέλειπον,
   ὅτι ἐζήτησαν βρῶσιν αὐτοῖς ἵνα ἐπιστρέψωσιν ψυχὰς αὐτῶν,
   καὶ οὐχ εὗρον.

Ρήχς.

20 Ἴδε, Κύριε, ὅτι θλίβομαι· ἡ κοιλία μου ἐταράχθη,   20
   καὶ ἡ καρδία μου ἐστράφη ἐν ἐμοί·
   ὅτι παραπικραίνουσα παρεπικράνθην,
   ἔξωθεν ἠτέκνωσεν μάχαιρα ὥσπερ θάνατος ἐν οἴκῳ.

Χσέν.

21 Ἀκούσατε δὴ ὅτι στενάζω ἐγώ, οὐκ ἔστιν ὁ παρακαλῶν με·   21
   πάντες οἱ ἐχθροί μου ἤκουσαν τὰ κακά μου καὶ ἐχάρησαν, ὅτι
        σὺ ἐποίησας·
   ἐπήγαγες ἡμέραν, ἐκάλεσας καιρόν, ἐγένοντο ὅμοιοι ἐμοί.

Θαύ.

22 Εἰσέλθοι πᾶσα ἡ κακία αὐτῶν κατὰ πρόσωπόν σου,   22
   καὶ ἐπιφύλλισον αὐτοῖς ὃν τρόπον ἐποίησαν ἐπιφυλλίδα περὶ
        πάντων τῶν ἁμαρτημάτων μου,
   ὅτι πολλοὶ οἱ στεναγμοί μου, καὶ ἡ καρδία μου λυπεῖται.

Ἄλεφ.

1 Πῶς ἐγνόφωσεν ἐν ὀργῇ αὐτοῦ Κύριος τὴν θυγατέρα Σειών·   1   II

ℵAQ   18 οι λαοι] om οι ℵ | παρθενοι] pr αι ℵ | νεανισκοι] pr οι ℵ   19 κωφ]
adnot κλησις αγιασμου Q^{mg} | παρελογισαντο] ο 2° sup ras A^1 | ιερις ℵ* (-ρεις
ℵ^1) | εν τη πολει] σ' κατα πολιν Q^{mg} | εξελειπον] εξελιπον B^{b}ℵ* (-λειπ. ℵ$^{c.a}$)
Q^a | επιστρεψουσιν ℵ | ψυχας] pr εις ℵ   20 ρηχς] ρης ℵAQ adnot ορατος
αρχηγος η κεφαλη Q^{mg} | η κοιλια] pr και A | om και ℵ | καρδια] κοιλια
Q* (καρδ. Q^{mg}) | παρεπικρανθην] παρεπικρανα ℵQ | ητεκνωσεν]+με ℵAQ
21 χσεν] σεν ℵQ σενω A | εκαλεσας] pr και Q^{mg} | εγενοντο] και εγενοντο ℵ
και εγενετο AQ | ομοιοι εμοι] οιμμοι οιμμοι AQ (οιμοι bis Q^a) σ' ομοιοι εμοι
Q^{mg} 22 θαυ] adnot σημειον η κλησις Q^{mg} | επιφυλλισον] επιφαυλισον
A | αυτοις] αυτους ℵ | εποιησαν επιφυλλιδα] επεφυλλισαν μοι Q | λυπειται]
adnot εως ωδε αντεβληθησα| παλιν οι θρηνοι απο των εις θρηνους Q^{mg}
II 1 αλεφ] αλφ ℵ$^{c.a}$AQ | improb εν B^{ab} | om Κυριος A | Σιων B^{b}ℵAQ

364

ΘΡΗΝΟΙ   II 6

κατέρριψεν ἐξ οὐρανοῦ εἰς γῆν δόξασμα Ἰσραήλ,   B
καὶ οὐκ ἐμνήσθη ὑποποδίου ποδῶν αὐτοῦ.

Βήθ.

2 ²Ἐν ἡμέρᾳ ὀργῆς αὐτοῦ ⁽·⁾κατεπόντισεν Κύριος, οὐ φεισάμενος·
πάντα τὰ ὡραῖα Ἰακὼβ καθεῖλεν ἐν θυμῷ αὐτοῦ,
τὰ ὀχυρώματα τῆς θυγατρὸς Ἰούδα ἐκόλλησεν εἰς τὴν γῆν,
ἐβεβήλωσεν βασιλέας αὐτῆς καὶ ἄρχοντας αὐτῆς.

Γίμελ.

3 ³Συνεκάλεσεν ἐν ὀργῇ θυμοῦ αὐτοῦ πᾶν κέρας Ἰσραήλ,
ἀπέστρεψεν ὀπίσω δεξιὰν αὐτοῦ ἀπὸ προσώπου ἐχθροῦ,
καὶ ἀνῆψεν ἐν Ἰακὼβ ὡς πῦρ φλόγα, καὶ κατέφαγεν πάντα
τὰ κύκλῳ.

Δάλεθ.

4 ⁴Ἐνέτεινεν τόξον αὐτοῦ ὡς ἐχθρὸς ὑπεναντίος,
ἐστερέωσεν δεξιὰν αὐτοῦ ὡς ὑπεναντίος,
καὶ ἀπέκτεινεν πάντα τὰ ἐπιθυμήματα ὀφθαλμῶν μου ἐν σκηνῇ
θυγατρὸς Σειών,
ἐξέχεεν ὡς πῦρ τὸν θυμὸν αὐτοῦ.

Ἥ.

5 ⁵Ἐγενήθη Κύριος ὡς ἐχθρός, κατεπόντισεν Ἰσραήλ·
κατεπόντισεν τὰς βάρεις αὐτῆς, διέφθειρεν τὰ ὀχυρώματα
αὐτοῦ
καὶ ἐπλήθυνεν τῇ θυγατρὶ ⁵Ἰούδα ταπεινουμένην καὶ τετα-   § F
πεινωμένην.

Οὐαύ.

6 ⁶Καὶ διεπέτασεν ὡς ἄμπελον τὸ σκήνωμα αὐτοῦ, διέφθειρεν
ἑορτὴν αὐτοῦ·

1 κατεριψεν ℵ | αυτου 2°]+εν ημερα οργης θυμου αυτου A   2 om εν ℵAQΓ
ημερα οργης αυτου A | οργης]+θυμου Q | παντα] pr ※ σ΄ συν Q^mg | θυγα-
τρος] incep ι ℵ* | εβεβηλωσεν (εβεβησεν A* εβεβηλ. A¹)]+εις την γην A |
βασιλεα ℵAQ | αρχοντα AQ   3 γιμελ] ημελ ℵ*vid γιμλ ℵ¹A vid Q | συνε-
καλεσεν] συνεκλασεν ℵAQ | οπισω] pr εις τα AQ | om δεξιαν.αυτου απο προσ-
ωπου εχθρου ℵ* (hab ℵ^c.a(?) mg) | om εν 2° A   4 δαλεθ] δελθ ℵ^c.a A vid Q |
ενετεινεν] ενετειλεν A | om υπεναντιος 1° ℵ | τα επιθ.] om τα ℵ | οφθαλμων]
pr των AQ | om εν A | σκηνη] σκηνωμασιν Q   5 τας βαρεις (-ρις ℵ*)]
pr πασας AQ | αυτης] αυτου ℵ^c.a(?) | αυτου] αυτης A | επληθυναν ℵ* (-νεν ℵ?) |
ταπεινουμενην] ταπεινουμενον ℵAΓ* (-νην Γ^a) | τεταπεινωμενην] ταπεινου-
μενην QΓ   6 αμπελος ℵ* | εορτην] εορτας Γ

365

ΘΡΗΝΟΙ

B ἐπελάθετο Κύριος ἃ ἐποίησεν ἐν Σειὼν ἑορτῆς καὶ σαββάτου,
καὶ παρώξυνεν ἐνβριμήματι ὀργῆς αὐτοῦ βασιλέα καὶ ἱερέα
καὶ ἄρχοντα.

Ζάιν.

7 Ἀπώσατο Κύριος θυσιαστήριον αὐτοῦ, ἀπετίναξεν ἁγίασμα 7
αὐτοῦ,
συνέτριψεν ἐν χειρὶ αὐτοῦ τεῖχος βάρεων αὐτῆς·
φωνὴν ἔδωκαν ἐν οἴκῳ ὡς ἐν ἡμέρᾳ ἑορτῆς.

Ἦθ.

8 Καὶ ἐπέστρεψεν διαφθεῖραι τεῖχος θυγατρὸς Σειών· 8
ἐξέτεινεν μέτρον, οὐκ ἐπέστρεψεν χεῖρα αὐτοῦ ἀπὸ κατα-
πατήματος,
καὶ ἐπένθησεν τὸ προτείχισμα, καὶ τεῖχος ὁμοθυμαδὸν ἠσθέ-
νησεν.

Τήθ.

9 Ἐνεπάγησαν εἰς γῆν πύλαι αὐτῆς· ἀπώλεσεν καὶ συνέτριψεν 9
μοχλοὺς αὐτῆς,
βασιλέα αὐτῆς καὶ ἄρχοντας αὐτῆς ἐν τοῖς ἔθνεσιν·
οὐκ ἔστιν νόμος, καί γε προφῆται αὐτῆς οὐκ εἶδον ὅρασιν
παρὰ Κυρίου.

Ἰώδ.

10 Ἐκάθισαν εἰς τὴν γῆν, ἐσιώπησαν πρεσβύτεροι θυγατρὸς Σειών, 10
ἀνεβίβασαν χοῦν ἐπὶ τὴν κεφαλὴν αὐτῶν, περιεζώσαντο
σάκκους,
κατήγαγον εἰς γῆν ἀρχηγοὺς παρθένους ἐν Ἱερουσαλήμ.

Χάφ.

11 Ἐξέλειπον ἐν δάκρυσιν οἱ ὀφθαλμοί μου, ἐταράχθη ἡ καρδία 11
μου,

ℵAQΓ   6 α] ο ℵ (οο ℵ*) AQ | Σιων B^(b vid)ℵAQΓ | εμβριμηματι B^bQΓ | om αυτου
3° Γ^vid   7 ζαιν] ζαι ℵAQ | θυσιαστηριον αυτου κ̄ς A | αυτου 3°] δει εχθρους
ℵ* (improb δει ℵ?) εχθρου AQΓ^vid | εδωκεν A | οικω]+κ̄υ AQΓ   8 ηθ]
τηθ A | om και 1° Γ | επεστρεψεν 1°] απεστρψεν (sic) ℵ απεστρεψεν κ̄ς A
ελογισατο κ̄ς QΓ | διαφθειραι] pr του ℵAQΓ | Σιων B^(b vid)ℵAQΓ | επεστρε-
ψεν 2°] απεστρεψεν κ̄ς A απεστρεψεν QΓ | τειχος 2°] pr το Γ | ησθενησαν A
9 τηθ] ηθ A | γην] pr την A | πυλαι] pr αι A | ιδον Q   10 ιωδ] ιωθ AQ |
Σιων B^bAQ | χουν] γην Γ | επι] εις ℵ | γην 2°] pr την A | [παρ]θενους αρχ[η-
γους] Γ | om εν ℵ* (superscr ℵ^(c.a (?)))   11 εξελιπον ℵ* (-λειπ. ℵ^(c.a)) Q^a

ΘΡΗΝΟΙ   II 16

ἐξεχύθη εἰς τὴν γῆν ἡ δόξα μου, ἐπὶ τὸ σύντριμμα τῆς θυ- Β
γατρὸς λαοῦ μου,
ἐν τῷ ἐκλιπεῖν νήπιον καὶ θηλάζοντα ἐν πλατείαις πόλεως.

Λάβδ.

12 ¹²Ταῖς μητράσιν αὐτῶν εἶπαν Ποῦ σῖτος καὶ οἶνος;
ἐν τῷ ἐκλύεσθαι αὐτοὺς ὡς τραυματίας ἐν πλατείαις πόλεως,
ἐν τῷ ἐκχεῖσθαι ψυχὰς αὐτῶν εἰς κόλπον μητέρων αὐτῶν.

Μήμ.

13 ¹³Τί μαρτυρήσω σοι ἢ τί ὁμοιώσω σοι, θύγατερ Ἰερουσαλήμ;
τίς σώσει καὶ παρακαλέσει σε, παρθένος θύγατερ Σειών;
ὅτι ἐμεγαλύνθη ποτήριον συντριβῆς σου· τίς ἰάσεταί σε;

Νούν.

14 ¹⁴Προφῆταί σου εἴδοσάν σοι μάταια καὶ ἀφροσύνην,   ¶ Γ
καὶ οὐκ ἀπεκάλυψαν ἐπὶ τὴν ἀδικίαν σου τοῦ ἐπιστρέψαι
αἰχμαλωσίαν σου,
καὶ εἴδοσάν σοι λήμματα μάταια καὶ ἐξώσματα.

Σάμχ.

15 ¹⁵Ἐκρότησαν ἐπὶ σὲ χεῖρας πάντες οἱ παραπορευόμενοι ὁδόν,
ἐσύρισαν καὶ ἐκίνησαν τὴν κεφαλὴν αὐτῶν ἐπὶ τὴν θυγατέρα
Ἰερουσαλήμ·
αὕτη ἡ πόλις, ἐροῦσιν, στέφανος εὐφροσύνης πάσης τῆς γῆς.

Άιν.

16 ¹⁶Διήνοιξαν ἐπὶ σὲ στόμα αὐτῶν πάντες οἱ ἐχθροί σου,
ἐσύρισαν καὶ ἔβρυξαν ὀδόντας, καὶ εἶπαν Κατεπίομεν αὐτήν·
πλὴν αὕτη ἡ ἡμέρα ἣν προσεδοκῶμεν, εὕρομεν αὐτήν, ἴδομεν.

11 την γην] om την ℵAQ | λαου] pr του ℵAQΓ | εκλειπειν Bᵇ Q ελειπ.. ℵAQΓ
Γᵛⁱᵈ | πλατιαις ℵA   12 λαβδ] λαβεδ Bᵃᵇ λαμβδ Qᵐᵍ | ως bis scr ℵ* (improb
1° ℵʔ) | τραυματιες ℵ* (-τιαις ℵʔ) | πλατιαις ℵAQ* (-τειαις Qᵃ) | εκχεισθαι]
χει sup ras Bᵃᵇ | κολπους Q   13 ωμοιωσω ℵ | θυγατερ 1°] θυγατηρ ℵ | σω-
σει]+σε ℵAQ | παρακαλεσει] pr τις (superscr) Bᵃᵇ | θυγατερ 2°] θυγατρος
ℵ | Σιων ℵAQ | om σε 2° ℵ* (hab ℵʔ⁽ᵐᵍ⁾)   14 νουν] νουμ ℵ | ειδοσαν 1°]
ιδον A | om σοι 1° A | επιστρεψαι] αποστρεψαι Q | αιχμαλωσιαν (-σαν B*
-σιαν Bᵃᵇ)] pr την ℵ | ειδοσαν 2°] ιδοσαν AQ* (ειδοσαν Qᵃ)   15 σαμχ]
σαχμ A | σε] σοι Q | παραπορευομενοι] διαπορ. Qᵐᵍ | θυγατεραν ℵ* | αυτη η
πολις] αυτης η π. B* (αυτη η π. Bᵃᵇ) η αυτη η π. η̄| A ει αυτη η π. Q | στε-
φανος]+δοξης Bᵃᵇ ᵐᵍ ℵAQ | ευφροσυνη ℵ* (-νης ℵᶜ·ᵃʔ Qᵐᵍ)   16 om σου ℵ |
om και 2° ℵQ | κατεπιομεν B*ᶜQ] καταπ. Bᵃ καταπιωμεν ℵA | η ημερα] om
η ℵ | προσε|δοκ. B* προσε|δοκ. Bʔ | ειδομεν ℵA ιδαμεν Q* (ιδομεν Qᵃ)

367

B **Φή.**

¹⁷ Ἐποίησεν Κύριος ἃ ἐνεθυμήθη, συνετέλεσεν ῥήματα αὐτοῦ, ἃ ἐνετείλατο ἐξ ἡμερῶν ἀρχαίων· καθεῖλεν καὶ οὐκ ἐφείσατο, καὶ ηὔφρανεν ἐπὶ σὲ ἐχθρόν, ὕψωσεν κέρας θλίβοντός σε.

Τιαδή.

¹⁸ Ἐβόησεν καρδία αὐτῶν πρὸς Κύριον Τείχη Σειών, καταγάγετε ὡς χειμάρρους δάκρυα ἡμέρας καὶ νυκτός· μὴ δῷς ἔκνηψιν σεαυτῇ, μὴ σιωπήσαιτο, θυγάτηρ, ὁ ὀφθαλμός σου.

Κώφ.

¹⁹ Ἀνάστα ἀγαλλίασαι ἐν νυκτὶ εἰς ἀρχὰς φυλακῆς σου, ἔκχεον ὡς ὕδωρ καρδίαν σου ἀπέναντι προσώπου Κυρίου, ἆρον πρὸς αὐτὸν χεῖράς σου περὶ ψυχῆς νηπίων τῶν ἐκλυομένων λιμῷ ἐπ᾽ ἀρχῆς πασῶν ἐξόδων.

Ῥήχς.

²⁰ Ἴδε, Κύριε, καὶ ἐπίβλεψον τίνι ἐπεφύλλισας οὕτως· εἰ φάγονται γυναῖκες καρπὸν κοιλίας αὐτῶν; ἐπιφυλλίδα ἐποίησεν μάγειρος· φονευθήσονται νήπια θηλάζοντα μαστούς; ἀποκτενεῖς ἐν ἁγιάσματι Κυρίου ἱερέα καὶ προφήτην;

Χσέν.

²¹ Ἐκοιμήθησαν εἰς τὴν ἔξοδον παιδάριον καὶ πρεσβύτης· παρθένοι μου καὶ νεανίσκοι μου ἐπορεύθησαν ἐν αἰχμαλωσίᾳ· ἐν ῥομφαίᾳ καὶ ἐν λιμῷ ἀπέκτεινας, ἐν ἡμέρᾳ ὀργῆς σου ἐμαγείρευσας, οὐκ ἐφείσω.

ΘΡΗΝΟΙ III 11

Θαύ. B

22 ²²Ἐκάλεσεν ἡμέραν ἑορτῆς παροικίας μου κυκλόθεν,
καὶ οὐκ ἐγένοντο ἐν ἡμέρᾳ ὀργῆς Κυρίου ἀνασωζόμενος καὶ
καταλελειμμένος,
ὡς ἐπεκράτησα καὶ ἐπλήθυνα ἐχθρούς μου πάντας.

Ἄλεφ.

III 1 ¹Ἐγὼ ἀνὴρ ὁ βλέπων πτωχείαν, ἐν ῥάβδῳ θυμοῦ αὐτοῦ ἐπ' ἐμέ
2 ²παρέλαβέν με καὶ ἀπήγαγεν εἰς σκότος καὶ οὐ φῶς.
3 ³πλὴν ἐν ἐμοὶ ἐπέστρεψεν χεῖρα αὐτοῦ ὅλην τὴν ἡμέραν,
4 ⁴ἐπαλαίωσεν σάρκα μου καὶ δέρμα μου, ὀστέα μου συνέ-
τριψεν.

Βή.

5 ⁵Ἀνῳκοδόμησεν κατ' ἐμοῦ, καὶ ἐκύκλωσεν κεφαλήν μου καὶ
ἐμόχθησεν,
6 ⁶ἐν σκοτινοῖς ἐκάθισέν με ὡς νεκροὺς αἰῶνος,
7 ⁷ἀνῳκοδόμησεν κατ' ἐμοῦ καὶ οὐκ ἐξελεύσομαι, ἐβάρυνεν
χαλκόν μου.

Γίμελ.

8 ⁸Καί γε κεκράξομαι καὶ βοήσω, ἀπέφραξεν προσευχήν μου.

Δάλεθ.

9 ⁹Ἀνῳκοδόμησεν ὁδούς μου, ἐνέφραξεν τρίβους μου,
10 ἐτάραξεν ¹⁰ἄρκος ἐνεδρεύουσα, αὐτός μοι λέων ἐν κρυφαίοις·
11 ¹¹κατεδίωξεν ἀφεστηκότα καὶ κατέπαυσέν με, ἔθετό με ἠφα-
νισμένην.

22 εκαλεσας Q | ημεραν] pr ως εις Q | παροικεσιας Q | εγενοντο] εγενετο AQ
AQ | καταλελιμμενος AQ*(-λελειμμ. Qᵃ) | επεκρατησα] [επ]αλαιω[σα] Qᵐᵍ
III **1** αλεφ] αλφ AQ | πτωχιαν A   **2** pr αλφ Qᵐᵍ | απηγαγεν]+με A
om ου Q* (hab Qᵐᵍ)   **3** pr αλφ Qᵐᵍ | επεστρεψεν]+⁎ ϗ εστρεψεν Qᵐᵍ
4 pr βηθ Q | σαρκα] τας σαρκας A σαρκας Q | οστα A   **5** βη] βηθ
AQ | κατ εμου]+ ⁎ εν μαρμαρω Qᵐᵍ | εμοχθησα] Q*·(-σεν Qᵃ)   **6** pr
βηθ Q | σκοτεινοις Bᵃᵇ Q | ως νεκρους] εν σκοτινοις A   **7** pr γιμλ Q
8 γιμελ] γιμλ AQ | και γε]+οτι Q | και 2°]+γε A | προσ|ευχην B* προ|σ.
Bʔ: item 44   **9** δαλεθ] δελεθ A δελθ Q* γιμλ Qᵐᵍ | εταραξεν] pr
δελθ Q   **10** λεων] pr ως Q   **11** pr δελεθ Q |. om με 1° A | εθετο]
εθηκε Qᵐᵍ

SEPT. III. 369 A A

III 12 ΘΡΗΝΟΙ

Ἦ.

¹²Ἐνέτεινεν τόξον αὐτοῦ καὶ ἐστήλωσέν με ὡς σκοπὸν εἰς 12
βέλος,
¹³εἰσήγαγεν τοῖς νεφροῖς μου ἰοὺς φαρέτρας αὐτοῦ· 13
¹⁴ἐγενήθην γέλως παντὶ λαῷ μου, ψαλμὸς αὐτῶν ὅλην τὴν 14
ἡμέραν.

Οὐαύ.

¹⁵Ἐχόρτασέν με πικρίας, ἐμέθυσέν με χολῆς, 15
¹⁶καὶ ἐξέβαλεν ψήφῳ ὀδόντας μου, ἐψώμισέν με σποδόν· 16
¹⁷καὶ ἀπώσατο ἐξ εἰρήνης ψυχήν μου, ἐπελαθόμην ἀγαθά, 17
¹⁸καὶ ἀπώλετο νῖκός μου καὶ ἡ ἐλπίς μου ἀπὸ Κυρίου. 18

Ζάι.

¹⁹Ἐμνήσθην ἀπὸ πτωχείας μου καὶ ἐκ διωγμοῦ, 19
²⁰πικρία καὶ χολή μου μνησθήσεται, καὶ καταδολεσχήσει 20
ἐπ' ἐμὲ ἡ ψυχή μου·
²¹ταύτην τάξω εἰς τὴν καρδίαν μου, διὰ τοῦτο ὑπομενῶ. 21

Ἦθ.

²⁵Ἀγαθὸς Κύριος τοῖς ὑπομένουσιν αὐτόν, 25
ψυχῇ ἣ ζητήσει αὐτὸν ἀγαθόν·
²⁶καὶ ὑπομενεῖ καὶ ἡσυχάσει εἰς τὸ σωτήριον Κυρίου. 26

Τήθ.

²⁷Ἀγαθὸν ἀνδρὶ ὅταν ἄρῃ ζυγὸν ἐν νεότητι αὐτοῦ, 27
²⁸καθήσεται κατὰ μόνας καὶ σιωπήσεται, ὅτι ἦρεν ἐφ' ἑαυτῷ. 28

AQ   12 η] δελθ Q^mg   13 pr η Q | τοις νεφροις] pr εν Q | φαρετραν Q* (-τρας Q^a)   14 pr η Q | λαω] pr τω AQ | om μου Q   15 pr η Q | πικριας] αμμοδ| Q^mg | χολης] πικριας Q^mg   16 pr ουαν Q | om και AQ* (hab Q^mg) | οδοντας] pr τους A   17 pr ουαυ Q   18 pr ουαυ Q | απωλετο ((απωλ]ωλε Q^mg)] pr ειπα Q | νικος] pr το Q   19 πτωχιας A* (-χειας A^?) | διωγμου]+μου AQ   20 pr ζαι Q | πικρια... μνησθησεται] πικριας μου και χολης μου μνησθησομαι Q | πικρια]+γαρ AQ^mg | μνηθησ.] pr μνεια Q^mg   21 pr ζαι Q | υπομενω]+(22) τα ελεη κυ ουκ εξελειπεν με οτι ου συνετελεσθησα| οι οικτιρμοι (corr οικτειρμ.) αυτου· (23) εις τας πρωιας επληθυνεν η πιστις σου (24) μερις μου κς ειπεν η ψυχη μου δια τουτο υπομενω αυτον Q^mg   25 ηθ] τηθ Q* (ηθ Q^mg) | κς sup ras A^a   26 pr τηθ Q* pr ηθ Q^mg   27 τηθ] ηθ Q^mg   28 pr ιωθ Q* et mg | εαυτω]+(29) δωσει εν χωματι στομα αυτου ει αρα εστιν ελπις Q^mg

370

ΘΡΗΝΟΙ III 43

Ἰώδ.

30 ³⁰Δώσει τῷ παίοντι αὐτὸν σιαγόνα, χορτασθήσεται ὀνειδισμῶν,
31 ³¹ὅτι οὐκ εἰς τὸν αἰῶνα ἀπώσεται Κύριος.

Χάφ.

32 ³²Ὅτι ὁ ταπεινώσας οἰκτειρήσει καὶ κατὰ τὸ πλῆθος τοῦ ἐλέους αὐτοῦ·
33 ³³οὐκ ἀπεκρίθη ἀπὸ καρδίας αὐτοῦ καὶ ἐταπείνωσεν υἱοὺς ἀνδρός.

Λάβδ.

34 ³⁴Τοῦ ταπεινῶσαι ὑπὸ τοὺς πόδας αὐτοῦ πάντας δεσμίους γῆς,
35 ³⁵τοῦ ἐκκλῖναι κρίσιν ἀνδρὸς κατέναντι προσώπου Ὑψίστου,
36 ³⁶καταδικάσαι ἄνθρωπον ἐν τῷ κρίνεσθαι αὐτόν, Κύριος οὐκ εἶπεν.
37 ³⁷τίς οὕτως εἶπεν, καὶ ἐγενήθη; Κύριος οὐκ ἐνετείλατο·
38 ³⁸ἐκ στόματος Ὑψίστου οὐκ ἐξελεύσεται τὰ κακὰ καὶ τὸ ἀγαθόν;

Μήμ.

39 ³⁹Τί γογγύσῃ ἄνθρωπος ζῶν ἀνὴρ περὶ τῆς ἁμαρτίας αὐτοῦ;

Νούν.

40 ⁴⁰Ἐξηρευνήθη ἡ ὁδὸς ἡμῶν καὶ ἠτάσθη, καὶ ἐπιστρέψωμεν ἕως Κυρίου·
41 ⁴¹ἀναλάβωμεν καρδίας ἡμῶν ἐπὶ χειρῶν πρὸς Ὑψηλὸν ἐν οὐρανῷ·
42 ⁴²ἡμαρτήσαμεν, ἠσεβήσαμεν, καὶ οὐχ ἱλάσθης.

Σάμχ.

43 ⁴³Ἐπεσκέπασας ἐν θυμῷ καὶ ἀπεδίωξας ἡμᾶς, ἀπέκτεινας, οὐκ ἐφείσω.

30 ιωδ] ιωθ Q   31 εἰ]s Β* εἰς| Β¹   32 om και AQ   33 pr AQ χαφ Q | ουκ] pr οτι Q   34 λαβδ] λαμδ Q^mg   35 pr λαμδ Q
36 pr λαμδ Q | Κυριος] pr μημ Q | ειπεν] ειδεν Q^mg   37 τις] κς A
38 pr μημ Q | το αγαθον sup ras B^ab   39 γογγυσει AQ   40 νουν] νουμ A | εξηραννηθη Q* (εξηρευν. Q^a) | ητασθη]+τα διαβηματα μου Q^mg | Κυριου] του (sic) A   41 pr νουν Q | επι χειρων προς Υψηλον] προς υψ. επι χειρων A προς υψ. επι χειρων (χειρος Q^mg) ημων Q   42 pr νουν Q | ημαρτησαμεν] pr ημεις Q^mg | ησεβησαμεν]+και παρεπικραναμεν Q | και]+συ Q^mg   43 απεκτεινας] pr σαμχ Q | ουκ] pr και AQ

III 44   ΘΡΗΝΟΙ

B ⁴⁴ἐπεσκέπασας νεφέλην σεαυτῷ εἴνεκεν προσευχῆς,   44
   ⁴⁵καμμύσαι με καὶ ἀπωσθῆναι.   45

                            Αιν.

Ἔθηκας ἡμᾶς ἐν μέσῳ τῶν λαῶν, ⁴⁶διήνοιξαν ἐφ᾽ ἡμᾶς τὸ 46
στόμα αὐτῶν πάντες οἱ ἐχθροὶ ἡμῶν.
⁴⁷φόβος καὶ θυμὸς ἐγενήθη ἡμῖν, ἔπαρσις καὶ συντριβή·   47
⁴⁸ἀφέσεις ὑδάτων κατάξει ὁ ὀφθαλμός μου ἐπὶ τὸ σύντριμμα 48
τῆς θυγατρὸς τοῦ λαοῦ μου.

                            Φή.

⁴⁹Ὁ ὀφθαλμός μου κατεπόθη, καὶ οὐ σιγήσομαι τοῦ μὴ εἶναι 49
ἔκνηψιν,
⁵⁰ἕως οὗ διακύψῃ καὶ ἴδῃ Κύριος ἐξ οὐρανοῦ.   50
⁵¹ὁ ὀφθαλμός μου ἐπιφυλλιεῖ ἐπὶ τὴν ψυχήν μου παρὰ 51
πάσας θυγατέρας πόλεως.

                            Τιαδή.

⁵²Θηρεύοντες ἐθήρευσάν με ὡς στρουθίον πάντες οἱ ἐχθροί μου 52
δωρεάν,
⁵³ἐθανάτωσαν ἐν λάκκῳ ζωήν μου καὶ ἐπέθηκαν λίθον 53
ἐπ᾽ ἐμοί,
⁵⁴ὑπερεχύθη ὕδωρ ἐπὶ κεφαλήν μου· εἶπα Ἀπῶσμαι.   54

                            Κώφ.

⁵⁵Ἐπεκαλεσάμην τὸ ὄνομά σου, Κύριε, ἐκ λάκκου κατωτάτου, 55
⁵⁶φωνήν μου ἤκουσας· μὴ κρύψῃς τὰ ὦτά σου εἰς τὴν 56
δέησίν μου·
⁵⁷εἰς τὴν βοήθειάν μου ἤγγισας,   57
ἐν ᾗ σε ἡμέρᾳ ἐπεκαλεσάμην εἶπάς μοι Μὴ φοβοῦ.

AQ   **44** ενεκεν Q   **45** καμμυσαι AQ (καμβ. B)] pr σαμχ Q | απεωσθηναι A
46 pr φη Q | διηνοιξας B* (-ξαν Bᵃᵇ) | το στομα] om το AQ | ημων sup ras Bᵃᵇ
47 pr φη Q | θυμος] θαμβος Q   **48** pr φη Q | αφεσις B*Q* (-σεις BᵃᵇAQᵃ)
49 φη] αιν Qᵐᵍ | σιγησομαι] σιωπησωμαι A   **50** pr αιν Qᵐᵍ   **51** pr
αιν Qᵐᵍ | πολεως]+μου Qᵐᵍ   **52** τιαδη] σαδη BᵃAQ | θηρευοντες]
+εθηρευοντες B* (uncis incl Bᵃᵇ) | om παντες AQ   **53** pr σαδη Q |
εθανατωσαν] pr ϗ Qᵐᵍ | εν sup ras Bᵃᵇ   **54** pr σαδη Q | υπερεχυθη]
υπερεκχυθη A (επερεκχ.) Q | κεφαλην] pr την AQ   **55—57** om A
55 bis scr εκ λακκου κατωτατου Q* (improb 1° Qᵃ)   **56** pr κωφ Q |
φωνης Q   **57** pr κωφ Q | η σε ημερα επεκαλεσαμην] ημερα η επεκαλ.
σε Q

                            372

ΘΡΗΝΟΙ IV 2

Ῥήχς. B

58 ⁵⁸Ἐδίκασας, Κύριε, τὰς δίκας τῆς ψυχῆς μου, ἐλυτρώσω τὴν ζωήν μου.
59 ⁵⁹ἴδες, Κύριε, τὰς ταραχάς μου, ἔκρινας τὴν κρίσιν μου.
60 ⁶⁰εἶδες πᾶσαν τὴν ἐκδίκησιν αὐτῶν, εἰς πάντας διαλογισμοὺς αὐτῶν ἐν ἐμοί.

Χσέν.

61 ⁶¹Ἤκουσας τὸν ὀνειδισμὸν αὐτῶν, πάντας τοὺς διαλογισμοὺς αὐτῶν κατ' ἐμοῦ,
62 ⁶²χείλη ἐπανιτταμένων μοι καὶ μελέτας αὐτῶν κατ' ἐμοῦ ὅλην τὴν ἡμέραν,
63 ⁶³καθέδραν αὐτῶν καὶ ἀνάστησιν αὐτῶν. ἐπίβλεψον ἐπ' ὀφθαλμοὺς αὐτῶν,
64 ⁶⁴ἀποδώσεις αὐτοῖς ἀνταπόδομα, Κύριε, κατὰ τὰ ἔργα τῶν χειρῶν αὐτῶν.

Θαύ.

65 ⁶⁵Ἀποδώσεις αὐτοῖς ὑπερασπισμόν, καρδίας μόχθον.
66 ⁶⁶σὺ αὐτοὺς καταδιώξεις ἐν ὀργῇ καὶ ἐξαναλώσεις αὐτοὺς ὑποκάτω τοῦ οὐρανοῦ, Κύριε.

Ἄλεφ.

IV 1 ¹Πῶς ἀμαυρωθήσεται χρυσίον, ἀλλοιωθήσεται τὸ ἀργύριον τὸ ἀγαθόν;
ἐξεχύθησαν λίθοι ἅγιοι ἐπ' ἀρχῆς πασῶν ἐξόδων.

Βή.

2 ²υἱοὶ Σειὼν οἱ τίμιοι οἱ ἐπηρμένοι ἐν χρυσίῳ,
πῶς ἐλογίσθησαν εἰς ἄγγια ὀστράκινα, ἔργα χειρῶν κεραμέως;

58 ρηχς] κωφ A ρης Q | δικας] αδικιας A   59 pr ρης Q   60 pr ρης AQ Q | ιδες AQ | εις] και Q | διαλογισμους] pr τους Q | εν] επ Q   61 χσεν] σεν AQ | αυτων 1°]+κε ϛ Q^mg   62 pr σεν Q | επανισταμενων] επανιστανομενων AQ   63 pr σεν Q | αναστησιν] αναστασιν AQ | επ οφθαλμους (|οφθ. B* o|φθ. B²) αυτων] επι τους οφθ. αυτων AQ* εγω απο τω| ψαλμω| αυτω| Q^mg   64 pr θαυ Q | αποδωσεις] ανταποδοσις Q* ανταποδωσεις Q^a   65 υπερ|απισμον B* υπε|ρασπ. B? | καρδιας]+μου Q | μοχθον]+σου αυτοις Q^mg   66 pr θαυ Q | καταδιωξεις] καταξεις A | οργη]+σου Q^mg | υποκατωθεν Q | ουρανου]+σου Q^mg   IV 1 αλεφ] αλφ AQ | χρυσιον] pr το AQ | εξεχυθησαν] χυδαιοι εγενοντο Q^b   2 βη] βηθ B^b(vid) AQ | Σιων AQ | οι επηρμενοι] om οι AQ | αγγεια B^ab Q^a

IV 3   ΘΡΗΝΟΙ

B   Γίμελ.

3Καί γε δράκοντες ἐξέδυσαν μαστούς, 3
ἐθήλασαν σκύμνοι αὐτῶν θυγατέρας λαοῦ μου εἰς ἀνίατον,
ὡς στρουθίον ἐν ἐρήμῳ.

                            Δάλεθ.

4'Εκολλήθη ἡ γλῶσσα θηλάζοντος πρὸς τὸν φάρυγγα αὐτοῦ ἐν 4
δίψει·
νήπια ᾔτησαν ἄρτον, ὁ διακλῶν οὐκ ἔστιν αὐτοῖς.

                             Ἤ.

5Οἱ ἔσθοντες τὰς τροφὰς ἠφανίσθησαν ἐν ταῖς ἐξόδοις, 5
οἱ τιθηνούμενοι ἐπὶ κόκκῳ περιεβάλοντο κοπρίας.

                            Οὐαύ.

6Καὶ ἐμεγαλύνθη ἀνομία θυγατρὸς λαοῦ μου ὑπὲρ ἀνομίας 6
Σοδόμων,
τῆς κατεστραμμένης ὥσπερ σπουδῇ, καὶ οὐκ ἐπόνεσαν ἐν
αὐτῇ χεῖρας.

                            Ζάιν.

7'Εκαθαριώθησαν Ναζειραῖοι αὐτῆς ὑπὲρ χιόνα, ἔλαμψαν ὑπὲρ 7
γάλα,
ἐπυρώθησαν ὑπὲρ λίθους, σαπφείρου τὸ ἀπόσπασμα αὐτῶν.

                            Ἤθ.

8'Εσκότασεν ὑπὲρ ἀσβόλην τὸ εἶδος αὐτῶν, οὐκ ἐπεγνώσθησαν 8
ἐν ταῖς ἐξόδοις·
ἐπάγη δέρμα αὐτῶν ἐπὶ τὰ ὀστέα αὐτῶν, ἐξηράνθησαν, ἐγενή-
θησαν ὥσπερ ξύλον.

                            Τήθ.

9Καλοὶ ἦσαν οἱ τραυματίαι ῥομφαίας ἢ οἱ τραυματίαι λιμοῦ· 9
ἐπορεύθησαν ἐκκεκεντημέναι ἀπὸ γενημάτων ἀγρῶν.

AQ   3 γιμελ] γιμλ AQ | σκυμνους Q | θυγατερες AQ   4 δαλεθ] δελεθ A
δελθ Q | ο διακλων] και ο κλων A   5 εσθιοντες A | τροφας] τρυφας Q |
κοκκω] κολπων A κοκκων Q | περιεβαλοντο] περιελαβον A   6 ανομια]
pr η A   7 ʒαιν] ʒαι AQ | distinx post ελαμψαν Q | επυρωθησαν] ετυ-
ρωθησαν AQ* (επυρ. Qmg) distinx post ετυρ. Q   8 τα οστεα] τα οστα
AQ των οστων Qmg

374

ΘΡΗΝΟΙ IV 16

Ἰώδ.

10 ¹⁰Χεῖρες γυναικῶν οἰκτειρμόνων ἥψησαν τὰ παιδία αὐτῶν,
ἐγενήθησαν εἰς βρῶσιν αὐταῖς ἐν τῷ συντρίμματι τῆς θυ-
γατρὸς λαοῦ μου.

Χάφ.

11 ¹¹Συνετέλεσεν Κύριος θυμὸν αὐτοῦ, ἐξέχεεν θυμὸν ὀργῆς αὐτοῦ,
καὶ ἀνῆψεν πῦρ ἐν Σειών, καὶ κατέφαγεν τὰ θεμέλια αὐτῆς.

Λάβδ.

12 ¹²Οὐκ ἐπίστευσαν βασιλεῖς γῆς, πάντες οἱ κατοικοῦντες τὴν οἰ-
κουμένην,
ὅτι εἰσελεύσεται ἐχθρὸς καὶ ἐκθλίβων διὰ τῶν πυλῶν Ἰε-
ρουσαλήμ.

Μήμ.

13 ¹³Ἐξ ἁμαρτιῶν προφητῶν αὐτῆς, ἀδικιῶν ἱερέων αὐτῆς,
τῶν ἐκχεόντων αἷμα δίκαιον ἐν μέσῳ αὐτῆς.

Νούν.

14 ¹⁴Ἐσαλεύθησαν ἐγρήγοροι αὐτῆς ἐν ταῖς ἐξόδοις,
ἐμολύνθησαν ἐν αἵματι ἐν τῷ μὴ δύνασθαι αὐτούς,
ἥψαντο ἐνδυμάτων αὐτῶν.

Σάμεχ.

15 ¹⁵Ἀπόστητε ἀκαθάρτων, καλέσατε αὐτούς Ἀπόστητε ἀπόστητε,
μὴ ἅπτεσθε,
ὅτι ἀνήφθησαν καί γε ἐσαλεύθησαν·
εἴπατε ἐν τοῖς ἔθνεσιν Οὐ μὴ προσθῶσιν τοῦ παροικεῖν.

Ἄιν.

16 ¹⁶Πρόσωπον Κυρίου μερὶς αὐτῶν, οὐ προσθήσει ἐπιβλέψαι αὐ-
τοῖς·
πρόσωπον ἱερέων οὐκ ἔλαβον, προφήτας οὐκ ἠλέησαν.

10 ιωδ] ιωθ Q | λαου] pr του AQ   11 om χαφ A | θυμον οργης] AQ
οργην θυμου A pr ※ τον Q^mg | Σιων AQ   12 λαβδ] λαβεδ B^ab λαμδ Q
13 αυτης 1°] αιτων A | αδικειων B* (-κιων B^b)   14 νουν] νουμ A | εγρη-
γοροι] pr οι Q | εν 1°] επι A | ηψατο A   15 σαμεχ] σαχχ A σαμχ
Q | ακαθαρτων] pr απο A | αποστητε 3°]+ακαθαρτου Q^mg | προσθωσι Q^a
16 αιν] φη Q^mg | ουκ ελαβον] superscr ουκ ηλεησαν Q^b | προφητας] πρεσβυ-
τας AQ

IV 17 ΘΡΗΝΟΙ

B

Φή.

¹⁷ Ἔτι ὄντων ἡμῶν ἐξέλιπον οἱ ὀφθαλμοὶ ἡμῶν, 17
εἰς τὴν βοήθειαν ἡμῶν μάταια ἀποσκοπευόντων ἡμῶν.

Τιαδή.

¹⁸ Ἀπεσκοπεύσαμεν εἰς ἔθνος οὐ σῷζον, 18
ἐθηρεύσαμεν μικροὺς ἡμῶν τοῦ μὴ πορεύεσθαι ἐν ταῖς πλατείαις ἡμῶν.

Κώφ.

¹⁹ Ἤγγικεν ὁ καιρὸς ἡμῶν, ἐπληρώθησαν αἱ ἡμέραι ἡμῶν, πάρ- 19
εστιν ὁ καιρὸς ἡμῶν·
κοῦφοι ἐγένοντο οἱ διώκοντες ἡμᾶς ὑπὲρ ἀετοὺς οὐρανοῦ,
ἐπὶ τῶν ὀρέων ἐξέπτησαν, ἐν ἐρήμῳ ἐνήδρευσαν ἡμᾶς.

Ῥήχς.

²⁰ Πνεῦμα προσώπου ἡμῶν χριστὸς Κύριος συνελήμφθη ἐν ταῖς 20
διαφθοραῖς αὐτῶν,
οὗ εἴπαμεν Ἐν τῇ σκιᾷ αὐτοῦ ζησόμεθα ἐν τοῖς ἔθνεσιν.

Χσέν.

²¹ Χαῖρε καὶ εὐφραίνου, θύγατερ Ἰδουμαίας ἡ κατοικοῦσα ἐπὶ γῆς, 21
καί γε ἐπὶ σὲ διελεύσεται τὸ ποτήριον Κυρίου, μεθυσθήσῃ
καὶ ἀποχεεῖς.

Θαύ.

²² Ἐξέλιπεν ἡ ἀνομία σου, θύγατερ Σειών, 22
οὐ προσθήσει ἀποικίσαι σε.
ἐπεσκέψατο ἀνομίας σου, θυγάτηρ Ἐδώμ,
ἀπεκάλυψεν ἐπὶ τὰ ἀσεβήματά σου.

¹ Μνήσθητι, Κύριε, ὅ τι ἐγενήθη ἡμῖν, 1 V
ἐπίβλεψον καὶ ἴδε τὸν ὀνειδισμὸν ἡμῶν.

AQ 17 φη] αιν Q* (φη Qᵃ) | εξελειπον A | βοηθιαν A 18 τιαδη] σαδη Bᵃ AQ | πορευεσθαι] παραπορευεσθαι A | πλατιαις A 19 ο καιρος (2°)] το περας Q | εξεπτησαν] εξηφθησαν AQ* [εξηφθη]μεν Qᵐᵍ | εν ερημω] επι των ορεων A 20 ρηχς] ρης AQ | αυτων] ημων Q | ου] οι A | εθνεσι Qᵃ 21 χσεν] σεν AQ | θυγατηρ Q | Ιουμαιας A* (Ἰδ. A¹) | γης] pr της AQ | το ποτηριον] om το AQ* (hab Qᵐᵍ) | μεθυσθηση] pr και AQ 22 εξελειπεν A | θυγατερ] θυγατηρ Q | Σιων AQ | προσθησει]+ετι AQ | ανομιας] αδικιαν A | θυγατηρ] θυγατερ AQ | ασεβηματα] αμαρτηματα Qᵐᵍ

ΘΡΗΝΟΙ V 17

2 ²κληρονομία ἡμῶν μετεστράφη ἀλλοτρίοις, B
οἱ οἶκοι ἡμῶν ξένοις.
3 ³ὀρφανοὶ ἐγενήθημεν, οὐχ ὑπάρχει πατήρ,
μητέρες ἡμῶν ὡς αἱ χῆραι.
4 ⁴ἐξ ἡμερῶν ἡμῶν ξύλα ἡμῶν ἐν ἀλλάγματι ἦλθεν·
5 ⁵ἐπὶ τὸν τράχηλον ἡμῶν ἐδιώχθημεν·
ἐκοπιάσαμεν, οὐκ ἀνεπαύθημεν.
6 ⁶Αἴγυπτος ἔδωκεν χεῖρα,
Ἀσσοὺρ εἰς πλησμονὴν αὐτῶν.
7 ⁷οἱ πατέρες ἡμῶν ἥμαρτον, οὐχ ὑπάρχουσιν,
ἡμεῖς τὰ ἀνομήματα αὐτῶν ὑπέσχομεν.
8 ⁸δοῦλοι ἐκυρίευσαν ἡμῶν,
λυτρούμενος οὐκ ἔστιν ἐκ τῆς χειρὸς αὐτῶν.
9 ⁹ἐν ταῖς ψυχαῖς ἡμῶν εἰσοίσομεν ἄρτον ἡμῶν
ἀπὸ προσώπου ῥομφαίας τῆς ἐρήμου.
10 ¹⁰τὸ δέρμα ἡμῶν ὡς κλίβανος ἐπελιώθη,
συνεσπάσθησαν ἀπὸ προσώπου καταιγίδων λιμοῦ.
11 ¹¹γυναῖκας ἐν Σειὼν ἐταπείνωσαν,
παρθένους ἐν πόλεσιν Ἰούδα.
12 ¹²ἄρχοντες ἐν χερσὶν αὐτῶν ἐκρεμάσθησαν,
πρεσβύτεροι οὐκ ἐδοξάσθησαν.
13 ¹³ἐκλεκτοὶ κλαυθμὸν ἀνέλαβον,
καὶ νεανίσκοι ἐν ξύλῳ ἠσθένησαν.
14 ¹⁴καὶ πρεσβῦται ἀπὸ πύλης κατέπαυσαν,
ἐκλεκτοὶ ἐκ ψαλμῶν αὐτῶν κατέπαυσαν,
15 ¹⁵κατέλυσεν χαρὰ καρδίας ἡμῶν,
ἐστράφη εἰς πένθος ὁ χορὸς ἡμῶν,
16 ¹⁶ἔπεσεν ὁ στέφανος ἡμῶν τῆς κεφαλῆς.
οὐαὶ δὴ ἡμῖν, ὅτι ἡμάρτομεν.
17 ¹⁷περὶ τούτου ἐγενήθη ὀδύνη ὀδυνηρὰ ἡ καρδία ἡμῶν,
περὶ τούτου ἐσκότασαν οἱ ὀφθαλμοὶ ἡμῶν.

V 3 αι χηραι] om αι AQ   4 om εξ ημερων ημων Q* (hab Q^mg) | AQ distinx post ημων 1° A | ξυλα] pr υδωρ ημων εν αργυριω επιομεν Q | ηλθον AQ^a   6 Εγυπτος A | πλησμοσυνην Q* (improb συ Q^a)   7 ουχ] pr και Q   10 δερμα] δερημα A | κλιβανος] κριβανος Q^a | καταιγιδος Q^mg   11 Σιων B^bAQ: item 18 | εταπεινωσεν Q   13 εν ξυλω ησθενησαν] εν λογοις εσταυρωθη(σαν)] Q^mg   14 πρεσ|βυται B* πρε|σβ. B¹   14—15 κατελυσεν χαρα καρδιας ημων· εκλεκτοι εκ ψαλμων αυτων κατεπαυσαν   16 της κεφαλης ημων AQ | δη] δε AQ   17 om οδυνη AQ | η καρδια] om η Q | εκοτασαν A* (εσκ. A¹)

V 18 ΘΡΗΝΟΙ

B ^{18}ἐπ' ὄρος Σειών, ὅτι ἠφανίσθη, 18
ἀλώπεκες διῆλθον ἐν αὐτῇ.
^{19}σὺ δέ, Κύριε, εἰς τὸν αἰῶνα κατοικήσεις, 19
ὁ θρόνος σου εἰς γενεὰν καὶ γενεάν.
^{20}ἵνα τί εἰς νῖκος ἐπιλήσῃ ἡμῶν; 20
καταλείψεις ἡμᾶς εἰς μακρότητα ἡμερῶν;
^{21}ἐπίστρεψον ἡμᾶς, Κύριε, πρὸς σέ, καὶ ἐπιστραφησόμεθα· 21
καὶ ἀνακαίνισον ἡμέρας ἡμῶν καθὼς ἔμπροσθεν.
^{22}ὅτι ἀπωθούμενος ἀπώσω ἡμᾶς, 22
ὠργίσθης ἐφ' ἡμᾶς ἕως σφόδρα.

AQ 18 οτι] τι Q   22 ημας ωργισθης] μας οργι (sic) sup ras A^a
Subscr θρηνοι Ιερεμιου BAQ

ΕΠΙΣΤΟΛΗ ΙΕΡΕΜΙΟΥ

ΑΝΤΙΓΡΑΦΟΝ ἐπιστολῆς ἧς ἀπέστειλεν Ἰερεμίας πρὸς τοὺς ἀχθησομένους Β αἰχμαλώτους εἰς Βαβυλῶνα ὑπὸ τοῦ βασιλέως τῶν Βαβυλωνίων, ἀναγγεῖλαι αὐτοῖς καθότι ἐπετάγη αὐτῷ ὑπὸ τοῦ θεοῦ.

1 ¹Διὰ τὰς ἁμαρτίας ὑμῶν ἃς ἡμαρτήκατε ἐναντίον τοῦ θεοῦ ἀχθήσεσθε εἰς Βαβυλῶνα αἰχμάλωτοι ὑπὸ Ναβουχοδονοσὸρ βασιλέως τῶν 2 Βαβυλωνίων. ²εἰσελθόντες οὖν εἰς Βαβυλῶνα ἔσεσθε ἐκεῖ ἔτη πλείονα καὶ χρόνον μακρὸν ἕως γενεῶν ἑπτά· μετὰ τοῦτο δὲ ἐξάξω ὑμᾶς 3 ἐκεῖθεν μετ' εἰρήνης. ³νυνὶ δὲ ὄψεσθε ἐν Βαβυλῶνι θεοὺς ἀργυροῦς καὶ χρυσοῦς καὶ ξυλίνους ἐπ' ὤμοις αἰρομένους, δεικνύντας φόβον 4 τοῖς ἔθνεσιν. ⁴εὐλαβήθητε οὖν μὴ καὶ ὑμεῖς ἀφομοιωθέντες τοῖς 5 ἀλλοφύλοις ἀφομοιωθῆτε, καὶ φόβος ὑμᾶς λάβῃ ἐπ' αὐτοῖς, ⁵ἰδόντας ὄχλον ἔμπροσθεν καὶ ὄπισθεν αὐτῶν προσκυνοῦντας αὐτά· εἴπατε 6 δὲ τῇ διανοίᾳ Σοὶ δεῖ προσκυνεῖν, Δέσποτα. ⁶ὁ γὰρ ἄγγελός μου μεθ' ὑμῶν ἐστίν, αὐτός τε ἐκζητῶν τὰς ψυχὰς ὑμῶν.
7 ⁷Γλῶσσα γὰρ αὐτῶν ἐστιν κατεξυσμένη ὑπὸ τέκτονος, αὐτά τε περίχρυσα καὶ ⁸περιάργυρα, ψευδῆ δ' ἐστὶν καὶ οὐ δύνανται λαλεῖν. § Γ
8,9 ⁸καὶ ὥσπερ παρθένῳ φιλοκόσμῳ λαμβάνοντες χρυσίον ⁹κατασκευάζουσιν στεφάνους ἐπὶ τὰς κεφαλὰς τῶν θεῶν αὐτῶν· ἔστι δὲ καὶ ὅτε ὑφαιρούμενοι οἱ ἱερεῖς ἀπὸ τῶν θεῶν αὐτῶν χρυσίον καὶ ἀργύριον 10 εἰς ἑαυτοὺς καταναλοῦσιν, ¹⁰δώσουσιν δὲ ἀπ' αὐτῶν καὶ ταῖς ἐπὶ τοῦ στέγους πόρναις. κοσμοῦσί τε αὐτοὺς ὡς ἀνθρώπους τοῖς ἐνδύμασιν,

Inscr επιστολη Ιερεμιου ΒΑ επιστολη Q   tit επεταγη] υπεταγη Α | ΑQΓ αυτω] αυτοις Α   1 om υμων Β^{ab}ΑQ | εναντιον] εναντι Α | βασιλεως] pr του AQ   2 om εκει B* fort (κει ε B? (mg)) | μετα τουτο δε] μετα δε τουτο Q 3 δικνυοντας Q* (δεικν. Q^a)   4 αφομοιωθητε] φοβηθητε Q   5 ιδοντες AQ | om αυτων Α | om ειπατε...δεσποτα Α   7 om εστιν 1° Α | δ] δε Α | εστιν 2°] εστι Q^a   8 φιλοκοσ|μω B* (φιλο|κ. B^a)   9 εστιν Α | υφαιρομενοι Α | ιερεις] + αυτ[ων] Γ^{vid} | om αυτων 2° Γ^{vid} | καταναλωσουσιν (-σι Q^a) AQ   10 δωσουσι Q^a | στεγους] τεγους AQ | κοσμουσιν A | τε] δε Α

ΕΠΙΣΤΟΛΗ ΙΕΡΕΜΙΟΥ

Β θεοὺς ἀργυροῦς καὶ θεοὺς χρυσοῦς καὶ ξυλίνους. ¹¹οὗτοι δὲ οὐ δια- 11 σώζονται ἀπὸ ἰοῦ καὶ βρωμάτων, περιβεβλημένων αὐτῶν ἱματισμὸν πορφυροῦν. ¹²ἐκμάσσονται τὸ πρόσωπον αὐτῶν διὰ τὸν ἐκ τῆς 12 οἰκίας κονιορτόν, ὅς ἐστιν πλείω ἐπ' αὐτοῖς. ¹³καὶ σκῆπτρον ἔχει 13 ὡς ἄνθρωπος κριτὴς χώρας, ὃς τὸν εἰς αὐτὸν ἁμαρτάνοντα οὐκ ἀνελεῖ. ¹⁴ἔχει δὲ ἐνχειρίδιον δεξιᾷ καὶ πέλεκυν, ἑαυτὸν δὲ ἐκ πολέμου καὶ 14 λῃστῶν οὐκ ἐξελεῖται. ὅθεν γνώριμοί εἰσιν οὐκ ὄντες θεοί· μὴ οὖν φοβηθῆτε αὐτούς. ¹⁵ὥσπερ γὰρ σκεῦος ἀνθρώπου συντριβὲν 15 ἀχρεῖον γίνεται, ¹⁶τοιοῦτοι ὑπάρχουσιν οἱ θεοὶ αὐτῶν, καθιδρυμένων 16 αὐτῶν ἐν τοῖς οἴκοις. οἱ ὀφθαλμοὶ αὐτῶν πλήρεις εἰσὶν κονιορτοῦ ἀπὸ τῶν ποδῶν τῶν εἰσπορευομένων. ¹⁷καὶ ὥσπερ τινὶ ἠδικηκότι βασι- 17 λέα περιπεφραγμέναι εἰσὶν αἱ αὐλαί, ὡς ἐπὶ θανάτῳ ἀπηγμένῳ, τοὺς οἴκους αὐτῶν ὀχυροῦσιν οἱ ἱερεῖς θυρώμασίν τε καὶ κλείθροις καὶ μοχλοῖς, ὅπως ὑπὸ τῶν λῃστῶν μὴ συληθῶσι. ¹⁸λύχνους καίουσιν 18 καὶ πλείους ἢ ἑαυτοῖς, ὧν οὐδένα δύνανται ἰδεῖν. ¹⁹ἔστιν μὲν ὥσπερ 19 δοκὸς τῶν ἐκ τῆς οἰκίας, τὰς δὲ καρδίας αὐτῶν φασὶν ἐκλείχεσθαι· τῶν ἀπὸ τῆς γῆς ἑρπετῶν κατεσθόντων αὐτούς τε καὶ τὸν ἱματισμὸν αὐτῶν οὐκ αἰσθάνονται. ²⁰μεμελανωμένοι τὸ πρόσωπον αὐτῶν ἀπὸ 20 τοῦ καπνοῦ τοῦ ἐκ τῆς οἰκίας. ²¹ἐπὶ τὸ σῶμα αὐτῶν καὶ ἐπὶ τὴν 21 κεφαλὴν ἐφίπτανται νυκτερίδες, χελιδόνες καὶ τὰ ὄρνεα, ὡσαύτως δὲ καὶ οἱ αἴλουροι. ²²ὅθεν γνώσεσθε ὅτι οὐκ εἰσὶν θεοί· μὴ οὖν φο- 22 βεῖσθε αὐτά. ²³Τὸ γὰρ χρυσίον ὃ περίκεινται εἰς κάλλος, ἐὰν 23 μή τις ἐκμάξῃ τὸν ἰόν, οὐ μὴ στιλψωσιν· οὐδὲ γὰρ ὅτε ἐχωνεύοντο

¶ Γ ᾐσθάνοντο. ²⁴ἐκ πάσης τιμῆς ἠγορασμένα ἐστίν, ἐν οἷς οὐκ ἔστιν 24 πνεῦμα. ²⁵ἄνευ ποδῶν ἐπ' ὤμοις φέρονται ἐνδεικνύμενοι τὴν ἑαυτῶν 25 ἀτιμίαν τοῖς ἀνθρώποις, αἰσχύνονταί τε καὶ οἱ θεραπεύοντες αὐτά,

AQΓ 10 θεους αργυρους και θεους χρυσους] θ. χρυσ. κ. αργ. Α θ. αργ. κ. χρυσους Q 12 εκμασσοντες Q | οικειας B* (-κιας Bᵃᵇ): item 19, 20 | εστι Qᵃ | πλειω BA πλειων Q hiat Γ | αυτοις] αυτους Q 13 ως] ωσει Q 14 εγχειριδιον BᵃᵇA (εγχιρ.) Q | δεξια] pr εν τη A pr. εν Q | πολεμων A 15 αχρειον] αχρηστον A 16 οικοις] κηποις A | πληρες A | εισι Qᵃ 17 ως] pr η A | ιερεις]+αυτων A | οπως]+μη A | των ληστων] om των Q | om μη A | συληθωσιν AQΓ 18 καιουσι AQ | πλειους η εαυτοις] πλειονας αυτοις A [πλ]ε[ιους] η εαυτους Γ | ουδενα] ου ΑΓ | δυνανται]+ουδενα Γ 19 μεν] δε AQᵐᵍ | om δε Γ | των 2°] τον Γ | φησιν Q* (φασιν Qᵃ ᵉᵗ ⁿᵍ) | της γης] om της Q 20 μεμελανωται Q* (-νυνται Qᵐᵍ) | τα προσωπα Qᵐᵍ | οικιας] γης καιομενου A 21 κεφαλην]+αυτων A | νυκτεριδες χελιδονες] χελιδονες και νυκτεριδες A χελ. sub ※ Q? 22 εισι Qᶠᵒʳᵗ | φοβεισθε] φοβηθητε AQΓ 23 οτε] οτι Q | ησθανοντο] η αισθανοντο Qᵛⁱᵈ 24 εστιν 1°] εισιν QΓ | εστιν 2°] εστι Qᵃ 25 εφ B* (επ Bᵃᵇ) | φερονται] αιρονται Α | ενδιγνυμενοι A | τε] δε AQ

380

ΕΠΙΣΤΟΛΗ ΙΕΡΕΜΙΟΥ 41

26 ²⁶διὰ τό, μή ποτε ἐπὶ τὴν γῆν πέσῃ, δι' αὐτῶν ἀνίστασθαι· μήτε B ἐάν τις αὐτὸ ὀρθὸν στήσῃ, δι' ἑαυτοῦ κινηθήσεται, μήτε ἐὰν κλιθῇ, 27 οὐ μὴ ὀρθωθῇ, ἀλλ' ὥσπερ νεκροῖς τὰ δῶρα αὐτοῖς παρατίθεται. ²⁷τὰς δὲ θυσίας αὐτῶν ἀποδόμενοι οἱ ἱερεῖς αὐτῶν καταχρῶνται· ὡσαύτως δὲ καὶ αἱ γυναῖκες ἀπ' αὐτῶν ταριχεύουσαι οὔτε πτωχῷ οὔτε ἀδυνάτῳ 28 μὴ μεταδῶσιν· ²⁸τῶν θυσιῶν αὐτῶν ἀποκαθημένη καὶ λεχὼς ἅπτονται. γνόντες οὖν ἀπὸ τούτων ὅτι οὐκ εἰσὶν θεοί, μὴ φοβηθῆτε αὐτούς.

29 ²⁹Πόθεν γὰρ κληθείησαν θεοί; ὅτι γυναῖκες παρατιθέασιν θεοῖς 30 ἀργυροῖς καὶ χρυσοῖς καὶ ξυλίνοις· ³⁰καὶ ἐν τοῖς οἴκοις αὐτῶν οἱ ἱερεῖς διφρεύουσιν, ἔχοντες τοὺς χιτῶνας διερρωγότας καὶ τὰς κεφαλὰς καὶ 31 τοὺς πώγωνας ἐξυρημένους, ὧν αἱ κεφαλαὶ ἀκάλυπτοί εἰσιν, ³¹ὠρύονται δὲ βοῶντες ἐναντίον τῶν θεῶν αὐτῶν ὥσπερ τινὲς ἐν περιδείπνῳ 32 νεκροῦ. ³²ἀπὸ τοῦ ἱματισμοῦ αὐτῶν ἀφελόμενοι οἱ ἱερεῖς ἐνδύσουσιν 33 τὰς γυναῖκας αὐτῶν καὶ τὰ παιδία· ³³οὔτε ἐὰν κακὸν πάθωσιν ὑπό τινος οὔτε ἐὰν ἀγαθόν, δυνήσονται ἀνταποδοῦναι· οὔτε καταστῆσαι 34 βασιλέα δύνανται οὔτε ἀφελέσθαι. ³⁴ὡσαύτως οὔτε πλοῦτον οὔτε χαλκὸν οὐ μὴ δύνωνται διδόναι· ἐάν τις αὐτοῖς εὐχὴν εὐξάμενος μὴ 35 ἀποδῷ, οὐ μὴ ἐπιζητήσουσιν· ³⁵ἐκ θανάτου ἄνθρωπον οὐ μὴ ῥύσωνται, 36 οὔτε ἥττονα ἀπὸ ἰσχυροῦ μὴ ἐξέλωνται· ³⁶ἄνθρωπον τυφλὸν εἰς ὅρασιν οὐ μὴ περιστήσωσιν, ἐν ἀνάγκῃ ἄνθρωπον ὄντα οὐ μὴ ἐξέ-37 λωνται· ³⁷χήραν οὐ μὴ ἐλεήσωσιν, οὔτε ὀρφανὸν εὖ ποιήσουσιν. 38 ³⁸τοῖς ἀπὸ τοῦ ὄρους λίθοις ὡμοιωμένοι εἰσὶν τὰ ξύλινα καὶ τὰ περίχρυσα καὶ τὰ περιάργυρα, οἱ δὲ θεραπεύοντες αὐτὰ καται-39 σχυνθήσονται. ³⁹πῶς οὖν νομιστέον ἢ κλητέον αὐτοὺς ὑπάρχειν 40 θεούς; ⁴⁰Ἔτι δὲ καὶ αὐτῶν τῶν Χαλδαίων ἀτιμαζόντων αὐτά, οἳ ὅταν ἴδωσιν ἐνεὸν οὐ δυνάμενον λαλῆσαι, προσενεγκάμενοι τὸν 41 Βῆλον ἀξιοῦσιν φωνῆσαι, ὡς δυνατοῦ ὄντος αὐτοῦ αἰσθέσθαι, ⁴¹καὶ

26 πεση] +μη δυνασθαι Q | αυτων] εαυτων A | μητε 1°]·μη ποτε· AQ* AQ (μητε Qᵃ) | αυτο] αυτον A | μητε 2°] μη ποτε A | ου μη] incep ορθω B* (ου μη B¹⁽ᵛⁱᵈ⁾) | αλλ] αλλα A | παρατιθεται] παρατιθεασιν Q* (-σι Qᵃ) 27 γυναικες]+αυτων A | ουτε 1°] ουδεν Q | ουτε 2°] ουδε Q | μη μεταδωσιν] μεταδιδοασιν (-σι Qᵃ) AQ 28 λεχως B* λοχως B^b(vid) λοχω A λεχω Q | γνοντες] γνωτε Q* (γνοντ. Q^mg) | εισι Q^a 29 bis scr γαρ κληθεισαν B* (uncis incl 2° B^ab) | κληθεισαν] κληθησονται A | παρατιθεασι Q^a 30 οι ιερεις διφρευουσιν] οι ιερ. διαφθειρουσιν A καθιζουσιν οι ιερ. Q | εξυρημενοι A | ακαλυπτοι] ακατακαλυπτοι Q^mg 31 ορυονται A ωρυοντο Q | περιδειπνω (παιδιπνω sic A)] περιδειπνου Q* (-νω Q^a) 32 ενδυσουσιν] ενδυουσιν Q* (-σι Q^a) 33 δυνησονται] pr ου Q 34 επιζητησουσιν Q. 35 μη 2°] pr ου AQ 36 περιστησωσιν] παραστησωσιν A 37 ποιησωσιν AQ 38 εισι Q^a 39 νομισταιον η κλητωι] A 40 ου] μη Q | Βηλον] Βηλ A | αξιουσι AQ | φωνησαι] τοτε λαλησαι A

ΕΠΙΣΤΟΛΗ ΙΕΡΕΜΙΟΥ

B οὐ δύνανται αὐτοὶ νοήσαντες καταλιπεῖν αὐτά, αἴσθησιν γὰρ οὐκ ἔχουσιν. ⁴²αἱ δὲ γυναῖκες περιθέμεναι σχοινία ἐν ταῖς ὁδοῖς ἐνκάθηνται, 42 θυμιῶσαι τὰ πίτυρα· ⁴³ὅταν δέ τις αὐτῶν ἐφελκυσθεῖσα ὑπό τινος 43 τῶν παραπορευομένων κοιμηθῇ, τὴν πλησίον ὀνειδίζει, ὅτι οὐκ ἠξίωται ὥσπερ καὶ αὐτὴ οὔτε τὸ σχοινίον αὐτῆς διερράγη. ⁴⁴πάντα 44 τὰ γενόμενα αὐτοῖς ἐστὶν ψευδῆ. πῶς οὖν νομιστέον ἢ κλητέον ὡς θεοὺς αὐτοὺς ὑπάρχειν; ⁴⁵Ὑπὸ τεκτόνων καὶ χρυσοχόων κατα- 45 σκευασμένα εἰσίν· οὐδὲν ἄλλο μὴ γένηται ἢ ὃ βούλονται οἱ τεχνῖται αὐτὰ γενέσθαι. ⁴⁶αὐτοί τε οἱ κατασκευάζοντες αὐτὰ οὐ μὴ γένωνται 46 πολυχρόνιοι· ⁴⁷πῶς τε δὴ μέλλει τὰ ὑπ' αὐτῶν κατασκευασθέντα; 47 κατέλιπον γὰρ ψεύδη καὶ ὄνειδος τοῖς ἐπιγινομένοις. ⁴⁸ὅταν γὰρ 48 ἐπέλθῃ ἐπ' αὐτὰ πόλεμος καὶ κακά, βουλεύονται πρὸς ἑαυτοὺς οἱ ἱερεῖς ποῦ συναποκρυβῶσι μετ' αὐτῶν. ⁴⁹πῶς οὖν οὐκ ἔστιν αἰ- 49 σθέσθαι ὅτι οὐκ εἰσὶν θεοί, οἳ οὔτε σώζουσιν ἑαυτοὺς ἐκ πολέμου οὔτε ἐκ κακῶν; ⁵⁰ὑπάρχοντα γὰρ ξύλινα καὶ περίχρυσα καὶ περιάργυρα 50 γνωσθήσεται μετὰ ταῦτα ὅτι ἐστὶν ψευδῆ· τοῖς ἔθνεσι πᾶσι τοῖς τε βασιλεῦσι φανερὸν ἔσται ὅτι οὐκ εἰσὶ θεοὶ ἀλλὰ ἔργα χειρῶν ἀνθρώπων, καὶ οὐδὲν θεοῦ ἔργον ἐν αὐτοῖς ἐστίν.

⁵¹Τίνι οὖν γνωστέον ἐστὶν ὅτι οὐκ εἰσὶν θεοί; ⁵²βασιλέα γὰρ 51 52 χώρας οὐ μὴ ἀναστήσωσιν, οὔτε ὑετὸν ἀνθρώποις οὐ μὴ δῶσιν, ⁵³κρίσιν τε οὐ μὴ διακρίνωσιν ἑαυτῶν, οὐδὲ μὴ ῥύσωνται ἀδίκημα, 53 ἀδύνατοι ὄντες· ⁵⁴ὥσπερ γὰρ κορῶναι ἀνὰ μέσον τοῦ οὐρανοῦ 54 καὶ τῆς γῆς. καὶ γὰρ ὅταν ἐμπέσῃ εἰς οἰκίαν θεῶν ξυλίνων ἢ περιχρύσων ἢ περιαργύρων πῦρ, οἱ μὲν ἱερεῖς αὐτῶν φεύξονται καὶ διασωθήσονται, αὐτοὶ δὲ ὥσπερ δοκοὶ μέσοι κατακαυθήσονται.

AQ 41 νοησαντες] pr τουτο A | κατελειπειν Qᵃ 42 περιτιθεμεναι A | εγκαθηνται BᵃᵇAQ | θυμιωσαι] θυμιωντες A 43 εφελκυσθεισα (επελκ. Q* εφελκ. Qᵃ)] απελκυσθεις A | κοιμηθη]+μετ αυτης A | πλησιον]+αυτης A | οτι ο sup ras Aᵃ | ουκ] B* ου|κ Bᵗ | ουτε] ουδε AQ 44 γινομενα A (γειν.) Q | αυτοις] pr παρ A pr εν Q | ως] ωστε AQ | αυτου A* (-τους Aᵃ) 45 κατασκευασμενα B*ᵇA (κατεσκ. BᵃᵇQ) | εισιν] εστιν A | ουθεν (-δεν Q)]+ γαρ A | μη] pr ου A | γενηται] γενωνται AQ | om οι τεχνιται αιτα γενεσθαι A 47 τε δη] ουν A γε Q | κατασκευασθεντα]+ειναι θεοι AQ | κατελειπον A 48 om επελθη A | αυτα] αυτους A | συναποκρυβωσιν AQ* (-σι Qᵃ) 49 εισι Q | θεοι]+αλλ εργα χειρων αν͠ων Q | om οι A | εαυτους] αυτους AQ | πολεμων A 50 om γαρ Q | εστιν 1⁰] εισιν A | εθνεσιν A | om τε A | φανερα Q | εσται] εστιν A | εισιν AQ* (-σι Qᵃ) | θεου] ουν A 51 γνωστεον] γνωστον A pr ου Q | εστιν] ουκ εσται A | εισιν] εισι Qᵃ 52 αναστησουσιν Q | δωσιν] δωσουσιν Q* (-σι Qᵃ) 53 διακρινωσιν] κρινωσιν Q | εαυτων] αυτων AQ | ουδε] ουτε Q | αδικημα] αδικουμενον A 54 γαρ 1⁰] αι AQᵐᵍ | ανα μεσον] pr αι A | εμπεση] πεση Q | om πυρ A

382

ΕΠΙΣΤΟΛΗ ΙΕΡΕΜΙΟΥ 68

55 55βασιλεῖ δὲ καὶ πολεμίοις οὐ μὴ ἀντιστῶσιν. 56πῶς οὖν ἐκδεκτέον B
ἢ νομιστέον ὅτι εἰσὶν θεοί; Οὔτε ἀπὸ κλεπτῶν οὔτε ἀπὸ
λῃστῶν οὐ μὴ διαθῶσιν, θεοὶ ξύλινοι καὶ περιάργυροι καὶ περίχρυσοι·
57 57ὧν οἱ ἰσχύοντες περιελοῦνται τὸ χρυσίον καὶ τὸ ἀργύριον, καὶ τὸν
ἱματισμὸν τὸν περικείμενον αὐτοῖς ἀπελεύσονται ἔχοντες, οὔτε ἑαυτοῖς
58 οὐ μὴ βοηθήσωσιν. 58ὥστε κρεῖσσον εἶναι βασιλέα ἐπιδεικνύμενον
τὴν ἑαυτοῦ ἀνδρείαν ἢ σκεῦος ἐν οἰκίᾳ χρήσιμον, ἐφ᾽ ᾧ κεχρήσεται ὁ
κεκτημένος, ἢ οἱ ψευδεῖς θεοί· ἢ καὶ θύρα ἐν οἰκίᾳ διασώζουσα τὰ ἐν
αὐτῇ ὄντα ἢ οἱ ψευδεῖς θεοί, καὶ ξύλινος στύλος ἐν βασιλείοις ἢ οἱ
59 ψευδεῖς θεοί. 59ἥλιος μὲν γὰρ καὶ σελήνη καὶ ἄστρα ὄντα λαμπρὰ
60 καὶ ἀποστελλόμενα ἐπὶ χρείας εὐήκοά εἰσιν. 60ὡσαύτως καὶ ἀστραπὴ
ὅταν ἐπιφανῇ εὔοπτός ἐστιν· τὸ δ᾽ αὐτὸ καὶ πνεῦμα ἐν πάσῃ χώρᾳ
61 πνεῖ· 61καὶ νεφέλαις ὅταν ἐπιταγῇ ὑπὸ τοῦ θεοῦ ἐπιπορεύεσθαι
62 ἐφ᾽ ὅλην τὴν οἰκουμένην, συντελοῦσι τὸ ταχθέν· 62τό τε πῦρ
ἐξαποσταλὲν ἄνωθεν ἐξαναλῶσαι ὄρη καὶ δρυμοὺς ποιεῖ τὸ συνταχθέν.
ταῦτα δὲ οὔτε ταῖς εἰδέαις οὔτε ταῖς δυνάμεσιν αὐτῶν ἀφωμοιωμένα
63 ἐστίν. 63ὅθεν οὔτε νομιστέον οὔτε κλητέον ὑπάρχειν αὐτοὺς θεούς,
οὐ δυνατῶν ὄντων αὐτῶν οὔτε κρίσιν κρῖναι οὔτε εὖ ποιεῖν ἀνθρώποις.
64 64γνόντες οὖν ὅτι οὐκ εἰσὶν θεοί, μὴ φοβηθῆτε αὐτούς. 65Οὔτε
65
66 γὰρ βασιλεῦσιν οὐ μὴ καταράσωνται οὔτε μὴ εὐλογήσωσι. 66σημεῖά
τε ἐν ἔθνεσιν ἐν οὐρανῷ οὐ μὴ δείξωσιν, οὐδὲ ὡς ὁ ἥλιος λάμψου-
67 σιν, οὐδὲ φωτίσουσιν ὡς σελήνη. 67τὰ θηρία ἐστὶν κρείττω αὐτῶν,
68 ἃ δύνανται ἐκφυγόντα εἰς σκέπην αὐτὰ ὠφελῆσαι. 68κατ᾽ οὐδένα
οὖν τρόπον ἐστὶν ἡμῖν φανερὸν ὅτι εἰσὶν θεοί· διὸ μὴ φοβηθῆτε

55 δε] τε A | αντιστωσι Q   56 εκδεκτεον η νομιστεον] η νομισταιον AQ
η δεκταιον A νομιστεον εκδεκτεον Q* (νομ. η εκδ. Q^a) | εισι Q^a | διαθωσιν]
διασωσουσιν A διασωθωσιν Q* (-σι Q^a) | om και περιαργυροι Q* (hab Q^{mg})
57 περιλουνται] περιελομενοι Q | απελευσονται] pr και A | ουτε] οι δε A
58 κρεισσων AQ | επιδειγνυμενον A | ανδριαν A | κεχρησεται] χρησεται A
χρησηται Q | κεκτημενος] κτησαμενος A   59 om μεν Q* (hab Q^{mg}) | εισιν]
εστι] AQ^{mg}   60 εστι Q^a | om και 2° AQ   61 νεφελαις] νεφελη A | επι-
πορευεσθαι] πορευεσθαι Q | συντελουσιν A | ταχθεν] επιταχθεν Q^{mg}   62 τε]
δε AQ* (τε Q^a) | εξαναλωσαι] εξερημωσαι Q | ορη] + και βουνους Q | ουτε 1°]
ουδε A | ιδεαις AQ^a | ουτε 2°] ουδε AQ | αυτων] ενι αυτων A ενι τουτων
Q | αφομοιωμενα Q | εστιν] εισιν Q   63 κλητεον] εκλεκταιον A | αυτους
υπαρχειν A | ποιειν] ποιησαι Q   64 εισι Q^a   65 καταρασονται A |
ευλογησουσιν AQ   66 εν εθνεσιν εν ουρανω] εν ουνῶ και εν εθνεσιν
A | δειξωσι B* | ουδε] ουτε AQ | λαμψουσιν] ου μη εκλαμψουσιν A ου μη
λαμψωσιν Q | ουδε] ουτε AQ+μη A | φωτιουσιν AQ | σεληνη] pr η AQ
67 εστιν κρειττω] κρισσων εστιν A εστιν κρεισσονα Q | αυτα] εαυτα Q
68 εισιν] pr ουκ (superscr) Q^a | φοβητε Q* (-βηθητε Q^a)

ΕΠΙΣΤΟΛΗ ΙΕΡΕΜΙΟΥ

Β αὐτούς. ⁶⁹ Ὥσπερ γὰρ ἐν σικυηράτῳ προβασκάνιον οὐδὲν φυ- 69 λάσσον, οὕτως οἱ θεοὶ αὐτῶν εἰσὶν ξύλινοι καὶ περίχρυσοι καὶ περιάργυροι. ⁷⁰τὸν αὐτὸν τρόπον καὶ τῇ ἐν κήπῳ ῥάμνῳ, ἐφ' ἧς πᾶν 70 ὄρνεον ἐπικάθηται, ὡσαύτως δὲ καὶ νεκρῷ ἐρριμμένῳ ἐν σκότει ἀφωμοίωνται οἱ θεοὶ αὐτῶν ξύλινοι καὶ περίχρυσοι καὶ περιάργυροι. ⁷¹ἀπό τε τῆς πορφύρας καὶ τῆς μαρμάρου τῆς ἐπ' αὐτοὺς σηπομένης 71 γνωσθήσεται ὅτι οὐκ εἰσὶν θεοί· αὐτά τε ἐξ ὑστέρου βρωθήσονται, καὶ ἔσται ὄνειδος ἐν τῇ χώρᾳ. ⁷²κρείσσων οὖν ἄνθρωπος δίκαιος 72 οὐκ ἔχων εἴδωλα, ἔσται γὰρ μακρὰν ἀπὸ ὀνειδισμοῦ.

AQ 69 σικιηρατω Q] συκηρατω B συκηερατω A | φυλασσων A 70 την εν κ. ραμνω (sic) A | ης] η Q | om δε A | αφομοιωνται Q* (αφωμ. Qᵃ) | θεοι] νεκροι Q* (θεοι Qᵃ) 71 αυτους] αυτων A αυτοις Q | γνωσθησεται] γνωσεσθαι AQ* (-σθε Qᵃ) | εισι Qᵃ | αντα] αυτοι Q | βρωθησονται]+απ αυτων A+εξ αυτῶ| Qᵐᵍ | εσται] εσονται Q* (εσται Qᵐᵍ) | τη χωρα] om τη A 72 ουν] εσται Q | γαρ]+αυτος A | ονειδισμου] ονειδισματων Q* (-σμου Qᵐᵍ)

Subscr επιστολη Ιερεμιου BQ Ιερεμιας προφητης Βαρουχ θρηνοι και επιστολη A

ΙΕΖΕΚΙΗΛ

I 1 ΚΑΙ ἐγένετο ἐν τῷ τριακοστῷ ἔτει τετάρτῳ μηνὶ πέμπτῃ τοῦ Β μηνὸς καὶ ἐγὼ ἤμην ἐν μέσῳ τῆς αἰχμαλωσίας ἐπὶ τοῦ ποταμοῦ τοῦ 2 Χοβάρ, καὶ ἠνοίχθησαν οἱ οὐρανοί, καὶ εἶδον ὁράσεις θεοῦ. ²πέμπτῃ τοῦ μηνός, τοῦτο τὸ ἔτος τὸ πέμπτον τῆς αἰχμαλωσίας τοῦ βασιλέως Ἰωακείμ, ⁽³⁾καὶ ἐγένετο λόγος Κυρίου πρὸς Ἰεζεκιὴλ υἱὸν Βουζεὶ τὸν 3 ἱερέα ἐν γῇ Χαλδαίων ἐπὶ τοῦ ποταμοῦ τοῦ Χοβάρ. ³καὶ ἐγένετο 4 ἐπ᾽ ἐμὲ χεὶρ Κυρίου, ⁴καὶ ἴδον, καὶ ἰδοὺ πνεῦμα ἐξαῖρον ἤρχετο ἀπὸ βορρᾶ, καὶ νεφέλη μεγάλη ἐν αὐτῷ, καὶ φέγγος κύκλῳ αὐτοῦ καὶ πῦρ ἐξαστράπτον, καὶ ἐν τῷ μέσῳ αὐτοῦ ὡς ὅρασις ἠλέκτρου ἐν μέσῳ 5 τοῦ πυρὸς καὶ φέγγος ἐν αὐτῷ. ⁵καὶ ἐν τῷ μέσῳ ὡς ὁμοίωμα τεσσάρων ζῴων· καὶ αὕτη ἡ ὅρασις αὐτῶν· ὁμοίωμα ἀνθρώπου 6 ἐπ᾽ αὐτοῖς. ⁶καὶ τέσσαρα πρόσωπα τῷ ἑνί, καὶ τέσσαρες πτέρυγες 7 τῷ ἑνί· ⁷καὶ τὰ σκέλη αὐτῶν ὀρθά, καὶ πτερωτοὶ οἱ πόδες αὐτῶν, καὶ σπινθῆρες ὡς ἐξαστράπτων χαλκός· καὶ ἐλαφραὶ αἱ πτέρυγες αὐτῶν, 8 ⁸καὶ χεὶρ ἀνθρώπου ὑποκάτωθεν τῶν πτερύγων αὐτῶν ἐπὶ τὰ τέσ-9 σαρα μέρη αὐτῶν· καὶ τὰ πρόσωπα αὐτῶν τῶν τεσσάρων ⁹οὐκ ἐπεστρέφοντο ἐν τῷ βαδίζειν αὐτά, ἕκαστον ἀπέναντι τοῦ προσώπου 10 αὐτῶν ἐπορεύοντο. ¹⁰καὶ ὁμοίωσις τῶν προσώπων αὐτῶν· πρόσωπον

Inscr Ιεζεκιηλ BAQ+προφητης ιε´ A [**1** τεταρτω] pr εν τω AQ B^{ab}AQ | του μηνος sup ras B^{ab vid} | Χοβαρ] adnot βαρυσμος Q^{mg} | ειδον] ιδον AQ **2** το ετος (ετου A* -τος A^a)] om το Q | το πεμπτον] om το A | Ιωακειμ] adnot Ιαω ετοιμασμος Q^{mg} | Ιεζεκιηλ] adnot κρατος θῦ Q^{mg} | Βουζι Q adnot πεφαυλισμενος Q^{mg} | Χαλδαιων] adnot ως μαστοι et ως αγροι Q^{mg} **3** εγενετο] + εκει A et (sub ※) Q^{mg} **4** και 3°] seq ras 1 lit in A | φεγγος 1°]+κῦ Q | ορασις] ομοιωμα A **6** τεσσερα Q: item 8 | τω ενι (1°)]+α´θ´ αυτοις Q^{mg} **7** ορθα] pr ※ σκελη Q^{mg} | εξαστραπτων] pr o A **8** πτερυγων sup ras B^{ab} | αυτων 3°]+και αι πτερυγες αυτων A et (sub ※ α´θ´ Q^{mg}) Q | τεσσαρων]+εχομενα (-ναι A¹) ετερα της ετερας και τα προσωπα αυτων A (om και.. αυτων A*^{vid} επι.. προσωπα sup ras A^{a1}) εχομεναι ετερα τ. ετερας κ. αι πτερυγες αυτων (sub ※ θ´) Q **9** αυτα] αυτας Q* (-τα Q^a) | εκαστον] ν sup ras A^{a?} | απεναντι] κατεναντι B*^{fort} (απ sup ras B^{ab}) AQ **10** ομοιωσις] pr η A

ΙΕΖΕΚΙΗΛ

B ἀνθρώπου καὶ πρόσωπον λέοντος ἐκ δεξιῶν τοῖς τέσσαρσιν, καὶ πρόσωπον μόσχου ἐξ ἀριστερῶν τοῖς τέσσαρσιν, καὶ πρόσωπον ἀετοῦ τοῖς τέσσαρσιν, ¹¹καὶ αἱ πτέρυγες αὐτῶν ἐκτεταμέναι ἄνωθεν 11 τοῖς τέσσαρσιν, ἑκατέρῳ δύο συνεζευγμέναι πρὸς ἀλλήλας, καὶ δύο ἐπεκάλυπτον ἐπάνω τοῦ σώματος αὐτῶν· ¹²καὶ ἑκάτερον κατὰ 12 πρόσωπον αὐτοῦ ἐπορεύετο· οὗ ἂν ἦν τὸ πνεῦμα πορευόμενον ἐπορεύοντο, καὶ οὐκ ἐπέστρεφον. ¹³καὶ ἐν μέσῳ τῶν ζῴων ὅρασις ὡς 13 ἀνθράκων πυρὸς καιομένων, ὡς ὄψις λαμπάδων συστρεφομένων ἀνὰ μέσον τῶν ζῴων καὶ φέγγος τοῦ πυρός, καὶ ἐκ τοῦ πυρὸς ἐξεπορεύετο ἀστραπή. ¹⁵καὶ ἴδον, καὶ ἰδοὺ τροχὸς εἷς ἐπὶ τῆς γῆς ἐχόμενος τῶν 15 ζῴων τοῖς τέσσαρσιν. ¹⁶καὶ τὸ εἶδος τῶν τροχῶν ὡς εἶδος θαρσείς, 16 καὶ ὁμοίωμα ἐν τοῖς τέσσαρσιν· καὶ τὸ ἔργον αὐτῶν ἦν καθὼς ἂν εἴη τροχὸς ἐν τροχῷ· ¹⁷ἐπὶ τὰ τέσσερα μέρη αὐτῶν ἐπορεύοντο. 17 οὐκ ἐπέστρεφον ἐν τῷ πορεύεσθαι αὐτά, ¹⁸οὐδ' οἱ νῶτοι αὐτῶν, καὶ 18 ὕψος ἦν αὐτοῖς· καὶ ἴδον αὐτά, καὶ οἱ νῶτοι αὐτῶν πλήρεις ὀφθαλμῶν κυκλόθεν τοῖς τέσσαρσιν. ¹⁹καὶ ἐν τῷ πορεύεσθαι τὰ ζῷα, ἐπο- 19 ρεύοντο οἱ τροχοὶ ἐχόμενοι αὐτῶν· καὶ ἐν τῷ ἐξαίρειν τὰ ζῷα ἀπὸ τῆς γῆς, ἐξῄροντο οἱ τροχοί. ²⁰οὗ ἂν ἦν ἡ νεφέλη, ἐκεῖ τὸ πνεῦμα τοῦ 20 πορεύεσθαι· ἐπορεύοντο οἱ τροχοὶ καὶ ἐξῄροντο σὺν αὐτοῖς, διότι πνεῦμα ζωῆς ἐν τοῖς τροχοῖς. ²¹ἐν τῷ πορεύεσθαι αὐτὰ ἐπορεύοντο, 21 καὶ ἐν τῷ ἑστάναι αὐτὰ ἱστήκεισαν, καὶ ἐν τῷ ἐξαίρειν αὐτὰ ἀπὸ τῆς γῆς ἐξῄροντο σὺν αὐτοῖς, ὅτι πνεῦμα ζωῆς ἦν ἐν τοῖς τροχοῖς. ²²καὶ 22 ὁμοίωμα ὑπὲρ κεφαλῆς αὐτοῖς τῶν ζῴων ὡσεὶ στερέωμα, ὡς ὅρασις κρυστάλλου, ἐκτεταμένον ἐπὶ τῶν πτερύγων αὐτῶν ἐπάνωθεν· ²³καὶ 23 ὑποκάτω τοῦ στερεώματος αἱ πτέρυγες αὐτῶν ἐκτεταμέναι, πτε-

AQ   10 ανθρωπου]+αυτοις A | τεσσαρσιν 1°] τεσσαροις A | τεσσαρσι (2°, 3°) A: item 11   11 και 1°] pr (sub ※) και τα προσωπα αυτων Q | om ανωθεν A* (ταμε|ναι ανωθεν in mg et sup ras Aᵃ) | εκατερω] εκαστω Q   12 εκατερον] εκαστον Q | ην] η AQ | επορευοντο] επορευετο A | επεστρεφον] επεστρεφεν A+θ' ※ εν τω πορευεσθαι αυτα Q   13 om ως 1° A | αστραπη] pr ως AQ+και τα ζωα ετρεχον και ανεκαμπτον ως ειδος του βεζεκ A et (sup θ' ※) Q (pro βεζεκ leg a' απορροιας η αστραπης σ' ακτινος αστραπης Qᶦⁿᵍ) 16 τροχων]+a'θ' ※ και αι ποιησεις αυτων Q | ως ειδος θαρσεις] a' ως οφθαλμος χρυσολιθου σ' ως ορασις υακινθου Qᶦⁿᵍ | om και ομοιωμα εν τ. τεσσαρσιν A* (hab Aᵃ⁺ᵐᵍ) | τεσσαρσιν]+θ' ※ και η ορασις αυτων Q | εν 2°] επι A 17 αυτων]+θ' ※ εν τω πορευεσθαι αυτους Q   20 ου] pr ҁ Bᵃᵇ | ην η] ἢ Bᵇ | επορευοντο]+τα ζωα και AQ | om και A | ζωης]+ην A   21 εισtηκεισαν BᵃᵇQᵃ | απο της γης sup ras Aᵃ | om γης Q* (hab Qᵐᵍ) | εξηροντο]+a'θ' ※ οι τροχοι Q | om ην Bᵃ⁽ᵛᶦᵈ⁾ᵇ | εν τοις τροχοις ην A   22 improb αυτοις Bᵃᵇ | improb ωσει Bᵃᵇ | κρυσταλλου]+φοβερου Q   23 υποκατωθεν B?⁽ᵐᵍ⁾

ΙΕΖΕΚΙΗΛ ΙΙ 7

ρυσσόμεναι ετέρα τη ετέρα, εκάστω δύο επικαλύπτουσαι τα σώματα B
24 αυτών. ²⁴καὶ ἤκουον τὴν φωνὴν τῶν πτερύγων αὐτῶν ἐν τῷ
πορεύεσθαι αὐτὰ ὡς φωνὴν ὕδατος πολλοῦ· καὶ ἐν τῷ ἑστάναι
25 αὐτὰ κατέπαυον αἱ πτέρυγες αὐτῶν. ²⁵καὶ ἰδοὺ φωνὴ ὑπεράνωθεν
26 τοῦ στερεώματος τοῦ ὄντος ὑπὲρ κεφαλῆς αὐτῶν· ²⁶ὡς ὅρασις λίθου
σαπφείρου, ὁμοίωμα θρόνου ἐπ' αὐτοῦ, καὶ ἐπὶ τοῦ ὁμοιώματος τοῦ
27 θρόνου ὁμοίωμα ὡς εἶδος ἀνθρώπου ἄνωθεν. ²⁷καὶ ἴδον ὡς ὄψιν
ἠλέκτρου ἀπὸ ὁράσεως ὀσφύος καὶ ἐπάνω, καὶ ἀπὸ ὁράσεως ὀσφύος
καὶ ἕως κάτω ἴδον ὡς ὅρασιν πυρός, καὶ τὸ φέγγος αὐτοῦ κύκλῳ.
28 ²⁸ὡς ὅρασις τόξου, ὅταν ᾖ ἐν τῇ νεφέλῃ ἐν ἡμέραις ὑετοῦ, οὕτως ἡ
στάσις τοῦ φέγγους κυκλόθεν.

II 1 ¹Αὕτη ἡ ὅρασις ὁμοιώματος δόξης Κυρίου· καὶ ἴδον, καὶ πίπτω
ἐπὶ πρόσωπόν μου, καὶ ἤκουσα φωνῆς λαλοῦντος, ⁽¹⁾καὶ εἶπεν πρὸς
μέ Υἱὲ ἀνθρώπου, στῆθι ἐπὶ τοὺς πόδας σου, καὶ λαλήσω πρὸς σέ·
2 ²καὶ ἦλθεν ἐπ' ἐμὲ πνεῦμα, καὶ ἀνέλαβέν με καὶ ἐξῆρέν με καὶ
ἔστησέν με ἐπὶ τοὺς πόδας μου, καὶ ἤκουον αὐτοῦ λαλοῦντος πρὸς μέ,
3 ³καὶ εἶπεν πρὸς μέ Υἱὲ ἀνθρώπου, ἐξαποστέλλω ἐγώ σε πρὸς τὸν
οἶκον τοῦ Ἰσραήλ, τοὺς παραπικραίνοντάς με, οἵτινες παρεπίκρανάν
4 με αὐτοὶ καὶ οἱ πατέρες αὐτῶν ἕως τῆς σήμερον ἡμέρας, ⁴καὶ ἐρεῖς
5 πρὸς αὐτούς Τάδε λέγει Κύριος, ⁵ἐὰν ἄρα ἀκούσωσιν ἢ πτοηθῶσιν,
διότι οἶκος παραπικραίνων ἐστίν, καὶ γνώσονται ὅτι προφήτης εἶ σὺ
6 ἐν μέσῳ αὐτῶν. ⁶καὶ σύ, υἱὲ ἀνθρώπου, μὴ φοβηθῇς αὐτούς, μηδὲ
ἐκστῇς ἀπὸ προσώπου αὐτῶν· διότι παροιστρήσουσι καὶ ἐπισυστή-
σονται ἐπὶ σὲ κύκλῳ, καὶ ἐν μέσῳ σκορπίων σὺ κατοικεῖς· τοὺς
λόγους αὐτῶν μὴ φοβηθῇς, καὶ ἀπὸ προσώπου αὐτῶν μὴ ἐκστῇς,
7 διότι οἶκος παραπικραίνων ἐστίν. ⁷καὶ λαλήσεις τοὺς λόγους μου

23 ετερα bis] εκατερα Bᵃ | δυο]+συνεξευγμεναι A | τα σωματα αυτων] τω AQ σωματι τα προσωπα αυτων A   24 ηκουον] ηκουσα Q | πολλου]+ως φωνην ικανου εν τω πορευεσθαι αυτα φωνη του λογου ως φωνη παρεμβολης A et (sub θ' ⁎·) Q   25 υπερανωθεν] υπερανω A | αυτων]+εν τω εστάναι αυτα ανιεντο (-οντο Q) αι πτερυγες αυτων και υπερανω του στερεωματος του υπερ κεφαλης αυτων A et (sup θ' ⁎·) Q   26 ομοιωμα 1°] pr και Q | αυτου] αυτω A   27 ιδον 1°] ειδον Bᵃᵇ A | ηλεκτρου]+ως ορασις πυρος εσωθεν αυτου κυκλω (αυτ. κυκλω sup ras Aᵃ) A et (sub α'θ' ⁎·) Q   27—II 2 απο ορασεως (1°) ...εξηρεν με και sup ras Aᵃ   27 ιδον 2°] ειδον Aᵃ | om ως 2° Q* (hab sub α'θ' ⁎· Qᵐᵍ)   28 ημεραις] ημερα Q   II 1 ομοιωματος] ομοιωμα της Aᵃ | ειδον Aᵃ   2 εξηρεν] εξηγειρεν Aᵃ | τους ποδας] om τους Q   3 εξαποστελω A | αυτων]+ηθετησαν εν εμοι A et (sub θ' ⁎·) Q   4 και ερεις] pr και υιοι σκληροπροσωποι και στερεοκαρδιοι εγω αποστελλω σε προς αυτους A et (sub α'θ' ⁎·) Q | Κυριος] pr κς̄ AQ   6 παροιστρησουσιν AQ | εκστης 2°] α' πτηξης Qᵐᵍ | παραπικραινων] α' αλλασσων σ' προσεριστης Qᵐᵍ

ΙΕΖΕΚΙΗΛ

B πρὸς αὐτούς, ἐὰν ἄρα ἀκούσωσιν ἢ πτοηθῶσιν, ὅτι οἶκος παραπικραίνων ἐστίν. ⁸καὶ σύ, υἱὲ ἀνθρώπου, ἄκουε τοῦ λαλοῦντος πρὸς 8 σέ, μὴ γίνου παραπικραίνων καθὼς ὁ οἶκος ὁ παραπικραίνων· χάνε τὸ στόμα σου καὶ φάγε ὃ ἐγὼ δίδωμί σοι. ⁹καὶ ἴδον, καὶ ἰδοὺ χεὶρ 9 ἐκτεταμένη πρὸς μέ, καὶ ἐν αὐτῇ κεφαλὶς βιβλίου· ¹⁰καὶ ἀνείλησεν 10 αὐτὴν ἐνώπιον ἐμοῦ, καὶ ἐν αὐτῇ γεγραμμένα ἦν τὰ ἔμπροσθεν καὶ τὰ ὀπίσω, καὶ ἐγέγραπτο θρῆνος καὶ μέλος καὶ οὐαί. ¹καὶ εἶπεν 1 III πρὸς μέ Υἱὲ ἀνθρώπου, κατάφαγε τὴν κεφαλίδα ταύτην, καὶ πορεύθητι καὶ λάλησον τοῖς υἱοῖς Ἰσραήλ. ²καὶ διήνοιξεν τὸ στόμα μου, 2 καὶ ἐψώμισέν με τὴν κεφαλίδα. ³καὶ εἶπεν πρὸς μέ Υἱὲ ἀνθρώπου, 3 τὸ στόμα σου φάγεται, καὶ ἡ κοιλία σου πλησθήσεται τῆς κεφαλίδος ταύτης τῆς δεδομένης εἰς σέ. καὶ ἔφαγον αὐτήν, καὶ ἐγένετο ἐν τῷ στόματί μου ὡς μέλι γλυκάζον.

⁴Καὶ εἶπεν πρὸς μέ Υἱὲ ἀνθρώπου, βάδιζε καὶ εἴσελθε πρὸς τὸν 4 οἶκον τοῦ Ἰσραὴλ καὶ λάλησον τοὺς λόγους μου πρὸς αὐτούς, ⁵διότι 5 οὐ πρὸς λαὸν βαθύγλωσσον σὺ ἐξαποστέλλῃ, πρὸς τὸν οἶκον τοῦ Ἰσραήλ, ⁶οὐδὲ πρὸς λαοὺς πολλοὺς ἀλλοφώνους ἢ ἀλλογλώσσους 6 οὐδὲ στιβαροὺς τῇ γλώσσῃ ὄντας, ὧν οὐκ ἀκούσῃ τοὺς λόγους· καὶ εἰ πρὸς τοιούτους ἐξαπέστειλά σε, οὗτοι ἂν εἰσήκουσάν σου. ⁷ὁ δὲ 7 οἶκος τοῦ Ἰσραὴλ οὐ μὴ θελήσουσιν εἰσακοῦσαί σου, διότι οὐ βούλονται εἰσακοῦσαί μου· ὅτι πᾶς ὁ οἶκος Ἰσραὴλ φιλόνεικοί εἰσιν καὶ σκληροκάρδιοι. ⁸καὶ ἰδοὺ δέδωκα τὸ πρόσωπόν σου δυνατὸν κατέ- 8 ναντι τῶν προσώπων αὐτῶν, καὶ τὸ νεῖκός σου κατισχύσω κατέναντι τοῦ νείκους αὐτῶν, ⁹καὶ ἔσται διὰ παντὸς κραταιότερον πέτρας. μὴ 9 φοβηθῇς ἀπ' αὐτῶν μηδὲ πτοηθῇς ἀπὸ προσώπου αὐτῶν, διότι οἶκος παραπικραίνων ἐστίν. ¹⁰καὶ εἶπεν πρὸς μέ Υἱὲ ἀνθρώπου, πάντας τοὺς 10 λόγους οὓς λελάληκα μετὰ σοῦ λάβε εἰς τὴν καρδίαν σου καὶ τοῖς ὠσίν σου ἄκουε, ¹¹καὶ βάδιζε, εἴσελθε εἰς τὴν αἰχμαλωσίαν πρὸς τοὺς υἱοὺς 11

AQ   7 οτι] διοτι Bᵃᵇ A   8 μη] pr και Q | παραπικραινων 1° (νων sup ras Aᵃ)]+και συ (sup ras) Aᵃ | ο παραπικρ.] ο sup ras Aᵃ | ο εγω] α εγω B* ᵛⁱᵈ (ο sup ras Bᵃᵇ) A   9 κεφαλις] σ' ιλητο͞| τευχος Qᵐᵍ   10 αυτη] a sup ras Aᵃ | εμπροσθεν] οπισθεν A | οπισω] εμπροσθεν A οπισθεν Q | εγεγραπτο]+εις αυτην AQ   III 1 ειπε Qᵃ: item 4 | ανθρωπου]+οι γ' ⸓ ο εαν ευρης φαγε Qᵐᵍ   2 κεφαλιδα]+ταυτην Q   4 om και 2° AQ   5 βαθυγλωσσον] βαθυχειλον (βαθ sup ras Aᵃ) και βαρυγλωσσον AQ | εξαποστειλη Bᵃ⁽ᵛⁱᵈ⁾ | του Ισραηλ] om του Q   6 λογους]+αυτων A   7 εισακουσαι 2°] εισακουει A | Ισραηλ 2°] pr του AQ | φιλονεικοι] a' ισχυροι μετωπω σ' αναιδεις μετωπω Qᵐᵍ   8 προσωπων] προσωπον A* (-πων A?ᵛⁱᵈ)   9 πετρας]+δεδωκα το νεικος σου A+(sub θ' ⸓) δεδωκα το μετωπον σου Q | φο|φηθης B* (φοβ. Bᵃ?ᵇ?) | πτοηθης] σ' υπενδως Qᵐᵍ   10 ελαληκα A   11 εισελθε] seq ras 1 saltem lit in A

ΙΕΖΕΚΙΗΛ III 22

τοῦ λαοῦ σου καὶ λαλήσεις πρὸς αὐτούς, καὶ ἐρεῖς πρὸς αὐτούς Τάδε B
12 λέγει Κύριος, ἐὰν ἄρα ἀκούσωσιν, ἐὰν ἄρα ἐνδῶσιν. ¹²Καὶ ἀνέλα-
βέν με πνεῦμα, καὶ ἤκουσα κατόπισθέν μου, καὶ ἤκουσα φωνὴν σεισμοῦ
13 μεγάλου Εὐλογημένη ἡ δόξα Κυρίου ἐκ τοῦ τόπου αὐτοῦ. ¹³καὶ ἴδον
φωνὴν πτερύγων τῶν ζώων πτερυσσομένων ἑτέρα πρὸς τὴν ἑτέραν,
14 καὶ φωνὴ τῶν τροχῶν ἐχομένη αὐτῶν, καὶ φωνὴ τοῦ σεισμοῦ. ¹⁴καὶ
τὸ πνεῦμα ἐξῆρέν με καὶ ἀνέλαβέν με, καὶ ἐπορεύθην ἐν ὁρμῇ τοῦ
15 πνεύματός μου, καὶ χεὶρ Κυρίου ἐγένετο ἐπ' ἐμὲ κραταιά. ¹⁵καὶ
εἰσῆλθον εἰς τὴν αἰχμαλωσίαν μετέωρος, καὶ περιῆλθον τοὺς κατοι-
κοῦντας ἐπὶ τοῦ ποταμοῦ τοῦ Χοβὰρ τοὺς ὄντας ἐκεῖ· καὶ ἐκάθισα
16 ἐκεῖ ἑπτὰ ἡμέρας ἀναστρεφόμενος ἐν μέσῳ αὐτῶν. ¹⁶καὶ ἐγένετο
17 μετὰ τὰς ἑπτὰ ἡμέρας λόγος Κυρίου πρὸς μὲ λέγων ¹⁷Υἱὲ ἀνθρώπου,
σκοπὸν δέδωκά σε τῷ οἴκῳ Ἰσραήλ, καὶ ἀκούσῃ ἐκ στόματός μου
18 λόγον, καὶ διαπειλήσῃ αὐτοῖς παρ' ἐμοῦ. ¹⁸ἐν τῷ λέγειν με τῷ ἀνόμῳ
Θανάτῳ θανατωθήσῃ· καὶ οὐ διεστείλω αὐτῷ οὐδὲ ἐλάλησας τοῦ δια-
στείλασθαι τῷ ἀνόμῳ ἀποστρέψαι ἀπὸ τῶν ὁδῶν αὐτοῦ τοῦ ζῆσαι
αὐτόν, ὁ ἄνομος ἐκεῖνος τῇ ἀδικίᾳ αὐτοῦ ἀποθανεῖται, καὶ τὸ αἷμα
19 αὐτοῦ ἐκ χειρός σου ἐκζητήσω. ¹⁹καὶ σὺ ἐὰν διαστείλῃ τῷ ἀνόμῳ,
καὶ μὴ ἀποστρέψῃ ἀπὸ τῆς ἀνομίας αὐτοῦ καὶ τῆς ὁδοῦ, ὁ ἄνομος
ἐκεῖνος ἐν τῇ ἀδικίᾳ αὐτοῦ ἀποθανεῖται, καὶ σὺ τὴν ψυχήν σου ρύσῃ.
20 ²⁰καὶ ἐν τῷ ἀποστρέφειν δίκαιον ἀπὸ τῶν δικαιοσυνῶν αὐτοῦ καὶ
ποιήσῃ παράπτωμα, καὶ δώσω τὴν βάσανον εἰς πρόσωπον αὐτοῦ,
αὐτὸς ἀποθανεῖται, ὅτι οὐ διεστείλω αὐτῷ, καὶ ἐν ταῖς ἁμαρτίαις αὐτοῦ
ἀποθανεῖται, διότι οὐ μὴ μνησθῶσιν αἱ δικαιοσύναι αὐτοῦ· καὶ τὸ αἷμα
21 αὐτοῦ ἐκ τῆς χειρός σου ἐκζητήσω. ²¹σὺ δὲ ἐὰν διαστείλῃ τῷ δικαίῳ
τοῦ μὴ ἁμαρτεῖν, καὶ αὐτὸς μὴ ἁμάρτῃ, ὁ δίκαιος ζωῇ ζήσεται, ὅτι
διεστείλω αὐτῷ· καὶ σὺ τὴν σεαυτοῦ ψυχὴν ρύσῃ.
22 ²²Καὶ ἐγένετο ἐπ' ἐμὲ χεὶρ Κυρίου, καὶ εἶπεν πρὸς μέ Ἀνάστηθι

11 bis scr και ερεις προς αυτους Q* (improb 2° Qᵃ) | Κυριος] pr κs AQ AQ
12 om και ηκουσα 2° BᵃᵇAQ | μεγαλου]+λεγοντων A   13 και ιδον (ειδ. A)
φωνην] σ' ϗ συγκρουσῖ| Qᵐᵍ | σεισμου]+(sub α'θ' ※) μεγαλου Q   14 το
πνευμα]+κυ A | επορευθην]+μετεωρος AQ   15 κατοικουντας] ουν sup
ras Bᵃᵇ   16—17 μετα τας...παρ εμου sup ras Aᵃ   16 ημερας]+(sub
α'θ'σ' ※) και εγενετο Q   17 διαπειλησῃ] απειλησῃ Q σ' προφυλαξεις
Qᵐᵍ   18 ante θανατωθησῃ ras 4 vel 5 litt B?vid | αποστρεψαι| pr του
Q | του ζησαι αυτον] του ζητησαι αυτον A α' του σωσαι αυτο| Qᵐᵍ | αδικεια
B* (-κια Bᵇ)   19 οδου] pr απο Q+αυτου BᵃᵇAQ | ρυσῃ] ερυσω A
20 των δικαιοσυνων] της δικαιοσυνης A | βασανον] οι λοιποι σκανδαλον
Qᵐᵍ | οτι ου διεστειλω αυτω] σ' επειδη μη προεφυλαξας αυτον Qᵐᵍ | αυτου
4°]+ας εποιησεν AQ   21 αμαρτειν] αμαρτανειν A | δεστειλω Q* (διεστ.
Qᵃ) | σεαυτου ψυχην] ψ. σου A

389

Β καὶ ἔξελθε εἰς τὸ πεδίον, καὶ ἐκεῖ λαληθήσεται πρὸς σέ. ²³καὶ 23 ἀνέστην καὶ ἐξῆλθον εἰς τὸ πεδίον, καὶ ἰδοὺ ἐκεῖ δόξα Κυρίου εἱστήκει καθὼς ἡ ὅρασις καὶ καθὼς ἡ δόξα ἣν ἴδον ἐπὶ τοῦ ποταμοῦ τοῦ Χοβάρ, καὶ πίπτω ἐπὶ πρύσωπόν μου. ²⁴καὶ ἦλθεν ἐπ' ἐμὲ πνεῦμα καὶ 24 ἔστησέν με ἐπὶ πόδας μου, καὶ ἐλάλησεν πρὸς μὲ καὶ εἶπέν μοι Εἴσελθε καὶ ἐγκλείσθητι ἐν μέσῳ τοῦ οἴκου σου. ²⁵καὶ σύ, υἱὲ ἀν- 25 θρώπου, ἰδοὺ δέδονται ἐπὶ σὲ δεσμοί, καὶ δήσουσίν σε ἐν αὐτοῖς, καὶ οὐ μὴ ἐξέλθῃς ἐκ μέσου αὐτῶν. ²⁶καὶ τὴν γλῶσσάν σου συνδήσω, 26 καὶ ἀποκωφωθήσῃ, καὶ οὐκ ἔσῃ αὐτοῖς εἰς ἄνδρα ἐλέγχοντα, διότι οἶκος παραπικραίνων ἐστίν. ²⁷καὶ ἐν τῷ λαλεῖν με πρὸς σὲ ἀνοίξω 27 τὸ στόμα σου καὶ ἐρεῖς πρὸς αὐτούς Τάδε λέγει Κύριος Ὁ ἀκούων ἀκουέτω, καὶ ὁ ἀπειθῶν ἀπειθείτω, διότι οἶκος παραπικραίνων ἐστίν· ¹Καὶ σύ, υἱὲ ἀνθρώπου, λάβε σεαυτῷ πλίνθον καὶ 1 IV θήσεις αὐτὴν πρὸ προσώπου σου, καὶ διαγράψεις ἐπ' αὐτὴν πόλιν τὴν Ἰερουσαλήμ, ²καὶ δώσεις ἐπ' αὐτὴν περιοχήν, καὶ οἰκοδομήσεις 2 ἐπ' αὐτὴν προμαχῶνας, καὶ περιβαλεῖς ἐπ' αὐτὴν χάρακα, καὶ δώσεις ἐπ' αὐτὴν παρεμβολάς, καὶ τάξεις τὰς βελοστάσεις κύκλῳ. ³καὶ 3 σὺ λάβε σεαυτῷ τήγανον σιδηροῦν καὶ θήσεις αὐτὸ τοῖχον σιδηροῦν ἀνὰ μέσον σοῦ καὶ ἀνὰ μέσον τῆς πόλεως, καὶ ἑτοιμάσεις τὸ πρόσωπόν σου ἐπ' αὐτήν, καὶ ἔσται ἐν συνκλεισμῷ, καὶ συγκλείσεις αὐτήν· σημεῖόν ἐστιν τοῦτο τοῖς υἱοῖς Ἰσραήλ. ⁴Καὶ σὺ 4 κοιμηθήσῃ ἐπὶ τὸ πλευρόν σου τὸ ἀριστερόν, καὶ θήσεις τὰς ἀδικίας τοῦ οἴκου Ἰσραὴλ ἐπ' αὐτοῦ κατὰ ἀριθμὸν τῶν ἡμερῶν πεντήκοντα καὶ ἑκατὸν ἃς κοιμηθήσῃ ἐπ' αὐτοῦ, καὶ λήμψῃ τὰς ἀδικίας αὐτῶν. ⁵καὶ ἐγὼ δέδωκά σοι τὰς δύο ἀδικίας αὐτῶν εἰς ἀριθμὸν ἡμερῶν, 5 ἐνενήκοντα καὶ ἑκατὸν ἡμέρας, καὶ λήμψῃ τὰς ἀδικίας τοῦ οἴκου Ἰσραήλ. ⁶καὶ συντελέσεις ταῦτα, καὶ κοιμηθήσῃ ἐπὶ τὸ πλευρόν σου 6 τὸ δεξιόν, καὶ λήμψῃ τὰς ἀδικίας τοῦ οἴκου Ἰούδα τεσσεράκοντα ἡμέρας· ἡμέραν εἰς ἐνιαυτὸν τέθεικά σοι. ⁷καὶ εἰς τὸν συγκλεισμὸν 7

AQ 23 εκει δοξα κ̄ν̄ ιστηκει sup ras Aᵃ | ιστηκει AQ* | 24 εστησεν] ανεστησε Bᵃᵇ   25 δησουσι Qᵃ | και 3°]+συ A | εκ μεσου] εξ A 26 συνδησω]+(sub θ' ※) προς τον λαρυγγα σου Q | αποκωφωθηση] σ' αλλος εση Qᵐᵍ   27 Κυριος] pr κ̄ς AQᵐᵍ pr αδωναι Q* | απιθετω A   IV 2 προχωνας B* (προμαχ. Bᵃᵇ)   3 συγκλεισμω BᵃᵇAQ | συνκλισεις A συγκλεισης Qᵐᵍ vid   4 πεντηκοντα] pr εν Q | πεντηκοντα και εκατον] adnot ου κειτ, παρ Εβρ[αιοις] Qᵐᵍ | εκατον]+ημερας A | ληψη Bᵀ Qᵃ: item 5   5 δεδωκα] εδωκα Q | ενενηκοντα και εκατον] οι λοιποι τριακοσιας κ̄ ενενηκ. Qᵐᵍ | αδικειας 2° B* (-κιας Bᵇ: item 6) | om οικου Q   6 ταυτα] αυτα παντα A | δεξιον]+(sub α'θ' ※) δευτερον Q | ληψη Qᵃ   7 τον συγκλεισμον] συνκλισμον A

ΙΕΖΕΚΙΗΛ VI

Ἰερουσαλὴμ ἑτοιμάσεις τὸ πρόσωπόν σου, καὶ τὸν βραχίονά σου Β 8 στερεώσεις, καὶ προφητεύσεις ἐπ᾽ αὐτήν. ⁸καὶ ἐγὼ ἰδοὺ δέδωκα ἐπὶ σὲ δεσμούς, καὶ μὴ στραφῇς ἀπὸ τοῦ πλευροῦ σοῦ ἐπὶ τὸ πλευρόν 9 σου ἕως οὗ συντελεσθῶσιν ἡμέραι τοῦ συγκλεισμοῦ σου. ⁹καὶ σὺ λάβε σεαυτῷ πυροὺς καὶ κριθὰς καὶ κύαμον καὶ φακὸν καὶ κέγχρον καὶ ὄλυραν, καὶ ἐμβαλεῖς αὐτὰ εἰς ἄγγος ἐν ὀστράκινον, καὶ ποιήσεις αὐτὰ σαυτῷ εἰς ἄρτους, καὶ κατ᾽ ἀριθμὸν τῶν ἡμερῶν ἃς σὺ καθεύδεις ἐπὶ τοῦ πλευροῦ σου, ἐνενήκοντα καὶ ἑκατὸν ἡμέρας, 10 φάγεσαι αὐτά. ¹⁰καὶ τὸ βρῶμά σου φάγεσαι ἐν σταθμῷ, εἴκοσι 11 σίκλους τὴν ἡμέραν· ἀπὸ καιροῦ ἕως καιροῦ φάγεσαι αὐτά. ¹¹καὶ ὕδωρ ἐν μέτρῳ πίεσαι, τὸ ἕκτον τοῦ εἲν ἀπὸ καιροῦ ἕως καιροῦ 12 πίεσαι. ¹²καὶ ἐνκρυφίαν κρίθινον φάγεσαι αὐτά, ἐν βολβίτοις 13 κόπρου ἀνθρωπίνης ἐγκρύψεις αὐτὰ κατ᾽ ὀφθαλμοὺς αὐτῶν, ¹³καὶ ἐρεῖς Τάδε λέγει Κύριος ὁ θεὸς Ἰσραήλ Οὕτως φάγονται οἱ υἱοὶ τοῦ 14 Ἰσραὴλ ἀκάθαρτα ἐν τοῖς ἔθνεσιν. ¹⁴καὶ εἶπα Μηδαμῶς, Κύριε θεὲ τοῦ Ἰσραήλ· εἰ ἡ ψυχή μου οὐ μεμίανται ἐν ἀκαθαρσίᾳ, καὶ θηριάλωτον καὶ θνησιμαῖον οὐ βέβρωκα ἀπὸ γενέσεώς μου ἕως τοῦ νῦν, 15 οὐδὲ εἰσελήλυθεν εἰς τὸ στόμα μου πᾶν κρέας ἕωλον. ¹⁵καὶ εἶπεν πρός μέ Ἰδοὺ δέδωκά σοι βόλβιτα βοῶν ἀντὶ τῶν βολβίτων τῶν 16 ἀνθρωπίνων, καὶ ποιήσεις τοὺς ἄρτους σου ἐπ᾽ αὐτῶν. ¹⁶καὶ εἶπεν πρός μέ Υἱὲ ἀνθρώπου, ἰδοὺ ἐγὼ συντρίβω στήριγμα ἄρτου ἐν Ἰερουσαλήμ, καὶ φάγονται ἄρτον ἐν σταθμῷ καὶ ἐν ἐνδείᾳ, καὶ ὕδωρ 17 ἐν μέτρῳ καὶ ἐν ἀφανισμῷ πίονται, ¹⁷ὅπως ἐνδεεῖς γένωνται ἄρτου καὶ ὕδατος· καὶ ἀφανισθήσεται ἄνθρωπος καὶ ἀδελφὸς αὐτοῦ, καὶ V 1 τακήσονται ἐν ταῖς ἀδικίαις αὐτῶν. ¹Καὶ σύ, υἱὲ ἀνθρώπου, λάβε σεαυτῷ ῥομφαίαν ὀξεῖαν ὑπὲρ ξυρὸν κουρέως, κτήσῃ αὐτὴν σεαυτῷ, καὶ ἐπάξεις αὐτὴν ἐπὶ τὴν κεφαλήν σου καὶ ἐπὶ τὸν

7 στερεωσεις]+επ αυτην B^{ab} 8 εγω ιδου] improb ιδου B^{ab} ιδου εγω A | AQ μη] pr ου A | om σου 2° A*^{vid} (hab A?) | ημεραι] pr αι A | συνκλεισμου A 9 σαυτω (σ᾽αυτ. B)] σεαυτω AQ*^{salt} | κατ] κατα AQ 10 φαγεσαι 1°] pr o AQ | σταθμιω A | ημεραν]+φαγεσαι A | εως] pr και A 11 ειν] ιν AQ 12 εγκρυφιαν B^{ab}AQ | εγκρυψεις] κατακρυψεις A 13 Ισραηλ 1°] pr του AQ | ουτω Q^a | του Ισραηλ] om του AQ+(sub οι γ´ ※) τον αρτον αυτων Q | ακαθαρτον Q | εθνεσιν]+ου διασκορπιω αυτους εκει Q 14 ειπα] ειπον Q | Κυριε] pr κ̅ε̅ A | θεε] ο θ̅ς̅ Q^{mg} | θνησιμαιον και θηριαλωτον AQ | γενεσεως] pr της A | κρεα Q* (superscr Q^a) | εωλον] βεβηλον B*^{fort}A^a? Q 15 ειπεν]+κ̅ς̅ A | βολβιτα (λβ sup ras A^a prius βλ)] pr α´θ´ ※ τα Q^{mg} | βοων] pr ※ τω̅| Q^{mg} | ποιησεις] οιησεις A* (superscr π A^1) 16 ειπεν]+κ̅ς̅ A | om εν 3° A* (hab A^a) 17 τακησονται] εντακ. B^{ab}Q | αδικειαις B* (-κιαις B^b) V 1 κτηση] κτησαι A

391

Β πώγωνά σου. καὶ λήμψη ζυγὸν σταθμίων καὶ διαστήσεις αὐτούς· 2τὸ τέταρτον ἐν πυρὶ ἀνακαύσεις ἐν μέσῃ τῇ πόλει κατὰ τὴν πλή- 2 ρωσιν τῶν ἡμερῶν τοῦ συγκλεισμοῦ, καὶ λήμψη τὸ τέταρτον καὶ κατακαύσεις αὐτὸ ἐν μέσῳ αὐτῆς, καὶ τὸ τέταρτον κατακόψεις ἐν ῥομφαίᾳ κύκλῳ αὐτῆς, καὶ τὸ τέταρτον διασκορπίσεις τῷ πνεύματι, καὶ μάχαιραν ἐκκενώσω ὀπίσω αὐτῶν. 3καὶ λήμψη ἐκεῖθεν ὀλίγους 3 ἐν ἀριθμῷ καὶ συμπεριλήμψει αὐτοὺς τῇ ἀναβολῇ σου. 4καὶ ἐκ 4 τούτων λήμψη ἔτι καὶ ῥίψεις αὐτοὺς εἰς μέσον τοῦ πυρός, καὶ κατακαύσεις αὐτοὺς ἐν πυρί· ἐξ αὐτῆς ἐξελεύσεται πῦρ. καὶ ἐρεῖς παντὶ οἴκῳ Ἰσραήλ 5Τάδε λέγει Κύριος Αὕτη ἡ Ἰερουσαλήμ, ἐν μέσῳ τῶν 5 ἐθνῶν τέθεικα αὐτὴν καὶ τὰς κύκλῳ αὐτῆς χώρας. 6καὶ ἐρεῖς τὰ δικαι- 6 ώματά μου τῇ ἀνόμῳ ἐκ τῶν ἐθνῶν, καὶ τὰ νόμιμά μου τῶν χωρῶν τῶν κύκλῳ αὐτῆς, διότι τὰ δικαιώματά μου ἀπώσαντο, καὶ ἐν τοῖς νομίμοις μου οὐκ ἐπορεύθησαν ἐν αὐτοῖς. 7διὰ τοῦτο τάδε λέγει Κύριος 7 Ἀνθ' ὧν ἡ ἀφορμὴ ὑμῶν ἐκ τῶν ἐθνῶν τῶν κύκλῳ ὑμῶν, καὶ ἐν τοῖς νομίμοις μου οὐκ ἐπορεύθητε, καὶ τὰ δικαιώματά μού οὐκ ἐποιήσατε, ἀλλ' οὐδὲ κατὰ τὰ δικαιώματα τῶν ἐθνῶν τῶν κύκλῳ ὑμῶν οὐ πεποιήκατε, 8διὰ τοῦτο τάδε λέγει Κύριος Ἰδοὺ ἐγὼ ἐπὶ σέ, καὶ ποιήσω 8 ἐν μέσῳ σου κρίμα ἐνώπιον τῶν ἐθνῶν, 9καὶ ποιήσω ἐν σοὶ ἃ οὐ 9 πεποίηκα καὶ ἃ οὐ ποιήσω ὅμοια αὐτοῖς ἔτι κατὰ πάντα τὰ βδελύγματά σου. 10διὰ τοῦτο πατέρες φάγονται τέκνα ἐν μέσῳ σου, καὶ τέκνα 10 φάγονται πατέρας· καὶ ποιήσω ἐν σοὶ κρίματα, καὶ διασκορπιῶ πάντας τοὺς καταλοίπους σου εἰς πάντα ἄνεμον. 11διὰ τοῦτο Ζῶ 11 ἐγώ, λέγει Κύριος, εἰ μὴν ἀνθ' ὧν τὰ ἅγιά μου ἐμίανας ἐν πᾶσιν τοῖς βδελύγμασίν σου, κἀγὼ ἀπώσομαί σε, οὐ φείσεταί μου ὁ ὀφθαλμός, κἀγὼ οὐκ ἐλεήσω. 12τὸ τέταρτόν σου ἐν θανάτῳ ἀναλωθήσεται, 12 καὶ τὸ τέταρτόν σου ἐν λιμῷ συντελεσθήσεται ἐν μέσῳ σου, καὶ τὸ

AQ 1 λημψη (ληψ. Qᵃ: item 2, 3, 4)]+α'θ' ※ σεαιτω Qᵐᵍ   2 εν πυρι] pr το A* (improb Aᵃʔ) | διασκορπιεις AQ | εκκενωσω] σ' γυμνωσω Qᵐᵍ   3 συνπεριλημψη A συμπεριλημψη Q* (-ληψη Qᵃ) | τη αναβολη σου] σ' εν ακρω του ιματιου σου Qᵐᵍ   5 Κυριος] pr αδωναι AQ | αυτη η] τη Bᵃᵇ A om η Q   6 των χωρων] pr εκ A   7 Κυριος] pr αδωναι AQ | ου πεποιηκατε] ουκ εποιησατε A (sed επ. improb vid Aᵐᵍ)   8 Κυριος] pr αδωναι AQ | μεσω B* (μεσω σου Bᵃᵇ) | κριμα] κριματα Q   9 ου πεποιηκα] ουκ εποιησα A | om α 2° AQ | ου 2°]+μη A   10 πατερας] p̄r̄ε̄ς A   11 Κυριος] pr αδωναι AQ | μην] μη AQ | εμιανας]+εν πασι (-σιν Q*) τοις προσοχθισμασιν (-σι Qᵃ) σου και A et (sub θ' ※) Q | πασι τ. βδελυγμασι Qᵃ | καγω 1°] και εγω A | ου] pr και A | καγω 2°] και εγω AQ | ελεησω]+σε A   12 σου 3°] +(sub α' ※) και το τεταρτον σου πεσουνται εν ρομφαια κυκλω σου Q

ΙΕΖΕΚΙΗΛ VI 6

τέταρτόν σου εἰς πάντα ἄνεμον σκορπιῶ αὐτούς, καὶ τὸ τέταρτόν σου B
ἐν ῥομφαίᾳ πεσοῦνται κύκλῳ σου, καὶ μάχαιραν ἐκκενώσω ὀπίσω
13 αὐτῶν. ¹³καὶ συντελεσθήσεται ὁ θυμός μου καὶ ἡ ὀργή μου
ἐπ' αὐτούς, καὶ ἐπιγνώσῃ διότι ἐγὼ Κύριος λελάληκα ἐν ζήλῳ μου,
14 ἐν τῷ συντελέσαι με τὴν ὀργήν μου ἐπ' αὐτούς. ¹⁴καὶ θήσομαί σε
εἰς ἔρημον καὶ τὰς θυγατέρας σου κύκλῳ σου ἐνώπιον παντὸς διο-
15 δεύοντος, ¹⁵καὶ ἔσῃ στενακτὴ καὶ δηλαιστὴ ἐν τοῖς ἔθνεσιν τοῖς κύκλῳ
σου, ἐν τῷ ποιῆσαί με ἐν σοὶ κρίματα ἐν ἐκδικήσει θυμοῦ μου· ἐγὼ
16 Κύριος λελάληκα· ¹⁶καὶ ἐν τῷ ἐξαποστεῖλαί με τὰς βολίδας μου τοῦ
λιμοῦ ἐπ' αὐτούς, καὶ ἔσονται εἰς ἔκλειψιν, καὶ συντρίψω στήριγμα
17 ἄρτου σου. ¹⁷καὶ ἐξαποστελῶ ἐπὶ σὲ λιμὸν καὶ θηρία πονηρὰ καὶ
τιμωρήσομαί σε, καὶ θάνατος καὶ αἷμα διελεύσονται ἐπὶ σέ, καὶ
ῥομφαίαν ἐπάξω ἐπὶ σὲ κυκλόθεν· ἐγὼ Κύριος λελάληκα.

VI $^1_2$ ¹Καὶ ἐγένετο λόγος Κυρίου πρὸς μὲ λέγων ²Υἱὲ ἀνθρώπου, στή-
ρισον τὸ πρόσωπόν σου ἐπὶ τὰ ὄρη Ἰσραὴλ καὶ προφήτευσον
3 ἐπ' αὐτά, ³καὶ ⁵ἐρεῖς Τὰ ὄρη Ἰσραήλ, ἀκούσατε λόγον Κυρίου Τάδε § Γ
λέγει Κύριος τοῖς ὄρεσιν καὶ τοῖς βουνοῖς καὶ ταῖς φάραγξιν καὶ
ταῖς νάπαις Ἰδοὺ ἐπάγω ἐφ' ὑμᾶς ῥομφαίαν, καὶ ἐξολοθρευθήσεται
4 τὰ ὑψηλὰ ὑμῶν, ⁴καὶ συντριβήσονται τὰ θυσιαστήρια ὑμῶν καὶ τὰ
τεμένη ὑμῶν, καὶ καταβαλῶ τραυματίας ὑμῶν ἐνώπιον τῶν εἰδώλων
5 ὑμῶν, ⁵καὶ διασκορπιῶ τὰ ὀστᾶ ὑμῶν κύκλῳ τῶν θυσιαστηρίων
6 ὑμῶν. ⁶ἐν πάσῃ τῇ κατοικίᾳ ὑμῶν αἱ πόλεις ἐξερημωθήσονται καὶ
τὰ ὑψηλὰ ἀφανισθήσεται, ὅπως ἐξολεθρευθῇ τὰ θυσιαστήρια ὑμῶν

12 τεταρτον 3°] τεταρον B* (τεταρτ. B^ab) | σκορπιω] διασπερω A | om και AQΓ
το τεταρτον σου εν ρομφ. πεσ. κυκλω σου Q 13 μου 2°] μοι B*^vid om Q |
αυτους 1°]+(sub θ' ※) και παρακληθησομαι Q | ζηλω] pr τω A 14 ερημον]
+(sub θ' ※) και εις ονειδος εν τοις εθνεσιν (-σι Q^a) τοις κυκλω σου Q | ενω-
πιον] pr ων A*^vid (ras A^?) 15 δηλαιστη] δηλαιαστη B^b? c† mg δηλαια A
δειλαιστη Q* δειλαια Q^a+(sub θ' ※) πεδια (παιδεια Q^a) και αφανισμος Q |
εθνεσι Q^a | κριματα]+εν οργη και εν θυμω και A+(sub σ' ※) εν οργη και
θυμω Q | om μου Q | λελαληκα (λελα|λαληκα B* λελαληκ. B^b)] ελαλησα Q
16 om και 1° AQ | λιμου] θυμου A+(sub ※) τας πονηρας Q | εκλειψιν]+(sub
θ' ※) αποστελω αυτα (-τας Q^a) διαφθειραι υμας και λιμον συναξω εφ υμας Q
17 λελαληκα] ελαλησα Q VI 3 Κυριου] pr αδωναι A^a QΓ | Κυριος] pr
αδωναι AQΓ | ορεσιν] ras aliq in o et post ρ B^? ορεσι AQ | ταις φαραγξιν και
ταις ναπαις] ταις ναπαις και ταις φαραγξιν (-ξι A^a) A^a (sup ras) Q | ιδου]
+εγω AQΓ (ε|γω) | εξολεθρευθησεται AQ 4 συντριβησονται τα θυσι-
αστηρια υμων και] αφανισθησεται τα θυσιαστηρια υμῶ| και συντριβησεται (sub
α'θ' ※) Q | κατα|ταβαλω Γ | τραυματια| Γ 5 και διασκορπιω] και μη
δωσω τα πτωματα των υιων Ἰηλ κατα προσωπον των ειδωλων αυτων AΓ et
(sub θ' ※) Q 6 αφανισθησονται AQΓ | εξολεθρευθη (εξολοθρ. B^b)]
εξολεθρευθηση Q (rescr ση Q^a)+(sub θ' ※) και πλημμελησουσιν Q

393

Β καὶ συντριβήσονται τὰ εἴδωλα ὑμῶν καὶ ἐξαρθῇ τὰ τεμένη ὑμῶν, ⁷καὶ πεσοῦνται τραυματίαι ἐν μέσῳ ὑμῶν, καὶ ἐπιγνώσεσθε ὅτι ἐγὼ 7 Κύριος. ⁸ἐν τῷ γενέσθαι ἐξ ὑμῶν ἀνασωζομένους ἐκ ῥομφαίας ἐν 8 τοῖς ἔθνεσιν, καὶ ἐν τῷ διασκορπισμῷ ὑμῶν ἐν ταῖς χώραις, ⁹καὶ 9 μνησθήσονταί μου οἱ ἀνασωζόμενοι ἐξ ὑμῶν ἐν τοῖς ἔθνεσιν οὗ ᾐχμαλωτεύθησαν ἐκεῖ· ὀμώμοκα τῇ καρδίᾳ αὐτῶν τῇ ἐκπορνευούσῃ ἀπ' ἐμοῦ καὶ τοῖς ὀφθαλμοῖς αὐτῶν τοῖς πορνεύουσιν ὀπίσω τῶν ἐπιτηδευμάτων αὐτῶν, καὶ κόψονται πρόσωπα αὐτῶν ἐν πᾶσι τοῖς βδελύγμασιν αὐτῶν· ¹⁰καὶ ἐπιγνώσονται διότι ἐγὼ Κύριος 10 λελάληκα. ¹¹Τάδε λέγει Κύριος Κρότησον τῇ χειρὶ καὶ ψό- 11 φησον τῷ ποδὶ καὶ εἰπόν Εὖγε εὖγε, ἐπὶ πᾶσιν τοῖς βδελύγμασιν οἴκου Ἰσραήλ· ἐν ῥομφαίᾳ καὶ ἐν θανάτῳ καὶ ἐν λιμῷ πεσοῦνται. ¹²ὁ ἐγγὺς ἐν ῥομφαίᾳ πεσεῖται, ὁ δὲ μακρὰν ἐν θανάτῳ τελευτήσει, 12 καὶ ὁ περιεχόμενος ἐν λιμῷ συντελεσθήσεται, καὶ συντελέσω τὴν ὀργήν μου ἐπ' αὐτούς. ¹³καὶ γνώσεσθε διότι ἐγὼ Κύριος, ἐν τῷ 13 εἶναι τοὺς τραυματίας ὑμῶν ἐν μέσῳ τῶν εἰδώλων ὑμῶν κύκλῳ τῶν θυσιαστηρίων ὑμῶν ἐπὶ πάντα βουνὸν ὑψηλὸν καὶ ὑποκάτω δένδρου
¶ Γ συσκίου, οὗ ἔδωκαν ἐκεῖ ὀσμὴν εὐωδίας πᾶσι τοῖς εἰδώλοις αὐτῶν. ¹⁴καὶ ἐκτενῶ τὴν χεῖρά μου ἐπ' αὐτούς, καὶ θήσομαι τὴν γῆν εἰς 14 ἀφανισμὸν καὶ εἰς ὄλεθρον ἀπὸ τῆς ἐρήμου Δεβλάθα ἐκ πάσης τῆς κατοικεσίας· καὶ ἐπιγνώσεσθε ὅτι ἐγὼ Κύριος.

¹Καὶ ἐγένετο λόγος Κυρίου πρός με λέγων ²Καὶ σύ, υἱὲ ἀνθρώ- ½ VII που, εἰπόν Τάδε λέγει Κύριος τῇ γῇ τοῦ Ἰσραήλ Πέρας ἥκει, τὸ

AQΓ 6 συντριβησονται] συντριβησεται Q* (-σονται Qᵃ)+(sub θ' ※) και καταπαυσουσιν Q | εξαρθη] εξαρθησεται A | υμων 4°]+και εξαλιφθωσιν (-λειφθ. Q de Γ non liq) τα εργα υμων AΓ et (sub θ' ※) Q   7 εν μεσω] ερ μεσω sup ras Bᵃᵇ 8 εν 1°] pr και υπολειψομαι A et (sub θ' ※) Q | εθνεσι Qᵃ | εν τω διασκ.] om εν τω Q* (hab Qᵐᵍ)   9 ομωμοκα (-μεχα A)] pr οτι QΓ | τη εκπορνευουση]+(sub θ' ※) τη αποστασια Q | απ,εμου]+τη αποστασια απ εμου (απ εμου τη αποστα sup ras et in mg Aᵃ) A | προσωπα] pr τα A | αυτων 4°]+περι των κακιων (κακων Γ) ων εποιησαν AQΓ | πασιν AQ* | αυτων 5°]+και εν πασιν τοις επιτηδευμασιν αυτων Alᵛⁱᵈ   10 διοτι] οτι A | Κυριος]+ουκ εις δωρεαν AΓ et (sub θ' ※) Q | λελαληκα]+του ποιησαι αυτοις απαντα τα κακα ταυτα AΓ et (sub θ' ※) Q   11 Κυριος] pr αδωναι AQ | ευγε ευγε] ευγε Q* αι αι Qᵐᵍ | πασι A | βδελυγμασιν (βελ. B* βδελ. Bᵃ⁺ᵇ⁺ -σι Qᵃ)]+(sub θ' ※) κακιων Q | εν λιμω κ. εν θανατω Q   12 ο εγγυς εν ρ. τελευτησει ο δε μακραν εν θ. τελ. A ο μακραν εν θ. τελ. ο δε εγγυς εν ρ. πεσειται QΓ | και 1°] pr και ο υπολειφθεις A (-λιφθ.) et (sub θ' ※) Q +υποληφθεισεται (sic) Γ   13 διοτι] οτι Γ | υψηλον]+και εν πασαις κορυφαις των ορεων AΓ et (sub θ' ※) Q | και υποκατω δενδρου συσκιου sub ※ θ' Q | συσκιου] σ' ευθαλες (sic) Qᵐᵍ+και υποκατω πασης δρυος δασιας (-σειας Qᵃ) A et (sub α'σ'θ' ※) Q | πασιν A   14 κατοικεσιας] κατοικιας A κατοικιας αυτων Q   VII 2 Κυριος] pr αδωναι AQ | του Ισραηλ] om του Q

394

ΙΕΖΕΚΙΗΛ VII 16

(6) 3 πέρας ἥκει ἐπὶ τὰς τέσσαρας πτέρυγας τῆς γῆς· ³ἥκει τὸ πέρας Β (7) 4 ⁴ἐπὶ σὲ τὸν κατοικοῦντα τὴν γῆν, ἥκει ὁ καιρός, ἤγγικεν ἡ ἡμέρα, (8) 5 οὐ μετὰ θορύβων οὐδὲ μετὰ ὠδίνων. ⁵νῦν ἐγγύθεν ἐκχεῶ τὴν ὀργήν μου ἐπὶ σέ, καὶ συντελέσω τὸν θυμόν μου ἐν σοί, καὶ κρινῶ σε ἐν (9) 6 ταῖς ὁδοῖς σου, καὶ δώσω ἐπὶ σὲ πάντα τὰ βδελύγματά σου· ⁶οὐ φείσεται ὁ ὀφθαλμός μου, οὐδὲ μὴ ἐλεήσω· διότι τὰς ὁδούς σου ἐπὶ σὲ δώσω, καὶ τὰ βδελύγματά σου ἐν μέσῳ σου ἔσονται, καὶ ἐπι- (3) 7 γνώσῃ διότι ἐγώ εἰμι Κύριος ὁ τύπτων. ⁷νῦν τὸ πέρας πρὸς σέ, καὶ ἀποστελῶ ἐγὼ ἐπὶ σὲ καὶ ἐκδικήσω ἐν ταῖς ὁδοῖς σου, καὶ (4) 8 δώσω ἐπὶ σὲ πάντα τὰ βδελύγματά σου· ⁸οὐ φείσεται ὁ ὀφθαλ- μός μου, οὐδὲ μὴ ἐλεήσω· διότι τὴν ὁδόν σου ἐπὶ σὲ δώσω, καὶ τὰ βδελύγματά σου ἐν μέσῳ σου ἔσται, καὶ ἐπιγνώσῃ διότι ἐγὼ (5) 9 Κύριος. ⁹Διότι τάδε λέγει Κύριος ¹⁰Ἰδοὺ τὸ πέρας ἥκει, ἰδοὺ 10 ἡ ἡμέρα Κυρίου· εἰ καὶ ἡ ῥάβδος ἤνθηκεν, ἡ ὕβρις ἐξανέστηκεν. 11 ¹¹καὶ συντρίψει στήριγμα ἀνόμου, καὶ οὐ μετὰ θορύβου οὐδὲ μετὰ 12 σπουδῆς. ¹²ἥκει ὁ καιρός, ἰδοὺ ἡ ἡμέρα· ὁ κτώμενος μὴ χαιρέτω, 13 καὶ ὁ πωλῶν μὴ θρηνείτω· ¹³διότι ὁ κτώμενος πρὸς τὸν πωλοῦντα οὐκέτι μὴ ἐπιστρέψῃ, καὶ ἄνθρωπος ἐν ὀφθαλμῷ ζωῆς αὐτοῦ οὐ 14 κρατήσει. ¹⁴Σαλπίσατε ἐν σάλπιγγι καὶ κρίνατε τὰ σύμπαντα. 15 ¹⁵ὁ πόλεμος ἐν ῥομφαίᾳ ἔξωθεν, καὶ ὁ λιμὸς καὶ ὁ θάνατος ἔσωθεν· ὁ ἐν τῷ πεδίῳ ἐν ῥομφαίᾳ τελευτήσει, τοὺς δ' ἐν τῇ πόλει λιμὸς 16 καὶ θάνατος συντελέσει. ¹⁶καὶ ἀνασωθήσονται οἱ ἀνασωζόμενοι ἐξ αὐτῶν καὶ ἔσονται ἐπὶ τῶν ὀρέων· πάντας ἀποκτενῶ, ἕκαστον ἐν

3—9 = 7, 8, 9, 3, 4, 5, 6 in AQ : 4—5 sup ras circ 250 litt Aᵃ 4 μετα AQ
2°] μετ AᵃQ 6 οδος Q* (οδους Qᵃ) | τυπτων] + ταδε λεγει αδωναι κς Qᵐᵍ
7 εκδικησω] + σε AQ 8 μου] + επι σε AQ | επιγνωση] γνωση AQ |
διοτι 2°] οτι AQ | εγω Κυριος sup ras pl litt Aᵃ 9 Κυριος] pr αδωναι
Q + (sub θ' ※) κακια μια κακια ιδου παρεστιν (-στι Qᵃ) το περας ηκει
ηκει το περας εξηγερθη προς σε ιδου ηκει η πλοκη (οι ο' το περας Qᵐᵍ) Q
10 ιδου 1°...Κυριου] ιδου ημερα (ερα sup ras A¹) κυ ιδου το περας ηκει
εξηλθεν η πλοκη A ιδου η ημερα κυει· ιδου το περας ηκει (θ' ※) εξηλθεν
η πλοκη Q | ει και η ραβδος ηνθηκεν] και ηνθηκεν η ραβδος A κ.
ηνθησεν η ρ. Q | εξανεστηκεν η υβρις AQ 11 θορυβων A | σπουδης]
+ και ουκ εξ αυτων εισιν (+ οτι Qᵐᵍ) ουδε (ουτε Q) ωραισμος εν αυτοις A et
(sub θ' ※) Q 12 η ημερα] om η | θρηνειτω] + οτι οργη εις παν το
πληθος αυτης A et (sub θ' ※) Q 13 μη] pr ου AQ | επιστρεψη] + και
ετι (ουκετι Qᵐᵍ) εν ζωη (ζση A*) το ζην αυτων οτι ορασις εις παν το πληθος
αυτης ουκ ανακαμψει A et (sub ※) Q | ζωης sup ras Bᵃᵇ 14 om εν
Q | om και A | συμπαντα] + και ουκ εστιν (-στι Qᵃ) πορευομενος εις τον πο-
λεμον οτι η οργη μου εις παν το πληθος αυτης A et (sub θ' ※) Q 15 ο
εν τω πεδιω] οι εν τω π. A | τελευτησουσι A | δ] δε AQ 16 ορεων]
+ ως περιστεραι μελετητι και A et (sub θ' ※) Q

395

ΙΕΖΕΚΙΗΛ

Β ταῖς ἀδικίαις αὐτοῦ. ¹⁷πᾶσαι χεῖρες ἐκλυθήσονται, καὶ πάντες μη- 17
ροὶ μολυνθήσονται ὑγρασίας, ¹⁸καὶ περιζώσονται σάκκους, καὶ κα- 18
λύψει αὐτοὺς θάμβος· καὶ ἐπὶ πᾶν πρόσωπον αἰσχύνη ἐπ᾿ αὐτούς,
καὶ ἐπὶ πᾶσαν κεφαλὴν φαλάκρωμα. ¹⁹τὸ ἀργύριον αὐτῶν ῥιφή- 19
σεται ἐν ταῖς πλατείαις, καὶ τὸ χρυσίον αὐτῶν ὑπεροφθήσεται· αἱ
ψυχαὶ αὐτῶν οὐ μὴ ἐμπλησθῶσιν, καὶ αἱ κοιλίαι αὐτῶν οὐ μὴ πλη-
ρωθῶσιν· διότι βάσανος τῶν ἀδικιῶν αὐτῶν ἐγένετο. ²⁰ἐκλεκτὰ 20
κόσμου εἰς ὑπερηφανίαν ἔθεντο αὐτά, καὶ εἰκόνας τῶν βδελυγμάτων
αὐτῶν ἐποίησαν ἐξ αὐτῶν· ἕνεκεν τούτου δέδωκα αὐτὰ αὐτοῖς εἰς
ἀκαθαρσίαν. ²¹καὶ παραδώσω αὐτὰ εἰς χεῖρας ἀλλοτρίων τοῦ διαρ- 21
πάσαι αὐτά, καὶ τοῖς λοιμοῖς τῆς γῆς εἰς σκῦλα, καὶ βεβηλώσουσιν
αὐτά. ²²καὶ ἀποστρέψω τὸ πρόσωπόν μου ἀπ᾿ αὐτῶν, καὶ μιανοῦσιν 22
τὴν ἐπισκοπήν μου, καὶ εἰσελεύσονται εἰς αὐτὰ ἀφυλάκτως καὶ βεβη-
λώσουσιν αὐτά, ²³καὶ ποιήσουσι φυρμόν, διότι ἡ γῆ πλήρης λαῶν, 23
καὶ ἡ πόλις πλήρης ἀνομίας. ²⁴καὶ ἀποστρέψω τὸ φρύαγμα τῆς 24
ἰσχύος αὐτῶν, καὶ μιανθήσεται τὰ ἅγια αὐτῶν. ²⁵ἐξιλασμὸς ἥξει 25
καὶ ζητήσει εἰρήνην, καὶ οὐκ ἔσται. ²⁶οὐαὶ ἐπὶ οὐαὶ ἔσται, καὶ ἀγ- 26
γελία ἐπ᾿ ἀγγελίαν ἔσται, καὶ ζητηθήσεται ὅρασις ἐκ προφήτου, καὶ
νόμος ἀπολεῖται ἐξ ἱερέως καὶ βουλὴ ἐκ πρεσβυτέρων. ²⁷ἄρχων 27
ἐνδύσεται ἀφανισμόν, καὶ αἱ χεῖρες τοῦ λαοῦ τῆς γῆς παραλυθή-
σονται· κατὰ τὰς ὁδοὺς αὐτῶν ποιήσω αὐτοῖς, καὶ ἐν τοῖς κρίμασιν
αὐτῶν ἐκδικήσω αὐτούς, καὶ γνώσονται ὅτι ἐγὼ Κύριος.

¹Καὶ ἐγένετο ἐν τῷ ἕκτῳ ἔτει ἐν τῷ πέμπτῳ μηνὶ πέμπτῃ τοῦ 1 VIII
μηνὸς ἐγὼ ἐκαθήμην ἐν τῷ οἴκῳ, καὶ οἱ πρεσβύτεροι Ἰούδα ἐκά-
θηντο ἐνώπιόν μου. καὶ ἐγένετο ἐπ᾿ ἐμὲ χεὶρ Κυρίου, ²καὶ ἴδον, 2

AQ 16 αδικειαις Β* (-κιαις Βᵇ)   17 χαιρες Β* (χειρ. Βᵃᵇ) | υγρασια AQ
19 εν ταις πλατειαις ριφησεται Q | πλατιαις A | υπεροφθησεται]+το αργυριον
αυτων και το χρυσιον αυτων ου δυνηθησεται (δυνησεται Q) εξελεσθαι αυτους
εν ημερα οργης κυ A et (sub θ´ ※) Q | εμπλησθωσι Qᵃ | πληρωθωσι Qᵃ | αδι-
κειων Β* (-κιων Βᵇ) | εγενετο] εγενοντο Qᵃ   20 υπερηφανειαν Q* (-νιαν
Qᵃ) | αυτων 1°]+(sub θ´ ※) προσοχθισματα αυτων Q   21 διαρπασαι]
διαφθειραι A | βεβηλωσουσιν] αʹ λαικωσουσιν Qᵐᵍ   22 μιανουσι Qᵃ | αφυ-
λακτως] απαρατηρητως Qᶜ   23 ποιησουσιν AQ* | φυρμον] φυρ sup ras
Βᵃᵇ | λαων] κρισεως αιματω] Q   24 και 1°] pr και αξω πονηρους εθνων και
κληρονομησουσιν (-σι Qᵃ) τους οικους αυτων A et (sub θ´ ※) Q | και αποστρε-
ψω το φρυαγμα] αʹ ϛ καταπαυσω υπερηφανειαν Qᵐᵍ | της ισχυος αυτων] σʹ
ανεντροπω] Qᵐᵍ   25 ζητησεις Q | ειρηνην] pr εις A | εσται] εστιν Q
26 επ αγγελιαν (επι|γελ. Β* επ αγ|γ. Βᵃᵇ)] επι αγγ. AQ   27 αρχων] pr
ο (superscr Q¹) βασιλευς πενθησει και ο A et (ο β. π. sub θ´ ※) | om εν AQ
VIII 1 εκτω ετει] ετει τω εκτω Q | ετει..μηνος] ετει ϛ´ μηνι εʹ ημερα εʹ Qᵐᵍ |
om εγω A | μου] εμου A | εμε]+(sub ※) εκει Q | Κυριου] pr αδωναι AQ

396

ΙΕΖΕΚΙΗΛ VIII 12

καὶ ἰδοὺ ὁμοίωμα ἀνδρός· ἀπὸ τῆς ὀσφύος αὐτοῦ καὶ ἕως κάτω πῦρ, B
3 καὶ ἀπὸ τῆς ὀσφύος αὐτοῦ ὑπεράνω ὡς ὅρασις ἠλέκτρου. ³καὶ ἐξέ-
τεινεν ὁμοίωμα χειρὸς καὶ ἀνέλαβέν με τῆς κορυφῆς μου, καὶ ἀνέ-
λαβέν με πνεῦμα ἀνὰ μέσον τῆς γῆς καὶ οὐρανοῦ καὶ ἤγαγέν με
εἰς Ἰερουσαλὴμ ἐν ὁράσει θεοῦ ἐπὶ τὰ πρόθυρα τῆς πύλης τῆς
4 βλεπούσης εἰς βορρᾶν, οὗ ἦν ἡ στήλη τοῦ κτωμένου. ⁴καὶ ἰδοὺ
ἐκεῖ ἦν δόξα Κυρίου θεοῦ Ἰσραὴλ κατὰ τὴν ὅρασιν ἣν ἴδον ἐν
5 τῷ πεδίῳ. ⁵καὶ εἶπεν πρὸς μέ Υἱὲ ἀνθρώπου, ἀνάβλεψον τοῖς
ὀφθαλμοῖς σου πρὸς βορρᾶν. καὶ ἀνέβλεψα τοῖς ὀφθαλμοῖς μου
πρὸς βορρᾶν, καὶ ἰδοὺ ἀπὸ βορρᾶ ἐπὶ τὴν πύλην τῆς πρὸς ἀνα-
6 τολάς. ⁶καὶ εἶπεν πρὸς μέ Υἱὲ ἀνθρώπου, ἑώρακας τί οὗτοι ποι-
οῦσιν; ἀνομίας μεγάλας ποιοῦσιν ὧδε, τοῦ ἀπέχεσθαι ἀπὸ τῶν ἁγίων
7 μου· καὶ ἔτι ὄψῃ ἀνομίας μείζονας. ⁷καὶ εἰσήγαγέν με ἐπὶ τὰ πρό-
8 θυρα τῆς αὐλῆς, ⁸καὶ εἶπεν πρὸς μέ Υἱὲ ἀνθρώπου, ὄρυξον. καὶ
9 ὤρυξα, καὶ ἰδοὺ θύρα. ⁹καὶ εἶπεν πρὸς μέ Εἴσελθε καὶ ἴδε τὰς
10 ἀνομίας ἃς οὗτοι ποιοῦσιν ὧδε. ¹⁰καὶ εἰσῆλθον καὶ ἴδον, καὶ ἰδοὺ
μάταια βδελύγματα καὶ πάντα τὰ εἴδωλα οἴκου Ἰσραὴλ διαγεγραμ-
11 μένα ἐπ' αὐτοῦ κύκλῳ. ¹¹καὶ ἑβδομήκοντα ἄνδρες ἐκ τῶν πρεσβυτέ-
ρων οἴκου Ἰσραήλ· Ἰεχονίας ὁ τοῦ Σαφὰν ἐν μέσῳ αὐτῶν ἱστήκει
πρὸ προσώπου αὐτῶν, καὶ ἕκαστος θυμιατήριον αὐτοῦ εἶχεν ἐν τῇ
12 χειρί, καὶ ἡ ἀτμὶς τοῦ θυμιάματος ἀνέβαινεν. ¹²καὶ εἶπεν πρὸς μέ

2 ομοιωμα]+(sub σ' ※) ως ειδος Q | υπερανω] pr τα (improb A^a†) A* AQ
+αυτου B^{ab mg} AQ | ορασις]+αυρας ως ιδος A αυρας (φεγγους Q^{mg}) ως ειδος του
(sub θ'※) Q   3 με 1°]+(sub a'θ' ※) του κρασπεδου Q+σ' του μαλλου Q^{mg} |
της κορυφης] της κεφαλης Q^{mg} | ανελαβε (2°) Q^a | ουρανου] pr αναμεσον του B^{ab}
(sup ras et in mg) AQ | πυλης]+της εσωτερας AQ | βλεπουσην ut vid A* |
εις 2°] προς AQ | στηλη]+(sub θ' ※) της εικονος του ζηλους Q   4 δοξα] pr η
Q adnot περι χερουβ Q^{mg} | ιδον] ειδον B^{b†c†}   5 προς 2°] προ Q | της (την
Q) προς ανατολας] του θυσιαστηριου η εικων του ζηλους τουτου εν τω εισπορευ-
εσθαι σε (ras σε A^a†) αυτην την βλεπουσαν προς ανατολας A+(sub θ' ※) του
θυσιαστηριου ου η εικων του ζηλ. τ. εν τω εισπορ. αυτη҇ Q   6 εορακας AQ |
ποιουσιν 2°] pr as ο οικος Ιηλ A et (sub a'σ'θ' ※) Q | απεχεσθαι] αι sup ras
B^{ab} | bis scr απο των B* (improb 1° B^{ab}) | οψει B^bAQ | ανομιας 2°] αμαρτιας A
7 αυλης] πυλης Q+και ιδον και ιδου οπη μια εν τω τοιχω A et (sub θ' ※) Q
8 ορυξον]+δη εν τω τοιχω A et (sub a' ※) Q | ωρυξα]+εν τω τοιχω Q |
θυρα]+μια AQ   9 ανομιας]+τας πονηρας A et (sub οι γ' ※) Q | ωδε]
+σημερον A   10 ιδον] ειδον B^{a†b†} | ιδου]+πασα ομοιωσις ερπετου και
κτηνους A et (sub θ' ※) Q | και 4°]+ειδον A | αυτου]+(sub θ'σ' ※) του
τοιχου Q | κυκλω]+κυκλω B^{ab (mg)}   11 Ιεχονιας] Ιεζονιας AQ* (Ιεχ. Q^a)
pr και A | Σαφαν]+(sub a'θ' ※) ιστηκει (ειστ. Q^a) Q | ιστηκει (ειστ. B^{ab})]
ιστηκεισαν Q* (improb Q^?) | τη χειρι] χειρι αυτου A | ατμις]+(sub θ' ※) της
νεφελης Q

B Ἑόρακας, υἱὲ ἀνθρώπου, ἃ οἱ πρεσβύτεροι τοῦ οἴκου Ἰσραὴλ ποιοῦσιν, ἕκαστος αὐτῶν ἐν τῷ κοιτῶνι τῷ κρυπτῷ αὐτῶν; διότι εἶπαν Οὐχ ὁρᾷ ὁ κύριος, ἐγκαταλέλοιπεν Κύριος τὴν γῆν. ¹³καὶ εἶπεν 13 πρὸς μέ Ἔτι ὄψει ἀνομίας μείζονας ἃς οὗτοι ποιοῦσιν. ¹⁴καὶ εἰσ- 14 ήγαγέν με ἐπὶ τὰ πρόθυρα τῆς πύλης οἴκου Κυρίου τῆς βλεπούσης πρὸς βορρᾶν, καὶ ἰδοὺ ἐκεῖ γυναῖκες καθήμεναι θρηνοῦσαι τὸν Θαμμούζ. ¹⁵καὶ εἶπεν πρὸς μέ Υἱὲ ἀνθρώπου, ἑόρακας; καὶ ἔτι ὄψει 15 ἐπιτηδεύματα μείζονα τούτων. ¹⁶καὶ εἰσήγαγέν με εἰς τὴν αὐλὴν 16 οἴκου Κυρίου τὴν ἐσωτέραν, καὶ ἐπὶ τῶν προθύρων τοῦ ναοῦ Κυρίου ἀνὰ μέσον τῶν αἰλὰμ καὶ ἀνὰ μέσον τοῦ θυσιαστηρίου ὡς εἴκοσι ἄνδρες, τὰ ὀπίσθια αὐτῶν πρὸς τὸν ναὸν τοῦ κυρίου καὶ τὰ πρόσωπα αὐτῶν ἀπέναντι, καὶ οὗτοι προσκυνοῦσιν τῷ ἡλίῳ. ¹⁷καὶ εἶπεν 17 πρὸς μέ Ἑόρακας, υἱὲ ἀνθρώπου; μὴ μικρὰ τῷ οἴκῳ Ἰούδα τοῦ ποιεῖν τὰς ἀνομίας ἃς πεποιήκασιν ὧδε; διότι ἔπλησαν τὴν γῆν ἀνομίας, καὶ ἰδοὺ αὐτοὶ ὡς μυκτηρίζοντες. ¹⁸καὶ ἐγὼ ποιήσω αὐτοῖς μετὰ 18 θυμοῦ· οὐ φείσεται ὁ ὀφθαλμός μου, οὐδὲ μὴ ἐλεήσω. ¹Καὶ 1 IX ἀνέκραγεν εἰς τὰ ὦτά μου φωνῇ μεγάλῃ λέγων Ἤγγικεν ἡ ἐκδίκησις τῆς πόλεως· καὶ ἕκαστος εἶχεν τὰ σκεύη τῆς ἐξολεθρεύσεως ἐν χειρὶ αὐτοῦ. ²καὶ ἰδοὺ ἓξ ἄνδρες ἤρχοντο ἀπὸ τῆς ὁδοῦ τῆς 2 πύλης τῆς ὑψηλῆς τῆς βλεπούσης πρὸς βορρᾶν, καὶ ἑκάστου πέλυξ ἐν τῇ χειρὶ αὐτοῦ· καὶ εἷς ἀνὴρ ἐν μέσῳ αὐτῶν ἐνδεδυκὼς ποδήρη, καὶ ζώνη σαπφείρου ἐπὶ τῆς ὀσφύος αὐτοῦ· καὶ εἰσήλθοσαν καὶ ἔστησαν ἐχόμενοι τοῦ θυσιαστηρίου τοῦ χαλκοῦ. ³καὶ δόξα θεοῦ τοῦ 3

AQ 12 εορακας (εωρ. B^b) υιε ανθρωπου] υιε ανου εωρακας A | του οικου] om του A | ποιουσιν]+ωδε A+(sub οι γ' ※) εν τω σκοτει Q^mg | ουχ ορα ο κυριος εγκαταλελοιπεν Κυριος] εγκαταλελοιπεν κ̄ς ουκ εφορα ο κ̄ς A | κυριος 1°]+α'σ' ※ ημας Q^mg   13 ετι]+α'θ' ※ επιστρεψας Q^mg | οψη AQ: item 15   14 γυναικες εκει Q | τον Θαμμουζ] τον Αδωνι̅ Q^mg   15 εορακας ως ανου Q | εορακας (εωρ. B^bA: item 17)]+μη μικρα τω οικω Ιουδα του ποιειν τας ανομιας ας πεποιηκαν αυτοι ωδε A | ετι]+α'θ' επιστρεψας Q^mg   16 και 2°] +ιδον A | του ναου] om του A | αιλαμ (ελ. Q)] σ' προπυλου Q^mg | εικοσι] + και πεντε AQ | αυτων 1°]+δεδωκοτες A | του κυριου] om του A | προσκυνουσιν] προσεκυνουν A+κατ ανατολας A et (sub θ' ※) Q   17 Ιουδα] Ιηλ A | επλανησαν B* (επλησαν B^ab) | ανομιας 2°]+και επεστρεψαν (+του Q) παροργισαι με A et (sub θ' ※) Q | αυτοι]+εκτεινουσιν (εκτιν. A) το κλημα A et (sub ※) Q (pro ιδου...κλημα leg σ' κ ως αφιεντες εισιν ηχον ως ασμα Q^mg) | ως μυκτηριζοντες] α' προς μυκτηρα αυτων θ' εις τον μυκτηρα αυτω̅| σ' δια των μυκτηρων αυτων Q^mg   18 ελεησω]+και καλεσουσιν εν τοις ωσιν μου (+φωνη μεγαλη Q) και ου μη εισακουσω αυτων A et (sub θ' ※) Q   IX 1 εκαστος] αυτος A | εξολοδρευσεως B^ab 2 πυλης] πολεως Q* (πυλ. Q^a) | ανηρ εις Q | ζωνην AQ | εχομενα A 3 του Ισραηλ] om του A

ΙΕΖΕΚΙΗΛ X 2

Ἰσραὴλ ἀνέβη ἀπὸ τῶν χερουβείν, ἡ οὖσα ἐπ' αὐτῶν, εἰς τὸ αἴθριον B τοῦ οἴκου. καὶ ἐκάλεσεν τὸν ἄνδρα τὸν ἐνδεδυκότα τὸν ποδήρη, 4 ὃς εἶχεν ἐπὶ τῆς ὀσφύος αὐτοῦ ζώνην, ⁴καὶ εἶπεν πρὸς αὐτόν Δίελθε μέσην Ἰερουσαλήμ, καὶ δὸς σημεῖον ἐπὶ τὰ μέτωπα τῶν ἀνδρῶν τῶν καταστεναζόντων καὶ τῶν κατωδυνωμένων ἐπὶ πάσαις 5 ταῖς ἀνομίαις ταῖς γινομέναις ἐν μέσῳ αὐτῶν. ⁵καὶ τούτοις εἶπεν ἀκούοντός μου Πορεύεσθε ὀπίσω αὐτοῦ εἰς τὴν πόλιν, καὶ κόπτετε 6 καὶ μὴ φείδεσθε τοῖς ὀφθαλμοῖς ὑμῶν, καὶ μὴ ἐλεήσητε· ⁶πρεσβύτερον καὶ νεανίσκον καὶ παρθένον καὶ νήπια καὶ γυναῖκας ἀποκτείνατε εἰς ἐξάλειψιν, ἐπὶ δὲ πάντας ἐφ' οὕς ἐστιν τὸ σημεῖον μὴ ἐγγίσητε· ἀπὸ τῶν ἁγίων μου ἄρξασθε. καὶ ἤρξαντο ἀπὸ τῶν ἀνδρῶν τῶν 7 πρεσβυτέρων οἳ ἦσαν ἔσω ἐν τῷ οἴκῳ. ⁷καὶ εἶπεν πρὸς αὐτούς Μιάνατε τὸν οἶκον, καὶ πλήσατε τὰς ὁδοὺς νεκρῶν ἐκπορευόμενοι, 8 καὶ κόπτετε. ⁸καὶ ἐγένετο ἐν τῷ κόπτειν αὐτοὺς καὶ πίπτω ἐπὶ πρόσωπόν μου, καὶ ἀνεβόησα καὶ εἶπα Οἴμοι, Κύριε, ἐξαλείφεις σὺ τοὺς καταλοίπους τοῦ Ἰσραὴλ ἐν τῷ ἐκχέαι σε τὸν θυμόν σου ἐπὶ 9 Ἰερουσαλήμ; ⁹καὶ εἶπεν πρὸς μέ Ἀδικία τοῦ οἴκου Ἰσραὴλ καὶ Ἰούδα μεμεγάλυνται σφόδρα σφόδρα, ὅτι ἐπλήσθη ἡ γῆ λαῶν πολλῶν, καὶ ἡ πόλις ἐπλήσθη ἀδικίας καὶ ἀκαθαρσίας· ὅτι εἶπαν Ἐν-10 καταλέλοιπεν Κύριος τὴν γῆν, οὐκ ἐφορᾷ ὁ κύριος. ¹⁰καὶ οὐ φείσεταί μου ὁ ὀφθαλμὸς οὐδὲ μὴ ἐλεήσω, τὰς ὁδοὺς αὐτῶν εἰς κεφαλὰς 11 αὐτῶν δέδωκα. ¹¹καὶ ἰδοὺ ὁ ἀνὴρ ὁ ἐνδεδυκὼς τὸν ποδήρη καὶ ἐζωσμένος τῇ ζώνῃ τὴν ὀσφὺν αὐτοῦ, καὶ ἀπεκρίνατο λέγων Πεποίηκα καθὼς ἐνετείλω μοι.

X 1 ¹Καὶ ἴδον, καὶ ἰδοὺ ἐπάνω τοῦ στερεώματος τοῦ ὑπὲρ κεφαλῆς 2 τῶν χερουβεὶν ὡς λίθος σαπφείρου ὁμοίωμα θρόνου ἐπ' αὐτῶν. ²καὶ

3 απο των χερουβειν] επι των χ. A απο του χερουβ Q* (a. των χερουβειν AQ Qᵐᵍ) | αυτων] αυτω Q | ζωνην] pr την B^ab AQ 4 ειπεν] + κσ AQ | μεσην] + (sub ※) την πολιν μεσην Q | Ιερουσαλημ] pr την A | σημειον] pr το AQ | μετωπα των] μετωπων Q* | κατοδυνωμενων Q | αυτων] αυτης A 5 εις την πολιν οπισω αυτου Q | φειδεσθε] φεισησθε A 6 εφ ους εστιν το σημειον] α' εφ ον επ αυτω το θαν θ' εφ ον το θαν Qᵐᵍ | απο 1°] pr και AQ | om των ανδρων A | των πρεσβυτερων sub ※ Q 7 πλησατε] πληρωσατε A | κοπτετε] + (sub ※) και παταξατε την πολιν Q + (post πολιν) ※ ϟ εξελθοντες ετυπτον τῇ πολιν Qᵐᵍ 8 αυτους] + (sub ※) υπελειφθην εγω Q | Κυριε] pr αδωναι AQ | εν τω εκχεαι] εν τε εκχ. B* (εν τω εκχ. B^ab) | om σε A 9 εγκαταλελοιπεν B^b(vid) AQ | Κυριος 1°] pr ο A | om ουκ εφορα ο κυριος A 10 om και A | ου φεισεται] pr εγω ειπα εγω ειμι A | ο οφθαλμος μου AQ 11 εζωσμενος] περιεζωσμενος A | απεκρινατο] + λογον AQ | καθως] καθα A X 1 χερουβειν B* ᵇQ] χερουβειμ A | ομοιωμα θρονου επ αυτων (αυτω A)] ως ορασις ομοιωμα θρονου ωφθη επ αυτων Q

399

X 3 ΙΕΖΕΚΙΗΛ

Β εἶπεν πρὸς τὸν ἄνδρα τὸν ἐνδεδυκότα τὴν στολήν Εἴσελθε εἰς τὸ μέσον τῶν τροχῶν τῶν ὑποκάτω τῶν χερουβείν, καὶ πλῆσον τὰς δράκας σου ἀνθράκων πυρὸς ἐκ μέσου τῶν χερουβεὶν καὶ διασκόρπισον ἐπὶ τὴν πόλιν. καὶ εἰσῆλθεν ἐνώπιόν μου. ³καὶ τὰ χερουβεὶν εἱστήκει ἐκ δε- 3 ξιῶν τοῦ οἴκου ἐν τῷ εἰσπορεύεσθαι τὸν ἄνδρα, καὶ ἡ νεφέλη ἔπλησεν τὴν αὐλὴν τὴν ἐσωτέραν. ⁴καὶ ἀπῆρεν ἡ δόξα Κυρίου ἀπὸ τῶν 4 χερουβεὶν εἰς τὸ αἴθριον τοῦ οἴκου, καὶ ἐνέπλησεν τὸν οἶκον ἡ νεφέλη, καὶ ἡ αὐλὴ ἐπλήσθη τοῦ φέγγους τῆς δόξης Κυρίου. ⁵καὶ φωνὴ τῶν 5 πτερύγων τῶν χερουβεὶν ἠκούετο ἕως τῆς αὐλῆς τῆς ἐξωτέρας ὡς φωνὴ θεοῦ Σαδδαὶ λαλοῦντος. ⁶καὶ ἐγένετο ἐν τῷ ἐντέλλεσθαι αὐτὸν 6 τῷ ἀνδρὶ τῷ ἐνδεδυκότι τὴν στολὴν τὴν ἁγίαν λέγων Λάβε πῦρ ἐκ μέσου τῶν τροχῶν ἐκ μέσου τῶν χερουβείν, καὶ εἰσῆλθεν καὶ ἔστη ἐχόμενος τῶν τροχῶν. ⁷καὶ ἐξέτεινεν τὴν χεῖρα αὐτοῦ εἰς μέσον 7 τοῦ πυρὸς τοῦ ὄντος ἐν μέσῳ τῶν χερουβείν, καὶ ἔλαβεν καὶ ἔδωκεν εἰς τὰς χεῖρας τοῦ ἐνδεδυκότος τὴν στολὴν τὴν ἁγίαν, καὶ ἔλαβεν καὶ ἐξῆλθεν. ⁸καὶ ἴδον τὰ χερουβείν, ὁμοίωμα χειρῶν ἀνθρώπων 8 ὑποκάτωθεν τῶν πτερύγων αὐτῶν. ⁹καὶ ἴδον, καὶ ἰδοὺ τροχοὶ τέσ- 9 σαρες ἱστήκεισαν ἐχόμενοι τῶν χερουβείν, τροχὸς εἷς ἐχόμενος χερουβ ἑνός, καὶ ὄψις τῶν τροχῶν ὡς ὄψις λίθου ἄνθρακος. ¹⁰καὶ ἡ ὄψις 10 αὐτῶν ὁμοίωμα ἓν τοῖς τέσσαρσιν, ὃν τρόπον ὅταν ᾖ τροχὸς ἐν μέσῳ τροχοῦ· ¹¹ἐν τῷ πορεύεσθαι αὐτὰ εἰς τὰ τέσσερα μέρη αὐτῶν ἐπορεύ- 11 οντο, οὐκ ἐπέστρεφον ἐν τῷ πορεύεσθαι αὐτά· ὅτι εἰς ὃν ἂν τόπον ἐπέβλεψεν ἡ ἀρχὴ ἡ μία ἐπορεύοντο, καὶ οὐκ ἐπέστρεφον ἐν τῷ πορεύεσθαι αὐτά. ¹²καὶ οἱ νῶτοι αὐτῶν καὶ αἱ χεῖρες αὐτῶν καὶ αἱ 12 πτέρυγες αὐτῶν καὶ οἱ τροχοὶ πλήρεις ὀφθαλμῶν κυκλόθεν τοῖς τέσσαρσιν τροχοῖς. ¹³τοῖς δὲ τροχοῖς τούτοις ἐπεκλήθη Γελγὲλ ἀκού- 13

AQ 2 εισελθε] pr και ειπεν Q | των υποκατω] και υπ. Q^(mg vid) | χερουβειμ (1°) AQ: item 6 | δρακας] χειρας A | χερουβειμ (2°) Q : item 3, 5, 7, 8, 9 | μου] εμου A 3 ιστηκει B^aAQ* (ειστ. B* b¹Q^a) 4 των χερουβειμ] του χερουβ Q | ενεπλησεν] επλησεν B^(ab)AQ 6 om εκ μεσου των τροχων Q* (hab Q^(1(vid)mg)) 7 εξετεινεν] + ο χερουβ AQ | αυτου] + (sub θ′ ※) εκ των αναμεσον των χερουβειμ Q 8 ιδον] ιδου A* (ου improb vid A?) | ανθρωπων] ανου (sic) Q^mg 9 τεσσαρες τροχοι Q | εισηκεισαν B^(ab)Q^a : item 17 | χερουβ] pr του A | ενος] pr του A + και τροχος εις εχομενος του χερουβ A + (sub θ′ ※) και τρ. εις εχ. χερουβ ενος Q | και οψις] η οψ. A 11 εις ον αν τοπον επεβλεψεν η αρχη] [? a′] ου επιβλεψη η κεφαλη [θ′] ου αν εκλεινε̣] (corr εκλιν.) ο πρωτος [σ′] ου ετρεπετο ο αρχηγος Q^mg | επορευοντο 2°] pr (sub a′θ′σ′ ※) οπισω αυτου Q 12 και 1°] pr και πασαι αι σαρκες αυτων (sub θ′ ※) Q | om κυκλοθεν A | τροχοις] +αυτων AQ 13 τουτοις] τουτο A | Γελγελ] adnot κυλισματα Q^mg | om ακουοντος (-τες Q) μου A

400

ΙΕΖΕΚΙΗΛ XI 3

15 οντός μου. ¹⁵καὶ τὰ χερουβεὶν ἦσαν τοῦτο τὸ ζῷον ὃ ἴδον ἐπὶ Β
16 τοῦ ποταμοῦ τοῦ Χοβάρ. ¹⁶καὶ ἐν τῷ πορεύεσθαι τὰ χερουβεὶν
ἐπορεύοντο οἱ τροχοί, καὶ οὗτοι ἐχόμενοι αὐτῶν· καὶ ἐν τῷ ἐξαίρειν
τὰ χερουβεὶν τὰς πτέρυγας αὐτῶν τοῦ μετεωρίζεσθαι ἀπὸ τῆς γῆς,
17 οὐκ ἐπέστρεφον οἱ τροχοὶ αὐτῶν· ¹⁷§ἐν τῷ ἑστάναι αὐτὰ ἱστήκεισαν, §Γ
καὶ ἐν τῷ μετεωρίζεσθαι αὐτὰ ἐμετεωρίζοντο μετ' αὐτῶν· διότι πνεῦ-
18 μα ζωῆς ἐν αὐτοῖς ἦν. ¹⁸καὶ ἐξῆλθεν δόξα Κυρίου ἀπὸ τοῦ οἴκου
19 καὶ ἐπέβη ἐπὶ τὰ χερουβείν, ¹⁹καὶ ἀνέλαβον τὰ χερουβεὶν τὰς πτέρυ-
γας αὐτῶν καὶ ἐμετεωρίσθησαν ἀπὸ τῆς γῆς ἐνώπιον ἐμοῦ· ἐν τῷ
ἐξελθεῖν αὐτὰ καὶ οἱ τροχοὶ ἐχόμενοι αὐτῶν· καὶ ἔστησαν ἐπὶ τὰ
πρόθυρα τῆς πύλης οἴκου Κυρίου τῆς ἀπέναντι, καὶ δόξα θεοῦ Ἰσραὴλ
20 ἦν ἐπ' αὐτῶν ὑπεράνω. ²⁰τοῦτο τὸ ζῷόν ἐστιν ὃ ἴδον ὑποκάτω θεοῦ
Ἰσραὴλ ἐπὶ τοῦ ποταμοῦ τοῦ Χοβάρ, καὶ ἔγνων ὅτι χερουβείν ἐστιν·
21 ²¹τέσσαρα πρόσωπα τῷ ἑνί, καὶ ὀκτὼ πτέρυγες τῷ ἑνί, καὶ ὁμοίωμα
22 χειρῶν ἀνθρώπου ὑποκάτωθεν τῶν πτερύγων αὐτῶν. ²²καὶ ὁμοίωσις
τῶν προσώπων αὐτῶν, ταῦτα τὰ πρόσωπά ἐστιν ἃ ἴδον ὑποκάτω
τῆς δόξης θεοῦ Ἰσραὴλ ἐπὶ τοῦ ποταμοῦ τοῦ Χοβάρ, καὶ αὐτὰ ἕκαστον
κατὰ πρόσωπον αὐτῶν ἐπορεύοντο.

XI 1 ¹Καὶ ἀνέλαβέν με πνεῦμα καὶ ἤγαγέν με ἐπὶ τὴν πύλην τοῦ οἴκου
Κυρίου τὴν κατέναντι τὴν βλέπουσαν κατὰ ἀνατολάς. καὶ ἐπὶ τῶν
προθύρων τῆς πύλης ὡς εἴκοσι καὶ πέντε ἄνδρες, καὶ ἴδον ἐν μέσῳ
αὐτῶν τὸν Ἰεχονίαν τὸν τοῦ Ἐζὲρ καὶ Φαλτίαν τὸν τοῦ Βαναιοῦ τοὺς
2 ἀφηγουμένους τοῦ λαοῦ. ²καὶ εἶπεν Κύριος πρὸς μέ Υἱὲ ἀνθρώπου,
οὗτοι οἱ ἄνδρες οἱ λογιζόμενοι μάταια καὶ βουλευόμενοι βουλὴν
3 πονηρὰν ἐν τῇ πόλει ταύτῃ· ³οἱ λέγοντες Οὐχὶ προσφάτως οἰκοδό-

15 και] pr (14) και τεσσερα προσωπα τω ενι το προσωπον του ενος προσ- AQΓ
ωπαν (+του Q) χερουβ και το προσωπον του δευτερου προσωπου ανου και
το προσωπον του τριτου προσωπου (και το τριτον προσωπον Q) λεοντος και το
τεταρτον προσωπον αετου A et (sub θ' ※) Q | τα χερουβειν ησαν] επηραν τα
χερουβειν (χερουβ Q) AQ | ειδον A   16 χερουβειμ bis Q: item 18 |
επορευοντο]+και A | ουκ επεστρεφον οι τροχοι αυτων] σ' ουκ απελειποντο οι
τροχοι Q^{mg} | αυτων 3°]+και γε αυτοι απο των εχομενα αυτων A et (sub ※) Q
+απ[ο των] εχ[ομε]|νω[ν] (εφ.. Cozz) αυ[των] Γ^{vid}   18 εξηλθον Q |
δοξα] pr η Γ | απο]+του αιθριου AΓ et (sub ※) Q   19 χερουβειμ QΓ:
item 20 | εξελθειν] εξαιρειν A | θεου] pr κυ A   20 ειδον B^{ab}A   21 τεσ-
σαρα] pr (sub α'θ' ※) τεσσερα Q | οκτω improb ut vid A: τεσσαρες Q | και 2°]
εις Q^{vid}   22 ομοιωσις] ομοιωμα AQ | ειδον Al' | επι του ποταμου του Χο-
βαρ (θ' ποτ. Χοβ.)]+την ορασιν αυτων AΓ et (sub θ' ※) Q   XI 1 κατα]
κατ AQ | και 3°]+ιδου B^{ab}AQΓ | ειδον B^{ab}Γ | τον Ιεχονιαν] Ιεζονιαν Q |
Εζερ] Ιαζερ A A^cουρ Q Αζερ Q^{mg} (adnot ωτα αυτης Q^{mk}) Ιεζερ Γ' | Φαλτιαν]
Φαντιαν B* adnot πτωσις αποκεκλικυια Q^{mg} | Βαναιου] adnot οικοδομη η
οικος Ιαω Q^{mg}   2 ματαια] in τ ras aliq B?   3 ωκοδομηνται AΓ

XI 4 ΙΕΖΕΚΙΗΛ

Β μηνται αἱ οἰκίαι; αὕτη ἐστὶν ὁ λέβης, ἡμεῖς δὲ τὰ κρέα. ⁴διὰ τοῦτο 4 προφήτευσον ἐπ᾽ αὐτούς, προφήτευσον, υἱὲ ἀνθρώπου. ⁵καὶ ἔπεσεν 5 ἐπ᾽ ἐμὲ πνεῦμα καὶ εἶπεν πρὸς μέ Λέγε Τάδε λέγει Κύριος Οὕτως εἴπατε, οἶκος Ἰσραήλ, καὶ τὰ διαβούλια τοῦ πνεύματος ὑμῶν ἐγὼ ἐπίσταμαι· ⁶ἐπληθύνατε νεκροὺς ὑμῶν ἐν τῇ πόλει ταύτῃ, καὶ ἐνε- 6 πλήσατε τὰς ὁδοὺς αὐτῶν τραυματιῶν. ⁷διὰ τοῦτο τάδε λέγει Κύριος 7 Τοὺς νεκροὺς ὑμῶν οὓς ἐπατάξατε ἐν μέσῳ αὐτῆς, οὗτοί εἰσιν τὰ κρέα, αὕτη δὲ ὁ λέβης ἐστίν, καὶ ὑμᾶς ἐξάξω ἐκ μέσου αὐτῆς. ⁸ῥομφαίαν 8 φοβεῖσθε, καὶ ῥομφαίαν ἐπάξω ἐφ᾽ ὑμᾶς, λέγει Κύριος. ⁹καὶ ἐξάξω 9 ὑμᾶς ἐκ μέσου αὐτῆς, καὶ παραδώσω ὑμᾶς εἰς χεῖρας ἀλλοτρίων, καὶ ποιήσω ἐν ὑμῖν κρίματα. ¹⁰ἐν ῥομφαίᾳ πεσεῖσθε, ἐπὶ τῶν ὀρέων 10 τοῦ Ἰσραὴλ κρινῶ ὑμᾶς· καὶ ἐπιγνώσεσθε ὅτι ἐγὼ Κύριος. ¹³καὶ 13 ἐγένετο ἐν τῷ προφητεύειν με καὶ Φαλτίας ὁ τοῦ Βαναιοῦ ἀπέθανεν, καὶ πίπτω ἐπὶ πρόσωπόν μου, καὶ ἀνεβόησα φωνῇ μεγάλῃ καὶ εἶπα Οἴμοι οἴμοι, Κύριε, εἰς συντέλειαν σὺ ποιεῖς τοὺς καταλοίπους τοῦ Ἰσραήλ; ¹⁴Καὶ ἐγένετο λόγος Κυρίου πρὸς μὲ λέγων ¹⁵Υἱὲ ἀνθρώπου, ¹⁴₁₅ οἱ ἀδελφοί σου καὶ οἱ ἄνδρες τῆς αἰχμαλωσίας σου καὶ πᾶς ὁ οἶκος τοῦ Ἰσραὴλ συντετέλεσται, οἷς εἶπαν αὐτοῖς οἱ κατοικοῦντες Ἰερουσαλήμ Μακρὰν ἀπέχετε ἀπὸ τοῦ κυρίου, ἡμῖν δέδοται ἡ γῆ εἰς κληρονομίαν. ¹⁶διὰ τοῦτο εἰπόν Τάδε λέγει Κύριος ὅτι Ἀπώσομαι 16 αὐτοὺς εἰς τὰ ἔθνη, καὶ διασκορπιῶ αὐτοὺς εἰς πᾶσαν γῆν, καὶ ἔσομαι αὐτοῖς εἰς ἁγίασμα μικρὸν ἐν ταῖς χώραις οὗ ἂν εἰσέλθωσιν ἐκεῖ. ¹⁷διὰ τοῦτο εἰπόν Τάδε λέγει Κύριος Καὶ εἰσδέξομαι αὐτοὺς ἐκ τῶν 17 ἐθνῶν, καὶ συνάξω αὐτοὺς ἐκ τῶν χωρῶν οὗ διέσπειρα αὐτοὺς ἐν αὐταῖς, καὶ δώσω αὐτοῖς τὴν γῆν τοῦ Ἰσραήλ· ¹⁸καὶ εἰσελεύσονται 18 ἐκεῖ, καὶ ἐξαροῦσιν πάντα τὰ βδελύγματα αὐτῆς καὶ πάσας τὰς ἀνομίας αὐτῆς ἐξ αὐτῆς. ¹⁹καὶ δώσω αὐτοῖς καρδίαν ἑτέραν, καὶ 19

AQΓ 3 οικειαι B* (-κιαι B^b) 4 υιε ανθρ sup ras B¹ fort 5 επεσεν] επεπεσεν Q^mg (de Q* non liq) Γ | πνευμα]+κυ AQΓ | Κυριος] pr αδωναι Γ | οικος] pr ο A 6 αυτων] αυτης AQ 7 Κυριος] pr αδωναι AQΓ | επαταξατε] εφονευσατε A (φ ex π sec ν sup ras A^a) 8 Κυριος] pr αδωναι AQΓ 10 επι] pr και A | Κυριος]+αυτη υμιν ουκ εσται εις λεβητα και υμεις ου μη γενησθαι (-θε Q) εμμεσω (εν μ. Q) αυτης εις κρεα επι των ορεων (οριων Q) του Ἰηλ κρινω υμας και επιγνωσεσθαι (-θε Q) διοτι (οτι Q) εγω κς AQΓ^vid + (post κς sub θ ※) usque εποιησατε 1°) οτι εν τοις δικαιωμασιν μου ουκ επορευθητε και τα κριματα μου ουκ εποιησατε και κατα τα κριματα των εθνων των περικυκλω υμων εποιησατε Q 13 Φαλτιας] adnot πτωσις αποκεκληκυια (corr αποκεκλικ.) Q^mg | Βαναιου] adnot οικοδομημα η οικος Ιαω Q^mg | Κυριε] pr αδωναι AQ 15 οι αδελφοι] pr και Γ^vid | σου 1°]+(sub οι γ' ※) αδελφοι σου Q | του κυριου] om του Q | ημιν]+αυτοις Q 16 Κυριος] pr αδωναι AQΓ | γην] pr την A | αν]εαν A 17 om ειπον A | Κυριος] pr αδωναι AQ | και εισδεξομαι...Ισραηλ sup ras A^a

ΙΕΖΕΚΙΗΛ XII 6

πνεῦμα καινὸν δώσω ἐν αὐτοῖς, καὶ ἐκσπάσω τὴν καρδίαν τὴν λιθίνην Β
20 ἐκ τῆς σαρκὸς αὐτῶν καὶ δώσω αὐτοῖς καρδίαν σαρκίνην, ²⁰ὅπως ἐν
τοῖς προστάγμασίν μου πορεύωνται, καὶ τὰ δικαιώματά μου φυλάσ-
σωνται καὶ ποιῶσιν αὐτά, καὶ ἔσονταί μοι εἰς λαὸν καὶ ἐγὼ ἔσομαι
21 αὐτοῖς εἰς θεόν. ²¹καὶ εἰς τὴν καρδίαν τῶν βδελυγμάτων αὐτῶν καὶ
τῶν ἀνομιῶν αὐτῶν, ὡς ἡ καρδία αὐτῶν ἐπορεύετο, τὰς ὁδοὺς αὐτῶν
22 εἰς τὰς κεφαλὰς αὐτῶν δέδωκα, λέγει Κύριος. ²²Καὶ ἐξῆραν τὰ
χερουβεὶν τὰς πτέρυγας αὐτῶν, καὶ οἱ τροχοὶ ἐχόμενοι αὐτῶν, καὶ
23 ἡ δόξα θεοῦ Ἰσραὴλ ἐπ' αὐτὰ ὑπεράνω αὐτῶν. ²³καὶ ἀνέβη ἡ δόξα
Κυρίου ἐκ μέσης τῆς πόλεως, καὶ ἔστη ἐπὶ τοῦ ὄρους ὃ ἦν ἀπέναντι τῆς
24 πόλεως. ²⁴καὶ πνεῦμα ἀνέλαβέν με καὶ ἤγαγέν με εἰς γῆν Χαλδαίων
εἰς τὴν αἰχμαλωσίαν ἐν ὁράσει ἐν πνεύματι θεοῦ. καὶ ἀνέβην ἀπὸ
25 τῆς ὁράσεως ἧς ἴδον, ²⁵καὶ ἐλάλησα πρὸς⸓ τὴν αἰχμαλωσίαν πάντας ¶ 1ʳ
τοὺς λόγους τοῦ κυρίου οὓς ἔδειξέν μοι.

XII ½ ¹Καὶ ἐγένετο λόγος Κυρίου πρὸς μὲ λέγων ²Υἱὲ ἀνθρώπου, ἐν
μέσῳ τῶν ἀδικιῶν αὐτῶν σὺ κατοικεῖς, οἳ ἔχουσιν ὀφθαλμοὺς τοῦ
βλέπειν καὶ οὐ βλέπουσιν, καὶ ὦτα ἔχουσιν τοῦ ἀκούειν καὶ οὐκ ἀκού-
3 ουσιν· διότι οἶκος παραπικραίνων ἐστίν. ³καὶ σύ, υἱὲ ἀνθρώπου,
ποίησον σεαυτῷ σκεύη αἰχμαλωσίας ἡμέρας ἐνώπιον αὐτῶν, καὶ
αἰχμαλωτευθήσει ἐκ τοῦ τόπου σου εἰς τόπον ἕτερον ἐνώπιον αὐτῶν,
4 ὅπως εἰδῶσιν διότι οἶκος παραπικραίνων ἐστίν. ⁴καὶ ἐξοίσεις τὰ
σκεύη σου σκεύη αἰχμαλωσίας ἡμέρας κατ' ὀφθαλμοὺς αὐτῶν, καὶ
5 σὺ ἐξελεύσῃ ἑσπέρας ὡς ἐκπορεύεται αἰχμάλωτος ⁵ἐνώπιον αὐτῶν·
6 διόρυξον σεαυτῷ εἰς τὸν τοῖχον, καὶ διεξελεύσῃ δι' αὐτοῦ. ⁶ἐνώπιον
αὐτῶν ἐπ' ὤμων ἀναλημφθήσῃ καὶ κεκρυμμένος ἐξελεύσῃ, τὸ πρόσ-
ωπόν σου συγκαλύψεις· καὶ οὐ μὴ ἴδῃς τὴν γῆν· διότι τέρας δέδωκά

19 om εν Γ | καρδιαν 2°]+αυτων A   20 ποιωσιν] ποιησουσιν A | AQΓ
ποιησωσι| Γ |· θεον]+λεγει κ̅ς̅ AΓᵛⁱᵈ   21 εις την καρδιαν] κατα τας
καρδιας AΓ | βδελυγματων] πο[νηριων] Γᵛⁱᵈ | om αυτων 1° Γ | improb ως
Q? | αυτων 2°]+και των πονηρων ων εποιησα| Λ+ων εποιησα[ν] Γ | επο-
ρευετο] pr ουκ Qᵐᵍ | τας κεφαλας] om τας AQΓ | δεδωκα] εδωκα Q | λεγει
Κυριος] λεγει αδωναι κ̅ς̅ AΓ αδωναι λ. κ̅ς̅ Q   22 χερουβειμ AQ χερουβιμ
Γ | επ αυτα] ην επ αυτοις A   23 η δοξα] om η A | μεσης] μεσου AΓ |
τους ορους Q* (του ορ. Qᵃ) adnot το ορος των ελαιων Qᵐᵍ   24 ανελα-
βεν με πνευμα AΓ | ειδον Bᵃᵇ   25 του κυριου] om του A | μοι]+κ̅ς̅ A
XII 2 των αδικιων αυτων συ] συ οικου παραπικραινο|τος Qᵐᵍ | βλεπειν] οραν A
3 αιχμαλωσιας]+και αιχμαλωτισθητι AQ | και αιχμαλωτευθησει (-ση ABᵃᵇQ)
...ενωπιον αυτων (2°)] pr θ' ⁕ Qᵐᵍ | τοπου σου (τοποσου B* τοπου σ. Bᵃᵇ)]
οικου σου A | ετερον τοπον A | ιδωσιν (-σι Qᵃ) Bᵃ?ᵇAQ   4 εξελευσῃ συ
A | εσπερας]+ενωπιο| αυτων AQ   5 om ενωπιον αυτων A¹Q | διεξελευση]
εξελευση Q   6 αναληφθηση Qᵃ | συνκαλυψεις A

ΙΕΖΕΚΙΗΛ

B σε τῷ οἴκῳ Ἰσραήλ. ⁷καὶ ἐποίησα οὕτως κατὰ πάντα ὅσα ἐνετείλατό 7 μοι, καὶ σκεύη ἐξήνεγκα αἰχμαλωσίας ἡμέρας, καὶ ἑσπέρας διώρυξα ἐμαυτῷ τὸν τοῖχον καὶ κεκρυμμένος ἐξῆλθον· ἐπ' ὤμων ἀνελήμφθην ἐνώπιον αὐτῶν. ⁸Καὶ ἐγένετο λόγος Κυρίου πρὸς μὲ τὸ πρωὶ 8 λέγων ⁹Υἱὲ ἀνθρώπου, οὐκ εἶπαν πρὸς σὲ ὁ οἶκος τοῦ Ἰσραήλ, οἶκος 9 ὁ παραπικραίνων Τί σὺ ποιεῖς; ¹⁰εἰπὸν πρὸς αὐτούς Τάδε λέγει 10 κύριος Κύριος Ὁ ἄρχων καὶ ὁ ἀφηγούμενος ἐν Ἰερουσαλὴμ καὶ παντὶ οἴκῳ Ἰσραὴλ οἵ εἰσιν ἐν μέσῳ αὐτῶν, ¹¹εἰπὸν ὅτι ἐγὼ τέρατα ποιῶ, 11 ὃν τρόπον πεποίηκα οὕτως ἔσται αὐτῷ· ἐν μετοικεσίᾳ καὶ ἐν αἰχμαλωσίᾳ πορεύσονται, ¹²καὶ ὁ ἄρχων ἐν μέσῳ αὐτῶν ἐπ' ὤμων ἀρθή- 12 σεται, καὶ κεκρυμμένος ἐξελεύσεται διὰ τοῦ τοίχου, καὶ διορύξει τοῦ ἐξελθεῖν αὐτὸν δι' αὐτοῦ· τὸ πρόσωπον αὐτοῦ συνκαλύψει ὅπως μὴ ὁραθῇ ὀφθαλμῷ, καὶ αὐτὸς τὴν γῆν οὐκ ὄψεται. ¹³καὶ ἐκπετάσω τὸ 13 δίκτυόν μου ἐπ' αὐτόν, καὶ συλλημφθήσεται ἐν τῇ περιοχῇ μου, καὶ ἄξω αὐτὸν εἰς Βαβυλῶνα εἰς γῆν Χαλδαίων, καὶ αὐτὴν οὐκ ὄψεται, καὶ ἐκεῖ τελευτήσει. ¹⁴καὶ πάντας τοὺς κύκλῳ αὐτοῦ τοὺς βοηθοὺς 14 αὐτοῦ καὶ πάντας τοὺς ἀντιλαμβανομένους αὐτοῦ διασπερῶ εἰς πάντα ἄνεμον, καὶ ῥομφαίαν ἐκκενώσω ὀπίσω αὐτῶν. ¹⁵καὶ γνώσονται διότι 15 ἐγὼ Κύριος, ἐν τῷ διασκορπίσαι με αὐτοὺς ἐν τοῖς ἔθνεσιν, καὶ διασπερῶ αὐτοὺς ἐν ταῖς χώραις. ¹⁶καὶ ὑπολείψομαι ἐξ αὐτῶν ἄνδρας 16 ἀριθμῷ ἐκ ῥομφαίας καὶ ἐκ λιμοῦ καὶ ἐκ θανάτου, ὅπως ἐκδιηγῶνται πάσας τὰς ἀνομίας αὐτῶν ἐν τοῖς ἔθνεσιν οὗ εἰσήλθοσαν ἐκεῖ, καὶ γνώσονται ὅτι ἐγὼ Κύριος. ¹⁷Καὶ ἐγένετο λόγος Κυρίου πρὸς μὲ 17 λέγων ¹⁸Υἱὲ ἀνθρώπου, τὸν ἄρτον σου μετ' ὀδύνης φάγεσαι, καὶ τὸ 18 ὕδωρ μετὰ βασάνου καὶ θλίψεως πίεσαι. ¹⁹καὶ ἐρεῖς πρὸς τὸν λαὸν 19 τῆς γῆς Τάδε λέγει Κύριος τοῖς κατοικοῦσιν Ἰερουσαλὴμ ἐπὶ τῆς γῆς τοῦ Ἰσραὴλ Τοὺς ἄρτους αὐτῶν μετ' ἐνδείας φάγονται, καὶ τὸ ὕδωρ αὐτῶν μετὰ ἀφανισμοῦ πίονται, ὅπως ἀφανισθῇ ἡ γῆ σὺν πληρώματι

AQ 7 σκευη (sub ※ οι γ' Q^{txt et mg}) εξηνεγκα] εξηνεγκα ως σκευη A + ως σκευη Q | αιχμαλωσιας] incep αισχ A* (σ 1° improb A^a?) | διωρυξα] ωρυξα A | τοιχον] + τη χειρι AQ | κεκρυμμενως Q | ανεληφθην Q^a 9 ειπον Q | του Ισραηλ] om του A | οικος 2° sup ras B^{ab} om A | ο παραπικραινων] παραπ. εστιν Q 10 ο αρχων και ο αφηγουμενος] ειπον (improb A') τω αρχοντι και τω αφηγουμενω A τω αρχοντι ҡ τω αφηγουμενω Q^{mg} | om εν 1° A 11 τερατα] incep ε Q* (improb Q^?) | ποιω] + εμμεσω αυτης A | αυτω] αυτοις A 12 αρχων] + αυτων A [αυτων] αυτης A | διορυξει] ορυξει A | συγκαλυψει B^{ab} Q 13 συλληφθησεται Q^a 14 παντα] + τα] B* (non inst B^b) | εκκενωσω] εκχεω AQ σ' γυμνωσω Q^{mg} 15 διοτι] οτι Q 16 εκδιηγησωνται A | om πασας A | εισ|ηλθοσαν B* ει|σηλθ. B^a 18 οδυνης] ενδειας Q* (οδ. Q^{mg}) | υδωρ] + σου A | θλιψεως] εκθλιψεως A 19 Κυριος] pr αδωναι AQ | επι] pr και Q^{mg} | πληρωματι] pr τω AQ

ΙΕΖΕΚΙΗΛ XIII 6

20 αυτης, εν ασεβεία γαρ παντες οι κατοικουντες εν αυτη. ²⁰και αι Β
πολεις αυτων αι κατοικουμεναι εξερημωθησονται, και η γη εις αφανι-
21 σμον εσται· και επιγνωσεσθε διοτι εγω Κυριος. ²¹Και εγενετο
22 λογος Κυριου προς με λεγων ²²Υιε ανθρωπου, τις η παραβολη υμιν
επι της γης του Ισραηλ, λεγοντες Μακραι αι ημεραι, απολωλεν
23 ορασις; ²³δια τουτο ειπον προς αυτους Ταδε λεγει Κυριος Και
αποστρεψω την παραβολην ταυτην, και ουκετι μη ειπωσιν την παρα-
βολην ταυτην· οικος του Ισραηλ· οτι λαλησεις προς αυτους Ηγγικασιν
24 αι ημεραι και λογος πασης ορασεως. ²⁴οτι ουκ εσται ετι πασα ορασις
ψευδης και μαντευομενος τα προς χαριν εν μεσω των υιων Ισραηλ.
25 ²⁵διοτι εγω Κυριος λαλησω τους λογους μου, λαλησω και ποιησω,
και ου μη μηκυνω ετι· οτι εν ταις ημεραις υμων, οικος ο παραπι-
26 κραινων, λαλησω λογον και ποιησω, λεγει Κυριος. ²⁶Και
27 εγενετο λογος Κυριου προς με λεγων ²⁷Υιε ανθρωπου, ιδου οικος
Ισραηλ ο παραπικραινων λεγοντες λεγουσιν Η ορασις ην ουτος ορα
28 εις ημερας πολλας, και εις καιρους μακρους ουτος προφητευει. ²⁸δια
τουτο ειπον προς αυτους Ταδε λεγει Κυριος Ου μη μηκυνωσιν ουκετι
παντες οι λογοι μου ους αν λαλησω· λαλησω και ποιησω, λεγει
Κυριος.

XIII 1/2 ¹Και εγενετο λογος Κυριου προς με λεγων ²Υιε ανθρωπου, προ-
φητευσον επι τους προφητας του Ισραηλ, και προφητευσεις και
3 ερεις προς αυτους Ακουσατε λογον Κυριου ³Ταδε λεγει Κυριος Ουαι
τοις προφητευουσιν απο καρδιας αυτων, και το καθολου μη βλε-
4 πουσιν. ⁴ως αλωπεκες εν ταις ερημοις οι προφηται σου, Ισραηλ·
5 ⁵ουκ εστησαν εν στερεωματι και συνηγαγον ποιμνια επι τον οικον
6 του Ισραηλ, ουκ ανεστησαν οι λεγοντες Εν ημερα Κυριου· ⁶βλε-
ποντες ψευδη, μαντευομενοι ματαια, οι λεγοντες Λεγει Κυριος, και

20 γη]+αυτης A   22 η παραβολη υμιν] υμιν η παραβολη αυτη A AQ
η παραβ. αυτη υμιν Q | μακραι] μακραν A | ορασις] pr πασα Q   23 Κυ-
ριος] pr αδωναι AQ | om και 1° A   24 οτι ουκ] και ουκετι A | om
ετι A   25 λαλησω λαλησω τ. λογ. μ. κ. ποιησω Q | om μη Q | om
οτι A | ο παραπικραινων] om ο A | Κυριος 2°] pr αδωναι AQ   27 οικος]
pr ο AQ   28 Κυριος] pr αδωναι AQ | λαλησω 1°]+οτι A | λαλησω 2°]
+λογον AQ | om λεγει Κυριος (2°) B*fort (hab B^{a(mg)}) | Κυριος 2°] pr
αδωναι A   XIII 1 pr tit επι τους προφητας Q^{mg sup}   2 Ισραηλ]
+τους προφητευοντας και ερεις τοις προφηταις (-τες A* improb ε A²) τοις
προφητευουσιν απο καρδιας αυτων A et (sub α'θ' ※) Q   3 Κυριος] pr
αδωναι AQ | αυτων]+θ' ※ τοις πορευομενοις οπισω του πνευματος αυτων Q
4 οι προφηται σου Ιηλ ωσει αλωπηκες (sic) εν ταις ερημοις A   5 συνη-
γαγον] pr ου Q^{mg} | επι] pr και A | ανεστησαν] εστησαν Q^a   6 λεγει] pr
ταδε A?^(mg)

405

B Κύριος οὐκ ἀπέσταλκεν αὐτούς, καὶ ἤρξαντο τοῦ ἀναστῆσαι λόγον. ⁷οὐχ ὅρασιν ψευδῆ ἑωράκατε, καὶ μαντείας ματαίας εἰρήκατε; ⁸Διὰ ⁷/₈ τοῦτο εἰπόν Τάδε λέγει Κύριος Ἀνθ᾽ ὧν οἱ λόγοι ὑμῶν ψευδεῖς καὶ αἱ μαντεῖαι ὑμῶν μάταιαι, διὰ τοῦτο ἰδοὺ ἐγὼ ἐφ᾽ ὑμᾶς, λέγει Κύριος, ⁹καὶ ἐκτενῶ τὴν χεῖρά μου ἐπὶ τοὺς προφήτας τοὺς ὁρῶντας ψευδῆ 9 καὶ τοὺς ἀποφθεγγομένους μάταια· ἐν παιδείᾳ τοῦ λαοῦ μου οὐκ ἔσονται, οὐδὲ ἐν γραφῇ οἴκου Ἰσραὴλ οὐ γραφήσονται, καὶ εἰς τὴν γῆν τοῦ Ἰσραὴλ οὐκ εἰσελεύσονται· καὶ γνώσονται διότι ἐγὼ Κύριος. ¹⁰ἀνθ᾽ ὧν τὸν λαόν μου ἐπλάνησαν, λέγοντες Εἰρήνη, καὶ οὐκ ἦν 10 εἰρήνη· καὶ οὗτος οἰκοδομεῖ τοῖχον, καὶ αὐτοὶ ἀλείφουσιν αὐτόν, πεσεῖται. ¹¹εἰπὸν πρὸς τοὺς ἀλείφοντας Πεσεῖται, καὶ ἔσται ὑετὸς 11 κατακλύζων, καὶ δώσω λίθους πετροβόλους εἰς τοὺς ἐνδέσμους αὐτῶν, καὶ πεσοῦνται, καὶ πνεῦμα ἐξαῖρον, καὶ ῥαγήσεται. ¹²καὶ ἰδοὺ 12 πέπτωκεν ὁ τοῖχος, καὶ οὐκ ἐροῦσιν πρὸς ὑμᾶς Ποῦ ἐστιν ἡ ἀλοιφὴ ὑμῶν ἣν ἠλείψατε; ¹³διὰ τοῦτο τάδε λέγει Κύριος Καὶ ῥήξω πνοὴν 13 ἐξαίρουσαν μετὰ θυμοῦ, καὶ ὑετὸς κατακλύζων ἐν ὀργῇ μου ἔσται, καὶ τοὺς λίθους τοὺς πετροβόλους ἐν θυμῷ ἐπάξω εἰς συντέλειαν, ¹⁴καὶ κατασκάψω τὸν τοῖχον ὃν ἠλείψατε, πεσεῖται· καὶ θήσω αὐτὸν 14 ἐπὶ τὴν γῆν καὶ ἀποκαλυφθήσεται τὰ θεμέλια αὐτοῦ, καὶ πεσεῖται καὶ συντελεσθήσεσθε μετ᾽ ἐλέγχων· καὶ ἐπιγνώσεσθε διότι ἐγὼ Κύριος. ¹⁵καὶ συντελέσω τὸν θυμόν μου ἐπὶ τὸν τοῖχον καὶ ἐπὶ 15 τοὺς ἀλείφοντας αὐτόν, πεσεῖται. καὶ εἶπα πρὸς ὑμᾶς Οὐκ ἔστιν ὁ τοῖχος οὐδὲ οἱ ἀλείφοντες αὐτὸν ¹⁶προφῆται τοῦ Ἰσραήλ, οἱ προ- 16 φητεύοντες ἐπὶ Ἱερουσαλὴμ καὶ οἱ ὁρῶντες αὐτῇ εἰρήνην, καὶ εἰρήνη οὐκ ἔστιν, λέγει Κύριος. ¹⁷Καὶ σύ, υἱὲ ἀνθρώπου, στήρισον 17 τὸ πρόσωπόν σου ἐπὶ τὰς θυγατέρας τοῦ λαοῦ σου τὰς προφητευούσας ἀπὸ καρδίας αὐτῶν, καὶ προφήτευσον ἐπ᾽ αὐτάς ¹⁸καὶ ἐρεῖς 18

AQ 6 Κυριος 2°] pr ο A   7 ουχ] ουχι A | εορακατε Q | μαντιας A | ειρηκατε]+και λεγεται (ελεγετε Q) φησιν κς και εγω ουκ ελαλησα (-ληκα A) AQ   8 Κυριος bis] pr αδωναι AQ | αι μαντειαι (-τιαι A)] om αι Q | δια του B* (δ. τουτο Bᵃᵇ)   9 παιδια A | διοτι] οτι A | Κυριος] pr ειμι αδωναι A pr αδωναι Q   10 επλανησαν τον λαον μου AQ | ειρηνη 1°]+ειρηνη A | ην] εστιν AQ | τοιχαν] pr τον A | αυτοι] αλλοι A | αυτον] improb ν Aᵃᵗ ᵛⁱᵈ | πεσειται] om A αφροσυνη Q a' αναλον σ' αναρτυτω Qᵐᵍ   11 ειπον] σ' ειπε Qᵐᵍ | αλειφοντας)+αντον AQᵐᵍ | πεσειται] pr αφροσυνη Q ει πεσειται Qᵐᵍ   12 om ουκ A   13 Κυριος] pr αδωναι AQ | θυμου] +μου Q | επαξω εν θυμω A   14 πεσειται 1°] pr και A | συντελεσθησεσθε] συντελεσθησεται A   15 πεσειται] pr και A | ουδε] ουδ Q   16 οι ορωντες] om οι A | αυτη] αυτην Aᵃᵗ | ειρηνην] ειρηνη Q ουκ εστιν ειρηνη A | Κυριος] pr αδωναι AQ   18 ερεις]+προς αυτας A* (improb Aᵃᶠ) .

ΙΕΖΕΚΙΗΛ XIV 4

Τάδε λέγει Κύριος Οὐαὶ ταῖς συνραπτούσαις προσκεφάλαια ὑπὸ Β
πάντα ἀγκῶνα χειρὸς καὶ ποιούσαις ἐπιβόλαια ἐπὶ πᾶσαν κεφαλὴν
πάσης ἡλικίας, τοῦ διαστρέφειν ψυχάς. αἱ ψυχαὶ διεστράφησαν τοῦ
19 λαοῦ μου, καὶ ψυχὰς περιεποιοῦντο, ¹⁹καὶ ἐβεβήλουν με πρὸς τὸν
λαόν μου ἕνεκεν δρακὸς κριθῶν καὶ ἕνεκεν κλασμάτων ἄρτων, τοῦ
ἀποκτεῖναι ψυχὰς ἃς οὐκ ἔδει ἀποθανεῖν, καὶ τοῦ περιποιήσασθαι
ψυχὰς ἃς οὐκ ἔδει ζῆσαι, ἐν τῷ ἀποφθέγγεσθαι ὑμᾶς λαῷ εἰσα-
20 κούοντι μάταια ἀποφθέγματα. ²⁰διὰ τοῦτο τάδε λέγει κύριος Κύριος
Ἰδοὺ ἐγὼ ἐπὶ τὰ προσκεφάλαια ὑμῶν, ἐφ᾽ ἃ ὑμεῖς συστρέφετε ἐκεῖ
ψυχάς, καὶ διαρρήξω αὐτὰ ἀπὸ τῶν βραχιόνων ὑμῶν, καὶ ἐξαπο-
στελῶ τὰς ψυχὰς ἃς ὑμεῖς ἐκστρέφετε τὰς ψυχὰς αὐτῶν εἰς διασκορ-
21 πισμόν, ²¹καὶ διαρρήξω τὰ ἐπιβόλαια ὑμῶν, καὶ ῥύσομαι τὸν λαόν
μου ἐκ χειρὸς ὑμῶν, καὶ οὐκέτι ἔσονται ἐν χερσὶν ὑμῶν εἰς συστρο-
22 φήν· καὶ ἐπιγνώσεσθε διότι ἐγὼ Κύριος. ²²ἀνθ᾽ ὧν διεστρέφετε
καρδίαν δικαίου, καὶ ἐγὼ οὐ διέστρεφον αὐτόν, καὶ τοῦ κατισχῦσαι
χεῖρας ἀνόμου τὸ καθόλου μὴ ἀποστρέψαι ἀπὸ τῆς ὁδοῦ αὐτοῦ τῆς
23 πονηρᾶς καὶ ζῆσαι αὐτόν, ²³διὰ τοῦτο ψευδῆ οὐ μὴ ἴδητε, καὶ μαν-
τείας οὐ μὴ μαντεύσησθε ἔτι, καὶ ῥύσομαι τὸν λαόν μου ἐκ χειρὸς
ὑμῶν· καὶ γνώσεσθε ὅτι ἐγὼ Κύριος.

XIV 1 ¹Καὶ ἦλθον πρός με ἐκ τῶν πρεσβυτέρων ἄνδρες τοῦ Ἰσραήλ,
2 καὶ ἐκάθισαν πρὸ προσώπου μου. ²καὶ ἐγένετο λόγος Κυρίου πρός
3 με λέγων ³Υἱὲ ἀνθρώπου, οἱ ἄνδρες οὗτοι ἔθεντο τὰ διανοήματα
αὐτῶν ἐπὶ τὰς καρδίας αὐτῶν, καὶ τὴν κόλασιν τῶν ἀδικιῶν αὐτῶν
ἔθηκαν πρὸ προσώπου αὐτῶν· εἰ ἀποκρινόμενος ἀποκριθῶ αὐτοῖς;
4 ⁴διὰ τοῦτο λάλησον αὐτοῖς, καὶ ἐρεῖς πρὸς αὐτούς Τάδε λέγει Κύριος
Ἄνθρωπος ἄνθρωπος ἐκ τοῦ οἴκου Ἰσραὴλ ὃς ἂν θῇ τὰ διανοήματα
αὐτοῦ ἐπὶ τὴν καρδίαν αὐτοῦ, καὶ τὴν κόλασιν τῆς ἀδικίας αὐτοῦ

18 Κυριος] pr αδωναι AQ | συρραπτουσαις Bᵇ AQ | υπο] επι Bˀ ᶠᵒʳᵗ (υπο AQ sup ras Bᵃᵇ ⁽ᵛⁱᵈ⁾) A | αι ψυχαι] pr και A   19 ενεκεν 2°] om A ενεκα Q | κλασματων αρτων] κλασματος αρτου A* (improb vid Aᵃ) | του αποκτεινει] om του A | om ας 1° Q* (superscr Qᵇ) | του περιποιησασθαι] περιποιουντο A* (improb vid Aᵃ?) | ζησαι] ζη| A | αποφθεγματα B   20 συστρεφετε] συστρεφεσθαι Q* ᵛⁱᵈ (-φετε Q¹) | εκστρεφετε] εκτρεφεται A   21 επιβολαια] περιβολαια A | διοτι] οτι A   22 διαστρεφετε A | δικαιου]+αδικως AQ | αποστρεψαι (οστρεψαι sup ras Aᵃ)] pr του A | αυτο] pr του A | πονηρας]+αποστρεψαι A | ζησαι] ζητησαι A   23 μαντιαν A | μαντευσεσθε Q | om ετι A | και] οτι A | γνωσεσθε] επιγνωσεσθαι A | οτι] διοτι Q   XIV 1 εκ των πρεσβυτερων ανδρες] ανδρες απο των πρεσβυτερων A ανδρες εξ τ. πρ. Q | του Ισραηλ] om του A   3 ουτοι sup ras 7 circ litt Aᵃ | εθεντο Q* (εθεντο Qᵃ)
4 Κυριος 1°] pr αδωναι AQ | διανοηματα] οι γ' ειδωλα Qᵐᵍ

407

ΙΕΖΕΚΙΗΛ

B τάξῃ πρὸ προσώπου αὐτοῦ, καὶ ἔλθῃ πρὸς τὸν προφήτην, ἐγὼ Κύριος ἀποκριθήσομαι αὐτῷ ἐν οἷς ἐνέχεται ἡ διάνοια αὐτοῦ, ⁵ὅπως 5 πλαγιάσῃ τὸν οἶκον τοῦ Ἰσραὴλ κατὰ τὰς καρδίας αὐτῶν τὰς ἀπηλλοτριωμένας ἀπ' ἐμοῦ ἐν τοῖς ἐνθυμήμασιν αὐτῶν. ⁶διὰ τοῦτο εἰπὸν 6 εἰς τὸν οἶκον τοῦ Ἰσραὴλ Τάδε λέγει κύριος Κύριος Ἐπιστράφητε καὶ ἀποστρέψατε ἀπὸ τῶν ἐπιτηδευμάτων ὑμῶν καὶ ἀπὸ πασῶν τῶν ἀσεβειῶν ὑμῶν, καὶ ἐπιστρέψατε τὰ πρόσωπα ὑμῶν. ⁷διότι 7 ἄνθρωπος ἄνθρωπος ἐκ τοῦ οἴκου Ἰσραὴλ καὶ ἐκ τῶν προσηλύτων τῶν προσηλυτευόντων ἐν τῷ Ἰσραὴλ ὃς ἂν ἀπαλλοτριωθῇ ἀπ' ἐμοῦ, καὶ θῆται τὰ ἐνθυμήματα αὐτοῦ ἐπὶ τὴν καρδίαν αὐτοῦ, καὶ τὴν κόλασιν τῆς ἀδικίας αὐτοῦ τάξῃ πρὸ προσώπου αὐτοῦ, καὶ ἔλθῃ πρὸς τὸν προφήτην τοῦ ἐπερωτῆσαι αὐτὸν ἐν ἐμοί, ἐγὼ Κύριος ἀποκριθήσομαι αὐτῷ ἐν ᾧ ἐνέχεται ἐν αὐτῷ. ⁸καὶ στηριῶ τὸ πρόσωπόν 8 μου ἐπὶ τὸν ἄνθρωπον ἐκεῖνον, καὶ θήσομαι αὐτὸν εἰς ἔρημον καὶ εἰς ἀφανισμόν, καὶ ἐξαρῶ αὐτὸν ἐκ μέσου τοῦ λαοῦ μου· καὶ ἐπιγνώσεσθε ὅτι ἐγὼ Κύριος. ⁹καὶ ὁ προφήτης ἐὰν πλανήσῃ καὶ 9 λαλήσῃ, ἐγὼ Κύριος πεπλάνηκα τὸν προφήτην ἐκεῖνον, καὶ ἐκτενῶ τὴν χεῖρά μου ἐπ' αὐτὸν καὶ ἀφανιῶ αὐτὸν ἐκ μέσου τοῦ λαοῦ μου Ἰσραήλ. ¹⁰καὶ λήμψονται τὴν ἀδικίαν αὐτῶν· κατὰ τὸ ἀδίκημα τοῦ 10 ἐπερωτῶντος, καὶ κατὰ τὸ ἀδίκημα ὁμοίως τῷ προφήτῃ ἔσται, ¹¹ὅπως 11 μὴ πλανᾶται ἔτι ὁ οἶκος τοῦ Ἰσραὴλ ἀπ' ἐμοῦ, καὶ ἵνα μὴ μιαίνωνται ἔτι ἐν πᾶσιν τοῖς παραπτώμασιν αὐτῶν· καὶ ἔσονταί μοι εἰς λαὸν καὶ ἐγὼ ἔσομαι αὐτοῖς εἰς θεόν, λέγει Κύριος.

¹²Καὶ ἐγένετο λόγος Κυρίου πρός με λέγων ¹³Υἱὲ ἀνθρώπου, γῆ $^{12}_{13}$ ἣ ἂν ἁμάρτῃ μοι τοῦ παραπεσεῖν παράπτωμα, καὶ ἐκτενῶ τὴν χεῖρά μου ἐπ' αὐτὴν καὶ συντρίψω αὐτῆς στήριγμα ἄρτου, καὶ ἐξαποστελῶ ἐπ' αὐτὴν λιμὸν καὶ ἐξαρῶ ἐξ αὐτῆς ἄνθρωπον καὶ κτήνη. ¹⁴καὶ 14 ἐὰν ὦσιν οἱ τρεῖς ἄνδρες οὗτοι ἐν μέσῳ αὐτῆς, Νῶε καὶ Δανιὴλ καὶ

AQ 4 αυτω] improb vid A^{a?} | εν] + αυτοις Q 5 πλαγιαση] μη διαστρεψωσιν A | εθυμημασιν Q* (ενθ. Q^a) 6 εις] προς AQ | Κυριος]+ο θς A | επιστρεψατε τα προσωπα υμων] ει[πι]στραφητε προς με A 7 om εκ 2° A | προσηλυτων] προσ|ηλ. B* προση|λ. B^a | εν τω Ισραηλ] προσκειμενων εν Ιηλ A | αν απαλλοτριωθη] εαν απηλλοτριωθη A | θηται] θη AQ 8 θησομαι] θησω A | επιγνωσεσθε] επιγνωσθησεσθε B^{ab} (επιγνωσεσθαι B* vid) 9 bis scr εαν A* (ras 2° A') | πλανηση] πλανηθη AQ | λαλησον]+(sub οι γ') λογον Q | πεπλανηκα] επλανησα A 10 λημψονται (ληψ. Q^a)] λημψομαι (ομαι sup ras) A^a | αυτων] αυτου A | κατα 1°] pr και Q^{mg} | om του επερωτωντος και κατα το αδικημα Q 11 του Ισραηλ] om του A | πασι Q^a | Κυριος] pr αδωναι A^{a?}Q 13 η αν] εαν A | παραπτωματι AQ^{mg} | αυτης 1°] pr απ A | εξ] απ A | κτηνη] κτηνος Q

ΙΕΖΕΚΙΗΛ XV 2

15 Ἰώβ, αὐτοὶ ἐν τῇ δικαιοσύνῃ αὐτῶν σωθήσονται, λέγει Κύριος. ¹⁵ἐὰν Β καὶ θηρία πονηρὰ ἐπάγω ἐπὶ τὴν γῆν καὶ τιμωρήσομαι αὐτήν, καὶ ἔσται εἰς ἀφανισμόν, καὶ οὐκ ἔσται ὁ διοδεύων ἀπὸ προσώπου τῶν 16 θηρίων, ¹⁶καὶ οἱ τρεῖς ἄνδρες οὗτοι ἐν μέσῳ αὐτῆς ὦσι, ζῶ ἐγώ, λέγει Κύριος, εἰ υἱοὶ ἢ θυγατέρες σωθήσονται, ἀλλ᾽ ἢ αὐτοὶ μόνοι 17 σωθήσονται, ἡ δὲ γῆ ἔσται εἰς ὄλεθρον. ¹⁷ἢ καὶ ῥομφαίαν ἐὰν ἐπάγω ἐπὶ τὴν γῆν ἐκείνην καὶ εἴπω Ῥομφαία διελθάτω διὰ τῆς 18 γῆς, καὶ ἐξαρῶ ἐξ αὐτῆς ἄνθρωπον καὶ κτῆνος, ¹⁸καὶ οἱ τρεῖς οὗτοι ἄνδρες ἐν μέσῳ αὐτῆς, ζῶ ἐγώ, λέγει Κύριος, οὐ μὴ ῥύσωνται υἱοὺς 19 οὐδὲ θυγατέρας, αὐτοὶ μόνοι σωθήσονται. ¹⁹ἢ καὶ θάνατον ἐπαποστείλω ἐπὶ τὴν γῆν ἐκείνην, καὶ ἐκχεῶ τὸν θυμόν μου ἐπ᾽ αὐτὴν 20 ἐν αἵματι τοῦ ἐξολεθρεῦσαι ἐξ αὐτῆς ἄνθρωπον καὶ κτῆνος, ²⁰καὶ Νῶε καὶ Δανιὴλ καὶ Ἰὼβ ἐν μέσῳ αὐτῆς, ζῶ ἐγώ, λέγει Κύριος, ἐὰν υἱοὶ ἢ θυγατέρες ὑπολειφθῶσιν, αὐτοὶ ἐν τῇ δικαιοσύνῃ αὐτῶν ῥύ-21 σονται τὰς ψυχὰς αὐτῶν. ²¹τάδε λέγει Κύριος Ἐὰν δὲ καὶ τὰς τέσσαρας ἐκδικήσεις μου τὰς πονηράς, ῥομφαίαν καὶ λιμὸν καὶ θηρία πονηρὰ καὶ θάνατον, ἐξαποστείλω ἐπὶ Ἰερουσαλὴμ τοῦ ἐξολεθρεῦσαι 22 ἐξ αὐτῆς ἄνθρωπον καὶ κτῆνος, ²²καὶ ἰδοὺ ὑπολελειμμένοι ἐν αὐτῇ οἱ ἀνασεσωσμένοι αὐτῆς, οἱ ἐξάγουσιν ἐξ αὐτῆς υἱοὺς καὶ θυγατέρας, ἰδοὺ 23 ἐκπορεύονται πρὸς ὑμᾶς, καὶ ὄψεσθε τὰς ὁδοὺς αὐτῶν ²³καὶ τὰ ἐνθυμήματα αὐτῶν, καὶ ἐπιγνώσεσθε διότι οὐ μάτην πεποίηκα πάντα ὅσα ἐποίησα ἐν αὐτῇ, λέγει Κύριος.

XV ¹₂ ¹Καὶ ἐγένετο λόγος Κυρίου πρός με λέγων ²Καὶ σύ, υἱὲ ἀνθρώπου, τί ἂν γένοιτο τὸ ξύλον τῆς ἀμπέλου ἐκ πάντων τῶν ξύλων

14 αυτοι] ουτοι AQ | Κυριος] pr αδωναι Aᵃ?Q   15 εαν]+δε A | AQ επαγω] επαγαγω A | ο διοδευων] om ο Q   16 ωσι (-σιν A)] om Q | Κυριος] αδωναι κ̄ς Aᵃ?ᵛⁱᵈ(Q | η 1°] και A | θυγατερες]+αυτων A 17 ρομφαιαν εαν επαγω] εαν ρ. επαγαγω A ρ. εαν επαξω Q | διελθετω Q | κτηνος] κτηνη A   18 ανδρες ουτοι A | αυτης]+ωσιν A | Κυριος] pr αδωναι Aᵃ?ᵛⁱᵈ(Q | ουδε] η A | αυτοι] pr αλλ η A   19 η| ει Qᵃ | επαποστειλω] επαγω A επαποστελω Q | om γην B* (superscr Bᵃᵇ) | εξολοθρευσαι Bᵇ: item 21   20 Ιωβ εν με sup ras Bᵃᵇ | αυτης]+ωσιν A | Κυριος] pr αδωναι Aᵃ?ᵛⁱᵈ Q | υπολειφθωσιν]+αυτοις A   21 Κυριος] pr αδωναι AQ | εξαποστειλω] επαποστελω A εξαποστελω Q   22 υπολελειμμενοι Bᵃᵇ(Qᵃ | αυτης 1°] pr εξ AQ | οι εξαγουσιν εξ αυτης] ουτοι εξαξουσιν AQ | ιδου 2°]+αυτοι AQ | αυτων]+και τα ενθυμηματα αυτων και μεταμεληθησεσθε (-θαι AQ*) επι τα κακα α επηγαγον επι (εν Q) Ιη̄μ̄ παντα τα κακα (om τα Bᵃᵇ) α επηγαγον επ αυτην (23) και παρακαλεσουσιν υμας διοτι οψεσθε (-θαι A) τας οδους αυτων Bᵃᵇ ᵐᵍ ⁱⁿᶠAQ 23 διοτι] οτι Q | Κυριος] pr αδωναι Aᵃ?ᵛⁱᵈ(Q   XV 1 pr tit περι του ξυλου της αμπελου Qᵐᵍ ˢᵘᵖ   2 om και συ A (hab sub obel Q) | το ξυλον] om το Q* (hab Qⁱᵐᵍ) | ξυλων]+των κληματων Bᵃᵇ⁽ᵐᵍ⁾AQ

409

ΙΕΖΕΚΙΗΛ

Ε τῶν ὄντων ἐν τοῖς ξύλοις τοῦ δρυμοῦ; ³εἰ λήμψονται ἐξ αὐτῆς 3 ξύλον τοῦ ποιῆσαι εἰς ἐργασίαν; εἰ λήμψονται ἐξ αὐτῆς πάσσαλον τοῦ κρεμάσαι ἐπ' αὐτὸν πᾶν σκεῦος; ⁴παρὲξ πυρὶ δέδοται εἰς ἀνά- 4 λωσιν, τὴν κατ' ἐνιαυτὸν κάθαρσιν ἀπ' αὐτῆς ἀναλίσκει τὸ πῦρ, καὶ ἐκλείπει εἰς τέλος· μὴ χρήσιμον ἔσται εἰς ἐργασίαν; ⁵οὐδὲ ἔτι αὐτοῦ 5 ὄντος ὁλοκλήρου οὐκ ἔσται εἰς ἐργασίαν; μὴ ὅτι ἐὰν καὶ πῦρ αὐτὸ ἀναλώσῃ εἰς τέλος, εἰ ἔσται ἔτι εἰς ἐργασίαν; ⁶διὰ τοῦτο εἰπόν 6 Τάδε λέγει Κύριος ῝Ον τρόπον τὸ ξύλον τῆς ἀμπέλου ἐν τοῖς ξύλοις τοῦ δρυμοῦ ὃ δέδωκα αὐτὸ πυρὶ εἰς ἀνάλωσιν, οὕτως δέδωκα τοὺς κατοικοῦντας Ἰερουσαλήμ. ⁷καὶ δώσω τὸ πρόσωπόν μου ἐπ' αὐ- 7 § Γ τούς· ἐκ τοῦ πυρὸς *ἐξελεύσονται, καὶ πῦρ αὐτοὺς καταφάγεται, καὶ ἐπιγνώσονται ὅτι ἐγὼ Κύριος ἐν τῷ στηρίσαι με τὸ πρόσωπόν μου ἐπ' αὐτούς. ⁸καὶ δώσω τὴν γῆν εἰς ἀφανισμὸν ἀνθ' ὧν παρέπεσον 8 παραπτώματι, λέγει Κύριος.

¹Καὶ ἐγένετο λόγος Κυρίου πρὸς μὲ λέγων ²Υἱὲ ἀνθρώπου, δια- ½ XVI μάρτυραι τῇ Ἰερουσαλὴμ τὰς ἀνομίας αὐτῆς, ³καὶ ἐρεῖς Τάδε λέγει 3 Κύριος τῇ Ἰερουσαλήμ Ἡ ῥίζα σου καὶ ἡ γένεσίς σου ἐκ γῆς Χανάαν, ὁ πατήρ σου Ἀμορραῖος, καὶ ἡ μήτηρ σου Χετταία. ⁴καὶ 4 ἡ γένεσίς σου· ἐν ᾗ ἡμέρᾳ ἐτέχθης οὐκ ἔδησας τοὺς μαστούς σου, καὶ ἐν ὕδατι οὐκ ἐλούσθης οὐδὲ ἀλὶ ἡλίσθης, καὶ σπαργάνοις οὐκ ἐσπαργανώθης, ⁵οὐδὲ ἐφείσατο ὀφθαλμός μου ἐπὶ σοὶ ἐκ πάντων τούτων, 5 τοῦ παθεῖν τι ἐπὶ σοί· καὶ ἀπερίφης ἐπὶ πρόσωπον τοῦ πεδίου τῇ σκολιότητι τῆς ψυχῆς σου ἐν ᾗ ἡμέρᾳ ἐτέχθης. ⁶καὶ διῆλθον ἐπὶ 6 σὲ καὶ ἴδον σε πεφυρμένην ἐν τῷ αἵματι, καὶ εἶπά σοι Ἐκ τοῦ αἵματός σου ζωή· ⁷πληθύνου, καθὼς ἡ ἀνατολὴ τοῦ ἀγροῦ δέδωκά 7 σε· καὶ ἐπληθύνθης καὶ ἐμεγαλύνθης, καὶ εἰσῆλθες εἰς πόλεις πόλεων. οἱ μαστοί σου ἀνορθώθησαν, καὶ ἡ θρίξ σου ἀνέτειλεν,

AQΓ 3 ληψονται bis BᵇQᵃ | αυτον] αυτου A 4 παρεξ]+ο Aᵃ?Q | απ] om A επ Q 5 μη οτι εαν και] διοτι εαν και μη A | ει] μη A | εσται ετι] ετι εσται Q 6 Κυριος] pr αδωναι AQ | πυρι] pr τω AQ | Ιερουσαλημ] pr εν A 7 δωσω] στηριω A | καταφ. αυτ. Q | επιγνωσονται (a sup ras Bʳ)] γνωσονται QΓ | om με Γᵛⁱᵈ 8 Κυριος] pr αδωναι QΓ XVI 2 ανομιας] [α]μαρτιας Γ 3 Κυριος] pr αδωναι QΓ 4 ουκ εδησας (εδησαν AQΓ) τους μαστους (μασθ. Q) σου] ουκ ετμηθη ο ομφαλος σου Qᵐᵍ | ελουσθης (ελουθ. Bᵇ)]+του x̅ρ̅υ̅ μου A+a'θ' ⁘ εις σωτηριαν Q | και σπαργανοις ουκ εσπαργ. sub ⁘ Q? 5 ουδε εφεισατο] ου φεισεται A+επι σε Q | οφθαλμος] pr ο AQ | μου] σου Q* (μου Qᵐᵍ) | σοι 1°]+του ποιησαι σοι (συ Γ) εν Bᵃᵇ⁽ᵐⁱᵍ⁾AQΓ | bis scr τουτων B* (improb τουτων 2° Bʲ) | απεριφης Bᵇ⁽ᵛⁱᵈ⁾A | η ημερα] [ημ]ερα η Γ 6 ειδον Bᵃ: item 8 | αιματι]+σου Bᵃᵇ AQΓ | ζωη] η ζωη σου A 7 πληθυνου] pr και A | ανωρθωθησαν BᵇQ·

ΙΕΖΕΚΙΗΛ XVI 19

8 σὺ δὲ ἦσθα γυμνὴ καὶ ἀσχημονοῦσα. ⁸καὶ διῆλθον διὰ σοῦ καὶ ἶδον Β σε, καὶ ἰδοὺ καιρός σου καὶ καιρὸς καταλυόντων, καὶ διεπέτασα τὰς πτέρυγάς μου ἐπὶ σὲ καὶ ἐκάλυψα τὴν ἀσχημοσύνην σου, καὶ ὤμοσά σοι καὶ εἰσῆλθον ἐν διαθήκῃ μετὰ σοῦ, λέγει Κύριος, καὶ ἐγένου 9 μοι. ⁹καὶ ἔλουσά σε ἐν ὕδατι, καὶ ἀπέπλυνα τὸ αἷμά σου ἀπὸ 10 σοῦ, καὶ ἔχρισά σε ἐν ἐλαίῳ· ¹⁰καὶ ἐνέδυσά σε ποικίλα καὶ ὑπέδησά σε ὑάκινθον, καὶ ἔζωσά σε βύσσῳ καὶ περιέβαλόν σε τρι-11 χάπτῳ· ¹¹καὶ ἐκόσμησά σε κόσμῳ, καὶ περιέθηκα ψέλια περὶ τὰς 12 χεῖράς σου καὶ κάθεμα περὶ τὸν τράχηλόν σου· ¹²καὶ ἔδωκα ἐνώτιον περὶ τὸν μυκτῆρά σου καὶ τροχίσκους ἐπὶ τὰ ὦτά σου καὶ στέφανον 13 καυχήσεως ἐπὶ τὴν κεφαλήν σου· ¹³καὶ ἐκοσμήθης χρυσίῳ καὶ ἀργυρίῳ, καὶ τὰ περιβόλαιά σου βύσσινα καὶ τρίχαπτα καὶ ποικίλα· σεμίδαλιν καὶ ἔλαιον καὶ μέλι ἔφαγες, καὶ ἐγένου καλὴ σφόδρα. 14 ¹⁴καὶ ἐξῆλθέν σοι ὄνομα ἐν τοῖς ἔθνεσιν ἐν τῷ κάλλει σου, διότι συντετελεσμένον ἦν ἐν εὐπρεπείᾳ ἐν τῇ ὡραιότητι ᾗ ἔταξα ἐπὶ σέ, 15 λέγει Κύριος. ¹⁵Κατεπεποίθεις ἐν τῷ κάλλει σου καὶ ἐπόρνευσας ἐπὶ τῷ ὀνόματί σου, καὶ ἐξέχεας τὴν πορνείαν σου ἐπὶ πάντα 16 πάροδον. ¹⁶καὶ ἔλαβες ἐκ τῶν ἱματίων σου, καὶ ἐποίησας σεαυτῇ εἴδωλα ῥαπτὰ καὶ ἐξεπόρνευσας ἐπ' αὐτά, καὶ οὐ μὴ εἰσέλθῃς οὐδὲ 17 μὴ γένηται. ¹⁷καὶ ἔλαβες τὰ σκεύη τῆς καυχήσεώς σου ἐκ τοῦ χρυσίου μου καὶ ἐκ τοῦ ἀργυρίου μου, ἐξ ὧν ἔδωκά σοι, καὶ ἐποίησας 18 σεαυτῇ εἰκόνας ἀρσενικὰς καὶ ἐξεπόρνευσας ἐν αὐταῖς, ¹⁸καὶ ἔλαβες τὸν ἱματισμὸν τὸν ποικίλον σου καὶ περιέβαλες αὐτάς, καὶ τὸ ἔλαιόν 19 μου καὶ τὸ θυμίαμά μου ἔθηκας πρὸ προσώπου αὐτῶν, ¹⁹καὶ τοὺς ἄρτους μου οὓς ἔδωκά σοι, σεμίδαλιν καὶ ἔλαιον καὶ μέλι ἐψώμισά

---

7 συ δε] και A   8 διη\θον] ηλθον Q | και 4°] ως A | καιρος AQΓ καταλυοντων (-ωντων A* -οντων A¹)] a′ καιρος συναλλαγης θ′ καιρος μαστων σου s′ καιρὸς αγαπης Q^mg | ασχημοσυνην] incep αισχ Q* vid | ωμοσα σοι] ωμολογησα σοι B^amg (non inst B^b) | Κυριος] pr αδωναι A^a? (ει αδωναι in mg et sup ras A^a?) QΓ | μοι] μου B* (μοι B^abQ) hiat Γ   10 υπεδησα] υπ[ε]δυσα Γ   12 περι] επι A   13 χρυσιω και αργυριω] κοσμω χρυσω και αργυρω AΓ | μελι και ελαιον Q | φαγες Q* (εφ. Q^a) | σφοδρα]+σφοδρα AQ+θ′ ※ και κατηυθυνθης εις βασιλειαν Q   14 σοι] σου AQΓ | εν 2°] επι A | συντετελεσμενον] ον sup ras B^ab | om εν τη ωραιοτητι Q | Κυριος] pr αδωναι A^a? (επι σε\ λεγει αδωναι in mg et sup ras) QΓ   15 κατεπεποιθεις] pr και A και επεποιθεις Q | εν] επι AΓ | πορνιαν A | παροδον]+ο ουκ εσται A+(sub ※) αυτω εγινου Q   16—27 paene perier in Γ   16 ειδω\α ραπτα] a′ υψηλα εμβεβολιμμενα Q^mg | ουδε] ουδ ου A   17 εκ του χρυσίου μου και εκ του αργυριου μου] pr και A εκ του αργ. μου και εκ του χρυσ. μου Q   18 αυτας] αυτα B^ab AQ | το ελαιον] τον ελ. Q* (το ελ. Q^a)

ΙΕΖΕΚΙΗΛ

Β σε, καὶ ἔθηκας αὐτὰ πρὸ προσώπου αὐτῶν εἰς ὀσμὴν εὐωδίας. καὶ ἐγένετο, λέγει Κύριος, ²⁰καὶ ἔλαβες τοὺς υἱούς σου καὶ τὰς θυ- 20 γατέρας σου ἃς ἐγέννησας, καὶ ἔθυσας αὐτοῖς εἰς ἀνάλωσιν· ὡς μικρὰ ἐξεπόρνευσας, ²¹καὶ ἔσφαξας τὰ τέκνα σου καὶ ἔδωκας αὐτὰ 21 ἐν τῷ ἀποτροπιάζεσθαί σε αὐτὰ αὐτοῖς. ²²τοῦτο παρὰ πᾶσαν τὴν 22 πορνείαν σου, καὶ οὐκ ἐμνήσθης τῆς νηπιότητός σου, τῆς ἡμέρας ὅτε ἦσθα γυμνὴ καὶ ἀσχημονοῦσα· πεφυρμένη ἐν τῷ αἵματί σου ἔζησας. ²³καὶ ἐγένετο μετὰ πάσας τὰς κακίας σου, λέγει Κύριος, 23 ²⁴καὶ οἰκοδόμησας σεαυτῇ οἴκημα πορνικόν, καὶ ἐποίησας σεαυτῇ 24 ἔκθεμα ἐν πάσῃ πλατείᾳ, ²⁵καὶ ἐπ' ἀρχῆς πάσης ὁδοῦ ᾠκοδόμησας 25 τὰ πορνεῖά σου καὶ ἐλυμήνω τὸ κάλλος σου, καὶ διήγαγες τὰ σκέλη σου παντὶ παρόδῳ καὶ ἐπλήθυνας τὴν πορνείαν σου, ²⁶καὶ ἐξεπόρ- 26 νευσας ἐπὶ τοὺς υἱοὺς Αἰγύπτου τοὺς ὁμοροῦντάς σοι τοὺς μεγαλοσάρκους, καὶ πολλαχῶς ἐξεπόρνευσας, τοῦ παροργίσαι με. ²⁷ἐὰν 27 δὲ ἐκτείνω τὴν χεῖρά μου ἐπὶ σέ, καὶ ἐξαρῶ τὰ νόμιμά σου καὶ παραδώσω εἰς ψυχὰς μισούντων σε, θυγατέρας ἀλλοφύλων τὰς ἐκκλινούσας σε ἐκ τῆς ὁδοῦ σου. ἠσέβησας ²⁸καὶ ἐξεπόρνευσας 28 ἐπὶ τὰς θυγατέρας Ἀσσούρ, καὶ οὐδ' οὕτως ἐνεπλήσθης· καὶ ἐξεπόρνευσας καὶ οὐκ ἐνεπίπλω. ²⁹καὶ ἐπλήθυνας τὰς διαθήκας σου 29 πρὸς γῆν Χαλδαίων, καὶ οὐδὲ ἐν τούτοις ἐνεπλήσθης. ³⁰τί διαθῶ 30 τὴν θυγατέρα σου, λέγει Κύριος, ἐν τῷ ποιῆσαί σε πάντα ταῦτα ἔργα γυναικὸς πόρνης; καὶ ἐξεπόρνευσας τρισσῶς ἐν ταῖς θυγατράσιν σου· ³¹τὸ πορνεῖον ᾠκοδόμησας ἐν πάσῃ ἀρχῇ ὁδοῦ, καὶ¶ τὴν 31

AQΓ 19 ευωδειας B* (-διας B^b) | εγενετο] + μετα ταυτα A | Κυριος] pr αδωναι Q   20 om και 1° A | ας εγεννησας] om A + μοι Q^mg | εθυσας] + αυτα A   21 σου] μου Q* (σου Q^mg) | εδωκες A | αυτα αυτοις] εν αυτοις A   22 πορνιαν A | σου 1°] + και τα βδελυγματα σου AQ | εμνησθης (-θη A)] + τας ημερας AQ | om της ημερας AQ | πεφυρμενη] pr και A | εζησας] pr και Q^mg   23 σου] + οναι οναι σοι A et (sub οι γ' ※) Q | Κυριος] pr αδωναι Q   24 οικοδομησας B* Q* Γ] ῳκοδομησας B^ab AQ^a   25 αρχης πασης οδου] αρχην πασων εξοδων A | διηγαγες] ηγαγες A* (διηγ. A¹) | om σου 4° Q   26 ομοροουντας A   27 εαν δε] και ιδου Q^mg | om και 1° A | σου 1°] μου Q^mg | παραδωσω] + σε AQΓ | ησεβησας] εξεπορνευσας A   28 εξεπορνευσας] ησεβησας A | τας θυγατερας] τους υιους Q | Ασσουρ] Σουρ A | om και 3° A | ενεπιπλω] ενεμπιπλω A ενεπιμπλω QΓ   29 τας διαθηκας] την διαθηκην AΓ τας πορνειας Q | γην] + Χαναναιων και A + Χανααν QI^vid | Χαλδαιων] ϗ εις τους Χαλδαιους Q^mg | ουδε] ουδ A   30 τι διαθω] τινι καθαριω Q^mg | θυγατερα] καρδιαν Q | Κυριος] pr αδωναι Q | παντα ταυτα] om A ταυτα πα|τα Q | πορνης] + (sub θ' ※) παρρησιαζομενης Q | om και A | εν 2°] επι A   31 το πορνειον ωκοδομησας] και το πορνιον ωκοδ. A οποτε ωκοδ. το πορνείον σου Q και το πορνειον σου ωκοδ.. Γ | εν παση αρχη] επι πασης αρχης A εν αρχη πασης Q | και την βασιν σου] om και A ϗ το εκθεμα σου Q^mg

ΙΕΖΕΚΙΗΛ XVI 42

βάσιν σου εποίησας εν πάση πλατεία. και εγένου ως πόρνη συνά- Β
32 γουσα μισθώματα, ³²ή γυνή ή μοιχωμένη ομοία σοι, παρά του ανδρός
33 αυτής λαμβάνουσα μισθώματα, ³³πάσι τοις εκπορνεύσασιν αυτήν
προσεδίδου μισθώματα· και συ δέδωκας μισθώματα πάσι τοις ερα-
σταίς σου, και εφόρτιζες αυτούς, του έρχεσθαι προς σε κυκλόθεν εν
34 τη πορνία σου. ³⁴και εγένετο εν σοι διεστραμμένον παρά τας
γυναίκας εν τη πορνεία σου, και μετά σου πεπορνεύκασιν εν τω
διδόναι σε μισθώματα, και μισθώματα ουκ εδόθη σοί, και εγένετο
35 εν σοι διεστραμμένα. ³⁵Διά τούτο, πόρνη, άκουε λόγον Κυρίου
36 ³⁶Τάδε λέγει Κύριος 'Ανθ' ων εξέχεας τον χαλκόν σου, και αποκα-
λυφθήσεται η αισχύνη σου εν τη πορνεία σου προς τους εραστάς
σου και εις πάντα τα ενθυμήματα των ανομιών σου και εν τοις
37 αίμασιν των τέκνων σου ων έδωκας αυτοίς. ³⁷διά τούτο ιδού εγώ
επισυνάγω πάντας τους εραστάς σου εν οις επεμίγης εν αυτοίς, και
πάντας ους ηγάπησας συν πάσιν οις εμίσεις· και συνάξω αυτούς
επί σε κυκλόθεν και αποκαλύψω τας κακίας σου προς αυτούς, και
38 όψονται πάσαν την αισχύνην σου· ³⁸και εκδικήσω σε εκδικήσει μοι-
39 χαλίδος, και θήσω σε εν αίματι θυμού και ζήλου. ³⁹και παραδώσω
σε εις χείρας αυτών, και κατασκάψουσιν το πορνείόν σου και καθε-
λούσιν την βάσιν σου, και εκδύσουσίν σε τα ιμάτιά σου και λήμ-
ψονται τα σκεύη της καυχήσεώς σου, και αφήσουσίν σε γυμνήν
40 και ασχημονούσαν. ⁴⁰και άξουσιν επί σε όχλους, και λιθοβολή-
σουσίν σε εν λίθοις, και κατασφάξουσίν σε εν τοις ξίφεσιν αυ-
41 των, ⁴¹και ενπρήσουσιν τους οίκους σου πυρί, και ποιήσουσιν εν
σοι εκδικήσεις ενώπιον γυναικών πολλών· και αποστρέψω σε εκ
42 πορνείας, και μισθώματα ου μη δως ουκέτι. ⁴²και επαφήσω τον
θυμόν μου επί σέ, και εξαρθήσεται ο ζήλός μου εκ σου· και ανα-

31 εγενου] pr ουκ Q   32 η γυνη η μοιχ.] ως γυνη μοιχ. A | ομοια AQ
σοι] δ. γρ. υπο τον ανδρα αυτης εις αλλοτριους ομοια σοι Q^mg   33 πα-
σιν AQ | εκπορνευσασιν] εκπορνευουσιν A | om και συ δεδωκας μισθωματα
A | και εφορτιζες αυτους] α' κ εδωροδοτεις αυτους Q^mg | πορνεια B^abAQ
34 εγενετο] το bis scr Q* | om εν 1° AQ | διεστραμμενον] εξεστραμμενον
A | σου 2°] σε ου Q | διδοναι] προσδιδοναι B^ab mgQ προδιδοναι A | μισθω-
ματα ουκ εδοθη σοι] σοι μισθ. ουκ εδοθη A | διεστραμμενα] εξεστραμμενα A
36 Κυριος] pr αδωναι AQ | εις] επι A | ανομων Q* (-μιων Q^a) | εδωκας]
δεδωκας Q   37 επισυναγω] επι σε συναγω AQ | παντας 2°] απαντας
Q | κακειας B* (-κιας B^b): item 57   38 μοιχαλιδος] μοιχαλιδων Q+και
εκχεουσης (sic) αιμα A+και εκχεουσω] αιμα Q | θησω] θησομαι A | αιματι] τω
αιματι σου και δωσω σε εις αιμα A | ζηλους A   39 κατασκοψουσιν A | τα
ιματια] τον ιματισμον A | ληψονται Q^a   41 εμπρησουσιν B^bAQ | πυρι]
pr εν A | εκ πορνειας] απο της πορν. σου A

ΙΕΖΕΚΙΗΛ

Ε παύσομαι, καὶ οὐ μὴ μεριμνήσω οὐκέτι. ⁴³ἀνθ' ὧν οὐκ ἐμνήσθης 43 τῆς νηπιότητός σου, καὶ ἐλύπεις με ἐν πᾶσι τούτοις, καὶ ἐγὼ ἰδοὺ τὰς ὁδούς σου εἰς κεφαλήν σου δέδωκα, λέγει Κύριος· καὶ οὕτως ἐποίησας τὴν ἀσέβειαν ἐπὶ πάσαις ταῖς ἀνομίαις σου. ⁴⁴ταῦτά ἐστιν 44 πάντα ὅσα εἶπαν κατὰ σοῦ ἐν παραβολῇ λέγοντες Καθὼς ἡ μήτηρ, ⁴⁵καὶ 45 ἡ θυγάτηρ· ⁽⁴⁵⁾θυγάτηρ τῆς μητρός σου σὺ εἶ ἡ ἀπωσαμένη τὸν ἄνδρα αὐτῆς καὶ τὰ τέκνα αὐτῆς, καὶ ἀδελφαὶ τῶν ἀδελφῶν σου αἱ ἀπωσάμεναι τοὺς ἄνδρας αὐτῶν καὶ τὰ τέκνα αὐτῶν· ἡ μήτηρ ὑμῶν Χετταία, καὶ ὁ πατὴρ ὑμῶν Ἀμορραῖος. ⁴⁶ἡ ἀδελφὴ ὑμῶν ἡ πρεσ- 46 βυτέρα Σαμάρεια, αὐτὴ καὶ αἱ θυγατέρες αὐτῆς, ἡ κατοικοῦσα ἐξ εὐωνύμων σου· καὶ ἡ ἀδελφή σου ἡ νεωτέρα σου ἡ κατοικοῦσα ἐκ δεξιῶν σου, Σόδομα καὶ αἱ θυγατέρες αὐτῆς. ⁴⁷καὶ οὐδ' ὡς ἐν ταῖς 47 ὁδοῖς αὐτῶν ἐπορεύθης, οὐδὲ κατὰ τὰς ἀνομίας αὐτῶν ἐποίησας· παρὰ μικρὸν καὶ ὑπέρκεισαι αὐτὰς ἐν πάσαις ταῖς ὁδοῖς σου. ⁴⁸ζῶ 48 ἐγώ, λέγει Κύριος, εἰ πεποίηκεν Σόδομα, αὐτὴ καὶ αἱ θυγατέρες αὐτῆς, ὃν τρόπον ἐποίησας σὺ καὶ αἱ θυγατέρες σου. ⁴⁹πλὴν τοῦτο 49 τὸ ἀνόμημα Σοδόμων τῆς ἀδελφῆς σου, ὑπερηφανία· ἐν πλησμονῇ ἄρτων καὶ ἐν εὐθηνίᾳ ἐσπατάλων αὐτὴ καὶ αἱ θυγατέρες αὐτῆς· τοῦτο ὑπῆρχεν αὐτῇ, καὶ ταῖς θυγατράσιν αὐτῆς· καὶ χεῖρα πτωχοῦ καὶ πένητος οὐκ ἀντελαμβάνοντο, ⁵⁰καὶ ἐμεγαλαύχουν καὶ ἐποίησαν 50 ἀνομήματα ἐνώπιόν μου, καὶ ἐξῆρα αὐτὰς καθὼς εἶδον. ⁵¹καὶ Σα- 51 μάρεια κατὰ τὰς ἡμίσεις τῶν ἁμαρτιῶν σου οὐχ ἥμαρτεν· καὶ ἐπλήθυνας τὰς ἀνομίας σου ὑπὲρ αὐτάς, καὶ ἐδικαίωσας τὰς ἀδελφάς σου ἐν πάσαις ταῖς ἀνομίαις σου αἷς ἐποίησας. ⁵²καὶ σὺ κόμισαι 52 βάσανόν σου ἐν ᾗ ἔφθειρας τὰς ἀδελφάς σου ἐν ταῖς ἁμαρτίαις σου αἷς ἠνόμησας ὑπὲρ αὐτάς, καὶ ἐδικαίωσας αὐτὰς ὑπὲρ σεαυτήν· καὶ σὺ αἰσχύνθητι καὶ λάβε τὴν ἀτιμίαν σου ἐν τῷ δικαιῶσαί σε τὰς ἀδελφάς σου. ⁵³καὶ ἀποστρέψω τὰς ἀποστροφὰς αὐτῶν τὴν ἀπο- 53 στροφὴν Σοδόμων καὶ τῶν θυγατέρων αὐτῆς, καὶ ἀποστρέψω τὴν

AQ 43 εμνησθης] +την ημεραν AQ | πασιν A | Κυριος] pr αδωναι Q | ασεβειαν]+σου A   45 om θυγατηρ 2⁰ A | om σου 1⁰ A | αδελφαι] pr αι AQ | σου των αδελφων A | om υμων Χετταια και ο πατηρ Q* (hab Q^(mg))   47 ουδ ως] ου δωσω σε B* | παρα] κατα Q* (παρα Q^(mg)) | μικρον]+(sub ※) οσον Q | και (bis scr και B* improb 1⁰ B^b) υπερκεισαι αυτας] οι γ' ϗ διεφθειρας υπερ αυτας Q^(mg) | αυτας]+παρα πικρον A   48 Κυριος] pr αδωναι Q | πεποιηκεν] εποιησεν Q | Σοδομα]+η αδελφη σου AQ | εποιησας] πεποιηκας A   49 το ανομημα] ην (sub ※) ανομ. Q | Σοδομων] δ et μ sup ras A^a | υπερφανεια Q* (-νια Q^a) | ευθηνια]+οινον A | αντελαμβανοντο] ἀ|τελαβοντο A   50 ανομηματα] ανομα A | μου] εμου A | ειδον] om A ιδες Q   51 ανομιας] αμαρτιας A | αις] as Q   52 εφθειρας] διεφθειρας A | σεαυτην] σαυτῇ Q   53 θυγατερων 1⁰] αδελφω| Q

ΙΕΖΕΚΙΗΛ XVII 4

ἀποστροφὴν Σαμαρείας καὶ τῶν θυγατέρων αὐτῆς, καὶ ἀποστρέψω Β
54 τὴν ἀποστροφήν σου ἐν μέσῳ αὐτῶν, ⁵⁴ὅπως κομίσῃ τὴν βάσανόν
σου καὶ ἀτιμωθῇση ἐκ πάντων ὧν ἐποίησας ἐν τῷ παροργίσαι με.
55 ⁵⁵καὶ ἡ ἀδελφή σου Σόδομα καὶ αἱ θυγατέρες αὐτῆς ἀποκατασταθή-
σονται καθὼς ἦσαν ἀπ' ἀρχῆς· καὶ σὺ καὶ αἱ θυγατέρες σου ἀπο-
56 κατασταθήσεσθε καθὼς ἀπ' ἀρχῆς ἦτε. ⁵⁶καὶ εἰ μὴ ἦν Σόδομα ἡ
ἀδελφή σου εἰς ἀκοὴν ἐν τῷ στόματί σου ἐν ταῖς ἡμέραις ὑπερ-
57 ηφανίας σου, ⁵⁷πρὸ τοῦ ἀποκαλυφθῆναι τὰς κακίας σου, ὃν τρόπον
νῦν ὄνειδος εἶ θυγατέρων Συρίας καὶ πάντων τῶν κύκλῳ αὐτῆς θυ-
58 γατέρων ἀλλοφύλων τῶν περιεχουσῶν σε κύκλῳ, ⁵⁸τὰς ἀσεβείας
59 σου καὶ τὰς ἀνομίας σου κεκόμισαι αὐτάς, λέγει Κύριος. ⁵⁹τάδε
λέγει Κύριος Καὶ ποιήσω ἐν σοὶ καθὼς ἐποίησας, ὡς ἠτίμωσας ταῦτα
60 τοῦ παραβῆναι τὴν διαθήκην μου. ⁶⁰καὶ μνησθήσομαι ἐγὼ τῆς δια-
θήκης μου τῆς μετὰ σοῦ ἐν ἡμέραις νηπιότητός σου, καὶ ἀναστήσω
61 σοι διαθήκην αἰώνιον. ⁶¹καὶ μνησθήσῃ τὴν ὁδόν σου, καὶ ἐξατι-
μωθήσῃ ἐν τῷ ἀναλαβεῖν σε τὰς ἀδελφάς σου τὰς πρεσβυτέρας
σου σὺν ταῖς νεωτέραις σου, καὶ δώσω αὐτάς σοι εἰς οἰκοδομὴν
62 καὶ οὐκ ἐκ διαθήκης σου. ⁶²καὶ ἀναστήσω ἐγὼ τὴν διαθήκην μου
63 μετὰ σοῦ, καὶ ἐπιγνώσει ὅτι ἐγὼ Κύριος· ⁶³ὅπως μνησθῇς καὶ
αἰσχυνθῇς, καὶ μὴ ᾖ σοι ἔτι ἀνοῖξαι τὸ στόμα σου ἀπὸ προσώπου
τῆς ἀτιμίας σου, ἐν τῷ ἐξιλάσκεσθαί μέ σοι κατὰ πάντα ὅσα ἐποί-
ησας, λέγει Κύριος.

XVII 1 ¹Καὶ ἐγένετο λόγος Κυρίου πρὸς μὲ λέγων ²Υἱὲ ἀνθρώπου,
2 διήγησαι διήγημα καὶ εἰπὸν παραβολὴν πρὸς τὸν οἶκον τοῦ Ἰσραήλ,
3 ³καὶ ἐρεῖς Τάδε λέγει Κύριος Ἀετὸς ὁ μέγας ὁ μεγαλοπτέρυγος, ὁ
μακρὸς τῇ ἐκτάσει, πλήρης ὀνύχων, ὃς ἔχει τὸ ἥγημα εἰσελθεῖν εἰς τὸν
4 Λίβανον, καὶ ἔλαβε τὰ ἐπίλεκτα τῆς κέδρου, ⁴τὰ ἄκρα τῆς ἁπαλότητος
ἀπέκνισεν, καὶ ἤνεγκεν αὐτὰ εἰς γῆν Χανάαν, εἰς πόλιν τετειχισμένην

54 οπως κομιση] οπ. κομισω Q* ινα ⌈κομισ⌉η Qᵐᵍ | τω παροργισαι] τω AQ
σε παρ. A   55 αρχης 1°]+και Σαμαρεια και αι θυγατερες αυτης απο-
κατασταθησονται καθως ησαν απ αρχης AQ | αποκαταστασθησεσθε B* (απο-
κατασταθ. Bᵇ)   56 υπερηφανειας Q* (-νιας Qᵃ)   57 Συρειας
B* (-ριας Bᵇ)   58 τας ασεβειας...κεκομισαι] εν ταις ασεβιαις σου και ταις
ανομιαις σου συ κεκοσμησαι A | κεκομισαι] pr ου Bᵃᵇ (vid) pr συ Q | αυτας] αυτα Q
59 Κυριος] pr αδωναι AQ | om εν A | ητιμασας AQ   61 ατιμασθηση
A | εις οικοδομην] εις δοκιμην Q* (εις οικοδ. Qᵐᵍ) | σου ₅°] μου A om Q
62 om εγω 1° A | επιγνωση BᵃᵇAQ   63 το στομα σου] το στομα A
στομα Q | της ατιμιας] om της A | εν τω εξιλασκ.] pr και A | Κυριος] pr
αδωναι Q   XVII 1 pr tit περι του αετου του μεγαλου Qᵐᵍ ˢᵘᵖ   3 Κυριος]
pr αδωναι Q | αετος] pr ο AQ | εκτασει] εκστασει A | ελαβεν AQ | επιλεκτα]
εκλεκτα A   4 απεκνειξεν B*ᵛⁱᵈ | Χανααν] Χαλδαιων A

ΙΕΖΕΚΙΗΛ

ἔθετο αὐτά. ⁵καὶ ἔλαβεν ἀπὸ τοῦ σπέρματος τῆς γῆς καὶ ἔδωκεν 5 αὐτὸ εἰς τὸ πεδίον φυτὸν ἐφ' ὕδατι πολλῷ, ἐπιβλεπόμενον ἔταξεν αὐτό. ⁶καὶ ἀνέτειλεν καὶ ἐγένετο εἰς ἄμπελον ἀσθενοῦσαν καὶ 6 μικράν, τοῦ ἐπιφαίνεσθαι αὐτὴν τὰ κλήματα αὐτῆς ἐπ' αὐτό, καὶ ῥίζαι αὐτῆς ὑποκάτω αὐτῆς ἦσαν. καὶ ἐγένετο εἰς ἄμπελον καὶ ἐποίησεν ἀπώρυγας καὶ ἐξέτεινεν τὴν ἀναδενδράδα αὐτῆς. ⁷καὶ 7 ἐγένετο ἀετὸς ἕτερος μέγας μεγαλοπτέρυγος πολὺς ὄνυξιν, καὶ ἰδοὺ ἡ ἄμπελος αὕτη περιπεπλεγμένη πρὸς αὐτόν, καὶ ῥίζαι αὐτῆς πρὸς αὐτόν, καὶ τὰ κλήματα αὐτῆς ἐξαπέστειλεν αὐτῷ τοῦ ποτίσαι αὐτὴν σὺν τῷ βώλῳ τῆς φυτείας αὐτῆς. ⁸εἰς πεδίον καλὸν ἐφ' ὕδατι 8 πολλῷ αὕτη πιαίνεται, τοῦ ποιεῖν βλαστοὺς καὶ φέρειν καρπόν, τοῦ εἶναι εἰς ἄμπελον μεγάλην. ⁹διὰ τοῦτο εἰπόν Τάδε λέγει Κύριος Εἰ 9 κατευθυνεῖ; οὐχὶ αἱ ῥίζαι τῆς ἁπαλότητος αὐτῆς καὶ ὁ καρπὸς σαπήσεται, καὶ ξηρανθήσεται πάντα τὰ προανατέλλοντα αὐτῆς, καὶ οὐκ ἐν βραχίονι μεγάλῳ οὐδ' ἐν λαῷ πολλῷ τοῦ ἐκσπάσαι αὐτὴν ἐκ ῥιζῶν αὐτῆς; ¹⁰καὶ ἰδοὺ πιαίνεται· μὴ κατευθυνεῖ; οὐχ ἅμα τῷ ἅψασθαι 10 αὐτῆς ἄνεμον τὸν καύσωνα ξηρανθήσεται; σὺν τῷ βώλῳ ἀνατολῆς αὐτῆς ξηρανθήσεται. ¹¹Καὶ ἐγένετο λόγος Κυρίου πρὸς μὲ λέγων 11 ¹²Υἱὲ ἀνθρώπου, εἰπὸν δὴ πρὸς τὸν οἶκον τὸν παραπικραίνοντα 12 Οὐκ ἐπίστασθε τί ἦν ταῦτα; εἰπόν "Οταν ἔλθῃ βασιλεὺς Βαβυλῶνος ἐπὶ Ἰερουσαλήμ, καὶ λήμψεται τὸν βασιλέα αὐτῆς καὶ τοὺς ἄρχοντας αὐτῆς καὶ ἄξει αὐτοὺς πρὸς ἑαυτὸν εἰς Βαβυλῶνα. ¹³καὶ λήμψεται ἐκ 13 τοῦ σπέρματος τῆς βασιλείας, καὶ διαθήσεται πρὸς αὐτὸν διαθήκην καὶ εἰσάξει αὐτὸν ἐν ἀρᾷ, καὶ τοὺς ἡγεμόνας τῆς γῆς λήμψεται, ¹⁴τοῦ 14 γενέσθαι εἰς βασιλείαν ἀσθενῆ τὸ καθόλου μὴ ἐπαίρεσθαι, τοῦ φυλάσσειν τὴν διαθήκην αὐτοῦ καὶ ἱστάνειν αὐτήν. ¹⁵καὶ ἀποστή- 15

AQ 5 φυτον]+(sub θ' ※) ληπτον Q* (λ. improb Q?)   6 ασθενουσαν] ευθηνουσαν A | μικραν]+τω μεγεθει AQ | του επιφαινεσθαι] τω επιφ. A | αυτην] αυτη| A^vid | om επ αυτο και ριζαι αυτης Q* (hab Q^mg) | αυτο] αυτην A | ριζαι]· pr αι A | bis scr υποκατω αυτης B* (uncis incl 2° B^ab) | αυτης 3°] αυτου Q^a | ησαν uncis incl B^a (ras uncos B^b) | αμπελον 2°]+μεγαλην A | αναδενδρα B* (-δραδα B^ab)   7 ριζαι] pr αι AQ | εξαπεστειλεν] pr και A | αυτω] αυτην A | ποτισαι] ποιησαι Q | συν τω βωλω] απο του πρεμνου Q^mg | φυτιας A   8 ποιειν] ποιησαι AQ | βλαστους] καρπον A | φερειν καρπον] ενεγκαι βλαστον A   9 Κυριος] pr αδωναι Q | κατευθυνει] κατευθυνθησεται A | απαλοτητος] απ sup ras B^ab | καρπος]+αυτης Q | om σαπησεται Q* (hab Q^mg) | αυτης 2°]+(sub ※) ξηρανθησεται Q | ουδ] ουδε A   10 ουχ] ουχι A | ξηρανθησεται 1°] +ξηρασια AQ | om ξηρανθησεται 2° A   12 οικον]+Ιηλ A | ην] εστι| A εστι Q^mg | ταυτα ειπον] ταυτα α ειπον A ταυτα α ειπον αυτοις Q^mg | οταν ελθη] ιδουν ηξει Q^mg | επι] εις A | om και 1° A | ληψεται Q^a: item 13 bis | om και τους αρχοντας αυτης A | εαυτον] αυτον A   13 om εκ Q | ηγεμονας] ηγουμενους AQ   14 και ιστανειν] του ιστ. A

ΙΕΖΕΚΙΗΛ XVII 24

σεται ἀπ' αὐτοῦ τοῦ ἐξαποστέλλειν ἀγγέλους ἑαυτοῦ εἰς Αἴγυπτον, Β τοῦ δοῦναι αὐτῷ ἵππους καὶ λαὸν πολύν. εἰ κατευθυνεῖ; εἰ διασωθήσεται ὁ ποιῶν ἐναντία; καὶ παραβαίνων διαθήκην εἰ διασωθήσε-
16 ται; [16] ζῶ ἐγώ, λέγει Κύριος, ἐὰν μὴ ἐν τόπῳ ὁ βασιλεὺς ὁ βασιλεύσας αὐτόν, ὃς ἠτίμωσεν τὴν ἀράν μου καὶ ὃς παρέβη τὴν διαθήκην μου,
17 μετ' αὐτοῦ ἐν μέσῳ Βαβυλῶνος τελευτήσει. [17] καὶ οὐκ ἐν δυνάμει μεγάλῃ οὐδ' ἐν ὄχλῳ πολλῷ ποιήσει πρὸς αὐτὸν Φαραὼ πόλεμον, ἐν
18 χαρακοβολίᾳ καὶ ἐν οἰκοδομῇ βελοστάσεων τοῦ ἐξᾶραι ψυχάς. [18] καὶ ἠτίμωσεν ὁρκωμοσίαν τοῦ παραβῆναι διαθήκην, καὶ ἰδοὺ δέδωκα τὴν
19 χεῖρα αὐτοῦ, καὶ πάντα ταῦτα ἐποίησεν αὐτῷ· μὴ σωθήσεται; [19] διὰ τοῦτο εἰπόν Τάδε λέγει Κύριος Ζῶ ἐγὼ ἐὰν μὴ τὴν ὁρκωμοσίαν μου ἣν ἠτίμωσεν, καὶ τὴν διαθήκην μου ἣν παρέβη, καὶ δώσω αὐτὴν εἰς
20 κεφαλὴν αὐτοῦ. [20] καὶ ἐκπετάσω ἐπ' αὐτὸν τὸ δίκτυον, καὶ ἁλώσεται
21 ἐν τῇ περιοχῇ αὐτοῦ. [21] ἐν πάσῃ παρατάξει αὐτοῦ ἐν ῥομφαίᾳ πεσοῦνται, καὶ τοὺς καταλοίπους εἰς πάντα ἄνεμον διασπερῶ· καὶ ἐπι-
22 γνώσεσθε διότι ἐγὼ Κύριος λελάληκα. [22] Διότι τάδε λέγει Κύριος Καὶ λήμψομαι ἐγὼ ἐκ τῶν ἐκλεκτῶν τῆς κέδρου ἐκ κορυφῆς, καρδίας
23 αὐτῶν ἀποκνιῶ καὶ καταφυτεύσω ἐγὼ ἐπ' ὄρος ὑψηλόν, [23] καὶ κρεμάσω αὐτὸν ἐν ὄρει μετεώρῳ Ἰσραὴλ καὶ καταφυτεύσω, καὶ ἐξοίσει βλαστὸν καὶ ποιήσει καρπὸν καὶ ἔσται εἰς κέδρον μεγάλην· καὶ ἀναπαύσεται ὑποκάτω αὐτοῦ πᾶν ὄρνεον, καὶ πᾶν πετεινὸν ὑπὸ τὴν σκιὰν αὐτοῦ ἀναπαύσεται· τὰ κλήματα αὐτοῦ ἀποκατασταθήσεται.
24 [24] καὶ γνώσονται πάντα τὰ ξύλα τοῦ πεδίου διότι ἐγὼ Κύριος ὁ ταπεινῶν ξύλον ὑψηλὸν καὶ ὑψῶν ξύλον ταπεινόν, καὶ ξηραίνων ξύλον χλωρὸν καὶ ἀναθάλλων ξύλον ξηρόν. ἐγὼ Κύριος λελάληκα καὶ ποιήσω.

15 εξαποστελειν Q | om εαυτου Q | διασωθησεται 2°] σωθησεται AQ AQ
16 ζω] pr δια τουτο A | Κυριος] pr αδωναι Q | τοπω] τω τοπω ω Λ τω τοπω Q | ο βασιλευς ο βασιλευσας] του βασιλεως του βασιλευσαντος Q^{mg} 17 ουδ] ουδε AQ | βελοστασεως A | ψυχας]+πολλας Q 18 και ητιμωσεν] οτι ητιμασεν A | δεδωκα] δεδωκεν AQ^{mg} 19 Κυριος] pr αδωναι Q | την ορκωμοσιαν ...παρεβη] την διαθηκην μου ην παρεβη και την ορκ. μου ην ητιμωσεν A | αυτην] αυτα AQ 20 δικτυον]+μου AQ | αυτου]+(sub ✱ Q) και αξω αυτον εις Βαβυλωνα και διακριθησομαι μετ αυτου εκει την αδικιαν αυτου ην ηδικησεν εν εμοι AQ 21 εν παση παραταξει αυτου] και πασας φυγαδειας (-δας Q^{a} -διας Q^{a}) αυτου εν παση τη π. αυτου AQ (sub ✱ usque ad αυτου 1°) και παντες οι εκλεκτοι συν[παση τη π. α.] Q^{mg} | πεσουνται B* (πεσουντ. B^{ab}) 22 διοτι] δια τουτο ειπον A | Κυριος] pr αδωναι Q | λημψομαι Q^{a} | εκλεκτων] επιλεκτων AQ | om εκ 2° A | κορυφης]+καρδιας αυτων A+(sub θ' ✱) και δωσω απο κεφαλης παραφυαδων αυτης Q | αυτων]+και δωσω απο κεφαλης παραφυαδῶ] αυτης καρδιας αυτων A 23 Ισραηλ] pr του A | ορνεον και παν πετεινον] θηριον και τα πετεινα A | τα κληματα] pr και A 24 πεδιου] αγρου A | υψων] pr ο AQ | ξυρον B* (ξηρ. B^{ab})

ΙΕΖΕΚΙΗΛ

B ¹Καὶ ἐγένετο λόγος Κυρίου πρὸς μὲ λέγων ²Υἱὲ ἀνθρώπου, τί ¹₂ XVIII
ὑμῖν ἡ παραβολὴ αὕτη ἐν τοῖς υἱοῖς Ἰσραήλ, λέγοντες Οἱ πατέρες
ἔφαγον ὄμφακα, καὶ οἱ ὀδόντες τῶν τέκνων ἐγομφίασαν; ³ζῶ ἐγώ, 3
λέγει Κύριος, ἐὰν γένηται ἔτι λεγομένη ἡ παραβολὴ αὕτη ἐν τῷ
Ἰσραήλ. ⁴ὅτι πᾶσαι αἱ ψυχαὶ ἐμαί εἰσιν, ὃν τρόπον ἡ ψυχὴ τοῦ 4
πατρὸς οὕτως καὶ ἡ ψυχὴ τοῦ υἱοῦ, ἐμαί εἰσιν· ἡ ψυχὴ ἡ ἁμαρτάνουσα,
αὕτη ἀποθανεῖται. ⁵ὁ δὲ ἄνθρωπος ὃς ἔσται δίκαιος, ὁ ποιῶν δικαιο- 5
σύνην, ⁶ἐπὶ τῶν ὀρέων οὐ φάγεται, καὶ τοὺς ὀφθαλμοὺς αὐτοῦ οὐ μὴ 6
ἐπάρῃ πρὸς τὰ ἐνθυμήματα οἴκου Ἰσραήλ, καὶ τὴν γυναῖκα τοῦ
πλησίον αὐτοῦ οὐ μὴ μιάνῃ, καὶ πρὸς γυναῖκα ἐν ἀφέδρῳ οὖσαν οὐ
προσεγγιεῖ, ⁷καὶ ἄνθρωπον οὐ μὴ καταδυναστεύσῃ, ἐνεχυρασμὸν 7
ὀφείλοντος ἀποδώσει καὶ ἅρπαγμα οὐχ ἁρπᾶται, τὸν ἄρτον αὐτοῦ τῷ
πεινῶντι δώσει καὶ γυμνὸν περιβαλεῖ, ⁸καὶ τὸ ἀργύριον αὐτοῦ ἐπὶ 8
τόκῳ οὐ δώσει καὶ πλεονασμὸν οὐ λήμψεται, καὶ ἐξ ἀδικίας ἀπο-
στρέψει τὴν χεῖρα αὐτοῦ, κρίμα δίκαιον ποιήσει ἀνὰ μέσον ἀνδρὸς καὶ
ἀνὰ μέσον τοῦ πλησίον αὐτοῦ, ⁹καὶ τοῖς προστάγμασίν μου πεπό- 9
ρευται, τὰ δικαιώματά μου πεφύλακται τοῦ ποιῆσαι αὐτά· δίκαιος
οὗτός ἐστιν, ζωῇ ζήσεται, λέγει Κύριος. ¹⁰καὶ ἐὰν γεννήσῃ υἱὸν 10
λοιμόν, ἐκχέοντα αἷμα καὶ ποιοῦντα ἁμάρτημα, ¹¹ἐν τῇ ὁδῷ τοῦ 11
πατρὸς αὐτοῦ τοῦ δικαίου οὐκ ἐπορεύθη, ἀλλὰ καὶ ἐπὶ τῶν ὀρέων
ἔφαγεν καὶ τὴν γυναῖκα τοῦ πλησίον αὐτοῦ ἐμίανεν, ¹²καὶ πτωχὸν 12
καὶ πένητα κατεδυνάστευσεν, καὶ ἅρπαγμα ἥρπασεν καὶ ἐνεχυρασμὸν
οὐκ ἀπέδωκεν καὶ εἰς τὰ εἴδωλα ἔθετο τοὺς ὀφθαλμοὺς αὐτοῦ, ἀνομίαν
πεποίηκεν, ¹³μετὰ τόκου ἔδωκε καὶ πλεονασμὸν ἔλαβεν· οὗτος ζωῇ 13
οὐ ζήσεται, πάσας τὰς ἀνομίας ταύτας ἐποίησεν, θανάτῳ θανατω-
θήσεται, τὸ αἷμα αὐτοῦ ἐπ' αὐτὸν ἔσται. ¹⁴ἐὰν δὲ γεννήσῃ υἱόν, καὶ 14
ἴδῃ πάσας τὰς ἁμαρτίας τοῦ πατρὸς αὐτοῦ ἃς ἐποίησεν, καὶ φοβηθῇ
καὶ μὴ ποιήσῃ κατὰ ταύτας, ¹⁵ἐπὶ τῶν ὀρέων οὐ βέβρωκεν καὶ τοὺς 15
ὀφθαλμοὺς αὐτοῦ οὐκ ἔθετο εἰς τὰ ἐνθυμήματα οἴκου Ἰσραήλ, καὶ τὴν

AQ XVIII 2 αυτη] + επι της γης Α | εγομφιασαν] εμωδιασαν Q^mK   3 Κυριος]
pr αδωναι AQ   4 αι ψυχαι] om αι Q | om αυτη Α | αποθανειται]+και
του φαγοντος τον ομφακα αιμωδιασουσιν οι οδοντες αυτου Α   5 om ος
Α | δικαιοσυνην] pr κριμα και AQ   6 προς 1°] επι Α   7 αρτον]
α[δρα Α | τω πεινωντι] om τω Q | περιβαλει]+ιματιον AQ* + ιματιω Q^mK
8 ληψεται B^b Q^a: item 20 (2°) | om και 3° Q | αδικειας Β* (-κιας B^b)
9 τα δικαιωματα] pr και Α | om ουτος Α | Κυριος] pr αδωναι AQ   10 και
εαν γεννηση] εαν δε γεννησης Α | αμαρτημα] αμαρτηματα AQ   13 εδωκεν
AQ | θανατωθησεται] αποθανειται Α | om το αιμα αυτου επ αυτον εσται Q*
(hab Q^1 (mg))   14 γεννησης Α | κατα ταυτας] κατ αυτας Α   15 ου
βεβρωκεν] ουκ εφαγε[Α | ενθυμηματα] οι γ' ειδωλα Q^mg

418

15 γυναῖκα τοῦ πλησίον αὐτοῦ οὐκ ἐμίανεν, ¹⁶καὶ ἄνθρωπον οὐ κατεδυ- B
νάστευσεν καὶ ἐνεχυρασμὸν οὐκ ἐνεχύρασεν καὶ ἅρπαγμα οὐχ ἥρ-
πασεν, τὸν ἄρτον αὐτοῦ τῷ πεινῶντι ἔδωκεν καὶ γυμνὸν περιέβαλεν,
17 ¹⁷καὶ ἀπ' ἀδικίας ἀπέστρεψε τὴν χεῖρα αὐτοῦ, τόκον οὐδὲ πλεονα-
σμὸν οὐκ ἔλαβεν, δικαιοσύνην ἐποίησεν καὶ ἐν τοῖς προστάγμασίν μου
18 ἐπορεύθη, οὐ τελευτήσει ἐν ἀδικίαις πατρὸς αὐτοῦ, ζωῇ ζήσεται. ¹⁸ὁ
δὲ πατὴρ αὐτοῦ ἐὰν θλίψει θλίψῃ καὶ ἁρπάσῃ ἅρπαγμα, ἐναντία
ἐποίησεν ἐν μέσῳ τοῦ λαοῦ μου, καὶ ἀποθανεῖται ἐν τῇ ἀδικίᾳ αὐτοῦ.
19 ¹⁹καὶ ἐρεῖτε Τί ὅτι οὐκ ἔλαβεν τὴν ἀδικίαν ὁ υἱὸς τοῦ πατρός; ὅτι ὁ
υἱὸς δικαιοσύνην καὶ ἔλεος πεποίηκεν, πάντα τὰ νόμιμά μου συνετή-
20 ρησεν καὶ ἐποίησεν αὐτά, ζωῇ ζήσεται. ²⁰ἡ δὲ ψυχὴ ἡ ἁμαρτάνουσα
ἀποθανεῖται· ὁ δὲ υἱὸς οὐ λήμψεται τὴν ἀδικίαν τοῦ πατρός, οὐδὲ ὁ
πατὴρ λήμψεται τὴν ἀδικίαν τοῦ υἱοῦ· δικαιοσύνη δικαίῳ ἐπ' αὐτὸν
21 ἔσται, καὶ ἀνομία ἀνόμῳ ἐπ' αὐτὸν ἔσται. ²¹καὶ ὁ ἄνομος ἐὰν ἀπο-
στρέψῃ ἐκ πασῶν τῶν ἀνομιῶν αὐτοῦ ὧν ἐποίησεν, καὶ φυλάξηται
πάσας τὰς ἐντολάς μου καὶ ποιήσῃ δικαιοσύνην καὶ ἔλεος, ζωῇ
22 ζήσεται, οὐ μὴ ἀποθάνῃ. ²²πάντα τὰ παραπτώματα αὐτοῦ ὅσα
ἐποίησεν οὐ μνησθήσεται· ἐν τῇ δικαιοσύνῃ αὐτοῦ ᾗ ἐποίησεν ζήσεται.
23 ²³μὴ θελήσει θελήσω τὸν θάνατον τοῦ ἀνόμου, λέγει Κύριος, ὡς τὸ
24 ἀποστρέψαι αὐτὸν ἐκ τῆς ὁδοῦ τῆς πονηρᾶς καὶ ζῆν αὐτόν; ²⁴ἐν δὲ
τῷ ἀποστρέψαι δίκαιον ἐκ τῆς δικαιοσύνης αὐτοῦ καὶ ποιῆσαι ἀδικίαν
κατὰ πάσας τὰς ἀνομίας ἃς ἐποίησεν ὁ ἄνομος, πᾶσαι αἱ δικαιοσύναι
αὐτοῦ ἃς ἐποίησεν οὐ μὴ μνησθῶσιν· ἐν τῷ παραπτώματι αὐτοῦ ᾧ
παρέπεσεν καὶ ἐν ταῖς ἁμαρτίαις αὐτοῦ αἷς ἥμαρτεν, ἐν αὐταῖς
25 ἀποθανεῖται. ²⁵καὶ εἴπατε Οὐ κατευθύνει ἡ ὁδὸς Κυρίου. ἀκούσατε

16 τω πεινωντι] om τω Q | περιεβαλεν]+ιματιον Q   17 απ] απο A | AQ
απεστρεψεν AQ | ουδε] και Q   18 εαν θλιψει] εν θλιψη A | θλιψη] θλιβη
Q | αρπαγμα] +(sub οι γ' ※) αδελφου Q   19 om τι A | bis scr οτι B*
(improb 1° B^{1b}) | την αδικιαν] om την A | ο υιος του πατρος] υιος πατρος
αυτου A | πεποιηκεν] εποιησεν A   20 αποθανειται] pr αυτη AQ | ο δε υιος]
υιους A* (υιος A¹) | ληψεται bis Q^a: 2°, B^b | πατρος]+αυτου AQ | ο πατηρ]
om ο AQ | αδικειαν (2°) B* (-κιαν B^b) | υιου]+αυτου AQ | δικαιω] δικαιου
AQ | bis scr και ανομια...εσται B* (uncis incl 2° B^{ab}) | ανομω] ανομου AQ
21 και ο ανομος εαν αποστρεψη εκ] εαν δε αποστραφη ανομος απο A | φυ-
λαξηται] φυλαξη A | δικαιοσυνην και ελεος] τα δικαιωματα μου A | ου] pr
και AQ   22 παντα τα παραπτωματα αυτου οσα] πασαι αι αδικιαι ας
A | ου]+μη AQ | μνησθησεται] μνησθωσιν A+(sub οι γ' ※) αυτω Q | εν]
pr αλλ A | ζησεται] pr εν αυτη A   23 μη θελησει θελησω] οτι ου βουλο-
μαι A | Κυριος] pr κs AQ | οδου]+αυτον A   24 εκ] απο A | ποιησαι]
ποιηση AQ | ανομος]+ (sub θ' ※) και ποιηση και (+ου Q^a) ζησεται Q
25 κατευθυνει 1°] κατορθοι A

B δή, οἶκος Ἰσραήλ· μὴ ἡ ὁδός μου οὐ κατευθύνει; οὐχὶ ἡ ὁδὸς ὑμῶν οὐ κατευθύνει; ²⁶ἐν τῷ ἀποστρέψαι τὸν δίκαιον ἐκ τῆς δικαιοσύνης 26 αὐτοῦ καὶ ποιήσῃ παράπτωμα, καὶ ἀποθάνῃ ἐν τῷ παραπτώματι ᾧ ἐποίησεν, ἐν αὐτῷ ἀποθανεῖται. ²⁷καὶ ἐν τῷ ἀποστρέψαι ἄνομον 27 ἀπὸ τῆς ἀνομίας αὐτοῦ ἧς ἐποίησεν καὶ ποιήσῃ κρίμα καὶ δικαιοσύνην, οὗτος τὴν ψυχὴν αὐτοῦ ἐφύλαξεν. ²⁸καὶ ἀπέστρεψεν ἐκ πασῶν 28 ἀσεβειῶν αὐτοῦ ὧν ἐποίησεν, ζωῇ ζήσεται, οὐ μὴ ἀποθάνῃ. ²⁹καὶ 29 λέγουσιν ὁ οἶκος τοῦ Ἰσραήλ Οὐ κατορθοῖ ἡ ὁδὸς Κυρίου. μὴ ἡ ὁδός μου οὐ κατορθοῖ, οἶκος Ἰσραήλ; οὐχὶ ἡ ὁδὸς ὑμῶν οὐ κατορθοῖ; ³⁰ἕκαστον κατὰ τὴν ὁδὸν αὐτοῦ κρινῶ ὑμᾶς, οἶκος Ἰσραήλ, λέγει 30 Κύριος· ἐπιστράφητε καὶ ἀποστρέψατε ἐκ πασῶν τῶν ἀσεβειῶν ὑμῶν, καὶ οὐκ ἔσονται ὑμῖν εἰς κόλασιν ἀδικίας. ³¹ἀπορρίψατε ἀπὸ 31 ἑαυτῶν πάσας τὰς ἀσεβίας ὑμῶν ἃς ἠσεβήσατε εἰς ἐμέ, καὶ ποιήσατε ἑαυτοῖς καρδίαν καινὴν καὶ πνεῦμα καινόν· καὶ ἵνα τί ἀποθνήσκετε, οἶκος Ἰσραήλ; ³²διότι οὐ θέλω τὸν θάνατον τοῦ ἀποθνήσκοντος, λέγει 32 Κύριος.

¹Καὶ σὺ λάβε θρῆνον ἐπὶ τὸν ἄρχοντα τοῦ Ἰσραήλ, ²καὶ ἐρεῖς Τί $\frac{1}{2}$ XIX ἡ μήτηρ σου; σκύμνος· ἐν μέσῳ λεόντων ἐγενήθη, ἐν μέσῳ λεόντων ἐπλήθυνεν σκύμνους αὐτῆς. ³καὶ ἀπεπήδησεν εἷς τῶν σκύμνων 3 αὐτῆς, λέων ἐγένετο, καὶ ἔμαθεν τοῦ ἁρπάζειν ἁρπάγματα, ἀνθρώπους ἔφαγεν. ⁴καὶ ἤκουσαν κατ' αὐτοῦ ἔθνη, ἐν τῇ διαφθορᾷ αὐτῶν συν- 4 ελήμφθη, καὶ ἤγαγον αὐτὸν ἐν κημῷ εἰς γῆν Αἰγύπτου. ⁵καὶ ἴδεν 5 ὅτι ἀπῶσται ἀπ' αὐτῆς, ἀπώλετο ἡ ὑπόστασις αὐτῆς· καὶ ἔλαβεν ἄλλον ἐκ τῶν σκύμνων αὐτῆς, λέοντα ἔταξεν αὐτόν. ⁶καὶ ἀνεστρέ- 6 φετο ἐν μέσῳ λεόντων, λέων ἐγένετο, καὶ ἔμαθεν ἁρπάζειν ἁρπάγματα, ἀνθρώπους ἔφαγεν· ⁷καὶ ἐνέμετο τῷ θράσει αὐτοῦ καὶ τὰς 7 πόλεις αὐτῶν ἐξηρήμωσεν, καὶ ἠφάνισεν γῆν καὶ τὸ πλήρωμα αὐτῆς

AQ 25 οικος] pr πας A | κατευθυνει 2°] κατορθοι Q^{mg} | υμων] ημων A 26 τον δικαιον] om τον A 28 και] pr και ιδεν A (sed ιδ. punctis adfec A¹) et (sub ※) Q | ασεβειων] των ασεβιων A 29 του Ισραηλ] om τον A | μοου B* (μου ου B$^{a?b}$) 30 εκαστον] pr δια τουτο A et (sub οι γ΄ ※) Q | υμας] υμεις A | Κυριος] pr αδωναι AQ | ασεβιων A 31 ασεβειας B^{ab}Q | ησεβησατε εις εμε] εποιησαται A | καινον]+και ποιησαται πασας τας εντολας μου A | Ισραηλ] +λεγει $\overline{κς}$ A 32 Κυριος] pr αδωναι AQ+και επιστρεψαται και ζησαται A +θ' ※ και επιστρεψατε και ζησατε Q* vid (-σετε Q^a) XIX 1 pr tit θρηνος επι τον αρχοντα Iηλ Q$^{mg sup}$ | συ]+υιε ανου A 2 σκυμνος] λεαινα Q^{mg} εγενηθη] ενεμηθη Q^{mg} | εν μεσω 2°] pr και A | επληθυνε A 3 απεπηδησεν] απεδημησεν A 4 κατ αυτου] περι αυτου Q^{mg} | αυτων] αυτου Q^{mg} | συνεληφθη B^{b}Q^a 5 ειδεν B^{ab} | απωσται αποσπαται A | απωλετο] pr και A 7 τω θρασει (in θ ras aliq B¹)] pr εν A | πολις A | αυτων] αυτου Q^{mg} | εξερημωσεν A

420

ΙΕΖΕΚΙΗΛ XX 5

8 ἀπὸ φωνῆς ὠρύματος αὐτοῦ. ⁸καὶ ἔδωκαν ἐπ' αὐτὸν ἔθνη ἐκ χωρῶν B κυκλόθεν, καὶ ἐξεπέτασαν ἐπ' αὐτὸν δίκτυα αὐτῶν, ἐν διαφθορᾷ 9 αὐτῶν συνελήμφθη· ⁹καὶ ἔθεντο αὐτὸν ἐν κημῷ καὶ ἐν γαλεάγρᾳ, ἦλθεν πρὸς βασιλέα Βαβυλῶνος, καὶ εἰσήγαγεν αὐτὸν εἰς φυλακήν, 10 ὅπως μὴ ἀκουσθῇ ἡ φωνὴ αὐτοῦ ἐπὶ τὰ ὄρη τοῦ Ἰσραήλ. ¹⁰Ἡ μήτηρ σου ὡς ἄμπελος καὶ ὡς ἄνθος ἐν ῥόᾳ ἐν ὕδατι πεφυτευμένη, ὁ καρπὸς αὐτῆς καὶ ὁ βλαστὸς αὐτῆς ἐγένετο ἐξ ὕδατος πολλοῦ. 11 ¹¹καὶ ἐγένετο αὕτη ῥάβδος ἐπὶ φυλὴν ἡγουμένων, καὶ ὑψώθη τῷ μεγέθει αὐτῆς ἐν μέσῳ στελεχῶν, καὶ ἴδεν τὸ μέγεθος αὐτῆς ἐν 12 πλήθει κλημάτων αὐτῆς. ¹²καὶ κατεκλάσθη ἐν θυμῷ, ἐπὶ γῆν ἐρρίφη, καὶ ἄνεμος ὁ καύσων ἐξήρανεν τὰ ἐκλεκτὰ αὐτῆς· ἐξεδικήθησαν, καὶ 13 ἐξηράνθη ἡ ῥάβδος ἰσχύος αὐτῆς, πῦρ ἀνήλωσεν αὐτήν. ¹³καὶ νῦν 14 πεφύτευκαν αὐτὴν ἐν τῇ ἐρήμῳ, ἐν γῇ ἀνύδρῳ. ¹⁴καὶ ἐξῆλθεν πῦρ ἐκ ῥάβδου ἐκλεκτῶν αὐτῆς καὶ κατέφαγεν αὐτήν, καὶ οὐκ ἦν ἐν αὐτῇ ῥάβδος ἰσχύος· φυλὴ εἰς παραβολὴν θρήνου ἐστίν, καὶ ἔσται εἰς θρῆνον.

XX 1 ¹Καὶ ἐγένετο ἐν τῷ ἔτει τῷ ἑβδόμῳ τῇ πεντεκαιδεκάτῃ τοῦ μηνὸς ἦλθον ἄνδρες ἐκ τῶν πρεσβυτέρων οἴκου Ἰσραὴλ ἐπερωτῆσαι τὸν 2 κύριον, καὶ ἐκάθισαν πρὸ προσώπου μου. ²καὶ ἐγένετο λόγος 3 Κυρίου πρός με λέγων ³Υἱὲ ἀνθρώπου, λάλησον πρὸς τοὺς πρεσβυτέρους τοῦ Ἰσραὴλ καὶ ἐρεῖς πρὸς αὐτούς Τάδε λέγει Κύριος Εἰ ἐπερωτῆσαί με ὑμεῖς ἔρχεσθε; ζῶ ἐγὼ εἰ ἀποκριθήσομαι ὑμῖν, λέγει 4 Κύριος, ⁴εἰ ἐκδικήσω αὐτοὺς ἐκδικήσει. υἱὲ ἀνθρώπου, τὰς ἀνομίας 5 τῶν πατέρων αὐτῶν διαμάρτυραι αὐτοῖς, ⁵καὶ ἐρεῖς πρὸς αὐτούς Τάδε λέγει Κύριος Ἀφ' ἧς ἡμέρας ᾑρέτισα τὸν οἶκον Ἰσραήλ, καὶ ἐγνωρίσθην τῷ σπέρματι οἴκου Ἰακώβ, καὶ ἐγνώσθην αὐτοῖς ἐν γῇ

7 ωρυομάτος Bᵃᵇ   8 εδωκαν επ αυτον] εδωκεν επ αυτ. Q επεθετο AQ αυτω Qᵐᵍ | εκ χωρων κυκλοθεν] απο χ. κ. Α κ. εκ χ. Q* κ. εκ των χ. Qᵐᵍ | δικτυα] pr τα A | διαφθορα] pr τη Qᵐᵍ | συνελημφθη (-ληφθη Qᵃ)] pr και A   9 και 2°]+ηνεγκαν αυτον A | ηλθεν] om A ᴋ ηγαγον αυτον Qᵐᵍ | εισηγαγεν] εισηγαγον A | η φωνη αυτου] αυτου η φωνη αυτου Β* (η φωνη αυτου Bᵃᵇ⁽ᵛⁱᵈ⁾)   10 om και 1° AQ   11 εγενετο] εγενοντο A | ραβδος] ραβδοι Qᵐᵍ+ισχυος AQ | τω μεγεθει] pr εν A | στελεχεων A | ειδεν Bᵃᵇ 12 εριφη A | ο καυσων] om o A | εξηρανε L | εξεδικηθησαν] εξεδικηθη A | εξηρανθη η ραβδος] εξηρανθησαν αι ραβδοι Qᵐᵍ | ανηλωσαν B* (-σεν Bᵃᵇ) 13 πεφυτευκαν] εφυτευσαν A   14 ραβδου] των ραβδων των Qᵐᵍ | ισχυος] +αυτης A | θρηνου] θρηνους Q* (-νου Qᵃ)   XX 1 pr tit προς τους πρεσβυτερους του Ιηλ ετει ζ' μηνι ε' ημερα ι' Qᵐᵍ ˢᵘᵖ | τη πεντεκαιδεκατη] εν τω πεμπτω μηνι δεκατη AQ | οικου] pr του A   3 Ισραηλ] pr οικου A | Κυριος 1°] pr αδωναι Q | om ει 1° A | υμιν λεγει] λεγει υμιν Q | Κυριος 2°] pr αδωναι AQ   5 Κυριος 1°] κ̄σ̄ ο θ̄σ̄ AQ | οικου] pr του A

421

ΙΕΖΕΚΙΗΛ

B Αἰγύπτου, καὶ ἀντελαβόμην τῇ χειρί μου αὐτῶν λέγων Ἐγὼ Κύριος ὁ θεὸς ὑμῶν. ⁶ἐν ἐκείνῃ τῇ ἡμέρᾳ ἀντελαβόμην τῇ χειρί μου αὐτῶν 6 τοῦ ἐξαγαγεῖν αὐτοὺς ἐκ γῆς Αἰγύπτου εἰς τὴν γῆν ἣν ἡτοίμασα αὐτοῖς, γῆν ῥέουσαν γάλα καὶ μέλι, κηρίον ἐστὶν παρὰ πᾶσαν τὴν γῆν. ⁷καὶ 7 εἶπα πρὸς αὐτούς Ἕκαστος βδελύγματα τῶν ὀφθαλμῶν ἀποριψάτω, καὶ ἐν τοῖς ἐπιτηδεύμασιν Αἰγύπτου μὴ μιαίνεσθε· ἐγὼ Κύριος. ὁ θεὸς ὑμῶν. ⁸καὶ ἀπέστησαν ἀπ᾽ ἐμοῦ, καὶ οὐκ ἠθέλησαν εἰσακοῦσαί μου, 8 τὰ βδελύγματα τῶν ὀφθαλμῶν αὐτῶν οὐκ ἀπέρριψαν καὶ τὰ ἐπιτηδεύματα Αἰγύπτου οὐκ ἐγκατέλειπον. καὶ εἶπα τοῦ ἐκχέαι τὸν θυμόν μου ἐπ᾽ αὐτούς, τοῦ συντελέσαι ὀργήν μου ἐν αὐτοῖς ἐν μέσῳ γῆς Αἰγύπτου. ⁹καὶ ἐποίησα ὅπως τὸ ὄνομά μου τὸ παράπαν μὴ βεβη- 9 λωθῇ ἐνώπιον τῶν ἐθνῶν ὧν αὐτοί εἰσιν ἐν μέσῳ αὐτῶν, ἐν οἷς ἐγνώσθην πρὸς αὐτοὺς ἐνώπιον αὐτῶν τοῦ ἐξαγαγεῖν αὐτοὺς ἐκ γῆς Αἰγύπτου. ¹⁰καὶ ἤγαγον αὐτοὺς εἰς τὴν ἔρημον, ¹¹καὶ ἔδωκα αὐτοῖς ¹⁰/¹¹ τὰ προστάγματά μου, καὶ τὰ δικαιώματά μου ἐγνώρισα αὐτοῖς, ὅσα ποιήσει αὐτὰ ἄνθρωπος καὶ ζήσεται ἐν αὐτοῖς. ¹²καὶ τὰ σάββατά 12 μου ἔδωκα αὐτοῖς τοῦ εἶναι εἰς σημεῖον ἀνὰ μέσον ἐμοῦ καὶ ἀνὰ μέσον αὐτῶν, τοῦ γνῶναι αὐτοὺς διότι ἐγὼ Κύριος ὁ ἁγιάζων αὐτούς. ¹³καὶ 13 εἶπα πρὸς τὸν οἶκον τοῦ Ἰσραὴλ ἐν τῇ ἐρήμῳ Ἐν τοῖς προστάγμασίν μου πορεύεσθε. καὶ οὐκ ἐπορεύθησαν, καὶ τὰ δικαιώματά μου ἀπώσαντο, ἃ ποιήσει αὐτὰ ἄνθρωπος καὶ ζήσεται ἐν αὐτοῖς, καὶ τὰ σάββατά μου ἐβεβήλωσαν σφόδρα. καὶ εἶπα τοῦ ἐκχέαι τὸν θυμόν μου ἐπ᾽ αὐτοὺς ἐν τῇ ἐρήμῳ τοῦ ἐξαναλῶσαι αὐτούς. ¹⁴καὶ ἐποίησα 14 ὅπως τὸ ὄνομά μου τὸ παράπαν μὴ βεβηλωθῇ ἐνώπιον τῶν ἐθνῶν ὧν ἐξήγαγον αὐτοὺς κατ᾽ ὀφθαλμοὺς αὐτῶν. ¹⁵καὶ ἐγὼ ἐξῆρα τὴν 15 χεῖρά μου ἐπ᾽ αὐτοὺς ἐν τῇ ἐρήμῳ τὸ παράπαν τοῦ μὴ εἰσαγαγεῖν αὐτοὺς εἰς τὴν γῆν ἣν ἔδωκα αὐτοῖς, γῆν ῥέουσαν γάλα καὶ μέλι,

AQ 5 Αιγυπτω A | om μου Q | λεγων εγω] λεγει B*ᵛⁱᵈ (λεγων ε. Bᵃᵇ) 6 τη ημερα εκεινη Q | εκ γης] εις γην A | ητοιμασα] ωμοσα A | κηριον] δυνατη (sic) Bᵃ ᵐᵍ   7 βδελυγματα] pr τα A a' αποκομματα θ' προσοχισματα σ' τα σιχχη Qᵐᵍ | οφθαλμων] + αυτου BᵃᵇAQ | απορριψατω Bᵇ | Αιγυπτου] ιγυπτου sup ras Bᵃᵇ   8 τα βδελ.] pr (sub ※) εκαστος Q | αυτων] αυτ sup ras Bᵃᵇ | απερριψαν] in απε ras aliq Bʔᵛⁱᵈ | ενκατελειπον A εγκατελιπον BᵇQᵃ | ειπα] ειπον A | οργην] pr την A | Αιγυπτου] Αι sup ras Bᵃᵇ   9 εποιησα] pr ουκ Bᶜ ᵛⁱᵈ   10 και] pr και εξηγαγον αντους εκ γης Αιγυπτου AQ   13 πορευεσθε]+και τα δικαιωματα μου φυλασσετε του ποιειν αυτα α ποιησει αυτα αν͞ος και ζησεται εν αυτοις και παρεπικραν͞α| με ο οικος Ι͞ηλ εν τη ερημω εν τοις προσταγμασιν μου A | om και 2° A | om αυτα Q* (hab Qᵐᵍ)   14 εποιησα] pr ουκ A

422

16 κηρίον ἐστὶν παρὰ πᾶσαν τὴν γῆν· ¹⁶ἀνθ' ὧν τὰ δικαιώματά μου B ἀπώσαντο, καὶ ἐν τοῖς προστάγμασίν μου οὐκ ἐπορεύθησαν ἐν αὐτοῖς, καὶ τὰ σάββατά μου ἐβεβήλουν, καὶ ὀπίσω τῶν ἐνθυμημάτων καρδίας
17 αὐτῶν ἐπορεύοντο. ¹⁷καὶ ἐφείσατο ὁ ὀφθαλμός μου ἐπ' αὐτοὺς τοῦ ἐξαλεῖψαι αὐτούς, καὶ οὐκ ἐποίησα αὐτοὺς εἰς συντέλειαν ἐν τῇ ἐρήμῳ.
18 ¹⁸καὶ εἶπα πρὸς τὰ τέκνα αὐτῶν ἐν τῇ ἐρήμῳ Ἐν τοῖς νομίμοις τῶν πατέρων ὑμῶν μὴ πορεύεσθε, καὶ τὰ δικαιώματα αὐτῶν μὴ φυλάσσεσθε, καὶ ἐν τοῖς ἐπιτηδεύμασιν αὐτῶν μὴ συνοναμίσγεσθε καὶ
19 μὴ μιαίνεσθε. ¹⁹ἐγὼ Κύριος ὁ θεὸς ὑμῶν, ἐν τοῖς προστάγμασίν μου πορεύεσθε, καὶ τὰ δικαιώματά μου φυλάσσεσθε καὶ ποιεῖτε αὐτά,
20 ²⁰καὶ τὰ σάββατά μου ἁγιάζετε, καὶ ἔστω εἰς σημεῖον ἀνὰ μέσον
21 ἐμοῦ καὶ ὑμῶν, τοῦ γινώσκειν διότι ἐγὼ Κύριος ὁ θεὸς ὑμῶν. ²¹καὶ παρεπίκρανάν με καὶ τὰ τέκνα αὐτῶν· ἐν τοῖς προστάγμασίν μου οὐκ ἐπορεύθησαν, καὶ τὰ δικαιώματά μου οὐκ ἐφυλάξαντο τοῦ ποιεῖν αὐτά, ἃ ποιήσει ἄνθρωπος καὶ ζήσεται ἐν αὐτοῖς, καὶ τὰ σάββατά μου ἐβεβήλουν· καὶ εἶπα τοῦ ἐκχέαι τὸν θυμόν μου ἐπ' αὐτοὺς ἐν τῇ
22 ἐρήμῳ τοῦ συντελέσαι τὴν ὀργήν μου ἐπ' αὐτούς. ²²καὶ ἐποίησα ὅπως τὸ ὄνομά μου τὸ παράπαν μὴ βεβηλωθῇ ἐνώπιον τῶν ἐθνῶν,
23 καὶ ἐξήγαγον αὐτοὺς κατ' ὀφθαλμοὺς αὐτῶν. ²³καὶ ἐξῆρα τὴν χεῖρά μου ἐπ' αὐτοὺς ἐν τῇ ἐρήμῳ τοῦ διασκορπίσαι αὐτοὺς ἐν τοῖς ἔθνεσιν,
24 διασπεῖραι αὐτοὺς ἐν ταῖς χώραις, ²⁴ἀνθ' ὧν τὰ δικαιώματά μου οὐκ ἐποίησαν, καὶ τὰ προστάγματά μου ἀπώσαντο, καὶ τὰ σάββατά μου ἐβεβήλουν, καὶ ὀπίσω τῶν ἐνθυμημάτων τῶν πατέρων αὐτῶν
25 ἦσαν οἱ ὀφθαλμοὶ αὐτῶν. ²⁵καὶ ἐγὼ ἔδωκα αὐτοῖς προστάγματα οὐ
26 καλὰ καὶ δικαιώματα ἐν οἷς οὐ ζήσονται ἐν αὐτοῖς. ²⁶καὶ μιανῶ αὐτοὺς ἐν τοῖς δόμασιν αὐτῶν ἐν τῷ διαπορεύεσθαί με πᾶν διανοῖγον μή-
27 τραν ὅπως ἀφανίσω αὐτούς. ²⁷Διὰ τοῦτο λάλησον πρὸς τὸν οἶκον τοῦ Ἰσραήλ, υἱὲ ἀνθρώπου, καὶ ἐρεῖς πρὸς αὐτούς Τάδε λέγει Κύριος

15 κηριον] pr και Q* (improb Qᵗ) 16 ενθυμηματων] ενθυματων A | AQ καρδιας] των καρδιων AQ 17 οφθαλμος] μος scr Bᵃ?ᵇ?ᵛⁱᵈ 18 συναναμισγεσθε Bᵃᵗᵇ (·μγγ. B*)] συναναμιγνυσθαι AQ* (-σθε Qᵃ) 19 φυλασσεσθε] φυλασσετε Q 20 εστω] εσται Q | υμων 1°] pr ανα μεσον A et (sub αʹθʹ ※) Q | γινωσκειν]+υμας A | διοτι] οτι A 21 εν 1°] pr και A | ποιησει]+αυτα AQ | εν τη ερημω...επ αυτους] om A του συντ. την οργην μου επ αυτ. εν τη ερημω Q 22 και 1°] pr οι γʹ ※ και επεστρεψα την χειρα μου αυτοις Q | εποιησα] pr ουκ A | οπως] incep ουκ ut vid Q* | και 2°] ων A 23 διασπειραι] και του διασκορπισαι A και διασπ. Q 24 οπιτων B* (οπισω των Bᵃᵇ) 26 δομασιν] incep δοσ Q*ᵛⁱᵈ | ras με Qʔ | αφανιω Q | αυτους 2°]+ινα (εινα A) γνωσιν οτι εγω κ̅ς̅ A et (sub θʹσʹ ※ Qᵐᵍ) Q 27 Κυριος] pr αδωναι AᵃᵗQ

ΙΕΖΕΚΙΗΛ

B Ἕως τούτου παρώργισάν με οἱ πατέρες ὑμῶν ἐν τοῖς παραπτώμασιν αὐτῶν ἐν οἷς παρέπεσον εἰς ἐμέ. 28καὶ εἰσήγαγον αὐτοὺς εἰς τὴν γῆν 28 ἣν ἦρα τὴν χεῖρα τὴν χεῖρά μου δοῦναι αὐτοῖς, καὶ εἶδον πάντα βουνὸν ὑψηλὸν καὶ πᾶν ξύλον κατάσκιον καὶ ἔθυσαν ἐκεῖ τοῖς θεοῖς αὐτῶν, καὶ ἔταξαν ἐκεῖ ὀσμὴν εὐωδίας καὶ ἔσπεισαν ἐκεῖ σπονδὰς αὐτῶν. 29καὶ εἶπον πρὸς αὐτούς Τί ἐστιν ἀβανὰ ὅτι ὑμεῖς εἰσπο- 29 ρεύεσθε ἐκεῖ; καὶ ἐπεκάλεσαν τὸ ὄνομα αὐτοῦ Ἀβανὰ ἕως τῆς σήμερον ἡμέρας. 30διὰ τοῦτο εἰπὸν πρὸς τὸν οἶκον Ἰσραήλ Τάδε λέγει Κύριος 30 Εἰ ἐν ταῖς ἀνομίαις τῶν πατέρων ὑμῶν ὑμεῖς μιαίνεσθε καὶ ὀπίσω τῶν βδελυγμάτων αὐτῶν ὑμεῖς ἐκπορνεύετε; 31καὶ ἐν ταῖς ἀπαρχαῖς τῶν 31 δομάτων ὑμῶν, ἐν τοῖς ἀφορισμοῖς οἷς ὑμεῖς μιαίνεσθε ἐν πᾶσιν τοῖς ἐνθυμήμασιν ὑμῶν ἕως τῆς σήμερον ἡμέρας; καὶ ἐγὼ ἀποκριθῶ ὑμῖν, οἶκος τοῦ Ἰσραήλ; ζῶ ἐγώ, λέγει Κύριος, εἰ ἀποκριθήσομαι ὑμῖν, καὶ εἰ ἀναβήσεται ἐπὶ τὸ πνεῦμα ὑμῶν τοῦτο. 32καὶ οὐκ ἔσται 32 ὃν τρόπον ὑμεῖς λέγετε Ἐσόμεθα ὡς τὰ ἔθνη καὶ ὡς αἱ φυλαὶ τῆς γῆς τοῦ λατρεύειν ξύλοις καὶ λίθοις. 33διὰ τοῦτο ζῶ ἐγώ, λέγει Κύριος, 33 ἐν χειρὶ κραταιᾷ καὶ ἐν βραχίονι ὑψηλῷ καὶ ἐν θυμῷ κεχυμένῳ βασιλεύσω ἐφ' ὑμᾶς, 34καὶ ἐξάξω ὑμᾶς ἐκ τῶν λαῶν, καὶ εἰσδέξομαι 34 ὑμᾶς ἐκ τῶν χωρῶν οὗ διεσκορπίσθητε ἐν αὐταῖς ἐν χειρὶ κραταιᾷ καὶ βραχίονι ὑψηλῷ καὶ ἐν θυμῷ κεχυμένῳ. 35καὶ ἄξω ὑμᾶς εἰς τὴν 35 ἔρημον τῶν λαῶν, καὶ διακριθήσομαι πρὸς ὑμᾶς ἐκεῖ πρόσωπον κατὰ πρόσωπον. 36ὃν τρόπον διεκρίθην πρὸς τοὺς πατέρας ὑμῶν ἐν τῇ 36 ἐρήμῳ γῆς Αἰγύπτου, οὕτως κρινῶ ὑμᾶς, λέγει Κύριος. 37καὶ διάξω 37 ὑμᾶς ὑπὸ τὴν ῥάβδον μου, καὶ εἰσάξω ὑμᾶς ἐν ἀριθμῷ, 38καὶ ἐλέγξω 38 ἐξ ὑμῶν τοὺς ἀσεβεῖς καὶ τοὺς ἀφεστηκότας, διότι ἐκ τῆς παροικεσίας αὐτῶν ἐξάξω αὐτούς, καὶ εἰς τὴν γῆν τοῦ Ἰσραὴλ οὐκ εἰσελεύσονται·

AQ 27 παρεπεσαν A 28 ην] pr εις A | om την χειρα 2° AQ | δουναι] pr του AQ + αυτην Q | ειδον] ειδαν A ιδοσαν Q | παντα B*Qᵃ] παν BᵃAQ* | εθυσαν] εθυμιασαν Q | εκει 2°]+θ' ⁒ θυμον δωρων αυτῶ| και εθεντο εκει Q | ευωδιας]+αυτων AQ | σπονδας] τασπονδας A 29 ειπον] ειπα AQ | τις] τι AQ | αβανα 1°] η αββανα A η βαμα Q | Ἀβανα 2°] Ἀββανα A Βαμα Q 30 Ισραηλ] pr του AQ | Κυριος] κ̄ς κ̄ς ο θεος A κ̄ς κ̄ς Q 31 εν 2°] pr και AQᵐᵍ | αφορισμοις]+υιων υμων εν πυρι+(sub θ' ⁒) των υιων υμ. εν π. Q | om οις AQ | Κυριος] pr αδωναι Q | υμιν 2°] υμις vel υμεις B*ᵛⁱᵈ (υμιν B¹) 32 λεγετε] ελεγετε Q | εσομεθα] θα sup ras Bᵃᵇ | om ως 2° Q* (hab Qᵃ) 33 δια τουτο sub ⨪ Q¹ | ζω εγω λεγει κ̄ς sup ras Bᵃᵇ | Κυριος] pr αδωναι AQ | εν 1°] pr εαν μη A pr η μην Q 34 βραχιονι] pr εν AQ 36 γης] pr οτε εξηγαγον αυτους εκ AQᵐᵍ | ουτως] καγω A | Κυριος] κ̄ς ο θ̄ς A κ̄ς κ̄ς Q 37 αριθμω]+(sub α'θ' ⁒) της διαθηκης Q 38 ελεγξω] εκλεξω AQ | ασεβεις και τους αφεστηκοτας] αφεστηκοτας κ. τους ασεβεις (ευσεβεις Qᵐᵍ) Q | εξαξω] εξαρω A

424

ΙΕΖΕΚΙΗΛ XX 48

39 καὶ ἐπιγνώσεσθε διότι ἐγώ κύριος Κύριος. ³⁹καὶ ὑμεῖς, οἶκος Ἰσραήλ, B τάδε λέγει κύριος Κύριος Ἕκαστος τὰ ἐπιτηδεύματα αὐτοῦ ἐξάρατε, καὶ μετὰ ταῦτα εἰ μὴ ὑμεῖς εἰσακούετέ μου, καὶ τὸ ὄνομά μου τὸ ἅγιον οὐ βεβηλώσετε οὐκέτι ἐν τοῖς δώροις ὑμῶν καὶ ἐν τοῖς ἐπιτηδεύμασιν 40 ὑμῶν, ⁴⁰διότι ἐπὶ τοῦ ὄρους τοῦ ἁγίου μου, ἐπ' ὄρους ὑψηλοῦ, λέγει κύριος Κύριος, ἐκεῖ δουλεύσουσίν μοι πᾶς οἶκος Ἰσραὴλ εἰς τέλος. καὶ ἐκεῖ προσδέξομαι καὶ ἐκεῖ ἐπισκέψομαι τὰς ἀπαρχὰς ὑμῶν καὶ τὰς ἀπαρχὰς τῶν ἀφορισμῶν ὑμῶν ἐν πᾶσιν τοῖς ἁγιάσμασιν ὑμῶν. 41 ⁴¹ἐν ὀσμῇ εὐωδίας προσδέξομαι ὑμᾶς, ἐν τῷ ἐξαγαγεῖν με ὑμᾶς ἐκ τῶν λαῶν καὶ εἰσδέχεσθαι ὑμᾶς ἐκ τῶν χωρῶν ἐν αἷς διεσκορπίσθητε ἐν 42 αὐταῖς, καὶ ἁγιασθήσομαι ἐν ὑμῖν κατ' ὀφθαλμοὺς τῶν λαῶν. ⁴²καὶ ἐπιγνώσεσθε διότι ἐγὼ Κύριος, ἐν τῷ εἰσαγαγεῖν με ὑμᾶς εἰς τὴν γῆν τοῦ Ἰσραὴλ εἰς τὴν γῆν εἰς ἣν ἦρα τὴν χεῖρά μου τοῦ δοῦναι αὐτὴν 43 τοῖς πατράσιν ὑμῶν. ⁴³καὶ μνησθήσεσθε ἐκεῖ τὰς ὁδοὺς ὑμῶν καὶ τὰ ἐπιτηδεύματα ὑμῶν ἐν οἷς ἐμιαίνεσθε ἐν αὐτοῖς, καὶ κόψεσθε τὰ 44 πρόσωπα ὑμῶν ἐν πάσαις ταῖς κακίαις ὑμῶν. ⁴⁴καὶ ἐπιγνώσεσθε διότι ἐγὼ Κύριος, ἐν τῷ ποιῆσαί με οὕτως ὑμῖν ὅπως τὸ ὄνομά μου μὴ βεβηλωθῇ κατὰ τὰς ὁδοὺς ὑμῶν τὰς κακὰς καὶ κατὰ τὰ ἐπιτηδεύματα ὑμῶν τὰ διεφθαρμένα, λέγει Κύριος.

(XXI) (1) 45 ⁴⁵Καὶ ἐγένετο λόγος Κυρίου πρὸς μὲ λέγων ⁴⁶Υἱὲ ἀνθρώπου, (2) 46 στήρισον τὸ πρόσωπόν σου ἐπὶ Θαιμὰν καὶ ἐπίβλεψον ἐπὶ Δαγὼν (3) 47 καὶ προφήτευσον ἐπὶ δρυμὸν ἡγούμενον Ναγεβ, ⁴⁷καὶ ἐρεῖς τῷ δρυμῷ Ναγεβ Ἄκουε λόγον Κυρίου Τάδε λέγει κύριος Κύριος Ἰδοὺ ἐγὼ ἀνάπτω ἐν σοὶ πῦρ, καὶ καταφάγεται ἐν σοὶ ξύλον χλωρὸν καὶ πᾶν ξύλον ξηρόν, οὐ σβεσθήσεται ἡ φλὸξ ἡ ἐξαφθεῖσα, καὶ κατακαυθήσεται ἐν αὐτῇ πᾶν πρόσωπον ἀπὸ ἀπηλιώτου ἕως βορρᾶ.

(4) 48 ⁴⁸καὶ ἐπιγνώσονται πᾶσα σὰρξ ὅτι ἐγὼ Κύριος ἐξέκαυσα αὐτό, οὐ

---

38 κυριος Κυριος] κ̅ς̅ ο θ̅ς̅ Α κ̅ς̅ Q 39 om μη B² (spat 2 litt) Qᵃ | εισ- AQ ακουετε] εισακουσητε Q | om μου 1° A | δωροις] ειδωλοις Q 40 υψηλου]+ Ιηλ Q | om λεγει κυριος Κυριος A | Ισραηλ]+λεγει κ̅ς̅ κ̅ς̅ A | απαρχιας (1°) A | πασι BᵃQ 41 εξαγαγειν] εξαγειν A | εισδεχεσθαι] εισδεξομαι A | εν αις] ου A 42 διοτι] οτι A | τοις πατρασιν υμων] αυτοις A 43 μνησεσθαι Q* (μνησθησεσθε Qᵃ) | κοψεσθε BA*Qᵐᵍ) οψεσθαι A¹Q* | υμων 4°]+(sub α'θ' ※) αις εποιησατε Q 44 μη βεβ. sub ÷ Q? | διεφθαρμενα]+(sub οι γ' ※) οικος Ιηλ Q | Κυριος 2°] pr αδωναι AQ 45 pr tit επι Θαιμαν Qᵐᵍ ˢᵘᵖ 46 επι Θαιμαν] adnot επι συντελι[α] Bᶜ ᵛⁱᵈ | Θαιμαν] adnot συντελεια αυτων Qᵐᵍ | επι Δαγων] adnot επι ηχθιν Bᶜ ᵛⁱᵈ | Δαγων] Δαρωρ Q* Δαρουμ al Δαγωγ Qᵐᵍ 47 κυριος Κυριος] κ̅ς̅ ο θ̅ς̅ Ιηλ A | om εν σοι 1° A | ξυλον 1°] pr παν AQ 48 επιγνωσονται] επιγνωσεται A | ου] pr και A

425

XX 49   ΙΕΖΕΚΙΗΛ

B σβεσθήσεται. ⁴⁹καὶ εἶπα Μηδαμῶς, κύριε Κύριε· αὐτοὶ λέγουσιν 49 (5)
πρός μέ Οὐχὶ παραβολή ἐστιν λεγομένη αὕτη; ¹Καὶ ἐγένετο 1 (6) XXI
λόγος Κυρίου πρὸς μὲ λέγων ²Διὰ τοῦτο προφήτευσον, υἱὲ ἀνθρώ- 2 (7)
που, στήρισον τὸ πρόσωπόν σου ἐπὶ Ἰερουσαλὴμ καὶ ἐπίβλεψον
ἐπὶ τὰ ἅγια αὐτῶν, καὶ προφητεύσεις ἐπὶ τὴν γῆν τοῦ Ἰσραήλ.
³καὶ ἐρεῖς πρὸς τὴν γῆν τοῦ Ἰσραήλ Ἰδοὺ ἐγὼ πρὸς σέ, καὶ 3 (8)
ἐκσπάσω τὸ ἐγχειρίδιόν μου ἐκ τοῦ κολεοῦ αὐτοῦ, καὶ ἐξολεθρεύ-
σω ἐκ σοῦ ἄδικον καὶ ἄνομον. ⁴ἀνθ' ὧν ἐξολεθρεύσω ἐκ σοῦ 4 (9)
ἄδικον καὶ ἄνομον, οὕτως ἐξελεύσεται τὸ ἐγχειρίδιόν μου ἐκ τοῦ
κολεοῦ αὐτοῦ ἐπὶ πᾶσαν σάρκα ἀπὸ ἀπηλιώτου ἕως βορρᾶ, ⁵καὶ 5 (10)
ἐπιγνώσεται πᾶσα σὰρξ διότι ἐγὼ Κύριος ἐξέσπασα τὸ ἐγχειρίδιόν
μου ἐκ τοῦ κολεοῦ αὐτοῦ, οὐκ ἀποστρέψει οὐκέτι. ⁶καὶ σύ, υἱὲ 6 (11)
ἀνθρώπου, καταστέναξον ἐν συντριβῇ ὀσφύος σου, καὶ ἐν ὀδύναις
στενάξεις κατ' ὀφθαλμοὺς αὐτῶν. ⁷καὶ ἔσται ἐὰν εἴπωσιν πρὸς σέ 7 (12)
Ἕνεκα τίνος σὺ στενάζεις; καὶ ἐρεῖς Ἐπὶ τῇ ἀγγελίᾳ διότι ἔρχεται,
καὶ θραυσθήσεται πᾶσα καρδία, καὶ πᾶσαι χεῖρες παραλυθήσονται,
καὶ ἐκψύξει πᾶσα σὰρξ καὶ πᾶν πνεῦμα, καὶ πάντες μηροὶ μο-
λυνθήσονται ὑγρασίᾳ· ἰδοὺ ἔρχεται, λέγει κύριος Κύριος. ⁸Καὶ 8 (13)
ἐγένετο λόγος Κυρίου πρὸς μὲ λέγων ⁹Υἱὲ ἀνθρώπου, προφήτευσον 9 (14)
καὶ ἐρεῖς Τάδε λέγει Κύριος Εἰπόν Ῥομφαία ῥομφαία, ὀξύνου καὶ
θυμώθητι, ¹⁰ὅπως σφάξῃς σφάγια, ὀξύνου ὅπως γένῃ εἰς στίλβω- 10 (15)
σιν, ἑτοίμη εἰς παράλυσιν· σφάζε, ἐξουδένει, ἀπωθοῦ πᾶν ξύλον.
¹¹καὶ ἔδωκεν αὐτὴν ἑτοίμην τοῦ κρατεῖν χεῖρα αὐτοῦ· ἐξηκονήθη ἡ 11 (16)
ῥομφαία, ἐστὶν ἑτοίμη τοῦ δοῦναι αὐτὴν εἰς χεῖρα ἀποκεντοῦντος.
¹²ἀνάκραγε καὶ ὀλόλυξον, υἱὲ ἀνθρώπου, ὅτι αὕτη ἐγένετο ἐν τῷ 12 (17)
λαῷ μου, αὕτη ἐν πᾶσιν τοῖς ἀφηγουμένοις τοῦ Ἰσραήλ· παροική-
σουσιν, ἐπὶ ῥομφαίᾳ ἐγένετο ἐν τῷ λαῷ μου· διὰ τοῦτο κρότη-

AQ   48 σβεσθησεται] + ετι A   XXI 1 pr tit επι Ιλημ̅ Q^{mg sup}   2 δια
τουτο...ανθρωπου] υιε ανου δια τουτο προφητευσον A pr οι γ' ※ Q¹ | στη-
ρισον] pr και A   3 ιδου] pr ταδε λεγει κ̅ς κ̅ς B^{ab} et (sub θ' ※) Q pr
ταδε λ. κ̅ς ο θ̅ς A | το εγχειριδιον μου] α' ρομφαιαν μου σ'θ' την μαχαιραν
μου Q^{mg} | εξολοθρευσω B^b: item 4   4 om ανθ ων εξολεθρευσω...ανομον
A (hab Q sub ⸓) | εγχειριδιον A   5 διοτι] οτι AQ | εγχειριδιον Q*^{vid} |
ουκ] pr και AQ | αποστρεψει] επιστρεψει Q   7 διοτι] οτι A | πασαι χειρες
παραλυθησονται] παραλυθ. πασαι χειρες Q | πασα σαρξ και sub ⸓ Q¹ | ερχεται
2°] + και εσται AQ | κυριος Κυριος] κ̅ς 2° improb B^{ab} κ̅ς ο θ̅ς A   9 Κυριος]
pr αδωναι A^aQ   11 η ρομφαια] om η AQ | δουναι] δοθηναι A | χειρα
2°] χειρας A   12 εγενετο 1°] εγε sup ras A^{a1} | om εν 1° Q | παροικησουσιν
...λαω μου] παρ. επει ρ. εγενετο τω λαω μου Q* οι παροικου|τες μοι εις ρομφαιαν
εγενο|το συν τω λαω μου Q^{mg} | επι 1°] επει B^{ab}

426

ΙΕΖΕΚΙΗΛ XXI 24

(18) 13 σον ἐπὶ τὴν χεῖρά σου. ¹³ὅτι δεδικαίωται· καὶ φυλὴ ἀπωσθῇ; B (19) 14 οὐκ ἔσται, λέγει κύριος Κύριος. ¹⁴καὶ σύ, υἱὲ ἀνθρώπου, προφήτευσον καὶ κρότησον χεῖρα ἐπὶ χεῖρα καὶ διπλασίασον ῥομφαίαν· ἡ τρίτη ῥομφαία τραυματιῶν ἐστιν, ῥομφαία τραυματιῶν ἡ μεγάλη. (20) 15 καὶ ἐκστήσεις αὐτούς, ¹⁵ὅπως μὴ θραυσθῇ ἡ καρδία, καὶ πληθυνθῶσιν οἱ ἀσθενοῦντες ἐπὶ πᾶσαν πύλην· παραδέδονται εἰς σφάγια (21) 16 ῥομφαίας, εὖ γέγονεν εἰς σφαγήν, εὖ γέγονεν εἰς στίλβωσιν. ¹⁶διαπορεύου, ὀξύνου ἐκ δεξιῶν καὶ ἐξ εὐωνύμων, οὗ ἂν τὸ πρόσωπόν (22) 17 σου ἐξεγείρηται. ¹⁷καὶ ἐγὼ δὲ κροτήσω χεῖρά μου πρὸς χεῖρά μου (23) 18 καὶ ἐναφήσω θυμόν μου· ἐγὼ Κύριος λελάληκα. ¹⁸Καὶ ἐγένετο (24) 19 λόγος Κυρίου πρὸς μὲ λέγων ¹⁹Καὶ σύ, υἱὲ ἀνθρώπου, διάταξον 20 σεαυτῷ δύο ὁδοὺς ²⁰τοῦ εἰσελθεῖν ῥομφαίαν βασιλέως Βαβυλῶνος· ἐκ χώρας μιᾶς ἐξελεύσονται αἱ δύο, καὶ χεὶρ ἐν ἀρχῇ ὁδοῦ πόλεως, (25) ἐπ' ἀρχῆς ²⁵ὁδοῦ διατάξεις τοῦ εἰσελθεῖν ῥομφαίαν ἐπὶ Ῥαββὰθ υἱῶν Ἀμμὼν καὶ ἐπὶ τὴν Ἰουδαίαν καὶ ἐπὶ Ἰερουσαλὴμ ἐν μέσῳ (26) 21 αὐτῆς. ²¹διότι στήσεται βασιλεὺς Βαβυλῶνος ἐπὶ τὴν ἀρχαίαν ὁδόν, ἐπ' ἀρχῆς τῶν δύο ὁδῶν, τοῦ μαντεύσασθαι μαντείαν, τοῦ ἀναβράσαι ῥάβδον καὶ ἐπερωτῆσαι ἐν τοῖς γλυπτοῖς καὶ ἡπατοσκο- (27) 22 πήσασθαι ἐκ δεξιῶν αὐτοῦ. ²²ἐγένετο τὸ μαντεῖον ἐπὶ Ἱερουσαλὴμ τοῦ βαλεῖν χάρακα, τοῦ διανοῖξαι στόμα ἐν βοῇ, ὑψῶσαι φωνὴν μετὰ κραυγῆς, τοῦ βαλεῖν χάρακα ἐπὶ τὰς πύλας αὐτῆς καὶ βαλεῖν (28) 23 χῶμα καὶ οἰκοδομῆσαι βελοστάσεις. ²³καὶ αὐτὸς αὐτοῖς ὡς μαντευόμενος μαντείαν ἐνώπιον αὐτῶν, καὶ αὐτὸς ἀναμιμνήσκων ἀδικίας (29) 24 αὐτοῦ μνησθῆναι. ²⁴διὰ τοῦτο τάδε λέγει Κύριος Ἀνθ' ὧν ἀνεμνήσατε τὰς ἀδικίας ὑμῶν ἐν τῷ ἀποκαλυφθῆναι τὰς ἀσεβείας ὑμῶν,

13 οτι δεδικαιωται] α' οτι ηρευνησεν Q^mg | και]+ετι ει και A+τι ει AQ και Q | απωσθης A | Κυριος] πιπι Q^mg   14 χειρα 1°] τη χειρι A | εκστησει A   15 om μη AQ | θραυσθη] θραυσθησεται A | η καρδια] πασα κ. A | πυλην]+αυτων AQ | παραδεδονται] και παραδοθησονται A | εισπλβωσιν A   16 om και Q   17 θυμον] pr τον A | μου 3°] +εν σοι A | λελαληκα] ελαλησα A   . 20 αι δυο] αρχαι δ. AQ | χειρ] χειρα AQb¹ σ' χειρα κεντουσα| Q^mg + ετοιμασουσιν AQ^mg + (sub θ' ※) ετοιμασαι Q | εν αρχη] επ αρχης A | οδου]+εκαστης Q^mg | πολεως]+κεντουσαν Q^mg | διαταξεις]+ ϛ συ ετοιμασον ϛ διαταξον οδον Q^mg | Ραββαθ] adnot πλιθυμω B^c(mg) | υιων] pr και επι A   21 ραβδον] ραβδα A ραβδους Q^a | εν τοις γλυπτοις] α' εν τοις θαραφεί| σ' τα ειδωλα Q^mg   22 εγενετο] pr και Q | το μαντειον] om το Q | του διανοιξαι] pr και A | φωνην] νικη Q^mg | μετα κραυγης (κραυης B* κραυγης B^a fort)] μετα φωνης σαλπιγγος Q^mg 23 αυτων] + (sub θ' ※) εβδομαζοντες εβδομαδας αυτοις Q | αδικιας αυτου μνησθηναι] ανομιαν αυτων του συλληφθηναι Q^mg | αυτου] αυτων A   24 Κυριος] κϛ κϛ ο θϛ A κϛ κϛ Q | ασεβιας B^b

ΙΕΖΕΚΙΗΛ

B τοῦ ὁραθῆναι ἁμαρτίας ὑμῶν ἐν πάσαις ταῖς ἀσεβείαις ὑμῶν καὶ ἐν τοῖς ἐπιτηδεύμασιν ὑμῶν· ἀνθ' ὧν ἀνεμνήσατε, ἐν τούτοις ἁλώσεσθε. ²⁵καὶ σύ, ἄνομε βέβηλε ἀφηγούμενε τοῦ Ἰσραήλ, οὗ ἥκει 25 (30) ἡ ἡμέρα ἐν καιρῷ ἀδικίας πέρας, ²⁶τάδε λέγει Κύριος Ἀφείλου τὴν 26 (31) κίδαριν καὶ ἐπέθου τὸν στέφανον· αὕτη οὐ τοιαύτη ἔσται· ἐταπείνωσας τὸ ὑψηλόν, καὶ ὕψωσας τὸ ταπεινόν. ²⁷ἀδικίαν ἀδικίαν 27 (32) ἀδικίαν θήσομαι αὐτήν, οὐαὶ αὐτῇ· τοιαύτη ἔσται ἕως οὗ ἔλθῃ ᾧ καθήκει, καὶ παραδώσω αὐτῷ. ²⁸Καὶ σύ, υἱὲ ἀνθρώπου, προ- 28 (33) φήτευσον καὶ ἐρεῖς Τάδε λέγει Κύριος πρὸς τοὺς υἱοὺς Ἀμμὼν καὶ πρὸς τὸν ὀνειδισμὸν αὐτῶν, καὶ ἐρεῖς Ῥομφαία ῥομφαία ἐσπασμένη εἰς σφάγια καὶ ἐσπασμένη εἰς συντέλειαν, ἐγείρου ὅπως στίλβῃς. ²⁹ἐν τῇ ὁράσει σου τῇ ματαίᾳ, καὶ ἐν τῷ μαντεύεσθαί 29 (34) σε ψευδῆ, τοῦ παραδοῦναί σε ἐπὶ τραχήλους τραυματιῶν ἀνόμων, ἥκει ἡ ἡμέρα ἐν καιρῷ ἀδικίας πέρας. ³⁰ἀπόστρεφε, μὴ καταλύσῃς 30 (35) ἐν τῷ τόπῳ τούτῳ ᾧ γεγέννησαι· ἐν τῇ γῇ τῇ ἰδίᾳ σου κρινῶ σε. ³¹καὶ ἐκχεῶ ἐπὶ σὲ ὀργήν μου, ἐν πυρὶ ὀργῆς μου ἐμφυσήσω ἐπὶ 31 (36) σέ, καὶ παραδώσω σε εἰς χεῖρας ἀνδρῶν βαρβάρων τεκταινόντων διαφθοράς. ³²ἐν πυρὶ ἔσῃ κατάβρωμα, τὸ αἷμά σου ἔσται ἐν μέσῳ 32 (37) τῆς γῆς σου· οὐ μὴ γένηταί σου μνεία, διότι ἐγὼ Κύριος λελάληκα.

¹Καὶ ἐγένετο λόγος Κυρίου πρός με λέγων ²Καὶ σύ, υἱὲ ἀνθρώ- ½ XXII που, εἰ κρινεῖς τὴν πόλιν τῶν αἱμάτων; καὶ παράδειξον αὐτῇ πάσας τὰς ἀνομίας αὐτῆς, ³καὶ ἐρεῖς Τάδε λέγει κύριος Κύριος Ὦ πόλις 3 ἐκχέουσα αἵματα ἐν μέσῳ αὐτῆς τοῦ εἰσελθεῖν καιρὸν αὐτῆς, καὶ ποιοῦσα ἐνθυμήματα καθ' αὑτῆς τοῦ μιαίνειν αὐτήν. ⁴ἐν τοῖς αἵ- 4 μασιν αὐτῶν οἷς ἐξέχεας παραπέπτωκας, καὶ ἐν τοῖς ἐνθυμήμασίν σου οἷς ἐποίεις ἐμιαίνου, καὶ ἤγγισας τὰς ἡμέρας σου, καὶ ἤγαγες καιρὸν ἐτῶν σου. διὰ τοῦτο δέδωκά σε εἰς ὄνειδος τοῖς ἔθνεσιν καὶ εἰς ἐμπαιγμὸν πάσαις ταῖς χώραις ⁵ταῖς ἐγγιζούσαις πρός σε καὶ 5

AQ 24 αμαρτιας] pr τας Q* (improb Qᵃ) | ασεβιαις BᵇA | τοις επιτηδευμασιν] pr πασιν Q | αλωσεσθε] αλωθησεσθαι A   25 βεβηλε ανομε AQ   26 Κυριος] ⳤⲋ ⳤⲋ ο θς A ⳤⲋ ⳤⲋ Q | τον στεφανον αυτη] αυτη τὸ[στεφανον (αυτη τὸ sup ras et in mg Aᵃᵗ om αυτη A*ᵛⁱᵈ) A | το ταπεινον υψωσας A   27 αδικιαν 1° sub οι γ' ※ Q? | om αδικιαν 3° BᵇA | ουαι] ου A ουδ Q | om αυτη A | τοιαυτην Q* (-τη Qᵃ) | αυτω] αυτην A   28 Κυριος] ⳤⲋ ο θς A ⳤⲋ ⳤⲋ Q | εσπασμενη 1°] pr ετοιμαζου A | om εις 1° A   29 τη ματαια] om τη Q* (superscr Qᵃ) | ανομων] + ων AQ   30 γεγενησαι Qᵃ   31 σε 1°] σοι AQ | οργην μου] α' απειλην μου θ' εμβριμημα μου σ' εμβριμησιν μου Qᵐᵍ | διαφθοραν AQ   32 κελαληκα] ελαλησα Q   XXII 2 ει κρινεις] ου κρ. A bis scr Q | αυτης] αυτων Q   3 Κυριος] + ο θς A | εισελθειν] ελθειν BᵃᵇAQ | ποιωσαι A | καθ αυτης] κατ αυτης A   4 δεδωκα] εδωκα Q

ΙΕΖΕΚΙΗΛ XXII 19

ταῖς μακρὰν ἀπεχούσαις ἀπὸ σοῦ, καὶ ἐμπαίξονται ἐν σοί, ἀκάθαρτος B 6 ἡ ὀνομαστὴ καὶ πολλὴ ἐν ταῖς ἀνομίαις. ⁶ἰδοὺ οἱ ἀφηγούμενοι οἴκου Ἰσραήλ, ἕκαστος πρὸς τοὺς συγγενεῖς αὐτοῦ, συνεφύροντο ἐν σοὶ 7 ὅπως ἐκχέωσιν αἷμα· ⁷πατέρα καὶ μητέρα ἐκακολόγουν ἐν σοί, καὶ προσήλυτον ἀνεστρέφοντο ἐν ἀδικίαις ἐν σοί, ὀρφανὸν καὶ χήραν 8 κατεδυνάστευον, ⁸καὶ τὰ ἅγιά μου ἐξουδένουν καὶ τὰ σάββατά 9 μου ἐβεβήλουν ἐν σοί. ⁹ἄνδρες λησταὶ ἐν σοί, ὅπως ἐκχέωσιν ἐν σοὶ αἷμα, καὶ ἐπὶ τῶν ὀρέων ἤσθοσαν ἐν σοί, ἀνόσια ἐποίουν ἐν 10 μέσῳ σου. ¹⁰αἰσχύνην πατρὸς ἀπεκάλυψαν ἐν σοί, καὶ ἐν ἀκα- 11 θαρσίαις ἀποκαθημένην ἐταπείνουν ἐν σοί· ¹¹ἕκαστος τὴν γυναῖκα τοῦ πλησίον αὐτοῦ ἠνομοῦσαν, καὶ ἕκαστος τὴν νύμφην αὐτοῦ ἐμίαινεν ἐν ἀσεβείᾳ, καὶ ἕκαστος τὴν ἀδελφὴν αὐτοῦ θυγατέρα τοῦ 12 πατρὸς αὐτοῦ ἐταπείνουν ἐν σοί. ¹²δῶρα ἐλαμβάνοσαν ἐν σοί, ὅπως ἐκχέωσιν αἷμα, τόκον καὶ πλεονασμὸν ἐλαμβάνοσαν ἐν σοί· καὶ συνετελέσω συντέλειαν κακίας σου τὴν ἐν καταδυναστείᾳ, ἐμοῦ δὲ 13 ἐπελάθου, λέγει Κύριος. ¹³ἐὰν δ' ἐπάξω χεῖρά μου ἐφ' οἷς συντετέλεσαι οἷς ἐποίησας, καὶ ἐπὶ τοῖς αἵμασίν σου τοῖς γεγενημένοις 14 ἐν μέσῳ σου, ¹⁴εἰ ὑποστήσεται ἡ καρδία σου; εἰ κρατήσουσιν αἱ χεῖρές σου ἐν ταῖς ἡμέραις αἷς ἐγὼ ποιῶ ἐν σοί; ἐγὼ Κύριος λελά- 15 ληκα καὶ ποιήσω. ¹⁵καὶ διασκορπιῶ σε ἐν τοῖς ἔθνεσιν, καὶ διασπερῶ σε ἐν ταῖς χώραις, καὶ ἐκλείψει ἡ ἀκαθαρσία σου ἐκ σοῦ, 16 ¹⁶καὶ κατακληρονομήσω ἐν σοὶ κατ' ὀφθαλμοὺς τῶν ἐθνῶν, καὶ γνώ- 17 σεσθε διότι ἐγὼ Κύριος. ¹⁷Καὶ ἐγένετο λόγος Κυρίου πρός με 18 λέγων ¹⁸Υἱὲ ἀνθρώπου, ἰδοὺ γεγόνασί μοι ὁ οἶκος Ἰσραὴλ ἀναμεμιγμένοι πάντες χαλκῷ καὶ σιδήρῳ καὶ κασσιτέρῳ καὶ μολίβῳ, ἐν 19 μέσῳ ἀργυρίου ἀναμεμιγμένος ἐστίν. ¹⁹διὰ τοῦτο εἰπόν Τάδε λέγει

5 απεχουσαις bis scr B* improb 1ο Bᵃᵇ | σοι]+ ͗ς βοησουσιν επι σοι Qᵐᵍ AQ 6 συνεφυροντο] ενεφυραντο Bᵃ ⁽ⁿᵘᵃ ᵇ⁾ ᵐᵍ συναυεφυροντο A   7 προσηλυτον] προς τον προσ. Bᵃᵇ ᵐᵍ AQᵐᵍ προς τον ηλυτον Q* | αδικειαις B* (-κιαις Bᵇ) | κατεδυναστευον] + εν σοι AQ   8 τα αγια μου] τα αγιασμῶ] B* (improb τα Bᵃᵇ) | εξουθενουν A   9 λησται]+ησαν AQ | ησθοσαν] ησθιον BᵇA 10 και| εν ακαθαρσιαις sup ras Bᵃᵇ | αποκαθημενης A   11 νυμφην] αδελφην A | εμιαινον A   12 ελαμβανοσαν 1ο] ελαμβανον A | καταδυναστεια]+σου A | εμου δε] οτι εμου A | Κυριος] pr κ͞ς AQ   13 δ επαξω] δε παταξω AQ | μου]+προς χειρα μου AQ | γεγεννημενοις A   14 et bis] η Q* (ει Qᵃ) 15 διασπερω] πέρ sup ras (seq spat) B? (διασκορπιω B* ᶠᵒʳᵗ) | εν ταις χωραις] εις τας χωρας Q   16 εν σοι κατ οφθαλμους] σε ενωπιον A | γνωσεσθε] γνωση A | διοτι] οτι AQ   18 γεγονασι (-σιν Q)] γεγονεν A | om μοι A | αναμεμιγμενοι ͗παντες] αναμεμιγμενος A | κασσιτερω και σιδηρω Q | μολιβδω A | μεσω]+(sub οι γ' ※) καμινου Q | αργυριου] αργυριον Q* αργυριω Q? | αναμεμιγμενος εστιν] αναμεμιγμενον εστιν Q* αναμεμιγμενοι εισιν Qᵐᵍ

ΙΕΖΕΚΙΗΛ

B Κύριος Ἀνθ' ὧν ἐγένεσθε εἰς σύνκρασιν μίαν, διὰ τοῦτο ἐγὼ εἰσδέχομαι ὑμᾶς εἰς μέσον Ἰερουσαλήμ· ²⁰καθὼς εἰσδέχεται ἄργυρος καὶ 20 χαλκὸς καὶ σίδηρος καὶ κασσίτερος καὶ μόλιβος εἰς μέσον καμίνου, τοῦ ἐκφυσῆσαι εἰς αὐτὸ πῦρ τοῦ χωνευθῆναι, οὕτως εἰσδέξομαι ἐν ὀργῇ μου καὶ συνάξω καὶ χωνεύσω ὑμᾶς, ²¹καὶ ἐκφυσήσω ἐφ' ὑμᾶς 21 ἐν πυρὶ ὀργῆς μου, καὶ χωνευθήσεσθε ἐν μέσῳ αὐτῆς. ²²ὃν τρόπον 22 χωνεύεται ἀργύριον ἐν μέσῳ καμίνου, οὕτως χωνευθήσεσθε ἐν μέσῳ αὐτῆς· καὶ ἐπιγνώσεσθε διότι ἐγὼ Κύριος ἐξέχεα τὸν θυμόν μου ἐφ' ὑμᾶς. ²³Καὶ ἐγένετο λόγος Κυρίου πρὸς μὲ λέγων ²⁴Υἱὲ ²³/₂₄ ἀνθρώπου, εἰπὸν αὐτῇ Σὺ εἶ γῆ ἡ οὐ βρεχομένη, οὐδὲ ὑετὸς ἐγένετο ἐπὶ σὲ ἐν ἡμέρᾳ ὀργῆς. ²⁵ἧς οἱ ἀφηγούμενοι ἐν μέσῳ αὐτῆς ὡς 25 λέοντες ὠρυόμενοι ἁρπάζοντες ἁρπάγματα, ψυχὰς κατεσθίοντες ἐν δυναστείᾳ καὶ τιμὰς λαμβάνοντες· καὶ αἱ χῆραί σου ἐπληθύνθησαν ἐν μέσῳ σου. ²⁶καὶ οἱ ἱερεῖς αὐτῆς ἠθέτησαν νόμον μου καὶ ἐβεβή- 26 λουν τὰ ἅγιά μου· ἀνὰ μέσον ἁγίου καὶ βεβήλου οὐ διέστελλον, καὶ ἀνὰ μέσον ἀκαθάρτου καὶ τοῦ καθαροῦ οὐ διέστελλον, καὶ ἀπὸ τῶν σαββάτων μου παρεκάλυπτον τοὺς ὀφθαλμοὺς αὐτῶν, καὶ ἐβεβηλούμην ἐν μέσῳ αὐτῶν. ²⁷οἱ ἄρχοντες αὐτῆς ἐν μέσῳ αὐτῆς ὡς λύκοι 27 ἁρπάζοντες ἁρπάγματα τοῦ ἐκχέαι αἷμα, ὅπως πλεονεξίᾳ πλεονεκτῶσιν. ²⁸καὶ οἱ προφῆται αὐτῆς ἀλείφοντες αὐτοὺς πεσοῦνται, 28 ὁρῶντες μάταια, μαντευόμενοι ψευδῆ, λέγοντες Τάδε λέγει Κύριος, καὶ Κύριος οὐ λελάληκεν· ²⁹λαὸν τῆς γῆς ἐκπιεζοῦντες ἀδικίᾳ καὶ 29 διαρπάζοντες ἁρπάγματα, πτωχὸν καὶ πένητα καταδυναστεύοντες, καὶ πρὸς τὸν προσήλυτον οὐκ ἀναστρεφόμενοι μετὰ κρίματος. ³⁰καὶ 30

AQ 19 Κυριος] κς κς ο θς A κς κς Q | ανθ ων] αν B* (ανθ ων B^ab) | εγενεσθε]+παντες AQ | συγκρασιν B^ab AQ | εγω] pr ιδου A | εισδεξομαι Q 20 μολιβος και κασσιτερος Q | μολιβδος A | καμινου]+πυρος A | εκφυσησαι] εμφυσησαι A | αυτο] αυτα A αυτην Q^mg | χωνευθηναι] χωνευσαι A | εισδεξομαι]+υμας A | μου]+και εν τω θυμω μου A et (sub θ' ※) Q | συναξω] συ|ταξω Q | χωνευσω sub ras A^a (επαφησω A*^fort) 21 εφ] εις A | υμας]+εκφυσημα A 22 ουτω Q | χωνευετε B^ab 24 om αι ανθρωπου A* (hab A^a) | γη] pr η Q | η ου βρεχ.] om η A | εγενετο επι σε εν ημερα οργης] καταβησεται σοι A 25 om ης A | αφηγουμενοι]+αυτης A | ωρυομενοι] ερευγομενοι A | αρπαγμα Q | κατεσθοντες Q | εν δυναστεια] pr εδυναστευσαν A | και τιμας λαμβανοντες] δωρα ελαμβανον ἔ| αδικια A | χηραι] om αι A 26 νομον] pr τον A | του καθαρου] om του Q | εβεβηλουμην] τα σαββατα μου εβεβηλουν 27 αιμα]+(sub θ' ※) του απολεσαι ψυχας Q 28 αλειφοντες αυτους] οι αλ. αυτ. A+αναρτυτω (sub ※) Q^mg dext ηλειφον αυτους πηλω ανευ αχυρων Q^mg sinistr | ορωντες (ο sup ras A^a)] pr οι A | μαντευομενοι]+(sub οι γ' ※) αυτοις Q | Κυριος 1°] pr αδωναι Q | ου λελαληκεν] ουκ ελαλησεν A 29 λαον] pr τον A | εκπιεζοντες Q | αδικια] pr εν A αδικιαν Q* (-κια Q^a)

430

ΙΕΖΕΚΙΗΛ XXIII 11

ἐζήτουν ἐξ αὐτῶν ἄνδρα ἀναστρεφόμενον ὀρθῶς καὶ ἑστῶτα πρὸ B
προσώπου μου ὁλοσχερῶς ἐν καιρῷ τῆς γῆς τοῦ μὴ εἰς τέλος ἐξα-
31 λεῖψαι αὐτήν, καὶ οὐχ εὖρον. ³¹ καὶ ἐξέχεα ἐπ᾽ αὐτὴν θυμόν μου ἐν § Γ
πυρὶ ὀργῆς μου τοῦ συντελέσαι· τὰς ὁδοὺς αὐτῶν εἰς κεφαλὰς αὐτῶν
δέδωκα, λέγει κύριος Κύριος.

XXIII $\begin{smallmatrix}1\\2\end{smallmatrix}$ ¹Καὶ ἐγένετο λόγος Κυρίου πρὸς μὲ λέγων ²Υἱὲ ἀνθρώπου, δύο
3 γυναῖκες ἦσαν θυγατέρες μητρὸς μιᾶς, ³καὶ ἐξεπόρνευσαν ἐν Αἰγύπτῳ
ἐν τῇ νεότητι αὐτῶν, ἐκεῖ ἔπεσον οἱ μαστοὶ αὐτῶν, ἐκεῖ διεπαρθε-
4 νεύθησαν. ⁴καὶ τὰ ὀνόματα αὐτῶν ἦν Ὀολλα ἡ πρεσβυτέρα, καὶ
Ὀολιβα ἡ ἀδελφὴ αὐτῆς. καὶ ἐγένοντό μοι, καὶ ἔτεκον υἱοὺς καὶ
θυγατέρας· καὶ τὰ ὀνόματα αὐτῶν, Σαμάρεια ἦν Ὀολλα, καὶ Ἱερου-
5 σαλὴμ ἦν Ὀολιβα. ⁵καὶ ἐξεπόρνευσεν ἡ Ὀολα ἀπ᾽ ἐμοῦ καὶ ἐπέ-
θετο ἐπὶ τοὺς ἐραστὰς αὐτῆς, ἐπὶ τοὺς Ἀσσυρίους τοὺς ἐγγίζοντας
6 αὐτῇ, ⁶ἐνδεδυκότας ὑακίνθινα, ἡγουμένους καὶ στρατηγούς· νεανίσκοι
7 καὶ ἐπίλεκτοι, πάντες ἱππεῖς ἱππαζόμενοι ἐφ᾽ ἵππων. ⁷καὶ ἔδωκεν
τὴν πορνείαν αὐτῆς ἐπ᾽ αὐτούς· ἐπίλεκτοι υἱοὶ Ἀσσυρίων πάντες,
καὶ ἐπὶ πάντας οὓς ἐπέθετο, ἐν πᾶσι τοῖς ἐνθυμήμασιν αὐτῆς
8 ἐμιαίνετο. ⁸καὶ τὴν πορνείαν αὐτῆς ἐξ Αἰγύπτου οὐκ ἐγκατέλιπεν,
ὅτι μετ᾽ αὐτῆς ἐκοιμῶντο ἐν νεότητι αὐτῆς, καὶ αὐτοὶ διεπαρθένευσαν
9 αὐτὴν καὶ⁽ ἐξέχεαν τὴν πορνείαν αὐτῶν ἐπ᾽ αὐτήν. ⁹διὰ τοῦτο παρέ- ¶ Γ
δωκα αὐτὴν εἰς χεῖρας τῶν ἐραστῶν αὐτῆς, εἰς χεῖρας υἱῶν Ἀσσυ-
10 ρίων ἐφ᾽ οὓς ἐπετίθετο. ¹⁰αὐτοὶ ἀπεκάλυψαν τὴν αἰσχύνην αὐτῆς,
υἱοὺς καὶ θυγατέρας αὐτῆς ἔλαβον, καὶ αὐτὴν ἐν ῥομφαίᾳ ἀπέκτει-
ναν· καὶ ἐγένετο λάλημα εἰς γυναῖκας, καὶ ἐκδικήσεις ἐποίησαν ἐν
11 αὐτῇ εἰς τὰς θυγατέρας. ¹¹καὶ ἴδεν ἡ ἀδελφὴ αὐτῆς Ὀολιβα, καὶ
διέφθειρε τὴν ἐπίθεσιν αὐτῆς ὑπὲρ αὐτήν, καὶ τὴν πορνείαν αὐτῆς

30 εστωτα προ προσωπου μου ολοσχερως] εστω (τα superscr) ολοσχ.προ προσ. AQΓ
μου Q | ολοσχερως (ολεσχ. B* ολοσχ. Bᵇ)] το ολοσχερες A εν διακοπη φρασμου
Qᵐᵍ | γης] οργης μου A 31 θυμον] pr τον A | συντελεσαι] + αυτους AΓ
XXIII 1 pr tit περι των δυο γυναικων Qᵐᵍ ˢᵘᵖ 2 θυγατερες μητρος μιας
ησαν Q   3 αυτων 1°] + εποιρνευσαν A et (sub αι γ' ※) Q | εκει 2°] pr
και A | διεπαρθενευθησαν] + (sub ※) τιθοι (τιτθ. Qᵃ) παρθενειων αυτων Q
4 om ην 1° Q | Οολλα bis] Οολα BᵃQ Ολλα A | Οολιβα bis] Ολιβα A | ην 2°]
η Bᵃᵗᵇ AQ | ην 3°] η AQ | Οολιβαν B   5 Οολα] Ολλα A | επεθετο] προσε-
θετο A   6 ενδεδυκοτας] ενδεδυμενους A | νεανισκους A | om και 2° AQ | επι-
λεκτους A | ιππεις] ιπποις A* ᵛⁱᵈ ιπποι A¹ 7 πορνιαν | αυτης 1°] αυτων
A | πασιν AQ | αυτης 2°] αυτοις Q* ᵛⁱᵈ (η sub ras Q¹) 8 πορνιαν bis A et
1° salt Γ | εγκατελιπεν Bᵃᵇ Qᵃ εγκατελειπεν AQ*Γ | νεοτητι] pr τη A
10 αισχυνην] ασχημοσυνην A | θυγατερες (1°) B* (-ρας Bᵃᵇ) | γυναικας] pr
τας A | εποιησαν εκδικησεις A | θυγατερας 2°] + αυτης AQ 11 ειδεν Bᵃᵇ A |
Οολιβα] η Ολιβα A | διεφθειρεν AQ | υπερ αυτην rescr Aᵃ᾿ (επι αυτη A* ᵛⁱᵈ) |
πορνιαν bis A: item 14, 27, 35 | om αυτης υπερ την πορνειαν Q* (hab Qᵐᵍ)

431

ΙΕΖΕΚΙΗΛ

Β ὑπὲρ τὴν πορνείαν τῆς ἀδελφῆς αὐτῆς· ¹²ἐπὶ τοὺς υἱοὺς τῶν Ἀσσυ- 12 ρίων ἐπέθετο ἡγουμένους καὶ στρατηγοὺς τοὺς ἐγγὺς αὐτῆς, ἐνδεδυκότας εὐπάρυφα, ἱππεῖς ἱππαζομένους ἐφ' ἵππων· νεανίσκοι ἐπίλεκτοι πάντες. ¹³καὶ ἴδον ὅτι μεμίανται ὁδὸς μία τῶν δύο. ¹⁴καὶ ¹³ προσέθετο πρὸς τὴν πορνείαν αὐτῆς, καὶ ἴδεν ἄνδρας ἐζωγραφημένους ἐπὶ τοῦ τοίχου, εἰκόνας Χαλδαίων, ἐζωγραφημένους ἐν γραφίδι, ¹⁵ἐζωσμένους ποικίλματα ἐπὶ τὰς ὀσφύας αὐτῶν παραβαπτὰ 15 καὶ ἐπὶ τῶν κεφαλῶν αὐτῶν, ὄψις τρισσὴ πάντων, ὁμοίωμα υἱῶν Χαλδαίων, γῆς πατρίδος αὐτοῦ. ¹⁶καὶ ἐπέθετο ἐπ' αὐτοὺς τῇ ὁράσει 16 ὀφθαλμῶν αὐτῆς, καὶ ἐξαπέστειλεν ἀγγέλους πρὸς αὐτοὺς εἰς γῆν Χαλδαίων. ¹⁷καὶ ἤλθοσαν πρὸς αὐτὴν υἱοὶ Βαβυλῶνος, εἰς κοίτην 17 καταλυόντων, καὶ ἐμίαινον αὐτὴν ἐν τῇ πορνείᾳ αὐτῆς, καὶ ἐμιάνθη ἐν αὐτοῖς, καὶ ἀπέστη ἡ ψυχὴ αὐτῆς ἀπ' αὐτῶν. ¹⁸καὶ ἀπεκάλυψεν 18 τὴν πορνείαν αὐτῆς, καὶ ἀπεκάλυψεν αἰσχύνην αὐτῆς· καὶ ἀπέστη ἡ ψυχή μου ἀπ' αὐτῆς, ὃν τρόπον ἀπέστη ἡ ψυχή μου ἀπὸ τῆς ἀδελφῆς αὐτῆς. ¹⁹καὶ ἐπλήθυνας τὴν πορνείαν σου τοῦ ἀναμνῆσαι 19 ἡμέραν νεότητός σου ἐν αἷς ἐπόρνευσας ἐν Αἰγύπτῳ, ²⁰καὶ ἐπέθου 20 ἐπὶ τοὺς Χαλδαίους, ὧν ὡς ὄνων αἱ σάρκες αὐτῶν, καὶ αἰδοῖα ἵππων τὰ αἰδοῖα αὐτῶν, ²¹καὶ ἐπεσκέψω τὴν ἀνομίαν νεότητός σου, ἃ 21 ἐποίεις ἐν Αἰγύπτῳ ἐν τῷ καταλύματί σου, οὗ οἱ μαστοὶ νεότητός σου. ²²Διὰ τοῦτο, Ὀολιβά, τάδε λέγει Κύριος Ἰδοὺ ἐγὼ ἐξε- 22 γείρω τοὺς ἐραστάς σου ἐπὶ σέ, ἀφ' ὧν ἀπέστη ἡ ψυχή σου ἀπ' αὐτῶν, καὶ ἐπάξω αὐτοὺς ἐπὶ σὲ κυκλόθεν, ²³υἱοὺς Βαβυλῶνος καὶ 23 πάντας τοὺς Χαλδαίους, Φακοὺκ καὶ Σουὲ καὶ Ὑχουέ, καὶ πάντας υἱοὺς Ἀσσυρίων μετ' αὐτῶν, νεανίσκους ἐπιλέκτους, ἡγεμόνας καὶ στρατηγούς, πάντας τρισσοὺς καὶ ὀνομαστούς, ἱππεύοντας ἐφ' ἵππων. ²⁴καὶ πάντες ἥξουσιν ἐπὶ σὲ ἀπὸ βορρᾶ, ἅρματα καὶ τροχοὶ 24

AQ 12 ενδεδυκοτας ευπαρυφα] ενδεδυμενους ευπορφυρα A ενδεδυκοτες ευπαραφυα Q (-υφα Q†vid) θ' ενδεδυμενους παντοια σ' ημφιεσμενους ενκατασκευα Q^mg | ιππαζομενοι A   13 ειδον B^abAQ^a   14 ειδεν B^abA | εζωγραφημενους 2°] εζωγραφημενας A   15 εζωσμενους] διεζωσμενους A | παραβαπτα και] και τιαραι βαπται A και τιαρα βαπτα Q | οψις τρισση παντων] α' ορασις σκυλευτων παντες σ' ειδεα τριστατων παντω| Q^mg | υιων]+(sub οι γ' ※) Βαβυλωνος Q | αυτου] αυτων AQ^mg   16 τη ορασει] εν ορ. A | οφθαλμων] pr των Q | αυτους 2°] ου sup ras B^ab   17 ηλθοσαν] ηλθον A | Βαβυλονος B | καταλυοντων] α' συζυγιας Q^mg | πορνια A: item 29 | αυτων] ων sup ras B^ab   18 απεκαλυψεν 2°] επεκαλ. Q | αισχυνην]την ασχημοσυνην A   19 ημερας AQ   20 ων]+ησαν AQ^mg   21 μαστοι]+επεσαν A   22 Ολιβα AQ | Κυριος] κϛ κϛ ο θϛ A κϛ κϛ Q | ιδου] pr επι σε Ολιβα A | του ερ. Q* (τους ερ. Q^a)   23 Φακουκ] και Φουδ A Φακουδ Q | Σουε] Σουδ A | Τχουε] Λουδ A Κουε Q | υιους 2°] pr τους A | τρισσους] τριστατας Q^mg   24 om και 1° AQ | τροχοι]+ιπποι A

432

ΙΕΖΕΚΙΗΛ XXIII 36

μετ' ὄχλου λαῶν, θυρεοὶ καὶ πέλται, καὶ βαλεῖ φυλακὴν ἐπὶ σὲ Β
25 κύκλῳ. ²⁵καὶ δώσω πρὸ προσώπου αὐτῶν κρίμα, καὶ ἐκδικήσουσίν
σε ἐν τοῖς κρίμασιν αὐτῶν· καὶ δώσω τὸν ζῆλόν μου ἐν σοί, καὶ
ποιήσουσιν μετὰ σοῦ ἐν ὀργῇ θυμοῦ· μυκτῆράς σου καὶ ὦτά σου
ἀφελοῦσιν, καὶ τοὺς καταλοίπους σου ἐν ῥομφαίᾳ καταβαλοῦσιν. αὐ-
τοὶ υἱούς σου καὶ θυγατέρας σου λήμψονται, καὶ τοὺς καταλοίπους
26 σου πῦρ καταφάγεται· ²⁶καὶ ἐκδύσουσίν σε τὸν ἱματισμόν σου, καὶ
27 λήμψονται τὰ σκεύη τῆς καυχήσεώς σου. ²⁷καὶ ἀποστρέψω τὰς
ἀσεβείας σου ἐκ σοῦ καὶ τὴν πορνείαν σου ἐκ γῆς Αἰγύπτου, καὶ
οὐ μὴ ἄρῃς τοὺς ὀφθαλμούς σου ἐπ' αὐτούς, καὶ Αἰγύπτου οὐ μὴ
28 μνησθῇς οὐκέτι. ²⁸διότι τάδε λέγει κύριος Κύριος Ἰδοὺ ἐγὼ παρα-
δίδωμί σε εἰς χεῖρας ὧν μισεῖς, ἀφ' ὧν ἀπέστη ἡ ψυχή σου ἀπ' αὐ-
29 τῶν· ²⁹καὶ ποιήσουσιν ἐν σοὶ ἐν μίσει, καὶ λήμψονται πάντας τοὺς
πόνους σου καὶ τοὺς μόχθους σου, καὶ ἔσῃ γυμνὴ καὶ αἰσχύνουσα,
καὶ ἀποκαλυφθήσεται αἰσχύνη πορνείας σου καὶ ἀσέβειά σου. καὶ
30 ἡ πορνεία σου ³⁰ἐποίησεν ταῦτά σοι, ἐν τῷ ἐκπορνεῦσαί σε ὀπίσω
31 ἐθνῶν, καὶ ἐμιαίνου ἐν τοῖς ἐνθυμήμασιν αὐτῶν. ³¹ἐν τῇ ὁδῷ τῆς
ἀδελφῆς σου ἐπορεύθης, καὶ δώσω τὸ ποτήριον αὐτῆς εἰς χεῖράς
32 σου. ³²τάδε λέγει Κύριος Τὸ ποτήριον τῆς ἀδελφῆς σου πίεσαι, τὸ
33 βαθὺ καὶ τὸ πλατὺ καὶ τὸ πλεονάζον τοῦ συντελέσαι μέθην, ³³καὶ
ἐκλύσεως πλησθήσῃ· καὶ τὸ ποτήριον ἀφανισμοῦ ποτήριον ἀδελ-
34 φῆς σου, ³⁴καὶ πίεσαι αὐτό, καὶ τὰς ἑορτὰς καὶ τὰς νεομηνίας αὐτῆς
35 ἀποστρέψω· διότι ἐγὼ λελάληκα, λέγει Κύριος. ³⁵διὰ τοῦτο τάδε
λέγει Κύριος Ἀνθ' ὧν ἐπελάθου μου καὶ ἀπέρριψάς με ὀπίσω
τοῦ σώματός σου, καὶ σὺ λάβε τὴν ἀσέβειάν σου καὶ τὴν πορνείαν
36 σου. ³⁶Καὶ εἶπεν Κύριος πρός μέ Υἱὲ ἀνθρώπου, οὐ κρινεῖς

24 μετ] μετα A | θυρεοι...βαλει] 𝔅 θωρακας 𝔅 ασπιδας 𝔅 περικεφαλαιας AQ ενδυσονται επι σε 𝔅 βαλουσιν Q^mag | πελται]+𝔅 περικεφαλαιαι A | φυλακην επι σε] επι σε προφυλακην A   25 κριμα] ιμα sup ras B^{!vid} | θυμου]+μου A | μυκτηρα A | ωτα] pr τα Q | om σου 4° Q | υιους] pr τους A | θυγατερας] pr τας A | ληψονται B^bQ^a: item 26, 29 | πυρ καταφαγεται] ενπρησουσιν εν πυρι A   28 Κυριος]+ο θ̅ς̅ A   29 αισχυνουσα] ασχημονουσα AQ | αισχυνη] η ασχ. σου A | πορνειας] πορνεια A | ασεβειας B^{ab}   30 ενθυμημασιν] επιθυμημασιν A   31 χειρας] pr τας A   32 Κυριος] αδωναι κ̅ς̅ κ̅ς̅ ο θ̅ς̅ A κ̅ς̅ κ̅ς̅ Q | πλατυ]+και (Q tantum) εσται εις γελωτα και εις μυκτηρισμον A et (sub θ' ※) Q | om και 2° AQ   33 εκλυσεως] εκχεω οπως A | και το ποτηριον...αδελφης σου] και το ποτηριον της αδελφης σου Σαμαρειας ποτηριον αφανισμου A ποτηριον+(sub θ' ※) αφανιας (-νειας Q^a) και ποτ. αδ. σου Σαμαρειας Q | σου]+Σαμαρειας B^{ab}Q   34 om και 1° B^{ab}A | αυτο]+και εκστραγγιεις A et (sub οι γ' ※) Q | νουμηνιας AQ | λελαληκα] ελαλησα A | Κυριος] κ̅ς̅ κ̅ς̅ ο θ̅ς̅ A pr αδωναι Q   35 Κυριος] pr αδωναι AQ   36 ου] ει Q

ΙΕΖΕΚΙΗΛ

Β τὴν Ὀολὰν καὶ τὴν Ὀλιβάν; καὶ ἀναγγελεῖς αὐταῖς τὰς ἀνομίας αὐτῶν, ³⁷ ὅτι ἐμοιχῶντο, καὶ αἷμα ἐν χερσὶν αὐτῶν· τὰ ἐνθυμήματα 37 αὐτῶν ἐμοιχῶντο, καὶ τὰ τέκνα αὐτῶν ἃ ἐγέννησάν μοι διῆγαγον αὐτοῖς δι' ἐμπύρων. ³⁸ ἕως καὶ ταῦτα ἐποίησάν μοι, τὰ ἅγιά μου 38 ἐμίαινον καὶ τὰ σάββατά μου ἐβεβήλουν, ³⁹ καὶ ἐν τῷ σφάζειν αὐ- 39 τοὺς τὰ τέκνα αὐτῶν τοῖς εἰδώλοις αὐτῶν, καὶ εἰσεπορεύοντο εἰς τὰ ἅγιά μου τοῦ βεβηλοῦν αὐτά. καὶ ὅτι οὕτως ἐποίουν ἐν μέσῳ τοῦ οἴκου μου, ⁴⁰ καὶ ὅτι τοῖς ἀνδράσιν τοῖς ἐρχομένοις μακρόθεν, οἷς 40 ἀγγέλους ἐξαπέστελλον πρὸς αὐτούς, καὶ ἅμα τῷ ἔρχεσθαι αὐτοὺς εὐθὺς ἐλούου καὶ ἐστιβίζου τοὺς ὀφθαλμούς σου καὶ ἐκόσμου κόσμῳ, ⁴¹ καὶ ἐκάθου ἐπὶ κλίνης ἐστρωμένης, καὶ τράπεζα κεκοσμημένη πρὸ 41 προσώπου αὐτῆς. καὶ τὸ θυμίαμα καὶ τὸ ἔλαιόν μου εὐφραίνοντο ἐν αὐτοῖς, ⁴² καὶ φωνὴν ἁρμονίας ἀνεκρούοντο, καὶ πρὸς ἄνδρας ἐκ 42 πλήθους ἀνθρώπων ἥκοντας ἐκ τῆς ἐρήμου· καὶ ἐδίδοσαν ψέλια ἐπὶ τὰς χεῖρας αὐτῶν καὶ στέφανον καυχήσεως ἐπὶ τὰς κεφαλὰς αὐτῶν. ⁴³ καὶ εἶπα Οὐκ ἐν τούτοις μοιχεύουσιν; καὶ ἔργα πόρνης καὶ αὐτὴ 43 ἐξεπόρνευσεν· ⁴⁴ καὶ εἰσεπορεύοντο πρὸς αὐτήν, ὃν τρόπον εἰσπο- 44 ρεύονται πρὸς γυναῖκα πόρνην, οὕτως εἰσεπορεύοντο πρὸς Ὀολὰν καὶ πρὸς Ὀολιβὰν τοῦ ποιῆσαι ἀνομίαν. ⁴⁵ καὶ ἄνδρες δίκαιοι αὐτοὶ 45 καὶ ἐκδικήσουσιν αὐτὰς ἐκδικήσει μοιχαλίδος καὶ ἐκδικήσει αἵματος, ὅτι μοιχαλίδες εἰσίν, καὶ αἷμα ἐν χερσὶν αὐτῶν. ⁴⁶ τάδε λέγει κύριος 46 Κύριος Ἀνάγαγε ἐπ' αὐτὰς ὄχλον, καὶ δὸς ἐν αὐταῖς ταραχὴν καὶ διαρπαγήν, ⁴⁷ καὶ λιθοβόλησον ἐπ' αὐτὰς λίθοις ὄχλων, καὶ κατα- 47 κέντει αὐτὰς ἐν τοῖς ξίφεσιν αὐτῶν· υἱοὺς αὐτῶν καὶ θυγατέρας αὐτῶν ἀποκτενοῦσι, καὶ τοὺς οἴκους αὐτῶν ἐνπρήσουσιν. ⁴⁸ καὶ 48 ἀποστρέψω ἀσέβειαν ἐκ τῆς γῆς, καὶ παιδευθήσονται πᾶσαι αἱ γυ-

AQ 36 Οολαν] Ολλαν Α Οολα Q | Ολιβαν] Οολιβαν Q | αναγγελεις αυταις] απαγγελεις αυτοις Α απαγγ. αυτας Q* (-ταις Q^a) 37 χερσιν] pr ταις Q | τα ενθ.] pr και AQ | om α Q*vid (hab Q¹) | διηγαγον αυτοις] διηγον αντα Α δ. αυτοι Q 38 μοι] + και α εμεισουν εποιησαν Α | τα αγια μου εμιαινον] εμιαινον τα αγια μου (et sub οι γ' ※) εν τη ημερα εκεινη Q 39 μου 1°] + αφυλακτως εν τη ημερα εκεινη Α + (sub οι γ' ※) εν τη ημερα εκεινη Q | οτι] ετι Q^mg 40 om οτι Α | εξαπεστελλοσαν AQ 41 θυμιαμα] + μου AQ | ευφραινοντο] εξευφραινοντο Α 42 ηκοντας] + οινωμενους Α et (sub θ' ※) Q | αυτων και] σου συ δε Α 43 ειπας Α | μοιχευουσιν] μοιχωνται Α | om και 2° Α | εργα] + γυναικος Α | και αυτη εξεπορνευσεν] εποιεις Α 44 εισεπορευοντο 1°] εισπορευοντο Α | εισπορευονται] εισεπορευοντο Α | Οολαν] Ολλαν Α Οολλα Q | Οολιβαν] Ολιβαν Α 45 μοιχαλιδος] μοιχαλιδων Q | και αιμα (καιμα Β* κ. αιμα Β^ab)] και αιματα Α 46 κυριος] αδωναι Α | εν αυταις] επ αυτας Α 47 om επ Α | κατακεντει] κατακεντησον Α | αποκτενουσιν AQ | ενπρησουσιν (εμπρ. Β^b)] ενπυριουσιν Α εν πυρι εμπρησουσιν Q 48 εκ] απο Α

49 ναῖκες καὶ οὐ μὴ ποιήσουσιν κατὰ τὰς ἀσεβείας αὐτῶν. 49καὶ δο- B
θήσεται ἡ ἀσέβεια ὑμῶν ἐφ' ὑμᾶς, καὶ τὰς ἁμαρτίας τῶν ἐνθυμημάτων
ὑμῶν λήμψεσθε· καὶ γνώσεσθε διότι ἐγὼ Κύριος.

XXIV 1 ¹Καὶ ἐγένετο λόγος Κυρίου πρὸς μὲ ἐν τῷ ἔτει τῷ ἐνάτῳ ἐν τῷ
2 μηνὶ τῷ δεκάτῳ, δεκάτῃ τοῦ μηνός, λέγων ²Υἱὲ ἀνθρώπου, γράψον
σεαυτῷ εἰς ἡμέραν ἀπὸ τῆς ἡμέρας ταύτης ἀφ' ἧς ἀπηρείσατο βασι-
3 λεὺς Βαβυλῶνος ἐπὶ Ἰερουσαλήμ, ἀπὸ τῆς ἡμέρας τῆς σήμερον· ³καὶ
εἰπὸν ἐπὶ τὸν οἶκον τὸν παραπικραίνοντα παραβολήν, καὶ ἐρεῖς
πρὸς αὐτούς Τάδε λέγει Κύριος Ἐπίστησον τὸν λέβητα καὶ ἔγχεον
4 εἰς αὐτὸν ὕδωρ, ⁴καὶ ἔμβαλε εἰς αὐτὸν τὰ διχοτομήματα, πᾶν δι-
5 χοτόμημα καλόν, σκέλος καὶ ὦμον ἐκσεσαρκισμένα ἀπὸ τῶν ὀστῶν ⁵ἐξ
ἐπιλέκτων κτηνῶν εἰλημμένων, καὶ ὑπόκαιε τὰ ὀστᾶ ὑποκάτω αὐτῶν.
6 ἔζεσεν, ἔζεσεν, καὶ ἥψηται τὰ ὀστᾶ αὐτῆς ἐν μέσῳ αὐτῆς.   ⁶Διὰ
τοῦτο τάδε λέγει Κύριος Ὦ πόλις αἱμάτων λέβης, ἐν ᾧ ἐστιν ἰὸς ἐν
αὐτῷ καὶ ὁ ἰὸς οὐκ ἐξῆλθεν ἐξ αὐτῆς, κατὰ μέλος αὐτῆς ἐξήνεγκεν,
7 οὐκ ἐπέπεσεν ἐπ' αὐτὴν κλῆρος. ⁷ὅτι αἵματα αὐτῆς ἐν μέσῳ αὐτῆς
ἐστιν, ἐπὶ λεωπετρίαν τέταχα αὐτό· οὐκ ἐκκέχυκα αὐτὸ ἐπὶ γῆν τοῦ
8 καλύψαι ἐπ' αὐτὸ γῆν, ⁸τοῦ ἀναβῆναι θυμὸν εἰς ἐκδίκησιν ἐκδικη-
θῆναι· δέδωκα τὸ αἷμα αὐτῆς ἐπὶ λεωπετρίαν τοῦ μὴ καλύψαι αὐτό.
9 ⁹διὰ τοῦτο τάδε λέγει Κύριος Κἀγὼ μεγαλυνῶ τὸν λαόν, ¹⁰καὶ πλη-
10 θυνῶ τὰ ξύλα καὶ ἀνακαύσω τὸ πῦρ, ὅπως τακῇ τὰ κρέα καὶ ἐλατ-
11 τωθῇ ὁ ζωμὸς ¹¹καὶ στῇ ἐπὶ τοὺς ἄνθρακας, ὅπως προσκαυθῇ καὶ
θερμανθῇ ὁ χαλκὸς αὐτῆς καὶ τακῇ ἐν μέσῳ ἀκαθαρσίας αὐτῆς, καὶ
12 ἐκλίπῃ ὁ ἰὸς αὐτῆς, ¹²καὶ οὐ μὴ ἐξέλθῃ ἐξ αὐτῆς πολὺς ὁ ἰὸς

49 ληψεσθε B^b Q^a   XXIV 1 pr ετει θ' μηνι ι' ημερα ι' Q^mg sup | AQ
ενατω εν τω μηνι rescr A^a (om ενατω A* vid)   2 απο 1°] επι Q*
3 Κυριος] pr αδωναι A pr κ̄ς Q | λεβητα (βη sup ras A^a)]+επιστησον Q |
εγχεον] εκχεον A εκχεε Q   4 σκελος] pr και A | ωμον] αμμον Q* vid (ωμ.
Q^a) | απο των οστων] εκ των οστεων αυτων A   5 ειλημμενα A | υποκαιε]
υποκεαι A υποκαε Q* (-καιε Q^a) | εξεσεν 2°] και εξεξεσεν A | ηψηται]
ηψηθη A   6 Κυριος] pr αδωναι AQ | ιος 2°]+εν αυτω A | επεπεσεν]
επεσεν AQ   7 αιματα] αιμα B^ab AQ | λεωπετριαν] λεοπετριαν A α' λιαν πετραν
Q^mg | γην 1°] pr την AQ | om επ A | αυτο 3° rescr A^a (αυτω επι την A* fort)
8 αναβηναι] αν sup ras 3 litt A^a (καταβ. A* vid) | λεωπετριαν]+τεταχα αυτο
Q^mg | om μη Q* (superscr Q^a)   9 Κυριος] pr αδωναι AQ+ουαι πολις των
αιματων A et (sub α'θ' ※) Q | καγω] και γε Q^mg | λαον] δαλον AQ   10 ανα-
καυσω] εκκαυσω A | τακη...ζωμος] ελαττωθη ο ζωμος και εκτακη τα κρεα και
τα οστα συνφρυγησονται A+(sub θ' ※) και τα οστα συμφρυγησονται Q
11 ανθρακας]+αυτης εξηφθη A+(sub θ'σ' ※) αυτης (+κενη Q^mg) εξηψηθη
Q | προσκαυθη] εκκαυθη A | και θερμανθη] οπως συμφρυγη AQ | μεσω]+αυτης
A et (sub θ' ※) Q | ακαθαρσιας] η ακαθαρσια AQ^a | εκλειπη AQ | αυτης 3°]
om A αυταις Q^a vid   12 και] pr (sub α'θ' ※) ταπεινωθησεται ο ιος Q

ΙΕΖΕΚΙΗΛ

B αὐτῆς· καταισχυνθήσεται ὁ ἰὸς αὐτῆς, ¹³ἀνθ' ὧν ἐμιαίνου σύ. καὶ 13
τί ἐὰν μὴ καθαρισθῇς ἔτι ἕως οὗ ἐμπλήσω τὸν θυμόν μου; ¹⁴ἐγὼ 14
Κύριος λελάληκα, καὶ ἥξει καὶ ποιήσω, οὐ διαστελῶ οὐδὲ μὴ ἐλεήσω·
κατὰ τὰς ὁδούς σου καὶ κατὰ τὰ ἐνθυμήματά σου κρινῶ σε, λέγει
Κύριος. διὰ τοῦτο ἐγὼ κρινῶ σε κατὰ τὰ αἵματά σου, καὶ κατὰ τὰ
ἐνθυμήματά σου κρινῶ σε, ἀκάθαρτος ἡ ὀνομαστὴ καὶ πολλὴ τοῦ
παραπικραίνειν. ¹⁵Καὶ ἐγένετο λόγος Κυρίου πρὸς μὲ λέγων 15
¹⁶Υἱὲ ἀνθρώπου, ἰδοὺ ἐγὼ λαμβάνω ἐκ σοῦ τὰ ἐπιθυμήματα τῶν 16
ὀφθαλμῶν σου ἐν παρατάξει, οὐ μὴ κοπῇς οὐδὲ μὴ κλαυθῇς. ¹⁷στε- 17
ναγμὸς αἵματος, ὀσφύος, πένθους ἔσει· οὐκ ἔσται τὸ τρίχωμά σου
συνπεπλεγμένον ἐπὶ σὲ καὶ τὰ ὑποδήματά σου ἐν τοῖς ποσίν σου,
οὐ μὴ παρακληθῇς ἐν χείλεσιν αὐτῶν, καὶ ἄρτον ἀνδρῶν οὐ μὴ
φάγῃς. ¹⁸καὶ ἐλάλησα πρὸς τὸν λαὸν τὸ πρωὶ ὃν τρόπον ἐνετεί- 18
λατό μοι ἑσπέρας, καὶ ἐποίησα τὸ πρωὶ ὃν τρόπον ἐπετάγη μοι.
¹⁹καὶ εἶπεν πρὸς μὲ ὁ λαός Οὐκ ἀναγγέλλεις ἡμῖν τί ἐστιν ταῦτα ἃ 19
σὺ ποιεῖς; ²⁰καὶ εἶπα πρὸς αὐτούς Λόγος Κυρίου πρὸς μὲ ἐγένετο 20
λέγων ²¹Εἰπὸν πρὸς τὸν οἶκον τοῦ Ἰσραήλ Τάδε λέγει Κύριος 21
Ἰδοὺ ἐγὼ βεβηλῶ τὰ ἅγιά μου, φρύαγμα ἰσχύος ὑμῶν, ἐπιθυμήματα
ὀφθαλμῶν ὑμῶν, καὶ ὑπὲρ ὧν φείδονται αἱ ψυχαὶ ὑμῶν. καὶ οἱ υἱοὶ
ὑμῶν καὶ αἱ θυγατέρες ὑμῶν οὓς ἐγκατελίπετε ἐν ῥομφαίᾳ πεσοῦν-
ται, ²²καὶ ποιήσετε ὃν τρόπον πεποίηκα· ἀπὸ στόματος αὐτῶν οὐ 22
παρακληθήσεσθε, καὶ ἄρτον ἀνδρῶν οὐ φάγεσθε, ²³καὶ αἱ κόμαι 23
ὑμῶν ἐπὶ τῆς κεφαλῆς ὑμῶν, καὶ τὰ ὑποδήματα ὑμῶν ἐν τοῖς ποσὶν

AQ 12 καταισχινθησεται] pr και Λ   13 ανθ] pr εν τη ακαθαρσια σου ζεμμα A et (sub θ' ※) Q (pro σου leg αυτης Q^mg: pro ζεμμα, ζεμα Q^a α'σ' συνταγη ζεμα εξεζεσε| Q^mk) | εμιαινου] εμιανης A* (-ανθης A¹) | συ]+και ουκ εκαθαρισθης (εκαθερ. Q) απο ακαθαρσιας σου A et (sub α'θ' ※) Q | και τι εαν μη] και ετι εσται εαν μη A και ου μη Q^mg | om ετι A | ενπλησω A | μου] +εν σοι AQ   14 ελεησω]+(sub θ' ※) ουδ ου μη παρακληθω Q | Κυριος 2°] pr αδωναι AQ | εγω 2°] pr ιδου Q | κατα τα αιματα] ras 2 litt post κα et rescr τα α A^a | ενθυμηματα 2°] εν sup ras B^ab | δια τουτο...παραπ. sub ⸖ Q? | ακαθαρτος] pr η AQ   16 των οφθαλμων] om των AQ | ου μη] incep ουδ A* (ras ουδ A¹) | κοπης] κοψη Q^mg | ουδε μη κλαυθης] ουδε μη κλαυσθης B^ab ουδ ου μη κλαυσθης AQ* ουδ ου μη κλαυσης Q^a+(sub θ' ※) ουδ ου μη ελθη δακρυα σου Q   17 στεναγμος] pr στεναζε σιγων Q^mg | εσει (-ση B^ab)] εσται αυτη A εστιν Q | improb ουν Q^a | συμπεπλεγμενον B^bAQ   18 μοι 1°]+κς Q | εσπερας] pr και απεθανεν η γυνη μου AQ | ον τροπον 2°] καθως A   19 ουκ αναγγελλεις] ου μη απαγγειλης A ουκ αναγγελεις Q   20 λογος...εγενετο] ταδε λεγει αδωναι κς (sup ras) A¹ λογος εγενετο προς με Q   21 του Ισραηλ] om του Q* (hab Q^mg) | Κυριος] κς κς ο θς A κς κς Q | εγκατελειπετε AQ   22 ποιησετε] ποιησω A | πεποιηκα] εποιησα A | ου bis]+μη A | φαγησθαι A

ΙΕΖΕΚΙΗΛ XXV 7

ὑμῶν· ⁱοὔτε μὴ κόψησθε οὔτε μὴ κλαύσητε, καὶ ἐντακήσεσθε ἐν ταῖς
24 ἀδικίαις ὑμῶν, καὶ παρακαλέσετε ἕκαστος τὸν ἀδελφὸν αὐτοῦ. ²⁴καὶ
ἔσται Ἰεζεκιὴλ ὑμῖν εἰς τέρας, κατὰ πάντα ὅσα ἐποιήσατε ποιήσετε
25 ὅταν ἔλθῃ ταῦτα· καὶ ἐπιγνώσεσθε διότι ἐγὼ Κύριος. ²⁵Καὶ
σύ, υἱὲ ἀνθρώπου, οὐχὶ ἐν τῇ ἡμέρᾳ ὅταν λαμβάνω τὴν ἰσχὺν
παρ' αὐτῶν, τὴν ἔπαρσιν τῆς καυχήσεως αὐτῶν, τὰ ἐπιθυμήματα
ὀφθαλμῶν αὐτῶν καὶ τὴν ἔπαρσιν ψυχῆς αὐτῶν, υἱοὺς αὐτῶν καὶ
26 θυγατέρας αὐτῶν, ²⁶ἐν ἐκείνῃ τῇ ἡμέρᾳ ἥξει ὁ ἀνασῳζόμενος πρὸς
27 σὲ τοῦ ἀναγγεῖλαί σοι εἰς τὰ ὦτα; ²⁷ἐν ἐκείνῃ τῇ ἡμέρᾳ διανοιχθή-
σεται τὸ στόμα σου πρὸς τὸν ἀνασῳζόμενον· λαλήσεις, καὶ οὐ μὴ
ἀποκωφωθῇς οὐκέτι, καὶ ἔσῃ αὐτοῖς εἰς τέρας· καὶ ἐπιγνώσονται
διότι ἐγὼ Κύριος.

XXV ¹₂ ¹Καὶ ἐγένετο λόγος Κυρίου πρὸς μὲ λέγων ²Υἱὲ ἀνθρώπου, στή-
ρισον τὸ πρόσωπόν σου ἐπὶ τοὺς υἱοὺς Ἀμμὼν καὶ προφήτευσον
3 ἐπ' αὐτούς, ³καὶ ἐρεῖς τοῖς υἱοῖς Ἀμμὼν Ἀκούσατε λόγον Κυρίου Τάδε
λέγει Κύριος Ἀνθ' ὧν ἐπεχάρητε ἐπὶ τὰ ἅγιά μου ὅτι ἐβεβηλώθη,
καὶ ἐπὶ τὴν γῆν τοῦ Ἰσραὴλ ὅτι ἠφανίσθη, καὶ ἐπὶ τὸν οἶκον τοῦ
4 Ἰούδα ὅτι ἐπορεύθησαν ἐν αἰχμαλωσίᾳ, ⁴διὰ τοῦτο ἰδοὺ ἐγὼ παρα-
δίδωμι ὑμᾶς τοῖς υἱοῖς Κέδεμ εἰς κληρονομίαν, καὶ κατασκηνώσουσιν
ἐν τῇ ἀπαρτείᾳ αὐτῶν ἐν σοί, καὶ δώσουσιν ἐν σοὶ τὰ σκηνώματα
αὐτῶν· αὐτοὶ φάγονται τοὺς καρπούς σου, καὶ αὐτοὶ πίονται τὴν
5 πιότητά σου. ⁵καὶ δώσω τὴν πόλιν τοῦ Ἀμμὼν εἰς νομὰς καμήλων,
καὶ τοὺς υἱοὺς Ἀμμὼν εἰς νομὴν προβάτων· καὶ ἐπιγνώσεσθε διότι
6 ἐγὼ Κύριος. ⁶διότι τάδε λέγει Κύριος Ἀνθ' ὧν ἐκρότησας τὴν χεῖρά
σου καὶ ἐπεψόφησας τῷ ποδί σου, καὶ ἐπέχαρας ἐκ ψυχῆς σου ἐπὶ
7 τὴν γῆν τοῦ Ἰσραήλ, ⁷διὰ τοῦτο ἐκτενῶ τὴν χεῖρά μου ἐπὶ σὲ καὶ
δώσω σε εἰς διαρπαγὴν ἐν τοῖς ἔθνεσιν, καὶ ἐξολεθρεύσω σε ἐκ τῶν

---

23 ουτε 1°] ου A | κλαυσητε] κλαυσθητε A 24 εποιησατε] εποιησα AQΓ
B^abA εποιησεν Q | Κυριος] pr αδωναι QΓ^vid 25 ισχυν+αυτω| A |
ψυχης] pr της A 26 εν εκεινη τη ημερα] τη ημερα εκ. Q | αναγγειλαι]
απαγγειλαι Q | ωτα]+σου A 27 εν τη ημερα εκεινη AQΓ [λαλησεις]
και ερεις A pr και QΓ | om και 1° A | αποκωφωθηση Γ XXV 1 pr tit
τοις υιοις Αμμων Q^mg sup 3 Κυριου] pr αδωναι QΓ | Κυριος] pr αδωναι
AQΓ | εβεβηλωθησαν A | του Ιουδα] om του A 4 Κεδεμ] in μ ras aliq
Q^tvid K[εδ]η[μ] Γ^vid | κληρονομιαν] κατακληρονομιαν Q | εν 1°] συν A | απαρ-
τια B^bAQ 5 νομην] προνομην A 6 Κυριος]+ο θς A pr κς Q | την
χειρα] τας χειρας A τη χειρι Q^mg | επεψοφησας] ευψοφησας Q | Ισραηλ] I
sup ras B^tvid 7 εκτενω] pr ιδου εγω AΓ et (sub ※) Q (adnot εν τισιν
ηστεριστο εν τισιν ου et ras asteriscum Q^tmg) | εξολοθρευσω B^b: item 13, 16

437

ΙΕΖΕΚΙΗΛ

Β λαῶν, καὶ ἀπολῶ σε ἐκ τῶν χωρῶν ἀπωλείᾳ· καὶ ἐπιγνώσει διότι
¶ Γ ἐγὼ Κύριος.   ⁸Τάδε λέγει Κύριος Ἀνθ' ὧν εἶπεν Μωὰβ Ἰδοὺ ¶ 8
οὐχ ὃν τρόπον πάντα τὰ ἔθνη οἶκος Ἰσραὴλ καὶ Ἰούδα; ⁹διὰ τοῦτο 9
ἰδοὺ ἐγὼ παραλύω τὸν ὦμον Μωὰβ ἀπὸ πόλεων ἀκρωτηρίων αὐτοῦ,
ἐκλεκτὴν γῆν, οἶκον Θασιμούθ, ἐπαναγωγῆς πόλεως παραθαλασσίας,
¹⁰τοὺς υἱοὺς Κέδεμ ἐπὶ τοὺς υἱοὺς Ἀμμών· δέδωκα αὐτῷ εἰς κληρο- 10
νομίαν, ὅπως μὴ μνεία γένηται τῶν υἱῶν Ἀμμών. ¹¹καὶ εἰς Μωὰβ 11
ποιήσω ἐκδίκησιν, καὶ ἐπιγνώσονται διότι ἐγὼ Κύριος.   ¹²Τάδε 12
λέγει Κύριος Ἀνθ' ὧν ἐποίησεν ἡ Ἰδουμαία ἐν τῷ ἐκδικῆσαι αὐτοὺς
ἐκδίκησιν εἰς τὸν οἶκον Ἰούδα, καὶ ἐμνησικάκησαν καὶ ἐξεδίκησαν
δίκην, ¹³διὰ τοῦτο τάδε λέγει Κύριος Καὶ ἐκτενῶ τὴν χεῖρά μου ἐπὶ 13
τὴν Ἰδουμαίαν, καὶ ἐξολεθρεύσω ἐξ αὐτῆς ἄνθρωπον καὶ κτῆνος, καὶ
θήσομαι αὐτὴν ἔρημον, καὶ ἐκ Θαιμὰν διωκόμενοι ἐν ῥομφαίᾳ πεσοῦν-
ται· ¹⁴καὶ δώσω ἐκδίκησίν μου ἐπὶ τὴν Ἰδουμαίαν ἐν χειρὶ λαοῦ μου 14
Ἰσραήλ, καὶ ποιήσουσιν ἐν τῇ Ἰδουμαίᾳ κατὰ τὴν ὀργήν μου καὶ
κατὰ τὸν θυμόν μου· καὶ ἐπιγνώσονται τὴν ἐκδίκησίν μου, λέγει
Κύριος.   ¹⁵Διὰ τοῦτο τάδε λέγει Κύριος Ἀνθ' ὧν ἐποίησαν οἱ 15
ἀλλόφυλοι ἐν ἐκδικήσει καὶ ἐξανέστησαν ἐκδίκησιν, ἐπιχαίροντες
ἐκ ψυχῆς τοῦ ἐξαλεῖψαι ἕως ἑνός, ¹⁶διὰ τοῦτο τάδε λέγει Κύριος Ἰδοὺ 16
ἐγὼ ἐκτενῶ τὴν χεῖρά μου ἐπὶ τοὺς ἀλλοφύλους, καὶ ἐξολεθρεύσω
Κρῆτας, καὶ ἀπολῶ τοὺς καταλοίπους τοὺς κατοικοῦντας τὴν παραλίαν·
¹⁷καὶ ποιήσω ἐν αὐτοῖς ἐκδικήσεις μεγάλας, καὶ ἐπιγνώσονται διότι 17
ἐγὼ Κύριος, ἐν τῷ δοῦναι τὴν ἐκδίκησίν μου ἐπ' αὐτούς.

¹Καὶ ἐγενήθη ἐν τῷ ἐνδεκάτῳ ἔτει μιᾷ τοῦ μηνὸς ἐγένετο 1 XXVI

AQΓ   7 απολω] απολεσω Q | χωρων] χειρων Γ | επιγνωση B^{ab}AQ   8, 12 pr
tit τη Μωαβ τη Ιδουμαια Q^{mg sup} | Κυριος] pr αδωναι AQ | Μωαβ]+και
Σηειρ AΓ et (sub α'θ'σ' ※) Q | om ουχ AQ | οικος] pr ο Α | Ισρ sub ÷ Q
9 Μωαβ]+απο των πολεων AQ | om απο πολεων Q | αυτου] αυτων Q | Θασι-
μουθ] Βεθασιμουθ B^{b(vid)}A Βαιθασιμουθ Q* Βαιθ' Ιασιμουθ Q^{a} | επαναγωγης]
επανω πηγης B^{ab}AQ   10 γενηται μνεια Α | Αμμων 2°]+εν τοις εθνεσιν
A et (sub α'θ' ※) Q   11 εις] εν Α   12 Κυριος] pr αδωναι AQ |
Ιουμαια Q* (Ιδ. Q^{a}) | εν τω εκδικησαι] του εκδ. Α   13 Κυριος] pr αδωναι
AQ   14 εκδικησιν 1°] pr την Α | οργην]+τον θυμον Α | om και κατα
τον θυμον μου Α | Κυριος] k̄s ras A¹ pr αδωναι Q   15 pr tit τοις αλλο-
φυλοις Q^{mg sup} | Κυριος] pr αδωναι AQ | εκ ψυχης του εξαλειψαι εως ενος] του
διαφθειραι εκ ψυχης κατ εχθραν αιωνιον Q^{mg} | ενος]αιωνιος AQ   16 Κυριος]
pr αδωναι Q | εκτεινω Q | εξελεθρευσω Q*^{vid} εξολεθρ. Q^{a} | Κρητας] κριτας
Σιδωνος Α ※ τους Κρητας Q* (κριτ. Q^{mg}) | την παραλιαν] την παραθαλασσιαν
AQ^{mg} της παραλιας Q*   17 αυτοις] αυται Β* αυταις B^{ab} | μεγαλας]
+(sub θ' ※) εν ελεγμοις θυμου Q | Κυριος] pr αδωναι Q | δουναι]+με Α
XXVI 1 pr tit τη Σορ Q^{mg sup} | εγενηθη] εγενετο Α | ενδεκατω] δωδεκατω Α |
μηνος]+του πρωτου Α

438

2 λόγος Κυρίου πρὸς μὲ λέγων ²Υἱὲ ἀνθρώπου, ἀνθ' οὗ εἶπεν B Σόρ ἐπὶ Ἱερουσαλήμ Εὖγε συνετρίβη, ἀπόλωλεν τὰ ἔθνη, ἐπε-3 στράφη πρὸς μέ, ἡ πλήρης ἠρήμωται· ³διὰ τοῦτο τάδε λέγει Κύριος Ἰδοὺ ἐγὼ ἐπὶ σέ, Σόρ, καὶ ἀνάξω ἐπὶ σὲ ἔθνη πολλὰ ὡς ἀναβαίνει 4 ἡ θάλασσα τοῖς κύμασιν αὐτῆς. ⁴καὶ καταβαλοῦσιν τὰ τείχη Σόρ, καὶ καταβαλοῦσι τοὺς πύργους σου, καὶ λικμήσω τὸν χοῦν αὐτῆς 5 ἀπ' αὐτῆς, καὶ δώσω αὐτὴν εἰς λεωπετρίαν· ⁵ψυγμὸς σαγηνῶν ἔσται ἐν μέσῳ θαλάσσης, ὅτι ἐγὼ λελάληκα, λέγει Κύριος. καὶ 6 ἔσται εἰς προνομὴν τοῖς ἔθνεσιν, ⁶καὶ αἱ θυγατέρες αὐτῆς ἐν πεδίῳ 7 μαχαίρᾳ ἀναιρεθήσονται· καὶ γνώσονται ὅτι ἐγὼ Κύριος. ⁷ὅτι τάδε λέγει Κύριος Ἰδοὺ ἐγὼ ἐπάγω ἐπὶ σέ, Σόρ, τὸν Ναβουχοδονοσὸρ βασιλέα Βαβυλῶνος ἀπὸ τοῦ βορρᾶ· βασιλεὺς βασιλέων ἐστίν, μεθ' ἵππων καὶ ἁρμάτων καὶ ἱππέων καὶ συναγωγῆς ἐθνῶν πολλῶν 8 σφόδρα. ⁸οὗτος τὰς θυγατέρας σου τὰς ἐν τῷ πεδίῳ μαχαίρᾳ ἀνελεῖ, καὶ δώσει ἐπὶ σὲ προφυλακὴν καὶ περιοικοδομήσει, καὶ ποιήσει ἐπὶ σὲ κύκλῳ χάρακα καὶ περίστασιν ὅπλων, καὶ τὰς λόγχας αὐτοῦ 9 ἀπέναντί σου δώσει· ⁹τὰ τείχη σου καὶ τοὺς πύργους σου καταβαλεῖ 10 ἐν ταῖς μαχαίραις αὐτοῦ. ¹⁰ἀπὸ τοῦ πλήθους τῶν ἵππων αὐτοῦ κατακαλύψει σε ὁ κονιορτὸς αὐτῶν, καὶ ἀπὸ τῆς φωνῆς τῶν ἱππέων αὐτοῦ καὶ τῶν τροχῶν τῶν ἁρμάτων αὐτοῦ σεισθήσεται τὰ τείχη σου, εἰσπορευομένου αὐτοῦ τὰς πύλας σου ὡς εἰσπορευόμενος εἰς πόλιν 11 ἐκ πεδίου. ¹¹ἐν ταῖς ὁπλαῖς τῶν ἵππων αὐτοῦ καταπατήσουσίν σου πάσας τὰς πλατείας· τὸν λαόν σου μαχαίρᾳ ἀνελεῖ, καὶ τὴν ὑπόστα-12 σίν σου τῆς ἰσχύος ἐπὶ τὴν γῆν κατάξει. ¹²καὶ προνομεύσει τὴν δύναμίν σου, καὶ σκυλεύσει τὰ ὑπάρχοντά σου, καὶ καταβαλεῖ σου

---

2 ου] ων AQ | Σορ] οι λοιποι Τυρος Qᵐᵏ 3 Κυριος] pr αδωναι AQ | AQ ιδου εγω επι σε Σορ] adscr θ' ※ Q¹ | τοις κυμασιν] pr εν A 4 καταβαλουσιν] καταβαλουσι Bᵇ Q | καταβαλουσι] καθελουσιν AQᵐᵍ (-σι) | λικμησω] λικμησουσιν A | αυτην] σε A 5 εν μεσω θαλασσης] εμμ. της θ. A εν τη θαλασση Qᵐᵍ | λελαληκα] ελαλησα AQ | Κυριος] pr κς AQ | τοις εθνεσιν (-σι Bᵇ)] om τοις A 6 εν πεδιω] αι εν τω παιδιω A ※ αι εν πεδιω Q | αναιρεθησονται] πεσουνται A | οτι] διοτι Q | εγω] + ειμι A 7 οτι] δια τουτο A | Κυριος] pr αδωναι AQ | om επαγω B* (hab Bᵃᵇ ᵐᵍ) | om σε Q | βασιλεα] + βασιλεα A | μεθ] μετα A | om και ιππεων A | εθνων πολλων] πολλης εθνων A | σφοδρα sub ⸓ Q¹ 8 θυρας B* (θυγατερας Bᵃᵇ) | και περιοικοδ. sub ⸓ Q¹ | ποιησει] περιποιησει A | κυκλω] + σου A | περιστασιν] βελοστασεις AQᵐᵍ | τας λογχας] τους κριους Qᵐᵍ | απεναντι σου] επι σε A 9 ταις μαχαιραις] τοις οπλοις Qᵐᵍ 10 κατακαλυψει] καλυψει A | om και 1° A | της φωνης] om της A | ιππων Q | om εισπορευομενου αυτου τας πυλας σου ως Q* (hab Qᵐᵍ) | εισπορευομενος] pr ο A 11 πασας τας πλατειας σου AQ | της ισχυος σου A 12 τα υπαρχοντα] τον πλουτον A

Β τὰ τείχη καὶ τοὺς οἴκους τοὺς ἐπιθυμητούς σου καθελεῖ, καὶ τοὺς λίθους σου καὶ τὰ ξύλα σου καὶ τὸν χοῦν σου εἰς μέσον τῆς θαλάσσης σου ἐμβαλεῖ. ¹³καὶ καταλύσει τὸ. πλῆθος τῶν μουσικῶν σου, καὶ ἡ 13 φωνὴ τῶν ψαλτηρίων σου οὐ μὴ ἀκουσθῇ ἔτι. ¹⁴καὶ δώσω σε 14 λεωπετρίαν, ψυγμὸς σαγηνῶν ἔσῃ· οὐ μὴ οἰκοδομηθῇς ἔτι, ὅτι ἐγὼ Κύριος ἐλάλησα, λέγει Κύριος. ¹⁵διότι τάδε λέγει κύριος Κύριος τῇ 15 Σὸρ Οὐκ ἀπὸ φωνῆς τῆς πτώσεώς σου ἐν τῷ στενάξαι τραυματίας, ἐν τῷ σπάσαι μάχαιραν ἐν μέσῳ σου, σεισθήσονται αἱ νῆσοι; ¹⁶καὶ 16 καταβήσονται ἀπὸ τῶν θρόνων αὐτῶν πάντες οἱ ἄρχοντες ἐκ τῶν ἐθνῶν τῆς θαλάσσης, καὶ ἀφελοῦνται τὰς μίτρας ἀπὸ τῶν κεφαλῶν αὐτῶν, καὶ τὸν ἱματισμὸν τὸν ποικίλον αὐτῶν ἐκδύσονται· ἐκστάσει ἐκστήσονται, ἐπὶ γῆν καθεδοῦνται καὶ φοβηθήσονται τὴν ἀπωλίαν αὐτῶν, καὶ στενάξουσιν ἐπὶ σέ· ¹⁷καὶ λήμψονται ἐπὶ σὲ θρῆνον καὶ 17 ἐροῦσίν σοι Πῶς κατελύθης ἐκ θαλάσσης, ἡ πόλις ἡ ἐπαινετή, ἡ δοῦσα τὸν φόβον αὐτῆς πᾶσι τοῖς κατοικοῦσιν αὐτήν; ¹⁸καὶ φοβη- 18 θήσονται αἱ νῆσοι ἀφ᾿ ἡμέρας πτώσεώς σου. ¹⁹ὅτι τάδε λέγει κύριος 19 Κύριος Ὅταν δῶ σε πόλιν ἠρημωμένην ὡς τὰς πόλεις τὰς μὴ κατοικηθησομένας, ἐν τῷ ἀναγαγεῖν με ἐπὶ σὲ τὴν ἄβυσσον, καὶ κατακαλύψῃ σε ὕδωρ πολύ, ²⁰καὶ καταβιβάσω σε πρὸς τοὺς καταβαίνοντας 20 εἰς βόθρον πρὸς λαὸν αἰῶνος, καὶ κατοικιῶ σε εἰς βάθη τῆς γῆς ὡς ἔρημον αἰώνιον μετὰ καταβαινόντων εἰς βόθρον, ὅπως μὴ κατοικηθῇς μηδὲ ἀναστῇς ἐπὶ γῆς ζωῆς. ²¹ἀπώλειάν σε δώσω, καὶ οὐχ ὑπάρξεις 21 ἔτι εἰς τὸν αἰῶνα, λέγει κύριος Κύριος.

¹Καὶ ἐγένετο λόγος Κυρίου πρός με λέγων ²Υἱὲ ἀνθρώπου, καὶ σὺ ¹⁄₂ XXVII λάβε ἐπὶ Σὸρ θρῆνον, ³καὶ ἐρεῖς τῇ Σὸρ τῇ κατοικούσῃ ἐπὶ τῆς εἰσόδου 3

AQ 12 τα τειχη σου Α | καθελει τους οικους σου τους επιθυμητους Α | om σου 6° Q | om σου 8° AQ 13 ακουσθη]+εν σοι Α | ετι] ουκετι Α 14 λεωπετριαν] pr εις AQ | ψυγμος] pr και Α | om Κυριος 1° AQ | Κυριος 2°] pr αδωναι Q 15 κυριος] pr αδωναι Α | τη Σορ] επι σε Σορ Α | ουκ] improb vid B^bτc^t ουχι Α | τραυματιας]+σου AQ 16 εκ των εθνων sub ÷ Q^? | αφελουνται] καθελουσιν Α* ras καθ Α? | απο τ. κεφ. αυτων sub ÷ Q? | εκστασει] pr και Α | γην] pr την Α | καθεδουνται] καθελουνται (λου sup ras) Α^a | απωλειαν B^abAQ 17 ληψονται B^bQ^a | πως]+απωλου και Α et (sub θ´ ※) Q | κατελυθης] τ sup ras Α^a | η επαινετη (-νεστη Β* -νετη Β^b)] om η Q* (superscr Q^a) +ητις εγενηθη ισχυρα εν θαλασση αυτη και οι κατοικουντες αυτην Α et (sub θ´ ※) Q 18 και]+νυν Α | αφ] απο Α | σου]+και ταραχθησονται (+αι Q) νησοι εν τη θαλασση απο της εξοδιας σου Α et (sub θ´ ※) Q 19 ερημωμενην Q* (ηρ. Q^a) | κατακαλιψη] κατακαλυψει AQ^a καλυψει Q* 20 καταβιβω Α | βαθη] pr τα Α | αναστης] αναστασης AQ 21 ετι]+και ζητηθηση Α+(sub θ´ ※) και ζητηθηση και ουχ ευρεθηση Q | Κυριος]+ο θς Α XXVII 1 pr tit θρηνος επι Σορ Q^{mg sup} 2 και συ υιε ανου Α et (sub ο γ´ ※) Q | θρηνον επι Σορ Α 3 εισοδου] οδου Α

ΙΕΖΕΚΙΗΛ XXVII 15

τῆς θαλάσσης, τῷ ἐμπορίῳ τῶν λαῶν ἀπὸ νήσων πολλῶν Τάδε λέγει B
4 Κύριος τῇ Σόρ Σὺ εἶπας Ἐγὼ περιέθηκα ἐμαυτῇ κάλλος μου, ⁴ἐν
καρδίᾳ θαλάσσης τῷ Βεελεὶμ υἱοί σου περιέθηκάν σοι κάλλος.
5 ⁵κέδρος ἐκ Σενεὶρ ᾠκοδομήθη σοι, ταινίαι σανίδων κυπαρίσσου ἐκ τοῦ
6 Λιβάνου ἐλήμφθησαν τοῦ ποιῆσαί σοι ἱστοὺς ἐλατίνους· ⁶ἐκ τῆς
Βασανίτιδος ἐποίησαν τὰς κώπας σου, τὰ ἱερά σου ἐποίησαν ἐξ
7 ἐλέφαντος, οἴκους ἀλσώδεις ἀπὸ νήσων τῶν Χεττείν. ⁷βύσσος μετὰ
ποικιλίας ἐξ Αἰγύπτου ἐγένετό σοι στρωμνή, τοῦ περιθεῖναί σοι
δόξαν καὶ περιβαλεῖν σε ὑάκινθον καὶ πορφύραν ἐκ τῶν νήσων
8 Ἐλεισαί, καὶ ἐγένετο περιβόλαιά σου. ⁸καὶ οἱ ἄρχοντές σου οἱ
κατοικοῦντες Σειδῶνα καὶ Ἀράδιοι ἐγένοντο κωπηλάται σου· οἱ σοφοί
9 σου, Σόρ, οἳ ἦσαν ἐν σοί, οὗτοι κυβερνῆταί σου· ⁹οἱ πρεσβύτεροι
Βυβλίων καὶ οἱ σοφοὶ αὐτῶν ἦσαν ἐν σοί, οὗτοι ἐνίσχυον τὴν βουλήν
σου· καὶ πάντα τὰ πλοῖα τῆς θαλάσσης καὶ οἱ κωπηλάται αὐτῶν
10 ἐγένοντό σοι ἐπὶ δυσμὰς δυσμῶν. ¹⁰Πέρσαι καὶ Λυδοὶ καὶ Λίβυες
ἦσαν ἐν τῇ δυνάμει σου, ἄνδρες πολεμισταί σου πέλτας καὶ περι-
11 κεφαλαίας ἐκρέμασαν ἐν σοί, οὗτοι ἔδωκαν τὴν δόξαν σου. ¹¹υἱοὶ
Ἀραδίων καὶ ἡ δύναμίς σου ἐπὶ τῶν τειχέων σου· φύλακες ἐν τοῖς
πύργοις σου ἦσαν, τὰς φαρέτρας αὐτῶν ἐκρέμασαν ἐπὶ τῶν ὅρμων
12 σου κύκλῳ· οὗτοι ἐτελείωσάν σου τὸ κάλλος. ¹²Καρχηδόνιοι ἔμποροί
σου ἀπὸ πλήθους πάσης ἰσχύος σου, ἀργύριον καὶ χρυσίον καὶ
13 σίδηρον καὶ κασσίτερον καὶ μόλυβον ἔδωκαν τὴν ἀγοράν σου. ¹³ἡ
Ἑλλάς, καὶ ἡ σύμπασα, καὶ τὰ παρατείνοντα, οὗτοι ἐνεπορεύοντό σοι
ἐν ψυχαῖς ἀνθρώπων, καὶ σκεύη χαλκᾶ ἔδωκαν τὴν ἐμπορίαν σου·
14 ¹⁴ἐξ οἴκου Θαιγραμὰ ἵπποι καὶ ἱππεῖς ἔδωκαν ἀγοράν σου. ¹⁵υἱοὶ
15

3 Κυριος] αδωναι κ̅ς κ̅ς A κ̅ς κ̅ς Q | τη Σορ 2°] επι Σορ A adnot πυρσος AQ
η συνοχη Q^mg   4 τω Βεελειμ...καλλος] σ´ οι ομοροι σοι οι οικοδομουντες
[σ]ε (?) συνετελεσαν το καλλος σου Q^mg | υιοι] pr και A pr οι Q   5 Σενειρ]
Σανειρ AQ adnot οδος λυχνου Q^mg | κυπαρισσου] κυπαρισσινων A | Λιβανου]
adnot λευκασμος Q^mg | εληφθησαν Q^a   6 Βασανειτιδος B^abA* adnot
Βασα| αισχυνη Q^mg | Χεττειμ] Χεττιειμ AQ adnot πεπληγυια Q^mg   7 εξ
Αιγ.] adnot εκθλιβουσα Q^mg | περιβαλει Q* (-λειν Q^a) | σε sub ÷ Q? | Ελισαι Q
adnot θυμον επικλησις Q^mg | om και 3° Q | περιβολαια εγενετο σοι A
8 και οι αρχ. σου sub ÷ Q? | Σιδωνα B^bQ (adnot θηρευουσα Q^mg) Σιδονα A |
Αραδιοι] adnot καταβιβασται Q^mg   9 Βυβλιων] Βιβλιων B^?vid AQ^a Γαιβαλ
Βυβλιω| Q^mg | ησαν] pr οι Q^a | κωπελαται A | αυτων 2°] αυτης A | εγενοντο
...δυσμων] αμειβομενοι εν τη επιμιξια σου Q^mg   10 Περσαι] adnot πειρα-
ζομενοι Q^mg | Λυδοι] adnot γεννωμενοι Q^mg | Λιβυες] Φουδ η στομα Q^mg
11 σου 2°]+κυκλω A et (sub ※) Q (αλλα και Μηδοι Q^mg)   12 Χαρκη-
δονιοι A | χρυσιον]+και χαλκον A | μολυβον] μολιβδον A μολιβον Q   13 η
συμπασα] τα σ[υμ]παντα A | ουτοι] αυτοι AQ | ενεπορευοντο] ενεμπορευονται
A | εμπορειαν Q^a: item 15, 24   14 Θαιγραμα] Θεργαμα A Θοργαμα Q
(adnot παροικια τις Q^mg) | ιπποι] ιππους AQ | ιππεις]+και ημιονους AQ

ΙΕΖΕΚΙΗΛ

B Ῥοδίων ἔμποροι, ἀπὸ νήσων ἐπλήθυναν τὴν ἐμπορίαν σου ὀδόντας ἐλεφαντίνους, καὶ τοῖς εἰσαγομένοις ἀντεδίδους τοὺς μισθούς σου· ^{16}ἀνθρώπους ἐμπορίαν σου ἀπὸ πλήθους τοῦ συμμίκτου σου, στακτὴν 16 καὶ ποικίλματα ἐκ Θαρσείς· καὶ Λαμὼθ καὶ Χορχὸρ ἔδωκαν τὴν ἀγοράν σου. ^{17}Ἰούδας καὶ οἱ υἱοὶ τοῦ Ἰσραήλ, οὗτοι ἔμποροί σου ἐν 17 σίτου πράσει καὶ μύρων καὶ κασίᾳ, καὶ πρῶτον μέλι καὶ ἔλαιον καὶ ῥητίνην ἔδωκαν εἰς τὸν σύμμικτόν σου. ^{18}Δαμασκὸς ἔμπορός σου ἐκ 18 πλήθους πάσης δυνάμεώς σου· οἶνος ἐκ Χελβὼν καὶ ἔρια ἐκ Μειλήτου, $^{(19)}$καὶ οἶνον εἰς τὴν ἀγοράν σου ἔδωκαν. ^{19}ἐξ Ἀσὴλ σίδηρος εἰργα- 19 σμένος, καὶ τροχίας ἐν τῷ συμμίκτῳ σού ἐστιν. ^{20}Δαιδὰν ἔμποροί 20 σου μετὰ κτηνῶν ἐκλεκτῶν εἰς ἅρματα. ^{21}ἡ Ἀραβία καὶ πάντες οἱ 21 ἄρχοντες Κηδάρ, οὗτοι ἔμποροί σου διὰ χειρός σου, καμήλους καὶ κριοὺς καὶ ἀμνοὺς ἐν οἷς ἐμπορεύονταί σε. ^{22}ἔμποροι Σαβὰ καὶ 22 Ῥαμά, οὗτοι ἔμποροί σου μετὰ πρώτων ἡδυσμάτων καὶ λίθων χρηστῶν, καὶ χρυσίον ἔδωκαν τὴν ἀγοράν σου. ^{23}Χαρρὰ καὶ Χανάα, 23 οὗτοι ἔμποροί σου. Ἀσσοὺρ καὶ Χαρμὰν ἔμποροί σου, ^{24}φέροντες 24 ἐμπορίαν ὑάκινθον καὶ θησαυροὺς ἐκλεκτοὺς δεδεμένους σχοινίοις καὶ κυπαρίσσινα. ^{25}πλοῖα ἔμποροί σου ἐν τῷ πλήθει ἐν τῷ συμμίκτῳ 25 σου, καὶ ἐνεπλήσθης καὶ ἐβαρύνθης σφόδρα ἐν καρδίᾳ θαλάσσης.

AQ 15 Ροδιων] Αραδιων A adnot Ροδιοι ορασις κρισεως Q^{mg} | εμποροι]+σου AQ 16 εμποριαν] εμπορειας Q^a | σου 2°]+(sub ※) εν Αφεχ Q (α′ συναλλαγη σου σ′ πολυμιτα Q^{mg}) | Θαρσεις...Χορχορ] Θαρρεις και Ραμμωθ και Κορχορυς A 17 Ιουδα A | του Ισραηλ] om του A | κασιας A κασσιας Q 18 εμπορος] εμποροι A εμπορεια Q^{mg} | σου 1°]+(sub ※) εν πληθει εργων σου Q | om πασης Q | οινος] οινον A+λιπαρος Q^{mg} | Χελβων] Χεβρων A Χελβω Q γαλακτινος Q^{mg} | εκ Μειλητου (Μιλ. B^{b}Q)] στιλβο|τα Q^{mg} | κ. οινον sub ÷ Q$^?$ | οινον]+και Δαν (pro κ. Δαν leg Δαιδαν Q^a) και Ιαυηλ Μεωξηλ Q | εδωκαν] pr ※ Q$^?$ 19 εξ Ασηλ] εξ (ras vid A$^?$) Ασαηλ A pr ※ Q$^?$ | σιδηρον ειργασμενο| A | τροχιας B^b (-χειας B*A)] τροχος Q adnot τουτεστι δραμος (sic) προς θεωριαν της παντανξιοθεν ευθηνιας Q^{mg} + εδωκαν A 20 Δαιδαν] και Δαν Q^a 21 η Αραβια (-βεια A)] adnot εσπερα Q^{mg} | Κηδαρ] adnot σκοτος Q^{mg} | om σου 1° Q | αμνους (καμν. Q* αμν. Q^a)] μοσχους A | εμπορευονται] ενεπορευοντο A | σε] σοι AQ^a 22 Σαβα] adnot επιστρεφων Q^{mg} | Ραμα] Ραγμα AQ | χρηστων] εκλεκτων A τιμιω| Q^{mg} | χρυσιον] χρυσον Q | σου] σοι B* vid 23 Χαρρα και Χαναα] Χαρραν κ. Χανααν κ. Δαιδαν A Χαρρα (-ρραν Q^a adnot τρωγλαι Q^{mg}) κ. Χανααν (et sub ※) κ. Δαιδαν Q | ουτοι] αυτοι A 24 υακινθον]+και πορφυραν A+(sub ※ οι γ′) και ποικιλιαν Q | om και 1° Q | θησαυρους] α′θ′ εν γαζαις Q^{mg} | εκλεκτους]+εν μαγουξοις συγκεκιμενοις Q^{mg} | σχοινιοις δεδεμενους Q | και κυπαρισσινα] εν κυπαρισσινοις A+πλοια Q^c εν κυπαρισσινοις πλοιοις Q^{mg}+(sub θ′ ※) εν αυτοις η εμπορια (-ρεια Q^a) σου Q 25 πλοια...πληθει] πλοιοις εν αυτοις (paene evan εν αυτ.) Καρχηδονιοι εμποροι σου Θαρσος εμποροι σου εν τω πληθει A πλοια εν τω πληθει (+εν αυτοις Καρχηδονιοι Q^{mg}) εμποροι σου Q | om σου 2° Q

ΙΕΖΕΚΙΗΛ XXVIII 2

26 ²⁶ἐν ὕδατι πολλῷ ἦγόν σε οἱ κωπηλάται σου. τὸ πνεῦμα τοῦ νότου Β
27 συνέτριψέν σε ἐν καρδίᾳ θαλάσσης· ²⁷ἦσαν δυνάμεις σου, καὶ ὁ μισθός σου καὶ τῶν συμμίκτων σου, καὶ οἱ κωπηλάται σου καὶ οἱ κυβερνῆταί σου καὶ οἱ σύμβουλοί σου, καὶ οἱ σύμμικτοί σου ἐκ τῶν συμμίκτων σου, καὶ πάντες οἱ ἄνδρες οἱ πολεμισταί σου οἱ ἐν σοί· καὶ πᾶσα συναγωγή σου ἐν μέσῳ σου πεσοῦνται ἐν καρδίᾳ θαλάσσης ἐν τῇ
28 ἡμέρᾳ τῆς πτώσεώς σου. ²⁸πρὸς τὴν κραυγὴν τῆς φωνῆς σου οἱ
29 κυβερνῆταί σου φόβῳ φοβηθήσονται, ²⁹καὶ καταβήσονται ἀπὸ τῶν πλοίων πάντες οἱ κωπηλάται καὶ οἱ ἐπιβάται, καὶ οἱ πρωρεῖς τῆς
30 θαλάσσης ἐπὶ τὴν γῆν στήσονται, ³⁰καὶ ἀλαλάξουσιν ἐπὶ σὲ τῇ φωνῇ αὐτῶν καὶ κεκράξονται πικρόν, καὶ ἐπιθήσουσιν ἐπὶ τὴν κεφαλὴν
32 αὐτῶν γῆν καὶ σποδὸν στρώσονται. ³²καὶ λήμψονται ἐπὶ σὲ οἱ υἱοὶ
33 αὐτῶν θρῆνον, θρήνημα Σόρ. ³³πόσον τινὰ εὗρες μισθὸν ἀπὸ τῆς θαλάσσης; ἐνέπλησας ἔθνη ἀπὸ τοῦ πλήθους σου, καὶ ἀπὸ τοῦ
34 συμμίκτου σου ἐπλούτισας πάντας βασιλεῖς τῆς γῆς. ³⁴νῦν συνετρίβης ἐν θαλάσσῃ, ἐν βάθει ὕδατος ὁ σύμμικτός σου, καὶ πᾶσα ἡ συναγωγή σου ἐν μέσῳ σου· ἔπεσον πάντες οἱ κωπηλάται σου.
35 ³⁵πάντες οἱ κατοικοῦντες τὰς νήσους ἐστύγνασαν ἐπὶ σέ, καὶ οἱ βασιλεῖς αὐτῶν ἐκστάσει ἐξέστησαν, καὶ ἐδάκρυσεν τὸ πρόσωπον αὐτῶν.
36 ³⁶ἔμποροι ἀπὸ ἐθνῶν ἐσύρισάν σε· ἀπώλεια ἐγένου, καὶ οὐκέτι ἔσῃ εἰς τὸν αἰῶνα.

XXVIII ¹/₂ ¹Καὶ ἐγένετο λόγος Κυρίου πρός μὲ λέγων ²Καὶ σύ, υἱὲ ἀνθρώπου,

26 εν καρδια] εμμεσω Α   27 om και 2°, 3° Α | των συμμικτων 1°] εν τω AQ συμμικτω Α | οι συμβουλοι] οι ισχυροποιουντες Q^mg | οι εν σοι] om οι εν σοι Α om οι Q | συναγωγη] pr η AQ   28 om προς Q | κραυγην της φωνης] φωνη| της κραιγης Α φωνην προ της κραιγης Q | om φοβω Α   29 om και 1° Α | πλοιων] + αυτων AQ | κωπηλαται] + σου Α | την γην] της γης Α   30 αλαλαξουσιν] αλλαξονται Α | τη φωνη] την κραυγην Α την φωνην Q | πικρον] πικρως Α | επιθησουσι γην επι τ. κεφ. αυτων Q | στρωσονται] υποστρωσονται AQ^mg +(31) και φαλακρωσουσιν επι σε φαλακρωματα και περιζωνται σακκον και κλαυσονται περι σου εν πικρασμω ψυχης και κοπετον πικρον εκστησονται Α+(31) και φαλακρωσουσιν (και ξυρησονται Q^mg) επι σε φαλακρωμα και περιζωσονται σακκον και κλαυσονται π. σ. εν πικρ. ψ. και κοπ. πικρον λημψονται (ληψ. Q^a) επι σε (sub θ' ※) Q   32 λημψονται] αναληψονται Q^a | (οι) υιοι αυτων sub ÷ Q² | οι υιοι αυτῶ| επι σε Α | οι υιοι] om οι Q | θρηνημα] pr και Α | Σορ] σοι AQ+τις ωσπερ Τυρος κατασιγηθεισα εμμεσω (εν μ. Q) θαλασσης Α et (sub ※) Q   33 τινα] pr και Α | ενεπλησας] ενεποιησας Α | παντας sub ÷ Q² | βασιλεις] pr τους Α   34 post επεσον distinx Α επεσαν Q
34—35 παντες οι κωπηλαται...νησους] παντες οι κατοικουντες τας νησους και οι κωπηλαται σου Α | παντες οι κωπ. σου sub ÷ Q²   35 εδακρυσεν το προσωπον] εδακρυσα| τω προσωπω Α | αυτων 2°] +επι σοι Α   36 αιωνα] +λεγει κ̅ς̅ ο θ̅ς̅ Α   XXVIII 1 pr tit τω αρχοντι Τυρου Q^mg sup   2 om και συ Α

XXVIII 3 ΙΕΖΕΚΙΗΛ

Β εἰπὸν τῷ ἄρχοντι Τύρου Τάδε λέγει Κύριος Ἀνθ᾽ οὗ ὑψώθη σου ἡ καρδία, καὶ εἶπας Θεός εἰμι ἐγώ, κατοικίαν θεοῦ κατοίκηκα ἐν καρδίᾳ θαλάσσης, σὺ δὲ εἶ ἄνθρωπος καὶ οὐ θεός, καὶ ἔδωκας τὴν καρδίαν σου ὡς καρδίαν θεοῦ, ³μὴ σοφώτερος εἶ σὺ τοῦ Δανιήλ; σοφοὶ 3 οὐκ ἐπαίδευσάν σε τῇ ἐπιστήμῃ αὐτῶν; ⁴μὴ ἐν τῇ ἐπιστήμῃ σου ἢ τῇ 4 φρονήσει σου ἐποίησας σεαυτῷ δύναμιν καὶ χρυσίον καὶ ἀργύριον ἐν τοῖς θησαυροῖς σου; ⁵ἐν τῇ πολλῇ ἐπιστήμῃ σου καὶ ἐμπορίᾳ ἐπλή- 5 θυνας δύναμίν σου, ὑψώθη ἡ καρδία σου ἐν τῇ δυνάμει σου. ⁶διὰ τοῦτο 6 τάδε λέγει Κύριος Ἐπειδὴ δέδωκας τὴν καρδίαν σου ὡς καρδίαν θεοῦ, ⁷ἀντὶ τούτου ἰδοὺ ἐγὼ ἐπάγω ἐπὶ σὲ ἀλλοτρίους λοιμοὺς ἀπὸ ἐθνῶν, 7 καὶ ἐκκενώσουσιν τὰς μαχαίρας αὐτῶν ἐπὶ σὲ καὶ ἐπὶ τὸ κάλλος τῆς ἐπιστήμης σου, καὶ στρώσουσιν τὸ κάλλος σου εἰς ἀπώλειαν, ⁸καὶ 8 καταβιβάσουσίν σε, καὶ ἀποθανῇ θανάτῳ τραυματιῶν ἐν καρδίᾳ θαλάσσης. ⁹μὴ λέγων ἐρεῖς Θεός εἰμι ἐγώ, ἐνώπιον τῶν ἀναιρούντων 9 σε; σὺ δὲ εἶ ἄνθρωπος καὶ οὐ θεός. ¹⁰ἐν πλήθει ἀπεριτμήτων ἀπολῇ 10 ἐν χερσὶν ἀλλοτρίων, ὅτι ἐγὼ ἐλάλησα, λέγει Κύριος. ¹¹Καὶ 11 ἐγένετο λόγος Κυρίου πρὸς μὲ λέγων ¹²Υἱὲ ἀνθρώπου, λάβε θρῆνον 12 ἐπὶ τὸν ἄρχοντα Τύρου καὶ εἰπὸν αὐτῷ Τάδε λέγει κύριος Κύριος Σὺ ἀποσφράγισμα ὁμοιώσεως καὶ στέφανος κάλλους ¹³ἐν τῇ τρυφῇ τοῦ 13 παραδείσου τοῦ θεοῦ ἐγενήθης. πᾶν λίθον χρηστὸν ἐνδέδεσαι, σάρδιον καὶ τοπάζιον καὶ σμάραγδον, καὶ ἄνθρακα καὶ σάπφειρον καὶ ἴασπιν, καὶ ἀργύριον καὶ χρυσίον, καὶ λιγύριον καὶ ἀχάτην καὶ ἀμέθυστον, καὶ χρυσόλιθον καὶ βηρύλλιον καὶ ὀνύχιον, καὶ χρυσίου ἐνέπλησας τοὺς θησαυρούς σου καὶ τὰς ἀποθήκας σου ἐν σοί. ¹⁴ἀφ᾽ ἧς ἡμέρας ἐκτίσθης σὺ μετὰ τοῦ χερούβ, ἔθηκά σε ἐν ὄρει 14 ἁγίῳ θεοῦ, ἐγενήθης ἐν μέσῳ λίθων πυρίνων, ¹⁵ἐγενήθης ἄμωμος σὺ 15 ἐν ταῖς ἡμέραις σου, ἀφ᾽ ἧς ἡμέρας σὺ ἐκτίσθης ἕως εὑρέθη τὰ

AQ 2 Κυριος] κ̄ς ο θ̄ς A κ̄ς κ̄ς Q | ανθ ου] ανυ ων AQ | η καρδια σου Q | κατωκηκα B^ab Q κατωκησα A   3 σοφοι] pr η A | τη επιστημη] pr εν A 4 τη φρονησει] pr εν AQ | χρυσιον] pr εποιησας A et (sub ※) Q   5 εν 1°] pr η AQ | εμπορια (-ρεια AQ^a)] + σου AQ | δυναμιν] δυναμεις A   6 Κυριος] κ̄ς κ̄ς ο θ̄ς A κ̄ς κ̄ς Q | επειδη] ανθ ων A | δεδωκας] εδωκας AQ | improb σου Q^a vid   7 καλλος 1°] + σου Q*   10 απεριτμητων] τραυματιζοντω| σε θανατοις απεριτμητοις A pr θ´ ※ τραυματιζοντων σε θανατοις Q | αποληι] αποθανη Q | Κυριος] ras A¹ pr tit θρηνος επι τον αρχοντα Τυρου Q^mg sup   12 om κυριος A | συ] + ει A | ομοιωσεως] + (sub οι γ´ ※) πληρης σοφιας Q   13 παν] παντα AQ^? | om και 1° A | ανθρακα| A | κ. αργ. κ. χρυσιον] pr ÷ Q^? mg | εν 2° non inst B^bvid   14 om συ Q | μετα του χερουβ] pr (sub θ´ ※) ητοιμασαν Q + (sub θ´ ※) κεχρισμενον (-νους Q^a) του κατασκηνουντος και Q | εθηκα] εδωκα Q | om εγενηθης A   15 εως] + ημερας A

ΙΕΖΕΚΙΗΛ XXVIII 26

16 ἀδικήματα ἐν σοί. ¹⁶ἀπὸ πλήθους τῆς ἐμπορίας σου ἔπλησας τὰ B ταμιεῖά σου ἀνομίας, καὶ ἥμαρτες καὶ ἐτραυματίσθης ἀπὸ ὄρους τοῦ
17 θεοῦ, καὶ ἤγαγέν σε τὸ χερούβ ἐκ μέσου λίθων πυρίνων. ¹⁷ὑψώθη ἡ καρδία σου ἐπὶ τῷ κάλλει σου, διεφθάρη ἡ ἐπιστήμη σου μετὰ τοῦ κάλλους σου· διὰ πλῆθος ἁμαρτιῶν σου ἐπὶ τὴν γῆν ἔρριψά σε,
18 ἐναντίον βασιλέων ἔδωκά σε παραδειγματισθῆναι. ¹⁸διὰ τὸ πλῆθος τῶν ἁμαρτιῶν σου καὶ τῶν ἀδικιῶν τῆς ἐμπορίας σου ἐβεβήλωσα τὰ ἱερά σου, καὶ ἐξάξω πῦρ ἐκ μέσου σου, τοῦτο καταφάγεταί σε· καὶ δώσω σε σποδὸν ἐπὶ τῆς γῆς σου ἐναντίον πάντων τῶν ὁρώντων σε.
19 ¹⁹καὶ πάντες οἱ ἐπιστάμενοί σε ἐν τοῖς ἔθνεσιν στενάξουσιν ἐπὶ σέ· ἀπωλία ἐγένου, καὶ οὐχ ὑπάρξεις ἔτι εἰς τὸν αἰῶνα.

20
21 ²⁰Καὶ ἐγένετο λόγος Κυρίου πρὸς μὲ λέγων ²¹Υἱὲ ἀνθρώπου, στή-
22 ρισον τὸ πρόσωπόν σου ἐπὶ Σειδῶνα καὶ προφήτευσον ἐπ᾽ αὐτὴν ²²καὶ εἰπόν Τάδε λέγει Κύριος Ἰδοὺ ἐγὼ ἐπὶ σέ, Σειδών, καὶ ἐνδοξασθήσομαι ἐν σοί, καὶ γνώσῃ ὅτι ἐγώ εἰμι Κύριος, ἐν τῷ ποιῆσαί με ἐν σοὶ κρίματα,
23 καὶ ἁγιασθήσομαι ἐν σοί. ²³αἷμα καὶ θάνατος ἐν ταῖς πλατείαις σου, καὶ πεσοῦνται τετραυματισμένοι μαχαίραις ἐν σοὶ περικύκλῳ σου· καὶ
24 γνώσονται διότι ἐγώ εἰμι Κύριος. ²⁴καὶ οὐκ ἔσονται οὐκέτι ἐν τῷ οἴκῳ τοῦ Ἰσραὴλ σκόλοψ πικρίας καὶ ἄκανθα ὀδύνης ἀπὸ τῶν περικύκλῳ αὐτῶν τῶν ἀτιμασάντων αὐτούς, καὶ γνώσονται ὅτι ἐγώ εἰμι
25 Κύριος. ²⁵τάδε λέγει κύριος Κύριος Καὶ συνάξω τὸν Ἰσραὴλ ἐκ τῶν ἐθνῶν οὗ διεσκορπίσθησαν ἐκεῖ, καὶ ἁγιασθήσομαι ἐν αὐτοῖς καὶ
26 ἐνώπιον τῶν λαῶν καὶ τῶν ἐθνῶν. ²⁶καὶ κατοικήσουσιν ἐπὶ τῆς γῆς

---

15 αδικηματα] +σου A   16 εμποριας (-ρειας Q^a)] περιδρομης Q^mg | επλη- AQ σας (εμπλ. Q* επλ. Q^a)] επληθυνας A | ταμια Q* (-μεια Q^a) | και ηγαγεν σε το χερουβ] +(sub θ′ ※) το συσκιαζῦ] Q κατηγαγεν σε χερουβ Q^mg εκ μεσου] εν μεσω A (εμμ.) Q^a   17 του καλλους σου] το καλλος σ. B* (του καλλους σ. B^b) καλλουσου A | δια πληθος...σου sub ÷ Q? | πληθος] pr το A | αμαρτιων] pr των AQ | εριψα A   18 το bis scr B* : 2° non inst B^b | των αδικιων] om των A | εμπορειας AQ^a | εβεβηλωσας AQ^a | τα ιερα] τον αγιασμο̄| Q^mg | εκ μεσου] εκ μεσω B* (εκ μεσου B^ab) AQ* εν μεσω Q^a | σποδον] pr εις AQ   19 εθνεσι B^b | στεναξουσιν] στιγνασουσιν AQ | απωλεια B^abAQ
20 pr tit επι Σιδωνα A*Q^mgsup   21 Σιδωνα B^bAQ   22 Κυριος 1°] ras A? pr αδωναι Q | Σιδων B^bAQ adnot θηρευουσα Q^mg   23 αιμα (αμα B* αιμ. B^ab)] pr και εξαποστελω επι σεαυτην θανατο! και AQ | om και θανατος Q | πλατιαις A | σου 1°]+εσται AQ^mg | τετραυματισμενοι]+(sub α′θ′σ′ ※) εν μεσω αυτης Q | μαχαιραις] pr εν AQ | γνωσονται] γνωση A | διοτι] οτι AQ
24 ουκ εσονται ουκετι] ουκετι εσονται A | om εν A | του Ισραηλ] om του AQ| των περικυκλω] των κυκλω A παντων τ. περικ. Q | Κυριος]+ο θς αυτων A pr αδωναι Q   25 κυριος Κυριος]+ο θς A αδωναι κς Q | Ισραηλ] pr (sub οι γ′ ※) αικον Q | εθνων 1°] χωρων A | om και 3° AQ | των λ. και sub ÷ Q? | om και 4° AQ?

ΙΕΖΕΚΙΗΛ

Β αὐτῶν, ἢν δέδωκα τῷ δούλῳ μου Ἰακώβ, (²⁶) καὶ κατοικήσουσιν ἐπ᾽ αὐτῆς ἐν ἐλπίδι, καὶ οἰκοδομήσουσιν οἰκίας καὶ φυτεύσουσιν ἀμπελῶνας, καὶ κατοικήσουσιν ἐν ἐλπίδι, ὅταν ποιήσω κρίμα ἐν πᾶσιν τοῖς ἀτιμάσασιν αὐτοὺς ἐν τοῖς κύκλῳ αὐτῶν· καὶ γνώσονται ὅτι ἐγώ εἰμι Κύριος ὁ θεὸς αὐτῶν καὶ ὁ θεὸς τῶν πατέρων αὐτῶν.

¹Ἐν τῷ ἔτει τῷ δωδεκάτῳ ἐν δεκάτῳ μηνὶ μιᾷ τοῦ μηνὸς ἐγένετο 1 XXIX λόγος Κυρίου πρὸς μὲ λέγων ²Υἱὲ ἀνθρώπου, στήρισον τὸ πρόσωπόν 2 σου ἐπὶ Φαραὼ βασιλέα Αἰγύπτου, καὶ προφήτευσον ἐπ᾽ αὐτὸν καὶ ἐπ᾽ Αἴγυπτον ὅλην ³καὶ εἰπόν Τάδε λέγει Κύριος Ἰδοὺ ἐγὼ ἐπὶ 3 Φαραώ, τὸν δράκοντα τὸν μέγαν τὸν ἐγκαθήμενον ἐν μέσῳ ποταμῶν αὐτοῦ, τὸν λέγοντα Ἐμοί εἰσιν οἱ ποταμοί, καὶ ἐγὼ ἐποίησα αὐτούς. ⁴καὶ ἐγὼ δώσω παγίδας εἰς τὰς σιαγόνας σου, καὶ προσκολλήσω τοὺς 4 ἰχθῦς τοῦ ποταμοῦ σου πρὸς τὰς πτέρυγάς σου, καὶ ἀνάξω σε ἐκ μέσου τοῦ ποταμοῦ σου, ⁵καὶ καταβαλῶ σε ἐν τάχει καὶ πάντας 5 τοὺς ἰχθύας τοῦ ποταμοῦ σου· ἐπὶ πρόσωπον τοῦ πεδίου πεσῇ, καὶ οὐ μὴ συναχθῇς καὶ οὐ μὴ περισταλῇς, τοῖς θηρίοις τῆς γῆς καὶ τοῖς πετεινοῖς τοῦ οὐρανοῦ δέδωκά σε εἰς κατάβρωμα· ⁶καὶ γνώσονται 6 πάντες οἱ κατοικοῦντες Αἴγυπτον ὅτι ἐγώ εἰμι Κύριος, ἀνθ᾽ ὧν ἐγενήθης ῥάβδος καλαμίνη τῷ οἴκῳ Ἰσραήλ. ⁷ὅτι ἐπελάβετό σου τῇ 7 χειρὶ αὐτῶν, ἐθλάσθης· καὶ ὅτε ἐκρότησεν ἐπ᾽ αὐτοὺς πᾶσα χείρ, καὶ ὅτε ἐπανεπαύσαντο ἐπὶ σέ, συνετρίβης, καὶ συνέκλασας αὐτῶν πᾶσαν ὀσφύν. ⁸διὰ τοῦτο τάδε λέγει Κύριος Ἰδοὺ ἐγὼ ἐπάγω ἐπὶ σὲ 8 ῥομφαίαν, καὶ ἀπολῶ ἀνθρώπους ἀπὸ σοῦ καὶ κτήνη, ⁹καὶ ἔσται ἡ 9 γῆ Αἰγύπτου ἀπώλεια καὶ ἔρημος· καὶ γνώσονται ὅτι ἐγώ εἰμι Κύριος, ἀντὶ τοῦ λέγειν σε Οἱ ποταμοὶ ἐμοί εἰσιν, καὶ ἐγὼ ἐποίησα αὐτούς.

AQ 26 ην] ης A | δεδωκα] εδωκα AQ | εν 1°] επ Q | φυτευσωσιν AQ* (-σουσιν Qᵃ) | πασι BᵇQ | και ο θεος...αυτων sub ⸓ Q¹   XXIX 1 pr tit Φαραω βασιλ. Αιγ. A¹ᵐᵍ επι Φαραω ετει ι´ μηνι ι´ ημερα α´ Q | δωδεκατω] δεκατω AQ | δεκατω] τω ενδεκατω A τω δεκ. Q   3 και 1°]+λαλησον και A pr (sub οι γ´ ※) λαλησον Q | Κυριος]+ο θ̅σ̅ A pr κ̅σ̅ Q | Φαραω] pr σε AQ+βασιλευ Αιγυπτου A+(sub α´θ´σ´ ※) βασιλευ (-λεα Qᵐᵍ) Αιγ. Q | τον δρακοντα] adnot το εβραικο̅| το κητος εχει ινα εμφανη τον κροκοδιλον (corr -δειλον) Qᵐᵍ 4 om εγω AQ¹ᵛⁱᵈ | παγιδας] pr τας A χαλινο̅| Qᵐᵍ | ιχθυας AQ* (ιχθυς Qᵃᵛⁱᵈ) | του ποταμου σου (2°)] om σου A+και παντας τους ιχθυας του ποταμου σου A+και π. τ. ιχθ. τ. ποτ. σου (et sub σ´ ※) ταις λεπισιν σου προσκολληθησονται (προσκ. sub ⸓) Q   5 καταβαω A* (-βαλω A¹ᶠᵒʳᵗ) | και 2°] pr και σε Q | πεδιου]+σου Q | om και ου μη συναχθης Q* (hab Qᵐᵍ) | και 4°] ουδ A | της γης] του αγρου A | τοις πετεινοις] om τοις Q* (hab Qᵐᵍ) | καταβρωμα] βρωσιν A   7 οτι] οτε Qᵛⁱᵈ | επελαβοντο A | εκροτησεν] επεκροτησεν BᵃᵇQᵃ επεκρατησεν AQ*   8 Κυριος]+ο θ̅σ̅ A pr κ̅σ̅ Q | ανθρωπους ...,κτηνη] απο σου αν̅ω̅ν̅ και κτηνος A   9 η γη] pr πασα A | οι ποταμοι] pr οτι A

ΙΕΖΕΚΙΗΛ XXIX 19

10 ¹⁰διὰ τοῦτο ἰδοὺ ἐγὼ ἐπὶ σὲ καὶ ἐπὶ πάντας τοὺς ποταμούς σου, καὶ B
δώσω γῆν Αἰγύπτου εἰς ἔρημον ῥομφαίαν καὶ ἀπωλίαν, ἀπὸ Μα-
11 γδώλου καὶ Συήνης καὶ ἕως ὁρίων Αἰθιόπων. ¹¹οὐ μὴ διέλθῃ ἐν αὐτῇ
ποὺς ἀνθρώπου, καὶ ποὺς κτήνους οὐ μὴ διέλθῃ αὐτήν, καὶ οὐ κατοι-
12 κηθήσεται τεσσεράκοντα ἔτη. ¹²καὶ δώσω τὴν γῆν αὐτῆς ἀπώλειαν
ἐν μέσῳ γῆς ἠρημωμένης, καὶ αἱ πόλεις αὐτῆς ἐν μέσῳ πόλεων ἠρη-
μωμένων ἔσονται τεσσεράκοντα ἔτη. καὶ διασπερῶ Αἴγυπτον ἐν
13 τοῖς ἔθνεσιν, καὶ λικμήσω αὐτοὺς εἰς τὰς χώρας. ¹³τάδε λέγει Κύριος
Μετὰ τεσσεράκοντα ἔτη συνάξω Αἰγυπτίους ἀπὸ τῶν ἐθνῶν οὗ διε-
14 σκορπίσθησαν ἐκεῖ, ¹⁴καὶ ἀποστρέψω τὴν αἰχμαλωσίαν τῶν Αἰγυπ-
τίων, καὶ κατοικίσω αὐτοὺς ἐν γῇ Φαθωρῆς, ἐν τῇ γῇ ὅθεν ἐλήμ-
15 φθησαν· καὶ ἔσται ἀρχὴ ταπεινὴ ¹⁵παρὰ πάσας τὰς ἀρχάς, οὐ μὴ
ὑψωθῇ ἔτι ἐπὶ τὰ ἔθνη· καὶ ὀλιγοστοὺς αὐτοὺς ποιήσω τοῦ μὴ εἶναι
16 αὐτοὺς πλείονας ἐν τοῖς ἔθνεσιν. ¹⁶καὶ οὐκ ἔσονται ἔτι τῷ οἴκῳ
Ἰσραὴλ εἰς ἐλπίδα ἀναμιμνήσκουσαν ἀνομίαν, ἐν τῷ αὐτοὺς ἀκολου-
17 θῆσαι ὀπίσω αὐτῶν· καὶ γνώσονται ὅτι ἐγώ εἰμι Κύριος. ¹⁷Καὶ
ἐγένετο ἐν τῷ ἑβδόμῳ καὶ εἰκοστῷ ἔτει μιᾷ τοῦ μηνὸς τοῦ πρώτου
18 ἐγένετο λόγος Κυρίου πρὸς μὲ λέγων ¹⁸Υἱὲ ἀνθρώπου, Ναβουχο-
δονοσὸρ βασιλεὺς Βαβυλῶνος κατεδουλώσατο αὐτοῦ τὴν δύναμιν
δουλείᾳ μεγάλῃ ἐπὶ Τύρον· πᾶσα κεφαλὴ φαλακρά, καὶ πᾶς ὦμος
μαδῶν· καὶ μισθὸς οὐκ ἐγενήθη αὐτῷ καὶ τῇ δυνάμει αὐτοῦ ἐπὶ
19 Τύρον, καὶ τῆς δουλείας ἧς ἐδούλευσαν ἐπ᾽ αὐτήν. ¹⁹τάδε λέγει κύριος
Κύριος Ἰδοὺ ἐγὼ δίδωμι τῷ Ναβουχοδονοσὸρ βασιλεῖ Βαβυλῶνος γῆν

10 γην] pr την A | om ρομφαιαν A | απωλειαν Bᵃᵇ AQ | Μαγδωλου] AQ
Μαγδουλου Q adnot μεγαλυσμος Qᵐᵍ | Συηνης] Σοηνης A adnot κυκλος αυτης
Qᵐᵍ | Αιθιοπων] Αιθιοπιας A   11 πους ανθρωπου...διελθη αυτην] αυ͞ος
και κτηνος A | και ου] ουδε A | τεσσερακοντα ετη και sup ras et in mgg Aᵃ |
τεσσαρακοντα Bᵇ: item 12, 13   12 απωλειαν] pr εις A | γης ηρημωμενης]
της ερημου A | αυτης] αυτων A | εσονται]+(sub θ´σ´ ※) αφανισμος Q | τεσ-
σερακοντα ετη] αφανισμος εσται A | Αιγυπτον] pr (sub ※) τῇ Q | εθνεσι
Bᵇ | λιμησω Q* (λικμ. Qᵃ)   13 ταδε] pr οτι A | Κυριος] pr κ͞ς AQ |
Αιγυπτιους] pr τους A   14 των Αιγυπτιων] Αιγυπτου A | κατοικιω AQ
(-κειω Q* -κιω Qᵃ) | Φαθωρης] Παθουρης A adnot ψωμου πατημα Qᵐᵍ |
εληφθησαν Bᵇ Qᵃ | εσται]+(sub ※) εκει Q   15 αρχας]+α´θ´ ※ εσται
ταπεινη Q | om μη 2° Q* (hab Qᵐᵍ)   16 ετι εσονται A | αναμιμνησκουσα
A | ανομιαν] αμαρτιαν A | ακολουθησαι αυτους Q | οπισω]+των καρδιων A |
Κυριος]+ο θ͞ς A pr αδωναι Q   17 pr tit τω Ναβουχοδονοσορ. ετει κζ´
μηνι α´ ημερα α´ Qᵐᵍ sup   18 την δυναμιν αυτου AQ | δουλεια] δολεια A*
(δουλ. A¹) | Τυρον (ν sup ras) Aᵃ | φαλακρα] φαλακρωμα A | δουλειας] δου-
λιας A | εδουλευσαν επ αυτην] εδουλωσεν αυτῇ| A   19 ταδε] pr δια
τουτο A et (sub ※) Q | κυριος] αδωναι A | om εγω AQ

447

XXIX 20 ΙΕΖΕΚΙΗΛ

B Αἰγύπτου, καὶ προνομεύσει τὴν προνομὴν αὐτῆς καὶ σκυλεύσει τὰ σκῦλα αὐτῆς, καὶ ἔσται μισθὸς τῇ δυνάμει αὐτοῦ. ²⁰ἀντὶ τῆς λειτουρ- 20 γίας αὐτοῦ ἧς ἐδούλευσεν ἐπὶ Τύρον δέδωκα αὐτῷ γῆν Αἰγύπτου. τάδε λέγει κύριος Κύριος ²¹Ἐν τῇ ἡμέρᾳ ἐκείνῃ ἀνατελεῖ κέρας παντὶ 21 τῷ οἴκῳ Ἰσραήλ, καὶ σοὶ δώσω στόμα ἀνεῳγμένον ἐν μέσῳ αὐτῶν, καὶ γνώσονται ὅτι ἐγώ εἰμι Κύριος.

¹Καὶ ἐγένετο λόγος Κυρίου πρὸς μὲ λέγων ²Υἱὲ ἀνθρώπου, προ- ½ XXX φήτευσον καὶ εἰπόν Τάδε λέγει Κύριος *Ὦ ὢ ἡμέρα, ³ὅτι ἐγγὺς ἡμέρα, 3 τοῦ κυρίου ἡμέρα, πέρας ἐθνῶν ἔσται. ⁴καὶ ἥξει μάχαιρα ἐπ' Αἰγυ- 4 πτίους, καὶ ἔσται ταραχὴ ἐν γῇ Αἰθιοπίᾳ, καὶ συμπεσοῦνται τετραυματισμένοι ἐν Αἰγύπτῳ καὶ συμπεσεῖται αὐτῆς τὰ θεμέλια. ⁵Πέρσαι 5 καὶ Κρῆτες καὶ Λυδοὶ καὶ Λίβυες καὶ πάντες οἱ ἐπίμικτοι καὶ τῶν υἱῶν τῆς διαθήκης μου μαχαίρᾳ πεσοῦνται ἐν αὐτῇ. ⁶καὶ πεσοῦνται τὰ 6 ἀντιστηρίγματα Αἰγύπτου, καὶ καταβήσεται ἡ ὕβρις τῆς ἰσχύος αὐτῆς ἀπὸ Μαγδώλου ἕως Συήνης· μαχαίρᾳ πεσοῦνται ἐν αὐτῇ, λέγει Κύριος. ⁷καὶ ἐρημωθήσεται ἐν μέσῳ χωρῶν ἠρημωμένων, καὶ αἱ πόλεις αὐτῶν 7 ἐν μέσῳ πόλεων ἠρημωμένων ἔσονται· ⁸καὶ γνώσονται ὅτι ἐγώ εἰμι 8 Κύριος, ὅταν δῶ πῦρ ἐπ' Αἴγυπτον καὶ συντριβῶσι πάντες οἱ βοηθοῦντες αὐτῇ. ⁹ἐν τῇ ἡμέρᾳ ἐκείνῃ ἐξελεύσονται ἄγγελοι σπεύ- 9 δοντες ἀφανίσαι τὴν Αἰθιοπίαν, καὶ ἔσται ταραχὴ ἐν αὐτοῖς ἐν τῇ ἡμέρᾳ Αἰγύπτου, ὅτι ἰδοὺ ἥκει. ¹⁰Τάδε λέγει κύριος Κύριος Καὶ 10 ἀπολῶ πλῆθος Αἰγυπτίων διὰ χειρὸς Ναβουχοδονοσὸρ βασιλέως Βαβυλῶνος, ¹¹αὐτοῦ καὶ τοῦ λαοῦ αὐτοῦ· λοιμοὶ ἀπὸ ἐθνῶν ἀπεσταλ- 11

AQ 19 Αιγυπτου]+και λημψεται (ληψ. Qᵃ) το πληθος αυτης A et (sub ※) Q | και προνομευσει...σκυλα αυτης] και σκυλευσει τα σκυλα αυτης και προνομευσει την προνομὴ αυτης Q   20 λειτουργιας (-γειας B*Q* -γιας BᵇQᵃ)] δουλειας A | om αυτου A | Αιγυπτου]+οσα εποιησαν μοι A+(sub ※) οσα εποιησεν μοι Q | κυριος] αδωναι A   21 δωσω σοι A   XXX 2 Κυριος] pr αδωναι Q | ημερα] pr η AQ   3 ημερα 1°] pr η AQ | του κυριου ημερα περας] του κυ ημερα νεφελης καιρος περας A και εγγυς η ημερα κυ (+sub οι γ' ※· ημεραν νεφελης) και περας (καιρος Qᵐᵏ) και καιρος Q   4 μαχαιρα] pr η A | Αιγυπτιους) Αιγυπτῷ| A | γη Αιθ.] τη Αιθ. AQ | συμπεσουνται] πεσουνται AQ | Αιγυπτω]+και λημψονται (ληψ. Qᵃ) το πληθος αυτης A et (sub ※) Q | συνπεσειται Bᵇ | τα θεμελια αυτης AQ   5 επιμικτοι]+επ αυτην A | των υιων] pr απο A | μαχαιρα...αυτη] εν αυτη μαχαιρα πεσουνται AQ   6 και 1°] pr (sub ※) ταδε λεγει αδωναι κ̅ς Q | Συοηνης A | Κυριος] pr αδωναι Q   7 ηρημωμενων 1°] ηφανισμενων AQ | και αι πολεις...πολεων] adscr θ' ※ Q?   8 γνωσονται]+παντες A | συντριβωσι) συντριβησονται A 9 αγγελοι]+(sub θ' ※) εκ προσωπου μου εεσιμ Q (pro εεσιμ σ' εν επειξει Qᵐᵍ ᵛⁱᵈ)| Αιθιοπιαν]+την ελπιδα Q | αυτοις] Αιγυπτω A   10 κυριος] αδωναι A | Ναβουχοδονοσορ] adnot εγκαθισμος κ̅ γνωσις συνοχης Qᵐᵍ 11 αυτου 2°]+α'θ' ※· μετ αυτου Qᵐᵍ

ΙΕΖΕΚΙΗΛ XXX 22

μένοι ἀπολέσαι γῆν· καὶ ἐκκενώσουσιν πάντες τὰς μαχαίρας αὐτῶν B
12 ἐπ' Αἴγυπτον, καὶ πλησθήσεται ἡ γῆ τραυματιῶν. ¹²καὶ δώσω τοὺς
ποταμοὺς αὐτῶν ἐρήμους καὶ ἀπολῶ τὴν γῆν καὶ τὸ πλήρωμα αὐτῆς
13 ἐν χερσὶν ἀλλοτρίων, ἐγὼ Κύριος λελάληκα. ¹³″Ὅτι τάδε λέγει
κύριος Κύριος Καὶ ἀπολῶ μεγιστᾶνας ἀπὸ Μέμφεως καὶ ἄρχοντας
14 Μέμφεως ἐκ γῆς Αἰγύπτου, καὶ οὐκ ἔσονται ἔτι. ¹⁴καὶ ἀπολῶ γῆν
Φαθωρῆς, καὶ δώσω πῦρ ἐπὶ Τάνιν, καὶ ποιήσω ἐκδίκησιν ἐν Διοσ-
15 πόλει. ¹⁵καὶ ἐκχεῶ τὸν θυμόν μου ἐπὶ Σάιν τὴν ἰσχὺν Αἰγύπτου, καὶ
16 ἀπολῶ τὸ πλῆθος Μέμφεως. ¹⁶καὶ δώσω πῦρ ἐπ' Αἴγυπτον, καὶ
ταραχὴν ταραχθήσεται Συήνη, καὶ ἐν Διοσπόλει ἔσται ἔκρημα καὶ
17 διαχυθήσεται ὕδατα. ¹⁷νεανίσκοι Ἡλίου πόλεως καὶ Βουβάστου ἐν
18 μαχαίρᾳ πεσοῦνται, καὶ αἱ γυναῖκες ἐν αἰχμαλωσίᾳ πορεύσονται, ¹⁸καὶ
ἐν Τάφναις συσκοτάσει ἡ ἡμέρα, ἐν τῷ συντρίψαι με ἐκεῖ τὰ σκῆπτρα
Αἰγύπτου, καὶ ἀπολεῖται ἐκεῖ ἡ ὕβρις §ἰσχύος αὐτῆς, καὶ ταύτην νεφέλη §Γ
19 καλύψει, καὶ αἱ θυγατέρες αὐτῆς αἰχμάλωτοι ἀχθήσονται. ¹⁹καὶ ποιήσω
20 κρίμα ἐν Αἰγύπτῳ, καὶ γνώσονται ὅτι ἐγώ εἰμι Κύριος. ²⁰Καὶ
ἐγένετο ἐν τῷ ἑνδεκάτῳ ἔτει ἐν τῷ πρώτῳ μηνὶ ἑβδόμῃ τοῦ μηνὸς
21 ἐγένετο λόγος Κυρίου πρός με λέγων ²¹Υἱὲ ἀνθρώπου, τοὺς βραχίονας
Φαραὼ βασιλέως Αἰγύπτου συνέτριψα, καὶ ἰδοὺ οὐ κατεδεήθη τοῦ
δοθῆναι ἴασιν, τοῦ δοθῆναι ἐπ' αὐτὸν μάλαγμα, τοῦ δοθῆναι ἰσχὺν
22 ἐπιλαβέσθαι μαχαίρας. ²²διὰ τοῦτο τάδε λέγει κύριος Κύριος Ἰδοὺ
ἐγὼ ἐπὶ Φαραὼ βασιλέα Αἰγύπτου, καὶ συντρίψω τοὺς βραχίονας
αὐτοῦ τοὺς ἰσχυροὺς καὶ τοὺς τεταμένους, καὶ καταβαλῶ τὴν μάχαιραν

11 απολεσαι γην] αφανισαι αυτην A | εκκενωσουσι Q | παντες] pr ₸ Q² | AQΓ
η γη τραυματιων (τραυματων Q* -τιων Q¹)] τραυματιων η γη A   12 ερημους]
+και αποδοσομαι την γην εν χειρι πονηρων A et (sub a'θ' ※) Q | την γην
(την om B* superscr Bᵃᵇ)]+αυτων A | και το πληρωμα] συν τω πληρωματι
A | λελαληκα] ελαλησα A   13 κυριος] αδωναι A | απολω]+βδελυγματα
και καταπαυσω A et (sub θ' ※) Q | Μεμφεως 2°] Τανεως A om Q | ετι]
ουκετι A+και δωσω φοβον εν γη Αιγυπτω A + (sub θ' ※) και δ. φ. εν τη
γη Αιγυπτου Q   14 απολω] αφανιω A | Φαθωρης] Παθωρης A Φαθουρης Q
15 Σαιν] Τανιν A adnot πειρασμος Qᵐᵍ | το πληθος] om το A   16 ταραχην
ταραχθησεται] απολειται A ταραχη ταραχθ. Q | Συηνη] Σαις Q | εκρημα]
εκρηγμα A¹Q | υδατα (υδα B* -τα Bᵃᵇ)]+ εν Μεμφι πολεμιοι ανθημερινοι
Qᵐᵍ   17 Ηλιου πολεως] adnot πονος Qᵐᵍ | Βουβαστου] adnot στομα
εμπειρα (sic) Q | om εν 1° A | αι γυναικες] om αι Q* (hab Qᵃ) Αιγυπτος
Qᵐᵍ ᵛⁱᵈ | γυναικες...πορευσονται] πολεις αιχμαλωτισθησονται A   18 Ταφνας
AQ adnot εξισταμενον οφει Qᵐᵍᴷ | τα.σκηπτρα (σκηπρα A)] om τα Q | ισχυος]
pr της AQΓ' | ταυτην] αυτην AΓ'   20 pr tit επι Φαραω. ετει ια' μηνι α'
ημερα ζ' Qᵐᵍ ˢᵘᵖ   21 κατεδεηθη (κατεδεθη QΓᵛⁱᵈ)]+μου A | επ αυτον
του δοθηναι A | δοθηναι 2°] δεθηναι 1'   22 τους τεταμενους] τους τεταγ-
μενους Q om τους Γ'+και τους συντριβομενους AΓ' et (sub ※) Q

SEPT. III.   449   FF

ΙΕΖΕΚΙΗΛ

B αὐτοῦ ἐκ τῆς χειρὸς αὐτοῦ· ²³καὶ διασπερῶ Αἴγυπτον εἰς τὰ ἔθνη καὶ 23
λικμήσω αὐτοὺς εἰς τὰς χώρας, ²⁴καὶ κατισχύσω τοὺς βραχίονας 24
βασιλέως Βαβυλῶνος καὶ δώσω τὴν ῥομφαίαν μου εἰς τὴν χεῖρα αὐτοῦ,
καὶ ἐπάξει αὐτὴν ἐπ᾽ Αἴγυπτον καὶ προνομεύσει τὴν προνομὴν αὐτῆς
καὶ σκυλεύσει τὰ σκῦλα αὐτῆς. ²⁵καὶ ἐνισχύσω τοὺς βραχίονας 25
βασιλέως Βαβυλῶνος, οἱ βραχίονες Φαραὼ πεσοῦνται· καὶ γνώσονται
ὅτι ἐγώ εἰμι Κύριος, ἐν τῷ δοῦναι τὴν ῥομφαίαν μου εἰς χεῖρας βασι-
λέως Βαβυλῶνος, καὶ ἐκτενεῖ αὐτὴν ἐπὶ γῆν Αἰγύπτου. ²⁶καὶ δια- 26
σπερῶ Αἴγυπτον εἰς τὰ ἔθνη, καὶ λικμήσω αὐτοὺς εἰς τὰς χώρας· καὶ
γνώσονται πάντες ὅτι ἐγώ εἰμι Κύριος.

¹Καὶ ἐγένετο ἐν τῷ ἑνδεκάτῳ ἔτει ἐν τῷ τρίτῳ μηνὶ μιᾷ τοῦ μηνὸς 1 XXXI
ἐγένετο λόγος Κυρίου πρὸς μὲ λέγων ²Υἱὲ ἀνθρώπου, εἰπὸν πρὸς 2
Φαραὼ βασιλέα Αἰγύπτου καὶ τῷ πλήθει αὐτοῦ Τίνι ὡμοίωσας σεαυτὸν
ἐν τῷ ὕψει σου; ³ἰδοὺ Ἀσσοὺρ κυπάρισσος ἐν τῷ Λιβάνῳ καὶ καλὸς 3
ταῖς παραφυάσιν καὶ ὑψηλὸς τῷ μεγέθει, εἰς μέσον νεφελῶν ἐγένετο ἡ
ἀρχὴ αὐτοῦ· ⁴ὕδωρ ἐξέθρεψεν αὐτόν, ἡ ἄβυσσος ὕψωσεν αὐτόν, τοὺς 4
ποταμοὺς αὐτῆς ἤγαγεν κύκλῳ τῶν φυτῶν αὐτοῦ, καὶ τὰ συστέματα
¶ Γ αὐτῆς ἐξαπέστειλεν¶ εἰς πάντα τὰ ξύλα τοῦ πεδίου. ⁵ἕνεκεν τούτου 5
ὑψώθη τὸ μέγεθος αὐτοῦ παρὰ πάντα τὰ ξύλα τοῦ πεδίου, καὶ ἐπλα-
τύνθησαν οἱ κλάδοι αὐτοῦ ἀφ᾽ ὕδατος πολλοῦ. ⁶ἐν ταῖς παραφυάσιν 6
αὐτοῦ ἐνόσσευσαν πάντα τὰ πετεινὰ τοῦ οὐρανοῦ, καὶ ὑποκάτω τῶν
κλάδων αὐτοῦ ἐγεννῶσαν πάντα τὰ θηρία τοῦ πεδίου, ἐν τῇ σκιᾷ
αὐτοῦ κατῴκησεν πᾶν πλῆθος ἐθνῶν. ⁷καὶ ἐγένετο καλὸς ἐν τῷ 7
ὕψει αὐτοῦ διὰ τὸ πλῆθος τῶν κλάδων αὐτοῦ, ὅτι ἐγενήθησαν αἱ ῥίζαι
αὐτοῦ εἰς ὕδωρ πολύ. ⁸καὶ κυπάρισσοι τοιαῦται ἐν τῷ παραδείσῳ 8
τοῦ θεοῦ, καὶ αἱ πίτυες οὐχ ὅμοιαι ταῖς παραφυάσιν αὐτοῦ, καὶ ἐλάται

AQΓ 23 Αιγυπτον] pr την (sub ※) Q 24 om και 1° A | δωσω] θησω A |
την χειρα] τας χειρας A 25 οι βραχιονες] οι δε βραχ. B^{ab}AQΓ^{vid} | δουναι]
+με A 26 Αιγυπτον] pr (sub ※) την Q | γνωσονται] επιγνωσονται A |
παντες]+οι Αιγυπτιοι A   XXXI 1 pr tit ετει ια΄ μηνι γ΄ ημερα α΄
Q^{mg sup} | ενδεκατω] δεκατω Q* (superscr εν Q^b) | om εν τω τριτω μηνι Γ^{vid} |
του μηνος]+[του τριτ]ου Γ^{vid}   2 βασιλεαιγ. B* (βασιλεα Αιγ. B^{ab})
3 παραφυασιν (παρα φυσιν Q*)]+και πυκνος εν τη σκεπη A et (sub θ΄ ※)
Q | εις] pr και AQ | νεφελων] pr των A α'θ' δασεω| Q^{mg}   4 συστεματα
B*^bAQ*] συστηματα B^bQ^a συστ. de Γ non liq | αυτης 2°]+ηγαγεν κυκλω
των φυτων| αυτου και A   5 αυτου 2°]+και υψωθησαν αι παραφυαδες αυτου
A et (sub θ΄ ※) Q | αφ] εφ A | πολλου]+εν τω εκτειναι (κτειναι Q*) αυτον Q
6 υποκατων B* (-τω B^{ab}) | εγεννωσαν] ωσαν sup ras A^a | εν τη σκια] υπο την
σκιαν A | κατωκησε Q   7 εγενηθησαν] εγεννησαν A   8 om και 1°
A | τοιαυται]+ουκ εγενηθησαν A | αι πιτυες] om αι AQ | παραφυασιν] παρα
φυσιν Q* (παραφυασιν Q^a)

450

ΙΕΖΕΚΙΗΛ XXXI 17

οὐκ ἐγένοντο ὅμοιαι τοῖς κλάδοις αὐτοῦ· πᾶν ξύλον ἐν τῷ παραδείσῳ B
9 τοῦ θεοῦ οὐχ ὁμοιώθη αὐτῷ ἐν τῷ κάλλει αὐτοῦ 9διὰ τὸ πλῆθος τῶν
κλάδων αὐτοῦ, καὶ ἐζήλωσεν αὐτὸν τὰ ξύλα τοῦ παραδείσου τῆς
10 τρυφῆς τοῦ θεοῦ. 10Διὰ τοῦτο τάδε λέγει Κύριος ᾿Ανθ᾿ ὧν
ἐγένου μέγας τῷ μεγέθει καὶ ἔδωκας τὴν ἀρχήν σου εἰς μέσον
11 νεφελῶν, καὶ εἶδον ἐν τῷ ὑψωθῆναι αὐτόν· 11καὶ παρέδωκα αὐτὸν εἰς
12 χεῖρας ἄρχοντος ἐθνῶν, καὶ ἐποίησεν τὴν ἀπώλειαν αὐτοῦ, 12καὶ
ἐξωλέθρευσαν αὐτὸν ἀλλότριοι λοιμοὶ ἀπὸ ἐθνῶν καὶ κατέβαλον αὐτὸν
ἐπὶ τῶν ὀρέων· ἐν πάσαις ταῖς φάραγξιν ἔπεσαν οἱ κλάδοι αὐτοῦ, καὶ
συνετρίβη τὰ στελέχη αὐτοῦ ἐν παντὶ πεδίῳ τῆς γῆς, καὶ κατέβησαν
ἀπὸ τῆς σκέπης αὐτῶν πάντες οἱ λαοὶ τῶν ἐθνῶν καὶ ἠδάφισαν αὐτόν.
13 13ἐπὶ τὴν πτῶσιν αὐτοῦ ἀνεπαύσαντο πάντα τὰ πετεινὰ τοῦ οὐρανοῦ,
καὶ ἐπὶ τὰ στελέχη αὐτοῦ ἐγίνοντο πάντα τὰ θηρία τοῦ ἀγροῦ,
14 14ὅπως μὴ ὑψωθῶσιν ἐν τῷ μεγέθει αὐτῶν καὶ πάντα τὰ ξύλα τὰ
ἐν τῷ ὕδατι· καὶ ἔδωκαν τὴν ἀρχὴν αὐτῶν εἰς μέσον νεφελῶν, καὶ
οὐκ ἔστησαν ἐν τῷ ὕψει αὐτῶν πρὸς αὐτά· πάντες οἱ πίνοντες ὕδωρ,
πάντες ἐδόθησαν εἰς θάνατον, εἰς γῆς βάθος, ἐν μέσῳ υἱῶν ἀνθρώ-
15 πων, πρὸς καταβαίνοντας εἰς βόθρον. 15Τάδε λέγει κύριος
Κύριος ᾿Εν ᾗ ἡμέρᾳ κατέβη εἰς ᾅδου, ἐπένθησεν αὐτὸν ἡ ἄβυσσος, καὶ
ἐπέστησα τοὺς ποταμοὺς αὐτῆς καὶ ἐκώλυσα πλῆθος ὕδατος, καὶ
ἐσκότασεν ἐπ᾿ αὐτὸν ὁ Λίβανος, πάντα τὰ ξύλα τοῦ πεδίου ἐπ᾿ αὐτῷ
16 ἐξελύθησαν. 16ἀπὸ τῆς φωνῆς τῆς πτώσεως αὐτοῦ ἐσείσθησαν τὰ
ἔθνη, ὅτε κατεβίβαζον αὐτὸν εἰς ᾅδου μετὰ τῶν καταβαινόντων εἰς
λάκκον, καὶ παρεκάλουν αὐτὸν ἐν γῇ πάντα τὰ ξύλα τῆς τρυφῆς καὶ
17 τὰ ἐκλεκτὰ τοῦ Λιβάνου, πάντα τὰ πίνοντα ὕδωρ. 17καὶ γὰρ αὐτοὶ

8 εγενοντο] εγενετο Q* (-νοντο Qᵃ) | ομοιαι 2°] ομοιοι A | ομοιωθη] ωμοιωθη AQ
Q   9 εξηλωσαν A | τα ξυλα] pr παντα Q | της τρυφης του παραδεισου Q
10 Κυριος] pr αδωναι A pr κ̅ς̅ Q | νεφελων] pr των AQ | ιδον Q   11 αυ-
του]+(sub ※) εξεβαλον αυτον Q   12 εξωλοθρευσαν Bᵇ | om και 2°
Q | επεσον AQ | αυτων] αυτον Q | εδαφισαν A   13 εγινοντο] εγενοντο
A | θηρια του sup ras Aᵃ   14 om και 1° BᵃᵇAQ | εδωκαν] pr ουκ AQ |
την αρχην αυτων] α᾿ το ακρον αυτω| θ᾿ τον καυλον αυτω| σ᾿ τας καρδιας αυτω|
Qᵐᵍ | αυτα] αυτων AQᵃ| παντες 2°] pr αλλα A | γης βαθος] γην βαθους A
15 κυριος] αδωναι A | η ημερα] ημερα Q* ημ. μια Qᵐᵍ | επενθησεν...Λι-
βανος] επεστησα επ αυτον την αβυσσον και εκωλυσα τους ποταμους (εστησα...
τους πο sup ras Aᵃ) αυτης και εκωλυσεν πληθος υδατος και (και Aᵃ⁽ᵐᵍ⁾) επεν-
θησεν αυτον ο Λιβανος και εξεστησαν επ αυτω A | επενθησεν]+αυτον η αβυσ-
σος εκαλεσεν και επεστησε τους ποταμους αυτης ϗ εκυκλωσεν Qᵐᵍ | αυτον η
αβυσσος και επεστησα] επεστησα επ αυτον την αβυσσον και εκωλυσα Q |
εκωλυσα] εκυκλωσα Bᵃᵇᵐᵍ | επ αυτω sup ras pl litt Aᵃ   16 απο της φωνης
...εθνη] και εσεισθησαν εθνη απο της φωνης της πτωσεως αυτου A | γη]+κατω
AQ | εκλεκτα]+(sub ※) και τα καλλιστα Q

454

Β κατέβησαν μετ' αὐτοῦ εἰς ᾅδου ἐν τοῖς τραυματίαις ἀπὸ μαχαίρας, καὶ τὸ σπέρμα αὐτοῦ, οἱ κατοικοῦντες ὑπὸ τὴν σκέπην αὐτοῦ, ἐν μέσῳ τῆς ζωῆς αὐτῶν ἀπώλοντο. ¹⁶Τίνι ὡμοιώθης; κατάβηθι καὶ 18 καταβιβάσθητι μετὰ τῶν ξύλων τῆς τρυφῆς εἰς γῆς βάθος· ἐν μέσῳ ἀπεριτμήτων κοιμηθήσῃ μετὰ τραυματιῶν μαχαίρας. οὕτως Φαραὼ καὶ τὸ πλῆθος τῆς ἰσχύος αὐτοῦ, λέγει κύριος Κύριος.

¹Καὶ ἐγένετο ἐν τῷ δωδεκάτῳ ἔτει ἐν τῷ δεκάτῳ μηνὶ μιᾷ τοῦ ₁ XXXI μηνὸς ἐγένετο λόγος Κυρίου πρὸς μὲ λέγων ²Υἱὲ ἀνθρώπου, λάβε 2 θρῆνον ἐπὶ Φαραὼ βασιλέα Αἰγύπτου καὶ ἐρεῖς αὐτῷ Λέοντι ἐθνῶν ὡμοιώθης σὺ καὶ ὡς δράκων ὁ ἐν τῇ θαλάσσῃ, καὶ ἐκεράτιζες τοῖς ποταμοῖς σου, καὶ ἐτάρασσες ὕδωρ τοῖς ποσίν σου καὶ κατεπάτεις τοὺς ποταμούς σου. ³τάδε λέγει Κύριος Καὶ περιβαλῶ ἐπὶ σὲ δίκτυα 3 λαῶν πολλῶν, καὶ ἀνάξω σε ἐν τῷ ἀγκίστρῳ μου, ⁴καὶ ἐκτενῶ σε ἐπὶ 4 τὴν γῆν· πεδία πλησθήσεταί σου, καὶ ἐπικαθιῶ ἐπὶ σὲ πάντα τὰ πετεινά, καὶ ἐνπλήσω πάντα τὰ θηρία πάσης τῆς γῆς· ⁵καὶ δώσω τὰς 5 σάρκας σου ἐπὶ τὰ ὄρη, καὶ ἐνπλήσω ἀπὸ τοῦ αἵματός σου· ⁶καὶ 6 ποτισθήσεται ἡ γῆ ἀπὸ τῶν προχωρημάτων σου, ἀπὸ τοῦ πλήθους σου ἐπὶ τῶν ὀρέων· φάραγγας ἐνπλήσω ἀπὸ σοῦ. ⁷καὶ κατακαλύψω 7 ἐν τῷ σβεσθῆναί σε οὐρανὸν καὶ συσκοτάσω τὰ ἄστρα αὐτοῦ, ἥλιον ἐν νεφέλῃ καλύψω, καὶ σελήνη οὐ μὴ φάνῃ τὸ φῶς αὐτῆς. ⁸πάντα τὰ 8 φαίνοντα φῶς ἐν τῷ οὐρανῷ συσκοτάσουσιν ἐπὶ σέ, καὶ δώσω σκότος ἐπὶ τὴν γῆν, λέγει κύριος Κύριος. ⁹καὶ παροργιῶ καρδίαν λαῶν 9 πολλῶν, ἡνίκα ἂν ἄγω αἰχμαλωσίαν σου εἰς τὰ ἔθνη, εἰς γῆν ἣν οὐκ ἔγνως. ¹⁰καὶ στυγνάσουσιν ἐπὶ σὲ ἔθνη πολλά, καὶ οἱ βασιλεῖς 10

AQ 17 εν τοις τραυματιαις] μετα τραυματιων A | om απο A | οι κατοικουντες] pr παντες A | της ζωης αυτων] ζωης αυτου Q   18 ωμοιωθης (om. A)] + (sub ※) εν ισχυι εν δοξη εν μεγαλοτητι (corr μεγαλειοτητι) εν ξυλοις τρυφης και Q | γης βαθος] γην βαθους A | το πληθος] pr παν AQ   XXXII 1 pr tit θρηνος επι Φαραω. ετει ιβ´. μηνι ι´ ημερα α´ (Q^{mg sup} | δωδεκατω) ενδεκατω A* | δεκατω] δωδεκατω A*^{vid} (ras δω A¹)   2 δρακων] pr o A | o εν] om o Q | τοις ποταμοις] τους ποταμους A | υδωρ] pr το A | ποσι B^b   3 Κυριος] pr αδωναι A pr κ̄σ̄ Q | δικτυα] δικτυον A + μου και εν εκκλησια A + (sub a´θ´ ※) μου εν εκκλησια Q | μου] μ sup ras A^a   4 πετεινα] + τον ουρανου AQ | ενπλησω (ενπλ. B^bAQ: item 5, 6)] + εκ σου AQ | πασης sub ※ Q²   5 ενπλησω] + (sub οι γ´ ※) τας φαραγγας Q | σου 2°] + πασαν γην A + (sub οι γ´ ※) τας φαραγγας Q   6 προχωρηματων σου] adnot σαφεστερον ο εβραιος απο των ιχωρων σου εχει Q^{? mg} | προχωρηματων] χωρηματων A | απο 2°] pr και A   7 τα αστρα αυτου] τους αστερας του ουνου A | σεληνη] pr η A | μη φανη] δωσει A | φως] φαος A   8 παντα] pr και A | γην] + σου B^{ab}AQ | Κυριος] + o θ̄σ̄ A   9 αν] εαν B^{ab} | αγω] om A*^{vid} αγαγω A^{rec} (sup ras) Q (rescr αιχμα A^{rec (mg)}) | γην] pr την A   10 σε] σοι Q | om πολλα A

ΙΕΖΕΚΙΗΛ XXXII 21

αὐτῶν ἐκστάσει ἐκστήσονται, ἐν τῷ πέτασθαι τὴν ῥομφαίαν μου ἐπὶ Β πρόσωπα αὐτῶν, προσδεχόμενοι τὴν πτῶσιν αὐτῶν ἀφ᾿ ἡμέρας 11 πτώσεώς σου. ¹¹ὅτι τάδε λέγει Κύριος ῾Ρομφαία βασιλέως Βαβυ- 12 λῶνος ἥξει σοι ¹²ἐν μαχαίραις γιγάντων, καὶ καταβαλῶ τὴν ἰσχύν σου· λοιμοὶ ἀπὸ ἐθνῶν πάντες, καὶ ἀπολοῦσι τὴν ὕβριν Αἰγύπτου, 13 καὶ συντριβήσεται πᾶσα ἡ ἰσχὺς αὐτῆς. ¹³καὶ ἀπολῶ πάντα κτήνη αὐτῆς ἀφ᾿ ὕδατος πολλοῦ, καὶ οὐ μὴ ταράξῃ αὐτὸ ποὺς ἀνθρώπου ἔτι, 14 καὶ ἴχνος κτηνῶν οὐ μὴ καταπατήσῃ αὐτό. ¹⁴οὕτως τότε ἡσυχάσει τὰ ὕδατα αὐτῶν, καὶ οἱ ποταμοὶ αὐτῶν ὡς ἔλαιον πορεύσονται, λέγει 15 Κύριος. ¹⁵ὅταν δῶ Αἴγυπτον εἰς ἀπώλειαν καὶ ἐρημωθῇ ἡ γῆ σὺν τῇ πληρώσει αὐτῆς, ὅταν διασπείρω πάντας τοὺς κατοικοῦντας ἐν αὐτῇ, 16 καὶ γνώσονται ὅτι ἐγώ εἰμι Κύριος. ¹⁶θρῆνός ἐστιν καὶ θρηνήσεις αὐτόν, καὶ αἱ θυγατέρες τῶν ἐθνῶν θρηνήσουσιν αὐτόν· ἐπ᾿ Αἴγυπτον καὶ ἐπὶ πᾶσαν τὴν ἰσχὺν αὐτῆς θρηνήσουσιν αὐτήν, λέγει κύριος 17 Κύριος. ¹⁷Καὶ ἐγενήθη ἐν τῷ δωδεκάτῳ ἔτει τοῦ πρώτου μηνὸς πεντεκαιδεκάτῃ τοῦ μηνὸς ἐγένετο λόγος Κυρίου πρὸς μὲ λέγων 18 ¹⁸Υἱὲ ἀνθρώπου, θρήνησον ἐπὶ τὴν ἰσχὺν Αἰγύπτου, καὶ καταβιβά- σουσιν αὐτῆς τὰς θυγατέρας τὰ ἔθνη νεκρὰς εἰς τὸ βάθος τῆς γῆς, πρὸς 20 τοὺς καταβαίνοντας εἰς βόθρον· ²⁰ἐν μέσῳ μαχαίρας τραυματιῶν 21 πεσοῦνται μετ᾿ αὐτοῦ, καὶ κοιμηθήσεται πᾶσα ἡ ἰσχὺς αὐτοῦ. ²¹καὶ ἐροῦσίν σοι οἱ γίγαντες Ἐν βάθει θορύβου γίνου, τίνος κρείττων εἶ; καὶ κατάβηθι καὶ κοιμήθητι μετὰ ἀπεριτμήτων ἐν μέσῳ τραυματιῶν

10 πετασθαι] πετασθηναι A | την ρομφαιαν] om την A | προσωπον A | αφ] AQ απο A 11 Κυριος] + κs Bᵃᵇ Q pr αδωναι A | ρομφαιαν B* (-φαια Bᵃᵇ) 12 λοιμοι] μ sup ras Aᵃ | απολουσιν A 13 κτηνη] pr τα AQ | πους ανθρωπου ετι] ετι πους αυτοῦ A om ετι Q | κτηνων] κτηνους A 14 ουτως] pr $_{\mp}$ Q² | Κυριος] pr αδωναι AQ 15 τη πλ.] incep τω A* (ras ω A?) 16 θρη- νησεις] θρηνησουσιν A θρηνησει Q | αι θυγατερες] om αι Q | αυτην] αυτο| Q 17 pr tit ετει ιβ´ μηνι ιβ´ ημερα ιε´ Qᵐᵍ ˢᵘᵖ | και εγενηθη...μηνος 2°] adnot εν τη των ο´ εκδοσει ουτω φερεται ϗ εγενετο εν τω ιβ´ ετει εν τω α´ μηνι πεντε- καιδεκατη του μηνος το δε εν τω α´ μηνι ωβελισθεν περιειλεν Ωριγενης ταυτα δε κατα λεξιν ειπεν ἐ| τω ιθ´ τομω των εις τον Ιεζεκιηλ εξηγητικῷ Ἔοικεν η προφητεια αυτη εξης τη προ αυτης τεταγμενη ϗ αυτη τω ιβ´ λελεχθαι ετει ομοιως μεν εκεινη κατα το εν τω ιβ´ μηνι προπεφητευσθαι ουκετι δε ομοιως κατα την ημεραν η μεν γαρ μια του μηνος λελεκτο αυτη δε ιε´ του μηνος διοπερ το του α´ μηνος ωβελισθεν ετολμησαμεν περιελειν ως παντη αλογως προσκειμενον Qᵐᵍ | εγενηθη] εγενετο A | του πρωτου μηνος] εν τω πρωτω μηνι AQᵐᵍ om Q* 18 ισχυν] γην A | νεκρα Q* (νεκρας Qᵃ) 20 εν μεσω] pr (19) εξ υδατος ευπρεπους καταβηθι και κοιμηθητι μετα απεριτμη- των A pr (sub ⁎) εξ υδατος ευπρεπους καταβηθι και κοιμηθηση μ. απεριτμ. Q | μαχαιρας τραυματιων] τραυματιων μαχαιρα AQ 21 θορυβου] βοθρου A θοβρου Q | om και 2° AQ | κοιμηθητι] θ sup ras Bᶠ ᵛⁱᵈ

453

Β μαχαίρας. ²²ἐκεῖ Ἀσσοὺρ καὶ πᾶσα ἡ συναγωγὴ αὐτοῦ, πάντες τραυ- 22
ματίαι ἐκεῖ ἐδόθησαν, καὶ ἡ ταφὴ αὐτῶν ἐν βάθει βόθρου, καὶ ἐγενήθη
ἡ συναγωγὴ αὐτοῦ περικύκλῳ τοῦ μνήματος αὐτοῦ, πάντες οἱ τραυ-
ματίαι οἱ πεπτωκότες μαχαίρᾳ, ²³οἱ δόντες τὸν φόβον αὐτῶν ἐπὶ γῆς 23
ζωῆς. ²⁴ἐκεῖ Αἰλὰμ καὶ πᾶσα ἡ δύναμις αὐτοῦ περικύκλῳ τοῦ μνήμα- 24
τος αὐτοῦ, πάντες οἱ τραυματίαι οἱ πεπτωκότες μαχαίρᾳ καὶ οἱ κατα-
βαίνοντες ἀπερίτμητοι εἰς γῆς βάθος, οἱ δεδωκότες αὐτῶν φόβον ἐπὶ
τῆς ζωῆς· καὶ ἐλάβοσαν τὴν βάσανον αὐτῶν μετὰ τῶν καταβαινόντων
εἰς βόθρον ²⁵ἐν μέσῳ τραυματιῶν. ²⁶ἐκεῖ ἐδόθησαν Μόσοχ καὶ Θοβὲλ $\frac{25}{26}$
καὶ πᾶσα ἡ ἰσχὺς αὐτῶν περικύκλῳ τοῦ μνήματος αὐτοῦ, πάντες
τραυματίαι αὐτοῦ, πάντες ἀπερίτμητοι τραυματίαι ἀπὸ μαχαίρας, οἱ
δεδωκότες τὸν φόβον αὐτῶν ἐπὶ τῆς ζωῆς· ²⁷καὶ ἐκοιμήθησαν μετὰ 27
τῶν γιγάντων τῶν πεπτωκότων ἀπὸ αἰῶνος, οἳ κατέβησαν εἰς ᾅδου ἐν
ὅπλοις πολεμικοῖς καὶ ἔθηκαν τὰς μαχαίρας αὐτῶν ὑπὸ τὰς κεφαλὰς
αὐτῶν· καὶ ἐγενήθησαν αἱ ἀνομίαι αὐτῶν ἐπὶ τῶν ὀστῶν αὐτῶν, ὅτι
ἐξεφόβησαν πάντας ἐν τῇ ζωῇ αὐτῶν. ²⁸καὶ σὺ ἐν μέσῳ ἀπεριτμή- 28
των κοιμηθήσῃ μετὰ τετραυματισμένων μαχαίρᾳ. ²⁹ἐκεῖ ἐδόθησαν 29
οἱ ἄρχοντες Ἀσσοὺρ οἱ δόντες τὴν ἰσχὺν αὐτοῦ εἰς τραῦμα μαχαίρας·
οὗτοι μετὰ τραυματιῶν ἐκοιμήθησαν, μετὰ καταβαινόντων εἰς βόθρον.
³⁰ἐκεῖ οἱ ἄρχοντες τοῦ βορρᾶ πάντες στρατηγοὶ Ἀσσούρ, οἱ κατα- 30
βαίνοντες τραυματίαι, σὺν τῷ φόβῳ αὐτῶν καὶ τῇ ἰσχύι αὐτῶν
ἐκοιμήθησαν ἀπερίτμητοι μετὰ τραυματιῶν μαχαίρας, καὶ ἀπήνεγκαν
τὴν βάσανον αὐτῶν μετὰ τῶν καταβαινόντων εἰς βόθρον. ³¹ἐκείνους 31

AQ 22 παντες τραυματιαι...συναγωγη αυτου 2° sub ÷ Q⁷ | om και 2° A | αυτου
2°] αυτων A | οι τραυματιαι] om οι A   23 οι δοντες] pr οι εδωκαν τας
ταφας αυτης εν μηροις λακκου (adnot ο εβραιος εν μηκει λακκου εχει Q†ᵐᵍ) και
εγενηθη εκκλησια υπερκυκλω (περικυκλω Q) της ταφης αυτου παντες αυτου
τραυματιαι πιπτοντες μαχαιρα A et (sub θ′ ※) Q | γης ⸔.] της ⸔. A
24 Αιλαμ] Ελαμ Q (adnot εκστασις Qᵐᵍ) | μαχαιραις A | γης βαθος] γην
βαθους A | αυτων φοβον] τον φ. αυτων A φ. αυτων Q | της ζωης) γης ⸔. AQ
26 Μοσοχ κ. Θοβελ] adnot M. συμπασα Θ. η επιτροφη Qᵐᵍ | om τραυματιαι
αυτου παντες Qᵃ | om τραυματιαι απο A | της ⸔.] γης ⸔. Q   27 εκοιμη-
θησαν] pr (sub ※) ουκ Q* (om Qᵃ) | των πεπτωκοτων] πεπτωκοτες A | απο]
απ AQ | πολεμικοις]+αυτων A et (sub θ′ ※) Q | και 2°] οι A | παντας]
γιγαντας A*Q   28 κοιμηθηση] pr σιντριβηση και A et (sub ※) Q
29 εδοθησαν οι αρχοντες Ασσουρ] Εδωμ και οι βασιλεις αυτης και παντες οι
αρχ. Ασσυριοι A Εδωμ (pr ut vid εδοθησα̅ Qᵐᵍ) θ′ ※ και οι βασιλ. αυτης κ.
παντες οι αρχοντες αυτης (Ασσουρ Qᵐᵍ) Q | αυτου] αυτης A αυτων Q | ουτοι...
εκοιμηθησαν] αυτοι εκοιμηθησαν μετα τραυματιων μαχαιρας· εκοιμηθησαν A
30 οι αρχοντες] pr παντες A om οι Q | βορρα]+παντες αυτοι A | παντες]
+ουτοι παντες (π. 2° sub θ′ ※) Q | εκοιμηθησαν] pr και A pr (sub α′θ′ ※)
αισχυνομενοι Q | τραυματιων] τετραυματισμενων A | απηνεγκαν] ελαβον A

454

ΙΕΖΕΚΙΗΛ XXXIII 9

ὄψεται βασιλεὺς Φαραώ, καὶ παρακληθήσεται ἐπὶ πᾶσαν τὴν ἰσχὺν B 32 αὐτῶν, λέγει κύριος Κύριος. ³²ὅτι δέδωκα τὸν φόβον αὐτοῦ ἐπὶ τῆς ζωῆς, καὶ κοιμηθήσεται ἐν μέσῳ ἀπεριτμήτων μετὰ τραυματιῶν μαχαίρας, Φαραὼ καὶ πᾶν τὸ πλῆθος αὐτοῦ μετ' αὐτοῦ, λέγει κύριος Κύριος.

XXXIII 1,2 ¹Καὶ ἐγένετο λόγος Κυρίου πρὸς μὲ λέγων ²Υἱὲ ἀνθρώπου, λάλησον τοῖς υἱοῖς τοῦ λαοῦ σου καὶ ἐρεῖς πρὸς αὐτούς Γῆ ἐφ' ἣν ἂν ἐπάγω ρομφαίαν, καὶ λάβῃ ὁ λαὸς τῆς γῆς ἄνθρωπον ἕνα ἐξ αὐτῶν 3 καὶ δῶσιν αὐτὸν ἑαυτοῖς εἰς σκοπόν, ³καὶ ἴδῃ τὴν ρομφαίαν ἐρχομένην ἐπὶ τὴν γῆν καὶ σαλπίσῃ τῇ σάλπιγγι καὶ σημάνῃ τῷ λαῷ, 4 ⁴καὶ ἀκούσῃ ἀκούσας τὴν φωνὴν τῆς σάλπιγγος καὶ μὴ φυλάξηται, καὶ ἐπέλθῃ ἡ ρομφαία καὶ καταλάβῃ αὐτόν· τὸ αἷμα αὐτοῦ ἐπὶ τῆς 5 κεφαλῆς αὐτοῦ ἔσται. ⁵ὅτι τὴν φωνὴν τῆς σάλπιγγος ἀκούσας οὐκ ἐφυλάξατο, τὸ αἷμα αὐτοῦ ἐπ' αὐτοῦ ἔσται· καὶ οὗτος ὅτι 6 ἐφυλάξατο, τὴν ψυχὴν αὐτοῦ ἐξείλατο. ⁶καὶ ὁ σκοπὸς ἐὰν ἴδῃ τὴν ρομφαίαν ἐρχομένην καὶ μὴ σημάνῃ τῇ σάλπιγγι, καὶ ὁ λαὸς μὴ φυλάξηται, καὶ ἐλθοῦσα ἡ ρομφαία λάβῃ ἐξ αὐτῶν ψυχήν· αὕτη διὰ τὴν αὐτῆς ἀνομίαν ἐλήμφθη, καὶ τὸ αἷμα ἐκ χειρὸς τοῦ σκοποῦ 7 ἐκζητήσω. ⁷καὶ σύ, υἱὲ ἀνθρώπου, σκοπὸν δέδωκά σε τῷ οἴκῳ 8 Ἰσραήλ, καὶ ἀκούσῃ ἐκ στόματός μου λόγον. ⁸ἐν τῷ εἶπαί με τῷ ἁμαρτωλῷ Θανάτῳ θανατωθήσῃ, καὶ μὴ λαλήσῃς τοῦ φυλάξασθαι τὸν ἀσεβῆ ἀπὸ τῆς ὁδοῦ αὐτοῦ, αὐτὸς ὁ ἄνομος τῇ ἀνομίᾳ αὐτοῦ ἀπο- 9 θανεῖται, τὸ δὲ αἷμα αὐτοῦ ἐκ τῆς χειρός σου ἐκζητήσω. ⁹σὺ δὲ ἐὰν προαπαγγείλῃς τῷ ἀσεβεῖ τὴν ὁδὸν αὐτοῦ ἀποστρέψαι ἀπ' αὐτῆς, καὶ μὴ ἀποστρέψῃ ἀπὸ τῆς ὁδοῦ αὐτοῦ, οὗτος τῇ ἀσεβείᾳ αὐτοῦ

31 om βασιλευς Q | πασαν την ισχυν] παση τη ισχυι A | αυτων]+τραυματιαι AQ μαχαιρα (·ρας nisi ρα ο Q) Φαραω και πασα η δυναμις αυτου A et (sub θ' ※) Q | Κυριος] ο θ͞ς A   32 δεδωκα] εδωκα Q | αυτου 1°] αυτων A | της ζωης] γης ϛ. Q | τραυματιων] τραυματιας A | om μετ αυτου AQ | Κυριος]+ο θ͞ς A XXXIII 1 Κυριου] πιπι Q^{mg}   2 επαγω] επαγαγω A | ρομφαιαν] κριμα αιματος A | αυτων] αυτης Q | δωσιν] δωσουσιν B^{ab} δωσωσιν Q | om εις A 3 σαλπισει AQ   4 ακουσας] pr ο AQ | επελθη] ελθουσα A | om και 4° A | καταλαβη] καταβαλη A | την κεφαλην A   5 εφυλαξατο 1°]+την ψυχην αυτου A | αυτου (2°) εσται και ουτος ο sup ras ut vid B^? | αυτου 2°] αυτον AQ | εξειλετο Q^a   6 σημανη]+τω λαω A | εληφθη Q^a | αιμα]+αυτης A | χειρος] pr της AQ   7 λογον]+(sub θ' ※) και διαφυλαξεις αυτους παρ εμου Q   8 ειπαι] ειπειν B^{ab}AQ | αμαρτωλω] ανομω A+(sub ※) αμαρτωλε Q | θανατωθηση] ηση in fin lin evan in A | και]+εαν A | λαλησης] +τους λογους A | φυλαξασθαι] αποστηναι A | ασεβη] ανομον A | το δε] και το A   9 αποστρεψαι] pr του AQ+αυτον A | ασεβεια] ανομια A

XXXIII 10   ΙΕΖΕΚΙΗΛ

B ἀποθανεῖται, καὶ σὺ τὴν ψυχὴν σαυτοῦ ἐξήρησαι. ¹⁰Καὶ σύ, υἱὲ 10 ἀνθρώπου, εἰπὸν τῷ οἴκῳ Ἰσραήλ Οὕτως ἐλαλήσατε λέγοντες Αἱ πλάναι ἡμῶν καὶ αἱ ἀνομίαι ἡμῶν ἐφ' ἡμῖν εἰσιν, καὶ ἐν αὐταῖς ἡμεῖς τηκόμεθα· καὶ πῶς ζησόμεθα; ¹¹εἰπὸν αὐτοῖς Ζῶ ἐγώ, τάδε λέγει 11 Κύριος, οὐ βούλομαι τὸν θάνατον τοῦ ἀσεβοῦς, ὡς ἀποστρέψαι τὸν ἀσεβῆ ἀπὸ τῆς ὁδοῦ αὐτοῦ καὶ ζῆν αὐτόν. ἀποστροφῇ ἀποστρέψατε ἀπὸ τῆς ὁδοῦ ὑμῶν· καὶ ἵνα τί ἀποθνήσκετε, οἶκος Ἰσραήλ; ¹²εἰπὸν 12 πρὸς τοὺς υἱοὺς τοῦ λαοῦ σου Δικαιοσύνη δικαίου οὐ μὴ ἐξέληται αὐτὸν ἐν ᾗ ἂν ἡμέρᾳ πλανηθῇ, καὶ ἀνομία ἀσεβοῦς οὐ μὴ κακώσῃ αὐτὸν ἐν ᾗ ἂν ἡμέρᾳ ἀποστρέψῃ ἀπὸ τῆς ἀνομίας αὐτοῦ· καὶ δίκαιος οὐ μὴ δύνηται σωθῆναι. ¹³ἐν τῷ εἰπαί με τῷ δικαίῳ Οὗτος πέποιθεν 13 ἐπὶ τῇ δικαιοσύνῃ αὐτοῦ, καὶ ποιήσῃ ἀνομίαν, πᾶσαι αἱ δικαιοσύναι αὐτοῦ οὐ μὴ ἀναμνησθῶσιν, ἐν τῇ ἀδικίᾳ αὐτοῦ ᾗ ἐποίησεν, ἐν αὐτῇ ἀποθανεῖται. ¹⁴καὶ ἐν τῷ εἰπαί με τῷ ἀσεβεῖ Θανάτῳ θανατωθήσῃ, 14 καὶ ἀποστρέψῃ ἀπὸ τῆς ἁμαρτίας αὐτοῦ, καὶ ποιήσῃ κρίμα καὶ δικαιοσύνην, ¹⁵καὶ ἐνεχύρασμα ἀποδοῖ καὶ ἁρπάγματα ἀποτίσῃ, ἐν 15 προστάγμασιν ζωῆς διαπορεύηται τοῦ μὴ ποιῆσαι ἄδικον, ζωῇ ζήσεται καὶ οὐ μὴ ἀποθάνῃ· ¹⁶πᾶσαι αἱ ἁμαρτίαι αὐτοῦ ἃς ἥμαρτεν οὐ μὴ 16 ἀναμνησθῶσιν· ὅτι κρίμα καὶ δικαιοσύνην ἐποίησεν, ἐν αὐταῖς ζήσεται. ¹⁷καὶ ἐροῦσιν οἱ υἱοὶ τοῦ λαοῦ σου Οὐκ εὐθεῖα ἡ ὁδὸς τοῦ κυρίου· 17 καὶ αὕτη ἡ ὁδὸς αὐτῶν οὐκ εὐθεῖα. ¹⁸ἐν τῷ ἀποστρέψαι δίκαιον ἀπὸ 18 τῆς δικαιοσύνης αὐτοῦ καὶ ποιήσῃ ἀνομίας, καὶ ἀποθανεῖται ἐν αὐταῖς. ¹⁹καὶ ἐν τῷ ἀποστρέψαι τὸν ἁμαρτωλὸν ἀπὸ τῆς ἀνομίας αὐτοῦ καὶ 19 ποιήσῃ κρίμα καὶ δικαιοσύνην, ἐν αὐτοῖς αὐτὸς ζήσεται. ²⁰καὶ τοῦτό 20 ἐστιν ὃ εἴπατε Οὐκ εὐθεῖα ἡ ὁδὸς Κυρίου· ἕκαστον ἐν ταῖς ὁδοῖς αὐτοῦ κρινῶ ὑμᾶς, οἶκος Ἰσραήλ.

AQ   9 σαυτου] σου A σεαυτου Q | εξηρησαι] ερρυσω A   10 ημιν] ημας A
11 ταδε λεγει] λεγει αδωναι Aᵃ (sup ras : om A*) αδωναι Q | ασεβους] αμαρτωλου A | αποστρεψαι] pr το A | αυτου]+της πονηρας A | της οδου υμων] των οδων υμων των πονηρων A της οδου υμ. ⁂ της πονηρας Q | αποθανησκετε Q* (αποθν. Qˢ)   12 ειπον] pr και συ υιε ανου A et (sub α'θ' ⁂) Q | ασεβους] ανομου A | και δικαιος ου sup ras Aᵃ | δυνηται] δυνησεται A | σωθηναι]+εν ημερα αμαρτιας (μαρτι sup ras Aᵃ) αυτου A et (sub α'θ' ⁂) Q   13 ειπαι] ειπειν Bᵃᵇ AQ | δικαιω]+ζωη ζηση και A | επι] εν Q | ποιηση] pr εαν A | ανομιαν] αδικιαν A | αυτου 2°]+ας εποιησεν A | αναμνησθωσιν] μνησθωσιν AQ | αδικεια B* (-κια Bᵇ)   14 ειπαι] ειπειν Bᵃᵇ AQ | αμαρτιας] ασεβειας A   15 ενεχυρασμα...αποτιση] ενεχυρον και αρπαγμα αποτισει A ενεχυρασμα αποδω και αρπαγμα αποτισει Q | προσταγματι A | αποθανειται A   16 ημαρτεν] εποιησεν A | αναμνησθωσιν] μνησθωσιν ετι A+(sub θ'σ' ⁂) αυτω Qᵐᵍ | αυταις] αυτοις AQᵃ   17 του κυριου] om του Q   18 αυτου] εαυτου Q | ανομιαν A | αυταις] αυτη A   20 εκαστος Q* (-τον Qᵃ) | εν ταις οδοις αυτου] κατα τας οδους υμων A | Ισραηλ]+λεγει κ̄ς̄ A

ΙΕΖΕΚΙΗΛ XXXIII 31

21 ²¹Καὶ ἐγενήθη ἐν τῷ δωδεκάτῳ ἔτει, ἐν τῷ δωδεκάτῳ μηνί, πέμπτῃ Β τοῦ μηνός, τῆς αἰχμαλωσίας ἡμῶν, ἦλθεν ὁ ἀνασωθεὶς πρὸς μὲ ἀπὸ 22 Ἰερουσαλὴμ λέγων Ἑάλω ἡ πόλις. ²²καὶ ἐγενήθη ἐπ᾽ ἐμὲ χεὶρ Κυρίου ἑσπέρας πρὶν ἐλθεῖν αὐτόν, καὶ ἤνοιξέν μου τὸ στόμα ἕως ἦλθεν πρὸς μὲ τὸ πρωί· καὶ ἀνοιχθέν μου τὸ στόμα οὐ συνεσχέθη 23/24 ἔτι. ²³καὶ ἐγενήθη λόγος Κυρίου πρὸς μὲ λέγων ²⁴Υἱὲ ἀνθρώπου, οἱ κατοικοῦντες τὰς ἠρημωμένας ἐπὶ τῆς γῆς τοῦ Ἰσραὴλ λέγουσιν Εἷς ἦν Ἀβραὰμ καὶ κατέσχεν τὴν γῆν, καὶ ἡμεῖς πλείους ἐσμέν, ἡμῖν δέδοται 25/27 ἡ γῆ εἰς κατάσχεσιν. ²⁵διὰ τοῦτο εἰπὸν αὐτοῖς ²⁷Τάδε λέγει κύριος Κύριος Ζῶ ἐγώ, εἰ μὴν οἱ ἐν ταῖς ἠρημωμέναις μαχαίραις πεσοῦνται, καὶ οἱ ἐπὶ προσώπου τοῦ πεδίου τοῖς θηρίοις τοῦ ἀγροῦ δοθήσονται εἰς κατάβρωμα, καὶ τοὺς ἐν ταῖς τετειχισμέναις καὶ τοὺς ἐν τοῖς 28 σπηλαίοις θανάτῳ ἀποκτενῶ. ²⁸καὶ δώσω τὴν γῆν ἔρημον, καὶ ἀπολεῖται ἡ ὕβρις τῆς ἰσχύος αὐτῆς, καὶ ἐρημωθήσεται τὰ ὄρη τοῦ 29 Ἰσραὴλ διὰ τὸ μὴ εἶναι διαπορευόμενον. ²⁹καὶ γνώσονται ὅτι ἐγώ εἰμι Κύριος· καὶ ποιήσω τὴν γῆν αὐτῶν ἔρημον, καὶ ἐρημωθήσεται διὰ 30 πάντα τὰ βδελύγματα αὐτῶν ἃ ἐποίησαν. ³⁰καὶ σύ, υἱὲ ἀνθρώπου, οἱ υἱοὶ τοῦ λαοῦ σου οἱ λαλοῦντες περὶ σοῦ παρὰ τὰ τείχη καὶ ἐν τοῖς πυλῶσι τῶν οἰκιῶν, καὶ λαλοῦσιν ἄνθρωπος τῷ ἀδελφῷ αὐτοῦ λέγοντες Συνέλθωμεν καὶ ἀκούσωμεν τὰ ἐκπορευόμενα παρὰ Κυρίου. 31 ³¹ἔρχονται πρὸς σὲ ὡς συμπορεύεται λαός, καὶ κάθηνται ἐναντίον σου καὶ ἀκούουσιν τὰ ῥήματά σου, καὶ αὐτὰ οὐ μὴ ποιήσουσιν, ὅτι ψεῦδος

21 pr tit εαλω η πολις ετει ιβ΄ μηνι ι΄ ημερα ε΄ Q^mg sup | εγενηθη] εγενετο A | AQ δωδεκατω 2°] δεκατω Q* (δωδ. Q^mg) | ο ανασωθεις] non inst o B^b vid | om απο Ιερουσαλημ A* (ε απο Ιλημ λεγω sup ras A^a) 22 και εγενηθη... Κυριου] και χειρ κ̄ῡ εγενηθη επ εμε Q | εγενηθη] εγενετο A | αυτον]+προς με A | μου το στομα (1°)] το στομα μου A | εως] ως B^abQ | μου το στομα (2°)] το στομα μου Q | συνεσχεθη] συνεκλεισθη A 23 εγενηθη] εγενετο A 24 τας ηρημωμενας (τας ηρημωμεν sup ras A^a)]+(sub θ΄ ※) ταυτας Q^mg | om εσμεν Q^a 25 ειπον αυτοις] ειπε προς αυτους A 27 ταδε λεγει] pr (25) ουτως ειπεν αδωναι κ̄ς̄ επι τω αιματι φαγεσθαι και οφθαλμους υμων λημψεσθαι προς ιδωλα υμων και αιμα εκχειται και την γην κληρονομησεται (26) εστητε επι τη ρομφαια υμω̄ εποιησατε βδελυγμα και ανηρ τον πλησιον αυτου εμιανατε και την γην κληρονομησετε ουτως A pr sub θ΄ ※ (25) επι (επει Q^a) του αιματος εσθετε και τους οφθαλμους υμων αιρετε προς τα ειδωλα υμων και αιμα εκχεετε και την γην κληρονομησετε (26) εστητε επι της μαχαιρας υμων εποιησατε βδελυγμα και εκαστος την γυναικα του πλησιον αυτου εμιανατε και την γην κληρονομησετε ουτως ερεις προς αυτους ταδε λεγει αδωναι κ̄ς̄ Q | ει] η Q^a | μαχαιρα A 28 ερημωθησεται A | του Ισραηλ] om του A 29 ερημωθησονται Q 30 εν] pr οι Q | πυλωσιν A | λαλουσιν] ελαλουν AQ | ανθρωπος] pr α΄θ΄ εις συν ενι Q^mg | ακουσομεν A 31 ερχονται] pr και AQ | σου 1°]+ο λαος μου A et (sub θ΄σ΄ ※) Q | ακουσιν A | ποιησωσιν A (-σειν) Q

ΙΕΖΕΚΙΗΛ

B ἐν τῷ στόματι αὐτῶν καὶ ὀπίσω τῶν μιασμάτων ἡ καρδία αὐτῶν. ³²καὶ γίνῃ αὐτοῖς ὡς φωνὴ ψαλτηρίου ἡδυφώνου εὐαρμόστου, καὶ ἀκούσονταί σου τὰ ῥήματα καὶ οὐ μὴ ποιήσουσιν αὐτά. ³³καὶ ἡνίκα ἂν ἔλθῃ, ἐροῦσιν Ἰδοὺ ἥκει· καὶ γνώσονται ὅτι προφήτης ἦν ἐν μέσῳ αὐτῶν.

¹Καὶ ἐγένετο λόγος Κυρίου πρὸς μὲ λέγων ²Υἱὲ ἀνθρώπου, προ- XXXIV φήτευσον ἐπὶ τοὺς ποιμένας τοῦ Ἰσραήλ, προφήτευσον καὶ εἰπὸν τοῖς ποιμέσι Τάδε λέγει κύριος Κύριος Ὦ ποιμένες Ἰσραήλ, μὴ βόσκουσιν ποιμένες ἑαυτούς; οὐ τὰ πρόβατα βόσκουσιν οἱ ποιμένες; ³ἰδοὺ τὸ γάλα κατέσθετε καὶ τὰ ἔρια περιβάλλεσθε καὶ τὸ παχὺ σφάζετε, καὶ τὰ πρόβατά μου οὐ βόσκετε. ⁴τὸ ἠσθενηκὸς οὐκ ἐνισχύσατε, καὶ τὸ κακῶς ἔχον οὐκ ἐσωματοποιήσατε, καὶ τὸ συντετριμμένον οὐ κατεδήσατε, καὶ τὸ πλανώμενον οὐκ ἀπεστρέψατε, καὶ τὸ ἀπολωλὸς οὐκ ἐζητήσατε, καὶ τὸ ἰσχυρὸν κατειργάσασθε μόχθῳ. ⁵καὶ διεσπάρη τὰ πρόβατά μου διὰ τὸ μὴ εἶναι ποιμένας, καὶ ἐγενήθη εἰς κατάβρωμα πᾶσι τοῖς θηρίοις τοῦ ἀγροῦ. ⁶καὶ διεσπάρη μου τὰ πρόβατα ἐν παντὶ ὄρει καὶ ἐπὶ πᾶν βουνὸν ὑψηλόν, καὶ ἐπὶ προσώπου τῆς γῆς διεσπάρη καὶ οὐκ ἦν ὁ ἐκζητῶν οὐδὲ ὁ ἀποστρέφων. ⁷διὰ τοῦτο, ποιμένες, ἀκούσατε λόγον Κυρίου ⁸Ζῶ ἐγώ, λέγει κύριος Κύριος, εἰ μὴν ἀντὶ τοῦ γενέσθαι τὰ πρόβατά μου εἰς προνομήν, καὶ γενέσθαι τὰ πρόβατά μου εἰς κατάβρωμα πᾶσι τοῖς θηρίοις τοῦ πεδίου παρὰ τὸ μὴ εἶναι ποιμένας, καὶ οὐκ ἐξεζήτησαν οἱ ποιμένες τὰ πρόβατά μου, καὶ ἐβόσκησαν οἱ ποιμένες ἑαυτοὺς τὰ δὲ πρόβατά μου οὐκ ἐβόσκησαν· ⁹ἀντὶ τούτου, ποιμένες, ¹⁰τάδε λέγει κύριος Κύριος Ἰδοὺ ἐγὼ ἐπὶ τοὺς ποιμένας, καὶ ἐκζητήσω τὰ

AQ 31 η καρδια αυτων] αυτων η καρδια εστιν A | αυτων 2°]+(sub a'θ' ※) πορευεται Q 32 ακουσονται] ακουοντες A | τα ρηματα σου A | om και 3° A 33 και 1°]+εσται A | αν] εαν A XXXIV 1 pr tit επι τους ποιμενας του Ἰηλ Q^mg sup 2 τοις ποιμεσι (-σιν Q)] αυτοις A οι γ' προς αυτους Q^mg | ποιμενες 1°] pr οι Q | βοσκουσιν ποιμενες] οι ποιμαινες βοσκ. A | ου] ουχι A | ποιμενες 2°] pr οι Q 3 κατεσθιετε AQ | σφαξετε] εσφαξεται A | ου βοσκετε] ουκ εβοσκετε A 4 ησθενηκως A | και το κακως εχον (εχων A) ουκ εσωματοπ.] θ' ※ και το αρρωστον ουκ ιασασθε Q | απεστρεψατε] επεστρεψατε A (-ται) Q | απολωλυς B* vid (απολ. B^ab) 5 διεσπαρησαν A | εγενηθησαν A | αγρου]+και τοις πετεινοις του ουνοῦ A 6 διεσπαρη 1°] διεσπαρησαν A+(sub θ' ※) και ηγνοησαν Q | μου τα προβατα] τα προβατα μου AQ | παν] παντα AQ^a | προσωπου] παντι προσωπω A | της γης] pr πασης AQ | διεσπαρη 2°]+τα προβατα μου A et (sub θ' ※) Q | εκζητων] ζητων A 8 κυριος] αδωναι Q | μην] μη Q | πασιν A | πεδιου] αγρου A | οι ποιμενες τα προβατα μου] τα πρ. μου οι ποιμαινες A 9 ποιμενες]+ακουσατε λογον κῦ A et (sub a'θ'σ' ※) Q 10 κυριος] αδωναι A

ΙΕΖΕΚΙΗΛ XXXIV 20

πρόβατά μου ἐκ τῶν χειρῶν αὐτῶν, καὶ ἀποστρέψω αὐτοὺς τοῦ Β
μὴ ποιμαίνειν τὰ πρόβατά μου, καὶ οὐ βοσκήσουσιν ἔτι οἱ ποιμένες
αὐτά· καὶ ἐξελοῦμαι τὰ πρόβατά μου ἐκ τοῦ στόματος αὐτῶν, καὶ
11 οὐκ ἔσονται αὐτοῖς ἔτι εἰς κατάβρωμα. ¹¹διότι τάδε λέγει Κύριος
12 Ἰδοὺ ἐγὼ ἐκζητήσω τὰ πρόβατά μου καὶ ἐπισκέψομαι αὐτά. ¹²ὥσπερ
ζητεῖ ὁ ποιμὴν τὸ ποίμνιον αὐτοῦ ἐν ἡμέρᾳ ὅταν ᾖ γνόφος καὶ νεφέλη
ἐν μέσῳ προβάτων διακεχωρισμένων, οὕτως ἐκζητήσω τὰ πρόβατά
μου καὶ ἀπελάσω αὐτὰ ἀπὸ παντὸς τόπου οὗ διεσπάρησαν ἐκεῖ ἐν
13 ἡμέρᾳ νεφέλης καὶ γνόφου. ¹³καὶ ἐξάξω αὐτοὺς ἐκ τῶν ἐθνῶν καὶ
συνάξω αὐτοὺς ἀπὸ τῶν χωρῶν, καὶ εἰσάξω αὐτοὺς εἰς τὴν γῆν
αὐτῶν, καὶ βοσκήσω αὐτοὺς ἐπὶ τὰ ὄρη Ἰσραὴλ καὶ ἐν ταῖς φάραγξιν
14 καὶ ἐν πάσῃ κατοικίᾳ τῆς γῆς· ¹⁴ἐν νομῇ ἀγαθῇ βοσκήσω αὐτούς,
ἐν τῷ ὄρει τῷ ὑψηλῷ Ἰσραήλ. καὶ ἔσονται αἱ μάνδραι αὐτῶν ἐκεῖ
καὶ κοιμηθήσονται, καὶ ἐκεῖ ἀναπαύσονται ἐν τρυφῇ ἀγαθῇ, καὶ ἐν
15 νομῇ πίονι βοσκηθήσονται ἐπὶ τῶν ὀρέων Ἰσραήλ. ¹⁵ἐγὼ βοσκήσω
τὰ πρόβατά μου καὶ ἐγὼ ἀναπαύσω αὐτά, καὶ γνώσονται ὅτι ἐγώ εἰμι
16 Κύριος. τάδε λέγει κύριος Κύριος ¹⁶Τὸ ἀπολωλὸς ζητήσω, καὶ τὸ
πλανώμενον ἐπιστρέψω, καὶ τὸ συντετριμμένον καταδήσω, καὶ τὸ
ἐκλιπὸν ἐνισχύσω, καὶ τὸ ἰσχυρὸν φυλάξω, καὶ βοσκήσω αὐτὰ μετὰ
17 κρίματος. ¹⁷καὶ ὑμεῖς, πρόβατα, τάδε λέγει κύριος Κύριος Ἰδοὺ ἐγὼ
διακρινῶ ἀνὰ μέσον προβάτου καὶ προβάτου, κριῶν καὶ τράγων.
18 ¹⁸καὶ οὐχ ἱκανὸν ὑμῖν ὅτι τὴν καλὴν νομὴν ἐνέμεσθε, καὶ τὰ κατά-
λοιπα τῆς νομῆς ὑμῶν κατεπατεῖτε τοῖς ποσὶν ὑμῶν; καὶ τὸ καθε-
στηκὸς ὕδωρ ἐπίνετε, καὶ τὸ λοιπὸν τοῖς ποσὶν ὑμῶν ἐταράσσετε;
19 ¹⁹καὶ τὰ πρόβατά μου τὰ πατήματα τῶν ποδῶν ὑμῶν ἐνέμοντο,
20 καὶ τὸ τεταραγμένον ὕδωρ ὑπὸ τῶν ποδῶν ὑμῶν ἔπινον; ²⁰Διὰ
τοῦτο τάδε λέγει κύριος Κύριος Ἰδοὺ ἐγὼ διακρινῶ ἀνὰ μέσον προ-

10 ου]+μη A | ουκ εσονται αυτοις ετι] ουκετι εσ. αυτ. A ουκ εσ. αιτ. Q AQ
11 Κυριος] κ̄ς κ̄ς B^{ab}Q κ̄ς κ̄ς ο θ̄ς A | εγω]+σ' ⁕ αυτος Q^{mg}   12 ωσπερ
ζητει] ως επισκεπτετε A | om οταν η A | γνοφος κ. νεφελη] γνοφου κ.
νεφελης A pr ⸓ Q? | προβατων]+(sub ⁕) αυτου AQ | απελασω] συναξω A
13 απο] εκ A | φαραγξι B^b   14 om εν 1° A | υψηλω]+εν τω ορει A
14—15 και εν νομη...εγω ειμι κ̄ς sup ras A^a   14 Ισραηλ 2°] pr του A^a
15 και γνωσονται οτι εγω ειμι Κυριος] pr ⸓ Q? | γνωσονται] επιγνωσονται A^a |
οτι] διοτι A^a   16 ζητησω] εκζητησω A | πλανωμενον] πεπλανημενον
A | επιστρεψω] αποστρεψω B^{ab} | εκλιπον] εκλειπον B^{ab}AQ | ενισχυσω]+(sub
θ' ⁕) και το πιον Q | και το ισχ. φυλαξω sub θ' ⁕ Q^r   17 προβατα] pr
τα A+μου Q | διακρινω] ανακρινω Q | κριων και τραγων] κρειου και τραγου A
18 om υμων 1° A | κατεπατειτε τοις ποσιν υμων] τοις ποσιν υμων κατεπα-
τειται A | εταρασσετο B?^{vid}   19 υπο] απο Q   20 Κυριος]+ο
θ̄ς A+προς αυτους Q | διακρινω] ανακρινω Q

Β βάτου ἰσχυροῦ καὶ ἀνὰ μέσον προβάτου ἀσθενοῦς. ²¹ἐπὶ ταῖς 21 πλευραῖς καὶ τοῖς ὤμοις ὑμῶν διωθεῖσθε, καὶ τοῖς κέρασιν ὑμῶν ἐκερατίζετε, καὶ πᾶν τὸ ἐκλεῖπον ἐξεθλίβετε. ²²καὶ σώσω τὰ πρόβατά 22 μου, καὶ οὐ μὴ ὦσιν ἔτι εἰς προνομήν, καὶ κρινῶ ἀνὰ μέσον κριοῦ πρὸς κριόν. ²³καὶ ἀναστήσω ἐπ' αὐτοὺς ποιμένα ἕνα καὶ ποιμαίνει 23 αὐτούς, τὸν δοῦλόν μου Δαυείδ, καὶ ἔσται αὐτῶν ποιμήν· ²⁴καὶ ἐγὼ 24 Κύριος ἔσομαι αὐτοῖς εἰς θεόν, καὶ Δαυεὶδ ἐν μέσῳ αὐτῶν ἄρχων· ἐγὼ Κύριος ἐλάλησα. ²⁵καὶ διαθήσομαι τῷ Δαυεὶδ διαθήκην εἰρήνης, 25 καὶ ἀφανιῶ θηρία πονηρὰ ἀπὸ τῆς γῆς, καὶ κατοικήσουσιν ἐν τῇ ἐρήμῳ καὶ ὑπνώσουσιν ἐν τοῖς δρυμοῖς. ²⁶καὶ δώσω αὐτοὺς περι- 26 κύκλῳ τοῦ ὄρους μου· καὶ δώσω τὸν ὑετὸν ὑμῖν, ὑετὸν εὐλογίας. ²⁷καὶ τὰ ξύλα τὰ ἐν τῷ πεδίῳ δώσει τὸν καρπὸν αὐτῶν, καὶ ἡ γῆ 27 δώσει τὴν ἰσχὺν αὐτῆς, καὶ κατοικήσουσιν ἐπὶ τῆς γῆς αὐτῶν ἐν ἐλπίδι εἰρήνης, καὶ γνώσονται ὅτι ἐγώ εἰμι Κύριος, ἐν τῷ συντρίψαι με τὸν ζυγὸν αὐτῶν· καὶ ἐξελοῦμαι αὐτοὺς ἐκ χειρὸς τῶν καταδουλωσαμένων αὐτούς, ²⁸καὶ οὐκ ἔσονται ἔτι ἐν προνομῇ τοῖς ἔθνεσιν, 28 καὶ τὰ θηρία τῆς γῆς οὐκέτι μὴ φάγωσιν αὐτούς· καὶ κατοικήσουσιν ἐν ἐλπίδι, καὶ οὐκ ἔσται ὁ ἐκφοβῶν αὐτούς. ²⁹καὶ ἀναστήσω αὐτοῖς 29 φυτὸν εἰρήνης, καὶ οὐκέτι ἔσονται ἀπολλύμενοι λιμῷ ἐπὶ τῆς γῆς, καὶ οὐ μὴ ἐνέγκωσιν ἔτι ὀνειδισμὸν ἐθνῶν. ³⁰καὶ γνώσονται ὅτι ἐγώ 30 εἰμι Κύριος ὁ θεὸς αὐτῶν, καὶ αὐτοὶ λαός μου. οἶκος Ἰσραήλ, λέγει Κύριος, ³¹πρόβατά μου καὶ πρόβατα ποιμνίου μού ἐστε, καὶ ἐγὼ 31 Κύριος ὁ θεὸς ὑμῶν, λέγει κύριος Κύριος.

¹Καὶ ἐγένετο λόγος Κυρίου πρός με λέγων ²Υἱὲ ἀνθρώπου, ἐπί- ½ XXXV

AQ 20 ισχυρου] ισχυ sup ras B^{ab}   21 ωμοις] μοις sup ras A^{a} | om και 3° Q | εξεθλιβετε] ⁂ εως ου εξεθλ. αυτα εξω Q   22 ου μη ωσιν] ουκετι εσονται A   23 επ αυτους] αυτοις A | ενα] ετερον A | ποιμαινει] ποιμανει AQ | αυτους 2°] αυτος B^{b} | Δαυειδ] + (sub a'θ' ⁂) αυτος ποιμανει αυτους Q   24 και εγω] καγω Q | εν μεσω αυτων αρχων] αρχων εμμεσω αυτων A   25 αφανιω] απολω A | πονηρα] a sup ras B^{ab} | ερημω] + (sub a'θ' ⁂) πεποιθοτες Q   26 δωσω αυτοις περικυκλω] εσονται κυκλω A | μου]+a'θ' ⁂ ευλογιαι Q^{mg} | και δωσω (2°)...ευλογιας] και αποστελω υετον ευλογιας αυτοις A | ευλογιας]+ (sub ⁂) εσονται Q^{mg}   27 τα εν τω πεδιω δωσει] του παιδιου αποδωσει A | αυτων 1°] αυτοις A | την ισχυν] του καρπον A | ζυγον]+του κλοιου AQ | om και 5° A   28 ουκ εσονται ετι] ουκ εσ. ουκετι B^{ab}Q ουκετι εσονται A | εθνεσιν B^{b} | om μη Q | φαγωσιν] πτοησει A   29 ου μη...εθνων] ονιδισμον εθνων ου μη ενεγκωσιν ετι A   30 αυτων] + (sub a'σ' ⁂) μετ αυτων Q^{mg} | Ισραηλ] pr του A | Κυριος 2°] + κ̅ς̅ B^{ab}Q   31 προβατα 1°] pr και υμεις AQ | ποιμνιου] pr του B^{ab}AQ | εστε] pr α̅ν̅ο̅ι̅ Q | Κυριος 1°] pr κ̅ς̅ B^{ab}   XXXV 1 pr tit επι ορος Σηειρ και Ιδουμαιαν Q^{mg} sup

ΙΕΖΕΚΙΗΛ XXXV 15

στρέψον τὸ πρόσωπόν σου ἐπ' ὄρος Σηεὶρ καὶ προφήτευσον εἰς B
3 αὐτό, ³καὶ εἰπόν Τάδε λέγει κύριος Κύριος Ἰδοὺ ἐγὼ ἐπὶ σέ, ὄρος
Σηείρ, καὶ ἐκτενῶ τὴν χεῖρά μου ἐπὶ σὲ καὶ δώσω σε εἰς ἔρημον, καὶ
4 ἐρημωθήσῃ, ⁴καὶ ταῖς πόλεσίν σου ἐρημίαν ποιήσω, καὶ σὺ ἔρημος
5 ἔσῃ, καὶ γνώσῃ ὅτι ἐγώ εἰμι Κύριος. ⁵ἀντὶ τοῦ γενέσθαι σε ἐχθρὰν
αἰωνίαν, καὶ ἐνεκάθισας τῷ οἴκῳ Ἰσραὴλ δόλῳ ἐν χειρὶ ἐχθρῶν
6 μαχαίρᾳ ἐν καιρῷ ἀδικίας ἐπ' ἐσχάτῳ· ⁶διὰ τοῦτο, ζῶ ἐγώ, λέγει
7 κύριος Κύριος, εἰ μὴν εἰς αἷμα ἥμαρτες, καὶ αἷμά σε διώξεται. ⁷καὶ
δώσω ὄρος Σηεὶρ εἰς ἔρημον καὶ ἠρημωμένον, καὶ ἀπολῶ ἀπ' αὐτοῦ
8 ἀνθρώπους καὶ κτήνη, ⁸καὶ ἐμπλήσω τῶν τραυματιῶν βουνοὺς καὶ
τὰς φάραγγάς σου, καὶ ἐν πᾶσι τοῖς πεδίοις σου τετραυματισμένοι
9 μαχαίρᾳ πεσοῦνται ἐν σοί. ⁹ἐρημίαν αἰώνιον θήσομαί σε, καὶ αἱ πόλεις
10 σου οὐ μὴ κατοικηθῶσιν ἔτι, καὶ γνώσῃ ὅτι ἐγώ εἰμι Κύριος. ¹⁰διὰ
τὸ εἰπεῖν σε Τὰ δύο ἔθνη καὶ αἱ δύο χῶραι ἐμαὶ ἔσονται, καὶ
11 κληρονομήσω αὐτάς, καὶ Κύριος ἐκεῖ ἐστιν. ¹¹διὰ τοῦτο, ζῶ ἐγώ,
λέγει Κύριος, καὶ ποιήσω σοι κατὰ τὴν ἔχθραν σου, καὶ γνωσθή-
12 σομαί σοι ἡνίκα ἂν κρίνω σε, ¹²καὶ γνώσῃ ὅτι ἐγώ εἰμι Κύριος.
ἤκουσα τῆς φωνῆς τῶν βλασφημιῶν σου, ὅτι εἶπας Τὰ ὄρη Ἰσραὴλ
13 ἔρημα· ἡμῖν δέδοται εἰς κατάβρωμα, ¹³καὶ ἐμεγαλορημόνησας ἐπ' ἐμὲ
14 τῷ στόματί σου· ἐγὼ ἤκουσα. ¹⁴τάδε λέγει Κύριος Ἐν τῇ εὐφροσύνῃ
15 πάσης τῆς γῆς ἔρημον ποιήσω σε· ¹⁵ἔρημον ἔσῃ, ὄρος Σηείρ, καὶ πᾶσα
ἡ Ἰδουμαία καὶ ἐξαναλωθήσεται· γνώσῃ ὅτι ἐγώ εἰμι Κύριος ὁ θεὸς
αὐτῶν.

2 επ] επι το Α επι Q | Σηειρ] adnot τριχωτον Q^mg | εις] επ AQ AQ
3 ειπον]+αυτω B^abAQ | om Κυριος A | om εις B^abAQ   4 ταις πολεσιν
(-σι B^b)] pr εν AQ | ερημος] ερημον Q   5 σε] εν σοι Q^b?mg | εχραν
Q* (εχθρ. Q^a) | αιωνιον AQ | δολω] pr ÷ Q? | εν χειρι εχθρων (÷ Q?) μαχαιρα]
εν καιρω εχθρω/ εν χειρι μαχαιρας A+(sub θ' ※) εν καιρω θλιψεως αυτων Q |
εσχατων A   6 ει] η Q | σε διωξεται] διωξ. σε (θ' ※) η μην αιμα εμιοησας
και αιμα διωξεται σε Q   7 ορος] pr το A | bis scr εις B* (improb 2° B^b) |
ερημωμενον AQ   8 εμπλησω B^bAQ+(sub ※) τα ορη αυτου Q | τραυ-
ματιων]+σου B^aAQ | βουνους] pr τους AQ+σου A | τας φαραγγας] pr πα-
σας A | πασιν AQ*^salt   9 ερημιαν] pr και A | αιωνιαν B^a   10 δια το ει-
πειν σε] διοτι ειπας A | εσονται] εισιν A | Κυριος] pr ο A   11 Κυριος] pr
κς AQ | σοι 1°] pr εν A | σου]+και κατα τον ζηλον σου ον εποιησας εκ του
μεμισηκεναι σε εν αυτοις A et (sub θ' ※) Q | αν] εαν A   12 Ισραηλ]
+ (sub ※) λεγων Q | καταβρωμα] κατασχεσι/ A   13 σου]+(sub θ' ※)
και εβοησατε επ εμε λογους υμων Q | εγω] pr και A | ηκουσα]+φησιν κς A
14 Κυριος] pr κς Q | om ερημον ποιησω σε A   15 ερημον] pr (sub ※)
καθως ηυφρανθης εις κληρονομιαν οικου Ιηλ οτι ηφανισθη. ουτως ποιησω σοι
Q | και εξαναλωθησεται] εξαλεθρευθησεται A pr ÷ Q | γνωση] pr και B?
(superscr) A και γνωσονται Q | ο θεος αυτων] pr ÷ Q?

461

ΙΕΖΕΚΙΗΛ XXXVI 1

¹Καὶ σύ, υἱὲ ἀνθρώπου, προφήτευσον ἐπὶ τὰ ὄρη Ἰσραήλ, καὶ εἰπὸν τοῖς ὄρεσιν τοῦ Ἰσραήλ Ἀκούσατε λόγον Κυρίου ²Τάδε λέγει κύριος Κύριος Ἀνθ' οὗ εἶπεν ὁ ἐχθρὸς ἐφ' ὑμᾶς Εὖγε, ἔρημα αἰώνια εἰς κατάσχεσιν ἡμῖν ἐγενήθη· ³διὰ τοῦτο προφήτευσον καὶ εἰπόν Τάδε λέγει κύριος Κύριος Ἀντὶ τοῦ ἀτιμασθῆναι ὑμᾶς καὶ μισηθῆναι ὑμᾶς ὑπὸ τῶν κύκλῳ ὑμῶν τοῦ εἶναι ὑμᾶς εἰς κατάσχεσιν τοῖς καταλοίποις ἔθνεσιν, καὶ ἀνέβητε λάλημα γλώσσῃ καὶ εἰς ὀνείδισμα ἔθνεσιν· ⁴διὰ τοῦτο, ὄρη Ἰσραήλ, ἀκούσατε λόγον Κυρίου Τάδε λέγει Κύριος τοῖς ὄρεσιν καὶ τοῖς βουνοῖς καὶ ταῖς φάραγξιν καὶ τοῖς χειμάρροις καὶ τοῖς ἐξηρημωμένοις καὶ ἠφανισμένοις καὶ ταῖς πόλεσιν ταῖς ἐνκαταλελιμμέναις, καὶ ἐγένοντο εἰς προνομὴν καὶ εἰς καταπάτημα τοῖς καταλειφθεῖσιν ἔθνεσιν περικύκλῳ· ⁵διὰ τοῦτο τάδε λέγει κύριος Κύριος Εἰ μὴν ἐν πυρὶ θυμοῦ μου ἐλάλησα ἐπὶ τὰ λοιπὰ ἔθνη καὶ ἐπὶ τὴν Ἰδουμαίαν πᾶσαν, ὅτι ἔδωκαν τὴν γῆν μου ἑαυτοῖς εἰς κατάσχεσιν μετ' εὐφροσύνης, ἀτιμάσαντες ψυχὰς τοῦ ἀφανίσαι ἐν προνομῇ. ⁶διὰ τοῦτο προφήτευσον ἐπὶ τὴν γῆν τοῦ Ἰσραήλ, καὶ εἰπὸν τοῖς ὄρεσιν καὶ τοῖς βουνοῖς καὶ ταῖς φάραγξιν καὶ ταῖς νάπαις Τάδε λέγει Κύριος Ἰδοὺ ἐγὼ ἐν τῷ ζήλῳ μου καὶ ἐν τῷ θυμῷ μου ἐλάλησα, ἀντὶ τοῦ ὀνειδισμοὺς ἐθνῶν ἐνέγκαι ὑμᾶς. ⁷διὰ τοῦτο ἐγὼ ἀρῶ τὴν χεῖρά μου ἐπὶ τὰ ἔθνη τὰ περικύκλῳ ὑμῶν, οὗτοι τὴν ἀτιμίαν αὐτῶν λήμψονται· ⁸ὑμῶν δέ, ὄρη Ἰσραήλ, τὴν σταφυλὴν καὶ τὸν καρπὸν ὑμῶν καταφάγεται ὁ λαός μου, ὅτι ἐλπίζουσιν τοῦ ἐλθεῖν. ⁹ὅτι ἰδοὺ ἐγὼ ἐφ' ὑμᾶς, καὶ ἐπιβλέψω ἐφ' ὑμᾶς, καὶ κατεργασθήσεσθε καὶ σπαρήσεσθε, ¹⁰καὶ πληθυνῶ ἐφ' ὑμᾶς ἀνθρώπους, πᾶν οἶκον

AQ XXXVI 1 ορεσι Bᵇ: item 4, 6 | του Ισραηλ] om του A | λογον] pr τον Q 2 ου] ων A | ευγε]+ευγε A 3 Κυριος]+ο θς A | αντι του] pr (sub σ´ ※) αντι του και Q*(improb αντι του Qᶻ) | om και μισηθηναι υμας Q | υπο] απο των εθνων A | υμας 3⁰] ημας A | εθνεσι (1⁰) Bᵇ: item 4 | ανεβητε] εγενεσθαι A | γλωσσης A 4 Κυριου] pr αδωναι Q | Κυριος] pr κς Q | και ταις φαραγξιν (-γξι Bᵇ: item 6) και τοις χειμαρροις] τοις χειμ. και ταις φαρ. A και τοις χειμ. και ταις φαρ. Q | τοις εξηρημωμενοις και ηφανισμενοις] ταις ναπαις ταις ερημωμεναις και ηφανισμεναις A | ενκαταλελιμμεναις (εγκ. Bᵃ²ᵇQ -λελειμμ. Bᵃᵇ)] καταλελιμμεναις A | και 7⁰] αι A | om εις 2⁰ A | εθνεσιν] pr εν Q | περικυκλω] pr τοις A 5 om Κυριος A | ει] η Qᵃ | non inst αυτ 1⁰ Bᵇᵛⁱᵈ | εαυτοις την γην μου A 6 και ταις ναπαις και ταις φαραγξι] Q | Κυριος] pr αδωναι A pr κς Q | ονειδισμου Q* (-μους Qᵃ) 7 εγω] pr ιδου A pr (sub ※) ταδε λεγει αδωναι κς Q | αρω] αιρω A | ληψονται BᵇQᵃ 8 σταφυλην]+(sub ※) δωσετε Q | υμων καταφαγεται] φαγεται A | ο λ. μου]+(sub ※) Ιηλ Q 9 om οτι A | om εφ υμας και 1⁰ A | om και επιβλεψω εφ υμας Q* (hab Qᵐᵍ) | om και σπαρησεσθε A 10 παν] παντα Qᵐᵍ

ΙΕΖΕΚΙΗΛ XXXVI 22

Ἰσραὴλ εἰς τέλος· καὶ κατοικηθήσονται αἱ πόλεις, καὶ ἡ ἠρημωμένη Β 11 οἰκοδομηθήσεται. ¹¹καὶ πληθυνῶ ἐφ᾿ ὑμᾶς ἀνθρώπους καὶ κτήνη, καὶ κατοικιῶ ὑμᾶς ὡς τὸ ἐν ἀρχῇ ὑμῶν, καὶ εὖ ποιήσω ὑμᾶς ὥσπερ τὰ 12 ἔμπροσθεν ὑμῶν· καὶ γνώσεσθε ὅτι ἐγώ εἰμι Κύριος. ¹²καὶ γεννήσω ἐφ᾿ ὑμᾶς ἀνθρώπους τὸν λαόν μου Ἰσραήλ, καὶ κληρονομήσουσιν ὑμᾶς, καὶ ἔσεσθε αὐτοῖς εἰς κατάσχεσιν· καὶ οὐ μὴ προστεθῆτε ἔτι 13 ἀτεκνωθῆναι ἀπ᾿ αὐτῶν. ¹³τάδε λέγει κύριος Κύριος Ἀνθ᾿ ὧν εἶπάν σοι Κατέσθουσα ἀνθρώπους εἶ, καὶ ἠτεκνωμένη ὑπὸ τοῦ ἔθνους σου 14 ἐγένου· ¹⁴διὰ τοῦτο ἀνθρώπους οὐκέτι φάγεσαι, καὶ τὸ ἔθνος σου 15 οὐκ ἀτεκνώσεις ἔτι, λέγει κύριος Κύριος. ¹⁵καὶ οὐκ ἀκουσθήσεται οὐκέτι ἐφ᾿ ὑμᾶς ἀτιμία ἐθνῶν, καὶ ὀνειδισμοὺς λαῶν οὐ μὴ ἀνενέγκητε, λέγει 16 κύριος Κύριος. ¹⁶Καὶ ἐγένετο λόγος Κυρίου πρὸς μὲ λέγων 17 ¹⁷Υἱὲ ἀνθρώπου, οἶκος Ἰσραὴλ κατῴκησεν ἐπὶ τῆς γῆς αὐτῶν, καὶ ἐμίαναν αὐτὴν ἐν τῇ ὁδῷ αὐτῶν καὶ ἐν τοῖς εἰδώλοις αὐτῶν καὶ ταῖς ἀκαθαρσίαις αὐτῶν, καὶ κατὰ τὴν ἀκαθαρσίαν τῆς ἀποκαθημένης 18 ἐγενήθη ἡ ὁδὸς αὐτῶν πρὸ προσώπου μου. ¹⁸καὶ ἐξέχεα τὸν θυμόν 19 μου ἐπ᾿ αὐτούς, ¹⁹καὶ διέσπειρα αὐτοὺς εἰς τὰ ἔθνη, καὶ ἐλίκμησα αὐτοὺς εἰς τὰς χώρας· κατὰ τὴν ὁδὸν αὐτῶν καὶ κατὰ τὴν ἁμαρτίαν 20 αὐτῶν ἔκρινα αὐτούς. ²⁰καὶ εἰσῆλθον εἰς τὰ ἔθνη οὗ εἰσῆλθον ἐκεῖ, καὶ ἐβεβήλωσαν τὸ ὄνομά μου τὸ ἅγιον ἐν τῷ λέγεσθαι αὐτοὺς Λαὸς 21 Κυρίου οὗτοι, καὶ ἐκ τῆς γῆς αὐτοῦ ἐξεληλύθασιν. ²¹καὶ ἐφεισάμην αὐτῶν διὰ τὸ ὄνομά μου τὸ ἅγιον, ὃ ἐβεβήλωσαν οἶκος Ἰσραὴλ ἐν τοῖς 22 ἔθνεσιν οὗ εἰσήλθοσαν ἐκεῖ. ²²διὰ τοῦτο εἰπὸν τῷ οἴκῳ Ἰσραὴλ Τάδε λέγει Κύριος Οὐχ ὑμῖν ἐγὼ ποιῶ, οἶκος Ἰσραήλ, ἀλλ᾿ ἢ διὰ τὸ ὄνομά

10 πολεις] + υμων A | η ηρημωμενη οικοδομηθησεται] αιρημωμεναι (sic) AQ οικοδομηθησονται A   11 κτηνη] + (sub a'θ' ※) και αυξηθησονται και πληθυνθησονται Q | τα εμπροσθεν] το εμπρ. A   12 γεννησω] δωσω A | προστεθητε] προστεθησεσθαι A   13 κυριος] αδωναι A | κατεσθιουσα Q* vid (-θουσα Q^a) | ει] + συ Q | ητεκνωμενη] ε 1^a sup ras B?   14 ατεκνωσεις ετι] ατεκνωσει σε ουκετι A | κυριος] αδωναι A   15 ουκετι εφ υμας] εφ υμας ουκετι Q* (improb ουκ Q^a) | ονειδισμους λαων] ονειδισμο͞υ εθνων A | ου μη ανενεγκητε] ου μη ενεγκηται ετι A ου λημψη (ληψ. Q^a) ετι Q + (sub ※) και το εθνος σου ουκ ατεκνωθησεται ετι Q | Κυριος] ο θ͞ς A   17 κατωκησαν A | και 1°] + εν ταις ακαθαρσιαις αυτων A | ταις ακαθαρσιαις] pr εν AQ | om και 4° AQ | αποκαθημενης] αφεδρου A   18 αυτους] + περι του αιματος ου εξεχεαν εν τη γη (επι την γην Q) και εν τοις ειδωλοις (id. A) αυτων εμιαναν αυτην A et (sub a'θ' ※) Q   19 την οδον] τας οδους A | την αμαρτιαν] τας ανομιας A   20 εισηλθον bis] εισηλθοσαν A | μου το αγιον] το αγιον μου Q | λεγεσθαι] λεγειν Q* vid (-γεσθαι Q^1) | αυτου] αυτων A | εξεληλυθασιν] εξηλθοσαν A   21 μου το αγιον] το αγιον μου Q   22 Κυριος] pr αδωναι A pr κ͞ς Q | αλλ η] αλλα Q

B μου τὸ ἅγιον, ὃ ἐβεβηλώσατε ἐν τοῖς ἔθνεσιν οὗ εἰσήλθετε ἐκεῖ. ²³καὶ ἁγιάσω τὸ ὄνομά μου τὸ μέγα τὸ βεβηλωθὲν ἐν τοῖς ἔθνεσιν, 23 ὃ ἐβεβηλώσατε ἐν μέσῳ αὐτῶν, καὶ γνώσονται τὰ ἔθνη ὅτι ἐγώ εἰμι Κύριος ἐν τῷ ἁγιασθῆναί με ἐν ὑμῖν κατ' ὀφθαλμοὺς αὐτῶν. ²⁴καὶ 24 λήμψομαι ὑμᾶς ἐκ τῶν ἐθνῶν καὶ ἀθροίσω ὑμᾶς ἐκ πασῶν τῶν γαιῶν, καὶ εἰσάξω ὑμᾶς εἰς τὴν γῆν ὑμῶν. ²⁵καὶ ῥανῶ ἐφ' ὑμᾶς ὕδωρ 25 καθαρόν, καὶ καθαρισθήσεσθε ἀπὸ πασῶν τῶν ἀκαθαρσιῶν ὑμῶν καὶ ἀπὸ πάντων τῶν εἰδώλων ὑμῶν, καὶ καθαριῶ ὑμᾶς, ²⁶καὶ δώσω ὑμῖν 26 καρδίαν καινήν, καὶ πνεῦμα καινὸν δώσω ἐν ὑμῖν, καὶ ἀφελῶ τὴν καρδίαν τὴν λιθίνην ἐκ τῆς σαρκὸς ὑμῶν καὶ δώσω ὑμῖν καρδίαν σαρκίνην. ²⁷καὶ τὸ πνεῦμά μου δώσω ἐν ὑμῖν, καὶ ποιήσω ἵνα ἐν 27 τοῖς δικαιώμασίν μου πορεύησθε, καὶ τὰ κρίματά μου φυλάξησθε καὶ ποιήσητε. ²⁸καὶ κατοικήσετε ἐπὶ τῆς γῆς ἧς ἔδωκα τοῖς πατράσιν 28 ὑμῶν, καὶ ἔσεσθέ μοι εἰς λαόν, κἀγὼ ἔσομαι ὑμῖν εἰς θεόν. ²⁹καὶ 29 σώσω ὑμᾶς ἐκ πασῶν τῶν ἀκαθαρσιῶν ὑμῶν, καὶ καλέσω τὸν σῖτον ³⁰καὶ πληθυνῶ αὐτόν, καὶ οὐ δώσω ἐφ' ὑμᾶς λιμόν· καὶ πληθυνῶ 30 τὸν καρπὸν τοῦ ξύλου καὶ τὰ γενήματα τοῦ ἀγροῦ, ὅπως μὴ λάβητε ὀνειδισμὸν λιμοῦ ἐν τοῖς ἔθνεσιν. ³¹καὶ μνησθήσεσθε τὰς ὁδοὺς 31 ὑμῶν τὰς πονηρὰς καὶ τὰ ἐπιτηδεύματα ὑμῶν τὰ μὴ ἀγαθά, καὶ προσοχθιεῖτε κατὰ πρόσωπον αὐτῶν ἐν ταῖς ἀνομίαις ὑμῶν καὶ ἐπὶ τοῖς βδελύγμασιν αὐτῶν. ³²οὐ δι' ὑμᾶς ἐγὼ ποιῶ, λέγει κύριος 32 Κύριος, γνωστόν ἐστιν ὑμῖν. αἰσχύνθητε καὶ ἐντράπητε ἐκ τῶν ὁδῶν ὑμῶν, οἶκος Ἰσραήλ. ³³τάδε λέγει ἀδωναὶ Κύριος Ἐν ἡμέρᾳ 33 ᾗ καθαριῶ ὑμᾶς ἐκ πασῶν ἀνομιῶν ὑμῶν, καὶ κατοικιῶ τὰς πόλεις, καὶ οἰκοδομηθήσονται ἔρημοι· ³⁴καὶ ἡ γῆ ἡφανισμένη ἐργασθήσεται, 34 ἀνθ' ὧν ὅτι ἠφανισμένη ἐγενήθη κατ' ὀφθαλμοὺς παντὸς παροδεύοντος. ³⁵καὶ ἐροῦσιν Ἡ γῆ ἐκείνη ἠφανισμένη ἐγενήθη ὡς κῆπος τρυφῆς, 35 καὶ αἱ πόλεις αἱ ἔρημοι καὶ ἠφανισμέναι καὶ κατεσκαμμέναι ὀχυραὶ ἐκάθισαν· ³⁶καὶ γνώσονται τὰ ἔθνη, ὅσα ἂν καταλειφθῶσιν κύκλῳ ὑμῶν, 36 ὅτι ἐγὼ Κύριος ᾠκοδόμησα τὰς καθῃρημένας καὶ κατεφύτευσα τὰς ἠφα-

---

AQ 22 μου το αγιον] το αγιον μου Q | εισηλθαται A 23 μεγα] αγιον A | Κυριος]+λεγει αδωναι κ̅ς̅ A et (sub ※) Q πιπι pro κ̅ς̅ Q^mg 24 ληψομαι B^b Q^a | γαιων] αγιων Q* (γαιων Q^a) 27 δικαιωμασι B^b | φυλαξεσθαι A | ποιησητε] ποιησεται A + (sub ※) αυτα Q 28 καγω] και εγω AQ 30 om ου Q* (hab Q^1mg) | λοιμον B*^vid (λιμον B^bAQ) | οπως]+αν B^abQ | λαβητε]+ετι AQ | λιμου] λαου A | εθνεσι B^b 31 κατα προσωπον] και το πρ. B^ab | επι] εν AQ | αυτων 2°] υμω̅ A 32 κυριος] αδωναι B^ab mg | Κυριος] ο θ̅ς̅ A | εστιν] εσται AQ | Ισραηλ]+λεγει κ̅ς̅ A 33 αδωναι Κυριος] κ̅ς̅ ο θ̅ς̅ A κ̅ς̅ κ̅ς̅ Q | ημερα] τη ημ. εκεινη A | ανομιων] pr των A | ερημοι] pr αι AQ 34 ηφανισμενη 1°] pr η B^abAQ | παροδευοντος] διοδευοντος A 35 ηφανισμενη] pr η AQ 36 εγω 1°]+ειμι A

ΙΕΖΕΚΙΗΛ   XXXVII 10

37 νισμένας· ἐγὼ Κύριος ἐλάλησα καὶ ποιήσω.   37Τάδε λέγει Β ἀδωναὶ Κύριος Ἔτι τοῦτο ζητηθήσομαι τῷ οἴκῳ Ἰσραὴλ τοῦ ποιῆσαι 38 αὐτούς· πληθυνῶ αὐτοὺς ὡς πρόβατα ἀνθρώπους, 38ὡς πρόβατα ἅγια, ὡς πρόβατα Ἰερουσαλὴμ ἐν ταῖς ἑορταῖς αὐτῆς· οὕτως ἔσονται αἱ πόλεις αἱ ἔρημοι πλήρεις προβάτων ἀνθρώπων, καὶ γνώσονται ὅτι ἐγὼ Κύριος.

XVII 1 ¹Καὶ ἐγένετο ἐπ' ἐμὲ χεὶρ Κυρίου, καὶ ἐξήγαγέν με ἐν πνεύματι Κύριος καὶ ἔθηκέν με ἐν μέσῳ τοῦ πεδίου, καὶ τοῦτο ἦν μεστὸν 2 ὀστέων ἀνθρωπίνων· ²καὶ περιήγαγέν με ἐπ' αὐτὰ κυκλόθεν κύκλῳ, καὶ ἰδοὺ πολλὰ σφόδρα ἐπὶ προσώπου τοῦ πεδίου, ξηρὰ σφόδρα. 3 ³καὶ εἶπεν πρὸς μέ Υἱὲ ἀνθρώπου, εἰ ζήσεται τὰ ὀστᾶ ταῦτα; καὶ 4 εἶπα Κύριε, σὺ ἐπίστῃ ταῦτα. ⁴καὶ εἶπεν πρὸς μέ Προφήτευσον ἐπὶ τὰ ὀστᾶ ταῦτα καὶ ἐρεῖς αὐτοῖς Τὰ ὀστᾶ τὰ ξηρά, ἀκούσατε λόγον 5 Κυρίου ⁵Τάδε λέγει Κύριος τοῖς ὀστέοις τούτοις Ἰδοὺ ἐγὼ φέρω εἰς 6 ὑμᾶς πνεῦμα ζωῆς, ⁶καὶ δώσω ἐφ' ὑμᾶς νεῦρα, καὶ ἀνάξω ἐφ' ὑμᾶς σάρκας, καὶ ἐκτενῶ ἐφ' ὑμᾶς δέρμα, καὶ δώσω πνεῦμά μου εἰς ὑμᾶς 7 καὶ ζήσεσθε· καὶ γνώσεσθε ὅτι ἐγώ εἰμι Κύριος. ⁷καὶ ἐπροφήτευσα καθὼς ἐνετείλατό μοι. καὶ ἐγένετο ἐν τῷ ἐμὲ προφητεῦσαι, καὶ ἰδοὺ σεισμός, καὶ προσήγαγε τὰ ὀστᾶ ἑκάτερον πρὸς τὴν ἁρμονίαν αὐτοῦ. 8 ⁸καὶ ἴδον, καὶ ἰδοὺ ἐπ' αὐτὰ νεῦρα καὶ σάρκες ἐφύοντο, καὶ ἀνέβαινεν 9 ἐπ' αὐτὰ δέρματα ἐπάνω, καὶ πνεῦμα οὐκ ἦν ἐν αὐτοῖς. ⁹καὶ εἶπεν πρὸς μέ Προφήτευσον ἐπὶ τὸ πνεῦμα, προφήτευσον, υἱὲ ἀνθρώπου, καὶ εἰπὸν τῷ πνεύματι Τάδε λέγει Κύριος Ἐκ τῶν τεσσάρων πνευμάτων ἐλθὲ καὶ ἐμφύσησον εἰς τοὺς νεκροὺς τούτους, καὶ ζησάτωσαν. 10 ¹⁰καὶ ἐπροφήτευσα καθότι ἐνετείλατό μοι· καὶ εἰσῆλθεν εἰς αὐτοὺς

36 εγω 2°] pr οτι A | Κυριος 2°] pr κ̄ς A | ποιησω] εποιησα Q   37 αδω- AQ ναι Κυριος] κ̄ς κ̄ς ο θ̄ς A κ̄ς κ̄ς Q | ζητηθησομαι] ζητημα θησομαι A | αυτους 1°] αυτοις AQ   38 εγω]+ειμι A   XXXVII 1 pr tit νεκρων αναβιωσις Q | πνευματι] adnot τω αγιω Q^{mg} | Κυριος] κ̄υ Q | πεδιου] πεδινου Q* vid (-διου Qa) | οστων Q | ανθρωπινων] pr - Q?   2 ξηρα] pr και ιδου AQ 3 Κυριε] pr κ̄ε AQ | επιστη] επιστασαι Q | ταυτα 2°] αυτα A pr - Q? 4 με]+(sub -) υιε ανο̄υ Q   5 Κυριος] pr κ̄ς AQ | οστοις Q   6 πνευμα μου εις υμας] π̄ν̄α μου εφ υμ. A εις υμ. π̄ν̄α μου Q | οτι] διοτι A   7 μοι] +κ̄ς A | εγενετο]+φωνη A et (sub ※) Q | προφητευσαι] προφητευειν A | προσηγαγεν AQ* | οστα]+οστεο̄ Q^{mg}   8 ειδον Bab | εφυοντο] ανεφυοντο A | δερματα] δερμα AQ   9 επι το πνευμα...ανθρωπου] υιε ανο̄υ προφητευσον επι το πνευμα A | Κυριος] pr κ̄ς AQ | εκ των τεσσαρων πνευματων (πν. sup ras Bab) ελθε] ελθε εκ των τεσσ. ανεμων του ουνο̄υ ελθε το πνευμα A εκ των τεσσ. πνευματων ελθε (οι γ ※) το πνευμα Q   10 καθοτι] καθως A

SEPT. III.   465   G G

ΙΕΖΕΚΙΗΛ

Β τὸ πνεῦμα καὶ ἔζησαν, καὶ ἔστησαν ἐπὶ τῶν ποδῶν αὐτῶν, συναγωγὴ πολλὴ σφόδρα. ¹¹καὶ ἐλάλησεν Κύριος πρὸς μὲ λέγων Υἱὲ ἀνθρώ- 11 που, τὰ ὀστᾶ ταῦτα πᾶς οἶκος Ἰσραήλ ἐστιν, καὶ αὐτοὶ λέγουσιν Ξηρὰ γέγονεν τὰ ὀστᾶ ἡμῶν, ἀπόλωλεν ἡ ἐλπὶς ἡμῶν, διαπεφωνήκαμεν. ¹²διὰ τοῦτο προφήτευσον καὶ εἰπόν Τάδε λέγει Κύριος Ἰδοὺ 12 ἐγὼ ἀνοίγω ὑμῶν τὰ μνήματα, καὶ ἀνάξω ὑμᾶς ἐκ τῶν μνημάτων ὑμῶν, καὶ εἰσάξω ὑμᾶς εἰς τὴν γῆν τοῦ Ἰσραήλ, ¹³καὶ γνώσεσθε ὅτι ἐγώ 13 εἰμι Κύριος, ἐν τῷ ἀνοῖξαί με τοὺς τάφους ὑμῶν τοῦ ἀναγαγεῖν με ἐκ τῶν τάφων τὸν λαόν μου. ¹⁴καὶ δώσω τὸ πνεῦμά μου εἰς ὑμᾶς 14 καὶ ζήσεσθε, καὶ θήσομαι ὑμᾶς ἐπὶ τὴν γῆν ὑμῶν, καὶ γνώσεσθε ὅτι ἐγὼ Κύριος λελάληκα καὶ ποιήσω, λέγει Κύριος.

¹⁵Καὶ ἐγένετο λόγος Κυρίου πρὸς μὲ λέγων ¹⁶Υἱὲ ἀνθρώπου, λάβε 15 σεαυτῷ ῥάβδον καὶ γράψον ἐπ' αὐτὴν τὸν Ἰούδαν καὶ τοὺς υἱοὺς 16 Ἰσραὴλ τοὺς προσκειμένους ἐπ' αὐτόν· καὶ ῥάβδον δευτέραν λήμψῃ σεαυτῷ καὶ γράψεις αὐτήν Τῷ Ἰωσήφ, ῥάβδον Ἐφράιμ καὶ πάντας τοὺς υἱοὺς Ἰσραὴλ τοὺς προστεθέντας πρὸς αὐτόν. ¹⁷καὶ συνάψεις 17 αὐτὰς πρὸς ἀλλήλας σαυτῷ εἰς ῥάβδον μίαν τοῦ δῆσαι αὐτάς, καὶ ἔσονται ἐν τῇ χειρί σου. ¹⁸καὶ ἔσται ὅταν λέγωσιν πρὸς σὲ οἱ υἱοὶ 18 τοῦ λαοῦ σου Οὐκ ἀναγγέλλεις ἡμῖν τί ἐστιν ταῦτά σοι; ¹⁹καὶ ἐρεῖς 19 πρὸς αὐτούς Τάδε λέγει Κύριος Ἰδοὺ ἐγὼ λήμψομαι τὴν φυλὴν Ἰωσὴφ τὴν διὰ χειρὸς Ἐφράιμ καὶ τὰς φυλὰς Ἰσραὴλ τὰς προσκειμένας πρὸς αὐτόν, καὶ δώσω αὐτοὺς ἐπὶ τὴν φυλὴν Ἰούδα, καὶ ἔσονται εἰς ῥάβδον μίαν τῇ χειρὶ Ἰούδα. ²⁰καὶ ἔσονται αἱ ῥάβδοι 20 ἐφ' ἃς σὺ ἔγραψας ἐπ' αὐταῖς ἐν τῇ χειρί σου ἐνώπιον αὐτῶν, ²¹καὶ 21 ἐρεῖς αὐτοῖς Τάδε λέγει κύριος Κύριος Ἰδοὺ ἐγὼ λαμβάνω πάντα οἶκον Ἰσραὴλ ἐκ μέσου τῶν ἐθνῶν οὗ εἰσήλθοσαν ἐκεῖ, καὶ συνάξω αὐτοὺς ἀπὸ πάντων τῶν περικύκλῳ αὐτῶν καὶ εἰσάξω αὐτοὺς εἰς τὴν γῆν

AQ 10 το πνευμα] πν. ζωης Α | πολλη] μεγαλη Α | σφοδρα]+(sub οι γ' ※) σφοδρα Q 11 οικος] pr ο Q 12 ειπον]+προς αυτους Α et (sub οι γ' ※) Q | Κυριος] pr αδωναι Α pr κ̅ς Q | υμων (υμω B* υμων B^ab) τα μνηματα] τα μν. υμων Q | υμων 2°]+(sub οι γ' ※) λαος μου Q 13 με 2°]+υμας Α et (sub ※) Q | ταφων]+υμων AQ 14 το πνευμα] om το B^ab AQ | λελαληκα] ελαλησα (post ελ. distinx) Q | Κυριος 2°] pr κ̅ς AQ 16 υιε] pr (sub ※) και συ Q | Ισραηλ 1°] αυτης Α | επ 2°] προς AQ^mg | ληψη B^b Q^a | προστεθεντας] προσκειμενους Α 17 συναψεις] συναξεις Q | προσαλληλα Q* (-λας Q^a) | σαυτω] σεαυτω Α | του δησαι αυτας] pr ⸗ Q? 18 σου]+λεγοντες Α et (sub ※) Q | αναγγελλεις] απαγγελεις AQ 19 Κυριος] pr αδωναι Α pr κ̅ς Q | ληψομαι B^b Q^a | την δια] om την Α | Ισραηλ] pr του Α | προκειμενας Q*^fort | Ιουδα 1°] pr του Α | μιαν]+(sub ※) και εσονται μια Q | τη χειρι] pr εν AQ 20 αι ραβδοι (δ sup ras B^ab)] om αι Q* (superscr Q^a) | ας] αις AQ 21 κυριος Κυριος] αδωναι κ̅ς ο θ̅ς Α

466

ΙΕΖΕΚΙΗΛ XXXVIII 4

22 τοῦ Ἰσραήλ, ²²καὶ δώσω αὐτοὺς εἰς ἔθνος ἐν τῇ γῇ μου καὶ ἐν τοῖς B
ὄρεσιν Ἰσραήλ· καὶ ἄρχων εἷς ἔσται αὐτῶν, καὶ οὐκ ἔσονται ἔτι εἰς
23 δύο ἔθνη, οὐδὲ μὴ διαιρεθῶσιν οὐκέτι εἰς δύο βασιλείας, ²³ἵνα μὴ
μιαίνωνται ἔτι ἐν τοῖς εἰδώλοις αὐτῶν. καὶ ῥύσομαι αὐτοὺς ἀπὸ
πασῶν τῶν ἀνομιῶν αὐτῶν ὧν ἡμάρτοσαν ἐν αὐταῖς, καὶ καθαριῶ
αὐτούς, καὶ ἔσονταί μοι εἰς λαόν, καὶ ἐγὼ Κύριος ἔσομαι αὐτοῖς εἰς
24 θεόν· ²⁴καὶ ὁ δοῦλός μου Δαυειδ ἄρχων ἐν μέσῳ αὐτῶν· ἔσται
ποιμὴν εἷς πάντων· ὅτι ἐν τοῖς προστάγμασίν μου πορεύσονται, καὶ
25 τὰ κρίματά μου φυλάξονται καὶ ποιήσουσιν αὐτά. ²⁵καὶ κατοι-
κήσουσιν ἐπὶ τῆς γῆς αὐτῶν ἣν ἐγὼ δέδωκα τῷ δούλῳ μου Ἰακώβ,
οὗ κατῴκησαν ἐκεῖ οἱ πατέρες αὐτῶν, καὶ κατοικήσουσιν ἐπ' αὐτῆς
26 αὐτοί. καὶ Δαυειδ ὁ δοῦλός μου ἄρχων εἰς τὸν αἰῶνα. ²⁶καὶ δια-
θήσομαι αὐτοῖς διαθήκην εἰρήνης, διαθήκη αἰωνία ἔσται μετ' αὐτῶν·
27 καὶ θήσω τὰ ἅγιά μου ἐν μέσῳ αὐτῶν εἰς τὸν αἰῶνα, ²⁷καὶ ἔσται ἡ
κατασκήνωσίς μου ἐν αὐτοῖς, καὶ ἔσομαι αὐτοῖς θεός, καὶ αὐτοί μου
28 ἔσονται λαός. ²⁸καὶ γνώσονται τὰ ἔθνη ὅτι ἐγώ εἰμι Κύριος ὁ
ἁγιάζων αὐτούς, ἐν τῷ εἶναι τὰ ἅγιά μου ἐν μέσῳ αὐτῶν εἰς τὸν
αἰῶνα.

XVIII 1,2 ¹Καὶ ἐγένετο λόγος Κυρίου πρὸς μὲ λέγων ²Υἱὲ ἀνθρώπου, στή-
ρισον τὸ πρόσωπόν σου ἐπὶ Γὼγ καὶ τὴν γῆν τοῦ Μαγώγ, ἄρχοντα
3 Ῥώς, Μεσοχ, καὶ Θοβέλ, καὶ προφήτευσον ἐπ' αὐτὸν ³καὶ εἰπὸν
αὐτῷ Τάδε λέγει κύριος Κύριος Ἰδοὺ ἐγὼ ἐπὶ ἄρχοντα Ῥώς, Μεσοχ,
4 καὶ Θοβέλ, ⁴καὶ συνάξω σε καὶ πᾶσαν τὴν δύναμίν σου, ἵππους καὶ
ἱππεῖς ἐνδεδυμένους θώρακας πάντας συναγωγῇ πολλῇ, πέλται καὶ

22 Ισραηλ] pr του A | αυτων] pr παντων A et (sub ※) Q + (sub ※) εις AQ
βασιλεα Q | ετι] ουκετι A | βασιλειας] βασιλεις Q   23 αυτων 1°]+εν οις
ημαρτοσαν εν αυτοις και εν τοις προσοχθεισμασιν αυτων και εν πασαις ταις βασι-
λειαις (sic) αυτων A + (sub θ' ※) και εν τοις προσοχθισμασιν αυτων και εν πασαις
ταις ασεβειαις αυτων Q | ημαρτοσαν] ν sup ras B? | om Κυριος Q   24 εσται
ποιμην εις] και ποιμην εις εσται AQ | παντων]+(sub ※) αυτων Q | μου 2°] μοι
B* (μου Bᵃ¹ᵇ) | πορευσωνται A | φυλαξωνται A   25 εγω δεδωκα] εδωκα εγω
Q | αυτοι]+και οι υιοι αυτων και οι υιοι των υιων αυτων εως αιωνος A et
(sub a'θ' ※) Q | και 3°]+ιδου A | αρχων] + αυτων εσται AQ* (εσται sub ₸
Q?)   26 διαθηκη] pr και A | αυτων 1°]+(sub a'θ' ※) και δωσω αυτους
και πληθυνω αυτους Q   27 θεος] εις θν A | μου εσονται] εσονται μοι A
εσ. μου Q   28 om τα εθνη A | αιωνα]+λεγει κς A   XXXVIII 1 pr
tit περι Γωγ και Μαγωγ Qᵐᵍ ˢᵘᵖ   2 Γωγ] adnot δωματα Qᵐᵍ | Μαγωγ]
τηγμος (sic ut vid) η απο δωματων Qᵐᵍ | Ρως] adnot κεφαλης Qᵐᵍ | Μεσοχ]
Μοσοχ A adnot εκστασις Qᵐᵍ | Θοβελ] adnot συμπασα Qᵐᵍ   3 κυριος 1°]
αδωναι A | επι]+σε Bᵃᵇ+σε Γωγ AQ | αρχοντα] pr και A | Μεσοχ] Μοσοκ A
4 και 1°] pr (sub θ' ※) και περιστρεψω σε και δωσω χαλινον εις τας σιαγονας
σου Q

B περικεφαλαῖαι καὶ μάχαιραι· ⁵Πέρσαι καὶ Αἰθίοπες καὶ Λίβυες, 5
πάντες περικεφαλαίαις καὶ πέλταις, ⁶Γόμερ καὶ πάντες οἱ περὶ αὐτόν, 6
οἶκος τοῦ Θεργαμὰ ἀπ' ἐσχάτου βορρᾶ καὶ πάντες οἱ περὶ αὐτόν, καὶ
ἔθνη πολλὰ μετὰ σοῦ. ⁷ἑτοιμάσθητι, ἑτοίμασον σεαυτὸν σὺ καὶ 7
πᾶσα ἡ συναγωγή σου, οἱ συνηγμένοι μετὰ σοῦ, καὶ ἔσῃ μοι εἰς
προφυλακήν. ⁸ἀφ' ἡμερῶν πλειόνων ἑτοιμασθήσεται, καὶ ἐπ' ἐσχά- 8
του ἐτῶν ἐλεύσεται καὶ ἥξει εἰς τὴν γῆν τὴν ἀπεστραμμένην ἀπὸ
μαχαίρας, συνηγμένων ἀπὸ ἐθνῶν πολλῶν, ἐπὶ γῆν Ἰσραὴλ ἣ ἐγε-
νήθη ἔρημος δι' ὅλου· καὶ οὗτος ἐξ ἐθνῶν ἐξελήλυθεν, καὶ κατοική-
σουσιν ἐπ' εἰρήνης ἅπαντες. ⁹καὶ ἀναβήσῃ ὡς ὑετός, καὶ ἥξει ὡς 9
νεφέλη κατακαλύψαι γῆν, καὶ ἔσει σὺ καὶ πάντες οἱ περὶ σὲ καὶ ἔθνη
πολλὰ μετὰ σοῦ. ¹⁰τάδε λέγει κύριος Κύριος Καὶ ἔσται ἐν τῇ ἡμέρᾳ 10
ἐκείνῃ ἀναβήσεται ῥήματα ἐπὶ τὴν καρδίαν σου, καὶ λογιῇ λογισμοὺς
πονηροὺς ¹¹καὶ ἐρεῖς Ἀναβήσομαι ἐπὶ γῆν ἀπερριμμένην, ἥξω ἐπὶ 11
ἡσυχάζοντας ἐν ἡσυχίᾳ καὶ οἰκοῦντας ἐπ' εἰρήνης, πάντας κατοικοῦν-
τας γῆν ἐν ᾗ οὐχ ὑπάρχει τεῖχος οὐδὲ μοχλοί, καὶ θύραι οὐκ εἰσὶν
αὐτοῖς· ¹²προνομεῦσαι προνομὴν καὶ σκυλεῦσαι σκῦλα αὐτῶν, τοῦ 12
ἐπιστρέψαι χεῖρά μου εἰς τὴν ἠρημωμένην ἣ κατοικίσθη, καὶ ἐπ' ἔθνος
συνηγμένον ἀπὸ ἐθνῶν πολλῶν, πεποιηκότας κτήσεις, κατοικοῦντας
ἐπὶ τὸν ὀμφαλὸν τῆς γῆς. ¹³Σαβὰ καὶ Δαιδὰν καὶ ἔμποροι Καρχη- 13
δόνιοι καὶ πᾶσαι αἱ κῶμαι αὐτῶν ἐροῦσίν σοι Εἰς προνομὴν τοῦ
προνομεῦσαι σὺ ἔρχῃ καὶ σκυλεῦσαι σκῦλα; συνήγαγες συναγωγήν σου
λαβεῖν ἀργύριον καὶ χρυσίον, ἀπενέγκασθαι κτῆσιν τοῦ σκυλεῦσαι
σκῦλα; ¹⁴Διὰ τοῦτο προφήτευσον, υἱὲ ἀνθρώπου, καὶ εἰπὸν τῷ 14

AQ   4 μαχαιραι]+(sub θ' ※) παντες αυτοι Q   5 Περσαι] adnot πειρα-
ζομενοι Q^mg | Αιθιοπες] adnot ταπεινωσις Q^mg | Λιβυες]+και Λυδοι A+(sub
※) μετ αυτων adnot στομα αποκλινοντος Q^mg | περικεφαλαιαις] pr εν A
6 Γομερ] adnot πικρασθησεται Q^mg | Θεργαμα] adnot παροικια τις Q^mg
7 ετοιμασον] pr και Q | σεαυτον] σαυτον Q   8 πλειονων]+ετων A |
εσχατων A | επι γην Ισραηλ] εις την γην του Ἰηλ A | ουτος εξ εθνων εξελη-
λυθεν] αυτος εξελ. εκ των εθν. A   9 ηξεις AQ | νεφελη] καταιγις Q^mg |
εσει (-ση B^ab)] πεση AQ   10 Κυριος]+ο θ̅ς̅ A   11 απεριμμενην
AQ | επι 2°] εφ Q | οικουντας] κατοικου|τας A | γην εν η] πολεις εν αις
A | αυτοις] αυταις A   12 om αυτων A | χειρα] pr την A | την ηρημ.]
γην ηρημ. Q | επ] επι AQ | κτησεις]+(sub σ' ※) και υπαρξει̣ Q | κατοι-
κουντας] pr και Q   13 Σαβα] Σαβαν Q adnot κυκλος Q^mg | Δαιδαν]
Δαδαν Q adnot κατασκοπη χαρας Q^mg vid | εμποροι] pr οι A | Καρχηδονιοι (K
sup ras B^ab)] Χαλκηδονος A adnot μονοτης Καρχ. Θαρσεις Q^mg vid | κωμαι
αυτων] χωραι αυτης A | του προνομευσαι εις προνομην A | απεινεγκασθαι Q*
(απεν. Q^a) | κτησιν] κτησεις A | σκυλα 2°]+(sub θ' ※) μεγαλα Q
14 ειπον] ειπε Q* (om και ειπ. Q^?)

ΙΕΖΕΚΙΗΛ XXXIX 2

Γὼγ Τάδε λέγει Κύριος Οὐκ ἐν τῇ ἡμέρᾳ ἐκείνῃ, ἐν τῷ κατοικισθῆναι B
15 τὸν λαόν μου Ἰσραὴλ ἐπ᾽ εἰρήνης, ἐγερθήσῃ; ¹⁵καὶ ἥξεις ἐκ τοῦ
τόπου σου ἀπ᾽ ἐσχάτου βορρᾶ, καὶ ἔθνη πολλὰ μετὰ σοῦ, ἀναβάται
16 ἵππων πάντες, συναγωγὴ μεγάλη καὶ δύναμις πολλή, ¹⁶καὶ ἀναβήσῃ
ἐπὶ τὸν λαόν μου Ἰσραὴλ ὡς νεφέλη καλύψαι γῆν· ἐπ᾽ ἐσχάτων
τῶν ἡμερῶν ἔσται, καὶ ἀνάξω σε ἐπὶ τὴν γῆν μου, ἵνα γνῶσιν πάντα
17 τὰ ἔθνη ἐμέ, ἐν τῷ ἁγιασθῆναί με ἐν σοὶ ἐνώπιον αὐτῶν. ¹⁷τάδε
λέγει κύριος Κύριος τῷ Γώγ Σὺ εἶ περὶ οὗ ἐλάλησα πρὸ ἡμερῶν τῶν
ἔμπροσθεν διὰ χειρὸς τῶν δούλων μου προφητῶν τοῦ Ἰσραήλ, ἐν
18 ταῖς ἡμέραις ἐκείναις καὶ ἔτεσιν, τοῦ ἀγαγεῖν σε ἐπ᾽ αὐτούς. ¹⁸καὶ
ἔσται ἐν τῇ ἡμέρᾳ ἐκείνῃ, ἐν ἡμέρᾳ ᾗ ἂν ἔλθῃ Γὼγ ἐπὶ τὴν γῆν
19 Ἰσραήλ, λέγει κύριος Κύριος, ἀναβήσεται ὁ θυμός μου ¹⁹καὶ ὁ ζῆλός
μου. ἐν πυρὶ τῆς ὀργῆς μου ἐλάλησα Εἰ μὴν ἐν τῇ ἡμέρᾳ ἐκείνῃ ἔσται
20 σεισμὸς μέγας ἐπὶ γῆς Ἰσραήλ, ²⁰καὶ σεισθήσονται ἀπὸ προσώπου
Κυρίου οἱ ἰχθύες τῆς θαλάσσης καὶ τὰ πετεινὰ τοῦ οὐρανοῦ καὶ τὰ
θηρία τοῦ πεδίου καὶ πάντα τὰ ἑρπετὰ τὰ ἕρποντα ἐπὶ τῆς γῆς καὶ
πάντες οἱ ἄνθρωποι οἱ ἐπὶ προσώπου τῆς γῆς, καὶ ῥαγήσεται τὰ ὅρη
καὶ πεσοῦνται αἱ φάραγγες, καὶ πᾶν τεῖχος ἐπὶ τὴν γῆν πεσεῖται.
21 ²¹καὶ καλέσω ἐπ᾽ αὐτὸ καὶ πᾶν φόβον, λέγει Κύριος· μάχαιρα ἀν-
22 θρώπου ἐπὶ τὸν ἀδελφὸν αὐτοῦ ἔσται. ²²καὶ κρινῶ αὐτὸν θανάτῳ
καὶ αἵματι καὶ ὑετῷ κατακλύζοντι καὶ λίθοις χαλάζης, καὶ πῦρ καὶ
θεῖον βρέξω ἐπ᾽ αὐτὸν καὶ ἐπὶ πάντας τοὺς μετ᾽ αὐτοῦ καὶ ἐπ᾽ ἔθνη
23 πολλὰ μετ᾽ αὐτοῦ. ²³καὶ μεγαλυνθήσομαι καὶ ἁγιασθήσομαι καὶ
ἐνδοξασθήσομαι καὶ γνωσθήσομαι ἐναντίον ἐθνῶν πολλῶν, καὶ γνώ-
XXIX 1 σονται ὅτι ἐγώ εἰμι Κύριος. ¹Καὶ σύ, υἱὲ ἀνθρώπου, προ-
φήτευσον ἐπὶ Γὼγ καὶ εἰπόν Τάδε λέγει Κύριος Ἰδοὺ ἐγὼ ἐπὶ σὲ
2 Γώγ, ἄρχοντα Ῥώς, Μέσοχ, καὶ Θοβέλ· ²καὶ συνάξω σε καὶ καθο-
δηγήσω σε καὶ ἀναβιβῶ σε ἐπ᾽ ἐσχάτου τοῦ βορρᾶ, καὶ ἀνάξω σε ἐπὶ

14 Κυριος] κ̄ς κ̄ς ο θ̄ς A κ̄ς κ̄ς Q | ουκ] ουχι A | κατωκισθηναι Q* (κατοικ. AQ Qᵃ) | εγερθηση] εξεγερθηση A   16 αυτων]+Γωγ (fort sub ※) Q   17 κυριος Κυριος] αδωναι κ̄ς ο θ̄ς A | τω Γωγ] pr ⸓ Q' | προ] αφ A | πρ̄ϕητων] pr των AQ | Ισραηλ]+(sub θ′σ′ ※) των προφητευσαντω̣ Q | ετεσι Bᵇ | αγαγειν] αναγαγειν A   18 Ισραηλ] pr του AQ | Κυριος]+ο θς A | μου] +(sub θ′ ※) εν οργη μου Q   19 om ει μην Q | γης] pr της AQ | Ισραηλ] pr του A   20 σεισθησονται] ον sup ras Bᵃᵇ | Κυριου] pr του A | ραγησονται A   21 αυτο] αυτον Q | om και 2° AQ | παν] παντα Q | φοβον] +μαχαιρας AQ | Κυριος] pr κ̄ς AQ   22 επ 2°] επι A   23 και ενδοξασθησομαι] pr ⸓ Q¹   XXXIX 1 Κυριος] pr κ̄ς AQ | Μεσοχ] Μοσοχ AQ | Θοβελ] Θοβερ A   2 αναβιβασω AQ | επ] απ AQ | αναξω] συναξω A

§ Γ Β τὰ ὄρη τοῦ Ἰσραήλ. ³καὶ ἀπολῶ τὸ τόξον σου ἀπὸ τῆς χειρός σου 3 τῆς ἀριστερᾶς καὶ τὰ τοξεύματά σου ἀπὸ τῆς χειρός σου τῆς δεξιᾶς, ⁽⁴⁾καὶ καταβαλῶ σε ⁴ἐπὶ τὰ ὄρη τὰ Ἰσραήλ, καὶ πεσῇ σὺ καὶ πάντες οἱ 4 περὶ σέ, καὶ τὰ ἔθνη τὰ μετὰ σοῦ δοθήσονται εἰς πλήθη ὀρνέων· παντὶ πετεινῷ καὶ πᾶσι τοῖς θηρίοις τοῦ πεδίου δέδωκά σε καταβρωθῆναι. ⁵ἐπὶ προσώπου τοῦ πεδίου πεσῇ, ὅτι ἐγὼ ἐλάλησα, 5 λέγει Κύριος. ⁶καὶ ἀποστελῶ πῦρ ἐπὶ Γώγ, καὶ κατοικηθήσονται αἱ 6 νῆσοι ἐπ' εἰρήνης· καὶ γνώσονται ὅτι ἐγώ εἰμι Κύριος. ⁷καὶ τὸ 7 ὄνομά μου τὸ ἅγιον γνωσθήσεται ἐν μέσῳ λαοῦ μου Ἰσραήλ, καὶ οὐ βεβηλωθήσεται τὸ ὄνομά μου τὸ ἅγιον οὐκέτι· καὶ γνώσονται τὰ ἔθνη ὅτι ἐγώ εἰμι Κύριος, ἅγιος ἐν Ἰσραήλ. ⁸ἰδοὺ ἥκει, καὶ γνώσῃ ὅτι 8 ἔσται, λέγει κύριος Κύριος· αὕτη ἐστὶν ἡ ἡμέρα ἐν ᾗ ἐλάλησα. ⁹καὶ 9 ἐξελεύσονται οἱ κατοικοῦντες τὰς πόλεις Ἰσραὴλ καὶ καύσουσιν ἐν τοῖς ὅπλοις, πέλταις καὶ κοντοῖς καὶ τόξοις καὶ τοξεύμασιν καὶ ῥάβδοις ¶ Γ χειρῶν καὶ λόγχαις, καὶ καύσουσιν ἐν αὐτοῖς¶ πῦρ ἑπτὰ ἔτη· ¹⁰καὶ 10 οὐ μὴ λάβωσιν ξύλα ἐκ τοῦ πεδίου οὐδὲ μὴ κόψουσιν ἐκ τῶν δρυμῶν, ἀλλ' ἢ τὰ ὅπλα κατακαύσουσιν πυρί· καὶ προνομεύσουσιν τοὺς προνομεύσαντας αὐτούς, καὶ σκυλεύσουσιν τοὺς σκυλεύσαντας αὐτούς, λέγει Κύριος. ¹¹Καὶ ἔσται ἐν τῇ ἡμέρᾳ ἐκείνῃ δώσω τῷ 11 Γὼγ τόπον ὀνομαστόν, μνημεῖον ἐν Ἰσραήλ, τὸ πολυάνδριον τῶν ἐπελθόντων πρὸς τῇ θαλάσσῃ, καὶ περιοικοδομήσουσιν τὸ περιστόμιον τῆς φάραγγος· ¹²καὶ κατορύξουσιν ἐκεῖ τὸν Γὼγ καὶ πᾶν τὸ 12 πλῆθος αὐτοῦ, καὶ κληθήσεται Τό τέ, τὸ πολυάνδριον τοῦ Γώγ. ¹³καὶ 13 (12) κατορύξουσιν αὐτοὺς οἶκος Ἰσραὴλ ἵνα καθαρισθῇ ἡ γῆ ἐν ἑπταμήνῳ, ⁽¹³⁾καὶ κατορύξουσιν αὐτοὺς πᾶς ὁ λαὸς τῆς γῆς, καὶ ἔσται αὐτοῖς (13) ὀνομαστὸν ᾗ ἡμέρᾳ ἐδοξάσθην, λέγει Κύριος. ¹⁴καὶ ἄνδρας διὰ 14 παντὸς διαστελοῦσιν ἐπιπορευομένους τὴν γῆν θάψαι τοὺς καταλελειμμένους ἐπὶ προσώπου τῆς γῆς, καθαρίσαι αὐτὴν μετὰ τὴν

AQΓ 3 το τοξον] om το Q | απο 1°] εκ Λ 4 τα Ισραηλ] του Ἰηλ A om τα QΓ | τα μετα] om τα A* (hab Aᵃ?) | παντι] pr και Γ 5 προσωπον Q | Κυριος] pr κϛ AQΓ 6 Γωγ] σε Λ Μαγωγ Γ | κατοικισθησονται Λ 7 γνωσθησεται] γνωσθησονται Q*ᵛⁱᵈ (spat 1 lit inter ϵ et τ) | μου το αγιον (2°)] το αγιον μου Q | τα εθνη] pr παντα ΑΓ | Κυριος] pr κϛ A | αγιος] pr ο ΑΓ | om εν 2° Α (?Γ) 8 εσται] [εσ]τι[ν] Iᵛⁱᵈ | Κυριος]+ο θϛ Α 9 Ισραηλ]+(sub θ' ※) και εκκαυσουσιν Q | καυσουσιν] εκκαυσουσιν Γ | πελταις] pr ∓ Qʔ 10 κοψωσιν AQ | Κυριος] pr κϛ Q 11 om εν Ισραηλ A* (hab Aᵃ?) | την θαλασσαν Α 12 κατορυξωσιν Α | το τε] το γαι Α το γε Q 13 κατορυξουσιν 1°] κατορυξωσιν Α | Ισραηλ] pr του Α | ονομαστον] pr εις AQ | ημερα]+η Α | Κυριος] pr κϛ Q 14 διαστελουσιν] αποστελουσιν Qᵐᵍ | την γην] pr πασαν AQᵐᵍ | θαψαι]+(sub ※) και τους παραπορευομενους Α | καταλελειμμενους Bᵃᵇ Q*

470

ΙΕΖΕΚΙΗΛ XXXIX 28

15 ἑπτάμηνον, καὶ ἐκζητήσουσιν. ¹⁵καὶ πᾶς ὁ διαπορευόμενος τὴν γῆν B καὶ ἰδὼν ὀστοῦν ἀνθρώπου οἰκοδομήσει παρ' αὐτὸ σημεῖον, ἕως ὅτου θάψωσιν αὐτὸ οἱ θάπτοντες εἰς τὸ γαὶ τὸ πολυάνδριον τοῦ Γώγ· 16 ¹⁶καὶ γὰρ τὸ ὄνομα τῆς πόλεως Πολυάνδριον· καὶ καθαρισθήσεται 17 ἡ γῆ. ¹⁷καὶ σύ, υἱὲ ἀνθρώπου, εἰπόν Τάδε λέγει Κύριος Εἰπὸν παντὶ ὀρνέῳ πετεινῷ καὶ πρὸς πάντα τὰ θηρία τοῦ πεδίου Συνάχθητε καὶ ἔρχεσθε, συνάχθητε ἀπὸ πάντων τῶν περικύκλῳ ἐπὶ τὴν θυσίαν μου, ἣν τέθυκα ὑμῖν θυσίαν μεγάλην ἐπὶ τὰ ὄρη Ἰσραήλ, καὶ 18 φάγεσθε κρέα καὶ πίεσθε αἷμα. ¹⁸κρέα γιγάντων φάγεσθε, καὶ αἷμα ἀρχόντων τῆς γῆς πίεσθε, κριοὺς καὶ μόσχους καὶ τράγους, καὶ οἱ 19 μόσχοι ἐστεατωμένοι πάντες. ¹⁹καὶ φάγεσθε στέαρ εἰς πλησμονήν, 20 καὶ πίεσθε αἷμα εἰς μέθην ἀπὸ τῆς θυσίας μου ἧς ἔθυσα ὑμῖν. ²⁰καὶ ἐμπλησθήσεσθε ἐπὶ τῆς τραπέζης μου ἵππον καὶ ἀναβάτην καὶ γί- 21 γαντα καὶ πάντα ἄνδρα πολεμιστήν, λέγει Κύριος. ²¹καὶ δώσω τὴν δόξαν μου ἐν ὑμῖν, καὶ ὄψονται πάντα τὰ ἔθνη τὴν κρίσιν μου ἣν 22 ἐποίησα καὶ τὴν χεῖρά μου ἣν ἐπήγαγον ἐπ' αὐτούς. ²²καὶ γνώσονται οἶκος Ἰσραὴλ ὅτι ἐγώ εἰμι Κύριος ὁ θεὸς αὐτῶν ἀπὸ τῆς ἡμέρας 23 ταύτης καὶ ἐπέκεινα. ²³καὶ γνώσονται πάντα τὰ ἔθνη ὅτι διὰ τὰς ἁμαρτίας αὐτῶν ᾐχμαλωτεύθησαν οἶκος Ἰσραήλ, ἀνθ' ὧν ἠθέτησαν §εἰς ἐμέ, καὶ ἀπέστρεψα τὸ πρόσωπόν μου ἀπ' αὐτῶν καὶ παρέδωκα § Γ αὐτοὺς εἰς χεῖρας τῶν ἐχθρῶν αὐτῶν, καὶ ἔπεσαν πάντες μαχαίρᾳ. 24 ²⁴κατὰ τὰς ἀκαθαρσίας αὐτῶν καὶ κατὰ τὰ ἀνομήματα αὐτῶν ἐποίησα 25 αὐτοῖς, καὶ ἀπέστρεψα τὸ πρόσωπόν μου ἀπ' αὐτῶν. ²⁵Διὰ τοῦτο τάδε λέγει κύριος Κύριος Νῦν ἀποστρέψω αἰχμαλωσίαν ἐν Ἰακώβ, καὶ ἐλεήσω τὸν οἶκον Ἰσραήλ, καὶ ζηλώσω διὰ τὸ ὄνομα τὸ ἅγιόν μου. 26 ²⁶καὶ λήμψονται τὴν ἀτιμίαν ἑαυτῶν καὶ τὴν ἀδικίαν ἣν ἠδίκησαν, ἐν τῷ κατοικισθῆναι αὐτοὺς ἐπὶ τὴν γῆν αὐτῶν ἐπ' εἰρήνης, καὶ οὐκ ἔσται 27 ὁ ἐκφοβῶν, ²⁷ἐν τῷ ἀποστρέψαι με αὐτοὺς ἐκ τῶν ἐθνῶν καὶ συναγαγεῖν με αὐτοὺς ἐκ τῶν χωρῶν τῶν ἐθνῶν, καὶ ἁγιασθήσομαι ἐν 28 αὐτοῖς ἐνώπιον τῶν ἐθνῶν· ²⁸καὶ γνώσονται ὅτι ἐγώ εἰμι Κύριος

14: εκζητησουσιν] ζητησουσιν Q* (εκζ. Qᵐᵍ)+ακριβως Α   15 και 1°] AQΓ +εσται Α om Q | την γην] pr πασαν Α | ιδων] pr o Qᵐᵍ | αυτο 1°] αυτω Q | θαψουσιν Q | γαι] γε BQ | το πολυανδρ.] τε π. B* ᵛⁱᵈ (το π. B?)   17 om ειπον 1° Q | Κυριος] pr κς Q· | πεδιου] αγρου Α | ην]+εγω Q   20 om και 3° Α | Κυριος] pr κ̄ς AQ   23 επεσον AQᵛⁱᵈ   25 Κυριος]+o θ̄ς A | αποστρεψω] αναστρεψω AQ | αιχμαλωσιαν εν Ιακωβ] την αιχμ. Ιακωβ Α αιχμ. Ιακωβ Q   26 λημψονται (ληψ. BᵇQᵃ)] λημψομαι Α | εαυτων] αυτων ΑΓ | την γην] [της] γης Γ | εκφοβων]+[α]υ[τ]ους Γ   27 om των χωρων...ενωπιον Γ | των εθνων 3°] εθνων πολλων Α

471

ΙΕΖΕΚΙΗΛ

Β ὁ θεὸς αὐτῶν, ἐν τῷ ἐπιφανῆναί με αὐτοῖς ἐν τοῖς ἔθνεσιν. ²⁹καὶ 29 οὐκ ἀποστρέψω οὐκέτι τὸ πρόσωπόν μου ἀπ' αὐτῶν, ἀνθ' οὗ ἐξέχεα τὸν θυμόν μου ἐπὶ τὸν οἶκον Ἰσραήλ, λέγει κύριος Κύριος.

¹Καὶ ἐγένετο ἐν τῷ πέμπτῳ καὶ εἰκοστῷ ἔτει τῆς αἰχμαλωσίας 1 XL ἡμῶν, ἐν τῷ πρώτῳ μηνὶ δεκάτῃ τοῦ μηνός, ἐν τῷ τεσσαρεσκαιδεκάτῳ ἔτει μετὰ τὸ ἁλῶναι τὴν πόλιν, ἐν τῇ ἡμέρᾳ ἐκείνῃ ἐγένετο ἐπ' ἐμὲ χεὶρ Κυρίου καὶ ἤγαγέν με ²ἐν ὁράσει θεοῦ εἰς τὴν γῆν 2 Ἰσραήλ, καὶ ἔθηκέν με ἐπ' ὄρος ὑψηλὸν σφόδρα, καὶ ἐπ' αὐτῷ ὡσεὶ οἰκοδομὴ πόλεως ἀπέναντι. ³καὶ εἰσήγαγέν με ἐκεῖ, καὶ ἰδοὺ ἀνήρ, καὶ 3 ἡ ὅρασις αὐτοῦ ἦν ὡσεὶ ὅρασις χαλκοῦ στίλβοντος, καὶ ἐν τῇ χειρὶ αὐτοῦ ἦν σπαρτίον οἰκοδόμων καὶ κάλαμος μέτρον· καὶ αὐτὸς ἱστήκει ἐπὶ τῆς πύλης. ⁴καὶ εἶπεν πρὸς μὲ ὁ ἀνὴρ Ἑόρακας, υἱὲ ἀνθρώ- 4 που; ἐν τοῖς ὀφθαλμοῖς σου ἴδε, καὶ ἐν τοῖς ὠσίν σου ἄκουε, καὶ τάξον εἰς τὴν καρδίαν σου πάντα ὅσα ἐγὼ δεικνύω σοι, διότι ἕνεκα τοῦ δεῖξαί σοι εἰσελήλυθας ὧδε, καὶ δείξεις πάντα ὅσα σὺ ὁρᾷς τῷ οἴκῳ τοῦ Ἰσραήλ. ⁵Καὶ ἰδοὺ περίβολος ἔξωθεν τοῦ οἴκου κύκλῳ, 5 καὶ ἐν τῇ χειρὶ τοῦ ἀνδρὸς κάλαμος τὸ μέτρον πηχῶν ἐξ ἐν πήχει καὶ παλαιστῆς· καὶ διεμέτρησεν τὸ προτείχισμα, πλάτος ἴσον τῷ καλάμῳ, καὶ τὸ ὕψος αὐτοῦ ἴσον τῷ καλάμῳ. ⁶καὶ εἰσῆλθεν εἰς 6 τὴν πύλην τὴν βλέπουσαν κατὰ ἀνατολὰς ἐν ἑπτὰ ἀναβαθμοῖς, ¶ Γ καὶ διεμέτρησεν¶ τὸ αἰλὰμ τῆς πύλης ἴσον τῷ καλάμῳ, ⁷καὶ τὸ 7 θεὲ ἴσον τῷ καλάμῳ τὸ μῆκος καὶ ἴσον τῷ καλάμῳ τὸ πλάτος, καὶ τὸ αἰλὰμ ἀνὰ μέσον τοῦ θαιηλαθὰ πηχῶν ἕξ· καὶ τὸ θεὲ τὸ δεύτερον ἴσον τῷ καλάμῳ πλάτος καὶ ἴσον τῷ καλάμῳ μῆκος,

AQΓ 28 εθνεσιν (-σι B^b)]+(sub ※) και συναξω αυτους επι την γην αυτων και ου καταλειψω ουκετι απ αυτων εκει Q 29 ου] ων AΓ XL 1 pr tit ετει κε' μηνι α' ημερα ι' Q^{mg sup} | εικοστω και πεμπτω Q | τεσσαρισκαιδεκατω B^{ab} [τεσ]σερεσκαιδ. Γ | αλωναι] αλωθηναι A | χειρ κ̄ν̄ επ εμε A | με]+(sub ※) εκει Q 2 Ισραηλ] sup ras B^{ab} pr του AΓ | ορους υψηλου AQΓ | αυτω] αυτου AQΓ | ωσει] ως Γ 3 ωσει] ως Γ | στιλβοντος] pr ⸗ Q¹ | εν τη χειρι...οικοδομων] ην σπαρτιον οικοδομων εν τη χειρι αυτου Q | μετρον]+εν τη χειρι αυτου A et (sub α'θ' ※) Q | εισηκει B^{ab}Q^a 4 εορακας (εωρ. B^{ab}A)] pr ον B^{ab} pr ⸗ Q¹ +συ A | εν τοις οφθ. ὅσα ἰδέ ιδε εν τοις οφθ. σου AΓ ιδε τοις οφθ. σου Q | δεικνυω] δ[ι]κνυσ[ω] Γ^{vid} | παντας (2°) A | του Ισραηλ] om του AQΓ 5 pr tit διαγραφη του ναου Q^{mg sup} | πηχων] πηχεων AQ | πηχει]+ανδρος Q | πλατος] pr το A 6 και 2° a sup ras A^a | διεμετρησεν]+το θεε εξ ενθεν και εξ ενθεν και A+το θεε (θε Q^{*vid} α'θ' Ωρ. προθυρό] σ' ουδον Q^{mg}) εξ και εξ Q+το θεε εξ εξ Γ 7 και ισον] καισον B* (και ισ. B^{ab}) | αιλαμ 1°] ελαμ A σ' Ωρ. προπυλον Q^{mg} | θαιηλαθα] θεε A θεηλαθα Q | εξ] πεντε Q | πλατος 2°] pr το A | om και ισον τω καλαμω μηκος A

472

ΙΕΖΕΚΙΗΛ XL 18

8 καὶ τὸ αἰλὰμ πήχεων πέντε· ⁸καὶ τὸ θεὲ τὸ τρίτον ἴσον τῷ καλάμῳ Β
9 πλάτος, καὶ ἴσον τῷ καλάμῳ μῆκος, ⁹καὶ τὸ αἰλὰμ τοῦ πυλῶνος
πλησίον τοῦ αἰλὰμ τῆς πύλης πηχῶν ὀκτώ, καὶ τὰ αἰλεὺ πηχῶν δύο·
10 καὶ τὰ αἰλὰμ τῆς πύλης ἔσωθεν, ¹⁰καὶ τὰ θεὲ τῆς πύλης θεὲ κατέναντι,
τρεῖς ἔνθεν καὶ τρεῖς ἔνθεν, καὶ μέτρον ἐν τοῖς τρισίν, μέτρον ἐν τοῖς
11 αἰλὰμ ἔνθεν καὶ ἔνθεν. ¹¹καὶ διεμέτρησεν τὸ πλάτος τῆς θύρας τοῦ
πυλῶνος πηχῶν δέκα, καὶ τὸ εὖρος τοῦ πυλῶνος πηχῶν δέκα τριῶν.
12 ¹²καὶ πῆχυς ἐπισυναγόμενος ἐπὶ πρόσωπον τῶν θεεὶμ ἔνθεν καὶ
13 ἔνθεν, καὶ τὸ θεὲ πηχῶν ἐξ ἔνθεν καὶ πηχῶν ἐξ ἔνθεν. ¹³καὶ
διεμέτρησεν τὴν πύλην ἀπὸ τοῦ τοίχου τοῦ θεὲ ἐπὶ τὸν τοῖχον τοῦ
14 θεέ, πλάτος πήχεις εἴκοσι πέντε· αὕτη πύλη ἐπὶ πύλην. ¹⁴καὶ τὸ
αἴθριον τοῦ αἰλὰμ τῆς πύλης ἔξωθεν, πήχεις εἴκοσι, θεεὶμ τῆς πύλης
15 κύκλῳ. ¹⁵καὶ τὸ αἴθριον τῆς πύλης ἔξωθεν εἰς τὸ αἴθριον αἰλὰμ τῆς
16 πύλης ἔσωθεν, πηχῶν πεντήκοντα. ¹⁶καὶ θυρίδες κρυπταὶ ἐπὶ τὸ
θεεὶμ καὶ ἐπὶ τὰ αἰλὰμ ἔσωθεν τῆς πύλης τῆς αὐλῆς κυκλόθεν· καὶ
ὡσαύτως τοῖς αἰλὰμ θυρίδας κύκλῳ ἔσωθεν, καὶ ἐπὶ τὸ αἰλὰμ φοί-
17 νικες ἔνθεν καὶ ἔνθεν. ¹⁷Καὶ εἰσήγαγέν με εἰς τὴν αὐλὴν τὴν
ἐσωτέραν, καὶ ἰδοὺ παστοφύρια καὶ περίστυλα τῆς αὐλῆς κύκλῳ,
18 τριάκοντα παστοφόρια ἐν τοῖς περιστύλοις, ¹⁸καὶ αἱ στοαὶ κατὰ νώτου
τῶν πυλῶν, κατὰ τὸ μῆκος τῶν πυλῶν τὸ περίστυλον τὸ ὑποκάτω.

7 το (superscr aliq postea ras B²) αιλαμ (2°)] το ελαμ Β το ελ Q | πηχεων] AQ πηχων Q   8 πλατος (πλατο sup ras Bᵃᵇ)] το μηκος Α | om πλατος και ισον τω καλαμω Q | μηκος] το πλατος Α   9 αιλαμ 1°] αιλ Q adnot προπυλον του πυλωνος Q^mg | πυλης 1°]+εσωθε| ισον τω καλαμω και διεμετρησεν το ελαμ της πυλης Α | οκτω πηχων Q | τα αιλευ] το αιλευ Α adnot το περι αυτο της πυλης στηριγμα Q^mg | πηχων δυο] π. δεκα Α δυο πηχων Q | τα αιλαμ] το αιλαμ Α   10 τα θεε] το θεε Α | om θεε 2° Q | μετρον 2°] pr και Α | τοις αιλαμ] τω ελαμ Α   11 πηχων bis] πηχεων Α | δεκα πηχων Q   12 επι] κατα Α | των θεειμ] τω θεε Α | θεειμ] α' στηριγματων σ' παραστάδων Q^mg+(sub θ' ⁕) πηχεος ενος και πηχεος ενος οριον AQ | το θεε] Ωρ. αι παραστάδες Q^mg | πηχεων bis Α   13 τοιχου] τειχους AQ | θεε 1°] θε Q^vid | πηχεις εικοσι πεντε] om πηχεις Α εικοσι πεντε πηχ. Q   14 improb και Bᵃᵇ | εξωθεν...θεειμ] εξωθεν πηχεις εικοσι πεντε και το θεεμ Α εξηκοντα πηχεις και θεειμ Q | πυλης 2°] αυλης Q   15 πυλης 1°] αυλης Q | αιθριον 2°]+της πυλης Α | αιλαμ] pr του Α προπυλου Q^mg | πηχων πεντηκοντα] πηχεων οκτω Α πεντηκοντα πηχων Q   16 το θεειμ] τα θεε Α τα θεειμ Q σ' παραστάδας α' στηριγμα Q^mg | om και επι τα αιλαμ Α | τοις αιλαμ] τοις αιλαμμωθ Q σ' ταις περιστασεσιν Q^mg | θυριδας κυκλω] θυριδες κυκλω Α και θυριδες κυκλω (⁕) κυκλω Q | το αιλαμ] σ' ταις περιστασεει adnot τουτεστι ταις περιστηκυιαις περι την αυλην ϗ λεγομεναις υπο Ακυλου στηριγμασιν. Ωρ. Q^mg   17 παστοφορια 1°] γαζοφυλακια Α | περιστυλα]+(sub θ'σ' ⁕) πεποιημενα Q | της αυλης κυκλω] κυκλω της αυλης Α της αυλ. κυκλω (α'θ' ⁕) κυκλω Q   18 αι στοαι] om αι Α | νωτου] νοτου Q | το υποκατω] τω υπ. Α

Β ¹⁹καὶ διεμέτρησεν τὸ πλάτος τῆς αὐλῆς ἀπὸ τοῦ αἰθρίου τῆς πύλης 19
τῆς ἐξωτέρας ἔσωθεν ἐπὶ τὸ αἴθριον τῆς πύλης τῆς βλεπούσης ἔξω,
πήχεις ἑκατόν, τῆς βλεπούσης κατ' ἀνατολάς. καὶ ἤγαγέν με ἐπὶ
βορρᾶν, ²⁰καὶ ἰδοὺ πύλη βλέπουσα πρὸς βορρᾶν τῇ αὐλῇ τῇ ἐξωτέρᾳ, 20
καὶ διεμέτρησεν αὐτήν, τό τε μῆκος αὐτῆς καὶ τὸ πλάτος, ²¹καὶ τὸ 21
θεὲ τρεῖς ἔνθεν καὶ τρεῖς ἔνθεν, καὶ τὰ αἰλεὺ καὶ τὰ αἰλαμμὼν καὶ
τοὺς φοίνικας αὐτῆς. καὶ ἐγένετο κατὰ τὰ μέτρα τῆς πύλης τῆς
βλεπούσης κατὰ ἀνατολὰς πηχῶν πεντήκοντα τὸ μῆκος αὐτῆς, καὶ
πηχῶν εἴκοσι πέντε τὸ εὖρος αὐτῆς. ²²καὶ αἱ θυρίδες αὐτῆς καὶ τὰ 22
αἰλαμμὼν καὶ οἱ φοίνικες αὐτῆς καθὼς ἡ πύλη ἡ βλέπουσα κατὰ
ἀνατολάς· καὶ ἐν ἑπτὰ κλιμακτῆρσιν ἀνέβαινον ἐπ' αὐτόν, καὶ τὰ
αἰλὰμ ἔσωθεν. ²³καὶ πύλη τῇ αὐλῇ τῇ ἐσωτέρᾳ βλέπουσα ἐπὶ πύλην 23
τοῦ βορρᾶ, ὃν τρόπον τῆς πύλης τῆς βλεπούσης κατὰ ἀνατολάς· καὶ
διεμέτρησεν τὴν αὐλὴν ἀπὸ πύλης ἐπὶ πύλην, πήχεις ἑκατόν. ²⁴καὶ 24
ἤγαγέν με κατὰ νότον, καὶ ἰδοὺ πύλη βλέπουσα πρὸς νότον, καὶ
διεμέτρησεν αὐτὴν καὶ τὰ θεὲ καὶ τὰ αἰλεὺ καὶ τὰ αἰλαμμὼν κατὰ τὰ
μέτρα ταῦτα. ²⁵καὶ αἱ θυρίδες αὐτῆς καὶ τὰ αἰλαμμὼν κυκλόθεν 25
καθὼς αἱ θυρίδες τοῦ αἰλάμ· πηχῶν πεντήκοντα τὸ μῆκος αὐτῆς, καὶ
πηχῶν εἴκοσι πέντε τὸ εὖρος αὐτῆς. ²⁶καὶ ἑπτὰ κλιμακτῆρες αὐτῇ 26
καὶ αἰλαμμὼν ἔσωθεν, καὶ φοίνικες αὐτῇ, εἷς ἔνθεν καὶ εἷς ἔνθεν ἐπὶ
τὰ αἰλεύ. ²⁷καὶ πύλη κατέναντι πύλης τῆς αὐλῆς τῆς ἐσωτέρας πρὸς 27
νότον· καὶ διεμέτρησεν τὴν αὐλὴν ἀπὸ πύλης ἐπὶ πύλην, πήχεις
ἑκατὸν τὸ εὖρος πρὸς νότον. ²⁸Καὶ εἰσήγαγέν με εἰς τὴν αὐλὴν 28

AQ 19 της αυλης] pr ⸓ Q? | εξωτερας] εσωτερας Q | ηγαγεν] εισηγαγεν AQ |
βορρα B^b vid 20 αυτην] pr ⸓ Q? | om τε Q | πλατος]+αυτης Q 21 θεε]
παρασταδας Q^mg+(sub ※) αυτης Q | αιλευ] ελεου A αιλαυ Q οι γ' τα υπερ-
θυρα Ωρ. Q^mg | τα αιλαμμων] το ελαμμων A τα αιλαμμωθ Q σ' υποχωρησις
Q^mg | και τους φοινικας] pr ⸓ Q? | κατα 2°] κατ A* (κατα A? vid) | πηχεων bis
A | πεντηκοντα πηχων Q | και το ευρος αυτης πηχων εικοσι πεντε Q 22 αι-
λαμμων] αιλαμμωθ Q | κατα] κατ AQ | κλιμακτηρσιν (Ωρ. βαθμοις Q^mg) επτα
Q | αυτον] αυτην AQ | αιλαμ] αιλαμμων B^ab A αιλαμμωθ Q* προπυλον Ωρ. Q^mg
23 πυλη τη αυλη τη εσωτερα] τη πυλη τη αυτη (αυλη τη A^a?) εσωτερα A | ον
τροπον της πυλης της βλεπουσης] pr ⸓ Q? | κατα] κατ AQ | εκατον πηχεις Q
24 ηγαγεν] εισηγαγεν A | διεμετρησεν] εμετρησεν Q | αιλευ] ελευ B Ωρ. α' στη-
ριγματα αυτης σ' τα περι αυτην Q^mg | αιλαμμων] αιλαμμωθ A ελλαμμωθ Q |
ταυτα] τα αυτα A 25 αιλαμμων] αιλαμμωθ AQ | αιλαμ] seq ras 2 vel
3 litt in B | πηχεων bis A | πεντηκοντα πηχω̄] Q | το ευρος αυτης πηχων
εικοσι πεντε Q 26 αυτη 1°] αυτης Q | αιλαμμων] ελαμμωθ A αιλλαμμωθ
Q | αυτη 2°] αυτης A 27 κατεναντι πυλης pr ⸓ Q? | πυλης 1°] pr της
A | προς νοτον πηχεις εκατον το ευρος Q | το ευρος] pr και A | νοτον 2°]+
πηχεις εικοσι πεντε A

ΙΕΖΕΚΙΗΛ XL 39

τὴν ἐσωτέραν τῆς πύλης τῆς πρὸς νότον, καὶ διεμέτρησεν τὴν πύλην Β 29 κατὰ τὰ μέτρα ταῦτα, ²⁹καὶ τὰ θεὲ καὶ τὰ αἰλεὺ καὶ τὰ αἰλαμμὼν κατὰ τὰ μέτρα ταῦτα, καὶ θυρίδες αὐτῇ καὶ τῷ αἰλαμμὼν κύκλῳ· πήχεις 31 πεντήκοντα τὸ μῆκος αὐτῆς, καὶ τὸ εὖρος πήχεις εἴκοσι πέντε ³¹τοῦ αἰλὰμ εἰς τὴν αὐλὴν τὴν ἐξωτέραν, καὶ φοίνικες τῷ αἰλεύ, καὶ ὀκτὼ 32 κλιμακτῆρες. ³²καὶ εἰσήγαγέν με εἰς τὴν πύλην τὴν βλέπουσαν κατὰ 33 ἀνατολάς, καὶ διεμέτρησεν αὐτὴν κατὰ τὰ μέτρα ταῦτα, ³³καὶ τὰ θεὲ καὶ τὰ αἰλεὺ καὶ τὰ αἰλαμμὼν κατὰ τὰ μέτρα ταῦτα, καὶ θυρίδες αὐτῇ καὶ αἰλαμμὼν κύκλῳ, πήχεις πεντήκοντα μῆκος αὐτῆς, καὶ 34 εὖρος πήχεις εἴκοσι πέντε. ³⁴καὶ αἰλαμμὼν εἰς τὴν αὐλὴν τὴν ἐσωτέραν, καὶ φοίνικες ἐπὶ τοῦ αἰλεὺ ἔνθεν καὶ ἔνθεν, καὶ ὀκτὼ 35 κλιμακτῆρες αὐτῇ. ³⁵καὶ εἰσήγαγέν με εἰς τὴν πύλην τὴν πρὸς 36 βορρᾶν, καὶ διεμέτρησεν κατὰ τὰ μέτρα ταῦτα, ³⁶καὶ τὰ θεὲ καὶ τὰ αἰλεὺ καὶ τὰ αἰλαμμών, καὶ θυρίδες αὐτῇ κύκλῳ, καὶ τῷ αἰλαμμὼν αὐτῆς· πήχεις πεντήκοντα μῆκος αὐτῆς, καὶ εὖρος πήχεις εἴκοσι πέντε· 37 ³⁷καὶ τὰ αἰλαμμὼν εἰς τὴν αὐλὴν τὴν ἐξωτέραν, καὶ φοίνικες τῷ αἰλεὺ 38 ἔνθεν καὶ ἔνθεν, καὶ ὀκτὼ κλιμακτῆρες αὐτῇ. ³⁶Τὰ παστοφόρια αὐτῆς καὶ τὰ θυρώματα αὐτῆς καὶ τὰ αἰλαμμὼν αὐτῆς ἐπὶ τῆς πύλης τῆς 39 δευτέρας ἔκρυσις, ³⁹ὅπως σφάζωσιν ἐν αὐτῇ τὰ ὑπὲρ ἁμαρτίας καὶ

---

28 πυλην]+(sub θ′ ※) την προς νοτο| Q | τα μετρα] om τα Q* (hab Qᵐᵍ) AQ
29 αιλευ] ελευ B | αιλαμμων 1°] αιλαμμωθ AQ | ταυτα] τα αυτα A | αυτη]
αυτης Q | τω αιλαμμων] τα αιλαμμωθ A των αιλαμμωθ Q | κυκλω]+(sub
α′θ′ ※) κυκλω Q | πεντηκοντα πηχεις Q | ευρος]+αυτης A | πεντε]+(30) και
αιλαμμωθ (αιλαμωθ Q) κυκλω (pr θ′ ※ κυκλω Q) μηκος πεντε και εικοσι
πηχεων και πλατος πεντε πηχεων AQ   31 του αιλαμ] και αιλαμμων A
θ′ ※ και αιλαμμωθ Q | κλιμακτηρες]+(sub θ′ ※) αναβασις αυτου Q
32 βλεπουσαν]+(sub ※) οδον Q | κατα 1°] κατ AQ   33 αιλευ] αιλαν Q |
αιλαμμων 1°] αιλαμμωθ Q | ταυτα] τα αυτα A | θυριδες αυτη] αι θυριδες αυτης
A | αιλαμμων 2°] τα αιλαμμωθ A αιλαμμωθ Q | κυκλω]+(sub ※) κυκλω Q |
ευρος] το ευρ. αυτης A   34 αιλαμμων] αιλαμμωθ A αιλαμμωθ Q   35 εις]
προς Q | ταυτα] τα αυτα Q   36 τα αιλευ] ται λευ A*ᵛⁱᵈ (τα αιλ. Aᵃ?) |
αιλαμμων (1°)] αιλαμμω Bᵇ αιλαμμωθ AQ | θυριδες αυτη] αι θ. αυτης A θ.
αυτης Q | τω αιλαμμων] τω αιλαμμω Bᵃᵇ τω αιλαμμων Bᵃᵇ τα αιλαμμωθ A τω
αιλαμμωθ Q | αυτης 1°]+κυκλω A pr ÷ Q? | πηχεις πεντ. μηκος αυτης] πηχεις
πεντ. το μ. αυτ. A μ. αυτ. πεντ. πηχεις Q | ευρος]+αυτης A | πηχεις εικοσι
πεντε] πεντε και εικοσι πηχεις Q   37 τα αιλαμμων] τα αιλαμμω B* (-μων
Bᵃᵇ) αιλαμμωθ AQ | αιλευ] ελευ A   38 τα παστοφορια] pr και Q |
αιλαμμων] αιλαμμωθ AQ | πυλης]+(sub ※) εκει πλυνουσιν την ολοκαυτωσιν
εν δε τω αιλαμ της πυλης Q | της δ. εκρ. sub ÷ Q? | εκρυσις] εκρυσεις Q+εκει
πλυνουσιν τῇ| ολοκαυτωσιν A   39 οπως] pr εν δε τω αιλαμ της πυλης
ςυο (sic) τραπεζαι ενθέ| και δυο τραπεζαι ενθεν εκ χρυσιου A pr δυο τραπεζαι
ενθεν και δυο τραπεζαι ενθεν Q (ενθεν...ενθεν sub ÷ Q?) | εν αυτη] τῇ| ολο-
καυτωσιν και A αυτη(θ′ ※) την ολοκαυτωσιν και Q | τα υπ. αμ. sub θ′ ※ Q?

475

IEZEKIHΛ

B ὑπὲρ ἀγνοίας. ⁴⁰καὶ κατὰ νώτου τοῦ ῥόακος τῶν ὁλοκαυτωμάτων τῆς 40 βλεπούσης πρὸς βορρᾶν, δύο τράπεζαι πρὸς ἀνατολὰς κατὰ νώτου τῆς δευτέρας, καὶ τοῦ αἰλὰμ τῆς πύλης δύο τράπεζαι κατὰ ἀνατολάς. ⁴¹τέσσαρες ἔνθεν καὶ τέσσαρες ἔνθεν κατὰ νώτου τῆς πύλης, ἐπ᾽ αὐτὰ 41 σφάξουσι τὰ θύματα, κατέναντι τῶν ὀκτὼ τραπεζῶν τῶν θυμάτων. ⁴²καὶ τέσσαρες τράπεζαι τῶν ὁλοκαυτωμάτων λίθιναι λελαξευμέναι 42 πήχεος καὶ ἡμίσους τὸ πλάτος, καὶ πήχεων δύο ἡμίσους τὸ μῆκος, καὶ ἐπὶ πῆχυν τὸ ὕψος· ἐπ᾽ αὐτὰ ἐπιθήσουσιν τὰ σκεύη, ἐν οἷς σφάζουσιν ἐκεῖ τὰ ὁλοκαυτώματα καὶ τὰ θύματα. ⁴³καὶ παλαιστὴν 43 ἕξουσιν γεῖσος λελαξευμένον ἔσωθεν κύκλῳ, καὶ ἐπὶ τὰς τραπέζας ἐπάνωθεν στέγας τοῦ καλύπτεσθαι ἀπὸ τοῦ ὑετοῦ καὶ ἀπὸ τῆς ξηρασίας. ⁴⁴καὶ εἰσήγαγέν με εἰς τὴν αὐλὴν τὴν ἐσωτέραν, καὶ ἰδοὺ 44 δύο ἐξέδραι ἐν τῇ αὐλῇ τῇ ἐσωτέρᾳ, μία κατὰ νώτου τῆς πύλης τῆς βλεπούσης πρὸς βορρᾶν φέρουσα πρὸς νότον, καὶ μία κατὰ νώτου τῆς πύλης τῆς πρὸς νότον βλεπούσης δὲ πρὸς βορρᾶν. ⁴⁵καὶ εἶπεν 45 πρός μέ Ἡ ἐξέδρα αὕτη ἡ βλέπουσα πρὸς νότον, τοῖς ἱερεῦσι τοῖς φυλάσσουσι τὴν φυλακὴν τοῦ οἴκου· ⁴⁶καὶ ἡ ἐξέδρα ἡ βλέπουσα πρὸς 46 βορρᾶν, τοῖς ἱερεῦσι τοῖς φυλάσσουσι τὴν φυλακὴν τοῦ θυσιαστηρίου· ἐκεῖνοί εἰσιν οἱ υἱοὶ Σαδδοὺκ οἱ ἐγγίζοντες ἐκ τοῦ Λευεὶ πρὸς Κύριον λειτουργεῖν αὐτῷ. ⁴⁷καὶ διεμέτρησεν τὴν αὐλὴν μῆκος 47 πήχεων ἑκατὸν καὶ εὖρος πήχεις ἑκατὸν ἐπὶ τὰ τέσσερα μέρη αὐτῆς, καὶ τὸ θυσιαστήριον ἀπέναντι τοῦ οἴκου. ⁴⁸Καὶ εἰσήγαγέν με 48 εἰς τὸ αἰλὰμ τοῦ οἴκου. καὶ διεμέτρησεν τὸ αἰλ τοῦ αἰλὰμ πηχῶν πέντε τὸ πλάτος ἔνθεν καὶ πηχῶν πέντε ἔνθεν, καὶ τὸ εὖρος τοῦ θυρώματος πηχῶν δέκα τεσσάρων, καὶ ἐπωμίδες τῆς θύρας τοῦ αἰλὰμ

AQ   39 υπερ 2°] pr τα A   40 κατα] seq ras 3 vel 4 litt in B | των] incep ο Q* | ολοκαυτωματων]+(sub α' ※) εις θυρα, πυλης Q | προς ανατολας] pr ⸗ Q? | κατα ανατολας] και η (sic) τραπεζαι κατ ανατολας A κατ ανατ. Q (sub ⸗ Q?)   41 τεσσαρες 1°]+τραπεζαι Q | τεσσαρες 2°]+τραπεζαι Q | νωτου] pr τα Q [̄πυλης]+των οκτω τραπεζω ̄ των θυμιαματων Q* (τ. θυμ. sub ⸗ Q?) | σφαξουσι (-σιν A)] σφαξουσιν Q | των οκτω τραπεζων των θυματων] πηχων δεκα τεσσαρων (sub ⸗ Q?) Q | θυματων] θυμιαματων A   42 πηχεος και...το μηκος] το μηκος πηχεος ενος και ημισους και το πλατος πηχεως (+ενος Qᵃ) και ημισους Q | ημισους 2°] pr και A | αυτα] αυτας A | om τα σκευη A   43 γεισος παλαιστην εξουσιν Q | εσωθεν] εξωθεν A | κυκλω]+(sub ※) κυκλω Q   44 εξεδραι δυο Q | αυλη] πυλη Q   45 ιερευσιν A: item 46 | φυλασσουσιν A: item 46   46 βορρα Q | Σαδδουχ A | Λευι AQ   47 πηχεις] πηχεων A | τεσσαρα Bᵇ   48 το αιλ του αιλαμ πηχων] το αιλαμ πηχεων A το δια του αιλαμ πηχεων Q | το πλατος] pr ⸗ Q? | πηχων 2°] πηχεων AQ | το ευρος] om το Q | πηχων 3°, 4°, 5°] πηχεων A | και επωμιδες της θυρας του αιλαμ] pr ⸗ Q?

ΙΕΖΕΚΙΗΛ XLI 9

49 πηχῶν τριῶν ἔνθεν καὶ πηχῶν τριῶν ἔνθεν. ⁴⁹καὶ τὸ μῆκος τοῦ B αἰλὰμ πηχῶν εἴκοσι, καὶ τὸ εὖρος πηχῶν δώδεκα· καὶ ἐπὶ δέκα ἀναβαθμῶν ἀνέβαινον ἐπ' αὐτό, καὶ στύλοι ἦσαν ἐπὶ τὸ αἰλάμ, εἷς XLI 1 ἔνθεν καὶ εἷς ἐντεῦθεν. ¹Καὶ εἰσήγαγέν με εἰς τὸν ναόν, ᾧ 2 διεμέτρησεν τὸ αἰλὰμ πηχῶν ἓξ τὸ πλάτος ἔνθεν, ²καὶ πηχῶν ἓξ τὸ εὖρος τοῦ αἰλὰμ ἔνθεν, (²)καὶ τὸ εὖρος τοῦ πυλῶνος πηχῶν δέκα, καὶ ἐπωμίδες τοῦ πυλῶνος πηχῶν πέντε ἔνθεν καὶ πηχῶν πέντε ἔνθεν. καὶ διεμέτρησεν τὸ μῆκος αὐτοῦ πηχῶν τεσσεράκοντα καὶ τὸ εὖρος 3 πηχῶν εἴκοσι. ³καὶ εἰσῆλθεν εἰς τὴν αὐλὴν τὴν ἐσωτέραν, καὶ διεμέτρησεν τὸ αἰλ τοῦ θυρώματος πηχῶν δύο, καὶ τὸ θύρωμα πηχῶν ἕξ, καὶ τὰς ἐπωμίδας τοῦ θυρώματος πηχῶν ἑπτὰ ἔνθεν καὶ πηχῶν 4 ἑπτὰ ἔνθεν. ⁴καὶ διεμέτρησεν τὸ μῆκος τῶν θυρῶν πηχῶν τεσσεράκοντα καὶ εὖρος πηχῶν εἴκοσι κατὰ πρόσωπον τοῦ ναοῦ. καὶ εἶπεν 5 Τοῦτο τὸ ἅγιον τῶν ἁγίων. ⁵καὶ διεμέτρησεν τὸν τοῖχον τοῦ οἴκου πηχῶν ἕξ καὶ τὸ εὖρος τῆς πλευρᾶς πηχῶν τεσσάρων κυκλόθεν, 6 ⁶καὶ πλευρὰ πλευρὸν ἐπὶ πλευρὸν τριάκοντα τρὶς δίς· καὶ διάστημα ἐν τῷ τοίχῳ τοῦ οἴκου ἐν τοῖς πλευροῖς κύκλῳ τοῦ εἶναι τοῖς ἐπιλαμβανομένοις ὁρᾶν, ὅπως τὸ παράπαν μὴ ἅπτωνται τῶν τοίχων 7 τοῦ οἴκου. ⁷καὶ τὸ εὖρος τῆς ἀνωτέρας τῶν πλευρῶν κατὰ τὸ πρόσθεμα ἐκ τοῦ τοίχου, πρὸς τὴν ἀνωτέραν κύκλῳ τοῦ οἴκου, ὅπως διαπλατύνηται ἄνωθεν, καὶ ἐκ τῶν κάτωθεν ἀναβαίνωσιν ἐπὶ τὰ 8 ὑπερῷα καὶ ἐκ τῶν γεισῶν ἐπὶ τὰ τριώροφα, ⁸καὶ τὸ θραὲλ τοῦ οἴκου ὕψος κύκλῳ διάστημα τῶν πλευρῶν ἴσον τῷ καλάμῳ πήχεων ἕξ. 9 διαστήματα ⁹καὶ εὖρος τοῦ τοίχου τῆς πλευρᾶς ἔξωθεν πηχῶν πέντε,

48 om και πηχων τριων ενθεν Q* (hab Q^{mg}) 49 πηχων bis] πηχεις A | AQ δωδεκα] δεκα Q | αναβαθμων δεκα Q | το αιλαμ] τα αιλαμ A | εις bis] pr ͅ Q? | εντευθεν] ενθεν AQ XLI 1 ω] και A | πηχων] πηχεις A 2 πηχων 1°, 4°, 5°, 6°] πηχεις A | πηχων 2°, 3°] πηχεων A | om του αιλαμ Q | ενθεν 1°]+(sub a' ※) πλατος της σκηνης Q | επωμιδες] α' ωμοι θ' ωμια σ' ωμιαι Q^{mg} | πεντε πηχων bis Q | αυτου] αυτης A | τεσσαρακοντα B^b: item 4 | το ευρος 2°] om το AQ 3 αιλ] αιλαμ AQ a' στηριγμα της θυρας σ' το περι την θυρα Q^{mg} | πηχων quater] πηχεις A | δυο πηχων Q | και το θυρωμα πηχων εξ] a'σ' ※ και την θυραν εξ πηχεις Q | ενθεν και πηχων επτα ενθεν] pr ͅ Q? 4 μηκος των θυρων] ευρος τῶ| θυρωματων A | πηχων bis] πηχεις A | ειπεν]+προς με A et (sub ※) Q 5 πηχων bis] πηχεις A | τεσσαρων] τεσσαρες A | κυκλοθεν]+τω οικω κυκλω Q 6 πλευρα] pr τα AQ | τρις (τρεις Q)] pr και AQ | διαστεμα A | πλευροις]+του οικου A 7 των πλευρων...προσθεμα] κατα το προσθεμα των πλευρω| Q | τοιχου] οικου A | κυκλω]+(sub ※) κυκλω Q | διαπλατυνηται]+ο οικος (sub ※) Q | αναβαινουσιν Q | γεισων] μεσων AQ 7—8 om επι τα τριωροφα και το θραελ Q^a 8 το θραελ] του θρ. A | om εξ A | διαστημα AQ 9 πηχεων A

477

ΙΕΖΕΚΙΗΛ

B καὶ τὰ ἀπόλοιπα τὰ ἀνὰ μέσον τῶν πλευρῶν τοῦ οἴκου 10 καὶ ἀνὰ 10 μέσον τῶν ἐξεδρῶν εὖρος πηχῶν εἴκοσι, τὸ περιφερὲς τῷ οἴκῳ κύκλῳ. 11 καὶ αἱ θύραι τῶν ἐξεδρῶν ἐπὶ τὸ ἀπόλοιπον τῆς θύρας 11 τῆς μιᾶς τῆς πρὸς βορρᾶν· καὶ ἡ θύρα ἡ μία πρὸς νότον, καὶ τὸ εὖρος τοῦ φωτὸς τοῦ ἀπολοίπου, πηχῶν πέντε πλάτος κυκλόθεν. 12 καὶ τὸ διθρίζον κατὰ πρόσωπον τοῦ ἀπολοίπου ὡς πρὸς θάλασσαν 12 πηχῶν ἑβδομήκοντα, πλάτος τοῦ τοίχου τοῦ διορίζοντος πήχεων πέντε, εὖρος κυκλόθεν καὶ μῆκος αὐτοῦ πήχεων ἐνενήκοντα. 13 καὶ 13 διεμέτρησεν κατέναντι τοῦ οἴκου μῆκος πηχῶν ἑκατόν, καὶ τὰ ἀπόλοιπα καὶ τὰ διορίζοντα καὶ οἱ τοῖχοι αὐτῶν μῆκος πηχῶν ἑκατόν, 14 καὶ τὸ εὖρος κατὰ πρόσωπον τοῦ οἴκου καὶ τὰ ἀπόλοιπα κατέναντι 14 πηχῶν ἑκατόν. 15 Καὶ διεμέτρησεν μῆκος τοῦ διορίζοντος κατὰ 15 πρόσωπον τοῦ ἀπολοίπου τῶν κατόπισθεν τοῦ οἴκου ἐκείνου, καὶ τὰ ἀπόλοιπα ἔνθεν καὶ ἔνθεν πήχεων ἑκατὸν τὸ μῆκος. καὶ ὁ ναὸς καὶ αἱ γωνίαι καὶ τὸ αἰλὰμ τὸ ἐξώτερον πεφατνωμένα. 16 καὶ θυρίδες 16 δικτυωταί, ὑποφαύσεις κύκλῳ τοῖς τρισὶν ὥστε διακύπτειν· καὶ ὁ οἶκος καὶ τὰ πλησίον ἐξυλωμένα κύκλῳ, καὶ τὸ ἔδαφος καὶ ἐκ τοῦ ἐδάφους ἕως τῶν θυρίδων, καὶ αἱ θυρίδες ἀναπτυσσόμεναι τρισσῶς εἰς τὸ διακύπτειν. 17 καὶ ἕως πλησίον τῆς ἐσωτέρας καὶ ἕως τῆς 17 ἐξωτέρας, καὶ ἐφ᾽ ὅλον τὸν τοῖχον κύκλῳ, ἐν τῷ ἔσωθεν καὶ ἐν τῷ ἔξωθεν, 18 γεγλυμμένα χερουβείν· καὶ φοίνικες ἀνὰ μέσον χερούβ 18 καὶ ἀνὰ μέσον χερούβ. δύο πρόσωπα τῷ χερούβ, 19 πρόσωπον ἀν- 19 θρώπου πρὸς τὸν φοίνικα ἔνθεν καὶ ἔνθεν, καὶ πρόσωπον λέοντος πρὸς τὸν φοίνικα ἔνθεν καὶ ἔνθεν· διαγεγλυμμένος ὁ οἶκος κυκλόθεν· 20 ἐκ τοῦ ἐδάφους ἕως τοῦ φατνώματος, τὰ χερουβεὶν καὶ οἱ φοίνικες 20 διαγεγλυμμένοι. 21 καὶ τὸ ἅγιον καὶ ὁ ναὸς ἀναπτυσσόμενος τετρά- 21

AQ 9 τα ανα] om τα AQ 10 ευρος] pr και A | πηχεων A | του οικου A | κυκλω]+(sub ※) κυκλω Q 11 θυραι] θυριδες A | του φωτος] το φως Q | πλατος] pr ⸆ Q? 12 αιθριζον] διοριζον AQ | αποιλοιπον]+(sub ※) οδον Q | θαλασσαν]+(sub σ′ ※) πλατους Q | πηχων] πηχεων A | πλατος] pr και Q | πηχεων 1°] πηχων Q | πηχεων ενενηκοντα] ενεν. πηχεων Q 13 κατεναντι] pr ⸆ Q? | πηχων 1°] πηχεων A 15 μηκος 1°] του τοιχου A | πηχων AQ | το μηκος] pr ⸆ Q? | πεφατνωμενα] νω sup ras B^b (φατμω B*) 16 θυρίδες 1°] pr αι B^ab AQ | κυκλω 2°]+(sub ※) κυκλω Q | και εκ του εδαφους] pr ⸆ Q? | τρισσως] pr ⸆ Q? 17 εως 1°]+του οικου Q | τοιχον] οικον AQ | κυκλω] κυκλοθεν A | εξωθεν]+μετρα A et (sub ※) Q 18 γεγλυμμενα] pr και A et (sub ※) Q | χερουβιν B^b: item 20 | φοινικες]+και φοινιξ A et (sub θ′ ※) Q | om μεσον 1° B* (hab B^ab mg) | χερουβ και ανα μεσον χερουβ] χερουβειμ· χερουβ· A χερουβειμ και χερουβ Q | τω χερουβ] τε χ. B* (τω χ. B^ab) των χ. A 19 ο οικος] pr ολος AQ 20 χερουβειμ Q 21 αναπτυσσομενος] αναπτυσσομενα A αναπτυσσομενοι Q

ΙΕΖΕΚΙΗΛ XLII 8

22 γωνα· κατὰ πρόσωπον τῶν ἁγίων ὅρασις ὡς ὄψις ²²θυσιαστηρίου B ξυλίνου, πηχῶν τριῶν τὸ ὕψος αὐτοῦ, καὶ τὸ μῆκος πηχῶν δύο, καὶ τὸ εὖρος πηχῶν δύο· καὶ κέρατα εἶχεν, καὶ ἡ βάσις αὐτοῦ καὶ οἱ τοῖχοι αὐτοῦ ξύλινοι. καὶ εἶπεν πρός μέ Αὕτη ἡ τράπεζα ἡ πρὸ 23 προσώπου. καὶ δύο θυρώματα τῷ ναῷ, ²³καὶ δύο θυρώματα τῷ 24 ἁγίῳ· ²⁴τοῖς δυσὶ θυρώμασι τοῖς στροφωτοῖς, δύο θυρώματα τῷ ἑνί, 25 καὶ δύο θυρώματα τῇ θύρᾳ· τῇ δευτέρᾳ. ²⁵καὶ γλυφὴ ἐπ᾽ αὐτῶν, καὶ ἐπὶ τὰ θυρώματα τοῦ ναοῦ χερουβείν, καὶ φοίνικες κατὰ τὴν γλυφὴν τῶν ἁγίων, καὶ σπουδαῖα ξύλα κατὰ πρόσωπον τοῦ αἰλὰμ ἔξωθεν, 26 ²⁶καὶ θυρίδες κρυπταί. καὶ διεμέτρησεν ἔνθεν καὶ ἔνθεν, εἰς τὰ

XLII 1 ὀροφώματα τοῦ αἰλάμ, καὶ τὰ πλευρὰ τοῦ οἴκου ἐζυγωμένα. ¹Καὶ εἰσήγαγέν με εἰς τὴν αὐλὴν τὴν ἐσωτέραν κατὰ ἀνατολὰς κατέναντι τῆς πύλης τῆς πρὸς βορρᾶν· καὶ εἰσήγαγέν με, καὶ ἰδοὺ ἐξέδραι πέντε ἐχόμεναι τοῦ ἀπολοίπου καὶ ἐχόμεναι τοῦ διορίζοντος πρὸς βορρᾶν, 2 ²ἐπὶ πήχεις ἑκατὸν μῆκος πρὸς βορρᾶν, καὶ τὸ πλάτος πεντήκοντα, 3 ³διαγεγραμμέναι ὃν τρόπον αἱ πύλαι τῆς αὐλῆς τῆς ἐσωτέρας, καὶ ὃν τρόπον τὰ περίστυλα τῆς αὐλῆς τῆς ἐξωτέρας, ἐστιχισμέναι ἀντι- 4 πρόσωποι στοαὶ τρισσαί. ⁴καὶ κατέναντι τῶν ἐξεδρῶν περίπατος πηχῶν δέκα τὸ πλάτος, ἐπὶ πήχεις ἑκατὸν τὸ μῆκος· καὶ τὰ θυρώματα 5 αὐτῶν πρὸς βορρᾶν, ⁵καὶ οἱ περίπατοι οἱ ὑπερῷοι ὡσαύτως. ὅτι ἐξείχετο τὸ περίστυλον ἐξ αὐτοῦ, ἐκ τοῦ ὑποκάτωθεν περιστύλου, καὶ τὸ διάστημα· οὕτως περίστυλον καὶ διάστημα, καὶ οὕτως στοαὶ 6 δύο. ⁶διότι τριπλαῖ ἦσαν, καὶ στύλους οὐκ εἶχον καθὼς οἱ στύλοι τῶν ἐξωτέρων· διὰ τοῦτο ἐξείχοντο τῶν ὑποκάτωθεν καὶ τῶν μέσων 7 ἀπὸ τῆς γῆς. ⁷καὶ φῶς ἔξωθεν, ὃν τρόπον αἱ ἐξέδραι τῆς αὐλῆς τῆς ἐξωτέρας αἱ βλέπουσαι ἀπέναντι τῶν ἐξεδρῶν τῶν πρὸς βορρᾶν, 8 μῆκος πήχεων πεντήκοντα. ⁸ὅτι τὸ μῆκος τῶν ἐξεδρῶν τῶν βλε- πουσῶν εἰς τὴν αὐλὴν τὴν ἐξωτέραν πηχῶν πεντήκοντα, καὶ αὗται

22 πηχων 1°] πηχεων A | πηχων 2°] πηχεων AQᵃ [πηχων 3°] πηχεων AQ | AQ η προ προσωπου] κατα προσωπον A+κυ BᵃᵇAQ | θυρωμα B* (-ματα Bᵃᵇ) 23 τω αγιω δυο θυρωματα BᵃAQ 24 τη θυρα τη δευτερα] τη δευτ. θυρα A 25 χερουβειμ Q 26 εζυγωμενα] εξυλωμενα A XLII 1 εισηγαγεν 1°] εξηγαγεν Q | εσωτεραν] εξωτεραν AQ | κατα ανατολας] κατ ανατολας Q pr ÷ Q² | πεντε] δεκα πεντε A pr ÷ Q² 2 επι] pr κατα προσωπον A et (sub ※) Q | πεντηκοντα]+πηχεων AQ 4 επι πηχεις εκ. το μηκος] pr ÷ Q²+(sub θ´ ※) εις το εσωτερον οδον πηχεος ενος Q 5 το περιστυλον] om το A | διαστημα bis] διαστεμα A | περιστυλον και διαστημα] pr ÷ Q² | και ουτως (-τω Q) στοαι δυο] om δυο AQ pr ÷ Q² 6 συλοι A* (στ. A¹) | εξωτερων] εξεδρων A | γης]+(sub οι γ´ ※) πεντηκοντα Q 7 τροπον] +και A | των προς βορραν] pr ÷ Q | πηχων Q 8 πηχων 1° (-χεων A)] pr ην BᵃᵇAQ

Β εἰσὶν αἱ ἀντιπρόσωποι ταύταις· τὸ πᾶν πηχῶν ἑκατόν. ⁹καὶ αἱ θύραι 9
τῶν ἐξεδρῶν τούτων τῆς εἰσόδου τῆς πρὸς ἀνατολὰς τοῦ εἰσπορεύεσθαι
δι' αὐτῶν ἐκ τῆς αὐλῆς τῆς ἐξωτέρας ¹⁰κατὰ τὸ φῶς τοῦ ἐν ἀρχῇ 10
περιπάτου· καὶ τὰ πρὸς νότον κατὰ πρόσωπον τοῦ νότου, κατὰ
πρόσωπον τοῦ ἀπολοίπου καὶ κατὰ πρόσωπον τοῦ διορίζοντος·
καὶ αἱ ἐξέδραι ¹¹καὶ ὁ περίπατος κατὰ πρόσωπον αὐτῶν, κατὰ τὰ 11
μέτρα ἐξεδρῶν τῶν πρὸς βορρᾶν καὶ κατὰ τὸ μῆκος αὐτῶν καὶ κατὰ
τὸ εὖρος αὐτῶν καὶ κατὰ πάσας τὰς ἐξόδους αὐτῶν καὶ κατὰ πάσας
τὰς ἐπιστροφὰς αὐτῶν καὶ κατὰ τὰ φῶτα αὐτῶν καὶ κατὰ τὰ θυρώ-
ματα αὐτῶν, ¹²τῶν ἐξεδρῶν τῶν πρὸς νότον, καὶ κατὰ τὰ θυρώματα 12
ἀπ' ἀρχῆς τοῦ περιπάτου ὡς ἐπὶ φῶς διαστήματος καλάμου, καὶ
κατ' ἀνατολὰς τοῦ εἰσπορεύεσθαι δι' αὐτῶν. ¹³καὶ εἶπεν πρός μέ 13
Αἱ ἐξέδραι αἱ πρὸς βορρᾶν καὶ αἱ ἐξέδραι αἱ πρὸς νότον, οὖσαι κατὰ
πρόσωπον τῶν διαστημάτων, αὗταί εἰσιν αἱ ἐξέδραι τοῦ ἁγίου, ἐν
αἷς φάγονται ἐκεῖ οἱ ἱερεῖς υἱοὶ Σαδδοὺκ οἱ ἐγγίζοντες πρὸς Κύριον
τὰ ἅγια τῶν ἁγίων· καὶ ἐκεῖ θήσουσιν τὰ ἅγια τῶν ἁγίων καὶ τὴν
θυσίαν καὶ τὰ περὶ ἁμαρτίας καὶ τὰ περὶ ἀγνοίας, διότι ὁ τόπος ἅγιος.
¹⁴οὐκ εἰσελεύσονται ἐκεῖ παρὲξ τῶν ἱερέων, οὐκ ἐξελεύσονται ἐκ τοῦ 14
ἁγίου εἰς τὴν αὐλὴν τὴν ἐξωτέραν, ὅπως διὰ παντὸς ἅγιοι ὦσιν οἱ
προσάγοντες· καὶ μὴ ἅπτωνται τοῦ στολισμοῦ αὐτῶν ἐν οἷς λειτουρ-
γοῦσιν ἐν αὐτοῖς, διότι ἅγιά ἐστιν· καὶ ἐνδύσονται ἱμάτια ἕτερα ὅταν
ἅπτωνται τοῦ λαοῦ. ¹⁵Καὶ συνετελέσθη ἡ διαμέτρησις τοῦ οἴκου 15
ἔσωθεν. καὶ ἐξήγαγέν με καθ' ὁδὸν τῆς πύλης τῆς βλεπούσης πρὸς
ἀνατολάς, καὶ διεμέτρησεν τὸ ὑπόδειγμα τοῦ οἴκου κυκλόθεν ἐν
διατάξει. ¹⁶καὶ ἔστη κατὰ νώτου τῆς πύλης τῆς βλεπούσης κατὰ 16
ἀνατολάς, καὶ διεμέτρησεν πεντακοσίους ἐν τῷ καλάμῳ τοῦ μέτρου.
¹⁷καὶ ἐπέστρεψεν πρὸς βορρᾶν καὶ διεμέτρησεν τὸ κατὰ πρόσωπον 17
τοῦ βορρᾶ, πήχεις πεντακοσίους ἐν τῷ καλάμῳ τοῦ μέτρου. ¹⁸καὶ 18
ἐπέστρεψεν πρὸς θάλασσαν καὶ διεμέτρησεν τὸ κατὰ πρόσωπον

AQ 8 αι αντιπροσ.] om αι A | πηχων 2°] πηχεων A 10 περιπατου]
pr του AQ | και κατα προσ. του διοριζοντος] pr ⸱ Q | αι εξεδραι] om αι Q
11 εξεδρων] pr των A+(sub ※) την οδον Q | om και 2° A 12 κατ]
κατα Q 13 αι προς νοτον] om αι Q | ουσαι] pr αι AQ | διαστε-
ματω| A | υιοι Σαδδουκ] pr οι AQ (pr ⸱ Q²) | om και εκει θησουσιν τα αγια
των αγιων A | θυσιν Q* (-σιαν Qᵃ) | περι 2°] υπερ Q | αγιος]+εστιν A
14 εισελευσονται] εισελευσεται A | ουκ 2°] pr και A | οπως...οι προσαγοντες]
pr ⸱ Q² | ε|ν οις B* εν οις B² | ενδυσονται ιματια ετερα] ιματια ενδυσονται
τα ετερα Q 15 pr tit συνετελεσθη η διαμετρησις του ναου Qᵐᵍ ˢᵘᵖ | προς]
κατα Bᵃᵇ ᵐᵍ κατ A 16 κατα 2°] κατ AQ 17 μετρου (-του B* -τρου
Bᵃᵇ)]+(sub ※) κυκλω Q

480

ΙΕΖΕΚΙΗΛ XLIII 8

19 θαλάσσης, πεντακοσίους ἐν τῷ καλάμῳ τοῦ μέτρου. ¹⁹καὶ ἐπέ- B
στρεψεν πρὸς νότον καὶ διεμέτρησεν κατέναντι τοῦ νότου, πεντα-
20 κοσίους ἐν τῷ καλάμῳ τοῦ μέτρου, ²⁰τὰ τέσσερα μέρη τοῦ αὐτοῦ
καλάμου· καὶ διέταξεν αὐτὸν καὶ περίβολον αὐτῶν κύκλῳ, πεντα-
κοσίων πρὸς ἀνατολὰς καὶ πεντακοσίων πηχῶν εὗρος, τοῦ διαστέλλειν
ἀνὰ μέσον τῶν ἁγίων καὶ ἀνὰ μέσον τοῦ προτειχίσματος τοῦ ἐν
διατάξει τοῦ οἴκου.

XLIII 1 ¹Καὶ ἤγαγέν με ἐπὶ τὴν πύλην τὴν βλέπουσαν κατὰ ἀνατολάς,
2 καὶ ἐξήγαγέν με· ²καὶ ἰδοὺ δόξα θεοῦ Ἰσραὴλ ἤρχετο κατὰ τὴν ὁδὸν
τὴν πρὸς ἀνατολάς, καὶ φωνὴ τῆς παρεμβολῆς ὡς φωνὴ διπλασια-
ζόντων πολλῶν· καὶ ἡ γῆ ἐξέλαμπεν ὡς φέγγος ἀπὸ τῆς δόξης
3 κυκλόθεν. ³καὶ ἡ ὅρασις ἣν ἴδον κατὰ τὴν ὅρασιν ἣν ἴδον ὅτε
εἰσεπορευόμην τοῦ χρῖσαι τὴν πόλιν, καὶ ἡ ὅρασις τοῦ ἅρματος οὗ
ἴδον κατὰ τὴν ὅρασιν ἣν ἴδον ἐπὶ τοῦ ποταμοῦ τοῦ Χοβάρ· καὶ
4 πίπτω ἐπὶ πρόσωπόν μου. ⁴καὶ δόξα Κυρίου εἰσῆλθεν εἰς τὸν οἶκον
5 κατὰ τὴν ὁδὸν τῆς πύλης τῆς βλεπούσης κατὰ ἀνατολάς. ⁵καὶ
ἀνέλαβέν με πνεῦμα καὶ εἰσήγαγέν με εἰς τὴν αὐλὴν τὴν ἐσωτέραν,
6 καὶ ἰδοὺ πλήρης δόξης Κυρίου ὁ οἶκος. ⁶καὶ ἔστην, καὶ ἰδοὺ φωνὴ
ἐκ τοῦ οἴκου λαλοῦντος πρός μέ, καὶ ὁ ἀνὴρ ἱστήκει ἐχόμενός μου,
7 ⁷καὶ εἶπεν πρός μέ Ἑόρακας, υἱὲ ἀνθρώπου, τὸν τόπον τοῦ θρόνου
μου καὶ τὸν τόπον τοῦ ἴχνους τῶν ποδῶν μου, ἐν οἷς κατασκηνώσει
τὸ ὄνομά μου ἐν μέσῳ οἴκου Ἰσραὴλ τὸν αἰῶνα· καὶ οὐ βεβηλώσουσιν
οὐκέτι οἶκος Ἰσραὴλ τὸ ὄνομα τὸ ἅγιόν μου, αὐτοὶ καὶ οἱ ἡγούμενοι
αὐτῶν, ἐν τῇ πορνείᾳ αὐτῶν καὶ ἐν τοῖς φόνοις τῶν ἡγουμένων ἐν
8 μέσῳ αὐτῶν, ⁸ἐν τῷ τιθέναι αὐτοὺς τὸ πρόθυρόν μου ἐν τοῖς προ-
θύροις αὐτῶν καὶ τὰς φλιάς μου ἐχομένας τῶν φλιῶν αὐτῶν· καὶ
ἔδωκαν τὸν τοῖχόν μου ὡς συνεχόμενον ἐμοῦ καὶ αὐτῶν, καὶ ἐβε-

18 θαλασσης] pr της A | μετρου]+(sub ※) κυκλω Q   19 κατεναντι] AQ
κατα προσωπον A | νοτου] ναου B^{a mg} (νοτ. non inst B^b)   20 τα τεσσερα] τα
τεσσαρα B^b εις τα τεσσαρα A | μερη]+εμετρησεν Q^{mg} | του αυτου καλαμου] του
αυτου μετρου A τω αυτω καλαμω Q^a | αυτων] αυτων A | πεντακοσιων 1°] πεντα-
κοσιοι Q | πετακοσιων (2°) Q* (ν superscr Q^a) | πηχεων A   XLIII 1 κατα]
κατ AQ | και εξηγαγεν με] pr ⸓ Q?   2 την προς] της πυλης της βλεπουσης
προς A | διπασιαζοντων B* (διπλ. B^b) | δοξης]+κυ A   3 του αρμ. ου ιδον]
pr ⸓ Q? | ιδον 3°, 4°] ειδον A | ην 3°] ου A | του Χοβαρ] om του Q   4 κατα
2°] κατ AQ   5 πληρη B* (πληρης B^{ab})   6 και εστην (εστη B* εστην
B^{ab})] pr ⸓ Q? | ο ανηρ] om ο A | εισηκει B^{ab}Q^a   7 εωρακας B^bA | om
τον τοπον του θρ. μου Q* (hab Q^{mg}) | τον τοπον 1°] om του B* (hab B^{ab}) |
om και 2° Q | οικου] pr του A | τον αιωνα] pr εις A | ου]+μη A | οικος] pr ο
A | μου το αγιον A

SEPT. III.   481   HH

Β βήλωσαν τὸ ὄνομα τὸ ἅγιόν μου ἐν ταῖς ἀνομίαις αὐτῶν αἷς ἐποίουν· καὶ ἐξέτριψα αὐτοὺς ἐν θυμῷ μου καὶ ἐν φόνῳ. ⁹καὶ νῦν ἀπωσά- 9 σθωσαν τὴν πορνείαν αὐτῶν καὶ τοὺς φόνους τῶν ἡγουμένων αὐτῶν ἀπ' ἐμοῦ, καὶ κατασκηνώσω ἐν μέσῳ αὐτῶν τὸν αἰῶνα. ¹⁰καὶ σύ, 10 υἱὲ ἀνθρώπου, δεῖξον τῷ οἴκῳ Ἰσραὴλ τὸν οἶκον, καὶ κοπάσουσιν ἀπὸ τῶν ἁμαρτιῶν αὐτῶν· καὶ τὴν ὅρασιν αὐτοῦ καὶ τὴν διάταξιν αὐτοῦ, ¹¹καὶ αὐτοὶ λήμψονται τὴν κόλασιν αὐτῶν περὶ πάντων ὧν 11 ἐποίησαν. καὶ διαγράψεις τὸν οἶκον καὶ τὰς ἐξόδους αὐτοῦ καὶ τὴν ὑπόστασιν αὐτοῦ, καὶ πάντα τὰ προστάγματα αὐτοῦ καὶ πάντα τὰ νόμιμα αὐτοῦ γνωριεῖς αὐτοῖς καὶ διαγράψεις ἐναντίον αὐτῶν, καὶ φυλάξονται πάντα τὰ δικαιώματά μου καὶ πάντα τὰ προστάγματά μου καὶ ποιήσουσιν αὐτά. ¹²καὶ τὴν διαγραφὴν τοῦ οἴκου ἐπὶ 12 τῆς κορυφῆς τοῦ ὄρους, πάντα τὰ ὅρια αὐτοῦ κυκλόθεν ἅγια ἁγίων. ¹³Καὶ ταῦτα τὰ μέτρα τοῦ θυσιαστηρίου ἐν πήχει τοῦ 13 πήχεος καὶ παλαιστῆς· κόλπωμα βάθους ἐπὶ πῆχυν, καὶ πῆχυς τὸ εὖρος, καὶ γεῖσος ἐπὶ τὸ χεῖλος αὐτοῦ κυκλόθεν σπιθαμῆς. καὶ τοῦτο τὸ ὕψος τοῦ θυσιαστηρίου· ¹⁴ἐκ βάθους τῆς ἀρχῆς τοῦ κοιλώματος 14 αὐτοῦ πρὸς τὸ ἱλαστήριον τὸ μέγα τοῦτο ὑποκάτωθεν πηχῶν δύο, καὶ τὸ εὖρος πήχεος. καὶ ἀπὸ τοῦ ἱλαστηρίου τοῦ μικροῦ ἐπὶ τὸ ἱλαστήριον τὸ μέγα πήχεις τέσσαρες, καὶ εὖρος πῆχυς. ¹⁵καὶ τὸ 15 ἀριὴλ πηχῶν τεσσάρων, καὶ ἀπὸ τοῦ ἀριὴλ καὶ ὑπεράνω τῶν κεράτων πῆχυς. ¹⁶καὶ τὸ ἀριὴλ πηχῶν δώδεκα μήκους, ἐπὶ πήχεις δώδεκα· 16 τετράγωνον ἐπὶ τὰ τέσσερα μέρη αὐτοῦ. ¹⁷καὶ τὸ ἱλαστήριον 17 πηχῶν δέκα τεσσάρων τὸ μῆκος, ἐπὶ πήχεις δέκα τέσσαρες τὸ εὖρος ἐπὶ τέσσερα μέρη αὐτοῦ, καὶ τὸ γεῖσος αὐτῷ κυκλό-

AQ 8, 9 και εν φονω και] pr ÷ Q? 9 πορνιαν A | τον αιωνα] pr εις A 11 και 1°] pr ει πως εντραπωσι Q^mg | ληψονται B^bQ^a | οικον]+και την ετοιμασιαν αυτου A et (sub θ' ※) Q | αυτου 1°]+και τας εισοδους αυτου A et (sub οι γ' ※) Q | αυτου 4°]+(sub ※) και παντας τους νομους αυτου Q | διαγραψεις 2°] διαγραφεις A | φυλαξωνται A 12 αγιων]+εισιν. ουτος ο νομος του οικου A+εισιν. (θ' ※) ουτος ο ν. τ. οικου Q 13 pr tit μετρα θυσιαστηριου και των εντος Q^mg sup | εν πηχει του πηχεος] εν π. τ. πηχεως A εν π. πηχεος Q+(sub α'θ' ※) και πηχεως Q α' πηχεος το| πηχυν πηχεας το κολπωμα ην σ' πηχισμο̄| πεπηχισμενον Q^mg | κολπωμα βαθους] το κολπωμα βαθος A κολπ. βαθος Q | επι πηχυν] pr πηχυς A | γεισος] α'θ' οριον σ' περιορισμον Q^mg | το χειλος] του χειλους A | σπιθαμης]+μιας Q 14 μεγα 1°] μετα Q* (μεγα Q^mg) | τουτο] το A | πηχος B* (πηχεος B^ab) | πηχυς] υς sup ras B^abvid πηχεως A 15 αριηλ 1°] adnot φως μου θ̄ϛ· ητοι ορος θυ̅ δις το θυσιαστηριο̄| ουτως εκαλεσε| Q^mg 16 δωδεκα 1°] δεκα δυο Q | δωδεκα 2°] δεκα δυο Q+πλατους A+πλατος Q | τεσσαρα B^b 17 τεσσαρες] τεσσαρας B^b | ευρος]+τετραγωνον A | τεσσερα (τεσσαρα B^b)] pr τα A | αυτω] αυτων A

ΙΕΖΕΚΙΗΛ XLIV 2

θεν κυκλούμενον αὐτῷ ἥμισυ πήχεος, καὶ τὸ κύκλωμα αὐτοῦ B
πῆχυς κυκλόθεν· καὶ οἱ κλιμακτῆρες αὐτοῦ βλέποντες κατ᾽ ἀνα-
18 τολάς. ¹⁸Καὶ εἶπεν πρός μέ Υἱὲ ἀνθρώπου, τάδε λέγει Κύριος
ὁ θεὸς Ἰσραήλ Ταῦτα τὰ προστάγματα τοῦ θυσιαστηρίου ἐν ἡμέρᾳ
ποιήσεως αὐτοῦ, τοῦ ἀναφέρειν ἐπ᾽ αὐτοῦ ὁλοκαυτώματα καὶ προσ-
19 χέειν πρὸς αὐτὸ αἷμα. ¹⁹καὶ δώσεις τοῖς ἱερεῦσι τοῖς Λευείταις
τοῖς ἐκ τοῦ σπέρματος Σαδδοὺκ τοῖς ἐγγίζουσι πρὸς μέ, λέγει
Κύριος ὁ θεός, τοῦ λειτουργεῖν μοι, μόσχον ἐκ βοῶν περὶ ἁμαρτίας.
20 ²⁰καὶ λήμψονται ἐκ τοῦ αἵματος αὐτοῦ, καὶ ἐπιθήσουσιν ἐπὶ τὰ
τέσσερα κέρατα τοῦ θυσιαστηρίου καὶ ἐπὶ τὰς τέσσαρας γωνίας τοῦ
21 ἱλαστηρίου καὶ ἐπὶ τὴν βάσιν κύκλῳ, καὶ ἐξιλάσονται αὐτό. ²¹καὶ
λήμψονται τὸν μόσχον τὸν περὶ ἁμαρτίας, καὶ κατακαυθήσεται ἐν
22 τῷ ἀποκεχωρισμένῳ τοῦ οἴκου ἔξωθεν τῶν ἁγίων. ²²καὶ τῇ ἡμέρᾳ
τῇ δευτέρᾳ λήμψονται ἐρίφους δύο αἰγῶν ἀμώμους ὑπὲρ ἁμαρτίας,
καὶ ἐξιλάσονται τὸ θυσιαστήριον καθότι ἐξιλάσαντο ἐν τῷ μόσχῳ.
23 ²³καὶ μετὰ τὸ συντελέσαι σε τὸν ἐξιλασμὸν προσοίσουσι μόσχον
24 ἐκ βοῶν ἄμωμον καὶ κριὸν ἐκ προβάτων ἄμωμον, ²⁴καὶ προσοίσετε
ἐναντίον Κυρίου· καὶ ἐπιρίψουσιν οἱ ἱερεῖς ἐπ᾽ αὐτὰ ἅλα, καὶ
25 ἀνοίσουσιν αὐτὰ ὁλοκαυτώματα τῷ κυρίῳ. ²⁵ἑπτὰ ἡμέρας ποιήσεις
ἔριφον ὑπὲρ ἁμαρτίας καθ᾽ ἡμέραν καὶ μόσχον ἐκ βοῶν καὶ κριὸν
26 ἐκ προβάτων, ἄμωμα ποιήσουσιν ²⁶ἑπτὰ ἡμέρας· καὶ ἐξιλάσονται τὸ
θυσιαστήριον καὶ καθαριοῦσιν αὐτό, καὶ πλήσουσιν χεῖρας αὐτῶν.
27 ²⁷καὶ ἔσται ἀπὸ τῆς ἡμέρας τῆς ὀγδόης καὶ ἐπέκεινα ποιήσουσιν οἱ
ἱερεῖς ἐπὶ τὸ θυσιαστήριον τὰ ὁλοκαυτώματα ὑμῶν καὶ τὰ τοῦ σωτηρίου
ὑμῶν· καὶ προσδέξομαι ὑμᾶς, λέγει Κύριος.
XLIV 1 ¹Καὶ ἐπέστρεψέν με κατὰ τὴν ὁδὸν τῆς πύλης τῶν ἁγίων τῆς
ἐξωτέρας τῆς βλεπούσης κατ᾽ ἀνατολάς, καὶ αὕτη ἦν κεκλεισμένη.
2 ²καὶ εἶπεν πρός με Κύριος Ἡ πύλη αὕτη κεκλεισμένη ἔσται, οὐκ
ἀνοιχθήσεται, καὶ οὐδεὶς μὴ διέλθῃ δι᾽ αὐτῆς· ὅτι Κύριος ὁ θεὸς τοῦ

17 πηχεος] πηχεως A   18 ο θεος Ισραηλ] κ̄ς Q | ολοκαυτωματα] AQ
pr τα A | αυτο] το A   19 ιερευσιν AQ | Λευιταις AQ | τοις εκ] om
τοις A | τοις εγγιζουσι (-σιν A)] pr και A | ο θεος] κ̄ς Q | του λειτουργειν]
του Λευι λειτ. A | μοσχων A   20 ληψονται Qᵃ: item 21, 22 | επιθη-
σουσι B* (-σιν Bᵃᵇ) | κυκλω]+και περιραντιεις αυτο A et (sub ※) Q | αυτο]
αυτον A   21 περι] υπερ AQ   22 αιγων] pr απο A | καθοτι] καθως
A | μοσχου A (μοσχ. Aᵃ?)   23 προσοισουσιν AQ | προβατων] pr των AQ
24 επιρριψουσιν Bᵇ | αλας A   25 προβατων] pr των AQ   26 καθαρι-
σουσιν A | πλησουσι Q | χειρας αυτων] τας χειρας αυτης A   27 και
1°] pr (sub ※) και συντελεσουσιν τας ημερας Q | Κυριος] pr κ̄ς Q
XLIV 2 προς με Κυριος] κ̄ς προς με A | om ουκ ανοιχθησεται A

Β Ἰσραὴλ εἰσελεύσεται δι' αὐτῆς, καὶ ἔσται κεκλεισμένη. ³διότι ὁ 3 ἡγούμενος, οὗτος καθήσεται ἐν αὐτῇ τοῦ φαγεῖν ἄρτον ἐναντίον Κυρίου· κατὰ τὴν ὁδὸν αἰλὰμ τῆς πύλης εἰσελεύσεται, καὶ κατὰ τὴν ὁδὸν αὐτοῦ ἐξελεύσεται. ⁴καὶ εἰσήγαγέν με κατὰ τὴν ὁδὸν τῆς πύλης 4 τῆς πρὸς βορρᾶν κατέναντι τοῦ οἴκου· καὶ ἴδον, καὶ ἰδοὺ πλήρης δόξης ὁ οἶκος τοῦ κυρίου, καὶ πίπτω ἐπὶ πρόσωπόν μου. ⁵καὶ εἶπεν 5 Κύριος πρὸς μέ Υἱὲ ἀνθρώπου, τάξον εἰς τὴν καρδίαν σου, καὶ ἴδε τοῖς ὀφθαλμοῖς σου, καὶ τοῖς ὠσὶν ἄκουε πάντα ὅσα ἐγὼ λαλῶ μετὰ σοῦ, κατὰ πάντα τὰ προστάγματα οἴκου Κυρίου καὶ κατὰ πάντα τὰ νόμιμα αὐτοῦ· καὶ τάξεις τὴν καρδίαν σου εἰς τὴν εἴσοδον τοῦ οἴκου κατὰ πάσας τὰς ἐξόδους αὐτοῦ ἐν πᾶσι τοῖς ἁγίοις. ⁶καὶ ἐρεῖς πρὸς 6 τὸν οἶκον τὸν παραπικραίνοντα, πρὸς τὸν οἶκον τοῦ Ἰσραὴλ Τάδε λέγει Κύριος ὁ θεός Ἱκανούσθω ὑμῖν ἀπὸ πασῶν τῶν ἀνομιῶν ὑμῶν, οἶκος Ἰσραήλ, ⁷τοῦ εἰσαγαγεῖν ὑμᾶς υἱοὺς ἀλλογενεῖς ἀπεριτμήτους 7 καρδίᾳ καὶ ἀπεριτμήτους σαρκί, τοῦ γίνεσθαι ἐν τοῖς ἁγίοις μου· καὶ ἐβεβήλουν αὐτὰ ἐν τῷ προσφέρειν ὑμᾶς ἄρτους σάρκας καὶ αἷμα, καὶ παρεβαίνετε τὴν διαθήκην μου ἐν πάσαις ταῖς ἀνομίαις ὑμῶν, ⁸καὶ 8 διετάξατε τοῦ φυλάσσειν φυλακὰς ἐν τοῖς ἁγίοις μου. ⁹Διὰ 9 τοῦτο τάδε λέγει Κύριος ὁ θεός Πᾶς υἱὸς ἀλλογενὴς ἀπερίτμητος καρδίᾳ καὶ ἀπερίτμητος σαρκὶ οὐκ εἰσελεύσεται εἰς τὰ ἅγιά μου ἐν πᾶσιν υἱοῖς ἀλλογενῶν τῶν ὄντων ἐν μέσῳ οἴκου Ἰσραήλ, ¹⁰ἀλλ' ἢ 10 οἱ Λευεῖται οἵτινες ἀφήλαντο ἀπ' ἐμοῦ ἐν τῷ πλανᾶσθαι τὸν Ἰσραὴλ ἀπ' ἐμοῦ κατόπισθεν τῶν ἐνθυμημάτων αὐτῶν· καὶ λήμψονται ἀδικίαν αὐτῶν, ¹¹καὶ ἔσονται ἐν τοῖς ἁγίοις μου λειτουργοῦντες θυρωροὶ ἐπὶ 11 τῶν πυλῶν τοῦ οἴκου καὶ λειτουργοῦντες τῷ οἴκῳ· οὗτοι σφάξουσιν τὰ ὁλοκαυτώματα καὶ τὰς θυσίας τῷ λαῷ, καὶ οὗτοι στήσονται ἐναντίον τοῦ λαοῦ τοῦ λειτουργεῖν αὐτοῖς. ¹²ἀνθ' ὧν ἐλειτούργουν 12 αὐτοῖς πρὸ προσώπου τῶν εἰδώλων αὐτῶν, καὶ ἐγένετο τῷ οἴκῳ

AQ 3 ηγουμενος]+(sub οι γ' ※) αρχων Q | ουτος] αυτης A 4 της προς] om της Q* (hab Q^mg) | ειδον B^ab | δοξης]+(sub οι γ' ※) κυ Q | του κυριου] om του AQ 5 ωσιν]+σου AQ | om κατα 2° Q | εισοδον] οδον Q | πασιν AQ 6 ο θεος] κς Q | Ισραηλ 2°] pr του A 7 γινεσθαι] γενεσθαι A | βεβηλουν A | αρτους]+μου A et (sub ※) Q | σαρκας] pr και A στεαρ Q 8 και] pr και ουκ εφυλαξατε (εφυλαξασθε Q) την φυλακην των αγιων μου A et (sub θ' ※) Q | om εν Q 10 Λευιται AQ | αφηλαντο] αφειλαντο A | Ισραηλ] +οι επλανηθησαν A et (sub α'θ' ※) Q | ληψονται B^bQ^a: item 13, 22 bis | αδικιαν] pr την A 11 εσονται] ησαν Q^mg | οικω]+κυ A | ουτοι σφαξουσιν...αυτοις] adnot αντι του οι αλλοι οι τιμιωτεροι ιερεις τας θυσιας εποιουν ϛ τας ολοκαυτωσεις και ουτοι υπηρετουν αυτοις Q^mg | του λειτουργειν] om του A 12 om οικω A

ΙΕΖΕΚΙΗΛ XLIV 21

Ἰσραὴλ εἰς κόλασιν ἀδικίας· ἕνεκα τούτου ἦρα τὴν χεῖρά μου ἐπ' αὐ- Β
13 τούς, λέγει Κύριος ὁ θεός, ¹³καὶ οὐκ ἐγγιοῦσι πρός με τοῦ ἱερατεύειν
μοι, οὐδὲ τοῦ προσάγειν πρὸς τὰ ἅγια υἱῶν τοῦ Ἰσραὴλ οὐδὲ πρὸς
τὰ ἅγια τῶν ἁγίων μου· καὶ λήμψονται ἀτιμίαν αὐτῶν ἐν τῇ πλανήσει
14 ᾗ ἐπλανήθησαν. ¹⁴καὶ κατάξουσιν αὐτοὺς φυλάσσειν φυλακὰς τοῦ
15 οἴκου εἰς πάντα τὰ ἔργα αὐτοῦ, καὶ εἰς πάντα ὅσα ἂν ποιήσωσιν. ¹⁵οἱ
ἱερεῖς οἱ Λευεῖται οἱ υἱοὶ τοῦ Σαδδοὺκ οἵτινες ἐφυλάξαντο τὰς φυλακὰς
τῶν ἁγίων μου ἐν τῷ πλανᾶσθαι οἶκον Ἰσραὴλ ἀπ' ἐμοῦ, οὗτοι
προσάξουσιν πρός με τοῦ λειτουργεῖν μοι, καὶ στήσονται πρὸ προσ-
ώπου μου τοῦ προσφέρειν μοι θυσίαν, στέαρ καὶ αἷμα, λέγει Κύριος
16 ὁ θεός. ¹⁶οὗτοι εἰσελεύσονται εἰς τὰ ἅγιά μου, καὶ οὗτοι προσελεύ-
σονται πρὸς τὴν τράπεζάν μου τοῦ λειτουργεῖν μοι, καὶ φυλάξουσιν
17 τὰς φυλακάς μου. ¹⁷καὶ ἔσται ἐν τῷ εἰσπορεύεσθαι αὐτοὺς τὰς
πύλας τῆς αὐλῆς τῆς ἐσωτέρας, στολὰς λινᾶς ἐνδύσονται· καὶ οὐκ
ἐνδύσονται ἐρεᾶ ἐν τῷ λειτουργεῖν αὐτοὺς ἀπὸ τῆς πύλης τῆς ἐσω-
18 τέρας αὐλῆς. ¹⁸καὶ κιδάρεις λινᾶς ἕξουσιν ἐπὶ ταῖς κεφαλαῖς αὐτῶν,
καὶ περισκελῆ λινᾶ ἕξουσιν ἐπὶ τὰς ὀσφύας αὐτῶν, καὶ οὐ περι-
19 ζώσονται βίᾳ. ¹⁹καὶ ἐν τῷ ἐκπορεύεσθαι αὐτοὺς εἰς τὴν αὐλὴν τὴν
ἐξωτέραν πρὸς τὸν λαὸν ἐκδύσονται τὰς στολὰς αὐτῶν, ἐν αἷς αὐτοὶ
λειτουργοῦσιν ἐν αὐταῖς, καὶ θήσουσιν αὐτὰς ἐν ταῖς ἐξέδραις τῶν
ἁγίων, καὶ ἐνδύσονται στολὰς ἑτέρας, καὶ οὐ μὴ ἁγιάσωσιν τὸν λαὸν
20 ἐν ταῖς στολαῖς αὐτῶν. §²⁰καὶ τὰς κεφαλὰς αὐτῶν οὐ ξυρήσονται, § Γ
καὶ τὰς κόμας αὐτῶν οὐ ψιλώσουσιν· καλύπτοντες καλύψουσιν τὰς
21 κεφαλὰς αὐτῶν. ²¹καὶ οἶνον οὐ μὴ πίωσιν πᾶς ἱερεὺς ἐν τῷ

12 εις] ει Β* (εις Β^ab) | ενεκα] ενεκεν Α | θεος]+και λημψονται την ατιμιαν AQΓ
αυτων Α+(sub θ' ※) και λημψ. (ληψ. Q^a item 13) τ. ανομιαν αυτ. Q
13 εγγιουσιν AQ | προσαγειν] προσαγαγειν Α | τα αγια] pr παντα Q adnot
αγια νιων ΙΗΛ καλει πασαν τω| Λευιτω| την λειτουργια| Q^mg | του Ισραηλ] om
του AQ | τα αγια των αγιων] adnot αγια αγιων καλει τας θυσιας τας τοις
αρχιερευσι προσηκουσας Q^mg | ατιμιαν] pr την Α   14 και καταξουσιν]
δεδωκα γαρ Q^mg | καταξουσιν...οικου] adnot αντι του ουτως ημαρτανο| καιτοι
αφωρισμενοι παρ εμου ινα κ καταξοισιν αυτους φυλασσει| φυλακας του ιερου· η
οτι επιτρεπει παλιν αυτους μετα τη| ανακλησι| λειτουργειν απαξ δεδωκοτας
δικη|· προς τω και αργησαι του λειτουργειν της αιχμαλωσιας το| χρονον Q^mg |
καταξουσιν αυτους] και ταξουσιν αυτου Α | ποιησωσιν]+(sub οι γ' ※) εν αυτω Q
15 Λευιται Q | οι υιοι του Σαδδουκ] υιοι Σ. Q | εφυλαξαντο] εφυλαξα| Q |
οικον] pr των AQ | om μοι 2° Α | θυσιαν] pr ÷ Q ?   17 om και 2° AQ |
ερεα] ερια Β^ab | της εσωτερας αυλης] της αυλης της εσωτερας Q+και εσω Α et
(sub α'θ' ※) Q   18 om και 1° Q | κιδαρις Α | ταις κεφαλαις] τας
κεφαλας Q | τας οσφυας] ταις (τας Q*) οσφυσιν Α (-σειν) Q   19 αυτου
Β* (αυτους Β^ab)   20 ου 1°]+μη Α om Γ | ου 2°]+μη Α | καλυψωσιν
Β*Α (-ψουσι Β^b)

485

Β εἰσπορεύεσθαι αὐτοὺς εἰς τὴν αὐλὴν τὴν ἐσωτέραν. ²²καὶ χήραν καὶ 22 ἐκβεβλημένην οὐ λήμψονται ἑαυτοῖς εἰς γυναῖκα, ἀλλ᾽ ἢ παρθένον ἐκ τοῦ σπέρματος Ἰσραήλ· καὶ χήρα ἐὰν γένηται ἐξ ἱερέως, λήμψονται. ²³καὶ τὸν λαόν μου διδάξουσιν ἀνὰ μέσον ἁγίου καὶ βεβήλου, καὶ 23 ἀνὰ μέσον καθαροῦ καὶ ἀκαθάρτου γνωριοῦσιν αὐτοῖς· ²⁴καὶ ἐπὶ 24 κρίσιν αἵματος οὗτοι ἐπιστήσονται τοῦ διακρίνειν· τὰ δικαιώματά μου δικαιώσουσιν, καὶ τὰ κρίματά μου κρινοῦσιν, καὶ τὰ νόμιμά μου καὶ τὰ προστάγματά μου ἐν πάσαις ταῖς ἑορταῖς μου φυλάξονται, καὶ τὰ σάββατά μου ἁγιάσουσιν. ²⁵καὶ ἐπὶ ψυχὴν ἀνθρώπου οὐκ εἰσ- 25 ελεύσονται τοῦ μιανθῆναι· ἀλλ᾽ ἢ ἐπὶ πατρὶ καὶ μητρὶ καὶ ἐπὶ υἱῷ καὶ ἐπὶ θυγατρὶ καὶ ἐπὶ ἀδελφῷ καὶ ἐπὶ ἀδελφῇ αὐτοῦ, ἢ οὐ γέγονεν ¶ Γ ἀνδρί, μιανθήσεται. ²⁶καὶ μετὰ τὸ καθαρισθῆναι αὐτὸν ἑπτὰ ἡμέρας 26 ἐξαριθμήσει αὐτῷ· ²⁷καὶ ᾗ ἂν ἡμέρᾳ εἰσπορεύωνται εἰς τὴν αὐλὴν 27 τὴν ἐσωτέραν τοῦ λειτουργεῖν ἐν τῷ ἁγίῳ, προσοίσουσιν ἱλασμόν, λέγει Κύριος ὁ θεός. ²⁸καὶ ἔσται αὐτοῖς εἰς κληρονομίαν· ἐγὼ κλη- 28 ρονομία αὐτοῖς, καὶ κατάσχεσις αὐτοῖς οὐ δοθήσεται ἐν τοῖς υἱοῖς Ἰσραήλ, ὅτι ἐγὼ κατάσχεσις αὐτῶν. ²⁹καὶ τὰς θυσίας καὶ τὰ ὑπὲρ 29 ἁμαρτίας καὶ τὰ ὑπὲρ ἀγνοίας οὗτοι φάγονται, καὶ πᾶν ἀφόρισμα ἐν τῷ Ἰσραὴλ αὐτοῖς ἔσται· ³⁰ἀπαρχαὶ πάντων καὶ τὰ πρωτότοκα 30 πάντων καὶ τὰ ἀφαιρέματα πάντα ἐκ πάντων τῶν ἀπαρχῶν ὑμῶν τοῖς ἱερεῦσιν ἔσται. καὶ τὰ πρωτογενήματα ὑμῶν δώσετε τῷ ἱερεῖ, τοῦ θεῖναι εὐλογίας ὑμῶν ἐπὶ τοὺς οἴκους ὑμῶν. ³¹καὶ πᾶν θνησιμαῖον 31 καὶ θηριάλωτον ἐκ τῶν πετεινῶν καὶ ἐκ τῶν κτηνῶν οὐ φάγονται οἱ ἱερεῖς.

¹Καὶ ἐν τῷ καταμετρεῖσθαι ὑμᾶς τὴν γῆν ἐν κληρονομίᾳ ἀφοριεῖτε 1 XLV ἀπαρχὴν τῷ κυρίῳ ἅγιον ἀπὸ τῆς γῆς, πέντε καὶ εἴκοσι χιλιάδας μῆκος καὶ εὖρος εἴκοσι χιλιάδας· ἅγιον ἔσται ἐν πᾶσι τοῖς ὁρίοις αὐτοῦ κυκλόθεν. ²καὶ ἔσται ἐκ τούτου ἁγιάσματα πεντακόσιοι ἐπὶ 2 πεντακοσίους τετράγωνον κυκλόθεν, καὶ πήχεις πεντήκοντα διάστημα

AQΓ 22 ου]+μη A | om εις Γ | Ισραηλ] pr οικου QΓ | γενηται]+(sub ※) χηρα Q | ἐξ ιερεως λημψονται] λημψ. εξ ιερεως Q 23 διδαξωσιν Q | καθαρου και ακαθαρτου] καθαρον και αναμεσον ακαθαρτου A ακαθαρτου και καθαρου QΓ | γνωρισουσιν Q 24 επι] περι QΓ | τα δικαιω- ματα] pr και Γ | δικαιωσουσιν] pr ⸀ Q? | αγιασωσιν Q* (-σουσιν Qᵃ) 25 ψυχη Q | om και 2° Q | μητρι] pr επι BᵃᵇA | επι 5°] επ Γ | αδελφω] +αυτου A | επι 6°] επ Γfort 27 εισπορευωνται] εισπορειηται Q+(sub ※) εις το αγιον Q | προσοισουσιν] προσοισει Q 28 οτι] pr ⸀ Q? | αυτων] αυτοις A 29 αυτοι Q* (αυτοις Qᵃ) 30 απαρχαι] pr και A | παντα]+υμων A | δωσεται B*A (δωσετε BᵃᵇQ) XLV 1 εικοσι 2°] δεκα Q | πασιν AQ 2 αγιασματα] εις αγιασμα AQ

ΙΕΖΕΚΙΗΛ XLV 12

3 αὐτῷ κυκλόθεν. ³καὶ ἐκ ταύτης τῆς διαμετρήσεως διαμετρήσεις Β μῆκος πέντε καὶ εἴκοσι χιλιάδας καὶ εὖρος εἴκοσι χιλιάδας, καὶ ἐν 4 αὐτῇ ἔσται ἅγια τῶν ἁγίων. ⁴ἀπὸ τῆς γῆς ἔσται τοῖς ἱερεῦσιν τοῖς λειτουργοῦσιν ἐν τῷ ἁγίῳ, καὶ ἔσται τοῖς ἐγγίζουσι λειτουργεῖν τῷ κυρίῳ· καὶ ἔσται αὐτοῖς τόπος εἰς οἴκους ἀφωρισμένους τῷ ἁγιασμῷ 5 αὐτῶν, ⁵εἴκοσι καὶ πέντε χιλιάδας μῆκος, καὶ εὖρος εἴκοσι χιλιάδες· καὶ τοῖς Λευείταις τοῖς λειτουργοῦσιν τῷ οἴκῳ αὐτοῖς εἰς κατάσχεσιν 6 πόλεις τοῦ κατοικεῖν. ⁶καὶ τὴν κατάσχεσιν τῆς πόλεως δώσεις πέντε χιλιάδας εὖρος, καὶ μῆκος πέντε καὶ εἴκοσι χιλιάδας, ὃν τρόπον ἡ 7 ἀπαρχὴ τῶν ἁγίων παντὶ οἴκῳ Ἰσραὴλ ἔσονται. ⁷καὶ τῷ ἡγουμένῳ ἐκ τούτου καὶ ἀπὸ τούτου εἰς τὰς ἀπαρχὰς τῶν ἁγίων, εἰς κατάσχεσιν τῆς πόλεως, κατὰ πρόσωπον τῶν ἀπαρχῶν τῶν ἁγίων καὶ κατὰ πρόσωπον τῆς κατασχέσεως τῆς πόλεως, τὰ πρὸς θάλασσαν καὶ ἀπὸ τῶν πρὸς θάλασσαν πρὸς ἀνατολάς· καὶ τὸ μῆκος ὡς μία τῶν μερίδων ἀπὸ τῶν ὁρίων τῶν πρὸς θάλασσαν, καὶ τὸ μῆκος ἐπὶ τὰ ὅρια τὰ πρὸς 8 ἀνατολὰς τῆς γῆς. ⁸καὶ ἔσται αὐτῷ εἰς κατάσχεσιν ἐν τῷ Ἰσραήλ, καὶ οὐ καταδυναστεύσουσιν οὐκέτι οἱ ἀφηγούμενοι τοῦ Ἰσραὴλ τὸν λαόν μου· καὶ τὴν γῆν κατακληρονομήσουσιν οἶκος Ἰσραὴλ κατὰ 9 φυλὰς αὐτῶν. ⁹Τάδε λέγει Κύριος θεός Ἱκανούσθω ὑμῖν, οἱ ἀφηγούμενοι τοῦ Ἰσραήλ· ἀδικίαν καὶ ταλαιπωρίαν ἀφέλεσθε, κρίμα καὶ δικαιοσύνην ποιήσατε· ἐξάρατε καταδυναστείαν ἀπὸ τοῦ λαοῦ μου, 10 λέγει Κύριος θεός. ¹⁰ζυγὸς δίκαιος καὶ μέτρον δίκαιον καὶ χοῖνιξ 11 δικαία ἔστω ὑμῖν τοῦ μέτρου, ¹¹καὶ ἡ χοῖνιξ ὁμοίως μία ἔσται τοῦ λαμβάνειν· τὸ δέκατον τοῦ γόμορ χοῖνιξ, καὶ τὸ δέκατον τοῦ γόμορ, 12 πρὸς τὸ γόμορ ἔσται τὸ ἴσον. ¹²καὶ τὰ στάθμια εἴκοσι ὀβολοί, πέντε σίκλοι, πέντε καὶ σίκλοι, δέκα καὶ πεντήκοντα σίκλοι ἡ μνᾶ ἔσται

2 αυτω] αυτων A   3 διαμετρησεις] διαμετρησις A | πεντε και εικοσι] AQ ε και εικ sup ras B^ab | εικοσι 2°] δεκα Q | αγια] το αγιασμα A pr το αγιασμα Q   4 απο] pr αγιον A et (sub οι γ ※) Q | εγγιζουσιν AQ+εν αυτοις A   5 χιλιαδας] χιλιαδες AQ | ευρος εικοσι χιλιαδες] εικοσι χιλ. ευρ. εσται A ευρ. δεκα χιλ. Q | om και 3° A | Λευιταις AQ   6 τροπον] +και A   7 προς ανατολας (1°)] pr τα A ※ και ανατ. Q   9 Κυριος θεος (1°)] κς ο θς A κς κς Q | Ισραηλ]+τον λαων μου· και την γην κατακληρονομησουσι̅] οικος του Ἰηλ A | κριμα] pr και AQ | εξαρατε] pr και A | θεος 2°] pr ο AQ   10 ζυγον δικαιον AQ | εστω] εσται A   11 χοινιξ 2°] pr η A | το δεκατον του γομορ] το μετρον A | του γομορ 2°]+(sub ※) του οιφι Q | το ισον] om το A   12 τα σταθμια] om τα Q | πεντε σικλοι...πεντηκοντα σικλοι] εικοσι σικλοι πε|τε και εικοσι σικλοι (adnot πεντε και δεκα εις τους γ΄ εγεγραπτο κ διωρθωσα πεντε κ εικοσι Q^mg) δεκα και πεντε σικλοι Q ο ε΄ σικλοι ε΄ κ οι ι΄ σικλοι ι΄ κ ν΄ σικλοι Q^mg vid | πεντε 1°] pr οι A | σικλοι 2°] pr οι δεκα A

487

ΙΕΖΕΚΙΗΛ

B ὑμῖν. ¹³καὶ αὕτη ἡ ἀπαρχὴ ἣν ἀφοριεῖτε, ἕκτον μέτρον ἀπὸ τοῦ γόμορ 13
τοῦ πυροῦ, καὶ τὸ ἕκτον αὐτοῦ τοῦ οἰφὶ ἀπὸ τοῦ κόρου τῶν κριθῶν.
¹⁴καὶ τὸ πρόσταγμα τοῦ ἐλαίου κοτύλην ἐλαίου ἀπὸ δέκα κοτυλῶν, 14
ὅτι αἱ δέκα κοτύλαι εἰσὶν γόμορ. ¹⁵καὶ πρόβατον ἀπὸ τῶν προβάτων 15
ἀπὸ δέκα, ἀφαίρεμα ἐκ πασῶν τῶν πατριῶν τοῦ Ἰσραήλ, εἰς θυσίας
καὶ εἰς ὁλοκαυτώματα καὶ εἰς σωτηρίου, τοῦ ἐξιλάσκεσθαι περὶ ὑμῶν,
λέγει Κύριος θεός. ¹⁶καὶ πᾶς ὁ λαὸς δώσει τὴν ἀπαρχὴν ταύτην τῷ 16
ἀφηγουμένῳ τοῦ Ἰσραήλ. ¹⁷καὶ διὰ τοῦ ἀφηγουμένου ἔσται τὰ 17
ὁλοκαυτώματα καὶ αἱ θυσίαι καὶ αἱ σπονδαὶ ἐν ταῖς ἑορταῖς καὶ ἐν ταῖς
νουμηνίαις καὶ ἐν τοῖς σαββάτοις καὶ ἐν πάσαις ταῖς ἑορταῖς οἴκου
Ἰσραήλ· αὐτὸς ποιήσει τὰ ὑπὲρ ἁμαρτίας καὶ τὴν θυσίαν καὶ τὰ
ὁλοκαυτώματα καὶ τὰ τοῦ σωτηρίου, τοῦ ἐξιλάσκεσθαι ὑπὲρ τοῦ οἴκου
Ἰσραήλ. ¹³Τάδε λέγει Κύριος θεός Ἐν τῷ πρώτῳ μηνὶ μιᾷ τοῦ 18
μηνὸς λήμψεσθε μόσχον ἐκ βοῶν ἄμωμον τοῦ ἐξιλάσασθαι τὸ ἅγιον.
¹⁹καὶ λήμψεται ὁ ἱερεὺς ἀπὸ τοῦ αἵματος τοῦ ἐξιλασμοῦ, καὶ δώσει 19
ἐπὶ τὰς φλιὰς τοῦ οἴκου καὶ ἐπὶ τὰς τέσσαρας γωνίας τοῦ ἱεροῦ καὶ
ἐπὶ τὸ θυσιαστήριον καὶ ἐπὶ τὰς φλιὰς τῆς πύλης τῆς αὐλῆς τῆς
ἐσωτέρας. ²⁰καὶ οὕτως ποιήσεις ἐν τῷ ἑβδόμῳ μηνὶ μιᾷ τοῦ μηνὸς 20
παρ' ἑκάστου ἀπόμοιραν, καὶ ἐξιλάσεσθε τὸν οἶκον. ²¹καὶ ἐν τῷ πρώτῳ 21
τεσσαρεσκαιδεκάτῃ τοῦ μηνὸς ἔσται ὑμῖν τὸ πάσχα ἑορτή· ἑπτὰ ἡμέρας
ἄζυμα ἔδεσθε. ²²καὶ ποιήσει ὁ ἀφηγούμενος ἐν ἐκείνῃ τῇ ἡμέρᾳ 22
ὑπὲρ αὐτοῦ καὶ τοῦ οἴκου καὶ ὑπὲρ παντὸς τοῦ λαοῦ τῆς γῆς μόσχον
ὑπὲρ ἁμαρτίας. ²³καὶ τὰς ἑπτὰ ἡμέρας τῆς ἑορτῆς ποιήσει ὁλοκαυ- 23

AQ 13 αφορειτε Q* (-ριειτε Q¹) | εκτον] εκατον A | μετρον] του μετρου AQ | γομορ] οιφι κορου Q^{mg dext} (adnot τινα των ἀ̓τιγραφων ουτως εχει αντι των εσω Q^{mg sinistr}) | om αυτου AQ | οιφι] o sup ras (prius ω ut vid) B' | του κορου] του γομορ· κορου A   14 το προσταγμα] τα προσταγματα A [το] δικαιωμα Q^{mg} | κοτυλην] θ' μετρητης (sic ut vid) Q^{mg} | ελαιου 2°]+(sub ※) δεκατον Q pro δεκ. α' ο βατος ο μετρητης απο του κορου θ' ο βατος απο του κορου Q^{mg} | δεκα 1°] pr των A | κοτυλων]+(sub ※) αι δεκα κοτυλαι γομορ Q | οτι...γομορ] α' οτι οι ι' μετρηται κορος θ' οι ι' βατοι κορος Q^{mg}   15 προβατον]+εν AQ (sub ⸓ Q¹ᵛⁱᵈ) | προβατων απο δεκα] δεκα προβατων AQ | των πατριων] om των Q* pr απο Q^{mg} pro πατρ. σ' ποτιστηριων Q^{mg} | σωτηριον A | εξιλασκεσθαι] εξιλασασθαι A | θεος] ο pr AQ   17 σπονδαι]+εσονται AQ* (sub ⸓ Q¹) | αυτος] pr ο Q   18 θεος] pr ο AQ | ληφεσθε BᵇA (-θαι) Qᵃ | εξιλασασθαι] εξιλασκεσθαι Q   19 ληψεται BᵇQᵃ | αιματος]+του μοσχου A   20 τω εβδομω μηνι μια] τω μηνι τω εβδομω μια A τη εβδομη Q | παρ εκαστου] pr λημψη AQ* (ληψ. Qᵃ) (sub ⸓ Q¹) | απομοιραν] αγνοουντος και απο νηπιου· A et (sub θ'σ' ※) Q | εξιλασασθαι Q* (-θε Qᵃ)   21 πρωτω]+μηνι AQ (sub ⸓ Q¹) | τεσσαρεσκαιδεκατη (-ρισκαιδεκ. Bᵇ)]+ημερα Q (sub ※ Q¹) | εδεσθα B* (sic) (-θε B¹ ᶠᵒʳᵗ)   22 αυτου] εαυτου Q | του οικου] pr υπερ AQ (κ. υ. τ. οικ. sub ⸓ Q¹)   23 ποιησεις A

488

ΙΕΖΕΚΙΗΛ XLVI 9

τώματα τῷ κυρίῳ, ἑπτὰ μόσχους καὶ ἑπτὰ κριοὺς ἀμώμους καθ' ἡμέ- B
ραν τὰς ἑπτὰ ἡμέρας, καὶ ὑπὲρ ἁμαρτίας ἔριφον αἰγῶν καθ' ἡμέραν,
24 καὶ θυσίαν. ²⁴καὶ πέμμα τῷ μόσχῳ καὶ πέμμα τῷ κριῷ ποιήσεις,
25 καὶ ἐλαίου τὸ εἰν τῷ πέμματι. ²⁵καὶ ἐν τῷ ἑβδόμῳ πεντεκαιδεκάτῃ
τοῦ μηνὸς ἐν τῇ ἑορτῇ ποιήσεις κατὰ τὰ αὐτὰ ἑπτὰ ἡμέρας, καθὼς
τὰ ὑπὲρ τῆς ἁμαρτίας καὶ καθὼς τὰ ὁλοκαυτώματα καὶ καθὼς τὸ
μαναὰ καὶ καθὼς τὸ ἔλαιον.

XLVI 1 ¹Τάδε λέγει Κύριος θεός Πύλη ἡ ἐν τῇ αὐλῇ τῇ ἐσωτέρᾳ ἡ
βλέπουσα πρὸς ἀνατολὰς ἔσται κεκλεισμένη ἓξ ἡμέρας τὰς ἐνεργούς·
ἐν τῇ ἡμέρᾳ τῶν σαββάτων ἀνοιχθῇ, καὶ ἐν τῇ ἡμέρᾳ τῆς νουμηνίας
2 ἀνοιχθήσεται. ²καὶ εἰσελεύσεται ὁ ἀφηγούμενος κατὰ τὴν ὁδὸν τοῦ
αἰλὰμ τῆς πύλης τῆς ἔσωθεν καὶ στήσεται ἐπὶ τὰ πρόθυρα τῆς πύλης,
καὶ ποιήσουσιν οἱ ἱερεῖς τὰ ὁλοκαυτώματα αὐτοῦ καὶ τὰ τοῦ σωτηρίου
3 αὐτοῦ. ³καὶ προσκυνήσει ἐπὶ τοῦ προθύρου τῆς πύλης καὶ ἐξελεύ-
σεται, καὶ ἡ πύλη οὐ μὴ κλεισθῇ ἕως ἑσπέρας· καὶ προσκυνήσει ὁ
λαὸς τῆς γῆς κατὰ τὰ πρόθυρα τῆς πύλης ἐκείνης καὶ ἐν τοῖς
4 σαββάτοις καὶ ἐν ταῖς νουμηνίαις ἐναντίον Κυρίου. ⁴καὶ τὰ ὁλο-
καυτώματα προσοίσει ὁ ἀφηγούμενος τῷ κυρίῳ ἐν τῇ ἡμέρᾳ τῶν
5 σαββάτων, ἓξ ἀμνοὺς ἀμώμους καὶ κριὸν ἄμωμον ⁵καὶ μαναά, πέμμα
τῷ κριῷ, καὶ τοῖς ἀμνοῖς θυσίαν δόμα χειρὸς αὐτοῦ, καὶ ἐλαίου τὸ εἰν
6 τῷ πέμματι. ⁶καὶ ἐν τῇ ἡμέρᾳ τῆς νουμηνίας μόσχον ἄμωμον καὶ ἐξ
7 ἀμνούς, καὶ κριὸς ἄμωμος ἔσται, ⁷καὶ πέμμα τῷ κριῷ καὶ πέμμα τῷ
μόσχῳ ἔσται μαναά, καὶ τοῖς ἀμνοῖς καθὼς ἐὰν ἐκποιῇ ἡ χεὶρ αὐτοῦ,
8 καὶ ἐλαίου τὸ εἰν τῷ πέμματι. ⁸καὶ ἐν τῷ εἰσπορεύεσθαι τὸν
ἀφηγούμενον, κατὰ τὴν ὁδὸν τοῦ αἰλὰμ τῆς πύλης εἰσελεύσεται, καὶ
9 κατὰ τὴν ὁδὸν τῆς πύλης ἐξελεύσεται. ⁹καὶ ὅταν εἰσπορεύηται ὁ
λαὸς τῆς γῆς ἐναντίον Κυρίου ἐν ταῖς ἑορταῖς, ὁ εἰσπορευόμενος κατὰ
τὴν ὁδὸν τῆς πύλης τῆς βλεπούσης πρὸς βορρᾶν προσκυνεῖν ἐξε-
λεύσεται κατὰ τὴν ὁδὸν τῆς πύλης τῆς πρὸς νότον, καὶ ὁ εἰσπορευό-

24 ειν] ειμ Q   25 εβδομω]+μηνι Q (sub ⸀ Q?) | πεντεκαιδεκατη]+ημερα AQ
A et (sub οι γ´ ⁜) Q | τα αυτα] ταυτα Q* (τα αυτ. Qᵃ) | το μαναα] το μαννα
A τα μαναα Q   XLVI 1 θεος] pr ο AQ | κεκλειμενη B* (κεκλεισμ. Bᵃᵇ) |
εν 2°]+δε AQ | ανοιχθη] ανοιχθησεται AQ   2 εσωθεν] εξωθεν AQ | τα
προθυρα] om τα Q* (superscr Qᵃ)   3 τα προθυρα] om τα Q* (superscr
Qᵃ) | om και 5° Q | Κυριου] pr του A   4 τα ολοκαυτωματα] ολοκαυ-
τωμα A   5 μαναα] μαννα A: item 7, 11, 14 bis, 15, 20 | χειρος] pr
της A   6 μοσχον]+υιον βουκολιου A et (sub θ´ ⁜) Q | κριος αμωμος]
κριον αμωμα Q   7 πεμμα τω μοσχω και πεμμα τω κριω Q | εαν] αν
AQ | εκποιη] ευ ποιη A   8 και 1°]+εσται A   9 om της γης A |
om βλεπουσης AQ

489

ΙΕΖΕΚΙΗΛ

Β μενος κατὰ τὴν ὁδὸν τῆς πύλης τῆς πρὸς νότον ἐξελεύσεται κατὰ τὴν ὁδὸν τῆς πύλης τῆς πρὸς βορρᾶν· οὐκ ἀναστρέψει κατὰ τὴν πύλην εἰς ἣν εἰσελήλυθεν, ἀλλ' ἢ κατ' εὐθὺ αὐτῆς ἐξελεύσεται. ¹⁰καὶ ὁ ἀφηγούμενος ἐν μέσῳ αὐτῶν ἐν τῷ εἰσπορεύεσθαι αὐτοὺς εἰσελεύσεται μετ' αὐτῶν, καὶ ἐν τῷ ἐκπορεύεσθαι αὐτοὺς ἐξελεύσεται. ¹¹καὶ ἐν ταῖς ἑορταῖς καὶ ἐν ταῖς πανηγύρεσιν ἔσται τὸ μαναὰ πέμμα τῷ μόσχῳ καὶ πέμμα τῷ κριῷ, καὶ τοῖς ἀμνοῖς καθὼς ἂν ἐκποιῇ ἡ χεὶρ αὐτοῦ, καὶ ἐλαίου τὸ εἲν τῷ πέμματι. ¹²ἐὰν δὲ ποιήσῃ ὁ ἀφηγού- μενος ὁμολογίαν ὁλοκαύτωμα σωτηρίου τῷ κυρίῳ, καὶ ἀνοίξει ἑαυτῷ τὴν πύλην τὴν βλέπουσαν κατ' ἀνατολάς, καὶ ποιήσει τὸ ὁλοκαύ- τωμα αὐτοῦ καὶ τὰ τοῦ σωτηρίου αὐτοῦ ὃν τρόπον ποιεῖ ἐν τῇ ἡμέρᾳ τῶν σαββάτων· καὶ ἐξελεύσεται, καὶ κλείσει τὰς θύρας μετὰ τὸ ἐξελθεῖν αὐτόν. ¹³καὶ ἀμνὸν ἐνιαύσιον ἄμωμον ποιήσει εἰς ὁλο- καύτωμα καθ' ἡμέραν τῷ κυρίῳ, πρωὶ ποιήσει αὐτόν. ¹⁴καὶ μαναὰ ποιήσει ἐπ' αὐτῷ τὸ πρωὶ ἕκτον τοῦ μέτρου, καὶ ἐλαίου τρίτον τοῦ εἲν τοῦ ἀναμίξαι τὴν σεμίδαλιν, μαναὰ τῷ κυρίῳ, πρόσταγμα διὰ παντός. ¹⁵ποιήσετε τὸν ἀμνόν, καὶ τὸ μαναὰ καὶ τὸ ἔλαιον ποιήσετε τὸ πρωί, ὁλοκαύτωμα διὰ παντός. ¹⁶Τάδε λέγει Κύριος θεός Ἐὰν δῷ ὁ ἀφηγούμενος δόμα ἑνὶ ἐκ τῶν υἱῶν αὐτοῦ ἐκ τῆς κλη- ρονομίας αὐτοῦ, τοῦτο τοῖς υἱοῖς αὐτοῦ ἔσται κατάσχεσις ἐν κλη- ρονομίᾳ. ¹⁷ἐὰν δὲ δῷ δόμα ἑνὶ τῶν παίδων αὐτοῦ, καὶ ἔσται αὐτῷ ἕως τοῦ ἔτους τῆς ἀφέσεως, καὶ ἀποδώσει τῷ ἀφηγουμένῳ· πλὴν τῆς κληρονομίας τῶν υἱῶν αὐτοῦ, αὐτοῖς ἔσται. ¹⁸καὶ οὐ μὴ λάβῃ ὁ ἀφηγούμενος ἐκ τῆς κληρονομίας τοῦ λαοῦ καταδυναστεῦσαι αὐ- τούς· ἐκ τῆς κατασχέσεως αὐτοῦ κατακληρονομήσει τοῖς υἱοῖς αὐτοῦ, ὅπως μὴ διασκορπίζηται ὁ λαός μου, ἕκαστος ἐκ τῆς κατασχέσεως αὐτοῦ. ¹⁹Καὶ εἰσήγαγέν με εἰς τὴν εἴσοδον τῆς κατὰ νώτου τῆς

AQ 9 της προς νοτον (2°)] om της Q | εξευσεται B* (εξελ. Bᵃ (txt et mg) b) | της προς βορραν] om της Q | πυλην] οδον της πυλης Q | om εις AQ 10 μετ αυτων] pr ₜ Qʸ 10—11 εξελευσεται...πανηγυρεσιν] distinx post πανηγ. A 10 εξελευσεται]+μετ αυτω| A 11 om και 1° Q | εστε Qᵃ | το μαναα] incep σ Q* | και τοις αμνοις] τοις δε αμν. A 12 σωτηριου 1°] pr η Q+(sub οι γ' ※) εκουσιον Q 13 om εις A | πρωι]+πρωι Q 14 το πρωι] bis scr Q | improb το 2° Qᵃ | τριτον] pr το AQ | του ειν] τω ιν A | προσταγμα] +αιωνιον A et (sub a'θ' ※) Q 15 το πρωι] om το A 16 Κυριος θεος] αδωναι κς A κς ο θς Q | δομα] pr το Q | αυτου 1°]+του A | εσται· κατασχεσις (-σεις A) AQ+αυτων αυτη A et (sub θ' ※) Q 17 δομα] +εκ της κληρονομιας αυτου AQ | αποδωσει] αποδοθησεται Q 18 λαου] +αυτου AQ | καταδυναστευσαι] pr του Bᵃᵇ | αυτου 1°]+απο της κληρονομιας αυτου AQ | εκ 3°] απο AQ 19 νωτου] νοτου Q

ΙΕΖΕΚΙΗΛ XLVII 5

πύλης, εἰς τὴν ἐξέδραν τῶν ἁγίων τῶν ἱερέων τὴν βλέπουσαν πρὸς Β
20 βορρᾶν, καὶ ἰδοὺ τόπος ἐκεῖ κεχωρισμένος. ²⁰καὶ εἶπεν πρός μέ
Οὗτος ὁ τόπος ἐστὶν οὗ ἐψήσουσιν ἐκεῖ οἱ ἱερεῖς τὰ ὑπὲρ ἀγνοίας
καὶ τὰ ὑπὲρ ἁμαρτίας, καὶ ἐκεῖ πέψουσι τὸ μαναὰ τὸ παράπαν
τοῦ μὴ ἐκφέρειν εἰς τὴν αὐλὴν τὴν ἐξωτέραν τοῦ ἁγιάζειν τὸν λαόν.
21 ²¹καὶ ἐξήγαγέν με εἰς τὴν αὐλὴν τὴν ἐξωτέραν, καὶ περιήγαγέν με
· ἐπὶ τὰ τέσσερα μέρη τῆς αὐλῆς, καὶ ἰδοὺ αὐλὴ κατὰ τὰ κλίτη τῆς
22 αὐλῆς· ²²κατὰ τὸ κλίτος αὐλή, ⁽²²⁾αὐλὴ ἐπὶ τὰ τέσσαρα, καὶ τῆς αὐλῆς
αὐλὴ μικρὰ μήκους πηχῶν τεσσεράκοντα, καὶ εὖρος πηχῶν τριά-
23 κοντα, μέτρον ἐν ταῖς τέσσαρσιν. ²³καὶ ἐξέδραι κύκλῳ ἐν αὐταῖς,
κύκλῳ ταῖς τέσσαρσιν· καὶ μαγειρεῖα γεγονότα ὑποκάτω τῶν ἐξ-
24 εδρῶν κύκλῳ. ²⁴καὶ εἶπεν πρός μέ Οὗτοι οἱ οἶκοι τῶν μαγείρων,
οὗ ἐψήσουσιν ἐκεῖ οἱ λειτουργοῦντες τῷ οἴκῳ τὰ θύματα τοῦ λαοῦ.

XLVII 1   ¹Καὶ εἰσήγαγέν με ἐπὶ τὰ πρόθυρα τοῦ οἴκου, καὶ ἰδοὺ ὕδωρ
ἐξεπορεύετο ὑποκάτωθεν τοῦ αἰθρίου κατ' ἀνατολάς, ὅτι τὸ πρόσ-
ωπον τοῦ οἴκου ἔβλεπεν κατ' ἀνατολάς· καὶ τὸ ὕδωρ κατέβαινεν
2 ἀπὸ τοῦ κλίτους τοῦ δεξιοῦ ἀπὸ νότου ἐπὶ τὸ θυσιαστήριον. ²καὶ
ἐξήγαγέν με κατὰ τὴν ὁδὸν τῆς πύλης τῆς πρὸς βορρᾶν, καὶ περι-
ήγαγέν με τὴν ὁδὸν ἔξωθεν πρὸς τὴν πύλην τῆς αὐλῆς τῆς βλε-
πούσης κατ' ἀνατολάς, καὶ ἰδοὺ τὸ ὕδωρ κατεφέρετο ἀπὸ τοῦ κλί-
3 τους τοῦ δεξιοῦ, ³καθὼς ἔξοδος ἀνδρὸς ἐξ ἐναντίας. καὶ μέτρον ἐν
τῇ χειρὶ αὐτοῦ· καὶ διεμέτρησεν χιλίους ἐν τῷ μέτρῳ, καὶ διῆλθεν
4 ἐν τῷ ὕδατι ὕδωρ ἀφέσεως· ⁴καὶ διεμέτρησεν χιλίους, καὶ διῆλθεν
ἐν τῷ ὕδατι ὕδωρ ἕως τῶν μηρῶν· καὶ διεμέτρησεν χιλίους, καὶ
5 διῆλθεν ὕδωρ ἕως ὀσφύος. ⁵καὶ διεμέτρησεν χιλίους, καὶ οὐκ ἠδύ-

19 βορρα B* (-ρραν B^{ab}) | εκει τοπος AQ   20 αγνοιας] pr της AQ | AQ
αμαρτιας] pr της AQ | πεψουσιν A εψησουσιν Q^a   21 αυλην] αυτην
B* (αυλ. B^b) | τεσσαρα B^b | τα κλιτη] om τα AQ   22 κατα το κλιτος
αυλη αυλη] pr ⸓ Q? αυλη κατα το κλιτος A | τεσσερα AQ+κλιτη AQ |
om και 1° AQ | μηκους] μηκος Q | πηχων bis] πηχεων A | τεσσαρακοντα
B^b | τεσσαρσι B^b: item 23   24 οι οικοι] om οι Q | μαγειρων] μαγιρεων A
XLVII 1 υποκατω A | αιθριου]+του οικου AQ | εβλεπεν] επεβλεπεν AQ |
απο 1°] επι Q* (απο Q^a) | κλιτου Q* (-τοις Q^a)]+του οικου Q   2 οδον 2°]
+της πυλης Q   3 μετρον] adnot φασι το μετρο̄ | τον χρονον δηλουν ως
εις πολλα διηρημενον· διο και μετ ολιγα φησιν εις τους μηνας αυτου πρωτο-
γενησει· οθε̄| ϗ πιθανως επεβαλον τινες τω μετρω μετρεισθαι μηνας δ' ως εν
πηχεσι δηλουμενους ποιοῦ|τας ετη τλγ' ϗ μηνας δ' εις α συναγεται ο απο της
γεννησεως του χῡ χρονος εως της Κω̄|σταντινου βασιλειας εφ ης ηρξατο πλα-
τινεσθ, τα χριστιανω̄|. Q^{mg} | μετρω] +πηχεις Q^{mg} | αφεσεως] εως αστραγαλω̄|
Q^{mg}   4 διεμετρησεν 1°]+εν τω μετρω A | μηρων] γονατων Q^{mg} | χιλιοις
2°]+χειμαρρους A   5 χιλιους]+(sub α'θ' ※) χειμαρρους Q ante χειμ.
ins και ιδου Q^{mg}

XLVII 6 ΙΕΖΕΚΙΗΛ

Β νατο διελθεῖν, ὅτι ἐξύβριζεν, χειμάρρου ὃν οὐ διαβήσονται. ⁶καὶ 6 εἶπεν πρός μέ Ἑόρακας, υἱὲ ἀνθρώπου; καὶ ἤγαγέν με ἐπὶ τὸ χεῖλος τοῦ ποταμοῦ ⁷ἐν τῇ ἐπιστροφῇ μου· καὶ ἰδοὺ ἐπὶ τοῦ χεί- 7 λους τοῦ ποταμοῦ δένδρα πολλὰ σφόδρα ἔνθεν καὶ ἔνθεν. ⁸καὶ 8 εἶπεν πρός μέ Τὸ ὕδωρ τοῦτο τὸ ἐκπορευόμενον εἰς τὴν Γαλειλαίαν τὴν πρὸς ἀνατολάς, καὶ κατέβαινεν ἐπὶ τὴν Ἀραβίαν, καὶ ἤρχετο ἕως ἐπὶ τὴν θάλασσαν ἐπὶ τὸ ὕδωρ τῆς διεκβολῆς, καὶ ὑγιάσει τὰ ὕδατα, ⁹καὶ ἔσται πᾶσα ψυχὴ τῶν ζῴων τῶν ἐκζεόντων, ἐπὶ πάντα 9 ἐφ' ἃ ἂν ἐπέλθῃ ἐκεῖ ὁ ποταμός, ζήσεται· καὶ ἔσται ἐκεῖ ἰχθὺς πολὺς σφόδρα, ὅτι ἥκει ἐκεῖ τὸ ὕδωρ τοῦτο, καὶ ὑγιάσει καὶ ζήσεται· πᾶν ἐφ' ὃ ἂν ἔλθῃ ὁ ποταμὸς ἐκεῖ, ζήσεται. ¹⁰καὶ στήσονται 10 ἐκεῖ ἁλεεῖς ἀπὸ Ἰνγαδεὶν ἕως Ἐναγαλείμ· ψυγμὸς σαγηνῶν ἔσται, καθ' αὐτὴν ἔσται· καὶ οἱ ἰχθύες αὐτῆς ὡς οἱ ἰχθύες τῆς θαλάσσης τῆς μεγάλης, πλῆθος πολὺ σφόδρα. ¹¹καὶ ἐν τῇ διεκβολῇ αὐτοῦ 11 καὶ ἐν τῇ ἐπιστροφῇ αὐτοῦ καὶ ἐν τῇ ὑπεράρσει αὐτοῦ οὐ μὴ ὑγιάσωσιν· εἰς ἅλας δέδονται. ¹²καὶ ἐπὶ τοῦ ποταμοῦ ἀναβήσεται, 12 ἐπὶ τοῦ χείλους αὐτοῦ ἔνθεν καὶ ἔνθεν πᾶν ξύλον βρώσιμον· οὐ

AQ   5 εξυβριζεν] εξυβριζον Q εκβραζον Q^mg | χειμαρρου] pr ως B^ab pr το υδωρ· υδωρ εως ροιζος A pr το υδωρ. υδωρ ως ο ροιζος Q | ον] ο AQ   6 εορακας (εωρ. B^bA)] pr ει A | ηγαγεν με] απηγαγεν με A+και επεστρεψεν A+(sub θ' ※) και εστρεψεν με Q   7 om σφοδρα A   8 το υδωρ τουτο...Γαλειλαιαν] adnot σαφεστερο| παρα τω εβραιω κειται η ρησις φησι γαρ τουτο τν υδωρ πρωτον εκπορευεται εις την Γαλιλαιαν εντενθεν γαρ και ηρξατο του κηρυγματος ο χ̅ς̅ ως δεικνυσι κ̅ το εν Κανα πρωτο̅| σημειων της του υδατος εις οινον μεταβολης Q^mg | Γαλιλαιαν B^bAQ | Αραβιαν (-βειαν Q*)] adnot αοικητο̅| ο δε εβραιος επι δυσμας φησιν· η δε ασαφεια απο του το αραβα κ̅ δυσμας δηλουν κ̅ αοικητον εοικεν δε το αυτο πως κ̅ ο ελληνικος σημαινειν προσθεις το ηρχετο εως επι την θαλασσαν η γαρ γραφη πολλαχου την θαλασσαν επι του της δυσεως μερους λαμβανει· σκοπητεον δε μη το καταιβαινεν επι την Αραβιαν την αρχην επι την αραβα εξεδοθη την εβραιαν. θεντων φωνην των ερμηνευκοτων Q^mg | της διεκβολης] της εκβολης A adnot ο εβραιος αντι της διεκβολης της αλμυρας θαλασσης εχει δηλον δε οτι τροπικως οιτως εκαλεσε την ανθρωποτητα δια το της αμαρτιας αλμυρον μαλιστα γαρ ουτος χρηται τουτοις ο προφητης Q^mg   9 ελθη] επελθη AQ | εκει ο ποταμος Q | ζησεται] pr και Q   10 στησονται] α[ι]τησονται Q*^vid (στησ. Q^a) | εκει] επ αυτου Q | αλιεις B^abQ+πολλοι Q^mg | Ινγαδειν] Ενγαδδειν A Αινγαδαιμ Q | Εναγαλειμ] Αιναγαδειμ Q | ψυγμος...εσται] adnot αντι του αργησουσι̅| οι των αλλων δογματων διδασκαλοι Q^mg | αυτην] εαυτην Q | εσται 2°] εστιν A | οι ιχθυες (1°)...μεγαλης] οι ιχθυες της θαλασσης της μεγαλης οι ιχθυες αυτης A   11 εν τη 1°] εστη A | διεβολη B* (διεκβ. B^ab) | και εν τη επιστροφη αυτου] pr ⸗ Q' adnot αντι του τα τελη αυτου η τα εξωτερα της θαλασσης ουκ ιαθησει, ουτω γαρ κ̅ ο εβραιος εχει σαφως διδασκων το βαρβαρων τινας τους πορρω την του χ̅υ̅ πιστιν μη παραδεξασθ, Q^mg | υγιασωσιν] εγιασωσιν AQ* (υγ. Q^a)

ΙΕΖΕΚΙΗΛ XLVII 21

μὴ παλαιωθῇ ἐπ' αὐτοῦ, οὐδὲ μὴ ἐκλίπῃ ὁ καρπὸς αὐτοῦ· τῆς και- B
νότητος αὐτοῦ πρωτοβολήσει, ὅτι τὰ ὕδατα αὐτῶν ἐκ τῶν ἁγίων ταῦτα
ἐκπορεύεται· καὶ ἔσται ὁ καρπὸς αὐτῶν εἰς βρῶσιν, καὶ ἀνάβασις
13 αὐτῶν εἰς ὑγίειαν. ¹³Τάδε λέγει Κύριος θεός Ταῦτα ὅρια
κατακληρονομήσετε τῆς γῆς· ταῖς δώδεκα φυλαῖς τῶν υἱῶν Ἰσραὴλ
14 πρόσθεσις σχοινίσματος. ¹⁴καὶ κατακληρονομήσετε αὐτὴν ἕκαστος
καθὼς ὁ ἀδελφὸς αὐτοῦ, εἰς ἣν ἦρα τὴν χεῖρά μου τοῦ δοῦναι τοῖς
15 πατράσιν αὐτῶν, καὶ πεσεῖται ἡ γῆ αὕτη ὑμῖν ἐν κληρονομίᾳ. ¹⁵καὶ
ταῦτα τὰ ὅρια τῆς γῆς τῆς πρὸς βορρᾶν· ἀπὸ θαλάσσης τῆς μεγάλης
τῆς καταβαινούσης καὶ περισχιζούσης, τῆς εἰσόδου Ἡμά, Σελδαμμά,
16 ¹⁶Ἀβθηρά, Σεβράμ, Ἡλιάμ, ἀνὰ μέσον ὁρίων Δαμασκοῦ καὶ ἀνὰ μέ-
σον ὁρίων Ἰμαθεί, αὐλὴ τοῦ Σαυνάν, αἵ εἰσιν ἐπάνω τῶν ὁρίων
17 Αὐρανείτιδος. ¹⁷ταῦτα τὰ ὅρια ἀπὸ τῆς θαλάσσης· ἀπὸ τῆς αὐλῆς
18 τοῦ Αἰνάν, ὅρια Δαμασκοῦ, καὶ τὰ πρὸς βορρᾶν. ¹⁸καὶ τὰ πρὸς
ἀνατολὰς ἀνὰ μέσον τῆς Λωρανείτιδος καὶ ἀνὰ μέσον Δαμασκοῦ καὶ
ἀνὰ μέσον τῆς Γαλααδείτιδος καὶ ἀνὰ μέσον τῆς γῆς τοῦ Ἰσραήλ, ὁ
Ἰορδάνης διορίζει ἐπὶ τὴν θάλασσαν τὴν πρὸς ἀνατολὰς Φοινικῶνος·
19 ταῦτα τὰ πρὸς ἀνατολάς. ¹⁹καὶ τὰ πρὸς νότον καὶ λίβα ἀπὸ
Θαιμὰν καὶ Φοινικῶνος, ἕως ὕδατος Μαριμὼθ Καδήμ, παρεκτείνον
20 ἐπὶ τὴν θάλασσαν τὴν μεγάλην. ²⁰τοῦτο τὸ μέρος νότος καὶ λίψ.
⁽²⁰⁾τοῦτο τὸ μέρος τῆς θαλάσσης τῆς μεγάλης ὁρίζει, ἕως κατέναντι τῆς
εἰσόδου Ἡμάθ, ἕως εἰσόδου αὐτοῦ· ταῦτά ἐστιν τὰ πρὸς θάλασσαν
21 Ἡμάθ. ²¹καὶ διαμερίσετε τὴν γῆν ταύτην αὐτοῖς, ταῖς φυλαῖς τοῦ

12 επ] εξ A | εκλειπη AQ | αυτου 3⁰ sub a'θ' ⳨ in Q | της καινοτητος AQ
αυτου· πρωτοβολησει] adnot εν αλ{λοι}s εις τους μηνας αυτου πρωτογενησει·
ινα ειπη εις τον καιρον εαυτου επιδωσει το ευαγγελιον Q^mg | om αυτου 4⁰ A |
οτι] διοτι AQ | αναβασις] η αναβασεις A | αυτων 3⁰] αυτου Q | υγιᾷ Α
13 θεος] pr o AQ | ορια] pr τα AQ + a Q 14 δουναι]+αυτην A | πατρα-
σιν] παρρασῦ (sic) A 15 της προς] om της A | θαλασσης] pr της AQ |
15—16 η'μασελδαμμα αзθηρασ|εβραμηλιαμ B ημαθ'| ελδαμ' μαωθηρασεφραμ'|
ηλειαμ' A η'μασαιλααμ' μααβ' θηρασεφραιμ| ηλιαμ Q αδαλα αιμαθ' βηρωθ
ασα| βαρειμ Q^mg | ανα μεσον (1⁰)..Σαυναν] ανα μ. των οριω| Ημαθ' και ανα
μ. των οριω| Δαμασκου Ευναν και του Ευναν A | Ημαθει] Ημαθ Q | αυλη
του Σαυναν] om αυλη Q* αυλαι του Θιχων Q^mg | Αυρανιτιδος AQ 17 Αινα
(in fin lin) Q | Βορραν]+κατα βορραν και το οριον Αιμαθ (+ και Q) το οριον
βορρα (-ραν Q) A et (sub θ' ⳨) Q 18 και τα προς ανατολας] κατα
προσωπον ανατολων Q | Λωρανειτιδος] Ωρανιτιδος A Αυρανιτιδος Q | Γαλα-
αδιτιδος AQ | Φοινεικωνος B* (Φοινικ. B¹¹) | τα προς ανατολας] om τα Q
19 και Φοινικωνος] pr ⸗ Q² | Καδημ] Καδης AQ 20 μερος 1⁰] μηκος
Q | θαλασσης]+(sub οι γ' ⳨) θαλασσης Q | οριξει] διοριζει AQ | εως εισοδου
αυτου] εως της εισ. αυτ. (pr ⸗ Q²) Q 21 διαμερισετε] διεμετρησεν A
διαμεριειτε Q | ταις φυλαις] pr και A

493

ΙΕΖΕΚΙΗΛ

Β Ἰσραήλ. ²²βαλεῖτε αὐτὴν ἐν κλήρῳ ὑμῖν καὶ τοῖς προσηλύτοις τοῖς 22 παροικοῦσιν ἐν μέσῳ ὑμῶν, οἵτινες ἐγέννησαν υἱοὺς ἐν μέσῳ ὑμῶν, καὶ ἔσονται ὑμῶν ὡς αὐτόχθονες ἐν τοῖς υἱοῖς τοῦ Ἰσραήλ· μεθ᾿ ὑμῶν φάγονται ἐν κληρονομίᾳ ἐν μέσῳ τῶν φυλῶν τοῦ Ἰσραήλ, ²³καὶ ἔσονται 23 ἐν φυλῇ προσηλύτων ἐν τοῖς προσηλύτοις τοῖς μετ᾿ αὐτῶν· ἐκεῖ δώσετε κληρονομίαν αὐτοῖς, λέγει Κύριος θεός.

¹Καὶ ταῦτα τὰ ὀνόματα τῶν φυλῶν ἀπὸ τῆς ἀρχῆς τῆς πρὸς 1 XLVIII βορρᾶν, κατὰ τὸ μέρος τῆς καταβάσεως τοῦ περισχίζοντος ἐπὶ τὴν εἴσοδον τῆς Ἡμὰθ αὐλῆς τοῦ Αἰλάμ, ὅριον Δαμασκοῦ πρὸς βορρᾶν κατὰ μέρος Ἡμὰθ αὐλῆς· καὶ ἔσται αὐτοῖς τὰ πρὸς ἀνατολὰς ἕως πρὸς θάλασσαν Δάν, μία. ²καὶ ἀπὸ τῶν ὁρίων τοῦ Δὰν τὰ πρὸς 2 ἀνατολὰς ἕως τῶν πρὸς θάλασσαν Ἀσήρ, μία. ³καὶ ἀπὸ τῶν ὁρίων 3 Ἀσήρ, ἀπὸ τῶν πρὸς ἀνατολὰς ἕως τῶν πρὸς θάλασσαν Νεφθαλείμ, μία. ⁴καὶ ἀπὸ τῶν ὁρίων Νεφθαλεί, ἀπ᾿ ἀνατολῶν ἕως τῶν πρὸς 4 θάλασσαν Μανασσή, μία. ⁵καὶ ἀπὸ τῶν ὁρίων Μανασσή, ἀπὸ τῶν 5 πρὸς ἀνατολὰς ἕως τῶν πρὸς θάλασσαν Ἐφράιμ, μία. ⁶καὶ ἀπὸ 6 τῶν ὁρίων Ἐφράιμ, ἀπὸ τῶν πρὸς ἀνατολὰς ἕως τῶν πρὸς θάλασσαν Ῥουβήν, μία. ⁷καὶ ἀπὸ τῶν ὁρίων Ῥουβήν, ἀπὸ τῶν πρὸς ἀνατολὰς 7 ἕως τῶν πρὸς θάλασσαν Ἰούδα, μία. ⁸Καὶ ἀπὸ τῶν ὁρίων Ἰούδα 8 ἀπὸ τῶν πρὸς ἀνατολὰς μενεῖ, ἔσται ἡ ἀπαρχὴ τοῦ ἀφορισμοῦ πέντε καὶ εἴκοσι χιλιάδες εὖρος, καὶ μῆκος καθὼς μία τῶν μερίδων ἀπὸ τῶν πρὸς ἀνατολὰς καὶ ἕως τῶν πρὸς θάλασσαν, καὶ ἔσται τὸ ἅγιον ἐν μέσῳ αὐτῶν· ⁹ἀπαρχὴν ἣν ἀφοριοῦσι τῷ κυρίῳ, μῆκος πέντε 9 καὶ εἴκοσι χιλιάδες, καὶ εὖρος εἴκοσι καὶ πέντε χιλιάδες. ¹⁰τούτων 10 ἔσται ἡ ἀπαρχὴ τῶν ἁγίων τοῖς ἱερεῦσιν, πρὸς βορρᾶν πέντε καὶ εἴκοσι χιλιάδες, καὶ πρὸς θάλασσαν δέκα χιλιάδες, καὶ πρὸς νότον εἴκοσι καὶ πέντε χιλιάδες· καὶ τὸ ὄρος τῶν ἁγίων ἔσται ἐν μέσῳ αὐτοῦ· ¹¹τοῖς ἱερεῦσι τοῖς ἡγιασμένοις υἱοῖς Σαδδούκ, τοῖς φυλάσ- 11 σουσι τὰς φυλακὰς τοῦ οἴκου, οἵτινες οὐκ ἐπλανήθησαν ἐν τῇ

AQ 22 τοις (τοι B* τοις Bᵃᵇ) παροικουσιν] τ. προσοικουσιν A | υμων 3°] υμιν AQ | φαγονται] εσονται Q | των φυλων του Ισραηλ] των υιων Ι̅η̅λ A   23 θεος] pr ο AQ   XLVIII 1 βορραν 1°] βορρα Q | μερος 1°] μετρον A | Ημαθ 1°] Εμαθ Q | Αιλαμ] Λιναν A Λιναμ Q | μερος 2°] pr το A   2 Δαν Δαν] om του A | τα προς] om τα A | των προς] om των A   4 Νεφθαλι A Νεφθαλειμ Q | απ] απο AQ | ανατολων] των προς ανατολας A | Μαννασση A 8 μενει εσται] εως των προς θαλασσαν AQ+εσται Q   9 απαρχη AQ | αφοριουσιν AQ | om μηκος A | om και 3° Q   10 ιερευσι Bᵇ | θαλασσαν] +πλατος AQ | χιλιαδες 2°]+και ανατολας πλατος δεκα χιλιαδες Q | νοτον] +μηκος AQ | om και 4° Q | και εσται το ορος των αγιων Q | αυτου] αυτων Q 11 ιερευσιν AQ | φυλασσουσιν AQ

ΙΕΖΕΚΙΗΛ XLVIII 21

12 πλανήσει υἱῶν Ἰσραὴλ ὃν τρόπον ἐπλανήθησαν οἱ Λευεῖται. ¹²καὶ B 13 ἔσται αὐτοῖς ἡ ἀπαρχὴ δεδομένη ἐκ τῶν ἀπαρχῶν τῆς γῆς, ἅγιον ἁγίων ἀπὸ τῶν ὁρίων τῶν Λευειτῶν. ¹³τοῖς δὲ Λευείταις τὰ ἐχόμενα τῶν ὁρίων τῶν ἱερέων, μῆκος πέντε καὶ εἴκοσι χιλιάδες, καὶ εὖρος δέκα χιλιάδες· πᾶν τὸ μῆκος πέντε καὶ εἴκοσι χιλιάδες, καὶ 14 εὖρος εἴκοσι χιλιάδες. ¹⁴οὐ πραθήσεται ἐξ αὐτοῦ οὐδὲ καταμετρηθήσεται, οὐδὲ ἀφαιρεθήσεται τὰ πρωτογενήματα τῆς γῆς, ὅτι ἅγιόν 15 ἐστιν τῷ κυρίῳ. ¹⁵τὰς δὲ πέντε χιλιάδας τὰς περισσὰς ἐπὶ τῷ πλάτει ἐπὶ ταῖς πέντε καὶ εἴκοσι χιλιάσιν, προτείχισμα ἔσται τῇ πόλει εἰς τὴν κατοικίαν καὶ εἰς διάστημα αὐτοῦ· καὶ ἔσται ἡ πόλις 16 ἐν μέσῳ αὐτοῦ. ¹⁶καὶ ταῦτα τὰ μέτρα αὐτῆς· ἀπὸ τῶν πρὸς βορρᾶν πεντακόσιοι καὶ τετρακισχίλιοι, καὶ ἀπὸ τῶν πρὸς νότον πεντακόσιοι καὶ τέσσαρες χιλιάδες, καὶ ἀπὸ τῶν πρὸς ἀνατολὰς πεντακόσιοι καὶ τέσσαρες χιλιάδες, καὶ ἀπὸ τῶν πρὸς θάλασσαν τετρα-17 κισχιλίους πεντακοσίους. ¹⁷καὶ ἔσται διάστημα τῇ πόλει πρὸς βορρᾶν διακόσιοι πεντήκοντα, καὶ πρὸς νότον διακόσιοι καὶ πεντήκοντα, καὶ πρὸς ἀνατολὰς διακόσιοι πεντήκοντα, καὶ πρὸς θάλασσαν διακόσιοι 18 πεντήκοντα. ¹⁸καὶ τὸ περισσὸν τοῦ μήκους τὸ ἐχόμενον τῶν ἀπαρχῶν τῶν ἁγίων δέκα χιλιάδες πρὸς ἀνατολάς, καὶ δέκα χιλιάδες πρὸς θάλασσαν· καὶ ἔσονται αἱ ἀπαρχαὶ τοῦ ἁγίου, καὶ ἔσται τὰ 19 γενήματα αὐτῆς εἰς ἄρτους τοῖς ἐργαζομένοις τὴν πόλιν. ¹⁹οἱ δὲ ἐργαζόμενοι τὴν πόλιν ἐργῶνται αὐτὴν ἐκ πασῶν τῶν φυλῶν τοῦ 20 Ἰσραήλ. ²⁰πᾶσι ἡ ἀπαρχὴ πέντε καὶ εἴκοσι χιλιάδες ἐπὶ πέντε καὶ εἴκοσι χιλιάδας· τετράγωνον ἀφοριεῖτε αὐτοῦ τὴν ἀρχὴν τοῦ 21 ἁγίου, ἀπὸ τῆς κατασχέσεως τῆς πόλεως. ²¹τὸ δὲ περισσὸν τῷ ἀφηγουμένῳ ἐκ τούτου καὶ ἐκ τούτου ἀπὸ τῶν ἀπαρχῶν τοῦ ἁγίου, καὶ εἰς τὴν κατάσχεσιν τῆς πόλεως ἐπὶ πέντε καὶ εἴκοσι χιλιάδας μῆκος, ἕως τῶν ὁρίων τῶν πρὸς ἀνατολὰς καὶ πρὸς θάλασσαν, ἐπὶ

11 υιων] pr των A | Λευιται AQ   12 της γης] των αγιων A | οριων] AQ απαρχων A | Λευιτων AQ   13 Λευιταις AQ | τα εχομενα] om τα A | μηκος πεντε και εικοσι χιλιαδες (1°)] πεντε και εικ. χιλ. μηκος Q | εικοσι 3°] δεκα Q 14 αυτου] αυτω̣ A | εστερειν] ετι B^b   15 χιλιασιν] χιλιας B^b | την κατοικιαν] om την Q   16 των προς (1°)] του πρ. Q | πεντακοσιοι 3°] πεντακοσι (sic) A | τετρακισχιλιους πεντακοσιους] τετρακισχ. και πεντ. A πεντ. και τετρακισχ. Q 17 om διακοσιοι 1° A | om και προς νοτον...πεντηκοντα 4° A | om και 3° Q 19 των φυλων] om των Q   20 επι πεντε και εικοσι χιλιαδας] pr ⸔ Q^? | αρχην] απαρχην AQ   21 του αφηγουμενου A | om και εκ τουτου A | του αγιου] των αγιων A | πολεως]+κατα προσωπον A et (sub θ' ※) Q | επι πεντε και εικοσι (1°)] επι εικ. κ. πεντε A | θαλασσαν 1°]+επι προσωπον A | επι 2°] +(sub οι γ' ※) προσωπον Q

Β πέντε και εἴκοσι χιλιάδας ἕως τῶν ὁρίων τῶν πρὸς θάλασσαν, ἐχόμενα τῶν μερίδων τοῦ ἀφηγουμένου· καὶ ἔσται ἡ ἀπαρχὴ τῶν ἁγίων καὶ τὸ ἁγίασμα τοῦ οἴκου ἐν μέσῳ αὐτῆς. ²²καὶ παρὰ τῶν Λευειτῶν 22 ἀπὸ τῆς κατασχέσεως τῆς πόλεως ἐν μέσῳ τῶν ἀφηγουμένων ἔσται ἀνὰ μέσον τῶν ὁρίων Ἰούδα καὶ ἀνὰ μέσον τῶν ὁρίων Βενιαμείν· τῶν ἀφηγουμένων ἔσται. ²³Καὶ τὸ περισσὸν τῶν φυλῶν, ἀπὸ 23 τῶν πρὸς ἀνατολὰς ἕως τῶν πρὸς θάλασσαν Βενιαμείν, μία. ²⁴καὶ 24 ἀπὸ τῶν ὁρίων τῶν Βενιαμείν, ἀπὸ τῶν πρὸς ἀνατολὰς ἕως τῶν πρὸς θάλασσαν Συμεών, μία. ²⁵καὶ ἀπὸ τῶν ὁρίων τῶν Συμεών, 25 ἀπὸ τῶν πρὸς ἀνατολὰς ἕως τῶν πρὸς θάλασσαν Ἰσσαχάρ, μία. ²⁶καὶ ἀπὸ τῶν ὁρίων τῶν Ἰσσαχάρ, ἀπὸ τῶν πρὸς ἀνατολὰς ἕως 26 τῶν πρὸς θάλασσαν Ζαβουλών, μία. ²⁷καὶ ἀπὸ τῶν ὁρίων τῶν 27 Ζαβουλών, ἀπὸ τῶν πρὸς ἀνατολὰς ἕως τῶν πρὸς θάλασσαν Γάδ, μία. ²⁸καὶ ἀπὸ τῶν ὁρίων τῶν Γὰδ ἕως τῶν πρὸς λίβα, καὶ ἔσται 28 § Γ τὰ ὅρια αὐτοῦ ⁵ἀπὸ Θαιμὰν καὶ ὕδατος Βαριμὼθ Καδής, κληρονομίας, ἕως τῆς θαλάσσης τῆς μεγάλης. ²⁹αὕτη ἡ γῆ ἣν βαλεῖτε ἐν κλήρῳ 29 ταῖς φυλαῖς Ἰσραήλ, καὶ οὗτοι οἱ διαμερισμοὶ αὐτῶν, λέγει Κύριος θεός. ³⁰καὶ αὗται αἱ διεκβολαὶ τῆς πόλεως αἱ πρὸς βορρᾶν, τετρα- 30 κισχίλιοι καὶ πεντακόσιοι μέτρῳ. ³¹καὶ αἱ πύλαι τῆς πόλεως ἐπ' ὀνό- 31 μασιν φυλῶν τοῦ Ἰσραήλ· πύλαι τρεῖς πρὸς βορρᾶν, πύλη Ῥουβὴν μία, καὶ πύλη Ἰούδα μία, καὶ πύλη Λευεὶ μία. ³²καὶ τὰ πρὸς ἀνα- 32 τολὰς τετρακισχίλιοι καὶ πεντακόσιοι· καὶ πύλαι τρεῖς, πύλη Ἰωσὴφ μία, καὶ πύλη Βενιαμεὶν μία, καὶ πύλη Δὰν μία. ³³καὶ τὰ πρὸς 33 νότον τετρακισχίλιοι καὶ πεντακόσιοι μέτρῳ· καὶ πύλαι τρεῖς, πύλη Συμεὼν μία, καὶ πύλη Ἰσσαχὰρ μία, καὶ πύλη Ζαβουλὼν μία. ³⁴καὶ 34 τὰ πρὸς θάλασσαν τετρακισχίλιοι καὶ πεντακόσιοι μέτρῳ· καὶ πύλαι

ΑQΓ 21 θαλασσαν 2°] ανατολας A | εχομενα] pr και A 22 om και 1° A | παρα των Λευειτων] απο της κατασχεσεως των Λευιτων AQ | απο] pr και AQ | τω αφηγουμενω (2°) Q 23 φυλων] incep a Q* 24 των Βεν.] om των Q 25 των Συμ.] om των Q | Ισσαχαρ B* (Ισσ. B^ab) 26 των Ισσ.] om των AQ 27 των Ζαβ.] om των AQ 28 των Γαδ] om των AQ | εως των] και εως A | τα ορια] om τα A | Βαριμωθ] Μαριμωθ QΓ | κληρονομια AQ | της θαλ.] om της A 29 η γη] om η Q | Ισραηλ] pr του Γ | θεος] pr o AQΓ 30 βορρα Q^ixt et mg adnot Ρουβην Ιουδας Λευι Q^mg | τετρακισχιλιοι και πεντακοσιοι] πεντακοσιοι τετρακισχ. Q 31 επ] επι Q | ονομασι B^b Γ | φυλων] pr των AQ | προς βορραν] pr αι A | Λευι AQΓ 32 ανατολας] adnot ανατολη Ιωσηφ Βενιαμειν Δαν Q^mg | om και 4° Q 33 νοτον] adnot Συμεω| Ισσαχαρ Ζαβουλω| Q^mg | om και 4°, 5° QΓ | Ισσαχαρ B* Ι|σαχαρ B^b 34 θαλασσαν] adnot Γαδ Ασηρ Νεφθαλειμ Q^mg | om και 3° QΓ

ΙΕΖΕΚΙΗΛ   XLVIII 35

τρεῖς, πύλη Γὰδ μία, καὶ πύλη Ἀσὴρ μία, καὶ πύλη Νεφθαλεὶμ B
μία. ³⁵κύκλωμα, δέκα καὶ ὀκτὼ χιλιάδες. καὶ τὸ ὄνομα τῆς πόλεως, ἀφ᾽ ἧς ἂν ἡμέρας γένηται, ἔσται τὸ ὄνομα αὐτῆς.¶   ¶ Γ

34 om και 4°, 5° Q | Νεφθαλι[μ] Γ^{vid}   **35** εσται] pr κ̅ς̅ εκει AQ   AQΓ
Subscr Ιεζεκιηλ BQ Ιεζ. προφητης A deest in Γ: adnot διωρθωται Q†

ΔΑΝΙΗΛ

ΚΑΤΑ ΤΟΥΣ Ο'

87 ΕΠΙ βασιλέως Ἰωακεὶμ τῆς Ἰουδαίας ἔτους τρίτου παραγενό- 1
μενος Ναβουχοδονοσὸρ βασιλεὺς Βαβυλῶνος εἰς Ἱερουσαλὴμ ἐπολιόρκει αὐτήν. ²καὶ παρέδωκεν αὐτὴν Κύριος εἰς χεῖρας αὐτοῦ καὶ 2
Ἰωακεὶμ τὸν βασιλέα τῆς Ἰουδαίας καὶ μέρος τι τῶν ἱερῶν σκευῶν
τοῦ κυρίου, καὶ ἀπήνεγκεν αὐτὰ εἰς Βαβυλῶνα εἰς γῆν Σεναὰρ εἰς
οἶκον τοῦ θεοῦ αὐτοῦ, καὶ τὰ σκεύη· καὶ ἀπηρείσατο αὐτὰ ἐν τῷ
εἰδωλείῳ αὐτοῦ. ³καὶ εἶπεν ὁ βασιλεὺς Ἀβιεσδρὶ τῷ ἑαυτοῦ ἀρχι- 3
ευνούχῳ ἀγαγεῖν αὐτῷ ἐκ τῶν υἱῶν τῶν μεγιστάνων τοῦ Ἰσραὴλ καὶ
ἐκ τοῦ βασιλικοῦ γένους καὶ ἐκ τῶν ἐπιλέκτων, ⁴νεανίσκους ἀμώ- 4
μους καὶ εὐειδεῖς καὶ ἐπιστήμονας ἐν πάσῃ σοφίᾳ καὶ γραμματικοὺς
καὶ συνετοὺς καὶ σοφούς, καὶ ἰσχύοντας ὥστε εἶναι ἐν τῷ οἴκῳ τοῦ
βασιλέως, καὶ διδάξαι αὐτοὺς γράμματα καὶ διάλεκτον Χαλδαικήν·
⁵καὶ δίδοσθαι αὐτοῖς ἔκθεσιν ἐκ τοῦ οἴκου τοῦ βασιλέως καθ' ἑκά- 5
στην ἡμέραν καὶ ἀπὸ τῆς βασιλικῆς τραπέζης καὶ ἀπὸ τοῦ οἴνου
οὗ πίνει ὁ βασιλεύς, καὶ ἐκπαιδεῦσαι αὐτοὺς ἔτη τρία, καὶ ἐκ τούτων στῆσαι ἔμπροσθεν τοῦ βασιλέως. ⁶καὶ ἦσαν ἐκ τοῦ γένους 6
τῶν υἱῶν Ἰσραὴλ τῶν ἀπὸ τῆς Ἰουδαίας Δανιήλ, Ἀνανίας, Μισαήλ,
Ἀζαρίας. ⁷καὶ ἐπέθηκεν αὐτοῖς ὁ ἀρχιευνοῦχος ὀνόματα, τῷ μὲν 7
Δανιὴλ Βαλτασάρ, τῷ δὲ Ἀνανίᾳ Σεδράχ, καὶ τῷ Μισαὴλ Μισάχ,

Syr Inscr Δανιηλ κατα τους ο' 87 προφητεια Δ. κατα την εκδοσιν των ο' Syr
I 1 pr tit εκλεγονται οι περι τον Δανιηλ και παραδιδονται τω αρχιευνουχω
και σιτουνται σπερματα· και παρασταντες τω βασιλει παντων απεδειχθεισαν
σοφωτεροι 87 Syr   2 om εις γην Σεναορ Syr | ※ εις οικον του θεου
αυτου και τα σκευη 87 (deest ※ ins ◁ post αυτου et post σκευη) Syr (om εις 4°)
3 αρχιευνουχω] διδασκαλω ευνουχων Syr^mg   4 οικω] α'σ' ναω Syr^mg |
γραμματα] α' βιβλιον Syr^mg   5 ΕΚΘΕϹΙΝ Syr^mg | του βασιλεως] pr παρα
(? απο) Syr

ΔΑΝΙΗΛ

ΚΑΤΑ ΘΕΟΔΟΤΙΩΝΑ

I 1 ΕΝ ἔτει τρίτῳ τῆς βασιλείας Ἰωακεὶμ βασιλέως Ἰούδα ἦλθεν B Ναβουχοδονοσὸρ βασιλεὺς Βαβυλῶνος εἰς Ἰερουσαλὴμ καὶ ἐπολιόρ-
2 κει αὐτήν. ²καὶ ἔδωκεν Κύριος ἐν χειρὶ αὐτοῦ τὸν Ἰωακεὶμ βασιλέα Ἰούδα καὶ ἀπὸ μέρους τῶν σκευῶν οἴκου τοῦ θεοῦ, καὶ ἤνεγκεν αὐτὰ εἰς γῆν Σενναὰρ οἴκου τοῦ θεοῦ αὐτοῦ, καὶ τὰ σκεύη εἰσή-
3 νεγκεν εἰς τὸν οἶκον θησαυροῦ θεοῦ αὐτοῦ. ³καὶ εἶπεν ὁ βασιλεὺς Ἀσφανὲζ τῷ ἀρχιευνούχῳ αὐτοῦ εἰσαγαγεῖν ἀπὸ τῶν υἱῶν τῆς αἰχμαλωσίας Ἰσραὴλ καὶ ἀπὸ τοῦ σπέρματος τῆς βασιλείας καὶ ἀπὸ
4 τῶν φορθομμείν, ⁴νεανίσκους οἷς οὐκ ἔστιν αὐτοῖς μῶμος καὶ καλοὺς τῇ ὄψει, καὶ συνιέντας ἐν πάσῃ σοφίᾳ καὶ γιγνώσκοντας γνῶσιν καὶ διανοουμένους φρόνησιν, καὶ οἷς ἐστιν ἰσχὺς ἐν αὐτοῖς ἑστάναι ἐν τῷ οἴκῳ τοῦ βασιλέως, καὶ διδάξαι αὐτοὺς γράμματα καὶ γλῶσ-
5 σαν Χαλδαίων. ⁵καὶ διέταξεν αὐτοῖς ὁ βασιλεὺς τὸ τῆς ἡμέρας καθ᾽ ἡμέραν ἀπὸ τῆς τραπέζης τοῦ βασιλέως καὶ ἀπὸ τοῦ οἴνου τοῦ πότου αὐτοῦ, καὶ θρέψαι αὐτοὺς ἔτη τρία, καὶ μετὰ ταῦτα
6 στῆναι ἐνώπιον τοῦ βασιλέως. ⁶καὶ ἐγένετο ἐν αὐτοῖς ἐκ τῶν υἱῶν
7 Ἰούδα Δανιὴλ καὶ Ἀνανίας καὶ Μεισαὴλ καὶ Ἀζαρίας. ⁷καὶ ἐπέθηκεν αὐτοῖς ὁ ἀρχιευνοῦχος ὀνόματα, τῷ Δανιὴλ Βαλτασάρ, καὶ τῷ Ἀνανίᾳ Σεδράχ, καὶ τῷ Μεισαὴλ Μεισάχ, καὶ τῷ Ἀζαρίᾳ Ἀβδε-

Inscr Δανιηλ ΒΑ Δαν. κατα Θεοδοτιωνος Q seq in BAQ (? Γ) historia AQΓ Susannae (cui subscr A ορασις α´) Susannae autem sine intervallo succedit Daniel I 1 superscr ορασις β´ AQ | ηλθε Bᵇ Aᵃ   2 οικου 2°] οικον AQᵃ | om θησαυρου AQ* (hab Qᵐᵍ) | θεου 3°] pr του Bᵃᵇ⁽ᵛⁱᵈ⁾⁽ᵐᵍ⁾AQΓ 3 Ασφανεζ] pr τω Α | βασιλειας] ει sup ras Aᵃ¹ | φορθομμειν (-μ[ν] Γ)] πορθομμειν Α   4 αυτοις 1°] pr εν BᵃᵇᵛⁱᵈAQΓ | μωμος] pr πας Γ | καλους] καλοι A* (improb Aᵃ¹) | γινωσκοντας AQ (?Γ) | om εν τω οικω Α | του βασιλεως] pr ενωπιον BᵃᵇAQᵐᵍΓ   5 καθ] εις Γ   6 om εν A | Μισαηλ BᵇAQΓ: item 7, 11 et (sed hiat Γ) 19 | και Αζ. και Μ. Γᵛⁱᵈ   7 Βαλτασαρ] Βαρτασαρ Aᵃ¹⁽ᵐᵍ⁾ (om A*) | Μισαχ BᵇQ Μισακ A Μισα.. Γ

ΔΑΝΙΗΛ (Ο')

87 καὶ τῷ Ἀζαρίᾳ Ἀβδεναγώ. ⁸καὶ ἐνεθυμήθη Δανιὴλ ἐν τῇ καρδίᾳ 8
ὅπως μὴ ἀλισγηθῇ ἐν τῷ δείπνῳ τοῦ βασιλέως καὶ ἐν ᾧ πίνει
οἴνῳ, καὶ ἠξίωσεν τὸν ἀρχιευνοῦχον ἵνα μὴ συμμολυνθῇ. ⁹καὶ 9
ἔδωκε Κύριος τῷ Δανιὴλ τιμὴν καὶ χάριν ἐναντίον τοῦ ἀρχιευ-
νούχου. ¹⁰καὶ εἶπεν ὁ ἀρχιευνοῦχος τῷ Δανιὴλ Ἀγωνιῶ τὸν κύριόν 10
μου τὸν βασιλέα τὸν ἐκτάξαντα τὴν βρῶσιν ὑμῶν καὶ τὴν πόσιν
ὑμῶν, ἵνα μὴ ἴδῃ τὰ πρόσωπα ὑμῶν διατετραμμένα καὶ ἀσθενῆ
παρὰ τοὺς συντρεφομένους ὑμῖν νεανίας τῶν ἀλλογενῶν, καὶ κινδυ-
νεύσω τῷ ἰδίῳ τραχήλῳ. ¹¹καὶ εἶπεν Δανιὴλ Ἀβιεσδρὶ τῷ ἀνα- 11
δειχθέντι ἀρχιευνούχῳ ἐπὶ τὸν Δανιήλ, Ἀνανίαν, Μισαήλ, Ἀζαρίαν
¹²Πείρασον δὴ τοὺς παῖδάς σου ἐφ' ἡμέρας δέκα, καὶ δοθήτω ἡμῖν 12
ἀπὸ τῶν ὀσπρίων τῆς γῆς, ὥστε κάπτειν καὶ ὑδροποτεῖν· ¹³καὶ 13
ἐὰν φανῇ ἡ ὄψις ἡμῶν διατετραμμένη παρὰ τοὺς ἄλλους νεανίσκους
τοὺς ἐσθίοντας ἀπὸ τοῦ βασιλικοῦ δείπνου, καθὼς ἐὰν θέλῃς οὕτω
χρῆσαι τοῖς παισί σου. ¹⁴καὶ ἐχρήσατο αὐτοῖς τὸν τρόπον τοῦτον, 14
καὶ ἐπείρασεν αὐτοὺς ἡμέρας δέκα. ¹⁵μετὰ δὲ τὰς δέκα ἡμέρας 15
ἐφάνη ἡ ὄψις αὐτῶν καλὴ καὶ ἡ ἕξις τοῦ σώματος κρείσσων τῶν
ἄλλων νεανίσκων τῶν ἐσθιόντων τὸ βασιλικὸν δεῖπνον. ¹⁶καὶ ἦν 16
Ἀβιεσδρὶ ἀναιρούμενος τὸ δεῖπνον αὐτῶν καὶ τὸν οἶνον αὐτῶν, καὶ
ἀντεδίδου αὐτοῖς ἀπὸ τῶν ὀσπρίων. ¹⁷καὶ τοῖς νεανίσκοις ἔδωκεν 17
ὁ κύριος ἐπιστήμην καὶ σύνεσιν καὶ φρόνησιν ἐν πάσῃ γραμματικῇ
τέχνῃ, καὶ τῷ Δανιὴλ ἔδωκε σύνεσιν ἐν παντὶ ῥήματι καὶ ὁράματι
καὶ ἐνυπνίοις καὶ ἐν πάσῃ σοφίᾳ. ¹⁸μετὰ δὲ τὰς ἡμέρας ταύτας 18
ἐπέταξεν ὁ βασιλεὺς εἰσαγαγεῖν αὐτούς, καὶ εἰσήχθησαν ἀπὸ τοῦ
ἀρχιευνούχου πρὸς τὸν βασιλέα Ναβουχοδονοσόρ. ¹⁹καὶ ὡμίλησεν 19
αὐτοῖς ὁ βασιλεύς, καὶ οὐχ εὑρέθη ἐν τοῖς σοφοῖς ὅμοιος τῷ Δανιὴλ
καὶ Ἀνανίᾳ καὶ Μισαὴλ καὶ Ἀζαρίᾳ· καὶ ἦσαν παρὰ τῷ βασιλεῖ,
²⁰καὶ ἐν παντὶ λόγῳ καὶ συνέσει καὶ παιδείᾳ, ὅσα ἐζήτησε παρ' αὐ- 20
τῶν ὁ βασιλεύς, κατέλαβεν αὐτοὺς σοφωτέρους δεκαπλασίως ὑπὲρ
τοὺς σοφιστὰς καὶ τοὺς φιλοσόφους τοὺς ἐν πάσῃ τῇ βασιλείᾳ αὐ-
τοῦ· καὶ ἐδόξασεν αὐτοὺς ὁ βασιλεὺς καὶ κατέστησεν αὐτοὺς ἄρχοντας,
καὶ ἀνέδειξεν αὐτοὺς σοφοὺς παρὰ πάντας τοὺς αὐτοῦ ἐν πράγμασιν

Syr 8 οπως μη αλισγηθη εν τω δειπνω τ. βασ.] σ' ινα μη μιανθη δια της τροφης
τ. βασ. Syr^mg   10 διατετραμμενα] α' κατεστραμμενα Syr^mg | om των
αλλογενων Syr   17 εν παση γραμματικη τεχνη] α' εν παντι βιβλιω
Syr^mg | ÷και εν παση σοφια 87 (deest ÷) Syr   18 ΚΑΙ ΕΙCΗΧΘΗCΑΝ
Syr^mg   20 ÷ σοφωτερους 87 Syr | ÷ και εδοξασεν αυτους...βασιλεια
αυτου 87 (ins ÷ ante εν παση τη γη) Syr

ΔΑΝΙΗΛ (Θ.) I 20

8 ναγώ. ⁸καὶ ἔθετο Δανιὴλ ἐπὶ τὴν καρδίαν αὐτοῦ ὡς οὐ μὴ ἀλισγηθῇ ἐν τῇ τραπέζῃ τοῦ βασιλέως καὶ ἐν τῷ οἴνῳ τοῦ πότου αὐτοῦ, καὶ 9 ἠξίωσε τὸν ἀρχιευνοῦχον ὡς οὐ μὴ ἀλισγηθῇ. ⁹καὶ ἔδωκεν ὁ θεὸς 10 τὸν Δανιὴλ εἰς ἔλεον καὶ οἰκτειρμὸν ἐνώπιον τοῦ ἀρχιευνούχου. ¹⁰καὶ εἶπεν ὁ ἀρχιευνοῦχος τῷ Δανιὴλ Φοβοῦμαι ἐγὼ τὸν κύριόν μου τὸν βασιλέα τὸν ἐκτάξαντα τὴν βρῶσιν ὑμῶν καὶ τὴν πόσιν ὑμῶν, μή ποτε ἴδῃ τὰ πρόσωπα ὑμῶν σκυθρωπὰ παρὰ τὰ παιδάρια τὰ συνή- 11 λικα ὑμῶν, καὶ καταδικάσητε τὴν κεφαλήν μου τῷ βασιλεῖ. ¹¹καὶ εἶπεν⸌ Δανιὴλ πρὸς Ἀμελσάδ, ὃν κατέστησεν ὁ ἀρχιευνοῦχος ἐπὶ ¶Γ 12 Δανιήλ, Ἀνανίαν, Μεισαήλ, Ἀζαρίαν ¹²Πείρασον δὴ τοὺς παῖδάς σου ἡμέρας δέκα, καὶ δότωσαν ἡμῖν ἀπὸ τῶν σπερμάτων καὶ φα- 13 γόμεθα, καὶ ὕδωρ πιόμεθα· ¹³καὶ ὀφθήτωσαν ἐνώπιόν σου αἱ εἰδέαι ἡμῶν καὶ αἱ εἰδέαι τῶν παιδαρίων τῶν ἐσθόντων τὴν τράπεζαν τοῦ 14 βασιλέως, καὶ καθὼς ἂν ἴδῃς ποίησον μετὰ τῶν παίδων σου. ¹⁴καὶ 15 εἰσήκουσεν αὐτῶν, καὶ ἐπείρασεν αὐτοὺς ἡμέρας δέκα. ¹⁵καὶ μετὰ τὸ τέλος τῶν δέκα ἡμερῶν ὡράθησαν αἱ εἰδέαι αὐτῶν ἀγαθαὶ καὶ ἰσχυροὶ ταῖς σαρξὶν ὑπὲρ τὰ παιδάρια τὰ ἔσθοντα τὴν τράπεζαν 16 τοῦ βασιλέως. ¹⁶καὶ ἐγένετο Ἀμελσὰδ ἀναιρούμενος τὸ δεῖπνον αὐτῶν καὶ τὸν οἶνον τοῦ πόματος αὐτῶν, καὶ ἐδίδου αὐτοῖς σπέρ- 17 ματα. ¹⁷καὶ τὰ παιδάρια ταῦτα, οἱ τέσσαρες αὐτοί, ἔδωκεν αὐτοῖς ὁ θεὸς σύνεσιν καὶ φρόνησιν ἐν πάσῃ γραμματικῇ καὶ σοφίᾳ· καὶ 18 Δανιὴλ συνῆκεν ἐν πάσῃ ὁράσει καὶ ἐνυπνίοις. ¹⁸καὶ μετὰ τὸ τέλος τῶν ἡμερῶν ὧν εἶπεν ὁ βασιλεὺς εἰσαγαγεῖν αὐτούς, καὶ εἰσήγαγεν 19 αὐτοὺς ὁ ἀρχιευνοῦχος ἐναντίον Ναβουχοδονοσόρ. ¹⁹καὶ ἐλάλησεν μετ' αὐτῶν ὁ βασιλεύς, καὶ οὐχ εὑρέθησαν ἐκ πάντων αὐτῶν ὅμοιοι Δανιὴλ καὶ Ἀνανίᾳ καὶ Μεισαὴλ καὶ Ἀζαρίᾳ· καὶ ἔστησαν ἐνώπιον 20 τοῦ βασιλέως. ²⁰καὶ ἐν παντὶ ῥήματι σοφίας καὶ ἐπιστήμης ὧν ἐξήτησεν παρ' αὐτῶν ὁ βασιλεύς, εὗρεν αὐτοὺς δεκαπλασίονας παρὰ πάντας τοὺς ἐπαοιδοὺς καὶ τοὺς μάγους τοὺς ὄντας ἐν πάσῃ τῇ

8 ηξιωσεν AQΓ   9 οικτειρμον (-κτιρμ. Bᵇ AQᵃ)] pr εις AQ | αρχευνουχ. AQΓ B* (αρχιευνουχ. Bᵃᵇ AQΓᵛⁱᵈ): item 11, 18   10 om τον βασιλεα Q* (hab Qᵐᵍ) | σιηηλικα] συν ηλικεια A   11 Αμελσαδ] Αμερσαρ A Αμεσαδ Q* (Αμελσ. Qᵃ) | Ανανιαν] pr και AQ | Μεισαηλ] pr και AQ | Αζαριαν] pr και AQ   12 σπερματων]+της γης AQ   13 εσθιοντων AQ | αν] εαν A | παιδων] παιδαριων A παιδιων Q* (-δων Qᵃ)   15 ωρθησαν Q* (ωραθ. Qᵃ) | ισχυραι Bᵃᵇ Q | εσθιοντα AQ   16 Αμελσαδ] Αμερσαρ A   17 και τα παιδαρια ταυτα οι τεσσαρες αυτοι] τοις τεσσαρσιν παιδαριοις· και A και τα παιδαρια ταυτα τα τεσσαρα Q | om και 3° Q* (superscr ϗ Qᵃ)   18 om και 2° B*Q| om εισηγαγεν αυτους B* (hab Bᵃᵇⁿᵍ) | om αυτους 2° Q   19 ομοιο A* (superscr ι Aᵃ?)   20 om παση AQ

501

ΔΑΝΙΗΛ (Ο')

87 ἐν πάσῃ τῇ γῇ αὐτοῦ καὶ ἐν τῇ βασιλείᾳ αὐτοῦ. ²¹καὶ ἦν Δανιὴλ ἕως 21 τοῦ πρώτου ἔτους τῆς βασιλείας Κύρου βασιλέως Περσῶν.

¹Καὶ ἐν τῷ ἔτει τῷ δευτέρῳ τῆς βασιλείας Ναβουχοδονοσὸρ 1 II συνέβη εἰς ὁράματα καὶ ἐνύπνια ἐμπεσεῖν τὸν βασιλέα καὶ ταραχθῆναι ἐν τῷ ἐνυπνίῳ αὐτοῦ, καὶ ὁ ὕπνος αὐτοῦ ἐγένετο ἀπ' αὐτοῦ. ²καὶ ἐπέταξεν ὁ βασιλεὺς εἰσενεχθῆναι τοὺς ἐπαοιδοὺς καὶ 2 τοὺς μάγους καὶ τοὺς φαρμακοὺς τῶν Χαλδαίων ἀναγγεῖλαι τῷ βασιλεῖ τὰ ἐνύπνια αὐτοῦ· καὶ παραγενόμενοι ἔστησαν παρὰ τῷ βασιλεῖ. ³καὶ εἶπεν αὐτοῖς ὁ βασιλεύς Ἐνύπνιον ἑώρακα καὶ ἐκι- 3 νήθη μου τὸ πνεῦμα· ἐπιγνῶναι οὖν θέλω τὸ ἐνύπνιον. ⁴καὶ ἐλά- 4 λησαν οἱ Χαλδαῖοι πρὸς τὸν βασιλέα Συριστί Κύριε βασιλεῦ, τὸν αἰῶνα ζῆθι· ἀνάγγειλον τὸ ἐνύπνιόν σου τοῖς παισί σου, καὶ ἡμεῖς σοι φράσομεν τὴν σύγκρισιν αὐτοῦ. ⁵ἀποκριθεὶς δὲ ὁ βασιλεὺς 5 εἶπε τοῖς Χαλδαίοις Ὁ λόγος ἀπ' ἐμοῦ ἀπέστη· διότι ἐὰν μὴ ἀπαγγείλητέ μοι ἐπ' ἀληθείας τὸ ἐνύπνιον καὶ τὴν τούτου σύγκρισιν δηλώσητέ μοι, παραδειγματισθήσεσθε, καὶ ἀναληφθήσεται ὑμῶν τὰ ὑπάρχοντα εἰς τὸ βασιλικόν. ⁶ἐὰν δὲ τὸ ἐνύπνιον διασαφήσητέ 6 μοι καὶ τὴν τούτου σύγκρισιν ἀναγγείλητε, λήψεσθε δόματα παντοῖα καὶ δοξασθήσεσθε ὑπ' ἐμοῦ· δηλώσατέ μοι τὸ ἐνύπνιον καὶ κρίνατε. ⁷ἀπεκρίθησαν δὲ ἐκ δευτέρου λέγοντες Βασιλεῦ, τὸ ὅραμα 7 εἰπόν, καὶ οἱ παῖδές σου κρινοῦσι πρὸς ταῦτα. ⁸καὶ εἶπεν αὐτοῖς 8 ὁ βασιλεύς Ἐπ' ἀληθείας οἶδα ὅτι καιρὸν ὑμεῖς ἐξαγοράζετε, καθάπερ ἑωράκατε ὅτι ἀπέστη ἀπ' ἐμοῦ τὸ πρᾶγμα· καθάπερ οὖν προστέταχα, οὕτως ἔσται. ⁹ἐὰν μὴ τὸ ἐνύπνιον ἀπαγγείλητέ μοι ἐπ' ἀλη- 9 θείας καὶ τὴν τούτου σύγκρισιν δηλώσητε, θανάτῳ περιπεσεῖσθε· συνείπασθε γὰρ λόγους ψευδεῖς ποιήσασθαι ἐπ' ἐμοῦ, ἕως ἂν ὁ καιρὸς ἀλλοιωθῇ. νῦν οὖν ἐὰν τὸ ῥῆμα εἴπητέ μοι ὃ τὴν νύκτα ἑώρακα, γνώσομαι ὅτι καὶ τὴν τούτου κρίσιν δηλώσητε. ¹⁰καὶ ἀπε- 10 κρίθησαν οἱ Χαλδαῖοι ἐπὶ τοῦ βασιλέως ὅτι Οὐδεὶς τῶν ἐπὶ τῆς γῆς

Syr 21 Κγρος (sic) Syr^mg   II 1 pr tit ορα το ενυπνιον Ναβουχοδονοσορ και τους μαγους απορησαντας (ΑΠΟΡΗCΑΝΤΑC Syr^mg) γνωρισαι και επιλυσαι αυτο κελευει σφαγηναι κινδυνευοντας δε και τους περι Δανιηλ εσωσεν ο θεος αποκαλυψας αυτω τω Δανιηλ την ειδησιν του ενυπνιον 87 Syr | και ταραχθηναι...απ αυτου] σ' και διηπορει το πνευμα αυτου και υπνος απεστη απ αυτου α'...επ αυτον Syr   3 εκινηθη...ενυπνιον] σ' διαπορω εν τη ψυχη μου του γνωναι το εν. Syr^mg   5 ⁜ ο λογος απ εμου (⁜ 87) απεστη 87 Syr 6 μοι 2°]+ουν Syr   7 εκ Δεγτεροy Syr^mg   8 ÷ καθαπερ ουν (÷ 87) προστεταχα ουτως εσται 87 Syr   9 ÷ και την τουτου συγκρισιν δηλωσητε 87 Syr | ÷ ο την νυκτα εωρακα 87 Syr | γνωσομαι] pr τοτε Syr

ΔΑΝΙΗΛ (Θ.) II 10

21 βασιλεία αὐτοῦ. ²¹καὶ ἐγένετο Δανιὴλ ἕως ἔτους ἑνὸς Κύρου τοῦ Β βασιλέως.

II 1 ¹Ἐν τῷ ἔτει τῷ δευτέρῳ τῆς βασιλείας ἠνυπνιάσθη Ναβουχοδονοσὸρ ἐνύπνιον, καὶ ἐξέστη τὸ πνεῦμα αὐτοῦ, καὶ ὁ ὕπνος αὐτοῦ 2 ἐγένετο ἀπ' αὐτοῦ. ²καὶ εἶπεν ὁ βασιλεὺς καλέσαι τοὺς ἐπαοιδοὺς καὶ τοὺς μάγους καὶ τοὺς φαρμακοὺς καὶ τοὺς Χαλδαίους τοῦ ἀναγγεῖλαι τῷ βασιλεῖ τὰ ἐνύπνια αὐτοῦ· καὶ ἦλθαν καὶ ἔστησαν ἐνώ- 3 πιον τοῦ βασιλέως. ³καὶ εἶπεν αὐτοῖς ὁ βασιλεύς Ἠνυπνιάσθην, 4 καὶ ἐξέστη τὸ πνεῦμά μου τοῦ γνῶναι τὸ ἐνύπνιον. ⁴καὶ ἐλάλησαν οἱ Χαλδαῖοι τῷ βασιλεῖ Συριστί Βασιλεῦ, εἰς τοὺς αἰῶνας ζῆθι· σὺ εἰπὸν τὸ ἐνύπνιον τοῖς παισίν σου, καὶ τὴν σύγκρισιν ἀναγγελοῦ- 5 μεν. ⁵ἀπεκρίθη ὁ βασιλεὺς τοῖς Χαλδαίοις Ὁ λόγος ἀπ' ἐμοῦ ἀπέστη· ἐὰν μὴ γνωρίσητέ μοι τὸ ἐνύπνιον καὶ τὴν σύγκρισιν, εἰς 6 ἀπωλίαν ἔσεσθε, καὶ οἱ οἶκοι ὑμῶν διαρπαγήσονται. ⁶ἐὰν δὲ τὸ ἐνύπνιον καὶ τὴν σύγκρισιν αὐτοῦ γνωρίσητέ μοι, δόματα καὶ δωρεὰς καὶ τιμὴν πολλὴν λήμψεσθε παρ' ἐμοῦ· πλὴν τὸ ἐνύπνιον καὶ 7 τὴν σύγκρισιν αὐτοῦ ἀπαγγείλατέ μοι. ⁷ἀπεκρίθησαν δεύτερον καὶ εἶπαν Ὁ βασιλεὺς εἰπάτω τὸ ἐνύπνιον τοῖς παισὶν αὐτοῦ, καὶ τὴν 8 σύγκρισιν αὐτοῦ ἀναγγελοῦμεν. ⁸καὶ ἀπεκρίθη ὁ βασιλεὺς καὶ εἶπεν Ἐπ' ἀληθείας οἶδα ἐγὼ ὅτι καιρὸν ὑμεῖς ἐξαγοράζετε, καθότι εἴδετε 9 ὅτι ἀπέστη ἀπ' ἐμοῦ τὸ ῥῆμα. ⁹ἐὰν οὖν τὸ ἐνύπνιον μὴ ἀναγγείλητέ μοι, οἶδα ὅτι ῥῆμα ψευδὲς καὶ διεφθαρμένον συνέθεσθε εἰπεῖν ἐνώπιόν μου, ἕως οὗ ὁ καιρὸς παρέλθῃ· τὸ ἐνύπνιόν μου εἴπατέ 10 μοι, καὶ γνώσομαι ὅτι τὴν σύγκρισιν αὐτοῦ ἀναγγελεῖτέ μοι. ¹⁰ἀπεκρίθησαν οἱ Χαλδαῖοι ἐνώπιον τοῦ βασιλέως καὶ λέγουσιν Οὐκ ἔστιν ἄνθρωπος ἐπὶ τῆς ξηρᾶς ὅστις τὸ ῥῆμα τοῦ βασιλέως δυνήσεται

21 subscr ορασις β' A   II 1 superscr ορασις γ' AQ | βασιλειας] AQ +Ναβουχοδονοσορ A | ενυπνιασθη AQ | εξεστη rescr A^a? 2 καλεσαι] καλεσατε Q* (postea improb ut vid) | om τους μαγους και Q* (hab Q^(mg)) | τα ενυπνια] το ενυπνιον Q | ηλθαν] ηλθον AQ^a   3 ηνυπνιασθην (ενυπν. AQ)]+ενυπνιον Q   4 ελαλησαν] ειπον A ειπαν Q | παισι B^b | συγκρισιν] not adpinxit A^a?+αυτου Q   5 απεκριθη]+δε Q | βασιλευs]+και ειπε| A | εαν]+ουν AQ | συγκρισιν]+αυτου A +απαγγειλητε μοι Q | απωλειαν B^abAQ | διαρπαγησονται] εις διαρπαγην Q   6 om αυτου 1° Q*vid (hab Q^(mg)) | δοματα και δωρεας] δομ. κ. δωρεαν A δωρα και δοματα Q | ληψεσθε B^bQ^a | απαγγειλατε] αναγγειλατε Q* (απαγγ. Q^a)   7 απεκριθησαν]+οι Χαλδαιοι A | δευτερον και ειπαν]+αυτω B^abmg και ειπαν εκ δευτερου A   8 om και 1° A | αληθιας B* (-θειας B^b) | ειδετε] οιδατε AQ   9 αναγγειλητε] απαγγειληται A | μου 1°] εμου AQ | οτι 2°]+και Q | om αυτου Q   10 απεκριθησαν]+παλιν A | λεγουσιν] ειπαν Q | το ρημα του βασιλεως δυνησεται γνωρισαι] δυν. το ρ. του β. γν. A το ρ. του β. γν. δυναται Q

503

ΔΑΝΙΗΛ (Ο')

87 δυνήσεται εἰπεῖν τῷ βασιλεῖ ὃ ἑώρακε, καθάπερ σὺ ἐρωτᾷς, καὶ πᾶς βασιλεὺς καὶ πᾶς δυνάστης τοιοῦτο πρᾶγμα οὐκ ἐπερωτᾷ πάντα σοφὸν καὶ μάγον καὶ Χαλδαῖον· ¹¹καὶ ὁ λόγος ὃν ζητεῖς, βασιλεῦ, 11 βαρύς ἐστι καὶ ἐπίδοξος, καὶ οὐδείς ἐστιν ὃς δηλώσει ταῦτα τῷ βασιλεῖ, εἰ μή τι ἄγγελος, οὗ οὐκ ἔστι κατοικητήριον μετὰ πάσης σαρκός· ὅθεν οὐκ ἐνδέχεται γενέσθαι καθάπερ οἴει. ¹²τότε ὁ βασι- 12 λεὺς στυγνὸς γενόμενος καὶ περίλυπος προσέταξεν ἐξαγαγεῖν πάντας τοὺς σοφοὺς τῆς Βαβυλωνίας. ¹³καὶ ἐδογματίσθη πάντας ἀποκτεῖναι· 13 ἐζητήθη δὲ ὁ Δανιὴλ καὶ πάντες οἱ μετ' αὐτοῦ χάριν τοῦ συναπολέσθαι. ¹⁴τότε Δανιὴλ εἶπε βουλὴν καὶ γνώμην ἣν εἶχεν Ἀριώχῃ 14 τῷ ἀρχιμαγείρῳ τοῦ βασιλέως, ᾧ προσέταξεν ἐξαγαγεῖν τοὺς σοφιστὰς τῆς Βαβυλωνίας, ¹⁵καὶ ἐπυνθάνετο αὐτοῦ λέγων Ἄρχων τοῦ 15 βασιλέως, περὶ τίνος δογματίζεται πικρῶς παρὰ τοῦ βασιλέως; τότε τὸ πρόσταγμα ἐσήμανεν ὁ Ἀριώχης τῷ Δανιήλ. ¹⁶ὁ δὲ Δανιὴλ εἰσ- 16 ῆλθε ταχέως πρὸς τὸν βασιλέα, καὶ ἠξίωσεν ἵνα δοθῇ αὐτῷ χρόνος παρὰ τοῦ βασιλέως, καὶ δηλώσῃ πάντα ἐπὶ τοῦ βασιλέως. ¹⁷Τότε 17 ἀπελθὼν Δανιὴλ εἰς τὸν οἶκον αὐτοῦ τῷ Ἀνανίᾳ καὶ Μισαὴλ καὶ Ἀζαρίᾳ τοῖς συνεταίροις ὑπέδειξε πάντα, ¹⁸καὶ παρήγγειλε νη- 18 στείαν καὶ δέησιν καὶ τιμωρίαν ζητῆσαι παρὰ τοῦ κυρίου τοῦ ὑψίστου περὶ τοῦ μυστηρίου τούτου, ὅπως μὴ ἐκδοθῶσι Δανιὴλ καὶ οἱ μετ' αὐτοῦ εἰς ἀπώλειαν ἅμα τοῖς σοφισταῖς Βαβυλῶνος. ¹⁹τότε τῷ 19 Δανιὴλ ἐν ὁράματι ἐν αὐτῇ τῇ νυκτὶ τὸ μυστήριον τοῦ βασιλέως ἐξεφάνθη εὐσήμως. τότε Δανιὴλ εὐλόγησε τὸν κύριον τὸν ὕψιστον, καὶ ἐκφωνήσας εἶπεν ²⁰Ἔσται τὸ ὄνομα τοῦ κυρίου τοῦ μεγάλου 20 εὐλογημένον εἰς τὸν αἰῶνα, ὅτι ἡ σοφία καὶ ἡ μεγαλωσύνη αὐτοῦ ἐστι· ²¹καὶ αὐτὸς ἀλλοιοῖ καιροὺς καὶ χρόνους, μεθιστῶν βασιλεῖς 21 καὶ καθιστῶν, διδοὺς σοφοῖς σοφίαν καὶ σύνεσιν τοῖς ἐν ἐπιστήμῃ οὖσιν· ²²ἀνακαλύπτων τὰ βαθέα καὶ σκοτεινὰ καὶ γινώσκων τὰ ἐν 22 τῷ σκότει καὶ τὰ ἐν τῷ φωτί, καὶ παρ' αὐτῷ κατάλυσις. ²³σοί, 23 κύριε τῶν πατέρων μου, ἐξομολογοῦμαι καὶ αἰνῶ, ὅτι σοφίαν καὶ φρόνησιν ἔδωκάς μοι, καὶ νῦν ἐσήμανάς μοι ὅσα ἠξίωσα, τοῦ δη-

Syr 10 και πας βασιλευς...ουκ επερωτα] σ' αλλ ουδε τις βασιλευς η μεγας η εξουσιαστης ρημα τοιουτον ερωτα Syr^mg 11 ÷ και επιδοξος 87 Syr 13 ἐΔΟΓΜΑΤΙϹΘΗ Syr^mg 14 τω αρχιμαγειρω] α' διδασκαλω σφακτων Syr^mg 15 και επυνθανετο...του βασιλεως] σ' ειπε δε τω Αριωχ ω επετραπη η εξουσια παρα του βασ. Syr^mg | ※ αρχων του βασιλεως 87 Syr 16 δηλωσει Syr 18 και παρηγγειλε...ζητησαι] σ' υπερ του ερωτησαι οικτιρμους Syr^mg | ÷ και τιμωριαν (superscr ÷ 87) ζητησαι 87 Syr 19 και εκφωνησας ειπεν] σ' και λαλων Δανιηλ ειπεν Syr^mg 21 διδους] pr και Syr 22 κατάλγϲιϹ Syr^mg

ΔΑΝΙΗΛ (Θ.) ΙΙ 23

γνωρίσαι, καθότι πᾶς βασιλεὺς μέγας καὶ ἄρχων ῥῆμα τοιοῦτο Β
11 οὐκ ἐπερωτᾷ ἐπαοιδόν, μάγον καὶ Χαλδαῖον· ¹¹ὅτι ὁ λόγος ὃν ὁ
βασιλεὺς ἐπερωτᾷ βαρύς, καὶ ἕτερος οὐκ ἔστιν ὃς ἀναγγελεῖ αὐτὸν
ἐνώπιον τοῦ βασιλέως ἀλλ᾽ ἢ θεοί, ὧν οὐκ ἔστιν ἡ κατοικία μετὰ
12 πάσης σαρκός. ¹²τότε ὁ βασιλεὺς ἐν θυμῷ καὶ ὀργῇ εἶπεν ἀπο-
13 λέσαι πάντας τοὺς σοφοὺς Βαβυλῶνος. ¹³καὶ τὸ δόγμα ἐξῆλθεν,
καὶ οἱ σοφοὶ ἀπεκτέννοντο· καὶ ἐζήτησαν Δανιὴλ καὶ τοὺς φίλους
14 αὐτοῦ ἀνελεῖν. ¹⁴τότε Δανιὴλ ἀπεκρίθη βουλὴν καὶ γνώμην τῷ
Ἀριὼχ τῷ ἀρχιμαγείρῳ τοῦ βασιλέως, ὃς ἐξῆλθεν ἀναιρεῖν τοὺς
15 σοφοὺς Βαβυλῶνος ¹⁵Ἄρχων τοῦ βασιλέως, περὶ τίνος ἐξῆλθεν ἡ
γνώμη ἡ ἀναιδὴς ἐκ προσώπου τοῦ βασιλέως; ἐγνώρισεν δὲ τὸ
16 ῥῆμα Ἀριὼχ τῷ Δανιήλ. ¹⁶καὶ Δανιὴλ ἠξίωσεν τὸν βασιλέα ὅπως
χρόνον δῷ αὐτῷ, καὶ τὴν σύγκρισιν αὐτοῦ ἀναγγείλῃ τῷ βασι-
17 λεῖ. ¹⁷Καὶ εἰσῆλθεν Δανιὴλ εἰς τὸν οἶκον αὐτοῦ, καὶ τῷ
Ἀνανίᾳ καὶ τῷ Μεισαὴλ καὶ τῷ Ἀζαρίᾳ τοῖς φίλοις αὐτοῦ ἐγνώ-
18 ρισεν τὸ ῥῆμα. ¹⁸καὶ οἰκτειρμοὺς ἐζήτουν παρὰ τοῦ θεοῦ τοῦ οὐ-
ρανοῦ ὑπὲρ τοῦ μυστηρίου τούτου, ὅπως ἂν μὴ ἀπόλωνται Δανιὴλ
19 καὶ οἱ φίλοι αὐτοῦ μετὰ τῶν ἐπιλοίπων σοφῶν Βαβυλῶνος. ¹⁹τότε
τῷ Δανιὴλ ἐν ὁράματι τῆς νυκτὸς τὸ μυστήριον ἀπεκαλύφθη. καὶ
20 εὐλόγησεν τὸν θεὸν τοῦ οὐρανοῦ Δανιὴλ ²⁰καὶ εἶπεν Εἴη τὸ ὄνομα
τοῦ θεοῦ εὐλογημένον ἀπὸ τοῦ αἰῶνος καὶ ἕως τοῦ αἰῶνος, ὅτι ἡ
21 σοφία καὶ ἡ σύνεσις αὐτοῦ ἐστιν· ²¹καὶ αὐτὸς ἀλλοιοῖ καιροὺς καὶ
χρόνους, καθιστᾷ βασιλεῖς καὶ μεθιστᾷ, διδοὺς σοφίαν τοῖς σοφοῖς
22 καὶ φρόνησιν τοῖς εἰδόσιν σύνεσιν· ²²αὐτὸς ἀποκαλύπτει βαθέα καὶ
ἀπόκρυφα, γινώσκων τὰ ἐν τῷ σκότει, καὶ τὸ φῶς μετ᾽ αὐτοῦ
23 ἐστιν. ²³σοί, ὁ θεὸς τῶν πατέρων μου, ἐξομολογοῦμαι καὶ αἰνῶ, ὅτι
σοφίαν καὶ δύναμιν δέδωκάς μοι, καὶ ἐγνώρισάς μοι ἃ ἠξιώσαμεν

---

10 om και 3⁰ AQ   12 οργη] +πολλη B^{ab}Q   14 τω Αριωχ] om τω AQ
Q | αναιρειν] ανελειν A (αναιλ.) Q | τους σοφους] pr παντας Q   15 αρχων]
pr και επυνθανετο (+παρ Q) αυτου λεγων AQ | περι τινος bis scr (usque
τιν) B* | γνωμη] ανομια Q | αναιδης]+αυτη AQ | Δανιηλ] βασιλει A
16 Δανιηλ ηξιωσεν τον βασιλεα] εισηλθεν Δ. και ηξ. απο του βασιλεως A |
om αυτου Q* (hab Q^{mg}) | τω βασιλει αναγγειλη Q | αναγγειλη] απαγγ. A
17 Μισαηλ B^bAQ | το ρημα εγνωρισεν A   18 οικτιρμους B^bQ^a | υπερ] περι
Q | om αν AQ   19 τοτε τω Δ.] τω δε Δ. A (improb. vid A^{a?}) | ηυλογησεν
AQ | Δανιηλ τον θν του ουρανου Q   20 του θεου] κυ Q | συνεσις] δυναμις
Q | αυτου] pr και η ισχυς A   21 ειδοσι B^bAQ   23 δεδωκας] εδωκας
AQ | και 3⁰]+νυν A

87 λῶσαι τῷ βασιλεῖ πρὸς ταῦτα. ²⁴εἰσελθὼν δὲ Δανιὴλ πρὸς τὸν 24 Ἀριὼχ τὸν κατασταθέντα ὑπὸ τοῦ βασιλέως ἀποκτεῖναι πάντας τοὺς σοφιστὰς τῆς Βαβυλωνίας εἶπεν αὐτῷ Τοὺς μὲν σοφιστὰς τῆς Βαβυλωνίας μὴ ἀπολέσῃς, εἰσάγαγε δέ με πρὸς τὸν βασιλέα, καὶ ἕκαστα τῷ βασιλεῖ δηλώσω. ²⁵Τότε Ἀριὼχ κατὰ σπουδὴν εἰσήγαγεν 25 τὸν Δανιὴλ πρὸς τὸν βασιλέα καὶ εἶπεν αὐτῷ ὅτι Εὕρηκα ἄνθρωπον σοφὸν ἐκ τῆς αἰχμαλωσίας τῶν υἱῶν τῆς Ἰουδαίας, ὃς τῷ βασιλεῖ δηλώσει ἕκαστα. ²⁶ἀποκριθεὶς δὲ ὁ βασιλεὺς εἶπε τῷ Δανιήλ, ἐπι- 26 καλουμένῳ δὲ Χαλδαιστὶ Βαλτασάρ Δυνήσῃ δηλῶσαί μοι τὸ ὅραμα ὃ εἶδον καὶ τὴν τούτου σύγκρισιν; ²⁷ἐκφωνήσας δὲ ὁ Δανιὴλ ἐπὶ τοῦ 27 βασιλέως εἶπεν Τὸ μυστήριον ὃ ἑώρακεν ὁ βασιλεύς, οὐκ ἔστι σοφῶν καὶ φαρμακῶν καὶ ἐπαοιδῶν καὶ γαζαρηνῶν ἡ δήλωσις· ²⁸ἀλλ᾽ ἔστι 28 θεὸς ἐν οὐρανῷ ἀνακαλύπτων μυστήρια, ὃς ἐδήλωσε τῷ βασιλεῖ Ναβουχοδονοσὸρ ἃ δεῖ γενέσθαι ἐπ᾽ ἐσχάτων τῶν ἡμερῶν· ²⁹καὶ 29 ἀνακαλύπτων μυστήρια ἐδήλωσέ σοι ἃ δεῖ γενέσθαι. ³⁰κἀμοὶ δὲ 30 οὐ παρὰ τὴν σοφίαν τὴν οὖσαν ἐν ἐμοὶ ὑπὲρ πάντας τοὺς ἀνθρώπους τὸ μυστήριον τοῦτο ἐξεφάνθη, ἀλλ᾽ ἕνεκεν τοῦ δηλωθῆναι τῷ βασιλεῖ ἐσημάνθη μοι ἃ ὑπέλαβες τῇ καρδίᾳ σου ἐν γνώσει. ³¹καὶ 31 σύ, βασιλεῦ, ἑώρακας, καὶ ἰδοὺ εἰκὼν μία, καὶ ἦν ἡ εἰκὼν ἐκείνη μεγάλη σφόδρα, καὶ ἡ πρόσοψις αὐτῆς ὑπερφερὴς ἑστήκει ἐνυντίον σου· καὶ ἡ πρόσοψις τῆς εἰκόνος φοβερά. ³²καὶ ἦν ἡ κεφαλὴ αὐτῆς 32 ἀπὸ χρυσίου χρηστοῦ, τὸ στῆθος καὶ οἱ βραχίονες ἀργυροῖ, ἡ κοιλία καὶ οἱ μηροὶ χαλκοῖ· ³³τὰ δὲ σκέλη σιδηρᾶ, οἱ πόδες μέρος μέν τι 33 σιδήρου, μέρος δέ τι ὀστράκινον. ³⁴ἑώρακας ἕως ὅτου ἐτμήθη λίθος 34 ἐξ ὄρους ἄνευ χειρῶν, καὶ ἐπάταξε τὴν εἰκόνα ἐπὶ τοὺς πόδας τοὺς σιδηροῦς καὶ ὀστρακίνους καὶ κατήλεσεν αὐτά. ³⁵τότε λεπτὰ ἐγέ- 35 νετο ἅμα ὁ σίδηρος καὶ τὸ ὄστρακον καὶ ὁ χαλκὸς καὶ ὁ ἄργυρος

Syr 23 προς] κατα Syr^vid 24 εισελθων δε Δανιηλ] σ᾽ εκ τουτου Δανιηλ εισηλθε Syr^mg 25 post ευρηκα ras aliq 87' | τω βασιλει δηλωσει εκαστα] σ᾽ την επιλυσιν σου βασιλευ δηλωσει Syr^mg 27 ΓΑΖΑΡΗΝΩΝ σ᾽ ουδε θυτων Syr^mg 28 μυστηρια] a sup ras 87? | ημερων]+βασιλευ εις τον αιωνα ζηθι· το ενυπνιον και το οραμα της κεφαλης σου επι της κοιτης σου τουτο εστι· (29) συ βασιλευ κατακλιθεις επι της κοιτης σου εωρακας (ΕΟΡΑΚΑC Syr^mg) παντα οσα δει γενεσθαι επ εσχατων των ημερων· Syr (pro κατακλιθεις ...σου σ᾽ εν μεριμνη εγενου επι της κοιτης σου Syr^mg) 30 α υπελαβες...εν γνωσει] α᾽ και η βουλη (?εννοια) της καρδιας σου ινα γνως Syr^mg 31 και ιδου εικων...σφοδρα] σ᾽ και ην ως ανδριας εις μεγας ο ανδριας Syr^mg

ΔΑΝΙΗΛ (Θ.)   II 35

24 παρὰ σοῦ, καὶ τὸ ὅραμα τοῦ βασιλέως ἐγνώρισάς μοι. ²⁴καὶ ἦλθεν B
Δανιὴλ πρὸς Ἀριώχ, ὃν κατέστησεν ὁ βασιλεὺς ἀπολέσαι τοὺς σοφοὺς Βαβυλῶνος, καὶ εἶπεν αὐτῷ Τοὺς σοφοὺς Βαβυλῶνος μὴ ἀπολέσῃς, εἰσάγαγε δέ με ἐνώπιον τοῦ βασιλέως, καὶ τὴν σύγκρισιν τῷ
25 βασιλεῖ ἀναγγελῶ. ²⁵Τότε Ἀριὼχ ἐν σπουδῇ εἰσήγαγεν τὸν Δανιὴλ ἐνώπιον τοῦ βασιλέως καὶ εἶπεν αὐτῷ Εὕρηκα ἄνδρα ἐκ τῶν υἱῶν τῆς αἰχμαλωσίας τῆς Ἰουδαίας, ὅστις τὸ σύγκριμα τῷ βασιλεῖ
26 ἀναγγελεῖ. ²⁶καὶ ἀπεκρίθη ὁ βασιλεὺς καὶ εἶπεν τῷ Δανιήλ, οὗ τὸ ὄνομα Βαλτασάρ Εἰ δύνασαί μοι ἀναγγεῖλαι τὸ ἐνύπνιον ὃ ἴδον καὶ
27 τὴν σύγκρισιν αὐτοῦ; ²⁷καὶ ἀπεκρίθη Δανιὴλ ἐνώπιον τοῦ βασιλέως καὶ λέγει Τὸ μυστήριον ὃ ὁ βασιλεὺς ἐρωτᾷ οὐκ ἔστιν σοφῶν,
28 μάγων, ἐπαοιδῶν, γαζαρηνῶν ἀναγγεῖλαι τῷ βασιλεῖ· ²⁸ἀλλ' ἢ ἔστιν θεὸς ἐν οὐρανῷ ἀποκαλύπτων μυστήρια, καὶ ἐγνώρισεν τῷ βασιλεῖ Ναβουχοδονοσὸρ ἃ δεῖ γενέσθαι ἐπ' ἐσχάτων τῶν ἡμερῶν. τὸ ἐνύπνιόν σου καὶ αἱ ὁράσεις τῆς κεφαλῆς σου ἐπὶ τῆς κοίτης σου
29 τοῦτό ἐστιν. ²⁹βασιλεῦ, οἱ διαλογισμοί σου ἐπὶ τῆς κοίτης σου ἀνέβησαν τί δεῖ γενέσθαι μετὰ ταῦτα, καὶ ὁ ἀποκαλύπτων μυστήρια
30 ἐγνώρισέν σοι ἃ δεῖ γενέσθαι. ³⁰καὶ ἐμοὶ δὲ οὐκ ἐν σοφίᾳ τῇ οὔσῃ ἐν ἐμοὶ παρὰ πάντας τοὺς ζῶντας τὸ μυστήριον τοῦτο ἀπεκαλύφθη, ἀλλ' ἕνεκεν τοῦ τὴν σύγκρισιν γνωρίσαι τῷ βασιλεῖ, ἵνα τοὺς δια-
31 λογισμοὺς τῆς καρδίας σου γνῷς. ³¹σύ, βασιλεῦ, ἐθεώρεις, καὶ ἰδοὺ εἰκὼν μία, μεγάλη ἡ εἰκὼν ἐκείνη, καὶ ἡ πρόσοψις αὐτῆς ὑπερφερής, ἑστῶσα πρὸ προσώπου σου· καὶ ἡ ὅρασις αὐτῆς φοβερά.
32 ³²εἰκὼν ἧς ἡ κεφαλὴ χρυσίου χρηστοῦ, αἱ χεῖρες καὶ τὸ στῆθος
33 καὶ οἱ βραχίονες αὐτῆς ἀργυροῖ, ἡ κοιλία καὶ οἱ μηροὶ χαλκοῖ, ³³αἱ κνῆμαι σιδηραῖ, οἱ πόδες μέρος τι σιδηροῦν καὶ μέρος ὀστράκινον.
34 ³⁴ἐθεώρεις ἕως ἀπεσχίσθη λίθος ἐξ ὄρους ἄνευ χειρῶν, καὶ ἐπάταξεν τὴν εἰκόνα ἐπὶ τοὺς πόδας τοὺς σιδηροῦς καὶ ὀστρακίνους,
35 καὶ ἐλέπτυνεν εἰς τέλος. ³⁵τότε ἐλεπτύνθησαν εἰς ἅπαξ τὸ ὄστρα-

24 τω βασιλει] του βασιλεως Bᵃᵇ   25 τω βασιλει αναγγελει] ερει τω AQ βασ. Q   26 Βαλτασαρ] Βαρτασαρ A | om ο ιδον A | ειδον Bᵃᵇ 27 Δανιηλ]+και ειπεν Q | και λεγει] και ειπεν BᵃᵇAQᵐᵍ om Q* | ερωτα] επερωτα AQ | εστι Qᵃ   28 om η A | θεος] pr ο A   29 βασιλευ] συ βασιλευ εθεωρεις A | ανεβησαν επι της κοιτης σου Q   30 om δε A | om τουτο A | τω βασ. γνωρισαι AQ | διαλογισμου (sic) A   31 om η εικων εκεινη Q* (hab Qᵐᵍ) | προσοψις] οψεις A | αυτης 1°] της εικονος εκεινης Q* (αυτης Qᵐᵍ)   32 εικων] pr η A | χρηστου] καθαρου Bᵃ ᵐᵍ (non inst b) AQ 33 αι κνημαι] pr και Q* (improb Q?) | μερος 1°]+μεν AQ | και μερος] μερος δε τι A και μερος τι Q (τι Qᵐᵍ)   34 εως]+ου A [απεσχ.σθη] ετμηθη AQ | εξ] απο Q | ελεπτυνεν]+αυτους BᵃᵇAQᵐᵍ

87 καὶ τὸ χρυσίον, καὶ ἐγένετο ὡσεὶ λεπτότερον ἀχύρου ἐν ἅλωνι, καὶ ἐρρίπισεν αὐτὰ ὁ ἄνεμος ὥστε μηδὲν καταλειφθῆναι ἐξ αὐτῶν, καὶ ὁ λίθος ὁ πατάξας τὴν εἰκόνα ἐγένετο ὄρος μέγα, καὶ ἐπάταξε πᾶσαν τὴν γῆν. 36τοῦτο τὸ ὅραμα· καὶ τὴν κρίσιν δὲ ἐροῦμεν ἐπὶ τοῦ 36 βασιλέως. 37σύ, βασιλεῦ, βασιλεὺς βασιλέων, καὶ σοὶ ὁ κύριος τοῦ 37 οὐρανοῦ τὴν ἀρχὴν καὶ τὴν βασιλείαν καὶ τὴν ἰσχὺν καὶ τὴν τιμὴν καὶ τὴν δόξαν ἔδωκεν· 38ἐν πάσῃ τῇ οἰκουμένῃ ἀπὸ ἀνθρώπων καὶ 38 θηρίων ἀγρίων καὶ πετεινῶν οὐρανοῦ καὶ τῶν ἰχθύων τῆς θαλάσσης παρέδωκεν ὑπὸ τὰς χεῖράς σου, κυριεύειν πάντων· σὺ εἶ ἡ κεφαλὴ ἡ χρυσῆ. 39καὶ μετὰ σὲ ἀναστήσεται βασιλεία ἐλάττων σου, καὶ 39 τρίτη βασιλεία ἄλλη χαλκῆ ἣ κυριεύσει πάσης τῆς γῆς· 40καὶ βασι- 40 λεία τετάρτη ἰσχυρὰ ὡς ὁ σίδηρος, ὥσπερ ὁ σίδηρος ὁ δαμάζων πάντα, καὶ ὡς ὁ σίδηρος πᾶν δένδρον ἐκκόπτων· καὶ σεισθήσεται πᾶσα ἡ γῆ. 41καὶ ὡς ἑώρακας τοὺς πόδας αὐτῆς καὶ τοὺς δακτύλους 41 μέρος μέν τι ὀστράκου κεραμικοῦ, μέρος δέ τι σιδήρου, βασιλεία ἄλλη διμερὴς ἔσται ἐν αὐτῇ, καθάπερ εἶδες τὸν σίδηρον ἀναμεμιγμένον ἅμα τῷ πηλίνῳ ὀστράκῳ. 42καὶ οἱ δάκτυλοι τῶν ποδῶν 42 μέρος μέν τι σιδηροῦν, μέρος δέ τι ὀστράκινον· μέρος δέ τι τῆς βασιλείας ἔσται ἰσχυρόν, καὶ μέρος τι ἔσται συντετριμμένον. 43καὶ 43 ὡς εἶδες τὸν σίδηρον ἀναμεμιγμένον ἅμα τῷ πηλίνῳ ὀστράκῳ, καὶ συμμιγεῖς ἔσονται εἰς γένεσιν ἀνθρώπων· οὐκ ἔσονται δὲ ὁμονοοῦντες οὔτε εὐνοοῦντες ἀλλήλοις, ὥσπερ οὐδὲ ὁ σίδηρος δύναται συγκραθῆναι τῷ ὀστράκῳ. 44καὶ ἐν τοῖς χρόνοις τῶν βασιλέων 44 τούτων στήσει ὁ θεὸς τοῦ οὐρανοῦ βασιλείαν ἄλλην, ἥτις ἔσται εἰς τοὺς αἰῶνας καὶ οὐ φθαρήσεται· καὶ αὕτη ἡ βασιλεία ἄλλο ἔθνος οὐ μὴ ἐάσῃ, πατάξει δὲ καὶ ἀφανίσει τὰς βασιλείας ταύτας, καὶ αὐτὴ στήσεται εἰς τὸν αἰῶνα· 45καθάπερ ἑώρακας ἐξ ὄρους τμηθῆναι λίθον 45 ἄνευ χειρῶν, καὶ συνηλόησε τὸ ὄστρακον τὸν σίδηρον καὶ τὸν χαλκὸν καὶ τὸν ἄργυρον καὶ τὸν χρυσόν. ὁ θεὸς ὁ μέγας ἐσήμανε τῷ βασιλεῖ τὰ ἐσόμενα ἐπ' ἐσχάτων τῶν ἡμερῶν· καὶ ἀκριβὲς τὸ ὅραμα,

Syr 35 ωσει λεπτοτερον αχυρου...ο ανεμος] a' ως αχνη απο αλωνος θερινης και ηρεν αυτα το πνευμα Syr^mg | και επαταξε] και επληρωσε Syr^mg 38 ÷ και των (÷ 87) ιχθυων της θαλασσης 87 Syr | κυριευειν παντων] a' και εκυριευσε παντων Syr^mg 40 ※ ως ο σιδηρος (1°) 87 Syr | και ※ ως ο σιδηρος (2°) 87 (deest ⋎) ※ και ο σιδηρος Syr 41 ※ και τους δακτυλους 87 (deest ⋎) Syr | κεραμεικου 87 | εν αυτη] pr απο της ριζης της σιδηρας εσται Syr a' σ' και εκ του φυτου του σιδηρου Syr^mg 42 om δε 2° Syr 43 om και 2° Syr | εις γενεσιν] εν σπερματι Syr^mg 44 τους αιωνας] τον αιωνα Syr 45 συνηλοησε] CYNHΛΟΛΗCEN (sic) + ωσει αλοησις η εν αλωνι Syr^mg

ΔΑΝΙΗΛ (Θ.) II 45

καν, ὁ σίδηρος, ὁ χαλκός, ὁ ἄργυρος, ὁ χρυσός, καὶ ἐγένετο ὡσεὶ B
κονιορτὸς ἀπὸ ἅλωνος θερινῆς· καὶ ἐξῆρεν τὸ πλῆθος τοῦ πνεύ-
ματος, καὶ τόπος οὐχ εὑρέθη αὐτοῖς· καὶ ὁ λίθος ὁ πατάξας τὴν
36 εἰκόνα ἐγενήθη ὄρος μέγα, καὶ ἐπλήρωσεν πᾶσαν τὴν γῆν. ³⁶τοῦτό
ἐστιν τὸ ἐνύπνιον· καὶ τὴν σύγκρισιν αὐτοῦ ἐροῦμεν ἐνώπιον τοῦ
37 βασιλέως. ³⁷σύ, βασιλεῦ, βασιλεὺς βασιλέων, ᾧ ὁ θεὸς τοῦ οὐ-
38 ρανοῦ βασιλείαν ἰσχυρὰν καὶ κραταιὰν καὶ ἔντιμον ἔδωκεν ³⁸ἐν
παντὶ τόπῳ ὅπου κατοικοῦσιν οἱ υἱοὶ τῶν ἀνθρώπων· θηρία τε
ἀγροῦ καὶ πετεινὰ οὐρανοῦ ἔδωκεν ἐν τῇ χειρί σου, καὶ κατέστησεν
39 κύριον πάντων· σὺ εἶ ἡ κεφαλὴ ἡ χρυσῆ. ³⁹καὶ ὀπίσω σου ἀνα-
στήσεται ἑτέρα βασιλεία ἥττων σου, καὶ βασιλεία τρίτη ἥτις ἐστὶν
40 ὁ χαλκός, ἣ κυριεύσει πάσης τῆς γῆς· ⁴⁰καὶ βασιλεία τετάρτη ἔσται
ἰσχυρὰ ὡς ὁ σίδηρος· ὃν τρόπον ὁ σίδηρος λεπτύνει καὶ δαμάζει
41 πάντα, οὕτως πάντα λεπτυνεῖ καὶ δαμάσει. ⁴¹καὶ ὅτι ἴδες τοὺς
πόδας καὶ τοὺς δακτύλους μέρος μέν τι ὀστράκινον, μέρος δέ τι
σιδηροῦν, βασιλεία διῃρημένη ἔσται, καὶ ἀπὸ τῆς ῥίζης τῆς σιδηρᾶς
ἔσται ἐν αὐτῇ, ὃν τρόπον ἴδες τὸν σίδηρον ἀναμεμιγμένον τῷ
42 ὀστράκῳ. ⁴²καὶ οἱ δάκτυλοι τῶν ποδῶν μέρος μέν τι σιδηροῦν,
μέρος δέ τι ὀστράκινον, μέρος τι τῆς βασιλείας ἔσται ἰσχυρόν, καὶ
43 ἀπ' αὐτῆς ἔσται συντριβόμενον. ⁴³ὅτι ἴδες τὸν σίδηρον ἀναμε-
μιγμένον τῷ ὀστράκῳ, συμμιγεῖς ἔσονται ἐν σπέρματι ἀνθρώπων·
καὶ οὐκ ἔσονται προσκολλώμενοι οὗτος μετὰ τούτου, καθὼς ὁ σί-
44 δηρος οὐκ ἀναμίγνυται μετὰ τοῦ ὀστράκου. ⁴⁴καὶ ἐν ταῖς ἡμέραις
τῶν βασιλέων ἐκείνων ἀναστήσει ὁ θεὸς τοῦ οὐρανοῦ βασιλείαν, ἥτις
εἰς τοὺς αἰῶνας οὐ διαφθαρήσεται, καὶ ἡ βασιλεία αὐτοῦ λαῷ ἑτέρῳ
οὐχ ὑπολειφθήσεται· λεπτυνεῖ καὶ λικμήσει πάσας τὰς βασιλείας,
45 καὶ αὐτὴ ἀναστήσεται εἰς τοὺς αἰῶνας· ⁴⁵ὃν τρόπον ἴδες ὅτι ἀπὸ
ὄρους ἐτμήθη λίθος ἄνευ χειρῶν, καὶ ἐλέπτυνεν τὸ ὄστρακον τὸν
σίδηρον, τὸν χαλκόν, τὸν ἄργυρον, τὸν χρυσόν. ὁ θεὸς ὁ μέγας
ἐγνώρισεν τῷ βασιλεῖ ἃ δεῖ γενέσθαι μετὰ ταῦτα· καὶ ἀληθινὸν τὸ

35 ο σιδηρος το οστρακο] A | εγενετο] εγενοντο AQ | εξηρεν]+αυτα AQ | AQ
εγενηθη]+εις Q   36 εστι Qᵃ   38 ουρανου] pr του A+και ιχθυας
της θαλασσης AQ^mg | κατεστησεν]+σε AQ | κυριον plene scr B? (κν ut vid
B*)   39 βασιλεια ετερα AQ | σου 2°]+ητις (η Q) εστιν ο αργυρος AQ | ητις]
η AQ   40 παντα 1°]+επι της γης Q* +τα ε. τ. γ. Qᵃ | δαμασει] δαμαζει A
41 ειδες bis Bᵃᵇ (item 43, 45) A (item 43) | οστρακινον] + κεραμεου Aᵃ?(mg)
σιδηρουν Q | σιδηρουν] οστρακινον Q   42 μερος 3°]+δε Q* (improb Q?) |
απ] επ A   43 συμμιγεις BᵇQ | προσκολλωμενος A | μετα του οστρακου]
τω οστρακω A   44 τους αιωνας 1°] τον αιωνα A | λεπτυνει]+δε A¹ᶠᵒʳᵗQ

509

87 καὶ πιστὴ ἡ τούτου κρίσις. ⁴⁶Τότε Ναβουχοδονοσὸρ ὁ βασιλεὺς 46 πεσὼν ἐπὶ πρόσωπον χαμαὶ προσεκύνησεν τῷ Δανιήλ, καὶ ἐπέταξε θυσίας καὶ σπονδὰς ποιῆσαι αὐτῷ. ⁴⁷καὶ ἐκφωνήσας ὁ βασι- 47 λεὺς πρὸς τὸν Δανιὴλ εἶπεν Ἐπ' ἀληθείας ἐστὶν ὁ θεὸς ὑμῶν θεὸς τῶν θεῶν καὶ κύριος τῶν βασιλέων, ὁ ἐκφαίνων μυστήρια κρυπτὰ μόνος· ὅτι ἐδυνάσθης δηλῶσαι τὸ μυστήριον τοῦτο. ⁴⁸Τότε ὁ βασι- 48 λεὺς Ναβουχοδονοσὸρ Δανιὴλ μεγαλύνας καὶ δοὺς δωρεὰς μεγάλας καὶ πολλὰς κατέστησεν ἐπὶ τῶν πραγμάτων τῆς Βαβυλωνίας, καὶ ἀπέδειξεν αὐτὸν ἄρχοντα καὶ ἡγούμενον πάντων τῶν σοφιστῶν Βαβυλωνίας. ⁴⁹καὶ Δανιὴλ ἠξίωσε τὸν βασιλέα ἵνα κατασταθῶσιν ἐπὶ 49 τῶν πραγμάτων τῆς Βαβυλωνίας Σεδράχ, Μισάχ, Ἀβδεναγώ· καὶ Δανιὴλ ἦν ἐν τῇ βασιλικῇ αὐλῇ.

¹Ἔτους ὀκτωκαιδεκάτου Ναβουχοδονοσὸρ βασιλεὺς διοικῶν πόλεις 1 III καὶ χώρας καὶ πάντας τοὺς κατοικοῦντας ἐπὶ τῆς γῆς ἀπὸ Ἰνδικῆς ἕως Αἰθιοπίας ἐποίησεν εἰκόνα χρυσῆν, τὸ ὕψος αὐτῆς πηχῶν ἑξήκοντα, καὶ τὸ πλάτος αὐτῆς πηχῶν ἕξ· καὶ ἔστησεν αὐτὴν ἐν πεδίῳ τοῦ περιβόλου χώρας Βαβυλωνίας. ²καὶ Ναβουχοδονοσὸρ βασιλεὺς βασιλέων 2 καὶ κυριεύων τῆς οἰκουμένης ὅλης ἀπέστειλεν ἐπισυναγαγεῖν πάντα τὰ ἔθνη καὶ φυλὰς καὶ γλώσσας, σατράπας, στρατηγούς, τοπάρχας καὶ ὑπάτους, διοικητὰς καὶ τοὺς ἐπ' ἐξουσιῶν κατὰ χώραν, καὶ πάντας τοὺς κατὰ τὴν οἰκουμένην, ἐλθεῖν εἰς τὸν ἐγκαινισμὸν τῆς εἰκόνος τῆς χρυσῆς ἣν ἔστησεν Ναβουχοδονοσὸρ ὁ βασιλεύς. ³τότε συνήχθησαν 3 ὕπατοι, στρατηγοί, τοπάρχαι, ἡγούμενοι, τύραννοι μεγάλοι ἐπ' ἐξουσιῶν, καὶ πάντες οἱ ἄρχοντες τῶν χωρῶν, τοῦ ἐλθεῖν εἰς τὸν ἐγκαινισμὸν τῆς εἰκόνος ἧς ἔστησε Ναβουχοδονοσὸρ ὁ βασιλεύς. καὶ ἔστησαν οἱ προσγεγραμμένοι κατέναντι τῆς εἰκόνος ἧς ἔστησε Ναβουχοδονοσόρ. ⁴καὶ ὁ κῆρυξ ἐκήρυξε τοῖς ὄχλοις Ὑμῖν παραγγέλλεται, 4

Syr   46 om επι προσωπον Syr | θυσιας...αυτω] σ' και δωρα και θρησκειας (α' και δωρα ευωδιας) συντελεσαι αυτω Syr^mg   47 επ αληθει| 87 | κυριος] βασιλευς Syr^mg | μυστηρια] θΗCΚιΑC Syr^mg   48 ÷ Ναβουχοδονοσορ 87 Syr | αρχοντα...Βαβυλωνιας (2°)] σ' υπαρχον των στρατηγων των επι των σοφων Βαβυλωνος Syr^mg   III 1 ÷ ετους οκτωκαιδ. 87 Syr | ÷ διοικων πολεις (÷ 87) και χωρας και παντας τους κατοικ. (superscr ÷ 87)...Αιθιοπιας 87 Syr | περιβολου] περιβολοΝ (sic) Syr^mg   2 ÷ βασιλεων (-λευων Syr) και κυριευων της οικ. (÷ 87) ολης 87 Syr | ÷ παντα τα εθνη και φυλας (φυ÷λας 87) και γλωσσας 87 Syr | τοπαρχας...την οικουμενην] σ' και τους αρχοντας τους επι της γνωσεως τους γαβδαρηνους τους θαβδαρηνους τους θαββαιους και παντας τους εξουσιαζοντας των πολεων Syr^mg | επι εξουσιων 87* (επεξ. sic 87¹(vid))   3 ❊ τοτε συνηχθησαν...του ελθειν (om τ. ελθ. Syr)...ο βασιλευς 87 Syr | επεξ. sic 87 | ÷ και εστησαν οι προγεγρ. 87 (deest ✕) ÷ οι προγεγρ. (seq ✕) και εστησαν Syr | ❊ ης εστησε Ναβ. (2°) 87 Syr

ΔΑΝΙΗΛ (Θ.) III 4

46 ἐνύπνιον, καὶ πιστὴ ἡ σύγκρισις αὐτοῦ. ⁴⁶Τότε ὁ βασιλεὺς Ναβου- B χοδονοσὸρ ἔπεσεν ἐπὶ πρόσωπον καὶ τῷ Δανιὴλ προσεκύνησεν καὶ 47 μαννὰ καὶ εὐωδίας εἶπεν σπεῖσαι αὐτῷ. ⁴⁷καὶ ἀποκριθεὶς ὁ βασιλεὺς εἶπεν τῷ Δανιήλ Ἐπ' ἀληθείας ὁ θεὸς ὑμῶν αὐτός ἐστιν θεὸς θεῶν καὶ κύριος τῶν βασιλέων καὶ ἀποκαλύπτων μυστήρια· ὅτι 48 ἠδυνήθης ἀποκαλύψαι τὸ μυστήριον τοῦτο. ⁴⁸καὶ ἐμεγάλυνεν ὁ βασιλεὺς τὸν Δανιήλ, καὶ δόματα μεγάλα καὶ πολλὰ ἔδωκεν αὐτῷ, καὶ κατέστησεν αὐτὸν ἐπὶ πάσης χώρας Βαβυλῶνος καὶ ἄρχοντα σατρα-49 πῶν ἐπὶ πάντας τοὺς σοφοὺς Βαβυλῶνος. ⁴⁹καὶ Δανιὴλ ᾐτήσατο παρὰ τοῦ βασιλέως, καὶ κατέστησεν ἐπὶ τὰ ἔργα τῆς χώρας Βαβυλῶνος τὸν Σεδράχ, Μεισάχ, Ἀβδεναγώ· καὶ Δανιὴλ ἦν ἐν τῇ αὐλῇ τοῦ βασιλέως.

III 1 § 1 Ἔτους ὀκτωκαιδεκάτου Ναβουχοδονοσὸρ ὁ βασιλεὺς ἐποίησεν § Γ εἰκόνα χρυσῆν, ὕψος αὐτῆς πήχεων ἑξήκοντα, εὖρος αὐτῆς πήχεων 2 ἕξ· καὶ ἔστησεν αὐτὴν ἐν πεδίῳ Δεειρὰ ἐν χώρᾳ Βαβυλῶνος. ²καὶ ἀπέστειλεν συναγαγεῖν τοὺς ὑπάτους καὶ τοὺς στρατηγοὺς καὶ τοὺς τοπάρχας, ἡγουμένους καὶ τυράννους καὶ τοὺς ἐπ' ἐξουσιῶν καὶ πάντας τοὺς ἄρχοντας τῶν χωρῶν, ἐλθεῖν εἰς τὰ ἐνκαίνια τῆς εἰ-3 κόνος ἧς ἔστησεν. ³καὶ συνήχθησαν οἱ τοπάρχαι, ὕπατοι, στρατηγοί, ἡγούμενοι, τύραννοι μεγάλοι οἱ ἐπ' ἐξουσιῶν, καὶ πάντες οἱ ἄρχοντες τῶν χωρῶν, εἰς τὸν ἐνκαινισμὸν τῆς εἰκόνος ἧς ἔστησεν Ναβουχοδονοσὸρ ὁ βασιλεύς. καὶ ἱστήκεισαν ἐνώπιον τῆς εἰκόνος. 4 ⁴καὶ ὁ κῆρυξ ἐβόα ἐν ἰσχύι Ὑμῖν λέγεται λαοῖς, φυλαί, γλῶσσαι,

---

46 Ναβουχοδοσορ Q* (νο superscr Qᵃ) | om και 2° B* ᵛⁱᵈ (hab ⳨ Bᵃ? ᵇ? (mg)) | AQΓ μαννα] μαναα Q | ευωδιας ειπεν σπεισαι] ευωδιαν εσπεισεν Q   47 κυριος] +των κυριων και βασιλευς AQ | om και 3° BᵃᵇA | αποκαλυπτων] ο αποκ. Bᵃᵇ | εδυνηθης A   48 πολλα και μεγαλα AQ | επι 2°] pr και AQ* (improb Q?)   49 om χωρας Q* (hab Qᵐᵍ) | Μισαχ BᵇQ Μισακ A | subscr ορασις γ' A   III 1 superscr ορασις δ' AQ ✠ ορασις.. Γ' | om ο βασιλευς A | εξηκοντα (εξηκον sic A)]+και Q   2 om τους 2°, 3° Γ' | τα ενκαινια (εγκ. BᵇQΓ)] τον ανκαινισμον A* (a 1° improb Aᵃ?) | εικονος] +της χρυσης Γ | εστησεν (-σε Qᵃ)]+Ναβουχοδονοσορ ο βασιλευς AQΓ   3 τοπαρχαι] σατραπαι Q* (τοπ. Qᵐᵍ) | οι επ εξ.] om οι QΓ | εγκαινισμον BᵇAQᵃ (εγκεν. Q*) | και ιστ.] pr και συνηχθησαν οι τοπαρχαι A | ειστηκεισαν BᵃᵇQ | εικονος 2°]+ης εστησεν Ναβουχοδονοσορ AΓᵛⁱᵈ   4 λαοις] εθνη λαοι AΓ λαοι Q* εθνη Qᵐᵍ

511

ΔΑΝΙΗΛ (Ο')

87 ἔθνη καὶ χῶραι, λαοὶ καὶ γλῶσσαι, ⁵ὅταν ἀκούσητε τῆς φωνῆς τῆς 5 σάλπιγγος, σύριγγος, καὶ κιθάρας, σαμβύκης καὶ ψαλτηρίου, συμφωνίας καὶ παντὸς γένους μουσικῶν, πεσόντες προσκυνήσατε τῇ εἰκόνι τῇ χρυσῇ ἣν ἔστησε Ναβουχοδονοσὸρ βασιλεύς· ⁶καὶ πᾶς ὃς ἂν μὴ 6 πεσὼν προσκυνήσῃ, αὐτῇ τῇ ὥρᾳ ἐμβαλοῦσιν αὐτὸν εἰς τὴν κάμινον τοῦ πυρὸς τὴν καιομένην. ⁷καὶ ἐν τῷ καιρῷ ἐκείνῳ, ὅτε ἤκουσαν 7 πάντα τὰ ἔθνη τῆς φωνῆς τῆς σάλπιγγος, σύριγγός τε καὶ κιθάρας, σαμβύκης τε καὶ ψαλτηρίου καὶ παντὸς ἤχου μουσικῶν, πίπτοντα πάντα τὰ ἔθνη, φυλαί, καὶ γλῶσσαι προσεκύνησαν τῇ εἰκόνι τῇ χρυσῇ ἣν ἔστησε Ναβουχοδονοσὸρ ὁ βασιλεύς, κατέναντι τούτου. ⁸ἐν ἐκείνῳ 8 τῷ καιρῷ προσελθόντες ἄνδρες Χαλδαῖοι διέβαλον τοὺς Ἰουδαίους· ⁹καὶ 9 ὑπολαβόντες εἶπον Ναβουχοδονοσὸρ τῷ βασιλεῖ Κύριε βασιλεῦ, εἰς τὸν αἰῶνα ζῆθι. ¹⁰σύ, βασιλεῦ, προσέταξας καὶ ἔκρινας, ἵνα πᾶς 10 ἄνθρωπος ὃς ἂν ἀκούσῃ τῆς φωνῆς τῆς σάλπιγγος, σύριγγός τε καὶ σαμβύκης, κιθάρας καὶ ψαλτηρίου καὶ παντὸς ἤχου μουσικῶν, πεσὼν προσκυνήσῃ τῇ εἰκόνι τῇ χρυσῇ, ¹¹καὶ ὃς ἂν μὴ πεσὼν προσκυνήσῃ, 11 ἐμβληθήσεται εἰς τὴν κάμινον τοῦ πυρὸς τὴν καιομένην. ¹²εἰσὶ δέ 12 τινες ἄνδρες Ἰουδαῖοι, οὓς κατέστησας ἐπὶ τῆς χώρας τῆς Βαβυλωνίας, Σεδράχ, Μισάχ, Ἀβδεναγώ· οἱ ἄνθρωποι ἐκεῖνοι οὐκ ἐφοβήθησάν σου τὴν ἐντολὴν καὶ τῷ εἰδώλῳ σου οὐκ ἐλάτρευσαν καὶ τῇ εἰκόνι σου τῇ χρυσῇ ᾗ ἔστησας οὐ προσεκύνησαν. ¹³τότε Ναβουχοδονοσὸρ θυμω- 13 θεὶς ὀργῇ προσέταξεν ἀγαγεῖν τὸν Σεδράχ, Μισάχ, Ἀβδεναγώ· τότε οἱ ἄνθρωποι ἤχθησαν πρὸς τὸν βασιλέα. ¹⁴οὓς καὶ συνιδὼν Ναβουχο- 14 δονοσὸρ ὁ βασιλεὺς εἶπεν αὐτοῖς Διὰ τί, Σεδράχ, Μισάχ, Ἀβδεναγώ, τοῖς θεοῖς μου οὐ λατρεύετε καὶ τῇ εἰκόνι τῇ χρυσῇ ἣν ἔστησα οὐ προσκυνεῖτε; ¹⁵καὶ νῦν εἰ μὲν ἔχετε ἑτοίμως ἅμα τῷ ἀκοῦσαι τῆς 15 σάλπιγγος, σύριγγός τε καὶ κιθάρας, σαμβύκης τε καὶ ψαλτηρίου καὶ συμφωνίας καὶ παντὸς ἤχου μουσικῶν, πεσόντες προσκυνῆσαι τῇ εἰκόνι τῇ χρυσῇ ᾗ ἔστησα· εἰ δὲ μή γε, γινώσκετε ὅτι μὴ προσκυνη-

Syr 5 CAMBΥΚΗC Syr^mg 6 ※ αυτη τη ωρα 87 (deest ✓) Syr 7 ※ συριγγος τε (om τε Syr) και κιθαρας σαμβυκης (※ 87) τε και ψαλτηριου 87 Syr | ※ ο βασιλευς 87 (deest ✓) Syr 9 ※ Ναβ. τω βασιλει 87 (deest ✓) Syr 10 ※ συριγγος τε και σαμβυκης (※ 87) κιθαρας και ψαλτηριου 87 Syr 11 εις την καμινον] α' εις μεσον της καμινου Syr^mg 12 επι της χωρας] α' επι το εργον τ. χ. σ' επι την διοικησιν τ. πολεως Syr^mg | ουκ εφοβηθησαν σου την εντολην] α' ουκ εφειστο επι σε βασιλευ γνωμην Syr^mg 14 και τη εικονι] σ' ουδε τω ανδριαντι Syr^mg 15 ※ συριγγος τε και...συμφωνιας 87 Syr | ÷(om 87) τη χρυση 87^vid Syr | om γε Syr

ΔΑΝΙΗΛ (Θ.) III 15

5 ⁵ᾗ ἂν ὥρᾳ ἀκούσητε φωνῆς σάλπιγγος, σύριγγός τε καὶ κιθάρας, B σαμβύκης καὶ ψαλτηρίου καὶ παντὸς γένους μουσικῶν, πίπτοντες προσκυνεῖτε τῇ εἰκόνι·⸓ τῇ χρυσῇ ᾗ ἔστησεν Ναβουχοδονοσὸρ ὁ βα- ¶ Γ 6 σιλεύς· ⁶καὶ ὃς ἂν μὴ προσκυνήσῃ, αὐτῇ τῇ ὥρᾳ ἐμβληθήσεται εἰς 7 τὴν κάμινον τοῦ πυρὸς τὴν καιομένην. ⁷καὶ ἐγένετο ὅταν ἤκουον οἱ λαοὶ τῆς φωνῆς τῆς σάλπιγγος, σύριγγός τε καὶ κιθάρας, σαμβύκης καὶ ψαλτηρίου καὶ παντὸς γένους μουσικῶν, πίπτοντες πάντες οἱ λαοί, φυλαί, γλῶσσαι, προσεκύνουν τῇ εἰκόνι τῇ χρυσῇ ἣν ἔστη- 8 σεν Ναβουχοδονοσὸρ ὁ βασιλεύς. ⁸τότε προσήλθοσαν ἄνδρες Χαλ- 9 δαῖοι καὶ διέβαλλον τοὺς Ἰουδαίους ⁹τῷ βασιλεῖ Ναβουχοδονοσόρ 10 Βασιλεῦ, εἰς τοὺς αἰῶνας ζῆθι. ¹⁰σύ, βασιλεῦ, ἔθηκας δόγμα, πάντα ἄνθρωπον ὃς ἂν ἀκούσῃ τῆς φωνῆς τῆς σάλπιγγος, σύριγγός τε καὶ κιθάρας, σαμβύκης καὶ ψαλτηρίου καὶ παντὸς γένους μουσικῶν, 11 ¹¹καὶ μὴ πεσὼν προσκυνήσῃ τῇ εἰκόνι τῇ χρυσῇ, ἐμβληθήσεται εἰς 12 τὴν κάμινον τοῦ πυρὸς τὴν καιομένην. ¹²εἰσὶν ἄνδρες Ἰουδαῖοι, οὓς κατέστησας ἐπὶ τὰ ἔργα τῆς χώρας Βαβυλῶνος, Σεδράχ, Μεισάχ, Ἀβδεναγώ, οἳ οὐχ ὑπήκουσαν, βασιλεῦ, τῷ δόγματί σου, τοῖς θεοῖς σου οὐ λατρεύουσιν καὶ τῇ εἰκόνι τῇ χρυσῇ ᾗ ἔστησας οὐ προσ- 13 κυνοῦσιν. ¹³τότε Ναβουχοδονοσὸρ ἐν θυμῷ καὶ ὀργῇ εἶπεν ἀγαγεῖν τὸν Σεδράχ, Μισάχ, καὶ Ἀβδεναγώ· καὶ ἤχθησαν ἐνώπιον τοῦ 14 βασιλέως. ¹⁴καὶ ἀπεκρίθη Ναβουχοδονοσὸρ καὶ εἶπεν αὐτοῖς Εἰ ἀληθῶς, Σεδράχ, Μισάχ, Ἀβδεναγώ, τοῖς θεοῖς μου οὐ λατρεύετε 15 καὶ τῇ εἰκόνι τῇ χρυσῇ ᾗ ἔστησα οὐ προσκυνεῖτε; ¹⁵νῦν οὖν εἰ ἔχετε ἑτοίμως ἵνα ὡς ἂν ἀκούσητε τῆς φωνῆς τῆς σάλπιγγος, σύριγγός τε καὶ κιθάρας, σαμβύκης καὶ ψαλτηρίου καὶ συμφωνίας καὶ παντὸς γένους μουσικῶν, πεσόντες προσκυνήσητε τῇ εἰκόνι ᾗ ἐποίησα· ἐὰν δὲ μὴ προσκυνήσητε, αὐτῇ τῇ ὥρᾳ ἐμβληθήσεσθε εἰς

5 φωνης σαλπιγγος] της φ. της σ. AQΓ | και 2°] pr τε AQΓ | ψαλτηριου] AQΓ +και συμφωνιας AΓ | om τη χρυση A* (hab A^{a?(mg)}) | ο βασιλευς] om ο Q* (superscr Q^a)   6 αν] εαν Q   7 οταν] οτε Q | ηκουον] ηκουσαν AQ | om συριγγος Q* (hab Q^{mg}) | και 3°] pr τε AQ | ψαλτηριου]+και συμφωνιας AQ | om φυλαι γλωσσαι A | om τη χρυση Q* (hab Q^{mg}) | ην] η AQ | εστησεν] εποιησεν Q* (εστ. Q^{mg})   8 προσηλθαν A προσελθον Q | διεβαλον B^{ab}   9 τω βασιλει N.] και υποβαλοντες ειπαν N. τω βασ. A τω βασ. N. (Ναβουχοδοσορ Q*) και ειπαν Q   10 και 2°] pr τε A | ψαλτηριου] +και συμφωνιας A   11 εμβληθησετα Q* (superscr ι Q^?)   12 Σεδρακ A: item 13, 14, 16, 19, 20, 23 | Μισαχ B^bQ Μισακ A: item 13, 14, 16, 19, 20, 23 | οι] οι ανδρες εκεινοι A | τοις θεοις] pr και A | προσκυνουσι Q^a   13 om και 2° Q | Αβδεναγω] pr τον A   14 Αβδεναγω] pr και A   15 ακουητε B^{†vid} | και 2°] pr τε A | om και παντος γενους μουσικων A | προσκυνησητε 1°] προσκυνειτε A προσκυνησετε Q | εικονι]+τη χρυση A

SEPT. III.   513   K K

ΔΑΝΙΗΛ (Ο')

87 σάντων ὑμῶν αὐθωρὶ ἐμβληθήσεσθε εἰς τὴν κάμινον τοῦ πυρὸς τὴν καιομένην· καὶ ποῖος θεὸς ἐξελεῖται ὑμᾶς ἐκ τῶν χειρῶν μου; 16 ἀπο- 16 κριθέντες δὲ Σεδράχ, Μισάχ, 'Αβδεναγώ, εἶπαν τῷ βασιλεῖ Ναβουχοδονοσόρ Βασιλεῦ, οὐ χρείαν ἔχομεν ἡμεῖς ἐπὶ τῇ ἐπιταγῇ ταύτῃ ἀποκριθῆναί σοι. 17 ἔστι γὰρ θεὸς ἐν οὐρανοῖς εἷς κύριος ἡμῶν, ὃν 17 φοβούμεθα, ὅς ἐστι δυνατὸς ἐξελέσθαι ἡμᾶς ἐκ τῆς καμίνου τοῦ πυρὸς τῆς καιομένης· καὶ ἐκ τῶν χειρῶν σου, βασιλεῦ, ἐξελεῖται ἡμᾶς. 18 καὶ 18 τότε φανερόν σοι ἔσται, βασιλεῦ, ὅτι οὔτε τῷ εἰδώλῳ σου λατρεύομεν οὔτε τῇ εἰκόνι σου τῇ χρυσῇ, ἣν ἔστησας, οὐ προσκυνοῦμεν. 19 τότε 19 Ναβουχοδονοσὸρ ἐπλήσθη θυμοῦ, καὶ ἡ μορφὴ τοῦ προσώπου αὐτοῦ ἠλλοιώθη ἐπὶ Σεδράχ, Μισάχ, καὶ 'Αβδεναγώ, καὶ ἐπέταξε καῆναι τὴν κάμινον ἑπταπλασίως παρ' ὃ ἔδει αὐτὴν καῆναι, 20 καὶ ἄνδρας 20 ἰσχυροτάτους τῶν ἐν τῇ δυνάμει ἐπέταξε συμποδίσαντας τὸν Σεδράχ, Μισάχ, 'Αβδεναγώ, ἐμβαλεῖν εἰς τὴν κάμινον τοῦ πυρὸς τὴν καιομένην. 21 τότε οἱ ἄνδρες ἐκεῖνοι συνεποδίσθησαν, ἔχοντες τὰ ὑποδή- 21 ματα αὐτῶν καὶ τὰς τιάρας αὐτῶν ἐπὶ τῶν κεφαλῶν αὐτῶν, σὺν τῷ ἱματισμῷ αὐτῶν, καὶ ἐβλήθησαν εἰς τὴν κάμινον τοῦ πυρὸς τὴν καιομένην. 22 ἐπειδὴ τὸ πρόσταγμα τοῦ βασιλέως ἤπειγεν καὶ ἡ κάμινος 22 ἐξεκαύθη ὑπὲρ τὸ πρότερον ἑπταπλασίως, καὶ οἱ ἄνδρες οἱ προχειρισθέντες συμποδίσαντες αὐτοὺς καὶ προσαγαγόντες τῇ καμίνῳ ἐνεβάλοσαν εἰς αὐτήν. 23 τοὺς μὲν οὖν ἄνδρας τοὺς συμποδίσαντας τοὺς 23 περὶ τὸν Ἀζαρίαν ἐξελθοῦσα ἡ φλὸξ ἐκ τῆς καμίνου ἐνεπύρισε καὶ ἀπέκτεινεν, αὐτοὶ δὲ συνετηρήθησαν. 24 Οὕτως οὖν προσηύξατο Ἀνανίας καὶ Ἀζαρίας καὶ Μισαήλ, καὶ 24 ὕμνησαν τῷ κυρίῳ, ὅτε αὐτοὺς ὁ βασιλεὺς προσέταξεν ἐμβληθῆναι εἰς τὴν κάμινον. 25 στὰς δὲ Ἀζαρίας προσηύξατο οὕτως, καὶ ἀνοίξας τὸ 25 στόμα αὐτοῦ ἐξωμολογεῖτο τῷ κυρίῳ ἅμα τοῖς συνεταίροις αὐτοῦ ἐν μέσῳ τῷ πυρί, ὑποκαιομένης τῆς καμίνου ὑπὸ τῶν Χαλδαίων σφόδρα. καὶ εἶπαν 26 Εὐλογητὸς εἶ, Κύριε ὁ θεὸς τῶν πατέρων ἡμῶν, καὶ αἰνετὸν 26 καὶ δεδοξασμένον τὸ ὄνομά σου εἰς τοὺς αἰῶνας, 27 ὅτι δίκαιος εἶ ἐπὶ 27 πᾶσιν οἷς ἐποίησας ἡμῖν, καὶ πάντα τὰ ἔργα σου ἀληθινὰ καὶ αἱ ὁδοί

Syr   15 εμβηθησεσθε 87   16 ΕΠΙΤΑΓΗ Syr^mg   17 ÷ εν ουρανοις εις κυριος 87 Syr | ⁜ της καιομενης 87 Syr   18 ⁜ βασιλευ 87 Syr | om ου Syr   19 ⁜ Σεδρ. Μισ. και Αβδ. Syr   20 ⁜ τον Σεδρ. Μισ. (+ και Syr) Αβδ. 87 Syr   21 εχοντες τα υποδηματα αυτων] σ' εν τοις υποδημασιν (? ταις αναξυρισιν cf Hieron) αυτων Syr^mg | ⁜ του πυρος την καιομενην 87^vid (deest ⊀) του πυρ. ⁜ την καιομ. Syr   22 επειδη...ηπειγεν] σ' δια το ρημα του βασ. απαρακλητον ειναι Syr^mg   23 om μεν Syr | εξελθουσα] λ sup ras 87   24 προσηυξαντο Syr | εμβληθηναι] εμβαλειν Syr^vid   26 αινετος Syr

514

ΔΑΝΙΗΛ (Ο.)   III 27

τὴν κάμινον τοῦ πυρὸς τὴν καιομένην· καὶ τίς ἐστιν θεὸς ὃς ἐξε- Β
16 λεῖται ὑμᾶς ἐκ χειρός μου; ¹⁶καὶ ἀπεκρίθησαν Σεδράχ, Μεισάχ,
Ἀβδεναγώ, λέγοντες τῷ βασιλεῖ Ναβουχοδονοσόρ Οὐ χρείαν ἔχομεν
17 ἡμεῖς περὶ τοῦ ῥήματος τούτου ἀποκριθῆναί σοι. ¹⁷ἔστιν γὰρ θεός,
ᾧ ἡμεῖς λατρεύομεν, δυνατὸς ἐξελέσθαι ἡμᾶς ἐκ τῆς καμίνου τοῦ
πυρὸς τῆς καιομένης· καὶ ἐκ τῶν χειρῶν σου, βασιλεῦ, ῥύσεται ἡμᾶς.
18 ¹⁸καὶ ἐὰν μή, γνωστὸν ἔστω σοι, βασιλεῦ, ὅτι τοῖς θεοῖς σου οὐ
19 λατρεύομεν καὶ τῇ εἰκόνι ᾗ ἔστησας οὐ προσκυνοῦμεν. ¹⁹τότε Να-
βουχοδονοσὸρ ἐπλήσθη θυμοῦ, καὶ ἡ ὄψις τοῦ προσώπου αὐτοῦ
ἠλλοιώθη ἐπὶ Σεδράχ, Μεισάχ, καὶ Ἀβδεναγώ, καὶ εἶπεν ἐκκαῦσαι
20 τὴν κάμινον ἑπταπλασίως, ἕως οὗ εἰς τέλος ἐκκαῇ. ²⁰καὶ ἄνδρας
ἰσχυροὺς ἰσχύι εἶπεν πεδήσαντας τὸν Σεδράχ, Μεισάχ, καὶ Ἀβδε-
21 ναγώ, ἐμβαλεῖν εἰς τὴν κάμινον τοῦ πυρὸς τὴν καιομένην. ²¹τότε
οἱ ἄνδρες ἐκεῖνοι ἐπεδήθησαν σὺν τοῖς σαραβάροις αὐτῶν καὶ τιά-
ραις καὶ περικνημῖσι, καὶ ἐβλήθησαν εἰς τὸ μέσον τῆς καμίνου
22 τοῦ πυρὸς τῆς καιομένης, ²²ἐπεὶ τὸ ῥῆμα τοῦ βασιλέως ὑπερίσχυεν·
23 καὶ ἡ κάμινος ἐξεκαύθη ἐκ περισσοῦ. ²³καὶ οἱ τρεῖς οὗτοι, Σεδράχ,
Μεισάχ, καὶ Ἀβδεναγώ, ἔπεσον εἰς μέσον τῆς καμίνου τῆς καιομένης
πεπεδημένοι.
24 ²⁴Καὶ περιεπάτουν ἐν μέσῳ τῆς φλογὸς ὑμνοῦντες τὸν θεὸν καὶ
25 εὐλογοῦντες τὸν κύριον. ²⁵καὶ συνστὰς Ἀζαρίας προσηύξατο οὕτως
26 καὶ ἀνοίξας τὸ στόμα ἑαυτοῦ ἐν μέσῳ τοῦ πυρὸς εἶπεν ²⁶Εὐλογητὸς
εἶ, Κύριε ὁ θεὸς τῶν πατέρων ἡμῶν, καὶ αἰνετός, καὶ δεδοξασμένον τὸ
27 ὄνομά σου εἰς τοὺς αἰῶνας. ²⁷ὅτι δίκαιος εἶ ἐπὶ πᾶσιν οἷς ἐποίησας,
καὶ πάντα τὰ ἔργα σου ἀληθινά, καὶ εὐθεῖαι αἱ ὁδοί σου, καὶ πᾶσαι αἱ

---

15 θεος] pr ο AQ | ος] ο Q* (s superscr Q^a) | χειρος] των χειρων A AQ
17 θεος] + ημων εν ουρανοις B^(ab mg) ο θς ημων εν ουνοις A | λατρευομεν ημεις
Q | εκ της καμινου...ρυσεται ημας] εκ της χειρος σου· και εκ της καμινου του
πυρος της καιομενης ρυσεται ημας Q | των χειρων] της χειρος A   18 εστω]
εσται Q | εικονι] + τη χρυση AQ   19 Ναβουχοδονοσορ] + ο βασιλευς A |
οψις] ορασις Q | om και 2° AQ | om ου A | εκκαη] εκκαυθη Q   20 om
και 2° Q   21 τοτε] οτε A | περικνημισι (-μεσι BQ* -μισι B¹)] + και ενδυ-
μασιν αυτων A | εμβληθησαν (sic) A | το μεσον] om το AQ   22 υπερι-
σχυσεν AQ | καμινος] + του πυρος Q | περισσου] + και τους ανδρας εκεινους
τους βαλλοντας Σεδρακ Μισακ Αβδεναγω απεκτεινεν η φλοξ του πυρος A
23 om και 2° AQ | καμινου] + του πυρος AQ   25 συστας B? AQ | εαυτου]
αυτου B^(ab) AQ   26 αινετον A | δεδοξασμενον το ονομα σου] δεδοξασ-
μενος Q   27 εποιησας] + ημιν AQ

ΔΑΝΙΗΛ (Ο′)

87 σου εὐθεῖαι καὶ πᾶσαι αἱ κρίσεις σου ἀληθιναί. ²⁸καὶ κρίματα ἀληθείας 28 ἐποίησας κατὰ πάντα ἃ ἐπήγαγες ἡμῖν καὶ ἐπὶ τὴν πόλιν σου τὴν ἁγίαν τὴν τῶν πατέρων ἡμῶν Ἰερουσαλήμ· διότι ἐν ἀληθείᾳ καὶ κρίσει ἐποίησας πάντα ταῦτα διὰ τὰς ἁμαρτίας ἡμῶν. ²⁹ὅτι ἡμάρτομεν 29 ἐν πᾶσι καὶ ἠνομήσαμεν ἀποστῆναι ἀπὸ σοῦ καὶ ἐξημάρτομεν ἐν πᾶσι· ³⁰καὶ τῶν ἐντολῶν τοῦ νόμου σου οὐχ ὑπηκούσαμεν οὐδὲ 30 συνετηρήσαμεν, οὐδὲ ἐποιήσαμεν καθὼς ἐνετείλω ἡμῖν ἵνα εὖ ἡμῖν γένηται. ³¹καὶ νῦν πάντα ὅσα ἡμῖν ἐπήγαγες καὶ πάντα ὅσα ἐποίησας 31 ἡμῖν, ἐν ἀληθινῇ κρίσει ἐποίησας, ³²καὶ παρέδωκας ἡμᾶς εἰς χεῖρας 32 ἐχθρῶν ἡμῶν ἀνόμων καὶ ἐχθίστων ἀποστατῶν, καὶ βασιλεῖ ἀδίκῳ καὶ πονηροτάτῳ παρὰ πᾶσαν τὴν γῆν. ³³καὶ νῦν οὐκ ἔστιν ἡμῖν ἀνοῖξαι 33 τὸ στόμα· αἰσχύνη καὶ ὄνειδος ἐγενήθη τῶν δούλων σου καὶ τῶν σεβομένων σε. ³⁴μὴ παραδῷς ἡμᾶς εἰς τέλος διὰ τὸ ὄνομά σου, καὶ μὴ 34 διασκεδάσῃς σου τὴν διαθήκην. ³⁵καὶ μὴ ἀποστήσῃς τὸ ἔλεός σου 35 ἀφ' ἡμῶν, διὰ Ἀβραὰμ τὸν ἠγαπημένον ὑπὸ σοῦ καὶ διὰ Ἰσαὰκ τὸν δοῦλόν σου καὶ Ἰσραὴλ τὸν ἅγιόν σου· ³⁶ὡς ἐλάλησας πρὸς αὐτοὺς 36 λέγων πολυπληθῦναι τὸ σπέρμα αὐτῶν ὡς τὰ ἄστρα τοῦ οὐρανοῦ τῷ πλήθει καὶ ὡς τὴν ἄμμον τὴν παρὰ τὸ χεῖλος τῆς θαλάσσης. ³⁷ὅτι, 37 δέσποτα, ἐσμικρύνθημεν παρὰ πάντα τὰ ἔθνη, καί ἐσμεν ταπεινοὶ ἐν πάσῃ τῇ γῇ σήμερον διὰ τὰς ἁμαρτίας ἡμῶν· ³⁸καὶ οὐκ ἔστιν ἐν 38 τῷ καιρῷ τούτῳ ἄρχων καὶ προφήτης οὐδὲ ἡγούμενος, οὐδὲ ὁλοκαύτωσις οὐδὲ θυσία οὐδὲ προσφορὰ οὐδὲ θυμίαμα, οὐδὲ τόπος τοῦ καρπῶσαι ἐνώπιόν σου καὶ εὑρεῖν ἔλεος. ³⁹ἀλλ' ἐν ψυχῇ συντετριμ- 39 μένῃ καὶ πνεύματι τεταπεινωμένῳ προσδεχθείημεν· ⁴⁰ὡς ἐν ὁλοκαυ- 40 τώμασι κριῶν καὶ ταύρων καὶ ὡς ἐν μυριάσιν ἀρνῶν πιόνων, οὕτω γενέσθω ἡμῶν ἡ θυσία ἐνώπιόν σου σήμερον καὶ ἐξιλάσαι ὄπισθέν σου, ὅτι οὐκ ἔστιν αἰσχύνη τοῖς πεποιθόσιν ἐπὶ σοί, καὶ τελειῶσαι ὄπισθέν σου. ⁴¹καὶ νῦν ἐξακολουθοῦμεν ἐν ὅλῃ καρδίᾳ ἡμῶν καὶ 41 φοβούμεθά σε καὶ ζητοῦμεν τὸ πρόσωπόν σου. ⁴²μὴ καταισχύνῃς 42 ἡμᾶς, ἀλλὰ ποίησον μεθ' ἡμῶν ἔλεος κατὰ τὴν ἐπιείκειάν σου καὶ κατὰ τὸ πλῆθος τοῦ ἐλέους σου, ⁴³καὶ ἐξελοῦ ἡμᾶς κατὰ τὰ θαυμάσιά 43

Syr 27 αληθιναι] αληθεια Syr^txt (-θιναι Syr^mg)   31 post και 2° ras aliq 87′   32 και 4°] κ sup ras 87′   33 τοις δουλοις σου κ. τοις σεβομενοις σε Syr   35 υπο] απο 87* (corr υπο) | om δια 2° Syr^txt (hab Syr^mg) | αγιον] λαον Syr^txt (αγιον Syr^mg)   36 πολυπληθυναι] πολὺ πλ. 87 θ′ ※ πολυ ⊰ πλ. Syr | θ′ ※ τω πληθει Syr   39 τεταπεινωμενω] τ 2° sup ras 87 θ′ ταπεινωσεως Syr^mg   40 και εξιλασαι] θ′ και εκτελεσαι Syr^mg | ÷ (⁒ 87) και τελειωσαι οπισθεν σου 87 Syr   41 θ′ ※ ημων Syr   42 ※ (om 87) ελεος 87 et (sub θ′) Syr

516

ΔΑΝΙΗΛ (Θ.)   III 43

28 κρίσεις σου ἀλήθεια. ²⁸καὶ κρίματα ἀληθείας ἐποίησας κατὰ πάντα ἃ Β ἐπήγαγες ἡμῖν καὶ ἐπὶ τὴν πόλιν τὴν ἁγίαν τὴν τῶν πατέρων ἡμῶν Ἰερουσαλήμ· ὅτι ἐν ἀληθείᾳ καὶ κρίσει ἐπήγαγες πάντα ταῦτα διὰ 29 τὰς ἁμαρτίας ἡμῶν. ²⁹ὅτι ἡμάρτομεν καὶ ἠνομήσαμεν ἀποστῆναι ἀπὸ 30 σοῦ, καὶ ἐξημάρτομεν ἐν πᾶσιν· ³⁰καὶ τῶν ἐντολῶν σου οὐκ ἠκούσαμεν οὐδὲ συνετηρήσαμεν, οὐδὲ ἐποιήσαμεν καθὼς ἐνετείλω ἡμῖν 31 ἵνα εὖ ἡμῖν γένηται. ³¹καὶ πάντα ὅσα ἡμῖν ἐπήγαγες καὶ πάντα 32 ὅσα ἐποίησας ἡμῖν, ἐν ἀληθινῇ κρίσει ἐποίησας. ³²καὶ παρέδωκας ἡμᾶς εἰς χεῖρας ἐχθρῶν ἀνόμων καὶ ἐχθίστων ἀποστατῶν, καὶ 33 βασιλεῖ ἀδίκῳ καὶ πονηροτάτῳ παρὰ πᾶσαν τὴν γῆν. ³³καὶ νῦν οὐκ ἔστιν ἡμῖν ἀνοῖξαι τὸ στόμα ἡμῶν· αἰσχύνη καὶ ὄνειδος ἐγε-34 νήθη τοῖς δούλοις σου καὶ τοῖς σεβομένοις σε. ³⁴μὴ δὴ παραδοῖς ἡμᾶς εἰς τέλος διὰ τὸ ὄνομά σου, καὶ μὴ διασκεδάσῃς τὴν διαθήκην 35 σου, ³⁵καὶ μὴ ἀποστήσῃς τὸ ἔλεός σου ἀφ' ἡμῶν, δι' Ἀβραὰμ τὸν ἠγαπημένον ὑπὸ σοῦ καὶ διὰ Ἰσαὰκ τὸν δοῦλόν σου καὶ Ἰσραὴλ 36 τὸν ἅγιόν σου, ³⁶οἷς ἐλάλησας πληθῦναι τὸ σπέρμα αὐτῶν ὡς τὰ ἄστρα τοῦ οὐρανοῦ καὶ ὡς τὴν ἄμμον τὴν παρὰ τὸ χεῖλος τῆς θα-37 λάσσης. ³⁷ὅτι, δέσποτα, ἐσμικρύνθημεν παρὰ πάντα τὰ ἔθνη, καί §ἐσμεν ταπεινοὶ ἐν πάσῃ τῇ γῇ σήμερον διὰ τὰς ἁμαρτίας ἡμῶν. § Γ 38 ³⁸καὶ οὐκ ἔστιν ἐν τῷ καιρῷ τούτῳ ἄρχων καὶ προφήτης καὶ ἡγούμενος, οὐδὲ ὁλοκαύτωσις οὐδὲ θυσία οὐδὲ προσφορὰ οὐδὲ θυμίαμα, 39 οὐ τόπος τοῦ καρπῶσαι ἐναντίον σου καὶ εὑρεῖν ἔλεος. ³⁹ἀλλ' ἐν ψυχῇ συντετριμμένῃ καὶ πνεύματι ταπεινώσεως προσδεχθείημεν· 40 ⁴⁰ὡς ἐν ὁλοκαυτώσει κριῶν καὶ ταύρων καὶ ἐν μυριάσιν ἀρνῶν πιόνων, οὕτως γενέσθω θυσία ἡμῶν ἐνώπιόν σου σήμερον καὶ ἐκτελέσαι ὄπισθέν σου, ὅτι οὐκ ἔσται αἰσχύνη τοῖς πεποιθόσιν ἐπὶ σοί. 41 ⁴¹καὶ νῦν ἐξακολουθοῦμεν ἐν ὅλῃ καρδίᾳ, καὶ φοβούμεθά σε καὶ 42 ζητοῦμεν τὸ πρόσωπόν σου. ⁴²μὴ καταισχύνῃς ἡμᾶς, ἀλλὰ ποίησον μεθ' ἡμῶν κατὰ τὴν ἐπιείκειάν σου καὶ κατὰ τὸ πλῆθος τοῦ 43 ἐλέους σου. ⁴³καὶ ἐξελοῦ ἡμᾶς κατὰ τὰ θαυμάσιά σου, καὶ δὸς

27 κρισις B* (κρεισ.) A | αληθεια (-θια B* -θεια B^{ab})] αληθιναι Q   28 α- AQΓ γιαν] + σου A | επηγαγες 2°] επηγαγας Q | ταυτα παντα AQ   29 αποστηναι] αποσταντες AQ   30 ημιν 1°] υμιν A   31 om και παντα οσα ημιν επηγαγες AQ* (hab Q^{mg})   32 χειρας] χειρα B^{b?} | om και 2° AQ   33 om ημων A?Q   34 παραδως AQ   35 δι] δια AQ | om δια Q   36 ελαλησας] + προς αυτους A   38 και 2°] ουδε Q | και 3°] ουδε Q | ουδε quater] ουτε Q | ολοκαυτωμα Q* (τωσις Q^{mg}) | om ουδε προσφορα ουδε θυμιαμα A* (hab ουδε προσφορ' (sic) ουδε θ. A^{a?(mg)} | ου] ουδε B^{ab} | εναντιον] ενωπιον A   40 ολοκαυτωσει] ολοκαυτωμασιν AQ | και 2°] + ως AΓ | ουτω Q^a | θυσια] pr η QΓ | οπισθεν] οπισω Q | εσται] εσται AQ 42 επιεικιαν AQ* (-κειαν Q^a)

ΔΑΝΙΗΛ (Ο')

87 σου καὶ δὸς δόξαν τῷ ὀνόματί σου, Κύριε· 44καὶ ἐντραπείησαν πάντες 44
οἱ ἐνδεικνύμενοι τοῖς δούλοις σου κακά, καὶ καταισχυνθείησαν ἀπὸ
πάσης δυναστείας, καὶ ἡ ἰσχὺς αὐτῶν συντριβείη· 45γνώτωσαν ὅτι σὺ 45
εἶ μόνος Κύριος ὁ θεὸς καὶ ἔνδοξος ἐφ᾽ ὅλην τὴν οἰκουμένην.
46Καὶ οὐ διέλιπον οἱ ἐμβάλλοντες αὐτοὺς ὑπηρέται τοῦ βασιλέως 46
καίοντες τὴν κάμινον. καὶ ἡνίκα ἐνεβάλοσαν τοὺς τρεῖς εἰς ἅπαξ εἰς
τὴν κάμινον, καὶ ἡ κάμινος ἦν διάπυρος κατὰ τὴν θερμασίαν αὐτῆς
ἑπταπλασίως· καὶ ὅτε αὐτοὺς ἐνεβάλοσαν, οἱ μὲν ἐμβάλλοντες αὐτοὺς
ἦσαν ὑπεράνω αὐτῶν, οἱ δὲ ὑπέκαιον ὑποκάτωθεν αὐτῶν νάφθαν καὶ
στιππύον καὶ πίσσαν καὶ κληματίδα. 47καὶ διεχεῖτο ἡ φλὸξ ἐπάνω τῆς 47
καμίνου ἐπὶ πήχεις τεσσαράκοντα ἐννέα, 48καὶ διεξώδευσε καὶ ἐνεπύρι- 48
σεν οὓς εὗρεν περὶ τὴν κάμινον τῶν Χαλδαίων. 49ἄγγελος δὲ Κυρίου 49
συγκατέβη ἅμα τοῖς περὶ τὸν Ἀζαρίαν εἰς τὴν κάμινον καὶ ἐξετίναξε τὴν
φλόγα τοῦ πυρὸς ἐκ τῆς καμίνου, 50καὶ ἐποίησε τὸ μέσον τῆς καμίνου 50
ὡσεὶ πνεῦμα δρόσου διασυρίζον, καὶ οὐχ ἥψατο αὐτῶν καθόλου τὸ
πῦρ, καὶ οὐκ ἐλύπησε καὶ οὐ παρηνώχλησεν αὐτούς. 51Ἀναλα- 51
βόντες δὲ οἱ τρεῖς ὡς ἐξ ἑνὸς στόματος ὕμνουν καὶ ἐδόξαζον καὶ
εὐλόγουν καὶ ἐξύψουν τὸν θεὸν ἐν τῇ καμίνῳ λέγοντες
52Εὐλογητὸς εἶ, Κύριε ὁ θεὸς τῶν πατέρων ἡμῶν, 52
καὶ αἰνετὸς καὶ ὑπερυψούμενος εἰς τοὺς αἰῶνας·
καὶ εὐλογημένον τὸ ὄνομα τῆς δόξης σου τὸ ἅγιον,
καὶ ὑπεραινετὸν καὶ ὑπερυψωμένον εἰς πάντας τοὺς αἰῶνας.
53εὐλογημένος εἶ ἐν τῷ ναῷ τῆς ἁγίας δόξης σου, 53
καὶ ὑπερυμνητὸς καὶ ὑπερένδοξος εἰς τοὺς αἰῶνας.
54εὐλογητὸς εἶ ἐπὶ θρόνου δόξης τῆς βασιλείας σου, 54
καὶ ὑμνητὸς καὶ ὑπερυψωμένος εἰς τοὺς αἰῶνας.
55εὐλογητὸς εἶ ὁ βλέπων ἀβύσσους, καθήμενος ἐπὶ χερουβίμ, 55
καὶ αἰνετὸς καὶ δεδοξασμένος εἰς τοὺς αἰῶνας.
56εὐλογητὸς εἶ ἐν τῷ στερεώματι τοῦ οὐρανοῦ, 56
καὶ ὑμνητὸς καὶ δεδοξασμένος εἰς τοὺς αἰῶνας.
57εὐλογεῖτε, πάντα τὰ ἔργα τοῦ κυρίου, τὸν κύριον· 57
ὑμνεῖτε καὶ ὑπερυψοῦτε αὐτὸν εἰς τοὺς αἰῶνας.

Syr   44 τοις δουλοις] pr εν Syr   46 om και ου διελιπον...καιοντες την καμινον Syr[txt] (hab Syr[mg] (c εμβαλοντες)) | ενεβαλοσαν 1°] ενεβαλλον Syr | εμβαλοντες (2°) Syr | στιπυον 87   47 δεηχειτο 87[ed] διηχ. in notis (διεχ. Syr)   50 ΔΙΑϹΥΡΙΖΟΝ Syr[mg]   51 αναλ. δε] θ' τοτε Syr[mg] | ÷και εξυψουν 87 Syr   52 αινετος κ. υψουμενος Syr[vid]   54 θ' ※ δοξης Syr | και υμνητος] θ' κ. υπερυμνητος Syr[mg]   55 ευλογητος ει] θ' ευλογημενος ει Syr[mg] | ο βλεπων] θ' ο επιβλεπων Syr[mg] | δεδοξασμενος] θ' υπερυψουμενος Syr[mg]   56 ※ του ουρανου 87 (deest ◁) Syr

ΔΑΝΙΗΛ (Θ.)

44 δόξαν τῷ ὀνόματί σου, Κύριε. ⁴⁴καὶ ἐντραπείησαν πάντες οἱ ἐνδει- Β
κνύμενοι τοῖς δούλοις σου κακά, καὶ καταισχυνθείησαν ἀπὸ πάσης
45 τῆς δυναστείας, καὶ ἡ ἰσχὺς αὐτῶν συντριβείη, ⁴⁵γνώτωσαν ὅτι σὺ
εἶ Κύριος θεὸς μόνος καὶ ἔνδοξος ἐφ' ὅλην τὴν οἰκουμένην.
46   ⁴⁶Καὶ οὐ διέλειπον οἱ ἐμβάλλοντες αὐτοὺς ὑπηρέται τοῦ βασιλέως
καίοντες τὴν κάμινον νάφθαν καὶ πίσσαν καὶ στιππύον καὶ κλημα-
47 τίδα. ⁴⁷καὶ διεχεῖτο ἡ φλὸξ ἐπάνω τῆς καμίνου ἐπὶ πήχεις τεσσε-
48 ράκοντα ἐννέα, ⁴⁸καὶ διώδευσεν καὶ ἐνεπύρισεν οὓς εὗρεν περὶ τὴν
49 κάμινον τῶν Χαλδαίων.   ⁴⁹ὁ δὲ ἄγγελος Κυρίου συνκατέβη ἅμα
τοῖς περὶ τὸν Ἀζαρίαν εἰς τὴν κάμινον, καὶ ἐξετίναξεν τὴν φλόγα
50 τοῦ πυρὸς ἐκ τῆς καμίνου, ⁵⁰καὶ ἐποίησεν τὸ μέσον τῆς καμίνου ὡς
πνεῦμα δρόσου διασυρίζον· καὶ οὐχ ἥψατο αὐτῶν τὸ καθόλου τὸ
51 πῦρ, καὶ οὐκ ἐλύπησεν οὐδὲ παρηνώχλησεν αὐτοῖς.   ⁵¹Τότε οἱ
τρεῖς ὡς ἐξ ἑνὸς στόματος ὕμνουν καὶ ἐδόξαζον καὶ εὐλόγουν τὸν
θεὸν ἐν τῇ καμίνῳ λέγοντες
52   ⁵²Εὐλογητὸς εἶ, Κύριε ὁ θεὸς τῶν πατέρων ἡμῶν,
καὶ αἰνετὸς καὶ ὑπερυψούμενος εἰς τοὺς αἰῶνας·
καὶ εὐλογημένον τὸ ὄνομα τῆς δόξης σου τὸ ἅγιον,
καὶ ὑπεραινετὸν καὶ ὑπερυψούμενον¶ εἰς πάντας τοὺς αἰῶνας. ¶ Γ
53   ⁵³εὐλογημένος εἶ ἐν τῷ ναῷ τῆς ἁγίας δόξης σου,
καὶ ὑπερυμνητὸς καὶ ὑπερένδοξος εἰς τοὺς αἰῶνας.
54   ⁵⁴εὐλογημένος εἶ ὁ ἐπιβλέπων ἀβύσσους, καθήμενος ἐπὶ χερου-
βείν,
καὶ αἰνετὸς καὶ ὑπερυψωμένος εἰς τοὺς αἰῶνας.
55   ⁵⁵εὐλογημένος εἶ ἐπὶ θρόνου τῆς βασιλείας σου,
καὶ ὑπερυμνητὸς καὶ ὑπερυψωμένος εἰς τοὺς αἰῶνας.
56   ⁵⁶εὐλογητὸς εἶ ἐν τῷ στερεώματι τοῦ οὐρανοῦ,
καὶ ὑμνητὸς καὶ δεδοξασμένος εἰς τοὺς αἰῶνας.
57   ⁵⁷εὐλογεῖτε, πάντα τὰ ἔργα Κυρίου, τὸν κύριον·
ὑμνεῖτε καὶ ὑπερυψοῦτε αὐτὸν εἰς τοὺς αἰῶνας.

44 της δυναστειας] δυναμεως και δυναστειας A om της Q   **45** γνωτωσαν] AQΓ pr και QΓ | κ̄ς̄ ο θ̄ς̄ AQ ο [κ̄ς̄ θ̄ς̄] Γᵛⁱᵈ   **46** διελιπον Bᵇ | εμβαλοντες Q | στυππειον Qᵃ σ[τιπ]πιον Γᵛⁱᵈ | κληματιδα] pr [τη]ν Γᵛⁱᵈ κληματιδας AQ
47 διηχειτο A | τεσσαρακοντα Bᵇ   **49** συγκατεβη Q | om εκ της καμινου Q* (hab Qᵐᵍ)   **50** αυτοις] αυτους Γ   **51** ηυλογουν A   **52** υπερυψωμενος Bᵃᵇ | υπεραινετον] αινετον Q* (υπεραιν. Qᵐᵍ) | υπερυψωμενον Bᵃᵇ | om παντας AQ   **53** δοξης] pr της Q* (improb Q?) | υμνητος Q* (υπερυμνητος Qᵐᵍ)   **54** επιβλεπων] βλεπων AQ | χερουβειν (-βειμ AQ)] pr των A | αινετος] υπεραινετος A | υπερυψουμενος BᵃᵇAQ : item 55   **56** ευλογητος] ευλογημενος A | υμνητος] υπερυμνητος A

519

ΔΑΝΙΗΛ (Ο')

⁵⁸ εὐλογεῖτε, ἄγγελοι Κυρίου, τὸν κύριον·
ὑμνεῖτε καὶ ὑπερυψοῦτε αὐτὸν εἰς τοὺς αἰῶνας.
⁵⁹ εὐλογεῖτε, οὐρανοί, τὸν κύριον·
ὑμνεῖτε καὶ ὑπερυψοῦτε αὐτὸν εἰς τοὺς αἰῶνας.
⁶⁰ εὐλογεῖτε, ὕδατα καὶ πάντα τὰ ἐπάνω τοῦ οὐρανοῦ, τὸν κύριον·
ὑμνεῖτε καὶ ὑπερυψοῦτε αὐτὸν εἰς τοὺς αἰῶνας.
⁶¹ εὐλογεῖτε, πᾶσαι αἱ δυνάμεις Κυρίου, τὸν κύριον·
ὑμνεῖτε καὶ ὑπερυψοῦτε αὐτὸν εἰς τοὺς αἰῶνας.
⁶² εὐλογεῖτε, ἥλιος καὶ σελήνη, τὸν κύριον·
ὑμνεῖτε καὶ ὑπερυψοῦτε αὐτὸν εἰς τοὺς αἰῶνας.
⁶³ εὐλογεῖτε, ἄστρα τοῦ οὐρανοῦ, τὸν κύριον·
ὑμνεῖτε καὶ ὑπερυψοῦτε αὐτὸν εἰς τοὺς αἰῶνας.
⁶⁴ εὐλογεῖτε, πᾶς ὄμβρος καὶ δρόσος, τὸν κύριον·
ὑμνεῖτε καὶ ὑπερυψοῦτε αὐτὸν εἰς τοὺς αἰῶνας.
⁶⁵ εὐλογεῖτε, πάντα τὰ πνεύματα, τὸν κύριον·
ὑμνεῖτε καὶ ὑπερυψοῦτε αὐτὸν εἰς τοὺς αἰῶνας.
⁶⁶ εὐλογεῖτε, πῦρ καὶ καῦμα, τὸν κύριον·
ὑμνεῖτε καὶ ὑπερυψοῦτε αὐτὸν εἰς τοὺς αἰῶνας.
⁶⁷ εὐλογεῖτε, ῥῖγος καὶ ψῦχος, τὸν κύριον·
ὑμνεῖτε καὶ ὑπερυψοῦτε αὐτὸν εἰς τοὺς αἰῶνας.
⁶⁸ εὐλογεῖτε, δρόσοι καὶ νιφετοί, τὸν κύριον·
ὑμνεῖτε καὶ ὑπερυψοῦτε αὐτὸν εἰς τοὺς αἰῶνας.
⁶⁹ εὐλογεῖτε, πάγοι καὶ ψῦχος, τὸν κύριον·
ὑμνεῖτε καὶ ὑπερυψοῦτε αὐτὸν εἰς τοὺς αἰῶνας.
⁷⁰ εὐλογεῖτε, πάχναι καὶ χιόνες, τὸν κύριον·
ὑμνεῖτε καὶ ὑπερυψοῦτε αὐτὸν εἰς τοὺς αἰῶνας.
⁷¹ εὐλογεῖτε, νύκτες καὶ ἡμέραι, τὸν κύριον·
ὑμνεῖτε καὶ ὑπερυψοῦτε αὐτὸν εἰς τοὺς αἰῶνας.
⁷² εὐλογεῖτε, φῶς καὶ σκότος, τὸν κύριον·
ὑμνεῖτε καὶ ὑπερυψοῦτε αὐτὸν εἰς τοὺς αἰῶνας.
⁷³ εὐλογεῖτε, ἀστραπαὶ καὶ νεφέλαι, τὸν κύριον·
ὑμνεῖτε καὶ ὑπερυψοῦτε αὐτὸν εἰς τοὺς αἰῶνας.
⁷⁴ εὐλογείτω ἡ γῆ τὸν κύριον·
ὑμνείτω καὶ ὑπερυψούτω αὐτὸν εἰς τοὺς αἰῶνας.
⁷⁵ εὐλογεῖτε, ὄρη καὶ βουνοί, τὸν κύριον·
ὑμνεῖτε καὶ ὑπερυψοῦτε αὐτὸν εἰς τοὺς αἰῶνας.

Syr 58 om Κυριου Syr 60 om και 1° 87* (superscr corr) hab sub θ' ※ Syr
62 ※ ευλογειτε...εις τους αιωνας Syr 67 ριγος και ψυχος] θ' ψυχος κ.
καυμα Syrᵐᵍ 70 παχνη Syr (mg παχΝΗ)

ΔΑΝΙΗΛ (Θ.) III 75

59 ⁵⁹εὐλογεῖτε, οὐρανοί, τὸν κύριον·   B
   ὑμνεῖτε καὶ ὑπερυψοῦτε αὐτὸν εἰς τοὺς αἰῶνας.
58 ⁵⁸εὐλογεῖτε, ἄγγελοι Κυρίου, τὸν κύριον·
   ὑμνεῖτε καὶ ὑπερυψοῦτε αὐτὸν εἰς τοὺς αἰῶνας.
60 ⁶⁰εὐλογεῖτε, ὕδατα καὶ πάντα τὰ ἐπάνω τοῦ οὐρανοῦ, τὸν κύριον·
   ὑμνεῖτε καὶ ὑπερυψοῦτε αὐτὸν εἰς τοὺς αἰῶνας.
61 ⁶¹εὐλογείτω πᾶσα ἡ δύναμις τὸν κύριον·
   ὑμνεῖτε καὶ ὑπερυψοῦτε αὐτὸν εἰς τοὺς αἰῶνας.
62 ⁶²εὐλογεῖτε, ἥλιος καὶ σελήνη, τὸν κύριον·
   ὑμνεῖτε καὶ ὑπερυψοῦτε αὐτὸν εἰς τοὺς αἰῶνας.
63 ⁶³εὐλογεῖτε, ἄστρα τοῦ οὐρανοῦ, τὸν κύριον·
   ὑμνεῖτε καὶ ὑπερυψοῦτε αὐτὸν εἰς τοὺς αἰῶνας.
64 ⁶⁴εὐλογείτω πᾶς ὄμβρος καὶ δρόσος τὸν κύριον·
   ὑμνεῖτε καὶ ὑπερυψοῦτε αὐτὸν εἰς τοὺς αἰῶνας.
65 ⁶⁵εὐλογεῖτε, πάντα τὰ πνεύματα, τὸν κύριον·
   ὑμνεῖτε καὶ ὑπερυψοῦτε αὐτὸν εἰς τοὺς αἰῶνας.
66 ⁶⁶εὐλογεῖτε, πῦρ καὶ καῦμα, τὸν κύριον·
   ὑμνεῖτε καὶ ὑπερυψοῦτε αὐτὸν εἰς τοὺς αἰῶνας.
71 ⁷¹εὐλογεῖτε, νύκτες καὶ ἡμέραι, τὸν κύριον·
   ὑμνεῖτε καὶ ὑπερυψοῦτε αὐτὸν εἰς τοὺς αἰῶνας.
72 ⁷²εὐλογεῖτε, φῶς καὶ σκότος, τὸν κύριον·
   ὑμνεῖτε καὶ ὑπερυψοῦτε αὐτὸν εἰς τοὺς αἰῶνας.
69 ⁶⁹εὐλογεῖτε, ψῦχος καὶ καῦμα, τὸν κύριον·
   ὑμνεῖτε καὶ ὑπερυψοῦτε αὐτὸν εἰς τοὺς αἰῶνας.
70 ⁷⁰εὐλογεῖτε, πάχνη καὶ χιόνες, τὸν κύριον·
   ὑμνεῖτε καὶ ὑπερυψοῦτε αὐτὸν εἰς τοὺς αἰῶνας.
73 ⁷³εὐλογεῖτε, ἀστραπαὶ καὶ νεφέλαι, τὸν κύριον·
   ὑμνεῖτε καὶ ὑπερυψοῦτε αὐτὸν εἰς τοὺς αἰῶνας.
74 ⁷⁴εὐλογείτω ἡ γῆ τὸν κύριον·
   ὑμνείτω καὶ ὑπερυψούτω αὐτὸν εἰς τοὺς αἰῶνας.
75 ⁷⁵εὐλογεῖτε, ὄρη καὶ βουνοί, τὸν κύριον·
   ὑμνεῖτε καὶ ὑπερυψοῦτε αὐτὸν εἰς τοὺς αἰῶνας.

60 om και 1° AQ   61 ευλογειτε AQ | πασαι αι δυναμεις κῦ AQ AQ
64 ευλογειτε AQ   66 αιωνας]+(67) ευλογειτε ψυχος και καυσων τον κν̄·
υμνειτε και υπερυψουται αυτον εις τους αιωνας.   (68) ευλογειτε δροσοι και
νιφετοι τον κν̄· υμνειτε και υπερυψουται αυτον εις τους αιωνας A   69 ευλογει
Q* (-γειτε Qᵃ) | ψυχος κ. καυμα] παγος και ψυχος A   70 παχναι AQ |
χιονες] χ sup ras ut vid Bᵃᵇ   73, 74 ordinem transpos A

521

ΔΑΝΙΗΛ (Ο')

87 76 εὐλογεῖτε, πάντα τὰ φυόμενα ἐπὶ τῆς γῆς, τὸν κύριον· 76
ὑμνεῖτε καὶ ὑπερυψοῦτε αὐτὸν εἰς τοὺς αἰῶνας.
77 εὐλογεῖτε, ὄμβροι καὶ αἱ πηγαί, τὸν κύριον, 77
ὑμνεῖτε καὶ ὑπερυψοῦτε αὐτὸν εἰς τοὺς αἰῶνας.
78 εὐλογεῖτε, θάλασσαι καὶ ποταμοί, τὸν κύριον· 78
ὑμνεῖτε καὶ ὑπερυψοῦτε αὐτὸν εἰς τοὺς αἰῶνας.
79 εὐλογεῖτε, κήτη καὶ πάντα τὰ κινούμενα ἐν τοῖς ὕδασι, τὸν κύριον· 79
ὑμνεῖτε καὶ ὑπερυψοῦτε αὐτὸν εἰς τοὺς αἰῶνας.
80 εὐλογεῖτε, πάντα τὰ πετεινὰ τοῦ οὐρανοῦ, τὸν κύριον·· 80
ὑμνεῖτε καὶ ὑπερυψοῦτε αὐτὸν εἰς τοὺς αἰῶνας.
81 εὐλογεῖτε, τετράποδα καὶ θηρία τῆς γῆς, τὸν κύριον· 81
ὑμνεῖτε καὶ ὑπερυψοῦτε αὐτὸν εἰς τοὺς αἰῶνας.
82 εὐλογεῖτε, οἱ υἱοὶ τῶν ἀνθρώπων, τὸν κύριον· 82
ὑμνεῖτε καὶ ὑπερυψοῦτε αὐτὸν εἰς τοὺς αἰῶνας.
83 εὐλογεῖτε, Ἰσραήλ, τὸν κύριον· 83
ὑμνεῖτε καὶ ὑπερυψοῦτε αὐτὸν εἰς τοὺς αἰῶνας.
84 εὐλογεῖτε, ἱερεῖς, τὸν κύριον· 84
ὑμνεῖτε καὶ ὑπερυψοῦτε αὐτὸν εἰς τοὺς αἰῶνας.
85 εὐλογεῖτε, δοῦλοι, τὸν κύριον· 85
ὑμνεῖτε καὶ ὑπερυψοῦτε αὐτὸν εἰς τοὺς αἰῶνας.
86 εὐλογεῖτε, πνεύματα καὶ ψυχαὶ δικαίων, τὸν κύριον· 86
ὑμνεῖτε καὶ ὑπερυψοῦτε αὐτὸν εἰς τοὺς αἰῶνας.
87 εὐλογεῖτε, ὅσιοι καὶ ταπεινοὶ καρδίᾳ, τὸν κύριον· 87
ὑμνεῖτε καὶ ὑπερυψοῦτε αὐτὸν εἰς τοὺς αἰῶνας.
88 εὐλογεῖτε, Ἀνανία, Ἀζαρία, Μισαήλ, τὸν κύριον· 88
ὑμνεῖτε καὶ ὑπερυψοῦτε αὐτὸν εἰς τοὺς αἰῶνας·
ὅτι ἐξείλετο ἡμᾶς ἐξ ᾅδου, καὶ ἔσωσεν ἡμᾶς ἐκ χειρὸς θανάτου,
καὶ ἐρρύσατο ἡμᾶς ἐκ μέσου καιομένης φλογός,
καὶ ἐκ τοῦ πυρὸς ἐλυτρώσατο ἡμᾶς.
89 ἐξομολογεῖσθε τῷ κυρίῳ, ὅτι χρηστός, 89
ὅτι εἰς τὸν αἰῶνα τὸ ἔλεος αὐτοῦ.
90 εὐλογεῖτε, πάντες οἱ σεβόμενοι τὸν κύριον, τὸν θεὸν τῶν θεῶν· 90
ὑμνεῖτε καὶ ἐξομολογεῖσθε·
ὅτι εἰς τὸν αἰῶνα τὸ ἔλεος αὐτοῦ, καὶ εἰς τὸν αἰῶνα τῶν αἰώνων.

Syr 76 επι της γης] θ' εν τη γη Syr^{mg} 77 θ'·※ ομβροι και Syr 80 om παντα Syr^{txt} (hab sub θ' Syr^{mg}) 81 τετραποδα] pr (sub θ') παντα τα θηρια και τα κτηνη 87^{mg} Syr^{mg} 83 ευλογει Syr 84 ιερεις] + δουλοι Κυριου 87^{mg} Syr^{mg} 88 τους αιωνας] τον αιωνα Syr | και εκ του πυρος] [θ'] και εκ μεσου πυρος Syr^{mg} 90 θ'·※ τον κυριον Syr | οτι εις τον αιωνα] θ' οτι εις παντας τους αιωνας Syr^{mg} | ÷ και εις τον αιωνα (superscr ÷ 87) των αιωνων 87 Syr

ΔΑΝΙΗΛ (Θ.) III 90

76 ⁷⁶εὐλογεῖτε, πάντα τὰ φυόμενα ἐν τῇ γῇ, τὸν κύριον· B
ὑμνεῖτε καὶ ὑπερυψοῦτε αὐτὸν εἰς τοὺς αἰῶνας.

78 ⁷⁸εὐλογεῖτε, θάλασσαι καὶ ποταμοί, τὸν κύριον·
ὑμνεῖτε καὶ ὑπερυψοῦτε αὐτὸν εἰς τοὺς αἰῶνας.

77 ⁷⁷εὐλογεῖτε, αἱ πηγαί, τὸν κύριον·
ὑμνεῖτε καὶ ὑπερυψοῦτε αὐτὸν εἰς τοὺς αἰῶνας.

79 ⁷⁹εὐλογεῖτε, κήτη καὶ πάντα τὰ κινούμενα ἐν ὕδασιν, τὸν κύριον·
ὑμνεῖτε καὶ ὑπερυψοῦτε αὐτὸν εἰς τοὺς αἰῶνας.

80 ⁸⁰εὐλογεῖτε, πάντα τὰ πετεινὰ τοῦ οὐρανοῦ, τὸν κύριον·
ὑμνεῖτε καὶ ὑπερυψοῦτε αὐτὸν εἰς τοὺς αἰῶνας.

81 ⁸¹εὐλογεῖτε, πάντα τὰ θηρία καὶ τὰ κτήνη, τὸν κύριον·
ὑμνεῖτε καὶ ὑπερυψοῦτε αὐτὸν εἰς τοὺς αἰῶνας.

82 ⁸²εὐλογεῖτε, οἱ υἱοὶ τῶν ἀνθρώπων, τὸν κύριον·
ὑμνεῖτε καὶ ὑπερυψοῦτε αὐτὸν εἰς τοὺς αἰῶνας.

83 ⁸³εὐλογεῖτε, Ἰσραήλ, τὸν κύριον·
ὑμνεῖτε καὶ ὑπερυψοῦτε αὐτὸν εἰς τοὺς αἰῶνας.

84 ⁸⁴εὐλογεῖτε, ἱερεῖς, τὸν κύριον·
ὑμνεῖτε καὶ ὑπερυψοῦτε αὐτὸν εἰς τοὺς αἰῶνας.

85 ⁸⁵εὐλογεῖτε, δοῦλοι, τὸν κύριον·
ὑμνεῖτε καὶ ὑπερυψοῦτε αὐτὸν εἰς τοὺς αἰῶνας.

86 ⁸⁶εὐλογεῖτε, πνεύματα καὶ ψυχαὶ δικαίων, τὸν κύριον·
ὑμνεῖτε καὶ ὑπερυψοῦτε αὐτὸν εἰς τοὺς αἰῶνας.

87 ⁸⁷εὐλογεῖτε, ὅσιοι καὶ ταπεινοὶ τῇ καρδίᾳ, τὸν κύριον·
ὑμνεῖτε καὶ ὑπερυψοῦτε αὐτὸν εἰς τοὺς αἰῶνας.

88 ⁸⁸εὐλογεῖτε, Ἀνανία, Ἀζαρία, Μεισαήλ, τὸν κύριον·
ὑμνεῖτε καὶ ὑπερυψοῦτε αὐτὸν εἰς τοὺς αἰῶνας·
ὅτι ἐξείλατο ἡμᾶς ἐξ ᾅδου, καὶ ἐκ χειρὸς θανάτου ἔσωσεν ἡμᾶς,
καὶ ἐρύσατο ἡμᾶς ἐκ μέσου καμίνου καιομένης φλογός,
καὶ ἐκ μέσου πυρὸς ἐρύσατο ἡμᾶς.

89 ⁸⁹ἐξομολογεῖσθε τῷ κυρίῳ,
ὅτι χρηστός, ὅτι εἰς τὸν αἰῶνα τὸ ἔλεος αὐτοῦ.

90 ⁹⁰εὐλογεῖτε, πάντες οἱ σεβόμενοι τὸν κύριον, τὸν θεὸν τῶν θεῶν·
ὑμνεῖτε καὶ ἐξομολογεῖσθε·
ὅτι εἰς τὸν αἰῶνα τὸ ἔλεος αὐτοῦ.

79 κεινουμε sup ras B¹ᶠᵒʳᵗ | υδασιν (-σι BᵇQ)] pr τοις AQ **81** om παντα AQ
A | τα κτηνη] pr παντα A **82** οι υιοι] om οι AQ **83** ευλογειτω AQ |
υμνειτω και υπερυψουτω Q **84** ιερεις]+κῡ AQ **85** δουλοι]+κῡ AQ
87 τη καρδια] om τη AQ **88** Μισαηλ BᵇAQ | εξειλετο Qᵃ | ερρυσατο bis
Bᵃᵇ: 1°, A | μεσου καμινου] καμεινου μεσης A om καμιν. Q | πυρος] pr του
Q | ερυσατο 2°] εσωσεν Q **90** τον κυριον] om τον Q

523

ΔΑΝΙΗΛ (Ο')

87 ⁹¹Καὶ ἐγένετο ἐν τῷ ἀκοῦσαι τὸν βασιλέα ὑμνούντων αὐ- 91 (24)
τῶν καὶ ἑστὼς ἐθεώρει αὐτοὺς ζῶντας· τότε Ναβουχοδονοσὸρ
ὁ βασιλεὺς ἐθαύμασε, καὶ ἀνέστη σπεύσας καὶ εἶπεν τοῖς φί-
λοις αὐτοῦ Οὐχὶ ἄνδρας τρεῖς ἐβάλομεν εἰς μέσον τοῦ πυρὸς
πεπεδημένους; καὶ εἶπον τῷ βασιλεῖ 'Αληθῶς, βασιλεῦ. ⁹²καὶ 92 (25).
εἶπεν ὁ βασιλεύς 'Ιδοὺ ἐγὼ ὁρῶ ἄνδρας τέσσαρας λελυμένους
περιπατοῦντας ἐν τῷ πυρί, καὶ φθορὰ οὐδεμία ἐγενήθη ἐν αὐ-
τοῖς, καὶ ἡ ὅρασις τοῦ τετάρτου ὁμοίωμα ἀγγέλου θεοῦ. ⁹³καὶ 93 (26)
προσελθὼν ὁ βασιλεὺς πρὸς τὴν θύραν τῆς καμίνου καιομένης
τῷ πυρὶ ἐκάλεσεν αὐτοὺς ἐξ ὀνόματος Σεδράχ, Μισάχ, 'Αβδε-
ναγώ, οἱ παῖδες τοῦ θεοῦ τῶν θεῶν τοῦ ὑψίστου, ἐξέλθετε ἐκ
τοῦ πυρός. οὕτως οὖν ἐξῆλθον οἱ ἄνδρες ἐκ μέσου τοῦ πυρός.
⁹⁴καὶ συνήχθησαν οἱ ὕπατοι, τοπάρχαι, καὶ ἀρχιπατριῶται, καὶ 94 (27)
οἱ φίλοι τοῦ βασιλέως, καὶ ἐθεώρουν τοὺς ἀνθρώπους ἐκείνους,
ὅτι οὐχ ἥψατο τὸ πῦρ τοῦ σώματος αὐτῶν, καὶ αἱ τρίχες αὐτῶν
οὐ κατεκάησαν καὶ τὰ σαράβαρα αὐτῶν οὐκ ἠλλοιώθησαν, οὐδὲ
ὀσμὴ τοῦ πυρὸς ἦν ἐν αὐτοῖς. ⁹⁵ὑπολαβὼν δὲ Ναβουχοδονοσὸρ 95 (28)
ὁ βασιλεὺς εἶπεν Εὐλογητὸς Κύριος τοῦ Σεδράχ, Μισάχ, 'Αβδε-
ναγώ, ὃς ἀπέστειλε τὸν ἄγγελον αὐτοῦ καὶ ἔσωσε τοὺς παῖδας
αὐτοῦ τοὺς ἐλπίσαντας ἐπ' αὐτόν· τὴν γὰρ προσταγὴν τοῦ βα-
σιλέως ἠθέτησαν καὶ παρέδωκαν τὰ σώματα αὐτῶν εἰς ἐμπυ-
ρισμόν, ἵνα μὴ λατρεύσωσι μηδὲ προσκυνήσωσι θεῷ ἑτέρῳ
ἀλλ' ἢ τῷ θεῷ αὐτῶν. ⁹⁶καὶ νῦν ἐγὼ κρίνω ἵνα πᾶν ἔθνος καὶ 96 (29)
πᾶσαι φυλαὶ καὶ πᾶσαι γλῶσσαι, ὃς ἂν βλασφημήσῃ εἰς τὸν
κύριον τὸν θεὸν Σεδράχ, Μισάχ, 'Αβδεναγώ, διαμελισθήσεται
καὶ ἡ οἰκία αὐτοῦ δημευθήσεται· διότι οὐκ ἔστιν θεὸς ἕτερος ὃς
δυνήσεται ἐξελέσθαι οὕτως. ⁹⁷οὕτως οὖν ὁ βασιλεὺς τῷ Σεδράχ, 97 (30)
Μισάχ, 'Αβδεναγώ, ἐξουσίαν δοὺς ἐφ' ὅλης τῆς χώρας κατέστησεν
αὐτοὺς ἄρχοντας.

Syr 91 ÷ και εγενετο (εγε| ÷ |νετο 87) εν τω ακουσαι τον βασιλεα (÷ 87) υμνουν-
των αυτων (÷ 87) και εστως εθεωρει αυτους ζωντας 87 Syr | τοις φιλοις] θ' τω
οδηγω (sic) Syrᵐᵍ   91—92 ⁕ (pr ·/· 87) ουχι ανδρας...και ειπεν ο
βασιλευς 87 Syr   92 περιπατουντας] pr και Syr | αγγελου] υιου Syrᵐᵍ
93 εξ ονοματος] εξ ονοματων αυτων Syr | του θεου] bis scr Syr* (improb 2°) |
ουτως] τοτε Syrᵛⁱᵈ   94 και τα σαραβαρα αυτων ουκ] σ'θ' ουδε τα
υποδηματα (? τας αναξυριδας) αυτων Syrᵐᵍ   95 Κυριος] + ο θεος Syr |
Αβδεναγω] pr και Syr : item 96 | τους ελπισαντας...ηθετησαν] σ' οτι πεποι-
θοτες επ αυτον το ρημα το βασιλικον ηθετ. Syrᵐᵍ | τα σωματα] το σωμα
Syr | ÷ εις εμπυρισμον 87 (εμ|πυ ÷ ρισμ.) Syr   96—97 ουτως | × | ουτως 87
97 ουτως ουν...κατεστησεν αυτ. αρχοντας] σ' ουτως εκ τουτου ο β. εν προαγωγη
εποιησε Σ. Μ. Α....Syrᵐᵍ

ΔΑΝΙΗΛ (Θ.) III 97

(24) 91 ⁹¹Καὶ Ναβουχοδονοσὸρ ἤκουσεν ὑμνούντων αὐτῶν καὶ ἐθαύ- B
μασεν, καὶ ἐξανέστη ἐν σπουδῇ καὶ εἶπεν τοῖς μεγιστᾶσιν αὐτοῦ
Οὐχὶ ἄνδρας τρεῖς ἐβάλομεν εἰς μέσον τοῦ πυρὸς πεπεδημένους;
(25) 92 καὶ εἶπαν τῷ βασιλεῖ Ἀληθῶς, βασιλεῦ. ⁹²ʳΟδε ἐγὼ ὁρῶ ἄνδρας
τέσσαρες λελυμένους καὶ περιπατοῦντας ἐν μέσῳ τοῦ πυρός, καὶ
διαφθορὰ οὐκ ἔστιν ἐν αὐτοῖς, καὶ ἡ ὅρασις τοῦ τετάρτου ὁμοία
(26) 93 υἱῷ θεοῦ. ⁹³τότε προσῆλθεν Ναβουχοδονοσὸρ πρὸς τὴν θύραν τῆς
καμίνου τοῦ πυρὸς τῆς καιομένης καὶ εἶπεν Σεδράχ, Μεισάχ,
Ἀβδεναγώ, οἱ δοῦλοι τοῦ θεοῦ τοῦ ὑψίστου, ἐξέλθετε καὶ δεῦτε.
καὶ ἐξῆλθον Σεδράχ, Μεισάχ, Ἀβδεναγώ, ἐκ μέσου τοῦ πυρός.
(27) 94 ⁹⁴καὶ συνάγονται οἱ σατράπαι καὶ οἱ στρατηγοὶ καὶ οἱ τοπάρχαι
καὶ οἱ δυνάσται τοῦ βασιλέως, καὶ ἐθεώρουν τοὺς ἄνδρας ὅτι οὐκ
ἐκυρίευσεν τὸ πῦρ τοῦ σώματος αὐτῶν, καὶ ἡ θρὶξ τῆς κεφαλῆς
αὐτῶν οὐκ ἐφλογίσθη, καὶ τὰ σαράβαρα αὐτῶν οὐκ ἠλλοιώθη, καὶ
(28) 95 ὀσμὴ πυρὸς οὐκ ἦν ἐν αὐτοῖς. ⁹⁵καὶ ἀπεκρίθη Ναβουχοδονοσὸρ
καὶ εἶπεν Εὐλογητὸς ὁ θεὸς τοῦ Σεδρὰχ καὶ Μεισὰχ καὶ Ἀβδεναγώ,
ὃς ἀπέστειλεν τὸν ἄγγελον αὐτοῦ καὶ ἐξείλατο τοὺς παῖδας αὐτοῦ,
ὅτι ἐπεποίθεισαν ἐπ' αὐτῷ· καὶ τὸ ῥῆμα τοῦ βασιλέως ἠλλοίωσαν
καὶ παρέδωκαν τὰ σώματα αὐτῶν εἰς πῦρ, ὅπως μὴ λατρεύσωσιν
(29) 96 μηδὲ προσκυνήσωσιν .παντὶ θεῷ ἀλλ' ἢ τῷ θεῷ αὐτῶν. ⁹⁶καὶ
ἐγὼ ἐκτίθεμαι τὸ δόγμα Πᾶς λαός, φυλή, γλῶσσα, ἐὰν εἴπῃ
βλασφημίαν κατὰ τοῦ θεοῦ Σεδράχ, Μεισάχ, Ἀβδεναγώ, εἰς
ἀπώλειαν ἔσονται καὶ οἱ οἶκοι αὐτῶν εἰς διαρπαγήν· καθότι
(30) 97 οὐκ ἔστιν θεὸς ἕτερος ὅστις δυνήσεται ῥύσασθαι οὕτως. ⁹⁷τότε
ὁ βασιλεὺς κατεύθυνεν τὸν Σεδράχ, Μεισάχ, Ἀβδεναγώ, ἐν τῇ
χώρᾳ Βαβυλῶνος, καὶ. ἠξίωσεν αὐτοὺς ἡγεῖσθαι πάντων τῶν
Ἰουδαίων τῶν ἐν τῇ βασιλείᾳ αὐτοῦ.

91 τρεις ανδρας Q | εβαλομεν] ενεβαλομεν A   92 οδε] ιδου A ωδε Q pr AQ
και ειπεν ο βασιλευς BᵃᵇAQ | τεσσαρας B? AQ | om εν 2° A   93 Σεδρακ
A bis: item 95, 96, 97 | Μισαχ BᵇQ Μισακ A bis: item 95, 96, 97 | om
του υψιστου A | εξελθατε AQ* (-λθετε Qᵃ) | δευτε] + εξω A | εξηλθαν Q*
(-λθον Qᵃ)   94 αυτοις] + και προσεκυνησεν ο βασιλευς ενωπιον αιτων τω
κω Bᵃᵇ ᵐᵍ ⁱⁿᶠ AQ   95 om και 3°, 4° AQ | εξειλετο Q* ˢᵃˡᵗ | λατρευσωσι
Qᵃ | om μηδε προσκυνησωσιν (-σι Qᵃ) A   96 εκτιθημι Q | το δογμα] om
το AQ | πας] pr οπως Q | εαν] η αν A ος εαν Q* η εαν Qᵐᵍ | εις διαρπαγην]
διαρπαγησονται A | οστις] ος Q   97 ο βασιλευς κατευθυνεν] κατηυθυνεν
ο β. A ο β. κατηυθυνεν Q | εν τη χωρα] επι τα εργα της χωρας A | ηξιωσεν]
ηυξησεν αυτους και ηξιωσεν Bᵇ + και ηξιωσεν αυτους και ηξιωσεν αυτους (sic)
A ηυξ. αυτους ϗ ηξιωσεν αυτους Qᵐᵍ (ηξιωσαν αυτους Qᵗˣᵗ) | των 2°] + οντων
AQ | βασιλια B* (-λεια Bᵃᵇ) subscr ορασις δ' A

525

ΔΑΝΙΗΛ (Ο')

87 ⁹⁸Ναβουχοδονοσὸρ ὁ βασιλεὺς πᾶσι τοῖς λαοῖς, φυλαῖς, καὶ 98 (1) (IV)
γλώσσαις τοῖς οἰκοῦσιν ἐν πάσῃ τῇ γῇ· εἰρήνη ὑμῖν πληθυν-
θείη. ⁹⁹τὰ σημεῖα καὶ τὰ τέρατα ἃ ἐποίησεν μετ᾽ ἐμοῦ ὁ θεὸς ὁ 99 (2)
ὕψιστος ἤρεσεν ἐναντίον μου ἀναγγεῖλαι ὑμῖν. ¹⁰⁰ὡς μεγάλα καὶ 100 (3)
ἰσχυρά· ἡ βασιλεία αὐτοῦ βασιλεία αἰώνιος, ἡ ἐξουσία αὐτοῦ εἰς
γενεὰν καὶ γενεάν. ¹Ἔτους ὀκτωκαιδεκάτου τῆς βασιλείας 1 (4) IV
Ναβουχοδονοσὸρ εἶπεν Εἰρηνεύων ἤμην ἐν τῷ οἴκῳ μου, καὶ εὐ-
θηνῶν ἐπὶ τοῦ θρόνου μου. ²ἐνύπνιον εἶδον καὶ εὐλαβήθην, καὶ 2 (5)
φόβος μοι ἐπέπεσεν.

⁷ἐπὶ τῆς κοίτης μου ἐκάθευδον, καὶ ἰδοὺ δένδρον ὑψηλὸν 7 (10)
φυόμενον ἐπὶ τῆς γῆς, καὶ ἡ ὅρασις αὐτοῦ μεγάλη, καὶ οὐκ
ἦν ἄλλο ὅμοιον αὐτῷ. ⁹οἱ κλάδοι αὐτοῦ τῷ μήκει ὡς σταδίων 9 (12)
τριάκοντα, καὶ ὑποκάτω αὐτοῦ ἐσκίαζον πάντα τὰ θηρία τῆς
γῆς, καὶ ἐν αὐτῷ τὰ πετεινὰ τοῦ οὐρανοῦ ἐνόσσευον· ὁ καρ-
πὸς αὐτοῦ πολὺς καὶ ἀγαθός, καὶ ἐχορήγει πᾶσι τοῖς ζῴοις.
⁸καὶ ἡ ὅρασις αὐτοῦ μεγάλη, ἡ κορυφὴ αὐτοῦ ἤγγιζεν ἕως 8 (11)
τοῦ οὐρανοῦ καὶ τὸ κύτος αὐτοῦ ἕως τῶν νεφελῶν, πληροῦν
τὰ ὑποκάτω τοῦ οὐρανοῦ· ὁ ἥλιος καὶ ἡ σελήνη ἦν, ἐν αὐτῷ
ᾤκουν καὶ ἐφώτιζον πᾶσαν τὴν γῆν. ¹⁰ἐθεώρουν ἐν τῷ ὕπνῳ 10 (13)
μου, καὶ ἰδοὺ ἄγγελος ἀπεστάλη ἐν ἰσχύι ἐκ τοῦ οὐρανοῦ,
¹¹καὶ ἐφώνησεν καὶ εἶπεν αὐτῷ Ἐκκόψατε αὐτὸ καὶ καταφθεί- 11 (14)
ρατε αὐτό· προστέτακται γὰρ ἀπὸ τοῦ ὑψίστου ἐκριζῶσαι καὶ

Syr   98 Ναβουχοδονοσορ] pr αρχη της επιστολης 87ᵐᵍ   98—100 ※ Να-
βουχοδονοσορ...εις γενεαν και γενεαν 87 Syr   100 ως μεγαλη και ισχυρα·
ως μεγαλα και ισχυρα· 87 | bis scr η βασιλεια αυτου 87 | εις γενεαν κ. γενεαν]
α' συν γενεα κ. γενεα σ' εν παση γενεα Syrᵐᵍ   IV 1 pr αρχη ενυπνιου
περι του δενδρου 87ᵐᵍ | ÷ετους οκτωκαιδ. της βασ. 87 (deest ÷) Syr | ειρη-
νευων] σ' εν ησυχια pr θ' εγω Syrᵐᵍ   7 θ' ※ επι της κοιτης μου
Syr | om και 2° Syr | ορασις] κομη Syrᵗˣᵗ ᵛⁱᵈ ⲑⲢⲀⲤⲒⲤ Syrᵐᵍ   8 ÷και
η ορασις...ουρανου 87 (deest ᐸ) ÷ και η ορασις...η σεληνη ην Syr | om εν
αυτω ωκουν...την γην Syr   11 εκ κριζωσαι (sic) 87

ΔΑΝΙΗΛ (Θ.)

(IV) (1) 98 ⁹⁸Ναβουχοδονοσὸρ ὁ βασιλεὺς πᾶσι τοῖς λαοῖς, φυλαῖς, καὶ B γλώσσαις τοῖς οἰκοῦσιν ἐν πάσῃ τῇ γῇ Εἰρήνη ὑμῖν πληθυνθείη.
(2) 99 ⁹⁹τὰ σημεῖα καὶ τὰ τέρατα ἃ ἐποίησεν μετ' ἐμοῦ ὁ θεὸς ὁ ὕψι-
(3) 100 στος ἤρεσεν ἐναντίον ἐμοῦ ἀναγγεῖλαι ὑμῖν. ¹⁰⁰ὡς μεγάλα καὶ ἰσχυρά· ἡ βασιλεία αὐτοῦ βασιλεία αἰώνιος, ἡ ἐξουσία αὐτοῦ εἰς
IV (4) 1 γενεὰν καὶ γενεάν. ¹ʹΕγὼ Ναβουχοδονοσὸρ εὐθηνῶν ἤμην
(5) 2 ἐν τῷ οἴκῳ μου καὶ εὐθαλῶν. ²ἐνύπνιον ἴδον καὶ ἐφοβέρισέν με, καὶ ἐταράχθην ἐπὶ τῆς κοίτης μου, καὶ αἱ ὁράσεις τῆς κεφαλῆς
(6) 3 μου συνετάραξάν με. ³καὶ δι' ἐμοῦ ἐτέθη δόγμα τοῦ εἰσαγαγεῖν ἐνώπιόν μου πάντας τοὺς σοφοὺς Βαβυλῶνος ὅπως τὴν σύγ-
(7) 4 κρισιν τοῦ ἐνυπνίου γνωρίσωσίν μοι. ⁴καὶ εἰσεπορεύοντο οἱ ἐπαοιδοί, μάγοι, γαζαρηνοί, Χαλδαῖοι, καὶ τὸ ἐνύπνιον εἶπα ἐγὼ ἐνώπιον αὐτῶν· καὶ τὴν σύγκρισιν αὐτοῦ οὐκ ἐγνώρισάν μοι,
(8) 5 ⁵ἕως ἦλθεν Δανιήλ, οὗ τὸ ὄνομα Βαλτασὰρ κατὰ τὸ ὄνομα τοῦ
(9) 6 θεοῦ μου, ὃς πνεῦμα θεοῦ ἅγιον ἐν ἑαυτῷ ἔχει. ᾧ εἶπα ⁶Βαλτασὰρ ὁ ἄρχων τῶν ἐπαοιδῶν, ὃν ἐγὼ ἔγνων ὅτι πνεῦμα θεοῦ ἅγιον ἐν σοί, καὶ πᾶν μυστήριον οὐκ ἀδυνατεῖ σε, ἄκουσον τὴν ὅρασιν τοῦ ἐνυπνίου οὗ εἶδον, καὶ τὴν σύγκρισιν αὐτοῦ εἰπόν
(10) 7 μοι. ⁷ἐπὶ τῆς κοίτης μου ἐθεώρουν, καὶ ἰδοὺ δένδρον ἐν μέσῳ
(11) 8 τῆς γῆς, καὶ τὸ ὕψος αὐτοῦ πολύ. ⁸ἐμεγαλύνθη τὸ δένδρον καὶ ἴσχυσεν, καὶ τὸ ὕψος αὐτοῦ ἔφθασεν ἕως τοῦ οὐρανοῦ, καὶ τὸ
(12) 9 κύτος αὐτοῦ εἰς τὸ πέρας ἁπάσης τῆς γῆς· ⁹τὰ φύλλα αὐτοῦ ὡραῖα, καὶ ὁ καρπὸς αὐτοῦ πολύς, καὶ τροφὴ πάντων ἐν αὐτῷ· καὶ ὑποκάτω αὐτοῦ κατεσκήνουν τὰ θηρία τὰ ἄγρια, καὶ ἐν τοῖς κλάδοις αὐτοῦ κατῴκουν τὰ ὄρνεα τοῦ οὐρανοῦ, καὶ ἐξ αὐτοῦ
(13) 10 ἐτρέφετο πᾶσα σάρξ. ¹⁰ἐθεώρουν ἐν ὁράματι τῆς νυκτὸς ἐπὶ τῆς κοίτης μου, καὶ ἰδοὺ εἰρ καὶ ἅγιος ἀπ' οὐρανοῦ κατέβη
(14) 11 ¹¹καὶ ἐφώνησεν ἐν ἰσχύι, καὶ οὕτως εἶπεν Ἐκκόψατε τὸ δένδρον, καὶ ἐκτίλατε τοὺς κλάδους αὐτοῦ καὶ ἐκτινάξατε τὰ φύλλα

98 superscr ορασις ε' AQ | ο βασιλευς] om ο Q | om και AQ   100 η AQ εξουσια] pr και AQ | γενεαν και γενεαν] γενεας γενεω] A   IV 1 ευθαλων] εν θαλλων Q+επι του θρονου μου A   2 ειδον B^{ab} | εφοβερισενσεν B* εφοβερισε B^b | συνεταρασσον Q   3 μου] εμου Q | om παντας Q* (hab Q^{mg}) | γνωρισωσι B^bQ^a   4 Χαλδαιοι] pr και οι A | ειπα] ειπον Q | εγνωρισαν] ανηγγειλαν Q | εως]+ ου A | Βαρτασαρ A: item 6, 16 bis | εχει]+και το ενυπνιον ενωπιον αυτου A   6 om θεου Q* (superscr Q^a) | σοι] εαυτω εχει A | αδυνατει] αδυνατησει A | σε] σοι Q | om ου ειδον A | ιδον Q | μοι]+και αι ορασεις της κεφαλης μου Q^{1(subt lineas)}   8 δενδρον]+εκεινο A | το περας απασης] τα περατα πασης A τα περατα Q   9 υποκατωθεν Q | κατωκει Q* (-κουν Q^{mg}) | τα θηρια] pr παντα Q | om και 5° Q   10 μου]+εγρηγορος A   11 κλαδους] καρπους A

527

ΔΑΝΙΗΛ (Ο')

87 ἀχρειῶσαι αὐτό. ¹²καὶ οὕτως εἶπεν Ῥίζαν μίαν ἄφετε αὐτοῦ 12 (15) ἐν τῇ γῇ, ὅπως μετὰ τῶν θηρίων τῆς γῆς ἐν τοῖς ὄρεσι χόρτον ὡς βοῦς νέμηται, ¹³καὶ ἀπὸ τῆς δρόσου τοῦ οὐρανοῦ τὸ σῶμα 13 (16) αὐτοῦ ἀλλοιωθῇ, καὶ ἑπτὰ ἔτη βοσκηθῇ σὺν αὐτοῖς, ¹⁴ἕως ἂν 14 (17) γνῷ τὸν κύριον τοῦ οὐρανοῦ ἐξουσίαν ἔχειν πάντων τῶν ἐν τῷ οὐρανῷ καὶ τῶν ἐπὶ τῆς γῆς, καὶ ὅσα ἂν θέλῃ ποιεῖν ποιεῖ ἐν αὐτοῖς. ¹⁴ᵃἐνώπιόν μου ἐξεκόπη ἐν ἡμέρᾳ μιᾷ, καὶ ἡ καταφθορὰ 14 a αὐτοῦ ἐν ὥρᾳ μιᾷ τῆς ἡμέρας, καὶ οἱ κλάδοι αὐτοῦ ἐδόθησαν εἰς πάντα ἄνεμον, καὶ εἱλκύσθη καὶ ἐρρίφη· καὶ τὸν χόρτον τῆς γῆς ἤσθιε, καὶ εἰς φυλακὴν παρεδόθη, καὶ ἐν πέδαις καὶ ἐν χειροπέδαις χαλκαῖς ἐδέθη ὑπ' αὐτῶν. σφόδρα ἐθαύμασα ἐπὶ τούτοις, καὶ ὁ ὕπνος μου ἀπέστη ἀπὸ τῶν ὀφθαλμῶν μου. ¹⁵καὶ 15 (18) ἀναστὰς τὸ πρωὶ ἐκ τῆς κοίτης μου ἐκάλεσα τὸν Δανιὴλ τὸν ἄρχοντα τῶν σοφιστῶν καὶ τὸν ἡγούμενον τῶν κρινόντων τὰ ἐνύπνια, καὶ διηγησάμην αὐτῷ τὸ ἐνύπνιον, καὶ ὑπέδειξέ μοι πᾶσαν τὴν σύγκρισιν αὐτοῦ. ¹⁶Μεγάλως δὲ ἐθαύμασεν ὁ 16 (19) Δανιὴλ καὶ ὑπόνοια κατέσπευδεν αὐτόν· καὶ φοβηθεὶς τρόμου λαβόντος αὐτὸν καὶ ἀλλοιωθείσης τῆς ὁράσεως αὐτοῦ, κινήσας τὴν κεφαλήν, ὥραν μίαν ἀποθαυμάσας ἀπεκρίθη μοι φωνῇ πραείᾳ Βασιλεῦ, τὸ ἐνύπνιον τοῦτο τοῖς μισοῦσί σε καὶ ἡ σύγκρισις αὐτοῦ τοῖς ἐχθροῖς σου ἐπέλθοι. ¹⁷τὸ δένδρον τὸ ἐν τῇ γῇ 17 (20) πεφυτευμένον, οὗ ἡ ὅρασις μεγάλη, σὺ εἶ, βασιλεῦ. ¹⁸καὶ πάντα 18 (21) τὰ πετεινὰ τοῦ οὐρανοῦ τὰ νοσσεύοντα ἐν αὐτῷ· ἡ ἰσχὺς τῆς γῆς καὶ τῶν ἐθνῶν καὶ τῶν γλωσσῶν πασῶν ἕως τῶν περάτων τῆς γῆς καὶ πᾶσαι αἱ χῶραι σοὶ δουλεύουσι. ¹⁹τὸ δὲ ἀνυ- 19 (22) ψωθῆναι τὸ δένδρον ἐκεῖνο καὶ ἐγγίσαι τῷ οὐρανῷ καὶ τὸ κύτος αὐτοῦ ἅψασθαι τῶν νεφελῶν· σύ, βασιλεῦ, ὑψώθης ὑπὲρ πάντας τοὺς ἀνθρώπους τοὺς ὄντας ἐπὶ προσώπου πάσης τῆς γῆς, ὑψώθη σου ἡ καρδία ὑπερηφανίᾳ καὶ ἰσχύι τὰ πρὸς τὸν ἅγιον καὶ τοὺς ἀγγέλους αὐτοῦ· τὰ ἔργα σου ὤφθη, καθότι ἐξερήμωσας τὸν οἶκον τοῦ θεοῦ τοῦ ζῶντος ἐπὶ ταῖς ἁμαρτίαις τοῦ λαοῦ τοῦ ἡγιασμένου. ²⁰καὶ ἡ ὅρασις ἦν εἶδες, ὅτι ἄγγελος ἐν ἰσχύι 20 (23) ἀπεστάλη παρὰ τοῦ κυρίου, καὶ ὅτι εἶπεν ἐξᾶραι τὸ δένδρον

Syr   11 αχριωσαι 87* ᵛⁱᵈ   12 ως] ω sup ras 87¹   13 ΒΟϹΚΗΘΗ Syrᵐᵍ
14 om ποιειν Syr   14 a οι κλαδοι] om οι 87* (hab 87?⁽ᵐᵍ⁾) | γης]
+μετα των θηριων της γης Syr | τουτοις] pr πασι Syr   16 κινησας] pr
και Syr | ωραν] pr και Syr   18 η ισχυς] om η 87* (hab 87¹) | δουλευ-
σουσι Syr   19 post εκεινο ras aliq 87¹ | ΗΓΙΑϹΜΕΝΟΥ Syrᵐᵍ

ΔΑΝΙΗΛ (Θ.) IV 20

αὐτοῦ καὶ διασκορπίσατε τὸν καρπὸν αὐτοῦ· σαλευθήτωσαν τὰ Β θηρία ὑποκάτωθεν αὐτοῦ καὶ τὰ ὄρνεα ἀπὸ τῶν κλάδων αὐτοῦ. (15) 12 ¹²πλὴν τὴν φυὴν τῶν ῥιζῶν αὐτοῦ ἐν τῇ γῇ ἐάσατε, καὶ ἐν δεσμῷ σιδηρῷ καὶ χαλκῷ καὶ ἐν τῇ χλόῃ τῇ ἔξω καὶ ἐν τῇ δρόσῳ τοῦ οὐρανοῦ κοιτασθήσεται, καὶ μετὰ τῶν θηρίων ἡ μερὶς (16) 13 αὐτοῦ ἐν τῷ χόρτῳ τῆς γῆς. ¹³ἡ καρδία αὐτοῦ ἀπὸ τῶν ἀνθρώπων ἀλλοιωθήσεται, καὶ καρδία θηρίου δοθήσεται αὐτῷ, καὶ (17) 14 ἑπτὰ καιροὶ ἀλλαγήσονται ἐπ' αὐτόν. ¹⁴διὰ συνκρίματος εἰρ ὁ λόγος, καὶ ῥῆμα ἁγίων τὸ ἐπερώτημα, ἵνα γνῶσιν οἱ ζῶντες ὅτι κύριός ἐστιν ὁ ὕψιστος τῆς βασιλείας τῶν ἀνθρώπων, καὶ ᾧ ἐὰν δόξῃ δώσει αὐτὴν καὶ ἐξουδένημα ἀνθρώπων ἀναστήσει (18) 15 ἐπ' αὐτήν. ¹⁵τοῦτο τὸ ἐνύπνιον ὃ ἴδον ἐγὼ Ναβουχοδονοσὸρ ὁ βασιλεύς, καὶ σύ, Βαλτασάρ, τὸ σύγκριμα εἰπόν, ὅτι πάντες οἱ σοφοὶ τῆς βασιλείας μου οὐ δύνανται τὸ σύγκριμα αὐτοῦ δηλῶσαί μοι· σὺ δέ, Δανιήλ, δύνασαι, ὅτι θεοῦ πνεῦμα ἅγιον ἐν (19) 16 σοί. ¹⁶Τότε Δανιήλ, οὗ τὸ ὄνομα Βαλτασάρ, ἀπενεώθη ὡσεὶ ὥραν μίαν, καὶ οἱ διαλογισμοὶ αὐτοῦ συνετάρασσον αὐτόν. καὶ ἀπεκρίθη Βαλτασὰρ καὶ εἶπεν Κύριε, τὸ ἐνύπνιον ἔστω τοῖς μισοῦσίν σε, καὶ ἡ σύγκρισις αὐτοῦ τοῖς ἐχθροῖς σου. (20) 17 ¹⁷τὸ δένδρον ὃ ἴδες μεγαλυνθὲν καὶ τὸ ἰσχυκός, οὗ τὸ ὕψος ἔφθανεν εἰς τὸν οὐρανὸν καὶ τὸ κύτος αὐτοῦ εἰς πᾶσαν τὴν (21) 18 γῆν, ¹⁸καὶ τὰ φύλλα αὐτοῦ εὐθαλῆ, καὶ ὁ καρπὸς αὐτοῦ πολύς, καὶ τροφὴ πᾶσιν ἐν αὐτῷ· ὑποκάτω αὐτοῦ κατῴκουν τὰ θηρία τὰ ἄγρια, καὶ ἐν τοῖς κλάδοις αὐτοῦ κατεσκήνουν τὰ ὄρνεα τοῦ (22) 19 οὐρανοῦ· ¹⁹σὺ εἶ, βασιλεῦ· ὅτι ἐμεγαλύνθης καὶ ἴσχυσας, καὶ ἡ μεγαλωσύνη σου ἐμεγαλύνθη καὶ ἔφθασεν εἰς τὸν οὐρανόν, καὶ (23) 20 ἡ κυρία σου εἰς τὰ πέρατα τῆς γῆς. ²⁰καὶ ὅτι ἴδεν ὁ βασιλεὺς εἰρ καὶ ἅγιον καταβαίνοντα ἀπὸ τοῦ οὐρανοῦ· καὶ εἶπεν Ἐκτί-

11 τον καρπον] τους καρπους A | σαλευθητω Q   12 κοιτασθησεται] AQ superscr συ' (sic) Q? θ' αυλισθησεται Q^mg | των θηριων] θηριων αγριων Q | της γης] του αγρου Q   13 απο των ανων η καρδια αυτων Q | om και 2° Q   14 συγκριματος B^abAQ | ρημα] λογος A | αγιων] ων non inst B^b | περωτημα B* (ε superscr B^b) | om εστιν Q | ο υψιστος]+κυριευει Q | εαν] αν Q | εξουδενημα] εξουθενωμα A εξουθενημα Q | αναστησεται A | αυτην 2°] αυτης Q* (-την Q^a)   15 ειδον B^ab | om αυτου Q | θῦ πνα θῦ B* (non inst θῦ 2° B^b) πνα θῦ AQ | εν σοι αγιον A   16 απηνεωθη B^abAQ | αυτον]+ και απεκριθη ο βασιλευς και ειπεν Βαλτασαρ (Βαρτ. A) το ενυπνιον και η συγκρισις (+αυτου Q) μη κατασπευσατω σε AQ | om κυριε Q | εστω το ενυπνιον A το εν. βασιλευ Q | μισουσι Q^a   17 ειδες B^ab | μεγαλυνθεν] pr το AQ | εφθανεν] εφθασεν AQ   18 om και 1° A | πολυ Q* (superscr s Q^a) | κατεσκηνουν] κατωκουν A   19 κυρεια B^ab κυριεια A   20 ειδεν B^ab | απο του ουρ.] εκ του ουρ. A απ ουρ. Q

87 καὶ ἐκκόψαι· ἡ κρίσις τοῦ θεοῦ τοῦ μεγάλου ἥξει ἐπὶ σέ, ²¹καὶ 21 (24)
ὁ ὕψιστος καὶ οἱ ἄγγελοι αὐτοῦ ἐπὶ σὲ κατατρέχουσιν· ²²εἰς 22 (25)
φυλακὴν ἀπάξουσί σε, καὶ εἰς τόπον ἔρημον ἀποστελοῦσί σε.
²³καὶ ἡ ῥίζα τοῦ δένδρου ἡ ἀφεθεῖσα, ἐπεὶ οὐκ ἐξεριζώθη· ὁ 23 (26)
τόπος τοῦ θρόνου σού σοι συντηρηθήσεται εἰς καιρὸν καὶ ὥραν.
ἰδοὺ ἐπὶ σὲ ἑτοιμάζονται, καὶ μαστιγώσουσί σε καὶ ἐπάξουσι
τὰ κεκριμένα ἐπὶ σέ. Κύριος ζῇ ἐν οὐρανῷ καὶ ἡ ἐξουσία αὐτοῦ
ἐπὶ πάσῃ τῇ γῇ. ²⁴αὐτοῦ δεήθητι περὶ τῶν ἁμαρτιῶν σου καὶ 24 (27)
πάσας τὰς ἀδικίας σου ἐλεημοσύναις λύτρωσαι, ἵνα ἐπιείκεια
δοθῇ σοι καὶ πολυήμερος γένῃ ἐπὶ τοῦ θρόνου τῆς βασιλείας
σου, καὶ μὴ καταφθείρῃ σε. τούτους τοὺς λόγους ἀγάπησον·
ἀκριβὴς γάρ μου ὁ λόγος, καὶ πλήρης ὁ χρόνος σου. ²⁵Καὶ 25 (28)
ἐπὶ συντελείᾳ τῶν λόγων Ναβουχοδονοσὸρ ὡς ἤκουσε τὴν κρίσιν
τοῦ ὁράματος, τοὺς λόγους ἐν τῇ καρδίᾳ συνετήρησε. ²⁶Καὶ 26 (29)
μετὰ μῆνας δώδεκα ὁ βασιλεὺς ἐπὶ τῶν τειχῶν τῆς πόλεως μετὰ
πάσης τῆς δόξης αὐτοῦ περιεπάτει καὶ ἐπὶ τῶν πύργων αὐτῆς
διεπορεύετο, ²⁷καὶ ἀποκριθεὶς εἶπεν Αὕτη ἐστὶ Βαβυλὼν ἡ με- 27 (30)
γάλη, ἣν ἐγὼ ᾠκοδόμησα, καὶ οἶκος βασιλείας μου ἐν ἰσχύι κρά-
τους μου κληθήσεται εἰς τιμὴν τῆς δόξης μου. ²⁸ἔτι τοῦ λόγου 28 (31)
ἐν τῷ στόματι τοῦ βασιλέως ὄντος, καὶ ἐπὶ συντελείας τοῦ λόγου
αὐτοῦ φωνὴν ἐκ τοῦ οὐρανοῦ ἤκουσε Σοὶ λέγεται, Ναβουχοδο-
νοσὸρ βασιλεῦ, ἡ βασιλεία Βαβυλῶνος ἀφῄρηταί σου καὶ ἑτέρῳ
δίδοται, ἐξουθενημένῳ ἀνθρώπῳ ἐν τῷ οἴκῳ σου. ἰδοὺ ἐγὼ καθί-
στημι αὐτὸν ἐπὶ τῆς βασιλείας σου, καὶ τὴν ἐξουσίαν σου καὶ
τὴν δόξαν σου καὶ τὴν τρυφήν σου παραλήψεται, ὅπως ἐπι-
γνῷς ὅτι ἐξουσίαν ἔχει ὁ θεὸς τοῦ οὐρανοῦ ἐν τῇ βασιλείᾳ τῶν
ἀνθρώπων, καὶ ᾧ ἐὰν βούληται δώσει αὐτήν· ἕως δὲ ἡλίου ἀνα-
τολῆς βασιλεὺς ἕτερος εὐφρανθήσεται ἐν τῷ οἴκῳ σου, καὶ κρα-
τήσει τῆς δόξης σου καὶ τῆς ἰσχύος σου καὶ τῆς ἐξουσίας σου.
²⁹καὶ οἱ ἄγγελοι διώξονταί σε ἐπὶ ἔτη ἑπτά, καὶ οὐ μὴ ὀφθῇς 29 (32)
οὐδ᾽ οὐ μὴ λαλήσῃς μετὰ παντὸς ἀνθρώπου· χόρτον ὡς βοῦν
σε ψωμίσουσι καὶ ἀπὸ τῆς χλόης τῆς γῆς ἔσται ἡ νομή σου·
ἰδοὺ ἀντὶ τῆς δόξης σου δήσουσί σε, καὶ τὸν οἶκον τῆς τρυφῆς

Syr   20 ηξει] ηκει Syr   21 κατατρεχουσιν] καταδραμουσιν Syr^vid   23 κε-
κριμμενα (sic) Syr^mg   24 ελεημοσυναις] λ sup ras 87ʼ | καταφθειρη]
τα sup ras 87ᵃ | om σε Syr   25 και επι συντελεια...συνετηρησε]
θ' ταυτα παντα εφθασεν επι Ναβουχοδονοσορ τον βασιλεα Syr^mg   28 om
ετι του λογου...οντος Syr^txt (hab sub θ' Syr^mg) | οντος] οντως 87* (-τος 87ᵃ) |
καθιστημι] inter ι 1° et σ ras aliq 87ʼ (ι fort ex ε fec)   29 om επι Syr

ΔΑΝΙΗΛ (Θ.)   IV 29

λατε τὸ δένδρον καὶ διαφθείρατε αὐτό, πλὴν τὴν φυὴν τῶν Β
ῥιζῶν αὐτοῦ ἐάσατε ἐν τῇ γῇ, καὶ ἐν δεσμῷ σιδηρῷ καὶ ἐν
χαλκῷ καὶ ἐν τῇ χλόῃ τῇ ἔξω καὶ ἐν τῇ δρόσῳ τοῦ οὐρανοῦ
αὐλισθήσεται, καὶ μετὰ θηρίων ἀγρίων ἡ μερὶς αὐτοῦ ἕως οὗ
(24) 21 ἑπτὰ καιροὶ ἀλλοιωθῶσιν ἐπ' αὐτόν· 21τοῦτο ἡ σύγκρισις αὐτοῦ,
βασιλεῦ, καὶ σύγκριμα Ὑψίστου ἐστὶν ὃ ἔφθασεν ἐπὶ τὸν κύ-
(25) 22 ριόν μου τὸν βασιλέα, 22καὶ σὲ ἐκδιώξουσιν ἀπὸ τῶν ἀνθρώ-
πων, καὶ μετὰ θηρίων ἀγρίων ἔσται ἡ κατοικία σου, καὶ χόρτον
ὡς βοῦν ψωμιοῦσίν σε, καὶ ἀπὸ τῆς δρόσου τοῦ οὐρανοῦ αὐλι-
σθήσῃ, καὶ ἑπτὰ καιροὶ ἀλλαγήσονται ἐπὶ σέ· ἕως οὗ γνῷς ὅτι
κυριεύει ὁ ὕψιστος τῆς βασιλείας τῶν ἀνθρώπων, καὶ ᾧ ἂν
(26) 23 δόξῃ δώσει αὐτήν. 21καὶ ὅτι εἶπαν Ἐάσατε τὴν φυὴν τῶν ῥιζῶν
τοῦ δένδρου, ἡ βασιλεία σού σοι μενεῖ ἀφ' ἧς ἂν γνῷς τὴν
(27) 24 ἐξουσίαν τὴν οὐράνιον. 24διὰ τοῦτο, βασιλεῦ, ἡ βουλή μου
ἀρεσάτω σοι, καὶ τὰς ἁμαρτίας σου ἐν ἐλεημοσύναις λύτρωσαι
καὶ τὰς ἀδικίας ἐν οἰκτιρμοῖς πενήτων· ἴσως ἔσται μακρόθυμος
(28) 25 τοῖς παραπτώμασίν σου ὁ θεός. 25Ταῦτα πάντα ἔφθασεν
(29) 26 ἐπὶ Ναβουχοδονοσὸρ τὸν βασιλέα. 26μετὰ δωδεκάμηνον, ἐπὶ τῷ
(30) 27 ναῷ τῆς βασιλείας αὐτοῦ ἐν Βαβυλῶνι περιπατῶν, 27ἀπεκρίθη ὁ
βασιλεὺς καὶ εἶπεν Οὐχ αὕτη ἐστὶν Βαβυλὼν ἡ μεγάλη ἣν ἐγὼ
ᾠκοδόμησα εἰς οἶκον βασιλείας, ἐν τῷ κράτει τῆς ἰσχύος μου,
(31) 28 εἰς τιμὴν τῆς δόξης μου; 28ἔτι τοῦ λόγου ἐν στόματι τοῦ βασι-
λέως ὄντος φωνὴ ἀπ' οὐρανοῦ ἐγένετο Σοὶ λέγουσιν, Ναβου-
(32) 29 χοδονοσὸρ βασιλεῦ, ἡ βασιλεία παρῆλθεν ἀπὸ σοῦ, 29καὶ ἀπὸ
τῶν ἀνθρώπων σε ἐκδιώκουσιν, καὶ μετὰ θηρίων ἀγρίων ἡ κατ-
οικία σου, καὶ χόρτον ὡς βοῦν ψωμιοῦσίν σε, καὶ ἑπτὰ καιροὶ
ἀλλαγήσονται ἐπὶ σέ, ἕως γνῷς ὅτι κυριεύει ὁ ὕψιστος τῆς βα-

---

20 om εν 3° AQ | τη χλοη] om τη Q | εως|s Q* εως| Qᵃ   22 εκδι- AQ
ωξουσιν] εκδιξουσεν Q*? (εκδιωξ. Qᵃ) | κατοικεια A: item 29, 32 | ψω-
μιουσιν (-σι Qᵃ)] ψωμισουσιν A | γνως] γνω Bᵇ ᵛⁱᵈ | αν] εαν AQ   23 ειπαν]
ειπεν AQ | om των ριζων A | ουρανιον] επουρανιον AQ   24 αδικιας]
+σου AQ | οικτειρμοις Q* (-τιρμ. Qᵃ) | παραπτωμασι Qᵃ   26 επι] εν
Q | βασιλιας B* (-λειας Bᵇ) | om αυτου Q* (hab Qᵐᵍ)   27 om ο βασι-
λευς A   28 στοματι] pr τω Q | απ ουρανου] εκ του ουρ. A απο του ουρ.
Q | βασιλεια]+σου AQ   29 εκδιωξουσιν (-σι Qᵃ) AQ | η κατοικια] pr
εσται A | om και 3° Q | ψωμισουσιν A | εως]+ου AQ

531   LL 2

87 σου καὶ τῆς βασιλείας σου ἕτερος ἕξει. ³⁰ἕως δὲ πρωὶ πάντα 30 (33) τελεσθήσεται ἐπὶ σέ, Ναβουχοδονοσὸρ βασιλεῦ Βαβυλῶνος, καὶ οὐχ ὑστερήσει ἀπὸ πάντων τούτων· οὐδέν. ³⁰ᵃ Ἐγὼ Ναβου- 30 a χοδονοσόρ, βασιλεὺς Βαβυλῶνος, ἑπτὰ ἔτη ἐπεδήθην· χόρτον ὡς βοῦν ἐψώμισάν με καὶ ἀπὸ τῆς χλόης τῆς γῆς ἤσθιον. καὶ μετὰ ἔτη ἑπτὰ ἔδωκα τὴν ψυχήν μου εἰς δέησιν, καὶ ἠξίωσα περὶ τῶν ἁμαρτιῶν μου κατὰ πρόσωπον Κυρίου τοῦ θεοῦ τοῦ οὐρανοῦ, καὶ περὶ τῶν ἀγνοιῶν μου τοῦ θεοῦ τῶν θεῶν τοῦ μεγάλου ἐδεήθην. ³⁰ᵇ καὶ αἱ τρίχες μου ἐγένοντο ὡς πτέρυγες 30 b ἀετοῦ, οἱ ὄνυχές μου ὡσεὶ λέοντος· ἠλλοιώθη ἡ σάρξ μου καὶ ἡ καρδία μου, γυμνὸς περιεπάτουν μετὰ τῶν θηρίων τῆς γῆς. ἐνύπνιον εἶδον καὶ ὑπόνοιαί με εἰλήφασιν, καὶ διὰ χρόνου ὕπνος με ἔλαβε πολὺς καὶ νυσταγμὸς ἐπέπεσέ μοι. ³⁰ᶜ καὶ ἐπὶ συν- 30 c τελείᾳ τῶν ἑπτὰ ἐτῶν ὁ χρόνος μου τῆς ἀπολυτρώσεως ἦλθεν, καὶ αἱ ἁμαρτίαι μου καὶ αἱ ἄγνοιαί μου ἐπληρώθησαν ἐναντίον τοῦ θεοῦ τοῦ οὐρανοῦ· καὶ ἐδεήθην περὶ τῶν ἀγνοιῶν μου τοῦ θεοῦ τῶν θεῶν τοῦ μεγάλου, καὶ ἰδοὺ ἄγγελος εἷς ἐκάλεσέν με ἐκ τοῦ οὐρανοῦ λέγων Ναβουχοδονοσόρ, δούλευσον τῷ θεῷ τοῦ οὐρανοῦ τῷ ἁγίῳ καὶ δὸς δόξαν τῷ ὑψίστῳ· τὸ βασίλειον τοῦ ἔθνους σού σοι ἀποδίδοται. ³³ἐν ἐκείνῳ τῷ καιρῷ ἀποκατεστάθη 33 (36) ἡ βασιλεία μου ἐμοὶ καὶ ἡ δόξα μου ἀπεδόθη μοι. ³⁴τῷ ὑψίστῳ 34 (37) ἀνθομολογοῦμαι καὶ αἰνῶ, τῷ κτίσαντι τὸν οὐρανὸν καὶ τὴν γῆν καὶ τὰς θαλάσσας καὶ τοὺς ποταμοὺς καὶ πάντα τὰ ἐν αὐτοῖς ἐξομολογοῦμαι καὶ αἰνῶ· ὅτι αὐτός ἐστι θεὸς τῶν θεῶν καὶ κύριος τῶν κυρίων καὶ βασιλεὺς τῶν βασιλέων, ὅτι αὐτὸς ποιεῖ σημεῖα καὶ τέρατα καὶ ἀλλοιοῖ καιροὺς καὶ χρόνους, ἀφαιρῶν βασιλείαν βασιλέων καὶ καθιστῶν ἑτέρους ἀντ᾽ αὐτῶν. ³⁴ᵃ ἀπὸ 34 a τοῦ νῦν αὐτῷ λατρεύσω, καὶ ἀπὸ τοῦ φόβου αὐτοῦ τρόμος εἴληφέ με, καὶ πάντας τοὺς ἁγίους αἰνῶ· οἱ γὰρ θεοὶ τῶν ἐθνῶν οὐκ ἔχουσιν ἐν ἑαυτοῖς ἰσχὺν ἀποστρέψαι βασιλείαν βασιλέως εἰς ἕτερον βασιλέα, καὶ ἀποκτεῖναι καὶ ζῆν ποιῆσαι, καὶ ποιῆσαι σημεῖα καὶ θαυμάσια μεγάλα καὶ φοβερὰ καὶ ἀλλοιῶσαι ὑπερμεγέθη πράγματα, καθὼς ἐποίησεν ἐν ἐμοὶ ὁ θεὸς τοῦ οὐρανοῦ καὶ ἠλλοίωσεν ἐπ᾽ ἐμοὶ μεγάλα πράγματα. ἐγὼ πάσας τὰς ἡμέρας τῆς βασιλείας μου περὶ τῆς ψυχῆς μου τῷ ὑψίστῳ

Syr   29 την βασιλειαν Syr   30 c αι αμαρτιαι] in αι 1° ras aliq inferius 87ᵗ |
ε|επληρωθησαν (sic) 87   33 η βασ. ÷ μου (μου ÷ Syr)...απεδοθη μοι 87
Syr   34 βασιλειαν βασιλεων] βασιλειας βασιλεων Syr   34 a αγιους]
+ αυτου Syr | αινω] αινεσω Syr

ΔΑΝΙΗΛ (Θ.)   IV 34

(33) 30 σιλείας τῶν ἀνθρώπων, καὶ ᾧ ἐὰν δόξῃ δώσει αὐτήν. ³⁰ αὐτῇ Β τῇ ὥρᾳ ὁ λόγος συνετελέσθη ἐπὶ Ναβουχοδονοσόρ, καὶ ἀπὸ τῶν ἀνθρώπων ἐξεδιώχθη, καὶ χόρτον ὡς βοῦς ἤσθιεν, καὶ ἀπὸ τῆς δρόσου τοῦ οὐρανοῦ τὸ σῶμα αὐτοῦ ἐβάφη, ἕως αἱ τρίχες αὐτοῦ ὡς λεόντων ἐμεγαλύνθησαν καὶ οἱ ὄνυχες αὐτοῦ (34) 31 ὡς ὀρνέων. ³¹ Καὶ μετὰ τὸ τέλος τῶν ἡμερῶν ἐγὼ Ναβουχοδονοσὸρ τοὺς ὀφθαλμούς μου εἰς τὸν οὐρανὸν ἀνέλαβον, καὶ αἱ φρένες μου ἐπ' ἐμὲ ἐπεστράφησαν, καὶ τῷ ὑψίστῳ εὐλόγησα, καὶ τῷ ζῶντι εἰς τὸν αἰῶνα ᾔνεσα καὶ ἐδόξασα, ὅτι ἡ ἐξουσία αὐτοῦ ἐξουσία αἰώνιος καὶ ἡ βασιλεία αὐτοῦ εἰς γενεὰν (35) 32 καὶ γενεάν· ³² καὶ πάντες οἱ κατοικοῦντες τὴν γῆν ὡς οὐδὲν ἐλογίσθησαν· καὶ κατὰ τὸ θέλημα αὐτοῦ ποιεῖ ἐν τῇ δυνάμει τοῦ οὐρανοῦ καὶ ἐν τῇ κατοικίᾳ τῆς γῆς, καὶ οὐκ ἔστιν ὃς ἀντι- (36) 33 ποιήσεται τῇ χειρὶ αὐτοῦ καὶ ἐρεῖ αὐτῷ Τί ἐποίησας; ³³ αὐτῷ τῷ καιρῷ αἱ φρένες μου ἐπεστράφησαν ἐπ' ἐμέ, καὶ εἰς τὴν τιμὴν τῆς βασιλείας μου ἦλθον· καὶ ἡ μορφή μου ἐπέστρεψεν ἐπ' ἐμέ, καὶ οἱ τύραννοί μου καὶ οἱ μεγιστᾶνές μου ἐζήτουν με, καὶ ἐπὶ τὴν βασιλείαν μου ἐκραταιώθην, καὶ μεγαλωσύνη περισ- (37) 34 σοτέρα προσετέθη μοι. ³⁴ νῦν οὖν ἐγὼ Ναβουχοδονοσὸρ αἰνῶ καὶ ὑπερυψῶ καὶ δοξάζω τὸν βασιλέα τοῦ οὐρανοῦ, ὅτι πάντα τὰ ἔργα αὐτοῦ ἀληθινὰ καὶ αἱ τρίβοι αὐτοῦ κρίσεις, καὶ πάντας τοὺς πορευομένους ἐν ὑπερηφανίᾳ δύναται ταπεινῶσαι.

29 εαν] αν Q   30 συνετελεσθη ο λογος Q | Ναβουχοδονοσορ]+τον AQ βασιλεα A | βους] βου A* (superscr s Aᵃ⁷) βοιν Q (βους Qᵃ) | εως] + ου AQ | ως 3°] ωσει Q   31 επεστραφησαν επ εμε Q | ηυλογησα AQ | τον αιωνα] τους αιωνας AQ   32 ουδεν] ουδε A (in fin lin) ουθεν Q | αντιποιησεται] αντιστησεται Q   33 μεγαλωσυνη (-λοσ. B* -λωσ. Bᵇ)] μεγαλωσυνην A | προσετεθη μοι] μοι εδοθη Q   34 υπερυψω] υψω Q | κρισις AQ | υπερηφανεια Q* (-νια Qᵃ) | subscr ορασις ε' A

ΔΑΝΙΗΛ (Ο')

87 θυσίας προσοίσω εἰς ὀσμὴν εὐωδίας τῷ κυρίῳ, καὶ τὸ ἀρεστὸν ἐνώπιον αὐτοῦ ποιήσω ἐγὼ καὶ ὁ λαός μου, τὸ ἔθνος καὶ αἱ χῶραί μου αἱ ἐν τῇ ἐξουσίᾳ μου. καὶ ὅσοι ἐλάλησαν εἰς τὸν θεὸν τοῦ οὐρανοῦ καὶ ὅσοι ἂν καταληφθῶσι λαλοῦντές τι, τούτους κατακρινῶ θανάτῳ. ³⁴ᵇ Ἔγραψε δὲ ὁ βασιλεὺς Ναβουχοδονοσὸρ ἐπιστολὴν ἐγκύκλιον πᾶσι τοῖς κατὰ τόπον ἔθνεσι καὶ χώραις καὶ γλώσσαις πάσαις ταῖς οἰκούσαις ἐν πάσαις ταῖς χώραις, γενεαῖς καὶ γενεαῖς. Κυρίῳ τῷ θεῷ τοῦ οὐρανοῦ αἰνεῖτε, καὶ θυσίαν καὶ προσφορὰν προσφέρετε αὐτῷ ἐνδόξως. ἐγὼ βασιλεὺς βασιλέων ἀνθομολογοῦμαι αὐτῷ ἐνδόξως, ὅτι οὕτως ἐποίησε μετ᾽ ἐμοῦ· ἐν αὐτῇ τῇ ἡμέρᾳ ἐκάθισέ με ἐπὶ τοῦ θρόνου μου καὶ τῆς ἐξουσίας μου καὶ τῆς βασιλείας μου· ἐν τῷ λαῷ μου ἐκράτησα καὶ ἡ μεγαλωσύνη μου ἀποκατεστάθη μοι. ³⁴ᶜ Ναβουχοδονοσὸρ βασιλεὺς πᾶσι τοῖς ἔθνεσι καὶ πάσαις ταῖς χώραις καὶ πᾶσι τοῖς οἰκοῦσιν αὐταῖς· εἰρήνη ὑμῖν πληθυνθείη ἐν παντὶ καιρῷ. καὶ νῦν ὑποδείξω ὑμῖν τὰς πράξεις ἃς ἐποίησεν μετ᾽ ἐμοῦ ὁ θεὸς ὁ μέγας· ἔδοξε δέ μοι ἀποδεῖξαι ὑμῖν καὶ τοῖς σοφισταῖς ὑμῶν ὅτι ἔστι θεός, καὶ τὰ θαυμάσια αὐτοῦ μεγάλα· τὸ βασίλειον αὐτοῦ βασίλειον εἰς τὸν αἰῶνα, ἡ ἐξουσία αὐτοῦ ἀπὸ γενεῶν εἰς γενεάς. καὶ ἀπέστειλεν ἐπιστολὰς περὶ πάντων τῶν γενηθέντων αὐτῷ ἐν τῇ βασιλείᾳ αὐτοῦ πᾶσι τοῖς ἔθνεσι τοῖς οὖσιν ὑπὸ τὴν βασιλείαν αὐτοῦ.

Βαλτασὰρ ὁ βασιλεὺς ἐποίησεν δοχὴν μεγάλην ἐν ἡμέρᾳ ἐγκαινισμοῦ τῶν βασιλείων αὐτοῦ· ἐκάλεσεν ἄνδρας δισχιλίους. ἐν τῇ ἡμέρᾳ ἐκείνῃ Βαλτασὰρ ἐνυψούμενος ἀπὸ τοῦ οἴνου καὶ καυχώμενος ἐπήνεσεν πάντας τοὺς θεοὺς τῶν ἐθνῶν τοὺς χωνευτοὺς καὶ γλυπτοὺς ἐν τῷ τόπῳ αὐτοῦ, καὶ τῷ θεῷ τῷ ὑψίστῳ οὐκ ἔδωκεν αἴνεσιν. ἐν αὐτῇ τῇ νυκτὶ ἐξῆλθον δάκτυλοι ὡσεὶ ἀνθρώπου καὶ ἐπέγραψαν ἐπὶ τοῦ τοίχου οἴκου αὐτοῦ ἐπὶ τοῦ κονιάματος κατέναντι τοῦ λύχνους Μανή, φαρές, θεκέλ. ἔστι δὲ ἡ ἑρμηνεία αὐτῶν· μανή, ἠρίθμηται· φαρές, ἐξῆρται· θεκέλ, ἔσταται.

¹ Βαλτασὰρ ὁ βασιλεὺς ἐποίησεν ἑστιατορίαν μεγάλην τοῖς ἑταίροις αὐτοῦ. ² καὶ ἔπινεν οἶνον, καὶ ἀνυψώθη ἡ καρδία αὐτοῦ, καὶ εἶπεν ἐνέγκαι τὰ σκεύη τὰ χρυσᾶ τὰ καὶ ἀργυρᾶ τοῦ οἴκου τοῦ θεοῦ, ἃ ἤνεγκε Ναβουχοδονοσὸρ ὁ πατὴρ αὐτοῦ ἀπὸ Ἰερουσαλήμ, καὶ οἰνοχοῆσαι ἐν αὐτοῖς τοῖς ἑταίροις αὐτοῦ. ³ καὶ ἠνέχθη, καὶ ἔπινον ἐν αὐτοῖς· ⁴ καὶ ηὐλόγουν τὰ εἴδωλα τὰ χειροποίητα αὐτῶν, καὶ τὸν θεὸν τοῦ αἰῶνος οὐκ εὐλόγησαν τὸν ἔχοντα τὴν ἐξουσίαν τοῦ πνεύματος αὐτῶν. ⁵ ἐν αὐτῇ τῇ ὥρᾳ ἐκείνῃ ἐξῆλθον δάκτυλοι

Syr   34 b pr περι της εγκυκλιου επιστολης 87ᵐᵍ | γενεαις κ. γενεαις] pr εν Syr
34 c αυταις] pr εν Syrᵛⁱᵈ | γενεας] γεας 87   V tit βασιλειων 87 | εκαλεσεν]
pr και απο των μεγιστανων αυτου Syr | ανυψουμενος Syrᵛⁱᵈ   2 ενέγκαι
prius ἔνεγκαι 87 | om και 5° Syr   4 και 1° sup ras 87ᵗ

ΔΑΝΙΗΛ (Θ')

V 1 ¹Βαλτασὰρ ὁ βασιλεὺς ἐποίησεν δεῖπνον μέγα τοῖς μεγιστᾶσιν
2 αὐτοῦ χιλίοις, καὶ κατέναντι τῶν χιλίων ὁ οἶνος. ²καὶ πίνων ⁽²⁾Βαλ-
τασὰρ εἶπεν ἐν τῇ γεύσει τοῦ οἴνου αὐτοῦ ἐνεγκεῖν τὰ σκεύη τὰ
χρυσᾶ καὶ τὰ ἀργυρᾶ ἃ ἐξήνεγκεν Ναβουχοδονοσὸρ ὁ πατὴρ αὐτοῦ
ἐκ τοῦ ναοῦ τοῦ ἐν Ἰερουσαλήμ, καὶ πιέτωσαν ἐν αὐτοῖς ὁ βασι-
λεὺς καὶ οἱ μεγιστᾶνες αὐτοῦ καὶ αἱ παλλακαὶ αὐτοῦ καὶ αἱ παρά-
3 κοιτοι αὐτοῦ. ³καὶ ἠνέχθησαν τὰ σκεύη τὰ χρυσᾶ καὶ τὰ ἀργυρᾶ ἃ
ἐξήνεγκεν ἐκ τοῦ ναοῦ τοῦ θεοῦ τοῦ ἐν Ἰερουσαλήμ, καὶ ἔπινον ἐν
αὐτοῖς ὁ βασιλεὺς καὶ οἱ μεγιστᾶνες αὐτοῦ καὶ αἱ παλλακαὶ αὐτοῦ
4 καὶ αἱ παράκοιτοι αὐτοῦ· ⁴ἔπινον οἶνον, καὶ ᾔνεσαν τοὺς θεοὺς τοὺς
χρυσοῦς καὶ ἀργυροῦς καὶ χαλκοῦς καὶ σιδηροῦς καὶ ξυλίνους καὶ
5 λιθίνους. ⁵ἐν αὐτῇ τῇ ὥρᾳ ἐξῆλθον δάκτυλοι χειρὸς ἀνθρώπου καὶ
ἔγραφον κατέναντι τῆς λαμπάδος ἐπὶ τὸ κονίαμα τοῦ τοίχου καὶ
οἴκου τοῦ βασιλέως, καὶ ὁ βασιλεὺς ἐθεώρει τοὺς ἀστραγάλους τῆς

V 1 superscr ορασις ς' AQ | Βαρτασαρ A | εποιησε A^fort | om μεγα AQ
AQ* (hab Q^mg) | χιλιοις] pr ανδρασιν (-σι Q) AQ   2 om και 1° Q |
ειπεν εν τη γευσει του οινου αυτου] ειπεν εν τη γ. τ. οινου A εν τη γ. τ. οινου
ειπεν Q | ενεγκειν] του εν. A του εξενεγκειν Q   3 om Q* (hab Q^mg exc
αυτου 3°) | ηνεχθησαν] ηχθησαν A | om του θεου AQ^mg | αι παρακοιτοι αυτου
και αι παλλακαι αυτου A | om αυτου 3° Q^mg   4 τους θεους] ο 1° sup ras
A^a? | λιθινους]+και τον θν του αιωνος ουκ ευλογησαν (ηυλ. A) τον εχοντα την
(om A) εξουσιαν του πνς αυτων (αυτου A) B^ab mg inf A   5 om και 2° B^abAQ |
οικου] pr του AQ

87 ὡσεὶ χειρὸς ἀνθρώπου καὶ ἔγραψαν ἐπὶ τοῦ τοίχου τοῦ οἴκου αὐτοῦ ἐπὶ τοῦ κονιάματος· κατέναντι τοῦ φωτὸς ἔναντι τοῦ βασιλέως Βαλτασάρ, καὶ εἶδε χεῖρα γράφουσαν. ⁶καὶ ἡ ὅρασις αὐτοῦ 6 ἠλλοιώθη, καὶ φόβοι καὶ ὑπόνοιαι αὐτὸν κατέσπευδον. ἔσπευσεν οὖν ὁ βασιλεὺς καὶ ἐξανέστη, καὶ ἑώρα τὴν γραφὴν ἐκείνην, καὶ οἱ συνεταῖροι κύκλῳ αὐτοῦ ἐκαυχῶντο. ⁷καὶ ὁ βασιλεὺς ἐφώνησε 7 φωνῇ μεγάλῃ καλέσαι τοὺς ἐπαοιδοὺς καὶ φαρμακοὺς καὶ Χαλδαίους καὶ γαζαρηνούς, ἀπαγγεῖλαι τὸ σύγκριμα τῆς γραφῆς. καὶ εἰσεπορεύοντο ἐπὶ θεωρίαν ἰδεῖν τὴν γραφήν, καὶ τὸ σύγκριμα τῆς γραφῆς οὐκ ἐδύναντο συγκρῖναι τῷ βασιλεῖ. τότε ὁ βασιλεὺς ἐξέθηκε πρόσταγμα λέγων Πᾶς ἀνὴρ ὃς ἂν ὑποδείξῃ τὸ σύγκριμα τῆς γραφῆς, στολιεῖ αὐτὸν πορφύραν, καὶ μανιάκην χρυσοῦν περιθήσει αὐτῷ, καὶ δοθήσεται αὐτῷ ἐξουσία τοῦ τρίτου μέρους τῆς βασιλείας. ⁸καὶ εἰσεπορεύοντο οἱ ἐπαοιδοὶ καὶ φαρμακοὶ καὶ 8 γαζαρηνοί, καὶ οὐκ ἠδύνατο οὐδεὶς τὸ σύγκριμα τῆς γραφῆς ἀπαγγεῖλαι. ⁹τότε ὁ βασιλεὺς ἐκάλεσε τὴν βασίλισσαν περὶ τοῦ ση- 9 μείου, καὶ ὑπέδειξεν αὐτῇ ὡς μέγα ἐστί, καὶ ὅτι πᾶς ἄνθρωπος οὐ δύναται ἀπαγγεῖλαι τῷ βασιλεῖ τὸ σύγκριμα τῆς γραφῆς. ¹⁰τότε 10 ἡ βασίλισσα ἐμνήσθη πρὸς αὐτὸν περὶ τοῦ Δανιήλ, ὃς ἦν ἐκ τῆς αἰχμαλωσίας τῆς Ἰουδαίας, ¹¹καὶ εἶπεν τῷ βασιλεῖ Ὁ ἄνθρωπος 11 ἐπιστήμων ἦν καὶ σοφὸς καὶ ὑπερέχων πάντας τοὺς σοφοὺς Βαβυλῶνος, ¹²καὶ πνεῦμα ἅγιον ἐν αὐτῷ ἐστι, καὶ ἐν ταῖς ἡμέραις τοῦ 12 πατρός σου τοῦ βασιλέως συγκρίματα ὑπέρογκα ὑπέδειξε Ναβουχοδονοσὸρ τῷ πατρί σου. ¹³Τότε Δανιὴλ εἰσήχθη πρὸς τὸν 13

Syr 6 και η ορασις αυτου] θ' τοτε του βασιλεως μορφη (η μ. Syr^vid) 87^mg Syr^mg 7 απαγγειλαι] απαγγεῖ] 87 9 του σημ.] του bis scr 87 11 υπερεχων] υπερεσχε Syr^vid

ΔΑΝΙΗΛ (Θ.) V 15

6 χειρὸς τῆς γραφούσης. ⁶τότε τοῦ βασιλέως ἡ μορφὴ ἠλλοιώθη, καὶ B
οἱ διαλογισμοὶ αὐτοῦ συνετάρασσον αὐτόν, καὶ οἱ σύνδεσμοι τῆς
7 ὀσφύος αὐτοῦ διελύοντο, καὶ τὰ γόνατα αὐτοῦ συνεκροτοῦντο. ⁷καὶ
ἐβόησεν ὁ βασιλεὺς ἐν ἰσχύι τοῦ εἰσαγαγεῖν μάγους, Χαλδαίους, γαζα-
ρηνούς, καὶ εἶπεν τοῖς σοφοῖς Βαβυλῶνος Ὃς ἂν ἀναγνῷ τὴν γρα-
φὴν ταύτην καὶ τὴν σύγκρισιν γνωρίσῃ μοι, πορφύραν ἐνδύσεται,
καὶ ὁ μανιάκης ὁ χρυσοῦς ἐπὶ τὸν τράχηλον αὐτοῦ, καὶ τρίτος ἐν
8 τῇ βασιλείᾳ μου ἄρξει. ⁸καὶ εἰσεπορεύοντο πάντες οἱ σοφοὶ τοῦ
βασιλέως, καὶ οὐκ ἠδύναντο τὴν γραφὴν ἀναγνῶναι οὐδὲ τὴν σύγ-
9 κρισιν γνωρίσαι τῷ βασιλεῖ. ⁹καὶ ὁ βασιλεὺς Βαλτασὰρ ἐταράχθη,
καὶ ἡ μορφὴ αὐτοῦ ἠλλοιώθη ἐν αὐτῷ, καὶ οἱ μεγιστᾶνες αὐτοῦ
10 συνεταράσσοντο. ¹⁰καὶ εἰσῆλθεν ἡ βασίλισσα εἰς τὸν οἶκον τοῦ
πότου καὶ εἶπεν Βασιλεῦ, εἰς τὸν αἰῶνα ζῆθι· μὴ ταρασσέτωσάν σε
11 οἱ διαλογισμοί σου, καὶ ἡ μορφή σου μὴ ἀλλοιούσθω. ¹¹ἔστιν ἀνὴρ
ἐν τῇ βασιλείᾳ σου ἐν ᾧ πνεῦμα θεοῦ, καὶ ἐν ταῖς ἡμέραις τοῦ
πατρός σου γρηγόρησις καὶ σύνεσις εὑρέθη ἐν αὐτῷ, καὶ ὁ βασι-
λεὺς Ναβουχοδονοσὸρ ὁ πατήρ σου ἄρχοντα ἐπαοιδῶν, μάγων, Χαλ-
12 δαίων, γαζαρηνῶν, κατέστησεν αὐτόν, ¹²ὅτι πνεῦμα περισσὸν ἐν
αὐτῷ καὶ φρόνησις καὶ σύνεσις· συνκρίνων ἐνύπνια καὶ ἀναγγέλ-
λων κρατούμενα καὶ λύων συνδέσμους Δανιήλ, καὶ ὁ βασιλεὺς ἐπέ-
θηκεν αὐτῷ ὄνομα Βαλτασάρ· νῦν οὖν κληθήτω, καὶ τὴν σύγκρισιν
13 αὐτοῦ ἀναγγελεῖ σοι. ¹³Τότε Δανιὴλ εἰσήχθη ἐνώπιον τοῦ
βασιλέως, καὶ εἶπεν ὁ βασιλεὺς τῷ Δανιήλ Σὺ εἶ Δανιὴλ ὁ ἀπὸ
τῶν υἱῶν τῆς αἰχμαλωσίας τῆς Ἰουδαίας ἧς ἤγαγεν ὁ βασιλεὺς ὁ
14 πατήρ μου; ¹⁴ἤκουσα περὶ σοῦ ὅτι πνεῦμα θεοῦ ἐν σοί, καὶ γρη-
15 γόρησις καὶ σοφία περισσὴ εὑρέθη ἐν σοί. ¹⁵καὶ νῦν εἰσῆλθον
ἐνώπιόν μου οἱ σοφοί, μάγοι, γαζαρηνοί, ἵνα τὴν γραφὴν ταύτην
ἀναγνῶσιν καὶ τὴν σύγκρισιν αὐτῆς γνωρίσωσίν μοι, καὶ οὐκ ἠδυνή-

6 συνεκροτουντο] συνεκραυοντο Q   7 εν ισχυι ο βασιλευς Q | Βαβυ- AQ
λωνοις B* (-νος B^b) | αν] εαν AQ | συγκρισιν] + αυτης A | επι] εσται περι A
8 επορευοντο Q* (εισεπ. Q^mg) | om παντες A | αναγνωναι την γραφην Q | τω
βασιλει γνωρισαι Q   9 Βαλτασαρ ο βασιλευς Q | εταραχθη] pr πολυ A | εν
αυτω] επ αυτω A om Q | συνεταρασσοντο (-σσαντο B* -σσοντο B^ab)] συνετα-
ρασσον αυτον A   10 και 2°] +απεκριθη η βασιλεισσα και A | τον αιωνα]
τους αιωνας AQ   11 θεου]+αγιον AQ (superscr οι λο[ιποι] Q²) | ηυρεθη Q*
(ευρ. Q^a) | εν 4°] ε ν B* εν| B? | πατηρ] incep βα B* (πατ. B^ab) | αυτον]+ο
πηρ σου ο βασιλευς A   12 περισσον πνα Q | συνεσις]+εν αυτω B^abA |
συγκρινων B^abAQ | om αυτου Q   13 εισηχθη] εισηνεχθη Q | μου]+και
ειπεν· ναι βασιλευ· και ειπεν Q   14 θεου]+αγιον Q | και 2°]+συνεσις
και B^abAQ   15 μου] εμου AQ | μαγοι]+Χαλδαιοι Q | om ταυτην A |
γνωρισωσιν] αναγγειλωσιν (-σι Q^a) Q

ΔΑΝΙΗΛ (Ο')

87 βασιλέα, καὶ ἀποκριθεὶς ὁ βασιλεὺς εἶπεν αὐτῷ ^{16} Ὦ Δανιήλ, δύνῃ 16 μοι ὑποδεῖξαι τὸ σύγκριμα τῆς γραφῆς; καὶ στολιῶ σε πορφύραν καὶ μανιάκην χρυσοῦν περιθήσω σοι, καὶ ἕξεις ἐξουσίαν τοῦ τρίτου μέρους τῆς βασιλείας μου. ^{17}τότε Δανιὴλ ἔστη κατέναντι τῆς γρα- 17 φῆς καὶ ἀνέγνω, καὶ οὕτως ἀπεκρίθη τῷ βασιλεῖ Αὕτη ἡ γραφή Ἠρίθμηται, κατελογίσθη, ἐξῆρται· καὶ ἔστη ἡ γράψασα χείρ, καὶ αὕτη ἡ σύγκρισις αὐτῶν.

^{23}Βασιλεῦ, σὺ ἐποίησω ἑστιατορίαν τοῖς φίλοις σου καὶ ἔπινες 23 οἶνον, καὶ τὰ σκεύη τοῦ οἴκου τοῦ θεοῦ τοῦ ζῶντος ἠνέχθη σοι καὶ ἐπίνετε ἐν αὐτοῖς, σὺ καὶ οἱ μεγιστᾶνές σου, καὶ ᾐνέσατε πάντα τὰ εἴδωλα τὰ χειροποίητα τῶν ἀνθρώπων, καὶ τῷ θεῷ τῷ ζῶντι οὐκ εὐλογήσατε, καὶ τὸ πνεῦμά σου ἐν τῇ χειρὶ αὐτοῦ, καὶ τὸ βασιλειόν σου αὐτὸς ἔδωκέ σοι, καὶ οὐκ εὐλόγησας αὐτὸν

Syr 16 Δανιηλ 87^{ed} | ras aliq in σε 87$^?$ 17 ΗΡΙΘΜΗΤΑΙ ΚΑΤΕΛΟΓΙϹΘΗ
Syr^{mg} 23 ηνεσατε] ηνειτε Syr | ± σοι και ουκ...ηνεσας αυτω 87^{vid}
(sed deest ✓)

ΔΑΝΙΗΛ (Θ.)   V 23

16 θησαν ἀναγγεῖλαί μοι. ¹⁶καὶ ἐγὼ ἤκουσα περὶ σοῦ ὅτι δύνασαι B κρίματα συνκρῖναι· νῦν οὖν ἐὰν δυνηθῇς τὴν γραφὴν ἀναγνῶναι καὶ τὴν σύγκρισιν αὐτῆς γνωρίσῃς μοι, πορφύραν ἐνδύσῃ, καὶ ὁ μανιάκης ὁ χρυσοῦς ἔσται ἐπὶ τῷ τραχήλῳ σου, καὶ τρίτος ἐν τῇ 17 βασιλείᾳ μου ἄρξεις. ¹⁷καὶ εἶπεν Δανιὴλ ἐνώπιον τοῦ βασιλέως Τὰ δόματά σού σοι ἔστω, καὶ τὴν δωρεὰν τῆς οἰκίας σου ἑτέρῳ δός· ἐγὼ δὲ τὴν γραφὴν ἀναγνώσομαι καὶ τὴν σύγκρισιν αὐτῆς γνωρίσω 18 σοι. ¹⁸βασιλεῦ, ὁ θεὸς ὁ ὕψιστος τὴν βασιλείαν καὶ τὴν μεγαλωσύνην καὶ τὴν τιμὴν καὶ τὴν δόξαν ἔδωκεν Ναβουχοδονοσὸρ τῷ 19 πατρί σου, ¹⁹καὶ ἀπὸ τῆς μεγαλωσύνης ἧς ἔδωκεν αὐτῷ πάντες οἱ λαοί, φυλαί, γλῶσσαι, ἦσαν τρέμοντες καὶ φοβούμενοι ἀπὸ προσώπου αὐτοῦ· οὓς ἠβούλετο αὐτὸς ἀνῄρει, καὶ οὓς ἠβούλετο αὐτὸς ἔτυπτεν, καὶ οὓς ἠβούλετο αὐτὸς ὑψοῖ, καὶ οὓς ἠβούλετο αὐτὸς ἐτα-20 πείνου. ²⁰καὶ ὅτε ὑψώθη ἡ καρδία αὐτοῦ καὶ τὸ πνεῦμα αὐτοῦ ἐκραταιώθη τοῦ ὑπερηφανεύσασθαι, κατηνέχθη ἀπὸ τοῦ θρόνου τῆς 21 βασιλείας καὶ ἡ τιμὴ ἀφῃρέθη ἀπ' αὐτοῦ, ²¹καὶ ἀπὸ τῶν ἀνθρώπων ἐξεδιώχθη, καὶ ἡ καρδία αὐτοῦ¶ μετὰ τῶν θηρίων ἐδόθη, καὶ μετὰ ¶ Q ὀνάγρων ἡ κατοικία αὐτοῦ, καὶ χόρτον ὡς βοῦν ἐψώμιζον αὐτόν, καὶ ἀπὸ τῆς δρόσου τοῦ οὐρανοῦ τὸ σῶμα αὐτοῦ ἐβάφη, ἕως οὗ γνῷ ὅτι κυριεύει ὁ θεὸς ὁ ὕψιστος τῆς βασιλείας τῶν ἀνθρώπων, καὶ 22 ᾧ ἂν δόξῃ δώσει αὐτήν. ²²καὶ σὺ οὖν ὁ υἱὸς αὐτοῦ Βαλτασὰρ οὐκ ἐταπείνωσας τὴν καρδίαν σου κατενώπιον τοῦ θεοῦ· οὐ πάντα 23 ταῦτα ἔγνως· ²³καὶ ἐπὶ τὸν κύριον θεὸν τοῦ οὐρανοῦ ὑψώθης, καὶ τὰ σκεύη τοῦ οἴκου αὐτοῦ ἤνεγκας ἐνώπιόν σου, καὶ σὺ καὶ οἱ μεγιστᾶνές σου καὶ αἱ παλλακαί σου καὶ αἱ παράκοιτοί σου οἶνον ἐπίνετε ἐν αὐτοῖς· καὶ τοὺς θεοὺς τοὺς χρυσοῦς καὶ ἀργυροῦς καὶ χαλκοῦς καὶ σιδηροῦς καὶ ξυλίνους καὶ λιθίνους, οἳ οὐ βλέπουσιν καὶ οἳ οὐκ ἀκούουσιν καὶ οὐ γινώσκουσιν, ᾔνεσας, καὶ τὸν θεὸν οὗ ἡ πνοή σου ἐν χειρὶ αὐτοῦ καὶ πᾶσαι αἱ ὁδοί σου, αὐτὸν οὐκ ἐδό-

16 οτι]+συ A | om κριματα Q* (hab συγκριματα Q⁽ᵐᵍ⁾) | συνκριναι (συγκρ. AQ Q)] συγκρινειν A | εαν δυνηθης] ει δυνασαι Q* (δυνηθης Qᵐᵍ) | γραφην] +ταυτην A | γνωρισης] γνωρισαι A αναγγειλαι Q | επι τω τραχηλω] περι τον τραχηλον A επι τον τραχηλον Q   17 και ειπεν] τοτε απεκριθη AQ | Δανιηλ]+και ειπεν Q | σοι] pr συν A | της οικιας] του οικου Q | αναγνωσομαι]+τω βασιλει A   19 μεγαλοσυνης B* (-λωσ. Bᵇ ˢᵃˡᵗ)| om ης B* (superscr Bᵃᵇ) | ηβουλετο quater] εβουλετο AQ (in ηβ. 1° η non inst Bᵇ) | τυπτεν Q* (ετ. Qᵃ)| υψοι BᵇQ   20 υπερηφανευεσθαι AQ | απο του θρονου της βασιλειας] απο της β. αυτου και απο του θρ. αυτου Q | βασιλειας] +αυτου A   21 εξεδιωχθη απο των ανων Q | κατοικεια A | εγνω A | om ο θεος A | αν] εα| A   22 om ουν A | κατενωπιον] ενωπιον A 23 ηνεγκας] ηνεγκαν B? (-γκας B*ᶠᵒʳᵗ A)| αι παρακοιτοι] om αι A | om και οι ουκ ακουουσιν A | χειρι] pr τη A

ΔΑΝΙΗΛ (Ο')

87 οὐδὲ ἤνεσας αὐτῷ. ²⁶τοῦτο τὸ σύγκριμα τῆς γραφῆς Ἡρίθμηται 26 ὁ χρόνος σου τῆς βασιλείας, ἀπολήγει ἡ βασιλεία σου· ²⁷συντέ- 27 τμηται καὶ συντετέλεσται· ²⁸ἡ βασιλεία σου τοῖς Μήδοις καὶ τοῖς 28 Πέρσαις δίδοται. ²⁹τότε Βαλτασὰρ ὁ βασιλεὺς ἐνέδυσε τὸν Δανιὴλ 29 πορφύραν, καὶ μανιάκην χρυσοῦν περιέθηκεν αὐτῷ, καὶ ἔδωκεν ἐξουσίαν αὐτῷ τοῦ τρίτου μέρους τῆς βασιλείας αὐτοῦ. ³⁰καὶ τὸ 30 σύγκριμα ἐπῆλθε Βαλτασὰρ τῷ βασιλεῖ, καὶ τὸ βασίλειον ἐξῆρται ἀπὸ τῶν Χαλδαίων καὶ ἐδόθη τοῖς Μήδοις καὶ τοῖς Πέρσαις. ³¹καὶ Ἀρταξέρξης ὁ τῶν Μήδων παρέλαβε τὴν βασιλείαν. 31 (VI) (1)

¹Καὶ Δαρεῖος πλήρης τῶν ἡμερῶν καὶ ἔνδοξος ἐν γήρει· ⁽²⁾καὶ 1 VI (2) κατέστησε σατράπας ἑκατὸν εἴκοσι ἑπτὰ ἐπὶ πάσης τῆς βασιλείας αὐτοῦ, ²καὶ ἐπ' αὐτῶν ἄνδρας τρεῖς ἡγουμένους αὐτῶν. καὶ 2 (3) Δανιὴλ εἷς ἦν τῶν τριῶν ἀνδρῶν, ³ὑπὲρ πάντας ἔχων ἐξουσίαν ἐν 3 (4) τῇ βασιλείᾳ. καὶ Δανιὴλ ἦν ἐνδεδυμένος πορφύραν καὶ μέγας καὶ ἔνδοξος ἔναντι Δαρείου τοῦ βασιλέως, καθότι ἦν ἔνδοξος καὶ ἐπιστήμων καὶ συνετός, καὶ πνεῦμα ἅγιον ἐν αὐτῷ, καὶ εὐοδούμενος ἐν ταῖς πραγματείαις τοῦ βασιλέως αἷς ἔπρασσε. τότε ὁ βασιλεὺς ἐβουλεύσατο καταστῆσαι τὸν Δανιὴλ ἐπὶ πάσης τῆς βασιλείας αὐτοῦ καὶ τοὺς δύο ἄνδρας, οὓς κατέστησε μετ' αὐτοῦ, καὶ σατράπας ἑκατὸν εἴκοσι ἑπτά. ⁴ὅτε δὲ ἐβουλεύσατο ὁ βασι- 4 (5) λεὺς καταστῆσαι τὸν Δανιὴλ ἐπὶ πάσης τῆς βασιλείας αὐτοῦ, τότε βουλὴν καὶ γνώμην ἐβουλεύσαντο ἐν ἑαυτοῖς οἱ δύο νεανίσκοι πρὸς ἀλλήλους λέγοντες, ἐπεὶ οὐδεμίαν ἁμαρτίαν οὐδὲ ἄγνοιαν ηὕρισκον κατὰ τοῦ Δανιὴλ περὶ ἧς κατηγορήσουσιν αὐτοῦ πρὸς τὸν βασιλέα, ⁵καὶ εἶπαν Δεῦτε στήσωμεν ὁρισμὸν καθ' ἑαυτῶν, 5 (6) ὅτι πᾶς ἄνθρωπος οὐκ ἀξιώσει ἀξίωμα καὶ οὐ μὴ εὔξηται εὐχὴν ἀπὸ παντὸς θεοῦ ἕως ἡμερῶν τριάκοντα, ἀλλ' ἢ παρὰ Δαρείου τοῦ βασιλέως· εἰ δὲ μή, ἀποθανεῖται· ἵνα ἡττήσωσι τὸν Δανιὴλ ἐναντίον τοῦ βασιλέως, καὶ ῥιφῇ εἰς τὸν λάκκον τῶν λεόντων. ᾔδεισαν γὰρ ὅτι Δανιὴλ προσεύχεται καὶ δεῖται Κυρίου τοῦ θεοῦ αὐτοῦ τρὶς τῆς ἡμέρας. ⁶τότε προσῆλθοσαν οἱ ἄνθρωποι ἐκεῖνοι 6 (7) καὶ εἶπαν ἐναντίον τοῦ βασιλέως ⁷Ὁρισμὸν καὶ στάσιν ἐστήσαμεν, 7 (8) ὅτι πᾶς ἄνθρωπος ὃς ἂν εὔξηται εὐχὴν ἢ ἀξιώσῃ ἀξίωμά τι παρὰ

Syr   26—28 η βασιλεια σου | συντετμηται και| συντετελεσται η| βασιλεια σου· sic distinx 87   29 ο βασιλευς] σι sup ras 87²   30 και το συγκριμα επηλθε Β. τω βασιλει] [θ'] εν ταυτη τη νυκτι ανηρεθη Β. ο βασιλευς ο Χαλδαιος Syrᵐᵍ   31 ο των Μηδων] ο βασιλευς των Περσων Syrᵐᵍ   VI 3 παντας] τ sup litur 87² | βασιλεως 1°] ε sup ras 87ᵃ | ÷ και ευοδουμενος (superscr ÷) εν ταις πραγματειαις ÷ του βασιλεως αις επρασσε 87 (deest ⟨) και ευοδ. ην (ut vid) ÷ εν τ. πρ. τ. βασ. αις επρ. Syr   4 ουδὲ μίαν 87

540

ΔΑΝΙΗΛ (Θ.) VI 7

24 ξασας. 24διὰ τοῦτο ἐκ προσώπου αὐτοῦ ἀπεστάλη ἀστράγαλος Β
25 χειρὸς καὶ τὴν γραφὴν ταύτην ἐνέταξεν. 25καὶ αὕτη ἡ γραφὴ ἡ
26 ἐντεταγμένη Μανή, θεκέλ, φαρές. 26τοῦτο τὸ σύγκριμα τοῦ ῥήματος· μανή, ἐμέτρησεν ὁ θεὸς τὴν βασιλείαν σου καὶ ἐπλήρωσεν
27/28 αὐτήν· 27θεκέλ, ἐστάθη ἐν ζυγῷ καὶ εὑρέθη ὑστεροῦσα· 28φαρές,
29 διῄρηται ἡ βασιλεία σου καὶ ἐδόθη Μήδοις καὶ Πέρσαις. 29καὶ εἶπεν Βαλτασάρ, καὶ ἐνέδυσαν τὸν Δανιὴλ πορφύραν, καὶ τὸν μανιάκην τὸν χρυσοῦν περιέθηκαν περὶ τὸν τράχηλον αὐτοῦ, καὶ ἐκή-
30 ρυξεν περὶ αὐτοῦ εἶναι αὐτὸν ἄρχοντα τρίτον ἐν τῇ βασιλείᾳ. 30ἐν
(VI) (1) 31 αὐτῇ τῇ νυκτὶ ἀναιρέθη Βαλτασὰρ ὁ βασιλεὺς ὁ Χαλδαίων, 31καὶ Δαρεῖος ὁ Μῆδος παρέλαβεν τὴν βασιλείαν, ὢν ἐτῶν ἑξήκοντα δύο.
(2) (VI) 1 1Καὶ ἤρεσεν ἐνώπιον Δαρείου, καὶ κατέστησεν ἐπὶ τῆς βασιλείας σατράπας ἑκατὸν εἴκοσι τοῦ εἶναι αὐτοὺς ἐν ὅλῃ τῇ βασιλείᾳ
(3) 2 αὐτοῦ, 2καὶ ἐπάνω αὐτῶν τακτικοὺς τρεῖς, ὃς ἦν Δανιὴλ εἷς ἐξ αὐτῶν, τοῦ ἀποδιδόναι αὐτοῖς τοὺς σατράπας λόγον, ὅπως ὁ
(4) 3 βασιλεὺς μὴ ἐνοχλῆται. 3καὶ ἦν Δανιὴλ ὑπὲρ αὐτούς, ὅτι πνεῦμα περισσὸν ἐν αὐτῷ, καὶ ὁ βασιλεὺς κατέστησεν αὐτὸν ἐφ' ὅλης
(5) 4 τῆς βασιλείας αὐτοῦ. 4καὶ οἱ τακτικοὶ καὶ οἱ σατράπαι ἐζήτουν πρόφασιν εὑρεῖν κατὰ Δανιήλ· καὶ πᾶσαν πρόφασιν καὶ παρά-
(6) 5 πτωμα καὶ ἀμβλάκημα οὐχ εὗρον κατ' αὐτοῦ, ὅτι πιστὸς ἦν. 5καὶ εἶπον οἱ τακτικοί Οὐχ εὑρήσομεν κατὰ Δανιὴλ πρόφασιν εἰ μὴ
(7) 6 ἐν νομίμοις θεοῦ αὐτοῦ. 6τότε οἱ τακτικοὶ καὶ οἱ σατράπαι παρέστησαν τῷ βασιλεῖ καὶ εἶπαν αὐτῷ Δαρεῖε βασιλεῦ, εἰς τὸν
(8) 7 αἰῶνα ζῆθι. 7συνεβουλεύσαντο πάντες οἱ ἐπὶ τῆς βασιλείας σου στρατηγοὶ καὶ σατράπαι, ὕπατοι καὶ τοπάρχαι, στῆσαι στάσει βασιλικῇ καὶ ἐνισχῦσαι ὁρισμόν, ὅπως ὃς ἂν αἰτήσῃ αἴτημα

26 του ρημ sup ras B? 29 πρφυραν B* (πορφ. B^ab) | ειναι] A pr του A | βασιλεια] + αυτου A | subscr ορασις ς' A 30 superscr ορασις ς' A | ανερεθη B* ανηρεθη B^ab A | om ο βασιλευς ο Χαλδαιων A | Χαλδαιος B^ab 31 Δαριος B* (Δαρειος B^ab) VI 1 Δαριου B* (Δαρειου B^ab): item 28 | ολη] παση A 2 ος] ων A 3 εν] ην επ A 4 αμπλακημα B^ab 5 νομιμοις] νομοις A 6 Δαριε B* (Δαρειε B^ab) | τον αιωνα] τους αιωνας B^ab A 7 τοπαρχαι] τοπαρχ sup ras B^ab | στησαι στασει βασιλικη] του στησαι στασιν βασιλεικην A | αιτηση] αιτησηται A

541

ΔΑΝΙΗΛ (Ο')

87 παντὸς θεοῦ ἕως ἡμερῶν τριάκοντα ἀλλ' ἢ παρὰ Δαρείου τοῦ βασιλέως, ῥιφήσεται εἰς τὸν λάκκον τῶν λεόντων. ⁹καὶ οὕτως ὁ 9 (10) βασιλεὺς Δαρεῖος ἔστησε καὶ ἐκύρωσεν. ¹⁰ἐπιγνοὺς δὲ Δανιὴλ 10 (11) τὸν ὁρισμὸν ὃν ἔστησε κατ' αὐτοῦ, θυρίδας ἤνοιξεν ἐν τῷ ὑπερῴῳ αὐτοῦ κατέναντι Ἰερουσαλήμ, καὶ ἔπιπτεν ἐπὶ πρόσωπον αὐτοῦ τρὶς τῆς ἡμέρας, καθὼς ἐποίει ἔμπροσθεν, καὶ ἐδεῖτο. ¹¹καὶ αὐτοὶ 11 (12) ἐτήρησαν τὸν Δανιήλ, καὶ κατελάβοσαν αὐτὸν εὐχόμενον τρὶς τῆς ἡμέρας καθ' ἑκάστην ἡμέραν. ¹²τότε οὗτοι οἱ ἄνθρωποι ἐνέτυχον 12 (13) τῷ βασιλεῖ καὶ εἶπαν Δαρεῖε βασιλεῦ, οὐχ ὁρισμὸν ὡρίσω ἵνα πᾶς ἄνθρωπος μὴ εὔξηται εὐχὴν μηδὲ ἀξιώσῃ ἀξίωμα παρὰ παντὸς θεοῦ ἕως ἡμερῶν τριάκοντα ἀλλὰ παρὰ σοῦ, βασιλεῦ· εἰ δὲ μή, ῥιφήσεται εἰς τὸν λάκκον τῶν λεόντων; ἀποκριθεὶς δὲ ὁ βασιλεὺς εἶπεν αὐτοῖς Ἀκριβὴς ὁ λόγος, καὶ μενεῖ ὁ ὁρισμός. ¹²ᵃκαὶ εἶπον αὐτῷ Ὁρκίζομέν σε τοῖς Μήδων καὶ Περσῶν δόγ- 12ᵃ(13ᵃ) μασιν, ἵνα μὴ ἀλλοιώσῃς τὸ πρόσταγμα μηδὲ θαυμάσῃς πρόσωπον, καὶ ἵνα μὴ ἐλαττώσῃς τι τῶν εἰρημένων, καὶ κολάσῃς τὸν ἄνθρωπον ὃς οὐκ ἐνέμεινε τῷ ὁρισμῷ τούτῳ. καὶ εἶπεν Οὕτως ποιήσω καθὼς λέγετε, καὶ ἕστηκέ μοι τοῦτο. ¹³καὶ εἶπον Ἰδοὺ 13 (14) εὕρομεν Δανιὴλ τὸν φίλον σου εὐχόμενον καὶ δεόμενον τοῦ προσώπου τοῦ θεοῦ αὐτοῦ τρὶς τῆς ἡμέρας. ¹⁴καὶ λυπούμενος ὁ 14 (15) βασιλεὺς εἶπεν ῥιφῆναι τὸν Δανιὴλ εἰς τὸν λάκκον τῶν λεόντων, κατὰ τὸν ὁρισμὸν ὃν ἔστησε κατ' αὐτοῦ. τότε ὁ βασιλεὺς σφόδρα ἐλυπήθη ἐπὶ τῷ Δανιήλ, καὶ ἐβοήθει τοῦ ἐξελέσθαι αὐτὸν ἕως δυσμῶν ἡλίου ἀπὸ τῶν χειρῶν τῶν σατραπῶν, ¹⁵καὶ οὐκ ἠδύνατο 15 (16) ἐξελέσθαι αὐτὸν ἀπ' αὐτῶν. ¹⁶ἀναβοήσας δὲ Δαρεῖος ὁ βασιλεὺς 16 (17) εἶπε τῷ Δανιὴλ Ὁ θεός σου, ᾧ σὺ λατρεύεις ἐνδελεχῶς τρὶς τῆς ἡμέρας, αὐτὸς ἐξελεῖταί σε ἐκ χειρὸς τῶν λεόντων· ἕως πρωὶ θάρρει. ¹⁷τότε Δανιὴλ ἐρρίφη εἰς τὸν λάκκον τῶν λεόντων, καὶ 17 (18) ἠνέχθη λίθος καὶ ἐτέθη εἰς τὸ στόμα τοῦ λάκκου, καὶ ἐσφραγίσατο ὁ βασιλεὺς ἐν τῷ δακτυλίῳ ἑαυτοῦ καὶ ἐν τοῖς δακτυλίοις τῶν μεγιστάνων αὐτοῦ, ὅπως μὴ ἀπ' αὐτῶν ἀρθῇ ὁ Δανιὴλ ἢ ὁ βασιλεὺς αὐτὸν ἀνασπάσῃ ἐκ τοῦ λάκκου. ¹⁸τότε ὑπέστρεψεν 18 (19) ὁ βασιλεὺς εἰς τὰ βασίλεια αὐτοῦ καὶ ηὐλίσθη νῆστις, καὶ ἦν

Syr 7 λεοντων] + και ηξιωσαν τον βασιλεα ινα στηση τον ορισμαν και μη αλλοιωση αυτον διοτι ηδεισαν οτι Δανιηλ προσευχεται και δειται τρις της ημερας ινα ηττηθη δια του βασιλεως και ριφη εις τον λακκον των λεοντων Syr 10 εμπροσθεν] pr και Syrᵛⁱᵈ 12 Δαρεῖ|| 87 | ορισμον] inter ο et ρ ras aliq 87? | ει δε μη bis scr 87* (improb 2° 87?) 12 a om τι Syr | και 4°] αλλα (superscr) 87? | λεγετε] ε 3° sup ras (fort prius αι) 87? 14 εστησαν Syr | εβοηθει] ει sup ras (fort prius η) 87? 17 ÷ η ο βασιλευς... λακκου 87 Syr 18 και ηυλισθη νηστις] [θ'] κ. εκοιμηθη αδειπνος Syrᵐᵍ

542

ΔΑΝΙΗΛ (Θ.) VI 18

παρὰ παντὸς θεοῦ καὶ ἀνθρώπου ἕως ἡμερῶν τριάκοντα ἀλλ' ἢ Β παρὰ σοῦ, βασιλεῦ, ἐμβληθήσεται εἰς τὸν λάκκον τῶν λεόντων. (9) 8 ⁸νῦν οὖν, βασιλεῦ, στῆσον τὸν ὁρισμὸν καὶ ἔκθες γραφήν, ὅπως (10) 9 μὴ ἀλλοιωθῇ τὸ δόγμα Περσῶν καὶ Μήδων. ⁹τότε ὁ βασιλεὺς (11) 10 Δαρεῖος ἐπέταξεν γραφῆναι τὸ δόγμα. ¹⁰καὶ Δανιήλ, ἡνίκα ἔγνω ὅτι ἐνετάγη τὸ δόγμα, εἰσῆλθεν εἰς τὸν οἶκον αὐτοῦ· καὶ αἱ θυρίδες ἀνεῳγμέναι αὐτῷ ἐν τοῖς ὑπερῴοις αὐτοῦ κατέναντι Ἰερουσαλήμ, καὶ καιροὺς τρεῖς τῆς ἡμέρας ἦν κάμπτων ἐπὶ τὰ γόνατα αὐτοῦ, καὶ προσευχόμενος καὶ ἐξομολογούμενος ἐναντίον (12) 11 τοῦ θεοῦ αὐτοῦ, καθὼς ἦν ποιῶν ἔμπροσθεν. ¹¹τότε οἱ ἄνδρες ἐκεῖνοι παρετήρησαν, καὶ εὗρον τὸν Δανιὴλ ἀξιοῦντα καὶ δεό- (13) 12 μενον τοῦ θεοῦ αὐτοῦ. ¹²καὶ προσελθόντες λέγουσιν τῷ βασιλεῖ Βασιλεῦ, οὐχ ὁρισμὸν ἔταξας ὅπως πᾶς ἄνθρωπος ὃς ἂν αἰτήσῃ παρὰ παντὸς θεοῦ καὶ ἀνθρώπου αἴτημα ἕως ἡμερῶν τριάκοντα ἀλλ' ἢ παρὰ σοῦ, βασιλεῦ, ἐμβληθήσεται εἰς τὸν λάκκον τῶν λεόντων; καὶ εἶπεν ὁ βασιλεύς Ἀληθινὸς ὁ λόγος, καὶ τὸ δόγμα (14) 13 Μήδων καὶ Περσῶν οὐ παρελεύσεται. ¹³τότε ἀπεκρίθησαν καὶ λέγουσιν ἐνώπιον τοῦ βασιλέως Δανιὴλ ἀπὸ τῶν υἱῶν τῆς αἰχμαλωσίας τῆς Ἰουδαίας οὐχ ὑπετάγη τῷ δόγματί σου, καὶ καιροὺς τρεῖς τῆς ἡμέρας αἰτεῖ παρὰ τοῦ θεοῦ αὐτοῦ τὰ αἰτήματα (15) 14 αὐτοῦ. ¹⁴τότε ὁ βασιλεύς, ὡς τὸ ῥῆμα ἤκουσεν, πολὺ ἐλυπήθη ἐπ' αὐτῷ, καὶ περὶ τοῦ Δανιὴλ ἠγωνίσατο τοῦ ἐξελέσθαι αὐτόν. (16) 15 ¹⁵τότε οἱ ἄνδρες ἐκεῖνοι λέγουσιν τῷ βασιλεῖ Γνῶθι, βασιλεῦ, ὅτι τὸ δόγμα Μήδοις καὶ Πέρσαις, τοῦ πᾶν ὁρισμὸν καὶ στάσιν (17) 16 ἣν ἂν ὁ βασιλεὺς στήσῃ, οὐ δεῖ παραλλάξαι. ¹⁶τότε ὁ βασιλεὺς εἶπεν, καὶ ἤγαγον τὸν Δανιὴλ καὶ ἐνέβαλον εἰς τὸν λάκκον τῶν λεόντων· καὶ εἶπεν ὁ βασιλεὺς τῷ Δανιήλ Ὁ θεός σου, ᾧ σὺ (18) 17 λατρεύεις ἐνδελεχῶς, αὐτὸς ἐξελεῖταί σε. ¹⁷καὶ ἤνεγκαν λίθον καὶ ἐπέθηκαν ἐπὶ τὸ στόμα τοῦ λάκκου, καὶ ἐσφραγίσατο ὁ βασιλεὺς ἐν τῷ δακτυλίῳ αὐτοῦ καὶ ἐν τῷ δακτυλίῳ τῶν μεγι- (19) 18 στάνων αὐτοῦ, ὅπως μὴ ἀλλοιωθῇ πρᾶγμα ἐν τῷ Δανιήλ. ¹⁸καὶ ἀπῆλθεν ὁ βασιλεὺς εἰς τὸν οἶκον αὐτοῦ καὶ ἐκοιμήθη ἄδειπνος,

7 ανθρωπων A   8 τον ορισμον] om τον A | εχθες B*A (εκθες Bᵇ) | A Μηδων και Περσων A   9 Δαριος B* (Δαρειος Bᵃᵇ) A : item 25   10 αυτου 1°] εαυτου A | ηνεωγμεναι A   12 ουχ] ουχι A | αιτηση] αιτησηται A 13 απο] pr o A | σου]+περι του ορισμου ου εταξας A | αιτει] αιτειτε A 14 αυτον]+και εως εσπερας ην αγωνιζομενος του (om A) εξελεσθαι αυτον Bᵃᵇᵐᵍⁱⁿᶠ A   15 om αν A | στησει A   16 ενεβαλον]+αυτον BᵃᵇA | om συ A   17 ηνεγκεν A | επεθηκεν A | om ο βασιλευς A

543

VI 19   ΔΑΝΙΗΛ (Ο′)

87 λυπούμενος περὶ τοῦ Δανιήλ. τότε ὁ θεὸς τοῦ Δανιὴλ πρόνοιαν ποιούμενος αὐτοῦ ἀπέκλεισε τὰ στόματα τῶν λεόντων, καὶ οὐ παρηνώχλησαν τῷ Δανιήλ. [19]καὶ ὁ βασιλεὺς Δαρεῖος ὤρθρισε 19 (20) πρωὶ καὶ παρέλαβε μεθ᾽ ἑαυτοῦ τοὺς σατράπας, καὶ πορευθεὶς ἔστη ἐπὶ τοῦ στόματος τοῦ λάκκου τῶν λεόντων. [20]τότε ὁ 20 (21) βασιλεὺς ἐκάλεσε τὸν Δανιὴλ φωνῇ μεγάλῃ μετὰ κλαυθμοῦ λέγων Ὦ Δανιήλ, εἰ ἄρα ζῇς, καὶ ὁ θεός σου, ᾧ λατρεύεις ἐνδελεχῶς, σέσωκέ σε ἀπὸ τῶν λεόντων, καὶ οὐκ ἠχρείωκάν σε; [21]τότε 21 (22) Δανιὴλ ἐπήκουσε φωνῇ μεγάλῃ καὶ εἶπεν [22]Βασιλεῦ, ἔτι εἰμὶ ζῶν, 22 (23) καὶ σέσωκέ με ὁ θεὸς ἀπὸ τῶν λεόντων, καθότι δικαιοσύνη ἐν ἐμοὶ εὑρέθη ἐναντίον αὐτοῦ· καὶ ἐναντίον δὲ σοῦ, βασιλεῦ, οὔτε ἄγνοια οὔτε ἁμαρτία εὑρέθη ἐν ἐμοί· σὺ δὲ ἤκουσας ἀνθρώπων πλανώντων βασιλεῖς καὶ ἔρριψάς με εἰς τὸν λάκκον τῶν λεόντων εἰς ἀπώλειαν. [23]τότε συνήχθησαν πᾶσαι αἱ δυνάμεις καὶ εἶδον 23 (24) τὸν Δανιήλ, ὡς οὐ παρηνώχλησαν αὐτῷ οἱ λέοντες. [24]τότε οἱ 24 (25) δύο ἄνθρωποι ἐκεῖνοι οἱ καταμαρτυρήσαντες τοῦ Δανιήλ, αὐτοὶ καὶ αἱ γυναῖκες αὐτῶν καὶ τὰ τέκνα αὐτῶν, ἐρρίφησαν τοῖς λέουσι, καὶ οἱ λέοντες ἀπέκτειναν αὐτοὺς καὶ ἔθλασαν τὰ ὀστᾶ αὐτῶν. [25]Τότε Δαρεῖος ἔγραψε πᾶσι τοῖς ἔθνεσι καὶ γλώσσαις 25 (26) καὶ χώραις τοῖς οἰκοῦσιν ἐν πάσῃ τῇ γῇ αὐτοῦ λέγων [26]Πάντες 26 (27) οἱ ἄνθρωποι οἱ ὄντες ἐν τῇ βασιλείᾳ μου ἔστωσαν προσκυνοῦντες καὶ λατρεύοντες τῷ θεῷ τοῦ Δανιήλ· αὐτὸς γάρ ἐστι θεὸς μένων καὶ ζῶν εἰς γενεὰς γενεῶν ἕως τοῦ αἰῶνος. [27]ἐγὼ Δαρεῖος ἔσομαι 27 (28) αὐτῷ προσκυνῶν καὶ δουλεύων πάσας τὰς ἡμέρας μου· τὰ γὰρ εἴδωλα τὰ χειροποίητα οὐ δύνανται σῶσαι, ὡς ἐλυτρώσατο ὁ θεὸς τοῦ Δανιὴλ τὸν Δανιήλ. [28]καὶ ὁ βασιλεὺς Δαρεῖος προσετέθη 28 (29) πρὸς τὸ γένος αὐτοῦ, καὶ Δανιὴλ κατεστάθη ἐπὶ τῆς βασιλείας Δαρείου· καὶ Κῦρος ὁ Πέρσης παρέλαβε τὴν βασιλείαν αὐτοῦ.

[1]Ἔτους πρώτου βασιλεύοντος Βαλτασὰρ χώρας Βαβυλωνίας 1 VII Δανιὴλ ὅραμα εἶδε παρὰ κεφαλὴν ἐπὶ τῆς κοίτης αὐτοῦ. τότε Δανιὴλ τὸ ὅραμα, ὃ εἶδεν, ἔγραψεν εἰς κεφάλαια λόγων. [2]Ἐπὶ τῆς 2 κοίτης μου ἐθεώρουν καθ᾽ ὕπνους νυκτός, καὶ ἰδοὺ τέσσαρες ἄνεμοι

Syr   20 απο|πο 87   22 om και 3° Syr   24 τα| τα οστα 87
25 χωραις κ. γλωσσαις Syr   26 προσκυνοῦν|τες 87[ed]   28 προς το γενος|
adnot (ut vid) προς τους πατερας Syr[mg] | ÷ και Δανιηλ (÷ 87)...Δαρειου 87 Syr

ΔΑΝΙΗΛ (Θ). VII 2

καὶ ἐδέσματα οὐκ εἰσήνεγκαν αὐτῷ, καὶ ὁ ὕπνος ἀπέστη ἀπ' αὐτοῦ. Β καὶ ἔκλεισεν ὁ θεὸς τὰ στόματα τῶν λεόντων, καὶ οὐ παρηνώ- 19 χλησαν τῷ Δανιήλ. ¹⁹τότε ὁ βασιλεὺς ἀνέστη τὸ πρωὶ ἐν τῷ φωτί, καὶ ἐν σπουδῇ ἦλθεν ἐπὶ τὸν λάκκον τῶν λεόντων. ²⁰καὶ ἐν τῷ ἐγγίζειν αὐτὸν τῷ λάκκῳ ἐβόησεν φωνῇ ἰσχυρᾷ Δανιὴλ ὁ δοῦλος τοῦ θεοῦ τοῦ ζῶντος, ὁ θεός σου, ᾧ σὺ λατρεύεις ἐνδελεχῶς, εἰ ἠδυνήθη ἐξελέσθαι σε ἐκ στόματος τῶν λεόντων; ²¹καὶ εἶπεν Δανιὴλ τῷ βασιλεῖ Βασιλεῦ, εἰς τοὺς αἰῶνας ζῆθι. ²²ὁ θεός μου ἀπέστειλεν τὸν ἄγγελον αὐτοῦ καὶ ἐνέφραξεν τὰ στόματα τῶν λεόντων, καὶ οὐκ ἐλυμήναντό με, ὅτι κατέναντι αὐτοῦ εὐθύτης ηὑρέθη μοι· καὶ ἐνώπιον δὲ σοῦ, βασιλεῦ, παρά- πτωμα οὐκ ἐποίησα. ²³τότε ὁ βασιλεὺς πολὺ ἠγαθύνθη ἐπ' αὐτῷ, καὶ τὸν Δανιὴλ εἶπεν ἀνενέγκαι ἐκ τοῦ λάκκου. καὶ ἀνηνέχθη Δανιὴλ ἐκ τοῦ λάκκου, καὶ πᾶσα διαφθορὰ οὐχ εὑρέθη ἐν αὐτῷ, ὅτι ἐπίστευσεν ἐν τῷ θεῷ αὐτοῦ. ²⁴καὶ εἶπεν ὁ βασιλεύς, καὶ ἠγάγοσαν τοὺς ἄνδρας τοὺς διαβαλόντας τὸν Δανιήλ, καὶ εἰς τὸν λάκκον τῶν λεόντων ἐνεβλήθησαν, αὐτοὶ καὶ οἱ υἱοὶ αὐτῶν καὶ αἱ γυναῖκες αὐτῶν· καὶ οὐκ ἔφθασαν εἰς τὸ ἔδαφος τοῦ λάκκου ἕως οὗ ἐκυρίευσαν αὐτῶν οἱ λέοντες, καὶ πάντα τὰ ὀστᾶ αὐτῶν ἐλέπτυναν. ²⁵Τότε Δαρεῖος ὁ βασιλεὺς ἔγραψεν πᾶσι τοῖς λαοῖς φυλαῖς γλώσσαις τοῖς οἰκοῦσιν ἐν πάσῃ τῇ γῇ Εἰρήνη ὑμῖν πληθυνθείη. ²⁶ἐκ προσώπου μου ἐτέθη δόγμα τοῦτο, ἐν πάσῃ ἀρχῇ τῆς βασιλείας μου εἶναι τρέμοντας καὶ φοβουμένους ἀπὸ προσώπου τοῦ θεοῦ Δανιήλ, ὅτι αὐτός ἐστιν θεὸς ζῶν καὶ μένων εἰς τοὺς αἰῶνας, καὶ ἡ βασιλεία αὐτοῦ οὐ διαφθαρήσεται, καὶ ἡ κυρία αὐτοῦ ἕως τέλους· ²⁷ἀντιλαμβάνεται καὶ ῥύεται, καὶ ποιεῖ σημεῖα καὶ τέρατα ἐν οὐρανῷ καὶ ἐπὶ τῆς γῆς, ὅστις ἐξείλατο τὸν Δανιὴλ ἐκ χειρὸς τῶν λεόντων. ²⁸καὶ Δανιὴλ κατεύθυνεν ἐν τῇ βασιλείᾳ Δαρείου καὶ ἐν τῇ βασιλείᾳ Κύρου τοῦ Πέρσου.

VII 1 §¹'Εν ἔτει τρίτῳ Βαλτασὰρ βασιλέως Χαλδαίων Δανιὴλ ἐνύπνιον § Γ ἴδεν, καὶ αἱ ὁράσεις τῆς κεφαλῆς αὐτοῦ ἐπὶ τῆς κοίτης αὐτοῦ, καὶ 2 τὸ ἐνύπνιον αὐτοῦ ἔγραψεν. ²'Εγὼ Δανιὴλ ἐθεώρουν, καὶ ἰδοὺ οἱ

18 εισηνεγκαν] εισηνεχθη A | ο υπνος]+αυτου A | απεστη] εγενετο A ΑΓ 20 λακκω]+τω Δανιηλ A | ισχυρα] μεγαλη A | om συ A | ηδυνηθη] εδυνασθη A 22 κατεναντι] κατεναντιον A | ηυρεθη μοι] ευρεθη εν εμοι A 23 om εν 2° A 24 ηγαγο| A | ενεβληθησαν] εβληθησαν A | αυτων 1°] ων sup ras B^ab 25 Δαριος B*A | ο βασιλευς Δαριος A | πασιν A 26 τουτο] του A | om εστιν A | κυρεια B^a κυριεια A 28 κατηυθυνεν A | Δαριου BA | subscr ορασις ζ' A VII 1 superscr ορασις η' A superscr ✠ ορασις.. ✠ Γ | τριτω] πρωτω B^abA | ειδεν B^ab ειδε[ν?] Γ | ορασις A | om αυτου 3° ΑΓ 2 Δανιηλ] + εν ορα[ματι] της νυ[κτος] Γ^vid | εθεωρουν] + εν οραματι της νυκτος A ιδον Γ

VII 3   ΔΑΝΙΗΛ (Ο')

87 τοῦ οὐρανοῦ ἐνέπεσον εἰς τὴν θάλασσαν τὴν μεγάλην. ³καὶ τέσσαρα 3
θηρία ἀνέβαινον ἐκ τῆς θαλάσσης, διαφέροντα ἐν παρὰ τὸ ἕν. ⁴τὸ 4
πρῶτον ὡσεὶ λέαινα ἔχουσα πτερὰ ὡσεὶ ἀετοῦ· ἐθεώρουν ἕως ὅτου
ἐτίλη τὰ πτερὰ αὐτῆς, καὶ ἤρθη ἀπὸ τῆς γῆς, καὶ ἐπὶ ποδῶν ἀνθρω-
πίνων ἐστάθη καὶ ἀνθρωπίνη καρδία ἐδόθη αὐτῇ. ⁵καὶ ἰδοὺ μετ' αὐ- 5
τὴν ἄλλο θηρίον ὁμοίωσιν ἔχον ἄρκου, καὶ ἐπὶ τοῦ ἑνὸς πλευροῦ
ἐστάθη, καὶ τρία πλευρὰ ἦν ἐν τῷ στόματι αὐτῆς ἐν μέσῳ ὀδόντων
αὐτῆς, καὶ οὕτως εἶπεν Ἀνάστα, κατάφαγε σάρκας πολλάς. ⁶καὶ 6
μετὰ ταῦτα ἐθεώρουν θηρίον ἄλλο ὡσεὶ πάρδαλιν· καὶ πτερὰ τέσσαρα
ἐπέτεινον ἐπάνω αὐτοῦ, καὶ τέσσαρες κεφαλαὶ τῷ θηρίῳ. ⁷μετὰ δὲ 7
ταῦτα ἐθεώρουν ἐν ὁράματι τῆς νυκτὸς θηρίον τέταρτον φοβερόν, καὶ
ὁ φόβος αὐτοῦ ὑπερφέρων ἰσχύι, ἔχον ὀδόντας σιδηροῦς μεγάλους,
ἐσθίον καὶ κοπανίζον, κύκλῳ τοῖς ποσὶ καταπατοῦν, διαφόρως χρώ-
μενον παρὰ πάντα τὰ πρὸ αὐτοῦ θηρία· εἶχε δὲ κέρατα δέκα, ⁸καὶ 8
βουλαὶ πολλαὶ ἐν τοῖς κέρασιν αὐτοῦ. καὶ ἰδοὺ ἄλλο ἓν κέρας
ἀνεφύη ἀνὰ μέσον αὐτῶν μικρὸν ἐν τοῖς κέρασιν αὐτοῦ, καὶ τρία τῶν
κεράτων τῶν πρώτων ἐξηράνθησαν δι' αὐτοῦ· καὶ ἰδοὺ ὀφθαλμοὶ
ὥσπερ ὀφθαλμοὶ ἀνθρώπινοι ἐν τῷ κέρατι τούτῳ καὶ στόμα λαλοῦν
μεγάλα, καὶ ἐποίει πόλεμον πρὸς τοὺς ἁγίους. ⁹ἐθεώρουν ἕως ὅτε 9
θρόνοι ἐτέθησαν, καὶ παλαιὸς ἡμερῶν ἐκάθητο ἔχων περιβολὴν ὡσεὶ
χιόνα, καὶ τὸ τρίχωμα τῆς κεφαλῆς αὐτοῦ ὡσεὶ ἔριον λευκὸν καθαρόν·
ὁ θρόνος ὡσεὶ φλὸξ πυρός, τροχοὶ αὐτοῦ πῦρ καιόμενον. ¹⁰ποταμὸς 10
πυρὸς ἕλκων, καὶ ἐξεπορεύετο κατὰ πρόσωπον αὐτοῦ ποταμὸς
πυρός· χίλιαι χιλιάδες ἐθεράπευον αὐτὸν καὶ μύριαι μυριάδες παρ-
ειστήκεισαν αὐτῷ· καὶ κριτήριον ἐκάθισε καὶ βίβλοι ἠνεῴχθησαν.
¹¹ἐθεώρουν τότε τὴν φωνὴν τῶν λόγων τῶν μεγάλων ὧν τὸ κέρας 11
ἐλάλει· θεωρῶν ἤμην, καὶ ἀπετυμπανίσθη τὸ θηρίον, καὶ ἀπώλετο

Syr 4 adnot η βασιλεια των Βαβυλωνιων 87^mg inf   5 adnot Περσαι και Μηδοι 87^mg | εχων 87 | ※ εν μεσω οδοντων αυτης 87 εν μ. οδ. αυτης Syr   6 adnot οι απο Αλεξανδρου κρατησαντες Ελληνες 87^mg | ταυτα] ras aliq sup ταυ 87? (fort prius τ' αυτα) | τω θηριω (in ω bis ras aliq 87ᵃ)]+και γλωσσα εδοθη αυτω Syr   7 adnot οι νυν κρατουντες Ρωμαιοι 87^mg | κοπανιζων 87* (-ζον 87¹) | κερατα δεκα] adnot αι ι' βασιλειαι 87^mg   8 ΚΑΙ ΒΟΥΛΑΙ Syr^mg | πολλαι] μεγαλαι Syr | και ιδου] adnot τελευταιον του αντιχριστου 87^mg | τρια των κερατων] adnot σημαινει οτι τρεις βασιλεις αινιττονται Αιγυπ-του Λιβυων Αιθιοπων 87^mg | εξηρανθησαν δι αυτου (ΔΙ ΑΥΤΟΥ Syr^mg)] εξερριζωθη απο προσωπου αυτου Syr^mg | ÷ και εποιει πολεμον προς τους (÷ 87) αγιους 87 Syr   9 χιων 87* (χιονα 87¹)   9—10 ※ τροχοι αυτου πυρ καιομενον (※ 87)...ελκων 87 (deest ✗) Syr   9 τροχοι] αρμα Syr^mg vid
10 ΚΡΙΤΗΡΙΟΝ Syr^mg   11 ※ θεωρων ημην Syr

ΔΑΝΙΗΛ (Θ.)

τέσσαρες ἄνεμοι τοῦ οὐρανοῦ προσέβαλλον εἰς τὴν θάλασσαν τὴν Β
3 μεγάλην. ³καὶ τέσσερα θηρία μεγάλα ἀνέβαινεν ἐκ τῆς θαλάσσης,
4 διαφέροντα ἀλλήλων. ⁴τὸ πρῶτον ὡσεὶ λέαινα, καὶ πτερὰ αὐτῇ
ὡσεὶ ἀετοῦ· ἐθεώρουν ἕως οὗ ἐξετίλη τὰ πτερὰ αὐτῆς, καὶ ἐξήρθη ἀπὸ
τῆς γῆς καὶ ἐπὶ ποδῶν ἀνθρώπου ἐστάθη, καὶ καρδία ἀνθρώπου
5 ἐδόθη αὐτῇ. ⁵καὶ ἰδοὺ θηρίον δεύτερον ὅμοιον ἄρκῳ, καὶ εἰς μέρος
ἓν ἐστάθη, καὶ τρεῖς πλευραὶ ἐν τῷ στόματι αὐτῆς ἀνὰ μέσον τῶν
ὀδόντων αὐτῆς· καὶ οὕτως ἔλεγον αὐτῇ Ἀνάστηθι, φάγε σάρκας πολ-
6 λάς. ⁶ὀπίσω τούτου ἐθεώρουν, καὶ ἰδοὺ ἕτερον θηρ[ι]ον ὡσεὶ πάρ-
δαλις· καὶ αὐτῇ πτερὰ τέσσερα πετεινοῦ ὑπεράνω αὐτῆς, καὶ τέσ-
7 σαρες κεφαλαὶ τῷ θηρίῳ, καὶ ἐξουσία ἐδόθη αὐτῇ. ⁷ὀπίσω τούτου
ἐθεώρουν, καὶ ἰδοὺ θηρίον τέταρτον φοβερὸν καὶ ἔκθαμβον καὶ ἰσχυ-
ρὸν περισσῶς, καὶ οἱ ὀδόντες αὐτοῦ σιδηροῖ, ἐσθίον καὶ λεπτῦνον,
καὶ τὰ ἐπίλοιπα τοῖς ποσὶν αὐτοῦ συνεπάτει, καὶ αὐτὸ διάφορον
περισσῶς παρὰ πάντα τὰ θηρία τὰ ἔμπροσθεν αὐτοῦ· καὶ κέρατα
8 δέκα αὐτῷ. ⁸προσενόουν τοῖς κέρασιν αὐτοῦ, καὶ ἰδοὺ κέρας ἕτερον
μικρὸν ἀνέβη ἐν μέσῳ αὐτῶν, καὶ τρία κέρατα τῶν ἔμπροσθεν αὐ-
τοῦ ἐξεριζώθη ἀπὸ προσώπου αὐτοῦ· καὶ ἰδοὺ ὀφθαλμοὶ ὡσεὶ ὀφθαλ-
μοὶ ἀνθρώπου ἐν τῷ κέρατι τούτῳ καὶ στόμα λαλοῦν μεγάλα.
9 ⁹ἐθεώρουν ἕως ὅτου θρόνοι ἐτέθησαν, καὶ παλαιὸς ἡμερῶν ἐκάθητο,
καὶ τὸ ἔνδυμα αὐτοῦ ὡσεὶ χιὼν λευκόν, §καὶ ἡ θρὶξ τῆς κεφαλῆς § Q
αὐτοῦ ὡσεὶ ἔριον καθαρόν· ὁ θρόνος αὐτοῦ φλὸξ πυρός, οἱ τροχοὶ
10 αὐτοῦ πῦρ φλέγον. ¹⁰ποταμὸς πυρὸς εἷλκεν ἔμπροσθεν αὐτοῦ· χί-
λιαι χιλιάδες ἐλειτούργουν αὐτῷ, καὶ μύριαι μυριάδες παριστήκεισαν
11 αὐτῷ· κριτήριον ἐκάθισεν, καὶ βίβλοι ἠνεῴχθησαν. ¹¹ἐθεώρουν τότε
ἀπὸ φωνῆς τῶν λόγων τῶν μεγάλων ὧν τὸ κέρας ἐκεῖνο ἐλάλει,
ἕως ἀνῃρέθη τὸ θηρίον καὶ ἀπώλετο, καὶ τὸ σῶμα αὐτοῦ ἐδόθη εἰς

---

3 τεσσαρα B^b : item 6, 17 | ανεβαινον AΓ   4 λεαινα] +εχουσα πτερα AQΓ
B^ab A | αυτη] αυτης A | ωσει 2°] ως A | εξηρθη] εξηγερθη A   5 τρεις
πλευραι] τρια πλευρα A   6 θηριον ετερον A | om και 2° B^b vid | αυτη 2°]
αυτω A   7 περισσως 1°]+παρα παντα τα θηρια τα εμπροσθεν αυτου και
κερατα δεκα αυτω (και κερατα sup ras A^a?) A | om και 4° A | σιδηροι]+μεγα-
λοι AΓ | κερατα δεκα] δεκα κερατα A   8 κερατα] pr των B* (non inst
B^b) | εξερριζωθη B^ab   10 πυρος]+εκπορευομενος A | ειλκεν]+εκπο-
ρευομενος Γ | ελιτουρ (sic) B* (ελειτουργουν B^ab) ελειτουρ (sic) Q* (+γουν
Q^1 mg) | παρειστηκεισαν B^ab Q^a | αυτω 2°] [εμπρο]σθε[ν αυ]του Γ   11 των
μεγαλων] ων ελαλει A | ανηρεθη το θηριον] το θηριο[εκεινο ανηρ. A

ΔΑΝΙΗΛ (Ο')

87 τὸ σῶμα αὐτοῦ καὶ ἐδόθη εἰς καῦσιν πυρός. ¹²καὶ τοὺς κύκλῳ αὐτοῦ 12 ἀπέστησε τῆς ἐξουσίας αὐτῶν, καὶ χρόνος ζωῆς ἐδόθη αὐτοῖς ἕως χρόνου καὶ καιροῦ. ¹³ἐθεώρουν ἐν ὁράματι τῆς νυκτός, καὶ ἰδοὺ ἐπὶ 13 τῶν νεφελῶν τοῦ οὐρανοῦ ὡς υἱὸς ἀνθρώπου ἤρχετο, καὶ ὡς παλαιὸς ἡμερῶν παρῆν· καὶ οἱ παρεστηκότες παρῆσαν αὐτῷ. ¹⁴καὶ ἐδόθη 14 αὐτῷ ἐξουσία καὶ τιμὴ βασιλική, καὶ πάντα τὰ ἔθνη τῆς γῆς κατὰ γένη καὶ πᾶσα δόξα αὐτῷ λατρεύουσα· καὶ ἡ ἐξουσία αὐτοῦ ἐξουσία αἰώνιος ἥτις οὐ μὴ ἀρθῇ, καὶ ἡ βασιλεία αὐτοῦ, ἥτις οὐ μὴ φθαρῇ. ¹⁵Καὶ ἀκηδιάσας ἐγὼ Δανιὴλ ἐν τούτοις ἐν τῷ ὁράματι 15 τῆς νυκτός, ἐτάρασσόν με οἱ διαλογισμοί μου. ¹⁶προσῆλθον πρὸς 16 ἕνα τῶν ἑστώτων καὶ τὴν ἀκρίβειαν ἐζήτουν παρ' αὐτοῦ ὑπὲρ πάντων τούτων. ἀποκριθεὶς δὲ λέγει μοι καὶ τὴν κρίσιν τῶν λόγων ἐδήλωσέ μοι ¹⁷Ταῦτα τὰ θηρία τὰ μεγάλα εἰσὶ τέσσαρες βασιλεῖαι, αἵ 17 ἀπολοῦνται ἀπὸ τῆς γῆς· ¹⁸καὶ παραλήψονται τὴν βασιλείαν ἅγιοι 18 Ὑψίστου, καὶ καθέξουσι τὴν βασιλείαν ἕως τοῦ αἰῶνος τῶν αἰώνων. ¹⁹τότε ἤθελον ἐξακριβάσασθαι περὶ τοῦ θηρίου τοῦ τετάρτου τοῦ 19 διαφθείροντος πάντα καὶ ὑπερφόβου· καὶ ἰδοὺ οἱ ὀδόντες αὐτοῦ σιδηροῖ καὶ οἱ ὄνυχες αὐτοῦ χαλκοῖ, κατεσθίοντες πάντας κυκλόθεν καὶ περιπατοῦντες τοῖς ποσί· ²⁰καὶ περὶ τῶν δέκα κεράτων αὐτοῦ 20 τῶν ἐπὶ τῆς κεφαλῆς, καὶ τοῦ ἑνὸς τοῦ ἄλλου τοῦ προσφυέντος, καὶ ἐξέπεσαν δι' αὐτοῦ τρία, καὶ τὸ κέρας ἐκεῖνο εἶχεν ὀφθαλμοὺς καὶ στόμα λαλοῦν μεγάλα, καὶ ἡ πρόσοψις αὐτοῦ ὑπερέφερε τὰ ἄλλα. ²¹καὶ κατενόουν τὸ κέρας ἐκεῖνο πόλεμον συνιστάμενον πρὸς τοὺς 21 ἁγίους καὶ τροπούμενον αὐτούς, ²²ἕως τοῦ ἐλθεῖν τὸν παλαιὸν ἡμε- 22 ρῶν, καὶ τὴν κρίσιν ἔδωκε τοῖς ἁγίοις τοῦ ὑψίστου, καὶ ὁ καιρὸς ἐδόθη καὶ τὸ βασίλειον κατέσχον οἱ ἅγιοι. ²³καὶ ἐρρέθη μοι περὶ 23 τοῦ θηρίου τοῦ τετάρτου, ὅτι βασιλεία τετάρτη ἔσται ἐπὶ τῆς γῆς, ἥτις διοίσει παρὰ πᾶσαν τὴν γῆν, καὶ καταφάγεται πᾶσαν τὴν γῆν καὶ ἀναστατώσει αὐτὴν καὶ καταλεανεῖ αὐτήν. ²⁴καὶ τὰ δέκα κέρατα 24

Syr   13 παρησαν ⋖ (sic ut vid) 87 ηγγιζον Syr^{mg vid}   14 ※ και (※ 87) τιμη βασιλικη 87 Syr | λατρευουσα] + ην Syr   15 ακιδιασας 87 | ※ ετα ※ ρασσον με οι διαλογισμοι μου 87 (deest ⋖) ※ εταρασσον με Syr | om οι διαλ. μου Syr   16 λεγει] ειπε Syr   18 εως του αιωνος] + και εως του αιωνος Syr 19 κυκλωθεν 87* (κυκλοθεν 87¹)   20 του ενος] pr περι Syr   23 παρα πασαν την γην] παρα πασας τας βασιλειας Syr^{mg} | ※ και καταφαγεται πασαν την γην 87 Syr | και αναστατωσει Syr^{mg} | καταλεανει Syr^{mg}

ΔΑΝΙΗΛ (Θ.) VII 24

12 καῦσιν πυρός. ¹²καὶ τῶν λοιπῶν θηρίων ἡ ἀρχὴ μετεστάθη, καὶ 13 μακρότης ζωῆς ἐδόθη αὐτοῖς ἕως καιροῦ καὶ καιροῦ. ¹³ἐθεώρουν ἐν ὁράματι τῆς νυκτός, καὶ ἰδοὺ μετὰ τῶν νεφελῶν τοῦ οὐρανοῦ ὡς υἱὸς ἀνθρώπου ἐρχόμενος, καὶ ἕως τοῦ παλαιοῦ τῶν ἡμερῶν ἔφθα- 14 σεν· καὶ προσήχθη αὐτῷ. ¹⁴καὶ αὐτῷ ἐδόθη ἡ ἀρχὴ καὶ ἡ τιμὴ καὶ ἡ βασιλεία, καὶ πάντες οἱ λαοί, φυλαί, καὶ γλῶσσαι δουλεύ- ουσιν αὐτῷ· ἡ ἐξουσία αὐτοῦ ἐξουσία αἰώνιος ἥτις οὐ παρελεύ- 15 σεται, καὶ ἡ βασιλεία αὐτοῦ οὐ διαφθαρήσεται. ¹⁵Ἔφριξεν τὸ πνεῦμά μου ἐν τῇ ἕξει μου, ἐγὼ Δανιήλ, καὶ αἱ ὁράσεις τῆς κεφαλῆς 16 μου ἐτάρασσόν με. ¹⁶καὶ προσῆλθον ἑνὶ τῶν ἑστηκότων, καὶ τὴν ἀκρίβειαν ἐζήτουν παρ' αὐτοῦ περὶ πάντων τούτων· καὶ εἶπέν μοι τὴν 17 ἀκρίβειαν, καὶ τὴν σύνκρισιν τῶν λόγων ἐγνώρισέν μοι ¹⁷Ταῦτα τὰ θηρία τὰ τέσσερα, τέσσαρες βασιλεῖαι ἀναστήσονται ἐπὶ τῆς γῆς, 18 αἳ ἀρθήσονται· ¹⁸καὶ παραλήμψονται τὴν βασιλείαν ἅγιοι Ὑψίστου 19 καὶ καθέξουσιν αὐτὴν ἕως αἰῶνος τῶν αἰώνων. ¹⁹καὶ ἐζήτουν ἀκρι- βῶς περὶ τοῦ θηρίου τοῦ τετάρτου, ὅτι ἦν διαφέρον παρὰ πᾶν θη- ρίον, φοβερὸν περισσῶς, οἱ ὀδόντες αὐτοῦ σιδηροῖ καὶ οἱ ὄνυχες αὐτοῦ χαλκοῖ, ἐσθίον καὶ λεπτῦνον, καὶ τὰ ἐπίλοιπα τοῖς ποσὶν 20 αὐτοῦ συνεπάτει· ²⁰καὶ περὶ τῶν κεράτων αὐτοῦ τῶν δέκα τῶν ἐν τῇ κεφαλῇ αὐτοῦ, καὶ τοῦ ἑτέρου τοῦ ἀναβάντος καὶ ἐκτινάξαντος τῶν πρώτων, ᾧ οἱ ὀφθαλμοὶ καὶ στόμα λαλοῦν μεγάλα, καὶ ἡ ὅρασις 21 αὐτοῦ μείζων τῶν λοιπῶν. ²¹ἐθεώρουν, καὶ τὸ κέρας ἐκεῖνο ἐποίει 22 πόλεμον μετὰ τῶν ἁγίων, καὶ ἴσχυσεν πρὸς αὐτούς, ²²ἕως οὗ ἦλθεν ὁ παλαιὸς ἡμερῶν καὶ τὸ κρίμα ἔδωκεν ἁγίοις Ὑψίστου, καὶ ὁ και- 23 ρὸς ἔφθασεν καὶ τὴν βασιλείαν κατέσχον οἱ ἅγιοι. ²³καὶ εἶπεν Τὸ θηρίον τὸ τέταρτον βασιλεία τετάρτη ἔσται ἐν τῇ γῇ, ἥτις ὑπερέξει πάσας τὰς βασιλείας, καὶ καταφάγεται πᾶσαν τὴν γῆν, καὶ συνπα- 24 τήσει αὐτὴν καὶ κατακόψει. ²⁴καὶ τὰ δέκα κέρατα αὐτοῦ, δέκα βα-

12 καιρου 1°] χρονου Q   13 μετα] επι Q | ερχομενος]+ην A | και AQΓ προσηχθη αυτω] ενωπιον αυτου προσηγαγον αυτον A και προσηχθη (Q* προσ- ηνεχθη Qᵃ) αυτω Q [ε]νωπιον αυτο[υ προση]χθη Γᵛⁱᵈ   14 om και 5° AQΓ | δουλευουσιν αυτω] αυτω δουλευσουσιν A δουλευσουσιν (-λευους. Qᵃ) αυτω Q αυτ. δουλευσουσιν και [υπ]ακουσοντ[αι] Γ   15 [ε]|γω Δα[νιηλ εν τη]| εξει μου Γ | εταρασσον] σ[υ]νεταρασσον Γ   16 ακριβιαν B*A (-βειαν Bᵃᵇ QΓ) bis | om παρ αυτου Γ | αυτου]+μαθειν BᵃᵇA | συγκρισιν BᵃᵇQΓ | εγνωρισε Γ 17 θηρια]+τα μεγαλα AΓ | τεσσερες Γ | improb vid αι Qᵗ   18 παρα- ληψονται Bᵇ(⁾ᵃΓ | κατε[ξουσι]ν Γ | εως]+αιωνος και εως Q   19 διαφορον A | θηριον]+και Q | χαλκοι]+οι B   20 κεφαλην A* (-λη Aᵃ?) | πρωτων] προτερων AQΓᵛⁱᵈ +τρια· κερας εκεινο AΓᶠᵒʳᵗ +τρια Q | ω] ου Q | στομα] pr το Q | μειζω AQ   21 ισχυεν A   22 om και A | ημερων] pr των AQΓ 23 συμπατησει BᵇQΓ.

549

ΔΑΝΙΗΛ (Ο´)

87 τῆς βασιλείας δέκα βασιλεῖς στήσονται· καὶ ὁ ἄλλος βασιλεὺς μετὰ τούτους στήσεται, καὶ αὐτὸς διοίσει κακοῖς ὑπὲρ τοὺς πρώτους καὶ τρεῖς βασιλεῖς ταπεινώσει, 25καὶ ῥήματα εἰς τὸν ὕψιστον λαλήσει 25 καὶ τοὺς ἁγίους τοῦ ὑψίστου κατατρίψει, καὶ προσδέξεται ἀλλοιῶσαι καιροὺς καὶ νόμον, καὶ παραδοθήσεται πάντα εἰς τὰς χεῖρας αὐτοῦ ἕως καιροῦ καὶ καιρῶν καὶ ἕως ἡμίσους καιροῦ. 26καὶ ἡ κρίσις 26 καθίσεται, καὶ τὴν ἐξουσίαν ἀπολοῦσι, καὶ βουλεύσονται μιᾶναι καὶ ἀπολέσαι ἕως τέλους. 27καὶ τὴν βασιλείαν καὶ τὴν ἐξουσίαν καὶ 27 τὴν μεγαλειότητα αὐτῶν καὶ τὴν ἀρχὴν πασῶν τῶν ὑπὸ τὸν οὐρανὸν βασιλειῶν ἔδωκε λαῷ ἁγίῳ ὑψίστῳ βασιλεῦσαι βασιλείαν αἰώνιον, καὶ πᾶσαι ἐξουσίαι αὐτῷ ὑποταγήσονται καὶ πειθαρχήσουσιν αὐτῷ ἕως καταστροφῆς τοῦ λόγου. 28ἐγὼ Δανιὴλ σφόδρα ἐκστάσει περιει- 28 χόμην, καὶ ἡ ἕξις μου διήνεγκεν ἐμοί, καὶ τὸ ῥῆμα ἐν καρδίᾳ μου ἐστήριξα.

1Ἔτους τρίτου βασιλεύοντος Βαλτασὰρ ὅρασις ἣν εἶδον ἐγὼ 1 VIII Δανιὴλ μετὰ τὸ ἰδεῖν με τὴν πρώτην. 2καὶ εἶδον ἐν τῷ ὁράματι τοῦ 2 ἐνυπνίου μου, ἐμοῦ ὄντος ἐν Σούσοις τῇ πόλει, ἥτις ἐστὶν ἐν Ἐλυμαΐδι χώρᾳ, καὶ εἶδον ἐν ὁράματι ἔτι ὄντος μου πρὸς τῇ πύλῃ Αἰλάμ· 3ἀναβλέψας εἶδον κριὸν ἕνα μέγαν ἑστῶτα ἀπέναντι τῆς πύλης, καὶ 3 εἶχε κέρατα, καὶ τὰ κέρατα ὑψηλά· καὶ τὸ ἐν ὑψηλότερον τοῦ ἑτέρου, καὶ τὸ ὑψηλότερον ἀνέβαινε. 4μετὰ δὲ ταῦτα εἶδον τὸν κριὸν 4 κερατίζοντα πρὸς ἀνατολὰς καὶ πρὸς βορρᾶν καὶ πρὸς δυσμὰς καὶ μεσημβρίαν· καὶ πάντα τὰ θηρία οὐκ ἔστησαν ὀπίσω αὐτοῦ, καὶ οὐκ ἦν ὁ ῥυόμενος ἐκ τῶν χειρῶν αὐτοῦ, καὶ ἐποίει ὡς ἤθελε καὶ ὑψώθη. 5καὶ ἐγὼ διενοούμην, καὶ ἰδοὺ τράγος αἰγῶν ἤρχετο ἀπὸ δυσμῶν ἐπὶ 5 προσώπου τῆς γῆς, καὶ ἦν τοῦ τράγου κέρας ἐν θεωρητὸν ἀνὰ μέσον τῶν ὀφθαλμῶν αὐτοῦ. 6καὶ ἦλθεν ἐπὶ τὸν κριὸν τὸν τὰ κέρατα 6 ἔχοντα, ὃν εἶδον ἑστῶτα πρὸς τῇ πύλῃ, καὶ ἔδραμε πρὸς αὐτὸν ἐν

Syr   24 της βασιλειας] pr εκ Syr | διοισει] σ sup ras 87ᵃ   26 η κρισις (Η ΚΡΙϹΙϹ Syrᵐᵍ)] το κριτηριον Syrᵐᵍ   27 βασιλιαν 87 | τον ουνῶν 87* (των ουνῶν 87¹) | υψιστου Syr | εως καταστροφης του λογου] εως ωδε το περας του λογου 87ᵐᵍ Syrᵐᵍ   28 και η εξις (ΕΞΙϹ Syrᵐᵍ) μου] και η μορφη μου Syrᵐᵍ   VIII 2 Ελυμαιδι] Αλαμαιδι 87ᵃ ᵛⁱᵈ | ※ και ειδον εν οραματι 87 Syr | Αιλαμ] Ουλαμ Syr   3 ※ και τα κερατα (※ 87) υψηλα 87 (deest ✓) Syr | ε|ετερου 87   4 ανατολας] ανα|λας 87 | και 3°] και|και 87 | ουκ εστησαν οπισω αυτου] ου στησονται (?στησεται) ενωπιον αυτου Syrᵐᵍ 5 γης] + και ουχ ηπτετο της γης Syr | ※ θεωρητον 87 Syr ΘΕωΡΗΤΟΝ Syrᵐᵍ | αυτου] αυτων (seq ✓) 87

550

ΔΑΝΙΗΛ (Θ.) VIII 6

σιλεῖς ἀναστήσονται· καὶ ὀπίσω αὐτῶν ἀναστήσεται ὃς ὑπεροίσει B
25 κακοῖς πάντας τοὺς ἔμπροσθεν, καὶ τρεῖς βασιλεῖς ταπεινώσει, ²⁵καὶ
λόγους πρὸς τὸν ὕψιστον λαλήσει, καὶ τοὺς ἁγίους Ὑψίστου πα-
λαιώσει, καὶ ὑπονοήσει τοῦ ἀλλοιῶσαι καιροὺς καὶ νόμον, καὶ δοθή-
σεται ἐν χειρὶ αὐτοῦ ἕως καιροῦ καὶ καιρῶν καί γε ἥμισυ καιροῦ.
26 ²⁶καὶ τὸ κριτήριον ἐκάθισεν, καὶ τὴν ἀρχὴν μεταστήσουσιν τοῦ
27 ἀφανίσαι καὶ τοῦ ἀπολέσαι ἕως τέλους, ²⁷καὶ ἡ βασιλεία καὶ ἡ
ἐξουσία καὶ ἡ μεγαλωσύνη τῶν βασιλέων τῶν ὑποκάτω παντὸς τοῦ
οὐρανοῦ ἐδόθη ἁγίοις Ὑψίστου· καὶ ἡ βασιλεία αὐτοῦ βασιλεία αἰ-
ώνιος, καὶ πᾶσαι αἱ ἀρχαὶ αὐτῷ δουλεύσουσιν καὶ ὑπακούσονται·
28 ἕως ὧδε τὸ πέρας τοῦ λόγου. ²⁸ἐγὼ Δανιήλ, οἱ διαλογισμοί μου
ἐπὶ πολὺ συνετάρασσόν με, καὶ ἡ μορφή μου ἠλλοιώθη, καὶ τὸ
ῥῆμα ἐν τῇ καρδίᾳ μου διετήρησα.

VIII 1 ¹Ἐν ἔτει τρίτῳ τῆς βασιλείας Βαλτασὰρ τοῦ βασιλέως ὅρασις
ὤφθη πρὸς μέ, ἐγὼ Δανιήλ, μετὰ τὴν ὀφθεῖσάν μοι τὴν ἀρχήν.
2 ²καὶ ἤμην ἐν Σούσοις τῇ βάρει ἥ ἐστιν ἐν χώρᾳ Αἰλάμ, καὶ ἤμην
3 ἐπὶ τοῦ Οὐβάλ. ³καὶ ἦρα τοὺς ὀφθαλμούς μου καὶ ἴδον, καὶ ἰδοὺ
κριὸς εἷς ἑστηκὼς πρὸ τοῦ Οὐβάλ, καὶ αὐτῷ κέρατα ὑψηλά· καὶ τὸ
ἓν ὑψηλότερον τοῦ ἑτέρου, καὶ τὸ ὑψηλὸν ἀνέβαινεν ἐπ' ἐσχάτῳ.
4 ⁴ἴδον τὸν κριὸν κερατίζοντα κατὰ θάλασσαν καὶ βορρᾶ καὶ νότον·
καὶ πάντα τὰ θηρία οὐ στήσονται ἐνώπιον αὐτοῦ, καὶ οὐκ ἦν ὁ ἐξ-
αιρούμενος ἐκ χειρὸς αὐτοῦ, καὶ ἐποίησεν κατὰ τὸ θέλημα αὐτοῦ καὶ
5 ἐμεγαλύνθη. ⁵καὶ ἐγὼ ἤμην συνίων, καὶ ἰδοὺ τράγος αἰγῶν ἤρχετο
ἀπὸ λιβὸς ἐπὶ πρόσωπον πάσης τῆς γῆς, καὶ οὐκ ἦν ἁπτόμενος
6 τῆς γῆς, καὶ τῷ τράγῳ κέρας μέσον τῶν ὀφθαλμῶν αὐτοῦ. ⁶καὶ
ἦλθεν ἕως τοῦ κριοῦ τοῦ τὰ κέρατα ἔχοντος, οὗ ἴδον ἑστὼς ἐνώπιον
τοῦ Οὐβάλ, καὶ ἔδραμεν πρὸς αὐτὸν ἐν ὁρμῇ τῆς ἰσχύος αὐτοῦ.

24 αυτων] αυτου A | αναστησεται]+ ετερος B^{ab}AQΓ   25 εν χειρι AQΓ
αυτου] αυτω Γ^{vid} | καιρου 1°]+και καιρων A | om γε AQ   26 εκαθισεν]
καθεισ η A^{vid} | του απολεσαι] om του Q* (superscr Q^a)   27 εδοθη] pr και A |
αρχαι]+και αι εξουσιαι Q* (postea improb) ο' εξουσιαι Q^{mg} | δουλευσουσι Q^a
28 επι πολυ οι διαλογισμοι μου AΓ | ηλλοιωθη]+επ εμοι A+εν ε[μ[οι] Γ' |
διετηρησα] συνετηρησα A ετηρησα Q | subscr ορασις η' A   VIII 1 superscr
ορασις θ' AQ (paene evanuit superscriptio in Γ) | Βαρτασαρ A | προς με]
μοι Q | εγω Δανιηλ bis scr A   2 τη βαρει] τηs| βαρε[ως] Γ' | Αιλαμ]+και
ιδον εν οραματι AΓ   3 ειδον B^{a † b}: item 4 | om εις Q* (superscr Q^a) | προ]
επι Q | κερατα]+και τα κερατα AΓ' | υψηλον] υψηλοτερον AΓ' | αναβαινε[(sic)
A | εσχατων A   4 ιδον] pr και AΓ | βορραν AQΓ^{vid} | νοτον]+και λιβα
AΓ^{vid} | στησονται] στ[η]σε[ται] Γ'   5 τραγος] τραχος A | απτομενος] pr
ο A | κερας]+θεωρητον AΓ' | μεσον] pr ανα AQΓ   6 ειδον B^{ab} Γ' | εστως
ενωπιον] εστωτος ανα μεσον A εστωτος ενωπιον Q | εδραμε Γ'

551

VIII 7 ΔΑΝΙΗΛ (Ο′)

87 θυμῷ ὀργῆς. ⁷καὶ εἶδον αὐτὸν προσάγοντα πρὸς τὸν κριόν, καὶ 7
ἐθυμώθη ἐπ᾽ αὐτόν· καὶ ἐπάταξε τὸν κριὸν καὶ συνέτριψε τὰ δύο
κέρατα αὐτοῦ, καὶ οὐκέτι ἦν ἰσχὺς ἐν τῷ κριῷ στῆναι κατέναντι τοῦ
τράγου· καὶ ἐσπάραξεν αὐτὸν ἐπὶ τὴν γῆν καὶ συνέτριψεν αὐτόν,
καὶ οὐκ ἦν ὁ ῥυόμενος τὸν κριὸν ἀπὸ τοῦ τράγου. ⁸καὶ ὁ τράγος 8
τῶν αἰγῶν κατίσχυσε σφόδρα· καὶ ὅτε κατίσχυσε συνετρίβη αὐτοῦ
τὸ κέρας τὸ μέγα, καὶ ἀνέβη ἕτερα τέσσαρα κέρατα κατόπισθεν αὐτοῦ
εἰς τοὺς τέσσαρας ἀνέμους τοῦ οὐρανοῦ. ⁹καὶ ἐξ ἑνὸς αὐτῶν ἀνεφύη 9
κέρας ἰσχυρὸν ἕν, καὶ κατίσχυσε καὶ ἐπάταξεν ἐπὶ μεσημβρίαν
καὶ ἐπ᾽ ἀνατολὰς καὶ ἐπὶ βορρᾶν· ¹⁰καὶ ὑψώθη ἕως τῶν ἀστέρων 10
τοῦ οὐρανοῦ· καὶ ἐρράχθη ἐπὶ τὴν γῆν ἀπὸ τῶν ἀστέρων καὶ ἀπὸ
αὐτῶν κατεπατήθη, ¹¹ἕως ὁ ἀρχιστράτηγος ῥύσεται τὴν αἰχμαλωσίαν· 11
καὶ δι᾽ αὐτὸν τὰ ὄρη τὰ ἀπ᾽ αἰῶνος ἐρράχθη, καὶ ἐξήρθη ὁ τόπος αὐτῶν
καὶ θυσία, καὶ ἔθηκεν αὐτὴν ἕως χαμαὶ ἐπὶ τὴν γῆν, καὶ εὐωδώθησαν
καὶ ἐγενήθη· καὶ τὸ ἅγιον ἐρημωθήσεται. ¹²καὶ ἐγενήθησαν ἐπὶ τῇ 12
θυσίᾳ αἱ ἁμαρτίαι, καὶ ἐρρίφη χαμαὶ ἡ δικαιοσύνη· καὶ ἐποίησε καὶ
εὐωδώθη. ¹³καὶ ἤκουον ἑτέρου ἁγίου λαλοῦντος· καὶ εἶπεν ὁ ἕτερος 13
ἅγιος τῷ φελμουνὶ τῷ λαλοῦντι Ἕως τίνος τὸ ὅραμα στήσεται
καὶ ἡ θυσία ἡ ἀρθεῖσα καὶ ἡ ἁμαρτία ἐρημώσεως ἡ δοθεῖσα, καὶ
τὰ ἅγια ἐρημωθήσεται εἰς καταπάτημα; ¹⁴καὶ εἶπεν αὐτῷ Ἕως 14
ἑσπέρας καὶ πρωί, ἡμέραι δισχίλιαι τριακόσιαι· καὶ καθαρισθήσεται
τὸ ἅγιον. ¹⁵Καὶ ἐγένετο ἐν τῷ θεωρεῖν με, ἐγὼ Δανιὴλ τὸ 15
ὅραμα ἐζήτουν διανοηθῆναι· καὶ ἰδοὺ ἔστη κατεναντίον μου ὡς ὅρα-
σις ἀνθρώπου. ¹⁶καὶ ἤκουσα φωνὴν ἀνθρώπου ἀνὰ μέσον τοῦ 16
Οὐλαί, καὶ ἐκάλεσε καὶ εἶπεν Γαβριήλ, συνέτισον ἐκεῖνον τὴν
ὅρασιν. καὶ ἀναβοήσας εἶπεν ὁ ἄνθρωπος Ἐπὶ τὸ πρόσταγμα
ἐκεῖνο ἡ ὅρασις. ¹⁷καὶ ἦλθε καὶ ἔστη ἐχόμενός μου τῆς στάσεως· 17
καὶ ἐν τῷ ἔρχεσθαι αὐτὸν ἐθορυβήθην καὶ ἔπεσα ἐπὶ πρόσωπόν
μου· καὶ εἶπέν μοι Διανοήθητι, υἱὲ ἀνθρώπου· ἔτι γὰρ εἰς ὥραν
καιροῦ τοῦτο τὸ ὅραμα. ¹⁸καὶ λαλοῦντος αὐτοῦ μετ᾽ ἐμοῦ ἐκοιμήθην 18
ἐπὶ πρόσωπον χαμαί, καὶ ἁψάμενός μου ἤγειρέ με ἐπὶ τοῦ τόπου,

Syr 7 προсагонта Syrmg | ※ τον κριον (2°) 87 (deest ✗) Syr   8 κατισχυε
1° Syr | τεσσασα (sic) 87   9 adnot Αντιοχος ο επιφανης κατα γενος
προσηκων τω Αλεξανδρω ος την Ιερουσαλημ κρατησας ηχρειωσε τον ναον και
τα αγια 87mg sup | επ ανατολας] superscr επι νοτον 87¹   10 ΚΑΙ ΕΡΡΑΧΘΗ
Syrmg   11 αιχμαλωσιαν] μα fort sup ras 87? | ευωδωθη Syr   13 ηκουσα
Syr | ※ αγιος 87 (deest ※) Syr | ΦΕΛΜΟΥΝΙ Syrmg | ΕΡΗΜωCΕωC Syrmg
14 τριακοσιαι] pr και Syr   16 Ουλαι] superscr Ωλαι 87ᵃ | ÷ και αναβοησας
ειπεν ο ανθρωπος (÷ 87)...η ορασις 87 Syr   18 ras aliq ante αυτου 87?

552

ΔΑΝΙΗΛ (Θ.)

7 ⁷καὶ ἴδον αὐτὸν φθάνοντα ἕως τοῦ κριοῦ, καὶ ἐξηγριάνθη πρὸς B
αὐτόν· καὶ ἔπαισεν τὸν κριὸν καὶ συνέτριψεν ἀμφότερα τὰ κέρατα
αὐτοῦ, καὶ οὐκ ἦν ἰσχὺς τῷ κριῷ τοῦ στῆναι ἐνώπιον αὐτοῦ· καὶ
ἔριψεν αὐτὸν ἐπὶ τὴν γῆν καὶ συνεπάτησεν αὐτόν, καὶ οὐκ ἦν ὁ
8 ἐξαιρούμενος τὸν κριὸν ἐκ χειρὸς αὐτοῦ. ⁸καὶ ὁ τράγος τῶν αἰγῶν
ἐμεγαλύνθη ἕως σφόδρα· καὶ ἐν τῷ ἰσχῦσαι αὐτὸν συνετρίβη τὸ
κέρας αὐτοῦ τὸ μέγα, καὶ ἀνέβη κέρατα τέσσερα ὑποκάτω αὐτοῦ εἰς
9 τοὺς τέσσαρες ἀνέμους τοῦ οὐρανοῦ. ⁹καὶ ἐκ τοῦ ἑνὸς αὐτῶν ἐξ-
ῆλθεν κέρας ἓν ἰσχυρόν, καὶ ἐμεγαλύνθη περισσῶς πρὸς τὸν νότον
10 καὶ πρὸς τὴν δύναμιν· ¹⁰ἐμεγαλύνθη ἕως τῆς δυνάμεως τοῦ οὐρανοῦ·
καὶ ἔπεσεν ἐπὶ τὴν γῆν ἀπὸ τῆς δυνάμεως τοῦ οὐρανοῦ καὶ ἀπὸ
11 τῶν ἄστρων, καὶ συνεπάτησαν αὐτά, ¹¹καὶ ἕως ὁ ἀρχιστράτηγος
ῥύσηται τὴν αἰχμαλωσίαν, καὶ δι' αὐτὸν θυσία ἐράχθη, καὶ κατευο-
12 δώθη αὐτῷ· καὶ τὸ ἅγιον ἐρημωθήσεται. ¹²καὶ ἐδόθη ἐπὶ τὴν θυσίαν
ἁμαρτία, καὶ ἐρίφη χαμαὶ ἡ δικαιοσύνη· καὶ ἐποίησεν καὶ εὐοδώθη.
13 ¹³καὶ ἤκουσα ἑνὸς ἁγίου λαλοῦντος· καὶ εἶπεν εἷς ἅγιος τῷ φελμουνεὶ
τῷ λαλοῦντι Ἕως πότε ἡ ὅρασις στήσεται, ἡ θυσία ἡ ἀρθεῖσα καὶ
ἡ ἁμαρτία ἐρημώσεως ἡ δοθεῖσα, καὶ τὸ ἅγιον καὶ ἡ δύναμις συν-
14 πατηθήσεται; ¹⁴καὶ εἶπεν αὐτῷ Ἕως ἑσπέρας καὶ πρωί, ἡμέραι δισχί-
15 λιαι καὶ τριακόσιαι· καὶ καθαρισθήσεται τὸ ἅγιον. ¹⁵Καὶ
ἐγένετο ἐν τῷ ἰδεῖν με, ἐγὼ Δανιήλ, τὴν ὅρασιν, καὶ ἐζήτουν σύν-
16 εσιν· καὶ ἰδοὺ ἔστη ἐνώπιον ἐμοῦ ὡς ὅρασις ἀνδρός. ¹⁶καὶ ἤκουσα
φωνὴν ἀνδρὸς ἀνὰ μέσον τοῦ Οὐβάλ, καὶ ἐκάλεσεν καὶ εἶπεν Γα-
17 βριήλ, συνέτισον ἐκεῖνον τὴν ὅρασιν. ¹⁷καὶ ἦλθεν καὶ ἔστη ἐχό-
μενος τῆς στάσεώς μου· καὶ ἐν τῷ ἐλθεῖν αὐτὸν ἐθαμβήθην, καὶ
πίπτω ἐπὶ πρόσωπόν μου· καὶ εἶπεν πρός μέ Υἱὲ ἀνθρώπου, ἔτι
18 γὰρ εἰς καιροῦ πέρας ἡ ὅρασις. ¹⁸καὶ ἐν τῷ λαλεῖν αὐτὸν μετ' ἐμοῦ
πίπτω ἐπὶ πρόσωπόν μου ἐπὶ τὴν γῆν, καὶ ἥψατό μου καὶ ἔστη-

---

7 ειδον Bᵃ Q* | om αυτον 1° A | φθαννοντα BA hiat Γ | εξηγριωθη AQ | AQΓ
ερριψεν Bᵃ⁺ᵇ   8 αιγων] ετων B*ᵛⁱᵈ (αιγ. Bᵃᵇ) | ανεβη]+ετερα AQ | τεσσερα]
τεσσαρα Bᵇ: item 22 | τεσσαρες] τεσσαρας Bᵇ⁽ᵛⁱᵈ⁾AQΓ   9 εμεγαλυνθη]
non inst λ Bᵇᵛⁱᵈ | τον νοτον sup ras Aᵃ? om τον Γᵛⁱᵈ+και προς ανατολην
AQΓ | δυναμιν] δυσιν Q   10 εμεγαλυνθη] pr και Q | om του ουρανου
(2°) Q* (hab Qᵐᵍ) | om απο 2° A | συνεπατησαν αυτα] συνεπατηθη A
συνεπατησεν αυτα Q   11 εως]+ου AQΓ | εραχθη] εταραχθη (ηρθη
Qᵐᵍ) και εγενηθη AQΓ | κατευωδωθη Bᵃᵇ   12 ερριφη Bᵇ | ευοδωθη
(ευωδ. Bᵃᵇ)] κατευοδωθη A   13 om αγιου A | φελμωνι A φερμουνι Q*
φελμουνι Qᵃ | συμπατηθησεται BᵇQᵃ   15 εμου] μου Q   17 εχομενος]
ανα μεσο] A | υιε ανθρωπου] pr συνες BᵃᵇⁱᵐᵍAQ   18 πιπτω] pr
εθαμβηθην και A | om μου 2° Q* (hab Qᵐᵍ)

553

ΔΑΝΙΗΛ (Ο')

87 ¹⁹καὶ εἰπέ μοι Ἰδοὺ ἐγὼ ἀπαγγέλλω σοι ἃ ἔσται ἐπ' ἐσχάτου τῆς 19 ὀργῆς τοῖς υἱοῖς τοῦ λαοῦ σου· ἔτι γὰρ εἰς ὥρας καιροῦ συντελείας μενεῖ. ²⁰τὸν κριὸν ὃν εἶδες τὸν ἔχοντα τὰ κέρατα, βασιλεὺς Μήδων 20 καὶ Περσῶν ἐστι. ²¹καὶ ὁ τράγος τῶν αἰγῶν βασιλεὺς τῶν Ἑλλήνων 21 ἐστί· καὶ τὸ κέρας τὸ μέγα τὸ ἀνὰ μέσον τῶν ὀφθαλμῶν αὐτοῦ, αὐτὸς ὁ βασιλεὺς ὁ πρῶτος. ²²καὶ τὰ συντριβέντα καὶ ἀναβάντα 22 ὀπίσω αὐτοῦ τέσσαρα κέρατα, τέσσαρες βασιλεῖς τοῦ ἔθνους αὐτοῦ ἀναστήσονται, οὐ κατὰ τὴν ἰσχὺν αὐτῶν. ²³καὶ ἐπ' ἐσχάτου τῆς 23 βασιλείας αὐτῶν, πληρουμένων τῶν ἁμαρτιῶν αὐτῶν, ἀναστήσεται βασιλεὺς ἀναιδὴς προσώπῳ, διανοούμενος αἰνίγματα. ²⁴καὶ στερεωθή- 24 σεται ἡ ἰσχὺς αὐτοῦ, καὶ οὐκ ἐν τῇ ἰσχύι αὐτοῦ, καὶ θαυμαστῶς φθερεῖ, καὶ εὐοδωθήσεται καὶ ποιήσει, καὶ φθερεῖ δυνάστας καὶ δῆμον ἁγίων. ²⁵καὶ ἐπὶ τοὺς ἁγίους τὸ διανόημα αὐτοῦ, καὶ εὐοδωθή- 25 σεται τὸ ψεῦδος ἐν ταῖς χερσὶν αὐτοῦ, καὶ ἡ καρδία αὐτοῦ ὑψωθήσεται, καὶ δόλῳ ἀφανιεῖ πολλούς, καὶ ἐπὶ ἀπωλείας ἀνδρῶν στήσεται καὶ ποιήσει συναγωγὴν χειρὸς καὶ ἀποδώσεται. ²⁶τὸ ὅραμα τὸ 26 ἑσπέρας καὶ πρωὶ ηὑρέθη ἐπ' ἀληθείας· καὶ νῦν πεφραγμένον τὸ ὅραμα, ἔτι γὰρ εἰς ἡμέρας πολλάς. ²⁷ἐγὼ Δανιὴλ ἀσθενήσας ἡμέρας 27 πολλάς· καὶ ἀναστὰς ἐπραγματευόμην πάλιν βασιλικά, καὶ ἐξελυόμην ἐπὶ τῷ ὁράματι, καὶ οὐδεὶς ἦν ὁ διανοούμενος.

¹Ἔτους πρώτου ἐπὶ Δαρείου τοῦ Ξέρξου ἀπὸ τῆς γενεᾶς τῆς 1 IX Μηδικῆς, οἳ ἐβασίλευσαν ἐπὶ τὴν βασιλείαν τῶν Χαλδαίων· ²τῷ 2 πρώτῳ ἔτει τῆς βασιλείας αὐτοῦ ἐγὼ Δανιὴλ διενοήθην ἐν ταῖς βίβλοις τὸν ἀριθμὸν τῶν ἐτῶν, ὅτε ἐγένετο πρόσταγμα τῇ γῇ ἐπὶ Ἰερεμίαν τὸν προφήτην ἐγεῖραι εἰς ἀναπλήρωσιν ὀνειδισμοῦ Ἱερουσαλήμ, ἑβδομήκοντα ἔτη. ³καὶ ἔδωκα τὸ πρόσωπόν μου ἐπὶ 3 Κύριον τὸν θεὸν εὑρεῖν προσευχὴν καὶ ἔλεος ἐν νηστείαις καὶ σάκκῳ καὶ σποδῷ. ⁴καὶ προσηυξάμην πρὸς Κύριον τὸν θεόν· ἐξωμολογη- 4 σάμην καὶ εἶπα Ἰδού, κύριε, σὺ εἶ ὁ θεὸς ὁ μέγας καὶ ὁ ἰσχυρὸς καὶ ὁ φοβερός, τηρῶν τὴν διαθήκην καὶ τὸ ἔλεος τοῖς ἀγαπῶσί σε

Syr   22 και τα συντριβεντα...οπισω αυτου] και οτι συνετριβη και εστη οπ. αυτ. Syrᵐᵍ | τεσσαρες] ρες sup ras 87? 23 adnot αντιχριστος 87ᵐᵍ ⁱⁿᶠ   26 pr και Syr | ⁒ το οραμα 87 (deest ✓)   27 a|ανασταs 87 | παλιν παλιν 87* (improb 2° 87ᵃ) | το οραματι 87   IX 1 του Ξ.] υιου Ξ. Syrᵐᵍ   2 των αριθμων 87 | του] τον προφ. 87 | εγερθηναι Syrᵛⁱᵈ   4 προσηυξαμην] ras aliq sup o et υ 87ᵃ | εξωμολογησαμην] pr και Syr

ΔΑΝΙΗΛ (Θ.)

19 σέν με ἐπὶ πόδας, ¹⁹καὶ εἶπεν Ἰδοὺ ἐγὼ γνωρίζω σοι τὰ ἐσόμενα
20 ἐπ᾽ ἐσχάτῳ τῆς ὀργῆς· ἔτι γὰρ εἰς καιροῦ πέρας ἡ ὅρασις. ²⁰ ὁ
κριὸς ὃν εἶδες, ὁ ἔχων τὰ κέρατα, βασιλεὺς Περσῶν καὶ Μήδων.
21 ²¹καὶ ὁ τράγος τῶν αἰγῶν βασιλεὺς Ἑλλήνων· καὶ τὸ κέρας τὸ μέγα
ὃ ἦν ἀνὰ μέσον τῶν ὀφθαλμῶν αὐτοῦ, αὐτός ἐστιν ὁ βασιλεὺς ὁ
22 πρῶτος. ²²καὶ τοῦ συντριβέντος οὗ ἔστησαν τέσσερα ὑποκάτω κέ-
ρατα, τέσσαρες βασιλεῖς ἐκ τοῦ ἔθνους αὐτοῦ ἀναστήσονται, καὶ
23 οὐκ ἐν τῇ ἰσχύι αὐτῶν. ²³καὶ ἐπ᾽ ἐσχάτων τῆς βασιλείας αὐτῶν,
πληρουμένων τῶν ἁμαρτιῶν αὐτῶν, ἀναστήσεται βασιλεὺς ἀναιδὴς
24 προσώπῳ καὶ συνίων προβλήματα. ²⁴καὶ κραταιὰ ἡ ἰσχὺς αὐτοῦ,
καὶ θαυμαστὰ διαφθερεῖ, καὶ κατευθυνεῖ καὶ ποιήσει, καὶ διαφθερεῖ
25 ἰσχυροὺς καὶ λαὸν ἅγιον. ²⁵καὶ ὁ ζυγὸς τοῦ κλοιοῦ αὐτοῦ κατευ-
θυνεῖ· δόλος ἐν τῇ χειρὶ αὐτοῦ, καὶ ἐν καρδίᾳ αὐτοῦ μεγαλυνθή-
σεται, καὶ δόλῳ διαφθερεῖ πολλούς, καὶ ἐπὶ ἀπωλείας πολλῶν στή-
26 σεται, καὶ ὡς ᾠὰ χειρὶ συντρίψει. ²⁶καὶ ἡ ὅρασις τῆς ἑσπέρας καὶ
τῆς πρωίας τῆς ῥηθείσης ἀληθῶς ἐστιν· καὶ σὺ σφράγισον τὴν ὅρασιν,
27 ὅτι εἰς ἡμέρας πολλάς. ²⁷καὶ ἐγὼ Δανιὴλ ἐκοιμήθην καὶ ἐμαλακίσθην·
καὶ ἀνέστην καὶ ἐποίουν τὰ ἔργα τοῦ βασιλέως, καὶ ἐθαύμαζον τὴν
ὅρασιν, καὶ οὐκ ἦν ὁ συνίων.

IX 1 ¹Ἐν τῷ πρώτῳ ἔτει Δαρείου τοῦ υἱοῦ Ἀσουήρου, ἀπὸ τοῦ σπέρ-
2 ματος τῶν Μήδων, ὃς ἐβασίλευσεν ἐπὶ βασιλείαν Χαλδαίων· ²ἐγὼ
Δανιὴλ συνῆκα ἐν ταῖς βύβλοις τὸν ἀριθμὸν τῶν ἐτῶν, ὃς ἐγενήθη
λόγος Κυρίου πρὸς Ἰερεμίαν τὸν προφήτην εἰς συνπλήρωσιν ἐρη-
3 μώσεως Ἱερουσαλήμ, ἑβδομήκοντα ἔτη. ³καὶ ἔδωκα τὸ πρόσωπόν
μου πρὸς Κύριον τὸν θεὸν τοῦ ἐκζητῆσαι προσευχὴν καὶ δεήσεις ἐν
4 νηστείαις καὶ σάκκῳ. ⁴καὶ προσηυξάμην πρὸς Κύριον τὸν θεόν
μου, καὶ ἐξωμολογησάμην καὶ εἶπα Κύριε ὁ θεὸς ὁ μέγας καὶ θαυ-
μαστός, ὁ φυλάσσων τὴν διαθήκην σου καὶ τὸ ἔλεος τοῖς ἀγαπῶσίν

18 ποδας] +μου AQ^{mg}   19 ειπεν] +μοι A | γνωριω A* (ʓ superscr A^{aʔ}) | AQ εσχατου A | οργης] εορτης A*^{vid} (οργ. A^a) | om η ορασις Q   20 ιδες A | Μηδω| και Περσων Q   22 εστησα A | τεσσερα υποκατω κερατα] υποκατω τεσσ. κερ. A τεσσ. κερ. υποκατω Q | τεσσαρες] τεσσερα B* (τεσσαρες B^{ab}) | αυτων] αυτου AQ^a   23 εσχατω AQ   24 αυτου]+και ουκ εν τη ισχυι αυτου AQ   25 τη χειρι] om τη Q | απωλειας] απωλεια AQ^a (-λια Q*)   26 πρωιας] πρωυης A | αληθως] αληθης AQ   27 εμαλακισθην]+ημερας A | subscr ορασις θ′ A IX 1 superscr ορασις ι′ AQ | Δαρειου] om B* (hab B^{1(fort)} (-ριου B^1AQ*) -ρειου B^aQ^a) pr επει (sic) A | Ασσουηρου A*^{salt} Q | των Μηδων] om των AQ | βασιλευσεν Q* (superscr ε Q^a) | βασιλειαν] pr την Q   2 εγω] pr εν ετει ενι της βασιλειας αυτου AQ | βυβλοις] βιβλοις AQ | ετων] ημερων A | συμπληρωσιν B^bQ 3 θεον] +του ουνου A | δεησιν AQ | νηστιαις AQ* | σακκω]+και σποδω AQ 4 τον θεον μου] του ουνου A | εξομολογησαμην AQ | ελεος]+σου A | αγαπωσιQ^a

555

87 καὶ τοῖς φυλάσσουσι τὰ προστάγματά σου· ⁵ἡμάρτομεν, ἠδικήσαμεν, 5
ἠσεβήσαμεν, καὶ ἀπέστημεν καὶ παρέβημεν τὰς ἐντολάς σου καὶ τὰ
κρίματά σου· ⁶καὶ οὐκ ἠκούσαμεν τῶν παίδων σου τῶν προφητῶν, ἃ 6
ἐλάλησαν ἐπὶ τῷ ὀνόματί σου ἐπὶ τοὺς βασιλεῖς ἡμῶν καὶ δυνάστας
ἡμῶν καὶ πατέρας ἡμῶν, καὶ παντὶ ἔθνει ἐπὶ τῆς γῆς. ⁷σοί, κύριε, ἡ 7
δικαιοσύνη, καὶ ἡμῖν ἡ αἰσχύνη τοῦ προσώπου, κατὰ τὴν ἡμέραν
ταύτην, ἀνθρώποις Ἰούδα καὶ καθημένοις ἐν Ἱερουσαλὴμ καὶ παντὶ
τῷ λαῷ Ἰσραήλ, τῷ ἔγγιστα καὶ τῷ ἀπωτέρω ἐν πάσαις ταῖς χώραις
εἰς ἃς διεσκόρπισας αὐτοὺς ἐκεῖ ἐν τῇ πλημμελείᾳ ᾗ ἐπλημμέλησαν
ἐναντίον σου. ⁸δέσποτα, ἡμῖν ἡ αἰσχύνη τοῦ προσώπου καὶ τοῖς 8
βασιλεῦσιν ἡμῶν καὶ δυνάσταις καὶ τοῖς πατράσιν ἡμῶν, ὅτι ἡμάρ-
τομέν σοι. ⁹τῷ κυρίῳ ἡ δικαιοσύνη καὶ τὸ ἔλεος, ὅτι ἀπέστημεν ἀπὸ 9
σοῦ, ¹⁰καὶ οὐκ ἠκούσαμεν τῆς φωνῆς Κυρίου τοῦ θεοῦ ἡμῶν κατα- 10
κολουθῆσαι τῷ νόμῳ σου ᾧ ἔδωκας ἐνώπιον Μωσῆ καὶ ἡμῶν διὰ
τῶν παίδων σου τῶν προφητῶν. ¹¹καὶ πᾶς Ἰσραὴλ ἐγκατέλιπε 11
τὸν νόμον σου καὶ ἀπέστησαν τοῦ μὴ ἀκοῦσαι τῆς φωνῆς σου· καὶ
ἐπῆλθεν ἐφ' ἡμᾶς ἡ κατάρα καὶ ὁ ὅρκος ὁ γεγραμμένος ἐν τῷ νόμῳ
Μωσῆ παιδὸς τοῦ θεοῦ· ὅτι ἡμάρτομεν αὐτῷ. ¹²καὶ ἔστησεν ἡμῖν τὰ 12
προστάγματα αὐτοῦ, ὅσα ἐλάλησεν ἐφ' ἡμᾶς καὶ ἐπὶ τοὺς κριτὰς
ἡμῶν, ὅσα ἔκρινας ἡμῖν ἐπαγαγεῖν ἐφ' ἡμᾶς, κακὰ μεγάλα, οἷα
οὐκ ἐγενήθη ὑπὸ τὸν οὐρανὸν καθότι ἐγενήθη ἐν Ἱερουσαλήμ.
¹³κατὰ τὰ γεγραμμένα ἐν διαθήκῃ Μωσῆ, πάντα τὰ κακὰ ἐπῆλθεν 13
ἡμῖν· καὶ οὐκ ἐξεζητήσαμεν τὸ πρόσωπον Κυρίου θεοῦ ἡμῶν, ἀπο-
στῆναι ἀπὸ τῶν ἁμαρτιῶν ἡμῶν καὶ διανοηθῆναι τὴν δικαιοσύνην
σου, Κύριε. ¹⁴καὶ ἠγρύπνησε Κύριος ὁ θεὸς ἐπὶ τὰ κακὰ καὶ 14
ἐπήγαγεν ἐφ' ἡμᾶς, ὅτι δίκαιος Κύριος ὁ θεὸς ἡμῶν ἐπὶ πάντα
ὅσα ἂν ποιήσῃ, καὶ οὐκ ἠκούσαμεν τῆς φωνῆς αὐτοῦ. ¹⁵καὶ νῦν, 15
δέσποτα κύριε ὁ θεὸς ἡμῶν, ὁ ἐξαγαγὼν τὸν λαόν σου ἐξ Αἰγύπτου
τῷ βραχίονί σου τῷ ὑψηλῷ, καὶ ἐποίησας σεαυτῷ ὄνομα κατὰ τὴν

Syr   **8** και 3°] κ sup ras 87ᵃ   **11** ἡ] κατάρα 87

ΔΑΝΙΗΛ (Θ.)

5 σε καὶ τοῖς φυλάσσουσιν τὰς ἐντολάς σου· ⁵ἡμάρτομεν, ἠδικήσαμεν, Β ἠνομήσαμεν, καὶ ἀπέστημεν καὶ ἐξεκλίναμεν ἀπὸ τῶν ἐντολῶν σου 6 καὶ ἀπὸ τῶν κριμάτων σου· ⁶καὶ οὐκ εἰσηκούσαμεν τῶν δούλων σου τῶν προφητῶν, οἳ ἐλάλουν ἐν τῷ ὀνόματί σου πρὸς τοὺς βασιλεῖς ἡμῶν καὶ ἄρχοντας ἡμῶν καὶ πατέρας ἡμῶν, καὶ πρὸς πάντα τὸν 7 λαὸν τῆς γῆς. ⁷σοί, κύριε, ἡ δικαιοσύνη, καὶ ἡμῖν ἡ αἰσχύνη τοῦ προσώπου, ὡς ἡ ἡμέρα αὕτη, ἀνδρὶ Ἰούδα καὶ τοῖς ἐνοικοῦσιν ἐν Ἰερουσαλὴμ καὶ παντὶ Ἰσραήλ, τοῖς ἐγγὺς καὶ τοῖς μακρὰν ἐν πάσῃ 8 τῇ γῇ οὗ διέσπειρας αὐτοὺς ἐκεῖ ἐν ἀθεσίᾳ αὐτῶν ᾗ ἠθέτησαν. ⁸ἐν σοί, κύριε, ἔστιν ἡμῶν ἡ δικαιοσύνη, καὶ ἡμῖν ἡ αἰσχύνη τοῦ προσώπου καὶ τοῖς βασιλεῦσιν ἡμῶν καὶ τοῖς ἄρχουσιν ἡμῶν καὶ τοῖς 9 πατράσιν ἡμῶν, οἵτινες ἡμάρτομέν σοι. ⁹τῷ κυρίῳ θεῷ ἡμῶν οἱ 10 οἰκτειρμοὶ καὶ οἱ ἱλασμοί, ὅτι ἀπέστημεν, ¹⁰καὶ οὐκ εἰσηκούσαμεν τῆς φωνῆς τοῦ κυρίου θεοῦ ἡμῶν πορεύεσθαι ἐν τοῖς νόμοις αὐτοῦ οἷς ἔδωκεν κατὰ πρόσωπον ἡμῶν ἐν χερσὶν τῶν δούλων αὐτοῦ τῶν 11 προφητῶν. ¹¹καὶ πᾶς Ἰσραὴλ παρέβησαν τὸν νόμον σου καὶ ἐξέκλιναν τοῦ μὴ ἀκοῦσαι τῆς φωνῆς σου· καὶ ἐπῆλθεν ἐφ' ἡμᾶς ἡ κατάρα καὶ ὁ ὅρκος ὁ γεγραμμένος ἐν νόμῳ Μωυσέως δούλου τοῦ 12 θεοῦ· ὅτι ἡμάρτομεν αὐτῷ. ¹²καὶ ἔστησεν τοὺς λόγους αὐτοῦ οὓς ἐλάλησεν ἐφ' ἡμᾶς καὶ ἐπὶ τοὺς κριτὰς ἡμῶν οἳ ἔκρινον ἡμᾶς, ἐπαγαγεῖν ἐφ' ἡμᾶς κακὰ μεγάλα, οἷα οὐ γέγονεν ὑποκάτω παντὸς 13 τοῦ οὐρανοῦ κατὰ τὰ γενόμενα ἐν Ἰερουσαλήμ. ¹³καθὼς γέγραπται ἐν τῷ νόμῳ Μωυσῆ, πάντα τὰ κακὰ ταῦτα ἦλθεν ἐφ' ἡμᾶς· καὶ οὐκ ἐδεήθημεν τοῦ προσώπου Κυρίου τοῦ θεοῦ ἡμῶν, ἀποστρέψαι ἀπὸ τῶν ἀδικιῶν ἡμῶν καὶ τοῦ συνιέναι ἐν πάσῃ ἀληθείᾳ σου. 14 ¹⁴καὶ ἐγρηγόρησεν Κύριος καὶ ἐπήγαγεν αὐτὰ ἐφ' ἡμᾶς, ὅτι δίκαιος Κύριος ὁ θεὸς ἡμῶν ἐπὶ πᾶσαν τὴν ποίησιν αὐτοῦ ἣν ἐποίησεν, 15 καὶ οὐκ εἰσηκούσαμεν τῆς φωνῆς αὐτοῦ. ¹⁵καὶ νῦν, Κύριε ὁ θεὸς ἡμῶν, ὃς ἐξήγαγες τὸν λαόν σου ἐκ γῆς Αἰγύπτου ἐν χειρὶ κραταιᾷ

4 φυλασσουσι Qᵃ   5 ηδικησαμεν ηνομησαμεν] ηνομησαμε | ησεβησαμεν AQ ηδικησαμεν A ηδικ. ησεβησαμεν Q   7 ενοικουσιν εν] κατοικουσιν A | αθεσια] αθετησει A | ηθετησαν]+σε κε   8 εν ras A? vid | εστιν ημων η δικαιοσυνη και] ημων η δικαι sup ras et in mg Bᵃᵇ om εστιν ημων AQ om ημων η δικαιοσυνη και Q   9 οικτιρμοι Qᵃ | απεστημεν]+απο κυ AQ 10 του κυριου θεου] κυ του θυ AQ [om εν 1° A | χερσι Qᵃ   11 ακουσαι] εισακουσαι A | επηλθεν] επληθυνθη Q* (επηλθ. Qᵐᵍ) | καταρα] κακια Q* (κατ. Qᵐᵍ) | Μωυσεως] Μωσει A Μωυση Q | δουλω A   12 εκριναν Q | οια] α A | γενομενα] γεγραμμενα AQ* (γεν. Qᵐᵍ)   13 τω νομω] om τω AQ | Μωυση] Μωση A Μωυσης Qᵃᵛⁱᵈ | om σου Q   14 Κυριος 1°]+ο θς ημων επι την κακιαν AQ | om Κυριος 2° A   15 ημω B* (-μων Bᵃᵇ)

557

ΔΑΝΙΗΛ (Ο')

87 ἡμέραν ταύτην· ἡμάρτομεν, ἠγνοήκαμεν. ¹⁶δέσποτα, κατὰ τὴν δι- 16 καιοσύνην σου ἀποστραφήτω ὁ θυμός σου καὶ ἡ ὀργή σου ἀπὸ τῆς πόλεώς σου Ἰερουσαλήμ, ὄρους τοῦ ἁγίου σου· ὅτι ἐν ταῖς ἁμαρτίαις ἡμῶν καὶ ἐν ταῖς ἀγνοίαις τῶν πατέρων ἡμῶν Ἰερουσαλὴμ καὶ ὁ δῆμός σου, κύριε, εἰς ὀνειδισμὸν ἐν πᾶσι τοῖς περικύκλῳ ἡμῶν. ¹⁷καὶ νῦν ἐπάκουσον, δέσποτα, τῆς προσευχῆς τοῦ παιδός 17 σου καὶ ἐπὶ τὰς δεήσεις μου, καὶ ἐπιβλεψάτω τὸ πρόσωπόν σου ἐπὶ τὸ ὄρος τὸ ἅγιόν σου τὸ ἔρημον ἕνεκεν τῶν δούλων σου, δέσποτα. ¹⁸πρόσχες, κύριε, τὸ οὖς σου καὶ ἐπάκουσόν μου, ἄνοιξον 18 τοὺς ὀφθαλμούς σου καὶ ἴδε τὴν ἐρήμωσιν ἡμῶν καὶ τῆς πόλεώς σου, ἐφ' ἧς ἐπεκλήθη τὸ ὄνομά σου ἐπ' αὐτῆς· οὐ γὰρ ἐπὶ ταῖς δικαιοσύναις ἡμῶν ἡμεῖς δεόμεθα ἐν ταῖς προσευχαῖς ἡμῶν ἐνώπιόν σου, ἀλλὰ διὰ τὸ σὸν ἔλεος, κύριε, σὺ ἱλάτευσον. ¹⁹κύριε, ἐπά- 19 κουσον καὶ ποίησον, καὶ μὴ χρονίσῃς ἕνεκα σεαυτοῦ, δέσποτα· ὅτι τὸ ὄνομά σου ἐπεκλήθη ἐπὶ τὴν πόλιν σου Σιὼν καὶ ἐπὶ τὸν λαόν σου Ἰσραήλ. ²⁰Καὶ ἐγὼ ἐλάλουν προσευχόμενος καὶ ἐξομολο- 20 γούμενος τὰς ἁμαρτίας μου καὶ τὰς ἁμαρτίας τοῦ λαοῦ μου Ἰσραήλ, καὶ δεόμενος ἐν ταῖς προσευχαῖς ἐναντίον Κυρίου θεοῦ μου καὶ ὑπὲρ τοῦ ὄρους τοῦ ἁγίου τοῦ θεοῦ ἡμῶν· ²¹καὶ ἔτι λαλοῦντός μου 21 ἐν τῇ προσευχῇ μου, καὶ ἰδοὺ ὁ ἀνὴρ ὃν εἶδον ἐν τῷ ὕπνῳ μου τὴν ἀρχήν, Γαβριήλ, τάχει φερόμενος προσήγγισέ μοι ἐν ὥρᾳ θυσίας ἑσπερινῆς. ²²καὶ προσῆλθε καὶ ἐλάλησε μετ' ἐμοῦ καὶ 22 εἶπεν Δανιήλ, ἄρτι ἐξῆλθον ὑποδεῖξαί σοι διάνοιαν. ²³ἐν ἀρχῇ 23 τῆς δεήσεώς σου ἐξῆλθε πρόσταγμα παρὰ Κυρίου, καὶ ἐγὼ ἦλθον ὑποδεῖξαί σοι, ὅτι ἐλεεινὸς εἶ· καὶ διανοήθητι τὸ πρόσταγμα. ²⁴ἑβδομήκοντα ἑβδομάδες ἐκρίθησαν ἐπὶ τὸν λαόν σου καὶ ἐπὶ τὴν 24 πόλιν Σιὼν συντελεσθῆναι τὴν ἁμαρτίαν καὶ τὰς ἀδικίας σπανίσαι

Syr 16 εις ονειδ.] + εγενετο Syr   17 επι τας δεησεις] των δεησεων Syr^vid | μου] αυτου Syr   18 om επ αυτης Syr^vid | τη δικαιοσυνη Syr | συ ιλατευσον] συ ελεησον Syr^mg + ημιν Syr   19 χρονησης 87 | Σ.ων] ω sup ras 87?   20 του λαου μου] του γενους μου Syr^mg   23 οτι ελεεινος ει] σ' οτι ανηρ επιθυμητος ει Syr^mg | προσταγμα] + και διενοηθην το προσταγμα Syr   24 τας αδικιας (1º)] την αδικιαν Syr

558

ΔΑΝΙΗΛ (Θ.) IX 24

καὶ ἐποίησας σεαυτῷ ὄνομα ὡς ἡ ἡμέρα αὕτη· ἡμάρτομεν, ⁸ἠνομήσα- Β §Γ
16 μεν. ¹⁶κύριε, ἐν πάσῃ ἐλεημοσύνῃ σου ἀποστραφήτω δὴ ὁ θυμός
σου καὶ ἡ ὀργή σου ἀπὸ τῆς πόλεώς σου Ἱερουσαλήμ, ὄρους ἁγίου
σου· ὅτι ἡμάρτομεν, καὶ ἐν ταῖς ἀδικίαις ἡμῶν καὶ τῶν πατέρων
ἡμῶν Ἱερουσαλὴμ καὶ ὁ λαός σου εἰς ὀνειδισμὸν ἐγένετο ἐν πᾶσιν
17 τοῖς περικύκλῳ ἡμῶν. ¹⁷καὶ νῦν εἰσάκουσον, κύριε ὁ θεὸς ἡμῶν,
τῆς προσευχῆς τοῦ δούλου σου καὶ τῶν δεήσεων αὐτοῦ, καὶ ἐπί-
φανον τὸ πρόσωπόν σου ἐπὶ τὸ ἁγίασμά σου τὸ ἔρημον ἕνεκέν
18 σου, κύριε. ¹⁸κλῖνον, ὁ θεός μου, τὸ οὖς σου καὶ ἄκουσον· ἄνοιξον
τοὺς ὀφθαλμούς σου καὶ ἴδε τὸν ἀφανισμὸν ἡμῶν καὶ τῆς πόλεώς
σου, ἐφ᾽ ἧς ἐπικέκληται τὸ ὄνομά σου ἐπ᾽ αὐτῆς· ὅτι οὐκ ἐπὶ ταῖς
δικαιοσύναις ἡμῶν ῥιπτοῦμεν τὸν οἰκτειρμὸν ἡμῶν ἐνώπιόν σου,
19 ἀλλ᾽ ἐπὶ τοὺς οἰκτειρμούς σου τοὺς πολλούς, κύριε. ¹⁹εἰσάκουσον,
κύριε· ἱλάσθητι, κύριε· πρόσχες, κύριε· μὴ χρονίσῃς ἕνεκέν σου, ὁ
θεός μου, ὅτι τὸ ὄνομά σου ἐπικέκληται ἐπὶ τὴν πόλιν σου καὶ ἐπὶ
20 τὸν λαόν σου. ²⁰Καὶ ἔτι ἐμοῦ λαλοῦντος καὶ προσευχομένου,
καὶ ἐξαγορεύοντος τὰς ἁμαρτίας μου καὶ τὰς ἁμαρτίας τοῦ λαοῦ μου
Ἰσραήλ, καὶ ῥιπτοῦντος τὸν ἔλεόν μου ἐναντίον τοῦ κυρίου θεοῦ
21 μου περὶ τοῦ ὄρους τοῦ ἁγίου· ²¹καὶ ἔτι ἐμοῦ λαλοῦντος ἐν τῇ
προσευχῇ, καὶ ἰδοὺ ἀνὴρ Γαβριὴλ ὃν ἴδον ἐν τῇ ὁράσει ἐν τῇ
22 ἀρχῇ πετόμενος, καὶ ἥψατό μου ὡσεὶ ὥραν θυσίας ἑσπερινῆς. ²²καὶ
συνέτισέν με, καὶ ἐλάλησεν μετ᾽ ἐμοῦ καὶ εἶπεν Δανιήλ, νῦν ἐξῆλ-
23 θον συμβιβάσαι σε σύνεσιν. ²³ἐν ἀρχῇ τῆς δεήσεώς σου ἐξῆλθεν
λόγος, καὶ ἐγὼ ἦλθον τοῦ ἀναγγεῖλαί σοι, ὅτι ἀνὴρ ἐπιθυμιῶν σὺ εἶ·
24 καὶ ἐννοήθητι ἐν τῷ ῥήματι καὶ σύνες ἐν τῇ ὀπτασίᾳ. ²⁴ἑβδομή-
κοντα ἑβδομάδες συνετμήθησαν ἐπὶ τὸν λαόν σου καὶ ἐπὶ τὴν πόλιν

15 ηνομησαμεν] ηδικησαμεν Γ´ 16 Ιερουσαλημ 1°] Ἰηλ A | om και 2° AQΓ
AQ | πασι Q 17 κε ο θς ημων εισακουσο| A | om ημων Q* (hab Qᵐᵍ) |
δουλου σου] ου σου sup ras et in mg Aᵃ | αυτου] αυτων Γ* (του ut vid superscr) |
ερημον (ε sup ras Aᵃ)] ερημωθεν Γ´ | ενεκεν] εινεκεν A εκενεν Γᶜᵈ 18 ανοιξον]
pr και A | σου 3°] + Ἰηλμ A + Ἰλημ̅ Γ´ | ριπτουμεν] pr ημεις AQΓᶠᵒʳᵗ | οικτιρμ.
bis BᵇQᵃ 1° salt Γ´ 19 εισακουσον...προσχες κυριε] κε ακουσον· κε ιλασθητι·
κε προσχες A | μη χρονισης] pr κε ποιησον και A pr ποιησον και QΓ | ο θεος]
κε ο θς A 20 εμου] μου AQΓ | εξαγορευοντος] + μου A | ριπτοντ[ος] Γ´ | του
κυριου θεου] om κυριου A κυ του θυ̅ Q om του Γ´ | ορου B* (ορους Bᵃ ᵛᵉˡ ᵖᵒᵗⁱᵘˢ ᵇ) |
αγιου] + του θυ̅ μου AΓ + κυ̅ του θυ̅ μου Q 21 εμου] μου AQ | λαλουντος]
+ και προσευχομενου A | om και 2° A | ανηρ] pr ο Q | ειδον Bᵃᵇ Q* (ιδ.
Qᵃ ᵛⁱᵈ) | ορασει] + [μου] Γᶠᵒʳᵗ 22 ειπεν] + μοι Γ´ 23 om σου A |
λογος] pr ο Q | αναγγειλαι σοι] om σοι A* (λαι σοι rescr A¹) | επιθυμιων]
π rescr A¹ | ει συ QΓᵛⁱᵈ 24 σου] + Ἰηλ A

559

87 καὶ ἀπαλεῖψαι τὰς ἀδικίας, καὶ διανοηθῆναι τὸ ὅραμα καὶ δοθῆναι δικαιοσύνην αἰώνιον καὶ συντελεσθῆναι τὰ ὁράματα καὶ προφήτην, καὶ εὐφρᾶναι ἅγιον ἁγίων. ²⁵καὶ γνώσῃ καὶ διανοηθήσῃ καὶ εὐ- 25 φρανθήσῃ καὶ εὑρήσεις προστάγματα ἀποκριθῆναι, καὶ οἰκοδομήσεις Ἰερουσαλὴμ πόλιν Κυρίῳ. ²⁶καὶ μετὰ ἑπτὰ καὶ ἑβδομήκοντα 26 καὶ ἑξήκοντα δύο ἀποσταθήσεται χρίσμα καὶ οὐκ ἔσται, καὶ βασιλεία ἐθνῶν φθερεῖ τὴν πόλιν καὶ τὸ ἅγιον μετὰ τοῦ χριστοῦ, καὶ ἥξει ἡ συντέλεια αὐτοῦ μετ' ὀργῆς καὶ καιροῦ συντελείας· ἀπὸ πολέμου πολεμηθήσεται. ²⁷καὶ δυναστεύσει ἡ διαθήκη εἰς πολλούς· 27 καὶ πάλιν ἐπιστρέψει, καὶ ἀνοικοδομηθήσεται εἰς πλάτος καὶ μῆκος καὶ κατὰ συντέλειαν καιρῶν, καὶ μετὰ ἑπτὰ καὶ ἑβδομήκοντα καιροὺς καὶ ξβ' ἐτῶν ἕως καιροῦ συντελείας πολέμου, καὶ ἀφαιρεθήσεται ἡ ἐρήμωσις ἐν τῷ κατισχῦσαι τὴν διαθήκην ἐπὶ πολλὰς ἑβδομάδας· καὶ ἐν τῷ τέλει τῆς ἑβδομάδος ἀρθήσεται ἡ θυσία καὶ ἡ σπονδή, καὶ ἐπὶ τὸ ἱερὸν βδέλυγμα τῶν ἐρημώσεων ἔσται ἕως συντελείας, καὶ συντέλεια δοθήσεται ἐπὶ τὴν ἐρήμωσιν.

¹Ἐν τῷ ἐνιαυτῷ τῷ πρώτῳ Κύρου τοῦ βασιλέως Περσῶν πρόσ- 1 Χ ταγμα ἐδείχθη τῷ Δανιήλ, ὃς ἐπεκλήθη τὸ ὄνομα Βαλτασάρ· καὶ ἀληθὲς τὸ ὅραμα καὶ τὸ πρόσταγμα, καὶ τὸ πλῆθος τὸ ἰσχυρὸν διανοηθήσεται τὸ πρόσταγμα· καὶ διενοήθην αὐτὸ ἐν ὁράματι. ²ἐν 2 ταῖς ἡμέραις ἐκείναις ἐγὼ Δανιὴλ ἤμην πενθῶν τρεῖς ἑβδομάδας· ³ἄρτον ἐπιθυμιῶν οὐκ ἔφαγον, καὶ κρέας καὶ οἶνος οὐκ εἰσῆλθεν 3 εἰς τὸ στόμα μου, ἔλαιον οὐκ ἠλειψάμην, ἕως τοῦ συντελέσαι με τὰς τρεῖς ἑβδομάδας τῶν ἡμερῶν. ⁴καὶ ἐγένετο τῇ ἡμέρᾳ τῇ τετάρτῃ 4

Syr 24 ÷ και δοθηναι δικ. αιωνιον Syr α' κ. του αγαγειν δικ. αιωνιον Syr^mg | τα οραματα] το οραμα Syr | ※ και ※ προφ. 87 (deest ✓) ※ και προφ. και ευφραναι Syr | και προφητην] κ. προφητας Syr^txt κ. προφητειαν Syr^mg | και ευφραναι] και του χρισαι Syr^mg 25 αποκριθηναι] ÷ και του διανοηθηναι Syr^mg 26 δυο] + εβδομαδας Syr^mg | μετα του χριστου και ηξει] λαος ηγουμενου ερχομενου 87^mg et (sub α') Syr^mg | ÷ του χριστου Syr | και ηξει η συντελεια...συντελειας] σ' και η προθεσμια αυτου εν επικλυσμω και εως της προθεσμιας Syr^mg | καιρου] pr εως Syr 26—27 πολεμου...ερημωσιν] α'σ' πολεμος τετμηται ερημωσεων και δυναμωσει συνθηκην πολλοις εβδομας μια ημισυ δε της εβδομαδος παυσεται θυσια και δωρον και επι της αρχης των βδελυγματων ερημωθησεται και εως συντελειας και τομης και σταξει επι το ηρημωμενον 87^mg et (sub σ') Syr^mg 27 ετων] ετη Syr | ερημωcιc Syr^mg | ÷ βδελυγμα...επι την ερημωσιν Syr ÷ επι την ερ. 87 (deest ✓) Χ 1 προσταγμα εδειχθη] α' ρημα απεκαλυφθη Syr^mg | και το πληθος...οραματι] α' και στρατεια μεγαλη συνησει το ρημα και συνεσις αυτω εν τη ορασει 87^mg α' κ. στρ. μεγ. συνησει συν το ρ. και συνησει αυτο εν τ. ορ. Syr^mg | ÷ αυτο εν οραματι 87 Syr 3 επιθυμιων] σ' επιθυμητον Syr^mg | οινον 87

ΔΑΝΙΗΛ (Θ.) X 4

τὴν ἁγίαν τοῦ συντελεσθῆναι ἁμαρτίαν, καὶ τοῦ σφραγίσαι ἁμαρ- B
τίας καὶ ἀπαλεῖψαι τὰς ἀδικίας, καὶ τοῦ ἐξιλάσασθαι ἀδικίας καὶ
τοῦ ἀγαγεῖν δικαιοσύνην αἰώνιον, καὶ τοῦ σφραγίσαι ὅρασιν καὶ
25 προφήτην, καὶ τοῦ χρῖσαι ἅγιον ἁγίων. ²⁵καὶ γνώσῃ καὶ συνή-
σεις ἀπὸ ἐξόδου λόγου τοῦ ἀποκριθῆναι καὶ τοῦ οἰκοδομῆσαι Ἱερου-
σαλὴμ ἕως χριστοῦ ἡγουμένου ἑβδομάδες ἑπτὰ καὶ ἑβδομάδες ἑξή-
κοντα δύο· καὶ ἐπιστρέψει καὶ οἰκοδομηθήσεται πλατεῖα καὶ τεῖχος,
26 καὶ ἐκκενωθήσονται οἱ καιροί. ²⁶καὶ μετὰ τὰς ἑβδομάδας τὰς ἑξή-
κοντα δύο ἐξολοθρευθήσεται χρῖσμα, καὶ κρίμα¶ οὐκ ἔστιν ἐν αὐτῷ· ¶ Γ
καὶ τὴν πόλιν καὶ τὸ ἅγιον διαφθερεῖ σὺν τῷ ἡγουμένῳ τῷ ἐρχο-
μένῳ, ἐκκοπήσονται ἐν κατακλυσμῷ· καὶ ἕως τέλους πολέμου συν-
27 τετμημένου τάξει ἀφανισμοί. ²⁷καὶ δυναμώσει διαθήκην πολλοῖς
ἑβδομὰς μία· καὶ ἐν τῷ ἡμίσυ τῆς ἑβδομάδος ἀρθήσεταί μου θυσία
καὶ σπονδή, καὶ ἐπὶ τὸ ἱερὸν βδέλυγμα τῶν ἐρημώσεων, καὶ ἕως
τῆς συντελείας καιροῦ συντέλεια δοθήσεται ἐπὶ τὴν ἐρήμωσιν.
X 1 ¹Ἐν ἔτει τρίτῳ Κύρου βασιλέως Περσῶν λόγος ἀπεκαλύφθη τῷ
Δανιήλ, οὗ τὸ ὄνομα ἐπεκλήθη Βαλτασάρ· καὶ ἀληθινὸς ὁ λόγος, καὶ
2 δύναμις μεγάλη καὶ σύνεσις ἐδόθη αὐτῷ ἐν τῇ ὀπτασίᾳ. ²ἐν ταῖς
ἡμέραις ἐκείναις ἐγὼ Δανιὴλ ἤμην πενθῶν τρεῖς ἑβδομάδας ἡμερῶν·
3 ³ἄρτον ἐπιθυμιῶν οὐκ ἔφαγον, καὶ κρέας καὶ οἶνος οὐκ εἰσῆλθεν εἰς
τὸ στόμα μου, καὶ ἄλιμμα οὐκ ἠλειψάμην, ἕως πληρώσεως τριῶν
4 ἑβδομάδων ἡμερῶν. ⁴ἐν ἡμέρᾳ εἰκοστῇ καὶ τετάρτῃ τοῦ μηνὸς τοῦ

24 αγιαν]+σου A | συντελεσθηναι] συντελεσαι A | σφραγισαι 1°]+ορα- AQΓ
σιν A | αδικιας 1°] ανομιας AQ | του χρισαι] το χρ. Q* (superscr υ Qᵃ)
25 χριστου] χρν B* χυ Bᵇ | δυο]+ε (seq spat ad fin lin) A | τειχος] περι-
τειχος A   26 εξολεθρευθ. AQΓ | και την πολιν] την δε π. Q | εκκοπησονται]
pr και AQ | συ|τετετμημενον (sic) A | αφανισμοις Bᵃᵇ AQ   27 ημισει
Q | εβδομαδος]+καταπαυσει θυσιαστηρια (-ριον A) και θυσιας (-σιαν A)
και εως (om εως Q) πτερυγιου απο αφανισμου και εως συντελειας (-λιας Q*)
και σπονδης ταξει επι αφανισμω (-σμου A) και δυναμωσει διαθηκην πολλοις
εβδομας μια· και εν τω ημισει (-σι Bᵃ -συ A) της εβδομαδος Bᵃᵇ ᵐᵍ AQ*
(improb Qʳ) | om μου Q | το ιερον] τον ιερ. A | ερημωσεων]+εσται A | της
συντελειας (-λιας Q*)] om της AQ | συντελεια] συντελια Q* (-λεια Qᵃ) |
subscr ορασις ι' A   X 1 superscr ορασις ια' AQ   2 εβδομας
B* (-μαδας Bᵃ⁽ᶠᵒʳᵗ⁾ᵇ)   3 τομα Q* (στομα Qᵃ) | αλειμμα Bᵃᵇ

ΔΑΝΙΗΛ (Ο')

87 καὶ εἰκάδι τοῦ μηνὸς τοῦ πρώτου, καὶ ἐγὼ ἤμην ἐπὶ τοῦ χείλους τοῦ ποταμοῦ τοῦ μεγάλου, ὅς ἐστι Τίγρης. ⁵καὶ ἦρα τοὺς ὀφθαλ- 5 μούς μου καὶ εἶδον, καὶ ἰδοὺ ἄνθρωπος εἰς ἐνδεδυμένος βύσσινα καὶ τὴν ὀσφὺν περιεζωσμένος βυσσίνῳ, καὶ ἐκ μέσου αὐτοῦ φῶς· ⁶καὶ τὸ 6 στόμα αὐτοῦ ὡσεὶ θαλάσσης, καὶ τὸ πρόσωπον αὐτοῦ ὡσεὶ ὅρασις ἀστραπῆς, καὶ οἱ ὀφθαλμοὶ αὐτοῦ ὡσεὶ λαμπάδες πυρός, καὶ οἱ βραχίονες αὐτοῦ καὶ οἱ πόδες ὡσεὶ χαλκὸς ἐξαστράπτων, καὶ φωνὴ λαλιᾶς αὐτοῦ ὡσεὶ φωνὴ θορύβου. ⁷καὶ εἶδον ἐγὼ Δανιὴλ τὴν 7 ὅρασιν τὴν μεγάλην ταύτην, καὶ οἱ ἄνθρωποι οἱ ὄντες μετ' ἐμοῦ οὐκ εἴδοσαν τὴν ὅρασιν ταύτην, καὶ φόβος ἰσχυρὸς ἐπέπεσεν ἐπ' αὐτούς, καὶ ἀπέδρασαν ἐν σπουδῇ. ⁸καὶ ἐγὼ κατελείφθην μό- 8 νος καὶ εἶδον τὴν ὅρασιν τὴν μεγάλην ταύτην, οὐκ ἐνκατελείφθη ἐν ἐμοὶ ἰσχύς, καὶ ἰδοὺ πνεῦμα ἐπεστράφη ἐπ' ἐμὲ εἰς φθοράν, καὶ οὐ κατίσχυσα. ⁹καὶ οὐκ ἤκουσα τὴν φωνὴν λαλιᾶς αὐτοῦ· ἐγὼ 9 ἤμην πεπτωκὼς ἐπὶ πρόσωπόν μου ἐπὶ τὴν γῆν. ¹⁰καὶ ἰδοὺ χεῖρα 10 προσήγαγέ μοι, καὶ ἤγειρέ με ἐπὶ τῶν γονάτων ἐπὶ τὰ ἴχνη τῶν ποδῶν μου. ¹¹καὶ εἶπέ μοι Δανιήλ, ἄνθρωπος ἐλεεινὸς εἶ· δια- 11 νοήθητι τοῖς προστάγμασιν οἷς ἐγὼ λαλῶ ἐπὶ σέ, καὶ στῆθι ἐπὶ τοῦ τόπου σου, ἄρτι γὰρ ἀπεστάλην ἐπὶ σέ. καὶ ἐν τῷ λαλῆσαι αὐτὸν μετ' ἐμοῦ τὸ πρόσταγμα τοῦτο ἔστην τρέμων. ¹²καὶ εἶπεν 12 πρός μέ Μὴ φοβοῦ, Δανιήλ· ὅτι ἀπὸ τῆς ἡμέρας τῆς πρώτης ἧς ἔδωκας τὸ πρόσωπόν σου διανοηθῆναι καὶ ταπεινωθῆναι ἐναντίον κυρίου τοῦ θεοῦ σου, εἰσηκούσθη τὸ ῥῆμά σου, καὶ ἐγὼ εἰσῆλθον τῷ ῥήματί σου. ¹³καὶ ὁ στρατηγὸς βασιλέως Περσῶν ἀνθειστήκει 13 ἐναντίον μου εἴκοσι καὶ μίαν ἡμέραν· καὶ ἰδοὺ Μιχαὴλ εἷς τῶν ἀρχόντων τῶν πρώτων ἐπῆλθε βοηθῆσαί μοι, καὶ αὐτὸν ἐκεῖ κατέλιπον μετὰ τοῦ στρατηγοῦ τοῦ βασιλέως Περσῶν. ¹⁴καὶ εἶπέν μοι 14 Ἦλθον ὑποδεῖξαί σοι τί ὑπαντήσεται τῷ λαῷ σου ἐπ' ἐσχάτου τῶν ἡμερῶν, ἔτι γὰρ ὥρα εἰς ἡμέρας. ¹⁵καὶ ἐν τῷ αὐτὸν λαλῆσαι 15

Syr 5 βυσσινα] α' εξαιρετα σ' λινα Syrᵐᵍ | περιεζωσμενος] +ην Syr 6 ωσει ορασις αστραπης] α' ως χρυσολιθος [τουτεστι μαργαριτης ομοιος χρυσω] Syrᵐᵍ 7 εν σπουδη] α' κρυφη Syrᵐᵍ 8 ουκ ενκ.] pr και Syr | ε]κατελειφθη 87 | επεστραφη πνευμα Syrᵐᵍ 9 πεπτωκως] σ' κεκαρωμενος Syrᵐᵍ vid (cf Field) 10 ηγειρε] α' εκινησε Syrᵐᵍ | τα ιχνη των ποδων μου] τους ταρσους των χειρων μου Syrᵐᵍ 11 ανθρωπος ελεεινος] ανηρ επιθυμων Syrᵐᵍ | επι του τοπου σου] σ' επι της βασεως σου Syrᵐᵍ 12 εισηκουσθη] pr και Syr | εισηλθον] ηλθον Syrᵐᵍ 13 βασιλεως] βασιλειας Syrᵐᵍ | και αυτον...Περσων] α' καγω περιεσσευθην εκει πλησιον βασιλεως Π. 87ᵐᵍ Syrᵐᵍ | κατελιπον] post λ ras aliq 87¹ (fort prius -λειπ.) 14 και ειπεν 87¹ de 87* non liq | ωρα] ορασις Syrᵐᵍ

ΔΑΝΙΗΛ (Θ.)

πρώτου, καὶ ἐγὼ ἤμην ἐχόμενα τοῦ ποταμοῦ τοῦ μεγάλου, αὐτός Β
ἐστιν Τίγρις Ἐδδέκελ. ⁵καὶ ἦρα τοὺς ὀφθαλμούς μου καὶ ἴδον, καὶ
ἰδοὺ ἀνὴρ εἶς ἐνδεδυμένος βαδδείν, καὶ ἡ ὀσφὺς αὐτοῦ περιεζωσμένη
ἐν χρυσίῳ Ὠφάζ, ⁶καὶ τὸ σῶμα αὐτοῦ ὡσεὶ θαρσείς, καὶ τὸ πρόσ-
ωπον αὐτοῦ ὡσεὶ ὅρασις ἀστραπῆς, καὶ οἱ ὀφθαλμοὶ αὐτοῦ ὡσεὶ λαμ-
πάδες πυρός, καὶ οἱ βραχίονες αὐτοῦ καὶ τὰ σκέλη ὡς ὅρασις χαλ-
κοῦ στίλβοντος, καὶ ἡ φωνὴ τῶν λόγων αὐτοῦ ὡς φωνὴ ὄχλου. ⁷καὶ
ἴδον ἐγὼ Δανιὴλ μόνος τὴν ὀπτασίαν, καὶ οἱ ἄνδρες οἱ μετ' ἐμοῦ
οὐκ ἴδον τὴν ὀπτασίαν, ἀλλ' ἢ ἔκστασις μεγάλη ἐπέπεσεν ἐπ' αὐ-
τούς, καὶ ἔφυγον ἐν φόβῳ. ⁸καὶ ἐγὼ μόνος ὑπελείφθην καὶ ἴδον
τὴν ὀπτασίαν τὴν μεγάλην ταύτην, καὶ οὐχ ὑπελείφθη ἐν ἐμοὶ ἰσχύς,
καὶ ἡ δόξα μου μετεστράφη εἰς διαφθοράν, καὶ οὐκ ἐκράτησα ἰσχύος.
⁹καὶ ἤκουσα τὴν φωνὴν τῶν λόγων αὐτοῦ, καὶ ἐν τῷ ἀκοῦσαί με
αὐτοῦ ἤμην κατανενυγμένος, καὶ τὸ πρόσωπόν μου ἐπὶ τὴν γῆν.
¹⁰καὶ ἰδοὺ χεὶρ ἁπτομένη μου, καὶ ἤγειρέν με ἐπὶ τὰ γόνατά μου.
¹¹καὶ εἶπεν πρός μέ Δανιήλ, ἀνὴρ ἐπιθυμιῶν, σύνες ἐν τοῖς λόγοις
οἷς ἐγὼ λαλῶ πρὸς σέ, καὶ στῆθι ἐπὶ τῇ στάσει σου, ὅτι νῦν ἀπε-
στάλην πρὸς σέ. καὶ ἐν τῷ λαλῆσαι αὐτὸν πρὸς μὲ τὸν λόγον
τοῦτον ἀνέστην ἔντρομος. ¹²καὶ εἶπεν πρός μέ Μὴ φοβοῦ, Δανιήλ·
ὅτι ἀπὸ τῆς πρώτης ἡμέρας ἧς ἔδωκας τὴν καρδίαν σου τοῦ συν-
εῖναι καὶ κακωθῆναι ἐναντίον τοῦ θεοῦ σου, ἠκούσθησαν οἱ λόγοι
σου, καὶ ἐγὼ ἦλθον ἐν τοῖς λόγοις σου. ¹³καὶ ὁ ἄρχων βασιλείας
Περσῶν ἱστήκει ἐξ ἐναντίας μου εἴκοσι καὶ μίαν ἡμέραν· καὶ ἰδοὺ
Μειχαὴλ εἷς τῶν ἀρχόντων ἦλθεν βοηθῆσαί μοι, καὶ αὐτὸν κατέ-
λειπον ἐκεῖ μετὰ τοῦ ἄρχοντος βασιλείας Περσῶν. ¹⁴καὶ ἦλθον συνε-
τίσαι σε ὅσα ἀπαντήσεται τῷ λαῷ σου ἐπ' ἐσχάτων τῶν ἡμερῶν,
ὅτι ἔτι ἡ ὅρασις εἰς ἡμέρας. ¹⁵καὶ ἐν τῷ λαλῆσαι αὐτὸν μετ' ἐμοῦ

4 om εγω Q* (hab Q^mg) | εχομενος Q | om Τιγρις Q* (hab sub θ' Q^mg) | AQ Εδδεκελ] Ενδεκελ A superscr συ' 5 ειδον B^ab: item 7 bis (adstipulante Q), 8 | βαδδιν A | om εν Q 6 ωσει 2°, 3°] ως AQ 7 εν φοβω] εν τρομω Q* φοβω Q^mg 8 και εγω] καγω A | μονος υπελ. μονος B* (non inst μονος 2° B^b) υπελ. μονος AQ | δοξα] εξεις A | εστραφη Q* (μετεστραφη Q^mg) 9 με]+φωνην ρηματων AQ 10 μου 2°]+και ταρσους χειρων μου AQ* (superscr α'σ' Q^?)+(sub θ') και επι τα ιχνη των χειρων μου+(sub ο')...ποδων μου Q^mg 11 om νυν Q* (hab Q^1mg) 12 om οτι απο της πρωτης ημερας A | πρωτης ημερας] ημ. της πρ. Q | συνειναι] συνιεναι Q | κακωθηναι] pr του A | του θεου] pr κυ AQ 13 εισηκει B^abQ | εικοσι] pr και A | Μιχαηλ B^bAQ: item 21 | αρχοντων]+των πρωτων AQ | κατελιπον B^bQ^a | βασιλειας 2°] βασιλεως Q θ' βασιλειας Q^mg 14 απαντησει Q | εσχατω Q | om ετι A | η ορασις] om η A

ΔΑΝΙΗΛ (Ο')

87 μετ' ἐμοῦ τὰ προστάγματα ταῦτα ἔδωκα τὸ πρόσωπόν μου ἐπὶ τὴν γῆν καὶ ἐσιώπησα. ¹⁶καὶ ἰδοὺ ὡς ὁμοίωσις χειρὸς ἀνθρώπου ἥψατό 16 μου τῶν χειλέων· καὶ ἤνοιξα τὸ στόμα μου καὶ ἐλάλησα, καὶ εἶπα τῷ ἑστηκότι ἀπέναντί μου Κύριε· καὶ ὡς ὅρασις ἀπεστράφη ἐπὶ τὸ πλευρόν μου ἐπ' ἐμέ, καὶ οὐκ ἦν ἐπ' ἐμοὶ ἰσχύς· ¹⁷καὶ πῶς δυνή- 17 σεται ὁ παῖς λαλῆσαι μετὰ τοῦ κυρίου αὐτοῦ; καὶ ἐγὼ ἠσθένησα, καὶ οὐκ ἔστιν ἐν ἐμοὶ ἰσχὺς καὶ πνεῦμα οὐ κατελείφθη ἐν ἐμοί. ¹⁸καὶ προσέθηκε καὶ ἥψατό μου ὡς ὅρασις ἀνθρώπου, καὶ κατί- 18 σχυσέ με, ¹⁹καὶ εἶπέν μοι Ἄνθρωπος ἐλεεινὸς εἶ, μὴ φοβοῦ, ὑγί- 19 αινε· ἀνδρίζου καὶ ἴσχυσαι. καὶ ἐν τῷ λαλῆσαι αὐτὸν μετ' ἐμοῦ ἴσχυσα καὶ εἶπα Λαλησάτω ὁ κύριός μου, ὅτι ἐνίσχυσέν με. ²⁰καὶ 20 εἶπεν πρὸς μέ Γινώσκεις τί ἦλθον πρὸς σέ; καὶ νῦν ἐπιστρέψω διαμάχεσθαι μετὰ τοῦ στρατηγοῦ βασιλέως τῶν Περσῶν· καὶ ἐγὼ ἐξεπορευόμην, καὶ ἰδοὺ στρατηγὸς Ἑλλήνων εἰσεπορεύετο. ²¹καὶ 21 μάλα ὑποδείξω σοι τὰ πρῶτα ἐν ἀπογραφῇ ἀληθείας· καὶ οὐθεὶς ἦν ὁ βοηθῶν μετ' ἐμοῦ ὑπὲρ τούτων ἀλλ' ἢ Μιχαὴλ ὁ ἄγγελος.

¹Καὶ ἐν τῷ ἐνιαυτῷ τῷ πρώτῳ Κύρου τοῦ βασιλέως εἶπέν μοι 1 XI ἐνισχῦσαι καὶ ἀνδρίζεσθαι ²Καὶ νῦν ἦλθον τὴν ἀλήθειαν ὑπο- 2 δεῖξαί σοι· ἰδοὺ τρεῖς βασιλεῖς ἀνθεστήκασιν ἐν τῇ Περσίδι, καὶ ὁ τέταρτος πλουτήσει πλοῦτον μέγαν παρὰ πάντας· καὶ ἐν τῷ κατισχῦσαι αὐτὸν ἐν τῷ πλούτῳ αὐτοῦ ἐπαναστήσεται παντὶ βασιλεῖ Ἑλλήνων. ³καὶ στήσεται βασιλεὺς δυνατός, καὶ κυριεύσει κυρείας 3 πολλῆς, καὶ ποιήσει καθὼς ἂν βούληται. ⁴καὶ ἐν τῷ ἀναστῆναι 4 αὐτὸν συντριβήσεται ἡ βασιλεία αὐτοῦ καὶ μερισθήσεται εἰς τοὺς τέσσαρας ἀνέμους τοῦ οὐρανοῦ, οὐ κατὰ τὴν ἀλκὴν αὐτοῦ οὐδὲ κατὰ τὴν κυρείαν αὐτοῦ ἣν ἐδυνάστευσε· ὅτι ἀποσταθήσεται ἡ βασιλεία αὐτοῦ, καὶ ἑτέρους διδάξει ταῦτα. ⁵καὶ ἐνισχύσει βασιλείαν Αἰ- 5 γύπτου, καὶ εἷς ἐκ τῶν δυναστῶν κατισχύσει αὐτὸν καὶ δυναστεύ-

Syr 16 ΗΝΟΙΖΑ Syr^mg | ως ορασις απεστραφη...επ εμε]...εστραφη τα εντος μου εν εμοι σ' εν τη ορασει εστρεβλωθη τα μελη μου εν εμοι Syr^mg | επ εμοι] εν εμοι Syr 19 ελεεινος] επιθυμιων Syr^mg | υγιαινε (post αι ras aliq 87?)] ειρηνη σοι Syr^mg 21 ο αγγελος] ο αρχων υμων Syr^mg XI 1 Κυρου του βασιλεως] α'σ' Δαρειου του Μηδου Syr^mg 2 και εν τω κατισχυσαι... Ελληνων] α' και κατα την ισχυν αυτου εν τω πλουτω αυτου διεγερει παντας συν τους βασιλεις (fort τοις βασιλευσι) των Ελλ. σ' και εν τω ενισχυσαι αυτον εν τω πλουτω αυτου διεγερει παντας προς την βασιλειαν της γης των Ελλ. Syr^mg | Ελληνων] adnot τουτεστιν Ελλαδος (ΕλλαΔος) Syr^mg 3 κυρειας] κυριας 87* vid 4 κυρειαν] κυριαν 87* vid 5 και ενισχυσει...κατισχυσει αυτον] σ' και επικρατησει του βασιλεως του νοτου και των αρχοντων αυτου και κατισχυσει επ αυτον Syr^mg

ΔΑΝΙΗΛ (Θ.) XI 5

κατὰ τοὺς λόγους τούτους ἔδωκα τὸ πρόσωπόν μου ἐπὶ τὴν γῆν. Β
16 ¹⁶καὶ ἰδοὺ ὡς ὁμοίωσις υἱοῦ ἀνθρώπου ἥψατο τῶν χειλέων μου· καὶ
ἤνοιξα τὸ στόμα μου καὶ ἐλάλησα, καὶ εἶπα πρὸς τὸν ἑστῶτι ἐναν-
τίον ἐμοῦ Κύριε, ἐν τῇ ὀπτασίᾳ σου ἐστράφη τὰ ἐντός μου ἐν ἐμοί,
17 καὶ οὐκ ἔσχον ἰσχύν. ¹⁷καὶ πῶς δυνήσεται ὁ παῖς σου, κύριε,
λαλῆσαι μετὰ τοῦ κυρίου μου τούτου; καὶ ἐγὼ ἀπὸ τοῦ νῦν οὐ
18 στήσεται ἐν ἐμοὶ ἰσχύς, καὶ πνεῦμα οὐχ ὑπελείφθη ἐν ἐμοί. ¹⁸καὶ
προσέθετο καὶ ἥψατό μου ὡς ὅρασις ἀνθρώπου, καὶ ἐνίσχυσέν με·
19 ¹⁹καὶ εἶπέν μοι Μὴ φοβοῦ, ἀνὴρ ἐπιθυμιῶν, εἰρήνη σοι· ἀνδρίζου
καὶ ἴσχυε. καὶ ἐν τῷ λαλῆσαι αὐτὸν μετ' ἐμοῦ ἴσχυσα, καὶ εἶπα
20 Λαλείτω ὁ κύριός μου, ὅτι ἐνίσχυσάς με. ²⁰καὶ εἶπεν Εἰ οἶδας ἵνα
τί ἦλθον πρὸς σέ; καὶ νῦν ἐπιστρέψω τοῦ πολεμῆσαι μετὰ τοῦ
ἄρχοντος Περσῶν· καὶ ἐγὼ εἰσεπορευόμην, καὶ ἄρχων τῶν Ἑλ-
21 λήνων ἤρχετο. ²¹ἀλλ' ἢ ἀναγγελῶ σοι τὸ ἐντεταγμένον ἐν γραφῇ
ἀληθείας, καὶ οὐκ ἔστιν εἷς ἀντεχόμενος μετ' ἐμοῦ περὶ τούτων
XI 1 ἀλλ' ἢ Μειχαὴλ ὁ ἄρχων ὑμῶν. ¹καὶ ἐγὼ ἐν ἔτει πρώτῳ Κύρου
2 ἔστην εἰς κράτος καὶ ἰσχύν. ²Καὶ νῦν ἀλήθειαν ἀναγγελῶ σοι·
ἰδοὺ ἔτι τρεῖς βασιλεῖς ἀναστήσονται ἐν τῇ Περσίδι, καὶ ὁ τέταρτος
πλουτήσει πλοῦτον μέγαν παρὰ πάντας· καὶ μετὰ τὸ κρατῆσαι αὐ-
τὸν τοῦ πλούτου αὐτοῦ ἐπαναστήσεται πάσαις βασιλείαις Ἑλλήνων.
3 ³καὶ ἀναστήσεται βασιλεὺς δυνατός, καὶ κυριεύσει κυρίας πολλῆς,
4 καὶ ποιήσει κατὰ τὸ θέλημα αὐτοῦ. ⁴καὶ ὡς ἂν στῇ, ἡ βασιλεία
αὐτοῦ συντριβήσεται καὶ διαιρεθήσεται εἰς τοὺς τέσσαρες ἀνέμους
τοῦ οὐρανοῦ, καὶ οὐκ εἰς τὰ ἔσχατα αὐτοῦ οὐδὲ κατὰ τὴν κυρείαν
αὐτοῦ ἣν ἐκυρίευσεν· ὅτι ἐκτιλήσεται ἡ βασιλεία αὐτοῦ, καὶ ἑτέροις
5 ἐκτὸς τούτων. ⁵καὶ ἐνισχύσει ὁ βασιλεὺς τοῦ νότου· καὶ εἷς τῶν
ἀρχόντων αὐτῶν ἐνισχύσει ἐπ' αὐτῶν καὶ κυριεύσει κυρίαν πολ-

---

16 και 1°] +κατενυγην και B^(ab(mgg))AQ | om και ηνοιξα το στομα μου A | AQ ειπα] ειπον Q | εμου] μου AQ   17 πνευμα] πνοη AQ   20 ειπεν]+μοι A | επιστρεφω A | του αρχοντος] αρχοντω| A αρχοντος Q | εισεπορευομην] εξεπορευομην AQ | αρχων] pr ο B^(ab) AQ   21 εντεταγμενον] ενγεγραμμενον Q* (εγγ. Q^a) | αληθιας Q* (-θειας Q^a) | περι] υπερ A | η 2°] ημιν A   XI 1 ετει] pr τω B* (improb B^(ab)) | ισχυν κ. κρατος Q   2 πλουτον] ον sup ras 3 vel 4 litt Q^(vid) | βασιλιαις Q* (-λειαις Q^a)   4 αν στη] αναστη Q* | τεσσαρας B^(ab)AQ | κυριεαν] κυριαν AQ | τουτων]+δοθησεται A   5 εις των αρχοντων αυτων ενισχυσει επ αυτων] ενισχ. επ αυτων εις των αρχ. αυτου A | κυριαν (-ρειαν B^(ab)) πολλην] κυριειας πολλης επ εξουσιας αυτου A κυριαν πολλην επ εξουσιας αυτου Q

ΔΑΝΙΗΛ (Ο')

87 σει δυναστεία μεγάλη ή δυναστεία αυτού. ⁶καὶ εἰς συντέλειαν 6
ἐνιαυτῶν ἄξει αὐτούς, καὶ εἰσελεύσεται βασιλεὺς Αἰγύπτου εἰς τὴν
βασιλείαν τὴν βορρᾶ ποιήσασθαι συνθήκας· καὶ οὐ μὴ κατισχύσῃ,
ὅτι ὁ βραχίων αὐτοῦ οὐ στήσει ἰσχύν, καὶ ὁ βραχίων αὐτοῦ ναρ-
κήσει καὶ τῶν συμπορευομένων μετ' αὐτοῦ, καὶ μενεῖ εἰς ὥρας.
⁷καὶ ἀναστήσεται φυτὸν ἐκ τῆς ῥίζης αὐτοῦ καθ' ἑαυτόν, καὶ ἥξει 7
ἐπὶ τὴν δύναμιν αὐτοῦ ἐν ἰσχύι αὐτοῦ βασιλεὺς βορρᾶ, καὶ ποιήσει
ταραχὴν καὶ κατισχύσει. ⁸καὶ τοὺς θεοὺς αὐτῶν καταστρέψει μετὰ 8
τῶν χωνευτῶν αὐτῶν, καὶ τοὺς ὄχλους αὐτῶν μετὰ τῶν σκευῶν
τῶν ἐπιθυμημάτων αὐτῶν, τὸ ἀργύριον καὶ τὸ χρυσίον, ἐν αἰχμα-
λωσίᾳ ἀποίσουσιν εἰς Αἴγυπτον· καὶ ἔσται ἔτος βασιλεῖ βορρᾶ.
⁹καὶ εἰσελεύσεται εἰς βασιλείαν βασιλεὺς Αἰγύπτου ἡμέρας, καὶ 9
ἐπιστρέψει ἐπὶ τὴν γῆν αὐτοῦ, ¹⁰καὶ ὁ υἱὸς αὐτοῦ· καὶ ἐρεθισθή- 10
σεται, καὶ συνάξει συναγωγὴν ὄχλου πολλοῦ, καὶ εἰσελεύσεται
κατ' αὐτὴν κατασύρων. παρελεύσεται καὶ ἐπιστρέψει· καὶ παρ-
οξυνθήσεται ἐπὶ πολύ. ¹¹καὶ ὀργισθήσεται βασιλεὺς Αἰγύπτου, καὶ 11
ἐξελεύσεται καὶ πολεμήσει μετὰ βασιλέως βορρᾶ, καὶ στήσει ὄχλον
πολύν, καὶ παραδοθήσεται ἡ συναγωγὴ εἰς τὰς χεῖρας αὐτοῦ· ¹²καὶ 12
λήψεται τὴν συναγωγήν, καὶ ὑψωθήσεται ἡ καρδία αὐτοῦ, καὶ
ταράξει πολλοὺς καὶ οὐ μὴ φοβηθῇ. ¹³καὶ ἐπιστρέψει βασιλεὺς 13
βορρᾶ καὶ συνάξει πόλεως συναγωγὴν μείζονα παρὰ τὴν πρώτην
κατὰ συντέλειαν καιροῦ ἐνιαυτοῦ, καὶ εἰσελεύσεται εἰς αὐτὴν ἐπ' αὐ-
τὸν ἐν ὄχλῳ πολλῷ καὶ ἐν χρήμασι πολλοῖς. ¹⁴καὶ ἐν τοῖς καιροῖς 14
ἐκείνοις διάνοιαι ἀναστήσονται ἐπὶ τὸν βασιλέα Αἰγύπτου, καὶ ἀνοι-
κοδομήσει τὰ πεπτωκότα τοῦ ἔθνους σου, καὶ ἀναστήσεται εἰς τὸ
ἀναστῆσαι τὴν προφητείαν, καὶ προσκόψουσι. ¹⁵καὶ ἐπελεύσεται 15
βασιλεὺς βορρᾶ, καὶ ἐπιστρέψει τὰ δόρατα αὐτοῦ καὶ λήψεται τὴν
πόλιν τὴν ὀχυράν, καὶ οἱ βραχίονες βασιλέως Αἰγύπτου στήσονται

Syr   **6** και εισελευσεται...μενει εις ωρας] και θυγατηρ βασιλεως του νοτου εισελευσεται προς βασιλεα του βορρα του ποιησαι συνθηκας μετ αυτου και ου κρατησει ισχυος βραχιονος και ου στησεται το σπερμα αυτου (fort αυτης) και παραδοθησεται αυτη και οι προσαγοντες αυτην και η νεανις και ο κατισχυων αυτην εν τω καιρω: σ'...του ποιησαι ομονοιαν και ου στησεται προς την ισχυν του βραχιονος και ουχ υποστησεται (?υπομενει) ουδε προς το σπερμα αυτου Syr^mg   **8** αυτων 4°] αυτου 87* vid   **9** ※ βασιλευς Syr | Αιγυπτου 87   **10** και εισελευσεται...κατασυρων (κατὰ σύρων 87)] σ' και ελευσεται ερχομενη και κατακλυζουσα Syr^mg | επι πολυ] α' εως κραταιωματος αυτης Syr^mg   **11** Αιγυπτου] του νοτου Syr^mg (item 15) | ※ και εξελευσεται 87 Syr | ※ και στησει οχλον πολυν (λυ sup ras: fort prius πολλ..) 87 ※ οχλον π. Syr   **12** ου] αυ 87^ed   **13** κατα συντελειαν...επ αυτον] και εις το τελος των καιρων ενιαυτων ελευσεται ερχομενος Syr^mg | αυτην] αυτο 87* vid

ΔΑΝΙΗΛ (Θ.) XI 15

6 λήν. ⁶καὶ μετὰ τὰ ἔτη αὐτοῦ συμμιγήσονται, καὶ θυγάτηρ βασιλέως B
τοῦ νότου εἰσελεύσεται πρὸς βασιλέα τοῦ βορρᾶ τοῦ ποιῆσαι συνθήκας μετ' αὐτοῦ· καὶ οὐ κρατήσει ἰσχύος βραχίονος, καὶ οὐ στήσεται τὸ σπέρμα αὐτοῦ, καὶ παραδοθήσεται αὕτη καὶ οἱ φέροντες
7 αὐτήν, καὶ ἡ νεᾶνις καὶ ὁ κατισχύων αὐτὴν ἐν τοῖς καιροῖς. ⁷καὶ στήσεται ἐκ τοῦ ἄνθους τῆς ῥίζης αὐτῆς τῆς ἑτοιμασίας αὐτοῦ, καὶ ἥξει πρὸς τὴν δύναμιν, καὶ εἰσελεύσεται εἰς τὰ ὑποστηρίγματα τοῦ
8 βασιλέως τοῦ βορρᾶ, καὶ ποιήσει ἐν αὐτοῖς καὶ κατισχύσει. ⁸καί γε τοὺς θεοὺς αὐτῶν μετὰ τῶν χωνευτῶν αὐτῶν, πᾶν σκεῦος ἐπιθυμητὸν αὐτῶν, ἀργυρίου καὶ χρυσίου, μετὰ αἰχμαλωσίας οἴσει εἰς
9 Αἴγυπτον· καὶ αὐτὸς στήσεται ὑπὲρ βασιλέα τοῦ βορρᾶ. ⁹καὶ εἰσελεύσεται εἰς τὴν βασιλείαν τοῦ βασιλέως τοῦ νότου, καὶ ἀναστρέψει
10 εἰς τὴν γῆν αὐτοῦ. ¹⁰καὶ οἱ υἱοὶ αὐτοῦ συνάξουσιν ὄχλον ἀνὰ μέσον πολλῶν, καὶ ἐλεύσεται ἐρχόμενος καὶ κατακλύζων, καὶ παρελεύσεται
11 καὶ καθίεται καὶ συνπροσπλακήσεται ἕως τῆς ἰσχύος αὐτοῦ. ¹¹καὶ ἀγριανθήσεται βασιλεὺς τοῦ νότου, καὶ ἐξελεύσεται καὶ πολεμήσει μετὰ τοῦ βασιλέως τοῦ βορρᾶ, καὶ στήσει ὄχλον πολύν, καὶ παρα-
12 δοθήσεται ὄχλος ἐν χειρὶ αὐτοῦ· ¹²καὶ λήμψεται τὸν ὄχλον, καὶ ὑψωθήσεται ἡ καρδία αὐτοῦ, καὶ καταβαλεῖ μυριάδας, καὶ οὐ κατι-
13 σχύσει. ¹³καὶ ἐπιστρέψει βασιλεὺς τοῦ βορρᾶ καὶ ἄξει ὄχλον πολὺν ὑπὲρ τὸν πρότερον, καὶ εἰς τὸ τέλος τῶν καιρῶν ἐνιαυτῶν
14 ἐπελεύσεται εἰσόδια ἐν δυνάμει μεγάλῃ καὶ ἐν ὑπάρξει πολλῇ. ¹⁴καὶ ἐν τοῖς καιροῖς ἐκείνοις πολλοὶ ἐπαναστήσονται ἐπὶ βασιλέα τοῦ νότου, καὶ οἱ υἱοὶ τῶν λοιμῶν τοῦ λαοῦ σου ἐπαρθήσονται τοῦ στῆσαι
15 ὅρασιν, καὶ ἀσθενήσουσιν. ¹⁵καὶ εἰσελεύσεται βασιλεὺς τοῦ βορρᾶ, καὶ ἐκχεεῖ πρόσχωμα καὶ συνλήμψεται πόλεις ὀχυράς, καὶ οἱ βραχίονες τοῦ βασιλέως τοῦ νότου στήσονται, καὶ ἀναστήσονται καὶ οἱ

6 συμμιγησονται] αποσυμμιγησονται A συμμιγησεται Q* (-σονται Qᵃ) | AQ
θυγατηρ] pr η AQ | βασιλεως] βασιλευς A   7 στησεται] αναστησεται
BᵇAQ | εκ] επι Q | αυτης] αυτου Q | της ετοιμασιας] επι της ετ. A επι την
ετοιμασιαν Q* (της ετοιμασιας Qᵃ) | om εν A   8 αυτων 1°]+καταστρεψει
BᵃᵇA | και 2°] η Q* (ϟ Qᵐᵍ)   10 ανα μεσον] δυναμεω] A δυναμεως
Q | ελευσεται] εισελευσεται AQ | ερχομενος] αρχ. A | καθιειται AQ |
συνπροσπλακησεται (συμπρ. Bᵇ)] προσυμπλακησονται A προσσυμπλακησεται
Q   11 βασιλευς του νοτου και] και ο βασ. του νοτου A | του βασιλεως]
om του AQ | οχλος] pr o AQ   12 ληψεται Bᵇ | υψωθησεται] υπερυψωθησεται A   13 βασιλευς] pr o AQ | αξει] εξει A | το τελος] om το
Q | om ενιαυτων Q   14 των λοιπων] των λοιμων A παραβασεων Q*
(superscr συ') θ': ο' των λοιμων Qᵐᵍ | ασθενησουσι Qᵃ   15 βασιλευς] pr o
A | συλληψεται BᵇQᵃ συλλημψ. AQ* | πολις Q* (-λεις Qᵃ) | στησονται] pr
ου AQ | om και 6° AQ

567

ΔΑΝΙΗΛ (Ο′)

87 μετὰ τῶν δυναστῶν αὐτοῦ, καὶ οὐκ ἔσται αὐτῷ ἰσχὺς εἰς τὸ ἀντιστῆναι αὐτῷ. ¹⁶καὶ ποιήσει ὁ εἰσπορευόμενος ἐπ᾽ αὐτὸν κατὰ τὸ 16 θέλημα αὐτοῦ, καὶ οὐκ ἔσται ὁ ἀνθεστηκὼς ἐναντίον αὐτοῦ· καὶ στήσεται ἐν τῇ χώρᾳ, καὶ ἐπιτελεσθήσεται πάντα τὰ ἐν ταῖς χερσὶν αὐτοῦ. ¹⁷καὶ δώσει τὸ πρόσωπον αὐτοῦ ἐπελθεῖν βίᾳ τὸ ἔργον 17 αὐτοῦ, καὶ συνθήκας μετ᾽ αὐτοῦ ποιήσεται· καὶ θυγατέρα ἀνθρώπου δώσει αὐτῷ εἰς τὸ φθεῖραι αὐτήν, καὶ οὐ πείσεται καὶ οὐκ ἔσται. ¹⁸καὶ δώσει τὸ πρόσωπον αὐτοῦ ἐπὶ τὴν θάλασσαν καὶ λήψεται 18 πολλούς, καὶ ἐπιστρέψει ὀργὴν ὀνειδισμοῦ αὐτῶν ἐν ὅρκῳ κατὰ τὸν ὀνειδισμὸν αὐτοῦ. ¹⁹ἐπιστρέψει τὸ πρόσωπον αὐτοῦ εἰς τὸ κατι- 19 σχῦσαι τὴν χώραν αὐτοῦ, καὶ προσκόψει καὶ πεσεῖται, καὶ οὐχ εὑρεθήσεται. ²⁰καὶ ἀναστήσεται ἐκ τῆς ῥίζης αὐτοῦ φυτὸν βασιλείας 20 εἰς ἀνάστασιν, ἀνὴρ τύπτων δόξαν βασιλέως· καὶ ἐν ἡμέραις ἐσχάταις συντριβήσεται, καὶ οὐκ ἐν ὀργῇ οὐδὲ ἐν πολέμῳ· ²¹καὶ ἀνα- 21 στήσεται ἐπὶ τὸν τόπον αὐτοῦ εὐκαταφρόνητος, καὶ οὐ δοθήσεται ἐπ᾽ αὐτὸν δόξα βασιλέως· καὶ ἥξει ἐξάπινα, κατισχύσει βασιλεὺς ἐν κληροδοσίᾳ αὐτοῦ. ²²καὶ τοὺς βραχίονας τοὺς συντριβέντας συν- 22 τρίψει ἀπὸ προσώπου αὐτοῦ. ²³καὶ μετὰ τῆς διαθήκης καὶ δήμου 23 συνταγέντος μετ᾽ αὐτοῦ ποιήσει ψεῦδος, καὶ ἐπὶ ἔθνος ἰσχυρὸν ἐν ὀλιγοστῷ ἔθνει ²⁴ἐξάπινα ἐρημώσει πόλιν, καὶ ποιήσει ὅσα 24 οὐκ ἐποίησαν οἱ πατέρες αὐτοῦ οὐδὲ οἱ πατέρες τῶν πατέρων αὐτοῦ· προνομὴν καὶ σκῦλα καὶ χρήματα αὐτοῖς δώσει, καὶ ἐπὶ τὴν πόλιν τὴν ἰσχυρὰν διανοηθήσεται, καὶ οἱ λογισμοὶ αὐτοῦ εἰς μάτην. ²⁵καὶ ἐγερθήσεται ἡ ἰσχὺς αὐτοῦ καὶ ἡ καρδία αὐτοῦ ἐπὶ τὸν 25 βασιλέα Αἰγύπτου ἐν ὄχλῳ πολλῷ, καὶ ὁ βασιλεὺς Αἰγύπτου ἐρεθισθήσεται εἰς πόλεμον ἐν ὄχλῳ ἰσχυρῷ σφόδρα λίαν· καὶ οὐ στήσεται, ὅτι διανοηθήσεται ἐπ᾽ αὐτὸν διάνοια. ²⁶καὶ καταναλώσουσιν 26 αὐτὸν μέριμναι αὐτοῦ καὶ ἀποστρέψουσιν αὐτόν, καὶ παρελεύσονται, καὶ κατασυριεῖ, καὶ πεσοῦνται τραυματίαι πολλοί. ²⁷καὶ δύο 27 βασιλεῖς μόνοι δειπνήσουσιν ἐπὶ τὸ αὐτὸ καὶ ἐπὶ μιᾶς τραπέζης φάγονται, καὶ ψευδολογήσουσι καὶ οὐκ εὐοδωθήσονται· ἔτι γὰρ

Syr   16 εν τη χωρα]+της θελησεως Syr (cf Hier)   εν γη ενδοξω Syr^mg |
και επιτελεσθησεται...αυτου] σ′ και αναλωθησονται δια των χειρων αυτου
Syr^mg | om τα Syr   17 το εργον] pr παν Syr   18 πολλους] incep
πολο 87* (πολλ. 87¹)   22 βαρχιονας 87^ed   23 εν ολιγοστω εθνει] σ′
ως εν ολιγω εθνει ησυχη Syr^mg   24 και επι τ. πολιν τ. ισχυραν] α′ και
επι τα οχυρωματα Syr^mg   25 διανοίᾳ Syr   26 παρελευσεται Syr

568

ΔΑΝΙΗΛ (Θ.) XI 27

16 ἐκλεκτοὶ αὐτοῦ, καὶ οὐκ ἔσται ἰσχὺς τοῦ στῆναι. ¹⁶καὶ ποιήσει ὁ Β εἰσπορευόμενος πρὸς αὐτὸν κατὰ τὸ θέλημα αὐτοῦ, καὶ οὐκ ἔστιν ἑστὼς κατὰ πρόσωπον αὐτοῦ· καὶ στήσεται ἐν τῇ γῇ τοῦ σαβείρ, 17 καὶ τελεσθήσεται ἐν τῇ χειρὶ αὐτοῦ. ¹⁷καὶ τάξει τὸ πρόσωπον αὐτοῦ εἰσελθεῖν ἐν ἰσχύι πάσης τῆς βασιλείας αὐτοῦ, καὶ εὐθεῖα πάντα μετ' αὐτοῦ ποιήσει· καὶ θυγατέρα τῶν γυναικῶν δώσει αὐτῷ τοῦ 18 διαφθεῖραι αὐτήν, καὶ οὐ μὴ παραμείνῃ, καὶ οὐκ αὐτῷ ἔσται. ¹⁸καὶ ἐπιστρέψει τὸ πρόσωπον αὐτοῦ εἰς τὰς νήσους καὶ συλλήμψεται πολλάς, καὶ καταπαύσει ἄρχοντας ὀνειδισμοῦ αὐτῶν· πλὴν ὀνει- 19 δισμὸς αὐτοῦ ἐπιστρέψει αὐτῷ. ¹⁹καὶ ἐπιστρέψει τὸ πρόσωπον αὐτοῦ εἰς τὴν ἰσχὺν τῆς γῆς αὐτοῦ, καὶ ἀσθενήσει καὶ πεσεῖται, καὶ 20 οὐχ εὑρεθήσεται. ²⁰καὶ ἀναστήσεται ἐκ τῆς ῥίζης αὐτοῦ φυτὸν τῆς βασιλείας ἐπὶ τὴν ἑτοιμασίαν αὐτοῦ παραβιβάζων, πράσσων δόξαν βασιλείας· καὶ ἐν ταῖς ἡμέραις ἐκείναις συντριβήσεται, καὶ οὐκ ἐν 21 προσώποις οὐδὲ ἐν πολέμῳ. ²¹στήσεται ἐπὶ τὴν ἑτοιμασίαν αὐτοῦ· ἐξουδενώθη, καὶ οὐκ ἔδωκαν ἐπ' αὐτὸν δόξαν βασιλείας· καὶ ἥξει 22 ἐν εὐθηνίᾳ, καὶ κατισχύσει βασιλείας ἐν ὀλισθρήμασιν. ²²καὶ βραχίονες τοῦ κατακλύζοντος κατακλυσθήσονται ἀπὸ προσώπου αὐτοῦ 23 καὶ συντριβήσονται, καὶ ἡγούμενος διαθήκης· ²³καὶ ἀπὸ τῶν συναναμίξεων πρὸς αὐτὸν ποιήσει δόλον, καὶ ἀναβήσεται καὶ ὑπερισχύσει 24 αὐτοὺς ἐν ὀλίγῳ ἔθνει. ²⁴καὶ ἐν εὐθηνίᾳ καὶ ἐν πίοσι χώραις ἥξει, καὶ ποιήσει ἃ οὐκ ἐποίησαν οἱ πατέρες αὐτοῦ καὶ οἱ πατέρες τῶν πατέρων αὐτοῦ· προνομὴν καὶ σκῦλα καὶ ὕπαρξιν αὐτοῖς διασκορπιεῖ, 25 καὶ ἐπ' Αἴγυπτον λογιεῖται λογισμοὺς καὶ ἕως καιροῦ. ²⁵καὶ ἐξεγερθήσεται ἡ ἰσχὺς αὐτοῦ καὶ ἡ καρδία αὐτοῦ ἐπὶ βασιλέα τοῦ νότου ἐν δυνάμει μεγάλῃ, καὶ ὁ βασιλεὺς τοῦ νότου συνάψει πόλεμον ἐν δυνάμει μεγάλῃ καὶ ἰσχυρᾷ σφόδρα· καὶ οὐ στήσονται, ὅτι λογι- 26 οῦνται ἐπ' αὐτὸν λογισμούς. ²⁶καὶ φάγονται τὰ δέοντα αὐτοῦ καὶ συντρίψουσιν αὐτόν, καὶ δυνάμεις κατακλύσει, καὶ πεσοῦνται τραυ- 27 ματίαι πολλοί. ²⁷καὶ ἀμφότεροι οἱ βασιλεῖς, αἱ καρδίαι αὐτῶν εἰς πονηρίαν, καὶ ἐπὶ τραπέζῃ μιᾷ ψευδῆ λαλήσουσιν, καὶ οὐ κατευ-

16 στησεται] στησονται A | τη γη] om τη A | σαββειρ A | τελεσθησεται] AQ συντελεσθ. AQ | χειρι] γη Q* (χειρι Q^mg)   17 βασιλιας Q* (-λειας Q^a): item 20 bis, 21 bis   18 συλληψεται B^b Q^a | ονειδισμος] pr o AQ 19 ισχυν] αρχην A   20 της βασιλειας (-λιας hic et A)] om της AQ | ταις ημεραις εκειναις sup ras B^b?   21 ολιθρημασιν B* ολισθρ. B^ab ολοθρη. B^b?c ολισθημασιν AQ* (-σι Q^a)   22 κατακλυσθησονται] pr και A 23 αυτους] αυτου AQ   24 πιοσι] πλιοσιν AQ* (πλειοσι Q^a) | om αυτοις A | διασκορπισει A | λογισμους] διαλογισμους A+αυτου AQ   25 επι] και A | εν 2°] pr και A   26 αυτον] αυτου A   27 λαλησουσι Q^a

569

87 συντέλεια εἰς καιρόν. 26καὶ ἐπιστρέψει ἐπὶ τὴν χώραν αὐτοῦ ἐν 28 χρήμασι πολλοῖς, καὶ ἡ καρδία αὐτοῦ ἐπὶ τὴν διαθήκην τοῦ ἁγίου· ποιήσει καὶ ἐπιστρέψει ἐπὶ τὴν χώραν αὐτοῦ. 29εἰς καιρὸν ἐπι- 29 στρέψει καὶ εἰσελεύσεται εἰς Αἴγυπτον, καὶ οὐκ ἔσται ὡς ἡ πρώτη καὶ ἡ ἐσχάτη. 30καὶ ἥξουσι Ῥωμαῖοι καὶ ἐξώσουσιν αὐτὸν καὶ 30 ἐμβριμήσονται αὐτῷ, καὶ ἐπιστρέψει, καὶ ὀργισθήσονται ἐπὶ τὴν διαθήκην τοῦ ἁγίου· καὶ ποιήσει καὶ ἐπιστρέψει, καὶ διανοηθήσεται ἐπ᾽ αὐτοὺς ἀνθ᾽ ὧν ἐγκατέλιπον τὴν διαθήκην τοῦ ἁγίου. 31καὶ 31 βραχίονες παρ᾽ αὐτοῦ στήσονται καὶ μιανοῦσι τὸ ἅγιον τοῦ φόβου, καὶ ἀποστήσουσι τὴν θυσίαν, καὶ δώσουσι βδέλυγμα ἐρημώσεως. 32καὶ ἐν ἁμαρτίαις διαθήκης μιανοῦσιν ἐν σκληρῷ λαῷ· καὶ ὁ δῆμος 32 ὁ γινώσκων ταῦτα κατισχύσουσι καὶ ποιήσουσι, 33καὶ ἐννοού- 33 μενοι τοῦ ἔθνους συνήσουσιν εἰς πολλούς, καὶ προσκόψουσι ῥομφαίᾳ καὶ παλαιωθήσονται ἐν αὐτῇ, καὶ ἐν αἰχμαλωσίᾳ καὶ ἐν προνομῇ ἡμερῶν κηλιδωθήσονται. 34καὶ ὅταν συντρίβωνται, συνάξουσιν 34 ἰσχὺν βραχεῖαν, καὶ ἐπισυναχθήσονται ἐπ᾽ αὐτοὺς πολλοὶ ἐπὶ πόλεως καὶ πολλοὶ ὡς ἐν κληροδοσίᾳ. 35καὶ ἐκ τῶν συνιέντων δια- 35 νοηθήσονται εἰς τὸ καθαρίσαι ἑαυτοὺς καὶ εἰς τὸ ἐκλεγῆναι καὶ εἰς τὸ καθαρισθῆναι ἕως καιροῦ συντελείας· ἔτι γὰρ καιρὸς εἰς ὥρας. 36καὶ ποιήσει κατὰ τὸ θέλημα αὐτοῦ ὁ βασιλεύς, καὶ παροργισθή- 36 σεται καὶ ὑψωθήσεται ἐπὶ πάντα θεόν, καὶ ἐπὶ τὸν θεὸν τῶν θεῶν ἔξαλλα λαλήσει, καὶ εὐοδωθήσεται ἕως ἂν συντελεσθῇ ἡ ὀργή· εἰς αὐτὸν γὰρ συντέλεια γίνεται. 37καὶ ἐπὶ τοὺς θεοὺς τῶν πατέρων 37 αὐτοῦ οὐ μὴ προνοηθῇ, καὶ ἐν ἐπιθυμίᾳ γυναικὸς οὐ μὴ προνοηθῇ· ὅτι ἐν παντὶ ὑψωθήσεται, καὶ ὑποταγήσεται αὐτῷ ἔθνη ἰσχυρά. 38ἐπὶ τὸν τόπον αὐτοῦ κινήσει, καὶ θεὸν ὃν οὐκ ἔγνωσαν οἱ 38 πατέρες αὐτοῦ τιμήσει ἐν χρυσίῳ καὶ ἀργυρίῳ καὶ λίθῳ πολυτελεῖ. καὶ ἐν ἐπιθυμήμασι 39ποιήσει πόλεων καὶ εἰς ὀχύρωμα ἰσχυρὸν ἥξει 39

Syr 29 ※ επιστρεψει 87 Syr 30 ÷ και επιστρεψει (superscr ÷) και οργισθησονται 87 ÷ και επιστρ. κ. οργισθησεται Syr 31 ΒΔΕΛΥΓΜΑ ΕΡΗΜШСΕШС Syr^mg 37 τους θεους] τον θεον Syr 38 κινησει] κινηθησεται Syr^fort

ΔΑΝΙΗΛ (Θ.) XI 39

28 θυνεῖ· ὅτι ἔτι πέρας εἰς καιρόν. ²⁸καὶ ἐπιστρέψει εἰς τὴν γῆν αὐ- B τοῦ ἐν ὑπάρξει πολλῇ, καὶ ἡ καρδία αὐτοῦ ἐπὶ διαθήκην ἁγίαν, καὶ 29 ποιήσει καὶ ἐπιστρέψει εἰς τὴν γῆν αὐτοῦ. ²⁹εἰς τὸν καιρὸν ἐπιστρέψει καὶ ἥξει ἐν τῷ νότῳ, καὶ οὐκ ἔσται ὡς ἡ πρώτη καὶ ἡ 30 ἐσχάτη. ³⁰καὶ εἰσελεύσονται ἐν αὐτῷ οἱ ἐκπορευόμενοι Κίτιοι, καὶ ταπεινωθήσεται, καὶ ἐπιστρέψει καὶ θυμωθήσεται ἐπὶ διαθήκην ἁγίαν· καὶ ποιήσει καὶ ἐπιστρέψει, καὶ συνήσει ἐπὶ τοὺς καταλι- 31 πόντας διαθήκην ἁγίαν. ³¹ καὶ σπέρματα ἐξ αὐτοῦ ἀναστήσονται καὶ βεβηλώσουσιν τὸ ἁγίασμα τῆς δυναστείας, καὶ μεταστήσουσιν 32 τὸν ἐνδελεχισμόν, καὶ δώσουσιν βδέλυγμα ἠφανισμένον. ³²καὶ οἱ ἀνομοῦντες διαθήκην ἐπάξουσιν ἐν ὀλισθρήμασιν· καὶ λαὸς γινώσκον- 33 τες θεὸν αὐτοῦ κατισχύσουσιν καὶ ποιήσουσιν, ³³καὶ οἱ συνετοὶ τοῦ λαοῦ συνήσουσιν εἰς πολλά, καὶ ἀσθενήσουσιν ἐν ῥομφαίᾳ καὶ ἐν 34 φλογὶ καὶ ἐν αἰχμαλωσίᾳ καὶ ἐν διαρπαγῇ ἡμερῶν. ³⁴καὶ ἐν τῷ ἀσθενῆσαι αὐτοὺς βοηθηθήσονται βοήθειαν μικράν, καὶ προστεθή- 35 σονται πρὸς αὐτοὺς πολλοὶ ἐν ὀλισθρήμασιν. ³⁵καὶ ἀπὸ τῶν συνιέντων ἀσθενήσουσιν τοῦ πυρῶσαι αὐτοὺς καὶ τοῦ ἐκλέξασθαι καὶ 36 τοῦ ἀποκαλυφθῆναι ἕως καιροῦ πέρας· ὅτι ἔτι εἰς καιρόν. ³⁶καὶ ποιήσει κατὰ τὸ θέλημα αὐτοῦ· καὶ ὑψωθήσεται ὁ βασιλεὺς καὶ μεγαλυνθήσεται ἐπὶ πάντα θεόν, καὶ λαλήσει ὑπέρογκα, καὶ κατευθυνεῖ μέχρις οὗ συντελεσθῇ ἡ ὀργή· εἰς γὰρ συντέλειαν γίνεται. 37 ³⁷καὶ ἐπὶ παντὸς θεοῦ τῶν πατέρων αὐτοῦ οὐ συνήσει, καὶ ἐπιθυμίᾳ γυναικῶν, καὶ ἐπὶ πᾶν θεὸν οὐ συνήσει· ὅτι ἐπὶ πάντας μεγα- 38 λυνθήσεται. ³⁸καὶ θεὸν μαωζεὶν ἐπὶ τόπου αὐτοῦ δοξάσει, καὶ θεὸν ὃν οὐκ ἔγνωσαν οἱ πατέρες αὐτοῦ δοξάσει ἐν χρυσῷ καὶ ἀργύρῳ 39 καὶ λίθῳ τιμίῳ καὶ ἐν ἐπιθυμήμασιν. ³⁹καὶ ποιήσει τοῖς ὀχυρώμασιν

29 και η εσχατη] και ως η εσχ. AQ^mg om Q* 30 εν] pr οι AQ | οι AQ εκπορ.] pr και AQ | Κιτιοι] pr Χεττιειμ Q* (improb Q?) | καταλειποντας AQ^a 31 και 1°] pr και βραχιονες AQ | αναστησοται B* (-σονται B^ab) | βεβηλωσουσι Q^a | δυναστειας (-τιας Q*)] δυναμεως A | μεταστησουσι Q^a | ενδελεχισμον] ενδελεχιστον A | δωσουσι Q^a 32 οι] λαοι A | επαξουσιν] εξαξουσιν A | ολισθρημασιν] ολισθημασιν AQ* (-σι Q¹): item 34 | γινωσκων A | κατισχυσουσι, ποιησουσι Q^a 33 του λαου] λαου μου A λαου Q | om 1° Q* (superscr Q^a) | φλογι] πυρι Q* (φλογει Q^mg corr -γι) 34 βοηθησονται Q* (βοηθηθησ. Q^a) | βοηθιαν Q* | προς] επ AQ 35 ασθενησουσι Q^a | om και 2° A 36 υψωθησεται ο βασιλευς κ. μεγαλυνθησεται] υψ. και μεγ. ο βασ. A ο βασ. υψ. κ. μεγ. Q | θεον^a]+και επι τον θν των θεων AQ | μεχρις του B* (μ. ου B^b) | συντελιαν Q* 37 παντος θεου] παντας θεους B^abAQ | om ου 1° A | επιθυμια] επιθυμιαν A επι επιθυμιαν Q | παν] παντα AQ 38 μαωζει A | δοξασει 1°] pr ου A | εγνωσαν] ηδεισαν Q | χρυσιω AQ | αργυριω Q | επιθυμημασι Q^a 39 οχυρωμασι BQ

87 μετὰ θεοῦ ἀλλοτρίου· οὗ ἐὰν ἐπιγνῷ, πληθυνεῖ δόξαν καὶ κατακυριεύσει αὐτοῦ ἐπὶ πολύ, καὶ χώραν ἀπομεριεῖ εἰς δωρεάν. ⁴⁰καὶ καθ' ὥραν συντελείας συγκερατισθήσεται αὐτῷ ὁ βασιλεὺς Αἰγύπτου, καὶ ἐποργισθήσεται αὐτῷ βασιλεὺς βορρᾶ ἐν ἅρμασι καὶ ἐν ἵπποις πολλοῖς καὶ ἐν πλοίοις πολλοῖς, καὶ εἰσελεύσεται εἰς χώραν Αἰγύπτου. ⁴¹καὶ ἐπελεύσεται εἰς τὴν χώραν μου, καὶ πολλαὶ σκανδαλισθήσονται· καὶ αὗται σωθήσονται ἀπὸ χειρὸς αὐτοῦ, Ἐδὼμ καὶ Μωὰβ καὶ κεφάλαιον υἱῶν Ἀμμών. ⁴²καὶ ἀποστελεῖ χεῖρα αὐτοῦ ἐν ταῖς γαίαις, καὶ ἐν χώρᾳ Αἰγύπτου οὐκ ἔσται ἐν αὐτῇ διασωζόμενος. ⁴³καὶ κρατήσει τοῦ τόπου τοῦ χρυσίου καὶ τοῦ τόπου τοῦ ἀργυρίου καὶ πάσης τῆς ἐπιθυμίας Αἰγύπτου, καὶ Λίβυες καὶ Αἰθίοπες ἔσονται ἐν τῷ ὄχλῳ αὐτοῦ. ⁴⁴καὶ ἀκοὴ ταράξει αὐτὸν ἀπὸ ἀνατολῶν καὶ βορρᾶ, καὶ ἐξελεύσεται ἐν θυμῷ ἰσχυρῷ καὶ ῥομφαίᾳ ἀφανίσαι καὶ ἀποκτεῖναι πολλούς· ⁴⁵καὶ στήσει αὐτοῦ τὴν σκηνὴν τότε ἀνὰ μέσον τῶν θαλασσῶν καὶ τοῦ ὄρους τῆς θελήσεως τοῦ ἁγίου· καὶ ἥξει ὥρα τῆς συντελείας αὐτοῦ, καὶ οὐκ ἔσται βοηθῶν αὐτῷ. ¹Καὶ κατὰ τὴν χώραν ἐκείνην παρελεύσεται XII Μιχαὴλ ὁ ἄγγελος ὁ μέγας, ὁ ἑστηκὼς ἐπὶ τοὺς υἱοὺς τοῦ λαοῦ σου· ἐκείνη ἡ ἡμέρα θλίψεως, οἵα οὐκ ἐγενήθη ἀφ' οὗ ἐγενήθησαν ἕως τῆς ἡμέρας ἐκείνης· καὶ ἐν ἐκείνῃ τῇ ἡμέρᾳ ὑψωθήσεται πᾶς ὁ λαὸς ὃς ἂν εὑρεθῇ ἐγγεγραμμένος ἐν τῷ βιβλίῳ. ²καὶ πολλοὶ τῶν καθευδόντων ἐν τῷ πλάτει τῆς γῆς ἀναστήσονται, οἱ μὲν εἰς ζωὴν αἰώνιον, οἱ δὲ εἰς ὀνειδισμόν, οἱ δὲ εἰς διασπορὰν καὶ αἰσχύνην αἰώνιον· ³καὶ οἱ συνιέντες φανοῦσιν ὡς φωστῆρες τοῦ οὐρανοῦ, καὶ οἱ κατισχύοντες τοὺς λόγους μου ὡσεὶ τὰ ἄστρα τοῦ οὐρανοῦ εἰς τὸν αἰῶνα τοῦ αἰῶνος. ⁴καὶ σύ, Δανιήλ, κάλυψον τὰ προστάγματα καὶ σφράγισαι τὸ βιβλίον ἕως καιροῦ συντελείας, ἕως ἂν ἀπομανῶσιν οἱ πολλοὶ καὶ πλησθῇ ἡ γῆ ἀδικίας.

Syr 40 ϹΥΝΚΕΡΑΤΙϹΘΗϹΕΤΑΙ Syr^mg 41—42 ※ και πολλαι (※ 87)...χειρος (χειρων Syr) αυτου (※ 87)...εν γαις (sic 87 et ut vid Syr) γαιαις 87 Syr 41 Μωαμ 87   XII 1 παρελευσε] 87   3 συνιε|εντες 87

572

ΔΑΝΙΗΛ (Θ.) XII 4

τῶν καταφυγῶν μετὰ θεοῦ ἀλλοτρίου, καὶ πληθυνεῖ δόξαν, καὶ ὑπο- Β
τάξει αὐτοῖς πολλούς, καὶ γῆν διελεῖ ἐν δώροις. ⁴⁰καὶ ἐν καιροῦ
πέρατι συνκερατισθήσεται μετὰ τοῦ βασιλέως τοῦ νότου, καὶ συν-
αχθήσεται ἐπ᾽ αὐτὸν ὁ βασιλεὺς ὁ τοῦ βορρᾶ ἐν ἅρμασιν καὶ ἱπ-
πεῦσιν καὶ ἐν ναυσὶν πολλαῖς, καὶ εἰσελεύσονται εἰς τὴν γῆν καὶ
συντρίψει καὶ παρελεύσεται. ⁴¹καὶ εἰσελεύσεται εἰς τὴν γῆν τοῦ
σαβαείν, καὶ πολλοὶ ἀσθενήσουσιν· καὶ οὗτοι διασωθήσονται ἐκ χει-
ρὸς αὐτοῦ, Ἐδὼμ καὶ Μωὰβ καὶ ἀρχὴ υἱῶν Ἀμμών. ⁴²καὶ ἐκτενεῖ
τὴν χεῖρα ἐπὶ τὴν γῆν, καὶ γῇ Αἰγύπτου οὐκ ἔσται εἰς σωτηρίαν.
⁴³καὶ κυριεύσει ἐν τοῖς ἀποκρύφοις τοῦ χρυσοῦ καὶ τοῦ ἀργύρου,
καὶ ἐν πᾶσιν ἐπιθυμητοῖς Αἰγύπτου καὶ Λιβύων καὶ Αἰθιόπων, ἐν
τοῖς ὀχυρώμασιν αὐτῶν. ⁴⁴καὶ ἀκοαὶ καὶ σπουδαὶ ταράξουσιν αὐτὸν
ἐξ ἀνατολῶν καὶ ἀπὸ βορρᾶ, καὶ ἥξει ἐν θυμῷ πολλῷ τοῦ ἀφανίσαι
πολλούς· ⁴⁵καὶ πήξει τὴν σκηνὴν αὐτοῦ Ἐφαδανὼ ἀνὰ μέσον τῶν
θαλασσῶν εἰς ὄρος σαβαεὶν ἅγιον· καὶ ἥξει ἕως μέρους αὐτοῦ, καὶ
XII ¹ οὐκ ἔστιν ὁ ῥυόμενος αὐτόν. ¹Καὶ ἐν τῷ καιρῷ ἐκείνῳ ἀνα-
στήσεται Μιχαὴλ ὁ ἄρχων ὁ μέγας, ὁ ἑστηκὼς ἐπὶ τοὺς υἱοὺς τοῦ
λαοῦ σου· καὶ ἔσται καιρὸς θλίψεως, θλῖψις οἵα οὐ γέγονεν ἀφ᾽ ἧς
γεγένηται ἔθνος ἐν τῇ γῇ ἕως τοῦ καιροῦ ἐκείνου· ἐν τῷ καιρῷ
ἐκείνῳ σωθήσεται ὁ λαός σου πᾶς ὁ γεγραμμένος ἐν τῇ βίβλῳ.
² ²καὶ πολλοὶ τῶν καθευδόντων ἐν γῆς χώματι ἐξεγερθήσονται, οὗτοι
εἰς ζωὴν αἰώνιον, καὶ οὗτοι εἰς ὀνειδισμὸν καὶ εἰς αἰσχύνην αἰώνιον·
³ ³καὶ οἱ συνιέντες λάμψουσιν ὡς ἡ λαμπρότης τοῦ στερεώματος, καὶ
ἀπὸ τῶν δικαίων τῶν πολλῶν ὡς οἱ ἀστέρες εἰς τοὺς αἰῶνας καὶ
⁴ ἔτι. ⁴καὶ σύ, Δανιήλ, ἔμφραξον τοὺς λοιποὺς καὶ σφράγισον τὸ
βιβλίον §ἕως καιροῦ συντελείας, ἕως διδαχθῶσιν πολλοὶ καὶ πλη- § 1ʳ
θυνθῇ ἡ γνῶσις.

39 αλλοτριου] +ους αν επιγνω Q   40 καιρου] τω καιρω Α | συγκερα- AQ
τισθ. Bᵃᵇ | με B* (μετα Bᵃᵇ) | επ αυτον] μετ αυτου Α | ο βασιλευς ο] βασιλευς
AQ | αρμασι, ιππευσι, ναυσι BᵇQᵃ | ιππευσιν] pr εν AQ | εισελευσεται AQ
41 σαβαειν] σαβειρ Qᵐᵍ | ασθενησουσι Qᵃ   42 χειρα]+αυτου AQ   43 του
χρυσου και του αργυρου] του χρυσιου κ. του αργυριου (υ 1° in αργ. sup ras Aᵃ?) Α
του χρυσιου κ. αργυριου Q | om εν 2° Α   44 αφανισαι]+και του ανα-
θεματισαι AQ   45 Εφαδανω] Ενφα͞δανω (nisi potius εν Φ.) Α | εις]
επ Q | σαβαειν] σαβειν Α υψηλον Q* (σαβαειν Qᵐᵍ) | μερους]+ορους Α
XII 1 om θλιψις Q* (hab Qᵐᵍ) | om γεγονεν αφ ης B* (hab BᵃᵇᵐᵍA)
γεγονεν αφ ου Q | γεγενηται] γεγεννηται Q | εν τη γη] επι της γης AQ | εν
3°] pr και AQ | πας]+ο ευρεθεις AQ | ο γεγραμμενος] om ο Qᵃ   2 εξ-
εγερθησονται] εγερθησονται Α | om εις 3° Q   3 λαμψουσιν] εκλαμψουσιν
AQ   4 τους λοιπους και σφραγισον το βιβλιον] το βιβλ. κ. σφρ. τους
λογους Α τους λογους κ. σφρ. το βιβλιον Q* (βιβλον Qᵃᵛⁱᵈ) | εως 2°]+αν Q |
διδαχθωσι Qᵃ

573

87 ⁵Καὶ εἶδον ἐγὼ Δανιήλ, καὶ ἰδοὺ δύο ἕτεροι εἰστήκεισαν, εἷς 5 ἔνθεν τοῦ ποταμοῦ καὶ εἷς ἔνθεν. ⁶καὶ εἶπα τῷ ἑνὶ τῷ περιβεβλη- 6 μένῳ τὰ βύσσινα τῷ ἐπάνω Πότε οὖν συντέλεια ὧν εἴρηκάς μοι τῶν θαυμαστῶν καὶ ὁ καθαρισμὸς τούτων; ⁷καὶ ἤκουσα τοῦ περιβεβλη- 7 μένου τὰ βύσσινα, ὃς ἦν ἐπάνω τοῦ ὕδατος τοῦ ποταμοῦ Ἕως καιροῦ συντελείας· καὶ ὕψωσε τὴν δεξιὰν καὶ τὴν ἀριστερὰν εἰς τὸν οὐρανόν, καὶ ὤμοσε τὸν ζῶντα εἰς τὸν αἰῶνα θεὸν ὅτι εἰς καιρὸν καὶ καιροὺς καὶ ἥμισυ καιροῦ ἡ συντέλεια χειρῶν ἀφέσεως λαοῦ ἁγίου, καὶ συντελεσθήσεται πάντα ταῦτα. ⁸καὶ ἐγὼ ἤκουσα καὶ οὐ 8 διενοήθην παρ᾽ αὐτὸν τὸν καιρόν, καὶ εἶπα Κύριε, τίς ἡ λύσις τοῦ λόγου τούτου, καὶ τίνος αἱ παραβολαὶ αὗται; ⁹καὶ εἶπέν μοι Ἀπό- 9 τρεχε, Δανιήλ, ὅτι κατακεκαλυμμένα καὶ ἐσφραγισμένα τὰ προστάγματα, ἕως ἂν πειρασθῶσι καὶ ἁγιασθῶσι πολλοί, ¹⁰καὶ ἁμάρ- 10 τωσιν οἱ ἁμαρτωλοὶ καὶ οὐ μὴ διανοηθῶσι πάντες οἱ ἁμαρτωλοί, καὶ οἱ διανοούμενοι προσέξουσιν. ¹¹ἀφ᾽ οὗ ἂν ἀποσταθῇ ἡ θυσία 11 διὰ παντὸς καὶ ἑτοιμασθῇ δοθῆναι τὸ βδέλυγμα τῆς ἐρημώσεως, ἡμέρας χιλίας διακοσίας ἐνενήκοντα. ¹²μακάριος ὁ ἐμμένων, καὶ 12 συνάξει εἰς ἡμέρας χιλίας τριακοσίας τριάκοντα πέντε. ¹³καὶ σὺ 13 βάδισον, ἀναπαύου· ἔτι γάρ εἰσιν ἡμέραι καὶ ὧραι εἰς ἀναπλήρωσιν συντελείας, καὶ ἀναπαύσῃ καὶ ἀναστήσῃ ἐπὶ τὴν δόξαν σου εἰς συντέλειαν ἡμερῶν.

Syr 5 δυο ετεροι] adnot ο νομος και οι προφηται 87ᵐᵍ   6 ÷ και ο καθαρισμος (÷87) τουτων 87 Syr   7 του περιβεβλημενου...ος ην] adnot ο χριστος 87ᵐᵍ
8 τινος] τινες (?τι) Syr   10 και οι διανοουμενοι προσεξουσιν] σ' και οι επιστημονες συνησουσι 87ᵐᵍ Syrᵐᵍ   11 TH (sic) ερημωσεως Syrᵐᵍ | ημεραι χιλιαι και διακοσιαι και ενεν. Syrᵗˣᵗ [ημ.] δισχιλιαι και διακ. και ενεν. Syrᵐᵍ   13 ÷ ετι γαρ...συντελειας 87 Syr
Subscr in litt maiusc Δανιηλ κατα τους ο΄·|εγραφη εξ αντιγραφου.|εχοντος την υποσημει|ωσιν ταυτην· Εγρα|φη εκ των τετραπλων.|εξ ων και παρετέθη :—
87 (similiter Syr)

ΔΑΝΙΗΛ (Θ.) XII 13

5 ⁵Καὶ ἴδον ἐγὼ Δανιήλ, καὶ ἰδοὺ δύο ἕτεροι ἱστήκεισαν, εἷς ἐν- B
τεῦθεν τοῦ χείλους τοῦ ποταμοῦ καὶ εἷς ἐντεῦθεν τοῦ χείλους τοῦ
6 ποταμοῦ. ⁶καὶ εἶπεν τῷ ἀνδρὶ τῷ ἐνδεδυμένῳ τὰ βαδδείν, ὃς ἦν
ἐπάνω τοῦ ὕδατος τοῦ ποταμοῦ Ἕως πότε τὸ πέρας ὧν εἴρηκας
7 τῶν θαυμασίων; ⁷καὶ ἤκουσα τοῦ ἀνδρὸς τοῦ ἐνδεδυμένου τὰ βαδ-
δείν, ὃς ἦν ἐπάνω τοῦ ὕδατος τοῦ ποταμοῦ, καὶ ὕψωσεν τὴν δεξιὰν
αὐτοῦ καὶ τὴν ἀριστερὰν αὐτοῦ εἰς τὸν οὐρανόν, καὶ ὤμοσεν ἐν τῷ
ζῶντι τὸν αἰῶνα ὅτι εἰς καιρὸν καιρῶν καὶ ἥμισυ καιροῦ· ἐν τῷ
8 συντελεσθῆναι διασκορπισμόν, γνώσονται πάντα ταῦτα. ⁸καὶ ἐγὼ
9 ἤκουσα καὶ οὐ συνῆκα, καὶ εἶπα Κύριε, τί τὰ ἔσχατα τούτων; ⁹καὶ
εἶπεν Δεῦρο Δανιήλ, ὅτι ἐνπεφραγμένοι καὶ ἐσφραγισμένοι οἱ λόγοι,
10 ἕως καιροῦ πέρας ¹⁰ἐκλεγῶσιν καὶ ἐκλευκανθῶσιν καὶ πυρωθῶσιν
πολλοί, καὶ ἀνομήσωσιν ἄνομοι· καὶ οὐ συνήσουσιν ἄνομοι, καὶ οἱ
11 νοήμονες συνήσουσιν. ¹¹καὶ ἀπὸ καιροῦ παραλλάξεως τοῦ ἐνδελε-
χισμοῦ καὶ δοθήσεται βδέλυγμα ἐρημώσεως, ἡμέραι χίλιαι διακόσιαι
12 ἐνενήκοντα. ¹²μακάριος ὁ ὑπομένων καὶ φθάσας εἰς ἡμέρας χιλίας
13 τριακοσίας τριάκοντα πέντε. ¹³καὶ σὺ δεῦρο καὶ ἀναπαύου· ἔτι γὰρ
ἡμέραι εἰς ἀναπλήρωσιν συντελείας, καὶ ἀναστήσῃ εἰς τὸν κλῆρόν
σου εἰς συντέλειαν ἡμερῶν. ¶ Γ

5 ειδον B^ab | εισηκεισαν B^abQ   6 ειπεν] ειπ.ν AQ | βαδδι (in fin lin) A^vid AQΓ
7 βαδδιν A | τον αιωνα] pr εις A | καιρων] και καιρους AQΓ | ημισυ] pr εις A |
συντελεσθηναι] συντελεσαι A | διασκορπισμον]+λαου ηγιασμενου και A
+χειρος λαου ηγιασμ. Q+χειρος λαου αγιου Γ | ταυτ[α παντα] 1^vid   8 και
εγω] καγω A | om ου B^abQ | τα εσχατα] om τα A   9 εμπεφραγμ.
B^abQ   10 om και εκλευκανθωσιν AQ* (hab και εως εκλ. Q^mg vid) |
πυρωθωσιν (-σι Q^a)]+και αγιασθωσιν B^abA | ανομησωσιν (-σουσιν QΓ^vid)]
ανοησουσιν A | συνησουσιν 1° (-σι bis Q^a)] νοησουσιν A | ανομοι 2°] pr
παντες B^abmgAQΓ   11 και δοθησεται] αφ ου αναστη η θυσια δια παντος
και ετοιμασθη δοθηναι A του δοθηναι QΓ | βδελυγμα] pr το AQΓ | ερημωσεως]
pr της A | ημεραις χιλιαις διακοσιαις A | χιλιαι] δισχιλιαι Q* (χιλ. Q^a) |
ενενηκοντα] τεσσερακοντα B^a mg(corr -σαρ.) non inst B^b   12 υπομενων]
υπομεινας AQ (-μιν. Q*) | χιλιας] δισχιλιας Q* (χιλ. Q^a)   13 δευρυ A^vid |
ημεραι]+και ωραι B^abΓ+εισιν A | συντελειας (-λιας Q*)]+και αναπαυση
AQΓ | συντελειαν] συντελιαν Q*   subscr ορασις ια' A

ΣΟΥΣΑΝΝΑ

ΚΑΤΑ ΤΟΥΣ Ο´

87 ΚΑΙ ἦν ἀνὴρ οἰκῶν ἐν Βαβυλῶνι, καὶ ὄνομα αὐτῷ Ἰωακείμ. ¹ ²καὶ ἔλαβε γυναῖκα ᾗ ὄνομα Σουσάννα, θυγάτηρ Χελκίου, καλὴ ² σφόδρα καὶ φοβουμένη τὸν κύριον· ³καὶ οἱ γονεῖς αὐτῆς δίκαιοι, ³ καὶ ἐδίδαξαν τὴν θυγατέρα αὐτῶν κατὰ τὸν νόμον Μωυσῆ. ⁴καὶ ἦν ⁴ Ἰωακεὶμ πλούσιος σφόδρα, καὶ ἦν αὐτῷ παράδεισος γειτνιῶν τῷ οἴκῳ αὐτοῦ· καὶ πρὸς αὐτὸν προσήγοντο οἱ Ἰουδαῖοι διὰ τὸ εἶναι αὐτὸν ἐνδοξότερον πάντων. ⁵Καὶ ἀπεδείχθησαν δύο πρεσβύτεροι ἐκ ⁵ τοῦ λαοῦ κριταὶ ἐν τῷ ἐνιαυτῷ ἐκείνῳ, περὶ ὧν ἐλάλησεν ὁ δεσπότης ὅτι ἐξῆλθεν ἀνομία ἐκ Βαβυλῶνος ἐκ πρεσβυτέρων κριτῶν οἳ ἐδόκουν κυβερνᾶν τὸν λαόν. ⁶καὶ ἤρχοντο κρίσεις ἐξ ἄλλων πόλεων ⁶ πρὸς αὐτούς. ⁷οὗτοι ἰδόντες γυναῖκα ἀστείαν τῷ εἴδει, γυναῖκα ⁷ ἀδελφοῦ αὐτῶν ἐκ τῶν υἱῶν Ἰσραήλ, ὄνομα Σουσάνναν, θυγατέρα Χελκίου, γυναῖκα Ἰωακείμ, περιπατοῦσαν ἐν τῷ παραδείσῳ τοῦ ἀνδρὸς αὐτῆς τὸ δειλινὸν ⁸καὶ ἐπιθυμήσαντες αὐτῆς, ⁹διέστρεψαν ⁸⁄₉ τὸν νοῦν αὐτῶν καὶ ἐξέκλιναν τοὺς ὀφθαλμοὺς αὐτῶν τοῦ μὴ βλέπειν εἰς τὸν οὐρανὸν μηδὲ μνημονεύειν κριμάτων δικαίων. ¹⁰καὶ ἀμφό- ¹⁰ τεροι ἦσαν κατανενυγμένοι περὶ αὐτῆς, καὶ ἕτερος τῷ ἑτέρῳ οὐ προσεποιεῖτο τὸ κακὸν τὸ ἔχον αὐτοὺς περὶ αὐτῆς, οὐδὲ ἡ γυνὴ ἔγνω τὸ πρᾶγμα τοῦτο. ¹²καὶ ὡς ἐγίνετο ὄρθρος, ἐρχόμενοι ἔκλεπτον ¹² ἀλλήλους σπεύδοντες, τίς φανήσεται αὐτῇ πρότερος καὶ λαλήσει πρὸς αὐτήν. ¹³καὶ ἰδοὺ αὕτη κατὰ τὸ εἰωθὸς περιεπάτει, καὶ ὁ εἷς ¹³

Syr   Inscr Σουσαννα 87 (sub α´σ´θ´) Syr   1—5 και ην ανηρ...ενιαυτω εκεινω] sub lemniscis omnia in 87 et (cum σ´θ´) Syr   4 και προς αυτον] adnot ουτοι προσεκαρτερουν εν τη οικια Ιωακειμ και ηρχοντο προς αυτους παντες 87^mg | οι Ιουδ.] incep. Io 87* (οι Ιουδ. 87¹) | ras aliq ante ειναι 87¹   5 και απεδειχθ.] pr ÷ 87 | Ο ΔΕϹΠΟΤΗϹ Syr^mg   7 ΑϹΤΕΙΑΝ Syr^mg | ονομα bis scr 87* (improb 1° 87¹)   8—9 επιθυμησαντες αυτης διεστρεψαν] επεθυμησαν αυτης διαστρεψαντες Syr   10 προσεποιουντο Syr

576

ΣΟΥΣΑΝΝΑ

ΚΑΤΑ ΘΕΟΔΟΤΙΩΝΑ

1 ΚΑΙ ἦν ἀνὴρ οἰκῶν ἐν Βαβυλῶνι, καὶ ὄνομα αὐτῷ Ἰωακείμ. Β
2 ²καὶ ἔλαβεν γυναῖκα ᾗ ὄνομα Σουσάννα, θυγάτηρ Χελκείου, καλὴ
3 σφόδρα καὶ φοβουμένη τὸν κύριον. ³καὶ οἱ γονεῖς αὐτῆς δίκαιοι,
4 καὶ ἐδίδαξαν τὴν θυγατέρα αὐτῶν κατὰ τὸν νόμον Μωυσῆ. ⁴καὶ ἦν
Ἰωακεὶμ πλούσιος σφόδρα, καὶ ἦν αὐτῷ παράδεισος γειτνιῶν τῷ
οἴκῳ αὐτοῦ· καὶ πρὸς αὐτὸν προσήγοντο οἱ Ἰουδαῖοι, διὰ τὸ εἶναι
5 αὐτὸν ἐνδοξότερον πάντων. ⁵Καὶ ἀπεδείχθησαν δύο πρεσβύ-
τεροι ἐκ τοῦ λαοῦ κριταὶ ἐν τῷ ἐνιαυτῷ ἐκείνῳ, περὶ ὧν ἐλάλησεν
ὁ δεσπότης ὅτι ἐξῆλθεν ἀνομία ἐκ Βαβυλῶνος ἐκ πρεσβυτέρων
6 κριτῶν οἳ ἐδόκουν κυβερνᾶν τὸν λαόν. ⁶οὗτοι προσεκαρτέρουν ἐν
τῇ οἰκίᾳ Ἰωακείμ, καὶ ἤρχοντο πρὸς αὐτοὺς πάντες οἱ κρινόμενοι.
7 ⁷καὶ ἐγένετο ἡνίκα ἀπέτρεχεν ὁ λαὸς μέσον ἡμέρας, εἰσεπορεύετο
8 Σουσάννα καὶ περιεπάτει ἐν τῷ παραδείσῳ τοῦ ἀνδρὸς αὐτῆς. ⁸καὶ
ἐθεώρουν αὐτὴν οἱ δύο πρεσβύτεροι καθ' ἡμέραν εἰσπορευομένην
9 καὶ περιπατοῦσαν, καὶ ἐγένοντο ἐν ἐπιθυμίᾳ αὐτῆς. ⁹καὶ διέ-
στρεψαν τὸν ἑαυτῶν νοῦν, καὶ ἐξέκλιναν τοὺς ὀφθαλμοὺς αὐτῶν
τοῦ μὴ βλέπειν εἰς τὸν οὐρανὸν μηδὲ μνημονεύειν κριμάτων δι-
10 καίων. ¹⁰καὶ ἦσαν ἀμφότεροι κατανενυγμένοι περὶ αὐτῆς, καὶ
11 οὐκ ἀνήγγειλαν ἀλλήλοις τὴν ὀδύνην ἑαυτῶν· ¹¹ὅτι ᾐσχύνοντο ἀναγ-
12 γεῖλαι τὴν ἐπιθυμίαν αὐτῶν ὅτι ἤθελον συγγενέσθαι αὐτῇ. ¹²καὶ
13 παρετηροῦσαν φιλοτίμως καθ' ἡμέραν ὁρᾶν αὐτήν. ¹³καὶ εἶπαν

1 Cf quae ad init Danielis adnotavimus | Σωσαννα Brescr: item 7 AQ
2 Χελκιου BᵇAQ   3 Μωση A   4 προσηγοντο] συνηγοντο Q
6 προσεκατερουν Q* (ρ superscr)   10 ανηγγειλαν] απηγγελλον AQ |
εαυτων] αυτων AQ   11 αναγγειλαι] απαγγειλαι AQ   13 ειπαν] ειπεν AQ

ΣΟΥΣΑΝΝΑ (Ο')

87 τῶν πρεσβυτέρων ἐληλύθει, καὶ ἰδοὺ ὁ ἕτερος παρεγένετο, καὶ εἰς τὸν ἕτερον ἀνέκρινε λέγων Τί σὺ οὕτως ὄρθρου ἐξῆλθες οὐ παραλαβών με; ¹⁴καὶ ἐξωμολογήσαντο πρὸς ἀλλήλους ἑκάτερος τὴν ὀδύνην 14 αὐτοῦ.

¹⁹καὶ εἶπεν εἰς τῷ ἑτέρῳ Πορευθῶμεν πρὸς αὐτήν· καὶ συνθέμενοι 19 προσῆλθοσαν αὐτῇ καὶ ἐξεβιάζοντο αὐτήν.

²²καὶ εἶπεν αὐτοῖς ἡ Ἰουδαία Οἶδα ὅτι ἐὰν πράξω τοῦτο θάνατός μοί 22 ἐστι, καὶ ἐὰν μὴ πράξω οὐκ ἐκφεύξομαι τὰς χεῖρας ὑμῶν· ²³κάλλιον 23 δέ με μὴ πράξασαν ἐμπεσεῖν εἰς τὰς χεῖρας ὑμῶν ἢ ἁμαρτεῖν ἐνώπιον Κυρίου.

13 ελυληθει 87[ed]

ΣΟΥΣΑΝΝΑ (Θ.) 27

ἕτερος τῷ ἑτέρῳ Πορευθῶμεν δὴ εἰς οἶκον, ὅτι ἀρίστου ὥρα ἐστίν· Β
14 καὶ ἐξελθόντες διεχωρίσθησαν ἀπ' ἀλλήλων. ¹⁴καὶ ἀνακάμψαντες
ἦλθον ἐπὶ τὸ αὐτό, καὶ ἀνετάζοντες ἀλλήλους τὴν αἰτίαν ὡμολό-
γησαν τὴν ἐπιθυμίαν αὐτῶν· καὶ τότε κοινῇ συνετάξαντο καιρὸν ὅτε
15 αὐτὴν δυνήσονται εὑρεῖν μόνην. ¹⁵καὶ ἐγένετο ἐν τῷ παρατηρεῖν
αὐτοὺς ἡμέραν εὔθετον εἰσῆλθέν ποτε καθὼς ἐχθὲς καὶ τρίτης ἡμέρας
μετὰ δύο μόνων κορασίων, καὶ ἐπεθύμησε λούσασθαι ἐν τῷ παρα-
16 δείσῳ, ὅτι καῦμα ἦν. ¹⁶καὶ οὐκ ἦν ἐκεῖ οὐδεὶς πλὴν οἱ δύο πρε-
17 σβύτεροι κεκρυμμένοι καὶ παρατηροῦντες αὐτήν. ¹⁷καὶ εἶπεν τοῖς
κορασίοις Ἐνέγκατε δή μοι ἔλαιον καὶ σμήγματα, καὶ τὰς θύρας τοῦ
18 παραδείσου κλείσατε, ὅπως λούσωμαι. ¹⁸καὶ ἐποίησαν καθὼς εἶπεν,
καὶ ἀπέκλεισαν τὰς θύρας τοῦ παραδείσου, καὶ ἐξῆλθαν κατὰ τὰς
πλαγίας θύρας ἐνέγκαι τὰ προστεταγμένα αὐταῖς, καὶ οὐκ εἴδοσαν
19 τοὺς πρεσβυτέρους, ὅτι ἦσαν κεκρυμμένοι. ¹⁹καὶ ἐγένετο ὡς ἐξῆλ-
θοσαν τὰ κοράσια, καὶ ἀνέστησαν οἱ δύο πρεσβῦται καὶ ἐπέδραμον
20 αὐτῇ, ²⁰καὶ εἶπον Ἰδοὺ αἱ θύραι τοῦ παραδείσου κέκλεινται, καὶ
οὐδεὶς θεωρεῖ ἡμᾶς, καὶ ἐν ἐπιθυμίᾳ σού ἐσμεν· διὸ συγκατάθου
21 ἡμῖν, καὶ γενοῦ μεθ' ἡμῶν. ²¹εἰ δὲ μή, καταμαρτυρήσομέν σου ὅτι
ἦν μετὰ σοῦ νεανίσκος, καὶ διὰ τοῦτο ἐξαπέστειλας τὰ κοράσια ἀπὸ
22 σου. ²²καὶ ἀνεστέναξεν Σουσάννα καὶ εἶπεν Στενά μοι πάντοθεν·
ἐάν τε γὰρ τοῦτο πράξω, θάνατός μοί ἐστιν· ἐάν τε μὴ πράξω,
23 οὐκ ἐκφεύξομαι τὰς χεῖρας ὑμῶν. ²³αἱρετόν μοί ἐστιν μὴ πρᾶξισαν
24 ἐνπεσεῖν εἰς τὰς χεῖρας ὑμῶν ἢ ἁμαρτεῖν ἐνώπιον Κυρίου. ²⁴καὶ
ἀνεβόησεν φωνῇ μεγάλῃ Σουσάννα· ἐβόησαν δὲ καὶ οἱ δύο πρεσβῦται
25 κατέναντι αὐτῆς. ²⁵καὶ δραμὼν ὁ εἷς ἤνοιξεν τὰς θύρας τοῦ παρα-
26 δείσου. ²⁶ὡς δὲ ἤκουσαν τὴν κραυγὴν ἐν τῷ παραδείσῳ οἱ ἐκ τῆς
οἰκίας, εἰσεπήδησαν διὰ τῆς πλαγίας θύρας ἰδεῖν τὸ συμβεβηκὸς
27 αὐτῇ. ²⁷ἡνίκα δὲ εἶπαν οἱ πρεσβῦται τοὺς λόγους αὐτῶν, κατῃ-
σχύνθησαν οἱ δοῦλοι σφόδρα, ὅτι πώποτε οὐκ ἐρρέθη λόγος τοι-

13 ωρα αριστου A   14 δυνησονται αυτην Q   15 εχθες] χθες B^b | AQ
τριτην ημεραν Q | κορασιων μονων Q | επεθυμησεν AQ   16 ουδεις εκει AQ
17 κορασιοις]+αυτης AQ | σμηγμα AQ   18 om καθως ειπεν A | παρα-
δεισου]+καθως ειπεν A | εξηλθον AQ | πλαγιους A | ειδοσαν] ειδαν A ιδον Q*
ειδον Q^a   19 εξηλθον AQ | om και 2° A | πρεσβυται] πρεσβυτεροι AQ
20 θυρες A^vid | συγκαταθου B^bQ   21 μη]+γε Q | εξαπεστειλα A* (superscr
s A¹)   22 εκφευξομαι] ξομαι sup ras B^rescr εκφευσομαι A   23 αιρετον]
αιρετωτερον B (rescr) | εμπεσειν B^bAQ | αμαρτειν]+με AQ   24 εβοη-
σαν] ανεβοησαν Q | πρεσβυται] πρεσβυτεροι AQ   26 εκ] απο A | ιδειν]
+τι A   27 πρεσβυται] πρεσβυτεροι AQ | ερρηθη B^ab

ΣΟΥΣΑΝΝΑ (Ο')

87 ²⁸οἱ δὲ παράνομοι ἄνδρες ἀπέστρεψαν ἀπειλοῦντες ἐν ἑαυτοῖς καὶ 28 ἐνεδρεύοντες ἵνα θανατώσουσιν αὐτήν· καὶ ἐλθόντες ἐπὶ τὴν συναγωγὴν τῆς πόλεως οὗ παρῴκουσαν, καὶ συνήδρευσαν οἱ ὄντες ἐκεῖ πάντες οἱ υἱοὶ Ἰσραήλ· ²⁹καὶ ἀναστάντες οἱ δύο πρεσβύτεροι καὶ 29 κριταὶ εἶπαν Ἀποστείλατε ἐπὶ Σουσάνναν, θυγατέρα Χελκίου, ἥτις ἐστὶ γυνὴ Ἰωακείμ. οἱ δὲ εὐθέως ἐκάλεσαν αὐτήν. ³⁰ὡς δὲ παρε- 30 γενήθη ἡ γυνὴ σὺν τῷ πατρὶ ἑαυτῆς καὶ τῇ μητρί, καὶ οἱ παῖδες καὶ αἱ παιδίσκαι αὐτῆς ὄντες τὸν ἀριθμὸν πεντακόσιοι παρεγένοντο, καὶ τὰ παιδία Σουσάννας τέσσαρα. ³¹ἦν δὲ ἡ γυνὴ τρυφερὰ σφόδρα. 31 ³²καὶ προσέταξαν οἱ παράνομοι ἀποκαλύψαι αὐτήν, ἵνα ἐμπλησθῶσιν 32 κάλλους ἐπιθυμίας αὐτῆς. ³³καὶ ἐκλαίοσαν οἱ παρ᾽ αὐτῆς πάντες 33 καὶ ὅσοι αὐτὴν ᾔδεισαν πάντες. ³⁴ἀναστάντες δὲ οἱ πρεσβύτεροι 34 καὶ κριταὶ ἐπέθηκαν τὰς χεῖρας αὐτῶν ἐπὶ τῆς κεφαλῆς αὐτῆς· ³⁵ἡ 35 δὲ καρδία αὐτῆς ἐπεποίθει ἐπὶ Κυρίῳ τῷ θεῷ αὐτῆς, καὶ ἀνακύψασα ἔκλαυσεν ἐν αὐτῇ λέγουσα ³⁵ᵃΚύριε ὁ θεὸς ὁ αἰώνιος, ὁ εἰδὼς τὰ πάντα 35a πρὶν γενέσεως αὐτῶν, σὺ οἶδας ὅτι οὐκ ἐποίησα ἃ πονηρεύονται οἱ ἄνομοι οὗτοι ἐπ᾽ ἐμοί. καὶ εἰσήκουσε Κύριος τῆς δεήσεως αὐτῆς. ³⁶οἱ δὲ δύο πρεσβύτεροι εἶπαν Ἡμεῖς περιεπατοῦμεν ἐν τῷ παρα- 36 δείσῳ τοῦ ἀνδρὸς αὐτῆς, ³⁷καὶ κυκλοῦντες τὸ στάδιον εἴδομεν ταύτην 37 ἀναπαυομένην μετὰ ἀνδρός, καὶ στάντες ἐθεωροῦμεν αὐτοὺς ὁμιλοῦντας ἀλλήλοις, ³⁸καὶ αὐτοὶ οὐκ ᾔδεισαν· ὅτι εἰστήκειμεν. τότε 38 συνειπάμεθα ἀλλήλοις λέγοντες Μάθωμεν τίνες εἰσὶν οὗτοι. ³⁹καὶ 39 προσελθόντες ἐπέγνωμεν αὐτήν· ὁ δὲ νεανίσκος ἔφυγε συγκεκαλυμμένος. ⁴⁰ταύτης δὲ ἐπιλαβόμενοι ἐπηρωτῶμεν αὐτήν Τίς ὁ ἄν- 40 θρωπος; ⁴¹καὶ οὐκ ἀπήγγειλεν ἡμῖν τίς ἦν. ταῦτα μαρτυροῦμεν. 41 καὶ ἐπίστευσεν αὐτοῖς ἡ συναγωγὴ πᾶσα, ὡς πρεσβυτέρων ὄντων καὶ κριτῶν τοῦ λαοῦ.

⁴⁴⁻⁴⁵Καὶ ἰδοὺ ἄγγελος Κυρίου, ἐκείνης ἐξαγομένης ἀπολέσθαι· 44-45 καὶ ἔδωκεν ὁ ἄγγελος, καθὼς προσετάγη, πνεῦμα συνέσεως νεω-

---

Syr 28 ελθοντες] ηλθον Syr | παρωκουν 87ᵃ (ουν superscr) 29 θυγατερα] incep τ 87* | εκαλεσαν αυτην] απεστειλαν επ αυτην Syrᵐᵍ 32 επιθυμιας καλλους Syr 35 αυτη] εαυτη Syr 37 αυτους] ους sup ras 87? 40 τις] +ην Syr | ο ανθρωπος] ο νεανισκος Syrᵐᵍ

ΣΟΥΣΑΝΝΑ (Θ.) 45

28 οὗτος περὶ Σουσάννης. ²⁸καὶ ἐγένετο τῇ ἐπαύριον ὡς συνῆλθεν ὁ Β λαὸς πρὸς τὸν ἄνδρα αὐτῆς Ἰωακείμ, ἦλθον οἱ δύο πρεσβῦται πλήρεις τῆς ἀνόμου ἐννοίας κατὰ Σουσάννης τοῦ θανατῶσαι αὐτήν, καὶ 29 εἶπαν ἔμπροσθεν τοῦ λαοῦ ²⁹Ἀποστείλατε ἐπὶ Σουσάνναν θυγατέρα 30 Χελκίου ἥ ἐστιν γυνὴ Ἰωακείμ. οἱ δὲ ἀπέστειλαν. ³⁰καὶ ἦλθεν αὐτὴ καὶ οἱ γονεῖς αὐτῆς καὶ τὰ τέκνα αὐτῆς καὶ πάντες οἱ συγγε-
31 νεῖς αὐτῆς. ³¹ἡ δὲ Σουσάννα ἦν τρυφερὰ σφόδρα καὶ καλὴ τῷ 32 εἴδει. ³²οἱ δὲ παράνομοι ἐκέλευσαν ἀποκαλυφθῆναι αὐτήν, ἦν γὰρ 33 κατακεκαλυμμένη, ὅπως ἐμπλησθῶσιν τοῦ κάλλους αὐτῆς. ³³ἔκλαιον 34 δὲ οἱ παρ᾽ αὐτῆς καὶ πάντες οἱ ἰδόντες αὐτήν. ³⁴ἀναστάντες δὲ οἱ δύο πρεσβῦται ἐν μέσῳ τῷ λαῷ ἔθηκαν τὰς χεῖρας ἐπὶ τὴν κεφα-
35 λὴν αὐτῆς· ³⁵ἡ δὲ κλαίουσα ἀνέβλεψεν εἰς τὸν οὐρανόν, ὅτι ἦν ἡ 36 καρδία αὐτῆς πεποιθυῖα ἐπὶ Κυρίῳ. ³⁶εἶπαν δὲ οἱ πρεσβῦται Περιπατούντων ἡμῶν ἐν τῷ παραδείσῳ μόνων εἰσῆλθεν αὕτη μετὰ δύο παιδισκῶν, καὶ ἀπέκλεισεν τὰς θύρας τοῦ παραδείσου καὶ ἀπέλυσεν 37 τὰς παιδίσκας. ³⁷καὶ ἦλθεν πρὸς αὐτὴν νεανίσκος, ὃς ἦν κεκρυμ-
38 μένος, καὶ ἀνέπεσε μετ᾽ αὐτῆς. ³⁸ἡμεῖς δὲ ὄντες ἐν τῇ γωνίᾳ τοῦ 39 παραδείσου ἰδόντες τὴν ἀνομίαν ἐδράμομεν ἐπ᾽ αὐτούς· ³⁹καὶ ἰδόντες συγγινομένους αὐτούς, ἐκείνου μὲν οὐκ ἠδυνήθημεν ἐγκρατεῖς γενέσθαι διὰ τὸ ἰσχύειν αὐτὸν ὑπὲρ ἡμᾶς καὶ ἀνοίξαντα τὰς θύρας 40 ἐκπεπηδηκέναι, ⁴⁰ταύτης δὲ ἐπιλαβόμενοι ἐπηρωτῶμεν τίς ἦν ὁ 41 νεανίσκος· ⁴¹καὶ οὐκ ἠθέλησεν ἀναγγεῖλαι ἡμῖν. ταῦτα μαρτυροῦμεν. καὶ ἐπίστευσεν αὐτοῖς ἡ συναγωγὴ ὡς πρεσβυτέροις τοῦ λαοῦ 42 καὶ κριταῖς, καὶ κατέκριναν αὐτὴν ἀποθανεῖν. ⁴²ἀνεβόησεν δὲ φωνῇ μεγάλῃ Σουσάννα καὶ εἶπεν Ὁ θεὸς ὁ αἰώνιος ὁ τῶν κρυπτῶν γνώ-
43 στης, ὁ εἰδὼς τὰ πάντα πρὶν γενέσεως αὐτῶν, ⁴³σὺ ἐπίστασαι ὅτι ψευδῆ μου κατεμαρτύρησαν· καὶ ἰδοὺ ἀποθνήσκω, μὴ ποιήσασα μηδὲν 44 ὧν οὗτοι ἐπονηρεύσαντο κατ᾽ ἐμοῦ. ⁴⁴Καὶ εἰσήκουσεν Κύριος 45 τῆς φωνῆς αὐτῆς. ⁴⁵καὶ ἀπαγομένης αὐτῆς ἀπολέσθαι, ἐξήγειρεν

27 Σουσαννας AQ 28 πρεσβυται] πρεσβυτεροι AQ | Σουσαννας Bᵃᵇ AQ AQ
29 Σωσανναν Bʳᵉˢᶜʳ 31 Σωσαννα Bʳᵉˢᶜʳ 32 κατακεκαλυμμενη] περικεκαλ. Q 33 ιδοντες] ειδοτες Q 34 πρεσβυται] πρεσβυτεροι AQ | του λαου AQ | χειρας]+αυτων Q | της κεφαλης A 35 Κυριω] pr τω AQ
36 πρεσβυται] πρεσβυτεροι AQ | και απεκλεισεν...παιδισκας] και απελυσεν τας παιδισκας και απεκλεισεν τας θυρας του παραδεισου A 37 ανεπεσεν A (αναιπ.) Q 38 εδραμομεν] επεδραμομεν Q 39 om και ιδοντες συγγ. αυτους Q* (hab Qᵐᵍ) | εγκρατεις] περικρατεις A 41 αναγγειλαι] απαγγειλαι AQ 42 ανεβοησεν δε] και ανεβ. A 43 κατεμαρτυρησαν] ε sup ras Bᵃᵇ | επονηρευσαντο] superscr συ' Q² θ' κατεμαρτυρησαν Qᵐᵍ 44 εισηκουσεν] επηκουσεν A | Κυριος] ο θ̄ς A

581

ΣΟΥΣΑΝΝΑ (Ο')

87 τέρῳ ὄντι Δανιήλ. ⁴⁸διαστείλας δὲ Δανιὴλ τὸν ὄχλον καὶ στὰς 48 ἐν μέσῳ αὐτῶν εἶπεν Οὕτως μωροί, υἱοὶ Ἰσραήλ; οὐκ ἀνακρίναντες οὐδὲ τὸ σαφὲς ἐπιγνόντες ἀπεκτείνατε θυγατέρα Ἰσραήλ; ⁵¹καὶ 51 νῦν διαχωρίσατέ μοι αὐτοὺς ἀπ' ἀλλήλων μακράν, ἵνα ἐτάσω αὐτούς. ⁵¹ᵃὡς δὲ διεχωρίσθησαν, εἶπεν Δανιὴλ τῇ συναγωγῇ Νῦν μὴ 51 a βλέψητε ὅτι οὗτοί εἰσι πρεσβύτεροι, λέγοντες Οὐ μὴ ψεύσωνται· ἀλλὰ ἀνακρινῶ αὐτοὺς κατὰ τὰ ὑποπίπτοντά μοι. ⁵²καὶ ἐκάλεσε 52 τὸν ἕνα αὐτῶν, καὶ προσήγαγον τὸν πρεσβύτερον τῷ νεωτέρῳ· καὶ εἶπεν αὐτῷ Δανιήλ Ἄκουε ἄκουε, πεπαλαιωμένε ἡμερῶν κακῶν· νῦν ἥκασί σου αἱ ἁμαρτίαι ἃς ἐποίεις τὸ πρότερον, ⁵³πιστευ- 53 θεὶς ἀκούειν καὶ κρίνειν κρίσεις θάνατον ἐπιφερούσας, καὶ τὸν μὲν ἀθῷον κατέκρινας, τοὺς δὲ ἐνόχους ἠφίεις, τοῦ κυρίου λέγοντος Ἀθῷον καὶ δίκαιον οὐκ ἀποκτενεῖς. ⁵⁴νῦν οὖν ὑπὸ τί δένδρον καὶ 54 ποταπῷ τοῦ παραδείσου τόπῳ ἑώρακας αὐτοὺς ὄντας σὺν ἑαυτοῖς; καὶ εἶπεν ὁ ἀσεβής Ὑπὸ σχῖνον. ⁵⁵εἶπεν δὲ ὁ νεώτερος Ὀρθῶς 55 ἔψευσαι εἰς τὴν σεαυτοῦ ψυχήν· ὁ γὰρ ἄγγελος Κυρίου σχίσει σου τὴν ψυχὴν σήμερον. ⁵⁶καὶ τοῦτον μεταστήσας εἶπεν προσαγαγεῖν 56 αὐτῷ τὸν ἕτερον· καὶ τούτῳ δὲ εἶπεν Διὰ τί διεστραμμένον τὸ σπέρμα σου, ὡς Σιδῶνος καὶ οὐχ ὡς Ἰούδα; τὸ κάλλος σε ἠπάτησεν, ἡ μικρὰ ἐπιθυμία. ⁵⁷καὶ οὕτως ἐποιεῖτε θυγατράσιν Ἰσραήλ, καὶ ἐκεῖναι 57 φοβούμεναι ὡμιλοῦσαν ὑμῖν· ἀλλ' οὐ θυγάτηρ Ἰούδα ὑπέμεινε τὴν νόσον ὑμῶν ἐν ἀνομίᾳ ὑπενεγκεῖν. ⁵⁸νῦν οὖν λέγε μοι Ὑπὸ τί 58 δένδρον καὶ ἐν ποίῳ τοῦ κήπου τόπῳ κατέλαβες αὐτοὺς ὁμιλοῦντας ἀλλήλοις; ὁ δὲ εἶπεν Ὑπὸ πρῖνον. ⁵⁹καὶ εἶπεν Δανιήλ Ἁμαρτωλέ, 59 νῦν ὁ ἄγγελος Κυρίου τὴν ῥομφαίαν ἕστηκεν ἔχων, ἕως ὁ λαὸς ἐξολεθρεύσει ὑμᾶς, ἵνα καταπρίσῃ σε.

⁶⁰⁻⁶²Καὶ πᾶσα ἡ συναγωγὴ ἀνεβόησεν ἐπὶ τῷ νεωτέρῳ, ὡς ἐκ τοῦ 60-62 ἰδίου στόματος ὁμολόγους αὐτοὺς κατέστησεν ἀμφοτέρους ψευδο-

Syr 53 κατεκρινες Syr   54 cχINON Syrᵐᵍ   56 διεστραμμενον] in στραμ aliq emend 87? | ως Σιδωνος και ουχ ως Ιουδα] [θ'] σπερμα Χανααν και ουκ Ιουδα Syrᵐᵍ   58 πρINON Syrᵐᵍ

582

ΣΟΥΣΑΝΝΑ (Θ.) 60

ὁ θεὸς τὸ πνεῦμα τὸ ἅγιον παιδαρίου νεωτέρου ᾧ ὄνομα Δανιήλ. Β
46 ⁴⁶καὶ ἐβόησεν φωνῇ μεγάλῃ Ἀθῷος ἐγὼ ἀπὸ τοῦ αἵματος ταύτης.
47 ⁴⁷ἐπέστρεψεν δὲ πᾶς ὁ λαὸς πρὸς αὐτὸν καὶ εἶπαν Τίς ὁ λόγος
48 οὗτος ὃν σὺ λελάληκας; ⁴⁸ὁ δὲ στὰς ἐν μέσῳ αὐτῶν εἶπεν Οὕτως
μωροί, οἱ υἱοὶ Ἰσραήλ; οὐκ ἀνακρίναντες οὐδὲ τὸ σαφὲς ἐπιγνόντες
49 κατεκρίνατε θυγατέρα Ἰσραήλ; ⁴⁹ἀναστρέψατε εἰς τὸ κριτήριον·
50 ψευδῆ γὰρ οὗτοι κατεμαρτύρησαν αὐτῆς. ⁵⁰καὶ ἀνέστρεψεν πᾶς ὁ λαὸς
μετὰ σπουδῆς. καὶ εἶπαν αὐτῷ οἱ πρεσβύτεροι Δεῦρο κάθισον ἐν
μέσῳ ἡμῶν καὶ ἀνάγγειλον ἡμῖν, ⁵ὅτι σοὶ δέδωκεν ὁ θεὸς τὸ πρεσ- § Γ
51 βεῖον. ⁵¹καὶ εἶπεν πρὸς αὐτοὺς Δανιὴλ Διαχωρίσατε αὐτοὺς ἀπ᾽ ἀλ-
52 λήλων μακράν, καὶ ἀνακρινῶ αὐτούς. ⁵²ὡς δὲ διεχωρίσθησαν εἰς
ἀπὸ τοῦ ἑνός, ἐκάλεσεν τὸν ἕνα αὐτῶν καὶ εἶπεν πρὸς αὐτόν Πεπα-
λαιωμένε ἡμερῶν κακῶν, νῦν ἥκασιν αἱ ἁμαρτίαι σου ἃς ἐποίεις τὸ
53 πρότερον, ⁵³κρίνων κρίσεις ἀδίκους, καὶ τοὺς μὲν ἀθῴους κατακρί-
νων, ἀπολύων δὲ τοὺς αἰτίους, λέγοντος τοῦ κυρίου Ἀθῷον καὶ δί-
54 καιον οὐκ ἀποκτενεῖς. ⁵⁴νῦν οὖν ταύτην εἴπερ ἴδες, εἰπόν Ὑπὸ τί
δένδρον ἴδες αὐτοὺς ὁμιλοῦντας ἀλλήλοις; ὁ δὲ εἶπεν Ὑπὸ σχῖνον.
55 ⁵⁵εἶπεν δὲ Δανιὴλ Ὀρθῶς ἔψευσαι εἰς τὴν σεαυτοῦ κεφαλήν· ἤδη γὰρ
ἄγγελος τοῦ θεοῦ λαβὼν φάσιν παρὰ τοῦ θεοῦ σχίσει σε μέσον.
56 ⁵⁶καὶ μεταστήσας αὐτὸν ἐκέλευσεν προσαγαγεῖν τὸν ἕτερον· καὶ
εἶπεν αὐτῷ Σπέρμα Χανάαν καὶ οὐκ Ἰούδα, τὸ κάλλος ἐξηπάτησέν
57 σε, καὶ ἐπιθυμία διέστρεψεν τὴν καρδίαν σου. ⁵⁷οὕτως ἐποιεῖτε
θυγατράσιν Ἰσραήλ, καὶ ἐκεῖναι φοβούμεναι ὡμίλουν ὑμῖν· ἀλλ᾽ οὐ
58 θυγάτηρ Ἰούδα ὑπέμεινεν τὴν ἀνομίαν ὑμῶν. ⁵⁸νῦν οὖν λέγε μοι
Ὑπὸ τί δένδρον κατέλαβες αὐτοὺς ὁμιλοῦντας ἀλλήλοις; ὁ δὲ εἶπεν
59 Ὑπὸ πρῖνον. ⁵⁹εἶπεν δὲ αὐτῷ Δανιήλ Ὀρθῶς ἔψευσαι καὶ σὺ εἰς
τὴν σεαυτοῦ κεφαλήν· μένει γὰρ ὁ ἄγγελος τοῦ θεοῦ τὴν ῥομφαίαν
60 ἔχων πρίσαι σε μέσον, ὅπως ἐξολεθρεύσῃ ὑμᾶς. ⁶⁰Καὶ ἀνεβόησεν
πᾶσα ἡ συναγωγὴ φωνῇ μεγάλῃ, καὶ εὐλόγησαν τῷ θεῷ τῷ σώ-

45—46 το πνα το αγιον...απο του αιματος rescr B^man ant   46 μεγαλη] AQΓ
+και ειπεν Q* (sed improb vid Q?) | αθωος] καθαρος AQ   48 το σαφες]
om το Q* (hab Q^mg)   49 αναστρεψατε] +δη Q   50 om πας
B^ab Q | δευρο] + και Q | εν μεσω] ανα μεσω (sic) A | αναγγειλον] απαγγειλον
AQ | δεδωκεν] εδωκεν AQ | πρεσβειον] πρεσβυτεριον AQ* (-ρειον Q^a) Γ
52 om νυν Q* (hab Q^mg)   53 κρισις A   54 ιδες 1°] ειδες B^abAΓ |
ιδες 2°] ειδες B^ab κατελαβες A   55 εψευσω QΓ | ηδη] μενει
Q ηδε[ως?] Γ^vid | αγγελος] pr o Q | σχισαι Q   56 επιθυμια] pr η AQ
57 ουτως]+γαρ Q | και εκειναι] κακειναι AQ   58 om αλληλοις Q* (hab
Q^mg) | ο δε] ο sup ras B?   59 εψευσω QΓ | εξολοθρευση B^b εξολεθρευσει
AΓ   60 ανεβοησαν A | ευλογησαν] εβοησαν A | τω θεω τω σωζοντι] τον
θν̄ τον σωζοντα Q

583

ΣΟΥΣΑΝΝΑ (Ο')

87 μάρτυρας· καὶ ὡς ὁ νόμος διαγορεύει ἐποίησαν αὐτοῖς, καθὼς ἐπονηρεύσαντο κατὰ τῆς ἀδελφῆς. καὶ ἐφίμωσαν αὐτοὺς καὶ ἐξαγαγόντες ἔρριψαν εἰς φάραγγα· τότε ὁ ἄγγελος Κυρίου ἔρριψε πῦρ διὰ μέσου αὐτῶν. καὶ ἐσώθη αἷμα ἀναίτιον ἐν τῇ ἡμέρᾳ ἐκείνῃ.
62a Διὰ τοῦτο οἱ νεώτεροι ἀγαπητοὶ Ἰακὼβ ἐν τῇ ἁπλότητι αὐτῶν. 62a
62b καὶ ἡμεῖς φυλασσώμεθα εἰς υἱοὺς δυνατοὺς νεωτέρους· εὐσεβήσουσι 62b γὰρ νεώτεροι, καὶ ἔσται ἐν αὐτοῖς πνεῦμα ἐπιστήμης καὶ συνέσεως εἰς αἰῶνα αἰῶνος.

Syr   60—62 εποιησεν Syr   62 a οι νεωτεροι Ιακωβ αγαπητοι Syr

ΣΟΥΣΑΝΝΑ (Θ.)

61 ζωντι τοὺς ἐλπίζοντας ἐπ' αὐτόν. ⁶¹καὶ ἀνέστησαν ἐπὶ τοὺς δύο B πρεσβύτας, ὅτι συνέστησεν αὐτοὺς Δανιὴλ ἐκ τοῦ στόματος αὐτῶν ψευδομάρτυρας ὄντας, καὶ ἐποίησαν αὐτοῖς ὃν τρόπον ἐπονηρεύσαντο 62 τῷ πλησίον, ⁶²ποιῆσαι κατὰ τὸν νόμον Μωυσῆ, καὶ ἀπέκτειναν αὐ-
63 τούς· καὶ ἐσώθη αἷμα ἀναίτιον ἐν τῇ ἡμέρᾳ ἐκείνῃ. ⁶³Χελκίας δὲ καὶ ἡ γυνὴ αὐτοῦ ᾔνεσαν περὶ τῆς θυγατρὸς αὐτῶν μετὰ Ἰωακεὶμ τοῦ ἀνδρὸς αὐτῆς καὶ τῶν συγγενῶν πάντων, ὅτι οὐχ εὑρέθη ἐν αὐτῇ ἄσχημον πρᾶγμα.
64 ⁶⁴Καὶ Δανιὴλ ἐγένετο μέγας ἐνώπιον τοῦ λαοῦ ἀπὸ τῆς ἡμέρας ἐκείνης καὶ ἐπέκεινα.¶ ¶ Γ

61 πρεσβυτας] πρεσβυτερους AQΓ | ψευδομαρτυρας οντας] ψευδομαρτυρη- AQΓ σαντας BᵃAQΓ | επονηρευσαντο] + ποιησαι Q   62 om ποιησαι Q | Μωση A   63 ηνεσαν] + τον θν̄ AQΓ | περι] + Σουσαννας Q | αυτων] + Σουσαννας AΓ | συγγενων BᵃᵇAQΓ   64 subscr ορασις α' A

ΒΗΛ ΚΑΙ ΔΡΑΚΩΝ

κατα τογc ο'

Ἐκ προφητείας Ἀμβακοὺμ υἱοῦ Ἰησοῦ, ἐκ τῆς φυλῆς Λευί.

²*Ἄνθρωπός τις ἦν ἱερεύς, ᾧ ὄνομα Δανιήλ, υἱὸς Ἀβάλ, συμβιωτὴς 2 τοῦ βασιλέως Βαβυλῶνος. ³καὶ ἦν εἴδωλον, Βήλ, ὃ ἐσέβοντο οἱ 3 Βαβυλώνιοι· ἀνηλίσκετο δὲ αὐτῷ καθ᾽ ἑκάστην ἡμέραν σεμιδάλεως ἀρτάβαι δέκα δύο καὶ πρόβατα τέσσαρα καὶ ἐλαίου μετρηταὶ ἕξ. ⁴καὶ 4 ὁ βασιλεὺς ἐσέβετο αὐτόν, καὶ ἐπορεύετο ὁ βασιλεὺς καθ᾽ ἑκάστην ἡμέραν καὶ προσεκύνει αὐτῷ, Δανιὴλ δὲ προσηύχετο πρὸς Κύριον· καὶ εἶπεν ὁ βασιλεὺς τῷ Δανιὴλ Διὰ τί οὐ προσκυνεῖς τῷ Βήλ; ⁵καὶ 5 εἶπε Δανιὴλ πρὸς τὸν βασιλέα Οὐδένα σέβομαι ἐγὼ εἰ μὴ Κύριον τὸν θεὸν τὸν κτίσαντα τὸν οὐρανὸν καὶ τὴν γῆν καὶ ἔχοντα πάσης σαρκὸς κυρείαν. ⁶εἶπεν δὲ ὁ βασιλεὺς αὐτῷ Οὗτος οὖν οὐκ ἔστι 6 θεός; οὐχ ὁρᾷς ὅσα εἰς αὐτὸν δαπανᾶται καθ᾽ ἑκάστην ἡμέραν; ⁷καὶ εἶπεν αὐτῷ Δανιὴλ Μηδαμῶς, μηδείς σε παραλογιζέσθω· οὗτος 7 γὰρ ἔσωθεν μὲν πήλινός ἐστιν, ἔξωθεν δὲ χαλκοῦς· ὀμνύω δέ σοι Κύριον τὸν θεὸν τῶν θεῶν, ὅτι οὐθὲν βέβρωκε πώποτε οὗτος. ⁸καὶ 8 θυμωθεὶς ὁ βασιλεὺς ἐκάλεσε τοὺς προεστηκότας τοῦ ἱεροῦ καὶ εἶπεν αὐτοῖς Παραδείξατε τὸν ἐσθίοντα τὰ παρασκευαζόμενα τῷ Βήλ· εἰ δὲ μή γε, ἀποθανεῖσθε, ⁹ἢ Δανιὴλ ὁ φάσκων μὴ ἐσθίεσθαι αὐτὰ 9 ὑπ᾽ αὐτοῦ. οἱ δὲ εἶπαν Αὐτὸς ὁ Βὴλ ἐστιν ὁ κατεσθίων αὐτά· εἶπε δὲ Δανιὴλ πρὸς τὸν βασιλέα Γινέσθω οὕτως· ἐὰν μὴ παραδείξω ὅτι οὐκ ἔστιν ὁ Βὴλ ὁ κατεσθίων ταῦτα, ἀποθανοῦμαι καὶ πάντες οἱ παρ᾽ ἐμοῦ. ¹⁰ἦσαν δὲ τῷ Βὴλ ἱερεῖς ἑβδομήκοντα χωρὶς 10

Syr   Inscr Βηλ Syr (deest in 87)   Tit Αμβακουμ] Ἀβακουκ Syr : item 33 sqq
3 ΔΝΗΛΙϹΚΕΤΟ Syr^mg | τεσσαρα] τεσσαρακοντα Syr^mg | και ελαιου] και οινου Syr^mg | μετρητας 87   6 ουτος] ουτως 87* (-τος 87^a)   7 ÷ ομνυω..των θεων Syr   8 παραδειξειτε 87^ed   9 εμου] εμοι 87^a (superscr οι)

586

ΒΗΛ ΚΑΙ ΔΡΑΚΩΝ

κατα Θεοδοτιωνα

1 ΚΑΙ ὁ βασιλεὺς Ἀστυάγης προσετέθη πρὸς τοὺς πατέρας αὐτοῦ, B
2 καὶ παρέλαβεν Κῦρος ὁ Πέρσης τὴν βασιλείαν αὐτοῦ. ²καὶ ἦν § Γ
Δανιὴλ συνβιωτὴς τοῦ βασιλέως καὶ ἔνδοξος ὑπὲρ πάντας τοὺς φί-
3 λους αὐτοῦ. ³καὶ ἦν εἴδωλον τοῖς Βαβυλωνίοις ᾧ ὄνομα Βήλ, καὶ
ἐδαπανῶντο εἰς αὐτὸν ἑκάστης ἡμέρας σεμιδάλεως ἀρτάβαι δώδεκα
4 καὶ πρόβατα τεσσεράκοντα καὶ οἴνου μετρηταὶ ἕξ. ⁴καὶ ὁ βασιλεὺς
ἐσέβετο αὐτόν, καὶ ἐπορεύετο καθ᾽ ἑκάστην ἡμέραν προσκυνεῖν αὐτῷ,
Δανιὴλ δὲ προσεκύνει τῷ θεῷ αὐτοῦ· ¶ καὶ εἶπεν αὐτῷ ὁ βασιλεύς ¶ Γ
5 Διὰ τί οὐ προσκυνεῖς τῷ Βήλ; ⁵ὁ δὲ εἶπεν Ὅτι οὐ σέβομαι εἴδωλα
χειροποίητα, ἀλλὰ τὸν ζῶντα θεόν, τὸν κτίσαντα τὸν οὐρανὸν καὶ
6 τὴν γῆν καὶ ἔχοντα πάσης σαρκὸς κυρίαν. ⁶καὶ εἶπεν αὐτῷ ὁ βα-
σιλεύς Οὐ δοκεῖ σοι Βὴλ εἶναι ζῶν θεός; ἢ οὐχ ὁρᾷς ὅσα ἐσθίει καὶ
7 πίνει καθ᾽ ἑκάστην ἡμέραν; ⁷καὶ εἶπεν Δανιὴλ γελάσας Μὴ πλανῶ,
βασιλεῦ· οὗτος γὰρ ἔσωθέν ἐστι πηλός, ἔξωθεν δὲ χαλκός, καὶ οὐ
8 βέβρωκεν οὐδέποτε. ⁸καὶ θυμωθεὶς ὁ βασιλεὺς ἐκάλεσεν τοὺς ἱερεῖς
αὐτοῦ καὶ εἶπεν αὐτοῖς Ἐὰν μὴ εἴπητέ μοι τίς ὁ κατέσθων τὴν
9 δαπάνην ταύτην, ἀποθανεῖσθε· ⁹ἐὰν δὲ δείξητε ὅτι Βὴλ κατεσθίει
αὐτά, ἀποθανεῖται Δανιήλ, ὅτι ἐβλασφήμησεν εἰς τὸν Βήλ. καὶ
10 εἶπεν Δανιὴλ τῷ βασιλεῖ Γινέσθω κατὰ τὸ ῥῆμά σου. ¹⁰καὶ ἦσαν
ἱερεῖς τοῦ Βὴλ ἑβδομήκοντα ἐκτὸς γυναικῶν καὶ τέκνων· καὶ ἦλθεν

1 in B Danielem sequitur Bel sine intervallo | superscr ορασις ιβ′ AQ AQΓ
2 συμβιωτης Bᵃ⁺ᵇQ | πας B* (παντας Bᵃᵇ) 3 αυτον] αυτο Q | δωδεκα]
δεκα δυο A | τεσσαρακοντα Bᵇ 4 om εκαστην A | προσκυνειν] κυνειν
sup ras Bᵃᵇ 5 κυρειαν Bᵃᵇ 6 Βηλ] pr ο Q 7 ουτος] αυτος·
A | εσωθεν]+μὲ͏̈ AQ | εστιν AQ* | ουδεποτε] ουδε πεπωκεν πωποτε AQ
8 κατεσθιων AQ 9 δειξητε] αποδιξητε AQ* (-δειξ. Qᵃ) | Βηλ 1°] pr ο
AQ | om τω βασιλει Q* (hab Qᵐᵍ) 10 ιερεις] pr οι AQ | εκτος] χω-
ρεις A | τεκνων] παιδιων A

587

ΒΗΛ ΚΑΙ ΔΡΑΚΩΝ (Ο')

87 γυναικῶν καὶ τέκνων. ἤγαγον δὲ τὸν βασιλέα εἰς τὰ εἰδώλιον· ¹¹καὶ 11
παρετέθη τὰ βρώματα ἐνώπιον τοῦ βασιλέως καὶ τοῦ Δανιήλ, καὶ
οἶνος κερασθεὶς εἰσηνέχθη καὶ παρετέθη τῷ Βήλ. καὶ εἶπεν
Δανιήλ Σὺ αὐτὸς ὁρᾷς ὅτι κεῖται ταῦτα, βασιλεῦ· σὺ οὖν ἐπισφρά-
γισαι τὰς κλεῖδας τοῦ ναοῦ, ἐπὰν κλεισθῇ. ἤρεσεν δὲ ὁ λόγος τῷ
βασιλεῖ. ¹⁴ὁ δὲ Δανιήλ ἐκέλευσε τοὺς παρ' αὐτοῦ ἐκβαλόντας 14
πάντας ἐκ τοῦ ναοῦ κατασῆσαι ὅλον τὸν ναὸν σποδῷ, οὐθενὸς τῶν
ἐκτὸς αὐτοῦ εἰδότος. καὶ τότε σφραγισάμενος τὸν ναὸν ἐκέλευσε
σφραγίσαι τῷ τοῦ βασιλέως δακτυλίῳ καὶ τοῖς δακτυλίοις τινῶν
ἐνδόξων ἱερέων· καὶ ἐγένετο οὕτως. ¹⁵⁻¹⁷καὶ ἐγένετο τῇ ἐπαύριον 15–17
παρεγένοντο ἐπὶ τὸν τόπον· οἱ δὲ ἱερεῖς τοῦ Βήλ διὰ ψευδοθυρίδων
εἰσελθόντες κατεφάγοσαν πάντα τὰ παρακείμενα τῷ Βήλ καὶ ἐξέπιον
τὸν οἶνον. καὶ εἶπεν Δανιήλ Ἐπίδετε τὰς σφραγῖδας ὑμῶν εἰ μέ-
νουσιν, ἄνδρες ἱερεῖς· καὶ σὺ δέ, βασιλεῦ, σκέψαι μή τί σοι ἀσύμ-
φωνον γεγένηται. καὶ εὗρον ὡς ἦν ἡ σφραγίς, καὶ ἀπέβαλον τὴν
σφραγῖδα. ¹⁸καὶ ἀνοίξαντες τὰς θύρας εἴδοσαν δεδαπανημένα πάντα 18
τὰ παρατεθέντα, καὶ τὰς τραπέζας κενάς· καὶ ἐχάρη ὁ βασιλεύς, καὶ
εἶπεν πρὸς τὸν Δανιήλ Μέγας ἐστὶν ὁ Βήλ, καὶ οὐκ ἔστι παρ' αὐτῷ
δόλος. ¹⁹καὶ ἐγέλασε Δανιήλ σφόδρα καὶ εἶπεν τῷ βασιλεῖ Δεῦρο 19
ἴδε τὸν δόλον τῶν ἱερέων. καὶ εἶπεν Δανιήλ Βασιλεῦ, ταῦτα τὰ
ἴχνη τίνος ἐστί; ²⁰καὶ εἶπεν ὁ βασιλεύς Ἀνδρῶν καὶ γυναικῶν καὶ 20
παιδίων. ²¹καὶ ἐπῆλθεν ἐπὶ τὸν οἶκον ἐν ᾧ ἦσαν οἱ ἱερεῖς καταγινό- 21
μενοι, καὶ εὗρε τὰ βρώματα τοῦ Βήλ καὶ τὸν οἶνον· καὶ ἐπέδειξε
Δανιήλ τῷ βασιλεῖ τὰ ψευδοθύρια, δι' ὧν εἰσπορευόμενοι οἱ ἱερεῖς
ἐδαπάνων τὰ παρατιθέμενα τῷ Βήλ. ²²καὶ ἐξήγαγεν αὐτοὺς ὁ βασι- 22
λεὺς ἐκ τοῦ Βηλίου, καὶ παρέδωκεν αὐτοὺς τῷ Δανιήλ· καὶ τὴν
δαπάνην τὴν εἰς αὐτὸν ἔδωκε τῷ Δανιήλ, τὸν δὲ Βήλ κατέστρεψε.

²³Καὶ ἦν δράκων ἐν τῷ αὐτῷ τόπῳ, καὶ ἐσέβοντο οἱ Βαβυλώνιοι. 23

Syr 10 ειδωλειον 87ᵃ   14 ο δε Δανιηλ...σποδω] και επεταξε Δ. τοις
παιδαριοις αυτου και κατεσησαν ολον τον ναον ενωπιον του βασιλεως
Syrᵐᵍ | σφραγισαμενους Syr   15—17 ψευδοθυριδων] ω sup ras 87¹ | ην]
εμενεν Syrᵛⁱᵈ   21 ευρον Syr   23 pr tit Δρακων Syr | εσεβοντο]+αυ-
τον Syr

ΒΗΛ ΚΑΙ ΔΡΑΚΩΝ (Θ.)

11 ὁ βασιλεὺς μετὰ Δανιὴλ εἰς τὸν οἶκον τοῦ Βήλ. ¹¹καὶ εἶπαν οἱ ἱερεῖς τοῦ Βὴλ Ἰδοὺ ἡμεῖς ἀποτρέχομεν ἔξω, σὺ δέ, βασιλεῦ, παράθες τὰ βρώματα καὶ τὸν οἶνον κεράσας θές, καὶ ἀπόκλεισον τὴν θύραν 12 καὶ σφράγισον τῷ δακτυλίῳ σου. ¹²καὶ ἐλθὼν πρωὶ ἐὰν μὴ εὕρῃς πάντα βεβρωμένα ὑπὸ τοῦ Βήλ, ἀποθανούμεθα, ἢ Δανιὴλ ὁ ψευδό-13 μενος καθ' ἡμῶν. ¹³αὐτοὶ δὲ κατεφρόνουν, ὅτι πεποιήκεισαν ὑπὸ τὴν τράπεζαν κεκρυμμένην εἴσοδον, καὶ δι' αὐτῆς εἰσεπορεύοντο 14 διόλου καὶ ἀνήλουν αὐτά. ¹⁴καὶ ἐγένετο ὡς ἐξήλθοσαν ἐκεῖνοι, καὶ ὁ βασιλεὺς παρέθηκεν τὰ βρώματα τῷ Βήλ· καὶ ἐπέταξεν Δανιὴλ τοῖς παιδαρίοις αὐτοῦ καὶ ἤνεγκαν τέφραν, καὶ κατέσησαν ὅλον τὸν ναὸν ἐνώπιον τοῦ βασιλέως μόνου· καὶ ἐξελθόντες ἔκλεισαν τὴν θύραν καὶ ἐσφραγίσαντο ἐν τῷ δακτυλίῳ τοῦ βασιλέως, καὶ ἀπῆλθον. 15 ¹⁵οἱ δὲ ἱερεῖς ἦλθον τὴν νύκτα κατὰ τὸ ἔθος αὐτῶν καὶ αἱ γυναῖκες 16 καὶ τὰ τέκνα αὐτῶν, καὶ κατέφαγον πάντα καὶ ἐξέπιον. ¹⁶καὶ ὤρ-17 θρισεν ὁ βασιλεὺς πρωί, καὶ Δανιὴλ μετ' αὐτοῦ. ¹⁷καὶ εἶπεν Σῷοι 18 αἱ σφραγῖδες, Δανιήλ; ὁ δὲ εἶπεν Σῷοι, βασιλεῦ. ¹⁸καὶ ἐγένετο ἅμα τῷ ἀνοῖξαι τὰς θύρας, ἐπιβλέψας ὁ βασιλεὺς ἐπὶ τὴν τράπεζαν ἐβόησεν φωνῇ μεγάλῃ Μέγας εἶ, Βήλ, καὶ οὐκ ἔστιν παρὰ σοὶ δόλος 19 οὐδὲ εἷς. ¹⁹καὶ ἐγέλασεν Δανιήλ, καὶ ἐκράτησεν τὸν βασιλέα τοῦ μὴ εἰσελθεῖν αὐτὸν ἔσω, καὶ εἶπεν Ἴδε δὴ τὸ ἔδαφος καὶ γνῶθι 20 τίνος τὰ ἴχνη ταῦτα. ²⁰καὶ εἶπεν ὁ βασιλεὺς Ὁρῶ τὰ ἴχνη ἀν-21 δρῶν καὶ ʲγυναικῶν καὶ παιδίων. ²¹καὶ ὀργισθεὶς ὁ βασιλεὺς τότε § Δ συνέλαβεν τοὺς ἱερεῖς καὶ τὰς γυναῖκας καὶ τὰ τέκνα αὐτῶν, καὶ ἔδειξαν αὐτῷ τὰς κρυπτὰς θύρας δι' ὧν εἰσεπορεύοντο καὶ ἐδαπά-22 νων τὰ ἐπὶ τῇ τραπέζῃ. ²²καὶ ἀπέκτεινεν αὐτοὺς ὁ βασιλεύς, καὶ ἔδωκεν τὸν Βὴλ ἔκδοτον τῷ Δανιήλ· καὶ κατέστρεψεν αὐτὸν καὶ τὸ ἱερὸν αὐτοῦ.

23 ²³Καὶ ἦν δράκων μέγας, καὶ ἐσέβοντο αὐτὸν οἱ Βαβυλώνιοι.

10 εις τον οικον] επ οικ. Q* (εις τ. οικ. Q^mg) 11 ειπαν] ειπον A | AQΔ βασιλευς B* (-λευ B^ab) | τω δακτυλιω] τω δακτυλω A εν τω δακτυλιω Q 12 ψευδομενος] ψευσαμενος AQ 13 om δε A | κατεφρονουν] κατεφθονουν A | ανηλουν] ανηλεισκον Q* (-λισκ. Q^a ανηλουν Q^mg) 14 εξηλθοσαν] εξηλθον A | κατεσησαν] κατεσεισαν A | om μονου Q | εσφραγισαν A | εν τω δακτ.] om εν A 15 ηλθον]+εις Q* εισηλθον εις (Q^mg vid | εξεπιον] επιον Q 16 πρωι] pr το AQ 17 ειπεν 1°]+ο βασιλευς AQ | σωοι 1°] σωαι A 19 εγελασεν Δανιηλ και] γελασας Δαν. A | om και ειπεν A | om τινος Q* (hab Q^mg) 21 ο βασιλευς τοτε] τοτε ο βασιλευς Δ | συνελαβετο AQ 22 ο βασιλευς αυτους Δ | εκδοτον] εγδομα Δ | το ιερον] τον ναον Q 23 μεγας]+εν τω τοπω AQ* + εν αυτω τω τοπω Q^mg

ΒΗΛ ΚΑΙ ΔΡΑΚΩΝ (Ο')

87 ²⁴καὶ εἶπεν ὁ βασιλεὺς τῷ Δανιὴλ Μὴ καὶ τοῦτον ἐρεῖς ὅτι χαλκοῦς 24 ἐστιν; ἰδοὺ ζῇ καὶ ἐσθίει καὶ πίνει, προσκύνησον αὐτῷ. ²⁶καὶ εἶπεν 26 Δανιὴλ Βασιλεῦ, δός μοι τὴν ἐξουσίαν, καὶ ἀνελῶ τὸν δράκοντα ἄνευ σιδήρου καὶ ῥάβδου. καὶ συνεχώρησεν αὐτῷ ὁ βασιλεὺς καὶ εἶπεν αὐτῷ Δέδοταί σοι. ²⁷καὶ λαβὼν ὁ Δανιὴλ πίσσης μνᾶς τριάκοντα 27 καὶ στέαρ καὶ τρίχας ἤψησεν ἐπὶ τὸ αὐτὸ καὶ ἐποίησεν μάζαν, καὶ ἐνέβαλεν εἰς τὸ στόμα τοῦ δράκοντος· καὶ φαγὼν διερράγη. καὶ ἔδειξεν αὐτὸν τῷ βασιλεῖ λέγων Οὐ ταῦτα σέβεσθε, βασιλεῦ; ²⁸καὶ 28 συνήχθησαν οἱ ἀπὸ τῆς χώρας πάντες ἐπὶ τὸν Δανιὴλ καὶ εἶπαν Ἰουδαῖος γέγονεν ὁ βασιλεύς· τὸν Βὴλ κατέστρεψε καὶ τὸν δράκοντα ἀπέκτεινε. ³⁰καὶ ἰδὼν ὁ βασιλεὺς ὅτι ἐπισυνήχθη ὁ ὄχλος 30 τῆς χώρας ἐπ' αὐτόν, ἐκάλεσε τοὺς συμβιωτὰς αὐτοῦ καὶ εἶπεν Δίδωμι τὸν Δανιὴλ εἰς ἀπώλειαν. ³¹⁻³²ἦν δὲ λάκκος ἐν ᾧ ἐτρέφοντο 31-32 λέοντες ἑπτά, οἷς παρεδίδοντο οἱ ἐπίβουλοι τοῦ βασιλέως, καὶ ἐχορηγεῖτο αὐτοῖς καθ' ἑκάστην ἡμέραν τῶν ἐπιθανατίων σώματα δύο. καὶ ἐνεβάλοσαν τὸν Δανιὴλ οἱ ὄχλοι εἰς ἐκεῖνον τὸν λάκκον, ἵνα καταβρωθῇ καὶ μηδὲ ταφῆς τύχῃ. καὶ ἦν ἐν τῷ λάκκῳ Δανιὴλ ἡμέρας ἕξ. ³³καὶ ἐγένετο τῇ ἡμέρᾳ τῇ ἕκτῃ καὶ ἦν Ἁμβακοὺμ ἔχων 33 ἄρτους ἐντεθρυμμένους ἐν σκάφῃ ἐν ἐψήματι καὶ στάμνον οἴνου κεκερασμένου, καὶ ἐπορεύετο εἰς τὸ πεδίον πρὸς τοὺς θεριστάς. ³⁴καὶ ἐλάλησεν ἄγγελος Κυρίου πρὸς Ἁμβακοὺμ λέγων Τάδε λέγει 34 σοι Κύριος ὁ θεός Τὸ ἄριστον ὃ ἔχεις ἀπένεγκε Δανιὴλ εἰς τὸν λάκκον τῶν λεόντων ἐν Βαβυλῶνι. ³⁵καὶ εἶπεν Ἁμβακούμ Κύριε ὁ θεός, 35 οὐχ ἑώρακα τὴν Βαβυλῶνα, καὶ τὸν λάκκον οὐ γινώσκω ποῦ ἐστι. ³⁶καὶ ἐπιλαβόμενος αὐτοῦ ὁ ἄγγελος Κυρίου τοῦ Ἁμβακοὺμ τῆς κόμης 36 αὐτοῦ τῆς κεφαλῆς ἔθηκεν αὐτὸν ἐπάνω τοῦ λάκκου τοῦ ἐν Βαβυλῶνι.

Syr 27 ΜΝΑC Syr^{mg} | μαζας Syr 28 ειπαν Ιουδαιος γεγ. ο βασ.] tit adpinx ut vid περι του βασιλεως λεγουσι ως γεγονεν Ιουδαιος Syr^{mg} 31—32 ÷ ην (1°) Syr | οι επιβουλοι] in οι (1°) ο sup ras 87¹ | om τον Δανιηλ 87* (hab 87^{mg} Syr) 34 εις Βαβυλωνα Syr 35 γινωσκω (sic) 87

ΒΗΛ ΚΑΙ ΔΡΑΚΩΝ (Θ.) 36

24 ²⁴καὶ εἶπεν ὁ βασιλεὺς τῷ Δανιήλ Οὐ δύνασαι εἰπεῖν ὅτι οὐκ ἔστιν Β
25 οὗτος θεὸς ζῶν· καὶ προσκύνησον αὐτῷ. ²⁵καὶ εἶπεν Δανιὴλ Κυρίῳ
26 τῷ θεῷ μου προσκυνήσω, ὅτι οὗτός ἐστιν θεὸς ζῶν· ²⁶σὺ δέ, βασιλεῦ,
δός μοι ἐξουσίαν, καὶ ἀποκτενῶ τὸν δράκοντα ἄνευ μαχαίρας καὶ
27 ῥάβδου. καὶ εἶπεν ὁ βασιλεὺς Δίδωμί σοι. ²⁷καὶ ἔλαβεν Δανιὴλ
πίσσαν καὶ στῆρ καὶ τρίχας, καὶ ἥψησεν ἐπὶ τὸ αὐτὸ καὶ ἐποίησεν
μάζας, καὶ ἔδωκεν εἰς τὸ στόμα τοῦ δράκοντος· καὶ φαγὼν διερράγη
28 ὁ δράκων. καὶ εἶπεν Ἴδετε τὰ σεβάσματα ὑμῶν. ²⁸καὶ ἐγένετο ὡς
ἤκουσαν οἱ Βαβυλώνιοι, ἠγανάκτησαν καὶ συνεστράφησαν ἐπὶ τὸν
βασιλέα καὶ εἶπαν Ἰουδαῖος γέγονεν ὁ βασιλεύς· τὸν Βὴλ κατέσπασεν
29 καὶ τὸν δράκοντα ἀπέκτεινεν, καὶ τοὺς ἱερεῖς κατέσφαξεν. ²⁹καὶ
εἶπαν ἐλθόντες πρὸς τὸν βασιλέα Παράδος ἡμῖν τὸν Δανιήλ· εἰ δὲ
30 μή, ἀποκτενοῦμέν σε καὶ τὸν οἶκόν σου. ³⁰καὶ ἴδεν ὁ βασιλεὺς ὅτι
ἐπείγουσιν αὐτὸν σφόδρα, καὶ ἀναγκασθεὶς παρέδωκεν αὐτοῖς τὸν
31 Δανιήλ. ³¹οἱ δὲ ἔβαλον αὐτὸν εἰς τὸν λάκκον τῶν λεόντων, καὶ ἦν
32 ἐκεῖ ἡμέρας ἕξ. ³²ἦσαν δὲ ἐν τῷ λάκκῳ ἑπτὰ λέοντες, καὶ ἐδί-
δετο αὐτοῖς τὴν ἡμέραν δύο σώματα καὶ δύο πρόβατα· τότε δὲ
33 οὐκ ἐδόθη αὐτοῖς, ἵνα καταφάγωσιν τὸν Δανιήλ. ³³καὶ ἦν Ἁμβα-
κοὺμ ὁ προφήτης ἐν τῇ Ἰουδαίᾳ, καὶ αὐτὸς ἥψησεν ἕψεμα καὶ ἐνέ-
θρυψεν ἄρτους εἰς σκάφην, καὶ ἐπορεύετο εἰς τὸ πεδίον ἀπενέγκαι
34 τοῖς θερισταῖς. ³⁴καὶ εἶπεν ἄγγελος Κυρίου τῷ Ἁμβακοὺμ Ἀπέ-
νεγκε τὸ ἄριστον ὃ ἔχεις εἰς Βαβυλῶνα τῷ Δανιὴλ εἰς τὸν λάκκον
35 τῶν λεόντων. ³⁵καὶ εἶπεν Ἁμβακοὺμ Κύριε, Βαβυλῶνα οὐχ ἑώρακα,
36 καὶ τὸν λάκκον οὐ γινώσκω. ³⁶καὶ ἐπελάβετο ὁ ἄγγελος Κυρίου
τῆς κορυφῆς αὐτοῦ, καὶ βαστάσας τῆς κόμης τῆς κεφαλῆς αὐτοῦ
ἔθηκεν αὐτὸν εἰς Βαβυλῶνα ἐπάνω τοῦ λάκκου, ἐν τῷ ῥοίζῳ τοῦ

24 ο βασιλευς ειπεν Δ | Δανιηλ]+μη και τουτον ερεις οτι χαλκους εστιν· AQΔ
ιδου ζη και εσθιει και πινει (πειν. Bᵃ πιν. Bᵇ) Bᵃᵇ ᵐᵍAQ+μη εις (sic ut vid)
...|χαλκ. εστιν ιδου...|και πεινει Δ   25 ουτος] αυτος Δᵛⁱᵈ | εστι Qᵃ
26 μαχαιρης A   27 στηρ] στεαρ Q | om φαγων QʳⁱᵈΔ | διεραγη Δ |
ιδετε] ιδου δη A   28 ηγανακτησαν]+λιαν (λειᾶ| Bᵃ λιᾶ| Bᵇ) BᵐᵍA
(-λειαν) QΔ | ειπον AQ | κατεσπασεν] κατεστρεψεν A | κατεσφαξεν] σφαξεν
sup ras Aᵃᵗ (κατετρεψ. A*ᵛⁱᵈ)   30 ειδεν Q   31 εβαλον]
ενεβαλο| A | om των λεοντων Δᶠᵒʳᵗ   32 εδιδοτο Bᵃᵇ Δᵛⁱᵈ | om δυο
σωματα και Δᶠᵒʳᵗ | καταφαγωσι Qᵃ   33 Αμβακουμ ο προφητης ην Q ην
Αμβακουκ προφητης Δ | αυτος] ουτος A | ηψησεν] ηψεν Δ | επορευετο] επο-
ρευθη A | απενεγκαι] απενεγκειν Qʳᵉˢᶜʳ απενιγκε (sic) Δ   34 τω Αμβ.]
προς Αμβ. AQ   35 Αμβακουμ] Δανιηλ A* (Αμβ. Aᵐᵃⁿ ʳᵉᶜ ᵐᵍ) | εορακα
Q | λακκον]+των λεοντων Q | γινωσκω]+που εστιν A   36 om Κυριου A |
κορυφης] χειρος A | βαστασας] στα sup ras Bᵗ

591

37   ΒΗΛ ΚΑΙ ΔΡΑΚΩΝ (Ο')

87 ³⁷καὶ εἶπεν Ἀμβακοὺμ πρὸς Δανιήλ Ἀναστὰς φάγε τὸ ἄριστον ὃ 37 ἀπέστειλέ σοι Κύριος ὁ θεός. ³⁸καὶ εἶπεν Δανιήλ Ἐμνήσθη γάρ 38 μου Κύριος ὁ θεὸς ὁ μὴ ἐγκαταλείπων τοὺς ἀγαπῶντας αὐτόν. ³⁹καὶ 39 ἔφαγε Δανιήλ· ὁ δὲ ἄγγελος Κυρίου κατέστησε τὸν Ἀμβακοὺμ ὅθεν αὐτὸν ἔλαβε τῇ αὐτῇ ἡμέρᾳ. ὁ δὲ κύριος ὁ θεὸς ἐμνήσθη τοῦ Δανιήλ. ⁴⁰ἐξῆλθε δὲ ὁ βασιλεὺς μετὰ ταῦτα πενθῶν τὸν Δανιήλ, 40 καὶ ἐγκύψας εἰς τὸν λάκκον ὁρᾷ αὐτὸν καθήμενον. ⁴¹καὶ ἀναβοήσας 41 εἶπεν ὁ βασιλεὺς Μέγας ἐστὶ Κύριος ὁ θεός, καὶ οὐκ ἔστι πλὴν αὐτοῦ ἄλλος. ⁴²καὶ ἐξήγαγεν ὁ βασιλεὺς τὸν Δανιὴλ ἐκ τοῦ λάκκου, 42 καὶ τοὺς αἰτίους τῆς ἀπωλείας αὐτοῦ ἐνέβαλεν εἰς τὸν λάκκον ἐνώπιον τοῦ Δανιήλ, καὶ κατεβρώθησαν.

Syr 38 εγκαταλιπων Syr
Subscr in litt maiusc Δανιηλ κατα τους ο' 87 Syr (in Syr acced nonnulla de interpretatione LXXvirali item de versione Syro-Hexaplari)

ΒΗΛ ΚΑΙ ΔΡΑΚΩΝ (Θ.) 42

37 πνεύματος αὐτοῦ. ³⁷καὶ ἐβόησεν Ἀμβακοὺμ λέγων Δανιήλ Δανιήλ, Β 38 λάβε τὸ ἄριστον ὃ ἀπέστειλέν σοι ὁ θεός. ³⁸καὶ εἶπεν Δανιήλ Ἐμνήσθης γάρ μου, ὁ θεός, καὶ οὐκ ἐγκατέλειπες τοὺς ἀγαπῶντάς 39 σε. ³⁹καὶ ἀναστὰς Δανιὴλ ἔφαγεν· ὁ δὲ ἄγγελος τοῦ θεοῦ ἀπε- 40 κατέστησεν τὸν Ἀμβακοὺμ παραχρῆμα εἰς τὸν τόπον αὐτοῦ. ⁴⁰ὁ δὲ βασιλεὺς ἦλθεν τῇ ἡμέρᾳ τῇ ἑβδόμῃ πενθῆσαι τὸν Δανιήλ, καὶ ἦλθεν ἐπὶ τὸν λάκκον καὶ ἐνέβλεψεν, καὶ ἰδοὺ Δανιὴλ καθήμενος. 41 ⁴¹καὶ ἀναβοήσας φωνῇ μεγάλῃ εἶπεν Μέγας εἶ, Κύριε ὁ θεὸς τοῦ 42 Δανιήλ,¶ καὶ οὐκ ἔστιν πλὴν σοῦ ἄλλος. ⁴²καὶ ἀνέσπασεν αὐτόν, ¶ Δ τοὺς δὲ αἰτίους τῆς ἀπωλείας αὐτοῦ ἐνέβαλεν εἰς τὸν λάκκον, καὶ κατεβρώθησαν παραχρῆμα ἐνώπιον αὐτοῦ.

37 Αμβακουμ] om A Αμβακουκ Δ   **38** εγκατελιπες B^b εγκαταλειπεις AQΔ Q^{avid} ευκατελιπες Δ | σε] σοι Q   **39** του θεου] κ̄ῡ Δ | εις] επι AQ **41** αναβοησας]+ ο βασιλευς Q | om και ουκ εστιν πλην σου αλλος Q Subscr Δανιηλ BQ τελος Δαν. προφητου A

ΜΑΚΚΑΒΑΙΩΝ Α

Α ΚΑΙ ἐγένετο μετὰ τὸ πατάξαι Ἀλέξανδρον τὸν Φιλίππου τὸν 1
Μακεδόνα, ὃς ἐξῆλθεν ἐκ τῆς γῆς Χεττιείμ, καὶ ἐπάταξεν τὸν Δαρεῖον
βασιλέα Περσῶν καὶ Μήδων, καὶ ἐβασίλευσεν ἀντ' αὐτοῦ πρότερον
ἐπὶ τὴν Ἑλλάδα. ²καὶ συνεστήσατο πολέμους πολλούς, καὶ ἐκράτησεν 2
ὀχυρωμάτων, καὶ ἔσφαξεν βασιλεῖς, ³καὶ διῆλθεν ἕως ἄκρων τῆς γῆς, 3
καὶ ἔλαβεν σκῦλα πλήθους ἐθνῶν· καὶ ἡσύχασεν ἡ γῆ ἐνώπιον αὐτοῦ,
καὶ ὑψώθη, καὶ ἐπήρθη ἡ καρδία αὐτοῦ· ⁴καὶ συνῆξεν δύναμιν 4
ἰσχυρὰν σφόδρα, καὶ ἦρξεν χωρῶν καὶ ἐθνῶν καὶ τυραννιῶν, καὶ
ἐγένοντο αὐτῷ εἰς φόρον. ⁵καὶ μετὰ ταῦτα ἔπεσεν ἐπὶ τὴν κοίτην, 5
καὶ ἔγνω ὅτι ἀποθνήσκει. ⁶καὶ ἐκάλεσεν τοὺς παῖδας αὐτοῦ τοὺς 6
ἐνδόξους τοὺς συνεκτρόφους αὐτοῦ ἀπὸ νεότητος, καὶ διεῖλεν αὐτοῖς
τὴν βασιλείαν αὐτοῦ ἔτι ζῶντος αὐτοῦ. ⁷καὶ ἐβασίλευσεν Ἀλέξαν- 7
δρος ἔτη δώδεκα, καὶ ἀπέθανεν. ⁸καὶ ἐπεκράτησαν οἱ παῖδες αὐτοῦ, 8
ἕκαστος ἐν τῷ τόπῳ αὐτοῦ· ⁹καὶ ἐπέθεντο πάντες διαδήματα μετὰ τὸ 9
ἀποθανεῖν αὐτόν, καὶ οἱ υἱοὶ αὐτῶν ὀπίσω αὐτῶν ἔτη πολλά· καὶ
ἐπλήθυναν κακὰ ἐν τῇ γῇ.

¹⁰Καὶ ἐξῆλθεν ἐξ αὐτῶν ῥίζα ἁμαρτωλὸς Ἀντίοχος Ἐπιφανής, 10
υἱὸς Ἀντιόχου τοῦ βασιλέως, ὃς ἦν ὅμηρα ἐν τῇ Ῥώμῃ. καὶ ἐβασί-
λευσεν ἔτει ἑκατοστῷ καὶ ἑβδόμῳ καὶ τριακοστῷ βασιλείας Ἑλ-
λήνων.   ¹¹Ἐν ταῖς ἡμέραις ἐκείναις ἐξῆλθεν ἐξ Ἰσραὴλ υἱὸς 11

ℵV   Inscr Μακκαβαιων α' ℵAV   I 1 τον Μακεδονα] om τον ℵ | εκ της γης]
εις γην ℵ* εκ γης ℵ^{c.a}V | Δαριον ℵ*AV* | βασιλεα] pr τον V | προτερος V
2 βασιλεις]+της γης ℵV   3 πληθος ℵ | om και υψωθη και επηρθη η καρδια
αυτου ℵ | om και 4° V   4 om και 3° ℵV | τυραννιων (-νων ℵ)]+και υψωθη και
επηρθη η καρδια αυτου ℵV | εγενοντο] εγενετο ℵ | φορον] φοβερον ℵ   5 κοι-
την]+αυτου V   6 απο] εκ ℵ+εκ (sic) V | αυτοις] αυτου ℵ* (-τοις ℵ^{c.a}) | ετι
αυτου ζωντος ℵ   7 δωδεκα] ιβ' ℵ   9 om οι ℵ   10 εξ] απ V | ριζα]
ανηρ V | Επιφανης (-νεις A)] pr ο V | τη Ρωμη (τω Ρημ. V)] om τη ℵ | ετει] pr
εν ℵ | τριακ. κ. εβδ. ℵV   11 εξηλθον ℵ^{c.a} (-θεν ℵ*) A | om εξ ℵ* (hab
ℵ^{c.a}) | υιοι παρανομοι ℵ

ΜΑΚΚΑΒΑΙΩΝ Α I 24

παράνομος, καὶ ἀνέπεισαν πολλοὺς λέγοντες Πορευθῶμεν καὶ δια- A θώμεθα διαθήκην μετὰ τῶν ἐθνῶν τῶν κύκλῳ ἡμῶν· ὅτι ἀφ' ἧς 12 ἐχωρίσθημεν ὑπ' αὐτῶν, εὗρεν ἡμᾶς κακὰ πολλά. 12καὶ ἠγαθύνθη 13 ὁ λόγος ἐν ὀφθαλμοῖς αὐτῶν· 13καὶ προεθυμήθησάν τινες ἀπὸ τοῦ λαοῦ, καὶ ἐπορεύθησαν πρὸς τὸν βασιλέα· καὶ ἔδωκαν αὐτοῖς ἐξ-14 ουσίαν ποιῆσαι τὰ δικαιώματα τῶν ἐθνῶν. 14καὶ ᾠκοδόμησαν 15 γυμνάσιον ἐν Ἰεροσολύμοις κατὰ τὰ νόμιμα τῶν ἐθνῶν. 15καὶ ἐποίησαν ἑαυτοῖς ἀκροβυστίαν, καὶ ἀπέστησαν ἀπὸ διαθήκης ἁγίας· καὶ ἐζευγίσθησαν τοῖς ἔθνεσιν, καὶ ἐπράθησαν ποιῆσαι πονη-16 ρόν. 16Καὶ ἡτοιμάσθη ἡ βασιλεία ἐνώπιον Ἀντιόχου· καὶ ὑπέλαβεν βασιλεῦσαι γῆς Αἰγύπτου, ὅπως βασιλεύσῃ ἐπὶ τὰς δύο 17 βασιλείας. 17καὶ εἰσῆλθεν εἰς Αἴγυπτον ὄχλῳ βαρεῖ, ἐν ἅρμασιν 18 καὶ ἐλέφασιν καὶ ἐν ἱππεῦσιν καὶ ἐν στόλῳ μεγάλῳ. 18καὶ συνεστήσατο πόλεμον πρὸς Πτολεμαῖον τὸν βασιλέα Αἰγύπτου· καὶ ἐνετράπη Πτολεμαῖος ἀπὸ προσώπου αὐτοῦ καὶ ἔφυγεν, καὶ ἔπεσαν 19 τραυματίαι πολλοί. 19καὶ κατελάβοντο τὰς πόλεις τὰς ὀχυρὰς ἐν 20 γῇ Αἰγύπτῳ· καὶ ἔλαβεν τὰ σκῦλα γῆς Αἰγύπτου. 20Καὶ ἐπέστρεψεν Ἀντίοχος μετὰ τὸ πατάξαι Αἴγυπτον ἐν τῷ ἑκατοστῷ καὶ τεσσερακοστῷ καὶ τρίτῳ ἔτει· καὶ ἀνέβη ἐπὶ Ἰσραὴλ καὶ 21 Ἰεροσόλυμα ἐν ὄχλῳ βαρεῖ. 21καὶ εἰσῆλθεν εἰς τὸ ἁγίασμα ἐν ὑπερηφανίᾳ, καὶ ἔλαβεν τὸ θυσιαστήριον τὸ χρυσοῦν, καὶ τὴν λυχνίαν 22 τοῦ φωτὸς καὶ πάντα τὰ σκεύη αὐτῆς, 22καὶ τὴν τράπεζαν τῆς προθέσεως, καὶ τὰ σπόνδια καὶ τὰς φιάλας καὶ τὰς θυΐσκας τὰς χρυσᾶς καὶ τὸ καταπέτασμα καὶ τοὺς στεφάνους καὶ τὸν κόσμον τὸν χρυσοῦν 23 τὸν κατὰ πρόσωπον τοῦ ναοῦ, καὶ ἐλέπισεν πάντα· 23καὶ ἔλαβεν τὸ ἀργύριον καὶ τὸ χρυσίον, καὶ τὰ σκεύη τὰ ἐπιθυμητά· καὶ ἔλαβεν 24 τοὺς θησαυροὺς τοὺς ἀποκρύφους οὓς εὗρεν. 24καὶ λαβὼν πάντα

11 λεγοντας V | διελθωμε͂] ℵ* (διαθωμε͂|θα ℵ¹) διαθωμενα (sic) A | εξω- ℵV ρισθημε͂| ℵ* (εχωρ. ℵ^c.b) | υπ] απ ℵV   13 προεθυμωθησαν ℵ* (-μηθ. ℵ^c.a) | om απο ℵ | εδωκεν ℵV   14 τα νομιμα] om τα ℵ* (hab ℵ^c.a)   15 ακροβυστιας ℵV | εξευγισθησαν] εξευχθησαν ℵ^c.c V + εν ℵ | επραθησαν] επειραθησαν ℵ^c.a? (επραθ. ℵ* ^c.a? c.b?) | ποιησαι] pr του ℵV | πονηρον] pr το ℵ   16 ητοιμασθη] μ sup ras A^a | η βασιλεια] om η ℵ* (hab ℵ^c.a) | ενωπιον] εναντιον V | βασιλευσαι V   17 οχλω] pr εν ℵ | ελεφαντοις V ελεφασιν ℵ* εν ελεφασιν ℵ^c.a | om εν 3° ℵ* (hab ℵ^c.a) V   18 Πτολεμαιον τον βασιλεα] om τον ℵ om τον βασ. A*^fort (Πτ. τον| βασ. sup ras A^a) | ενετραπη] απεστραφη ℵ* (ενετρ. ℵ^c.a) | Πτολεμεος A | επεσαν] εφυγον ℵ* (επεσον ℵ^c.a V)   19 γη] τη ℵ | γης] της ℵ om V   20 εκατοστω...τριτω] ρ' και μ' και γ' ℵ | τεσσαρακ. V (ita identidem) | τριτω ετει sup ras A^a (seq spat 2 vel 3 litt) | om ετει ℵ* (hab ετι ℵ^c.a) | Ιεροσολυμα] επι Ιηλμ ℵ Ιλημ̄ V   21 om και την λυχν. τ. φωτ. V 22 χρυσον A | ελεπισεν] ε 2° sup ras A^a   23 χρυσιον κ. το αργυριον ℵ

595

ἀπῆλθεν εἰς τὴν γῆν αὐτοῦ. καὶ ἐποίησαν φονοκτονίαν, καὶ ἐλάλησαν ὑπερηφανίαν μεγάλην. ²⁵καὶ ἐγένετο πένθος μέγα ἐπὶ Ἰσραὴλ ἐν παντὶ τόπῳ αὐτῶν· ²⁶καὶ ἐστέναξαν ἄρχοντες καὶ πρεσβύτεροι, παρθένοι καὶ νεανίσκοι ἠσθένησαν, καὶ τὸ κάλλος τῶν γυναικῶν ἠλλοιώθη. ²⁷πᾶς νυμφίος ἀνέλαβεν θρῆνον· καθημένη ἐν παστῷ ἐγένετο ἐν πένθει. ²⁸καὶ ἐσείσθη ἡ γῆ ἐπὶ τοὺς κατοικοῦντας αὐτήν· καὶ πᾶς ὁ οἶκος Ἰακὼβ ἐνεδύσατο αἰσχύνην. ²⁹Μετὰ δύο ἔτη ἡμερῶν ἀπέστειλεν ὁ βασιλεὺς ἄρχοντα φορολογίας εἰς τὰς πόλεις Ἰούδα· καὶ ἦλθεν εἰς Ἰερουσαλὴμ ἐν ὄχλῳ βαρεῖ. ³⁰καὶ ἐλάλησεν αὐτοῖς λόγους εἰρηνικοὺς ἐν δόλῳ, καὶ ἐπίστευσαν αὐτῷ, καὶ ἐπέπεσεν ἐπὶ τὴν πόλιν ἐξάπινα, καὶ ἐπάταξεν αὐτὴν πληγὴν μεγάλην, καὶ ἀπώλεσεν λαὸν πολὺν ἐξ Ἰσραήλ. ³¹καὶ ἔλαβεν τὰ σκῦλα τῆς πόλεως καὶ ἐνεπύρισεν αὐτὴν πυρί, καὶ καθεῖλεν τοὺς οἴκους αὐτῆς καὶ τὰ τείχη αὐτῆς κύκλῳ, ³²καὶ ἠχμαλώτευσεν τὰς γυναῖκας καὶ τὰ τέκνα· καὶ τὰ κτήνη ἐκληρονόμησαν. ³³καὶ ᾠκοδόμησαν τὴν πόλιν Δαυεὶδ τείχει μεγάλῳ καὶ ὀχυρῷ, πύργοις ὀχυροῖς, καὶ ἐγένετο αὐτοῖς εἰς ἄκραν. ³⁴καὶ ἔθηκαν ἐκεῖ ἔθνος ἁμαρτωλόν, ἄνδρας παρανόμους· καὶ ἐνίσχυσαν ἐν αὐτῇ. ³⁵καὶ παρέθεντο ὅπλα καὶ τροφήν, καὶ συναγαγόντες τὰ σκῦλα Ἰερουσαλὴμ ἀπέθεντο ἐκεῖ· καὶ ἐγένετο εἰς μεγάλην παγίδα, ³⁶καὶ ἐγένετο εἰς ἔνεδρον τῷ ἁγιάσματι, καὶ εἰς διάβολον πονηρὸν τῷ Ἰσραὴλ διὰ παντός. ³⁷καὶ ἐξέχεαν αἷμα ἀθῷον κύκλῳ τοῦ ἁγιάσματος, καὶ ἐμόλυναν τὸ ἁγίασμα. ³⁸καὶ ἔφυγον οἱ κάτοικοι Ἰερουσαλὴμ δι᾽ αὐτούς, καὶ ἐγένετο κατοικία ἀλλοτρίων· καὶ ἐγένετο ἀλλοτρία τοῖς γενήμασιν αὐτῆς, καὶ τὰ τέκνα αὐτῆς ἐγκατέλειπον αὐτήν. ³⁹τὸ ἁγίασμα αὐτῆς ἠρημώθη ὡς ἔρημος· αἱ ἑορταὶ αὐτῆς ἐστράφησαν εἰς πένθος, τὰ σάββατα αὐτῆς εἰς ὀνειδισμόν, τιμὴ αὐτῆς εἰς ἐξουθένωσιν, ⁴⁰κατὰ τὴν δόξαν αὐτῆς ἐπληθύνθη ἀτιμασμὸς αὐτῆς, καὶ τὸ ὕψος αὐτῆς ἐστράφη εἰς πένθος. ⁴¹Καὶ ἔγραψεν ὁ βασιλεὺς πάσῃ

24 απηλθεν] εισηνεγκεν V | εποιησαν ℵV | ελαλησεν ℵV   26 των] ω sup ras Aᵃ   27 πας] pr ϗ ℵc.ᵃ | ανελαβεν] pr και V | καθημενην ℵ* ϗ καθημενη ℵc.ᵃ | παστω] ποτω V | εγενετο εν πενθει] επενθει ℵ   28 οικουντας V | ο οικος] om ο ℵ   29 μετα] pr ϗ ℵc.ᵃ + δε V | αρχοντας ℵ* (-υτα ℵc.ᵃ)   30 ενεπιστευσαν ℵV   31 ενεπυρισεν] ενεπρησεν ℵ | om αυτης 2° ℵ*   32 ηχμαλωτισα] ℵV (αιχμ.) | om εκληρονομησαν ℵ* hab ϗ εκληρονομησαν (a fec ex ε) εαυτοις ℵc.ᵃ   33 ωκοδομησεν V* (-σε Vᵃ) | οχυρω] ισχυρω V   34 παρανομους] παρανους ℵ   35 εγενοντο V: item 36, 38 (1°)   37 αγιασματος] + κυ V | εμολυνον V¹ | αγιασμα sup ras Aᵃ   38 εγκατελιπον ℵ   39 εστραφη ℵ* (-φησαν ℵc.ᵃ) | τα σαββ.] pr και V | om εις ονειδ. τιμη αυτης ℵ* (hab εις ονειδ. η τιμη αυτ. ℵc.ᵃ) | τιμη] pr η V | εξουδενωσιν ℵ   40 την δοξαν αυτης επληθυνθη ατιμασμος] τα τεκνα αυτης επλησθη η γη ατιμια ℵ* την δοξ. αυτ. επληθ. η ατιμια ℵc.ᵃ, c.ᵇ | ατιμασμος] ατιμα V

ΜΑΚΚΑΒΑΙΩΝ Α   I 59

42 τῆ βασιλεία αὐτοῦ εἶναι πάντας εἰς λαὸν ἕνα, ⁴²καὶ ἐγκαταλείπειν Α
ἕκαστον τὰ νόμιμα αὐτοῦ· καὶ ἐπεδέξαντο πάντα τὰ ἔθνη κατὰ τὸν
43 λόγον τοῦ βασιλέως. ⁴³καὶ πολλοὶ ἀπὸ Ἰσραὴλ ηὐδόκησαν τῆ λατρία
αὐτοῦ, καὶ ἔθυσαν τοῖς εἰδώλοις, καὶ ἐβεβήλωσαν τὸ σάββατον.
44 ⁴⁴καὶ ἀπέστειλεν ὁ βασιλεὺς βιβλία ἐν χειρὶ ἀγγέλων εἰς Ἰερουσαλὴμ
καὶ τὰς πόλεις Ἰούδα, πορευθῆναι ὀπίσω νομίμων ἀλλοτρίων τῆς γῆς,
45 ⁴⁵καὶ κωλῦσαι ὁλοκαυτώματα καὶ θυσίας καὶ σπονδὴν ἐκ τοῦ ἁγιάσμα-
46 τος, καὶ βεβηλῶσαι σάββατα καὶ ἑορτάς, ⁴⁶καὶ μιᾶναι ἁγίασμα καὶ
47 ἁγίους· ⁴⁷οἰκοδομῆσαι βωμοὺς καὶ τεμένη καὶ εἴδωλα, καὶ θύειν ὕεια
48 καὶ κτήνη κοινά, ⁴⁸καὶ ἀφιέναι τοὺς υἱοὺς αὐτῶν ἀπεριτμήτους,
βδελύξαι τὰς ψυχὰς αὐτῶν ἐν παντὶ ἀκαθάρτῳ καὶ βεβηλῶσαι,
49 ⁴⁹ὥστε ἐπιλαθέσθαι τοῦ νόμου, καὶ ἀλλάξαι πάντα τὰ δικαιώματα.
50 ⁵⁰καὶ ὃς ἂν μὴ ποιήσῃ κατὰ τὸ ῥῆμα τοῦ βασιλέως ἀποθανεῖται.
51 ⁵¹κατὰ πάντας τοὺς λόγους τούτους ἔγραψεν τῆ βασιλεία αὐτοῦ, καὶ
ἐποίησεν ἐπισκόπους ἐπὶ πάντα τὸν λαόν· καὶ ἐνετείλατο ταῖς
52 πόλεσιν Ἰούδα θυσιάζειν κατὰ πόλιν καὶ πόλιν. ⁵²καὶ συνηθροί-
σθησαν ἀπὸ τοῦ λαοῦ πρὸς αὐτοὺς πολλοί, πᾶς ὁ ἐγκαταλείπων τὸν
53 νόμον· καὶ ἐποίησαν κακὰ ἐν τῆ γῆ, ⁵³καὶ ἔθεντο τὸν Ἰσραὴλ ἐν
54 κρυφίοις ἐν παντὶ φυγαδευτηρίῳ αὐτῶν. ⁵⁴Καὶ πεντεκαιδεκάτῃ
ἡμέρᾳ Χασελεὺ τῷ πέμπτῳ καὶ τεσσερακοστῷ ἔτει ᾠκοδόμησαν
βδέλυγμα ἐρημώσεως ἐπὶ τὸ θυσιαστήριον· καὶ ἐν πόλεσιν Ἰούδα
55 κύκλῳ ᾠκοδόμησαν βωμούς, ⁵⁵καὶ ἐπὶ τῶν θυρίδων τῶν οἰκιῶν καὶ
56 ἐν ταῖς πλατείαις ἐθυμίων. ⁵⁶καὶ τὰ βιβλία τοῦ νόμου ἃ εὗρον,
57 ἐνεπύρισαν πυρὶ κατασχίσαντες. ⁵⁷καὶ ὅπου εὑρίσκετο παρά τινι
βιβλίον διαθήκης, καὶ εἴ τις συνευδόκει τῷ νόμῳ, τὸ σύγκριμα τοῦ
58 βασιλέως ἐθανάτου αὐτόν. ⁵⁸ἐν ἰσχύι αὐτῶν ἐποίουν οὕτω τῷ
Ἰσραήλ, τοῖς εὑρισκομένοις ἐν παντὶ μηνὶ καὶ μηνὶ ἐν ταῖς πόλεσιν.
59 ⁵⁹καὶ πέμπτῃ καὶ εἰκάδι τοῦ μηνὸς θυσιάζοντες ἐπὶ τὸν βωμὸν ὃς ἦν

41 om εις ℵ   42 ενκαταλιπειν ℵ εγκαταλιπ. Vᵃ | επεδεξατο ℵ απεδεξατο V ℵV
43 ευδοκησαν ℵV | σαββατον ℵA* ᵛⁱᵈ] αγιασμα sup ras Aᵃ   44 τας πολεις
(-λις A)] pr εις V   45 κωλυσαι] κυκλωσαι ℵ | θυσιαν ℵV | σαββατα] pr τα V
47 ειδωλα] ειδωλια ℵV* (-Λα V) | κοινα] πολλα ℵ* (κοινα ℵᶜ·ᵃ)   48 αφειναι
ℵV | παντι] πνι ℵ* (παντι ℵᶜ·ᵃ) | βεβηλωσει ℵ* (-σαι ℵᶜ·ᵃ) V   49 αλλαξασθαι ℵ
50 ποιησει V* | το ρημα] τον λογον ℵV   51 τη βασιλεια] pr παση ℵ | επι] κατα
ℵ | ενετειλαντο ℵ (-τιλ.) V   52 πολλοι προς αυτους ℵ | πας ο ενκαταλειπων]
και ενκαταλιπων ℵ* πας ο ενκαταλιπων ℵᶜ·ᵃ και πας ο εγκαταλειπ. V* (-λιπ. Vᵃ)
53 κρυφοις ℵ* (κρυφιοις ℵᶜ·ᵃ)   54 πεντεκαιδεκατη] pr τη ℵV | Χασελευ ℵ*
(Χασελευ ℵᶜ·ᵃ) | πεμπτω και τεσσερακοστω] ε' και μ' και ρ' ℵ π. κ. τ. και
εκατοστω V | ωκοδομησαν 1°] ωκοδομησεν ℵ* (-σαν ℵᶜ·ᵃ)   55 θυριδων]
θυρων ℵV   56 ενεπυρισαν πυρι κατασχισαντες] κατασχ. ενεπ. εν (om εν V)
πυρι ℵV   57 ηυρισκετο V | συνκριμα ℵV* | εθανατουν ℵ   58 om ουτω ℵ*
(hab ουτως ℵᶜ·ᵃ) | ουτως επ. V | πολεσιν]+αυτων V   59 πεμπτη] pr τη ℵᶜ·ᵃ

597

160 ΜΑΚΚΑΒΑΙΩΝ Α

A ἐπὶ τοῦ θυσιαστηρίου. ⁶⁰καὶ τὰς γυναῖκας τὰς περιτετμηκυίας τὰ 60 τέκνα αὐτῶν ἐθανάτωσαν κατὰ τὸ πρόσταγμα, ⁶¹καὶ ἐκρέμασαν τὰ 61 βρέφη ἐκ τῶν τραχήλων αὐτῶν, καὶ τοὺς οἰκείους αὐτῶν, καὶ τοὺς περιτετμηκότας αὐτούς· ⁶²καὶ πολλοὶ ἐν Ἰσραὴλ ἐκρεμάσθησαν. 62 καὶ ὠχυρώθησαν ἐν αὑτοῖς τοῦ μὴ φαγεῖν κοινά· ⁶³καὶ ἐπεδέξαντο 63 ἀποθανεῖν, ἵνα μὴ μιανθῶσιν τοῖς βρώμασιν, καὶ μὴ βεβηλώσουσιν διαθήκην ἁγίαν· καὶ ἀπέθανον. ⁶⁴καὶ ἐγένετο ὀργὴ μεγάλη ἐπὶ 64 Ἰσραὴλ σφόδρα.

¹Ἐν ταῖς ἡμέραις ἐκείναις ἀνέστη Ματταθίας Ἰωάννου τοῦ Συμεών, 1 II ἱερεὺς τῶν υἱῶν Ἰωαρείμ, ἀπὸ Ἱερουσαλήμ, καὶ ἐκάθισεν ἐν Μωδεείν. ²καὶ αὐτῷ υἱοὶ πέντε· Ἰωάννης ὁ ἐπικαλούμενος Γαδδίς, ³Σίμων ὁ $^2_3$ καλούμενος Θασσίς, ⁴Ἰούδας ὁ καλούμενος Μακκαβαῖος, ⁵Ἐλεαζὰρ $^4_5$ ὁ καλούμενος Αὐαράν, Ἰωνάθας ὁ καλούμενος Σαφφούς. ⁶Καὶ 6 ἴδεν τὰς βλασφημίας τὰς γινομένας ἐν Ἰούδᾳ καὶ ἐν Ἱερουσαλήμ· ⁷καὶ 7 εἶπεν Οἴμοι, ἵνα τί τοῦτο ἐγενήθην ἰδεῖν τὰ συντρίμματα τοῦ λαοῦ μου καὶ τὸ σύντριμμα τῆς πόλεως τῆς ἁγίας, καὶ καθίσαι ἐκεῖ ἐν τῷ δοθῆναι αὐτὴν ἐν χειρὶ ἐχθρῶν, τὸ ἁγίασμα ἐν χειρὶ ἀλλοτρίων; ⁸ἐγένετο ὁ ναὸς αὐτῆς ὡς ἀνὴρ ἔνδοξος· ⁹τὰ σκεύη τῆς δόξης $^8_9$ αἰχμάλωτα ἀπήχθη· ἀπεκτάνθη τὰ νήπια αὐτῆς ἐν ταῖς πλατείαις αὐτῆς, οἱ νεανίσκοι αὐτῆς ἐν ῥομφαίᾳ ἐχθροῦ. ¹⁰ποῖον ἔθνος 10 οὐκ ἐκληρονόμησεν βασίλεια καὶ οὐκ ἐκράτησεν τῶν σκύλων αὐτῆς; ¹¹πᾶς ὁ κόσμος αὐτῆς ἀφῃρέθη· ἀντὶ ἐλευθέρας ἐγενήθη εἰς δούλην. 11 ¹²καὶ ἰδοὺ τὰ ἅγια ἡμῶν καὶ ἡ καλλονὴ ἡμῶν καὶ ἡ δόξα ἡμῶν ἠρη- 12 μώθη, καὶ ἐβεβήλωσαν αὐτὰ ἔθνη. ¹³ἵνα τί ἡμῖν ἔτι ζῆν; ¹⁴καὶ $^{13}_{14}$ διέρρηξεν Ματταθίας καὶ οἱ υἱοὶ αὐτοῦ τὰ ἱμάτια αὐτῶν, καὶ περιεβάλοντο σάκκους, καὶ ἐπένθησαν σφόδρα. ¹⁵Καὶ ἦλθον οἱ 15 παρὰ τοῦ βασιλέως οἱ καταναγκάζοντες τὴν ἀποστασίαν εἰς Μωδεείν

ℵV 61 οικους ℵV | αυτων 2°]+προενομευσαν ℵᶜ·ᵃ | αυτους]+εθανατωσαν ℵᶜ·ᵃ
62 εκρεμασθησαν] εκραταιωθησαν ℵV | ωχυρ. V | εαυτοις V 63 βεβηλωσωσιν ℵV* 64 Ισρ.] pr τον V II 1 Ιωαννου] pr υιος ℵV | Ιωαριμ ℵ Ιωαρειβ V | Μωδειν ℵ* -δαειν ℵᶜ·ᵃ -διω V 2 ο επικαλ.] om ο ℵ* (hab ℵᶜ·ᵃ) | Γαδδει ℵ 3 ο καλ.] om ο ℵ ο επικ. V | Θασσει ℵV (-σσι) 4 om Μακκαβαιος ℵ* (hab -βεος ℵᶜ·ᵃ) 5 Ελεαζαρ] Ιελεαζαρος ℵ* Ελεαζαρος ℵ¹,ᶜ·ᵃ | ο καλουμενος (1°)] om ο ℵ* (hab ℵᶜ·ᵃ) | Ιωναθης ℵ* (-θας ℵᶜ·ᵃ) -θαν V | Σαπφους ℵV 6 βλασφ.]+αυτων V | γενομενας ℵ 7 εγεννηθην ℵV | τα συντριμματα] το συντριμμα ℵV | om και 2° ℵ* (hab ℵᶜ·ᵃ) | της αγιας πολεως ℵ | εκαθισαν ℵV (-θησαν) 9 δοξης]+αυτης ℵV | αιχμ.] pr ως V | απηχθη] pr α ℵ* (improb ℵᶜ·ᵃ) 10 βασιλεια] pr εν ℵ pr η V 11 αφερ. V* (αφαιρ. Vᵃ) | εγενετο ℵV εγεννηθη A 12 εθνη] pr τα ℵV 13 ζην] ζωη ℵ 14 τα ιμ.] ι bis scr ℵ* | εαυτων V | περιεβαλλ. V | επενθησεν ℵ* (-σαν ℵᶜ·ᵃ) 15 ηλλοιωθη ℵ* (ηλθ. οι ℵᶜ·ᵃ) | αποστασιν ℵ | Μωδειν ℵ* (-δεειν ℵᶜ·ᵃ) -διμ V

ΜΑΚΚΑΒΑΙΩΝ Α　II 30

16 τὴν πόλιν, ἵνα θυσιάσωσιν. ¹⁶καὶ πολλοὶ ἀπὸ Ἰσραὴλ πρὸς αὐτοὺς A
17 προσῆλθαν· καὶ Ματταθίας καὶ οἱ υἱοὶ αὐτοῦ συνήχθησαν. ¹⁷καὶ
ἀπεκρίθησαν οἱ παρὰ τοῦ βασιλέως καὶ εἶπαν τῷ Ματταθίᾳ λέγοντες
Ἄρχων καὶ ἔνδοξος καὶ μέγας εἶ ἐν τῇ πόλει ταύτῃ, καὶ ἐστηριγμένος
18 ἐν υἱοῖς καὶ ἀδελφοῖς. ¹⁸νῦν πρόσελθε πρῶτος, καὶ ποίησον τὸ
πρόσταγμα τοῦ βασιλέως, ὡς ἐποίησαν πάντα τὰ ἔθνη, καὶ οἱ
ἄρχοντες Ἰούδα, καὶ οἱ καταλειφθέντες ἐν Ἰερουσαλήμ· καὶ ἔσῃ σὺ
καὶ ὁ οἶκός σου τῶν φίλων τοῦ βασιλέως· καὶ σὺ καὶ οἱ υἱοί σου
19 δοξασθήσεσθε ἀργυρίῳ καὶ χρυσίῳ καὶ ἀποστολαῖς πολλαῖς. ¹⁹καὶ
ἀπεκρίθη Ματταθίας καὶ εἶπεν φωνῇ μεγάλῃ Εἰ πάντα τὰ ἔθνη τὰ ἐν
οἴκῳ τῆς βασιλείας τοῦ βασιλέως ἀκούουσιν αὐτοῦ, ἀποστῆναι ἕκαστος
ἀπὸ λατρίας πατέρων αὐτοῦ, καὶ ᾑρετίσαντο ἐν ταῖς ἐντολαῖς αὐτοῦ·
20 ²⁰κἀγὼ καὶ οἱ υἱοί μου καὶ οἱ ἀδελφοί μου πορευσώμεθα ἐν διαθήκῃ
21
22 πατέρων ἡμῶν. ²¹ἵλεως ἡμῖν καταλείπειν νόμον καὶ δικαιώματα. ²²τὸν
νόμον τοῦ βασιλέως οὐκ ἀκουσόμεθα, παρελθεῖν τὴν λατρίαν ἡμῶν
23 δεξιὰν ἢ ἀριστεράν. ²³Καὶ ὡς ἐπαύσατο λαλῶν τοὺς λόγους
τούτους, προσῆλθεν ἀνὴρ Ἰουδαῖος ἐν ὀφθαλμοῖς πάντων, θυμιᾶσαι
24 ἐπὶ τοῦ βωμοῦ ἐν Μωδεεὶμ κατὰ τὸ πρόσταγμα τοῦ βασιλέως. ²⁴καὶ
ἴδεν Ματταθίας καὶ ἐζήλωσεν, καὶ ἐτρόμησαν οἱ νεφροὶ αὐτοῦ, καὶ
ἀνήνεγκεν θυμὸν κατὰ τὸ κρίμα, καὶ δραμὼν ἔσφαξεν αὐτὸν ἐπὶ τὸν
25 βωμόν. ²⁵καὶ τὸν ἄνδρα τοῦ βασιλέως τὸν ἀναγκάζοντα θύειν
26 ἀπέκτεινεν ἐν τῷ καιρῷ ἐκείνῳ, καὶ τὸν βωμὸν καθεῖλεν, ²⁶καὶ
ἐζήλωσεν τῷ νόμῳ, καθὼς ἐποίησεν Φινεὼς τῷ Ζαμβρὶ υἱῷ Σαλώμ.
27 ²⁷καὶ ἀνέκραξεν Ματταθίας ἐν τῇ πόλει φωνῇ μεγάλῃ, λέγων Πᾶς
28 ὁ ζηλῶν τῷ νόμῳ καὶ ἱστῶν διαθήκην, ἐξελθέτω ὀπίσω μου. ²⁸καὶ
ἔφυγον αὐτὸς καὶ οἱ υἱοὶ αὐτοῦ εἰς τὰ ὄρη, καὶ ἐνκατέλειπον ὅσα εἶχον
29 ἐν τῇ πόλει. ²⁹Τότε κατέβησαν πολλοὶ ζητοῦντες δικαιοσύνην
30 καὶ κρίμα εἰς τὴν ἔρημον καθίσαι ἐκεῖ, ³⁰αὐτοὶ καὶ οἱ υἱοὶ αὐτῶν καὶ αἱ

16 προσηλθον ℵV　17 ειπον ℵV | εστηρισμενος ℵ | om εν 2° ℵV | και 6°] ℵV pr τε V　18 νυν] pr ķ| V | ως] pr και ℵ* (improb ℵ^{c.a}) | εποιησεν ℵ | αρχοντες] ανδρες ℵV | συ 1°] σοι A+και οι υιοι σου V | om και ο οικος...και συ και ℵ* hab και οι υιοι σου των φιλων του βασιλεως ķ συ ķ ℵ^{c.a} | δοξασθηση ℵ* (-θησεσθαι ℵ^{c.a}) | χρυσ. κ. αργ. V　19 ει] pr και V | του βασ.] incep τη ℵ* (του ℵ¹) | εκαστον V　20 πορευσομεθα ℵV　21 καταλιπειν ℵ　22 νομον] λογον ℵV　23 om τους λογους τουτους ℵ* (hab ℵ^{c.b}) | θυμιασαι] θυσιασαι ℵV | εν 2°] pr του ℵ^{c.a} | Μωδεειμ] Βωδεειν ℵ* (M pro B ℵ^{c.a†c.b†}) Μωδεειν ℵ^{c.a} -διμ V　24 ειδεν ℵV | ετρομασαν ℵ^{c.a} V　25 καθειλοὶ ℵ* (-λεν ℵ^{c.a}) 26 εξηλωσεν] εδωκαν ℵ* (εξηλωσεν ℵ^{c.a}) εξηλωσαν V | Φινεες ℵV | Ζαμβρει ℵ -βρι V　27 και 2°] η ℵ* (και fort vult ℵ^{c.a}) om A | τη διαθηκη V 28 ενκατελιπον ℵ

ΜΑΚΚΑΒΑΙΩΝ Α

A γυναῖκες αὐτῶν καὶ τὰ κτήνη αὐτῶν· ὅτι ἐσκληρύνθη ἐπ' αὐτοὺς τὰ κακά. ³¹καὶ ἀνηγγέλη τοῖς ἀνδράσιν τοῦ βασιλέως καὶ ταῖς δυνά- 31 μεσιν αἳ ἦσαν ἐν Ἰερουσαλὴμ πόλει Δαυείδ, ὅτι κατέβησαν ἄνδρες, οἵτινες διεσκέδασαν τὴν ἐντολὴν τοῦ βασιλέως, εἰς τοὺς κρυφοὺς ἐν τῇ ἐρήμῳ. ³²καὶ ἔδραμον ὀπίσω αὐτῶν πολλοί, καὶ καταλαβόντες 32 αὐτοὺς παρενέβαλον ἐπ' αὐτούς, καὶ συνεστείλαντο πρὸς αὐτοὺς πόλεμον ἐν τῇ ἡμέρᾳ τῶν σαββάτων· ³³καὶ εἶπαν πρὸς αὐτούς Ἕως 33 τοῦ νῦν· ἐξελθόντες ποιήσατε κατὰ τὸν λόγον τοῦ βασιλέως, καὶ ζήσεσθε. ³⁴καὶ εἶπαν Οὐκ ἐξελευσόμεθα, οὐδὲ ποιήσομεν τὸν λόγον 34 τοῦ βασιλέως, βεβηλῶσαι τὴν ἡμέραν τῶν σαββάτων. ³⁵καὶ ἐτάχυναν 35 ἐπ' αὐτοὺς πόλεμον. ³⁶καὶ οὐκ ἀπεκρίθησαν αὐτοῖς, οὐδὲ λίθον ἐνέ- 36 τίναξαν αὐτοῖς, οὐδὲ ἐνέφραξαν τοὺς κρυφούς, ³⁷λέγοντες Ἀπο- 37 θάνωμεν οἱ πάντες ἐν τῇ ἁπλότητι ἡμῶν· μαρτυρεῖ ἐφ' ἡμᾶς ὁ οὐρανὸς καὶ ἡ γῆ ὅτι ἀκρίτως ἀπόλλυτε ἡμᾶς. ³⁸καὶ ἀνέστησαν 38 ἐπ' αὐτοὺς ἐν τῷ πολέμῳ τοῖς σάββασιν· καὶ ἀπέθανον αὐτοὶ καὶ αἱ γυναῖκες αὐτῶν καὶ τὰ τέκνα αὐτῶν καὶ τὰ κτήνη αὐτῶν, ἕως χιλίων ψυχῶν ἀνθρώπων. ³⁹Καὶ ἔγνω Ματταθίας καὶ οἱ φίλοι αὐτοῦ, 39 καὶ ἐπένθησαν ἐπ' αὐτοὺς ἕως σφόδρα. ⁴⁰καὶ εἶπεν ἀνὴρ πρὸς τὸν 40 πλησίον αὐτοῦ Ἐὰν πάντες ποιήσωμεν ὡς οἱ ἀδελφοὶ ἡμῶν ἐποίησαν, καὶ μὴ πολεμήσωμεν εἰς τὰ ἔθνη ὑπὲρ τῆς ψυχῆς ἡμῶν καὶ τῶν δικαιωμάτων ἡμῶν, νῦν τάχιον ἡμᾶς ὀλεθρεύσουσιν ἀπὸ τῆς γῆς, ⁴¹καὶ ἐβουλεύσαντο τῇ ἡμέρᾳ ἐκείνῃ, λέγοντες Πᾶς ἄνθρωπος ὃς ἐὰν 41 ἔλθῃ πρὸς ἡμᾶς εἰς πόλεμον τῇ ἡμέρᾳ τῶν σαββάτων, πολεμήσωμεν κατέναντι αὐτοῦ, καὶ οὐ μὴ ἀποθάνωμεν πάντες καθὼς ἀπέθανον οἱ ἀδελφοὶ ἡμῶν ἐν τοῖς κρυφοῖς. ⁴²τότε συνήχθησαν πρὸς αὐτοὺς 42 συναγωγὴ Ἀσιδαίων, ἰσχυρᾷ δυνάμει ἀπὸ Ἰσραήλ, πᾶς ὁ ἑκουσιαζόμενος τῷ νόμῳ. ⁴³καὶ πάντες οἱ φυγαδεύοντες ἀπὸ τῶν κακῶν 43

ℵV   30 εσκληρυνθη] επληθυνθη V | αυτους] + επληθυνθη ℵ* + ϛ επληθ. ℵ^{c.a}
31 ανηγγελη] incep ava ℵ* (ανηγγ. ℵ¹) | ταις δυναμεσιν] αι δυναμεις ℵ | πολις V | ανδρες] pr οι ℵ | εντολην] βουλην ℵ | κρυφιους ℵV   32 καταλαβοντες αυτους] κατελαβοντο αυτους και ℵ* | παρενεβαλοντο ℵ* παρενεβαλλον ℵ^{c.b} pr και ℵ | επ] προς ℵ* (επ ℵ^{c.a}) | συνεστειλαντο] συνεστησαντο ℵV   33 ειπον ℵV | ποιησατε] ποιησωμεν ℵ* (-σαται ℵ^{c.a})   34 ποιησωμεν Α   35 εταχυνεν ℵ   36 ουδε 1°] ου ℵ | κυφρους ℵ* (κρυφους ℵ^{c.a}) κρυφιους V   37 οι παντες] om οι ℵV | om εφ ημας ℵ* (hab ℵ^{c.a})   38 επ] προς ℵ | τω πολεμω] om τω ℵ | τοις σαββασιν] om τοις ℵ* (hab ℵ^{c.a}) | om χιλιων ℵ* (hab ℵ^{c.a}) 39 εγνων V* | om επ ℵ | om εως ℵ   40 προς τον πλησιον] τω πλ. ℵV | ποιησομεν V* | εις] προς ℵV | διωματων ℵ* (δικαιωματων ℵ^{c.a}) | ολοθρευσουσιν ημας ℵV   41 την ημεραν εκεινην ℵ | προς] εφ ℵV | πολεμησομεν V | καθως] ως ℵ | om απεθανον V | κρυφιοις ℵV   42 συναγωγη Ασιδαιων (-δεων Α) ισχυρα (-ραι Α)] πασα συναγωγη Ιουδαιων ισχυροι ℵ συν. πασα Ιουδ. οχυροι V

600

ΜΑΚΚΑΒΑΙΩΝ Α   II 63

44 προσετέθησαν αὐτοῖς, καὶ ἐγένοντο αὐτοῖς εἰς στήριγμα. ⁴⁴καὶ Α συνεστήσαντο δύναμιν, καὶ ἐπάταξαν ἁμαρτωλοὺς ἐν ὀργῇ αὐτῶν, καὶ ἄνδρας ἀνόμους ἐν θυμῷ αὐτῶν· καὶ οἱ λοιποὶ ἔφυγον εἰς τὰ ἔθνη 45 σωθῆναι. ⁴⁵καὶ ἐκύκλωσεν Ματταθίας καὶ οἱ υἱοὶ αὐτοῦ, καὶ καθεῖλον 46 τοὺς βωμοὺς αὐτῶν, ⁴⁶καὶ περιέτεμον τὰ παιδάρια τὰ ἀπερίτμητα ὅσα 47 εὗρεν ἐν ὁρίοις Ἰσραὴλ ἐν ἰσχύι. ⁴⁷καὶ ἐδίωξαν τοὺς υἱοὺς τῆς ὑπερηφα-48 νίας, καὶ κατευοδώθη τὸ ἔργον ἐν χειρὶ αὐτῶν. ⁴⁸καὶ ἀντελάβοντο τοῦ νόμου ἐκ χειρὸς τῶν ἐθνῶν καὶ ἐκ χειρὸς τῶν βασιλέων, καὶ οὐκ ἔδωκαν 49 κέρας τῷ ἁμαρτωλῷ. ⁴⁹Καὶ ἤγγισαν αἱ ἡμέραι τοῦ Ματταθίου ἀποθανεῖν, καὶ εἶπεν τοῖς υἱοῖς αὐτοῦ Νῦν ἐστηρίχθη ὑπερηφανία καὶ 50 ἐλεγμὸς καὶ καιρὸς καταστροφῆς καὶ ὀργὴ θυμοῦ. ⁵⁰καὶ νῦν, τέκνα, ζηλώσατε τῷ νόμῳ, καὶ δότε τὰς ψυχὰς ὑμῶν ὑπὲρ διαθήκης πατέρων 51 ἡμῶν. ⁵¹μνήσθητε τῶν πατέρων ἡμῶν τὰ ἔργα ἃ ἐποίησαν ταῖς γενεαῖς αὐτῶν, καὶ δέξασθε δόξαν μεγάλην καὶ δόξαν αἰώνιον. 52 ⁵²Ἀβραὰμ οὐκ ἐν πειρασμῷ εὑρέθη πιστός, καὶ ἐλογίσθη αὐτῷ 53 δικαιοσύνη; ⁵³Ἰωσὴφ ἐν καιρῷ στενοχωρίας αὐτοῦ ἐφύλαξεν ἐντολήν, 54 καὶ ἐγένετο κύριος Αἰγύπτου. ⁵⁴Φινεὲς ὁ πατὴρ ἡμῶν ἐν τῷ ζηλῶσαι 55 ζῆλον ἔλαβεν διαθήκην ἱερωσύνης ἁγίας. ⁵⁵Ἰησοῦς ἐν τῷ πληρῶσαι 56 λόγον ἐγένετο κριτὴς ἐν Ἰσραήλ. ⁵⁶Χαλὲβ ἐν τῷ ἐπιμαρτύρασθαι 57 τῇ ἐκκλησίᾳ ἔλαβεν γῆν κληρονομίαν. ⁵⁷Δαυεὶδ ἐν τῷ ἐλέει αὐτοῦ 58 ἐκληρονόμησεν θρόνον βασιλείας αἰωνίας. ⁵⁸Ἡλίας ἐν τῷ ζηλῶσαι 59 ζῆλον νόμου ἀνελήμφθη ὡς εἰς τὸν οὐρανόν. ⁵⁹Ἀνανίας, Ἀζαρίας, 60 Μισαήλ, πιστεύσαντες ἐσώθησαν ἐκ φλογός. ⁶⁰Δανιὴλ ἐν τῇ ἁπλό-61 τητι αὐτοῦ ἐρύσθη ἐκ στόματος λεόντων. ⁶¹καὶ οὕτως ἐννοήθητε κατὰ 62 γενεάν, ὅτι πάντες οἱ ἐλπίζοντες ἐπ᾽ αὐτὸν οὐκ ἀσθενήσουσιν. ⁶²καὶ ἀπὸ λόγων ἀνδρὸς ἁμαρτωλοῦ μὴ φοβηθῆτε, ὅτι ἡ δόξα αὐτοῦ εἰς 63 κόπρια καὶ εἰς σκώληκας. ⁶³σήμερον ἐπαρθήσεται, καὶ οὐ μὴ εὑρεθῇ, ὅτι ἐπέστρεψεν εἰς τὸν χοῦν αὐτοῦ, καὶ ὁ διαλογισμὸς αὐτοῦ ἀπώλετο.

44 επαταξαντο ℵ* (-ξαν ℵc.b)+ανδρας V | om και 3° A   45 εκυκλωσεν] ℵV εκελευσεν ℵ | υιοι] φιλοι ℵV | om αυτων ℵ   46 ευρον ℵ | οριοις] υιοις ℵ 47 κατευωδ. Vᵃ | αυτων] αυτου ℵ* (-των ℵc.a)   48 om εκ χειρος (2°) ℵ* (hab εκ χιρος ℵc.a) V | βασιλεων]+αυτων ℵc.a   49 του Ματταθιου] om του ℵ | εστηρισθη ℵ   50 om και 1° ℵV | ημων] υμων ℵV   51 μνησθητε] pr και ℵV | των πατερων ημων τα εργα] τα εργα των πατ. ℵV | εποιησεν ℵ* (-σαν ℵc.a) | ταις γενεαις] pr εν ℵV | δεξασθε] δεδοξασθαι V* (-σθε Vᵃ) | δοξαν 2°] ονομα ℵV   52 ουκ] ουχι ℵV | εις δικαιοσυνην ℵ   54 διαθηκην ιεροσυνης αγιας] κληρον διαθηκης αιωνιας ιερωσυνης ℵ διαθηκην ιερ. αιωνιας V 56 μαρτυρασθαι ℵ | τη εκκλησια] pr εν ℵV τη εκκλησιας V | γην κληρονομιαν] την κλ. ℵ γης κλ. V   57 αιωνιας] εις αιωνας ℵV   58 ζηλον νομου] νομον ζηλους ℵ | ανεληφθη V | om ως ℵ εως V   60 ερρυσθη ℵ | λεοντος ℵ 61 γενεαν]+και γενεαν ℵV   62 κοπριαν V   63 και 1°]+αυριον ℵV | οτι] και ℵ | απωλετο] απολειται ℵ (-λιτ.) V

ΜΑΚΚΑΒΑΙΩΝ Α

Α ⁶⁴καὶ ὑμεῖς, τέκνα, ἰσχύετε καὶ ἀνδρίζεσθε ἐν τῷ νόμῳ ὑμῶν, ὅτι ἐν 64 αὐτῷ δοξασθήσεσθε. ⁶⁵καὶ ἰδοὺ Συμεὼν ὁ ἀδελφὸς ὑμῶν, οἶδα ὅτι 65 ἀνὴρ βουλῆς ἐστιν· αὐτοῦ ἀκούετε πάσας τὰς ἡμέρας, αὐτὸς ὑμῖν ἔσται εἰς πατέρα. ⁶⁶καὶ Ἰούδας ὁ Μακκαβαῖος αὐτός, ἰσχυρὸς ἐν δυνάμει 66 αὐτὸς ἐκ νεότητος αὐτοῦ, οὗτος ὑμῖν ἔσται εἰς ἄρχοντα στρατιᾶς· καὶ πολεμήσετε πόλεμον λαῶν. ⁶⁷καὶ ὑμεῖς προσάξετε πρὸς ὑμᾶς πάντας 67 τοὺς ποιητὰς τοῦ νόμου, καὶ ἐκδικήσατε ἐκδίκησιν τοῦ λαοῦ ὑμῶν. ⁶⁸ἀνταποδίδοτε ἀνταπόδομα τοῖς ἔθνεσιν, καὶ προσέχετε εἰς προστά- 68 γματα τοῦ νόμου. ⁶⁹Καὶ ηὐλόγησεν αὐτούς· καὶ προσετέθη πρὸς 69 τοὺς πατέρας αὐτοῦ. ⁷⁰καὶ ἀπέθανεν ἐν τῷ ἕκτῳ καὶ τεσσερακοστῷ 70 καὶ ἑκατοστῷ ἔτει· καὶ ἔθαψαν αὐτὸν οἱ υἱοὶ αὐτοῦ ἐν τάφοις πατέρων αὐτοῦ ἐν Μωδεείν, καὶ ἐκόψαντο αὐτὸν πᾶς Ἰσραὴλ κοπετὸν μέγαν.

¹Καὶ ἀνέστη Ἰούδας ὁ καλούμενος Μακκαβαῖος υἱὸς αὐτοῦ ἀντ᾽ αὐ- 1 ΙΙΙ τοῦ. ²καὶ ἐβοήθουν αὐτῷ πάντες οἱ ἀδελφοὶ αὐτοῦ, καὶ πάντες 2 ὅσοι ἐκολλήθησαν τῷ πατρὶ αὐτοῦ, καὶ ἐπολέμουν τὸν πόλεμον Ἰσραὴλ μετ᾽ εὐφροσύνης. ³καὶ ἐπλάτυνεν δόξαν τῷ λαῷ αὐτοῦ· 3 καὶ ἐνεδύσατο θώρακα ὡς γίγας, καὶ συνεζώσατο τὰ σκεύη τὰ πολεμικὰ αὐτοῦ· πολέμους συνεστήσατο, σκεπάζων παρεμβολὴν ἐν ῥομφαίᾳ. ⁴καὶ ὡμοιώθη λέοντι ἐν τοῖς ἔργοις αὐτοῦ, καὶ ὡς 4 σκύμνος ἐρευγόμενος εἰς θήραν. ⁵καὶ ἐδίωξεν ἀνόμους ἐξερευνῶν, 5 καὶ τοὺς ταράσσοντας τὸν λαὸν αὐτοῦ ἐφλόγισεν· ⁶καὶ συνεστάλησαν 6 οἱ ἄνομοι ἀπὸ τοῦ φόβου αὐτοῦ, καὶ πάντες οἱ ἐργάται τῆς ἀνομίας συνεταράχθησαν, καὶ εὐοδώθη σωτηρία ἐν χειρὶ αὐτοῦ. ⁷καὶ ἐπί- 7 κρανεν βασιλεῖς πολλούς, καὶ ηὔφρανεν τὸν Ἰακὼβ ἐν τοῖς ἔργοις αὐτοῦ, καὶ ἕως τοῦ αἰῶνος τὸ μνημόσυνον αὐτοῦ εἰς εὐλογίαν. ⁸καὶ 8 διῆλθεν ἐν πόλεσιν Ἰούδα, καὶ ἐξωλέθρευσεν ἀσεβεῖς ἐπ᾽ αὐτῆς, καὶ

ℵV 64 om και υμεις ℵ* (hab ℵ^{c.a}) | ανδριζεσθε και ισχυσατε ℵV | om υμων ℵV 65 υμιν εσται εις πατερα] εσται υμιν πατηρ ℵ ε. υμων π. V 66 ο Μακκαβαιος] om ο ℵ | om αυτος bis ℵ : 2°, V | εν δυναμει] δυναμιν ℵ* -μι ℵ^{c.a} -μει V | om αυτου ℵ | ουτος υμιν εσται εις αρχοντα] αυτος εσται υμιν αρχων ℵ αυτος ε. αρχων V | πολεμησετε] πολεμησει ℵV 68 ανταποδοται ℵ | προσταγμα ℵ τα προσταγματα V 69 ευλογησεν ℵV | αυτου] αυτων ℵ* (-του ℵ^{c.a}) 70 om εν 1° V | εκτω...εκατοστω] γ΄ και μ΄ και ερ΄ (sic) ℵ* (pro γ΄ leg ϛ΄ et ras ε ante ρ΄ ℵ^{c.a}) | εθαψαν αυτον οι υιοι αυτου] εταφη ℵ | om οι V | Μωδεειν ℵ* (Μωδεειν ℵ^{c.a}) -δειμ V* (-διμ V^a) III 1 αυτου 2°] αρτου ℵ* (αυτ. ℵ^{c.a}) 2 αυτω] αυτων V | οσοι] οι ℵ | επολεμουντο πολεμον ℵ* (επολεμουν τον π. ℵ^{c.a}) 3 λαω] λογω V | πολεμους συνεστησατο] και συνεστ. πολ. ℵV | παρεμβ. εν ρομφαια] ρομφ. εν πολεμω V 4 om αυτου ℵ | ορευγομενος ℵ 5 τον λαον αυτ.] om λαον Α (hab ℵV) 6 οι ανομοι] om οι ℵV | ευωδ. V | σωτ.] pr η V 7 επικραναν Α | ευφρανεν ℵ | εις] pr και ℵ* (improb ℵ?) 8 πολεσιν] πολι ℵ | εξωλοθρ. V | επ] εξ ℵV

ΜΑΚΚΑΒΑΙΩΝ Α   III 24

9 ἀπέστρεψεν ὀργὴν ἀπὸ Ἰσραήλ· 9καὶ ὠνομάσθη ἕως ἐσχάτου τῆς
10 γῆς, καὶ συνήγαγεν ἀπολλυμένους. 10Καὶ συνήγαγεν Ἀπολ-
λώνιος ἔθνη, καὶ ἀπὸ Σαμαρίας δύναμιν μεγάλην τοῦ πολεμῆσαι
11 πρὸς Ἰσραήλ. 11καὶ ἔγνω Ἰούδας, καὶ ἐξῆλθεν εἰς συνάντησιν
αὐτῷ καὶ ἐπάταξεν αὐτὸν καὶ ἀπέκτεινεν· καὶ ἔπεσον τραυματίαι πολ-
12 λοί, καὶ οἱ ἐπίλοιποι ἔφυγον. 12καὶ ἔλαβον τὰ σκεύη αὐτῶν, καὶ τὴν
μάχαιραν Ἀπολλωνίου ἔλαβεν Ἰούδας, καὶ ἦν πολεμῶν ἐν αὐτῇ πάσας
13 τὰς ἡμέρας. 13Καὶ ἤκουσεν Σήρων, ὁ ἄρχων τῆς δυνάμεως Συ-
ρίας, ὅτι ἤθροισεν Ἰούδας ἄθροισμα καὶ ἐκκλησίαν πιστῶν μεθ᾽ αὐτοῦ
14 καὶ ἐκπορευομένων εἰς πόλεμον. 14καὶ εἶπεν Ποιήσω ἐμαυτῷ ὄνομα,
καὶ δοξασθήσομαι ἐν τῇ βασιλείᾳ, καὶ πολεμήσω τὸν Ἰούδαν καὶ
τοὺς σὺν αὐτῷ καὶ τοὺς ἐξουδενοῦντας τὸν λόγον τοῦ βασιλέως.
15 15καὶ προσέθετο καὶ ἀνέβη μετ᾽ αὐτοῦ παρεμβολὴ ἀσεβῶν ἰσχυρὰ
16 βοηθῆσαι αὐτῷ, ποιῆσαι τὴν ἐκδίκησιν ἐν υἱοῖς Ἰσραήλ. 16καὶ ἤγ-
γισεν ἕως ἀναβάσεως Μεθωρών· καὶ ἐξῆλθεν Ἰούδας εἰς συνάντησιν
17 αὐτῷ ὀλιγοστός. 17ὡς δὲ ἴδαν τὴν παρεμβολὴν ἐρχομένην εἰς συν-
άντησιν αὐτῷ, εἶπαν τῷ Ἰούδᾳ Τί δυνησόμεθα ὀλιγοστοὶ ὄντες πο-
λεμῆσαι πρὸς πλῆθος τοσοῦτο; καὶ ἡμεῖς ἐκλελύμεθα ἀσιτοῦντες
18 σήμερον. 18καὶ εἶπεν Ἰούδας Εὔκοπόν ἐστιν συνκλεισθῆναι πολ-
λοὺς ἐν χερσὶν ὀλίγων· καὶ οὐκ ἔστιν διαφορὰ ἐναντίον τοῦ οὐρανοῦ
19 σῴζειν ἐν πολλοῖς ἢ ἐν ὀλίγοις. 19ὅτι οὐκ ἐν πλήθει δυνάμεως
20 νίκη πολέμου ἐστίν, ἀλλ᾽ ἢ ἐκ τοῦ οὐρανοῦ ἰσχύς. 20αὐτοὶ ἔρχον-
ται πρὸς ἡμᾶς πλήθει ὕβρεως καὶ ἀνομίας, τοῦ ἐξᾶραι ἡμᾶς καὶ τὰς
21 γυναῖκας ἡμῶν καὶ τὰ τέκνα ἡμῶν, τοῦ σκυλεῦσαι ἡμᾶς. 21ἡμεῖς
δὲ πολεμοῦμεν περὶ τῶν ψυχῶν ἡμῶν καὶ τῶν νομίμων ἡμῶν.
22 22καὶ αὐτὸς συντρίψει αὐτοὺς πρὸ προσώπου ἡμῶν· ὑμεῖς δὲ μὴ
23 φοβηθῆτε ἀπ᾽ αὐτῶν. 23ὡς δὲ ἐπαύσατο λαλῶν, ἐνήλατο ἐπ᾽ αὐ-
τοὺς ἄφνω, καὶ συνετρίβη Σήρων καὶ ἡ παρεμβολὴ αὐτοῦ ἐνώπιον
24 αὐτοῦ. 24καὶ ἐδίωκον αὐτοὺς ἐν τῇ καταβάσει Βαιθωρὼν ἕως τοῦ
πεδίου· καὶ ἔπεσον ἀπ᾽ αὐτῶν εἰς ἄνδρας ὀκτακοσίους· οἱ δὲ λοιποὶ

9 ονομ. V | της γης] om της ℵ | απολλυμενους] Απολλωνιος Vᵃ   10 om ℵV
και συν. Απ. Vᵃ | Ισραηλ] pr τον ℵ   11 αυτω] αυτων V   12 σκευη] σκυλα
ℵV   13 μεθ] μετ ℵV   14 ενδοξασθ. ℵ | Ιουδαν] pr υιον ℵ* (improb ℵᶜ·ᵃ)
| om και 5° ℵV | τους εξουδ.] εξουθ. ℵ   15 ισχυρα]+μετ αυτου V | ποιησαι]
pr και V   16 ηγγισαν V | Μεθωρων] Βαιθωρων ℵV | αυτων V   17 ιδεν
ℵ* ειδον ℵᶜ·ᵃ V | ερχομενην] pr την ℵᶜ·ᵃ | αυτω] αυτων ℵVᵃ | ειπον ℵV¹ (ειπον...
δυν. sup ras V¹) | τοσουτο]+ισχυρον ℵV   18 συγκλ. V | εναντιον]
+του θεου ℵV | σῳζειν]+ η ℵ   19 om η ℵV | ισχυς] pr η ℵV   20 προς]
εφ ℵ | πληθει] pr εν ℵV   21 om ημων 2° ℵ* (hab ℵᶜ·ᵃ)   22 αυτους] αυ-
του ℵ* (superscr s ℵ¹) | υμεις] ημεις A | φοβηθητε] φοβεισθε (-βισθε ℵ*) ℵV
23 ενειλατο V* | επ] εις ℵ | συνετριβησαν V   24 αυτους] αυτον ℵ | Βεθωρων A

603

Α ἔφυγον εἰς γῆν Φυλιστιείμ. ²⁵καὶ ἤρξατο ὁ φόβος Ἰούδα καὶ τῶν 25
ἀδελφῶν αὐτοῦ, καὶ ἡ πτόη ἔπιπτεν ἐπὶ τὰ ἔθνη τὰ κύκλῳ αὐτῶν.
²⁶καὶ ἤγγισεν ἕως τοῦ βασιλέως τὸ ὄνομα αὐτοῦ, καὶ ὑπὲρ τῶν 26
παρατάξεων Ἰούδα ἐξηγεῖτο πᾶν ἔθνος. ²⁷Ὡς δὲ ἤκουσεν 27
Ἀντίοχος ὁ βασιλεὺς τοὺς λόγους τούτους, ὠργίσθη θυμῷ· καὶ ἀπέστειλεν καὶ συνήγαγεν τὰς δυνάμεις πάσας τῆς βασιλείας αὐτοῦ, παρεμβολὴν ἰσχυρὰν σφόδρα· ²⁸καὶ ἤνοιξεν τὸ γαζοφυλάκιον αὐτοῦ, καὶ 28
ἔδωκεν ὀψώνια ταῖς δυνάμεσιν αὐτοῦ εἰς τὸν ἐνιαυτόν· καὶ ἐνετείλατο αὐτοῖς εἰς ἐνιαυτὸν εἶναι ἑτοίμους εἰς πᾶσαν χρείαν. ²⁹καὶ 29
ἴδεν ὅτι ἐξέλειπεν τὸ ἀργύριον ἀπὸ τῶν θησαυρῶν· καὶ οἱ φόροι τῆς
χώρας ὀλίγοι χάριν τῆς διχοστασίας καὶ πληγῆς ἧς κατεσκεύασεν
ἐν τῇ γῇ, τοῦ ἆραι τὰ νόμιμα ἃ ἦσαν ἀφ' ἡμερῶν τῶν πρώτων.
³⁰καὶ εὐλαβήθη μὴ οὐκ ἔχει ὡς ἅπαξ καὶ δὶς εἰς τὰς δαπάνας καὶ 30
τὰ δόματα ἃ ἐδίδου ἔμπροσθεν δαψιλῇ χειρί, ³¹καὶ ἠπορεῖτο τῇ 31
ψυχῇ αὐτοῦ σφόδρα· καὶ ἐβουλεύσατο τοῦ πορευθῆναι εἰς τὴν Περσίδα, καὶ λαβεῖν τοὺς φόρους τῶν χωρῶν, καὶ συναγαγεῖν ἀργύριον
πολύ. ³²καὶ κατέλειπεν Λυσίαν ἄνθρωπον ἔνδοξον καὶ ἀπὸ γένους 32
τῆς βασιλείας ἐπὶ τῶν πραγμάτων τοῦ βασιλέως, ἀπὸ τοῦ ποταμοῦ
Εὐφράτου ἕως τῶν ὁρίων Αἰγύπτου, ³³καὶ τρέφειν Ἀντίοχον τὸν 33
υἱὸν αὐτοῦ ἕως τοῦ ἐπιστρέψαι αὐτόν. ³⁴καὶ παρέδωκεν αὐτῷ τὰς 34
ἡμίσεις τῶν δυνάμεων καὶ τοὺς ἐλέφαντας, καὶ ἐνετείλατο αὐτῷ περὶ
πάντων ὧν ἐβούλετο, καὶ περὶ πάντων τῶν κατοικούντων τὴν Ἰουδαίαν καὶ Ἰερουσαλήμ, ³⁵ἀποστεῖλαι ἐπ' αὐτοὺς δύναμιν, τοῦ ἐκ- 35
ρῖψαι καὶ ἐξᾶραι τὴν ἰσχὺν Ἰσραὴλ καὶ τὸ κατάλιμμα Ἰερουσαλήμ,
καὶ ἆραι τὸ μνημόσυνον αὐτοῦ ἀπὸ τοῦ τόπου, ³⁶καὶ κατοικῆσαι 36
υἱοὺς ἀλλοτρίους ἐν πᾶσι τοῖς ὁρίοις αὐτῶν, καὶ κατακληρονομῆσαι
τὴν γῆν αὐτῶν. ³⁷καὶ ὁ βασιλεὺς παρέλαβεν τὰς ἡμίσεις τῶν δυ- 37
νάμεων τὰς καταλειφθείσας· καὶ ἀπῆρεν ἀπὸ Ἀντιοχίας, ἀπὸ πό-

ℵV   24 γην] την V   25 Ιουδας ℵ* (-δα ℵᶜ·ᵃ) | επιπτεν] επεπιπτεν ℵ   26 παν εθνος] τα εθνη ℵ   27 ο βασιλευς Αντιοχος ℵ | τας βασ. V* (της β. V¹) 27—28 om παρεμβολην...γαζοφ. αυτου ℵ* (hab ℵᶜ·ᵃ)   28 τοις δυν. (sic) A | om αυτου 2° ℵ* (hab ℵᶜ·ᵃ) V | τον ενιαυτον] om τον ℵV | om εις ενιαυτον ℵV 29 ειδεν ℵV | εξελιπεν ℵ | απο] εκ ℵV   30 εχη ℵ | δοματα] δικαιωματα V | ευπροσθεν A | δαψιλει Vᵃ | χειρι]+και επερισσευσεν υπερ τους βασιλεις τους εμπροσθεν (+ δαψιλη [-λει Vᵃ] χειρι V) ℵV   31 εβουλευσαντο A | πολυν A 32 κατελειπεν] απελυσεν ℵ* κατελιπεν ℵᶜ·ᵃV* | εως] pr και ℵV | των οριων] om των ℵV   33 επιστρεψε A (seq ras 1 lit)   34 ηβουλετο ℵ εβουλευσατο V | om παντων 2° ℵV   35 του εκριψαι] και του εκτριψαι ℵ om του V | αυτου] αυτων ℵV   36 υιους αλλοτριους] απ αυτων αλλογενεις ℵ* υιους αλλογενων ℵᶜ·ᵃ·ᶜ·ᵇ υιους αλλογενης V* (-νεις Vᵃ) | πασιν ℵV* | κατακληροδοτησαι ℵV | 37 Αντιοχειας V

ΜΑΚΚΑΒΑΙΩΝ Α III 47

λεως βασιλείας αὐτοῦ, ἔτους ἑβδόμου καὶ τεσσερακοστοῦ καὶ ἑκα- Α
τοστοῦ· καὶ διεπέρασεν τὸν Εὐφράτην ποταμόν, καὶ διεπορεύετο τὰς
38 ἐπάνω χώρας. ³⁸Καὶ ἐπέλεξεν Λυσίας Πτολεμαῖον τὸν Δορυ-
μένους, Νικάνορα καὶ Γοργίαν, ἄνδρας δυνατοὺς τῶν φίλων τοῦ
39 βασιλέως. ³⁹καὶ ἀπέστειλεν μετ' αὐτῶν τεσσεράκοντα χιλιάδας ἀν-
δρῶν καὶ ἑπτακισχίλιον ἵππον, τοῦ ἐλθεῖν εἰς γῆν Ἰούδα καὶ κατα-
40 φθεῖραι αὐτὴν κατὰ τὸν λόγον τοῦ βασιλέως. ⁴⁰καὶ ἀπῆραν σὺν
πάσῃ τῇ δυνάμει αὐτῶν καὶ ἦλθον· καὶ παρέβαλον πλησίον Ἀμ-
41 μαοὺν ἐν τῇ γῇ τῇ πεδινῇ. ⁴¹καὶ ἤκουσαν οἱ ἔμποροι τῆς χώρας
τὸ ὄνομα αὐτῶν, καὶ ἔλαβον ἀργύριον καὶ χρυσίον πολὺ σφόδρα
καὶ παῖδας· καὶ ἦλθον εἰς τὴν παρεμβολὴν τοῦ λαβεῖν τοὺς υἱοὺς
Ἰσραὴλ εἰς παῖδας· καὶ προσεγενήθησαν πρὸς αὐτοὺς δυνάμεις Συρίας
42 καὶ γῆς ἀλλοφύλων. ⁴²Καὶ ἴδεν Ἰούδας καὶ οἱ ἀδελφοὶ αὐτοῦ
ὅτι ἐπληθύνθη τὰ κακά, καὶ αἱ δυνάμεις παρεμβαλοῦσιν ἐν τοῖς
ὁρίοις αὐτῶν· καὶ ἐπέγνωσαν τοὺς λόγους τῆς βασιλείας οὓς ἐνετεί-
43 λατο ποιῆσαι τῷ λαῷ εἰς ἀπώλειαν καὶ συντέλειαν. ⁴³καὶ εἶπαν
ἕκαστος πρὸς τὸν πλησίον αὐτοῦ Ἀναστήσωμεν τὴν καθαίρεσιν τοῦ
44 λαοῦ ἡμῶν καὶ τῶν ἁγίων. ⁴⁴καὶ ἠθροίσθησαν ἡ συναγωγὴ τοῦ
εἶναι ἑτοίμους εἰς πόλεμον, καὶ τοῦ προσεύξασθαι καὶ αἰτῆσαι ἔλεον
45 καὶ οἰκτειρμούς. ⁴⁵καὶ Ἰερουσαλὴμ ἦν ἀοίκητος ὡς ἔρημος· οὐκ ἦν
ὁ εἰσπορευόμενος καὶ ἐκπορευόμενος ἐκ τῶν γενημάτων αὐτῆς· καὶ
τὸ ἁγίασμα καταπατούμενον, καὶ υἱοὶ ἀλλογενῶν ἐν τῇ ἄκρᾳ, κατά-
λυμα ἐν τοῖς ἔθνεσιν· καὶ ἐξήρθη τέρψις ἐξ Ἰακώβ, καὶ ἐξέλειπεν
46 αὐλὸς καὶ κινύρα. ⁴⁶καὶ συνήχθησαν καὶ ἤλθοσαν εἰς Μασσηφὰ
κατέναντι Ἰερουσαλήμ, ὅτι τόπος προσευχῆς εἰς Μασσηφὰ τὸ πρό-
47 τερον τῷ Ἰσραήλ. ⁴⁷καὶ ἐνήστευσαν τῇ ἡμέρᾳ ἐκείνῃ, καὶ περιε-
βάλλοντο σάκκους καὶ σποδὸν ἐπὶ τὰς κεφαλὰς αὐτῶν, καὶ διέρρηξαν

37 εβδομου κ. τεσσερακ. κ. εκατ.] ζ' και μ' και ρ' ℵ | διεπορευετο] διεπε- ℵV
ρασεν ℵ*ᵛⁱᵈ (διεπορευετο ℵ¹)   38 Πτολεμεον Α om V | Νικανορα] pr και
ℵV | Γοργειαν Α   39 τεσσερ.] πεντηκοντα V | επτακισχιλιαν ℵV | om
εις ℵ* (hab ℵᶜ·ᵃ) | om αυτην ℵ* (hab ℵᶜ·ᵃ)   40 απηρεν ℵ | παρενεβαλον ℵ |
Αμμαου ℵ Αμμαυ V   41 πολιτν Α | ηλθεν ℵ* (-θον ℵᶜ·ᵃ) | προσεγενηθησαν]
προσετεθησαν ℵVᵃ (προστεθ. V*) | δυναμεις (-μις ℵV)] pr και ℵ   42 ειδεν
ℵV | δυναμις ℵA | παρενεβαλλουσιν ℵV | λογους] incep λα ℵ* (λογ. ℵ¹) | της
βασιλειας] του βασιλεως ℵV | απωλιαν ℵV* (-πολ.)   43 αναστησον ℵ*
(-στησομεν ℵᶜ·ᵃV) | των αγιων] πολεμησομεν περι (sed περι ℵ¹ ⁽ᵐᵍ⁾) του λαου
ημων και των λαων (pro λαων corr αγιων ℵ¹ ⁽ᵛⁱᵈ⁾) ℵ*   44 ηθροισθη ℵV |
η συναγ.] pr πασα ℵ | ελεος ℵV | οικτιρμους ℵVᵃ   45 ανοικητος ℵ* (αοικ.
ℵᶜ·ᵃ) | om και εκπορευομενος ℵ* (hab ℵᶜ·ᵃ) V | om εν 2° ℵ | εξελιπεν ℵ
46 ηλθον V | εις 2°] ην εν ℵV   47 περιεβαλοντο ℵ | την κεφαλην ℵV

605

Λ τὰ ἱμάτια αὐτῶν. ⁴⁸καὶ ἐξεπέτασαν τὸ βιβλίον τοῦ νόμου, περὶ ὧν 48 ἐξηρεύνων τὰ ἔθνη τὰ ὁμοιώματα τῶν εἰδώλων αὐτῶν. ⁴⁹καὶ ἤνεγκαν 49 τὰ ἱμάτια τῆς ἱερωσύνης καὶ τὰ πρωτογενήματα καὶ τὰς δεκάτας· καὶ ἤγειραν τοὺς Ναζιραίους, οἳ ἐπλήρωσαν τὰς ἡμέρας· ⁵⁰καὶ ἐβό- 50 ησαν φωνῇ εἰς τὸν οὐρανὸν λέγοντες Τί ποιήσωμεν τούτοις, καὶ ποῦ αὐτοὺς ἀπαγάγωμεν; ⁵¹καὶ τὰ ἅγιά σου καταπεπάτηται καὶ βεβή- 51 λωται, καὶ οἱ ἱερεῖς σου ἐν πένθει καὶ ταπεινώσει. ⁵²καὶ ἰδοὺ τὰ 52 ἔθνη συνῆκται ἐφ᾽ ἡμᾶς τοῦ ἐξᾶραι ἡμᾶς· σὺ οἶδας ἃ λογίζονται ἐφ᾽ ἡμᾶς. ⁵³πῶς δυνησόμεθα ὑποστῆναι κατὰ πρόσωπον αὐτῶν, ἐὰν 53 μὴ σὺ βοηθήσῃς ἡμῖν; ⁵⁴καὶ ἐσάλπισαν ταῖς σάλπιγξιν, καὶ ἐβόησαν 54 φωνῇ μεγάλῃ. ⁵⁵Καὶ μετὰ τοῦτο κατέστησεν Ἰούδας ἡγου- 55 μένους τοῦ λαοῦ, χιλιάρχους καὶ ἑκατοντάρχους καὶ πεντηκοντάρχους καὶ δεκαδάρχους. ⁵⁶καὶ εἶπεν τοῖς οἰκοδομοῦσιν οἰκίαν καὶ μνη- 56 στευομένοις γυναῖκας καὶ φυτεύουσιν ἀμπελῶνας καὶ δειλοῖς, ἀποστρέφειν ἕκαστον εἰς τὸν οἶκον αὐτοῦ κατὰ τὸν νόμον. ⁵⁷καὶ 57 ἀπῆρεν ἡ παρεμβολή, καὶ παρενεβάλοσαν κατὰ νότου Ἀμμαούμ. ⁵⁸καὶ εἶπεν Ἰούδας Περιζώσασθε, καὶ γενέσθε εἰς υἱοὺς δυνατούς· 58 καὶ γίνεσθε ἕτοιμοι εἰς τὸ πρωὶ τοῦ πολεμῆσαι ἐν τοῖς ἔθνεσιν τούτοις τοῖς ἐπισυνηγμένοις ἐφ᾽ ἡμᾶς ἐξᾶραι ἡμᾶς καὶ τὰ ἅγια ἡμῶν. ⁵⁹ὅτι κρεῖσσον ἡμᾶς ἀποθανεῖν ἐν πολέμῳ, ἢ ἐφιδεῖν ἐπὶ τὰ κακὰ 59 τοῦ ἔθνους ἡμῶν καὶ τῶν ἁγίων. ⁶⁰ὡς δ᾽ ἂν ᾖ θέλημα ἐν οὐρανῷ, 60 οὕτως ποιήσει. ¹Καὶ παρέλαβεν Γοργίας πεντακισχιλίους ἄν- 1 IV δρας καὶ χιλίαν ἵππον ἐκλεκτήν, καὶ ἀπῆρεν ἡ παρεμβολὴ νυκτός, ²ὥστε ἐπιβαλεῖν ἐπὶ τὴν παρεμβολὴν τῶν Ἰουδαίων καὶ πατάξαι 2 αὐτοὺς ἄφνω· καὶ οἱ υἱοὶ τῆς ἄκρας ἦσαν αὐτῷ ὁδηγοί. ³καὶ ἤκου- 3 σεν Ἰούδας, καὶ ἀπῆρεν αὐτὸς καὶ οἱ δυνατοὶ πατάξαι τὴν δύναμιν τοῦ βασιλέως τὴν ἐν Ἐμμαούμ, ⁴ἕως ἔτι αἱ δυνάμεις ἐσκορπισμέναι 4 ἦσαν ἀπὸ τῆς παρεμβολῆς. ⁵καὶ ἦλθεν Γοργίας εἰς τὴν παρεμβολὴν 5 Ἰούδα νυκτός, καὶ οὐδένα εὗρεν· καὶ ἐζήτει αὐτοὺς ἐν τοῖς ὄρεσιν, ὅτι εἶπεν Φεύγουσιν οὗτοι ἀφ᾽ ἡμῶν. ⁶καὶ ἅμα ἡμέρᾳ ὤφθη Ἰούδας 6

ℵV 48 εξεπετασεν ℵ 49 om και 2⁰ ℵ | Ναζειραιοις ℵ Ναζαραιους V 51 καταπεπατηνται ℵV | βεβηλωνται ℵ ε/βεβηλωται V* | om και 3⁰ V | ιερις ℵ 53 συ μη V 55 om και πεντηκονταρχους ℵ* (hab ℵ^(c.a)) | δεκαταρχους ℵ* (δεκαδ. ℵ^(c.a)) δεκαρχ. V 56 οικιας ℵV 57 παρενεβαλον ℵV | νοτον ℵ | Αμμαους ℵ Εμμαους V 58 om και 2⁰ ℵ | γενεσθε] γεινεσθε ℵV* (-θαι) | δυνατους] δυναμεως ℵ | τω πρωι] om το ℵ* (hab ℵ^(c.b (vid))) V 59 πολεμω] pr τω ℵV IV 2 ωστ ℵ* (ωστε ℵ¹ ^(fort) c.b)) | οι υιοι] om οι ℵV 3 Εμμαουμ] Ναμμαουν ℵ* (Εμμ. ℵ^(c.a, c.b)) Αμμ. V 4 εως] ως ℵ | εσκορπισμεναι ησαν αι δυναμεις ℵ (-μις ℵ*A -μεις ℵ^(c.b)) V 5 Γοργιας] Κοργιας A

ΜΑΚΚΑΒΑΙΩΝ Α   IV 23

ἐν τῷ πεδίῳ ἐν τρισχιλίοις ἀνδράσιν· πλὴν καλύμματα καὶ μά- A
7 χαιραν οὐκ εἶχον καθὼς ἠβούλοντο. ⁷καὶ ἴδον παρεμβολὴν ἐθνῶν
ἰσχυρὰν τεθωρακισμένην, καὶ ἵππον κυκλοῦσαν αὐτήν, καὶ οὗτοι
8 διδακτοὶ πολέμου. ⁸καὶ εἶπεν Ἰούδας τοῖς ἀνδράσιν τοῖς μετ᾿ αὐ-
τοῦ Μὴ φοβεῖσθε τὸ πλῆθος αὐτῶν, καὶ τὸ ὅρμημα αὐτῶν μὴ
9 δειλωθῆτε. ⁹μνήσθητε ὡς ἐσώθησαν οἱ πατέρες ἡμῶν ἐν θαλάσσῃ
10 ἐρυθρᾷ, ὅτε ἐδίωξεν αὐτοὺς Φαραὼ ἐν δυνάμει. ¹⁰καὶ νῦν βοήσω-
μεν εἰς οὐρανόν, εἰ θελήσει ἡμᾶς, καὶ μνησθήσεται διαθήκης πατέ-
ρων, καὶ συντρίψει τὴν παρεμβολὴν ταύτην κατὰ πρόσωπον ἡμῶν
11 σήμερον. ¹¹καὶ γνώσονται πάντα τὰ ἔθνη, ὅτι ἔστιν ὁ λυτρούμενος
12 καὶ σώζων τὸν Ἰσραήλ. ¹²καὶ ἦραν οἱ ἀλλόφυλοι τοὺς ὀφθαλμοὺς
13 αὐτῶν, καὶ ἴδαν αὐτοὺς ἐχομένους ἐξ ἐναντίας, ¹³καὶ ἐξῆλθαν ἐκ τῆς
14 παρεμβολῆς εἰς πόλεμον, καὶ ἐσάλπισαν οἱ παρὰ Ἰούδου. ¹⁴καὶ
15 συνῆψαν, καὶ συνετρίβησαν τὰ ἔθνη καὶ ἔφυγον εἰς τὸ πεδίον. ¹⁵οἱ
δὲ ἔσχατοι πάντες ἔπεσαν ἐν ῥομφαίᾳ, καὶ ἐδίωξαν αὐτοὺς ἕως
Γασήρων ·καὶ ἕως τῶν πεδίων τῆς Ἰουδαίας καὶ Ἀζώτου καὶ Ἰαν-
16 νείας, καὶ ἔπεσαν ἐξ αὐτῶν εἰς ἄνδρας τρισχιλίους. ¹⁶Καὶ
ἐπέστρεψεν Ἰούδας καὶ ἡ δύναμις ἀπὸ τοῦ διώκειν ὄπισθεν αὐτῶν,
17 ¹⁷καὶ εἶπεν πρὸς τὸν λαόν Μὴ ἐπιθυμήσητε τῶν σκύλων, ὅτι πό-
18 λεμος ἐξ ἐναντίας ἡμῶν, ¹⁸καὶ Γοργίας καὶ ἡ δύναμις ἐν τῷ ὄρει
ἐγγὺς ἡμῶν· ἀλλὰ στῆτε νῦν ἐναντίον τῶν ἐχθρῶν ἡμῶν καὶ πο-
λεμήσατε αὐτούς, καὶ μετὰ ταῦτα λάβετε σκῦλα καὶ μετὰ παρρη-
19 σίας. ¹⁹ἔτι πληροῦντος Ἰούδου ταῦτα, ὤφθη μέρος τι ἐκκύπτον ἐκ
20 τοῦ ὄρους. ²⁰καὶ ἴδεν ὅτι τετρόπωται, καὶ ἐνπυρίζουσιν τὴν παρεμ-
21 βολήν· ὁ γὰρ καπνὸς ὁ θεωρούμενος ἐνεφάνιζε τὸ γεγονός. ²¹οἱ δὲ
ταῦτα συνειδότες ἐδειλώθησαν σφόδρα· συνιδόντες δὲ καὶ τὴν Ἰούδα
22 παρεμβολὴν ἐν τῷ πεδίῳ ἑτοίμην εἰς παράταξιν, ²²ἔφυγον πάντες
23 εἰς γῆν ἀλλοφύλων. ²³καὶ Ἰούδας ἀνέστρεψεν ἐπὶ τὴν σκυλίαν

6 τρισχιλιους V* | μαχαιρας ℵV | καθως] ως ℵV   7 ειδον ℵV | τεθωρα- ℵV
κισμενην (-κειμ. ℵ* -κεισμ. ℵᶜ)] pr και ℵ | διδακτοι] διακτοι A   8 φοβησθε
Vᵃ | δειλωθητε (διωθηται A)] εδεσθητε ℵ   9 εδιωξεν] εδιωκεν ℵ εδιωξαν A
10 βοησομεν ℵ   11 om και σωζων ℵ* (hab ℵᶜ·ᵃ)   12 ιδαν] ειδον ℵV |
εχομενους] ερχομενους ℵ   13 εξηλθον ℵV | Ιουδου (-λου A)] Ιουδαν ℵ (incep
τ ℵ* improb τ et ν ℵ¹) Ιουδα V   15 επεσον (1°) V | Γαζηρων ℵV | Ιουδαιας]
Ιδουμαιας ℵ | Ιαννειας] Ιαμινειας ℵ* Ιαμνειας ℵ¹Ιαμνιας V | εξ αυτων sup ras
Aᵃ (om εξ A*ᵛⁱᵈ)   16 απεστρεψεν ℵV   18 αυτους] incep ε ℵ* (improbℵ¹) |
σκυλα] pr τα ℵ | om και 5° ℵV   19 Ιουδου (-λου A)] Ιουδα ℵV | ωφθη...
εκκυπτον] μερος τι ωφθη εκκυπτω| ℵ* (-πτο| ℵᶜ·ᵇ ᵛⁱᵈ V) V   20 ειδεν ℵ ειδον
V | τετροπωνται ℵV | εμπυριζουσι V | ενεφανιζεν ℵV*   21 συνειδοτες]
συνειδοντες ℵV*ᵛⁱᵈ | om και ℵ   23 επι] εις V | σκυλειαν Vᵃ

607

A τῆς παρεμβολῆς· καὶ ἔλαβεν χρυσίον καὶ ἀργύριον πολὺ καὶ ὑάκινθον καὶ πορφύραν καὶ θαλασσίαν καὶ πλοῦτον μέγαν. ²⁴καὶ 24 ἐπιστρέψαντες ὕμνουν καὶ ηὐλόγουν εἰς οὐρανόν "Ὅτι καλὸν εἰς τὸν αἰῶνα τὸ ἔλεος αὐτοῦ. ²⁵καὶ ἐγενήθη σωτηρία μεγάλη τῷ Ἰσραὴλ 25 ἐν τῇ ἡμέρᾳ ἐκείνῃ. ²⁶Ὅσοι δὲ τῶν ἀλλοφύλων διεσώθησαν, 26 παραγενηθέντες ἀπήγγειλαν τῷ Λυσίᾳ πάντα τὰ συμβεβηκότα. ²⁷ὁ 27 δὲ ἀκούσας πάντα συνεχύθη καὶ ἠθύμει, ὅτι οὐχ οἷα ἤθελεν τοιαῦτα γέγονεν τῷ Ἰσραήλ, καὶ οὐχ οἷα ἐνετείλατο αὐτῷ ὁ βασιλεὺς ἐξέβη. ²⁸Καὶ ἐν τῷ ἐρχομένῳ ἐνιαυτῷ συνελόχησεν ἀνδρῶν 28 ἐπιλέκτων ἑξήκοντα χιλιάδας καὶ πεντακισχιλίαν ἵππον, ὥστε ἐκπολεμῆσαι αὐτούς. ²⁹καὶ ἦλθον εἰς τὴν Ἰδουμαίαν, καὶ παρενέβαλον ἐν 29 Βεθσούροις, καὶ συνήντησεν αὐτοῖς Ἰούδας ἐν δέκα χιλιάσιν ἀνδρῶν. ³⁰καὶ ἴδεν τὴν παρεμβολὴν ἰσχυράν, καὶ προσηύξατο καὶ εἶπεν 30 Εὐλογητὸς εἶ ὁ σωτὴρ Ἰσραήλ, ὁ συντρίψας τὸ ὅρμημα τοῦ δυνατοῦ ἐν χειρὶ τοῦ δούλου σου Δαυείδ, καὶ παρέδωκας τὴν παρεμβολὴν τῶν ἀλλοφύλων εἰς χεῖρας Ἰωνάθου υἱοῦ Σαοὺλ καὶ τοῦ αἴροντος τὰ σκεύη αὐτοῦ. ³¹σύνκλεισον τὴν παρεμβολὴν ταύτην εἰς χεῖρας λαοῦ 31 σου Ἰσραήλ, καὶ αἰσχυνθήτωσαν ἐπὶ τῇ δυνάμει καὶ τῇ ἵππῳ αὐτῶν. ³²δὸς αὐτοῖς δειλίαν, καὶ τῆξον θράσος ἰσχύος αὐτῶν, καὶ 32 σαλευθήτωσαν τῇ συντριβῇ αὐτῶν. ³³κατάβαλε αὐτοὺς ῥομφαίᾳ 33 ἀγαπώντων σε, καὶ αἰνεσάτωσάν σε πάντες οἱ ἰδόντες τὸ ὄνομά σου ἐν ὕμνοις. ³⁴καὶ συνέβαλλον ἀλλήλοις, καὶ ἔπεσον ἐκ τῆς 34 παρεμβολῆς Λυσίου εἰς πεντακισχιλίους ἄνδρας, καὶ ἔπεσαν ἐξ ἐναντίας αὐτῶν. ³⁵ἰδὼν δὲ Λυσίας τὴν γενομένην τροπὴν τῆς αὐτοῦ 35 συντάξεως, τῆς δὲ Ἰούδα τὸ γεγενημένον θάρσος, καὶ ὡς ἔτοιμοί εἰσιν ἢ ζῆν ἢ τεθνηκέναι γενναίως, ἀπῆρεν εἰς Ἀντιοχίαν· καὶ ἐξενολόγει, καὶ πλεοναστὸν πάλιν γενηθέντα παραγενέσθαι εἰς τὴν Ἰουδαίαν. ³⁶Εἶπεν δὲ Ἰούδας καὶ οἱ ἀδελφοὶ αὐτοῦ Ἰδοὺ 36

ℵV   23 ελαβον ℵV | χρυσιον]+πολυ ℵV | πολυν A om ℵV | ακινθον V* (υακ. V¹) | και πορφυραν και θαλ.] πορφ. θαλ. ℵ* και πορφ. θαλ. ℵc.a V   24 επιστραφεντες ℵV | ευλογουν ℵV | εις 2°] pr οτι ℵV   25 τω Ισραηλ] pr εν ℵ   26 συμβεβηβοτα (sic) A   27 om παντα ℵV | om και ηθ. V | γεγονεν] εγεγονει ℵ (-νι ℵ*) V | om ουχ 2° ℵ | αυτω ενετειλατο ℵ (-τιλ.) V | εξεβη] pr ουκ ℵ   28 συνελοχησεν] συνευδοκησεν ℵ* (συνελοχ. ℵc.a) | χιλιαδα A* (-δας sic Aa?) | πολεμησαι ℵ   29 ηλθεν ℵ | Ιδουμαιαν] Ιουδαιαν ℵ | παρενεβαλλον ℵ* (-βαλον ℵc.a, c.b (vid)) | εν δεκα χιλιασιν] δεκα χειλιαδας εχων ℵ   30 ειδον ℵV* ειδε Vª | προσηυξαντο και ειπον ℵ | ει]+κ̅ε̅ V | του δουλου] om του V* | Ιωναθαν Vª   31 συγκλ. Vª | εις χειρας] εν χειρι ℵ (χιρ.) V   33 om σε 2° V | ειδοτες ℵV   34 συνεβαλον V | επεσαν] επεσον ℵV   35 συνταξεως] παρατ. V | η 1°] ει ℵ | τεθναναι V | Αντιοχειαν V | γεννηθεντα A | παραγεινεσθαι ℵ παραγιν. V

608

ΜΑΚΚΑΒΑΙΩΝ Α IV 53

συνετρίβησαν οἱ ἐχθροὶ ἡμῶν· ἀναβῶμεν καθαρίσαι τὰ ἅγια καὶ ἐν- Α
37 καινίσαι. ³⁷καὶ συνήχθη ἡ παρεμβολὴ πᾶσα, καὶ ἀνέβησαν εἰς
38 ὄρος Σιών. ³⁸καὶ ἴδον τὸ ἁγίασμα ἡμῶν ἠρημωμένον, καὶ τὸ θυσιαστήριον βεβηλωμένον, καὶ τὰς πύλας κατακεκαυμένας, καὶ ἐν ταῖς αὐλαῖς φυτὰ πεφυκότα ὡς ἐν δρυμῷ ἢ ὡς ἐν ἑνὶ τῶν ὀρέων, καὶ
39 τὰ παστοφόρια καθῃρημένα. ³⁹καὶ διέρρηξαν τὰ ἱμάτια αὐτῶν, καὶ ἐκόψαντο κοπετὸν μέγαν, καὶ ἐπέθεντο σποδὸν ἐπὶ τὴν κεφαλὴν
40 αὐτῶν. ⁴⁰καὶ ἔπεσον ἐπὶ πρόσωπον ἐπὶ τὴν γῆν, καὶ ἐσάλπισαν
41 ταῖς σάλπιγξιν τῶν σημασιῶν, καὶ ἐβόησαν εἰς οὐρανόν. ⁴¹τότε ἐπέταξεν Ἰούδας ἀνδράσιν πολεμεῖν τοὺς ἐν τῇ ἄκρᾳ, ἕως καθαρίσῃ
42/43 τὰ ἅγια. ⁴²Καὶ ἐπέλεξεν ἱερεῖς ἀμώμους θελητὰς νόμου· ⁴³καὶ ἐκαθάρισαν τὰ ἅγια, καὶ ἦραν τοὺς λίθους τοῦ μιασμοῦ εἰς τόπον
44 ἀκάθαρτον. ⁴⁴καὶ ἐβουλεύσαντο περὶ τοῦ θυσιαστηρίου τῆς ὁλοκαυτώ-
45 σεως τοῦ βεβηλωμένου, τί αὐτῷ ποιήσωσιν. ⁴⁵καὶ ἔπεσεν αὐτοῖς βουλὴ ἀγαθή, καθελεῖν αὐτό, μή ποτε γένηται αὐτοῖς εἰς ὄνειδος, ὅτι
46 ἐμίαναν τὰ ἔθνη αὐτό· καὶ καθεῖλον τὸ θυσιαστήριον. ⁴⁶καὶ ἀπέθεντο τοὺς λίθους ἐν τῷ ὄρει τοῦ οἴκου ἐν τόπῳ ἐπιτηδείῳ, μέχρι
47 τοῦ παραγενηθῆναι προφήτην τοῦ ἀποκριθῆναι περὶ αὐτῶν. ⁴⁷καὶ ἔλαβον λίθους ὁλοκλήρους κατὰ τὸν νόμον, καὶ ᾠκοδόμησαν θυσια-
48 στήριον καινὸν κατὰ τὸ πρότερον. ⁴⁸καὶ ᾠκοδόμησαν τὰ ἅγια καὶ
49 τὰ ἐντὸς τοῦ οἴκου, καὶ τὰς αὐλὰς ἡγίασεν. ⁴⁹καὶ ἐποίησαν τὰ σκεύη τὰ ἅγια καινά, καὶ εἰσήνεγκαν τὴν λυχνίαν καὶ τὸ θυσιαστήριον τῶν ὁλοκαυτωμάτων καὶ θυμιαμάτων καὶ τὴν τράπεζαν εἰς
50 τὸν ναόν. ⁵⁰καὶ ἐθυμίασαν ἐπὶ τὸ θυσιαστήριον, καὶ ἐξῆψαν τοὺς
51 λύχνους τοὺς ἐπὶ τῆς λυχνίας· καὶ ἐφαίνοσαν ἐν τῷ ναῷ. ⁵¹καὶ ἐπέθηκαν ἐπὶ τὴν τράπεζαν ἄρτους, καὶ ἐξεπέτασαν τὰ καταπε-
52 τάσματα· καὶ ἐτέλεσαν πάντα τὰ ἔργα ἃ ἐποίησαν. ⁵²Καὶ ὤρθρισαν τὸ πρωὶ τῇ πέμπτῃ καὶ εἰκάδι τοῦ μηνὸς τοῦ ἐνάτου· οὗτος ὁ μὴν Χασελεὺ τοῦ ὀγδόου καὶ τεσσερακοστοῦ καὶ ἑκατοστοῦ ἔτους.
53 ⁵³καὶ ἀνήνεγκαν θυσίαν κατὰ τὸν νόμον ἐπὶ τὸ θυσιαστήριον τῶν

36 αναβωμεν καθαρισαι] αναβαται καθαρισαται ℵ* αναβωμεν ϛ καθαρισωμεν ℵV
ℵ^{c.a} | ενκαινισαι (εγκ. V)] ενκαινισωμον ℵ^{c.a}   38 ειδον ℵV^a | om ημων
ℵV | πυλας] θυρας ℵ | om εν 3° ℵV   39 διερρηξαν] ερρηξαν ℵ | om επι
την κεφαλην αυτων ℵ   40 επεσαν ℵV | σημασιων] σημιων ℵ | ουρανον] pr
τον V   41 καθαρισει V^a   42 επελεξεν] επελεξατο ℵV | ιερις ℵ   44 αυτω]
αυτο ℵ | ποιησουσιν V   45 αυτοις 1°] αυτος ℵ* (-τοις ℵ^c) | ονειδισμον V
46 επεθεντο V   47 ελαβον ℵ] ελαβεν AV | ωκοδομησαν ℵ^{c.a}] ωκοδομησεν
ℵ*AV   48 ηγιασαν ℵ   49 τα σκευη τα αγια] σκευη αγ. ℵV
50 εφαινον ℵV   52 τω πρωι V*^{vid} | om του εναστου ℵ | εννατου V^a |
Χασελευ ℵ* (-σελευ ℵ^c) Χας· ελεου A | του 3°] ετους ℵ? | ογδοου...εκατοστου]
η' και μ' και ρ' ℵ | om ετους ℵ

SEPT. III.   609   QQ

ΜΑΚΚΑΒΑΙΩΝ Α

A ὁλοκαυτωμάτων τὸ καινὸν ὁ ἐποίησαν· ⁵⁴κατὰ τὸν καιρὸν κατὰ τὴν 54 ἡμέραν ἐν ᾗ ἐβεβήλωσαν αὐτὸ τὰ ἔθνη, ἐν ἐκείνῃ ἐνεκαινίσθη ἐν ᾠδαῖς καὶ κιθάραις καὶ κινύραις καὶ ἐν κυμβάλοις. ⁵⁵καὶ ἔπεσον 55 πᾶς ὁ λαὸς ἐπὶ πρόσωπον, καὶ προσεκύνησαν καὶ ηὐλόγησαν εἰς οὐρανὸν τὸν εὐοδώσαντα αὐτούς. ⁵⁶καὶ ἐποίησαν τὸν ἐγκαινιασμὸν 56 τοῦ θυσιαστηρίου ἡμέρας ὀκτώ, καὶ προσήνεγκαν ὁλοκαυτώματα μετ᾽ εὐφροσύνης, καὶ ἔθυσαν θυσίαν σωτηρίου καὶ αἰνέσεως. ⁵⁷καὶ 57 κατεκόσμησαν τὸ κατὰ πρόσωπον τοῦ ναοῦ στεφάνοις χρυσοῖς καὶ ἀσπιδίσκαις, καὶ ἐνεκαίνισεν τὰς πύλας καὶ τὰ παστοφόρια, καὶ ἐθύρωσαν αὐτά. ⁵⁸καὶ ἐγενήθη εὐφροσύνη μεγάλη ἐν τῷ λαῷ σφό- 58 δρα, καὶ ἀπεστράφη ὄνειδος ἐθνῶν. ⁵⁹καὶ ἔστησεν Ἰούδας καὶ οἱ 59 ἀδελφοὶ αὐτοῦ καὶ πᾶσα ἐκκλησία Ἰσραήλ, ἵνα ἄγωνται ἡμέραι ἐγκαινισμοῦ τοῦ θυσιαστηρίου ἐν τοῖς καιροῖς αὐτῶν ἐνιαυτὸν κατ᾽ ἐνιαυτὸν ἡμέρας ὀκτώ, ἀπὸ τῆς πέμπτης καὶ εἰκάδος τοῦ μηνὸς Χασελεύ, μετ᾽ εὐφροσύνης καὶ χαρᾶς. ⁶⁰καὶ ᾠκοδόμησαν ἐν τῷ 60 καιρῷ ἐκείνῳ τὸ ὄρος Σιών, κυκλόθεν τείχη ὑψηλὰ καὶ πύργους ἰσχυρούς, μή ποτε παραγενηθέντα τὰ ἔθνη καταπατήσωσιν αὐτά, ὡς ἐποίησαν τὸ πρότερον. ⁶¹καὶ ἀπέταξαν ἐκεῖ δύναμιν τηρεῖν 61 αὐτό, καὶ ὠχύρωσαν αὐτὸ τηρεῖν τὴν Βεθσουρά, τοῦ ἔχειν τὸν λαὸν ὀχύρωμα κατὰ πρόσωπον τῆς Ἰδουμαίας.

¹Καὶ ἐγένετο ὅτε ἤκουσαν τὰ ἔθνη κυκλόθεν ὅτι ᾠκοδομήθη τὸ 1 V θυσιαστήριον καὶ ἐνεκαινίσθη τὸ ἁγίασμα ὡς τὸ πρότερον, καὶ ὠργίσθη σφόδρα. ²καὶ ἐβουλεύσαντο τοῦ ἆραι τὸ γένος Ἰακὼβ 2 τοὺς ὄντας ἐν μέσῳ αὐτῶν, καὶ ἤρξαντο τοῦ θανατοῦν ἐν τῷ λαῷ καὶ ἐξαίρειν. ³καὶ ἐπολέμει Ἰούδας πρὸς τοὺς υἱοὺς Ἡσαὺ 3 ἐν τῇ Ἰουδαίᾳ τὴν Ἀκραβαττήνην, ὅτι περιεκάθηντο τὸν Ἰσραήλ·

ℵV 54 κατα 2°] pr και ℵV | εκεινη]+τη ημερα ℵV | om εν 4° ℵV   55 επεσεν ℵV | ευλογησαν ℵV | αυτους] αυτοις ℵ   56 ενκαινισμον ℵV | ημερας οκτω...σωτηριου bis scr A | μετ] μετα ℵ   57 om χρυσοις ℵ* (hab ℵ^{c.a}) | ασπιδισκας A | ενεκαινισαν ℵV | παστοφορια] παστορια A | εθυρωσαν] εθυσαν ℵ* (εθυρ. ℵ^{c.a})   58 μεγαλη ευφροσυνη ℵV | ονειδος] ονειδισμος ℵ (ονιδ.) V   59 εκκλησια] pr η ℵV | ημεραι εγκαινισμου] αι ημ. του ἐ|καινισμου ℵ ημ. του εγκ. V | ενιαυτον 1°] ενιαυτου ℵ* (-τον ℵ^{c.a})   60 ισχυρους] υψηλους ℵ* οχυρους ℵ^{c.a}V | μη] pr και ℵ | καταπατησουσιν ℵV | αυτα] αυτο ℵ^{c.a}   61 απεταξεν ℵV | αυτο 1°] αυτα ℵ* (-το ℵ^{c.a})V | ωχυρωσεν ℵV^a οχ. V* | αυτο 2°] αυτου ℵ* (-το ℵ^{c.a, c.b}) | Βαθσουρα ℵ Βαιθσ. V   V 1 και εγενετο οτε] το οτε ℵ* (ἐ εγεν. οτε ℵ^{c.a}) | οικοδομητο ℵ* οικοδομηθη ℵ^{c.a}V* ωκ. V^a | το θυσιαστηριον] om το ℵ* (hab ℵ^{c.a}) | ωργισθησαν ℵV   2 εβουλευσαντο] ωργισθησαν ℵ* (εβουλ. ℵ^{c.a}) εβουλευοντο V | εν μεσω αυτων] αυτο εν μεσω ℵ* αυτων εν μ. ℵ^{c.a}   3 Ιουδαια] Ιδουμαια ℵV | Ακραβαττανην ℵ^{c.a}V | Ισραηλ] Αμαληκ ℵ* Ἰσλ ℵ^I (Αμ. uncis incl ℵ¹ improb ℵ^{c.a, c.b})

καὶ ἐπάταξεν αὐτοὺς πληγὴν μεγάλην, καὶ συνέστειλεν αὐτούς, καὶ ⁴ ἔλαβεν τὰ σκῦλα αὐτῶν. ⁴καὶ ἐμνήσθη τῆς κακίας υἱῶν Βαιάν, οἳ ἦσαν τῷ λαῷ εἰς παγίδα καὶ εἰς σκάνδαλον ἐν τῷ ἐνεδρεύειν αὐτοὺς ⁵ ἐν ταῖς ὁδοῖς. ⁵καὶ διεκλείσθησαν ὑπ᾽ αὐτοῦ εἰς τοὺς πύργους, καὶ παρέβαλεν ἐπ᾽ αὐτούς, καὶ ἀνεθεμάτισεν αὐτούς, καὶ ἐνεπύρισεν τοὺς ⁶ πύργους αὐτῆς ἐν πυρὶ σὺν πᾶσιν τοῖς ἐνοῦσιν. ⁶καὶ διεπέρασεν ἐπὶ τοὺς υἱοὺς Ἀμμών, καὶ εὗρεν χεῖρα κραταιὰν καὶ λαὸν πολύν, ⁷ καὶ Τιμόθεον ἡγούμενον αὐτῶν. ⁷καὶ συνῆψεν πρὸς αὐτοὺς πολέμους πολλούς, καὶ συνετρίβησαν πρὸ προσώπου αὐτοῦ, καὶ ἐπά- ⁸ ταξεν αὐτούς. ⁸καὶ προκατέλαβε τὴν Ἰάζην καὶ τὰς θυγατέρας ⁹ αὐτῆς, καὶ ἀνέστρεψεν εἰς τὴν Ἰουδαίαν. ⁹Καὶ ἐπισυνήχθησαν τὰ ἔθνη τὰ ἐν τῇ Γαλααδίτιδι ἐπὶ τὸν Ἰσραὴλ τοὺς ὄντας ἐπὶ τοῖς ὁρίοις αὐτῶν τοῦ ἐξᾶραι αὐτούς· καὶ ἔφυγον εἰς Δάθεμα τὸ ὀχύ- ¹⁰ ρωμα. ¹⁰καὶ ἀπέστειλαν γράμματα πρὸς Ἰούδαν καὶ τοὺς ἀδελφοὺς αὐτοῦ, λέγοντες Ἐπισυνηγμένα ἐστὶν ἐφ᾽ ἡμᾶς τὰ ἔθνη τὰ κύκλῳ ¹¹ ἡμῶν τοῦ ἐξᾶραι ἡμᾶς, ¹¹καὶ ἑτοιμάζοντες ἐλθεῖν καὶ προκαταλαβέσθαι τὸ ὀχύρωμα εἰς ὃ κατεφύγομεν· καὶ Τιμόθεος ἡγεῖται τῆς ¹² παρεμβολῆς αὐτῶν. ¹²νῦν οὖν ἐλθὼν ἐξελοῦ ἡμᾶς ἐκ χειρὸς αὐτῶν, ¹³ ὅτι πέπτωκεν ἐξ ἡμῶν πλῆθος. ¹³καὶ πάντες οἱ ἀδελφοὶ ἡμῶν οἱ ὄντες ἐν τοῖς Τουβίου τεθανάτωνται, καὶ αἰχμαλωτίκασι τὰς γυναῖκας αὐτῶν καὶ τὰ τέκνα αὐτῶν καὶ τὴν ἀποσκευήν, καὶ ἀπώλεσαν ἐκεῖ ¹⁴ ὡς μίαν χιλιάδα ἀνδρῶν. ¹⁴Ἔτι αἱ ἐπιστολαὶ ἀνεγινώσκοντο, καὶ ἰδοὺ ἄγγελοι ἕτεροι παρεγένοντο ἐκ τῆς Γαλιλαίας διερρη- ¹⁵ χότες τὰ ἱμάτια, ἀπαγγέλλοντες κατὰ τὰ ῥήματα ταῦτα, ¹⁵λέγοντες Ἐπισυνήχθη ἐπ᾽ αὐτοὺς ἐκ Πτολεμαΐδος καὶ Τύρου καὶ Σιδῶνος καὶ ¹⁶ πᾶσα Γαλιλαία ἀλλοφύλων, τοῦ ἐξαναλῶσαι ἡμᾶς. ¹⁶Ὡς δὲ ἤκουσεν Ἰούδας καὶ ὁ λαὸς τοὺς λόγους τούτους, ἐπισυνήχθη ἐκκλησία μεγάλη βουλεύεσθαι τί ποιήσωσιν τοῖς ἀδελφοῖς αὐτῶν

3 επαταξαν ℵ | σκυλα ℵV] αγκυλα A   4 υιων] υμων V* (υι. V¹) | om εις ℵV 2° ℵV   5 διεκλεισθησαν] συνεκλεισθησαν ℵ (-κλισθ.) V | αυτου] αυτους AV | παρεβαλεν] παρενεβαλεν ℵV | ενεπυρισε ℵVᵃ | om εν πυρι V | ενουσιν] ενοικουσιν ℵc.ᵃ   6 πολυν]+ και χειρα ισχυρά| ℵV   8 προκατελαβεν ℵV | Ιαζην] Ιαζηρ ℵV | ανεστρεψαν ℵ | Ιουδαιαν] Ιδουμαιαν V   9 τα εθνη] pr εις ℵ | Γαλααδιτι A Γαλααδ ℵV | επι 2°] εν V | Δαθαιμα ℵ Δαμεθα V   10 εστιν] εισιν V | om εφ ημας ℵ | τα κυκλω] om τα ℵV   11 ετοιμαζονται ℵA¹ (-τε) | κατεφυγον ℵ* (κατεφυγομεν ℵc.ᵃ) | ηγειτο V | παρεμβολης] δυναμεως ℵV   12 εξελθων V   13 om οντες ℵ* (hab ℵc.ᵃ) | ηχμαλωτικασιν ℵ*V -τευκασιν ℵc.ᵃ (superscr εν postea ras ℵ¹) | om αυτων bis ℵ : 2°, V | ως] ωσει ℵ (-σι ℵ* -σει ℵc.ᵃ) | χιλιαδα (-αδαν (sic) sup ras Aᵃ)] χιλιαρχιαν ℵV   14 αι επιστολαι] om αι ℵ | ανεγιγνωσκοντο ℵ | διερρηχοντες (sic) V   15 επισυνηχθαι ℵV | Σειδωνος ℵ | πασαν Γαλιλαιαν AV   16 om βουλευεσθαι ℵ* (hab ℵc.ᵇ ⁽ᵛⁱᵈ⁾) βουλευσασθαι V | ποιησουσιν V | τοις αδ.] τοι αδ. A* (s superscr A¹)

Α τοῖς οὖσιν ἐν θλίψει καὶ πολεμουμένοις ὑπ' αὐτοῦ. ¹⁷καὶ εἶπεν 17
Ἰούδας Σίμωνι τῷ ἀδελφῷ αὐτοῦ Ἐπίλεξον σεαυτῷ ἄνδρας, καὶ
πορεύου καὶ ῥῦσαι τοὺς ἀδελφούς σου ἐν τῇ Γαλιλαίᾳ· ἐγὼ δὲ καὶ
Ἰωναθὰν ὁ ἀδελφός μου πορευσόμεθα εἰς τὴν Γαλααδῖτιν. ¹⁸καὶ κατέ- 18
λειπεν Ἰώσηφον τὸν τοῦ Ζαχαρίου καὶ Ἀζαρίαν ἡγούμενον τοῦ λαοῦ
μετὰ τῶν ἐπιλοίπων τῆς δυνάμεως ἐν τῇ Ἰουδαίᾳ εἰς τήρησιν· ¹⁹καὶ 19
ἐνετείλατο αὐτοῖς λέγων Πρόστητε τοῦ λαοῦ τούτου, καὶ μὴ συνάψητε
πόλεμον πρὸς τὰ ἔθνη ἕως τοῦ ἐπιστρέψαι ἡμᾶς. ²⁰καὶ ἐμερίσθη- 20
σαν Σίμωνι ἄνδρες τρισχίλιοι τοῦ πορευθῆναι εἰς τὴν Γαλιλαίαν,
Ἰούδᾳ δὲ ἄνδρες ὀκτακισχίλιοι εἰς τὴν Γαλααδῖτιν. ²¹Καὶ 21
ἐπορεύθη Σίμων εἰς τὴν Γαλιλαίαν, καὶ συνῆψεν πολέμους πολλοὺς
πρὸς τὰ ἔθνη· καὶ συνετρίβη τὰ ἔθνη ἀπὸ προσώπου αὐτοῦ. ²²καὶ 22
ἐδίωξεν αὐτοὺς ἕως τῶν πύλων Πτολεμαΐδος· καὶ ἔπεσον ἐκ τῶν
ἐθνῶν εἰς τρισχιλίους ἄνδρας, καὶ ἔλαβεν τὰ σκῦλα αὐτῶν. ²³καὶ 23
παρέλαβεν αὐτοὺς ἐκ τῆς Γαλιλαίας καὶ ἐν Ἀρβάκτοις σὺν ταῖς
γυναιξὶν καὶ τοῖς τέκνοις, καὶ πάντα ὅσα ἦν αὐτοῖς, καὶ ἤγαγον
εἰς τὴν Ἰουδαίαν μετ' εὐφροσύνης μεγάλης. ²⁴Καὶ Ἰούδας ὁ 24
Μακκαβαῖος καὶ Ἰωναθὰν ὁ ἀδελφὸς αὐτοῦ διέβησαν τὸν Ἰορδάνην,
καὶ ἐπορεύθησαν ὁδὸν τριῶν ἡμερῶν ἐν τῇ ἐρήμῳ. ²⁵καὶ συνήν- 25
τησαν τοῖς Ναβαταίοις, καὶ ἀπήντησαν αὐτοῖς εἰρηνικῶς, καὶ διη-
γήσαντο αὐτοῖς ἅπαντα τὰ συμβεβηκότα τοῖς ἀδελφοῖς αὐτῶν ἐν τῇ
Γαλααδίτιδι· ²⁶καὶ ὅτι πολλοὶ ἐξ αὐτῶν συνειλημμένοι εἰσὶν εἰς 26
Βοσσορὰ καὶ Βοσσόρ, ἐν Ἀλάμοις, Κασφώρ, Μακέβ, καὶ Καρνείν·
πᾶσαι αἱ πόλεις αὗται ὀχυραὶ καὶ μεγάλαι. ²⁷καὶ ἐν ταῖς λοιπαῖς 27
πόλεσιν τῆς Γαλααδίτιδός εἰσιν συνειλημμένοι· εἰς αὔριον τάσσονται
παρεμβαλεῖν ἐπὶ τὰ ὀχυρώματα, καὶ καταλαβέσθαι καὶ ἐξᾶραι πάντας
αὐτοὺς ἐν ἡμέρᾳ μιᾷ. ²⁸καὶ ἀπέστρεψεν Ἰούδας καὶ ἡ παρεμβολὴ 28

ℵV 16 πολεμουμενους V | αυτου] αυτων ℵV   17 επιλεξαι V | om σου ℵ | εν
τη Γ.] pr τους ℵV | εγω] λεγω ℵ* (improb postea ras ℵ?) | Ιωναθας ℵ | μου]
αυτου ℵ* (μου ℵc.a) | Γαλααδειτιν ℵ   18 κατελιπεν ℵ | Ιωσηπον ℵ -σιππ.
V* -σηππ. Vª   19 αυτοις] τω λαω V   20 Σιμων ℵ | οκτακισχιλιοι]
Η ͞ς Η ͞ϛ ℵ* ,η' ℵc.a, c.b | Γαλααδειτιν ℵ Γαλαδιτιν V* -δητιν Vª   21 om
πολλους V | προς] εις V   22 των πολεων] της πυλης ℵV | ελαβον ℵV
23 παρελαβον ℵV | αυτους] τους ℵV | Αρβανοις ℵ* (Αρβακτοις ℵc.a) Αρβατνοις
V* -βαταν. Vª | ηγαγεν ℵ   24 ο αδελφος] om ο ℵ* (superscr ℵ¹)
25 Ναβαταιοις] αναβαταις οι ℵ Αναβατταιοις V | ιρηνικοις ℵ* (-ικως ℵc.a) | α-
παντα] παντα ℵ | συνβαντα ℵ | Γαλααδειτι ℵ -διτι V   26 om οτι V | συνει-
λημμ. ℵ* συνιληγμ. ℵc.a | Βοσορα ℵ Βοσορρα V | Βοσσορ] Βοσορ ℵV* -σωρ
Vª | Αλεμοις ℵ*Αλειμοις ℵc.a, c.b (vid) Αλιμ. V | Κασφω ℵ* (Κασφωρ ℵc.a) και
Σκαφω V | Μακεδ ℵ*V και Μακεδ ℵc.a | Καρναιδ' ℵV | πασαι αι πολεις αυται]
αυται αι πολεις ℵ*V πασαι αυται αι πολ. ℵc.a | πολις Λ   27 λοιπαις] αλλαις
ℵ | Γαλααδειτ. ℵ | συνειληγμ. ℵc.a | παρεμβαλλειν ℵ | αυτους] τουτους ℵV

612

ΜΑΚΚΑΒΑΙΩΝ Α V 40

αυτοῦ ὁδὸν εἰς τὴν ἔρημον εἰς Βοσὸρ ἄφνω· καὶ κατελάβετο τὴν A
πόλιν, καὶ ἀπέκτεινεν πᾶν ἀρσενικὸν ἐν στόματι ῥομφαίας, καὶ
29 ἔλαβεν πάντα τὰ σκῦλα αὐτῶν, καὶ ἐνέπρησεν αὐτὴν πυρί. ²⁹καὶ
30 ἀπῆρεν ἐκεῖθεν νυκτός, καὶ ἐπορεύετο ἕως ἐπὶ τὸ ὀχύρωμα. ³⁰καὶ
ἐγένετο ἑωθινή, καὶ ἦραν τοὺς ὀφθαλμοὺς αὐτῶν καὶ ἰδοὺ λαὸς
πολὺς οὗ οὐκ ἦν ἀριθμός, αἴροντες κλίμακας καὶ μηχανὰς καταλα-
31 βέσθαι τὸ ὀχύρωμα· καὶ ἐπολέμουν αὐτούς. ³¹καὶ ἴδεν Ἰούδας ὅτι
ἦρκται ὁ πόλεμος, καὶ ἡ κραυγὴ τῆς πόλεως ἀνέβη ἕως οὐρανοῦ
32 σάλπιγξιν καὶ κραυγῇ μεγάλῃ· ³²καὶ εἶπεν τοῖς ἀνδράσιν τῆς
33 δυνάμεως Πολεμήσατε σήμερον ὑπὲρ τῶν ἀδελφῶν ἡμῶν. ³³καὶ
ἐξῆλθεν ἐν τρισὶν ἀρχαῖς ἐξόπισθεν αὐτῶν· καὶ ἐσάλπισεν ταῖς
34 σάλπιγξιν, καὶ ἐβόησαν ἐν προσευχῇ. ³⁴καὶ ἐπέγνω ἡ παρεμβολὴ
Τιμοθέου ὅτι ὁ Μακκαβαῖός ἐστιν, καὶ ἔφυγον ἀπὸ προσώπου αὐ-
τοῦ, καὶ ἐπάταξεν αὐτοὺς πληγῇ μεγάλῃ· καὶ ἔπεσον ἐξ αὐτῶν ἐν
35 ἐκείνῃ τῇ ἡμέρᾳ εἰς ὀκτακισχιλίους ἄνδρας. ³⁵καὶ ἀπέκλινεν εἰς
Μααφὰ καὶ ἐπολέμησεν αὐτήν, καὶ κατελάβετο αὐτὴν καὶ ἀπέκτεινεν
πᾶν ἀρσενικὸν αὐτῆς, καὶ ἔλαβεν τὰ σκῦλα αὐτῆς, καὶ ἐνέπρησεν
36 αὐτὴν ἐν πυρί. ³⁶ἐκεῖθεν ἀπῆρεν καὶ προκατελάβετο τὴν Χασφώθ,
37 Μακέδ, Βοσόρ, καὶ τὰς λοιπὰς πόλεις τῆς Γαλααδίτιδος. ³⁷Μετὰ
δὲ τὰ ῥήματα ταῦτα συνήγαγεν Τιμόθεος παρεμβολὴν ἄλλην, καὶ
παρενέβαλεν κατὰ πρόσωπον Ῥαφὼν ἐκ πέραν τοῦ χειμάρρου.
38 ³⁸καὶ ἀπέστειλεν Ἰούδας κατασκοπῆσαι τὴν παρεμβολήν· καὶ ἀπήγ-
γειλαν αὐτῷ λέγοντες Ἐπισυνηγμένοι εἰσὶν πρὸς αὐτοὺς πάντα τὰ
39 ἔθνη τὰ κύκλῳ ὑμῶν, δύναμις πολλὴ σφόδρα. ³⁹καὶ Ἄραβες με-
μίσθωνται εἰς βοήθειαν αὐτοῖς, καὶ παρεμβάλλουσιν πέραν τοῦ χει-
μάρρου, ἕτοιμοι τοῦ ἐλθεῖν ἐπὶ σὲ εἰς πόλεμον. καὶ ἐπορεύθη Ἰούδας
40 εἰς συνάντησιν αὐτῶν. ⁴⁰καὶ εἶπεν Τιμόθεος τοῖς ἄρχουσιν τῆς δυ-
νάμεως αὐτοῦ ἐν τῷ ἐγγίζειν Ἰούδαν καὶ τὴν παρεμβολὴν αὐτοῦ

28 εις Βοσορ αφνω] Βοσορα αφ ων ℵ* Βοσορα' αφνω ℵ^c.b Βοσορ' ρααφων V* ℵV
Βοσωρ' ρ. Vᵃ | απεκτινε ℵ -κτεινε Vᵃ | ενεπρησαν ℵ   29 επορευοντο ℵ |
(ως] ως V   30 εωθινη] pr τη ℵ^c.a | om και 2° ℵ | om ου ουκ ην αριθμος
ℵᵃ (hab ℵ^c.b) | ου] ος A   31 ειδεν ℵVᵃ | εως ουρανου] ε in mg, ου 2°
sup ras, τ post εως superscr Aᵃ | σαλπιγξιν] η σαλπιγξ ℵ* και σαλπιγξ ℵ^c.a
32 ημων] υμων ℵ* (ημ. ℵ^c.b)   33 εσαλπισαν ℵV | ταις σαλπ.] pr εν V | και
εβοησαν] pr και εβοησαν ταις σαλπιγξιν ℵ* (improb ℵ^c.a)   34 ο Μακκα-
βαιος] om ο ℵV | πληγην μεγαλην ℵV | οκτακισχιλιους] τρισχιλιους δεκα ℵ*
(οκτακισχ. ℵ^c.b)   35 Μαφα ℵ   36 κατελαβετο V | Χασφων ℵ Κασφων
V | Βοσορ (-σωρ Vᵃ)] pr και ℵV | πολις A | Γαλααδειτιδος ℵ   37 ρημα V*
(-ματα V¹) | Ραφελ V^fort | περαν] προσωπου ℵ   38 κατασκοπευσαι ℵV |
επισινηγμενα ℵV | αυτους] αυτων ℵ | υμων] ημων ℵV | δυναμιν πολλιν V* (-λλην
Vᵃ)   39 Αραβας ℵV | παρενβαλουσιν ℵ* (παρενβαλλ. ℵ^c.a) παρεμβαλουσι Vᵃ

613

V 41 ΜΑΚΚΑΒΑΙΩΝ Α

Α ἐπὶ τὸν χειμάρρουν τοῦ ὕδατος Ἐὰν διαβῇ πρὸς ἡμᾶς πρότερος, οὐ δυνησόμεθα ὑποστῆναι αὐτόν, ὅτι δυνάμενος δυνήσεται πρὸς ἡμᾶς. ⁴¹ἐὰν δὲ δειλωθῇ καὶ παρεμβάλῃ πέραν τοῦ ποταμοῦ, διαπεράσομεν 41 πρὸς αὐτόν. ⁴²ὡς δὲ ἤγγισεν Ἰούδας ἐπὶ τὸν χειμάρρουν τοῦ ὕδα- 42 τος, ἔστησεν τοὺς γραμματεῖς τοῦ λαοῦ ἐπὶ τοῦ χειμάρρου, καὶ ἐνετείλατο αὐτοῖς, λέγων Μὴ ἀφῆτε ἄνθρωπον παρεμβαλεῖν, ἀλλὰ ἐρχέσθωσαν πάντες εἰς τὸν πόλεμον. ⁴³καὶ διεπέρασεν πρὸς αὐτοὺς 43 πρότερον, καὶ πᾶς ὁ λαὸς αὐτοῦ ἔμπροσθεν αὐτοῦ· καὶ συνετρίβησαν πρὸ προσώπου αὐτοῦ πάντα τὰ ἔθνη, καὶ ἔριψαν πάντα τὰ ὅπλα αὐτῶν, καὶ ἔφυγον εἰς τὸ τέμενος ἐν Καρνάιν. ⁴⁴καὶ 44 προκατελάβοντο τὴν πόλιν, καὶ τὸ τέμενος ἐνεπύρισαν ἐν πυρὶ σὺν πᾶσιν τοῖς οὖσιν ἐν αὐτῷ· καὶ ἐτροπώθη ἡ Καρνάιν, καὶ οὐκ ἐδύνατο ἔτι ὑποστῆναι κατὰ πρόσωπον Ἰούδα. ⁴⁵Καὶ συνήγαγεν 45 Ἰούδας πάντα Ἰσραὴλ τοὺς ἐν τῇ Γαλααδίτιδι ἀπὸ μικροῦ ἕως μεγάλου, καὶ τὰς γυναῖκας αὐτῶν καὶ τὰ τέκνα αὐτῶν καὶ τὴν ἀποσκευήν, παρεμβολὴν μεγάλην σφόδρα, ἐλθεῖν εἰς γῆν Ἰούδα. ⁴⁶καὶ ἦλθον 46 ἕως Ἐφρών, καὶ αὕτη ἡ πόλις μεγάλη ἡ τῆς εἰσόδου, ἰσχυρὰ σφόδρα· οὐκ ἦν ἐκκλῖναι ἀπ᾽ αὐτῆς δεξιὰν ἢ ἀριστεράν, ἀλλ᾽ ἢ διὰ μέσου αὐτῆς πορεύεσθαι. ⁴⁷καὶ ἀπέκλεισαν αὐτοὺς οἱ ἐκ τῆς πόλεως, καὶ 47 ἐνέφραξαν τὰς πύλας λίθοις. ⁴⁸καὶ ἀπέστειλεν πρὸς αὐτοὺς Ἰούδας 48 λόγοις εἰρηνικοῖς λέγων Διελεύσομαι εἰς τὴν γῆν σου, τοῦ ἀπελθεῖν εἰς τὴν γῆν ἡμῶν· καὶ οὐδεὶς κακοποιήσει ὑμᾶς, πλὴν τοῖς ποσὶν παρελευσόμεθα. καὶ οὐκ ἠβούλοντο ἀνοῖξαι αὐτῷ. ⁴⁹καὶ 49 ἐπέταξεν Ἰούδας κηρύξαι ἐν τῇ παρεμβολῇ τοῦ παρεμβαλεῖν ἕκαστον ἐν ᾧ ἐστιν τόπῳ. ⁵⁰καὶ παρενέβαλον οἱ ἄνδρες τῆς πόλεως, καὶ 50 ἐπολέμησαν τὴν πόλιν ὅλην τὴν ἡμέραν ἐκείνην καὶ ὅλην τὴν νύκτα, καὶ παρεδόθη ἡ πόλις ἐν χερσὶν αὐτοῦ. ⁵¹καὶ ἀπώλεσεν 51 πᾶν ἀρσενικὸν ἐν στόματι ῥομφαίας, καὶ ἐξερίζωσεν αὐτήν, καὶ ἔλαβεν τὰ σκῦλα τῆς πόλεως, καὶ διῆλθεν διὰ τῆς πόλεως ἐπάνω τῶν

ℵV 41 δειλανθη ℵ | παρενβαλη ℵ | διαπε]ρασομεν (sic) A | αυτον]+και δυνησομεθα προς αυτο] ℵ +κ. δ. αυτον V 42 του υδ.] pr εχ ενετειλα V* (improb Vᵃ⁽ᵛⁱᵈ⁾) | ανθρωπον] pr παντα ℵ | παρεμβαλλειν ℵ 43 προς] επ ℵ | προτερος ℵ | om αυτου 1° ℵV | εμπροσθεν] οπισθεν ℵV | αυτου 3°] αυτων ℵ | om παντα 1° ℵ | ερριψαν ℵV | om παντα 2° ℵV | om εν V 44 om εν 1° V | om ουσιν ℵV | om η ℵV | ηδυναντο ℵV 45 τω Γαλααδειτιδι ℵ* (τη Γ. ℵᶜ·ᵃ) 46 αυτπολις V* αυτη π. V¹ | τη εισοδου] της οδου ℵV | ισχυρα] οχυρας (οχυρα ℵᶜ·ᵃV) ℵ | δεξια V | αριστερα Vᵃ 48 απεστειλε Vᵃ] λογους ειρηνικους V | διελευσομεθα ℵV | εις την γην (1°)] δια της γης ℵV | om του ℵ | υμων ℵ* (ημ. ℵᶜ·ᵃ) | αυτω] αυτοις incep ℵ* (-τω ℵ¹) 49 επαταξεν ℵ* (επετ. ℵ¹·ᶜ·ᵇ) | κηρυξαι] pr του ℵ | παρεμβαλαι] πα sup ras Aᵃ | εκαστος V | τροπω ℵ* (τοπ. ℵᶜ·ᵇ) 50 πολεως] δυναμεως ℵV | επολεμησεν ℵ | χερσιν] χιρι ℵ | αυτων V 51 κυλα V* (σκ. V¹) | της πολεως (1°)] αυτης ℵV

614

ΜΑΚΚΑΒΑΙΩΝ Α v 68

52 ἀπεκταμμένων. ⁵²καὶ διέβησαν τὸν Ἰορδάνην εἰς τὸ πεδίον τὸ A
53 μέγα κατὰ πρόσωπον Βαιθσάν. ⁵³καὶ ἦν Ἰούδας ἐπισυνάγων τοὺς
ἐσχατίζοντας καὶ παρακαλῶν τὸν λαὸν κατὰ πᾶσαν τὴν ὁδόν, ἕως
54 ἦλθεν εἰς γῆν Ἰούδα. ⁵⁴καὶ ἀνέβησαν εἰς τὸ ὄρος Σιὼν ἐν εὐφρο-
σύνῃ καὶ χαρᾷ· καὶ προσήγαγον ὁλοκαυτώματα, ὅτι οὐκ ἔπεσεν ἐξ
αὐτῶν οὐθεὶς ἕως τοῦ ἐπιστρέψαι ἐν εἰρήνῃ.

55 ⁵⁵Καὶ ἐν ταῖς ἡμέραις αἷς ἦν Ἰούδας καὶ Ἰωναθὰν ἐν τῇ Γαλαάδ,
καὶ Σίμων ὁ ἀδελφὸς αὐτοῦ ἐν τῇ Γαλιλαίᾳ κατὰ πρόσωπον Πτολε-
56 μαΐδος, ⁵⁶ἤκουσεν Ἰωσὴφ ὁ τοῦ Ζαχαρία καὶ Ζαχαρίας ἄρχοντες τῶν
57 δυνάμεων τῶν ἀνδραγαθέσεων καὶ τοῦ πολέμου οἷα ἐποίησαν· ⁵⁷καὶ
εἶπαν Ποιήσομεν καὶ αὐτοὶ ἑαυτοῖς ὄνομα, καὶ πορευθῶμεν πολεμῆσαι
58 πρὸς τὰ ἔθνη τὰ κύκλῳ ἡμῶν. ⁵⁸καὶ παρήγγειλαν τοῖς ἀπὸ τῆς
59 δυνάμεως τῆς μετ' αὐτῶν, καὶ ἐπορεύθησαν ἐπὶ Ἰαμνίαν. ⁵⁹καὶ
ἐξῆλθεν Γοργίας ἐκ τῆς πόλεως, καὶ οἱ ἄνδρες αὐτοῦ εἰς συνάντησιν
60 αὐτοῖς εἰς πόλεμον. ⁶⁰καὶ ἐτροπώθη Ἰώσηφος καὶ Ἀζαρίας, καὶ
ἐδιώχθησαν ἕως τῶν ὁρίων τῆς Ἰουδαίας· καὶ ἔπεσον ἐν τῇ ἡμέρᾳ
61 ἐκείνῃ ἐκ τοῦ λαοῦ τοῦ Ἰσραὴλ εἰς δισχιλίους ἄνδρας· ⁶¹καὶ ἐγενήθη
τροπὴ μεγάλη ἐν τῷ λαῷ, ὅτι οὐκ ἤκουσαν Ἰούδου καὶ τῶν ἀδελφῶν
62 αὐτοῦ, οἰόμενοι ἀνδραγαθῆσαι αὐτόν. ⁶²αὐτοὶ δὲ οὐκ ἦσαν ἐκ τοῦ
σπέρματος τῶν ἀνδρῶν ἐκείνων, οἷς ἐδόθη σωτηρία Ἰσραὴλ διὰ χειρὸς
63 αὐτῶν. ⁶³καὶ ὁ ἀνὴρ Ἰούδας καὶ οἱ ἀδελφοὶ αὐτοῦ ἐδοξάσθησαν
σφόδρα ἐναντίον παντὸς Ἰσραὴλ καὶ τῶν ἐθνῶν πάντων, οὗ ἠκού-
64 ετο τὸ ὄνομα αὐτῶν· ⁶⁴καὶ ἐπισυνήγοντο πρὸς αὐτοὺς εὐφη-
65 μοῦντες. ⁶⁵Καὶ ἐξῆλθεν Ἰούδας καὶ οἱ ἀδελφοὶ αὐτοῦ, καὶ
ἐπολέμουν τοὺς υἱοὺς Ἠσαῦ ἐν τῇ γῇ τῇ πρὸς νότον, καὶ ἐπάταξεν
τὴν Χεβρὼν καὶ τὰς θυγατέρας αὐτῆς· καὶ καθεῖλεν τὸ ὀχύρωμα αὐτῆς,
66 καὶ τοὺς πύργους αὐτῆς ἐνεπύρισεν κυκλόθεν. ⁶⁶καὶ ἀπῆρεν τοῦ
πορευθῆναι εἰς γῆν ἀλλοφύλων, καὶ διεπορεύετο τὴν Σαμαρίαν.
67 ⁶⁷ἐν τῇ ἡμέρᾳ ἐκείνῃ ἔπεσαν ἱερεῖς πολέμῳ βουλομένου αὐτοῦ ἀν-
68 δραγαθῆσαι, ἐν τῷ αὐτὸν ἐξελθεῖν εἰς τὸν πόλεμον ἀβουλεύτως. ⁶⁸καὶ

51 απεκταμμενων ℵ -κταμ. V* (-κταμμ. Vᵃ)   54 το οροs] om το ℵ* (hab ℵV
ℵᶜ·ᵃ) V   55 αιs] pr εν ℵ | τη 1°] γη ℵV   56 Ζαχαριου ℵV | Ζαχαριαs]
Αζαριαs V | της δυναμεως ℵ της δυναμεις μετ αυτων V | ανδραγαθιων ℵV¹(vid)
57 ειπον ℵV | ποιησωμεν ℵV | εαυτουs A* (ι sup ras Aᵃ) | om και 3° ℵ | om πολε-
μησαι V   58 παρηγγειλεν ℵ (-γιλ.) V | Αμνειαν ℵ* Ιαμνειαν ℵᶜ·ᵃ   59 αυτου]
pr οι μετ V | εις συναντ. αυτ. εις πολ.] και ιστησιν αυτω πολ. V   60 ετρο-
πωθης (sic) A | Ιωσηφοs] Ιωσηφ ωs ℵ*ᵛⁱᵈ Ιωσηποs ℵᶜ·ᵃ | om τον λαου V | τον
2°] om ℵ σου A   61 λαω] Ιηλ ℵᶜ·ᵃ | Ιουδα ℵV | οιομενοιs Vᵃ | om αυτον ℵV
62 αυτοι] ουται V | αυτοι δε ουκ ησαν] εκ sup ras et in mg Aᵃ   63 εναντι ℵ |
om αυτων ℵ* (hab ℵᶜ·ᵃ)   65 om αυτου ℵ* (hab ℵᶜ·ᵇ(ᵛⁱᵈ)) | τη προς] om τη ℵ*
(hab ℵᶜ·ᵃ) V | τα οχυρωματα ℵV   66 Σαμαρειαν V   67 επεσον ℵV | πολεμω]
pr εν ℵ | βουλομενοι ℵ* (-νου ℵᶜ·ᵃ) | αυτου] του V | τον πολεμον] om τον ℵ

615

ΜΑΚΚΑΒΑΙΩΝ Α

A ἐξέκλινεν Ἰούδας εἰς Ἄζωτον γῆν ἀλλοφύλων, καὶ καθεῖλεν τοὺς βωμοὺς αὐτῶν, καὶ τὰ γλυπτὰ τῶν θεῶν αὐτῶν κατέκαυσεν, καὶ ἐσκύλευσεν τὰ σκῦλα τῶν πόλεων, καὶ ἐπέστρεψεν εἰς τὴν Ἰουδαίαν.

¹Καὶ ὁ βασιλεὺς Ἀντίοχος διεπορεύετο τὰς ἐπάνω χώρας, καὶ ι VI ἤκουσεν ὅτι ἐστὶν ἐν Ἐλύμαις ἐν τῇ Περσίδι πόλις ἔνδοξος πλούτῳ, ἀργυρίῳ, καὶ χρυσίῳ· ²καὶ τὸ ἱερὸν τὸ ἐν αὐτῇ πλούσιον σφόδρα, 2 καὶ ἐκεῖ καλύμματα χρυσᾶ, καὶ θώρακες καὶ ὅπλα, ἃ κατέλειπεν ἐκεῖ Ἀλέξανδρος ὁ τοῦ Φιλίππου ὁ βασιλεὺς ὁ Μακεδών, ὃς ἐβασίλευσεν τοῖς Ἕλλησι πρῶτος. ³καὶ ἦλθεν καὶ ἐζήτει κατα- 3 λαβεῖν τὴν πόλιν καὶ προνομεῦσαι αὐτήν, καὶ οὐκ ἠδυνάσθη, ὅτι ἐγνώσθη ὁ λόγος τοῖς ἐκ τῆς πόλεως. ⁴καὶ ἀνέστησαν αὐτῷ εἰς 4 πόλεμον, καὶ ἔφυγεν καὶ ἀπῆλθεν ἐκεῖθεν μετὰ λύπης μεγάλης ἀποστρέψαι εἰς Βαβυλῶνα. ⁵καὶ ἦλθεν ἀπαγγέλλων τις αὐτῷ εἰς τὴν 5 Περσίδα, ὅτι τετρόπωνται αἱ παρεμβολαὶ αἱ πορευθεῖσαι εἰς γῆν Ἰούδα· ⁶καὶ ἐπορεύθη Λυσίας δυνάμει ἰσχυρᾷ ἐν πρώτοις καὶ ἀνε- 6 τράπη ἀπὸ προσώπου αὐτῶν, καὶ ἐπίσχυσαν ὅπλοις οἷς ἔλαβον ἀπὸ τῶν παρεμβολῶν ὧν ἐξέκοψαν· ⁷καὶ καθεῖλαν τὸ βδέλυγμα ὃ 7 ᾠκοδόμησεν ἐπὶ τὸ θυσιαστήριον τὸ ἐν Ἱερουσαλήμ, καὶ τὸ ἁγίασμα καθὼς τὸ πρότερον ἐκύκλωσαν τείχεσιν ὑψηλοῖς, καὶ τὴν Βεθσουρὰ πόλιν αὐτοῦ. ⁸καὶ ἐγένετο ὡς ἤκουσεν ὁ βασιλεὺς τοὺς λόγους 8 τούτους, ἐθαμβήθη καὶ ἐσαλεύθη σφόδρα· καὶ ἔπεσεν ἐπὶ τὴν κοίτην, καὶ ἐνέπεσεν εἰς ἀρρωστίαν ἀπὸ τῆς λύπης, ὅτι οὐκ ἐγένετο αὐτῷ καθὼς ἐνεθυμεῖτο. ⁹καὶ ἦν ἐκεῖ ἡμέρας πλείους, ὅτι ἀνεκαινίσθη 9 ἐπ' αὐτὸν λύπη μεγάλη, καὶ ἐλογίσατο ὅτι ἀποθνήσκει. ¹⁰καὶ ἐκά- 10 λεσεν πάντας τοὺς φίλους αὐτοῦ, καὶ εἶπεν πρὸς αὐτούς Ἀφίσταται ἀπὸ τῶν ὀφθαλμῶν μου ὁ ὕπνος, καὶ συνπέπτωκα τῇ καρδίᾳ ἀπὸ τῆς μερίμνης. ¹¹καὶ εἶπα τῇ καρδίᾳ Ἕως τίνος θλίψεως ἦλθον καὶ 11 κλύδωνος μεγάλου, ἐν ᾧ νῦν εἰμι; ὅτι χρηστὸς καὶ ἀγαπώμενος ἤμην

ℵV   68 om και 2° ℵ* (hab ℵ^c.a) | κατεκαυσεν] και κατεκ. πυρι ℵ | την Ιουδαιαν] γην Ιουδα ℵV   VI 1 Ελυμαις (-μες A)] Λυμαις ℵV   2 εκει 1°] εχει ℵ | κατελιπεν ℵ | Μακεδων os] Μακαιδωνων ℵ* (-νων os ℵ¹) Μακαιδωνος· A Μακεδονων os V | βασιλευσεν ℵ* (εβ. ℵ¹) | τοις Ελλησι πρωτος] πρωτος εν αυτοις ℵ πρ. εν τοις Ελλ. V   3 καταλαβεσθαι ℵV | ηδυνηθη V | εγνωσθη] pr ουκ ℵ* (improb ℵ^c.a)   4 ανεστησαν] αντεστησαν ℵ | απηλθεν] απηρεν ℵV   5 τις απαγγελλων ℵ τις απαγγελων V | om αυτω ℵ | γην] την ℵ 6 δυναμει] pr εν V | ενετραπη ℵV | ενισχυσαν ℵ | οπλοις]+και δυναμει και σκυλοις πολλοις ℵV | οις] οι ℵ | ων] ℵ ℵ   7 καθειλον ℵV | ο] και ℵ | ωκοδομησεν] ωκοδομουν ℵ ωκοδομησαν V | καθως] και ℵ* (καθως ℵ^c.a) | Βεθσουρα] Βαιθσουραψ ℵV | om πολιν αυτου ℵ* (hab ℵ^c.a)   8 κοιτην]+αυτου V | ενεπεσεν] επεσεν ℵ   10 ο υπνος απο των οφθαλμων μου ℵV | απο της μεριμνης τη καρδια ℵ om τη καρδ. V   11 ηλθα ℵ

ΜΑΚΚΑΒΑΙΩΝ Α VI 26

12 ἐν τῇ ἐξουσίᾳ μου. ¹²νῦν δὲ μνήσκομαι τῶν κακῶν ὧν ἐποίησα ἐν Α Ἰερουσαλήμ· καὶ ἔλαβον πάντα τὰ σκεύη τὰ ἀργυρᾶ καὶ τὰ χρυσᾶ τὰ ἐν αὐτῇ, καὶ ἐξαπέστειλα τοῦ ἐξᾶραι τοὺς κατοικοῦντας Ἰούδα 13 διὰ κενῆς. ¹³ ἔγνων ὅτι χάριν τούτων εὑρόν με τὰ κακὰ ταῦτα· καὶ 14 ἰδοὺ ἀπόλλυμαι λύπῃ μεγάλῃ ἐν γῇ ἀλλοτρίᾳ. ¹⁴ καὶ ἐκάλεσεν Φίλιππον ἕνα τῶν φίλων αὐτοῦ, καὶ κατέστησεν αὐτὸν ἐπὶ πάσης τῆς 15 βασιλείας αὐτοῦ. ¹⁵ καὶ ἔδωκεν αὐτῷ τὸ διάδημα καὶ τὴν στολὴν αὐτοῦ καὶ τὸν δακτύλιον, τοῦ ἀγαγεῖν Ἀντίοχον τὸν υἱὸν αὐτοῦ καὶ 16 ἐκθρέψαι αὐτὸν τοῦ βασιλεύειν. ¹⁶ καὶ ἀπέθανεν ἐκεῖ Ἀντίοχος 17 ὁ βασιλεύς, ἔτους ἐνάτου καὶ τεσσερακοστοῦ καὶ ἑκατοστοῦ. ¹⁷ καὶ ἐπέγνω Λυσίας ὅτι τέθνηκεν ὁ βασιλεύς, καὶ κατέστησεν βασιλεύειν Ἀντίοχον τὸν υἱὸν αὐτοῦ ἀντ' αὐτοῦ ὃν ἐξέθρεψεν νεώτερον, καὶ 18 ἐκάλεσεν τὸ ὄνομα αὐτοῦ Εὐπάτωρ. ¹⁸ Καὶ οἱ ἐκ τῆς ἄκρας ἦσαν συγκλείοντες τὸν Ἰσραὴλ κύκλῳ τῶν ἁγίων, καὶ ζητοῦντες κακὰ 19 δι' ὅλου καὶ στήριγμα τοῖς ἔθνεσιν. ¹⁹ καὶ ἐλογίσατο Ἰούδας ἐξᾶραι αὐτούς· καὶ ἐξεκκλησίασεν πάντα τὸν λαὸν τοῦ περικαθίσαι ἐπ' αὐ-20 τοὺς ²⁰ ἔτους πεντηκοστοῦ καὶ ἑκατοστοῦ· καὶ ἐποίησεν ἐπ' αὐτοὺς 21 βελοστασίας καὶ μηχανάς. ²¹ καὶ ἐξῆλθον ἐξ αὐτοῦ ἐκ τοῦ συν-κλεισμοῦ, καὶ ἐκολλήθησαν αὐτοῖς τινὲς τῶν ἀσεβῶν ἐξ Ἰσραήλ. 22 ²²καὶ ἐπορεύθησαν πρὸς τὸν βασιλέα καὶ εἶπαν Ἕως πότε οὐ ποιήσεις 23 κρίσιν, καὶ ἐκδικήσεις τοὺς ἀδελφοὺς ἡμῶν; ²³ ἡμεῖς εὐδοκοῦμεν δουλεύειν τῷ πατρί σου, καὶ πορεύεσθαι τοῖς ὑπ' αὐτοῦ λεγομένοις, 24 καὶ κατακολουθεῖν τοῖς προστάγμασιν αὐτοῦ· ²⁴ ὅτι οἱ τοῦ λαοῦ ἡμῶν χάριν τούτου ἠλλοτριοῦντο ἀφ' ἡμῶν· πλὴν ὅσοι εὑρίσκοντο ἀφ' ἡμῶν 25 ἐθανατοῦντο, καὶ αἱ κληρονομίαι ἡμῶν διηρπάζοντο. ²⁵ καὶ οὐκ ἐφ' ἡμᾶς 26 μόνον ἐξέτειναν χεῖρα, ἀλλὰ καὶ ἐπὶ πάντα τὰ ὅρια αὐτῶν. ²⁶ καὶ ἰδοὺ παρεμβεβλήκασι σήμερον ἐπὶ τὴν ἄκραν ἐν Ἰερουσαλήμ, τοῦ καταλαβέσθαι αὐτὴν καὶ τὸ ἁγίασμα, καὶ τὴν Βεθσούραν ὀχύρωσαν.

12 μιμνησκομαι V | ων εποιησα κακων ℵ | om τα 1° V | om του ℵV ℵV 13 εγνων]+ουν ℵc.a | ευρεν ℵV 14 φιλων] δουλων V 15 βασιλευειν] pr μη Α 16 εκατου...εκατοστου] θ' και μ' και ρ' ℵ 17 om και 1° ℵ* (hab ℵc.a) | om αντ αυτου ℵ 18 συνκλιοντες ℵ | στηριγμα ℵV 19 εξ-εκκλησιασε ℵ | του περικαθισαι]om του V 20 ετους] pr και συνηχθησα| αμα και περιεκαθισαν επ αυτην (αυτους V) ℵc.a V | πεντηκοστου] ν' ℵ | εποιησαν V | om επ αυτους ℵ* (hab ℵc.a) V | βελοστασεις ℵV | om και 3° ℵ* (hab ℵc.a) 21 αυτου] αυτων ℵV | Ισραηλ] ιηλμ ℵ 22 ειπον V | ποιηση ℵ* (-σεις ℵc.a, c.b) 23 τοις προστ.] pr εν V 24 οτι οι (ου A)] και περιεκα-θη|το επ αυτον (αυτην ℵc.b V) οι υιοι ℵV | ηλλοτριουντο (-τριωνται ℵc.a)] pr και ℵV | πλην οσοι ευρισκοντο αφ ημων] και ℵ* (πλην οσοι ηυρ. αφ ημ. ℵc.a) | om διηρπαζοντο ℵ* (hab ℵc.a) 26 παρεμβεβληκασιν V | ακρασιᾱ| ℵ* (ακραν ℵc.a) | om και το αγιασμα V | Βαιθσουρα ℵ Βαιθσουραν V | ωχυρασαν ℵ ωχυρωσαν V

617

Α ²⁷καὶ ἐὰν μὴ προκαταλάβῃ αὐτοὺς διὰ τάχους, μείζονα τούτων ποιή- 27 σουσιν, καὶ οὐ δυνήσει τοῦ κατασχεῖν αὐτῶν. ²⁸Καὶ ὠργίσθη ὁ 28 βασιλεύς, ὅτε ἤκουσεν· καὶ συνήγαγεν πάντας τοὺς φίλους αὐτοῦ, ἄρχοντας δυνάμεως αὐτοῦ, καὶ τοὺς ἐπὶ τῶν ἡνιῶν· ²⁹καὶ ἀπὸ 29 βασιλέων ἑτέρων καὶ ἀπὸ νήσων θαλασσῶν ἦλθον πρὸς αὐτὸν δυνάμεις μισθωταί. ³⁰καὶ ἦν ὁ ἀριθμὸς τῶν δυνάμεων αὐτοῦ ἑκατὸν 30 χιλιάδες πεζῶν, καὶ εἴκοσι χιλιάδες τῶν ἵππων, καὶ ἐλέφαντες δύο καὶ τριάκοντα εἰδότες πόλεμον. ³¹καὶ ἤλθοσαν διὰ τῆς Ἰδουμαίας, καὶ 31 παρενέβαλοσαν ἐπὶ Βεθσουρά, καὶ ἐπολέμησαν ἐπὶ ἡμέρας πολλάς, καὶ ἐποίησαν μηχανάς· καὶ ἐξῆλθον καὶ ἐνεπύρισαν αὐτοὺς ἐν πυρί, καὶ ἐπολέμησαν ἀνδρωδῶς. ³²καὶ ἀπῆρεν Ἰούδας ἀπὸ τῆς ἄκρας, 32 καὶ παρενέβαλεν εἰς Βεθζαχαριά, ἀπέναντι τῆς παρεμβολῆς τοῦ βασιλέως. ³³καὶ ὤρθρισεν ὁ βασιλεὺς τὸ πρωί, καὶ ἀπῆρεν τὴν 33 παρεμβολὴν ἐν ὁρμήματι αὐτῆς κατὰ τὴν ὁδὸν Βεθζαχαριά, καὶ διεσκευάσθησαν αἱ δυνάμεις εἰς τὸν πόλεμον, καὶ ἐσάλπισαν ταῖς σάλπιγξιν. ³⁴καὶ τοῖς ἐλέφανσιν ἔδειξαν αἷμα σταφυλῆς καὶ μόρων, 34 τοῦ παραστῆσαι αὐτοὺς εἰς τὸν πόλεμον. ³⁵καὶ διεῖλον τὰ θηρία εἰς 35 τὰς φάλαγγας, καὶ παρέστησαν ἐφ᾽ ἑκάστῳ ἐλέφαντι χιλίους ἄνδρας τεθωρακισμένους ἐν ἁλυσιδωτοῖς, καὶ περικεφαλαίαι χαλκαῖ ἐπὶ τῶν κεφαλῶν αὐτῶν, καὶ πεντακοσία ἵππος διατεταγμένη ἑκάστῳ θηρίῳ ἐκλελεγμένη. ³⁶οὗτοι πρὸ καιροῦ, οὗ ἂν ᾖ τὸ θηρίον, ἦσαν· καὶ οὗ 36 ἂν ἐπορεύετο, ἐπορεύοντο ἅμα, οὐκ ἀφίσταντο ἐπ᾽ αὐτοῦ. ³⁷καὶ 37 πύργοι ξύλινοι ἐπ᾽ αὐτοὺς ὀχυροὶ σκεπαζόμενοι, ἐφ᾽ ἑκάστου θηρίου, ἐζωσμένοι ἐπ᾽ αὐτοὺς μηχαναῖς· καὶ ἐφ᾽ ἑκάστου ἄνδρες δύο καὶ τριάκοντα οἱ πολεμοῦντες ἐπ᾽ αὐτούς, καὶ ὁ Ἰνδὸς αὐτοῦ. ³⁸καὶ τὴν 38 ἐπίλοιπον ἵππον ἔνθεν καὶ ἔνθεν ἔστησεν ἐπὶ τὰ δύο μέρη τῆς παρεμβολῆς, κατασείοντες καὶ καταφρασσόμενοι ἐν ταῖς φάλαγξιν. Ἀ 39 39ὡς δὲ ἔστιλβεν ὁ ἥλιος ἐπὶ τὰς χρυσᾶς ἀσπίδας, ἔστιλβεν τὰ ὄρη 40 ἀπ' αὐτῶν, καὶ κατηύγαζεν ὡς λαμπάδες πυρός. 40καὶ ἐξετάθη μέρος τι τῆς παρεμβολῆς τοῦ βασιλέως ἐπὶ τὰ ὑψηλὰ ὄρη, καί τινες ἐπὶ τὰ 41 ταπεινά· καὶ ἤρχοντο ἀσφαλῶς καὶ τεταγμένως. 41καὶ ἐσαλεύοντο πάντες οἱ ἀκούοντες φωνῆς πλήθους αὐτῶν καὶ ὁδοιπορίας τοῦ πλήθους καὶ συνκρουσμοὺς τῶν ὅπλων· ἦν γὰρ ἡ παρεμβολὴ μεγάλη 42 σφόδρα καὶ ἰσχυρά. 42καὶ ἤγγισεν Ἰούδας καὶ ἡ παρεμβολὴ αὐτοῦ εἰς παράταξιν, καὶ ἔπεσαν ἀπὸ τῆς παρεμβολῆς τοῦ βασιλέως ἑξακόσιοι 43 ἄνδρες. 43καὶ εἶδεν Ἐλεάζαρ ὁ Σαυαρὰν ἐν τῶν θηρίων τεθωρακισμένον θώρακιν βασιλικοῖς, καὶ ἦν ὑπεράγον πάντα τὰ θηρία, καὶ 44 ὤφθη ὅτι ἐν αὐτῷ ἐστιν ὁ βασιλεύς. 44καὶ ἔδωκεν ἑαυτὸν τοῦ σῶσαι 45 τὸν λαὸν αὐτοῦ, καὶ περιποιῆσαι αὐτῷ ὄνομα αἰώνιον. 45καὶ ἐπέδραμεν αὐτῷ θράσει εἰς μέσον τῆς φάλαγγος, καὶ ἐθανάτου δεξιὰ καὶ 46 εὐώνυμα, καὶ ἐσχίζοντο ἀπ' αὐτοῦ ἔνθα καὶ ἔνθα. 46καὶ εἰσέδυ ὑπὸ τὸν ἐλέφαντα, καὶ ὑπέθηκεν αὐτῷ καὶ ἀνεῖλεν αὐτόν· καὶ ἔπεσεν ἐπὶ 47 τὴν γῆν ἐπάνω αὐτοῦ, καὶ ἀπέθανεν ἐκεῖ. 47καὶ εἶδον τὴν ἰσχὺν τῆς βασιλείας καὶ τὰ ὁρμήματα τῶν δυνάμεων, καὶ ἐξέκλιναν ἀπ' αὐ- 48 τῶν. 48Καὶ ἐκ τῆς παρεμβολῆς τοῦ βασιλέως ἀνέβεννον εἰς συνάντησιν αὐτῶν εἰς Ἰερουσαλήμ, καὶ παρενέβαλεν ὁ βασιλεὺς εἰς 49 τὴν Ἰουδαίαν καὶ εἰς τὸ ὄρος Σιών. 49καὶ ἐποίησεν μετὰ τῶν ἐκ Βεθσούρων· καὶ ἐξῆλθεν ἐκ τῆς πόλεως, ὅτι οὐκ ἦν αὐτοῖς ἐκεῖ διατροφὴ 50 τοῦ συνκεκλεῖσθαι ἐν αὐτῇ, ὅτι σάββατον ἦν τῇ γῇ. 50καὶ κατελάβετο ὁ βασιλεὺς τὴν Βεθσούραν, καὶ ἐπέταξεν ἐκεῖ φρουρὰν τηρεῖν αὐτήν. 51 51καὶ παρενέβαλεν ἐπὶ τὸ ἁγίασμα ἡμέρας πολλάς, καὶ ἔστησεν ἐκεῖ βελοστάσεις καὶ μηχανὰς καὶ πυροβόλα καὶ λιθοβόλα καὶ σκορπίδια 52 εἰς τὸ βάλλεσθαι βέλη καὶ σφενδόνας. 52καὶ ἐποίησαν καὶ αὐτοὶ μηχανὰς πρὸς τὰς μηχανὰς αὐτῶν, καὶ ἐπολέμησαν ἡμέρας πολλάς.

38 φαραγξιν V   39 χρυσας] + χαλκας και ℵ* + ҕ χαλκας ℵc.a V | απ] ℵV υπ ℵ* (απ ℵc.a)   39—40 om πυρος και εξεταθη μερος τι της ℵ* (hab ℵc.a) 40 om υψηλα ℵ* (hab ℵc.a, c.b)   41 φωνης] pr της ℵ | και συνκρουσμους] συνκρουσμου ℵ*V (συγκρ.) και συνκρουσμου ℵc.a | om σφοδρα V   42 επεσον ℵ   43 Ελεαζαρος ο Αυραν (Αυαραν V) ℵV | υπεραγων ℵV | ωφθη] ωηθη ℵ   44 αυτω] εαυτω ℵV   45 απεδραμεν ℵ* (επεδρ. ℵ¹) | φαραγγος A | εθανατοῦ ℵc.a (vid) | δεξιαν ℵ* (improb ν ℵc.a) | απ] επ V 47 ειδον] ιδοντες ℵ* (ιδεν correcturus erat ℵc.a) | των δυναμεων το ορμημα το ορμ. τ. δ. V | om και 3° ℵ | εξεκλινεν ℵ* (-ναν ℵc.a)   48 και 1°] οι δε ℵV | ανεβαινον ℵVa (αναιβ. V*)   49 εποιησεν]+ειρηνην ℵV | Βαιθσουρων V | συνκεκλ.] εγκεκλ. V   50 Βαιθσουραν ℵV | επαταξεν A 51 βελοστασιας ℵ | om και λιθοβολα V | βαλεσθαι V   52 om πολλας ℵV

ΜΑΚΚΑΒΑΙΩΝ Α

A ⁵³βρώματα δὲ οὐκ ἦν ἐν τοῖς ἁγίοις, διὰ τὸ ἕβδομον ἔτος εἶναι, καὶ οἱ 53 ἀνασῳζόμενοι εἰς τὴν Ἰουδαίαν ἀπὸ τῶν ἐθνῶν κατέφαγον τὸ ὑπόλιμμα τῆς παραθέσεως· ⁵⁴καὶ ὑπελείφθησαν ἐν τοῖς ἁγίοις ἄνδρες 54 ὀλίγοι, ὅτι κατεκράτησεν αὐτῶν ὁ λιμός· καὶ ἐσκορπίσθησαν ἕκαστος εἰς τὸν τόπον αὐτοῦ. ⁵⁵Καὶ ἤκουσεν Λυσίας ὅτι Φίλιππος, ὃν 55 κατέστησεν ὁ βασιλεὺς Ἀντίοχος ἔτι ζῶντος αὐτοῦ ἐκθρέψαι Ἀντίοχον τὸν υἱὸν αὐτοῦ εἰς τὸ βασιλεῦσαι αὐτόν, ⁵⁶ἀπέστρεψεν ἀπὸ 56 τῆς Περσίδος καὶ Μηδίας, καὶ αἱ δυνάμεις αἱ πορευθεῖσαι τοῦ βασιλέως μετ᾽ αὐτοῦ, καὶ ὅτι ζητεῖ παραλαβεῖν τὰ τῶν πραγμάτων. ⁵⁷καὶ κατέσπευδον καὶ ἐπενύσσοντο τοῦ ἀπελθεῖν· καὶ εἶπεν πρὸς 57 τὸν βασιλέα καὶ τοὺς ἡγεμόνας τῆς δυνάμεως καὶ τοὺς ἄνδρας Ἐκλείπομεν καθ᾽ ἡμέραν, καὶ ἡ τροφὴ ἡμῖν ὀλίγη, καὶ ὁ τόπος, οὗ παρεμβάλλομεν, ἐστὶν ὀχυρός, καὶ ἐπίκειται ἡμῖν τὰ τῆς βασιλείας. ⁵⁸νῦν οὖν δῶμεν δεξιὰν τοῖς ἀνθρώποις τούτοις, καὶ 58 ποιήσωμεν μετ᾽ αὐτῶν εἰρήνην, καὶ μετὰ παντὸς ἔθνους αὐτῶν· ⁵⁹καὶ στήσωμεν αὐτοῖς τοῦ πορεύεσθαι τοῖς νομίμοις αὐτῶν, ὡς 59 τὸ πρότερον· χάριν γὰρ τῶν νομίμων αὐτῶν, ὧν διεσκεδάσαμεν, ὠργίσθησαν καὶ ἐποίησαν ταῦτα πάντα. ⁶⁰καὶ ἤρεσεν ὁ λόγος 60 ἐναντίον τοῦ βασιλέως καὶ τῶν ἀρχόντων, καὶ ἀπέστειλεν πρὸς αὐτοὺς εἰρηνεῦσαι, καὶ ἐπεδέξαντο. ⁶¹καὶ ὤμοσεν αὐτοῖς ὁ βασιλεὺς καὶ οἱ 61 ἄρχοντες ἐπὶ τούτοις· ἐξῆλθεν ἐκ τοῦ ὀχυρώματος, ⁶²καὶ εἰσῆλθεν 62 ὁ βασιλεὺς εἰς τὸ ὄρος Σιών, καὶ ἴδεν τὸ ὀχύρωμα τοῦ τόπου· καὶ ἠθέτησεν τὸν ὁρκισμὸν ὃν ὤμοσεν, καὶ ἐνετείλατο καὶ καθεῖλεν τὸ τεῖχος κυκλόθεν. ⁶³καὶ ἀπῆραν κατὰ σπουδὴν καὶ ἀπέστρεψεν εἰς 63 Ἀντιοχίαν, καὶ εὗρεν Φίλιππον κυριεύοντα τῆς πόλεως, καὶ ἐπολέμησεν πρὸς αὐτόν, καὶ κατελάβετο τὴν πόλιν βίᾳ.

¹Ἔτους ἑνὸς καὶ πεντηκοστοῦ ἐξῆλθεν Δημήτριος ὁ τοῦ Σελεύκου 1 VII ἐκ Ῥώμης, καὶ ἀνέβη σὺν ἀνδράσιν ὀλίγοις εἰς πόλιν παραθαλασσίαν,

ℵV 53 αγιοις] αγειοις V* αγγ. V¹ 55 υιον] incep β ℵ* (improb ℵ¹) 56 Μηδειας ℵVᵃ | αι δυναμεις] δυναμις ℵ | του βασ.] pr μετα ℵV | πραγματων] προσταγματων ℵ* (πραγμ. ℵᶜ) 57 κατεσπευδεν ℵ | επενυσσοντο] επενευσεν ℵ επενευσαν V | τους ανδρας] pr προς ℵᶜ ! ημιν 1°] ημων V | οχυρος] ισχυρος ℵ | επικεινται V | βασιλιας ℵ 58 om μετ αυτων ℵ | εθνους] pr του V | αυτων 2°] αυτου A 59 στησομεν ℵ | αυτοις] αυτους ℵ | ως] ων ℵ* (s superscr ℵ¹) | om αυτων 2° V | παντα ταυτα V 60 απεστειλαν V | επεδεξατο A 61 ωμολογησεν ℵ* (ωμοσεν ℵᶜ) | εξηλθον ℵV 62 εισηλθον ℵ* (-λθεν ℵᶜ) | το ορος] om το ℵV | ειδεν ℵ -δε Vᵃ | ορισμον ℵ* (ορκ. ℵᶜ·ᵃ) και καθειλεν] καθελειν ℵV 63 απηρεν ℵ επηρεν V | Αντιοχειαν Vᵃ VII 1 ενος και πεντηκοστου] α' και ρ' και ν' ℵ πρωτου κ. πεντ. κ] εκατοστον V | εξηλθεν] pr και ℵV | ο του Σελ.] om ο ℵ* (hab ℵᶜ·ᵃ) | συν ανδ. ολ. εις π. παραθ.] εν ανδρ. εν ολιγ. παρα θαλασσαν ℵ* συν ανδρ. ολιγ. παρα θ. ℵᶜ·ᵃ (παραθαλασσιαν ℵ¹ᶜ·ᵇ⁾)

2 καὶ ἐβασίλευσεν ἐκεῖ. ²καὶ ἐγένετο ὡς εἰσεπορεύετο εἰς οἶκον βασι- A
λείας πατέρων αὐτοῦ, συνέλαβον αἱ δυνάμεις τὸν Ἀντίοχον καὶ τὸν
3 Λυσίαν ἀγαγεῖν αὐτοὺς αὐτῷ. ³καὶ ἐγνώσθη αὐτῷ τὸ πρᾶγμα καὶ
4 εἶπεν Μή μοι δείξητε τὰ πρόσωπα αὐτῶν. ⁴καὶ ἀπέκτειναν αὐτοὺς αἱ
5 δυνάμεις, καὶ ἐκάθισεν Δημήτριος ἐπὶ θρόνου βασιλείας αὐτοῦ. ⁵καὶ
ἦλθον πρὸς αὐτὸν πάντες ἄνδρες ἄνομοι καὶ ἀσεβεῖς ἐξ Ἰσραήλ, καὶ
6 Ἄλκιμος ἡγεῖται αὐτῶν βουλόμενος ἱερατεύειν. ⁶καὶ κατηγόρησαν τοῦ
λαοῦ πρὸς τὸν βασιλέα, λέγοντες Ἀπώλεσεν Ἰούδας καὶ οἱ ἀδελφοὶ
αὐτοῦ πάντας τοὺς φίλους σου, καὶ ἡμᾶς ἐσκόρπισεν ἀπὸ τῆς γῆς
7 ἡμῶν. ⁷νῦν οὖν ἀπόστειλον ἄνδρα ᾧ πιστεύεις, καὶ πορευθεὶς ἰδέτω
τὴν ἐξολέθρευσιν ἅπασαν ἣν ἐποίησεν ἡμῖν καὶ τῇ χώρᾳ τοῦ
βασιλέως, καὶ ἐκολάσατο αὐτοὺς καὶ πάντας τοὺς ἐπιβοηθοῦντας
8 αὐτοῖς. ⁸Καὶ ἐπέλεξεν ὁ βασιλεὺς τὸν Βακχίδην τῶν φίλων
τοῦ βασιλέως κυριεύοντα ἐν τῷ πέραν τοῦ ποταμοῦ καὶ μέγαν ἐν τῇ
9 βασιλείᾳ καὶ πιστὸν τῷ βασιλεῖ· ⁹καὶ ἀπέστειλεν αὐτὸν καὶ Ἄλκι-
μον τὸν ἀσεβῆ, καὶ ἔστησαν αὐτῷ τὴν ἱερωσύνην, καὶ ἐνετείλατο αὐτῷ
10 ποιῆσαι τὴν ἐκδίκησιν ἐν τοῖς υἱοῖς Ἰσραήλ. ¹⁰καὶ ἀπῆλθεν καὶ ἦλθεν
μετὰ δυνάμεως πολλῆς εἰς γῆν Ἰούδα· καὶ ἀπέστειλεν ἀγγέλους πρὸς
Ἰούδαν καὶ πρὸς τοὺς ἀδελφοὺς αὐτοῦ λόγοις εἰρηνικοῖς μετὰ δόλου.
11 ¹¹καὶ οὐ προσεῖχον τοῖς λόγοις αὐτῶν· ἴδον γὰρ ὅτι ἦλθον μετὰ
12 δυνάμεως πολλῆς. ¹²καὶ ἐπισυνήχθησαν πρὸς Ἄλκιμον καὶ Βακχίδην
13 συναγωγὴ γραμματέων, ἐκζητῆσαι δίκαια. ¹³καὶ πρῶτοι οἱ Ἀσιδαῖοι
14 ἦσαν ἐν υἱοῖς Ἰσραήλ, καὶ ἐπεζήτουν παρ' αὐτῶν εἰρήνην· ¹⁴εἶπαν
γὰρ Ἄνθρωπος ἱερεὺς ἐκ τοῦ σπέρματος Ἀαρὼν ἦλθεν ἐν ταῖς
15 δυνάμεσιν, καὶ οὐκ ἀδικήσει ἡμᾶς. ¹⁵καὶ ἐλάλησεν μετ' αὐτῶν εἰρη-
νικοὺς λόγους, καὶ ὤμοσεν αὐτοῖς λέγων Οὐκ ἐκζητήσομεν ὑμῖν
16 κακόν, καὶ τοῖς φίλοις ὑμῶν. ¹⁶καὶ ἐνεπίστευσαν αὐτῷ, καὶ συνέ-
λαβεν ἐξ αὐτῶν ἑξήκοντα ἄνδρας, καὶ ἀπέκτεινεν αὐτοὺς ἐν ἡμέρᾳ

2 εγενετο] επονειτο א* (εγεν. א^c.a) | συνελαβοντο א* (-βον א^c.a, c.b) | τον אV
Αντ.] pr εις V   3 om αυτω V   5 Αλκισμος א | ηγειται] ηγειτο אV | αυτων]
+ ηγουμενος א   6 κατηγορησαι א* (-σαν א^c) | εσκορπισαν א^c.a   7 πιστευ-
σεις א* (-εις א^c.a) | πασαν την εξ. א τ. εξολοθρ. πασαν V   8 επελεξεν] επε-
ταξεν V | Βαρακχιδην A Βαχχιδην א | τ. φυλων A τον φιλον V | αυτου βασιλεως
א* (του βασ. א¹)   9 Αλκιμον (-κειμ. A)] pr τον א | om και 3° א* (hab א^c.a) |
εστησεν א* (-σαν א^c.a) V | αρχιερωσυνην V   10 απηλθεν] απηρον אV | ηλθεν]
ηλθον אV | γην Ιουδα] την Ιουδαιαν V | om προς 2° אV   11 προσειχον]
προσεσχον אV | ειδον אV | ηλθα] א   12 Αλκινον A | Βακχιδην (Κακχ.
A)] Βακχιδης א* (-βην א^c.a) | γραμματεωων V* (-τεων V^a) | εκζητ.] pr και V |
δικαιοι א* (δικαια א^c)   13 Ασιδαιοι (-δεοι A)] Ασειδοναιοι א* (-δαιοι א¹)
14 ειπον אV | γαρ]+οτι V | του σπερματος] om του א | ηλθον V   15 λογους
ειρηνικους אV   16 ενεπιστευσεν א* (-σαν א^c.a)

621

Α μιᾷ κατὰ τοὺς λόγους οὓς ἔγραψεν ¹⁷Σάρκας ὁσίων σου καὶ αἵματα αὐτῶν ἐξέχεαν κύκλῳ Ἰερουσαλήμ, καὶ οὐκ ἦν αὐτοῖς ὁ θάπτων. ¹⁸Καὶ ἐπέπεσεν αὐτῶν ὁ φόβος καὶ ὁ τρόμος εἰς πάντα τὸν λαόν, ὅτι εἶπαν Οὐκ ἔστιν ἐν αὐτοῖς ἀλήθεια καὶ κρίσις· παρέβησαν γὰρ τὴν στάσιν καὶ τὸν ὅρκον ὃν ὤμοσαν. ¹⁹καὶ ἀπῆρεν Βακχίδης ἀπὸ Ἰερουσαλήμ, καὶ παρενέβαλεν ἐν Βηζέθ, καὶ ἀπέστειλεν καὶ συνέλαβεν πολλοὺς ἀπὸ τῶν μετ' αὐτοῦ αὐτομολησάντων ἀνδρῶν καί τινας τοῦ λαοῦ, καὶ ἔθυσεν αὐτοὺς εἰς τὸ φρέαρ τὸ μέγα. ²⁰καὶ κατέστησεν τὴν χώραν τῷ Ἀλκίμῳ, καὶ ἀφῆκεν μετ' αὐτοῦ δύναμιν τοῦ βοηθεῖν αὐτῷ· καὶ ἀπῆλθεν Βακχίδης πρὸς τὸν βασιλέα. ²¹καὶ ἠγωνίσατο Ἄλκιμος περὶ τῆς ἀρχιερωσύνης. ²²καὶ συνήχθησαν πρὸς αὐτὸν πάντες οἱ ταράσσοντες τὸν λαὸν αὐτῶν, καὶ κατεκράτησαν γῆν Ἰούδα, καὶ ἐποίησαν πληγὴν μεγάλην ἐν Ἰσραήλ. ²³καὶ ἴδεν Ἰούδας πᾶσαν τὴν κακίαν ἣν ἐποίησεν Ἄλκιμος καὶ οἱ μετ' αὐτοῦ ἐν υἱοῖς Ἰσραὴλ ὑπὲρ τὰ ἔθνη· ²⁴καὶ ἐξῆλθεν εἰς πάντα τὰ ὅρια τῆς Ἰουδαίας καὶ κυκλόθεν, καὶ ἐποίησεν ἐκδίκησιν ἐν τοῖς ἀνδράσιν καὶ τοῖς αὐτομολήσασιν, καὶ ἀνεστάλησαν τοῦ πορευθῆναι εἰς χώραν. ²⁵ὡς δὲ ἴδεν Ἄλκιμος ὅτι ἐνίσχυσεν Ἰούδας καὶ οἱ μετ' αὐτοῦ, καὶ ἔγνω ὅτι δύναται ὑποστῆναι αὐτούς, καὶ ἐπέστρεψεν πρὸς τὸν βασιλέα καὶ κατηγόρησεν αὐτῶν πονηρά. ²⁶Καὶ ἀπέστειλεν ὁ βασιλεὺς Νικάνορα ἕνα τῶν ἀρχόντων αὐτοῦ τῶν ἐνδόξων, καὶ μισοῦντα καὶ ἐχθραίνοντα τῷ Ἰσραήλ, καὶ ἐνετείλατο αὐτῷ ἐξᾶραι τὸν λαόν. ²⁷καὶ ἦλθεν Νικάνωρ εἰς Ἰερουσαλὴμ δυνάμει πολλῇ, καὶ ἀπέστειλεν πρὸς Ἰούδαν καὶ τοὺς ἀδελφοὺς αὐτοῦ μετὰ δόλου λόγοις εἰρηνικοῖς λέγων ²⁸Μὴ ἔστω μάχη ἀνὰ μέσον ἐμοῦ καὶ ὑμῶν· ἥξω ἐν ἀνδράσιν ὀλίγοις, ἵνα ἴδω ὑμῶν τὰ πρόσωπα μετ' εἰρήνης. ²⁹καὶ ἦλθεν πρὸς Ἰούδαν, καὶ ἠσπάσαντο ἀλλήλους εἰρηνικῶς· καὶ οἱ πολέμιοι ἦσαν ἕτοιμοι ἐξαρπάσαι τὸν Ἰούδαν. ³⁰καὶ ἐγνώσθη ὁ λόγος τῷ Ἰούδᾳ, ὅτι μετὰ δόλου ἦλθεν ἐπ' αὐτόν· καὶ ἐπτοήθη ἀπ' αὐτοῦ, καὶ οὐκ ἠβουλήθη ἔτι ἰδεῖν τὸ πρόσωπον αὐτοῦ. ³¹καὶ ἔγνω Νικάνωρ ὅτι ἀπεκαλύφθη ἡ βουλὴ αὐτοῦ, καὶ ἐξῆλθεν εἰς συνάντησιν τῷ Ἰούδα

ℵV 16 τους λογους ους] τον λογον ον ℵV | εγραψεν]+αυτον ℵ*+ο προφητης ℵ^{c.a} 17 σαρκας] κρεας ℵ* (improb ℵ^c)+κρεας V | αιμα ℵ* (αιματα ℵ^c) V   18 ειπον ℵV   19 παρενεβαλλεν V | Βηζεθ] Βηθζαιθ ℵ Βαιθζηθ V | συνεβαλεν ℵ* (συνελ. ℵ^{c.a}) | om και 6° ℵ* (hab ℵ^{c.a}) | αυτους] αυτος ℵ   20 των Αλκιμων ℵ* (τω Αλκιμω ℵ^{c.b})   21 αρχιερωσυνης (-ροσ. A)] ιερωσυνης ℵ   23 ειδεν ℵV^a | Αλκινος A   24 ορια sup ras A^a | om και 2°, 4° ℵV | πορευθηναι] εκπορευεσθαι ℵ πορευεσθαι V | χωραν] pr την ℵV   25 ειδεν ℵV^a | δυναται] pr ου ℵV | αυτων] αυτου V   26 αυτου] pr των ℵ* (improb ℵ^c) | εξαραι V* (-αρ. V^a)   27 ηλθεν] απηλθεν V   28 υμων ιδω V   29 ετοιμοι ησαν ℵ   30 επ] προς V | εβουληθη ℵV   31 Ιουδα]+εν πολεμω ℵV

622

ΜΑΚΚΑΒΑΙΩΝ Α VII 46

32 κατὰ Χαρφαρσαραμά. ³²καὶ ἔπεσαν τῶν παρὰ Νικάνορος ὡς πεντα- A
33 κισχίλιοι ἄνδρες, καὶ ἔφυγον εἰς τὴν πόλιν Δανειδ. ³³Καὶ μετὰ
τοὺς λόγους τούτους ἀνέβη Νικάνωρ εἰς τὸ ὄρος Σιών· καὶ ἐξῆλθαν
ἀπὸ τῶν ἱερέων ἐκ τῶν ἁγίων καὶ ἀπὸ τῶν πρεσβυτέρων τοῦ λαοῦ
ἀσπάσασθαι αὐτὸν εἰρηνικῶς, καὶ δεῖξαι αὐτῷ τὴν ὁλοκαύτωσιν τὴν
34 προσφερομένην ὑπὲρ τοῦ βασιλέως. ³⁴καὶ ἐμυκτήρισεν αὐτούς, καὶ
κατεγέλασεν αὐτῶν καὶ ἐμίανεν αὐτούς, καὶ ἐλάλησεν ὑπερηφάνως.
35 ³⁵καὶ ὤμοσεν μετὰ θυμοῦ λέγων Ἐὰν μὴ παραδοθῇ Ἰούδας καὶ ἡ
παρεμβολὴ αὐτοῦ τὸ νῦν εἰς χεῖράς μου, καὶ ἔσται ἐὰν ἐπιστρέψω ἐν
36 εἰρήνῃ, ἐνπυριῶ τὸν οἶκον τοῦτον. καὶ ἐξῆλθεν μετὰ θυμοῦ. ³⁶καὶ
εἰσῆλθον οἱ ἱερεῖς καὶ ἔστησαν κατὰ πρόσωπον τοῦ θυσιαστηρίου καὶ
37 τοῦ ναοῦ, καὶ ἔκλαυσαν καὶ εἶπαν ³⁷Σὺ ἐξελέξω τὸν οἶκον τοῦτον
ἐπικληθῆναι τὸ ὄνομά σου ἐπ' αὐτόν, εἶναι οἶκον προσευχῆς καὶ
38 δεήσεως τῷ λαῷ σου. ³⁸ποίησον ἐκδίκησιν ἐν τῷ ἀνθρώπῳ τούτῳ
καὶ ἐν τῇ παρεμβολῇ αὐτοῦ, καὶ πεσάτωσαν ἐν ῥομφαίᾳ· μνήσθητι
39 τῶν δυσφημιῶν αὐτῶν, καὶ μὴ δῷς αὐτοῖς μονήν. ³⁹Καὶ ἐξῆλθεν
Νικάνωρ ἐξ Ἰερουσαλὴμ καὶ παρενέβαλον ἐν Βεθωρών, καὶ συνήν-
40 τησεν αὐτῷ δύναμις Συρίας. ⁴⁰καὶ Ἰούδας παρενέβαλεν ἐν Ἀδασὰ ἐν
41 τρισχιλίοις ἀνδράσιν· καὶ προσηύξατο Ἰούδας καὶ εἶπεν ⁴¹Οἱ παρὰ
τοῦ βασιλέως ὅτε ἐδυσφήμησαν, ἐξῆλθεν ἄγγελός σου καὶ ἐπάταξεν ἐν
42 αὐτοῖς ἑκατὸν ὀγδοήκοντα πέντε χιλιάδας. ⁴²οὕτως σύντριψον τὴν
παρεμβολὴν ταύτην ἐνώπιον ἡμῶν σήμερον· καὶ γνώτωσαν οἱ ἐπί-
λοιποι ὅτι κακῶς ἐλάλησεν ἐπὶ τὰ ἅγιά σου, καὶ κρῖνον αὐτὸν κατὰ τὴν
43 κακίαν αὐτοῦ. ⁴³καὶ συνῆψαν αἱ παρεμβολαὶ εἰς πόλεμον τῇ τρισ-
καιδεκάτῃ τοῦ μηνὸς Ἀδάρ, καὶ συνετρίβη ἡ παρεμβολὴ Νικάνορος·
44 καὶ ἔπεσεν αὐτὸς πρῶτος ἐν τῷ πολέμῳ. ⁴⁴ὡς δὲ ἴδεν ἡ παρεμβολὴ
45 αὐτοῦ ὅτι ἔπεσεν Νικάνωρ, ῥίψαντες τὰ ὅπλα αὐτῶν ἔφυγον. ⁴⁵καὶ
κατεδίωκον αὐτοὺς ὁδὸν ἡμέρας μιᾶς ἀπὸ Ἀδασὰ ἕως τοῦ ἐλθεῖν εἰς
Γαζηρά, καὶ ἐσάλπισαν ὀπίσω αὐτῶν ταῖς σάλπιγξιν τῶν σημασιῶν.
46 ⁴⁶καὶ ἐξῆλθον ἐκ πασῶν τῶν κωμῶν τῆς Ἰουδαίας κυκλόθεν, καὶ

31 Χαρφαρσαραμα] Φαρσαλαμα ℵ* Χαφαρσαλ. ℵ¹V   32 επεσον ℵV | ℵV
ως] ωσει ℵV | πεντακισχιλιοι (-λιους A)] πεντακοσιοι ℵ   33 το ορος] om το
ℵV | εξηλθεν ℵ -θον V | προφερομενην ℵ* (προσφ. ℵ^c.a)   35 εις χειρας μου
το νυν ℵV | εμπυριω V^a | εξηλθεν] εξηλθο incep ℵ* (-λθεν ℵ¹⁽ᵛⁱᵈ⁾) | θυμου
2⁰]+μεγαλου ℵV   36 εκλαυσεν A | ειπον ℵV   37 αυτον] αυτου ℵ | του
λαου V   38 om εν 1° ℵ | ανθρωπω] ναω (sic) A | πεσετωσαν ℵ   39 παρ-
ενεβαλεν ℵV | Βαιθωρων ℵV   40 παρεβενεν V* (-βαινεν V^a) | om εν 1° V |
ειπον ℵ* (ειπεν ℵ^c.a)   41 αγγελος] pr ο ℵV | χιλιαδες A   42 συνε-
τριψεν A   43 Αδερ V | επεσεν] επεπεσεν ℵ   44 ειδεν ℵV pr η ℵ*
(improb ℵ¹) | om αυτων ℵ   45 μιας ημερας ℵ | εσαλπισαν] εσαλπιζον
ℵV | σαλπιγξιν] σαλπιγγει A

623

ΜΑΚΚΑΒΑΙΩΝ Α

ὑπερεκέρων αὐτούς· καὶ ἀνέστρεφον οὗτοι πρὸς τούτους, καὶ ἔπεσαν πάντες ῥομφαίᾳ, καὶ οὐ κατελείφθη ἐξ αὐτῶν οὐδὲ εἷς. ⁴⁷καὶ ἔλαβον τὰ σκῦλα καὶ τὴν προνομήν, καὶ τὴν κεφαλὴν Νικάνορος ἀφεῖλαν καὶ τὴν δεξιὰν αὐτοῦ, ἣν ἐξέτεινεν ὑπερηφάνως, καὶ ἤνεγκαν καὶ ἐξέτειναν παρὰ τὴν Ἰερουσαλήμ. ⁴⁸καὶ ηὐφράνθη ὁ λαὸς σφόδρα, καὶ ἤγαγον τὴν ἡμέραν ἐκείνην ἡμέραν εὐφροσύνης μεγάλην. ⁴⁹καὶ ἔστησαν τοῦ ἀγαγεῖν κατ' ἐνιαυτὸν τὴν ἡμέραν ταύτην τῇ τρισκαιδεκάτῃ τοῦ Ἀδάρ. ⁵⁰καὶ ἡσύχασεν ἡ γῆ Ἰούδα ἡμέρας ὀλίγας.

¹Καὶ ἤκουσεν Ἰούδας τὸ ὄνομα τῶν Ῥωμαίων, ὅτι εἰσὶν δυνατοὶ ἐν ἰσχύι, καὶ αὐτοὶ εὐδοκοῦσιν ἐν πᾶσιν τοῖς προστεθειμένοις αὐτοῖς, καὶ ὅσοι ἐὰν προστεθῶσιν αὐτοῖς, καὶ ὅσοι ἐὰν προσέλθωσιν αὐτοῖς, ἱστῶσιν αὐτοῖς φιλίαν, ²καὶ ὅτι εἰσὶν δυνατοὶ ἰσχύι· καὶ διηγήσαντο αὐτῷ τοὺς πολέμους αὐτῶν καὶ τὰς ἀνδραγαθίας ἃς ποιοῦσιν ἐν τοῖς Γαλάταις, καὶ ὅτι κατεκράτησαν αὐτῶν, καὶ ἤγαγον αὐτοὺς ὑπὸ φόρον· ³καὶ ὅσα ἐποίησαν ἐν χώρᾳ Σπανίας, τοῦ κατακρατῆσαι τῶν μετάλλων τοῦ ἀργυρίου καὶ τοῦ χρυσίου τοῦ ἐκεῖ, ⁴καὶ κατεκράτησαν τοῦ τόπου παντὸς τῇ βουλῇ αὐτῶν καὶ τῇ μακροθυμίᾳ—καὶ ὁ τόπος ἦν μακρὰν ἀπέχων ἀπ' αὐτῶν σφόδρα—καὶ τῶν βασιλέων τῶν ἐπελθόντων ἐπ' αὐτοὺς ἀπ' ἄκρου τῆς γῆς, ἕως συνέτριψαν αὐτοὺς καὶ ἐπάταξαν ἐν αὐτοῖς πληγὴν μεγάλην, καὶ οἱ ἐπίλοιποι διδόασιν αὐτοῖς φόρον κατ' ἐνιαυτόν· ⁵καὶ τὸν Φίλιππον καὶ τὸν Περσέα Κιτιέων βασιλέα καὶ τοὺς ἐπηρμένους ἐπ' αὐτούς, συνέτριψαν αὐτοὺς πολέμῳ καὶ κατεκράτησαν αὐτῶν· ⁶καὶ Ἀντίοχον τὸν μέγαν βασιλέα τῆς Ἀσίας τὸν πορευθέντα ἐπ' αὐτοὺς εἰς πόλεμον ἔχοντα ἑκατὸν εἴκοσι ἐλέφαντας καὶ ἵππον καὶ ἅρματα καὶ δύναμιν πολλὴν σφόδρα, καὶ συνετρίβη ἀπ' αὐτῶν· ⁷καὶ ἔλαβον αὐτὸν ζῶντα, καὶ ἔστησαν αὐτοῖς διδόναι αὐτόν τε καὶ τοὺς βασιλεύοντας μετ' αὐτὸν φόρον μέγαν, καὶ διδόναι ὅμηρα καὶ διαστολήν, ⁸καὶ χώραν τὴν Ἰνδικὴν καὶ Μηδίαν καὶ Λυδίαν, καὶ ἀπὸ τῶν καλλίστων χωρῶν

ΜΑΚΚΑΒΑΙΩΝ Α VIII 20

αὐτῶν, καὶ λαβόντες αὐτὰς παρ' αὐτοῦ ἔδωκαν αὐτὰς Εὐμενεῖ τῷ Α
9 βασιλεῖ· 9καὶ ὅτι οἱ ἐκ τῆς Ἑλλάδος ἐβουλεύσαντο ἐλθεῖν καὶ ἐξᾶραι
10 αὐτούς, 10καὶ ἐγνώσθη ὁ λόγος αὐτοῖς, καὶ ἀπέστειλαν ἐπ' αὐτοὺς
στρατηγὸν ἕνα, καὶ ἐπολέμησαν πρὸς αὐτούς, καὶ ἔπεσαν ἐξ αὐτῶν
τραυματίαι πολλοί, καὶ ἠχμαλώτισαν τὰς γυναῖκας αὐτῶν καὶ τὰ
τέκνα αὐτῶν, καὶ ἐπρονόμευσαν αὐτούς, καὶ κατεκράτησαν τῆς γῆς
αὐτῶν, καὶ καθεῖλον τὰ ὀχυρώματα αὐτῶν, καὶ ἐπρονόμευσαν αὐτούς,
11 καὶ κατεδουλώσαντο αὐτοὺς ἕως τῆς ἡμέρας ταύτης. 11καὶ τὰς ἐπιλοί-
πους βασιλείας, καὶ τὰς νήσους, ὅσοι ποτὲ ἀνέστησαν αὐτοῖς, κατέ-
12 φθειραν καὶ ἐδούλωσαν αὐτοῖς· 12μετὰ δὲ τῶν φίλων αὐτῶν καὶ τῶν
ἐπαναπαυομένων αὐτοῖς συνετήρησαν αὐτοῖς φιλίαν, καὶ κατεκράτησαν
τῶν βασιλειῶν τῶν ἐγγὺς καὶ τῶν μακράν· καὶ ὅσοι ἤκουσαν τὸ
13 ὄνομα αὐτῶν ἐφοβοῦντο ἀπ' αὐτῶν· 13οἷς δ' ἂν βούλωνται βοηθεῖν
καὶ βασιλεύειν, βασιλεύσουσιν· οὓς δ' ἂν βούλωνται, μεθιστῶσιν, καὶ
14 ὑψώθησαν σφόδρα. 14καὶ ἐν ἅπασιν τούτοις οὐκ ἐπέθεντο οὐδεὶς
αὐτῶν διάδημα, καὶ οὐ περιεβάλοντο πορφύραν, ὥστε ἁδρυνθῆναι ἐν
15 αὐτῇ. 15καὶ βουλευτήριον ἐποίησαν ἑαυτοῖς, καὶ καθ' ἡμέραν ἐβου-
λεύοντο τριακόσιοι καὶ εἴκοσι, βουλευόμενοι διὰ παντὸς περὶ τοῦ
16 πλήθους, τοῦ εὐκοσμεῖν ἑαυτούς. 16καὶ πιστεύουσιν ἑνὶ ἀνθρώπῳ
ἄρχειν αὐτῶν κατ' ἐνιαυτὸν καὶ κυριεύειν πάσης τῆς γῆς αὐτῶν, καὶ
πάντες ἀκούουσιν τοῦ ἑνός, καὶ οὐκ ἔστιν φθόνος οὔτε ζῆλος ἐν
17 αὐτοῖς. 17Καὶ ἐπέλεξεν Ἰούδας τὸν Εὐπόλεμον υἱὸν Ἰωάννου
τοῦ Ἀκχὼς καὶ Ἰάσονα υἱὸν Ἐλεαζάρου, καὶ ἀπέστειλεν αὐτοὺς εἰς
18 Ῥώμην, στῆσαι αὐτοῖς φιλίαν καὶ συμμαχίαν, 18καὶ τοῦ ἆραι τὸν ζυγὸν
αὐτῶν, ὅτι ἴδον τὴν βασιλείαν τῶν Ἑλλήνων καταδουλουμένους τὸν
19 Ἰσραὴλ δουλίαν. 19καὶ ἐπορεύθησαν εἰς Ῥώμην, καὶ ἡ ὁδὸς πολλὴ
20 σφόδρα· καὶ εἰσῆλθον εἰς τὸ βουλευτήριον, καὶ ἀπεκρίθησαν 20Ἰού-
δας ὁ καὶ Μακκαβαῖος καὶ οἱ ἀδελφοὶ αὐτοῦ καὶ τὸ πλῆθος τῶν
Ἰουδαίων ἀπέστειλαν ἡμᾶς πρὸς ὑμᾶς, στῆσαι μεθ' ὑμῶν συμμαχίαν καὶ

10 επεσο] א | αιχμαλωτησαν V* | επρονομ. 1°] επρονομευσε] א* (-σαν אV
אc.aV) | κατεκρατησεν א* (-σαν אc.a) | om αυτων 4° א* (hab אc.a) | καθειλεν
א* (-λον אc.a) 11 οσοι] οι א | αντεστησαν V | αυτοις 1°] επ αυτους V | αυτοις
2°] αυτους אV 12 om αυτοις 2° אV | φιλιαν] φιλιων A | βασιλεων אV |
ηκουον אV 13 οις] οσοις V | βασιλευουσιν אV pr και א* (improb אc.a)
14 πασιν אV | ουδεις αυτων] αυτων ουδε εις אV | διαδημα] δημα sup ras Aa
(seq spat 1 lit) | και ον] ουδε אV | om εν αυτη א* (hab επ αυτη אc.a) 15 om
και 2° V | βουλευομενοι] pr οι V | αυτους א 16 αρχει] sup ras Aa | om
κυριευειν א* (hab אc.a) | ουτε] ουδε א 17 επελεξατο אV | Ακκως א Ιακκως V |
Ιασωνα V | om αυτοις א* (hab אc.a) 18 αυτων] pr απ אV | ιδον] ειδε] א ειδον
Vа | δουλια א δουλεια V 19 εισηλθοσαν א | το βουλ.] om το V | απεκριθησαν]
+και ειπον אV 20 om και 1° V | αυτου] αυτοι V* (-του Va) | απεστειλεν א

SEPT. III. 625 RR

Α εἰρήνην, καὶ γραφῆναι ἡμᾶς συμμάχους καὶ φίλους ὑμῶν. ²¹καὶ ἤρεσεν 21 ὁ λόγος ἐνώπιον αὐτῶν. ²²καὶ τοῦτο τὸ ἀντίγραφον τῆς γραφῆς ἧς 22 ἀντέγραψαν ἐπὶ δέλτοις χαλκαῖς καὶ ἀπέστειλαν εἰς Ἰερουσαλὴμ εἶναι παρ' αὐτοῖς ἐκεῖ μνημόσυνον εἰρήνης καὶ συμμαχίας ²³Καλῶς 23 γένοιτο Ῥωμαίοις καὶ τῷ ἔθνει τῶν Ἰουδαίων ἐν τῇ θαλάσσῃ καὶ ἐπὶ τῆς ξηρᾶς εἰς τὸν αἰῶνα, καὶ ῥομφαία καὶ ἐχθρὸς μακρυνθείη ἀπ' αὐτῶν. ²⁴ἐὰν δὲ ἐνστῇ πόλεμος Ῥώμῃ προτέρᾳ ἢ πᾶσι τοῖς 24 συμμάχοις αὐτῶν ἐν πάσῃ κυρίᾳ αὐτῶν· ²⁵συμμαχήσει τὸ ἔθνος τῶν 25 Ἰουδαίων, ὡς ἂν ὁ καιρὸς ὑπογραφῇ αὐτοῖς, καρδίᾳ πλήρει. ²⁶καὶ 26 τοῖς πολεμοῦσιν οὐ δώσουσιν οὐδὲ ἐπαρκέσουσιν σῖτον, ὅπλα, ἀργύριον, πλοῖα, ὡς ἔδοξεν Ῥώμῃ· καὶ φυλάξονται τὰ φυλάγματα αὐτῶν οὐθὲν λαβόντες. ²⁷κατὰ τὰ αὐτὰ δέ, ἐὰν ἔθνει Ἰουδαίων συμβῇ 27 προτέροις πόλεμος, συμμαχήσουσιν οἱ Ῥωμαῖοι ἐκ ψυχῆς, ὡς ἂν αὐτοῖς ὁ καιρὸς ὑπογράφῃ. ²⁸καὶ τοῖς συμμαχοῦσιν οὐ δοθήσεται 28 σῖτος, ὅπλα, ἀργύριον, ὡς ἔδοξεν Ῥώμῃ· καὶ φυλάξονται τὰ φυλάγματα ταῦτα, καὶ οὐ μετὰ δόλου. ²⁹κατὰ τοὺς λόγους τούτους 29 οὕτως ἔστησαν Ῥωμαῖοι τῷ δήμῳ τῶν Ἰουδαίων. ³⁰ἐὰν δὲ μετὰ τοὺς 30 λόγους τούτους βουλεύσωνται οὗτοι καὶ οὗτοι προσθεῖναι ἢ ἀφελεῖν, ποιήσονται ἐξ αἱρέσεως αὐτῶν, καὶ ὃ ἐὰν προσθῶσιν ἢ ἀφέλωσιν ἔσται κύρια. ³¹καὶ περὶ τῶν κακῶν ὧν ὁ βασιλεὺς Δημήτριος συν- 31 τελεῖται εἰς αὐτούς, ἐγράψαμεν αὐτῷ λέγοντες Διὰ τί ἐβάρυνας τὸν ζυγόν σου ἐπὶ τοὺς φίλους ἡμῶν τοὺς συμμάχους Ἰουδαίους; ³²ἐὰν 32 οὖν ἔτι ἐντύχωσιν κατὰ σοῦ, ποιήσομεν αὐτοῖς τὴν κρίσιν, καὶ πολεμήσομέν σε διὰ τῆς θαλάσσης καὶ διὰ τῆς ξηρᾶς.

¹Καὶ ἤκουσεν Δημήτριος ὅτι ἐποίησεν Νικάνωρ καὶ αἱ δυνάμεις 1 IX αὐτοῦ πόλεμον, καὶ προσέθετο τὸν Βακχίδην καὶ τὸν Ἄλκιμον ἐκ δευτέρου ἀποστεῖλαι εἰς γῆν Ἰούδα, καὶ τὸ δεξιὸν κέρας μετ' αὐτῶν. ²καὶ ἐπορεύθησαν ὁδὸν τὴν εἰς Γάλγαλα, καὶ παρενεβάλοσαν ἐπὶ 2

אV 20 ημας 2°] υμας V | υμων 2°] ημων א*V* (υμ. א^{c.a}V^a) 21 ενωπιον] εναντιον אV 22 γραφης] επιστολης א | δελτοις] δεκτοις A 23 των Ιουδαιων] om των אV 24 πασιν א | κυρια] pr τη א 25 συμμαχηση V* (-σει V^a) 26 ου δωσουσιν א* (hab א^{c.a}) | om ουδε επ. V | πλοιον א* (πλοια א^{c.a})+ουδε επαρκεσουσιν V | Ρωμη] Ρωμαιοις א^{c.a} | ουθεν]οθεν A ουδεν V 27 συνμαχησουσιν א συμμαχησωσιν V 28 αργυριον]+πλοια אV | Ρωμη] Ρωμαιοις א | και φυλαξονται] φυλασσουσιν א* (ḳ φυλαξωνται א^{c.a}) 29 κατα τ. λ. τ. c praec coniunx V 30 βουλευσονται אV* | και 1°] η אV | ουτοι] τοι V | ποιησωνται א | εαν 2°] αν א | εσται· κυρια· (sic) A 31 om βασιλευς א* (hab א^{c.a}) | αυτους] υμας א^{c.a}V | συμμαχους]+ημων א 32 ποιησωμεν V | αυτοις] εαυτοις א | σε] υπερ σου א* (σε א^{c.b}) | δια της θαλασσης και bis scr א* (improb δ. τ. θ. א¹ et και א^{c.a}) IX 1 εποιησεν] επεισεν א* (επεισ. א^{c.a}) επεσεν V | αι δυναμεις] η δυναμις אV | πολεμω א εν πολ. V 2 παρενεβαλον אV

ΜΑΚΚΑΒΑΙΩΝ Α   IX 14

Μεσσαλὼθ τὴν ἐν Ἀρβήλοις, καὶ προκατελάβοντο αὐτήν, καὶ ἀπώ- Α
3 λεσεν ψυχὰς ἀνθρώπων πολλάς. ³καὶ τοῦ μηνὸς τοῦ πρώτου ἔτους
δευτέρου καὶ πεντηκοστοῦ καὶ ἑκατοστοῦ παρενέβαλλον εἰς Ἱερου-
4 σαλήμ. ⁴καὶ ἀπῆραν καὶ ἐπορεύθησαν εἰς Βερέαν ἐν εἴκοσι χιλιάσιν
5 ἀνδρῶν καὶ δισχιλιάσιν ἵππων. ⁵καὶ Ἰούδας ἦν παρεμβεβληκὼς ἐν
6 Ἀλασά, καὶ τρισχίλιοι ἄνδρες ἐκλεκτοὶ μετ' αὐτοῦ. ⁶καὶ ἴδον τὸ
πλῆθος τῶν δυνάμεων, ὅτι πολλοί εἰσιν, καὶ ἐφοβήθησαν σφόδρα·
καὶ ἐξερύησαν πολλοὶ ἀπὸ τῆς παρεμβολῆς, οὐ κατελείφθησαν ἐξ
7 αὐτῶν ἀλλ' ἢ ὀκτακόσιοι ἄνδρες. ⁷καὶ ἴδεν Ἰούδας ὅτι ἀπερρύη ἡ
παρεμβολὴ αὐτοῦ, καὶ ὁ πόλεμος ἔθλιβεν αὐτόν· καὶ συνετρίβη τῇ
8 καρδίᾳ, ὅτι οὐκ εἶχεν καιρὸν συναγαγεῖν αὐτούς. ⁸καὶ ἐξελύθη, καὶ
εἶπεν τοῖς καταλειφθεῖσιν Ἀναστῶμεν καὶ ἀναβῶμεν ἐπὶ τοὺς ὑπε-
9 ναντίους ἡμῖν, ἐὰν ἄρα δυνώμεθα πολεμῆσαι αὐτούς. ⁹καὶ ἀπέ-
στρεψαν αὐτόν, λέγοντες Οὐ μὴ δυνησώμεθα, ἀλλ' ἢ σώζωμεν τὰς
ἑαυτῶν ψυχάς τὸ νῦν· ἐπιστρέψωμεν μετὰ τῶν ἀδελφῶν ἡμῶν,
10 καὶ πολεμήσωμεν πρὸς αὐτούς· ἡμεῖς δὲ ὀλίγοι. ¹⁰καὶ εἶπεν Ἰούδας
Μή μοι γένοιτο ποιῆσαι τὸ πρᾶγμα τοῦτο, φυγεῖν ἀπ' αὐτῶν· καὶ
ἤγγικεν ὁ καιρὸς ἡμῶν, καὶ ἀποθάνωμεν ἀνδρίᾳ χάριν τῶν ἀδελ-
11 φῶν ἡμῶν, καὶ μὴ καταλείπωμεν αἰτίαν τῇ δόξῃ ἡμῶν. ¹¹καὶ
ἀπῆρεν ἡ δύναμις ἀπὸ τῆς παρεμβολῆς, καὶ ἔστησαν εἰς συνάντησιν
αὐτοῖς, καὶ ἐμερίσθη ἡ ἵππος εἰς δύο μέρη, καὶ οἱ σφενδονῆται καὶ
οἱ τοξόται προεπορεύοντο τῆς δυνάμεως, καὶ οἱ πρωταγωνισταὶ πάντες
12 οἱ δυνατοί. ¹²Βακχίδης δὲ ἦν ἐν τῷ δεξιῷ κέρατι, καὶ ἤγγισεν ἡ
φάλαγξ ἐκ τῶν δύο μερῶν, καὶ ἐφώνουν ταῖς σάλπιγξιν, καὶ ἐσάλ-
13 πισαν καὶ οἱ παρὰ Ἰούδου καὶ αὐτοὶ ταῖς σάλπιγξιν· ¹³καὶ ἐσείσθη ἡ
γῆ ἀπὸ τῶν παρεμβολῶν αὐτῶν· καὶ ἐγένετο ὁ πόλεμος συνηγμένος
14 ἀπὸ πρωίθεν ἕως ἑσπέρας. ¹⁴καὶ ἴδεν Ἰούδας ὅτι Βακχίδης καὶ τὸ

2 Μαισαλωθ אV | αυτην] αυτους א* (-την אc.a) | απωλεσαν א | ψυχας] אV
pr εις א   3 δευτερου] pr του אV | πεντηκοστου κ. εκατοστου] ν' και ρ' א |
παρενεβαλον אV | εις] επι אV   4 δισχιλιασιν ιππων] Β̅ (sic) ιππον א* ,β'
ιππον אc.a δισχιλιων ιππων V   5 παρεμβεβληκως א | Ελασα אV | τρισχι-
λιοι] ☨ א* ,γ אc.a | μετ αυτου εκλεκτοι אV   6 ειδον אVa | εξερρ. V¹? |
κατελειφθη V̅ | οκτ.] pr ως V   7 ειδεν אV.a | την καρδια א* (τη καρδ. א¹, c.a)
8 επι] προς V | ημιν] ημων אV | αυτους] pr προς אV   9 απεστρεφον א*
(-ψαν אc.a) V | αυτους א* (-τον אc.a) | δυνωμεθα אV + πολεμησαι προς αυτους
V | σωζομεν א*V σωσομεν אc.a | επιστρεψομεν V* | μετα των αδελφων] και οι
αδελφοι אV | πολεμησωμεν] pr μη V   10 om μοι אV | om τουτο א | ηγγι-
κεν] pr ει אV | om και 3° אV | ανδρια] ανδρειως אV | om ημων 2° א* (hab אc.b) |
καταλιπωμεν א   11 προσεπορευοντο א* (προεπ. אc.a) V   12 om και 4° אV |
Ιουδα אV   13 εσεισθη] εσαλευθη אV | των παρεμβ.] pr της φωνης אV | om
αυτων אV | απο πρ. συνηγμ. V | συνηγμμενος א | εως] μεχρι א   14 ειδεν אVa

627   RR 2

ΜΑΚΚΑΒΑΙΩΝ Α   IX 15

A στερέωμα τῆς παρεμβολῆς ἐν τοῖς δεξιοῖς, καὶ συνῆλθον αὐτῷ πάντες οἱ εὔψυχοι τῇ καρδίᾳ. ¹⁵καὶ συνετρίβη τὸ δεξιὸν κέρας ἀπ' αὐτῶν, καὶ ἐδίωκεν ὀπίσω αὐτῶν ἕως Ἀζώτου ὄρους. ¹⁶καὶ οἱ εἰς τὸ ἀριστερὸν κέρας ἴδον ὅτι συνετρίβη τὸ δεξιὸν κέρας, καὶ ἐπέστρεψαν κατὰ πόδας Ἰούδα καὶ τῶν μετ' αὐτοῦ ἐκ τῶν ὄπισθεν. ¹⁷καὶ ἐβαρύνθη ὁ πόλεμος, καὶ ἔπεσαν τραυματίαι πολλοὶ ἐκ τούτων καὶ ἐκ τούτων. ¹⁸καὶ Ἰούδας ἔπεσεν καὶ οἱ λοιποὶ ἔφυγον. ¹⁹καὶ ἦραν Ἰωναθὰν καὶ Σίμων Ἰούδαν τὸν ἀδελφὸν αὐτοῦ καὶ ἔθαψαν αὐτὸν ἐν τῷ τάφῳ τῶν πατέρων αὐτοῦ ἐν Μωδεείμ. ²⁰καὶ ἔκλαυσαν αὐτὸν ἐκεῖ, καὶ ἐκόψαντο αὐτὸν πᾶς Ἰσραὴλ κοπετὸν μέγαν, καὶ ἐπένθουν ἡμέρας πολλὰς καὶ εἶπαν ²¹Πῶς ἔπεσεν δυνατός, σῴζων τὸν Ἰσραήλ.

²²Καὶ τὰ περισσὰ τῶν λόγων Ἰούδου καὶ τῶν πολέμων καὶ τῶν ἀνδραγαθιῶν ὧν ἐποίησεν καὶ τῆς μεγαλωσύνης αὐτοῦ οὐ κατεγράφη· πολλὰ γὰρ ἦν σφόδρα.

²³Καὶ ἐγένετο μετὰ τὴν τελευτὴν Ἰούδου, ἐξέκυψαν οἱ ἄνομοι ἐν πᾶσιν τοῖς ὁρίοις Ἰσραήλ, καὶ ἀνέτειλαν πάντες οἱ ἐργαζόμενοι τὴν ἀδικίαν. ²⁴ἐν ταῖς ἡμέραις ἐκείναις ἐγενήθη λιμὸς μεγάλη σφόδρα, καὶ αὐτομόλησεν ἡ χώρα μετ' αὐτῶν. ²⁵καὶ ἐξέλεξεν Βακχίδης τοὺς ἀσεβεῖς ἄνδρας, καὶ κατέστησεν αὐτοὺς κυρίους τῆς χώρας. ²⁶καὶ ἐξεζήτουν καὶ ἐξηραύνων τοὺς φίλους Ἰούδου, καὶ ἦγον αὐτοὺς πρὸς Βακχίδην· καὶ ἐξεδίκα αὐτούς, καὶ ἐνέπαιζον αὐτοῖς. ²⁷καὶ ἐγένετο θλίψις μεγάλη ἐν τῷ Ἰσραήλ, ἥτις οὐκ ἐγένετο ἀφ' ἧς ἡμέρας οὐκ ὤφθη προφήτης αὐτοῖς. ²⁸καὶ ἠθροίσθησαν πάντες οἱ φίλοι Ἰούδου καὶ εἶπον τῷ Ἰωναθάν ²⁹Ἀφ' οὗ ὁ ἀδελφός σου Ἰούδας τετελεύτηκεν, καὶ ἀνὴρ ὅμοιος αὐτῷ οὐκ ἔστιν ἐξελθεῖν πρὸς τοὺς ἐχθροὺς καὶ Βακχίδην, καὶ ἐν τοῖς ἐχθραίνουσιν τοῦ ἔθνους ἡμῶν. ³⁰νῦν οὖν σε ᾑρετισάμεθα σήμερον τοῦ εἶναι ἀντ' αὐτοῦ ἡμῖν εἰς ἄρχοντα καὶ ἡγούμενον, τοῦ πολεμῆσαι τὸν πόλεμον ἡμῶν. ³¹καὶ ἐπεδέξατο Ἰωναθὰν ἐν τῷ καιρῷ ἐκείνῳ τὴν ἥγησιν· καὶ ἀνέστη ἀντὶ

ℵV   14 om εν ℵ   15 κερας] μερος ℵ | om απ V   16 ειδον ℵV | και 2°] κατα προσωπον και ℵ* και κατα προσωπον ℵ¹ (και ℵ^{c.a, c.b}) | επεστρεψεν ℵ* (επεστρεψαν ℵ^{c.a}) V | om κατα π. ℵ* (hab ℵ^{c.a}) | Ιουδου V^{a(vid)}   17 επεσον ℵV | om και εκ τουτων ℵ   19 ηρεν ℵ | αυτου] αυτων ℵ: bis : 1° V | Μωδαειν ℵ Μωδεειν V   20 om εκει ℵV | ειπεν ℵ ειπον V   22 περισσια ℵ περισσεα A | Ιουδα ℵV^a | πολλη ℵV   23 Ιουδα ℵ^{c.a}V : item 26, 28, 31, ℵ : 31, V | εξεκοψαν V | ανετειλαν] ανεκυψαν V   24 μεγαλη] μεγας ℵV | ηυτομολ. V   26 εξεζητουν] ηρευνων ℵ ηρευνων V | Ιουδα V^a: item 28 | ηγαγον V | εξεδικα (-κει V)] εξεδωκε ℵ | ενεπαιξεν ℵ -ξαν V* | αυτοις) pr εν V   28 τω Ιωναθαν] om τω ℵ* (hab ℵ^{c.a})   29 post ου ras 1 lit A¹ | εξελθειν] +και εισελθειν ℵV   31 ηγησιν] ητησιν A

ΜΑΚΚΑΒΑΙΩΝ Α   IX 45

32 Ἰούδου τοῦ ἀδελφοῦ αὐτοῦ. ³²Καὶ ἔγνω Βακχίδης, καὶ ἐζήτει Α
33 αὐτὸν ἀποκτεῖναι. ³³καὶ ἔγνω Ἰωναθὰν καὶ Σίμων ὁ ἀδελφὸς αὐτοῦ καὶ πάντες οἱ μετ' αὐτοῦ, καὶ ἔφυγον εἰς τὴν ἔρημον Θεκῶε, καὶ
34 παρενέβαλον ἐπὶ τὸ ὕδωρ λάκκου Ἀσφάλ. ³⁴καὶ ἔγνω Βακχίδης τῇ ἡμέρᾳ τῶν σαββάτων, καὶ ἦλθεν αὐτὸς καὶ πᾶν τὸ στράτευμα αὐτοῦ
35 πέραν τοῦ Ἰορδάνη. ³⁵ καὶ ἀπέστειλεν τὸν ἀδελφὸν αὐτοῦ ἡγούμενον τοῦ ὄχλου· καὶ παρεκάλεσεν τοὺς Ναβαταίους φίλους αὐτοῦ παρα-
36 θέσθαι αὐτοῖς τὴν ἀποσκευὴν αὐτῶν τὴν πολλήν. ³⁶καὶ ἐξῆλθον οἱ υἱοὶ Ἰαμβρεὶν ἐκ Μηδαβά, καὶ συνέλαβον Ἰωάννην καὶ πάντα ὅσα
37 εἶχεν, καὶ ἀπῆλθον ἔχοντες. ³⁷μετὰ δὲ τοὺς λόγους τούτους ἀπήγγειλαν Ἰωναθὰν καὶ Σίμωνι τῷ ἀδελφῷ αὐτοῦ ὅτι Υἱοὶ Ἰαμβρὶν ποιοῦσιν γάμον μέγαν, καὶ ἄγουσιν τὴν νύμφην ἀπὸ Ναδαβάθ, θυγατέρα ἑνὸς
38 τῶν μεγάλων μεγιστάνων Χανάαν, μετὰ παραπομπῆς μεγάλης. ³⁸καὶ ἐμνήσθησαν Ἰωάννου τοῦ ἀδελφοῦ αὐτῶν, καὶ ἀνέβησαν καὶ ἐκρύ-
39 βησαν ὑπὸ τὴν σκέπην τοῦ ὄρους. ³⁹καὶ ἦραν τοὺς ὀφθαλμοὺς αὐτῶν καὶ ἴδαν, καὶ ἰδοὺ θροῦς καὶ ἀποσκευὴ πολλή, καὶ ὁ νυμφίος ἐξῆλθεν καὶ οἱ φίλοι αὐτοῦ καὶ οἱ ἀδελφοὶ αὐτοῦ εἰς συνάντησιν αὐτῶν μετὰ
40 τυμπάνων καὶ μουσικῶν καὶ ὅπλων πολλῶν. ⁴⁰καὶ ἐξανέστησαν ἐπ' αὐτοὺς ἀπὸ τοῦ ἐνέδρου καὶ ἀπέκτειναν αὐτούς· καὶ ἔπεσαν τραυματίαι πολλοί, καὶ οἱ ἐπίλοιποι ἔφυγον εἰς τὸ ὄρος, καὶ ἔλαβον πάντα τὰ
41 σκεύη αὐτῶν. ⁴¹καὶ μετεστράφη ὁ γάμος εἰς πένθος, καὶ φωνὴ μου-
42 σικῶν αὐτῶν εἰς θρῆνον. ⁴²καὶ ἐξεδίκησαν τὴν ἐκδίκησιν αἵματος ἀδελ-
43 φοῦ αὐτῶν, καὶ ἀπέστρεψαν εἰς τὸ ὄρος τοῦ Ἰορδάνου. ⁴³Καὶ ἤκουσεν Βακχίδης, καὶ ἦλθεν τῇ ἡμέρᾳ τῶν σαββάτων ἕως τῶν
44 κρηπίδων τοῦ Ἰορδάνου ἐν δυνάμει πολλῇ. ⁴⁴καὶ εἶπεν Ἰωναθὰν τοῖς ἀδελφοῖς αὐτοῦ Ἀναστῶμεν νῦν καὶ πολεμήσωμεν ὑπὲρ τῶν ψυχῶν
45 ἡμῶν· οὐ γάρ ἐστιν σήμερον ὡς ἐχθὲς καὶ τρίτην ἡμέραν. ⁴⁵ἰδοὺ γὰρ ὁ πόλεμος ἐξ ἐναντίας ἡμῶν καὶ ἐξόπισθεν ἡμῶν· τὸ δὲ ὕδωρ τοῦ

31 Ιουδα V   33 Ασφαρ ℵV   34 Ιορδανου ℵV   35 Ναβατεους Α | ℵV
παραθεσθαι] pr του ℵV | αυτους V | αποσκευην αυτων] παρασκευην αυτου ℵ
36 Αμβρει ℵ Ιαμβρει V | εκ] pr οι ℵ (ι ℵ* οι ℵ¹) V   37 om δε ℵ* (hab ℵ^c.a) |
απηγγειλαν] απηγγιλεν ℵ a 2° evan in A | αδελφω] incep ατω ℵ*
(αδ. ℵ¹. c.a, c.b) | Ιαμβρι ℵ* (Αμβρι ℵ^c.a, c.b (vid)) V | Ναδαβαθ] Γαβαδαν ℵ
Ναβαδαθ V   38 εμνησθησαν]+του αιματος ℵ* (improb ℵ^c.a(vid): postea repos) V | αυτων] αυτου ℵ* (-των ℵ^c.a) | σκεπην] στεγην V   39 ιδον ℵV*
(ειδ. V^a) | αποσκευη] pr η ℵV | υπαντησιν ℵ   40 απεκτινεν ℵ* (-ναν ℵ^c.a) |
επεσον ℵV | σκευη] σκυλα ℵV | αυτων] αυτου ℵ* (-των ℵ^c.a)   42 εξεδικησεν
ℵ* (-σαν ℵ^c.d) | αυτων] αυτου ℵ* (-των ℵ^c.a) | ορος] ελος ℵ   43 κρηπινων ℵ*
(-πιδων ℵ^c.a)   44 αδελφοις αυτου] παρ αυτου ℵV | νυν] δη ℵ | υπερ] περι
ℵV | χθες V   45 om ημων 1° ℵV | om δε V* (superscr V¹)

Α Ἰορδάνου ἔνθεν καὶ ἔνθεν καὶ ἕλος καὶ δρυμός, καὶ οὐκ ἔστιν τόπος τοῦ ἐκκλῖναι. ⁴⁶νῦν οὖν κεκράξατε εἰς οὐρανόν, ὅπως διασωθῆτε 46 ἐκ χειρὸς ἐχθρῶν ἡμῶν. ⁴⁷καὶ συνῆψεν ὁ πόλεμος· καὶ ἐξέτεινεν 47 Ἰωναθὰν τὴν χεῖρα αὐτοῦ πατάξαι τὸν Βακχίδην, καὶ ἐξέκλινεν ἀπ᾽ αὐτοῦ εἰς τὰ ὀπίσω. ⁴⁸καὶ ἐνεπήδησεν Ἰωναθὰν καὶ οἱ μετ᾽ αὐτοῦ 48 εἰς τὸν Ἰορδάνην, καὶ διεκολύμβησαν εἰς τὸ πέραν· καὶ οὐ διέβησαν ἐπ᾽ αὐτοὺς τὸν Ἰορδάνην. ⁴⁹καὶ διέπεσαν παρὰ Βακχίδα τῇ ἡμέρᾳ 49 ἐκείνῃ εἰς χιλίους ἄνδρας. ⁵⁰Καὶ ἀπέστρεψαν εἰς Ἰερουσαλήμ, 50 καὶ ᾠκοδόμησαν πόλεις ὀχυρὰς ἐν τῇ Ἰουδαίᾳ, τὸ ὀχύρωμα τὸ ἐν Ἱεριχὼ καὶ τὴν Ἐμμαοὺμ καὶ τὴν Βεθωρὼν καὶ τὴν Βεθὴλ καὶ τὴν Θαμνάθα Φαραθὼν καὶ τὴν Τεφών, ἐν τείχεσιν ὑψηλοῖς καὶ πύλαις καὶ μοχλοῖς. ⁵¹καὶ ἔθεντο φρουρὰν ἐν αὐτοῖς τοῦ ἐχθραίνειν τῷ 51 Ἰσραήλ. ⁵²καὶ ὠχύρωσαν τὴν πόλιν καὶ Βεθσούραν καὶ Γαζάραν 52 καὶ τὴν ἄκραν, καὶ ἔθεντο ἐν αὐταῖς δυνάμεις καὶ παραθέσεις βρωμάτων. ⁵³καὶ ἔλαβον τοὺς υἱοὺς τῶν ἡγουμένων τῆς χώρας ὅμηρα, καὶ 53 ἔθεντο αὐτοὺς ἐν τῇ ἄκρᾳ ἐν Ἰερουσαλὴμ ἐν φυλακῇ. ⁵⁴Καὶ 54 ἐν ἔτει τρίτῳ καὶ πεντηκοστῷ καὶ ἑκατοστῷ, τῷ μηνὶ τῷ δευτέρῳ, ἐπέταξεν Ἄλκιμος καθαιρεῖν τὸ τεῖχος τῆς αὐλῆς τῶν ἁγίων τῆς ἐσωτέρας, καὶ καθεῖλεν τὰ ἔργα τῶν προφητῶν, καὶ ἐνήρξατο τοῦ καθαιρεῖν. ⁵⁵ἐν τῷ καιρῷ ἐκείνῳ ἐπλήγη Ἄλκιμος, καὶ ἐνεποδίσθη 55 τὰ ἔργα αὐτοῦ, καὶ ἀπεφράγη τὸ στόμα αὐτοῦ, καὶ παρελύθη, καὶ οὐκ ἠδύνατο ἔτι λαλῆσαι λόγον καὶ ἐντείλασθαι περὶ τοῦ οἴκου αὐτοῦ. ⁵⁶καὶ ἀπέθανεν Ἄλκιμος ἐν τῷ καιρῷ ἐκείνῳ μετὰ βασάνου μεγάλης. 56 ⁵⁷καὶ ἴδεν Βακχίδης ὅτι ἀπέθανεν Ἄλκιμος, καὶ ἀπέστρεψεν πρὸς 57 τὸν βασιλέα, καὶ ἡσύχασεν ἡ γῆ Ἰούδα ἔτη δύο. ⁵⁸Καὶ ἐβου- 58 λεύσαντο οἱ ἄνομοι πάντες λέγοντες Ἰδοὺ Ἰωναθὰν καὶ οἱ παρ᾽ αὐτοῦ ἐν ἡσυχίᾳ κατοικοῦσιν πεποιθότες· νῦν οὖν ἄξομεν τὸν Βακχίδην, καὶ συλλήμψεται αὐτοὺς πάντας ἐν νυκτὶ μιᾷ. ⁵⁹καὶ πορευθέντες συνε- 59

ℵV 45 om και 5° ℵV | om του 2° V 46 ουρανον] pr τον ℵV | εχθρων] pr των ℵ | ημων] υμων ℵV 47 εξεκλιναν V* (-νεν V¹) 49 και διεπεσαν] κ. διεβησαν Α επεσον δε ℵV | Βαχχιδου ℵV (Βακχ.) | χιλιους] ┬ ℵ* ͵γ ℵᶜ·ᵃ τρισχιλιους V 50 απεστρεψαν] επεστρεψεν ℵV | ωκοδομησεν ℵᶜ·ᵃ | πολις Α | εν 2°] πεμπτον V | Αμμαους ℵ* Αμμαους ℵᶜ·ᵃV | Βαιθωρων ℵVᵃ Βηθ. V* | Βαιθηλ ℵVᵃ | Φαραθων...εν τειχεσιν] φασιν (sic) ℵ* (Φαρ. κ την Τεφω] εν τιχεσιν ℵᶜ·ᵃ) | Τεφω V | πυλαις] θυροις (sic) ℵ 51 εθετο ℵ | φρουρας V | αυταις ℵV 52 ωχυρωσεν ℵV | και Βεθσ.] την Βεθσ. ℵ τ. εν Βαιθσουρα V | Γαζαρα ℵV | εθετο ℵV¹ (θετο V*) | δυναμεις (-μις V*)] pr τας V 53 ελαβεν ℵV | εθετο ℵV 54 τριτω κ. πεντ.] γ´ και ν´ ℵ | εκατοστω V (ρ´ ℵ)] ενατω Α | επαταξεν Α | Αλχιμος Α 55 επληγη] pr και ℵ | εδυνατο V (ηδ. Vᵃ) 56 εκεινου ΑV | μεγαλου ℵ 57 ειδεν ℵV | επεστρεψεν ℵV 58 παντες οι ανομοι ℵV | om και 2° ℵ | οι παρ] παντες οι μετ V | αξομεν] αναξον ℵ αναξομεν V* (-ξωμ. Vᵃ) | συλληψ. V

630

ΜΑΚΚΑΒΑΙΩΝ Α IX 73

60 βουλεύσαντο αὐτῷ. ⁶⁰καὶ ἀπῆρεν τοῦ ἐλθεῖν μετὰ δυνάμεως πολλῆς, A καὶ ἀπέστειλεν ἐπιστολὰς λάθρα πᾶσι τοῖς συμμάχοις αὐτοῦ τοῖς ἐν τῇ Ἰουδαίᾳ, ὅπως συλλάβωσιν τὸν Ἰωναθὰν καὶ τοὺς σὺν αὐτῷ· καὶ 61 οὐκ ἠδύνατο, ὅτι ἐγνώσθη αὐτοῖς ἡ βουλὴ αὐτῶν. ⁶¹καὶ συνέλαβον ἀπὸ τῶν ἀνδρῶν τῆς χώρας τῶν ἀρχηγῶν τῆς κακίας εἰς πεντήκοντα 62 ἄνδρας, καὶ ἀπέκτεινεν αὐτούς. ⁶²καὶ ἐξεχώρησεν Ἰωναθὰν καὶ Σίμων καὶ οἱ μετ' αὐτοῦ εἰς Βεθβασὶ τὴν ἐν τῇ ἐρήμῳ, καὶ ᾠκοδόμησεν 63 τὰ καθῃρημένα αὐτῆς, καὶ ἐστερέωσεν αὐτήν. ⁶³καὶ ἔγνω Βακχίδης καὶ συνήγαγεν πᾶν τὸ πλῆθος αὐτοῦ, καὶ τοῖς ἐκ τῆς Ἰουδαίας παρήγγει- 64 λεν. ⁶⁴καὶ ἐλθὼν παρενέβαλεν ἐπὶ Βεθβασί, καὶ ἐπολέμησεν αὐτὴν 65 ἡμέρας πολλὰς καὶ ἐποίησεν μηχανάς. ⁶⁵καὶ ἀπέλειπεν Ἰωναθὰν Σίμωνα τὸν ἀδελφὸν αὐτοῦ ἐν τῇ πόλει, καὶ ἐξῆλθεν εἰς τὴν χώραν, 66 καὶ ἦλθεν ἀριθμῷ. ⁶⁶καὶ ἐπάταξεν Ὀδομηρὰ καὶ τοὺς ἀδελφοὺς αὐτοῦ καὶ τοὺς υἱοὺς Φασιρὼν ἐν τῷ σκηνώματι αὐτῶν, καὶ ἐξήρξατο 67 τύπτειν καὶ ἀναβαίνειν ἐν ταῖς δυνάμεσιν. ⁶⁷καὶ Σίμων καὶ οἱ μετ' αὐτοῦ ἐξῆλθον ἐκ τῆς πόλεως, καὶ ἐνεπύρισαν τὰς μηχανάς. 68 ⁶⁸καὶ ἐπολέμησαν πρὸς τὸν Βακχίδην, καὶ συνετρίβη ὑπ' αὐτῶν, καὶ ἔθλιβον αὐτὸν σφόδρα, ὅτι ἦν ἡ βουλὴ αὐτοῦ καὶ ἡ ἔφοδος αὐτοῦ 69 κενή. ⁶⁹καὶ ὠργίσθησαν θυμῷ τοῖς ἀνδράσιν τοῖς ἀνόμοις τοῖς συμβουλεύσασιν αὐτῷ ἐλθεῖν εἰς τὴν χώραν, καὶ ἀπέκτειναν ἐξ αὐτῶν 70 πολλούς, καὶ ἐβουλεύσατο τοῦ ἀπελθεῖν εἰς τὴν γῆν αὐτοῦ. ⁷⁰καὶ ἐπέγνω Ἰωναθάν, καὶ ἀπέστειλεν πρὸς αὐτὸν πρέσβεις, τοῦ συντίθεσθαι πρὸς αὐτὸν εἰρήνην καὶ ἀποδοῦναι αὐτοῖς τὴν αἰχμαλωσίαν. 71 ⁷¹καὶ ἀπεδέξατο, καὶ ἐποίησεν κατὰ τοὺς λόγους αὐτοῦ, καὶ ὤμοσεν αὐτῷ μὴ ἐκζητῆσαι αὐτῷ κακὸν πάσας τὰς ἡμέρας τῆς ζωῆς αὐτοῦ. 72 ⁷²καὶ ἀπέδωκεν αὐτῷ τὴν αἰχμαλωσίαν ἣν ᾐχμαλώτευσεν τὸ πρότερον ἐκ γῆς Ἰούδα· καὶ ἀποστρέψας ἀπῆλθεν εἰς τὴν γῆν αὐτοῦ, καὶ οὐ 73 προσέθετο ἔτι ἐλθεῖν εἰς τὰ ὅρια αὐτῶν. ⁷³καὶ κατέπαυσεν ῥομφαία

60 απηλθεν ℵ* (απηρ. ℵ^{c.a, c.b}) | απεστειλαν V | λαθρα επιστολας ℵV | ℵV πασιν ℵ | συμμαχοις ℵ | συλλαβουσιν ℵ | συν αυτω] μετ αυτου ℵV | ηδυναντο ℵV | om αυτοις ℵ | επιβουλη V | αυτων] αυτου ℵ   61 συνελαβον] συνεβαλον ℵ | αρχηγων] αργιων ℵ*^{vid} (αρχηγων ℵ¹) | om εις πεντηκοντα ανδρας ℵ | απεκτειναν V   62 εξεχωρησεν]+απ αυτων ℵ | Βαιθβαισσει ℵ Βαιθβασι V | την] τη V | εστερεωσαν V   64 Βαιθβασσει ℵV | μηχανε incep ℵ* -νας ℵ¹   65 απελιπεν ℵ   66 επεταξεν V^{vid}|Οιδομηρα ℵ* (ι improb ℵ²) | Φασειρων ℵ Φαρισων V | εξηρξατο] ηρξατο ℵV | ανεβαινον ℵ -νεν V   68 η εφ.] om η V   69 ωργισθησαν] ωργισθη ℵ^{c.a} ωργισθη V | εβουλευσα̅|το ℵ 70 απεστειλεν] απεστιλαν ℵ* (-λεν ℵ^{c.a}) | om προς αυτον (1º) V αυτον 1º αυτους ℵ   71 απεδεξατο] επεδεξατο ℵ | αυτου 1º] αυτω ℵ* (-του ℵ^{c.a, c.b}) ωμοσαν ℵ* (-σεν ℵ^{c.a, c.b})   72 επεδωκαν ℵ* (απ. ℵ¹ nisi fort c) απεδωκεν ℵ^{c.a} αιχμαλωτευσε̅| ℵ* (ηχμ. ℵ^{c.b}) | γης] της ℵ

631

Α ἐξ Ἰσραήλ, καὶ ᾤκησεν Ἰωναθὰν ἐν Μαχμάς· καὶ ἤρξατο Ἰωναθὰν κρίνειν τὸν λαὸν καὶ ἠφάνισεν τοὺς ἀσεβεῖς ἐξ Ἰσραήλ.

¹Καὶ ἐν ἔτει ἑξηκοστῷ καὶ ἑκατοστῷ ἀνέβη Ἀλέξανδρος ὁ τοῦ Ἀντιόχου ὁ Ἐπιφανής, καὶ κατελάβετο Πτολεμαΐδα, καὶ ἐπεδέξαντο αὐτὸν καὶ ἐβασίλευσεν ἐκεῖ. ²καὶ ἤκουσεν Δημήτριος ὁ βασιλεύς, καὶ συνήγαγεν δυνάμεις πολλὰς σφόδρα, καὶ ἐξῆλθεν εἰς συνάντησιν αὐτῷ εἰς πόλεμον. ³καὶ ἀπέστειλεν πρὸς Ἰωναθὰν ἐπιστολὰς Δημήτριος λόγοις εἰρηνικοῖς, ὥστε μεγαλῦναι αὐτόν. ⁴εἶπεν γὰρ Προφθάσωμεν τοῦ εἰρήνην θεῖναι μετ᾽ αὐτῶν, πρὶν ἢ θεῖναι αὐτὸν μετὰ Ἀλεξάνδρου καθ᾽ ἡμῶν. ⁵μνησθήσεται γὰρ πάντων τῶν κακῶν ὧν συνετελέσαμεν πρὸς αὐτόν, καὶ εἰς τοὺς ἀδελφοὺς αὐτοῦ καὶ εἰς τὸ ἔθνος αὐτοῦ. ⁶καὶ ἔδωκεν αὐτῷ ἐξουσίαν συναγαγεῖν δυνάμεις, καὶ κατασκευάζειν ὅπλα, καὶ εἶναι αὐτὸν σύμμαχον αὐτοῦ, καὶ τὰ ὅμηρα τὰ ἐν τῇ ἄκρᾳ εἶπεν παραδοῦναι αὐτῷ. ⁷Καὶ ἦλθεν Ἰωναθὰν ἐν Ἰερουσαλήμ, καὶ ἀνέγνω τὰς ἐπιστολὰς εἰς τὰ ὦτα παντὸς τοῦ λαοῦ καὶ τῶν ἐκ τῆς ἄκρας. ⁸καὶ ἐφοβήθησαν φόβον μέγαν, ὅτε ἤκουσαν ὅτι ἔδωκεν αὐτοῖς ὁ βασιλεὺς ἐξουσίαν συναγαγεῖν δυνάμεις. ⁹καὶ παρέδωκαν οἱ ἐκ τῆς ἄκρας Ἰωναθὰν τὰ ὅμηρα, καὶ ἀπέδωκαν αὐτοὺς τοῖς γονεῦσιν αὐτῶν. ¹⁰καὶ ᾤκησεν Ἰωναθὰν ἐν Ἰερουσαλήμ, καὶ ἤρξατο οἰκοδομεῖν καὶ καινίζειν τὴν πόλιν. ¹¹καὶ εἶπεν πρὸς τοὺς ποιοῦντας τὰ ἔργα οἰκοδομεῖν τὰ τείχη καὶ τὸ ὄρος Σιὼν κυκλόθεν ἐκ λίθων τετραγώνων εἰς ὀχύρωσιν, καὶ ἐποίησαν οὕτως. ¹²καὶ ἔφυγον οἱ ἀλλογενεῖς οἱ ὄντες ἐν τοῖς ὀχυρώμασιν οἷς οἰκοδόμησεν ὁ Βακχίδης. ¹³καὶ κατέλειπεν ἕκαστος τὸν τόπον αὐτοῦ, καὶ ἀπῆλθεν εἰς τὴν γῆν αὐτοῦ. ¹⁴πλὴν ἐν Βεθσούροις ὑπελείφθησάν τινες τῶν καταλειπόντων τὸν νόμον καὶ τὰ προστάγματα· ἦν γὰρ αὐτοῖς φυγαδευτήριον. ¹⁵Καὶ ἤκουσεν ὁ βασιλεὺς Ἀλέξανδρος τὰς ἐπαγγελίας ὅσας ἀπέστειλεν Δημήτριος τῷ Ἰωναθάν, καὶ διηγήσαντο

αὐτῷ τοὺς πολέμους καὶ τὰς ἀνδραγαθίας ἃς ἐποίησεν αὐτὸς καὶ οἱ 16 ἀδελφοὶ αὐτοῦ, καὶ τοὺς κόπους οὓς ἔσχοσαν. ¹⁶καὶ εἶπεν Μὴ εὑρήσομεν ἄνδρα τοιοῦτον ἕνα; καὶ νῦν ποιήσωμεν αὐτὸν φίλον καὶ 17 σύμμαχον ἡμῶν. ¹⁷καὶ ἔγραψεν ἐπιστολὰς καὶ ἀπέστειλεν αὐτῷ 18 κατὰ τοὺς λόγους τούτους λέγων ¹⁸Βασιλεὺς Ἀλέξανδρος τῷ ἀδελφῷ 19 Ἰωναθὰν χαίρειν. ¹⁹ἀκηκόαμεν περὶ σοῦ, ὅτι ἀνὴρ ἀγαθὸς ἰσχύι καὶ 20 ἐπιτήδειος εἶ τοῦ εἶναι ἡμῶν φίλος. ²⁰καὶ νῦν καθεστάκαμέν σε σήμερον ἀρχιερέα τοῦ ἔθνους σου, καὶ φίλον βασιλέως καλεῖσθαι—καὶ ἀπέστειλαν αὐτῷ πορφύραν καὶ στέφανον χρυσοῦν—καὶ φρονεῖν τὰ 21 ἡμῶν καὶ συντηρεῖν φιλίαν πρὸς ἡμᾶς. ²¹καὶ ἐνεδύσατο Ἰωναθὰν τὴν ἁγίαν στολὴν τῷ ἑβδόμῳ μηνὶ ἔτους ἑξηκοστοῦ καὶ ἑκατοστοῦ ἐν ἑορτῇ σκηνοπηγίας, καὶ συνήγαγεν δυνάμεις, καὶ κατεσκεύασεν ὅπλα 22 πολλά. ²²Καὶ ἤκουσεν Δημήτριος τοὺς λόγους τούτους, καὶ 23 ἐλυπήθη, καὶ εἶπεν ²³Τί τοῦτο ἐποιήσαμεν, ὅτι προέφθακεν ἡμᾶς ὁ Ἀλέξανδρος τοῦ φιλίαν καταλαβέσθαι τοῖς Ἰουδαίοις εἰς στήριγμα; 24 ²⁴γράψω κἀγὼ αὐτοῖς λόγους παρακλήσεως καὶ ὕψους καὶ δομάτων, 25 ὅπως ὦσιν σὺν ἐμοὶ εἰς βοήθειαν. ²⁵καὶ ἀπέστειλεν αὐτοῖς κατὰ τοὺς λόγους τούτους Βασιλεὺς Δημήτριος τῷ ἔθνει τῶν Ἰουδαίων χαίρειν. 26 ²⁶ἐπεὶ συνετηρήσατε τὰς πρὸς ἡμᾶς συνθήκας καὶ ἐνεμείνατε τῇ φιλίᾳ ἡμῶν καὶ οὐ προσεχωρήσατε τοῖς ἐχθροῖς ἡμῶν, ἠκούσαμεν καὶ 27 ἐχάρημεν. ²⁷καὶ νῦν ἐμμείνατε ἔτι τοῦ συντηρῆσαι πρὸς ἡμᾶς πίστιν, 28 καὶ ἀνταποδώσομεν ὑμῖν ἀγαθὰ ἀνθ' ὧν ποιεῖτε μεθ' ἡμῶν. ²⁸καὶ 29 ἀφήσομεν ὑμῖν ἀφέματα πολλά, καὶ δώσομεν ὑμῖν δόματα. ²⁹καὶ νῦν ἀπολύω ὑμᾶς καὶ ἀφίημι πάντας τοὺς Ἰουδαίους ἀπὸ τῶν φόρων 30 καὶ τῆς τιμῆς τοῦ ἁλός, καὶ ἀπὸ τῶν στεφάνων· ³⁰καὶ ἀντὶ τοῦ τρίτου τῆς σπορᾶς, καὶ ἀντὶ τοῦ ἡμίσους τοῦ καρποῦ τοῦ ξυλίνου τοῦ ἐπιβάλλοντός μοι λαβεῖν, ἀφίημι ἀπὸ τῆς σήμερον καὶ ἐπέκεινα, τοῦ

15 τας ανδραγαθιας (-θειας A)] τανδρ incep ℵ* (τας ανδρ. ℵ¹) | om ους ℵV εσχοσαν ℵ* (hab ους εσχον ℵ^{c.a}V)   16 τοιουτον] τον V | ποιησομεν ℵV | συμμαχο͂ ℵ   17 επιστ.] pr τας V | αυτω] αυτον ℵ* (-τω ℵ^{c.a})   18 τω αδελφω] αδελφω τω ℵ* τω αδελφω τω ℵ^{c.b} | om χαιρειν V   19 αγαθος] δυνατος ℵ δυν. ει V | ει του ειναι] ειναι ℵ* του superscr ante ειναι ℵ^{c.a} εις το ειν. V   20 βασιλεως] pr του ℵ | καλεισθαι] κεισθαι σε ℵ* καλεισθαι σε ℵ^{c.a}V | απεστειλεν ℵV | χρυσουν]+και λιγον ℵ^{c.a} | φιλιας ℵ   21 εξηκοστου κ. εκατοστου ℵ ς´ και ρ´ ℵ* ξ´ και ρ´ ℵ^{c.a} | σκηνοπ.] pr της V 23 εποιησας ℵ | προεφθασεν ℵV | om ημας...τοις Ιουδ. V | ο Αλεξ.] om ο ℵ 24 αυτοις καγω ℵ | δοματος ℵ   25 επεστειλεν ℵV | om των V   26 επει συνετηρησατε ℵ* (? επισωνετ. (? επισωνετ.) ℵAV* (επει συνετ. V^a) | τας προς ημας] τα προς τασσμας ℵ* (τας improb ℵ¹, c.b τας πρ. ημ. ℵ^{c.a}) | ενεμειωατε] ενετιλατο ℵ* (ενεμιναται ℵ^{c.a})   27 om και 1° ℵ | νυν]+ουν V* | εμειν. V* εμμ. V^a | του συντηρησαι] συντηρησαι τι ℵ   30 τους καρπους A* του καρπου A¹ | om μοι V

ΜΑΚΚΑΒΑΙΩΝ Α

Α λαβεῖν ἀπὸ τῆς γῆς Ἰούδα, καὶ ἀπὸ τῶν τριῶν νομῶν τῶν προστιθεμένων αὐτῇ ἀπὸ τῆς Σαμαρίτιδος καὶ Γαλιλαίας, ἀπὸ τῆς σήμερον ἡμέρας καὶ εἰς τὸν ἅπαντα χρόνον. ³¹καὶ Ἰερουσαλὴμ ἤτω ἁγία καὶ 31 ἀφιεμένη καὶ τὰ ὅρια αὐτῆς, αἱ δεκάται καὶ τὰ τέλη. ³²ἀφίημι καὶ τὴν 32 ἐξουσίαν τῆς ἄκρας τῆς ἐν Ἰερουσαλήμ, καὶ δίδωμι τῷ ἀρχιερεῖ ὅπως ἂν καταστῇ ἐν αὐτῇ ἄνδρας, οὓς ἂν ἐκλέξηται αὐτός, τοῦ φυλάσσειν αὐτήν. ³³καὶ πᾶσαν ψυχὴν Ἰουδαίων τὴν αἰχμαλωτισθεῖσαν ἀπὸ γῆς 33 Ἰούδα εἰς πᾶσαν βασιλείαν μου ἀφίημι ἐλευθέραν δωρεάν· καὶ πάντες ἀφιέτωσαν τοὺς φόρους καὶ κτηνῶν αὐτῶν. ³⁴καὶ πᾶσαι αἱ ἑορταὶ 34 καὶ τὰ σάββατα καὶ νουμηνίαι καὶ ἡμέραι ἀποδεδιγμέναι, καὶ τρεῖς ἡμέραι πρὸ ἑορτῆς καὶ τρεῖς ἡμέραι μετὰ ἑορτήν, ἔστωσαν πᾶσαι αἱ ἡμέραι ἀτελείας καὶ ἀφέσεως πᾶσι τοῖς Ἰουδαίοις τοῖς οὖσιν ἐν πάσῃ τῇ βασιλείᾳ μου. ³⁵καὶ οὐχ ἕξει ἐξουσίαν οὐδεὶς πράσσειν καὶ 35 παρενοχλεῖν τινα αὐτῶν περὶ παντὸς πράγματος. ³⁶καὶ προγρα- 36 φήτωσαν τῶν Ἰουδαίων εἰς τὰς δυνάμεις τοῦ βασιλέως εἰς τριάκοντα χιλιάδας ἀνδρῶν, καὶ δοθήσεται αὐτοῖς ξένια, ὡς καθήκει πάσαις ταῖς δυνάμεσιν τοῦ βασιλέως. ³⁷καὶ κατασταθήσεται ἐξ αὐτῶν ἐν τοῖς 37 ὀχυρώμασιν τοῦ βασιλέως τοῖς μεγάλοις, καὶ ἐκ τούτων κατασταθήσεται ἐπὶ χρειῶν τῆς βασιλείας τῶν οὐσῶν εἰς πίστιν· καὶ οἱ ἐπ' αὐτῶν καὶ οἱ ἄρχοντες ἐξ αὐτῶν ἔστωσαν, καὶ πορευέσθωσαν τοῖς νόμοις αὐτῶν, καθὰ καὶ προσέταξεν ὁ βασιλεὺς ἐν γῇ Ἰούδα. ³⁸καὶ 38 τοὺς τρεῖς νομοὺς τοὺς προστεθέντας τῇ Ἰουδαίᾳ ἀπὸ τῆς χώρας Σαμαρίας, προστεθήτω τῇ Ἰουδαίᾳ πρὸς τὸ λογισθῆναι τοῦ γενέσθαι ὑφ' ἕνα, τοῦ μὴ ὑπακοῦσαι ἄλλης ἐξουσίας ἀλλ' ἢ τοῦ ἀρχιερέως.

ℵV 30 της γης] om της V | απο 4°] pr και V | της Σαμαριτιδος] om της ℵ των Σαμαρειτων V | om ημερας V 31 Ιερουσαλημ (in Ιλημ 1 lit ras inter λ et η A¹) ητω αγια] η Ἰηλμ εστω η αγια ℵ* (η 2° improb ℵ^{c.a}) | ητω] εσται V | αφιμενη ℵ*V* (αφιεμ. ℵ^{c.a} αφειμ. V^a) | αι (ε ℵ*) δεκαται] κ τας δεκατας ℵ^{c.a} τας δε δεκ. V 31—32 τελη αφιημι· και AV 32 ακρας] σαρρας (sic) ℵ* (ακρας ℵ^{c.a, c.b}) | της 2°] την ℵ* (της ℵ^{c.a, c.b}) V | om και 2° ℵ | αρχιερει] + ανδρας ℵ* (improb ℵ^{c.a nisi iam antea}) | καταστηση ℵV | om αν 2° V | αυτος εκλεξηται ℵV | om αυτην V 33 φορους]+αυτων ℵ^{c.a} | κτηνων] pr των ℵV 34 αι εορτ.] om αι V | νουμηνια ℵ* (-νιαι ℵ^{c.a}) | αποδεδιγμεναι] pr αι ℵ | om ημεραι 3° ℵ | ημεραι 4°]+εστωσαν ℵ | ατελειας] ατελις ℵ* (-λιας ℵ¹V*) | πασιν ℵ | om παση ℵV 35 ουχ εξει] ουκ εχει ℵV | παντος] τινος ℵ παντων V* (-τος V¹) 36 προγραφητωσαν (-τωσαν A)] προγρα sup ras et in mg A^a προφητωσαν V* (προγραφ. V¹) 37 om και κατασταθησεται ...του βασιλεως ℵ | ταις μεγ. ℵ*(τοις μεγ. ℵ¹) | εκ τουτων κατασταθησεται] κριται κατασταθησονται ℵ | επ αυτων rescr A¹ | εξ αυτων εστωσαν] εστωσᾶ| εαυτων ℵ εστ. εξ αυτ. V | αυτων 4°] εαυτων ℵ | καθα και] καθως ℵ 38 Σαμαρειας V| om το ℵ | επακουσαι ℵ* (υπ. ℵ^{c.a, c.b}) | αλλη εξουσια ℵV

ΜΑΚΚΑΒΑΙΩΝ Α   X 50

39 ³⁹Πτολεμαΐδα καὶ τὴν προσκυροῦσαν αὐτῇ δέδωκα δόμα τοῖς ἁγίοις A
τοῖς ἐν Ἰερουσαλήμ εἰς τὴν προκαθήκουσαν δαπάνην τοῖς ἁγίοις.
40 ⁴⁰κἀγὼ δίδωμι κατ᾽ ἐνιαυτὸν δέκα πέντε χιλιάδας σίκλων ἀργυρίου
41 ἀπὸ τῶν λόγων τοῦ βασιλέως, ἀπὸ τῶν τόπων τῶν ἀνηκόντων. ⁴¹καὶ
πᾶν τὸ πλεονάζον ὃ οὐκ ἀπεδίδοσαν ἀπὸ τῶν χρειῶν, ὡς ἐν τοῖς
42 πρώτοις ἔτεσιν, ἀπὸ τοῦ νῦν δώσωσιν εἰς τὰ ἔργα τοῦ οἴκου. ⁴²καὶ
ἐπὶ τούτοις πεντακισχιλίους σίκλους ἀργυρίου οὓς ἐλάμβανον ἀπὸ τῶν
χρειῶν, ὡς ἐν τοῖς πρώτοις ἔτεσιν, τοῦ ἁγίου ἀπὸ τοῦ λόγου κατ᾽ ἐνι-
αυτόν, καὶ ταῦτα ἀφίεται, διὰ τὸ ἀνήκειν αὐτὰ τοῖς ἱερεῦσιν τοῖς
43 λειτουργοῦσιν. ⁴³καὶ ὅσοι ἐὰν φύγωσιν εἰς τὸ ἱερὸν τὸ ἐν Ἱεροσο-
λύμοις καὶ ἐν πᾶσιν τοῖς ὁρίοις αὐτοῦ, ὀφίλων βασιλικὰ καὶ πᾶν
πρᾶγμα, ἀπολελύσθωσαν, καὶ πάντα ὅσα ἐστὶν αὐτοῖς ἐν τῇ βασιλείᾳ
44 μου. ⁴⁴καὶ τοῦ οἰκοδομηθῆναι καὶ τοῦ ἐπικαινισθῆναι τὰ ἔργα τῶν
45 ἁγίων, καὶ ἡ δαπάνη δοθήσεται ἐκ τοῦ λόγου τοῦ βασιλέως. ⁴⁵καὶ τοῦ
οἰκοδομηθῆναι τὰ τείχη Ἰερουσαλήμ, καὶ ὀχυρῶσαι κυκλόθεν, καὶ ἡ
δαπάνη δοθήσεται ἐκ τοῦ λόγου τοῦ βασιλέως, καὶ τοῦ οἰκοδομῆσαι τὰ
46 τείχη ἐν τῇ Ἰουδαίᾳ. ⁴⁶Ὡς δὲ ἤκουσεν Ἰωναθὰν καὶ ὁ λαὸς
τοὺς λόγους τούτους, οὐκ ἐπίστευσεν αὐτοῖς οὐδὲ ἐπεδέξαντο, ὅτι
ἐπεμνήσθησαν τῆς κακίας τῆς μεγάλης ἧς ἐποίησεν ἐν Ἰσραήλ, καὶ
47 ἔθλιψεν αὐτοὺς σφόδρα. ⁴⁷καὶ εὐδόκησαν ἐν Ἀλεξάνδρῳ, ὅτι αὐτὸς
ἐγένετο αὐτοῖς ἀρχηγὸς λόγων εἰρηνικῶν, καὶ συνεμάχουν αὐτῷ πάσας
48 τὰς ἡμέρας. ⁴⁸καὶ συνήγαγεν Ἀλέξανδρος ὁ βασιλεὺς δυνάμεις μεγά-
49 λας, καὶ παρενέβαλεν ἐξ ἐναντίας Δημητρίου. ⁴⁹καὶ συνῆψαν πόλε-
μον οἱ δύο βασιλεῖς, καὶ ἔφυγεν ἡ παρεμβολὴ Δημητρίου, καὶ ἐδί-
50 ωξεν αὐτὸν ὁ Ἀλέξανδρος, καὶ ἴσχυσεν ἐπ᾽ αὐτούς. ⁵⁰καὶ ἐστερέωσεν
πόλεμον σφόδρα ἕως ἔδυ ὁ ἥλιος, καὶ ἔπεσεν ὁ Δημήτριος ἐν τῇ

39 τοις αγιοις 1° bis scr V* (improb Vᵃ) | καθηκουσαν ℵV   40 καγω] ℵV
+δε V   41 ο] οι ℵ* (ι ras ℵ?) | απο 1°] pr οι ℵ | εθνεσιν ℵ* (ετ. ℵc.ᵃ, c.b) |
δωσουσιν ℵVᵃ (-σι) δοσ. V* | om εις V   42 ους] οσα ℵ* (ους ℵc.ᵃ) | om ως
εν τοις πρωτοις ετεσιν ℵ | ετεσιν] εθεσιν Λ | αφιται ℵ* (αφιετ. ℵc.ᵃ)   43 οφι-
λων] ο οφειλων V | βασιλικα] βασιλει V | παντα] πᾶ| πραγμα ℵ* | αυτοις]+
απολελυσθωσαν ℵ   44 om και 2° ℵ* (hab ℵc.ᵃ) | om του 2° ℵV | και η δα-
πανη...βασιλεως uncis incl ℵc.ᵃ, c.b | om η δαπ. V   45 οχυρωσαι] ωχυρωσεν
ℵ | εν] Ιηλμ ℵ   46 επιστευσαν ℵc.ᵃV | επεταξαντο ℵ* (επεδεξ. ℵc.ᵃ) | εμνη-
σθησαν ℵV | εποιησαν ℵ*vid (-σεν ℵc.ᵃ vid)   47 ευδοκησαν εν] ευδοκησαμεν
Λ | αυτος] pr και V   48 ο βασιλευς Αλεξανδρος ℵ | δυναμεις (-μις Λ) μεγα-
λας] πασας τας δυναμεις (-μις ℵ* -μεις ℵc.b) ℵ | Δημητριος ℵ* (-τριου ℵc.ᵃ, c.b)
49 συνηψεν ℵ*(vid) (-ψαν ℵ¹) | Δημητριου] Αλεξανδρου ℵ* (Δημ. ℵc.ᵃ, c.b) Λ |
αυτον] αυτους ℵc.ᵃ ante αυτον ras 3 litt Aᵃ? | ο Αλεξανδρος] ο Δημητριος ℵ*
(Αλεξανδρος ℵc.ᵃ) Λ   50 πολεμον] pr τον ℵV | εδυ ο ηλιος] ηλιος εδυ ℵ ο ηλ.
εδ. ℵ¹

635

Α ἡμέρᾳ ἐκείνῃ. ⁵¹Καὶ ἀπέστειλεν Ἀλέξανδρος πρὸς Πτολεμαῖον βασιλέα Αἰγύπτου πρέσβεις κατὰ τοὺς λόγους τούτους λέγων ⁵²Ἐπεὶ ἀνέστρεψα εἰς τὴν βασιλείαν μου καὶ ἐκάθισα ἐπὶ θρόνου πατέρων μου καὶ ἐκράτησα τῆς ἀρχῆς, καὶ συνέτριψα τὸν Δημήτριον καὶ ἐπεκράτησα τῆς χώρας ἡμῶν· ⁵³καὶ συνῆψα πρὸς αὐτὸν μάχην, καὶ συνετρίβη αὐτὸς καὶ ἡ παρεμβολὴ αὐτοῦ ὑφ᾽ ἡμῶν, καὶ ἐκαθίσαμεν ἐπὶ θρόνου βασιλείας αὐτοῦ· ⁵⁴καὶ συνστήσωμεν πρὸς αὐτὸν φιλίαν· καὶ νῦν δός μοι τὴν θυγατέρα σου εἰς γυναῖκα, καὶ ἐπιγαμβρεύσω σοι, καὶ δώσω σοι δόματα καὶ αὐτῇ ἄξιά σου. ⁵⁵καὶ ἀπεκρίθη Πτολεμαῖος ὁ βασιλεὺς λέγων Ἀγαθὴ ἡμέρα, ἐν ᾗ ἀνέστρεψας εἰς γῆν πατέρων σου, καὶ ἐκάθισας ἐπὶ θρόνου βασιλείας αὐτῶν. ⁵⁶καὶ νῦν ποιήσω σοι ἃ ἔγραψας· ἀλλὰ ἀπάντησον εἰς Πτολεμαΐδα, ὅπως ἴδωμεν ἀλλήλους, καὶ ἐπιγαμβρεύσω σοι καθὼς εἴρηκας. ⁵⁷καὶ ἐξῆλθεν Πτολεμαῖος ἐξ Αἰγύπτου αὐτὸς καὶ Κλεοπάτρα ἡ θυγάτηρ αὐτοῦ, καὶ ἦλθεν εἰς Πτολεμαΐδα ἔτους δευτέρου καὶ ἑξηκοστοῦ καὶ ἑκατοστοῦ. ⁵⁸καὶ ἀπήντησεν αὐτῷ Ἀλέξανδρος ὁ βασιλεύς, καὶ ἐξέδετο αὐτῷ Κλεοπάτραν τὴν θυγατέρα αὐτοῦ, καὶ ἐποίησεν τὸν γάμον αὐτῆς ἐν Πτολεμαΐδι, καθὼς οἱ βασιλεῖς, ἐν δόξῃ μεγάλῃ. ⁵⁹Καὶ ἔγραψεν ὁ βασιλεὺς Ἀλέξανδρος Ἰωνάθῃ ἐλθεῖν εἰς συνάντησιν αὐτῷ. ⁶⁰καὶ ἐπορεύθη μετὰ δόξης εἰς Πτολεμαΐδα, καὶ ἀπήντησεν τοῖς δυσὶν βασιλεῦσιν· καὶ ἔδωκεν αὐτοῖς ἀργύριον καὶ χρυσίον καὶ τοῖς φίλοις αὐτῶν καὶ δόματα πολλά, καὶ εὗρεν χάριν ἐναντίον αὐτῶν. ⁶¹καὶ συνήχθησαν ἐπ᾽ αὐτὸν ἄνδρες λοιμοὶ ἐξ Ἰσραήλ, ἄνδρες παράνομοι, ἐντυχεῖν κατ᾽ αὐτοῦ· καὶ οὐ προσέσχεν αὐτοῖς ὁ βασιλεύς. ⁶²καὶ προσέταξεν αὐτοῖς ὁ βασιλεύς, καὶ ἐξέδυσεν Ἰωναθὰν τὰ ἱμάτια αὐτοῦ, καὶ ἐνέδυσεν αὐτὸν πορφύραν· καὶ ἐποίησαν οὕτως. ⁶³καὶ ἐκάθισεν αὐτὸν ὁ βασιλεὺς μετ᾽ αὐτοῦ, καὶ εἶπεν τοῖς

ΜΑΚΚΑΒΑΙΩΝ Α   X 75

ἄρχουσιν αὐτοῦ Ἐξέλθατε μετ' αὐτοῦ εἰς μέσον τῆς πόλεως, καὶ ^A
κηρύξατε τοῦ μηδένα ἐντυγχάνειν κατὰ τούτου περὶ μηδενὸς πρά-
64 γματος, καὶ μηδεὶς αὐτῷ ἐνοχλείτω περὶ παντὸς λόγου. ⁶⁴καὶ ἐγένετο
ὡς εἶδον οἱ ἐντυγχάνοντες τὴν δόξαν αὐτοῦ καθὼς ἐκήρυξεν, καὶ περι-
65 βεβλημένον αὐτὸν σινδόνα, καὶ ἔφυγον πάντες. ⁶⁵καὶ ἐδόξασεν αὐτὸν
ὁ βασιλεύς, καὶ ἔγραψεν αὐτὸν τῶν πρώτων φίλων, καὶ ἔθετο αὐτὸν
66 στρατηγὸν καὶ μεριδάρχην. ⁶⁶καὶ ἐπέστρεψεν Ἰωναθὰν εἰς Ἰερου-
σαλὴμ μετ' εἰρήνης καὶ εὐφροσύνης.
67   ⁶⁷Καὶ ἐν ἔτει πέμπτῳ καὶ ἑξηκοστῷ καὶ ἑκατοστῷ ἦλθεν Δημήτριος
68 ὁ υἱὸς Δημητρίου ἐκ Κρήτης εἰς τὴν γῆν τῶν πατέρων αὐτοῦ. ⁶⁸καὶ
ἤκουσεν Ἀλέξανδρος ὁ βασιλεύς, καὶ ἐλυπήθη σφόδρα, καὶ ἀπέστρεψεν
69 εἰς Ἀντιοχίαν. ⁶⁹καὶ κατέστησεν Δημήτριος Ἀπολλώνιον τὸν ὄντα
ἐπὶ Κοίλης Συρίας, καὶ συνήγαγεν δύναμιν μεγάλην, καὶ παρενέβαλεν
70 ἐν Ἰαμνείᾳ· καὶ ἀπέστειλεν πρὸς Ἰωναθὰν τὸν ἀρχιερέα, λέγων ⁷⁰Σὺ
μονώτατος ἐπαίρῃ ἐφ' ἡμᾶς, ἐγὼ δὲ ἐγενήθην εἰς καταγέλωτα καὶ
ὀνειδισμὸν διὰ σέ· καὶ διὰ τί ἐξουσιάζῃ ἐφ' ἡμᾶς ἐν τοῖς ὄρεσιν;
71 ⁷¹νῦν οὖν εἰ πέποιθας ἐπὶ ταῖς δυνάμεσίν σου, κατάβηθι πρὸς ἡμᾶς
εἰς τὸ πεδίον, καὶ συνκριθῶμεν ἑαυτοῖς ἐκεῖ, ὅτι μετ' ἐμοῦ ἐστιν
72 δύναμις τῶν πόλεων. ⁷²ἐρώτησον καὶ μάθε τίς εἰμι καὶ οἱ λοιποὶ
οἱ βοηθοῦντες ἡμῖν· καὶ λέγουσιν Οὐκ ἔστιν ὑμῖν στάσις ποδὸς κατὰ
πρόσωπον ἡμῶν, ὅτι δὶς ἐτροπώθησαν οἱ πατέρες σου ἐν τῇ γῇ αὐτῶν.
73 ⁷³καὶ νῦν οὐ δυνήσῃ ὑποστῆναι τὴν ἵππον καὶ δύναμιν τοιαύτην
ἐν τῷ πεδίῳ, ὅπου οὐκ ἔστιν λίθος οὐδὲ κόχλαξ οὐδὲ τόπος τοῦ
74 φυγεῖν.   ⁷⁴Ὡς δὲ ἤκουσεν Ἰωναθὰν τῶν λόγων Ἀπολλωνίου,
ἐκινήθη τῇ διανοίᾳ, καὶ ἐπέλεξεν δέκα χιλιάδας ἀνδρῶν, καὶ ἐξῆλθεν
ἐξ Ἱερουσαλήμ, καὶ συνήντησεν αὐτῷ Σίμων ὁ ἀδελφὸς αὐτοῦ ἐπὶ
75 βοήθειαν αὐτοῦ. ⁷⁵καὶ παρενέβαλεν ἐπὶ Ἰόππην, καὶ ἀπέκλεισαν

63 om αυτου 2° ℵ* (hab ℵc.a) V | κατα τουτου] κατα του σου (sic) A κατ ℵV
αυτου ℵV | παρενοχλειτω ℵV   64 σινδονα] πορφυραν ℵV | om και 3° V
66 om εις Ιερουσαλημ ℵ   67 εν ετει...εκατοστω] ε ετι και ξ' και ρ' ℵ*
εν ε' ετι κ. ξ' κ. ρ' ℵc.a | ο υιος] om ο ℵV | εκ Κρητης] om κ 1° A* (superscr
Aa?)   68 ελυπηθη] + ο βασιλευς ℵ* (improb et unc incl ℵ¹. c.a, c.b) | υπε-
στρεψεν ℵ* (απεστρ. ℵc.a) V | Αντιοχειαν V   69 Κοιλης] pr της ℵc.a |
παρενεβαλον ℵ* (-λεν ℵc.a) | εν Ιαμνεια] επι Ιαμνιαν ℵV   70 ονειδισμον]
pr εις ℵV | εξουσιασ]η (-ζει Va)] pr συ ℵ   71 ει πεποιθας] επιπεποιθας (? επι
πεπ.) ℵ | συγκρ. Va | μετ εμου εστιν] ουκ εστῖ] ετι ℵ* (μετ εμ. εστ. ℵc.a)
72 λοιμοι V* (λοιπ. V¹) | ημιν] υμιν V | υμιν] ημιν ℵ*A (υμ. ℵc.a) | στασις]
seq ras 1 lit (σ vel ο) in A | om ποδος ℵ* ποδων ℵc.a | δις ετροπωθησαν]
διετροπωθησαν ℵ   73 om και 2° ℵ | του φυγειν] που φυγειν A   74 εξ]
εις ℵ* (εξ ℵc.b) | συνηντησεν] συνην V | επι βοηθειαν] ε. βοηθιαν ℵ επιβοηθειν
V | αυτου 2°] αυτω ℵV   75 Ιοππ. V

637

ΜΑΚΚΑΒΑΙΩΝ Α

A αὐτὸν οἱ ἐκ τῆς πόλεως, ὅτι φρουρὰ Ἀπολλωνίου ἐν Ἰόππῃ, καὶ ἐπολέμησαν αὐτήν. ⁷⁶καὶ φοβηθέντες ἤνοιξαν οἱ ἐκ τῆς πόλεως, 76 καὶ ἐκυρίευσεν Ἰωναθὰν Ἰόππης. ⁷⁷καὶ ἤκουσεν Ἀπολλώνιος, καὶ 77 παρενέβαλεν τρισχιλίαν ἵππον καὶ δύναμιν πολλήν, καὶ ἐπορεύθη εἰς Ἄζωτον ὡς διοδεύων, καὶ ἅμα προσῆγεν εἰς τὸ πεδίον, καὶ διὰ τὸ ἔχειν αὐτὸν πλῆθος ἵππου καὶ πεποιθέναι ἐπ᾽ αὐτήν. ⁷⁸καὶ κατε- 78 δίωξεν ὀπίσω αὐτοῦ εἰς Ἄζωτον, καὶ συνῆψαν αἱ παρεμβολαὶ ὀπίσω αὐτοῦ εἰς πόλεμον. ⁷⁹καὶ ἀπέλειπεν Ἀπολλώνιος χιλίαν ἵππον 79 κρυπτῶς κατόπισθεν αὐτῶν· ⁸⁰καὶ ἔγνω Ἰωναθὰν ὅτι ἔστιν ἔνεδρον 80 κατόπισθεν αὐτοῦ. καὶ ἐκύκλωσαν αὐτοῦ τὴν παρεμβολήν, καὶ ἐξετίναξαν τὰς σχίζας εἰς τὸν λαὸν ἐκ πρωίθεν ἕως δείλης. ⁸¹ὁ δὲ λαὸς 81 ἱστήκει καθὼς ἐπέταξεν Ἰωναθάν, καὶ ἐκοπίασαν οἱ ἵπποι αὐτῶν. ⁸²καὶ εἵλκυσεν Σίμων τὴν δύναμιν αὐτοῦ, καὶ συνῆψεν πρὸς τὴν 82 φάλαγγα, ἡ γὰρ ἵππος ἐξελύθη· καὶ συνετρίβησαν ἀπ᾽ αὐτοῦ, καὶ ἔφυγαν. ⁸³καὶ ἡ ἵππος ἐσκορπίσθη ἐν τῷ πεδίῳ, καὶ ἔφυγον εἰς 83 Ἄζωτον, καὶ εἰσῆλθον εἰς Βηθδαγὼν τὸ εἰδώλιον αὐτῶν τοῦ σωθῆναι. ⁸⁴καὶ ἐνεπύρισεν Ἰωναθὰν τὴν Ἄζωτον καὶ τὰς πόλεις τὰς κύκλῳ 84 αὐτῆς, καὶ ἔλαβεν τὰ σκῦλα αὐτῶν, καὶ τὸ ἱερὸν Δαγὼν καὶ τὸ ἱερὸν αὐτῆς ἐνεπύρισεν ἐν πυρί. ⁸⁵καὶ ἐγένοντο οἱ πεπτωκότες μαχαίρᾳ 85 σὺν τοῖς ἐνπυρισθεῖσιν εἰς ἄνδρας ὀκτακισχιλίους. ⁸⁶καὶ ἀπῆρεν 86 ἐκεῖθεν Ἰωναθάν, καὶ παρενέβαλεν εἰς Ἀσκάλωνα, καὶ ἐξῆλθον οἱ ἐκ τῆς πόλεως εἰς συνάντησιν αὐτῷ ἐν δόξῃ μεγάλῃ. ⁸⁷καὶ ἐπέ- 87 στρεψεν Ἰωναθὰν σὺν τοῖς παρ᾽ αὐτοῦ ἔχοντες σκῦλα πολλά. ⁸⁸καὶ 88 ἐγένετο ὡς ἤκουσεν Ἀλέξανδρος ὁ βασιλεὺς τοὺς λόγους τούτους, καὶ προσέθετο δοξάσαι τὸν Ἰωναθάν. ⁸⁹καὶ ἀπέστειλεν αὐτῷ πόρπην 89 χρυσῆν, ὡς ἔθος ἐστὶν δίδοσθαι τοῖς συγγενεῦσιν τῶν βασιλέων· καὶ ἔδωκεν αὐτῷ τὴν Ἀκκαρὼν καὶ πάντα τὰ ὅρια αὐτῆς εἰς κληροδοσίαν.

אV 75 αυτον] αυτην א* (-τον א^{c.a}) V | φρουραν א | Ιοππη (Ιωππ. V)]+ευρον א | επολεμησεν V 76 φοβηθεντες] incep ε א* (improb א¹) | εκυριευσαν א* (-σεν א^{c.a, c.b}) | Ιωππ. Vᵃ 77 παρεβαλεν V* παρελαβεν V¹ | προηγεν א | om και 6⁰ אV | αυτην] αυτη א 78 αυτου 1⁰]+εις πολεμον אV 79 απελιπεν א 80 αυτου 1⁰] αυτων V | εκυκλωσεν V | λαον] ναο[א* (λαον א^{c.a}) 82 συνηψαν א | φαραγγα א* (φαλ. א^{c.a}) φραγγ. V* (φαρ. V¹) | απ] υπ אV | εφυγον V 83 εσκορπ.] εξελυθη V | εφυγεν א | Βηθδαγων] Βοδαγων א* (Βηθδ. א^{c.a, c.b}) 84 τας (τ sup ras Aᵃ) πολεις] τας πολις א | και το ιερον αυτης] και τους συνφυτοῦ|τουντας εις αυτο א* (improb τοῦ א¹⁷) και τους συνφευγοντας (-φυγ. V) εις αυτο א^{c.a, c.b}V | om εν אV 85 εγενετο א* (εγενοντο א^{c.a}) | εμπυρισθισιν א 86 εκειθεν] ενθε[א om V | εις 1⁰] επι אV | Ασκαλωνα] Καλωνα A 87 Ιωναθαν]+ις (εις א^{c.a}) Ιημ א*+εις Ιλημ V | εχοντι א* (-τες א^{c.a}) 88 om Αλεξανδρος V | προσεθετο]+ετι אV 89 εστι V | συγγενεσιν א* (-νευσιν א^{c.a}) V (-σι) | Ακκαρω א* (Ακκαρων א^{c.b})

ΜΑΚΚΑΒΑΙΩΝ Α XI 12

XI 1 ¹Καὶ ὁ βασιλεὺς Αἰγύπτου ἤθροισεν δυνάμεις πολλὰς ὡς ἡ ἄμμος A ἡ παρὰ τὸ χεῖλος τῆς θαλάσσης, καὶ πλοῖα πολλά· καὶ ἐζήτησεν κατακρατῆσαι τῆς βασιλείας Ἀλεξάνδρου δόλῳ, καὶ προσθεῖναι αὐτὴν 2 τῇ βασιλείᾳ αὐτοῦ. ²καὶ ἐξῆλθεν εἰς Συρίαν λόγοις εἰρηνικοῖς, καὶ ἤνοιγον αὐτῷ οἱ ἀπὸ τῶν πόλεων, καὶ συνήντων αὐτῷ, ὅτι ἐντολὴ ἦν Ἀλεξάνδρου τοῦ βασιλέως συναντᾶν αὐτῷ διὰ τὸ πενθερὸν αὐτοῦ 3 εἶναι. ³ὡς δὲ εἰσεπορεύετο εἰς τὰς πόλεις Πτολεμαίδος, ἀπέτασσε 4 τὰς δυνάμεις φρουρὰν ἐν ἑκάστῃ πόλει. ⁴ὡς δὲ ἤγγισεν Ἀζώτου, ἔδειξαν αὐτῷ τὸ ἱερὸν Δαγὼν ἐνεπυρισμένον καὶ Ἄζωτον καὶ τὰ περιπόλια αὐτῆς καθῃρημένα καὶ τὰ σώματα ἐρριμμένα, καὶ τοὺς ἐνπεπυρισμένους οὓς ἐνεπύρισεν ἐν τῷ πολέμῳ, ἐποίησαν γὰρ θιμωνιὰς 5 αὐτῶν ἐν τῇ ὁδῷ αὐτοῦ. ⁵καὶ διηγήσαντο τῷ βασιλεῖ ἃ ἐποίησεν 6 Ἰωναθάν, εἰς τὸ ψογίσαι αὐτόν· καὶ ἐσίγησεν ὁ βασιλεύς. ⁶καὶ συνήντησεν Ἰωναθὰν τῷ βασιλεῖ εἰς Ἰόππην μετὰ δόξης, καὶ ἠσπά-7 σαντο ἀλλήλους, καὶ ἐκοιμήθησαν ἐκεῖ. ⁷καὶ ἐπορεύθη Ἰωναθὰν μετὰ τοῦ βασιλέως ἕως τοῦ ποταμοῦ τοῦ καλουμένου Ἐλευθέρου, καὶ 8 ἐπέστρεψεν εἰς Ἰερουσαλήμ. ⁸ὁ δὲ βασιλεὺς Πτολεμαῖος ἐκυρίευσεν τῶν πόλεων τῆς παραλίας ἕως Σελευκίας τῆς παραθαλασσίας, καὶ 9 διελογίζετο περὶ Ἀλεξάνδρου λογισμοὺς πονηρούς. ⁹καὶ ἀπέστειλεν πρέσβεις πρὸς Δημήτριον βασιλέα, λέγων Δεῦρο συνθώμεθα πρὸς ἑαυτοὺς διαθήκην, καὶ δώσω σοι τὴν θυγατέρα μου ἣν ἔχει Ἀλέ-10 ξανδρος, καὶ βασιλεύσεις τῆς βασιλείας τοῦ πατρός σου· ¹⁰μεταμεμέλημαι γὰρ δοὺς αὐτῷ τὴν θυγατέρα μου, ἐζήτησεν γὰρ ἀποκτεῖναί με. 11 ¹¹καὶ ἐψόγισεν αὐτὸν χάριν τοῦ ἐπιθυμῆσαι αὐτὸν τῆς βασιλείας 12 αὐτοῦ. ¹²καὶ ἀφελόμενος αὐτοῦ τὴν θυγατέρα, ἔδωκεν αὐτὴν τῷ Δημητρίῳ, καὶ ἠλλοιώθη τὸ πρόσωπον Ἀλεξάνδρου, καὶ ἐφάνη ἔχθρα

XI 1 ο βασιλευς] om ο ℵV | δυναμις ℵ* (-μεις ℵc.b) A | πολλα V* (-λας ℵV Vª) | ως η] ως ει Vª | η παρα] om η ℵ* (hab ℵc.a) | εζητησεν κατακρατησαι] εζητησε και κατεκρατησε ℵ* (εζητησε κατακρατησε ℵc.a)   2 λογοις ειρηνικοις] λεγων λογους ιρηνικους ℵ | των πολεων] της πολεως ℵ | συνηντου] ℵ | εντολη ην] εντολην A* (-λη ην A¹) | τον V* (το Vª)   3 εισεπορευοντο V | Πτολεμαιδος] Πτολεμαιος ℵ*c.b(vid) (Πτολεμαιο. ℵc.a) | απετασσε| V | δυναμις A | φρουραν] φρουρειν ℵc.b (-ριν) V   4 ηγγισεν] ηγγεισαν ℵ | Αζωτω Vª | ενεπυρισμενον] ευπεπυρισμενον ℵV εμπ. Vª | περιπολεια A | τα σωματα] om τα ℵ | εριμμ. V | ευπεπυρισμενους ους (-νους| νους A* -νους| ους A¹⁷)] εμπεπ. ους ℵVª | θειμωνιας ℵ θημ. Vª   5 ψογισαι] ψεξαι ℵ   6 Ιωπ. Vª   7 μετα του ℵV] μετ αυτου A   8 ο δε Πτολεμαιος ο βασιλευς ℵ | Πτολεμεος A: item 13, 15, 16, 18 | της παραλ.] pr εως V | παραλιου ℵ | Σελευκειας Vª   9 βασιλεα] pr τον ℵ | θυγατεραν ℵ | ειχεν ℵ* (εχει ℵc.a et ut vidc.b) V | om και 3⁰ ℵ* (hab ℵc.a) | της βασιλειας] τη βασιλεια A*vid (της βασιλειας A¹) την βασιλειαν ℵ   10 μεταμεμελημαι γαρ] μετα γαρ εμε ℵ* (μεταμεμεληνε γαρ ℵc.a)   11 εψογισεν] εψεξει ℵ* (εψογ. ℵc.a) | βασιλιας ℵ   12 τω Δημ.] om τω ℵ | ηλλ. το προσ. Αλεξανδρου] εδηλωθη τω Αλεξανδρω ℵ ηλλ. τω Αλ. V | εχθρα] pr η ℵV

Α αὐτῶν. ¹³Καὶ εἰσῆλθεν Πτολεμαῖος εἰς Ἀντιοχίαν, καὶ περιέθετο 13 τὸ διάδημα τῆς Ἀσίας, καὶ περιέθετο δύο διαδήματα περὶ τὴν κεφαλὴν αὐτοῦ, τὸ τῆς Ἀσίας καὶ Αἰγύπτου. ¹⁴Ἀλέξανδρος δὲ ὁ βασιλεὺς ἦν 14 εἰς Κιλικίαν κατὰ τοὺς καιροὺς ἐκείνους, ὅτι ἀπεστάτουν οἱ ἀπὸ τῶν τόπων ἐκείνων. ¹⁵καὶ ἤκουσεν Ἀλέξανδρος, καὶ ἦλθεν ἐπ' αὐτὸν ἐν 15 πολέμῳ· καὶ ἐξήγαγεν Πτολεμαῖος καὶ ἀπήντησεν αὐτῷ ἐν χειρὶ ἰσχυρᾷ, καὶ ἐτροπώσατο αὐτόν. ¹⁶καὶ ἔφυγεν Ἀλέξανδρος εἰς τὴν 16 Ἀραβίαν, τοῦ σκεπασθῆναι αὐτὸν ἐκεῖ· ὁ δὲ βασιλεὺς Πτολεμαῖος ὑψώθη. ¹⁷καὶ ἀφεῖλεν Ζαβδιὴλ ὁ Ἄραψ τὴν κεφαλὴν Ἀλεξάνδρου, 17 καὶ ἀπέστειλεν τῷ Πτολεμαίῳ. ¹⁸καὶ ὁ βασιλεὺς Πτολεμαῖος ἀπέ- 18 θανεν ἐν τῇ ἡμέρᾳ τῇ τρίτῃ, καὶ οἱ ὄντες ἐν τοῖς ὀχυρώμασιν αὐτοῦ ἀπώλοντο ὑπὸ τῶν ἐν τοῖς ὀχυρώμασιν. ¹⁹καὶ ἐβασίλευσεν Δημήτριος 19 ἔτους ἑβδόμου καὶ ἑξηκοστοῦ καὶ ἑκατοστοῦ.

²⁰Ἐν ταῖς ἡμέραις ἐκείναις συνήγαγεν Ἰωναθὰν τοὺς ἐκ τῆς Ἰου- 20 δαίας, τοῦ ἐκπολεμῆσαι τὴν ἄκραν τὴν ἐν Ἱερουσαλήμ· καὶ ἐποίησαν ἐπ' αὐτὴν μηχανὰς πολλάς. ²¹καὶ ἐπορεύθησάν τινες μισοῦντες τὸ 21 ἔθνος αὐτῶν, ἄνδρες παράνομοι, πρὸς τὸν βασιλέα, καὶ ἀπήγγειλαν αὐτῷ ὅτι Ἰωναθὰν περικάθηται τὴν ἄκραν. ²²καὶ ἀκούσας ὠργίσθη· 22 ὡς δὲ ἤκουσεν, εὐθέως ἀναζεύξας ἦλθεν εἰς Πτολεμαΐδα, καὶ ἔγραψεν Ἰωναθὰν τοῦ μὴ περικαθῆσθαι καὶ τοῦ ἀπαντῆσαι αὐτὸν αὐτῷ συν-μίσγειν εἰς Πτολεμαΐδα τὴν ταχίστην. ²³ὡς δὲ ἤκουσεν Ἰωναθάν, 23 ἐκέλευσεν περικαθῆσθαι· καὶ ἐπέλεξεν τῶν πρεσβυτέρων Ἰσραὴλ καὶ τῶν ἱερέων, καὶ ἔδωκεν αὐτὸν τῷ κινδύνῳ. ²⁴καὶ λαβὼν ἀργύριον 24 καὶ χρυσίον καὶ ἱματισμὸν καὶ ἕτερα ξένια πλείονα, καὶ ἐπορεύθη πρὸς τὸν βασιλέα εἰς Πτολεμαΐδα, καὶ εὗρεν χάριν ἐναντίον αὐτοῦ. ²⁵καὶ ἐνετύγχανον κατ' αὐτοῦ τινες ἄνομοι τῶν ἐκ τοῦ ἔθνους. ²⁶καὶ 25 26 ἐποίησεν αὐτῷ ὁ βασιλεὺς καθὼς ἐποίησαν αὐτῷ οἱ πρὸ αὐτοῦ, καὶ ὕψωσεν αὐτὸν ἐναντίον πάντων τῶν φίλων αὐτοῦ. ²⁷καὶ ἔστησεν 27 αὐτῷ τὴν ἀρχιερωσύνην, καὶ ὅσα ἄλλα εἶχεν τίμια τὸ πρότερον, καὶ

ℵV 13 εισηλθεν] εξηλθεν ℵ* (εισηλθ. ℵc.a, c.b) | Αντιοχειαν V | Αιγυπτου και Ασιας ℵ Αιγ. και το της Ασ. V 14 εις Κιλικιαν] εν Κιλικια ℵV 15 ηλθον ℵ* (ηλθεν ℵc.a) | αυτον 1°] αυτων Vᵃ | om εν 1° ℵc.aV | Πτολεμαιος]+την δυναμιν ℵc.a 16 om αυτον ℵ* (hab ℵc.a) 18 ο βασιλευς] om o ℵ* (hab ℵc.b) | om εν 1° ℵ 19 εβδομου...εκατοστου] ς' και ξ' και ρ' ℵ 20 εκειναισυνηγαγεν ℵ | εκπολεμησαι] πολεμησαι ℵ | εποιησεν ℵ | εν αυτη ℵ* (επ αυτην ℵc.a, c.b) 21 επορευθημεν ℵ* (-σαν ℵc.a) | εθνος]+ημω ℵ* (improb ℵ¹,c.a) 22 περικαθησθαι]+τη ακρα ℵc.a | συνμισγειν (συνμιγειν V* συγμιγηναι Vᵃ)] pr κ ℵc.a 23 om δε ℵ* (hab ℵc.a) | επελεξεν] εξελεξεν ℵ | ιερεων] Ιουδαιων ℵ | αυτον] εαυτον ℵ 24 ετερα ξενια] εταραξεν τα Α πλειον ℵ* (πλειονα ℵc.a) | om και 5° V 26 οι προ αυτου αυτω ℵ | παντων των φ. αυτου] των φιλω] αυτου παντων ℵ παντων τ. φ. α. παντων (sic) V 27 αρχιεροσυνην AV*

ΜΑΚΚΑΒΑΙΩΝ Α XI 38

28 ἐποίησεν αὐτὸν τῶν πρώτων φίλων ἡγεῖσθαι. ²⁸καὶ ἠξίωσεν Ἰωναθὰν Λ τὸν βασιλέα ποιῆσαι τὴν Ἰουδαίαν ἀφορολόγητον καὶ τὰς τρεῖς τοπαρχίας καὶ τὴν Σαμαρῖτιν, καὶ ἐπηγγείλαντο αὐτῷ τάλαντα τριακόσια. 29 ²⁹καὶ εὐδόκησεν ὁ βασιλεύς, καὶ ἔγραψεν τῷ Ἰωναθὰν ἐπιστολὰς περὶ 30 πάντων τούτων ἐχούσας τὸν τρόπον τοῦτον ³⁰Βασιλεὺς Δημήτριος 31 Ἰωναθὰν τῷ ἀδελφῷ χαίρειν, καὶ ἔθνει Ἰουδαίῳ. ³¹τὸ ἀντίγραφον τῆς ἐπιστολῆς, ἧς ἐγράψαμεν Λασθένει τῷ συγγενεῖ ἡμῶν περὶ ὑμῶν, 32 γεγράφαμεν καὶ πρὸς ὑμᾶς, ὅπως ἴδητε ³²Βασιλεὺς Δημήτριος 33 Λασθένει τῷ πατρὶ χαίρειν. ³³τῷ ἔθνει τῶν Ἰουδαίων φίλοις ἡμῶν καὶ συντηροῦσι τὰ πρὸς ἡμᾶς δίκαια ἐκρίναμεν ἀγαθοποιῆσαι, χάριν 34 τῆς ἑαυτῶν εὐνοίας πρὸς ἡμᾶς. ³⁴ἑστάκαμεν οὖν αὐτοῖς τὰ ὅρια τῆς Ἰουδαίας καὶ τοὺς τρεῖς νομούς, Ἀφαίρεμα καὶ Λυδδὰ καὶ Ῥαθαμείν· προσετέθησαν τῇ Ἰουδαίᾳ ἀπὸ τῆς Σαμαρίτιδος· καὶ πάντα τὰ συγκυροῦντα αὐτοῖς πᾶσιν τοῖς θυσιάζουσιν εἰς Ἰεροσόλυμα, ἀντὶ τῶν βασιλικῶν ὧν ἐλάμβανεν ὁ βασιλεὺς παρ' αὐτῶν τὸ πρότερον 35 κατ' ἐνιαυτὸν ἀπὸ τῶν γενημάτων τῆς γῆς καὶ τῶν ἀκροδρύων. ³⁵καὶ τὰ ἄλλα τὰ ἀνήκοντα ἡμῖν ἀπὸ τοῦ νῦν τῶν δεκατῶν καὶ τῶν τελῶν τῶν ἀνηκόντων ἡμῖν, καὶ τὰς τοῦ ἁλὸς λίμνας, καὶ τοὺς ἀνήκοντας 36 ἡμῖν στεφάνους, πάντα ἐπαρκέσομεν αὐτοῖς. ³⁶καὶ οὐκ ἀθετήσεται 37 οὐδὲν τούτων ἀπὸ τοῦ νῦν ἐπὶ τὸν ἅπαντα χρόνον. ³⁷νῦν οὖν ἐπιμελεῖσθε τοῦ ποιῆσαι τούτων ἀντίγραφον, καὶ δοθήτω Ἰωναθάν, καὶ 38 τεθήτω ἐν ὄρει τῷ ἁγίῳ ἐν τόπῳ ἐπιτηδείῳ ἐπισήμῳ. ³⁸Καὶ ἰδεν Δημήτριος ὁ βασιλεὺς ὅτι ἡσύχασεν ἡ γῆ ἐνώπιον αὐτοῦ καὶ οὐδὲν αὐτῷ ἀνθεστήκει, καὶ ἀπέλυσεν πάσας τὰς δυνάμεις αὐτοῦ, ἕκαστον εἰς τὸν ἴδιον τόπον, πλὴν τῶν ξένων δυνάμεων ὧν ἐξενολόγησεν ἀπὸ τῶν νήσων τῶν ἐθνῶν· καὶ ἤχθρασαν αὐτῶν

27 των πρωτων] om των ℵ* (hab ℵ^c.a) om πρωτων V   28 Ιουδαια ℵ* ℵV (-δαιαν ℵ^c.a) | τας τρεις τοπαρχιας] τρις τριηραχιας ℵ* (τας τρις τοπ. ℵ^c.a, c.b) | Σαμαρειτιν ℵV^a | επηγγειλατο ℵV   29 επιστολην V | εχουσαν V 30 Ιουδαιων ℵA^aV   31 om το ℵ | συγγενει ℵ | ημων] υμων ℵ*A*^vid (ημ. ℵ^c.aA^a)   32 Λασθενι ℵA   33 ημων] οισιν ℵ | σιντηροισιν V*, αγαθον ποιησαι ℵ | εαυτων] εξ αυτων ℵV   34 εστακιμεν ℵ | om οιν ℵ | om αυτοις 1° V | τα ορια] τα τε ορ. ℵV | Αφερεμα AV*| Ιουδα ℵ (-δαια ℵ^c.a) | Σαμαρειτ. V | συνκυροιντα ℵV*| πασι V | ακροδιων A   35 τελων]+και ℵ* (improb ℵ^b! (non c.a)) | το του αλος λιμνων ℵ* (τας τ. αλ. λιμνας ℵ^c.a) | παντας ℵ | επαρκεσωμεν ℵ   36 αθετησεται ℵ αθετηθησεται V | ουδεν] ουδε εν ℵ | νυν]+απο του νυν ℵ* (improb ℵ^c.a) | επι] εις ℵ* και εις ℵ^c.a   37 επιμελεσθαι ℵV*| Ιραθαν V* | ορει] pr τω ℵ | τοπω επιτηδειω] τω τοπω επιτηνιω ℵ* (επιτηδ. ℵ^c.a)   38 ειδεν ℵV*| ουδεν ℵV | ανθιστ. V* (ασθειστ. V^a) | om πασας ℵV | om εις τον A | ιδιον τοπον] τ. αιτου V | δυναμενων ℵ | ηχθρασαν αιτων] ηχθραινον αιτω ℵ ηχραναν (ηχθρ. V¹) αυτω V

ΜΑΚΚΑΒΑΙΩΝ Α

Α πᾶσαι αἱ δυνάμεις αἱ ἀπὸ τῶν πατέρων. ³⁹Τρύφων δὲ ἦν τῶν 39 παρὰ Ἀλεξάνδρου τὸ πρότερον, καὶ ἴδεν ὅτι πᾶσαι αἱ δυνάμεις καταγογγύζουσιν κατὰ τοῦ Δημητρίου, καὶ ἐπορεύθη πρὸς Σιμαλκουὴ τὸν Ἄραβα, ὃς ἔτρεφεν τὸν Ἀντίοχον τὸ παιδάριον τὸ τοῦ Ἀλεξάνδρου· ⁴⁰ καὶ προσήδρευεν αὐτῷ, ὅπως παραδοῖ 40 αὐτὸν αὐτῷ, ὅπως βασιλεύσῃ ἀντὶ τοῦ πατρὸς αὐτοῦ· καὶ ἀπήγγειλαν αὐτῷ ὅσα συνετέλεσεν Δημήτριος, καὶ τὴν ἔχθραν ἣν ἐχθραίνουσιν αὐτῷ αἱ δυνάμεις αὐτοῦ· καὶ ἔμεινεν ἐκεῖ ἡμέρας πολλάς. ⁴¹ Καὶ ἀπέστειλεν Ἰωναθὰν πρὸς Δημήτριον τὸν 41 βασιλέα, ἵνα ἐκβάλῃ τοὺς ἐκ τῆς ἄκρας ἐξ Ἰερουσαλὴμ καὶ τοὺς ἐν τοῖς ὀχυρώμασιν· ἦσαν γὰρ πολεμοῦντες τὸν Ἰσραήλ. ⁴² καὶ ἀπέ- 42 στειλεν Δημήτριος πρὸς Ἰωναθὰν λέγων Οὐ μόνον ταῦτα ποιήσω σοι καὶ τῷ ἔθνει σου, ἀλλ᾽ ἢ δόξῃ δοξάσω σε καὶ τὸ ἔθνος σου, ἐὰν εὐκαιρίας τύχω. ⁴³ νῦν οὖν ὀρθῶς ποιήσεις ἀποστείλας ἡμῖν ἄνδρας 43 οἳ συμμαχήσουσίν μοι, ὅτι ἀπέστησαν πᾶσαι αἱ δυνάμεις μου. ⁴⁴ καὶ 44 ἀπέστειλεν Ἰωναθὰν ἄνδρας τρισχιλίους δυνατοὺς ἰσχύι αὐτῶν εἰς Ἀντιοχίαν, καὶ ἦλθοσαν πρὸς τὸν βασιλέα, καὶ ηὐφράνθη ὁ βασιλεὺς ἐπὶ τῇ ἐφόδῳ αὐτῶν. ⁴⁵ καὶ ἐπισυνήχθησαν οἱ ἐκ τῆς πόλεως εἰς 45 μέσον τῆς πόλεως εἰς ἄνδρας δώδεκα μυριάδας, καὶ ἠβούλοντο ἀνελεῖν τὸν βασιλέα. ⁴⁶ καὶ ἔφυγεν ὁ βασιλεὺς εἰς τὴν αὐλήν, καὶ 46 κατελάβοντο οἱ ἐκ τῆς πόλεως τὰς διόδους τῆς πόλεως, καὶ ἤρξαντο ἐκπολεμεῖν. ⁴⁷ καὶ ἐκάλεσεν ὁ βασιλεὺς τοὺς Ἰουδαίους ἐπὶ βοήθειαν, 47 καὶ ἐπισυνήχθησαν πρὸς αὐτὸν πάντες ἅμα· καὶ διεσπάρησαν ἐν τῇ πόλει· καὶ ἀπέκτειναν ἐν τῇ πόλει ἐν τῇ ἡμέρᾳ ἐκείνῃ εἰς μυριάδας δέκα. ⁴⁸ καὶ ἐνεπύρισαν τὴν πόλιν, καὶ ἐλάβοσαν σκῦλα πολλὰ ἐν 48 ἐκείνῃ τῇ ἡμέρᾳ, καὶ ἔσωσαν τὸν βασιλέα. ⁴⁹ καὶ ἴδον οἱ ἀπὸ τῆς 49 πόλεως ὅτι κατεκράτησαν οἱ Ἰουδαῖοι τῆς πόλεως ὡς ἠβούλοντο, καὶ ἠσθένησαν ταῖς διανοίαις αὐτῶν, καὶ ἐκέκραξαν πρὸς τὸν βασιλέα

ℵV   39 ειδεν ℵV | Σινμαλκουη] Ιμαλκουε ℵV | ετρεφεν] ετρεψεν ℵ* (εθρεψεν ℵ¹,c.b) | τον Αντιοχον] om τον ℵV | το του Αλεξ.] τον του Αλεξ. ℵV   40 om οπως παραδοι αυτον αυτω ℵ | παραδοι V | βασιλευσει V* (-ση Vᵃ) | απηγγειλεν ℵV | οσα] α V | συνετελεσεν] συνετασσεν ℵV | Δημητριος] pr ο ℵV   42 Δημητριος]+ο ℵ* (improb ℵ¹,c) | ταυτα μονον ℵV | αλλα ℵ* (αλλ η ℵc.a) | δοξα ℵ* (δοξη ℵc.a) | εαν] αν ℵV   43 αποστελλων V | ημιν] μοι ℵV   44 τρισχιλιους] ⳨ ℵ* ,γ´ ℵc.a | αυτων 1°] αυτω ℵV | Αντιοχειαν V | ηλθο] ℵV | ευφρ. V   45 εκ] απο ℵV | om εις 2° Α | ανδρων ℵV   46 πολεως 1°] οικιας ℵ | εκπολεμειν] πολεμειν ℵV   47 επεσυνηχθ. V | παντες προς αυτο] ℵ om V | om εν τη πολει (2°) ℵV   48 ελαβον ℵV | om εν V   49 ειδον ℵV | om ως ηβουλοντο ℵ* (hab ως εβουλοντο ℵc.aV) | εκεκραξαν] εκρατησαν ℵ* εκραξαν ℵc.a

642

50 μετὰ δεήσεως, λέγοντες ⁵⁰Δὸς ἡμῖν δεξιάς, καὶ παυσάσθωσαν οἱ Α
51 Ἰουδαῖοι πολεμοῦντες ἡμᾶς καὶ τὴν πόλιν. ⁵¹καὶ ἔριψαν τὰ ὅπλα,
καὶ ἐποίησαν εἰρήνην· καὶ ἐδοξάσθησαν οἱ Ἰουδαῖοι ἐναντίον τοῦ
βασιλέως καὶ ἐνώπιον πάντων τῶν ἐν τῇ βασιλείᾳ αὐτοῦ· καὶ ἐπέ-
52 στρεψαν εἰς Ἰερουσαλὴμ ἔχοντες σκῦλα πολλά. ⁵²καὶ ἐκάθισεν ὁ
βασιλεὺς Δημήτριος ἐπὶ θρόνου τῆς βασιλείας αὐτοῦ, καὶ ἡσύχασεν
53 ἡ γῆ ἐνώπιον αὐτοῦ· ⁵³καὶ ἐψεύσατο πάντα ὅσα εἶπεν, καὶ ἠλλο-
τριώθη τῷ Ἰωναθὰν καὶ οὐκ ἀνταπέδωκεν τὰς εὐνοίας ἃς ἀνταπέδωκεν
54 αὐτῷ, καὶ ἔθλιψεν αὐτὸν σφόδρα. ⁵⁴Μετὰ δὲ ταῦτα ἀπέστρεψεν
Τρύφων καὶ Ἀντίοχος μετ' αὐτοῦ, παιδάριον νεώτερον· καὶ ἐβασί-
55 λευσεν, καὶ ἐπέθετο διάδημα. ⁵⁵καὶ ἐπισυνήχθησαν πρὸς αὐτὸν
πᾶσαι αἱ δυνάμεις ἃς ἀπεσκοράκισεν Δημήτριος, καὶ ἐπολέμησαν
56 πρὸς αὐτόν, καὶ ἔφυγεν καὶ ἐτροπώθη· ⁵⁶καὶ ἔλαβεν Τρύφων τὰ
57 θηρία, καὶ κατεκράτησεν Ἀντιοχίας. ⁵⁷καὶ ἔγραψεν Ἀντίοχος ὁ
νεώτερος Ἰωνάθᾳ λέγων Ἵστημί σοι τὴν ἀρχιερωσύνην, καὶ καθί-
στημί σε ἐπὶ τῶν τεσσάρων νομῶν, καὶ εἶναί σε τῶν φίλων τοῦ
58 βασιλέως. ⁵⁸καὶ ἀπέστειλεν αὐτῷ χρυσώματα καὶ διακονίαν, καὶ
ἔδωκεν αὐτῷ ἐξουσίαν πίνειν ἐν χρυσώμασιν καὶ εἶναι ἐν πορφύρᾳ
59 καὶ ἔχειν πόρπην χρυσῆν. ⁵⁹καὶ Σίμωνα τὸν ἀδελφὸν αὐτοῦ κατέ-
στησεν στρατηγὸν ἀπὸ τῆς κλίμακος Τύρου ἕως τῶν ὁρίων Αἰγύπτου.
60 ⁶⁰καὶ ἐξῆλθεν Ἰωναθάν, καὶ διεπορεύετο πέραν τοῦ ποταμοῦ καὶ ἐν
ταῖς πόλεσιν, καὶ ἠθροίσθησαν πρὸς αὐτὸν πᾶσαι αἱ δυνάμεις Συρίας
εἰς συμμαχίαν· καὶ ἦλθεν εἰς Ἀσκάλωνα, καὶ ἀπήντησαν αὐτῷ οἱ
61 ἐκ τῆς πόλεως ἐνδόξως. ⁶¹καὶ ἀπῆλθεν ἐκεῖθεν εἰς Γάζαν, καὶ ἀπέ-
κλεισαν οἱ ἀπὸ Γάζης· καὶ περιεκάθισεν περὶ αὐτήν, καὶ ἐνεπύρισεν
62 τὰ περιπόλια αὐτῆς ἐν πυρί, καὶ ἐσκύλευσεν αὐτάς· ⁶²καὶ ἠξίωσαν οἱ
ἀπὸ Γάζης Ἰωναθάν, καὶ ἔδωκεν αὐτοῖς δεξιάς· καὶ ἔλαβεν τοὺς υἱοὺς
τῶν ἀρχόντων αὐτῶν εἰς ὅμηρα, καὶ ἐξαπέστειλεν αὐτοὺς εἰς Ἱερου-

49 λεγοντες] λογον V   50 δεξιαν אV | incep πολεμε א* (πολεμουντ. א¹·ᶜ·ᵃ) אV
51 ερριψαν אV | om παντων א* (hab אᶜ·ᵃ) | αυτου]+και ωνομασθησαν εν τη
βασιλεια αυτου א* (improb אᶜ·ᵃ) | επεστρεψεν א* (-ψαν אᶜ·ᵃ)   52 Δημη-
τριος ο βασιλευς אV   53 εσπευσατο א* (εψ. אᶜ·ᵃ) | ηλλοτριωθη τω] ηλλο-
τριωθησαν א* (ηλλοτριωθη τω אᶜ·ᵃ) | ανταπεδωκεν] απεδωκεν א | om τας
ευνοιας ας ανταπεδωκεν א pr κατα V | εθλιβεν אV   54 μετ] pr και א
55 επισυνηχθησαν (επεσ. V)] επισυνησαν א* (επισυνηχθ. אᶜ·ᵃ) | επεσκορακισεν
א* (απεσκ. א¹) | Δημητριος]+ος א* (improb אᶜ·ᵃ) | επολεμησεν אV* | ετρο-
πωθησαν א   56 Αντιοχιας (-χειας V)] pr της א   57 Ιωναθαν א*V
τω Ιωναθαν אᶜ·ᵃ | αρχιερωσυνην] seq spat 2 vel 3 litt in A | om και 3° א*
(hab אᶜ·ᵃ)   60 πασαι αι δυναμεις] πασα δυναμις אV | αυτω] αυτων V
61 Γαζης] pr της V | om εν V   62 ηξιωσαν V* | δεξιαν א' (δεξιας אᶜ·ᵃ) |
om εις 2° V

ΜΑΚΚΑΒΑΙΩΝ Α

Α σαλήμ, καὶ διῆλθεν τὴν χώραν ἕως Δαμασκοῦ. ⁶³Καὶ ἤκουσεν 63 Ἰωναθὰν ὅτι παρῆσαν οἱ ἄρχοντες Δημητρίου εἰς Κῆδες τὴν ἐν τῇ Γαλιλαίᾳ μετὰ δυνάμεως πολλῆς, βουλόμενοι μεταστῆσαι αὐτὸν τῆς χρείας. ⁶⁴καὶ συνήντησεν αὐτοῖς, τὸν δὲ ἀδελφὸν αὐτοῦ Σίμωνα κατέλειπεν 64 ἐν τῇ χώρᾳ. ⁶⁵καὶ παρενέβαλεν Σίμων ἐν Βεθσούρᾳ, καὶ ἐπολέμει 65 αὐτὴν ἡμέρας πολλὰς καὶ συνέκλεισεν αὐτήν. ⁶⁶καὶ ἠξίωσαν αὐτὸν 66 τοῦ δεξιὰς λαβεῖν, καὶ ἔδωκεν αὐτοῖς· καὶ ἐξέβαλεν αὐτοὺς ἐκεῖθεν καὶ κατελάβετο τὴν πόλιν, καὶ ἔθετο ἐπ᾽ αὐτὴν φρουράν. ⁶⁷καὶ 67 Ἰωναθὰν καὶ ἡ παρεμβολὴ αὐτοῦ παρενέβαλον ἐπὶ τὸ ὕδωρ τοῦ Γεννησάρ· καὶ ὤρθρισαν τὸ πρωὶ εἰς τὸ πεδίον Νασώρ· ⁶⁸καὶ ἰδοὺ 68 παρεμβολὴ ἀλλοφύλων ἀπήντα αὐτῷ ἐν τῷ πεδίῳ, καὶ ἐξέβαλον ἔνεδρον ἐπ᾽ αὐτὸν ἐν τοῖς ὄρεσιν, αὐτοὶ δὲ ἀπήντησαν ἐξ ἐναντίας. ⁶⁹τὰ δὲ ἔνεδρα ἐξανέστησαν ἐκ τῶν τόπων ἑαυτῶν, καὶ συνῆψαν 69 πόλεμον· καὶ ἔφυγον οἱ παρὰ Ἰωνάθου πάντες· ⁷⁰οὐδὲ εἷς κατελείφθη 70 ἀπ᾽ αὐτῶν, πλὴν Ματταθίας ὁ τοῦ Ἀψαλώμου καὶ Ἰούδας ὁ τοῦ Χαλφεί, ἄρχοντες τῆς στρατιᾶς τῶν δυνάμεων. ⁷¹καὶ διέρρηξεν 71 Ἰωναθὰν τὰ ἱμάτια αὐτοῦ, καὶ ἐπέθετο γῆν ἐπὶ τὴν κεφαλὴν αὐτοῦ, καὶ προσηύξατο. ⁷²καὶ ἐπέστρεψεν πρὸς αὐτοὺς πολέμῳ, καὶ ἐτρο- 72 πώσατο αὐτούς, καὶ ἔφυγον. ⁷³καὶ ἴδον οἱ φυγόντες παρ᾽ αὐτοῦ, καὶ 73 ἐπέστρεψαν πρὸς αὐτόν, καὶ ἐδίωκον μετ᾽ αὐτοῦ ἕως Κάδης ἕως τῆς παρεμβολῆς αὐτῶν, καὶ παρενέβαλον ἐκεῖ. ⁷⁴καὶ ἔπεσον ἐκ τῶν 74 ἀλλοφύλων ἐν τῇ ἡμέρᾳ ἐκείνῃ εἰς ἄνδρας τρισχιλίους· καὶ ἐπέστρεψεν Ἰωναθὰν εἰς Ἰερουσαλήμ.

¹Καὶ ἴδεν Ἰωναθὰν ὅτι ὁ καιρὸς αὐτῷ συνεργεῖ, καὶ ἐπέλεξεν 1 XII ἄνδρας, καὶ ἀπέστειλεν εἰς Ῥώμην στῆσαι καὶ ἀνανεῶσαι τὴν πρὸς αὐτοὺς φιλίαν· ²καὶ πρὸς Σπαρτιάτας καὶ τόπους ἑτέρους ἀπέστειλεν 2 ἐπιστολὰς κατὰ ταὐτά. ³καὶ ἐπορεύθησαν εἰς Ῥώμην, καὶ ἐπορεύ- 3 θησαν εἰς τὸ βουλευτήριον, καὶ εἶπαν Ἰωναθὰν ὁ ἀρχιερεὺς καὶ τὸ

ℵV 62 om την χωραν V   63 Κεδες V   64 συνη|τησαν εαυτοις ℵ* (συνηντησεν αυτ. ℵc.a) | τον δε αδελφον αυτου Σιμωνα κατελειπεν] και κατελιπεν τον αδ. αυτ. Σιμ. ℵ   65 Σιμωνα V* | εν] επι ℵV | Βαιθσ. V   66 ηξιωσεν V | δεξιαν ℵ*V (δεξιας ℵc.a)   67 παρενεβαλον] pr και ℵ | om του Γενν. V | Γεννησαι ℵ* (Γεννησαρ ℵc.a, c.b) | Νασωρ] Ασωρ ℵ   68 παρεμβολη] pr η ℵV | εξεβαλεν ℵ* (εξεβαλον ℵc.a) V | αυτον] αυτοις V | απηντησαν] παριστηκισαν ℵ   69 ανεστησαν V | εαυτων] αυτων ℵV | om και εφυγον ℵ* (hab ℵc.a) | Ιωναθαν ℵ   70 ο του Αψαλωμου] του ψαλμωδου ℵ | Χαλφει] Χαφει ℵ   72 επεστρεψεν] υπεστρεφον ℵ* υπεστρεψεν ℵc.a V   73 ειδον ℵVa | φευγοντες ℵ | προς] επ ℵV | εδωκαν ℵ | Κεδες ℵV   74 om εν V | om ανδρας V   XII 1 ειδεν ℵV | ο καιρος] om ο V | αυτω] αυτων ℵ* (-τω ℵ¹ (fort), c.a, c.b) | επελεξατο ℵV | ανανεωσασθαι ℵV   2 τοπους] pr εις ℵ | απεστ.] pr και V   3 επορευθησαν 2°] εισηλθον ℵV | ειπον ℵV

ΜΑΚΚΑΒΑΙΩΝ Α XII 19

ἔθνος τῶν Ἰουδαίων ἀπέστειλαν ἡμᾶς ἀνανεώσασθαι τὴν φιλίαν Α
4 αὐτοῖς καὶ τὴν συμμαχίαν κατὰ τὸ πρότερον. ⁴καὶ ἔδωκαν ἐπιστολὰς
αὐτοῖς πρὸς αὐτοὺς κατὰ τόπον, ὅπως προπέμπωσιν αὐτοὺς εἰς γῆν
5 Ἰούδα μετ᾽ εἰρήνης. ⁵καὶ τοῦτο ἀντίγραφον τῶν ἐπιστολῶν ὧν
6 ἔγραψεν Ἰωναθὰν τοῖς Σπαρτιάταις ⁶Ἰωναθὰν ἀρχιερεὺς τοῦ ἔθνους
καὶ ἡ γερουσία καὶ οἱ ἱερεῖς καὶ ὁ λοιπὸς δῆμος τῶν Ἰουδαίων Σπαρ-
7 τιάταις τοῖς ἀδελφοῖς χαίρειν. ⁷ἔτι πρότερον ἀπεστάλησαν ἐπιστολαὶ
πρὸς Ὀνίαν τὸν ἀρχιερέα, παρὰ δ᾽ Ἀρείου τοῦ βασιλεύοντος ἐν
8 ὑμῖν, ὅτι ἐστὲ ἀδελφοὶ ἡμῶν, ὡς τὸ ἀντίγραφον ὑπόκειται. ⁸καὶ
ἐπεδέξατο Ὀνίας τὸν ἄνδρα τὸν ἀπεσταλμένον ἐνδόξως, καὶ ἔλαβεν
9 τὰς ἐπιστολάς, ἐν αἷς διεσαφεῖτο περὶ συμμαχίας καὶ φιλίας. ⁹καὶ
ἡμεῖς οὖν ἀπροσδεεῖς τούτων ὄντες, παράκλησιν ἔχοντες τὰ βιβλία
10 τὰ ἅγια τὰ ἐν ταῖς χερσὶν ἡμῶν, ¹⁰ἐπειράθημεν ἀποστεῖλαι τὴν πρὸς
ὑμᾶς ἀδελφότητα καὶ φιλίαν ἀνανεώσασθαι, πρὸς τὸ μὴ ἐξαλλο-
τριωθῆναι ὑμῶν· πολλοὶ γὰρ καιροὶ διῆλθον ἀφ᾽ οὗ ἀπεστείλατε
11 πρὸς ἡμᾶς. ¹¹ἡμεῖς οὖν ἐν παντὶ καιρῷ ἀδιαλείπτως ἐν ταῖς ἑορταῖς
καὶ ἐν ταῖς λοιπαῖς καθηκούσαις ἡμέραις μιμνησκόμεθα ὑμῶν, ἐφ᾽ ὧν
προσφέρομεν θυσιῶν καὶ ἐν ταῖς προσευχαῖς, ὡς δέον ἐστὶν καὶ
12 πρέπον μνημονεύειν ἀδελφῶν. ¹²εὐφραινόμεθα δὲ ἐπὶ τῇ δόξῃ
13 ὑμῶν. ¹³ἡμᾶς δὲ ἐκύκλωσαν πολλαὶ θλίψεις καὶ πόλεμοι πολλοί,
14 καὶ ἐπολέμησαν ἡμᾶς οἱ βασιλεῖς οἱ κύκλῳ ἡμῶν. ¹⁴οὐκ ἠβουλόμεθα
οὖν παρενοχλεῖν ὑμῖν καὶ τοὺς λοιποὺς συμμάχους καὶ φίλους ἡμῶν
15 ἐν τοῖς πολέμοις τούτοις. ¹⁵ἔχομεν γὰρ τὴν ἐξ οὐρανῶν βοηθίαν
βοηθοῦσαν ἡμῖν, καὶ ἐρύσθημεν ἀπὸ τῶν ἐχθρῶν ἡμῶν, καὶ ἐταπεινώ-
16 θησαν οἱ ἐχθροὶ ἡμῶν. ¹⁶ἐπελέξαμεν οὖν Νουμήνιον Ἀντιόχου καὶ
Ἀντίπατρον Ἰάσονος, καὶ ἀπεστάλκαμεν πρὸς Ῥωμαίους ἀνανεώ-
σασθαι τὴν πρὸς αὐτοὺς φιλίαν καὶ συμμαχίαν τὴν πρότερον.
17 ¹⁷ἐνετειλάμεθα οὖν αὐτοῖς καὶ πρὸς ὑμᾶς πορευθῆναι καὶ ἀσπά-
σασθαι ὑμᾶς, καὶ ἀποδοῦναι ὑμῖν τὰς παρ᾽ ἡμῶν ἐπιστολὰς περὶ
18 τῆς ἀνανεώσεως καὶ τῆς ἀδελφότητος ἡμῶν. ¹⁸καὶ νῦν καλῶς
19 ποιήσετε ἀντιφωνήσαντες ἡμῖν πρὸς ταῦτα. ¹⁹Καὶ τοῦτο τὸ

3 απεστιλεν ℵ | αυτοις] εαυτοις ℵV   5 αντιγραφον] pr το ℵV | τοι- ℵV
σπαρτιαταις Α   6 αρχ.] pr ο V | και η γερουσια του εθνους ℵV | Σπαρ-
τιαταις] Σπαρτιαις Α   7 ετι] επι (? επει) ℵᶜ·ᵃ | αρχιερεαν ℵ | Δαριου (? δ
Αριου) ℵAV* | ως] ω ℵ* (ως ℵᶜ·ᵃ)   8 απεδεξατο ℵᶜ·ᵃ | Ονιας] pr ο ℵ | διε-
σαφησατο V   9 om και ℵ | om τα 3° V   11 εν 2°]+τε ℵ | om εν 3° ℵ |
μνησκομεθα ℵ | υμων] ημων V | θυσιαν ℵV   13 om πολλαι θλ. κ. πολ. V
14 εβουλ. V | παρενοχλησαι ℵV   15 ουρανου ℵ | βοηθειαν V | ερρυσθημεν
ℵVᵃ | om ημων 1° ℵV¹ (repos V¹ᵃ?)   16 Ιασωνος V   17 υμιν] ημιν V
18 ποιησετε (ℵV -ται)] εποιησαται Α

645

Α ἀντίγραφον τῶν ἐπιστολῶν ὧν ἀπέστειλαν Ὀνείᾳ ²⁰"Ἄρης βασιλεὺς 20 Σπαρτιατῶν Ὀνείᾳ ἱερεῖ μεγάλῳ χαίρειν. ² εὑρέθη ἐν γραφῇ περί τε 21 τῶν Σπαρτιατῶν καὶ Ἰουδαίων, ὅτι ἀδελφοί εἰσίν, καὶ ὅτι εἰσὶν ἐκ γένους Ἀβραάμ. ²²καὶ νῦν ἀφ' οὗ ἔγνωμεν ταῦτα, καλῶς ποιή- 22 σετε γράφοντες ἡμῖν περὶ τῆς εἰρήνης ὑμῶν. ²³καὶ ἡμεῖς δὲ ἀντι- 23 γράφομεν ὑμῖν Τὰ κτήνη ὑμῶν καὶ ἡ ὕπαρξις ὑμῶν ἡμῖν ἐστιν, καὶ τὰ ἡμῶν ὑμῖν ἐστιν· ἐντελλόμεθα οὖν ὅπως ἀπαγγείλωσιν ὑμῖν κατὰ τὰ αὐτά. ²⁴Καὶ ἤκουσεν Ἰωναθὰν ὅτι ἐπέστρεψαν οἱ ἄρχοντες 24 Δημητρίου μετὰ δυνάμεως πολλῆς ὑπὲρ τὸ πρότερον τοῦ πολεμῆσαι πρὸς αὐτόν. ²⁵καὶ ἀπῆρεν ἐξ Ἱερουσαλήμ, καὶ ἀπήντησεν αὐτοῖς 25 εἰς τὴν Ἀμαθεῖτιν χώραν· οὐ γὰρ ἔδωκεν αὐτοῖς ἀνοχὴν τοῦ ἐμβατεῦσαι εἰς τὴν χώραν αὐτοῦ. ²⁶καὶ ἀπέστειλεν κατασκόπους εἰς τὴν παρεμ- 26 βολὴν αὐτοῦ· καὶ ἐπέστρεψαν, καὶ ἀπήγγειλαν αὐτῷ ὅτι Οὕτως τάσσονται ἐπιπεσεῖν ἐπ' αὐτοὺς τὴν νύκτα. ²⁷ὡς δὲ ἔδυ ὁ ἥλιος, 27 ἐπέταξεν Ἰωναθὰν τοῖς παρ' αὐτοῦ γρηγορεῖν καὶ εἶναι ἐπὶ τοῖς ὅπλοις, ἑτοιμάζεσθαι εἰς πόλεμον δι' ὅλης τῆς νυκτός· καὶ ἐξέβαλεν προφύλακας κύκλῳ τῆς παρεμβολῆς. ²⁸καὶ ἤκουσαν οἱ ὑπε- 28 ναντίοι ὅτι ἡτοίμασται Ἰωναθὰν καὶ οἱ παρ' αὐτοῦ εἰς πόλεμον, καὶ ἐφοβήθησαν καὶ ἔπτηξαν τὴν καρδίαν αὐτῶν, καὶ ἀνέκαυσαν πυρὰς ἐν τῇ παρεμβολῇ αὐτῶν. ²⁹Ἰωναθὰν δὲ καὶ οἱ παρ' αὐτοῦ οὐκ ἔγνωσαν 29 ἕως πρωΐ· ἔβλεπον γὰρ τὰ φῶτα καιόμενα. ³⁰καὶ κατεδίωξεν ὀπίσω 30 αὐτῶν, καὶ οὐκ ἐκατέλαβεν αὐτούς, διέβησαν γὰρ τὸν Ἐλεύθερον ποταμόν. ³¹καὶ ἐξέκλινεν Ἰωναθὰν ἐπὶ τοὺς Ἄραβας τοὺς καλου- 31 μένους Ζαβαδαίους, καὶ ἐπάταξεν αὐτούς, καὶ ἔλαβεν τὰ σκῦλα αὐτῶν. ³²καὶ ἀναζεύξας ἦλθεν εἰς Δαμασκόν, καὶ διώδευσεν ἐν πάσῃ 32 τῇ χώρᾳ. ³³καὶ Σίμων ἐξῆλθεν καὶ διώδευσεν ἕως Ἀσκάλωνος, καὶ 33 τὰ πλησίον ὀχυρώματα, καὶ ἐξέκλινεν εἰς Ἰόππην καὶ προκατελάβετο αὐτήν. ³⁴ἤκουσεν γὰρ ὅτι βούλονται τὸ ὀχύρωμα παραδοῦναι 34 τοῖς παρὰ Δημητρίου, καὶ ἔθετο ἐκεῖ φρουράν, ὅπως φυλάσσωσιν αὐτήν. ³⁵Καὶ ἐπέστρεψεν Ἰωναθὰν καὶ ἐξεκκλησίασεν τοὺς 35

אV 19 om ων A* | απεστειλεν אc.a 19—20 Ονεια Αρης] Ονια Αρης א* vid Ονιαρης אc.a vid V* Ονειαρης Avid 20 Ονεια] incep ν א* (improb א¹ (fort) postea ras) Ονια V | χαιρων (sine interpunct) A 21 εισιν αδελφοι אV | εκ γενους] εγγενους A 22 incep νιν αυν V* (ν. αφ ου V¹) 23 ημεις] υμεις א* (ημ. אc.a) | αντιγραφομεν] incep αντιγραφον א* (-φομεν אc.a (vid)) | υμων 1°] ημων V | υμων 2°] ημων V¹ | ημιν] υμιν V | ημων υμιν] υμων ημιν V | τα αιτα] ταυτα אV 24 οι αρχοντες] om οι א* (hab אc.a) | πολεμησαι] περευθηναι V 25 Αμαθειτιν (-θιτην V* -θι την Va) χωραν] χ. Αμαθιτιν א 27 της ν.] om της V 28 παρ] πατερες א | τη καρδια אV | om αιτων 1° V 30 κατεδιωξαν A κατεδιωξεν Ιωναθαν אV | ουκατελαβεν אV 31 Ζαβαδεους אA 32 τη χωρα] om τη אV 33 εξεκλιναν V 34 ηκουσαν V | ηβουλοντο V

πρεσβυτέρους τοῦ λαοῦ, καὶ ἐβουλεύσατο μετ' αὐτῶν τοῦ οἰκοδομῆσαι A
36 ὀχυρώματα ἐν τῇ Ἰουδαίᾳ, ³⁶καὶ προσυψῶσαι τὰ τείχη Ἱερουσαλήμ,
καὶ ὑψῶσαι ὕψος μέγα ἀνὰ μέσον τῆς ἄκρας καὶ τῆς πόλεως εἰς τὸ
διαχωρίσαι αὐτὴν τῆς πόλεως, ἵνα ᾖ αὕτη κατὰ μόνας, ὅπως μήτε ἀγο-
37 ράζωσιν μήτε πωλῶσιν. ³⁷καὶ συνήχθησαν τοῦ οἰκοδομεῖν, καὶ ἔπεσεν
τοῦ τείχους τοῦ χειμάρρου τοῦ ἐξ ἀπηλιώτου, καὶ ἐπεσκεύασεν τὸ κα-
38 λούμενον Χαφεναθά. ³⁸καὶ Σίμων ᾠκοδόμησεν τὴν Ἀδιδὰ ἐν τῇ σεφηλά,
39 καὶ ὠχύρωσεν θύρας καὶ μοχλούς. ³⁹Καὶ ἐζήτησεν Τρύφων
βασιλεῦσαι τῆς Ἀσίας καὶ περιθέσθαι τὸ διάδημα καὶ ἐκτεῖναι χεῖρας
40 ἐπὶ Ἀντίοχον τὸν βασιλέα. ⁴⁰καὶ ηὐλαβήθη μή ποτε οὐκ ἐάσῃ αὐτὸν
Ἰωναθὰν καὶ μή ποτε πολεμήσῃ πρὸς αὐτόν, καὶ ἐζήτει πόρον τοῦ
41 συλλαβεῖν αὐτὸν τοῦ ἀποκτεῖναι· καὶ ἀπάρας ἦλθεν εἰς Βεθσά. ⁴¹καὶ
ἐξῆλθεν Ἰωναθὰν εἰς ἀπάντησιν αὐτῷ ἐν τεσσεράκοντα χιλιάσιν
42 ἀνδρῶν ἐπιλελεγμέναις εἰς παράταξιν, καὶ ἦλθεν εἰς Βεθσά. ⁴²καὶ
εἶδεν Τρύφων ὅτι πάρεστιν μετὰ δυνάμεως πολλῆς, καὶ ἐκτεῖναι
43 χεῖρας ἐπ' αὐτὸν ηὐλαβήθη. ⁴³καὶ ἐπεδέξατο αὐτὸν ἐνδόξως, καὶ
συνέστησεν αὐτὸν πᾶσιν τοῖς φίλοις αὐτοῦ, καὶ ἔδωκεν αὐτῷ δόματα,
καὶ ἐπέταξεν τοῖς φίλοις αὐτοῦ καὶ ταῖς δυνάμεσιν αὐτοῦ ὑπακούειν
44 αὐτῷ ὡσαύτως. ⁴⁴καὶ εἶπεν τῷ Ἰωναθὰν Ἵνα τί ἔκοψας πάντα τὸν
45 λαὸν τοῦτον πολέμου μὴ ἐνεστηκότος ἡμῖν; ⁴⁵καὶ νῦν ἀπόστειλον
αὐτοὺς εἰς τοὺς οἴκους αὐτῶν, ἐπίλεξον δὲ σεαυτῷ ἄνδρας ὀλίγους
οἵτινες ἔσονται μετὰ σοῦ· καὶ δεῦρο μετ' ἐμοῦ εἰς Πτολεμαίδα, καὶ
παραδώσω σοι αὐτὴν καὶ τὰ λοιπὰ ὀχυρώματα καὶ τὰς δυνάμεις τὰς
πολλὰς καὶ πάντας τοὺς ἐπὶ τῶν χρειῶν, καὶ ἐπιστρέψας ἀπελεύ-
46 σομαι· τούτου γὰρ χάριν πάρειμι. ⁴⁶καὶ ἐμπιστεύσας αὐτῷ ἐποίησεν

35 εβουλευετο ℵV | οχυρωμασιν V* (-τα V¹) 36 υψος μεγα] μεως (sic) ℵV μεγαν ℵ* υψος μεγαν ℵ^c.a | om εις το διαχωρισαι (-ρησαι AV*) αυτην της πολεως ℵ* (hab ℵ^c.a) | om οπως μητε αγοραζωσιν μητε πωλωσιν ℵ* hab οπως μ. αγορασωσιν μ. πωλησωσιν ℵ^c.a | αγορασωσιν ℵ* 37 του (τω ℵ* του ℵ^c.b) οικοδομειν]+την πολι[ℵ + πολεις V | επεπεσαν ℵ επεπεσεν V | τειχους] χειους ℵ* (τειχ. ℵ^c.a, c.b) | επεσκιασαν V | τον καλ. ℵ 38 οικοδομησεν ℵ | Αδιδα] Αδειδα ℵ super A et a puncta posuit A^?vid | σεφηλα]+πεδινη ℵ* (improb ℵ^c.a, c.b) V | ωχυρωσεν]+αυτην και επεστησεν ℵV 39 εκτειναι χειρας] εξετεινε[την χειρα ℵ | επι] επ ℵV 40 ευλαβηθη ℵV | εασει V* | πολεμησει V* | om πορον ℵ | του συλλαβειν] om του ℵV | του 2°] και V | αποκτειναι] απολεσαι ℵV | απαρας ηλθεν] παρεισηλθεν V | Βαιθσαν ℵV (item 41) 41 αυτου V* | τεσσερακοντα] μ' ℵ | επιλελεγμενων ℵ^c.a -ναι A 42 ιδεν V* παρεστιν] ηλθεν ℵ | om και 2° ℵV | αυτον] αυτην ℵ^c.a (-τον rurs ℵ^c.b) ηυλαβηθη (ευλ. ℵV)] pr και ℵ^c.a V^a 43 ενδοξως] ευλογως ℵ* (ενδ. ℵ^c.a) | συνεταξεν ℵ* (συνεστ. ℵ^c.a) συνηντησεν V | πασι V | om και εδωκεν αυτω δοματα και επεταξεν τοις φιλοις αυτου ℵ* (hab ℵ^c.a) V | αυτω 2°] αυτου ℵ* (-τω ℵ^c.a) V | ωσαυτως] ως αυτου ℵV 44 εκοψας] εκοπωσας V | om παντα ℵV | μη ενεστηκοτος ημιν πολεμου ℵ 45 επιλεξαι ℵV | πολλας] λοιπας ℵV

Λ καθὼς εἶπεν, καὶ ἐξαπέστειλεν τὰς δυνάμεις, καὶ ἀπῆλθον εἰς γῆν Ἰούδα. ⁴⁷κατέλειπεν δὲ μεθ' ἑαυτοῦ ἄνδρας τρισχιλίους· ὡς δισχιλίους 47 ἀφῆκεν ἐν τῇ Γαλιλαίᾳ, χίλιοι δὲ συνῆλθον αὐτῷ. ⁴⁸Ὡς δὲ 48 εἰσῆλθεν Ἰωναθὰν εἰς Πτολεμαίδα, ἀπέκλεισαν οἱ Πτολεμαῖται τὰς πύλας, καὶ συνέλαβον αὐτόν, καὶ πάντας τοὺς συνελθόντας μετ' αὐτοῦ ἀπέκτειναν ἐν ῥομφαίᾳ. ⁴⁹καὶ ἀπέστειλεν Τρύφων δυνάμεις καὶ 49 ἵππον εἰς Γαλιλαίαν εἰς τὸ πεδίον τὸ μέγα, τοῦ ἀπολέσαι πάντας τοὺς παρὰ Ἰωνάθου. ⁵⁰καὶ ἐπέγνωσαν ὅτι συνελήμφθη καὶ ἀπό- 50 λωλεν, καὶ οἱ μετ' αὐτοῦ· καὶ παρεκάλεσαν ἑαυτούς, καὶ ἐπορεύοντο συνεστραμμένοι ἕτοιμοι εἰς πόλεμον. ⁵¹καὶ ἴδον οἱ διώκοντες ὅτι 51 περὶ ψυχῆς ἐστιν αὐτοῖς· καὶ ἐπέστρεψαν. ⁵²καὶ ἦλθον πάντες 52 μετ' εἰρήνης εἰς γῆν Ἰούδα, καὶ ἐπένθησαν τὸν Ἰωναθὰν καὶ τοὺς μετ' αὐτοῦ, καὶ ἐφοβήθησαν σφόδρα· καὶ ἐπένθησεν Ἰσραὴλ πένθος μέγα. ⁵³καὶ ἐζήτησαν πάντα τὰ ἔθνη τὰ κύκλῳ αὐτῶν ἐκτρίψαι 53 αὐτούς· εἶπαν γάρ Οὐκ ἔχουσιν ἄνδρα ἄρχοντα καὶ βοηθοῦντα· νῦν οὖν πολεμήσωμεν αὐτούς, καὶ ἐξαροῦμεν ἐξ ἀνθρώπων τὸ μνημόσυνον αὐτῶν.

¹Καὶ ἤκουσεν Σίμων ὅτι συνήγαγεν Τρύφων δύναμιν πολλὴν τοῦ 1 XIII ἐλθεῖν εἰς γῆν Ἰούδα τοῦ ἐκτρίψαι αὐτήν. ²καὶ εἶδεν τὸν λαὸν ὅτι 2 ἐστὶν ἔντρομος καὶ ἔκφοβος, καὶ ἀνέβη εἰς Ἱερουσαλὴμ καὶ ἤθροισεν τὸν λαόν· ³καὶ παρεκάλεσεν αὐτούς, καὶ εἶπεν αὐτοῖς Αὐτοὶ οἴδατε 3 ὅσα ἐγὼ καὶ οἱ ἀδελφοί μου καὶ οἶκος τοῦ πατρός μου ἐποιήσαμεν περὶ τῶν νόμων καὶ τῶν ἁγίων, καὶ τοὺς πολέμους καὶ τὰς στενοχωρίας. ⁴τούτου χάριν ἀπώλοντο οἱ ἀδελφοί μου πάντες χάριν τοῦ 4 Ἰσραήλ, καὶ κατελείφθην ἐγὼ μόνος. ⁵καὶ νῦν μή μοι γένοιτο φεί- 5 σασθαί μου τῆς ψυχῆς ἐν παντὶ καιρῷ θλίψεως· οὐ γάρ εἰμι κρείσσων

ℵV 46 εξαπεστιλαν ℵ* (-λεν ℵᶜ·ᵃ) | δυναμεις (-μις ℵ)]+Ιωναθαν ℵᶜ·ᵃ | και 3°] αι ℵ* (και ℵᶜ·ᵃ) 47 κατελιπεν ℵ | εαυτου] εαυτους A | ως δισχιλιους] ᴋ ως ανδρας χιλιους ℵ* (δισχ. ℵ¹) | ως] ων V | τη Γαλιλαια] om τη ℵ* (hab ℵᶜ·ᵃ) 48 Πτολεμαιδαν ℵ | απεκλεισαν] incep απεκλισε ℵ* (-σαν ℵ¹) | Πτολεμαϊς ℵV* | συνεισελθοντας ℵ | μετ αυτου] αυτου ℵ* αυτω ℵ¹ | απεκτινον ℵ* (-ναν ℵᶜ·ᵃ (vid)) 49 ιππον] pr spat 1 lit A? (fort incep ε A*) | εις 2°] και ℵV | παρα] απο V | Ιωναθαν ℵVᵃ 50 και 1°] pr ους ℵ | επεγν.] pr ουκ V | οτι] οτε δε ℵ | συνεστρεμμενοι A 51 ειδον ℵV | αυτοις εστιν V 52 επενθησε Vᵃ | Ισραηλ] pr πας ℵV 53 εζητησε] ℵ* (-σαν ℵᶜ·ᵃ) | ειπον ℵV | om ανδρα ℵV | εξαρωμεν ℵV XIII 1 Τρυφων] incep σ ℵ* (Τρ. ℵ¹) | του εκτριψαι] και εκτρ. ℵV 2 ιδεν V* ειδε Vᵃ | εντρομος εστιν ℵV | om εις ℵ* (hab ℵᶜ) V+ας ιδομεν ℵᶜ·ᵇ 3 ειπον A* ᶠᵒʳᵗ | οικος] pr ο ℵV | εποιησαμεν] pr παντες ℵV | περι] χαριν ℵV | om και 6° ℵ* (hab ℵᶜ·ᵃ) V | om και τας στενοχωριας ℵ* (hab ℵᶜ) 4 τουτου] ων και ℵV | παντες οι αδελφοι μου ℵV

ΜΑΚΚΑΒΑΙΩΝ Α XIII 21

6 τῶν ἀδελφῶν μου. ⁶πλὴν ἐκδικήσω περὶ τοῦ ἔθνους μου καὶ περὶ Α τῶν ἁγίων καὶ περὶ τῶν γυναικῶν καὶ τῶν τέκνων ἡμῶν, ὅτι 7 συνήχθησαν πάντα τὰ ἔθνη ἐκτρίψαι ἡμᾶς ἔχθρας χάριν. ⁷καὶ ἀνεζωπύρισεν τὸ πνεῦμα τοῦ λαοῦ αὐτοῦ ἀκοῦσαι τῶν λόγων τούτων· 8 ⁸καὶ ἀπεκρίθησαν φωνῇ μεγάλῃ λέγοντες Σὺ εἶ ἡμῶν ἡγούμενος 9 ἀντὶ Ἰούδου καὶ Ἰωνάθου τοῦ ἀδελφοῦ σου· ⁹πολέμησον τὸν πόλεμον 10 ἡμῶν, καὶ πάντα ὅσα ἐὰν εἴπῃς ἡμῖν ποιήσομεν. ¹⁰καὶ συνήγαγεν πάντας τοὺς ἄνδρας τοὺς πολεμιστάς, καὶ ἐτάχυνεν τοῦ τελέσαι τὰ 11 τείχη Ἰερουσαλήμ, καὶ ὀχύρωσεν αὐτὴν κυκλόθεν. ¹¹καὶ ἀπέστειλεν Ἰωναθὰν τὸν τοῦ Ἀψαλώμου καὶ μετ' αὐτοῦ δύναμιν ἱκανὴν εἰς Ἰόππην, καὶ ἐξέβαλεν τοὺς ἐν αὐτῇ ὄντας, καὶ ἔμεινεν ἐκεῖ ἐν 12 αὐτῇ. ¹²Καὶ ἀπῆρεν Τρύφων ἀπὸ Πτολεμαίδος μετὰ δυνάμεως πολλῆς εἰσελθεῖν εἰς γῆν Ἰούδα, καὶ Ἰωναθὰν μετ' αὐτοῦ ἐν φυλακῇ· 13 ¹³Σίμων δὲ παρενέβαλεν ἐν Ἀδίδοις κατὰ πρόσωπον τοῦ πεδίου. 14 ¹⁴καὶ ἐπέγνω Τρύφων ὅτι ἀνέστη Σίμων ἀντὶ Ἰωνάθου τοῦ ἀδελφοῦ αὐτοῦ, καὶ ὅτι συνάπτειν αὐτῷ μέλλει εἰς πόλεμον· καὶ ἀπέστειλεν 15 πρὸς αὐτὸν πρέσβεις, λέγων ¹⁵Περὶ ἀργυρίου οὗ ὤφειλεν Ἰωναθὰν ἀδελφός σου εἰς τὸ βασιλικόν, δι' ἃς εἶχεν χρείας, συνέχομεν αὐτόν. 16 ¹⁶καὶ νῦν ἀπόστειλον ἀργυρίου ἑκατὸν τάλαντα καὶ δύο τῶν υἱῶν αὐτοῦ ὅμηρα, ὅπως μὴ ἀφεθεὶς ἀποστατήσει ἀφ' ἡμῶν, καὶ ἀφήσομεν 17 αὐτόν. ¹⁷καὶ ἔγνω Σίμων ὅτι δόλῳ λαλοῦσιν πρὸς αὐτόν, καὶ πέμπει τὸ ἀργύριον καὶ τὰ παιδάρια, καὶ μή ποτε ἔχθραν ἄρῃ μεγάλην πρὸς 18 τὸν λαόν, ¹⁸λέγοντες Ὅτι οὐκ ἀπέστειλα αὐτῷ τὸ ἀργύριον καὶ τὰ παι-19 δάρια, ἀπώλετο· ¹⁹καὶ ἀπέστειλεν τὰ παιδάρια καὶ τὰ ἑκατὸν τάλαντα· 20 καὶ διεψεύσατο, καὶ οὐκ ἀφῆκεν τὸν Ἰωναθάν. ²⁰καὶ μετὰ ταῦτα ἦλθεν Τρύφων τοῦ ἐμβατεῦσαι εἰς τὴν πόλιν καὶ ἐκτρίψαι αὐτήν, καὶ ἐκύκλωσεν ὁδὸν τὴν εἰς Ἀδωρά· καὶ Σίμων καὶ ἡ παρεμβολὴ αὐτοῦ 21 ἀντιπαρῆγεν αὐτῷ εἰς πάντα τόπον οὗ ἐπορεύετο. ²¹οἱ δὲ ἐκ τῆς ἄκρας ἀπέστελλον πρεσβευτὰς καὶ κατασπεύδοντας αὐτὸν τοῦ ἐλθεῖν

6 om περι 3° א V | των τεκνων ημων] τεκν. υμων א V | συνηχθησαν] א V incep συνε א* (συνηχθ. א^{c.a, c.b}) 7 αυτου] αμα του א V 8 Ιωδου Α | Ιουδα V | Ιωναθαν V^a: item 14 9 om ημων א | εαν] αν א V 10 εταχυναν V +αυτου V [οχυρωσεν (οχ sup ras A^a?)] ωχυρωσεν א V | κυκλω V 11 μετ αυτου] συν αυτω א | Ιοππη Α | εν αυτη οντας] οντας εκει א V | om εκει א* (hab א^{c.a}) V | om εν 2° V 12 εισελθειν] ελθειν א V 13 Αδεινοις א* (Αδειδ. א^{c.a}) Αδιμοις V 14 om εις א V 15 αδελφος] pr ο א V^{vid} | συνειχομεν א 16 νυν] ν 1° sup ras A^a | ταλ. ρ' א ταλ. εκατον V | αποστατηση א V^a -σει V* 17 εγρω] pr ουκ V | πεμπει]+του λαβειν א V | om και 4° א V 18 επεστειλα א* (απεστ. א^{c.a, c.b}) 18—19 om απωλετο και απεστειλεν τα παιδαρια א 19 εκατον] ρ' א 20 Τρυφων]+νυν א* (improb א^{c.a}) | πολιν] χωραν א V | εκυκλωσαν א V | αντιπαρηγαγεν א | ου] +αν א V 21 απεστελλον]+προς Τρυφωνα א V | om και 1° א

649

Α πρὸς αὐτὸν διὰ τῆς ἐρήμου καὶ ἀποστεῖλαι αὐτοῖς τροφάς. ²²καὶ ἠτοί- 22
μασεν Τρύφων πᾶσαν τὴν ἵππον αὐτοῦ ἐλθεῖν· καὶ ἐν τῇ νυκτὶ ἐκείνῃ
ἦν χιὼν πολλὴ σφόδρα, καὶ οὐκ ἦλθεν διὰ τὴν χιόνα· καὶ ἀπῆρεν καὶ
ἦλθεν εἰς τὴν Γαλααδῖτιν. ²³ὡς δὲ ἤγγισεν τῆς Βασκαμά, ἀπέκτεινεν 23
τὸν Ἰωναθάν, καὶ ἐτάφη ἐκεῖ. ²⁴καὶ ἐπέστρεψεν Τρύφων καὶ ἀπῆλ- 24
θεν εἰς τὴν γῆν αὐτοῦ. ²⁵Καὶ ἀπέστειλεν Σίμων, καὶ ἔλαβεν 25
τὰ ὀστᾶ Ἰωναθὰν τοῦ ἀδελφοῦ αὐτοῦ, καὶ ἔθαψεν αὐτὸν ἐν Μωδεεὶμ
πόλει τῶν πατέρων αὐτοῦ. ²⁶καὶ ἐκόψαντο αὐτὸν πᾶς Ἰσραὴλ 26
κοπετὸν μέγαν, καὶ ἐπένθησαν αὐτὸν ἡμέρας πολλάς. ²⁷καὶ ᾠκο- 27
δόμησεν Σίμων ἐπὶ τὸν τάφον τοῦ πατρὸς αὐτοῦ καὶ τῶν ἀδελφῶν
αὐτοῦ, καὶ ὕψωσεν αὐτὸν τῇ ὁράσει λίθῳ ξυστῷ ἐκ τῶν ὄπισθεν
καὶ ἐκ τῶν ἔμπροσθεν. ²⁸καὶ ἔστησεν ἑπτὰ πυραμίδας, μίαν κατέ- 28
ναντι τῆς μιᾶς, τῷ πατρὶ καὶ τῇ μητρὶ καὶ τέσσαρσιν ἀδελφοῖς.
²⁹καὶ ταύταις ἐποίησεν μηχανήματα περιθεὶς στύλους μεγάλους, καὶ 29
ἐποίησεν ἐπὶ τοῖς στύλοις πανοπλίας εἰς ὄνομα αἰώνιον, καὶ παρὰ
ταῖς πανοπλίαις πλοῖα ἐπιγεγλυμμένα, εἰς τὸ θεωρεῖσθαι ὑπὸ πάν-
των τῶν πλεόντων τὴν θάλασσαν. ³⁰οὗτος ὁ τάφος ὃν ἐποίησεν 30
ἐν Μωδεεὶμ ἕως τῆς ἡμέρας ταύτης. ³¹Ὁ δὲ Τρύφων 31
ἐπορεύετο δόλῳ μετὰ Ἀντιόχου τοῦ βασιλέως τοῦ νεωτέρου, καὶ
ἀπέκτεινεν αὐτόν, ³²καὶ ἐβασίλευσεν ἀντ' αὐτοῦ, καὶ περιέθετο τὸ 32
διάδημα τῆς Ἀσίας, καὶ ἐποίησεν πληγὴν μεγάλην ἐπὶ τῆς γῆς.

³³Καὶ ᾠκοδόμησεν Σίμων τὸ ὀχύρωμα τῆς Ἰουδαίας, καὶ περιε- 33
τείχισεν πύργοις ὑψηλοῖς καὶ τείχεσιν μεγάλοις καὶ πύργοις καὶ
πύλαις καὶ μοχλοῖς, καὶ ἔθετο βρώματα ἐν τοῖς ὀχυρώμασιν. ³⁴καὶ 34
ἐπελέξατο Σίμων ἄνδρας, καὶ ἀπέστειλεν πρὸς Δημήτριον τὸν βασιλέα
τοῦ ποιῆσαι ἄφεσιν τῇ χώρᾳ, ὅτι πᾶσαι αἱ πράξεις Τρύφωνος ἦσαν
ἁρπάσαι. ³⁵καὶ ἀπέστειλεν αὐτῷ Δημήτριος ὁ βασιλεὺς κατὰ τοὺς 35
λόγους τούτους, καὶ ἀπεκρίθη αὐτῷ, καὶ ἔγραψεν αὐτῷ ἐπιστολὴν
τοιαύτην ³⁶Βασιλεὺς Δημήτριος Σίμωνι ἀρχιερεῖ καὶ φίλῳ βασιλέων 36

ℵV 21 αιτον 2°] αυτους ℵV 22 om και 3° V | την χιονα] τον χ. ℵ*
(την χ. ℵc.b) | Γαλααδειτιν ℵ 23 om εκει ℵ 24 επεστρεψεν
(απ. V)]+εκει ℵ | γην αυτου] αυτου οικιαν ℵ* (γην αυτ. ℵc.a) 25 Μωδειν
ℵ -διν V 27 ξεστω ℵ | εκ των οπισθεν και εκ των εμπροσθεν] εκ των
εμπρ. και οπ. ℵ εκ των οπ. και εκ των οπ. (sic) A εκ τ. οπ. κ. εμπρ. V
28 μια ℵ | και τεσσαρσιν] κ τοις ℵ* κ τοις τεσσαρσιν ℵc.a V 29 ταυταις]
ταυτα ℵ | πανοπλιαν ℵ | πλοια] ποια A | ενγεγλυμμενα ℵV* | om των
πλεοντων V 30 Μωδειν ℵV (-διν) 33 το οχυρωμα] τα οχυρωματα
ℵV | Ιουδαιας] Ιδουμαιας ℵ* (Ιουδ. ℵc.a) | om και πυργοις ℵV | πυλοις
(sic) V 34 επελεξεν ℵV | ησαν αρπασαι] αρπαγαι ℵ* ησ. αρπαγ. ℵc.a V
36 αρχ.] pr τω V

37 καὶ πρεσβυτέροις καὶ ἔθνει Ἰουδαίων χαίρειν. ³⁷τὸν στέφανον τὸν Α χρυσοῦν, καὶ τὴν βάιν ἣν ἀπεστείλατε, κεκομίσμεθα, καὶ ἕτοιμοί ἐσμεν τοῦ ποιεῖν ὑμῖν εἰρήνην μεγάλην, καὶ γράφειν τοῖς ἐπὶ τῶν 38 χρειῶν τοῦ ἀφεῖναι ὑμῖν ἀφέματα. ³⁸καὶ ὅσα ἐστήσαμεν πρὸς ὑμᾶς 39 ἕστηκεν, καὶ τὰ ὀχυρώματα, ἃ ᾠκοδομήσατε, ὑπαρχέτω ὑμῖν. ³⁹ἀφίεμεν δὲ ὑμῖν ἀγνοήματα καὶ τὰ ἁμαρτήματα ἕως τῆς σήμερον ἡμέρας, καὶ τὸν στέφανον ὃν ὠφείλετε· καὶ εἴ τι ἄλλο ἐτελωνεῖτο ἐν Ἱερουσα-40 λήμ, μηκέτι τελωνείσθω· ⁴⁰καὶ εἴ τινες ἐπιτήδειοι ὑμῶν γραφῆναι εἰς τοὺς περὶ ἡμᾶς, ἐνγραφέσθωσαν, καὶ γινέσθω ἀνὰ μέσον ἡμῶν εἰρήνη.
41 ⁴¹Ἔτους ἑκατοστοῦ ἑβδομηκοστοῦ ἤρθη ὁ ζυγὸς τῶν ἐθνῶν ἀπὸ τοῦ 42 Ἰσραήλ. ⁴²καὶ ἤρξατο ὁ λαὸς Ἰσραὴλ γράφειν ἐν ταῖς συνγραφαῖς καὶ συναλλάγμασιν Ἔτους πρώτου ἐπὶ Σίμωνος ἀρχιερέως μεγάλου 43 καὶ στρατηγοῦ καὶ ἡγουμένου Ἰουδαίων. ⁴³Ἐν ταῖς ἡμέραις ἐκείναις παρενέβαλεν ἐπὶ Γάζαν, καὶ ἐκύκλωσεν αὐτὴν παρεμβολαῖς, καὶ ἐποίησεν ἑλέπολιν καὶ προσήγαγεν τῇ πόλει, καὶ ἐπάταξεν πύργον 44 ἕνα, καὶ κατελάβετο. ⁴⁴καὶ ἐξήλλοντο οἱ ἐν τῇ ἑλεπόλει εἰς τὴν πόλιν, 45 καὶ ἐγένετο κίνημα μέγα ἐν τῇ πόλει. ⁴⁵καὶ ἀνέβησαν οἱ ἐν τῇ πόλει σὺν ταῖς γυναιξὶ καὶ τοῖς τέκνοις ἐπὶ τὸ τεῖχος διερρηχότες τὰ ἱμάτια αὐτῶν, καὶ ἐβόησαν φωνῇ μεγάλῃ ἀξιοῦντες Σίμωνα δεξιὰς αὐτοῖς 46 δοῦναι. ⁴⁶καὶ εἶπαν Μὴ ἡμῖν χρήσῃ κατὰ τὰς πονηρίας ἡμῶν, ἀλλὰ 47 κατὰ τὸ ἔλεός σου. ⁴⁷καὶ συνελύθη αὐτοῖς Σίμων, καὶ οὐκ ἐπολέμησεν αὐτούς· καὶ ἐξέβαλεν αὐτοὺς ἐκ τῆς πόλεως, καὶ ἐκαθέρισεν τὰς οἰκίας ἐν αἷς ἦν τὰ εἴδωλα, καὶ οὕτως εἰσῆλθεν εἰς αὐτὴν ὑμνῶν καὶ 48 εὐλογῶν. ⁴⁸καὶ ἐξέβαλεν ἐξ αὐτῆς πᾶσαν ἀκαθαρσίαν, καὶ κατοίκισεν ἐν αὐτῇ ἄνδρας οἵτινες τὸν νόμον ποιοῦσιν· καὶ προσοχύρωσεν 49 αὐτήν, καὶ ᾠκοδόμησεν ἑαυτῷ ἐν αὐτῇ οἴκησιν. ⁴⁹Οἱ δὲ ἐκ τῆς ἄκρας ἐν Ἱερουσαλὴμ ἐκωλύοντο ἐκπορεύεσθαι εἰς τὴν χώραν καὶ

37 βαιν] βαινην ℵ | αφεματα] pr τα ℵV   38 ωκοδομησατε] οικοδομηκατε ℵV ℵV*   39 αφ. δε] και αφ. V | om υμιν ℵV | αγν.] pr τα V | οφειλ. Vᵃ | τελωνισθηθω Vᵃ   40 γινεσθω] γινεσθω αν ℵ* γινεσθωσαν ℵ¹? (postea ras σαν ℵ?)   41 εκατοστου εβδομηκοστου] ο' και εκατοστου ℵ εβδ. κ. εκατ. V   42 om Ισραηλ ℵV | συγγρ. V | συναλλαγματα ℵ | πρωτου (-τους A)] aʹ ℵ | στρατηγου]+με ℵ* (improb ℵ¹)   43 παρενεβαλλεν ℵ | ελεπολιν ℵ (-λεις V)] om A | επαταξαν V   44 εξειλοντο Vᵃ | ελεοπολει ℵ (-λι) V πολει A | μεγα εν τη πολει] εν τη π. μ. ℵV   45 ταις γυναιξι (-ξιν V*)] om ταις ℵ | om αξιουντες ℵ* (hab ℵᶜ·ᵃ) | Σειμωνα ℵ | δεξιας] δει ιδιας ℵ* (δεξιας ℵᶜ·ᵃ, ᶜ·ᵇ)   46 ειπον V | ημιν] ημην (sic) A* (ˢᵃˡᵗ)   47 om αυτοις ℵ* (hab ℵᶜ·ᵃ) | εκ] εξω ℵ | εκαθαρισεν ℵ : item 50 | ευλογων]+τον θν V   48 και 1°] ϛʹ και ℵ* (ras ϛ ℵ¹) | κατωκησεν ℵV* κατωκισεν Vᵃ | ποιησωσι| ℵ ποιησουσιν V | προσωχυρωσεν ℵVᵃ | om αυτην V | και ωκοδομησεν] δικαιωκοδ. ℵ* (και ωκοδ. ℵ¹) improb vid και ℵᶜ sed puncta ras ℵ?   49 εν Ιερουσαλημ] pr οι ℵ | εκπορευεσθαι]+και εισπορευεσθαι ℵV | om και 1° ℵ

ΜΑΚΚΑΒΑΙΩΝ Α

Α ἀγοράζειν καὶ πωλεῖν· καὶ ἐπείνασαν σφόδρα, καὶ ἀπώλοντο ἐξ αὐτῶν ἱκανοὶ τῇ λιμῷ. ⁵⁰καὶ ἐβόησαν πρὸς Σίμωνα δεξιὰς λαβεῖν, καὶ 50 ἔδωκεν αὐτοῖς, καὶ ἐξέβαλεν αὐτοὺς ἐκεῖθεν, καὶ ἐκαθέρισεν τὴν ἄκραν ἀπὸ τῶν μιασμάτων. ⁵¹καὶ εἰσῆλθεν εἰς αὐτὴν τῇ τρίτῃ καὶ εἰκάδι 51 τοῦ δευτέρου μηνὸς ἔτους ἑνὸς καὶ ἑβδομηκοστοῦ καὶ ἑκατοστοῦ μετὰ αἰνέσεως καὶ βαίων καὶ ἐν κινύραις καὶ ἐν κυμβάλοις καὶ ἐν νάβλαις καὶ ἐν ὕμνοις καὶ ἐν ᾠδαῖς, ὅτι συνετρίβη ἐχθρὸς μέγας ἐξ Ἰσραήλ· ⁵²καὶ ἔστησεν κατ' ἐνιαυτὸν τοῦ ἄγειν τὴν ἡμέραν ταύτην. καὶ 52 προσωχύρωσεν τὸ ὄρος τοῦ ἱεροῦ τὸ παρὰ τὴν ἄκραν, καὶ ᾤκει ἐκεῖ αὐτὸς καὶ οἱ παρ' αὐτοῦ. ⁵³καὶ ἴδεν Σίμων τὸν Ἰωάννην τὸν υἱὸν 53 αὐτοῦ, ὅτι ἀνήρ ἐστιν, καὶ ἔθετο αὐτὸν ἡγούμενον τῶν δυνάμεων πασῶν· καὶ ᾤκει ἐν Γαζάροις.

¹Καὶ ἐν ἔτει δευτέρῳ καὶ ἑβδομηκοστῷ καὶ ἑκατοστῷ συνήγαγεν 1 XIV Δημήτριος ὁ βασιλεὺς τὰς δυνάμεις αὐτοῦ, καὶ ἐπορεύθη εἰς Μηδίαν, τοῦ ἐπισπᾶσθαι βοήθειαν ἑαυτῷ, ὅπως πολεμήσῃ τὸν Τρύφωνα. ²καὶ ἤκουσεν Ἀρσάκης ὁ βασιλεὺς Περσίδος καὶ Μηδίας ὅτι ἦλθεν 2 Δημήτριος εἰς τὰ ὅρια αὐτοῦ, καὶ ἀπέστειλεν ἕνα τῶν ἀρχόντων αὐτοῦ συλλαβεῖν αὐτὸν ζῶντα. ³καὶ ἐπορεύθη καὶ ἐπάταξεν τὴν 3 παρεμβολὴν Δημητρίου καὶ συνέλαβεν αὐτόν, καὶ ἤγαγεν αὐτὸν πρὸς Ἀρσάκην, καὶ ἔθετο αὐτὸν ἐν φυλακῇ. ⁴Καὶ ἡσύχασεν ἡ γῆ 4 πάσας τὰς ἡμέρας Σίμωνος, καὶ ἐζήτησεν ἀγαθὰ τῷ ἔθνει αὐτοῦ· καὶ ἤρεσεν αὐτοῖς ἡ ἐξουσία αὐτοῦ καὶ ἡ δόξα αὐτοῦ πάσας τὰς ἡμέρας. ⁵καὶ μετὰ πάσης τῆς δόξης αὐτοῦ ἔλαβεν τὴν Ἰόππην εἰς λιμένα, καὶ 5 ἐποίησεν εἴσοδον ταῖς νήσοις τῆς θαλάσσης. ⁶καὶ ἐπλάτυνεν τὰ ὅρια 6 τῷ ἔθνει αὐτοῦ, καὶ ἐκράτησεν τῆς χώρας. ⁷καὶ συνήγαγεν αἰχμα- 7 λωσίαν πολλήν, καὶ ἐκυρίευσεν Γαζάρων καὶ Βεθσούρων καὶ τῆς ἄκρας· καὶ ἐξῆρεν τὰς ἀκαθαρσίας ἐξ αὐτῆς, καὶ οὐκ ἦν ὁ ἀντικείμενος αὐτῷ. ⁸καὶ ἦσαν γεωργοῦντες τὴν γῆν αὐτῶν μετ' εἰρήνης, καὶ ἡ γῆ ἐδίδου 8

ℵV   49 τη λιμω] τω λ. ℵV¹ (τω ν. V*)   51 εισηλθον ℵ | του δευτερου μηνος] του μηνος του δευτερου ℵ | ενος] πρωτου ℵV | om και 3° ℵ | βαεω] ℵ* βαιεω] ℵc.a vid (βαιω] ℵc.b) | Ισραηλ] Ιλημ V   52 ταυτην]+μετα ευφροσυνης ℵV | προσοχυρωσεν ℵV*   53 ειδεν ℵ | τον νιον] om τον ℵV | Γαζαροις] ις sup ras ℵ¹ (prius ς̄)   XIV 1 εβδομηκοστω κ. εκατοστω] εβδομω κ. ρ̄ ℵ | Μηδειαν ℵVa | επισπασθαι βοηθειαν εαυτω] επισπασασθαι (σ 1° om vid ℵ*) βοηθιαν αυτω (εαυτ. ℵc.a V) ℵV   2 Αρσικης ℵ | Περσιδος] pr της ℵV | Μηδειας Va | οτε ℵ* (οτι ℵc.a, c.b) | εισηλθεν ℵ* (ηλθεν ℵc.a, c.b) V | των αρχ.] ω 1° sup ras ℵ¹ | συνλαβιν ℵ   3 om και εθετο αυτον εν φυλακη ℵ* (hab ℵc.a)   4 ησυχασεν] σ 1° inst ℵc.a, c.b | γη]+Ιουδα ℵV | απασας V   5 Ιοππην] ιππον ℵ* (Ιοππην ℵc.a (fort), c.b) | νησοις] νοσοις ℵ* (νησ. ℵ¹ (vid))   6 εθνει αυτου] εθνι τουτω ℵ* (εθν. αυτου ℵc.b)   7 εκυριευσεν] συνηγαγεν ℵ | Βαιθσ. V

τὰ γενήματα αὐτῆς, καὶ τὰ ξύλα τῶν πεδίων τὸν καρπὸν αὐτῶν. Α
9 ⁹πρεσβύτεροι ἐν ταῖς πλατείαις ἐκάθηντο, πάντες περὶ ἀγαθῶν ἐκοινολόγουν, καὶ οἱ νεανίσκοι ἐνεδύσαντο δόξας καὶ στολὰς πολέμου.
10 ¹⁰ταῖς πόλεσιν ἐχορήγησεν βρώματα, καὶ ἔταξεν αὐτὰς ἐν σκεύεσιν ὀχυρώσεως, ἕως ὅτου ὠνομάσθη τὸ ὄνομα τῆς δόξης αὐτοῦ ἕως ἄκρου
11 γῆς· ¹¹ἐποίησεν τὴν εἰρήνην ἐπὶ τῆς γῆς, καὶ ηὐφράνθη Ἰσραὴλ
12 εὐφροσύνην μεγάλην. ¹²καὶ ἐκάθισεν ἕκαστος ὑπὸ τὴν ἄμπελον
13 αὐτοῦ καὶ τὴν συκῆν αὐτοῦ, καὶ οὐκ ἦν ὁ ἐκφοβῶν αὐτούς· ¹³καὶ ἐξέλειπεν πολεμῶν αὐτοὺς ἐπὶ τῆς γῆς, καὶ οἱ βασιλεῖς αὐτῶν συνε-
14 τρίβησαν ἐν ταῖς ἡμέραις ἐκείναις. ¹⁴καὶ ἐστήρισεν πάντας τοὺς ταπεινοὺς τοῦ λαοῦ αὐτοῦ· τὸν νόμον ἐξεζήτησεν, καὶ ἐξῆρεν πάντα
15 ἄνομον καὶ πονηρόν· ¹⁵τὰ ἅγια ἐδόξασεν, καὶ ἐπλήθυνεν τὰ σκεύη τῶν ἁγίων.
16 ¹⁶Καὶ ἤκουσεν ἐν Ῥώμῃ ὅτι ἀπέθανεν Ἰωναθάν, καὶ ἕως Σπάρτης,
17 καὶ ἐλυπήθησαν σφόδρα. ¹⁷ὡς δὲ ἤκουσαν ὅτι Σίμων ὁ ἀδελφὸς αὐτοῦ γέγονεν ἀντ' αὐτοῦ ἀρχιερεὺς καὶ ἐπικρατεῖ τῆς χώρας καὶ τῶν
18 πόλεων τῶν ἐν αὐτῇ, ¹⁸καὶ ἔγραψαν πρὸς αὐτὸν δέλτοις χαλκαῖς τοῦ ἀνανεώσασθαι πρὸς αὐτὸν φιλίαν καὶ τὴν συμμαχίαν ἣν ἔστησαν
19 πρὸς Ἰούδαν καὶ Ἰωναθὰν τοὺς ἀδελφοὺς αὐτοῦ. ¹⁹καὶ ἀνεγνώσθησαν
20 ἐνώπιον ἐκκλησίας ἐν Ἰερουσαλήμ. ²⁰καὶ τοῦτο τὸ ἀντίγραφον τῶν ἐπιστολῶν ὧν ἀπέστειλαν οἱ Σπαρτιᾶται Σπαρτιατῶν ἄρχοντες καὶ ἡ πόλις Σίμωνι ἱερεῖ μεγάλῳ καὶ τοῖς πρεσβυτέροις καὶ τοῖς ἱερεῦσι
21 καὶ τῷ λοιπῷ δήμῳ τῶν Ἰουδαίων ἀδελφοῖς χαίρειν. ²¹οἱ πρεσβευταὶ οἱ ἀποσταλέντες πρὸς τὸν δῆμον ἡμῶν ἀπήγγειλαν ἡμῖν περὶ τῆς
22 δόξης ὑμῶν καὶ τιμῆς, καὶ ηὐφράνθημεν ἐπὶ τῇ ἐφόδῳ αὐτῶν. ²²καὶ ἀναγραψάμενοι τὰ ὑπ' αὐτῶν εἰρημένα ἐν ταῖς βουλαῖς τοῦ δήμου οὕτως Νουμήνιος Ἀντιόχου καὶ Ἀντίπατρος Ἰάσονος πρεσβευταὶ

8 ξυλα]+αμα ℵ | τον καρπον] pr και ℵ* (improb ℵᶜ)   9 πλατειαις] ℵV εκκλησιαις ℵ* (πλατιαις ℵᶜ·ᵃ⁽ᵉᵗ ᶜ·ᵇ ᵛⁱᵈ⁾) | αγαθων]+ϛ ℵᶜ·ᵃ (postea ras) | εκοινολογουντο ℵV | δοξαν ℵ   10 εχορηγησαν ℵ | εταξεν αιτας] εταξαν εαυτους ℵ | οχυρωσεως] οχυρωματω] ℵ* (-ρωσεως ℵᶜ·ᵃ· ᶜ·ᵇ) | ωνομασθη ℵV   11 εποιησεν] pr και ℵᶜ·ᵃ | την ειρηνην] om την ℵV | ευφρανθη ℵV   12 om και την συκην αυτου ℵ | ο εκφοβων] om ο ℵ* (hab ℵᶜ·ᵃ)   13 εξελιπεν ℵ | om αυτων ℵV   14 εξεζητησαν ℵ   15 om τα αγια εδοξασεν και επληθυνεν ℵ | τα σκευη] pr και ℵ   16 ηκουσεν] ηκουσθη ℵV   17 Σιμων ℵ | αρχιερευς αντ αυτου ℵV | και 1°]+αυτος ℵV | επικρ.]+εν εν αυτη V* (improb εν 2° Vᵃ)   18 om και 1° ℵV | την συμμαχιαν] om την ℵV | bis scr φιλ. κ. συμμ. V* (improb 1° V¹)   19 εκκλησιας] pr της ℵV | εν Ιερ.] pr της V
20 Σιμων ℵ* (Σιμωνι ℵ¹⁽ᶠᵒʳᵗ⁾) | ιερευσιν ℵV   21 πρεσβευται] πρεσβυτεροι ℵV | οι αποσταλ.] om οι ℵ*V* (hab ℵᶜ·ᵃ V¹) | υμων] ημων ℵ* (υμ. ℵᶜ·ᵃ)
22 αναγραψαμενοι] ανεγραψαμεν ℵV | Ιασωνος V | πρεσβυται ℵV

653

XIV 23   ΜΑΚΚΑΒΑΙΩΝ Α

A Ἰουδαίων ἦλθοσαν πρὸς ἡμᾶς ἀνανεούμενοι τὴν πρὸς ἡμᾶς φιλίαν· ²³καὶ ἤρεσεν τῷ δήμῳ ἐπιδέξασθαι τοὺς ἄνδρας ἐνδόξως, καὶ τοῦ θέσθαι τὸ ἀντίγραφον τῶν λόγων αὐτῶν ἐν τοῖς ἀποδεδιγμένοις τῷ δήμῳ βιβλίοις, τοῦ μνημόσυνον ἔχειν τὸν δῆμον τῶν Σπαρτιατῶν· τὸ δὲ ἀντίγραφον τούτων ἔγραψαν Σίμωνι τῷ ἀρχιερεῖ.   ²⁴Μετὰ ταῦτα ἀπέστειλεν Σίμων τὸν Νουμήνιον εἰς Ῥώμην ἔχοντα ἀσπίδα χρυσῆν μεγάλην ὀλκὴν μνῶν χιλίων, εἰς τὸ στῆσαι πρὸς αὐτοὺς τὴν συμμαχίαν.

²⁵Ὡς δὲ ἤκουσεν ὁ δῆμος τῶν λόγων τούτων, εἶπαν Τίνα χάριν ἀποδώσομεν Σίμωνι καὶ τοῖς υἱοῖς αὐτοῦ; ²⁶ἐστήρισεν γὰρ αὐτὸς καὶ οἱ ἀδελφοὶ αὐτοῦ καὶ ὁ οἶκος τοῦ πατρὸς αὐτοῦ, καὶ ἐπολέμησαν τοὺς ἐχθροὺς Ἰσραὴλ ἀπ᾽ αὐτῶν. καὶ ἔστησαν αὐτῷ ἐλευθερίαν, καὶ κατέγραψεν ἐν δέλτοις χαλκαῖς, καὶ ἔθεντο ἐν στήλῃ ἐν ὄρει Σιών.   ²⁷καὶ τοῦτο τὸ ἀντίγραφον τῆς γραφῆς Ὀκτωκαιδεκάτῃ Ἐλούλ, ἔτους δευτέρου ἑβδομηκοστοῦ καὶ ἑκατοστοῦ, καὶ τοῦτο τρίτον ἔτος ἐπὶ Σίμωνος τοῦ ἀρχιερέως,   ²⁸ἐν Σαραμέλ, ἐπὶ συναγωγῆς μεγάλης τῶν ἱερέων καὶ λαοῦ καὶ ἀρχόντων ἔθνους καὶ τῶν πρεσβυτέρων τῆς χώρας ἐγνώρισεν ἡμῖν.   ²⁹ἐπεὶ πολλάκις ἐγενήθησαν πόλεμοι ἐν τῇ χώρᾳ, Σίμων δὲ ὁ υἱὸς Ματταθίου ὁ υἱὸς τῶν υἱῶν Ἰωαρὶβ καὶ οἱ ἀδελφοὶ αὐτοῦ ἔδωκαν ἑαυτοὺς τῷ κινδύνῳ, καὶ ἀντέστησαν τοῖς ὑπεναντίοις τοῦ ἔθνους αὐτῶν, ὅπως σταθῇ τὰ ἅγια αὐτῶν καὶ ὁ νόμος, καὶ δόξῃ μεγάλῃ ἐδόξασαν τὸ ἔθνος αὐτῶν·   ³⁰καὶ ἤθροισεν Ἰωναθὰν τὸ ἔθνος αὐτῶν, καὶ ἐγενήθη αὐτοῖς ἀρχιερεύς, καὶ προσετέθη πρὸς τὸν λαὸν αὐτοῦ·   ³¹καὶ ἐβουλήθησαν οἱ ἐχθροὶ αὐτῶν ἐμβατεῦσαι εἰς τὴν χώραν αὐτῶν τοῦ ἐκτρῖψαι τὴν χώραν αὐτῶν, καὶ ἐκτεῖναι τὰς χεῖρας ἐπὶ τὰ ἅγια αὐτῶν·   ³²τότε ἀνέστη Σίμων, καὶ

ℵV   22 ηλθον ℵV | ημας 1°] υμας ℵ* (ημ. ℵc.b) | ημας 2°] υμας ℵ   23 επιδεξασθαι]+τας φιλιας ϗ ℵc.a | του μνημ. εχειν] το μνημ. εχ. ℵ | των Σπαρτ.] τον Σπ. ℵ* (των Σπ. ℵc.a) | εγραψα ℵ* (-ψαν ℵc) εγραψαμεν V   24 μετα] +δε ℵc.a | ολκης ℵc.a | χιλιων] α' ℵ* ,α' ℵc.a   25 Σιμωνι]+ται ℵ* (τε ℵc.a postea improb ℵ?) | 26 εστηρισται ℵ | επολεμησεν ℵV | τους εχθρους] ους εχθρ sup ras Aa | Ιηλ· απ αυτων distinx A | κατεγραψαν ℵV | χαλκοις ℵ* (-καις ℵc.a, c.b) | στηλαις ℵV | ορεσι V   27 οκτωκαιδεκατω ℵc.a | om Ελουλ ℵ | δευτερου εβδομηκοστου κ. εκατοστου] β' και σ' και ρ' ℵ | εβδ.] pr και V | om και 3° ℵ | τουτο] το ℵ | του αρχιερ:ως] αρχιερεως μεγαλου ℵV   28 Ασαραμελ ℵV | των ιερεων] om των ℵ* αρχιερεων V   29 εγενηθημεν ℵ* (-θησαν ℵc.a) | ο υιος των υιων] υιος υιων ιερευς των υιων ℵV | Ιωαρειβ ℵV in Ιωαριβ rescr ι 2° A+δυο A | εαυτους] αυτους ℵ | om αυτων 1° ℵ   30 om και ηθροισεν Ιωναθαν το εθνος αυτων ℵ | αυτων] αυτου V | αυτοις] αυτων ℵ   31 om του εκτριψαι την χωραν αυτων ℵ* (hab ℵc.a) V | την χωραν 2°] pr εις A | εκκλιναι ℵ* (εκτιναι ℵc.a) | τας χειρας] om τας ℵ   32 αντεστη ℵV

654

ΜΑΚΚΑΒΑΙΩΝ Α XIV 42

ἐπολέμησεν περὶ τοῦ ἔθνους αὐτοῦ, καὶ ἐδαπάνησεν χρήματα πολλὰ Α
τῶν ἑαυτοῦ, καὶ ὁπλοδότησεν τοὺς ἄνδρας τῆς δυνάμεως τοῦ ἔθνους
33 αὐτοῦ, καὶ ἔδωκεν αὐτοῖς ὀψώνια· ³³καὶ ὠχύρωσεν τὰς πόλεις τῆς
Ἰουδαίας καὶ τὴν Βεθσούραν τὴν ἐπὶ τῶν ὁρίων τῆς Ἰουδαίας, οὗ ἦν
τὰ ὅπλα τῶν πολεμίων τὸ πρότερον, καὶ ἔθετο ἐκεῖ φρουρὰν ἄνδρας
34 Ἰουδαίους· ³⁴καὶ Ἰόππην ὠχύρωσεν τὴν ἐπὶ τῆς θαλάσσης, καὶ τὴν
Γαζάραν τὴν ἐπὶ τῶν ὁρίων Ἀζώτου, ἐν ᾗ ᾤκουσαν οἱ πολέμιοι τὸ
πρότερον ἐκεῖ, καὶ κατῴκισεν ἐκεῖ Ἰουδαίους, καὶ ὅσα ἐπιτήδεια πρὸς
35 τῇ τούτων ἐπανορθώσει ἔθετο ἐν αὐτοῖς. ³⁵καὶ εἶδεν ὁ λαὸς τὴν
πίστιν τοῦ Σίμωνος καὶ τὴν δόξαν ἣν ἐβουλεύσατο ποιῆσαι τῷ ἔθνει
αὐτοῦ, καὶ ἔθεντο αὐτὸν ἡγούμενον αὐτῶν καὶ ἀρχιερέα, διὰ τὸ
πεποιηκέναι αὐτὸν ταῦτα πάντα, καὶ τὴν δικαιοσύνην καὶ τὴν πίστιν
ἣν συνετήρησεν τῷ ἔθνει αὐτοῦ, καὶ ἐξεζήτησεν παντὶ τρόπῳ ὑψῶσαι
36 τὸν λαὸν αὐτοῦ. ³⁶καὶ ἐν ταῖς ἡμέραις αὐτοῦ εὐοδώθη ἐν ταῖς χερσὶν
αὐτοῦ, τοῦ ἐξαρθῆναι τὰ ἔθνη ἐκ τῆς χώρας αὐτῶν, καὶ τοὺς ἐν τῇ
πόλει Δαυεὶδ τοὺς ἐν Ἰερουσαλὴμ οἳ ἐποίησαν ἑαυτοῖς ἄκραν ἐξ ἧς
ἐξεπορεύοντο, καὶ ἐμίαινον κύκλῳ τῶν ἁγίων, καὶ ἐποιοῦσαν πληγὴν
37 μεγάλην ἐν τῇ ἁγνείᾳ· ³⁷καὶ κατῴκισεν ἐν αὐτῇ ἄνδρας Ἰουδαίους,
καὶ ὠχύρωσεν αὐτὴν πρὸς ἀσφάλειαν τῆς χώρας καὶ τῆς πόλεως, καὶ
38 ὕψωσεν τὰ τείχη Ἰερουσαλήμ. ³⁸καὶ ὁ βασιλεὺς Δημήτριος ἔστησεν
39 αὐτῷ τὴν ἀρχιερωσύνην κατὰ ταῦτα, ³⁹καὶ ἐποίησεν αὐτὸν τῶν φίλων
40 αὐτοῦ, καὶ ἐδόξασεν αὐτὸν δόξῃ μεγάλῃ· ⁴⁰ἠκούσθη γὰρ ὅτι προσα-
γορεύονται Ἰουδαῖοι ὑπὸ Ῥωμαίων φίλοι καὶ σύμμαχοι καὶ οἱ ἀδελφοί,
41 καὶ ὅτι ἀπήντησαν τοῖς πρεσβευταῖς Σίμωνος ἐνδόξως· ⁴¹καὶ ὅτι οἱ
Ἰουδαῖοι καὶ οἱ ἱερεῖς εὐδόκησαν τοῦ εἶναι αὐτῶν Σίμωνα ἡγούμενον
καὶ ἀρχιερέα εἰς τὸν αἰῶνα, ἕως τοῦ ἀναστῆναι προφήτην πιστόν·
42 ⁴²καὶ τοῦ εἶναι ἐπ᾽ αὐτῶν στρατηγόν, καὶ ὅπως μέλῃ αὐτῷ περὶ τῶν

32 επολεμησε ℵ* (-σεν ℵc.a) Vᵃ | ωπλοδ. Vᵃ | τους ανδρας] pr αυτου ℵ ℵV
33 οχυρωσεν ℵV* | Βαιθσουραν ℵV | την επι] τη επι A* (superscr ν A¹) |
το προτερον] των πρ. ℵ* (το πρ. ℵc (c.b vid)) 34 Γαραζαν ℵ* (Γαζαραν
ℵc.b) | ωκουν ℵV | πολεμοι ℵ* (-μιοι ℵc.a (vid)) | om εκει 1° ℵ bis V | επιτηδεια] +
ην ℵV | αυτοις] αυταις ℵV 35 om ειδεν ο λαος ℵ* (hab ιδεν ο λ. ℵc.a) |
πιστιν]+ και πραξιν V | εθετο ℵ | αυτον πεποιηκεναι αυτον παντα ταυτα ℵ
αυτ. πεπ. τ. π. V 36 ευωδ. Vᵃ | οι εποιησαν εαυτοις] εποιησεν αυτοις ℵ*
οι επ. αυτ. ℵc.a | ακρας A | επορευοντο ℵ* (εξεπορ. ℵc.a) εποιουν ℵV |
αγνια ℵV 37 ασφαλιαν ℵV* | Ιερουσαλημ] pr της ℵ* (improb ℵc.a) V
38 αρχιεροσυνην ℵ* (αρχϊερως. ℵc.a) αρχι|ϊερωσ. (sic) A 40 ηκουσθη]
ηκουσεν ℵV | προσηγορευται ℵ* (-ρευνται ℵ¹V) | Ιουδαιοι] pr οι ℵV | οι αδελφοι]
om οι ℵV | απηντησαν V | πρεσβυτεροις V | Σιμων ℵ* (-νος ℵc.a) 41 οιερεις
A (sic) | ηυδοκ. V | αυτων] αυτω ℵ* (-των ℵc.a) 42 επ αυτων] επ αυτω εν
ℵ* αυτων ℵ¹ εαυτων ℵc (vid) + μωνα ηγουμενον ℵ* (μωνα ηγ. improb ℵ¹ et postea)

655

ΜΑΚΚΑΒΑΙΩΝ Α

Α ἁγίων, καθιστάναι δι' αὐτοῦ ἐπὶ τῶν ἔργων αὐτῶν καὶ ἐπὶ τῆς χώρας καὶ ἐπὶ τῶν ὅπλων καὶ ἐπὶ τῶν ὀχυρωμάτων· ⁴³καὶ ὅπως μέλῃ αὐτῷ περὶ τῶν ἁγίων, καὶ ὅπως ἀκούηται ὑπὸ πάντων, καὶ ὅπως γράφωνται ἐπὶ τῷ ὀνόματι αὐτοῦ πᾶσαι συγγραφαὶ ἐν τῇ χώρᾳ, καὶ ὅπως περιβάλληται πορφύραν καὶ χρυσοφορῇ. ⁴⁴καὶ οὐκ ἔξεστιν οὐδενὶ τοῦ λαοῦ καὶ τῶν ἱερέων ἀθετῆσαί τι τούτων καὶ ἀντειπεῖν τοῖς ὑπ' αὐτοῦ ῥηθησομένοις, καὶ ἐπισυστρέψαι συστροφὴν ἐν τῇ χώρᾳ ἄνευ αὐτοῦ, καὶ περιβαλέσθαι πορφύραν καὶ ἐνπορποῦσθαι πόρπην χρυσῆν· ⁴⁵ὃς δ' ἂν παρὰ ταῦτα ποιήσῃ ἢ ἀθετήσῃ τι τούτων, ἔνοχος ἔσται. ⁴⁶καὶ εὐδόκησεν πᾶς ὁ λαὸς θέσθαι Σίμωνι ποιῆσαι κατὰ τοὺς λόγους τούτους. ⁴⁷καὶ ἐπεδέξατο Σίμων, καὶ εὐδόκησεν ἀρχιερατεῦσαι καὶ εἶναι στρατηγὸς καὶ ἐθνάρχης τῶν Ἰουδαίων καὶ ἱερέων καὶ τοῦ προστατῆσαι πάντων. ⁴⁸Καὶ τὴν γραφὴν ταύτην εἶπαν θέσθαι ἐν δέλτοις χαλκαῖς, καὶ στῆσαι αὐτὰς ἐν περιβόλῳ τῶν ἁγίων ἐν τύπῳ πιστῷ· ⁴⁹τὰ δὲ ἀντίγραφα αὐτῶν θέσθαι ἐν τῷ γαζοφυλακίῳ, ὅπως ἔχῃ Σίμων καὶ οἱ υἱοὶ αὐτοῦ.

¹Καὶ ἀπέστειλεν Ἀντίοχος υἱὸς Δημητρίου τοῦ βασιλέως ἐπιστολὰς ἀπὸ τῶν νήσων τῆς θαλάσσης Σίμωνι ἱερεῖ καὶ ἐθνάρχῃ τῶν Ἰουδαίων καὶ παντὶ τῷ ἔθνει. ²καὶ ἦσαν περιέχουσαι τὸν τρόπον τοῦτον Βασιλεὺς Ἀντίοχος Σίμωνι ἱερεῖ μεγάλῳ καὶ ἐθνάρχῃ καὶ ἔθνει Ἰουδαίων χαίρειν. ³ἐπειδή τινες λοιμοὶ κατεκράτησαν τῆς βασιλείας τῶν πατέρων ἡμῶν, βουλεύομαι δὲ ἀντιποιήσασθαι τῆς βασιλείας, ὅπως ἀποκαταστήσω αὐτὴν ὡς ἦν τὸ πρότερον· ἐξενολόγησα δὲ πλῆθος δυνάμεων καὶ κατεσκεύασα πλοῖα πολεμικά· ⁴βούλομαι δὲ ἐκβῆναι κατὰ τὴν χώραν, ὅπως μετέλθω τοὺς κατεφθαρκότας τὴν χώραν ἡμῶν καὶ τοὺς ἠρημωκότας πόλεις πολλὰς ἐν τῇ βασιλείᾳ· ⁵νῦν οὖν ἵστημί σοι πάντα τὰ ἀφαιρέματα ἃ ἀφῆκάν σοι

ΜΑΚΚΑΒΑΙΩΝ Α XV 19

6 οἱ πρὸ ἐμοῦ βασιλεῖς, καὶ ὅσα ἄλλα ἀφαιρέματα ἀφῆκάν σοι· ⁶ποι- A
7 ῆσαι κόμμα ἴδιον νόμισμα τῆς χώρας σου· ⁷Ἰερουσαλὴμ δὲ καὶ τὰ
ἅγια εἶναι ἐλεύθερα· καὶ πάντα τὰ ὅπλα ὅσα κατεσκεύασας, καὶ
8 τὰ ὀχυρώματα ἃ ᾠκοδόμησας, ὧν κρατεῖς, μενέτω σοι. ⁸καὶ πᾶν
ὀφείλημα βασιλικὸν καὶ τὰ ἐσόμενα βασιλικά, ἀπὸ τοῦ νῦν καὶ
9 εἰς τὸν ἅπαντα χρόνον, ἀφιέσθω σοι. ⁹ὡς δ' ἂν καταστήσωμεν
τὴν βασιλείαν ἡμῶν, δοξάσωμέν σε καὶ τὸ ἔθνος σου καὶ τὸ ἱερὸν
δόξῃ μεγάλῃ, ὥστε φανερὰν γενέσθαι τὴν δόξαν ὑμῶν ἐν πάσῃ τῇ
10 γῇ. ¹⁰Ἔτους τετάρτου καὶ ἑβδομηκοστοῦ καὶ ἑκατοστοῦ ἐξῆλ-
θεν Ἀντίοχος εἰς τὴν γῆν τῶν πατέρων αὐτοῦ, καὶ συνῆλθον πρὸς
11 αὐτὸν πᾶσαι αἱ δυνάμεις, ὥστε ὀλίγους εἶναι σὺν Τρύφωνι. ¹¹καὶ
ἐδίωξεν αὐτὸν Ἀντίοχος ὁ βασιλεύς, καὶ ἦλθεν εἰς Δωρὰ φεύγων
12 τὴν ἐπὶ τὴν θάλασσαν. ¹²ᾔδει γὰρ ὅτι ἐπισυνῆκται ἐπ' αὐτὸν
13 κακά, καὶ ἀφῆκαν αὐτὸν αἱ δυνάμεις. ¹³καὶ παρενέβαλεν Ἀντίοχος
ἐπὶ Δωρά, καὶ σὺν αὐτῷ δώδεκα μυριάδες ἀνδρῶν πολεμιστῶν καὶ
14 ὀκτακισχιλία ἵππος. ¹⁴καὶ ἐκύκλωσεν τὴν πόλιν, καὶ τὰ πλοῖα
ἀπὸ θαλάσσης συνῆψαν· καὶ συνέθλιβεν τὴν πόλιν ἀπὸ τῆς γῆς
καὶ ἀπὸ τῆς θαλάσσης, καὶ οὐκ εἴασεν οὐδένα ἐκπορεύεσθαι καὶ
15 εἰσπορεύεσθαι. ¹⁵Καὶ ἦλθεν Νουμήνιος καὶ οἱ παρ' αὐτοῦ ἐκ
Ῥώμης ἔχοντες ἐπιστολὰς τοῖς βασιλεῦσι καὶ ταῖς χώραις, ἐν αἷς
16 ἐγέγραπτο τάδε ¹⁶Λεύκιος ὕπατος Ῥωμαίων Πτολεμαίῳ βασιλεῖ χαί-
17 ρειν. ¹⁷οἱ πρεσβευταὶ τῶν Ἰουδαίων ἦλθαν πρὸς ἡμᾶς φίλοι ἡμῶν
καὶ σύμμαχοι, ἀνανεούμενοι τὴν ἐξ ἀρχῆς φιλίαν καὶ συμμαχίαν,
ἀπεσταλμένοι ἀπὸ Σίμωνος τοῦ ἀρχιερέως καὶ τοῦ δήμου τῶν Ἰου-
18 δαίων· ¹⁸ἤνεγκαν δὲ ἀσπίδα χρυσῆν ἀπὸ μνῶν πεντακισχιλίων.
19 ¹⁹ἤρεσεν οὖν ἡμῖν γράψαι τοῖς βασιλεῦσιν καὶ ταῖς χώραις, ὅπως
μὴ ἐκζητήσωσιν αὐτοῖς κακά, καὶ μὴ πολεμήσωσιν αὐτοὺς καὶ τὰς

5 αφαιρεματα 2°] δοματα ℵV | σοι 3°]+οι προ εμου βασιλεις σοι ℵ* ℵV
(improb ℵᶜ·ᵃ)   6 ποιησαι] pr και επετρεψα σοι ℵV | νομισμα improb
ℵ¹· ᶜ·ᵃ (repos ℵᶜ·ᵇ ⁽ᵛⁱᵈ⁾) | τη χωρα ℵV   7 δε και τα αγια ειναι] δεκτα αγια
ℵ* (δε ξ τα αγ. ειν. ℵᶜ·ᵃ)   8 τον απ.] om τον V | αφεισθω ℵ (αφισθ.) V
9 ως] ων ℵ* (ως ℵᶜ·ᵇ) | καταστησωμεν την βασιλειαν] κρατησωμεν της βασι-
λειας ℵ | δοξασωμεν Vᵃ   10 τεταρτου κ. εβδομηκοστου κ. εκατοστου] δ' και
ο' και ρ' ℵ | εξηλθεν] και ηλθεν ℵ* (εξηλθ. ℵᶜ·ᵃ)   11 om ο βασιλευς ℵ*
(hab ℵᶜ·ᵃ) | την θαλασσαν] θαλασσης ℵV   12 κακα] pr τα ℵV   13 μυρι-
αδας ℵ* (-δες ℵᶜ·ᵃ) χιλιαδες V | πολεμικων ℵ* (-μιστων ℵᶜ·ᵃ) | οκτακισχιλιων
(-χιλια ℵ¹) ιππων ℵ   14 om και τα πλοια...συνεθλιβεν την πολιν ℵ | συν-
ηψεν V | εθλιβεν V* | om απο 3° ℵ | και 6°] ουδε ℵV   15 βασιλευσιν
ℵV* | ταδε] ταυτα ℵV   17 πρεσβυται ℵV | ηλθον ℵV | ημας] υμας A
18 ηνεγκον V* | ανσπιδα ℵ* (ασπ. ℵ¹ ⁽ᵛⁱᵈ⁾, ᶜ·ᵃ) | πεντακισχιλιων] α' ℵ* ,α' ℵᶜ·ᵃ
χιλιων V   19 τοις βασιλευσιν] ταις βασ. ℵ* (τοις βασ. ℵᶜ·ᵃ) | om αυτοις
κακα και μη πολεμησωσιν ℵ* (hab ℵᶜ·ᵃ)

A πόλεις αὐτῶν καὶ τὰς χώρας αὐτῶν, καὶ ἵνα μὴ συμμαχῶσιν τοῖς πολεμοῦσιν αὐτούς. ²⁰ἔδοξεν δὲ ἡμῖν δέξασθαι τὴν ἀσπίδα παρ' αὐ- 20 τῶν. ²¹εἴ τινες οὖν λοιμοὶ διαπεφεύγασιν ἐκ τῆς χώρας αὐτῶν 21 πρὸς ὑμᾶς, παράδοτε αὐτοὺς τῷ Σίμωνι τῷ ἀρχιερεῖ, ὅπως ἐκδικήσει αὐτοὺς κατὰ τὸν νόμον αὐτῶν. ²²καὶ ταὐτὰ ἔγραψεν Δημητρίῳ 22 τῷ βασιλεῖ καὶ Ἀττάλῳ καὶ Ἀράθῃ καὶ Ἀρσάκῃ, ²³καὶ εἰς πάσας 23 τὰς χώρας, καὶ Σαμψάκῃ, καὶ Σπαρτιάταις, καὶ εἰς Δῆλον καὶ εἰς Μύνδον καὶ εἰς Σικυῶνα καὶ εἰς τὴν Καρίδα καὶ εἰς Σάμον καὶ εἰς τὴν Παμφυλίαν καὶ Λυκίαν καὶ εἰς Ἁλικαρνασσὸν καὶ εἰς Κῶ καὶ εἰς Σίδην καὶ εἰς Ἄραδον καὶ εἰς Ῥόδον καὶ εἰς τὴν Φασηλίδα καὶ Γόρτυναν καὶ Κνίδον καὶ Κύπρον καὶ Κυρήνην. ²⁴τὸ δὲ ἀντίγρα- 24 φον αὐτῶν ἔγραψεν Σίμωνι τῷ ἀρχιερεῖ. ²⁵Ἀντίοχος δὲ ὁ βα- 25 σιλεὺς παρενέβαλεν ἐπὶ Δωρὰ ἐν τῇ δευτέρᾳ, προσάγων διὰ παντὸς αὐτῇ τὰς χεῖρας καὶ μηχανὰς ποιούμενος, καὶ συνέκλεισεν τὸν Τρύφωνα τοῦ εἰσπορεύεσθαι καὶ ἐκπορεύεσθαι. ²⁶καὶ ἀπέστειλεν αὐτῷ 26 Σίμων δισχιλίους ἄνδρας ἐκλεκτοὺς συμμαχῆσαι αὐτῷ καὶ ἀργύριον καὶ χρυσίον καὶ σκεύη ἱκανά. ²⁷καὶ οὐκ ἠβούλετο αὐτὰ δέξασθαι, 27 ἀλλὰ ἠθέτησεν πάντα ὅσα ἐσυνέθετο αὐτῷ τὸ πρότερον, καὶ ἠλλοτριοῦτο αὐτῷ. ²⁸καὶ ἀπέστειλεν πρὸς αὐτὸν Ἀθηνόβιον ἕνα τῶν 28 φίλων αὐτοῦ κοινολογησόμενον αὐτῷ, λέγων Ὑμεῖς κατακρατεῖτε τῆς Ἰόππης καὶ Γαζαρηνῶν καὶ τῆς ἄκρας ἐν Ἱερουσαλήμ, πόλεις τῆς βασιλείας μου. ²⁹τὰ ὅρια αὐτῶν ἠρημώσατε, καὶ ἐποιήσατε πληγὴν 29 μεγάλην ἐπὶ τῆς γῆς, καὶ ἐκυριεύσατε τόπων πολλῶν ἐν τῇ βασιλείᾳ μου. ³⁰νῦν οὖν παράδοτε τὰς πόλεις ἃς κατελάβεσθε, καὶ 30 τοὺς φόρους τῶν τόπων ὧν κατεκυριεύσατε, τῶν ὁρίων τῶν ἐκ τῆς Ἰουδαίας. ³¹εἰ δὲ μή, δότε ἀντ' αὐτῶν πεντακόσια τάλαντα ἀργυ- 31 ρίου, καὶ τῆς καταφθορᾶς ἧς κατεφθάρκατε καὶ τῶν φόρων τῶν

ℵV 19 την χωραν ℵV | om μη 3° V | συνμαχωσιν ℵ | πολεμωσιν A | αυτους 2°] pr προς ℵV 21 om εκ ℵ* (hab ℵ^c.a) | τω Σιμωνι] om τω ℵV 22 εγραψαν ℵ* (-ψεν ℵ^c.a, c.b) | Αριαραθη ℵ 23 Σαμψαμη ℵV | Σπαρτιαταις] Παρτ. A | Συκωνα ℵ* (Σικυωνα ℵ^c.a, c.b) Συκιωνα A | Καριαν ℵV | την Παμφ.] om την V | Λυκιαν] εις Τηκιαν (sic) ℵ* εις Λυκ. ℵ^c.a, c.b V |.και εις Κω...την Φασ. (Βασιλειδαν A)] και εις Ροδον και εις Φασηλιδα και εις Κω και εις Σιδην και εις Αραδον ℵV | Γορτυνα ℵV | Κυρηνην] Σμυρναν V 24 αυτων] τουτων ℵV | εγραψαν ℵ 25 παρενεβαλεν] παρεβαλεν εν ℵ* (παρενεβ. ℵ^c.a) | δευτερα] +ημερα ℵ^c.a | παντος] πα|των ℵ | του]+μη ℵ^c.a | εισπορευεσθαι] εκπορ. ℵV | εκπορευεσθαι] εισπορ. ℵ¹V 27 εβουλετο V | αλλ V | συνεθετο ℵ | αλλοτρ. V^vid | αυτω 2°] αυτου V 28 Γαζαρηνων] Γαζαρων ℵV | εν Ιερουσαλημ] pr της ℵ 29 ερημωσατε ℵ | ποιησατε ℵ* (εποιησατε ℵ^c.a) | om τοπων ℵ | βασιλια ℵ 30 πολις ℵ | κατελαβεσθε] παρελαβετε ℵ | των οριων] pr εκτος ℵ | om των εκ ℵV 31 om αντ ℵ* (hab ℵ^c.a)

ΜΑΚΚΑΒΑΙΩΝ Α XVI 2

πόλεων ἄλλα τάλαντα πεντακόσια· εἰ δὲ μή, παραγενόμενοι ἐκπο- A
32 λεμήσουσιν ὑμᾶς. ³²Καὶ ἦλθεν Ἀθηνόβιος φίλος τοῦ βασιλέως εἰς Ἰερουσαλήμ, καὶ εἶδεν τὴν δόξαν Σίμωνος καὶ κυλίκιον μετὰ χρυσωμάτων καὶ ἀργυρωμάτων καὶ παράστασιν ἱκανήν· καὶ ἐξί-
33 στατο, καὶ ἀπήγγειλεν αὐτοῖς τοὺς λόγους τοῦ βασιλέως. ³³καὶ ἀποκριθεὶς Σίμων εἶπεν αὐτῷ Οὔτε γῆν ἀλλοτρίαν εἰλήφαμεν, οὔτε ἀλλοτρίων κεκρατήκαμεν, ἀλλὰ τῆς κληρονομίας τῶν πατέρων ἡμῶν·
34 ὑπὸ δὲ ἐχθρῶν ἡμῶν ἀκρίτως ἔν τινι καιρῷ κατεκρατήθη. ³⁴ἡμεῖς δὲ καιρὸν ἔχοντες ἀντεχόμεθα τῆς κληρονομίας ἡμῶν καὶ τῶν πατέ-
35 ρων ἡμῶν. ³⁵περὶ δὲ Ἰόππης καὶ Γαζαρηνῶν αἰτεῖς· αὗται ἐποίουν ἐν τῷ λαῷ πληγὴν μεγάλην καὶ τῇ γῇ ἡμῶν· τούτων δώσομεν τά-
36 λαντα ἑκατόν. καὶ οὐκ ἀπεκρίθη αὐτῷ λόγον. ³⁶ἀπέστρεψεν δὲ μετὰ θυμοῦ πρὸς τὸν βασιλέα, καὶ ἀπήγγειλεν αὐτῷ τοὺς λόγους τούτους καὶ τὴν δόξαν Σίμωνος καὶ πάντα ὅσα εἶδεν· καὶ ὠργίσθη
37 ὁ βασιλεὺς ὀργὴν μεγάλην. ³⁷Τρύφων δὲ ἐμβὰς εἰς πλοῖον ἔφυγεν
38 εἰς Ὀρθωσίαν. ³⁸καὶ κατέστησεν ὁ βασιλεὺς τὸν Κενδεβαῖον ἐπιστράτηγον τῆς παραλίας, καὶ δυνάμεις πεζικὰς καὶ ἱππικὰς ἔδωκεν
39 αὐτῷ. ³⁹καὶ ἐνετείλατο αὐτῷ παρεμβάλλειν κατὰ πρόσωπον τῆς Ἰουδαίας· καὶ ἐνετείλατο αὐτῷ οἰκοδομῆσαι τὴν Κεδρὼν καὶ ὀχυρῶσαι τὰς πύλας, καὶ ὅπως πολεμῇ τὸν λαόν· ὁ δὲ βασιλεὺς ἐδί-
40 ωκε τὸν Τρύφωνα. ⁴⁰καὶ παρεγενήθη Κενδεβαῖος εἰς Ἰαμνείαν, καὶ ἤρξατο τοῦ ἐρεθίζειν τὸν λαὸν καὶ ἐμβατεύειν εἰς τὴν Ἰουδαίαν
41 καὶ αἰχμαλωτίζειν τὸν λαὸν καὶ φονεύειν. ⁴¹καὶ ᾠκοδόμησεν τὴν Κεδρών· καὶ ἔταξεν ἐκεῖ ἱππεῖς καὶ δυνάμεις ὅπως ἐκπορευόμενοι ἐξοδεύωσιν τὰς ὁδοὺς τῆς Ἰουδαίας, καθὰ συνέταξεν αὐτῷ ὁ βασι-
XVI 1 λεύς. ¹Καὶ ἀνέβη Ἰωάννης ἐκ Γαζάρων, καὶ ἀπήγγειλεν
2 Σίμωνι τῷ πατρὶ αὐτοῦ ἃ συνετέλει Κενδεβαῖος. ²καὶ ἐκάλεσεν

---

31 παραγιν. V^vid | εκπολεμησωμε] ℵ -σομεν V   32 φιλος] pr ο ℵV | ℵV βασιλεως 1º] βασιλευσαι ℵ* (-λεως ℵ^c.a) | ιδεν V* | om και 5º ℵ* (hab ℵ^c.a) | εξιστάντο ℵ* (-στατο ℵ^c.a, c.b) | απηγγειλαν ℵ* (-λεν ℵ^c.a) V | αυτοις] αυτω ℵV   33 υπο] απο V   34 αντεχομεσθα A | om ημων και ℵV   35 Ἰ(αζαρηνων] Γαζαρων ων ℵV | αιτεις αυται sup ras V^a vid | τη γη] την χωραν ℵ | εκατον] ρ΄ ℵ   36 απηγγιλαν ℵ* (-λεν ℵ^c.a) | οργη μεγαλη ℵ   38 Κενδεβεον A | om και ιππ. V   39 παρεμβαλειν V | την Κεδρων (Καιδρ. A)] om την ℵ | οχυρωσαι] οικοδομησαι ℵ | πολεις] πυλας ℵV | om και 4º ℵ | πολεμησωσιν ℵ* πολεμηση V | εδιωκεν V*   40 Ιαμνιαν ℵV | εκβασσευειν ℵ* (ενβατευειν ℵ^c.a)   41 Κεδρων ℵ*] Κεδρω A Χεβρων ℵ^c.a, c.b | εταξεν] απεταξεν ℵ απεστειλεν V | δυναμιν V | εξοδευσουσιν ℵ -σωσιν V* | καθα] pr και ℵ* (improb ℵ^c.a) | αυτω ο βασιλευς] κ ο βασ. ℵ* (improb. κ ℵ¹) ο βασ. αυτω ℵ^c.a   XVI 1 πατρι] αδελφω ℵ* (π_ρι ℵ¹) | συνετελει Κενδεβαιος] συνετελεσεν Δεβαιος ℵ* συνετελεσεν Κενδεβαιος ℵ^c.a συνετελεκεν Δεβ. V

659   TT 2

ΜΑΚΚΑΒΑΙΩΝ Α   XVI 3

Σίμων τοὺς δύο υἱοὺς αὐτοῦ τοὺς πρεσβυτέρους Ἰούδαν καὶ Ἰωάννην, καὶ εἶπεν αὐτοῖς Ἐγὼ καὶ οἱ ἀδελφοί μου καὶ ὁ οἶκος τοῦ πατρός μου ἐπολεμήσαμεν τοὺς πολέμους Ἰσραὴλ ἀπὸ νεότητος ἕως τῆς σήμερον ἡμέρας, καὶ εὐοδώθη ἐν ταῖς χερσὶν ἡμῶν ῥύσασθαι τὸν Ἰσραὴλ πλεονάκις. ³νῦν δὲ γεγήρακα, καὶ ὑμεῖς δὲ ἐν τῷ 3 ἐλέει ἱκανοί ἐστε ἐν τοῖς ἔτεσιν· γίνεσθε ἀντ' ἐμοῦ καὶ τοῦ ἀδελφοῦ μου, καὶ ἐξελθόντες ὑπερμαχεῖτε ὑπὲρ τοῦ ἔθνους ἡμῶν, ἡ δὲ ἐκ τοῦ οὐρανοῦ βοήθεια ἤτω μεθ' ὑμῶν. ⁴καὶ ἐπέλεξεν ἐκ τῆς 4 χώρας εἴκοσι χιλιάδας ἀνδρῶν πολεμιστῶν καὶ ἱππεῖς, καὶ ἐπορεύθησαν ἐπὶ τὸν Κενδεβαῖον, καὶ ἐκοιμήθησαν ἐν Μωδαείμ. ⁵καὶ 5 ἀναστάντες τὸ πρωὶ ἐπορεύοντο εἰς τὸ πεδίον· καὶ ἰδοὺ δύναμις πολλὴ εἰς συνάντησιν αὐτοῖς, πεζικοὶ καὶ ἱππεῖς, καὶ χείμαρρους ἦν ἀνὰ μέσον αὐτῶν. ⁶καὶ παρενέβαλεν κατὰ πρόσωπον αὐτῶν 6 αὐτὸς καὶ ὁ λαὸς αὐτοῦ· καὶ εἶδεν τὸν λαὸν δειλούμενον διαπερᾶσαι τὸν χείμαρρουν, καὶ διεπέρασεν πρῶτος· καὶ εἶδον αὐτὸν οἱ ἄνδρες, καὶ διεπέρασαν κατόπισθεν αὐτοῦ. ⁷καὶ διεῖλεν τὸν λαὸν καὶ τοὺς 7 ἱππεῖς ἐν μέσῳ τῶν πεζῶν· ἡ δὲ ἵππος τῶν ὑπεναντίων πολλὴ σφόδρα. ⁸καὶ ἐσάλπισαν ταῖς σάλπιγξιν, καὶ ἐτροπώθη Κενδε- 8 βαῖος καὶ ἡ παρεμβολὴ αὐτοῦ, καὶ ἔπεσον ἐξ αὐτοῦ τραυματίαι πολλοί· οἱ δὲ καταλειφθέντες ἔφυγον εἰς τὸ ὀχύρωμα. ⁹τότε ἐτραυ- 9 ματίσθη Ἰούδας ὁ ἀδελφὸς Ἰωάννου· Ἰωάννης δὲ κατεδίωξεν αὐτοὺς ἕως ἐλθεῖν εἰς Κεδρών, ἣν ᾠκοδόμησεν. ¹⁰καὶ ἔφυγον εἰς τοὺς πύρ- 10 γους τοὺς ἐν τῷ ἀγρῷ Ἀζώτου, καὶ ἐνεπύρισεν αὐτὴν ἐν πυρί· καὶ ἔπεσαν ἐξ αὐτῶν εἰς ἄνδρας χιλίους, καὶ ἀπέστρεψεν εἰς τὴν Ἰουδαίαν μετ' εἰρήνης. ¹¹Καὶ Πτολεμαῖος ὁ τοῦ Ἀβούβου ἦν καθε- 11 σταμένος στρατηγὸς εἰς τὸ πεδίον Ἰεριχώ, καὶ ἔσχεν ἀργύριον καὶ χρυσίον πολύ· ¹²ἦν γὰρ γαμβρὸς τοῦ ἀρχιερέως. ¹³καὶ ὑψώθη ἡ ¹²/₁₃ καρδία αὐτοῦ, καὶ ἠβουλήθη κατακρατῆσαι τῆς χώρας, καὶ ἐβουλεύετο δόλῳ κατὰ Σίμωνος καὶ κατὰ τῶν υἱῶν αὐτοῦ ἆραι αὐτούς. ¹⁴Σίμων δὲ ἦν ἐφοδεύων τὰς πόλεις τὰς ἐν τῇ χώρᾳ καὶ φροντί- 14

ℵV   2 πολεμιους ℵ* (ras ι ℵ?) | ευωδ. Vᵃ   3 νυν] νυνι ℵ* νυνει ℵʳ | om υπερμαχειτε ℵ* (hab ℵᶜ·ᵃ) | βοηθια V* | ητω] εστω ℵV   4 επελεξαν V | om εκ της χωρας V | Μωδαειμ] Μωδιν ℵ*V Μωδεϊν ℵᶜ·ᵇ   5 επορευθησαν ℵ | πεζικοι] βασιλικη ℵ* πεζικη ℵ¹ (βασ. uncis incl et improb)   6 παρενεβαλε ℵ*Vᵃ (-λεν ℵᶜ·ᵃV) | αυτων] -του V*ᵛⁱᵈ | ιδεν ℵV* | ιδον V* | διεπερασαν] διεπερασεν Α | αυτου 2°] αυτω ℵ* (-του ℵᶜ·ᵃ)   7 η] ην ℵ (ν postea ras)   8 σαλπιγξ.] pr ιεραις V | ετροπωθησαν ℵ* ετροπωθηκεν (sic) ℵᶜ·ᵃ | Κενδεβαιος] Δαιβεος ℵ | αυτου 2°] αυτων ℵV   9 ελθειν] ηλθεν ℵV | ωκοδομησεν ℵ   10 τω αγρω] τοις αγροις ℵV | επεσον ℵV | χιλιους] δισχιλιους ℵV | μετ] μετα ℵ   11 Ιερειχω ℵ   12 αρχ.] ιερεως V   13 εβουληθη ℵV | om κατα 2° ℵV

ΜΑΚΚΑΒΑΙΩΝ Α   XVI 24

ζῶν τὰς ἐπιμελίας αὐτῶν, καὶ κατέβη εἰς Ἱεριχὼ αὐτὸς καὶ Ματ- Α
ταθίας καὶ Ἰούδας καὶ οἱ υἱοὶ αὐτοῦ ἔτους ἐβδόμου καὶ ἑβδομηκοστοῦ
15 καὶ ἑκατοστοῦ ἐν μηνὶ ἑνδεκάτῳ· οὗτος ὁ μὴν Σαβάτ. ¹⁵καὶ ὑπε-
δέξατο αὐτοὺς ὁ τοῦ Ἀβούβου εἰς τὸ ὀχυρωμάτιον τὸ καλούμενον
Δὼκ μετὰ δόλου, ὃ ᾠκοδόμησεν, καὶ ἐποίησεν αὐτοῖς πότον μέγαν·
16 καὶ ἐνέκρυψεν ἐκεῖ ἄνδρας. ¹⁶καὶ ὅτε ἐμεθύσθη Σίμων καὶ οἱ υἱοὶ
αὐτοῦ, ἐξανέστη Πτολεμαῖος καὶ οἱ μετ' αὐτοῦ, καὶ ἔλαβοσαν τὰ
ὅπλα αὐτῶν, καὶ ἐπεισῆλθοσαν τῷ Σίμωνι εἰς τὸ συμπόσιον, καὶ
ἀπέκτειναν αὐτὸν καὶ τοὺς υἱοὺς αὐτοῦ, καί τινας τῶν παιδαρίων
17 αὐτοῦ. ¹⁷καὶ ἐποίησεν ἀθείαν μεγάλην, καὶ ἀνταπέδωκεν κακὰ
18 ἀντὶ ἀγαθῶν. ¹⁸καὶ ἔγραψεν ταῦτα Πτολεμαῖος, καὶ ἀπέστειλεν τῷ
βασιλεῖ ὅπως ἀποστείλῃ αὐτῷ δυνάμεις εἰς βοήθειαν, καὶ παραδῷ
19 τὴν χώραν αὐτῶν καὶ τὰς πόλεις. ¹⁹καὶ ἀπέστειλεν ἑτέρους εἰς
Γάζαρα ἆραι τὸν Ἰωάννην, καὶ τοῖς χιλιάρχοις ἀπέστειλεν ἐπιστο-
λὰς παραγενέσθαι πρὸς αὐτόν, ὅπως δῷ αὐτοῖς ἀργύριον καὶ χρυ-
20 σίον καὶ δόματα. ²⁰καὶ ἑτέρους ἀπέστειλεν καταλαβέσθαι τὴν Ἱε-
21 ρουσαλὴμ καὶ τὸ ὄρος τοῦ ἱεροῦ. ²¹καὶ προδραμὼν ἀπήγγειλεν
Ἰωάννῃ εἰς Γάζαρα, ὅτι ἀπώλετο ὁ πατὴρ αὐτοῦ καὶ οἱ ἀδελφοὶ
22 αὐτοῦ, καὶ ὅτι Ἀπέσταλκε καὶ σὲ ἀποκτεῖναι. ²²καὶ ἀκούσας ἐξέστη
σφόδρα, καὶ συνέλαβεν τοὺς ἄνδρας τοὺς ἐλθόντας ἀπολέσαι αὐτόν·
καὶ ἀπέκτεινεν αὐτούς, ἔγνω γὰρ ὅτι ἐζητοῦσαν αὐτὸν ἀπολέσαι.
23   ²³Καὶ τὰ λοιπὰ τῶν λόγων Ἰωάννου καὶ τῶν πολέμων αὐτοῦ καὶ
τῶν ἀνδραγαθιῶν αὐτοῦ ὧν ἠνδραγάθησεν καὶ τῆς οἰκοδομῆς τῶν
24 τειχέων ὧν ᾠκοδόμησεν καὶ τῶν πράξεων αὐτοῦ, ²⁴ἰδοὺ ταῦτα γέ-
γραπται ἐπὶ βιβλίου ἡμερῶν ἀρχιερωσύνης αὐτοῦ, ἀφ' οὗ ἐγενήθη
ἀρχιερεὺς μετὰ τὸν πατέρα αὐτοῦ.

14 τας επιμελιας] τα της επιμ. ℵV improb τα ℵ^{c.a}V^a | Ιερειχω ℵ | om και ℵV
5⁰ ℵV | οι υιοι] αδελφος ℵ* υιοι ℵ^{c.a} | εβδομου κ. εβδομηκοστου κ. εκατοστου]
ϛ' και ο' και ρ' (incep σ pro ϛ ℵ* improb ℵ^{1 et postea}) | ενδεκατω] αιων (sic) ℵ*
αἱ (sic) ℵ^{c.a} | Σαββατ ℵ   15 το καλουμενον] pr εις ℵ | οικοδ. V* | μεγα Α
16 μετ] παρ ℵV | ελαβον ℵV | επεισηλθον ℵV | απεκτινον ℵ | υιους] pr δυο
ℵV | τινα ℵ* (τινας ℵ^{c.a})   17 αθειαν] αθεσιαν ℵV | απεδωκεν ℵV
18 απεστειλεν]+ταυτα ℵ* (improb ℵ^{c.a}) | τω βασιλει οπως αποστειλη αυτω]
οπως τω βασιλει ℵ* (τω βασιλει οπ. αποστιλη αυτω ℵ^{c.a}) | δυναμιν V |
την χωραν αυτων και τας πολεις] τας πολεις αυτων και την χ. ℵV   19 Γαζαραν
ℵ* (-ρα ℵ^{c.a}) | om και χρυσιον ℵ* (hab ℵ^{c.a})   21 προδραμων]+τις ℵV |
Ιωαννει ℵ Ιωαννης Α^{vid} | απεσταλκεν ℵV*   22 om αυτον κ. απεκτεινεν V |
εγνω] επεγνω ℵV | εζητουν ℵV   23 Ιωαννου] incep του Α^{vid} | ανδρα-
γαθειων Α | ηνδραγαθην (sic) Α | οικοδομης] ωκοδ. Α | τειχεων] τειχων ℵV |
οικοδομησεν ℵ   24 βιβλιω ℵ

Subscr Μακκαβαικων α' ℵ Μακκαβαιων α' Α Μακαβαιων α' V

ΜΑΚΚΑΒΑΙΩΝ Β

Α   ΤΟΙΣ ἀδελφοῖς τοῖς κατ' Αἴγυπτον Ἰουδαίοις χαίρειν οἱ ἀδελφοὶ 1 I
οἱ ἐν Ἱεροσολύμοις Ἰουδαῖοι καὶ οἱ ἐν τῇ χώρᾳ τῆς Ἰουδαίας,
εἰρήνην ἀγαθήν· ²καὶ ἀγαθοποιῆσαι ὑμῖν ὁ θεός, καὶ μνησθῆναι τῆς 2
διαθήκης αὐτοῦ τῆς πρὸς Ἀβραὰμ καὶ Ἰσαὰκ καὶ Ἰακὼβ τῶν δούλων
αὐτοῦ τῶν πιστῶν. ³καὶ δῴη ὑμῖν καρδίαν πᾶσιν εἰς τὸ σέβεσθαι 3
αὐτὸν καὶ ποιεῖν αὐτοῦ τὰ θελήματα καρδίᾳ μεγάλῃ καὶ ψυχῇ
βουλομένῃ· ⁴καὶ διανοίξαι τὴν καρδίαν ὑμῶν ἐν τῷ νόμῳ αὐτοῦ καὶ 4
ἐν τοῖς προστάγμασιν, καὶ εἰρήνην ποιῆσαι· ⁵καὶ ὑπακοῦσαι ὑμῶν 5
τῶν δεήσεων, καὶ καταλλαγείη ὑμῖν, καὶ μὴ ὑμᾶς ἐγκαταλείποι ἐν
καιρῷ πονηρῷ.   ⁶Καὶ νῦν ὧδέ ἐσμεν προσευχόμενοι περὶ 6
ὑμῶν. ⁷βασιλεύοντος Δημητρίου, ἔτους ἑκατοστοῦ ἑξηκοστοῦ ἐνάτου, 7
ἡμεῖς οἱ Ἰουδαῖοι γεγράφαμεν ὑμῖν ἐν τῇ θλίψει καὶ ἐν τῇ ἀκμῇ τῇ
ἐπελθούσῃ ἡμῖν ἐν τοῖς ἔτεσιν τούτοις, ἀφ' οὗ ἀπέστη Ἰάσων καὶ
οἱ μετ' αὐτοῦ ἀπὸ τῆς ἁγίας γῆς καὶ τῆς βασιλείας· ⁸καὶ ἐνεπύρισαν 8
τὸν πυλῶνα, καὶ ἐξέχεαν αἷμα ἀθῷον· καὶ ἐδεήθημεν τοῦ κυρίου καὶ
εἰσηκούσθημεν· προσηνέγκαμεν θυσίαν καὶ σεμίδαλιν, καὶ ἐξηγάγομεν
τοὺς λύχνους, καὶ προεθήκαμεν τοὺς ἄρτους. ⁹καὶ νῦν ἵνα ἄγητε 9
τὰς ἡμέρας τῆς σκηνοπηγίας τοῦ Χασελεὺ μηνός. ¹⁰ἔτους ὀγδοη- 10
κοστοῦ καὶ ὀγδόου ἐν Ἱεροσολύμοις.

Καὶ οἱ ἐν τῇ Ἰουδαίᾳ καὶ ἡ γερουσία καὶ Ἰούδας Ἀριστοβούλῳ
διδασκάλῳ Πτολεμαίου τοῦ βασιλέως, ὄντι δὲ ἀπὸ τοῦ τῶν χριστῶν

V   Inscr Μακκαβαιων β' AV   I 2 υμιν] ημιν V | μνησθηναι] μνησθειη V
3 σεβειν V   4 om εν 2° V | προσταγμασι Vᵃ   6 ωδεσμεν V* (ωδε εσμ. V¹)
7 εκατοστου...ενατου] ενατου (ενν. Vᵃ) και εξηκοστου και εκατοστου V | ετεσι
Vᵃ | απεστη] απεσταλη V | om και 3° A* (superscr A¹ (vid))   8 προση-
νεγκαμεν] pr και V | εξηγαγομεν] εξηγαγεν A εξηψαμεν V   9 ινα α αγηται
(sic) Aᵛⁱᵈ | της σκηνοπηγιας (-γειας A)] om της V   10 ογδοηκοστου και
ογδοου] pr εκατοστου και V | distinx post ογδ. V | εν Ιεροσολυμ.] pr οι V

ἱερέων γένους, καὶ τοῖς ἐν Αἰγύπτῳ Ἰουδαίοις, χαίρειν καὶ ὑγιαίνειν. Α 11 ¹¹ἐκ μεγάλων κινδύνων ὑπὸ τοῦ θεοῦ σεσωσμένοι μεγάλως εὐχαρισ-12 τοῦμεν αὐτῷ, ὡς ἂν πρὸς βασιλέα παρατασσόμενοι. ¹²αὐτὸς γὰρ ἐξέβρασεν τοὺς παρατασσομένους ἐν τῇ ἁγίᾳ πόλει εἰς τὴν Περσίδα. 13 ¹³γενόμενος γὰρ ὁ ἡγεμὼν καὶ ἡ περὶ αὐτὸν ἀνυπόστατος δοκοῦσα εἶναι δύναμις, κατεκόπησαν ἐν τῷ τῆς Ναναίας ἱερῷ, παραλογισμῷ 14 χρησαμένων τῶν περὶ τὴν Ναναίαν ἱερέων. ¹⁴ὡς γὰρ συνοικῶν αὐτῇ παρεγένετο εἰς τὸν τόπον ὅ τε Ἀντίοχος καὶ οἱ σὺν αὐτῷ φίλοι, χάριν 15 τοῦ λαβεῖν τὰ χρήματα πλείονα εἰς φερνῆς λόγον· ¹⁵καὶ προθέντων αὐτὰ τῶν ἱερέων τοῦ Ναναίου, κἀκείνου προσελθόντος μετ' ὀλίγων εἰς τὸν περίβολον τοῦ τεμένους, συγκλείσαντες τὸ ἱερόν, ὡς εἰσῆλθεν 16 Ἀντίοχος, ¹⁶ἀνοίξαντες τὴν τοῦ φατνώματος κρυπτὴν θύραν, βάλλοντες πέτρους συνεκεραύνωσαν τὸν ἡγεμόνα, καὶ μέλη ποιήσαντες καὶ τὰς 17 κεφαλὰς τοῖς ἔξω παραρίψαντες. ¹⁷κατὰ πάντα εὐλογητὸς ἡμῶν 18 ὁ θεός, ὃς ἔδωκεν τοὺς ἀσεβήσαντας. ¹⁸Μέλλοντες ἄγειν ἐν τῷ Χασελεὺ πέμπτῃ καὶ εἰκάδι τὸν καθαρισμὸν τοῦ ἱεροῦ, δέον ἡγη-σάμεθα διασαφῆσαι ὑμῖν, ἵνα καὶ αὐτοὶ ἄγητε σκηνοπηγίας καὶ τοῦ πυρός, ὅτε Νεεμίας, ὁ οἰκοδομήσας τότε τὸ ἱερὸν καὶ τὸ θυσιαστήριον, 19 ἀνήνεγκεν θυσίας. ¹⁹καὶ γὰρ ὅτε εἰς τὴν Περσικὴν ἤγοντο ἡμῶν οἱ πατέρες, οἵ τε εὐσεβεῖς ἱερεῖς λαβόντες ἀπὸ τοῦ πυρὸς τοῦ θυσια-στηρίου λαθραίως, κατέκρυψαν ἐν κοιλώματι φρέατος τάξιν ἔχοντος ἄνυδρον, ἐν ᾧ κατησφαλίσαντο, ὥστε πᾶσιν ἄγνωστον εἶναι τὸν 20 τόπον. ²⁰διελθόντων δὲ ἐτῶν ἱκανῶν, ὅτε ἔδοξεν τῷ θεῷ, ἀποσταλεὶς Νεεμίας ἀπὸ τοῦ βασιλέως τῆς Περσίδος τοὺς ἐκγόνους τῶν ἱερέων 21 τῶν ἀποκρυψάντων ἔπεμψεν ἐπὶ τὸ πῦρ. ²¹ὡς διεσάφισαν ἡμῖν μὴ εὑρηκέναι πῦρ ἀλλὰ ὕδωρ παχύ, ἐκέλευσεν αὐτοὺς ἀποβάψαντας φέρειν· ὡς δὲ ἀνηνέχθη τὰ τῶν θυσιῶν, ἐκέλευσεν τοὺς ἱερεῖς Νεεμίας 22 ἐπιρᾶναι τῷ ὕδατι τά τε ξύλα καὶ τὰ ἐπικείμενα. ²²ὡς δὲ ἐγένετο καὶ χρόνος διῆλθεν ὅ τε ἥλιος ἀνέλαμψεν ἐπινεφὴς ὤν, ἀνήφθη πυρὰ 23 μεγάλη, ὥστε θαυμάσαι πάντας. ²³προσευχὴν δὲ ἐποιήσαντο οἱ

12 παραταξαμενους V | εις] + γαρ V   13 om γαρ V | των περι] τω V περι (τω in fin lin) A   14 συνοικησων V   15 τεμενου A   16 κεφα-λας] + αφελοντες V | παραριψαντες] παρεριψαν V* παρερριψαν Vᵃ   18 δια-φεισαι A* (διασαφεισαι A¹) | υμιν] ημιν A | σκηνοπηγειας A | Νεεμειας A: item 21 | om τοτε V   19 τε] τοτε V | εχοντος V] εχοντες A   20 απο] υπο V   21 διεσαφισαν] διδιεσαφησαν V*ʳⁱᵈ δε διεσαφ. Vᵃ | παχυ (-χυν A)] ταχυ V | αποβαψαντες A | ανηνεχθη] απηνεχθη V   22 εγενετο] + τουτο V | ο τε ηλιος] om τε A* (superscr A¹) | αντελαμψεν V | επινεφης] pr προτερον V

ΜΑΚΚΑΒΑΙΩΝ Β

Α ἱερεῖς δαπανωμένης τῆς θυσίας, οἵ τε ἱερεῖς καὶ πάντες, καταρχομένου Ἰωνάθου τῶν τε λοιπῶν ἐπιφωνούντων, ὡς Νεεμίου. ²⁴ἦν δὲ ἡ 24 προσευχὴ τὸν τρόπον ἔχουσα τοῦτον Κύριε ὁ θεός, ὁ πάντων κτίστης, ὁ φοβερὸς καὶ ὁ ἰσχυρὸς καὶ δίκαιος καὶ ἐλεήμων, ὁ μόνος βασιλεὺς καὶ χρηστός, ²⁵ὁ μόνος χορηγός, ὁ μόνος δίκαιος καὶ παντοκράτωρ 25 καὶ αἰώνιος, ὁ διασώζων τὸν Ἰσραὴλ ἐκ παντὸς κακοῦ, ὁ ποιήσας τοὺς πατέρας ἐκλεκτούς, καὶ ἁγιάσας αὐτούς· ²⁶πρόσδεξαι τὴν θυσίαν 26 ὑπὲρ παντὸς τοῦ λαοῦ σου Ἰσραήλ, καὶ διαφύλαξον τὴν μερίδα σου καὶ καθαγίασον. ²⁷ἐπισυνάγαγε τὴν διασποράν ἡμῶν, ἐλευθέρωσον 27 τοὺς δουλεύοντας ἐν τοῖς ἔθνεσιν, τοὺς ἐξουθενημένους καὶ βδελυκτοὺς ἔφιδε· καὶ γνώτωσαν τὰ ἔθνη ὅτι σὺ ὁ θεὸς ἡμῶν. ²⁸βασάνισον 28 τοὺς καταδυναστεύοντας καὶ ἐξυβρίζοντας ἐν ὑπερηφανίᾳ· ²⁹κατα- 29 φύτευσον τὸν λαόν σου εἰς τὸν τόπον τὸν ἅγιόν σου, καθὼς εἶπεν Μωσῆς. ³⁰Οἱ δὲ ἱερεῖς ἐπέψαλλον τοὺς ὕμνους. ³¹καθὼς δὲ ³⁰ ³¹ ἀνηλώθη τὰ τῆς θυσίας, καὶ τὸ περιλειπόμενον ὕδωρ ὁ Νεεμίας ἐκέλευσεν λίθους μείζονας καταχεῖν. ³²ὡς δὲ τοῦτο ἐγενήθη, φλὸξ 32 ἀνήφθη· τοῦ δὲ ἀπὸ τοῦ θυσιαστηρίου ἀντιλάμψαντος φωτὸς ἐδαπανήθη. ³³ὡς δὲ φανερὸν ἐγενήθη τὸ πρᾶγμα, καὶ διηγγέλη τῷ 33 βασιλεῖ τῶν Περσῶν ὅτι εἰς τὸν τόπον οὗ τὸ πῦρ ἔκρυψαν οἱ μεταχθέντες ἱερεῖς τὸ ὕδωρ ἐφάνη, ἀφ᾽ οὗ καὶ οἱ περὶ τὸν Νεεμίαν ἥγνισαν τὰς θυσίας, ³⁴περιφράξας δὲ ὁ βασιλεὺς ἱερὸν ἐποίησεν, 34 δοκιμάσας τὸ πρᾶγμα· ³⁵καὶ οἷς ὁ βασιλεὺς πολλὰ διάφορα ἐλάμβανεν, 35 καὶ μετεδίδου. ³⁶προσηγόρευσαν δὲ οἱ περὶ τὸν Νεεμίαν τοῦτο 36 Νεφθάρ, ὃ διερμηνεύεται Καθαρισμός· καλεῖται δὲ παρὰ τοῖς πολλοῖς Νεφθάρ. ¹Εὑρίσκεται δὲ ἐν ταῖς ἀπογραφαῖς Ἰερεμίας ὁ 1 II προφήτης ὅτι ἐκέλευσεν τοῦ πυρὸς λαβεῖν τοὺς μεταγενομένους, ὡς σεσήμανται· ²καὶ ὡς ἐνετείλατο τοῖς μεταγενομένοις ὁ προφήτης, 2 δοὺς αὐτοῖς τὸν νόμον, ἵνα μὴ ἐπιλάθωνται τῶν προσταγμάτων τοῦ κυρίου, καὶ ἵνα μὴ ἀποπλανηθῶσιν ταῖς διανοίαις, βλέποντες ἀγάλματα χρυσᾶ καὶ ἀργυρᾶ καὶ τὸν περὶ αὐτὰ κόσμον. ³καὶ ἕτερα τοιαῦτα 3

V 23 καταρχομενους V* κατερχομενους Vᵃ | Ιωναθον Vᵃ | τε 2°] δε V
Νεεμειου Λ 24 Κυριε] +κε V | ο ισχυρος] om o V 25 παντοκρατωρ] pr
ο V 26 του λαου] om του V 27 εθνεσι Vᵃ | επιδε V εφιδε Λ | συ]+ει V
29 ειπε Vᵃ | Μωυσης V 31 εκελευσε Vᵃ | καταχεειν] κατεχειν V 33 εγενηθη]
εγενετο V | om και 1° V | διηγγελθη V | εκρυψαν] απεκρυψαν V | το υδωρ] |
om το V | Νεεμειαν Λ | τας θυσιας] τα της θ. V 35 οις]+εχαρισατο V |
36 Νεμιαν V* (Νεεμ. Vᵃ) Νεεμειαν Λ | πολλοις] λοιποις V | Νεφθαρ 2°]
Νεφθαι V II 1—4 φητης] οτι εκελευσεν...αυτω συνακολουθειν in mg
et sup ras Λᵃ 1 μεταγομενοις V 2 μεταγομενοις V | επιλαθωνται
V* (-θωνται Vᵃ) | αυτα] αυτας Λᵃ

ΜΑΚΚΑΒΑΙΩΝ Β   II 18

λέγων, παρεκάλει μὴ ἀποστῆναι τὸν νόμον ἀπὸ τῆς καρδίας αὐτῶν. Ἀ
4 ⁴ἦν δὲ ἐν τῇ γραφῇ, ὡς τὴν σκηνὴν καὶ τὴν κιβωτὸν ἐκέλευσεν ὁ
προφήτης χρηματισμοῦ γενηθέντος αὐτῷ συνακολουθεῖν, ὡς δὲ ἐξῆλθεν
εἰς τὸ ὄρος οὗ ὁ Μωυσῆς ἀναβὰς ἐθεάσατο τὴν τοῦ θεοῦ κληρονομίαν.
5 ⁵καὶ ἐλθὼν ὁ Ἰερεμίας εὗρεν οἶκον ἀντρώδη, καὶ τὴν σκηνὴν καὶ τὴν
κιβωτὸν καὶ τὸ θυσιαστήριον τοῦ θυμιάματος εἰσήνεγκεν ἐκεῖ, καὶ
6 τὴν θύραν ἐνέφραξεν· ⁶καὶ προσελθόντες τινὲς τῶν συνακολου-
θούντων ὥστε ἐπισημάνασθαι τὴν ὁδόν, καὶ οὐκ ἐδυνήθησαν εὑρεῖν.
7 ⁷ὡς δὲ ὁ Ἰερεμίας ἔγνω, μεμψάμενος αὐτοῖς εἶπεν ὅτι Καὶ ἄγνωστος
ὁ τόπος ἔσται, ἕως ἂν συνάγῃ ὁ θεὸς ἐπισυναγωγὴν τοῦ λαοῦ, καὶ
8 ἔλεος γένηται. ⁸καὶ τότε ὁ κύριος ἀναδείξει ταῦτα, καὶ ὀφθήσεται
ἡ δόξα τοῦ κυρίου καὶ ἡ νεφέλη, ὡς ἐπὶ Μωσῇ ἐδηλοῦτο, ὡς καὶ
9 ὁ Σαλωμὼν ἠξίωσεν, ἵνα ὁ τόπος καθαγιασθῇ μεγάλως. ⁹διεσαφεῖτο
δὲ καὶ ὡς σοφίαν ἔχων ἀνήνεγκεν θυσίαν ἐγκαινισμοῦ καὶ τῆς τελειώ-
10 σεως τοῦ ἱεροῦ. ¹⁰καθὼς καὶ Μωυσῆς προσηύξατο πρὸς Κύριον, καὶ
κατέβη πῦρ ἐκ τοῦ οὐρανοῦ καὶ τὰ τῆς θυσίας ἐδαπάνησεν, οὕτως
Σαλωμὼν προσηύξατο πρὸς Κύριον, καὶ καταβὰν τὸ πῦρ ἀνήλωσεν
11 τὰ ὁλοκαυτώματα· ¹¹καὶ εἶπεν Μωσῆς Διὰ τὸ μὴ βεβρῶσθαι τὸ περὶ
12 τῆς ἁμαρτίας ἀνηλώθη. ¹²ὡσαύτως καὶ ὁ Σαλωμὼν τὰς ὀκτὼ ἡμέρας
13 ἤγαγεν. ¹³Ἐξηγοῦντο δὲ καὶ ἐν ταῖς ἀναγραφαῖς καὶ ἐν
τοῖς ὑπομνηματισμοῖς τοῖς κατὰ τὸν Νεεμίαν τὰ αὐτά, καὶ ὡς κατα-
βαλλόμενος βιβλιοθήκην ἐπισυνήγαγεν τὰ περὶ τῶν βασιλέων καὶ
προφητῶν βιβλία, καὶ τὰ τοῦ Δαυείδ, καὶ ἐπιστολὰς βασιλέων
14 περὶ ἀναθεμάτων. ¹⁴ὡσαύτως δὲ καὶ Ἰούδας τὰ διαπεπτωκότα
διὰ τὸν γεγονότα πόλεμον ἡμῖν ἐπισυνήγαγεν ταῦτα, καὶ ἔστιν
15 παρ᾽ ἡμῖν. ¹⁵ὧν οὖν ἐὰν χρείαν ἔχητε, τοὺς ἀποκομιοῦντας ὑμῖν ἀπο-
16 στέλλετε. ¹⁶Μέλλοντες οὖν ἄγειν τὸν καθαρισμὸν ἐγράψαμεν
17 ὑμῖν· καλῶς οὖν ποιήσετε ἄγειν τὰς ἡμέρας. ¹⁷ὁ δὲ θεὸς ὁ σώσας
τὸν πάντα λαὸν αὐτοῦ, καὶ ἀποδοὺς τὴν κληρονομίαν αὐτοῦ πᾶσιν
18 καὶ τὸ βασίλειον καὶ τὸ ἱεράτευμα καὶ τὸν ἁγιασμόν, ¹⁸καθὼς ἐπ-

5 ο Ιερεμιας] om ο V + εις τον τοπον V   6 προσελθοντες] προσελθον (sic) V
Λ | εδυνηθησαν] ηδυνασθησαν V   7 Ιερεμειας A | συναγη] συναγαγη V
8 αναδιξη A | ως 1°] + και V | Μωση] Μωυσεως V | ο Σαλωμων] Σολομων V
10 προσηυξατο 1°] ηυξατο V | εκ του ουρανου] εξ ουρανου V | ουτως] + και V |
Σαλωμων] ο Σολομων V | om προς Κυριον (2°) V | ανηλωσεν] αναλωσε
Vᵃ   12 Σολομων V | τας] μετα sup ras Aᵃ (τας A*)   13 Νεεμειαν
A | τα αυτα] ταυτα V | βασιλεων 1°] + βιβλια V | om βιβλια V | Δαυιδ V |
επιστολας] + δε V | αναθηματων V   14 Ιουδας] pr ο V | ταυτα] παντα V
16 ποιησετε] προησητε V | αγειν 2°] αγαγοντες V   17 om αυτου 2° V |
πασι Vᵃ | ιερευμα A* (ιερατ. A¹)

665

Ἀηγγείλατο διὰ τοῦ νόμου· ἐλπίζομεν γὰρ ἐπὶ τῷ θεῷ, ὅτι ταχέως ἡμᾶς ἐλεήσει, καὶ ἐπισυνάξει ἐκ τῆς ὑπὸ τὸν οὐρανὸν εἰς τὸν ἅγιον τόπον· ἐξείλατο γὰρ ἡμᾶς ἐκ μεγάλων κακῶν, καὶ τὸν τόπον ἐκαθέρισεν.

19 Τὰ δὲ κατὰ τὸν Ἰούδαν τὸν Μακκαβαῖον καὶ τοὺς τούτου ἀδελ- φοὺς καὶ τὸν τοῦ ἱεροῦ τοῦ μεγίστου καθαρισμὸν καὶ τὸν τοῦ βωμοῦ ἐγκαινισμόν, 20 ἔτι τε τοὺς πρὸς Ἀντίοχον τὸν Ἐπιφανῆ καὶ τὸν τούτου υἱὸν Εὐπάτορα πολέμους, 21 καὶ τὰς ἐξ οὐρανοῦ γενομένας ἐπιφανείας τοῖς ὑπὲρ τοῦ Ἰουδαισμοῦ φιλοτίμως ἀνδραγαθήσασιν, ὡς τὴν ὅλην χώραν ὀλίγους ὄντας λεηλατεῖν, καὶ τὰ βάρβαρα πλήθη διώκειν, 22 καὶ τὸ περιβόητον καθ' ὅλην τὴν οἰκουμένην ἱερὸν ἀνακομίσασθαι, καὶ τὴν πόλιν ἐλευθερῶσαι, καὶ τοὺς μέλλοντας καταλύεσθαι νόμους ἐπανορθῶσαι, τοῦ κυρίου μετὰ πάσης ἐπιεικίας ἵλεω γενομένου αὐτοῖς, 23 ὑπὸ Ἰάσωνος τοῦ Κυρηναίου δεδηλωμένα διὰ πέντε βιβλίων, πειρασόμεθα δι' ἑνὸς συντάγματος ἐπιτεμεῖν. 24 συνορῶντες γὰρ τὸ χύμα τῶν ἀριθμῶν, καὶ τὴν οὖσαν δυσχέρειαν τοῖς θέλουσιν εἰσκυκλεῖσθαι τοῖς τῆς ἱστορίας διηγήμασιν διὰ τὸ πλῆθος τῆς ὕλης, 25 ἐφροντίσαμεν τοῖς μὲν βουλομένοις ἀναγινώσκειν ψυχαγωγίαν, τοῖς δὲ φιλοφρονοῦσιν εἰς τὸ διὰ μνήμης ἀναλαβεῖν εὐκοπίαν, πᾶσιν δὲ τοῖς ἐντυγχάνουσιν ὠφέλειαν. 26 καὶ ἡμῖν μὲν τοῖς τὴν κακοπάθειαν ἐπιδεδιγμένοις τῆς ἐπιτομῆς οὐ ῥᾴδιον, ἱδρῶτος δὲ καὶ ἀγρυπνίας τὸ πρᾶγμα· 27 καθάπερ τῷ παρασκευάζοντι συμπόσιον, καὶ ζητοῦντι τὴν ἑτέρων λυσιτέλειαν, οὐκ εὐχερές· ὅμως διὰ τὴν τῶν πολλῶν εὐχαριστίαν ἡδέως τὴν κακοπάθειαν ὑποίσομεν· 28 τὸ μὲν διακριβοῦν περὶ ἑκάστων τῷ συγγραφεῖ παραχωρήσαντες, τὸ δὲ ἐπιπορεύεσθαι τοῖς ὑπογραμμοῖς τῆς ἐπιτομῆς ἀτονοῦντες. 29 καθάπερ γὰρ τῆς καινῆς οἰκίας ἀρχιτέκτονι τῆς ὅλης καταβολῆς φροντιστέον, τῷ δὲ ἐνκαινίζειν καὶ ζωγραφεῖν ἐπιχειροῦντι τὰ ἐπιτήδεια πρὸς διακόσμησιν ἐξεταστέον, οὕτως δοκῶ καὶ ἐπὶ ἡμῶν. 30 τὸ μὲν

V 18 ελπιζομεν] λπις sup ras Aᵃ | ελεηση A | εκαθαρισε Vᵃ 19 Μακαβαιον V* (Μακκ. Vᵃ) | του ιερου του μεγιστου] του μεγιστου ιερου V 21 επιφανιας V* (-νειας Vᵃ) | ως] ωστε V | λεηλατειν] δεηλ. Aᵛⁱᵈ 22 επιεικειας Vᵃ | ιλεω] ιλεως A 23 υπο] pr κατα τα V | Ειασωνος A | Κυρηναιου] Κηρυναιου A Κυριναιου V* (Κυρην. Vᵃ) 24 δυσχεριαν V* (-ρειαν Vᵃ) | διηγημασι Vᵃ 25 πασι V | ωφελιαν V* (-λειαν Vᵃ) 26 κακοπαθιαν V* (-θειαν Vᵃ) | επιδεδειγμενοις V | αγρυπνειας A 27 ευχαριστεια͞] A | υποισωμεν V* (-σομεν Vᵃ) 28 συγγραφειν V* (-φει V¹ ⁽ᵛⁱᵈ⁾) 29 ενκαινιζειν] ενκαιειν V* εγκαιειν Vᵃ | δοκων A

ἐμβατεύειν καὶ περίπατον ποιεῖσθαι λόγῳ καὶ πολυπραγμονεῖν ἐν A 31 τοῖς κατὰ μέρος, τῷ τῆς ἱστορίας ἀρχηγενέτῃ καθήκει· ³¹τὸ δὲ σύντομον τῆς λέξεως μεταδιώκειν, καὶ τὸ ἐξεργαστικὸν τῆς πραγματίας παρ-
32 αιτεῖσθαι, τῷ τὴν μετάφρασιν ποιουμένῳ συνχωρητέον. ³²Ἐντεῦθεν οὖν ἀρξώμεθα τῆς διηγήσεως, τοῖς προειρημένοις τοσοῦτον ἐπιζεύξαντες· εὔηθες γὰρ τὸ μὲν πρὸ τῆς ἱστορίας πλεονάζειν, τὴν δὲ ἱστορίαν ἐπιτέμνειν.

III 1 ¹Τῆς ἁγίας πόλεως κατοικουμένης μετὰ πάσης εἰρήνης, καὶ τῶν νόμων ὅτι κάλλιστα συντηρουμένων διὰ τὴν Ὀνείου τοῦ ἀρχιερέως
2 εὐσέβειάν τε καὶ μισοπονηρίαν, ²συνέβαινεν καὶ αὐτοὺς τοὺς βασιλεῖς τιμᾶν τὸν τόπον, καὶ τὸ ἱερὸν ἀποστολαῖς ταῖς κρατίσταις δοξάζειν·
3 ³ὥστε καὶ Σέλευκον τὸν τῆς Ἀσίας βασιλέα χορηγεῖν ἐκ τῶν ἰδίων προσόδων πάντα τὰ πρὸς τὰς λειτουργίας τῶν θυσιῶν ἐπιβάλλοντα
4 δαπανήματα. ⁴Σίμων δέ τις ἐκ τῆς Βενιαμεὶν φυλῆς προστάτης τοῦ ἱεροῦ καθεσταμένος, διηνέχθη τῷ ἀρχιερεῖ περὶ τῆς κατὰ τὴν πόλιν
5 ἀγορανομίας. ⁵καὶ νικῆσαι τὸν Ὀνίαν μὴ δυνάμενος, ἦλθεν πρὸς Ἀπολλώνιον Θρασαίου, τὸν κατ' ἐκεῖνον τὸν καιρὸν Κοίλης Συρίας
6 καὶ Φοινίκης στρατηγόν. ⁶καὶ προσήγγειλεν περὶ τοῦ χρημάτων ἀμυθήτων γέμειν τὸ ἐν Ἱεροσολύμοις γαζοφυλάκιον, ὥστε τὸ πλῆθος τῶν διαφόρων ἀναρίθμητον εἶναι, καὶ μὴ προσενεγκεῖν αὐτὰ πρὸς τὸν τῶν θυσιῶν λόγον, εἶναι δὲ δυνατὸν ὑπὸ τὴν τοῦ βασιλέως ἐξουσίαν
7 πεσεῖν ταῦτα. ⁷συμμίξας δὲ Ἀπολλώνιος τῷ βασιλεῖ, περὶ τῶν μηνυθέντων αὐτῷ χρημάτων ἐνεφάνισεν· ὁ δὲ προχειρισάμενος Ἡλιόδωρον τὸν ἐπὶ τῶν πραγμάτων ἀπέστειλεν, δοὺς ἐντολὰς τὴν τῶν
8 προειρημένων χρημάτων ἐκκομιδὴν ποιήσασθαι. ⁸εὐθέως δὲ ὁ Ἡλιόδωρος ἐποιεῖτο τὴν πορίαν, τῇ μὲν ἐνφάσει ὡς τὰς κατὰ Κοίλην Συρίαν καὶ Φοινίκην πόλεις ἐφοδεῦσαι, τῷ πράγματι δὲ τὴν τοῦ

30 λογιων V | πολυπραγμονει A | τοις κατα μ.] ταις κ. μ. A | αρχηγενετη] V αρχηγετη V | 31 πραγματειας Vᵃ | τω την μεταφρασιν ποιουμενω] την των μεταφρ. ποιουμενω A | συγχωρητεον V 32 αρξομεθα V* (-ξωμ. Vᵃ) III 1 οτι] ετι V | Ονιου V | om τε V | και 2° seq ras 1 lit in A 3 τα προς] τας προς A | επιβαλλοντας A 4 Βενιαμιν V* (-μειν Vᵃ) | καθισταμενος V | om περι A (hab V) | αγορανομειας A 5 Θαρσιου V* vid Θαρσεου Vᵃ (Θαρσεα coniec Hort) 6 προσηγγελλεν V | om του 1° V | το γαζοφ. το εν [ιεροσ. V | προσενεγκειν] προσηκειν V | προς] εις V | ταυτα] pr απαντα V 7 ο Απωλλωνιος V* ο Απολλ. Vᵃ | Ιλιοδωρον V* Ηλ. Vᵃ (ita identidem) | τον επι] των επι V (τον ε. Vᵃ) | χρηματων 2°]+ διαφορων V 8 συνετελειτο την ποριαν (-ρειαν Vᵃ) ο Ιλιοδ. V | τη μεν] την μ. V* | εμφασι Vᵃ | τας κατα] τα κατα A | εφοδευσων V

667

ΜΑΚΚΑΒΑΙΩΝ Β

Α βασιλέως πρόθεσιν ἐπιτελεῖν. ⁹παραγενηθεὶς δὲ εἰς Ἱεροσόλυμα, καὶ 9 φιλοφρόνως ὑπὸ τοῦ ἀρχιερέως τῆς πόλεως ἀποδεχθείς, ἀνέθετο περὶ τοῦ γεγονότος ἐμφανισμοῦ, καὶ τίνος ἕνεκεν πάρεστιν διεσαφήνισεν· ἐπυνθάνετο δὲ εἰ ταῖς ἀληθείαις ταῦτα οὕτως ἔχοντα τυγχάνει. ¹⁰τοῦ 10 δὲ ἀρχιερέως ὑποδείξαντος παρακαταθήκας εἶναι χηρῶν τε καὶ ὀρφανῶν, ¹¹τινὰ δὲ καὶ Ὑρκανοῦ τοῦ Τωβίου σφόδρα ἀνδρὸς ἐν ὑπεροχῇ 11 κειμένου—οὐχ οὕτως διαβάλλων ὁ δυσσεβὴς Σίμων—τὰ δὲ πάντα ἀργυρίου τετρακόσια τάλαντα, χρυσίου δὲ διακόσια· ¹²ἀδικῆσαί τε 12 τοὺς πεπιστευκότας τῇ τοῦ τόπου ἁγιωσύνῃ καὶ τῇ τοῦ τετιμημένου κατὰ τὸν σύμπαντα κόσμον ἱεροῦ σεμνότητι καὶ ἀσυλίᾳ, παντελῶς ἀμήχανον εἶναι· ¹³ὁ δ' ἕτερος, δι' ἃς εἶχεν βασιλικὰς ἐντολάς, πάντως 13 ἔλεγεν εἰς τὸ βασιλικὸν ἀναλημπτέα ταῦτα εἶναι. ¹⁴Ταξά- 14 μενος δὲ ἡμέραν εἰσῄει τὴν περὶ τούτων ἐπίσκεψιν οἰκονομήσων· ἦν δὲ οὐ μικρὰ καθ' ὅλην τὴν πόλιν ἀγωνία. ¹⁵οἱ δὲ ἱερεῖς πρὸ 15 τοῦ θυσιαστηρίου ἐν ταῖς ἱερατικαῖς στολαῖς ῥίψαντες ἑαυτοὺς ἐπεκαλοῦντο εἰς οὐρανὸν τὸν περὶ παρακαταθήκης νομοθετήσαντα τοῖς παρακαταθεμένοις ταῦτα σῷα διαφυλάξαι. ¹⁶ἦν δὲ ὁρῶντα τὴν τοῦ 16 ἀρχιερέως εἰδέαν τιτρώσκεσθαι τὴν διάνοιαν· ἡ γὰρ ὄψις καὶ τὸ τῆς χρόας παρηλλαγμένον ἐνέφαινεν τὴν κατὰ ψυχὴν ἀγωνίαν· ¹⁷περι- 17 εκέχυτο γὰρ ἐπὶ τὸν ἄνδρα δέος τι καὶ φρικασμὸς σώματος, δι' ὧν πρόδηλον ἐγίνετο τοῖς θεωροῦσιν τὸ κατὰ καρδίαν ἐνεστὸς ἄλγος. ¹⁸οἱ δὲ ἐκ τῶν οἰκιῶν ἀγεληδὸν ἐξεπήδων ἐπὶ πάνδημον ἱκετίαν, 18 διὰ τὸ μὴ μέλλειν εἰς καταφρόνησιν ἔρχεσθαι τὸν τόπον. ¹⁹ὑπεζω- 19 σμέναι δὲ ὑπὸ τοὺς μαστοὺς αἱ γυναῖκες σάκκους κατὰ τὰς ὁδοὺς ἐπλήθυνον· αἱ δὲ κατάκλειστοι τῶν παρθένων, αἱ μὲν συνέτρεχον ἐπὶ τοὺς πυλῶνας, αἱ δὲ ἐπὶ τὰ τείχη, τινὲς δὲ διὰ τῶν θυρίδων διέκυπτον. ²⁰πᾶσαι δὲ προτείνουσαι τὰς χεῖρας εἰς τὸν οὐρανὸν 20 ἐποιοῦντο τὴν λιτανείαν· ²¹ἐλεεῖν δὲ τὴν τοῦ πλήθους πανμιγῆ 21 πρόπτωσιν, τήν τε τοῦ μεγάλως ἀγωνιῶντος ἀρχιερέως προσδο-

V 9 υπο του αρχιερεως] ο αρχιερευς Α | της πολεως] pr και V | ενεκα V | παρεστιν] παρεγενετο V | διεσαφησεν V   11 Τωβιω Α | ουτως] ως V | διαβαλλων]+ην V | δυσεβης Α | διακοσια] δ sup ras Α^{at}   12 αδικησαι] αδικηθηναι V | τε] δε V | om τη 2° V | τιμωμενου V | ασυλεια Α   13 ο δ ετερος] ο δε Ιλιοδωρος V | το βασιλικον] την βασιλικην προσοδον V | ταυτα] ταυτ V   15 εν] συν V | παρακαταθηκης] καταθηκης V   17 επι] περι V | ων] ην Α | προδηλον εγινετο] εγιν. εκδηλον V   18 οι δε] ετι δε V | οικειων Α | ικετειαν V^a | om μη V   19 υπο τους μαστους αι γυναικες] αι γυν. υπο τ. μ. το στηθος V | διεξεκυπτον V   20 λιταναιαν Α λιτανιαν V* (-νειαν V^a) 21 δε] δ ην V | παμμιγη V | την τε] και την V | αγωνιωντος] a sup ras Α^a

ΜΑΚΚΑΒΑΙΩΝ Β

III 32

22 κίαν. ²²Οἱ μὲν οὖν ἐπεκαλοῦντο τὸν παγκρατῆ κύριον τὰ Α πεπιστευμένα τοῖς πεπιστευκόσιν σῷα διαφυλάσσειν μετὰ πάσης ἀσφαλείας. ²³ὁ δὲ Ἡλιόδωρος τὸ διεγνωσμένον ἐπετέλει. ²⁴αὐτόθι δὲ αὐτοῦ σὺν τοῖς δορυφόροις κατὰ τὸ γαζοφυλάκιον ἤδη παρόντος, ὁ τῶν πνευμάτων καὶ πάσης ἐξουσίας δυνάστης ἐπιφανίαν μεγάλην ἐποίησεν, ὥστε πάντας τοὺς κατατολμήσαντας συνελθεῖν, καταπλαγέντας τὴν τοῦ θεοῦ δύναμιν, εἰς ἔκλυσιν καὶ δειλίαν τραπῆναι. ²⁵ὤφθη γάρ τις ἵππος αὐτοῖς φοβερὸν ἔχων τὸν ἐπιβάτην, καὶ καλλίστῃ σαγῇ διακεκοσμημένος, φερόμενος δὲ ῥύδην ἔσεισεν τῷ Ἡλιοδώρῳ τὰς ἐν προθεσίους ὁπλάς· ὁ δὲ ἐπικαθήμενος ἐφαίνετο χρυσῆν πανοπλίαν ἔχων. ²⁶ἕτεροι δὲ δύο ἐφάνησαν αὐτῷ νεανίαι τῇ ῥώμῃ μὲν ἐκπρεπεῖς, κάλλιστοι δὲ τὴν γλῶσσαν, διαπρεπεῖς δὲ τὴν περιβολήν· οἳ καὶ παριστάντες ἐξ ἑκατέρου μέρους ἐμαστίγουν αὐτὸν ἀδιαλείπτως, πολλὰς ἐπιρριπτοῦντες αὐτῷ πληγάς. ²⁷ἄφνω δὲ πεσόντα πρὸς τὴν γῆν καὶ πολλῷ σκότει περιχυθέντα συναρπάσαντες καὶ εἰς φόριον ἐνθέντες, ²⁸τὸν ἄρτι μετὰ πολλῆς παραδρομῆς καὶ πάσης δορυφορίας εἰς τὸ προειρημένον εἰσελθόντα γαζοφυλάκιον, ἔφερον ἀβοήθητον αὐτὸν τοῖς ὅλοις καθεστῶτα, φανερῶς τὴν δυναστίαν ἐπεγνωκότα. ²⁹καὶ ὁ μὲν διὰ τὴν θείαν ἐνέργειαν ἄφωνος καὶ πάσης ἐστερημένος ἐλπίδος καὶ σωτηρίας ἔριπτο· ³⁰οἱ δὲ τὸν κύριον εὐλόγουν τὸν παραδοξάζοντα τὸν ἑαυτοῦ τύπον· καὶ τὸ μικρῷ πρότερον δέους καὶ ταραχῆς γέμον ἱερόν, τοῦ παντοκράτορος ἐπιφανέντος κυρίου, χαρᾶς καὶ εὐφροσύνης ἐπλήρωτο. ³¹Ταχὺ δέ τινες τῶν τοῦ Ἡλιοδώρου συνήθων ἠξίουν τὸν Ὀνίαν ἐπικαλέσασθαι τὸν ὕψιστον, καὶ τὸ ζῆν χαρίσασθαι τῷ παντελῶς ἐν ἐσχάτῃ πνοῇ κειμένῳ. ³²ὕποπτος δὲ γενόμενος ὁ ἀρχιερεὺς μή ποτε διάλημψιν ὁ βασιλεὺς σχῇ κακουργίαν τινὰ περὶ τὸν Ἡλιόδωρον ὑπὸ τῶν Ἰουδαίων συντετελέσθαι, προσήγαγεν θυσίαν ὑπὲρ τῆς τοῦ ἀνδρὸς

22 οι μεν ουν] και οι μεν V | επεκαλουντο] εκαλουντο V | τον πανκρατη V (παγκρ. Vᵃ)] om τον V | διαφυλασσειν] διατηρησαι V | ασφαλιας V* (-λειας Vᵃ) 24 δε αυτου] δι εαυτου V | ο των πνευμ.] ο δε παντων πρῶν V | επιφανειαν Vᵃ | συνεισελθειν V 25 τις ιππος] τοις ιπποις A | εσεισεν] ενεσεισεν V | ενπροθεσιους] εν προθεσει· ους A εμπροσθεους (sic) V 26 δυο εφανησαν αυτω νεανιαι] προσεφανησαν δυο νεαν. V | εκπρεπεις] εκτρεπεις A ευπρ.Vᵃ | γλωσσαν] δοξαν V | διαπρεπεις] διατρ. A | παραστάντες Vᵃ | om εξ V | αυτον] εαυτον A | επιριπτουντε| εαυτω A*ᵛⁱᵈ | επιρρ. Vᵃ 27 πεσοντα] επεσον τα Aᵛⁱᵈ | προς] εις V 28 αυτον τοις ολοις (χολ. A)] εαυτω V | δυναστιαν (-τειαν Vᵃ)] pr του θεου V 29 ενεργειαν] ανεργειαν A εργειαν V* (ενεργ. V¹) | ερεριπτο V* ερερριπτο Vᵃ 30 πυλογουν V | κυριου] χ̄ῡ A | επεπληρωτο V 31 συνηθων] συνηλθων V* συνηλθον Vᵃ | επικαλεισθαι V 32 προσηγαγεν] προσηνεγκεν V

A σωτηρίας. ³³ποιουμένου δὲ τοῦ ἀρχιερέως τὸν ἱλασμὸν οἱ αὐτοὶ 33 νεανίαι πάλιν ἐφάνησαν τῷ Ἡλιοδώρῳ ἐν ταῖς αὐταῖς ἐσθήσεσιν ἐστολισμένοι, καὶ στάντες εἶπαν Πολλὰ Ὀνίᾳ τῷ ἀρχιερεῖ χάριτας ἔχε, διὰ γὰρ αὐτὸν σοὶ κεχάρισται τὸ ζῆν Κύριος. ³⁴σὺ δὲ ἐξ 34 οὐρανοῦ μεμαστιγωμένος διάγγελλε πᾶσι τὸ μεγαλεῖον τοῦ θεοῦ κράτος. ταῦτα δὲ εἰπόντες ἀφανεῖς ἐγένοντο. ³⁵ὁ δὲ Ἡλιόδωρος 35 θυσίαν ἀνενεγκὼν τῷ θεῷ, καὶ εὐχὰς μεγίστας εὐξάμενος τῷ τὸ ζῆν περιποιήσαντι, καὶ τὸν Ὀνίαν ἀποδεξάμενος, ἀνεστρατοπέδευσεν πρὸς τὸν βασιλέα· ³⁶ἐξεμαρτύρει δὲ πᾶσιν ἅπερ ἦν ὑπ' ὄψιν τεθεαμένος 36 ἔργα τοῦ μεγίστου θεοῦ. ³⁷Τοῦ δὲ βασιλέως ἐπερωτή- 37 σαντος τὸν Ἡλιόδωρον ποῖός τις εἴη ἐπιτήδειος ἔτι ἅπαξ διαπεμφθῆναι εἰς Ἱεροσόλυμα, ἔφησεν ³⁸Εἴ τινα ἔχεις πολέμιον ἢ πραγμάτων 38 ἐπίβουλον, πέμψον αὐτὸν ἐκεῖ, καὶ μεμαστιγωμένον αὐτὸν προσδέξῃ, ἐάνπερ καὶ διασωθῇ, διὰ τὸ περὶ τὸν τόπον ἀληθῶς εἶναί τινα θεοῦ δύναμιν. ³⁹αὐτὸς γὰρ ὁ τὴν κατοικίαν ἐπουράνιον ἔχων ἐπόπτης 39 ἐστὶν καὶ βοηθὸς ἐκείνου τοῦ τόπου, καὶ τοὺς παραγινομένους ἐπὶ κακώσει τύπτων ἀπολλύει. ⁴⁰καὶ τὰ μὲν καθ' Ἡλιόδωρον καὶ τὴν 40 τοῦ γαζοφυλακίου τήρησιν οὕτως ἐχώρησεν.

¹Ὁ δὲ προειρημένος Σίμων, ὁ τῶν χρημάτων καὶ τῆς πατρίδος 1 IV ἐνδείκτης γεγονώς, ἐκακολόγει τὸν Ὀνίαν ὡς οὗτός τε εἴη τὸν Ἡλιόδωρον ἐπισεσεικὼς καὶ τῶν κακῶν δημιουργὸς καθεστηκώς· ²καὶ τὸν 2 εὐεργέτην τῆς πόλεως καὶ τὸν κηδεμόνα τῶν ὁμοεθνῶν καὶ ζηλωτὴν τῶν νόμων, ἐπίβουλον τῶν πραγμάτων ἐτόλμα λέγειν. ³τῆς δὲ 3 ἔχθρας ἐπὶ τοσοῦτον προβαινούσης, ὥστε καὶ διά τινος τῶν ὑπὸ τοῦ Σίμωνος δεδοκιμασμένων φόνους συντελεῖσθαι, ⁴συνορῶν Ὀνίας 4 τὸ χαλεπὸν τῆς φιλονεικίας καὶ Ἀπολλώνιον Μενεσθέως, τῶν Κοίλης Φοινίκης καὶ Συρίας στρατηγόν, συναύξοντα τὴν κακίαν τοῦ Σίμωνος, ⁵πρὸς τὸν βασιλέα διεκοσμήθη, οὐ γινόμενος τῶν πολιτῶν 5 κατήγορος, τὸ δὲ σύμφορον κοινῇ καὶ κατ' ἰδίαν παντὶ τῷ πλήθει

V 33 οι αυτοι νεανιαι] αυτοι οι νεαν. V | ειπον V | πολλας V | κεχαρισται σοι V | Κυριος] pr ο V   34 εξ ουρανου] υπ αυτου V | μεμαστιγωμενος] μεν μαστιγωμενος (sic) A | ταυτα δε] ταυτ V   35 ανενεγκας V | τω θεω] τω κω V | om ευξαμενος V | ανεστρατοπεδευσεν] εστρατοπαιδευσεν V* -πεδευσε Vᵃ   36 εργα του] εργαζου A | μεγιστου] μεγαλου V   37 ειη] ειν V* ην Vᵃ | εφησεν] εφη V   38 θεου δυναμιν τινα V   39 επουρανιον] π ex ττ fec vid Aʳ | απολλυσιν V   40 καθ] κατα V   IV 1 ουτος] αυτος V   2 τον κηδ.] om τον V   4 Ονιας] pr ο V | του χαλεπου V* (το χαλ. Vᵃ) | Μενεσθεως coniec Hort] μαινεσθαι εως A μ. ως V | των] τον V | Συριας κ. Φοινικης V | συναυξοντο A   5 προς] ως V | διεκοσμηθη] διεκομισθη Vᵃ | συμφερον Vᵃ | om και V

ΜΑΚΚΑΒΑΙΩΝ Β IV 17

6 σκοπῶν. ⁶ἑώρα γὰρ ἄνευ βασιλικῆς προνοίας ἀδύνατον εἶναι τυχεῖν Α εἰρήνης ἐπὶ τὰ πράγματα, καὶ τὸν Σίμωνα παῦλαν οὐ λημψόμενον 7 τῆς ἀνοίας. ⁷Μεταλλάξαντος δὲ τὸν βίον Σελεύκου, καὶ παραλαβόντος τὴν βασιλείαν Ἀντιόχου τοῦ προσαγορευθέντος Ἐπιφανοῦς, 8 ὑπενόθευσεν Ἰάσων ὁ ἀδελφὸς Ὀνίου τὴν ἀρχιερωσύνην· ⁸ἐπαγγειλάμενος τῷ βασιλεῖ δι' ἐντεύξεως ἀργυρίου τάλαντα ἑξήκοντα πρὸς τοῖς τριακοσίοις, καὶ προσόδου τινὸς ἄλλης τάλαντα ὀγδοήκοντα. 9 ⁹πρὸς δὲ τούτοις ὑπισχνεῖτο καὶ ἕτερα διαγράφειν πεντήκοντα πρὸς τοῖς ἑκατόν, ἐὰν ἐπιχορηγηθῇ διὰ τῆς ἐξουσίας αὐτοῦ γυμνάσιον καὶ ἐφηβίαν αὐτῷ συστήσασθαι, καὶ τοὺς ἐν Ἱεροσολύμοις Ἀντιοχεῖς 10 ἀναγράψαι. ¹⁰ἐπινεύσαντος δὲ τοῦ βασιλέως καὶ τῆς ἀρχῆς κρατήσας, εὐθέως πρὸς τὸν Ἑλληνικὸν χαρακτῆρα τοὺς ὁμοφύλους μετέ-11 στησε. ¹¹καὶ τὰ κείμενα τοῖς Ἰουδαίοις φιλάνθρωπα βασιλικὰ διὰ Ἰωάννου τοῦ πατρὸς Εὐπολέμου, τοῦ ποιησαμένου τὴν πρεσβίαν ὑπὲρ φιλίας καὶ συμμαχίας πρὸς τοὺς Ῥωμαίους, παρώσας, καὶ τὰς μὲν νομίμας καταλύων πολιτίας, παρανόμους ἐθισμοὺς ἐκαίνιζεν. 12 ¹²ἀσμένως γὰρ ὑπ' αὐτὴν ἀκρόπολιν γυμνάσιον καθίδρυσεν, καὶ τοὺς κρατίστους τῶν ἐφ' ἡμῶν ὑποτάσσων ὑπὸ πέτασον ἤγαγεν. 13 ¹³ἦν δ' οὕτως ἀκμὴ τοῦ Ἑλληνισμοῦ καὶ πρόσβασις ἀλλοφυλισμοῦ διὰ τὴν τοῦ ἀσεβοῦς καὶ οὐκ ἀρχιερέως Ἰάσονος ὑπερβάλλουσαν 14 ἀναγνείαν, ¹⁴ὥστε μηκέτι περὶ τὰς τοῦ θυσιαστηρίου λειτουργίας προθύμους εἶναι τοὺς ἱερεῖς, ἀλλὰ τοῦ μὲν νεὼ καταφρονοῦντες καὶ τῶν θυσιῶν ἀμελοῦντες ἔσπευδον μετέχειν τῆς ἐν παλαίστρῃ παρα-15 νόμου χορηγίας, μετὰ τὴν τοῦ δίσκου πρόσκλησιν· ¹⁵καὶ τὰς μὲν πατρῴας τιμὰς ἐν οὐδενὶ τεθειμένοι, τὰς δὲ Ἑλληνικὰς δόξας καλλίστας 16 ἡγούμενοι. ¹⁶ὧν καὶ χάριν περιέσχεν αὐτοὺς χαλεπὴ περίστασις, καὶ ὧν ἐζήλουν τὰς ἀγωγὰς καὶ καθ' ὃ ἅπαν ἤθελον ἐξομοιοῦσθαι, τοὺς 17 πολεμίους καὶ τιμωρητὰς ἔσχον. ¹⁷ἀσεβεῖν γὰρ εἰς τοὺς θείους νόμους

6 επι] ετι V | παυλαν] αναπαυλαν V   7 αρχιεροσυνην Α   8 τριακοσιος V* (-σιοις V¹)   9 υπεισχνοιτο Α | διαγραψειν V | αυτου γυμνασιον· Α | om εν Α* (superscr Α¹) | Αντιοχεις] Αντιοχον V | αναγραψαι] αναγορευσαι V   10 κρατησας της αρχης V | προς] επι V | μετεστησε] μετηγαγεν V   11 Ιουδαιοις] seq ras 1 lit (ε vel σ) in Α | πρεσβειαν V | νομιμους V | πολιτειας Vᵃ εκαινιξεν] επιωνιξεν Vᵃ   12 ακροπ.] pr την V | εφ ημων] εφηβων V | om υποτασσων V   13 ακμη] αγκμη Α | Εασονος Α* Ειασονος Α¹ Ιασωνος V | αναγνειαν] αγνειαν Α   14 του μεν νεω] τους μεν ναιω Α | καταφρονουντας Α καταφρονουντος Vᵃ (rescr) | σπουδον V* εσπουδ. V¹ (εσπευδ. Vᵃ) | παρανομοχορηγιας V   15 πατρωους V | τιθεμενοι V | καλλιστοις Α   16 καθ ο απαν] κατα παν Vᵃ (rescr.) | τους πολ.] τουτους πολ. V | εχον V* (εσχον Vᵃ)

671

Α οὐ ῥᾴδιον· ἀλλὰ ταῦτα ὁ ἀκόλουθος καιρὸς δηλώσει. [18]Ἀγο- 18
μένου δὲ πενταετηρικοῦ ἀγῶνος ἐν Τύρῳ, καὶ τοῦ βασιλέως παρόντος,
[19]ἀπέστειλεν Ἰάσων ὁ μιερὸς θεωροὺς ὡς ἀπὸ Ἱεροσολύμων Ἀντιο- 19
χέας παρακομίζοντας ἀργυρίου δραχμὰς τριακοσίους εἰς τὴν τοῦ
Ἡρακλέους θυσίαν, ἃς καὶ ἠξίωσαν οἱ παρακομίζοντες μὴ χρῆσθαι
εἰς θυσίαν, [20]ἕνεκα δὲ τῶν παρόντων εἰς τὰς τῶν τριηρέων κατα- 20
σκευάς. [21]Ἀποσταλέντος δὲ εἰς Αἴγυπτον Ἀπολλωνίου τοῦ 21
Μενεσθέως διὰ τὰ πρωτοκλήσια τοῦ Φιλομήτορος βασιλέως, μεταλα-
βὼν Ἀντίοχος ἀλλότριον αὐτὸν τῶν αὐτοῦ γεγονότων πραγμάτων,
τῆς καθ' αὑτὸν ἀσφαλίας ἐφρόντιζεν· ὅθεν εἰς Ἰόππην παραγενόμενος,
κατήντησεν εἰς Ἱεροσόλυμα. [22]μεγαλομερῶς δὲ ὑπὸ τοῦ Ἰάσονος 22
καὶ τῆς πόλεως ἀποδεχθεὶς μετὰ δᾳδουχίας καὶ βοῶν εἰσεδέχθη·
εἶθ' οὕτως εἰς τὴν Φοινίκην κατεστρατοπέδευσεν. [23]Μετὰ 23
δὲ τριετῆ χρόνον ἀπέστειλεν Ἰάσων Μενέλαον, τὸν τοῦ προσημαι-
νομένου Σίμωνος ἀδελφόν, παρακομίζοντα τὰ χρήματα τῷ βασιλεῖ,
καὶ περὶ πραγμάτων ἀναγκαίων ὑπομνηματισμοὺς τελέσοντα. [24]ὁ δὲ 24
συσταθεὶς τῷ βασιλεῖ καὶ δοξάσας αὐτὸν τῷ προσώπῳ τῆς ἐξουσίας,
εἰς ἑαυτὸν κατήντησεν ἀρχιερωσύνην, ὑπερβάλλων τὸν Ἰάσονα τά-
λαντα ἀργυρίου τριακόσια. [25]λαβὼν δὲ τὰς βασιλικὰς ἐντολὰς 25
παρεγίνετο, τῆς μὲν ἀρχιερωσύνης οὐδὲν ἄξιον φέρων, θυμοὺς δὲ
ὠμοῦ τυράννου καὶ θηρὸς βαρβάρου ὀργὰς ἔχων. [26]καὶ ὁ μὲν Ἰάσων 26
ὁ τὸν ἴδιον ἀδελφὸν ὑπονοθεύσας, ὑπονοθευθεὶς ὑφ' ἑτέρου φυγὰς
εἰς τὴν Ἀμμανῖτιν χώραν συνήλαστο. [27]ὁ δὲ Μενέλαος τῆς μὲν ἀρχῆς 27
ἐκράτει, τῶν δὲ ἐπηγγελμένων τῷ βασιλεῖ χρημάτων οὐδὲν εὐτάκτει·
[28]ποιουμένου δὲ τὴν ἀπαίτησιν Σωστράτου τοῦ τῆς ἀκροπόλεως 28
ἐπάρχου· πρὸς τοῦτον γὰρ ἦν ἡ τῶν διαφόρων πρᾶξις· δι' ἣν αἰτίαν
οἱ δύο ὑπὸ τοῦ βασιλέως προσεκλήθησαν· [29]καὶ ὁ μὲν Μενέλαος 29
ἀπέλειπεν τῆς ἀρχιερωσύνης διάδοχον Λυσίμαχον τὸν ἑαυτοῦ ἀδελφόν,
Σώστρατος δὲ Κράτητα τὸν ἐπὶ τῶν Κυπρίων. [30]Τοιούτων 30

V 17 ταυτα]+μεν V   19 μιεος A* (μιερος A¹) μιαρος V | Αντιοχιας A
Αντιοχεις οντας V | τριακοσιας V | θυσιαν 2°]+εις ετεραν δε καταθεσθαι
δαπανην V   20 ενεκα] pr επεισε δε ταυτα δια μεν τον αποστειλαντα εις
την Ηρακλεους θυσια] V | παροντων] παρακομιζοντων V | τριηρων V | κατα-
σκευας] παρασκευας V   21 Μενεσθεσεως A (Μενεσθεως V) | μεταλαβων]
μεταβαλων V | γεγονοτων] γεγονεναι V | καθ αυτον] κατ αυτων V | ασφαλειας
Vᵃ | Ιοππην] Ιππην A   22 Ιασωνος V | αποδεχθεις] παραδεχθεις V | εισε-
δεχθη] εισπεπορευται V   23 πραγματων...τελεσοντα (-τας A)] παντων των
αναγκαιω] χρηματισμους τελεσαντα V   24 συνσταθεις V | κατηντησεν]
κατεστησε V | αρχιερωσυνην (-ρος. V*)] pr την V | υπερβαλων V | Ιασωνα V
25 παρεγενετο V   26 om ο 2° V | υπονομευθεις A   28 Σωστρατου V |
υπο] επι V   29 αρχιερωσυνης] ιερωσυνης V | Σωστρατος V* | Κρατητα
τον] κρατησας των V

ΜΑΚΚΑΒΑΙΩΝ Β   IV 40

δὲ συνεστηκότων, συνέβη Ταρσεῖς καὶ Μαλλώτας στασιάζειν, διὰ τὸ ¹Ἀντιοχίδι τῇ παλλακῇ τοῦ βασιλέως ἐν δωρεᾷ δίδοσθαι. ³¹ θᾶττον οὖν ὁ βασιλεὺς ἧκεν καταστεῖλαι τὰ πράγματα, καταλείπων τὸν ³² διαδεχόμενον Ἀνδρόνικον, τῶν ἐν ἀξιώματι κειμένων. ³² νομίσας δὲ ὁ Μενέλαος εἰληφέναι καιρὸν εὐφυῆ, χρυσώματά τινα τῶν τοῦ ἱεροῦ νοσφισάμενος ἐχαρίσατο τῷ Ἀνδρονίκῳ, καὶ ἕτερα ἐτύγχανεν πεπρα-³³κὼς εἴς τε Τύρον καὶ τὰς κύκλῳ πόλεις. ³³ καὶ σαφῶς ἐπεγνωκὼς ὁ Ὀνείας, ἀπήνεγκεν ἀποκεχωρηκὼς εἰς ἄσυλον τόπον, ἐπὶ Δάφνης ³⁴ τῆς πρὸς Ἀντιοχείας κειμένης. ³⁴ ὅθεν ὁ Μενέλαος λαβὼν ἰδίᾳ τὸν Ἀνδρόνικον, παρεκάλει χειρώσασθαι τὸν Ὀνίαν· ὁ δὲ παραγενόμενος ἐπὶ τὸν Ὀνίαν καὶ πεισθεὶς ἐπὶ δόλῳ καὶ δεξιασθεὶς μεθ' ὅρκων, δοὺς δεξιάν, καίπερ ἐν ὑποψίᾳ κείμενος, ἔπεισεν ἐκ τοῦ ἀσύλου προελθεῖν· ὃν καὶ παραχρῆμα παρέκλεισεν, οὐκ αἰδεσθεὶς τὸ δίκαιον. ³⁵ ³⁵ δι' ἣν αἰτίαν οὐ μόνον Ἰουδαῖοι, πολλοὶ δὲ καὶ τῶν ἄλλων ἐθνῶν ³⁶ ἐδείναζον καὶ ἐδυσφόρουν ἐπὶ τῷ τοῦ ἀνδρὸς ἀδίκῳ φόνῳ. ³⁶ τοῦ δὲ βασιλέως ἐπανελθόντος ἀπὸ τῶν κατὰ Κιλικίαν τόπων, ἐνετύγχανον οἱ κατὰ πόλιν Ἰουδαῖοι, συνμισοπονηρούντων καὶ τῶν Ἑλλήνων, ³⁷ ὑπὲρ τοῦ παρὰ λόγον τὸν Ὀνίαν ἀπεκτονῆσθαι. ³⁷ ψυχικῶς οὖν ὁ Ἀντίοχος ὑπολυπηθεὶς καὶ τραπεὶς ἐπὶ ἔλεος, καὶ δακρύσας διὰ τὴν ³⁸ τοῦ μετηλλαχότος σωφροσύνην καὶ πολλὴν εὐταξίαν, ³⁸ καὶ πυρωθεὶς τοῖς θυμοῖς, παραχρῆμα τὴν τοῦ Ἀνδρονίκου πορφύραν περιελόμενος καὶ τοὺς χιτῶνας περιρήξας, περιαγαγὼν καθ' ὅλην τὴν πόλιν ἐπ' αὐτὸν τὸν τόπον οὗπερ τὸν Ὀνίαν ἠσέβησεν, ἐκεῖ τὸν μιαιφόνον ἀπεκόσμησεν, ³⁹ τοῦ κυρίου τὴν ἀξίαν αὐτῷ κόλασιν ἀποδόντος. ³⁹ Γενομένων δὲ πολλῶν ἱεροσυλημάτων κατὰ τὴν πόλιν ὑπὸ τοῦ Λυσιμάχου μετὰ τῆς τοῦ Μενελάου γνώμης, καὶ διαδοθείσης ἔξω τῆς φήμης, ἐπισυνήχθη τὸ πλῆθος ἐπὶ τὸν Λυσίμαχον, χρυσωμάτων ἤδη πολ-⁴⁰λῶν διενηνεγμένων. ⁴⁰ ἐπεγειρομένων δὲ τῶν ὄχλων καὶ ταῖς ὀργαῖς διεμπιπλαμένων, καθοπλίσας ὁ Λυσίμαχος πρὸς τρισχιλίους,

30 Ταρσις ΛV* | Αντιοχειδι Vᵃ | δεδοσθαι V   31 καταλειπων (-λιπ. Vᵃ)] V pr τουτοις V   32 ευφυη] ευφη V* | εχαρισατο τω] εχαρισατω V* (-το τω V¹) | και 2°] + εις V   33 και] pr α V | Ονιας V | απηνεγκεν] απηλεγχεν V | Αντιοχειαν V   34 om επι τον Ονιαν V | δεξιὰς θεὶς V | μεθ] μετ AV* | δεξιαν] δεξιας V | ασυλου] ασυλλου V | το δικαιον] τον δ. V   35 φονου A 36 Κιλιαν V* (Κιλικιαν V¹) | συμμισοπον. Vᵃ | απεκτονησθαι V] απεκτονησεν A 37 υπολυπηθεις] επι λυπη λυπηθεις V | επι ελεος] υπ ελεους V   38 Ανδρονιου A* (-νικου A¹) | περιρρηξας V | την πολιν] om την V | κολασιν] κολασασιν A   39 ιεροσυλημάτων] Ιεροσολυμητων V* (-μιτων Vᵃ) 40 καθοπλησαμενος V* (καθοπλισαμ. Vᵃ) | Λυσιμαχος] + τους χιλιαρχους V.

κατήρξατο χειρῶν ἀδίκων, προηγησαμένου τινὸς Αὐρανοῦ προβεβηκότος τὴν ἡλικίαν, οὐδὲν δὲ ἧττον καὶ τὴν ἄγνοιαν. ⁴¹συνειδότες δὲ 41 καὶ τὴν ἐπίθεσιν τοῦ Λυσιμάχου, συναρπάσαντες οἱ μὲν πέτρους, οἱ δὲ ξύλων πάχη, τινὲς δὲ ἐκ τῆς παρακειμένης σποδοῦ δρασσόμενοι, φύρδην ἐνετίνασσον εἰς τοὺς περὶ τὸν Λυσίμαχον. ⁴²δι' ἣν 42 αἰτίαν πολλοὺς μὲν αὐτῶν τραυματίας ἐποίησαν, τινὰς δὲ κατέβαλον, πάντας δὲ εἰς φυγὴν συνήλασαν, αὐτὸν δὲ τὸν ἱερόσυλον παρὰ τὸ γαζοφυλάκιον ἐχειρώσαντο. ⁴³Περὶ δὲ τούτων ἐνέστη 43 κρίσις ἐπὶ τὸν Μενέλαον. ⁴⁴καταντήσαντος δὲ τοῦ βασιλέως εἰς 44 Τύρον, ἐπ' αὐτοῦ τὴν δικαιολογίαν ἐποιήσαντο οἱ πεμφθέντες τρεῖς ἄνδρες ὑπὸ τῆς γερουσίας. ⁴⁵ἤδη δὲ λελιμμένος ὁ Μενέλαος ἐπηγ- 45 γείλατο χρήματα ἱκανὰ τῷ Πτολεμαίῳ Δορυμένους, πρὸς τὸ πεῖσαι τὸν βασιλέα. ⁴⁶ὅθεν ἀπολαβὼν ὁ Πτολεμαῖος εἴς τι περίστυλον 46 ὡς ἀναψύχοντα τὸν βασιλέα μετέθηκεν. ⁴⁷καὶ τὸν μὲν τῆς ὅλης 47 κακίας αἴτιον Μενέλαον ἀπέλυσεν τῶν κατηγορημένων, τοῖς δὲ ταλαιπώροις, οἵτινες εἰ καὶ ἐπὶ Σκυθῶν ἔλεγον ἀπελύθησαν ἀκατάγνωστοι, τούτοις θάνατον ἀπέκρινεν. ⁴⁸ταχέως οὖν τὴν ἄδικον 48 ζημίαν ὑπέσχον οἱ περὶ πόλεως καὶ δήμων καὶ τῶν ἱερῶν σκευῶν προηγορήσαντες. ⁴⁹δι' ἣν αἰτίαν καὶ Τύριοι μισοπονηρεύσαντες τὰ 49 πρὸς τὴν κηδίαν αὐτῶν μεγαλομερῶς ἐχορήγησαν. ⁵⁰ὁ δὲ Μενέλαος 50 διὰ τὰς τῶν κρατούντων πλεονεξίας ἔμενεν ἐπὶ τῇ ἀρχῇ, ἐπιφυόμενος τῇ κακίᾳ, μέγας τῶν πολιτῶν ἐπίβουλος καθεστώς.

¹Περὶ δὲ τὸν καιρὸν τοῦτον τὴν δευτέραν ἄφοδον ὁ Ἀντίοχος 1 V εἰς Αἴγυπτον ἐστείλατο. ²συνέβη δὲ καθ' ὅλην τὴν πόλιν σχεδὸν 2 ἐφ' ἡμέρας τεσσεράκοντα φαίνεσθαι διὰ τῶν ἀέρων τρέχοντας ἱππεῖς διαχρύσους στολὰς ἔχοντας, καὶ λόγχας σπειρηδὸν ἐξωπλισμένους, ³καὶ μαχαιρῶν σπασμούς, καὶ εἴλας ἵππων διατεταγμένας, 3 καὶ προσβολὰς γινομένας καὶ καταδρομὰς ἑκατέρων, καὶ ἀσπίδων κινήσεις, καὶ καμάτων πλήθη, καὶ βελῶν βολάς, καὶ χρυσέων κόσ-

V 40 Αυρανου]+τυραννου V | την αγνοιαν] τη ανοια V 41 συνειδοντες V* συνιδοντ. Vᵃ | παχη ξυλων V | σποδου] εποδον A (sic) | Λυσιμαχον] + επιτιθεμενους V 42 ην] ἣ̣ν V | κατεβαλον] pr και V | συνηλασον V | παρα] κατα V 43 om δε V | επι] προς V 44 om εις Τυρον V 45 ηδη δε λελιμμ. ο Μενελαος] λελειμμενος δε ο M. ηδη V | Δορυμενου A δωρουμενος V | πεισαι] πεσαι A 46 αναψυξοντα V 47 κατηγορουμενων V | ταγνωστοι τ. θ. απεκρ. evan in V 48 δημου V 49 μισοπονηρησαντες V | κηδειαν V 50 επι] εν V | πολιτων (-λειτ. A)] πολεμων V V 1 τον καιρον] των καιρων A* (o bis sup ras Aᵃ) 2 εφ ημερας· τεσσερακοντα A εφ ημ. τεσσαρακ. V | διατρεχοντας V | εξοπλ. V* 3 ειλας] ιλας V | καταδρομας] δρομας sup ras A¹ | καματων] καμακων V

ΜΑΚΚΑΒΑΙΩΝ Β V 15

4 μων ἐκλάμψεις, καὶ παντοίους θωρακισμούς. ⁴διὸ πάντες ἠξίουν A
5 ἐπ' ἀγαθῷ τὴν ἐπιφανίαν γεγενῆσθαι. ⁵Γενομένης δὲ λαλιᾶς
ψευδοῦς, ὡς μετηλλαχότος Ἀντιόχου τὸν βίον, παραλαβὼν ὁ Ἰάσων
οὐκ ἐλάττους τῶν χιλίων, ἐφνιδίως ἐπὶ τὴν πόλιν συνετελέσατο
ἐπίθεσιν· τῶν δὲ ἐπὶ τῷ τείχει συνελασθέντων, καὶ τέλος ἤδη κατα-
λαμβανομένης τῆς πόλεως, ὁ Μενέλαος εἰς τὴν ἀκρόπολιν ἐφυγάδευ-
6 σεν. ⁶ὁ δὲ Ἰάσων ἐποιεῖτο σφαγὰς τῆς πόλεως τῶν ἰδίων ἀφει-
δῶς, οὐ συννοῶν τὴν εἰς τοὺς συγγενεῖς εὐημερίαν δυσημερίαν εἶναι
τὴν μεγίστην, δοκῶν δὲ πολεμίων καὶ οὐχ ὁμοεθνῶν τρόπαια κατα-
7 βάλλεσθαι. ⁷τῆς μὲν ἀρχῆς οὐκ ἐκράτησεν, τὸ δὲ τέλος τῆς ἐπι-
βουλῆς αἰσχύνην λαβών, φυγὰς πάλιν εἰς τὴν Ἀμμανῖτιν παρῆλθεν.
8 ⁸πέρας οὖν κακῆς καταστροφῆς ἔτυχεν, ἐγκλεισθεὶς πρὸς Ἀρέταν
τὸν τῶν Ἀράβων τύραννον, πόλιν ἐκ πόλεως φεύγων, διωκό-
μενος ὑπὸ πάντων, στυγούμενος ὡς τῶν νόμων ἀποστάτης καὶ
βδελυσσόμενος ὡς πατρίδος καὶ πολιτῶν δήμιος, εἰς Αἴγυπτον
9 ἐξεβράσθη. ⁹ὁ συχνοὺς τῆς πατρίδος ἀποξενώσας ἐπὶ ξένης
ἀπώλετο, πρὸς Λακεδαιμονίους ἀναχθείς, ὡς διὰ τὴν συγγενίαν
10 τευξόμενος σκέπης· ¹⁰καὶ ὁ πλῆθος ἀτάφων ἐκρίψας ἀπένθη-
τος ἐγενήθη, καὶ κηδίας οὐδ' ἡστινος οὔτε πατρῴου νόμου μετέ-
11 σχεν. ¹¹Προσπεσόντων δὲ τῷ βασιλεῖ περὶ τῶν γεγονότων,
διέλαβεν ἀποστάτιν τὴν Ἰουδαίαν· ὅθεν ἀναζεύξας ἐξ Αἰγύπτου
12 τεθηριωμένος τῇ ψυχῇ, ἔλαβεν τὴν μὲν πόλιν δοριάλωτον. ¹²καὶ
ἐκέλευσεν τοῖς στρατιώταις κόπτειν ἀφειδῶς τοὺς ἐμπίπτοντας, καὶ
13 τοὺς ἐν ταῖς οἰκίαις ἀναβαίνοντας κατασφάζειν. ¹³ἐγίνετο δὲ νέων
καὶ πρεσβυτέρων ἀναίρεσις, ἀνήβων τε καὶ γυναικῶν καὶ τέκνων
14 ἀφανισμός, παρθένων τε καὶ νηπίων σφαγαί. ¹⁴ὀκτὼ δὲ μυριάδες
ἐν ταῖς πάσαις ἡμέραις τρισὶν κατεφθάρησαν, τέσσαρες μὲν ἐν χει-
15 ρῶν νόμοις, οὐχ ἧττον δὲ τῶν ἐσφαγμένων ἐπράθησαν. ¹⁵οὐκ ἀρ-

3 παντοιους θωρακισμους] παντοιοις τεθωρακισμενοις V   4 επιφανειαν V
Vᵃ | γεγενησθαι] γενεσθαι V   5 μετηλλαχοντος A μετηλαχοτος V | συνετε-
λεσατο] συνεστησατο V | εφυγαδευσεν] εφυγεν V   6 της πολεως] των πολι-
των V | ου συννοων] ουκ εννοων V | τους συγγ.] την συγγ. (sic) A | δε 2° seq
ras 2 ut vid litt in A   7 Αμανιτην V* | παρηλθεν] απηλθεν V   8 ετυχεν]
ελαβεν V   9 ο συχνους (συνχν. A)] pr και V | πατριδος] pr οικειας V |
απολετο V* | Λακαιδαιμ. A | αναχθεις] αναδιχθεις V* (-δειχθ. Vᵃ) | συγγε-
νειαν Vᵃ | σκεπης (sic) V* (σκεπης Vʲ?)   10 αταφον V | απενθητος εγενηθη]
αταφος γενηθεις V | κηδειας V | ητινος V | ουτε] ουδε V | νομου] ταφου V
11 αποστατιν V | την ψυχην V | δορυαλωτον Vᵃ   12 εμπιπτοντας V | εν
ταις οικιαις] εις τας οικειας V | κατασφαζειν] κατασφαττειν V   13 εγινετο]
εγινοντο V | om ανηβων τε και V | γυναικων]+τε V   14 τεσσαρες]
τεσσερας A*ᵛⁱᵈ (α 1° sup ras Aᵃ) | νομαις V

675

Α κεσθεὶς δὲ τούτοις, κατετόλμησεν εἰς τὸ πάσης τῆς γῆς ἁγιώτατον ἱερὸν εἰσελθεῖν, ὁδηγὸν ἔχων τὸν Μενέλαον, τὸν καὶ τῶν νόμων καὶ τῆς πατρίδος προδότην γεγονότα, ¹⁶καὶ ταῖς μιεραῖς χερσὶν τὰ 16 ἱερὰ σκεύη λαμβάνων, καὶ τὰ ὑπὸ πολλῶν βασιλέων ἀνασταθέντα πρὸς αὔξησιν καὶ δόξαν τοῦ τόπου καὶ τιμήν, ταῖς βεβήλοις χερσὶν συνσύρων. ¹⁷καὶ ἐμετεωρίζετο τὴν διάνοιαν ὁ Ἀντίοχος, οὐ συνο- 17 ρῶν ὅτι διὰ τὰς ἁμαρτίας τῶν τὴν πόλιν οἰκούντων ἀπώργισται βραχέως ὁ δεσπότης, διὸ γέγονεν περὶ τὸν τόπον παρόρασις. ¹⁸εἰ 18 δὲ μὴ συνέβη προσενέχεσθαι πολλοῖς ἁμαρτήμασιν, καθάπερ ἦν ὁ Ἡλιόδωρος ὁ πεμφθεὶς ὑπὸ Σελεύκου τοῦ βασιλέως ἐπὶ τὴν ἐπίσκεψιν τοῦ γαζοφυλακίου, οὗτος προαχθεὶς παραχρῆμα μαστιγωθεὶς ἀνετράπη τοῦ θράσους. ¹⁹ἀλλ' οὐ διὰ τὸν τόπον τὸ ἔθνος, ἀλλὰ 19 διὰ τὸ ἔθνος τὸν τόπον ὁ κύριος ἐξελέξατο. ²⁰διόπερ καὶ αὐτὸς ὁ 20 τόπος συνμετασχὼν τοῦ ἔθνους δυσπετημάτων γενομένων, ὕστερον εὐεργετημάτων ἐκοινώνησεν· καὶ ὁ καταληφθεὶς ἐν τῇ τοῦ παντοκράτορος ὀργῇ, πάλιν ἐν τῇ τοῦ μεγάλου δεσπότου καταλλαγῇ μετὰ πάσης δόξης ἐπανωρθώθη. ²¹Ὁ οὖν Ἀντίοχος ὀκτακόσια πρὸς 21 τοῖς χιλίοις ἀπενεγκάμενος ἐκ τοῦ ἱεροῦ τάλαντα θᾶττον εἰς τὴν Ἀντιοχίαν ἐχωρίσθη, οἰόμενος ἀπὸ τῆς ὑπερηφανίας τὴν μὲν γῆν πλωτὴν καὶ τὸ πέλαγος πορευτὸν θέσθαι, διὰ τὸν μετεωρισμὸν τῆς καρδίας. ²²κατέλειπεν δὲ καὶ ἐπιστάτας τοῦ κακοῦν τὸ γένος, ἐν 22 μὲν Ἱεροσολύμοις Φίλιππον τὸ μὲν γένος Φρύγα, τὸν δὲ τρόπον βαρβαρώτερον ἔχοντα τοῦ καταστήσαντος· ²³ἐν δὲ Γαριζεὶν Ἀνδρό- 23 νικον· πρὸς δὲ τούτοις Μενέλαος χείριστα τῶν ἄλλων ὑπερῄρετο τοῖς πολίταις, ἀπεχθῆ δὲ πρὸς τοὺς πολίτας Ἰουδαίους ἔχων διάθεσιν. ²⁴ἔπεμψεν δὲ τὸν μυσάρχην Ἀπολλώνιον μετὰ στρατεύμα- 24 τος, δισμυρίους δὲ τοῖς δισχιλίοις, προστάξας τοὺς ἐν ἡλικίᾳ πάντας κατασφάξαι, τὰς δὲ γυναῖκας καὶ τοὺς νεωτέρους πωλεῖν. ²⁵οὗτος 25

V **15** τον Μεν.] om τον V **16** μιαραις V | χερσι bis Vᵃ | υπο πολλων] πολλ sup ras Aᵃ υπ αλλων V | ανασταθεντα] ανατεθημενα V* (ανατεθειμ. Vᵃ) | συνσυρω (ad fin lin) A **17** μετεωριζετο V | διο] δι αις V **18** συνεβαινεν V | προενεχεσθαι V | αμαρτημασι Vᵃ | om ην ο V | Ιλιοδωρος V | ουτος] και αυτος V | om προαχθεις V | ανετραπη] + αν V **20** συμμετασχων V | του εθνους] pr των V | εκοινωνησαν A | καταλημφθης V* (-ληφθεις Vᵃ) | επανορθωθη V* **21** ο ουν] ο γ ουν (sic) V | Αντιοχειαν V | απο] υπο V | γην πλωτην] την πρωτην A **22** Φιλιππον...γενος ιππον το μεν γεν]ος sup ras et in mg Aᵃ **23** Γαριζιν V | Μενελαος] Μενελαον· ος V | χειριστας A | υπερηρετο] υπερηρτο V | απεχθη (απηχθη A) ...διαθεσιν] εχων δε προς τους Ιουδαιους διαθεσιν απεχθη V **24** om δε 1° V | τοις δισχιλιοις] προς τοις χιλιοις V

δὲ παραγενόμενος εἰς Ἰεροσόλυμα καὶ τὸν εἰρηνικὸν ὑποκριθείς, Α ἐπέσχεν ἕως τῆς ἁγίας ἡμέρας τοῦ σαββάτου· καὶ λαβὼν ἀργοῦντας τοὺς Ἰουδαίους τοῖς ὑφ᾿ ἑαυτὸν ἐξοπλισίαν παρήγγειλεν. ²⁶καὶ τοὺς ἐλθόντας πάντας ἐπὶ τὴν θεωρίαν συνεξεκέντησεν, καὶ εἰς τὴν πόλιν σὺν τοῖς ὅπλοις εἰσδραμὼν ἱκανὰ κατέστησεν πλήθη. ²⁷Ἰούδας δὲ ὁ καὶ Μακκαβαῖος, δέκατός που γενηθεὶς καὶ ἀναχωρήσας, ἐν τοῖς ὄρεσιν θηρίων τρόπον διέζη σὺν τοῖς μετ᾿ αὐτοῦ· καὶ τὴν χορτώδη τροφὴν σιτούμενοι διετέλουν, πρὸς τὸ μὴ μετιασχεῖν τοῦ μολυσμοῦ.

VI ¹Μετ᾿ οὐ πολὺν δὲ χρόνον ἐξαπέστειλεν ὁ βασιλεὺς γέροντα Ἀθηναῖον, ἀναγκάζειν τοὺς Ἰουδαίους μεταβαίνειν ἀπὸ τῶν πατρίων νόμων, καὶ τοῖς τοῦ θεοῦ νόμοις μὴ πολιτεύεσθαι· ²μολῦναι δὲ καὶ τὸν ἐν Ἰεροσολύμοις νεὼ καὶ προσονομάσαι Διὸς Ὀλυμπίου, καὶ τὸν ἐν Γαριζει[ν], καθὼς ἐτύγχανον οἱ τὸν τόπον οἰκοῦντες, Διὸς ξενίου. ³χαλεπὴ δὲ καὶ τοῖς ὅλοις ἦν δυσχερὴς ἡ ἐπίστασις τῆς κακίας. ⁴τὸ μὲν γὰρ ἱερὸν ἀσωτίας καὶ κώμων ὑπὸ τῶν ἐθνῶν ἐπεπληροῦτο ῥαθυμούντων μεθ᾿ ἑταιρῶν, καὶ ἐν τοῖς ἱεροῖς περιβόλων γυναιξὶ πλησιαζόντων, ἔτι δὲ τὰ μὴ καθήκοντα ἔνδον εἰσφερόντων. ⁵τὸ δὲ θυσιαστήριον τοῖς ἀποδιεσταλμένοις ἀπὸ τῶν νόμων ἀθεμίτοις ἐπεπλήρωτο. ⁶ἦν δ᾿ οὔτε σαββατίζειν, οὔτε πατρῴους ἑορτὰς διαφυλάττειν, οὔτε ἁπλῶς Ἰουδαῖον ὁμολογεῖν εἶναι. ⁷ἤγον δὲ μετὰ πικρᾶς ἀνάγκης εἰς τὴν κατὰ μῆνα τοῦ βασιλέως γενέθλιον ἡμέραν ἐπὶ σπλαγχνισμόν· γενομένης δὲ Διονυσίων ἑορτῆς ἠναγκάζοντο κισσοὺς ἔχοντες πομπεύειν τῷ Διονύσῳ. ⁸ψήφισμα δὲ ἐξέπεσεν εἰς τὰς ἀστυγείτονας Ἑλληνίδας πόλεις, Πτολεμαίου ὑποθεμένου, τὴν αὐτὴν ἀγωγὴν κατὰ τῶν Ἰουδαίων ἄγειν καὶ σπλαγχνίζειν, ⁹τοὺς δὲ μὴ προαιρουμένους μεταβαίνειν ἐπὶ τὰ Ἑλληνικὰ κατασφάζειν. παρῆν οὖν ὁρᾶν τὴν ἐνεστῶσαν ταλαιπωρίαν. ¹⁰δύο

25 εξοπλησιν V 26 ελθοντας] εξελθοντας V | θεωριαν] θεαν V | συνε- V κεντησεν V | εισδραμων] δραμων V | κατεστησεν] κατεστρωσεν V 27 γεννηθεις Α | αναχωρησας] + εις την ερημον V | εν τοις ορεσιν θηριων τροπον] κτηνων βιον εν τοις ορ. V [τροφην] ο sup ras A^a VI 1 εξαπεστειλεν] απεστειλεν V | νομοις] νομου Α 2 νεων V | Γαριζει AV | οικουντες] κατοικουντες V | Διος ξενιου] Διοξενιου Α 3 επιτασις V^a 4 επεπληρουτο] πεπληρωτο V | εταιρων (? ἑταίρων)] ετερων AV | περιβολοις V 5 αποδιεσταλμενων Α 6 πατρο[ους A^fort πατριους V | ουτε 3°] ουδ V 7 ηγον] ηγοντο V 8 αστυγειτονας] αστυγεις Α | om Ελληνιδας V | πολις Πτολεμαιου· (sic) Α π. Πτολεμαιος V*^vid (-ου V¹)

Α γὰρ γυναῖκες ἀνήχθησαν περιτετμηκυῖαι τὰ τέκνα· τούτων δὲ ἐκ τῶν μαστῶν κρεμάσαντες τὰ βρέφη, καὶ δημοσίᾳ περιαγαγόντες αὐτὰς τὴν πόλιν, κατὰ τοῦ τείχους ἐκρήμνισαν. ¹¹ἕτεροι δὲ πλησίον συνδραμόντες εἰς τὰ σπήλαια λεληθότως ἄγειν τὴν ἑβδομάδα, μηνυθέντες τῷ Φιλίππῳ συνεφλογίσθησαν, διὰ τὸ εὐλαβῶς ἔχειν βοηθῆσαι αὐτοῖς κατὰ δόξαν τῆς σεμνοτάτης ἡμέρας.

¹²Παρακαλῶ οὖν τοὺς ἐντυγχάνοντας τῇδε τῇ βίβλῳ μὴ συστέλλεσθαι διὰ τὰς συμφοράς, λογίζεσθαι δὲ τὰς τιμωρίας μὴ πρὸς ὄλεθρον, ἀλλὰ πρὸς παιδίαν τοῦ γένους ἡμῶν εἶναι. ¹³καὶ γὰρ τὸ μὴ πολὺν χρόνον ἐᾶσθαι τοὺς δυσσεβοῦντας, ἀλλ᾽ εὐθέως περιπίπτειν τοῖς ἐπιτίμοις, μεγάλης εὐεργεσίας σημεῖόν ἐστιν. ¹⁴οὐ γὰρ καθάπερ καὶ ἐπὶ τῶν ἄλλων ἐθνῶν ἀναμένει μακροθυμῶν ὁ δεσπότης μέχρι τοῦ καταντήσαντας αὐτοὺς πρὸς ἐκπλήρωσιν ἁμαρτιῶν κολάσῃ, οὕτως καὶ ἐφ᾽ ἡμῶν ἔκρινεν εἶναι· ¹⁵ἵνα μὴ πρὸς τέλος ἀφικομένων ἡμῶν τῶν ἁμαρτιῶν ὕστερον ἡμᾶς ἐκδικᾷ. ¹⁶διόπερ οὐδέποτε μὲν τὸν ἔλεον ἀφ᾽ ἡμῶν ἀφίστησιν· παιδεύων δὲ μετὰ συμφορᾶς οὐκ ἐνκαταλείπει τὸν ἑαυτοῦ λαόν. ¹⁷πλὴν ἕως ὑπομνήσεως ταῦθ᾽ ἡμῖν εἰρήσθω· δι᾽ ὀλίγων δὲ ἐλευστέον ἐπὶ τὴν διήγησιν.

¹⁸Ἐλεάζαρός τις τῶν πρωτευόντων γραμματέων, ἀνὴρ ἤδη προβεβηκὼς τὴν ἡλικίαν καὶ τὴν πρόσοψιν τοῦ προσώπου κάλλιστος, ἀναχαίνων ἠναγκάζετο φαγεῖν ὕειον κρέας. ¹⁹ὁ δὲ τὸν μετ᾽ εὐκλείας θάνατον μᾶλλον ἢ τὸν μετὰ μύσους βίον ἀναδεξάμενος αὐθαιρέτως ἐπὶ τὸ τύμπανον προσῆγεν, ²⁰προπτύσας δέ, καθ᾽ ὃν ἔδει τρόπον προσέρχεσθαι τοὺς ὑπομένοντας ἀμύνασθαι ὧν οὐ θέμις γεύσασθαι διὰ τὴν πρὸς τὸ ζῆν φιλοστοργίαν. ²¹οἱ δὲ πρὸς τῷ παρανόμῳ σπλαγχνισμῷ τεταγμένοι διὰ τὴν ἐκ τῶν παλαιῶν χρόνων πρὸς τὸν ἄνδρα γνῶσιν ἀπολαμβάνοντες αὐτὸν κατ᾽ ἰδίαν ἐνεκάλουν, ἐνεγκόντα κρέα, οἷς καθῆκον αὐτῷ χρᾶσθαι, δι᾽ αὐτοῦ παρασκευασθέντα, ὑποκρῖναι δὲ ὡς

V 10 ανηχθησαν] ανηνεχθησαν V | εκ των μαστων κρεμασαντες] εκκρεμασαντων εκ τ. μ. V | αγαγοντες V | εκρημησαν V   11 αυτοις] εαυτοις V
12 ουν] δε V | παιδειαν Vᵃ   13 πολιν]+ειναι V | τοις επιτιμοις] επιτιμιοις V | ευεργεσιας (sic) V   14 καταντησαντος A καταναντησαντας V | κολασει Vᵃ | om ειναι V   15 εκδικη V   16 αφ ημων τον ελεον V | εγκαταλειπει V   17 ταυτ AV   18 Ελεαζαρος]+ δε V | την προσοψιν] om την V* (hab V¹) | om αναχαινων V | υειον] υιον AV*   19 ευκλιας AV* | προσηγεν] προσηγετο V   20 προπτυσας] προ.. V* πρωτευσας Vᵃ (rescr) | αμυνεσθαι V | om δια την A   21 των παρανομω] το παρ. V* | των παλαιων] om των V | απολαμβανοντες] απολαβοντες V | ενεκαλουν] παρεκαλουν V | ενεγκαντα V | χρασθαι] χρησασθαι V | υποκριναι] υποκριθηναι V

ἐσθίοντα τὰ ὑπὸ τοῦ βασιλέως τεταγμένα τῶν ἀπὸ τῆς θυσίας κρεῶν, ²²ἵνα τοῦτο πράξας ἀπολυθῇ τοῦ θανάτου, καὶ διὰ τὴν ἀρχαίαν πρὸς αὐτοὺς φιλίαν τύχοι φιλανθρωπίας. ²³ὁ δὲ λογισμὸν ἀστεῖον ἀναλαβὼν καὶ ἄξιον τῆς ἡλικίας καὶ τῆς τοῦ γήρους ὑπεροχῆς καὶ τῆς ἐπικτήτου καὶ ἐπιφανοῦς πολιτείας καὶ τῆς ἐκ παιδὸς καλλίστης ἀναστροφῆς, μᾶλλον δὲ τῆς ἁγίας καὶ θεοκτίστου νομοθεσίας ἀκολούθως ἀπεφήνατο, ταχέως λέγων προπέμπειν εἰς τὸν ᾅδην ²⁴Οὐ γὰρ τῆς ἡμετέρας ἡλικίας ἄξιόν ἐστιν ὑποκριθῆναι, ἵνα πολλοὶ τῶν νέων ὑπολαβόντες Ἐλεάζαρον τὸν ἐνενηκονταετῆ μεταβεβηκέναι εἰς ἀλλοφυλισμόν, ²⁵καὶ αὐτοὶ διὰ τὴν ἐμὴν ὑπόκρισιν καὶ διὰ τὸ μικρὸν καὶ ἀκαριαῖον ζῆν πλανηθῶσιν δι' ἐμέ, καὶ μύσος καὶ κηλῖδα τοῦ γήρως κατακτήσωμαι. ²⁶εἰ γὰρ καὶ ἐπὶ τοῦ παρόντος ἐξελοῦμαι τὴν ἐξ ἀνθρώπων τιμωρίαν, ἀλλὰ τὰς τοῦ παντοκράτορος χεῖρας οὔτε ζῶν οὔτε ἀποθανὼν ἐκφεύξομαι. ²⁷διόπερ ἀνδρείως μὲν νῦν διαλλάξας τὸν βίον τοῦ μὲν γήρως ἄξιος φανήσομαι, ²⁸τοῖς δὲ νέοις ὑπόδιγμα γενναῖον καταλελοιπὼς εἰς τὸ προθύμως καὶ γενναίως ὑπὲρ τῶν σεμνῶν καὶ ἁγίων νόμων ἀπευθανατίζειν. τοσαῦτα δὲ εἰπὼν ἐπὶ τὸ τύμπανον εὐθέως ἦλθεν, ²⁹τῶνδε ἀγόντων πρὸς αὐτὸν τὴν μικρῷ πρότερον εὐμένειαν δυσμένειαν διὰ τὴν τῶν προειρημένων λόγων, ³⁰ὡς αὐτοὶ ὑπελάμβανον, ἀπόνοιαν. ³⁰μέλλων δὲ ταῖς πληγαῖς τελευτᾶν, ἀναστενάξας εἶπεν Τῷ κυρίῳ τῷ τὴν ἁγίαν γνῶσιν ἔχοντι φανερόν ἐστιν ὅτι δυνάμενος ἀπολυθῆναι τοῦ θανάτου, σκληρὰς ὑποφέρω κατὰ σῶμα ἀλγηδόνας μαστιγούμενος, κατὰ ψυχὴν δὲ ἡδέως διὰ τὸν αὐτοῦ φόβον ταῦτα πάσχω. ³¹καὶ οὗτος οὖν τοῦτον τὸν τρόπον μετήλλαξεν, οὐ μόνον τοῖς νέοις, ἀλλὰ καὶ τοῖς πλείστοις τοῦ ἔθνους τὸν ἑαυτοῦ θάνατον ὑπόδιγμα γενναιότητος καὶ μνημόσυνον ἀρετῆς καταλείπων.

VII 1 ¹Συνέβη δὲ καὶ ἑπτὰ ἀδελφοὺς μετὰ τῆς μητρὸς συλλημφθέντας

21 εσθοντα V | τεταγμενα] προστεταγμενα V   22 τυχοι] τυχη V | V φιλανθρωπιας] pr τησδε της V   23 γηρως V | επικτητους A | και επιφανους πολιτειας] επιφανιας (-νειας Vᵃ) και της πολιας V | θεοκτιστου] pr της V   24 πολλοι των νεων] πολλοις των νεω (sic, sed ν fort evan ad fin lin) A | μεταβεβηναι Λ   25 ακαριαιον] ακαιρεον A ακεραιον V | δι] εις V | κατακτησωμαι] καταστησωμαι V* καταστησομαι Vᵃ   27 διαλλαξας] μεταλλαξας Vᵃ (rescr)   28 υποδειγμα V | ειπως A | ηλθεν] ειλκετο V   29 αγοντων] απαντων V | προς αυτον την μικρω προτερον ευμενειαν δυσμενειαν (η δυσμ. A)] την μ. προτ. προς αυτον ευμ. εις δυσμενειαν απαγοντων V (γοντων rescr) | om την 2⁰ A (hab V) | απονοιαν]+ειναι AV   30 σωμα] pr το V | δια] pr και V   31 τον τροπον τουτον V | νεοις] υιοις V | υποδειγμα V | καταλιπων Vᵃ   VII 1 συλληφθεντας V

ΜΑΚΚΑΒΑΙΩΝ Β VII 2

Α ἀναγκάζεσθαι ὑπὸ τοῦ βασιλέως ἀπὸ τῶν ἀθεμίτων ὑείων κρεῶν ἐφάπτεσθαι, μάστιξιν καὶ νευραῖς αἰκιζομένους. ²εἷς δὲ αὐτῶν γενόμενος προήγορος εἶπεν Μέλλεις ἐρωτᾶν καὶ μανθάνειν ἡμῶν; ἕτοιμοι γὰρ ἀποθνῄσκειν ἐσμὲν ἢ πατρῴους νόμους παραβαίνειν. ³ἔκθυμος δὲ γενόμενος ὁ βασιλεὺς προσέταξεν τήγανα καὶ λέβητας ἐκπυροῦν. ⁴τῶν δὲ παραχρῆμα ἐκπυρωθέντων, τὸν γενόμενον αὐτῶν προήγορον προσέταξεν γλωσσοτομεῖν, καὶ περισκυθίσαντας ἀκρωτηριάζειν, τῶν λοιπῶν ἀδελφῶν καὶ τῆς μητρὸς συνορώντων. ⁵ἄχρηστον δὲ αὐτὸν τοῖς λοιποῖς γενόμενον ἐκέλευσεν τῇ πυρᾷ προσάγειν ἔμπνουν καὶ τηγανίζειν. τῆς δὲ ἀτμίδος ἐφ᾽ ἱκανὸν διδούσης τοῦ τηγάνου ἀλλήλους παρεκάλουν σὺν τῇ μητρὶ γενναίως τελευτᾶν, λέγοντες οὕτως ⁶ Ὁ κύριος ὁ θεὸς ἐφορᾷ, καὶ ταῖς ἀληθείαις ἐφ᾽ ἡμῖν παρακαλεῖται, καθάπερ διὰ τῆς κατὰ πρόσωπον ἀντιμαρτυρούσης ᾠδῆς διεσάφησεν Μωυσῆς, λέγων Καὶ ἐπὶ τοῖς δούλοις αὐτοῦ παρακληθήσεται.

⁷Μεταλλάξαντος δὲ τοῦ πρώτου τὸν τρόπον τοῦτον, τὸν δεύτερον ἦγον ἐπὶ τὸν ἐμπαιγμόν· καὶ τὸ τῆς κεφαλῆς δέρμα σὺν ταῖς θριξὶν περισύροντες ἐπηρώτων Εἰ φάγεσαι πρὸ τοῦ τιμωρηθῆναι κατὰ μέλος τὸ σῶμα; ⁸ὁ δὲ ἀποκριθεὶς τῇ πατρίῳ φωνῇ προσεῖπεν Οὐχί. διόπερ καὶ οὗτος τὴν ἑξῆς ἔλαβεν βάσανον, ὡς ὁ πρῶτος. ⁹ἐν ἐσχάτῃ δὲ πνοῇ γενόμενος εἶπεν Σὺ μέν, ἀλάστωρ, ἐκ τοῦ παρόντος ἡμᾶς ζῆν ἀπολύεις, ὁ δὲ τοῦ κόσμου βασιλεὺς ἀποθανόντας ἡμᾶς ὑπὲρ τῶν αὐτοῦ νόμων εἰς αἰώνιον ἀναβίωσιν ζωῆς ἡμᾶς ἀναστήσει. ¹⁰Μετὰ δὲ τοῦτον ὁ τρίτος ἐνεπαίζετο, καὶ τὴν γλῶσσαν αἰτηθεὶς ταχέως προέβαλλεν καὶ τὰς χεῖρας εὐθαρσέως προέτεινεν· ¹¹καὶ γενναίως εἶπεν Ἐξ οὐρανοῦ ταῦτα κέκληται, καὶ διὰ τοὺς αὐτοῦ νόμους ὑπερορῶ ταῦτα, καὶ παρ᾽ αὐτοῦ ταῦτα πάλιν ἐλπίζω κομίζεσθαι. ¹²ὥστε αὐτὸν τὸν βασιλέα καὶ τοὺς σὺν αὐτῷ ἐκπλήσσεσθαι τὴν τοῦ νεανίσκου ψυχήν, ὡς ἐν

V 1 υιων AV* | μαστιξι V | νευροις V   2 εις] ει A* (s superscr A¹) | ειπεν] ουτως εφη V | μελλεις] pr τι V | ημων] pr παρ V | πατρωους νομους παραβαινειν] παραβ. τους πατριους νομ. V   4 τον γεν.] το γεν. Α | γλωσσοτι|μειν (sic) Α γλωττοτομειν V   5 αχριστον V | λοιποις] ολοις V | εκελευσεν] προσεταξεν V | προσαγειν] προσαγαγειν V | εμπνουν V | διδουσης] διαδουσης V   6 ο κυριος] om ο V | Μωυσης V   7 μεταλλαξαντος] ras 2 vel 3 litt inter ξαν et τος A? | περισυραντες V | φαγεσθαι] φαγεσαι V | επηρωτουν Α | το σωμα κατα μελος V   9 αλαστορ V\ᵃ | αιωνιον]+ ημας Α   10 ταχεως] ευθεως V | προεβαλεν V | ευθαρσως V   11 κεκληται] κεκτημεαι V | κομιζεσθαι] νομισασθαι V   12 εκπλησσεσθαι] καταπλησσεσθαι V | νεανισκου] νεανιον V

ΜΑΚΚΑΒΑΙΩΝ Β VII 25

13 οὐδενὶ τὰς ἀλγηδόνας ἐτίθετο. ¹³Καὶ τούτου δὲ μεταλλά- A
14 ξαντος τὸν τέταρτον ὡσαύτως ἐβασάνιζον αἰκιζόμενοι. ¹⁴καὶ γενόμενος πρὸς τῷ τελευτᾶν οὕτως ἔφη Αἱρετὸν μεταλλάσσοντας ἀπὸ ἀνθρώπων τὰς ὑπὸ τοῦ θεοῦ προσδοκᾶν ἐλπίδας πάλιν ἀναστήσεσθαι
15 ὑπ᾽ αὐτοῦ· σοὶ μὲν γὰρ ἀνάστασις εἰς ζωὴν οὐκ ἔσται. ¹⁵Ἐχο-
16 μένως δὲ τὸν πέμπτον προσάγοντες ᾐκίζοντο. ¹⁶ὁ δὲ πρὸς αὐτὸν ἰδὼν εἶπεν Ἐξουσίαν ἐν ἀνθρώποις ἔχων ὃ θέλεις ποιεῖς, φθαρτὸς ὤν·
17 μὴ δόκει δὲ τὸ γένος ἡμῶν ὑπὸ τοῦ θεοῦ καταλελεῖφθαι. ¹⁷σὺ δὲ καρτέρει, καὶ θεώρει τὸ μεγαλεῖον αὐτοῦ κράτος, ὡς σὲ καὶ τὸ σπέρμα
18 σου βασανιεῖ. ¹⁸Μετὰ δὲ τοῦτον ἦγον τὸν ἕκτον, καὶ μέλλων ἀποθνήσκειν ἔφη Μὴ πλανῶ μᾶλλον, ἡμεῖς γὰρ δι᾽ ἑαυτοὺς ταῦτα πά-
19 σχομεν, ἁμαρτόντες εἰς τὸν ἑαυτῶν θεόν· ἄξια θαυμασμοῦ γέγονεν· ¹⁹σὺ
20 δὲ μὴ νομίσῃς ἀθῷος ἔσεσθαι θεομαχεῖν ἐπιχειρήσας. ²⁰Ὑπερ-
αγόντως δὲ ἡ μήτηρ ἀγαθὴ καὶ μνήμης ἀγαθῆς ἀξία, ἥτις ἀπολλυμένους υἱοὺς ἑπτὰ συνορῶσα μιᾶς ὑπὸ καιρὸν ἡμέρας εὐψύχως ἔφερεν διὰ τὰς
21 ἐπὶ Κύριον ἐλπίδας. ²¹ἕκαστον δὲ τῶν ἀνθρώπων παρεκάλει τῇ πατρίῳ φωνῇ, γενναίῳ πεπληρωμένη φρονήματι καὶ τὸν θῆλυν λο-
22 γισμὸν ἄρσενι θυμῷ διεγείρασα, λέγουσα πρὸς αὐτούς ²²Οὐκ οἶδ᾽ ὅπως εἰς τὴν ἐμὴν ἐφάνητε κοιλίαν, οὐδὲ ἐγὼ τὸ πνεῦμα καὶ τὴν ζωὴν ὑμῖν ἐχαρισάμην, καὶ τὴν ἑκάστου στοιχείωσιν οὐκ ἐγὼ διερύθμισα.
23 ²³τοιγαροῦν ὁ τοῦ κόσμου κτίστης, ὁ πλάσας ἀνθρώπου γένεσιν καὶ πάντων ἐξευρὼν γένεσιν, καὶ τὸ πνεῦμα καὶ τὴν ζωὴν ὑμῖν πάλιν ἀποδίδωσιν μετ᾽ ἐλέους, ὡς νῦν ὑπεροράτε ἑαυτοὺς διὰ τοὺς αὐτοῦ
24 νόμους. ²⁴Ὁ δὲ Ἀντίοχος οἰόμενος καταφρονεῖσθαι καὶ τὴν ὀνειδίζουσαν ὑφορώμενος φωνήν, ἔτι τοῦ νεωτέρου περιόντος, οὐ μόνον διὰ λόγων ἐποιεῖτο τὴν παράκλησιν, ἀλλὰ καὶ δι᾽ ὅρκων ἐπίστου ἅμα πλουτιεῖν καὶ μακαριστὸν ποιήσειν καὶ μεταθέμενον ἀπὸ
25 τῶν πατρίων, καὶ φίλον ἕξειν καὶ χρείας ἐμπιστεύσειν. ²⁵τοῦ δὲ νεανίου μηδαμῶς προσέχοντος, προσκαλεσάμενος ὁ βασιλεὺς τὴν μητέρα παρῄνει γενέσθαι τοῦ μειρακίου σύμβουλον ἐπὶ σωτηρίᾳ.

14 τω τελευταν] το τελ. αυτον V | μεταλασσοντας (sic) V | απο] υπ V | V υπο] παρα V 15 εχομενως δε τον πεμπτον προσαγοντες] ως δε προσαγοντες τον πεμπτον V 16 φθαρτος ων ο θελεις ποιεις V 18 μαλλον] ματην V | πασχωμεν V* | αμαρτανοντες V | εαυτον V* | αξια] αξιο V* αξιοι Vᵃ | γεγονεν] γεγοναμεν V 19 εσεθαι V* (εσεσθαι V¹) 20 υπεραγοντος V | αγαθη] θαυμαστη V 21 των ανθρωπων] αυτων V | πεπληρωμενω A | θηλυ AV | αρσενι] αρρενι V | λεγουσα προς αυτους] και λεγουσα V 22 διερυθνισα (sic) A 24 επιστουτο V | om αμα V | μακαρ.]+αμα V | ποιησεν V* (-σειν V¹) | om και 4° V | πατριων]+νομων V | εμπιστευσαμενος V* (εμπιστευσειν V¹)

681

Λ ²⁶πολλὰ δὲ αὐτοῦ παραινέσαντος, ἐπεδέξατο πείσειν τὸν υἱόν. ²⁷προσκύψασα δὲ αὐτῷ, χλευάσασα τὸν ὠμὸν τύραννον, οὕτως ἔφησεν τῇ πατρίῳ φωνῇ Υἱέ, ἐλέησόν με τὴν ἐν γαστρὶ περιενέγκασάν σε μῆνας ἐννέα, καὶ θηλάσασάν σε ἔτη τρία, καὶ ἐκθρέψασάν σε καὶ ἀγαγοῦσαν εἰς τὴν ἡλικίαν ταύτην καὶ τροφοφορήσασαν. ²⁸ἀξιῶ σε, τέκνον, ἀναβλέψαντα εἰς τὸν οὐρανὸν καὶ τὴν γῆν καὶ τὰ ἐν αὐτοῖς πάντα ἰδόντα γνῶναι, ὅτι οὐκ ἐξ ὄντων ἐποίησεν αὐτὰ ὁ θεός, καὶ τὸ τῶν ἀνθρώπων γένος οὕτω γίνεται. ²⁹μὴ φοβηθῇς τὸν δήμιον τοῦτον, ἀλλὰ τῶν ἀδελφῶν σου ἄξιος γενόμενος ἐπίδεξαι τὸν θάνατον, ἵνα ἐν τῷ ἐλέει σὺν τοῖς ἀδελφοῖς σου κομίσωμαί σε. ³⁰Ἔτι δὲ ταύτης καταληγούσης ὁ νεανίας εἶπεν Τίνα μένετε; οὐχ ὑπακούω τοῦ προστάγματος τοῦ βασιλέως· τοῦ δὲ προστάγματος ἀκούω τοῦ νόμου τοῦ δοθέντος τοῖς πατράσιν ἡμῶν διὰ Μωσῆ. ³¹σὺ δὲ πάσης κακίας εὑρετὴς γενόμενος εἰς τοὺς Ἐβραίους οὐ μὴ διαφύγῃς τὰς χεῖρας τοῦ θεοῦ. ³²ἡμεῖς γὰρ διὰ τὰς ἑαυτῶν ἁμαρτίας πάσχομεν· ³³εἰ δὲ χάριν ἐπιπλήξεως καὶ παιδίας ὁ ζῶν κύριος ἡμῶν βραχέως ἐπώργισται, καὶ πάλιν καταλλαγήσεται τοῖς ἑαυτοῦ δούλοις. ³⁴σὺ δέ, ὦ ἀνόσιε καὶ πάντων ἀνθρώπων μιαρώτατε, μὴ μάτην μετεωρίζου φρυττόμενος ἀδήλοις ἐλπίσιν, ἐπὶ τοὺς οὐρανίους παῖδας ἐπαράμενος χεῖρα· ³⁵οὔπω γὰρ τὴν τοῦ παντοκράτορος ἐπόπτου θεοῦ κρίσιν ἐκπέφευγας. ³⁶οἱ μὲν γὰρ νῦν ἡμέτεροι ἀδελφοὶ βραχὺν ἐπενέγκαντες πόνον ἀενάου ζωῆς ὑπὸ διαθήκην θεοῦ πεπτώκασιν· σὺ δὲ τῇ τοῦ θεοῦ κρίσει δίκαια τὰ πρόστιμα τῆς ὑπερηφανίας ἀποίσῃ. ³⁷ἐγὼ δὲ καθάπερ οἱ ἀδελφοὶ καὶ σῶμα καὶ τύχην προδίδωμι περὶ τῶν πατρίων νόμων, ἐπικαλούμενοι τὸν θεὸν ἵλεων ταχὺ τῷ ἔθνει γενέσθαι, καὶ σὲ μετὰ ἐτασμῶν καὶ μαστίγων ἐξομολογήσασθαι διότι μόνος αὐτὸς θεός ἐστιν· ³⁸ἐν ἐμοὶ δὲ καὶ τοῖς ἀδελφοῖς μου στῆσαι τὴν τοῦ παντοκράτορος ὀργὴν τὴν ἐπὶ τὸ σύμπαν ἡμῶν γένος δικαίως ἐπημμέ-

V 26 δε] δ V | παραινησαντος A   27 χλευασασα (χλευγασ. V* χλευασ. Vᵃ)] pr και V | ωμοτυραννον V* (ωμον τ. Vᵃ) | εφη V | τη πατριω] πατρωα V | γαστρι] pr τη V | εννεα] ενεα V* | σετη V* (σε ετη Vᵃ) | om και εκθρεψασαν σε V | τροφοφορησασαν]+σε V   28 αυτως V   29 φοβηθης] φοβηθηναι V | αλλα] αλα (sic) V | σου αξιος γενομενος επιδεξαι] αξιον γενομενον επιδεξασθαι V | κομισωμαι] κομισαιμε A   30 καταληγουσης] καταληγηγουσης (sic) A | νεανισκος V | υπακουω] ενακουω V | Μωση] Μωσην A Μωυσεως V   33 παιδειας Vᵃ | παρωργισται V   34 om ανθρωπων V | φρυττομενος] φρυαττομενος V | επαιρομενος V | χειρας V   35 ουπω] pr ημεις γαρ δια τας εαυτων αμαρτιας πασχομεν V   36 om μεν V | υπενεγκαντες V | αεννναου V | πεπωκασιν coniec Hort | αποισει V   37 αδελφοι]+μου V | τυχην] ψυχην V | επικαλουμενος V | ιλεως A | om και σε...εξομολογησασθαι V   38 στησαι] στηναι V | το συμπαν] του συμπ. A | επηγμενην V

ΜΑΚΚΑΒΑΙΩΝ Β VIII 9

39 νην. ³⁹ἔκθυμος δὲ γενόμενος ὁ βασιλεὺς τούτῳ παρὰ τοὺς ἄλλους Α
40 χειρίστως ἀπήντησεν, πικρῶς φέρων ἐπὶ τῷ μυκτηρισμῷ. ⁴⁰καὶ οὗτος
41 οὖν καθαρῶς μετήλλαξεν, παντελῶς ἐπὶ τῷ κυρίῳ πεποιθώς. ⁴¹ἐσχάτη
42 δὲ τῶν υἱῶν ἡ μήτηρ ἐτελεύτησεν. ⁴²Τὰ μὲν οὖν περὶ τοὺς σπλαγχνισμοὺς καὶ τὰς ὑπερβαλλούσας αἰκίας ἐπὶ τοσοῦτον δεδηλώσθω.

VIII 1 ¹Ἰούδας δὲ ὁ καὶ Μακκαβαῖος καὶ οἱ σὺν αὐτῷ παρεισπορευόμενοι λεληθότως εἰς τὰς κώμας προσεκαλοῦντο τοὺς συγγενεῖς, καὶ τοὺς μεμενηκότας ἐν τῷ Ἰουδαισμῷ προσλαμβανόμενοι συνήγαγον εἰς ἑξακι-
2 σχιλίους. ²καὶ ἐπεκαλοῦντο τὸν κύριον ἐφιδεῖν τὸν ὑπὸ πάντων καταπονούμενον λαόν, οἰκτεῖραι δὲ καὶ τὸν ναὸν τὸν ὑπὸ τῶν ἀσεβῶν
3 ἀνθρώπων βεβηλωθέντα· ³ἐλεῆσαι δὲ καὶ τὴν καταφθειρομένην πόλιν καὶ μέλλουσαν ἰσόπεδον γίνεσθαι, καὶ τῶν καταβοώντων πρὸς
4 αὐτὸν αἱμάτων εἰσακοῦσαι· ⁴καὶ μνησθῆναι δὲ καὶ τῆς τῶν ἀναμαρτήτων νηπίων παρανόμου ἀπωλίας, καὶ περὶ τῶν γενομένων εἰς τὸ
5 ὄνομα αὐτοῦ βλασφημιῶν, καὶ μισοπονηρῆσαι. ⁵γενόμενος δὲ ὁ Μακκαβαῖος ἐν συστέματι, ἀνυπόστατος ἤδη τοῖς ἔθνεσιν ἐγίνετο, τῆς
6 ὀργῆς τοῦ κυρίου εἰς ἔλεόν τραπείσης. ⁶πόλεις δὲ καὶ χώρας ἀπροσδοκήτως ἐρχόμενος ἐνεπίμπρα· καὶ τοὺς ἐπικαίρους τόπους ἀπολαμ-
7 βάνων, οὐκ ὀλίγους τῶν πολεμίων τροπούμενος, ⁷μάλιστα τὰς νύκτας πρὸς τὰς τοιαύτας ἐπιβολὰς συνεργοὺς ἐλάμβανεν· καὶ λαλιὰ τῆς
8 εὐανδρείας αὐτοῦ διηγεῖτο πανταχῇ. ⁸Συνορῶν δὲ ὁ Φίλιππος κατὰ μικρὸν εἰς προκοπὴν ἐρχόμενον τὸν ἄνδρα, πυκνότερον δὲ ἐν ταῖς εὐημερίαις προβαίνοντα, πρὸς Πτολεμαῖον τὸν Κοίλης Συρίας καὶ Φοινίκης στρατηγὸν ἔγραψεν ἐπιβοηθεῖν τοῖς τοῦ βασιλέως πράγμασιν.
9 ⁹ὁ δὲ ταχέως προχειρισάμενος Νικάνορα τὸν τοῦ Πατρόκλου, τῶν πρώτων φίλων, ἀπέστειλεν, ὑποτάξας παμφύλων ἔθνη οὐκ ἐλάττους τῶν δισμυρίων, τὸ πᾶν τῆς Ἰουδαίας ἐξᾶραι γένος· συνέστησαν δὲ

40 ουτος] ουτως V* | καθαρος V   VIII 1 om και 1° V   2 κυριον] V θεον V | καταπονουμενον] καταπατουμενον V | των ασεβων] om των V 3 om και των...επακουσαι V | καταβοουντων A   4 om και 1° V | αναμαρτητων] αμαρτητων A αμαρτημων V* αναμαρτ. V^I(vid) | απωλειας V^a | γινομενων V | εις]+τε V | om και 4° V   5 ο Μακκαβαιος εν συστεματι] εν συστηματι ο Μακκ. V | τραπισιν A   6 πολις A | χωρας] κωμας V | ερχομενος] επερχομενος V | ενεπιπρα | ουκ ολιγους...τροπουμενος] ουχ (ουκ V^a) ολιγων δε πτοματων (πτωμ. V^a) των πολεμιων εποιειτο πληθη V 7 μαλιστα]+δε V | επιβουλας V | λαλιαν A | διηχειτο] διεχειτο V | πανταχου V   8 δε 1°] δ V | ερχομενος A | om εν V   9 των 1°] τον V* (των V¹) | παμφυλων εθνη] οχλου παμφιλου V | παν] συμπαν V | συνεστησα A συνεστησε V

Α αὐτῷ καὶ Γοργίαν ἄνδρα στρατηγὸν καὶ εὖ πολεμικαῖς χρείαις ἔχοντα πεῖραν. ¹⁰διεστήσατο δὲ ὁ Νικάνωρ τὸν φόρον τῷ βασιλεῖ τοῖς 10 Ῥωμαίοις, ὄντα ταλάντων δισχιλίων, ἐκ τῆς τῶν Ἰουδαίων αἰχμαλωσίας ἐκπληρώσειν. ¹¹εὐθέως δὲ εἰς τὰς παραθαλασσίους πόλεις 11 ἀπέστειλεν προκαλούμενος ἐπ᾽ ἀγορασμὸν Ἰουδαίων σωμάτων, ὑπισχνούμενος ἐνενήκοντα σώματα ταλάντου παραχωρήσειν· οὐ προσδεχόμενος τὴν παρὰ τοῦ παντοκράτορος μέλλουσαν παρακολουθοῦσαν αὐτῷ δίκην. ¹²τῷ δὲ Ἰούδᾳ προσέπεσεν περὶ τῆς τοῦ 12 Νικάνορος ἐφόδου· καὶ μεταδόντος τοῖς σὺν αὐτῷ τὴν παρουσίαν τοῦ στρατοπέδου, ¹³οἱ δειλανδροῦντες καὶ ἀπιστοῦντες τὴν τοῦ θεοῦ 13 δίκην διεδίδρασκον ἑαυτοὺς καὶ ἐξετόπιζον· ¹⁴οἱ δὲ τὰ περιλελιμμένα 14 πάντα ἐπώλουν, ὁμοῦ δὲ τὸν κύριον ἠξίουν ῥύσασθαι τοὺς ὑπὸ τοῦ δυσσεβοῦς Νικάνορος πρὶν συντυχεῖν πεπραμένους· ¹⁵καὶ εἰ μὴ 15 δι᾽ αὐτούς, ἀλλὰ διὰ τὰς πρὸς τοὺς πατέρας αὐτῶν διαθήκας, καὶ ἕνεκα τῆς ἐπ᾽ αὐτοὺς ἐπικλήσεως τοῦ σεμνοῦ καὶ μεγαλοπρεποῦς ὀνόματος αὐτοῦ. ¹⁶Συναγαγὼν δὲ ὁ Μακκαβαῖος τοὺς περὶ αὐτὸν 16 ὄντας ἀριθμὸν ἑξακισχιλίους παρεκάλει μὴ καταπλαγῆναι τοῖς δεσμίοις μηδὲ εὐλαβεῖσθαι τὴν τῶν ἀδίκως παραγενομένων ἐπ᾽ αὐτοὺς ἐθνῶν πολυπληθείαν, ἀγωνίσασθαι δὲ γενναίως, ¹⁷πρὸ ὀφθαλμῶν λαβόντας 17 τὴν ἀνόμως εἰς τὸν ἅγιον τόπον συντετελεσμένην ὑπ᾽ αὐτῶν ὕβριν καὶ τὸν τῆς ἐμπεπαιγμένης πόλεως αἰκισμόν, ἔτι δὲ τὴν τῆς προγονικῆς πολιτείας κατάλυσιν. ¹⁸οἱ μὲν γὰρ ὅπλοις πεποίθασιν ἅμα καὶ 18 τόλμαις, ἔφησεν, ἡμεῖς δὲ ἐπὶ τῷ παντοκράτορι θεῷ, δυναμένῳ καὶ τοὺς ἐρχομένους ἐφ᾽ ἡμᾶς καὶ τὸν ὅλον κόσμον ἑνὶ νεύματι καταβαλεῖν, πεποίθαμεν. ¹⁹προσαναλεξάμενος δὲ αὐτοῖς καὶ τὰς ἐπὶ τῶν προ- 19 γόνων γενομένας ἀντιλήμψεις, καὶ τὴν ἐπὶ Σενναχηρείμ, ἑκατὸν ὀγδοήκοντα πέντε χιλιάδες ὡς ἀπώλοντο, ²⁰καὶ τὴν ἐν τῇ Βαβυλωνίᾳ 20 τὴν πρὸς τοὺς Γαλάτας παράταξιν γενομένην, ὡς οἱ πάντες ἐπὶ τὴν χρείαν ἦλθον ὀκτακισχίλιοι σὺν Μακεδόσιν τετρακισχιλίοις, τῶν

V 9 ευ] εν V | πειραν εχοντα V   11 προκαλουμενος] προσκαλ. V | Ιουδαικων V | σωματα ταλαντου] σωματα|λαντου Α | παρακολουθουσαν] παρακολουθησειν V   12 περι] pr των V   13 οι δειλ.] οι δε δειλ. V   14 περιλελειμμ. Vᵃ | ηξιον (sic) Α   15 δι αυτους] incep δι αυτοι V* (δι αυτους V¹) | διαθηκας] συνθηκας V | ενεκεν V | αυτους 2°] αυτου Α   16 αριθμον] pr τον V | παρεκαλη V* | τοις δεσμιοις] τους πολεμους V | παραγινομενων V | πολυπληθιαν Vᵃ   17 ανομως] των ανομων V | εμπεπεγμενης (-πειμεν. Aᶠᵒʳᵗ) Α εμπεπαγμ. V* (-παιγμ. V¹) | πολιτειας V   18 πεποιθοσιν Α | εφησαν Α | καταλαβειν] καταβαλειν V   19 γενομενας] γεγονυιας V | αντιληψεις V | Σεναχηρειμ V* (-χειρ. Vᵃ) | εκατον] pr των V | χιλιαδες ως απωλοντο] χιλιαδων απωλειαν V   20 τη Βαβ.] om τη V | οκτακισχιλιους V

ΜΑΚΚΑΒΑΙΩΝ Β VIII 31

Μακεδόνων ἀπορουμένων, οἱ ἑξακισχίλιοι τὰς δώδεκα μυριάδας ἀπώ- A
λεσαν διὰ τὴν γινομένην αὐτοῖς ἀπ' οὐρανοῦ βοήθειαν, καὶ ὠφέλειαν
21 πολλὴν ἔλαβον. ²¹ἐφ' οἷς εὐθαρσεῖς αὐτοὺς παραστήσας καὶ ἑτοίμους
ὑπὲρ τῶν νόμων καὶ τῆς πατρίδος ἀποθνήσκειν τετραμερές τι ἐποίη-
22 σεν τὸ στράτευμα· ²²τάξας ἀδελφοὺς αὐτοῦ προηγουμένους ἑκατέρας
τάξεως, Σίμωνα καὶ Ἰώσηπον καὶ Ἰωνάθην, ὑποτάξας ἑκάστῳ χιλίους
23 πρὸς τοῖς πεντακοσίοις, ²³ἔτι δὲ καὶ Ἐλεάζαρον· παραναγνοὺς τὴν
ἱερὰν βίβλον, καὶ δοὺς σύνθημα θεογ Βοηθείαc, τῆς πρώτης σπείρης
24 αὐτὸς προηγούμενος συνέβαλε τῷ Νικάνορι. ²⁴γενομένου δὲ αὐτοῖς
τοῦ παντοκράτορος συμμάχου κατέσφαξαν τῶν πολεμίων ὑπὲρ τοὺς
ἐννακισχιλίους, τραυματίας δὲ καὶ τοῖς μέλεσιν ἀναπήρους τὸ πλεῖον
μέρος τῆς τοῦ Νικάνορος στρατείας, πάντας δὲ φεύγειν ἠνάγκασαν.
25 ²⁵τὰ δὲ χρήματα τῶν παραγενομένων ἐπὶ τὸν ἀγορασμὸν αὐτῶν ἔλα-
βον. συνδιώξαντες δὲ αὐτοὺς ἐφ' ἱκανὸν ἀνέλυσαν ἀπὸ τῆς χώρας
26 συνκλειόμενοι· ²⁶ἦν γὰρ ἡ πρὸ τοῦ σαββάτου δίκη, δι' ἣν αἰτίαν οὐκ ἐ-
27 μακροτόνησαν καταπρέχοντες αὐτούς. ²⁷ὁπλολογήσαντες δὲ αὐτοὺς
καὶ τὰ σκῦλα ἐκδύσαντες τῶν πολεμίων περὶ τὸ σάββατον ἐγίνοντο,
περισσῶς εὐλογοῦντες καὶ ἐξομολογούμενοι τῷ κυρίῳ τῷ διασώσαντι
28 εἰς τὴν ἡμέραν ταύτην, ἀρχὴν ἐλέους τάξαντος αὐτοῖς. ²⁸μετὰ δὲ τὸ
σάββατον τοῖς ἠκισμένοις καὶ ταῖς χήραις καὶ τοῖς ὀρφανοῖς μερίσαντες
29 ἀπὸ τῶν σκύλων, τὰ λοιπὰ αὐτοὶ καὶ τὰ παιδία διεμερίσαντο. ²⁹ταῦτα
δὲ διαπραξάμενοι, καὶ κοινὴν ἱκετίαν ποιησάμενοι, τὸν ἐλεήμονα
30 κύριον ἠξίουν εἰς τέλος καταλλαγῆναι τοῖς αὐτοῦ δούλοις. ³⁰Καὶ
τοῖς περὶ Τιμόθεον καὶ Βακχίδην συνερείσαντες ὑπὲρ τοὺς δισμυ-
ρίους αὐτῶν ἀνεῖλον, καὶ ὀχυρωμάτων ὑψηλῶν εὖ μάλα ἐνκρατεῖς
ἐγένοντο, καὶ λάφυρα πλείονος ἐμέρισαντο, ἰσομοίρους αὐτοὺς καὶ
τοῖς ἠκισμένοις καὶ ὀρφανοῖς καὶ χήραις ἔτι δὲ καὶ πρεσβυτέροις
31 ποιήσαντες. ³¹ὁπλολογήσαντες δὲ αὐτοὺς ἐπιμελῶς πάντα συνέ-

20 μυριαδας] χειλιαδας A* fort (μυρ sup ras A¹) | ωφελιαν V* (-λειαν Vᵃ) V
21 ευθαρσις A | παραστησας] ποιησας V | τι] δε V | το στρατευμα εποιησεν V
22 ταξας]+δε V | αδελφους] pr τους V | εκατερας]+δε V | Ιωσηφον V | Ιω-
ναθαν V   23 συνθεμα V | προηγουμενος] αφηγουμενος V   24 αναπει-
ρους AV | πλειον] πλειστον V | της του Νικ.] om της V | στρατειας (-τιας
V)]+εποιησαν V | om παντας V | δε φευγειν] φευγει͞ι τε V | ηνηγκασεν (sic)
A   25 παραγενομενων] παραγεγονοτων V | απυ] ιπο V | χωρας] ωρας
V | συνκλεομενοι A συγκλειομ. V   26 om δικη V   28 ταις χηραις]
om ταις V | τοις ορφ.] om τοις V | om και τα παιδια V | διεμερισαντο] εμε-
ρισαντο V   29 ικετειαν Vᵃ | καταλλαγηναι] διαλλαγηναι V   30 τοις
περι] οι π. V | Βαχιδην V* (sup χ superscr κα Vᵃ) | συνερισ. AV | οχυρω-
ματων] το οχυρωμα των A | εγκρατεις V | πλειονα V | αυτοις AV (αὑτ. V)
31 αυτους] εαυτους V

Α θηκαν εἰς τοὺς ἐπικαίρους τόπους, τὰ δὲ λοιπὰ τῶν σκύλων ἤνεγκαν εἰς Ἱεροσόλυμα· ³²τὸν δὲ φυλάρχην τῶν περὶ Τιμόθεον ἀνεῖλον, 32 ἀνοσιώτατον ἄνδρα καὶ πολλὰ τοὺς Ἰουδαίους ἐπιλελυπηκότα. ³³ἐπινίκια δὲ ἄγοντες ἐν τῇ πατρίδι τοὺς ἐμπρήσαντας τοὺς 33 ἱεροὺς πυλῶνας καὶ Καλλισθένην ὑφῆψαν εἰς ἐνοίκιον πεφευγότα· καὶ τὸν ἄξιον τῆς δυσσεβείας ἐκομίσατο μισθόν. ³⁴ὁ δὲ τρισαλι- 34 τήριος Νικάνωρ, ὁ τρισχιλίους ἐμπόρους ἐπὶ τὴν πρᾶσιν τῶν Ἰουδαίων ἀγαγών, ³⁵ταπεινωθεὶς ὑπὸ τῶν καθ᾽ αὑτὸν νομιζομένων 35 ἐλαχίστων εἶναι, τῇ τοῦ κυρίου βοηθείᾳ, τὴν δοξικὴν ἀποθέμενος ἐσθῆτα, διὰ τῆς μεσογείου, δραπέτου τρόπον ἔρημον ἑαυτὸν ποιήσας, ἧκεν εἰς Ἀντιόχειαν, ὑπὲρ ἅπαν εὐημερηκὼς ἐπὶ τῇ τοῦ στρατοῦ διαφθορᾷ. ³⁶καὶ ὁ τοῖς Ῥωμαίοις ἀναδεξάμενος φόρον ἀπὸ τῆς τῶν 36 ἐν Ἱεροσολύμοις αἰχμαλωσίας κατορθώσασθαι, κατήγγελλεν ὑπέρμαχον ἔχειν τοὺς Ἰουδαίους, καὶ διὰ τὸν τρόπον τοῦτον ἀτρώτους εἶναι τοὺς Ἰουδαίους, διὰ τὸ ἀκολουθεῖν τοῖς ἑαυτοῦ προστεταγμένοις νόμοις.

¹Περὶ δὲ τὸν καιρὸν ἐκεῖνον ἐτύγχανεν Ἀντίοχος ἀναλελυκὼς 1 IX ἀκόσμως ἐκ τῶν περὶ τὴν Περσίδα τόπων. ²εἰσεληλύθει γὰρ εἰς τὴν 2 λεγομένην Περσέπολιν, καὶ ἐπεχείρησεν ἱεροσυλεῖν καὶ τὴν πόλιν συνέχειν· διὸ δὴ τῶν πληθῶν ὁρμησάντων, ἐπὶ τὴν τῶν ὅπλων βοήθειαν ἐτράπησαν· καὶ συνέβη τροπωθέντα τὸν Ἀντίοχον ὑπὸ τῶν ἐγχωρίων ἀσχήμονα τὴν ἀναζυγὴν ποιήσασθαι. ³ὄντι δὲ αὐτῷ 3 κατ᾽ Ἐκβάτανα προσέπεσεν τὰ κατὰ Νικάνορα καὶ τοὺς περὶ Τιμόθεον γεγονότα. ⁴ἐπαρθεὶς δὲ τῷ θυμῷ ᾤετο καὶ τῶν πεφυγα- 4 δευκότων αὐτὸν κακίαν εἰς τοὺς Ἰουδαίους ἐναπερείσασθαι· διὸ συνέταξεν τὸν ἁρματηλάτην ἀδιαλείπτως ἐλαύνοντα καταλύειν τὴν πορίαν, τῆς ἐξ οὐρανοῦ δὴ κρίσεως συνούσης αὐτῷ· οὕτως γὰρ ὑπερηφάνως εἶπεν Πολυάνδριον Ἰουδαίων Ἱεροσόλυμα ποιήσω, παραγενόμενος ἐκεῖ. ⁵ὁ δὲ παντεπόπτης κύριος ὁ θεὸς τοῦ Ἰσραὴλ 5 ἐπάταξεν αὐτὸν ἀνιάτῳ καὶ ἀοράτῳ πληγῇ· ἄρτι δὲ αὐτοῦ κατα-

V   32 των περι] τον π. V   33 αγοντας A | ιερεις A | om και 1° AV | υφηψαν εις ενοικιον] υφ. εις ενοικειον (? εν οικ.) A υφηψαν (υψηφ. V* υφηψ. V¹ᵛⁱᵈ) εις ενοικιδιον (? εν οικ.) V | εκομισατο (εκομισσ. A*ᵛⁱᵈ ras 1 lit post ι A¹)] εκομησαντο V*   34 τρισχιλιους] τους χιλιους V   35 καθ] κατ V | κυριου] θεον V | δραπετου τροπον] τραπετου τοπον· A | διαφθρα A* (o superscr A¹)   36 κατορθωσασθαι] διορθωσασθαι V | εχειν]+τον θεον V | εαυτου] υπ αυτου V   IX 1 ακοσμος V   2 Περσεπολειν A Περσιπολιν V   3 τα κατα] τακτὰ (sic) V   4 των πεφυγαδ.] pr την V | κακειαν A | τον] τους V* (τον V¹) | καταλυειν] καταλυει V* (-ειν V¹) | πορειαν Vᵃ | δη] ηδη V   5 παντεποπτης] π 3° ex ττ fec vid A? πανεποπτης V

λήξαντος τὸν λόγον, ἔλαβεν αὐτὸν ἀνήκεστος τῶν σπλάγχνων A
6 ἀλγηδὼν καὶ πικραὶ τῶν ἔνδον βάσανοι, ⁶πάνυ δικαίως, τὸν πολλαῖς
7 καὶ ξενιζούσαις συμφοραῖς ἑτέρων σπλάγχνα βασανίσαντα. ⁷ὁ
δ' οὐδαμῶς τῆς ἀγερωχίας ἔληγεν, ἔτι δὲ καὶ τῆς ὑπερηφανίας ἐπεπλήρωτο, πῦρ πνέων τοῖς θυμοῖς ἐπὶ τοὺς Ἰουδαίους, καὶ κελεύων
ἐποξύνειν τὴν πορίαν· συνέβη δὲ καὶ πεσεῖν αὐτὸν ἀπὸ τοῦ
ἅρματος φερομένου ῥοίζῳ, καὶ δυσχερεῖ πτώματι περιπεσόντα πάντα
8 τὰ μέλη τοῦ σώματος ἀποστρεβλοῦσθαι. ⁸ὁ δ' ἀντιδοκῶν τοῖς τῆς
θαλάσσης κύμασιν διὰ τὴν ὑπὲρ ἀνθρώπων ὑπερηφανίαν, καὶ
πλάστιγγι τῶν ὀρέων οἰόμενος ὕψη στήσειν, κατὰ γῆν γενόμενος ἐν
φορίῳ παρεκομίζετο, φανερὰν τοῦ θεοῦ πᾶσιν τὴν δύναμιν ἐνδει9 κνύμενος· ⁹ὥστε καὶ ἐκ τοῦ σώματος τοῦ δυσσεβοῦς σκώληκας
ἀναζεῖν, καὶ ζῶντος ἐν ὀδύναις καὶ ἀλγηδόσιν τὰς σάρκας αὐτοῦ
διαπίπτειν, ὑπὸ δὲ τῆς ὀσμῆς αὐτοῦ πᾶν τὸ στρατόπεδον βαρύνεσθαι
10 τὴν σαπρίαν. ¹⁰καὶ τὸν μικρῷ πρότερον τῶν οὐρανίων ἄστρων
ἅπτεσθαι δοκοῦντα, παρακομίζειν οὐδεὶς ἐδύνατο, διὰ τὸ τῆς ὀσμῆς
11 ἀφόρητον βάρος. ¹¹ἐνταῦθα οὖν ἤρξατο τὸ πολὺ τῆς ὑπερηφανίας
λήγειν τεθραυσμένος, καὶ εἰς ἐπίγνωσιν ἔρχεσθαι θείᾳ μάστιγι,
12 κατὰ στιγμὴν ἐπιτεινόμενος ταῖς ἀλγηδόσιν. ¹²καὶ μηδὲ τῆς ὀσμῆς
αὐτοῦ ἀνέχεσθαι δυνάμενος, ταῦτ' ἔφη Δίκαιον ὑποτάσσεσθαι τῷ
13 θεῷ, καὶ μὴ θνητὸν ὄντα ὑπερήφανα φρονεῖν. ¹³ηὔχετο δὲ ὁ
μιερὸς πρὸς τὸν οὐκέτι αὐτὸν ἐλεήσοντα δεσπότην, οὕτως λέγων·
14 ¹⁴τὴν μὲν ἁγίαν πόλιν, ἣν σπεύδων παρεγίνετο ἰσόπεδον ποιῆσαι καὶ
15 πολυάνδριον οἰκοδομῆσαι, ἐλευθέραν ἀναδεῖξαι· ¹⁵τοὺς δὲ Ἰουδαίους,
ὡς διεγνώκει μηδὲ ταφῆς ἀξιῶσαι, οἰωνοβρώτους σὺν τοῖς νηπίοις
16 ἐκτρίψαι θηρίοις, πάντας αὐτοὺς ἴσους Ἀθηναίοις ποιήσειν· ¹⁶ὃν
δὲ πρότερον ἐσκύλευσεν ἅγιον νεὼ καλλίστοις ἀναθήμασιν κοσμήσειν,
καὶ τὰ ἱερὰ σκεύη πολυπλάσια πάντα ἀποδώσειν, τὰς δὲ ἐπιβαλλούσας πρὸς τὰς θυσίας συντάξεις ἐκ τῶν ἰδίων προσόδων χορηγήσειν·

5 βασανοι] βα superscr A¹   7 δ] δε V | αγερωχειας V | υπερηφανειας A | V
πορειαν Vᵃ | φερομενω V* (φερομ. Vᵃ) | δυσχερη A   8 δ' αντιδοκων] δε
αρτι δοκων V | κυμασιν]+επιτασσειν V | ανθρωπων υπερηφανιαν] ανοῦ αλαζονιαν V | των ορεων] τα των ορ. μειζονα V | om οιομενος V | υψι A | γινομενος
V | ενδεικνυμενος (-δειγν. A)] ενδεικνυοντος V   9 του σωματος] των του
σωμ. οφθαλμων V   11 ληγειν] λεγεῖ A | τεθραυσμενος] υποτεθραυσμ. V
12 δυναμενος ανεχεσθαι V | υπερηφανα] ισοθεα V   13 δε] ουν V | μιαρος
V | om προς V   14 παρεγινετο] παραγινομενος V | ελευθεραν]+αυτην V
15 ως] ους V | διεγνωκεῖ V | αξιωσειν V | οιωνοβρωτους]+δε V | εκτριψαι]
εκριψειν V   16 αγιον· A | νεων V | καλλιστοις] καλλει τοις (sic) A

A ¹⁷πρὸς δὲ τούτοις καὶ Ἰουδαῖος ἔσεσθαι, καὶ πάντα τόπον οἰκητὸν 17 ἐπελεύσεσθαι καταγγέλλοντα τὸ τοῦ θεοῦ κράτος. ¹⁸οὐδαμῶς δὲ 18 ληγόντων τῶν πόνων, ἐπεληλύθει γὰρ ἐπ' αὐτὸν δικαία ἡ τοῦ θεοῦ κρίσις, τὰ κατ' αὐτὸν ἀπελπίσας ἔγραψεν πρὸς τοὺς Ἰουδαίους τὴν ὑπογεγραμμένην ἐπιστολήν, ἔχουσαν ἱκετηρίας τάξιν, περιέχουσαν δὲ οὕτως ¹⁹Τοῖς χρηστοῖς Ἰουδαίοις τοῖς πολίταις πολλὰ χαίρειν 19 καὶ ὑγιαίνειν καὶ εὖ πράττειν βασιλεὺς Ἀντίοχος καὶ στρατηγός· ²⁰ἔρρωσθε, καὶ τὰ τέκνα· καὶ τὰ ἴδια κατὰ γνώμην ἔσται ὑμῖν. εἰς 20 οὐρανὸν τὴν ἐλπίδα ἔχων, ²¹ὑμῶν τὴν τιμὴν καὶ τὴν εὔνοιαν ἐμνη- 21 μόνευον φιλοστόργως· ἐπαναγαγὼν ἐκ τῶν κατὰ τὴν Περσίδα τόπων, καὶ περιπεσὼν ἀσθενείᾳ δυσχερίαν ἐχούσῃ, ἀναγκαῖον ἡγησάμην φροντίσαι τῆς κοινῆς πάντων ὑμῶν ἀσφαλείας· ²²οὐκ ἀπογινώσκων τὰ 22 κατ' ἐμαυτόν, ἀλλὰ ἔχων πολλὴν ἐλπίδα ἐκφεύξεσθαι τὴν ἀσθένειαν. ²³θεωρῶν δὲ ὅτι καὶ ὁ πατήρ, καθ' οὓς καιροὺς εἰς τοὺς ἄνω τόπους 23 ἐστρατοπέδευσεν, ἀνέδειξεν τὸν διαδεξάμενον, ²⁴ὅπως ἐάν τι παρά- 24 δοξον ἀποβαίη καὶ προσαπέλθῃ τι δυσχερές, εἰδότες οἱ κατὰ τὴν χώραν ᾧ καταλέλειπται τὰ πράγματα, μὴ ἐπιταράσσωνται· ²⁵πρὸς 25 δὲ τούτοις κατανοῶν τοὺς παρακειμένους δυνάστας καὶ γειτνιῶντας τῆς βασιλείας τοῖς καιροῖς ἐπέχοντας καὶ προσδοκῶντας τὸ ἀποβησό-μενον, ἀναδέδειχα τὸν υἱὸν Ἀντίοχον βασιλέα, ὃν πολλάκις ἀνα-τρέχων εἰς τὰς ἐπάνω σατραπείας τοῖς πλείστοις ὑμῶν παρεκατε-τιθέμην καὶ συνίστων· γέγραφα δὲ πρὸς αὐτὸν τὰ ὑπογεγραμμένα. ²⁶παρακαλῶ οὖν ὑμᾶς καὶ ἀξιῶ, μεμνημένους τῶν εὐεργεσιῶν κοινῇ 26 καὶ κατ' ἰδίαν, ἕκαστον συντηρεῖν τὴν οὖσαν εὔνοιαν εἰς ἐμὲ καὶ τὸν υἱόν· ²⁷πέπεισμαι γὰρ αὐτὸν ἐπιεικῶς καὶ φιλανθρώπως συσταθέντα 27 τῇ ἐμῇ προαιρέσει συνπεριενεχθήσεσθαι ὑμῖν.

²⁸Ὁ μὲν οὖν ἀνδροφόνος καὶ βλάσφημος τὰ χείριστα παθών, 28 ὡς ἑτέρους διέθηκεν, ἐπὶ ξένης ἐν τοῖς ὄρεσιν οἰκίστῳ μόρῳ κατέ-

V 17 Ιουδαιον V | επελευσασθαι A | καταγγελλοντας A   18 τα κατ αυτον] τα δε κατ αυτων (αυτον Vᵃ) V | ικετηριας ταξιν εχουσαν V | om περιεχουσαν V   19 ευ πραττειν] διευτυχειν V | Αντιοχος και στρατηγος] και στρατ. Αντ. V   20 ερρωσθαι AV* (-σθε Vᵃ) | εσται] εστιν V   21 την τιμην] om την V | επαναγων V | δυσχερειαν Vᵃ | om υμων 2° V | ασφαλειας (-λιας V*)]+την εις ουνου ελπιδα εχοντων υμων V   22 αλλα] αλλ V | εκφευξασθαι V   23 εστρατοπαιδευεν V* (-πεδευεν Vᵃ) | διαδεξαμενον] διαλεξομενον V   24 αποβαινει V -νη Vᵃ | και προσαπελθη τι δυσχερες] η και προσαγγελθη δυσχ. τι V | οι κατα] οτι κ. V | επιταρασσονται V* 25 γειτνιοντας V* | της βασιλειας] τη βασιλεια V | προσδοκωντας (-κοντ. V* κουντ. Vᵃ)]+δεχομενους V | σατραπιας V | παρακατετιθεμην V | om δε V 26 εις] προς V | υιον]+μου V   27 συνσταθεντα] παρακολουθουντα V | συμπεριεν. Vᵃ

29 στρέψεν τὸν βίον. ²⁹παρεκομίζετο δὲ τὸ σῶμα Φίλιππος ὁ σύν- A τροφος αὐτοῦ· ὃς καὶ εὐλαβηθεὶς τὸν υἱὸν Ἀντιόχου πρὸς Πτολεμαῖον τὸν Φιλομήτορα εἰς Αἴγυπτον διεκομίσθη.

X 1 ¹Μακκαβαῖος δὲ καὶ οἱ σὺν αὐτῷ, τοῦ κυρίου προάγοντος αὐτούς, 2 τὸ μὲν ἱερὸν ἐκομίσαντο καὶ τὴν πόλιν· ²τοὺς δὲ κατὰ τὴν ἀγορὰν βωμοὺς ὑπὸ τῶν ἀλλοφύλων δεδημιουργημένους, ἔτι δὲ τεμένη, κα- 3 θεῖλαν. ³καὶ τὸν νεὼ καθαρίσαντες, ἕτερον θυσιαστήριον ἐποίησαν· καὶ πυρώσαντες λίθους, καὶ πῦρ ἐκ τούτων λαβόντες, ἀνήνεγκαν θυσίας μετὰ διετῆ χρόνον καὶ θυμίαμα καὶ λύχνους, καὶ τῶν ἄρτων 4 τὴν πρόθεσιν ἐποιήσαντο. ⁴ταῦτα δὲ ποιήσαντες, ἠξίωσαν τὸν κύριον πεσόντες ἐπὶ κοιλίαν, μηκέτι παραπεσεῖν τοιούτοις κακοῖς, ἀλλ᾽ ἐάν ποτε καὶ ἁμάρτωσιν, ὑπ᾽ αὐτοῦ μετὰ ἐπιεικείας, μὴ 5 βλασφήμοις καὶ βαρβάροις ἔθνεσιν παραδίδοσθαι. ⁵ἐν ᾗ δὲ ἡμέρᾳ ὁ νεὼς ὑπὸ ἀλλοφύλων ἐβεβηλώθη, συνέβη κατὰ τὴν αὐτὴν ἡμέραν τὸν καθαρισμὸν γενέσθαι τοῦ ναοῦ, τῇ πέμπτῃ καὶ εἰκάδι τοῦ αὐ- 6 τοῦ μηνός, τοῦ Χασελεύ. ⁶καὶ μετ᾽ εὐφροσύνης ἦγον ἡμέρας ὀκτὼ σκηνωμάτων τρόπον, μνημονεύοντες ὡς πρὸ μικροῦ χρόνου τὴν τῶν σκηνῶν ἑορτὴν ἐν τοῖς ὄρεσιν καὶ ἐν τοῖς σπηλαίοις θηρίων τρόπον 7 ἦσαν νεμόμενοι. ⁷διὸ θύρσους καὶ κλάδους ὡραίους, ἔτι δε καὶ φοίνικας ἔχοντες, ηὐχαρίστουν τῷ εὐοδώσαντι καθαρίσαι τὸν ἑαυτοῦ 8 τόπον. ⁸ἐδογμάτισάν τε μετὰ κοινοῦ προστάγματος καὶ ψηφίσματος παντὶ τῷ τῶν Ἰουδαίων ἔθνει κατ᾿ ἐνιαυτὸν ἄγειν τὰς δεκάτας ἡμέρας.

9 ⁹Καὶ τὰ μὲν τῆς Ἀντιόχου τοῦ προσαγορευθέντος Ἐπιφανοῦς τελευ- 10 τῆς οὕτως εἶχεν. ¹⁰νυνὶ δὲ τὰ κατὰ τὸν ὕπατον Ἀντίοχον, υἱὸν δὲ τοῦ ἀσεβοῦς γενόμενον, δηλώσομεν αὐτά, συντέμνοντες τὰ συνέχοντα τῶν 11 πόλεων κακά. ¹¹οὗτος γὰρ παραλαβὼν τὴν βασιλείαν, ἀνέδειξεν ἐπὶ τῶν πραγμάτων Λυσίαν τινά, Κοίλης δὲ Συρίας καὶ Φοινίκης στρατη-

29 παρεκομιζετο δε το σωμα] παρεκομιζε το σωμα V | ευλαβηθεις] διευλα- V βηθεις V   X 1 Μακαβαιος V* (Μακκ. Vᵃ) | αυτω] τω bis scr A   2 τους δε κατα] τους κατα V* (τους δε κ. V¹) | τεμενη] pr και τα V | καθειλον V 3 νεων V | om και 2° V | θυσιαν V* (-ας V¹ (vid))   4 κοιλιας V | παραπεσειν] περιπεσειν V | μετα] μετ V | επιεικειας]+παιδευεσθαι V | μη] pr και V | εθνεσι V   5 του αυτου μηνος] του μηνος V* (αυτου superscr V¹ (vid)) | του Χασελευ] ο εστιν Χασ. V   6 ορεσι V | om εν 2° V   7 ηυχαριστουν] υμνους ανεφερον V | καθαρισαι] καθαρισθηναι V   8 τε] δε V | των Ιουδαιων] om των V | δεκατας] δεκα V   9 της] τες V* ᵛⁱᵈ (της Vᵃ) | του προσαγορ.] om του V* (hab Vᵃ)   10 υπατον] Ευπατορα V | δηλωσωμεν Vᵃ (vid) | om συνεχοντα V | πολεων] πολεμων V   11 Κοιλης δε] κοινωνον V

SEPT. III.   689   XX

ΜΑΚΚΑΒΑΙΩΝ Β

A γὸν πρώταρχον. ¹²Πτολεμαῖος γὰρ ὁ καλούμενος Μάκρων, τὸ δίκαιον 12 συντηρεῖν προηγούμενος πρὸς τοὺς Ἰουδαίους διὰ τὴν γεγονυῖαν πρὸς αὐτοὺς ἀδικίαν, ἐπειρᾶτο τὰ πρὸς αὐτοὺς εἰρηνικῶς διεξάγειν. ¹³ὅθεν 13 κατηγορούμενος ὑπὸ τῶν φίλων πρὸς τὸν Εὐπάτορα, καὶ προδότης παρ᾽ ἕκαστα ἀκούων, διὰ τὸ τὴν Κύπρον ἐμπιστευθέντα ὑπὸ τοῦ Φιλομήτορος ἐκλιπεῖν καὶ πρὸς Ἀντίοχον τὸν Ἐπιφανῆ ἀναχωρῆσαι, μήτε εὐγενῆ τὴν ἐξουσίαν εὐγεννήσας, φαρμακεύσας ἑαυτὸν ἐξέλειπεν τὸν βίον. ¹⁴Γοργίας δὲ γενόμενος στρατηγὸς 14 τῶν τόπων, ἐξενοτρόφει, καὶ παρ᾽ ἕκαστα πρὸς τοὺς Ἰουδαίους ἐπολεμοτρόφει. ¹⁵ὁμοῦ δὲ τούτων καὶ οἱ Ἰδουμαῖοι ἐγκρατεῖς ἐπικαίρων 15 ὀχυρωμάτων ὄντες, ἐγύμναζον τοὺς Ἰουδαίους, καὶ τοὺς φυγαδεύσαντας ἀπὸ Ἱεροσολύμων προσλαβόμενοι πολεμοτροφεῖν ἐπεχείρουν. ¹⁶οἱ δὲ περὶ τὸν Μακκαβαῖον, ποιησάμενοι λιτανίαν καὶ 16 ἀξιώσαντες τὸν θεὸν σύμμαχον αὐτοῖς γενέσθαι, ἐπὶ τὰ τῶν Ἰδουμαίων ὀχυρώματα ὥρμησαν· ¹⁷οἷς καὶ προσβαλόντες εὐρώστως, 17 ἐγκρατεῖς ἐγένοντο τῶν τόπων, πάντας τε τοὺς ἐπὶ τῷ τείχει μαχομένους ἠμύναντο, κατέσφαζόν τε τοὺς ἐμπίπτοντας, ἀνεῖλον δὲ οὐχ ἧττον τῶν δισμυρίων. ¹⁸συμφυγόντων δὲ οὐκ ἔλαττον τῶν 18 ἐννακισχιλίων εἰς δύο πύργους ὀχυροὺς εὖ μάλα, καὶ πάντα τὰ πρὸς πολιορκίαν ἔχοντας, ¹⁹ὁ Μακκαβαῖος εἰς ἐπείγοντας τόπους, ἀπο- 19 λείπων Σίμωνα καὶ Ἰώσηπον, ἔτι δὲ Ζακχαῖον καὶ τοὺς σὺν αὐτῷ ἱκανοὺς πρὸς τὴν τούτων πολιορκίαν, αὐτὸς ἐχωρίσθη. ²⁰οἱ 20 δὲ περὶ τὸν Σίμωνα φιλαργυρήσαντες ὑπό τινων τῶν ἐν τοῖς πύργοις ἐπείσθησαν ἀργυρίῳ· ἑπτάκις δὲ μυρίας δραχμὰς λαβόντες, εἴασάν τινας διαρρυῆναι. ²¹προσαγγέλλοντες δὲ τῷ Μακκαβαίῳ περὶ 21 τοῦ γεγονότος, συναγαγὼν τοὺς ἡγουμένους τοῦ λαοῦ, κατηγόρησεν ὡς ἀργυρίου πέπρακαν τοὺς ἀδελφούς, τοὺς πολεμίους κατ᾽ αὐτῶν ἀπολύσαντες. ²²τούτους μὲν οὖν προδότας γενομένους ἀπέκτεινεν, 22

V 12 Πτολεμαιος] inter αι et ος 3 ut vid litt ras A¹ | καλουμενος] λεγομενος V | συνετηρει V | προηγουμενως V^a | om προς τους Ιουδαιους V | προς αυτους (1°) εις τους Ιουδαιους V | διεξαγαγειν V   13 εκλειπειν V* | ευγεννασιας A ευγενισας coniecer Grimm Fritzsch | εαυτον] δε αυτον V   14 τοπων] τροπων A | ιδιους] Ιουδαιους V   15 τουτω V | φυγαδευοντας V | προσλαμβανομενοι V   16 Μακαββαιον V | λιτανιαν A | γενεσθαι αυτοις συμμαχον V | Ιδουμαιων] Ιουδαιων V   17 προσβαλλοντες V | ευρρωστ. V^a | εκρατεις εγενοντο] εγεν. εγκρατεις V | τε 2°] δε V | ευπιπτοντας (εμπ. V)] + παντας V | ηττων V*   18 συμφιγ. V^a | εννακισχιλιων V* | εχοντες V   19 Μακαβαιος V* (Μακκ. V¹) | απολιπων A | Ιωσηφον V | Ζακχαιον] pr και V   20 φιλαργυρισαντες V* (-γυρης. V^a) | των εν] τοις εν V   21 προσαγγελθεντος V | κατηγορησαν V | αργυριω V | του αδελφους V* (τους αδ. V^a)

690

ΜΑΚΚΑΒΑΙΩΝ Β X 35

23 καὶ παραχρῆμα τοὺς δύο πύργους κατελάβετο. 23τοῖς δὲ ὅπλοις τὰ A πάντα ἐν ταῖς χερσὶν εὐοδούμενος, ἀπώλεσεν ἐν τοῖς δυσὶν ὀχυρώ-
24 μασιν πλείους τῶν δισμυρίων. 24Τιμόθεος δὲ ὁ πρῶτον ἡττηθεὶς ὑπὸ τῶν Ἰουδαίων, συναγαγὼν ξένας δυνάμεις πανπληθεῖς καὶ τοὺς τῆς Ἀσίας γενομένους ἵππους συναθροίσας οὐκ ὀλίγους, παρῆν
25 ὡς δοριάλωτον λημψόμενος τὴν Ἰουδαίαν. 25οἱ δὲ περὶ τὸν Μακκαβαῖον, συνεγγίζοντος αὐτοῦ, πρὸς ἱκεσίαν τοῦ θεοῦ γῇ τὰς κεφαλὰς
26 καταπάσαντες καὶ τὰς ὀσφύας σάκκοις ζώσαντες, 26ἐπὶ τὴν ἀπέναντι τοῦ θυσιαστηρίου κρηπῖδα προσπεσόντες, ἠξίουν ἵλεων αὐτοῖς γενόμενον ἐχθρεῦσαι τοῖς ἐχθροῖς αὐτῶν, καὶ ἀντικεῖσθαι τοῖς ἀντι-
27 κειμένοις, καθὼς καὶ ὁ νόμος διασαφεῖ. 27γενόμενοι δὲ ἀπὸ τῆς δεήσεως, ἀναλαβόντες τὰ ὅπλα, προῆγον ἀπὸ τῆς πόλεως ἐπὶ
28 πλεῖον· συνεγγίσαντες δὲ τοῖς πολεμίοις, ἐφ᾽ ἑαυτῶν ἦσαν. 28ἄρτι δὲ τῆς ἀνατολῆς διαχεομένης, προσέβαλλον ἑκάτεροι· οἱ μὲν οὖν ἔγγυον ἔχοντες εὐημερίας καὶ νίκης μετὰ ἀρετῆς τὴν ἐπὶ τὸν κύριον καταφυγήν, οἱ δὲ καθηγεμόνα τῶν ἀγώνων ταττόμενοι τὸν
29 θυμόν. 29γινομένης δὲ καρτερᾶς μάχης, ἐφάνησαν τοῖς ὑπεναντίοις ἐξ οὐρανοῦ ἐφ᾽ ἵππων χρυσοχαλίνων πέντε ἄνδρες διαπρεπεῖς, καὶ
30 ἀφηγούμενοι τῶν Ἰουδαίων οἱ δύο 30καὶ τὸν Μακκαβαῖον μέσον λαβόντες, καὶ σκεπάζοντες ταῖς ἑαυτῶν πανοπλίαις, ἄτρωτον διεφύλασσον· εἰς δὲ τοὺς ἐναντίους τοξεύματα καὶ κεραυνοὺς ἐξερίπτουν· διὸ συγχυθέντες ἀορασίᾳ, διεκόπτοντο ταραχῆς πεπλη-
31 ρωμένοι. 31κατεσφάγησαν δὲ δισμύριοι πρὸς τοῖς πεντακοσίοις,
32 ἱππεῖς δὲ ἑξακόσιοι. 32Αὐτὸς δὲ ὁ Τιμόθεος συνέφυγεν εἰς Γάζαρα λεγόμενον ὀχύρωμα, εὖ μάλα φρούριον, στρατηγοῦντος ἐκεῖ
33 Χαιρέου. 33οἱ δὲ περὶ τὸν Μακκαβαῖον ἀσμένως περιεκάθισαν τὸ
34 φρούριον ἡμέρας τεσσεράκοντα. 34οἱ δὲ ἔνδον τῇ ἐρυμνότητι τοῦ τόπου πεποιθότες, ὑπεράγαν ἐβλασφήμουν, καὶ λόγους ἀθεμίτους
35 προιέντες. 35ὑποφαινούσης δὲ τῆς πέμπτης ἡμέρας καὶ εἰκοστῆς, νεανίαι τῶν περὶ τὸν Μακκαβαῖον πυρωθέντες τοῖς θυμοῖς διὰ τὰς

24 πρωτον] προτερον V | παμπληθεις V | δοριαλ. Vª 25 ικεσιαν] V ικετιαν V* ικετειαν Vª | γην V 26 προπεσοντες V | ιλεως AV* (ιλεων Vª) | om και 2⁰ V 27 προηγον] προηλθον V | συνεγγεισαντος A 28 μετα] μετ V | την] της A 29 om δε V | ανδρες πεντε V | και seq ras 1 lit in A 29—30 οι δυο και] om δυο V 30 εαυτων] αυτων V | διεφυλαττον V | εναντιους] υπεναντιους V | κεραυνου V* (·νους Vª) | εξεριπτουν (εξερρ. Vª)] εξεπιπτουν A 32 εφυγεν V | Χαιρεου] Χερεου A Χεραιου V 33 ασμενοι V | τεσσερακοντα] τεσσαρες και εικοσι V 34 ερυμνοτητι] ρυμνοτητι V | εβλασφημουν] εδυσφημουν V | προιεντες] προσιοντο V 35 υποφανουσης A | ημερας και εικοστης] και εικ. ημ. V

Α βλασφημίας, προσβαλόντες τῷ τείχει, ἀρρενωδῶς καὶ θηριώδει θυμῷ τὸν ἐμπίπτοντα ἔκοπτον. ³⁶ἕτεροι δὲ ὁμοίως προσαναβάντες ἐν τῷ 36 περισπασμῷ πρὸς τοὺς ἔνδον, ἐνεπίμπρων τοὺς πύργους, καὶ πυρὰς ἀνάπτοντες, ζῶντας τοὺς βλασφήμους κατέκαιον· οἱ δὲ τὰς πύλας διέκοπτον, εἰσδεξάμενοι δὲ τὴν λοιπὴν τάξιν προκατελάβοντο τὴν πόλιν, ³⁷καὶ τὸν Τιμόθεον ἀποκεκρυμμένον ἔν τινι λάκκῳ κατέ- 37 σφαξαν καὶ τὸν τούτου ἀδελφὸν Χαιρέαν καὶ τὸν Ἀπολλοφάνην. ³⁸ταῦτα δὲ διαπραξάμενοι, μεθ᾽ ὕμνων καὶ ἐξομολογήσεως εὐλόγουν 38 τῷ κυρίῳ τῷ μεγάλως εὐεργετοῦντι τὸν Ἰσραὴλ καὶ τὸ νῖκος αὐτοῖς διδόντι.

¹Μετ᾽ ὀλίγον δὲ παντελῶς χρονίσκον Λυσίας ἐπίτροπος τοῦ βα- ι XI σιλέως καὶ συγγενὴς καὶ ἐπὶ τῶν πραγμάτων, λίαν βαρέως φέρων ἐπὶ τοῖς γεγονόσι, ²συναθροίσας περὶ τὰς ὀκτὼ μυριάδας καὶ τὴν 2 ἵππον ἅπασαν παρεγίνετο ἐπὶ τοὺς Ἰουδαίους, λογιζόμενος τὴν μὲν πόλιν Ἕλλησιν οἰκητήριον ποιήσειν, ³τὸ δὲ ἱερὸν ἀργυρολόγητον, 3 καθὼς τὰ λοιπὰ τῶν ἐθνῶν τεμένη, πρατὴν δὲ κατὰ ἔτος τὴν ἀρχιερωσύνην ποιήσειν· ⁴οὐδαμῶς ἐπιλογιζόμενος τὸ τοῦ θεοῦ κράτος, 4 πεφρενωμένος δὲ ταῖς μυριάσιν τῶν πεζῶν καὶ ταῖς χιλιάσιν τῶν ἱππέων καὶ τοῖς ἐλέφασιν τοῖς ὀγδοήκοντα. ⁵εἰσελθὼν δὲ εἰς τὴν 5 Ἰουδαίαν καὶ συνεγγίσας Βεθσουρών, ὄντι μὲν ἐρυμνῷ χωρίῳ, Ἱεροσολύμων δὲ ἀπέχοντι ὡσεὶ σχοίνους πέντε, τοῦτο ἔθλιβεν. ⁶ὡς 6 δὲ μετέλαβον οἱ περὶ τὸν Μακκαβαῖον πολιορκοῦντα αὐτὸν τὰ ὀχυρώματα, μετὰ ὀδυρμῶν καὶ δακρύων ἱκέτευον σὺν τοῖς ὄχλοις τὸν κύριον ἀγαθὸν ἄγγελον ἀποστεῖλαι πρὸς σωτηρίαν τῷ Ἰσραήλ. ⁷αὐτὸς δὲ πρῶτος ὁ Μακκαβαῖος ἀναλαβὼν τὰ ὅπλα προετρέψατο 7 τοὺς ἄλλους, ἅμα αὐτῷ διακινδυνεύοντας, ἐπιβοηθεῖν τοῖς ἀδελφοῖς αὐτῶν· ὁμοῦ δὲ καὶ προθύμως ἐξώρμησαν. ⁸αὐτόθι δὲ πρὸς τοῖς 8 Ἱεροσολύμοις ὄντων, ἐφάνη προηγούμενος αὐτῶν ἔφιππος ἐν λευκῇ ἐσθῆτι πανοπλίαν χρυσῆν κραδαίνων. ⁹ὁμοῦ δὲ πάντες εὐλόγησαν 9

V 35 προβαλοντες Α προσβαλλοντες V 36 προς τους ενδον ενεπιμπρων τους πυργους] αναπτοντες ζωντας τους βλασφημους κατεκαιον V* improb V¹ 37 Χεραιαν V 38 εξομολογησεων V | ευεργετοιν V* (-τουντι Vᵃ) XI 2 την ιππον] pr επι V | απασαν] πασαν V 3 κατα] κατ V 4 πεζων] πεδων Α | ελεφασι V 5 Βεθουρων Α Βαιθσουρων V | χωριων (sic) A | Ιεροσολυμων] pr απο V | σχοινους] σταδιους V | πεντε]+προς τοις μυριοις V | εθλειβον (λ sup ras Aᵃ) A 6 ως δε μετελαβον bis scr A | μετα] μετ V | ικετευον] ικετετον (sic) A ικετευων V* | τω Ισραηλ] του Ισρ. V 7 αναλαβων] pr προσα A | προετρεψατο] προσετρ. A* ᵛⁱᵈ (ras ι lit post προ A²) | εξορμησαν V* (εξωρμ. Vᵃ) 8 om εφιππος A* (hab Aᵃᵗ ᵐᵍ) 9 ευλογησαντες V

ΜΑΚΚΑΒΑΙΩΝ Β XI 24

τὸν ἐλεήμονα θεόν, καὶ ἐπερρώσθησαν ταῖς ψυχαῖς· οὐ μόνον ἀν- A
θρώπους θῆρας δὲ τοὺς ἀγριωτάτους καὶ σιδηρᾶ τείχη τιτρώσκειν
10 ὄντες ἕτοιμοι, 10προῆγον ἐν διασκευῇ τὸν ἀπ' οὐρανοῦ σύμμαχον
11 ἔχοντες, ἐλεήσαντος αὐτοὺς τοῦ κυρίου. 11λεόντινον δὲ ἐντινάξαντες
εἰς τοὺς πολεμίους, κατέστρωσαν αὐτῶν χιλίους πρὸς τοῖς μυρίοις,
ἱππεῖς δὲ ἑξακοσίους πρὸς χιλίοις· τοὺς δὲ πάντας ἠνάγκασαν φεύ-
12 γειν. 12οἱ πλείονες δὲ αὐτῶν τραυματίαι γυμνοὶ διεσώθησαν· καὶ
13 αὐτὸς δὲ ὁ Λυσίας αἰσχρῶς φεύγων διεσώθη. 13οὐκ ἄνους δὲ ὑπάρ-
χων, πρὸς ἑαυτὸν ἀντιβάλλων τὸ γεγονὸς περὶ αὐτὸν ἐλάττωμα καὶ
συννοήσας ἀνικήτους εἶναι τοὺς Ἑβραίους, τοῦ δυναμένου θεοῦ συμ-
14 μαχοῦντος αὐτοῖς, προσαποστείλας 14ἔπεισεν συλλύεσθαι ἐπὶ πᾶ-
σι τοῖς δικαίοις, καὶ διότι καὶ τὸν βασιλέα πείσει, φίλον αὐτοῖς
15 ἀναγκάζων γενέσθαι. 15ἐπένευσεν δὲ ὁ Μακκαβαῖος ἐπὶ πᾶσιν
οἷς ὁ Λυσίας παρεκάλει, τοῦ συμφέροντος φροντίζων· ὅσα γὰρ ὁ
Μακκαβαῖος ἐπέδωκεν τῷ Λυσίᾳ διὰ γραπτῶν περὶ τῶν Ἰουδαίων,
16 συνεχώρησεν ὁ γραμματεύς. 16ἦσαν γὰρ γεγραμμέναι τοῖς Ἰουδαίοις
ἐπιστολαὶ παρὰ μὲν Λυσίου, περιέχουσαι τὸν τρόπον τοῦτον Λυσίας
17 τῷ πλήθει τῶν Ἰουδαίων χαίρειν. 17Ἰωάννης καὶ Ἀβεσσαλὼμ οἱ
πεμφθέντες παρ' ὑμῶν, ἐπιδόντες τὸν ὑπογεγραμμένον χρημα-
18 τισμόν, ἠξίουν περὶ τῶν δι' αὐτοῦ σημαινομένων. 18ὅσα μὲν οὖν
ἔδει καὶ τῷ βασιλεῖ προσενεχθῆναι διεσάφησα, ἃ δὲ ἦν ἐνδεχόμενα
19 συνεχώρησεν. 19ἐὰν μὲν οὖν συντηρήσητε τὴν εἰς τὰ πράγματα
εὔνοιαν, καὶ εἰς τὸ λοιπὸν πειράσομαι παραίτιος ἀγαθῶν γενέ-
20 σθαι. 20ὑπὲρ δὲ τούτων κατὰ μέρος ἐντέταλμαι τούτοις τε καὶ τοῖς
21 παρ' ἐμοῦ διαλεχθῆναι ὑμῖν. 21ἔρρωσθε. ἔτους ἑκατοστοῦ τεσσε-
22 ρακοστοῦ ὀγδόου, Διὸς Κορινθίου τετράδι καὶ εἰκάδι. 22Ἡ
δὲ τοῦ βασιλέως ἐπιστολὴ περιεῖχεν οὕτως Βασιλεὺς Ἀντίοχος τῷ
23 ἀδελφῷ Λυσίᾳ χαίρειν. 23τοῦ πατρὸς ἡμῶν εἰς θεοὺς μεταστάντος,
βουλομένου τοὺς ἐκ τῆς βασιλείας ἀταράχους ὄντας γενέσθαι πρὸς
24 τὴν τῶν Ἰουδαίων ἐπιμελίαν, 24ἀκηκοότες τοὺς Ἰουδαίους μὴ συν-

9 om και 1º V | δε 2º] τε V   10 προσηγον V   11 λεοντινον] V
λεοντηδον V | χιλιους] χιλιοις A | χιλιοις] pr τοις V | τους] τουτους V | φυγειν
V   12 διεσωθησαν] δε εσωθ. A   13 αντιβαλων V | τους δυναμενους
A* fort (ras 1 lit post τ. item post δυν. A?) του δυνατου V   14 επεισεν]
επισα A | συνλυσεσθαι V | πασιν V* | πεισει] πισιν A πισειν V* | αναγκα-
ζειν codd | γινεσθαι V   15 επεδωκεν] εδωκεν V* | γραμματευς] βασιλευς V
16 γεγραμμεναι] pr αι V   17 Αβεσσαλωμ] Αβεσσαλωμ' μεσσαλα (sic) V |
υπογεγραμμενον] επιγεγραμμενον V   20 κατα μ.] pr και των V   21 ερρω-
σθαι V* | τεσσαρακ. και ογδ. V | τετραδι κ. εικ.] εικ. τεταρτη V   23 μετα-
σταντος] στ sup ras Aᵃ | βουλομενοι V | γινεσθαι V | την των Ιουδαιων
επιμελιαν] τη των ιδιων επιμελια (-λεια Vᵃ) V   24 Ιου|ιουδαιους A

693

ΜΑΚΚΑΒΑΙΩΝ Β

εὐδοκοῦντας τῇ τοῦ πατρὸς εἰς τὰ Ἑλληνικὰ μεταθέσει, ἀλλὰ τὴν ἑαυτῶν ἀγωγὴν αἱρετίζοντας ἀξιοῦν συγχωρηθῆναι αὐτοῖς τὰ νόμιμα· 25αἱρούμενοι οὖν καὶ τοῦτο τὸ ἔθνος ἐκτὸς ταραχῆς εἶναι, κρίνομεν τό τε ἱερὸν ἀποκατασταθῆναι αὐτοῖς, καὶ πολιτεύεσθαι κατὰ τὰ ἐπὶ τῶν προγόνων αὐτῶν ἔθη. 26εὖ οὖν ποιήσεις διαπεμψάμενος πρὸς αὐτοὺς καὶ δοὺς δεξιάς, ὅπως εἰδότες τὴν ἡμετέραν προαίρεσιν εὔθυμοί τε ὦσιν, καὶ ἡδέως διαγίνωνται πρὸς τῇ τῶν ἰδίων ἀντιλήμψει. 27Πρὸς δὲ τὸ ἔθνος ἡ τοῦ βασιλέως ἐπιστολὴ τοιάδε ἦν Βασιλεὺς Ἀντίοχος τῇ γερουσίᾳ τῶν Ἰουδαίων καὶ τοῖς ἄλλοις Ἰουδαίοις χαίρειν. 28ἔρρωσθε, εἴη ἂν ὡς βουλόμεθα· καὶ αὐτοὶ δὲ ὑγιαίνομεν. 29ἐνεφάνισεν ἡμῖν Μενέλαος βουλόμενος κατελθόντας ὑμᾶς γίνεσθαι πρὸς τοῖς ἰδίοις. 30τοῖς οὖν καταπορευομένοις μέχρι τριακάδος Ξανθικοῦ ὑπάρξει δεξιὰ μετὰ τῆς ἀδείας, 31χρῆσθαι τοὺς Ἰουδαίους τοῖς ἑαυτῶν δαπανήμασιν καὶ νόμοις καθὰ καὶ τὸ πρότερον· καὶ οὐδεὶς αὐτῶν κατ' οὐδένα τρόπον παρενοχληθήσεται περὶ τῶν ἠγνοημένων. 32πέπομφα δὲ καὶ τὸν Μενέλαον παρακαλέσοντα ὑμᾶς. 33ἔρρωσθε. ἔτους ἑκατοστοῦ τεσσερακοστοῦ ὀγδόου, Ξανθικοῦ πεντεκαιδεκάτῃ. 34Ἔπεμψαν δὲ καὶ οἱ Ῥωμαῖοι πρὸς αὐτοὺς ἐπιστολὴν ἔχουσαν οὕτως Κόιντος Μέμμιος, Τίτος Μάνιος, πρεσβῦται Ῥωμαίων, τῷ δήμῳ τῶν Ἰουδαίων χαίρειν. 35ὑπὲρ ὧν Λυσίας ὁ συγγενὴς τοῦ βασιλέως συνεχώρησεν ὑμῖν, καὶ ἡμεῖς συνευδοκοῦμεν. 36ἃ δὲ ἔκρινεν προσανενηνέχθαι τῷ βασιλεῖ, πέμψατέ τινα παραχρῆμα ἐπισκεψάμενοι περὶ τούτων, ἵν' ἔχωμεν ὡς καθήκει ἡμῖν· ἡμεῖς γὰρ προσάγομεν πρὸς Ἀντιοχίαν. 37διὸ σπεύσατε, καὶ πέμψατέ τινας, ὅπως καὶ ἡμεῖς ἐπιγνῶμεν ὁποίας ἐστὲ γνώμης. 38ὑγιαίνετε. ἔτους ἑκατοστοῦ τεσσερακοστοῦ ὀγδόου, Ξανθικοῦ πεντεκαιδεκάτῃ.

V 24 εις] επι V | αιρετιζοντες V | αξιουντες V 25 om ουν V 26 αντιληψει V 27 τοιαδε] τοιαυτη V 29 βουλομενος] βουλεσθαι V | υμας] ημας Λ | ιδιοις] Ιουδαιοις A* (ιδ. A¹) 30 καταπορευομενος A*(salt) | μετα της αδειας] μετα της ιδιας A της αδιας V* (-δειας Vᵃ) 31 δαπανιμασι V* | ουδεις] ουθεις V 32 παρακαλεσαντα A 32—33 υμας ερρωσθαι· A υμας. ερρωσθαι: V 33 τεσσερακοστου ογδοου] και τεσσαρακοστου και ογδ. V | πεντεκαιδεκατη] πεμπτη και δεκατη V 34 επεμψαμεν A | εχουσαν] περιεχουσαν V | Κοϊντος· Μεμμιος Τιτος· Μανιος A | Μανιος]+Ερνιος V | τω] των A | δημω των Ιουδαιων] Ιουδαιων πληθει V 36 προσανενεχθηναι V | πραχημα V* (παραχρ. V¹) | επισκεψομενον V | εχωμεν] εκθωμεν V | ημιν] υμιν V | Αντιοχειαν V 37 οποιας] επι ποιας V 38 τεσσερακοστου ογδοου] και τεσσαρακοστου και ογδοου V | πεντεκαιδεκατη]+Διοσκοριδου V

XII 1 ¹Γενομένων δὲ τῶν συνθηκῶν τούτων, ὁ μὲν Λυσίας ἀπῄει πρὸς A
2 τὸν βασιλέα, οἱ δὲ Ἰουδαῖοι περὶ τὴν γεωργίαν ἐγίνοντο. ²τῶν δὲ
κατὰ τόπον στρατηγῶν Τιμόθεος καὶ Ἀπολλώνιος ὁ τοῦ Γενναίου,
ἔτι δὲ Ἱερώνυμος καὶ Δημοφῶν, πρὸς δὲ τούτοις Νικάνωρ ὁ Κυπρι-
3 άρχης, οὐκ εἴων αὐτοὺς εὐσταθεῖν καὶ τὰς ἡσυχίας ἄγειν. ³Ἰοππεῖται
δὲ τηλικοῦτο συνετελέσαντο δυσσέβημα, παρακαλέσαντες τοὺς ἐν
ἑαυτοῖς οἰκοῦντας Ἰουδαίους ἐμβῆναι εἰς τὰ παρακαταστaθέντα ὑπ' αὐ-
τῶν σκάφη σὺν γυναιξὶν καὶ τέκνοις, ὡς μηδεμιᾶς ἐνεστώσης πρὸς
4 αὐτοὺς δυσμενείας· ⁴μετὰ δὲ τὸ κοινὸν τῆς πόλεως ψήφισμα καὶ
τούτων ἐπιδεξαμένων, ὡς ἂν εἰρηνεύειν θελόντων καὶ μηδὲν ὕποπτον
ἐχόντων, ἀχθέντας αὐτοὺς ἐβύθισαν ὄντας οὐκ ἔλαττον τῶν διακο-
5 σίων. ⁵μεταλαβὼν δὲ ὁ Ἰούδας τὴν γεγονυῖαν εἰς τοὺς ὁμοεθνεῖς
6 ὠμότητα, παραγγείλας τοῖς περὶ αὐτὸν ἀνδράσιν ⁶καὶ ἐπικαλεσά-
μενος τὸν δίκαιον κριτὴν θεόν, παραγενόμενος ἐπὶ τοὺς μιαιφόνους
τῶν ἀδελφῶν, τὸν μὲν λιμένα νύκτωρ ἐνέπρησεν καὶ τὰ σκάφη κατέ-
7 φλεξεν, τοὺς δὲ ἐκεῖ συμφυγόντας ἐξεκέντησεν. ⁷τοῦ δὲ χωρίου
συνκλεισθέντος, ἀνέλυσεν, πάλιν ἥξων καὶ τὸ σύμπαν τῶν Ἰοπ-
8 πιτῶν ἐκριζῶσαι πολίτευμα. ⁸μεταλαβὼν δὲ καὶ τοὺς ἐν Ἰαμνίᾳ
τὸν αὐτὸν ἐπιτελεῖν βουλομένους τρόπον τοῖς κατοικοῦσιν Ἰουδαίοις,
9 ⁹καὶ τοῖς Ἰαμνίταις νυκτὸς ἐπιβαλὼν ὑφῆψεν τὸν λιμένα σὺν τῷ
στόλῳ, ὥστε ἐπιφαίνεσθαι τὰς αὐγὰς τοῦ φέγγους εἰς τὰ Ἱεροσό-
10 λυμα, σταδίων ὄντων διακοσίων τεσσεράκοντα. ¹⁰Ἐκεῖθεν
δὲ ἀποσπάσαντες σταδίους ἐννέα, ποιουμένων τὴν πορίαν ἐπὶ τὸν
Τιμόθεον, ἐπέβαλλον Ἄραβες αὐτῷ οὐκ ἐλάττους τῶν πεντακισχι-
11 λίων, ἱππεῖς δὲ πεντακόσιοι. ¹¹γενομένης δὲ καρτερᾶς μάχης καὶ
τῶν περὶ τὸν Ἰούδαν διὰ τὴν παρὰ τοῦ θεοῦ βοήθειαν εὐημερη-
σάντων, ἐλαττονωθέντες οἱ νομάδες ἠξίουν δοῦναι τὸν Ἰούδαν δεξιὰν
αὐτοῖς, ὑπισχνούμενοι καὶ βοσκήματα δώσειν καὶ ἐν τοῖς λοιποῖς

XII 2 Γεννεου A   3 Ιοππειται] οι Ιοππηται V | om τηλικουτο V | V
ετελεσαντο V | τους εν εαυτοις] τους συν αυτοις V | παρακατασταθεντα]
παρασταθεντα V | δυσμενειας V* (-νειας Vᵃ)   4 μετα] κατα V | αχθεντας]
επαναχθεντας V | om οντας V | διακοσιων (-σιον V* -σιων V¹)]+οντας V
5 ο Ιουδας] om ο V   6 παραγενομενος] παρεγενετο V | τον μεν λιμενα
(ιμενα [sic] A) νυκτωρ] και τον λιμενα μεν V | συμφευγοντας V   7 συγ-
κλεισθ. V | ανελυσεν] ανεχυσεν A | παλιν] pr ως V | το συμπαν] τον σ. A |
Ιοππητ. V* (-πιτ. Vᵃ)   8 τους εν] τας εν A | Ιαμνεια V | βουλομενος
AV | κατοικουσιν] παροικουσιν V   9 υφηψεν] εξηψεν V | ωστε επιφαι-
νεσθαι] ως φαινεσθαι V | τεσσαρακοντα V   10 πορειαν Vᵃ | επεβαλλον]
προσεβαλλον V | ουκ ελαττους των πεντακισχιλιων] εις πεντακισχιλιους V |
πεντακοσιοι] πεντακοσιους V   11 ελαττονωθεντες (-ττονοθ. V* -ττωνωθ.
V¹)]+δε V | νομαδες]+Αραβες V | δεξιαν] δεξι V* δεξιας V¹

695

Α ὠφελήσειν αὐτούς. ¹²Ἰούδας δὲ ὑπολαβὼν ὡς ἀληθῶς ἐν πολλοῖς 12 αὐτοὺς χρησίμους, ὑπεχώρησεν εἰρήνην ἄξειν πρὸς αὐτούς· καὶ λαβόντες δεξιὰς εἰς τὰς σκηνὰς ἐχωρίσθησαν. ¹³Ἐπέβαλεν 13 δὲ καὶ ἐπί τινα πόλιν γεφυροῦν, ὀχυρὰν καὶ τείχεσιν περιπεφραγμένην καὶ πανμιγέσιν ἔθνεσιν κατοικουμένην, ὄνομα δὲ Κασπείν. ¹⁴οἱ δὲ ἔνδον πεποιθότες τῇ τῶν τειχέων ἐρυμνότητι τῇ τε τῶν 14 βρωμάτων παραθέσει, ἀναγωγότερον ἐχρῶντο τοῖς περὶ τὸν Ἰούδαν, λοιδοροῦντες, καὶ προσέτι βλασφημοῦντες καὶ λαλοῦντες ἃ μὴ θέμις. ¹⁵οἱ δὲ περὶ τὸν Ἰούδαν ἐπικαλεσάμενοι τὸν μέγαν τοῦ κόσμου 15 δυνάστην, τὸν ἄτερ κριῶν καὶ μηχανῶν ὀργανικῶν κατακρημνίσαντα τὴν Ἰεριχὼ κατὰ τοὺς Ἰησοῦ χρόνους, ἐνέσεισαν θηριωδῶς τῷ τείχει· ¹⁶καταλαβόμενοί τε τὴν πόλιν τῇ τοῦ θεοῦ θελήσει ἀμυ- 16 θήτους ἐποιήσαντο σφαγάς, ὥστε τὴν παρακειμένην λίμνην τὸ πλάτος ἔχουσαν σταδίους δύο καταρρεῖν τὸ αἷμα πεπληρωμένην φαίνεσθαι. ¹⁷Ἐκεῖθεν δὲ ἀποσπάσαντες σταδίους ἑπτα- 17 κοσίους πεντήκοντα διήνυσαν εἰς τὸν Χάρακα καὶ πρὸς τοὺς λεγομένους Τουβεινοὺς Ἰουδαίους. ¹⁸καὶ Τιμόθεον μὲν ἐπὶ τῶν τόπων 18 οὐ κατέλαβον, ἄπρακτον τότε ἐκ τῶν τόπων ἐκλελυκότα, καταλελοιπότα δὲ φρουρὰν ἔν τινι τόπῳ καὶ μάλα ὀχυράν. ¹⁹Δωσίθεος δὲ 19 καὶ Σωσίπατρος, τῶν περὶ τὸν Μακκαβαῖον ἡγεμόνων, ἐξοδεύσαντες τοὺς ὑπὸ Τιμοθέου ἀπώλεσαν καταλειφθέντας ἐν τῷ ὀχυρώματι, πλείους τῶν μυρίων ἀνδρῶν· ²⁰ὁ δὲ Μακκαβαῖος, διατάξας τὴν περὶ 20 αὐτὸν στρατιὰν σπειρηδόν, κατέστησεν αὐτοὺς ἐπὶ τῶν σπειρῶν· καὶ ἐπὶ τὸν Τιμόθεον ὥρμησαν ἔχοντα περὶ αὐτὸν μυριάδας δώδεκα πεζῶν, ἱππεῖς δὲ δισχιλίους καὶ πρὸς τοῖς ἑπτακισχιλίοις. ²¹τὴν δὲ ἔφοδον 21 μεταλαβὼν Ἰούδου, προεξαπέστειλεν ὁ Τιμόθεος τὰς γυναῖκας καὶ τὴν ἄλλην ἀποσκευὴν εἰς τὸ λεγόμενον Κάρνιον· ἦν γὰρ δυσπολιόρκητον καὶ δυσπρόσιτον τὸ χωρίον διὰ τὴν πάντων τῶν τόπων στενότητα.

V 12 χρησιμοις A | υπεχωρησεν] παρεχωρησεν V 13 om γεφυροιν V | παμμιγ. V | Κασπιν V 14 ευρυμνοτητι A | παραθεσει] αναθεσει V | εχρωντο] εχθρωντο V 15 om περι A | κατακριμνησαντα V* (κρημν. Vᵃ) | Ιησου] pr του V 16 εχουσαν σταδιους] σταδιων ουσαν V | καταρρει (-ρρει A* -ρρειν A¹) το αιμα] καταρρυτον αιματι V 17 αποσπασαντεσταδιους V* (-τες σταδ. V¹) | om και V | Τουβιανους V 18 τον τοπον (1°) V | ου] θῦ A*⁽ˢᵃˡᵗ⁾ | τοτε εκ] τε απο V 19 Δοσιθεος Vᵃ | περι τον] παρι των V* (περι τ. Vᵃ) | ηγουμενων V | απωλεσαν τους υπο Τιμοθεου V 20 ωρησεν V | μυριαδας δωδεκα πεζων] πεζων μυρ. δεκα δυο V | δισχιλιοις] τρισχιλιους A¹ (δισχ. A*ᵛⁱᵈ V) | om και 2° V | επτακισχιλιοις] πεντακοσιοις V 21 Ιουδα V*ᶠᵒʳᵗ (Ιουδου [ου sup ras] V¹) | γυναικας]+και τα τεκνα V | παντων] pr εκ V

696

22 ²²ἐπιφανείσης δὲ τῆς Ἰούδου σπείρης πρώτου, καὶ γενομένου δέους Α ἐπὶ τοὺς πολεμίους, φόβου τε ἐκ τῆς τοῦ τὰ πάντα ἐφορῶντος ἐπιφανίας γενομένης ἐπ' αὐτούς, εἰς φυγὴν ὥρμησαν ἄλλος ἀλλαχῇ φερόμενος, ὥστε πολλάκις ὑπὸ τῶν ἰδίων βλάπτεσθαι καὶ ταῖς τῶν 23 ξιφῶν ἀκμαῖς ἀναπείρεσθαι. ²³ἐποιεῖτο δὲ τὸν διωγμὸν εὐτονώτερον Ἰούδας, συνκεντῶν τοὺς ἀλιτηρίους, διέφθειρεν δὲ εἰς μυριάδας 24 τρεῖς ἀνδρῶν. ²⁴αὐτὸς δὲ ὁ Τιμόθεος ἐμπεσὼν τοῖς περὶ τὸν Δωσίθεον καὶ Σωσίπατρον ἠξίου μετὰ πολλῆς γοητίας ἐξαφεῖναι ὡς σῷον αὐτόν, διὰ τὸ πλειόνων μὲν γονεῖς, ὧν δὲ ἀδελφοὺς ἔχειν, καὶ τού- 25 τους ἀλογηθῆναι συμβήσεται· ²⁵πιστώσαντος δὲ αὐτοῦ διὰ πλειόνων τὸν ὁρισμὸν ἀποκαταστῆσαι τούτους ἀπημάντους, ἀπέλυσαν 26 αὐτὸν ἕνεκα τῆς τῶν ἀδελφῶν σωτηρίας. ²⁶Ἐξελθὼν δὲ ἐπὶ τὸ Κάρνιον καὶ τὸ Ἀτεργάτιον, κατέσφαξεν μυριάδας σωμά- 27 των δύο πεντακισχιλίους. ²⁷μετὰ δὲ τὴν τούτων τροπὴν καὶ ἀπώλειαν ἐπεστράτευσεν καὶ ἐπὶ Ἐφρών, πόλιν ὀχυράν, ἐν ᾗ πάμφυλα ἐν αὐτῇ πλήθη· νεανίαι δὲ ῥωμαλέοι πρὸ τῶν τειχέων καθεστῶτες εὐρώστως ἀπεμάχοντο· ἔνθα ὀργάνων καὶ βελῶν πολλαὶ 28 παραθέσεις ὑπῆρχον. ²⁸ἐπικαλεσάμενοι δὲ τὸν δυνάστην τὸν μετὰ κράτους συντρίβοντα τὰς τῶν πολεμίων ὀλκάς, ἔλαβον τὴν πόλιν ὑποχείριον, κατέστρωσαν δὲ τῶν ἔνδον εἰς μυριάδας δύο πεντα- 29 κισχιλίους. ²⁹ἀναζεύξαντές τε ἐκεῖθεν, ὥρμησαν ἐπὶ Σκυθῶν πόλιν, 30 ἀπέχουσαν ἀπὸ Ἱεροσολύμων σταδίους ἑξακοσίους. ³⁰ἀπομαρτυρησάντων δὲ τῶν ἐκεῖ καθεστώτων Ἰουδαίων ἣν οἱ Σκυθοπολεῖται ἔσχον πρὸς αὐτοὺς εὔνοιαν, καὶ ἐν τοῖς τῆς ἀτυχίας καιροῖς ἥμερον ἀπάντησιν, 31 ³¹εὐχαριστήσαντες καὶ προσπαρακαλέσαντες καὶ εἰς τὰ λοιπὰ πρὸς τὸ γένος εὐμενεῖς εἶναι, παρεγενήθησαν εἰς Ἱεροσόλυμα, τῆς τῶν ἑβδο- 32 μάδων ἑορτῆς οὔσης ὑπογύου. ³²Μετὰ δὲ τὴν λεγομένην πεντηκοστὴν ὥρμησαν ἐπὶ Γοργίαν τὸν τῆς Ἰδουμαίας στρατηγόν.

22 πρωτου] πρωτης V | εκ της...εφορωντος] της τα παντα εκ του V εφ. V | επιφανειας Vᵃ | εις φυγην] εισφυγειν Α | ιδιων] Ιουδαιων V 23 ευτονωτερον]+ον A | Ιουδας] pr ο V | δε 2⁰] τε V | ανδρων τρεις V 24 Δοσιθεον V | ηξιουν V* (ηξιου Vᵃ) | γοητιας] γονυπητιας V* (-πετιας Vᵃ ᵛⁱᵈ) | ως σωον (ωσσωον A)] ζωντα V | πλειονων] πλειον· ων A 25 πισαντος V* (πιστωσαντος Vⁱ) | αποκαταστησειν V | εκα V* (ενεκα Vᵃ) 26 σωματων μυριαδας V | δυο]+και V 27 απωλιαν V* | om και 1⁰ V | παμφυλα...πληθη] παμφυλα πληθη εν αυτη κατωκει V | νεανιαι δε...ενθα] νιανιαι (sic V*) δε και μαλα ρωμαλαιοι προ των τειχεων καθεστωτες ευρωστως απεμαχοντο εν ω δε V 28 ολκας] αλκας V | δυο]+και V 29 τε] δε V 30 καθεστωτων κοτοικουντων V | ην] ων V | Σκυθοπολιται V 31 om και προσπαρακαλεσαντες V

ΜΑΚΚΑΒΑΙΩΝ Β

A ³³ἐξῆλθεν δὲ μετὰ πεζῶν τρισχιλίων, ἱππέων δὲ τετρακοσίων· ³⁴παραταξαμένους δὲ συνέβη πεσεῖν ὀλίγους τῶν Ἰουδαίων. ³⁵Δωσίθεος δέ τις τῶν τοῦ Βακήνορος, ἔφιππος ἀνὴρ καὶ καρτερός, εἴχετο τοῦ Γοργίου, καὶ λαβόμενος τῆς χλαμύδος, ἦγεν αὐτὸν εὐρώστως, καὶ βουλομένου τὸν κατάρατον λαβεῖν ζωγρείαν, τῶν ἱππέων τινὸς Θρᾳκῶν ἐπενεχθέντος αὐτῷ καὶ τὸν ὦμον καθελόντος, διέφυγεν Γοργίας εἰς Μαρισά. ³⁶τῶν δὲ περὶ τὸν Ἐσδριν ἐπὶ πλεῖον μαχομένων καὶ κατακόπων ὄντων, ἐπικαλεσάμενος Ἰούδας τὸν κύριον σύμμαχον φανῆναι καὶ προοδηγὸν φανῆναι τοῦ πολέμου, ³⁷καταρξάμενος τῇ πατρίῳ φωνῇ τὴν μεθ᾽ ὕμνων κραυγήν, ἐνσείσας ἀπροσδοκήτως τοῖς περὶ τὸν Γοργίαν τροπὴν ἐποιήσατο αὐτῶν. ³⁸Ἰούδας δὲ ἀναλαβὼν τὸ στράτευμα ἧκεν εἰς Ὀδολλὰμ πόλιν· τῆς δὲ ἑβδομάδος ἐπιβαλλούσης, κατὰ τὸν ἐθισμὸν ἁγνισθέντες αὐτόθι τὸ σάββατον διῆγεν. ³⁹τῇ δὲ ἐχομένῃ ἦλθον οἱ περὶ τὸν Ἰούδαν, καθ᾽ ὃν χρόνον τὸ τῆς χρείας ἐγεγόνει, τὰ σώματα τῶν προπεπτωκότων ἀνακομίσασθαι καὶ μετὰ τῶν συγγενῶν ἀποκαταστῆσαι εἰς τοὺς πατρῴους τάφους. ⁴⁰εὗρον δὲ ἑκάστου τῶν τεθνηκότων ὑπὸ τοὺς χιτῶνας ἱερώματα τῶν ἀπὸ Ἰαμνίας εἰδώλων, ἀφ᾽ ὧν ὁ νόμος ἀπήργει τοὺς Ἰουδαίους· τοῖς δὲ πᾶσι σαφὲς ἐγένετο διὰ τήνδε τὴν αἰτίαν τούσδε πεπτωκέναι. ⁴¹πάντες οὖν εὐλογήσαντες τὰ τοῦ δικαιοκρίτου κυρίου τοῦ τὰ κεκρυμμένα φανερὰ ποιοῦντος, ⁴²εἰς ἱκεσίαν ἐτράπησαν, ἀξιώσαντες τὸ γεγονὸς ἁμάρτημα τελείως ἐξαλειφθῆναι· ὁ δὲ γενναῖος Ἰούδας παρεκάλεσε τὸ πλῆθος συντηρεῖν αὐτοὺς ἀναμαρτήτους εἶναι, ὑπ᾽ ὄψιν ἑωρακότας τὰ γεγονότα διὰ τὴν τῶν προπεπτωκότων ἁμαρτίαν. ⁴³ποιησάμενός τε κατ᾽ ἀνδρολογίον εἰς ἀργυρίου δραχμὰς δισχιλίας ἀπέστειλεν εἰς Ἱεροσόλυμα προσαγαγεῖν περὶ ἁμαρτίας θυσίαν, πάνυ καλῶς καὶ ἀστείως πράττων, ὑπὲρ ἀναστάσεως ἀναλογιζόμενος. ⁴⁴εἰ μὴ γὰρ τοὺς προπεπτωκότας ἀναστῆναι προσεδόκα, περισσὸν καὶ ληρῶδες ὑπὲρ νεκρῶν εὔχεσθαι· ⁴⁵εἴτε ἐμβλέπων τοῖς μετ᾽ εὐσεβίας κοιμωμένοις κάλλιστον ἀποκείμενον εὐχαριστήριον,

V 34 παραταξαμενου V 35 Δοσιθεος Vᵃ | ανηρ εφιππος V | Γοργειου A | βουλομενος V | ζωγριαν V | Θρακων] Θαρσος V* Θαρσους Vᵃ | Γοργιας (-γειας A)] pr o V 36 κατακοπων οντων] κατακοπτοντων V | om φανηναι 2º V 37 Γοργειαν A | αυτων εποιησατο V 38 διηγεν] διηγαγον V 39 τα της χρ. V | συγγονων V | πατριους V 40 Ιαμνειας Vᵃ | απειργει V | πασιν V* 41 δικαιου κριτου V 42 ικετιαν V* | το γεγονος] δια το γεγονως V* (-νος Vᵃ) | παρεκαλεσεν V | εωρακοτες A* (-κοτας Aᵃ?) | αμαρτιαν] αμαρτηματωι A 43 ποιησ. τε] + κατασκευασματα V | κατα ανδρολογιαν V | αναλογιζομενος] διαλογιζομενος V 44 περισσως A 45 ειτε] ειτ V | ευσεβειας V | ευχαριστηριον] χαρηστηριον V*

698

ὁσία καὶ εὐσεβὴς ἡ ἐπίνοια. ὅθεν περὶ τῶν τεθνηκότων τὸν ἐξιλασμὸν ἐποιήσατο, τῆς ἁμαρτίας ἀπολυθῆναι.

XIII 1 ¹Τῷ δὲ ἐνάτῳ καὶ τεσσερακοστῷ καὶ ἑκατοστῷ ἔτει προσέπεσεν τοῖς περὶ τὸν Ἰούδαν Ἀντίοχον τὸν Εὐπάτορα παραγενέσθαι σὺν 2 πλήθεσιν ἐπὶ τὴν Ἰουδαίαν, ²καὶ σὺν αὐτῷ Λυσίαν τὸν ἐπίτροπον καὶ ἐπὶ τῶν πραγμάτων, ἕκαστον ἔχοντα δύναμιν Ἑλληνικὴν πεζῶν μυριάδας ἕνδεκα καὶ ἱππέων πεντακισχιλίους τριακοσίους καὶ ἐλέ-3 φαντας εἴκοσι δύο, ἅρματα δὲ δρεπανηφόρα τριακόσια. ³συνέμιξεν δὲ αὐτοῖς καὶ Μενέλαος, καὶ παρεκάλει μετὰ πολλῆς εἰρωνίας τὸν Ἀντίοχον, οὐκ ἐπὶ σωτηρίας τῆς πατρίδος, οἰόμενος δὲ ἐπὶ τῆς 4 ἀρχῆς καταστᾰθήσεσθαι. ⁴ὁ δὲ βασιλεὺς τῶν βασιλέων ἐξήγειρεν τὸν θυμὸν τοῦ Ἀντιόχου ἐπὶ τὸν ἀλιτήριον, καὶ Λυσίου ὑποδείξαντος τοῦτον αἴτιον τῶν κακῶν εἶναι καὶ πάντων προσέταξεν, ὡς ἔθος 5 ἐστὶν ἐν τῷ τόπῳ, προσαπολέσαι, ἀγαγόντας εἰς Βέροιαν. ⁵ἔστιν δὲ ἐν τῷ τόπῳ πύργος πεντήκοντα πήχεων πλήρης σποδοῦ, ὄργανον δὲ εἶχεν περιφερὲς πάντοθεν ἀπόκρημνον εἰς τὴν σποδόν. 6 ⁶ἐνταῦθα τὸν ἱεροσυλίας ἔνοχον, ἢ καί τινων ἄλλων κακῶν ὑπεροχὴν 7 πεποιημένον, ἅπαντες προσωθοῦσιν εἰς ὄλεθρον. ⁷τοιούτῳ μόρῳ τὸν παράνομον συνέβη θανεῖν, μηδὲ τῆς γῆς τυγχάνοντα Μενέλαον· 8 ⁸πάνυ δικαίως· ἐπεὶ γὰρ συνετελέσατο πολλὰ περὶ τὸν βωμὸν ἁμαρτήματα, οὗ τὸ πῦρ ἁγνὸν ἦν καὶ ἡ σποδός, ἐν σποδῷ τὸν 9 θάνατον ἐκομίσατο. ⁹Τοῖς δὲ φρονήμασιν ὁ βασιλεὺς βεβαρημένος ἤρχετο, τὰ χείριστα τῶν ἐπὶ τοῦ πατρὸς αὐτοῦ γεγονότων 10 ἐνδειξόμενος τοῖς Ἰουδαίοις. ¹⁰μεταλαβὼν δὲ Ἰούδας ταῦτα, παρήγγειλεν τῷ πλήθει δι' ἡμέρας καὶ νυκτὸς ἐπικαλέσασθαι τὸν κύριον, 11 εἴ ποτε καὶ ἄλλοτε, καὶ νῦν ἐπιβοηθεῖν ¹¹τοῖς τοῦ νόμου καὶ πατρίδος καὶ ἱεροῦ ἁγίου στερεῖσθαι μέλλουσιν, καὶ τὸν ἄρτι βραχέως ἀνεψυχότα λαὸν μὴ ἐᾶσαι τοῖς δυσφήμοις ἔθνεσιν ὑποχειρίους γενέ-12 σθαι. ¹²πάντων δὲ τὸ αὐτὸ ποιησάντων ὁμοῦ καὶ καταξιωσάντων τὸν ἐλεήμονα κύριον μετὰ κλαυθμοῦ καὶ νηστειῶν καὶ προπτώσεως ἐπὶ ἡμέρας τρεῖς ἀδιαλείπτως, παρακαλέσας αὐτοὺς ὁ Ἰούδας ἐκέ-

XIII 1 εννατω Vᵃ | τεσσαρακοστω V | Επατορα V* (Ευπ. Vᵃ) 2 om V δε V 3 Μενελαον V | om και 2° V* (hab V¹⁽ᵐᵍ⁾) | ειρωνειας Vᵃ | τη σωτηρια V | κατασταθησεται A 4 των κακων...παντων] ειναι παντων των κακων V | προσαπολεσθαι V | αγαγοντες V | Βερενοιαν V 5 πηχων V | οργανον δε] ουτος δε οργ. V 6 om η V | πεποιημενων AVᵃ 7 τυγχανονται] τυχοντα V 8 πολλα περι τον βωμον] επι τον βωμον πολλα V 9 βεβαρωμενος V 10 Ιουδας] pr ο V | επικαλεισθαι V 11 ιερου αγιου στερεισθαι] αγιου ιερου στηρισθαι V* (-ρεισθ. Vᵃ) | αναψυχοτα V* (ανεψ. V¹ᵗ) 12 επι] εφ V | om αδιαλειπτως V | ο Ιουδας om ο V

A λευσεν παραγίνεσθαι. ¹³καθ' ἑαυτὸν δὲ σὺν τοῖς πρεσβυτέροις γενό- 13
μενος ἐβουλεύσατο πρὶν εἰσβαλεῖν τὸ στράτευμα τοῦ βασιλέως ἐπὶ
τὴν Ἰουδαίαν καὶ γενέσθαι τῆς πόλεως ἐγκρατεῖς, ἐξελθόντας κρῖναι
τὰ πράγματα τῇ τοῦ θεοῦ βοηθείᾳ. ¹⁴δοὺς δὲ τὴν ἐπιτροπὴν τῷ 14
κυρίῳ τοῦ κόσμου, παρακαλέσας τοὺς σὺν αὐτῷ γενναίως ἀγωνί-
σασθαι μέχρι θανάτου περὶ νόμων, ἱεροῦ, πόλεως, πατρίδος, πολιτίας·
περὶ δὲ Μωδιεὶμ ἐποιήσατο τὴν στρατιάν. ¹⁵ἀναδοὺς δὲ τοῖς 15
περὶ αὐτὸν σύνθημα ΘΕΟΥ ΝΙΚΗΝ, μετὰ νεανίσκων ἀρίστων κεκρι-
μένων ἐπιβαλὼν νύκτωρ ἐπὶ τὴν βασιλικὴν αὐλήν, τὴν παρεμβολὴν
ἀνεῖλεν εἰς ἄνδρας δισχιλίους, καὶ τὸν πρωτεύοντα τῶν ἐλεφάντων
σὺν τῷ κατ' οἰκίαν ὄντι συνέθηκεν· ¹⁶καὶ τὸ τέλος τὴν παρεμβολὴν 16
δέους καὶ ταραχῆς ἐπλήρωσαν, καὶ ἐξέλυσαν εὐημεροῦντες. ¹⁷ὑπο- 17
φαινούσης δὲ ἤδη τῆς ἡμέρας τοῦτο ἐγεγόνει, διὰ τὴν ἐπαρήγουσαν
αὐτῷ τοῦ κυρίου σκέπην. ¹³Ὁ δὲ βασιλεὺς εἰληφὼς γεῦμα 18
τῆς τῶν Ἰουδαίων εὐτολμίας, κατεπείρασεν διὰ μεθόδων τοὺς τό-
πους, ¹⁹καὶ ἐπὶ Βαιθσούροις φρούριον ὀλίγον τῶν Ἰουδαίων· προσ- 19
ῆγεν, ἐτροποῦτο, προσενέκρουσεν, ἠλαττονοῦτο. ²⁰τοῖς δὲ ἔνδον 20
Ἰούδας τὰ δέοντα εἰσέπεμψεν. ²¹προσήγγειλεν δὲ τὰ μυστήρια τοῖς 21
πολεμίοις Ῥόδοκος ἐκ τῆς Ἰουδαικῆς τάξεως· ἀνεζητήθη καὶ κατε-
λήμφθη καὶ κατεκλείσθη. ²²ἐδευτερολόγησεν ὁ βασιλεὺς τοῖς ἐν 22
Βαιθσούροις, δεξιὰν ἔδωκεν, ἔλαβεν, ἀπῄει, ²³προσέβαλεν τοῖς περὶ 23
τὸν Ἰούδαν, ἥττων ἐγένετο, μετέλαβεν ἀπονενοῆσθαι τὸν Φίλιππον
ἐν Ἀντιοχίᾳ τὸν ἀπολελιμμένον ἐπὶ τῶν πραγμάτων, συνεχύθη,
τοὺς Ἰουδαίους παρεκάλεσεν, ὑπετάγη, καὶ ὤμοσεν ἐπὶ πᾶσι τοῖς
δικαίοις, συνελύθη καὶ θυσίαν προσήγαγεν, ἐτίμησεν τὸν νεὼ καὶ
τὸν τόπον, ἐφιλανθρώπησεν ²⁴καὶ τὸν Μακκαβαῖον ἐπεδέξατο, κατέ- 24
λειπεν στρατηγὸν ἀπὸ Πτολεμαίδος ἕως τῶν Γεννήρων Ἡγεμονίδην,
²⁵ἦλθεν εἰς Πτολεμαίδα· ἐδυσφόρουν περὶ τῶν συνθηκῶν οἱ Πτολε- 25
μαεῖς, ἐδειλίαζον γὰρ ὑπεράγαν· ἠθέλησαν ἀθετεῖν τὰς διαστάλσεις.

V   13 εαυτον] αυτον V | πριν]+η V | του βασιλεως το στρατευμα V | επι] εις
V | om και A   14 κυριω] κτιστη V | νομου V | πολιτειας V |
Μωδιειν V | στρατιαν] στρατοπαιδειαν V* (-πεδ. Vᵃ)   15 νικης V |
δισχιλιους] χιλιους V | οικια A* (ν superscr A¹)   16 δους A | επληρωσεν
V   17 om δε V | τουτο]+δε V | επαρηγουσαν...του κυριου (τω κ͞ω A)] εξ
ουνο͞υ γεγονυιαν αυτω επαρηγουσαν κ͞υ V   19 Βαιθσουρα V | ολιγον]
οχυρον οχυρον V* (improb οχ. 2° V¹) | προσενεκρουσεν (προσενεκρ. A)] προσ-
εκρουεν V   21 om και bis V | κατεληφθη V   23 απονενοεισθαι
V | Αντιοχεια V | απολελειμμ. Vᵃ | πραγματων συνεχυθη· A | πασιν V* |
συνελυθη] συνεληλυθα V | νεων V   24 απεδεξατο V | Γεννηρων] Γερρηνων V
25 εδυσφορων A | περι] υπερ V | Πτολεμαις AV* | εδειλιαζον (εδιλ. A)] αιδι-
ναζον V* | υπεραγαν] υπερ Ιουδαιων V | διασταλσεις (-σις A)] διαστασεις V

700

26 ²⁶προσῆλθεν ἐπὶ τὸ βῆμα Λυσίας, ἀπελογήσατο ἐνδεχομένως, συνέ- A πεισεν καὶ κατεπράυνεν, εὐμενεῖς ἐποίησεν, ἀνέζευξεν εἰς Ἀντιοχίαν. οὕτω τὰ τῆς ἐφόδου τοῦ βασιλέως καὶ τῆς ἀναζυγῆς ἐχώρησεν.

XIV 1 ¹Μετὰ δὲ τριετῆ χρόνον προσέπεσεν τοῖς περὶ τὸν Ἰούδαν, Δημήτριον τὸν τοῦ Σελεύκου διὰ τοῦ κατὰ Τρίπολιν λιμένος εἰσ- 2 πλεύσαντα μετὰ πλήθους ἰσχυροῦ καὶ στόλου ²κεκρατηκέναι τῆς χώρας, ἐπανελόμενον Ἀντίοχον καὶ τὸν τούτου ἐπίτροπον Λυσίαν. 3 ³″Ἄλκιμος δέ τις προγεγονὼς ἀρχιερεύς, ἑκουσίως δὲ μεμολυσμένος ἐν τοῖς τῆς ἀμιξίας χρόνοις, συννοήσας ὅτι καθ' ὁντινᾱοῦν τρόπον οὐκ ἔστιν αὐτῷ σωτηρία οὐδὲ πρὸς τὸ ἅγιον θυσιαστήριον ἔτι πρόσ- 4 οδος, ⁴ἦλθεν πρὸς τὸν βασιλέα Δημήτριον ὡς πρώτῳ καὶ ἑκατοστῷ καὶ πεντηκοστῷ ἔτει, προσάγων αὐτῷ στέφανον χρυσοῦν καὶ φοί- νικα, πρὸς δὲ τούτοις τοῖς νομιζομένοις θαλλῶν τοῦ ἱεροῦ· καὶ 5 τὴν ἡμέραν ἐκείνην ἡσυχίαν ἔσχεν. ⁵καιρὸν δὲ λαβὼν τῆς ἰδίας ἀνοίας συνεργόν, προσκληθεὶς εἰς συνέδριον ὑπὸ τοῦ Δημητρίου καὶ ἐπερωτηθεὶς ἐν τίνι διαθέσει καὶ βουλῇ καθέστηκαν οἱ Ἰουδαῖοι, 6 πρὸς ταῦτα ἔφη ⁶Οἱ λεγόμενοι τῶν Ἰουδαίων Ἀσιδαῖοι, ὧν ἀφηγεῖται Ἰούδας ὁ Μακκαβαῖος, πολεμοτροφοῦσιν καὶ στασιάζουσιν, οὐκ ἐῶντες 7 τὴν βασιλείαν εὐσταθείας τυχεῖν. ⁷ὅθεν ἀφελόμενος τὴν προγονικὴν 8 δόξαν, λέγων δὲ τὴν ἀρχιερωσύνην, δεύτερον νῦν ἐλήλυθα, ⁵πρῶτον μὲν ὑπὲρ τῶν ἀνηκόντων τῷ βασιλεῖ γνησίως φρονῶν, δεύτερον δὲ καὶ τῶν ἰδίων πολιτῶν στοχασάμενος· τῇ μὲν γὰρ τῶν προειρημέ- 9 νων ἀλογιστίᾳ τὸ σύμπαν ἡμῶν γένος οὐ μικρῶς ἀκληρεῖ. ⁹ἕκαστα δὲ τούτων ἐπεγνωκὼς σύ, βασιλεῦ, καὶ τῆς χώρας καὶ τοῦ περιστα- μένου γένους ἡμῶν προσνοήθητι, καθ' ἣν ἔχεις πρὸς ἅπαντας εὐ- 10 απάντητον φιλανθρωπίαν. ¹⁰ἄχρι γὰρ Ἰούδας περίεστιν, ἀδύνατον 11 εἰρήνης τυχεῖν τὰ πράγματα. ¹¹τοιούτων δὲ ῥηθέντων ὑπὸ τού- του, θᾶττον οἱ λοιποὶ φίλοι δυσμενῶς ἔχοντες τὰ πρὸς τὸν Ἰούδαν

26 om και 1° V | Αντιοχειαν V | ουτως V | τα της εφοδου του βασιλεως] om V της εφοδου του Α* (hab Aᵃ ⁽ᵐᵍ⁾) τα του βασ. της εφ. V   XIV 3 Αλκειμος A | προγεγονως] προγενομενος V | μεμολυμμενος V | της αμιξιας] om της V | οντινα ου A ον V* (οντιναουν Vᵃ)   4 ηλθεν] ηκεν V* (-κε Vᵃ) | πρωτου και εκατοστου και πεντηκοστου ετους V | προσαγων V | των νομιζομενων V 5 Δημητρειου A | καθεστηκεν A   6 οι λεγομενοι] οι δε γενομενοι V | αφη- γειται] εφηγειτε V   7 λεγω V | δε] δη V | δευτερον] pr δευρο V 8 μεν 1°]+εν V | ιδιων πολιτων στοχασαμενος] ημετερων στοχ. πολ. V | τη] τι V | αλογιστια] αλογιστα V   9 τουτων] τουτως (sic) A | προσνοηθητι] προνοησαντι V

ΜΑΚΚΑΒΑΙΩΝ Β

Α προσεπύρωσαν τὸν Δημήτριον. ¹²προχειρισάμενος δὲ εὐθέως τὸν 12 Νικάνορα τὸν γενόμενον ἐλεφαντάρχην, καὶ στρατηγὸν ἀναδείξας τῆς Ἰουδαίας, ἐξαπέστειλεν· ¹³δοὺς ἐπιστολάς, αὐτὸν μὲν τὸν Ἰου- 13 δὰ ἐπανελέσθαι, τοὺς δὲ σὺν αὐτῷ σκορπίσαι, καταστῆσαι δὲ Ἄλκιμον ἀρχιερέα τοῦ μεγίστου ἱεροῦ. ¹⁴οἱ δὲ ἐπὶ τῆς Ἰουδαίας 14 πεφυγαδευκότες τὸν Ἰούδαν ἔθνη συνέμισγον ἀγεληδὸν τῷ Νικάνορι, τὰς τῶν Ἰουδαίων ἀτυχίας καὶ συμφορὰς ἰδίας εὐημερίας δοκοῦντες ἔσεσθαι. ¹⁵Ἀκούσαντες δὲ τὴν τοῦ Νικάνορος ἔφοδον καὶ 15 τὴν ἐπίθεσιν τῶν ἐθνῶν, καταπασάμενοι γῆν ἐλιτάνευσαν τὸν ἄχρι αἰῶνος συστήσαντα τὸν αὐτοῦ λαόν, ἀεὶ δὲ μετ' ἐπιφανείας ἀντιλαμβανόμενον τῆς ἑαυτοῦ μερίδος. ¹⁶προστάξαντος δὲ τοῦ ἡγου- 16 μένου, ἐκεῖθεν εὐθέως ἀναζεύξας συνμίσγει αὐτοῖς ἐπὶ κώμην Λεσσαού. ¹⁷Σίμων δὲ ὁ ἀδελφὸς Ἰούδα συμβεβληκὼς ἦν τῷ Νικάνορι, βραδέως 17 δέ, διὰ τὴν ἐφνίδιον τῶν ἀντιπάλων ἀφασίαν ἐπταικώς. ¹⁸ὅμως δὲ 18 ἀκούων ὁ Νικάνωρ ἦν εἶχον οἱ περὶ τὸν Ἰούδαν ἀνδραγαθίαν καὶ ἐν τοῖς περὶ τῆς πατρίδος ἀγῶσιν εὐψυχίαν, ὑπευλαβεῖτο τὴν κρίσιν δι' αἱμάτων ποιήσασθαι. ¹⁹διόπερ ἔπεμψεν Ποσιδώνιον καὶ Θεόδοτον 19 καὶ Ματταθίαν, δοῦναι καὶ λαβεῖν δεξιάς. ²⁰πλείονος δὲ γενομένης 20 περὶ τούτων ἐπισκέψεως, καὶ τοῦ ἡγουμένου τοῖς πλήθεσιν ἀνακοινωσαμένου, καὶ φανείσης ὁμοιοψήφου συγγνώμης, ἐπένευσαν ταῖς συνθήκαις. ²¹ἐτάξαντο δὲ ἡμέραν ἐν ᾗ κατ' ἰδίαν ἥξουσιν εἰς 21 τὸ αὐτό· καὶ προῆλθεν παρ' ἑκάστου δίφραξ, ἔθεσαν δίφρους. ²²διέταξεν Ἰούδας ἐνόπλους ἑτοίμους ἐν τοῖς ἐπικαίροις τόποις, μή 22 ποτε ἐκ τῶν πολεμίων ἐφνιδίως κακουργία γένηται· τὴν ἁρμόζουσαν ἐποιήσαντο κοινολογίαν. ²³διέτριβεν ὁ Νικάνωρ ἐν Ἱεροσο- 23 λύμοις, καὶ ἔπραττεν οὐδὲν ἄτοπον· τοὺς δὲ συναχθέντας ἀγελαίους ὄχλους ἀπέλυσεν. ²⁴καὶ εἶχεν τὸν Ἰούδαν διὰ παντὸς ἐν προσώπῳ· 24

V 11 Δημητρειον A 12 προχειρισαμενος (-χειρησ. A)] προσκαλεσαμενος V | τον Νικ.] om τον V 13 επιστολας] εντολας V | μεγιστου] μεγαλου V 14 οι δε επι της Ιουδαιας πεφυγαδευκοτες] τα δε εκ της Ιουδ. πεφυγαδευκοτα V | 15 ελιτανευον V | αυτου] εαυτου V | επιφανιας V* | αντιλαμβανομενος A 16 ηγομενου A* (υ superscr A^a?) | ευθεως αναζευξας] δια ταχους αναζευξ. V | συνμισγει] συνμισσει (sic) A | Δεεσαου V^vid 17 συμβεβληκως ην] συμβεβληκωσιν V* (-κοσι V^a) | βραδεως] βραχεως V | αιφνιδιον V^a 18 om δε V | Νεικανωρ A | περι 2°] υπερ V | υπευλαβειτο] επευλ. V^vid 19 Ποσιδονιον V* -σειδων. V^a | Ματταθειαν A | om δεξιας V 20 ηγουμενου] ηγεμονος V | ομοψηφου V | συγγνωμης (συγν. A)] γνωμης V 21 προσηλθεν V | διφραξ] διφρος V. 22 διεταξεν] pr και V | ενοπλους] εν οπλοις V* (ενοπλους V^a) | αιφν. V^a 23 διετριβεν]+δε V | ουδεν V | αγελαιους]+ακερεως V* (-ραιως V^a) 24 και ειχεν] ειχεν δε V

ΜΑΚΚΑΒΑΙΩΝ Β XIV 36

25 ψυχικῶς τῷ ἀνδρὶ προσεκέκλιτο. ²⁵παρεκάλεσεν αὐτὸν γῆμαι καὶ Α
26 παιδοποιήσασθαι· ἐγάμησεν, εὐστάθησεν, ἐκοινώνησεν βίου. ²⁶ Ὁ
δὲ Ἄλκιμος συνιδὼν τὴν πρὸς ἀλλήλους εὔνοιαν καὶ τὰς γενομένας
συνθήκας λαβὼν ἧκεν πρὸς τὸν Δημήτριον, καὶ ἔλεγεν τὸν Νικάνορα
ἀλλότρια φρονεῖν τῶν πραγμάτων· τὸν γὰρ ἐπίβουλον τῆς βασι-
27 λείας αὐτοῦ Ἰούδαν διάδοχον ἀπέδειξεν. ²⁷ὁ δὲ βασιλεὺς ἔκθυμος
γενόμενος καὶ ταῖς τοῦ πανπονήρου διαβολαῖς ἐρεθισθείς, ἔγραψεν
Νικάνορι ὑπὲρ μὲν τῶν συνθηκῶν φάσκων βαρέως φέρειν, κελεύων
δὲ τὸν Μακκαβαῖον δέσμιον ἐξαποστέλλειν εἰς Ἀντιοχίαν ταχέως.
28 ²⁸προσπεσόντων δὲ τούτων τῷ Νικάνορι, συνεκέχυτο, καὶ δυσφό-
ρως ἔφερεν, εἰ τὰ διεσταλμένα ἀθετήσει μηδὲν τἀνδρὸς ἠδικηκότος.
29 ²⁹ἐπεὶ δὲ τῷ βασιλεῖ ἀντιπράττειν οὐκ ἦν, εὔκαιρον ἐτήρει στρατη-
30 γήματι τοῦ ἐπιτελέσαι. ³⁰ὁ δὲ Μακκαβαῖος αὐστηρότερον διεξαγα-
γόντα συνιδὼν τὸν Νικάνορα τὰ πρὸς αὐτόν, καὶ τὴν ἠθισμένην
ἀπάντησιν ἀγροικότερον ἐσχηκότα, νοήσας οὐκ ἀπὸ τοῦ βελτίστου
τὴν αὐστηρίαν εἶναι, συστρέψας οὐκ ὀλίγους τῶν περὶ αὐτόν, συν-
31 εκρύπτετο τὸν Νικάνορα. ³¹Συγγνοὺς δὲ ὁ ἕτερος ὅτι γενναίως
ὑπὸ τοῦ ἀνδρὸς ἐστρατήγηται, παραγενόμενος ἐπὶ τὸ μέγιστον καὶ
ἅγιον ἱερόν, τῶν ἱερέων τὰς καθηκούσας θυσίας προσαγόντων, ἐκέ-
32 λευσεν παραδιδόναι τὸν ἄνδρα. ³²τῶν δὲ μεθ' ὅρκων φασκόντων
33 μὴ γινώσκειν ποῦ ποτ' ἐστὶν ὁ ζητούμενος, ³³προτείνας τὴν δεξιὰν
ἐπὶ τὸν νεώ, ὤμοσεν ταῦτα Ἐὰν μὴ δέσμιόν μοι τὸν Ἰούδαν
παραδῶτε, τόνδε τὸν τοῦ θεοῦ σηκὸν εἰς πεδίον ποιήσω, καὶ τὸ
θυσιαστήριον κατασκάψω, καὶ ἱερὸν ἐνταῦθα τῷ Διονύσῳ ἐπιφανὲς
34 ἀναστήσω. ³⁴τοσαῦτα δὲ εἰπὼν ἀπῆλθεν· οἱ δὲ ἱερεῖς προτείναντες
τὰς χεῖρας εἰς τὸν οὐρανὸν ἐπεκαλοῦντο τὸν διὰ παντὸς ὑπέρμαχον
35 τοῦ ἔθνους ἡμῶν, ταῦτα λέγοντες ³⁵Σύ, Κύριε, τῶν ὅλων ἀπροσδεὴς
ὑπάρχων, ηὐδόκησας ναὸν τῆς σῆς σκηνώσεως ἐν ἡμῖν γενέσθαι.
36 ³⁶καὶ νῦν, ἅγιε παντὸς ἁγιασμοῦ κύριε, διατήρησον εἰς αἰῶνα ἀμί-

24 προσεκεκλειτο Α προσεκεκλητα V 25 παρεκαλεσεν] + δε V V
26 ηκεν] ηλθεν V | Δημητρειον Α | των πραγμ.] pr περι V | om αυτου V |
Ιουδαν]+αυτον V | απεδειξεν] αναδεδιχεν V* (-δεδειχ. Vᵃ) 27 ταις] τοις
A | παμπον. Vᵃ | Νικανορι] pr τω V | φασκων υπερ μεν των συνθηκων V |
εξαποστελειν V | Αντιοχειαν V 28 δυσφορως] δυσχερερως (sic) V | αθε-
τησιν Α | τανδρος] του ανδρος Vᵃ , 29 επει] επι Α | του επιτελεσαι] τουτ
επιτ. V* τουτο επ. Vᵃ 30 ειθισμενην V | συνετρεψας V* συνεκ τρεψας Vᵃ |
αυτον 2°] εαυτον V | συνεκρυπτετο] διεκρυπτε V 31 συγνους Α συνγν.
V* (συγγ. Vᵃ) | τάνδρος V* (του ανδρ. Vᵃ) | τον μεγ. V* (το μεγ. Vᵃ)
32 φασκοντων] φαισαντων V* φησ. Vᵃ | γινωσκων Α 33 νεων V |
ωμοσεν ταυτα] ταυτ ωμοσεν V | παραδοτε V | om τον 3° V | εις πεδιον]
ισοπεδον V | Διανυσω (sic) Α 34 δε 1°] δ V 35 ευδοκησας V

703

Α αντον τόνδε τὸν προσφάτως κεκαθερισμένον οἶκον. ³⁷Ῥαζεὶς 37 δέ τις τῶν ἀπὸ Ἱεροσολύμων πρεσβυτέρων ἐμηνύθη τῷ Νικάνορι ἀνὴρ φιλοπολίτης καὶ σφόδρα καλῶς ἀκούων, καὶ κατὰ τὴν εὔνοιαν πατὴρ τῶν Ἰουδαίων προσαγορευόμενος. ³⁸ἦν γὰρ ἐν τοῖς ἔμπρο- 38 σθεν χρόνοις τῆς ἀμιξίας κρίσεις εἰσενηνεγμένος Ἰουδαισμοῦ, καὶ σῶμα καὶ ψυχὴν ὑπὲρ τοῦ Ἰουδαισμοῦ παραβεβλημένος μετὰ πάσης ἐκτενίας. ³⁹βουλόμενος δὲ Νικάνωρ πρόδηλον ποιῆσαι ἦν εἶχεν 39 πρὸς τοὺς Ἰουδαίους δυσμενίαν, ἀπέστειλεν στρατιώτας ὑπὲρ τοὺς πεντακοσίους συλλαβεῖν αὐτόν. ⁴⁰ἔδοξεν γὰρ ἐκεῖνον συλλαβὼν 40 τούτοις ἐνεργάσασθαι συμφοράν. ⁴¹τῶν δὲ πληθῶν μελλόντων τὸν 41 πύργον καταλαβέσθαι καὶ τὴν αὐλαίαν θύραν βιαζομένων καὶ κελευόντων πῦρ προσάγειν καὶ τὰς θύρας ὑφάπτειν, περικατάλημπτος γενόμενος ὑπέθηκεν ἑαυτῷ τὸ ξίφος· ⁴²εὐγενῶς θέλων ἀποθανεῖν 42 ἤπερ τοῖς ἀλιτηρίοις ὑποχείριος γενέσθαι, καὶ τῆς ἰδίας εὐγενείας ἀναξίως ὑβρισθῆναι. ⁴³τῇ δὲ πληγῇ μὴ κατευθικτήσας διὰ τὴν τοῦ 43 ἀγῶνος σπουδήν, καὶ τῶν ὄχλων ἔσω τῶν θυρωμάτων εἰσβαλλόντων, ἀναδραμὼν γενναίως ἐπὶ τὸ τεῖχος, κατεκρήμνισεν ἑαυτὸν ἀνδρωδῶς εἰς τοὺς ὄχλους. ⁴⁴τῶν δὲ ταχέως ἀναποδισάντων, γενομέ- 44 νου διαστήματος, ἦλθεν κατὰ μέσον τὸν κενεῶνα. ⁴⁵ἔτι δὲ ἔμπνους 45 ὑπάρχων καὶ πεπυρωμένος τοῖς θυμοῖς, ἐξαναστὰς φερομένων κρουνηδὸν τῶν αἱμάτων, καὶ δυσχερῶν τῶν τραυμάτων ὄντων, δρόμῳ τοὺς ὄχλους διελθών, καὶ στὰς ἐπί τινος πέτρας ἀπορρῶγος, ⁴⁶παν- 46 τελῶς ἔξαιμος ἤδη γινόμενος, προβαλὼν τὰ ἔντερα καὶ λαβὼν ἑκατέραις ταῖς χερσίν, ἐνέσεισε τοῖς ὄχλοις· καὶ ἐπικαλεσάμενος τὸν δεσπόζοντα τῆς ζωῆς καὶ τοῦ πνεύματος τὰ αὐτὰ αὐτῷ πάλιν ἀποδοῦναι, τόνδε τὸν τρόπον μετήλλαξεν.

¹Ὁ δὲ Νικάνωρ μεταλαβὼν τοὺς περὶ τὸν Ἰούδαν ὄντας ἐν τοῖς 1 XV κατὰ Σαμάρειαν τόποις, ἐβουλεύσατο τῇ τῆς καταπαύσεως ἡμέρᾳ μετὰ πάσης ἀσφαλείας αὐτοῖς ἐπιβαλεῖν. ²τῶν δὲ κατὰ ἀνάγκην συνεπο- 2

V 36 κεκαθαρισμενον V 37 Ραζις V* vid | om και 2° V 38 αμιξειας A | κρισις A κρισιν V 39 δυσμενειαν Vᵃ 40 εδοξεν] ελεγεν V 41 om και τας θυρας υφαπτειν V | περικαταληπτος V | υπεθηκε A | το ξιφος] om το V 42 ειπερ V* (ηπερ Vᵃ) 43 γενναιως]+ασμενως V | ανδροδως V* (-δρωδ. Vᵃ) 45 δε] δ V | κρουνηδων V* | διελθοντων A | απορρωγος] απερρωγως V 46 προβαλων] προσλαβομενος V | om και λαβων V | δεσποζοντα] ras ɪ lit (fort σ) inter ο 1° et ζ Aˀ | τα αυτα] ταυτα V | τον τροπον] om τον V XV 1 τοποις εβουλευσατο sup ras Vᵃ | τη της καταπ. ημερα] την της καταπ. ημερας A (ν τη sup ras Aᵃˀ) την της καταπ. ημεραν (την sup ras Vᵃ) | ασφαλιας V* 2 κατα] κατ V

ΜΑΚΚΑΒΑΙΩΝ Β XV 13

μένων αὐτῷ Ἰουδαίων λεγόντων Μηδαμῶς οὕτως ἀγρίως καὶ βαρβάρως A
ἀπολέσῃς, δόξαν δὲ ἀπομέρισον τῇ προτετιμημένῃ ὑπὸ τοῦ πάντα
3 ἐφορῶντος μεθ᾽ ἁγιότητος ἡμέρᾳ· ³ὁ δὲ τρισαλιτήριος ἐπηρώτησεν
εἰ ἔστιν ἐν οὐρανῷ ὁ δυνάστης ὁ προστεταχὼς ἄγειν τὴν τῶν σαβ-
4 βάτων ἡμέραν· ⁴τῶν δ᾽ ἀποφηναμένων Ἔστιν ὁ κύριος ζῶν αὐτὸς
5 ἐν οὐρανῷ δυνάστης ὁ κελεύσας ἀσκεῖν τὴν ἑβδομάδα· ⁵ὁ δὲ ἕτερος
Κἀγώ, φησίν, δυνάστης ἐπὶ τῆς γῆς, ὁ προστάσσων αἴρειν τὰ ὅπλα
καὶ τὰς βασιλικὰς χρείας ἐπιτελεῖν. ὅμως οὐ κατέσχεν ἐπιτελέσαι
6 τὸ σχέτλιον αὐτοῦ βούλημα. ⁶Καὶ ὁ μὲν Νικάνωρ μετὰ
πάσης ἀσφαλείας ὑψαυχενῶν, διεγνώκει κοινὸν τῶν περὶ τὸν
7 Ἰούδαν συστήσασθαι τρόπον. ⁷ὁ δὲ Μακκαβαῖος ἦν ἀδιαλείπτως
πεποιθὼς μετὰ πάσης ἐλπίδος ἀντιλήμψεως τεύξασθαι παρὰ τοῦ
8 κυρίου. ⁸καὶ παρεκάλει τοὺς σὺν αὐτῷ μὴ δειλιᾶν τὴν τῶν ἐθνῶν
ἔφοδον, ἔχοντας δὲ κατὰ νοῦν τὰ προγεγονότα αὐτοῖς ἀπ᾽ οὐρανοῦ
βοηθήματα, καὶ τὰ νῦν προσδοκᾶν τὴν παρὰ τοῦ παντοκράτορος
9 ἐσομένην αὐτοῖς νίκην. ⁹καὶ παραμυθούμενος αὐτοὺς ἐκ τοῦ νόμου
καὶ τῶν προφητῶν, προσυμνήσας δὲ αὐτοὺς καὶ τοὺς ἀγῶνας οὓς
10 ἦσαν ἐκτετελεκότες, προθυμοτέρους αὐτοὺς κατέστησεν. ¹⁰καὶ τοῖς
θυμοῖς διεγείρας αὐτοὺς παρήγγειλεν, ἅμα παρεπιδεικνὺς τὴν τῶν
11 ἐθνῶν ἀθεσίαν καὶ τὴν τῶν ὅρκων παράβασιν. ¹¹ἕκαστον δὲ αὐτῶν
καθοπλίσας οὐ τὴν ἀσπίδων καὶ λογχῶν ἀσφαλίαν, ὡς τὴν ἐν τοῖς
ἀγαθοῖς λόγοις παράκλησιν, καὶ προσηγησάμενος ὄνειρον ἀξιόπιστον
12 ὑπέρ τι πάντας ηὔφρανεν. ¹²ἦν δὲ ἡ τούτου θεωρία τοιάδε· Ὀνίαν
τὸν γενόμενον ἀρχιερέα ἄνδρα καλὸν καὶ ἀγαθόν, αἰδήμονα μὲν τὴν
ἀπάντησιν, πρᾷον δὲ τὸν τρόπον, καὶ λαλιὰν προϊέμενον πρε-
πόντως καὶ ἐκ παιδὸς ἐκμεμελετηκότα πάντα τὰ τῆς ἀρετῆς ἴδια,
τοῦτον τὰς χεῖρας προτείναντά κατεύχεσθαι τῷ παντὶ τῶν Ἰουδαίων
13 συστήματι· ¹³εἶθ᾽ οὕτως ἐπιφανῆναι ἄνδρα πολιᾷ καὶ δόξῃ δια-
φέροντα, θαυμαστὴν δέ τινα καὶ μεγαλοπρεπεστάτην εἶναι τὴν περὶ

2 αυτω συνεπ. V | om Ιουδαιων V | απολεσεις Vᵃ 3 επηρωτησεν] επη- V
ρωσεν (sic) A | ο δυναστης] om o V 5 καγω] κατω A | om επι της γης
V | τα οπλα] om τα V 6 ασφαλειας] αλαζονιας V | υψαυχενων] ευψαυχ.
(? συψαυχ.) A | τροπαιον V 7 αδιαληπτως V* (-λιπτ. Vᵃ) | αντιληψεως V
8 και παρεκαλει Vᵃ (rescr) | τους συν] τοις σ. V | εχοντες A | ουρανου (sic)
A | εισομενην A 9 om και 1° V | αυτους 1°] αυτος V*ᵛⁱᵈ αυτοις Vᵃ |
προσυμνησας] και προσυμνησας V | om αυτους 3° V* λογχ. Vᵃ) V | ασφα-
λειαν Vᵃ | προεξηγησαμενος V 12 πραυν V | εκμεμελετηκοτα] μεμελετη-
κοτα V | ιδια] οικεια V | προτεινοντα V 13 επιφανηναι] φανηναι V

SEPT. III. 705 YY

Α αὐτὸν ὑπεροχήν· ¹⁴ἀποκριθέντα δὲ τὸν 'Ονίαν εἰπεῖν 'Ο φιλάδελφος 14 οὗτός ἐστιν ὁ πολλὰ προσευχόμενος περὶ τοῦ λαοῦ καὶ τῆς ἁγίας πόλεως Ἱερεμίας ὁ τοῦ θεοῦ προφήτης. ¹⁵προτείναντα δὲ Ἱερεμίαν 15 τὴν δεξιὰν παραδοῦναι τῷ Ἰούδᾳ ῥομφαίαν χρυσῆν, διδόντα δὲ προσφωνῆσαι τάδε ¹⁶Λάβε τὴν ἁγίαν ῥομφαίαν δῶρον παρὰ τοῦ θεοῦ, 16 δι' ἧς θραύσεις τοὺς ὑπεναντίους. ¹⁷Παρακληθέντες δὲ τοῖς 17 Ἰούδου λόγοις πάνυ καλοῖς καὶ δυναμένοις ἐπ' ἀρετὴν παρορμῆσαι καὶ ψυχὰς νέων ἐπανδρῶσαι, διέγνωσαν μὴ στρατεύεσθαι, γενναίως δὲ ἐνφέρεσθαι, καὶ μετὰ πάσης εὐανδρείας ἐμπλακέντες κρῖναι τὰ πράγματα, διὰ τὸ καὶ τὴν πόλιν καὶ τὰ ἅγια καὶ τὸ ἱερὸν κινδυνεύειν. ¹³ἦν γὰρ ὁ περὶ γυναικῶν καὶ τέκνων, ἔτι δὲ ἀδελφῶν 18 καὶ συγγενῶν, ἐν ἥττονι μέρει κείμενος αὐτοῖς, μέγιστος δὲ καὶ πρῶτος ὁ περὶ τοῦ καθηγιασμένου ναοῦ φόβος. ¹⁹ἦν δὲ καὶ τοῖς ἐν 19 τῇ πόλει κατειλημμένοις οὐ πάρεργος ἀγωνία, ταρασσομένοις τῆς ἐν ὑπαίθρῳ προσβολῆς. ²⁰Καὶ πάντων ἤδη προσδοκώντων τὴν 20 ἐσομένην κρίσιν, καὶ ἤδη προσμιξάντων τῶν πολεμίων καὶ τῆς στρατιᾶς ἐκταγείσης, καὶ τῶν θηρίων ἐπὶ μέρος εὔκαιρον ἀποκατασταθέντων, τῆς δὲ ἵππου κατὰ κέρας τεταγμένης· ²¹συνιδὼν ὁ Μακκα- 21 βαῖος τὴν τῶν πληθῶν παρουσίαν καὶ τῶν ὅπλων τὴν ποικίλην παρασκευήν, τήν τε τῶν θηρίων ἐπὶ μέρος εὔκαιρον ἀγριότητα, ἀνατείνας χεῖρας εἰς τὸν οὐρανόν, ἐπεκαλέσατο τὸν τερατοποιὸν κύριον, γινώσκων ὅτι οὐκ ἔστιν δι' ὅπλων, καθὼς δὲ ἐὰν αὐτῷ κριθῇ, τοῖς ἀξίοις περιποιεῖται τὴν νίκην. ²²ἔλεγεν δὲ ἐπικαλούμενος τόνδε 22 τὸν τρόπον Σύ, δέσποτα, ἀπέστειλας τὸν ἄγγελόν σου ἐπὶ Ἐζεκίου τοῦ βασιλέως τῆς Ἰουδαίας, καὶ ἀνεῖλεν ἐκ τῆς παρεμβολῆς Σενναχηρεὶμ εἰς ἑκατὸν ὀγδοήκοντα πέντε χιλιάδας. ²³καὶ νῦν, δυνάστα 23 τῶν οὐρανῶν, ἀπόστειλον ἄγγελον ἀγαθὸν ἔμπροσθεν ἡμῶν εἰς δέος καὶ τρόμον· ²⁴μεγέθει βραχίονός σου καταπλαγείησαν οἱ μετὰ βλα- 24

V 14 om δε V | ειπεν V* (-πειν V¹) | εστιν] ετιν (sic) Α | περι] υπερ V | αγιας] απασης V 16 θραυσις Α 17 Ιουδα V | λογοις V* (λογοις V¹*) | επανδρωσαι (δ rescr A¹)] επανορθωσαι V | στρατευσασθαι V | δε 2°] δ V | εμφερ. V | ευτανδρειας (sic) Α | εμπλακεντες εμφυεντας V 18 αδελφων] pr περι V 19 κατηλλημενοις V* κατειλλ. Vª | ταραττομενων V 20 προσδοκων V* (-κωντων V¹) | προσμιξαντων] συμμιξ. V | και της στρατ.] της τε στρατ. V | των 2°] τω V* (των Vª) | δε] τε V 21 om επι μερος ευκαιρον V | ανατεινας] προτεινας V | χειρας] pr τας V | δε εαν] δ αν V | περιποιειται] περιποιουντι V 22 δε] δ Vᵃᵛⁱᵈ | ανειλεν] ανηλες V* ανειλες Vª | παρεμβολησενναχηρειμ V* (-λης Σεναχειρειμ Vª) 23 αγγελον αγαθον] τον αγγελον V | τρομον] τροπον Α 24 καταπλαγεησαν Α σφημίας παραγινόμενοι ἐπὶ τὸν ἅγιόν σου λαόν. καὶ οὗτος μὲν ἐν Α τούτοις ἔληξεν. ²⁵Οἱ δὲ περὶ τὸν Νικάνορα μετὰ σαλπίγγων καὶ παιάνων προσῆγον· ²⁶οἱ δὲ περὶ τὸν Ἰούδαν μετὰ ἐπικλήσεως καὶ εὐχῶν συνέμιξαν τοῖς πολεμίοις. ²⁷καὶ ταῖς μὲν χερσὶν ἀγωνιζόμενοι, ταῖς δὲ καρδίαις πρὸς τὸν θεὸν εὐχόμενοι, κατέστρωσαν οὐδὲν ἧττον μυριάδων τριῶν καὶ πεντακισχιλίων, τῇ τοῦ θεοῦ μεγάλως εὐφρανθέντες ἐπιμελείᾳ. ²⁸Γενόμενοι δὲ ἀπὸ τῆς χρείας καὶ μετὰ χαρᾶς ἀναλύοντες, ἐπέγνωσαν προπεπτωκότα Νικάνορα σὺν τῇ πανοπλίᾳ. ²⁹γενομένης δὲ κραυγῆς καὶ ταραχῆς, εὐλόγουν τὸν δυνάστην τῇ πατρίῳ φωνῇ. ³⁰καὶ προσέταξεν ὁ καθ᾽ ἅπαν σώματι καὶ ψυχῇ πρωταγωνιστὴς ὑπὲρ τῶν πολιτῶν, ὁ τὴν τῆς ἡλικίας εὔνοιαν εἰς ὁμοεθνεῖς διαφυλάξας, τὴν τοῦ Νικάνορος κεφαλὴν ἀποτεμόντας, καὶ τὴν χεῖρα σὺν τῷ ὤμῳ, περιφέρειν εἰς Ἱεροσόλυμα. ³¹παραγενόμενος δὲ ἐκεῖ, καὶ συνκαλεσάμενος τοὺς ὁμοεθνεῖς καὶ τοὺς ἱερεῖς πρὸ τοῦ θυσιαστηρίου στήσας, μετεπέμψατο τοὺς ἐκ τῆς ἄκρας. ³²καὶ ἐπιδεξάμενος τὴν τοῦ μιεροῦ Νικάνορος κεφαλὴν καὶ τὴν χεῖρα τοῦ δυσφήμου, ἣν ἐκτείνας ἐπὶ τὸν ἅγιον τοῦ παντοκράτορος οἶκον ἐμεγαλαύχησεν, ³³καὶ τὴν γλῶσσαν τοῦ δυσσεβοῦς Νικάνορος ἐκτεμών, ἔφη μετὰ μέρος τοῖς ὀρνέοις, τὰ δ᾽ ἐπίχειρα τῆς ἀνοίας κατέναντι τοῦ ναοῦ κρεμάσαι. ³⁴οἱ δὲ πάντες εἰς τὸν οὐρανὸν εὐλόγησαν τὸν ἐπιφανῆ κύριον, λέγοντες Εὐλογητὸς ὁ διατηρήσας τὸν ἑαυτοῦ τόπον ἀμίαντον. ³⁵ἐξέδησεν δὲ τὴν τοῦ Νικάνορος προτομὴν ἐκ τῆς ἄκρας ἐπίδηλον πᾶσιν, καὶ φανερὸν τῆς τοῦ κυρίου βοηθείας σημεῖον. ³⁶ἐδογμάτισαν δὲ πάντες μετὰ κοινοῦ ψηφίσματος μηδαμῶς ἐᾶσαι (37)ἀπαρασήμαντον τήνδε τὴν ἡμέραν· ⁽³⁷⁾ἔχειν δὲ ἐπίσημον τὴν τρισκαιδεκάτην τοῦ δωδεκάτου μηνός—Ἀδὰρ λέγεται τῇ κυριακῇ φωνῇ—πρὸ μιᾶς ἡμέρας τῆς Μαρδοχαικῆς ἡμέρας.

37 (38) ³⁷Τῶν οὖν κατὰ Νικάνορα χωρησάντων οὕτως, καὶ ἀπ᾽ ἐκείνων

24 παραγεναμενοι V | λαον] ναον V   26 μετα] μετ V   27 αγωνιζομενοις A* (-νοι A¹) | om καρδιαις A | μυριαδας τρεις και πεντακισχιλιους V | επιμελεια] επιφανεια V   29 πατρωω V   30 και προσεταξεν] προσετ. δε V | ομοεθνεις] pr τους V | περιφερειν] φερειν V   31 δε] δ V | συνκαλεσας V* (συγκ. Vᵃ) | ομοεθνους A   32 επιδειξαμενος V | μιαρου V | εκτεινας] εκτετινας A   33 δυσεβους V* (δυσσ. V¹) | μετα] κατα V | τοις ορν.] pr δωσειν V | δ] δε V   34 ηυλογησαν V   35 κυριου] θεου V   36 απαρασηματον V | εχειν] ειχεν V* -χε Vᵃ | τη τρισκαιδεκατη V | κυριακη] Συριακη V | Μαρδοχοικης V

XV 38 ΜΑΚΚΑΒΑΙΩΝ Β

A τῶν καιρῶν κρατηθείσης τῆς πόλεως ὑπὸ τῶν Ἑβραίων, καὶ αὐτὸς αὐτόθι τὸν λόγον καταπαύσω. ³⁸καὶ εἰ μὲν καλῶς, 38 (39) εὐθίκτως τῇ συντάξει, τοῦτο καὶ αὐτὸς ἤθελον· εἰ δὲ εὐτελῶς καὶ μετρίως, τοῦτο ἐφικτὸν ἦν μοι. ³⁹καθάπερ οἶνον κατὰ μόνας 39 (40) πίνειν, ὡσαύτως δὲ καὶ ὕδωρ πάλιν πολέμιον· ὃν δὲ τρόπον οἶνος ὕδατι συνκερασθεὶς ἤδη καὶ ἐπιτερπῆ τὴν χάριν ἀποτελεῖ, οὕτως καὶ τὸ τῆς κατασκευῆς τοῦ λόγου τέρπει τὰς ἀκοὰς τῶν ἐντυγχανόντων τῇ συντάξει. Ἐνταῦθα δὲ ἔσται ἡ τελευτή.

V 37 καταπαυσων A   38 ει μεν] ειπεν· A ειδεν V* (ει μεν V¹) | καλως] +και Vᵃ⁽ᵐᵍ⁾ | ευθικτως] ευθιτικτως V* ευθυτικτως Vᵃ   39 καθαπερ]+γαρ V | ωσαυτος V* (-τως Vᵃ) | συγκερασθεις V | ηδη και επιτερπη] ηδη και επιτερπει V* ηδεια και επιτερπη Vᵃ | ουτω V | ενταυ V* (ενταυθα Vᵃ) | δε 3°] δ V
Subscr Ιουδα του Μακκαιου (sic) πραξεων επιστολη A Ιουδα Μακκαβαιου πραξεων επιτομη V (rescr ut vid)

ΜΑΚΚΑΒΑΙΩΝ Γ

1 1 Ὁ ΔΕ Φιλοπάτωρ παρὰ τῶν ἀνακομισθέντων μαθὼν τὴν γινο- Α μένην τῶν ἐπ' αὐτοῦ κρατουμένων τόπων ἀφαίρεσιν ὑπὸ Ἀντιόχου, παραγγείλας ταῖς πάσαις δυνάμεσιν πεζικαῖς καὶ ἱππικαῖς, καὶ τὴν ἀδελφὴν Ἀρσινόην συνπαραλαβών, ἐξώρμησεν μέχρι τῶν κατὰ Ῥα- 2 φίαν τόπων, ὅπου παρεμβεβλήκεισαν οἱ περὶ Ἀντίοχον. ²Θεόδοτος δέ τις ἐκπληρῶσαι τὴν ἐπιβουλὴν διανοηθείς, παραλαβὼν τῶν προυποτεταγμένων αὐτῷ ὅπλων Πτολεμαικῶν τὰ κράτιστα, διεκομίσθη νύκτωρ ἐπὶ τὴν τοῦ Πτολεμαίου σκηνήν, ὡς μόνος κτεῖναι αὐτόν, 3 καὶ ἐν τούτῳ διαλῦσαι τὸν πόλεμον. ³τοῦτον δὲ διάγων Δωσίθεος ὁ Δριμύλου λεγόμενος, τὸ γένος Ἰουδαῖος, ὕστερον δὲ μεταβαλὼν τὰ νόμιμα καὶ τῶν πατρίων δογμάτων ἀπηλλοτριωμένος, ἄσημόν τινα κατέκλινεν ἐν τῇ σκηνῇ, ὃν συνέβη κομίσασθαι τὴν ἐκείνου κόλασιν. 4 ⁴γενομένης δὲ καρτερᾶς μάχης καὶ τῶν πραγμάτων μᾶλλον ἐρρωμένων τῷ Ἀντιόχῳ, ἱκανῶς ἡ Ἀρσινόη ἐπιπορευσαμένη τὰς δυνάμεις παρεκάλει μετὰ οἴκτου καὶ δακρύων, τοὺς πλοκάμους λελυμένη, βοηθεῖν ἑαυτοῖς τε καὶ τοῖς τέκνοις καὶ ταῖς γυναιξὶν θαρραλέως, ἐπαγγελ- 5 λομένη δώσειν νικήσασιν ἑκάστῳ δύο μνᾶς χρυσίου· ⁵καὶ οὕτως συνέβη τοὺς ἀντιπάλους ἐν χειρονομίαις διαφθαρῆναι, πολλοὺς δὲ 6 καὶ δοριαλώτους συλλημφθῆναι. ⁶κατακρατήσας δὲ τῆς ἐπιβουλῆς 7 ἔκρινεν τὰς πλησίον πόλεις ἐπελθὼν παρακαλέσαι. ⁷ποιήσας δὲ τοῦτο, καὶ τοῖς τεμένεσι δωρεὰς ἀπονείμας, εὐθαρσεῖς τοὺς ὑποτε-

Inscr Μακκαβαιων λογος γ' Α Μακκ. γ' V   I 1 ακομισθεντων V* V (αποκομ. Vᵃ) | γενομενην V | επ] υπ V | συμπαραλαβων V | Αντιοχον] pr τον V   2 εκπληρωσαι] πληρωσαι V | οπλων] τοπων Λ* (οπλ. Α¹) 3 διαγαγων V | Δοσιθεος Vᵃ | Δρυμυλου V* (Δριμ. V¹ᵗ) | μεταλαβων V* (μεταβαλ. Vᵃ)   4 καρτερας] και ετερας V | Αντιωχω (sic V*) ικανως· V | πλοκαμους] πολεμους Α | εαυτον V* (-τοις V¹) | ταις γυναιξιν] om ταις V 5 ουτως] τουτως (sic ut vid) A | αντιπαους V* (-παλ. V¹) | δοριαλωτους (δοριαλ. Vᵃ)] ροδιαλωτους (sic) Α | συλληφθ. V   7 δωρεαν V | απονειμα· Α

709

ΜΑΚΚΑΒΑΙΩΝ Γ

Α ταγμένους κατέστησεν. ⁸Τῶν δὲ Ἰουδαίων διαπεμψαμένων 8 πρὸς αὐτὸν ἀπὸ τῆς γερουσίας καὶ τῶν πρεσβυτέρων τοὺς ἀσπασομένους αὐτὸν καὶ ξένια κομιοῦντας καὶ ἐπὶ τοῖς συμβεβηκόσιν χαρησομένους, συνέβη μᾶλλον αὐτὸν προθυμηθῆναι, ὡς τάχιστα πρὸς αὐτοὺς παραγενέσθαι. ⁹διακομισθεὶς δὲ εἰς Ἱεροσόλυμα, καὶ θύσας 9 τῷ πιστῷ θεῷ καὶ χάριτας ἀποδιδοὺς καὶ τῶν ἑξῆς τι τῷ τόπῳ ποιήσας, καὶ δὴ παραγενόμενος εἰς τὸν τόπον καὶ τῇ σπουδαιότητι καὶ εὐσεβείᾳ καταπληγείς, ¹⁰θαυμάσας δὲ καὶ τὴν τοῦ ἱεροῦ εὐταξίαν, 10 ἐνεθυμήθη βουλεύσασθαι εἰς τὸν ναὸν εἰσελθεῖν. ¹¹τῶν δὲ εἰπόντων 11 μὴ καθήκειν γίνεσθαι τοῦτο, διὰ τὸ μηδὲ τοῖς ἔθνεσιν εἰσιέναι, μηδὲ πᾶσιν τοῖς ἱερεῦσιν, ἀλλ᾽ ἢ μόνῳ τῷ προηγουμένῳ πάντων ἀρχιερεῖ, καὶ τούτῳ κατ᾽ ἐνιαυτὸν ἅπαξ, ὁ δὲ οὐδαμῶς ἐπείθετο. ¹²τοῦ τε νόμου 12 παραναγνωσθέντος, οὐδ᾽ ὡς ἀπέλειπεν προφερόμενος ἑαυτὸν δεῖν εἰσελθεῖν, λέγων Καὶ εἰ ἐκεῖνοι ἐστέρηνται ταύτης τῆς τιμῆς, ἐμὲ δὲ οὐ δεῖ. ¹³καὶ ἐπυνθάνετο διὰ τίνα αἰτίαν αὐτὸν εἰσερχόμενον εἰς πᾶν 13 τέμενος οὐθεὶς ἐκώλυσεν τῶν παρόντων. ¹⁴καί τις ἀπρονοήτως 14 ἔφη κακῶς αὐτὸ τοῦτο τερατεύεσθαι· ¹⁵γινομένου δέ, φησίν, τούτου, 15 διὰ τίνα αἰτίαν οὐχὶ πάντων εἰσελεύσεσθαι, καὶ θελόντων αὐτῶν καὶ μή; ¹⁶Τῶν δὲ ἱερέων ἐν πάσαις ταῖς ἐσθήσεσιν προσπε- 16 σόντων, καὶ δεομένων τοῦ μεγίστου θεοῦ βοηθεῖν τοῖς ἐνεστῶσιν, καὶ τὴν ὁρμὴν τοῦ κακῶς ἐπιβαλλομένου μεταθεῖναι, κραυγῆς τε μετὰ δακρύων τὸ ἱερὸν ἐμπλησάντων, ¹⁷οἱ κατὰ τὴν πόλιν ἀπολειπόμενοι 17 ταραχθέντες ἐξεπήδησαν, ἄδηλον τιθέμενοι τὸ γινόμενον. ¹⁸αἵ τε 18 κατάκλειστοι παρθένοι ἐν θαλάμοις σὺν ταῖς τεκούσαις ἐξώρμησαν· καὶ ἀπέδωκαν κόνει τὰς κόμας πασάμεναι, πού γε καὶ στεναγμῶν ἐνεμπίπλων τὰς πλατείας. ¹⁹αἱ δὲ καὶ προσαρτίως ἐσταλμέναι, τοὺς πρὸς 19 ἅπαν νῦν διατεταγμένους καὶ τὴν ἁρμόζουσαν αἰδὼ παραλείπουσαι, δρόμον ἄτακτον συνίσταντο. ²⁰τὰ δὲ νεογνὰ τῶν τέκνων αἱ πρὸς 20 τούτοις μητέρες καὶ τιθηνοὶ παραλείπουσαι ἄλλως καὶ ἄλλως, αἱ μὲν κατ᾽ οἴκους, αἱ δὲ κατὰ τὰς ἀγυιὰς ἀνεπιστρέπτως εἰς τὸ πανυπέρτατον ἱερὸν ἠθροίζοντο. ²¹ποικίλη δὲ ἦν τῶν εἰς τοῦτο συλλεγέντων 21

V 7 καταστησαι V | 8 συμβεβηκοσι V | χαρισ. V* (χαρησ. Vᵃ) | προς 2°] παρ V | 9 πιστω] μεγιστω V | τοπω] τοπον A | ευσεβεια] ευπρεπεια V | καταπλαγεις V | 11 εθνεσιν] εκ του οθνοις V | 12 παραγνωσθ. AV | ουδ ως] οιδαμως V | εκεινω (sic) A | 13 δια τινα] ατινα (sic) A | τετεμενος (sic) A | ουδεις V | διεκωλυσεν V* -σε Vᵃ | 15 γενομενου V | παντες V | 16 προπεσοντων V* (προσπ. Vᵃ) | μεγιστου] μεγαλου V | τε] δε V | 18 πασσ. Vᵃ | που γε] γοου τε V | ενεμπιμπλων V* ενεπιμπλ. Vᵃ | 19 διατεταγμενην (sic) A | ατακτον] + εν τη πολει V | 20 νεογνα] ναιογνα (γ rescr A¹) A | αι 1°] + τε A | αι 2°] και A | δε κατα τας] δεκατας (sic ut vid) A

ΜΑΚΚΑΒΑΙΩΝ Γ

22 ἡ δέησις ἐπὶ τοῖς ἀνοσίως ὑπ' ἐκείνου κατεγχειρουμένοις. ²²σύν τε Α τούτοις οἱ περὶ τῶν πολιτῶν θρασυνθέντες οὐκ ἠνείχοντο τέλεον αὐτοῦ ἐπικειμένου καὶ τὸ τῆς προθέσεως ἐκπληροῦν διανοουμένου· 23 ²³φωνήσαντες δὲ τὴν ὁρμὴν ἐπὶ τὰ ὅπλα ποιήσασθαι, καὶ θαρραλέως ὑπὸ τοῦ πατρῴου νόμου τελευτᾶν, ἱκανὴν ἐποίησαν ἐν τῷ τόπῳ τραχύτητα, μόλις δὲ ὑπό τε τῶν γεραιῶν καὶ τῶν πρεσβυτέρων 24 ἀποτραπέντες, ἐπὶ τὴν αὐτὴν τῆς δεήσεως παρῆσαν στάσιν. ²⁴καὶ 25 τὸ μὲν πλῆθος ὡς ἔμπροσθεν τούτοις ἀνεστρέφετο δεόμενον. ²⁵οἱ δὲ περὶ τὸν βασιλέα πρεσβύτεροι πολλαχῶς ἐπειρῶντο τὸν ἀγέρωχον 26 αὐτοῦ νοῦν ἐξιστάνειν τῆς ἐντεθυμημένης ἐπιβουλῆς. ²⁶θρασυνθεὶς δὲ καὶ πάντας παραπέμψας ἤδη, καὶ πρόσβασιν ἤδη ἐποιεῖτο, τέλος 27 ἐπιθήσειν δοκῶν τῷ προειρημένῳ. ²⁷ταῦτα οὖν καὶ οἱ περὶ αὐτὸν ὄντες θεωροῦντες ἐτράπησαν εἰς τὸ σὺν τοῖς ἡμετέροις ἐπικαλεῖσθαι τὸν πᾶν κράτος ἔχοντα τοῖς παροῦσιν ἐπαμῦναι, μὴ περιιδόντα τὴν 28 ἄνομον καὶ ὑπερήφανον πρᾶξιν. ²⁸ἐκ δὲ τῆς πυκνοτάτης τε καὶ ἐνπόνου τῶν ὄχλων συναγομένης κραυγῆς ἀνείκαστός τις ἦν βοή· 29 ²⁹δοκεῖν γὰρ ἦν μὴ μόνον τοὺς ἀνθρώπους, ἀλλὰ καὶ τὰ τείχη καὶ τὸ πᾶν ἔδαφος ἠχεῖν, ἅτε δὴ τῶν πάντων τότε θάνατον ἀλλασσομένων ἀντὶ τῆς τοῦ τόπου βεβηλώσεως.

II 2 ²Κύριε, Κύριε, βασιλεῦ τῶν οὐρανῶν, καὶ δέσποτα πάσης τῆς κτίσεως, ἅγιε ἐν ἁγίοις, μόναρχε, παντοκράτωρ, πρόσχες ἡμῖν καταπονουμένοις ὑπὸ ἀνοσίου καὶ βεβήλου, θράσει καὶ σθένει πε- 3 φρυασμένου. ³σὺ γὰρ εἶ ὁ κτίσας τὰ πάντα, καὶ τῶν ὅλων ἐπικρατῶν· δυνάστης δίκαιος εἶ, καὶ τοὺς ὕβρει καὶ ἀγερωχίᾳ τι 4 πράσσοντας κρίνεις. ⁴σὺ τοὺς ἔμπροσθεν ἀδικίαν ποιήσαντας, ἐν οἷς γίγαντες ἦσαν ῥώμῃ καὶ θράσει πεποιθότες, διέφθειρας, ἐπαγα- 5 γὼν αὐτοῖς ἀμέτρητον ὕδωρ. ⁵σὺ τοὺς ὑπερηφανίαν ἐργαζομένους Σοδομίτας, ἀδήλους ταῖς κακίαις γενομένους, πυρὶ καὶ θείῳ κατέφλεξας, 6 παράδειγμα τοῖς ἐπιγινομένοις καταστήσας. ⁶σὺ τὸν θρασὺν Φαραώ, καταδουλωσάμενον τὸν λαόν σου τὸν ἅγιον Ἰσραήλ, ποικίλαις καὶ

21 ανοσιοις V   22 εινηχοντο V* (ηνειχ. Vᵃ)   23 φωνησαν A φωνη- V σαντος V | υπο 2°] απο V | om τε V | παρησαν] εστησαν V   24 τουτοις] pr εν V   25 επιβουλης] βουλης V   26 παντα V | πραπεμψας V* (παραπ. V¹) | om ηδη 2° V | επ. τελος· (sic) A | των προειρημενων V   27 μη] pr και V | περιϊδο͂ντα (sic) A (περιιδ. V) | την] ην A* (τ superscr A¹) 28 πυκνοτητος V | om τε V | εμπονου V   29 δοκειν] pr η A | om τοτε V II 2 παντοκρατωρ V* (-τορ Vᵃ) | σθενει] ασθενει (sic) A | πρεφρυασμενους (sic) A πεφρυαγμενου A   3 om ει 1° V   4 ε|ν V* εν| Vᵃ | οις]+και V | αυτους A   5 διαδηλους Vᵛⁱᵈ   6 τον αγιον] om τον V

711

ΜΑΚΚΑΒΑΙΩΝ Γ

A πολλαῖς δοκιμάσας τιμωρίαις ἐγνώρισας τὴν σὴν δύναμιν, ἐφ' αἷς ἐγνώρισας τὸ μέγα σου κράτος. ⁷καὶ ἐπιδιώξαντα αὐτὸν σὺν ἅρμασιν 7 καὶ ὄχλων πλήθει, ἐπέκλυσας βάθει θαλάσσης, τοὺς δὲ ἐνπιστεύσαντας ἐπὶ σοὶ τῷ τῆς ἁπάσης κτίσεως δυναστεύοντι, σώους διεκόμισας. ⁸οἳ καὶ συνιδόντες ἔργα σῆς χειρός, ᾔνεσάν σε τὸν 8 παντοκράτορα. ⁹σύ, βασιλεῦ, κτίσας τὴν ἀπέρατον καὶ ἀμέτρητον 9 γῆν, ἐξελέξω τὴν πόλιν ταύτην, καὶ ἡγίασας τὸν τόπον τοῦτον εἰς σὸν ὄνομά σοι τῷ τῶν ἁπάντων ἀπροσδεεῖ, καὶ παρεδόξασας ἐν ἐπιφανείᾳ μεγαλοπρεπεῖ, σύστασιν ποιησάμενος αὐτοῦ πρὸς δόξαν τοῦ μεγάλου καὶ ἐντίμου ὀνόματός σου. ¹⁰καὶ ἀγαπῶν τὸν οἶκον τοῦ 10 Ἰσραήλ, ἐπηγγείλω διότι ἐὰν γένηται ἡμῶν ἀποστροφὴ καὶ καταλάβῃ ἡμᾶς στενοχωρία, καὶ ἐλθόντες εἰς τὸν τόπον ἡμῶν δεηθῶμεν, εἰσακούσῃ τῆς δεήσεως ἡμῶν. ¹¹καὶ δὴ πιστὸς καὶ ἀληθινός. ¹²ἐπεὶ ¹¹₁₂ δὲ πλεονάκις καὶ θλιβέντων τῶν πατέρων ἡμῶν ἐβοήθησας αὐτοῖς ἐν τῇ ταπεινώσει, καὶ ἐρρύσω αὐτοὺς ἐκ μεγάλων κακῶν· ¹³ἰδοὺ δὲ 13 νῦν, ἅγιε βασιλεῦ, διὰ τὰς πολλὰς καὶ μεγάλας ἡμῶν ἁμαρτίας καταπονούμεθα, καὶ ὑπετάγημεν τοῖς ἐχθροῖς ἡμῶν, καὶ παρείμεθα ἐν ἀδυναμίαις. ¹⁴ἐν δὲ τῇ ἡμετέρᾳ καταπτώσει ὁ θρασὺς καὶ βέβηλος οὗτος 14 ἐπιτηδεύει καθυβρίσαι τὸν ἐπὶ τῆς γῆς ἀναδεδειγμένον τῷ ὀνόματι τῆς δόξης σου ἅγιον τόπον. ¹⁵τὸ μὲν γὰρ κατοικητήριόν σου οὐρανὸς 15 τοῦ οὐρανοῦ ἀνέφικτος ἀνθρώποις ἐστίν. ¹⁶ἀλλὰ ἐπεὶ εὐδόκησας τὴν 16 δόξαν σου ἐν τῷ λαῷ σου Ἰσραήλ, ἡγίασας τὸν τόπον τοῦτον. ¹⁷μὴ 17 ἐκδικήσῃς ἡμᾶς ἐν τῇ τούτων ἀκαθαρσίᾳ, μηδὲ εὐθύνῃς ἡμᾶς ἐν βεβηλώσει, ἵνα μὴ καυχήσωνται οἱ παράνομοι ἐν θυμῷ αὐτῶν, μηδὲ ἀγαλλιάσωνται ἐν ὑπερηφανίᾳ γλώσσης αὐτῶν, λέγοντες ¹⁸Ἡμεῖς 18 κατεπατήσαμεν τὸν οἶκον τοῦ ἁγιασμοῦ, ὡς καταπατοῦνται οἱ οἶκοι τῶν προσοχθισμάτων. ¹⁹ἀπάλειψον τὰς ἁμαρτίας ἡμῶν, καὶ δια- 19 σκέδασον τὰς ἀμβλακίας ἡμῶν, καὶ ἐπίφανον τὸ ἔλεός σου κατὰ τὴν ὥραν ταύτην. ²⁰ταχὺ προκαταλαβέτωσαν οἱ οἰκτιρμοί σου· καὶ δὸς 20 αἰνέσεις ἐν τῷ στόματι τῶν καταπεπτωκότων καὶ συντετριμμένων τὰς ψυχάς, ποιήσας ἡμῖν εἰρήνην.

V 6 εδοκιμασας Λ | om την σην...εγνωρισας (2°) V   7 εμπιστευσ. V
9 εκτισας V | απερατον και αμετρητον] αμετριτον (sic V* -τρητ. Vᵃ) κ. απεραντον V | σον ονομα σοι] ονομα σου V | απροσδεει] πρι V | om εν V | επιφανεια Vᵃ   10 του Ισρ.] το V | αποστρ.] pr η V | om ημων 2° V | εισακουσης V* -σεις Vᵃ   11 πιστος]+ει V   12 om και 1° V | om αυτους V | μεγαλων] μελων (sic) Λ   13 αδυναμια V   14 αναδεδειγμ. V   16 αλλ V | αγιασας V   17 καυχησονται V* (-σωνται Vᵃ) | αγαλλιασονται ΛV* (-σωνται Vᵃ)   19 αμβλακιαν V   20 αινεσις Λ αινεσιν V

712

21 ²¹Ἐνταῦθα ὁ πάντων ἐπόπτης θεὸς καὶ προπάτωρ ἅγιος ἐν ἁγίοις Α εἰσακούσας τῆς ἐνθέσμου λιτανείας, τὸν ὕβρει καὶ θράσει μεγάλως 22 ἐπηρμένον ἐμάστιξεν αὐτόν, ²²ἔνθεν καὶ ἔνθεν κραδάνας αὐτὸν ὡς κάλαμον ὑπὸ ἀνέμου, ὥστε κατ᾽ ἐδάφους ἄπρακτον ἔτι καὶ τοῖς μέλεσιν παραλελυμένον, μηδὲ φωνῆσαι δύνασθαι δικαίᾳ πεπληγμένον 23 κρίσει. ²³ὅθεν οἵ τε φίλοι καὶ σωματοφύλακες ὀξεῖαν ἰδόντες τὴν καταλαβοῦσαν αὐτὸν εὔθυναν, φοβούμενοι μὴ καὶ τὸ ζῆν ἐκλείπῃ, 24 ταχέως αὐτὸν ἐξείλκυσαν ὑπερβάλλοντι καταπεπληγμένοι φόβῳ. ²⁴ἐν χρόνῳ δὲ ὕστερον ἀναλεξάμενος αὑτόν, οὐδαμῶς εἰς μετάμελον ἦλθεν ἐπιτιμηθείς, μετὰ ἀπειλῆς δὲ πικρᾶς θέμενος ἀνέλυσεν.

25 ²⁵Διακομισθεὶς δὲ εἰς τὴν Αἴγυπτον, καὶ τὰ τῆς κακίας ἐπαύξων, διά τε τῶν προαποδεδιγμένων συνποτῶν καὶ ἑταίρων τοῦ παντὸς 26 δικαίου κεχωρισμένων, ²⁶οὐ μόνον ταῖς ἀναριθμήτοις ἀσελγίαις διηρκέσθη, ἀλλὰ καὶ ἐπὶ τοσοῦτον θράσους προῆλθεν, ὥστε δυσφημίας ἐν τοῖς τόποις συνίστασθαι, καὶ πολλοὺς τῶν φίλων ἀτενίζοντας εἰς τὴν τοῦ βασιλέως πρόθεσιν καὶ αὐτοὺς ἕπεσθαι τῇ ἐκείνου θελήσει. 27 ²⁷προέθετο δημοσίᾳ κατὰ τοῦ ἔθνους διαδοῦναι ψόγον· ἐπὶ τοῦ 28 κατὰ τὴν αὐλὴν πύργου στήλην ἀναστήσας, ἐκόλαψεν γραφὴν ²⁸Μηδένα τῶν μὴ θυόντων ἐπὶ τὰ ἱερὰ αὐτῶν εἰσιέναι, πάντας δὲ τοὺς Ἰουδαίους εἰς λαογραφίαν καὶ οἰκετικὴν διάθεσιν ἀχθῆναι, τοὺς δὲ 29 ἀντιλέγοντας βίᾳ φερομένους τοῦ ζῆν μεταστῆσαι· ²⁹τούς τε ἀπογραφομένους χαράσσεσθαι καὶ διὰ πυρὸς εἰς τὸ σῶμα παρασήμῳ Διονύσου κισσοφύλλῳ· οὓς καὶ προκαταχωρίσαι εἰς τὴν προσυνε-30 σταλμένην αὐθεντίαν. ³⁰ἵνα δὲ μὴ τοῖς πᾶσιν ἀπεχθόμενος φαίνηται, ὑπέγραψεν Ἐὰν δέ τινες ἐξ αὐτῶν προαιρῶνται ἐν τοῖς κατὰ τελετὰς μεμυημένοις ἀναστρέφεσθαι, τούτους ἰσοπολίτας Ἀλεξανδρεῦ-31 σιν εἶναι. ³¹Ἔνιοι μὲν ἐπιπολαίως τὰς τῆς πόλεως εὐσεβείας ἐπιβάθρας στυγοῦντες, εὐχερῶς ἑαυτοὺς ἐδίδοσαν, ὡς μεγάλης τινὸς κοινωνήσοντες εὐκλείας ἀπὸ τῆς ἐσομένης τῷ βασιλεῖ συναναστροφῆς.

21 λιτανιας V* (-νειας Vᵃ)   22 πεπληγμενον] περιπεπασμενο| V V 23 ευθυνας A   24 αυτον] εαυτον V | μετα απειλης] απειλας V | ανελυσεν] ανεδυσεν A   25 επαυξων] επ αυτων (sic) A | προυποδεδειγμενων V | συμποτων Vᵃ | ετερων AV | κεχωρισμενον V   26 ασελγειαις Vᵃ | θρασος V | σννιστασθαι] συνι sup ras A¹ ατενιζοντας] ατενιξειν V | αυτους] αυτος A* (υ superscr A¹)   27 του εθνους] om του V* (superscr V¹)   28 μηθενα V | επι] εις V | του] τους A   29 τους] τουτους V | χαρασσασθε A* -σσαισθε (superscr ι) Aᵃ¹ χαρασεσθαι V* (-σσεσθ. Vᵃ²) | παρασημα V*fort (-μω Vᵃ) | Διονυσω AV | κισσοφυλλω] και Σοφυλλω Vʳⁱᵈ | om και 2° V | προκαταχωρισαι] καταχωρησαι V   30 απεχομενοις V | τελετας] pr τας V 31 επιπολειως A επι πολεως V* (επιπολαιως Vᵃ) | τα A* (τας A¹V) | επιβαθρα A | στυγουνται A | απο] υπο V

Λ ³²οἱ δὲ πλεῖστοι γενναίᾳ ψυχῇ ἐνίσχυσαν, καὶ οὐ διέστησαν τῆς 32 εὐσεβείας· τά τε χρήματα περὶ τοῦ ζῆν ἀντικαταλλασσόμενοι ἀδεῶς ἐπειρῶντο ἑαυτοὺς ῥύσασθαι ἐκ τῶν ἀπογραφῶν. ³³εὐέλπιδές τε 33 καθιστήκεισαν ἀντιλήμψεως τεύξασθαι, καὶ τοὺς ἀποχωροῦντας ἐξ αὐτῶν ἐβδελύσσοντο, καὶ ὡς πολεμίους τοῦ ἔθνους ἔκρινον, καὶ τῆς κοινῆς συναναστροφῆς καὶ εὐχρηστίας ἐστέρουν. ¹ᵃΑ καὶ 1 ΙΙΙ μεταλαμβάνων ὁ δυσσεβὴς ἐπὶ τοσοῦτον ἐξεχόλησεν ὥστε οὐ μόνον τοῖς κατὰ Ἀλεξάνδρειαν ὀργίζεσθαι ἀλλὰ καὶ τοῖς ἐν τῇ χώρᾳ βαρυτέρως ἐναντιωθῆναι, καὶ προστάξαι σπεύδοντας συναγαγεῖν πάντας ἐπὶ τὸ αὐτό, καὶ χειρίστῳ μόρῳ τοῦ ζῆν μεταστῆσαι. ²τούτων δὲ 2 οἰκονομουμένων φήμη δυσμενὴς ἐξέκειτο κατὰ τοῦ γένους ἀνθρώποις συμφρονοῦσιν εἰς κακοποίησιν, ἀφορμῆς δὲ διδομένης εἰς διάθεσιν, ὡς ἂν ἀπὸ τῶν νομίμων αὐτοὺς κωλυόντων. ³οἱ δὲ Ἰουδαῖοι τὴν μὲν 3 πρὸς τοὺς βασιλεῖς εὔνοιαν καὶ πίστιν ἀδιάστροφον ἦσαν φυλάσσοντες· ⁴σεβόμενοι δὲ τὸν θεόν, καὶ τῷ τούτου νόμῳ πολιτευόμενοι, 4 χωρισμὸν ἐποίουν ἐπὶ τῷ κατὰ τὰς τροφάς. δι᾽ ἣν αἰτίαν ἔνιοι ἀπεχθεῖς ἐφαίνοντο· ⁵τῇ δὲ τῶν δικαίων εὐπραξίᾳ κοσμοῦντες τὴν συν- 5 αναστροφήν, ἅπασιν ἀνθρώποις εὐδόκιμοι καθειστήκεισαν. ⁶τὴν μὲν 6 οὖν περὶ τοῦ γένους ἐν πᾶσιν θρυλουμένην εὐπραξίαν οἱ ἀλλόφυλοι οὐδαμῶς διηριθμήσαντο· ⁷τὴν δὲ περὶ τῶν προσκυνήσεων καὶ τροφῶν 7 διάστασιν ἐθρύλουν, φάσκοντες μήτε τῷ βασιλεῖ μήτε ταῖς δυνάμεσιν ὁμοσπόνδους τοὺς ἀνθρώπους γίνεσθαι, δυσμενεῖς δὲ εἶναι καὶ μέγα τι τοῖς πράγμασιν ἐναντιουμένους· καὶ οὐ τῷ τυχόντι περιῆψαντο φόβῳ. ⁸Οἱ δὲ κατὰ τὴν πόλιν Ἕλληνες οὐδὲν ἠδικημένοι, 8 ταραχὴν ἀπροσδόκητον περὶ τοὺς ἄνδρας θεωροῦντες καὶ συνδρομὰς ἀπροσκόπους γινομένας, βοηθεῖν μὲν οὐκ ἔσθενον· τυραννικὴ γὰρ ἦν ἡ διάθεσις· παρεκάλουν δὲ καὶ δυσφόρως εἶχον, καὶ μεταπεσεῖσθαι ταῦτα ὑπελάμβανον· ⁹μὴ γὰρ οὕτω παροραθήσεσθαι τηλικοῦτο σύ- 9 στεμα μηδὲν ἠγνοηκός. ¹⁰ἤδη δὲ καί τινες γείτονές τε καὶ φίλοι 10 καὶ συνπραγματευόμενοι, μυστικῶς τινας ἐπισπώμενοι, πίστεις

V 33 καθειστηκεισαν Vᵃ | αντιλημψεως] αντι sup ras Aᵃ αντιληψ. V | τευξεσθαι V | συν|αναστρ. V* συ|ναναστρ. Vᵃ   ΙΙΙ 1 εξεχολησεν] εχολησεν V | Αλεξανδριαν V* (-δρειαν Vᵃ) | σπευσαντας V   2 οικονομουμενων] οικοδομ. A | εξεκειτο] εξηχειτο V | συμφρονουσιν (συνφρ. V*)] συμφοραν ουσιν (sic) A   4 δε] δη V | καταστροφας A   5 συν|αναστρ. V* συ|ναναστρ. Vᵃ   6 διηριθμησαντο] διερυθμησαντο V* (-θμισ. Vᵃ)   7 περιηψαν V | φοβω] ψογω V   8 ουδεν] ουδε V | ανδρας] ανο̅υ̅ς̅ V | εσθανον A | μεταπεσεισθαι· A   9 ουτως V | συστημα V   10 συμ-πραγματευομενοι· V

ΜΑΚΚΑΒΑΙΩΝ Γ III 21

ἐδίδουν συνασπιεῖν, καὶ πᾶν ἐκτενὲς προσοίσεσθαι πρὸς ἀντί- A
λημψιν.

11 ¹¹Ἐκεῖνος μὲν οὖν τῇ κατὰ τὸ παρὸν εὐημερίᾳ γεγαυρωμένος, καὶ οὐ καθορῶν τὸ τοῦ μεγίστου θεοῦ κράτος, ὑπολαμβάνων δὲ διηνεκῶς ἐν τῇ αὐτῇ διαμένειν βουλῇ, ἔγραψεν κατ' αὐτῶν ἐπι- 12 στολὴν τήνδε ¹²Βασιλεὺς Πτολεμαῖος Φιλοπάτωρ τοῖς κατ' Αἴγυπτον καὶ κατὰ τόπον στρατηγοῖς καὶ στρατιώταις χαίρειν καὶ ἐρρῶσθαι. ¹³⁄₁₄ ¹³ἔρρωμαι δὲ καὶ αὐτὸς ἐγὼ καὶ τὰ πράγματα ἡμῶν. ¹⁴τῆς εἰς τὴν Ἀσίαν γενομένης ἡμῖν ἐπιστρατίας, ἧς ἴστε καὶ αὐτοί, τῇ τῶν θεῶν 15 ἀπροπτώτῳ συμμαχίᾳ κατὰ λόγον ἐπὶ τέλος ἀχθείσης, ¹⁵ἡγησάμεθα μὴ βίᾳ δόρατος, ἐπιεικείᾳ δὲ καὶ πολλῇ φιλανθρωπίᾳ τιθηνήσασθαι τὰ κατοικοῦντα Κοίλην Συρίαν καὶ Φοινίκην ἔθνη, εὖ ποιήσαντες 16 ἀσμένως. ¹⁶καὶ τοῖς κατὰ πόλεσιν ἱεροῖς ἀπονείμαντες προσόδους πλείστας, προσήχθημεν καὶ εἰς τὰ Ἱεροσόλυμα ἀναβάντες τιμῆσαι 17 τὸ ἱερὸν τῶν ἀλιτηρίων καὶ μηδέποτε ληγόντων τῆς ἀνοίας. ¹⁷οἱ δὲ λόγῳ μὲν τὴν ἡμετέραν ἀποδεξάμενοι παρουσίαν, τῷ δὲ πράγματι νόθως, προθυμηθέντων ἡμῶν εἰσελθεῖν εἰς τὸν ναὸν αὐτῶν καὶ τοῖς 18 ἐκπρεπέσιν καὶ καλλίστοις ἀναθήμασιν τιμῆσαι, ¹⁸τύφοις φερόμενοι παλαιοτέροις, εἶρξαν ἡμᾶς τῆς εἰσόδου, λειπόμενοι τῆς ἡμετέρας ἀλ- 19 κῆς, δι' ἣν ἔχομεν πρὸς ἅπαντας ἀνθρώπους φιλανθρωπίαν. ¹⁹τὴν δὲ αὐτῶν εἰς ἡμᾶς δυσμενίαν ἔκδηλον καθιστάντες, ὡς μονώτατοι τῶν ἐθνῶν βασιλεῦσιν καὶ τοῖς ἑαυτῶν εὐεργέταις ὑψαυχενοῦντες 20 οὐδὲν γνήσιον βούλονται φέρειν. ²⁰Ἡμεῖς δὲ τῇ τούτων ἀνοίᾳ συνπεριενεχθέντες, καὶ μετὰ νίκης διακομισθέντες, καὶ εἰς τὴν Αἴγυπτον τοῖς πᾶσιν ἔθνεσιν φιλανθρώπως ἀπαντήσαντες, κα- 21 θὼς ἔπρεπεν ἐποιήσαμεν. ²¹ἐν δὲ τούτοις πρὸς τοὺς ὁμοφύλους αὐτῶν ἀμνησικακίαν ἅπασι γνωρίζοντες, διά τε τὴν συμμαχίαν καὶ τὰ πεπιστευμένα μετὰ ἁπλότητος αὐτοῖς ἀρχῆθεν μύρια πράγματα,

10 συνασπισειν V | παν] παντας Vᵃ | om εκτενες Vᵃ | αντιληψιν V V 11 υπολαμβανειν AV 12 Πτολεμεος A 14 της εις] εκ της κατα V | επιστρατειας V 15 επιεικια V (-κεια Vᵃ) | κατοικουντα] κατα V | ασμενως] μεν ως AV 16 προσ|οδους V* προ|σ. Vᵃ | προηχθημεν V | Ιεροσολυμα] om I A* (superscr A¹) 17 την ημετεραν αποδεξαμενοι sup ras A¹ (την ημ. αποδ. την ημ. A*) αποδεξ. την ημ. V | εκπρεπεσειν V* ευπρεπεσει Vᵃ | ανθημασιν A (αναθ. V) 18 απαντας] παντας V 19 δυσμενειαν Vᵃ | καθεισταντες A καθειστωντες V* καθιστ. Vᵃ μονοτατοι V* (μονωτ. Vᵃ) | βασιλευειν A (-λευσιν V) 20 συμπεριενεχθ. Vᵃ 21 τε] δε V | μετα] margine avulso periit τα in V* με|θ. Vᵃ | πραγματα]+τολμησαντες V

715

Α ἐξαλλοιῶσαι ἐβουλήθημεν, καὶ πολιτίας αὐτοὺς Ἀλεξανδρέων καταξιῶσαι, καὶ μετόχους τῶν ἀεὶ ἱερέων καταστῆσαι. ²²οἱ δὲ τοὐ- 22
ναντίον ἐκδεχόμενοι καὶ τῇ συμφύτῳ κακοηθείᾳ τὸ καλὸν ἀπωσάμενοι, διηνεκῶς δὲ εἰς τὸ φαῦλον ἐκνεύοντες, ²³οὐ μόνον ἀπεστρέ- 23
ψαντο τὴν ἀτίμητον πολιτίαν, ἀλλὰ καὶ βδελύσσονται λόγῳ τε καὶ
σιγῇ τοὺς ἐν αὐτοῖς ὀλίγους πρὸς ἡμᾶς γνησίως διακειμένους,
παρ' ἕκαστα ὑφορώμενοι μετὰ τῆς δυσκλεεστάτης ἐμβιώσεως διὰ
τάχους ἡμᾶς καταστρέψαι τὰ πράγματα. ²⁴διὸ καὶ τεκμηρίοις κα- 24
λῶς πεπεισμένοι τούτους κατὰ πάντα δυσνοεῖν ἡμῖν τρόπον, καὶ
προνοούμενοι μή ποτε ἐφνιδίου μετέπειτα ταραχῆς ἐνστάσης ἡμῖν
τοὺς δυσσεβεῖς τούτους κατὰ νώτου προδότας καὶ βαρβάρους ἔχωμεν πολεμίους· ²⁵προστετάχαμεν ἅμα τῷ προσπεσεῖν τὴν ἐπιστολὴν 25
τήνδε, αὐθωρεὶ τοὺς ἐννεμομένους σὺν ταῖς γυναιξὶ καὶ τέκνοις
μετὰ ὕβρεως καὶ σκυλμῶν ἀποστεῖλαι πρὸς ἡμᾶς ἐν δεσμοῖς σιδηροῖς πάντοθεν κατακεκλεισμένους, εἰς ἀνήκεστον καὶ δυσκλεῆ πρέποντα δυσμενέσι φόνον. ²⁶τούτων γὰρ ὁμοῦ κολασθέντων, διει- 26
λήφαμεν εἰς τὸν ἐπίλοιπον χρόνον τελείως ἡμῖν τὰ πράγματα ἐν
εὐσταθείᾳ καὶ τῇ βελτίστῃ διαθέσει καταστηθήσεσθαι. ²⁷ὃς δ' ἂν 27
σκεπάσῃ τινὰ τῶν Ἰουδαίων ἀπὸ γεραιοῦ μέχρι νηπίου καὶ μέχρι
τῶν ὑπομαστιαίων, ἐχθίσταις βασάνοις ἀποτυμπανισθήσεται πανοικίᾳ· ²⁸μηνύειν δὲ τὸν βουλόμενον ἐφ' ᾧ τὴν οὐσίαν τοῦ ἐμπί- 28
πτοντος ὑπὸ τὴν εὔθυναν λήμψεται, καὶ ἐκ τοῦ βασιλείου δραχμὰς
δισχιλίας, καὶ τῆς ἐλευθερίας στεφανωθήσεται. ²⁹πᾶς δὲ τόπος, οὗ 29
ἐὰν φωραθῇ τὸ σύνολον σκεπαζόμενος Ἰουδαῖος, ἄβατος καὶ πυριφλεγὴς γινέσθω, καὶ πάσῃ θνητῇ φύσει καθ' ἅπαν ἄχρηστος φανήσεται εἰς τὸν ἀεὶ χρόνον. ³⁰καὶ ὁ μὲν τῆς ἐπιστολῆς τύπος οὕτως 30
ἐγέγραπτο.

¹Πάντη δὲ ὅπου προσέπιπτεν τοῦτο τὸ πρόσταγμα, δημοτελὴς ι IV
συνίστατο τοῖς ἔθνεσιν οὖν εὐωχία μετὰ ἀλαλαγμῶν καὶ χαρᾶς, ὡς

V 21 εβουλευμεν V* (superscr θη V¹) | πολιτιας (-τειας Vᵃ)] pr της
Vᵃ salt | Αλεξανδρειων V* vid (-δρεων Vᵃ) | om και μετοχους...καταστησαι V
22 εκνευοντες] εκ νεοτητος V   23 πολιτειαν Vᵃ | periit εν in V* neque
suppl Vᵃ   24 τεκμηριων V* vid (-ριον Vᵃ) | πεπεισμενοι] πεπιστευμενοι
V | προσνοουμ. V | αιφνιδιου V | εστασης A εν...σης V* ενουσης Vᵃ | νωτου]
νοτον Vᵃ vid | εχομεν V   25 αυθωρι V | γυναιξιν V* (-ξι Vᵃ) | και 1°]
pr τε V | κατακεκλεισμενοις AV | φονον] φοβον V   26 διελήφαμεν Α |
ευσταθια V* (-θεια Vᵃ) | βελτιστη] κρατιστη V   27 γηραιου Vᵃ | om
και V | υπομασθιων V | εχθισταις] αισχισταις V   28 βασιλειου] βασιλικου
αργυριου V   29 σπαζομενοι V* (σκεπαζ. V¹) | om Ιουδαιος V | καθ
απαν] κατα παντα V | αχριστος V   IV 1 om ουν V

ἂν τῆς προκατεσκιρωμένης αὐτοῖς πάλαι κατὰ διάνοιαν, μετὰ παρ-
2 ρησίας νῦν ἐκφαινομένης ἀπεχθείας. ²τοῖς δὲ Ἰουδαίοις ἄλεκτον
πένθος ἦν καὶ πανόδυρτος μετὰ δακρύων βοή, στεναγμοῖς πεπυρω-
μένης πάντοθεν αὐτῶν τῆς καρδίας, ὀλοφυρομένων τὴν ἀπροσδό-
3 κητον ἐξαίφνης αὐτοῖς ἐπικριθεῖσαν ὀλεθρίαν. ³τίς νομὸς ἢ πόλις,
ἢ τίς τὸ σύνολον οἴκιστος τόπος, ἢ τίνες ἀγυιαὶ κοπετοῦ καὶ γόων
4 ἐπ' αὐτοῖς οὐκ ἐνεπιπλῶντο; ⁴οὕτως γὰρ μετὰ πικρίας ἀνοίκτου
ψυχῆς ὑπὸ τῶν κατὰ πόλιν στρατηγῶν ὁμοθυμαδὸν ἐξαπεστέλλοντο,
ὥστε ἐπὶ ταῖς ἐξάλλοις τιμωρίαις καί τινας τῶν ἐχθρῶν λαμβάνοντας
πρὸ τῶν ὀφθαλμῶν τὸν κοινὸν ἔλεον, καὶ λογιζομένους τὴν ἄδηλον
τοῦ βίου καταστροφήν, δακρύειν αὐτῶν τὴν δυσάθλιον ἐξαποστολήν.
5 ⁵ἤγετο γὰρ γέρων πλήρης πολιᾶς πεπυκασμένος τὴν ἐκ τοῦ γή-
ρως νωθρότητα ποδῶν ἐπικύφων, ἀνατροπῆς ὁρμῇ βιαίας, ἁπάσης
6 αἰδοῦς ἄνευ πρὸς ὀξείαν καταχρώμενος πορείαν. ⁶αἱ δὲ ἄρτι πρὸς
βίου κοινωνίαν γαμικὸν ὑπεληλυθυῖαι παστὸν νεάνιδες ἀντὶ τέρ-
ψεως μεταλαβοῦσαι γόους, καὶ κόνει τὴν μυροβρεχῆ πεφυρμέναι
κόμην, ἀκαλύπτως δὲ ἀγόμεναι, θρῆνον ἀνθ' ὑμεναίων ὁμοθυμαδὸν
7 ἐξῆρχον, ὡς ἐσπαραγμέναι σκύμνοις ἀλλοεθνέσιν· ⁷δέσμιαι δὲ δη-
8 μοσίᾳ μέχρι τῆς εἰς τὸ πλοῖον ἐμβολῆς εἵλκοντο μετὰ βίας. ⁸οἱ δὲ
τούτων συνζυγεῖς βρόχους ἀντὶ στεφέων τοὺς αὐχένας περιπεπλε-
γμένοι μετὰ ἀκμαίας νεανικῆς ἡλικίας, ἀντὶ εὐωχίας καὶ νεωτερικῆς
ῥᾳθυμίας τὰς ἐπιλοίπους τῶν γάμων ἡμέρας ἐν θρήνοις διῆγον, παρὰ
9 πόδας ἤδη τὸν ᾄδην ὁρῶντες κείμενον. ⁹κατήχθησαν δὲ θηρίων τρό-
πον ἀγόμενοι σιδηροδέσμοις ἀνάγκαις· οἱ μὲν τοῖς ζυγοῖς τῶν πλοίων
προσηλωμένοι τοὺς τραχήλους, οἱ δὲ τοὺς πόδας ἀρρήκτοις κατησφα-
10 λισμένοι πέδαις, ¹⁰ἔτι καὶ τῷ καθύπερθε πυκνῷ σανιδώματι διακει-
μένῳ, ὅπως πάντοθεν ἐσκοτισμένοι τοὺς ὀφθαλμούς, ἀγωγὴν ἐπι-
11 βούλων ἐν παντὶ τῷ κατάπλῳ λαμβάνωσιν. ¹¹Τούτων δὲ
ἐπὶ τὴν λεγομένην Σχεδίαν ἀχθέντων, καὶ τοῦ παράπλου περανθέν-

1 προκατασκειρωμενης A -σκηρ. V | απεχθειας] απεχθ.. V   2 αλη- V
κτον Vᵃ ᵛⁱᵈ | πανοδυρκτος A | επεισκριθεισαν V   3 οικτιστὸ[s] (sic) V |
αυτοις] αυ suppl Vᵃ | om ουκ ενεπιπλωντο A | ενεπιμπλ. Vᵃ   4 πικρας
V | ανοικτου] pr και Vᵃ | ομοθυμαδον] o 1° suppl Vᵃ | εξαλλοις] εξαλληλοις
(ε|ξ. V* εξ. Vᵃ) V   5 γερων] γηραιων V | πληρης πολιας] πληθος πολια
V | πεπυκασμενων AV | επικουφον A επικυφον V | εξιαν A | καταχρωμεν A
καταχρωμενων V | ποριαν V* (-ρειαν Vᵃ)   6 μεταβαλουσαι V | πεφυρ-
μεναι] πεφριγμεναι V | αλλοεθνεσι V   7 δημοσι· α (sic) A   8 δε]
τε V | συζυγεις V | βροχοις V | περιπεπλεγμενων V* ᵛⁱᵈ (-μενοι V¹(vid))
ακμαια V* (-as Vᵃ) | νεανικης] pr ς V* (om Vᵃ)   9 αγομενοις A | σιδη-
ροδεσμιοι V | κατεσφαλισμενοι V   10 κατ' υπερθε AV* καθυπερθέ| Vᵃ
11 αχθεντων] αναχθ. V | περαθεντος A* (περανθ. A¹)

Α τος, καθὼς ἦν δεδογματισμένον τῷ βασιλεῖ, προσέταξεν αὐτοὺς ἐν τῷ πρὸ τῆς πόλεως ἱπποδρόμῳ παρεμβαλεῖν ἀπλάτῳ καθεστῶτι περιμέτρῳ, καὶ πρὸς παραδιγματισμὸν ἄγαν εὐκαιροτάτῳ καθεστῶτι πᾶσι τοῖς καταπορευομένοις εἰς τὴν πόλιν, καὶ τοῖς ἐκ τούτων εἰς τὴν χώραν στελλομένοις πρὸς ἐκδημίαν· πρὸς τὸ μηδὲ ταῖς δυνάμεσιν αὐτοῦ κοινωνεῖν μηδὲ τὸ σύνολον καταξιῶσαι περιβόλῳ.

12 ὡς δὲ τοῦτο ἐγενήθη, ἀκούσας τοὺς ἐκ τῆς πόλεως ὁμοεθνεῖς κρυβῇ ἐκπορευομένους πυκνότερον ἀποδύρεσθαι τὴν ἀκλεῆ τῶν ἀδελφῶν ταλαιπωρίαν, 13 διοργισθεὶς προσέταξεν καὶ τούτοις ὁμοῦ τὸν αὐτὸν τρόπον ἐπιμελῶς ὡς ἐκείνοις ποιῆσαι, μὴ λειπομένοις κατὰ μηδένα τρόπον τῆς ἐκείνων τιμωρίας· 14 ἀπογραφῆναι δὲ πᾶν τὸ φῦλον ἐξ ὀνόματος, οὐκ εἰς τὴν ἔμπροσθεν βραχεῖ προδεδηλωμένην τῶν ἔργων κατὰ τρόπον λατρείαν, στρεβλωθέντας δὲ παρηγγελμέναις αἰκίαις τὸ τέλος ἀφανίσαι μιᾶς ὑπὸ καιρὸν ἡμέρας. 15 ἐγίνετο μὲν οὖν ἡ τούτων ἀπογραφὴ μετὰ πικρᾶς σπουδῆς καὶ φιλοτίμου προσεδρίας ἀπὸ ἀνατολῶν ἡλίου μέχρι δυσμῶν, ἀνήνυτον λαμβάνουσα τὸ τέλος ἐπὶ ἡμέρας τεσσεράκοντα. 16 Μεγάλως δὲ καὶ διηνεκῶς ὁ βασιλεὺς χαρᾷ πεπληρωμένος, συμπόσια ἐπὶ πάντων τῶν εἰδώλων συνιστάμενος, πεπληρωμένῃ πόρρω τῆς ἀληθείας φρενὶ καὶ βεβήλῳ στόματι, κωφὰ καὶ μὴ δυνάμενα αὐτοῖς λαλεῖν ἢ ἀρήγειν ἐπαινῶν, εἰς δὲ [τὸν θεὸν] τὰ μὴ καθήκοντα λαλῶν. 17 μετὰ δὲ τὸ προειρημένον τοῦ χρόνου διάστημα προηνέγκαντο οἱ γραμματεῖς τῷ βασιλεῖ, μηκέτι ἰσχύειν τὴν τῶν Ἰουδαίων ἀπογραφὴν ποιεῖσθαι διὰ τὴν ἀμέτρητον αὐτῶν πληθύν· 18 καίπερ ὄντων ἔτι κατὰ τὴν χώραν τῶν πλειόνων, τῶν μὲν κατὰ τὰς οἰκίας ἔτι συνεστηκότων, τῶν δὲ καὶ κατὰ τὸν τόπον, ὡς ἀδυνάτου καθεστῶτος πᾶσιν τοῖς ἐπ' Αἴγυπτον στρατηγοῖς. 19 ἀπειλήσαντος δὲ αὐτοῖς σκληρότερον, ὡς δεδωροκοπημένοις εἰς μηχανὴν τῆς ἐκφυγῆς, συνέβη σαφῶς αὐτὸν περὶ τούτου πιστωθῆναι, 20 λεγόντων μετὰ ἀποδείξεως καὶ τὴν χαρτηρίαν ἤδη καὶ τοὺς γραφικοὺς καλάμους, ἐν οἷς ἐχρῶντο, ἐκλελοιπέναι. 21 τοῦτο δὲ ἦν

ΜΑΚΚΑΒΑΙΩΝ Γ' V 13

ἐνέργεια τῆς τοῦ βοηθοῦντος τοῖς Ἰουδαίοις ἐξ οὐρανοῦ προνοίας A ἀνικήτου.

V 1 ¹Τότε προσκαλεσάμενος Ἕρμωνα τὸν πρὸς τῇ τῶν ἐλεφάντων ἐπιμελείᾳ, βαρείᾳ μεμεστωμένος ὀργῇ καὶ χόλῳ κατὰ πᾶν ἀμετά-
2 θετος, ²ἐκέλευσεν ὑπὸ τὴν ἐρχομένην ἡμέραν δαψιλέσι δράκεσι λιβανωτοῦ καὶ οἴνῳ πλείονι ἀκράτῳ ἅπαντας τοὺς ἐλέφαντας ποτί-
σαι, ὄντας τὸν ἀριθμὸν πεντακοσίους· καὶ ἀγριωθέντας τῇ τοῦ πό-
ματος ἀφθόνῳ χορηγίᾳ εἰσαγαγεῖν πρὸς συνάντησιν τοῦ μόρου τῶν
3 Ἰουδαίων. ³ὁ μὲν τάδε προστάσσων ἐτρέπετο πρὸς τὴν εὐωχίαν, συναγαγὼν τοὺς μάλιστα τῶν φίλων καὶ τῆς στρατιᾶς ἀπεχθῶς
4 ἔχοντας πρὸς τοὺς Ἰουδαίους. ⁴ὁ δὲ ἐλεφαντάρχης τὸ προσταγὲν
5 ἀραρότως Ἕρμων συνετέλει. ⁵οἵ τε πρὸς τούτοις λειτουργοὶ κατὰ τὴν ἑσπέραν ἐξιόντες τὰς τῶν ταλαιπωρούντων ἐδέσμευον χεῖρας, τήν τε λοιπὴν ἐμηχανῶντο περὶ αὐτοὺς ἀσφάλειαν ἔννυχον, δό-
6 ξαντες ὁμοῦ λήμψεσθαι τὸ φῦλον πέρας τῆς ὀλεθρίας. ⁶οἱ δὲ πά-
σης σκέπης ἔρημοι δοκοῦντες εἶναι τοῖς ἔθνεσιν Ἰουδαῖοι, διὰ τὴν
7 πάντοθεν περιέχουσαν αὐτοὺς μετὰ δεσμῶν ἀνάγκην, ⁷τὸν παντο-
κράτορα κύριον καὶ πάσης δυνάμεως δυναστεύοντα, ἐλεήμονα θεὸν αὐτῶν καὶ πατέρα, δυσκαταπαύστῳ βοῇ πάντες μετὰ δακρύων ἐπε-
8 καλέσαντο, δεόμενοι ⁸τὴν κατ' αὐτῶν μεταστρέψαι βουλὴν ἀνοσίαν, καὶ ῥύσασθαι αὐτοὺς μετὰ μεγαλομεροῦς ἐπιφανείας ἐκ τοῦ παρὰ
9 πόδας ἐν ἑτοίμῳ μόρου. ⁹τούτων μὲν οὖν ἡ λιτανία ἐκτενῶς ἀνέ-
10 βαινεν εἰς τὸν οὐρανόν. ¹⁰ὁ δὲ Ἕρμων τοὺς ἀνηλεεῖς ἐλέφαντας ποτίσας πεπληρωμένους τῆς τοῦ οἴνου πολλῆς χορηγίας καὶ τοῦ λιβάνου μεμεστωμένους, ὄρθριος ἐπὶ τὴν αὐλὴν παρῆν περὶ τούτων
11 προσαγγεῖλαι τῷ βασιλεῖ. ¹¹τὸ δὲ ἀπ' αἰῶνος κτίσμα χρόνου καλὸν ἐν νυκτὶ καὶ ἡμέρᾳ ἐπιβαλλόμενον ὑπὸ τοῦ χαριζομένου πᾶσιν, οἷς
12 ἂν αὐτὸς θελήσει, ὕπνου μέρος ἀπέστειλεν εἰς τὸν βασιλέα· ¹²καὶ ἡδίστῳ καὶ βαθεῖ κατεσχέθη τῇ ἐνεργείᾳ τοῦ δεσπότου, τῆς ἀθέσμου μὲν προθέσεως πολὺ διεσφαλμένος, τοῦ δὲ ἀμεταθέτου λογισμοῦ με-
13 γάλως διεψευσμένος. ¹³οἵ τε Ἰουδαῖοι τὴν προσημανθεῖσαν ὥραν

V 1 την των ελ. επιμελειαν V | αμεταθετον V   2 om δρακεσι V | V αγριωσαντας V | αφθονως A   3 τους μαλιστα] om τους V | εχοντας] εχου-
σης V   4 αραροτως τω (το Vᵃ) προσταγεν V | Ερμων] pr τω V* (ras V?)
5 ασφαλιαν V* (-λειαν Vᵃ)   7 om και 2° V   8 μεταστρεψαι] κατα-
στρεψαι V | επιφανιας V* (-νειας Vᵃ)   9 om ουν V | εκτενως η λιτανια
(-νεια Vᵃ) V   10 περι τουτων] pr τα V   11 χρονου κτισμα V | θελησῃ
Vᵃ | απεστειλεν εις τον βασιλεα subter lineas adscrips V   12 βαθει] βασει
A | κατησχεθη A | ενεργια V* (-γεια Vᵃ)   13 προση|μανθησαν V* προ|ση-
μανθεισαν Vᵃ

719

Α διαφυγόντες, τὸν ἅγιον ἤνουν θεὸν αὐτῶν· καὶ πάλιν ἠξίουν τὸν εὐκατάλλακτον δεῖξαι μεγαλοσθενοῦς ἑαυτοῦ χειρὸς κράτος ἔθνεσιν ὑπερηφάνοις. ¹⁴μεσούσης δὲ ἤδη δεκάτης ὥρας σχεδόν, ὁ πρὸς 14 ταῖς κλήσεσιν τεταγμένος, ἀθρόους τοὺς κλητοὺς ἰδών, ἔνυξεν προσελθὼν τὸν βασιλέα. ¹⁵καὶ μόλις διεγείρας, ὑπέδειξε τὸν·τῆς συμ- 15 ποσίας καιρὸν ἤδη παρατρέχοντα, τὸν περὶ τούτων λόγον ποιούμενος. ¹⁶ὃν ὁ βασιλεὺς λογισάμενος, καὶ τραπεὶς εἰς τὸν πότον, 16 ἐκέλευσεν τοὺς παραγεγονότας ἐπὶ τὴν συμποσίαν ἄντικρυς ἀνακλῖναι αὐτοῦ. ¹⁷οὗ καὶ γενομένου, παρῄνει εἰς εὐωχίαν δόντας 17 ἑαυτούς, τὸ παρὸν τῆς συμποσίας ἐπὶ πολὺ γεραιρομένους εἰς εὐφροσύνην καταθέσθαι μέρος. ¹⁸ἐπὶ πλεῖον δὲ προσκοπτούσης τῆς 18 ὁμιλίας, τὸν Ἕρμωνα προσκαλεσάμενος ὁ βασιλεύς, μετὰ πικρίας ἀπειλῆς ἐπυνθάνετο τίνος ἕνεκεν αἰτίας ἰάθησαν οἱ Ἰουδαῖοι τὴν περιοῦσαν ἡμέραν περιβεβιωκότες. ¹⁹τοῦ δὲ ὑποδείξαντος ὅτι νυκτὸς 19 τὸ προσταγὲν ἐπὶ τέλος ἠγιοχέναι, καὶ τῶν φίλων αὐτῶν προσμαρτυρησάντων· ²⁰τὴν ὠμότητα χείρονα Φαλάριδος ἐσχηκὼς ἔφη 20 τὸ τῆς σήμερον ὕπνῳ χάριν ἔχειν αὐτούς· ἀνυπερθέτως δὲ εἰς τὴν ὑποστέλλουσαν ἡμέραν κατὰ τὸ ὅμοιον ἑτοίμασον τοὺς ἐλέφαντας ἐπὶ τὸν τῶν ἀθεμίτων Ἰουδαίων ἀφανισμόν. ²¹εἰπόντος δὲ τοῦ 21 βασιλέως, ἀσμένως πάντες μετὰ χαρᾶς οἱ παρόντες ὁμοῦ συναινέσαντες, εἰς τὸν ἴδιον οἶκον ἕκαστος ἀνέλυσεν. ²²καὶ οὐχ οὕτως εἰς 22 ὕπνον κατεχρήσαντο τὸν χρόνον τῆς νυκτός, ὡς εἰς τὸ παντοίους μηχανᾶσθαι τοῖς ταλαιπώροις δοκοῦσιν ἐμπαιγμούς. ²³Ἄρτι 23 δὲ ἀλεκτρυὼν ἐκέκραγεν ὄρθριος, καὶ·τὰ θηρία καθωπλικὼς ὁ Ἕρμων ἐν τῷ μεγάλῳ περιστύλῳ διεκίνει. ²⁴τὰ δὲ κατὰ τὴν πόλιν πλήθη 24 συνήθροιστο πρὸς τὴν οἰκτροτάτην θεωρίαν, προσδοκῶντα τὴν πρωΐαν μετὰ σπουδῆς. ²⁵οἱ δὲ Ἰουδαῖοι κατὰ τὸν ἀμερῆ ψυχουλκού- 25 μενοι χρόνον, πολύδακρυν ἱκετίαν ἐν μέλεσιν γοεροῖς τείνοντες τὰς χεῖρας εἰς τὸν οὐρανὸν ἐδέοντο τοῦ μεγίστου θεοῦ πάλιν αὐτοῖς βοηθῆσαι συντόμως. ²⁶οὔπω δὲ ἡλίου βολαὶ κατεπείροντο, καὶ 26

13 ευκαταλακτον (sic) AV   14 δεκατης] και της V | κλισεσιν V* (κλησεσι Vᵃ) | τεταγμενοις A | ενυξε V   15 υπεδειξεν V* (-ξε Vᵃ)   16 αυτους V   17 ου και γενομενου] και γενομενος V   18 προσκοπτουσης] προβαινουσης V | πικρας V | επυνθανεντο (sic) V* (-νετο Vᵃ) | ιαθησαν V* (ειαθ. Vᵃ)] ιασθ. A   19 τα προσταγεντα V | ηγηοχεναι Vᵃ | αυτων] αυτου V   20 Φαιλαριδος A | υπνῡ] Vᵃ (υπνω V* fort) | ειχεν A (εχειν V) | υποστελλουσαν] επιτελουσαν V | αφανισμω V* vid -σμον Vᵃ   21 συναινεσαντες] συνεσαντες (sic) A | ανελυσε V   22 ως εις το] ωστε V   25 δε] τε V | τον αμερη] τινα μερη V | ψυχολκουμενοι V | πολυδακρυον V | ικετειαν Vᵃ | μελεσι V   26 ουπου A (ουπω V) | κατεσπιρωντο V* -σπειρ. Vᵃ

ΜΑΚΚΑΒΑΙΩΝ Γ'

τοῦ βασιλέως τοὺς φίλους ἐκδεχομένου, ὁ Ἕρμων παραστὰς ἐπι- A
καλεῖ πρὸς τὴν ἔξοδον, ὑποδεικνὺς τὸ πρόθυμον τοῦ βασιλέως ἐν
27 ἑτοίμῳ κεῖσθαι. 27τοῦ δὲ ἀποδεξαμένου καὶ καταπλαγέντος ἐπὶ τῇ
ἀνόμῳ ἐξόδῳ, κατὰ πάντα ἀγνωσίᾳ κεκρατημένος ἐπυνθάνετο, ὅτι
28 τὸ διασαφούμενον ἔτι αὐτῷ μετὰ σπουδῆς τετέλεσται. 28τοῦτο δὲ
ἦν ἐνέργεια τοῦ πάντα δεσποτεύοντος θεοῦ, τῶν πρὶν αὐτῷ μεμη-
29 χανημένων λήθην κατὰ διάνοιαν ἐντεθεικότος. 29ὑπεδείκνυεν ὁ Ἕρ-
μων καὶ πάντες οἱ φίλοι τὰ θηρία καὶ τὰς δυνάμεις Ἡτοίμασται,
30 βασιλεῦ, κατὰ τὴν σὴν ἐκτενῆ πρόθεσιν. 30ὁ δὲ ἐπὶ τοῖς ῥηθεῖσιν
πληρωθεὶς βαρεῖ χόλῳ, διὰ τὸ περὶ τούτων προνοίᾳ θεοῦ διεσκε-
31 δάσθαι πᾶν αὐτοῦ νόημα, ἐνατενίσας μετὰ ἀπειλῆς εἶπεν 31Ὅσοι
γονεῖς παρῆσαν ἢ παίδων γόνοι, τήνδε θηρσὶν ἀγρίοις ἐσκεύασαν
δαψιλῆ θοῖναν ἀντὶ τῶν ἀνεγκλήτων ἐμοὶ καὶ προγόνοις ἐμοῖς ἀπο-
32 δεδειγμένων ὁλοσχερῆ βεβαίαν πίστιν ἐξόχως Ἰουδαίων. 32καίπερ
εἰ μὴ διὰ τὴν τῆς συστροφίας στοργὴν καὶ τῆς χρείας, τὸ ζῆν ἀντὶ
33 τούτων ἐστερήθης. 33οὕτως ὁ Ἕρμων ἀπροσδόκητον ἐπικίνδυνον
ὑπήνεγκεν ἀπειλήν· καὶ τῇ ὁράσει καὶ τῷ προσώπῳ συνεστάλη.
34 34ὁ καθ' εἷς δὲ τῶν φίλων σκυθρωπῶς ὑπεκρέων, τοὺς συνηθροισμέ-
35 νους ἀπέλυσαν ἕκαστον ἐπὶ τὴν ἰδίαν ἀσχολίαν. 35οἵ τε Ἰουδαῖοι
τὰ παρὰ τοῦ βασιλέως ἀκούσαντες, τὸν ἐπιφανῆ θεὸν Κύριον, βα-
σιλέα τῶν βασιλευόντων, ᾔνουν, καὶ τῆσδε τῆς βοηθείας αὐτοῦ
36 τετευχότες. 36Κατὰ δὲ τοὺς αὐτοὺς νόμους ὁ βασιλεὺς
συστησάμενος πᾶν τὸ συμπόσιον, εἰς εὐφροσύνην τραπῆναι παρε-
37 κάλει. 37τὸν δὲ Ἕρμωνα προσκαλεσάμενος μετὰ ἀπειλῆς εἶπεν
Ποσάκις δὲ δεῖ σοι περὶ τούτων αὐτῶν σοι προστάττειν, ἀθλιώτατε;
38 38τοὺς ἐλέφαντας ἔτι καὶ νῦν καθόπλισον εἰς τὴν αὔριον ἐπὶ τὸν
39 τῶν Ἰουδαίων ἀφανισμόν. 39οἱ δὲ συνανακείμενοι συγγενεῖς τὴν
40 ἀσταθῆ διάνοιαν αὐτοῦ θαυμάζοντες, προεφέροντο τάδε 40Βασιλεῦ,
μέχρι τίνος ὡς ἡμᾶς διαπειράζεις, προστάσσων ἤδη τρίτον αὐτοὺς
ἀφανίσαι, καὶ πάλιν ἐπὶ τῶν πραγμάτων ἐκ μεταβολῆς ἀναλύων τὰ

26 εκδεχομενος V | επικαλει] εκαλει V | υποδεικνυων V | εν ετοι V* (εν V
ετοιμη Vᵃ) 27 ανομω] παρανομω V | παντα] παν V | διασαφουμενον] διμα-
φουν (sic) V* δειμ. Vᵃ | τετελεσθαι V 28 ενεργεια] pr η V | παντα] pr τα
V | δεσποτευοντος] δυναστευοντος V | μηχανευμενων V* μεμηχανευμ. V¹
29 ητοιμασθαι V 31 αποδεδειγμ. V | εξοχωσῖ| (sic) A 32 στοργης
A | τουτου V | εστερεθης V 33 επικινδυνον] pr και V | τη ορασει]
τω θρασει V 34 απελυεν V 35 βασιλευοντων] βασιλεων V
36 τους αυτους νομους] τουτους μονους V 37 om δει V | om σοι 2° V
40 ως]+αλλογους (sic) V | τα σοι] τας οικιας A

Α σοὶ δεδογμένα; ⁴¹ὧν χάριν ἡ πόλις διὰ τὴν προσδοκίαν ὀχλεῖ 41
καὶ πληθύουσα συστροφαῖς ἤδη καὶ κινδυνεύει πολλάκις διαρπα-
σθῆναι.   ⁴²Ὅθεν ὁ κατὰ πάντα Φάλαρις βασιλεὺς ἐν- 42
πληθυνθεὶς ἀλογιστίας, καὶ τὰς γινομένας πρὸς ἐπισκοπὴν τῶν
Ἰουδαίων ἐν αὐτῷ μεταβολὰς τῆς ψυχῆς παρ' οὐδὲν ἡγούμενος,
ἀτελέστατον βεβαίως ὅρκον ὁρισάμενος τούτους μὲν ἀνυπερθέτως
πέμψειν εἰς ᾅδην ἐν γόνασιν καὶ ποσὶν θηρίων ᾐκισμένους, ⁴³ἐπι- 43
στρατεύσαντα δὲ ἐπὶ τὴν Ἰουδαίαν, ἰσόπεδον πυρὶ καὶ δόρατι στή-
σεσθαι διὰ τάχους, καὶ τὸν ἄβατον ἡμῖν αὐτῶν ναὸν πυρὶ πρή[σα]ν[τα]
ἐν τάχει τῶν συντελούντων ἐκεῖ θυσίαν εἰς τὸν ἅπαντα χρόνον
καταστήσειν.   ⁴⁴τότε περιχαρεῖς ἀναλύσαντες οἱ φίλοι καὶ συγγε- 44
νεῖς μετὰ πίστεως, διέτασσον τὰς δυνάμεις ἐπὶ τοὺς εὐκαιροτάτους
τόπους τῆς πόλεως πρὸς τὴν τήρησιν.   ⁴⁵ὁ δὲ ἐλεφαντάρχης τὰ 45
θηρία σχεδών, ὡς εἶπεν, εἰς κατάστεμα μανιῶδες ἀγιοχῶς εὐωδεστά-
τοις πόμασιν οἴνῳ λελιβανωμένῳ, φοβερῶς κεκοσμημένα κατασκευαῖς,
⁴⁶περὶ τὴν ἕω, τῆς πόλεως ἤδη πλήθεσιν ἀναριθμήτοις κατὰ τοῦ 46
ἱπποδρόμου καταμεμεστωμένης, εἰσελθὼν εἰς τὴν αὐλὴν ἐπὶ τὸ
προκείμενον ὤτρυνε τὸν βασιλέα.   ⁴⁷ὁ δὲ ὀργῇ βαρείᾳ γεμίσας 47
δυσσεβῆ φρένα, παντὶ τῷ βάρει σὺν τοῖς θηρίοις ἐξώρμησε, βου-
λόμενος ἀτρώτῳ καρδίᾳ καὶ κόραις ὀφθαλμῶν θεάσασθαι τὴν ἐπί-
πονον καὶ ταλαίπωρον τῶν προσεσημαμμένων καταστροφήν.   ⁴⁸ὡς 48
δὲ τῶν ἐλεφάντων ἐξιόντων ἐπὶ πύλην, καὶ τῆς ἑπομένης ἐνόπλου
δυνάμεως τῆς τε τοῦ πλήθους πορίας κονιορτὸν ἰδόντες, καὶ βα-
ρυηχῆ θόρυβον ἀκούσαντες οἱ Ἰουδαῖοι, ⁴⁹ὑστάτην βίου ῥοπὴν αὑ- 49
τοῖς ἐκείνην δόξαντες εἶναι τὸ τέλος τῆς ἀθλιωτάτης προσδοκίας,
εἰς οἶκτον καὶ γόους τραπέντες, κατεφίλουν ἀλλήλους, περιπλεκό-
μενοι τοῖς συγγενέσιν, ἐπὶ τοὺς τραχήλους ἐπιπίπτοντες, γονεῖς παι-
σὶν καὶ μητέρες νεάνισιν· ἕτεραι δὲ νεογνὰ πρὸς μαστοὺς ἔχουσαι
βρέφη τελευταῖον ἕλκοντα γάλα.   ⁵⁰οὐ μὴν δὲ ἀλλὰ καὶ τὰς ἔμ- 50
προσθεν αὐτῶν γεγενημένας ἀντιλήμψεις ἐξ οὐρανοῦ συνιδόντες,

V   41 συστροφας V* vid (-φαις Vᵃ)   42 Φαλαρεις A | εμπληθυνθεις Vᵃ |
αλοτιαις V* (-γιστιαις V¹) | ατενεστατον A* vid (ατελ. A¹) | αδην] αλην (sic)
Avid   43 στησεσθαι] θησεσθαι V | τον αβατον] post τον ras 2 litt A¹ | αυτων
ημιν V | πρησαντα] πρην AV [θυσιας V   45 αγιοχως Vᵃ | om φοβερως
κεκοσμημενα V | κατασκευας V+as Vᵃ(ᵐᵍ)   46 καταμεμεστωμενοις A
47 εξωρμησεν V*   48 επι] περι V | om τε V | πορειας Vᵃ   49 om
αυτοις V | αθλειοτατης A | περιπλεκομενην V* (-νοι V¹) | συνγενουσιν V |
επεπιπτον Vᵃ ᵛⁱᵈ | om μητερες V | μαστων V | εχουσαι] εχοντες AV* (εχουσαι
Vᵃ) | ελκοντα γαλα] ελκονται αλλ A   50 αντιληψεις V

πρηνεῖς ὁμοθυμαδὸν ῥίψαντες ἑαυτούς, καὶ τὰ νήπια χωρίσαντες A
51 τῶν μαστῶν, ⁵¹ἀνεβόησαν φωνῇ μεγάλῃ σφόδρα, τὸν τῆς ἁπάσης
δυνάστην ἱκετεύοντες, οἰκτεῖραι μετὰ ἐπιφανείας αὐτοὺς ἤδη πρὸς
πύλαις ᾅδου καθεστῶτας.

VI 1 ¹Ἐλεάζαρος δέ τις ἀνὴρ ἐπίσημος τῶν ἀπὸ τῆς χώρας Ἰουδαίων ἐν
πρεσβείῳ τὴν ἡλικίαν ἤδη λελογχὼς καὶ πάσῃ τῇ κατὰ τὸν βίον ἀρετῇ
κεκοσμημένος, τοὺς περὶ αὐτὸν καταστείλας πρεσβυτέρους ἐπικαλεῖ-
2 σθαι τὸν ἅγιον θεόν, καὶ προσηύξατο τάδε ²Βασιλεῦ μεγαλοκράτωρ,
ὕψιστε, παντοκράτωρ θεέ, τὴν πᾶσαν διακυβερνῶν ἐν οἰκτιρμοῖς
3 κτίσιν, ³ἔπιδε ἐπὶ Ἀβραὰμ σπέρμα, ἐφ᾽ ἡγιασμένου τέκνα Ἰακώβ,
μερίδος ἡγιασμένης σου λαὸν ἐν ξένῃ γῇ ξένον ἀδίκως ἀπολλύμενον.
4 ⁴πάτερ, σὺ Φαραὼ πληθύνοντα ἅρμασιν τὸν πρὶν Αἰγύπτου ταύτης
δυνάστην ἐπαρθέντα ἀνόμῳ θράσει καὶ γλώσσῃ μεγαλορήμονι σὺν
τῇ ὑπερηφάνῳ στρατιᾷ ποντοβρόχους ἀπώλεσας, φέγγος ἐπιφάνας
5 ἐλέους Ἰσραὴλ γένει. ⁵σὺ τὸν ἀναριθμήτοις δυνάμεσιν γαυρωθέντα
Σενναχηρεὶμ βαρὺν Ἀσσυρίων βασιλέα, δόρατι τὴν πᾶσαν ὑποχείριον
ἤδη λαβόντα γῆν καὶ μετεωρισθέντα ἐπὶ τὴν ἁγίαν σου πόλιν, βαρέα
λαλοῦντα κόμπῳ καὶ θράσει, σύ, δέσποτα, ἔθραυσας, ἔκδηλον δεικνὺς
6 ἔθνεσιν πολλοῖς τὸ σὸν κράτος. ⁶σὺ τοὺς κατὰ τὴν Βαβυλωνίαν
τρεῖς ἑταίρους πυρὶ τὴν ψυχὴν αὐθαιρέτως δεδωκότας εἰς τὸ μὴ
λατρεῦσαι τοῖς κενοῖς, διάπυρον δροσίσας κάμινον, ἐρρύσω μέχρι
7 τριχὸς ἀπημάντους, φλόγα πᾶσιν ἐπιπέμψας τοῖς ὑπεναντίοις. ⁷σὺ
τὸν διαβολαῖς φθόνου λέουσι κατὰ γῆς ῥιφέντα θηρσὶν βορὰν Δανιὴλ
8 εἰς φῶς ἀνήγαγες ἀσινῆ· ⁸τόν τε βυθοτρεφοῦς ἐν γαστρὶ κήτους
Ἰωνᾶν τηκόμενον ἀφιδὼν ἀπήμαντον πᾶσιν οἰκείοις ἀνέδειξας,
9 πάτερ. ⁹καὶ νῦν, μισούβρι, πολυέλεε, τῶν ὅλων δικαστά, τάχος
ἐπιφάνηθι τοῖς ἁγίοις Ἰσραὴλ γένους, ὑπὸ ἐβδελυγμένων ἀνόμων

51 απασης] πασης δυναμεως V | επιφανιας V* (-νειας Vᵃ) | καθεστωτες V* V
(-τας Vᵃ) VI 1 Ιουδαιων] ιερεων V | λελοχως V | καταστειλας] κατα-
τησας V* (καταστησ. Vᵃ) | om και 2° V 2 μεγαλοκρατορ Vᵃ | υψιστα
A | παντοκρατορ Vᵃ | οικτειρμοις V* (οικτιρμ. Vᵃ) 3 om επι V | εφ]
απο V | ξενων V | απολλυμενων Vᵃ 4 πατερ συ Φαραω] υπο Φαραω sup
ras Aᵃ seq spat 2 fort litt | πληθυοντα V | ανομω] τω V | μεγαλορ. V* μεγα-
λορ. Vᵃ | ποντοβρυχ. V | απολεσας V* (απωλ. Vᵃ) | ελεου V* (-ους Vᵃ)
5 δυναμεσι V | γαρωθεντα V* (γαυρ. Vᵃ) | Σεναχειρειμ V | βαρὺ]ν V* (ν
improb Vᵃ) | την πασαν υποχει, [κ]αι μετεωρισθεν, βαρεα λαλουντα madore
corrosa rescr V | βαρια V* -ρεια Vᵃ | θραυσας V | δικνυεις V* (δεικνυεις Vᵃ)
6 Βαβυλωνα V | διαπυρου V | δροσισας] χρονιας V | καμινου V | ερυσω V*
(ερρ. Vᵃ) | τοιχος vel τειχος A* (τριχ. A¹) | φλογα πασιν] φλογασιν (sic) A
7 βορα A 7—9 multa paene evanuere, nonnulla rescr Vᵃ 8 βυθον
τρεφους (sic, sed ε rescr) V | αφιδων] αφελων V 9 μισυβρι V | δικαστα]
σκεπαστα V | ταχος] pr το V | αγιοις] απο V

Λ ἐθνῶν ὑβριζομένοις. ¹⁰εἰ δὲ ἀσεβείαις κατὰ τὴν ἀποικίαν ὁ βίος ἡμῶν ἐνέσχηται, ῥυσάμενος ἡμᾶς ἀπὸ ἐχθρῶν χειρός, ᾧ προαιρῇ, δέσποτα, ἀπώλεσον ἡμᾶς μόρῳ. ¹¹μὴ τοῖς ματαίοις οἱ ματαιόφρονες εὐλογησάτωσαν ἐπὶ τῇ τῶν ἠγαπημένων σου ἀπωλείᾳ, λέγοντες Οὐδὲ ὁ θεὸς αὐτῶν ἐρύσατο αὐτούς. ¹²σὺ δὲ ὁ πᾶσαν ἀλκὴν καὶ δυναστείαν ἔχων ἅπασαν, αἰώνιε, νῦν ἔπιδε· ἐλέησον ἡμᾶς τοὺς καθ' ὕβριν ἀνόμων ἀλόγιστον ἐκ τοῦ ζῆν μεθισταμένους ἐν ἐπιβούλων τρόπῳ. ¹³πτηξάτω δὲ ἔθνη σὴν δύναμιν ἀνίκητον σήμερον, ἔντιμε, δυνάμεις ἔχων ἐπὶ σωτηρίαν Ἰακὼβ γένους. ¹⁴ἱκετεύει σε τὸ πᾶν πλῆθος τῶν νηπίων καὶ οἱ τούτων γονεῖς μετὰ δακρύων. ¹⁵δειχθήτω πᾶσιν ἔθνεσιν, ὅτι μεθ' ἡμῶν εἶ, κύριε, καὶ οὐκ ἀπέστρεψας τὸ πρόσωπόν σου ἀφ' ἡμῶν· ἀλλὰ καθὼς εἶπας Οὐδὲ ἐν τῇ γῇ τῶν ἐχθρῶν αὐτῶν ὄντων ὑπερεῖδον αὐτούς, οὕτως ἐπιτέλεσον, κύριε. ¹⁶Τοῦ δὲ Ἐλεαζάρου λήγοντος ἄρτι τῆς προσευχῆς, ὁ βασιλεὺς σὺν τοῖς θηρίοις καὶ παντὶ τῷ τῆς δυνάμεως φρυάγματι κατὰ τὸν ἱππόδρομον παρῆγεν. ¹⁷καὶ θεωρήσαντες οἱ Ἰουδαῖοι, μέγα εἰς οὐρανὸν ἀνέκραξαν, ὥστε καὶ τοὺς παρακειμένους αὐλῶνας συνηχήσαντας ἀκατάσχετον πτοὴν ποιῆσαι παντὶ τῷ στρατοπέδῳ. ¹⁸τότε ὁ μεγαλόδοξος καὶ παντοκράτωρ καὶ ἀληθινὸς θεός, ἐπιφάνας τὸ ἅγιον αὐτοῦ πρόσωπον, ἠνέῳξεν τὰς οὐρανίους πύλας, ἐξ ὧν δεδοξασμένοι δύο φοβεροειδεῖς ἄγγελοι κατέβησαν φανεροὶ πᾶσιν πλὴν τοῖς Ἰουδαίοις, ¹⁹καὶ ἀντέστησαν, καὶ τὴν δύναμιν τῶν ὑπεναντίων ἐπλήρωσαν ταραχῆς καὶ δειλίας καὶ ἀκινήτοις ἔδησαν πέδαις. ²⁰καὶ ὑπόφρικον καὶ τὸ τοῦ βασιλέως σῶμα ἐγενήθη, καὶ λήθη τὸ θράσος αὐτοῦ τὸ βαρύθυμον ἔλαβεν. ²¹καὶ ἀπέστρεψαν τὰ θηρία ἐπὶ τὰς συνεπομένας ἐνόπλους δυνάμεις, καὶ κατεπάτουν αὐτοὺς καὶ ὠλέθρευον. ²²Καὶ μετεστράφη τοῦ βασιλέως ἡ ὀργὴ εἰς οἶκτον καὶ δάκρυα ὑπὲρ τῶν ἔμπροσθεν αὐτῷ μεμηχανευμένων. ²³ἀκούσας γὰρ τῆς κραυγῆς, καὶ συνιδὼν πρηνεῖς ἅπαντας εἰς τὴν ἀπώλειαν, δακρύσας μετ' ὀργῆς τοῖς φίλοις διηπειλεῖτο, λέγων ²⁴Παραβασιλεύετε, καὶ τυράννους ὑπερβεβηκότες ὠμότητι· καὶ ἐμὲ αὐτὸν τὸν ὑμῶν εὐεργέτην ἐπιχειρεῖτε τῆς ἀρχῆς ἤδη καὶ τοῦ πνεύματος μεθιστᾶν, λάθρα μηχανώμενοι τὰ μὴ συμφέροντα

V 9 υβριζομενους V 10 ω] ως V 11 om τη V | απωλια V* (-λεια Vᵃ) | ερρυσατο Vᵃ 12 ανομον V | μεθιστανομενους V 13 εντιμε] εν τινι με A | δυναμεις] δυναμει A δυναμιν V | σωτηρια V 15 om εθνεσιν V | ουδε] οτι ουδ V | υπερειδαν V 17 συνηχθησαντας AV | om πτοην V 18 om και 1° V 20 βαρυθυμον V* (-θυμ. Vᵃ) 21 αυτας V 23 διηπειλειτο] ηπειλειτο V* (-λητο Vᵃ) 24 υπερβεβηκετε V | εμε αυτον] εμαυτον V | τον υμων] om τον V | επιχειρητε V* (-ρειτε Vᵃ)

25 τῇ βασιλείᾳ. ²⁵τίς τοὺς κρατήσαντας ἡμῶν ἐν πίστει τὰ τῆς χώρας A ὀχυρώματα τῆς οἰκίας ἀποστήσας, ἕκαστον ἀλόγως ἤθροισεν ἐνθάδε; 26 ²⁶τίς τοὺς ἐξ ἀρχῆς εὐνοίᾳ πρὸς ἡμᾶς κατὰ πάντα διαφέροντας πάντων ἐθνῶν, καὶ τοὺς χειρίστους πλεονάκις ἀνθρώπων ἐπιδεδιγμένους 27 κινδύνους, οὕτως ἀθέσμως περιέβαλεν αἰκίαις; ²⁷λύσατε, ἐκλύσατε ἄδικα δεσμά· εἰς τὰ ἴδια μετ' εἰρήνης ἐξαποστείλατε, τὰ προστεταγμένα 28 παραιτησάμενοι. ²⁸ἀπολύσατε τοὺς υἱοὺς τοῦ παντοκράτορος ἐπουρανίου θεοῦ ζῶντος, ὃς ἀφ' ἡμετέρων μέχρι τοῦ νῦν προγόνων ἀπαραπόδιστον εὐστάθειαν μετὰ δόξης προφέρει τοῖς ἡμετέροις πράγ-29 μασιν. ²⁹ὁ μὲν οὖν ταῦτα ἐξέλεξεν· οἱ δὲ ἐν ἀμερεῖ χρόνῳ λυθέντες, τὸν ἅγιον σωτῆρα θεὸν αὐτῶν ηὐλόγουν, ἄρτι τὸν θάνατον ἐκπεφυ-30 γότες. ³⁰Εἶτα ὁ βασιλεὺς εἰς τὴν πόλιν τὸν ἐπὶ τῶν προσόδων προσκαλεσάμενος, ἐκέλευσεν οἴνους τε καὶ τὰ λοιπὰ πρὸς εὐωχίαν ἐπιτήδεια τοῖς Ἰουδαίοις χορηγεῖν ἐπὶ ἡμέρας ἑπτά, κρίνας αὐτούς, ἐν ᾧ τόπῳ ἔδοξαν τὸν ὄλεθρον ἀναλαμβάνειν, ἐν τούτῳ ἐν εὐφροσύνῃ 31 πάσῃ σωτήρια ἀγαγεῖν. ³¹τότε οἱ τὸ πρὶν ἐπονείδιστοι καὶ πλησίον τοῦ ᾅδου, μᾶλλον δὲ ἐπ' αὐτῷ βεβηκότες, ἀντὶ πικροῦ καὶ δυστλάκτου μόρου κώθωνα σωτήριον συστησάμενοι, τὸν εἰς πτῶσιν αὐτοῖς καὶ τάφον ἡτοιμασμένον τόπον κλισίας κατεμέρισαντο πλήρεις χαρμονῆς. 32 ³²καταλήξαντες δὲ θρήνων πανόδυρτον μέλος, ἀνέλαβον ᾠδὴν πάτριον, τὸν Ἰσραὴλ σωτῆρα καὶ τερατοποιὸν αἰνοῦντες θεόν· οἰμωγὴν δὲ πᾶσαν καὶ κωκυτὸν ἀπωσάμενοι, χοροὺς συνίσταντο εὐφροσύνης 33 εἰρηνικῆς σημεῖον. ³³ὡσαύτως δὲ καὶ ὁ βασιλεὺς περὶ τούτων συμπόσιον βαρὺ συνάγων, ἀδιαλείπτως εἰς οὐρανὸν ἀνθωμολογεῖτο μεγα-34 λομερῶς ἐπὶ τῇ παραδόξῳ γενηθείσῃ αὐτῶν σωτηρίᾳ. ³⁴οἵ τε πρὶν εἰς ὄλεθρον καὶ οἰωνοβρώτους αὐτοὺς ἔσεσθαι τιθέμενοι καὶ μετὰ χαρᾶς ἀπογραψάμενοι, κατεστέναξαν αἰσχύνην ἐφ' ἑαυτοῖς περιβαλόμενοι, 35 καὶ πυρόπνουν τόλμαν ἀκμαίως ἐσβεσμένοι. ³⁵οἵ τε Ἰουδαῖοι, καθὼς προειρήκαμεν, συστησάμενοι τὸν προειρημένον χορόν, μετ' εὐωχίας

25 τις τους κρατησαντας] της του κρατησαντος A | αποστησας] αποδησας V V | ενθα V   26 παντα] παντας A | και] pr μεσον δε V | επιδεδειγμ. V. 27 προστεταγμενοι] προπεπραγμενα V   28 μετα δοξης ευσταθειαν V | προφερει] παρεχει V   29—30 multa paene evanuere in V   29 εξελεξεν] ελεξεν V   30 πολιν]+απαλλαγεις V | ευωχιαν] ευχιων (sic) V | σωτηριαν V | αγαγειν] αγειν V   31 πληρης V* (-ρεις Vᵃ)   32 καταληξαντες] ε sup ras Aᵃ | θρηνον V | πανοδ. μελος] pr και V | Ισραηλ σωτηρα] Ἰηλ· ορα· (sic) A om σωτηρα V | δε 2°] τε V | ειρηνικης] ειρηνης V   33 συναγαγων V | om αυτων V   34 οινοβρωτους A | om και 2° V | απογραψαμενοι] αποστρεψαμενοι V | εφ] επι V | περιβαλλομενοι V | πυροπνουν] pr την V | ακμαιως] ακλεως V   35 χορον] χρονον A χρον· (sic) V* (χορον Vᵃ)

Α ἐν ἐξομολογήσεσιν ἱλαραῖς καὶ ψαλμοῖς διῆγον. ³⁶καὶ κοινὸν ὁρισά- 36
μενοι περὶ τούτων θεσμὸν, ἐπὶ πᾶσαν τὴν παροικίαν αὐτῶν εἰς γενεάς,
τὰς προειρημένας ἡμέρας ἄγειν ἔστησαν εὐφροσύνους, οὐ πότου χάριν
καὶ λιχνείας, σωτηρίας δὲ τῆς διὰ θεὸν γενομένης αὐτοῖς. ³⁷ἐνέτυχον 37
δὲ τῷ βασιλεῖ, τὴν ἀπόλυσιν αὐτῶν εἰς τὰ ἴδια αἰτούμενοι.

³⁸Ἀπογράφονται δὲ αὐτοὺς ἀπὸ πέμπτης καὶ εἰκάδος τοῦ Παχὼν 38
ἕως τῆς τετάρτης τοῦ Ἐπιφί, ἐπὶ ἡμέρας τεσσαράκοντα· συνίστανται
δὲ αὐτῶν τὴν ἀπώλειαν ἀπὸ πέμπτης τοῦ Ἐπιφὶ ἕως ἑβδόμης, ἡμέραις
τρισίν. ³⁹ἐν αἷς καὶ μεγαλοδόξως ἐπιφάνας τὸ ἔλεος αὐτοῦ ὁ τῶν 39
πάντων δυνάστης ἀπταίστους αὐτοὺς ἐρρύσατο ὁμοθυμαδόν.

⁴⁰Εὐωχοῦντο δὲ πάνθ᾽ ὑπὸ τοῦ βασιλέως χορηγούμενοι μέχρι 40
τῆς τεσσαρεσκαιδεκάτης, ἐν ᾗ καὶ τὴν ἐντυχίαν ἐποιήσαντο περὶ τῆς
ἀπολύσεως αὐτῶν. ⁴¹συναινέσας δὲ αὐτοῖς ὁ βασιλεὺς ἔγραψεν 41
αὐτοῖς τὴν ὑπογεγραμμένην ἐπιστολὴν πρὸς τοὺς κατὰ πόλιν στρα-
τηγοὺς μεγαλοψύχως τὴν ἐκτενίαν ἔχουσαν ¹Βασιλεὺς Πτολεμαῖος 1 VII
Φιλοπάτωρ τοῖς κατ᾽ Αἴγυπτον στρατηγοῖς καὶ πᾶσιν τοῖς τετα-
γμένοις ἐπὶ πραγμάτων χαίρειν καὶ ἐρρῶσθαι. ²ἐρρώμεθα δὲ καὶ 2
αὐτοὶ καὶ τὰ τέκνα ἡμῶν, κατευθύνοντος ἡμῖν τοῦ μεγάλου θεοῦ
τὰ προστάγματα, καθὼς προαιρούμεθα. ³τῶν φίλων τινὲς κατὰ 3
κακοήθειαν πυκνότερον ἡμῖν παρακείμενοι, συνέπεισαν ἡμᾶς εἰς
τὸ τοὺς ὑπὸ τὴν βασιλείαν Ἰουδαίους συναθροίσαντας τὰ συ-
στήματα κολάζεσθαι ξενιζούσαις ἀποστάντων τιμωρίαις· ⁴προ- 4
φερόμενοι μηδέποτε εὐσταθήσειν τὰ πράγματα ἡμῶν, δι᾽ ἣν ἔχουσιν
οὗτοι πρὸς τὰ ἔθνη δυσμενίαν, μέχρι ἂν συντελεσθῇ τοῦτο. ⁵οἳ καὶ 5
δεσμίους καταγαγόντες αὐτοὺς μετὰ σκυλμῶν ὡς ἀνδράποδα, μᾶλλον
δὲ ὡς ἐπιβούλους, ἄνευ πάσης ἀνακρίσεως καὶ ἐξετάσεως ἐπεχείρησαν
ἀνελεῖν, νόμου Σκυθῶν ἀγριοτέραν ἐνπεπηρμένοι ὠμότητα. ⁶ἡμεῖς δὲ 6
ἐπὶ τούτοις σκληρότερον διαπειλησάμενοι, καθ᾽ ἣν ἔχομεν πρὸς
ἅπαντας ἀνθρώπους ἐπιεικίαν, μόγις τὸ ζῆν αὐτοῖς χαριζόμενοι, καὶ
τὸν ἐπουράνιον θεὸν ἐγνωκότες ἀσφαλῶς ὑπερησπικότα τῶν Ἰουδαίων,

V 36 λιχνιας V   38 εικαδος] os sup ras Vʳ | om του Παχων V [Επιφει
(1°) A | om επι V | ημερας V* (-ραις Vᵃ)   39 om αυτους V   40 πανθ]
π sup ras A¹   41 δε] τε V   VII 1 ερρωσθε A   2 κατευθυναντος
V | προσταγματα] πραγματα V | καθως προαιρ.] καθωσπερ αιρ. V   3 των
φιλων] pr και V | om κατα V | συνεπεισαν] επεισαν V | τα συστηματα] om
τα V | κολασασθαι V | αποστατων V   4 μηδεποτε] μηποτε V | εθνη] pr
παντα V | δυσμενειαν Vᵃ | om αν V   5 καταγαγοντες] συναγαγοντες V |
επεχειρησαν] προεπεχ. V | om ανελειν V | ενπεπηρμενοι] ενπεπορπημενοι V |
ωμοτητα] ωμ rescr Vᵃ   6 δε] γε V | απαντας] παντας V | επιεικειαν Vᵃ |
χαρισαμενοι V

ΜΑΚΚΑΒΑΙΩΝ Γ VII 16

7 ὡς πατέρα ὑπὲρ υἱῶν διὰ παντὸς συμμαχοῦντα, ⁷τήν τε τοῦ φίλου Α ἣν ἔχουσιν βεβαίαν πρὸς ἡμᾶς καὶ τοὺς προγόνους ἡμῶν εὔνοιαν ἀναλογισάμενοι, δικαίως ἀπολελύκαμεν πάσης καθ᾽ ὁντινοῦν αἰτίας 8 τρόπον. ⁸καὶ προστετάχαμεν ἑκάστῳ πάντας εἰς τὰ ἴδια ἐπιστρέφειν, ἐν παντὶ τρόπῳ μηθενὸς αὐτοὺς τὸ σύνολον καταβλάπτοντος, 9 μήτε ὀνειδίζοντος περὶ τῶν γεγενημένων παρὰ λόγον. ⁹γινώσκετε γὰρ ὅτι κατὰ τούτων ἐάν τι κακοτεχνήσωμεν πονηρόν, ἢ ἐπιλυπήσωμεν αὐτοὺς τὸ σύνολον, οὐκ ἄνθρωπον, ἀλλὰ τὸν πάσης δεσπόζοντα δυνάμεως θεὸν ὕψιστον ἀντικείμενον ἡμῖν ἐπ᾽ ἐκδίκησιν τῶν πραγ-10 μάτων κατὰ πᾶν ἀφεύκτως διὰ παντὸς ἕξομεν. ἔρρωσθε. ¹⁰Λαβόντες δὲ τὴν ἐπιστολὴν ταύτην, οὐκ ἐσπούδασαν εὐθέως περὶ τὴν ἄφοδον, ἀλλὰ τὸν βασιλέα προσηξίωσαν τοὺς ἐκ τοῦ γένους τῶν Ἰουδαίων τὸν ἅγιον θεὸν αὐθαιρέτως παραβεβηκότας τοῦ θεοῦ τὸν 11 νόμον, τυχεῖν δι᾽ αὐτῶν τῆς ὀφειλομένης κολάσεως· ¹¹προφερόμενοι τοὺς γαστρὸς ἕνεκεν τὰ θεῖα παραβεβηκότας προστάγματα μηδέποτε 12 εὐνοήσειν μηδὲ τοῖς τοῦ βασιλέως προστάγμασιν. ¹²ὁ δὲ τἀληθὲς αὐτοὺς λέγειν παραδεξάμενος καὶ παραινέσας, ἔδωκεν αὐτοῖς ἄδειαν πάντων, ὅπως τοὺς παραβεβηκότας τοῦ θεοῦ τὸν νόμον ἐξολεθρεύσωσιν κατὰ πάντα τὸν ὑπὸ τῆς βασιλείας αὐτοῦ τόπον μετὰ παρρησίας, ἄνευ 13 πάσης βασιλικῆς ἐξουσίας καὶ ἐπισκέψεως. ¹³τότε κατευφημήσαντες αὐτόν, ὡς πρέπον ἦν, οἱ τούτων ἱερεῖς καὶ πᾶν τὸ πλῆθος, ἐπιφωνή-14 σαντες τὸ ἁλληλουιά, μετὰ χαρᾶς ἀνέλυσαν· ¹⁴οὗτοί τε τὸν ἐμπεσόντα τῶν μεμιαμμένων ὁμοεθνῆ κατὰ τὴν ὁδὸν ἀπέκτεννον, καὶ μετὰ παρα-15 διγματισμῶν ἀνῄρουν. ¹⁵ἐκείνῃ δὲ τῇ ἡμέρᾳ ἀνεῖλον ὑπὲρ τοὺς τριακοσίους ἄνδρας, ἣν καὶ ἤγαγον εὐφροσύνην μετὰ χαρᾶς βεβήλους 16 χειρωσάμενοι. ¹⁶αὐτοὶ δὲ οἱ μέχρι θανάτου τὸν θεὸν ἐσχηκότες, παντελῆ σωτηρίαν ἀπόλυσιν ἐσχηκότες, ἀνέζευξαν ἐκ τῆς πόλεως παντοίοις εὐωδεστάτοις ἄνθεσιν κατεστεμμένοι μετ᾽ εὐφροσύνης καὶ

6 πατερα] πηρ (sic) V   7 ην] pr δι AV | εχουσι V | απελυσαμεν V | om V πασης V | καθ οντινα ουν Vᵃ   8 τροπω] τοπω V | μηθενΑμηδενος V | αυτοις V | ονειδιζοντος] ονειδιζειν V | γεγενημενων] γενομενων V   9 κακοτεχνασωμεν V | εκδικησει V | ερρωσθαι AVᵃ (-σθε Vᵃ)   10 ευθεως]+γενεσθαι V | αφοδον] ανωδον V (ανοδ. Vᵃ) | βασιλεως A | προσηξιωσαν] ξιω sup ras Aᵃ | αυθετως V* (-θαιρετως Vᵃ) | δια την A (δι αυτων V) | οφειλομενης] οφιλουσης V* (οφειλ. Vᵃ)   11 προσταγμασιν] πραγμασιν V   12 εξολοθρευσωσιν V* (-σι Vᵃ) | την βασιλειαν V | και 2°] η V   13 το αλλ.] pr τον A   14 ουτοι] ουτως V | μεμιασμενων V | ομοεθνει V* (-νη Vᵃ) | απεκτεννον] εκολαζοντο V | παραδειγμ. V   15 om ην V | χειρωσαμενοι] κεχειρωμενοι V   16 σωτηριαν απολυσιν] σωτηριας απολαυσιν V | εσχηκοτες 2°] ειληφοτες V | ανεζευξεν A | om ευωδεστατοις V | ανθεσι V

VII 17 ΜΑΚΚΑΒΑΙΩΝ Γ

Α βοῆς, ἐν αἴνοις καὶ πανμελέσιν ὕμνοις εὐχαριστοῦντες τῷ θεῷ τῶν πατέρων αὐτῶν ἁγίῳ σωτῆρι τοῦ Ἰσραήλ. ¹⁷Παραγενηθέντες 17 δὲ εἰς Πτολεμαΐδα τὴν ὀνομαζομένην διὰ τὴν τοῦ τόπου ἰδιότητα ῥοδοφόρον, ἐν ᾗ προσέμεινεν αὐτοὺς ὁ στόλος κατὰ κοινὴν αὐτῶν βουλὴν ἡμέρας ἑπτά, ¹⁸ἐκεῖ ἐποίησαν πότον σωτηρίου, τοῦ βασιλέως 18 χορηγήσαντος αὐτοῖς εὐψύχως τὰ πρὸς τὴν ἄφιξιν πάντα ἑκάστῳ ἕως ἐπὶ τὴν ἰδίαν οἰκίαν. ¹⁹καταχθέντες δὲ μετ' εἰρήνης ἐν ταῖς πρεπού- 19 σαις ἐξομολογήσεσιν, ὡσαύτως κἀκεῖ ἔστησαν καὶ ταύτας ἄγειν τὰς ἡμέρας ἐπὶ τὸν τῆς παροικίας αὐτῶν χρόνον εὐφροσύνους· ²⁰ἃς καὶ 20 ἀνιερώσαντες ἐν στήλῃ, κατὰ τὸν τῆς συμποσίας τόπον προσευχῆς καθιδρύσαντες, ἀνέλυσαν ἀσινεῖς, ἐλεύθεροι, ὑπερχαρεῖς, διά τε γῆς καὶ θαλάσσης καὶ ποταμοῦ ἀνασῳζόμενοι τῇ τοῦ βασιλέως ἐπιταγῇ, ἕκαστος εἰς τὴν ²¹ἔμπροσθεν, ἐν τοῖς ἐχθροῖς ἐξουσίαν ἐσχηκότες 21 μετὰ δόξης καὶ φόβου, τὸ σύνολον ὑπὸ μηδενὸς διασεισθέντες τῶν ὑπαρχόντων. ²²καὶ πάντα τὰ ἑαυτῶν πάντες ἐκομίσαντο ἐξ ἀπο- 22 γραφῆς, ὥστε τοὺς ἔχοντάς τι μετὰ φόβου μεγίστου ἀποδοῦναι αὐτοῖς, τὰ μεγαλεῖα τοῦ μεγάλου θεοῦ ποιήσαντος τελέως ἐπὶ σωτηρίᾳ αὐτῶν. ²³Εὐλογητὸς ὁ ῥύστης Ἰσραὴλ εἰς τοὺς ἀεὶ χρόνους. ἀμήν. 23

V 16 om εν Α? (hab ut vid ante ενοις (sic) A*) | παμμελεσιν Vᵃ | αγιω σωτηρι] αγιων σοι A αιωνια V 17 ροδοφορον A 18 σωτηριον V | παντας A | επι] εις V 19 χρονον sup ras Aᵃ 20 καθυδρυσαντες (sic) A | υπερχαρις A | εκαστον A | εις την]+ιδιαν· και πλειστην V 21 om εν V | φοβου και δοξης V 22 φορου] φοβου V | μεγαλου] μεγιστου V | τελεως V
Subscr Μακκαβαιων γ' AV

ΜΑΚΚΑΒΑΙΩΝ Δ

I 1 ΦΙΛΟΣΟΦΩΤΑΤΟΝ λόγον ἐπιδείκνυσθαι μέλλων, εἰ αὐτοδέσποτός ἐστιν τῶν παθῶν ὁ εὐσεβὴς λογισμός, συμβουλεύσαιμ᾽ ἂν ὑμῖν ὀρθῶς 2 ὅπως προθύμως προσέχητε τῇ φιλοσοφίᾳ. ²καὶ γὰρ ἀναγκαῖος εἰς ἐπιστήμην παντὶ ὁ λόγος, καὶ ἄλλως τῆς μεγίστης ἀρετῆς, λέγω δὴ 3 φρονήσεως, περιέχει ἔπαινον. ³εἰ ἄρα τῶν σωφροσύνης κωλυτικῶν παθῶν ὁ λογισμὸς φαίνεται ἐπικρατεῖν, γαστριμαργίας τε καὶ ἐπι- 4 θυμίας· ⁴ἀλλὰ καὶ τῶν τῆς δικαιοσύνης ἐμποδιστικῶν παθῶν κυριεύειν ἀναφαίνεται, οἷον κακοηθείας, καὶ τῶν τῆς ἀνδρίας ἐμποδιστικῶν 5 παθῶν, θυμοῦ τε καὶ πόνου καὶ φόβου. ⁵πῶς οὖν, ἴσως εἴποιεν ἄν τινες, εἰ τῶν παθῶν ὁ λογισμὸς κρατεῖ, λήθης καὶ ἀγνοίας οὐ δεσπό- 6 ζει; γελοῖον ἐπιχειροῦντες λέγειν· ⁶οὐ γὰρ τῶν ἑαυτοῦ παθῶν ὁ λογισμὸς κρατεῖ, ἀλλὰ τῶν τῆς δικαιοσύνης καὶ ἀνδρείας καὶ σωφροσύνης καὶ φρονήσεως ἐναντίων· καὶ τούτων, οὐχ ὥστε αὐτὰ κατα- 7 λῦσαι, ἀλλ᾽ ὥστε αὐτοῖς μὴ εἶξαι. ⁷Πολλαχόθεν μὲν οὖν καὶ ἀλλαχόθεν ἔχοιμ᾽ ἂν ὑμῖν ἐπιδεῖξαι, ὅτι αὐτοκράτωρ ἐστὶν τῶν παθῶν 8 ὁ εὐσεβὴς λογισμός. ⁸πολὺ δὲ πλέον τοῦτο ἀποδείξαιμι ἀπὸ τῆς ἀνδραγαθείας τῶν ὑπὲρ ἀρετὴν ἀποθανόντων, Ἐλεαζάρου τε καὶ 9 ἑπτὰ ἀδελφῶν καὶ τῆς τούτων μητρός. ⁹ἅπαντες γὰρ οὗτοι τῶν ἕως θανάτου πόνων ὑπεριδόντες ἐπεδείξαντο ὅτι περικρατεῖ τῶν παθῶν

Inscr Μακκαβαιων δ' ℵAV   I 1 μελλον V* (-λλων Vᵃ) | om ευσε- ℵV βης V | προσεχητε προθυμως ℵV | φιλοσοφια]+τοις μελλουσιν λεγεσθαι V 2 μεγιστης]+ων V   3 ει αρα] η γαρ V* ου γαρ μεν Vᵃ   4 ευποδιστικων (1°) A | κυριευειν] κωλυειν V | κακοηθιας ℵ | και 2°] pr τε V | ανδρειας V: item 6 | θυμου] pr κυριευειν αναφαινεται V | φοβου και πονου ℵ 5 ειποιεν αν τις ℵ* ειποι αν τις ℵᶜ·ᵃ V   6 εαυτου] αυτου ℵV | om και φρονησεως ℵV | τουτων] των τοιουτων ℵ   7 αυτοκρατωρ] pr δεσποτης V | om ευσεβης ℵV   8 ανδραγαθειας] καλοκαγαθιας ℵ ανδρειας V* (ανδραγ. V¹ᵐᵍ) | αρετης ℵV | επτα] pr των ℵ* (improb ℵᶜ·ᵃ)   9 παντες ℵ* (απαντες ℵᶜ·ᵃ) | τους εως θαν. πονους ℵV

729

ΜΑΚΚΑΒΑΙΩΝ Δ

ὁ λογισμός. ¹⁰τῶν μὲν οὖν ἀρετῶν ἔπεστί μοι ἐπαινεῖν τοὺς κατὰ τοῦτον τὸν καιρὸν ὑπὲρ τῆς καλοκἀγαθίας ἀποθανόντας μετὰ τῆς μητρὸς ἄνδρας· τῶν δὲ τιμῶν μακαρίσαιμ' ἄν. ¹¹θαυμασθέντες γὰρ ἐκεῖνοι οὐ μόνον ὑπὸ πάντων ἀνθρώπων ἐπὶ τῇ ἀνδρίᾳ καὶ τῇ ὑπομονῇ, ἀλλὰ καὶ ὑπὸ τῶν αἰκισαμένων, αἴτιοι κατέστησαν τοῦ καταλυθῆναι τὴν κατὰ τοῦ ἔθνους τυραννίδα, νικήσαντες τὸν τύραννον τῇ ὑπομονῇ, ὥστε καθαρισθῆναι δι' αὐτῶν τὴν πατρίδα. ¹²ἀλλὰ καὶ περὶ τούτου νῦν αὐτίκα δὴ λέγειν ἐξέσται, ἀρξαμένων τῆς ὑποθέσεως, ὅπερ εἴωθα ποιεῖν, καὶ οὕτως εἰς τὸν περὶ αὐτῶν τρέψομαι λόγον, δόξαν διδοὺς τῷ πανσόφῳ θεῷ.

¹³Ζητοῦμεν δὴ τοίνυν, εἰ αὐτοκράτωρ ἐστὶν τῶν παθῶν ὁ λογισμός. ¹⁴διακρίνωμεν δέ, τί ποτέ ἐστιν λογισμός, καὶ τί πάθος, καὶ πόσαι παθῶν ἰδέαι, καὶ εἰ πάντων ἐπικρατεῖ τούτων ὁ λογισμός. ¹⁵λογισμὸς μὲν δὴ τοίνυν ἐστὶν νοῦς μετὰ ὀρθοῦ βίου προτιμῶν τὸν σοφίας λόγον. ¹⁶σοφία δὴ τοίνυν ἐστὶν γνῶσις θείων καὶ ἀνθρωπίνων πραγμάτων, καὶ τῶν τούτων αἰτιῶν. ¹⁷αὕτη δὴ τοίνυν ἐστὶν ἡ τοῦ νόμου παιδία, δι' ἧς τὰ θεῖα σεμνῶς καὶ τὰ ἀνθρώπινα συμφερόντως μανθάνομεν. ¹⁸Τῆς δὲ σοφίας ἰδέαι καθεστᾶσιν φρόνησις καὶ δικαιοσύνη καὶ ἀνδρία καὶ σωφροσύνη. ¹⁹κυριωτάτη δὲ πάντων ἡ φρόνησις, ἐξ ἧς δὴ τῶν παθῶν ὁ λογισμὸς ἐπικρατεῖ. ²⁰παθῶν δὲ φύσεις εἰσὶν αἱ περιεκτικώταται δύο, ἡδονή τε καὶ πόνος· τούτων δὲ ἑκάτερον καὶ περὶ τὴν ψυχὴν πέφυκεν. ²¹πολλαὶ δὲ καὶ περὶ τὴν ἡδονὴν καὶ τὸν πόνον παθῶν εἰσιν ἀκολουθίαι. ²²πρὸ μὲν οὖν τῆς ἡδονῆς ἐστιν ἐπιθυμία· μετὰ δὲ τὴν ἡδονήν, χαρά. ²³πρὸ δὲ τοῦ

ΜΑΚΚΑΒΑΙΩΝ Δ II 3

24 πόνου ἐστὶν φόβος· μετὰ δὲ τὸν πόνον, λύπη. ²⁴θυμὸς δὲ κοινὸν Α πάθος ἐστὶν ἡδονῆς καὶ πόνου, ἐὰν ἐννοηθῇ τις ὅτε αὐτῷ περιέπεσεν. 25 ²⁵ἐν δὲ τῇ ἡδονῇ ἐστιν καὶ ἡ κακοήθης διάθεσις, πολυτροπωτάτη 26 πάντων τῶν παθῶν οὖσα. ²⁶κατὰ μὲν ψυχῆς ἀλαζονία καὶ φιλαργυ-27 ρία καὶ φιλοδοξία καὶ φιλονεικία καὶ βασκανία· ²⁷κατὰ δὲ τὸ σῶμα 28 παντοφαγία καὶ λαιμαργία καὶ μονοφαγία. ²⁸καθάπερ οὖν δυοῖν τοῦ σώματος καὶ τῆς ψυχῆς φυτῶν ὄντων ἡδονῆς τε καὶ πόνου, πολλαὶ 29 τούτων τῶν παθῶν εἰσιν παραφυάδες· ²⁹ὧν ἕκαστος ὁ πανγέωργος λογισμὸς περικαθαίρων τε καὶ ἀποκνίζων καὶ περιπλέκων καὶ ἐπάρδων καὶ πάντα τρόπον μεταχέων ἐξημεροῖ τὰς τῶν ἠθῶν καὶ παθῶν 30 ὕλας. ³⁰Ὁ γὰρ λογισμὸς τῶν μὲν ἀρετῶν ἐστιν ἡγεμών, τῶν δὲ παθῶν αὐτοκράτωρ. ἐπιθεώρει γε τοίνυν πρῶτον διὰ τῶν κωλυτικῶν τῆς σωφροσύνης ἔργων, ὅτι αὐτοδέσποτός ἐστιν τῶν παθῶν ὁ 31 λογισμός. ³¹σωφροσύνη δὴ τοίνυν ἐστὶν ἐπικράτεια τῶν ἐπιθυμιῶν. 32 ³²τῶν δὲ ἐπιθυμιῶν αἱ μέν εἰσιν ψυχικαί, αἱ δὲ σωματικαί· καὶ τού-33 των ἀμφοτέρων ὁ λογισμὸς ἐπικρατεῖν φαίνεται. ³³ἐπεὶ πόθεν κινούμενοι πρὸς τὰς ἀπειρημένας τροφάς, ἀποτρεπόμεθα τὰς ἐξ αὐτῶν ἡδονάς; οὐχ ὅτι δύναται τῶν ὀρέξεων ἐπικρατεῖν ὁ λογισμός; ἐγὼ 34 μὲν οἶμαι. ³⁴τοιγαροῦν ἐνύδρων ἐπιθυμοῦντες καὶ ὀρνέων καὶ τετραπόδων, παντοίων βρωμάτων τῶν ἀπηγορευμένων ἡμῖν κατὰ τὸν νόμον 35 ἀπεχόμεθα διὰ τὴν τοῦ λογισμοῦ ἐπικράτειαν. ³⁵ἀντέχεται γὰρ τὰ τῶν ὀρέξεων πάθη ὑπὸ τοῦ σώφρονος νοὸς ἀνακαμπτόμενα· καὶ φιλοτιμοῦνται πάντα τὰ τοῦ σώματος κινήματα ὑπὸ τοῦ λογισμοῦ.

II 1 ¹Καὶ τί θαυμαστόν, εἰ αἱ τῆς ψυχῆς ἐπιθυμίαι πρὸς τὴν τοῦ 2 κάλλους μετουσίαν ἀκυροῦνται; ²ταύτῃ γοῦν ὁ σώφρων Ἰωσὴφ ἐπαινεῖται, ὅτι τῷ λογισμῷ διανοίᾳ περιεκράτησεν τῆς ἡδυπαθείας. 3 ³νέος γὰρ ὢν καὶ ἀκμάζων πρὸς συνουσιασμὸν ἠκύρωσεν τῷ λογισμῷ

24 και] pr τε V | οτε] οτι ℵV   **25** εν τη ηδ. δε ℵV | εστιν] ενεστι ℵV ℵ | πολυτοπρωτατη (sic) A | ουσα των παθων ℵV   **26** κατα] και τα ℵ | αλαζονεια Vᵃ | φιλοδοξια] κενοδοξια V   **27** και λαιμαργια και νομοφαγια A και μονοφαγια και λαιμαργια ℵ και μονοφαγια V   **28** δυεῖν ℵV | παθων] φυτων ℵ   **29** εκαστην ℵV (-τιν V* -την Vᵃ) | om τε ℵ | επαρδων] δων sup ras ℵ¹   **30** αυτοκρατωρ] δεσποτης V | γε τοινυν πρωτον] τοινυν πρ. ℵ* δε πρ. ℵᶜ·ᵃ,ᶜ·ᵇ γε το πρ. V   **31** om δη V | επικρατια ℵV* (-τεια Vᵃ)   **32** om και V | επικρατειν ο λογισμος ℵ   **33** αποτρεπομεθα] αποστρεφομεθα ℵV | μεν] γαρ ℵ | οιμεῖ (sic) A   **34** παντοιων] pr και ℵ | βρωματων των] βρωματα οντων A | κατα] δια ℵ* (κατα ℵᶜ·ᵃ) | επικρατιαν V* (-τειαν Vᵃ)   **35** ανεχεται ℵ | ανακαμπτομενα (-μεθα A)] ανακοπτομενα ℵV | φιλοτιμουνται] φιμουνται ℵ (φειμ.) V   II **2** om τω λογισμω ℵ | περιεκρατησε V   **3** ηκυρωσε ℵ

731

ΜΑΚΚΑΒΑΙΩΝ Δ

A τὸν τῶν παθῶν οἶστρον. ⁴οὐ μόνον δὲ τὴν τῆς ἡδυπαθείας οἰστρη- 4
λασίαν ἐπικρατεῖν ὁ λογισμὸς φαίνεται, ἀλλὰ καὶ πάσης ἐπιθυμίας.
⁵λέγει γοῦν ὁ νόμος Οὐκ ἐπιθυμήσεις τὴν γυναῖκα τοῦ πλησίον σου, 5
οὐδὲ ὅσα τῷ πλησίον σού ἐστιν. ⁶καίτοι ὅτε μὴ ἐπιθυμεῖν εἴρηκεν 6
ἡμᾶς ὁ νόμος, πολὺ πλέον πείσαιμ' ἂν ὑμᾶς ὅτι τῶν ἐπιθυμιῶν κρα-
τεῖν δύναται ὁ λογισμός, ὥσπερ καὶ τῶν κωλυτικῶν τῆς δικαιοσύνης
παθῶν. ⁷ἐπεὶ τίνα τρόπον μονοφάγος τις ὢν τὸ ἦθος καὶ γαστρί- 7
μαργος καὶ μέθυσος μεταπαιδεύεται, εἰ μὴ δῆλον ὅτι κύριός ἐστιν
τῶν παθῶν ὁ λογισμός; ⁸αὐτίκα γοῦν τῷ νόμῳ πολιτευόμενος, κἂν 8
φιλάργυρός τις εἴη, βιάζεται τὸν ἑαυτοῦ τρόπον, τοῖς δεομένοις δανί-
ζων χωρὶς τόκων, καὶ τὸ δάνιον τῶν ἑβδομάδων ἐνστασῶν χρεοκο-
πούμενος. ⁹κἂν φειδωλός τις ᾖ, ὑπὸ τοῦ νόμου κρατεῖται διὰ τὸν λο- 9
γισμόν, μήτε ἐπικαρπούμενος τοὺς ἀμήτους, μήτε ἐπιρωγολογούμενος
τοὺς ἀμπελῶνας· καὶ ἐπὶ τῶν ἑτέρων δ' ἔστιν ἐπιγνῶναι τοῦθ', ὅτι
τῶν παθῶν ἐστιν ὁ λογισμὸς κρατῶν. ¹⁰ὁ γὰρ νόμος καὶ τῆς πρὸς 10
γονεῖς εὐνοίας κρατεῖ, μὴ καταπροδιδοὺς τὴν ἀρετὴν δι' αὐτούς· ¹¹καὶ 11
τῆς πρὸς γαμετῆς φιλίας ἐπικρατεῖ, διὰ παρανομίαν αὐτὴν ἀπελέγχων·
¹²καὶ τῆς τέκνων φιλίας κυριεύει, διὰ κακίαν αὐτῶν κολάζων· καὶ τῆς 12
φίλων συνηθείας δεσπόζει, διὰ πονηρίας αὐτοὺς ἐξελέγχων. ¹³καὶ 13
μὴ νομίσητε παράδοξον εἶναι, ὅπου καὶ ἔχθραν ὁ λογισμὸς ἐπικρατεῖν
δύναται διὰ τὸν νόμον, ¹⁴μηδὲ δενδροτομῶν τὰ ἥμερα τῶν πολεμίων 14
φυτά, τὰ δὲ τῶν ἐχθρῶν τοῖς ἀπολέσασιν διασῴζων, καὶ τὰ πεπτωκότα
συνεγείρων. ¹⁵Καὶ διὰ τῶν βιαιοτέρων δὲ παθῶν κρατεῖν ὁ λο- 15
γισμὸς φαίνεται, φιλαρχίας καὶ κενοδοξίας καὶ ἀλαζονίας καὶ μεγαλαυ-
χίας καὶ βασκανίας. ¹⁶πάντα γὰρ ταῦτα τὰ κακοήθη πάθη ὁ σώφρων 16
νοῦς ἀπωθεῖται, ὥσπερ καὶ τὸν θυμόν· καὶ γὰρ τούτου δεσπόζει. ¹⁷θυ- 17

NV 4 ου] pr και N* (improb N^{c.a, c.b}) | την της] της της (sic) A την επι της N*
(improb N^{c.a}) V | ο λογισμος επικρατειν N 5 om σου 2° V 6 om
οτε V | πεισαιμι αν V^a | δυναται κρατειν V | παθων] πασων A (ω rescr A¹)
7 τινα τις τροπον μονοφαγος (-γως V) NV | και 2°] pr η NV 8 τω νομω]
pr ο V | ειη] η NV | εαυτου] αυτου N | δανειζων V^a | om και V | δανειον V^a |
ενστασων NV] εντασσων A | χρεωκοπ. V^a 9 επικαρπολογουμενος NV |
επιρωλογ. V* (επιρωγολογ. V¹) | ετερων] εργων NV | δ] δε NV | τουθ] τουτο
NV | κρατων] ν sup ras A^a (-τωρ A*^{vid}) 10 γονεας V 11 προσ-
γαμετης] προς γαμετην NV | παρανομιαν] pr την NV 12 αυτων] αυτους
N αυτα V | συνηθιας N | πονηριαν NV | εξελεγχων] ελεγχων V 13 εχθραν
ο λογισμος επικρατειν] εχθρας επικρ. ο λογ. NV 14 μηδε] μητε NV |
απολεσασι NV 15 om δια N^{c.a, c.b} V | βιοτερων (sic) A | κρατειν]
επικρατειν N^{c.a} | φιλαρχιας] φιλαργυριας N* (-χιας N^{c.b}) | αλαζονειας NV^a
16 om τα N* (hab N^{c.a})

ΜΑΚΚΑΒΑΙΩΝ Δ III 8

μούμενος γέ τοι Μωσῆς κατὰ Δαθὰν καὶ Ἀβειρών, οὐ θυμῷ τι κατ' αὐ- A
13 τῶν ἐποίησεν, ἀλλὰ λογισμῷ τὸν θυμὸν διῄτησεν. ¹⁸δυνατὸς γὰρ
ὁ σώφρων νοῦς, ὡς ἔφην, κατὰ τῶν παθῶν ἀριστεῦσαι, καὶ τὰ μὲν
19 αὐτῶν μεταθεῖναι, τὰ δὲ καὶ ἀκυρῶσαι. ¹⁹ἐπεὶ διὰ τί ὁ πάνσοφος
ἡμῶν πατὴρ Ἰακὼβ τοὺς περὶ Συμεὼν καὶ Λευεὶν αἰτιᾶται μὴ λογισμῷ
τοὺς Σικιμίτας ἐθνηδὸν ἀποσφάξαντας, λέγων Ἐπικατάρατος ὁ θυμὸς
20 αὐτῶν; ²⁰εἰ μὴ γὰρ ἐδύνατο τῶν θυμῶν ὁ λογισμὸς κρατεῖν, οὐκ ἂν
21 εἶπεν οὕτως. ²¹ὁπηνίκα γὰρ ὁ θεὸς τὸν ἄνθρωπον κατεσκεύασεν, τὰ
22 πάθη αὐτοῦ καὶ τὰ ἤθη περιεφύτευσεν· ²²καὶ τηνικαῦτα δὲ περὶ
πάντων τὸν ἱερὸν ἡγεμόνα νοῦν διὰ τῶν αἰσθητηρίων ἐνεθρόνισεν·
23 ²³καὶ τούτῳ νόμον ἔδωκεν, καθ' ὃν πολιτευόμενος βασιλεύσει βασιλείαν
σώφρονά τε καὶ δικαίαν καὶ ἀγαθὴν καὶ ἀνδρείαν.

24 ²⁴Πῶς οὖν, εἴποι τις ἄν, εἰ τῶν παθῶν ὁ λογισμὸς κρατεῖ, λήθης
III 1 καὶ ἀγνοίας οὐ κρατεῖ; ¹ἔστι δὲ κομιδῇ γελοῖος ὁ λογισμός· οὐ γὰρ
τῶν ἑαυτοῦ παθῶν ὁ λογισμὸς ἐπικρατεῖν φαίνεται, ἀλλὰ τῶν σω-
2 ματικῶν. ²οἷον ἐπιθυμίαν τις ὑμῶν οὐ δύναται ἐκκόψαι, ἀλλὰ μὴ
3 δουλωθῆναι τῇ ἐπιθυμίᾳ δύναται ὁ λογισμὸς παρασχέσθαι. ³θυμόν
τις οὐ δύναται ἐκκόψαι ὑμῶν τῆς ψυχῆς, ἀλλὰ τῷ θυμῷ δυνατὸν βοη-
4 θῆσαι. ⁴κακοηθειάν τις ὑμῶν οὐ δύναται ἐκκόψαι, ἀλλὰ τὸ μὴ καμ-
5 φθῆναι τῇ κακοηθείᾳ δυνατὸν ὁ λογισμὸς συμμαχῆσαι. ⁵οὐ γὰρ ἐκρι-
6 ζωτὴς τῶν παθῶν ὁ λογισμός ἐστιν, ἀλλὰ ἀνταγωνιστής. ⁶ἔστιν γοῦν
τοῦτο διὰ τῆς Δαυεὶδ τοῦ βασιλέως δίψης σαφέστερον ἐπιλογίσασθαι.
7 ⁷ἐπεὶ γὰρ δι' ὅλης ἡμέρας προσβάλλων τοῖς ἀλλοφύλοις ὁ Δαυεὶδ πολ-
8 λοὺς αὐτῶν ἀπέκτεινεν μετὰ τῶν τοῦ ἔθνους στρατιωτῶν, ⁸τότε δὴ
γενομένης ἑσπέρας, ἱδρῶν καὶ σφόδρα κεκμηκώς, ἐπὶ τὴν βασίλειον

17 Μωυσης V | Αβιρων V* (-βηρ. Vᵃ)   18 δυνατος] ικανος ℵ* (δυν. ℵV
ℵc.b) | μεταθειναι] μετα sup ras A¹ (fort)   19 Σικειμιτας A | αυτων]+οτι
αυθαδης V   20 εδυνετο A | των θυμων ο λογισμος] του θυμου ο λογ. ℵ
ο λογ. των παθων V   21 κατεσκευασεν τον ανθρωπον ℵ   22 και
τηνικαυτα δε] τηνικαυτα δε sup ras Aᵃ ηνικα δε ℵ πικακα δε V | περι] επι
ℵV | παντων]+των (sic) A   23 και 1°] ι sup ras 3 litt A¹ | δεδωκεν
ℵ | βασιλειαν] βα sup ras Aᵃ | om και 2° A   24 ειποιτε ℵ* (ειποι τις αν
ℵc.a) | κρατει 1°] δεσποτης εστιν V   24—III 1 om κρατει ληθης...εαυτου
παθων ο λογισμος ℵ* hab δεσποτης εστιν ο λογισμος ληθης και αγνοιας ου
κρατι εστιν δε κομιδη γελοιος ο λογος ου γαρ των εαυτου παθων ο λογισμος
(add κρα sed rursus improb) ℵᶜ   III 1 εστιν V | λογισμος 1°] λογος
V | επικρατειν] κρατειν ℵᶜ·ᵃ επικρατων V | αλλα] αλα (sic) ℵ   2 εκκοψαι
ου δυναται υμων ℵ ου δυν. εκκ. υμ. V | μη δουλ.] pr ro V | παρεχεσθαι ℵ*
(παρασχ. ℵᶜ·ᵃ) V   3 υμων εκκοψαι ℵ | δυνατον]+τον λογισμον ℵV
4 κακοηθιαν, κακοηθια ℵ | δυνατον] δυναιτ αν ℵ δυναται V   7 ημερας] pr
της V | προσβαλων ℵV | ο Δαυειδ] om o V   8 ιδρων] pr εσπευδεν ℵ

733

MAKKABAIΩN Δ

Λ σκηνὴν ἦλθεν, περὶ ἣν ὁ πᾶς τῶν προγόνων στρατὸς ἐστρατοπεδεύκει. ⁹οἱ μὲν οὖν ἄλλοι πάντες ἐπὶ τὸ δεῖπνον ἦσαν· ¹⁰ὁ δὲ βασιλεὺς ὡς μάλιστα διψῶν, καίπερ ἀφθόνους ἔχων πηγάς, οὐκ ἠδύνατο δι' αὐτῶν ἰάσασθαι τὴν δίψαν. ¹¹ἀλλά τις αὐτὸν ἀλόγιστος ἐπιθυμία τοῦ παρὰ τοῖς πολεμίοις ὕδατος ἐπιτείνουσα συνέφρυγε, καὶ λύουσα κατέφλεγεν. ¹²ὅθεν τῶν ὑπερασπιστῶν ἐπὶ τῇ τοῦ βασιλέως ἐπιθυμίᾳ σχετλιαζόντων, δύο νεανίσκοι στρατιῶται καρτεροί, καταιδεσθέντες τὴν τοῦ βασιλέως ἐπιθυμίαν, τὰς πανοπλίας καθωπλίσαντο, καὶ κάλπιν λαβόντες ὑπερέβησαν τοὺς τῶν πολεμίων χάρακας· ¹³καὶ λαθόντες τοὺς τῶν πυλῶν ἀκροφύλακας, διεξῄεσαν εὑράμενοι κατὰ πᾶν τὸ τῶν πολεμίων στρατόπεδον. ¹⁴καὶ ἀνευράμενοι θαρραλέως τὴν πηγήν, ἐξ αὐτῆς ἐγέμισαν τῷ βασιλεῖ τὸ ποτόν. ¹⁵ὁ δὲ καὶ περὶ τὴν δίψαν διαπυρούμενος, ἐλογίσατο πάνδεινον εἶναι κίνδυνον τῇ ψυχῇ λογισθὲν ἰσοδύναμον τὸ ποτὸν αἵματι. ¹⁶ὅθεν ἀντιθεὶς τῇ ἐπιθυμίᾳ τὸν λογισμόν, ἔσπεισεν τὸ πόμα τῷ θεῷ. ¹⁷δυνατὸς γὰρ ὁ σώφρων νοῦς νικῆσαι τὰς τῶν παθῶν ἀνάγκας, καὶ σβέσαι τὰς τῶν οἴστρων φλεγμονάς, ¹⁸καὶ τὰς τῶν σωμάτων ἀλγηδόνας καθ' ὑπερβολὴν οὔσας καταπαλαῖσαι, καὶ τῆς καλοκἀγαθίας τοῦ λογισμοῦ ἀποπτύσαι πάσας τὰς τῶν παθῶν ἐπικρατίας.

¹⁹Ἤδη δὲ καὶ ὁ καιρὸς ἡμᾶς καλεῖ ἐπὶ τὴν ἀπόδειξιν τῆς ἱστορίας τοῦ σώφρονος λογισμοῦ. ²⁰ἐπειδὴ γὰρ βαθεῖαν εἰρήνην διὰ τὴν εὐνομίαν οἱ πατέρες ἡμῶν εἶχον, καὶ ἔπραττον καλῶς, ὥστε καὶ τὸν τῆς Ἀσίας βασιλέα Σέλευκον τὸν Νικάνορα καὶ χρήματα εἰς τὴν ἱερουργίαν αὐτοῖς ἀφορίσαι, καὶ τὴν πολιτίαν αὐτῶν ἀποδέχεσθαι· ²¹τότε δή τινες πρὸς τὴν κοινὴν νεωτερίσαντες ὁμόνοιαν πολυτρόπως ἐχρήσαντο συμφοραῖς. ¹Σίμων γάρ τις πρὸς Ὀνίαν ἀντιπολιτενόμενος τόν ποτε τὴν ἀρχιερωσύνην ἔχοντα διὰ βίου, καλὸν καὶ

ℵV 8 εστρατοπεδευκεν V* (παιδ. Vª) 10 om ως ℵ 11 διεφρυγε| ℵ* συνεφρυγεν ℵc.ªV 12 υπερασπιστων] υπασπιστων ℵ | πανοπλιας] παντευχιας ℵV | καλπην ℵ καρπιν V* καρπην V¹(vid) 12—13 χαρακας| και sup ras et in mg Aª 13 ευραμενοι] ανευρμαενοι ℵ* ανερευνωμενοι ℵc.ªV | στρατοπαιδιον A* (-δον A¹vid) 14 ανευραμενοι] ανεραυνομενοι (sic) V | θαρραλεως την πηγην εξ αυτης] τῇ| πηγην εξ αυτ. θαρρ. ℵV | εγεμισαν] εκομισαν ℵV | το βασ. V* (τω β. Vª) 15 και περι] καιπερ ℵ και V | τη διψα V* τη διψη Vª | τη ψυχη] om τη ℵ | το ποτον] om το ℵV 16 πομα sup ras et in mg Aª 18 ουσας] pr δυνατας ℵ | τη καλοκαγαθια ℵV | επικρατειας ℵVª 19 om και V Νικανορος V | αφορισαι] αποφορισαι A | πολειτειαν ℵ πολιτειαν V 21 τοτε δη τινες| προς την in mg et sup ras Aª | πολυτροποις ℵV

734

ΜΑΚΚΑΒΑΙΩΝ Δ   IV 12

ἀγαθὸν ἄνδρα, ἐπειδὴ πάντα τρόπον διαβάλλων ὑπὲρ τοῦ ἔθνους 2 οὐκ ἴσχυσεν κακῶσαι, φυγὰς ᾤχετο, τὴν πατρίδα προδώσων. ²ὅθεν ἥκων πρὸς Ἀπολλώνιον, τὸν Συρίας τε καὶ Φοινίκης καὶ Κιλικίας 3 στρατηγόν, ἔλεγεν ³Εὔνους ὢν τοῖς τοῦ βασιλέως πράγμασιν ἥκω, μηνύων πολλὰς ἰδιωτικῶν χρημάτων μυριάδας ἐν τοῖς Ἱεροσολύμων γαζοφυλακίοις τεθησαυρίσθαι τῷ ἱερῷ μὴ ἐπικοινωνούσας, ἀλλὰ προσ- 4 ήκειν ταῦτα Σελεύκῳ τῷ βασιλεῖ. ⁴τούτων ἕκαστα γνοὺς ὁ Ἀπολλώνιος, τὸν μὲν Σίμωνα τῆς εἰς τὸν βασιλέα κηδεμονίας ἐπαινεῖ, πρὸς δὲ τὸν Σέλευκον ἀναβὰς κατεμήνυε τὸν τῶν χρημάτων θησαυρόν· 5 ⁵καὶ λαβὼν τὴν περὶ αὐτῶν ἐξουσίαν, ταχὺ εἰς τὴν πατρίδα ἡμῶν 6 μετὰ τοῦ καταράτου Σίμωνος καὶ βαρυτάτου στρατοῦ ⁶προσελθών, ταῖς τοῦ βασιλέως ἐντολαῖς ἥκειν ἔλεγεν, ὅπως τὰ ἰδιωτικὰ τοῦ 7 γαζοφυλακίου λάβοι χρήματα. ⁷καὶ τοῦ ἔθνους πρὸς τὸν λόγον σχετλιάσαντος ἀντιλέγοντός τε, πάνδεινον εἶναι νομίσαντες εἰ οἱ τὰς παρακαταθήκας πιστεύσαντες τῷ ἱερῷ θησαυρῷ στερηθήσονται, ὡς 8 οἷόν τε ἦν ἐκώλυον. ⁸μετὰ ἀπειλῆς δὲ ὁ Ἀπολλώνιος ἀπῄει εἰς 9 τὸ ἱερόν. ⁹τῶν δὲ ἱερέων μετὰ γυναικῶν καὶ παιδίων ἐν τῷ ἱερῷ ἱκετευσάντων τὸν θεὸν ὑπερασπίσαι τοῦ καταφρονουμένου τόπου, 10 ¹⁰ἀνιόντος τε μετὰ καθωπλισμένης στρατιᾶς τοῦ Ἀπολλωνίου πρὸς τὴν τῶν χρημάτων ἁρπαγήν, οὐρανόθεν προυφάνησαν ἔφιπποι ἄγγελοι περιαστράπτοντες τοῖς ὅπλοις, καὶ πολὺν αὐτοῖς φόβον τε καὶ 11 τρόμον ἐνιόντες. ¹¹καταπεσών γε τοι ἡμιθανὴς ὁ Ἀπολλώνιος ἐπὶ τὸν πάμφυλον τοῦ ἱεροῦ περίβολον, τὰς χεῖρας ἐξέτεινεν εἰς τὸν οὐρανὸν καὶ μετὰ δακρύων τοὺς Ἑβραίους παρεκάλει ὅπως περὶ αὐτοῦ 12 εὐξόμενοι, τὸν ἐπουράνιον ἐξευμενίσωνται στρατόν. ¹²ἔλεγεν γὰρ ἡμαρτηκώς, ὥστε καὶ ἀποθανεῖν ἄξιος ὑπάρχειν, πᾶσίν τε ἀνθρώποις

IV 1 διαβαλων V   2 ηκως A | προς] ως ℵ   3 μηνυσων V | γαζο- ℵV φυλακειοις A V^a | τεθησαυρισται A | τω ιερω (ω sup ras A^a?)] τοις ιεροις ℵ | αλλα] και ℵV   4 τουτων] + δε V | κατεμηνυσε ℵ | τον 4°] το A* (τον A¹) 5 λαβων] ελαβεν ℵV | ταχυ] pr και ℵV   6 προελθων ℵ* (προσελθ. ℵ^c.a) | ηκειν] εικειν V^a | γαζοφυλακιου (-κειου V^a) λαβοι sup ras. et in mg A^a 7 σχετλιαζοντος ℵ | αντιλεγοντος τε] και αντιλ. V | εναι A* (ειν. A¹) | νομισαντες] νοησαντες ℵ | οι τας παρακαταθηκας] τας παρ. οι ℵ | πιστευσαντας A 8 απειλων ℵ | Απωνιος A* (Αποολλ. A¹)   9 ιερεων] γεραιων ℵ | του] +ιερου ℵV | τοπου] pr του ℵ   10 om τε 1° V^vid | στρατιας] pr της ℵV | τω Απολλωνιω ℵ | αγγελοι προυφανησαν εφιπποι ℵ εφιπποι προεφανησαν αγγ. V | αυτοις] αυτων ℵ | ενιοντες] ενιε̣[τες ℵ   11 γε] δε ℵV | om ο Απολλωνιος V | om και A (hab ℵV) | παρεκαλει] ρε sup ras A^a | ευξομενοι (εξ. A* ευξ. A^a?)] προσευξαμενοι ℵV | επουρανιον] ουρανιον ℵV   12 τε] δε V

Α ὑμνήσειν σωθεὶς τὴν τοῦ ἱεροῦ τόπου μακαριότητα. ¹³τούτοις ἐπαχθεὶς 13
τοῖς λόγοις Ὀνίας ὁ ἀρχιερεύς, καίπερ ἄλλως εὐλαβηθεὶς μὴ ποτε
νομίσειεν ὁ βασιλεὺς Σέλευκος ἐξ ἀνθρωπίνης ἐπιβουλῆς καὶ μὴ θείας
δίκης ἀνῃρῆσθαι τὸν Ἀπολλώνιον, ηὔξατο περὶ αὐτοῦ. ¹⁴καὶ ὁ μὲν 14
παραδόξως διασωθεὶς ᾤχετο, δηλώσων τῷ βασιλεῖ τὰ συμβάντα
αὐτῷ. ¹⁵Τελευτήσαντος δὲ Σελεύκου τοῦ βασιλέως, διαδέχε- 15
ται τὴν ἀρχὴν ὁ υἱὸς αὐτοῦ Ἀντίοχος Ἐπιφανής, ἀνὴρ ὑπερήφανος,
δεινός· ¹⁶ὃς καταλύσας τὸν Ὀνίαν τῆς ἀρχιερωσύνης Ἰάσονα τὸν 16
ἀδελφὸν αὐτοῦ κατέστησεν ἀρχιερέα, ¹⁷συνθέμενον δώσειν, εἰ ἐπιτρέ- 17
ψειεν αὐτῷ τὴν ἀρχήν, κατ' ἐνιαυτὸν τρισχίλια ἑξακόσια ἑξήκοντα
τάλαντα. ¹⁸ὁ δὲ ἐπέτρεψεν αὐτῷ ἀρχιερᾶσθαι καὶ τοῦ ἔθνους ἀφη- 18
γεῖσθαι. ¹⁹ὃς καὶ ἐξεζήτησεν τὸ ἔθνος, καὶ ἐξεπολίτευσεν ἐπὶ πᾶσαν 19
παρανομίαν· ²⁰ὥστε μὴ μόνον ἐπ' αὐτῇ τῇ ἄκρᾳ τῆς πατρίδος ἡμῶν 20
γυμνάσιον κατασκευάσαι, ἀλλὰ καὶ καταλῦσαι τὴν τοῦ ἱεροῦ κηδεμονίαν.
²¹ἐφ' οἷς ἀγανακτήσασα ἡ θεία δίκη αὐτόν τοι τὸν Ἀντίοχον ἐπολέμησεν. 21
²²ἐπειδὴ γὰρ πολεμῶν ἦν κατ' Αἴγυπτον Πτολεμαίῳ, ἤκουσέν τε ὅτι 22
φήμης διαδοθείσης περὶ τοῦ τεθνάναι αὐτόν, ὡς ἔνι μάλιστα χαίροιεν
οἱ Ἱεροσολυμεῖται, ταχέως ἐπ' αὐτοὺς ἀνέζευξεν. ²³καὶ ὡς ἐπόρθησεν 23
αὐτούς, δόγμα ἔθετο ὅπως εἴ τινες αὐτῶν φάνοιεν τῷ πατρίῳ πολιτευό-
μενοι νόμῳ, θάνοιεν. ²⁴καὶ ἐπεὶ κατὰ μηδένα τρόπον ἴσχυεν καταλῦσαι 24
διὰ τῶν δογμάτων τὴν τοῦ ἔθνους εὔνοιαν, ἀλλὰ πάσας τὰς ἑαυτοῦ
ἀπειλὰς καὶ τιμωρίας ἑώρα καταλυομένας, ²⁵ὥστε καὶ γυναῖκας, ὅτι 25
περιέτεμον τὰ παιδία, μετὰ τῶν βρεφῶν κατακρημνισθῆναι, προειδυίας
ὅτι τοῦτο πείσονται· ²⁶ἐπεὶ οὖν τὰ δόγματα αὐτοῦ κατεφρονεῖτο ὑπὸ 26
τοῦ λαοῦ, αὐτὸς διὰ βασάνων ἕνα ἕκαστον τοῦ ἔθνους ἠνάγκαζεν,
μιερῶν ἀπογευομένους τροφῶν, ἐξόμνυσθαι τὸν Ἰουδαισμόν.

¹Προκαθίσας γέ τοι μετὰ τῶν συνέδρων ὁ τύραννος Ἀντίοχος ἐπί 1 V

NV 13 τουτοις] pr ελεγεν V | υπαχθεις א | Ονειας א | ανηρησασθαι A ανη-
ρησεσθαι V 14 παραδοξως διασωθεις] παραδοξωσωθεις V* παραδοξως
σωθεις V¹ʔ 15 τελευτησαντος...ανηρ paene evanuere in V | ο ιος] om ο
א* (hab א^c.a) | Επιφανης] pr ο א | δεινος] pr και א 16 ος] και V |
Ονειαν א | Ιασωνα V 17 συνθεμενος א* (-νον א^c.a) | τρισχιλια] χειλια
א* ,γ א^c.b 18 αρχιερασθαι] pr και אV | αφηγεισθαι του εθνους א
19—V 11 multa rescr Vᵃ sunt quae paene evanuerint in V 19 om ος
א | εξεζητησεν] εξεδιητησεν אV 20 om αλλα και καταλυσαι A
(hab אV) 21 τοι] αυτοις אV ʳᵉˢᶜʳ 22 om γαρ א* (hab א^c.a) | τε]
δε V ʳᵉˢᶜʳ | ενι incertum est in V | οι Ιεροσολυμειται χαιροιεν א | Ιεροσολυ-
μιται V 23 τινες] τις א | φανιε|| (sic) A 24 ευνοιαν] ευνομιαν אV |
εορα A 25 γυναικας] pr τας V 26 κατεφρονητο V | του εθνους]
τουτου θνους (sic) A | μιαρων אV | απογευσαμενους V

ΜΑΚΚΑΒΑΙΩΝ Δ V 16

τινος ὑψηλοῦ τόπου, καὶ τῶν στρατευμάτων αὐτῶν παρεστηκότων Α
2 κυκλόθεν ἐνόπλων, ²παρεκέλευεν τοῖς δορυφόροις ἕνα ἕκαστον τῶν
Ἐβραίων περισπᾶσθαι, καὶ κρεῶν ὑείων καὶ εἰδωλοθύτων ἀναγκάζειν·
3 ἀπογεύεσθαι· ³εἰ δέ τινες μὴ θέλοιεν μιεροφαγῆσαι, τούτους τροχι-
4 σθέντας ἀναιρεθῆναι. ⁴πολλῶν δὲ συναρπασθέντων, εἷς πρῶτος ἐκ τῆς
ἀγέλης Ἐβραῖος ὀνόματι Ἐλεάζαρος, τὸ γένος ἱερεύς, τὴν ἐπιστήμην
νομικός, καὶ τὴν ἡλικίαν προήκων, καὶ πολλοῖς τῶν περὶ τὸν τύραννον
5 διὰ τὴν ἡλικίαν γνώριμος, παρήχθη πλησίον αὐτοῦ. ⁵καὶ αὐτὸν ἰδὼν
6 ὁ Ἀντίοχος ἔφη ⁶'Ἐγὼ πρὶν ἄρξασθαι τῶν κατὰ σοῦ βασάνων, ὦ
πρεσβῦτα, συμβουλεύσαιμ' ἄν σοι ταῦτα ὅπως ἀπογευσάμενος τῶν
ὑείων σώζοιο· αἰδοῦμαι γάρ σου τὴν ἡλικίαν καὶ τὴν πολιάν, ἣν
μετὰ τοσοῦτον ἔχων χρόνον οὔ μοι δοκεῖς φιλοσοφεῖν, τῇ Ἰουδαίων
7 χρώμενος θρησκείᾳ. ⁷διὰ τί γὰρ τῆς φύσεως κεχαρισμένης καλλίστην
8 τὴν τοῦδε τοῦ ζῴου σαρκοφαγίαν βδελύττῃ; ⁸καὶ γὰρ ἀνόητον τοῦτο
τὸ μὴ ἀπολαύειν τῶν χωρὶς ὀνείδους ἡδέων, καὶ ἄδικον ἀποστρέ-
9 φεσθαι τὰς τῆς φύσεως χάριτας. ⁹σὺ δέ μοι καὶ ἀνοητότερον ποιή-
10 σειν δοκεῖς, εἰ κενοδοξῶν περὶ τὸ ἀληθές ¹⁰ἔτι κἀμοῦ καταφρονήσεις
ἐπὶ τῇ ἰδίᾳ τιμωρίᾳ· οὐκ ἐξυπνώσεις ἀπὸ τῆς φλυάρου φιλοσοφίας
11 ὑμῶν; ¹¹καὶ ἀποσκεδάσεις σου τὸν λῆρον ⁶ τὸν λογισμόν, καὶ ἄξιον ¶ V
τῆς ἡλικίας ἀναλαβὼν νοῦν φιλοσοφήσεις τὴν τοῦ συμφέροντος ἀλή-
12 θειαν, ¹²καὶ προσκυνήσας μου τὴν φιλάνθρωπον παρηγορίαν οἰκτει-
13 ρήσεις τὸ σεαυτοῦ γῆρας; ¹³καὶ γὰρ ἐνθυμήθητι, ὡς εἰ καί τίς ἐστιν
τῆσδε τῆς θρησκείας ἐποπτικὴ δύναμις, συγγνωμονήσειέν σοι ἐπὶ πᾶσιν
14 δι' ἀνάγκην παρανομίᾳ γινομένῃ. ¹⁴Τοῦτον τὸν τρόπον ἐπὶ
τὴν ἔκθεσμον σαρκοφαγίαν ἐποτρύνοντος τοῦ τυράννου, λόγον ᾔτησεν
15 ὁ Ἐλεάζαρος. ¹⁵καὶ λαβὼν τοῦ λέγειν ἐξουσίαν, ἤρξατο δημηγορεῖν
16 οὕτως ¹⁶'Ἡμεῖς, Ἀντίοχε, θείῳ πεπεισμένοι νόμῳ πολιτεύεσθαι, οὐδε-

V 1 αυτων] αυτω ℵ   2 των Εβραιων] Εβραιον ℵ* (των Εβραιων ℵᶜ·ᵃ) | ℵV
περισπασθαι] επισπασθαι ℵV | νιων ΑV* (νειων ℵVᵃ): item 6 | ιδωλοθυτων
(λ sup ras ubi prius ν ut vid) ℵ   3 τις ℵ* (τινες ℵᶜ·ᵃ) | θελοιεν] θελουσι
Vʳᵉˢᶜʳ (-λοιεν Vᵛⁱᵈ) | μιαροφαγησαι ℵV   4 om Εβραιος ℵ | ονοματι] το
νομα V (sed νομα rescr partim sup ras: bis scripsisse vid συναρπ. εις πρω-
τος V*) | γνωριμος] + δια την φιλοσοφιαν V   6 εγω] + πρεσβυτα ℵ | om ω
πρεσβυτα ℵ | οσουτον Α* (τ superscr Α¹) | θρησκια ℵ   7 κεχαρισμενης] χ sup
ras ℵ¹ | την τουδε του ζωου] τουτου του ζ. Vᵛⁱᵈ   8 των χωρις ονιδους ηδεω̄
ꝗ δι sup ras et in mg Αᵃ | αδικον] pr δι Αᵐᵍ ˢⁱⁿⁱˢᵗʳ | αποστρεφει ℵ* (-στρεφε-
σθαι ℵᶜ·ᵃ)   10 καταφρονησειας Vʳᵉˢᶜʳ   11 ληρον] cett desunt in V usque
XII 1, folio codicis abscisso | των λογισμων ℵ | αναλαβωνουν Α   12 οικτιρη-
σεις Α   13 om ως ℵ* (hab ℵᶜ·ᵃ) | θρησκειας] + υμων ℵ | συγνωμ. Α συγγν. ℵ |
πασιν] παση ℵ   14 εχθεσμο[ι ℵ* (εκθ. ℵᶜ)   16 Αντιωχε Α | πεπεισμενω Α

Α μίαν ἀνάγκην βιαιοτέραν εἶναι νομίζομεν τῆς πρὸς τὸν νόμον ἡμῶν εὐπειθείας. ¹⁷διὸ δὴ κατ' οὐδένα τρόπον παρανομεῖν ἀξιοῦμεν. ¹⁸καί- τοι εἰ καὶ κατὰ ἀλήθειαν μὴ ἦν ὁ νόμος ἡμῶν, ὡς σὺ ὑπολαμβάνεις, θεῖος, ἄλλως δὲ νομίζομεν αὐτὸν εἶναι θεῖον, οὐδὲ οὕτως ἐξὸν ἡμῖν ἦν τὴν ἐπὶ τῇ εὐσεβείᾳ δόξαν ἀκυρῶσαι. ¹⁹μὴ μικρὰν οὖν εἶναι νομίσῃς ταύτην, εἰ μιεροφαγήσαιμεν, ἁμαρτίαν. ²⁰τὸ γὰρ ἐν μικροῖς καὶ ἐν μεγάλοις παρανομεῖν ἰσοδύναμόν ἐστιν· ²¹δι' ἑκατέρου γὰρ ὡς ὁμοίως ὁ νόμος ὑπερηφανεῖται. ²²χλευάζεις δὲ ἡμῶν τὴν φιλοσοφίαν, ὥσπερ οὐ μετὰ εὐλογιστίας ἐν αὐτῇ βιούντων. ²³σωφροσύνην τε γὰρ ἡμᾶς ἐκδιδάσκει, ὥστε πασῶν τῶν ἡδονῶν καὶ ἐπιθυμιῶν κρατεῖν, καὶ ἀνδρείαν ἐξασκεῖν, ὥστε πάντα πόνον ἑκουσίως ὑπομένειν· ²⁴καὶ δικαιοσύνην παιδεύει, ὥστε διὰ πάντων τῶν ἠθῶν ἰσονομεῖν καὶ εὐσέβειαν διδάσκειν, ὥστε μόνον τὸν ὄντα θεὸν σέβειν μεγαλοπρεπῶς. ²⁵διὸ οὐ μιεροφαγοῦμεν· πιστεύοντες γὰρ θεοῦ καθεστάναι τὸν νόμον, οἴδαμεν ὅτι καὶ κατὰ φύσιν ἡμῖν συμπαθεῖ νομοθετῶν ὁ τοῦ κόσμου κτίστης· ²⁶τὰ μὲν οἰκειωθησόμενα ἡμῶν ταῖς ψυχαῖς ἐπέτρεψεν ἐσθίειν, τὰ δὲ ἐναντιωθησόμενα ἐκώλυσεν σαρκοφαγεῖν. ²⁷τυραννικὸν δὲ οὐ μόνον ἀναγκάζεις ἡμᾶς παρανομεῖν, ἀλλὰ καὶ ἐσθίειν, ὅπως τῇ ἐχθίστῃ ἡμῶν μιεροφαγίᾳ ταύτῃ ἔτι ἐγγελάσῃς. ²⁸ἀλλ' οὐ γελάσεις κατ' ἐμοῦ τοῦτον τὸν γέλωτα· ²⁹οὔτε τοὺς ἱεροὺς τῶν προγόνων περὶ τοῦ φυλάξαι τὸν νόμον ὅρκους οὐ παρήσω, ³⁰οὐδ' ἂν ἐκκόψεις μου τὰ ὄμματα καὶ τὰ σπλάγχνα μου τήξεις. ³¹οὐχ οὕτως εἰμὶ γέρων ἐγὼ καὶ ἄνανδρος, ὥστε μοι διὰ τὴν εὐσέβειαν μὴ νεάζειν τὸν λογισμόν. ³²πρὸς ταῦτα τροχοὺς εὐτρέπιζε, καὶ τὸ πῦρ ἐκφύσα σφοδρότερον. ³³οὐχ οὕτως οἰκτειρήσω τὸ ἐμαυτοῦ γῆρας, ὥστε με δι' ἐμαυτοῦ τὸν πάτριον καταλῦσαι νόμον. ³⁴οὐ ψεύσομαί σε, παιδευτὰ νόμε, οὐδὲ φεύξομαί σε, φίλη ἐγκράτεια· ³⁵οὐδὲ καταισχυνῶ σε, φιλόσοφε λόγε, οὐδὲ ἐξαρνήσομαί σε, ἱερωσύνη τιμία καὶ νομοθεσίας ἐπιστήμη· ³⁶οὐδὲ μιανεῖς μου τὸ σεμνὸν γήρως στόμα, οὐδὲ νομίμου βίου ἡλικίαν.

א 18 om και א | ημων] η א* (ημ. א^{c.a}) | om συ א | ενομιζομεν א | ην ημῖ א | ευσεβια א   19 μιαροφαγ. א   20 εν 1°] επι א | om εν 2° א   22 χλευαζει A   23 ανδριαν א | εξασκειν] εκδιδασκειν א* (εξασκειν א^c: ν vid improbasse א^{c.a(?)} restit א^{c.b})   24 παιδευειν A | διδασκειν] εκδιδασκειν א   25 μιαροφαγ. א | καθισταναι A| om και א | συνπαθη א   27 αναγκαζειν א | παρανομειν αλλα και εσθιειν] μιαροφαγειν αλλα ϟ| παρανομειν א* (παραν. αλλα κ. εσθ. א^{c.a}) | εχθιστη] εκθιστη א* εσχιστη א^{c.a} | μιαροφαγια א | om ετι א | εγγελασης] επεγγελαση א   29 ουτε] ουδε א* ου μα א^{c.a}   30 εκκοψειας א | μου 2° improb א^{c.a} | τηξειας א^{c.a}   33 οικτειρησω] οικτειρομαι א | om με א   34 φευξομαι] εξομουμαι א   36 μιανει א* (-νεις א^{c.a})

ΜΑΚΚΑΒΑΙΩΝ Δ

37 ³⁷ἁγνόν με οἱ πατέρες προσδέξονται, μὴ φοβηθέντα σου τὰς μέχρι Α
38 θανάτου ἀνάγκας. ³⁸ἀσεβῶν μὲν γὰρ τυραννήσεις· τῶν δὲ ἐμῶν περὶ
τῆς εὐσεβείας λογισμῶν οὔτε λόγοις δεσπόσεις, οὔτε δι' ἔργων.

VI 1 ¹Τοῦτον τὸν τρόπον ἀντιρητορεύσαντα ταῖς τοῦ τυράννου παρη-
γορίαις, παραστάντες οἱ δορυφόροι πικρῶς ἔσυραν ἐπὶ τὰ βασανι-
2 στήρια τὸν Ἐλεάζαρον. ²καὶ πρῶτον μὲν περιέδυσαν τὸν γεραιὸν
3 ἐκκεκοσμημένον τὴν περὶ τὴν εὐσέβειαν εὐσχημοσύνην. ³ἔπειτα περι-
4 αγκωνίσαντες ἑκατέρωθεν, μάστιξιν κατήκιζον, ⁴Πείσθητι ταῖς τοῦ
5 βασιλέως ἐντολαῖς, ἑτέρωθεν κήρυκος ἐπιβοῶντος. ⁵ὁ δὲ μεγαλόφρων
καὶ εὐγενὴς ὡς ἀληθῶς Ἐλεάζαρος, ὥσπερ ἐν ὀνείρῳ βασανιζόμενος
6 κατ' οὐδένα τρόπον μετετρέπετο. ⁶ἀλλὰ ὑψηλοὺς ἀνατείνας εἰς τὸν
οὐρανὸν τοὺς ὀφθαλμούς, ἀπεξαίνετο ταῖς μάστιξιν τὰς σάρκας ὁ
7 γέρων, καὶ κατερρεῖτο τῷ αἵματι, καὶ τὰ πλευρὰ κατετιτρώσκετο, ⁷καὶ
πίπτων εἰς τὸ ἔδαφος, ἀπὸ τοῦ μὴ φέρειν τὸ σῶμα τὰς ἀλγηδόνας,
8 ὀρθὸν εἶχεν καὶ ἀκλινῆ τὸν λογισμόν. ⁸λάξ γέ τοι τῶν πικρῶν τις
δορυφόρων εἰς τοὺς κενεῶνας ἐναλλόμενος ἔτυπτεν, ὅπως ἐξανισταῖτο
9 πίπτων. ⁹ὁ δὲ ὑπέμεινεν τοὺς πόνους καὶ περιεφρόνει τῆς ἀνάγκης
10 καὶ διεκαρτέρει τοὺς αἰκισμούς, ¹⁰καὶ καθάπερ γενναῖος ἀθλητὴς τυπτό-
11 μενος ἐνίκα τοὺς βασανίζοντας ὁ γέρων. ¹¹ἱδρῶν γέ τοι τὸ πρόσωπον,
καὶ ἐπασθμαίνων σφοδρῶς, καὶ ὑπ' αὐτῶν τῶν βασανιζόντων ἐθαυμάζετο
12 ἐπὶ τῇ εὐτυχίᾳ. ¹²ὅθεν τὰ μὲν ἐλεῶντες τὰ τοῦ γήρως αὐτοῦ, ¹³τὰ
13 δὲ ἐν συνπαθείᾳ τῆς συνηθείας ὄντες, τὰ δὲ ἐν θαυμαστῷ τῆς καρτερίας
14 προσιόντες αὐτῷ τινες τῶν τοῦ βασιλέως ἔλεγον ¹⁴Τί τοῖς κακοῖς
15 τούτοις σεαυτὸν ἀλογίστως ἀπόλλεις, Ἐλεαζάρ; ¹⁵ἡμεῖς μὲν τῶν ἡψη-
μένων βρωμάτων παραθήσομεν· σὺ δὲ ὑποκρινόμενος τῶν ὑείων
16 ἀπογεύσασθαι, σώθητι. ¹⁶Καὶ ὁ Ἐλεάζαρος, ὥσπερ πικρότερον
17 διὰ τῆς συμβουλίας αἰκισθείς, ἀνεβόησεν ¹⁷Μὴ οὕτως κακῶς φρονή-
σαιμεν, οἱ Ἀβραὰμ παῖδες, ὥστε μαλακοψυχήσαντας ἀπρεπὲς ἡμῖν
18 δρᾶμα ὑποκρίνασθαι. ¹⁸καὶ γὰρ ἀλόγιστον, εἰ πρὸς ἀλήθειαν ζήσαντες

37 αγνον]+δε א^c.a | εισδεξονται א* (προσδεξ. א^c.a) 38 περι] υπερ א | א
ευσεβιας א   VI 1 αντιρητορευσαντος א* (αντιρρ. א^c.a)   2 εκκεκοσμη-
μενον] ενκοσμουμενον א | τη περι την ευσεβιαν ευσχημοσυνη א   6 τον
ουρανον] om τον א | ταις] τας Α* (ι superscr A¹) | τα (sic) πλευρας א^c.a
7 ορθρο| A | ακλινη] ν sup ras et η in mg A¹   8 εξανιστατο א* (-σταιτο
א^c.a)   9 υπεμενε א   11 γε] γεν (sic) A | A* συν. | ομ επι א | ευτυχια]
ευψυχια א   13 της συνηθειας (ὑν. Α* συν. Α¹)] την συνηθειαν
א* (της συνηθειας א^c.a) | θαυμαστω] θαυμασμω א | των του βασ.] om των א
14 om τι א* (hab א^17c) | απολλεις αλογιστως א   15 μεν] μεντοι א | συ]
σε A | αποκρινομενος א^c.a (postea restit υποκρ.) | απογενεσθαι א | σωζοιο א
18 ζησαντας א^c.a

739.

Α τὸν μέχρι γήρως βίον, καὶ τὴν ἐπ᾿ αὐτῶν δόξαν νομίμως φυλάσσοντες, εἰ νῦν μεταβαλοίμεθα, 19καὶ αὐτοὶ μὲν ἡμεῖς γενοίμεθα τοῖς νέοις ἀσεβείας 19 τύπος, ἵνα παράδειγμα γενώμεθα τῆς μιεροφαγίας. 20αἰσχρὸν γὰρ εἰ 20 ἐπιβιώσομεν ὀλίγον χρόνον, καὶ τοῦτον καταγελώμενοι πρὸς ἁπάντων ἐπὶ δειλίᾳ· 21καὶ ὑπὸ μὲν τοῦ τυράννου καταφρονηθῶμεν ὡς ἄνανδροι, 21 τὸν δὲ θεῖον ἡμῶν νόμον μέχρι θανάτου μὴ προασπίσαιμεν. 22πρὸς 22 ταῦτα ὑμεῖς μέν, ὦ Ἀβραὰμ παῖδες, εὐγενῶς ὑπὲρ τῆς εὐσεβείας τελευτᾶτε. 23οἱ δὲ τοῦ τυράννου δορυφόροι, τί μέλλετε; 24Πρὸς 23/24 τὰς ἀνάγκας οὕτως μεγαλοφρονοῦντα αὐτὸν ἰδόντες, καὶ μηδὲ πρὸς τὸν οἰκτειρμὸν αὐτῶν μεταβαλλόμενοι, ἐπὶ τὸ πῦρ αὐτὸν ἤγαγον. 25ἔνθα 25 διὰ κακοτέχνων ὀργάνων καταφλέγοντες αὐτὸν ὑπερίπτοσαν καὶ δυσώδεις χυλοὺς εἰς τοὺς μυκτῆρας αὐτοῦ κατέχεον. 26ὁ δὲ μέχρι 26 ὀστέων ἤδη κατακεκαυμένος καὶ μέλλων λιποθυμεῖν, ἀνέτεινεν τὰ ὄμματα πρὸς τὸν θεόν, καὶ εἶπεν 27Σὺ οἶσθα, θεέ, παρόν μοι σώζεσθαι, 27 βασάνοις καυστικαῖς ἀποθνήσκω διὰ τὸν νόμον. 28ἵλεως γενοῦ τῷ 28 ἔθνει σου, ἀρκεσθεὶς τῇ ἡμετέρᾳ περὶ αὐτῶν δίκῃ. 29καθάρσιον 29 αὐτῶν ποίησον τὸ ἐμὸν αἷμα, καὶ ἀντίψυχον αὐτῶν λάβε τὴν ἐμὴν ψυχήν. 30καὶ ταῦτα εἰπὼν ὁ ἱερὸς ἀνὴρ εὐγενῶς ταῖς βασάνοις ἐναπ- 30 έθανεν, καὶ μέχρι τῶν τοῦ θανάτου βασάνων ἀντέστη τῷ λογισμῷ διὰ τὸν νόμον. 31ὁμολογουμένως οὖν δεσπότης ἐστιν τῶν παθῶν ὁ εὐσεβὴς 31 λογισμός. 32εἰ γὰρ τὰ πάθη τοῦ λογισμοῦ κεκρατήκει, τούτοις ἂν 32 ἀπεδόμην τὴν τῆς ἐπικρατίας μαρτυρίαν. 33νυνὶ δὲ τοῦ λογισμοῦ τὰ 33 πάθη νικήσαντος, αὐτῷ προσηκόντως τὴν τῆς ἡγεμονίας προσνέμομεν ἐξουσίαν. 34καὶ δίκαιόν ἐστιν ὁμολογεῖν ἡμᾶς τὸ κράτος εἶναι τοῦ 34 λογισμοῦ, ὅπου γε καὶ τῶν ἔξωθεν ἀληδόνων ἐπικρατεῖ· 35ἐπεὶ καὶ 35 γελοῖον. καὶ οὐ μόνον τῶν ἀληδόνων ἐπιδείκνυμι κεκρατηκέναι τὸν λογισμόν, ἀλλὰ καὶ τῶν ἡδονῶν κρατεῖν, μηδὲ αὐταῖς ὑπείκειν.

1Ὥσπερ γὰρ ἄριστος κυβερνήτης ὁ τοῦ πατρὸς ἡμῶν Ἐλεαζάρου 1 VII λογισμός, πηδαλιουχῶν τὴν τῆς εὐσεβείας ναῦν ἐν τῷ τῶν παθῶν πελάγει, 2καὶ καταικιζόμενος ταῖς τοῦ τυράννου ἀπειλαῖς καὶ καταν- 2

ℵ 18 αυτων] αυτω ℵ | φυλαξαντες ℵ[c.a] | om ει 2° ℵ   19 γενοιμεθα] γενομεθα Α γενωμεθα ℵ | μιαροφαγιας ℵ   20 γαρ] δε ℵ | προς απαντων] υπο παντων ℵ | δειλια] διλια Α* διλεια Α¹   21—22 προασπισαιμεν προς ταυτα· Α   22 om προς ταυτα ℵ   24 τον] ον sup ras ℵ¹ | μεταβαλλομενον ℵ | ηγαγον] ανηγον ℵ   25 υπερεπτοσαν Α υπεριπτον ℵ[c.a]   26 οστεων] pr των ℵ | κατακεκαυμενος] κεκαυμενος ℵ | ανετεινε ℵ   28 περι] υπερ ℵ   29 ποιησαι ℵ   31 των παθων εστιν ℵ   35 improb και 1° ℵ[c.a] | κεκρατηκεναι] κρατεῖ ℵ | μηδε] και μηδεν ℵ   VII 1 αριστος] pr ο ℵ | πηδαλιου εχων Α | ευσεβιας ℵ   2 om και 1° ℵ | om ταις του ℵ | improb και 2° ℵ[c.a]

ΜΑΚΚΑΒΑΙΩΝ Δ VII 17

3 τλούμενος ταῖς τῶν βασάνων τρικυμίαις, ³κατ' οὐδένα τρόπον μετέ- Α
τρεψεν τοὺς τῆς εὐσεβείας οἴακας, ἕως οὗ ἔπλευσεν ἐπὶ τὸν τῆς θανάτου
4 νίκης λιμένα. ⁴οὐχ οὕτως πόλις πολλοῖς καὶ ποικίλοις μηχανήμασιν
ἀντέσχεν ποτὲ πολιορκουμένη, ὡς ὁ πανάγιος ἐκεῖνος τὴν ἱερὰν ψυχὴν
αἰκισμοῖς τε καὶ στρέβλαις πυρπολούμενος ἐκίνησεν τοὺς πολιορ-
5 κοῦντας, διὰ τὸν ὑπερασπίζοντα τῆς εὐσεβείας λογισμόν. ⁵ὥσπερ
γὰρ πρόκρημνον ἄκραν τὴν ἑαυτοῦ διάνοιαν ὁ πατὴρ Ἐλεάζαρος ἐκτεί-
6 νας, περιέκλασεν τοὺς μαινομένους τῶν παθῶν κλύδωνας.   ⁶⁷Ὦ
ἄξιε τῆς ἱερωσύνης ἱερεῦ, οὐκ ἐμίανας τοὺς ἱεροὺς ὀδόντας, οὐδὲ τὴν
θεοσέβειαν καὶ καθαρισμὸν χωρήσασαν γαστέρι ἐκοινώνησας μιε-
⁷₈ ροφαγίᾳ. ⁷ὦ σύμφωνε νόμου καὶ φιλόσοφε θείου βίου. ⁸τοιούτους
δεῖ εἶναι τοὺς δημιουργοῦντας τὸν νόμον ἰδίῳ αἵματι, καὶ γενναίῳ
9 ἱδρῶτι τοῖς μέχρι θανάτου πάθεσιν ὑπερασπίζοντας. ⁹σύ, πάτερ,
τὴν εὐνομίαν ἡμῶν διὰ τῶν ὑπομονῶν εἰς δόξαν ἐκύρωσας, καὶ
τὴν ἁγιαστίαν σεμνολογήσας οὐ κατέλυσας, καὶ διὰ τῶν ἔργων ἐπι-
10 στοποίησας τοὺς τῆς φιλοσοφίας λόγους. ¹⁰ὦ βασάνων βιαιότερε
γέρων, πυρὸς εὐτονώτερε πρεσβῦτα, καὶ παθῶν μέγιστε βασιλεῦ,
11 Ἐλεαζάρ.   ¹¹Ὥσπερ γὰρ ὁ πατὴρ Ἀαρὼν τῷ θυμιατηρίῳ
καθωπλισμένος, διὰ τοῦ ἐθνοπλήθους ἐπιτρέχων τὸν ἐμπυριστὴν
12 ἐνίκησεν ἄγγελον, ¹²οὕτως ὁ Ἀαρωνίδης Ἐλεάζαρος διὰ τοῦ πυρὸς
13 ὑπερτηκόμενος οὐ μετετράπη τὸν λογισμόν. ¹³καίτοι τὸ θαυμασιώ-
τατον, γέρων ὤν, λελυμένων ἤδη τῶν τοῦ σώματος πόνων καὶ
περικεχαλασμένων δὲ τῶν σαρκῶν, κεκμηκότων δὲ καὶ τῶν νεύρων,
14 ἀνενέασεν ¹⁴τῷ πνεύματι τοῦ λογισμοῦ, καὶ τῷ Ἰσακείῳ λογισμῷ
15 τὴν πολυκέφαλον στρέβλαν ἠκύρωσεν. ¹⁵ὦ μακαρίου γήρως καὶ
σεμνῆς πολιᾶς καὶ βίου νομίμου, ὃν πιστὴ θανάτου σφραγὶς ἐτελεί-
16 ωσεν.   ¹⁶Εἰ δὲ τοίνυν γέρων τῶν μέχρι θανάτου βασάνων
περιεφρόνησεν δι' εὐσέβειαν, ὁμολογουμένως ἡγεμών ἐστιν τῶν πα-
17 θῶν ὁ εὐσεβὴς λογισμός. ¹⁷ἴσως δ' ἂν εἴποιέν τινες, τῶν παθῶν

3 μετετρεψεν] ετρεψε ℵ | ευσεβιας A | θανατου] αθανατου ℵ   4 αν- ℵ
τεσχε ℵ | om τε ℵ | εκινησεν] ενικησεν ℵ   5 προκρημον A | Ελεαζαρ
ℵ | μαινομενους] επιμαιν. ℵ | κλυδωνας sup ras A¹   6 ιεροσυνης A | θεο-
σεβιαν ℵ | εκοινωνησας] εκοινωσας ℵ | μιαροφαγια ℵ   9 ημων] υμων A |
αγιαστιαν] απαστιαν ℵ | φιλοσοφιας] θειας φιλ. σου ℵ   10 βιοτερε (sic)
A | πυρος] pr και ℵ | πρεσβυ ℵ* (πρεσβυτα ℵ^c.a)   11 om γαρ ℵ* (hab
ℵ^c.a) | om τον εμπυριστην ℵ* τον εμπυρισμον ℵ^c.a | αγγελον] pr τον ℵ* (im-
prob ℵ^c.a) A*vid (ras A¹)   12 Αρωνιαδης A^vid | Ελεαζαρ ℵ   13 λελυμε-
νων]+μεν ℵ | πονων] τονων ℵ | om και 1° ℵ | περιεχαλασμ. A | και 2°] αι
sup ras A^a?   14 του λογισμου] pr δια ℵ | Ισακιω ℵ | ηκυρωσεν] ενικησεν
ℵ   16 γερων]+ανηρ ℵ | περιεφρονει ℵ   17 om δ ℵ* (hab ℵ^c.a)

741

ΜΑΚΚΑΒΑΙΩΝ Δ

A οὐ πάντες περικρατοῦσιν· ὅτι οὐδὲ πάντες φρόνιμον ἔχουσιν τὸν λογισμόν. ¹³ἀλλ' ὅσοι τῆς εὐσεβείας προνοοῦσιν ἐξ ὅλης καρδίας, οὗτοι 18 μόνοι δύνανται κρατεῖν τῶν τῆς σαρκὸς παθῶν· ¹⁹οἱ πιστεύοντες, ὅτι 19 θεῷ οὐκ ἀποθνήσκουσιν, ὥσπερ γὰρ οἱ πατριάρχαι ἡμῶν 'Αβραάμ, 'Ισαάκ, 'Ιακώβ, ἀλλὰ ζῶσιν τῷ θεῷ. ²⁰οὐδὲν οὖν ἐναντιοῦται τὸ φαί- 20 νεσθαί τινας παθοκρατεῖσθαι διὰ τὸν ἀσθενῆ λογισμόν. ²¹ἐπεὶ τίς 21 πρὸς ὅλον τὸν τῆς φιλοσοφίας κανόνα εὐσεβῶς φιλοσοφῶν, καὶ πεπιστευκὼς θεῷ, ²²καὶ εἰδὼς ὅτι διὰ τὴν ἀρετὴν πάντα πόνον 22 ὑπομένειν μακάριόν ἐστιν, οὐκ ἂν περικρατήσειεν τῶν παθῶν διὰ τὴν εὐσέβειαν; ²³μόνος γὰρ ὁ σοφὸς καὶ σώφρων ἀνδρεῖός ἐστιν τῶν 23 παθῶν κύριος. ²⁴διὰ τοῦτό γε τοι καὶ μειρακίσκοι τῷ τῆς εὐσεβείας 24 λογισμῷ φιλοσοφοῦντες χαλεπωτέρων βασανιστηρίων ἐπεκράτησαν.

¹Ἐπειδὴ γὰρ κατὰ τὴν πρώτην πεῖραν ἐνικήθη περιφανὴς ὁ 1 VIII τύραννος, μὴ δυνηθεὶς ἀναγκάσαι γέροντα μιεροφαγῆσαι, ²τότε δὴ 2 σφόδρα περιπαθῶς ἐκέλευσεν ἄλλους ἐκ τῆς ἡλικίας τῶν 'Εβραίων ἀγαγεῖν· καὶ εἰ μὲν μιεροφαγήσαιεν, ἀπολύειν φαγόντας· εἰ δὲ ἀντιλέγοιεν, πικρότερον βασανίζειν. ³ταῦτα διαταξαμένου τοῦ 3 τυράννου, παρῆσαν ἀγόμενοι μετὰ γεραιᾶς μητρὸς ἑπτὰ ἀδελφοί, καλοί τε καὶ αἰδήμονες καὶ γενναῖοι καὶ ἐν παντὶ χαρίεντες. ⁴οὓς 4 ἰδὼν ὁ τύραννος καθάπερ ἐν χορῷ περιέχοντας μέσην τὴν μητέρα, ἤσθετο ἐπ' αὐτοῖς, καὶ τῆς εὐπρεπείας ἐκπλαγεὶς καὶ τῆς εὐγενίας, προσεμειδίασεν αὐτοῖς, καὶ πλησίον καλέσας ἔφη ⁵Ὦ νεανίαι, φιλο- 5 φρόνως ἐγὼ καθ' ἑνὸς ἑκάστου ὑμῶν θαυμάζω τὸ κάλλος· καὶ τὸ πλῆθος τοσούτων ἀδελφῶν ὑπερτιμῶν, οὐ μόνον συμβουλεύω μὴ

§ II μανῆναι τὴν ⁵αὐτὴν τῷ προβασανισθέντι γέροντι μανίαν, ⁶ἀλλὰ καὶ 6 παρακαλῶ συνείξαντάς μοι τῆς ἐμῆς ἀπολαῦσαι φιλίας· δυναίμην γὰρ

¶ II ὥσπερ κολάζειν τοὺς ἀπειθοῦντάς μου τοῖς ἐπιτάγμασιν,¶ οὕτως καὶ εὐεργετεῖν τοὺς εὐπειθοῦντάς μοι. ⁷πιστεύσατε οὖν, καὶ ἀρχὰς ἐπὶ 7 τῶν ἐμῶν πραγμάτων ἡγεμονικὰς λήμψεσθε, ἀρνησάμενοι τὸν πάτριον ὑμῶν τῆς πολιτίας θεσμόν· ⁸καὶ μεταλαβόντες Ἑλληνικοῦ βίου 8

ℵ II ·18 ευσεβιας ℵ 19 οι πιστ.] om οι ℵ | γαρ] ουδε ℵ | Ισαακ Ιακωβ] και Ισ. και Ιακ. ℵ | τω θεω] om τω ℵ 20 δια] pr η ℵ* (improb ℵ^{c.a}) 21 om ευσεβως ℵ 22 ευσεβειαν] θεοσεβειαν ℵ 23 ο σοφος] om ο ℵ | om σωφρων ℵ | των παθ.] pr ο ℵ VIII 1 περιφανως ℵ | μιαροφαγησαι ℵ 2 τοτε] τοδε A | ηλικιας] λειας ℵ | μιαροφαγησαιεν ℵ | δε] δ ℵ 3 διαταξαμενου] διαδεξαμ. A | επτα] ζ´ | αδημονες A* (αιδ. A¹) 4 om περιεχοντας ℵ* (hab post μητερα ℵ^{c.a}) | και της ευγενιας sup ras A^{a?} | ευγενειας ℵ 5 βασανισθεντι ℵ* (προβ. ℵ^{c.a} II) 6 om και 1º II | ειξαντας II | απολαυειν ℵ απολλυειν II | γαρ] δ αν ℵ | ουτω ℵ 7 αρνησαμενοι] αρνηθεντες ℵ^{c.a} | υμων] ημων A 8 μεταλαβοντες] λαβοντες ℵ

ΜΑΚΚΑΒΑΙΩΝ Δ VIII 25

9 καὶ μεταδιαιτηθέντες ἐντρυφήσατε ταῖς νεότησιν ὑμῶν. ⁹ἐπεὶ ἐὰν A ὀργίλως με διάθησθε διὰ τῆς ἀπειθείας ὑμῶν, ἀναγκάσετέ με ἐπὶ δειναῖς κολάσεσιν ἕνα ἕκαστον ὑμῶν διὰ τῶν βασάνων ἀπολέσαι. 10 ¹⁰κατελεήσατε οὖν ἑαυτούς, οὕς καὶ ὁ πολέμιος ἔγωγε καὶ τῆς ἡλικίας 11 καὶ τῆς εὐμορφίας οἰκτείρομαι. ¹¹οὐ διαλογιεῖσθε τοῦτο, ὅτι οὐδὲν ὑμῖν ἀπειθήσασιν πλὴν τοῦ μετὰ στρεβλῶν ἀποθανεῖν ἀπόκειται; 12 ¹²ταῦτα δὲ λέγων, ⁵ἐκέλευσεν εἰς τὸ ἔμπροσθεν προτεθῆναι τὰ βα- § II σανιστήρια, ὅπως καὶ διὰ τοῦ φόβου πείσειεν αὐτοὺς μιεροφαγῆσαι. 13 ¹³ὡς δὲ τροχούς τε καὶ ἀρθρεμβόλους στρεβλωτήριά τε καὶ⌐ τροχαν- ¶ II τῆρας καὶ καταπέλτας καὶ λέβητας, τήγανά τε καὶ δακτυλήθρας, καὶ χεῖρας σιδηρᾶς καὶ σφῆνας καὶ τὰ ζώπυρα τοῦ πυρὸς οἱ δορυφόροι 14 προέθεσαν, ὑπολαβὼν δὲ ὁ τύραννος ἔφη ¹⁴Μειράκια, φοβήθητε, καὶ ἣν σέβεσθε δίκην, ἵλεως ὑμῖν ἔσται δι' ἀνάγκην παρανομή- 15 σασιν. ¹⁵Οἱ δὲ ἀκούσαντες ἐπαγωγὰ καὶ ὁρῶντες δεινά, οὐ μόνον οὐκ ἐφοβήθησαν, ἀλλὰ καὶ ἀντεφιλοσόφησαν ⁵τῷ τυράννῳ, § II 16 καὶ διὰ τῆς εὐλογιστίας τὴν τυραννίδα αὐτοῦ κατέλυσαν.⁕ ¹⁶καίτοι ¶ II λογισώμεθα· εἰ δειλόψυχοί τινες ἦσαν καὶ ἄνανδροι ἐν αὐτοῖς, ποίοις 17 ἂν ἐχρήσαντο λόγοις; οὐχὶ τούτοις; ¹⁷*Ω τάλανες ἡμεῖς, καὶ λίαν ἀνόητοι· βασιλέως ἡμᾶς παρακαλοῦντος καὶ ἐπὶ εὐεργεσίᾳ φωνοῦντος, 18 μὴ πεισθείημεν αὐτῷ; ¹⁸τί βουλήμασιν κενοῖς ἑαυτοὺς εὐφραίνομεν, 19 καὶ θανατηφόρον ἀπειθίαν τολμῶμεν; ¹⁹οὐ φοβησόμεθα, ἄνδρες ἀδελφοί, τὰ βασανιστήρια, καὶ λογιούμεθα τὰς τῶν βασάνων ἀπειλάς, καὶ φευξόμεθα τὴν κενοδοξίαν ταύτην καὶ ὀλεθροφόρον ἀλαζονίαν; 20 ²⁰ἐλεήσωμεν τὰς ἑαυτῶν ἡλικίας, καὶ κατοικτειρήσωμεν τὸ τῆς μητρὸς 21 γῆρας; ²¹καὶ ἐνθυμηθῶμεν, ὅτι ἀπειθοῦντες τεθνηξόμεθα. ²²συγγνώ- σεται δὲ ἡμῖν καὶ ἡ θεία δίκη δι' ἀνάγκην τὸν βασιλέα φοβηθεῖσιν. 23 ²³τί ἐξάγομεν ἑαυτοὺς τοῦ ἡδίστου βίου, καὶ ἀποστεροῦμεν ἑαυτοὺς 24 τοῦ γλυκέος κόσμου; ²⁴μὴ βιαζώμεθα τὴν ἀνάγκην, μηδὲ κενοδοξή- 25 σωμεν ἐπὶ τῇ ἑαυτῶν στρέβλῃ. ²⁵οὐδὲ αὐτὸς ὁ νόμος ἑκουσίως ἡμᾶς

9 απιθιας ℵ | om υμων 1° ℵ | δειναις] διναι Aʳ (seq ras 1 lit A*) ℵII
10 πολεμος A   12 om το II | προτεθηναι] τιθεναι ℵ | και] καν II | μιαρο-
φαγησαι ℵc.b   13 τροχλους ℵ* (τροχους ℵ¹) | αρθενβολους A αρθρεμβολας ℵ*
(s ras ℵ¹) αρθρεμβολα II | τροχαντηρια ℵ* (-ρας ℵc.a) | καταπελτας] π sup
ras Aᵃʳ | om δε 2° ℵ   14 σεβεσται A   16 εν αυτοις και ανανδροι ℵ
17 ημεις sup ras Aᵃ ημι ℵ* (ημις ℵ¹·c.a) | παρακαλουντος] καλουντος ℵ |
φωνουντος μη πισθ in mg et sup ras Aᵃ | φωνουντος] παρακαλουντος ℵ | μη]
η ℵ* ει ℵc.a   18 om κενοις ℵ* (hab ℵc.a) | ευφρενομεν ℵ* (-νομεν ℵ¹)
19 φοβηθησομεθα ℵ   20 κατοικτιρωμεν ℵ   22 συγνωσεται (sic) A
σινγνωσεται ℵ   25 ουδε] ουδ ℵ | νομος ℵ] ναος A

ΜΑΚΚΑΒΑΙΩΝ Δ

A θανατοῖ φοβηθέντας τὰ βασανιστήρια. ²⁶πόθεν ἡμῖν ἡ τοσαύτη ἐντέ- 26
τηκεν φιλονεικία, καὶ ἡ θανατηφόρος ἀρέσκει καρτερία, παρὼν μετὰ
ἀταραξίας ζῆν τῷ βασιλεῖ πεισθέντας; ²⁷ἀλλὰ τούτων οὐδὲν εἶπον 27
οἱ νεανίαι βασανίζεσθαι μέλλοντες, οὐδὲ ἐνεθυμήθησαν. ²⁸ἦσαν γὰρ 28
§ II περίφρονες τῶν παθῶν, καὶ αὐτοκράτορες τῶν ἀλγηδόνων. ²⁹⸏ὥστε 29
¶ II ἅμα τῷ παύσασθαι τὸν τύραννον συμβουλεύοντα αὐτοῖς μιεροφαγῆσαι,⸋
πάντες διὰ μιᾶς φωνῆς ὁμοῦ, ὥσπερ ἀπὸ τῆς αὐτῆς ψυχῆς, εἶπον
¹Τί μέλλεις, ὦ τύραννε; ἕτοιμοι γάρ ἐσμεν ἀποθνήσκειν, ἢ παραβαίνειν 1 IX
τὰς πατρίους ἡμῶν ἐντολάς. ²καὶ αἰσχυνόμεθα γὰρ τοὺς προγόνους 2
εἰκότως, εἰ μὴ τῇ τοῦ νόμου εὐπειθείᾳ συμβούλῳ καὶ γνώσει χρησαί-
μεθα. ³σύμβουλε τύραννε παρανομίας, μὴ ἡμᾶς μισῶν ὑπὲρ αὐτοὺς 3
ἡμᾶς ἐλέα. ⁴χαλεπώτερον γὰρ αὐτοῦ τοῦ θανάτου νομίζομεν εἶναί σου 4
τὸν ἐπὶ τῇ παρανόμῳ σωτηρίᾳ ἡμῶν ἔλεον. ⁵ἐκφοβεῖς δὲ ἡμᾶς, τὸν 5
διὰ τῶν βασάνων ἡμῖν θάνατον ἀπειλῶν, ὥσπερ οὐχὶ πρὸ βραχέως
παρὰ Ἐλεαζάρου μαθών. ⁶εἰ δ᾽ οἱ γέροντες τῶν Ἑβραίων διὰ τὴν 6
εὐσέβειαν καὶ βασανισμοὺς ὑπομείναντες ἀπέθανον, ἀποθάνοιμεν ἂν
δικαιότερον ἡμεῖς οἱ νέοι, τὰς βασάνους τῶν σῶν ἀναγκῶν ὑπεριδόντες
ἃς καὶ ὁ παιδευτὴς γέρων ἐνίκησεν. ⁷πείραζε γὰρ οὖν, τύραννε· 7
καὶ τὰς ἡμῶν ψυχὰς εἰ θανατώσεις διὰ τὴν εὐσέβειαν, μὴ νομίσῃς
ἡμᾶς βλάπτειν βασανίζων. ⁸ἡμεῖς μὲν γὰρ διὰ τῆσδε τῆς κακοπα- 8
θείας καὶ ὑπομονῆς τὰ τῆς ἀρετῆς ἆθλα οἴσομεν, ⁹σὺ δὲ διὰ τὴν ἡμῶν 9
μιεροφονίαν αὐτάρκη καρτερήσεις ὑπὸ τῆς θείας δίκης αἰώνιον βάσανον
διὰ πυρός.

¹⁰Ταῦτα αὐτῶν εἰπόντων, οὐ μόνον ὡς κατὰ ἀπειθούντων ἐχαλέ- 10
παινεν ὁ τύραννος, ἀλλ᾽ ὡς καὶ κατὰ ἀχαρίστων ὠργίσθη. ¹¹ὅθεν 11

אII   25 om φοβηθεντας τα βασανιστηρια א* (hab אc.a)   26 εντεθηκεν
A εντετηκε א | ζην] χρη A | πισθεντες א* (-τας אc.a)   27 νεανιαις
A   28 γαρ]+μελλοντες א (improb אl,c.a) | περιφρονες των παθων]
π. τα των παθ. א* (αν et ες superscr אc.a: fors παντες pro τα voluit) |
αλγηδονων] ηδον sup ras Aa   29 τω παυσασθαι] om τω א του παυσ.
II | συνβουλ. II | μιαροφαγησαι אII | δια] απο א   IX 1 εσμεν]+ω
τυραννε א* (improb א?) | αποθνησκειν] o superscr A¹ | πατριους] πατρωους א
2 om και 1° א | προγονους]+ ημων א | ευπιθεια א | γνωσει] Μωϋσει א
3 om ημας 2° א   4 αυτου] αυτους A | του bis scr א* (improb 1° אc.a)
5 θανατον ημιν א | παρα] παρ א   6 Ευβραιων א* (Εβρ. אl,c.a) | ευσε-
βιαν א | απεθανον] ευσεβησα: א | υπερειδοτες א* -ειδοντες אc.a | ους א* (as
אc.a) | παιδευτης]+ημων א   7 γαρ ουν] τοιγαρουν א | ευσεβιαν א   8 κακο-
παθιας א | συνβουλευων] εξομεν א+και εσομεθα παρα τω θω δι ο (δι ον אc.a) και
ταυτα πασχομεν א   9 ημων] ημων A | μιεφονιαν (sic) א | καρτερησεις]
καρτερηθ incep א* (-ρησεις א¹) | improb δια πυρος אc.a   10 αλλ ως και]
αλλα και ως א | καταχαριστων א* κατα αχ. א¹

τὸν πρεσβύτατον αὐτῶν κελευσθέντες παρήγαγον οἱ μιστισταί, καὶ Α διαρρήξαντες τὸν χιτῶνα διέδησαν τὰς χεῖρας αὐτοῦ καὶ τοὺς βραχί- 12 ονας ἱμᾶσιν ἑκατέρωθεν. ¹²ὡς δὲ τύπτοντες ταῖς μάστιξιν ἐκοπίασαν, 13 μηδὲν ἀνύοντες, ἀνέβαλον αὐτὸν ἐπὶ τὸν τροχόν. ¹³περὶ ὃν κατατει- 14 νόμενος ὁ εὐγενὴς νεανίας ἔξαρθρος ἐγίνετο. ¹⁴καὶ κατὰ πᾶν μέλος 15 κλώμενος κατηγόρει λέγων ¹⁵Τύραννε μιερώτατε καὶ τῆς οὐρανίου δίκης ἐχθρὲ καὶ ὠμόφρον, οὐκ ἀνδροφονήσαντά με τοῦτον καταικίζεις 16 τὸν τρόπον, οὐδὲ ἀσεβήσαντα, ἀλλὰ θείου νόμου προασπίζοντα. ¹⁶καὶ τῶν δορυφόρων λεγόντων Ὁμολόγησον φαγεῖν, ὅπως ἀπαλλαγῇς 17 τῶν βασάνων, ¹⁷ὁ δὲ εἶπεν Οὐχ οὕτως ἰσχυρὸς ὑμῶν ἐστιν ὁ τρόπος, ὦ μιεροὶ διάκονοι, ὥστε μου τὸν λογισμὸν ἄξαι. τέμνετέ μου 18 μέλη, καὶ πυροῦτε τὰς σάρκας, καὶ στρεβλοῦτε τὰ ἄρθρα· ¹⁸διὰ πασῶν γὰρ ὑμᾶς πείσω τῶν βασάνων ὅτι μόνοι οἱ παῖδες Ἑβραίων 19 ὑπὲρ ἀρετῆς εἰσιν ἀνίκητοι. ¹⁹ταῦτα λέγοντες ἔτι πῦρ ἐπέστρωσαν, 20 καὶ διερεθίζοντες τὸν τροχὸν προσεπικατέτεινον. ²⁰ἐμολύνετο δὲ πάντοθεν αἵματι ὁ τροχός, καὶ ὁ σωρὸς τῆς ἀνθρακιᾶς τοῖς τῶν ἰχώρων ἐσβέννυτο σταλαγμοῖς, καὶ περὶ τοὺς ἄξονας τοῦ ὀργάνου περιέρεον 21 αἱ σάρκες. ²¹καὶ περιτετηγμένον ἤδη ἔχων τὸ τῶν ὀστέων πῆγμα ὁ 22 μεγαλόφρων καὶ Ἀβραμιαῖος νεανίας οὐκ ἐστέναξεν· ²²ἀλλ' ὥσπερ ἐν πυρὶ μετασχηματιζόμενος εἰς ἀφθαρσίαν, ὑπέμεινεν εὐγενῶς τὰς 23 στρέβλας ²³Μιμήσασθέ με, ἀδελφοί, λέγων· μή μου τὸν αἰῶνα λει- ποτακτήσητε, μηδὲ ἐξομόσησθέ μου τὴν τῆς εὐψυχίας ἀδελφότητα· 24 ἱερὰν καὶ εὐγενῆ στρατείαν στρατεύσασθε περὶ τῆς εὐσεβείας, ²⁴δι' ἧς ἵλεως ἡ δικαία καὶ πάτριος ἡμῶν πρόνοια τῷ ἔθνει γενηθεῖσα τιμω- 25 ρήσειεν τὸν ἀλάστορα τύραννον. ²⁵καὶ ταῦτα εἰπὼν ὁ ἱεροπρεπὴς 26 νεανίας ἀπέρρηξεν τὴν ψυχήν. ²⁶Θαυμασάντων δὲ πάντων τὴν καρτεροψυχίαν αὐτοῦ, ἦγον οἱ δορυφόροι τὸν καθ' ἡλικίαν τοῦ

11 κελευθ. Α | παρηγον ℵ | μαστισται] υπασπισται ℵ   12 ανεβαλον] ℵ ανεβαλλον ℵ* ανελαβον ℵ^c.a | επι] περι ℵ   13 εξαρθος Α   14 κατη- γορει] εκακηγορι ℵ   15 ωμοφρον] ομοφρω̄ Α ωμοφρων ℵ | ανδροφρονησαντα Α | καταικιζεις τον τροπον] τον τρ. βασανιζεις ℵ   17 ισχυρος] ισχυροτερος ℵ^c | εστιν ο τροπος] ο τροχος εστιν ℵ pr ισχυρ (sic) ℵ* (statim improb ℵ¹) | μιαροι ℵ | αξαι] αγξαι ℵ | μελη] pr τα ℵ | πυρουτε]+μου ℵ   18 οι παιδες] om οι ℵ   19 ταυτα λεγοντες...προσεπικατετεινον] και ταυτα ειπων (λεγοντι pro ειπ. ℵ^c.a) υπεστρωσαν πυρ και το (improb το ℵ^c.a) διερεθιζον τον τροχο̄] και προσεκατετεινον ℵ | ετι] εστι Α | επετρωσαν Α   20 τοις] ις sup ras Α^a | αυξονας Α   21 περιτετηκμενον Α περιτετμημενον ℵ | Αβραμιαιος] Αβρααμ' ϊϊος ℵ* Αβρααμιαιος ℵ^c.a   23 στρατιαν ℵ | εστρατευσασθε ℵ | ευσεβιας ℵ   24 ημων] η ℵ* (ημ. ℵ^c.a)   25 improb και ℵ^c.a (vid) postea fort repos | απερηξεν ℵ* απερρ. ℵ^c   26 δορυφοροι] incep δυρο ℵ* (δορυφ. ℵ¹ vid, c)

Α προτέρου δεύτερον, καὶ σιδηρᾶς ἐναρμοσάμενοι χεῖρας ὀξέσιν τοῖς ὄνυξιν, τοῖς ὀργάνοις καὶ καταπέλτῃ προσέδησαν αὐτόν. 27ὡς δ᾽ εἰ 27 φαγεῖν βούλοιτο πρὶν βασανίζεσθαι πυνθανόμενοι, τὴν εὐγενῆ γνώμην ἤκουσαν, 28ἀπὸ τῶν τενόντων ταῖς σιδηραῖς χερσὶν ἐπισπασά- 28
§ ΙΙ μενοι, μέχρι γε τῶν γενείων τὴν σάρκα πᾶσαν 'καὶ τὴν τῆς κεφαλῆς δορὰν οἱ παρδάλιοι θῆρες ἀπέσυραν· ὁ δὲ ταύτην βαρέως τὴν ἀλγηδόνα καρτερῶν, ἔλεγεν 29'Ὡς ἡδὺς πᾶς τρόπος θανάτου διὰ τὴν πάτριον 29
¶ ΙΙ ἡμῶν εὐσέβειαν· ἔφη τε πρὸς τὸν τύραννον 30Οὐ δοκεῖς,¶ πάντων 30 ὠμότατε τύραννε, πλεῖον ἐμοῦ σε νῦν βασανίζεσθαι, ὁρῶν σου νικώμενον τὸν τῆς τυραννίδος ὑπερήφανον λογισμὸν ὑπὸ τῆς διὰ τὴν
§ ΙΙ εὐσέβειαν ἡμῶν ὑπομονῆς; 31ἐγὼ μὲν γὰρ 'ταῖς διὰ τὴν ἀρετὴν 31 ἡδοναῖς τὸν πόνον ἐπικουφίζομαι· 32σὺ δὲ ἐν ταῖς τῆς ἀσεβείας 32 ἀπειλαῖς βασανίζῃ· οὐκ ἐκφεύξῃ δέ, μιερώτατε τύραννε, τὰς τῆς θείας
¶ ΙΙ ὀργῆς δίκας.¶ ¹Καὶ τούτου τὸν ἀοίδιμον θάνατον καρτερή- 1 Χ σαντος, ὁ τρίτος ἤγετο, παρακαλούμενος πολλὰ ὑπὸ πολλῶν ὅπως ἀπογευσάμενος σώζοιτο. ²ὁ δὲ ἀναβοήσας ἔφη Ἦ ἀγνοεῖτε ὅτι 2 αὐτός με τοῖς ἀποθανοῦσιν ἔσπειρεν πατήρ, καὶ ἡ αὐτὴ μήτηρ ἐγέννησεν, καὶ ἐπὶ τοῖς αὐτοῖς ἀνετράφην δόγμασιν; ³οὐκ ἐξόμνυμαι τὴν 3 εὐγενῆ τῆς ἀδελφότητος συγγένειαν. ⁴πρὸς ταῦτα εἴ τι ἔχετε κολα- 4 στήριον, προσαγάγετε τῷ σώματί μου· τῆς γὰρ ψυχῆς μου, οὐδ᾽ ἂν θέλητε, ἅψεσθε. ⁵οἱ δὲ πικρῶς ἐνέγκαντες τὴν παρρησίαν τοῦ 5 ἀνδρός, ἀρθρεμβόλοις ὀργάνοις τὰς χεῖρας αὐτοῦ καὶ τοὺς πόδας ἐξήρθρουν, καὶ ἐξ ἁρμῶν ἀναμοχλεύοντες ἐξεμέλιζον· ⁶καὶ τοὺς 6 δακτύλους καὶ τοὺς βραχίονας καὶ τὰ σκέλη καὶ τοὺς ἀγκῶνας περιέκλων. ⁷καὶ κατὰ μηδένα τρόπον ἰσχύοντες αὐτὸν ἄγξαι, περι- 7 σύραντες τὸ δέρμα σὺν ἄκραις ταῖς τῶν δακτύλων κορυφαῖς ἀπεσκύθιζον, καὶ εὐθέως ἦγον ἐπὶ τὸν τροχόν. ⁸περὶ ὃν ἐκ σφονδύλων 8

ℵΙΙ 26 προτερου] πρεσβυτερου ℵ | σιδηρεας ℵ* (-ρας ℵ²) | οξεσι ℵ | ονυξι ℵ | τοις οργανοις] οργανω ℵ 27 την ευγ.] pr και ℵ | ηκουσαν] ακουσαντες ειλκυσαν ℵ* improb ειλκ. ℵc.a, c.b 28 σιδηραιαις ℵ* (-ραις ℵc.b) | om γε ℵ | παρδαλιοι ΑΙΙ] παρδαλεοι ℵ* -λαιοι ℵc.a | απεσυρον ℵ | βαρ. την αλγ.] την αλγ. γεννεως ΙΙ 29 θανατου τροπος ℵΙΙ | ευσεβιαν ℵ : item 30 | om εφη τε πρ. τον τυρ. ΙΙ 30 δοκ[ει] ΙΙvid | πλειον] πλεον ℵ | om νυν ℵ | σου] σοι ℵ | των της τυρ.] om τον ℵ* (hab ℵc.a) | ημων] υμων Α 31 om μεν ℵ* (hab ℵc.a) | αρετην] [ευσεβει]αν ΙΙvid | ηδονης Α | των πονων ΙΙ 32 ασεβειαις Α | μαρωτατε ℵΙΙ | τας] ℵ* (τας ℵc.a) Χ 1 post αοιδ. incep τ ℵ* (improb ℵ¹) | υπο] απο ℵ* (υπο ℵc.a, c.b) 2 om η 1° ℵ | αυτος] pr o ℵc.a 3 συγγενειαν] ευγενιαν ℵ 4 om ℵ | αψασθαι Α 5 αθρεμβολοις Α 6 om και 1° ℵ* (hab ℵc.a) | περιελκων] περιεκλων ℵ 7 ισχυσαντες ℵ* (ισχυοντες ℵc.a) | περισυραντες το δερμα] περιλυσαντες τα οργανα ℵ* (περισ. το δ. ℵc.a) 8 σφονδυλων] σπονδυλων ℵ

ΜΑΚΚΑΒΑΙΩΝ Δ XI 9

ἐκμελιζόμενος ἑώρα τὰς ἑαυτοῦ σάρκας περιλακιζομένας καὶ κατὰ Α
9 σπλάγχνων σταγόνας αἵματος ἀπορρεούσας. 9μέλλων δὲ ἀποθνήσκειν,
10 ἔφη 10Ἡμεῖς μέν, ὦ μιερώτατε τύραννε, διὰ παιδείαν καὶ ἀρετὴν
11 θεοῦ ταῦτα πάσχομεν· 11σὺ δὲ διὰ τὴν ἀσέβειαν καὶ μιαιφονίαν
12 ἀκαταλύτους καρτερήσεις βασάνους. 12Καὶ τούτου θανόντος
13 ἀδελφοπρεπῶς, τὸν τέταρτον ἐπεσπῶντο, λέγοντες 13Μὴ μανῇς καὶ
σὺ τοῖς ἀδελφοῖς σου τὴν αὐτὴν μανίαν, ἀλλὰ πεισθεὶς τῷ βασιλεῖ
14 σῷζε σεαυτόν. 14ὁ δὲ αὐτοῖς ἔφη Οὐχ οὕτως καυστικώτερον ἔχετε
15 κατ' ἐμοῦ τὸ πῦρ, ὥστε με δειλανδρῆσαι. 15μὰ τὸν μακάριον τῶν
ἀδελφῶν μου θάνατον, καὶ τὸν αἰώνιον τοῦ τυράννου ὄλεθρον, καὶ τὸν
ἀοίδιμον τῶν εὐσεβῶν βίον, οὐκ ἀρνήσομαι τὴν εὐγενῆ ἀδελφότητα.
16 16ἐπινόει, τύραννε, βασάνους· ἵνα καὶ διὰ τούτων μάθης, ὅτι ἀδελφός
17 εἰμι τῶν προβασανισθέντων. 17ταῦτα ἀκούσας ὁ αἱμοβόρος καὶ φο-
νώδης καὶ πανμιερώτατος Ἀντίοχος, ἐκέλευσεν τὴν γλῶτταν αὐτοῦ
18 ἐκτεμεῖν. 18ὁ δὲ ἔφη Κἂν ἀφέλῃς τὸ τῆς φωνῆς ὄργανον, καὶ σιω-
19 πώντων ἀκούει ὁ θεός. 19ἰδοὺ κεχάλασται ἡ γλῶσσα· τέμνε. οὐ
20 γὰρ παρὰ τοῦτο τὸν λογισμὸν ἡμῶν γλωσσοτομήσεις. 20ἡδέως ὑπὲρ
21 τοῦ θεοῦ τὰ τοῦ σώματος μέλη ἀκρωτηριαζόμεθα. 21σὲ δὲ ταχέως
μετελεύσεται ὁ θεός· τὴν γὰρ τῶν θείων ὕμνων μελῳδὸν γλῶτταν
XI 1 ἐκτέμνεις. 1Ὡς δὲ καὶ οὗτος ταῖς βασάνοις καταικισθεὶς
2 ἐναπέθανεν, ὁ πέμπτος παρεπήδησεν, λέγων 2Οὐ μέλλω, τύραννε, πρὸς
3 τὸν ὑπὲρ τῆς ἀρετῆς βασανισμὸν παραιτεῖσθαι. 3αὐτὸς δ' ἀπ' ἐμαυτοῦ
παρῆλθον, ὅπως κἀμὲ κατακτείνας, περὶ πλειόνων ἀδικημάτων ὀφι-
4 λήσῃς τῇ οὐρανίῳ δίκῃ τιμωρίαν. 4ὦ μισάρετε καὶ μισάνθρωπε, τί
5 δράσαντας ἡμᾶς τοῦτον πορθεῖς τὸν τρόπον; 5ἢ κακόν σοι δοκεῖ, ὅτι
τὸν πάντων κτίστην εὐσεβοῦμεν, καὶ κατὰ τὸν ἐνάρετον αὐτοῦ ζῶμεν
6,7 νόμον; 6ἀλλὰ ταῦτα τιμῶν, οὐ βασάνων ἐστὶν ἄξια, 7εἴπερ ᾔσθάνου
8 ἀνθρώπους ποθῶν, καὶ ἐλπίδα εἶχες παρὰ θεῷ σωτηρίου· 8νῦν ἰδὲ
9 ἀλλότριος ὢν θεοῦ, πολεμεῖς τοὺς εὐσεβοῦντας εἰς τὸν θεόν. 9τοι-

8 απορεουσας ℵ 10 μιαρωτατε ℵ 11 ασεβιαν ℵ 12 αδελφο- ℵ
πρεπως] φοπρ sup ras Aᵃ 14 αυτοις] αυτω ℵ | κλαυστικωερον (sic) A*
(καυστικωτ. A¹⁽ᵛⁱᵈ⁾) 15 αοιδιμον] ολεθρον αιδωι ℵ* (improb ολεθρ. ℵ¹, ᶜ·ᵃ)
16 δια τουτων] δι αυτων ℵ | προβεβασανισθεντων (sic) A 17 ταυτα] +
δε (superscr) ℵ¹ | φονωδης] incep φονι ℵ* | παμμιαρωτατος ℵ | εκτεμνειν ℵ*
18 σιωπουντων A 19 προκεχαλασται ℵ | γλωττοτομησεις ℵ 20 του 1°]
seq τ in ℵ* (improb ℵ¹) | μελη] βελη ℵ* (μ. ℵ¹⁽ᵛⁱᵈ⁾) 21 υμνον μελωδαν
ℵ* (υμνων μελωδον ℵᶜ·ᵃ) XI 1 κατακισθεις (sic) A 2 om παραιτεισθαι
ℵ 3 οφιλησεις (-σις A) τη ουρανιω δικη] τη επουρανιω δικη δωσεις ℵ |
τιμωριαν sup ras A¹ 4 μισαρετε] μιαρωτατε ℵ | τον τροπον πορθεις ℵ
5 om η κακον σοι δοκει ℵ 6 εστιν] εισιή ℵ 7—8 om ειπερ ησθα-
νου...εις τον θεον ℵ

Α αὐτὰ λέγοντα οἱ δορυφόροι δήσαντες αὐτὸν εἷλκον ἐπὶ τὸν καταπέλτην· ¹⁰ἐφ' ὃν δήσαντες αὐτὸν ἐπὶ τὰ γόνατα, καὶ ταῦτα ποδάγραις σιδηραῖς ἐφαρμόσαντες τὴν ὀσφὺν αὐτοῦ ἐπὶ τὸν τροχιαῖον σφῆνα κατέκαμψαν· περὶ ὃν ὅλος ἐπὶ τὸν τροχὸν σκορπίου τρόπον ἀνακλώμενος ἐξεμελίζετο. ¹¹κατὰ τοῦτον τὸν τρόπον καὶ τὸ πνεῦμα στενοχωρούμενος καὶ τὸ σῶμα ἀγχόμενος ¹²Καλάς, ἔλεγεν, ἄκων, ὁ τύραννος, χάριτας ἡμῖν χαρίζῃ, καλάς, διὰ γενναιοτέρων πόνων ἐπιδείξασθαι παρέχων τὴν εἰς τὸν νόμον ἡμῶν καρτερίαν. ¹³Τελευτήσαντος δὲ καὶ τούτου, ὁ ἕκτος ἤγετο μειρακίσκος· ὃς πυνθανομένου τοῦ τυράννου εἰ βούλοιτο φαγὼν ἀπολύεσθαι, ὁ δὲ ἔφη ¹⁴Ἐγὼ τῇ μὲν ἡλικίᾳ τῶν ἀδελφῶν μου εἰμὶ νεώτερος, τῇ δὲ διανοίᾳ ἡλικιώτης. ¹⁵εἰς τὰ αὐτὰ γὰρ καὶ γενηθέντες καὶ τραφέντες, ὑπὲρ τῶν αὐτῶν καὶ ἀποθνῄσκειν ὀφίλομεν ὁμοίως. ¹⁶ὥστε εἴ σοι δοκεῖ βασανίζειν μὴ μιεροφαγοῦντας, βασάνιζε. ¹⁷ταῦτα αὐτὸν εἰπόντα παρῆγον ἐπὶ τὸν τροχόν. ¹⁸ἐφ' οὗ κατατεινόμενος εὐμελῶς καὶ ἐκσφονδυλιζόμενος ὑπεκαίετο. ¹⁹καὶ ὀβελίσκους ὀξεῖς πυρώσαντες, τοῖς νώτοις προσέφερον· καὶ τὰ πλευρὰ διαπείραντες, ἀπ' αὐτοῦ τὰ σπλάγχνα διέκαιον. ²⁰ὁ δὲ βασανιζόμενος Ὦ ἱεροπρεποῦς αἰῶνος, ἔλεγεν, ἐφ' ὃν διὰ τὴν εὐσέβειαν εἰς γυμνασίαν πόνων ἀδελφοὶ τοσοῦτοι κληθέντες οὐκ ἐνικήθημεν. ²¹ἀνίκητος γάρ ἐστιν, ὦ τύραννε, ἡ εὐσεβὴς ἐπιστήμη. ²²καλοκἀγαθίᾳ καθωπλισμένος τεθνήξομαι κἀγὼ μετὰ τῶν ἀδελφῶν μου, ²³μέγαν σοι προσβάλλων καὶ αὐτὸς ἀλάστορα, καινουργὲ τῶν βασάνων, καὶ πολέμιε τῶν ἀληθῶς εὐσεβούντων. ²⁴ἐξ μειράκια κατελύσαμέν σου τὴν τυραννίδα. ²⁵τὸ γὰρ μὴ δυνηθῆναί σε μεταπεῖσαι τὸν λογισμὸν ἡμῶν, μήτε βιάσασθαι πρὸς τὴν μιεροφαγίαν, οὐ κατάλυσίς ἐστίν σου; ²⁶τὸ πῦρ σου ψυχρὸν ἡμῖν, καὶ ἄπονοι οἱ καταπέλται, καὶ ἀδύνατος ἡ βία σου. ²⁷οὐ γὰρ

א 9 τοιαυτα] τοι αυτα A (praec spat 3 litt: fors καιτοι voluit A*) + δε א | ειλκον] εικον א* (ειλκ. אc.a) 10 εφαρμοσαντες אc.a] εφορμασαντες א* A | επι τον τροχιαιον] περι τροχ. א | επι τον τροχον] περι τον τραχηλον א | σκορπιον א* (σκορπ. אc.a) | εξεμελιζετο] με sup ras Aª 11 και 2°] και· και A 12 ο τυραννος] ω τυραννε א | om καλας 2° א | της א* (την אc.a) | καρτεριας א* (-ριαν אc.a) 13 τελευτησας (sic) A | improb ο δε אc.a 14 τη μεν ηλικια] μεν την ηλικιαν א* μεν τη ηλικια אc.a | om μου א | διανοια] ανοια A 15 τα αυτα] τα αυ (sic) A ταυτα א | om και 1° א | γεννηθεντες א | τραφεντες] αναγραφ. א 16 μιαιροφαγουντα א | βασανιζε] βασανιζειν א (-ζε א¹.c.a) A* fort 17 om αντον א 18 ευμελως] επιμελως א | εκσπο|δυλιζομενος א | υπεκαιετο] + πυρι א 19 διαπειραντες] διαφθειραντες א | om απ א | τα σπλαγχνα] pr και אc.a | δικαιον] διικεον א* διεκεον אc.a 20 αιωνος] αγωνος א | ελεγον א* (-γεν א¹) | ευσεβιαν א | ενικημεν א* (-κηθημεν אc.a) 21 om ω א 23 και αυτος προσβαλλῶ] א 24 κατελυσαμεν] καταλελυκαμεν א 26 αδυνατοις א* (-τος א¹) · 27 improb οι אc.a

748

ΜΑΚΚΑΒΑΙΩΝ Δ XII 15

τυράννου ἀλλὰ θείου νόμου προεστήκασιν ἡμῶν οἱ δορυφόροι· διὰ A
XII 1 τοῦτο ἀνίκητον ἔχομεν τὸν λογισμόν. ¹Ὡς δὲ καὶ οὗτος
μακαρίως ἐναπέθανεν ⁵καταβληθεὶς εἰς λέβητα, ὁ ἕβδομος παρεγίνετο, § V
2 πάντων νεώτερος. ²ὃν κατοικτειρήσας ὁ τύραννος, καίπερ δεινῶς ὑπὸ
3 τῶν ἀδελφῶν αὐτοῦ κακισθείς, ³ὁρῶν ἤδη τὰ δεσμὰ περικείμενον,
πλησιέστερον αὐτὸν μετεπέμψατο, καὶ παρηγορεῖν ἐπειρᾶτο, λέγων
4 ⁴Τῆς μὲν τῶν ἀδελφῶν σου ἀπονοίας τὸ τέλος ὁρᾷς· διὰ γὰρ ἀπείθειαν
στρεβλωθέντες τεθνήκασιν. σύ, εἰ μὲν μὴ πεισθείης, τάλας βασανι-
5 σθεὶς καὶ αὐτὸς τεθνήξῃ πρὸ ὥρας. ⁵πεισθεὶς δὲ φίλος ἔσῃ, καὶ τῶν
6 ἐπὶ τῆς βασιλείας ἀφηγήσῃ πραγμάτων. ⁶καὶ ταῦτα παρακαλῶν, τὴν
μητέρα τοῦ παιδὸς μετεπέμψατο, ὅπως αὐτὴν ἐλεήσας τοσούτων υἱῶν
στερηθεῖσαν παρορμήσειεν ἐπὶ τὴν σωτηρίαν εὐπειθῆ ποιῆσαι τὸν
7 περιλειπόμενον. ⁷ὁ δὲ τῆς μητρὸς τῇ Ἑβραΐδι φωνῇ προτρεψαμένης
8 αὐτόν, ὡς ἐροῦμεν μετὰ μικρὸν ὕστερον ⁸'Ἀπολύσατέ με, φησίν· εἴπω
9 τῷ βασιλεῖ καὶ τοῖς σὺν αὐτῷ φίλοις πᾶσιν. ⁹καὶ ἐπιχαρέντες μά-
10 λιστα ἐπὶ τῇ ἐπαγγελίᾳ τοῦ παιδός, ταχέως ἔλυσαν αὐτόν. ¹⁰καὶ
11 δραμὼν ἐπὶ πλησίον τῶν τηγάνων, ἔφη ¹¹Ἀνόσιε, φησίν, καὶ πάντων
τῶν πονηρῶν ἀσεβέστατε τύραννε, οὐκ ᾐδέσθης παρὰ τοῦ θεοῦ λαβὼν
τὰ ἀγαθὰ καὶ τὴν βασιλείαν, τοὺς θεράποντας αὐτοῦ κατακτεῖναι, καὶ
12 τοὺς τῆς εὐσεβείας ἀσκητὰς στρεβλῶσαι; ¹²ἀνθ' ὧν ταμιεύεταί σε ἡ
θεία δίκη πυκνοτέρῳ καὶ αἰωνίῳ πυρὶ καὶ βασάνοις, αἳ εἰς ὅλον τὸν
13 αἰῶνα οὐκ ἀνήσουσίν σε. ¹³οὐκ ᾐδέσθης ἄνθρωπος ὤν, θηριωδέστατε,
τοὺς ὁμοιοπαθεῖς καὶ ἐκ τῶν αὐτῶν γεγονότας στοιχείων γλωττοτο-
14 μῆσαι, καὶ τοῦτον κατακίσας τὸν τρόπον βασανίσαι; ¹⁴ἀλλ' οἱ μὲν
15 εὐγενῶς ἀποθανόντες ἐπλήρωσαν τὴν εἰς τὸν θεὸν εὐσέβειαν· ¹⁵σὺ

XII 1 ουτος] αυτος א | εναπεθανεν] απεθανεν א | καταβληθεις]..ταβληθεις אV
V | παρεγενετο V   2 κατοικτιρας אV (-τειρ.)   3 περικειμενα V | πλησιεστερον
א πλησιοτ. V* -σιαιτ. Vᵃ   4 το τελος] om το א* (hab אᶜ·ᵃ) | απειθειαν]
απιστιαν א (σ sup ras א¹) | τεθνεασιν א | συ]+δε אV | πεισθεις] πισθεις
א | βασανισθεις] βασανοις Vᵃ (οι sup ras 3 fort litt) | ωρας] ορας א* (ωρ. אᶜ·ᵃ)
5 βασιλιας א   6 αυτην] εαυτην אᶜ·ᵃV | ελεησασα אV | στερηθειαν א* (-σαν
אᶜ·ᵇ) στερηθεισα V | σωτηριον א | ευπειθη] ευπιθιὰ| א | om ποιησαι א ποιησαιεν
V* (improb εν Vᵃ⁷)   7 om μετα V   8 απολυσατε] λυσατε אV   9 και
επιχαρεντες] οι δε χαρεντες א   10 om εφη א   11 φησι A? | των
πονηρων ασεβεστατε] ασεβ. πονηρ. א | om τυραννε א | βασιλιαν א | κατα-
κτεινας אᶜ·ᵃ | της ευσ.] om της א* (hab אᶜ·ᵃ)   12 ταμιευσεται אV | om
σε 1° א* (hab אᶜ·ᵃ) | om θεια אV | om και βασανοις V | om αι א* (hab
אᶜ·ᵃ) V   13 θηριωδεστα V* (-τατε Vᵃ) | γλωττο|μησαι (sic) V | τουτον
κατακισας (κατακεισ. A) τον τροπον] τουτον κατακαυσας τον τρ. א τουτον
τον τρ. κατακ. (κατεκ. V*) V | βασανιζει א* (-σαι אᶜ·ᵃ)   14 ευσε-
βιαν א

ΜΑΚΚΑΒΑΙΩΝ Δ

Α δὲ κακῶς οἰμώξεις, τοὺς τῆς ἀρετῆς ἀγωνιστὰς ἀναιτίως ἀποκτεῖναι. ¹⁶ὅθεν καὶ αὐτὸς ἀποθνήσκειν μέλλων, ἔφη ¹⁷Οὐκ ἀπαυτομολῶ τῆς ¹⁶₁₇ τῶν ἀδελφῶν μου μαρτυρίας. ¹⁸ἐπικαλοῦμαι δὲ τὸν πατρῷον θεόν, 18 ὅπως ἵλεως γένηται τῷ γένει μου. ¹⁹σὲ δὲ καὶ ἐν τῷ νῦν βίῳ καὶ 19 θανόντα τιμωρήσεται. ²⁰καὶ ταῦτα κατευξάμενος, ἑαυτὸν ἔρριψεν κατὰ 20 τῶν τηγάνων· καὶ οὕτως ἀπέδωκεν.

¹Εἰ δὲ τοίνυν τῶν μέχρι θανάτου πόνων ὑπερεφρόνησαν οἱ ἑπτὰ 1 XIII ἀδελφοί, συνομολογεῖται πανταχόθεν, ὅτι αὐτοδέσποτός ἐστιν τῶν παθῶν ὁ εὐσεβὴς λογισμός. ²ὥσπερ γὰρ οἱ τοῖς πάθεσιν δουλω- 2 θέντες ἐμιεροφάγησαν, ἐλέγομεν γὰρ αὐτοὺς τούτοις νενικῆσθαι· ³νυνὶ δὲ οὐχ οὕτως· ἀλλὰ τῷ ἐπαινουμένῳ λογισμῷ παρὰ θεῷ 3 περιεγένοντο τῶν παθῶν. ⁴καὶ οὐκ ἔστιν παριδεῖν τὴν ἡγεμονίαν 4 τῆς διανοίας· ἐπεκράτησαν γὰρ καὶ πάθους καὶ πόνων. ⁵πῶς οὖν 5 οὐκ ἔστιν τούτοις τὴν τῆς εὐλογιστίας παθοκρατίαν ὁμολογεῖν, οἱ τῶν μὲν διὰ πυρὸς ἀληδόνων οὐκ ἐπεστράφησαν; ⁶καθάπερ γὰρ 6 προβλῆτες λιμένων πύργοι τὰς κυμάτων ἀπειλὰς ἀνακόπτοντες, γαληνὸν παρέχουσιν τοῖς εἰσπλέουσιν τὸν ὅρμον· ⁷οὕτως ἡ ἑπτά- 7 πυργος τῶν νεανίσκων εὐλογιστία τὸν τῆς εὐσεβείας ὀχυρώσασα λιμένα τὴν τῶν παθῶν ἐνίκησεν ἀκολασίαν. ⁸ἱερὸν γὰρ εὐσεβείας 8 στήσαντες χορὸν παρεθάρσυνον ἀλλήλους, λέγοντες ⁹Ἀδελφικῶς 9 ἀποθάνοιμεν ἀδελφοὶ περὶ τοῦ νόμου· μιμησώμεθα τοὺς τρεῖς τοὺς ἐπὶ τῆς Συρίας νεανίσκους, οἳ τῆς ἰσοπάλιδος καμίνου κατεφρόνησαν. ¹⁰μὴ δειλανδρήσωμεν πρὸς τὴν τῆς εὐσεβείας ἀπόδειξιν. 10

&V   15 κακως] pr κακος ων V | αποκτεινας ℵ (-κτιν.) V   16 om εφη ℵc.a (repos ut vid ℵc.b) V   17 απαυτομολω] αυτωμολω V* (-τομ. Vª) | αδελφων μου] παιδων ℵ* (αδ. μου ℵc.a) αδελφων V | μαρτυριας] αριστιας ℵV* (-τειας Vª)   18 πατριον V | γενει μου] εθνει (-νι ℵ) ημων ℵV   20 ερριψεν V | απεδωκεν]+το πνα ℵ +την ψυχην V   XIII 1 ει δε] ιδε Α | υπερεφρονησαν] συπερεφροσαν (sic) ℵ* (υπερεφρονησ. ℵ¹) υπερηφανησαν V | πανταχοθεν] παντοθεν V   2 ωσπερ] ει ℵ* (ωσπ. ℵc.a) | οι] om ℵ* ει ℵc.aV | παθεσι ℵ | εμιαροφ. Vª | ελεγαμεν (sic) ℵ | γαρ 2°] αν ℵ om V | τουτοις αυτους ℵ | ενικησθαι V* vid (νεν. Vª)   3 παρα θῦ λογισμω ℵ παρα θῶ λογ. V   4 και 1°] ων ℵV   5 ουκ 1°] pr ο Α | ευλογιστιας Α¹ℵV] ευλογιας Α* | πανθοκρατιαν ℵ* (παθ. ℵ¹) παθοκρατειαν Vª | μεν]+γαρ ℵ* (improb ℵc.a) | επεστραφησαν (εεστρ. Α* επ. Α¹)] απεστραφησαν ℵ* (επ. ℵc.a)   6 προβλητες] προπληταις Α προβληταις ℵ προβλιται V* -βλητ. Vª | πυργοις Α | κυματων] pr των ℵV | ανακοπτοντες] ανακαμπτοντες V | παρεχουσι ℵV | εισπλεουσι V   7 επταπυρος ℵ* (-πυργ. V¹) | ευσεβιας ℵ: item 8 | ενεικησε ℵ | ακολασιαν] κολασιν ℵV   8 παρεθαρσυναν V   9 αποθανωμεν ℵV (-νομ. V* -νωμ. Vª) | Ασσυριας (ασ superscr) Α¹ªℵV | εισπολιδος Α ισοπολιτιδου ℵ* ισοπολιτιδος ℵc.aV | καμινου] καιομενης ℵ* (καμειν. ℵc.a)   10 ευσεβειας V | επιδιξιν ℵ

750

ΜΑΚΚΑΒΑΙΩΝ Δ XIII 23

11 11καὶ ὁ μὲν Θάρρει, ἀδελφέ, ἔλεγεν· ὁ δὲ Εὐγενῶς καρτέρησον. 12 ὁ Α
12 δὲ ἔλεγεν Μνήσθητε πόθεν ἐστέ, ἢ τίνος πατρὸς χειρὶ σφαγιασθῆναι.
13 διὰ τὴν εὐσέβειαν ὑπέμεινεν ὁ Ἰσαάκ. 13 εἷς δὲ ἕκαστος καὶ ἀλλή
λους ὁμοῦ πάντες ἐφορῶντες φαιδροὶ καὶ μάλα θαρραλέοι Ἑαυτούς,
ἔλεγον, τῷ θεῷ ἀφιερώσομεν ἐξ ὅλης τῆς καρδίας τῷ δόντι τὰς
ψυχάς, καὶ χρήσωμεν τῇ περὶ τὸν νόμον φυλακῇ τὰ σώματα.
14 14 μὴ φοβηθῶμεν τὸν δοκοῦντα ἀποκτενεῖν. 15 μέγας γὰρ ψυχῆς
15 ἀγὼν καὶ κίνδυνος ἐν αἰωνίῳ βασάνῳ κείμενος τοῖς παραβᾶσιν τὴν
16 ἐντολὴν τοῦ θεοῦ. 16 καθοπλισώμεθα τοιγαροῦν τῇ τοῦ θείου λο
17 γισμοῦ παθοκρατίᾳ. 17 οὕτως παθόντας ἡμᾶς Ἀβραὰμ καὶ Ἰσαὰκ
18 καὶ Ἰακὼβ ὑποδέξονται, καὶ πάντες οἱ πατέρες ἐπαινέσουσιν. 18 καὶ
ἑνὶ ἑκάστῳ τῶν ἀποσπωμένων αὐτῶν ἀδελφῶν ἔλεγον οἱ περιλει
πόμενοι Μὴ καταισχύνῃς ἡμᾶς, ἀδελφέ, μηδὲ ψεύσῃ τοὺς προαπο
19 θανόντας. 19 Οὐκ ἀγνοεῖτε δὲ τὰ τῆς ἀνθρωπότητος φίλτρα,
ἅπερ ἡ θεία καὶ πάνσοφος πρόνοια διὰ τῶν πατέρων τοῖς γεννω
20 μένοις ἐμέρισεν, καὶ διὰ τῆς μητρῴας φυτεύσασα γαστρός· 20 ἐν ᾗ
τὸν ἴσον ἀδελφοὶ κατοικήσαντες χρόνον, καὶ ἐν τῷ αὐτῷ χρόνῳ πλα
σθέντες, καὶ ἀπὸ τοῦ αὐτοῦ αἵματος αὐξηθέντες, καὶ διὰ τῆς αὐτῆς
21 ψυχῆς τελεσφορηθέντες, 21 καὶ διὰ τῶν ἴσων ἀποτεχθέντες χρόνων,
καὶ ἀπὸ τῶν αὐτῶν γαλακτοποτοῦντες πηγῶν, ἀφ' οὗ συντρέφονται
22 ἐναγκαλισμάτων φιλάδελφοι ψυχαί· 22 καὶ αὔξονται σφοδρότερον διὰ
συντροφίας καὶ τῆς καθ' ἡμέραν συνηθείας καὶ τῆς ἄλλης παιδίας
23 καὶ τῆς ἡμετέρας ἐν νόμῳ θεοῦ ἀσκήσεως. 23 οὕτως δὴ τοίνυν καθ
εστηκυίας τῆς φιλαδελφίας συμπαθούσης, οἱ ἑπτὰ ἀδελφοὶ συνπα-

11 κατερησον V (καρτ. Vᵃ)   12 ελεγεν] pr καταμνησθεις ℵV | om ℵV
μνησθητε ℵ* (hab ℵᶜ·ᵃ) | πατρος] προ (pro πρς) Α | ευσεβιαν ℵ | ο Ισαακ
(-σακ ℵ* -σαακ ℵᶜ·ᵃ)] om ο ℵV   13 om και 1° ℵV | εφορων
(sic) A | φαιδροι] pr εδραιοι και V | αφιερωσωμεν ℵVᵃ] δοντι] διδοντι V
14 αποκτεννειν ℵ   15 μεγα Α* (s superscr Αᵃ?) | om αγων και V | αιωνι
ℵ* (-νιω ℵᶜ·ᵃ) | παραβασιν (-σι ℵ*)] παραβαινουσιν ℵᶜ·ᵃ (-σι) V   16 την
του θ. λ. παθοκρατιαν ℵV* (-τειαν Vᵃ)   17 ουτως (-τω ℵ)] + γαρ
ℵV | παθοντας] θανοντας ℵV | Ισακ ℵ* (Ισαακ ℵᶜ·ᵃ, ᶜ·ᵇ)   18 απο
σπωμενων] + ων V* (improb V¹) | αυτων] αυτω ℵ* (-των ℵᶜ·ᵃ) | αδελφω
A | μηδε] μη V | προαποθανοντας] + ημων αδελφοις ℵV   19 ανθρω
ποτητος] αδελφοτητος ℵ | incep φιλτρον. ℵ* (πανσοφ. ℵ¹) | των πατ.] om των
ℵ | γαστρος] incep a ℵ* (improb ℵ¹)   20 χρονω] χρονων V*   21 γαλακτο
ποτουντες (-ποουντ. Λ* ποτ. A¹)] γαλακτοτροφουντες ℵ* (γαλακτοποτ. ℵᶜ·ᵃ)
γαλα ποτισθεντες V | ου] ων ℵV | συνστρεφονται ℵ | εναγκαλισματων Aℵ
(?-μα των ℵ*)] εν αγκαλαις ματων V* (αἱ[ματων] Vᵃ) | φιλαδελφων ℵ* (-φοι
ℵᶜ·ᵃ)   22 συντροφιαν ℵ | συνηθιας ℵ | παιδειας   23 συνπαθουσης της
φιλαδελφιας ℵ συμπαθους της φιλ, V

751

ΧΙΙΙ 24   ΜΑΚΚΑΒΑΙΩΝ Δ

Α θέστερον ἔσχον τὴν πρὸς ἀλλήλους ὁμόνοιαν. ²⁴νόμῳ γὰρ τῷ αὐτῷ παιδευθέντες, καὶ τὰς αὐτὰς ἐξασκήσαντες ἀρετάς, καὶ τῷ δικαίῳ συντραφέντες βίῳ, μᾶλλον ἐφ᾽ αὑτοὺς ἦγαγον. ²⁵ἡ γὰρ ὁμοζηλία τῆς καλοκἀγαθίας ἐπέτεινεν αὐτῶν τὴν πρὸς ἀλλήλους ὁμόνοιαν· ²⁶σὺν γὰρ τῇ εὐσεβείᾳ ποθεινοτέραν αὐτοῖς κατεσκεύαζεν τὴν φιλαδελφίαν. ²⁷ἀλλ᾽ ὁμοίως καίπερ τῆς φύσεως καὶ τῆς συνηθείας καὶ τῶν τῆς ἀρετῆς ἠθῶν τὰ τῆς ἀδελφότητος αὐτοῖς φίλτρα συναυξόντων, ἀνέσχοντο διὰ τὴν εὐσέβειαν τοὺς ἀδελφοὺς οἱ ὑπολελιμμένοι τοὺς καταικιζομένους ὁρῶντες μέχρι θανάτου βασανιζομένους. ¹προσέτι καὶ ἐπὶ τὸν αἰκισμὸν ἐποτρύνοντες, ὡς μὴ μόνον τῶν ἀλγηδόνων περιφρονῆσαι αὐτούς, ἀλλὰ καὶ τῆς τῶν ἀδελφῶν φιλαδελφίας παθῶν κρατῆσαι. ²ἆ βασιλέως λογισμοὶ βασιλικώτεροι καὶ ἐλευθέρων ἐλευθερώτεροι· ³ἆ ἱερᾶς καὶ ἐναρμόστου περὶ τῆς εὐσεβείας τῶν ἑπτὰ ἀδελφῶν συμφωνίας. ⁴οὐδεὶς ἐκ τῶν ἑπτὰ μειρακίων ἐδειλίασεν, οὐδὲ πρὸς τὸν θάνατον ὤκνησεν· ⁵ἀλλὰ πάντες, ὥσπερ ἐπ᾽ ἀθανασίας ὁδὸν τρέχοντες, ἐπὶ τὸν διὰ τῶν βασάνων θάνατον ἔσπευδον. ⁶καθάπερ γὰρ χεῖρες καὶ πόδες συμφώνως τοῖς τῆς ψυχῆς ἀφηγήμασιν κινοῦνται· οὕτως οἱ ἱεροὶ μείρακες ἐκεῖνοι ὡς ὑπὸ ψυχῆς ἀθανάτου τῆς εὐσεβείας πρὸς τὸν ὑπὲρ αὐτῆς συνεφώνησαν θάνατον. ⁷ἆ πανάγιε συμφώνων ἀδελφῶν ἑβδομάς· καθάπερ γὰρ ἑπτὰ τῆς κοσμοποιίας ἡμέραι περὶ τὴν εὐσέβειαν, ⁸οὕτως περὶ τὴν ἑβδομάδα χορεύοντες οἱ μείρακες ἐκύκλουν, τὸν τῶν βασάνων φόβον καταλύοντες. ⁹νῦν ἡμεῖς ἀκούοντες τὴν θλίψιν τῶν νεανιῶν ἐκείνων, φρίττομεν· οἱ δὲ οὐ μόνον ὁρῶντες, ἀλλ᾽ οὐδὲ μόνον ἀκούοντες τὸν παραχρῆμα ἀπειλῆς λόγον, ἀλλὰ καὶ πάσχοντες,

ΜΑΚΚΑΒΑΙΩΝ Δ XV 2

10 ἐκαρτέρουν καὶ τοῦτο ταῖς διὰ πυρὸς ὀδύναις. ¹⁰ὧν τί γένοιτο ἐπαλ- A
γέστερον; ὀξεῖα γὰρ καὶ σύντομος ἡ τοῦ πυρὸς οὖσα δύναμις ταχέως
διέλυσε τὰ σώματα.
11 ¹¹Καὶ μὴ θαυμαστὸν ἡγεῖσθε εἰ ὁ λογισμὸς περιεκράτησεν τῶν
ἀνδρῶν ἐκείνων ἐν ταῖς βασάνοις, ὅπου γε καὶ γυναικὸς νοῦς πολυ-
12 τροπωτέρων ὑπερεφρόνησεν ἀλγηδόνων. ¹²ἡ μήτηρ γὰρ τῶν ἑπτὰ
νεανίσκων ὑπήνεγκεν τὰς ἐφ' ἑνὶ ἑκάστῳ τῶν τέκνων στρέβλας.
13 ¹³θεωρεῖτε δὲ πῶς πολύπλοκός ἐστιν ἡ τῆς φιλοτεκνίας στοργή,
14 ἕλκουσα πάντα πρὸς τὴν τῶν σπλάγχνων συνπάθειαν· ¹⁴ὅπου γε
καὶ τὰ ἄλογα ζῷα ὁμοίαν τὴν πρὸς τὰ ἐξ αὐτῶν γεννώμενα συνπά-
15 θειαν καὶ στοργὴν ἔχει τοῖς ἀνθρώποις. ¹⁵καὶ γὰρ τῶν πετεινῶν,
τὰ μὲν ἥμερα κατὰ τὰς οἰκίας ὀροφοιτοῦντα προασπίζει τῶν νεοττῶν·
16 ¹⁶τὰ δὲ κατὰ τὰς κορυφὰς ὀρέων καὶ φαράγγων ἀπορρῶγας καὶ
δένδρων ὀπὰς καὶ τὰς τούτων ἄκρας νοσσοποιησάμενα ἀποτίκτει, καὶ
17 τὸν προσιόντα κωλύει· ¹⁷εἰ δὲ καὶ μὴ δύναιντο κωλύειν, περιπτά-
μενα κυκλόθεν αὐτῶν ἀλγοῦντα τῇ στοργῇ, ἀνακαλούμενα τῇ ἰδίᾳ
18 φωνῇ, καθ' ὃν δύναται τρόπον βοηθεῖ τοῖς τέκνοις. ¹⁸καὶ τί δεῖ τὴν
διὰ τῶν ἀλόγων ζῴων ἐπιδεικνύναι τὴν πρὸς τὰ τέκνα συνπάθειαν;
19 ¹⁹ὅπου γε καὶ μέλισσαι περὶ τὸν τῆς κηρογονίας καιρὸν ἐπαμύνον-
ται τοὺς προσιόντας, καὶ καθάπερ σιδήρῳ τῷ κέντρῳ πλήσσουσι
τοὺς προσιόντας τῇ νοσσιᾷ αὐτῶν, καὶ ἐπαμύνονται ἕως θανάτου.
20 ²⁰ἀλλ' οὐχὶ τὴν Ἀβραὰμ ὁμόψυχον τῶν νεανιῶν μητέρα μετεκίνησεν
XV 1 ἡ συμπάθεια τέκνων. ¹*Ω λογισμὲ τέκνων παθῶν τύ-
2 ραννε, καὶ εὐσέβεια μητρὶ τέκνων ποθεινοτέρα. ²μήτηρ δυεῖν προ-

9 εκαρτερουν] ενεκαρτεροῦ! ℵ | ταις δια πυρος] ταις του πυρος ℵ* ταις δια ℵV
τ. π. ℵ^{c.a} ταις δι|πυρος V* (δια π. V*)   10 γενοιτο] pr αν ℵ^{c.a} | επαν-
γελτερον ℵ* επαλγεστερον ℵ^{c.a} | ουσα η του πυρος ℵ | διελυσε] διελευσε (sic)
A διελυεν ℵ διελυε V   11 ο λογισμος] om o V | περιεκρατησε ℵ | τοις βασ.
ℵA | γυναικων V* (-κος V^a) | υπερεφρονησεν] περιεφρονησεν V   12 υπη-
νεγκεν (υφ. ℵ*)] εκινων υπ. ℵ^{c.a}   13 παντα] απαντα V | σπλαγχνων
(παγχν. A* σπλ. A^{a?})] pr τεκνων ℵ | συνπαθιαν ℵ   14 οπου] incep ομ ℵ*
(οπ. ℵ¹) ομου V | αλογα] αλλα V | την προς] εις ℵ* την εις ℵ^{c.a} | συμπαθιαν ℵ
15 οροφυτουντα ℵ οροφοιτωντα V (οροφοφ. Syr ut vid) | προασπιζει ℵ*
(προασπ. ℵ^{c.a}) | νεοτων A* V* (νεοττ. A^a V^a)   16 τας κορυφ.] om τας ℵV |
φαραγγων] ραγγ sup ras A^{a?} | απορωγας V* (απορρ. V^a) | εννοσσοποιησομενα
ℵ* (-ποιουμενα ℵ^{c.a}) | κωλυει] αποκωλυει V   16—17 κωλυει δε ℵ*
(κωλυει ει δε ℵ^c)   17 δυναιτο ℵ* (-ναιντο ℵ^{c.a}) | περιπταμενα
ℵ* (περιειπτ. ℵ^{c.a}) | αργουντα ℵ* (αλγ. ℵ^{c.a}) | τη στοργη] pr και V | καθ
ον δυναται τροπον βοηθει] καθ ο δυναται βοηθι (-θιν ℵ^{c.a}) ℵ | δυνατι A
18 την δια των ℵ^{c.a} AV] δια την των ℵ* | om την 2° ℵ^{c.a,c.b} | συμπαθιαν ℵ
19 επαμυνονται 2°] απαμυνουσιν ℵ   20 την] τη ℵ* (την ℵ^{c.a}) | νεανισκων
ℵ | τη συμπαθεια A συμπαθια ℵ συμπαθεια V   XV 1 ευσεβια ℵ   2 μη-
τηρ] ηρ (in μ̄η̄ρ̄) sup ras A^a

SEPT. III.   753   3B

XV 3   ΜΑΚΚΑΒΑΙΩΝ Δ

Α κειμένων, εὐσεβείας, καὶ τῆς ἑπτὰ υἱῶν σωτηρίας προσκαίρου κατὰ τὴν τοῦ τυράννου ὑπόσχεσιν· ³τὴν εὐσέβειαν μᾶλλον ἠγάπησεν 3 τὴν σώζουσαν εἰς αἰώνιον ζωὴν κατὰ θεόν. ⁴Ὦ τίνα 4 τρόπον ἠθολογήσαιμι φιλότεκνα γονέων πάθη, ψυχῆς τε καὶ μορφῆς ὁμοιότητα εἰς μικρὸν παιδοχαρακτῆρα θαυμάσιον ἐναποσφραγίζον[τα], μάλιστα διὰ τὸ τῶν πατέρων τοῖς γεννηθεῖσιν τὰς μητέρας καθεστάναι συνπαθεστέρας. ⁵ὅσῳ γὰρ καὶ ἀσθενόψυχοι καὶ πολυγονώτεραι 5 ὑπάρχουσιν μητέρες, τοσούτῳ μᾶλλόν εἰσιν φιλοτεκνώτεραι. ⁶πα- 6 σῶν δὲ τῶν μητέρων ἐγένετο ἡ τῶν ἑπτὰ μήτηρ φιλοτεκνωτέρα, ἥτις ἑπτὰ κυοφορίαις τὴν πρὸς αὐτοὺς ἐπιφυτευομένη φιλοστοργίαν, ⁷καὶ διὰ πολλὰς τὰς καθ᾽ ἕκαστον αὐτῶν ὠδῖνας ἠναγκασμένην τὴν 7 εἰς αὐτοὺς ἔχειν συμπάθειαν, ⁸διὰ τὸν πρὸς τὸν θεὸν φόβον ὑπερεῖδεν 8 τὴν τῶν τέκνων πρόσκαιρον σωτηρίαν. ⁹οὐ μὴν δέ, ἀλλὰ καὶ διὰ 9 τὴν καλοκἀγαθίαν τῶν υἱῶν καὶ τὴν πρὸς τὸν νόμον αὐτῶν εὐπειθίαν, μείζω τὴν ἐν αὐτοῖς ἔσχεν φιλοστοργίαν. ¹⁰δίκαιοί τε γὰρ ἦσαν 10 καὶ σώφρονες καὶ ἀνδρεῖοι καὶ μεγαλόψυχοι καὶ φιλάδελφοι, καὶ φιλομήτορες οὕτως, ὥστε καὶ μέχρι θανάτου τὰ νόμιμα φυλάσσοντας πείθεσθαι αὐτῇ. ¹¹ἀλλ᾽ ὅμως, καίπερ τοσούτων ὄντων τῶν περὶ 11 φιλοτεκνίαν εἰς συνπάθειαν ἑλκόντων τὴν μητέρα, ἐπ᾽ οὐδενὸς αὐτῶν τὸν λογισμὸν αὐτῆς αἱ παμποίκιλοι βάσανοι ἴσχυσαν μετατρέψαι. ¹²ἀλλὰ καὶ καθ᾽ ἕνα παῖδα καὶ ὁμοῦ πάντας ἡ μήτηρ ἐπὶ τὸν 12 τῆς εὐσεβείας προετρέπετο θάνατον.   ¹³Ὦ φύσις ἱερά, καὶ 13 φίλτρα γονέων καὶ γονεῦσιν φιλόστοργε, καὶ τροφεῖα, καὶ μητέρων

ℵV   2 ευσεβιας ℵ | προσκαιρους Α προσκαιρου ℵ^{c.a}V | υποσχεσιν] προσχεσῖ| (ρ sup ras quasi prius esset τυραννου προσχ.) ℵ¹ (vid), c.b   3 ευσεμιαν (sic) ℵ* (ευσεβ. ℵ^{c.a(vid)}) | ηγαπησας ℵ* (-σεν ℵ^{c.a}) | σωζουσαν] ζωσαν ℵ | αιωνιαν ℵ 4 μορφης] μ superscr, φ sup ras ℵ¹ : seq ακ in ℵ* quod improb ℵ¹ | παιδοχαρακτηρα] παιδος χαρ. ℵ χαρακτ. παιδος V | εναπεσφραγιζο| Α εναποσφραγιζομεν ℵ* -ζον ℵ^{c.a}V | το] τον Α | πατερων] παθων codd | γεννηθεισι V | μητερας]+των παθων ℵ +των πρῶν V | συμπαθεστερας V   5 ασθενοψυχοι] ασθενεστεραν ℵ* (-ραι ℵ³) | πολυγονιμωτεραι V | μητερες] pr αι ℵV | εισι V | φιλοτεκνοτεραι V^{a vid}   6 om πασων δε...φιλοτεκνωτερα ℵ* (hab ℵ^{c.a mg inf}) | επτα 2°] εν ταις V^a | κυοφοριαι Α* (s superscr Α¹) | επιφυτευομενη] επιφερομενην ℵ* επιφυτευομενην ℵ^{c.a}V | φιλοστοργεια Α   7 ηναγκασμενη ℵV | εις] προς V | συμπαθιαν ℵ* (-ραι ℵ³)   8 υπερειδεν V* (-ειδε V^a)   9 om δε V | om και 1° ℵ* (hab ℵ^{c.a}) | ευπειθειαν V | μειζω] μιζον ℵ* (μιζω ℵ^{c.a}) μειζων ΑV | om την 3° ℵ* (hab ℵ^{c.a}) | εσχεν (-χε V)] ειχεν ℵ^{c.a, c.b}   10 δικαιοι] και οι ℵ* (δικ. ℵ^{c.a}) | φυλασσοντες ℵ* (-ντας ℵ^{c.a}) V | πιθεσθαι ℵ   11 καιπερ] και υπερ ΑV | φιλοτεκνιαν] pr την ℵV | συμπαθιαν ℵ συμπαθειαν V | επ] εφ ℵ υπ V | αυτης] incep αυσ ℵ* (αυτ. ℵ^{c.a}) | παμποικιλοι V | om βασανοι Α | μεταστρεψαι V   12 της ευσεβειας (-βιας ℵ)] pr υπερ V   13 γονευσιν] γεννημασι ℵ γενεσει V

ΜΑΚΚΑΒΑΙΩΝ Δ XV 24

14 ἀδάμαστα πάθη. ¹⁴καθ' ἕνα στρεβλούμενον καὶ φλεγομενον ὁρῶσα Α 15 μήτηρ, οὐ μετεβάλετο διὰ τὴν εὐσέβειαν. ¹⁵τὰς σάρκας τῶν τέκνων ἑώρα περὶ τὸ πῦρ τηκομένας, καὶ τοὺς τῶν ποδῶν καὶ χειρῶν δακτύλους ἐπὶ γῆς σπαίροντας, καὶ τὰς τῶν κεφαλῶν μέχρι τῶν περὶ τὰ γένεια 16 σάρκας ὥσπερ προσωπεῖα προκειμένας. ¹⁶ὣ πικροτέρων μὲν νῦν 17 μήτηρ πόνων πειρασθεῖσα, ἤπερ τῶν ἐπ' αὐτοῖς ὠδίνων. ¹⁷ὣ μόνη 18 γύναι τὴν εὐσέβειαν ὁλόκληρον ἀποκυήσασα. ¹⁸οὐ μετέτρεψέν σε πρωτότοκος ἀποπνέων· οὐδὲ δεύτερος εἰς οἰκτρὸν βλέπων ἐν βασάνοις· 19 οὐδὲ τρίτος ἀποψύχων. ¹⁹οὐδὲ τοὺς ὀφθαλμοὺς ἑνὸς ἑκάστου θεωροῦσα ταυρηδὸν ἐπὶ τῶν βασάνων ὁρῶντας τὸν αὐτὸν αἰκισμόν, καὶ τοὺς 20 μυκτῆρας προσημειουμένους αὐτῶν τὸν θάνατον, οὐκ ἔκλαυσας. ²⁰ἐπὶ σαρξὶν τέκνων ὁρῶσα σάρκας τέκνων ἀποκεκομμένας, καὶ ἐπὶ χερσὶν χεῖρας ἀποτεμνομένας, καὶ ἐπὶ κεφαλαῖς κεφαλὰς ἀποδειροτομουμένας, καὶ ἐπὶ νεκροῖς νεκροὺς πίπτοντας, καὶ πολυάνδριον ὁρῶσα τῶν τέκνων 21 χωρίον διὰ τῶν βασάνων, οὐκ ἐδάκρυσας. ²¹οὐχ οὕτως σειρήνιοι μελῳδίαι οὐδὲ κύκνιοι πρὸς φιληκοΐαν φωναὶ τοὺς ἀκούοντας ἐφέλ- 22 κονται, ὦ τέκνων φωναὶ μετὰ βασάνων μητέρα φωνούντων. ²²πηλίκαις καὶ πόσαις τότε ἡ μήτηρ, τῶν υἱῶν βασανιζομένων τροχοῖς τε καὶ 23 καυτηρίοις, ἐβασανίζετο βασάνοις· ²³ἀλλὰ τὰ σπλάγχνα αὐτῆς ὁ εὐσεβὴς λογισμὸς ἐν αὐτοῖς τοῖς πάθεσιν ἀνδρειώσας ἐπέτεινεν τὴν 24 πρόσκαιρον φιλοτεκνίαν παριδεῖν. ²⁴καίπερ ἑπτὰ τέκνων ὁρῶσα ἀπώλειαν καὶ τὴν τῶν στρεβλῶν πολύπλοκον ποικιλίαν, ἀσπά-

---

13 αδαμαστη ℵ* (-τα ℵ^{c.a} (vid)) 14 μετεβαλλετο ℵV | ευσεβιαν ℵ ℵV 15 σπαιροντας] σπεροντα Α περοντας (sic) ℵ* σπειροντας ℵ^{c.a} σπεροντας V | om και τας V | των περι] om των V | προσωπια (sic) ℵ* -πια ℵ^{c.a} 16 om μεν ℵV | μητηρ πονων πειρασθεισα] πονων πιραθισα μητηρ ℵ μέρ πονων πειραθισα V | επ] εν V | ωδινων] pr δακρυων και V 17 γυναι] pr μέρ V | ευσεβιαν ℵ 18 πρωτοτοκος] pr ο ℵ | αποπνεων] απονεων Α* (π superscr A¹) om ℵ* (hab ℵ^{c.a}) | δευτερον Α | εις]+σε ℵV | ουδε 2°] ου ℵV 19 ταυδον V* (ταυρηδ. V¹) | τον αυτον] τον εαυτω ℵ^{c.a} των εαιτων V* τον εαιτ. V? | μυκτηρας] ρας sup ras Aª (seq spat 9 vel 10 litt ubi fors prius τον θανατον) | προσμιουμενους A* προσσ. Aª | αυτων τον θαν.] τον θαν. αυτων ℵ om τον θαν. A*^{vid} (hab A^{amg}) τον θαν. εαυτων V 20 σαρξι V | ορωσα 1°] εωρακας ℵ* (ορωσ. ℵ^{c.a,c.b}) | αποκεκομμενας] αποκεομενας ℵ^{iam ante c} αποκαιομ. V | χερσι V | νεκροις] νεκρους ℵ* (-ροις ℵ^{c.a,c.b}) | πιπτοντας] θαπτοντας V | χωριον] χοριον ℵ* χοριδιον ℵ^{c.a} το χωριον V 21 ουτω ℵ* (-τως ℵ^{c.a}) | μελωδιοι ℵ* (-διαι ℵ^{c.a}) | κυκνιοι] κυκνον V* -νων Vª | ω] ως ℵV | φωνουντων] φωνου| (sic) A 22 υιων] υι sup ras A pr επτα | om τε ℵV | καυτηριαις ℵ* (-ριοις ℵ^{c.a}) καυ|στηριοις V 23 αλλα]+και V | ανδρειωσας] ανδρειως V | προσκαιρον] a sup ras Aª 24 ορωσαν V | απωλιαν ℵ | στρεβλων] incep τεκνων ℵ* (improb ℵ¹) | πολυπλοκον] πολυτροπον ℵ | ασπασαδα] ας απασας ℵ* (ασπασας ℵ^{c.b}) V αναστασασα coniec Bensly versione Syr fretus

755 3B 2

Α σασα ἡ γενναία μήτηρ ἐξέλυσεν διὰ τὴν πρὸς θεὸν πίστιν. ²⁵καθ- 25
άπερ γὰρ ἐν βουλευτηρίῳ τῇ ἑαυτῆς ψυχῇ δεινοὺς ὁρῶσα συμβούλους, φύσιν καὶ γένεσιν καὶ φιλοτεκνίαν καὶ τέκνων στρέβλαν,
²⁵δύο ψήφους κρατοῦσα μήτηρ, θανατηφόρον τε καὶ σωτήριον ὑπὲρ 26
τέκνων, ²⁷οὐκ ἐπέγνω τὴν σώζουσαν ἑπτὰ υἱοὺς πρὸς ὀλίγον χρόνον 27
σωτηρίαν· ²⁸ἀλλὰ τῆς θεοσεβοῦς Ἀβραὰμ καρτερίας ἡ θυγάτηρ 28
ἐμνήσθη.   ²⁹ὦ μήτηρ ἔθνους, ἔκδικε τοῦ νόμου, καὶ ὑπερασ- 29
πίστεια τῆς εὐσεβείας, καὶ τοῦ διὰ σπλάγχνων ἀγῶνος ἀθλοφόρε.
³⁰ὦ ἀρρένων πρὸς καρτερίαν γενναιοτέρα, καὶ ἀνδρῶν πρὸς ὑπομονὴν 30
ἀνδρειοτέρα.   ³¹καθάπερ γὰρ ἡ Νῶε κιβωτὸς ἐν τῷ κοσμοπληθεῖ κατα- 31
κλυσμῷ κοσμοφοροῦσα καρτερούς ὑπήνεγκεν τούς κλύδωνας· ³²οὕτως 32
σύ, ἡ νομοφύλαξ, πανταχόθεν ἐν τῷ τῶν παθῶν περιαντλουμένη
κατακλυσμῷ, καὶ καρτεροῖς ἀνέμοις ταῖς τῶν υἱῶν βασάνοις συνεχομένη, γενναίως ὑπέμεινας τοὺς τῆς εὐσεβείας χειμῶνας.

¹Εἰ δὲ τοίνυν καὶ γυνὴ καὶ γεραιὰ καὶ ἑπτὰ παίδων μήτηρ ὑπέμει- 1 XVI
νεν τὰς μέχρι θανάτου βασάνους ὁρῶσα τῶν τέκνων· ὁμολογουμένως
αὐτοκράτωρ ἐστὶν τῶν παθῶν ὁ εὐσεβὴς λογισμός.   ²ἀπέδειξα οὖν ὅτι 2
οὐ μόνον τῶν παθῶν ἄνδρες ἐπεκράτησαν, ἀλλὰ καὶ γυνὴ τῶν μεγίστων
βασάνων ὑπερεφρόνησεν.   ³καὶ οὐχ οὕτως οἱ περὶ Δανιὴλ λέοντες 3
ἦσαν ἄγριοι, οὐδὲ Μισαὴλ ἐκφλεγομένη κάμινος λαβροτάτῳ πυρί, ὡς
τῆς φιλοτεκνίας περιέκαιεν ἐκείνη φύσις, ὁρῶσα αὐτῆς τοὺς ἑπτὰ υἱοὺς
βασανιζομένους.   ⁴ἀλλὰ τῷ λογισμῷ τῆς εὐσεβείας κατέσβεσε το- 4
σαῦτα καὶ τηλικαῦτα πάθη ἡ μήτηρ.   ⁵καὶ γὰρ τοῦτο ἐπιλογίσασθαι, 5
ὅτι εἰ δειλόψυχος ἦν ἡ γυνή, καίπερ μήτηρ οὖσα, ὠλοφύρετο ἂν

ℵV   24 θεον] pr τον ℵ   25 om γαρ ℵ | τη εαυτης ψυχη (-χης Α)] της αυτης
ψυχης ℵ* (τη εαυτ. ψυχη ℵ^(c.a)) | φασιν ℵ* (φυσιν ℵ^(c.a)) +τε ℵ | στρεβλας ℵV
26 μητηρ] pr η V   26—27 om υπερ τεκνων...σωτηριαν ℵ* (hab ℵ^(c.a))
27 επεγνω] εγνω ℵ^(c.a)   28 θεοσεβιας ℵ* (-σεβους ℵ^(c.a)) | κατεριας V*
(καρτ. Vᵃ)   29 μητηρ] μέρ V | εκδικε του νομου] εκδικητου ν. ℵ^(vid) | υπερασπιστεια] υπερασπιστρια ℵVᵃ (-αστρια V*) | ευσεβιας ℵ   30 ανδρειωτερα
ℵAV* (-οτερα Vᵃ)   31 Νωαι Α | κοσμοπληθει] εθνοπληθει ℵ | καρτερως
ℵV | υπηνεγκεν] υπεμεινεν ℵ (-μιν..) V   32 συ]+γυνη V | ανεμοις] αν
λοιμοις Α | συνεχομενοι V* (-νη V^(1(fort))) | της ευσεβειας] pr υπερ ℵV
XVI 1 om και 1°, 2° V | γηραια Vᵃ | υπεμεινε V | των τεκνῶ] ορωσα ℵ
2 ανδρες των παθων ℵV | επεκρατησαν] εκρατησαν ℵV   3 Δανιηλ] pr
τον V | Μισαηλ] pr η ℵV | ως] εως Α | της φιλοτ.] pr η ℵV | εκινην ℵ |
ορωσα] ℵ | αυτης τους επτα υιους βασανιζομενους] αυτην (αυτης ℵ^(c.a)) ουτως
ποικιλως βασ. τους ε. υιους ℵV   4 ευσεβιας ℵ: item 13 | κατεσβεσεν ℵ
om V | τοσαυτα] pr τα ℵV | η μητηρ] pr ενικησεν V   5 om και γαρ
τουτο...δειλοψ. ην V | ει δειλοψ. ην η γυνη] δ. ει η γυνη ℵ* δ. ει ην γ. ℵ^(c.a) |
ωλοφυρετο (ωλυφερ. ℵ* ωλοφυρ. ℵ¹)] ουκ ωλοφυρατο V

ΜΑΚΚΑΒΑΙΩΝ Δ   XVI 20

6 ἐπ᾿ αὐτοῖς· καὶ ἴσως ἂν ταῦτα οὕτως εἶπεν ⁶’Ω μελέα ἔγωγε καὶ Α
πολλάκις τρισαθλία, ἥτις ἑπτὰ παῖδας τεκοῦσα, οὐδενὸς μήτηρ γεγένη-
7 μαι. ⁷ὦ μάταιοι ἑπτὰ κυοφορίαι, καὶ ἀνόνητοι ἑπτὰ δεκάμηνοι, καὶ
8 ἄκαρποι τιθηνίαι, καὶ ταλαίπωροι γαλακτοτροφίαι. ⁸μάτην ἐφ᾿ ὑμῖν,
ὦ παῖδες, πολλὰς ὑπέμεινα ὠδῖνας καὶ χαλεπωτέρας φροντίδας ἀνα-
9 τροφῆς. ⁹ὦ τῶν ἐμῶν παίδων, οἱ μὲν ἄγαμοι, οἱ δὲ γαμήσαντες ἀνό-
νητοι, οὐκ ὄψομαι ὑμῶν τέκνα, οὐδὲ μάμμη κληθεῖσα μακαρισθήσομαι.
10 ¹⁰ὦ ἡ πολύπαις καὶ καλλίπαις ἐγὼ γυνὴ χήρα καὶ μόνη πολύθρηνος
11 ¹¹οὐδ᾿ ἂν ἀποθάνω, θάπτοντα τῶν υἱῶν ἔξω τινά. ἀλλὰ τούτῳ τῷ θρήνῳ
12 οὐδένα ὀλοφύρετο ἡ ἱερὰ καὶ θεοσεβὴς μήτηρ, ¹²οὐδ᾿ ἵνα μὴ ἀποθάνωσιν
13 ἀπέτρεπεν αὐτῶν τινα, οὐδ᾿ ὡς ἀποθνησκόντων ἐλυπήθη. ¹³ἀλλ᾿ ὥσπερ
ἀδαμάντινον ἔχουσα τὸν νοῦν, καὶ εἰς ἀθανασίαν ἀνατίκτουσα τὸν τῶν υἱῶν
ἀριθμόν, μᾶλλον ὑπὲρ τῆς εὐσεβείας ἐπὶ τὸν θάνατον αὐτοὺς προετρέ-
14 πετο ἱκετεύουσα. ¹⁴’Ω μήτηρ δι᾿ εὐσέβειαν θεοῦ στρατιῶτι,
πρεσβῦτι καὶ γυνή, διὰ καρτερίαν καὶ τύραννον ἐνίκησας, καὶ ἔργοις
15 δυνατωτέρα καὶ λόγοις εὑρέθης ἂν ἀνδρός. ¹⁵καὶ γὰρ ὅτε συνελήμφθης
μετὰ τῶν παίδων, εἱστήκεις τὸν Ἐλεάζαρον ὁρῶσα βασανιζόμενον, καὶ
16 ἔλεγες τοῖς παισὶν ἐν τῇ Ἑβραΐδι φωνῇ ¹⁶’Ω παῖδες, γενναῖος ὁ ἀγών·
ἐφ᾿ ὃν κληθέντες ὑπὲρ τῆς διαμαρτυρίας τοῦ ἔθνους, ἐναγωνίσασθε
17 προθύμως ὑπὲρ τοῦ πατρίου νόμου. ¹⁷καὶ γὰρ αἰσχρὸν τὸν μὲν
γέροντα τοῦτον ὑπομένειν τὰς διὰ τὴν εὐσέβειαν ἀληδόνας, ὑμᾶς δὲ
18 τοὺς νεωτέρους καταπλαγῆναι τὰς βασάνους. ¹⁸ἀναμνήσθητε ὅτι διὰ
19 τὸν θεὸν τοῦ κόσμου μετελάβετε, καὶ τοῦ βίου ἀπελαύσατε· ¹⁹καὶ διὰ
20 τοῦτο ὀφίλετε πάντα πόνον ὑπομένειν διὰ τὸν θεόν. ²⁰δι᾿ ὃν καὶ ὁ
πατὴρ ἡμῶν Ἀβραὰμ ἔσπευδεν τὸν ἐθνοπάτορα υἱὸν σφαγιάσαι Ἰσαάκ,

---

5 om αν 2⁰ V | om ουτως ℵV   6 ουδενος] ουδε ενος ℵ   7 ανωνητοι ℵV
A : item 9 | επτα 2⁰] pr αι ℵ | τιθηνιοι ℵ   8 ματην]+δε ℵ+δ V   9 γαμη-
σαντες] γημαντες ℵV   10 η πολυπαις] om η V | χηρα] pr η V   11 τουτων
ℵ* (τουτω ℵ¹·ᶜ·ᵃ) | ωλοφυρετο ℵ ολοφυρατο V* ωλ. Vᵃ | θεοσεβης]+και ιερα V
12 ουδ ως] ως ουδε ℵV   13 εχουσα αδαμαντινον ℵ | νυν Α* (νουν Α¹) |
ανατικτουσα] ανατεινουσα V   14 μητηρ ℵ] π̄ρ Α μ̄ερ V | ευσεβιαν ℵ : item
17, 23 | θεου]+μητηρ και ευσεβους στρατιας ℵ* (improb ℵᶜ·ᵃ)+μ̄ηρ και ευσ.
στρατηγιας V | στρατιωτη V | πρεσβυτι] και πρεσβυτη V | γυνη] γυναι ℵV |
και τυραννον] τον τυρ. V | ενικησας] pr νικη V | αν ανδρος] αν|δρος ℵ αν|δρειος V
15 εστηκεις Α ιστ. ℵV* (ειστ. Vᵃ) | ελεγεῖ ℵ* (ελεγες ℵᶜ·ᵃ) | improb εν ℵᶜ·ᵃ
16 ο αγων] om ο ℵ | πατρωον ℵVᵃ   17 υπομενειν] υπομιναι ℵ | νεωτε-
ρους] νεανισκους ℵV | καταπληγηναι ℵ* (-πλαγ. ℵᶜ·ᵃ) | τους βασ. ℵ* (τας β.
ℵᶜ·ᵃ)   18 αναμνησθητε]+δε ℵ | οτι] δια incep ℵ* διοτι ℵ¹·ᶜ·ᵃ | απελαυ
σετε ℵ απηλαυσατε V   19 οφειλει V* οφειλετε Vᵃ | πονον υπομενειν]
υπομιναι π. ℵ π. υπομειναι V   20 διο ℵ* (δι ον ℵᶜ·ᵃ) | εσπευδον V | τον]
τιν V* (τον V¹) | Ισακ ℵ* (Ισαακ ℵᶜ·ᵃ)

ΜΑΚΚΑΒΑΙΩΝ Δ

Α καὶ τὴν πατρῴαν χεῖρα ξιφηφόρον καταφερομένην ἐπ' αὐτὸν ὁρῶν οὐκ ἔπτηξεν. ²¹καὶ Δανιὴλ ὁ δίκαιος εἰς λέοντας ἐβλήθη· καὶ Ἀνανίας καὶ Ἀζαρίας καὶ Μισαὴλ εἰς κάμινον πυρὸς ἀπεσφενδονήθησαν, καὶ ὑπέμειναν διὰ τὸν θεόν. ²²καὶ ὑμεῖς οὖν τὴν αὐτὴν πίστιν πρὸς τὸν θεὸν ἔχοντες, μὴ χαλεπαίνητε· ²³ἀλόγιστον γὰρ εἰδότας εὐσέβειαν μὴ ἀνθίστασθαι τοῖς πόνοις. ²⁴Διὰ τούτων τῶν λόγων ἡ ἑπταμήτωρ ἕνα ἕκαστον τῶν υἱῶν παρακαλοῦσα ἔπεισε μᾶλλον ἀποθανεῖν, ἢ παραβῆναι τὴν ἐντολὴν τοῦ θεοῦ· ²⁵ἔτι δὲ καὶ ταῦτα ἰδόντες ὅτι διὰ τὸν θεὸν ἀποθανόντες ζῶσιν τῷ θεῷ, ὥσπερ Ἀβραὰμ καὶ Ἰσαὰκ καὶ Ἰακώβ, καὶ πάντες οἱ πατριάρχαι. ¹ἔλεγον δὲ καὶ τῶν XVII δορυφόρων τινὲς ὡς ὅτε ἔμελλεν καὶ αὐτὴ συλλαμβάνεσθαι πρὸς θάνατον, ἵνα μὴ ψαύσειέν τι τοῦ σώματος αὐτῆς, ἑαυτὴν ἔρριψεν κατὰ τῆς πυρᾶς. ²Ὦ μῆτερ σὺν ἑπτὰ παισὶν καταλύσασα τὴν τοῦ τυράννου βίαν, καὶ ἀκυρώσασα τὰς κακὰς ἐπινοίας αὐτοῦ, καὶ ἐπιδείξασα τὴν τῆς πίστεως γενναιότητα. ³καθάπερ γὰρ σὺ στέγη ἐπὶ τοῦ στύλου τῶν παίδων γενναίως ἰδρυμένη, ἀκλινῶς ὑπήνεγκας τὸν διὰ τῶν βασάνων σεισμόν. ⁴θάρρει τοιγαροῦν, ὦ μῆτερ ἱερόψυχε, τὴν ἐλπίδα τῆς ὑπομονῆς γενναίως ἔχουσα πρὸς θεόν. ⁵οὐχ οὕτω σελήνη κατ' οὐρανὸν σὺν ἄστροις σεμνὴ καθέστηκεν, ὡς σὺ τοὺς ἰσαστέρους ἑπτὰ παῖδας φωταγωγήσασα πρὸς τὴν εὐσέβειαν ἔντιμος καθέστηκας θεῷ, καὶ ἐστήρισαι ἐν οὐρανῷ σὺν αὐτοῖς. ⁶ἦν γὰρ ἡ παιδοποιία σου ἀπὸ Ἀβραὰμ τοῦ παιδός. ⁷Εἰ δὲ ἐξὸν ἡμῖν ἦν, ὥσπερ τινός, ζωγραφῆσαι τὴν τῆς ἱστορίας σου εὐσέβειαν, οὐκ ἂν

ἔφριττον οἱ θεωροῦντες μητέρα ἑπτὰ τέκνων δι' εὐσέβειαν ποικίλας A
8 βασάνους μέχρι θανάτου ὑπομείνασαν; ⁸καὶ γὰρ ἄξιον ἦν καὶ ἐπὶ
αὐτοῦ τοῦ ἐπιταφίου ἀναγράψαι καὶ ταῦτα τοῖς ἀπὸ τοῦ ἔθνους εἰς
9 μνείαν λεγόμενα ⁹᾿Ενταῦθα Γέρων ἱερεύς, καὶ Γυνὴ Γεραιά,
καὶ ἑπτὰ παῖδες ἐνκεκήδευνται διὰ τυράννου βίαν, τὴν
10 ῾Εβραίων πολιτίαν καταλῦσαι θέλοντος. ¹⁰οἳ καὶ ἐξεδίκησαν
τὸ ἔθνος εἰς θεὸν ἀφορῶντες, καὶ μέχρι θανάτου τὰς βασά-
11 νους ὑπομείναντες. ¹¹ἀληθῶς γὰρ ἦν ἀγὼν θεῖος ὁ δι' αὐτῶν
12 γεγενημένος. ¹²ἠθλοθέτει γὰρ τότε ἀρετὴ δι' ὑπομονῆς δοκιμάζουσα·
13 τὸ νῖκος ἐν ἀφθαρσίᾳ ἐν ζωῇ πολυχρονίῳ. ¹³᾿Ελεαζὰρ δὲ προηγωνί-
ζετο· ἡ δὲ μήτηρ τῶν ἑπτὰ παίδων ἐνήθλει· οἱ δὲ ἀδελφοὶ ἠγωνίζοντο·
14 ¹⁴ὁ τύραννος ἀντηγωνίζετο· ὁ δὲ κόσμος καὶ ὁ τῶν ἀνθρώπων βίος
15 ἐθεώρει· ¹⁵θεοσέβεια δὲ ἐνίκα, τοὺς ἑαυτῆς ἀθλητὰς στεφανοῦσα.
16 ¹⁶τίνες οὐκ ἐθαύμασαν τοὺς τῆς ἀληθείας νομοθεσίας ἀθλητάς; τίνες
17 οὐκ ἐξεπλάγησαν; ¹⁷Αὐτός γέ τοι ὁ τύραννος καὶ ὅλον τὸ
18 συνέδριον αὐτῶν ἐξεθαύμασαν αὐτῶν τὴν ὑπομονήν, ¹⁸δι' ἣν καὶ τῷ
19 θείῳ νῦν παρεστήκασιν θρόνῳ, καὶ τὸν μακάριον βιοῦσιν αἰῶνα· ¹⁹καὶ
γάρ φησιν ὁ Μωσῆς Καὶ πάντες οἱ ἡγιασμένοι ὑπὸ τὰς χεῖράς σου.
20 ²⁰καὶ οὗτοι οὖν ἁγιασθέντες διὰ θεὸν τετίμηνται οὐ μόνον οὖν ταύτῃ
τῇ τιμῇ, ἀλλὰ καὶ τῷ δι' αὐτοὺς τὸ ἔθνος ἡμῶν τοὺς πολεμίους μὴ
21 ἐπικρατῆσαι, ²¹καὶ τὸν τύραννον τιμωρηθῆναι καὶ τὴν πατρίδα καθα-
22 ρισθῆναι· ²²ὥσπερ ἀντίψυχον γεγονότας τῆς τοῦ ἔθνους ἁμαρτίας καὶ

---

7 θεωρουντες]+ορωντες אV | μεχρι θανατου] om א* (hab אc.b)+γιγνο- אV
μενας אc.b+γινομενας V | υπομενουσαν V   8 επι] επ אV   9 ενταυθα]
ενταυθοι אc.a (sed statim repos -θα) V (ενταυθ οι sic V*-θοι Vpost 1) | ιερευς
και γυνη γεραια lin subduct adfec Aa? | και 1°]+συν αυτω V | επτα] incep
ε א* (ζ' א¹) | ενκεκηδευνται V* εγκεκηδευνντ. Va(vid) | τυραννου βιαν] τυραννον
א* (τυραννου β. אc.a) | την Εβρ. πολιτιαν] των Εβρ. την πολιτειαν V |
θελοντες A θελοντας א* (-τος א¹) θελησαντος V   10 εθνος] γενος א
12 ηθλοτει (sic) A | νικος]+αυτης V | εν αφθαρσια] εις αφθαρσιαν αυτης א*
αφθαρσια אc.a om אc.b εις αφθαρσιαν V   13 om δε 1° א* (hab אc.a) |
προηγωνιτο א* (προηγωνιζετο אc.a) | om επτα א* (hab אc.a) | αδελφοι] pr
επτα א   14 ο τυραννος αντ. evan in V ad fin col | om ο 3° V
15 θεοσεβια א   16 αληθειας] θειας א (θιας) V | νομοθεσιας (-σια א*-σιας
א¹)] pr θεοσεβειας V | αθλητες א* (-τας א¹) | τινες 2°]+δε א   17 συνεδριον]
συμβουλιον אV | om αυτων 1° אV | εθαυμασαν א* (εξεθ. אc.a) | υπομονην]
pr αρετην και την א pr αρετην και V   18 δι ην...αιωνα lin subduct adfec Aa?
19 Μωυσης א   20 ουτοι] αυτοι א | om δια θεον א* hab δια τον θν אc.a
20—22 ου μονον...αμαρτιας lin subduct adfec Aa?   20 om ουν 2° אV |
om τω V* hab το V¹(vid) (τω Va) | τω δι αυτους· A | επικρατησας A
21 τιμωρηθηναι] pr καταισχυνθηναι και V   22 ωσπερ]+γαρ V | γεγονας
א* (-νοτας אc.a)

Α διὰ τοῦ αἵματος τῶν εὐσεβῶν ἐκείνων καὶ τοῦ ἱλαστηρίου θανάτου αὐτῶν, ἡ θεία πρόνοια τὸν Ἰσραὴλ προκακωθέντα διέσωσεν. ²³πρὸς 23 γὰρ τὴν ἀνδρίαν αὐτῶν τῆς ἀρετῆς καὶ τὴν ἐπὶ ταῖς βασάνοις αὐτῶν ὑπομονὴν ὁ τύραννος ἀφιδὼν Ἀντίοχος ἀνεκήρυξεν τοῖς στρατιώταις αὐτοῦ εἰς ὑπόδιγμα τὴν ἐκείνων ὑπομονήν· ²⁴ἔσχεν τε αὐτοὺς 24 γενναίους καὶ ἀνδρείους εἰς πεζομαχίαν καὶ πολιορκίαν· καὶ ἐκπορθήσας ἐνίκησεν πάντας τοὺς πολεμίους.

¹⁷Ὦ τῶν Ἀβραμιαίων σπερμάτων ἀπόγονοι παῖδες Ἰσραηλεῖται, πεί- 1 XVIII θεσθε τῷ νόμῳ τούτῳ, καὶ πάντα τρόπον εὐσεβεῖτε· ²γινώσκοντες ὅτι 2 τῶν παθῶν δεσπότης ἐστὶν ὁ εὐσεβὴς λογισμός, καὶ οὐ μόνον τῶν ἔνδοθεν ἀλλὰ καὶ τῶν ἔξωθεν πόνων· ³ἀνθ᾽ ὧν διὰ τὴν εὐσέβειαν 3 προιέμενοι τὰ σώματα τοῖς πόνοις ἐκεῖνοι, οὐ μόνον ὑπὸ τῶν ἀνθρώπων ἐθαυμάσθησαν, ἀλλὰ καὶ θείας μερίδος κατηξιώθησαν. ⁴καὶ δι᾽ αὐτοὺς 4 εἰρήνευσεν τὸ ἔθνος, καὶ τὴν εὐνομίαν τὴν ἐπὶ τῆς πατρίδος ἀνανεωσάμενος, ἐκπεπολιόρκηκε τοὺς πολεμίους. ⁵καὶ ὁ τύραννος Ἀντίοχος 5 καὶ ἐπὶ γῆς τετιμώρηται, καὶ ἀποθανὼν κολάζεται· ὡς γὰρ οὐδὲν οὐδαμῶς ἴσχυσεν ἀναγκάσαι τοὺς Ἱεροσολυμείτας ἀλλοφυλῆσαι, καὶ τῶν πατρίων ἐθνῶν ἐκδιαιτηθῆναι, ⁶τότε δὴ ἀπάρας ἀπὸ τῶν Ἱερο- 6 σολύμων ἐστρατοπέδευσεν ἐπὶ Πέρσας. Ἔλεγεν δὲ ἡ μήτηρ τῶν ἑπτὰ παίδων καὶ ταῦτα ἡ δικαία τοῖς τέκνοις ⁷ὅτι Ἐγὼ ἐγενήθην 7 παρθένος ἁγνή, καὶ οὐχ ὑπερέβην πατρικὸν οἶκον· ἐφύλασσον δὲ τὴν ᾠκοδομημένην πλευράν. ⁸οὐ διέφθειρέν με λυμεὼν τῆς ἐρημίας 8 φθορεὺς ἐν πεδίῳ· οὐδὲ ἐλυμήνατό μου τὰ ἁγνὰ τῆς παρθενίας λυμεὼν ἀπάτης ὄφις· ἔμεινα δὲ χρόνον ἀκμῆς σὺν ἀνδρί. ⁹τούτων δὲ 9

ℵV 22 δια] της ℵ* (δια ℵc.a) | θανατου] pr του ℵ | προκακωθεντα τον Ισλ ℵ 23 ανδρειαν V | την 2°] της Α | om αυτων 2° ℵ | αφιδων] ιδων V | ανεκηρυξεν ο Αντιοχος ℵ ανεκ. Αντ. V | υποδειγμα V 24 om και ανδρειους V | εκπορθουντας V XVIII 1 Αβρααμιθιων ℵ* Αβρααμιαιων ℵc.a | Ισδραηλιται ℵ Ισραηλιτ. V | πιθεσθε ℵ* -θαι ℵc.a 2 εστιν δεσποτης ℵV 3 ευσεβιαν ℵ | προεμενοι ℵ | θαυμασθησαν Α* (εθ. Α¹) | θειας] pr της V 4 συνομιαν (sic) V¹ fort | την 2°] τη ℵ* fort | om επι V | ανανεωσαμενοι ℵV | εκπεπολιορκηκε] εκπεπορθηκαν ℵ* V εκπεπολιορκηκαν ℵc.a 5—24 multa paene evanuere in Α 5 γης] pr της V | τετιμωρηται] ετειμωρειτο V* (ετιμ. Vª) | εθνων] om ℵ εθων V | εκδιαιτηθηναι] εκζητηθηναι ℵ 6 om δη ℵV | εστρατοπεδευσεν] εστρατευσεν ℵ | Περσας] περας ℵ* (Περσ. ℵc.b) | om επτα ℵ | om παιδων V | η δικαια] τα δικαιωματα ℵ ιδια V 7 εγεννηθην V | και ουχ] ουδε ℵ om και V | ῳκοδομουμενην Α οικοδομουμενην ℵ οικοδομημενην V 8 ου διεφθειρεν] ουδε εφθιρεν ℵ | της ερημιας] τ sup ras Α⁷ (seq spat 4 litt) om της ℵV | απατης Α*ℵc.bV] απατηλος Αª⁷ απατητης ℵ* | εμειν Α* (a superscr Αª⁷)

ΜΑΚΚΑΒΑΙΩΝ Δ XVIII 23

ἐνηλίκων γενομένων ἐτελεύτησεν ὁ πατήρ. μακάριος μὲν ἐκεῖνος· τὸν Α γὰρ τῆς εὐτεκνίας βίον ἐπιζητήσας, τὸν τῆς ἀτεκνίας οὐκ ὠδυνήθη 10 καιρόν· ¹⁰ὃς ἐδίδασκεν ὑμᾶς, ἔτι ὢν σὺν ἡμῖν, τὸν νόμον καὶ τοὺς 11 προφήτας. ¹¹τὸν ἀναιρεθέντα Ἄβελ ὑπὸ Κάιν ἀνεγίνωσκεν δὲ ἡμῖν, 12 καὶ τὸν ὁλοκαρπούμενον Ἰσαάκ, καὶ τὸν ἐν φυλακῇ Ἰωσήφ· ¹²ἔλεγεν δὲ ἡμῖν τὸν ζηλωτὴν Φινεές, ἐδίδασκεν δὲ ὑμᾶς τοὺς ἐν πυρὶ Ἀνανίαν 13 καὶ Ἀζαρίαν καὶ Μισαήλ· ¹³ἐδόξαζεν δὲ καὶ τὸν ἐν λάκκῳ λεόντων 14 Δανιήλ, ὃν καὶ ἐμακάριζεν· ¹⁴ὑπεμίμνησκεν δὲ ὑμᾶς τὴν Ἠσαίου γραφὴν τὴν λέγουσαν Κἂν διὰ πυρὸς διέλθῃς, φλὸξ οὐ κατακαύσει σε. 15 ¹⁵τὸν ὑμνογράφον ἐμελῴδει ἡμῖν Δαυεὶδ τὸν λέγοντα Πολλαὶ αἱ 16 θλίψεις τῶν δικαίων. ¹⁶τὸν Σαλομῶντα ἐπαροιμίαζεν ἡμῖν τὸν λέγοντα 17 Ξύλον ζωῆς ἐστιν πᾶσιν τοῖς ποιοῦσιν αὐτοῦ τὸ θέλημα. ¹⁷τὸν Ἰεζεκιὴλ ἐπιστοποιεῖτο τὸν λέγοντα Εἰ ζήσεται τὰ ὀστᾶ τὰ ξηρὰ ταῦτα; 18 ¹⁸ᾠδὴν μὲν γὰρ ἦν ἐδίδαξεν Μωσῆς οὐκ ἐπελάθετο τὴν διδάσκουσαν 19 Ἐγὼ ἀποκτενῶ, καὶ ζῆν ποιήσω. ¹⁹Αὕτη ἡ ζωὴ ὑμῶν καὶ ἡ μακαριότης τῶν ἡμερῶν.

20 ²⁰Ὦ πικρᾶς τῆς τότε ἡμέρας, καὶ οὐ πικρᾶς, ὅτε ὁ πικρὸς Ἑλλήνων τύραννος πῦρ φλέξας λέβησιν ὠμοῖς, καὶ ζέουσι θυμοῖς ἀγαγὼν ἐπὶ τὸν καταπέλτην καὶ πάλιν τὰς βασάνους αὐτοῦ τοὺς ἑπτὰ παῖδας 21 τῆς Ἀβραμίτιδος, ²¹τὰς τῶν ὀμμάτων κόρας ἐπήρωσεν, καὶ γλώσσας 22 ἐξέτεμεν, καὶ βασάνοις ποικίλαις ἀπέκτεινεν. ²²ὑπὲρ ὧν ἡ θεία 23 δίκη μετῆλθεν καὶ μετελεύσεται τὸν ἀλάστορα. ²³οἱ δὲ Ἀβραμιαῖοι

9 ενηλικων] ενικων (sic) A | πατηρ]+αυτων אV | μεν] δε א* (μεν אc.a) | אV επιζητησας] επιξησας אc.a V 10 ημιν A(vid) V] υμιν א | om και א* (hab א1(vid), c.a) V 11 δε] τε אV | ημιν] υμιν א | Ισακ א* (Ισαακ אc.a) 12 ημιν] υμιν א | τον ζηλωτην] pr και V | δε 2°] τε אV | υμας] ημας V | τους εν πυρι] pr και V | om και 2° א 13 δε] τε V | ον evan nisi potius erasum est in A | om και 2° אV 14 δε] τε V | υμας] ημας V | την 1°] pr και א | Ησαια א* (Ησαιου אc.a) | τον λεγοντα א* (την λεγουσαν אc.a) | διελθης] εισελθης א* προσελθης אc.a 15 εμελωδει] in εμελωδι (sic) rescr ι Aa? | η μεν A*vid (ημιν A?) | τον λεγ.] om τον א 16 Σαλωμωντα א Σολομωνα V | παροιμιαζεν א | ημιν] υμιν א | τον λεγοντα] om τον א | om πασιν אV 17 επιστοποιει א 18 εδιδασκεν א | Μωυσης א | την διδασκουσαν] διδασκων την λεγουσαν אV 19 υμων] ημων V | μακαριοτης] μακροτης א ματης (sic) V 20 πικρας 1°] πικρα א | οτε] οτι א | ο πικρος] om ο א* (hab אc.a) V | Ελληνων]+ω! א* (improb אc.a) | φλεξας] πυρος σβεσας א* improb πυροις א? (φλεξας אc.a) πυρι σβεσας V | ζεουσιν V | τας βασ.] τους βασ. א | τους επτα] pr τας επτ א* (improb אc.a, c.b) pr τας επι τας επι (sic) V* (improb επι τας V?) | Αβραμειτιδος א 21 τας (sup ras Aa) των ομμ. κορας] και των ομμ. τας κ. א pr και V | επηρωσεν א1 (incep λ ante επ. א*)] επληρωσεν AV | γλωσσά| א* (γλωσσας אc.a) | ποικειλοις A 22 αλαστορα]+τυραννον א 23 Αβρααμιαιοι א

XVIII 24 ΜΑΚΚΑΒΑΙΩΝ Δ

A παῖδες σὺν τῇ ἀθλοφόρῳ μητρὶ εἰς πατέρων χῶρον συναγελάζονται, ψυχὰς ἁγνὰς καὶ ἀθανάτους ἀπειληφότες παρὰ τοῦ θεοῦ· 24ᾧ ἡ δόξα 24 εἰς τοὺς αἰῶνας τῶν αἰώνων. ἀμήν.

ℵV   **23** αθλοφορω]+αυτων V | εις] ει ℵ* (εις ℵ^c.a) | χωρον] χορον ℵ | συναγελαζονται] ευαγγελιζονται ℵ* (συναγ. ℵ^c.a) | αθανατους Λ^a ℵ^c.a V] αθλοφορους ℵ*Λ*^fort (νατους sup ras) | του θεου] om του ℵ* (hab ℵ^c.a) V
24 om των αιωνων V
Subscr Μακκαβαιων δ' ℵAV

ΩΣΗΕ
ΑΜΩΣ
ΜΕΙΧΑΙΑΣ
ΙΩΗΛ
ΟΒΔΕΙΟΥ
ΙΩΝΑΣ
ΝΑΟΥΜ
ΑΜΒΑΚΟΥΜ
ΣΟΦΟΝΙΑΣ
ΑΓΓΑΙΟΣ
ΖΑΧΑΡΙΑΣ
ΜΑΛΑΧΙΑΣ
ΗΣΑΙΑΣ
ΙΕΡΕΜΙΑΣ
ΒΑΡΟΥΧ
ΘΡΗΝΟΙ
ΕΠΙΣΤΟΛΗ ΙΕΡΕΜΙΟΥ
ΙΕΖΕΚΙΗΛ
ΔΑΝΙΗΛ
ΣΟΥΣΑΝΝΑ
ΒΗΛ ΚΑΙ ΔΡΑΚΩΝ
ΜΑΚΚΑΒΑΙΩΝ Α
ΜΑΚΚΑΒΑΙΩΝ Β
ΜΑΚΚΑΒΑΙΩΝ Γ
ΜΑΚΚΑΒΑΙΩΝ Δ

τοῖς προσδεχομένοις λύτρωσιν Ἰερουσαλήμ.

ΨΑΛΜΟΙ ΣΟΛΟΜΩΝΤΟΣ

(written by Pharisees — Pfeiffer)

Α'

I 1 ¹ΕΒΟΗΣΑ πρὸς Κύριον ἐν τῷ θλίβεσθαί με εἰς τέλος,
πρὸς τὸν θεὸν ἐν τῷ ἐπιθέσθαι ἁμαρτωλούς.

2 ²ἐξάπινα ἠκούσθη κραυγὴ πολέμου ἐνώπιόν μου·
ἐπακούσεταί μου, ὅτι ἐπλήσθην δικαιοσύνης.

3 ³ἐλογισάμην ἐν καρδίᾳ μου ὅτι ἐπλήσθην δικαιοσύνης,
ἐν τῷ εὐθηνῆσαί με καὶ πολλὴν γενέσθαι ἐν τέκνοις.

4 ⁴ὁ πλοῦτος αὐτῶν διεδόθη εἰς πᾶσαν τὴν γῆν,
καὶ ἡ δόξα αὐτῶν ἕως ἐσχάτου τῆς γῆς.

5 ⁵ὑψώθησαν ἕως τῶν ἄστρων,
εἶπαν Οὐ μὴ πέσωσιν·

6 ⁶καὶ ἐξύβρισαν ἐν τοῖς ἀγαθοῖς αὐτῶν,
καὶ οὐκ ἤνεγκαν.

7 ⁷αἱ ἁμαρτίαι αὐτῶν ἐν ἀποκρύφοις,
καὶ ἐγὼ οὐκ ᾔδειν·

8 ⁸αἱ ἀνομίαι αὐτῶν ὑπὲρ τὰ πρὸ αὐτῶν ἔθνη,
ἐβεβήλωσαν τὰ ἅγια Κυρίου ἐν βεβηλώσει.

Β'

II Ψαλμὸς τῷ Σαλωμὼν περὶ Ἱερουσαλήμ.

1 ¹Ἐν τῷ ὑπερηφανεύεσθαι τὸν ἁμαρτωλὸν ἐν κριῷ κατέβαλλε
τείχη ὀχυρά,
καὶ οὐκ ἐκώλυσας.

Inscr ψαλμοι Σολομωντος l (-μωνος h) om ir | α' om r | ψαλμος τω hilmpv Σαλομων: πρωτος i
I 1 τον θεον] om τον r   3 πολλην lr] πολυν himpv   4 διεδοθη ilr] διελθοι hmpv | γην]+και η δοξα αυτων εως εσχατου την γην r* (improb r¹) | αυτων 2°] αυτου l   5 ειπον l | πεσωσι imp πεσωσι μεν l   7 και εγω ir] καγω hlmpv   II Σαλομων hilpv deest tit in m   1 κατεβαλλε ir] κατεβαλε hlmpv

ΨΑΛΜΟΙ ΣΟΛΟΜΩΝΤΟΣ

r ²ἀνέβησαν ἐπὶ τὸ θυσιαστήριόν σου ἔθνη ἀλλότρια,
κατεπατοῦσαν ἐν ὑποδήμασιν αὐτῶν ἐν ὑπερηφανίᾳ.
³ἀνθ' ὧν οἱ υἱοὶ Ἱερουσαλὴμ ἐμίαναν τὰ ἅγια Κυρίου,
ἐβεβηλοῦσαν τὰ δῶρα τοῦ θεοῦ ἐν ἀνομίαις·
⁴ἕνεκεν τούτων εἶπεν Ἀπορίψατε αὐτὰ μακρὰν ἀπ' ἐμοῦ,
οὐκ εὐόδωκεν αὐτοῖς τὸ κάλλος τῆς δόξης αὐτοῦ·
⁵ἐξουθενώθη ἐνώπιον τοῦ θεοῦ,
ἠτιμώθη ἕως εἰς τέλος.
⁶υἱοὶ καὶ θυγατέρες ἐν αἰχμαλωσίᾳ πονηρᾷ,
ἐν σφραγῖδι ὁ τράχηλος αὐτῶν, ἐν ἐπισήμῳ ἐν τοῖς ἔθνεσιν·
⁷κατὰ τὰς ἁμαρτίας αὐτῶν ἐποίησεν αὐτοῖς,
ὅτι ἐγκατέλειπεν αὐτοὺς εἰς χεῖρας κατισχυόντων·
⁸ἀπέστρεψεν γὰρ τὸ πρόσωπον αὐτοῦ ἀπὸ ἐλέους αὐτῶν,
νέον καὶ πρεσβύτην καὶ τέκνα αὐτῶν εἰς ἅπαξ·
⁹ὅτι πονηρὰ ἐποίησαν εἰς ἅπαξ, τοῦ μὴ ἀκούειν.
¹⁰καὶ ὁ οὐρανὸς ἐβαρυθύμησε, καὶ ἡ γῆ ἐβδελύξατο αὐτούς,
¹¹ὅτι οὐκ ἐποίησεν πᾶς ἄνθρωπος ἐπ' αὐτῆς ὅσα ἐποίησαν.
¹²καὶ γνώσεται ἡ γῆ τὰ κρίματά σου πάντα τὰ δίκαια, ὁ θεός.
¹³ἔστησαν τοὺς υἱοὺς Ἱερουσαλὴμ εἰς ἐμπαιγμόν,
ἀντὶ πορνῶν ἐν αὐτῇ·
πᾶς ὁ πορευόμενος εἰσεπορεύετο κατέναντι τοῦ ἡλίου·
ἐνέπαιζον ταῖς ἀνομίαις αὐτῶν·
¹⁴καθὰ ἐποίουν αὐτοί, ἀπέναντι τοῦ ἡλίου παρεδειγμάτισαν ἀδικίας αὐτῶν.
καὶ θυγατέρες Ἱερουσαλὴμ βέβηλοι κατὰ τὸ κρίμα σου,
¹⁵ἀνθ' ὧν αὐταὶ ἐμιαίωσαν αὑτὰς ἐν φυρμῷ ἀναμίξεως.
τὴν κοιλίαν μου καὶ τὰ σπλάγχνα μου πονῶ ἐπὶ τούτοις.
¹⁶ἐγὼ δικαιώσω σε, ὁ θεός, ἐν εὐθύτητι καρδίας·
ὅτι ἐν τοῖς κρίμασίν σου ἡ δικαιοσύνη σου, ὁ θεός.
¹⁷ὅτι ἀπέδωκας τοῖς ἁμαρτωλοῖς κατὰ τὰ ἔργα αὐτῶν,
καὶ κατὰ τὰς ἁμαρτίας αὐτῶν τὰς πονηρὰς σφόδρα.

hilmpv   2 κατεπατοιν hilmpv   3 om οι i | εβεβηλοιν hilmpv   4 απορριψ. hlmpv απερριψ. i | ευοδωκεν ilr] ενωδωκεν hmpv | αυτου hilprv] αυτης m   5 εξουθενωθη ilr] εξωθενηθη hmpv | om εως hmpv   6 υιοι] pr οι hilmpv | θυγατερες] pr αι hilmpv | εθνεσι hilmpv   7 εγκατελιπεν hilmpv   8 απεστρεψε himpv | om το hilmpv | ελεου hilmpv | αυτων 1°] αυτου i.   10 εβαρυθυμησεν il   11 οσα] o ex ου fec r^corr   12 τα. δικ. παντα i   13 εστησαν hmv εστησε p | παραπορευομ. hilmpv   15 εμιαιωσαν] εμιαινον hilmpv | εαυτας hilmpv   16 κριμασι hilmpv   17 και ir] om hlmpv

ΨΑΛΜΟΙ ΣΟΛΟΜΩΝΤΟΣ   II 33

18 ¹⁸ἀνεκάλυψας τὰς ἁμαρτίας αὐτῶν, ἵνα φανῇ τὸ κρίμα σου·   r
19 ¹⁹ἐξήλειψας τὸ μνημόσυνον αὐτῶν ἀπὸ τῆς γῆς.
   ὁ θεὸς κριτὴς δίκαιος, καὶ οὐ θαυμάσει πρόσωπον.
20 ²⁰ὠνείδισαν γὰρ ἔθνη Ἰερουσαλὴμ ἐν καταπατήσει·
   κατέσπασεν τὸ κάλλος αὐτῆς ἀπὸ θρόνου δόξης.
21 ²¹περιεζώσατο σάκκον ἀντὶ ἐνδύματος εὐπρεπείας,
   σχοινίον περὶ τὴν κεφαλὴν αὐτῆς ἀντὶ στεφάνου.
22 ²²περιείλατο μίτραν δόξης ἣν περιέθηκεν αὐτῇ ὁ θεός·
23 ²³ἐν ἀτιμίᾳ τὸ κάλλος αὐτῆς ἀπερρίφη ἐπὶ τὴν γῆν.
24 ²⁴καὶ ἐγὼ εἶδον, καὶ ἐδεήθην τοῦ προσώπου Κυρίου καὶ εἶπον
   Ἱκάνωσον, Κύριε, τοῦ βαρύνεσθαι χεῖράς σου ἐπὶ Ἰσραὴλ
   ἐν ἐπαγωγῇ ἐθνῶν.
25 ²⁵ὅτι ἐνέπαιξαν καὶ οὐκ ἐφείσαντο, ἐν ὀργῇ καὶ θυμῷ μετὰ μη-
   νίσεως·
26 ²⁶καὶ συντελεσθήσονται, ἐὰν μὴ σύ, Κύριε, ἐπιτιμήσεις αὐτοῖς
   ἐν ὀργῇ σου.
27 ²⁷ὅτι οὐκ ἐν ζήλει ἐποίησαν, ἀλλ᾽ ἐν ἐπιθυμίᾳ ψυχῆς,
28 ²⁸ἐκχέαι τὴν ὀργὴν αὐτῶν εἰς ἡμᾶς ἐν ἁρπάγματι.
   καὶ μὴ χρονίσῃς, ὁ θεός, τοῦ ἀποδοῦναι αὐτοῖς εἰς κεφαλάς,
29 ²⁹τοῦ εἰπεῖν τὴν ὑπερηφανίαν τοῦ δράκοντος ἐν ἀτιμίᾳ.
30 ³⁰καὶ οὐκ ἐχρόνισα ἕως ἔδειξέν μοι ὁ θεὸς τὴν ὕβριν αὐτοῦ,
   ἐκκεκεντημένον ἐπὶ τῶν ὀρέων Αἰγύπτου,
   ὑπὲρ ἐλαχίστου ἐξουδενωμένον ἐπὶ γῆς καὶ θαλάσσης·
31 ³¹τὸ σῶμα αὐτοῦ διαφερόμενον ἐπὶ κυμάτων ἐν ὕβρει πολλῇ,
   καὶ οὐκ ἦν ὁ θάπτων·   § c
32 ³²ὅτι ἐξουθένωσεν αὐτὸν ἐν ἀτιμίᾳ·
   οὐκ ἐλογίσατο ὅτι ἄνθρωπός ἐστιν,
   καὶ τὸ ὕστερον οὐκ ἐλογίσατο.
33 ³³εἶπεν Ἐγὼ κύριος γῆς καὶ θαλάσσης ἔσομαι·
   καὶ οὐκ ἐπέγνω ὅτι ὁ θεὸς μέγας,
   κραταιὸς ἐν ἰσχύι αὐτοῦ τῇ μεγάλῃ.

20 ονειδισαν i | κατεσπασε hilmpv   22 περιειλετο hilmpv   24 Κυριου] chilmpv + του θεου i | και 3°] καγω i | om Κυριε i | χειρα hi (χειρα σου τον βαρ. i) lmpv | Ιερουσαλημ hilmpv | επαγωγη ilmrp] απαγ. hv   26 επιτιμησης hilmpv | αυτοις hmprv] αυτους il   27 ζηλω hilmpv | αλλα hlmpv   28 εκχεας i | om και hilmpv   29 ατιμια hlmpv] αιτία μία r ἀτιμία μιᾶ i   30 εως] + ου i | εδειξε himpv   31 διαφερομενον ilr] διεφθαρμενον hmpv   32 εξ-ουδενωσεν chilmpv | εστι chmpv   33 ειπειν l (de c non liq) | κραταιος] pr και (? k̄s) c

II 34 ΨΑΛΜΟΙ ΣΟΛΟΜΩΝΤΟΣ

r   ³⁴αὐτὸς βασιλεὺς ἐπὶ τῶν οὐρανῶν   34
καὶ κρίνων βασιλεῖς καὶ ἀρχάς·
³⁵ὁ ἀνιστῶν ἐμὲ εἰς δόξαν,   35
καὶ κοιμίζων ὑπερηφάνους εἰς ἀπωλίαν αἰῶνος ἐν ἀτιμίᾳ,
ὅτι οὐκ ἔγνωσαν αὐτόν.
³⁶καὶ νῦν ἴδετε, οἱ μεγιστᾶνες τῆς γῆς, τὸ κρίμα τοῦ κυρίου·   36
ὅτι μέγας βασιλεὺς καὶ δίκαιος, κρίνων τὴν ὑπ' οὐρανόν.
³⁷εὐλογεῖτε τὸν θεόν, οἱ φοβούμενοι τὸν κύριον ἐν ἐπιστήμῃ,   37
ὅτι τὸ ἔλεος Κυρίου ἐπὶ τοὺς φοβουμένους αὐτόν, μετὰ κρίματος,
³⁸τοῦ διαστεῖλαι ἀνὰ μέσον δικαίου καὶ ἁμαρτωλοῦ,   38
ἀποδοῦναι ἁμαρτωλοῖς εἰς τὸν αἰῶνα κατὰ τὰ ἔργα αὐτῶν·
³⁹καὶ ἐλεῆσαι δίκαιον ἀπὸ ταπεινώσεως ἁμαρτωλοῦ,   39
καὶ ἀποδοῦναι ἁμαρτωλῷ ἀνθ' ὧν ἐποίησεν δικαίῳ.
⁴⁰ὅτι χρηστὸς ὁ κύριος τοῖς ἐπικαλουμένοις αὐτὸν ἐν ὑπομονῇ,   40
ποιῆσαι κατὰ τὸ ἔλεος αὐτοῦ τοῖς ὁσίοις αὐτοῦ,
παρεστάναι διὰ παντὸς ἐνώπιον αὐτοῦ ἐν ἰσχύι.
⁴¹εὐλογητὸς Κύριος εἰς τὸν αἰῶνα ἐνώπιον δούλων αὐτοῦ.   41

Γ´

Ψαλμὸς τῷ Σαλωμὼν περὶ δικαίων.   III

¹Ἵνα τί ὑπνοῖς, ψυχή, καὶ οὐκ εὐλογεῖς τὸν κύριον;   1
²ὕμνον καὶ αἶνον ψάλλετε τῷ θεῷ τῷ αἰνετῷ.   2
ψάλλε καὶ γρηγόρησον ἐπὶ τὴν γρηγόρησιν αὐτοῦ·
ὅτι ἀγαθὸς ψαλμὸς τῷ θεῷ ἐξ ἀγαθῆς καρδίας.
³δίκαιοι μνημονεύουσιν διὰ παντὸς τοῦ κυρίου,   3
ἐν ἐξομολογήσει καὶ δικαιώσει τὰ κρίματα τοῦ κυρίου.
⁴οὐκ ὀλιγωρήσει δίκαιος παιδευόμενος ὑπὸ τοῦ κυρίου·   4
ἡ εὐδοκία αὐτοῦ διὰ παντὸς ἔναντι Κυρίου.
⁵προσέκοψεν ὁ δίκαιος καὶ ἐδικαίωσεν τὸν κύριον·   5
ἔπεσεν, καὶ ἀποβλέπει τί ποιήσει αὐτῷ ὁ θεός·

chilmpv   35 ο ανιστων clr] om o himpv | απωλειαν chilmpv | αιωνος] αιωνιον chilmpv | αυτων l   36 om του chilmpv   37 Κυριου c^{mg}himprv] αυτου c^{txt}]   39 αμαρτωλου] + αποδουναι αμαρτωλοις εις τον αιωνα κατα τα εργα αυτων i | εποιησε chimpv   40 οσιοις] μετ hmpv   III γ´ om hv | Σαλομων chilmpv   1 ουκ ευλογεις] ου λογεις r*   2 και αινον clr] καινον himpv | ψαλατε chilpv ψαλλατε m | ψαλλε και] ψαλαι ι | θεω] κυριω i | αγαθης ir] ολης chlmpv   3 μνημονευουσι chilmpv | του κυριου (2°)] om του chilmpv   4 om του chilmpv | εναντιον ch^{corr}ilmpv (ενωπιον h*^{vid})   5 εδικαιωσε chilmpv | επεσε chimpv

768

ΨΑΛΜΟΙ ΣΟΛΟΜΩΝΤΟΣ IV 4

6 ⁶ἀποσκοπεύει ὅθεν ἥξει σωτηρία αὐτῷ.
7 ⁷ἀλήθεια τῶν δικαίων παρὰ θεοῦ σωτῆρος αὐτῶν·
οὐκ αὐλίζεται ἐν οἴκῳ δικαίου ἁμαρτία ἐφ' ἁμαρτίαν.
8 ⁸ἐπισκέπτεται διὰ παντὸς τὸν οἶκον αὐτοῦ ὁ δίκαιος,
τοῦ ἐξᾶραι ἀδικίαν ἐν παραπτώματι αὐτοῦ.
9 ⁹ἐξιλάσατο περὶ ἀγνοίας ἐν νηστείᾳ καὶ ταπεινώσει ψυχὴν αὐτοῦ·
10 ¹⁰καὶ ὁ κύριος καθαρίζει πᾶν ἄνδρα ὅσιον καὶ τὸν οἶκον αὐτοῦ.
11 ¹¹προσέκοψεν ἁμαρτωλός, καὶ καταρᾶται ζωὴν αὐτοῦ,
τὴν ἡμέραν γενέσεως αὐτοῦ καὶ ὠδῖνας μητρός·
12 ¹²προσέθηκεν ἁμαρτίας ἐφ' ἁμαρτίαις τῇ ζωῇ αὐτοῦ·
13 ¹³ἔπεσεν, ὅτι πονηρὸν τὸ πτῶμα αὐτοῦ, καὶ οὐκ ἀναστήσεται.
ἡ ἀπώλεια τοῦ ἁμαρτωλοῦ εἰς τὸν αἰῶνα,
14 ¹⁴καὶ οὐ μὴ μνησθήσεται ὅταν ἐπισκέπτηται δικαίους·
15 ¹⁵αὕτη ἡ μερὶς τῶν ἁμαρτωλῶν εἰς τὸν αἰῶνα.
16 ¹⁶οἱ δὲ φοβούμενοι τὸν κύριον ἀναστήσονται εἰς ζωὴν αἰώνιον,
καὶ ἡ ζωὴ αὐτῶν ἐν φωτὶ Κυρίου οὐκ ἐκλείψει ἔτι.

Δ'

IV Διαλογὴ τοῦ Σαλωμὼν τοῖς ἀνθρωπαρέσκοις.

1 ¹Ἵνα τί σύ, βέβηλε, κάθησαι ἐν συνεδρίῳ ὁσίῳ,
καὶ ἡ καρδία σου μακρὰν ἀφέστηκεν ἀπὸ τοῦ κυρίου,
ἐν παρανομίαις παροργίζων τὸν θεὸν Ἰσραήλ;
2 ²περισσὸς ἐν λόγοις, περισσὸς ἐν σημειώσει ὑπὲρ πάντας,
ὁ σκληρὸς ἐν λόγοις κατακρῖναι ἁμαρτωλοὺς ἐν κρίσει.
3 ³καὶ ἡ χεὶρ αὐτοῦ ἐν πρώτοις ἐπ' αὐτὸν ὡς ἐν ζήλει,
καὶ αὐτὸς ἔνοχος ἐν ποικιλίᾳ ἁμαρτιῶν, ἐν ἀκρασίαις·
4 ⁴οἱ ὀφθαλμοὶ αὐτοῦ ἐπὶ πᾶσαν γυναῖκα ἄνευ διαστολῆς,
ἡ γλῶσσα ψευδὴς ἐν συναλλάγματι μεθ' ὅρκου.

6 σωτηρια] pr η i | αυτω c*r] αυτου c^corr hilmpv   7 δικαιου] pr του chilmpv chilmpv   9 om αυτου r   10 παντα chilmpv | οσιον himprv] θειον cl
11 αμαρτωλος] pr o i | [ζωην] pr την i   12 προσεθηκεν ilr] προσεθηκαν hmpv (de c non liq) | αμαρτιαις clr] αμαρτιας himpv   13 πτωμα] σπερμα i
14 ου μη] om μη chilmpv | επισκεπτεται i   15 om η chilmpv   16 om του chilmpv | ουκ] pr και chilmpv   IV δ' cilr] γ' hv | διαλογη του cilr] ψαλμος τω hpv | Σαλομων chilpv | ανθρωπαρεσκοις]+τεταρτος i (deest tit in m)   1 καθησαι βεβηλε chilmpv | οσιω clr] οσιων i om hmpv
2 κατακρινει cl κατακρινων hmpv   3 ζηλω chilmpv | αμαρτωλων] αμαρτιων chilmpv | εν 3°] pr και chilmpv   4 γλωσσα]+αυτου chilmpv

IV 5 ΨΑΛΜΟΙ ΣΟΛΟΜΩΝΤΟΣ

⁵ἐν νυκτὶ καὶ ἐν ἀποκρύφοις ἁμαρτάνει ὡς οὐχ ὁρώμενος, 5
ἐν ὀφθαλμοῖς αὐτοῦ λαλεῖ πάσῃ γυναικὶ ἐν συνταγῇ κακίας·
⁶ταχὺς εἰσόδῳ εἰς πᾶσαν οἰκίαν ἱλαρότητι ὡς ἄκακος. 6
⁷ἐξάραι ὁ θεὸς τοὺς ἐν ὑποκρίσει ζῶντας μετὰ ὁσίων, 7
ἐν φθορᾷ σαρκὸς αὐτοῦ καὶ πενίᾳ τὴν ζωὴν αὐτοῦ·
⁸ἀνακαλύψαι ὁ θεὸς τὰ ἔργα ἀνθρώπων ἀνθρωπαρέσκων, 8
ἐν καταγέλωτι καὶ μυκτηρισμῷ τὰ ἔργα αὐτοῦ.
⁹καὶ δικαιώσαισαν ὅσιοι τὸ κρίμα τοῦ θεοῦ αὐτῶν, 9
ἐν τῷ ἐξαίρεσθαι ἁμαρτωλοὺς ἀπὸ προσώπου δικαίου,
¹⁰ἀνθρωπάρεσκον λαλοῦντα μόνον μετὰ δόλου. 10
¹¹καὶ οἱ ὀφθαλμοὶ αὐτῶν ἐπ' οἶκον ἀνδρὸς ἐν εὐσταθίᾳ, ὡς ὄφις, 11
διαλῦσαι σοφίαν ἀλλήλων ἐν λόγοις παρανόμων.
¹²οἱ λόγοι αὐτοῦ παραλογισμοί, 12
εἰς πρᾶξιν ἐπιθυμίας ἀδίκων.
¹³οὐκ ἀπέστη ἕως ἐνίκησεν σκορπίσαι ὡς ἐν ὀρφανίᾳ, 13
καὶ ἠρήμωσεν οἶκον ἕνεκεν ἐπιθυμίας παρανόμου.
¹⁴παρελογίσατο ἐν λόγοις ὅτι οὐκ ἔστιν ὁρῶν καὶ κρίνων, 14
¹⁵ἐπλήσθη ἐν παρανομίᾳ ἐν ταύτῃ· 15
καὶ οἱ ὀφθαλμοὶ αὐτοῦ ἐπ' οἶκον ἕτερον ὀλοθρεῦσαι ἐν λόγοις
ἀναπτερώσεως·
οὐκ ἐμπίπλαται ἡ ψυχὴ αὐτοῦ, ὡς ᾅδης, ἐν πᾶσι τούτοις.
¹⁶γένοιτο, Κύριε, ἡ μερὶς αὐτοῦ ἐν ἀτιμίᾳ ἐνώπιόν σου, 16
ἡ ἔξοδος αὐτοῦ ἐν στεναγμοῖς καὶ ἡ εἴσοδος αὐτοῦ ἐν ἀρᾷ·
¹⁷ὀδύναις καὶ πενίᾳ καὶ ἀπορίᾳ ἡ ζωὴ αὐτοῦ, Κύριε, 17
ὁ ὕπνος αὐτοῦ ἐν λύπαις καὶ ἡ ἐξέγερσις αὐτοῦ ἐν ἀπορίαις·
¹⁸ἀφαιρεθείη ὕπνος ἀπὸ κροτάφων αὐτοῦ ἐν νυκτί, 18
ἀποπέσοιεν ἀπὸ παντὸς ἔργου χειρῶν αὐτοῦ·
¹⁹καὶ ἐλλιπὴς ὁ οἶκος αὐτοῦ ἀπὸ παντὸς οὗ ἐμπλήσει ψυχὴν 19
αὐτοῦ,

chilmpv   6 ως ακακος] ωσακκος r   9 δικαιωσαισαν ir] δικαιωσαιαν c δικαιως ειεν
l δικαιωσαιεν hmpv | οσιοι clr] pr οι himpr | δικαιον] pr τον i   10 μονον]
νομον chilmpv | δολου] δουλου r   11 αυτων] αυτου i | επ οικον cilr] εν
οικω hmpv | ευσταθεια chlv   12 αδικον chilmpv   13 απεστη cilr] ανεστη
hpv | οικον cilr] om hmpv   15 ολοθρευσαι hilmpv (de c non liq) | ως
αδης clr] ως ο αδ. i om hmpv   17 πενια] pr εν hmpv | om και 2° r |
λυπαις cilr] οδυναις hmpv | εξεγερσις] εγερσις i | απορια mp   18 απο-
πεσοιεν] αποπεσοι chilv αποπεσει mp | χειρος mp | αυτου 2°] + εν ατιμια
chilmpv   19 και] pr κενος χερσιν αυτου εισελθοι εις τον οικον αυτου
chilmpv

²⁰ἐν μονίᾳ ἀτεκνίας τὸ γῆρας αὐτοῦ εἰς ἀνάλημψιν.
²¹σκορπισθείησαν σάρκες ἀνθρωπαρέσκων ὑπὸ θηρίων,
  καὶ ὀστᾶ παρανόμων κατέναντι τοῦ ἡλίου ἐν ἀτιμίᾳ.
²²ὀφθαλμοὺς ἐκκόψαισαν κόρακες ὑποκρινομένων,
  ²³ὅτι ἠρήμωσεν οἴκους πολλοὺς ἀνθρώπων ἐν ἀτιμίᾳ
  καὶ ἐσκόρπισεν ἐπιθυμίᾳ.
²⁴καὶ οὐκ ἐμνήσθησαν θεοῦ,
  καὶ οὐκ ἐφοβήθησαν τὸν θεὸν ἐν ἅπασι τούτοις.
²⁵καὶ παρώργισαν τὸν θεόν,
  καὶ παρώξυναν ἐξᾶραι αὐτοὺς ἀπὸ τῆς γῆς·
  ὅτι ψυχὰς ἀκάκων παραλογισμῷ ὑπεκρίνοντο.
²⁶μακάριοι οἱ φοβούμενοι τὸν κύριον ἐν ἀκακίᾳ αὐτῶν·
  ²⁷καὶ ὁ κύριος ῥύσεται αὐτοὺς ἀπὸ ἀνθρώπων δολίων καὶ ἁμαρ-
  τωλῶν·
  καὶ ῥύσεται ἡμᾶς ἀπὸ παντὸς σκανδάλου παρανόμου.
²⁸ἐξᾶραι ὁ θεὸς τοὺς ποιοῦντας ἐν ὑπερηφανίᾳ πᾶσαν ἀδικίαν,
  ὅτι κριτὴς μέγας καὶ κραταιὸς Κύριος ὁ θεὸς ἡμῶν ἐν δι-
  καιοσύνῃ.
²⁹γένοιτο, Κύριε, τὸ ἔλεός σου ἐπὶ πάντας τοὺς ἀγαπῶντάς σε.

Ε´

Ψαλμὸς τῷ Σαλωμών.

¹Κύριε ὁ θεός, αἰνέσω τῷ ὀνόματί σου ἐν ἀγαλλιάσει,
  ἐν μέσῳ ἐπισταμένων τὰ κρίματά σου τὰ δίκαια.
²ὅτι εὔχρηστος καὶ ἐλεήμων ἡ καταφυγὴ τοῦ πτωχοῦ·
³ἐν τῷ κεκραγέναι με πρὸς σὲ μὴ παρασιωπήσῃς ἀπ᾽ ἐμοῦ.
⁴οὐ γὰρ λήψεται σκῦλα παρὰ ἀνδρὸς δυνατοῦ·
  ⁵καὶ τίς λήψεται ἀπὸ πάντων ὧν ἐποίησας, ἐὰν μὴ σὺ δῷς;
⁶ὅτι ἄνθρωπος καὶ ἡ μερὶς αὐτοῦ παρὰ σοῦ ἐν σταθμῷ·
  οὐ προσθήσει τοῦ πλεονάσαι παρὰ τὸ κρίμα σου, ὁ θεός.

20 μονωσει chilmpv | αναληψιν chilmpv   22 οφθαλμους εκκοψαισαν chilmpv κορακες] εκκοψειαν κορακες οφθ. ανθρωπων chilmpv   23 ηρημωσαν chilmpv | πολλων ανθρωπων] ανθρωπων πολλων c | εσκορπισεν (εσκοπ. r*)] εσκορπισαν εν chilmpv   24 εμνησθησαν θεου] εμνησθης ανοῦ r | απασι clr] πασι hmpv 25 παρωξυνεν r   27 om και 1° chilmpv   V ε´ cilr] δ´ hv | τω Σαλομων ψαλμος πεμπτος i ψ. Σολομων cl ψ. Σαλομων hpv (deest tit in m) 1 το ονομα imp   2 ευχρηστος] συ χρηστος chilmpv | η cilr] ει hmpv 4 ου γαρ...δυνατου] om cl | σκυλα ir]+ανθρωπος hmpv   6 παρα] απο i | σου 1° cilr] σοι hmpv

ΨΑΛΜΟΙ ΣΟΛΟΜΩΝΤΟΣ

ϛ ⁷ἐν τῷ θλίβεσθαι ἡμᾶς ἐπικαλεσόμεθα εἰς βοήθειαν, 7
καὶ σὺ οὐκ ἀποστρέψῃ τὴν δέησιν ἡμῶν,
ὅτι σὺ ὁ θεὸς ἡμῶν εἶ.
⁸μὴ βαρύνῃς τὴν χεῖρά σου ἐφ' ἡμᾶς, 8
ἵνα μὴ δι' ἀνάγκην ἁμάρτωμεν.
⁹καὶ ἐὰν μὴ ἐπιστρέψῃς ἡμᾶς, οὐκ ἀφεξόμεθα, 9
ἀλλ' ἐπὶ σὲ ἥξομεν·
¹⁰ἐὰν γὰρ πεινάσω, πρὸς σὲ κεκράξομαι, ὁ θεός, 10
καὶ σὺ δώσεις μοι.
¹¹τὰ πετεινὰ καὶ τοὺς ἰχθύας σὺ τρέφεις, 11
ἐν τῷ διδόναι σὲ ὑετὸν ἐρήμοις εἰς ἀνατολὴν χλόης,
ἑτοιμάσαι χορτάσματα ἐν ἐρήμῳ παντὶ ζῶντι·
¹²καὶ ἐὰν πεινάσωσιν, πρὸς σὲ ἀροῦσιν πρόσωπον αὐτῶν. 12
¹³τοὺς βασιλεῖς καὶ ἄρχοντας καὶ λαοὺς σὺ τρέφεις, ὁ θεός, 13
καὶ πτωχοῦ καὶ πένητος ἡ ἐλπὶς τίς ἐστιν εἰ μὴ σύ, Κύριε;
¹⁴καὶ σὺ ἐπακούσῃ, ὅτι τίς χρηστὸς καὶ ἐπιεικὴς ἀλλ' ἢ σύ; 14
εὐφρᾶναι ψυχὴν ταπεινοῦ ἐν τῷ ἀνοῖξαι χεῖρά σου ἐν ἐλέει.
¹⁵ἡ χρηστότης ἀνθρώπου ἐν φειδῷ, καὶ ἡ αὔριον· 15
καὶ ἐὰν δευτερώσῃ ἄνευ γογγυσμοῦ, καὶ τοῦτο θαυμάσειας.

¶ i ¹⁶τὸ δὲ δόμα σου πολὺ μετὰ χρηστότητος ¶καὶ πλούσιον, 16
καὶ οὗ ἐστιν ἡ ἐλπὶς ἐπὶ σέ, οὐ φείσεται ἐν δόματι·
¹⁷ἐπὶ πᾶσαν τὴν γῆν τὸ ἔλεός σου, Κύριε, ἐν χρηστότητι. 17
¹⁸μακάριος οὗ μνημονεύει ὁ θεὸς ἐν συμμετρίᾳ αὐταρκίας· 18
¹⁹ἐὰν ὑπερπλεονάσῃ ὁ ἄνθρωπος, ἐξαμαρτάνει· 19
²⁰ἱκανὸν τὸ μέτριον ἐν δικαιοσύνῃ, 20
καὶ ἐν τούτῳ ἡ εὐλογία Κυρίου, εἰς πλησμονὴν ἐν δικαιοσύνῃ.
²¹ηὐφράνθησαν οἱ φοβούμενοι Κύριον ἐν ἀγαθοῖς, 21
καὶ ἡ χρηστότης σου ἐπὶ Ἰσραὴλ τῇ βασιλείᾳ σου.
²²εὐλογημένη ἡ δόξα Κυρίου, 22
ὅτι αὐτὸς βασιλεὺς ἡμῶν.

chilmpv 7 αποστρεψη lr] αποστρεψης i αποστρεψεις hmpv (de c non liq) | ει ο θεος ημων chilmpv 8 βαρυνεις i 9 αλλα hmpv 11 τρεφεις] +κε c^{fort} | ερημοις) pr εν chilmpv 12 πεινασωσι chilmpv | αρουσι chilmpv | προσωπον ir] προσωπα chlmpv 13 αρχοντας cilr] pr τους hmpv | τρεφεις] στρεφεις r 14 επακουσης r | ελεω chilmpv 15 φειδω clr] φειδοι i φιλω hmpv | και εαν clr]+και himpv 16 ου 1°] ουκ r | η ελπις επι σε] επι σε Κυριε η ελπις chilmpv 18 αυταρκιας r (-κειας cl)] αυταρκεσιας hmpv 21 ευφρανθησαν chlmpv | τη βασιλεια] pr εν chlmpv

Ϛ′

Ἐν ἐλπίδι· τῷ Σαλωμών.

1 Μακάριος ἀνὴρ οὗ ἡ καρδία αὐτοῦ ἑτοίμη ἐπικαλέσασθαι τὸ
ὄνομα Κυρίου·
2 ἐν τῷ μνημονεύειν αὐτὸν τὸ ὄνομα Κυρίου σωθήσεται.
3 αἱ ὁδοὶ αὐτοῦ κατευθύνονται ὑπὸ Κυρίου,
καὶ πεφυλαγμένα ἔργα χειρῶν αὐτοῦ ὑπὸ Κυρίου θεοῦ αὐτοῦ.
4 ἀπὸ ὁράσεως πονηρῶν ἐνυπνίων αὐτοῦ οὐ ταραχθήσεται·
5 ἡ ψυχὴ αὐτοῦ ἐν διαβάσει ποταμῶν καὶ σάλῳ θαλασσῶν οὐ
πτοηθήσεται.
6 ἐξανέστη ἐξ ὕπνου αὐτοῦ,
καὶ ηὐλόγησεν τῷ ὀνόματι Κυρίου.
7 ἐπ' εὐσταθίᾳ καρδίας αὐτοῦ ἐξύμνησεν τῷ ὀνόματι τοῦ θεοῦ,
καὶ ἐδεήθη τοῦ προσώπου Κυρίου περὶ παντὸς τοῦ οἴκου
αὐτοῦ.
8 καὶ Κύριος εἰσήκουσεν προσευχὴν παντὸς ἐν φόβῳ θεοῦ,
καὶ πᾶν αἴτημα ψυχῆς ἐλπιζούσης πρὸς αὐτὸν ἐπιτελεῖ ὁ
κύριος.
9 εὐλογητὸς Κύριος ὁ ποιῶν ἔλεος τοῖς ἀγαπῶσιν αὐτὸν ἐν ἀληθείᾳ.

Ζ′

Τῷ Σαλωμών· ἐπιστροφῆς.

1 Μὴ ἀποσκηνώσῃς ἀφ' ἡμῶν, ὁ θεός,
ἵνα μὴ ἐπιθῶνται ἡμῖν οἳ ἐμίσησαν ἡμᾶς δωρεάν.
2 ὅτι ἀπώσω αὐτούς, ὁ θεός·
μὴ πατησάτω ὁ πούς αὐτῶν κληρονομίαν ἁγιάσματός σου.
3 σὺ ἐν θελήματί σου παίδευσον ἡμᾶς,
καὶ μὴ δῷς ἔθνεσιν.
4 ἐὰν γὰρ ἀποστείλῃς θάνατον, σὺ ἐντελῇ αὐτῷ περὶ ἡμῶν·
ὅτι σὺ ἐλεήμων, καὶ οὐκ ὀργισθήσῃ τοῦ συντελέσαι ἡμᾶς.
5 ἐν τῷ κατασκηνοῦν τὸ ὄνομά σου ἐν μέσῳ ἡμῶν ἐλεηθησόμεθα,

VI Ϛ′ cl] ε′ h om r | Σαλομων chl Σολομων r (deest tit in m) **1** επι- chlmpv καλεσασθαι cr] επικαλεισθαι hlmpv **4** ορασεων chlmpv | σαλων hmpv σαλον clr **6** ευλογησεν l ευλογησε chmpv | τω ονοματι clr] το ονομα hmpv **7** ευσταθια] ευσταθεια chlv | εξυμνησε chlmpv | τω ονοματι clr] το ονομα hmpv | του θεου] + αυτου chlmpv **8** εισηκουσε chlmpv | ο κυριος] om o chlmpv **9** ελεος clr] ελεον hmpv VII ζ′ clr] ς′ hv ¹ Σαλομων chlmpv Σολομων r deest tit in m **1** μισησαντες chlmpv

⁶καὶ οὐκ ἰσχύσει πρὸς ἡμᾶς ἔθνος, 6
ὅτι σὺ ὑπερασπιστὴς ἡμῶν.
⁷καὶ ἡμεῖς ἐπικαλεσόμεθά σε, καὶ σὺ ἐπακούσῃ ἡμῶν· 7
⁸ὅτι σὺ οἰκτειρήσεις τὸ γένος Ἰσραὴλ εἰς τὸν αἰῶνα καὶ 8
οὐκ ἀπώσει·
καὶ ἡμεῖς ὑπὸ ζυγόν σου τὸν αἰῶνα,
καὶ μάστιγα παιδίας σου.
⁹κατευθυνεῖς ἡμᾶς ἐν καιρῷ ἀντιλήψεώς σου, 9
τοῦ ἐλεῆσαι τὸν οἶκον Ἰακὼβ εἰς ἡμέραν ἐν ᾗ ἐπηγγείλω αὐτοῖς.

H'

Τῷ Σαλωμών· εἰς νῖκος.   VIII

¹Θλίψιν καὶ φωνὴν πολέμου ἤκουσεν τὸ οὖς μου, 1
φωνὴν σάλπιγγος ἠχούσης σφαγὴν καὶ ὄλεθρον·
²φωνὴ λαοῦ πολλοῦ ὡς ἀνέμου πολλοῦ σφόδρα, 2
ὡς καταιγὶς πυρὸς πολλοῦ φερομένου δι' ἐρήμου.
³καὶ εἶπα τῇ καρδίᾳ μου 3
Ποῦ ἄρα κρινεῖ αὐτὸν ὁ θεός;
⁴φωνὴν ἤκουσα εἰς Ἰερουσαλὴμ πόλιν ἁγιάσματος· 4
⁵συνετρίβη ἡ ὀσφύς μου ἀπὸ ἀκοῆς, παρελύθη γόνατά μου. 5
⁶ἐφοβήθη ἡ καρδία μου, ἐταράχθη τὰ ὀστᾶ μου ὡς λίνον· 6
⁷εἶπα Κατευθυνοῦσιν ὁδοὺς αὐτῶν ἐν δικαιοσύνῃ. 7
ἀνελογισάμην τὰ κρίματα τοῦ θεοῦ ἀπὸ κτίσεως οὐρανοῦ καὶ γῆς·
ἐδικαίωσα τὸν θεὸν ἐν τοῖς κρίμασιν αὐτοῦ τοῖς ἀπ' αἰῶνος.
⁸ἀνεκάλυψεν ὁ θεὸς τὰς ἁμαρτίας αὐτῶν ἐναντίον τοῦ ἡλίου· 8
ἔγνω πᾶσα ἡ γῆ τὰ κρίματα τοῦ θεοῦ τὰ δίκαια.
⁹ἐν καταγαίοις κρυφίοις αἱ παρανομίαι αὐτῶν ἐν παροργισμῷ· 9
¹⁰υἱὸς μετὰ μητρὸς καὶ πατὴρ μετὰ θυγατρὸς συνεφύροντο. 10
¹¹ἐμοιχῶντο ἕκαστος τὴν γυναῖκα τοῦ πλησίον αὐτοῦ· 11
συνέθεντο αὐτοῖς συνθήκας μετὰ ὅρκου περὶ τούτων.
¹²τὰ ἅγια τοῦ θεοῦ διηρπάζοσαν, 12
ὡς μὴ ὄντος κληρονόμου λυτρουμένου.

chlmpv 7 om συ cl | επακουσεις cl   8 απωση chlmpv | παιδιας r (-δειας hmpv)]
παιδεια l (de c non liq)   9 η] ω r   VIII η' clr^corr] ζ' hpv θ' r* | Σαλομων
chlpv Σολομων r (deest tit in m)   1 ηκουσε chlmpv | το ους μου] η ψυχη
μου c^mg l^mg   3 ειπον chlmpv: item 7 | αυτην cl   4 εις clr] εν hmpv
7 οδους] δους r   8 ανακαλυψεν r | εγνωσαν cl   9 καταγαιης l | κρυφοις cl
11 την γυναικα] om την chlmpv   12 διηρπαζον chlmpv | ως μη] ουκ
chlmpv

ΨΑΛΜΟΙ ΣΟΛΟΜΩΝΤΟΣ VIII 34

13 ¹³ἐπατοῦσαν τὸ θυσιαστήριον Κυρίου ἀπὸ πάσης ἀκαθαρσίας
§¹καὶ ἐν ἀφέδρῳ αἵματος ἐμίαναν τὰς θυσίας, ὡς κρέα βέβηλα· §¹
14 ¹⁴οὐ παρέλειπον ἁμαρτίαν ἣν οὐκ ἐποίησαν ὑπὲρ τὰ ἔθνη.
15 ¹⁵διὰ τοῦτο ἐκέρασεν αὐτοῖς ὁ θεὸς πνεῦμα πλανήσεως,
ἐπότισεν αὐτοὺς ποτήριον οἴνου ἀκράτου εἰς μέθην.
16 ¹⁶ἤγαγεν τὸν ἀπ᾽ ἐσχάτου τῆς γῆς, τὸν παίοντα κραταιῶς,
17 ¹⁷ἔκρινεν τὸν πόλεμον ἐπὶ Ἰερουσαλὴμ καὶ τὴν γῆν αὐτῆς.
18 ¹⁸ἠπάντησαν αὐτῷ οἱ ἄρχοντες τῆς γῆς μετὰ χαρᾶς,
εἶπαν αὐτῷ Ἐπευκτὴ ἡ ὁδός σου· δεῦτε εἰσέλθατε μετ᾽ εἰρήνης.
19 ¹⁹ὡμάλισαν ὁδοὺς τραχείας ἀπὸ εἰσόδου αὐτοῦ,
ἤνοιξαν πύλας ἐπὶ Ἰερουσαλήμ, ἐστεφάνωσαν τείχη αὐτῆς.
20 ²⁰εἰσῆλθεν ὡς πατὴρ εἰς οἶκον υἱῶν αὐτοῦ μετ᾽ εἰρήνης,
ἔστησεν τοὺς πόδας αὐτοῦ μετὰ ἀσφαλείας πολλῆς.
21 ²¹κατελάβετο τὰς πυργοβάρεις αὐτῆς καὶ τὸ τεῖχος Ἰερουσαλήμ,
22 ²²ὅτι ὁ θεὸς ἤγαγεν αὐτὸν μετὰ ἀσφαλείας ἐν τῇ πλανήσει αὐτῶν.
23 ²³ἀπώλεσεν ἄρχοντας αὐτῶν καὶ πᾶν σοφὸν ἐν βουλῇ,
ἐξέχεεν τὸ αἷμα τῶν οἰκούντων Ἰερουσαλὴμ ὡς ὕδωρ ἀκαθαρσίας.
24 ²⁴ἀπήγαγεν τοὺς υἱοὺς καὶ τὰς θυγατέρας αὐτῶν,
ἃ ἐγέννησαν ἐν βεβηλώσει.
25 ²⁵ἐποίησαν κατὰ τὰς ἀκαθαρσίας αὐτῶν, καθὼς οἱ πατέρες αὐτῶν·
26 ²⁶ἐμίανεν Ἰερουσαλὴμ καὶ τὰ ἡγιασμένα τῷ ὀνόματι τοῦ θεοῦ.
27 ²⁷ἐδικαιώθη ὁ θεὸς ἐν τοῖς κρίμασιν αὐτοῦ ἐν τοῖς ἔθνεσι τῆς γῆς,
28 ²⁸καὶ οἱ ὅσιοι τοῦ θεοῦ ὡς ἀρνία ἐν ἀκακίᾳ ἐν μέσῳ αὐτῶν.
29 ²⁹αἰνετὸς Κύριος ὁ κρίνων πᾶσαν τὴν γῆν ἐν δικαιοσύνῃ αὐτοῦ.
30 ³⁰ἰδοὺ δή, ὁ θεός, ἔδειξας ἡμῖν τὸ κρίμα σου ἐν τῇ δικαιοσύνῃ σου,
31 ³¹εἴδοσαν οἱ ὀφθαλμοὶ ἡμῶν τὰ κρίματά σου, ὁ θεός.
ἐδικαιώσαμεν τὸ ὄνομά σου τὸ ἔντιμον εἰς αἰῶνας,
32 ³²ὅτι σὺ ὁ θεὸς τῆς δικαιοσύνης, κρίνων τὸν Ἰσραὴλ ἐν παιδείᾳ.
33 ³³ἐπίστρεψον, ὁ θεός, τὸ ἔλεός σου ἐφ᾽ ἡμᾶς καὶ οἰκτείρησον ἡμᾶς·
34 ³⁴συνάγαγε τὴν διασπορὰν Ἰσραὴλ μετὰ ἐλέους καὶ χρηστότητος.

13 επατουν chlmpv | ακαθαρσιας] θαρσ sup ras r | εμιαιων chilmpv chilmpv
14 παρελιπον chilmpv   15 αυτους cilr] αυτοις hmpv   16 ηγαγε chmpv |
om τον 2° i   17 εκρινε chilmpv   18 ειπον hilmpv | εισελθετε chilmpv
19 ομαλισαν i | αυτου ilr] αυτων hmpv   20 εστησε chimpv | post ποδας 2
vel 3 litt ras r | μετ i   22 ο θεος] om o chilmpv   23 παντα chilmpv |
εξεχεε chimpv   24 απηγαγε chilmpv | α] ας chilmpv | εγεννησεν m
26 εμιαναν chilmpv   27 εθνεσι chilmpr^corr v   29 om χην εν i   30 ειδον
chilmpv   31 ημων cilr] αυτων hmpv   32 την δικαιοσυνην r   34 Ιλημ
c* | μετα cr] μετ hilmpv | ελεου c^corr hilmpv (παιδ incep c*)

775

ΨΑΛΜΟΙ ΣΟΛΟΜΩΝΤΟΣ

³⁵ὅτι πίστις σου μεθ' ἡμῶν, καὶ ἡμεῖς ἐσκληρύναμεν τράχηλον 35
ἡμῶν,
καὶ σὺ παιδευτὴς ἡμῶν εἶ.
³⁶μὴ ὑπερίδης ἡμᾶς, ὁ θεὸς ἡμῶν, 36
ἵνα μὴ καταπίωσιν ἡμᾶς ἔθνη, ὡς μὴ ὄντος λυτρουμένου.
³⁷καὶ σὺ ὁ θεὸς ἡμῶν ἀπ' ἀρχῆς, 37
καὶ ἐπὶ σὲ ἡ ἐλπὶς ἡμῶν, Κύριε·
³⁸καὶ ἡμεῖς οὐκ ἀφεξύμεθά σου, 38
ὅτι χρηστὰ τὰ κρίματά σου εἰς ἡμᾶς.
³⁹ἡμῖν καὶ τοῖς τέκνοις ἡμῶν ἡ εὐδοκία εἰς τὸν αἰῶνα· 39
Κύριε σωτὴρ ἡμῶν, οὐ σαλευθησόμεθα ἔτι τὸν αἰῶνα χρόνον.
⁴⁰αἰνετὸς Κύριος ἐν τοῖς κρίμασιν αὐτοῦ ἐν στόματι ὁσίων, 40
καὶ εὐλογημένος Ἰσραὴλ ὑπὸ Κυρίου εἰς τὸν αἰῶνα.

Θ'

Τῷ Σαλωμών· εἰς ἔλεγχον.

¹Ἐν τῷ ἀπαχθῆναι Ἰσραὴλ ἐν ἀποικεσίᾳ εἰς γῆν ἀλλοτρίαν, 1
ἐν τῷ ἀποστῆναι αὐτοὺς ἀπὸ Κυρίου τοῦ λυτρωσαμένου
αὐτούς,
²ἀπερίφησαν ἀπὸ κληρονομίας ἧς ἔδωκεν αὐτοῖς Κύριος· 2
ἐν παντὶ ἔθνει ἡ διασπορὰ τοῦ Ἰσραὴλ κατὰ τὸ ῥῆμα τοῦ
θεοῦ·
³ἵνα δικαιωθῇς, ὁ θεός, ἐν τῇ δικαιοσύνῃ σου ἐν ταῖς ἀνομίαις 3
ἡμῶν·
⁴ὅτι σὺ κριτὴς δίκαιος ἐπὶ πάντας τοὺς λαοὺς τῆς γῆς. 4
⁵οὐ γὰρ κρυβήσεται ἀπὸ τῆς γνώσεώς σου πᾶς ποιῶν ἄδικα, 5
⁶καὶ αἱ δικαιοσύναι τῶν ὁσίων σου ἐνώπιόν σου, Κύριε· 6
καὶ ποῦ κρυβήσεται ἄνθρωπος ἀπὸ τῆς γνώσεώς σου, ὁ θεός;
⁷τὰ ἔργα ἡμῶν ἐν ἐκλογῇ καὶ ἐξουσίᾳ τῆς ψυχῆς ἡμῶν, 7
τοῦ ποιῆσαι δικαιοσύνην καὶ ἀδικίαν ἔργοις χειρῶν ἡμῶν.
⁸καὶ ἐν τῇ δικαιοσύνῃ σου ἐπισκέπτῃ υἱοὺς ἀνθρώπων· 8

chilmpv   35 πιστις] pr η chilmpv | τραχηλον] pr τον chilmpv   36 καταπιη
chilmpv | om ως chilmpv   37 η ελπις ημων] ηλπισαμεν chilmpv   38 εις]
εφ chilmpv   39 η ευδοκια] om η cl η ευδ. αυτων i | Κυριος c   40 στο-
μασιν i | και] +συ hmpv   IX τω Σαλομων εις νικος ψαλμος θ' και εις ελ.
i | Σαλομων chilprv (deest tit in m)   1 Ιερουσαλημ i | αποικησια hmp
2 απερριφησαν chilmpv | ο κυριος i | η διασπορα cilr] επι διασπ. hmpv
3 om τη i   5 αδικα] κακα chilmpv   6 om αι cl   7 εργοις] pr εν chlmpv

ΨΑΛΜΟΙ ΣΟΛΟΜΩΝΤΟΣ X 4

9 ⁹ὁ ποιῶν δικαιοσύνην θησαυρίζει ζωὴν αὑτῷ παρὰ Κυρίῳ,
καὶ ὁ ποιῶν ἀδικίαν αὐτὸς αἴτιος τῆς ψυχῆς ἐν ἀπωλείᾳ.
10 ¹⁰τὰ γὰρ κρίματα Κυρίου ἐν δικαιοσύνῃ κατ' ἄνδρα καὶ οἶκον.
11 ¹¹τίνι χρηστεύσῃ, ὁ θεός, εἰ μὴ τοῖς ἐπικαλουμένοις τὸν κύριον;
12 ¹²καθαρίσει ἐν ἁμαρτίαις ψυχὴν ἐν ἐξομολογήσει, ἐν ἐξαγορίαις.
13 ¹³ὅτι αἰσχύνη ἡμῖν καὶ τοῖς προσώποις ἡμῶν περὶ ἁπάντων·
14 ¹⁴καὶ τίνι ἀφήσει ἁμαρτίας, εἰ μὴ τοῖς ἡμαρτηκόσι;
15 ¹⁵δικαίους εὐλογήσεις, καὶ οὐκ εὐθυνεῖς περὶ ὧν ἡμάρτοσαν,
καὶ ἡ χρηστότης σου περὶ ἁμαρτανόντας ἐν μεταμελείᾳ.
16 ¹⁶καὶ νῦν σὺ ὁ θεός, καὶ ἡμεῖς λαός σου ὃν ἠγάπησας·
ἴδε καὶ οἰκτείρησον, ὁ θεὸς Ἰσραήλ, ὅτι σοί ἐσμεν·
καὶ μὴ ἀποστήσῃς ἔλεός σου ἀφ' ἡμῶν,
ἵνα μὴ ἐπιθῶνται ἡμῖν.
17 ¹⁷ὅτι σὺ ᾑρετίσω τὸ σπέρμα Ἀβραὰμ παρὰ πάντα τὰ ἔθνη,
18 ¹⁸καὶ ἔθου τὸ ὄνομά σου ἐφ' ἡμᾶς, Κύριε·
καὶ οὐ καταπαύσεις τὸν αἰῶνα.
19 ¹⁹ἐν διαθήκῃ διέθου τοῖς πατράσιν ἡμῶν περὶ ἡμῶν,
καὶ ἡμεῖς ἐλπιοῦμεν ἐπὶ σὲ ἐν ἐπιστροφῇ ψυχῆς ἡμῶν.
20 ²⁰τοῦ κυρίου ἐλεημοσύνη ἡ ἐπ' οἶκον Ἰσραὴλ
εἰς τὸν αἰῶνα καὶ ἔτι.

Ι'

X Ἐν ὕμνοις τῷ Σαλωμών.

1 ¹Μακάριος ἀνὴρ οὗ ὁ κύριος ἐμνήσθη ἐν ἐλεγμῷ,
καὶ ἐκυκλώθη ἀπὸ ὁδοῦ πονηρᾶς ἐν μάστιγι,
καθαρισθῆναι ἀπὸ ἁμαρτίας, τοῦ μὴ πληθῦναι.
2 ²ὁ ἑτοιμάζων νῶτον εἰς μάστιγας, καὶ καθαρισθήσεται·
χρηστὸς γὰρ ὁ κύριος τοῖς ὑπομένουσιν παιδείαν.
3 ³ὀρθώσει γὰρ ὁδοὺς δικαίων,
καὶ οὐ διαπρέψει ἐν παιδείᾳ.
4 ⁴καὶ τὸ ἔλεος Κυρίου ἐπὶ τοὺς ἀγαπῶντας αὐτὸν ἐν ἀληθείᾳ,
καὶ μνήσεται Κύριος τῶν δούλων αὐτοῦ ἐν ἐλέει·

9 εαυτω chilmpv | αδικα hmpv   11 χρηστευσει cl χρησιμευσει i chilmpv
12 εξηγοριαις chlmpv   13 παντων i   14 αφεσει r | ημαρτηκοσιν l
15 ημαρτον chilmpv   16 om σου 1° chilmpv | οικτειρον chilmpv | ελεον chilmpv   18 καταπαυσει cil καταπαυση hmpv | τον αιωνα] pr εις chilmpv
20 ελεημοσυνη] pr η hilmpv | επι chilmpv   X εν υμνοις] υμνος chilpv | τω Σαλωμων chilpv + ψαλμος ι' i (deest tit in m)   1 καθαρισθηναι] pr και chlmpv   2 om και chilmpv | om γαρ cl | υπομενουσι chilmpv   3 διαπρεψει] διαστρεψει chilmpv   4 μνησθεται chilmpv

ΨΑΛΜΟΙ ΣΟΛΟΜΩΝΤΟΣ

⁵ἡ γὰρ μαρτυρία ἐν νόμῳ διαθήκης αἰωνίου, 5
ἡ μαρτυρία Κυρίου ἐπὶ ὁδοὺς ἀνθρώπων ἐν ἐπισκοπῇ.
⁶δίκαιος καὶ ὅσιος Κύριος ἡμῶν κρίμασιν αὐτοῦ εἰς τὸν αἰῶνα, 6
καὶ Ἰσραὴλ αἰνέσει τῷ ὀνόματι Κυρίου ἐν εὐφροσύνῃ.
⁷καὶ ὅσιοι ἐξομολογήσονται ἐν ἐκκλησίᾳ λαοῦ, 7
καὶ πτωχοὺς ἐλεήσει ὁ θεὸς ἐν εὐφροσύνῃ Ἰσραήλ.
⁸ὅτι χρηστὸς καὶ ἐλεήμων ὁ θεὸς εἰς τὸν αἰῶνα, 8
καὶ συναγωγαὶ Ἰσραὴλ δοξάσουσιν τὸ ὄνομα Κυρίου.
⁹τοῦ κυρίου ἡ σωτηρία ἐπὶ οἶκον Ἰσραὴλ εἰς σωφροσύνην αἰώνιον. 9

ΙΑ΄

Τῷ Σαλωμών· εἰς προσδοκίαν. XI

¹Σαλπίσατε ἐν Σιὼν ἐν σάλπιγγι σημασίας ἁγίων, 1
²κηρύξατε ἐν Ἰερουσαλὴμ φωνὴν εὐαγγελιζομένου· 2
ὅτι ἠλέησεν ὁ θεὸς Ἰσραὴλ ἐν τῇ ἐπισκοπῇ αὐτῶν.
³στῆθι, Ἰερουσαλήμ, ἐφ' ὑψηλοῦ, καὶ ἴδε τὰ τέκνα σου 3
ἀπὸ ἀνατολῶν καὶ δυσμῶν συνηγμένα εἰς ἅπαξ ἀπὸ Κυρίου.
⁴ἀπὸ βορρᾶ ἔρχονται τῇ εὐφροσύνῃ τοῦ θεοῦ αὐτῶν· 4
ἐκ νήσων μακρόθεν συνήγαγεν αὐτοὺς ὁ θεός.
⁵ὄρη ὑψηλὰ ἐταπείνωσεν εἰς ὁμαλισμὸν αὐτοῖς· 5
⁶οἱ βουνοὶ ἐφύγοσαν ἀπὸ εἰσόδου αὐτῶν, 6
οἱ δρυμοὶ ἐσκίασαν αὐτοῖς ἐν τῇ παρόδῳ αὐτῶν.
⁷πᾶν ξύλον εὐωδίας ἀνέτειλεν αὐτοῖς ὁ θεός, 7
ἵνα παρέλθῃ Ἰσραὴλ ἐν ἐπισκοπῇ δόξης θεοῦ αὐτῶν,
⁸ἔνδυσαι, Ἰερουσαλήμ, τὰ ἱμάτια τῆς δόξης σου, 8
ἑτοίμασον τὴν στολὴν τοῦ ἁγιάσματός σου·
ὅτι ὁ θεὸς ἐλάλησεν ἀγαθὰ Ἰσραὴλ
εἰς τὸν αἰῶνα καὶ ἔτι.
⁹ποιήσαι Κύριος ἃ ἐλάλησεν ἐπὶ Ἰσραὴλ καὶ Ἰερουσαλήμ· 9
ἀναστήσαι Κύριος τὸν Ἰσραὴλ ἐν ὀνόματι δόξης αὐτοῦ.
τοῦ κυρίου τὸ ἔλεος ἐπὶ τὸν Ἰσραὴλ
εἰς τὸν αἰῶνα καὶ ἔτι.

chilmpv 5 γαρ cilr] om hmpv   6 Κυριος] ο κυριος chilmpv | κριμασιν] pr εν i | το ονομα hmpv | Κυριου]+εις τον αιωνα i   8 δοξασουσι chilmpv δοξασωσι i   9 επ chilmpv | σωφροσυνην hmprv] ευφροσυνην cil   XI Σαλωμων l] Σαλομων hipv Σολομων r (deest tit in m)   2 ελεησεν i | Ισραηλ] pr εν hmpv | αυτου i   3 om τα i | om εις i | απο 2°] υπο chilmpv   5 ορη] δροι i   6 εφυγον chilmpv | δρυμοι] βοινοι c | εσκιασαν] εσκιρτησαν mp 7 om θεου i   8 αγαθα εις τον αιωνα και ετι Ισραηλ c^corr] (οιη pro Ιηλ c*)   9 Ιερουσαλημ] pr εν hlmpv | om το cl

ΨΑΛΜΟΙ ΣΟΛΟΜΩΝΤΟΣ XIII 3

IB'

XII Τῷ Σαλωμών· ἐν γλώσσῃ παρανόμων.

1 ¹Κύριε, ῥῦσαι τὴν ψυχήν μου ἀπὸ ἀνδρὸς παρανόμου καὶ πονηροῦ,
ἀπὸ γλώσσης παρανόμου καὶ ψιθυροῦ καὶ λαλούσης ψευδῆ καὶ δόλια·

2 ²ἐν ποικιλίᾳ στροφῆς οἱ λόγοι τῆς γλώσσης ἀνδρὸς πονηροῦ.
ὥσπερ ἐν λαῷ πῦρ ἀνάπτον καλλονὴν αὐτοῦ.

3 ³ἡ παροικία αὐτοῦ, ἐμπλῆσαι οἴκους ἐν γλώσσῃ ψεύδει,
ἐκκόψαι δένδρα εὐφροσύνης φλογιζούσης παρανόμους,

4 ⁴συνχέαι οἴκους παρανόμους ἐν πολέμῳ χείλεσι ψιθυροῖς.
μακρύναι ὁ θεὸς ἀπὸ ἀκάκων χείλη παρανόμων ἐν ἀπορίᾳ,
καὶ σκορπισθείησαν ὀστᾶ ψιθύρων ἀπὸ φοβουμένων Κύριον

5 ⁵ἐν πυρὶ φλογὸς γλῶσσα ψιθυρὸς ἀπόλοιτο ἀπὸ ὁσίων.

6 ⁶φυλάξαι Κύριος ψυχὴν ἡσύχιον μισοῦσαν ἀδίκους,
καὶ κατευθύναι Κύριος ἄνδρα ποιοῦντα εἰρήνην ἐν οἴκῳ.

7 ⁷τοῦ κυρίου ἡ σωτηρία ἐπὶ Ἰσραὴλ παῖδα αὐτοῦ εἰς τὸν αἰῶνα,

8 ⁸καὶ ἀπόλοιντο οἱ ἁμαρτωλοὶ ἀπὸ προσώπου Κυρίου ἅπαξ,
καὶ ὅσιοι Κυρίου κληρονομήσαισαν ἐπαγγελίας.

ΙΓ'

XIII Τῷ Σαλωμὼν ψαλμός· παράκλησις τῶν δικαίων.

1 ¹Δεξιὰ Κυρίου ἐσκέπασέν με,
δεξιὰ Κυρίου ἐφείσατο ἡμῶν.

2 ²ὁ βραχίων Κυρίου ἔσωσεν ἡμᾶς ἀπὸ ῥομφαίας διαπορευομένης,
ἀπὸ λιμοῦ καὶ θανάτου ἁμαρτωλῶν.

3 ³θηρία ἐπεδράμοσαν αὐτοῖς πονηρά·
ἐν τοῖς ὀδοῦσιν αὐτῶν ἐτίλλοσαν σάρκας αὐτῶν,
καὶ ἐν ταῖς μύλαις ἔθλων ὀστᾶ αὐτῶν·
καὶ ἐκ τούτων, ἁπάντων ἐρρύσατο ἡμᾶς Κύριος.

XII Σαλομων chipv (deest tit in m) 1 δολερα l πονηρα c* 2 ποι- chilmpv κιλια στροφης ir] ποικ. τροφης cl ποιησει διαστροφης hmpv | λαω cilr] αλω hmv αλλω p | καλλονην cilr] καλαμην hmpv 3 ψευδη i | παρανομου himpv 4 συγχεαι chilmpv | παρανομους οικους hlmpv | χειλεσι chilmpv | ψιθυρων i | κακων mp | σκορπισθειη chilmpv 6 φυλαξαι] pr συγχεαι οικους και r | om Κυριος...κατευθυναι r | ανδρος ποιουντος r 7 παιδων i 8 οσιοι] pr οι ci | κληρονομησαιεν ch(i)lmpv | επαγγελιας]+ Κυριου chilmpv
XIII ιγ'] τρεις και δεκατος i | Σαλομων chipv | om ψαλμος cl (deest tit in m) 1 εσκεπασε chilmpv 2 βραχιων] ω sup ras r 3 επεδραμον hilmpv | ετιλλον hilmpv | μυλαις]+αυτων hlmpv | οστα] pr τα i | ο κυριος ci

⁴ἐταράχθη ὁ ἀσεβὴς διὰ παραπτώματα αὐτοῦ, 4
μή ποτε συμπαραληφθῇ μετὰ τῶν ἁμαρτωλῶν.
⁵ὅτι δεινὴ ἡ καταστροφὴ τοῦ ἁμαρτωλοῦ, 5
καὶ οὐχ ἅψεται δικαίου οὐδὲν ἐκ πάντων τούτων.
⁶ὅτι οὐχ ὁμοία ἡ παιδεία τῶν δικαίων ἐν ἀγνοίᾳ, 6
καὶ ἡ καταστροφὴ τοῦ ἁμαρτωλοῦ·
⁷ἐν περιστολῇ παιδεύεται δίκαιος, 7
ἵνα μὴ ἐπιχαρῇ ὁ ἁμαρτωλὸς τῷ δικαίῳ.
⁸ὅτι νουθετήσει δίκαιον ὡς υἱὸν ἀγαπήσεως, 8
καὶ ἡ παιδεία αὐτοῦ ὡς πρωτοτόκου.
⁹ὅτι φείσεται Κύριος τῶν ὁσίων αὐτοῦ, 9
καὶ τὰ παραπτώματα αὐτῶν ἐξαλείψει ἐν παιδείᾳ.
ἡ γὰρ ζωὴ τῶν δικαίων εἰς τὸν αἰῶνα·
¹⁰ἁμαρτωλοὶ δὲ ἀρθήσονται εἰς ἀπώλειαν, 10
καὶ οὐχ εὑρεθήσεται μνημόσυνον αὐτῶν ἔτι.
¹¹ἐπὶ δὲ τοὺς ὁσίους τὸ ἔλεος Κυρίου, 11
καὶ ἐπὶ τοὺς φοβουμένους τὸ ἔλεος αὐτοῦ.

ΙΔ

Ὕμνος τῷ Σαλωμών. XIV

¹Πιστὸς Κύριος τοῖς ἀγαπῶσιν αὐτὸν ἐν ἀληθείᾳ, 1
τοῖς ὑπομένουσιν παιδείαν αὐτοῦ,
τοῖς πορευομένοις ἐν δικαιοσύνῃ προσταγμάτων αὐτοῦ,
ἐν νόμῳ ᾧ ἐνετείλατο ἡμῖν εἰς ζωὴν ἡμῶν.
²ὅσιοι Κυρίου ζήσονται ἐν αὐτῷ εἰς τὸν αἰῶνα· 2
ὁ παράδεισος τοῦ κυρίου, τὰ ξύλα τῆς ζωῆς ὅσιοι αὐτοῦ.
³ἡ φυτεία αὐτῶν ἐρριζωμένη εἰς τὸν αἰῶνα· 3
οὐκ ἐκτιλήσονται πάσας τὰς ἡμέρας τοῦ οὐρανοῦ,
ὅτι ἡ μερὶς καὶ κληρονομία τοῦ θεοῦ ἐστιν Ἰσραήλ.
⁴καὶ οὐχ οὕτως οἱ ἁμαρτωλοὶ καὶ παράνομοι, 4
οἱ ἠγάπησαν ἡμέραν ἐν μετοχῇ ἁμαρτίας αὐτῶν·
ἐν μικρότητι σαπρίας ἡ ἐπιθυμία αὐτῶν,

chilmpv 4 παραπτωματα] pr τα chilmpv 5 om η chilmpv | δικαιου] pr του cl |
εκ παντων τουτων ουδεν hilmpv 5–6 om ουδεν...αμαρτωλου cl
6 των αμαρτωλων himpv 11 φοβουμενους] + αυτον chilmpv XIV ψαλμος
ιδ′ i | Σαλωμων lr] Σαλομων chipv (deest tit in m) 1 υπομενουσι chilmpv |
πορευομενοις] + εν ακακια και i | ω cl] om r ως hmpv ον i 2 του κυριου]
om του chilmpv 3 κληρονομια clr] pr η himpv | Ισραηλ cilr] pr ο hmpv
4 η επιθυμια cilr] εν επιθ. hmpv

⁵καὶ οὐκ ἐμνήσθησαν τοῦ θεοῦ.
ὅτι ὁδοὶ ἀνθρώπων γνωσταὶ ἐνώπιον αὐτοῦ διὰ παντός,
καὶ ταμεῖα καρδίας ἐπίσταται πρὸ τοῦ γενέσθαι.
⁶διὰ τοῦτο ἡ κληρονομία αὐτῶν ᾅδης καὶ σκότος καὶ ἀπώλεια,
καὶ οὐχ εὑρεθήσονται ἐν ἡμέρᾳ ἐλέους δικαίων.
οἱ δὲ ὅσιοι Κυρίου κληρονομήσουσιν ζωὴν ἐν εὐφροσύνῃ.

ΙΕ΄

Ψαλμὸς τῷ Σαλωμὼν μετὰ ᾠδῆς.

¹Ἐν τῷ θλίβεσθαί με ἐπεκαλεσάμην τὸ ὄνομα Κυρίου,
εἰς βοήθειαν ἤλπισα τοῦ θεοῦ Ἰακώβ, καὶ ἐσώθην·
²ὅτι ἐλπὶς καὶ καταφυγὴ τῶν πτωχῶν σύ, ὁ θεός.
³τίς γὰρ ἰσχύει, ὁ θεός, εἰ μὴ ἐξομολογήσασθαί σοι ἐν ἀληθείᾳ;
⁴καὶ τί δυνατὸς ἄνθρωπος, εἰ μὴ ἐξομολογήσασθαι τῷ ὀνόματί σου;
⁵ψαλμὸν καινὸν μετὰ ᾠδῆς ἐν εὐφροσύνῃ καρδίας,
καρπὸν χειλέων ἐν ὀργάνῳ ἡρμοσμένῳ γλώσσης,
ἀπαρχὴν χειλέων ἀπὸ καρδίας ὁσίας καὶ δικαίας·
⁶ὁ ποιῶν ταῦτα οὐ σαλευθήσεται εἰς τὸν αἰῶνα ἀπὸ κακοῦ,
φλὸξ πυρὸς καὶ ὀργὴ ἀδίκων οὐχ ἅψεται αὐτοῦ·
⁷ὅταν ἐξέλθῃ ἐφ᾽ ἁμαρτωλοὺς ἀπὸ προσώπου Κυρίου,
ὀλεθρεῦσαι πᾶσαν ὑπόστασιν ἁμαρτωλῶν.
⁸ὅτι τὸ σημεῖον τοῦ θεοῦ ἐπὶ δικαίους εἰς σωτηρίαν·
λιμὸς καὶ ῥομφαία καὶ θάνατος ἀπὸ δικαίων μακράν.
⁹φεύξονται γὰρ ὡς διωκόμενοι πολέμου ἀπὸ ὁσίων,
καταδιώξονται δὲ ἁμαρτωλοὺς καὶ καταλήψονται·
καὶ οὐκ ἐκφεύξονται οἱ ποιοῦντες ἀνομίαν τὸ κρίμα Κυρίου,
ὡς ὑπὸ πολεμίων ἐμπείρων καταλημφθήσονται.
¹⁰τὸ γὰρ σημεῖον τῆς ἀπωλείας ἐπὶ τοῦ μετώπου αὐτῶν,
¹¹καὶ ἡ κληρονομία τῶν ἁμαρτωλῶν ἀπώλεια καὶ σκότος,
καὶ ἀνομίαι αὐτῶν διώξονται αὐτοὺς ἕως ᾅδου κάτω.
¹²ἡ κληρονομία αὐτῶν οὐχ εὑρεθήσεται τοῖς τέκνοις αὐτῶν,

5 του θεου] αυτον c om l | ταμεια (ταμεια ch(i)lmpv)] pr τα c(i)l   6 ελεου chilmpv chilmpv | κληρονομησουσι chmpv   XV om τω cl | Σαλομων chipv | μετ ωδης hipv om cl (deest tit in m)   1 βοη(')ειαν] pr την i | ηλπισα] εσωθην r 2 συ]+ει i   3 τι i | om σοι i   5 καινον ilr] και αινον hmpv | μετα] chilmpv | απαρχη cl απαρχης i   6 om οργη c   7 επι chilmpv | ολοθρευσαι chilmpv   8 μακραν απο δικαιων chilmpv   9 διωκομενου chmprv | πολεμου (coniec Gebhardt)] απο λιμον ir λιμου chlmpv | καταδιωξεται chilmpv | καταληψεται chilmpv | Κυριου himprv] του θεου cl | καταληφθησονται hilrᶜᵒʳʳ καταληφθησηται c   11 ανομιαι] pr αι chilmpv | κατωτατου i 12 ουχ ευρεθησετ sup ras r

XV 13   ΨΑΛΜΟΙ ΣΟΛΟΜΩΝΤΟΣ

¹³αἱ γὰρ ἁμαρτίαι ἐξερημώσουσιν οἴκους ἁμαρτωλῶν· 13
καὶ ἀπολοῦνται ἁμαρτωλοὶ ἐν ἡμέρᾳ κρίσεως Κυρίου εἰς τὸν αἰῶνα,
¹⁴ὅταν ἐπισκέπτηται ὁ θεὸς τὴν γῆν ἐν κρίματι αὐτοῦ. 14
¹⁵οἱ δὲ φοβούμενοι τὸν κύριον ἐλεηθήσονται ἐν αὐτῇ, 15
καὶ ζήσονται ἐν τῇ ἐλεημοσύνῃ τοῦ θεοῦ αὐτῶν·
καὶ ἁμαρτωλοὶ ἀπολοῦνται εἰς τὸν αἰῶνα χρόνον.

ΙϚ′

Ὕμνος τῷ Σαλωμών· εἰς ἀντίληψιν ὁσίοις.   XVI

¹Ἐν τῷ νυστάξαι ψυχήν μου ἀπὸ Κυρίου, 1
παρὰ μικρὸν ὠλίσθησα ἐν καταφορᾷ ὕπνου.
²τῷ μακρὰν ἀπὸ θεοῦ παρ' ὀλίγον ἐξεχύθη ἡ ψυχή μου εἰς 2
θάνατον,
σύνεγγυς πυλῶν ᾅδου μετὰ ἁμαρτωλοῦ·
³ἐν τῷ διενεχθῆναι ψυχήν μου ἀπὸ Κυρίου θεοῦ Ἰσραήλ, 3
εἰ μὴ ὁ κύριος ἀντελάβετό μου τῷ ἐλέει αὐτοῦ εἰς τὸν αἰῶνα.
⁴ἔνυξέν με ὡς κέντρον ἵππου ἐπὶ τὴν γρηγόρησιν αὐτοῦ, 4
ὁ σωτὴρ καὶ ἀντιλήπτωρ μου ἐν παντὶ καιρῷ ἔσωσέν με.
⁵ἐξομολογήσομαί σοι, ὁ θεός, ὅτι ἀντελάβου μου εἰς σωτηρίαν, 5
καὶ οὐκ ἐλογίσω με μετὰ τῶν ἁμαρτωλῶν εἰς ἀπώλειαν.
⁶μὴ ἀποστήσῃς τὸ ἔλεός σου ἀπ' ἐμοῦ, ὁ θεός, 6
μηδὲ τὴν μνήμην περὶ σοῦ ἀπὸ καρδίας ἕως θανάτου.
⁷ἐπικράτησόν μου, ὁ θεός, ἀπὸ ἁμαρτίας πονηρᾶς 7
καὶ ἀπὸ πάσης γυναικὸς πονηρᾶς σκανδαλιζούσης ἄφρονα.
⁸καὶ μὴ ἀπατησάτω με κάλλος γυναικὸς παρανομούσης, 8
καὶ παντὸς ὑποκειμένου ἀπὸ ἁμαρτίας ἀνωφελοῦς.
⁹τὰ ἔργα τῶν χειρῶν μου κατεύθυνον ἐν τόπῳ σου, 9
καὶ τὰ διαβήματά μου ἐν τῇ μνήμῃ σου διαφύλαξον.
¹⁰τὴν γλῶσσάν μου καὶ τὰ χείλη μου ἐν λόγοις ἀληθείας περί- 10
στειλον,
ὀργὴν καὶ θυμὸν ἄλογον μακρὰν ποίησον ἀπ' ἐμοῦ.
¹¹γογγυσμὸν καὶ ὀλιγοψυχίαν ἐν θλίψει μάκρυνον ἀπ' ἐμοῦ, 11

chilmpv   13 αι] και i | αμαρτιαι] ανομιαι chilmpv | εξερημωσωσιν r | αμαρτωλοι] pr
οι hlmpv   14 αυτου]+αποδουναι αμαρτωλοις εις τον αιωνα χρονον hmpv
15 om και αμαρτωλοι...χρονον hmpv | απολοιυνται αμαρτωλοι i απολ. οι αμ. cl
XVI υμνος cilr] ψαλμος hpv | Σαλωμων chipv | om οσιοις hpv (deest tit in m)
1 ωλισθησαν l υπνωσα i | om εν cl | καταφθορα chimv   2 τω μακραν] το μ.
γενεσθαι i   3 Κυριος] θεος i | μου 2°]+εις σωτηριαν i   4—5 om
ενυξεν...εις σωτηριαν i   4 ενυξε chimpv | εσωσε chimpv   5 αντελαβετο r
6 om περι chilmpv | καρδιας]+μου chilmpv   7—8 om απο αμαρτιας...
και 1° i   10 αλογον] ν sup ras i   11 om γογγυσμον...εμου l

ΨΑΛΜΟΙ ΣΟΛΟΜΩΝΤΟΣ XVII 10

ἐὰν ἁμαρτήσω ἐν τῷ σε παιδεύειν εἰς ἐπιστροφήν.
12 ¹²εὐδοκίᾳ δὲ μετὰ ἱλαρότητος στήρισον τὴν ψυχήν μου·
ἐν τῷ ἐνισχῦσαί σε τὴν ψυχήν μου ἀρκέσει μοι τὸ δοθέν.
13 ¹³ὅτι ἐὰν μὴ σὺ ἐνισχύσῃς, τίς ὑφέξεται παιδείαν ἐν πενίᾳ,
14 ¹⁴ἐν τῷ ἐλέγχεσθαι ψυχὴν ἐν χειρὶ σαπρίας αὐτοῦ;
ἡ δοκιμασία σου ἐν σαρκὶ αὐτοῦ καὶ ἐν θλίψει πενίας·
15 ¹⁵ἐν τῷ ὑπομεῖναι δίκαιον ἐν τούτοις ἐλεηθήσεται ὑπὸ Κυρίου.

IZ'

XVII Ψαλμὸς τῷ Σαλωμὼν μετὰ ᾠδῆς· τῷ βασιλεῖ.

1 ¹Κύριε, σὺ βασιλεὺς ἡμῶν εἰς τὸν αἰῶνα καὶ ἔτι·
ὅτι ἐν σοί, ὁ θεὸς ἡμῶν, καυχήσεται ἡ ψυχὴ ἡμῶν.
2 ²καὶ τίς ὁ χρόνος ζωῆς ἀνθρώπου ἐπὶ τῆς γῆς;
κατὰ τὸν χρόνον αὐτοῦ καὶ ἡ ἐλπὶς αὐτοῦ ἐπ' αὐτόν.
3 ³ἡμεῖς δὲ ἐλπιοῦμεν ἐπὶ τὸν θεὸν σωτῆρα ἡμῶν,
ὅτι τὸ κράτος τοῦ θεοῦ ἡμῶν εἰς τὸν αἰῶνα μετ' ἐλέους,
4 ⁴καὶ ἡ βασιλεία τοῦ θεοῦ ἡμῶν εἰς τὸν αἰῶνα ἐπὶ τὰ ἔθνη.
5 ⁵σύ, Κύριε, ᾑρετίσω τὸν Δαυὶδ βασιλέα ἐπὶ Ἰσραήλ,
καὶ σὺ ὤμοσας αὐτῷ περὶ τοῦ σπέρματος εἰς τὸν αἰῶνα,
τοῦ μὴ ἐκλείπειν ἀπέναντί σου βασίλειον αὐτοῦ.
6 ⁶καὶ ἐν ταῖς ἁμαρτίαις ἡμῶν ἐπανέστησαν ἡμῖν ἁμαρτωλοί,
ἐπέθεντο ἡμῖν καὶ ἐξώσαντο ἡμᾶς·
οἷς οὐκ ἐπηγγείλω, μετὰ βίας ἀφείλαντο,
7 ⁷καὶ οὐκ ἐδόξασαν τὸ ὄνομά σου τὸ ἔντιμον·
ἐν δόξῃ ἔθεντο βασίλειον ἀντὶ ὕψους αὐτῶν,
8 ⁸ἠρήμωσαν τὸν θρόνον Δαυὶδ ἐν ὑπερηφανίᾳ ἀλλάγματος.
καὶ σύ, ὁ θεός, καταβαλεῖς αὐτούς, καὶ ἀρεῖς σπέρμα αὐτῶν
ἀπὸ τῆς γῆς,
9 ⁹ἐν τῷ ἐπαναστῆναι αὐτοῖς ἄνθρωπον ἀλλότριον γένους ἡμῶν.
10 ¹⁰κατὰ τὰ ἁμαρτήματα αὐτῶν ἀποδώσεις αὐτοῖς, ὁ θεός,
εὑρεθῆναι αὐτοῖς κατὰ τὰ ἔργα αὐτῶν.

12 στηριξον hlmpv | om εν τω ενισχυσαι σε την ψ. μου l   13 εν πενια hilmpv παιδειαν h*mpv*   14 αυτου 1° ir] αυτης hlmpv   XVII Σαλομων hipv | μετ hilpv (deest tit in m)   1 συ]+αυτος hilmpv | βασιλευς]+ εις τον αιωνα ο θεος i | ημων 1°]+και i | om ημων 2° hilmpv   3 ελπιζομεν i | τον θεον τον σ. l θεον τον σ. himpv | ελεσυ hilmpv   4 εθνη]+εν κρισει hilmpv   5 επι] εν l | σπερματος]+αυτου hilmpv | εκλιπειν il | σου] το l   6 ημιν 1°] ημων i | υπεθεντο i | εξωσαν hilmpv | om ουκ l | μετα] pr και i | αφειλοντο hilmpv   8 ερημωσαν i | αλαλαγματος hmpv | σπερμα] pr το hilmpv   10 ευρεθειη hmpv

XVII 11   ΨΑΛΜΟΙ ΣΟΛΟΜΩΝΤΟΣ

r   ¹¹οὐκ ἐλεήσει αὐτοὺς ὁ θεός,   11
    ἐξερεύνησεν τὸ σπέρμα αὐτῶν καὶ οὐκ ἀφῆκεν αὐτῶν ἕνα·
    ¹²πιστὸς ὁ κύριος ἐν πᾶσι τοῖς κρίμασιν αὐτοῦ οἷς ποιεῖ ἐπὶ 12
    τὴν γῆν.
    ¹³ἠρήμωσεν ὁ ἄνομος ἐπὶ τὴν γῆν ἡμῶν ἀπὸ ἐνοικούντων αὐτήν· 13
    ἠφάνισαν νέον καὶ πρεσβύτην καὶ τέκνα αὐτῶν ἅμα.
    ¹⁴ἐν ὀργῇ κάλλους αὐτοῦ ἐξαπέστειλεν αὐτὰ ἕως ἐπὶ δυσμῶν,   14
    καὶ τοὺς ἄρχοντας τῆς γῆς εἰς ἐμπαιγμόν· καὶ οὐκ ἐφείσατο.
    ¹⁵ἐν ἀλλοτριότητι ὁ ἐχθρὸς ἐποίησεν, ἐν ὑπερηφανίᾳ·   15
    καὶ ἡ καρδία αὐτοῦ ἀλλοτρία ἀπὸ τοῦ θεοῦ ἡμῶν.
    ¹⁶καὶ πάντα ὅσα ἐποίησεν ἐν Ἰερουσαλήμ,   16
    καθὼς καὶ τὰ ἔθνη ἐν ταῖς πόλεσι τοὺς θεοὺς αὐτῶν.
    ¹⁷καὶ ἐπεκρατοῦσαν αὐτῶν υἱοὶ τῆς διαθήκης ἐν μέσῳ ἐθνῶν 17
    συμμίκτων,
    οὐκ ἦν ὁ ποιῶν ἐν μέσῳ ἐν αὐτοῖς, ἐν Ἰερουσαλήμ, ἔλεος
    καὶ ἀλήθειαν.
    ¹⁸ἐφύγοσαν ἀπ' αὐτῶν οἱ ἀγαπῶντες συναγωγὰς ὁσίων·   18
    ὡς στρουθία ἐξεπετάσθησαν ἀπὸ κοίτης αὐτῶν.
    ¹⁹ἐπλανῶντο ἐν ἐρήμοις, σωθῆναι ψυχὰς αὐτῶν ἀπὸ κακοῦ,   19
    καὶ τίμιον ἐν ὀφθαλμοῖς παροικίας ψυχὴ σεσωσμένη ἐξ
    αὐτῶν.
    ²⁰ἐφύγοσαν ἀπ' αὐτῶν οἱ ἀγαπῶντες συναγωγὰς ὁσίων·   20
    εἰς πᾶσαν τὴν γῆν ἐγενήθη σκορπισμὸς αὐτῶν ὑπὸ ἀνόμων.
    ὅτι ἀνέσχεν ὁ οὐρανὸς τοῦ στάξαι ὑετὸν ἐπὶ τὴν γῆν·
    ²¹πηγαὶ συνεσχέθησαν αἰώνιοι ἐξ ἀβύσσων, ἀπὸ ὀρέων ὑψη- 21
    λῶν.
    ὅτι οὐκ ἦν ἐν αὐτοῖς ποιῶν δικαιοσύνην καὶ κρίμα·
    ἀπὸ ἄρχοντος αὐτῶν καὶ λαοῦ ἐλαχίστου ἐν πάσῃ ἁμαρτίᾳ.
    ²²ὁ βασιλεὺς ἐν παρανομίᾳ καὶ ὁ κριτὴς ἐν ἀπειθείᾳ,   22
    καὶ ὁ λαὸς ἐν ἁμαρτίᾳ.
    ²³ἴδε, Κύριε, καὶ ἀνάστησον αὐτοῖς τὸν βασιλέα αὐτῶν, υἱὸν Δαυίδ, 23
    εἰς τὸν καιρὸν ὃν ἴδες σύ, ὁ θεός,
    τοῦ βασιλεῦσαι ἐπὶ Ἰσραὴλ παῖδά σου.

hilmpv   **11** ουκ 1°] pr κατα τα εργα αυτων hilmpv (om ουκ hmpv) | εξηρευνησε
himpv | αυτων ενα ilr] αυτους hmpv   **12** κυριος] θεος i | εποιησεν i
13. ερημωσεν i | ανομος ilr] ανεμος hmpv | om επι hilmpv | τεκνα] pr τα i
14 αυτων i   **15** εποιησε i | εν υπερηφανια ir] υπερηφανιαν hlmpv | του θεου]
om του i   **16** τοις θεοις hilmpv   **17** επεκρατουν hlmpv απεκρατουν i | υιοι]
pr οι hilmpv | εν μεσω εν αυτοις εν] εν αυτοις εν μεσω hilmpv   **18** εφυγον
hilmpv | απο τουτων l | om οσιων l | εξεπετασαν l   **20** om εφυγοσαν…
οσιων hilmpv | σκορπισμος] pr ο hilmpv | ενεσχεν i | της γης i   **21** αυτου i
22—23 ο βασιλευς…υιον Δαυιδ post εις τον καιρον…παιδα σου pos i
23 υιον] υῷ r | ειδες il οιδες hv οιδας mp | om επι l

784

ΨΑΛΜΟΙ ΣΟΛΟΜΩΝΤΟΣ XVII 38

24 ²⁴καὶ ὑπόζωσον αὐτὸν ἰσχὺν τοῦ θραῦσαι ἄρχοντας ἀδίκους,
25 ²⁵καθάρισον Ἰερουσαλὴμ ἀπὸ ἐθνῶν καταπατούντων ἐν ἀπωλείᾳ,
26 ἐν σοφίᾳ, ἐν δικαιοσύνῃ ²⁶ἐξῶσαι ἁμαρτωλοὺς ἀπὸ κληρονομίας,
ἐκτρίψαι ὑπερηφανίαν ἁμαρτωλοῦ ὡς σκεύη κεραμέως,
ἐν ῥάβδῳ σιδηρᾷ συντρίψαι πᾶσαν ὑπόστασιν αὐτῶν·
27 ²⁷ὀλοθρεῦσαι ἔθνη παράνομα ἐν λόγῳ στόματος αὐτοῦ,
ἐν ἀπειλῇ αὐτοῦ φυγεῖν ἔθνη ἀπὸ προσώπου αὐτοῦ,
καὶ ἐλέγξαι ἁμαρτωλοὺς ἐν λόγῳ καρδίας αὐτῶν.
28 ²⁸καὶ συνάξει λαὸν ἅγιον οὗ ἀφηγήσεται ἐν δικαιοσύνῃ,
καὶ κρινεῖ φυλὰς λαοῦ ἡγιασμένου ὑπὸ Κυρίου θεοῦ αὐτοῦ.
29 ²⁹καὶ οὐκ ἀφήσει ἀδικίαν ἐν μέσῳ αὐτῶν αὐλισθῆναι ἔτι,
καὶ οὐ κατοικήσει πᾶς ἄνθρωπος μετ' αὐτῶν εἰδὼς κακίαν.
30 ³⁰γνώσεται γὰρ αὐτοὺς ὅτι πάντες υἱοὶ θεοῦ εἰσιν αὐτῶν,
καὶ καταμερίσει αὐτοὺς ἐν ταῖς φυλαῖς αὐτῶν ἐπὶ τῆς γῆς.
31 ³¹καὶ πάροικος καὶ ἀλλογενὴς οὐ παροικήσει αὐτοῖς ἔτι·
κρινεῖ λαοὺς καὶ ἔθνη ἐν σοφίᾳ δικαιοσύνης αὐτοῦ.
διάψαλμα.
32 ³²καὶ ἕξει λαοὺς ἐθνῶν δουλεύειν αὐτῷ ὑπὸ τὸν ζυγὸν αὐτοῦ,
καὶ τὸν κύριον δοξάσει ἐν ἐπισήμῳ πάσης τῆς γῆς.
33 ³³καὶ καθαριεῖ Ἰερουσαλὴμ ἐν ἁγιασμῷ, ὡς καὶ τὸ ἀπ' ἀρχῆς,
34 ³⁴ἔρχεσθαι ἔθνη ἀπ' ἄκρου τῆς γῆς ἰδεῖν τὴν δόξαν αὐτοῦ,
φέροντες δῶρα τοὺς ἐξησθενηκότας υἱοὺς αὐτῆς,
35 ³⁵καὶ ἰδεῖν τὴν δόξαν Κυρίου ἣν ἐδόξασεν αὐτὴν ὁ θεός·
καὶ αὐτὸς βασιλεὺς δίκαιος διδακτὸς ὑπὸ θεοῦ ἐπ' αὐτούς,
36 ³⁶καὶ οὐκ ἔστιν ἀδικία ἐν ταῖς ἡμέραις αὐτοῦ ἐν μέσῳ αὐτῶν·
ὅτι πάντες ἅγιοι, καὶ βασιλεὺς αὐτῶν χριστὸς κύριος.
37 ³⁷οὐ γὰρ ἐλπιεῖ ἐπὶ ἵππον καὶ ἀναβάτην καὶ τόξον,
οὐδὲ πληθυνεῖ αὐτῷ χρυσίον οὐδὲ ἀργύριον εἰς πόλεμον·
καὶ πολλοῖς οὐ συνάξει ἐλπίδας εἰς ἡμέραν πολέμου.
38 ³⁸Κύριος αὐτὸς βασιλεὺς αὐτοῦ· ἐλπὶς τοῦ δυνατοῦ ἐλπίδι θεοῦ,
καὶ ἐλεήσει πάντα τὰ ἔθνη ἐνώπιον αὐτοῦ ἐν φόβῳ.

26 εξωσον il | αμαρτωλου lr] αμαρτωλων i αμαρτωλους hmpv | ως] εν i | hilmpv συντριψον i   27 om εν απειλη...προσωπου αυτου mp   28 συναξαι i
29 ετι ilr] om hmpv   30 αυτων εισι(ν) (h)il(mpv) | της γης] om της i
31 αυτοις] pr εν i | om διαψαλμα m   32 τον ζυγον] om τον hilmpv
33 καθαρισει himpv   34 ερχεσθε il   35 δικαιος]+και p   36 om οτι παντες...χριστος κυριος i   37 εφ ιππον i | ουδε 2°] και hil   38 του]αυτου r

XVII 39 ΨΑΛΜΟΙ ΣΟΛΟΜΩΝΤΟΣ

³⁹κατάξει γὰρ γῆν τῷ λόγῳ τοῦ στόματος αὐτοῦ εἰς αἰῶνα· 39
⁴⁰εὐλογήσει λαὸν Κυρίου ἐν σοφίᾳ μετ' εὐφροσύνης. 40
⁴¹καὶ αὐτὸς καθαρὸς ἀπὸ ἁμαρτίας, τοῦ ἄρχειν λαοὺς μεγάλους, 41
ἐλέγξαι ἄρχοντας καὶ ἐξᾶραι ἁμαρτωλοὺς ἐν ἰσχύι λόγου·
⁴²καὶ οὐκ ἀσθενήσει ἐν ταῖς ἡμέραις αὐτοῦ ἐπὶ θεῷ αὐτοῦ, 42
ὅτι ὁ θεὸς κατηργάσατο αὐτὸν δυνατὸν ἐν πνεύματι ἁγίῳ
καὶ σοφὸν ἐν βουλῇ συνέσεως μετὰ ἰσχύος καὶ δικαιοσύνης.
⁴³καὶ εὐλογία Κυρίου μετ' αὐτοῦ ἐν ἰσχύι, 43
⁴⁴καὶ οὐκ ἀσθενήσει ἡ ἐλπὶς αὐτοῦ ἐπὶ Κύριον· 44
καὶ τίς δύναται πρὸς αὐτόν;
ἰσχυρὸς ἐν ἔργοις αὐτοῦ καὶ κραταιὸς ἐν φόβῳ θεοῦ,
⁴⁵ποιμαίνων τὸ ποιμνίον Κυρίου ἐν πίστει καὶ δικαιοσύνῃ, 45
καὶ οὐκ ἀφήσει ἀσθενῆσαι ἐν αὐτοῖς ἐν τῇ νομῇ αὐτῶν.
⁴⁶ἐν ἰσότητι πάντας αὐτοὺς ἄξει, 46
καὶ οὐκ ἔσται ἐν αὐτοῖς ὑπερηφανία τοῦ καταδυναστευθῆναι
ἐν αὐτοῖς.
⁴⁷αὕτη ἡ εὐπρέπεια τοῦ βασιλέως Ἰσραήλ, ἣν ἔγνω ὁ θεός, 47
ἀναστῆσαι αὐτὸν ἐπ' οἶκον Ἰσραήλ, παιδεῦσαι αὐτόν.
⁴⁸τὰ ῥήματα αὐτοῦ πεπυρωμένα ὑπὲρ χρυσίον τὸ πρῶτον τίμιον, 48
ἐν συναγωγαῖς διακρινεῖ λαοῦ φυλὰς ἡγιασμένου·
⁴⁹οἱ λόγοι αὐτοῦ ὡς λόγοι ἁγίων ἐν μέσῳ λαῶν ἡγιασμένων. 49
⁵⁰μακάριοι οἱ γενόμενοι ἐν ταῖς ἡμέραις ἐκείναις, 50
ἰδεῖν τὰ ἀγαθὰ Ἰσραὴλ ἐν συναγωγῇ φυλῶν· ποιήσαι ὁ θεός.
⁵¹ταχύναι ὁ θεὸς ἐπὶ Ἰσραὴλ τὸ ἔλεος αὐτοῦ· 51
ῥύσεται ἡμᾶς ἀπὸ ἀκαθαρσίας ἐχθρῶν βεβήλων.
Κύριος αὐτὸς βασιλεὺς ἡμῶν εἰς τὸν αἰῶνα καὶ ἔτι.

ΙΗ'

Ψαλμὸς τῷ Σαλωμών· ἔτι τοῦ χριστοῦ κυρίου. XVIII

¹Κύριε, τὸ ἔλεός σου ἐπὶ τὰ ἔργα τῶν χειρῶν σου εἰς τὸν αἰῶνα· 1
²ἡ χρηστότης σου ἐπὶ δόματος πλουσίου ἐπὶ Ἰσραήλ· 2

hilmpv   39 καταξει ir] παταξει hlmpv | αιωνα] pr τον i   41 λαου μεγαλου hilmpv
42 κατειργασατο hilmpv | δυνατον] δυναμιν l om i | μετ hmpv | δικαιοσυνην r
45 αφησαι i | αυτων] αυτω l   46 ισοτητι il^{mg}r] οσιοτητι hl^{txt}mpv | αυξει p
47 Ισραηλ 1°] Ιερουσαλημ i   48 τιμιον το πρ. hilmpv | λαους hilmpv |
ηγιασμενου ir] ηγιασμενων hmpv ηγιασμενους l   49 αυτων r | om ως i
50 γινομενοι hilmpv | Ισραηλ] Ιερουσαλημ i | ποιησαι (ποιῆσαι) ilr] ἃ ποιήσει h
51 ρυσαι l   XVIII Σαλομων hipv | ετι ir] επι hlpv (deest tit in m)
2 om η i | επι 1°] μετα hilmpv | επιβλεπουσιν l

ΨΑΛΜΟΙ ΣΟΛΟΜΩΝΤΟΣ XVIII 14

οἱ ὀφθαλμοί σου ἐπιβλέποντες ἐπ' αὐτά, καὶ οὐχ ὑστερήσει τ
ἐξ αὐτῶν,
3 ³τὰ ὦτά σου ἐπακούει εἰς δέησιν πτωχοῦ ἐν ἐλπίδι·
τὰ κρίματά σου ἐπὶ πᾶσαν τὴν γῆν μετὰ ἐλέους,
4 ⁴καὶ ἀγάπη σου ἐπὶ σπέρμα Ἀβραάμ, υἱοὺς Ἰσραήλ.
ἡ παιδία σου ἐφ' ἡμᾶς ὡς υἱὸν πρωτότοκον μονογενῆ,
5 ⁵ἀποστρέψαι ψυχὴν εὐήκοον ἀπὸ ἀμαθίας ἐν ἀγνοίᾳ.
6 ⁶καθαρίσαι ὁ θεὸς Ἰσραὴλ εἰς ἡμέραν ἐλέους ἐν εὐλογίᾳ,
εἰς ἡμέραν ἐκλογῆς ἐν ἀνάξει χριστοῦ αὐτοῦ.
7 ⁷μακάριοι οἱ γενόμενοι ἐν ἡμέραις ἐκείναις,
ἰδεῖν τὰ ἀγαθὰ Κυρίου, ἃ ποιήσει γενεᾷ τῇ ἐρχομένῃ·
8 ⁸ὑπὸ ῥάβδον παιδείας χριστοῦ κυρίου, ἐν φόβῳ θεοῦ αὐτοῦ,
ἐν σοφίᾳ πνεύματος καὶ δικαιοσύνης καὶ ἰσχύος·
9 ⁹κατευθῦναι ἄνδρας ἐν ἔργοις δικαιοσύνης φόβῳ θεοῦ,
καταστῆσαι πάντας αὐτοὺς ἐνώπιον Κυρίου.
10 ¹⁰γενεὰ ἀγαθὴ ἐν φόβῳ θεοῦ ἐν ἡμέραις ἐλέους. διάψαλμα.
11 ¹¹μέγας ἡμῶν ὁ θεὸς καὶ ἔνδοξος, ἐν ὑψίστοις κατοικῶν·
12 ¹²ὁ διατάξας ἐν πορίᾳ φωστῆρας εἰς καιροὺς ὡρῶν ἀφ' ἡμε-
ρῶν εἰς ἡμέρας,
καὶ οὐ παρέβησαν ἀπὸ ὁδοῦ ἧς ἐνετείλω αὐτοῖς.
13 ¹³ἐν φόβῳ θεοῦ ἡ ὁδὸς αὐτῶν καθ' ἑκάστην ἡμέραν,
ἀφ' ἧς ἡμέρας ἔκτισεν αὐτοὺς ὁ θεὸς καὶ ἕως αἰῶνος.
14 ¹⁴καὶ οὐκ ἐπλανήθησαν ἀφ' ἧς ἡμέρας ἔκτισεν αὐτούς·
ἀπὸ γενεῶν ἀρχαίων οὐκ ἀπέστησαν ὁδῶν αὐτῶν,
εἰ μὴ ὁ θεὸς ἐνετείλατο αὐτοῖς ἐν ἐπιταγῇ δούλων αὐτοῦ.

3 επακουσει hilmpv | μετα ilr] μετ hmpv | ελεου hilmpv   4 αγαπη] hilmpv pr η hilmpv | επι σπ. Αβρααμ (exc litt ε et αμ) sup ras r | υιου codd | παιδεια hilmpv | πρωτοτοκον μονογενους l   5 ευηκοον ilr] υπηκοον hmpv | αμαθειας i   6 καθαριση r | ελεου hlmpv   7 γινομενοι hlmpv | ημεραις] pr ταις hlmpv   9 ανδρας hlmpv | ενωπιον lr] εν φοβω hmpv   10 ελεου hlmpv | om διαψαλμα m   11 ο θεος ημων hlmpv   12 πορεια hlmpv
14 οδων] απο οδου hlmpv
Subscr Σολομωντος ψαλμοι στιχοι ψν´ r ψαλμοι Σολομωνος ιη´ l ψαλμοι Σολομωντος ιη´· εχουσιν επη a hv ψαλμοι Σολομωντος δεκαοκτω· εχουσιν επη τριακοντα p (deest subscriptio in m)

ἐπροφήτευcεν δὲ καὶ τούτοιc ἕβδομοc ἀπὸ
Ἀδὰμ Ἐνώχ.

ΕΝΩΧ

1 1 ΛΟΓΟΣ εὐλογίας Ἐνώχ, καθὼς εὐλόγησεν ἐκλεκτοὺς δικαίους P οἵτινες ἔσονται εἰς ἡμέραν ἀνάγκης ἐξᾶραι πάντας τοὺς ἐχθρούς, καὶ σωθήσονται δίκαιοι.

2 ²Καὶ ἀναλαβὼν τὴν παραβολὴν αὐτοῦ εἶπεν Ἐνώχ Ἄνθρωπος δίκαιός ἐστιν, ὅρασις ἐκ θεοῦ αὐτῷ ἀνεῳγμένη ἦν· ἔχων τὴν ὅρασιν τοῦ ἁγίου καὶ τοῦ οὐρανοῦ. ἔδειξέν μοι, καὶ ἁγιολόγων ἁγίων ἤκουσα ἐγώ, καὶ ὡς ἤκουσα παρ' αὐτῶν πάντα καὶ ἔγνων ἐγὼ θεωρῶν· καὶ οὐκ ἐς τὴν νῦν γενεὰν διενοούμην, ἀλλὰ ἐπὶ πόρρω 3 οὖσαν ἐγὼ λαλῶ. ³Καὶ περὶ τῶν ἐκλεκτῶν νῦν λέγω καὶ περὶ αὐτῶν ἀνέλαβον τὴν παραβολήν μου. καὶ ἐξελεύσεται ὁ ἅγιός 4 μου ὁ μέγας ἐκ τῆς κατοικήσεως αὐτοῦ, ⁴καὶ ὁ θεὸς τοῦ αἰῶνος ἐπὶ γῆν πατήσει ἐπὶ τὸ Σεινὰ ὄρος καὶ φανήσεται ἐκ τῆς παρεμβολῆς αὐτοῦ, καὶ φανήσεται ἐν τῇ δυνάμει τῆς ἰσχύος αὐτοῦ ἀπὸ τοῦ οὐ-
5 ρανοῦ τῶν οὐρανῶν. ⁵καὶ φοβηθήσονται πάντες καὶ πιστεύσουσιν οἱ ἐγρήγοροι, καὶ ᾄσουσιν ἀπόκρυφα ἐν πᾶσιν τοῖς ἄκροις τῆς [γῆς]· καὶ σεισθήσονται πάντα τὰ ἄκρα τῆς γῆς, καὶ λήμψεται αὐτοὺς 6 τρόμος καὶ φόβος μέγας μέχρι τῶν περάτων τῆς γῆς. ⁶καὶ σεισθήσονται καὶ πεσοῦνται καὶ διαλυθήσονται ὄρη ὑψηλά, καὶ ταπεινωθήσονται βουνοὶ ὑψηλοὶ τοῦ διαρυῆναι ὄρη, καὶ τακήσονται ὡς 7 κηρὸς ἀπὸ προσώπου πυρὸς ἐν φλογί. ⁷καὶ διασχισθήσεται ἡ γῆ σχίσμα ῥαγωδές, καὶ πάντα ὅσα ἐστὶν ἐπὶ τῆς γῆς ἀπολεῖται, 8 καὶ κρίσις ἔσται κατὰ πάντων. ⁸καὶ μετὰ τῶν δικαίων τὴν εἰρήνην ποιήσει, καὶ ἐπὶ τοὺς ἐκλεκτοὺς ἔσται συντήρησις καὶ εἰρήνη, καὶ

I 2 λαλω] αλλω P   5 ασωσιν P | om γης 1° P   6 πεινωθησονται P* (ταπ. P¹)   7 σχισμα ραγαδει P   8 μετα] μεγα P^vid

ΕΝΩΧ

P ἐπ' αὐτοὺς γενήσεται ἔλεος, καὶ ἔσονται πάντες τοῦ θεοῦ, καὶ τὴν εὐδοκίαν δώσει αὐτοῖς καὶ πάντας εὐλογήσει καὶ πάντων ἀντιλήμψεται· καὶ βοηθήσει ἡμῖν, καὶ φανήσεται αὐτοῖς φῶς καὶ ποιήσει ἐπ' αὐτοὺς εἰρήνην. ⁹ὅτι ἔρχεται σὺν ταῖς μυριάσιν αὐτοῦ καὶ 9 τοῖς ἁγίοις αὐτοῦ, ποιῆσαι κρίσιν κατὰ πάντων, καὶ ἀπολέσει πάντας τοὺς ἀσεβεῖς, καὶ ἐλέγξει πᾶσαν σάρκα περὶ πάντων ἔργων τῆς ἀσεβείας αὐτῶν ὧν ἠσέβησαν καὶ σκληρῶν ὧν ἐλάλησαν λόγων, καὶ περὶ πάντων ὧν κατελάλησαν κατ' αὐτοῦ ἁμαρτωλοὶ ἀσεβεῖς.

¹Κατανοήσατε πάντα τὰ ἔργα ἐν τῷ οὐρανῷ, πῶς οὐκ ἠλλοίωσαν 1 II τὰς ὁδοὺς αὐτῶν, καὶ τοὺς φωστῆρας τοὺς ἐν τῷ οὐρανῷ, ὡς τὰ πάντα ἀνατέλλει καὶ δύνει, τεταγμένος ἕκαστος ἐν τῷ τεταγμένῳ καιρῷ, καὶ ταῖς ἑορταῖς αὐτῶν φαίνονται, καὶ οὐ παραβαίνουσιν τὴν ἰδίαν τάξιν. ²ἴδετε τὴν γῆν καὶ διανοήθητε περὶ τῶν ἔργων τῶν 2 ἐν αὐτῇ γινομένων ἀπ' ἀρχῆς μέχρι τελειώσεως, ὥς εἰσιν φθαρτά, ὡς οὐκ ἀλλοιοῦνται, οὐδὲν τῶν ἐπὶ γῆς, ἀλλὰ πάντα ἔργα θεοῦ ὑμῖν φαίνεται. ³ἴδετε τὴν θερείαν καὶ τὸν χειμῶνα. ¹καταμάθετε 1 III καὶ ἴδετε πάντα τὰ δένδρα, ¹πῶς τὰ φύλλα χλωρὰ ἐν αὐτοῖς σκέ- 1 V ποντα τὰ δένδρα, καὶ πᾶς ὁ καρπὸς αὐτῶν εἰς τιμὴν καὶ δόξαν. διανοήθητε καὶ γνῶτε περὶ πάντων τῶν ἔργων αὐτοῦ, καὶ νοήσατε ὅτι θεὸς ζῶν ἐποίησεν αὐτὰ οὕτως, καὶ ζῇ εἰς πάντας τοὺς αἰῶνας· ²καὶ τὰ ἔργα αὐτοῦ πάντα ὅσα ἐποίησεν εἰς τοὺς αἰῶνας, 2 ἀπὸ ἐνιαυτοῦ εἰς ἐνιαυτὸν γινόμενα πάντα οὕτως, καὶ πάντα ὅσα ἀποτελοῦσιν αὐτῷ τὰ ἔργα, καὶ οὐκ ἀλλοιοῦνται αὐτῶν τὰ ἔργα, ἀλλ' ὡσπερεὶ κατὰ ἐπιταγὴν τὰ πάντα γίνεται. ³ἴδετε πῶς ἡ θά- 3 λασσα καὶ οἱ ποταμοὶ ὡς ὁμοίως ἀποτελοῦσιν, καὶ οὐκ ἀλλοιοῦσιν αὐτῶν τὰ ἔργα ἀπὸ τῶν λόγων αὐτοῦ.   ⁴Ὑμεῖς δὲ οὐκ ἐνε- 4 μείνατε οὐδὲ ἐποιήσατε κατὰ τὰς ἐντολὰς αὐτοῦ, ἀλλὰ ἀπέστητε καὶ κατελαλήσατε μεγάλους καὶ σκληροὺς λόγους ἐν στόματι ἀκαθαρσίας ὑμῶν κατὰ τῆς μεγαλοσύνης αὐτοῦ. ὅτι κατελαλήσατε ἐν τοῖς

Iud.14,15 ⁹ἰδοὺ ἦλθεν Κύριος ἐν ἁγίαις μυριάσιν αὐτοῦ, ποιῆσαι κρίσιν κατὰ 9 I πάντων καὶ ἐλέγξαι πάντας τοὺς ἀσεβεῖς περὶ πάντων τῶν ἔργων ἀσεβείας αὐτῶν ὧν ἠσέβησαν καὶ περὶ πάντων τῶν σκληρῶν ὧν ἐλάλησαν κατ' αὐτοῦ ἁμαρτωλοὶ ἀσεβεῖς.

8 γενηται P   9 τοις μυριασιν P   II 1 κατανοησεται P   2 om ως 1° P
9 Κυριος] pr ο ℵ | αγιαις μυριασιν] μυρ. αγιων αγγελων ℵ μυρ. αγιαις C | παντας τους ασεβεις] πασαν ψυχην ℵ | om ασεβειας ℵC | om αυτων ℵ | σκληρων]+λογων ℵC

ΕΝΩΧ VI 3

5 ψεύμασιν ὑμῶν, σκληροκάρδιοι, οὐκ ἔστιν εἰρήνη ὑμῖν. ⁵τοιγὰρ P
τὰς ἡμέρας ὑμῶν ὑμεῖς κατηράσασθε, καὶ τὰ ἔτη τῆς ζωῆς ὑμῶν ἀπο-
λεῖται, καὶ τὰ ἔτη τῆς ἀπωλείας ὑμῶν πληθυνθήσεται ἐν κατάρᾳ
6 αἰώνων, καὶ οὐκ ἔσται ὑμῖν ἔλεος καὶ εἰρήνη. ⁶Τότε ἔσται
τὰ ὀνόματα ὑμῶν εἰς κατάραν αἰώνιον πᾶσιν τοῖς δικαίοις, καὶ ἐν ὑμῖν
καταράσονται πάντες οἱ καταρώμενοι, καὶ πάντες οἱ ἁμαρτωλοὶ καὶ
ἀσεβεῖς ἐν ὑμῖν ὀμοῦνται, καὶ πάντες οἱ ἀναμάρτητοι χαρήσονται,
καὶ ἔσται αὐτοῖς λύσις ἁμαρτιῶν καὶ πᾶν ἔλεος καὶ εἰρήνη καὶ
ἐπιείκεια, ἔσται αὐτοῖς σωτηρία, φῶς ἀγαθόν, καὶ αὐτοὶ κληρονο-
μήσουσιν τὴν γῆν· καὶ πᾶσιν ὑμῖν τοῖς ἁμαρτωλοῖς οὐχ ὑπάρξει
7 σωτηρία, ἀλλὰ ἐπὶ πάντας ὑμᾶς κατάλυσις, κατάρα. ⁷καὶ τοῖς ἐκ-
λεκτοῖς ἔσται φῶς καὶ χάρις καὶ εἰρήνη, καὶ αὐτοὶ κληρονομήσουσιν
8 τὴν γῆν, ὑμῖν δὲ τοῖς ἀσεβέσιν ἔσται κατάρα. ⁸τότε δοθήσεται
τοῖς ἐκλεκτοῖς φῶς καὶ χάρις, καὶ αὐτοὶ κληρονομήσουσιν τὴν γῆν.
τότε δοθήσεται πᾶσιν τοῖς ἐκλεκτοῖς σοφία, καὶ πάντες οὗτοι ζή-
σονται, καὶ οὐ μὴ ἁμαρτήσονται ἔτι οὐ κατ' ἀλήθειαν οὔτε κατὰ
ὑπερηφανίαν, καὶ ἔσται ἐν ἀνθρώπῳ πεφωτισμένῳ φῶς καὶ ἀν-
9 θρώπῳ ἐπιστήμονι νόημα, καὶ οὐ μὴ πλημμελήσουσιν ⁹οὐδὲ μὴ
ἁμάρτωσιν πάσας τὰς ἡμέρας τῆς ζωῆς αὐτῶν, καὶ οὐ μὴ ἀποθάνω-
σιν ἐν ὀργῇ θυμοῦ, ἀλλὰ τὸν ἀριθμὸν αὐτῶν ζωῆς ἡμερῶν πληρώ-
σουσιν, καὶ ἡ ζωὴ αὐτῶν αὐξηθήσεται ἐν εἰρήνῃ, καὶ τὰ ἔτη τῆς
χαρᾶς αὐτῶν πληθυνθήσεται ἐν ἀγαλλιάσει καὶ εἰρήνῃ αἰῶνος ἐν
πάσαις ταῖς ἡμέραις τῆς ζωῆς αὐτῶν.

VI 1   ¹Καὶ ἐγένετο οὗ ἂν ἐπληθύνθησαν οἱ υἱοὶ τῶν ἀνθρώπων, ἐν ἐκεί-
2 ναις ταῖς ἡμέραις ἐγεννήθησαν θυγατέρες ὡραῖαι καὶ καλαί. ²καὶ
ἐθεάσαντο αὐτὰς οἱ ἄγγελοι υἱοὶ οὐρανοῦ καὶ ἐπεθύμησαν αὐτάς,
καὶ εἶπαν πρὸς ἀλλήλους Δεῦτε ἐκλεξώμεθα ἑαυτοῖς γυναῖκας ἀπὸ
3 τῶν ἀνθρώπων, καὶ γεννήσομεν ἑαυτοῖς τέκνα. ³καὶ εἶπεν Σεμειαζᾶς
πρὸς αὐτούς, ὃς ἦν ἄρχων αὐτῶν Φοβοῦμαι μὴ οὐ θελήσετε ποιῆσαι

VI 1   ¹Καὶ ἐγένετο ὅτε ἐπληθύνθησαν οἱ υἱοὶ τῶν ἀνθρώπων, ἐγεννήθησαν Sync.
2 αὐτοῖς θυγατέρες ὡραῖαι. ²καὶ ἐπεθύμησαν αὐτὰς οἱ ἐγρήγοροι καὶ ἀπε-
πλανήθησαν ὀπίσω αὐτῶν, καὶ εἶπον πρὸς ἀλλήλους Ἐκλεξώμεθα ἑαυτοῖς
3 γυναῖκας ἀπὸ τῶν θυγατέρων τῶν ἀνθρώπων τῆς γῆς. ³καὶ εἶπε Σεμαζᾶς
ὁ ἄρχων αὐτῶν πρὸς αὐτούς Φοβοῦμαι μὴ οὐ θελήσητε ποιῆσαι τὸ πρᾶγμα

V 5 και τα ετη (coniec Dillmann, Lods)] κατα P   6 αναμαρτητοι coniec
Charles] αμαρτοι P | καταλυσιν καταραν P   8 σοφιαν P   VI 1 και εγενετο]
pr εκ του πρωτου βιβλιου Ενωχ περι των εγρηγορων Sync   3 θελησετε Sync^g

ΕΝΩΧ

P τὸ πρᾶγμα τοῦτο, καὶ ἔσομαι ἐγὼ μόνος ὀφειλέτης ἁμαρτίας μεγάλης. ⁴ἀπεκρίθησαν οὖν αὐτῷ πάντες Ὁμόσωμεν ὅρκῳ πάντες καὶ 4 ἀναθεματίσωμεν πάντες ἀλλήλους μὴ ἀποστρέψαι τὴν γνώμην ταύτην, μέχρις οὗ ἂν τελέσωμεν αὐτὴν καὶ ποιήσωμεν τὸ πρᾶγμα τοῦτο. ⁵τότε ὤμοσαν πάντες ὁμοῦ καὶ ἀνεθεμάτισαν ἀλλήλους 5 ἐν αὐτῷ.   ⁷Καὶ ταῦτα τὰ ὀνόματα τῶν ἀρχόντων αὐτῶν· 7 Σεμιαζά, οὗτος ἦν ἄρχων αὐτῶν· Ἀραθάκ, Κιμβρά, Σαμμανή, Δανειήλ, Ἀρεαρώς, Σεμιήλ, Ἰωμειήλ, Χωχαριήλ, Ἐζεκιήλ, Βατριήλ, Σαθιήλ, Ἀτριήλ, Ταμιήλ, Βαρακιήλ, Ἀνανθνά, Θωνιήλ, Ῥαμιήλ, Ἀσεάλ, Ῥακειήλ, Τουριήλ.   ⁸οὗτοί εἰσιν αὐτῶν οἱ δεκα[δ]άρχαι. 8

¹Καὶ ἔλαβον ἑαυτοῖς γυναῖκας· ἕκαστος αὐτῶν ἐξελέξαντο ἑαυτοῖς 1 VII γυναῖκας, καὶ ἤρξαντο εἰσπορεύεσθαι πρὸς αὐτὰς καὶ μιαίνεσθαι ἐν αὐταῖς· καὶ ἐδίδαξαν αὐτὰς φαρμακείας καὶ ἐπαοιδὰς καὶ ῥιζοτομίας, καὶ τὰς βοτάνας ἐδήλωσαν αὐταῖς.   ²Αἱ δὲ ἐν γαστρὶ λα- 2 βοῦσαι ἐτέκοσαν γίγαντας μεγάλους ἐκ πηχῶν τρισχιλίων, ³οἵτινες 3 κατέσθοσαν τοὺς κόπους τῶν ἀνθρώπων. ὡς δὲ οὐκ ἐδυνήθησαν αὐτοῖς οἱ ἄνθρωποι ἐπιχορηγεῖν, ⁴οἱ γίγαντες ἐτόλμησαν ἐπ᾽ αὐτούς, 4 καὶ κατεσθίοσαν τοὺς ἀνθρώπους. ⁵καὶ ἤρξαντο ἁμαρτάνειν ἐν τοῖς 5 πετεινοῖς καὶ τοῖς [θ]ηρίοις καὶ ἑρπετοῖς καὶ τοῖς [ἰ]χθύσιν, καὶ ἀλλήλων τὰς σάρκας κατεσθίειν, καὶ τὸ αἷμα ἔπινον. ⁶τότε ἡ γῆ ἐνέτυχεν 6 κατὰ τῶν ἀνόμων.

Sync. τοῦτο, καὶ ἔσομαι ἐγὼ μόνος ὀφειλέτης ἁμαρτίας μεγάλης. ⁴καὶ ἀπεκρί- 4 θησαν αὐτῷ πάντες καὶ εἶπον Ὁμόσωμεν ἅπαντες ὅρκῳ καὶ ἀναθεματίσωμεν ἀλλήλους τοῦ μὴ ἀποστρέψαι τὴν γνώμην ταύτην, μέχρις οὗ ἀποτελέσωμεν αὐτήν.   ⁵τότε πάντες ὤμοσαν ὁμοῦ καὶ ἀνεθεμάτισαν ἀλλήλους.   ⁶ἦσαν 5/6 δὲ οὗτοι διακόσιοι οἱ καταβάντες ἐν ταῖς ἡμέραις Ἰάρεδ εἰς τὴν κορυφὴν τοῦ Ἑρμονιεὶμ ὄρους, καὶ ἐκάλεσαν τὸ ὄρος Ἑρμώμ, καθότι ὤμοσαν καὶ ἀνεθεμάτισαν ἀλλήλους ἐν αὐτῷ.   ⁷Καὶ ταῦτα τὰ ὀνόματα τῶν ἀρχόντων 7 αὐτῶν· α΄ Σεμιαζᾶς, ὁ ἄρχων αὐτῶν, β΄ Ἀταρκούφ, γ΄ Ἀρακιήλ, δ΄ Χωβαβιήλ, ε΄ Ὀραμμαμή, ϛ΄ Ῥαμιήλ, ζ΄ Σαμψίχ, η΄ Ζακιήλ, θ΄ Βαλκιήλ, ι΄ Ἀζαλζήλ, ια΄ Φαρμαρός, ιβ΄ Ἀμαριήλ, ιγ΄ Ἀναγημάς, ιδ΄ Θαυσαήλ, ιε΄ Σαμιήλ, ιϛ΄ Σαριωᾶς, ιζ΄ Εὐμιήλ, ιη΄ Τυριήλ, ιθ΄ Ἰουμιήλ, κ΄ Σαριήλ.

¹Οὗτοι καὶ οἱ λοιποὶ πάντες ἐν τῷ χιλιοστῷ ἑκατοστῷ ἑβδομηκοστῷ ἔτει 1 VII τοῦ κόσμου ἔλαβον ἑαυτοῖς γυναῖκας, καὶ ἤρξαντο μαίνεσθαι ἐν αὐταῖς ἕως τοῦ κατακλυσμοῦ. καὶ ἔτεκον αὐτοῖς γένη τρία· πρῶτον γίγαντας μεγάλους, ²οἱ δὲ γίγαντες ἐτέκνωσαν ναφηλείμ, καὶ τοῖς ναφηλεὶμ ἐγεννήθησαν 2 ἐλιούδ. καὶ ἦσαν αὐξανόμενοι κατὰ τὴν μεγαλειότητα αὐτῶν, καὶ ἐδίδαξαν ἑαυτοὺς καὶ τὰς γυναῖκας ἑαυτῶν φαρμακείας καὶ ἐπαοιδίας.

---

6 του Ερμονιειμ] om του Sync^g | Ερμων Sync^g | ομοσαν Sync^g   7 ο Ευμιηλ Sync^a   8 αυτων οι δεκαδαρχαι] αρχε αυτων οι δεκα P   VII 2 ναφηλειμ 1°] αφηλειμ Sync^a

792

ΕΝΩΧ IX 1

VIII 1 ¹'Εδίδαξεν τοὺς ἀνθρώπους Ἀζαὴλ μαχαίρας ποιεῖν καὶ ὅπλα καὶ P
ἀσπίδας καὶ θώρακας, διδάγματα ἀγγέλων, καὶ ὑπέδειξεν αὐτοῖς τὰ
μέταλλα καὶ τὴν ἐργασίαν αὐτῶν, καὶ ψέλια καὶ κόσμους καὶ στί-
βεις καὶ τὸ καλλιβλέφαρον καὶ παντοίους λίθους ἐκλεκτοὺς καὶ
2 τὰ βαφικά. ²καὶ ἐγένετο ἀσέβεια πολλή, καὶ ἐπόρνευσαν καὶ
ἀπεπλανήθησαν καὶ ἠφανίσθησαν ἐν πάσαις ταῖς ὁδοῖς αὐτῶν.
3 ³Σεμιαζᾶς ἐδίδαξεν ἐπαοιδὰς καὶ ῥιζοτομίας· Ἀρμαρὼς ἐπαοιδῶν λυ-
τήριον· Ῥακιὴλ ἀστρολογίας· Χωχιὴλ τὰ σημειωτικά· Σαθιὴλ ἀστε-
4 ροσκοπίαν· Σεριὴλ σεληναγωγίας. ⁴τῶν οὖν ἀνθρώπων ἀπολλυ-
μένων ἡ βο[ὴ] εἰς οὐρανοὺς ἀνέβη.

IX 1 ¹Τότε παρ[α]κύψαντες Μιχαὴλ καὶ Οὐ[ρι]ὴλ καὶ Ῥαφαὴλ καὶ
Γαβριή[λ], οὗτοι ἐκ τοῦ οὐρανοῦ ἐθεάσ[αν]το αἷμα πολὺ ἐκχυννό-

VIII 1 ¹Πρῶτος Ἀζαὴλ ὁ δέκατος τῶν ἀρχόντων ἐδίδαξε ποιεῖν μαχαίρας καὶ Sync.
θώρακας καὶ πᾶν σκεῦος πολεμικόν, καὶ τὰ μέταλλα τῆς γῆς καὶ τὸ χρυσίον,
πῶς ἐργάσωνται καὶ ποιήσωσιν αὐτὰ κόσμια ταῖς γυναιξί, καὶ τὸν ἄργυρον.
ἔδειξε δὲ αὐτοῖς καὶ τὸ στίλβειν καὶ τὸ καλλωπίζειν καὶ τοὺς ἐκλεκτοὺς λίθους
καὶ τὰ βαφικά· καὶ ἐποίησαν ἑαυτοῖς οἱ υἱοὶ τῶν ἀνθρώπων καὶ ταῖς θυγα-
2 τράσιν αὐτῶν, καὶ παρέβησαν καὶ ἐπλάνησαν τοὺς ἁγίους. ²καὶ ἐγένετο
3 ἀσέβεια πολλὴ ἐπὶ τῆς γῆς, καὶ ἠφάνισαν τὰς ὁδοὺς αὐτῶν. ³ἔτι δὲ καὶ
ὁ πρώταρχος αὐτῶν Σεμιαζᾶς ἐδίδαξεν εἶναι ὀργὰς κατὰ τοῦ νοός, καὶ ῥίζας
βοτανῶν τῆς γῆς. ὁ δὲ ἐνδέκατος Φαρμαρὸς ἐδίδαξε φαρμακείας, ἐπαοιδίας,
σοφίας, καὶ ἐπαοιδῶν λυτήρια· ὁ ἔνατος ἐδίδαξεν ἀστροσκοπίαν· ὁ δὲ
τέταρτος ἐδίδαξεν ἀστρολογίαν· ὁ δὲ ὄγδοος ἐδίδαξεν ἀεροσκοπίαν· ὁ δὲ
τρίτος ἐδίδαξε τὰ σημεῖα τῆς γῆς· ὁ δὲ ἕβδομος ἐδίδαξε τὰ σημεῖα τοῦ
ἡλίου· ὁ δὲ εἰκοστὸς ἐδίδαξε τὰ σημεῖα τῆς σελήνης. πάντες οὗτοι ἤρξαντο
ἀνακαλύπτειν τὰ μυστήρια ταῖς γυναιξὶν αὐτῶν καὶ τοῖς τέκνοις αὐτῶν.
μετὰ δὲ ταῦτα ἤρξαντο οἱ γίγαντες κατεσθίειν τὰς σάρκας τῶν ἀνθρώπων·
4 ⁴καὶ ἤρξαντο οἱ ἄνθρωποι ἐλαττοῦσθαι ἐπὶ τῆς γῆς.

Sync.₁ οἱ δὲ λοιποὶ ἐβόησαν εἰς τὸν   ⁴Τότε ἐβόησαν οἱ ἄνθρωποι εἰς 4 Sync.₂
οὐρανὸν περὶ τῆς κακώσεως αὐτῶν,   τὸν οὐρανὸν λέγοντες Εἰσαγάγετε
λέγοντες εἰσενεχθῆναι τὸ μνημό-   τὴν κρίσιν ἡμῶν πρὸς τὸν ὕψιστον,
συνον αὐτῶν ἐνώπιον Κυρίου.   καὶ τὴν ἀπώλειαν ἡμῶν ἐνώπιον
                                         τῆς δόξης τῆς μεγάλης, ἐνώπιον
                                         τοῦ κυρίου τῶν κυρίων πάντων τῇ
                                         μεγαλωσύνῃ.

IX 1 ¹Καὶ ἀκούσαντες οἱ τέσσαρες   ¹Καὶ ἀκούσαντες οἱ τέσσαρες 1
μεγάλοι ἀρχάγγελοι, Μιχαὴλ καὶ   μεγάλοι ἀρχάγγελοι, Μιχαὴλ καὶ
Οὐριὴλ καὶ Ῥαφαὴλ καὶ Γαβριήλ,   Οὐριὴλ καὶ Ῥαφαὴλ καὶ Γαβριήλ,
παρέκυψαν ἐπὶ τὴν γῆν ἐκ τῶν   παρέκυψαν ἐπὶ τὴν γῆν ἐκ τῶν
ἁγίων τοῦ οὐρανοῦ· καὶ θεασάμενοι   ἁγίων τοῦ οὐρανοῦ· καὶ θεασά-
αἷμα πολὺ ἐκκεχυμένον ἐπὶ τῆς   μενοι αἷμα πολὺ ἐκκεχυμένον ἐπὶ

VIII 1 αρχοντων]+και Syncᵍ | μεταλλα] μεγαλα P   3 και ο]+δε
Syncᵍ | αστροκοπιαν Syncᵍ | σεληνοναγιας P   4 pr εκ του λογου Ενωχ τα
λοιπα περι εγρηγορων Sync₂ᵍ | των ουν coniec Charles] τον νουν P | μεγαλο-
συνη Sync₂ᵍ

793

IX 2 ΕΝΩΧ

P μεν[ον] ἐπὶ τῆς γῆς· ²καὶ εἶπαν πρὸς ἀλλήλους Φωνὴ βοώντων ἐπὶ 2 τῆς γῆς μέχρι πυλῶν τοῦ οὐρανοῦ. ³ἐντυγχάνουσιν αἱ ψυχαὶ τῶν 3 ἀνθρώπων λεγόντων Εἰσαγάγετε τὴν κρίσιν ἡμῶν πρὸς τὸν ὕψιστον. ⁴Καὶ εἶπα[ν] τῷ κυρίῳ Σὺ εἶ κύριος τῶν κυρίων καὶ 4 ὁ θεὸς τῶν θεῶν καὶ βασιλεὺς τῶν αἰώνων· ὁ θρόνος τῆς δόξης σου εἰς πάσας τὰς γενεὰς τοῦ αἰῶνος, καὶ τὸ ὄνομά σου τὸ ἅγιον καὶ μέγα καὶ εὐλογητὸν εἰς πάντας τοὺς αἰῶνας. ⁵σὺ γὰρ ἐποίη- 5 σας τὰ πάντα, καὶ πᾶσαν τὴν ἐξουσίαν ἔχων, καὶ πάντα ἐνώπιόν σου φανερὰ καὶ ἀκάλυπτα. ⁶καὶ πάντα σὺ ὁρᾷς ἃ ἐποίησεν Ἀζαήλ, 6 ὃς ἐδίδαξεν πάσας τὰς ἀδικίας ἐπὶ τῆς γῆς καὶ ἐδήλωσεν τὰ μυστήρια τοῦ αἰῶνος τὰ ἐν τῷ οὐρανῷ ἃ ἐπιτηδεύουσιν [καὶ] ἔγνωσαν ἄνθρωποι· ⁷καὶ Σεμιαζᾶς, ᾧ τὴν ἐξουσίαν ἔδωκας ἄρχειν τῶν σὺν αὐτῷ 7

Sync.₁ γῆς καὶ πᾶσαν ἀσέβειαν καὶ ἀνο- 2 μίαν γενομένην ἐπ' αὐτῆς, ²εἰσελθόντες εἶπον πρὸς ἀλλήλους ὅτι Τὰ πνεύματα καὶ αἱ ψυχαὶ τῶν ἀνθρώπων στενάζουσιν ἐντυγχάνοντα καὶ λέγοντα ὅτι Εἰσαγάγετε τὴν κρίσιν ἡμῶν πρὸς τὸν ὕψιστον, καὶ τὴν ἀπώλειαν ἡμῶν ἐνώπιον τῆς δόξης τῆς μεγαλωσύνης, ἐνώπιον τοῦ κυρίου τῶν κυρίων πάντων 4 τῇ μεγαλωσύνῃ. ⁴Καὶ εἶπον τῷ κυρίῳ τῶν αἰώνων Σὺ εἶ ὁ θεὸς τῶν θεῶν καὶ κύριος τῶν κυρίων καὶ ὁ βασιλεὺς τῶν βασιλευόντων καὶ θεὸς τῶν αἰώνων, καὶ ὁ θρόνος τῆς δόξης σου εἰς πάσας τὰς γενεὰς τῶν αἰώνων, καὶ τὸ ὄνομά σου ἅγιον καὶ εὐλογημένον εἰς πάντας τοὺς αἰῶνας.

τῆς γῆς καὶ πᾶσαν ἀνομίαν καὶ Sync.₂ ἀσέβειαν γινομένην ἐπ' αὐτῆς, ³εἰσ- 3 ελθόντες εἶπον πρὸς ἀλλήλους ὅτι Τὰ πνεύματα καὶ αἱ ψυχαὶ τῶν ἀνθρώπων ἐντυγχάνουσι στενάζοντα καὶ λέγοντα Εἰσαγάγετε τὴν δέησιν ἡμῶν πρὸς τὸν ὕψιστον. ⁴Καὶ 4 προσελθόντες οἱ τέσσαρες ἀρχάγγελοι εἶπον τῷ κυρίῳ Σὺ εἶ θεὸς τῶν θεῶν καὶ κύριος τῶν κυρίων καὶ βασιλεὺς τῶν βασιλευόντων καὶ θεὸς τῶν ἀνθρώπων, καὶ ὁ θρόνος τῆς δόξης σου εἰς πάσας τὰς γενεὰς τῶν αἰώνων, καὶ τὸ ὄνομά σου ἅγιον καὶ εὐλογημένον εἰς πάντας τοὺς αἰῶνας.

Sync. ⁵σὺ γὰρ εἶ ὁ ποιήσας τὰ πάντα καὶ πάντων τὴν ἐξουσίαν ἔχων, καὶ 5 πάντα ἐνώπιόν σου φανερὰ καὶ ἀκάλυπτα· καὶ πάντα ὁρᾷς, καὶ οὐκ ἔστιν ὃ κρυβῆναί σε δύναται. ⁶ὁρᾷς ὅσα ἐποίησεν Ἀζαὴλ καὶ ὅσα εἰσήνεγκεν, 6 ὅσα ἐδίδαξεν, ἀδικίας καὶ ἁμαρτίας ἐπὶ τῆς γῆς καὶ πάντα δόλον ἐπὶ τῆς ξηρᾶς. ἐδίδαξε γὰρ τὰ μυστήρια καὶ ἀπεκάλυψε τῷ αἰῶνι τὰ ἐν οὐρανῷ. ἐπιτηδεύουσι δὲ τὰ ἐπιτηδεύματα αὐτοῦ, εἰδέναι τὰ μυστήρια, οἱ υἱοὶ τῶν ἀνθρώπων. ⁷τῷ Σεμιαζᾷ τὴν ἐξουσίαν ἔδωκας ἔχειν τῶν σὺν αὐτῷ ἅμα 7

IX 1 om επ αυτης Sync₁ᵍ   2 τον υψ.] om τον Sync₁ᵍ | μεγαλοσ. bis Sync₁ᵍ   4 θεος 2°] pr ο Sync₁ᵍ | ο θρονος] om ο Sync₁ᵍ | αιωνας]+και τα εξης. τοτε ο υψιστος εκελευσε τοις αγιοις αρχαγγελοις και εδησαν τους εξαρχους αυτων και εβαλον (εβαλλον Syncᵍ) αυτους εις την αβυσσον εως της κρισεως και τα εξης Sync₁   5 om σε δυναται Syncᵍ   6 και οσα] om και Sync₂ᵍ | τω αιωνι] om τω Syncᵍ

794

ΕΝΩΧ X 4

8 ἅμα ὄντων. ⁸καὶ ἐπορεύθησαν πρὸς τὰς θυγατέρας τῶν ἀνθρώπων P τῆς γῆς καὶ συνεκοιμήθησαν αὐταῖς καὶ ἐμιάνθησαν, καὶ ἐδήλωσαν 9 αὐταῖς πάσας τὰς ἁμαρτίας. ⁹καὶ αἱ γυναῖκες ἐγέννησαν τιτᾶνας, 10 ὑφ᾽ ὧν ὅλη ἡ γῆ ἐπλήσθη αἵματος καὶ ἀδικίας. ¹⁰καὶ νῦν ἰδοὺ βοῶσιν αἱ ψυχαὶ τῶν τετελευτηκότων καὶ ἐντυγχάνουσιν μέχρι τῶν πυλῶν τοῦ οὐρανοῦ, καὶ ἀνέβη ὁ στεναγμὸς αὐτῶν καὶ οὐ δύναται ἐξελθεῖν ἀπὸ προσώπου τῶν ἐπὶ τῆς γῆς γινομένων ἀνομημάτων. 11 ¹¹καὶ σὺ πάντα οἶδας πρὸ τοῦ αὐτὰ γενέσθαι, καὶ σὺ ὁρᾷς ταῦτα καὶ ἐᾷς αὐτούς, καὶ οὐδὲ ἡμῖν λέγεις τί δεῖ ποιεῖν αὐτοὺς περὶ τούτων.

X 1 ¹Τότε Ὕψιστος εἶπεν περὶ τούτων, ὁ μέγας Ἅγιος, καὶ ἐλάλησεν 2 καὶ εἶπεν καὶ ἔπεμψεν Ἰστραὴλ πρὸς τὸν υἱὸν Λέμεχ ²Εἶπον αὐτῷ ἐπὶ τῷ ἐμῷ ὀνόματι Κρύψον σεαυτόν, καὶ δήλωσον αὐτῷ τέλος ἐπερχόμενον, ὅτι ἡ γῆ ἀπόλλυται πᾶσα, καὶ κατακλυσμὸς μέλλει 3 γίνεσθαι πάσης τῆς γῆς καὶ ἀπολέσει πάντα ὅσα ἐστὶν αὐτῇ. ³καὶ διδαξον αὐτὸν ὅπως ἐκφύγῃ, καὶ μενεῖ τὸ σπέρμα αὐτοῦ εἰς πάσας 4 τὰς γενεὰς τοῦ αἰῶνος. ⁴Καὶ τῷ Ῥαφαὴλ εἶπεν Δῆσον τὸν Ἀζαὴλ ποσὶν καὶ χερσίν, καὶ βάλε αὐτὸν εἰς τὸ σκότος, καὶ ἀνοι-

---

8 ὄντων. ⁸καὶ ἐπορεύθησαν πρὸς τὰς θυγατέρας τῶν ἀνθρώπων τῆς γῆς καὶ Sync. συνεκοιμήθησαν μετ᾽ αὐτῶν καὶ ἐν ταῖς θηλείαις ἐμιάνθησαν, καὶ ἐδήλωσαν 9 αὐταῖς πάσας τὰς ἁμαρτίας, καὶ ἐδίδαξαν αὐτὰς μίσητρα ποιεῖν. 9καὶ νῦν ἰδοὺ αἱ θυγατέρες τῶν ἀνθρώπων ἔτεκον ἐξ αὐτῶν υἱοὺς γίγαντας· κίβδηλα 10 ἐπὶ τῆς γῆς τῶν ἀνθρώπων ἐκκέχυται, καὶ ὅλη ἡ γῆ ἐπλήσθη ἀδικίας. ¹⁰καὶ νῦν ἰδοὺ τὰ πνεύματα τῶν ψυχῶν τῶν ἀποθανόντων ἀνθρώπων ἐντυγχάνουσι, καὶ μέχρι τῶν πυλῶν τοῦ οὐρανοῦ ἀνέβη ὁ στεναγμὸς αὐτῶν καὶ οὐ δύναται 11 ἐξελθεῖν ἀπὸ προσώπου τῶν ἐπὶ τῆς γῆς γινομένων ἀδικημάτων. ¹¹καὶ σὺ αὐτὰ οἶδας πρὸ τῶν αὐτὰ γενέσθαι καὶ ὁρᾷς αὐτοὺς καὶ ἐᾷς αὐτούς, καὶ οὐδὲν λέγεις. τί δεῖ ποιῆσαι αὐτοὺς περὶ τούτου;

X 1 ¹Τότε ὁ ὕψιστος εἶπε καὶ ὁ ἅγιος ὁ μέγας ἐλάλησε, καὶ ἔπεμψε τὸν 2 Οὐριὴλ πρὸς τὸν υἱὸν Λάμεχ λέγων ²Πορεύου πρὸς τὸν Νῶε καὶ εἰπὸν αὐτῷ τῷ ἐμῷ ὀνόματι Κρύψον σεαυτόν, καὶ δήλωσον αὐτῷ τέλος ἐπερχόμενον, ὅτι ἡ γῆ ἀπόλλυται πᾶσα· καὶ εἰπὸν αὐτῷ ὅτι κατακλυσμὸς μέλλει γίνεσθαι 3 πάσης τῆς γῆς, ἀπολέσαι πάντα ἀπὸ προσώπου τῆς γῆς. ³δίδαξον τὸν δίκαιον τί ποιήσει, τὸν υἱὸν Λάμεχ, καὶ τὴν ψυχὴν αὐτοῦ εἰς ζωὴν συντηρήσει, καὶ ἐκφεύξεται δι᾽ αἰῶνος, καὶ ἐξ αὐτοῦ φυτευθήσεται φύτευμα καὶ σταθήσεται 4 πάσας τὰς γενεὰς τοῦ αἰῶνος. ⁴Καὶ τῷ Ῥαφαὴλ εἶπε Πορεύου, Ῥαφαήλ, καὶ δῆσον τὸν Ἀζαήλ· χερσὶ καὶ ποσὶ συμπόδισον αὐτόν, καὶ ἔμβαλε αὐτὸν

---

8 om αυτας Syncᵍ   9 om των ανθρ. (2°) Syncᵍ | τειτωναις P*ᵛⁱᵈ (-νας Pᶜᵒʳʳ) | της γης] om της Sync₂ᵍ   11 om αυτους 3° Sync₂ᵍ   X 1 του Λαμεχ Syncᵍ   4 εμβαλλε Syncᵍ

X 5   ΕΝΩΧ

P ξον τὴν ἔρημον τὴν οὖσαν ἐν τῷ Δαδουὴλ κἀκεῖ βάλε αὐτόν, ⁵καὶ 5
ὑπόθες αὐτῷ λίθους τραχεῖς καὶ ὀξεῖς καὶ ἐπικάλυψον αὐτῷ τὸ
σκότος, καὶ οἰκησάτω ἐκεῖ εἰς τοὺς αἰῶνας, καὶ τὴν ὄψιν αὐτοῦ
πώμασον καὶ φῶς μὴ θεωρείτω· ⁶καὶ ἐν τῇ ἡμέρᾳ τῆς μεγάλης τῆς 6
κρίσεως ἀπαχθήσεται εἰς τὸν ἐνπυρισμόν. ⁷καὶ ἰαθήσεται ἡ γῆ, ἣν 7
ἠφάνισαν οἱ ἄγγελοι, καὶ τὴν ἴασιν τῆς γῆς δήλωσον, ἵνα ἰάσων-
ται τὴν πληγήν, ἵνα μὴ ἀπόλωνται πάντες οἱ υἱοὶ τῶν ἀνθρώπων
ἐν τῷ μυστηρίῳ ὅλῳ ᾧ ἐπέταξαν οἱ ἐγρήγοροι καὶ ἔδειξαν τοὺς
υἱοὺς αὐτῶν, ⁸καὶ ἠρημώθη πᾶσα ἡ γῆ ἀφανισθεῖσα ἐν τοῖς ἔρ- 8
γοις τῆς διδασκαλίας Ἀζαήλ· καὶ ἐπ' αὐτῷ γράψον τὰς ἁμαρτίας
πάσας. ⁹Καὶ τῷ Γαβριὴλ εἶπεν ὁ κύριος Πορεύου ἐπὶ τοὺς 9
μαζηρέους, ἐπὶ τοὺς κιβδήλους καὶ τοὺς υἱοὺς τῆς πορνείας, καὶ
ἀπόλεσον τοὺς υἱοὺς τῶν ἐγρηγόρων ἀπὸ τῶν ἀνθρώπων· πέμψον
αὐτοὺς ἐν πολέμῳ ἀπωλείας. μακρότης γὰρ ἡμερῶν οὐκ ἔστιν αὐ-
τῶν, ¹⁰καὶ πᾶσα ἐρώτησις [οὐκ] ἔσται τοῖς πατράσιν αὐτῶν καὶ περὶ 10
αὐτῶν, ὅτι ἐλπίζουσιν ζῆσαι ζωὴν αἰώνιον, καὶ ὅτι ζήσεται ἕκαστος
αὐτῶν ἔτη πεντακόσια. ¹¹Καὶ εἶπεν Μιχαὴλ Πορεύου καὶ 11
δήλωσον Σεμιαζᾷ καὶ τοῖς λοιποῖς τοῖς σὺν αὐτῷ ταῖς γυναιξὶν μι-
γεῖσιν, μιανθῆναι ἐν αὐταῖς ἐν τῇ ἀκαθαρσίᾳ αὐτῶν· ¹²καὶ ὅταν 12

Sync. εἰς τὸ σκότος, καὶ ἄνοιξον τὴν ἔρημον τὴν οὖσαν ἐν τῇ ἐρήμῳ Δουδαήλ,
καὶ ἐκεῖ πορευθεὶς βάλε αὐτόν· ⁵καὶ ὑπόθες αὐτῷ λίθους ὀξεῖς καὶ λίθους 5
τραχεῖς καὶ ἐπικάλυψον αὐτῷ σκότος, καὶ οἰκησάτω ἐκεῖ εἰς τὸν αἰῶνα· καὶ
τὴν ὄψιν αὐτοῦ πώμασον καὶ φῶς μὴ θεωρείτω· ⁶καὶ ἐν τῇ. ἡμέρᾳ τῆς 6
κρίσεως ἀπαχθήσεται εἰς τὸν ἐμπυρισμὸν τοῦ πυρός. ⁷καὶ ἴασαι τὴν γῆν 7
ἣν ἠφάνισαν οἱ ἐγρήγοροι, καὶ τὴν ἴασιν τῆς πληγῆς δήλωσον, ἵνα ἰάσωνται
τὴν πληγὴν καὶ μὴ ἀπόλωνται πάντες οἱ υἱοὶ τῶν ἀνθρώπων ἐν τῷ μυστηρίῳ
δ εἶπον οἱ ἐγρήγοροι καὶ ἐδίδαξαν τοὺς υἱοὺς αὐτῶν, ⁸καὶ ἠρημώθη πᾶσα ἡ 8
γῆ ἐν τοῖς ἔργοις τῆς διδασκαλίας Ἀζαήλ· καὶ ἐπ' αὐτῇ γράψον πάσας τὰς
ἁμαρτίας. ⁹Καὶ τῷ Γαβριὴλ εἶπε Πορεύου, Γαβριήλ, ἐπὶ τοὺς γίγαντας, 9
ἐπὶ τοὺς κιβδήλους, ἐπὶ τοὺς υἱοὺς τῆς πορνείας, καὶ ἀπόλεσον τοὺς υἱοὺς τῶν
ἐγρηγόρων ἀπὸ τῶν υἱῶν τῶν ἀνθρώπων· πέμψον αὐτοὺς εἰς ἀλλήλους, ἐξ
αὐτῶν εἰς αὐτούς, ἐν πολέμῳ καὶ ἐν ἀπωλείᾳ. καὶ μακρότης ἡμερῶν οὐκ ἔσται
αὐτοῖς, ¹⁰καὶ πᾶσα ἐρώτησις οὐκ ἔστι τοῖς πατράσιν αὐτῶν, ὅτι ἐλπίζουσι 10
ζῆσαι ζωὴν αἰώνιον, καὶ ὅτι ζήσεται ἕκαστος αὐτῶν ἔτη πεντακόσια. ¹¹Καὶ 11
τῷ Μιχαὴλ εἶπε Πορεύου, Μιχαήλ, δῆσον Σεμιαζᾶν καὶ τοὺς ἄλλους σὺν
αὐτῷ τοὺς συμμιγέντας ταῖς θυγατράσι τῶν ἀνθρώπων τοῦ μιανθῆναι ἐν
αὐταῖς ἐν τῇ ἀκαθαρσίᾳ αὐτῶν. ¹²καὶ ὅταν κατασφαγῶσιν οἱ υἱοὶ αὐτῶν 12

5 και λιθ.] om και Syncᵍ | τω σκ. P | οικειωσατω Syncᵍ   7 μη]
μην P | επαταξαν P   8 ερημωθη Syncᵍ⁽ᵗˣᵗ⁾   9 τον Γ. Syncᵍ   10 ερω-
τησις (coniec Lods)] εργεσις P   11 τον M. Syncᵍ⁽ᵗˣᵗ⁾ | μιγεντας P

796

ΕΝΩΧ XI 2

κατασφαγῶσιν οἱ υἱοὶ αὐτῶν καὶ ἴδωσιν τὴν ἀπώλειαν τῶν ἀγα- P
πητῶν, καὶ δῆσον αὐτοὺς ἑβδομήκοντα γενεὰς εἰς τὰς νάπας τῆς
γῆς μέχρι ἡμέρας κρίσεως αὐτῶν καὶ συντελεσμοῦ, ἕως τελεσθῇ τὸ
13 κρίμα τοῦ αἰῶνος τῶν αἰώνων. ¹³τότε ἀπαχθήσονται εἰς τὸ χάος
τοῦ πυρὸς καὶ εἰς τὴν βάσανον καὶ εἰς τὸ δεσμωτήριον συνκλεί-
14 σεως αἰῶνος. ¹⁴καὶ ὃς ἂν κατακαυθῇ καὶ ἀφανισθῇ ἀπὸ τοῦ νῦν,
15 μετ' αὐτῶν ὁμοῦ δεθήσονται μέχρι τελειώσεως γενεᾶς. ¹⁵ἀπόλε-
σον πάντα τὰ πνεύματα τῶν κιβδήλων καὶ τοὺς υἱοὺς τῶν ἐγρηγόρων
16 διὰ τὸ ἀδικῆσαι τοὺς ἀνθρώπους. ¹⁶καὶ ἀπόλεσον τὴν ἀδικίαν πᾶσαν
ἀπὸ τῆς γῆς, καὶ πᾶν ἔργον πονηρίας ἐκλειπέτω, καὶ ἀναφανήτω τὸ
φυτὸν τῆς δικαιοσύνης καὶ τῆς ἀληθείας εἰς τοὺς αἰῶνας· μετὰ χαρᾶς
17 φυτευθήσεται. ¹⁷Καὶ νῦν πάντες οἱ δίκαιοι ἐκφεύξονται, καὶ
ἔσονται ζῶντες ἕως γεννήσωσιν χιλιάδας, καὶ πᾶσαι αἱ ἡμέραι νεότη-
18 τος αὐτῶν, καὶ τὰ σάββατα αὐτῶν μετὰ εἰρήνης πληρώσουσιν. ¹⁸τότε
ἐργασθήσεται πᾶσα ἡ γῆ ἐν δικαιοσύνῃ καὶ καταφυτευθήσεται δέν-
19 δρον ἐν αὐτῇ, καὶ πλησθήσεται εὐλογίας. ¹⁹καὶ πάντα τὰ δένδρα
τῆς γῆς ἀγαλλιάσονται· φυτευθήσεται, καὶ ἔσονται φυτεύοντες ἀμπέ-
λους, καὶ ἡ ἄμπελος ἣν ἂν φυτεύσωσιν, ποιήσουσιν προχοὺς οἴνου·
χιλιάδας καὶ σπόρου ποιήσει καθ' ἕκαστον μέτρον, ἐλαίας ποιή-
20 σει ἀνὰ βάτους δέκα. ²⁰καὶ σὺ καθάρισον τὴν γῆν ἀπὸ πάσης
ἀκαθαρσίας καὶ ἀπὸ πάσης ἀδικίας καὶ ἀπὸ πάσης ἁμαρτίας καὶ
ἀσεβείας, καὶ πάσας τὰς ἀκαθαρσίας τὰς γινομένας ἐπὶ τῆς γῆς
21 ἐξάλειψον. ²¹καὶ ἔσονται πάντες λατρεύοντες οἱ λαοὶ καὶ εὐλο-
22 γοῦντες πάντες ἐμοὶ καὶ προσκυνοῦντες. ²²καὶ καθαρισθήσεται
πᾶσα ἡ γῆ ἀπὸ παντὸς μιάμματος καὶ ἀπὸ πάσης ἀκαθαρσίας καὶ
ὀργῆς καὶ μάστιγος, καὶ οὐκέτι πέμψω ἐπ' αὐτοὺς εἰς πάσας τὰς
XI 1 γενεὰς τοῦ αἰῶνος. ¹καὶ τότε ἀνοίξω τὰ ταμεῖα τῆς εὐλογίας τὰ
ὄντα ἐν τῷ οὐρανῷ, καὶ κατενεγκεῖν αὐτὰ ἐπὶ τὰ ἔργα, ἐπὶ τὸν
2 κόπον τῶν υἱῶν τῶν ἀνθρώπων. ²καὶ τότε ἀλήθεια καὶ εἰρήνη

καὶ ἴδωσι τὴν ἀπώλειαν τῶν ἀγαπητῶν αὐτῶν, δῆσον αὐτοὺς ἐπὶ ἑβδομήκοντα Sync.
γενεὰς εἰς τὰς νάπας τῆς γῆς μέχρι ἡμέρας κρίσεως αὐτῶν, μέχρι ἡμέρας
13 τελειώσεως τελεσμοῦ, ἕως συντελεσθῇ κρίμα τοῦ αἰῶνος τῶν αἰώνων. ¹³τότε
ἀπενεχθήσονται εἰς τὸ χάος τοῦ πυρὸς καὶ εἰς τὴν βάσανον καὶ εἰς τὸ δεσμω-
14 τήριον τῆς συγκλείσεως τοῦ αἰῶνος. ¹⁴καὶ ὃς ἂν κατακριθῇ καὶ ἀφανισθῇ
ἀπὸ τοῦ νῦν, μετ' αὐτῶν δεθήσεται μέχρι τελειώσεως γενεᾶς αὐτῶν.

14 ος αν] οταν P corr vid | κατακαυθη P | δεθησεται] δεησεται Sync g(txt
16 φυτευσεται P   19 και 3°] αι P   20 πασης 3°] σης P

ΕΝΩΧ

P κοινωνήσουσιν ὁμοῦ εἰς πάσας τὰς ἡμέρας τοῦ αἰῶνος καὶ εἰς πάσας τὰς γενεὰς τῶν ἀνθρώπων.

¹Πρὸ τούτων τῶν λόγων ἐλήμφθη Ἐνώχ, καὶ οὐδεὶς τῶν ἀνθρώπων ἔγνω ποῦ ἐλήμφθη καὶ ποῦ ἐστιν καὶ τί ἐγένετο αὐτῷ. ²καὶ τὰ ἔργα αὐτοῦ μετὰ τῶν ἐγρηγόρων, καὶ μετὰ τῶν ἁγίων αἱ ἡμέραι αὐτοῦ. ³Καὶ ἑστὼς ἤμην Ἐνὼχ εὐλογῶν τῷ κυρίῳ τῆς μεγαλοσύνης, τῷ βασιλεῖ τῶν αἰώνων. καὶ ἰδοὺ οἱ ἐγρήγοροι τοῦ ἁγίου τοῦ μεγάλου ἐκάλουν με ⁴Ἐνώχ, ὁ γραμματεὺς τῆς δικαιοσύνης, πορεύου καὶ εἰπὲ τοῖς ἐγρηγόροις τοῦ οὐρανοῦ οἵτινες ἀπολιπόντες τὸν οὐρανὸν τὸν ὑψηλόν, τὸ ἁγίασμα τῆς στάσεως τοῦ αἰῶνος, μετὰ τῶν γυναικῶν ἐμιάνθησαν, καὶ ὥσπερ οἱ υἱοὶ τῆς γῆς ποιοῦσιν, οὕτως καὶ αὐτοὶ ποιοῦσιν, καὶ ἔλαβον ἑαυτοῖς γυναῖκας Ἀφανισμὸν μέγαν ἠφανίσατε τὴν γῆν, ⁵καὶ οὐκ ἔσται ὑμῖν εἰρήνη οὔτε ἄφεσις. καὶ περὶ ὧν χαίρουσιν τῶν υἱῶν αὐτῶν, ⁶τὸν φόνον τῶν ἀγαπητῶν αὐτῶν ὄψονται, καὶ ἐπὶ τῇ ἀπωλείᾳ τῶν υἱῶν αὐτῶν στενάξουσιν καὶ δεηθήσονται εἰς τὸν αἰῶνα, καὶ οὐκ ἔσται αὐτοῖς εἰς ἔλεον καὶ εἰρήνην.

¹Ὁ δὲ Ἐνὼχ τῷ Ἀζαὴλ εἶπεν Πορεύου· οὐκ ἔσται σοι εἰρήνη. κρίμα μέγα ἐξῆλθεν κατὰ σοῦ δῆσαί σε, ²καὶ ἀνοχὴ καὶ ἐρώτησίς σοι οὐκ ἔσται περὶ ὧν ἔδειξας ἀδικημάτων καὶ περὶ πάντων τῶν ἔργων τῶν ἀσεβειῶν καὶ τῆς ἀδικίας καὶ τῆς ἁμαρτίας, ὅσα ὑπέδειξας τοῖς ἀνθρώποις. ³Τότε πορευθεὶς εἴρηκα πᾶσιν αὐτοῖς, καὶ αὐτοὶ πάντες ἐφοβήθησαν, καὶ ἔλαβεν αὐτοὺς τρόμος καὶ φόβος. ⁴καὶ ἠρώτησαν ὅπως γράψω αὐτοῖς ὑπομνήματα ἐρωτήσεως, ἵνα γένηται αὐτοῖς ἄφεσις, καὶ ἵνα ἐγὼ ἀναγνῶ αὐτοῖς τὸ ὑπόμνημα τῆς ἐρωτήσεως ἐνώπιον Κυρίου τοῦ οὐρανοῦ, ⁵ὅτι αὐτοὶ οὐκ ἔτι δύνανται λαλῆσαι, οὐδὲ ἐπᾶραι αὐτῶν τοὺς ὀφθαλμοὺς εἰς τὸν οὐρανὸν ἀπὸ αἰσχύνης περὶ ὧν ἡμαρτήκεισαν καὶ κατεκρίθησαν. ⁶Τότε ἔγραψα τὸ ὑπόμνημα τῆς ἐρωτήσεως αὐτῶν καὶ τὰς δεήσεις περὶ τῶν πνευμάτων αὐτῶν καὶ περὶ ὧν δέονται, ὅπως αὐτῶν γένωνται ἄφεσις καὶ μακρότης. ⁷καὶ πορευθεὶς ἐκάθισα ἐπὶ τῶν ὑδάτων Δὰν ἐν γῇ Δάν, ἥτις ἐστὶν ἐκ δεξιῶν Ἑρμωνειεὶμ δύσεως· ἀνεγίγνωσκον τὸ ὑπόμνημα τῶν δεήσεων αὐτῶν. ⁸ὡς ἐκοιμήθην, καὶ ἰδοὺ ὄνειροι ἐπ' ἐμὲ ἦλθον καὶ ὁράσεις ἐπ' ἐμὲ ἐπέπιπτον, καὶ ἴδον ὁράσεις ὀργῆς, καὶ ἦλθεν

XII 4 οι γραμματευς P | ηφανισατε] pr και P   XIII 4 γενηται] γενονται P | αναγνοι P   5 δυνοται P

φωνὴ λέγουσα Εἶπον τοῖς υἱοῖς τοῦ οὐρανοῦ τοῦ ἐλέγξαι αὐτούς. P
9 ⁹καὶ ἔξυπνος γενόμενος ἦλθον πρὸς αὐτούς, καὶ πάντες συνηγμένοι
ἐκάθηντο πενθοῦντες ἐν Ἐβελσατά, ἥτις ἐστὶν ἀνὰ μέσον τοῦ
10 Λιβάνου καὶ Σενισήλ, περικεκαλυμμένοι τὴν ὄψιν. ¹⁰ἐνώπιον αὐ-
τῶν καὶ ἀνήγγειλα αὐτοῖς πάσας τὰς ὁράσεις ἃς εἶδον κατὰ τοὺς
ὕπνους, καὶ ἠρξάμην λαλεῖν τοὺς λόγους τῆς δικαιοσύνης, ἐλέγχων
τοὺς ἐγρηγόρους τοῦ οὐρανοῦ.

XIV 1 ¹Βίβλος λόγων δικαιοσύνης καὶ ἐλέγξεως ἐγρηγόρων τῶν ἀπὸ
τοῦ αἰῶνος, κατὰ τὴν ἐντολὴν τοῦ ἁγίου τοῦ μεγάλου ἐν ταύτῃ τῇ
2 ὁράσει. ²Ἐγὼ εἶδον κατὰ τοὺς ὕπνους μου ἃ νῦν λέγω
ἐν γλώσσῃ σαρκίνῃ ἐν τῷ πνεύματι τοῦ στόματός μου, ὃ ἔδωκεν ὁ
3 μέγας τοῖς ἀνθρώποις λαλεῖν ἐν αὐτοῖς καὶ νοήσει καρδίας· ³ὃς
ἔκτισεν καὶ ἔδωκεν ἐλέγξασθαι ἐγρηγόρους τοὺς υἱοὺς τοῦ οὐρα-
4 νοῦ. ⁴Ἐγὼ τὴν ἐρώτησιν ὑμῶν τῶν ἀγγέλων ἔγραψα, καὶ
ἐν τῇ ὁράσει μου τοῦτο ἐδείχθη· καὶ οὔτε ἡ ἐρώτησις ὑμῶν παρε-
5 δέχθη, ⁵ἵνα μηκέτι εἰς τὸν οὐρανὸν ἀναβῆτε ἐπὶ πάντας τοὺς
αἰῶνας, καὶ ἐν τοῖς δεσμοῖς τῆς γῆς ἐρρέθη δῆσαι ὑμᾶς εἰς πάσας
6 τὰς γενεὰς τοῦ αἰῶνος, ⁶καὶ ἵνα περὶ τούτων ἴδητε τὴν ἀπώλειαν
τῶν υἱῶν ὑμῶν τῶν ἀγαπητῶν, καὶ ὅτι οὐκ ἔσται ὑμῖν ὄνησις
7 αὐτῶν, ἀλλὰ πεσοῦνται ἐνώπιον ὑμῶν ἐν μαχαίρᾳ. ⁷καὶ ἡ ἐρώ-
τησις ὑμῶν περὶ αὐτῶν οὐκ ἔσται οὐδὲ περὶ ὑμῶν· καὶ ὑμεῖς
κλαίοντες καὶ δεόμενοι καὶ μὴ λαλοῦντες πᾶν ῥῆμα ἀπὸ τῆς γρα-
8 φῆς ἧς ἔγραψα. ⁸Καὶ ἐμοὶ ἐφ' ὁράσει οὕτως ἐδείχθη· ἰδοὺ
νεφέλαι ἐν τῇ ὁράσει ἐκάλουν καὶ ὁμίχλαι με ἐφώνουν, καὶ δια-
δρομαὶ τῶν ἀστέρων καὶ διαστραπαί με κατεσπούδαζον καὶ ἐθορύ-
9 βαζόν με, καὶ ἄνεμοι ἐν τῇ ὁράσει μου ἐξεπέτασάν με ⁹καὶ ἐπῆράν
με ἄνω καὶ εἰσήνεγκάν με εἰς τὸν οὐρανόν, καὶ εἰσῆλθον μέχρις
ἤγγισα τείχους οἰκοδομῆς ἐν λίθοις χαλάζης καὶ γλώσσης πυρὸς
10 κύκλῳ αὐτῶν· καὶ ἤρξαντο ἐκφοβεῖν με. ¹⁰Καὶ εἰσῆλθον
εἰς τὰς γλώσσας τοῦ πυρός, καὶ ἤγγισα εἰς οἶκον μέγαν οἰκοδομη-
μένον ἐν λίθοις χαλάζης, καὶ οἱ τοῖχοι τοῦ οἴκου ὡς λιθόπλακες,
11 καὶ πᾶσαι ἦσαν ἐκ χιόνος, καὶ ἐδάφη χιονικά, ¹¹καὶ αἱ στέγαι ὡς
διαδρομαὶ ἀστέρων καὶ ἀστραπαί, καὶ μεταξὺ αὐτῶν χερουβὶν πύρινα,
12 καὶ οὐρανὸς αὐτῶν ὕδωρ, ¹²καὶ πῦρ φλεγόμενον κύκλῳ τῶν τειχῶν, καὶ
13 θύραι πυρὶ καιόμεναι. ¹³εἰσῆλθον εἰς τὸν οἶκον ἐκεῖνον, θερμὸν ὡς

9 σενεβελσατα P | την οψιν] ν 1° superscr P¹ XIV 2 a] ων P
3 ελεγξασθαι coniec Nestle] εκλεξασθαι P

P πῦρ καὶ ψυχρὸν ὡς χιών, καὶ πᾶσα τροφὴ ζωῆς οὐκ ἦν ἐν αὐτῷ· φόβος με ἐκάλυψεν καὶ τρόμος με ἔλαβεν. ¹⁴καὶ ἤμην σειόμενος καὶ τρέμων, καὶ ἔπεσον. ἐθεώρουν ἐν τῇ ὁράσει μου, ¹⁵καὶ ἰδοὺ ἄλλη θύρα ἀνεῳγμένη κατέναντί μου, καὶ ὁ οἶκος μείζων τούτου, καὶ ὅλος οἰκοδομημένος ἐν γλώσσαις πυρός, ¹⁶καὶ ὅλος διαφέρων ἐν δόξῃ καὶ ἐν τιμῇ καὶ ἐν μεγαλοσύνῃ, ὥστε μὴ δύνασθαί με ἐξειπεῖν ὑμῖν περὶ τῆς δόξης καὶ περὶ τῆς μεγαλοσύνης αὐτοῦ. ¹⁷τὸ ἔδαφος αὐτοῦ ἦν πυρός, τὸ δὲ ἀνώτερον αὐτοῦ ἦσαν ἀστραπαὶ καὶ διαδρομαὶ ἀστέρων, καὶ ἡ στέγη αὐτοῦ ἦν πῦρ φλέγον. ¹⁸Ἐθεώρουν δὲ καὶ εἶδον θρόνον ὑψηλόν, καὶ τὸ εἶδος αὐτοῦ ὡσεὶ κρυστάλλινον, καὶ τροχὸς ὡς ἡλίου λάμποντος καὶ ὄρος χερουβίν. ¹⁹καὶ ὑποκάτω τοῦ θρόνου ἐξεπορεύοντο ποταμοὶ πυρὸς φλεγόμενοι, καὶ οὐκ ἐδυνάσθην ἰδεῖν. ²⁰καὶ ἡ δόξα ἡ μεγάλη ἐκάθητο ἐπ᾽ αὐτῷ· τὸ περιβόλαιον αὐτοῦ ὡς εἶδος ἡλίου, λαμπρότερον καὶ λευκότερον πάσης χιόνος. ²¹καὶ οὐκ ἐδύνατο πᾶς ἄγγελος παρελθεῖν εἰς τὸν οἶκον τοῦτον καὶ ἰδεῖν τὸ πρόσωπον αὐτοῦ διὰ τὸ ἔντιμον καὶ ἔνδοξον, καὶ οὐκ ἐδύνατο πᾶσα σὰρξ ἰδεῖν αὐτοῦ ²²τὸ πῦρ φλεγόμενον κύκλῳ· καὶ πῦρ μέγα παριστήκει αὐτῷ, καὶ οὐδεὶς ἐγγίζει αὐτῷ. κύκλῳ μύριαι μυριάδες ἑστήκασιν ἐνώπιον αὐτοῦ, καὶ πᾶς λόγος αὐτοῦ ἔργον. ²³καὶ οἱ ἅγιοι τῶν ἀγγέλων οἱ ἐγγίζοντες αὐτῷ οὐκ ἀποχωροῦσιν νυκτὸς οὔτε ἀφίστανται αὐτοῦ. ²⁴Κἀγὼ ἤμην ἕως τούτου ἐπὶ πρόσωπόν μου βεβλημένος καὶ τρέμων, καὶ ὁ κύριος τῷ στόματι αὐτοῦ ἐκάλεσέν με καὶ εἶπέν μοι Πρόσελθε ὧδε, Ἑνώχ, καὶ τὸν λόγον μου ἄκουσον. ²⁵καὶ προσελθών μοι εἷς τῶν ἁγίων ἤγειρέν με καὶ ἔστησέν με, καὶ προσήγαγέν με μέχρι τῆς θύρας· ἐγὼ δὲ τὸ πρόσωπόν μου κάτω ἔκυφον.

¹Καὶ ἀποκριθεὶς εἶπέν μοι Ὁ ἄνθρωπος ὁ ἀληθινός, ἄνθρωπος τῆς ἀληθείας, ὁ γραμματεύς· καὶ τῆς φωνῆς αὐτοῦ ἤκουσα· μὴ φοβηθῇς, Ἑνώχ, ἄνθρωπος ἀληθινὸς καὶ γραμματεὺς τῆς ἀληθείας· πρόσελθε ὧδε, καὶ τῆς φωνῆς μου ἄκουσον. ²πορεύθητι καὶ εἰπὲ τοῖς πέμψασίν σε Ἐρωτῆσαι ὑμᾶς ἔδει περὶ τῶν ἀνθρώπων, καὶ μὴ τοὺς ἀνθρώπους περὶ ὑμῶν. ³διὰ τί ἀπελίπετε τὸν οὐρανὸν τὸν ὑψηλὸν τὸν ἅγιον τοῦ αἰῶνος, καὶ μετὰ τῶν γυναικῶν ἐκοιμήθητε καὶ μετὰ τῶν θυγατέρων τῶν ἀνθρώπων ἐμιάνθητε καὶ ἐλάβετε ἑαυτοῖς γυναῖκας; ὥσπερ υἱοὶ τῆς γῆς ἐποιήσατε καὶ ἐγεννήσατε ἑαυτοῖς τέκνα, υἱοὺς γίγαντας. ⁴καὶ ὑμεῖς ἦτε ἅγιοι καὶ πνεύματα ζῶντα αἰώνια· ἐν τῷ αἵματι τῶν γυναικῶν ἐμιάνθητε, καὶ ἐν αἵματι σαρκὸς ἐγεννήσατε καὶ ἐν αἵματι ἀνθρώ-

15 αλλην θυραν ανεωγμενην P^vid   18 ωσει] ωσυ P   20 επ] η | η
XV 4 πνευμα P: item 6, 7, 8, 9, 10, 12

ΕΝΩΧ XVI 1

πων ἐπεθυμήσατε, καθὼς καὶ αὐτοὶ ποιοῦσιν σάρκα καὶ αἷμα, οἵτινες P
5 ἀποθνήσκουσιν καὶ ἀπόλλυνται. ⁵διὰ τοῦτο ἔδωκα αὐτοῖς θηλείας,
ἵνα σπερματίζουσιν εἰς αὐτὰς καὶ τεκνώσουσιν ἐν αὐταῖς τέκνα
6 οὕτως, ἵνα μὴ ἐκλείπῃ αὐτοῖς πᾶν ἔργον ἐπὶ τῆς γῆς. ⁶ὑμεῖς δὲ
ὑπήρχετε πνεύματα ζῶντα αἰώνια καὶ οὐκ ἀποθνήσκοντα εἰς πάσας
7 τὰς γενεὰς τοῦ αἰῶνος. ⁷καὶ διὰ τοῦτο οὐκ ἐποίησα ἐν ὑμῖν θη-
λείας· τὰ πνεύματα τοῦ οὐρανοῦ, ἐν τῷ οὐρανῷ ἡ κατοίκησις αὐ-
8 τῶν. ⁸καὶ νῦν οἱ γίγαντες οἱ γεννηθέντες ἀπὸ τῶν πνευμάτων
καὶ σαρκὸς πνεύματα ἰσχυρὰ ἐπὶ τῆς γῆς, καὶ ἐν τῇ γῇ ἡ κατοί-
9 κησις αὐτῶν ἔσται. ⁹πνεύματα πονηρὰ ἐξῆλθον ἀπὸ τοῦ σώματος
αὐτῶν, διότι ἀπὸ τῶν ἀνωτέρων ἐγένοντο, καὶ ἐκ τῶν ἁγίων ἐγρη-
γόρων ἡ ἀρχὴ τῆς κτίσεως αὐτῶν καὶ ἀρχὴ θεμελίου· πνεύματα
10 πονηρὰ κληθήσεται. ¹⁰πνεύματα οὐρανοῦ, ἐν τῷ οὐρανῷ ἡ κατοί-
κησις αὐτῶν ἔσται· καὶ τὰ πνεύματα ἐπὶ τῆς γῆς τὰ γεννηθέντα,
11 ἐπὶ τῆς γῆς ἡ κατοίκησις αὐτῶν ἔσται. ¹¹καὶ τὰ πνεύματα τῶν
γιγάντων νεφέλας ἀδικοῦντα, ἀφανίζοντα καὶ ἐνπίπτοντα καὶ συν-
παλαίοντα καὶ συνρίπτοντα ἐπὶ τῆς γῆς, πνεύματα σκληρὰ γιγάν-
των, καὶ δρόμους ποιοῦντα καὶ μηδὲν ἐσθίοντα, ἀλλ᾽ ἀσιτοῦντα
12 καὶ διψῶντα καὶ προσκόπτοντα πνεύματα. ¹²καὶ ἐξαναστήσει
ταῦτα εἰς τοὺς υἱοὺς τῶν ἀνθρώπων καὶ τῶν γυναικῶν, ὅτι ἐξελη-
XVI 1 λύθασιν ἀπ᾽ αὐτῶν, ¹ἀπὸ ἡμέρας σφαγῆς καὶ ἀπωλείας καὶ θανάτου,
ἀφ᾽ ὧν τὰ πνεύματα ἐκπορευόμενα ἐκ τῆς ψυχῆς τῆς σαρκὸς αὐ-
τῶν ἔσται ἀφανίζοντα χωρὶς κρίσεως· οὕτως ἀφανίσουσιν μέχρις

XV 8 ⁸Καὶ νῦν οἱ γίγαντες οἱ γεννηθέντες ἀπὸ πνευμάτων καὶ σαρκὸς πνεύματα Sync
πονηρὰ ἐπὶ τῆς γῆς καλέσουσιν αὐτούς, ὅτι ἡ κατοίκησις αὐτῶν ἔσται ἐπὶ τῆς
9 γῆς. ⁹πνεύματα πονηρὰ ἔσονται, τὰ πνεύματα ἐξεληλυθότα ἀπὸ τοῦ
σώματος τῆς σαρκὸς αὐτῶν, διότι ἀπὸ τῶν ἀνθρώπων ἐγένοντο, καὶ ἐκ τῶν
ἁγίων τῶν ἐγρηγόρων ἡ ἀρχὴ τῆς κτίσεως αὐτῶν καὶ ἀρχὴ θεμελίου· πνεύ-
10 ματα πονηρά. ¹⁰ἐπὶ τῆς γῆς ἔσονται. ¹¹τὰ πνεύματα τῶν γιγάντων νεμόμενα,
11 ἀδικοῦντα, ἀφανίζοντα, ἐμπίπτοντα καὶ συμπαλαίοντα καὶ ῥιπτοῦντα ἐπὶ
τῆς γῆς καὶ δρόμους ποιοῦντα, καὶ μηδὲν ἐσθίοντα, ἀλλ᾽ ἀσιτοῦντα καὶ
12 φάσματα ποιοῦντα καὶ διψῶντα καὶ προσκόπτοντα. ¹²καὶ ἐξαναστήσονται
τὰ πνεύματα ἐπὶ τοὺς υἱοὺς τῶν ἀνθρώπων καὶ τῶν γυναικῶν, ὅτι ἐξ αὐτῶν
XVI 1 ἐξεληλύθασι, ¹καὶ ἀπὸ ἡμέρας καιροῦ σφαγῆς καὶ ἀπωλείας καὶ θανάτου
τῶν γιγάντων ναφηλείμ, οἱ ἰσχυροὶ τῆς γῆς, οἱ μεγάλοι ὀνομαστοί, τὰ
πνεύματα τὰ ἐκπορευόμενα ἀπὸ τῆς ψυχῆς αὐτῶν, ὡς ἐκ τῆς σαρκὸς ἔσονται,
ἀφανίζοντα χωρὶς κρίσεως· οὕτως ἀφανίσουσι μέχρις ἡμέρας τῆς τελειώσεως,

5 αυτοις] αυταις P | εκλειπει P   8—9 om επι της γης (1°)...πονηρα 2°
Sync^g 8 και νυν οι γιγ.] pr και μεθ ετερα Sync   9 της κτισ.] om της
Sync^g 11 τα πνευματα] τα πρωτα Sync^g | ριπτοντα Sync^g | εσθειον P |
και διψ.] om και Sync^g XVI 1 ναφιλειμ Sync^g | ο; ισχ.] και ισχ. Sync^g

ΧVΙ 2 ΕΝΩΧ

P ἡμέρας τελειώσεως, τῆς κρίσεως τῆς μεγάλης, ἐν ᾗ ὁ αἰὼν ὁ μέγας τελεσθήσεται. ²Καὶ νῦν ἐγρηγόροις τοῖς πέμψασίν σε ἐρω- 2 τῆσαι περὶ αὐτῶν, οἵτινες ἐν οὐρανῷ ἦσαν ³'Υμεῖς ἐν τῷ οὐρανῷ 3 ἦτε; καὶ πᾶν μυστήριον ὃ οὐκ ἀνεκαλύφθη ὑμῖν καὶ μυστήριον τὸ ἐκ τοῦ θεοῦ γεγενημένον ἔγνωτε, καὶ τοῦτο ἐμηνύσατε ταῖς γυναιξὶν ἐν ταῖς σκληροκαρδίαις ὑμῶν, καὶ ἐν τῷ μυστηρίῳ τούτῳ πληθύνουσιν αἱ θήλειαι καὶ οἱ ἄνθρωποι τὰ κακὰ ἐπὶ τῆς γῆς. ⁴εἰπὸν οὖν 4 αὐτοῖς Οὐκ ἔστιν εἰρήνη.

¹Καὶ παραλαβόντες με εἴς τινα τόπον ἀπήγαγον, ἐν ᾧ οἱ ὄντες ι XVI ἐκεῖ γίνονται ὡς πῦρ φλέγον καί, ὅταν θέλωσιν, φαίνονται ὡσεὶ ἄνθρωποι. ²Καὶ ἀπήγαγόν με εἰς ζοφώδη τόπον καὶ εἰς 2 ὄρος οὗ ἡ κεφαλὴ ἀφικνεῖτο εἰς τὸν οὐρανόν. ³καὶ εἶδον τόπον 3 τῶν φωστήρων καὶ τοὺς θησαυροὺς τῶν ἀστέρων καὶ τῶν βροντῶν, καὶ εἰς τὰ ἀεροβαθῆ, ὅπου τόξον πυρὸς καὶ τὰ βέλη καὶ αἱ θῆκαι αὐτῶν καὶ αἱ ἀστραπαὶ πᾶσαι. ⁴Καὶ ἀπήγαγόν με μέχρι 4 ὑδάτων ζώντων καὶ μέχρι πυρὸς δύσεως, ὅ ἐστιν καὶ παρέχον πάσας τὰς δύσεις τοῦ ἡλίου. ⁵καὶ ἤλθομεν μέχρι ποταμοῦ πυρός, 5 ἐν ᾧ κατατρέχει τὸ πῦρ ὡς ὕδωρ καὶ ῥέει εἰς θάλασσαν μεγάλην δύσεως. ⁶ἴδον τοὺς μεγάλους ποταμούς, καὶ μέχρι τοῦ μεγάλου 6 ποταμοῦ καὶ μέχρι τοῦ μεγάλου σκότους κατήντησα, καὶ ἀπῆλθον ὅπου πᾶσα σὰρξ οὐ περιπατεῖ. ⁷ἴδον τοὺς ἀνέμους τῶν γνόφων τοὺς 7 χειμερινοὺς καὶ τὴν ἔκχυσιν τῆς ἀβύσσου πάντων ὑδάτων. ⁸ἴδον 8 τὸ στόμα τῆς γῆς πάντων τῶν ποταμῶν καὶ τὸ στόμα τῆς ἀβύσσου. ¹ἴδον τοὺς θησαυροὺς τῶν ἀνέμων πάντων, ἴδον ὅτι ἐν ι XVII αὐτοῖς ἐκόσμησεν πάσας τὰς κτίσεις καὶ τὸν θεμέλιον τῆς γῆς, ²καὶ τὸν λίθον ἴδον τῆς γωνίας τῆς γῆς. ἴδον τοὺς τέσσαρας 2 ἀνέμους τὴν γῆν βαστάζοντας, καὶ τὸ στερέωμα τοῦ οὐρανοῦ, ³καὶ 3 αὐτοὶ ἱστᾶσιν μεταξὺ γῆς καὶ οὐρανοῦ. ⁴ἴδον ἀνέμους τῶν οὐ- 4 ρανῶν στρέφοντας καὶ διανύοντας τὸν τροχὸν τοῦ ἡλίου, καὶ πάντας τοὺς ἀστέρας. ⁵ἴδον τοὺς ἐπὶ τῆς γῆς ἀνέμους βαστά- 5 ζοντας ἐν νεφέλῃ. ἴδον πέρατα τῆς γῆς, τὸ στήριγμα τοῦ οὐρανοῦ ἐπάνω. ⁶Παρῆλθον καὶ ἴδον τόπον καιόμενον νυκτὸς καὶ 6

Sync. ἕως τῆς κρίσεως τῆς μεγάλης, ἐν ᾗ ὁ αἰὼν ὁ μέγας τελεσθήσεται· ἐφ' ἅπαξ ὁμοῦ τελεσθήσεται.

XVI 1 η] ω Sync^g   XVII 3 τας θηκας P | τας αστραπας πασας P
6 ποταμου P   XVIII 4 διανευοντας P

ΕΝΩΧ XX 5

ἡμέρας, ὅπου τὰ ἑπτὰ ὅρη ἀπὸ λίθων πολιτελῶν, τρία εἰς ἀνατολὰς P
7 καὶ τρία εἰς νότον βάλλοντα. ⁷καὶ τὰ μὲν πρὸς ἀνατολὰς ἀπὸ λίθου
χρώματος, τὸ δὲ ἦν ἀπὸ λίθου μαργαρίτου, καὶ τὸ ἀπὸ λίθου ταθέν,
8 τὸ δὲ κατὰ νότον ἀπὸ λίθου πυρροῦ· ⁸τὸ δὲ μέσον αὐτῶν ἦν εἰς
οὐρανόν, ὥσπερ θρόνος θεοῦ ἀπὸ λίθου φουκά, καὶ ἡ κορυφὴ τοῦ
9 θρόνου ἀπὸ λίθου σαπφείρου· ⁹καὶ πῦρ καιόμενον ἴδον. κἀπέκεινα
10 τῶν ὀρέων τούτων ¹⁰τόπος ἐστὶν πέρας τῆς μεγάλης γῆς· ἐκεῖ συντε-
11 λεσθήσονται οἱ οὐρανοί. ¹¹καὶ ἴδον χάσμα μέγα εἰς τοὺς στύλους τοῦ
πυρὸς καταβαίνοντας καὶ οὐκ ἦν μέτρον οὔτε εἰς βάθος οὔτε εἰς ὕψος.
12 ¹²καὶ ἐπέκεινα τοῦ χάσματος τούτου ἴδον τόπον ὅπου οὐδὲ στε-
ρέωμα οὐρανοῦ ἐπάνω, οὔτε γῇ ἡ τεθεμελιωμένη ὑποκάτω αὐτοῦ
οὔτε ὕδωρ ἦν ὑπὸ αὐτὸ οὔτε πετεινόν, ἀλλὰ τόπος ἦν ἔρημος καὶ
13 φοβερός. ¹³ἐκεῖ ἴδον ἑπτὰ ἀστέρας ὡς ὄρη μεγάλα καιόμενα, περὶ
14 ὧν πυνθανομένῳ μοι ¹⁴εἶπεν ὁ ἄγγελος Οὗτός ἐστιν ὁ τόπος τὸ
τέλος τοῦ οὐρανοῦ καὶ γῆς· δεσμωτήριον τοῦτο ἐγένετο τοῖς ἄστροις
15 καὶ ταῖς δυνάμεσιν τοῦ οὐρανοῦ. ¹⁵καὶ οἱ ἀστέρες οἱ κυλιόμενοι ἐν
τῷ πυρί, οὗτοί εἰσιν οἱ παραβάντες πρόσταγμα Κυρίου ἐν ἀρχῇ
τῆς ἀνατολῆς αὐτῶν (ὅτι τόπος ἔξω τοῦ οὐρανοῦ κενός ἐστιν), ὅτι
16 οὐκ ἐξῆλθαν ἐν τοῖς καιροῖς αὐτῶν· ¹⁶καὶ ὀργίσθη αὐτοῖς καὶ ἔδησεν
αὐτοὺς μέχρι καιροῦ τελειώσεως αὐτῶν ἁμαρτίας, ἐνιαυτῶν μυρίων.

XIX 1 ¹καὶ εἶπέν μοι Οὐριὴλ Ἐνθάδε οἱ μιγέντες ἄγγελοι ταῖς γυναιξὶν
στήσονται, καὶ τὰ πνεύματα αὐτῶν πολύμορφα γενόμενα λυμαίνεται
τοὺς ἀνθρώπους καὶ πλανήσει αὐτοὺς ἐπιθύειν τοῖς δαιμονίοις μέχρι
2 τῆς μεγάλης κρίσεως, ἐν ᾗ κριθήσονται εἰς ἀποτελείωσιν. ²καὶ αἱ
γυναῖκες αὐτῶν τῶν παραβάντων ἀγγέλων εἰς σειρῆνας γενήσονται.
3 ³κἀγὼ Ἐνὼχ ἴδον τὰ θεωρήματα μόνος, τὰ πέρατα πάντων, καὶ οὐ
μὴ ἴδῃ οὐδὲ εἷς ἀνθρώπων ὡς ἐγὼ ἴδον.

XX 1 ¹Ἄγγελοι τῶν δυνάμεων. ²Οὐριήλ, ὁ εἷς τῶν ἁγίων ἀγγέλων
2 ὁ ἐπὶ τοῦ κόσμου καὶ τοῦ ταρτάρου. ³Ῥαφαήλ, ὁ εἷς τῶν ἁγίων
4 ἀγγέλων ὁ ἐπὶ τῶν πνευμάτων τῶν ἀνθρώπων. ⁴Ῥαγουήλ, ὁ
εἷς τῶν ἁγίων ἀγγέλων ὁ ἐκδικῶν τὸν κόσμον τῶν φωστήρων.
5 ⁵Μιχαήλ, ὁ εἷς τῶν ἁγίων ἀγγέλων ὁ ἐπὶ τῶν τοῦ λαοῦ ἀγαθῶν

XIX 3 * * * ἀνθρώπων ὡς ἐγὼ εἴδον. P₁
XX 2 * * * ²ὁ εἷς τῶν ἁγίων ἀγγέλων ὁ ἐπὶ τοῦ κόσμου καὶ τοῦ ταρτάρου.
3 ³Ῥαφαὴλ ὁ εἷς τῶν ἁγίων ἀγγέλων ὁ ἐπὶ τῶν πνευμάτων τῶν ἀνθρώπων.
4 ⁴Ῥαγουὴλ ὁ εἷς τῶν ἁγίων ἀγγέλων ὁ ἐκδικῶν τὸν κόσμον τῶν φωστήρων.
5 ⁵Μιχαήλ, ὁ εἷς τῶν ἁγίων ἀγγέλων ὃς ἐπὶ τῶν τοῦ λαοῦ ἀγαθῶν τέτακται

6 om τρια 1°P | τρια 2°] τρις P | βαλλοντας P   9 κακεινα P
12 γην την τεθεμελιωμενην P   16 αμαρτιας]+αυτων P   XX 4 εκδεικων
P εκεκων (? ΕΚΔΙΚΩΝ pro ΕΚΔΙΚΩΝ) P₁

XX 6 ΕΝΩΧ

P τεταγμένος καὶ ἐπὶ τῷ χάῳ. ⁶Σαριήλ, ὁ εἷς τῶν ἁγίων ἀγγέλων ὁ 6
ἐπὶ τῶν πνευμάτων οἵτινες ἐπὶ τῷ πνεύματι ἁμαρτάνουσιν. ⁷Γα- 7
βριήλ, ὁ εἷς τῶν ἁγίων ἀγγέλων ὁ ἐπὶ τοῦ παραδείσου καὶ τῶν
δρακόντων καὶ χερουβείν. ἀρχαγγέλων ὀνόματα ἑπτά.

¹Καὶ ἐφώδευσα ἕως τῆς ἀκατασκευάστου. ²κἀκεῖ ἐθεασάμην ἔργον $\frac{1}{2}$ XXI
φοβερόν· ἑώρακα οὔτε οὐρανὸν ἐπάνω, οὔτε γῆν τεθέαμαι τεθεμε-
λιωμένην, ἀλλὰ τόπον ἀκατασκεύαστον καὶ φοβερόν. ³καὶ ἐκεῖ 3
τεθέαμαι ἑπτὰ τῶν ἀστέρων τοῦ οὐρανοῦ δεδεμένους καὶ ἐριμμένους
ἐν αὐτῷ, ὁμοίους ὄρεσιν μεγάλοις καὶ ἐν πυρὶ καιομένους. ⁴τότε 4
εἶπον Διὰ ποίαν αἰτίαν ἐπεδέθησαν, καὶ διὰ τί ὧδε ἐρίφησαν;
⁵τότε εἰπέν μοι Οὐριήλ, ὁ εἷς τῶν ἁγίων ἀγγέλων ὃς μετ' ἐμοῦ 5
ἦν (καὶ αὐτὸς ἡγεῖτο αὐτῶν), καὶ εἰπέν μοι Ἐνώχ, περὶ τίνος ἐρωτᾶς,
ἢ περὶ τίνος τὴν ἀλήθειαν φιλοσπευδεῖς; ⁶οὗτοί εἰσιν τῶν ἀστέρων 6
τοῦ οὐρανοῦ οἱ παραβάντες τὴν ἐπιταγὴν τοῦ κυρίου, καὶ ἐδέθησαν
ὧδε μέχρι τοῦ πληρῶσαι μύρια ἔτη, τὸν χρόνον τῶν ἁμαρτημάτων
αὐτῶν.

⁷Κἀκεῖθεν ἐφώδευσα εἰς ἄλλον τόπον τούτου φοβερώτερον, καὶ 7
τεθέαμαι ἔργα φοβερώτερα, πῦρ μέγα ἐκεῖ καιόμενον καὶ φλε-
γόμενον, καὶ διακοπὴν εἶχεν ὁ τόπος ἕως τῆς ἀβύσσου, πλήρης
στύλων πυρὸς μεγάλου καταφερομένων· οὔτε μέτρον οὔτε πλάτος

P₁ καὶ ἐπὶ τῷ λαῷ. ⁶Σαριήλ, ὁ εἷς τῶν ἁγίων ἀγγέλων ὁ ἐπὶ τῶν πνευμάτων 6
οἵτινες ἐπὶ τῷ πνεύματι ἁμαρτάνουσιν. ⁷Γαβριήλ, ὁ εἷς τῶν ἁγίων ἀγγέλων 7
ὁ ἐπὶ τοῦ παραδείσου καὶ τῶν δρακόντων καὶ χερουβίν. Ῥεμειήλ, ὁ εἷς τῶν
ἁγίων ἀγγέλων ὃν ἔταξεν ὁ θεὸς ἐπὶ τῶν ἀνισταμένων. ὀνόματα ζ' ἀρχαγ-
γέλων.

¹Καὶ ἐφώδευσα μέχρι τῆς ἀκατασκευάστου. ²καὶ ἐκεῖ ἐθεασάμην ἔργον $\frac{1}{2}$ XXI
φοβερόν· ἑώρακα οὔτε οὐρανὸν ἐπάνω οὔτε γῆν τεθεμελιωμένην, ἀλλὰ τόπον
ἀκατασκεύαστον καὶ φοβερόν. ³καὶ ἐκεῖ τεθέαμαι ζ' ἀστέρας τοῦ οὐρανοῦ 3
δεδεμένους καὶ ἐριμμένους ἐν αὐτῷ ὁμοῦ, ὁμοίους ὁράσει μεγάλῃ καὶ ἐν
πυρὶ καιομένους. ⁴τότε εἶπον Διὰ ποίαν αἰτίαν ἐπεδέθησαν, καὶ διὰ ποίαν 4
αἰτίαν ἐρίφησαν ὧδε; ⁵καὶ εἶπέν μοι Οὐριήλ, ὁ εἷς τῶν ἁγίων ἀγγέλων ὁ 5
μετ' ἐμοῦ ὤν (καὶ αὐτὸς αὐτῶν ἡγεῖτο), καὶ εἶπέν μοι Ἐνώχ, περὶ τίνος ἐρωτᾷς,
ἢ περὶ τίνος τὴν ἀλήθειαν φιλοσπευδεῖς; ⁶οὗτοί εἰσιν τῶν ἀστέρων τοῦ 6
οὐρανοῦ οἱ παραβάντες τὴν ἐπιταγὴν τοῦ κυρίου, καὶ ἐδέθησαν ὧδε μέχρι
πληρωθῆναι μύρια ἔτη, τὸν χρόνον τῶν ἁμαρτημάτων αὐτῶν.

⁷Κἀκεῖθεν ἐφώδευσα εἰς ἄλλον τόπον τούτου φοβερώτερον, καὶ τεθέαμαι 7
ἔργα φοβερά· πῦρ μέγα ἐκεῖ καιόμενον καὶ φλεγόμενον, καὶ διακοπὴν εἶχεν ὁ
τόπος ἕως τῆς ἀβύσσου, πλήρης στύλων πυρὸς μεγάλων καταφερομένων· οὔτε

XX 7 χερουβει P   XXI 3 ορεσιν coniec Charles] ορασιν P

ΕΝΩΧ XXII 11

8 ἠδυνήθην ἰδεῖν οὐδὲ εἰκάσαι. ⁸τότε εἶπον Ὡς φοβερὸς ὁ τόπος καὶ P
9 ὡς δεινὸς τῇ ὁράσει. ⁹τότε ἀπεκρίθη μοι ὁ εἷς τῶν ἁγίων ἀγγέλων
ὃς μετ' ἐμοῦ ἦν, καὶ εἶπέν μοι Ἐνώχ, διὰ τί ἐφοβήθης οὕτως καὶ
ἐπτοήθης; καὶ ἀπεκρίθην Περὶ τούτου τοῦ φοβεροῦ καὶ περὶ τῆς
10 προσόψεως τῆς δεινῆς. ¹⁰καὶ εἶπεν Οὗτος ὁ τόπος δεσμωτήριον
ἀγγέλων· ὧδε συνσχεθήσονται μέχρι αἰῶνος εἰς τὸν αἰῶνα.

XXII 1 ¹Κἀκεῖθεν ἐφόδευσα εἰς ἄλλον τόπον, καὶ ἔδειξέν μοι πρὸς
2 δυσμὰς ἄλλο ὄρος μέγα καὶ ὑψηλόν, πέτρας στερεάς. ²καὶ τέσ-
σαρες τόποι ἐν αὐτῷ κοῖλοι, βάθος ἔχοντες καὶ λίαν λεῖοι, τρεῖς
αὐτῶν σκοτινοὶ καὶ εἷς φωτινός, καὶ πηγὴ ὕδατος ἀνὰ μέσον αὐτοῦ.
καὶ εἶπον Πῶς λεῖα τὰ κοιλώματα ταῦτα καὶ ὁλοβαθῆ καὶ σκοτινὰ
3 τῇ ὁράσει. ³τότε ἀπεκρίθη Ῥαφαήλ, ὁ εἷς τῶν ἁγίων ἀγγέλων ὃς
μετ' ἐμοῦ ἦν, καὶ εἶπέν μοι Οὗτοι οἱ τόποι οἱ κοῖλοι, ἵνα ἐπισυνά-
γωνται εἰς αὐτοὺς τὰ πνεύματα τῶν ψυχῶν τῶν νεκρῶν. εἰς αὐτὸ
τοῦτο ἐκρίθησαν, ὧδε ἐπισυνάγεσθαι πάσας τὰς ψυχὰς τῶν ἀνθρώ-
4 πων. ⁴καὶ οὗτοι οἱ τόποι εἰς ἐπισύνσχεσιν αὐτῶν ἐποίησαν μέχρι
τῆς ἡμέρας τῆς κρίσεως αὐτῶν καὶ μέχρι τοῦ διορισμοῦ καὶ διορισμέ-
5 νου χρόνου, ἐν ᾧ ἡ κρίσις ἡ μεγάλη ἔσται ἐν αὐτοῖς. ⁵Τε-
θέαμαι ἀνθρώπους νεκροὺς ἐντυγχάνοντας, καὶ ἡ φωνὴ αὐτοῦ μέχρι
6 τοῦ οὐρανοῦ προέβαινεν καὶ ἐνετύγχανεν. ⁶καὶ ἠρώτησα Ῥαφαὴλ
τὸν ἄγγελον ὃς μετ' ἐμοῦ ἦν, καὶ εἶπα αὐτῷ Τοῦτο τὸ πνεῦμα
τὸ ἐντυγχάνον τίνος ἐστίν, δι' ὁ οὕτως ἡ φωνὴ αὐτοῦ προβαίνει
7 καὶ ἐντυγχάνει ἕως τοῦ οὐρανοῦ; ⁷καὶ ἀπεκρίθη μοι λέγων Τοῦτο
τὸ πνεῦμά ἐστιν τὸ ἐξελθὸν ἀπὸ Ἄβελ ὃν ἐφόνευσε Κάειν ὁ
ἀδελφός, καὶ Ἄβελ ἐντυγχάνει περὶ αὐτοῦ μέχρι τοῦ ἀπολέσαι τὸ
σπέρμα αὐτοῦ ἀπὸ προσώπου τῆς γῆς, καὶ ἀπὸ τοῦ σπέρματος
8 τῶν ἀνθρώπων ἀφανίσθη τὸ σπέρμα αὐτοῦ. ⁸Τότε ἠρώτησα
περὶ τῶν κυκλωμάτων πάντων, διὰ τί ἐχωρίσθησαν ἓν ἀπὸ τοῦ
9 ἑνός. ⁹καὶ ἀπεκρίθη μοι λέγων Οὗτοι οἱ τρεῖς ἐποιήθησαν χωρί-
ζεσθαι τὰ πνεύματα τῶν νεκρῶν· καὶ οὕτως ἐχωρίσθη εἰς τὰ πνεύ-
10 ματα τῶν δικαίων, οὗ ἡ πηγὴ τοῦ ὕδατος ἐν αὐτῷ φωτινή· ¹⁰καὶ
οὕτως ἐκτίσθη τῶν ἁμαρτωλῶν, ὅταν ἀποθάνωσιν καὶ ταφῶσιν εἰς
11 τὴν γῆν, καὶ κρίσις οὐκ ἐγενήθη ἐπ' αὐτῶν ἐν τῇ ζωῇ αὐτῶν, ¹¹ὧδε
χωρίζεσθαι τὰ πνεύματα αὐτῶν εἰς τὴν μεγάλην βάσανον ταύ-

---

8 μέτρον οὔτε μέγεθος ἠδυνήθην ἰδεῖν οὔτε εἰκάσαι. ⁸τότε εἶπον Ὡς φοβερὸς P₁
9 ὁ τόπος οὗτος καὶ ὡς δεινὸς τῇ ὁράσει. ⁹τότε ἀπεκρίθη μοι καὶ εἶπεν * *

XXI 10 αιωνος] ενος P   XXII 5 εντυγχανοντος P   6 ηρωτησεν P
8 εν απο του ενος (coniec Lods)] ην απο του αιωνος P   9 χωρισθη P
11 χωρειζεται P

P την, μέχρι της μεγάλης ημέρας της κρίσεως, των μαστίγων και των βασάνων των κατηραμένων· μέχρι αιώνος ην ανταπόδοσις των πνευμάτων· εκεί δήσει αυτούς μέχρις αιώνος. ¹²και ούτως 12 εχωρίσθη τοις πνεύμασιν των εντυγχανόντων, οίτινες ενφανίζουσιν περί της απωλείας, όταν φονευθώσιν εν ταις ημέραις των αμαρτωλών. ¹³και ούτως εκτίσθη τοις πνεύμασιν των ανθρώπων, όσοι 13 ουκ έσονται όσιοι αλλά αμαρτωλοί, όσοι ασεβείς, και μετά των ανόμων έσονται μέτοχοι. τα δε πνεύματα, ότι οι ενθάδε θλιβέντες έλαττον κολάζονται αυτών, ου τιμωρηθήσονται εν ημέρα της κρίσεως, ουδέ μη μετεγερθώσιν εντεύθεν. ¹⁴Τότε ηυλόγησα τον κύριον 14 της δόξης, και είπα Ευλογητός εί, Κύριε ο της δικαιοσύνης, κυριεύων του αιώνος.

¹Κακείθεν εφώδευσα εις άλλον τόπον προς δυσμάς των περά- 1 XXII των της γης. ²και εθεασάμην πυρ διατρέχον και ουκ αναπαυό- 2 μενον ουδέ ενλείπον του δρόμου, ημέρας και νυκτός άμα διαμένον. ³και ηρώτησα λέγων Τί εστιν το μη έχον ανάπαυσιν; ⁴τότε απεκρίθη 3/4 μοι Ραγουήλ, ο είς των αγίων αγγέλων ος μετ' εμού ην Ούτος ο δρόμος του πυρός το προς δυσμάς πυρ το εκδιώκόν εστιν πάντας τους φωστήρας του ουρανού. ¹Και έδειξέν μοι όρη πυρός 1 XXIV καιόμενα νυκτός. ²και επέκεινα αυτών επορεύθην και εθεασάμην 2 επτά όρη, ένδοξα πάντα, εκάτερα του εκατέρου διαλλάσσοντα, ων οι λίθοι έντιμοι τη καλλονή, και πάντα έντιμα και ένδοξα και ευειδή, τρία επ' ανατολάς εστηριγμένα εν τω ενί, και τρία επί νότον εν τω ενί. και φάραγγες βαθείαι και τραχείαι, μία τη μια ουκ εγγίζουσαι, ³και τω όρει έβδομον όρος ανά μέσον τούτων, και υπερείχεν τω 3 ύψει, όμοιον καθέδρα θρόνου, και περιεκύκλουν δένδρα αυτώ ευειδή. ⁴και ην εν αυτοίς δένδρον ο ουδέποτε ώσφρανμαι και ουδείς έτερος 4 αυτώ ηυφράνθη, και ουδέν έτερον όμοιον αυτώ· οσμήν είχεν ευωδεστέραν πάντων αρωμάτων, και τα φύλλα αυτού και το άνθος και το δένδρον ου φθίνει εις τον αιώνα· οι δε περί τον καρπόν ωσεί βότρυες φοινίκων. ⁵τότε είπον Ως καλόν το δένδρον τούτο 5 εστιν και ευώδες, και ωραία τα φύλλα, και τα άνθη αυτού ωραία τη οράσει. ⁶τότε απεκρίθη μοι Μιχαήλ, είς των αγίων αγγέλων 6 ος μετ' εμού ην (και αυτός αυτών ηγείτο), ¹και είπέν μοι Ενώχ, 1 XXV τί ερωτάς και τί εθαύμασας εν τη οσμή του δένδρου, και διά τί θέλεις την αλήθειαν μαθείν; ²τότε απεκρίθην αυτώ Περί πάντων 2 ειδέναι θέλω, μάλιστα δε περί του δένδρου τούτου σφόδρα. ³και 3 απεκρίθη λέγων Τούτο το όρος το υψηλόν, ου η κορυφή ομοία

XXIV 2 om τρια επ (ante ανατ.) P   4 αυτω 1°] αυτων P | ευωδεστερον P   XXV 2 απεκρειθη P

θρόνου θεοῦ, καθέδρα ἐστὶν οὗ καθίζει ὁ μέγας κύριος, ὁ ἅγιος τῆς P
δόξης, ὁ βασιλεὺς τοῦ αἰῶνος, ὅταν καταβῇ ἐπισκέψασθαι τὴν γῆν
4 ἐπ᾽ ἀγαθῷ. ⁴καὶ τοῦτο τὸ δένδρον εὐωδίας, καὶ οὐδεμία σὰρξ ἐξ-
ουσίαν ἔχει ἅψασθαι αὐτοῦ μέχρι τῆς μεγάλης κρίσεως, ἐν ᾗ ἐκδί-
κησις πάντων καὶ τελείωσις μέχρις αἰῶνος· τότε δικαίοις καὶ ὁσίοις
5 δοθήσεται ⁵ὁ καρπὸς αὐτοῦ τοῖς ἐκλεκτοῖς εἰς ζωὴν εἰς βοράν, καὶ
μεταφυτευθήσεται ἐν τόπῳ ἁγίῳ παρὰ τὸν οἶκον τοῦ θεοῦ βασιλέως
6 τοῦ αἰῶνος. ⁶τότε εὐφρανθήσονται εὐφραινόμενοι καὶ χαρήσονται
καὶ εἰς τὸ ἅγιον εἰσελεύσονται· αἱ ὀσμαὶ αὐτοῦ ἐν τοῖς ὀστέοις αὐ-
τῶν, καὶ ζωὴν πλείονα ζήσονται ἐπὶ γῆς ἣν ἔζησαν οἱ πατέρες
σου, καὶ ἐν ταῖς ἡμέραις αὐτῶν καὶ βάσανοι καὶ πληγαὶ καὶ μάστιγες
7 οὐχ ἅψονται αὐτῶν. ⁷Τότε ηὐλόγησα τὸν θεὸν τῆς δόξης,
τὸν βασιλέα τοῦ αἰῶνος, ὃς ἡτοίμασεν ἀνθρώποις τὰ τοιαῦτα δικαίοις,
καὶ αὐτὰ ἔκτισεν καὶ εἶπεν δοῦναι αὐτοῖς.

XXVI 1 ¹Καὶ ἐκεῖθεν ἐφώδευσα εἰς τὸ μέσον τῆς γῆς, καὶ ἴδον τόπον
ηὐλογημένον, ἐν ᾧ δένδρα ἔχαντα παραφυάδας μενούσας καὶ βλα-
2 στούσας τοῦ δένδρου ἐκκοπέντος. ²κἀκεῖ τεθέαμαι ὄρος ἅγιον· ὑπο-
κάτω τοῦ ὄρους ὕδωρ ἐξ ἀνατολῶν, καὶ τὴν δύσιν εἶχεν πρὸς νότον.
3 ³καὶ ἴδον πρὸς ἀνατολὰς ἄλλο ὄρος ὑψηλότερον τούτου, καὶ ἀνὰ
μέσον αὐτοῦ φάραγγα βαθεῖαν, οὐκ ἔχουσαν πλάτος, καὶ δι᾽ αὐτῆς
4 ὕδωρ πορεύεται ὑποκάτω ὑπὸ τὸ ὄρος. ⁴καὶ πρὸς δυσμὰς τούτου
ἄλλο ὄρος ταπεινότερον αὐτοῦ καὶ οὐκ ἔχον ὕψος, καὶ φάραγγα
βαθεῖαν καὶ ξηρὰν ἀνὰ μέσον αὐτῶν, καὶ ἄλλην φάραγγα βαθεῖαν
5 καὶ ξηρὰν ἐπ᾽ ἄκρων τῶν τριῶν ὀρέων. ⁵καὶ πόσαι φάραγγές εἰσιν
βαθεῖαι ἐκ πέτρας στερεᾶς, καὶ δένδρον οὐκ ἐφυτεύετο ἐπ᾽ αὐτάς.

XXVII ⁶6καὶ ἐθαύμασα περὶ τῆς φάραγγος, καὶ λίαν ἐθαύμασα. ¹καὶ εἶπον
Διὰ τί ἡ γῆ αὕτη ἡ εὐλογημένη καὶ πᾶσα πλήρης δένδρων, αὐτὴ
2 δὲ ἡ φάραγξ κεκατηραμένη ἐστίν· ²γῆ κατάρατος τοῖς κεκατηρα-
μένοις ἐστὶν μέχρι αἰῶνος. ὧδε ἐπισυναχθήσονται πάντες οἱ κεκατη-
ραμένοι οἵτινες ἐροῦσίν τῷ στόματι αὐτῶν κατὰ Κυρίου φωνὴν
ἀπρεπῆ, καὶ περὶ τῆς δόξης αὐτοῦ σκληρὰ λαλήσουσιν. ὧδε ἐπι-
3 συναχθήσονται, καὶ ὧδε ἔσται τὸ οἰκητήριον. ³ἐπ᾽ ἐσχάτοις αἰῶσιν,
ἐν ταῖς ἡμέραις τῆς κρίσεως τῆς ἀληθινῆς ἐναντίον τῶν δικαίων
εἰς τὸν ἅπαντα χρόνον, ὧδε εὐλογήσουσιν οἱ εὐσεβεῖς τὸν κύριον
4 τῆς δόξης, τὸν βασιλέα τοῦ αἰῶνος· ⁴ἐν ταῖς ἡμέραις τῆς κρίσεως
5 αὐτῶν εὐλογήσουσιν ἐν ἐλέει, ὡς ἐμέρισεν αὐτοῖς. ⁵Τότε
ηὐλόγησα τὸν κύριον τῆς δόξης, καὶ τὴν δόξαν αὐτοῦ ἐδήλωσα καὶ
ὕμνησα μεγαλοπρεπῶς.

XXV 4 εν] ει P   5 βασιλευς P   7 ηυλογησαν P
XXVI 6 φαραγγας P   XXVII 2 οιτινες] τινες P   3 ευσεβεις
coniec Charles] ασεβεις P

ΕΝΩΧ

P ¹Καὶ ἐκεῖθεν ἐπορεύθην εἰς τὸ μέσον Μανδοβαρά, καὶ ἴδον αὐτὸ 1 XXVII
ἔρημον· καὶ αὐτὸ μόνον, ²πλῆρες δένδρων· καὶ ἀπὸ τῶν σπερ- 2
μάτων ὕδωρ ἄνομβρον ἄνωθεν φερόμενον, ³ὡς ὑδραγωγὸς δαψι- 3
λὴς ὡς πρὸς βορρᾶν ἐπὶ δυσμῶν πάντοθεν ἀνάγει ὕδωρ καὶ δρό-
σον. ¹Ἔτι ἐκεῖθεν ἐπορεύθην εἰς ἄλλον τόπον ἐν τῷ 1 XXIX
Βαβδηρά, καὶ πρὸς ἀνατολὰς τοῦ ὄρους τούτου ᾠχόμην, ²καὶ ἴδον 2
κρίσεως δένδρα πνέοντα ἀρωμάτων, λιβάνων καὶ ζμύρνας, καὶ τὰ
δένδρα αὐτῶν ὅμοια καρύαις. ¹Καὶ ἐπέκεινα τούτων ᾠχόμην 1 XXX
πρὸς ἀνατολὰς μακράν, καὶ ἴδον τόπον ἄλλον μέγαν, φάραγγα
ὕδατος, ²ἐν ᾧ καὶ δένδρον χρόα ἀρωμάτων ὁμοίων σχίνῳ, ³καὶ ²⁄₃
τὰ παρὰ τὰ χείλη τῶν φαράγγων τούτων ἴδον κιννάμωμον ἀρω-
μάτων· καὶ ἐπέκεινα τούτων ᾠχόμην πρὸς ἀνατολάς. ¹καὶ ἴδον 1 XXXI
ἄλλα ὄρη καὶ ἐν αὐτοῖς ἄλση δένδρων, καὶ ἐκπορευόμενον ἐξ αὐτῶν
νέκταρ τὸ καλούμενον σαρρὰν καὶ χαλβάνη. ²καὶ ἐπέκεινα τῶν 2
ὀρέων τούτων ἴδον ἄλλο ὄρος πρὸς ἀνατολὰς τῶν περάτων τῆς
γῆς, καὶ πάντα τὰ δένδρα πλήρη ἐξαυτῆς ἐν ὁμοιώματι ἀμυγδάλων,
³ὅταν τριβῶσιν· διὸ εὐωδέστερον ὑπὲρ πᾶν ἄρωμα. ¹εἰς βαρρᾶν 1 XXXII
πρὸς ἀνατολὰς τεθέαμαι ἑπτὰ ὄρη πλήρη νάρδου χρηστοῦ καὶ σχίνου
καὶ κινναμώμου καὶ πιπέρεως.

²Καὶ ἐκεῖθεν ἐφόδευσα ἐπὶ τὰς ἀρχὰς πάντων τῶν ὀρέων τού-
των, μακρὰν ἀπέχων πρὸς ἀνατολὰς τῆς γῆς, καὶ διέβην ἐπάνω τῆς
ἐρυθρᾶς θαλάσσης, καὶ ᾠχόμην ἐπ᾽ ἄκρων, καὶ ἀπὸ τούτου διέβην
ἐπάνω τοῦ Ζωτιήλ. ³καὶ ἦλθον πρὸς τὸν παράδεισον τῆς δικαιο- 3
σύνης, καὶ ἴδον μακρόθεν τῶν δένδρων τούτων δένδρα πλείονα
καὶ μεγάλα δύο μὲν ἐκεῖ, μεγάλα σφόδρα καλὰ καὶ ἔνδοξα καὶ
μεγαλοπρεπῆ, καὶ τὸ δένδρον τῆς φρονήσεως, οὗ ἐσθίουσιν ἅγιοι
τοῦ καρποῦ αὐτοῦ καὶ ἐπίστανται φρόνησιν μεγάλην. ⁴ὅμοιον τὸ 4
δένδρον ἐκεῖνο στροβιλέᾳ τὸ ὕψος, τὰ δὲ φύλλα αὐτοῦ κερατίᾳ ὅμοια,
ὁ δὲ καρπὸς αὐτοῦ ὡσεὶ βότρυες ἀμπέλου ἱλαροὶ λίαν, ἡ δὲ ὀσμὴ
αὐτοῦ διέτρεχεν πόρρω ἀπὸ τοῦ δένδρου. ⁵τότε εἶπον Ὡς καλὸν 5
τὸ δένδρον, καὶ ὡς ἐπίχαρι τῇ ὁράσει. ⁶τότε ἀπεκρίθη Ῥαφαήλ, ὁ 6
ἅγιος ἄγγελος ὁ μετ᾽ ἐμοῦ ὤν Τοῦτο τὸ δένδρον φρονήσεως, ἐξ οὗ
ἔφαγεν ὁ πατήρ σου.

*   *   *   *   *   *

V ⁴²Καὶ οἱ κύνες ἤρξαντο κατεσθίειν τὰ πρόβατα καὶ οἱ ὗες καὶ οἱ 42 LXXXI
ἀλώπεκες κατήσθιον αὐτά, μέχρι οὗ ἤγειρεν ὁ κύριος τῶν προβάτων

XXIX 2 ζμυρνα P   XXXI 2 αρωματων P   XXXII 3 ελθων P
4 κερατι P   LXXXIX 42 και οι κυνες] pr εκ του του Ενωχ βιβλιον
χρησις V

ΕΝΩΧ LXXXIX

43 κριὸν ἕνα ἐκ τῶν προβάτων. ⁴³καὶ ὁ κριὸς οὗτος ἤρξατο κερατίζειν V καὶ ἐπιδιώκειν ἐν τοῖς κέρασιν, καὶ ἐνετίνασσεν εἰς τοὺς ἀλωπέκας, καὶ μετ' αὐτοὺς εἰς τοὺς ὗας· καὶ ἀπώλεσεν ὗας πολλούς, καὶ μετ' αὐτοὺς 44 [ἐλυμήνα]το τοὺς κύνας. ⁴⁴καὶ τὰ πρόβατα ὧν οἱ ὀφθαλμοὶ ἠνοίγησαν ἐθεάσαντο τὸν κριὸν τὸν ἐν τοῖς προβάτοις, ἕως οὗ ἀφῆκεν τὴν ὁδὸν 45 αὐτοῦ καὶ ἤρξατο πορεύεσθαι ἀνοδίᾳ. ⁴⁵καὶ ὁ κύριος τῶν προβάτων ἀπέστειλεν τὸν ἄρνα τοῦτον ἐπὶ ἄρνα ἕτερον, τοῦ στῆσαι αὐτὸν εἰς κριὸν ἐν ἀρχῇ τῶν προβάτων ἀντὶ τοῦ κριοῦ τοῦ ἀφέντος τὴν ὁδὸν 46 αὐτοῦ. ⁴⁶καὶ ἐπορεύθη πρὸς αὐτὸν καὶ ἐλάλησεν αὐτῷ σιγῇ κατὰ μόνας, καὶ ἤγειρεν αὐτὸν εἰς κριὸν καὶ εἰς ἄρχοντα καὶ εἰς ἡγούμενον τῶν προβάτων· καὶ οἱ κύνες ἐπὶ πᾶσι τούτοις ἔθλιβον τὰ πρόβατα. 47 ⁴⁷[καὶ] ὁ κριὸς ὁ πρῶτος τὸν κριὸν τὸν δεύτερον ἐπεδίωκεν, καὶ ἔφυγεν ἀπὸ προσώπου αὐτοῦ· εἶτ' ἐθεώρουν τὸν κριὸν τὸν πρῶτον 48 ἕως οὗ ἔπεσεν ἔμπροσθεν τῶν κυνῶν. ⁴⁸καὶ ὁ κριὸς ὁ δεύτερος 49 ἀναπηδήσας ἀφηγήσατο τῶν προβάτων. ⁴⁹καὶ τὰ πρόβατα ηὐξήθησαν καὶ ἐπληθύνθησαν· καὶ πάντες οἱ κύνες καὶ αἱ ἀλωπέκες ἔφυγον ἀπ' αὐτοῦ καὶ ἐφοβοῦντο αὐτόν.

* * * * * * *

Cap. incert. 1 * * ¹παρὰ δὲ τοῦ ὄρους ἐν ᾧ ὤμοσαν καὶ ἀνεθεμάτισαν πρὸς τὸν πλη- Sync σίον αὐτῶν, ὅτι εἰς τὸν αἰῶνα οὐ μὴ ἀποστῇ ἀπ' αὐτοῦ ψῦχος καὶ χιὼν καὶ πάχνη, καὶ δρόσος οὐ μὴ καταβῇ εἰς αὐτό, εἰ μὴ εἰς κατάραν κατα-2 βήσεται ἐπ' αὐτό, μέχρις ἡμέρας κρίσεως τῆς μεγάλης. ²ἐν τῷ καιρῷ ἐκείνῳ κατακαυθήσεται καὶ ταπεινωθήσεται, καὶ ἔσται κατακαιόμενον καὶ τηκόμενον ὡς κηρὸς ἀπὸ πυρός, οὕτως κατακαήσεται περὶ πάντων 3 τῶν ἔργων αὐτοῦ. ³καὶ νῦν ἐγὼ λέγω ὑμῖν υἱοῖς ἀνθρώπων Ὀργὴ μεγάλη καθ' ὑμῶν, κατὰ τῶν υἱῶν ὑμῶν· καὶ οὐ παύσεται ἡ ὀργὴ αὕτη 4 ἀφ' ὑμῶν μέχρι καιροῦ σφαγῆς τῶν υἱῶν ὑμῶν. ⁴καὶ ἀπολοῦνται οἱ ἀγαπητοὶ ὑμῶν καὶ ἀποθανοῦνται οἱ ἔντιμοι ὑμῶν ἀπὸ πάσης τῆς γῆς, ὅτι πᾶσαι αἱ ἡμέραι τῆς ζωῆς αὐτῶν ἀπὸ τοῦ νῦν οὐ μὴ ἔσονται πλείω 5 τῶν ἑκατὸν εἴκοσιν ἐτῶν. ⁵καὶ μὴ δόξητε ἔτι ζῆσαι ἐπὶ πλείονα ἔτη· οὐ γὰρ ἔστιν ἐπ' αὐτοῖς πᾶσα ὁδὸς ἐκφεύξεως ἀπὸ τοῦ νῦν, διὰ τὴν ὀργὴν ἣν ὠργίσθη ὑμῖν ὁ βασιλεὺς πάντων τῶν αἰώνων· μὴ νομίσητε ὅτι ἐκφεύξεσθε ταῦτα.

LXXXIX 44 ελυμηνατο coniec Kirkpatrick] ... το V 47 και ο κρ.] εξης δε τουτοις γεγραπται οτι ο κρ. V | εθεωροιν]+φησιν V

Cap. incert. 1 παρα δε τ. ορους] pr και αυθις Sync | παρα] περι Sync^g | επ αυτο] εις αυτο Sync^g 2 και ταπ.] om και Sync^g 5 εκφ. ταυτα] seq in Sync και ταυτα μεν εκ του πρωτου βιβλιου Ενωχ (βιβλου του Ε. Sync^g) περι των εγρηγορων κτλ.

λαλοῦντες ἑαυτοῖς ψαλμοῖς καὶ ὕμνοις καὶ ᾠδαῖς πνευματικαῖς.

ΩΔΑΙ

Α΄

Ὠδὴ Μωυσέως ἐν τῇ Ἐξόδῳ.

Exod. xv. 1—19

1 ΑΣΩΜΕΝ τῷ κυρίῳ, ἐνδόξως γὰρ δεδόξασται·
ἵππον καὶ ἀναβάτην ἔρριψεν εἰς θάλασσαν.
2 βοηθὸς καὶ σκεπαστὴς ἐγένετό μοι εἰς σωτηρίαν·
οὗτος θεός μου, καὶ δοξάσω αὐτόν,
θεὸς τοῦ πατρός μου, καὶ ὑψώσω αὐτόν.
3 ³Κύριος συντρίβων πολέμους,
Κύριος ὄνομα αὐτῷ.
4 ⁴ἅρματα Φαραὼ καὶ τὴν δύναμιν αὐτοῦ ἔρριψεν εἰς θάλασσαν·
ἐπιλέκτους ἀναβάτας τριστάτας
κατεπόντισεν ἐν ἐρυθρᾷ θαλάσσῃ,
5 ⁵πόντῳ ἐκάλυψεν αὐτούς·
κατέδυσαν εἰς βυθὸν ὡσεὶ λίθος.
6 ⁶ἡ δεξιά σου, Κύριε, δεδόξασται ἐν ἰσχύϊ·
ἡ δεξιά σου χείρ, Κύριε, ἔθραυσεν ἐχθρούς.
7 ⁷καὶ τῷ πλήθει τῆς δόξης σου συνέτριψας τοὺς ὑπεναντίους·
ἀπέστειλας τὴν ὀργήν σου, καὶ κατέφαγεν αὐτοὺς ὡς καλάμην.
8 ⁸καὶ διὰ πνεύματος τοῦ θυμοῦ σου διέστη τὸ ὕδωρ·
ἐπάγη ὡσεὶ τεῖχος τὰ ὕδατα,
ἐπάγη τὰ κύματα ἐν μέσῳ τῆς θαλάσσης.
9 ⁹εἶπεν ὁ ἐχθρός Διώξας καταλήμψομαι·

1 deest tit in R   1 εριψεν R: item 4   2 εγενετο] εγενηθη R R | ουτος θεος μου] μου θεος R   5 εις] ως R^vid | ωσει] ως R   7 τω πληθει] το πληθος R | της δοξης] om της spatio 2 vel 3 litt interiecto R | επεστειλας R | ως] ωσει R   8 ωσει] ως R   9 καταλημψ.]+αυτους R

811

ΩΔΑΙ

A μεριῶ σκῦλα, ἐμπλήσω ψυχήν μου,
ἀνελῶ τῇ μαχαίρῃ μου, κυριεύσει ἡ χείρ μου.
¹⁰ἀπέστειλας τὸ πνεῦμά σου, καὶ ἐκάλυψεν αὐτοὺς θάλασσα· 10
ἔδυσαν ὡσεὶ μόλιβος ἐν ὕδατι σφοδρῷ.
¹¹τίς ὅμοιός σοι ἐν θεοῖς, Κύριε; τίς ὅμοιός σοι; 11
δεδοξασμένος ἐν ἁγίοις, θαυμαστὸς ἐν δόξαις, ποιῶν τέρατα.
¹²ἐξέτεινας τὴν δεξιάν σου, 12
καὶ κατέπιεν αὐτοὺς ἡ γῆ.
¹³ὡδήγησας τῇ δικαιοσύνῃ σου τὸν λαόν σου τοῦτον ὃν ἐλυτρώσω, 13
παρεκάλεσας τῇ ἰσχύι σου εἰς κατάλυμα ἅγιόν σου.
¹⁴ἤκουσαν ἔθνη καὶ ἐφοβήθησαν· 14
ὠδῖνες ἔλαβον κατοικοῦντας Φυλιστιείμ.
¹⁵τότε ἔσπευσαν ἡγεμόνες Ἐδὼμ καὶ ἄρχοντες Μωαβιτῶν· 15
ἔλαβεν αὐτοὺς τρόμος,
ἐτάκησαν πάντες οἱ κατοικοῦντες Χανάαν.
¹⁶ἐπιπέσοι ἐπ' αὐτοὺς φόβος καὶ τρόμος· 16
μεγέθει βραχίονός σου ἀπολιθωθήτωσαν·
ἕως ἂν παρέλθῃ ὁ λαός σου, Κύριε,
ἕως ἂν παρέλθῃ ὁ λαός σου οὗτος ὃν ἐκτήσω.
¹⁷εἰσαγαγὼν καταφύτευσον αὐτοὺς εἰς ὄρος κληρονομίας σου, 17
εἰς ἕτοιμον κατοικητήριόν σου ὃ κατειργάσω,
ἁγίασμα, κύριε, ὃ ἡτοίμασαν αἱ χεῖρές σου,
¹⁸Κύριε, βασιλεύων τὸν αἰῶνα καὶ ἐπ' αἰῶνα καὶ ἔτι. 18
¹⁹ὅτι εἰσῆλθεν ἵππος Φαραὼ σὺν ἅρμασιν καὶ ἀναβάταις αὐτοῦ 19
εἰς θάλασσαν,
καὶ ἐπήγαγεν ἐπ' αὐτοὺς Κύριος τὸ ὕδωρ τῆς θαλάσσης·
οἱ δὲ υἱοὶ Ἰσραὴλ ἐπορεύθησαν διὰ ξηρᾶς ἐν μέσῳ τῆς
θαλάσσης.

R 10 om και R | μολυβος R^vid   12 ξιαν pro δεξ. R   13 καταλιμμα
R   14 εφοβηθησαν] ωργισθησαν R | κατοικουντας] οι κατοικουντες R | Φι-
λιστιμ R^vid   16 επιπεσαι R | αν 1°] ου R | παρελθοι (1°) R^vid | om
σου Κυριε...ο λαος σου (sed spatio interiecto) R hab R^lat   17 κατειρ-
γασω] κατηρτισω R+Κυριε R   18 βασιλευων] pr ο R | τον αιωνα] pr
εις R   19 om αυτου R | θαλασσαν]+ερυθραν R | θαλασσης 2°]+(20) λα-
βουσα δε η Μαρια| η προφητις η αδελφη Ααρων| το τυμπανον εν τη χειρι
αυτης| και εισηλθοσαν πασαι αι γυναικες| οπισω αυτης μετα τυμπανων και
χορων| (21) εξηρχεν δε αυτων Μαριαμ λεγουσα| ασωμεν τω κυριω ενδοξως γαρ|
δεδοξασται ιππον και αναβατην εριψεν εις θαλασσαν R

ΩΔΑΙ

B′

Ὠδὴ Μωυσέως ἐν τῷ Δευτερονομίῳ.

Deut.
xxxii.
1—43

1 ¹Πρόσεχε, οὐρανέ, καὶ λαλήσω·
καὶ ἀκουέτω γῆ ῥήματα ἐκ στόματός μου.

2 ²προσδοκάσθω ὡς ὑετὸς τὸ ἀπόφθεγμά μου,
καὶ καταβήτω ὡς δρόσος τὰ ῥήματά μου·
ὡσεὶ ὄμβρος ἐπ᾽ ἄγρωστιν,
καὶ ὡσεὶ νιφετὸς ἐπὶ χόρτον.

3 ³ὅτι ὄνομα Κυρίου ἐκάλεσα·
δότε μεγαλωσύνην τῷ θεῷ ἡμῶν.

4 ⁴θεός, ἀληθινὰ τὰ ἔργα αὐτοῦ,
καὶ πᾶσαι αἱ ὁδοὶ αὐτοῦ κρίσις·
θεὸς πιστός, καὶ οὐκ ἔστιν ἀδικία·
δίκαιος καὶ ὅσιος Κύριος.

5 ⁵ἡμάρτοσαν, οὐκ αὐτῷ τέκνα, μωμητά·
γενεὰ σκολιὰ καὶ διεστραμμένη.

6 ⁶ταῦτα Κυρίῳ ἀνταποδίδοτε οὕτω,
λαὸς μωρὸς καὶ οὐχὶ σοφός;
οὐκ αὐτὸς οὗτός σου πατὴρ ἐκτήσατό σε,
καὶ ἐποίησέν σε καὶ ἔκτισέν σε;

7 ⁷μνήσθητε ἡμέρας αἰῶνος,
σύνετε ἔτη γενεᾶς γενεῶν.
ἐπερώτησον τὸν πατέρα σου, καὶ ἀναγγελεῖ σοι·
τοὺς πρεσβυτέρους σου, καὶ ἐροῦσίν σοι.

8 ⁸ὅτε διεμέριζεν ὁ ὕψιστος ἔθνη,
οὓς διέσπειρεν υἱοὺς Ἀδάμ,
ἔστησεν ὅρια ἐθνῶν
κατὰ ἀριθμὸν ἀγγέλων θεοῦ.

9 ⁹καὶ ἐγενήθη μερὶς Κυρίου λαὸς αὐτοῦ Ἰακώβ,
σχοίνισμα κληρονομίας αὐτοῦ Ἰσραήλ.

10 ¹⁰αὐτάρκησεν αὐτὸν ἐν τῇ ἐρήμῳ,
ἐν δίψῃ καύματος, ἐν ἀνύδρῳ·

II ωδη...Δευτερονομιω] αρχεται ωδη Δευτερονομιου R   1 γη] pr η R | ρηματα] pr τα R   2 το αποφθεγμα] om το R | ωσει 2°] ως R   4 αδικια] +εν αυτω R | Κυριος] pr ο R   6 ταυτα] αυτα R | ουτως R | om ουτος R   8 ους] ως R^vid | κατα] κατ R   10 διψει R

II 11 ΩΔΑΙ

A ἐκύκλωσεν αὐτὸν καὶ ἐπαίδευσεν αὐτόν,
καὶ διεφύλαξεν αὐτὸν ὡς κόρην ὀφθαλμοῦ.
11 ὡς ἀετὸς σκεπάσαι νοσσιὰν αὐτοῦ,
καὶ ἐπὶ τοῖς νεοσσοῖς αὐτοῦ ἐπεπόθησεν·
διεὶς τὰς πτέρυγας αὐτοῦ ἐδέξατο αὐτούς,
καὶ ἀνέλαβεν αὐτοὺς ἐπὶ τῶν μεταφρένων αὐτοῦ.
12 Κύριος μόνος ἦγεν αὐτούς,
καὶ οὐκ ἦν μετ' αὐτῶν θεὸς ἀλλότριος.
13 ἀνεβίβασεν αὐτοὺς ἐπὶ τὴν ἰσχὺν τῆς γῆς,
ἐψώμισεν αὐτοὺς γενήματα ἀγρῶν·
ἐθήλασαν μέλι ἐκ πέτρας,
καὶ ἔλαιον ἐκ στερεᾶς πέτρας·
14 βούτυρον βοῶν καὶ γάλα προβάτων
μετὰ στέατος ἀρνῶν καὶ κριῶν,
υἱῶν ταύρων καὶ τράγων
μετὰ στέατος νεφρῶν πυροῦ,
καὶ αἷμα σταφυλῆς ἔπιον οἶνον.
15 καὶ ἔφαγεν Ἰακὼβ καὶ ἐνεπλήσθη,
καὶ ἀπελάκτισεν ὁ ἠγαπημένος,
ἐλιπάνθη, ἐπαχύνθη, ἐπλατύνθη·
καὶ ἐνκατέλειπεν θεὸν τὸν ποιήσαντα αὐτόν,
καὶ ἀπέστη ἀπὸ θεοῦ σωτῆρος αὐτοῦ.
16 παρώξυνάν με ἐπ' ἀλλοτρίοις,
ἐν βδελύγμασιν αὐτῶν ἐξεπίκρανάν με·
17 ἔθυσαν δαιμονίοις καὶ οὐ θεῷ,
θεοῖς οἷς οὐκ ᾔδεισαν·
καινοὶ καὶ πρόσφατοι ἥκασιν,
οὓς οὐκ ᾔδεισαν οἱ πατέρες αὐτῶν.
18 θεὸν τὸν ποιήσαντά σε ἐνκατέλειπες,
καὶ ἐπελάθου θεοῦ τοῦ τρέφοντός σε.
19 εἶδεν Κύριος καὶ ἐζήλωσεν,
καὶ παρωξύνθη δι' ὀργὴν υἱῶν αὐτοῦ καὶ θυγατέρων·

R 10 διεφυλαξεν] εφυλαξεν R | κοραν R 11 σκεπασει R | νεοσσοις] νοσσιοις R 14 om και 4° R 15 ελιπανθη...σωτηρος αυτου] επλατυνθη επαχυνθη| και απεστη απο θεου| σωτηρος αυτου και ενκατελιπεν θεον τον ποιησαντα αυτον R 16 επ αλλοτριοις] επι θεοις αλλ. R 17 om και 2° R 18 ποιησαντα] γεννησαντα R | ενκατελιπες R^vid. 19 παρωξυνεν R | αυτου] αυτων R

ΩΔΑΙ ΙΙ 30

20 ²⁰καὶ εἶπεν Ἀποστρέψω τὸ πρόσωπόν μου ἀπ' αὐτῶν, A
    καὶ δείξω τί ἔσται αὐτοῖς ἐπ' ἐσχάτων.
    ὅτι γενεὰ ἐξεστραμμένη ἐστίν,
    υἱοὶ οἷς οὐκ ἔστιν πίστις ἐν αὐτοῖς.
21 ²¹αὐτοὶ παρεζήλωσάν με ἐπ' οὐ θεῷ,
    παρώργισάν με ἐν τοῖς εἰδώλοις αὐτῶν·
    κἀγὼ παραζηλώσω αὐτοὺς ἐπ' οὐκ ἔθνει,
    ἐπ' ἔθνει ἀσυνέτῳ παροργιῶ αὐτούς.
22 ²²ὅτι πῦρ ἐκκέκαυται ἐκ τοῦ θυμοῦ μου,
    καυθήσεται ἕως ᾅδου κάτω·
    καταφάγεται γῆν καὶ τὰ γενήματα αὐτῆς,
    φλέξει θεμέλια ὀρέων.
23 ²³συνάξω εἰς αὐτοὺς κακά,
    καὶ τὰ βέλη μου συντελέσω εἰς αὐτούς.
24 ²⁴τηκόμενοι λιμῷ καὶ βρώσει ὀρνέων,
    καὶ ὀπισθότονος ἀνίατος·
    ὀδόντας θηρίων ἐξαποστελῶ εἰς αὐτούς,
    μετὰ θυμοῦ συρόντων ἐπὶ γῆς.
25 ²⁵ἔξωθεν ἀτεκνώσει αὐτοὺς μάχαιρα,
    καὶ ἐκ τῶν ταμείων φόβος·
    νεανίσκος σὺν παρθένῳ,
    θηλάζων μετὰ καθεστηκότος πρεσβυτέρου.
26 ²⁶εἶπα Διασπερῶ αὐτούς,
    καταπαύσω δὴ ἐξ ἀνθρώπων τὸ μνημόσυνον αὐτῶν·
27 ²⁷εἰ μὴ δι' ὀργὴν ἐχθρῶν, ἵνα μὴ μακροχρονίσωσιν,
    καὶ ἵνα μὴ συνεπιθῶνται οἱ ὑπεναντίοι·
    μὴ εἴπωσιν Ἡ χεὶρ ἡμῶν ὑψηλὴ
    καὶ οὐχὶ Κύριος ἐποίησεν ταῦτα πάντα.
28 ²⁸ὅτι ἔθνος ἀπολωλεκὸς βουλήν ἐστιν,
    καὶ οὐκ ἔστιν ἐν αὐτοῖς ἐπιστήμη.
29 ²⁹οὐκ ἐφρόνησαν συνιέναι ταῦτα·
    καταδεξάσθωσαν εἰς τὸν ἐπιόντα χρόνον.
30 ³⁰πῶς διώξεται εἷς χιλίους,
    καὶ δύο μετακινήσουσιν μυριάδας,

20 εσχατων] εσχατου των ημερων R   21 θεω] θεοις R   22 κατω] R
κατωτατου R | καταφαγεται] pr και R | γην] pr την R   23 εις 1°] επ R
24 λοιμω R^vid | αποστελλω R   26 παυσω R   27 μακροχρονιουσιν R |
om και 1° R | μη 4°]+τοτε R   29 ταυτα c seqq coniunx R

815

A εἰ μὴ ὁ θεὸς ἀπέδετο αὐτούς,
   καὶ ὁ κύριος παρέδωκεν αὐτούς;
   31 οὐ γὰρ εἰσὶν οἱ θεοὶ αὐτῶν ὡς ὁ θεὸς ἡμῶν·
   οἱ δὲ ἐχθροὶ ἡμῶν ἀνόητοι.
   32 ἐκ γὰρ ἀμπέλου Σοδόμων ἡ ἄμπελος αὐτῶν,
   καὶ ἡ κληματὶς αὐτῶν ἐκ Γομόρρας·
   ἡ σταφυλὴ αὐτῶν σταφυλὴ χολῆς,
   βότρυς πικρίας αὐτοῖς·
   *33 θυμὸς δρακόντων ὁ οἶνος αὐτῶν,
   καὶ θυμὸς ἀσπίδων ἀνίατος.
   34 οὐχὶ ταῦτα πάντα συνῆκται παρ' ἐμοί,
   καὶ ἐσφράγισται ἐν τοῖς θησαυροῖς μου;
   35 ἐν ἡμέρᾳ ἐκδικήσεως ἀνταποδώσω,
   ἐν καιρῷ ὅταν σφαλῇ ὁ ποὺς αὐτῶν·
   ὅτι ἐγγὺς ἡμέρα ἀπωλίας αὐτῶν,
   καὶ πάρεστιν ἕτοιμα ὑμῖν.
   36 ὅτι κρινεῖ Κύριος τὸν λαὸν αὐτοῦ,
   καὶ ἐπὶ τοῖς δούλοις αὐτοῦ παρακληθήσεται·
   ἴδεν γὰρ αὐτοὺς παραλελυμένους
   καὶ ἐκλελοιπότας ἐν ἐπαγωγῇ καὶ παρειμένους.
   37 καὶ εἶπεν Κύριος Ποῦ εἰσιν οἱ θεοὶ αὐτῶν,
   ἐφ' οἷς ἐπεποίθεισαν ἐπ' αὐτοῖς;
   38 ὧν τὸ στέαρ τῶν θυσιῶν αὐτῶν ἐσθίετε,
   καὶ ἐπίνετε τὸν οἶνον τῶν σπονδῶν αὐτῶν·
   ἀναστήτωσαν καὶ βοηθησάτωσαν ὑμῖν,
   καὶ γενηθήτωσαν ὑμῖν σκεπασταί.
   39 ἴδετε ἴδετε ὅτι ἐγώ εἰμι,
   καὶ οὐκ ἔστιν θεὸς πλὴν ἐμοῦ·
   ἐγὼ ἀποκτενῶ καὶ ζῆν ποιήσω·
   πατάξω, κἀγὼ ἰάσομαι·
   καὶ οὐκ ἔστιν ὁ ἐκ τῶν χειρῶν μου ἐξαιρούμενος.
   40 ὅτι ἀρῶ εἰς τὸν οὐρανὸν τὴν χεῖρά μου,

R 30 ει] pr και R | απεδοτο R   31 οτι ουκ εστιν ο θεος ημων ως οι θεοι αυτων R   34 ουχι] ουκ ιδου R | om παντα R   36 παρακλησεται R* (θη superscr R¹) | παραλελυμενους αυτους R | εκλελοιποντας (ut vid) R | απαγωγη R | παρειμενους] απαγομενους R^vid   38 om τον οινον R | αναστητωσαν]+νυν R   39 εστιν] εσται R | ο] ος AR | εκ των χειρων μου εξαιρ.] εξελειται εκ τ. χ. μου R   40 ουρανον]+ανω R | την χειρα] τας χειρας R

ΩΔΑΙ III 3

καὶ ὀμοῦμαι τῇ δεξιᾷ μου
καὶ ἐρῶ Ζῶ ἐγὼ εἰς τὸν αἰῶνα·
41 ⁴¹ὅτι παροξυνῶ ὡς ἀστραπὴν τὴν μάχαιράν μου,
καὶ ἀνθέξεται κρίματος ἡ χείρ μου,
καὶ ἐκδικήσει, καὶ ἀνταποδώσει δίκην τοῖς ἐχθροῖς,
καὶ τοῖς μισοῦσιν ἀνταποδώσει.
42 ⁴²μεθύσω τὰ βέλη μου ἀφ' αἵματος,
καὶ ἡ μάχαιρά μου καταφάγεται κρέα,
ἀφ' αἵματος τραυματιῶν καὶ αἰχμαλωσίας,
ἀπὸ κεφαλῆς ἀρχόντων ἐθνῶν.
43 ⁴³εὐφράνθητε, οὐρανοί, ἅμα αὐτῷ,
καὶ προσκυνησάτωσαν αὐτῷ πάντες οἱ ἄγγελοι θεοῦ·
εὐφράνθητε, ἔθνη, μετὰ τοῦ λαοῦ αὐτοῦ,
καὶ ἐνισχυσάτωσαν αὐτῷ πάντες υἱοὶ θεοῦ·
ὅτι τὸ αἷμα τῶν υἱῶν αὐτοῦ ἐκδικεῖται,
καὶ ἐκδικήσει, καὶ ἀνταποδώσει δίκην τοῖς ἐχθροῖς·
καὶ τοῖς μισοῦσιν ἀνταποδώσει δίκην,
καὶ ἐκκαθαριεῖ Κύριος τὴν γῆν τοῦ λαοῦ αὐτοῦ.

Γ´

III Προσευχὴ Ἄννας μητρὸς Σαμουήλ.

Regn. 1 ¹Ἐστερεώθη ἡ καρδία μου ἐν Κυρίῳ,
ii. ὑψώθη κέρας μου ἐν θεῷ μου·
—10 ἐπλατύνθη ἐπ' ἐχθρούς μου τὸ στόμα μου,
ηὐφράνθην ἐν σωτηρίᾳ σου.
2 ²ὅτι οὐκ ἔστιν ἅγιος ὡς Κύριος,
καὶ οὐκ ἔστιν δίκαιος ὡς ὁ θεὸς ἡμῶν,
οὐκ ἔστιν ἅγιος πλὴν σοῦ.
3 ³μὴ καυχᾶσθε καὶ μὴ λαλεῖτε ὑψηλά,
μηδὲ ἐξελθάτω μεγαλορημοσύνη ἐκ τοῦ στόματος ὑμῶν·

40 ομνουμαι R | την δεξιαν μ. R **41** om και εκδικησει R | R ανταποδωσω R bis | εχθροις] + μου R | μισουσιν] + με R **42** φαγεται R | om εθνων R **43** αυτω 2°] αυτον R | οι αγγελοι] υιοι R | υιοι] οι αγγελοι R | εκδικαται R | om δικην 2° R | αυτου 3°] + (**44**) και εγραψεν Μωυσης την ωδην ταυτην| εν εκεινη τη ημερα και εδιδαξεν αυτην| τοις υιοις Ισραηλ εως εις τελος R   III ([ς´] T) om μητρος Σαμουηλ R **2** om και ουκ εστιν δικαιος ως ο θεος ημων R   **3** μηδε] και μη R

III 4   ΩΔΑΙ

A   ὅτι θεὸς γνώσεων Κύριος,
    καὶ θεὸς ἑτοιμάζων ἐπιτηδεύματα αὐτοῦ.
    ⁴τόξον δυνατῶν ἠσθένησεν,   4
    καὶ ἀσθενοῦντες περιεζώσαντο δύναμιν.
    ⁵πλήρεις ἄρτων ἠλαττώθησαν,   5
    καὶ οἱ πεινῶντες παρῆκαν γῆν.
    ὅτι στεῖρα ἔτεκεν ἑπτά,
    καὶ ἡ πολλὴ ἐν τέκνοις ἠσθένησεν.
§T ⁶§Κύριος θανατοῖ καὶ ζωογονεῖ·   6
    κατάγει εἰς ᾅδου καὶ ἀνάγει.
    ⁷Κύριος πτωχίζει καὶ πλουτίζει,   7
    ταπεινοῖ καὶ ἀνυψοῖ.
    ⁸ἀνιστᾷ ἀπὸ γῆς πένητα,   8
    καὶ ἀπὸ κοπρίας ἐγείρει πτωχόν·
    τοῦ καθίσαι αὐτὸν μετὰ δυναστῶν λαοῦ,
    καὶ θρόνον δόξης κατακληρονομῶν αὐτοῖς.
    ⁹διδοὺς εὐχὴν τῷ εὐχομένῳ,   9
    καὶ εὐλόγησεν ἔτη δικαίου.
    ὅτι οὐκ ἐν ἰσχύι δυνατὸς ἀνήρ·
    ¹⁰Κύριος ἀσθενῆ ποιήσει τὸν ἀντίδικον αὐτοῦ·   10
    Κύριος ἅγιος.
    μὴ καυχάσθω ὁ σοφὸς ἐν τῇ σοφίᾳ αὐτοῦ,
    καὶ μὴ καυχάσθω ὁ δυνατὸς ἐν τῇ δυνάμει αὐτοῦ,
    καὶ μὴ καυχάσθω ὁ πλούσιος ἐν τῷ πλούτῳ αὐτοῦ·
    ἀλλ' ἢ ἐν τούτῳ καυχάσθω ὁ καυχώμενος,
    συνίειν καὶ γινώσκειν τὸν κύριον,
    καὶ ποιεῖν κρίμα καὶ δικαιοσύνην ἐν μέσῳ τῆς γῆς.
    Κύριος ἀνέβη εἰς οὐρανούς, καὶ ἐβρόντησεν·
    αὐτὸς κρινεῖ ἄκρα γῆς, δίκαιος ὤν.
    καὶ δίδωσιν ἰσχὺν τοῖς βασιλεῦσιν ἡμῶν,
¶AT καὶ ὑψώσει κέρας χριστοῦ αὐτοῦ.¶

RT   **5** πληρης R   **8** bis scr μετα δυναστων R* (improb 1° R¹ʰ) | και θρο-
νον] εν θρονω R   **9** ανηρ]+εν τη ισχυι αυτου T   **10** καυκαιχασθω
(4°) R^vid | συνιειν] pr εν τω T | αυτος] pr και R | om δικαιος ων R | om
και 7° R | διδωσιν] δωσει T

ΩΔΑΙ

Δ' (α)

Ὠδὴ Ἠσαίου.

1 ¹Ἄσω δὲ τῷ ἠγαπημένῳ ᾆσμα τοῦ ἀγαπητοῦ τῷ ἀμπελῶνί μου.
   ἀμπελὼν ἐγένετο τῷ ἠγαπημένῳ ἐν κέρατι ἐν τόπῳ πίονι·
2 ²καὶ φραγμὸν περιέθηκα, καὶ ἐφύτευσαν ἄμπελον ἐν σωρήκ.
   καὶ ᾠκοδόμησα πύργον ἐν μέσῳ αὐτῆς, καὶ προλήνιον ὤρυξα
   ἐν αὐτῷ·
   καὶ ἔμεινα τοῦ ποιῆσαι σταφυλήν, ἐποίησεν δὲ ἀκάνθας.
3 ³καὶ νῦν, ἄνθρωπος τοῦ Ἰούδα καὶ οἱ ἐνοικοῦντες ἐν Ἰερουσαλήμ,
   κρίνατε ἐν ἐμοὶ καὶ ἀνὰ μέσον τοῦ ἀμπελῶνός μου.
4 ⁴τί ποιήσω τῷ ἀμπελῶνί μου ἔτι, καὶ οὐκ ἐποίησα αὐτῷ;
   διότι ἔμεινα ἵνα ποιήσῃ σταφυλήν, ἐποίησεν δὲ ἀκάνθας.
5 ⁵νῦν δὲ ἀναγγελῶ ὑμῖν τί ποιήσω τῷ ἀμπελῶνί μου·
   ἀφελῶ τὸν φραγμὸν αὐτοῦ καὶ ἔσται εἰς καταπάτημα,
   καὶ καθελῶ τὸν τοῖχον αὐτοῦ καὶ ἔσται εἰς καταπάτημα.
6 ⁶καὶ ἀνήσω τὸν ἀμπελῶνά μου, καὶ οὐ μὴ τμηθῇ οὐδὲ μὴ σκαφῇ,
   καὶ ἀναβήσεται εἰς αὐτὸν ὡσεὶ εἰς χέρσον ἄκανθα·
   καὶ ταῖς νεφέλαις ἐντελοῦμαι τοῦ μὴ βρέξαι εἰς αὐτὸν ὑετόν.
7 ⁷ὁ γὰρ ἀμπελὼν Κυρίου σαβαὼθ οἶκος Ἰσραήλ ἐστιν,
   καὶ ἄνθρωπος τοῦ Ἰούδα νεόφυτον ἠγαπημένον·
   καὶ ἔμεινα τοῦ ποιῆσαι κρίσιν,
   ἐποίησεν δὲ ἀνομίαν καὶ οὐ δικαιοσύνην ἀλλὰ κραυγήν.
8 ⁸καὶ οἱ συνάπτοντες οἰκίαν πρὸς οἰκίαν,
   καὶ ἀγρὸν πρὸς ἀγρὸν ἐγγίζοντες, ἵνα τοῦ πλησίον ἀφελοῦνται,
   μὴ οἰκήσετε μόνοι ἐπὶ τῆς γῆς;
9 ⁹ἠκούσθη γὰρ ταῦτα πάντα εἰς τὰ ὦτα Κυρίου σαβαώθ.

Δ' (β)

Προσευχὴ Ἠσαίου.

9 ⁹Ἐκ νυκτὸς ὀρθρίζει τὸ πνεῦμά μου πρὸς σέ, ὁ θεός,
   διότι φῶς τὰ προστάγματά σου ἐπὶ τῆς γῆς·
   δικαιοσύνην μάθετε, οἱ ἐνοικοῦντες ἐπὶ τῆς γῆς.

IVᵃ [δ'] R   2 εφυτευσα R¹   6 ακανθη R   8 επι της γης AR
paene evan in R   IVᵇ δ' A | Ησαιου] Εζεκιου A

819.

A ¹⁰πέπαυται γὰρ ὁ ἀσεβής· οὐ μὴ μάθῃ δικαιοσύνην ἐπὶ τῆς γῆς, 10
ἀλήθειαν οὐ μὴ ποιήσει·
ἀρθήτω ὁ ἀσεβής, ἵνα μὴ ἴδῃ τὴν δόξαν Κυρίου.
¹¹Κύριε, ὑψηλός σου ὁ βραχίων καὶ οὐκ ᾔδεισαν, 11
γνόντες δὲ αἰσχυνθήτωσαν·
ζῆλος λήμψεται λαὸν ἀπαίδευτον,
καὶ νῦν πῦρ τοὺς ὑπεναντίους ἔδεται.
¹²Κύριε ὁ θεὸς ἡμῶν, εἰρήνην δὸς ἡμῖν· 12
πάντα γὰρ ἀπέδωκας ἡμῖν.
¹³Κύριε ὁ θεὸς ἡμῶν, κτῆσαι ἡμᾶς· 13
Κύριε, ἐκτὸς σοῦ ἄλλον οὐκ οἴδαμεν,
τὸ ὄνομά σου ὀνομάζομεν.
¹⁴οἱ δὲ νεκροὶ ζωὴν οὐ μὴ ἴδωσιν, 14
οὐδὲ ἰατροὶ οὐ μὴ ἀναστήσουσιν·
διὰ τοῦτο ἐπήγαγες καὶ ἀπώλεσας, καὶ ἦρας πᾶν ἄρσεν αὐτῶν.
¹⁵πρόσθες αὐτοῖς κακά, Κύριε, 15
πρόσθες κακὰ ἐπὶ τοῖς ἐνδόξοις τῆς γῆς.
¹⁶Κύριε, ἐν θλίψει ἐμνήσθην σου· 16
ἐν θλίψει μικρᾷ ἡ παιδία σου ἡμῖν.
¹⁷καὶ ὡς ἡ ὠδίνουσα ἐγγίζει τοῦ τεκεῖν, 17
καὶ ἐπὶ τῇ ὠδῖνι αὐτῆς ἐκέκραξεν,
οὕτως ἐγενήθημεν τῷ ἀγαπητῷ σου.
¹⁸διὰ τὸν φόβον σου, Κύριε, ἐν γαστρὶ ἐλάβομεν 18
καὶ ὠδινήσαμεν καὶ ἐτέκομεν·
πνεῦμα σωτηρίας σου ἐποιήσαμεν ἐπὶ τῆς γῆς·
οὐ πεσούμεθα, ἀλλὰ πεσοῦνται οἱ ἐνοικοῦντες ἐπὶ τῆς γῆς.
¹⁹ἀναστήσονται οἱ νεκροί, καὶ ἐγερθήσονται οἱ ἐν τοῖς μνήμασιν, 19
καὶ εὐφρανθήσονται οἱ ἐν τῇ γῇ·
ἡ γὰρ δρόσος ἡ παρὰ σοῦ ἴαμα αὐτοῖς ἐστιν,
ἡ δὲ γῆ τῶν ἀσεβῶν πεσεῖται.
²⁰βάδιζε, λαός μου, εἴσελθε εἰς τὰ ταμεῖά σου, 20
ἀπόκλεισον τὴν θύραν σου, ἀποκρύβηθι μικρὸν ὅσον ὅσον,
ἕως ἂν παρέλθῃ ἡ ὀργὴ Κυρίου.

18 om ου πεσουμεθα A* (hab Aᵃ)

Ε΄

⁴Προσευχὴ Ἰωνᾶ.

³Ἐβόησα ἐν θλίψει μου πρὸς Κύριον τὸν θεόν μου,
καὶ εἰσήκουσέν μου ἐκ κοιλίας ᾅδου κραυγῆς μου·
ἤκουσας φωνῆς μου.
⁴ἀπέρριψάς με εἰς βάθη καρδίας θαλάσσης,
καὶ ποταμοί με ἐκύκλωσαν,
πάντες οἱ μετεωρισμοί σου καὶ τὰ κύματά σου ἐπ᾽ ἐμὲ διῆλθον.
⁵κἀγὼ εἶπα Ἀπῶσμαι ἐξ ὀφθαλμῶν σου·
ἆρα προσθήσω τοῦ ἐπιβλέψαι πρὸς ναὸν τὸν ἅγιόν σου;
⁶περιεχύθη μοι ὕδωρ ἕως ψυχῆς μου,
ἄβυσσος ἐκύκλωσέν με ἐσχάτη,
ἔδυ ἡ κεφαλή μου εἰς σχισμὰς ὀρέων·
⁷κατέβην εἰς γῆν, ἧς οἱ μοχλοὶ αὐτῆς κάτοχοι αἰώνιοι·
καὶ ἀναβήτω ἐκ φθορᾶς ἡ ζωή μου, Κύριε ὁ θεός μου.
⁸ἐν τῷ ἐκλείπειν τὴν ψυχήν μου ἀπ᾽ ἐμοῦ τοῦ κυρίου ἐμνήσθην,
καὶ ἔλθοι πρὸς σὲ ἡ προσευχή μου εἰς ναὸν ἅγιόν σου.
⁹φυλασσόμενοι μάταια καὶ ψευδῆ ἔλεος αὐτῶν ἐνκατέλιπον·
¹⁰ἐγὼ δὲ μετὰ φωνῆς αἰνέσεως καὶ ἐξομολογήσεως θύσω σοι,
ὅσα ηὐξάμην ἀποδώσω σοι εἰς σωτηρίαν μου τῷ κυρίῳ.

Ϛ΄

Προσευχὴ Ἀμβακούμ.

²Κύριε, εἰσακήκοα τὴν ἀκοήν σου καὶ ἐφοβήθην·
κατενόησα τὰ ἔργα σου καὶ ἐξέστην.
ἐν μέσῳ δύο ζῴων γνωσθήσῃ,
ἐν τῷ ἐγγίζειν τὰ ἔτη ἐπιγνωσθήσῃ·
ἐν τῷ παρεῖναι τὸν καιρὸν ἀναδειχθήσῃ,
ἐν τῷ ταραχθῆναι τὴν ψυχήν μου ἐν ὀργῇ ἐλέους μνησθήσῃ.
³ὁ θεὸς ἐκ Θεμὰν ἥξει,
καὶ ὁ ἅγιος ἐξ ὄρους Φαρὰν κατασκίου δασέως.

V 3 φωνης] την φωνην R   4 απεριψας R   5 τον αγιον] om τον R
R   6 εκυκλωσεν] εκαλυψεν R | εδυ] εδυσεν R   8 om απ εμου R
10 σωτηριον R | τω κυριω]+αμην R   VI προσευχη Αμβακουμ] αρχεται
ωδη Αμβ. R   2 σου 2°]+ο θεος R | επιγνωσθηση] γνωσθηση R   3 δασεως]
+διαψαλμα R

VI 4   ΩΔΑΙ

A ἐκάλυψεν οὐρανοὺς ἡ ἀρετὴ αὐτοῦ,
   καὶ αἰνέσεως αὐτοῦ πλήρης ἡ γῆ.
⁴καὶ φέγγος αὐτοῦ ὡς φῶς ἔσται,   4
   τέρατα ἐν χερσὶν αὐτοῦ·
   καὶ ἔθετο ἀγάπησιν κραταιὰν ἰσχύος αὐτοῦ.
⁵πρὸ προσώπου αὐτοῦ πορεύσεται λόγος, καὶ ἐξελεύσεται·   5
   ἐν πεδίλοις οἱ πόδες αὐτοῦ.
⁶ἔστη, καὶ ἐσαλεύθη ἡ γῆ·   6
   ἐπέβλεψεν, καὶ ἐτάκη ἔθνη καὶ διεθρύβη τὰ ὄρη βίᾳ,
   ἐτάκησαν βουνοὶ αἰώνιοι πορίας αἰωνίους αὐτοῦ.
⁷ἀντὶ κόπων εἶδον σκηνώματα Αἰθιόπων,   7
   πτοηθήσονταί καὶ αἱ σκηναὶ γῆς Μαδιάμ.   διάψαλμα.
⁸μὴ ἐν ποταμοῖς ὠργίσθης, Κύριε;   8
   μὴ ἐν ποταμοῖς ὁ θυμός σου;
   ἢ ἐν θαλάσσῃ τὸ ὅρμημά σου;
   ὅτι ἐπιβήσῃ ἐπὶ τοὺς ἵππους σου,
   καὶ ἡ ἱππασία σου σωτηρία.
⁹ἐντείνων ἐντενεῖς τὸ τόξον σου ἐπὶ τὰ σκῆπτρα, λέγει Κύριος·   9
   ποταμῶν ῥαγήσεται γῆ·
¹⁰ὄψονταί σε καὶ ὠδινήσουσιν λαοί.   10
   σκορπίζων ὕδατα πορίας αὐτοῦ·
   ἔδωκεν ἡ ἄβυσσος φωνὴν αὐτῆς·
   ὕψος φαντασίας αὐτῆς ἐπήρθη.
¹¹ὁ ἥλιος καὶ ἡ σελήνη ἔστη ἐν τῇ τάξει αὐτῆς·   11
   εἰς φῶς βολίδες σου πορεύσονται,
   εἰς φέγγος ἀστραπῆς ὅπλων σου.
¹²ἐν ἀπειλῇ σου ὀλιγώσεις γῆν,   12
   καὶ ἐν θυμῷ κατάξεις ἔθνη.
¹³ἐξῆλθες εἰς σωτηρίαν λαοῦ σου, τοῦ σῶσαι τοὺς χριστούς σου.   13
   ἔβαλας εἰς κεφαλὰς ἀνόμων θάνατον·

R 3 αινεσεως] pr της R^vid   4 τερατα] κερ. R | αυτου 2°] + υπαρχει αυτω R
   5 εν πεδιλοις] εις πεδια R | οι ποδες αυτου c seqq coniunx R   6 εστησαν
   R | ετακη] ετακησαν R | om και 3° R | διετριβη R^fort | αινιοι R* (ω superscr
   R¹)   7 αι σκηναι] σκηνωματα R | Μαδιαμ] Μαξιαν R^vid | om διαψαλμα R
   8 om μη εν ποταμοις ο θυμος σου R | η ιππ.] om η R^vid   9 εντονων
   R^vid | τα σκηπτρα] + σου A* (ras σου A¹) om τα R | Κυριος] + διαψαλμα R |
   ποταμω A* (ν superscr A¹) ποταμου R^vid | γη] pr η R   10 οδυνησουσιν
   R^vid | om αυτου R | επηρθη c seqq coniunx A   11 βολιδες] pr αι R | εις
   2°] και R | αστραπης] + σου ως R | οπλον R^fort   12 θυμω] τω θ. σου R
   13 εβαλες R

ΩΔΑΙ VII 11

ἐξήγειρας δεσμούς σου ἕως τραχήλου.   A

14 ¹⁴διέκοψας ἐν ἐκστάσει κεφαλὰς δυναστῶν,
σεισθήσονται ἐν αὐτῇ·
διανοίξουσιν χαλινοὺς αὐτῶν, ὡς ἔσθων πτωχὸς λάθρα.
15 ¹⁵καὶ ἐπεβίβασας εἰς θάλασσαν τοὺς ἵππους σου
ταράσσοντας ὕδατα πολλά.
16 ¹⁶ἐφυλαξάμην, καὶ ἐπτοήθη ἡ κοιλία μου
ἀπὸ φωνῆς προσευχῆς χειλέων μου,
καὶ εἰσῆλθεν τρόμος εἰς τὰ ὀστᾶ μου,
καὶ ὑποκάτωθέν μου ἐταράχθη ἡ ἕξις μου.
ἀναπαύσομαι ἐν ἡμέρᾳ θλίψεώς μου,
τοῦ ἀναβῆναί με εἰς λαὸν παροικίας μου.
17 ¹⁷διότι συκῆ οὐ καρποφορήσει,
καὶ οὐκ ἔσται γενήματα ἐν ταῖς ἀμπέλοις·
ψεύσεται ἔργον ἐλαίας,
καὶ τὰ πεδία οὐ ποιήσει βρῶσιν·
ἐξέλειπον ἀπὸ βρώσεως πρόβατα,
καὶ οὐχ ὑπάρχουσιν βόες ἐπὶ φάτναις ἐξιλάσεως αὐτῶν·
18 ¹⁸ἐγὼ δὲ ἐπὶ τῷ κυρίῳ ἀγαλλιάσομαι,
χαρήσομαι ἐπὶ τῷ θεῷ τῷ σωτῆρί μου.
19 ¹⁹Κύριος ὁ θεός μου δύναμίς μου,
καὶ τάξει τοὺς πόδας μου εἰς συντέλειαν·
ἐπὶ τὰ ὑψηλὰ ἐπιβιβᾷ με,
τοῦ νικῆσαι ἐν τῇ ᾠδῇ αὐτοῦ.¶   ¶R

Z′

VII   §Προσευχὴ Ἐζεκίου.   §T

1.
xviii. 10 ¹⁰Ἐγὼ εἶπα Ἐν τῷ ὕψει τῶν ἡμερῶν μου
—20   πορεύσομαι ἐν πύλαις ᾅδου·
καταλείψω τὰ ἔτη τὰ ἐπίλοιπα.
11 ¹¹εἶπα Οὐκέτι οὐ μὴ ἴδω τὸ σωτήριον τοῦ θεοῦ ἐπὶ τῆς γῆς·
οὐ μὴ ἴδω ἄνθρωπον μετὰ κατοικούντων.

13 om σου 3° R | τραχηλου] + διαψαλμα R   14 εσθιων R   15 om και RT
R | τους ιππ.] om τους R   16 εξις] ισχυς R | om μου 5° R   17 τοις αμπ.
A | βρωσιν] καρπον R | εξελιπον R   18 επι 1°] εν R   19 Κυριος] κε̄
A^vid R | και ταξει] καταστησει R | επεβιβα R | ωδη] οδω R | αυτου] + αμην R
VII (η′ T) Εζεκιου] + του βασιλεως T   10 ειπα] ειπον T | πορευσωμαι T
11 ειπα] ειπον T | της γ.] γης ζωντων T | ου μη 2°] pr ουκετι T | ανθρ.] + ετι T

823

A ¹²ἐξέλειπον ἐκ τῆς συγγενείας μου,
κατέλειπον τὸ λοιπὸν τῆς ζωῆς μου·
ἐξῆλθεν καὶ ἀπῆλθεν ἀπ' ἐμοῦ
ὥσπερ ὁ καταλύων σκηνὴν πήξας·
τὸ πνεῦμά μου παρ' ἐμοὶ ἐγένετο
ὡς ἱστός, ἐρίθου ἐγγιζούσης ἐκτεμεῖν.
¹³ἐν τῇ ἡμέρᾳ ἐκείνῃ παρεδόθην ἕως πρωὶ ὡς λέοντι·
οὕτως συνέτριψεν πάντα τὰ ὀστᾶ μου·
ἀπὸ γὰρ τῆς ἡμέρας ἕως τῆς νυκτὸς παρεδόθην.
¹⁴ὡς χελιδών, οὕτω φωνήσω,
καὶ ὡς περιστερά, οὕτω μελετήσω.
ἐξέλειπον γὰρ οἱ ὀφθαλμοί μου τοῦ βλέπειν
εἰς τὸ ὕψος τοῦ οὐρανοῦ πρὸς τὸν κύριον,
ὃς ἐξείλατό με καὶ ἀφείλατό μου τὴν ὀδύνην τῆς ψυχῆς.
¹⁶κύριε, καὶ περὶ αὐτῆς γὰρ ἀνηγγέλη σοι·
καὶ ἐξήγειράς μου τὴν πνοήν, καὶ παρακληθεὶς ἔζησα.
¹⁷εἵλου γάρ μου τὴν ψυχὴν ἵνα μὴ ἀπόληται,
καὶ ἀπέρριψας ὀπίσω μου πάσας τὰς ἁμαρτίας μου.
¹⁸οὐ γὰρ οἱ ἐν ᾅδου αἰνέσουσίν σε,
οὐδὲ οἱ ἀποθανόντες εὐλογήσουσίν σε,
οὐδὲ ἐλπιοῦσιν οἱ ἐν ᾅδου τὴν ἐλεημοσύνην σου.
¹⁹οἱ ζῶντες εὐλογήσουσίν σε ὃν τρόπον κἀγώ·
ἀπὸ γὰρ τῆς σήμερον παιδία ποιήσω,
ἃ ἀναγγελεῖ τὴν δικαιοσύνην σου, Κύριε τῆς σωτηρίας μου·
²⁰καὶ οὐ παύσομαι εὐλογῶν σε μετὰ ψαλτηρίου
πάσας τὰς ἡμέρας τῆς ζωῆς μου κατέναντι τοῦ οἴκου τοῦ θεοῦ.¶

Η′

Προσευχὴ Μαννασσή.

¹Κύριε παντοκράτωρ ἐπουράνιε,
ὁ θεὸς τῶν πατέρων ἡμῶν,
τοῦ Ἀβραὰμ καὶ Ἰσαὰκ καὶ Ἰακώβ,
καὶ τοῦ σπέρματος αὐτῶν τοῦ δικαίου·

T   12 συγγενιας T   14 ουτως bis T | μου οι οφθ. T | βλεπειν]+με T
16 om και 1° T   17 απεριψας T   18 αποθανουνταις (sic) A* -νονταις
A? (ras υ)   19 αναγγελουσιν T   20 του θεου] κυ του θῦ μου T
VIII (θ′ T) Μανασση T+υιον Εζεκιου T   1 om επουρανιε T | om ο T

ΩΔΑΙ VIII 13

2 ²ὁ ποιήσας τὸν οὐρανὸν καὶ τὴν γῆν σὺν παντὶ τῷ κόσμῳ A
αὐτῶν,
3 ³ὁ πεδήσας τὴν θάλασσαν τῷ λόγῳ τοῦ προστάγματός σου,
ὁ κλείσας τὴν ἄβυσσον καὶ σφραγισάμενος τῷ φοβερῷ καὶ
ἐνδόξῳ ὀνόματί σου,
4 ⁴ὃν πάντα φρίττει καὶ τρέμει ἀπὸ προσώπου δυνάμεώς σου·
5 ⁵ὅτι ἄστεκτος ἡ μεγαλοπρεπία τῆς δόξης σου,
καὶ ἀνυπόστατος ἡ ὀργὴ τῆς ἐπὶ ἁμαρτωλοὺς ἀπειλῆς σου·
6 ⁶ἀμέτρητόν τε καὶ ἀνεξιχνίαστον τὸ ἔλεος τῆς ἐπαγγελίας
σου·
7 ⁷ὅτι σὺ εἶ Κύριος ὕψιστος,
εὔσπλαγχνος, μακρόθυμος, καὶ πολυέλεος,
καὶ μετανοῶν ἐπὶ κακίαις ἀνθρώπων.
8 ⁸σὺ οὖν, Κύριε ὁ θεὸς τῶν δικαίων,
οὐκ ἔθου μετάνοιαν δικαίοις,
τῷ Ἀβραὰμ καὶ Ἰσαὰκ καὶ Ἰακώβ, τοῖς οὐχ ἡμαρτηκόσιν σοι,
ἀλλ' ἔθου μετάνοιαν ἐμοὶ τῷ ἁμαρτωλῷ.
9 ⁹διότι ἥμαρτον ὑπὲρ ἀριθμὸν ψάμμου θαλάσσης·
ὅτι ἐπλήθυναν αἱ ἀνομίαι μου,
καὶ οὐκ εἰμὶ ἄξιος ἀτενίσαι καὶ ἰδεῖν τὸ ὕψος τοῦ οὐρανοῦ
ἀπὸ πλήθους τῶν ἀδικιῶν μου·
10 ¹⁰κατακαμπτόμενος πολλῷ δεσμῷ σιδήρου,
εἰς τὸ ἀνανεῦσαί με ὑπὲρ ἁμαρτιῶν μου, καὶ οὐκ ἔστιν μοι
ἄνεσις·
διότι παρώργισα τὸν θυμόν σου,
καὶ τὸ πονηρὸν ἐνώπιόν σου ἐποίησα,
στήσας βδελύγματα καὶ πληθύνας προσοχθίσματα.
11 ¹¹καὶ νῦν κλίνω γόνυ καρδίας, δεόμενος τῆς παρὰ σοῦ χρηστό-
τητος·
12 ¹²ἡμάρτηκα, Κύριε, ἡμάρτηκα,
καὶ τὰς ἀνομίας μου ἐγὼ γινώσκω·
13 ¹³αἰτοῦμαι δεόμενός σου,
ἄνες μοι, Κύριε, ἄνες μοι,

3 ο κλεισας] και κλ. T | σφραγισ.]+αυτην T   4 φρισσει T   6 ελεον A T
7 οτι συ] συ γαρ T | om και 2° T   8 των δικ.] pr o T | εμοι] pr επ T
9 om οτι T | μου 1°]+κ̄ε̄ επληθυναν T   10 σιδηρω T | ανανευσαι] pr μη
T | om με T | υπερ αμαρτιων] την κεφαλην T | ανεσις μοι T | στησας...
προσοχθ.] μη ποιησας το θελημα σου και μη φυλαξας τα προσταγματα σου T
11 καρδιας]+μου T   13 αιτουμαι] pr αλλ T

825

VIII 14   ΩΔΑΙ

Λ   μὴ συναπολέσῃς με ταῖς ἀνομίαις μου,
     μηδὲ εἰς τὸν αἰῶνα μηνίσας τηρήσῃς τὰ κακά μοι,
     μηδὲ καταδικάσῃς με ἐν τοῖς κατωτάτοις τῆς γῆς·
     ὅτι σὺ εἶ, Κύριε, ὁ θεὸς τῶν μετανοούντων,
     ¹⁴καὶ ἐν ἐμοὶ δείξῃς τὴν ἀγαθωσύνην σου·   14
     ὅτι ἀνάξιον ὄντα σώσεις με κατὰ τὸ πολὺ ἔλεός σου,
     ¹⁵καὶ αἰνέσω σε διὰ παντὸς ἐν ταῖς ἡμέραις τῆς ζωῆς μου. 15
     ὅτι σὲ ὑμνεῖ πᾶσα ἡ δύναμις τῶν οὐρανῶν,
     καὶ σοῦ ἐστιν ἡ δόξα εἰς τοὺς αἰῶνας. ἀμήν.

                           Θ'

                   Προσευχὴ Ἀζαρίου.   IX
     ²⁶Εὐλογητὸς εἶ, Κύριε ὁ θεὸς τῶν πατέρων ἡμῶν,   26 Dan. i
     καὶ αἰνετὸν καὶ δεδοξασμένον τὸ ὄνομά σου εἰς τοὺς αἰῶνας.   26—45
     ²⁷ὅτι δίκαιος εἶ ἐπὶ πᾶσιν οἷς ἐποίησας ἡμῖν,   27
     καὶ πάντα τὰ ἔργα σου ἀληθινά, καὶ εὐθεῖαι αἱ ὁδοί σου,
     καὶ πᾶσαι αἱ κρίσεις σου ἀληθεῖς·
     ²⁸καὶ κρίματα ἀληθείας ἐποίησας   28
     κατὰ πάντα ὅσα ἐποίησας ἡμῖν,
     καὶ ἐπὶ τὴν πόλιν τὴν ἁγίαν τῶν πατέρων ἡμῶν Ἱερουσαλήμ·
     ὅτι ἐν ἀληθείᾳ καὶ κρίσει ἐπήγαγες ταῦτα πάντα διὰ τὰς
         ἁμαρτίας ἡμῶν.
     ²⁹ὅτι ἡμάρτομεν καὶ ἠνομήσαμεν ἀποστάντες ἀπὸ σοῦ,   29
     καὶ ἐξημάρτομεν ἐν πᾶσιν·
     ³⁰καὶ τῶν ἐντολῶν σου οὐκ ἠκούσαμεν,   30
     οὐδὲ συνετηρήσαμεν οὐδὲ ἐποιήσαμεν
     καθὼς ἐνετείλω ἡμῖν ἵνα εὖ ἡμῖν γένηται.
     ³¹καὶ πάντα ὅσα ἐπήγαγες ἡμῖν, καὶ πάντα ὅσα ἐποίησας ἡμῖν, 31
     ἐν ἀληθινῇ κρίσει ἐποίησας·
     ³²καὶ παρέδωκας ἡμᾶς εἰς χεῖρας ἐχθρῶν ἀνόμων ἐχθίστων 32
         ἀποστατῶν,
     καὶ βασιλεῖ ἀδίκῳ καὶ πονηροτάτῳ παρὰ πᾶσαν τὴν γῆν.
     ³³καὶ νῦν οὐκ ἔστιν ἡμῖν ἀνοῖξαι τὸ στόμα·   33

T   13 μη] pr και T | τηρησις A | Κυριε ο] θεος T   14 την αγαθ.] pr
     πασαν T   IX (ι' T) προσευχη Αζαριου] υμνος των τριων παιδων T
     27 κρισις A   28 οσα εποιησας] a επηγαγες T | των πατερων] pr την T
     29 αποσταντες] αποστηναι T   31 επηγαγες] εποιησας T | εποιησας 1°]
     επηγαγες T

αἰσχύνη καὶ ὄνειδος ἐγενήθη τοῖς δούλοις σου καὶ τοῖς σεβο-
μένοις σε.

34 ³⁴μὴ παραδῷς ἡμᾶς εἰς τέλος διὰ τὸ ὄνομά σου,
   καὶ μὴ διασκεδάσῃς τὴν διαθήκην σου,
35 ³⁵καὶ μὴ ἀποστήσῃς τὸ ἔλεός σου ἀφ' ἡμῶν,
   δι' Ἀβραὰμ τὸν ἠγαπημένον ὑπὸ σοῦ,
   καὶ διὰ Ἰσαὰκ τὸν δοῦλόν σου
   καὶ Ἰσραὴλ τὸν ἅγιόν σου,
36 ³⁶οἷς ἐλάλησας πρὸς αὐτοὺς λέγων
   πληθῦναι τὸ σπέρμα αὐτῶν ὡς τὰ ἄστρα τοῦ οὐρανοῦ,
   καὶ ὡς τὴν ἄμμον τὴν παρὰ τὸ χεῖλος τῆς θαλάσσης.¶
37 ³⁷ὅτι, δέσποτα, ἐσμικρύνθημεν παρὰ πάντα τὰ ἔθνη,
   καί ἐσμεν ταπεινοὶ ἐν πάσῃ τῇ γῇ σήμερον διὰ τὰς ἁμαρ-
   τίας ἡμῶν·
38 ³⁸καὶ οὐκ ἔστιν ἐν τῷ καιρῷ τούτῳ ἄρχων καὶ προφήτης καὶ
   ἡγούμενος,
   οὐδὲ ὁλοκαύτωσις οὐδὲ θυσία,
   οὐδὲ προσφορὰ οὐδὲ θυμίαμα,
   οὐ τόπος τοῦ καρπῶσαι ἐνώπιόν σου καὶ εὑρεῖν ἔλεος.
39 ³⁹ἀλλ' ἐν ψυχῇ συντετριμμένῃ καὶ πνεύματι ταπεινώσεως προσ-
   δεχθείημεν.
40 ⁴⁰ὡς ἐν ὁλοκαυτώμασιν κριῶν καὶ ταύρων,
   καὶ ὡς ἐν μυριάσιν ἀρνῶν πιόνων,
   οὕτως γενέσθω ἡ θυσία ἡμῶν ἐνώπιόν σου σήμερον,
   καὶ ἐκτελέσαι ὄπισθέν σου·
   ὅτι οὐκ ἔστιν αἰσχύνη τοῖς πεποιθόσιν ἐπὶ σοί.
41 ⁴¹καὶ νῦν ἐξακολουθοῦμεν ἐν ὅλῃ καρδίᾳ καὶ φοβούμεθά σε,
   καὶ ζητοῦμεν τὸ πρόσωπόν σου·
42 ⁴²μὴ καταισχύνῃς ἡμᾶς,
   ἀλλὰ ποίησον μεθ' ἡμῶν κατὰ τὴν ἐπιεικίαν σου,
   καὶ κατὰ τὸ πλῆθος τοῦ ἐλέου σου·
43 ⁴³§καὶ ἐξελοῦ ἡμᾶς κατὰ τὰ θαυμάσιά σου,
   καὶ δὸς δόξαν τῷ ὀνόματί σου, Κύριε.
44 ⁴⁴καὶ ἐντραπείησαν πάντες οἱ ἐνδεικνύμενοι τοῖς δούλοις σου
   κακά·
   καταισχυνθείησαν ἀπὸ πάσης δυνάμεως καὶ δυναστείας,

34 μη 1°]+δη T   35 δι] δια T   37—42 desunt in T deperdito folio T
44 καταισχυνθ.] pr και T | om δυναμεως και T | δυναστιας T

A καὶ ἡ ἰσχὺς αὐτῶν συντριβείη·
⁴⁵καὶ γνώτωσαν ὅτι σὺ εἶ Κύριος ὁ θεὸς μόνος, 45
καὶ ἔνδοξος ἐφ᾽ ὅλην τὴν οἰκουμένην.

Ι´

§ R   ⁵Ὕμνος τῶν πατέρων ἡμῶν.   X

⁵²Εὐλογητὸς εἶ, Κύριε ὁ θεὸς τῶν πατέρων ἡμῶν,   52 Dan.
καὶ αἰνετὸς καὶ ὑπερυψούμενος εἰς τοὺς αἰῶνας·   iii.
καὶ εὐλογητὸν τὸ ὄνομα τῆς δόξης σου τὸ ἅγιόν σου,   52—88
καὶ ὑπεραινετὸν καὶ ὑπερυψούμενον εἰς τοὺς αἰῶνας.
⁵³εὐλογημένος εἶ ἐν τῷ ναῷ τῆς ἁγίας δόξης σου,   53
καὶ ὑπερυμνητὸς καὶ ὑπερένδοξος εἰς τοὺς αἰῶνας.
⁵⁴εὐλογημένος εἶ ὁ βλέπων ἀβύσσους, καθήμενος ἐπὶ τῶν 54
χερουβείν,
καὶ ὑπερυμνητὸς καὶ ὑπερυψούμενος εἰς τοὺς αἰῶνας.
⁵⁵εὐλογημένος εἶ ἐπὶ θρόνου τῆς βασιλείας σου,   55
καὶ ὑπερυμνητὸς καὶ ὑπερυψούμενος εἰς τοὺς αἰῶνας.
⁵⁶εὐλογημένος εἶ ἐν τῷ στερεώματι τοῦ οὐρανοῦ,   56
καὶ ὑπερυμνητὸς καὶ ὑπερένδοξος εἰς τοὺς αἰῶνας.
⁵⁷εὐλογεῖτε, πάντα τὰ ἔργα Κυρίου, τὸν κύριον·   57
ὑμνεῖτε καὶ ὑπερυψοῦτε αὐτὸν εἰς τοὺς αἰῶνας.
⁵⁹εὐλογεῖτε, οὐρανοί, τὸν κύριον·   59
ὑμνεῖτε καὶ ὑπερυψοῦτε αὐτὸν εἰς τοὺς αἰῶνας.
⁵⁸εὐλογεῖτε, ἄγγελοι Κυρίου, τὸν κύριον·   58
ὑμνεῖτε καὶ ὑπερυψοῦτε αὐτὸν εἰς τοὺς αἰῶνας.
⁶⁰εὐλογεῖτε, ὕδατα πάντα τὰ ἐπάνω τοῦ οὐρανοῦ, τὸν κύριον· 60
ὑμνεῖτε καὶ ὑπερυψοῦτε αὐτὸν εἰς τοὺς αἰῶνας.

RT   45 om και 1° T   X ([η'] R ια' T) v. των πατερων ημων] v. των τριων
παιδων T deest tit in Rᴿᵀ sed pr Dan iii 51 (Th) τοτε οι τρεις ως εξ ενος
στοματος υμνουν και εδοξαζον και ευλογουν (?ηυλ.) τον θεον εν τη καμινω
λεγοντες R   52 ευλογητον] ευλογημενον RT | om σου 2° RT | om
και υπεραινετον R   53 om ει R | υπερυμνητος] υπεραινετος R υμνη-
τος T | υπερενδοξος] ενδοξαζομενος R   54 om ει R | βλεπων] επιβλεπων
R | των χερουβειν] χερουβιν RT | υπερυμνητος] υπεραινετος RT   55 ante
54 pos T   55 om ει R | om σου R | υπερυμνητος] αινετος R   56 om
ει R | υπερυμνητος] υπεραινετος R αινετος T | υπερενδοξος] υπερυψουμενος R
δεδοξασμενος T   57 pr ιβ' c tit υμνος των τριων παιδων a IX 1 repe-
tito T | υμνειτε...αιωνας] υμνιτε tantummodo hic et alicubi T   58 om
R: 58, 59 suum ordinem servant in T   60 επανω] υπερανω R | των
ουρανων RT

ΩΔΑΙ X 77

61 ⁶¹εὐλογεῖτε, πᾶσαι αἱ δυνάμεις Κυρίου, τὸν κύριον· A
ὑμνεῖτε καὶ ὑπερυψοῦτε αὐτὸν εἰς τοὺς αἰῶνας.
62 ⁶²εὐλογεῖτε, ἥλιος καὶ σελήνη, τὸν κύριον·
ὑμνεῖτε καὶ ὑπερυψοῦτε αὐτὸν εἰς τοὺς αἰῶνας.
63 ⁶³εὐλογεῖτε, ἄστρα τοῦ οὐρανοῦ, τὸν κύριον·
ὑμνεῖτε καὶ ὑπερυψοῦτε αὐτὸν εἰς τοὺς αἰῶνας.
64 ⁶⁴εὐλογεῖτε, πᾶς ὄμβρος καὶ δρόσος, τὸν κύριον·
ὑμνεῖτε καὶ ὑπερυψοῦτε αὐτὸν εἰς τοὺς αἰῶνας.
65 ⁶⁵εὐλογεῖτε, πάντα τὰ πνεύματα, τὸν κύριον·
ὑμνεῖτε καὶ ὑπερυψοῦτε αὐτὸν εἰς τοὺς αἰῶνας.
66 ⁶⁶εὐλογεῖτε, πῦρ καὶ καῦμα, τὸν κύριον·
ὑμνεῖτε καὶ ὑπερυψοῦτε αὐτὸν εἰς τοὺς αἰῶνας.
67 ⁶⁷εὐλογεῖτε, ψῦχος καὶ καύσων, τὸν κύριον·
ὑμνεῖτε καὶ ὑπερυψοῦτε αὐτὸν εἰς τοὺς αἰῶνας.
68 ⁶⁸εὐλογεῖτε, δρόσοι καὶ νιφετοί, τὸν κύριον·
ὑμνεῖτε καὶ ὑπερυψοῦτε αὐτὸν εἰς τοὺς αἰῶνας.
71 ⁷¹εὐλογεῖτε, νύκτες καὶ ἡμέραι, τὸν κύριον·
ὑμνεῖτε καὶ ὑπερυψοῦτε αὐτὸν εἰς τοὺς αἰῶνας.
72 ⁷²εὐλογεῖτε, φῶς καὶ σκότος, τὸν κύριον·
ὑμνεῖτε καὶ ὑπερυψοῦτε αὐτὸν εἰς τοὺς αἰῶνας.
69 ⁶⁹εὐλογεῖτε, πάγος καὶ ψῦχος, τὸν κύριον·
ὑμνεῖτε καὶ ὑπερυψοῦτε αὐτὸν εἰς τοὺς αἰῶνας.
70 ⁷⁰εὐλογεῖτε, πάχναι καὶ χιόνες, τὸν κύριον·
ὑμνεῖτε καὶ ὑπερυψοῦτε αὐτὸν εἰς τοὺς αἰῶνας.
73 ⁷³εὐλογεῖτε, ἀστραπαὶ καὶ νεφέλαι, τὸν κύριον·
ὑμνεῖτε καὶ ὑπερυψοῦτε αὐτὸν εἰς τοὺς αἰῶνας.
74 ⁷⁴εὐλογείτω ἡ γῆ τὸν κύριον·
ὑμνείτω καὶ ὑπερυψούτω αὐτὸν εἰς τοὺς αἰῶνας.
75 ⁷⁵εὐλογεῖτε, ὄρη καὶ βουνοί, τὸν κύριον·
ὑμνεῖτε καὶ ὑπερυψοῦτε αὐτὸν εἰς τοὺς αἰῶνας.
76 ⁷⁶εὐλογεῖτε, πάντα τὰ φυόμενα ἐν τῇ γῇ, τὸν κύριον·
ὑμνεῖτε καὶ ὑπερυψοῦτε αὐτὸν εἰς τοὺς αἰῶνας.
77 ⁷⁷εὐλογεῖτε, αἱ πηγαί, τὸν κύριον·
ὑμνεῖτε καὶ ὑπερυψοῦτε αὐτὸν εἰς τοὺς αἰῶνας.

64 τον κυριον] om τον R   **65** τα πνευματα] om τα R   **67, 68** om RT
R : 68—73 suum ordinem servant in T   **69** παγος κ. ψυχος] ψυχος κ.
καυμα R παγοι κ. ψ. T   **74** ευλογιω R* vid (τ superscr R¹) | υπερ-
υψουτε R   **77** υπερυψουτω R: item 80, 81, 84 (ut vid), 85

A ⁷⁸ εὐλογεῖτε, θάλασσαι καὶ ποταμοί, τὸν κύριον· 78
ὑμνεῖτε καὶ ὑπερυψοῦτε αὐτὸν εἰς τοὺς αἰῶνας.
⁷⁹ εὐλογεῖτε, κήτη καὶ πάντα τὰ κινούμενα ἐν τοῖς ὕδασιν, τὸν 79
κύριον·
ὑμνεῖτε καὶ ὑπερυψοῦτε αὐτὸν εἰς τοὺς αἰῶνας.
⁸⁰ εὐλογεῖτε, πάντα τὰ πετεινὰ τοῦ οὐρανοῦ, τὸν κύριον· 80
ὑμνεῖτε καὶ ὑπερυψοῦτε αὐτὸν εἰς τοὺς αἰῶνας.
⁸¹ εὐλογεῖτε, τὰ θηρία καὶ πάντα τὰ κτήνη, τὸν κύριον· 81
ὑμνεῖτε καὶ ὑπερυψοῦτε αὐτὸν εἰς τοὺς αἰῶνας.
⁸² εὐλογεῖτε, υἱοὶ τῶν ἀνθρώπων, τὸν κύριον· 82
ὑμνεῖτε καὶ ὑπερυψοῦτε αὐτὸν εἰς τοὺς αἰῶνας.
⁸³ εὐλογείτω Ἰσραὴλ τὸν κύριον· 83
ὑμνείτω καὶ ὑπερυψούτω αὐτὸν εἰς τοὺς αἰῶνας.
⁸⁴ εὐλογεῖτε, ἱερεῖς Κυρίου, τὸν κύριον· 84
ὑμνεῖτε καὶ ὑπερυψοῦτε αὐτὸν εἰς τοὺς αἰῶνας.
⁸⁵ εὐλογεῖτε, δοῦλοι Κυρίου, τὸν κύριον· 85
ὑμνεῖτε καὶ ὑπερυψοῦτε αὐτὸν εἰς τοὺς αἰῶνας.
⁸⁶ εὐλογεῖτε, πνεύματα καὶ ψυχαὶ δικαίων, τὸν κύριον· 86
ὑμνεῖτε καὶ ὑπερυψοῦτε αὐτὸν εἰς τοὺς αἰῶνας.
⁸⁷ εὐλογεῖτε, ὅσιοι καὶ ταπεινοὶ καρδίᾳ, τὸν κύριον· 87
ὑμνεῖτε καὶ ὑπερυψοῦτε αὐτὸν εἰς τοὺς αἰῶνας.
⁸⁸ εὐλογεῖτε, Ἀνανία, Ἀζαρία, Μισαήλ, τὸν κύριον· 88
ὑμνεῖτε καὶ ὑπερυψοῦτε αὐτὸν εἰς τοὺς αἰῶνας.

RT 78 ante 77 pos R 81. παντα τα θηρια κ. τα κτηνη R 83 ευλογειτε
R 86 τον κυριον] om τον R 87 καρδια] την καρδιαν R τη καρδια T
88 Αννανιας R | Αζαριας R | Μισαηλ] pr και R | add in fine ευλογουμεν
πατερα| και υιον και αγιον πνευμα| υμνουμεν| και υπερυψουμεν| αυτον εις τους
αιωνας| (88) οτι εξειλατο (? εξιλ.) ημας εξ αδου| και εσωσεν ημας εκ χειρος
θανατου|| και ερυσατο ημας εκ μεσης| καιομενης (? κεομ.) φλογος| και εκ μεσου
πυρος ελυτρωσατο ημας| (89) εξομολογεισθε τω κυριω| οτι αγαθος| οτι εις
τον αιωνα| το ελεος αυτου| (90) ευλογειτε παντες| σεβομενοι θεον των θεων|
τον κυριον υμνειτε| και εξομολογεισθε οτι| εις τον αιωνα το ελεος αυτου R
(seq latine Dan iii 91—93: graeca hodie saltem desunt) add in fin (88) οτι
ερυσατο ημας εξ αδου| και εσωσεν ημας εκ χειρος θανατου| και ερυσατο ημας
εκ μεσου καιομενης φλογος| και εκ μεσου πυρος| ερυσατο ημας| (89) εξομολο-
γισθε τω κ̅ω̅ οτι χs| οτι εις τον αιωνα το ελεος αυτου| (90) ευλογειτε παντες
οι σεβομενοι κ̅ν̅ τον θ̅ν̅ των θεων| υμνιτε και εξομολογεισθε| οτι εις παντας
τους αιωνας το ελεος αυτου: T

830

ΩΔΑΙ XII 32

ΙΑ΄

XI Προσευχὴ Μαρίας τῆς θεοτόκου. A

46 ⁴⁶Μεγαλύνει ἡ ψυχή μου τὸν κύριον,
47 ⁴⁷καὶ ἠγαλλίασεν τὸ πνεῦμά μου ἐπὶ τῷ θεῷ τῷ σωτῆρί μου.
48 ⁴⁸ὅτι ἐπέβλεψεν ἐπὶ τὴν ταπείνωσιν τῆς δούλης αὐτοῦ·
 ἰδοὺ γὰρ ἀπὸ τοῦ νῦν μακαριοῦσίν με πᾶσαι αἱ γενεαί.
49 ⁴⁹ὅτι ἐποίησέν μοι μεγάλα ὁ δυνατός·
 καὶ ἅγιον τὸ ὄνομα αὐτοῦ.
50 ⁵⁰καὶ τὸ ἔλεος αὐτοῦ ἀπὸ γενεᾶς εἰς γενεὰν
 τοῖς φοβουμένοις αὐτόν.
51 ⁵¹ἐποίησεν κράτος ἐν βραχίονι αὐτοῦ·
 διεσκόρπισεν ὑπερηφάνους διανοίᾳ καρδίας αὐτῶν.
52 ⁵²καθεῖλεν δυνάστας ἀπὸ θρόνων,
 καὶ ὕψωσεν ταπεινούς.
53 ⁵³πεινῶντας ἐνέπλησεν ἀγαθῶν,
 καὶ πλουτοῦντας ἐξαπέστειλεν κενούς.
54 ⁵⁴ἀντελάβετο Ἰσραὴλ παιδὸς αὐτοῦ,
 μνησθῆναι ἐλέους,
55 ⁵⁵καθὼς ἐλάλησεν πρὸς τοὺς πατέρας ἡμῶν,
 τῷ Ἀβραὰμ καὶ τῷ σπέρματι αὐτοῦ ἕως αἰῶνος.¶ ¶ R

ΙΒ΄

XII Προσευχὴ Συμεών.

29 ²⁹Νῦν ἀπολύεις τὸν δοῦλόν σου, δέσποτα,
 κατὰ τὸ ῥῆμά σου ἐν εἰρήνῃ·
30 ³⁰ὅτι ἴδον οἱ ὀφθαλμοί μου τὸ σωτήριόν σου,
31 ³¹ὃ ἡτοίμασας κατὰ πρόσωπον πάντων τῶν λαῶν,
32 ³²φῶς εἰς ἀποκάλυψιν ἐθνῶν,
 καὶ δόξαν λαοῦ σου Ἰσραήλ.

XI (ϛ΄ [R] T) προσευχη Μαριας της θεοτοκου] om της θεοτοκου R ευχη RT
M. εκ του ευαγγελιου T   47 αγαλλιασεν R* (ηγαλλ. Rᵃ)   49 μεγα-
λεια A¹ (superscr ει) RT (-λια)   50 απο γενεας εις γενεαν] εις γενεαν
και γενεαν RT   51 διανοιας R   52 om και R   54 ελεους]
+αυτου R   55 αιωνος]+αμην R   XII (ιδ΄ T) προσευχη Συμεων]
ευχη Συμεωνος εκ του ευαγγελιου T

ΙΓ΄

Προσευχὴ Ζαχαρίου.

⁶⁸Εὐλογητὸς Κύριος ὁ θεὸς τοῦ Ἰσραήλ,
ὅτι ἐπεσκέψατο, καὶ ἐποίησεν λύτρωσιν τῷ λαῷ αὐτοῦ,
⁶⁹καὶ ἤγειρεν κέρας σωτηρίας ἡμῖν
ἐν τῷ οἴκῳ Δαυεὶδ τοῦ παιδὸς αὐτοῦ·
⁷⁰καθὼς ἐλάλησεν διὰ στόματος τῶν ἁγίων τῶν ἀπ᾽ αἰῶνος προφητῶν αὐτοῦ,
⁷¹σωτηρίαν ἐξ ἐχθρῶν ἡμῶν καὶ ἐκ χειρὸς πάντων τῶν μισούντων ἡμᾶς·
⁷²ποιῆσαι ἔλεος μετὰ τῶν πατέρων ἡμῶν,
καὶ μνησθῆναι διαθήκης ἁγίας αὐτοῦ,
⁷³ὅρκον ὃν ὤμοσεν πρὸς Ἀβραὰμ τὸν πατέρα ἡμῶν,
τοῦ δοῦναι ἡμῖν ἀφόβως ἐκ χειρὸς τῶν ἐχθρῶν ἡμῶν ῥυσθέντας
λατρεύειν αὐτῷ ⁷⁵ἐν ὁσιότητι καὶ δικαιοσύνῃ
ἐνώπιον αὐτοῦ πάσας τὰς ἡμέρας ἡμῶν.
⁷⁶καὶ σὺ δέ, παιδίον, προφήτης Ὑψίστου κληθήσῃ·
προπορεύσῃ γὰρ πρὸ προσώπου Κυρίου ἑτοιμάσαι ὁδοὺς αὐτοῦ,
⁷⁷τοῦ δοῦναι γνῶσιν σωτηρίας τῷ λαῷ αὐτοῦ,
ἐν ἀφέσει ἁμαρτιῶν ἡμῶν
⁷⁸διὰ σπλάγχνα ἐλέους θεοῦ ἡμῶν,
ἐν οἷς ἐπεσκέψατο ἡμᾶς ἀνατολὴ ἐξ ὕψους,
⁷⁹ἐπιφᾶναι τοῖς ἐν σκότει καὶ σκιᾷ θανάτου καθημένοις,
τοῦ κατευθῦναι τοὺς πόδας ἡμῶν εἰς ὁδὸν εἰρήνης.

Luc. i. 68—79

ΙΔ΄

Ὕμνος ἑωθινός.

1 Δόξα ἐν ὑψίστοις θεῷ,
καὶ ἐπὶ γῆς εἰρήνη,
ἐν ἀνθρώποις εὐδοκία.
αἰνοῦμέν σε,

T XIII (ιγ΄ T) προσευχη Ζαχαριου] ωδη Ζ. εκ του ευαγγελιου T   76 om
δε T   XIV sine numero in T: tit sicut in A

ΩΔΑΙ XIV 37

5 εὐλογοῦμέν σε,
προσκυνοῦμέν σε,
δοξολογοῦμέν σε,
εὐχαριστοῦμέν σοι,
διὰ τὴν μεγάλην σου δόξαν,
10 Κύριε βασιλεῦ
ἐπουράνιε,
θεὲ πατὴρ παντοκράτωρ·
Κύριε υἱὲ μονογενὴ
Ἰησοῦ Χριστέ,
15 καὶ ἅγιον πνεῦμα.
Κύριε ὁ θεός,
ὁ ἀμνὸς τοῦ θεοῦ,
ὁ υἱὸς τοῦ πατρός,
ὁ αἴρων τὰς ἁμαρτίας τοῦ κόσμου,
20 ἐλέησον ἡμᾶς·
ὁ αἴρων τὰς ἁμαρτίας τοῦ κόσμου, ἐλέησον ἡμᾶς·
πρόσδεξαι τὴν δέησιν ἡμῶν·
ὁ καθήμενος ἐν δεξιᾷ τοῦ πατρός,
ἐλέησον ἡμᾶς.
25 ὅτι σὺ εἶ μόνος ἅγιος,
σὺ εἶ μόνος κύριος,
Ἰησοῦς Χριστός,
εἰς δόξαν θεοῦ πατρός. ἀμήν.
καθ' ἑκάστην ἡμέραν εὐλογήσω σε,
30 καὶ αἰνέσω τὸ ὄνομά σου εἰς τὸν αἰῶνα,
καὶ εἰς τὸν αἰῶνα τοῦ αἰῶνος.
καταξίωσον, Κύριε, καὶ τὴν ἡμέραν ταύτην
ἀναμαρτήτους φυλαχθῆναι ἡμᾶς.
εὐλογητὸς εἶ, Κύριε ὁ θεὸς τῶν πατέρων ἡμῶν,
35 καὶ αἰνετὸν καὶ δεδοξασμένον τὸ ὄνομά σου εἰς τοὺς αἰῶνας.
ἀμήν.
εὐλογητὸς εἶ, Κύριε, δίδαξόν¶ με τὰ δικαιώματά σου· ¶ T
εὐλογητὸς εἶ, Κύριε, δίδαξόν με τὰ δικαιώματά σου·

6 σε] σοι T   10—11 · κε̅ βασιλευ · επουρανιε · T   12 πατηρ] T
π̅ε̅ρ̅ T   13 υἰε̅ (sic) A υἱε T   21—23 του κοσμου...εν δεξια του
evan in T (exc a in καθημ. ut vid)   26 ante κ̅ς̅ vid abstersisse δι T·
36 διδαξον] διδ... T

XIV 38 ΩΔΑΙ

A εὐλογητὸς εἶ, Κύριε, δίδαξόν με τὰ δικαιώματά σου.
Κύριε, καταφυγὴ ἐγενήθης ἡμῖν ἐν γενεᾷ καὶ γενεᾷ.
ἐγὼ εἶπα Κύριε, ἐλέησόν με, 40
ἴασαι τὴν ψυχήν μου, ὅτι ἥμαρτόν σοι.
Κύριε, πρὸς σὲ κατέφυγα·
δίδαξόν με τοῦ ποιεῖν τὸ θέλημά σου, ὅτι σὺ εἶ ὁ θεός μου.
ὅτι παρὰ σοὶ πηγὴ ζωῆς,
ἐν τῷ φωτί σου ὀψόμεθα φῶς· 45
παράτεινον τὸ ἔλεός σου τοῖς γινώσκουσίν σε.

Subscr ωδαι ιδ' A

APPENDIX

ἵνα μή τι ἀπόληται

APPENDIX

ΩΣΗΕ

I 6 θυγατεραν B* (-ρα B^ab)
II 12 πετηνα Q || 18 κατοικειω B* (-κιω B^b) || 19 οικτιρμοις A^vid οικτηρμοις Q* (οικτιρμ. Q^a)
III 1 μοιχαλην Q
IV 2 μισσγουσιν Q^vid || 3 εκλιψουσιν B* (εκλειψ. B^a) A || 4 δικαξητε B || 7 ατειμιαν B* (ατιμ. B^b) || 14 συνειων B* (-νιων B^b) || 15 εισπορευεσθαι ΛQ* (-θε Q^a) | αναβαινεται Q* (-τε Q^a)
V 1 προσεχεται Q | σκοπεια A || 5 αδικειαις A || 7 ερυσειβη B* (-σιβη B^b) ερισυβη A || 8 σαλπιγγει A || 9 εδιξα B* (εδειξα B^ab) || 14 εξερουμενος A
VI 1 θλειψει B | ιασαιτε B* (ιασεται B^b) || 10 φρεικωδη B* (φρικ. B^b) || 11 εχμαλωσιαν B* (αιχμ. B^ab)
VII 1 αδικεια A | κακεια B* (-κια B^b) || 3 κακειαις A || 4 κλειβανος B* (κλιβ. B^b: item 6, 7) | κεομενος Q* (καιομ. Q^a) || 13 δηλαιοι A || 14 σειτω B* (σιτ. B^b) | κατετετεμνοντο B || 16 παισουνται A
VIII 4 ιδωλα A || 13 αδικειας A
IX 4 εσπισαν AQ* (εσπεισ. Q^a) ||

6 θαψι B* (θαψει B^ab) || 9 αδικειας A || 10 εβδελυκμενοι (?) εβδελυσμ. (?) B* || 11 ωδεινων B* (ωδιν. B^b) || 15 κακειαι A | εμειησα BA
X 3 ημειν B* (-μιν B*) || 5 μετωκεισθη A || 10 παιδευσε B* (-σαι B^b) | αδικειαις A || 13 αδικειας A | εφαγεται Q*^vid || 14 περιτετιχισμενα B* (-τειχ. B^ab) A | ηδαφεισαν A || 15 κακειων A
XI 3 αναιλαβον A | βραχειονα B* (-χιον. B^b) || 7 κατοικειας A
XII 1 επληθυνεν] πληθυν sup ras 7 ut vid litt A^b || 6 ελαιον A || 7 αδικειας B* (-κιας B^b) || 8 ουκ B* (ουχ B^ab) | ημαρτεν] η sup ras A^a || 9 κατοικειω A | σαι (2°) A || 12 παιδιον B* (πεδ. B^ab) A || 14 ονιδισμον B*Q* (ονειδ. B^abQ^a)
XIII 4 χειραις B* (-ρες B^ab) || 5 εποιμενον B* (-μαινον B^b) || 12 αδικειας B* (-κιας B^b) || 13 ωδεινες B* (ωδιν. B^b) || 14 παρακλησεις B* (-σις B^ab) A
XIV 1 εγγαστρι A || 2 αδικειαις B* (-κιαις B^b) || 3 αδικειαν B* || 5 κατοικειας A

ΑΜΩΣ

I 1 σισμου A || 2 αιπενθησαν A | ποιμαινων A || 3 εγγαστρι A (item 13) || 4 καταφαγετε A || 5 παιδιου A | εχμαλωτευθησεται B* (αιχμ. B^ab) || 7 τιχη B* (τειχ. B^ab: item 10) || 10 θεμελεια A || 14 επει A
II 3 εξολοθρευσω B^b || 6 τες (2°) B* (ταις B^a?b) || 7 εξεκλειναν BAQ || 8 επευō] B* (επιν. B^b) || 12 εποτιζεται A | ενετελλεσθαι AQ*^vid (-θε

Q^a) || 13 κυλειω B* (κυλιω B^b) | κυλειεται B* (κυλιεται B^b) κυλιετε A || 14 απολειτε A
III 5 πεσειτε B* (-ται B^ab) A || 9 εμμεσω A || 10 αδικειαν A || 13 επιμαρτυρασθαι BA || 15 συνγεω Q^a
IV 3 εξενεχθησεσθαι Q*^vid (-σεσθα sic Q^mg) | απορριφησεσθαι Q* || 11 εγενεσθαι AQ || 12 επικαλεισθε Q
V 3 πολεις Q* (-λις Q^a) | χειλιοι

ΜΕΙΧΑΙΑΣ [APP.

BAQ | υπολιφθησονται bis B* (υπολειφθ. B^ab) || 5 εισπορευεσθαι AQ* (-θε Q^a) | ουκ Q* (ουχ Q^a) || 10 εμεισησαν B* (εμισ. B^b) AQ* || 11 εδεξασθαι A || 12 εκκλειvοντες BAQ* (εκκλιν. Q^a) || 13 συνειων B* (συνιων B^b) AQ* (συνιων Q^a) || 15 μεμεισηκαμεν B* (μεμισ. B^b) A || 19 απερισηται Q* (απερεισ. Q^a) || 21 μεμεισηκα B* (μεμισ. B^b) A || 22 ενεγκηται AQ* (-τε Q^a) || 24 χιμαρρους Q || 26 αναιλαβετε A || 27 μετοικειω B* (-κιω B^b) A
VI 2 ορεια, ορειων Q* (ορια, οριων Q^a) || 4 κλεινων Q* (κλιν. Q^a κλην. Q^mg) || 5 ουκ A || 6 πεινοντες B* (πιν. B^b) | χρειομενοι B* (χρι. B^b) || 8 μεμεισηκα B* (μεμισ. B^b) || 9 υπολιφθωσιν B* (υπολειφθ. B^ab) | υπολιφθησονται B* (υπολειφθ. B^ab) || 10 εξενεγκε A^bQ* (-και Q^a) | σειγα B* (σιγ. B^b) || 12 θηλιαις AQ* vid || 13 ευφρενομενοι B* (ευφραιν. B^ab) || 14 εκθλειψουσιν B* | χιμαρρου Q* (χειμαρρου Q^a)
VII 1 εωθεινη Q* (-θινη Q^a) || 2 ειλεως Q* (ιλ. Q^?) || 7 τιχους Q* (τειχ. Q^a) || 10 ποιειτε A | εμμεσω A || 14 εποlos B* (αιπ. B^b?c?) A | συκαμεινα B* (-μινα B^b)
VIII 5 μεικρον B* (μικρ. B^ab) A || 6 ταπινον A || 7 νεικος B* (νικ. B^b) || 11 λειμον ter B* (λιμ. B^b)
IX 7 εσται B*Q* (εστε B^abQ^a) A

ΜΕΙΧΑΙΑΣ

I 3 επει B* (επι B^b) || 8 πορευσετε A | ποιησετε B ποιησαιτε A || 10 μεγαλυνεσθαι Q* (-θε Q^a) | ανοικοδομειται Q* (-τε Q^a) | καταπασασθαι A || 11 κοψασθε B^abA || 16 κειρε A
II 3 εξεφνης B* (εξαιφ. B^b) εξαφνης Q* (εξαιφ. Q^a) || 4 εμμελεῖ B | εταλεπωρησαμεν B* (εταλαιπ. B^ab) || 6 κλαιεται Q* (-τε Q^a) || 10 αναπαυσεις B* (-σις B^b) A || 12 θλειψει B | εμμεσω A
III 2 μεισουντες B* (μισ. B^b) || 10 Σιων B^b (item 12) || 11 εκρεινον B | απεκρεινοντο B | ημειν B* (ημιν B^b)
IV 1 αυτον B^b || 7 Σιων B^b || 9 ωδειναις B* ωδεινες B^a (ωδινες B^b) ωδεινες Q* (ωδιν. Q^a) || 10 εκθρων B* (εχθρ. B^a?b)
V 2 χειλιασιν BQ || 3 τεξετε B* (-ται B^ab) || 4 ισχυει B*Q* (ισχυι B^bQ^a || 5 αυτῇ B^b | ποιμαινες A || 7 εμμεσω A (item 8) || 9 θλειβοντας B
VI 2 ε B* (αι B^ab) || 7 χειλιασιν B | κρειων A | χιμαρων B^b || 14 φαγεσε B* (-σαι B^ab) || 15 σπέρεις B^c | πειεσεις B* (πιεσεις B^b) | αλιψη B* AQ* (αλειψη B^abQ^a)
VII 1 ομμοι (1°, 2°) B* (οιμοι B^ab) οιμμοι (1°, 2°) AQ | τρυγητῷ B^b || 2 δικαζοντε B* (-ται B^ab) | εκθλειβουσιν BQ* (εκθλιβ. Q^a) | εκθλειβη BQ* (εκθλιβη Q^a) || 3 ιρηνικους B* (ειρ. B^ab) || 8 καθεισω A | σκοτι B* (-τει B^ab) || 10 εκθρα B* (εχθρ. B^b) | περιβαλειτε A || 11 αλυφης B* (αλοιφ. B^b(vid)) | εξαλιψεις B*^bA εξαλιψις B^aQ* (εξαλειψις Q^a) | αποτρειψεται B* (αποτριψ. B^b) || 14 εμμεσω A || 15 οψεσθαι AQ* (-θε Q^a) || 18 εξερων B* (εξαιρ. B^ab) A || 19 αδικειας A

ΙΩΗΛ

ΙΩΗΛ

I 2 ακουσαται A | ενωτισασθαι ℵ* (-σθε ℵc.b) | τες ημερες bis ℵ* (ταις ημεραις ℵc.a, c.b) || 3 διηγησασθαι ℵ* (-σθε ℵc.b) || 4 ακρεις ℵ* (-ρις [ras ε] ℵ?) | ερυσειβη B* (-σιβη Bab) || 5 πεινοντες B* (πιν. Bb) || 6 ονδοντες (1°) ℵ* (ras ν 1° ℵ?) | ε ℵ* (αι ℵc.a, c.b: item 12) || 7 ερειψεν B* || 9 πενθιτε ℵ | λιτουργουντες B*ℵ* (λειτ. Ba?bℵc.b): item 13 bis λιτ. B* (λειτ. Ba?b) || 10 τεταλεπωρηκεν bis ℵ* (τεταλαιπ. ℵc.b) | παιδια A | πενθητω Bab πενθιτω ℵ | οτει (2°) ℵ* (ras ε ℵ?) | σειτος B* (σιτ. Bb) | ελεον ℵ || 11 θρηνειτε (pro -νιτε) ℵc.b || 13 περιζωσασθαι ℵ* (-σθε ℵc.b) | κοπτεσθαι A | ιερις ℵ* (-ρεις ℵc.b) | θρηνιτε ℵ* (-νειτε ℵc.b) | λιτουργουνταις (1°) ℵ* λιτουργουντες ℵc.a (λειτουργουντες ℵc.b) | λιτουργουντες (2°) ℵ*Q* (λειτ. ℵc.b Qa) || 14 κηρυξαται A | κε ℵ* (και ℵc.a, c.b) || 15 οιμμοι ter B* (οιμοι Bb) ℵAQ | ταλεπωρια, ταλεπωριας ℵ* (ταλαιπ. bis ℵc.b) | ηξι ℵ* (ηξει ℵc.b) || 19 βοησομε ℵ* (-μαι ℵc.b) | ωρεα ℵ* (ωραια ℵc.b: item 20) || 20 παιδιον ℵ*Q* (πεδ. ℵc.bQa) A

II 1 σαλπιγγει ℵQ* (-ιγγι Qa): item 15 ℵA | ορι ℵ (item 32) || 3 παραδισος B* (-δεισ. B?) ℵA | παιδιον AQ* (πεδ. Qa) | αιστε ℵ* (εσται ℵc.a, c.b) || 4 καταδιωξοντε ℵ* (-ται ℵc.b) || 5 εξαλουντε ℵ* (-ται ℵc.b) || 6 συ]τριβησοντε ℵ* (-σονται ℵc.b) || 7 μαχητε ℵ* (-ται ℵc.b) | δραμουντε A | πολεμιστε ℵ* (-ται ℵc.b) | τιχη ℵ* (τειχ. ℵc.b) | εκκλεινωσιν BQ*vid || 9 τιχεων ℵ* (τειχ. ℵc.b) | κλεπτε ℵ* (-ται ℵc.a, c.b) || 10 σισθησετε ℵ* (σισθησεται ℵc.b) || 11 δωσι ℵ* (-σει ℵc.b) | ησχυρα ℵ* (ισχυρα ℵc.a) | ημαιρα ℵ* (ημερα ℵc.a, c.b) || 12 κε (4°) ℵ* (και ℵc.b) || 13 ειματια ℵ | τες ℵ* (ταις ℵc.a, c.b) || 14 μετανοησι ℵ* (-σει ℵc.b) | υπολιψεται B* (υπολειψ. Ba(vid) b) υπολιψετε B* (-ται ℵc.b) || 17 κριπιδος ℵ*

(κρηπ. ℵc.a) | κλαυσοντε ℵ* (-νται ℵc.b) | λιτουργουντες B*fortℵ* (λειτ. B?ℵc.b) | φισε ℵ* (φεισαι ℵc.b) φισαι Q* (φεισ. Qa) | ονιδος ℵ || 18 εφισατο ℵ* (-φεισ. ℵc.b) || 19 ελεον B*ℵ* (ελαιον Babℵc.b) | εμπλησθησεσθαι ℵ*Q* (-θε ℵc.bQa) A | ονιδισμον B* (ονειδ. Ba(vid) b) ℵA || 20 αναβησετε (1°) ℵ* (-ται ℵc.b) || 21 θαρσι ℵ* (-σει ℵc.b) | χερε ℵ* (χαιρε ℵc.a, c.b) | ποιησε ℵ* (ποιησαι ℵc.b) || 22 θαρσιτε ℵ* (-σειτε ℵc.b) | παιδιον ℵ* (πεδ. ℵc.b) A | παιδια A || 23 χερεται ℵ* (χαιρετε ℵc.b) | ευφρενεσθαι ℵ* (-θε ℵc.b) ευφραινεσθαι Q* (-θε Qa) | βρεξι ℵ* (-ξει ℵc.b) || 24 πλησθησοντε ℵ* (-νται ℵc.b) | ελεου ℵ* (ελαιου ℵc.b) || 25 ακρεις B* (ακρις Bb) | ερυσειβη B* (-σιβη Bb) | ερισυβη A | εξαπεστιλα ℵ* (-στειλα ℵc.b) || 26 φαγεσθαι AQ* (-θε Qa) | εσθιονταις ℵ* (-τες ℵc.a, c.b) | εμπλησθησεσθαι ℵ* (-σθε ℵc.b) A | αινεσατε ℵc.a, c.b αινεσεται Q* (-τε Qa) | κατεσχυνθη ℵ* (κατασχ. ℵc.b) || 27 επιγνωσεσθαι ℵ* (-θε ℵc.b) A | εμμεσω A | κατεσχυνθωσιν ℵ* || 28 εστε ℵ* (-ται ℵc.b: item 32 bis) | ε ℵ* (αι ℵc.b) || 29 τες ημερες ℵ* (ταις ημεραις ℵc.a, c.b) | εκιναις ℵ* (εκειν. ℵc.b) || 32 επικαλεσητε B*c (-ται Bac) A

III 1 ειδον ℵ* (ιδου ℵc.b) | τες ℵ* (ταις ℵc.a, c.b) | εκιναις ℵ* (εκειν. ℵc.b) | κερω ℵ* (καιρω ℵc.a) | εκινω ℵ* (εκειν. ℵc.b) | εκμαλωσιαν ℵ* (αιχμ. ℵc.a (vid), c.b) || 2 Ιωσαφτ ℵ* vid (Ιωσαφατ ℵ1?) | διακριθησομε ℵ* (-μαι ℵc.b) | εκει ℵ* (εκει ℵc.b: item 12) | καταδιλαντο ℵ*vid || 3 πεδαρια ℵ* (παιδ. ℵc.a, c.b) | επεινον B || 4 υμις ter ℵ* (υμεις ℵc.b) | ανταποδιδοται A | μνησικακιται ℵ | καιφαλας ℵ* (κεφ. ℵc.a, c.b) || 6 απεδοσθαι ℵ* (-θε ℵc.b) | εξωσηται Q* (-τε Qa) || 7 απεδοσθαι A || 8 χιρας ℵ* (χειρ. ℵc.b) | αποδωσοντε ℵ* (-ται ℵc.b) | εκμαλωσιαν ℵ* (αιχμ. ℵc.b) || 9 προσ-

ΟΒΔΕΙΟΥ ΙΩΝΑΣ [APP.

αγαγεται ℵ | αναβενετε ℵ* (αναβαιν. ℵc.b) | ανδραις ℵ* (ανδρες ℵc.a, c.b) | πολεμιστε ℵ* (-ται ℵc.b) || 10 σιρομαστας AQ^a [ε cum punct] || 11 συναθροιζεσθαι Q* (-θε Q^a) | εισπορευεσθαι ℵ*Q* (-εσθε ℵc.b Q^a): item 13 ℵ*AQ* || 12 εξεγιρεσθωσαν ℵ | αναβενετωσαν ℵ* (-βαιν. ℵc.b) | καθειω A | διακρινε ℵ* (-ναι ℵc.b) || 13 εξαποστιλατε ℵ* (-στειλ. ℵc.b) | πατιται ℵ || 16 σισθησετε ℵ* (σι-σθησεται ℵc.b) | φισεται ℵ | ενισχυσι ℵ* (-σει ℵc.b) || 17 επιγνωσεσθαι ℵ*Q* (-σθε Q^a) | ορι B*ℵ* (ορει B^b ℵc.b) | αγειω B* (-γιω B^b) | εστε ℵ* (εσται ℵc.b: item 18, 19 bis) | διελευσοντε ℵ* (-νται ℵc.b) | ουκαιτι ℵ* (-ετι ℵc.a, c.b) || 18 εκινη ℵ* (εκειυη ℵc.b) | ρυησοντε bis ℵ* (-νται ℵc.b) | πασε ε ℵ* (πασαι αι ℵc.a, c.b) | χιμαρρουν ℵQ || 19 παιδιον A || 21 κατασκηνωσι ℵ

ΟΒΔΕΙΟΥ

1 εξαπεστιλεν ℵ* (εξαπεστειλ. ℵc.b) | αναστηται ℵ* (-τε ℵc.b) || 2 ητειμωμενος B* (ητιμ. B^b) || 3 οπες ℵ* (οπαις ℵc.b) | καταξι ℵ* (καταξει ℵc.b) || 4 εκιθεν ℵ* (εκειθ. ℵc.b) | σαι ℵ* (σε ℵc.b) |. λεγι ℵ* (λεγει ℵc.b) || 5 κλεπτε ℵ* (κλεπται ℵc.b) | ληστε ℵ || 7 εξαπεστιλαν ℵ* (-στειλ. ℵc.b) | ιρηυικοι B*ℵ* (ειρ. B^ab ℵc.b) | συνεσεις B*ℵ* (συνεσις B^ab ℵ?) || 8 εκινη ℵ* (εκειν. ℵc.b) | ημαιρα ℵ* (ημερα ℵc.b) || 9 μαχητε ℵ* (-ται ℵc.a, c.b) || 10 καλυψι ℵ* (-ψει ℵc.b) | σαι εσχυνη ℵ* (σε αισχ. ℵc.a, c.b) || 11 εχμαλωτευοντων ℵ* (αιχμ. ℵc.a, c.b) || 12 επειδης Q* | ημαιραν ℵ* (ημεραν ℵc.a, c.b) | θλειψεως B (item 14) || 13 συνεπειθη B* (συνεπιθη B^b) | απωλειας B^ab || 14 αιπειστης ℵ* (επιστης ℵc.a, c.b) | εξολεθρευσε ℵ* (-σαι ℵc.b) || 15 εστε ℵ* (-σται ℵc.b: item 17 bis, 18 bis, 21) | καιφαληυ ℵ* (κεφαλην ℵc.b) || 16 αιπι ℵ* (επι ℵc.b) | εσουτε ℵ* (εσουται ℵc.b) | ουκ Q* (ουχ Q^a) || 19 παιδιον A || 20 μετοικαισιας, μετοικαισια ℵ* (-κεσ. bis ℵc.a, c.b)

ΙΩΝΑΣ

I 3 φυγιυ ℵ* (φιγειν ℵc.b) || 4 εξηγιρεν ℵ* (-γειρεν ℵc.b: item 11) || 7 κε (2°) ℵ* (και ℵc.a, c.b) | ημειν B* (ημιν B^b) || 8 απαγγιλον ℵ || 10 ανδραις (1°) ℵ* (-δρες ℵc.a, c.b) || 11 κοπασι ℵ || 12 κοπασι ℵ* (-σει ℵc.b) || 13 επιστρεψε ℵ* (-ψαι ℵc.a, c.b)

II 1 κα (1°) ℵ* (και ℵc.a) | κητι B* (-τει B^ab): item 11 κητι B*ℵ* (-τει B^ab ℵc.b) | τρις bis ℵ* (τρεις ℵc.b) || 3 θλειψει B || 6 καιφαλη ℵ* (κεφ. ℵc.a, c.b) | σχεισμας B* (σχισμ. B^b) || 8 εκλιπιν ℵ* (-πειν ℵc.b) || 9 ματεα ℵ* (-ταια ℵc.a, c.b)

III 4 τρις ℵ* (τρεις ℵc.b) || 5 ανδραις ℵ* (-δρες ℵc.a, c.b) || 6 ηγγεισεν A | εκαθεισεν A || 7 βοαις ℵ* (-ες ℵc.a, c.b) || 8 αδικειας B* (-κιας B^b) ||

9 μετανοησι ℵ* (-σει ℵc.b) || 10 κακεια B* (-κια B^b) | ποιησε ℵ* (-σαι ℵc.b) | αιποιησεν ℵ* (επ. ℵc.a, c.b)

IV 2 τες ℵ* (ταις ℵc.a, c.b) | κακειαις ℵ* (-κιαις B^b) A || 4 ι ℵ || 5 εκαθεισεν A | εκι ℵ* (εκει ℵc.b) | απειδη B*Q* (απιδη B^b Q^a) | εστε ℵ* (εσται ℵc.b) | πολι ℵ* (-λει ℵc.b) || 6 καιφαλης (1°) ℵ* (κεφ. ℵc.a, c.b): item 11 καιφαληυ ℵ* (κεφ. ℵc.a, c.b) | εινε ℵ* (-ναι ℵc.a, c.b) | σκιαζυν ℵ* (-ζειν ℵc.b) || 7 σκωληκει A || 8 αναπιλαι ℵ* (-τειλ. ℵc.b) || 9 λελυπησε ℵ | λελυπημε ℵ* (-μαι ℵc.b) || 10 εφισω ℵ | αικακοπαθησας ℵ* (εκακ. ℵc.a, c.b) || 11 φισομαι ℵ* (φεισ. ℵc.b) | αιγνωσαν ℵ* (εγν. ℵc.a, c.b)

840

ΝΑΟΥΜ

I 2 εξερων א* (εξαιρ. א^c.b) | εκχθρους א* (εχθ. א?) || 3 συνσισμω A | νεφελε א* (-λαι א^c.a, c.b) || 4 απιλων א | ξηρενων א* (-ραινων א^c.b) || 5 εσισθησαν א || 6 τηκι Β*א* (-κει B^ab א^c.b) | ε πετρε א* (αι πετραι א^c.a, c.b) || 7 θλειψεως B || 8 διωξετε א* (-ται א^c.b) || 9 λογειζεσθε א λογιζεσθαι A || 11 εξελευσετε א* (-ται א^c.b) | λογεισμος א || 12 αινακουσθησεται א* (ενακ. א^c.a, c.b) || 14 εντελιται א* (-λειται א^c.b) εντελειτε A | ταχις א* (-χεις א^c.b) || 15 ειδου א* (ιδ. א^c.b) | ιρηνην א* (ειρ. א^c.b) | διελθιν א* (-θειν א^c.b) | παλεωσιν א* (-λαιωσιν א^c.b)

II 1 συντετελεστε א* (-σται א^c.b) || 2 εξερουμενος א* (εξαιρ. א^c.b) A | ανδρισε א* (-σαι א^c.b) | ισχυει א || 3 διεφθιραν א || 4 εμπεζοντας א* (-παιζ. א^c.b) | ηνιε א* (-νιαι א^c.a, c.b) | ιππις א | 5 τες bis א* (ταις א^c.a, c.b) | αστραπε א* (-παι א^c.a, c.b) || 6 φευξοντε א* (-νται א^c.b) | επει B* (επι B^b) | τιχη א* (τειχ. א^c.b) || 7 πυλε א* (-λαι א^c.a, c.b) | διηνυχθησαν B* (διηνοιχθ. B^ab) א || 8 υποστασεις A | ε א* (αι א^c.a, c.b) | περιστερε א* (-ραι א^c.a, c.b) || 10 βεβαριντε א* (-νται א^c.b) || 11 ωδειναις B* (ωδινες B^b) || 12 εκι א* (εκει א^c.b) || 14 καταφαγετε א* (-ται א^c.b) | ουκαιτι א* (-ετι א^c.a, c.b)

III 1 αδικειας B* (-κιας B^b) || 2 μαστειγων B* (μαστιγων B^b) || 3 αναβενοντος א* (-βαιν. א^c.b) | βαριας א || 5 διξω א | εσχυνην א* (αισχ. א^c.a, c.b) | βασιλιαις א || 6 επιρειψω B* | θησομε א* (-μαι א^c.b) || 7 εστε א* (-σται א^c.b) | ερι א | δηλεα B* (δειλαια [per ras] B^a δειλεια [superscr] B^b) δηλεα א* δειλεα א^c.b διλαια A | στεναξι א* (-ξει א^c.b) || 8 ετοιμασε (1°) א* (-σαι א^c.a, c.b) | αρμοσε א* (αρμοσαι א^c.b) | τιχη א* (τειχ. א^c.b) || 9 αιστιν א* (εστιν א^c.a, c.b) | Λιβυαις א || 10 αιγμαλωτος א* (αιχμ. א^c.a, c.b) | δεθησοντε א* (-νται א^c) | χειροπεδες B* (-δαις B^a (fort) b) χιροπαιδες א* χειροπεδες א^c.b χειροπαιδες AQ* (χειροπεδαις Q^a) || 11 εκθρων א* (εχθρ. א^c.b) || 12 πεσουντε א* (-νται א^c.b) || 13 γυνεκες א* (γυναικ. א^c.a, c.b) | εκθροις א* (εχθρ. א^c.b) | ανοιγομενε א* (-ναι א^c.a, c.b) | πυλε א* (-λαι א^c.a, c.b) | καταφαγετε א* (-ται א^c.b): item 15 bis) || 14 εμβηθει A || 15 εκι א* (εκει א^c.b) | εξολοθρευσει B^b εξολεθρευσι א* (-σει א^c.b) || 17 ανετιλεν B*א* (-τειλ. B^ab א^c.b) || 18 ποιμαινες B*Q* (-μενες B^b Q^a) A | εκυμισεν A || 19 ιασεις A

ΑΜΒΑΚΟΥΜ

I 2 κεκραξομε א* (-μαι א^c.a) | βοησομε א* (-μαι א^c.b) || 3 εδιξας א* (εδειξ. א^c.b) | επιβλεπιν א* (-πειν א^c.b: item 13) | ταλεπωριαν א* (ταλαιπ. א^c.b) ταλαιπωρειαν Q* (-ριαν Q^a) | κρισεις א* (improb ε א? postea ras) A | λαμβανι א* (-βανει א^c.b) || 4 διασκεδαστε א* (-σται א^c.b) | διεξαγετε א* (-ται B^b) A | 5 καταφρονητε B* (-ται B^b) A | τες ημαιρες א* (ταις ημαιραις א^c.b) | πιστευσηται א | εκδιηγητε B* (-ται B^b) || 6 εξεγιρω א* (-γειρω א^c.b) | ταχεινον B | επει B* (επι B^ab) | κατακληρονομησε א* (-σαι א^c.b) || 7 εστε א* (-σται א^c.a) || 8 εξαλουντε א* (-νται א^c.b) | εξιππασοντε א* (-νται א^c.b) | φαγιν א* (-γειν א^c.b) || 10 βασιλευσειν א* (-σιν א?) | τυρανοι א | πεγνια א* (παιγν. א^c.b) | εμπεξεται א* Q* (εμπαιξεται א^c.b Q^a) A | κρατησι א (-σει א^c.b) || 11 εξειλασετια B || 13 επιβλεπις א* (-πεις א^c.b) | καταπιwιν א* || 15 αγκειστρω א | τες σαγηνες א* (ταις -ναις

ΣΟΦΟΝΙΑΣ [APP.

ℵ^{c.a, c.b}) ‖ 16 θυσι ℵ* (-σει ℵ^{c.b}) | θυμιασι ℵ ‖ 17 φισεται ℵQ* (φεισ. Q^a)
II 1 στησομε ℵ* (-μαι ℵ^{c.b}) | ιδιν ℵ* (ιδειν ℵ^{c.b}) | λαλησι ℵ* (λαλησει ℵ^{c.b}) ‖ 2 ορασειν ℵ* (ε cum punct et ras ℵ?) ‖ 3 ανατελι ℵ* (-λει ℵ^{c.b}) | υπομινον ℵ* (-μεινον ℵ^{c.b}) ‖ 4 υποστιληται ℵ ‖ 5 παιρανη ℵ* (περανη ℵ^{c.a, c.b}) | επισυναξι ℵ* (-ξει ℵ^{c.b}) | εισδεξετε ℵ* (-ται ℵ^{c.b}) ‖ 7 εξεφνης Β*ℵ*Q* (εξαιφν. Β^{ab}ℵ^{c.b}Q^a) Α ‖ 9 ταξε ℵ* (ταξαι ℵ^{c.b}) | χιρος ℵ* (χειρ. ℵ^{c.b}) ‖ 10 αιβουλευσω ℵ* (εβ. ℵ^{c.a, c.b}) ‖ 12 εμασιν ℵ* (αιμ. ℵ^{c.a}) ‖ 13 αιν ℵ* (εν ℵ^{c.a, c.b}) ‖ 14 γνωνε ℵ* (γνωναι ℵ^{c.b}) | κατακαλυψι ℵ ‖ 15 σπηλεα ℵ ‖ 16 πειε ℵ ‖ 17 καλιυψι ℵ | ταλεπωρια ℵ* (ταλαιπωρια ℵ^{c.a, c.b}) | πτοησι ℵ* (-σει ℵ^{c.b}) | σαι (2°) ℵ* (σε ℵ^{c.a, c.b}) | εματα ℵ* (αιμ. ℵ^{c.a, c.b}) ‖ 18 ωφελι ℵ* (-λει ℵ^{c.b}) | ιδωλα ℵ ‖ 20 ευλαβισθω ℵ* (-βεισθ. ℵ^{c.b})
III 2 εμμεσω Α | εγγειζειν ℵ |
παριναι ℵ | αναδιχθηση Β*ℵ* (αναδειχθ. Β^{ab}ℵ^{c.b}) Α | ταραχθηνε ℵ* (-ναι ℵ^{c.b}) ‖ 3 κατασκειου Β* (-σκιου Β^b) | ενεσεως ℵ* (αιν. ℵ^{c.a, c.b}) ‖ 4 εστε ℵ* (-σται ℵ^{c.b}: item 17) | καιρατα ℵ* (κερ. ℵ^{c.b}) | κρατεαν ℵ ‖ 6 αιστη ℵ* (εστη ℵ^{c.a, c.b}) | εωνιας ℵ* (αιων. ℵ^{c.a, c.b}) ‖ 8 ωργεισθης ℵ ‖ 9 εντινων ℵ* (εντειν. ℵ^{c.a, c.b}) | ενετινας ℵ* | ραγησετε ℵ* (-ται ℵ^{c.b}) ‖ 10 σαι ℵ* (σε ℵ^{c.a, c.b}) | ωδεινησουσιν Β* (ωδιν. Β^b) ‖ 11 ταξι ℵ* (-ξει ℵ^{c.b}: item 19) | πορευσοντε ℵ* (-νται ℵ^{c.a}) ‖ 12 απιλη ℵ ‖ 13 χρειστον Β* (χριστ. Β^b) | βαλις ℵ* | καιφαλας ℵ* (κεφ. ℵ^{c.a, c.b}: item 14) | εξηγιρας ℵ ‖ 14 εκστασι ℵ | σισθησοντε ℵ* (-νται ℵ^{c.b}) ‖ 15 ις ℵ* (εις ℵ^{c.a}) ‖ 16 εξεις Β* (-ξις Β^b) ℵ*Α | αναπαυσομε ℵ* (-μαι ℵ^{c.b}) | θλειψεως Β ‖ 17 ψευσετε ℵ* (-ται ℵ^{c.b}) | ελεας ℵΑ^{vid} | παιδια Α | βοαις ℵ ‖ 18 χαρησομε ℵ* (-μαι ℵ^{c.b}) ‖ 19 νικησε ℵ* (-σαι ℵ^{c.a})

ΣΟΦΟΝΙΑΣ

I 1 ημερες ℵ* (-ραις ℵ^{c.a, c.b}) ‖ 2 εκλιψει Β*Q* (εκλειψ. Β^{ab}Q^a) ℵ ‖ 3 πετινα ℵ | ηχθυες ℵ* (ιχθ. ℵ^{c.a}) ‖ 4 χιρα ℵ* (χειρα ℵ^{c.a, c.b}) | 6 εκκλεινοντας ΒΑQ* (εκκλιν. Q^a) ‖ 7 ευλαβισθε ℵ ‖ 8 εστε Β*^b (-σται Β^a) ℵ* (-σται ℵ^{c.b}: item 10, 12: item 13 -σται ℵ^{c.a, c.b}) ‖ 9 εκινη ℵ* (εκειν. ℵ^{c.b}: item 10, 12) ‖ 12 τες ℵ* (ταις ℵ^{c.a, c.b}) | αγαθοποιησει ℵ^{c.b} ‖ 14 ταχια ℵ ‖ 15 θλειψεως Β ‖ 17 εκθλειψω ΒQ* (εκθλιψ. Q^a) | εμα ℵ* (αιμα ℵ^{c.a, c.b}) ‖ 18 δυνηπε Α
II 1 απεδευτον Β*ℵ* (απαιδευτον Β^{ab}ℵ^{c.a, c.b}) ‖ 2 γενεσθε ℵ* (-σθαι ℵ^{c.b}) ‖ 3 ζητησαται (1°) Α | ταπινοι ℵ | εργαζεσθαι ℵQ* (-σθε Q^a) | αποκρεινεσθαι Β* (αποκριν. Β^b) αποκρινεσθαι ℵΑ ‖ 4 εστε ℵ* (-σται ℵ^{c.b}: item 6, 7, 9) ‖ 5 κατοικειας Α ‖ 7 σχυνισμα ℵ* (σχοιν. ℵ^{c.a}) | διλης ℵ | επεσκεπτε ℵ* (-πται ℵ^{c.b}) Q* ^{fort} |
εκμαλωσιαν ℵ* (αιχμ. ℵ^{c.b}) ‖ 8 ονιδισμους Β* (ονειδ. Β^{a fort b}) ℵ | ωνιδιζον ℵΑ ‖ 9 διαρπωντε ℵ* (-νται ℵ^{c.a, c.b}) ‖ 10 ωνιδισαν Β* (ωνειδ. Β^{a fort b}) ℵΑ ωνιδεισαν Q* (ωνειδισαν Q^a) ‖ 11 πασε ε ℵ* (-σαι αι ℵ^{c.a, c.b}) ‖ 12 υμις ℵ* (-μεις ℵ^{c.b}) | Αιθιοπαις ℵ | εστai Β* (εστε Β^{ab}) Α ‖ 13 εκτενι ℵ* | χιρα ℵ* (χειρ. ℵ^{c.b}) | αποlι ℵ* | θησι ℵ* ‖ 14 εμμεσω ΑΓ?
III 1 κεινησει Β* (κιν. Β^b) Α κινησι ℵ* (-σει ℵ^{c.b}) | χιρας ℵ* (χειρ. ℵ^{c.b}) ‖ 2 πολεις Β* (-λις Β^b) Α | ησηκουσεν ℵ* (εισηκ. ℵ^{c.a, c.b}) | ηγγεισεν. ℵΑ ‖ 3 κριτε ℵ* (-ται ℵ^{c.a, c.b}) ‖ 4 προφητε ℵ* (-ται ℵ^{c.b}) ‖ 5 εμμεσω Α (item 15) Γ | δωσι ℵ* (-σει ℵ^{c.b}) | αδικειαν Β* (-κιαν Β^b) | απετησει ℵ* (απαιτ. ℵ^{c.a, c.b}) Γ | ις (2°) ℵ (εις ℵ^{c.a}) ‖ 6 υπαρχιν ℵ* (-χειν ℵ^{c.b}) ‖ 7 φοβεισθαι ΑQ* (-θε

APP.] ΑΓΓΑΙΟΣ ΖΑΧΑΡΙΑΣ

Q^a) Γ | δεξασθαι AQ* (-σθε Q^a) || 8 υπομινον ℵ | εισδεξασθε ℵ* (-σθαι ℵ^c) | εκχεε ℵ* (-χεαι ℵ^c) || 9 επικαλισθε ℵ* επικαλεισθε ℵ^{c.b} A || 11 εκινη ℵ* (εκειν. ℵ^{c.b}) | κατεσχυνθης ℵ* (καταισχ. ℵ^{c.a}) | υβρεσεως A | ουκαιτι ℵ* (-ετι ℵ^{c.a, c.b}: item 15) || 12 υπολιψομαι Q* (υπολειψ. Q^a) | ταπινον ℵ* (-πεινον ℵ^{c.b}) | ευλαβηθησοντε ℵ* (-σονται ℵ^{c.b}) || 13 ματεα ℵ* (-ταια ℵ^{c.a, c.b}) | νεμησοντε ℵ* (-νται ℵ^{c.b}) | κοιτασθησοντε ℵ* (-νται ℵ^{c.a}) | εστε ℵ* (-σται ℵ^{c.b}) || 14 χερε ℵ* (χαιρ. ℵ^{c.b}) | ευφρενου ℵ || 15 χιρος ℵ* (χειρ. ℵ^{c.b}) | εμεσω ℵ* (εν μ. ℵ^{c.b}) || 16 εκινω ℵ* (εκειν. ℵ^{c.b}: item 19, 20) | θαρσι ℵ* (θαρσει ℵ^{c.b}) | χιραις ℵ* (χειρες ℵ^{c.b}) || 17 επαξι ℵ* (-ξει ℵ^{c.b}) | κενιει ℵ* (καιν. ℵ^{c.b}) A || 18 ονιδισμον ℵAQ* (ονειδ. Q^a) || 19 εκπεπειεσμενην B* (εκπεπιεσμ. B^b) | εισδεξομε ℵ* (-μαι ℵ^{c.a}) || 20 κατεσχυνθησοντε ℵ* (καταισχυνθησονται ℵ^{c.a}) | πασι B^b | εχμαλωσιαν ℵ* (αιχμ. ℵ^{c.a})

ΑΓΓΑΙΟΣ

I 1 χιρι ℵ* (χειρι ℵ^{c.b}: item 3) || 2 ουκ AQ | οικοδομησε ℵ || 4 οικιν B* (-κειν B^{ab}) || 6 εσπιρατε ℵ || 7 θεσθαι A || 9 διωκεται B* (-τε B^{ab}) ℵ || 10 ανεξι ℵ* (-ξει ℵ^{c.b}) | υποστελιτε ℵ* (-λειται ℵ^{c.b}) υποστελειτε A || 11 ελεον ℵ | εκφερι ℵ* (-ρει ℵ^{c.b}) | χιρων ℵ* (χειρ. ℵ^{c.b}) || 12 εξαπεστιλεν ℵ* (-στειλ. ℵ^{c.b})

II 1 ικαδι (1°) ℵ* (εικ. ℵ^{c.b}) | ετι B* (ετει B^{ab}) | επει A | χιρι ℵ* (χειρ. ℵ^{c.b}) || 3 υμις ℵ* (υμεις ℵ^{c.b}) | βλεπεται ℵ || 4 κατισχυ (2°) ℵ* (-σχυε ℵ^{c et fort antea}) | ποιειται ℵ Q || 5 εμμεσω AΓ | θαρσιται ℵ* (θαρσειτ. ℵ^{c.b}) || 6 σισω ℵQ* (σεισ. Q^a) Γ || 7 συνσισω ℵQ* | ηξι ℵ* (-ξει ℵ^{c.b}) || 9 μεγαλη|λη ℵ | εστε ℵ* (-σται ℵ^{c.b}) | λεγι (1°) ℵ* (-γει ℵ^{c.b}: item 11, 14, 23 ter) | ιρηνην (1°) ℵ* (ειρ. ℵ^{c.b}) | αναστησε ℵ* (-σαι ℵ^{c.b}) || 12 αψητε ℵ* (-ται ℵ^{c.b}: item 13) | ελεου ℵ || 14 χιρων ℵ* (χειρ. ℵ^{c.b}: item 17) | εκι ℵ* (εκει ℵ^{c.b}) | εμεισειται B* (εμεισειτε B^a εμισ. B^b) εμισιτε ℵ εμεισιτε Γ || 15 θεσθαι A (item 18 ℵA) | θινε ℵ* θιναι ℵ^{c.a} (θειναι ℵ^{c.b}) || 16 εισεπορευεσθαι AQ* (-σθε Q^a) | εξαντλησε ℵ* (-σαι ℵ^{c.b}) || 18 επεκινα ℵ* (επεκειν. ℵ^{c.b}) | τες ℵ* (ταις ℵ^{c.a, c.b}) || 19 ελεας ℵ || 21 σιω ℵ*AQ* (σειω Q^a) || 22 καταβησοντε ℵ* (-νται ℵ^{c.b}) | αναβατε ℵ | ρομφεα ℵ* (-φαια ℵ^{c.a, c.b}) || 23 εκινη ℵ* (-κεινη ℵ^{c.b}) | λημψομε ℵ* (λημψομαι ℵ^{c.a, c.b}) | θησομε ℵ* (-μαι ℵ^{c.a, c.b})

ΖΑΧΑΡΙΑΣ

I 3 ερις ℵ* (ερεις ℵ^{c.b}) | λεγι (2°) ℵ* (-γει ℵ^{c.b}) | λεκι (3°) ℵ* (λεγει ℵ^{c.a, c.b}) || 4 γεινεσθε ℵA | ησηκουσαν ℵ* (εισηκ. ℵ^{c.a, c.b}) || 5 εωνα ℵ* (αιωνα ℵ^{c.a}) || 6 δεχεσθαι ℵ | παρατετακτε ℵ* (-κται ℵ^{c.b}) | ποιησε ℵ* (ποιησαι ℵ^{c.b}) || 7 ετι ℵ | επει A || 8 πυκειλοι ℵ* ποικειλοι ℵ^{c.a, c.b} || 9 διξω ℵ || 11 κατοικιτε ℵ* (κατοικειται ℵ^{c.b}) κατοικειτε A || 17 ερετιει B* (αιρ. B^{ab}) ℵ || 18 καιρατα ℵ* (κερατα ℵ^{c.b}: item 19): item 21 bis καιρατα ℵ* (κερ. ℵ^{c.a, c.b}) || 19 κυριαι ℵ* (-ριε ℵ^{c.a, c.b}) || 20 εδιξεν ℵ || 21 ερχοντε ℵ* (-νται ℵ^{c.b}) | ειπε B^b | ουδις ℵ* (-δεις ℵ^{c.b}) | καιφαλην ℵ* (κεφ. ℵ^{c.a, c.b}) | χιρας ℵ* (χειρ. ℵ^{c.b}) | επερομενα B* (επαιρ. B^{ab}) ℵA

II 1 χειρει ℵ || 2 διαμετρησε ℵ* (-σαι ℵ^{c.b}) || 4 ειπε B^b | εκινον ℵ* (εκειν. ℵ^{c.b}) | εμμεσω AΓ (item 5, 10, 11) || 5 εσομε bis ℵ* (-μαι ℵ^{c.b})

ΖΑΧΑΡΙΑΣ [APP.

τιχος ℵQ* (τειχος Qa) ‖ 7 ανασωζεσθαι ΑQ* (-σθε Qa) | κατοικοιντιαις ℵ* (-τες ℵc) | θυγαταιρα ℵ* (-τερα ℵc) ‖ 9 ειδου ℵ* (ιδ. ℵc: item 10) | χιρα ℵ* (χειρα ℵc.b) | γνωσεσθαι Α ‖ 11 καταφευξοντε ℵ* (-νται ℵc.a, c.b) | εθνη ℵ* (εθνη ℵc.b) | εκινη ℵ* (-κεινη ℵc.b) | εσοντε ℵ* (-νται ℵc.b) ‖ 12 κατακληρονομισι ℵ* (-μησει ℵc) | ερετιει Βℵ ‖ 13 ευλαβισθω ℵ* (-βειτθω ℵc.b) | εξεγηγερτε Β*ℵ* (-ρται Βab ℵc.)

III 1 εδιξεν ℵ | ιστηκι ℵ* (-κει ℵc.b): item 3, 5 ιστηκι ℵ | αντικισθαι ℵ* ι 3º superscr ℵ¹ (αντικεισθαι ℵc) ‖ 2 ε̄ (1º) ℵ* (εν ℵc.b) | διαβολαι ℵ* (-λε ℵc.b) | επιτιμησε (2º) ℵ* (-σαι ℵc.b) | ουχ Β* (ουκ Βab) ℵΑΓ ‖ 4 αφελεται Β* (-τε Βab) ‖ 5 επιθεται Β* (-τε Βab) | καιφαλην (1º) ℵ* (κεφ. ℵc.a, c.b) ‖ 7 τες ℵ* (ταις ℵc.a, c.b) | προσταγμασι Βb | εμμεσω Α ‖ 8 ειδου ℵ* (ιδ. ℵc) ‖ 9 εκινης ℵ* (εκειν. ℵc.b): item 10 εκινη ℵ* (εκειν. ℵc.b) ‖ 10 συνκαλεσεται Β* ℵc.a, c.b

IV 3 ελεαι ℵ (item 11) ‖ 5 γεινωσκις ℵc.a (γινωσκεις ℵc.b) | 6 δυναμι Β*ℵ* (-μει Βab ℵc.b) | ισχυει ℵ*Q* (ισχυι ℵ Qa) ‖ 7 ι ℵ* (ει ℵc.a) ‖ 9 χιρες bis ℵ* (χειρ. ℵc.b) | ε (2º) ℵ* (αι ℵc.a, c.b: item 11 [1º]) ‖ 10 χαροιντε ℵ* (-νται ℵc.b) | οψοντε ℵ* (-νται ℵc.b) | χιρι ℵ* (χειρι ℵc.b) ‖ 11 ελαιε Α | αυτε ℵ* (-ται ℵc.a, c.b) | 12 αιλαιω] ℵ* (ελαιων ℵc.a, c.b) | τες ℵ* (ταις ℵc.a, c.b) ‖ 13 ουχ ℵ* (ουκ ℵc)

V 1 ειδου ℵ* (ιδου ℵc.b: item 7 [1º]): item 9 (ιδ. ℵc) ‖ 4 εμμεσω ΑΓ* (εν μεσω Γa): item 7, 8 ‖ 5 ειδε ℵ*Q* (ιδε ℵc.b Qa) ‖ 7 εξερομενον ℵ* (εξαιρ. ℵc.b) Α ‖ 8 ερειψεν (2º) ℵ ‖ 9 γυνεκαις ℵ* (γυναικες ℵc.a, c.b) | πτερυξειν ℵ | αυτε ℵ* (-ται ℵc.a, c.b): item 10 ‖ 11 οικοδομησε ℵ* (-σαι ℵc.b) | ετοιμασε ℵ* (-σαι ℵc.a, c.b) | εκι ℵ* (-κει ℵc.b)

VI 1 ειδου ℵ* (ιδ. ℵc) ‖ 6 καθοπισθεν Β*ℵ* (κατ. Βab ℵc.a, c.b) ‖ 7 πορευεσθε Γ* (-σθαι Γa) | πορευεσθαι Β* (-σθε Βab) ‖ 10 εκμαλωσιας ℵ* (αιχμ. ℵc.b) | εκινη ℵ* (-κειν. ℵc.b) ‖ 11 ποιησις Γ* (-σεις Γa) ‖ 12 ερις ℵ* (-ρεις ℵc.b) | οικοδομησι ℵ* (-σει ℵc.b) ‖ 13 ληυψετε ℵ* (-ται ℵc.b) | εστε (1º) ℵ* (-σται ℵc.b: item 14, 15) | ιρηνικη ℵ* (ειρ. ℵc.b) ‖ 15 γνωσεσθαι ℵc.a (sic) | εισακουσηται Β* (-τε Βab)

VII 1 ετι ℵ* (-τει ℵc.b) ‖ 2 εξαπεστιλεν ℵ* (-στειλεν ℵc.b): item 12 (-στειλ. ℵc.a) | εξιλασασθε ℵ* (-σθαι ℵc.b) ‖ 3 πμπτω ℵ* ε superscr ℵ¹ c.a ‖ 5 κοψησθαι ℵ | τες (2º) ℵ* (ταις ℵc.a, c.b) | ειδου ℵ* (ιδ. ℵc) | νενηστευκαται Α νενιστευκατε Γ* fort ‖ 6 πειητε Β* (πιητε Βb) | υμις ℵ* (-μεις ℵc.b) | πεινετε Β* (πιν. Βb) πινεται ℵ ‖ 7 ε ℵ* (αι ℵc.a, c.b) | παιδινη Α πεδεινη Qa vid | κατωκιτο ℵ* (-κειτο ℵc.b) ‖ 9 ποιειται ℵ ‖ 10 καταδυναστευεται ℵ | κακειαν Α | μνησικακιτω ℵ ‖ 11 εδοκαν Γ* (εδωκ. Γa) ‖ 12 απιθη ℵ | εγενετο] εγε΄το Γ ‖ 13 εστε ℵ* (-σται ℵc.b) | ησηκουσαν ℵ* (εισηκ. ℵc.a, c.b) | καικραξουντε ℵ

VIII 3 εμμεσω ΑΓ* (εν μ. Γa): item 8 | πολεις Β*Q* (-λις Βb Qa) Α | αληθεινη ΑQ* (αληθινη Qa) ‖ 4 καθησονετε ℵ* (-νται ℵc.b) | πλατιαις ℵ | χιρι ℵ* (χειρι ℵc.b) ‖ 5 ε ℵ* (αι ℵc.a, c.b: item 9) | πλατιαι ℵ | πλησθησοντε ℵ* (-νται ℵc.a, c.b) | πεδαριων ℵ | τες ℵ* (ταις ℵc.a, c.b: item 6, 9, 13, 15, 16, 23) | πλατιες ℵ* (πλατιαις ℵc.a, c.b) ‖ 6 εκιναις ℵ* (εκειν. ℵc.b: item 23) ‖ 8 εσοντε ℵ* (-νται ℵc.a, c.b: item 19) | κε (4º) ℵ* (και ℵc) ‖ 9 λεγι ℵ | χιρες ℵ* (χειρες ℵc.b) | ημερες ℵ* (ημεραις ℵc.a, c.b: item 23) | τεθεμελιωτε ℵ ‖ 10 εκινων ℵ | εστε (2º) ℵ | ιρηνη ℵ* (ειρ. ℵc.b) | α Γ* vid (απο Γa) | θλειψεως Βℵ ‖ 12 διξω ℵ | ιρηνην ℵ* (ειρ. ℵc.b: item 19) | δωσι (1º et 3º) ℵ* (-σει ℵc.b) | -σται ℵc.b) | ηται ℵ* (ητε ℵc.b) | εσεσθαι ℵΑQ* (-σθε Qa) | θαρσιτε ℵ ‖ 14 κακωσε ℵ* (-σαι ℵc.b) | μαι ℵ* (με ℵc.a, c.b) ‖ 15 ημαιρες ℵ* (ημεραις ℵc.a, c.b) | θαρσιται ℵ ‖ 16 ποιησεται ℵQ* (-τε

APP.] ΖΑΧΑΡΙΑΣ

Qᵃ) | λαλιται ℵ* (-λειται ℵᶜ·ᵇ) | ιρηνικον ℵ* (ειρ. ℵᶜ·ᵇ) | κρινιιται ℵ || 17 λογειζεσθε ℵ λογιζεσθαι AQ* (-σθε Qᵃ) | αγαπαται ℵ | εμεισησα B* (εμισ. Bᵇ) || 21 πολειν B* (-λιν Bᵇ) | δεηθηνε ℵ* (-ναι ℵᶜ·ᵇ) | εκζητησε ℵ: item 22 (-σαι ℵᶜ·ᵃ) | πορευσομε ℵ* (-μαι ℵᶜ·ᵃ, ᶜ·ᵇ) || 22 εξιλασασθε ℵ || 23 επιβαλωντε bis ℵ*

IX 4 κληρονομησι ℵ || 5 οψετε ℵ | απολιται ℵ απολειτε A || 7 εσοντε ℵ* (-νται ℵᶜ·ᵇ) | χειλιαρχος Q* (χιλ. Qᵃ) || 8 ανακαμπτιν ℵ | ουκαιτι ℵ* (-ετι ℵᶜ·ᵃ, ᶜ·ᵇ) || 10 ιρηνη ℵ* (ειρηνη ℵᶜ·ᵇ) || 11 εματι ℵ* (αιμ. ℵᶜ·ᵃ, ᶜ·ᵇ) | εξαπεστιλας ℵ* (-στειλ. ℵᶜ·ᵇ) || 12 ημαιρας ℵ* (ημερας ℵᶜ·ᵃ, ᶜ·ᵇ) | παροικαισιας ℵ* (-κεσιας ℵᶜ·ᵃ, ᶜ·ᵇ) || 13 ενετινα ℵ | σαι (2°) ℵ* (σε ℵᶜ·ᵇ) || 14 εστε ℵ | εξελευσετε ℵ | σαλπιγγει ℵ | πορευσετε ℵ* (-ται ℵᶜ·ᵇ) | απιλης ℵ || 16 εκινη ℵ* (-κειν. ℵᶜ·ᵇ) || 17 νεανεισκοις ℵ* (νεανισκ. ℵᶜ·ᵇ)

X 1 αιτισθαι ℵ* αιτεισθαι ℵᶜ·ᵇ A | χιμερινον ℵQ* (χειμ. Qᵃ) | δωσι ℵ* (-σει ℵᶜ·ᵇ) || 2 ματεα ℵ | ιασεις B* ℵ* (-σις Bᵃᵇ ℵᶜ·ᵇ) A || 3 ποίμαινας Q* (-μενας Qᵃ) | ταξι ℵ* (-ξει ℵᶜ·ᵇ) || 5 εσοντε ℵ* (-νται ℵᶜ·ᵇ): item 6, 7 εσοντε ℵ | πατουντais ℵ* (πατουντες ℵᶜ·ᵃ, ᶜ·ᵇ) | τες ℵ* (ταις ℵᶜ·ᵃ, ᶜ·ᵇ) | κατεσχυνθησοντε ℵ* (καταισχ. ℵᶜ·ᵇ) || 6 επακουσομε ℵ* (-μαι ℵᶜ·ᵇ) || 7 οψοντε ℵ* (-ται ℵᶜ·ᵇ) | χαριται ℵ* χαρειτε A || 10 υπολιφθη B* (-λειφθ. Bᵃᵇ) AQ || 11 αφερεθησεται ℵQ* (αφαιρ. Qᵃ) | υβρεις Q* (-βρις Qᵃ) | περιερεθησεται B* (περιαιρ. Bᵃᵇ) ℵ περιεραιθησεται A

XI 2 μεγειστανες ℵ | εταλεπωρησαν ℵ* (εταλαιπ. ℵᶜ·ᵇ) || 3 ποιμαινων AQ* (-μενων Qᵃ) Γ | τεταλεπωρηκεν (bis) ℵ || 4 ποιμενετε B* (-μαιν. Bᵃᵇ) ℵΓ || 5 ποιμαινες B* (-μεν. Bᵃᵇ) A || 6 φισομαι ℵ | ειδου ℵ* (ιδ. ℵᶜ): item 16 (ιδ. ℵᶜ·ᵇ) | χιρας ℵ* (χειρας ℵᶜ·ᵇ: bis) || 8 τρις ℵ* (τρεις ℵᶜ·ᵇ) | ε ℵ* (αι ℵᶜ·ᵃ, ᶜ·ᵇ) || 10 διασκεδασε ℵ* (-σαι ℵᶜ·ᵃ, ᶜ·ᵇ): item 14 (-σαι ℵᶜ·ᵇ) || 11 εκινη ℵ* (εκειν. ℵᶜ·ᵇ) | γνωσοντε ℵ* (-ται ℵᶜ·ᵃ, ᶜ·ᵇ) || 12 απιπασθε ℵ* (-σθαι ℵᶜ·ᵃ

-σθε repos ℵᶜ·ᵇ) || 13 σκεψομε ℵ* || 15 ποιμαινος Q* (-μεν. Qᵃ) | απιρου ℵ* (απειρ. ℵᶜ·ᵇ) || 16 εξεγιρω ℵ | επισκεψητε ℵ* (-ται ℵᶜ·ᵇ) || 17 ποιμενοντες B* (ποιμαιν. Bᵃᵇ) ℵ | ματεα ℵ* (-ταια ℵᶜ·ᵃ, ᶜ·ᵇ) | μαχερα ℵ | ξηρενομενος ℵ* (ξηραιν. ℵᶜ·ᵇ)

XII 1 λεγι ℵ* (-γει ℵᶜ·ᵇ) | εκτινων ℵ* (-τειν. ℵᶜ·ᵇ) || 2 εστε ℵ* (-σται ℵᶜ·ᵇ: item 3, 8 bis, 9) || 3 εκινη ℵ* (εκειν. ℵᶜ·ᵇ: item 4, 8 bis, 9, 11): item 6 εκινη ℵ | θησομε ℵ* (-μαι ℵᶜ·ᵇ) | πασι Bᵇ | εθνεσι Bᵇ | ενπεξων ℵ* (-παιξ. ℵᶜ·ᵇ) | εμπεξεται B* ℵ* (-παιξ. Bᵃᵇ ℵᶜ·ᵇ) AΓ || 4 εκστασι ℵ* (-σει ℵᶜ·ᵇ) | παραφρονησι ℵ | αποτυφλωσι ℵ* (-σει ℵᶜ·ᵇ) || 5 χειλιαρχοι B | τες ℵ* (ταις ℵᶜ·ᵃ, ᶜ·ᵇ) | ευρησομαιν ℵ* (-μεν ℵᶜ·ᵃ, ᶜ·ᵇ) || 6 καταφαγοντε ℵ || 7 σωσι ℵ | μεγαλυνητε ℵ* (-ται ℵᶜ·ᵇ) || 9 εξαρε ℵ* (-ραι ℵᶜ·ᵇ) || 10 επιβλεψοντε ℵ* (-ται ℵᶜ·ᵇ) | οδυνηθησοντε ℵ* (-ται ℵᶜ·ᵇ) || 11 μεγαλυνθησετε ℵ* (-ται ℵᶜ·ᵇ) | παιδιω A || 12 κοψετε ℵ* (-ται ℵᶜ·ᵇ) | ε (1°) ℵ* (αι ℵᶜ·ᵃ, ᶜ·ᵇ: item 13 [1°], 14 bis) | γυνεκες (1°) ℵ: item 13 (2°) | αιαυτας (2°) ℵ* (εαυτας ℵᶜ·ᵃ, ᶜ·ᵇ) || 14 πασε ℵ* (-σαι ℵᶜ·ᵃ, ᶜ·ᵇ) | υπολελιμμαιναι ℵ

XIII 1 εκινη ℵ* (εκειν. ℵᶜ·ᵇ: item 2, 4) | εστε ℵ* (-σται ℵᶜ·ᵇ: item 2 bis, 3, 4, 8) | μετακεινησι] A || 2 ιδωλων ℵ | ουκαιτι ℵ* (-ετι ℵᶜ·ᵃ, ᶜ·ᵇ) | μνια ℵ || 3 ερι ℵ* (-ρει ℵᶜ·ᵇ: item 5, 6 bis, 9) || 4 κατεσχ. ℵ* (καταισχ. ℵᶜ·ᵇ) | προφητε ℵ | ενδυσοντε ℵ* (-ται ℵᶜ·ᵇ) || 5 υμι (1°) ℵ* (ειμι ℵᶜ·ᵇ) || 6 χιρων ℵ* (χειρ. ℵᶜ·ᵇ) || 7 χιρα ℵ* (χειρ. ℵᶜ·ᵇ) || 8 εκλιψει B* Q* (εκλειψ. Bᵃᵇ Qᵃ) ℵA | υπολιφθησεται B* (υπολειφθ. Bᵃᵇ) ℵΓ || 9 πυρουτε ℵ* (-ται ℵᶜ·ᵇ) | δοκιμαζετε ℵ* (-ται ℵᶜ·ᵇ) | επικαλεσετε ℵ* (-ται ℵᶜ·ᵇ)

XIV 1 ημερε ℵ* (-ραι ℵᶜ·ᵃ, ᶜ·ᵇ) || 2 αλωσετε ℵ* (-ται ℵᶜ·ᵇ) | πολεις B* (-λις Bᵃᵇ) A | ε (2°) ℵ* (αι ℵᶜ·ᵃ, ᶜ·ᵇ) | εχμαλωσια ℵ* (αιχμ. ℵᶜ·ᵃ, ᶜ·ᵇ) || 3 εκινοις ℵ* (εκειν. ℵᶜ·ᵇ: item 17) | ημαιρα ℵ* (ημερα ℵᶜ·ᵃ, ᶜ·ᵇ) || 4 στησοντε ℵ | εκινη ℵ* (εκειν. ℵᶜ·ᵇ: item 6, 20): item 7, 8, 9, 13 εκινη ℵ | ελεων bis

ΜΑΛΑΧΙΑΣ [APP.

ℵ | κλωνι ℵ* (-νει ℵc.b) || 5 ημερες
(2⁰) ℵ* (-ραις ℵc.a, c.b) | ηξι ℵ* (-ξει
ℵc.b) || 6 εστε (1⁰) ℵ* (-σται ℵc.b:
item 7 bis, 9 bis, 13, 15, 16, 17,
18, 19, 20, 21 [1ᶜ]) | αιστε (2⁰) ℵ*
(εσται ℵc.a, c.b): item 11, 21 (2⁰) ||
8 εξελευσετε ℵ* (-ται ℵc.b) | αισχα-
τῆ| ℵ* (εσχ. ℵc.b) | θερι Β*ℵ* (-ρει
Βᵃᵇℵc.b) | εαρει Q* (-ρι Qᵃ) || 9 βα-
σιλαια ℵ* (-λεα ℵc.a, c.b) || 10 μενι ℵ*
(-νει ℵc.b) || 11 κατοικησι ℵ || 12 πτω-
σεις Β* (-σις Βᵇ) | ρυησοντε ℵ* (-νται
ℵc.b) || 13 εκστασεις Α | επιλημψοντε

ℵ* (-νται ℵc.b) | χιρος ℵ | χιρα ℵ*
(χειρ. ℵc.b) || 14 παραταξετε ℵ* (-ται
ℵc.b) | συναξι ℵ* (-ξει ℵc.b) | ημα-
τισμον ℵ* (ιμ. ℵc.a) || 15 αὑτη] αὐτὴ
Βᵇ | πτωσεις ℵ* (-σις ℵc.b: item 18) |
τες ℵ* (ταις ℵc.a, c.b) || 16 καταλει-
φθωσιν QΓ | αναβησοντε ℵ* (-νται
ℵc.b) || 17 προσκυνησε ℵ* (-σαι ℵc.b) ||
18 παταξι ℵ* (-ξει ℵc.b) || 19 αιθνων
ℵ* (εθν. ℵc.a, c.b) | σκηνοπηγειας Α ||
20 εσοντε ℵ* (-νται ℵc.b) | λεβηταις
ℵ || 21 θυσιαζοντais ℵ* (-τες ℵc.a, c.b) |
λημψοντε ℵ* (-ται ℵc.a, c.b)

ΜΑΛΑΧΙΑΣ

I 1 χιρι ℵ* (χειρ. ℵc.b) | θεσθαι
Α || 3 εμεισησα Β*Q* (εμισ. ΒᵇQᵃ)
Α || 4 ερι ℵ* (-ρει ℵc.b) | εωνος Β*
(αιων. Βᵃ) || 5 υμις ℵ: item 6, 12
υμις ℵ* (υμεις ℵc.b) | εριται ℵ ||
6 διξαξι ℵ* (-ζει ℵc.b) | λεγι ℵ*
(-γει ℵc.b) | φαυλιζονταις ℵ* (-ντες
ℵc.a, c.b) || 7 λεγιν ℵ* (-γειν ℵc.b) ||
8 λημψετε ℵ || 9 εξιλασκεσθαι ℵ |
δεηθηται ℵ || 10 συνκλισθησονται Β*
σȢγκλισθ. AQ* (-κλεισθ. Qᵃ) | ανα-
ψετε Q | υμειν (2⁰) Β* (-μιν Βᵇ) |
χιρων ℵ* (χειρ. ℵc.b): item 13 χι-
ρων ℵ || 12 βεβηλουται AQ* (-τε
Qᵃ) | 13 εισεφερεται ℵ | φερηται Α |
προσδεξομε ℵ* (-μαι ℵc.b) || 14 εθνε-
σειν ℵ

II 2 ακουσηται ℵ | δουνε ℵ* (-ναι
ℵc.a, c.b) | ευλογειαν bis ℵ | εστε ℵ*
(-σται ℵc.b) | υμις ℵ* (-μεις ℵc.b) |
τιθεσθαι Α || 3 αφωριζω Α || 4 εινε
ℵ* (-ναι ℵc.a, c.b) || 5 ιρηνης ℵ* (ειρ.
ℵc.b) || 6 [ου]κ Γ | χιλεσιν ℵ | ιρηνι
ℵ* (ειρηνη ℵᶜ ᵉᵗ ᵃⁿᵗᵉᵃ) | αδικειας Β*
(-κιας Βᵇ) || 7 χιλη ℵ* (χειλ. ℵc.b) |
φυλαξετε ℵ || 8 εξεκλιναται ℵ εξε-
κλεινατε Q* (εξεκλιν. Qᵃ) || 9 φυ-
λασσεσθαι ℵ | ελαμβανεται ℵ || 10 βε-
βηλωσε ℵ* (-σαι ℵc.b) || 12 ταπινωθη
ℵ* (ταπειν. ℵc.b) || 13 εμεισουν Α |
εποιειται ℵ | εκαλυπτεται Α | επι-
βλεψε ℵ | λαβιν ℵ* (-βειν ℵc.b) | χι-

ρων ℵ* (χειρ. ℵc.b) || 14 γυνεκος ℵ*
(γυναικ. ℵc.b) || 15 ζητι ℵ* (-τει
ℵc.b) | φυλαξασθαι Α (item 16) ||
16 μεισησας Β* (μισ. Βᵇ) | εξαπο-
στιλης ℵ* (-στειλης ℵc.b) | καλυψι
ℵ* (-ψει ℵc.b) | ευκαταλιπηται ℵ

III 1 επιβλεψετε ℵ* (-ται ℵc.b) Α |
υμις (1⁰) ℵ* (-μεις ℵc.b: item 8, 12)
Γ* | ζητιτε ℵ ζητειται Α | θελεται Β*
(-τε Βᵃᵇ) ℵ | ερχετε ℵ* (-ται ℵc.b) |
2 υπομενι ℵ* (-νει ℵc.b) | εισπορευ-
ετε ℵ* (-ται ℵc.b) Α || 3 καθιειτε ℵ*
(-ται ℵc.b) || 4 αρεσι ℵ* (-σει ℵc.b) ||
5 κρισι Α | εκκλεινοντas Q* (εκκλιν.
Qᵃ) Γ | κρισειν ℵ* (-σιν ℵ?) || 6 ηλ-
λοιωμε ℵ* (-μαι ℵc.a, c.b) || 7 εξεκλει-
νατε Q* (εξεκλιν. Qᵃ) | αιφυλαξασθε
ℵ || 8 πτερνιζεται ℵ (item 9) | ερπτε
ℵ* | ε ℵ* (αι ℵc.a, c.b) | εισι Βᵇ ||
10 εστε ℵ | ανυξω ℵ* (-οιξω ℵc.a, c.b) |
ευλογειαν ℵ || 11 διαφθιρω ℵ || 12 ε-
σεσθαι ℵ || 14 ικετε ℵ* (-ται ℵc.a, c.b) ||
15 ημις ℵ* (-μεις ℵc.b) | ανοικοδο-
μουντε ℵ* (-ται ℵc.a, c.b) || 17 εσο|τε
ℵ* (-ται ℵc.b) | ημαιραν ℵ* (ημεραν
ℵc.a, c.b) | ερετιω Β* (αιρ. Βᵃ) ℵΓ |
ερετιζει Β* (αιρ. Βᵃᵇ) ℵΓ || 18 οψε-
σθαι ℵ

IV 1 ερχετε Α | κλειβανος Β*
(κλιβ. Βᵇ) | ερχετε ℵ* (-ται ℵc.b):
item 3 (-νται ℵc.a, c.b) | αναψι ℵ*
(-ψει ℵc.b) || 2 ανατελι ℵ* (-λει ℵc.b) |

846

ιασης Γ | τες ℵ* (ταις ℵc.a, c.b) | εξελευσεσθαι ℵQ* (-σθε Qa) | σκιρτησεται ℵQ* (-τε Qa) σκηρτησετε Γ ||

3 καταπατησεται B*Q* (-τε BabQa) ℵΓ || 6 ενετιλαμην ℵ

ΗΣΑΙΑΣ

I 1 βασιλια ℵQ* (-λεια Qa) || 2 ελελασεν Γ || 5 πληγηται ℵ || 6 καιφαλης ℵ* (κεφ. ℵc.b) | φλαιγμενουσα ℵ* (φλεγμαιν. ℵc.b) φλεγμενουσα AΓ || 7 πολις ℵ* (-λεις ℵc, d.a) | αλλωτριων Γ || 8 εγκαταλιφθησεται B*Q*vid Γ | οπωροφυλακειον Qa || 10 προσεχεται ℵ || 11 κρειων B* (κρι. Bb) ℵ || 12 ερχησθαι ℵ* (ερχεσθαι ℵd.a) | οφθηνε ℵ || 13 προσθησεσθαι ℵA | φερηται ℵΓ | ματεον ℵ || 14 μεισει B* (μισ. Bb) μισι ℵ | εγενηθηται ℵ | ουκαιτι ℵ* (-ετι ℵc.b (vid)) || 15 εκτινηται ℵ* (-τεινηται ℵc.b) | χιρας ℵ* (χειρ. ℵc.b, d.a) | πληθυνηται ℵA || 16 γενεσθαι Q* (-σθε Qa) | αφελεται ℵ | πονηρειας ℵ || 17 κριν B* (κρισιν Bb) κρισεων ℵ | ρυσασθαι ℵQ* (-σθε Qa) | κρεινατε B* (κριν. Bb) κριναται ℵ || 18 ωσειν bis ℵ* (-σιν ℵ? ε cum punct et erasum: [1°] οσιν [sic] ℵd.a) | φυνικουν ℵ* (φοιν. ℵc.b (vid), d.a) || 19 θεληται ℵ: item 20 ℵQ* (-τε Qa) | εισακουσηται ℵc.b (sic) Q* (-τε Qa): item 20 ℵAQ* (-τε Qa) | φαγεσθαι ℵ || 20 μαχερα ℵ || 21 πολεις B* (-λις Bb): item 26 bis | φονευτε ℵ* (-ται ℵc.b) || 23 απιθουσιν ℵ | κρεινοντες B || 24 κρισειν ℵ* (-σιν ℵ? ε cum punct et erasum) || 25 χιρα ℵ* (χειρ. ℵc.b) | απιθουντας ℵ || 27 εχμαλωσια ℵ* (αιχμ. ℵc.b) || 30 om τα Q? | παραδισος B*Q* (-δεισ. BabQa) ℵ || 31 ε ℵ* (αι ℵc.a, c.b | σπινθηραις ℵ | αιστε (2°) ℵ* (εστε ℵc.b)

II 1 Ιουδεας ℵ || 2 εστε ℵ | ημαιρες ℵ* (ημεραις ℵc.a, c.b) || 3 αναγγελι ℵ* (-λει ℵc.b) | εκξελευσεται ℵ || 4 μαχερᾱ| ℵ | πολεμιν ℵ || 8 χιρων ℵ* (χειρων ℵc.b) || 9 εταπινωθη ℵ || 10 κρυπτεσθαι ℵA | θαυσε ℵ* (θραυσαι ℵc.b): item 19 || 11 ταπινος ℵ* (ταπεινος ℵc.b) | ταπινωθησεται ℵ*

(ταπειν. ℵc.b): item 17 | εκινη ℵ* (εκειν. ℵc.b): item 17, 20 || 12 ταπινωθησονται ℵ* (ταπειν. ℵc.b) || 15 τιχος ℵ* (τειχ. ℵc.b) || 17 πεσιται ℵ* (πεσειται ℵc.b) πεσειτε A || 18 χιροποιητα ℵ* (χειροποι. ℵc.b) || 19 σπηλεα ℵ | τασχισμας ℵ || 20 ματεοις ℵ* (ματαιοις ℵc.b) || 21 εισελθιν ℵ* (-θειν ℵc.b) | σχεισμας B | θραυσε ℵ*(-σαι ℵc.b)

III 1 αφελι ℵ* (-λει ℵc.b): item 18 || 2 γειγαντα B*vid (ras aliq ante ι) ℵ | πολεμειστην B*vid (ras aliq ante ι) || 4 εμπεκται B*? ℵAQ* (εμπαικται Qa) Γ || 5 συμπεσιται ℵ* (συμπεσειτ. ℵc.b) συμπεσειτε A | πεδιον ℵ* (παιδιον ℵc.b) | ατειμος B* (ατιμ. Bb) | εντειμο|̄ B || 6 οικιου ℵΓ | ειματιον B*c (ιματ. Bb): item 7 ειματιον B (vix coep inst ε Bb) | εχις ℵ* (-χεις ℵc.b) || 7 ερι ℵ* (-ρει ℵc.b) | εκινη ℵ* (-κεινη ℵc.b): item 18 | αισομε (1°) ℵ* (εσομαι ℵc.b) || 8 ε ℵ* (αι ℵc.a, c.b) | γλωσσε ℵ* (-σαι ℵc.a, c.b) | απιθουνταις ℵ* -τες ℵc.b απιθουντες Q* (απειθ. Qa) | εταπινωθη ℵ* (εταπειν. ℵc.b) A || 11 χιρων ℵ* (χειρ. ℵc.b) || 12 καλαμωντε ℵ* (-μωνται ℵc.b) | απετουνταις ℵ* (απαιτουντες ℵc.b) | μακαριζοντais ℵ* (-ντες ℵc.b) | μακαριζοντες Γ || 14 κρισειν ℵ || 15 υμις ℵ* (-μεις ℵc.b) | αδικειται ℵ αδεικειτε A | κατεσχυνεται ℵ* (καταισχυν. ℵc.b) καταισχυνεται A || 16 κιτωνας ℵ* (χιτ. ℵc.a, c.b (vid)) | πεξουσαι ℵΓ || 17 ταπινωσει ℵ* (ταπεινωσει ℵc.b) | ανακαλυψι ℵ* (-ψει ℵc.b) || 20 κλιθωνας ℵ* (χλιδ. ℵc.b) || 24 εστε ℵ* (-σται ℵc.b) | καιφαλης ℵ* (κεφ. ℵc.b) | κιτωνος ℵ* (χιτ. ℵc.b) || 25 μαχερα bis ℵ | πεσιται ℵ* (πεσειται ℵc.b) | ισχυονταις ℵ* (-οντες ℵc.b) | ταπινωθησονται ℵ* (ταπεινωθη. ℵc.b) || 26 καταλιφθηση B*ℵ*Q* (καταλειφθ. Babℵc.bQa)

847

ΗΣΑΙΑΣ [APP.

IV 1 ονιδισμον אA ‖ 2 εκινη א* (εκεινη א^(c.b)) | επιλαμψι א* (-ψει א^(c.b)) | υψωσε א* (-σαι א^(c.b)) | δοξασε א* (-σαι א^(c.b)) | καταλιφθεν B*Q* (καταλειφθεν B^(ab)Q^a) אΓ: item 3 B*אQ* ‖ 3 εστε א* (-σται א^(c.b)): item 6 | υπολιφθεν B*Q* (υπολειφθ. B^(ab)Q^a) ‖ 4 εκπλυνι א* (-νει א^(c.b)) ‖ 5 σκιασι אΓ

V 1 πειονι B* (πι. B^b) ‖ 2 εμινα א: item 4 εμινα א* (εμειν. א^(c.b)): item 7 εμινα א*Q* (εμειν. א^(c.b)Q^a) Z | ποιησε א* (-σαι א^(c.b)): item 4, 7 ‖ 3 κρεινατε B* (κριν. B^b) ‖ 4 ετει B* (ετι B^(ab)) | αιποιησα א* (επ. א^(c.a, c.b)) ‖ 5 εστε (2°) א* (-σται א^(c.b)): item 29 ‖ 6 τες א* (ταις א^(c.b)) | βρεξε B*? (-ξαι B^(ab)) ‖ 8 εγγειζονταις א* (-ζοντες א^(c.a, c.b)) ενγιζοντες Z | οικησεται A ‖ 9 μεγαλε א* (-λαι א^(c.b)) | καλε B* (-λαι B^(ab)) | ενοικουνταις א* (-ντες א^(c.b)) ‖ 10 σπιρων א* (σπειρ. א^(c.b)) ‖ 11 διωκονταις א* (-ντες א^(c.b)) | μενονταις א* (-ντες א^(c.b)) | οψαι א* (οψε א^(c.b)) ‖ 12 πεινουσιν B* (πιν. B^b) | χιρω| א* (χειρ. א^(c.b)) ‖ 13 ειδενε א* (ειδεναι א^(c.a, c.b)) | λειμον B* (λιμ. B^b) | δειψος B* (διψ. B^b) ‖ 14 διηνυξεν א | διαλιπιν א ‖ 15 ταπινωθησεται א | ατειμασθησεται B* (ατιμ. B^b) | ταπινωθησονται א* (ταπειν. א^(c.b)) ‖ 17 απιλημμενων אQ* (απειλ. Q^a) ‖ 19 εγγειεατω א | ποιησι א* (-σει א^c) | εινα (1°) א* (ινα א^c) ‖ 21 συναιτοι א* (συνετοι א^(c.a, c.b)) ‖ 22 πεινοντες B* (πιν. B^b) πινονταις א ‖ 23 δικαιουνταις א* (-ντες א^(c.b)) | αιρονταις א* (-ντες א^(c.b)) ‖ 24 συνκαυθησετε א* (-ται א^(c.b)) | ανιμενης א | εστε א ‖ 25 χιρα א* (χειρ. א^(c.b)) | θνησιμεα א | εμμεσω A ‖ 26 αρι א* (-ρει א^(c.b)) ‖ 27 πινασουσιν B*Q* (πειν. B^(ab)Q^a) אΓ | κοπιασουσει] א ‖ 28 οξια אAQ* (οξεα Q^a) | εστι B^(ab) | ελογεισθησαν א | κατεγεις א ‖ 29 ωσκυμνοι B* (ως σκ. B^(ab)) | λεονταις א* (-ντες א^(c.b)) | βοησι א (item 30) | εκβαλι א* (-λει א^(c.b)) ‖ 30 εκινη א* (εκειν. א^(c.b)) | κυμενουσης א* (κυμαιν. א^(c.b)) | απορεια B* (-ρια B^b)

VI 2 δυσειν ter א* (ε erasum est) |

τες (3°) א* (ταις א^(c.a, c.b)) ‖ 5 χιλη bis א* (χειλ. א^(c.b)) | εμμεσω B* (εν μ. B^b) אAΓ ‖ 6 χιρει א* (χειρι א^(c.b) χειρη א^(d.a)) | λαβειδι B* (λαβιδι B^b) ‖ 7 χιλεων א* (χειλ. א^(c.b)) ‖ 8 αποστιλον א* (-στειλ. א^(c.b)) A? | μαι א* (με א^(c.b)) ‖ 9 ακουσεται א | βλεψηται א βλεψεται Γ ‖ 10 ειδωσιν Q* (ιδ. Q^a) | ακουσωσειν א* (ε cum punct et erasum) | συνωσειν א* (ε cum punct et erasum) | ιασομε א* (-μαι א^(c.b)) ‖ 11 πολις Q* (-λεις Q^a) | κατοικισθαι B* (-κεισθ. B^(ab) et identidem) κατοικεισθε א* (-σθαι א^(c.b)) | καταλιφθησεται אQ* (καταλειφθ. Q^a) Γ ‖ 12 καταλιφθεντες B*Q* (καταλειφθ. B^(ab)Q^a) Γ

VII 1 πολεμησε א* (-σαι א^(c.b)) | πολιορκησε א* (-σαι א^(c.b)) ‖ 3 συναντησειν א* (ε cum punct et erasum) | καταλιφθεις אA καταλιφθις Γ: item 22 καταλιφθεις אAQ* (-λειφθ. Q^a) Γ ‖ 4 ερις א* (-ρεις א^(c.b)) | φυλαξε א* (-ξαι א^(c.b)) | ησυχασε א* (-σαι א^(c.b)) ισυχασαι Γ | ασθενιτω א ‖ 6 Ιουδεαν א | συνλαλησανταις א* (-ντες א^(c.a)) ‖ 8 καιφαλη (1°) א* (κεφ. א^(c.a, c.b)): item 9 (2°) καιφ. א* (κεφ. א^(c.b)) | εκλιψει B*Q* (εκλειψ. B^(ab)Q^a) א ‖ 9 πιστευσηται א | συνηται א^(c.b) ‖ 11 σημιον B*^vid א*Q* (σημειον B^(ab)א^(c.b)Q^a): item 14 א*Q* (-μειον א^(c.b)Q^a) ‖ 12 πιρασω א ‖ 13 μεικρον B* (μικρ. B^(ab)) | παρεχεται AQ* (-τε Q^a) ‖ 15 προελεσθε B* (-σθαι B^(ab)) ‖ 16 απιθει Γ | καταλιφθησεται אQ* (καταλειφθ. Q^a) ‖ 17 επαξι א ‖ 18 εστε א* (-σται א^(c.b)): item 21, 23 | μυιες B* (μυιαις B^(ab)) | εκινη א* (εκεινη א^(c.b)): item 20, 21, 23 ‖ 19 ελευσονται א^(c.a) (-νται א^(c.b)) | φαραγξειν א* (-γξιν א^(c.b)) | σπηλεα א ‖ 20 ξυρησι א* (-σει א^(c.b)) | καιφαληυ א* (κεφ. א^(c.b)) ‖ 22 πλιστον אQ* (πλειστ. Q^a) ‖ 23 χειλιαι, χειλιων B* (χιλ. B?) ‖ 25 εκι א* (εκει א^(c.b))

VIII 1 ποιησε א* (-σαι א^(c.b)) ‖ 3 προφητειν א* (-τιν א^c) | εγγαστρι A ‖ 4 πεδιον א* (παιδ. א^(c.b)) | λημψετε א* (-ται א^(c.b)) ‖ 5 λαλησε א ‖ 6 ησυχει Γ ‖ 7 τιχος א* (τειχ. א^(c.b)) ‖

848

APP.] ΗΣΑΙΑΣ

8 αφελι א* (-λει אc.b) | αρε א* (-ραι אc.b) | πληρωσε א* (-ρωσαι אc.b) ‖
9 ηττασθαι (1°) אQ* (-σθε Qa) | ηττηθησεσθαι Q* (-σθε Qa) ‖ 10 βουλευσησθαι אc.b (sic) | λαλησηται A | υμειν B* (-μιν Ba) ‖ 11 χιρει א* (χειρει אc.b) | απιθουσιν אΛQ* (απειθ. Qa) | πορια אQ* (-ρεια Qa) ‖ 12 ταραχθηται א ‖ 13 εστε א* (-σται אc.b): item 14, 18, 21 ‖ 14 ουκ א | συναντησεσθαι AQ* (-σθε Qa) ‖ 15 κε (2°) א* (και אc.b) | εγγειουσιν א ‖ 17 ερι א ‖ 18 πεδια א* (παιδ. אc.b) | σημια א | ορι א ‖ 19 ειπωσειν א* (-σιν אc) | εγγαστρειμυθους Ba (εγγαστριμ. Bb) ‖ 20 δωναι B* (δουναι Bb (vid)) ‖ 21 λειμος B* (λιμ. Bb) | πινασητε א*Qa (πειν. אc.bQa) AΓ | λυπηθησεσθαι A | εριτε א* (εριται אc.b [sic]) ερειται A ‖ 22 θλειψεις B* (θλειψις Ba θλιψις Bb) | βλεπιν א
IX 1 παραλειαν B* (-λιαν Bb) ‖ 2 σκοτι אQ* (-τει Qa) Γ ‖ 3 πλιστον א*Q* (πλειστ. אc.bQa) | ευφρενομενοι א ‖ 5 ειματιον B* (ιμ. Bab) | αποτεισουσιν B* (αποτισ. Bb) ‖ 6 πεδιον א* (παιδ. אc.b) | καλειτε B* (-ται Bab) καλιτε א* (καλειται אc.b) | ιρηνην B* (ειρ. Bab) | 7 ιρηνης א* (ειρ. אc.b) | βασιλιαν א*Q* (-λειαν אc.bQa) | κατορθωσε א* (κατορθωσαι אc.b) ‖ 8 απεστιλεν א ‖ 9 υβρι אΓ ‖ 10 πληνθοι Γ | συκαμεινους B* (-μιν. Bb) ‖ 11 εκχθρους A ‖ 12 επει A ‖ 14 αφιλεν א | καιφαλη̄| א* (κεφ. אc.b) | μεικρον B* (μικρ. Bab) ‖ 17 ελεησι א* (-σει אc.b) ‖ 18 συνκαταφαγετε א* (-ται אc.b) ‖ 19 συνκεκαυτε א* (-ται אc.b) | εστε א* (-σται אc.b) ‖ 20 εκκλινι א* (-νει אc.b) | πινασι א πινασει AQ* (πειν. Qa) | βραχειονος B* (βραχιον. Bb)
X 2 εκκλεινοντες B* (-κλιν. Bb) A | εινε א* (-ναι אc.b) ‖ 3 θλειψεις Ba θλειψις Ba (θλιψις Bb) θλιψεις א | καταφευξεσθαι A | καταλιψεται א καταλιψετε AQ* (καταλειψ. Qa) ‖ 4 εμπεσιν א* (-σειν אc.b) | επει A ‖ 6 ποιησε א* (-σαι אc.b) | καταπατιν א* (-τειν אc.b) ‖ 7 ουκ] ουχ אA ‖ 9 ερι א ‖ 11 χιροποιητοις א* (χειροπ.

אc.b) | ιδωλοις א ‖ 12 εστε א* (-σται אc.b: item 17, 18): item 20, 21 א | ορι א | επαξι א* (-ξει אc.b) | επει (2°) B* (επι Bb) ‖ 13 ισχυει א* (-υι אc.b) ‖ 14 σισω אQ* (σεισ. Qa) | χιρι א* (χειρι אc.b) | διαφευξετε א* (-ται אc.b) | μαι א* (με אc.b) | αντιπη א* (αντειπη אc.b) ‖ 15 δοξασθησετε א* (-ται אc.b) | αξεινη B* (αξιν. Bb) ‖ 17 αγιασι א ‖ 18 εκινη א* (εκειν. אc.b) ‖ 19 καταλιφθεντες B*Q* (καταλειφθ. BabQa) Γ | εσοντε א* (-νται אc.b) | πεδιον א ‖ 20 ουκαιτι א* (-ετι אc.a, c.b) | καταλιφθεν אQ* (καταλειφθ. Qa) Γ: item 21 καταλιφθεν B*Q* (καταλειφθ. BabQa) Γ ‖ 22 κε (2°) א* (και אc.b) ‖ 23 ποιησι א ‖ 25 ετει B* (ετι Bb) | μεικρον B* (μικρ. Bb) ‖ 26 θλειψεως B* (θλιψ. Bb) ‖ 28 ηξι א* (-ξει אc.b) ‖ 29 ληψεται Bb ‖ 32 παρακαλειται bis Q* (-τε Qa) παρακαλειται (2°) א* (παρακαλειται אc.b) | μιναι א* (μειν. אc.b) | χειρει א ‖ 33 υβρι א ‖ 34 μαχερα א
XI 1 αναβησαιται A* (-σεται AΓ) ‖ 3 λαλειαν A | ελεξει א* (ελεγξει אc.b) ‖ 4 κρινι א* (-νει אc.b) | ταπινω אA | παταξι א* (-ξει אc.b) | χιλεων א | ανελι א* (-λει אc.b) ‖ 6 παρδαλεις א* (-λις אc.b) | πεδιον א (item 8) | μεικρον B* (μικρ. Bab) ‖ 7 πεδια א ‖ 8 χιρα א* (χειρ. אc.b): item 11 (χειρ. אc.a) ‖ 9 κατακαλυψε א ‖ 10 αρχιν א* (-χειν אc.b) | εστε (2°) א* (-σται אc.a): item 16 (2°) (-σται אc.b) | αναπαυσεις B* (-σις Bab) ‖ 11 εστε א | εκινη א* (-κειν. אc.a) | διξε א* διξαι אc.a Q* (δειξαι Qa) | ζηλωσε א* (ζηλωσαι אc.a) | καταλιφθεν אQ* (-λειφθεν Qa) | καταλιφθη אQ* (σημειον Qa) ‖ 13 αφερεθησεται B* (αφαιρ. Bab) א | ζηλωσι א | θλειψει Β ‖ 15 ερημωσι א | επιβαλι א* (-λει אc.b) | βιεω א* (βιαιω אc.a, c.b) | υποδημασι Bb ‖ 16 καταλιφθεντι B*Q* (καταλειφθ. BabQa) Γ
XII 1 εκινη א* (-κεινη אc.b) | ωργεισθης א ‖ 2 εσομε א* (-μαι אc.b) |

ενεσεις א* (ε 3º cum punct: αινεσις אc) || 4 υμνιτε א υμνειται Q* (-τε Qa) | μιμνισκεσθε Γ || 6 ευφραινεσθαι א | εμμεσω ΑΓ
XIII 2 παιδινου Α | σημιον אAQ* (σημειον Qa) | αυτοις Bb | χιρι א* (χειρ. אc.b) || 3 πληρωσε א* (-σαι אc.b) || 4 εντεταλτε א* (-λται אc.b) | εθνι א* (-νει אc.b) | οπλωμαχω Γ? || 5 καταφθιραι Γ || 6 ολολυζεται Q* (-τε Qa) || 7 διλιασει B*Q* (δειλ. BabQa) אΑΓ || 8 ωδεινες B* (ωδιν. Bb) Γ | γυνεκος א* (γυναικ. אc.b) || 9 ανειατος B* (ανιατ. Bb) | θεινε א || 10 δωσι א* (-σει אc.b) || 11 ασεβεσι Bb | υβρειν (1º) א | υβι| (2º) א* (υβριν אc) | ταπινωσω א* (ταπειν. אc.b) || 12 χρυσειον Α || 13 σισθησεται אQ* (σεισθ. Qa) || 15 εισι Bb | μαχερα א || 17 επεγιρω א* (-γειρω אc.b) | λογειζονται א | χριαν אQ* (χρειαν Qa) | εχουσι Bb || 18 συντρειψουσιν B* (συντριψουσι Bb) | ελεησοσειν א || 19 καλιται א* (καλειται אc.b) καλειτε Α || 20 ποιμαινες ΑQ* (ποιμεν. Qa) Γ | 21 αναπαυσοντε (1º) א* (-νται אc.b) | εκι (2º) א* (-κει אc.b) | σιρηνες Γ | δεμονια א* (δαιμ. אc.a, c.b) || 22 κατοικησουσι Bb | εχεινοι B* (εχιν. Bb) א
XIV 1 ελεησι א* (-σει אc.b) | κυριος] πιπι Qmg (item 22 bis, 24, 26, 32) | αναπαυσοντε א* (-ται אc.b) || 2 κατακληρονομησουσι Bb | εχμαλωτοι א* (αιχμ. אc.b) || 3 εστε א* (-σται אc.b): item 19 | εκινη א* (-κειν. אc.b) || 4 ληψη Bb | αναπεπαυτε (1º) א | απετων א* (απαιτ. אc.b) || 5 συνετρειψιν B* (-τριψεν Bb) || 6 ανειατω B* (ανιατ. Bb) | εφισατο אQ* (-φεισ. Qa) || 9 συναντισας Γ | εγιραντες א* (εγειρ. אc.b) | βασιλις א* (-λεις אc.b) || 10 ημειν B* (ημιν Bb) א || 11 στρωσουσι Bb | κατακατακαλυμμα Γ* || 13 ορι א || 15 θεμελεια Α || 16 ειδοντες א | σιων אQ* (σειων Qa) || 17 καθειλε Bb καθιλεν א | ελυσε Bb || 19 ρηφηση א* (ριφ. א?) | μαχεραις א μαχαιρες Γ | καταβενοντων א* (-βαιν. אc.b) | εματι א* (αιμ. אc.b) || 20 μινης א* (μειν. אc.b) || 21 αναστωσι Bb αναστωσειν א* (-σιν אc.b) | κληρονομησωσι Bb || 23 εχεινους B* (εχιν. Bb) אΑ || 24 βεβουλευμε א* (-μαι אc.b) | μενι א* (-νει אc.b) || 25 απολεσε א | αφερεθησεται (1º) B*א* (αφαιρ. Babאc.b) || 26 βεβουλευτε א* (-ται אc.b) || 29 συνετρειβη B* (-τριβη Bb) | πεοντος א* (παι. אc.a, c.b) || 30 ιρηνης B*א* (ειρηνης Bab אc.b) | ανελι (1º) א* (-λει אc.b) | λειμω B* (λιμ. Bb) || 31 ερχετε א* (-ται אc.b) | ιναι א* (ειναι אc.b) || 32 ταπινοι א* (ταπειν. אc.b)
XV 1 απολιται bis א* (απολειται אc.b): item 2 | τιχος א*Α* (τειχ. אc.bΑa?) || 2 λυπισθε א* (λυπεισθε אc.b) λυπεισθαι Γ | εκι א* (-κει אc.b) | αναβησεσθαι אc.b ΑQ*vid (-σθε Qa) Γ | κλεειν א* (κλαι. אc.b) Γ | βραχειονες B* (βραχιονες Bb) || 3 τες (1º) א* (ταις אc.a, c.b) | πλατειες א* (πλατειαις אc.b) | πλατιαις ΑQ* (-τειαις Qa) | περιζωσασθαι Γ | κοπτεσθαι Α | ολολυζεται Γ* (-λυζετε Γt(vid)) || 5 εστι Bb? | κλεοντες א* (κλαιοντες אc.b) | σισμος Q* (σεισμ. Qa) || 6 εκλιψει B*Q* (-λειψ. BabQa) אΑΓ || 7 μελλι א* (μελλει אc.b) || 9 εματος א* (αιμ. אc.a, c.b)
XVI 2 πετινου א | επειτα δε Qa | πλιονα אQ* (πλειονα Qa) || 3 ποιει τε Bb | εμμεσημβρινη א εν μεσιμβρηνη Α || 4 παροικησουσι Bb || 5 καθειτε ΑΓ || 7 ολολυξι א* (-ξει אc.b) | Μωαβειτιδει Β | μελετησις Q || 8 παιδια B*bQ*vid (πεδ. BaQa) Α | καταπεινοντες Β | καταπατησεται Bb | συναψηται Γ | πλανηθητε Bb | ενκατελιφθησαν א εγκατελιφθησαν Q* (εγκατελειφθ. Qa) || 10 πεπαυτε א* (-ται אc.b) || 11 τιχος א*Q* (τειχ. אc.bQa) Α | ενεκενισας אΑ || 12 χιροποιητα א* (χειρ. אc.b) | προσενιξασθε B* (-σθαι Bab) | δυνητε Γ || 14 καταλιφθησεται B*Q* (καταλειφθ. BabQa) א
XVII 2 εστε א (item 4) || 3 βασιλια Q* (-λεια Qa) | βελτειων B* (-τιων Bb) || 4 εκινη א* (-κειν. אc.b): item 7, 9 | εκλιψις אQ* (εκλειψις

ΗΣΑΙΑΣ

Qª) Γ εκλιψεις A | σισθησεται Q*
(σεισθ. Qª) Γ || 5 φαραγγη Γ ||
6 καταλιφθη (1°) B* (-λειφθ. Bªᵇ)
Q* (1°) (-λειφθ. Qª) ℵ (bis) | τρις
Bℵ Q* (τρεις Qª) || 8 χιρων ℵ* (χειρ.
ℵᶜ·ᵇ) || 9 ε ℵ* (αι ℵᶜ·ᵃ,ᶜ·ᵇ) | πρωσ-
ωπου ℵ || 11 σπιρης ℵ* (σπειρ. ℵᶜ·ᵇ)
σπηρης Γ' || 12 κυμενουσα ℵ | ταραχ-
θησεσθαι ℵAQ* (-σθε Qª) Γ' || 13 κα-
τεγεις ℵ | φαιρουσα ℵ
XVIII 2 επεκινα ℵ* (-κειν. ℵᶜ·ᵇ) ||
3 σημιον ℵQ* (-μειον Qª) || 4 πολι
ℵ || 5 ομφακειζουσα ℵ | αφελι ℵ*
(-λει ℵᶜ·ᵇ) | μεικρα B* (μικρ. Bᵇ) ||
6 καταλιψει B*Q* (-λειψ. Bªᵇ Qª)
ℵ | πετινοις ℵ | πετινα ℵ || 7 εκινω
ℵ* (-κειν. ℵᶜ·ᵇ) | τεθλειμμενου Q*
(τεθλιμμ. Qª) | μερι ℵ* (-ρει ℵᶜ·ᵇ)
XIX 1 ηξι ℵ* (-ξει ℵᶜ·ᵇ) | σισθη-
σεται ℵQ* (σεισθ. Qª) | χιροποιητα
ℵ* (χειροπ. ℵᶜ·ᵇ) || 2 αιπ ℵ* (επ
ℵᶜ·ᵃ,ᶜ·ᵇ): item 12 | Εγυπτιους ℵ*
(Αιγ. ℵᶜ·ᵃ,ᶜ·ᵇ) | πολεμησι ℵ* (-σει
ℵᶜ·ᵇ) | πολεις B* (-λις Bªᵇ): item 18
bis | πολειν B* (-λιν Bᵇ) || 4 χιρας
ℵ* (χειρ. ℵᶜ·ᵇ) || 5 εκλιψι ℵ* (-ψει
ℵᶜ·ᵇ) εκλιψει AQ* (εκλειψ. Qª) Γ' ||
6 εκλιψουσιν ℵAQ* (εκλειψ. Qª) Γ' |
ελι ℵ* (-λει ℵᶜ·ᵇ) || 8 αμφιβολις ℵ*
(-λεις ℵᶜ·ᵇ) || 9 εσχυνη ℵ* (αισχυνη
ℵᶜ·ᵇ) || 10 ποιουνταις ℵ* (-τες ℵᶜ·ᵇ) ||
11 εριται ℵ* (-ρειτ. ℵᶜ·ᵇ) | ημις ℵ*
(-μεις ℵᶜ·ᵇ) || 12 εισι Bᵇ | βεβουλευτε
ℵ || 13 αρχονταις bis ℵ* (αρχοντες
ℵᶜ·ᵃ,ᶜ·ᵇ) || 14 πλανατε ℵ | αιμων Q (ι
superscr) Γ' || 15 κε (1°) ℵ* (και
ℵᶜ·ᵃ,ᶜ·ᵇ) | ποιησι ℵ* (-σει ℵᶜ·ᵇ) |
κφαλην ℵ* (κεφ. ℵᶜ·ᵇ) || 16 εκινη ℵ*
(-κειν. ℵᶜ·ᵇ): item 18, 19, 21, 23, 24 |
γυνεκες ℵ | χιρος ℵ* (χειρ. ℵᶜ·ᵇ) | επι-
βαλι ℵ* (-λει ℵᶜ·ᵇ) || 18 εσοντε ℵ*
(εσονται ℵᶜ·ᵇ) | ομνυντες Bᵇ | πολις
(2°)] πολεις ℵ* (-λις ℵ?) || 18, 19 non
dist B || 19 εστε ℵ* (-σται ℵᶜ·ᵇ: item
23): item 24 εστε ℵ || 20 σημιον Q*
(σημειον Qª) | θλειβοντας A | απο-
στελι ℵ* (-λει ℵᶜ·ᵇ) || 21 Εγυπτιοις
ℵ* (Αιγ. ℵᶜ·ᵃ,ᶜ·ᵇ) | ποιησουσι Bᵇ |
αποδωσουσι Bᵇ || 22 παταξι ℵ* (-ξει
ℵᶜ·ᵇ) | ειασεται ℵ || 23 εισελευσοντε
ℵ* (-νται ℵᶜ·ᵇ)

XX 2 υπολυσε ℵ* (-σαι ℵᶜ·ᵇ) ||
3 πεπορευτε ℵ* (-ται ℵᶜ·ᵇ) | εστε ℵ*
(-σται ℵᶜ·ᵇ) | σημια Q* (-μεια Qª) ||
5 εσχυνθησονται ℵ* (αισχ. ℵᶜ·ᵇ) |
ηττηθενταις ℵ* (-τες ℵᶜ·ᵇ) || 6 εκινη
ℵ* (-κειν. ℵᶜ·ᵇ) | ημις ℵ* (-μεις ℵᶜ·ᵇ)
XXI 1 κατεγις ℵ || 2 αθετι ℵ*
(-τει ℵᶜ·ᵇ) | ανομι ℵ* (-μει ℵᶜ·ᵇ) ||
3 ωδεινες B* (ωδιν. Bᵇ) Γ' | ακουσε
ℵ* (-σαι ℵᶜ·ᵇ) | βλεπιν ℵ* (-πειν
ℵᶜ·ᵇ) || 5 φαγεται ℵ | πειεται ℵ |
αρχονταις ℵ* (-ντες ℵᶜ·ᵇ) | θυραιους
Q* vid (θυρεους Qª) || 6 ειπε Bᵇ | ιδεις
Γ' || 7 ιππις ℵ* (-πεις ℵᶜ·ᵇ) | κε (3°)
ℵ* (και ℵᶜ) | αναναβατην (2°) ℵ |
ακροασε ℵ* (-σαι ℵᶜ·ᵇ) || 9 ειδου ℵ*
(ιδ. ℵᶜ) | χιροποιητα ℵ* (χειρ. ℵᶜ·ᵇ) ||
10 ανηνγειλεν inst ℵ || 11 καλι ℵ*
(-λει ℵᶜ·ᵇ) || 12 ζητι ℵ* (-τει ℵᶜ·ᵇ) ||
14 διψωντει ℵ* (-τι ℵ?) | φαιρετε A
φερετ, Γ | συναντατai Γ | φευγουσι
Bᵇ || 16 εκλιψει B* (-λειψ. Bªᵇ) AΓ'
εκλιψι ℵ* (-ψει ℵᶜ·ᵃ,ᵈ·ᵃ)
XXII 1 ματεα ℵ || 2 σου (2°)] ο
ου ℵᵈ·ᵃ (corr σου) || 3 αρχονταις ℵ |
ισχυονταις ℵ | πεφευγασι (2°) Bᵇ ||
4 μο ℵ* (μου ℵᶜ·ᵃ) || 5 φαραγγει B*
(-γγι Bªᵇ) | μεικρου B* (μικρ. Bᵇ):
item 24 (μικρ. Bªᵇ) | επει B* (επι
Bᵇ) || 6 αναβατε ℵ* (-ται ℵᶜ·ᵇ) |
συναγωγῇ Bᵇ || 7 ιππις ℵ* (-ππεις
ℵᶜ·ᵇ) || 8 εμβλεψοντε ℵ* (-νται ℵᶜ·ᵇ) |
εκινη ℵ* (-κειν. ℵᶜ·ᵇ): item 12, 20,
25 || 9 πλιους ℵ | αρχεας ℵ (item
11) | κολυμβιθρας Γ || 10 τιχους ℵ*
(τειχ. ℵᶜ·ᵇ) | πολι ℵ || 11 κτεισα͞ιτα
A || 13 θυονταις ℵ* (-ντες ℵᶜ·ᵃ,ᶜ·ᵇ) ||
14 υμειν B* (-μιν Bᵇ) | αποθανηται
ℵ || 16 μνημιον (1°) ℵQ* (-μειον
Qª): (2°) ℵᶜ·ᵃ || 17 εκτρειψει B*
(εκτριψει Bᵇ) εκτριψι ℵ* (εκτριψει
ℵᶜ·ᵇ) | αφελι ℵ* (αφελει ℵᶜ·ᵇ) ||
18 ρειψει B* (ριψ. Bᵇ) ρηψει ℵ*
(ριψ. ℵ?) | εκι ℵ* (εκει ℵᶜ·ᵇ) |
θησι ℵ* (-σει ℵᶜ·ᵇ) | ατειμιαν B*
(ατιμ. Bᵇ) || 20 εστε ℵ (item 21,
24) | πεδα ℵ || 21 χιρας ℵ* (χειρ.
ℵᶜ·ᵇ) || 22 κλισει A || 24 κε (2°) ℵ*
(και ℵᶜ·ᵃ (vid), ᶜ·ᵇ) | 25 κεινηθησεται
B* (κιν. Bᵇ) ℵAΓ' | αφερεθησεται B*
(αφαιρ. Bªᵇ)

851

ΗΣΑΙΑΣ [APP.

XXIII 1 ολολυ..ται Γ ‖ 2 ενοικουνταις ℵ ‖ 4 εσχυνθητι ℵ* (αισχ. ℵc.b) | ωδεινον B* (-διν. Bb) ℵc.b ‖ 7 ουκ ℵ ‖ 8 ισχυι Q* vid (-υει Qa): item 11 ℵc (?b) Q* (-υει Qa) ΑΓ ‖ 9 ατειμασαι B* (ατιμ. Bb) ατιμασε ℵ* (-σαι ℵc.b) ‖ 11 χιρ ℵ* (χειρ ℵc (?b)) | ενετιλατο B* ℵ* (ενετειλ. Bab ℵc (?b)) | απολεσε ℵ* (απολεσαι ℵc (?b)) ‖ 12 εκι ℵ* (εκει ℵc.b) | αναπαυσεις B* (-σις Bab) A ‖ 15 εστε ter ℵ* (-σται ℵc.b): item 16: item 18 εστε ℵ | εκινη ℵ* (εκειν. ℵc.b) | καταλιφθησεται ℵQ* vid (καταλειφθησεται Qa) Γ ‖ 16 μνια ℵAQ* (μνεια Qa) | αρχεον ℵ ‖ 17 βασιλιαις Q* (-λειαις Qa) ‖ 18 εμπορεια (2°) B* (-ρια Bb) | εμπλησθηνε ℵ* (-ναι ℵc.b)

XXIV 1 καταφθιρι ℵ* (-φθειρει ℵc.b) | ερημωσι ℵ* (-σει ℵc.b) | ανακαλυψι ℵ* (-ψει ℵc.b) | διασπερι ℵ* (-ρει ℵc.b) ‖ 2 εστε bis ℵ* (-σται ℵc.b): item 15 (1°), 18 | θεραπενα ℵ* (-παινα ℵc.b) | οφιλι ℵ* (οφιλει ℵc.b) ‖ 6 εδετε B* (-ται Bab) ℵ | κατοικουνταις ℵ* (-ντες ℵc.b) | καταλιφθησονται ℵQ* (-λειφθ. Qa): item 12 ℵQ*Γ ‖ 7 πενθησι bis ℵ* (-σει ℵc.b) | ευφρενομενοι ℵ ‖ 8 πεπαυτε ter ℵ* (-ται ℵc.b): item 11 ‖ 9 πινουσειν ℵ* (-σιν ℵc) πιννουσιν (ν superscr) Qa ‖ 10 πολεις B* (-λις Bab) | κλισι ℵ* κλισει ℵc.b AQ* (κλεισει Qa) ‖ 11 ολολυζεται ℵc.b) ‖ 13 εμμεσω ΑΓ | παυσητε ℵ* (-ται ℵc.b) A ‖ 14 καταλιφθεντες ℵQ* (-λειφθ. Qa) Γ ‖ 17 παγεις ℵ* (-γις ℵc) ‖ 18 εμπεσιται ℵ* (-σειται ℵc.b) | σισθησεται ℵQ* (σεισθ. Qa) Γ' (item 20) | [θεμε]λεια Γ ‖ 19 ταραχθησετε ℵ* (-ται ℵc.b) ‖ 20 εκλινεν ΑΓ | σισθησετε ℵ* (-ται ℵc.b) | οπωροφυλακειον Qa οποροφυλακιον Γ | πεσειτε B* (-ται Bab) πεσιται ℵ* (-πεσειται ℵc.b) ‖ 21 επαξι ℵ* (-ξει ℵc.b) | 22 αποκλισουσιν ℵQ* (αποκλεισουσιν Qa) ‖ 23 πληνf[θος] Γ | πεσιτε ℵ* (-σειται ℵc.b) πεσειτε A | τιχος ℵ

XXV 1 αρχεαν ℵ* (-χαιαν ℵc.b) | αληθεινην B* (-θινην Bb) A ‖ 2 πολεις (2°)] πολις Q* (-λεις Qa): item 3 | πεσιν Q* (-σειν Qa) | θεμελεια B* (-λια Bb) ‖ 3 ευλογησι ℵ* (ευλογησει ℵc.b) ‖ 4 πολι ℵΓ* (-λει Γ¹) | ε]διαν ℵ* ενδιαν ℵc.a Q* (ενδειαν Qa) ‖ 6 ποιησι ℵ* (ποιησει ℵc.b) ‖ 7 χρεισονται B* (χρισ. Bb) A | ορι ℵ* (-ρει ℵc.b) ‖ 8 αφειλε (1°) Bb αφιλεν bis ℵ* (αφειλ. ℵc.b) | ονιδος ℵ ‖ 9 ερουσι Bb | εκινη ℵ* (-κειν. ℵc.b) | ακαλλιωμεθα ℵ* (αγ. ℵc.a,c.b) ‖ 10 δωσι ℵ* (δωσει ℵc.b) ‖ 11 χιρας bis ℵ* (χειρ. ℵc.b) | εταπινωσεν ℵ* (-πειν. ℵc.b) | ταπινωσι ℵ* (-πειν. ℵc.b) ‖ 12 ταπινωσει ℵ* (-πειν. ℵc.b)

XXVI 1 εκινη ℵ* (-κειν. ℵc.b) | πολεις A | θησι ℵ* (-σει ℵc.b) | τιχος ℵQ* (τειχ. Qa) | περι τείχος Bb περιτιχος ℵQ* (-τειχ. Qa) ‖ 3 ιρηνην B* ℵ* (ειρ. Bab ℵc.b): item 12 ‖ 4 εωνιος ℵ* (αιων. ℵc.b) ‖ 5 ταπινωσας ℵ* (-πειν. ℵc.b) | καταξις ℵ* (-ξεις ℵc) | αιως ℵ* (εως ℵc) ‖ 6 ταπινων ℵ* (-πειν. ℵc.b) ‖ 7 ευθια ℵ ‖ 8 κρισεις ℵ* (-σις ℵc.b) A | μνια ℵQ* (μνεια Qa) ‖ 10 πεπαυτε ℵ* ℵ* (-ται Bac ℵc.b) | εινα ℵ* (ινα ℵc) ‖ 11 βραχειων B* (-χιων Bb) | ηδισαν ℵ | ληψεται Bb ληψετε ℵ* (-ται ℵc.b) | απεδευτον ℵ* (απαιδ. ℵc.b) ‖ 13 κτησε ℵ* (-σαι ℵc.b) ‖ 14 αναστησουσι Bb ‖ 16 μεικρα B* (μικρ. Bb) ℵ: item 20 μεικρον B* (μικρ. Bb) | παιδιά Bb ‖ 17 ωδεινουσα B* (ωδιν. Bb) Γ | εγγιεζει ℵA | ωδεινι B* (ωδιν. Bb) Γ' ωδινει Q* (-νι Qa) ‖ 18 εγγαστρι A | ωδεινησαμεν B* (ωδιν. Bb) Γ' | πεσουντε B* (-νται Bab) | ενοικουνταις ℵ* (-ντες ℵc.b) ‖ 19 εγερθησοντε ℵ* (-σονται ℵc.b) | μνημιοις B*Q* (-μειοις Bab Qa) ℵ | ειαμα B* (ιαμα Bab) | πεσιται ℵ* (πεσειται ℵc.b) ‖ 20 αποκλισον ℵAQ* (-κλεισ. Qa) ‖ 21 ανακαλυψι ℵ* (ανακαλυψει ℵc.b)

XXVII 1 εκινη ℵ* (-κειν. ℵc.b): item 2, 13 | επαξι ℵ* (-ξει ℵc.b) | μαχεραν ℵ* (-χαιρ. ℵc.b) | ανελι ℵ* (-λει ℵc.b) ‖ 3 πεσιται ℵ | τιχος ℵ ‖ 4 θησι ℵ* (-σει ℵc.b) | φυλασσιν ℵQ* (-σσειν Qa) | εποιησε Bb ‖ 5 ιρηνην

[APP.] ΗΣΑΙΑΣ

ℵ* (ειρ. ℵc.b) ‖ 7 επαταξε Bb | ανιλεν ℵ* (ανειλ. ℵc.b) | ανερεθησεται B*ℵ* (αναιρ. Ba†b ℵc.b) Γ' ‖ 8 ονιδιζων B* (ονειδ. Ba†b) ℵ | ανελιν ℵ* (-λειν ℵc.b) αναιλειν A ‖ 9 αφερεθησεται ℵ* (αφαιρ. ℵc.b) | αφελωμε ℵ* (-μαι ℵc.b) | κατακεκομενους Q* (μ superscr Qa) | μννη ℵ* (μεινη ℵc.b) | ιδωλα ℵ ‖ 10 ανιμενον ℵ | εστε bis ℵ* (-σται ℵc.b): item 11, 12, 13 | εκι ℵ* (-κει ℵc.b) ‖ 11 γυναικαις ℵ* (-κες ℵc.b) | δευται ℵ | οικτιρησει ℵ ‖ 12 υμις ℵ* (-μεις ℵc.b) | συναγαγεται ℵ ‖ 13 σαλπιγγει ℵA

XXVIII 1 μεθυονταις ℵ* (-θυοντες ℵc.b) ‖ 2 ποιησι ℵ* (-σει ℵc.b) ‖ 4 εστε ℵ* (-σται ℵc.b): item 5, 13, 19 | ειδῶ| ℵ | θελησι ℵ* (-σει ℵc.b) ‖ 5 εκινη ℵ* (-κειν. ℵc.b) | καταλιφθεντι ℵQ* (-λειφθ. Qa) ‖ 6 καταλιφθησονται Q* (καταλειφθ. Qa) | κρεισιν B* (κρισ. Bab) | ανελιν ℵ* (-λειν ℵc.b) αναιλειν A ‖ 7 σικαιρα (1ο) ℵ* (σικερα ℵc.a, c.b) | εσισθησαν ℵQ* (εσεισθησαν Qa) Γ' ‖ 8 εδετε ℵ ‖ 9 αγγελειᾷ| A ‖ 10 θλιεψειν bis B* (θλειψιν Ba θλιψιν Bb) | μεικρον bis B* (μικρ. Bb): item 13 (1ο) ‖ 11 χιλεων ℵ ‖ 12 πινωντι A | 13 θλιψεις επι θλιψεν (sic) ℵ* θλιψις (ℵc.b) ε. θλιψειν (ℵc.a vid -ψιν ℵc.b) | πορευσουσι Bb | κινδυνευσουσι Bb ‖ 14 ακουσαται A | αρχονταις ℵ* (-ντες ℵc.b) ‖ 15 κατεγεις ℵ* (κατεγις ℵc.b): item 17, 18 | ψευδι ℵ* (ψευδει ℵc.b): item 17 ‖ 16 εντειμον B* (-τιμ. Bb) | κατεσχυνθη ℵ* (καταισχ. ℵc.b) ‖ 17 κρισειν ℵ* (-σιν ℵc.b) ‖ 18 εσεσθαι ℵA ‖ 19 ληψεται Bb | μαθεται ℵ ‖ 21 φαραγγει ℵ ‖ 22 υμις ℵ* (-μεις ℵc.b) | ευφρανθιηται ℵ -θιητε A ‖ 23 ενωτιζεσθαι ℵ | ακουεται bis ℵ | προσεχεται ℵ ‖ 25 σπιρι (1ο) ℵ σπιρει A σπιρει (2ο) ℵΓ* (σπειρ. Γ1) | μεικρον B* (μικρ. Ba) | κυμεινον B* (κυμιν. Bb): item 27 bis ‖ 26 πεδευθησ. ℵ* (παιδ. ℵc.b) ‖ 27 καθεγεται ℵ* (καθαιρ. ℵc.b) καθαιρετε A | περιαξι ℵ* (-ξει ℵc.b) ‖ 28 καταπατησι ℵ* (-σει ℵc.b) ‖ 29 εξηλθε Bb | βουλευσασθαι ℵA | ματεαν ℵ

XXIX 1 πολεις B* (-λις Bab) | συναγαγεται ℵ* (-τε ℵc.b) | ενιατον (1ο) Γ | φαγεσθαι (2ο) A ‖ 2 εστε ℵ* (-σται ℵc.b): item 5 (2ο), 7, 8, 15: item 11 εστε ℵ* ‖ 4 ταπινωθησονται ℵ* (ταπειν. ℵc.b) | φωνοῦ|ταις ℵ* (-τες ℵc.b) ‖ 6 σισμου ℵQ* (σεισ. Qa) Γ | κατεγεις ℵ* (-γις ℵc.b) | καταισθιουσα AQ* (κατεσθ. Qa) ‖ 8 πεινοντες B* (πιν. Bb) ℵc.b Qa | εσθονταις ℵ* (-ντες ℵc.b) | ενυπνιαζετε A | πεινων B* (πιν. Bb) πιννων (ν superscr) Qa | καινον ℵA ‖ 9 εκλυθηται ℵ | εστηται ℵ* (εκστηται ℵc.b) | κρεπαλησατε ℵAΓ | σικαιρα ℵ* (σικερα ℵc.a, c.b) ‖ 10 καμμυσι ℵ | κριπτα ℵ* vid (κρυπτα ℵ?) ‖ 11 δωσειν ℵ* (ε cum punct δωσιν ℵc.b) | γραματα ℵ* (γραμματα ℵ1 fort, c.a) | λεγονταις ℵ* (-ντες ℵc.a, c.b) | ερι ℵ* (-ρει ℵc.b): item 12 bis: item 16 ερι ℵ* (-ρει ℵc.a) | εσφραγεισται ℵ ‖ 12 χιρας ℵ* (χειρ. ℵc.b) | αιπισταμαι ℵ* (επ. ℵc.b) ‖ 13 εγγιεζει ℵ εγγιζη Γ' | ουτος] οντος B* vid | χιλεσιν ℵ* (χειλ. ℵc.b) | απεχι ℵ* (απεχει ℵc.b) | διδασκονταις ℵ* (-ντες ℵc.b) | διδασκαλειας AΓ ‖ 14 μεταβινε ℵ* (μεταθειναι ℵc.b) μεταθηναι Γ ‖ 15 ποιουνταις ℵ* (-ντες ℵc.b) | σκοτι B* (-τει Bab) ℵΖΓ: item 18 σκοτι ℵ | ερουσι Bb | ημιν ℵ* (ημεις ℵc.b) ‖ 16 πηλοε (sic) ℵ* vid (-λος ℵ1?) | λογισθησεσθαι AZ ‖ 17 μεικρον B* (μικρον Bab) | λογεισθησεται ℵ* (ε cum punct λογισθ. ℵc.b) ‖ 18 εκινη ℵ* (-κειν. ℵc.b) ‖ 21 ποιουνταις ℵ*(?) (-ντες ℵc.a, c.b) | αμαρτιν ℵ ‖ 22 εσχυνθησεται ℵ* (αισχ. ℵc.b) ‖ 24 γογγυζονταις ℵ* (-ντες ℵc.b) | ε (1ο) ℵ* (αι ℵc.b) | λαλιν ℵ* (-λειν ℵc.b) | ιρηνην ℵ* (ειρ. ℵc.b)

XXX 2 εμαι ℵ* (εμε ℵc.a, c.b) ‖ 5 κοπιασουσι Bb | ονιδος ℵ ‖ 6 (tit) ορασεις A ‖ 7 ματεα bis ℵ (item 15, 28) | παρακλησεις A ‖ 8 πυξειον B* (-ξιον Bb) ‖ 9 απιθης ℵ ‖ 10 λεγονταις ℵ* (-ντες ℵc.b) | αναγγελλεται (1ο) ℵ (2ο) A | ορωσι Bb | λαλιται bis ℵ λαλειται (1ο) Q* (-τε Qa) ‖ 11 αφελεται (1ο) B* (-τε Bab) (2ο) ℵ ‖ 12 ηπιθησατε ℵ | ψευδι ℵ* (-δει

ΗΣΑΙΑΣ [APP.

א^(c.b)) || 13 εστε א* (-σται א^(c.b)): item 23 (2°), 26 bis: item 14, 32 εστε א | τιχος א || 14 ευριν א* (-ρειν א^(c.b)) | μεικρον B* (μικρ. B^(ab)) || 15 αποστραφις א* (-φεις א^(c.b)) | επεποιθις א* (-θεις א^(c.b)) | ματεοις א || 16 φευξεσθαι אA | διωκονταις א* (-κοντες א^(c.b)) || 17 καταλιφθητε B* א* Q* (-λειφθ. B^(ab) Q^a) καταλειφθηται א^(c.b) | σημεαν B* (-μαιαν B^(ab)) אA || 18 μενι א | οικτηρησαι Γ | ελεησε א* (-σαι א^(c.b)) || 19 μαι א | ελεησι א* (-σει א^(c.b)) | επηκουσε B^b || 20 δωσι א* (-σει א^(c.b)) | εγγισωσειν א (ε 2° cum punct) εγγεισωσιν A || 22 ιδωλα א | ωσις א || 23 πλησμονῆ B^b | εκινη א* (-κειν. א^(c.b)): item 25 | πειονα B* (πιον. B^b) || 27 εδετε B* (-ται B^(ab)) א^(d.a) || 28 φαραγγει אO | διερεθησεται אA | διοξεται א^(d.a) | πλανησεις B* א* (πλανησις B^(ab) א^(c, d.a)) A || 29 δι᾽ υμας B^b | ευφραινεσθε B^(ab) | εισπορευεσθε B^(ab) | ευφρενομενους א* (ευφραιν. א^(c.b)) || 30 βραχειονος B* (-χιον. B^b) | διξε א* (-ξαι א^(c.b)) | καταισθιουσης AQ | καιραυνωσι א* (κεραυνωσι א^(c.b)) || 33 θιου B^b אQ* (θειου B* Q^a)

XXXI 1 καταβενονταις א* (καταβαινονταις א^(c.b)) | πεποιθοταις (1°) א* (-τες א^(c.b)) || 2 ματεαν א* (ματαιαν א^(c.a, c.b)) || 3 ετιν א* (εστιν א^(c.a, c.b)) | επαξι א* (-ξει א^(c.b)) | χιρα א* (χειρ. א^(c.b)) | βοηθουνταις א* (-ντες א^(c.b)) || 4 ειπε B^b | λεον א* (λεων א^(c.a, c.b)) | επειστρατευσε א* (-σαι א^(c.b)) || 5 εξελιται א εξελειτε A || 6 επιστραφηται א | βαθιαν אQ* (-θειαν Q^a) || 7 εκινη א* (-κειν. א^(c.b)) | απαρνησονυτε א* (-σονται א^(c.b)) | χιροποιητα (1°) א* (χειρ. א^(c.b)) || 8 πεσιτε א* (πεσειται א^(c.b)) | μαχαιρα bis B^b μαχερα bis א | μαχερας א || 9 περηλημφθησονται א* (περιλ. א^c) | χαρακει א | εχι א* (-χει א^(c.b)) | οικιους אQ* (-κειους Q^a)

XXXII 1 βασιλευσι א* (-λευσει א^(c.b, d.a)) | αρξουσι B^b || 2 εστε א* (-σται א^(c.b)): item 15, 17 εστε א | Σιων B^b || 3 ουκαιτι א* (-ετι א^(c.b)) εσονται א* (-νται א^(c.b)): item 19 εσονται א | δωσουσι B^b || 4 ε (1°) א* (αι א^(c.a, c.b)): item 11, 14 ε (2°) א | γλωσσε א* (-σσαι א^(c.a, c.b)) | λαλι̃ᾳ א* (-λειν א^(c.b)) | ιρην. א* (ειρ. א^(c.b)): item 17 || 5 ιπωσιν (1°) א | υπηρετε א* (-ται א^(c.b)) | σειγα B* (σιγ. B^b) || 6 ματεα א* (-ταια א^(c.b)) | συντελιν א* (-λειν א^(c.b)) | διασπιρε א | πινωσας אA || 7 καταφθιρε א* (-φθειρε א^(c.b)) | ταπιν. bis א* (ταπειν. א^(c.b)) A || 8 μενι א* (-νει א^(c.b)) || 9 γυνεκες א* (-ναικ. א^c) | πλουσιε א* (-σιαι א^c) | ακουσαται A || 10 μνιαν אQ* (μνειαν Q^a) | πεπαυτε א* (-ται א^(c.b)) || 11 εκδυσασθαι א | γενεσθαι Q* vid (-σθε Q^a) | περιζωσασθαι א || 12 κοπτεσθαι אA || 14 σπηλεα א* (-λαια א^(c.b)) | ποιμαινων AQ || 15 λογεισθησεται א || 16 κατοικησι א* (-κησει א^(c.b)) || 17 κρατησι א* (-σει א^(c.b)) | πεποιθοταις א* (-τες א^(c.b)) | εωνος א* (αιων. א^(c.b)) || 18 πολι א | ενοικησι א* (-κησει א^(c.b)) || 19 αιφ א* (εφ א^(c.a, c.b)) | πεδειυη B* (-διυη B^b) παιδυη A || 20 σπιρονταις א* (-ντες א^(c.b))

XXXIII 1 ταλεπωρ. bis א* (ταλαιπ. א^(c.b)) | αθετουνταις א* (-ντες א^(c.b)) | ηματιω א* (ιματιω א^(c.a, c.b)) || 2 επει א | απιθουντων א* Q* (απειθουντων א^(c.b) Q^a) || 4 μεικρον B* (μικρ. B^(ab)): item 19 μεικρον B* (μικρ. B^b) | εμπεξουσιν א* Q* vid (εμπαιξουσιν Q^a) || 6 εισι B^b || 7 εφοβισθαι א* (εφοβεισθαι א^(c.b)) | κλεονταις א* (κλαιοντες א^(c.b)) | ιρηνην א* (ειρ. א^(c.b)) || 8 αιρημωθησονται A | πεπαυτε א* (-ται א^(c.b)) | ερεται א* (αιρ. א^(c.b)) || 9 εστε א || 10 αναστησομε א* (-μαι א^c.b)) || 11 οψεσθαι א | εσθηθησεσθαι א* | ματεα א || 12 εσοντε א | ερρειμμενη B* (ερριμμ. B^b) || 13 εγγειζονταις א* (-ντες א^(c.b)) || 14 ληψεται B^b | αναγγελι bis א* (-λει א^(c.b)) || 15 ευθιαν אQ* (-θειαν Q^a) | χιρας א* (χειρ. א^(c.b)) | αποσιομενος אAQ* (-σειομ. Q^a) | εινα (1°) א* (ινα א^(c.b)) || 16 σπηλεω א || 17 οψοντε א* (-νται א^(c.b)) || 18 μελετησι א* (-σει א^(c.b)) | συμβουλευονταις א* (-ντες א^(c.b)) || 19 ηδι א* (ηδει א^(c.b)) | συνεσεις A || 20 σισθωσιν

ΗΣΑΙΑΣ

ℵQ*vid (σεισθ. Qa) Γ | κεινηθωσιν B* (κιν. Bb) ℵ ‖ 21 εστε ℵ* (-σται ℵc.b) | πλατις ℵ* (-τεις ℵc.b) ‖ 23 εκλεινεν ΑΓ | αρι ℵ* (-ρει ℵc.b) | σημιον ℵQ* (-μειον Qa)

XXXIV 1 αρχο[ταις ℵ* (-ντες ℵc.b): item 12 ‖ 2 απολεσε ℵ* (-σαι ℵc.b) ‖ 3 ρηφησονται ℵ* (ριφ. ℵ1(?)) ‖ 4 [ε]ληγ[η]σεται Γ | πεσιται ℵ* (πεσειται ℵc.b) πεσειτε ΑΓ | πιπτι ℵ* (-πτει ℵc.b) ‖ 6 μαχερα ℵ* (-χαιρα ℵc.b) | κρειων B* (κρι. Bb) A: item 7 κρειοι B* (κρι. Bb) A ‖ 9 ε ℵ* (αι ℵc.a, c.b) | θιον Bb ℵQ* (θειον Qa) | εστε ℵ: item 13 ℵ* (*σται ℵc.b) ‖ 11 εχεινοι B* (εχιν. Bb) ℵ ‖ 13 αναφυσι ℵ* (-σει ℵc.b) | σιρηνων Γ ‖ 14 δεμονια ℵ* (δαιμ. ℵc.b) | ετερος] ε 2° sup ras B? | εκι ℵ* (-κει ℵc.b) : item 15 (1°) ‖ 15 εχεινος B* (εχιν. Bb) | πεδια ℵ ‖ 16 ενετιλατο ℵ* (-τειλ. ℵc.b) ‖ 17 επιβαλι ℵ* (-λει ℵc.b) | βοσκεσθε ℵ | κληρονομησεται ℵc.b | αναπαυσουντε ℵ* (-νται ℵc.b)

XXXV 1 ανθιτω B* (-θητω Bb?c?) ℵQ* (-θειτω Qa) ‖ 2 εξανθησι ℵ* (-σει ℵc.b) | οψετε ℵ* (-ται ℵc.b) ‖ 3 ανιμεναι ℵΑΓ ‖ 4 φοβισθε ℵ* (φοβεισθε ℵc.b) | ανταποδωσι ℵ* (-σει ℵc.b) ‖ 6 αλιτε ℵ* (αλειται ℵc.b) αλειτε Α ‖ 8 εστε bis ℵ* (-σται ℵc.b): item 9 | εκι ter ℵ* (-κει ℵc.b) : item 9 (1°) ‖ 10 ενεσεις ℵ* (ε (3°) cum punct αινεσις ℵc.b)

XXXVI 2 απεστιλεν ℵ* (-στειλ. ℵc.b) ‖ 4 λεγι ℵ* (-γει ℵc.b) ‖ 5 χιλεων ℵ* (χειλ. ℵc.b) | παραταξεις ℵΑ| γεινεται ℵΑ | απιθεις ℵQ* (απειθεις Qa) απειθις Γ' ‖ 6 ειδου ℵ* (ιδ. ℵ?) | καλαμεινην ℵ* (αμει sup ras ℵ1(?) -μινην ℵ?) | επιστηρηχθη Γ | χιρα ℵ* (χειρ. ℵc.b) ‖ 8 μιχθηται ℵ* (-τε ℵc.b) | δυνησεσθαι ℵΑ | δουνε ℵ* (-ναι ℵc.b) ‖ 9 δυνασθαι ℵc.b (sic) Α | αποστρεψε ℵ* (-ψαι ℵc.b) | οικετε ℵ* (-ται ℵc.a (vid), c.b) ‖ 11 πεδας ℵ* (παιδ. ℵc.b) | ημις ℵ* (-μεις ℵc.b) | λαλι ℵ* (-λει ℵc.b) | τιχι ℵ* (τειχει ℵc.b) τιχει Q* (τειχει Qa) ‖ 12 λαλησε ℵ* (-σαι ℵc.b) | τιχει Q* (τειχ. Qa) ‖ 14 ρυσασθε B*Q*vid (-σθαι BabQa) ‖ 15 πολεις Α | χιρι

ℵ* (χειρ. ℵc.b) ‖ 16 ακουεται ℵc.b | η ℵ* (ει ℵc.b) | βουλεσθαι ℵc.b | εκπορευεσθαι ℵ | φαγεσθαι ℵΑ ‖ 17 σειτου Β ℵ* (σιτ. ℵc.b) ‖ 18 χιρος ℵ* (χειρος ℵc.b): item 19, 20 bis ‖ 21 εσειωπησαν B* (εσιωπ. Bab) | ουδις ℵ* (-δεις ℵc.b) | προσταξε ℵ* (-ξαι ℵc.b) ‖ 22 κιτωνας ℵ* (χιτ. ℵc) χειτωνας Γ

XXXVII 1 κε (1°) ℵ* (και ℵc.a, c.b) | ακουσε ℵ* (-σαι ℵc.b) ‖ 2 απεστιλεν ℵ* (-στειλ. ℵc.b): item 4, 9, 17 | γραμματαια Α ‖ 3 θλειψεως Α | ονιδισμου ℵΑ | ηκι ℵ* (-κει ℵc.b) | ωδειν B* (ωδιν Bb) Ο | εχι ℵ* (-χει ℵc.b) | τεκει̃ ℵ* (-κειν ℵc.b) ‖ 4 εισακουσε ℵ* (-σαι ℵc.b) | ονιδιζειν (1°) Α (2°) ℵ ‖ 5 πεδες ℵ* (παιδ. ℵc.b) ‖ 6 εριται ℵ* ερειται ℵc.b (item 10) Α | ωνιδισαν ℵΑ ‖ 7 αγγελειαν Α | πεσιτε ℵ* (πεσειται ℵc.b) | μαχερα ℵ ‖ 8 απεστρεψε Bb (item 9) | κατελαβε Bb | βασιλε|λεα Β (sic) ‖ 9 εξηλθε Bb | πολιορκησε ℵ* (-σαι ℵc.b) ‖ 10 βασιλι ℵ* (-λει ℵc.b) ‖ 13 εισι Bb ‖ 17 κλεινον B* (κλιν. B?) | ονιδιζειν Α ‖ 19 ιδωλα ℵ | χιρων ℵ* (χειρ. ℵc.b vid) ‖ 20 χιρος ℵ* (χειρ. ℵc.b) | εινα ℵ* (ινα ℵc.b) ‖ 21 λεγι ℵ ‖ 22 καιφαλην ℵ* (κεφ. ℵc.a, c.b) | εκεινησεν B* (εκιν. Bb) ℵΑΟ ‖ 23 ωνιδισας ℵΑ: item 24 ℵ ‖ 24 πληθι ℵ* (-θει ℵc.b) ‖ 26 αρχεω| ℵ | επεδιξα ℵ*Q* (-δειξ. ℵc.bQa) ‖ 27 χιρας ℵ* (χειρ. ℵc.b) ‖ 28 ισοδον ℵ ‖ 29 φειμον B* (φιμ. Bb) | χαλεινον Ο | χιλη ℵ* (χειλ. ℵc.b) ‖ 30 σημιον ℵQ* (-μειον Qa) | σπιραντες ℵ | φυτευσαται ℵ ‖ 32 Σιων Bb | ποιησι ℵ* (-σει ℵc.b) ‖ 33 θυραιον Q* (-ρεον Qa) ‖ 35 σωσε ℵ* (-σαι ℵc.b) | πεδα ℵ* (παιδ. ℵc.a, c.b) ‖ 36 ανιλεν ℵ | χειλιαδας B* (χιλ. B?) ΑΟ ‖ 37 αποστραφις ℵ* (-φεις ℵc.b) ‖ 38 προσκυνιν ℵ | μαχαιρες Bb (-ραις Bab)

XXXVIII 1 εκιν. ℵ* (εκειν. ℵc.b): item 13 | εμαλακεισθη Α | ηλθε Bb | ειπε Bb | λεγι ℵ* (-γει ℵc.b) | ταξε ℵ* (ταξαι ℵc.b) | αποθνησκις ℵc.a (-σκεις ℵc.b) ‖ 3 αληθεινη B*Q* (-θινη B?Qa) ΑΓ ‖ 5 ιπον ℵ* (ειπ.

ἘΣΑΙΑΣ   [APP.

אc.a) | δεκαπέντε Bb || 6 χιρος א*
(χειρ. אc.b) | σαι א* (σε אc.b vid) ||
7 σημιον אQ* (-μειον Qa): item 22 ||
9 κε א* (και אc.b) || 10 υψι א* (-ψει
אc.b) | καταλιψω אQ* (-λειψ. Qa) ||
12 εκτεμιν א* (-μειν אc.b) || 13 συ-
τρειψεν B* (συνετριψεν Bb) || 14 χε-
λειδων B* (χελιδ. Bb) | βλεπιν א*
(-πειν אc.b) | εξιλατο א* (εξειλ. אc.b)
A | αφιλατο א* (αφειλ. אc.b) || 16 εξη-
γιρας א* (-γειρας אc.b) || 17 ιλου א*
(ειλ. אc.b) A || 18 ενεσουσιν א* (αιν.
אc.a, c.b) || 19 ζωνταις א* (-ντες אc.b) |
πεδια א* (παιδ. אc.b) || 20 παυσομε
א* (-μαι אc.b) || 21 τρειψον B* (τριψ.
Bb) | καταπλασε א* (-σαι אc.b)
XXXIX 1 εκινω א* (εκειν. אc.b) |
απεστιλε] א* (-στειλεν אc.b) | κε (1o)
א* (και אc.a): item 2 κε (10o) א*
(και אc.b) || 2 εδιξεν bis א* (εδειξ.
אc.b) Q* (1o) (εδειξ. Qa) || 3 εγ (1o)
א* (εκ אc.a) || 8 ιρηνη א* (ειρ. אc.b) |
τες ημερες א* (ταις -ραις אc.b)
XL 1 παρακαλιται bis א* (-λειται
אc.b) || 2 ιερις א* (-ρεις אc.b) | ταπι-
νωσις א* (ταπειν. אc.b) ταπεινωσεις
A || 3 ευθιας א | ποιειται אQ* (-τε
Qa) || 4 ταπινωθησεται א* (ταπειν.
אc.b) | εστε א* (-σται אc.b) | ευ-
θια] אQ* (-θειαν Qa) | τραχια אQ*
5 οφθησετε א* (-ται אc.b) | οψετε א*
(-ται אc.b) || 8 μενι א* (-νει אc.b) ||
9 φοβεισθαι B* (-σθε Bab) φοβισθε
א* (φοβεισθε אc.b) | τες א* (ταις
אc.a, c.b vid) | ειδου א* (ιδου אc.b) ||
10 βραχειων B* (-χιων Bb) || 11 ποι-
μανι א* (-νει אc.b) | βραχειονι B*
(βραχιονι Bb) | εγγαστρι A | γαστρει
B* (-στρι Bb) || 12 χιρι א* (χειρ.
אc.b) || 14 εδιξεν bis א*Q* (εδειξ.
אc.b Qa) || 15 ελογεισθησαν א (item
17) || 16 ουχ (1o)] οκ א* (ουκ אc) |
(2o) ουκ א || 19 ικονα א* (εικ. אc.b) ||
20 ζητησι א* (-σει אc.b) | στησι א*
(-σει אc.b) | ειρα א* (ινα אc) | σαλευητε
AΓ || 21 γνωσεσθαι אQ* (-σθε Qa) |
ακουσεσθαι א | εγνωται אc.b || 22 δια-
τινας B*Q* (-τειν. BabQa) א | κατ-
οικι] א* (-κειν אc.b) || 24 κατεγις
א || 26 ειδετε B* (ιδ. Bb) ειδεται א |
κατεδιξεν B*א* (-δειξ. Babאc.b) ||

καλεσι א | κρατι א* (-τει אc.b) ||
27 αφιλεν א* (αφειλ. אc.b) || 28 πι-
νασει AQ* (πειν. Qa) Γ | εξευρεσεις
B*א* (-σις Babאc.b) A || 29 πινωσιν
אAΓ || 30 πινασουσιν אAQ* (πειν.
Qa) Γ: item 31 πεινασουσι Bb | κο-
πιασουσι Bb | ανεισχυες B* (ανισχ.
Bab)
XLI 1 εγκενιζεσθε B* (εγκαιν. Bab)
εγκαινιζεσθαι A | εγγεισατωσαν א |
αναγγιλατωσαν א || 2 εξηγιρεν א*
(-γειρεν אc.b) | δωσι bis א* (δωσει
אc.b) δ' ωσει (1o) Bb | εκστησι א*
(-σει אc.b) | μαχερας א || 3 ιρηνη B*
(ειρ. Bab) || 4 ενηργησε Bb || 6 ερι
א* (-ρει אc.b): item 7 || 7 κεινη-
θησονται B* (κιν. Bb) A κινθ. א*
κινηθ. אc.a || 8 πες א* (παις אc.b) ||
9 σαι (1o) א* (σε אc.b): item 15 ||
11 αντικιμενοι א | ονταις א* (-ντες
אc.b): item 12 || 12 ζητησις א*
(-σεις אc.b) | ευρεις Γ || 14 λεγι א*
(-γει אc.b) || 15 λεπτυνις א* (-νεις
punct κατεγις אc.b) || 17 εστε א*
(-σται אc.b) | εγκαταλιψω B* (-λειψ.
Bab) εγκαταλιψω Q* (-λειψ. Qa) Γ |
18 ανυξω א | εμμεσω B* (εν μ. Bꞌ)
AΓ | παιδιων B* (πεδ. Bab) A ||
20 κατεδιξεν א* (-δειξ. אc.b) A ||
21 κρισεις א* (e cum punct et era-
sum) A | ηγγεισαν אA || 24 εσται
B* b (-στε Bab) A: item 28 || 25 η-
γιρα א* (ηγειρα אc.b) | αρχονταις א*
(-ντες אc.b) || 26 αναγγελι א* (-λει
אc.b) || 28 ιδωλων אA | αποκριθωσι
Bb || 29 εισι Bb | ποιουνταις א* (-ντες
אc.b) | πλανωνταις א* (-ντες אc.b)
XLII 1 αντιληψομαι Bb αντιλημ-
ψομε א* (-μαι אc.b) || 3 συντρειψει
B* (συντριψ. Bb) | εξοισι א* (-σει
אc.b) || 6 χιρος א* (χειρ. אc.b) | σαι
(2o) א* (σε אc.b) || 7 ανοιξε א* (-ξαι
אc.b) | σκοτι א*Q* (-τει אc.bQa) Γ ||
9 κενα A | αναγγιλε א* (αναγγειλαι
אc.b) || 10 δοξαζεται Γ | καταβενοντες
א | κατοικουνταις א* (-κουντες אc.b):
item 11 (2o) || 11 e א* (αι אc.b) | κε
(2o) א* (και אc.b) | βοησουσι Bb ||
13 συντρειψει B* (-τριψ. Bb) συν-
τριψι א* (-ψει אc.b) | επεγερι B*א*
(-ρει Babאc.b) || 16 αιγνωσαν א* (εγν.

ΗΣΑΙΑΣ

ℵc.b) | ηδισαν ℵ | ευθιαν ℵQ* (-θειαν Qa) | ε̄|καταλιψω ℵ εγκαταλιψω Q* (-λειψ. Qa) || 17 εσχυνθητε ℵ* (αισχυν-θηται ℵc.b) | εσχυνην ℵ* (αισχ. ℵc.b) | πεποιθοταις ℵ* (-τες ℵc.b) || 18 ιδιν ℵ* (ειδειν ℵc.b) || 19 πεδες ℵ* (παιδ. ℵc.b) || 20 πλεονακεις ℵ (ε 2° cum punct -κις ℵc.b) | εφυλαξασθαι ℵc.b || 21 ενεσιν ℵ* (αιν. ℵc.a, c.b) || 22 παγεις ℵ* (ε cum punct -γις ℵc.b | εις] οις Q | εξερουμενος B*ℵ* (εξαιρ. Babℵc.b) A || 23 ενωτιειτε A | εισακτυσεται Q | ππερχομενα Qvid || 25 επιγαγεν Γ

XLIII 1 ι ℵ* (ει ℵc.b) || 2 διαβενης ℵ* (-βαινης ℵc.b) || 4 καιφαλης ℵ* (κεφ. ℵc.a, c.b) || 8 εχονταις ℵ* (-ντες ℵc.b) || 9 αναγγελι bis ℵ* (-λει ℵc.b) || 10 γενεσθαι B* (-σθε Bab) | γνωται ℵ | πιστευσηται ℵc.b A | συνηται ℵc.b || 12 ανηγγιλα ℵ* (-γειλα ℵc.b) | ωνιδισα B* (ωνειδ. Bab) ℵ | υμις ℵ* (-μεις ℵc.b) | μαρτυραις ℵ* (μαρτυρες ℵc.b) || 13 χιρων ℵ* (χειρ. ℵc.b) | εξερουμενος ℵ* (εξαιρ. ℵc.b) || 15 καταδιξας ℵ*Q* (καταδειξας ℵc.bQa) || 18 αρχεα ℵ* (αρχαια ℵc.a) | συλλογειζεσθε ℵ συλλογιζεσθαι A || 20 ποτισε ℵ* (-σαι ℵc.b) || 21 διηγισθαι ℵ* (-γεισθαι ℵc.b) || 22 κοπιασε ℵ* (-σαι ℵc.b) | σαι (2°) ℵ* (σε ℵc.b) || 24 τες (2°) ℵ* (ταις ℵc.a, c.b) || 26 εινα ℵ* (ινα ℵc.b) || 27 αρχονταις ℵ* (-ντες ℵc.b): item 28 | ηνομισαν Γ || 28 εμειαναν B* (εμιαναν Bb) | απολεσε ℵ* (-σαι ℵc.b) | ονιδισμον B* (ονειδ. Bab) ℵAΓ

XLIV 3 ευλογειας ℵ | 4 ειτεα A || 5 ερι ℵ* (-ρει ℵc.b) || 8 ηνωτισασθαι ℵ | υμις ℵ* (-μεις ℵc.b) | εσται ℵ || 9 πλασσονται ℵ* (-ντες ℵc.b) | γλυφονταις ℵ* (-ντες ℵc.b) | ματεα ℵ* | ποιουνταις ℵ* (-ντες ℵc.b) | καταθυμεια A | εσχυνθησονται ℵ* (αισχ. ℵc.a, c.b) || 11 εσχυνθητωσαν ℵ* (αισχ. ℵc.b) || 12 ωξυνε Bb | πινασει ℵAQ* (πεινασει Qa) Γ | ασθενησι ℵ* (-σει ℵc.b) | πειη B* (πιη Bb) || 13 ωρεοτητα ℵ* (ωραιοτ. ℵc.b) | στησε ℵ* (-σαι ℵc.b) || 17 προσκυνι ℵ* (-νει ℵc.b) || 18 φρονησε ℵ* (-σαι ℵc.b) | βλεπιν ℵ* (-πειν ℵc.b) | νοησε ℵ*

(-σαι ℵc.b) || 19 ελογεισατο ℵ | φρονησι ℵ* (-σει ℵc.b) || 20 γνωθη Γ | δυνατε ℵ | ερ̄ιται ℵ || 22 ειδου ℵ* (ιδ. ℵc) | απηλιψα BQ* (-λειψ. Qa) Γ | λυτρωσομε ℵ* (-σομαι ℵc.b) || 23 σαλπησατε Γ | θεμελεια Γ || 24 εξετινα ℵ* (-τειν. ℵc.b) | κε (2°) ℵ* (και ℵc.b) || 25 διασκεδασι ℵ* (-σει ℵc.b) | σημια ℵQ* (-μεια Qa) || 26 πεδος ℵ* (παιδ. ℵc.b) | τες ℵ* (ταις ℵc.b) | πολεσι Bb | οικοδομηθησεσθαι ℵA | ανατελι ℵ* (-λει ℵc.b) || 28 φρονῠι ℵ* (-νειν ℵc.b)

XLV 1 επακουσε ℵ* (-σαι ℵc.a, c.b) | συνκλισθησονται ℵ συγκλισθησονται BbQ*? || 2 συντρειψω B* (-τριψ. Bb) | μοκλους B* (μοχλ. Bab) || 4 προσδεξομε ℵ* (-μαι ℵc.b) || 5 ηδις ℵ* (-δεις ℵc.b) || 8 νεφελε ℵ* (νεφελαι ℵc.a, c.b) | ανατιλατω ℵ* (-τειλ. ℵc.b) || 9 ερι ℵ* (-ρει ℵc.b) | κεραμι ℵ* (-μει ℵc.b) A | εχις ℵ* (-χεις ℵc.b) | χιρας ℵ* (χειρ. ℵc.b) || 10 γεννησις ℵ* (-σεις ℵc.b) | ωδεωεις B* (ωδιν. Bb) Γ || 11 ερωτησαται A | χιρων ℵ* (χειρ. ℵc.b) | εντιλασθε ℵ* (εντειλασθαι ℵc.b) || 12 χιρι ℵ* (χειρ. ℵc.b) | ενετιλαμην ℵ || 13 ηγιρα ℵ* (ηγειρα ℵc.b) | πασε ε ℵ* (πασαι αι ℵc.a, c.b) | ευθιαι ℵQ* (-θειαι Qa) | οικοδομησι ℵ* (-σει ℵc.b) | εκμαλωσιαν ℵ* (αιχμ. ℵc.b) || 14 εμπορεια Qa | ακολουθησουσι Bb | χιροπεδες ℵ* (χειροπεδες ℵc.a, c.b) | χειροπαιδες AQ* (-πεδες Qa) | προσκυνησουσι Bb | εστι (1°) Bb || 15 ηδιμεν ℵ* (ηδειμ. ℵc.b) || 16 εσχυνθησονται ℵ* (αισχ. ℵc.b): item 24: item 17 B* ℵ* (αισχυν. Bab ℵc.b) | αντικιμενοι ℵ | εσχυνη ℵ* (αισχ. ℵc.b) | ενκαινιζεσθαι ℵc.b || 17 σωζετε B* (-ται B?) || 18 λεγι ℵ* (-γει ℵc.b) | καταδιξας B*ℵ*Q* (-δειξ. Bab ℵc.b Qa) | καινον ℵA | κατοικισθαι ℵ* (-κεισθαι ℵc.b) || 19 ιπα ℵ* (ειπα ℵc.a) | ματεον ℵ || 20 βουλευσασθαι ℵ | εροντες ℵ* (αιρ. ℵc.b) || 21 εινα ℵ* (ινα ℵc.b) || 22 επιστραφηται ℵc.b | κε (1°) ℵ* (και ℵc.a, c.b) | σωθησεσθαι ℵA? || 24 ηξι ℵ* (-ξει ℵc.b)

XLVI 1 ερεται ℵ* (αιρεται ℵc.b) ‖ 2 πινωντι B* (πειν. Bab) ℵ | ησχυοντι ℵ* (ισχ. ℵc.a, c.b) | εκμαλωτοι ℵ* (αιχμ. ℵc.b) ‖ 3 ακουεται ℵ* | ερομενοι ℵ* (αιρ. ℵc.b) | πεδευομενοι ℵ* (παιδ. ℵc.b) | πεδιον ℵ* (παιδ. ℵc.b) ‖ 4 καταγηρασηται ℵc.b | ανεχομε ℵ* (-μαι ℵc.b) ‖ 5 τεχνασασθαι B* (-σθε Bab) ℵ ‖ 6 χιροποιητα ℵ* (χειρ. ℵc.b) ‖ 7 ερουσιν ℵ* (αιρ. ℵc.b) A | θωσειν ℵ | κεινηθη B* (κιν. Bb) A ‖ 10 γενεσθε ℵ | βεβουλευμε ℵ* (-μαι ℵc.b) : item 11 ‖ 11 πετινον ℵ ‖ 13 ηγγεισα A

XLVII 1 κληθηνε ℵ* (-ναι ℵc.b) ‖ 2 αλαισον A | αποκαλυψε ℵ* (-ψαι ℵc.b) ‖ 3 εσχυνη ℵ* (αισχ. ℵc.b) : item 10 | φανησοντε ℵ* (-νται ℵc.b) | ονιδισμοι B* (ονειδ. Bab) ℵA | λημψομε ℵ* (-μαι ℵc.b) ‖ 7 εσομε ℵ* (-μαι ℵc.b) ‖ 8 γνωσομε ℵ* (-μαι ℵc.b) ‖ 9 ηξι ℵ* (-ξει ℵc.b) : item 11 (ter) | ισχυει B* (-σχυι Bb) ‖ 10 εστε ℵ* (-σται ℵc.b) : item 15 ‖ 11 γενεσθε ℵ* (-σθαι ℵc.b) ‖ 12 ται ℵ* (ταις ℵ? σ sup) | επαοιδες B*ℵ* (-δαις Bab ℵc.a, c.b) ‖ 13 ορωνταις ℵ* (ορωντες ℵc.b) | αναγγιλατωσαν ℵ* (-γγειλ. ℵc.b) | ερχεσθε ℵ* (-σθαι ℵc.b) ‖ 14 εξελωντε ℵ* (-ξει ℵc.b) | καθισε ℵ* (-σαι ℵc.b) ‖ 15 εσοντε ℵ* (-νται ℵc.b)

XLVIII 1 ομνυονταις ℵ* (-οντες ℵc.b) ‖ 3 ανηγγιλα ℵ* (-γγειλα ℵc.b) : item 5 ‖ 4 γεινωσκω ℵ : item 7 ℵ* (γιν. ℵc.b) A | ι ℵ* (ει ℵc.a, c.b) | χαλχουν ℵ (sic) ‖ 5 παλε ℵ* (-λαι ℵc.a, c.b) : item 7 (-λαι ℵc.b) | ελθιν ℵ* (-θειν ℵc.b) | ιδωλα ℵ | ενετιλατο ℵ* ‖ 6 υμις ℵ* (-μεις ℵc.b) | μελλι ℵ | γεινεσθαι Bℵ* (γιν. ℵc.b) ‖ 7 γεινεται ℵ* (γιν. ℵc.b) A | προτερες ℵ* (-ραις ℵc.b) ‖ 8 ηνυξα ℵ ‖ 9 διξω ℵ*Q* (δειξ. ℵc.b Qa) ‖ 10 ουκ ℵAQ | αργιριου ℵ* (αργυρ. ℵc) | εξιλαμην ℵA | καμεινου B* (καμιν. Bb) A ‖ 14 αρε ℵ* (αραι ℵc.a, c.b) ‖ 16 εκι ℵ* (-κει ℵc.b) | απεστειλε Bb ‖ 17 δεδιχα ℵQ | ευριν ℵ* (-ρειν ℵc.b) ‖ 18 ιρηνη B* (ειρ. Bab) ‖ 19 απολιτε ℵ* (-λειται ℵc.b) απολειτε A ‖ 21 διψησωσι Bb | αξι ℵ* (-ξει ℵc.b) | σχισθησετε ℵ* (-ται ℵc.b) | ρυησετε ℵ* (-ται ℵc.b) | πιετε ℵ* (-ται ℵc.b) ‖ 22 εστι Bb | χεριν ℵ* (χαιρειν ℵc.b)

XLIX 1 στησετε ℵ ‖ 2 εθηκε Bb | μαχερα| ℵ | οξιαν ℵQ* (-ξειαν Qa) | χιρ. ℵ* (χειρ. ℵc.b) : item 16, 22 ‖ 3 ειπε Bb ‖ 5 λεγι ℵ* (-γει ℵc.b) | συναχθησομε ℵ* (-μαι ℵc.b) | δοξασθησομε ℵ* (-μαι ℵc.b) | εστε ℵ* (-σται ℵc.b) ‖ 6 κληθηνε ℵ | πεδα ℵ* (παιδ. ℵc.b) | στησε ℵ* (-σαι ℵc.b) | επιστρεψε ℵ* (-ψαι ℵc.b) | ινε ℵ* (ειναι ℵc.a, c.b) ‖ 7 αρχονταις ℵ* (-ντες ℵc.b) ‖ 8 καταστησε ℵ* (-σαι ℵc.b) | κληρονομησε ℵ* (-σαι ℵc.b) ‖ 9 σκοτι B*ℵ*Q* (-τει Bb ℵc.b Qa) | πασες ℵ* (-σαις ℵc.b) | τες ℵ* (ταις ℵc.b) ‖ 10 πινασουσιν ℵAQ* (πειν. Qa) | παταξι ℵ* (-ξει ℵc.b) | παρακαλεσι ℵ* (-σει ℵc.b) | αξι ℵ* (-ξει ℵc.b) ‖ 12 εκ] εγ A ‖ 13 ευφρενεσθε B* (ευφραιν. Bab) | ταπινους ℵ* (ταπειν. ℵc.b) ‖ 15 πεδιου ℵ* (παιδ. ℵc.b) | ελεησε ℵ* (-σαι ℵc.b) | επιλησομε ℵ* (-μαι ℵc.b) ‖ 18 ειδε ℵ ‖ 19 καταπεινοντες B* (-πιν. Bb) ‖ 20 ερουσι Bb ‖ 21 ερις ℵ* (-ρεις ℵc.b) | εγεννησε Bb | κατελιφθην B*ℵQ* (-λειφθ. Bab Qa) | ουτε B* (ουτοι Bab) ‖ 22 αξουσι Bb | αρουσι Bb ‖ 23 βασιλις ℵ* (-λεις ℵc.b) | αρχουσε ℵ* (-χουσαι ℵc.b) ‖ 24 εκμαλωτευση ℵ* (αιχμ. ℵc.b) : item 25 ‖ 25 λημψετε ℵ* (-ψεται ℵc.b) | ρυσομε ℵ* (ρυσομαι ℵc.b) ‖ 26 θλειψαντες B* (θλιψ. B?) | πιοντε ℵ* (-νται ℵc.b) | εσθανθησεται A | αντιλαμβανοσε ℵ* (-νος σε ℵc)

L 1 εξαπεστιλα bis ℵ* (-στειλ. ℵc.b) | αμαρτιες ℵ* (-τιαις ℵc.b) | τες (2o) ℵ* (ταις ℵc.b) | ανομιες ℵ* (-μιαις ℵc.b) ‖ 2 ουχ (2o) A | ισχυι B* (-χνει Bab) | ουχ (4o) Q | ξηρανθησοντε ℵ* (-νται ℵc.b) | εινε ℵ* (-ναι ℵc.b) | αποθανουντε ℵ* (-νται ℵc.b) | διψι ℵ ‖ 3 περιβολεον ℵ* (-λαιον ℵc.b) A ‖ 4 γνωνε ℵ* (-ναι ℵc.b) | δι ℵ* (δει ℵc.b) | ειπιν Q* (-πειν Qa) ‖ 5 απιθω ℵ ‖ 6 εσχυνης ℵ* (αισχ. ℵc.b) ‖ 7 προσοπον ℵ* (ω

APP.]   ΗΣΑΙΑΣ

superscr ℵ^(ante c vid)) || 8 εγγειζει ℵ | εγγεισατω A || 9 κακωσι ℵ | υμις ℵ* (-μεις ℵ^(c.b)): item 11 | παλεωθησεσθαι ℵ παλαιωθησεσθαι A | καταφαγετε ℵ* (-ται ℵ^(c.b)) || 10 νμειν B* (-μιν B^b) | πεδος ℵ* (παιδ. ℵ^(c.b)) | σκοτι ℵQ* (-τει Q^a) || 11 καιεται ℵQ*^(vid) (-τε Q^a) | κατισχυεται Q* (-τε Q^a) | πορευεσθαι A | φλογει ℵ | κοιμηθησεσθαι ℵQ*^(vid) (-σθε Q^a)
LI 3 παραδισον bis B* (-δεισον B^?) ℵQ* (1°) (-δεισ. Q^a) Q^(mg) (2°) | εξομολογησεω ℵ* (-σιν ℵ^?) | ενεσεως ℵ* (αιν. ℵ^(c.a, c.b)) || 4 ενωτισασθαι ℵ | κρισεις A || 5 βραχειονα bis B* (βραχιονα B^b) || 6 παλεωθησεται ℵ* (παλαι. ℵ^(c.b)) | εστε ℵ* (-σται ℵ^(c.b)) || 7 ακουσαται A | φοβεισθαι BA | ονιδισμον ℵA | ηττασθαι A || 8 ειματιον B* (ιμ. B^a) | ερεια B* (ερια B^b) || 9 εξεγιρου (2°, 3°) ℵ* (-γειρ. ℵ^(c.b)) | ενδυσε ℵ* (-σαι ℵ^(c.b)) | βραχειονος B* (-χιον. B^b) || 10 θισα ℵ || 11 εωνιου ℵ* (αι. ℵ^(c.a, c.b)) | καιφαλης ℵ* (κεφ. ℵ^(c.b)) | αινεσεις B* (-σις B^(ab)) ενεσεις ℵ* (αινεσις ℵ^(c.b)) | καταλημψετε ℵ* (-ται ℵ^(c.b)) || 12 ιμι ℵ* (ειμι ℵ^(c.b)) | ωσι ℵ* (-σει ℵ^(c.b)) || 13 θλειβοντος bis B | αρε ℵ* (-ραι ℵ^(c.b)) || 16 χιρος ℵ* (χειρ. ℵ^(c.b)): item 17, 18, 22 | ερι ℵ* (ερει ℵ^(c.b)) || 19 αντικιμενα ℵ | λειμος ℵ | μαχερα ℵ || 21 ακουετε ℵ | τεταπινωμενη ℵ* (-πειν. ℵ^(c.b)) A || 22 ειδου ℵ* (ιδ. ℵ^(c.b)) || 23 ταπινωσαντων ℵ* (-πειν. ℵ^(c.b)) | εινα ℵ* (ινα ℵ^(c.b)) | εισα ℵ
LII 1 ενδυσε bis ℵ* (-σαι ℵ^(c.b)) || 2 εκτιναξε B^(ab) ℵ* (-ξαι ℵ^(c.b)) | εκμαλωτος ℵ* (αιχμ. ℵ^(c.b)) || 4 παροικησε ℵ* (-σαι ℵ^(c.b)) || 5 βλασφημιται ℵ* (-μειται ℵ^(c.b)) || 6 εκινη ℵ* (-κειν. ℵ^(c.b)) | παριμι ℵ* (-ειμι ℵ^(c.b)) || 7 ιρηνης ℵ* (ειρηνης ℵ^(c.b)) | βασιλευσι ℵ* (-λευσει ℵ^(c.b)) || 8 ευφρανθησοντε ℵ* (-νται ℵ^(c.b)) | οψοντε ℵ* (-νται ℵ^(c.b)) || 10 αποκαλυψι ℵ* (-ψει ℵ^(c.b)) | βραχειονα B* (-χιονα B^b) || 11 εκιθεν ℵ* (-κειθ. ℵ^(c.b)) | αφορησθητε ℵ* (-ρισθ. ℵ^(c.a, c.b)) || 13 πες ℵ* (παις ℵ^(c.b)) || 14 εκστησοντε ℵ* (-σονται ℵ^(c.b)) || 15 συνεξουσι B^b | ακηκοασι B^b

LIII 1 επιστευσε B^b | βραχειων B* (-χιων B^b) || 2 ιχεν ℵ* (ειχ. ℵ^(c.a, c.b)) || 3 φεριν ℵ* (-ρειν ℵ^(c.b)) | απεστραπτε ℵ* (-πται ℵ^(c.b)) | αιλογεισθη ℵ* (ελογεισθη ℵ^(c.a, c.b)) || 4 φερι ℵ* (φερει ℵ^(c.b)) | οδυνατε ℵ* (-ται ℵ^(c.b)) | ημις ℵ* (-μεις ℵ^(c.b)) || 5 μεμαλακειστε ℵ* (-σται ℵ^(c.b)) || 6 παντες] cum praeced coniunx B^b || 7 ουχ bis B* (ουκ B^?) | κιροντος ℵ* (κειροντος ℵ^(c.b)) || 8 ταπινωσει ℵ* (-πειν. ℵ^(c.b)) | διηγησετε ℵ* (-σεται ℵ^(c.b)) | ερετε ℵ* (αιρεται ℵ^(c.b)) || 10 καθαρισε ℵ* (-σαι ℵ^(c.b)) | οψετε ℵ* (-ται ℵ^(c.b)) | αφελιν ℵ* (-λειν ℵ^(c.b)) || 11 διξε ℵ* (δειξαι ℵ^(c.b)) διξαι Q* (δειξ. Q^a) | πλασε ℵ* (-σαι ℵ^(c.b)) | συνεσι ℵ* (-σει ℵ^(c.b)) | δικαιωσε ℵ* (-σαι ℵ^(c.b)) || 12 κληρονομησι ℵ* (-σει ℵ^(c.b)) | ανηνεγκε B^b

LIV 1 στιρα ℵ | ωδεινουσα B* (ωδιν. B^b) A | μολλον ℵ* (μαλλ. ℵ^(c.a, c.b)) | ειπε B^b || 2 αυλεων ℵA | φισιν ℵ*Q* (φεισ. ℵ^(c.b) Q^a) | σχυνισματα ℵ* (σχοιν. ℵ^(c.a, c.b)) || 3 εκπιτασον ℵ* (εκπετ. ℵ^(c.a, c.b)) | κληρονομησι ℵ* (-σει ℵ^(c.b)) || 4 ωνιδισθης ℵ | εσχυνην ℵ* (αισχ. ℵ^(c.b)) | εωνιον ℵ* (αιων. ℵ^(c.b)): item 8 εωνιω ℵ* (αιων. ℵ^(c.b)) | ονιδος ℵA || 6 γυνεκα bis ℵ* (-ναικα. ℵ^(c.b)) | μεμεισημενην B* (-μισ. B^b) A || 7 μεικρ. B* (μικρ. B^b): item 8 || 8 ελαιει A || 9 εκινω ℵ | απιλη ℵ || 10 μετακεινηθησονται B* (-κιν. B^b) A | εκλιψει ℵ* (-ψει ℵ^(c.b)) εκλιψει AQ* (εκλειψ. Q^a) ιρην. ℵ* (ειρ. ℵ^(c.b)): item 13 | ειλεως B* (ιλ. B^b) || 11 ταπινη ℵ* (-πειν. ℵ^(c.b)) | λιθν ℵ* (λιθον ℵ^(c.)) | σαππιρον B*^b (σαπφειρ. B^(ab)) σαπφιρον ℵ || 12 ιασπειν A | περιβολεον ℵ^(d.a) || 14 εγγειει ℵ || 15 παροικησουσι B^b || 16 ις (2°) ℵ* (εις ℵ^(c.a (vid), c.b)) | φθιρε ℵ* (φθειρε ℵ^(c.a (vid), c.b)) || 17 κρισεις ℵ* (-σιν ℵ^(c.b)) | εστι B^b | θεραπευουσι B^b | υμις ℵ* (-μεις ℵ^(c.b)) | εσεσθαι B* (-σθε B^(ab)) A

LV 1 πορευεσθαι ℵAQ*^(vid) (-σθε Q^a) || 2 τιμασθαι ℵ^(c.b, d.a) A | φαγεσθαι A | εντρυφησι ℵ* (-σει ℵ^(c.b)) || 3 ζησετε ℵ | διαθησομε ℵ* (-σομαι ℵ^(c.b)) || 4 ειδου ℵ* (ιδ. ℵ^(c.b)) || 5 εθ-

· 859 ·

ΗΣΑΙΑΣ [APP.

νει A | επικαιλεσοντε ℵ* (-σονται ℵc.b) | επιστάντε ℵ* (-νται ℵc.b) | καταφευξοντε ℵ* (-νται ℵc.b) || 6 ευρισκιν ℵ* (-κειν ℵc.b) | επικαλεσασθαι ℵc.b A || 7 αφησι Q* fort (-σει Qa) || 8 βουλε (1ο) ℵ* (-λαι ℵc.b) | ε (3ο) ℵ* (αι ℵc.b) || 9 απεχι bis ℵ* (-χει ℵc.b) || 10 χειων B* (χι. Bb) | σπιρο̄|τι ℵ || 11 εστε ℵ* (-σται ℵc.b) : item 13 || 12 εξελευσεσθαι ℵ | διδαχθησεσθαι ℵc.b || 13 σημιον ℵQ* (-μειον Qa) | εκλιψει ℵ*AQ* (-λειψ. ℵc.b Qa)

LVI 1 φυλασσεσθαι ℵA | ηγγεικε̄ ℵ ηγγεισεν A | παραγεινεσθαι B* ℵ* (-γιν. Bb ℵc.b) A | ελαιος B* (ελεος Bab) | αποκαλυφθηνε ℵ* (-ναι ℵc.b) || 3 προσκιμενος ℵ* (-κειμενος ℵc.b) || 4 αντεχωντε ℵ* (-νται ℵc.b) || 5 τιχι ℵ* (τειχει ℵc.b) τιχει A | εκλιψει ℵQ* (-λειψ. Qa) || 6 προσκιμνοις ℵ* προσκιμενοις ℵ1(vid) (-κειμ. ℵc.b) || 7 ε ℵ* (αι ℵc.a, c.b) | εσοντε ℵ* (-νται ℵc.b) || 9 φαγεται Γ* (-γετε Γ?) || 10 ειδετε ℵ | εναιοι Γ | δυνησοντε ℵ* (-νται ℵc.b) | νυσταξε ℵ* (-ξαι ℵc.b) || 11 ανεδεις B* (αναιδ. Bab) ℵ

LVII 1 εροννται ℵ* (αιρ. ℵc.b) A | ηρτε ℵ* (-ται ℵc.b) : item 2 || 2 εστε ℵ (-σται ℵc.b) || 3 υμις ℵ (-μεις ℵc.b) : item 4 || 4 ηνυξατε ℵ | εσται ℵc.b A || 5 ιδωλα ℵ | φαραξειν ℵ* (φαραγξ. ℵc.a -γξιν ℵc.b) || 6 εκινη ℵ | οργισθησομε ℵ* (-μαι ℵc.b) || 7 εκι (1ο) ℵ* (-κει ℵc.b) || 8 πλιον ℵQ* (πλειον Qa) | εξις ℵ* (-ξεις ℵc.b) || 9 απεστιλας ℵ* (-στειλ. ℵc.b) || 10 ιπας ℵ* (ειπ. ℵc.b) | παυσομε ℵ* (-μαι ℵc.b) || 11 ευλαβηθισα ℵ* (-θεισα ℵc.b) | μαι (1ο) Q* (με Qa) | αιμνησθης ℵ* (εμν. ℵc) | ειδων B* (ιδ. Bab) A || 13 θλειψει B* (θλιψ. B?) θλιψι ℵ* (-ψει ℵc.b) | κατεγεις ℵ* (κατεγις ℵc.b) | κτησοντε ℵ* (-νται ℵc.b) || 16 οργισθησομε ℵ* (-μαι ℵc.b) | εξελευσετε ℵ* (-ται ℵc.b) || 17 τες ℵ* (ταις ℵc.a, c.b) || 18 αληθεινην AQ* (-θιν. Qa) || 19 ιρηνην (2ο) ℵ* (ειρ. ℵc.b) | ιασομε ℵ* (-μαι ℵc.b) || 20 κλοιδωνισθησονται B* (κλυδ. Bab) κλυδωνισθησοντε ℵ* (-νται ℵc.b) || 21 χεριν ℵ* (χαιρειν ℵc.b)

LVIII 1 φισῃ ℵ* Q* (φεισ. ℵc.b Qa) || 2 γνωνε ℵ* (-ναι ℵc.b, c.b) | ετουσιν ℵ* (αιτ. ℵc.a, c.b) | εγγειζειν ℵ || 3 εταπινωσαμεν ℵ* (-πειν. ℵc.b) | τες ημερες ℵ* (ταις -ραις ℵc.b) | ευρισκεται ℵc.b Q* vid (-τε Qa) | υποχιριους ℵ* (-χειρ. ℵc.b) || 4 ταπινον ℵ* (-πειν. ℵc.b) | νηστευεται (2ο) ℵ | ακουσθηνε ℵ* (-ναι ℵc.b) || 5 ταπινουν ℵ* Q* (-πειν. ℵc.b Qa) || 6 διαλυαι A | βιεων ℵ* (-αιων ℵc.b) || 7 πινωντι ℵAQ* (πιειν. Qa) : item 10 | οχ ℵ* (ουχ ℵc.a nisi iam ant) || 8 ραγησετε ℵ* (-ται ℵc.b) | ανατελι ℵ* (-λει ℵc.b) | περιστελι ℵ* (-λει ℵc.b) || 9 εισακουσετε ℵ* (-ται. ℵc.b) | ερι ℵ* (-ρει ℵc.b) | παριμι ℵ* (-ειμι ℵc.b) | απυ ℵ* (απο ℵc.a, c.b) | χιροτονιαν ℵ* (χειρ. ℵc.b) || 10 σκοτι ℵ* (-τει ℵc.b) || 11 εστε ℵ* (-σται ℵc.b) bis : item 12 | επιθυμι ℵ | πειανθησεται B* (πιανθ. Bb) || 12 οικοδομηθησοντε ℵ | εωνια ℵ* (αιων. ℵc.b) | οικοδος Q* vid (οικοδομος Q1) | πανσις ℵ* (-σεις ℵc.a, c.b) || 13 αρις ℵ* (-ρεις ℵc.b)

LIX 1 ισχυι AQ* (-νει Qb) | σωσε ℵ* (-σαι ℵc.a, c.b) | εισακουσε ℵ* (-σαι ℵc.b) || 2 ελεησε ℵ* (-σαι ℵc.b) || 3 ε ℵ* (αι ℵc.a, c.b) | χιρες ℵ* (χειρες ℵc.b) | χιλη ℵ* (χειλ. ℵc.b) | αδικειαν B* (-κιαν Bb) || 4 λαλι ℵ* (-λει ℵc.b) | αληθεινη AQ* (αληθινη Qa) | ματεοις ℵ | καινα ℵ* (κενα ℵc.b) || 5 υφενουσιν ℵ* (υφαιν. ℵc.b) | βασιλεισκος B* (-λισκ. Bab) || 7 ταχεινοι BA | διαλογεισμοι ℵ* (-γισμ. ℵc.b) | ταλεπωρια ℵ* (ταλαιπ. ℵc.b) || 8 ιρην. bis ℵ* (ειρ. ℵc.b) || 9 κρισεις A | υπομινανταν ℵ* (-μειν. ℵc.b) | μινάντες ℵQ* (μειν. Qa) || 10 εν (1ο)] εμ ℵ* vid (εν ℵ1) || 11 ανεμιναμεν A || 12 αμαρτιε ℵ* (-τιαι ℵc.a, c.b) | ημειν B* (-μιν Bb) bis || 13 ηπιθησαμεν ℵ || 14 τες ℵ* (ταις ℵc.a, c.b) || 15 ηρτε ℵ* (-ται ℵc.b) | συνειεναι B* (συνιεν. Bb) || 16 ειδε Bb | βραχειονι B* (βραχιονι B?) | διακιοσυνη B* (-νην Bab) | περικαιφαλεαν ℵ* (-κεφ. ℵc.b) | καιφαλης ℵ* (κεφ. ℵc.b) | περιβολεον ℵ* (-λαιον ℵc.b) A || 18 ονιδος ℵ || 19 φοβηθησοντε ℵ* (-νται ℵc.b) | ηξι (1ο) ℵ* (2ο) ℵ1 (-ξει bis ℵc.b) : item 20 || 21 ειπε bis Bb

APP.]   ΗΣΑΙΑΣ

ℵ^{c.b}) | ηξι (1°) ℵ* (2°) ℵ¹ (-ξει bis ℵ^{c.b}): item 20 || 21 ειπε bis B^b
LX 2 φανησετε ℵ* (-ται ℵ^{c.b}) | οφθησετε ℵ* (-ται ℵ^{c.b}) || 3 πορευσοντε ℵ* (-νται ℵ^{c.b}) || 4 ηκασι B^b | ε ℵ* (αι ℵ^{c.b}) || 5 κε (1°) ℵ* (και ℵ^{c.a, c.b}) | μεταβαλι ℵ* (-λει ℵ^{c.b}) || 6 αγελε ℵ* (-λαι ℵ^{c.a, c.b}) | καλυψουσι B^b | οισουσι B^b || 7 ηξουσι B^b || 8 νεφελε ℵ* (-λαι ℵ^{c.b}) | περιστερε ℵ* (-ραι ℵ^{c.b}) || 9 ε ℵ* (αι ℵ^{c.a}) | υπεμιναν ℵ* (-μειν. ℵ^{c.b}) | ειτε ℵ* (-ναι ℵ^{c.b}) || 10 τιχη ℵ (item 18) | παραστησοντε ℵ* (-νται ℵ^{c.b}) | ελαιον Q*^{vid} (ε sup ras Q[?]) || 11 ανυχθησονται ℵ | ε πυλε ℵ* (αι ℵ^{c.a, c.b} πυλαι ℵ^{c.b}): item 18 ℵ* (αι πυλαι ℵ^{c.a, c.b}) | κλισθησοντε ℵ* (-ται ℵ^{c.b}) κλισθησονται Q* (κλεισθησοντ. Q¹) || 12 δουλευσουσι B^b || 13 ηξι ℵ* (-ξει ℵ^{c.b}) | δοξασε ℵ* (-σαι ℵ^{c.b}) || 14 πορευσοντε ℵ* (-νται ℵ^{c.b}) | ταπινωσαντων ℵ* (-πειν. ℵ^{c.b}) || 15 μεμεισημενην B* (μεμισ. B^b) A | εωνιον ℵ*. (αιωνιον ℵ^{c.b}) || 16 θηλασις ℵ* (-σεις ℵ^{c.b}) | φαγεσε ℵ* (-σαι ℵ^{c.b}) | εξερουμενος ℵ* (εξαιρουμ. ℵ^{c.b}) A || 17 ιρηνη ℵ* (ειρ. ℵ^{c.b}) || 18 ταλεπωρια ℵ* (-λαιπ. ℵ^{c.b}) || 19 εστε ℵ* (-σται ℵ^{c.b}) bis: item 22 αισται (2°) A | νυκταν ℵ* || 20 εκλιψει ℵAQ* (εκλειψ. Q¹^(vid)) | ημερε ℵ* (-ραι ℵ^{c.b}) || 21 εωνος ℵ* (αιων. ℵ^{c.b}) | χιρων ℵ* (χειρ. ℵ^{c.b}) || 22 χειλιαδας B
LXI 1 ευαγγελισασθε ℵ* (-σθαι ℵ^{c.b}) | απεσταλκε B^b | ιασασθε ℵ* (-σθαι ℵ^{c.b}) | κηρυξε ℵ* (-ξαι ℵ^{c.b}) || 2 καλεσε ℵ* (-σαι ℵ^{c.b}) | παρακαλεσε ℵ* (-σαι ℵ^{c.b}) || 3 δοθηνε ℵ | πενθουσι (1°) B^b | γενεε ℵ* (γενεαι ℵ^{c.a, c.b}) || 4 εξαναστησουσι B^b | κενιουσιν Q* (καιν. Q^a) || 5 ποιμαιονοντες B* (ποιμαιν. B^b) ℵ || 6 κληθησεσθαι ℵA | λιτουργοι B* ℵ* Q* (λειτ. B^{ab} ℵ^{c.b} Q¹^(vid)) | κατεδεσθαι ℵ^{c.b}A | θαυμασθησεσθαι ℵA || 7 καιφαλης ℵ* (κεφ. ℵ^{c.b}) || 8 μεισων B* (μισ. B^b) A | διαθησομε ℵ* (-μαι ℵ^{c.b}) || 9 εμμεσω ℵ || 10 ενεδυσε B^b | ιιματιον ℵ (ras ι 1° ℵ[?]) | κιτωνα ℵ* (χιτ. ℵ^{c.a, c.b}) | περιεθηκε

B^b | κατεκοσμησε B^b || 11 ανατελι ℵ* (-λει ℵ^{c.b})
LXII 2 οψοντε ℵ* (-νται ℵ^{c.b}) | καλεσι ℵ* (-σει ℵ^{c.b}): item 12 | ονομασι ℵ* (-σει ℵ^{c.b}) || 3 χιρι ℵ* (χειρ. ℵ^{c.b}) bis || 4 κληθησετε ℵ* (-ται ℵ^{c.b}) bis | ευδοκησε B^b || 5 εστε ℵ* (-σται ℵ^{c.b}) | ευφρανθησετε (2°) ℵ || 7 εστι B^b || 8 πιοντε ℵ* (-νται ℵ^{c.b}) || 9 φαγοντε ℵ* (-νται ℵ^{c.b}) | αινεσουσι B^b | τες (1°) ℵ* (ταις ℵ^{c.a, c.b}) | επαυλεσι B^b | αγιες ℵ* (-ιαις ℵ^{c.a, c.b}) || 10 πορευεσθαι ℵ^{c.b}AQ* (-σθε Q^a) | διαρρειψατε B* (διερριψ. B^b)
LXIII 1 παραγεινομενος B*^{b (fort)} ℵ | ωρεος ℵ | διαλεγομε ℵ* (-μαι ℵ^{c.b}) || 4 παρεστι B^b || 5 βραχειων B* (βραχιων B^b): item 12 || 6 εμα ℵ* (αιμα ℵ^{c.a, c.b}) || 7 ανταποδιδωσι B^b | επαγι ℵ* (-γει ℵ^{c.b}) || 9 θλειψεως B* (θλιψ. B^b) | φιδεσθε ℵ* (φειδεσθαι ℵ^{c.b}) φιδεσθαι Q* (φειδ. Q^{a (vid)}) || 10 ηπιθησαν ℵ* Q* (ηπειθ. ℵ^{c.b} Q^{a (vid)}) || 11 ποιμαινα A || 12 ποιησε ℵ* (-σαι ℵ^{c.b}): item 14 | εωνιον ℵ* (αιων. ℵ^{c.a, c.b}) || 14 παιδιον ℵ* (πεδ. B^{ab}) A || 15 ειδε ℵ || 16 ρυσε ℵ* (-σαι ℵ^{c.b}) || 17 φοβισθε ℵ* (-βισθαι ℵ^{c.b}) φοβεισθε Q* (-σθαι Q^a) || 18 μεικρον B* (μικρ. B^{ab})
LXIV 1 λημψετε ℵ* (-ται ℵ^{c.b}) || 2 τηκαιται ℵ* (τηκεται ℵ^{c.a, c.b}) | κατακαυσι B* (-καυσει ℵ^{c.b}) | εστε ℵ* (-σται ℵ^{c.b}) || 5 ποιουσι B^b | ωργεισθης ℵ | ημις ℵ* (-μεις ℵ^{c.b}): item 6, 9 || 6 οισι ℵ* (-σει ℵ^{c.b}) || 8 χιρων ℵ* (χειρ. ℵ^{c.b}) || 9 οργειζου ℵ || 11 πατερες] περς ℵ || 12 εταπινωσας ℵ
LXV 1 εθνι ℵ || 2 χιρας ℵ* (χειρ. ℵ^{c.b}) | απιθουντα ℵ || 3 τες ℵ* (ταις ℵ^{c.b}) | δεμονιοις ℵ* (δαιμ. ℵ^{c.b}) || 4 μνημασι B^b | σπηλεοις ℵ || 5 καιετε B* ℵ* (-ται B¹ ℵ^{c.b}) A || 6 ειδου ℵ* (ιδ. ℵ^c) || 7 ωνιδισαν ℵ || 8 ερουσι B^b || 9 εκι ℵ* (-κει ℵ^{c.b}): item 20 || 10 φαραξ Q* (-ραγξ Q[?]) || 11 υμις ℵ* (-μεις ℵ^{c.b}): item 13 (1°, 2°) | ετοιμαζονταις ℵ* (-μαζοντες ℵ^{c.b}) || 12 μαχεραν ℵ || 13 πινασεται ℵ | πινασετε A | πειοντε B* (πιονται

ΙΕΡΕΜΙΑΣ [APP.

Β^(ab)) | εσχυνθησεσθε א* αισχυνθησεσθαι א^(c.b) A || 15 κατελιψατε Q* (-λειψ. Q^a) | ανελι א* (ανελει א^(c.b)) αναιλει A | κληθησετε א || 16 ευλογησουσι B^b | αληθεινον A (bis) | ομουντε א* (-νται א^(c.b)) ομουται Q* | επιλησοντε א* (-νται א^(c.b)) | θλειψιν B* (θλιψ. B^?) | αναβησετε א* (-σεται א^(c.b)) || 17 εστε א* (-σται א^(c.b)): item 20, 24 | μνησθωσι B^b || 19 αγαλλιασομε א* (μαι א^(c.b)) || 20 γενητε א | εμπλησι א* (-σει א^(c.b)) || 22 ημερε א* (-ραι א^(c.b)) | παλεωσουσιν א* (-λαι. א^(c.b)) || 23 καινον א* (κεν. א^(c.b)) | εστι B^b || 24 κεκραξε א* (-ξαι א^(c.b)) || 25 ορι א
LXVI 1 υπο|ποποδιον B* (υπο|ποδ. B^b) | οικοδομησεται B*אAQ* (-τε B^(ab)Q^(1(vid))) || 2 ταπινον אA || 3 αιμα] εμα א || 4 εμπεγματα א*Q* (-παιγμ. א^(c.b)Q^?) | ουκ (1°)] ουχ B* (ουκ B^(ab)) || 5 μεισουσιν B* (μισ. B^b) | εκινοι א* (-κειν. א^(c.b)) | εσχυνθησονται א* (αισχ. א^(c.b)) || 6 ανταποδοσειν א* (-δοσιν א^(c.b)) | 7 ωδεινουσαν B* (ωδιν. B^(ab)) | τεκι א* (-κειν א^(c.b)) | ελθιν א* (-θειν א^(c.b)) || 8 ωδεινεν B | πεδια א* (παιδ. א^(c.b)): item 12 || 9 ουχ (2°) א | στιραν Q* (στειρ. Q^a) || 10 πενθιται א* (-θειται א^(c.b)) || 11 θηλασηται א | εμπλησθηται א | εινα (2°) א* (ινα א^c) | τρυφησηται א^(c.b) || 12 εκκλειω BA | χιμαρρους א || 13 παρακληθησεσθαι א || 14 απηλισει A απιλησει Q* (απειλ. Q^a) | απιθουσιν אQ* (απειθ. Q^a) | 15 κατεγεις א* (-γις א^(c.b)) | αποδουνε א* (-ναι א^(c.b)) || 16 τραυματιε א* (-τιαι א^(c.b)) || 18 ερχομε א* (-μαι א^(c.b)) || 19 καταλιψω אQ* (-λειψω Q^a) | σημιον א || 20 ως ανενεγκαισαν B^b || 22 μενι א | στησετε א* (-ται א^(c.b)) || 23 εστε א* (-σται א^(c.b)) | ηξι א* (-ξει א^(c.b)) | ειπε B^b || 24 εξελευσοντε א* (-νται א^(c.b)) | οψοντε א* (-νται א^(c.b)) | τελευτησι א* (-τησει א^(c.b))

ΙΕΡΕΜΙΑΣ

I 2 τες א* (ταις א^(c.a, c.b)): item 3 (ταις א^(c.b)) | ημερες א* (-ραις א^(c.a, c.b)): item 3 (-ραις א^(c.b)) | τρεισκαιδεκατου Q || 3 εκμαλωσιας א* (αιχμ. א^(c.b)) || 5 πλασε א* (-σαι א^(c.b)) | επισταμε א*A (-μαι א^(c.b)) | τεθικα א: item 18 || 6 λαλι א* (λαλειν א^(c.b)) || 7 ειπε B^b (item 9, 14) | εξαποστιλω א* (-στειλω א^(c.b)) | εντιλωμε א* (εντειλωμαι א^(c.b)): item 17 || 8 εξερισθε א* (εξαιρεισθαι א^(c.b)): εξερεισθαι Q || 9 εξετινεν א || 10 κατασκαπτιν א* (-τειν א^(c.b)) | ανοικοδομιν א* (-μειν א^(c.b)) || 15 ειδου א* (ιδου א^(c.b)) | ηξουσι B^b | τιχη א || 17 περιζωσε B*א* (-σαι B^(ab) א^(c.b)) | αναστηθει Q* (-θι Q^(b(vid))) | εξερισθε א* (εξαιρισθαι א^(c.b)): εξιρεισθαι Q*^((vid)) (εξαιρ. Q^a) || 18 τιχος א* (τειχ. א^(c.b)) | πασι B^b || 19 πολεμησουσι B^b | εξερεισθαι Q* (εξαιρ. Q^a)
II 2 ειπε B^b | ελαιους B* (ελεους B^(ab)) | εξακολουθησε א* (-ησαι א^(c.b)) | σαι א* (σε א^(c.b)) || 5 πλεμμελημα א* (πλημ. א^(c.a, c.b)) | ματεων א | εματεωθησαν א || 6 ιπαν א* (ειπαν א^(c.b)): item 8) | απιρω א* (απειρω א^(c.b)) || 7 εμειανατε B*Q* (εμιαν. B^bQ^a) | εθεσθαι א || 8 εστι B^b (item 14 bis) | ποιμαινες A || 9 κριθησομε (1°) א^? || 10 αποστιλατε א* (-στειλ. א^(c.b)) | γεγονε B^b || 11 αλλαξοντε א* (-ται א^(c.b)) | ισιν א* (εισιν א^(c.b)) || 13 δυνησοντε א* (-ται א^(c.b)) || 15 ε א* (αι א^(c.a, c.b): item 36) | κατοικισθαι B* (-κεισθαι B^(ab)) || 16 κατεπεζο] א | καταλιπιν א* (-πειν א^(c.b)) || 19 γνωθει Q*^((vid)) | επει B* (επι B^b) || 20 εωνος א* (αιωνος א^(c.b)) | πορευσομε א* (-μαι א^(c.b)) | εκι א* (εκει א^(c.b)) | διαχυθησομε א* (-μαι א^(c.b)) || 21 αληθεινην B*AQ* (-θινην B^bQ^a) || 22 κεκηλειδωσε B* (-λειδωσαι B^a -λιδωσαι B^b): και κηλιδωσε א κεκηλιδωσε A || 23 ερις א* (ερεις א^(c.b)) | ειδε א || 24 ταπινωσει א* (ταπειν. א^(c.b)) || 25 τραχιας

APP.] IEPEMIAΣ

ℵ | δειψους B* (διψ. B^b) || 26 εσχυνη ℵ* (αισχ. ℵ^{c.b}) | εσχυνθησονται ℵ* (αισχ. ℵ^{c.b}) || 28 αναστησοντε ℵ* (-ται ℵ^{c.b}) || 29 λαλιτε ℵ* (λαλειται ℵ^{c.b}) || 30 εδεξασθαι B*AQ* (-σθε B^{ab}Q^a) | μαχερα ℵ | εφοβηθηται ℵ || 31 ῇ] ἡ B^b || 33 τες ℵ* (ταις ℵ^{c.b}): item 34) | ζητησε ℵ* (-σαι ℵ^{c.b}) | μιανε ℵ* (-ναι ℵ^{c.b}): μειαναι Q* (μι. Q^a) || 34 εματα ℵ* (αιμ. ℵ^{c.a, c.b}) | δρυει ℵ || 35 κρεινομαι B* (κριν. B^b): κρινομε ℵ* (-μαι ℵ^{c.b}) || 36 δευτερωσε ℵ* (-σαι ℵ^{c.b}) | κατεσχυνθηση ℵ*^(vid) (καταισχ. ℵ^{c.a, c.b}) | κατεσχυνθης ℵ* (καταισχ. ℵ^{c.a, c.b}) | χιρες ℵ* (χειρες ℵ^{c.b})

III 1 εξαποστιλη ℵ* (-στειλη ℵ^{c.b}) | γυνεκα ℵ* (-ναικα ℵ^{c.b}) | γενητε ℵ* (-ται ℵ^{c.b}) | ανακαμψι ℵ* (-ψει ℵ^{c.b}) | μηαινομενη B* (μιαιν. B^{ab}): μιενομενη ℵ* (μιαιν. ℵ^{c.b}) | εκινη ℵ* (εκεινη ℵ^{c.b}) | ποιμαισιν AQ* | ανεκαμπται ℵ* (-τες ℵ^{c.b}) || 2 ευθιαν ℵ | ειδε ℵ | εκαθεισας A | εμειανας Q* (εμιαν. Q^a) | τες (2°) ℵ* (ταις ℵ^{c.b}: item 16, 17, 18, 21) | πορνιες ℵ* (-νιαις ℵ^{c.b}) | κακιες ℵ* (-ιαις ℵ^{c.b}) || 3 ποιμαινας B*AQ* (-μενας B^{ab}Q^a) | οψεις ℵ* | απηνεσχυντησας ℵ*A (απηναισχ. ℵ^{c.b}): απηνασχ. Q* (ι superscr Q^a) || 5 διαμιεν ℵ* (-νει ℵ^{c.b}) | νικος B* (ρεικ. B^{ab}) || 6 ημερες ℵ* (-ραις ℵ^{c.b}: item 16, 17, 18) | εκι ℵ* (εκει ℵ^{c.b}) || 7 πορνευσε ℵ* (-σαι ℵ^{c.b}) || 8 εξαπεστιλα ℵ* (-τειλα ℵ^{c.b}) | χιρας ℵ* (χειρ. ℵ^{c.b}) | αυτή] αὑτη B^b || 12 αναγυωθει Q* (-θι Q^a) | ερις ℵ* (ερεις ℵ^{c.b}) || 13 γνωθει Q* (-θι Q^a) | ουκ A (item 25) || 15 ποιμαινες Q* (-μενες Q^a) | ποιμενοντες ℵ || 16 εστε ℵ | εκινες ℵ* (εκειναις ℵ^{c.b}) | ποιηθησετε ℵ* (-ται ℵ^{c.b}) || 17 εκιναις ℵ* (-κειν. ℵ^{c.b}) | εκινω ℵ* (-κειν. ℵ^{c.b}) | πορευσοντε ℵ* (-ται ℵ^{c.b}) || 18 συνελευσοντε ℵ* (-ται ℵ^{c.b}) | ρ in χωρων sup ras A^{vid} || 19 καλεσεται B*A (-σετε B^{ab}) | αποστραφησεσθαι B*A (-σθε B^{ab}) || 20 αθετι ℵ* (-τει ℵ^{c.b}) || 21 χιλεω͞ ℵ* (χειλ. ℵ^{c.b}) || 22 επιστραφηται ℵ^{c.b} | ιασωμε ℵ* (-μαι ℵ^{c.b}) || 23 διναμεις A || 24 εσχυνη ℵ* (αισχ. ℵ^{c.b}:

item 25) | κατηναλωσεν B^{ab} || 25 ατειμα B* (ατιμ. B^b) | υπηκουσαν|μεν ℵ?
IV 2 κρισι ℵ* (-σει ℵ^{c.b}) | ενεσουσιν ℵ* (αιν. ℵ^{c.b}) || 3 σπειρηται B || 4 περιτμηθηται ℵ^{c.b} | εστε ℵ* (-ται ℵ^{c.b}: item 9, 10, 27) | πρωσωπον ℵ || 5 σαλπιγγει ℵA [cum κεκρ. coniunx] | στιχηρεις ℵ || 6 φευγεται ℵ || 7 εξηρε B^b | θινε ℵ* (θειναι ℵ^{c.b}) | καθερεθησοντε ℵ* (-ται ℵ^{c.b}) | κατοικεισθε ℵ* (-θαι ℵ^{c.b}) || 8 περιζωσασθαι AQ* (-σθε Q^a) | κοπτεσθαι ℵA || 9 εκιν. ℵ* (-κειν. ℵ^{c.b}: item 11) | απολιτε ℵ* (-λειται ℵ^{c.b}) -λειτε A | προφητε ℵ* (-ται ℵ^{c.b}) || 10 ιρηνη ℵ* (ειρ. ℵ^{c.b}) | μαχερα ℵ || 11 ερουσι B^b || 13 κατεγεις ℵ* (κατεγις ℵ^{c.b}) | ταλεπωρουμεν ℵ* (-λαιπ. ℵ^{c.b}) || 15 ακουσθησετε ℵ* (-ται ℵ^{c.b}) || 16 συστροφε ℵ* (-φαι ℵ^{c.a, c.b}) || 19 εσθητηρια ℵA | μεμασσι (? με μ.) ℵ^{c.a}A || 20 ταλεπωριαν ℵ* (-λαιπ. ℵ^{c.b}) | επικαλιται B*ℵ* (-λειτ. ℵ^{c.b}) | τεταλεπωρηκεν B*ℵ* (-λαιπ. B^{ab}ℵ^{c.b}: bis) || 21 οψομε ℵ* (-μαι ℵ^{c.b}) || 22 ηγουμε|μοι ℵ (sic) | ηδισαν ℵ | κακοποιησε ℵ | ποιησε ℵ || 25 ουχ Q | πετινα ℵ || 26 πασε ℵ* (-σαι ℵ^{c.b}) | ε ℵ* (αι ℵ^{c.b}) || 28 επει B*A (επι B^{ab}) | πενθιτω ℵ || 29 σπηλεα ℵ | ευκατελιφθη ℵ | κατωκι ℵ* (-κει ℵ^{c.b}) || 30 ενχρεισῃ B*A | ματεον ℵ (-ταιον ℵ^{c.b}) | εραστε ℵ* (-ται ℵ^{c.b}) || 31 ωδεινουσης B* (ωδιν. B^b) | χιρας ℵ* (χειρ. ℵ^{c.b}) | οιμμοι B*Q* (οιμοι B^bQ^a: ομμοι ℵA) | εκλιπι ℵ* (-λιπει AQ* -λειπει ℵ^{c.b}Q^a) | ανειρημενοις B* (ανηρ. B^{ab})

V 1 τες ℵ* (ταις ℵ^{c.b} [bis]: item 6, 18) | ειδετε A | πλατιες ℵ* (-τιαις ℵ^{c.b}A) | εσομε ℵ* (-μαι ℵ^{c.b}) || 2 ψευδεσειν ℵ* (-σιν ℵ?) || 3 δεξασθε ℵ* (-θαι ℵ^{c.b}) || 5 πορευσομε ℵ* (-μαι ℵ^{c.b}) || 6 παρδαλς B* (ι superscr B^{ab}) || 7 ειλεως ℵ || 8 γυνεκα ℵ* (-ναικα ℵ^{c.b}) || 9 αιπισκεψομε ℵ* (επισκεψομαι ℵ^{c.b}) || 12 ουκ (pro ουχ) ℵQ | εστι B^b | μαχεραν ℵ | ουχ (pro ουκ 2°) B* (ουκ B^{ab}) A || 13 προφητε ℵ* (ℵ^{c.b}) | εστε ℵ* (-ται ℵ^{c.b}: item 19) || 14 λεγι ℵ* (-γει ℵ^{c.b}) | καταφαγετε

ΙΕΡΕΜΙΑΣ [APP.

ℵ* (-ται ℵc.b) || 16 κατεδοντε ℵ (item 17 [-ται ℵc.b bis]) || 17 αλοησουσι Bb | υμις ℵ* (-μεις ℵc.b) | πεποιθαται ℵA | ρομφεα ℵ || 18 ημερες ℵ* (-ραις ℵc.b) | εκινες ℵ* (εκειναις ℵc.b) || 19 ειπηται ℵ | εποιησε Bb | ερις ℵ* (-ρεις ℵc.b) | δουλευσεται B* (-τε Bab) ℵ || 22 φοβησεσθαι ℵ φοβηθησεσθαι A | ευλαβηθησεσθαι ℵA | ορειον B* (οριον Bb) | εωνιον ℵ* (αιων. ℵc.a, c.b) || 23 απιθης ℵ* (απειθ. ℵc.b) | εξεκλειναν B (item 25 AQ* -λιναν Qa) || 25 ε (2°) ℵ* (αι ℵc.a, c.b) || 26 διαφθειρε ℵ* (-ραι ℵc.b) || 27 παγεις ℵ* (-γις ℵ?) | πετινῶ] ℵ || 28 εκρειναν B || 29 εθνι B* (-νει Bab) ℵ || 31 ιρεις ℵ
VI 1 ενισχυσαται ℵc.b | σαλπιγγει ℵ | σημιον ℵ | γεινεται ℵ* (γιν. ℵc.b) γινετε A || 2 αφερεθησεται ℵ* (αφαιρ. ℵc.b) αφεραιθ. Q* (αφαιρεθ. Qa) || 3 ποιμαινες AQ || 4 παρασκευασασθαι ℵA | εκλιπουσιν ℵ | ε ℵ* (αι ℵc.a, c.b) | σκειαι B* (σκι. Bb) || 5 διαφθιρωμεν ℵ* (διαφθειρ. ℵc.b) || 6 εκχαιον A || 7 ψυχι bis ℵ | κε (1°) ℵ* (και ℵc.a) | ταλεπωρια ℵ* (ταλαιπ. ℵc.b: item 26) | ακουσθησετε ℵ* (-ται ℵc.b) || 9 καλαμασθαι bis ℵc.b || 10 ονιδισμον ℵA || 11 εκχαιω ℵ* (εκχεω ℵc.b) || 12 οικειαι A | εταιρους A | γυνεκες ℵ* (-ναικ. ℵc.b) | χιρ. ℵ* (χειρ. ℵc.b: item 24) || 14 εξουθενουνταις ℵ* (-τες ℵc.b) | ιρηνη (2°) ℵ* (ειρ. ℵc.b) || 15 κατεσχυνομενοι ℵ* (καταισχ. ℵc.b) | πτωσι ℵ* (-σει ℵc.b) || 16 ειδεται (1°) ℵ: ειδετε A | ειδετε (2°) ℵ | ευρησεται ℵ | τες ψυχες ℵ* (ταις ψυχαις ℵc.b) || 18 ποιμενοντες B* (ποιμαιν. Bab) ποιμενονταις ℵ* (-τες ℵc.b) || 20 φερεται ℵ | ισιν ℵA | ε ℵ* (αι ℵc.a, c.b) || 21 γιτων A || 23 κυμενουσα ℵ || 24 θλειψις B θλιψεις ℵQ || 25 εκπορευεσθαι ℵA | τες ℵ* (ταις ℵc.a, c.b, c.c) | βαδιξεται ℵA | ρομφεα ℵ | εκχθρων ℵ* (εχθρ. ℵ?) | παροικι ℵ* (-κει ℵc.b) || 26 καταπασε ℵ* (-σαι ℵc.b) | ποιησ͞ B*ℵ*A (-σαι Babℵc.b) || 27 δοκιμασε ℵ* (-σαι ℵc.b) || 29 καινον A | αργυροκοπι ℵ* (-πει ℵc.b)

VII 5 διορθωσηται ℵ | ποιησηται ℵ | κρισειν ℵ* (-σιν ℵ?) || 6 καταδυναστευσηται ℵ | εμα ℵ* (αιμα ℵc.b) | εκχεηται ℵA | πορευησθαι B* (-σθε Bab) ℵ || 7 εωνος (1°) ℵ* (αι. ℵc.b) || 8 υμις ℵ* (-μεις ℵc.b: item 14) | ωφεληθησεσθαι B* (-θε Bab) ℵA || 9 φονευεται ℵ | μοιχασθαι ℵ | ομνυεται ℵQ* (-τε Qa) || 11 σπηλεον ℵ | επικεκλητε ℵ* (-ται ℵc.b: item 14, 30) | εκι ℵ* (-κει ℵc.b: item 12) || 13 ηλουσαται A | απεκριθηται ℵ || 16 ουχ B*A | ισακουσομαι ℵ* (εισ. ℵc.b) || 17 τες (bis) ℵ* (ταις ℵc.b: item 23) || 18 κεουσι ℵ* (καιουσι ℵc.b) | ε γυνεκες ℵ* (αι γιναικ. ℵc.a, c.b) | στες B* (σταις Bb) | εστπισαν ℵQ* (εσπεισ. Qa) | παρογισωσιν ℵ* (-σιν ℵ?) || 19 παροργιζουσι Bb | κατεσχυνθη ℵ* (καταισχ. [sic] ℵc.a) || 21 συναγαγεται ℵc.b | φαγεται ℵc.b || 23 ενετιλαμην ℵ* (ενετειλ. ℵc.b): item 31 | ακουσαται A | εσομε ℵ* (-μαι ℵc.b) | υμειν ℵ* (-μιν ℵc.b) | εσεσθαι ℵA | πορευεσθαι A | εντιλωμε ℵ* (εντειλωμαι ℵc.b) || 25 εξαπεστιλα ℵ* (-στειλ. ℵc.b) | κε ορθου ℵ* (και ορθρου ℵc.b) | απεστιλα ℵ* (-στειλ. ℵc.b) || 28 πεδιαν ℵ* (παιδ. ℵc.b) || 29 κειραι Q | καιφαλην ℵ* (κεφ. ℵc.b) | χιλεων ℵ* (χειλ. ℵc.b) || 30 μιανε ℵ* (-ναι ℵc.b) || 31 φαραγγει ℵ* (ras ε antea improb) | κατακεειν ℵ* (-κειιν ℵc.b) || 32 ειδου ℵ* (ιδ. ℵc.b) | ημερε ℵ* (-ραι ℵc.b) | φαραξ (1°) ℵ* (-ριγξ ℵc.a) || 33 εσοντε ℵ* (-ται ℵc.b) | πετινοις ℵ | εστε ℵ* (-ται ℵc.b: item 34) || 34 χεροντων ℵ

VIII 1 εκιν. ℵ* (-κειν. ℵc.b: item 3) | λεγι ℵ* (-γει ℵc.b) | εξοισουσι Bb || 2 αντιχοντο ℵ* (-τειχ. ℵc.b) A || παραδιγμα ℵ* (-δειγμ. ℵc.b) A || 3 καταλιφθεισιν B* (-λειφθ. Bab) καταλιφθισῦ ℵ* (-φθεισιν ℵc.b) καταλειφθισιν A || 4 ανιστατε ℵ* (-ται ℵc.b) || 5 προερεσι ℵ* (-αιρεσει ℵc.b) | επιστρεψε ℵ* (-ψαι ℵc.b) || 6 ενωτισασθαι A || 8 εριτε ℵ* (ερειτε ℵc.b) || 10 γυν;κας ℵ* (-ναικ. ℵc.b) || 13 συναξουσι Bb || 14 απερριψεν Bb || 15 ιρη-

ΙΕΡΕΜΙΑΣ

νην ℵ* (ειρ. ℵc.b) || 16 εσισθη ℵ | ηξι ℵ* ηξει ℵc.b) || 17 επασε ℵ* (-σαι ℵc.b) αιπασαι Q*vid (επ. Qa) | δηξοντε ℵ* (-ται ℵc.b) || 19 εκι ℵ* (εκει ℵc.b: item 22) | ματεοις ℵ* (ματαιοις ℵc.b) || 20 άμητος] άμητὸς B? | ημις ℵ* (-μεις ℵc.b) || 21 ε|επι ℵ || 22 ρητεινη B* (-τινη Bb)

IX 1 δωσι ℵ* (-σει ℵc.b) A | καιφαλη ℵ* (κεφ. ℵc.b) | κλαυσομε ℵ* (-μαι ℵc.b) || 2 καταλιψω ℵ* (-λειψ. ℵc.b) || 3 ενετιναν ℵ || 5 καταπευξεται B*fort (-παιξ. Bab) | λαλω ℵ* (-λειν ℵc.b) | επιστρεψε ℵ* (-ψαι ℵc.b) || 6 ειδενε ℵ* (-ναι ℵc.b) ιδεναι A || 8 λαλι ℵ* (-λει ℵc.b) | ιρηνικα ℵ* (ειρ. ℵc.b) | εχι ℵ* (εχει ℵc.b) || 9 επισκεψομε ℵ* (-μαι ℵc.b: item 25) | λεγι ℵ* (-γει ℵc.b) | εκδικησι ℵ* (-σει ℵc.b) || 10 τρειβους B* (τριβ. Bb) | εινε ℵ* (-ναι ℵc.b) | πετινων ℵ || 11 θησομε ℵ* (-μαι ℵc.b) | κατοικισθαι B* (-κεισθ. Bab) || 12 διοδευεσθε ℵ* (-θαι ℵc.b) || 13 ενκαταλιπιν ℵ* (-λειπειν ℵc.b) | ειδωκα Q*vid || 14 ιδωλων ℵA || 16 μαχερα| ℵ || 17 αποστιλατε ℵ* (-στειλατε ℵc.b) || 18 ριτω| A || 19 εταλεπ. ℵ* (εταλαιπ. ℵc.b) || 20 ακουσαται A | γυνεκες ℵ* (-ναικ. ℵc.b) || 21 εκτρειψαι B* (-τριψ. Bb) εκτριψε ℵ* (-ψαι ℵc.b) | πλατιω| ℵ || 22 εσοντε ℵ* (-ται ℵc.b) | παραδιγμα B*ℵ* (-δειγ. Babℵc.b) | παιδιου B* (πεδ. Bab) | εστε ℵ* (-ται ℵc.b) || 23 ισχυει ℵ* (-υι ℵc.b) || 26 περικιρομενον ℵ

X 2 μανθανεται ℵ | σημιω| A | φοβισθε ℵ* (-βεισθε ℵc.b) φοβεισθαι A || 3 ματεα ℵ (item 15) || 5 κεινηθησονται B* (κιν. Bb) A || 9 ηξι ℵ* (ηξει ℵc.b) | τεχνειτων B* (τεχνιτ. Bb) τεχνειτω (sic) A || 5 ερομενα ℵ* (αιρομ. ℵc.b) | φοβηθηται| ℵ || 11 εριται ℵ* (ερειται ℵc.bA) | αιποιησαν ℵ* (εποι. ℵc.b) || 12 ισχυει ℵ* (-υι ℵc.b) | φρονησι ℵ* (-σει ℵc.b) | εξετινεν ℵ || 13 ανηγαγε Bb | εξηγαγε Bb || 14 εστι Bb (item 16) || 15 ενπεπεγμενα B*ℵ* εμπεπεγμενα A | κερω ℵ* (καιρω ℵc.b) || 17 εγκλεκτοις ℵ* (εκλ. ℵc.b) || 18 ειδου ℵ* (ιδου ℵc.b) | θλειψει B* (θλιψ. Bb) || 19 κατελαβε

Bb || 20 εταλεπωρησεν B*ℵ* (εταλαιπ. Babℵc.b) | πασε ℵ* (-σαι ℵc.a, c.b) | ε ℵ* (αι ℵc.b) | ισῖ| A || 21 μοιμαινες A | ενοησε Bb || 22 σισμος ℵA | ταξε ℵ* (-ξαι ℵc.b) || 23 κατορθωσι ℵ* (-σει ℵc.b) || 24 πεδευσον ℵ* (παιδ. ℵc.b) | κρισι ℵ* (-σει ℵc.b)

XI 3 ερις ℵ* (-ρεις ℵc.b(?)) || 4 καμενου B* (καμιν. Bb) | εντιλωμαι ℵ* (εντειλ. ℵc.b) | εσεσθαι B*bQ* (-θε BaQa) ℵA | εσομε ℵ* (-μαι ℵc.b) || 6 ειπε Bb || 11 ισακουσομαι ℵ* (εισακ. ℵc.b(?)) || 12 κατοικουνταις B* (-τες Bab) || 15 εποιησε Bb || 16 ελεαν ℵ | ωρεαν ℵ | ειδι ℵ* (ειδει ℵc.b) ιδει A | θλειψις B* (θλιψ. Bb) θλιψεις A | ελαλησε Bb || 19 δευται ℵ | εκτρειψωμεν B* (εκτριψ. Bb) || 20 κρεινων B* (κριν. Bb) | ειδυμι ℵ*vid (ειδοιμι ℵ?) || 21 τες ℵ* (ταις ℵc.b) || 22 μαχερα ℵ | λειμω B* (λιμ. Bb) A

XII 1 αθετοινυνται ℵ* (-τες ℵc.b(?)) || 4 πετινα ℵ | ουχ B* οκ sic ℵ* (ουκ Bacℵc.b) || 5 ιρηνης ℵ* (ειρ. ℵc.b) | ειρηνη σου Bb || 6 λαλησουσι Bb || 8 εμειοησα B* (εμισ. Bb) || 9 σπηλεον ℵ (bis) | υενης ℵ || 12 ταλεπωρουντες ℵ* (ταλαιπ. ℵc.b) | μαχερα ℵ || 13 σπιρατε ℵ || 14 γιτονων ℵ || 15 εκβαλιν ℵ* (-λειν ℵc.b) | κατοικειω B* (-κιω Bb) || 16 εστε ℵ* (-ται ℵc.b(?)) || 17 εκινο ℵ* (εκεινο ℵc.b(?))

XIII 1 κτησε B* (-σαι Bab) || 4 εκι ℵ* (εκει ℵc.b: item 7, 16) || 5 ενετιλατο ℵ* (-τειλ. ℵc.b) || 6 εκιθεν ℵ* (εκειθ. ℵc.b) | ενετιλαμην ℵ* (ενετειλ. ℵc.b) || 7 ειδου ℵ* (ιδ. ℵc.b(?)) || 9 υβρειν ℵ* (-ριν ℵc.b bis) || 11 κολλατε ℵ* (-ται ℵc.b) || 12 εστε ℵ* (-ται ℵc.b) || 14 φισομαι ℵ || 15 ενωτισασθαι ℵA | επερεσθαι ℵ επαιρεσθαι A || 16 συσκοτασε ℵ* (-σει ℵc.b) | αναμενιται ℵ | τεθησοντε ℵ* (-ται ℵc.b) || 17 ακουσηται ℵ | κλαυσετε ℵ* (-ται ℵc.b) | ποιμιον B* (ποιμν. Bab) || 18 ταπινωθητε ℵ* (ταπειν. ℵc.b) | καιφαλης ℵ* (κεφ. ℵ?) || 19 ε ℵ* (αι ℵc.b(?)) | συνεκλισθησαν ℵ | τελιαν ℵ* (-λειαν ℵc.b) || 20 ειδε B* (ιδε Bb) ℵ || 21 ερις ℵ* (-ρεις ℵc.b) |

ΙΕΡΕΜΙΑΣ [APP.

επισκεπτωντε ℵ* (-ται ℵ⁻ᵇ) | εδειδαξας A | ουχ ℵA | γυνεκα ℵ* (γυναικα ℵᶜ·ᵇ) || 22 αδικειας B* (-κιας Bᵇ) | οπισθεια B* (-θια Bᵇ) | παραδιγματισθηναι B*Q* (-δειγ. BᵃᵇQᵃ) ℵA || 23 αλλαξετε ℵ* (-ται ℵᶜ·ᵇ) | παρδαλεις A | υμις ℵ* (υμεις ℵᶜ·ᵇ) | δυνησεσθαι ℵQ* (-θε Qᵃ) || 24 διεσπιρα ℵ || 25 απιθειν ℵA || 27 απαλλοτριωσεις A | ετει A

XIV 2 ε ℵ* (αι ℵᶜ·ᵇ: item 7 bis, 16) | πυλε ℵ* (-λαι ℵᶜ·ᵇ) || 3 μεγεισταν ες ℵ* (μεγιστ. ℵᶜ·ᵇ) | ουκ ℵ | καινα ℵ* (κενα ℵᶜ·ᵇ⁽?⁾) || 8 εκκλεινων BℵA | καταλοιμα ℵ*ᵛⁱᵈ (-λυμα ℵ?) || 9 επικεκλητε ℵ* (-ται ℵᶜ·ᵇ) || 10 κεινειν B* κηνεῖ] ℵ* (κιν. Bᵇℵ?) | εφισαντο ℵAQ* (εφεισ. Qᵃ) | μνησθησετε ℵ* (-ται ℵᶜ·¹⁾) || 12 μαχερα ℵ (item 15: μαχεραν 13: μαχερας 16, 18) | κε (3°) ℵ | λειμ. B* (λιμ. Bᵇ: item 15 bis [BA], 16, 18 [BA]) || 13 ιπα ℵ* (ειπα ℵ?) | ειδου ℵ* (ιδ. ℵᶜ·ᵇ⁽?⁾): item 19 | προφητε ℵ* (-ται ℵᶜ·ᵇ: item 14, 15) | προφητευουσι Bᵇ | οψεσθαι A | ιρηνην ℵ* (ειρ. ℵᶜ·ᵇ: item 19) || 14 ειπε Bᵇ | απεστιλα ℵ* (-στειλα ℵᶜ·ᵇ: item 15) | ενετιλαμην ℵ* (ενετειλ. ℵᶜ·ᵇ) || 15 λεγουσι Bᵇ | εστε ℵ* (-ται ℵᶜ·ᵇ) || 16 εσοντε ℵ* (-ται ℵᶜ·ᵇ) | τες ℵ* (ταις ℵ?) | γυνεκες ℵ* (γυναικες ℵᶜ·ᵇ) || 17 καταγαγεται ℵ* (-γαγετε ℵᶜ·ᵇ) || 18 παιδιον A | τραυματιε ℵ* (-τιαι ℵᶜ·ᵇ) | ηδισαν ℵ || 19 επεσας ℵ*A (επαισας ℵ?) | ιασεις A | υπεμιναμεν ℵ || 22 ιδωλοις ℵ | δωσι ℵ* (-σει ℵᶜ·ᵇ)

XV 1 εξαποστιλον ℵ* (-τειλον ℵᶜ·ᵇ) || 2 εστε ℵ* (-ται ℵᶜ·ᵇ: item 16) | ερις ℵ* (-ρεις ℵᶜ·ᵇ) | λειμον bis A | εχμαλωσιαν bis ℵ* (αιχμ. ℵ?) || 3 μαχεραν ℵ (item 9) | πετινα ℵ || 5 φισεται ℵA | διλιασει B* (δειλ. Bᵃᵇ) ℵA | ανακμ[ψει (sic) ℵ | ιρηνην ℵ || 6 χιρα ℵ* (χειρα ℵ?) | επερειψαν B* || 9 ωνιδισθη BℵA || 10 οιμμοι BℵAQ* (οιμοι Qᵃ ᵛⁱᵈ) || 12 περιβολεον ℵ* (-λαιον ℵᶜ·ᵇ) A || 14 εκκαυται B* εκκεκαυτε ℵ* (-ται ℵᶜ·ᵇ) || 15 επισκεψε B*ᵇℵ* (-ψαι Bᵃᵇℵᶜ·ᵇ) | αθοωσον B* (αθω. Bᵇ) ℵAQ | ονιδισμον ℵA || 16 επικεκλητε ℵ* (-ται ℵᶜ·ᵇ) || 17 εκαθεισα A || 18 λοιπουντες ℵ | γεινομενη ℵ* (γιν. ℵᶜ·ᵇ) || 19 κε (5°) ℵ* (και ℵ?) || 20 τιχος ℵA | δυνωντε ℵ* (-ται ℵᶜ·ᵇ) || 21 εξερεισθαι B*A εξερισθε ℵ* (εξαιρεισθαι Bᵃᵇℵᶜ·ᵇ) | χιρος bis ℵ* (χειρ. ℵ?)

XVI 4 ταφησοντε ℵ* (-ται ℵᶜ·ᵇ) | παραδιγμα B*ℵ* (-δειγ. Bᵇ⁽ᵛⁱᵈ⁾ ℵᶜ·ᵇ) A | εσοντε (1°) ℵ* (-ται ℵᶜ·ᵇ) | πετινοις ℵ | μαχερα ℵ | λειμω B* (λιμ. Bᶜ) A || 5 θειασον B*Q* (θι. BᵇQᵃ) | κοψασθε ℵ* (-θαι ℵᶜ·ᵇ) A || 6 ποιησουσι Bᵇ || 7 κε (2°) ℵ* (και ℵᶜ·ᵇ⁽?⁾) || 8 συνκαθισε ℵ* (-σαι ℵᶜ·ᵇ) || 10 εστε ℵ* (-ται ℵᶜ·ᵇ) | ελαλησε Bᵇ || 11 ερις ℵ* (-ρεις ℵᶜ·ᵇ) || 12 υμις bis ℵ* (υμεις ℵᶜ·ᵇ) | επονηρευσασθαι A | πορευεσθαι ℵA· || 13 δουλευσεται ℵ?A | εκι ℵ* (εκει ℵᶜ·ᵇ: item 15) || 14 ερχοντε ℵ* (-ται ℵᶜ·ᵇ) || 18 ες ℵ* (αις ℵᶜ·ᵇ⁽?⁾) bis | θυησιμεοις ℵ | βλελυγματων ℵ (sic) || 20 ισιν ℵ* (εισιν ℵᶜ·ᵇ⁽?⁾) || 21 ειδου ℵ* (ιδ. ℵᶜ·ᵇ) | γνωσοντε ℵ* (-ται ℵᶜ·ᵇ)

XVII 5 στιρισι ℵ || 6 εστε ℵ* (-ται ℵᶜ·ᵇ: item 7, 8 bis, 11, 24, 27) | οψετε ℵ* (-ται ℵᶜ·ᵇ) || 8 εκμαδα ℵ | βαλι ℵ* (-λει ℵ?) | φοβηθη!θησεται (2°) ℵ | διαλιψει ℵA || 9 βαθια A || 10 δουνε ℵ* (-ναι ℵ·ᵇ) || 11 ημισι A | εγκαταλιψουσιν B* (-λειψ. Bᵃᵇ) ℵ || 14 ιασε ℵ* (-σαι ℵᶜ·ᵇ) | σωθησομε ℵ* (-μαι ℵᶜ·ᵇ) || 17 φιδομενος ℵ || 18 κατεσχυνθητωσαν ℵ* (καταισχ. ℵᶜ·ᵇ) | κατεσχυνθιην ℵ* (καταισχ. ℵᶜ·ᵇ) | πτοηθιησαν ℵ | πτοηθιην ℵ || 19 τες bis ℵ* (-ταις ℵᶜ·ᵇ⁽?⁾: item 20, 27 [2°]) | ες ℵ* (αις ℵ⁻·ᵇ⁽?⁾) bis | πασες ℵ* (-σαις ℵᶜ·ᵇ) bis || 21 φυλασσεσθαι ℵAQ*ᵛⁱᵈ (-θε Qᵃ) | ερετε B* (αιρ. Bᵃᵇ) ℵA | εκπορευεσθαι A || 22 ποιησεται ℵA | ενετιλαμην ℵ* (-τειλ. ℵᶜ·ᵇ) | εκλειναν ℵ* (εκλιν. Bᵇ) A || 23 ακουσε ℵ* (-σαι ℵᶜ·ᵇ) | δεξασθε ℵ* (-θαι ℵᶜ·ᵇ) || 24 εισακουσηται ℵ (item 27 ℵ* [-τε ℵᶜ·ᵇ]) | εισφεριν ℵ* (-ρειν ℵᶜ·ᵇ) || 25 αρμασι Bᵇ | κε (5°) ℵ* (και ℵᶜ·ᵇ⁽?⁾) | κατοι-

APP.] ΙΕΡΕΜΙΑΣ

κηθησετε ℵ* (-ται ℵc.b) | πολεις ℵ* (-λις ℵc.b) || 26 παιδινης A | ενεσειν ℵ* (αινεσιν ℵc.b) || 27 αιρειν] εριν ℵ* (ερειν ℵc.a(?)) | εισπορευεσθε ℵ* (-θαι ℵc.b)

XVIII 2 καιραμεως ℵ* (κερ. ℵc.b: item 3) || 4 επεσε Bᵇ | τες ℵ* (ταις ℵc.b(?): item 15, 22) | ποιησε ℵ* (-σαι ℵc.b: item 6, 8, 10) || 6 υμις ℵ* (υμεις ℵc.b) | εσται B* ℵ? Q* (-τε Bᵃᵇ ℵ* Qᵃ) A || 7 εξαρε ℵ* (-ραι ℵc.b) || 8 εκινο ℵ* (-κειν. ℵc.b) || 9 ανοικοδομισθαι ℵ* (-μεισθαι ℵc.b) || 11 λογειζομαι ℵ | ποιησεται ℵ || 12 ανδρειουμεθα Q || 13 εποιησε Bᵇ || 14 εκλιψουσιν B* ℵ* (εκλειψ. Bᵃ ℵc.b) | χειων B* (χι. Bᵇ) | εκκλειωει B* (εκκλίνει Bᵇ) || 15 καιρον A | επιβηνε ℵ* (-ναι ℵc.b(?)) || 16 ταξε ℵ* (-ξαι ℵc.b(?)) | κεινησουσιν B* (κιν. Bᵇ) A | καιφαλην ℵ* (κεφ. ℵc.b(?)) || 17 διξω ℵ* (δειξ. ℵc.b(?)) || 18 λογεισωμεθα ℵ | απολιται ℵ* (-λειται ℵc.b(?)) || 20 ανταποδιδοτε ℵA -δοτται Q* (-δοται Q¹(?)) | λαλησε ℵ* (-σαι ℵc.b) || 21 λειμον B* (λιμ. Bᵇ) | χιρας ℵ* (χειρ. ℵc.b(?)) | γυνεκες ℵ* (γυναικ. ℵc.b(?)) | μαχερα ℵ || 22 οικειαις B* (-κιαις Bᵇ) || 23 αθοωσης B* (αθω. Bᵇ) AQ | εξαλιψης ℵ

XIX 1 ειπε Bᵇ | κτησε ℵ⁺ (-σαι ℵc.b) || 2 εκι ℵ* (εκει ℵc.b: item 14) || 3 ηχησι ℵ || 4 ηδισαν ℵ | αθοων ℵ || 5 ενετιλαμην ℵ* (-τειλ. ℵc.b) || 7 μαχερα ℵ | πετινοις ℵ || 8 σκυθρωπασι ℵ* (-σει ℵc.b) || 9 εδοντε ℵ* (-ται ℵc.b) || 10 συντρειψεις B* (-τριψ. Bᵇ) || 11 συντρειψω B* (-τριψ. Bᵇ) | συντρειβεται B* (-τριβ. Bᵇ) || 12 δοθηνε ℵ* (-ναι ℵc.b) || 13 πασες τες ℵ* (-σαις ταις ℵc.b) | οικειαις B* (-κιαις Bᵇ) | ες ℵ* (αις ℵc.b) | εσπισαν ℵA || 14 απεστιλεν ℵ* (-στειλ. ℵc.b) | προφητευσε κε ℵ* (-σαι και ℵc.b)

XX 1 ηκουσε Bᵇ || 3 εξηγαγε Bᵇ || 4 πεσουντε ℵ* (-ται ℵc.b) | μαχερα ℵ | χιρας ℵ* (χειρ. ℵc.b: item 5) | μαχερες ℵ || 6 πορευσεσθαι AQ* (-θε Qᵃ) | εχμαλωσια ℵ* (αιχμ. ℵc.b) | εκι ℵ* (εκει ℵc.b) || 8 γελασομε ℵ*

(-μαι ℵc.b) | ταλεπωρ. ℵ* (ταλαιπ. ℵc.b) | εγενη ℵ* (superscr θη ℵc.a) | ονιδισμον ℵA || 9 ετει ℵ | παριμαι ℵ | δυναμε ℵ* (-μαι ℵc.b) || 11 νοησε ℵ* (-σαι ℵc.b) || 12 ειδοιμι ℵ || 13 ενεσατε ℵ* (αιν. ℵc.b) | εξιλατο ℵ* (εξειλ. ℵc.b) || 15 ευφρενομενος ℵ || 16 εκινος ℵ* vid (εκειν. ℵ?) | ε ℵ* (αι ℵc.b) || 17 απεκτεινε Bᵇ απεκτινεν ℵ || 18 βλεπιν ℵ* (-πειν ℵc.b) | εσχυνη ℵ* (αισχ. ℵc.b(?)) | ημερε ℵ* (-ραι ℵc.b)

XXI 1 απεστειλε Bᵇ || 2 ποιησι ℵ* (-σει ℵc.b) | απελευσετε ℵ* (-ται ℵc.b) || 3 εριτε ℵ* (ερειτε ℵc.b) || 4 υμις ℵ* (-μεις ℵc.b) | πολεμιται ℵ* (-μειται ℵc.a) | συνκεκλικ. ℵ (item 9) | τιχους ℵ* (τειχ. ℵc.b) || 5 χιρι ℵ* vid (χειρ. ℵc.b): item 7 χιρας ℵ* (χειρ. ℵc.b) || 12 χιρος ℵ* (χειρος ℵc.b) | κρατεω ℵ || 6 πολι ℵ (item 7 B* -λει Bᵃᵇ) ℵ, 9 B* (-λει Bᵃᵇ) ℵ || 7 πεδας ℵ* (παιδ. ℵc.b) | καταλιφθ. ℵ* (-λειφθ. ℵc.b) | λειμ. B* (λιμ. Bᵇ) A: item 9 | μαχερας ℵ (bis): item 9 μαχερα | φισομαι ℵQ* (φειο. Qᵃ) | οικτιρησω ℵ || 8 ερις ℵ* (ερεις ℵc.b) | ειδου ℵ || 9 αποθανιτε ℵ* (-νειται ℵc.b) αποθανιται B* (-νειτ. Bᵃᵇ) αποθανειτε A | ζησετε ℵ* (-ται ℵc.b) | εστε ℵ* (-ται ℵc.b: item 12) || 10 κατακαυσι ℵ* (-σει ℵc.b) || 12 κε (1°) ℵ* (και ℵc.b) | κατευθυναται A | εξελεσθαι ℵ* (-θε ℵc.b vid) A || 13 πεδωη ℵ παιδινην A | πτωησι ℵ* (-σει ℵc.b)

XXII 1 εκι ℵ* (εκει ℵc.b: item 12, 26[2°]) || 3 ποιειται ℵc.b | εξερισθαι ℵ* (εξαιρεισθαι ℵc.b(?) A) | χιρος ℵ* (χειρ. ℵc.b: item 24): item 25 (bis) χερας ℵ* (χειρ. ℵc.b) | καταδυναστευεται A | ασεβιται ℵ* (-βειται ℵc.b(?) A) | εμα ℵ* (αιμα ℵc.b: item 17) | εκχεηται ℵA || 4 ποιησηται ℵ (item 5) | τες ℵ* (ταις ℵc.b: item 23, 27) | πεδες ℵ* (παιδ. ℵc.b) || 8 πολιει ℵ* vid (-λει ℵ?) || 10 κλεετε ℵA | θρηνιται ℵ* (-νειται ℵc.b) | οψετε A || 12 μετωκεισα B* (-κισα Bᵇ) A | αποθανιτε ℵ* (-νειται ℵc.b) αποθανειται A | οκ ℵ* (ουκ ℵc.b) | οψετε ℵ* (-ται

ΙΕΡΕΜΙΑΣ [APP.

ℵc.b) | ετει ℵ*A? (ετι ℵc.b(?)) || 13 εργατε ℵ* (-ται ℵc.b) | αποδωσι ℵ* (-σει ℵc.b) || 14 ρειπιστα B* (ριπ. Bb) | κεχρεισμενα B* (-χρισμ. Bb) || 15 βασιλευσις ℵ* (-σεις ℵc.b) | φαγοντε ℵ* (-ται ℵc.b) | πειονται B* (πι. Bb) | κρειμα B* (κριμα Bb) || 16 εκρειναν B* (εκριν. Bb) | ταπινω ℵ* (-πειν. ℵc.b) | γνωνε ℵ* (-ναι ℵc.b) || 17 ισιν ℵ* (εισιν ℵc.b) | εκχαιειν A || 18 οιμμοι B*Q* (οιμοι BbQa) ℵ || 19 επεκινα ℵ* (επεκεινα ℵc.b) || 20 εραστε ℵ* (-ται ℵc.b : item 22) || 21 παραπτωσι ℵ* (-σει ℵc.b) || 22 ποιμανι ℵ* (-νει ℵc.b) | εχμαλωσ. ℵ* (αιχ. ℵc.b) | ατειμωθηση B* (ατιμ. Bb): item 28 ητειμωθη B* ητιμ. Bb) || 24 αποσφραγεισμα ℵ | εκιθεν ℵ* (εκειθεν ℵc.b) || 26 αποθανισθαι ℵ* (-νεισθαι ℵc.bA) || 27 αποστρεψωσεῖ ℵ* (-σιν ℵc.b) || 28 χρια A

XXIII 2 ποιμενοντας ℵ | επεσκεψασθαι ℵ || 4 ποιμαινας A | ετει A || 5 ημερε ℵ* (-ραι ℵc.b) | ποιησι ℵ* (-σει ℵc.b) || 10 νομε ℵ* (-μαι ℵc.b) || 14 κατοικουνταις ℵ* (-τες ℵc.b) || 16 ματεουσιν ℵ* (-ταιουσιν ℵc.b) || 17 εστε ℵ* (-ται ℵc.b: item 26 [εστε Bℵ*], 36) | ουκ B* (ουχ Bab) ℵ | ηξι ℵ* (ηξει ℵc.b) || 19 σισμος ℵ | συνσισμον ℵA || 20 επ] αιπ ℵ* (επ ℵc.b) | ενχιρηματος ℵ* (ενχειρ. ℵc.b) || 22 αναπεστρεφον Bb || 24 οψομε ℵ* (-μαι ℵc.b) || 25 λεγονταις ℵ* (-τες ℵc.b) || 26 ἐστὲ B (sic) || 27 λογειζομενων ℵ || 29 ουχ B* (ουκ Bb) A || 32 ενετιλ. ℵ* (-τειλ. ℵc.b) || 33 υμις ℵ* (υμεις ℵc.b) | εσται A || 34 ειπωσι Bb ιπωσῖ ℵ* (ειπ. ℵc.b) | εκινον ℵ* (εκειν. ℵc.b) || 35 εριται ℵ* (ερειτε ℵc.b) || 36 ονομαζεται ℵA || 38 απεστιλα ℵ* (-τειλα ℵc.b) | σιριται ℵ* (ερειται ℵc.a(?)A) || 40 ονιδισμον ℵA | ατειμιαν B* (ατιμ. Bb) | αιπιλησθ. ℵ* (επιλ. ℵc.b) || 7 ημαιρε ℵ* (ημεραι ℵc.b) | ανηγαγε Bb

XXIV 1 εδιξεν ℵ* (εδειξ. ℵc.b) | κιμενους ℵ | αποικισε ℵ* (-σαι ℵc.b) | τεχνειτας Q* (-νιτ. Qa) || 3 λειαν B* (λι. Bb) bis: λειαν (1°) A1 (λι. A*),

(2°) A || 6 εκτειλω B* (-τιλ. Bb) || 7 ιδεναι ℵ | εσοντε ℵ* (-ται ℵc.b) | εσομε ℵ* (-μαι ℵc.b) || 8 incep κατα ℵ*vid (-οικ. ℵl,c.a) || 9 ονιδισμον ℵA | εκι ℵ* (εκει ℵc.b) || 10 λειμον B* (λιμ. Bb) | μαχεραν ℵ

XXV 1 ετι ℵc.a: item 3 ℵ || 3 τρισκεδεκατω Λ τρεισκαιδεκ. Qa || 5 αποστραφηται ℵ | κατοικησεται Bℵ A | εωνος (1°) ℵ* (αιων. ℵc.a, c.b vid) || 6 πορευεσθαι A | παροργιζηται ℵ | χιρων ℵ* (χειρ. ℵc.b) | κακωσε ℵ* (-σαι ℵc.b) || 8 επιδη ℵ | επειστευσατε ℵ || 9 ονιδισμῷ ℵA || 11 εστε ℵ* (-ται ℵc.b: item 19) A || 12 εκινο ℵ* (-κειν. ℵc.b) || 16 αιστε ℵ* (εσται ℵc.b) | ουχ] ουκ ℵ | ηξι ℵ* (ηξει ℵc.b) | εκι ℵ* (εκει ℵc.b) || 17 μαχεραν ℵ || 18 εκιθεν ℵ* (εκειθ. ℵc.b) || 19 αιγμαλωσιαν ℵ*? (αιχμ. ℵc.b)

XXVI 2 ετι ℵ* (ετει ℵc.b) || 3 προσαγαγεται ℵ || 4 καταστηται ℵ | περικεφαλεαις B* (-λαιαις Ba?b) περικαιφαλεαις ℵ* (-κεφ. ℵc.b) | ενδυσασθαι A || 7 κυμενουσιν ℵ* (κυμαιν. ℵc.b) || 9 επιβηται ℵ | εντιναται ℵ εντινατε A || 10 εκινη ℵ* (εκειν. ℵc.b) | μαχερα ℵ (item 14) || 11 αναβηθει A | ρητεινην B* (ρητιν. Bb) | καινον ℵ* (κεν. ℵc.b) | εστι Bb || 13 χιρι ℵ* (χειρι ℵc.b): item 24 χιρας ℵ* (χειρ. ℵc.b) | κοψε ℵ* (-ψει ℵc.b) || 14 παραγγιλαται ℵ*vid (-γειλαται ℵc.a(?)) | επιστηθει A | σμειλακα B* (σμιλ. Bb) || 15 εμινεν ℵ* (εμειν. ℵc.b) || 19 εστε ℵ* (-ται ℵc.b: item 27) || 21 σειτευτοι B* (σιτ. Bb) | ημαιρα ℵ* (ημερα ℵc.b) | κερος ℵ* (καιρος ℵc.b) || 22 αξειναις B* (αξιν. Bb) αξινες ℵ || 23 ικασθη ℵAQ || 27 εκχμαλωσιας ℵ* (αιχμ. ℵc.b(?)) | αναστρεψι ℵ* (-ψει ℵc.b) || 28 εκι ℵ* (εκει ℵc.b) | πεδευσω ℵ* (παιδ. ℵc.b) | αθωσω B*Q* (αθωωσω BbQa vid) ℵA

XXVII 2 αναγγιλατε ℵ* (-γειλατε ℵc.b(?)) | κρυψηται ℵ || 4 εκιν. ℵ* (εκειν. ℵc.b bis: item 20 bis) | βαδιζονταις ℵ* (-τες ℵc.b) | κλεοντες B* (κλαι. Bab) κλαιονταις ℵ* (-τες ℵc.b) ||

ΙΕΡΕΜΙΑΣ

5 καταφυξονται A* καταφευξ. A^a?) ‖ 6 ποιμαινες A ‖ 8 απαλλοτριωθηται ℵ | γενεσθαι ℵA ‖ 9 εγιρω ℵ | εκιθεν ℵ* (εκειθ. ℵ^c.b) | βολεις ℵ* (-λις ℵ^c.b(?)) | αιπιστρεψι ℵ* (επιστρεψει ℵ^c.b) | καινη A ‖ 10 προνομευονταις ℵ* (-τες ℵ^c.b) ‖ 11 ευφραινεσθαι B^ab ηυφρενεσθαι ℵ* (-φραιν. ℵ^c.a) ηυφραινεσθαι AQ* (ευφραινεσθε Q^a) | κατεκαυχασθαι A | διαρπαξονταις ℵ* (-τες ℵ^c.b) | εσκιρταται ℵ^c.a A | εκερατιζεται A ‖ 13 εστε ℵ* (-ται ℵ^c.b: item 32) ‖ 14 παραταξασθαι A | τινοντες A ‖ 15 ε (1°) ℵ* (αι ℵ^c.b: item 43) | χιρες ℵ* (χειρ. ℵ^c.b: item 43) | τιχος ℵ* (τειχ. ℵ^c.b) | εκδικησεις ℵA ‖ 16 μαχερας ℵ: item μαχεραν 35, 36 bis, 37 bis ‖ 19 ορι ℵ | πλησθησετε ℵ* (-ται ℵ^c.b) ‖ 20 τες ℵ* (ταις ℵ^c.b: item 30, 38) | ημερες ℵ* (-ραις ℵ^c.b) | εκινες ℵ* (εκειναις ℵ^c.b) | υπαρξι ℵ* (-ξει ℵ^c.b) | ειλεως B* (ιλ. B^b) ℵ | εσομε ℵ* (-μαι ℵ^c.b) ‖ 21 εντελλομε ℵ* (-μαι ℵ^c.b) ‖ 25 ηνυξεν B* (ηνοιξ. B^ab) ‖ 26 εξολοθρευσατε B^b ‖ 27 ηκι ℵ* (ηκει ℵ^c.b: item 31) | κερος A ‖ 28 αναγγειλε ℵ* (-λαι ℵ^c.b) ‖ 29 παραγγιλαται ℵ* (-γειλαται ℵ^c.a) | εντινοντι B* (-τειν B^ab) ℵA | παρεμβαλεται (ex κ fec π ℵ^1†) ℵ* (-τε ℵ^c.b(?)) ‖ 30 πλατιαις ℵ ‖ 31 κερος ℵ* (καιρ. ℵ^c.b) ‖ 32 ασθενησι ℵ* (-σει ℵ^c.b) | πεσιται ℵ* (-σειται ℵ^c.b) πεσειτε A ‖ 33 καταδεδυναστευντε ℵ* (-ται ℵ^c.b) | εχμαλωτ. ℵ* (-αιχ. ℵ^c.b) | εξαποστειλε B* (-λαι B^a) εξαποστιλαι ℵ* (-στειλ. ℵ^c.b) ‖ 34 κρεινει B κρινι ℵ* (-νει ℵ^c.b) | παροξυνι ℵ* (-νει ℵ^c.b) ‖ 36 μαχεραν A^*vid (-χαιρ. A^a) ‖ 37 εμμεσω A | εσοντε ℵ* (-ται ℵ^c.b) | διασκορπισθησοντε ℵ* (-ται ℵ^c.b) ‖ 38 κατεσχυν. ℵ* (καταισχ. ℵ^c.b) ‖ 40 εκι ℵ* (εκει ℵ^c.b bis) | παροικησι ℵ* (-σει ℵ^c.b) ‖ 41 ερχετε ℵ* (-ται ℵ^c.b) ‖ 42 ε|χιριδιον ℵ* (εχειρ. ℵ^c.b) ευχιρ. A | ηχησι ℵ* (-σει ℵ^c.b) | ιππασωντε ℵ* (-ται ℵ^c.b) ‖ 43 θλιψεις ℵQ | ωδεινες B* (ωδιν. B^b) ‖ 44 αντιστησετε ℵ* (-ται ℵ^c.b) | στησετε ℵ* (-ται ℵ^c.b) ‖ 45 βεβουλευτε ℵ* (-ται ℵ^c.b) | λογεισμους ℵ ‖ 46 σισθησετε ℵ* (-ται ℵ^c.b)

XXVIII 1 λεγι ℵ* (-γει ℵ^c.b) | διαφθιροντα ℵ* (-φθειρ. ℵ^c.b): item 25 διαφθιρον ℵ* (-φθειρ. ℵ^c.b) ‖ 2 λυμανουντε ℵ* (-ται ℵ^c.b) ‖ 3 τινετω ℵA | τινων B* (τειν. B^ab) ℵA | φισησθαι ℵ φεισησθαι A φισησθε Q* (φεισ. Q^a) ‖ 4 πεσουντε ℵ* (ν effict ex σ? -ται ℵ^c.b) ‖ 6 φευγεται ℵ | ανασωζεται ℵ^c.a | αποριφηται A ‖ 7 χιρ. ℵ* (χειρ. ℵ^c.b: item 25 vid) ‖ 8 θρηνιται ℵ^c.a(?) | ρητεινην B* (-τιν. B^b) | ειαθησεται B* (ιαθ. B^ab) ‖ 10 αναγγιλωμεν ℵ* (αναγγειλ. ℵ^c.b) ‖ 11 παρασκευαζεται Q* (-τε Q^a) | πληρουται A | ηγιρεν ℵ* (ηγειρ. ℵ^c.b): item 12 εγιρατε ℵ* (εγειρ. ℵ^c.b) | εξωλεθρευσε ℵ* (-σαι ℵ^c.b) | εκδηκησις (2°) ℵ* (εκδικ. ℵ^c.b(?)) εκδικησεις A (bis) ‖ 12 τιχεων ℵA | σημιον ℵ (item 27 ℵA) ‖ 13 πληθι ℵ | ηκι ℵ* (ηκει ℵ^c.b) ‖ 14 ωμοσε B^b | βραχεισων B* (-χιονος B^b) | ακρειδων B* (ακριδ. B^b) | σαι (2°) ℵ* (σε ℵ^c.b) | καταβενοντες ℵ* (-βαιν. ℵ^c.b) ‖ 15 συνεσι ℵ* (-σει ℵ^c.b) | εξετεινε B^b εξετινεν ℵA ‖ 16 εποιησε B^b ‖ 17 εματεωθη ℵ ‖ 18 ματεα ℵ ‖ 20 διασκορπιζις ℵ* (-ζεις ℵ^c.b) ‖ 23 ποιμαινα A ‖ 26 εωνα ℵ* (αιων. ℵ^c.b) ‖ 27 σαλπιγγει ℵA | αγειασατε ℵ ‖ 28 αναβιβασαται ℵ^c.a(?) ‖ 29 εσισθη ℵ | επονεσε B^b | λογεισμος ℵ | θινε ℵ* (θιναι ℵ^c.a(?)) ‖ 30 εξελιπε B^b | πολεμιν ℵ* (-μειν ℵ^c.b) | καθησοντε ℵ* (-ται ℵ^c.b) | γυνεκες ℵ* (-ναικ. ℵ^c.b) | μοκλοι B* (μοχλ. B^ab) ‖ 31 απαντησειν (1°) ℵ* (-σιν ℵ^c.b(?)) | διωξετε ℵ* (-ται ℵ^c.b) | αναγγιλε ℵ* (-γειλαι ℵ^c.b) | πολεις A ‖ 32 πολεμιστε ℵ* (-ται ℵ^c.b) ‖ 34 μαι (2°) A | κατελαβε B^b | κατεπιε B^b | επλησε B^b ‖ 35 ε ℵ* (αι ℵ^c.a, c.b vid): item 43 (αι ℵ^c.b), 58 (1°) (αι ℵ^c.a, c.b vid) | ταλεπωρ. ℵ* (ταλαιπ. ℵ^c.b: item 56) | ερι bis ℵ* (ερει ℵ^b [1°]) | εμα ℵ* (αιμα ℵ^c.a, c.b vid) ‖ 36 κρινω B^ab (sic) ‖ 37 εστε ℵ* (-ται ℵ^c.b: item 63) ‖ 43 αιγενηθησαν ℵ* (εγεν. ℵ^c.b) | κατοικησι ℵ* (-σει ℵc.b) ǀ 44 εκσοισω ℵ* (εξοισω ℵc.b(?)) ǀ συναχθωσι Bᵇ ǁ 50 πορευεσθαι ℵA ǀ ιστασθαι ℵ* (-θε ℵc.b) ǁ 51 ονιδισμον ℵA ǁ 52 ημερε ℵ* ᵛⁱᵈ (-ραι ℵc.b(?)) ǁ 53 ισχυει ℵ* ǁ 56 επτοητε ℵ* (-ται ℵc.b) Aᶠᵒʳᵗ ⵏ 58 τιχος ℵ ǀ καινον ℵ* (κεν. ℵc.b) ǀ εκλιψουσιν B* Q* (εκλειψ. BᵇQᵃ) ℵ ǁ 59 ενετιλατο ℵ* (-τειλ. ℵc.b) ǀ ειπιν ℵ* (-πειν ℵc.b) ǀ ετι Bℵ* (ετει ℵc.b) ǁ 60 ηξι ℵ* (ηξει ℵc.b) ǁ 62 ερις ℵ* (-ρεις ℵc.b: item 64) ǀ εξωλεθρευσε ℵ* (-σαι ℵc.b) ǀ ειψε ℵ* (-ναι ℵc.b) ǀ αιστε ℵ* (εσται ℵc.b)

XXIX 2 εστε ℵ* (-ται ℵc.b: item 18, 23) ǀ χιμαρροιν A ǀ κατακλυσι ℵ* (-σει ℵc.b) A ǀ κατοικοινταις ℵ* (-τες ℵc.b) ǁ 3 σισμον ℵ ǁ 4 απολεσε ℵ* (-σαι ℵc.b) ǀ καταλιπους ℵ* ᵛⁱᵈ (-λοιπ. ℵc.b(?)) ǀ εξωλεθρευσι ℵ* (-σει ℵc.b) ǁ 6 κοψις ℵ* (-ψεις ℵc.b) ǀ μαχερα ℵ ǀ ουκ B* (ουχ Bᵇ) AQ ǀ αναπαυσε ℵ ǁ 7 ησυχασι ℵ* (-σει ℵc.b) ǀ ενετιλατο ℵ* ᵛⁱᵈ (-τειλ. ℵc.b(?)) ǁ 10 τρυγητε ℵ* (-ται ℵc.b) ǀ καταλιψουσιν B* (-λειψ. Ba?b) ℵ ǀ επειθησουσιν A ǁ 11 χιρα ℵ* (χειρα ℵc.b) ǀ γιτονος ℵ ǁ 12 υπολιπεσθε ℵ* ǀ χηρε ℵ ǁ 13 αθοωμενη B* (αθωωμ. Bᵇ) ℵQ ǀ αθοωθης B* (αθωωθ. Bᵇ) ℵA ǁ 14 ονιδισμον ℵA ǀ εμμεσω A ǀ πασε ℵ* (-σαι ℵc.b) ǀ ε ℵ* (αι ℵc.b: item 19) ǀ εσοντε ℵ* (-ται ℵc.b) ǁ 15 απεστιλεν ℵ* (-στειλ. ℵc.b(?)) ǀ παραγενεσθαι ℵA ǁ 17 πεγνια ℵ* (παιγ. ℵc.b) ǀ ενεχιρησεν ℵ* (-χειρ. ℵc.b) ǀ εκιθεν ℵ* (-κειθ. ℵc.b) ǀ σαι A ǀ 19 εκι ℵ* (εκει ℵc.b bis) ǀ αθρωπος ℵ* (ανθ. ℵ¹⁷) ǀ ενοικησι ℵ* (-σει ℵc.b) ǁ 20 αντιστησετε ℵ* (-ται ℵc.b) ǀ 21 ελογεισατο ℵ ǀ συνψηφωσι Bᵇ ǁ 23 οψετε ℵ* (-ται ℵc.b) ǀ εκινη ℵ* (-κειν. ℵc.b) ǀ ωδεινουσης B* (ωδιν. Bᵇ)

XXX 1 ειπε Bᵇ ǀ ισιν ℵ* (εισιν ℵc.b) ǀ παρελαβε Bᵇ ǀ ενοικησι ℵ* (-σει ℵc.b) ǁ 2 ερχοντε ℵ* (-ται ℵc.b) ǀ φησι Bᵇ ǁ 3 περιζωσασθαι ℵc.a(?)A ǀ κοψασθαι ℵc.a A ǀ ειερεις ℵ* (ιερ. ℵ⁷) ǁ 4 παιδιοις Bᵃᵇ (πεδ. Bᵃ) A ǁ 5 ειδου ℵ* (ιδ. ℵ¹) ǀ οιασπυρησεσθαι ℵAQ* (-θε Qᵃ) ǁ 6 βασιλεισση ℵA ǁ 8 φευγεται ℵc.a(?)A ǀ λειαν A ǀ ελογεισατο ℵ ǀ λογεισμον ℵ ǁ 10 εσοντε ℵ* (-ται ℵc.b) ǁ 11 εστε ℵ* -ται ℵc.b) ǀ καθεισν A (εκι ℵ* (εκει ℵc.b bis) ǀ κατοικησι ℵ* (-σει ℵc.b) ǁ 12 αναπαυσασθε ℵ* (-θαι ℵc.b) ǁ 15 πεσουντε ℵ* (-ται ℵc.b bis) ǀ πολεμιστε ℵ* (-ται ℵc.b) ǁ 16 τιχει B* (τειχ. Ba?b) ℵA

XXXI 2 ουκǀκ ℵ* (κ 2° improb ℵ?) ǀ βαδιειτε A ǀ μαχερα ℵ: item 10 μαχεραν ǁ 5 αναβησετε ℵ* (-ται ℵc.b) ǀ κλεω] ℵ* (κλαι. ℵc.b) ǁ 7 επιδη ℵ ǁ 8 ηξι ℵ* (ηξει ℵc.b) ǀ πολιτε ℵ* (-λειται ℵc.b: item 42) A ǀ παιδινη A ǁ 9 σημια ℵ ǀ πασε ℵ* (-σαι ℵc.b: item 37) ǀ ε ℵ* (αι ℵc.b) ǁ 10 εξερων ℵ* ᵛⁱᵈ (εξαιρ. ℵc.b(?)) ǀ εματος ℵ* (αιμ. ℵc.b) ǁ 11 πεδαριον ℵ* (παιδ. ℵc.b) ǀ γυμα ℵ* ᵛⁱᵈ (γευμα ℵc.b(?)) ǁ 12 ημερε ℵ* (-ραι ℵc.b) ǀ κλειψοντας A ǀ κλεινουσιν A ǀ λεπτουνουσιν B* (-τυν. Bᵇ) ǀ καιρατα ℵ* (κερ. ℵc.b) ǁ 13 κατεσχυνθησεται ℵ* (καταισχ. ℵc.b) ǁ 14 εριτε ℵ* (ερειτε ℵc.b) ǁ 15 πολεις A ǁ 16 ταχια ℵ ǁ 17 κεινησατε B* (κιν. Bᵇ) A ǁ 18 εκτρειβεται B* (-τριβ. Bᵇ) ǀ λουμενομενος ℵ* ᵛⁱᵈ (λυμαιν. ℵc.b) ǁ 20 αναγγιλο] ℵ* (-γειλο] ℵc.b) ǁ 21 ερχετε ℵ* (-ται ℵc.b) ǁ 25 επιχιρον ℵ* (-χειρ. ℵc.b) ǁ 26 επικρουσι ℵ ǀ χιρ. ℵ* (χειρ. ℵc.b: item 37) ǀ εστε ℵ* (-ται ℵc.b: item 34 [vid]) ǁ 27 επολεμις ℵ ǁ 28 πετρες ℵ* (-ραις ℵc.b bis) ǀ περιστερε ℵ* (-ραι ℵc.b) ǁ 29 υβρεισεν ℵ ǀ λειαν B* (λι. Bᵇ) ǁ 31 ολολυζεται ℵA ǀ κιραδας ℵQ* (κειρ. Qᵃ): item 36 κιραδας Q ǁ 32 αποκλαυσομε ℵ* (-μαι ℵc.b) ǀ ως ερημα Bᵇ ǀ τρυγητες A* (-ταις Aʳ) ǁ 33 διλης ℵ ǁ 35 αναβενοντα ℵ* (-βαιν. ℵc.b(?)) ǁ 36 βομβησι ℵ* (-σει ℵc.b) ǁ 37 καιφαλην ℵ* (κεφ. ℵc.b) ǁ 38 χρια ℵ* (χρεια ℵc.b) ǁ 39 κε (2°) ℵ* ᵛⁱᵈ (και ℵc.b(?)) ǁ 44 ευπεσιται ℵ* (-σειτ. ℵc.b(?))

XXXII 2 εξαιμουνται A ǀ μαχερας ℵ (item 13, 24): item 17 μαχεραν ǁ

[APP.] ΙΕΡΕΜΙΑΣ

3 απεστιλεν ℵ* (-στειλεν ℵ^c.b) ‖ 4 αρχονταις ℵ* (-τας ℵ^c.b(?)) | θιναι ℵ* (θειναι ℵ^c.b) ‖ 8 τουs τοu ℵ (του 2° cum punct) ‖ 13 ερις ℵ* (ερεις ℵ^c.b: item 14, 16) | πεσισθαι ℵ* (πεσεισθαι ℵ^c.a(?): item 20) A ‖ 14 εστε ℵ* (-ται ℵ^c.b) | δεξασθε ℵ* (-θαι ℵ^c.b) | χιροs ℵ* (χειρ. ℵ^c.b) | πιεσθαι ℵ ‖ 15 πολι B* (-λει B^b) ℵ | αρχομε ℵ* (-μαι ℵ^c.b) | καθαρσι ℵ | καθαρισθηται ℵ | μαχερεν ℵ* (μαχεραν ℵ^c.a) ‖ 16 προφητευσις ℵ* (-τευσεις ℵ^c.b(?)) | δωσι ℵ* (-σει ℵ^c.b(?)) | τρυγωνταις ℵ* (-τες ℵ^c.b) ‖ 17 κρινετε ℵ* (-ται ℵ^c.b) A ‖ 18 λελαψ ℵA ‖ 19 εσοντε (1°) ℵ* (-ται ℵ^c.b) ‖ 20 αλαλαξεται ℵ^c.a(?) | ποιμαινες A: item ποιμαινων 21, 22 | κοπτεσθαι ℵ^c.a(?)A | κρειοι B* (κρι. B^b bis, A 2°): item κρειων (κρι. B^b) ‖ 21 ημερε ℵ* (-ραι ℵ^c.b) ‖ 21 απολειτε A ‖ 23 παυσετε ℵ* (-ται ℵ^c.b) | ιρηνης ℵ* (ειρ. ℵ^c.b)

XXXIII 2 ειπε B^b | προσκυνιν ℵ* (-νειν ℵ^c.b) ‖ 3 παυσομε ℵ* (-μαι ℵ^c.b) | λογειζομε ℵ* (-μαι ℵ^c.b) ‖ 4 ερις ℵ* (ερεις ℵ^c.b) | ακουσηται ℵ^c.a(?)A | πορενεσθε ℵ* (-θαι ℵ^c.b) ‖ 5 απεστιλα ℵ* (-στειλα ℵ^c.b) ‖ 9 εστε ℵ* (-ται ℵ^c.b: item 18) | πολεις A | εξεκλησ. A ‖ 10 εκαθεισαν A ‖ 11 ηκου|ηκουσατε ℵ* (ηκου 1° delet)(σαται ℵ^c.a(?)) ‖ 12 προφητευσε ℵ* (-σαι ℵ^c.b) ‖ 14 ποιησαται ℵ^c.a(?)A | συμφερι ℵ* (-ρει ℵ^c.b) ‖ 15 γνωσεσθαι ℵAQ* (-θε Q^a) | ανερειτε B* (αναιρ. B^ab) ανεριτε ℵ* ανερειται ℵ^c.a(?)A | διδοται A | λαλησε ℵ* (-σαι ℵ^c.b) ‖ 18 τες ℵ* (ταις ℵ^c.b) | ημερες ℵ* (-ραις ℵ^c.b) ‖ 19 ανιλεν ℵ | ημις ℵ*^vid (ημεις ℵ^c.b) ‖ 21 αποκτιναι ℵ | 22 εξαπεστιλεν ℵ* (-στειλεν ℵ^c.b) ‖ 23 και (1°) ℵ* (ι 2° delet) | εκιθεν ℵ* (εκειθ. ℵ^c.b) | μαχερα ℵ | ερειψεν B* ‖ 24 χιρ ℵ* (χειρ ℵ^c.b(?)): item χιρας ℵ* (χειρ. ℵ^c.b) | ανελιν ℵ* (-λειν ℵ^c.b)

XXXIV 1 ειπε B^b (item 16) ‖ 3 ειπιν ℵ* (-πειν ℵ^c.b) | εριτε ℵ* (ερειτε ℵ^c.b) ερειται A ‖ 4 επιχιρω ℵ* (-χειρ. ℵ^c.b) επειχειρω A ‖ 5 βασιλι ℵ* (-λει ℵ^c.b: item 7) ‖ 6 μαχερα ℵ | λειμω B* (λιμ. B^b) A | επισκεψομε ℵ* (-μαι ℵ^c.b) | χιρι ℵ* (χειρ. ℵ^c.b) ‖ 7 υμις ℵ* (υμεις ℵ^c.b) | εργασησθαι ℵA ‖ 8 μακρυνε ℵ* (-ναι ℵ^c.b) ‖ 9 εργασητε ℵ* (-ται ℵ^c.b) A | καταλιψω B* (-λειψ. B^b) ℵ | εργατε ℵ* (-ται ℵ^c.b) ‖ 12 απεστιλα ℵ* (-στειλα ℵ^c.b: item 14) | απολεσε ℵ* (-σαι ℵ^c.b) | απολεισθαι AQ* (-θε Q^a) | προφητε ℵ* (-ται ℵ^c.b: item 15) | προφητευονταις ℵ* (-τες ℵ^c.b) | υμειν ℵ* (-μιν ℵ^c.b(?)) ‖ 13 ακουεται ℵ (ται superscr) | επιστρεψι ℵ* (-ψει ℵ^c.b) ‖ 15 εστι B^b ‖ 18 εισελευσετε ℵ* (-ται ℵ^c.b)

XXXV 1 ετι ℵ* (ετει ℵ^c.b) | ειπε B^b (item 2) ‖ 3 σκυη ℵ (item 6 ℵ*) ‖ 4 συντρειψω B* (τριψ. B^b: item 11) ‖ 6 επιστρεψε ℵ* (-ψαι ℵ^c.b) ‖ 8 προφητε ℵ* (-ται ℵ^c.b) ‖ 9 ιρηνην ℵ* (ειρ. ℵ^c.b) | γνωσοντε ℵ* (-ται ℵ^c.b) | απεστιλεν ℵ* (-στειλεν ℵ^c.b) | πιστι ℵ* (-τει ℵ^c.b) ‖ 12 συντρειψαι B* (-τριψ. B^b) ‖ 13 συντρειψας B* (-τριψ. B^b) ‖ 14 βασιλι ℵ* (-λει ℵ^c.b) ‖ 15 πεποιθενε ℵ* (-ναι ℵ^c.b)

XXXVI 1 απεστιλεν ℵ* (-στειλ. ℵ^c.b: item 3, 28) ‖ 2 βασιλεισσης ℵ ‖ 3 χιρι ℵ* (χειρι ℵ^c.b) | 5 παραδισους (sic) ℵ* (παραδεισ. ℵ^c.a(?) A) | φαγεται ℵ ‖ 6 γυνεκας ℵ*^vid (-ναικ. ℵ^c.b: item 23) | ανδρασι B^b | πληθυνεσθαι A ‖ 7 ιρηνην ℵ* (ειρ. ℵ^c.b): item ιρηνης ℵ* (ειρ. ℵ^c.b) ‖ 11 απωκεισα A | προσευξασθαι Q* (-ξασθε Q^a) ‖ 8 αναπιθετωσαν (1°) ℵ, (2°) B* (αναπειθ. B?) | μαντις ℵ* (μαντεις ℵ^c.b(?)) | ακουεται ℵ | υμις ℵ* (υμεις ℵ^c.b) | ενυπνιαζεσθαι AQ* (-θε Q^a) ‖ 9 υμιν ℵ* (υμειν ℵ^c.b) | απεστιλα ℵ* (-στειλ. ℵ^c.b: item 25, 31) ‖ 10 ειπε B^b (item 21, 32) | επισκεψομε ℵ* (-ψομαι ℵ^c.b) | αποστρεψε ℵ* (-ψαι ℵ^c.b) ‖ 11 λογεισμον ℵ ‖ 12 προσευξασθαι A | εισακουσομε ℵ* (-μαι ℵ^c.b) ‖ 13 ευρησεται A ‖ 14 επιφανουμε ℵ* (-μαι ℵ^c.b) ‖ 21 χιρας ℵ* (χειρ. ℵ^c.b) | παταξι ℵ* (-ταξει ℵ^c.b) ‖ 22 ποιησε A | σαι ℵ* (σε

ΙΕΡΕΜΙΑΣ [APP.

אc.b(?)) A | εποιησε Bb | απετηγανισε Bb || 23 εμιχωντο א* vid (εμοιχ. אc.a(?)) | πολειτων B* (-λιτ. Bb) A || 24 ερις א* (ερεις אc.b(?)) || 25 ειπεν BN (cum Kυρ. cpniunx) || 26 γενεσθε א* (-νεσθαι אc.b) | μενομενω B*א* (μαιν. B? אc.b(?)) | δωσις א* (δωσεις אc.b) | αποκλισμα אA || 28 απεστειλε Bb απεστιλεν א* (-στειλεν אc.b) | φαγεσθαι A || 31 αποστιλο| א* (-τιλο| אc.b) | επιδη א | πεποιθενε א* (-ναι אc.b(?)) || 32 εστε א* (-ται אc.b) | εμμεσω A

XXXVII 1 ειπιν A || 2 ειπε Bb (item 3, 5, 12, 18) || 3 ημερε א* (-ραι אc.b) | φησι Bb || 4 ελαλησε Bb || 5 ακουσεσθαι Q* (-θε Qa) | ιρηνη א* (ειρ. אc.b) || 6 ειδεται א | ε א* (αι אc.b: item 16) | ιεικτερον א* (εικτερον אc.a(?)A) || 7 εκινινη א* vid (εκεινη אc.b(?)) | εστι (1°) Bb (item 13 (2°)) || 8 εκηνη א*vid (εκεινη אc.b(?)) | συντρειψω B || 13 κρεινων B || 14 επαιρωτησουσιν A | επεσα א* (επαισα אc.b) A || 18 πολεις A | καθεδιται א || 19 εξελευσουτε א* (-ται אc.b) | φωνη] φωνη Bb || 20 εισελευσοντε א* (-ται אc.b) | επισκεψομε א* (-μαι אc.b) | θλειβοντας BA || 21 αποστρεψε א* (-ψαι אc.b) || 23 ηξι א* (ηξει אc.b)

XXXVIII 1 εκινω א* (εκειν. אc.b): item 33 εκινας א* (εκειν. אc.b) | ειπε Bb (item 23, 36) | γενι א* (γενει אc.b) | εσοντε א* (-ται אc.b: item 33) || 2 μαχερα א | ολεσηται A || 4 επιληψει Bb || 6 αναστηται אc.a(?) | αναβηται א || 7 ενεσατε א* (αιν. אc.b) || 9 παρακλησι A || 10 αναγγηλατε א*vid (αναγγειλατε אc.b(?)) | σιλ א*vid (ισλ א?) | συναξι א* (-ξει אc.b) || 11 εξιλατο א | χιρος א* (χειρ. אc.b: item 32) || 12 ορι א | Σιων Bb | σειτου B | πινασουσιν אA | ετει A || 13 πρεσβυτε א* (-ται אc.b) A || 15 παυσασθε א* (-σασθαι אc.b) | ισιν א* (εισιν אc.b) || 18 επεδευσας א* (επαιδ. אc.b) A | επεδευθην א* (επαιδ. אc.b) A || 19 αιφ א* (εφ אc.b(?)) | εσχυνης א* (αισχυνης אc.b) | υπεδιξα א* (-δειξ. אc.b) | ονιδισμον אA || 20 πεδιον א* παιδιον אc.b) | μνια B* (μνεια Bb) A || 22 ητειμωμενη B || 23 ερουσι Bb | εχμαλωσιαν א* (αιχ. אc.b) || 24 αρθησετε א* (-σεται אc.b) || 25 πινωσαν B* (πειν. Bb) אA || 27 φησι Bb (item 28, 31, 33, 35) || 28 εστε א* (-ται אc.b) | καθερειν א*' (καθαιρειν אc.b) καθεριν A | οικοδομιν א* (-δομειν אc.b) || 29 τες ημερες εκινες א* (ταις ημεραις εκειναις אc.b) || 30 αποθανιται א* (-νειται אc.b) || 31 ημερε א* (-ραι אc.b: item 38) || 32 ενεμιναν B*א* (-μειν. B?אc.b) || 33 εσομε א* (-μαι אc.b) || 34 πολειτην B*, (-λιτ. Bb) | ειδησουσι Bb | μαι א* (με אc.b(?)) | μεικρου B* (μικρ. Bb) | ειλεως א | αδικειαις B* (-κιαις Bb) | ετει A* (vid) || 35 ταπινωθη א* (ταπειν. אc.b) || 36 εβομβησε Bb || 38 ερχοντε א* (-ται אc.b) | πολεις A || 39 διαμετρησεις A | εκλεκτων א* (εκκλ. אc.b(?)) || 40 καθερεθη א* (καθαιρ. אc.b)

XXXIX 1 βασιλι א* (-λει אc.b ter: item 35) || 3 κατεκλισεν אc.amg || 4 παραδωσι אc.amg | λαλησι א* (-σει אc.b) || 5 εκι א* (εκει אc.b: item 37) || 7 ερχετε א* (-ται אc.b) | κτησε B*א* (-σαι Bcאc.b): item 8 -σε א* -σαι אc.b || 10 βιβλειον B* (-λιον Bb) || 14 εινα א* (ινα אc.b(?)) | πλιους א || 15 οικειαι B* (οικιαι Bb) אA || 16 δουνε א* (-ναι אc.b: item 19) || 17 βραχειονι B* (βραχιονι Bb: item 21) | μετερεωρω A || 18 χειλιαδας BA || 20 σημια א: item 21 σημιοις אA || 21 χιρι א* (χειρ. אc.b) | κρατεα א || 23 ενετιλω א* (-τειλ. אc.b) | αιποιησαν א* (επ. אc.b(?)) | συμβηνε א* (-ναι אc.b) || 24 πολεις A (item 28, 31) | χιρας א* (χειρ. אc.b: item 25, 28, 36, 43) | μαχερας א: item 36 μαχερα א | λειμον B* (λιμ. Bb) A]: item 36 λειμω B* (λιμ. Bb) A || 27 τει א* (τι אc.b) || 28 ειπε Bb (item 42) | δοθισα א* (-θεισα אc.b) || 29 ες א* (αις אc.b) | εταιροις A | παραπικρανε א* (-ναι אc.b) || 31 οριην א*vid (οργην א?) | απαλλαξε א* (-αξαι אc.b) || 35 φαραγγει א* (-γι אc.b) | αναφεριν א* (-ρειν אc.b) | πο-

ΙΕΡΕΜΙΑΣ

ησε (sic) א* (ποησαι אc.a(?)) | εφαμαρτιν א* (-τειν אc.b) A ‖ 36 διεσπιρα א ‖ 38 εσοντε א* (-ται אc.b) | εσομε א* (-μαι אc.b) ‖ 40 διαθησομε א* (-μαι אc.b) | αποστηνε א* (-στηναι אc.b) ‖ 41 επισκεψομε א* (-μαι אc.b) | αγαθωσε א* (-θωσαι אc.b) | πιστι א ‖ 43 κτηθησοντε א* (-ται אc.b)

XL 2 ειπε B^b (item 4, 11, 12) ‖ 3 αποκριθησομε א* (-σομαι אc.b) ‖ 5 μαχεσθε א* (-θαι אc.b) | πληρωσε א* (-σαι אc.b) ‖ 6 πιστειν א ‖ 9 εστε א* (-ται אc.b) | ενεσιν א* (αιν. אc.b) | μεγαλιοτητα AQ* (-λειοτ. Q^a) | ιρηνης א* (ειρ. אc.b) ‖ 10 υμις א* (υμεις אc.b) | λεγεται B* (-τε B^b(vid)) A ‖ 11 εξομολογεισθαι B* (-θε B^ab) A εξομολογισθε א* (-γεισθαι אc.a(?)) ‖ 12 ποιμαινων A ‖ 13 τες א* (ταις אc.b)

XLI 2 ειπε bis B^b (item 5, 13, 17) | ερις א* (ερεις אc.b(?)) | παραδοσι א* (-σει אc.b) | πολεις A | χιρας א* (χειρ. אc.b: item 3, 21) | καυσι א* (καυσει אc.b) ‖ 5 κοψοντε א* (-ται אc.b) ‖ 7 δυναμεις A (item 21) | επολεμι א* (-μει אc.b) | αυτε א* (-ται אc.b) | κατελιφθησαν B* (κατελειφθ. B^ab) א | οχυρε א* (-ραι אc.b) ‖ 8 συντελαισε B* (-τελεσαι B^ab) συντελεσε א* (-σαι אc.b) | καλεσε א* (-σαι אc.b: item 15, 17) ‖ 9 εξαποστιλαι א* (-στειλ. אc.b) | πεδαα א* (παιδα אc.a(?)) | πεδισκην א* (παιδ. אc.b): item 16 πεδισκας א* (παιδ. אc.b) ‖ 10 παιδαιδα א* (παιδα אc.a(?)) ‖ 12 λο|λογος א ‖ 13 εξιλαμην א* (εξειλ. אc.b) ‖ 14 αιτη A | πραθησετε א* (-ται אc.b) | εργατε א* (-γαται אc.b) | εκλειναν BA ‖ 15 ποιησε א* (-σαι אc.b) ‖ 16 επιστρεψε א* (-ψαι אc.b) | εξαποστιλατε א* ‖ 17 μμις א* (υμεις אc.a(?)) | ου|ουκ א | μαχερα̅ א | λειμον B* (λιμ. B^b) | πασες τες βασιλιαις א* (πασαις ταις βασιλειαις אc.b(?)) ‖ 20 εστε א* (-ται אc.b) | πετινοις אA

XLII 1 ημερες א* (-ραις אc.a, c.b vid) ‖ 5 πιεται אA ‖ 6 ενετιλατο א* (-τειλ. אc.b: item 10, 14, 18) | πειητε B* (πιητε B^b) | υμις א* (υμεις אc.b) ‖

7 οικοδομησητε א*vid (-ται אc.b) | σπιρηται א σπειρηται A | εστε א* (-ται אc.b) | οικησεται א | διατριβεται אA ‖ 8 ημις א | ε א* (αι אc.b bis) | γυναικαις א* (-ναικες אc.b) ‖ 9 οικειας B* (-κιας B^ab) | κατοικιν B^b fort (-κειν B^ab) ‖ 13 λαβηται א | πεδιαν א* (παιδ. אc.b(?)) ‖ 15 απεστιλα א* (-στειλ. אc.b) | αποστραφηται א | πορευεσθαι אA | εκλειωατε B*A ‖ 18 επιδη א

XLIII 3 ειλεος א ‖ 5 ενετιλατο א* (-τειλ. אc.b: item 8, 26) | δυνωμε א* (δυνωμαι אc.b) ‖ 7 πεσιται א* (πεσειται אc.b(?)) ‖ 8 εποιησε B^b ‖ 9 ετι א* (ετει אc.b(?)) | βασιλι א* (-λει אc.b(?)) ‖ 12 γραμματαιως A (item 23) | ειδου εκι א* (ιδου εκει אc.b) ‖ 13 αναγεινωσκοντος B* (-γιν. B^b) ‖ 14 απεστιλαν א* (-στειλ. אc.b): item 21 απεστιλεν א* (-στειλ. אc.b) | χιρα אc.a(?) mg | ελαβε B^b (item 22) ‖ 15 αναγνωθει א ‖ 18 ειπε B^b (item 29) ‖ αυηγγειλε B^b αυηγγιλεν א* (-γειλεν אc.b) ‖ 20 φυλασσιν א ‖ 22 χιμερινω A ‖ 23 τρις א* (τρεις אc.b(?)) A | εριπτε א | εξελιπε B^b ‖ 25 κατακαυσε א* (-σαι אc.b) ‖ 28 βαειλευς (sic) א^vid ‖ 29 εκλιψι א* (εκλειψει אc.b) ‖ 30 εστε א* (εσται אc.b) ‖ 31 επισκεψομε א* (-ψομσ· אc.b) | πεδας א* (παιδας אc.b(?)) ‖ 32 πλιονες אA

XLIV 1 εβασιλευσε B^b ‖ 2 πεδες א* (παιδ. אc.b(?)) | χιρι א* (χειρ. אc.b): item 17 χιρας א* (χειρ. אc.b) ‖ 3 απεστιλεν א* (-στειλ. אc.b) | προσευξε B* (-ξαι B^ab) ‖ 4 ηλθε B^b | διηλθε B^b ‖ 5 δυναμεις A (item 11) ‖ 7 ερις א* (ερεις אc.b) | εκζητησε א* (-σαι אc.b) ‖ 8 συλληψονται B^b συνληψψο̅|τε א* (-ται א^c.b) ‖ 9 ψυχες א*fort (-χαις א?) | απελευσοντε א* (-ται אc.b) ‖ 10 παταξηται א | καταλειφθωσι B^b καταλιφθωσιν א | καυσουσι B^b ‖ 12 αγοραςε א* (αγορασαι אc.b) | εμμεσω A ‖ 13 εκι א* (εκει אc.b(?): item 16) | κατελυε B^b ‖ 14 ειπε B^b | συνελαβε B^b ‖ 15 απεστηλαν א*vid (-τειλ. אc.b(?)) ‖ 16 εκαθεισεν A (item 21) ‖ 17 απεστειλε

ΙΕΡΕΜΙΑΣ [APP.

B^b απεστιλεν ℵ* (-τειλ. ℵ^{c.b}) | κρυφεως ℵ || 19 προφητε ℵ* (-ται ℵ^{c.b}) | 20 αποστρεφις ℵ* (-φεις ℵ^{c.b(?)})

XLV 2 πολι ℵ (item 4) | αποθανιτε ℵ* (-νειται ℵ^{c.b}) | λειμω B* (λιμ. B^b) A: item 9 λειμου B* (λιμ. B^b) A | εστε ℵ* (-ται ℵ^{c.b}: item 20) || 3 πολεις A (item 17, 18, 23 B* (-λις B^b) A) | χιρας ℵ* (χειρ. ℵ^{c.b}: item 4 bis, 10, 16, 18, 19): item 23 χιρι ℵ* (χειρ. ℵ^{c.b}) || 4 ανερεθητω B* ℵ* (αναιρ. B^{ab} ℵ^{c.b(?)}) A | χρησμολογι ℵ* (-γει ℵ^{c.b}) || 6 ερειψαν B*: item 11 ερειψεν B* || 9 αποκτινε ℵ* (αποκτιναι ℵ^{c.a(?)}) | ισιν B* (εισιν ℵ^{c.b(?)}) || 10 ενετιλατο ℵ* (ενετειλ. ℵ^{c.b}: item 27) || 11 εκιθεν ℵ* (εκειθ. ℵ^{c.b}) | παλεα (bis) ℵ* (-λαια ℵ^{c.b(?)}) || 13 εκαθεισεν A (item 28) || 14 απεστιλεν ℵ* (απεστειλ. ℵ^{c.b}) || 17 ζησετε ℵ* (-ται ℵ^{c.b}: item 20) || 18 δοθησετε ℵ* (-ται ℵ^{c.b}) || 19 δωσιν ℵ | καταμωκησο]τε ℵ* (-κησο[ται ℵ^{c.b}) || 21 θελις ℵ* (-λεις ℵ^{c.b}) | εδιξε ℵ* (εδειξ. ℵ^{c.b}) || 22 ειδου ℵ* (ιδ. ℵ[?]) | πασε ε γινεκες ℵ* (πασαι αι γυναικες ℵ^{c.b(?)}) | καταλιφθισε ℵ* (-λειφθισαι ℵ^{c.a(?)}) καταλιφθισαι A | αυτε ℵ*^{vid} (αυται ℵ[?]) || 23 γινεκας ℵ* (γυναικ. ℵ^{c.b}) || 25 αναγγιλον ℵ* (αναγγειλ. ℵ^{c.b}) || 26 ερις ℵ* (ερεις ℵ^{c.b(?)}) | ρειπτω B* (ριπτ. B^b) | αποθανιν ℵ* (-νειν ℵ^{c.b(?)}) | εκι ℵ* (εκει ℵ^{c.b}) || 27 απεσειωπησαν B* (-σιωπ. B^b)

XLVI 1 διναμεις A || 2 ετι B* (ετει B^{ab}) | πολεις A || 3 εκαθεισαν A || 14 απεστιλαν ℵ* (-στειλ. ℵ^{c.b}) | εμμεσω A || 16 ΰs ℵ* (εις ℵ^{c.b(?)}) || 17 εκινη ℵ* (εκειν. ℵ^{c.b}) | χιρας ℵ* (χειρ. ℵ^{c.b}) || 18 ρομφεα ℵ | εστε ℵ* (-ται ℵ^{c.b})

XLVII 1 αποστιλε ℵ* (αποστειλαι ℵ^{c.b}) | αρχειμαγειρ. B* (αρχιμ. B^b: item 2) αρχιμαγιρ. ℵ (item 2, 5) | χιροπεδες ℵ* (χειροπεδες ℵ^{c.a(?)}A) | εμμεσω A (item 5, 6) || 3 ημαρτεται ℵ || 4 χειροπαιδων A | χιρας ℵ* (χειρ. ℵ^{c.b}) | ελθιν ℵ* (-θειν ℵ^{c.b}) || 5 αρχειμαγιρος B* αρχειμαγειρος B^a (αρχιμαγειρος B^b) | απεστιλεν ℵ*

(-στειλ. ℵ^{c.b}: item 14) || 6 ηλθε B^b | εκαθεισεν A | καταλιφθεντος B* ℵ* (-λειφθ. B^{ab} ℵ^{c.b}) || 7 ηγεμοναις ℵ* (-νες ℵ^{c.b(?)}) || 9 λεγων] αεγων ℵ^{vid} | φοβηθηται ℵ | εργασασθαι B* (-σθε B^{ab}) ℵ | εστε ℵ* (-ται ℵ^{c.b}) || 10 υμις ℵ* (υμεις ℵ^{c.b(?)}) | ελεον B* (ελαιον B^b) ℵ: item 12 | τες ℵ* (ταις ℵ^{c.b}) || 14 γνωσι ℵ* (-σει ℵ^{c.b}) | παταξε ℵ* (-ξαι ℵ^{c.b}) || 15 ειπε B^b | κρυφεως B* (-φαιως B^{ab})

XLVIII 1 εκι ℵ* (εκει ℵ^{c.b}: item 8, 9) || 2 κατεστησε B^b || 4 ημαιρα ℵ* (ημερα ℵ[?]) || 6 απαντησειν ℵ* (-σιν ℵ^{c.b(?)}) || 8 αναιλης A | ημειν ℵ* (ημιν ℵ^{c.b}) | κριθε ℵ* (κριθαι ℵ^{c.b(?)}) | ελεον B* (ελαιον B^{ab}) ℵ | ανιλεν ℵ* (ανειλεν ℵ^{c.b}) | εμμεσω A || 9 ερειψεν B* | επαταξε B^b || 10 καταλιφθε[τα ℵ | αρχειμαγιρος B* (αρχιμαγειρος B^{b (vid)}) αρχιμαγιρος ℵ αρχειμαγειρος A || 16 γυνεκας ℵ* (γυναικ. ℵ^{c.b}) || 17 εκαθεισαν A

XLIX 1 κατελιφθημεν ℵ || 4 προσευξομε ℵ* (-μαι ℵ^{c.b(?)}) | εστε ℵ* (-ται ℵ^{c.b}: item 16, 17) || 5 αποστιλη ℵ* (-στειλ. ℵ^{c.b}) || 6 ημις ℵ* (ημεις ℵ^{c.b}) || 10 καθεισαντες A | καθισηται ℵ καθεισητε A | εκτειλω BAQ*^(vid) || 11 φοβηθηται ℵ | υμις ℵ* (υμεις ℵ^{c.b}: item 13) | φοβεισθαι ℵA: item 16 AQ* (-θε Q^a) | φησι B^b φησειν Q* (-σιν ℵ^{c.a(?)}) | εξαιρισθαι ℵ*^{vid} (εξαιρεισθαι ℵ^{c.b}) εξερεισθαι A | χιρος ℵ* (χειρ. ℵ^{c.b}) || 13 λεγεται A | καθεισωμεν A | ακουσε ℵ* (-σαι ℵ^{c.b}) || 14 πινασωμεν ℵ^{c.a†(mg)}A | εκι ℵ* (εκει ℵ^{c.b}: item 16) || 15 εισελθηται ℵ (item 19) || 16 λειμος B* (λιμ. B^b) | αποθανισθε ℵ* (αποθανεισθε ℵ^{c.b(?)}) αποθανεισθαι A || 17 εσοντε ℵ* (-ται ℵ^{c.b}) | εκλιψουσιν B*Q* (εκλειψ. B^{ab}Q^a) ℵ | λειμω B* (λιμ. B^b: item 22) A || 18 ειπε B^b | εσεσθαι A | υποχιριοι ℵ* (-χειρ. ℵ^{c.b(?)}) | ονιδισμον ℵA || 19 γνωσεσθαι ℵA | αποστιλαντες ℵ* (-στειλ. ℵ^{c.b}) | προσευξε ℵ* (-ευξαι ℵ^{c.b}) || 21 απεστιλεν ℵ* (απεστειλ. ℵ^{c.b}) || 22 ρομφεα ℵ | εκλιψετε ℵQ* (-λειψ.

APP.] IEREMIAS

Qa) εκλιψεται A | βουλεσθαι ℵQ*
(-θε Qa)
L 1 απεστιλεν ℵ* (-τειλ. ℵc.b:
item 2) || 3 συμβαλλι ℵ* (-βαλλει
ℵc.b(?)) | εινα ℵ | χιρας ℵ* (χειρας
ℵc.b) | θανατωσε ℵ* (-σαι ℵc.b) ||
4 κατοικησε ℵ* (-σαι ℵc.b) || 10 ερις
ℵ* (ερεις ℵc.b) | θησι ℵ* (-σει ℵc.b) |
αρι ℵ* (αρει ℵc.b(?)) || 11 παταξι ℵ*
(-ξει ℵc.b) || 12 καυσι ℵ* (-σει ℵc.b)
A | οικιες ℵ* (-κιαις ℵc.a, c.b) || 13 συν-
τρειψει B* (-τριψ. Bb)
LI 2 υμις ℵ* (υμεις ℵc.b: item 7,
9, 25) || 3 παραπικρανε ℵ* (-ναι ℵc.b:
item 8) || 4 απεστιλα ℵ* (-στειλ. ℵc.b:
bis) | εμεισησα B* (εμισ. Bb) A ||
5 εκλειναν B* (εκλιν. Bb) A || 6 πυ-
λες ℵ* (-λαις ℵc.b(?)) || 7 ειπε Bb
(item 26) | π(ιειται ℵA | καταλι-
φθηνε ℵ* (-λιφθηναι ℵc.a(?)) || 8 χι-
ρων ℵ* (χειρ. ℵc.b) | γενησθαι ℵA |
ονιδισμον ℵA: item 12 B* (ονειδ.
Bb) ℵA | πασι Bb || 9 επιλελησθαι
A | γυνεκων ℵ* (γυναικων ℵc.b) ||
10 αιπαυσαντο ℵ* (επαυσ, ℵc.a, c.b) |
αντιχοντο B* ℵ* (αντειχ. Bab ℵc.b)
A || 11 ειδου ℵ* (ιδου ℵc.b(?): item
35) || 12 πεσουντε ℵ* (-ται ℵc.b) |
λειμω B* (λιμ. Bb) A: item 13, 18
[A], 27 | εκλιψουσιν B*Q* (εκλειψ.
Bab Qa) ℵ: item 27 εκλιψ. Bvid ℵQ*
(-λειψ. Qa) | μεικρου B* (μικρ. Bab) |
εσοντε ℵ* (-ται ℵc.b) || 13 επισκε-
ψομε ℵ* (-μαι ℵc.b: item 29) | ρομ-
φεα ℵ: item 18: item 28 ρομφεας ||
14 εστε ℵ* (-ται ℵc.b) | επιστρεψε
ℵ* (-ψαι ℵc.b: bis) | εκι ℵ* (εκει
ℵc.b) || 15 ε γυνεκες (2°) ℵ* (αι γυναι-
κες ℵc.b) || 17 βασιλειση ℵ* (-λεισση
ℵc.a(?)) | σπενδιν ℵ* (-δειν ℵc.b(?)):
item 25) | ημις ℵ* (ημεις ℵc.b: item
19) || 18 βασιλεισση ℵA: item 19

A, 25 A || 19 εσπισαμεν ℵ (bis) ||
20 τες ℵ* (ταις ℵc.b): item 21,
24, 25 (1°) | γυνεξιν ℵ* (γυναιξειν
ℵc.a(?)) | αποκριθισιν ℵ* (-θεισιν ℵc.b)
A || 24 γυνεξιν ℵ* (γυναιξιν ℵc.b(?)) ||
25 γυνεκες ℵ* (γυναικ. ℵc.b(?)) | εν-
μιναστε ℵ* (ενμειναστε ℵc.b(?)) | ενεμι-
νατε ℵ* (-μειν. ℵc.b) | ομολογιες ℵ*
(-γιαις ℵ?) || 26 γενητε ℵ* (γενηται
ℵc.b(?)) || 27 κακωσε ℵ* (-σαι ℵc.b(?)) |
αγαθωσε ℵ* (-σαι ℵc.b(?)) || 28 γνω-
σοντε ℵ* (-ται ℵc.b) || 29 σημιον ℵ ||
30 χιρας (2°, 3°) ℵ* (χειρ. ℵc.b) |
εκχθρου (2°) ℵ* (εχθρ. ℵ?) || 31 εγραφε
Bb | βιβλειω B* (-λιω Bb) | ιυω (sic)
ℵ* (υιω ℵ?) || 33 ομμοι οιμμοι B* (ομοι
οιμοι Bb) οιμμοι οιμμοι ℵA || 34 κα-
θερω ℵ* (καθαιρω ℵc.b(?)) A
LII 4 ετι ℵ* (ετει ℵc.b(?)) | δυνα-
μεις A || 6 λειμος B* (λιμ. Bb) | πολι
ℵ (item 25) || 7 πολεις A | πολεμιστε
ℵ* (-ται ℵc.b(?)) | τιχους ℵ* (τειχ.
ℵc.b) | προτιχισματος B*A προτιχεισ-
ματος ℵ || 8 πεδες ℵ* (παιδες ℵc.b(?)) ||
11 εξετυφλωσε Bb | πεδες ℵ παιδαις
A παιδες Γ || 12 αρχιμαγιρος ℵ (item
16, 19, 24, 26): item 14 αρχιμαγι-
ρου || 13 οκιας B* (οικ. Bab) || 14 τι-
χος B* ℵ* (τειχος Bab ℵc.b(?)) | καθι-
λεν ℵ || 18 ελιτουργοιυν B* ℵ*Q*
(ελειτ. ℵc.b) Bab Qa) || 19 υποχητη-
ρας B | αρχιμαγιρος B* (-μαγειρος
Bab: item 26) || 20 χα|χαλκοι ℵ*
(χαλκοι ℵ1?) || 22 γεισσος ℵ* (γεισος
ℵ?) γισος Q | δεικτνον Γ | γισους (2°)
ℵ | ροε (2°) ℵ* (ροαι ℵc.b(?)) | πη-
χεσι Bb || 23 ε (2') ℵ* (αι ℵ?) ||
24 αρχιμαγιρος B vid (-μαγειρ. Ba)
αρχειμαγειρος (item 26) A || 25 γραμ-
ματαια A | εμμεσω A || 33 ησθειεν B*
(ησθιεν Bb) ℵ || 34 συνταξεις ℵ

875

ΒΑΡΟΥΧ

I 4 μεικρου B* (μικρ. B^b) || 5 εκληον B* (εκλαιον B^ab) || 8 εποιησε B^b || 11 προσευξασθαι A: item 13 AQ* (-θε Q^a) || 12 σκιν B* (σκιαν B^b(vid)) || 14 αναγνωσεσθαι AQ* (-σεσθε Q^a) || 15 ερειται A || 18 προσταγμασι B^b || 19 εξηγαγε B^b || 20 συνεταξε B^b || 21 απεστειλε B^b

II 4 ονιδισμον B* (ονειδ. B^a?b) A || 7 ελαλησε B^b || 9 εγρηγορησε B^b || 10 προσταγμασι B^b || 11 σημιοις B* (-μειοις B^ab) | βραχειονι B* (-χιον. B^b) || 16 κατειδε A | κλεινον B* (κλιν. B^b) A || 17 ουκ A || 18 πινωσα B* (πειν. B^ab) A || 19 ελαιον A || 21 ειπε B^b | κλεινατε BA || 25 λειμω B* (λιμ. B^b) A || 29 βομβησεις A | μεικραν B* (μικρ. B^b) || 30 εστι B^b || 32 αινεσουσι B^b || 33 αμαρτωντων B^b || 34 σμικρυνθωσι B^b || 35 κεινησω B* (κιν. B^b) A

III 1 κεκραγε B^b || 7 αποικεια A || 8 ονιδισμον A || 9 ενωτισασθαι A || 14 εστι (1°, 2°, 3°) B^b | φρονησεις A | συνεσεις A | μακροβιωσεις A || 17 εμπεξοντες A || 18 τεκτενουντες A || 23 Αγαρ'ρ Q* (ρ 2° del Q^a) | εκξητητε A | τρειβους B* (τριβ. B^b) || 25 εχι A || 26 γειγαντες B* (γιγ. B^b) || 27 θσσ Q*vid (σ 2° improb Q^a) || 37 εξευρε B^b

IV 8 επελαθεσθαι A || 9 επηγαγε B^b (item 15) || 12 επιχερετω A | ηρωμωθην A | εξεκλειναν B* (-κλιν. B^b) A || 15 ανεδες B* (αναιδ. B^ab) || 16 μονην B^b || 25 εκχθρος B* (εχθρ. B^b) || 31 δηλαιοι B*Q* (δειλ. B^a?b Q^a) A: item 32 bis B*A, (1°) Q* || 36 περιβλεψε B

V 1 εκδυσε B* (-σαι B^ab) || 3 διξει B* (δειξ. B^ab) || 5 μνια B* (μνεια B^b) A || 6 παιξοι A | ερομενοις B || 7 θεινας B* (θιν. B^b) θεινας A

ΘΡΗΝΟΙ

I εχμαλωτισθηνε א* (αιχμαλωτισθηναι א^c.b(?)) | εκαθεισεν A (item 1, 3) | κλεω̄! א* (κλαιω̄ א^c.b(?)) | εθρηνησε B^b || 1 χωρες א*fort (-ραις א?) || 2 κλεουσα א* (κλαιουσα א^c.b(?)) || 3 ταπινωσεως א* (ταπειν. א^c.b) A: item 7 ταπιν. א* (ταπειν. א^c.b): item 9 ταπινωσιν א* (ταπεινωσιν א^c.b) A | θλειβοντων BA || 4 εινε א* (ειναι א^c.b(?)) | πασε ε πυλε א* (πασαι αι πυλαι א^c.b) | πικρενομενη B* א* (πικραιν. B^ab א^c.b(?)) || 5 Η B^b | θλειβοντες B* (θλιβ. B^b) A: item 17 | καιφαλην א*vid (κεφ. א^c.b(?)) | εταπινωσεν א* (εταπειν. א^c.b): item 12: item 8 εταπινωσαν א* (-πειν. א^c.b) | εχμαλωσια א* (αιχ. א^c.b(?)): item 18 vid | θλειβοντυς B*^bA (item 7) || 6 Ουαυ B^b | ευρισσκοντες א || 7 αρχεων א | πεσιν א | χιρας א* (χειρ. א^c.b) | εχροι A || 9 εχρος א || 10 θλειβων BA | αγειασμα א* (αγι. א?) || 11 επιστρεψε א* (-ψαι א^c.b) || 12 ειδεται א || 14 Νοῦν B^b | χερσι B^b (bis) | ισχευς א* (ισχυς א?) | εδωκε B^b | δυνησομε א* (-μαι א^c.b) || 15 κερον א* (καιρ. א^c.b(?)) | συντρειψαι B* (-τριψ. B^b) συντριψε א* (-ψαι א^c.b) | κλεω א* (κλαιω א^c.b(?)) || 16 εκρατεωθη א || 17 Φῆ B^b | ενετιλατο B* (ενετειλ. א^c.b) || 18 εστι B^b | ειδετε א || 19 παρελογεισαντο א | πολι א | επιστρεψωσι B^b || 20 θλειβομαι B* (θλιβ. B^b) θλιβομε א* (-μαι א^c.b(?)) | παραπικρενουσα א* (-ραιν. א^c.b) | ητεκνωσε B^b | μαχερα א || 22 λυπιται א* (λυπειται א^c.b) λυπειτε A

II 1 Σιων B^b (item 6 vid, 8 vid, 10, 18) | κατερρειψεν B* (κατερριψ.

Β ᵇ) ‖ 2 κατεποντισε Β ᵇ | φισαμενος ℵAQ* (φεισαμενος Qᵃ) | ωρεα Β* ℵ* (ωραια Β ᵃᵇ ℵ ᶜ·ᵇ⁽ᵠ⁾) | καθιλεν ℵ (item 17) ‖ 3 καιρας A | εχρου Β* (εχθρ. Β ᵃᵇ) ‖ 4 ενετεινε Β ᵇ ενετινεν ℵ | εστερεωσε Β ᵇ | απεκτεινε Β ᵇ απεκτινεν ℵ ‖ 5 διεφθιρεν ℵ* (-φθειρεν ℵ ᶜ·ᵇ) | επληθυνε Β ᵇ | ταπινουμενο͞ ℵ* (πεινουμενο͞ ℵ ᶜ·ᵇ⁽ᵠ⁾) (improb τα) | τεταπινωμενην ℵ* (τεταπειν. ℵ ᶜ·ᵇ) A ‖ 7 απετειναξεν Q | συνετρειψεν Β* (-τριψ. Β ᵇ): item 9 | χιρει ℵ* (χειρι ℵ ᶜ·ᵇ⁽ᵠ⁾) | τιχος ℵ: item 8 (1°) ℵ* (τειχ. ℵ ᶜ·ᵇ) A: item 8 (2°) ℵA | βαραιων A ‖ 8 επεστρεψε (bis) Β ᵇ διαφθιρε ℵ* (-φθειραι ℵ ᶜ·ᵇ) | εξετινεν ℵ | χιρα ℵ* (χειρα ℵ ᶜ·ᵇ) | προτιχεισμα ℵ προτιχισμα A | ησσθενησε͞ ℵ* (ησθ. ℵ?) ‖ 9 προφητε ℵ* (-ται ℵ ᶜ·ᵇ⁽ᵠ⁾): item 14 ‖ 10 εκαθεισαν A | εσειωπησαν Β* (εσιωπησαν Β ᵇ) | οακκους (sic) ℵ | παιθενους (sic) ℵ ‖ 12 σειτος Β* (σιτ. Β ᵇ) | εκχισθε ℵ* (εκχεισθαι ℵ ᶜ·ᵇ) εκχισται A ‖ 13 σιντρειβης Β* (συντριβης Β ᵇ) ‖ 14 ματεα (bis) ℵ* (ματαια ℵ ᶜ·ᵇ⁽ᵠ⁾) | επιστρεψε ℵ* (-ψαι ℵ ᶜ·ᵇ) | εχμαλωσιαν ℵ* (αιχ. ℵ ᶜ·ᵇ⁽ᵠ⁾) ‖ 15 χιρας ℵ* (χειρ. ℵ ᶜ·ᵇ): item 19 | εκεινησαν Β* (εκιν. Β ᵇ) ℵ ᶜ·ᵃ⁽ᵠ⁾ A | καιφαλην ℵ* (κεφαλην ℵ ᶜ·ᵇ⁽ᵠ⁾) ‖ 16 διηνυξαν ℵ ‖ 17 εποιησε Β ᵇ | συνετελεσε Β ᵇ | ενεθυτιλατο (sic) ℵ* (-τειλ. ℵ ᶜ·ᵇ) | αρχεων ℵ | καθειλε Β ᵇ | εφειατο ℵAQ* (εφεισ. Qᵃ) | θλειβοντος A ‖ 18 εβοησε Β ᵇ | τιχη ℵA | χιμαρρους ℵ | εκνηψειν ℵ ‖ 19 αγαλλιασε Β* (-σαι Β ᵃᵇ) A αγαλιασαι ℵ* (αγαλλ. ℵ?) |

λειμω Β* (λιμ. Β ᵇ): item 21 ‖ 20 ι ℵ* (ει ℵ ᶜ·ᵇ⁽ᵠ⁾) | γυνεκες ℵ* (γυναικ. ℵ ᶜ·ᵇ) | μαγιρος ℵ ‖ 21 εμαγιρευσας Β* (-γειρ. Β ᵃᵇ) | εφισω AQ* (εφεισω Qᵃ) ‖ 22 καταλελιμμενος A
III 4 επαλαιωσε Β ᵇ | συνετρειψεν Β* (-τριψ. Β ᵇ) ‖ 5 ανωκοδομησε Β ᵇ | εκυκλωσε Β ᵇ ‖ 6 εκαθισε Β ᵇ εκαθεισεν A ‖ 7 εβαρυνε Β ᵇ ‖ 11 κατεπαυσε Β ᵇ ‖ 12 ενετεινε Β ᵇ ενετινεν A ‖ 15 εμεθυσε Β ᵇ ‖ 16 εξεβαλε Β ᵇ ‖ 18 νεικος Β*Q* (νικ. Β ᵃᵇ Qᵃ) ‖ 25 ψυχη Β ᵇ ‖ 30 ονιδισμων A ‖ 32 ταπινωσας A | οικτιρησει A ‖ 33 εταπινωσεν A ‖ 35 εκλειναι A ‖ 42 ουκ AQ ‖ 43 απεδειωξας Β (ε 2° sup ras) | εφισω Q* (εφεισω Qᵃ) ‖ 45 εμμεσω A ‖ 47 συντρειβη Β ᵃ ᵛⁱᵈ (συντριβη Β* ᵇᶜ) ‖ 49 σειγησομαι Β* (σιγ. Β ᵇ) ‖ 59 εκρεινας Β ‖ 61 ονιδισμον A
IV 4 δειψει Β* (διψ. Β ᵇ) ‖ 7 χειονα Β* (χιονα Β ᵇ) ‖ 9 λειμου Β* (λιμ. Β ᵇ) ‖ 11 συνετελεσε Β ᵇ | εξεχεε Β ᵇ | κατεφαγε Β ᵇ | θεμελεια A ‖ 12 εκθλειβων Β* (εκθλιβων Β ᵇ) ‖ 13 εκχαιοντων A | εμμεσω A ‖ 15 απτεσθαι A ‖ 18 μεικρους Β* (μικρ. Β ᵇ) ‖ 19 ηγγεικεν Β* (ηγγικεν Β ᵇ) A
V 1 ονιδισμον A ‖ 10 κλειβανος Β* (κλιβ. Β ᵇ) | επελειωθη Β* (επελιωθη Β ᵇ) | συν|εσπασθησαν Β* (συνε|σπ. Β?) | λειμου Β* (λιμ. Β ᵇ) ‖ 14 πρεσβυτε A ‖ 20 νεικος Q* (νικ. Qᵃ) | καταλιψεις A ‖ 21 ανακενισον Β* (-καιν. Β ᵃᵇ)

ΕΠΙΣΤΟΛΗ ΙΕΡΕΜΙΟΥ

1 αχθησεσθαι A ‖ 2 εσεσθαι A ‖ 3 οψεσθαι A ‖ 9 καταναλουσι Β ᵇ ‖ 10 δωσουσι Β ᵇ | ενδυμασι Β ᵇ ‖ 13 σκηπρον A ‖ 15 συντρειβεν Β* (-τριβεν Β ᵇ) | αχριον Β ᵇ | γεινεται Β* (γιν. Β ᵇ) A ‖ 16 καθειδρυμενων A ‖ 17 θυρωμασι Β ᵇ | κλιθροις AQ* (κλειθροις Qᵃ) Γ ‖ 19 εστι Β ᵇ (item 44) | εκλιχεσθαι Q* (-λειχ. Qᵃ) | εσθανονται Β* (αισθ. Β ᵃᵇ) ‖ 21 χελειδονες Β* (χελιδονες Β ᵇ) | ελουροι ΒAQΓ ‖ 22 γνωσεσθαι A ‖ 23 περικινται Β* (-κειντ. Β ᵃᵇ) περικεινται A ‖ 25 ενδικνυμενοι Β* (-δεικν. Β ᵃᵇ) ‖ 26 κεινηθησεται Β*Q* (κιν. Β ᵇQᵃ) A | κλειθα A ‖ 31 ωρυοντε Q | περιδιπνω Β* (-δειπν. Β ᵃᵇ) ‖ 36 εξελωντε Β* (-ται Β ᵃᵇ) ‖ 39 νομισταιον A (item

44, 56, 63) | κλητaιον A (item 44) ‖ 40 αινεον A | εσθεσθαι A (item 49) ‖ 43 ονιδιξει B* (ονειδιξει B^ab) A ‖ 44 γεινομενα A | 45 αλλ' ο B^b | τεχνειται B* (-νιτ. B^b) ‖ 47 ονιδος A (item 71) ‖ 53 διακρεινωσιν B* (-κρινωσιν B^b) | 56 δεκταιον A ‖ 58 κρισσον B* (κρεισσ. B^ab) ‖ 65 καταρασωντε B* (-ται B^a?b) ‖ 67 κριττω B* (κρειττω B^ab) ‖ 70 ερρειμμενω B* (ερριμμ. B^b) ‖ 72 κρισσων AQ* (κρεισσ. Q^a) | ιδωλα A | ονιδισμου A

ΙΕΖΕΚΙΗΛ

I 1 εμμεσω A (item 4, 13) ‖ 2 πεμπτ. τ. μηνος c praec coniunx B ‖ 5 ορασεις A ‖ 7 αιλαφραι A ‖ 10 ομοιωσεις A ‖ 26 σαππιρου B* (σαπφειρ. B^ab)

II 1 ειπε B^b ‖ 2 ανελαβε B^b | εξηρε B^b | εστησε B^b ‖ 3 ειπε B^b | υ|ιε B* υ|ε B^b | οιτεινες A ‖ 5 εστι B^b | εμμεσω AQ* fort (εν μεσω Q^a): item 6, A ‖ 6 εστι B^b ‖ 9 βιβλειου B* (βιβλιου B^b)

III 1 ειπε B^b: item 10, 22 ‖ 3 γλευκαζον Q* (γλυκ. Q^a) ‖ 7 φιλονικοι A ‖ 8 νεικος BQ* (νικ. Q^a) | νεικους Q* (νικ. Q^a) ‖ 9 κρατεοτερον A ‖ 11 ενδωσι B^b ‖ 12 ανελαβε B^b ‖ 13 σεισ|μου B* σεισμ. B^? σισμου A ‖ 15 εκαθεισα A | εμμεσω A (item 24) | 18 αδακια Q ‖ 22 παιδιον A (item 23) ‖ 24 ανεστησε B^b | ελαλησε B^b ‖ 25 δησουσι B^b

IV 6 τεσσαρακ. B^b | τεθικα Q* (τεθεικ. Q^a) ‖ 16 ενδια AQ^a (ενδεια Q*)

V 1 οξιαν A ‖ 2 εμμεση A | εμμεσω A (item 5, 10, 12) ‖ 5 τεθικα B* Q* (τεθεικ. B^a?b Q^a) ‖ 12 λειμω B*A (λιμ. B^b) ‖ 16 λειμου B* (λιμ. B^b) | εκλιψιν B*A (εκλειψ. B^ab) ‖ 17 λειμον B* (λιμ. B^b)

VI 3 ορεσι B^b | φαραγξι B^b ‖ 7 εμμεσω A (item 13 AΓ) | επιγνωσεσθαι AΓ* (-σθε Γ^a fort): item 14 A ‖ 11 λειμω B*A (λιμ. B^b: item 12) ‖ 13 γνωσεσθαι AΓ* (-σθε Γ^a)

VII 4 ηγγεικεν A | ωδεινων B* (ωδιν. B^b) ‖ 5 κρενω B* (κριν. B^b) ‖ 6 φισεται A | εμμεσω A ‖ 15 λειμος B* (bis: λιμ. B^b) | παιδιω A ‖ 25 εξειλασμος B* (εξιλ. B^b) ‖ 26 πρεσ|β. B* πρε|σβ. B^?

VIII 3 ανελαβε 1°, 2°, B^b | ηγαγε B^b ‖ 4 παιδιω A ‖ 5 ειπε B^b ‖ 9 εισ|ελθε B* ει|σ. B^? ‖ 10 ειδου B* (ιδ. B^ab) | ιδωλα A ‖ 11 εμμεσω A | ανεβαινε B^b αναιβενεν A ‖ 13 μιζονας A | πινουσι B^b ‖ 16 εισηγαγε B^b | προσκυνουσι B^b ‖ 17 ειπε B^b

IX 1 ηγγεικεν A | εκδικησεις A | ειχε B* ‖ 2 σαπφιρου B* (σαπφειρ. B^b) ‖ 3 αιθρειον B* (-θριον B^b) | εκαλεσε B^b ‖ 4 ειπε B^b | εμμεσω A ‖ 5 πορευεσθαι A ‖ 6 εξαλιψιν B* (εξαλειψ. B^ab) | εστι B^b ‖ 7 κοππεται A ‖ 8 οιμμοι B*AQ (οιμοι B^b) | εξαλιφεις A ‖ 9 πολεις A ‖ 11 απεκρεινατο B* (απεκριν. B^b)

X 6 εισηλθε B^b ‖ 7 εμμεσω A (item 10) | ελαβε B^b ‖ 10 οψεις ‖ 17 εισττηκεισαν B^b Q^a ‖ 18 χαιρουβει B* (αι improb B^a: χερ. B^b)

XI 1 εμμεσω AΓ (item 7 A) ‖ 5 ειπαται A ‖ 6 εισηλθε B^b ‖ 7 αυτη B^b ‖ 8 φοβεισθαι A ‖ 10 επιγνωσεσθαι A ‖ 13 ομμοι οιμμοι B* (ομοι οιμμοι B^b): οιμμοι AQ* οιμοι Q^a ‖ 15 απεχεται A

XII 2 εμμεσω A (item 10, 12, 24) | 18 θλειψεως B* (θλιψ. B^b) ‖ 20 επιγνωσεσθαι A ‖ 23 ειπωσι B^b | ηγγεικασιν A

XIII 7 εωρακαται A | ειρηκαται A ‖ 10 αλιφουσιν B*A (αλειφ. B^ab) ‖ 11 αλιφοντας B*A (αλειφ. B^ab): item 15 | εξερον A ‖ 12 ηλιψαται A ‖ 13 εξερουσαν A ‖ 14 ηλιψατε A | θεμελεια A | επιγνωσεσθαι A (item 21) ‖ 16 εστι B^b ‖ 20 βραχειονων B* (-χιον. B^b) ‖ 23 μαντευσησθαι A

XIV 1 ελαθεισαν A ‖ 3 αποκρεινομενος B* (-κριν. B^b) ‖ 4 ενεχετε A ‖

ΙΕΖΕΚΙΗΛ

8 επιγνωσεσθαι (item 23) ‖ 13 συντρειψω B* (-τριψ. B^b) | επ 2°] επ] B* ε|π B? | λειμον B* (λιμ. B^u): item 21 ‖ 14 εμμεσω A (item 16, 18, 20) ‖ 15 τειμωρησομαι B* (τιμ. B^b) ‖ 16 τρις A ‖ 20 υπολιφθωσιν B* (υπολειφθ. B^ab) ‖ 21 εξαποστιλω B* (-στειλ. B^ab)
XV 4 εκλιπει A
XVI 2 διαμαρτυρε Q ‖ 5 παιδιου B* fort A (εδι. sup ras B^ab) ‖ 7 ανετειλε B^b ‖ 9 εχρεισα B*A (εχρισα B^b) ‖ 10 οιακιν[θου] Γ ‖ 13 περιβολεα Q* (-λαια Q^a) ‖ 14 ωρεοτητι B* (ωραιοτ. B^b) ‖ 16 εισ|ελθ. B* εισελθ. B? ‖ 25 πορνια A | 27 μεισουντων B*A (μισ. B^b) | εκκλειvουσας B* Γ (εκκλιν. B^b) ‖ 39 πορνιο A ‖ 47 μεικρον B* (μικρ. B^bc) ‖ 48 πεποιηκε B^b ‖ 51 ημαρτε B^b ‖ 52 ατειμιαν B* (ατιμ. B^b) | δικαιωσε A ‖ 53 εμμεσω A ‖ 55 αποκατασταθησεσθαι A ‖ 57 κακειας B* (-κιας B^ab) | ονιδος A ‖ 63 εξειλασκεσθαι B*Q* (εξιλ. B^bQ^a)
XVII 4 απεκνεισεν B*A (απεκνισε B^b: σ sup ras) | τετιχισμενῆ A ‖ 5 παιδιον A (item 8) ‖ 8 πιενεται B*A (πιαιν. B^ab): item 10 ‖ 9 ουχει B* (-χι B^ab) | βραχειονι B* (-χιονι B^b) ‖ 12 επιστασθαι A ‖ 14 επερεσθαι B* (επαιρ. B^ab) ‖ 16 ητειμωσεν B* (ητιμ. B^b): item 19 | εμμεσω A ‖ 21 επιγνωσεσθαι A ‖ 23 αναπαυσετε (1°) A ‖ 24 ταπινων A
XVIII 4 εμε A (bis) ‖ 7 οφιλοντος A | πινωντι A (item 16) ‖ 11 εφαγε B^b | εμιανε B^b: item 15 | 12 κατεδυναστευσε B^b: item 16 | ηρπασε B^b: item 16 | ιδωλα A | πεποιηκε B^b: item 19 ‖ 13 εποιησε B^b: item 14, 17 ‖ 16 ενεχυρασε B^b | εδωκε B^b | περιεβαλε B^b ‖ 19 ελαβε ‖ 25 κατευθυνεῖ B^b ‖ 31 απορρειψατε B* (απορριψ. B^b) | αποθνησκεται B
XIX 4 κημω B* (κιμ. B^ab): item 9 ‖ 8 σῦ|ελ. B* συ|νελ. B? ‖ 9 ηλθε B^b ‖ 11 ιδε B^b ‖ 12 εξηρανε B^b ‖ 14 εξηλθε B^b | εστι B^b
XX 3 επερωτησε A | ερχεσθαι B*A (-σθε B^ab) ‖ 4 διαμαρτυρε Q ‖

6 μελει A | εστι B^b: item 16 ‖ 7 απορειψατω A | μιαινεσθαι Q* (-σθε Q^a) ‖ 8 εγκατελιπον B^b ‖ 12 σημιον B*A (-μειον B^a?b?) ‖ 13 πορευεσθαι A (item 18, 19) ‖ 14 καθ A ‖ 16 προσταγμασι B^b: item 19 ‖ 17 εξαλιψαι A ‖ 18 φυλασσεσθαι A (item 19) ‖ 19 ποιειται B* (-τε B^ab) ‖ 20 αγιαζεται A | σημιον B* (-μειον B^ab) ‖ 21 προ|σταγμ. B* προσ|τ. B^b ‖ 23 εθνεσι B^b | διασπιραι B* (-σπειρ. B^ab) ‖ 29 εισπορευεσθαι A ‖ 30 μειαινεσθαι B* μειαινεσθε B^a (μιαιν. B^b) μιαινεσθαι A: item 31 | εκπορνευεται B*A (-τε B^ab) ‖ 31 πασι B^b ‖ 33 βραχειονι B* (-χιονι B^b): item 34 ‖ 36 διεκρειθην B* (-κριθην B^b) | κρίνω B^b ‖ 37 εισ|αξ. B^b εισαξ. B^b? ‖ 38 επιγνωσεσθαι A (item 42, 44) ‖ 39 και υμεις οικ. Ισρ.
c praec coniunx B | λε|λεγει B | εξαραται A | εισακουεται A | βεβηλωσεται B*A (-τε B^ab) ‖ 42 εισ|αγ. B* ει|σαγ. B? ‖ 43 μνησθησεσθαι A | εμιαινεσθαι A | κοψεσθαι A ‖ 49 λεγουσι B^b
XXI 3 κολαιου A (item 4) ‖ 10 εξουδενι B*Q* (-νει B^abQ^a) ‖ 20 υ|ιων B* υι|ων B? | εμμεσω B* (εν μ. B^b) A: item 32 A ‖ 22 μαντιον B^b? ‖ 24 ανεμνησαται A ‖ 25 αφηγουμεναι A ‖ 26 εταπινωσας B^b vid ‖ 28 υ|ιους B* υι|ους B? | ονιδισμον A ‖ 29 οραοι A ‖ 30 σαι (pro σε) A ‖ 31 τεκτενοντων Q* (τεκταιν. Q^a)
XXII 3 πολεις A | εμμεσω A (item 9, 13, 18, 21, 22 [bis], 25 [bis], 26, 27) ‖ 4 ενθυμημασι B^b | εμειαινου B* (εμι. B^b) | ηγγεισας A | ονιδος A | εμπεγμον B* (-παιγ. B^ab) ‖ 5 εμπεξονται B*A (εμπαιξ. B^ab) ‖ 12 σῦ|ετελ. B* συ|νετελ. B? ‖ 15 εκλιψει B*A (-λειψ. B^ab) ‖ 19 εγενεσθαι A ‖ 20 κακεινου B* (-μιν. B^b): item 22 ‖ 21 χωνευθησεσθαι B* (-σθε B^ab) A: item 22 ‖ 22 καμεινου A* | επιγνωσεσθαι A ‖ 26 σαβατων B* (σαββ. B^(vid)) ‖ 30 εξαλιψαι A
XXIII 15 εξωσ|μενους B* εξω|σμ. B? ‖ 16 εεπ B* (non inst ε 1° B^b) ‖ 20 οιδαια 2° A ‖ 24 μεθ B* (μετ

ΙΕΖΕΚΙΗΛ [APP.

B^ab) | θυραιοι B*AQ* (θυρεοι B^abQ^a) ||
25 ποιησουσι B^b : item 48 | αφελουσι
B^b || 26 εκδυσουσι B^b | ληψ. B^b ||
28 μεισ. B (μισ. B^b?): item 29 ||
30 εποιησε B^b | εμειαινου B* (εμι.
B^b) || 39 ιδωλοις A || 41 κλεινης B*
(κλιν. B^b) || 43 εξεπορνευσε B^b ||
44 εισ|επορ. B* ει|σεπ. B? || 47 κατα-
κεντι B* (-τει B^ab) | ενπρησουσι B^b ||
49 λημψεσθαι A
XXIV 1 ετι A || 2 απηρισατο Q || 11
εμμεσω A || 12 κατεσχυνθησεται A || 22
παρακληθησεσθαι A | φαγεσθαι Q*
(-σθε Q^a) || 23 κοψησθαι A | ενακη-
σεσθαι A | παρακαλεσεται A || 24
ποιησεται B*A (-τε B^ab) | επιγνω-
σεσθαι A || 26 αναγγειλε Γ^* (-λαι Γ^a)
XXV 3 ακουσαται A || 5 επιγνω-
σεσθαι A || 13 εξελεθρευσω Q^vid ||
15 εξαλιψαι A
XXVI 5 εμμεσω A (item 15) ||
7 εστι B^b || 8 παιδιω A (item 10) |
αναιλει A || 9 μαχαιρες B* (-ραις
B^ab) || 11 καταπατησουσι B^b || 17 αι-
πενετη A || 18 νησσοι B* (νησοι B^b)
XXVII 5 ταινιαι B*Q* (ταινιαι
B^ab : τενιαι AQ^a) || 6 νησσων B*
(νησων B^b) || 9 πρεσ|β. B* πρει|σβ.
B? || 17 μελει A* (μελι A?) | ρητεινην.
B* (ρητινην B^b : ριτινην Q) | συμ-
μεικτον B* (συμμικτον B^b) : item 27
|| 18 ερεια B* (ερια B^b) || 19 συμ-
μεικτω B* (-μικτω B^b) || 21 κρειους
B* (κρι. B^b) || 24 εμπορειαν Q^a || 27
εμμεσω A (item 34)
XXVIII 5 δυναμι (-μει B^ab) ||
7 στρωσουσι B^b || 8 καταβιβασουσι
B^b || 12 υ|ιε B* |υιε B? || 13 παραδι-
σου B*A (-δεισου B^ab) | ιασπειν A ||
14 εμμεσω A || 17 καλλι Q* (καλλει
Q^a) || 19 εθνεσι B^b || 21 pr κε (sic ut
vid) σοι Q^mg inf
XXIX 3 εμμεσω A (item 12 [bis],
21) || 5 παιδιου A || 12 τεσσαρακ.
B^b | εθνεσι B^b : item 15 || 13 συν|αξ.
B* συ|ναξ. B?
XXX 4 συμπεσειτε A || 11 εκ-
κενωσουσι B^b || 18 συντρειψαι B*
(-τριψ. B^b) || 21 βραχειονας B* (βρα-
χιον. B^b : item 22, 24, 25) | συνε-
τρειψα B* (-τριψ. B^b) (συν|ετρ. B*

συ|νετρ. B?) | adnot Μεμφεως στομα
Φαθωρης ψωμου πατημα Τανιν εντολη
αποκρισεως Διοσπολει η εντολη τα-
πεινη εν ναπαυσει (sic) Q^mg inf
XXXI 2 υψι A || 4 παιδιον A (item
5, 6, 15) || 11 εποιησε B^b || 12 παι-
διω A || 14 πεινοντες B* (πιν. B^b) |
εμμεσω A (item 17, 18) || 16 εσι-
σθησαν B* (εσεισθ. B^ab) | πεινοντα
B* (πιν. B^b)
XXXII 2 ποσι B^b | κατεπατις A ||
4 παιδια A || 19 εμμεσω A (item 21,
25, 32) || 21 κριττων A || 22 ηνοιξε
B^b | ηλθε B^b || 24 κατεσχε B^b
XXXIII 7 υ|ιε B* υι|ε B^b || 10 ελα-
λησαται A | εισι B^b || 11 αποστρε-
ψαται A | ¶5 προσταγμασι B^b ||
20 ειπαται A || 27 παιδιου B*A (πεδ.
B^ab) || 28 απολειτε A || 33 εμμεσω A
XXXIV 2 ποιμαινες (1°, 3°) A
(item 7, 8 [bis], 9, 10 [B*A, ποι-
μενες B^ab]) | βοσκουσι B^b || 3 περι-
βαλλεσθαι A || 4 ενισχυσαται A |
εσωματοποιησαται A | κατεδησαται
A | εξητησαται A | κατειργασασθαι
A | εξεθλειβετε B* (εξεθλιβ. B^b):
εξεθλιβεται A || 22 κρ|νω B^b | κρειον
B* (κρι. B^b) || 23 ποιμενει B* (-μαινει
B^ab) || 28 εθνεσι B^b || 29 λειμω B*
(λιμ. B^b) | ονιδισμον B*A (ονειδ.
B^b) || 31 εσται A
XXXV 4 πολεσι B^b || 8 παιδιοις
B*A (πεδ. B^ab)
XXXVI 1 ακουσαται A (item 4) ||
2 εκχθρος A || 3 ονιδισμα A | εθνεσι
B^b : item 4 || 4 χιμαρροις B* (χειμ.
B^ab) | πολεσι B^b || 6 φαραγξι B^b ||
8 ελπιζουσι B^b || 9 κατεργασθησεσθαι
A || 11 γνωσεσθαι A || 12 εσεσθαι A
(item 28) || 14 φαγεσε B* (-σαι B^ab) ||
17 ιδωλοις A || 19 εκρεινα B* (εκρινα
B^b) || 21 εξηπλυθασι B^b || 22 εβεβη-
λωσαται A (item 23) || 23 εμμεσω

ΙΕΖΕΚΙΗΛ

Α || 24 εισ|αξ. Β* ει|σαξ. Β? || 25 καθαρισθησεσθαι Α || 27 δικαιωμασι Β^b | πορευησθαι Α || 28 κατοικησεται ΒΑ || 30 λαβηται Α | ονιδισμον Α | λειμου Β* (λιμ. Β^b) | εθνεσι Β^b || 31 μνησθησεσθαι Α | προσοχθιειται ΒΑ || 32 εντραπηται Α || 34 ηφανισ|μ. Β* ηφανι|σμ. Β? || 35 εκαθεισαν Α || 36 καταλιφθωσιν Β* (-λειφθ. Β^{ab}) -σι Β^b

XXXVII 1 εξηγαγε Β^b | εθηκε Β^b | εμμεσω Α (item 24, 26, 28) | παιδιου Α: item 2 Β*Α (πεδ. Β^{ab}) || 2 περιηγαγε Β^b || 3 ειπε Β^b: item 4, 9 || 4 ακουσαται Α || 6 ζησεσθαι Α (item 14) | γνωσεσθαι Α (item 13, 14) || 7 σισμος Α* (σεισμος Α?) || 11 ελαλησε Β^b | εστι Β^b: item 18 | λεγουσι Β^b | γεγονε Β^b || 18 λεγωσι Β^b || 21 εισ|αξ. Β* ει|σαξ. Β^b || 23 ιδωλοις Α || 27 κατασκηνωσεις Α

XXXVIII 5 Αιθιοπαις Β* (-πες Β^b) | 5, 6 adnot χους Αιθιοπες: Ελαμ Αιλυμαιοι κ Περσαι: Φουδ Λιβυες κατα Ιωσηπον αφ ου κ ποταμος εν τη Μαυρων χωρα κ η παρακειμενη αυτω χωρα: Γομερ Καππαδοκες Ιωσηπος Γαλατας: Θεργαμα Αρμενιοι: Q^{mg inf} || 11 τιχος Α || 13 ερουσι Β^b | συν|ηγ. Β* συνηγ. Β? || 15 δυναμεις Α || 17 εμπροσ|θεν Β* εμπρο|σθ. Β? || 20 παιδιου Α || 22 θιον Α

XXXIX 2 συν|αξ. Β* συν|αξ. Β? | 3 απωλω Γ || 4 δωθησονται Γ | παιδιον Α (item 5, 10) || 7 εμμεσω ΑΓ || 10 κατακαυσουσι Β^b | προνομευσουσι Β^b | σκυλευσουσι Β^b || 14 εκζητησουσι Β^b || 17 ερχεσθαι Α | συ|αχθ. Β* συ|ναχθ. Β^b | φαγεσθα (sic) Β* (-σθε Β^{1 (vid) b}): φαγεσθαι Α (item 18, 19) | πιεσθαι Α (item 18, 19) || 18 κρειους Β* (κριους Β^b) || 20 εμπλησθησεσθαι Α || 23 εκχθρων Α

XL 1 ηγαγε Β^b: item 19 || 2 εθηκε Β^b || 3 εισηγαγε Β^b || 4 ειπε Β^b | ωσι Β^b | δικνυω Β*Α (δεικν. Β^{ab}) | διξεις Β*Α (δειξ. Β^{ab}) || 5 παλεστης Β* (-λαιστ. Β^{ab}) | προτιχεισμα Β* (προτειχ. Β^{ab} -χισμα Β^b): προτιχισμα Α || 6 εισ|ηλθ. Β* ει|σηλθ. Β? ||

10 τρισι Β^b || 11 διεμετρησε Β^b || 21 τρις (bis) Α || 22 κλειμακτηρσιν Β* (κλιμ. Β^b) || 23 διεμετρησε Β^b | πηχει Β* (-χεις Β?) || 26 κλειμακτηρες Β* (κλιμ. Β^b): item 31, 34, 37 (ΒΑ) || 28 εισ|ηγ. Β* ει|σηγ. Β? || 32 εισηγαγε Β^b: item 35, 44, 48 || 42 επιθησουσι Β^b || 43 εξουσι Β^b || 45 ειπε Β^b || 48 επωμειδες Β* (-μιδ. Β^b)

XLI 1 διεμετρησε Β^b: item 2, 3, 4, 5 || 4 ειπε Β^b || 10 εξαιδρων Α || 22 ειχε Β^b | ειπε Β^b

XLII 1 εισηγαγε Β^b || 13 θησουσι Β^b || 14 λιτουργουσιν Β* (λειτ. Β^{ab}) | εστι Β^b || 15 διαμετρησεις Α | εξηγαγε | διεμετρησε Β^b: item 15, 18 | υποδιγμα Β* (-δειγ. Β^{ab}) || 18 επεστρεψε Β^b || 20 περιτιχεισματος Α

XLIII 3 ειδον Β^b quater | χρεισαι Β* (χρισ. Β^b) | πειπτω Β* (πιπτ. Β^b) || 5 ανελαβε Β^b | εισηγαγε Β? | 7 ειπε Β^b | εμμεσω Α (bis): item 9 || 8 φλειας, φλειων Β*Α (φλι. bis Β^b) | εξετρειψα Β* (εξετριψ. Β^b) || 14 ειλαστηριον Β* (ιλ. Β^b bis): item 17 || 17 γισος Α | κλειμακτηρες Β* (κλιμ. Β^b) || 19 λιτουργειν Β* (λειτ. Β^{ab}) || 20 τεσσαρα Β^b | ειλαστηριον Β* (ιλ. Β^{ab}) | εξειλασονται Β* (εξιλ. Β^{ab}: item 22 [Β^{ab}], 25 [Β^b]) || 22 αιριφους Α | εξειλασαντο Β* (εξιλ. Β^{ab}) || 23 κρειον Β* (κριον Β^b) Α: item 25 | εξειλασμον Β* (εξιλ. Β^{ab}) || 24 προσ|οισ. Β* προ|σοισ. Β? προσοισεται AQ

XLIV 1 κεκλεισ|μ. Β* κεκλει|σμ. Β? κεκλισμενη Β^b (item 2 bis) || 4 πειπτω Β* (πιπτ. Β^b) || 7 παρεβενετε Α || 9 εισ|ελ. Β* ει|σελ. Β? | εμμεσω Α || 10 οιτεινες Α (item 15) || 12 ελιτουργουσιν Α || 15 προσαξουσι Β^b | λιτουργειν Β* (λειτ. Β^{ab}: item 16, 27) || 16 φυλαξουσι Β^b || 19 αγιασουσι Β^b || 20 ελιτουργησαν Β^b | ψιλωσουσι Β^b | καλυψουσι Β^b || 21 πιωσι Β^b || 24 δικαιωσουσι Β^b | κρινουσι Β^b | αγιασουσι Β^b || 27 ειλασμος Β* (ιλ. Β^{ab}) || 28 κατασχεσεις Α

XLV 3 χειλιαδας bis Β* (χιλ. Β^b): item 5 || 5 χειλιαδες Β*Α (χιλ. Β^b)

ΔΑΝΙΗΛ (Θ.) [APP.

λιτουργησουσιν B* (λειτ. B^ab) || 9 αφελεσθαι A | ποιησαται A | εξαραται A || 13 αφοριειται A || 14 εισι B^b || 15 εξειλασκεσθαι B* (εξιλ. B^b): item 17 || 18 εξειλασασθαι B* (εξιλ. B^?) || 19 εξειλασμου B* (εξιλ. B^b) | φλειας bis B*AQ (φλι. B^b) || 20 εξειλασεσθε B* (εξιλ. B^b): εξιλασεσθαι A || 21 υμειν A | εδεσθαι A || 23 αιριφον B*A (ερ. B^ab) || 24 κρειω B* (κρι. B^b)
XLVI 4 κρειον B* (κριον B^b) || 5 ιν A (item 7, 11) || 6 κρειος B* (κριος B^b) || 7 κρειω B* (κριω B^b) || 9 εισ|ελ. B* εισελ. B^†: item 10 || 10 εμμεσω A || 12 κλισει A || 14 αναμειξαι B* (αναμιξ. B^b) || 15 ποιησεται bis A || 18 υ|ιους B* υιους B^† || 19 εισηγαγε B^b || 20 ειπε

B^b || 21 εξηγαγε B^b | περιηγαγε B^b | κλειτη A || 22 τεσσαρσι B^b: item 23 || 23 μαγιρεια B^bA μαγειρια Q* μαγιρ. Q^a || 24 ειπε B^b | λιτουργουντες B* (λειτ. B^ab)
XLVII 1 κλειτους A (item 2) || 2 εξηγαγε B^b || 3 διεμετρησε B^b: item 4 bis | χειλιους B* (χιλ. B^b) || 6 ειπε B^b | ηγαγε B^b || 10 οι ιχθ. 1°] οιχθ. B* || 13 κατακληρονομησεται A: item 14 B*A (-τε B^ab) || 20 λειψ. B* (λιψ. B^b) || 22 εμμεσω A || 23 δωσεται A
XLVIII 8 ε|εσται B* εστ. B^† | εμμεσω A (item 10, 15, 21, 22) || 9 χιλιλιαδες B* (non inst λι 2° B^b) || 11 οιτεινες A || 15 χειλιαδας B* (χιλ. B^b) | προτιχισμα A | πολεις A || 31 τρις A (item 32, 33, 34)

ΔΑΝΙΗΛ (Θ.)

I 4 οψι A | δειδαξαι B* (διδαξαι B^ab) || 9 ελαιον A || 10 καταδικασηται A || 13 ιδεαι B^bQ^a bis: item 15 || 19 ουκ A
II 4 ζηθει Q* (ζηθι Q^a) || 5 γνωρισηται A (item 6) | εσεσθαι B*A (-σθε B^ab) || 6 λημψεσθαι AQ* || 9 συνεθεσθαι B*A (-θεσθε B^ab) | αναγγελειται A || 11 κατοικεια A || 13 αναιλειν A || 20 συνεσεις A || 29 δι A* (δει A^1) || 32 βραχειονες B* (-χιον. B^b) || 35 ουκ A || 43 συνμειγεις B* | αναμειγνυται B* (αναμιγν. B^b) || 45 αληθεινον B*AQ* (αληθινον B^bQ^a) | συγκρισεις A || 47 αποκριθις B* (-θεις B^b)
III 1 παιδιω B*A (πεδιω B^ab) || 2 ενκενια B* (ενκαιν. B^a) || 3 ενκενισμον B* (ενκαιν. B^a) | εισητηκ. Q^a || 4 λεγετε A || 5 ακουσηται A | πειπτοντες B* (πιπτ. B^ab): item 7 | προσκυνιτε B* (-νειτε B^ab) | εικονι A (-νει A^a?(mg)) || 6 καμειν. B*A (καμιν. B^b): item identidem || 15 εικονει B* (εικονι B^ab) | εμβληθησεσθαι A | εξελειτε A || 16 χριαν A || 21 περικνημεσι Q^† || 23 κεομενης A || 24 εμμεσω A

(item 25, 92) || 27 αληθεινα A | ευθιαι B* (ευθειαι B^ab) | κρεισις B* (κρεισεις B^a: κρισεις B^b) || 31 αληθεινη B*A (-θιν. B^b) || 32 εχθειστω̄ A || 37 εσμηκρυνθημεν B* (εσμικρ. B^a) || 40 πειονων B* (πιονων B^b) || 42 επιικειαν B* (επιεικειαν B^ab) || 44 ε|διγνυμενοι A || 45 εφ] ε..φ Γ^ed || 46 καμεινον Q* (καμιν. Q^a) || 49 εξετειναξε AQ* (-τιν. Q^a) | καμεινου Q^mg || 50 καμεινου Q* (καμιν. Q^a) | ουκ 1° A || 57 ευλογιτε B* (-γειτε B^ab): item 59 et usque 70 exc 61 ubi ευλογιτω B* (ευλογειτω B^ab) | υμνιτε B* (-νειτε B^ab): item 59 et usque 69 | υπερυψουται A (item 59 et usque 88) || 62 σεληνη A || 70 χειονες B* (χιον. B^b) || 79 κεινουμενα B*A (κιν. B^b) || 87 ταπινοι A || 89 εξομολογεισθαι A (item 90) || 91 τρις A || 96 βλασφημειαν A || 99 σημια B* (-μεια B^ab)
IV 7 εμμεσω A || 11 εκτειλατε B*Q* (εκτιλατε B^aQ^a): item 20 BAQ* (-τιλ. Q^a) | εκτεωαξατε Q* (εκτιν. Q^a) || 16 μεισουσῑ A* | συγκρισεις A || 24 λυτρωσε B* (-σαι

APP.] ΣΟΥΣΑΝΝΑ (Θ.)

B^{ab}) || 27 ουκ A || 30 ησθειεν B* (ησθιε B^b) || 31 φραινες A || 34 αληθεινα A | ταπινωσ, A
V 1 διπνον B* (δειπν. B^{ab}) | χειλιοις A | χειλιων B* (χιλιων B^b) || 2 πεινων B* (πιν. B^b) || 3 επεινον B* (επιν. B^b): item 4 || 10 βασιλεισσα A || 11 γρηγορησεις A | συνεσεις A (item 12) || 18 τειμην B* (τιμ. B^b) || 23 επειψετε B* (επιν. B^b)
VI 2 τρις A || 7 βασιλεικη B* (βασιλικη B^b) || 12 αληθεινος·A || 18 αδιπνος A | ουχ B* (ουκ B^{ab}) || 20 εγγειζειν B* (εγγιζειν B^b) || 23 ουκ A || 27 ρυετε A | σημια B* (-μεια B^{ab})
VII 1 ετι B* (-τει B^{ab}) || 3 τεσσαρα B^{ab} || 4 λαιενα A | εξετειλη AΓ || 6 παρδαλις B* (-λεις ut vid B?) || 8 μεικρον' B* (μικρ. B^b) | εμμεσω A || 9 ερειον B* (εριον B^b) || 10 χειλιαι B* (χιλ. B^b): item χιλιαδες | εκαθεισεν A || 12 κερου 2° A || 20 εκτειναξαντος Q* (εκτιν. Q^a) || 24 ταπινωσει A || 25 ημισυ B* (ημισυ B^{ab})
VIII 1 οφθεισαν A || 2 βαρι B^b || 4 κρειον B* (κριον B^b) | εξερουμενος A: item 7 B*A (εξαιρουμενος B^{ab}) || 5 συνειων A || 7 επεσεν B*AQ* (επαισεν B^{ab}Q^a) || 14 δισχιλειαι B* (δισχιλιαι B^b) || 20 κρειος B* (κριος B^b) || 22 τεσσαρα B^{ab} || 23 ανεδης B* (αναιδης B^{ab})

IX 5 εξεκλειναμεν B*AQ* (-κλιν. B^bQ^a) || 8 οιτεινες A || 9 ειλασμοι B || 11 εξεκλειναν A || 12 εκρεινον B* (-κριν. B^b) || 13 αδικειων A || 16 αδικειαις A | ονιδισμον B*A (ονειδ. B^{ab}) || 18 κλεινον B*Γ (κλιν. B^b) || 19 ειλασθητι B* (ιλ. B^b) || 20 ρειπτουντος B* (ριπτ. B^b) | ελαιον A || 24 απαλιψαι Q* (-λειψ. Q^a) | εξειλασασθαι B*Q* (εξιλ. B^bQ^a) | αδικειας 2° A | χρεισαι B* || 25 πλατια Q* (πλατεια Q^a) | τιχος B* (τειχ. B^{ab}) || 26 χρεισμα B* (χρισμ. B^b)
X 1 ετι B* (-τει B^{ab}) | αληθεινος AQ* (αληθιν. Q^a) | δυναμεις A || 3 ουχ 3° B: item 7 B* (ουκ B^{ab}) | ηλιψαμην B*AQ* (ηλειψ. B^{ab}Q^a) || 7 εκστασεις A || 8 υπελιφθ. B*Q* (υπελειφθ. B^{ab}Q^a) bis: item 17 | ουκ B* (ουχ B^{ab}): item 17 || 19 επιθυμειων B* (-μιων B^b)
XI 2 ετει B* (-τι B^b) || 4 εκτειλησεται A || 17 ευθια Q* (ευθεια Q^a) || 18 ονιδισμ. B*A (ονειδισμ. B^{ab}) bis || 21 εν 2°] επ B? || 23 βραχεινες B* (βραχιον. B^b) || 33 φλογει A || 34 μεικραν B* (μικρ. B^b) || 36 γενεται A || 40 συγκερατισθησεται B^{ab}
XII 2 ονιδισμον B*A (ονειδ. B^{ab}) || 4 συντελιας Q* (-λειας Q^a) || 11 χειλ. B* (χιλ. B^b): item 12

ΣΟΥΣΑΝΝΑ (Θ.)

3 εδειδαξαν B* (εδιδ. B^{bc (vid)}) || 4 παραδισ. A (item 20) | γιτνιων B*^{fort}AQ* (γειτν. B?Q^a) || 5 απεδιχθησαν A || 6 οικεια B* (-κια B^b) | κρεινομενοι B* (κριν. B^b) || 9 εξεκλειναν B*AQ* (-κλιναν B^bQ^a) || 14 κερον A || 17 κλισατε A || 20 κεκλινται A || 26 πλαγειας A || 31 ιδει A || 34 εμμεσω A (item 48) || 39 συγγεινομενους B* (συγγιν. B?) || 42 ιδως

B* (ειδως B^{ab}) || 49 κρητηριον A || 50 καθεισον A | εμμεσω Q* (εν μεσω Q^a) | σοι] συ A || 52 πεπαλαιωμεναι A || 53 κρεινων B* (κριν. B^b) || 54 ομειλουντας B*AΓ (ομιλουντ. B^b): item 58 | σχεινον B* (σχιν. B^b) || 56 ουχ B*AQ (ουκ B^{ab}) || 57 εποιειται A | ωμειλουν B*AQ^{a?} (ωμιλουν B^b) || 58 ομιλουντας Q*^{b?} (ομειλ. Q^{a?}) | πρεινον B* (πριν. B^b)

ΒΗΛ ΚΑΙ ΔΡΑΚΩΝ (Θ.)

3 ιδωλον A || 8 ειπηται A | αποθανεισθαι A || 9 αποθανειτε A || 11 αποκλισον Q* (αποκλεισ. Q^a) || 14 εκλισαν Q* (εκλεισ. Q^a) || 19 ειδε A || 21 εδιξαν Q* (εδειξαν Q^a) || 30 επιγουσιν B* (επειγ. B^ab) AΔ || 33 πδιον (sic) B* (πεδ. B^ab) παιδιον A || 34 απενεγκαι Q απενιγκε Δ^vid

ΜΑΚΚΑΒΑΙΩΝ Α

I 1 Μακαιδονα א | επαταξε V^a | Δαρειον א? V^a || 4 ηρξε V^a || 5 εγνοι א* (εγνω א^c.a) | αποθηησκι א || 6 συ|νεκτροφους א* (σῦ|εκτρ. א^c.a) || 7 απεθανε V^a || 8 επεκρατεισαν V* (-τησαν V^a) || 9 αποθανιν א (item 63) || 10 ρειζα א | ετι אA || 11 ανεπισαν אA || 14 νομημα V* (-μιμα V^a) || 15 εθνεσι V^a || 17 ιππευσι V^a || 18 εφυγε V^a || 21 ελβεν V* (ελαβεν V^a) || 23 ευρε V^a || 24 εποιησε V^a || 25 τωπω V* vid (τοπω V^a) || 27 ανελαβε V^a | εγενετω V* (-το V^a) || 28 εσισθη אAV* (εσεισ. V^a) | εσχυνην א* (αισχ. א^c.a) || 29 απεστιλεν א (item 44) | φωρολογειας A || 30 ιρηνικους א | απωλεσε V^a || 31 ελαβε V^a | καθειλε V^a || 33 τειχι א* (-χει א?) τιχι A τειχη V* (-χει V^a) || 34 εκι א || 38 κατοικεια A | εγγκατελειπον (sic) V || 39 ονιδισμον A || 43 ιδωλοις אA || 47 ωκοδομησαι A | ιδωλα A ιδωλια א* (ειδ. א?) | θυιν A | υια א* V* (υεια א¹? V^a) A | κτιην V* (κτηνη V^a) || 49 επιλαβεσθε אV* (-σθαι V^a) || 50 αποθανιται א αποθανειτε V* vid (-ται V^a) || 51 εγραψε V^a || 53 κροιφιοις V* vid (κρυφ. V^a) || 54 αιρημωσεως A || 55 πλατιαις א | αιθυμιων A || 57 η τις V* (ει τις V^a) || 58 ισχυει V* (-νι V^a) | μηνει A (bis) || 59 ηκαδη V* (εικαδι V^a) || 61 βρεφει V* (-φη V^a) || 62 φαγιν A || 63 μιανθωσι V^a | βεβηλωσωσι V^a

II 1 εκιναις א | εκαθεισεν V* εκαθησεν V^a || 6 ειδεν V* (-δε V^a) | γεινουμενας (sic) V* (γινομ. V^a) || 7 οιμμοι אAV* (οιμοι V*) | εγεν-

νηθειν V* (-θην V^a) | καθεισαι A | εκι א || 9 πλατιαις א || 10 βασιλια א | εκρατησε V^a || 14 διερρηξε V^a | ιματιεαντων V (sic) || 15 θυσιασωσι V^a || 17 ενδοξως V* (-ξοs V^a) | πολι א (item 27) A || 18 καταλιφθεντες א | δοξασθησεσθαι AV* (-σθε V^a) || 19 ειπε V^a (item 49) | βασιλιας א (item 57) | λατρειας V^a | ηρετησαντο V* (-τισ. V^a) || 21 ειλεως א || 22 παρελθιν א | λατρειαν V^a || 24 ανηνεγκε V^a || 25 ανδραν א* (ανδρα א^c.a) | απεκτινεν א | καθειλε V^a || 26 εποιησε V^a || 27 ειστων AV¹ ειστον V* (ιστων V^a) || 28 εγκατελειπον V^a vid || 29 καθειεσε A καθησαι V* (καθισαι V^a vid) || 31 αηνγγελλη א¹ || 36 ενετειναξαν V* (ενετιν. V^a) || 37 αποθανουμεν V | μαρτυρι א | αποllυται A || 38 σαββασι V^a || 45 εκυκλωσε V^a | καθιλον א || 46 πεδαρια א*V* (παιδ. א^c.a V^a) | ισχυει V* (-νι V^a) || 47 χιρι א || 48 χιρος (1°) א || 49 ηγγησαν V* (ηγγισ. V^a) | αποθανιν א || 51 μνησθηται א | δεξασθαι אA || 52 πιρασμω א || 54 ελαβε V^a (item 56) || 57 ελεη V* (-ει V^a) | εκληρονομησε V^a || 60 ερρυσθη V^a || 61 ενvοnθηται א || 62 εισκωληκας א (sic) || 64 ισχυεται A | ανδριζεσθαι A | δοξασθησεσθαι א || 67 προσαξεται A | εκδικησαται א || 68 εθνεσι V^a || 70 απεθανε V^a

III 3 επλατυνε V^a || 4 ωσκιμνος V* (ως σκ. V^a) || 5 ταρασοντας V* (ταρασσ. V^a) || 6 χιρι א || 7 επικρανε V^a | βασιλις א | ηυφρανε V^a || 8 εξωλοθρευσε V^a || 10 Απωλλωνιοs V* (Απολλ. V¹) || 11 απεκτινεν א

απεκτεινε V^a || 12 ελαβε V^a || 13 η-κουσε V^a | ηθρυσεν V* (ηθροισε V^a) || 14 ειπε V^a (item 56) | βασιλια ℵ || 17 τοσουτον V^a || 18 εστι V^a (bis) | συνκλισθηναι ℵA || 22 φοβηθηται A | φοβεισθαι V* φοβησθε V^a || 24 κατα-βασι ℵ | παιδιον ℵA || 27 απεστιλεν ℵ (item 39) απεστειλε V^a (item 39) | συνηγαγε V^a | δυναμις ℵ | βασιλιας ℵ || 28 ηνοιξε V^a | ενετιλατο ℵ (item 34, 42) | χριαν ℵA || 30 χειρει ℵ || 31 ηπoριτο V* (-ρειτο V^a) || 32 κατ-ελειπε V^a || 34 ημισις V* (ημισεις V^a) || 35 αποστιλαι ℵ | εκρειψαι A | καταλειμμα V^a || 36 κατοικισαι ℵV || 37 καταλιφθισας ℵ καταλιφθεισας AV* (-λειφθ. V^a) || 39 ελθιν ℵ | καταφθιραι ℵ || 40 δυναμι ℵA | παι-διvη A || 42 απωλειαν V^a || 45 τερ-ψεις V* (-ψις V^a) | κιννυρα V^a || 49 ηγιραν ℵ* (ηγειρ. ℵ?) || 50 ποι-ησομεν V^a || 51 βεβηλωται V^a | τα-πινωσει ℵ || 56 οικειαν A | διλοις V* δηλοις V^a || 58 περιζωσασθαι AV* (-σθε V^a) | γενεσθαι A γινεσθε V^a | γεινεσθε ℵ γινεσθαι A γεινεσθαι V* (γινεσθε V^a) | εθνεστι V^a || 59 κρισσον ℵAV* (κρεισσ. V^a) | αποθανιν ℵ

IV 2 επιβαλιν V* (-λειν V^a) || 5 ηλθε V^a | ευρε V^a | ειπε V^a (item 17, 36) || 6 παιδιω A (item 21) | ανδρασι V^a (item 41) || 8 φοβεισθαι ℵA || 14 παιδιον ℵA || 15 παιδιων ℵA || 17 επιθυμησηται A επιθυμη-σειτε V* (-σητε V^a) || 18 ορι ℵA: item 46 A || 21 συνειδοτες] συνι-δοντες V^a (ν 2° rescr sup ras) | συνι-δοντες] συνειδ. AV* (συνιδ. V^a) || 24 επιστραφετες V (sic in med lin: — fort add V¹ vel V^a) || 26 απηγγι-λαν ℵ || 30 χιρι ℵ | χιρας ℵ | ερον-τος A || 31 συνκλισον ℵA | δυναμι ℵ || 32 διλιων ℵ || 33 καταβαλαι A | ενεσατωσαν A || 35 ειδων ℵ | γε|νεως ℵ | A|τιωχιαν ℵ* (Αντιοχ. ℵ^{c.a, c.b}(vid)) || 38 καθειρημενα ℵ || 40 σαλπιγξι V^a || 41 πολεμιν A || 45 γενητε ℵ | ονιδος ℵA: item 58 A || 46 επιτηδιω ℵAV* (-δειω V^a) || 50 εφενοσαν A || 52 ικαδι A | μνος V* (μηνος V¹) || 53 κενον ℵ* (καιν.

ℵ^{c.b}) || 54 ε|ν εκεινη V* (εν| εκ. V^a) | ενεκενισθη ℵ* (ενεκαιν. ℵ^{c.b}) A | κιν-νυραις V^a || 55 επεσε V^a || 56 εγκαι-νισμον V^a | ενεσεως A || 57 κατε-κοσμησαντο κατα V^a | ενεκενισεν A || 59 αγονται V* (αγωντ. V^a) || 60 εκινω ℵ | τιχη ℵA || 61 τηριν ℵ (bis)

V 1 ενεκενισθη ℵ || 3 συνεστιλεν ℵ συνεστηλεν V* (-στειλ. V^a) | ελαβε V^a (item 28, 35, 51) || 5 διεκλισθη-σαν A | πασι V^a (item 44) | ενουσι V^a || 6 διεπειρασεν V* (διεπερ. V^a) || 7 συνηψε V^a || 10 απεστιλαν ℵ || 11 προκαταλαβεσθε V* (-σθαι V^a) | ηγειτε ℵ || 12 χιρος ℵ (item 62) || 13 του βιου V (sic) | ηχμαλωτικασι V^a || 16 ποιησουσι V^a | θλιψι ℵ || 19 ενετιλατο ℵ (item 42) | σιναψη-ται ℵA || 23 ευφροσυφνης V* (-συνης V^a) || 27 πολεσι V^a | εισι V^a | κατα-λαβεσθε ℵ* (-σθαι ℵ^{c.a}) || 31 σαλ-πιγξι V^a || 32 ανδρασι V^a | πολεμη-σαται A || 34 εκινη ℵ || 35 απεκτινεν ℵ απεκτεινε V^a || 37 συνηγαγε V^a | παρενεβαλε V^a | χιμαρρου ℵ (item 39, 42) A: item χιμαρρουν 40 ℵ, 42 ℵA || 38 κε (1°) V* ^{vid}(και V^a) | απεστιλεν ℵ (item 48) || 39 βοηθιαν ℵV* (-θειαν V^a) || 41 διλωθη A || 42 εστησε A | αφηται A || 46 η (2°)] αι A (sic) || 47 απεκλισαν A || 48 ιρηνικοις ℵ | ουδις ℵ || 49 εστι V^a || 51 απωλεσε V^a || 52 παιδιον ℵA || 54 ιρηνη ℵ || 65 οχρωματα V* (οχυρ. V¹) || 68 καθιλεν ℵ*, c.a A

VI 1 Περσιδη V* (-δι V^a) || 2 θω-ρακαις A || 5 πορευθισαι ℵ (item 56) || 6 δυναμι ℵ || 7 τιχεσιν ℵA || 8 αρ-ρωστησαι A || 9 πλιους ℵ | αναικε-νισθη A || 11 ημιν V* (ημην V^a) || 12 εξαπεστιλα ℵ || 13 αλλοτρεια A || 15 αγγειν V* (αγαγ. V¹) | εκθρεψε A || 16 τεσσαρακοστον V || 19 εξε-κλησιασται V* (-σε V^a) | περικαθεισαι AV* (-θησαι V^a) || 20 π περιεκαθει-σαν V* (-θησαν V^a) || 21 συνκλισμου A || 23 κατακολουθιν ℵ || 25 εξετιναν ℵ || 29 θαλλασσων V || 30 ριθμος ℵ* (αρ. ℵ¹) | ιδοτες ℵ || 33 ορμιματι V* (ορμη. V^a) || 34 εδιξαν A || 35 αλυ-σειδωτοις V^a || 37 μηχανες A || 38 επι-

τοιπον ℵ* (sic) (επιλοιπον ℵc) | κατασιοντες A | φαλαξιν ℵ* (φαλαγξ. ℵc.a) || 39 εστηλβεν V* (εστιλβ. Vª) bis || 40 ταπινα ℵ τα επινα Avid || 47 βασιλιας A || 49 συνκεκλισθε ℵ* συνκεκλισθαι ℵc.a A || 50 τηριν ℵ || 53 εβδον ετο ειναι V* εβδον ετος ειν. V¹ (-δομον Vª vid) | αναγωζομενοι Λ (sic) || 54 υπελιφθησαν ℵ | λειμος ℵ || 57 εκλιπομεν ℵ || 58 ιρηνην ℵ || 60 απεστιλεν ℵ | ειρηνευσε ℵ* (-σαι ℵc) || 62 ενετιλατο ℵ | τιχος ℵ
VII 3 διξηται ℵ δειξηται Α || 4 απεκτιναν ℵV* (-κτειν. Vª) | εκαθησεν V* (-σε Vª) || 7 αποστιλον ℵ | ειδετω ℵΛV* (ιδ. Vª) || 8 το βασιλει V* (τω β. Vª) || 9 απεστιλεν ℵ (item 10, 19, 26, 27) | ασεβην ℵ | ενετιλατο ℵ (item 26) || 15 ιρηνικους ℵ | εκζητησωμεν V* (-σομεν Vª) || 16 απεκτινεν ℵ || 18 αληθια ℵ | κρισι A (sic) κρισεις V* (-σις Vª) || 19 αυτομολισαντων V* (-λησ. Vª) || 20 απειλθεν V* (απηλθε Vª) || 21 ηγωνησατο V* (-νισ. Vª) || 26 εκχθραιμοντα ℵA || 27 διναμι ℵ | ιρηνικοις ℵ || 28 ειδω ℵ || 30 ειδιν ℵ ιδιν A || 33 ιρηνικως ℵ | διξαι ℵ || 35 ιρηνη ℵ || 43 τρισκεδεκατη ℵ (item 49) || 47 αφιλα A | εξετινεν, εξετιναν ℵ || 48 εκιν̅η ℵ
VIII 1 ισχυει V* (-υι Vª): item 2 || 3 μελλων V* (μεταλλων Vª) || 8 καλλησ̅των V* (καλλιστων Vª) || 9 ελθι ℵ || 10 απεστιλαν ℵ (item 22) | στρατιγον V* (στρατηγ. Vª) | πολλαι V* (-λλοι V¹) || 12 βασιλιων A || 13 βουλονται V* (βουλωντ. Vª) || 17 απεστιλεν ℵ || 18 βασιλιαν ℵ || 22 ιρηνης ℵ || 23 εθνι ℵ | εκχθρος ℵ | μακρυνθιη ℵ || 25 πληρη ℵ* (-ρει ℵc.a) || 28 σειτος ℵ || 30 προσθηναι V* (-θειν. Vª) | ερεσεως A || 31 συντελειτε V* (-ται Vª) || 32 εγτυχωσι Vª
IX 1 επεσε Vª | Βακχχιδην ℵ* (Βαχχιδην ℵc.a, c.b) | αποστιλαι ℵ || 2 ανθων ℵ* (αν̅ων ℵc.a) || 6 κατελιφθησαν ℵ || 8 επεν ℵ*? (ειπ. ℵ¹) | καταλιφθεισιν ℵV* (καταλειφθ. Vª) καταλειφθωσιν Λ | aαναστωμεν

V* (αν. Vª) | δυνομεθα V* (διν̅ωμ. Vª) || 9 ημις ℵ || 10 φυγιν ℵ | ηγγεικεν Λ | ανδριως ℵ | καταλειπομεν V* (-πωμ. Vª) || 11 σφενδονιται V* (-νηται Vª) || 12 Βαχιδης V* (Βακχ. V¹) || 14 Βαχιδης A || 18 λυπ̅οι V* (λοιπ. Vª) || 19 εμμωδεειμ A || 22 ανδραγαθειων A || 23 ανετιλαν ℵ || 25 Βακχειδης ℵA: item 32 A, 43 ℵ || 26 ενεπεξον A || 29 Βαχχιδην ℵ (item 68) || 35 απεστιλεν ℵ (item 60) || 43 διναμι ℵ || 45 εκκλειναι ℵ || 46 εκκραξαται A | διασωθηται Α | χιρος ℵ || 47 εξετινεν ℵ | παταξε ℵ || 48 ενεπιδησεν V* (-πηδ. Vª) || 50 τιχεσιν A || 51 εκχθραινιν ℵ || 52 διναμις ℵ* (-μεις ℵc.b) | παραθεσις ℵ || 54 ετι ℵA | τιχος ℵA | καθεριν A || 55 εντιλασθαι ℵ || 56 εκινω ℵ || 61 συνελλαβον V (sic) | απεκτινεν ℵ || 62 καθειρημενα ℵ || 63 τοι ℵ* (τοις ℵc.a) || 66 αναβενιν A || 68 εθλειβον ℵ | καινη ℵ* (κεν. ℵc.b) V || 69 απεκτιναν ℵ || 73 κρινιν ℵ
X 1 ετι ℵA (item 67) || 2 δυναμις ℵ* (-μεις ℵc.b): item 6, 21 ℵA, 36 ℵA || 3 απεστιλεν ℵ (item 15, 17, 20, 51, 69, 89) | ιρηνικοις ℵ || 4 θηναι V* (θειναι Vª) || 10 κενιζειν ℵ* (καιν. ℵc.b) || 11 τιχη ℵ: item 45 ℵ (bis), A (1°) || 12 ωκοδομησεν V¹ || 13 κτελειπεν V* (κατελ. Vª) || 14 υπελιφθησαν ℵ || 19 ισχυει V* (-υι Vª) | επιτηδιος ℵ επιτιδιος V* (επιτηδειος Vª) || 20 κατεστακαμεν ℵV | φρουι ℵ | συντηριν ℵ || 21 σκηνοπηγειας A || 24 βοηθιαν ℵ || 25 επεστιλεν ℵ | εθνι ℵ || 26 προσεχωρησαται A || 27 ενμινατε ℵA | ετει V* (ετι Vª) | συντιρησαι V* (συντηρ. Vª) | ποιειται A || 29 αφηημι V* (αφιημι Vª) || 30 Γαλιλεας A || 32 φυλασσιν A || 33 εκμαλωτισθισαν | βασιλιαν ℵ (item 52): item βασιλια 34, 43: item βασιλιας 37, 53 || τρις ℵA (bis): item 38 || 35 ουκ A | παρενοχλιν A || 37 χριων ℵA: item 41 A, 42 A || 42 αυηκιν ℵA | λιτουργουσι ℵ || βασιλεικα ℵA | εστιν] ετιν (sic) A || 47 ιρηνικων ℵ ||

51 Πτολεμεον A: item Πτολεμεος 55, 57 || 52 επι א | εκαθεισα V* (εκαθησα V^a) || 53 εκαθεισαμεν V* (εκαθησαμεν V^a) || 55 εκαθησας V || 59 ελθιν·א || 61 εντυχιν A || 63 εκαθησεν V* (εκαθισ. V^a) | εξελθαται א | εντυγχανιν אA | ενοχλιτω A || 65 προτων V*^{vid} (πρωτων V^a) || 67 Κριτης V* (Κρητ. V^a) || 69 αρχιερεαν V* (-ρεα V^a) || 70 μονοτατος V* (μονωτ. V^a) | επερη A | ονιδισμον אA | εξουσιαζης V*^{vid} || 71 καταβηθει A | παιδιον A (item 77) || 73 παιδιω אA: item 83 A || 74 εκεινηθη אAV* (εκινηθη V^a) || 75 απεκλισαν אA | οικτης V* (οι εκ της V¹) || 76 ηνυξαν א || 77 τρισχιλιουν V* (-λιαν V^{1, a}) | εχιν אA || 79 κρυπως V*^{vid} (τ ins V^{1 (vid)}) | καθοπισθε] א || 80 Ιναθαν V* (Ιων. V¹) | εξετειναξαν AV* (-τιν. V^a) | τασχιζας A (sic) | διλης אA || 81 ιστηκι א ειστηκει V^a || 83 ιδωλιον אA || 85 ενπυριθισιν A* (σ superscr A¹) || 89 σκληροδοσιαν A (sic)

XI 1 χιλος א | προσθηναι V* (-θειν. V^a) || 2 ηνιγο] א || 4 εδιξαν A | καθειρημενα א || 5 ψογησαι V* (ψωγησαι V^a) || 8 τον V* (των V^a) || 9 απεστιλεν א (item 17, 41, 42, 44, 58) || 10 αποκτιναι א || 11 εψογησεν V^a || 12 εκχθρα A || 13 Πτολεμεος A (item 15, 16, 18): item 17 Πτολεμεω || 14 εκεινους]+εκινους א* (improb) 2º א^{c.a, c.b}) || 15 χιρι א || 16 εκι א || 17 αφιλεν אA αφηλεν V* (αφειλεν V^a) | Πτωλεμαιω V* (Πτολ. V^a) || 21 απηγγιλα| א | περικαθητε א || 22 περικαθησθε א περικαθισθαι V* (-θησθ. V^a: item 23) | συνμισγιν א* (-γειν א^{c.b}) || 24 πλιονα A || 25 κατου V* (κατ αυτου V^a) || 28 τρις A: item 34 אA || 29 εγραψε V || 31 περη V* (περι V^a) | ιδηται A || 32 χεριν א || 33 εθνι אA: item 42 א || 34 ις א* (εις א^{c.a}) || 37 επιμελεισθαι A | ποιησε א | οφι א | επιτηδιω V* (-δειω V^a) || 38 ειδε V^a | ανθεστηκι א | απελυσε V^a | δυναμις אA (bis): item 39, 40, 43 A, 55 || 39 καταγο|γυζουσιν א* (καταγογ|γυζ.

א^{c.b}) καταγογγυζουσι V^a || 40 εχθρενουσιν א | εμινεν א || 42 σαι A | ευκεριας א || 43 ποιησις א | αποστιλας א | συμμαχησουσι V^a || 44 ισχυει V* (ισχυι V^a) || 45 ανελιν א || 46 ηρξαντο] κατελαβοντο V* (ηρξαντο V¹) | εκπολεμιν A || 47 βοηθιαν א | πολι (1º) א | απεκτιναν א | εκινη א (item 48) || 50 πολειν A* (-λιν A¹) || 51 ερειψαν A | ιρηνην א || 52 εκαθησεν V* (-σε V^a) | βασιλιας א || 53 εψεσατο V* (εψευσ. V^a) | αντα-πεδωκε (2º) V^a || 54 απεστρεψε, εβασιλευσε V^a || 55 απεσκορακισε, εφυγε V^a || 56 ελαβε V^a (item 62) | κατεκρατησε V^a || 57 αρχιεροσυνην V* (αρχιερωσ. V^a) | καθιστημει A || 58 πινι] א | χρισωμασι V^a || 59 κατεστησε V^a || 60 πολεσι V^a || 61 απεκλισαν א | περιεκαθεισεν A περιεκαθησεν V* (-θησε V^a) | ενεπυρισε V^a || 62 εξαπεστιλεν א || 63 χριας א || 65 παρενεβαλε V^a | συνεκλισεν א || 66 φλουρα| A (sic) || 67 παιδιον אA || 68 παιδιω אA || 70 κατελιφθη א || 71 και 2º] ϛ| και V (bis scr) || 72 υπεστρεψε V^a || 74 τρεισχιλιους A

XII 1 απεστιλεν א (item 2, 26, 49): item 19 απεστιλαν א* | αναναιωσαι A || 2 προσπαρτιατας א* (προς Σπ. א^{c.a}) A | εταιρους A || 7 εσται אA | υποκειτε V* (-κειται V^a) || 8 ελαβε V^a (item 31) | συμμαχειας A || 10 επιραθημεν א | αποστιλαι א | αναναιωσασθαι A (item 16) | απεστιλατε א || 11 αδιαλιπτως א | προσφερωμεν V* (-ρομεν V^a) | εστι V^a (item 23, 51) || 12 ευφρενομεθα א || 13 θλιψις א || 15 εχωμεν V* (εχομεν V^a) | εταπινωθησαν אA || 17 ενετιλαμεθα א | υμιν A | αναναιωσεως אA || 18 ποιησεται V* | ημει] A || 19, 20 δν Άρης β. V^{a fort} || 20 βασιλευσπαρτιατω] A || 22 ποιησεται AV* (-τε V^a) || 23 απαργειλωσιν V* (απαγγ. V^a) || 25 εμβατευσε V^a || 26 απεστειλε V^a (item 49) | απηγγιλαν א | επιπεσιν א || 27 εξεβαλε V^a || 31 εξεκλεινεν A (item 33) || 43 εξηλθε

ΜΑΚΚΑΒΑΙΩΝ Α [APP.

V^a ‖ 35 εξεκλησιασεν V* (-σιασε V^a) ‖ 36 αγορασωσι, πωλωσι V^a ‖ 37 επεπεσε V^a ‖ 38 ωκοδομησε V^a | πεδεινη ℵ | επεστησε V^a ‖ 39 εζητησε V^a | βασιλευσε Α ‖ 41 τεσσαρακοντα V ‖ 42 παρεστι V^a | εκτιναι ℵ ‖ 44 ειπε V^a (item 46) ‖ 45 αποστιλιν ℵ | οιτεινες Α | δυναμις ℵ: item 49 ℵ* (-μεις ℵ^c) | παρειμει Α ‖ 46 εποιησε V^a | εξαπεστειλε V^a ‖ 47 τρεισχιλιους Α | χειλιοι Α ‖ 48 Πτολεμαεις V^a ‖ 49 παιδιον ℵA ‖ 50 απολωλε V^a

XIII 1 ηκουσε V^a | συνηγαγε V^a (item 10) ‖ 2 εστι V^a (item 53) | ηθροισε V^a ‖ 4 κατελιφθη] ℵ ‖ 5 κρισσων ℵA ‖ 6 γυνεκων ℵ* (γυναικων ℵ^c.a) ‖ 7 ανεζωπυρησε V^a ‖ 10 τιχη ℵ ‖ 11 απεστιλεν ℵ (item 14, 25, 34, 35) | εξεβαλε V^a | εμινεν ℵ ‖ 12 απηρε V^a (item 22) ‖ 13 παιδιου ℵA ‖ 14 ανεστημων V* (ανεστη Σιμων V^1) | απεστειλε V^a (item 19, 25, 34) ‖ 15 ωφιλεν Α | βασιλεικον Α | ειχε V^a | χριας ℵ ‖ 16 αποστιλον ℵ ‖ 17 καλουσι V^a | αρει V ‖ 19 παιδρια V* (παιδαρ. V^a) | αφηκε V^a ‖ 20 ηλθε V^a (item 22) ‖ 21 αποστιλαι ℵ ‖ 22 ητοιμασε V^a | χειων ℵ ‖ 23 ηγγεισεν Α ηγγισε V^a | απεκτινεν ℵ (item 31) ‖ 24 απεστρεψε V^a ‖ 25 ελαβε V^a | πολι ℵAV* (-λει V^a): item 45 ℵ ‖ 27 ωκοδομησε V^a (item 33) | ορασι Α ‖ 28 πυραμειδας Α ‖ 29 πανοπλειαις Α | επιγελυμμενα Α* (-γεγλ. Α^1) εγγεγλ. V^a | θεωρισθαι ℵ ‖ 32 εποιησε V^a ‖ 33 περιετιχισεν ℵ περιετεχησεν V* (-τειχισε V^a) | τιχεσιν ℵA τειχεσι V^a | οχυρωμασι V^a ‖ 34 επελεξε V^a ‖ 36 εθνι Α ‖ 37 απεστιλατε ℵ αποστειλ. V* (απεστ. V^a) | αφιναι Α αφηναι V^a ‖ 38 εστηκε V^a | ωκοδομηκατε V^a ‖ 39 αφειεμεν ℵ | αμαρτηματα] ras 1 lit post τ (1°) V^1 | ωφειλεται Α | ετελωνιτο AV* (-νειτ. V^a) | τελωνισθω AV* ‖ 40 επιτηδιοι Α επιτιδιοι V* (-τηδειοι V^a) | εγγραφεσθωσαν V^a ‖ 42 συγραφαις Α*

(συνγραφαις Α^a1) ‖ 43 προσηγαγε V^a ‖ 44 κεινημα Α ‖ 47 εκαθαρισεν V* (εκαθαιρισε V^a vid) | ιδωλα Α ‖ 48 ποιησουσι V^a ‖ 49 πωλιν ℵ | επινασα] ℵ | λειμω ℵA ‖ 50 εκαθηρισεν V* (εκαθαρισε V^a) ‖ 51 κιννυραις V^a | εναβλαις ℵ* (εν ναβλαις ℵ^c.a, c.b) ‖ 52 εστησε V^a ‖ 53 ιδε V^a | εθεαυτον V* (εθετο αυτ. V^1) | τον V* (των V^a)

XIV 1 ετι ℵ | συνηγαγε V^a | δυναμις ℵ ‖ 2 εισηλθε V^a | απεστιλεν ℵ (item 24) ‖ 3 επαταξε V^a | Δημητρειου Α ‖ 4 εισυχασεν V* (ησ. V^a) | εθνι ℵ (item 35 bis) ‖ 5 τες Α (pro ταις) ‖ 7 εκυριευσε V^a | εξηρε V^a (item 14) ‖ 8 παιδιων Α ‖ 10 εχωρηγησε V^a ‖ 11 ιρηνη] ℵ ‖ 12 εκαθεισεν Α ‖ 13 εξελειπε V^a ‖ 14 εστηρισε V^a (item 26) | ταπινους ℵ | εξεζητησε V^a (item 35) ‖ 15 εδοξασε V^a | επληθυνε V^a ‖ 18 χαλκες Α | αναναιωσασθαι Α ‖ 20 απεστιλαν ℵ | ιερευσι V^a ‖ 21 πρεσβευτε Α πρεσβυτερ V* vid (πρεσβυτεροι V^a) ‖ 22 αναναιουμενοι Α | φιλειαν Α ‖ 23 ηρεσε V^a | επιδεξασθε ℵ* (-σθαι ℵ^c.a) | θεσθε ℵ* (-σθαι ℵ^c.a) | αποδεδειγμενοις V ‖ 24 απεστειλε V^a | χρυσιν V* (-σην V^a) | συμμαχεια] Α ‖ 26 επολεμησε V^a | ορι ℵ ‖ 27 οκτωκαιδεκατη V* (οκτωκδ. V^a) ‖ 28 εγνωρεισεν ℵ ‖ 29 επι ℵA | πολλακεις Α ‖ 30 εγενη Α (sic) ‖ 31 εμβατευσε ℵ* (-σαι ℵ^c.a) | χιρας ℵ ‖ 32 εδαπανησε V^a | ωπλοδοτησε V^a ‖ 33 ωχρωσε V^a | πολις ℵ ‖ 34 πολεμειοι Α | κατωκεισε] Α κατωκησεν V | επιτηδια ℵAV* (-τηδεια V^a) ‖ 35 πιστην (1°) V* (-τιν V^a) | συνετηρεσεν Α* (-ρησεν Α^1) συνετηρησε V^a ‖ 36 ευωδωθη V^a | πολι ℵ ‖ 37 κατωκησεν AV* (-κισεν V^a) | υψωσε V^a ‖ 40 ηκουσε V^a | υπι V* vid (υπο V^a) | απηντησε V^a ‖ 42 μελλη ℵ | επι (1°)] επει ℵ ‖ 43 ακουητε V* (-ται V^a) ‖ 44 αντιπιν ℵ αντιπει] Α | επισυστρεψε Α ‖ 46 ηυδοκησε V^a | θεσθε ℵ ‖ 49 γαζωφυλακιω V* (γαζοφ. V^a)

MAKKABAIΩN B

XV 1 απεστιλεν ℵ (item 26, 28) | εθναρχει V | εθνι ℵ || 2 χεριν ℵ* (χαιριν ℵ^c.a) || 3 κατε|κατεκρατησαν V* (κατε 1° improb V^1(?)) | βασιλιας ℵ (bis): item 28 | πολεμεικα A || 4 πολις ℵ (item 28) || 5 ιστημει AV* (-μι V^a) | αφερεματα (2°) A || 6 νομεισμα A || 7 κατεσκευασες A (sic) | κρατις ℵ || 8 οφιλημα ℵ | βασιλεικ. A (bis) || 10 ολγους V* (ολιγ. V^a) || 12 δυναμις ℵ: item 38 ℵ* (-μεις ℵ^c.a) || 14 συνεθλειβεν A εθλιβε V^a | εκπορευεσθε ℵ | εισπορευεσθε ℵ || 16 χαιρι̅ ℵ || 17 αναναιουμενοι A || 21 διαπεφευγασιν ℵ* (διαπεφ. ℵ^c.a, c.b) | παραδοται A (item 30) || 28 κατακρατειται A || 29 ηρημωσαται A || 30 κατελαβεσθαι AV* (-σθε V^a) | κατεκυριευσαται A || 32 χρυσοματων, αργυροματων V* (χρυσωμ., αργυρωμ. V^a) || 35 αιτις ℵ ετεις A || 38 παραλειας A || 39 ενετιλατο ℵ (bis) | ωκοδομησαι A | τας] τυς (sic) V* (τας V^1) || 41 εξοδευσωσι V^a

XVI 1 απηγγιλεν ℵ | πατρει A | συνετελεκε V^a || 3 εσται A | ετεσι V^a | γεινεσθαι A γινεσθαι V* (-σθε V^a) | υπερμαχιται ℵ^c.a υπερμαχειται AV* (-τε V^a) || 4 χειλιαδας A | πολεμειστων A || 5 παιδιον A (item 11) | δυναμεις ℵ* (-μις ℵ^c.b) A | παιζεικοι A | χιμαρρους ℵ: item 6 χιμαρρουν || 6 ειδε V^a | διλουμενον ℵ | διαπερασε ℵ || 7 ιππις ℵ | εμμεσω A | παιζω̅| A || 8 καταλιφθεντες ℵ || 10 χιλειους A || 14 πολις ℵ | επιμελειας V^a || 15 ωκοδομησε V^a || 16 επισηλθον ℵ | πεδαριων ℵ* (παιδ. ℵ^c.a) || 18 απεστιλεν ℵ: item 19 bis, 20 | δυναμις ℵ | βοηθιαν ℵ || 19 εταιρους A | χειλιαρχοις A || 21 προδραμον V* (-μων V^a) | απεσταλκε V^a | αποκτιναι ℵ || 22 απεκτινεν ℵ || 23 τιχων ℵ || 24 βιβλειου A* vid

MAKKABAIΩN B

I 3 υμειν A (item 5) || 5 υπακουσε A || 7 ημειν A (item 18, 21) || 8 σιμιδαλιν V* (σεμ. V^a) || 10 χρειστων A || 12 εξεβρασε V^a || 13 δυναμεις A | παραλογεισμω A || 18 αγηται A | ανηνεγκε V^a || 20 εδοξε V^a || 21 φεριν A | εκελευσε (2°) V^a || 22 αντελαμψε V^a || 27 επισυναγαγαι V || 34 εποιησε V^a | δοκημασας V* (-κιμ. V^a) || 35 ελαμβανε V^a

II 1 εκελευσε V^a || 2 αποπλανηθωσι V^a || 5 ενεφραξε V^a || 6 τεινες A || 9 διεσαφιτω V* (-φειτο V^a) | ανηνεγκε V^a || 11 ειπε V^a || 13 βιβλιο|θηκην V^vid | επισυνηγαγε V^a (item 14) || 14 ημειν (1°) A: item 26 | εστι V^a || 15 εχηται A | υμειν A | αποστελλεται A || 16 ποιησεται A || 22 ανακομεισασθαι A || 23 συνταγματος V* vid || 25 εγτιγχανουσιν V* vid || 28 ιπιτομης V* (επ. V^a) || 29 αρχιτεκτονει A αρχιτεκτωνι V* (-τεκτονι V^a) | επιτηδια AV* (-δεια V^a) | εξετασταιο̅| A || 32 επειξευξαντες A

III 1 μεισοπονηριαν A || 2 συνεβαινε V^a || 3 λειτουργειας AV || 4 πολειν A || 5 ηλθε V^a | εκινον V* vid (σκειν. V^a) || 6 προσηγγελλε V^a | πεσειν] παισιν A || 7 συμμειξας A | προχειρησαμενος AV* (-χειρισ. V^a) | απεστειλε V^a | εκκομιδειν V* (-μιδην V^a) || 8 ενφασι AV* | εφοδευσε A | προθεσειν A || 9 φλοφρονως V* (φιλ. V^a) || 12 αμειχανον V* (αμηχ. V^a) || 13 ειχε V^a | βασιλεικ. A (bis) || 16 ιδεαν V^a | οψεις A | ενεφενεν A ενεφαινε V^a || 17 δαιος A | εγεινετο A | θεωρουσι V^a | ενεστως V* (-στος V^a) || 18 οικειων A || 20 προτινουσαι A || 21 πανμειγη A | προσδοκεια| A || 22 πεπιστεμενα V^vid || 23 Ηλειοδωρος A || 24 αυτοθει A || 25 εσεισε ενεσεισε V^a | εφενετο A | χρυσων V* (-σην V^a) || 26 ετερε A (sic) | αδιαλιπτως V* (-λειπτως

V^a) || 27 σκοτι A || 32 προσηνεγκε V^a || 33 εφανισαν V || 34 μεγαλιον V* (-λειον V^a) || 37 επιτηδιος V* (επιτηδειος V^a) || 38 πολεμειον A || 39 εστι V^a | κακωσι A
IV 1 ενδικτης A | επισεσικως AV* (-σεικ. V^a) || 4 φιλονικιας A | μενεσθε A | Φυνικης A || 5 πολειτων A || 9 επιχωρηγηθη V* (-χορ. V^a) || 10 μετηγαγε V^a || 11 εκενιξεν A || 12 καθιδρυσε V^a || 14 λειτουργειας A | παλεστρη A | χορηγειας A || 15 τεθιμενοι A || 19 δραγμας V || 22 κατεστρατοπαιδευσεν V* (-πεδευσε V^a) || 23 προσημενομενου AV* (-μαιν. V^a) || 28 πραξεις A || 29 απελειπε V^a || 31 ηκε V^a || 34 πισθεις A | παραχριμα V* (-χρημα V^a) || 35 εδιναζον AV || 38 απεκοσμησε V^a || 39 χρυσοματων V* (χρυσωμ. V^a) || 42 εχειροσαντο V* (-ρωσαντο V^a) || 44 τρις A || 46 βασιλεαν V* (-λεα V^a) | μετεθηκε V^a || 47 απελυσε A
V 1 εστιλατο A || 2 σπιρηδον V | εξοπλιησμενους V* (εξωπλισ. V^a) || 5 εφνιδειως A αιφνιδιως V^a | 6 ουχ] ουκ AV* (ουχ V^a) | τροπεα V* (-παια V^a) || 7 εκρατησε V^a || 8 εγκλισθεις A | διοκομενος V* (διωκ. V^a) | πατριδρος A (sic) | πολειτων A | δημειος A || 9 Λακαιδαιμονιους A || 10 μετεσχε V^a || 11 ελαβε V^a || 12 εκελευσε V^a | κοπτην V* (-πτειν V^a) | οικειαις A || 13 εγεινετο A | αναιρεσεις V | τε (1°)] ται A || 14 τρισι V^a | ηττων V* (-ττον V^a) || 16 μιαιρες A | βεβιλοις V* (-βηλοις V^a) || 17 απωργειαται A | γεγονε V^a || 18 συνεβαινε V^a || 20 εκοινωνησε V^a || 22 κατελειπε V^a || 24 επεμψε V^a | δισχιλειοις A || 25 παρηγγειλε V^a || 26 συνεκευτησε V^a || 27 γενηθης V* (-θεις V^a) | ορεσι V^a | σιτουμενοι] εισιτουμ. A | μετασχιν A
VI 5 αθεμητοις V* (-μιτ. V^a) || 7 ηνεγκαζοντο A || 10 τιχους A || 11 εχιν A || 12 συστελλεσθε A | λογιζεσθε A || 13 αιασθαι A | δυσεβουντας V || 14 μαχρι A || 16 αφιστησι V^a || 17 ημειν A | ωλιγων V* (ολιγ. V^a) | δε] δ V || 18 προτευοντων V |

γραμματαιων AV* (-τεων V^a) | αναχενων A || 19 ανθερετως AV* (-θαιρ. V^a) || 20 θεμεις A || 23 αστιον AV* (-τειον V^a) || 25 κιλιδα V || 27 ανδριως A || 28 ναιοις A || 30 ειπε V^a || 31 πλιστοις AV* (πλειστ. V^a) | γενεοτητος AV* (-ναι. V^a)
VII 1 αθεμητων V* (-μιτων V^a) | εκιζομενους A || 2 μανθανην V || 3 προσεταξε V^a (item 4, 5) || 4 περισκυθεισαντας A | ακροτηριαζειν V || 6 ημειν A | παρακαλειτε V* (-ται V^a) | διεσαφησε V^a || 7 εμπεγμον A | θριξι V^a || 8 ουχει A | ελαβε V^a || 9 ειπε V^a (item 30) || 10 ενεπεζετο A | προεβ∴λε V^a | προετεινε V^a || 12 εκπλησσεσθε A || 16 ειδων AV* (ιδ. V^a) | θελις A || 17 μεγαλιον AV* (-λειον V^a) || 19 νομεισης A || 20 εφερε V^a | ιλπιδας V*^{vid} (ελπ. V^a) || 21 γεννεω AV* (-ναι. V^a) || 22 εφανηται A | στοιχιωσιν AV* (-χειωσ. V^a) || 23 αποδιδωσι V^a | υπερορατα A || 24 καταφρονισθαι A | ονιδειζουσαν A | εποιητω V* (-ειτο V^a) | ποιησιν A | εξιν A | εμπιστευσιν A || 25 μιρακιου A || 26 παρενεσαντος A | πισιν A || 28 ειδοντα V* (ιδ. V^a) || 29 κομησωμαι V* (κομισ. V^a) || 30 μαινεται V* (μενετε V^a) | ουκ A || 34 ανοσιαι A | μιαρωταται A | αδειλοις A || 36 πεπτωκασι V^a | υπερειφανιας V* (υπερηφανιας V^a) || 37 προδιδομι V* (-δωμι V^a) | ειλεως A || 39 απηντησε V^a || 40 μετηλλαξε V^a || 41 ετελευτησε V^a || 42 σπλαγχισμους A
VIII 1 παριστπορευομενοι A || 2 εφ'- ιδῖ] A || 3 εισοπαιδον A | γεινεσθαι A || 5 εγεινετο A | τραπισης V* (-πεισης V^a) || 6 απροσδωκητος V* (-δοκ. V^a) || 9 προχειρησαμενος V* (-ρισ. V^a) | χριαις A || 10 βασιλι A || 11 πολις A | απεστειλε V^a | εννενηκοντα V^a | παραχωρησιν A || 12 προσεπεσε V^a | στρατοπαιδου V* (-πεδ. V^a) || 14 δυσεβους V || 19 χειλιαδες A || 20 Μακεδοσι V^a | Μακαιδονων A | εξακισχειλιοι A | γεινομενην A || 22 χειλιους A || 23 σπιρης V* | Νικανορει A || 24 εννακισχειλιους A ενακισχιλ. V* (ενν. V^a) || 27 εγεινοντο A || 28 ηκει-

APP.] ΜΑΚΚΑΒΑΙΩΝ Β

σμενοις A (item 30) || 30 συνερησαντες V* (-ρισ. V^a) | εισομοιρους A || 33 επινεικεια A | πεφευγοτο V (sic) || 34 τρισαλητηριος AV* (-λιτ. V^a) || 35 δοξεικην A | ευημερικως V* (-ρηκ. V^a)
IX 2 εισεληλυθη V || 3 προσεπεσε V^a || 4 εναπερισασθαι V* (-ρεισ. V^a) | συνεταξε V^a | ειπε V^a | πολυανδρειο] A || 8 ανων A (sic) | στησιν A | πασι V^a || 9 δυσεβους V | αλγιδοσιν V* (αλγηδοσι (item 11) V^a) | στρατοπαιδον A | σαπρειαν A || 10 μεικρω A | ουδις A || 11 επιτινομενος A || 14 παρεγεινετο A | εισοπεδο] A || 16 κοσμησϊ] A | αποδωσιν A | χωρηγησειν V* (χορ. V^a) || 18 επεληλυθη V | κρισεις A | εγραψε V^a || 19 πολειταις A || 20 ϋμειν A (item 27) || 22 καθ AV || 23 αναιδιξεν A ανεδειξε V^a || 25 γιτνειωντας A | αναδεδιχα A | πολλακεις A || 26 αξειω A | καθ V* (κατ V^a) || 27 πεπεισμε A || 28 χιριστα A | οικειστω A (sic) || 29 διεκομεισθη A
X 2 δεδιμηουργηνμενους A (sic) || 3 ναιω A || 5 εστι V^a || 8 ψηφεισματος A || 9 ειχε V^a || 11 προταρχον V || 12 γεγοννυειαν A | αδικειαν A || 13 εξελειπε V || 14 εξενοτροφη V* (-φει V^a) || 18 εννακισχειλιων A | πολειορκειαν A || 19 επιγοντας AV* (-πειγ. V^a) || 20 δραγμας V | ϊασαν AV* (ειασ. V^a) || 22 απεκτεινε V^a || 23 οχιρωμασι V^a | πλιους A || 26 εκθρευσαι A | εκθροις A || 27 πλιον A || 30 καιραννους A || 35 θηριωδη A θειριωδει V^vid
XI 2 παρεγεινετο A || 3 ποιησιν A || 4 μυριασι V^a | χιλιασι V^a || 7 εξωρμεισαν A || 8 αυτοθει A | αισθητι A | χρυσιν V* (-σην V^a) || 9 τιχη A | τιτρωσκιν AV* (-σκειν V^a) || 11 πολεμειους A | χειλιοις A || 12 πλιονες A || 13 αννους V^a || 14 επεισε V^a | πεισιν V^a || 15 επενευσε V^a | εδωκε V^a || 16 πληθι V* (-θει V^a) | χερειν A || 17 σημαινομαινων V || 19 συντηρησηται A || 21 ερρωσθαι A (item 28) || 25 πολιτευεσθε A || 26 ιδοτας A (sic) | ωσι V^a || 27 χεριν A || 31 δα-

πανημασι V^a || 34 πρεσβυτε A | χαιριν A || 36 εκρινε V^a | πεμψαται A (item 37) || 37 σπευσαται A || 38 υγιαινεται A
XII 3 Ιοππειτε A | τηλεικουτο A | γυναιξι V^a || 4 ψιφισμα V* (ψηφ. V^a) | ελλαττον V || 5 ανδρασι V^a || 6 ενεπρησε V^a | κατεφλεξε V^a | εξεκεντησε V^a || 9 εξηψε V^a || 10 Αραβαις A || 11 ηξειουν A | δωσιν A | ωφελησιν A || 13 τιχεσιν A τειχεσι V^a | εθνεσι V^a || 14 θεμεις A || 15 κρειων A | τιχει A || 20 σπιρηδον V* (σπειρ. V^a) | παιζων A || 21 δυσπολιορκιτον V* (-κητ. V^a) || 22 επιφανισις A επιφανισης V* (-νεισ. V^a) | σπιρης V* (σπειρ. V^a) | πολλακεις A || 23 ευτονοτερον A | αλητηριους AV | διεφθειρε V^a | τρις A || 24 εξαφυναι A εξαφηναι V* || 26 κατεσφαξε V^a || 27 ρωμαλαιοι A | τιχεων A || 28 πολεμειων A || 30 απαντήσειν V^a || 33 εξηλθε V^a || 37 ευσισας A || 38 πολειν A* (-λιν A?) | αιθεισμον A | αγνεισθεντες A || 40 τεθνικοτων V* (-θνηκ. V^a) | ιδωλων A || 42 εικεσιαν A ικετειαν V^a || 43 δραγμας V | αστιως AV* (-τειως V^a) || 45 χαριστηριον V^a
XIII 1 ετη V* (-τει V^a) | προσεπεσε V^a || 3 συνεμιξε V^a | ηρωνιας A || 4 εξηγειρε V^a || 5 εστι V^a | ειχε V^a || 6 ενταιτα V || 8 επι A | εκομησατο V* (-μισ. V^a) || 9 ενδιξομενος A || 10 παρηγγειλε V^a || 11 στερεισθε A | μελλουσι V^a || 12 ελαιημονα A | παραγεινεσθαι A || 13 πρειν A || 15 βασιλεικην A | προτευοντα V | συνεθηκε V^a || 16 επληρωσε V || 18 κατεπειρασε V^a || 21 προσηγγειλε V^a || 23 προσεβαλε V^a | ετιμησε V^a || 24 κατελειπε V | ηγεμονειδην A || 25 αθετιν A || 26 συνεπεισε V^a | εχωρησε V^a
XIV 1 προσεπεσε V^a | λειμενος A || 2 επαναιλομενο] A || 4 ετι A | φοινεικα A | εσχε V^a || 5 καιρων V* (-ρον V^a) | συνεδρειον V* (-δριον V^a) || 6 αφηγειτε A εφηγειται V | πολεμοτροφουσι V^a || 9 φιλανθρωπειαν A || 12 αναδιξας A | εξαπεστειλε V^a || 14 ατυχειας A || 17 εφνηδιο] A | επτε-

κως A || 18 ανδραγαθειαν A || 20 φανισης AV* (-νεισ. Vª) || 21 προσηλθε Vª || 22 πολεμεων A | κακουργεια A || 23 διετριβε Vª | αγελεους AV || 24 ειχε Vª || 25 εκοινωνησε Vª || 26 ηλθε Vª (item 44) | ελεγε Vª | απεδιξεν A || 27 εγραψε Vª || 28 μηδ' εν V¹⁽?⁾ || 29 ετηρι A || 30 συνειδων V* (συνιδ. Vª) || 31 εκελευσε Vª || 33 προτινας A | παραδωται A | παιδιον A || 34 προτιναντες A || 36 αγειαι A || 39 απεστειλε Vª || 42 αλητηριοις A || 43 κατ'ευθυκτησας A | γεννεως A || 46 εξεμος A | γεινομενος A
XV 3 τρισαλητηριος A || 5 φησι Vª | βασιλεικας A | χριας A || 8 διλιαν A ||

9 κατεστησε Vª || 10 παρεπιδιγνυς A || 11 ονιρον A || 12 προϊεμαινον A | προτινaντα A (item 15) || 17 αραιτην A | ναιων A | επα|δρωσε A | γενν εως A || 18 ηττονει A || 19 υπεθρω AV* (-αιθρ. Vª) || 20 προσμειξαντω| A || 21 αγριωτητα V* (αγριοτ. Vª) | εστι Vª | κρειθη A | περιποιειτε A || 22 ελεγε Vª | επει A || 24 παραγεινομενοι A || 26 συνεμειξαν A | πολεμειοις A || 27 πεντακεισχειλιων A || 28 πανοπλεια A || 30 ηλικειας A || 31 μιαιρου A | εμεγαλαυχησε V || 35 πασι Vª || 37 αυτοθει A || 38 ευθεικτως A || 39 πινην V* (-νειν Vª) | πολεμειον A | εγτυγχανοντων Vª

ΜΑΚΚΑΒΑΙΩΝ Γ

I 1 γεινομενην A | δυναμεσι Vª | παιζικαις A | εξωρμησε Vª || 3 ασιμον V* (ασημ. Vª) | κατεκλεινεν A || 4 δυναμις V* (-μεις Vª) | γυναιξι Vª || 5 χειρονομειαις A || 6 εκρινε Vª || 7 τεμενεσει A | απονιμας V* (-νειμ. Vª) || 11 γεινεσθαι A | πασι Vª | επιθετο AV* (επειθ. Vª) || 12 απελειπε Vª || 14 της V* (τις Vª) || 15 γεινομενου A | εισελευσεσθε Vª || 16 αισθησεσιν AV* (αισθησεσι Vª) | ενεστωσι V | μεταθηναι V* (-θειν. Vª) || 17 γεινομενον A || 21 δεησεις AV* (-σις Vª) || 22 πηιχοντο A || 23 θαρραλαιως A | γερεων AV* (-ραιων Vª) || 24 δαιομενον A || 26 επιθησιν A || 27 επυμυναι V* (επαμ. V¹) || 28 ανικαστος AV* (ανεικ. Vª) || 29 των] το V* τον V¹ (των Vª)
II 2 αγιαι A | ηρειν A || 3 υβρι AV* (-βρει Vª): item 21 υβρι V* (-βρει Vª) || 4 γειγαντες A | αμετριτον V* (-τρητον Vª) || 5 παραδιγμα A | επιγεινομενοις AV* (-γιν. Vª) || 7 αρμασι Vª || 8 συνειδοντες V* (συνιδοντες Vª) || 11 αληθεινος A || 12 επι A (item 16) || 13 αδυναμειαις A || 14 καταπτωσι A || 15 ανεφηκτος V* (-φικτ. Vª) || 19 αμβλακειας A || 22 αναιμου A | μελεσι

Vª || 23 οξιαν V* (-ξειαν Vª) | εξιλκυσαν A || 24 απιλης A | ανελυσε Vª || 26 δυσφημειας A || 27 εκολαψε Vª || 30 φαινητε V* (-νηται Vª) | μεμοιημενοις A | εισοπολιτας A | Αλεξανδρευσην V* (-σιν Vª) || 31 σαυτους V^vid || 33 πολεμειους A | εκρινων V* (-νον Vª)
III 1 χιριστω A || 2 κολυοντων V || 4 αινιοι A || 5 ευπραξεια A | ευδοκειμοι A ευδοκημοι V* (-κιμοι Vª) | κατεστηκεισαν V* (καθειστ. Vª) || 6 θρυλομενην V || 7 γεινεσθαι A || 8 γεινομενας A | διαθεσεις A διαθεσης V* (-σις Vª) || 9 παροραθεισεσθαι V* (-θησ. Vª) || 10 γιτονες V* (γειτ. Vª) | επισπομενοι V* (-σπωμ. Vª) || 11 εγραψε Vª || 12 χερειν A || 13 ερρωμε A || 14 ιστaι A | συμμαχεια V* (-μαχια Vª) || 15 φιλανθρωπεια A | τηθηνησασθαι V* (τιθην. Vª) || 16 απονιμαντες V* (-νειμ. Vª) || 19 καθεισταντες A || 21 απασι V* (A || 23 τους] periit s in V* (suppl Vª) || 24 ημειν A (bis) | εφνηδιου A | δυσεβεις V | πολεμειους A || 25 γυναιξει A | υβρεως] periit s in V* (suppl Vª) | δυσμενεσει V* (-σι Vª) || 27 γερεου A | μεχρει (1°) A μαιχρι V* (μεχρι Vª) |

APP.]   ΜΑΚΚΑΒΑΙΩΝ Γ

ἀποτυμπανησθησεται V* (-νισθ. Vª) ||
28 δραγχμας A δραγμας V || 29 εαν]
αν V | γεινεσθω A | φυσι A
IV 1 προσεπιπτε Vª | ευωχεια A |
εκφενομενης A || 4 πικρειας A | [ο]μο-
θυμαδων V* (-δον Vª) | 6 γαμεικον
A | κονι AV* (-νει Vª) | μυροβραιχη
A || 8 ηλικειας A | ευωχειας A ||
9 πεδες A || 10 ποικνω V* (πυκν.
Vª) | σανιδοματι V* (-δωματι Vª) |
λαμβανωσι Vª || 11 ευκεροτατω A |
εκδημειαν A || 12 ακλαιη A || 13 προσ-
εταξε Vª || 14 στρε[β]λοθ. V* (στρεβ-
λωθ. Vª) | ακειαις A* (αικειαις Aʳ⁾) ||
15 εγεινετο A | φιλοτειμου A | προσ-
εδρειας A || 16 ιδωλω] A || 18 πασι
Vª || 20 εκλελοιπαιναι A
V 2 δαψε]λεσι A | πλιονι A | α-
γρειωθεντας A | χορηγεια A || 5 ολε-
θρειας A || 7 δαιομενοι A || 9 αναι-
βενεν A || 10 ποτησας V* (ποτισ.
Vª) |]χορηγειας A χωρηγιας V*
(χορηγιας Vª) || 11 απεστιλέ| A || 12
ηδειστω V* (ηδιστω Vª) || 14 τες A ||
15 ὑπεδιξαι A || 16 τραπις V* (-πεις
Vª) | εκελευσε Vª | ανακλειναι A ||
17 παρηνι A | γερερομενους AV*
(γεραιρ. Vª) || 18 πλιον V* (πλειον
Vª) | ομιλειας A | απιλης V* (απειλ.
Vª) || 19 ὑποδιξαντος A || 21 συνενε-
σαντες V* (συναινεσαντες Vª) || 22
μηχανασθε V* (μηχανασθαι Vª) | εν-
πεγμους A εμπεγμους V* (εμπαιγμους
Vª) || 23 αρεκτρυων A | καθωπλεικως
A | διεκεινει A -κεινι V* (-κινει Vª) ||
24 προσδοκοντα V* (-κωντα Vª) || 25
τινοντες AV* (τειν. Vª) || 26 ὑπο-
διγνυς A || 28 πρειν A | εντεθικοτος
V* (-θεικ. Vª) || 29 υνεδικνυεν A |
εκτενει V* (-νη Vª) || 30 ρηθησιν A
ρηθεισι Vª | ενατενεισας A || 31
αγρειοις A | δαψειλη A || 32 ι A || 34
ασχολειαν A || 37 ειπε Vª | δι A |
αθλειωτατε AV* (αθλιωτ. Vª) || 38
καθοπλεισον A καθοπλησον V* (-πλι-
σον Vª) || 41 πολεις A | πολλακεις A |
42 αλογιστειας A | γεινομενας A |
γονασι Vª | ποσι Vª | ηκεισμενους A |
43 εισοπαιδον A | ημειν A | καταστη-
σιν A || 44 περιχαρις AV* (-ρεις Vª) |
45 λελιβανομενω V* (-βανωμ. Vª) |

46 καταμεμεστομενης V* (-στωμενης
Vª) | ωτρυναι A || 47 δυσεβη V*
(δυσσ. Vª) | φρεναν AV | εξωρμησαι
A | ατροτω V* (-τρωτ. Vª) || 48 ει-
δοντες V* (ιδοντες Vª) || 49 προσδο-
κειας A | παισι Vª | τελευτεον A ||
50 συνειδοντες V | πρινεις A
VI 4 αρμασι Vª | μεγαλορημονει
A | ὑπεριφανω V* (ὑπερηφ. Vª) ||
5 βαραια A | δικνυς A | εθνεσι Vª ||
6 τρις AV | ετερους V* (εταιρ. Vª) |
ανθερετως AV* (ανθαιρ. Vª) | και-
νοις A | καμεινον A | ερρυσσω A ||
7 θηρσι Vª || 8 γαστρει A | τικο-
μενον V* (τηκ. Vª) || 9 μεισοϋβρει
A | ὑβρειζομενοις A || 11 ματεοφρο-
νες A || 12 αιωνιαι A | υβρειν A ||
13 πτιξατω V* (πτηξ. Vª) | ανεικη-
τον A || 14 γονις V* (γονεις Vª) ||
16 παρηγε Vª || 17 στρατοπαιδω V*
(πεδ. Vª) || 18 αληθεινος A | ηνεωξε
Vª | πασι Vª || 19 διλιας A | ακει-
νητοις A | πεδες V* (πεδαις Vª) ||
20 ὑποφρεικον A | ελαβε Vª ||
23 συνειδων V* (συνιδ. Vª) | πρι-
νεις A | διηπιλειτο A || 24 παρα-
βασιλευεται A | επιχιρατε A ||
26 χιριστους A | αισκιαις A* ᵛⁱᵈ
(αικιαις Aʳ⁾) || 29 αμερι V* (-ρει Vª) ||
30 επιτηδια AV* (-δεια Vª) | κρεινας
A || 31 εποπιδιστοι A | κλησιας V ||
32 πατρειον A | αινουντως A | ειρη-
νεικης A || 33 σωτηρεια A || 34 πρεῖ |
A || 36 παροικειαν A || 38 εικαδως
V* (-δος Vª) || 39 απτεστους A ||
40 χωρηγουμενοι V* (χορ. Vª) | ευ-
τυχειαν AV* (-χιαν Vª) || 41 συνε-
νεσας A | στρατιγους V* (-τηγ. Vª)
VII 1 στρατιγοις V* (-τηγ. Vª) |
πασι Vª || 3 ημεῖ| A | συνεπισαν A ||
4 ευσταθησιν A ευσταθεισιν V* (ευ-
σταθησειν Vª) || 5 δεσμειους A | αναι-
λειν A || 7 αναναλογισαμενοι V ||
8 ονιδιζ[ο]τος A || 9 γινωσκεται A ||
10 αυθερετως A || 11 ευνοησιν AV*
(-σειν Vª) || 12 αδιαν AV* (αδειαν
Vª) | βασιλεικης A || 18 αφιξεῑ| A |
οικειαν A || 19 εξομολογησαισιν A |
παροικειας A || 20 ανειερωσαντες A ||
21 διασισθεντες A || 22 μεγαλια V*
(-λεια Vª)

893

ΜΑΚΚΑΒΑΙΩΝ Δ

I 1 επιδικνυσθαι ℵA | προσεχηται A || 3 λογεισμος A (item 30 [1°]) | γαστριμαργειας A || 7 υμεῖ] A || 8 αποδιξαιμι A || 9 επεδιξαντο A | περ]κρατει ℵ^{c.a} || 10 καλοκαγαθειας A || 11 επει A | αικεισαμενῶ] A || 12 ιωθα ℵ οιωθα A (sic) || 14 διακρεινωμεν A | επικρατι A || 19 φρονησεις V* (-σις V^a) || 21 ακολουθειαι ℵ || 22 επιθυμεια A || 26 φιλονικια ℵ φιλονικεια A || 27 παντοφαγεια A | λεμαργεια A | νομοφαγεια A || 29 περικαθερων A | εξίμεροι ℵ* (-ημ. ℵ^{c.b}) εξ̇ειμεροι A^{vid} || 33 επι A | κεινουμενοι ℵA || 34 ημειν A || 35 φιλοτιμοῦ]τε A | κεινηματα A | λογεισμου A

II 2 επενειται A | λολογισμω V (sic) || 4 οιδηπαθειας A (sic) | οιστρηλασειαν A || 6 επιθυμειων A || 7 επι A (item 19) || 8 δαιομενοις A || 9 φιδωλος ℵA | κρατειτε AV* (-ται V^a) || 10 κρατι A || 11 παρανονομειαν A (sic) || 13 νομισηται AV || 14 πολεμειων A || 15 φενεται A | φιλαρχειας A | μεγαλαυχειας A | βασκανειας A || 16 απωθειται] αποθειτε V* (-ται V^a) || 19 κε A || 21 κατευασεν V* (κατεσκευασε V^a) || 22 εσθητηριῶ] ℵ || 24 η ℵ* (ει ℵ^{c.a}) | κατει (2°) V* (κρ. V¹)

III 1 κομειδη A || 2 δουλοθηναι V* (-λωθ. V^a) | επιθυμεια A (item 11, 12, 16) || 7 επι A || 8 βασιλιον V* (-λειον V^a) | εστρατοπαιδευκει ℵA || 9 διπνον A || 11 αλογειστος A | πολεμειοις A | επιτινουσα ℵA || 12 κατεδεσθεντες A | επιθυμειᾶ] A | πανοπλειας A | καθωπλεισαντο A | πολεμειων A (item 13) || 14 θα]ραλεως V*^{vid} | εγεμεισαν A || 15 πανδινον ℵ | εισοδυναμον A || 16 εσπισεν V* (-σπεις. V^a) || 18 καταπαλεσαι ℵ | καλοκαγαθειας A || 19 αποδιξιν A || 23 ϊερουργειαν A | αποφορεισαι A

IV 3 γαϊοφυλακειοις A || 4 κηδαιμονιας A || 5 πατρειδα A || 7 πανδινον ℵA || 9 υπερασπεισαι A || 10 καθωπλεισμενης A || 11 ημειθανης A | χειρασξετεινεν (nisi χειραεξ.) A || 12 ημαρτικως V* (-τηκως V^a) | υμνησιν ℵA || 13 νομησιεν A (sic) || 15 δινος A || 17 δωσῦ] A || 19 παρανομειαν A]' 20 πατρειδος A | κηδαιμονιᾶ] A || 22 χεροιε̄] A || 23 ει] η A^{vid} || 24 επι A || 25 κατακρημνεισθηναι A | προϊδυιας A | πισονται V* (πεισ. V^a) || 26 μιαιρων A

V 1 προκαθεισας A || 4 νομεικος A | ηλικειαν A (bis) : item 36 || 6 πρειν A | αρξασθε A | συμβολευσεμ A | αιδουμε A || 7 σαρκοφαγειαν A || 10 φλοιαρου ℵ^{c.a} (sic) || 13 εποπτεικη A | παρανομεια A | γεινομενη A || 14 σαρκοφαγειαν A || 19 μεικραν ℵ | μιεροφαγησεμεν A || 20 εισοδυναμον A || 22 ευλογιστειας A || 24 εισονομειν A || 25 μειεροφαγουμεν A | ημειν A || 26 αισθιειν A || 27 μιεροφαγεια A || 33 πατρειον A || 34 πεδευτα A || 35 μεροσυνη A || 38 δεσποσις A

VI 2 γερεον A || 3 μαστιξειν A || 4 πισθητι ℵA || 5 ονιρω A || 6 απεξενιτο A*^{vid} (απεξενετο A¹) | κατερριτο ℵ || 7 ακλεινη ℵA || 8 εξανιστετο A || 15 υποκρεινομενος A || 16 αικεισθεις A || 17 ημει̇] A | υποκρεινασθαι A || 19 παραδιγμα ℵ | μιεροφαγειας A || 20 καταγγελωμενοι A || 22 πεδες A || 23 μελλλεται A || 26 μεχρει A || 28 ειλεως A || 35 επιδικνυμι ℵ επειδικνυμι A

VII 2 κατεκειϟομενος A || 4 αικεισμοις A | εκεινησεν A || 5 μενουμενους A || 6 αξιαι A | μιεροφαγεια A || 7 συμφωναι A || 8 δι A || 9 ευνομειαν A || 11 καθωπλεισμενος A || 15 σφραγεις A || 22 περικρατησιεν A || 24 μιρακισκοι ℵ

VIII 1 μαιροφαγησαι A: item 12 ℵ*, 29 ℵA || 2 ϊλικιας A || 3 γερεας A || 4 προσεμιδιασεν A || 6 συνιξαντας A | δυνεμην A | απιθουντας II || 7 λημιεψεσθαι ℵA || 9 διαθησθαι ℵA | απιθειας A | αναγκασεται A | δινακις ℵ | απολεσε ℵ* (-σαι ℵ^{c.a}) || 10 κατε-

ΜΑΚΚΑΒΑΙΩΝ Δ

λεησαται ℵ | οικτιρομαι ℵ || 11 δαλογιεισθαι (sic) ℵ* διαλογιεισθαι ℵ^c.a A | απιθησασιν ℵ | αποθανιν ℵ | αποκιται ℵ || 12 πισιεν ℵΑ]Ι || 13 τε (3°)] ται A | χιρας ℵ || 14 μιρακια ℵA | σεβεσθαι ℵ || 15 δινα ℵA || 16 διλοψυχοι ℵA || 17 πισθιημεν ℵ πισθειημεν A || 18 καινοις A | απιθιαν ℵ || 19 απιλας ℵ || 20 κατοικτιρησωμεν A || 21 απιθουντες ℵ || 22 ημειν A | θια ℵ | φοβηθισιν ℵ || 26 φιλονικια ℵA | αρεσκι ℵ | πισθεντας A || 29 ωσται II

IX 1 αποθνησκιν ℵ | παραβαινιν ℵ || 2 ευπιθεια A | χρησεμεθα A || 3 παρανομειας A | μεισων ℵA || 5 εκφοβις ℵ | ημειν A | απιλων ℵ | ουχει A || 6 υπομιναντες ℵ | ημις ℵ || 7 πιραξε ℵ | θανατωσις ℵ*vid (-σεις ℵ?) | βλαπτιν ℵ || 9 μιαιροφονειαν A | θιας ℵ: item 32 || 10 απιθουντων ℵ | εχαλεπενεν A || 11 βραχειονας ℵ || 13 κατατινομενος ℵA | εγεινετο ℵA || 15 θιου ℵA || 17 μιαιροι A | τεμνεται A | πυρουται A | στρεβλουται A || 18 πισω ℵA | παιδαις ℵ || 19 προσεπικατετινον A || 22 υπεμινεν A || 23 μιμησασθαι ℵ μειμησασθαι A | λιποτακτησητε ℵ λιποτακτησηται A | εξομοσησθαι ℵ | στρατευσασθαι A || 24 ειλεως A | εθνι ℵ | γενηθισα ℵ || 26 καρτεροψυχειαν A || 27 φαγιν ℵ || 29 πατρειον A || 30 ωμοταται A || 31 επικουφιζομε A || 32 απιλαις ℵ | μιαιρωτατε A

X 2 αγνοειται ℵA | εσπιρεν ℵ || 4 εχεται A | θεληται A || 5 αναμοκλευο]τες ℵ* (αναμοχλ. ℵ^c.a) || 6 βραχειονας ℵ || 10 ημις ℵ | μιαρωταται A || 11 μιεφονιαν ℵ || 13 πισθεις ℵA || 14 διλανδρησαι ℵA || 16 τυρανναι A || 17 πανμιαιρωτατος A || 21 θιων ℵ

XI 2 τυρανναι A (item 21) || 3 κατακτινας ℵ || 4 μισαρεται A | μεισανθρωπε A || 12 επιδιξασθαι ℵA || 13 μιρακισκος ℵA | απολυεσθε ℵ || 14 ηλικεια A | ἱλικιωτης A || 16 μιαιροφαγουντας A || 18 κατατινομενος ℵA || 22 καλοκαγαθεια A | καθωπλεισμενος A || 23 καινουργαι A | πολεμιαι A || 24 μιρακια ℵA || 25 μι-

αιροφαγιαν ℵ μιαιροφαγειά| A | καταλυσεις ℵA || 26 ημειν A || 27 θιου A | ανεικητον A

XII 1 παρεγεινετο A || 2 κατοικτιρησας A | δινως ℵA || 4 απιθειαν A | πισθειεις A (sic) πισθειης V* (πεισθ. V^a) || 5 πισθεις ℵAV* (πεισθ. V^a) || 6 ευπιθη V* (-πειθ. V^a) | περιλιπομενον ℵ || 7 νστρον V* (υστερον V^1) || 8 απολυσαται A || 9 επει A | επαγγελεια A || 11 ανοσιαι A | ασεβεσταται A | ηδεσθεις V || 13 θηριωδεσταται A | στοιχιων ℵ || 18 ειλεως A || 19 τιμωρησετε ℵ* (-ται ℵ^c.a) || 20 ερειψε ℵ

XIII 1 ευσεβεις V* (-βης V^a) || 3 νυνει ℵ || 4 παρειδιν ℵ || 9 τρις ℵ | καμεινον A || 10 διλανδρησωμεν ℵA | αποδιξειν A || 11 θαρρι ℵ | αδελφαι A (item 18) || 12 μνησθηται A | εσται ℵA | χιρι A | σφαγιεασθηναι A | υπεμινεν ℵ || 13 φεδροι ℵA | θαρραλαιοι A || 16 καθωπλεισωμεθα A καθωπλισ. V* (καθοπλ. V^a) | θιου ℵ || 17 επενεσουσιν A || 19 αγνοειται ℵA || 23 καθεστηκυιης A || 25 καλοκαγαθειας A | επετινεν ℵ || 26 ποθινοτεραν ℵV* (-θειν. V^a) | κατεσκευαζε V^a || 27 κατεκειζομενους A κατεκιζομ. V* (κατακ. V^a)

XIV 2 βασιλεικωτεροι A || 4 μιρακιων ℵAV* (μειρ. V^a) | εδιλιασεν ℵAV* (εδειλ. V^a) || 6 κεινουνται A | μιρακες ℵ: item 8 || 7 παναγιαι | κοσμοποιειας A || 8 εβδομαδαν ℵ* (-δα ℵ?) || 9 ημις ℵ | εκινων ℵ | φρειττομε| V* (φριττ. V^a) || 10 δυναμεις A || 11 ηγεισθαι ℵAV* (-σθε V^a) || 15 πετηνων ℵ* (πετιν. ℵ?) | οικειας A || 16 αποτικτι ℵ || 18 δει] δι ℵA | επιδικνυναι ℵA || 19 μελλισαι V (sic) || 20 μετεκεινησεν A

XV 1 λογισμαι A | τυρανναι A | ποθινοτερα V* (-θειν. V^a) || 4 γεννηθισῖ] ℵ || 9 καλογαθειαν A (sic) | ευπιθιαν ℵ | φιλοστοργειαν A || 10 ανδριοι ℵ || 11 λογεισμον A | ε A | παντοικειλοι A | μεταρρεψε A || 13 γοναιων A | τροφια AV || 15 γενια ℵ || 17 γουναι A || 19 προσημιουμενους ℵ || 20 αποδιροτομουμενας ℵAV* (απο-

ΨΑΛΜΟΙ ΣΟΛΟΜΩΝΤΟΣ [APP.

δειρ. Vᵃ) | εδρακυσας Λ (sic) || 21 σιρηνιοι V* (σειρ. Vᵃ) || 23 ανδριωσας אA | επετινεν א | παριδιν א || 24 γεννεα אA || 25 δινους אA || 29 εκδικαι Λ | αθλοφοραι A || 30 ανδριωτερα א || 31 κόσμω πλήθει V (sic) || 32 υπεμινας א

XVI 1 γερεα אA | υπεμινεν א | ωμολογουμενως Vᵃ || 2 απεδιξα א || 3 καμεινος A | φιλοτεκνειας A | περιεκεεν א || 5 διλοψυχος אA || 6 τρισαθλεια A || 7 κυοφορειαι א || 8 υπεμινα א || 9 κληθισα א || 10 καλλιπες א χαλ|λιπαις A*ᵛⁱᵈ (καλλ. A¹?) || 13 εικετευουσα A || 14 στρατιωτει A | πρεσβυτει A || 15 ιστηκις א ιστικεις V* (ειστηκ. Vᵃ) || 16 εναγωνισασθαι אAV* (-σθε Vᵃ) || 18 αναμνησθηται A | μετελαβεται A | απελαυσαται A | 19 οφιλεται אA | υπομαινειν A || 21 καμεινον A | υπεμιναν א || 22 υμις א | χαλεπαινηται A χαλεπανεται א || 23 ανθεισταστθαι A || 24 επεισαι A επισεν א | αποθανιν א

XVII 1 ψαυσιεν A || 3 ακλεινως A | σισμον אA || 4 ιεροψυχαι A || 5 καθ א | εστηρησαι V* (-ρισ. Vᵃ) || 6 παιδοποιεια A || 7 εφρειττον V* (εφριττ. Vᵃ) | υπομινασαν א || 8 μνιαν אAV* (μνειαν Vᵃ) || 9 γερεα א γηραια Vᵃ || 10 υπομιναντες א || 11 θιος א || 12 ηθλοθετι א | νεικος A || 13 ενηθλι א || 14 εθεωρι א || 18 θιω א || 19 χιρας א || 22 εκινων א (item 23) || 24 ανδριους אA | παιζομαχιαν A | πολιορκειαν A | πολεμειους A

XVIII 1 πειθεσθαι AV* (-σθε Vᵃ) | ευσεβιτε א ευσεβειται A || 2 γεινωσκοντες A || 3 εκινοι א | θιας א || 4 ευνομειαν A | αναναιωσαμενος A | πολεμειους A || 5 αλλοφυλεισαι א || 6 εστρατοπαιδευσεν AV || 7 ουκ V* (ουχ Vᵃ) || 8 λυμαιων V* (-μεων Vᵃ) bis, λυμαιων (2⁰) א | ερημειας A | παιδιω A | παρθενειας AV* | εμινα א || 9 εκινος א | κερω| A || 15 εμελωδι א || 21 ποικειλοις A | απεκτινεν א || 22 θια אA

ΨΑΛΜΟΙ ΣΟΛΟΜΩΝΤΟΣ

II 13 εμπεγμον r || 15 σπλαχνα i || 19 εξηλιψας r || 20 ωνιδησαν r || 22 μητραν i || 23 απερριφει r || 25 μηνησεως hmpv || 28 χρονησης r || 30 εχρονησαν || 33 ισχυει r || 37 επιστιμη r || 38 αναμεσων r || 40 παρασταναι i | ισχυει ir
III 4 ολιγορησει r || 7 αληθια r || 16 εκλειψη r
IV 5 ουχ] ογ΄ r || 6 οικειαν r | ιλαροτι r || 19 ελλειπης lr || 24 παρωργησαν rᶜᵒʳʳ (παροργ. r*) || 25 υπεκρυνοντο i
V 10 πινασω ir || 12 πινασωσιν r || 20 πλεισμονην r
VI 5 πτωηθησεται r
VII 2 πατισατω r
VIII 2 ως ανεμου πολλου bis scr c || 6 ανελογησαμην r || 12 διηρπαζωσαν r || 13 αφαιδρω m || 16 αισχατου r || 23 οικουντων] οικουν i || 27 αρνιαι h || 34 ελαιου p

IX 2 εθνη r || 3 ιν δικαιοσης r || 5 κριβησεται i || 12 αξαγοριαις i || 16 συ] σοι i || 20 ελεμοσυνη r
X 4 αγαποντας r || 7 οτιοι r* || 8 εισωφροσυνην r
XII 2 αναπτων i || 5 απωλοιτο i || 8 κληρονομισασιαν r | επαγγελειαις ir
XIII 3 ετειλον c || 5 δινη r || 8 προτοτοκου r || 11 ουκ r
XIV 3 ερριζομενη r | εκτειλησονται r εκτιλλησονται c || 5 γενεσαι l
XV 6 ουχ] ουκ r || 10 απολειας i| μετοπου i || 11 απολεια r
XVI 5 ελογισω με] ελογησωμαι r ελογήσομαι i || 8 ανοφελους ir || 9 τοπω] τωπω i || 11 ολιγωψυχιαν i | πευδ. i* || 13 ενισχυσαις r* | πεδιαν r
XVII 5 ηρετησω r || 6 επιγγελλω ir || 14 εμπεγμον r || 20 του σταξαι] τοὺς τάξαι r || 41 ισχυει r : item 43 || 51 ταχυνη ρ

ΕΝΩΧ

I 1 Αινωχ P | εξαρε P | εκχθρους P ‖ 2 Αινωχ P | εδιξεν P | θεορων P | ις P | επει P ‖ 3 εγλεκτων P ‖ 4 επει P ‖ 5 σισθησονται P | μεχρει P ‖ 6 σισθησονται P | υψελα P | φλογει P ‖ 7 επει P | εστε P ‖ 8 δικεων P | ευδοκειαν P | αντειλημψεται P ‖ 9 οτει P | αγειοις P | λενξει P | εσεβησαν P | ασεβις 2° P
II 1 ηλλυοσαν P | τεταγμενο κερω P | τες εορτης P | φενονται P | παραβεννουσιν P | ειδειαν P ‖ 2 ειδετε P | διανοηθηται P | γεινομενων P | μεχρει P | τελιωσεως P | αλλυουνται P | επει P | φενεται P ‖ 3 θεριαν P | των χειμωνα P
III 1 καταμαθεται P | ιδεται P
V 1 τειμην P | διανοηθηται P | γνωται P | νοησαται P ‖ 2 γεινομενα P | αλλυουνται P | επειταγην P | γεινεται P ‖ 3 ειδετε P | θαλασα P | αλλυουσιν P ‖ 4 υμις P | οκ P | ενεμναται P | εποιησαται P | απεστηται P | καταλαλησαται bis P | στοματει P | σκληρωκαρδιοι P | εστε P | ιρηνη P ‖ 5 υμις P | κατηρασασθαι P | απολιται P | αιτη P | απολιας P | εστε P ‖ 6 δικεοις P | ασεβις P | ομουται P | αμαρτειων P | επειεικεια P | επει P ‖ 7 εγλεκτοις P | εστε (2°) P ‖ 8 εγλεκτοις (bis) P | ετει P | επειστημονει P ‖ 9 ου] ο P | πασες τες ημερες P
VI 1 νειοι P | εκεινες τες ημερες P | θυγατεραις Sync^a | ωρεαι P ‖ 2 εγλεξομεθα P ‖ 3 αυ|αυτους P | θελησεται P | οφειλητης P | αμαρτειας P ‖ 4 απεκρειθησαν P | αναθεματεισομεν P | αποστρεψε P | ποιησομεν P ‖ 5 ανεθεματεισαν P αναθεματισαν Sync^g ‖ 7 αρχων] αρχον P
VII 1 γυνεκας (2°) P | μειενεσθαι P | αυτες (bis) P | ειπαοιδας P | ρειζοτομιας P ‖ 2 γαστριν P | γειγαντας P | τρισχειλιων P ‖ 3 οιτεινες P | επειχορηγιν P ‖ 5 κατεσθειειν P | εμα P | επιννον P
VIII 1 μαχερας P | ασπειδας P | υπεδιξεν P | μεταλα P | στειβεις P | εγλεκτους P ‖ 2 ασεβια P | εφανισθησαν P ‖ 3 επαδας P | αστρωλογιας P | σημειωτεικα P | αστεροσκοπειαν P ‖ 4 ορανους P
IX 1 εμα P | επει P ‖ 2 επει P | μεχρει P ‖ 3 εισαγαγεται P ‖ 5 συ] σοι P | εποιησες P | ενωπειον P ‖ 6 αδεικιας P | επει P | επιτεδευουσιν P^vid ‖ 8 αυτες (1°) P | αμαρτειας P | μισιτρα Sync^g ‖ 9 ε γυνεκες P | αδεικειας P ‖ 10 ειδου P | βωωσιν P | τετηλευτηκοτων P | μεχρει P | επει P | γεινομενων P ‖ 11 αιας P | λεγις P | τει P
X 1 περει P ‖ 2 ειπων P | επει το εμω ονοματει P | δηλοσον P | μελλι P | γεινεσθαι P ‖ 4 ανυξον P | ηρημων P ‖ 5 λειθους P | οξις P | επεικαλυψον P | αυτω το] αυτο τω P | οικησατο P | θεωριτω P ‖ 6 κρεισεως P ‖ 7 αιθησεται P | εφανεισαν P | ιασονται P | μην P | απολλωνται P ‖ 9 των Γ. P | επει (bis) P | κειβδελους P | απωλιας P ‖ 10 αιωνειον P ‖ 11 γυνεξιν P | μειγεντας P | αυτες P ‖ 12 ειδωσιν P | αποιαν P | αυ|αυτους P | μεχρει P ‖ 13 το δεσ το δεσμοτηριον P | συνκλισεως P ‖ 14 με μετ P | τελιωσεως P ‖ 16 δικεοσυνης P | αληθιας P ‖ 17 δικεοι P | ημερε P | ιρηνης P ‖ 18 δικεοσυνη P ‖ 19 αγαλιασονται P | φυτευοντευοντες P | ελεας P ‖ 20 γεινομενας P | επει P ‖ 21 προσκοινουντες P ‖ 22 ουκετει P
XI 1 ανυξω P | ταμια P | κατενενκιν P | επει (bis) P | των υιον P ‖ 2 αλεθεια P | ιρηνη P | κοινονησουσιν P
XII 1 Αινωχ P | ουδις P ‖ 2 ημερε P ‖ 3 Αινωχ P | βασιλι P ‖ 4 Αινωχ

P | δικεοσυνης P | τον ουρανων τον υψηλων P | γυνεκων P | γυνεκας P || 5 εστε P | ιρηνη P | αφησις P | χερουσιν P || 6 επει P | απολεια P | των υιον P | εστε P | ιρηνην P

XIII 1 εστε P | ιρηνη P | κρειμα P | δησε P || 2 εδιξας P | ασεβιων P | υπεδιξας P || 3 πορευθις P || 4 αναγνοι P || 5 δυνονται P | ουδε] οδε P | επαρε P | αυτων (1°)] αυτον P | εσχυνης P || 6 δεησις P || 7 πορευθις P | ανεγινωσκων P || 8 ονηροι P | ορασις (bis) P | ιδων P | υειοις P*vid | ελενξει P || 10 ενοπιον P | ανηνγιλα P | ορασις P | λαλιν P | δικεοσυνης P | τος γρ. P

XIV 1 δικεοσυνης P | ελενξεως P | ορασι P || 2 ειδων P | σαρκεινη P | λαλιν P || 3 εκτεισεν P || 4 ανγελων P | ορασι P | εδιχθη P || 5 αναβηται P || 6 ειδητε P | απολιαν P | εστε P | πεσοιντε P | ενωπιων P | μαχερα P || 7 υμις κλεοντες P || 8 ορασι (ter) P | εδιχθη P | νεφελε P | ομοχλε P | εφονουν P | διαδρομε P | διαστραπε P | με 2°, 3°, 4°] μαι P || 9 με 1°, 2°] μαι P | εισηνηνκαν P | οραν̣ον P | τιχους P | εκφοβιν P || 10 ηνγεισα P | λιθωπλακες P | χιονεικα P || 11 αστερον P || 12 τυχων P | κεομενοι P || 13 οι οικον P | οκ P | με bis] μαι P || 14 εμην σιομενος κ. τρεμον P | εθεορουν P | ορασι P || 15 γλωσσης P || 16 δειαφερων P | τειμη P | ωσται P | μαι P || 17 ανωτερων P || 18 εθεορουν P || 19 ιδιν P || 20 περιβολεον P || 21 ιδειν 1°] ειδειν P | ιδειν 2°] ιδιν P || 22 ουδις εγγιζι P | μυριε P || 23 ενγιζοντες P | αφισταντε P || 25 τον αγιον P

XV 1 αληθεινος bis P || 3 απελειπεται P | εκνιμηθηται P | ελαβεται P || 4 εμιανθηται P | απολλυντε P || 5 θηλιας P || 6 υπερχετε P || 7 υμειν P | θηλιας P || 9 εξελθων P | ανοτερων P | κληθησετε P || 11 συνπαλεοντα P | εσθειον P | δειψωντα P || 12 εξαναστησι P

XVI 1 αφανειζοντα P | αφανησουσιν P | τελιωσεως P || 3 εμενυσατε P | τουτω] τουτο P | θηλιαι P

XVII 1 μαι P | φλεγων P || 2 μαι P | αφικνυτο P || 3 τους θησαυρος P || 4 μαι P | παρεχων P | δυσις P

XVIII 1 εισταοιν P | στεριγμα P || 6 κεομενον P | τρις P || 8 θνος (sic, pro θρονος) P | σαφφιρου P || 9 κεομενον P || 11 τους στυλος P || 13 κεομενα P | πῦ|θανομαιον μοι P || 15 κοιλιομενοι P | παραβοντες P || 16 τελιωσεως P

XIX 1 λυμενεται P | πλανησι P | αποτελιωσιν P || 2 σιρηνας P || 3 ανθρωπον P_1 | ως] os P_1 | εγω] ιω P_1

XX 2 ο 1°] ως P_1 | αγγελον P_1 | επει PP_1 || 3 επει P_1 || 4 των 1°] τον P_1 || 5 Μηχαηλ P_1 | των 1°] τον P_1 | επει P_1 | τον τ. λ. αγαθων PP_1 || 6 το αγιον P_1 | οιτεινες P_1 | επει P_1 || 7 των 1°] τον P_1 | παραδισου PP_1 | επει P_1

XXI 1 μεχρει P_1 | ακατατασκευαστου P_1 || 2 ουτε 1°] οτε P_1 || 3 τεθεαμε P_1 | κεομενους PP_1 || 4 αιτειαν P_1 | επαιδεθησαν P επηδηθησαν P_1 || 5 τον αγιον P_1 | ηγιτο P_1 | αληθιαν φιλοσπ̣έδις P_1 || 6 μεχρει PP_1 || 7 τεθεαμε P_1 | κεομενον P | στυλλων PP_1 | καταφαιρ. P | ειδιν PP_1 || 8 φοβηρος P_1 | ορασι PP_1 || 9 απεκρειθη P_1 απεκρειθην P || 10 δεσμοτηριων P | συνσχηθησοντε P

XXII 1 εισπερεας P || 2 τεσσαροις (ut vid) P | λειαν λιοι P | τρις P | εισκοτινοι P | λια P | σκοτεινα P | ορασι P || 3 επισυναγονται P | εκρειθησαν P || 4 επισυνσχεσι P || 5 προεβενεν P || 6 προβεννι P || 7 απεκρειθη P | εξελθων P || 9 τρις P || 10 κρισεις P || 11 χωρειζεσθαι P | ανταποδοσεις P || 13 θλειβεντες P | τειμωρηθησονται P

XXIII 2 διατρεχων P | αναπεομενον P || 3 εχων P || 4 εκδιωκων P

XXIV 1 εδιξεν P | κεομενα P || 2 καλλωνη P | εστεριγμενα P | φαραγγες P | τραχιαι P | ενγειζουσαι P || 3 ορι P | υψι P | θρουνου P || 4 φθεινι P || 5 ωρεα (1°) P | ορασι P

XXV 3 καθηζει P || 4 ευωδειας P | εκδεικησις P || 6 χαρισονται P | οσμε P | οσταιοις P | μαστειγες P

APP.] ΩΔΑΙ

XXVI 2 τεθεαμε P ‖ 3 φαραγγα P ‖ 4 φαραγγαν (bis) P ‖ 5 ποσε φαραγγες P ‖ 6 λειαν P
XXVII 1 φαραγξ P ‖ 2 οικετηριον P ‖ 3 αισχατοις P | αληθεινης P ‖ 4 της] ταις P
XXVIII 2 πληρης δενδρον P ‖ 3 ανοθεν φαιρομενον P

XXIX 2 καροιης P
XXX 1 φαραγγαν P ‖ 2 σχυνω P ‖ 3 φαγαγγων P
XXXI 1 εκπορευομενων P
XXXII 1 τεθεαμε P | σχυνου P ‖ 2 δυω P ‖ 3 ελθων P | παραδισον P ‖ μεγαλονπρεπη P ‖ 5 επιχαρη P | ορασι P

ΩΔΑΙ

I 8 τιχος A | εμμεσω A : item 19 ‖ 12 εξετεινες A ‖ 18 εωνα A ‖ 19 αναβατες A
II 2 προσδοκαστω A ‖ 4 αληθεινα A ‖ 6 ανταποδοται A ‖ 7 συνεται A | αιτη A | γεναιων A ‖ 11 σκεπασε A ‖ 14 πυρρου A ‖ 17 κενοι A ‖ 20 δεξω A ‖ 21 ιδωλοις A ‖ 22 οραιων A ‖ 24 ορναιων A | οπιστοτονος A ‖ 30 μετακεινησουσιν A ‖ 35 ενγυς A ‖ 36 παριμενους A ‖ 38 εσθιεται A | επινveται A ‖ 39 ειδετε bis A | εξερουμενος A
III 3 λαλειται A | γνωσαιων A ‖ 4 αιτοιμαζων A ‖ 5 πληρης A | πινωντες A | στιρα A ‖ 7 ταπινοι AT ‖ 8 εγιρι A ‖ 9 ισχυει T ‖ 10 ασθενην A | δυναμι A | εμμεσω T | τοις bis scr A
IV b 9 μαθεται A ‖ 10 ειδη A ‖ 11 ηδισαν A ‖ 14 ειδωσι] A ‖ 17 ενγειζει A | ωδινη A ‖ 20 ταμια A | αποκλισον A | αποκρυβηθει A
V 3 θλιψι A ‖ 5 απωσμε A ‖ 6 οραιων A ‖ 8 εκλειπιν A ‖ 9 ελαιος A
VI 2 εμμεσω A | ενγιζειν A | αναδιχθηση A | ελαιους A ‖ 3 κατασκειου A ‖ 5 παιδιλοις A ‖ 10 φαντασιας] φαντιας A ‖ 12 ωλιγωσης A ‖ 16 αναπαυσωμε A | θλιψαιως A ‖ 17 ελεας A | παιδια A
VII 11 ειδω bis A ‖ 12 ειστος A ‖ 13 πρωι] ηρωι (sic) A ‖ 14 χελειδων

A | εξιλατο AT ‖ 15 αφιλατο AT ‖ 16 εξηγιρας T ‖ 17 ιλου T ‖ 20 παυσομε A
VIII 3 κλισας AT ‖ 4 φριττι A | δυναμαιως A ‖ 5 απιλης AT ‖ 6 ελαιον A ‖ 7 πολυελαιος A ‖ 9 ανυμειαι A | ιδιν A* ‖ 10 σειδηρου A | ανανευσε A | προσοχθεισματα A | 11 δαιομενος A | 13 αιτουμε A ‖ 14 διξης AT | αγαθοσυνην T | σωσις A | ελαιος A ‖ 15 δυναμεις A
IX 27 αληθεινα AT | ευθιαι T ‖ 30 ενετιλω T ‖ 31 αληθειννη T ‖ 32 εκχθρων A | εχθειστων AT ‖ 33 ανοιξε A | ονιδος T ‖ 35 ελαιος A ‖ 38 καρπωσε A | ελαιος A ‖ 39 ταπινωσεως A ‖ 40 εκτελεσε A ‖ 42 ελαιου A ‖ 44 εντραπιησαν A | ενδιγνυμενοι A ενδικκυμενοι T | καταισχυνθιησαν A | συντριβιη A
X 57 cett ευλογειτε] ευλογειται (exc 60) A | υμνειτε] υμνειται (exc 58, 68) A | υπερυψουντε] υπερυψουνται (exc 61, 63, 76) A ‖ 70 χειονες T ‖ 74 υμνιτω T : item 83 ‖ 79 κεινουμενα AT ‖ 87 ταπινοι T
XI 48 ταπινωσιν T ‖ 50 ελαιος A ‖ 52 ταπινους T ‖ 53 πινωντας A | εξαπεστιλεν T ‖ 54 ελαιους A
XIII 69 ηγιρεν T ‖ 71 μεισουντων T ‖ 72 ελαιος A ‖ 76 αιτοιμασαι A ‖ 78 ελαιους A ‖ 79 σκοτι AT
XIV 3 ευδοκεια A ‖ 46 παρατινον A | ελαιος A

ΜΑΚΚΑΒΑΙΩΝ Δ

VARIAE LECTIONES E VERSIONE SYRIACA DESUMPTAE.

Inscr. Liber quartus: De Maccabaeis eorumque matre ὐ. Iosephi Sermo De Eleazaro et Samona filiisque eius.

I 1 om των παθων || 2 και γαρ .. επαινον] ea (sc. philosophia) enim cuique valde opus est, et imprimis virtutem desiderantibus, mentis enim placidae laudes aufert || 3 om αρα || 6 om και φρονησεως || 8 υπερ αρετην] pro timore Dei || 10 των μεν ουν αρετων] e viris autem illustribus | om ανδρας | τιμων] passionum | αν +αυτους || 11 om και τη υπομονη | om τη υπομονη || 12 αρξαμενων] αρξαμενω vid | ειωθα .. τρεψομαι] assueti sumus.. vertamur || 14 om τουτων || 15 βιου] λογου vid | λογον] βιον || 16 om τοινυν || 18 om και ter | om ανδρια || 19 των παθων] omnium affectuum || 26 om και βασκανια || 29 εκαστος] εκαστην || 30 γε τοινυν πρωτον] δε πρ. | om ο λογισμος 2° || 32 om ο λογισμος || 34 παντοιων] et omnium | om των απηγορευμενων ημιν κατα τον νομον || 35 αντεχεται] ανεχεται vid | φιλοτιμουνται] φιμουνται

II 2 om σωφρων | om τω λογισμω vid || 3 τω λογισμω] ea (sc. ratione) || 7 om το ηθος και γαστριμαργος vid || 9 ετερων] εργων || 12 πονηριας] πονηριαν || 16 om νους | απωθειται]+και βιαζεται || 19 αυτων]+και η μηνις αυτων οτι εσκληρυνθη || 22 και τηνικαυτα] ηνικα | περι] επι || 23 om και αγαθην || 24 εν ποι τις] ειποιτε | ει .. κρατει 1°] num etiam omnes affectus regit ratio | om ληθης και αγνοιας ου κρατει

III 1 ο λογισμος 1°] ο λογος || 3 δυνατον]+τον λογισμον || 8 ιδρων] pr εσπευδεν | ηλθεν] venire || 14 εγεμισαν] εκομισαν || 15 και περι] καιπερ vid || 18 om καθ υπερβολην ουσας της καλοκαγαθιας] τη καλοκαγαθια | om του λογισμου || 19 om και || 20 Νικανορα] Nicatorem

IV 1 ποτε] tunc | om δια βιου | υπερ] coram || 3 μηνυων] μηνυσων | τω ιερω] sacerdotibus | αλλα] και || 4 τουτων εκαστα γνους] cum autem haec audisset || 5 λαβων] ελαβεν | ταχυ] pr και || 7 om ως οιον τε ην εκωλυον || 8 om δε || 9 ιερεων] γεραιων | om εν τω ιερω | του]+ιερου || 10 προυφανησαν]+ei (sc. Apollonio) | αυτοις] ei || 11 μετα δακρυων] lacrimis multis || 15 δεινος] pr και || 19 εξεζητησεν] εξεδιητησεν || 21 τοι] αυτοις || 24 ευνοιαν] ευνομιαν || 26 om επει ουν .. του λαου

V 1 αυτων] αυτω || 2 περισπασθαι] επισπασθαι vid || 4 om την επιστημην || 5 Αντιοχος] pr tyrannus | ο εγω]+ω πρεσβυτα | om ω πρεσβυτα | ην μετα] post enim || 8 αποστρεφεσθαι] αποστρεφειν || 13 θρησκειας]+υμων | πασιν]πασῃ || 16 om θειω vid || 24 ισονομειν] legem servare | διδασκειν] εκδιδασκει || 27 om ετι || 29 om ου παρησω || 33 οικτειρησω] οικτειρομαι | om με || 34 φευξομαι] εξομουμαι || 36 μανεις] μιανει || 38 λογοις] δια λογων vid

VI 4 ετερωθεν κηρυκος επιβοωντος] uno e tyranni militibus voce magna ei acclamante || 9 αικισμους]+et tyrannum despiciebat || 11 ευτυχια] ευψυχια || 13 om της συνηθειας vid || 14 om τι || 18 om και την επ αυτων δοξαν νομιμως φυλασσοντες || 20 γαρ]

APP.]   MAKKABAIΩN Δ

δε | om ει | om ολιγον χρονον || 23, 24 προς τας αναγκας cum μελλετε conj || 24 ουτως]+autem || 25 om υπεριπτοσαν || 26 προς τον θεον] coelum versus || 35 επει και γελοιον] ridiculum igitur est negare dominari rationem | και ου μονον] ubi non solum | των ηδονων κρατειν] minationes alias (alienas) superare '

VII 1 πηδαλιουχων την της ευσεβειας νανν] gubernaculo timoris Dei animum suum dirigebat || 3 θανατου] αθανατου || 4 παναγιος] plene armatus | εκινησεν] ενικησεν || 6 οδοντας] pr labia et || 9 φιλοσοφιας] pr θειας || 13 πονων] τονων vid || 14 om τω Ισακειω λογισμω || 15 πολιας] conversationis || 18 om εξ ολης καρδιας || 19 om οι πιστευοντες .. ζωσιν τω θεω || 21 φιλοσοφιας] iustitiae · om ευσεβως vid || 23 om σωφρων

VIII 2 ηλικιας] αγελης || 3 αδελφοι] pueri || 4 ευγενειας] concordiae || 5 προβασανισθεντι] βασανισθεντι vid || 9 om δια των βασανων || 13 om και τροχαντηρας και καταπελτας | om οι δορυφοροι || 16 om τινες | om εν αυτοις | 17 μη πεισθειημεν] oportet nos parere || 19 om ου | om των βασανων || 25 εκουσιως] ακουσιους | om φοβηθεντας τα βασανιστηρια || 26 θανατηφορος αρεσκει] puritatis quae mortem affert || 29 δια] απο

IX 2 om και 1° | γνωσει] Μωυσει || 3 υπερ αυτους] pro te ipso || 4 om αυτου || 5 μαθων]+debilem esse vim cruciatuum tuorum || 7 om και | ει θανατωσεις] si enim mactaveris nos || 9 om αυταρκη | om δια πυρος || 11 μαστισται] υπασπισται vid || 14 κατηγορει] εκακηγορει || 15 καταικιζεις τον τροπον] τον τρ. βασανιζεις || 17 om δε | τροπος] τροχος | αξαι] subigere || 19 λεγοντες] λεγοντι vid | om ετι | επεστρωσαν] υπεστρωσαν || 20 om αιματι || 23 τον αιωνα] in aeternum || 26 τοις οργανοις και καταπελτη προσεδησαν αυτον] ei pendenti minati sunt lacerare || 27 την ευγ.] pr και | ηκουσαν] ακουσαντες ειλκυσαν vid || 30 om νυν || 32 εν ταις της ασεβειας απειλαις] in minationibus cruciatuum quibus Infidelitas tua servata est

X 4 om προς ταυτα .. αψεσθε || 5 αναμοχλευοντες] pr και || 6 om και 1° | περιελκων] περιεκλων || 7 περισυραντες το δερμα] περιλυσαντες τα οργανα | om συν ακραις .. και || 13 om αλλα πεισθεις τω βασιλει σωξε σεαυτον || 14 om κατ εμου || 15 αοιδιμον] αιδιον v. αεννaον || 16 δια τουτων] δι αυτων || 19 τον λογισμον] pr και vid

XI 2 παραιτεισθαι] advenire || 3 κατακτειvas] κατατιvas (κατατειvas) || 5 om η κακον σοι δοκει || 7—8 om ειπερ ησθανου...εις τον θεον || 9 τοιαυτα] haec autem || 10 επι τον τροχον] de cervicibus || 12 om καλας 2° | γεννaιοτερων] gravium | 13 om ο δε vid || 16 βασανιζειν] +με | μιεροφαγουντας] -φαγουντα || 18 ευμελως] εκμελως vid | υπεκαιετο | +πυρι vid || 19 om απ || 20 αιωνος] αγωνος || 23 αλαστορα] exitium, O exitiabilis || 25 om μητε βιασασθαι προς την μιεροφαγιαν

XII 3 om και παρηγορειν επειρατο || 4 συ] pr και | ταλας] O miser | αυτος] in eis (sc. cruciatibus) || 6 ελεησας] ελεηνασα | σωτηριαν ευπειθη ποιησαι] σωτηριον ευπειθιαν vid || 8 om ειπω || 11 ασκητας] athletas || 12 βασανοις αι] βασανοι || 13 καταικισας] καταικισαν || 14 om ευγενως αποθανοντες || 16 εφη] dico || 17 μαρτυριας] αριστιας || 20 απεδωκεν]+το πνευμα v. την ψυχην

XIII 2 οι] ει | om γαρ 2° || 3 λογισμω παρα θεω] παρα θεω (v. θεου) λογισμω || 4 om και 1° || 7 ακολασιαν] κολασιν || 9 Συριας] Ασσυριας | της ισοπαλιδος καμινου] ignis (tantum) || 11 θαρρει] θαρρειτε | αδελφοι] fratres mei | καρτερησον] fortes fiamus || 12 ελεγεν] pr καταμνησθεις | om δια την ευσεβιαν || 13 om και αλληλους | om παντες (et εφορωντες?) || 15 om αγων και || 17 ουτως] +γαρ | παθοντας] θανοντας || 18 om ημας | προαποθανοντας] +αδελφους ||

901

ΜΑΚΚΑΒΑΙΩΝ Δ [APP.

20 εν τω αυτω χρονω] in eodem (sc. utero) || 21 αφ ου...ψυχαι] et in eodem gremio ferebantur: quibus e causis amor mutuus ortus est || 22 αυξονται] crevit (sc. amor mutuus) || 23 την προς αλληλους ομονοιαν] προς αλληλους vid || 24 εφ αυτους ηγαγον] εαυτους ηγαπων || 25 ομονοιαν] pr ευνοιαν και || 27 om μεχρι θανατου βασανιζομενους
XIV 1 της των αδελφων φιλαδελφιας] των φιλαδ. vid || 10 διελυσε] διελυε(ν) || 15 οροφοιτουντα] quae (avis) sub tectum init || 17 om ει δε και μη δυναιτο κωλυειν
XV 4 ψυχης τε και μορφης ομοιοτητα] similitudinem enim personae || 12 om η μητηρ || 13 γονευσιν] partus v. generatio || 15 σπαιροντας] volutantes v. distortos | τας των κεφ. μεχρι τ. περι τ. γ. σαρκας] cutem capitum eorum usque ad carnem barbae || 18 εις]+σε || 19 ταυρηδον επι τ. β. ορωντας] aspectum eorum a cruciatu aversum | om τον αυτον αικισμον || 20 πολυανδριον ο. τ. τ. χωριον δια βασανων] milites videns tyranni in filios tuos instar procellae irruentes || 21 ω] ως || 24 ασπασασα] eradicavit eam (sc. την φιλοτεκνίαν) || 25 τη εαυτης ψυχη] της αυτης ψυχης || 28 Αβρααμ cum η θυγατηρ conj || 30 om γενν. κ. αν. προς υπομονην || 31 καρτερους] καρτερως || 32 της ευσεβειας] pr υπερ
XVI 2 των παθων ανδρες] ανδρες των παθων || 3 Μισαηλ] pr η | εκεινη] εκεωην | ορωσα] ορωσαν ουτως ποικιλως | βασανιζομενους] occisos || 5 επιλογισασθαι] επιλογισασθε v. διαλογισασθε | καιπερ μητηρ ουσα] praesertim quod et mater erat | om ουτως || 7 om επτα 2° | om τιθηνιαι || 9 ω των εμων παιδων] e quibus (vobis) || 11 τουτω τω θρηνω] τουτων

των θρηνων || 14 om θεου | δια καρτεριαν] per fortitudinem | και τυραννον] τον τυρ. || 16 εναγωνισασθε] ut certemur || 20 και 2°] ipse enim Isaacus || 24 om επεισε μαλλον vid || 25 ετι δε και ταυτα ιδοντες] vos enim oportet scire | οτι] οτι οι
XVII 1 τι] τις | εαυτην] pr voluntate sua || 2 om κακας || 3 του στυλου] τους στυλους || 4 γενναιως] βεβαιαν || 5 om συν αστροις | τους ισα. επτα π. φωτ. προς τ. ευ.] quae septem filios illustres manu prehendisti et illuminasti ut ad veritatem advenirent || 6 παιδος] πατρος || 7 om ωσπερ | τινος] pr επι | ιστοριας σ. ευσεβειαν] ευσεβειας σ. ιστοριαν | θεωρουντες]+ορωντες | om μεχρι θανατου || 9 ενκεκηδευνται] ευκεκ. vid | τυραννου βιαν] τυραννον || 12 το νικος cum δοκιμαζουσα conj || 14 om και ο των ανθρωπων βιος || 16 αληθειας] θειας | νομοθεσιας) virtutis || 18 om νυν || 20 ουτοι] αυτοι | om μη || 24 εσχεν τε αυτους] et excitavit eos per exemplum istud ut essent
XVIII 2 ενδοθεν] + affectuum || 5 εθνων] εθων || 6 om των επτα παιδων και | η δικαια] τα δικαιωματα vid || 8 εν πεδιω] in civitate (vid) | λυμεων απατης οφις] blanditiae quae formam nocent || 9 τουτων] vobis autem ex eo natis et iam adultis | ο πατηρ]+vester || 11 ημιν] υμιν || 12 ημιν] υμιν || 13 om ον και εμακαριζεν | 15 ημιν] coram vobis || 16 ημιν] υμιν | om πασιν || 18 την διδασκουσαν] διδασκων την λεγουσαν || 19 υμων] ημων | μακαριοτης] μακροτης || 20 om ο πικρος | φλεξας] πυρι σβεσας | om παλιν | τους επτα] pr τας επι || 21 ποικιλαις] acribus || 22 αλαστορα]+τυραννον || 23 om εις πατερων χωρον

Subscr. Explicit Sermo De Maccabaeis matreque eorum v. Explicit Sermo Iosephi: De Eleazaro et de Samona filiisque eius v. Explicit Historia Iosephi: De Maccabaeis et de Samona septemque filiis eius et Eleazaro Sacerdote.

ADDENDA.

The collation of the photograph of Codex Marchalianus (Q) which was made for the first edition of this volume did not include all the hexaplaric signs that abound in that MS. The *obeli*, in particular, were found by the collators to be often "faint and difficult to detect" (*O. T. in Greek*, iii. p. ix), and it was judged best to use them in the apparatus but sparingly. Through the kindness of Dr J. Mercati, of the Vatican Library, this omission can now be in part supplied; and at his suggestion the following list of *obeli* which he has had occasion to notice in the codex, and which are not marked in the apparatus, has been prepared for the use of readers of the Cambridge manual Septuagint. It is hoped that it may be found possible hereafter to make the list complete; meanwhile, it has been thought well to bind it up with the volume to which it refers.

ΗΣΑΙΑΣ.

viii. 19	÷	τι εκζητουσιν Q
xxxiii. 7	÷	ους εφοβεισθε Q
xxxvii. 3	÷	και ονειδισμου Q
xxxvii. 17	÷	εισβλεψον κε Q
xxxviii. 12	÷	κατελιπον — ζωης μου Q
xxxviii. 20	÷	και ου παυσομαι Q
ib. 21	÷	προς Εζεκιαν Q
xlv. 11	÷	οτι Q
xlv. 14	÷	δουλοι και Q
xlv. 23	÷	ει μην Q
li. 5	÷	ως φως Q^{mg} (obelum non instauravit Q^b)
liv. 13	÷	σοι Q^{mg} (obelum non instauravit Q^b)
liv. 17	÷	οι δε ενοχοι — εν αυτη Q
lvi. 6	÷	και δουλας Q
lvii. 4	÷	υμων (post στομα) Q
lvii. 6	—	κακεινοις Q
lvii. 19	÷	ουσιν και Q

903

lviii. 1	— και (1°) Q
lviii. 3	՞ υμων (post θεληματα) Q
lviii. 12	— αιωνια Q
lviii. 13	՞ στοματος σου Q
lxii. 5	՞ ουτως (1°) Q
lxiii. 3	՞ ως γην Q
lxiii. 15	՞ που εστιν Q
lxiii. 17	՞ δια (2°) Q
lxiv. 9	՞ ημιν Q
lxv. 3	՞ αυτοι Q
lxv. 4	՞ δι ενυπνια Q
lxv. 18	՞ ευρησουσιν εν αυτη Q
lxv. 21	՞ και αυτοι (bis) Q
lxvi. 3	՞ ο δε ανομος Q
ib.	՞ ο δε (ante αναφερων) Q
ib.	՞ ως (ante αιμα) Q
lxvi. 16	՞ πασα η γη Q

ΙΕΡΕΜΙΑΣ.

iii. 8	κατε|՞ λημφθη Q (deest metobelus)
iv. 1	՞ εκ του στοματος αυτου και Q^vid
v. 24	՞ τον (ante διδοντα) Q (deest metobelus)
vii. 24	՞ (εισηκου)σαν μου (ad μου ut vid) Q
viii. 2	՞ την σεληνην Q (deest metobelus)
x. 5ᵃ—9	՞ ου πορευσονται...ενδυσουσιν αυτα Q (deest metobelus)
xvii. 21 sq.	— (και μη) εκπορευεσθε... | — (οικι)ων υμων εν τη ημερα των σαββατων Q (deest metobelus)
xviii. 20	՞ (κα)τα της ψυχης μου· ՞ και την κολασιν | ՞ αυτων εκρυψαν ※ etc. Q
xix. 3	՞ Ιουδα και ανδρες Ιουδα Q
xix. 15	՞ κωμας αυτης Q (deest metobelus)
xx. 4	՞ και σε Q (deest metobelus)
xx. 16	՞ εν θυμω Q
xxi. 9	՞ και ζησεται Q
xxi. 12	՞ και κατευθυνατε Q
xxii. 1	՞ πορευου και Q
xxii. 16	՞ ουκ εγνωσαν Q
xxii. 17	՞ καλη Q
xxii. 24	՞ γενομενος Q (deest metobelus)
xxii. 30	՞ οτι ου μη αυξηθη Q

xxiii. 17	⁒ αυτων...πλανη Q
xxiii. 20	⁒ ανα(στηση) Q (post ανα metobelus)
xxiv. 1	— και τους πλουσιους. Q
xxvi. 1	— (βασιλευ)οντος Σεδ. του βασ. εγενε|-το ο λογος ουτος περι Αιλαμ´ Q
xxviii. 27	⁒ επ αυτην (ante ιππον) Q (deest metobelus)
xxix. 19	⁒ κ̅ς̅ ⁒ παντοκρατωρ Q (post παντοκρ. metobelus eras.)
xxxi. 36	⁒ κ. καρδια μου... | — (βομ)βησει...περιεποιησατο Q (deest metobelus)
xxxiv. 2	⁒ εις απαντησιν αυτων Q
xxxiv. 5	⁒ εργαζεσθαι... Q (deest metobelus)
xxxiv. 7	⁒ και των φαρμακων υμων Q
xxxiv. 15	⁒ μοι Q
xxxiv. 16—18	sub ⁒ Q
xxxv. 10	⁒ εν οφθαλμοις παντος του λαου Q
xxxvi. 1	⁒ επιστολην εις Βαβυλωνα τη αποικια Q
xxxvi. 8	⁒ και μη αναπειθετωσαν υμας Q
xxxvi. 26	⁒ -α̅ν̅ω (ante μαινομενω) Q
xxxvii. 6	⁒ και περι φοβου...σωτηριαν Q
ib.	⁒ εγενηθη Q
xxxvii. 16	⁒ επι πληθος...ταυτα σοι Q
xxxvii. 17	— θηρευμα υμων εστιν Q
xxxix. 19	⁒ ο παντοκρατωρ ο μεγαλων. κ̅ς̅ Q
xliv. 12	⁒ αρτον Q^{mg}
xlv. 9	⁒ επονηρευσω...ανθρ. τουτον Q
xlv. 12	⁒ και ειπεν προς αυτον Q
li. 12	⁒ τους καταλοιπους Q
li. 25	⁒ και ποιουσαι εποιησατε+(mg) τας ευχας υμων Q (deest metobelus)
li. 27	⁒ οι κατοικουντες Q
lii. 22	⁒ τω πηχει τ. δ. πηχεσιν Q

ΘΡΗΝΟΙ.

tit.	⁒ και εγενετο...κ. ειπεν Q
i. 3	⁒ αυτης (post ταπεινωσεως) Q
i. 13	⁒ αυτου Q
i. 21	⁒ και (ante εχαρησαν) Q
ib.	⁒ και (ante εκαλεσας) Q^{mg}
i. 22	•• απο των εις θρηνους ⳁ Q
ii. 15	⁒ την (ante κεφαλην) Q

ii. 20 ÷ επιφυλλιδα...φονευθησονται Q
iii. 66 ÷ σου (post ουνου) Q^mg
iv. 14 ÷ αυτης Q
iv. 15 ÷ ακαθαρτου Q^mg
iv. 21 ÷ το Q^mg
v. 4 ÷ εξ ημερων ημων Q^mg
v. 10 ÷ συνεστασθησαν Q

ΙΕΖΕΚΙΗΛ.

i. 24 ÷ εν τω πορευεσθαι αυτα Q
iii. 23 ÷ καθως η ορασις και Q
iv. 4 ÷ εν πεντηκοντα Q
iv. 9 ÷ οστρακινον Q
v. 2 — και λημψη το...τεταρτον Q
v. 4 ÷ και ερεις Q
xii. 27 ÷ ο παραπικραινων λεγοντες Q
xiii. 2 — και προφητευσεις...αυτους Q
xiii. 11 — εις τους | — ενδεσμους αυτων Q
xvi. 30 ÷ και εξεπορνευσας...θυγατρασιν σου Q
xvii. 12 — υιε ανου Q
xvii. 23 ÷ τα κληματα αυτου αποκατασταθησεται Q
xviii. 2 ÷ υιε ανου Q
xviii. 8 αναμεσον (2°, cum metobelo; deest obelus) Q
xxi. 24 ÷ εν πασαις ταις ασεβειαις υμων και Q
xxiii. 10 ÷ εις τας θυγατερας αυτης Q
xxiv. 18 ÷ ον τροπον ενετειλατο μοι Q
xxv. 8 ÷ Ιηλ | —και Q
xxv. 16 — τους κατοικουντας Q
xxx. 6 ÷ εως Συηνης Q
xxxi. 18 της ÷ ισχυος Q (sic)
xxxii. 17 — εν τω πρωτω μηνι Q^mg
xxxii. 26 ÷ τραυματιαι αυτου παντες Q
xxxiii. 24 ÷ εσμεν Q
xl. 36 ÷ και τω αιλαμμωθ αυτης Q
xl. 41 ÷ τα θυματα κατεναντι πηχων δεκα τεσσαρων Q
xli. 7 sq. ÷ επι τα τριωροφα κ. το θραελ Q

Ingram Content Group UK Ltd.
Milton Keynes UK
UKHW011938230423
420518UK00008B/29